8년 연속  **전체 수석**  **합격자 배출**

법무사시험 |
법원사무관승진시험 |
법원행정고등고시 |
변호사시험 대비 |

오상훈 **형법 정리**

2차 | 기본강의

브랜드만족 **1위** 박문각

근거자료 후면표기

제1판

오상훈 편저

박문각 법무사

박문각

Ⅰ. 서

법무사 2차 형법시험, 법원사무관승진시험, 법원행정고등고시, 변호사시험 등 형법 주관식시험 준비를 위해 수험적으로 필요한 내용들을 최대한 정리하고자 하였다. 이에 더하여 객관식시험도 함께 치르는 법원사무관승진시험과 법원행정고등고시와 변호사시험의 객관식시험에 필요한 체크포인트들도 정리하여 본 교재만으로도 객관식시험과 주관식시험 모두 준비가 가능하도록 하였다.

Ⅱ. 교재의 구성

1. 조문정리

출제테마별로 조문을 모아 학습할 수 있도록 배치하였다. 법학의 출발점은 법조문일 뿐만 아니라 조문 체계의 이해과 중요 조문의 암기는 답안 작성을 위해 꼭 필요하기 때문이다. 객관식시험의 경우 조문 자체가 변형되어 출제되기도 하므로 법조문과 관련된 기출 객관식시험의 포인트까지 함께 표시하였다.

2. 판례정리

판례의 법리뿐 아니라 되도록 많은 [사실관계]까지 수록하고자 하였는데, 이는 최근 형법의 출제경향을 분석해보면 주관식시험의 경우 거의 100% 가까이 판례의 사실관계 그대로 출제되거나 여러 판례들의 사실관계를 조합 · 변형하여 출제되고 있기 때문이다. 객관식시험의 경우에도 지문의 80~90% 이상이 판례 내용 그대로 출제되고 있다.

각 테마들의 leading case는 본문에 함께 배치하고, 이외에 시험에 자주 출제되는 판례들은 [관련판례] 부분에 따로 정리하여 최대한 많은 판례를 수록하고자 하였다.

또한 수험생들의 암기와 정리를 위하여 각 판결들에서 키워드 부분은 굵은 글씨로, 이해에 도움이 되거나 답안작성의 논거가 되는 부분은 밑줄로 표시하였다.

3. 테마정리와 쟁점정리

본문의 기본적인 내용 외에 [Thema정리]와 [심화Thema]를 따로 편성하였다.

[Thema정리]는 시험에 자주 출제되는 테마들을 목차와 키워드 중심으로 정리한 것인데, 객관식시험이든 주관식시험이든 틀짜기, 즉 체계가 짜여져 있다면 안정적인 점수획득이 가능하므로 예습이나 복습할 때 [Thema정리]를 먼저 읽어 보고 공부를 시작하기 바란다.

[심화Thema]는 주로 주관식시험에 자주 출제되는 쟁점들을 1.문제점, 2.학설, 3.판례, 4.검토의 순으로 바로 답안 작성에 활용할 수 있도록 최대한 간결하게 정리한 것이다. 최근 시행된 법무사시험 등 주관식시험의 경우 학설을 묻는 문제들은 거의 출제되지 않은 경향이지만, 모든 직렬의 주관식시험에 자주 출제되었던 쟁점들을 수록하여 중요한 쟁점을 파악하고 불의타를 방지하고자 하였다.

4. 기출표시

기출문제 분석과 출제경향 파악에 도움이 되기 위하여 법무사 2차시험과 법원사무관승진시험, 법원행정고등고시, 변호사시험 등 주관식 시험에 출제되었던 쟁점이나 판례들은 각주에 기출연도와 시험직렬을 표시하였고, 쟁점의 이해에 도움이 되는 중요한 문제들은 간단히 정리하여 수록하였다.

5. 부록 : 법무사시험 연도별 기출문제 및 쟁점정리(2002년 ~ 2023년)

법무사시험을 준비하는 수험생들의 학습방향 설정에 도움이 되고, 답안작성을 위한 기초를 제공하기 위하여 2002년부터 2023년까지 시행된 법무사 2차시험 형법문제들과 해설(쟁점정리)을 부록으로 수록하였다.

Ⅲ. 공부방법론

형법을 처음 접하는 분들은 기본서의 내용을 다 공부하려는 우(愚)를 범하여서는 안 된다. 자신이 공부하는 시험의 출제경향에 맞추어 그 강약을 조절하여야 한다. 따라서 처음 형법을 공부하는 수험생들은 먼저 기본서에 대한 강의(기본강의와 심화강의)를 들으면서 공부하고, 이와 함께 자신이 준비하는 시험의 기출문제를 분석하여야 한다.

그런 연후에 진도별 모의고사와 전범위 모의고사를 통하여 실제 시험을 대비하여 시간 내에 답안을 작성하는 연습(객관식시험의 경우 문제를 푸는 연습)이 꼭 필요하다. 특히 주관식시험은 눈이 아니라 손으로 공부하는 시험이라는 것을 항시 염두에 두고, 이해하고 정리되었다 하더라도 다시 한번 손으로 적어보는 연습을 꼭 하기를 부탁드린다.

마지막으로 형법에서 고득점을 원한다면 최신 판례(특히 3개년 최신 판례)를 따로 공부하기를 권한다. 그 자체가 예상문제에 해당하기 때문이다.

수험생 여러분의 조속한 합격을 기원하면서

2023년 12월 신림동 연구실에서

오상훈

CONTENTS
이 책의 차례

PREFACE

형법총론

PART 01 서론

PART 02 범죄론

PART 03 형벌론

형법각론

PART 01 개인적 법익에 대한 죄

PART 02 사회적 법익에 대한 죄

PART 03 국가적 법익에 대한 죄

REFERENCE
참고

형법조문 목차 ⇨ 총372조

- **제1편 총칙 ⇨ 총86조(제1조~제86조)**

제1장 형법의 적용범위
제2장 죄 → 요건
제3장 형 → 효과
제4장 기간

- **제2편 각칙 ⇨ 총286조(제87조~제372조)**

제1장 내란의 죄
제2장 외환의 죄
제3장 국기에 관한 죄
제4장 국교에 관한 죄
제5장 공안을 해하는 죄
제6장 폭발물에 관한 죄
제7장 공무원의 직무에 관한 죄
제8장 공무방해에 관한 죄
제9장 도주와 범인은닉의 죄
제10장 위증과 증거인멸의 죄
제11장 무고의 죄
제12장 신앙에 관한 죄
제13장 방화와 실화의 죄
제14장 일수와 수리에 관한 죄
제15장 교통방해의 죄
제16장 먹는 물에 관한 죄
제17장 아편에 관한 죄
제18장 통화에 관한 죄
제19장 유가증권·우표·인지에 관한 죄
제20장 문서에 관한 죄
제21장 인장에 관한 죄
제22장 성풍속에 관한 죄
제23장 도박과 복표에 관한 죄
제24장 살인의 죄
제25장 상해와 폭행의 죄
제26장 과실치사상의 죄
제27장 낙태의 죄
제28장 유기와 학대의 죄
제29장 체포와 감금의 죄
제30장 협박의 죄
제31장 약취와 유인 및 인신매매의 죄
제32장 강간과 추행의 죄
제33장 명예에 관한 죄
제34장 신용, 업무와 경매에 관한 죄
제35장 비밀침해의 죄
제36장 주거침입의 죄
제37장 권리행사를 방해하는 죄
┌ 자유에 관한 죄 + 재산에 관한 죄
└ 강요죄 + 권리행사방해죄
제38장 절도와 강도의 죄
제39장 사기와 공갈의 죄
제40장 횡령과 배임의 죄
제41장 장물에 관한 죄
제42장 손괴의 죄

형법총론의 조문체계 [3단계 범죄체계] & 기출분석

<table>
<tr><td>서론</td><td colspan="2">• 기본개념, 형법사상과 형법이론(범죄론과 형벌론, 구파와 신파)
• 죄형법정주의
• 적용범위 : 시간적 적용범위(제1조), 장소적 적용범위(제2조~제7조)</td></tr>
<tr><td rowspan="7">범죄론</td><td>범죄론의 기초</td><td>• 범죄의 의의·종류
• 행위론
• 범죄체계론, 행위의 주체·객체</td></tr>
<tr><td>구성 요건론</td><td>• 결과반가치·행위반가치
• 부작위범(제18조) ⇨ 부진정부작위범 13년(25점), 16년(20점), 22년(10/20점)
• 인과관계와 객관적 귀속(제17조, 제19조)
• 구성요건적 고의(제13조) → 사실의 착오(제15조 제1항)
• 과실범(제14조)
• 결과적 가중범(제15조 제2항) ⇨ 부진정결과적가중범 19년(15점)</td></tr>
<tr><td>위법성론</td><td>• 정당방위(제21조)
• 긴급피난(제22조)
• 자구행위(제23조)
• 피해자의 승낙(제24조)
• 정당행위(제20조)</td></tr>
<tr><td>책임론</td><td>• 책임능력 : 형사미성년자(제9조), 심신장애인(제10조), 청각 및 언어 장애인(제11조), 원인으로부터 자유로운 행위(제10조 제3항)
• 위법성의 인식 → 법률의 착오(제16조)(→ 위법성조각사유의 전제사실의 착오)
• 기대가능성 : 강요된 행위(제12조)</td></tr>
<tr><td>미수론</td><td>• 장애미수(제25조)
• 중지미수(제26조)
• 불능미수(제27조)
• 예비·음모(제28조) ⇨ 예비죄의 종범 17년(10점)</td></tr>
<tr><td>공범론</td><td>• 간접정범(제34조)
• 공동정범(제30조)
• 교사범(제31조)
• 종범(제32조)
• 신분(제33조) ⇨ 공범과 신분 07년(30점), 20년(10/20점)</td></tr>
<tr><td>죄수론</td><td>• 일죄 : 법조경합, 포괄일죄
• 수죄 : 상상적 경합(제40조), 실체적 경합(제37조, 제38조, 제39조)</td></tr>
<tr><td>형벌론</td><td colspan="2">• 형벌의 종류 → 몰수·추징, 형의 양정 → 법률상 가중·감경, 자수 등
• 누범(제35조), 선고유예(제59조)·집행유예(제62조)·가석방(제72조)
• 형의 시효·소멸(제77조, 제81조)</td></tr>
</table>

REFERENCE
참고

형법각론의 조문체계 [보호법익] & 기출분석

개인적 법익에 대한 죄	생명과 신체에 대한 죄	제24장 살인의 죄 ⇨ **부작위에 의한 살인죄 16년(20점)** 제25장 상해와 폭행의 죄 제26장 과실치사상의 죄 제27장 낙태의 죄 ⇨ **05년(10/50점)** 제28장 유기와 학대의 죄
	자유에 대한 죄	제30장 협박의 죄 제37장 강요의 죄(권리행사를 방해하는 죄) 제29장 체포와 감금의 죄 제31장 약취, 유인 및 인신매매의 죄 제32장 강간과 추행의 죄 ⇨ **강간치상·상해 03년, 21년(8/25점) /강제추행 21년(8/25점)**
	명예와 신용에 대한 죄	제33장 명예에 관한 죄 ⇨ **명예훼손 12년(20점) / 모욕 19년(15점)** 제34장 신용, 업무와 경매에 관한 죄 ⇨ **업무방해 05년(20/50점)**
	사생활의 평온에 대한 죄	제35장 비밀침해의 죄 제36장 주거침입의 죄 ⇨ **09년(25점), 22년(15점), 23년(10점)**
	재산에 대한 죄	재산죄 일반론 ⇨ **점유 13년(10점), 20년(5/10점) / 불법영득의사 21년 (9/25점) / 친족상도례 02년** 제38장 절도와 강도의 죄 ⇨ **03년, 12년(30점), 14년(50점), 15년(50점), 준강도미수·기수 23년(20점)** 제39장 사기와 공갈의 죄 ⇨ **사기 : 편취송금 17년(20점), 타인명의신용카드 10년(50점), 19년(20점) / 공갈 : 20년 (10/20점)** 제40장 횡령과 배임의 죄 ⇨ **횡령 : 매도인선의인 계약명의신탁 08년(50점), 위탁매매 09년(25점), 중간생략등기형명의신탁 16년(30점), 동업 22년(15점), 양자간명의신탁 23년(20점) / 배임 : 대물변제약정 18년(30점), 20년(20점)** 제41장 장물에 관한 죄 제42장 손괴의 죄 제37장 권리행사를 방해하는 죄 ⇨ **강제집행면탈 : 13년(15점), 21년(10점)**
사회적 법익에 대한 죄	공공의 안전과 평온에 대한 죄	제5장 공안을 해하는 죄 제6장 폭발물에 관한 죄 제13장 방화와 실화의 죄 ⇨ **부작위에 의한 현주건조물방화치사죄의 성부 22년(10/20점)** 제14장 일수와 수리에 관한 죄 제15장 교통방해의 죄

사회적 법익에 대한 죄	공중의 건강에 대한 죄	제16장 먹는 물에 관한 죄 제17장 아편에 관한 죄
	공공의 신용에 대한 죄	제18장 통화에 관한 죄 제19장 유가증권, 우표와 인지에 관한 죄 제20장 문서에 관한 죄 ⇨ **사문서위조 05년(20/50점), 공전자기록부실기재·동행사 21년(15점), 공문서부정행사 20년(5/10점)** 제21장 인장에 관한 죄
	사회의 도덕에 대한 죄	제22장 성풍속에 관한 죄 제23장 도박과 복표에 관한 죄 제12장 신앙에 관한 죄
국가적 법익에 대한 죄	국가의 존립과 권위에 대한 죄	제1장 내란의 죄 제2장 외환의 죄 제3장 국기에 관한 죄 제4장 국교에 관한 죄
	국가의 기능에 대한 죄	제7장 공무원의 직무에 관한 죄 ⇨ **뇌물 20년(20점)** 제8장 공무방해에 관한 죄 ⇨ **03년(15/50점), 17년(20점), 22년(10/20점) / 위계공집방 11년(10점)** 제9장 도주와 범인은닉의 죄 ⇨ **범인도피 04년, 11년(40점), 범인도피교사 (대포폰), 18년(20점)** 제10장 위증과 증거인멸의 죄 제11장 무고의 죄

REFERENCE
참고

Thema 정리 알아두어야 할 형사소송상 재판의 종류

민사소송에서 재판의 종류는 소송판결과 본안판결로 나누어진다. 소송판결은 소송요건의 흠결이 있어 소가 부적법한 경우 내리는 판결로서 소각하판결이 이에 속한다. 본안판결은 소에 의한 청구가 실체상 이유 있는가 여부를 재판하는 판결이고, 구체적으로는 청구인용판결과 청구기각판결이 있다.
형사소송에서 재판의 종류에는 형식판결과 실체판결이 있다. 형식판결에는 ① 관할위반의 경우에 행하는 관할위반의 판결과 ② 공소제기절차가 위법무효인 경우 행하는 공소기각판결·결정, 그리고 ③ 마지막으로 형식재판이면서도 일사부재리의 효력을 갖는 특징이 있는 면소판결이 있다. (민사소송의) 소각하판결은 없다. 실체판결의 경우 심판대상인 사실이 존재하는가 여부에 대한 실체판단을 통하여 ① 유죄판결(형소법 제323조 제1항)과 ② 무죄판결(형소법 제325조)을 행하게 된다.

제322조【형면제 또는 형의 선고유예의 판결】
피고사건에 대하여 형의 면제 또는 선고유예를 하는 때에는 판결로써 선고하여야 한다.

제323조【유죄판결에 명시될 이유】
① 형의 선고를 하는 때에는 판결이유에 범죄될 사실, 증거의 요지와 법령의 적용을 명시하여야 한다.
② 법률상 범죄의 성립을 조각하는 이유 또는 형의 가중, 감면의 이유되는 사실의 진술이 있은 때에는 이에 대한 판단을 명시하여야 한다.

제325조【무죄의 판결】
피고사건이 범죄로 되지 아니하거나 범죄사실의 증명이 없는 때에는 판결로써 무죄를 선고하여야 한다.

제326조【면소의 판결】
다음 경우에는 판결로써 면소의 선고를 하여야 한다.
1. 확정판결이 있은 때
2. 사면이 있은 때
3. 공소의 시효가 완성되었을 때
4. 범죄 후의 법령개폐로 형이 폐지되었을 때

제327조【공소기각의 판결】
다음 경우에는 판결로써 공소기각의 선고를 하여야 한다.
1. 피고인에 대하여 재판권이 없을 때
2. 공소제기의 절차가 법률의 규정을 위반하여 무효인 때
3. 공소가 제기된 사건에 대하여 다시 공소가 제기되었을 때
4. 제329조를 위반하여 공소가 제기되었을 때
5. 고소가 있어야 공소를 제기할 수 있는 사건에서 고소가 취소되었을 때
6. 피해자의 명시한 의사에 반하여 공소를 제기할 수 없는 사건에서 처벌을 원하지 아니하는 의사표시를 하거나 처벌을 원하는 의사표시를 철회하였을 때

제328조【공소기각의 결정】
① 다음 경우에는 결정으로 공소를 기각하여야 한다.
   1. 공소가 취소 되었을 때
   2. 피고인이 사망하거나 피고인인 법인이 존속하지 아니하게 되었을 때
   3. 제12조 또는 제13조의 규정에 의하여 재판할 수 없는 때
   4. 공소장에 기재된 사실이 진실하다 하더라도 범죄가 될 만한 사실이 포함되지 아니하는 때
② 전항의 결정에 대하여는 즉시항고를 할 수 있다.

형법총론

합격까지 박문각 법무사

PART 01

서론

Chapter 01

형법의 기본개념

I 형법의 의의

1 형법의 개념

형법은 '범죄'와 '형벌'을 규정하고 있는 법규범의 총체이다. 즉 형법은 어떠한 행위가 범죄이고 이에 대한 법적 효과로서 어떠한 형사제재(형벌 또는 보안처분)을 부과할 것인가를 규정하는 법규범을 말한다.

2 형법의 종류

(1) **협의의 형법**(형식적 의미의 형법)

① 협의의 형법이란 '형법'이라는 이름이 붙여진 **형법전**을 말한다.

② 형법전 안에는 실질적 의미의 형법 외에도 절차에 관한 규정이나 형집행에 관한 규정들이 포함되어 있다. 예 친고죄의 고소, 양형의 조건, 형의 집행·실효 등

(2) **광의의 형법**(실질적 의미의 형법)

① 광의의 형법이란 명칭 여하를 불문하고 범죄와 이에 대한 형사제재를 규정한 모든 법규범을 말한다. 협의의 형법 이외에도 특별형법, 행정형법 및 각종 법률의 형사처벌규정을 포함한다.

예 폭력행위 등 처벌에 관한 법률, 특정범죄가중처벌 등에 관한 법률, 성폭력범죄의 처벌 등에 관한 특례법, 국가보안법, 도로교통법, 건축법, 상법상 납입가장죄 등

② 특별한 규정이 없는 한 형법총칙의 규정은 광의의 형법에 적용된다.

> 제8조 【총칙의 적용】
> 본법 총칙은 타법령에 정한 죄에 적용한다. 단, 그 법령에 특별한 규정이 있는 때에는 예외로 한다.

II 형법의 성격

1 형법의 체계적 지위

(1) 형법은 국가와 범죄자 사이의 관계를 규정하는 **공법**이다. ↔ 사법(私法, 민법 등)

(2) 재판에 적용되는 법이라는 의미에서 **사법법**(司法法)이다. ↔ 입법, 행정

(3) 범죄의 성립과 그 제재에 대한 실체관계를 규율하는 법이라는 의미에서 **실체법**이다. ↔ 절차법(형사소송법)

2 형법의 규범적 성격

(1) 형법은 일정한 범죄를 조건으로 이에 대한 법적 효과로서 형사제재를 규정하는 **가언적·가설적 규범**이다. 이 점에서 명령적·단언적인 형식을 취하는 도덕규범·종교규범과 구별된다.

(2) 형법은 일반국민에 대하여는 일정한 행위를 금지 또는 명령하는 **행위규범**(금지규범 · 명령규범)이고, 법관에 대하여는 재판의 준칙이 되는 **재판규범**이다.

(3) 형법은 일정한 행위를 범죄로 규정하고 그에 대한 형사제재를 부과함으로써 그 범죄행위가 무가치하다는 평가를 하는 **평가규범**(→ 결과반가치로 연결)이고, 일반국민에게 가치에 반하는 행위를 결의하지 않도록 하는 의무를 부과하는 **의사결정규범**(→ 행위반가치로 연결)이다.

III 형법의 기능

Thema 정리 **형법의 기능**

1. **규제적 기능**(행위규범 및 재판규범으로서의 기능)
2. **보호적 기능**(적극적 기능, 범죄로부터 일반 국민 보호)
   1) 법익보호기능
   2) 사회윤리적 가치보호
3. **보장적 기능**(소극적 기능, 국가로부터 범죄인 인권보장)

1 규제적 기능(질서유지 기능, 규율적 기능)

규제적 기능이란 형법의 행위규범 및 재판규범으로서 일반 국민과 법관을 규제하는 기능을 말한다. 여기에서 보호적 기능과 보장적 기능이 파생된다.

2 보호적 기능

(1) 의의

보호적 기능이란 국가공동체 또는 사회질서의 근본가치를 보호하는 형법의 기능으로, ① **법익보호기능**과 ② **사회윤리적 행위가치 보호기능**이 있다.

(2) 형법의 보호적 기능과 보충성 원칙의 관련성

형법의 보호적 기능과 관련하여 **보충성의 원칙**이 문제된다. 보충성의 원칙이란 다른 수단에 의하여는 사회를 보호할 수 없는 경우 최후의 수단으로서 형법을 적용되어야 한다는 원칙을 말한다. 보충성의 원칙에 근거하여 윤리적 문제일 뿐 법익의 침해가 없는 행위에 대하여 **형법의 탈윤리화 내지 비범죄화**가 요청된다.

형법의 성격	형법의 기능	불법(범죄)의 본질	범죄의 본질
의사결정규범	사회윤리적 행위가치 보호	행위반가치 (나쁜 행위)	의무위반
평가규범	법익보호	결과반가치 (나쁜 결과)	법익침해

3 보장적 기능

(1) 의의

보장적 기능이란 형법이 국가형벌권의 한계를 명백히 규정함으로써 국가형벌권의 자의적인 행사로부터 국민의 자유와 권리를 보장하는 기능을 말한다. 죄형법정주의의 근본원리이다.

(2) 특성

① 범죄행위를 규정하고 그 외의 행위로는 처벌받지 않는다는 **국민의 인권보장 기능** 또는 대헌장(Magna Charta)적 기능이 있다.

② 범죄인이라 하더라도 규정된 형벌 이외의 처벌을 받지 않는다는 **범죄인의 인권보장 기능**이 있다.

③ 보장적 기능은 보호적 기능과는 모순관계(반비례관계)에 있다.

Ⅳ 형법의 역사

1 형법이론

(1) 형벌이론

구분			
응보형주의 (절대설)	• 형벌의 본질은 범죄에 대한 정당한 응보에 있다는 입장 • 형벌은 책임과 일치해야 하며, 형벌권의 행사는 책임주의에 의해 제한되어야 함		
목적형주의 (상대설)	형벌은 그 자체가 목적이 아니라 장래의 범죄를 예방하는 수단		
	일반예방주의	형벌의 목적 : '일반인'을 위하하여 범죄 예방	
		소극적 일반예방	위하를 통해 장래의 범죄 예방
		적극적 일반예방	규범의식을 강화하여 범죄 예방
	특별예방주의	형벌의 목적 : '범죄자'를 교화·개선하여 재범 예방	
결합설 (절충설)	책임은 형벌의 상한을 제한할 뿐이고, 형벌의 하한은 일반예방과 특별예방에 의해 결정됨		

(2) 범죄이론

① 객관주의

형법적 평가의 중심을 외부적인 **행위**와 현실적으로 발생한 **결과**에 두고 책임과 형벌을 결정해야 한다는 입장이다.

② 주관주의

형법적 평가의 중심을 외부적 행위와 현실적으로 발생한 결과가 아니라, 이를 발생시킨 **행위자의 반사회적 성격**에 두고 책임과 형벌을 결정해야 한다는 입장이다.

③ 객관주의와 주관주의의 형법해석상 차이

구분	객관주의	주관주의
전제	고전주의(고전학파)	실증주의(근대학파)
사실의 착오	구체적 부합설, 법정적 부합설	추상적 부합설
책임의 근거	도의적 책임론	사회적 책임론
책임능력	범죄능력	형벌능력
책임판단	행위책임	행위자책임(성격책임)
미수범 처벌	기수범보다 감경	기수범과 동일하게 처벌
미수범 처벌근거	객관설(구성요건 결과실현의 위험)	주관설(범죄적 의사 내지 법적대적 의사)
실행의 착수	객관설	주관설
불능미수	객관설	주관설
공동정범	범죄공동설	행위공동설
공범의 종속성	공범종속성설	공범독립성설
죄수결정	행위·구성요건·법익표준설	의사표준설

2 형법학파

고전학파(구파)와 근대학파(신파)로 구분할 수 있으며 비교하면 다음과 같다.

구분	고전학파(고전주의)	근대학파(실증주의)
사상적 배경	개인주의, 자유주의	실증주의, 과학주의
자유의사	인정(비결정론)	부정(결정론)
죄형법정주의	죄형법정주의 확립	죄형법정주의 쇠퇴
범죄	객관주의(행위와 결과 중시)	주관주의(행위자의 반사회성 중시)
책임	도의적 책임론	사회적 책임론
형벌	응보형주의, 일반예방주의	목적형·교육형주의, 특별예방주의
부정기형	부정(정기형주의)	인정(부정기형주의)
형벌과 보안처분	이원론 → 대체 부정	일원론 → 대체 인정

3 현대사회와 위험형법

(1) 적극적 일반예방사상에 근거, 새로운 위험·행위에 대처하자는 것(↔ 결과불법)

(2) 법익개념의 기능화(보편적 법익개념의 확대)

(3) 형법적 보호의 전치(前置)화

(4) 추상적 위험범의 확대

(5) 미수·예비 처벌범위의 확대

Chapter

02 죄형법정주의

I 죄형법정주의의 의의

죄형법정주의란 범죄와 형벌은 미리 성문법률로 정하여야 한다는 원칙을 말한다. 「법률 없으면 범죄 없고 형벌도 없다(nullum crimen, nulla poena sine lege)」는 근대형법의 기본원리이다. 그 내용(파생원칙)으로는 ① 성문법률주의, ② 명확성의 원칙, ③ 소급효금지의 원칙, ④ 유추해석금지의 원칙, ⑤ 적정성의 원칙이 있다.

죄형법정주의는 헌법 제12조 제1항(누구든지 법률과 적법한 절차에 의하지 아니하고는 처벌·보안처분 또는 강제노역을 받지 아니한다)과 제13조 제1항(모든 국민은 행위시의 법률에 의하여 범죄를 구성하지 아니하는 행위로 소추되지 아니하며, 동일한 범죄에 대하여 거듭 처벌받지 아니한다)에 근거를 두고 있고, 형법도 제1조 제1항에서 「범죄의 성립과 처벌은 행위시의 법률에 따른다」는 규정을 두고 있다. 따라서 죄형법정주의는 형법의 원칙인 동시에 헌법상의 원칙이다.

o 죄형법정주의는 국가형벌권의 자의적인 행사로부터 개인의 자유와 권리를 보호하기 위하여 범죄와 형벌을 법률로 정할 것을 요구한다(대판 2018.1.24, 2017도15914).

II 죄형법정주의의 내용

Thema 정리 **죄형법정주의의 내용 "법명소추적"**(→ 위배시 위헌·위법 무효, 처벌 ×)

1. 성문법률주의(관습형법금지의 원칙)

법률 = 형식적 의미의 법률 ○, 형식적 의미의 형법 ×

1) **관습형법** : 원칙 금지, 예외적 허용(유리한 관습법 허용)

2) **위임입법** : 원칙적으로 금지, 그 필요성이 있는 경우 예외적으로 허용

→ **위임입법의 요건·한계** : 상위법 위배 ×, 구성요건 & 형벌을 예측가능하고 명확하게 규정

→ 포괄위임금지 = 명확성의 원칙

2. 명확성의 원칙

최대한 ×, 최소한 ○ → 법관의 보충적 해석 ○, 자의적 해석 ×

3. 소급효금지의 원칙

형벌에 관한 법률(실체법)의 소급적용금지

→ 유리한 소급효 긍정 = 제1조 제2항 재판시법주의

↔ **소급효금지의 원칙이 적용되지 않는 경우**

1) **보안처분**(∵ **형벌** ×) / 가정폭력범죄처벌특례법상 사회봉사명령, 노역장유치 : 적용 ○

2) **판례변경, 양형기준**(∵ **법률의 변경** ×)

3) **소송법규정**(고소기간, 공소시효 등)(∵ **실체법** ×) = 부진정소급입법 허용 ○

↔ 신법시행 전 고소기간 도과, 공소시효가 완성된 때(진정소급입법)

→ 판례 ┌ 원칙적 적용 ○ = 진정소급입법 허용 ×
└ 예외적 적용 × = 진정소급입법 예외적 허용 ○(5.18. 특별법사건)

4. 유추해석금지의 원칙

모든 가벌성에 관한 규정에 적용 예 위조・책조・소추조건・처벌조각사유 등

→ 유리한 유추해석은 긍정

↔ 행위자에게 유리한 사유(위법성조각사유 등)를 제한적 유추적용 ×(∵ 행위자에 불리)

5. 적정성의 원칙

비례의 원칙(과잉금지원칙), 범죄(책임) ∝ 형벌

1 성문법률주의(관습형법금지의 원칙)

(1) 의의

① (성문)법률주의란 범죄와 형벌은 성문의 법률로 규정하여야 한다는 원칙을 말한다. 여기에서의 법률은 국회가 제정한 **형식적 의미의 법률**(↔ **형식적 의미의 형법** ×)을 말한다.

② 따라서 관습으로 범죄와 형벌을 정하는 것은 금지되지만 행위자에게 유리한 경우에는 허용된다. 예를 들어 관습법에 의한 위법성조각사유・책임조각사유 등을 인정하는 것은 허용된다.

(2) 위임입법의 예외적 허용과 그 한계(포괄위임금지원칙)

① 위임입법은 그 필요성이 있거나 법률로 정할 수 없는 부득이한 사정이 있는 경우에만 예외적으로 허용된다. 이러한 경우에도 하위법령으로 범죄와 형벌을 정하도록 하는 포괄위임은 금지된다.

> ○ 사회현상의 복잡다기화와 국회의 전문적・기술적 능력의 한계 및 시간적 적응능력의 한계로 인하여 형사처벌에 관련된 모든 법규를 예외 없이 형식적 의미의 법률에 의하여 규정한다는 것은 사실상 불가능할 뿐만 아니라 실제에 적합하지도 아니하기 때문에, 특히 긴급한 필요가 있거나 미리 법률로써 자세히 정할 수 없는 부득이한 사정이 있는 경우에 한하여 수권법률(위임법률)이 ① **구성요건**의 점에서는 처벌대상인 행위가 어떠한 것인지 이를 예측할 수 있을 정도로 구체적으로 정하고, ② **형벌**의 점에서는 형벌의 종류 및 그 상한과 폭을 명확히 규정하는 것을 전제로 위임입법이 허용되며, 이러한 위임입법은 죄형법정주의에 반하지 않는다(대판 2002.11.26, 2002도2998).

② 하위법령에서 위임법률에서 위임하고 있지 않은 사항을 규정하는 경우 이는 위임입법의 한계를 벗어나는 것이므로 그 하위법령은 무효이다.

> ○ [당직의료인사건] 의료법 제41조가 "환자의 진료 등에 필요한 당직의료인을 두어야 한다."라고 규정하고 있을 뿐인데도 시행령 조항은 당직의료인의 수와 자격 등 배치기준을 규정하고 이를 위반하면 의료법 제90조에 의한 처벌의 대상이 되도록 함으로써 **형사처벌의 대상을 신설 또는 확장**하였다. 그러므로 시행령 조항은 위임입법의 한계를 벗어난 것으로서 무효이다(대판 2017.2.16, 2015도16014 全合).

ㅇ 헌법 제75조는 **위임입법의 근거 및 그 범위와 한계**를 제시하고 있는데 "법률에서 구체적인 범위를 정하여 위임받은 사항"이란 법률에 이미 대통령령으로 규정될 내용 및 범위의 기본사항이 구체적으로 규정되어 있어서 누구라도 당해 법률로부터 대통령령에 규정될 내용의 대강을 예측할 수 있어야 함을 의미한다. 또한 위임의 구체성·명확성 내지 예측가능성의 유무는 당해 특정조항 하나만을 가지고 판단할 것이 아니라 관련 법조항 전체를 유기적·체계적으로 종합하여 판단하여야 하고 위임된 사항의 성질에 따라 구체적·개별적으로 검토하여야 한다(대판 2013.1.24, 2012도10629).

관련 판례 **법률주의에 반하는 경우**(위임입법의 한계를 벗어난 경우)

1) [노리쇠 등 총포부품소지사건] 총포도검화약류단속법의 위임에 따라 총포의 범위를 구체적으로 정하면서도 모법의 위임 범위를 벗어나 시행령에서 **총의 부품**까지 총포에 속하는 것으로 규정하고 모법보다 형사처벌의 대상을 확장하고 있는 것으로 위임입법의 한계를 벗어나고 죄형법정주의 원칙에 위배되어 무효이다(대판 1999.2.11, 98도2816 全合).
2) 특정범죄가중처벌 등에 관한 법률 제4조 제1항의 **정부관리기업체**라는 용어는 수뢰죄와 같은 이른바 신분범에 있어서 그 주체에 관한 구성요건의 규정을 지나치게 광범위하고 불명확하게 규정하여 전체로서의 구성요건의 명확성을 결여한 것으로 죄형법정주의에 위배되고 / 나아가 그 법률 자체가 불명확함으로 인하여 그 법률에서 대통령령에 규정될 내용의 대강을 예측할 수 없는 경우라 할 것이므로 위임입법의 한계를 일탈한 것으로서 위헌이다(헌재결 1995.9.28, 93헌바50).
   [비교판례] 이후 특가법을 개정하여 정부관리기업체의 요건을 상세히 규정하였다.
   → 수산업협동조합중앙회와 그 회원조합을 정부관리기업체의 하나로 규정한 것(대판 2007.4.27, 2007도1038)과, 농업협동조합중앙회를 정부관리기업체의 하나로 규정한 것(대판 2007.11.30, 2007도6556)이 위임입법의 한계를 벗어난 것으로 위헌·위법이라고 할 수 없다.
3) [백색위생복과 명찰을 착용하지 아니하고 의약품을 판매한 사건] "약국을 관리하는 약사 또는 한약사는 보건복지부령으로 정하는 **약국관리에 필요한 사항**을 준수하여야 한다"는 약사법에 위반한 경우 처벌하는 규정은 헌법상 포괄위임입법금지 원칙 및 죄형법정주의의 명확성 원칙에 위반된다(헌재결 2000.7.20, 99헌가15).
4) [불온통신사건] 전기통신사업법 제53조 제2항은 "제1항의 규정에 의한 **공공의 안녕질서 또는 미풍양속**을 해하는 것으로 인정되는 통신의 대상 등은 대통령령으로 정한다"고 규정하고 있는바 이는 이는 명확성의 원칙과 포괄위임금지원칙에 반하고, 적정성원칙(과잉금지원칙)에도 위반된다(헌재결 2002.6.27, 99헌마480). → 수범자인 국민으로 하여금 어떤 내용들이 대통령령에 정하여질지 그 기준과 대강을 예측할 수도 없기 때문

관련 판례 **법률주의에 반하지 않는 경우**(위임입법의 한계를 벗어나지 않은 경우)

1) 일반적으로 법률의 위임에 의하여 효력을 갖는 **법규명령**의 경우, 구법에 위임의 근거가 없어 무효였더라도 사후에 법 개정으로 위임의 근거가 부여되면 그때부터는 유효한 법규명령이 되나, 반대로 구법의 위임에 의한 유효한 법규명령이 법 개정으로 위임의 근거가 없어지게 되면 그때부터 무효인 법규명령이 된다(대판 1995.6.30, 93추83).

2) (공공기관의 운영에 관한 법률 및 시행령상 '시장형 공기업'의 경우 자산규모가 2조원 이상으로 직원 정원이 50인 이상인 공공기관으로서 총수입액 중 자체수입액이 85% 이상인 기업을 의미하는 것으로 명시적으로 규정되어 있어서 법령에서 비교적 구체적으로 요건과 범위를 정하여 공공기관유형의 지정 권한을 기획재정부장관에게 위임하고 있는 것 …… 등에 비추어 보면,) 공공기관의 운영에 관한 법률 제53조가 공기업의 임직원으로서 공무원이 아닌 사람은 형법 제129조의 적용에 있어서는 이를 공무원으로 본다고 규정하고 있을 뿐 **구체적인 공기업의 지정**에 관하여는 하위규범인 기획재정부장관의 고시에 의하도록 규정하였다 하더라도 죄형법정주의에 위배되거나 위임입법의 한계를 일탈한 것이 아니다(대판 2013.6.13, 2013도1685).

3) 구 국가공무원복무규정 제27조 제2항 제4호(**어떠한 명목으로든 금전이나 물질로 특정 정당 또는 정치단체를 지지하거나 반대하는 행위**)는 특정 정당 또는 정치단체에 대한 일체의 금전적 또는 물질적 후원행위를 금지한다는 것이 아니고, 금전 또는 물질의 이름이나 구실 또는 이유에 구애되지는 않지만 정당활동이나 선거와 직접적으로 관련되거나 특정 정당과의 밀접한 연계성을 인정할 수 있는 경우 등 공무원의 정치적 중립성을 훼손할 가능성이 큰 행위로서 특정 정당 또는 정치단체를 지지 또는 반대하는 것이라는 요소가 있는 행위만을 금지하는 것이라고 해석하여야 하며, 그러한 해석하에서 보면 구 국가공무원복무규정 제27조 제2항 제4호가 명확성의 원칙에 위배되었거나 모법인 국가공무원법 제65조 제4항의 위임범위를 벗어났다고 할 수 없다(대판 2014.5.16, 2012도12867).

2 명확성의 원칙

(1) 의의

명확성의 원칙이란 구성요건과 그에 대한 형사제재, 즉 범죄와 형벌을 가능한 한(↔ **최대한 X, 최소한 O**) 명확하게 규정해야 한다는 원칙이다.

○ 법규범의 문언은 어느 정도 가치개념을 포함한 일반적, 규범적 개념을 사용하지 않을 수 없는 것이기 때문에 명확성의 원칙이란 기본적으로 **최대한이 아닌 최소한의 명확성**을 요구하는 것으로서, 그 문언이 법관의 보충적인 가치판단을 통해서 그 의미내용을 확인할 수 있고, 그러한 보충적 해석이 해석자의 개인적인 취향에 따라 좌우될 가능성이 없다면 명확성의 원칙에 반한다고 할 수 없다(대결 2008.10.23, 2008초기264).

○ 죄형법정주의에서 파생되는 명확성의 원칙은 법률이 처벌하고자 하는 행위가 무엇이며 그에 대한 형벌이 어떠한 것인지를 누구나 예견할 수 있고, 그에 따라 자신의 행위를 결정할 수 있도록 구성요건을 명확하게 규정하는 것을 의미한다. 그러나 처벌법규의 구성요건이 명확하여야 한다고 하여 모든 구성요건을 단순한 서술적 개념으로 규정하여야 하는 것은 아니고, 다소 광범위하여 **법관의 보충적인 해석을 필요로 하는 개념**을 사용하였다고 하더라도 통상의 해석방법에 의하여 **건전한 상식과 통상적인 법감정을 가진 사람(사물의 변별능력을 제대로 갖춘 일반인)**이면 당해 처벌법규의 보호법익과 금지된 행위 및 처벌의 종류와 정도를 알 수 있도록 규정하였다면 헌법이 요구하는 처벌법규의 명확성에 배치되는 것이 아니다(대판 2006.5.11, 2006도920).

(2) 구성요건의 명확성

구성요건은 통상의 판단능력을 가진 일반인이 합리적으로 판단할 때 무엇이 금지되어 있는가를 예견할 수 있도록 명확하게 규정하여야 하고, 법관이 자의적으로 확장할 수 없는 개념을 사용해야 한다.

(3) 제재의 명확성

형법은 범죄에 대하여 어떤 형벌 또는 보안처분을 과할 것인가를 명확하게 규정해야 한다. 형벌의 기간이 전혀 정해지지 않은 **절대적 부정기형**은 허용되지 않으나, 형벌의 장기와 단기 또는 장기만 정해진 경우인 **상대적 부정기형**은 허용된다(예 소년법 제60조).

관련 판례 명확성의 원칙에 반하는 경우

1) 외국환관리규정 제6-15조의4 제2호 (나)목 소정의 '**도박 기타 범죄 등 선량한 풍속 및 사회질서에 반하는 행위**'라는 요건은 죄형법정주의가 요구하는 형벌법규의 명확성의 원칙에 반한다(대판 1998.6.18, 97도2231 全合). → 형벌법규의 구성요건 요소로서는 지나치게 광범위하고 불명확하기 때문
2) 출판사 및 인쇄소의 등록에 관한 법률의 "**저속**"의 개념에는 (출판사등록이 취소되는 성적 표현의 하한이 열려 있을 뿐만 아니라 폭력성이나 잔인성 및 천한 정도도 그 하한이 모두 열려 있기 때문에 출판을 하고자 하는 자는 어느 정도로 자신의 표현내용을 조절해야 되는지를 도저히 알 수 없도록 되어 있어) 명확성의 원칙 및 과도한 광범성의 원칙에 반한다(헌재결 1998.4.30, 95헌가16).
3) 미성년자에게 음란성 또는 **잔인성**을 조장할 우려가 있거나 기타 미성년자로 하여금 **범죄의 충동**을 일으킬 수 있게 하는 만화(이하 "불량만화"라 한다)의 반포 등 행위를 금지하고 이를 위반하는 자를 처벌하는 이 사건 미성년자보호법 조항은 명확성의 원칙에 위배된다(헌재결 2002.2.28, 99헌가8).
4) 아동의 **덕성**을 심히 해할 우려가 있는 도서, 간행물, 광고물, 기타의 내용물의 제작 등 행위를 금지하고 이를 위반하는 자를 처벌하는 이 사건 아동보호법 조항은 명확성의 원칙에 위배된다(헌재결 2002.2.28, 99헌가8). → 법관의 보충적인 해석을 통하여도 그 규범내용이 확정될 수 없는 모호하고 막연한 개념을 사용함으로써 그 적용범위를 법집행기관의 자의적인 판단에 맡기고 있기 때문
5) **[미네르바사건]** 전기통신기본법 제47조 제1항은 **공익을 해할 목적**으로 전기통신설비에 의하여 공연히 허위의 통신을 한 자를 형사처벌하고 있는바, (여기서의 "공익"은 형벌조항의 구성요건으로서 구체적인 표지를 정하고 있는 것이 아니라, 헌법상 기본권 제한에 필요한 최소한의 요건 또는 헌법상 언론·출판의 자유의 한계를 그대로 법률에 옮겨 놓은 것에 불과할 정도로 그 의미가 불명확하고 추상적이다. …… 이 사건 법률조항은 수범자인 국민에 대하여 일반적으로 허용되는 '허위의 통신' 가운데 어떤 목적의 통신이 금지되는 것인지 고지하여 주지 못하고 있으므로) 표현의 자유에서 요구하는 명확성의 요청 및 죄형법정주의의 명확성의 원칙에 위배하여 헌법에 위반된다(헌재결 2010.12.28, 2008헌바157, 2009헌바88).

관련 판례 명확성의 원칙에 반하지 않는 경우

1) 출판사 및 인쇄소의 등록에 관한 법률의 "**음란**" 개념은 적어도 수범자와 법집행자에게 적정한 지침을 제시하고 있다고 볼 수 있고 또 법적용자의 개인적 취향에 따라 그 의미가 달라질 수 있는 가능성도 희박하다고 하지 않을 수 없다. 따라서 이 사건 법률조항의 "음란" 개념은 그것이 애매모호하여 명확성의 원칙에 반한다고 할 수 없다(헌재결 1998.4.30, 95헌가16).

2) 유해화학물질관리법 제35조 제1항에서 금지하는 **환각물질**은 누구에게나 그 섭취 또는 흡입행위 자체가 금지됨이 마땅하므로, 일반적으로 술을 마시는 행위 자체가 금지된 것이 아니라 주취상태에서의 자동차 운전행위만이 금지되는 도로교통법상의 주취상태를 판정하는 혈중알코올농도와 같이 그 섭취 기준을 따로 정할 필요가 있다고 할 수 없으므로, 같은 법 제35조 제1항의 '**섭취 또는 흡입**'의 개념이 추상적이고 불명확하다거나 지나치게 광범위하다고 볼 수도 없다(대판 2000.10.27, 2000도4187).

3) 청소년보호법 제26조의2 제8호 소정의 "**풍기를 문란하게 하는 영업행위를 하거나 그를 목적으로 장소를 제공하는 행위**"의 의미는 …… 그 구체적인 예가 바로 위 규정에 열거된 "청소년에 대하여 이성혼숙을 하게 하거나 그를 목적으로 장소를 제공하는 행위" 등이라고 보이는바, 위 법률조항은 명확성의 원칙에 반하지 아니하여 실질적 죄형법정주의에도 반하지 아니한다(대판 2003.12.26, 2003도5980).

4) 형사소송법 제307조, 제308조에 규정된 '**증거**' 또는 '**자유심증**'이라는 용어의 경우 해당 법률의 입법목적과 타 규범과의 연관성 등을 고려하여 합리적인 해석이 가능하기 때문에 이를 명확성의 원칙에 위배된다고 보기 어렵다(대결 2006.5.26, 2006초기92).

5) 폭력행위 등 처벌에 관한 법률 제4조 제1항에서 규정하고 있는 범죄단체 구성원으로서의 "활동"의 개념이 다소 추상적이고 포괄적인 측면이 있지만, (어떠한 행위가 위 "활동"에 해당할 수 있는지는 구체적인 사건에 있어서 위 규정의 입법 취지 및 처벌의 정도 등을 고려한 법관의 합리적인 해석과 조리에 의하여 보충될 수 있는 점 등을 종합적으로 판단하면,) 이 사건 법률조항 중 "**활동**" 부분이 죄형법정주의의 명확성의 원칙에 위배된다고 할 수 없다(대판 2008.5.29, 2008도1857).

6) 형법 제125조 중 '**경찰에 관한 직무를 행하는 자 또는 이를 보조하는 자가 그 직무를 행함에 당하여 형사피의자 또는 기타 사람에 대하여 폭행을 가한 때**'와 관련된 부분은 죄형법정주의의 명확성의 원칙에 위반되지 않는다(헌재결 2015.3.26, 2013헌바140).

7) [인권위 1인 시위 징계사건] 구 국가공무원법 제66조 제1항이 금지하는 '공무 외의 일을 위한 집단행위'의 규정은 다소 포괄적이고 광범위하게 규정하고 있다 하더라도, 이는 공무가 아닌 어떤 일을 위하여 공무원들이 하는 모든 집단행위를 의미하는 것이 아니라, 언론·출판·집회·결사의 자유를 보장하고 있는 헌법 제21조 제1항, 공무원에게 요구되는 헌법상의 의무 및 이를 구체화한 국가공무원법의 취지, 국가공무원법상의 성실의무 및 직무전념의무 등을 종합적으로 고려하여 '공익에 반하는 목적을 위한 행위로서 직무전념의무를 해태하는 등의 영향을 가져오는 집단적 행위'라고 해석된다(대판 2017.4.13, 2014두8469).

[동지판례] 공무원인 교원의 정치적 중립성을 침해할 만한 직접적인 위험을 초래할 정도에 이르렀다고 볼 수 있는 경우에, 국가공무원법 제66조 제1항에서 금지하는 '**공무 외의 일을 위한 집단행위**'에 해당한다고 보아야 한다(대판 2012.4.19, 2010도6388 全合).

→ 목적론적 축소 해석(∴ 명확성의 원칙 위반 ×)

8) 반복적인 절도 범행에 대한 누범가중 처벌규정인 **특정범죄 가중처벌 등에 관한 법률 제5조의4 제5항 제1호**는 죄형법정주의와 명확성의 원칙에 위반되지 않는다(대판 2018.2.13, 2017도19862).

[동지판례] 특정범죄가중법 제5조의4 제5항 제1호 중 '이들 죄를 범하여 누범으로 처벌하는 경우' 부분에서 '**이들 죄**'라 함은, 앞의 범행과 동일한 범죄일 필요는 없으나, 특정범죄가중처벌법 제5조의4 제5항 각 호에 열거된 모든 죄가 아니라 / 앞의 범죄와 동종의 범죄, 즉 형법 제329조 내지 제331조의 죄 또는 그 미수죄를 의미한다(대판 2020.2.27, 2019도18891).

[참고판례] 특정범죄 가중처벌 등에 관한 법률 제5조의4 제5항 제1호 중 '세 번 이상 징역형을 받은 사람'은 그 문언대로 형법 제329조 등의 죄로 **세 번 이상 징역형을 받은 사실**이 인정되는 사람으로 해석하면 충분하고, 전범 중 일부가 나머지 전범과 사이에 후단 경합범의 관계에 있다고 하여 이를 처벌조항에 규정된 처벌받은 형의 수를 산정할 때 제외할 것은 아니다(대판 2020.3.12, 2019도17381).

[참고판례] 특정범죄 가중처벌 등에 관한 법률 제5조의4 제5항 제1호는 형법 제35조(누범) 규정과는 별개로 '형법 제329조부터 제331조까지의 죄(미수범 포함)를 범하여 세 번 이상 징역형을 받은 사람이 그 누범 기간 중에 다시 해당 범죄를 저지른 경우에 형법보다 무거운 법정형으로 처벌한다'는 내용의 **새로운 구성요건**을 **창설**한 것으로 해석해야 한다. 따라서 이 사건 법률 규정에 정한 형에 다시 형법 제35조의 누범가중한 형기범위 내에서 처단형을 정하여야 한다(대판 2020.5.14, 2019도18947).

→ 특정범죄 가중처벌 등에 관한 법률 제5조의4 제5항 제1호가 형법 제35조의 **특별규정**에 해당하지 아니하므로 다시 누범가중하여야 한다는 취지

9) [내란음모에 관한 사건] 내란**선동**이란 내란이 실행되는 것을 목표로 하여 피선동자들에게 내란행위를 결의, 실행하도록 충동하고 격려하는 일체의 행위를 말한다. 내란선동은 주로 언동, 문서, 도화 등에 의한 표현행위의 단계에서 문제되는 것이므로 내란선동죄의 구성요건을 해석함에 있어서는 국민의 기본권인 표현의 자유가 위축되거나 본질이 침해되지 아니하도록 죄형법정주의의 기본정신에 따라 엄격하게 해석하여야 한다(대판 2015.1.22, 2014도10978 全合). → 죄형법정주의 원칙에 반하지 않는다는 취지

[반대의견] 내란선동죄에서 '**선동**'은 단지 언어적인 표현행위일 뿐이므로 그 행위에 대한 평가 여하에 따라서는 적용범위가 무한히 확장될 가능성이 있어 죄형법정주의 원칙에 반한다.

10) [형법 제105조(국기모독죄) 위헌소원사건] 심판대상조항은 '**대한민국을 모욕할 목적**'이 있는 경우에 성립한다. '대한민국을 모욕'한다는 것은, '국가공동체인 대한민국의 사회적 평가를 저해할 만한 추상적 또는 구체적 판단이나 경멸적 감정을 표현하는 것'을 의미한다. 심판대상조항이 다소 광범위한 개념을 사용했다 하더라도, 건전한 상식과 통상적 법 감정을 가진 사람이 일반적 해석방법에 따라 보호법익과 금지 행위, 처벌의 종류와 정도를 알 수 있는 이상, **명확성의 원칙에 위배되지 않는다**(헌재결 2019.12.27, 2016헌바96).

→ 이외의 구성요건인 '국기', '손상', '제거', '오욕' 등의 표현도 명확성의 원칙에 위배되지 않음

3 소급효금지의 원칙

(1) 의의

소급효금지원칙이란 형벌에 관한 법규는 그 시행 이후의 행위에 대하여만 적용되고 시행 이전의 행위에까지 소급하여 적용될 수 없다는 원칙이다. 행위시에 범죄로 규정되지 않은 행위에 대하여 사후의 입법으로 소급하여 처벌할 수 없다는 것을 말한다(헌법 제13조 제1항 전단, 제1조 제1항).

(2) 소급적용의 경우

다만 행위자에게 유리한 경우에는 소급하여 적용할 수 있다(제1조 제2항, 제3항).

o 인지의 소급효는 친족상도례에 관한 규정의 적용에도 미친다고 보아야 할 것이므로, **인지가 범행 후에 이루어진 경우**라고 하더라도 그 소급효에 따라 형성되는 친족관계를 기초로 하여 친족상도례의 규정이 적용된다(대판 1997.1.24, 96도1731).

o **헌법재판소**의 **위헌결정**으로 인하여 형벌에 관한 법률 또는 법률조항이 소급하여 그 효력을 상실한 경우에는 당해 법조를 적용하여 기소한 피고 사건은 범죄로 되지 아니하는 때에 해당하므로, 결국 이 부분 공소사실은 **무죄**라 할 것이다(대판 1999.12.24, 99도3003 ; 대판 2015.3.12, 2014도12101 ; 대판 2015.3.12, 2015도921).

[동지판례] 헌법재판소가 위 법률조항에 대해 **헌법불합치결정**을 선고하면서 개정시한을 정하여 입법 개선을 촉구하였는데도 위 시한까지 법률 개정이 이루어지지 않은 사안에서, 위 법률조항은 소급하여 효력을 상실하므로 이를 적용하여 공소가 제기된 위 피고사건에 대하여 형사소송법 제325조 전단에 따라 **무죄**를 선고하여야 한다고 한 사례(대판 2011.6.23, 2008도7562 全合)

[동지판례] 국무총리 공관 인근에서의 옥외집회·시위를 금지·처벌하거나 그러한 옥외집회·시위를 해산명령의 대상으로 삼아 **해산명령불응죄**로 처벌하는 집회 및 시위에 관한 법률 규정에 대한 헌법재판소의 헌법불합치결정은 형벌에 관한 법률조항에 대한 위헌결정이다(대판 2020.5.28, 2017도8610).

→ 집회 및 시위에 관한 법률 제11조 제3호, 제23조 제1호 중 제11조 제3호에 관한 부분, 제24조 제5호 중 제20조 제2항 가운데 '제11조 제3호를 위반한 집회 또는 시위'에 관한 부분은 헌법에 합치되지 아니한다고 헌법불합치 결정을 선고하였음에도, 국회가 개정시한인 2019.12.31.까지 위 법률조항을 개정하지 않은 경우, 법원은 해당 조항이 적용되어 공소가 제기된 피고사건에 대하여 형사소송법 제325조 전단에 따라 무죄를 선고하여야 한다고 한 사례

→ 이후 헌법재판소 결정의 취지에 따라 국회의사당, 국무총리 공관, 각급 법원, 헌법재판소의 경계 지점으로부터 100미터 이내의 장소에서 집회·시위를 예외적으로 허용하도록 집회 및 시위에 관한 법률의 옥외집회 및 시위의 금지 장소에 관한 규정을 개정(2020.6.9. 개정·시행)

[동지판례] **재심대상판결 당시의 법령이 변경된 경우**에는 그 범죄사실에 대하여 재심판결 당시의 법령을 적용하여야 하고, 폐지된 경우에는 형사소송법 제326조 제4호를 적용하여 그 범죄사실에 대하여 면소를 선고하는 것이 원칙이다. 그러나 법원은, 형벌에 관한 법령이 **헌법재판소의 위헌결정**으로 인하여 소급하여 그 효력을 상실하였거나 법원에서 위헌·무효로 선언된 경우, 당해 법령을 적용하여 공소가 제기된 피고사건에 대하여 같은 법 제325조에 따라 무죄를 선고하여야 한다(대판 2010.12.16, 2010도5986 全合).

[동지판례] 형벌에 관한 법령이 헌법재판소의 **위헌결정**으로 인하여 소급하여 그 효력을 상실하였거나 법원에서 위헌·무효로 선언된 경우, 당해 법령을 적용하여 공소가 제기된 피고사건에 대하여는 형사소송법 제325조에 따라 **무죄**를 선고하여야 한다. 나아가 재심이 개시된 사건에서 형벌에 관한 법령이 **재심판결 당시 폐지**되었다 하더라도 그 폐지가 당초부터 헌법에 위배되어 효력이 없는 법령에 대한 것이었다면 형사소송법 제325조 전단이 규정하는 '범죄로 되지 아니한 때'의 무죄사유에 해당하는 것이지, 형사소송법 제326조 제4호에서 정한 면소사유에 해당한다고 할 수 없다(대판 2013.5.16, 2011도2631 全合 ; 대판 2018.11.29, 2016도14781).

[비교판례] 피고인이 **간통죄**로 유죄의 확정판결을 받은 후 헌법재판소가 구 형법 제241조에 대하여 2008.10.30. 합헌결정을 하였다가 2015.2.26. 위헌결정을 하게 되자 재심을 청구하였는데, 제1심이 재심개시결정을 한 경우 공소사실을 심판하는 제1심은 형사소송법 제326조 제4호에 따라 **면소판결**을 선고하여야 한다(대판 2019.12.24, 2019도15167).

→ 개정된 헌법재판소법 제47조 제3항 단서는 형벌에 관한 해당 법률 또는 법률의 조항에 대하여 종전에 합헌으로 결정한 사건이 있는 경우에는 그 결정이 있는 날의 다음 날로 소급하여 효력을 상실한다고 정하여 소급효를 제한하고 있기 때문

ㅇ 피고인이 행정청으로부터 자동차 운전면허취소처분을 받았으나 나중에 그 행정처분 자체가 **행정쟁송절차**에 의하여 **취소**되었다면, 위 운전면허취소처분은 그 처분시에 소급하여 효력을 잃게 되고, 피고인은 위 운전면허취소처분에 복종할 의무가 원래부터 없었음이 후에 확정되었다고 봄이 타당할 것이고, 행정행위에 공정력의 효력이 인정된다고 하여 행정소송에 의하여 적법하게 취소된 운전면허취소처분이 단지 장래에 향하여서만 효력을 잃게 된다고 볼 수는 없다(대판 1999.2.5, 98도4239).

[동지판례] 행정청의 자동차 **운전면허 취소처분**이 **직권**으로 또는 **행정쟁송**절차에 의하여 **취소**되면, 운전면허 취소처분은 그 처분 시에 소급하여 효력을 잃고 운전면허 취소처분에 복종할 의무가 원래부터 없었음이 확정되므로, 운전면허 취소처분을 받은 사람이 운전면허 취소처분이 취소되기 전에 자동차를 운전한 행위는 도로교통법에 규정된 무면허운전의 죄에 해당하지 아니한다. / 위와 같은 관련 규정 및 법리, 헌법 제12조가 정한 적법절차의 원리, 형벌의 보충성 원칙을 고려하면, 자동차 운전면허 취소처분을 받은 사람이 자동차를 운전하였으나 운전면허 취소처분의 원인이 된 교통사고 또는 법규 위반에 대하여 범죄사실의 증명이 없는 때에 해당한다는 이유로 **무죄판결이 확정된 경우**에는 **그 취소처분이 취소되지 않았더라도** 도로교통법에 규정된 무면허운전의 죄로 처벌할 수는 없다고 보아야 한다(대판 2021.9.16, 2019도11826). → 운전면허취소처분의 소급효

(3) 형벌에 관한 법규의 의미

여기서 형벌에 관한 법규란 형벌에 관한 법률로서 실체법 규정을 의미한다. 따라서 보안처분(예 보호관찰, 공개명령, 고지명령, 전자장치부착명령), 판례의 변경이나 양형기준의 변경, 절차법(소송법) 규정에 대하여는 소급효금지원칙은 적용되지 않는다.

(4) 처벌의 의미

형벌불소급원칙에서 의미하는 '처벌'은 형법에 규정되어 있는 형식적 의미의 형벌 유형에 국한되지 않으며, 범죄행위에 따른 제재의 내용이나 실제적 효과가 형벌적 성격이 강하여 신체의 자유를 박탈하거나 이에 준하는 정도로 신체의 자유를 제한하는 경우에는 형벌불소급원칙이 적용되어야 한다. 예 가정폭력범죄의 처벌 등에 관한 특례법상 사회봉사명령, 노역장유치

관련 판례 **소급효금지원칙에 반하는 경우**

1) 게임산업진흥에 관한 법률 시행령 제18조의3의 **시행일 이전**에 위 시행령 조항 각 호에 규정된 게임머니를 환전, 환전 알선, 재매입한 영업**행위**를 처벌하는 것은 형벌법규의 소급효금지 원칙에 위배된다(대판 2009.4.23, 2008도11017).

2) 포괄일죄에 관한 기존 처벌법규에 대하여 그 표현이나 형량과 관련한 개정을 하는 경우가 아니라 애초에 죄가 되지 아니하던 행위를 구성요건의 신설로 포괄일죄의 처벌대상으로 삼는 경우에는 신설된 포괄일죄 처벌법규가 시행되기 이전의 행위에 대하여는 신설된 법규를 적용하여 처벌할 수 없다(형법 제1조 제1항). 이는 신설된 처벌법규가 상습범을 처벌하는 구성요건인 경우에도 마찬가지라고 할 것이므로, 구성요건이 신설된 **상습강제추행죄가 시행되기 이전의 범행**은 상습강제추행죄로는 처벌할 수 없고 행위시법에 기초하여 강제추행죄로 처벌할 수 있을 뿐이며, 이 경우 그 소추요건도 상습강제추행죄에 관한 것이 아니라 강제추행죄에 관한 것이 구비되어야 한다(대판 2016.1.28, 2015도15669).

3) [1] 가정폭력범죄의 처벌 등에 관한 특례법이 정한 보호처분 중의 하나인 사회봉사명령은 가정폭력범죄를 범한 자에 대하여 환경의 조정과 성행의 교정을 목적으로 하는 것으로서 형벌 그 자체가 아니라 **보안처분의 성격**을 가지는 것이 사실이다. 그러나 한편으로 이는 가정폭력범죄행위에 대하여 형사처벌 대신 부과되는 것으로서, 가정폭력범죄를 범한 자에게 의무적 노동을 부과하고 여가시간을 박탈하여 실질적으로는 신체적 자유를 제한하게 되므로, 이에 대하여는 원칙적으로 형벌불소급의 원칙에 따라 행위시법을 적용함이 상당하다. [2] **가정폭력범죄의 처벌 등에 관한 특례법상 사회봉사명령**을 부과하면서, 행위시법상 사회봉사명령 부과시간의 상한인 100시간을 초과하여 상한을 200시간으로 올린 신법을 적용한 것은 위법하다(대결 2008.7.24, 2008어4).

4) **[형법 부칙 제2조 제1항 위헌사건]** 노역장유치는 그 실질이 신체의 자유를 박탈하는 것으로서 징역형과 유사한 형벌적 성격을 가지고 있으므로 형벌불소급원칙의 적용대상이 된다. 노역장유치조항은 1억원 이상의 벌금형을 선고받는 자에 대하여 유치기간의 하한을 중하게 변경시킨 것이므로, 이 조항 시행 전에 행한 범죄행위에 대해서는 범죄행위 당시에 존재하였던 법률을 적용하여야 한다. 그런데 부칙조항은 노역장유치조항의 시행 전에 행해진 범죄행위에 대해서도 공소제기의 시기가 노역장유치조항의 시행 이후이면 이를 적용하도록 하고 있으므로, 이는 범죄행위 당시 보다 불이익한 법률을 소급 적용하도록 하는 것으로서 헌법상 형벌불소급원칙에 위반된다(헌재결 2017.10.26, 2015헌바239, 2016헌바177 병합).

→ 노역장유치기간의 하한을 정한 형법 제70조 제2항(노역장유치조항) 자체는 합헌이나, / 노역장유치조항(형법 제70조 제2항)을 시행일 이후 최초로 공소제기되는 경우부터 적용하도록 한 형법 부칙 제2조 제1항은 위헌이라는 취지

✔ [참고조문] 구 부칙 제2조(적용례 및 경과조치)

① 제70조 제2항의 개정규정은 이 법 시행 후 최초로 공소가 제기되는 경우부터 적용한다.

→ 부칙 제2조 제1항 중 "공소제기되는 경우부터"를 "저지른 범죄부터"로 한다(2020.10.20. 개정・시행).

관련 판례 소급효금지원칙에 반하지 않는 경우

1) 형법 제62조의2 제1항에서 말하는 **보호관찰**은 형벌이 아니라 보안처분의 성격을 갖는 것으로서, 과거의 불법에 대한 책임에 기초하고 있는 제재가 아니라 장래의 위험성으로부터 행위자를 보호하고 사회를 방위하기 위한 합목적적인 조치이므로, 그에 관하여 반드시 행위 이전에 규정되어 있어야 하는 것은 아니며, 재판시의 규정에 의하여 보호관찰을 받을 것을 명할 수 있다고 보아야 할 것이고, 이와 같은 해석이 형벌불소급의 원칙 내지 죄형법정주의에 위배되는 것이라고 볼 수 없다(대판 1997.6.13, 97도703).

2) 특정 범죄자에 대한 위치추적 **전자장치 부착** 등에 관한 법률에 의한 **전자감시제도**는, 성폭력범죄자의 재범방지와 성행교정을 통한 재사회화를 위하여 그의 행적을 추적하여 위치를 확인할 수 있는 전자장치를 신체에 부착하게 하는 부가적인 조치를 취함으로써 성폭력범죄로부터 국민을 보호함을 목적으로 하는 일종의 보안처분이다. 이러한 전자감시제도의 목적과 성격, 그 운영에 관한 위 법률의 규정 내용 및 취지 등을 종합해 보면, 전자감시제도는 범죄행위를 한 자에 대한 응보를 주된 목적으로 그 책임을 추궁하는 사후적 처분인 형벌과 구별되어 그 본질을 달리하는 것으로서 형벌에 관한 소급입법금지의 원칙이 그대로 적용되지 않으므로, 위 법률이 개정되어 부착명령 기간을 연장하도록 규정하고 있더라도 그것이 소급입법금지의 원칙에 반한다고 볼 수 없다(대판 2010.12.23, 2010도11996, 2010전도86).

[비교판례] 전자장치 부착명령에 관하여 피고인에게 **실질적인 불이익을 추가**하는 내용의 법 개정(19세 미만의 사람에 대하여 특정범죄를 저지른 경우 **부착기간 하한을 2배 가중**)이 있고, 그 규정의 소급적용에 관한 명확한 경과규정이 없는 한 그 규정의 소급적용은 이를 부정하는 것이 피고인의 권익 보장이나, 위 법 부칙에서 일부 조항을 특정하여 소급적용에 관한 경과규정을 둔 입법자의 의사에 부합한다(대판 2013.7.25, 2013도6181,2013전도122 ; 대판 2013.7.26, 2013도6220,2013전도124).

3) 아동・청소년의 성보호에 관한 법률에 정한 **공개명령 제도**(일종의 보안처분)는 (범죄행위를 한 자에 대한 응보 등을 목적으로 그 책임을 추궁하는 사후적 처분인 형벌과 구별되어 그 본질을 달리하는 것으로서 형벌에 관한 소급입법금지의 원칙이 그대로 적용되지 않으므로,) 공개명령 제도가 시행된 2010.1.1. 이전에 범한 범죄에도 공개명령 제도를 적용하도록 아동・청소년의 성보호에 관한 법률이 2010.7.23. 법률 제10391호로 개정되었다고 하더라도 그것이 소급입법금지의 원칙에 반한다고 볼 수 없다(대판 2011.3.24, 2010도14393,2010전도120).

4) 「디엔에이신원확인정보의 이용 및 보호에 관한 법률」이 시행 당시 디엔에이감식시료 채취 대상 범죄로 이미 징역이나 금고 이상의 실형을 선고받아 그 형이 확정되어 수용 중인 사람에게도 적용될 수 있도록 한 위 법률 부칙 제2조 제1항은 소급입법금지원칙에 위배되는 것은 아니다(헌재결 2014.8.28, 2011헌마28・106・141・156・326, 2013헌마215・360 병합).
   → 디엔에이신원확인정보의 수집・이용은 수형인 등에게 심리적 압박으로 인한 범죄예방효과를 가진다는 점에서 보안처분의 성격을 지니지만, 처벌적인 효과가 없는 비형벌적 보안처분으로서 소급입법금지원칙이 적용되지 않는다.

5) 형사처벌의 근거가 되는 것은 법률이지 판례가 아니고, 형법 조항에 관한 **판례의 변경**은 (그 법률조항의 내용을 확인하는 것에 지나지 아니하여 이로써 그 법률조항 자체가 변경된 것이라고 볼 수는 없으므로,) 행위 당시의 판례에 의하면 처벌대상이 되지 아니하는 것으로 해석되었던 행위를 판례의 변경에 따라 확인된 내용의 형법 조항에 근거하여 처벌한다고 하여 그것이 형벌불소급의 원칙에 반한다고 할 수는 없다(대판 1999.9.17, 97도3349).

6) 대법원 양형위원회가 설정한 '**양형기준**'이 발효하기 전에 공소가 제기된 범죄에 대하여 위 '양형기준'을 참고하여 형을 양정한 사안에서, 피고인에게 불리한 법률을 소급하여 적용한 위법이 있다고 할 수 없다고 한 사례(대판 2009.12.10, 2009도11448). → 양형기준은 법적 구속력을 가지지 않기 때문

7) **[5.18 특별법사건]** 형벌불소급의 원칙은 "행위의 가벌성" 즉 형사소추가 "언제부터 어떠한 조건하에서" 가능한가의 문제에 관한 것이고, "얼마동안" 가능한가의 문제에 관한 것은 아니므로, **과거에 이미 행한 범죄에 대하여 공소시효를 정지시키는 법률**이라 하더라도 그 사유만으로 헌법 제12조 제1항 및 제13조 제1항에 규정한 죄형법정주의의 파생원칙인 형벌불소급의 원칙에 언제나 위배되는 것으로 단정할 수는 없다. / **공소시효가 아직 완성되지 않은 경우** 위 법률조항은 단지 진행중인 공소시효를 연장하는 법률로서 이른바 부진정소급효를 갖게 되나(**부진정소급입법**), 공소시효제도에 근거한 개인의 신뢰와 공시시효의 연장을 통하여 달성하려는 공익을 비교형량하여 공익이 개인의 신뢰보호이익에 우선하는 경우에는 소급효를 갖는 법률도 헌법상 정당화될 수 있다(헌재결 1996.2.16, 96헌가2, 96헌바7, 96헌바13).

   [비교판례] 기존의 법에 의하여 형성되어 이미 굳어진 개인의 법적 지위를 사후입법을 통하여 박탈하는 것 등을 내용으로 하는 **진정소급입법(강사 주 : 공소시효가 이미 완성된 경우)**은 개인의 신뢰보호와 법적 안정성을 내용으로 하는 법치국가원리에 의하여 헌법적으로 허용되지 않는 것이 원칙이지만, / 특단의 사정이 있는 경우, 즉 기존의 법을 변경하여야 할 공익적 필요는 심히 중대한 반면에

그 법적 지위에 대한 개인의 신뢰를 보호하여야 할 필요가 상대적으로 정당화될 수 없는 경우에는 예외적으로 허용될 수 있다(헌재결 1996.2.16, 96헌가2, 96헌바7, 96헌바13).

8) 개정 **형사소송법**(1995.12.29. 법률 제5054호로 개정된 것) 시행 당시 **공소시효가 완성되지 아니한 범죄에 대한 공소시효**가 위 법률이 개정되면서 신설된 제253조 제3항에 의하여 피고인이 외국에 있는 기간 동안 정지되었다고 보아 공소제기시에 공소시효의 기간이 경과되지 아니하였다고 한 사례(대판 2003.11.27, 2003도4327).

∵ 공소시효가 완성되지 아니한 범죄에 대한 개정법률은 부진정소급입법이어서 원칙적으로 허용되기 때문

9) **공소시효를 정지·연장·배제하는 내용의 특례조항을 신설하면서 소급적용에 관한 명시적인 경과규정을 두지 아니한 경우**에 그 조항을 소급하여 적용할 수 있다고 볼 것인지에 관하여는 이를 해결할 보편타당한 일반원칙이 존재할 수 없는 터이므로 적법절차원칙과 소급금지원칙을 천명한 헌법 제12조 제1항과 제13조 제1항의 정신을 바탕으로 하여 법적 안정성과 신뢰보호원칙을 포함한 법치주의 이념을 훼손하지 아니하도록 신중히 판단하여야 한다(대판 2015.5.28, 2015도1362,2015전도19).

→ 〈공소시효가 피고인에게 불리하게 변경되는 경우〉에는 피고인에게 유리한 종전 규정을 적용하여야 하고, 이 사건 법률에는 소급적용에 관한 명시적인 경과규정이 없어 이 사건 장애인 준강간의 점에 대하여는 이 사건 법률 제20조 제3항을 소급하여 적용할 수 없으므로 그 범행에 대한 공소가 범죄행위 종료일부터 7년이 경과한 후에 제기되어 공소시효가 완성되었다는 이유로, 이를 유죄로 판단한 제1심판결을 파기하고 이 부분 공소사실에 대하여 면소를 선고한 사례

4 유추해석금지의 원칙

Thema 정리 **법률해석의 방법**

1. **문리적 해석** : 문언의 의미, 즉 언어의 의미에 따라 해석하는 방법
2. **체계적·논리적 해석** : 법률체계적 연관성(예 조문 간의 관계)에 따라 해석하는 방법
3. **역사적 해석** : 입법자의 입법의도를 고려한 해석방법
4. **목적론적 해석**
   1) 현재의 법률의 취지·목적을 고려한 해석방법으로 목적을 고려하여 문언의 의미를 최대한 확장하여 해석하는 목적론적 확장해석
   2) 목적을 고려하여 문언의 의미를 축소·제한하여 해석하는 목적론적 제한(축소)해석
5. **합헌적 법률해석** : 가능한 한 헌법에 합치하도록 해석하는 방법

○ 형벌법규는 문언에 따라 엄격하게 해석·적용하여야 하고 피고인에게 불리한 방향으로 지나치게 확장해석하거나 유추해석하여서는 안 된다. 그러나 **형벌법규를 해석할 때**에도 가능한 문언의 의미 내에서 해당 규정의 입법 취지와 목적 등을 고려한 법률체계적 연관성에 따라 그 문언의 논리적 의미를 분명히 밝히는 **체계적·논리적 해석방법**은 그 규정의 본질적 내용에 가장 접근한 해석을 하기 위한 것으로 죄형법정주의의 원칙에 부합한다(대판 2017.12.7, 2017도10122).

○ **체계적·논리적 해석방법**을 추가적으로 동원함으로써, 앞서 본 법해석의 요청에 부응하는 타당한 해석이 되도록 하여야 할 것이다. / 한편, **법률의 문언 자체가 비교적 명확한 개념**으로 구성되어 있다면 원칙적으로 더 이상 다른 해석방법은 활용할 필요가 없거나 제한될 수밖에 없고, 어떠한 법률의 규정에서 사용된 용어에

관하여 그 법률 및 규정의 입법 취지와 목적을 중시하여 문언의 통상적 의미와 다르게 해석하려 하더라도 당해 법률 내의 다른 규정들 및 다른 법률과의 체계적 관련성 내지 전체 법체계와의 조화를 무시할 수 없으므로, 거기에는 일정한 한계가 있을 수밖에 없다(대판 2009.4.23, 2006다81035).

ㅇ 형벌법규의 해석에서도 법률문언의 통상적인 의미를 벗어나지 않는 한 그 법률의 입법취지와 목적, 입법연혁 등을 고려한 목적론적 해석이 배제되는 것은 아니라고 할 것이다(대판 2006.5.12, 2005도6525).

(1) 의의

유추해석이란 법률에 규정이 없는 사항에 대해 그것과 유사한 성질을 가지는 사항에 관한 법률을 적용하는 것을 말하고, 이를 금지하는 원칙을 유추해석금지의 원칙이라고 한다.

ㅇ 형벌법규의 해석은 엄격하여야 하고 명문규정의 의미를 피고인에게 불리한 방향으로 지나치게 확장해석하거나 유추해석하는 것은 죄형법정주의의 원칙에 어긋나는 것으로서 허용되지 아니한다(대판 2017.5.31, 2013도8389).

[동지판례] 피고인에게 불리한 유추해석금지의 원칙은 그 형벌법규의 적용대상이 행정법규가 규정한 사항을 내용으로 하고 있는 경우에 그 행정법규의 규정을 해석하는 데에도 마찬가지로 적용된다(대판 2011.7.14, 2009도7777).

(2) 적용과 범위

① 다만 행위자에게 유리한 유추해석은 긍정된다.

② 유추해석금지원칙은 형법각칙의 모든 범죄구성요건과 형법총칙의 모든 가벌성에 관한 규정에 적용된다. 따라서 이에 대하여는 불리한 유추적용이 금지된다. 예 구성요건, 형벌·보안처분, 책임요소, 객관적 처벌조건, 백지형법의 보충규범 등

③ 피고인에게 유리한 위법성조각사유, 책임조각사유, 소추조건, 처벌조각사유의 범위를 제한적으로 유추적용하는 것은 가벌성의 범위가 확대되어 행위자에게 불리하므로 허용되지 않는다.

ㅇ 형벌법규의 해석에서 법규정 문언의 가능한 의미를 벗어나는 경우에는 유추해석으로서 죄형법정주의에 위반하게 되고, 이러한 유추해석금지의 원칙은 모든 형벌법규의 구성요건과 가벌성에 관한 규정에 준용되는데, **위법성 및 책임의 조각사유나 소추조건 또는 처벌조각사유인 형면제 사유**에 관하여도 그 범위를 제한적으로 유추적용하게 되면 행위자의 가벌성의 범위는 확대되어 행위자에게 불리하게 되는바, 이는 가능한 문언의 의미를 넘어 범죄구성요건을 유추적용하는 것과 같은 결과가 초래되므로 죄형법정주의의 파생원칙인 유추해석금지의 원칙에 위반하여 허용될 수 없다(대판 2010.9.30, 2008도4762).

ㅇ 처벌을 희망하지 않는다는 의사표시 또는 처벌희망 의사표시의 철회는 이른바 **소극적 소송조건**에 해당하고, 소송조건에는 죄형법정주의의 파생원칙인 유추해석금지의 원칙이 적용된다(대판 2009.11.19, 2009도6058 全合).

ㅇ [1] 반의사불벌죄에 있어서 피해자의 피고인 또는 피의자에 대한 **처벌을 희망하지 않는다는 의사표시** 또는 **처벌을 희망하는 의사표시의 철회**는, 위와 같은 형사소송절차에 있어서의 소송능력에 관한

일반원칙에 따라, 의사능력이 있는 피해자가 단독으로 이를 할 수 있고, 거기에 법정대리인의 동의가 있어야 한다거나 법정대리인에 의해 대리되어야만 한다고 볼 것은 아니다. 그러므로 청소년의 성보호에 관한 법률 제16조에 규정된 반의사불벌죄라고 하더라도, 피해자인 청소년에게 의사능력이 있는 이상, 단독으로 피고인 또는 피의자의 처벌을 희망하지 않는다는 의사표시 또는 처벌희망 의사표시의 철회를 할 수 있고, 거기에 법정대리인의 동의가 있어야 하는 것으로 볼 것은 아니다. [2] 명문의 근거 없이 그 의사표시에 **법정대리인의 동의가 필요하다고 보는 것**은 유추해석에 의하여 소극적 소송조건의 요건을 제한하고 피고인 또는 피의자에 대한 처벌가능성의 범위를 확대하는 결과가 되어 죄형법정주의 내지 거기에서 파생된 유추해석금지의 원칙에도 반한다(대판 2009.11.19, 2009도6058 全合).

관련 판례 **유추해석금지원칙에 반하는 경우**

1) 제225조의 공문서변조나 위조죄의 객체인 공문서는 공무원 또는 공무소가 그 직무에 관하여 작성하는 문서이고, 그 행위주체가 공무원과 공무소가 아닌 경우에는 형법 또는 기타 특별법에 의하여 공무원 등으로 의제되는 경우를 제외하고는 **계약 등에 의하여 공무와 관련되는 업무를 일부 대행하는 경우**가 있다 하더라도 공무원 또는 공무소가 될 수는 없고, 특히 형벌법규의 구성요건을 법률의 규정도 없이 유추 확대해석하는 것은 죄형법정주의원칙에 반한다(대판 1996.3.26, 95도3073).
[동지판례] 선박안전법 제82조가 대행검사기관인 공단의 임직원을 형법 제129조 내지 제132조의 적용에 있어 공무원으로 의제하는 것으로 규정한다고 하여 이들이 공문서위조죄나 허위공문서작성죄에서의 공무원으로도 될 수 있다고 보는 것은 형벌법규를 피고인에게 불리하게 지나치게 확장해석하거나 유추해석하는 것이어서 죄형법정주의 원칙에 반한다. 따라서 공단이 해양수산부장관을 대행하여 이사장 명의로 발급하는 선박검사증서는 공무원 또는 공무소가 작성하는 문서라고 볼 수 없으므로 공문서위조죄나 허위공문서작성죄에서의 공문서에 해당하지 아니한다(대판 2016.1.14, 2015도9133).

2) **공직선거법 제262조의 "자수"**를 '범행발각 전에 자수한 경우'로 한정하는 풀이는 "자수"라는 단어가 통상 관용적으로 사용되는 용례에서 갖는 개념 외에 '범행발각 전'이라는 또다른 개념을 추가하는 것으로서 결국은 '언어의 가능한 의미'를 넘어 공직선거법 제262조의 "자수"의 범위를 그 문언보다 제한함으로써 공직선거법 제230조 제1항 등의 처벌범위를 실정법 이상으로 확대한 것이 되고, 따라서 이는 단순한 목적론적 축소해석에 그치는 것이 아니라, 형면제 사유에 대한 제한적 유추를 통하여 처벌범위를 실정법 이상으로 확대한 것으로서 죄형법정주의의 파생원칙인 유추해석금지의 원칙에 위반된다(대판 1997.3.20, 96도1167 全合). → 자수 ≠ 범행발각 전 자수

3) 2016.1.6.형법 개정으로 특수상해죄가 형법 제258조의2로 신설됨에 따라 문언상으로 형법 제262조(폭행치사상, 특수폭행치사상)의 "제257조 내지 제259조의 예에 의한다(상해, 중상해, 상해치사)"는 규정에 형법 제258조의2가 포함되어 특수폭행치상의 경우 특수상해인 형법 제258조의2 제1항의 예에 의하여 처벌하여야 하는 것으로 해석될 여지가 생기게 되었다. / 그러나 형벌규정 해석에 관한 법리와 폭력행위 등 처벌에 관한 법률의 개정 경과 및 형법 제258조의2의 신설 경위와 내용, 그 목적, 형법 제262조의 연혁, 문언과 체계 등을 고려할 때, **특수폭행치상**의 경우 형법 제258조의2의 신설에도 불구하고 종전과 같이 형법 **제257조 제1항(상해죄)의 예**에 의하여 처벌하는 것으로 해석함이 타당하다(대판 2018.7.24, 2018도3443).

[판결이유] 형법 제258조의2 제1항의 예에 따라 처벌할 수 있다고 한다면, 그 법정형의 차이로 인하여 종래에 벌금형을 선택할 수 있었던 경미한 사안에 대하여도 일률적으로 징역형을 선고해야 하므로 형벌체계상의 정당성과 균형을 갖추기 위함이라는 위 법 개정의 취지와 목적에 맞지 않는다. 또한, 형의 경중과 행위자의 책임, 즉 형벌 사이에 비례성을 갖추어야 한다는 형사법상의 책임원칙에 반할 우려도 있으며, 법원이 해석으로 특수폭행치상에 대한 가중규정을 신설한 것과 같은 결과가 되어 죄형법정주의원칙에도 반하는 결과가 된다.

→ 특수폭행치상의 범죄사실과 관련하여, 제257조 제1항의 예(7년 이하의 징역, 10년 이하의 자격정지 또는 1천만원 이하의 벌금)에 의하면 벌금형이 가능하나, 형법 제258조의2 제1항의 예(1년 이상 10년 이하의 징역)에 의하여 처벌하면 벌금형의 처벌이 불가능하다.

4) 지방세법 제84조 제1항의 '**조세범처벌법령**'에 **특정범죄 가중처벌 등에 관한 법률**도 포함된다고 해석하는 것은 수범자인 일반인의 입장에서 이를 쉽게 예견하기 어려운 점에 비추어 형벌법규의 명확성의 원칙에 위배되는 것이거나 형벌법규를 지나치게 확장·유추해석하는 것으로서 죄형법정주의에 반하여 허용되지 않는다(대판 2008.3.27, 2007도7561).

5) 친고죄에 관한 고소의 주관적 불가분원칙을 규정하고 있는 형사소송법 제233조가 **공정거래위원회의 고발**에도 유추적용된다고 해석한다면 이는 공정거래위원회의 고발이 없는 행위자에 대해서까지 형사처벌의 범위를 확장하는 것으로서, 결국 피고인에게 불리하게 형벌법규의 문언을 유추해석한 경우에 해당하므로 죄형법정주의에 반하여 허용될 수 없다(대판 2010.9.30, 2008도4762).

6) '블로그', '미니 홈페이지', '카페' 등의 이름으로 개설된 사적 인터넷 게시공간의 운영자가 사적 인터넷 게시공간에 게시된 타인의 글을 삭제할 권한이 있는데도 이를 삭제하지 아니하고 그대로 두었다는 사정만으로 사적 인터넷 게시공간의 운영자가 타인의 글을 국가보안법 제7조 제5항에서 규정하는 바와 같이 '소지'하였다고 볼 수는 없다(대판 2012.1.27, 2010도8336).

→ 소지 ≠ 삭제하지 아니한 행위

7) 피고인이 이적표현물이 게시된 '우리민족끼리' 트위터 계정을 '팔로우'하였다면 국가보안법 제7조 제5항 소정의 '반포' 또는 '소지'에 해당하거나 이를 방조한 것이라고 보기 어렵다(대판 2018.1.25, 2016도18715). → 반포 ≠ 팔로우

8) 「특정 범죄자에 대한 보호관찰 및 위치추적 전자장치 부착 등에 관한 법률」 제5조 제1항 제3호는 검사가 전자장치 부착명령을 법원에 청구할 수 있는 경우 중의 하나로 '**성폭력범죄를 2회 이상 범하여(유죄의 확정판결을 받은 경우를 포함한다) 그 습벽이 인정된 때**'라고 규정하고 있는데, 피부착명령청구자가 2회 이상 성폭력범죄를 범하였는지를 판단할 때 소년보호처분을 받은 전력을 고려하는 것은 죄형법정주의에 위반되므로 허용되지 아니한다(대판 2012.3.22, 2011도15057, 2011전도249 全合).

[사실관계] 피고인이 성폭력범죄로 소년법에 의한 보호처분을 받은 전력이 있는데 다시 강간상해죄를 범하여 '특정 범죄자에 대한 위치추적 전자장치 부착 등에 관한 법률' 제5조 제1항 제3호에 근거하여 부착명령이 청구된 사안에서, 피부착명령청구자가 피고사건 범죄사실인 강간상해죄를 1회 범한 것 외에 과거에 성폭력범죄로 소년보호처분을 받은 사실이 있다는 사유만으로는 위 규정에서 정한 '성폭력범죄를 2회 이상 범한 경우'에 해당하지 않는다고 한 사례

→ 유죄의 확정판결 ≠ 소년법상 보호처분

9) 인터넷 이용자가 링크 부분을 클릭함으로써 링크된 웹페이지나 개개의 저작물에 직접 연결된다 하더라도 링크를 하는 행위는 저작권법이 규정하는 복제 및 전송에 해당하지 아니한다(대판 2015.3.12, 2012도13748)

∵ 인터넷 링크(Internet link)는 인터넷에서 링크하고자 하는 웹페이지나, 웹사이트 등의 서버에 저장된 개개의 저작물 등의 웹 위치 정보나 경로를 나타낸 것에 불과하기 때문

→ 복제 및 전송 ≠ 링크를 하는 행위

10) 다른 사람의 신체 이미지가 담긴 영상도 위 규정의 '다른 사람의 신체'에 포함된다고 해석하는 것은 법률문언의 통상적인 의미를 벗어나는 것이므로 죄형법정주의 원칙상 허용될 수 없다(대판 2013.6.27, 2013도4279).

[사실관계] 피고인이 피해자 갑(여, 14세)과 인터넷 화상채팅 등을 하면서 카메라 기능이 내재되어 있는 피고인의 휴대전화를 이용하여 갑의 유방, 음부 등 신체 부위를 갑의 의사에 반하여 촬영한 사례

→ 다른 사람의 신체 ≠ 다른 사람의 신체 이미지가 담긴 영상(신체 ≠ 신체 이미지가 담긴 영상)

→ 성폭력처벌법 개정으로 촬영의 객체를 '다른 사람의 신체'에서 '신체'로 변경

11) 성폭력범죄의 처벌 등에 관한 특례법 제13조(통신매체이용음란죄)는 "자기 또는 다른 사람의 성적 욕망을 유발하거나 만족시킬 목적으로 전화, 우편, 컴퓨터, 그 밖의 통신매체를 통하여 성적 수치심이나 혐오감을 일으키는 말, 음향, 글, 그림, 영상 또는 물건을 상대방에게 도달하게 한 사람은 2년 이하의 징역 또는 500만원 이하의 벌금에 처한다."고 규정하고 있다. …… 통신매체를 이용하지 아니한 채 '직접' 상대방에게 말, 글, 물건 등을 도달하게 하는 행위까지 포함하여 위 규정으로 처벌할 수 있다고 보는 것은 법문의 가능한 의미의 범위를 벗어난 해석으로서 실정법 이상으로 처벌 범위를 확대하는 것이다(대판 2016.3.10, 2015도17847).

→ 통신매체이용 ≠ 직접 도달

12) 성폭력처벌법 제14조 제1항에서 '반포'와 별도로 열거된 **제공**은, '반포'에 이르지 아니하는 무상 교부행위로서 '반포'할 의사 없이 '특정한 1인 또는 소수의 사람'에게 무상으로 교부하는 것을 의미하므로, 촬영의 대상이 된 피해자 본인은 성폭력처벌법 제14조 제1항에서 말하는 '제공'의 상대방인 '특정한 1인 또는 소수의 사람'에 포함되지 않는다고 봄이 타당하다. 따라서 **피해자 본인에게 촬영물을 교부하는 행위**는 다른 특별한 사정이 없는 한 성폭력처벌법 제14조 제1항의 '제공'에 해당한다고 할 수 없다(대판 2018.8.1, 2018도1481).

13) **[항공기 탑승구 복귀 사건]** 항공보안법 제42조(항공기 항로변경죄)의 **'항로'**는 공중의 개념을 내포한 말이고, 입법자가 그 말뜻을 사전적 정의(항공기가 통행하는 공로)보다 넓은 의미로 사용하였다고 볼 자료가 없다. 지상의 항공기가 이동할 때 '운항 중'이 된다는 이유만으로 그때 다니는 지상의 길까지 '항로'로 해석하는 것은 문언의 가능한 의미를 벗어난다(대판 2017.12.21, 2015도8335 全合).

[사실관계] 갑 항공사 부사장인 피고인이 외국 공항에서 국내로 출발 예정인 자사 여객기에 탑승하였다가, 담당 승무원의 객실서비스 방식에 화가 나 폭언하면서 승무원을 비행기에서 내리도록 하기 위해, 기장으로 하여금 계류장의 탑승교에서 분리되어 푸쉬백 중이던 비행기를 다시 탑승구 쪽으로 돌아가게 함으로써 위력으로 운항 중인 항공기의 항로를 변경하게 하였다고 하여 항공보안법 위반으로 기소된 사안에서, 피고인이 푸시백 중이던 비행기를 탑승구로 돌아가게 한 행위가 항공기의 항로를 변경하게 한 것에 해당하지 않는다고 한 사례

→ 「항공보안법」 제42조(항공기 항로 변경죄)의 '항로'에 항공기가 지상에서 이동하는 경로도 포함된다고 해석하는 것은 죄형법정주의에 반한다는 취지

→ 항로 ≠ 지상이동경로

14) 정보통신망법 제49조에 규정된 '**정보통신망에 의하여 처리·보관 또는 전송되는 타인의 비밀 누설**'이란 타인의 비밀에 관한 일체의 누설행위를 의미하는 것이 아니라, 정보통신망에 의하여 처리·보관 또는 전송되는 타인의 비밀을 정보통신망에 침입하는 등의 부정한 수단 또는 방법으로 취득한 사람이나, 그 비밀이 위와 같은 방법으로 취득된 것임을 알고 있는 사람이 그 비밀을 아직 알지 못하는 타인에게 이를 알려주는 행위만을 의미하는 것으로 제한하여 해석함이 타당하다(대판 2017.6.19, 2017도4240).

[사실관계] 정보통신망인 국세청의 홈텍스시스템이나 자료 상연계분석시스템 등에 접속할 당시 접근권한이 있는 세무공무원 甲이 시스템에 접속하여 과세정보자료를 취득한 후 이를 乙에게 누설한 경우 부정한 수단 또는 방법으로 과세정보자료를 취득하였다고 보기 어렵고, 위와 같이 취득한 과세정보자료를 유출하더라도 정보통신망에 의하여 처리·보관 또는 전송되는 타인의 비밀을 누설하는 경우에 해당한다고 보기 어렵다고 한 사례

15) 폭력행위처벌법 제7조(우범자)는 "정당한 이유 없이 이 법에 규정된 범죄에 공용될 우려가 있는 흉기나 그 밖의 위험한 물건을 휴대하거나 제공 또는 알선한 사람은 3년 이하의 징역 또는 300만원 이하의 벌금에 처한다."라고 규정하고 있는데, 폭력행위처벌법 제7조에서 말하는 '이 법에 규정된 범죄'란 '폭력행위처벌법에 규정된 범죄'만을 의미한다고 해석함이 타당하다(대판 2017.9.21, 2017도7687).

→ 형법상의 폭력범죄 포함 ×

[동지판례] 2016.1.6.법률 제13718호로 폭력행위 등 처벌에 관한 법률이 일부 개정되어 같은 날 시행됨으로써 **형법상 폭력범죄**는 폭력행위 등 처벌에 관한 법률이 정한 별도의 구성요건을 충족하지 않으면 폭력행위 등 처벌에 관한 법률에 따라 처벌할 수 없게 되었다(대판 2018.1.24, 2017도15914).

16) 운전면허 없이 자동차 등을 운전한 곳이 일반교통경찰권이 미치는 공공성이 있는 장소가 아니라 특정인이나 그와 관련된 용건이 있는 사람만 사용할 수 있고 자체적으로 관리되는 곳이라면 도로교통법에서 정한 '도로에서 운전'한 것이 아니므로 무면허운전으로 처벌할 수 없다(대판 2017.12.28, 2017도17762).

[사실관계] 자동차운전면허가 없는 甲이 아파트 주민이나 그와 관련된 용건이 있는 사람만 이용할 수 있고 경비원 등이 자체적으로 관리하는 **아파트 단지 내의 지하주차장**이라면 도로에 해당하지 않을 수 있다고 본 사례

→ 도로 ≠ 아파트단지 내 지하주차장

→ 「도로교통법」상 도로가 아닌 곳에서 운전면허 없이 운전한 행위를 무면허운전으로 처벌하는 것은 유추해석금지원칙에 반한다.

[동지판례] 교통사고가 발생한 장소가 일반인과 학생들의 차량출입을 엄격히 통제하는 **대학 구내의 길**인 경우, 도로교통법상의 도로에 해당하지 않는다고 한 사례(대판 1996.10.25, 96도1848).

[비교판례] [1] **아파트 단지 내의 통행로**가 특정인들 또는 그들과 관련된 특별한 용건이 있는 자들만이 사용할 수 있는 장소로서 자주적으로 관리되는 장소라고 볼 수는 없고, 현실적으로 볼 때 불특정 다수의 사람이나 차량의 통행을 위하여 공개된 장소라면 교통질서유지 등을 목적으로 하는 일반교통경찰권이 미치는 공공성이 있는 곳으로 도로교통법 제2조 제1호 소정의 '도로'에 해당한다고 한 사례 [2] 교통사고를 당한 3세 남짓의 어린이가 땅에 넘어져 울고 있으며 무릎에 상치가 난 것을 보았음에도 아무런 보호조치 없이 현장을 이탈하였다면 특정범죄가중

처벌 등에 관한 법률 제5조의3 제1항 제2호 소정의 도주에 해당한다고 한 사례(대판 2002.9.24, 2002도3190)

→ 도로 = 아파트단지 내 통행로

17) 저작물을 '복제하여 배포하는 행위'가 있어야 저작물의 발행이라고 볼 수 있고, 저작물을 복제한 것만으로는 저작물의 발행이라고 볼 수 없다(대판 2018.1.24, 2017도18230). → 발행 ≠ 복제

[동지판례] 저작권법 제98조 제1호 소정의 권리침해 태양인 '복제·공연·방송·전시 등'에 '배포' 행위가 포함된다는 해석은 유추해석금지의 원칙에 반한다(대판 1999.3.26, 97도1769).

→ 복제 등 ≠ 배포

18) 특정범죄가중법 제14조는 "이 법에 규정된 죄에 대하여 형법 제156조(무고죄)에 규정된 죄를 범한 사람은 3년 이상의 유기징역에 처한다."라고 규정하고 있는바, 특정범죄가중법 제14조의 '이 법에 규정된 죄'에 특정범죄가중법 제14조 자체를 위반한 죄는 포함되지 않는다고 해석함이 타당하다(대판 2018.4.12, 2017도20241).

[사실관계] 피고인이 교통사고를 야기하고 도주한 것이 사실인데도, 갑 등이 '피고인이 교통사고를 일으키고 도망하였다'는 내용으로 피고인을 뺑소니범으로 경찰에 허위로 고소하였으니 갑 등을 무고죄로 처벌해 달라는 내용의 고소장을 작성하여 경찰서에 제출함으로써 갑 등으로 하여금 특정범죄 가중처벌 등에 관한 법률 위반(무고)으로 형사처분을 받게 할 목적으로 무고하였다고 하여 같은 법 위반(무고)으로 기소된 사안에서, 원심이 공소사실에 관하여 같은 법 제14조를 적용하여 같은 법 위반(무고)죄로 판단한 것은 같은 법 제14조의 해석 및 같은 법 위반(무고)죄의 구성요건에 관한 법리를 오해하여 판단을 그르친 것이라고 한 사례

→ 특정범죄가중법 제14조의 '이 법에 규정된 죄' ≠ 특정범죄가중법 제14조 자체를 위반한 죄

19) **[증거위조 등 사건]** 형법 제155조 제1항은 타인의 형사사건 또는 징계사건에 관한 증거를 인멸, 은닉, 위조 또는 변조하거나 위조 또는 변조한 증거를 사용한 자를 처벌하고 있고, 여기서의 '위조'란 문서에 관한 죄의 위조 개념과는 달리 새로운 증거의 창조를 의미한다. 그러나 사실의 증명을 위해 작성된 문서가 그 사실에 관한 내용이나 작성명의 등에 아무런 허위가 없다면 '증거위조'에 해당한다고 볼 수 없다. 가사 사실증명에 관한 문서가 형사사건 또는 징계사건에서 허위의 주장에 관한 증거로 제출되어 그 주장을 뒷받침하게 되더라도 마찬가지이다(대판 2021.1.28, 2020도2642).

→ 증거 자체에는 아무런 허위가 없으나 그 증거가 허위 주장과 결합하여 허위 사실을 증명하게 되는 경우(돈을 송금하였다가 되돌려 받는 방법으로 송금자료를 만들어 피해 변제의 증거로 제출한 경우)를 '증거위조'에 포함된다고 해석하는 것은 죄형법정주의 원칙에 비추어 허용될 수 없다는 취지

20) **[피고인이 알 수 없는 경위로 피해자의 비트코인을 자신의 계정으로 이체 받은 후 자신의 다른 계정으로 이체한 사건] 원인불명으로 재산상 이익인 가상자산을 이체 받은 자가 가상자산을 사용·처분한 경우** 이를 형사처벌하는 명문의 규정이 없는 현재의 상황에서 착오송금 시 횡령죄 성립을 긍정한 판례(대법원 2010.12.9. 선고 2010도891 판결 등 참조)를 유추하여 신의칙을 근거로 피고인을 배임죄로 처벌하는 것은 죄형법정주의에 반한다. 이 사건 비트코인이 법률상 원인관계 없이 피해자로부터 피고인 명의의 전자지갑으로 이체되었더라도 피고인이 신임관계에 기초하여 피해자의 사무를 맡아 처리하는 것으로 볼 수 없는 이상, 피고인을 피해자에 대한 관계에서 '타인의 사무를 처리하는 자'에 해당한다고 할 수 없다(대판 2021.12.16, 2020도9789).

관련 판례 **유추해석금지원칙에 반하지 않는 경우**

1) 폭력행위 등 처벌에 관한 법률 제3조 제1항에 있어서 **'위험한 물건'**이라 함은 흉기는 아니라고 하더라도 널리 사람의 생명, 신체에 해를 가하는 데 사용할 수 있는 일체의 물건을 포함한다고 풀이할 것이므로, 본래 살상용·파괴용으로 만들어진 것뿐만 아니라 다른 목적으로 만들어진 칼·가위·유리병·각종공구·자동차 등은 물론 화학약품 또는 사주된 동물 등도 그것이 사람의 생명·신체에 해를 가하는 데 사용되었다면 본조의 '위험한 물건'이라 할 것이며, 한편 이러한 물건을 **'휴대하여'**라는 말은 소지뿐만 아니라 널리 이용한다는 뜻도 포함하고 있다(대판 1997.5.30, 97도597).

   [사실관계] 견인료납부를 요구하는 교통관리직원을 승용차 앞범퍼 부분으로 들이받아 폭행한 사안에서, 승용차가 폭력행위 등 처벌에 관한 법률 제3조 제1항 소정의 '위험한 물건'에 해당한다고 본 사례 → 위험한 물건 = 승용차 / 휴대하여 = 소지 + 이용

2) 정보통신망에 의하여 처리·보관 또는 전송되는 타인의 정보를 훼손하거나 타인의 비밀을 침해·도용 또는 누설하는 행위를 금지·처벌하는 규정인 정보통신망 이용촉진 및 정보보호 등에 관한 법률 제49조 및 제62조 제6호의 '타인'에는 생존하는 개인뿐만 아니라 이미 사망한 자도 포함된다(대판 2007.6.14, 2007도2162). → 타인 = 사망한 자

   [동지판례] 의료인의 비밀누설 금지의무를 규정한 구 의료법 제19조에서 정한 '다른 사람'에 생존하는 개인 이외에 이미 사망한 사람도 포함된다(대판 2018.5.11, 2018도2844).

3) 자신의 뇌물수수 혐의에 대한 결백을 주장하기 위하여 제3자로부터 사건 관련자들이 주고받은 이메일 출력물을 교부받아 징계위원회에 제출한 사안에서, 이메일 출력물 그 자체는 정보통신망 이용촉진 및 정보보호 등에 관한 법률에서 말하는 '정보통신망에 의하여 처리·보관 또는 전송되는' 타인의 비밀에 해당하지 않지만, 이를 징계위원회에 제출하는 행위는 '정보통신망에 의하여 처리·보관 또는 전송되는 타인의 비밀'인 이메일의 내용을 '누설하는 행위'에 해당한다고 본 사례(대판 2008.4.24, 2006도8644)
   → 누설하는 행위 = 이메일 출력물을 징계위원회에 제출하는 행위

4) **[타미플루사건]** "약국 개설자가 아니면 의약품을 판매하거나 판매 목적으로 취득할 수 없다"고 규정한 구 「약사법」 제44조 제1항의 '판매'에 무상으로 의약품을 양도하는 '수여'를 포함시키는 해석은 죄형법정주의에 위배되지 아니한다(대판 2011.10.13, 2011도6287).

   [사실관계] 갑 주식회사 임원인 피고인들이 회사 직원들 및 그 가족들에게 수여할 목적으로 전문의약품인 **타미플루** 39,600정 등을 제약회사로부터 매수하여 취득하였다고 하여 구 약사법(2007.10.17. 법률 제8643호로 개정되기 전의 것) 위반죄로 기소된 사례
   → 약사법 제44조 제1항의 '판매' = 무상으로 의약품을 양도하는 '수여' → 약사법 위반죄 ○, 정당행위 ×

5) 법원의 재판 또는 국회의 심의를 방해 또는 위협할 목적으로 법정이나 국회회의장 또는 그 부근에서 모욕 또는 소동한 자를 처벌하는 형법 제138조(이하 '본조'라고 한다)의 규정은, 본조의 적용대상으로 규정한 **법원의 '재판기능'에 '헌법재판기능'이 포함된다**고 보는 것이 입법 취지나 문언의 통상적인 의미에 보다 충실한 해석이다(대판 2021.8.26, 2020도12017).
   → 법정소동죄 등을 규정한 형법 제138조에서의 '법원의 재판'에 '헌법재판소의 심판'을 포함시켜 해석하는 것은 피고인에게 불리한 확장해석이나 유추해석이 아니라는 취지

관련 판례 **기타 유추해석금지원칙에 관련된 판례들**

1) 2007.4.11. 법률 제8366호로 전부 개정되기 전의 구 의료법 제18조 제1항은 '의료업에 종사하고 **자신이 진찰한 의사**'가 아니면 진단서 · 검안서 · 증명서 또는 처방전(이하 '처방전 등'이라 한다)을 작성하여 환자에게 교부하지 못한다고 규정하고, 2007.4.11. 법률 제8366호로 전부 개정된 구 의료법 제17조 제1항은 '의료업에 종사하고 **직접 진찰한 의사**'가 아니면 처방전 등을 작성하여 환자에게 교부하지 못한다고 규정하고 있다. 개정 전후의 위 조항은 어느 것이나 스스로 진찰을 하지 않고 처방전을 발급하는 행위를 금지하는 규정일 뿐 대면진찰을 하지 않았거나 충분한 진찰을 하지 않은 상태에서 처방전을 발급하는 행위 일반을 금지하는 조항이 아니다. 따라서 죄형법정주의 원칙, 특히 유추해석금지의 원칙상 **전화 진찰**을 하였다는 사정만으로 '자신이 진찰'하거나 '직접 진찰'을 한 것이 아니라고 볼 수는 없다(대판 2013.4.11, 2010도1388).

→ 자신이 진찰, 직접 진찰 = 전화 진찰

[동지판례] 의사 등이 구 의료법 제17조 제1항에 따라 직접 진찰하여야 할 환자를 진찰하지 않은 채 그 환자를 대상자로 표시하여 진단서 · 증명서 또는 처방전을 작성 · 교부하였다면 구 의료법 제17조 제1항을 위반한 것으로 보아야 하고, 이는 **환자가 실제 존재하지 않는 허무인(虛無人)인 경우**에도 마찬가지이다(대판 2021.2.4, 2020도13899).

2) 치과의사 피고인 갑과 치과위생사 피고인 을이 공모하여, 환자의 충치에 대한 복합레진 충전 치료 과정에서 의료인 아닌 피고인 을이 의료행위인 에칭과 본딩 시술을 하였다면 비록 피고인 을이 피고인 갑의 지도나 감독 아래 이러한 시술을 하였더라도 무면허 의료행위에 해당한다(대판 2018.6.19, 2017도19422).

→ 충치치료 과정에서 이루어지는 에칭과 본딩 시술은 의료기사 등에 관한 법률 및 같은 법 시행령이 허용하고 있는 치과위생사의 업무 범위와 한계를 벗어나는 의료행위이기 때문

3) 전자금융거래법은 '전자금융거래의 법률관계를 명확히 하여 전자금융거래의 안전성과 신뢰성을 확보함'을 목적으로 한 것으로(제1조), '대가를 수수 · 요구 또는 약속하면서 접근매체를 대여하는 행위'를 금지하고(제6조 제3항 제2호), 이를 위반하여 접근매체를 대여한 자를 처벌하고 있다(제49조 제4항 제2호). 여기에서 **'접근매체'**란 전자금융거래에서 거래지시를 하거나 이용자 및 거래내용의 진실성과 정확성을 확보하기 위하여 사용되는 전자식 카드 및 이에 준하는 전자적 정보, 전자서명법 제2조 제4호의 전자서명생성정보 및 같은 조 제7호의 **인증서**, 금융회사 또는 전자금융업자에 등록된 이용자번호, 이용자의 생체정보, 비밀번호 중 어느 하나에 해당하는 수단 또는 정보를 말한다(법 제2조 제10호). …… 전자금융거래 기능이 포함된 예금통장에서 접근매체로서 기능을 하는 것은 그 통장에 부착된 마그네틱 띠이므로, 이용자가 대가를 수수 · 요구 또는 약속하면서 제3자에게 예금통장에 부착된 마그네틱 띠에 포함된 전자정보를 이용하여 전자금융거래를 할 수 있도록 **예금통장**을 빌려주었다면 이는 **'접근매체의 대여'**에 해당한다. / 그러나 **예금통장에 기재된 계좌번호가 포함된 면을 촬영하도록 허락**한 것에 지나지 않는다면 이는 접근매체를 용도대로 사용하는 것이 애초에 불가능하므로, 접근매체의 대여에 해당한다고 볼 수 없다(대판 2017.8.18, 2016도8957).

4) 재화 또는 용역을 할인하여 매입하는 거래(문화상품권할인거래)를 통해 금전을 교부하는 경우, 이를 대부업법상 금전의 대부로 보는 것은, 대부업법 제2조 제1호 등 조항의 문언의 가능한 의미를 벗어나 피고인에게 불리한 방향으로 지나치게 확장해석하거나 유추해석하는 것이 되어 죄형법정주의 원칙에 위반된다(대판 2019.9.26, 2018도7682). → 대부행위 ≠ 매매행위(문화상품권 할인매입)

5) 도로교통법 제92조 제2항에서 제시의 객체로 규정한 **운전면허증**은 적법한 운전면허의 존재를 추단 내지 증명할 수 있는 운전면허증 그 자체를 가리키는 것이지, 그 **이미지파일** 형태는 여기에 해당하지 않는다(대판 2019.12.12, 2018도2560).

[사실관계] 타인의 자동차운전면허증을 촬영한 이미지파일을 제시하여 공문서부정행사로 공소제기 된 사건 → 운전면허증 ≠ 운전면허증 이미지파일

6) [형법 제232조의2에서 정한 사전자기록 '위작'의 의미] 형법 제232조의2에서 정한 '위작'의 포섭 범위에 권한 있는 사람이 그 권한을 남용하여 허위의 정보를 입력함으로써 시스템 설치·운영 주체의 의사에 반하는 전자기록을 생성하는 행위를 포함하는 것으로 보더라도, 이러한 해석이 '위작'이란 낱말이 가지는 문언의 가능한 의미를 벗어났다거나, 피고인에게 불리한 유추해석 또는 확장해석을 한 것이라고 볼 수 없다(대판 2020.8.27, 2019도11294 全合).

7) [저작재산권자의 이용허락 없이 전송되는 공중송신권 침해 게시물로 연결되는 링크를 이른바 '다시보기' 링크 사이트 등에서 공중의 구성원에게 제공하는 행위가 공중송신권 침해의 방조가 되는지 여부가 문제된 사건] 공중송신권을 침해하는 게시물이나 그 게시물이 위치한 웹페이지 등(이하 통틀어 '침해 게시물 등'이라 한다)에 연결되는 링크를 한 행위라도, 전송권(공중송신권) 침해행위의 구성요건인 '전송(공중송신)'에 해당하지 않기 때문에 전송권 침해가 성립하지 않는다(대판 2021.9.9, 2017도19025 全合).

[동지판례] 인터넷 이용자가 링크 부분을 클릭함으로써 링크된 웹페이지나 개개의 저작물에 직접 연결된다 하더라도 링크를 하는 행위는 저작권법이 규정하는 복제 및 전송에 해당하지 아니한다(대판 2015.3.12, 2012도13748)

∵ 인터넷 링크(Internet link)는 인터넷에서 링크하고자 하는 웹페이지나, 웹사이트 등의 서버에 저장된 개개의 저작물 등의 웹 위치 정보나 경로를 나타낸 것에 불과하기 때문

→ 복제 및 전송(공중송신) ≠ 링크를 하는 행위

8) [1] 도로교통법 제148조의2 제1항 제1호는 도로교통법 제44조 제1항을 2회 이상 위반한 사람으로서 다시 같은 조 제1항을 위반하여 술에 취한 상태에서 자동차 등을 운전한 사람에 대해 1년 이상 3년 이하의 징역이나 500만 원 이상 1,000만 원 이하의 벌금에 처하도록 규정하고 있는데, 도로교통법 제148조의2 제1항 제1호에서 정하고 있는 '**도로교통법 제44조 제1항을 2회 이상 위반**한' 것에 개정된 도로교통법이 시행된 2011.12.9. 이전에 구 도로교통법 제44조 제1항을 위반한 음주운전 전과까지 포함되는 것으로 해석하는 것이 형벌불소급의 원칙이나 일사부재리의 원칙 또는 비례의 원칙에 위배된다고 할 수 없다. [2] 형의 실효 등에 관한 법률 제7조 제1항 각 호에 따라 형이 실효되었거나 사면법 제5조 제1항 제1호에 따라 **형 선고의 효력이 상실된 구 도로교통법 제44조 제1항 위반 음주운전 전과**도 도로교통법 제148조의2 제1항 제1호의 '도로교통법 제44조 제1항을 2회 이상 위반한' 것에 해당된다고 보아야 한다(대판 2012.11.29, 2012도10269).

[동지판례] **개정 도로교통법 부칙 제2조**는 도로교통법 제82조 제2항과 제93조 제1항 제2호의 경우 위반행위의 횟수를 산정할 때에는 2001.6.30. 이후의 위반행위부터 산정하도록 한 반면, 제148조의2 제1항에 관한 위반행위의 횟수 산정에 대해서는 특별히 정하지 않고 있다. 이처럼 제148조의2 제1항에 관한 위반행위의 횟수를 산정하는 기산점을 두지 않았다고 하더라도 그 위반행위에 개정 도로교통법 시행 이후의 음주운전 또는 음주측정 불응 전과만이 포함되는 것이라고 해석할 수 없다(대판 2020.8.20, 2020도7154).

[동지판례(유죄의 확정판결을 요하는 지 여부)] 도로교통법 제148조의2 제1항 제1호는 '제44조 제1항(술에 취한 상태에서의 운전 금지)을 2회 이상 위반한 사람'으로서 다시 같은 조 제1항을 위반하여 술에 취한 상태에서 자동차 등을 운전한 사람을 처벌하고 있는데, 위 조항 중 **'제44조 제1항을 2회 이상 위반한 사람'**은 문언 그대로 2회 이상 음주운전 금지규정을 위반하여 음주운전을 하였던 사실이 인정되는 사람으로 해석해야 하고, 그에 대한 형의 선고나 유죄의 확정판결 등이 있어야만 하는 것은 아니다(대판 2018.11.15, 2018도11378).[1]

[동지판례(보호처분 받은 전력 포함 여부)] 보호처분을 받은 전력도 음주운전을 한 사실 자체가 인정되는 경우에는 음주운전 금지규정을 위반한 전력에 포함되므로, 특별한 사정이 없는 한 피고인이 이 부분 공소사실 기재 음주운전 행위 당시 이미 음주운전 금지규정을 2회 위반하였다고 볼 수 있다(대판 2018.12.27, 2018도6870).[2]

9) **도로교통법** 제2조 제26호는 **'운전'**이란 차마 또는 노면전차를 본래의 사용방법에 따라 사용하는 것을 말한다고 정하고 있다. 그중 자동차를 본래의 사용방법에 따라 사용했다고 하기 위해서는 엔진시동을 걸고 발진조작을 해야 한다(대판 2020.12.30, 2020도9994).

[사실관계] 피고인이 이 사건 차량에 장착된 STOP&GO 기능 조작 미숙으로 시동을 걸지 못한 상태에서 제동장치를 조작하다 차량이 뒤로 밀려 추돌사고를 야기한 경우, 피고인이 운전하려는 의사로 제동장치를 조작했어도 시동을 걸지 못한 이상 발진조작을 했다고 볼 수 없으므로, 자동차를 본래의 사용방법에 따라 사용했다고 보기 어렵다고 본 사안

[동지판례] 구 도로교통법(2017.3.21. 법률 제14617호로 개정되기 전의 것) 제2조 제26호에 따르면, **'운전'**이란 도로에서 차를 '그 본래의 사용방법'에 따라 사용하는 것을 말한다. 이때 자동차를 '그 본래의 사용방법'에 따라 사용하였다고 하기 위하여는 단지 엔진을 시동시켰다는 것만으로는 부족하고 이른바 발진조작의 완료를 요한다. 통상 자동차 엔진을 시동시키고 기어를 조작하며 제동장치를 해제하는 등 일련의 조치를 취하면 위와 같은 발진조작을 완료하였다고 할 것이지만, 애초부터 자동차가 고장이나 결함 등의 원인으로 객관적으로 발진할 수 없었던 상태에 있었던 경우라면 그와 같이 볼 수는 없다(대판 2021.1.14, 2017도10815).

5 적정성의 원칙

(1) 적정성의 원칙이란 법률의 내용이 국민의 자유와 권리를 보장할 수 있도록 실질적 정의에 부합하여야 한다는 원칙이다.

(2) 헌법상 비례의 원칙(과잉금지의 원칙)에 근거하여 범죄와 형벌은 꼭 필요한 경우에만 부과하여야 하고, 범죄와 형벌 사이에는 균형성을 요한다는 것을 말한다.

○ **[2회 이상 음주운전 시 가중처벌 사건]** 2회 이상 음주운전 금지규정을 위반한 사람을 2년 이상 5년 이하의 징역이나 1천만 원 이상 2천만 원 이하의 벌금에 처하도록 규정한 구 **도로교통법 제148조의2 제1항 중 '제44조 제1항을 2회 이상 위반한 사람'에 관한 부분이 헌법에 위반된다.** [1] '제44조 제1항을 2회 이상 위반한 사람'이란 '2006.6.1. 이후 도로교통법 제44조 제1항을 위반하여 술에 취한 상태에서

---

1) 2020년 법원사무관승진시험

2) 2020년 법원사무관승진시험

운전을 하였던 사실이 인정되는 사람으로서, 다시 같은 조 제1항을 위반하여 술에 취한 상태에서 운전한 사람'을 의미함을 충분히 알 수 있으므로, 심판대상조항은 죄형법정주의의 **명확성의 원칙에 위반된다고 할 수 없다**. [2] 음주치료나 음주운전 방지장치 도입과 같은 비형벌적 수단에 대한 충분한 고려 없이 과거 위반 전력 등과 관련하여 아무런 제한도 두지 않고 죄질이 비교적 가벼운 유형의 재범 음주운전 행위에 대해서까지 일률적으로 가중처벌하도록 하고 있으므로 형벌 본래의 기능에 필요한 정도를 현저히 일탈하는 과도한 법정형을 정한 것이다. 그러므로 심판대상조항은 **책임과 형벌 간의 비례원칙에 위반된다**(헌재결 2021.11.25, 2019헌바446, 2020헌가17(병합), 2021헌바77(병합)).

→ 명확성의 원칙 위반 × ↔ 책임과 형벌 간의 비례원칙 위반 ○

[**동지판례**(음주운전 금지규정 위반 또는 음주측정거부 전력자가 다시 음주운전을 한 경우 가중처벌 사건 / 음주운전 금지규정 위반 전력자가 다시 음주측정거부를 한 경우 가중처벌 사건)](헌재결 2022.5.26, 2021헌가30·31, 2022헌가9)

관련 판례 **적정성원칙에 반하는 경우**

1) 특정범죄가중처벌 등에 관한 법률 제5조의3 제2항 제1호에서 **과실**로 사람을 치상하게 한 자가 구호행위를 하지 아니하고 도주하거나 **고의**로 유기함으로써 치사의 결과에 이르게 한 경우에 살인죄와 비교하여 그 법정형을 더 무겁게 한 것은 형벌체계상의 정당성과 균형을 상실한 것으로서 헌법 제10조의 인간으로서의 존엄과 가치를 보장한 국가의 의무와 헌법 제11조의 평등의 원칙 및 헌법 제37조 제2항의 과잉입법금지의 원칙에 반한다(헌재결 1992.4.28, 90헌바24).
2) 폭력행위 등 처벌에 관한 법률 제3조 제2항에서 야간에 흉기 기타 위험한 물건을 휴대하여 형법 제283조 제1항(협박)의 죄를 범한 자를 **일률적으로 5년 이상**의 유기징역에 처하도록 규정한 것은 실질적 법치국가 내지는 사회적 법치국가가 지향하는 죄형법정주의의 취지에 어긋날 뿐만 아니라 기본권을 제한하는 입법을 함에 있어서 지켜야 할 헌법적 한계인 과잉금지의 원칙 내지는 비례의 원칙에도 어긋난다(헌재결 2004.12.16, 2003헌가12).
3) '특정범죄 가중처벌 등에 관한 법률' 제6조 제7항 중 '**관세법** 제271조에 규정된 죄(**밀수입 예비죄**)를 범한 사람은 제2항의 예에 따른 그 정범 또는 본죄에 준하여 처벌한다'는 부분이 책임과 형벌 사이의 비례성 원칙에 위반되고, 형벌 체계상의 균형성과 평등원칙에 위반된다(헌재결 2019.2.28, 2016헌가13).
   ∵ 예비행위를 본죄에 준하여 처벌하도록 하고 있는 심판대상조항은 그 불법성과 책임의 정도에 비추어 지나치게 과중한 형벌을 규정하고 있는 것이기 때문

관련 판례 **적정성원칙에 반하지 않는 경우**

1) 군사기밀 보호법 제11조가 **군사기밀 탐지·수집행위**의 법정형을 10년 이하의 징역으로 규정하고 있는 것과 달리 국가보안법 제4조 제1항 제2호 (나)목의 법정형이 사형·무기 또는 7년 이상의 징역으로 규정되어 있다는 등의 사정만으로 위 조항이 지나치게 무거운 형벌을 규정하여 책임주의 원칙에 반한다거나 법정형이 형벌체계상 균형을 상실하여 평등원칙에 위배되는 조항이라고 할 수 없으며, 법관의 양형 판단 및 결정권을 중대하게 침해하는 것이라고 볼 수도 없다(대판 2013.7.26, 2013도2511).
   ∵ 국가보안법은 그 행위주체를 '반국가단체의 구성원 또는 그 지령을 받은 자'로 한정하고 있을 뿐만 아니라 그 행위가 '반국가단체의 목적수행을 위한 행위'일 것을 그 구성요건으로 하고 있어 행위주체와 행위태양의 면에서 제한을 하고 있기 때문

2) 도시 및 주거환경정비법 제84조가 **주택재건축조합의 임원**을 뇌물죄의 적용에 있어서 공무원으로 의제한 것은 그 목적이 정당하고, 그 목적 달성을 위하여 적절하고 필요한 수단이라 할 것이며, 이러한 제한으로 인하여 보호하려는 공익과 침해되는 사익 사이에 불균형이 발생한다고 할 수 없으므로 과잉금지의 원칙에 위반된다고 볼 수도 없다(대판 2007.4.27, 2007도694).

3) 형법 제160조 **분묘의 발굴죄**에 벌금형을 선택적으로 규정함이 없이 5년 이하의 징역으로 규정했다고 하더라도 입법재량의 범위를 벗어났다거나 법정형이 과중하다고 보기 어렵고, 분묘의 발굴죄를 사체 등 오욕죄나 장사 등에 관한 법률 제40조 제8호 위반죄보다 법정형을 무겁게 규정한 것은 형벌체계의 균형성을 상실하여 평등원칙에 위배된다고 볼 수 없다(헌재결 2019.2.28, 2017헌가33).

4) 특별형법인 성폭력범죄의 처벌 등에 관한 특례법에 '**주거침입준강제추행죄**'라는 구성요건을 별도로 신설하여 무기징역 또는 5년 이상의 징역이라는 비교적 중한 법정형을 정한 것은 책임과 형벌 간의 비례원칙에 위반되지 않고, 형벌체계상 균형을 상실하여 평등원칙에 위반되지도 않는다(헌재결 2020.9.24, 2018헌바171).

[결정요지] 주거침입강간죄와 비교할 때 그 보호법익과 죄질, 비난가능성에 있어 큰 차이가 있다고 보기 어려워 입법자가 주거침입준강제추행죄의 법정형을 **주거침입강간죄보다 가볍게 정하지 않은 것**이 형벌체계상 정당성이나 균형성을 현저히 상실하였다고 볼 수 없으므로, 심판대상조항은 평등원칙에 위반되지 아니한다.

5) **[위력에 의한 업무방해 사건]** [1] 헌법재판소는 이미 세 차례에 걸쳐 심판대상조항이 죄형법정주의의 명확성의 원칙에 위배되지 않는다고 판단한 바 있고(97헌바23, 2003헌바91, 2009헌바168), 이후 대법원은 2011.3.17. 선고 2007도482 전원합의체 판결에서 **전격성**과 **중대성**을 위력의 판단기준으로 하여 위력에 의한 업무방해죄의 성립 범위를 위 결정 당시보다 축소하였다. 그럼에도 구체적 사건에 있어 어떤 행위가 법적 구성요건을 충족시키는지에 관하여 여전히 의문이 있을 수 있으나, 이는 형법규범의 일반성과 추상성에 비추어 불가피한 것으로, 그러한 사정만으로 형법규범이 불명확하다고 볼 수 없다. 따라서 선례와 달리 판단할 사정변경이 인정되지 않으므로, **죄형법정주의의 명확성의 원칙에 위배되지 않는다.** [2] 심판대상조항이 대부분의 '노동조합 및 노동관계조정법'(이하 '노동조합법'이라 한다)상의 처벌조항보다 형이 더 중하다 하더라도, 이는 보호법익이나 죄질이 다르고 법정형을 정함에 있어 고려해야 할 요소가 다르기 때문이고, 심판대상조항이 법정형의 하한에 제한을 두지 않고 있는 점 등을 고려하면, **책임과 형벌 간의 비례원칙에 위배된다고 볼 수 없다**(헌재결 2022.5.26, 2012헌바66). → 재판관 4:5의 의견으로 정족수에 미달하여 합헌결정(재판관 5인은 위헌의견)

Chapter 03

형법의 적용범위

I 시간적 적용범위[3]

제1조 【범죄의 성립과 처벌】
① 범죄의 성립과 처벌은 행위시의 법률에 의한다.
② 범죄 후 법률의 변경에 의하여 그 행위가 범죄를 구성하지 아니하거나 형이 구법보다 경한 때에는 신법에 의한다.
③ 재판확정 후 법률의 변경에 의하여 그 행위가 범죄를 구성하지 아니하는 때에는 형의 집행을 면제한다.

개정법 제1조 【범죄의 성립과 처벌】
① 범죄의 성립과 처벌은 행위시의 법률에 따른다.
② 범죄 후 법률이 변경되어 그 행위가 범죄를 구성하지 아니하게 되거나 형이 구법(舊法)보다 가벼워진 경우에는 신법(新法)에 따른다.
③ 재판이 확정된 후 법률이 변경되어 그 행위가 범죄를 구성하지 아니하게 된 경우에는 형의 집행을 면제한다. [시행 2021.12.9.]

Thema 정리 시간적 적용범위

- [제1조 제1항] 행위시법주의 → 행위시의 의미 : 행위종료시 ○, 결과발생시 × 예 포괄일죄
- [제1조 제2항] 범죄 후 법률의 변경 : 행위시법주의의 예외(신법, 재판시법주의)
- [제1조 제3항] 재판확정 후 법률의 변경 : 행위시법주의의 예외(형집행면제)
  ↔ 제1조 제2항 · 제3항의 적용배제 : 1) 경과규정(부칙) 2) 판례의 동기설(→ 폐지!)

Thema 정리 시간적 적용범위와 관련된 형사판결의 종류

1. 범죄 후 법률의 변경에 의하여 범죄를 구성하지 아니하는 경우 : 면소판결(형사소송법 제326조 제4호)
2. 위헌결정으로 형벌에 관한 법률(조항)이 소급하여 효력을 상실한 경우 : 무죄판결(형사소송법 제325조)

1 시간적 적용범위의 의의

(1) 형법의 시간적 적용범위란 행위시와 재판시 사이에 법률의 변경이 있어 범죄의 성부가 달라지거나 형의 경중이 있는 경우에 신법(재판시법)과 구법(행위시법) 중 어느 법률을 적용할 것인가의 문제이다.

(2) 재판시법주의를 적용하면 신법의 소급효를 인정하는 결과가 되고, 행위시법주의를 적용하면 구법의 추급효를 인정하는 결과가 된다.

(3) 우리 형법은 행위시법주의를 원칙으로 하고(제1조 제1항), 예외적으로 재판시법주의를 취하고 있다(제1조 제2항, 제3항).

---

3) 2011년 법원사무관승진시험(20점) 형법의 시간적 적용범위에 관하여 설명하시오.

2 시간적 적용범위의 원칙과 예외

(1) [원칙] 행위시법주의(소급효금지원칙)

① 행위시법주의란 행위시에 범죄가 아닌 것을 사후에 입법으로 범죄로 하거나, 그 형을 가중하는 경우에 신법을 적용하여서는 안된다는 원칙이다(= 소급효금지원칙).

② 여기서 '행위시'라 함은 **범죄행위의 종료시**(↔ **결과발생시** × / **기수시** ×)를 의미한다.

> ○ 범죄의 성립과 처벌은 행위시의 법률에 의한다고 할 때의 "행위시"라 함은 범죄행위의 종료시를 의미한다(대판 1994.5.10, 94도563).

(2) [예외] 행위시법주의의 예외(소급인정)

행위자에게 유리한 경우에는 예외적으로 소급효를 인정하여 신법을 적용한다. 행위자에게 유리한 신법을 소급적용하는 것은 소급효금지의 원칙과 배치되지 않으며, 죄형법정주의에 위배되지 않는다.

① 제1조 제2항

㉠ '범죄 후'란 범죄구성요건에 해당하는 행위의 종료 후 재판확정 전을 의미한다.

㉡ '법률의 변경'이란 총체적 법상태의 변경(실질적 의미의 형법)을 의미한다. 여기서의 법률은 법률・명령・규칙을 포함하며, 반드시 형법일 것을 요하지 않는다.

㉢ '범죄를 구성하지 아니하는 경우'란 형벌법규 자체의 폐지, 정당화사유・면책사유・형사책임연령 등 총칙규정의 변경에 의한 가벌성의 폐지 및 구성요건의 변경으로 그 행위가 불가벌로 된 경우 등을 말하는데, 이 경우 공소제기가 있으면 법원은 **면소판결**(↔ **무죄판결** ×)을 선고하여야 한다(형사소송법 제326조 제4호).

> ○ 피고인이 **간통죄**로 유죄의 확정판결을 받은 후 헌법재판소가 구 형법 제241조에 대하여 2008.10.30. 합헌결정을 하였다가 2015.2.26. 위헌결정을 하게 되자 재심을 청구하였는데, 제1심이 재심개시결정을 한 경우 공소사실을 심판하는 제1심은 형사소송법 제326조 제4호에 따라 **면소판결**을 선고하여야 한다(대판 2019.12.24, 2019도15167).
>
> ∵ 개정된 헌법재판소법 제47조 제3항 단서는 형벌에 관한 해당 법률 또는 법률의 조항에 대하여 종전에 합헌으로 결정한 사건이 있는 경우에는 그 결정이 있는 날의 다음 날로 소급하여 효력을 상실한다고 정하여 소급효를 제한하고 있기 때문

㉣ '형이 구법보다 가벼워진 경우' **경한 신법**(가벼워진 신법)이 적용된다. 이때 형의 경중은 제50조를 기준으로 결정하되, 원칙적으로 법정형을 표준으로 하고, 법정형 중 병과형 또는 선택형이 있을 때에는 이 중 가장 중한 형을 기준으로 한다.

> ○ 형의 경중의 비교는 원칙적으로 **법정형**을 표준으로 할 것이고 처단형이나 선고형에 의할 것이 아니며, 법정형의 경중을 비교함에 있어서 법정형 중 병과형 또는 선택형이 있을 때에는 이 중 **가장 중한 형을 기준**으로 하여 다른 형과 경중을 정하는 것이 원칙이다(대판 1992.11.13, 92도2194).

○ 범죄 후 법률의 개정에 의하여 법정형이 가벼워진 경우에는 형법 제1조 제2항에 의하여 당해 범죄사실에 적용될 가벼운 법정형(신법의 법정형)이 **공소시효기간의 기준**이 된다(대판 1987.12.22, 87도84 ; 대판 2008.12.11, 2008도4376).

㉤ 형이 구법보다 중한 경우나, 형의 경중에 변화가 없는 경우에는 행위시법인 구법을 적용한다(제1조 제1항의 적용).

○ 범죄 후 법률의 변경이 있더라도 형이 중하게 변경되는 경우나 형의 변경이 없는 경우에는 형법 제1조 제1항에 따라 행위시법을 적용하여야 할 것이다(대판 2010.6.10, 2010도4416).

㉥ 범죄 후 여러 차례 법률이 변경되어 행위시법과 재판시법 사이에 중간시법이 있는 경우 그 중 가장 형이 경한 법률을 적용해야 한다.

○ 행위시와 재판시 사이에 수차 법령의 변경이 있는 경우에는 이 점에 관한 당사자의 주장이 없더라도 본조 제2항에 의하여 직권으로 행위시법과 제1, 2 심판시법의 세가지 규정에 의한 형의 경중을 비교하여 그중 가장 형이 경한 법규정을 적용하여 심판하여야 한다(대판 1968.12.17, 68도1324).

○ 범죄행위시와 재판시 사이에 여러 차례 법령이 개정되어 형의 변경이 있는 경우에는 이 점에 관한 당사자의 주장이 없더라도 형법 제1조 제2항에 의하여 직권으로 그 전부의 법령을 비교하여 그중 가장 형이 가벼운 법령을 적용하여야 하므로, 법률 제10209호 특강법 개정 전에 이루어진 단순 강간행위에 의한 상해·치상의 죄는 2011.3.7.의 개정에도 불구하고 여전히 '특정강력범죄'에 해당하지 않는다(대판 2012.9.13, 2012도7760).
[판결요지] 강간 등 상해·치상의 행위가 흉기나 그 밖의 위험한 물건을 휴대하거나 2인 이상이 합동하여 저질러진 경우가 아니라 단순 강간행위에 의하여 저질러진 경우에도 특정강력범죄의 처벌에 관한 특례법(이하 특강법)상 **'특정강력범죄'에 해당**하던 것이 2010.3. 31. 개정된 '법률 제10209호 특강법'에 의하면 **'특정강력범죄'에 해당하지 않**게 되었다가 다시 개정된 2011.3.7. '법률 제10431호 특강법'에 의하면 **'특정강력범죄'에 해당**되었다면 '법률 제10209호 특강법' 개정 전에 이루어진 단순 강간행위에 의한 상해·치상의 죄는 2011.3.7. 특강법의 개정에도 불구하고 여전히 '특정강력범죄'에 해당하지 않는다고 보아야 한다.

㉦ 범죄의 실행행위가 구법과 신법에 걸쳐 행하여진 경우에는 실행행위는 신법 시행시에 종료된 것이므로 행위시법인 신법이 적용된다. **예** 계속범·연속범 등 포괄일죄

○ **포괄일죄**로 되는 개개의 범죄행위가 법 개정의 전후에 걸쳐서 행하여진 경우에는 신·구법의 법정형에 대한 경중을 비교하여 볼 필요도 없이 범죄 실행 종료시의 법이라고 할 수 있는 신법을 적용하여 포괄일죄로 처단하여야 한다(대판 1998.2.24, 97도183).
[동지판례] 개정된 방문판매 등에 관한 법률 제23조 제2항이 시행된 이후에도 포괄일죄인 위 법률 위반 범행이 계속된 경우 그 범죄실행 종료시의 법이라고 할 수 있는 신법을 적용하여 포괄일죄로 처단하여야 하고, 또한 **"이 법 시행 전의 행위에 대한 벌칙의 적용에 있어서는 종전의**

규정에 따른다(경과규정)."는 방문판매 등에 관한 법률 부칙 제3조가 적용될 수도 없다(대판 2009.9.10, 2009도5075).

[비교판례] 일반적으로 **계속범**의 경우 실행행위가 종료되는 시점에서의 법률이 적용되어야 할 것이나, 법률이 개정되면서 그 **부칙**에서 '개정된 법 시행 전의 행위에 대한 벌칙의 적용에 있어서는 종전의 규정에 의한다'는 **경과규정**을 두고 있는 경우 개정된 법이 시행되기 전의 행위에 대해서는 개정 전의 법을, 그 이후의 행위에 대해서는 개정된 법을 각각 적용하여야 한다(대판 2001.9.25, 2001도3990).

→ 포괄일죄의 법리에 반한다는 비판을 받는 판결이므로 예외적 판결이라고 기억할 것!

ㅇ 포괄일죄에 관한 기존 처벌법규에 대하여 그 표현이나 형량과 관련한 개정을 하는 경우가 아니라 애초에 죄가 되지 아니하던 행위를 **구성요건의 신설**로 포괄일죄의 처벌대상으로 삼는 경우에는 신설된 포괄일죄 처벌법규가 시행되기 이전의 행위에 대하여는 신설된 법규를 적용하여 처벌할 수 없다(형법 제1조 제1항). 이는 신설된 처벌법규가 상습범을 처벌하는 구성요건인 경우에도 마찬가지라고 할 것이므로, 구성요건이 신설된 **상습강제추행죄**가 시행되기 이전의 범행은 상습강제추행죄로는 처벌할 수 없고 행위시법에 기초하여 강제추행죄로 처벌할 수 있을 뿐이며, 이 경우 그 소추요건도 상습강제추행죄에 관한 것이 아니라 강제추행죄에 관한 것이 구비되어야 한다(대판 2016.1.28, 2015도15669).

ㅇ 2008.12.26. 법률 제9169호로 개정·시행된 특정범죄 가중처벌 등에 관한 법률(이하 '특가법'이라 한다)은 제2조 제2항에서 "형법 제129조, 제130조 또는 제132조에 규정된 죄를 범한 자는 그 죄에 대하여 정한 형(제1항의 경우를 포함한다)에 수뢰액의 2배 이상 5배 이하의 벌금을 병과한다."라고 규정하여 **뇌물수수죄 등에 대하여 종전에 없던 벌금형을 필요적으로 병과**하도록 하고 있는데, 헌법 제13조 제1항의 형벌법규 불소급 원칙과 형법 제1조 제1항의 "범죄의 성립과 처벌은 행위시의 법률에 의한다."는 규정에 비추어 보면, 포괄일죄인 뇌물수수 범행이 위 신설 규정의 시행 전후에 걸쳐 행하여진 경우 **특가법 제2조 제2항에 규정된 벌금형 산정 기준이 되는 수뢰액**은 위 규정이 신설된 2008.12.26. 이후에 수수한 금액으로 한정된다고 보아야 한다(대판 2011.6.10, 2011도4260).

② 제1조 제3항

㉠ 재판이 확정된 후 법률이 변경되어 그 행위가 범죄를 구성하지 아니하는 때에는 범죄는 성립하여 유죄이나, 형의 집행만 면제한다.

㉡ 형이 구법보다 경한 때에 대하여는 규정이 없다. 따라서 재판확정 후 법률의 변경에 의하여 형기만이 구법보다 경하게 변경된 때에는 확정된 형을 그대로 집행한다.

③ 제1조 제2항·제3항의 적용배제

㉠ 신법에 **경과규정**을 두어 신법의 적용을 배제하는 것은 허용된다.

㉡ 판례는 종래 법률변경의 동기를 고려하여 제1조 제2항·제3항의 적용범위를 제한하여 왔으나(이른바 **동기설**), 최근 전원합의체 판결에서, 범죄 후 법률이 변경되어 그 행위가 범죄를 구성하지 아니하게 되거나 형이 구법보다 가벼워진 경우 "경과규정을 두지 않는 한" 형법 제1조 제2항, 형사소송법 제326조 제4호를 적용하여야 한다고 하여 **동기설**을 **폐지**하였다(대판 2022.12.22, 2020도16420 全合).

ㅇ **[경과규정]** 형법 제1조 제2항 및 제8조에 의하면 범죄 후 법률의 변경에 의하여 형이 구법보다 경한 때에는 신법에 의한다고 규정하고 있으나 신법에 경과규정을 두어 이러한 신법의 적용을 배제하는 것도 허용되는 것으로서, 형을 종전보다 가볍게 형벌법규를 개정하면서 그 **부칙으로 개정된 법의 시행 전의 범죄에 대하여 종전의 형벌법규를 적용**(**경과규정**)하도록 규정한다 하여 헌법상의 형벌불소급의 원칙이나 신법우선주의에 반한다고 할 수 없다(대판 1999.7.9, 99도1695).

ㅇ **[동기설]** 형법 제1조 제2항의 규정은 형벌법령 제정의 이유가 된 **법률이념의 변천**에 따라 과거에 범죄로 보던 행위에 대하여 그 평가가 달라져 이를 범죄로 인정하고 처벌한 그 자체가 부당하였다거나 또는 과형이 과중하였다는 반성적 고려에서 법령을 개폐하였을 경우에 적용하여야 할 것이고, / 이와 같은 법률이념의 변경에 의한 것이 아닌 **다른 사정의 변천**에 따라 그때그때의 특수한 필요에 대처하기 위하여 법령을 개폐하는 경우에는 이미 그 전에 성립한 위법행위를 현재에 관찰하여도 행위 당시의 행위로서는 가벌성이 있는 것이어서 그 법령이 개폐되었다 하더라도 그에 대한 형이 폐지된 것이라고는 할 수 없다(대판 1997.12.9, 97도2682 ; 대판 2003.10.10, 2003도2770 ; 대판 2010.3.11, 2009도12930).

→ 판례의 동기설은 한시법(일정한 시행기간이 있는 법률)의 추급효인정여부에 대한 판례에서 출발하여, 법률이 행위자에게 유리하게 변경된 경우 신·구법의 적용기준(즉 제1조 제2항·제3항의 해석원리 내지 판단기준)으로 사용하여 왔다가 2020도16420 전원합의체 판결에 의하여 폐지되었다.

ㅇ **[동기설의 폐지**(도로교통법상 음주운전죄로 처벌받은 자가 술에 취한 상태로 전동킥보드를 운전한 사건)**]** 범죄 후 법률이 변경되어 그 행위가 범죄를 구성하지 아니하게 되거나 형이 구법보다 가벼워진 경우에는 신법에 따라야 하고(형법 제1조 제2항), 범죄 후의 법령 개폐로 형이 폐지되었을 때는 판결로써 면소의 선고를 하여야 한다(형사소송법 제326조 제4호). 이러한 형법 제1조 제2항과 형사소송법 제326조 제4호의 규정은 입법자가 법령의 변경 이후에도 **종전 법령 위반행위에 대한 형사처벌을 유지한다는 내용의 경과규정을 따로 두지 않는 한** 그대로 적용되어야 한다. 따라서 ① **범죄의 성립과 처벌에 관하여 규정한 형벌법규 자체 또는 그로부터 수권 내지 위임을 받은 법령의 변경에 따라 범죄를 구성하지 아니하게 되거나 형이 가벼워진 경우**에는, 종전 법령이 범죄로 정하여 처벌한 것이 부당하였다거나 과형이 과중하였다는 반성적 고려에 따라 변경된 것인지 여부를 따지지 않고 원칙적으로 **형법 제1조 제2항과 형사소송법 제326조 제4호가 적용된다.** ② **형벌법규가 대통령령, 총리령, 부령과 같은 법규명령이 아닌 고시 등 행정규칙·행정명령, 조례 등(이하 '고시 등 규정'이라고 한다)에 구성요건의 일부를 수권 내지 위임한 경우에도** 이러한 고시 등 규정이 위임입법의 한계를 벗어나지 않는 한 형벌법규와 결합하여 법령을 보충하는 기능을 하는 것이므로, **그 변경에 따라 범죄를 구성하지 아니하게 되거나 형이 가벼워졌다면** 마찬가지로 **형법 제1조 제2항과 형사소송법 제326조 제4호가 적용된다.** 그러나 -① **해당 형벌법규 자체 또는 그로부터 수권 내지 위임을 받은 법령이 아닌 다른 법령이 변경된 경우** 형법 제1조 제2항과 형사소송법 제326조 제4호를 적용하려면, 해당 형벌법규에 따른 범죄의 성립 및 처벌과 직접적으로 관련된 형사법적 관점의 변화를 주된 근거로 하는 법령의 변경에 해당하여야 하므로, 이와 **관련이 없는 법령의 변경으로 인하여 해당 형벌법규의 가벌성에 영향을 미치게 되는 경우에는 형법 제1조 제2항과 형사소송법 제326조 제4호가 적용되지 않는다.** 한편 -② 법령이 개정 내지 폐지된 경우가 아니라, 스스로 유효기간을 구체적인 일자나 기간으로 특정하여 효력의 상실을 예정하고 있던 법령이 그 유효기간을 경과함으로써 더 이상

효력을 갖지 않게 된 경우(강사 주 : 이른바 한시법)도 형법 제1조 제2항과 형사소송법 제326조 제4호에서 말하는 법령의 변경에 해당한다고 볼 수 없다(대판 2022.12.22, 2020도16420 全合).
[사실관계] 피고인이 도로교통법 위반(음주운전)죄로 처벌받은 전력이 있음에도 **술에 취한 상태로 전동킥보드를 운전하였다**고 하여 구 도로교통법 위반(음주운전)으로 기소되었는데, 구 도로교통법이 개정되어 원심판결 선고 후에 **개정 도로교통법**이 시행되면서 제2조 제19호의2 및 제21호의2에서 전동킥보드와 같은 '개인형 이동장치'와 이를 포함하는 **'자전거 등'에 관한 정의규정**을 **신설**함에 따라 개인형 이동장치 음주운전 행위는 자동차 등 음주운전 행위를 처벌하는 제148조의2의 적용대상에서 제외되는 한편 자전거 등 음주운전 행위를 처벌하는 제156조 제11호가 적용되어 법정형이 종전보다 가볍도록 법률이 변경되고 **별도의 경과규정은 두지 않은 사안**에서, 이러한 법률 개정은 구성요건을 규정한 형벌법규 자체의 개정에 따라 형이 가벼워진 경우에 해당함이 명백하므로, 종전 법령이 반성적 고려에 따라 변경된 것인지를 따지지 않고 형법 제1조 제2항에 따라 신법인 도로교통법 제156조 제11호(**20만 원 이하의 벌금이나 구류 또는 과료**), 제44조 제1항으로 처벌할 수 있을 뿐이라는 이유로, 행위시법인 구 도로교통법 제148조의2 제1항(2년 **이상 5년 이하의 징역**이나 **1천만 원 이상 2천만 원 이하의 벌금**), 도로교통법 제44조 제1항을 적용하여 공소사실을 유죄로 인정한 원심판결은 더 이상 유지될 수 없다고 한 사례

ㅇ [개인파산사건 및 개인회생사건 신청 대리가 법무사의 업무로 추가된 법무사법 개정이 형법 제1조 제2항 및 형사소송법 제326조 제4호가 적용되는 사안에 해당하는지에 관한 사건] 법무사인 피고인이 개인파산·회생사건 관련 법률사무를 위임받아 취급하여 변호사법 제109조 제1호 위반으로 기소되었는데, 범행 이후인 2020.2.4. 법률 제16911호로 개정된 법무사법 제2조 제1항 제6호에 의하여 **'개인의 파산사건 및 개인회생사건 신청의 대리'가 법무사의 업무로 추가된 사안**에서, 위 법무사법 개정은 범죄사실의 해당 형벌법규 자체인 변호사법 제109조 제1호 또는 그로부터 수권 내지 위임을 받은 법령이 아닌 **별개의 다른 법령의 개정에 불과**하고, 변호사법 제109조 제1호 위반죄의 성립 요건과 구조를 살펴보더라도 법무사법 제2조의 규정이 보충규범으로서 기능하고 있다고 보기 어려운 점, 법무사법 제2조는 법무사의 업무범위에 관한 규정으로서 기본적으로 형사법과 무관한 행정적 규율에 관한 내용이므로, 그 변경은 문제 된 형벌법규의 가벌성에 간접적인 영향을 미치는 경우에 해당할 뿐인 점, 법무사법 제2조가 변호사법 제109조 제1호 위반죄와 불가분적으로 결합되어 보호목적과 입법 취지 등을 같이한다고 볼 만한 특별한 사정도 없는 점 등을 종합하면, 위 법무사법 개정은 **형사법적 관점의 변화를 주된 근거로 하는 법령의 변경에 해당하지 않는다**는 이유로, 원심이 형법 제1조 제2항과 형사소송법 제326조 제4호를 적용하지 아니하고 변호사법 제109조 제1호 위반의 유죄를 인정한 것은 정당하다고 한 사례(대판 2023.2.23, 2022도4610)

ㅇ [전동킥보드와 같은 개인형 이동장치가 구「특정범죄 가중처벌 등에 관한 법률」제5조의11 제1항의 '원동기장치자전거'에 해당하는지 여부가 문제된 사건] 개정 도로교통법의 문언·내용·체계에다가 도로교통법 및 특정범죄가중법의 입법 목적과 보호법익, 전동킥보드와 같은 개인형 이동장치에 대한 특정범죄가중법상의 규율 및 처벌의 필요성 등을 고려해 보면, 구 특정범죄가중법 제5조의11 제1항에서의 **'원동기장치자전거'**에는 **전동킥보드와 같은 개인형 이동장치도 포함된**다고 판단되고, 비록 개정 도로교통법이 전동킥보드와 같은 개인형 이동장치에 관한 규정을 신설하면서 이를 "자동차 등"이 아닌 "자전거 등"으로 분류하였다고 하여 이를 형법 제1조 제2항의 '범죄 후 법률이 변경되어 그 행위가 범죄를 구성하지 아니하게 된 경우'라고 볼 수는 없다(대판 2023.6.29, 2022도13430).

3 [관련 문제] 한시법과 백지형법

(1) 한시법

한시법이란 미리 유효기간을 정해놓은 법률(협의의 한시법)으로 보는 견해와 협의의 한시법 외에 법령의 내용과 목적에 비추어 일시적 사정에 대응하기 위한 것이어서 유효기간이 사실상 제한되는 법령(광의의 한시법)까지 포함하는 것으로 보는 견해의 대립이 있다.

심화 Thema **한시법의 추급효 인정여부**

1. 문제점

한시법 자체에 추급효를 인정하는 명문규정을 두지 않은 경우 추급효를 인정할 것인지가 문제된다.

2. 견해의 대립

1) **추급효 긍정설** : 한시법의 추급효를 인정하지 않으면 유효기간의 종료가 가까워질수록 위반행위가 속출하여 법의 실효성을 유지할 수 없게 되므로 한시법의 경우 행위시법(제1조 제1항)을 적용하여야 한다는 견해이다.

2) **추급효 부정설** : 죄형법정주의 원칙에 비추어 추급효를 인정하는 명문규정을 두지 않는 한 재판시법주의(제1조 제2항)에 따라 가벌성을 인정할 수 없다는 견해이다(다수설).

3) **동기설(종전 판례)** : 법률변경의 동기를 고려하자는 견해이다. 법률의 변경이 과거의 처벌이 부당하다는 반성적 고려에서 이루어진 경우 법률이념의 변경 내지 법적 견해의 변경에 의한 것이므로 가벌성이 소멸되어 처벌할 수 없지만, 단순한 사정변천이나 그때그때의 특수한 필요에 대처하기 위하여 법률을 변경하는 경우 가벌성이 소멸되지 않아 추급효를 인정하여 처벌할 수 있다는 견해이다.

3. 검토

추급효 긍정설과 동기설은 목적론적 축소해석을 통하여 부당하게 가벌성을 확장함으로써 죄형법정주의에 반할 위험이 있으므로 한시법이든 한시법이 아니든 법률변경의 동기가 무엇이든 상관없이 추급효부정설이 타당하다.[4]

(2) 백지형법

① 백지형법이란 중립명령위반죄(제112조)처럼 형벌의 전제가 되는 구성요건의 일부나 전부를 다른 법률이나 명령 또는 고시 등으로 보충해야 하는 형벌법규를 말한다. 백지형법의 공백을 보충하는 규정을 보충규범이라고 한다.

② 보충규범의 개폐도 형법 제1조 제2항의 법률의 변경에 해당하는지 견해의 대립이 있으나, 보충규범도 상위규범과 합하여 전체로서 형벌법규를 이루므로 보충규범의 변경도 형법 제1조 제2항의 법률의 변경에 해당한다고 보아야 한다(다수설 · 판례).

관련 판례 **종전 판례가 법률이념의 변경으로 본 경우**(추급효 부정, 신법 적용, 제1조 제2항 적용, 처벌 ×)

1) **양벌규정**에 **면책규정**이 **신설**된 것은 범죄 후 법률의 변경에 의하여 그 행위가 범죄를 구성하지 않거나 형이 구법보다 경한 경우에 해당한다(대판 2011.3.24, 2009도7230).

[판결이유] 구 주택법 제100조의 양벌규정은 2009.2.3. 법률 제9405호로 개정되면서 사업주인 법

4) 김성돈 제8판 형법총론 p.107

인이 그 위반행위를 방지하기 위하여 해당 업무에 관하여 상당한 주의와 감독을 게을리하지 아니한 경우에는 양벌규정에 의하여 처벌하지 않는다는 내용의 단서 규정이 추가되었다. 이는 범죄 후 법률의 변경에 의하여 그 행위가 범죄를 구성하지 아니하거나 형이 구법보다 경한 경우에 해당한다.
[동지판례] 구 정보통신망 이용촉진 및 정보보호 등에 관한 법률 제66조의 양벌규정은 법인에 대한 면책규정을 두지 아니하였는데, 같은 법률이 2007.12.21. 법률 제8778호로 개정되면서 위 양벌규정이 제75조로 대체된 후 다시 2010.3.17. 법률 제10138호로 개정되면서 같은 조 단서에 법인이 그 대리인, 사용인, 그 밖의 종업원의 위반행위를 방지하기 위하여 해당 업무에 관하여 상당한 주의와 감독을 게을리하지 아니한 경우에는 법인을 처벌하지 아니하도록 하는 **면책규정이 추가**되었는바, 이는 범죄 후 법률의 변경에 의하여 그 행위가 범죄를 구성하지 아니하거나 형이 구법보다 경한 경우에 해당한다고 할 것이어서 제1조 제2항에 따라 피고인에게는 위와 같이 개정된 정보통신망 이용촉진 및 정보보호 등에 관한 법률의 양벌규정이 적용되어야 할 것이다(대판 2012.5.9, 2011도11264).

2) 이른바 반의사불벌죄에 있어서 처벌불원의 의사표시의 부존재는 소극적 소송조건으로서 직권조사사항이라 할 것이고, 종전에는 피해자의 의사에 상관없이 처벌할 수 있었던 근로기준법 제112조 제1항, 제36조 위반죄가 **반의사불벌죄로 개정**되었고, 부칙에는 그 적용과 관련한 경과규정이 없지만 개정법률이 피고인에게 더 유리할 것이므로 형법 제1조 제2항에 의하여 피고인에 대하여는 개정법률이 적용되어야 할 것이다(대판 2005.10.28, 2005도4462).

3) '**추행 목적의 유인죄**'를 가중처벌하였던 특정범죄 가중처벌 등에 관한 법률 제5조의2 제4항(무기 또는 5년 이상의 징역)을 삭제하고, 형법(2013.4.5. 법률 제11731호로 개정된 것) 제288조 제1항은 "추행, 간음, 결혼 또는 영리의 목적으로 사람을 약취 또는 유인한 사람은 1년 이상 10년 이하의 징역에 처한다."고 규정하여 추행 목적의 유인죄에 대한 법정형이 변경되었는데, 그 취지는 추행 목적의 유인의 형태와 동기가 다양함에도 불구하고 무기 또는 5년 이상의 징역으로 가중처벌하도록 한 종전의 조치가 과중하다는 데서 나온 반성적 조치라고 보아야 할 것이어서, 이는 제1조 제2항의 '범죄 후 법률의 변경에 의하여 그 행위가 범죄를 구성하지 아니하거나 형이 구법보다 경한 때'에 해당한다(대판 2013.7.11, 2013도4862, 2013전도101).

4) 구 **형법 제304조(위계간음)의 삭제**는 법률이념의 변천에 따라 과거에 범죄로 본 음행의 상습 없는 부녀에 대한 위계간음 행위에 관하여 현재의 평가가 달라짐에 따라 이를 처벌대상으로 삼는 것이 부당하다는 반성적 고려에서 비롯된 것으로 봄이 타당하므로, 이는 범죄 후의 법령개폐로 범죄를 구성하지 않게 되어 형이 폐지되었을 때에 해당한다. 그렇다면 구 형법 제304조에 해당하는 위계간음 행위는 형사소송법 제326조 제4호에 의하여 면소판결의 대상이 될 뿐이다(대판 2014.4.24, 2012도14253).

5) 형법 제257조 제1항(**상해**)의 가중적 구성요건을 규정하고 있던 **구 폭력행위처벌법 제3조 제1항(3년 이상 유기징역)을 삭제**하는 대신에 위와 같은 구성요건을 형법 제258조의2 제1항(**특수상해**, 1년 이상 10년 이하의 징역)에 신설하면서 그 법정형을 구 폭력행위처벌법 제3조 제1항보다 낮게 규정한 것은, 위 가중적 구성요건의 표지가 가지는 일반적인 위험성을 고려하더라도 개별 범죄의 범행경위, 구체적인 행위태양과 법익침해의 정도 등이 매우 다양함에도 일률적으로 3년 이상의 유기징역으로 가중처벌하도록 한 종전의 형벌규정이 과중하다는 데에서 나온 반성적 조치

라고 보아야 하므로, 이는 형법 제1조 제2항의 '범죄 후 법률의 변경에 의하여 형이 구법보다 경한 때'에 해당한다(대판 2016.1.28, 2015도17907).

[동지판례] 형법 제257조 제2항(**존속상해**)의 가중적 구성요건을 규정하고 있던 구 폭력행위처벌법 제3조 제1항을 삭제하는 대신에 위와 같은 구성요건을 형법 제258조의2 제1항(특수상해)에 신설하면서 그 법정형을 구 폭력행위처벌법 제3조 제1항보다 낮게 규정한 것은 형법 제1조 제2항의 '범죄 후 법률의 변경에 의하여 형이 구법보다 경한 때'에 해당한다(대판 2017.3.16, 2013도16192).

6) 형법에서 정한 폭력범죄들에 대한 가중적 구성요건을 규정하고 있던 구 **폭력행위 등 처벌에 관한 법률 제2조 제1항(상습, 폭행)의 삭제**한 것은 형법 제1조 제2항에서 정한 '범죄 후 법률의 변경에 의하여 그 행위가 범죄를 구성하지 아니하거나 형이 구법보다 경한 때'에 해당한다(대판 2016.2.18, 2015도18636).

[사실관계] 피고인이 **상습**적으로 피해자를 **폭행**하였다는 이 사건 공소사실에 대하여 형법 제1조 제2항에 따라 행위시법인 구 폭력행위처벌법의 규정을 적용하여 처벌할 수 없다고 한 사례

7) 구 **특정범죄 가중처벌 등에 관한 법률 제5조의4 제5항**은 형법 제329조부터 제331조까지의 죄 등으로 세 번 이상 징역형을 받은 사람이 다시 이들 죄를 범하면 **누범**으로 **가중처벌**하는데, 법을 개정하면서 무기 또는 3년 이상의 징역에 처하도록 규정되었던 것을 2년 이상 20년 이하의 징역에 처하도록 법정형을 변경하였다. 이는 형법 제1조 제2항에서 정한 '범죄 후 법률의 변경에 의하여 그 행위가 범죄를 구성하지 아니하거나 형이 구법보다 경한 때'에 해당한다(대판 2016.2.18, 2015도17848).

[사실관계] 피고인이 야간주거침입절도죄 등으로 세 번 이상 징역형을 받고 다시 그 누범 기간에 절도, 야간건조물침입절도, 특수절도 등의 죄를 범하였다는 공소사실에 대하여 신법을 적용하여야 한다고 본 사례

8) 법정형으로 징역형만 규정하고 있던 구 형법 제324조(**강요**)가 개정되어 **벌금형**이 **추가**된 것(5년 이하의 징역 → 5년 이하의 징역 또는 3천만 원 이하의 벌금)은 (강요 행위의 형태와 동기가 다양한데 죄질이 가벼운 강요 행위에 대하여도 반드시 징역형으로 처벌하도록 한 종전의 조치가 과중하다는 데에서 나온 반성적 조치라고 보이므로) 종전의 조치가 과중하다는 데에서 나온 반성적 조치로서 형법 제1조 제2항의 '범죄 후 법률의 변경에 의하여 형이 구법보다 경한 때'에 해당한다(대판 2016.3.24, 2016도836 ; 대판 2016.6.23, 2016도1473).

9) 구 교원노조법 제2조가 해직 교원의 교원 노동조합 가입을 불허함에 따라 이를 허용하는 전교조 규약에 관하여 고용노동부장관의 시정명령이 있었고, 이를 이행하지 아니한 행위를 구성요건으로 하는 구 노동조합법 제93조 제2호 위반죄로 피고인들이 기소되어 원심 유죄 선고 후 대법원에 계속되던 중 해직 교원의 교원 노동조합 가입을 허용하는 취지로 구 교원노조법이 개정된 사안에서, 형법 제1조 제2항의 '범죄 후 법령의 변경에 의하여 그 행위가 범죄를 구성하지 아니한 때'에 해당하여 **면소판결**이 가능하다(대판 2021.12.30, 2017도15175).

II 장소적 적용범위

제2조【국내범】
본법은 대한민국영역 내에서 죄를 범한 내국인과 외국인에게 적용한다.

제3조【내국인의 국외범】
본법은 대한민국영역 외에서 죄를 범한 내국인에게 적용한다.

제4조【국외에 있는 내국선박 등에서 외국인이 범한 죄】
본법은 대한민국영역 외에 있는 대한민국의 선박 또는 항공기 내에서 죄를 범한 외국인에게 적용한다.

제5조【외국인의 국외범】
본법은 대한민국영역 외에서 다음에 기재한 죄를 범한 외국인에게 적용한다.
1. 내란의 죄
2. 외환의 죄
3. 국기에 관한 죄 (↔ 국교에 관한 죄)
4. 통화에 관한 죄
5. 유가증권, 우표와 인지에 관한 죄
6. 문서에 관한 죄 중 제225조 내지 제230조 (↔ 사문서 ×)
7. 인장에 관한 죄 중 제238조 (↔ 사인장 ×)

제6조【대한민국과 대한민국국민에 대한 국외범】
본법은 대한민국영역 외에서 대한민국 또는 대한민국국민에 대하여 전조에 기재한 이외의 죄를 범한 외국인에게 적용한다. 단 행위지의 법률에 의하여 범죄를 구성하지 아니하거나 소추 또는 형의 집행을 면제할 경우에는 예외로 한다.

제7조【외국에서 받은 형의 산입】
죄를 지어 외국에서 형의 전부 또는 일부가 집행된 사람에 대해서는 그 집행된 형의 전부 또는 일부를 선고하는 형에 산입한다. [전문개정 2016.12.20.]
구법 제7조【외국에서 받은 형의 집행】
범죄에 의하여 외국에서 형의 전부 또는 일부의 집행을 받은 자에 대하여는 형을 감경 또는 면제할 수 있다.

Thema 정리 **장소적 적용범위** "지인보세"

- 제2조 속지주의(국내범), 제4조 기국주의
- 제3조 속인주의(내국인의 국외범)
- 제5조 보호주의(외국인의 국외범) : 국가보호주의 "내외기/통유문인"
- 제6조 보호주의(대한민국국민에 대한 국외범) : 국민보호주의
  (예외 : 제6조 단서 → 쌍방가벌성 주의, "행위지"의 법률에 의하여 범죄 ×인 경우)
- 제7조(외국에서 집행된 형의 산입) : 필요적 산입 ↔ 개정 전 : 임의적 감면
- 제296조의2(세계주의) 제287조부터 제292조까지 및 제294조(약취·유인 및 인신매매의 죄 및 그 미수범) : 대한민국 영역 밖에서 죄를 범한 외국인에게도 적용 ↔ 예비음모 : ×

1 의의

장소적 적용범위란 우리나라 형법을 어떤 장소에서 발생한 범죄에 대해서 적용할 것인가의 문제를 말한다. 현행 형법은 속지주의를 원칙으로 하고(제2조, 제4조), 이외에도 속인주의(제3조), 보호주의(제5조, 제6조), 세계주의(제296조의2)를 규정하고 있다.

2 속지주의

(1) '대한민국 영역'이란 한반도와 부속도서(영토 · 영해 · 영공)를 의미하고, 여기에는 북한도 포함된다.

> ㅇ 헌법 제3조는 대한민국의 영토는 한반도와 그 부속도서로 한다고 규정하고 있어 북한도 대한민국의 영토에 속하는 것이 분명하다(대판 1997.11.20, 97도2021 全合).

(2) 범죄의 행위 또는 결과 중 어느 하나라도 대한민국 영역에서 발생하면 족하다. 따라서 속지주의 원칙에서 범죄지의 결정기준은 범죄 결과 발생지뿐만 아니라 구성요건적 실행행위가 이루어진 곳도 포함된다.

> ㅇ 형법 제2조를 적용함에 있어서 공모공동정범의 경우 **공모지**도 범죄지로 보아야 한다(대판 1998.11.27, 98도2734).
> **[사실관계]** 외국인이 한국인과 한국 내 호텔에서 홍콩에서 히로뽕을 구입하여 이를 미국령 괌 에서 판매하기로 공모하고, 홍콩에서 중국인으로부터 히로뽕을 매수한 사안
>
> ㅇ 외국인이 대한민국 공무원에게 알선한다는 명목으로 **금품을 수수하는 행위**가 대한민국 영역 내에서 이루어진 이상, 비록 금품수수의 명목이 된 알선행위를 하는 장소가 대한민국 영역 외라 하더라도 대한민국 영역 내에서 죄를 범한 것이라고 하여야 할 것이므로, 형법 제2조에 의하여 대한민국의 형벌법규인 구 변호사법(2000.1.28. 법률 제6207호로 전문 개정되기 전의 것) 제90조 제1호가 적용되어야 한다(대판 2000.4.21, 99도3403).
> **[사실관계]** 피고인이 상습으로 1996.9.19.부터 1997.8.25.경까지 사이에 미국의 네바다주에 있는 미라지 호텔 카지노에서 도박하였다는 공소사실에 대하여 유죄를 인정한 것은 정당하다.
>
> ㅇ [송○○교수 사건] 독일인이 독일 내에서 북한의 지령을 받아 **베를린 주재 북한이익대표부**를 방문하고 그곳에서 북한공작원을 만났다면 위 각 구성요건상 범죄지는 모두 독일이므로 이는 외국인의 국외범에 해당한다(대판 2008.4.17, 2004도4899 全合).
> **[판결이유]** 독일 베를린 주재 북한이익대표부는 대한민국의 영토로 볼 수 있다는 주장 등은 모두 독자적인 견해에 불과하여 받아들일 수 없다.
> → 독일 주재 북한이익대표부에서의 국가보안법위반행위와 관련하여 속지주의 적용 ×

(3) 기국주의는 '대한민국 영역 외'(외국, 공해)에 있는 대한민국 국적의 선박이나 항공기 내에서 죄를 범한 외국에게도 우리나라 형법을 적용하는 것이다(속지주의의 확장).

3 속인주의

(1) '내국인'이란 범죄행위 당시에 대한민국의 국적을 가진 자를 의미한다.

(2) 범행 당시에 대한민국의 국적을 가진 자라면 범행 후 국적을 상실한 경우에도 우리 형법은 적용된다.

ㅇ 형법 제3조는 '본법은 대한민국 영역 외에서 죄를 범한 내국인에게 적용한다.'고 하여 형법의 적용범위에 관한 속인주의를 규정하고 있는바, 필리핀국에서 카지노의 외국인 출입이 허용되어 있다 하여도, 형법 제3조에 따라, 필리핀국에서 도박을 한 피고인(대한민국 국민)에게 우리나라 형법이 당연히 적용된다(대판 2001.9.25, 99도3337).

ㅇ 형법 제3조는 "본법은 대한민국 영역 외에서 죄를 범한 내국인에게 적용한다."고 하여 형법의 적용범위에 관한 속인주의를 규정하고 있고, 또한 국가 정책적 견지에서 도박죄의 보호법익보다 좀더 높은 국가이익을 위하여 예외적으로 내국인의 출입을 허용하는 폐광지역개발지원에 관한 특별법 등에 따라 카지노에 출입하는 것은 법령에 의한 행위로 위법성이 조각된다고 할 것이나, 도박죄를 처벌하지 않는 외국 카지노에서의 도박이라는 사정만으로 그 위법성이 조각된다고 할 수 없다(대판 2004.4.23, 2002도2518).

ㅇ [송○○교수 사건] 대한민국 국민이던 사람이 대한민국 국적을 상실하기 전 4회에 걸쳐 북한의 초청에 응하여 거주하고 있던 독일에서 출발하여 북한을 방문하였고, 그 후 독일 국적을 취득함에 따라 대한민국 국적을 상실한 후에도 거주지인 독일에서 출발하여 북한을 방문한 사안에서, **대한민국 국적을 상실하기 전의 방문행위**는 국가보안법 제6조 제2항의 탈출에 해당하지만 / **대한민국 국적을 상실한 후의 방문행위**는 국가보안법 제6조 제2항의 탈출 개념에 해당하지 않는다고 본 사례(대판 2008.4.17, 2004도4899 全合)

4 보호주의

(1) 형법은 대한민국 또는 대한민국 국민의 법익을 보호하기 위하여 제5조와 제6조를 규정하고 있다(**국가보호주의, 국민보호주의**).

(2) 형법 제5조, 제6조의 각 규정에 의하면, 외국인이 외국에서 죄를 범한 경우에는 형법 제5조 제1호 내지 제7호에 열거된 죄를 범한 때와 형법 제5조 제1호 내지 제7호에 열거된 죄 이외에 대한민국 또는 대한민국 국민에 대하여 죄를 범한 때에만 대한민국 형법이 적용되어 우리나라에 재판권이 있게 된다. 예 미국인이 행사할 목적으로 미국에서 일본화폐인 엔화를 위조한 경우(제5조 제4호, 제207조 제3항), 외국인이 외국에서 서울지방경찰청장 명의의 운전면허증이나 주민등록증(공문서)을 위조한 경우(제5조 제6호, 제225조)

(3) 다만 제5조와는 달리 제6조는 쌍방가벌성주의(상호주의)를 채택하고 있다.

ㅇ 형법 제6조 본문에 의하여 외국인이 대한민국 영역 외에서 대한민국 국민에 대하여 범죄를 저지른 경우 우리 형법이 적용되지만, 같은 조 단서에 의하여 행위지 법률에 의하여 범죄를 구성하지 아니하거나 소추 또는 형의 집행을 면제할 경우에는 우리 형법을 적용하여 처벌할 수 없고, 이 경우 행위지 법률에 의하여 범죄를 구성하는지는 엄격한 증명에 의하여 **검사**가 이를 증명하여야 한다(대판 2011.8.25, 2011도6507).

(4) 제5조는 내란의 죄, 외환의 죄, 국기에 관한 죄, 통화에 관한 죄, 유가증권 및 우표와 인지에 관한 죄, 문서에 관한 죄 중 제225조 내지 제230조(공문서), 인장에 관한 죄 중 제228조(공인장)에만 적용

되고, 국교에 관한 죄(외국원수·사절에 대한 폭행 등, 외국국기모독, 외국에 대한 사전, 중립명령위반, 외교상기밀누설)와 사문서·사인장에 관한 죄에는 적용되지 않는다.

ㅇ 형법 제239조 제1항의 사인위조죄는 형법 제6조의 대한민국 또는 대한민국 국민에 대하여 범한 죄에 해당하지 아니하므로 중국 국적자가 중국에서 **대한민국 국적 주식회사의 인장(사인장)**을 위조한 경우에는 외국인의 국외범으로서 그에 대하여 재판권이 없다(대판 2002.11.26, 2002도4929).

ㅇ 캐나다 시민권자인 피고인이 캐나다에서 **위조사문서**를 **행사**하였다는 내용으로 기소된 사안에서, 형법 제234조의 위조사문서행사죄는 형법 제5조 제1호 내지 제7호에 열거된 죄에 해당하지 않고, 위조사문서행사를 형법 제6조의 대한민국 또는 대한민국 국민의 법익을 직접적으로 침해하는 행위라고 볼 수도 없으므로 피고인의 행위에 대하여는 우리나라에 재판권이 없다고 한 사례(대판 2011.8.25, 2011도6507) → 위조사문서행사를 형법 제6조의 대한민국 또는 대한민국 국민의 법익을 직접적으로 침해하는 행위라고 볼 수 없으므로 우리나라에 재판권이 없다는 취지

ㅇ 중국인이 **중국** 북경시에 소재한 대한민국 영사관 내에서 **여권발급신청서(사문서)**를 위조한 경우, 중국 북경시에 소재한 대한민국 영사관 내부는 여전히 중국의 영토에 속할 뿐 이를 대한민국의 영토로서 그 영역에 해당한다고 볼 수 없을 뿐 아니라, **사문서위조**죄가 형법 제6조의 대한민국 또는 대한민국 국민에 대하여 범한 죄에 해당하지 아니함은 명백하다(대판 2006.9.22, 2006도5010).

(5) 제6조의 '대한민국 또는 대한민국 국민에 대하여 죄를 범한 때'란 대한민국 또는 대한민국 국민의 법익이 직접적으로 침해되는 결과를 야기하는 죄를 범한 경우를 의미한다. 예 살인, 사기, 횡령 등

ㅇ 형법 제5조, 제6조의 각 규정에 의하면, 외국인이 외국에서 죄를 범한 경우에는 형법 제5조 제1호 내지 제7호에 열거된 죄를 범한 때와 형법 제5조 제1호 내지 제7호에 열거된 죄 이외에 대한민국 또는 대한민국 국민에 대하여 죄를 범한 때에만 대한민국 형법이 적용되어 우리나라에 재판권이 있게 되고, 여기서 '**대한민국 또는 대한민국 국민에 대하여 죄를 범한 때**'란 대한민국 또는 대한민국 국민의 법익이 직접적으로 침해되는 결과를 야기하는 죄를 범한 경우를 의미한다(대판 2011.8.25, 2011도6507).

ㅇ [송○○교수 사건] 독일인이 독일 내에서 북한의 지령을 받아 베를린 주재 북한이익대표부를 방문하고 그곳에서 북한공작원을 만났다면 위 각 구성요건상 범죄지는 모두 독일이므로 이는 외국인의 국외범에 해당하여, 형법 제5조와 제6조에서 정한 요건에 해당하지 않는 이상 위 각 조항을 적용하여 처벌할 수 없는 것이다(대판 2008.4.17, 2004도4899 全合). → 국가보안법위반사건

ㅇ [페스카마15호 선상살인 사건] 조선족 중국인인 피고인 등이 파나마국적의 참치잡이 원양어선에 승선하여 남태평양 해상에서 근무 중 한국인 선원들 7명을 **살해**하고, 시체를 바다에 버린 후 선박의 지배권을 장악한 경우 해상강도살인죄와 사체유기죄가 성립한다(대판 1997.7.25, 97도1142).
→ 제6조의 보호주의에 의하여 우리나라 형법 적용 ○

ㅇ 피고인이 뉴질랜드 시민권을 취득함으로써 우리나라 국적을 상실하였으므로, 그 후 뉴질랜드에서 대한민국 국민에 대하여 **사기**행위를 하였더라도 외국인이 대한민국 영역 외에서 대한민국 국민에 대하여 범죄를 저지른 경우에 해당한다(대판 2008.7.24, 2008도4085).
→ 제3조의 속인주의 적용 ×, 제6조의 보호주의 적용 ○

ㅇ 캐나다 시민권자인 피고인이 투자금을 교부받더라도 선물시장에 투자하여 운용할 의사나 능력이 없음에도, 캐나다에 거주하는 대한민국 국민을 기망하여 캐나다에서 직접 또는 현지 은행계좌로 투자금

명목의 돈을 **편취**한 경우, 외국인이 대한민국 영역 외에서 대한민국 국민에 대하여 범죄를 저지른 경우에 해당하므로, 이 부분이 행위지인 캐나다 법률에 의하여 범죄를 구성하는지 및 소추 또는 형의 집행이 면제되는지를 심리하여 해당 부분이 행위지 법률에 의하여 범죄를 구성하고 그에 대한 소추나 형의 집행이 면제되지 않는 경우에 한하여 우리 형법을 적용하였어야 한다(대판 2011.8.25, 2011도6507).

o 법인 소유의 자금에 대한 사실상 또는 법률상 지배·처분 권한을 가지고 있는 대표자 등은 법인에 대한 관계에서 자금의 보관자 지위에 있으므로, 법인이 특정 사업의 명목상의 주체로 특수목적법인을 설립하여 그 명의로 자금 집행 등 사업진행을 하면서도 자금의 관리·처분에 관하여는 실질적 사업주체인 법인이 의사결정권한을 행사하면서 특수목적법인 명의로 보유한 자금에 대하여 현실적 지배를 하고 있는 경우에는, 사업주체인 법인의 대표자 등이 특수목적법인의 보유 자금을 정해진 목적과 용도 외에 임의로 사용하면 위탁자인 법인에 대하여 **횡령죄**가 성립할 수 있다. 이는 법인의 대표자 등이 외국인인 경우에도 마찬가지이므로, 내국 법인의 대표자인 외국인이 내국 법인이 외국에 설립한 특수목적법인에 위탁해 둔 자금을 정해진 목적과 용도 외에 임의로 사용한 데 따른 횡령죄의 피해자는 당해 금전을 위탁한 내국 법인이다. 따라서 그 행위가 외국에서 이루어진 경우에도 행위지의 법률에 의하여 범죄를 구성하지 아니하거나 소추 또는 형의 집행을 면제할 경우가 아니라면 그 외국인에 대해서도 우리 형법이 적용되어(형법 제6조), 우리 법원에 재판권이 있다(대판 2017.3.22, 2016도17465).

→ 외국인의 국외범 사안에서 횡령죄의 피해자가 대한민국 법인이면 그 법인의 대표자가 외국인이라 하더라도 제6조 단서에 해당하지 아니하는 한 우리 형법이 적용된다는 취지

5 세계주의

세계주의란 행위지나 행위자의 국적을 불문하고 우리나라 형법을 적용하여 처벌한다는 원칙을 말한다. 형법은 약취유인·인신매매죄에 대하여 세계주의를 도입하였다(제296조의2). 따라서 외국인이 외국에서 외국인을 피해자로 하여 약취유인·인신매매죄 및 그 미수죄를 범하여도 우리나라 형법을 적용한다. 다만 약취유인·인신매매죄의 예비죄를 범한 경우에는 우리나라 형법이 적용되지 않는다.

6 외국에서 받은 형집행의 효력

(1) 외국에서 형사처벌을 과하는 확정판결을 받았더라도 그 외국 판결은 우리나라 법원을 기속할 수 없고 우리나라에서는 기판력도 없어 일사부재리의 원칙이 적용되지 않으므로, 동일한 행위에 관하여 우리나라 형벌법규에 따라 다시 처벌받을 수 있다. 제7조는 이 경우에 생길 수 있는 실질적인 불이익을 완화하려는 것이다.

(2) 종래 제7조는 "범죄에 의하여 외국에서 형의 전부 또는 일부의 집행을 받은 자에 대하여는 형을 감경 또는 면제할 수 있다"고 규정하고 있었으나, 헌법불합치결정에 따라 "죄를 지어 외국에서 형의 전부 또는 일부가 집행된 사람에 대해서는 그 집행된 형의 전부 또는 일부를 선고하는 형에 산입한다."로 개정되었다. → 형의 임의적 감면 : 형의 필요적 산입

o [형법 제7조 헌법불합치결정] [1] 이중처벌금지원칙은 동일한 범죄에 대하여 대한민국 내에서 거듭 형벌권이 행사되어서는 안 된다는 뜻으로 새겨야 할 것이므로 이 사건 법률조항은 헌법 제13조 제1항의

이중처벌금지원칙에 위배되지 아니한다. [2] 이 사건 법률조항과 같이 우리 형법에 의한 처벌시 외국에서 받은 형의 집행을 전혀 반영하지 아니할 수도 있도록 한 것은 과잉금지원칙에 위배되어 **신체의 자유를 침해한다**(헌재결 2015.5.28, 2013헌바129).

(3) '외국에서 형의 전부 또는 일부가 집행된 사람'이란 '외국 법원의 유죄판결에 의하여 자유형이나 벌금형 등 형의 전부 또는 일부가 실제로 집행된 사람'을 말한다. 따라서 외국 법원에 기소되었다가 무죄판결을 받은 사람은 여기에 해당하지 않는다.

o [외국에서의 미결구금에 대해 형법 제7조의 적용을 구하는 사건] [1] 형사사건으로 외국 법원에 기소되었다가 무죄판결을 받은 사람은, 설령 그가 무죄판결을 받기까지 상당 기간 미결구금되었더라도 이를 유죄판결에 의하여 형이 실제로 집행된 것으로 볼 수는 없으므로, '외국에서 형의 전부 또는 일부가 집행된 사람'에 해당한다고 볼 수 없고, 그 미결구금 기간은 형법 **제7조**에 의한 산입의 대상이 될 수 없다. [2] 외국에서 이루어진 미결구금을 형법 **제57조 제1항**에서 규정한 '본형에 당연히 산입되는 미결구금'과 같다고 볼 수 없다. 외국에서 형이 집행된 것이 아니라 단지 미결구금되었다가 무죄판결을 받은 사람의 미결구금일수를 형법 **제7조의 유추적용**에 의하여 그가 국내에서 같은 행위로 인하여 선고받는 형에 산입하여야 한다는 것은 허용되기 어렵다. [3] 양형의 조건에 관하여 규정한 형법 **제51조**의 사항은 널리 형의 양정에 관한 법원의 재량사항에 속하고, 이는 열거적인 것이 아니라 **예시적**인 것이다. 피고인이 외국에서 기소되어 미결구금되었다가 무죄판결을 받은 이후 다시 그 행위로 국내에서 처벌받는 경우, 형법 **제53조**의 **작량감경** 등을 적용하고, 나아가 이를 양형의 조건에 관한 사항으로 참작하여 최종의 선고형을 정함으로써 적정한 양형을 통해 피고인의 미결구금에 따른 불이익을 충분히 해소할 수 있다(대판 2017.8.24, 2017도5977 全合).

[사실관계] 피고인이 외국에서 살인죄를 범하였다가 무죄 취지의 재판을 받고 석방된 후 국내에서 다시 기소되어 제1심에서 징역 10년을 선고받게 되자 자신이 외국에서 미결 상태로 구금된 5년여의 기간에 대하여도 '외국에서 집행된 형의 산입' 규정인 형법 제7조가 적용되어야 한다고 주장하며 항소한 사안에서, 피고인의 주장을 배척한 원심판단에 형법 제7조의 적용 대상 등에 관한 법리오해의 위법이 없다고 한 사례

III 인적 적용범위

1 국내법상 특례

Thema 정리 인적 적용범위와 관련된 형사판결의 종류

1. **대통령의 불소추특권** : 공소기각판결(형소법 제327조 제1호 재판권의 부존재)

헌법 제84조
대통령은 내란 또는 외환의 죄를 범한 경우를 제외하고는 재직 중 형사상의 소추를 받지 아니한다.

2. **국회의원의 면책특권** : 공소기각판결(형소법 제327조 제2호 공소제기절차의 위법무효)

헌법 제45조
국회의원은 국회에서 직무상 행한 발언과 표결에 관하여 국회 외에서 책임을 지지 아니한다.

2 국제법상 특례

외국의 원수나 외국대사 등에 대하여는 우리나라 형법이 적용되지 않고, 대한민국과 아메리카합중국 간의 상호방위조약 제4조에 의한 시설과 구역 및 대한민국에서의 합중국 군대의 지위에 관한 협정(SOFA)에 의하여 외국군인이나 군속에 대하여는 우리나라 형법의 적용이 배제될 수 있다.

ㅇ 한반도의 **평시상태**에서 미합중국 군 당국은 **미합중국 군대의 군속**에 대하여 형사재판권을 가지지 않으므로, 미합중국 군대의 군속이 대한민국 영역 안에서 저지른 범죄로서 대한민국 법령에 의하여 처벌할 수 있는 범죄에 대한 형사재판권을 바로 행사할 수 있다(대판 2006.5.11, 2005도798).
→ 한반도의 평시상태에서 미군의 군속 중 '통상적으로 대한민국에 거주하고 있는 자'는 '대한민국과 아메리카 합중국 간의 상호방위조약 제4조에 의한 시설과 구역 및 대한민국에서의 합중국 군대의 지위에 관한 협정'(SOFA)이 적용되는 군속의 개념에서 배제되므로 우리나라 법원에 재판권이 있다.

ㅇ [주한미군의 기지에서 발생한 군인 사이의 폭행에 대하여 피해자의 처벌불원 의사가 표시된 사건] 군인 등이 대한민국의 국군이 군사작전을 수행하기 위한 근거지에서 군인 등을 폭행했다면 그곳이 대한민국의 영토 내인지, 외국군의 군사기지인지 등과 관계없이 군형법 제60조의6 제1호에 따라 형법 제260조 제3항이 적용되지 않는다(대판 2023.6.15, 2020도927).

합격까지 박문각 법무사

PART 02

범죄론

Chapter
01 범죄론의 기본개념

제1절 범죄의 의의와 종류

I 범죄의 성립요건 · 처벌조건 · 소추조건

Thema 정리 **범죄의 성립요건 · 처벌조건 · 소추조건**

1. 범죄의 성립요건 → 흠결시 무죄판결 1) 구성요건해당성 2) 위법성 3)책임 **2. 범죄의 처벌조건 → 흠결시 형면제판결**(유죄판결의 일종) 1) **객관적 처벌조건**(형벌권 발생사유) : 사전수뢰죄의 '공무원 또는 중재인이 된 사실'(제129조 제2항) 2) **인적 처벌조각사유**(형벌권 저지사유) : 친족상도례에서 친족의 신분(제328조 제1항) **3. 소추조건**(소송조건) **→ 흠결시 공소기각판결**(형식재판) 1) **친고죄**(정지조건부범죄) : "고소가 있어야 공소를 제기할 수 있다." 2) **반의사불벌죄**(해제조건부범죄) : "피해자의 명시한 의사에 반하여 공소를 제기할 수 없다."

1 범죄의 성립요건

범죄의 성립요건이란 형식적 범죄개념의 3요소인 구성요건해당성 · 위법성 · 책임을 말한다. 이 중 하나라도 결여되면 범죄는 성립하지 않으며, 법원은 **무죄판결**을 하게 된다.

구성요건해당성	구성요건이란 형법상 금지 또는 요구되는 행위가 무엇인가를 추상적 · 일반적으로 기술해 놓은 것으로 구체적인 행위가 법률에 규정된 범죄의 구성요건에 해당하는 성질 예 과실에 의한 재물손괴행위→구성요건해당성 ×
위법성	구성요건에 해당하는 행위가 법질서 전체의 입장에서 허용되지 않는다는 부정적 가치판단 예 물건을 절취한 절도범을 체포하면서 폭행한 경우→위법성 ×
책임	구성요건에 해당하는 위법한 행위를 한 행위자에 대한 비난가능성 예 정신병자나 12세의 소년이 물건을 훔친 경우→책임 ×

2 범죄의 처벌조건

범죄의 처벌조건이란 일단 성립한 범죄에 대해 형벌권의 발생을 좌우하는 요건을 말한다. 범죄의 처벌조건을 갖추지 못한 경우 법원은 **형면제판결**(유죄판결의 일종)을 한다.

(1) **객관적 처벌조건**(형벌권 발생사유)

사전수뢰죄의 '공무원 또는 중재인이 된 사실'

(2) **인적 처벌조각사유**(형벌권 저지사유)

친족상도례에서의 친족의 신분

3 범죄의 소추조건(소송조건)

범죄의 소추조건이란 범죄가 성립하고 형벌권이 발생한 경우에 그 범죄를 소추하기 위한 소송법상 조건을 말한다. 범죄의 소추조건을 갖추지 못한 경우 법원은 **공소기각판결**(형식재판)을 한다. 「조세범 처벌법」이나 「관세법」 등 일부 특별법의 경우 해당 기관장의 고발이 소추조건이 되는 경우도 있다.

(1) **친고죄**(정지조건부범죄)

친고죄란 공소제기를 위하여 피해자 기타 고소권자의 고소를 필요로 하는 범죄를 의미한다. 따라서 피해자의 고소가 없으면 공소를 제기할 수 없고, 피해자의 고소는 공소제기조건이 된다.

→ "고소가 있어야 공소를 제기할 수 있다."

(2) **반의사불벌죄**(해제조건부범죄)

반의사불벌죄란 피해자의 의사와 관계없이 공소를 제기할 수는 있으나, 피해자가 처벌을 희망하지 않는다는 의사표시(처벌불원의 의사표시)를 하면 공소제기가 부적법해지는 범죄를 의미한다. 따라서 처벌을 희망하는 의사표시(처벌을 원하는 의사표시)는 공소유지조건이 된다.

→ "피해자의 명시한 의사에 반하여 공소를 제기할 수 없다."

Thema 정리 **[소추조건]** 친고죄와 반의사불벌죄("친한 사모님의 비밀누설", "반폭협명출과외")

친고죄		반의사불벌죄
~~성범죄~~ ~~피해자보호~~	~~간통~~ ~~강간, 강제추행, ~간음죄~~	폭행, 존속폭행 ↔ 특수~, 상습~ : ×
경미	사자명예훼손	협박, 존속협박 ↔ 특수~, 상습~ : ×
	모욕	명예훼손, 출판물 등에 의한 명예훼손
	비밀침해	과실치상 ↔ 업무상 ~ : ×, 과실치사 : ×
	업무상비밀누설	외국원수·사절에 대한 폭행, 협박, 모욕, 명예훼손 외국국기·국장모독

o [생일빵 폭행사건] 폭행죄는 피해자의 명시한 의사에 반하여 공소를 제기할 수 없는 반의사불벌죄로서 처벌불원의 의사표시는 의사능력이 있는 피해자가 단독으로 할 수 있는 것이고, 피해자가 사망한 후 그 상속인이 피해자를 대신하여 처벌불원의 의사표시를 할 수는 없다고 보아야 한다(대판 2010.5.27, 2010도2680).

II 범죄의 종류

1 결과범과 거동범(형식범) : 구성요건적 결과발생 여부 기준

결과범	행위와 구별되는 '결과의 발생'이 구성요건요소인 범죄(실질범) 예 살인죄, 상해죄, 절도죄, 강도죄, 과실범, 결과적가중범 등 → 대부분의 범죄
거동범	결과의 발생을 요하지 않고 구성요건적 '행위'만 있으면 성립하는 범죄(형식범) 예 폭행죄, 명예훼손·모욕죄, 주거침입죄(통설), 위증죄, 무고죄 등

Thema 정리 결과범과 형식범(거동범)의 구별실익

1. 결과범은 행위와 결과 사이의 인과관계·객관적 귀속을 필요로 하므로, 결과발생이 없거나 인과관계·객관적 귀속이 부정되면 미수가 된다.
2. 거동범은 일정한 행위의 존재만으로 기수가 되므로, 미수를 생각할 수 없는 것이 원칙이고, 인과관계 검토를 요하지 않는다.

2 침해범과 위태범(위험범) : 보호법익에 대한 침해정도 기준(보호정도)

침해범	보호법익에 대한 '현실적 침해'가 있어야 구성요건이 충족되는 범죄 → 살인죄, 상해죄 등 대부분의 결과범
위험범	보호법익에 대한 '위험상태의 야기'만으로 구성요건이 충족되는 범죄 → 대부분의 거동범(협박죄, 배임죄, ~방해죄, 국가의 기능에 관한 죄의 대부분)

추상적 위험범	구체적 위험범
법익침해에 대한 '일반적 위험성'만으로 구성요건이 충족되는 범죄	법익침해에 대한 '현실적 위험성'이 발생한 경우에 구성요건이 충족되는 범죄
예 유기죄, 명예훼손죄, 업무방해죄, 경매·입찰방해죄, 비밀침해죄, 업무상비밀누설죄, 권리행사방해죄, 강제집행면탈죄, 소요죄, 현주건조물·공용건조물·타인소유일반건조물방화·실화죄, 공공용 가스·전기공급방해죄, 수리방해죄, 교통방해죄, 공공의 신용에 대한 죄(통화·유가증권·문서에 관한 죄), 도박죄, 수뢰죄, 공무집행방해죄, 위계에 의한 공무집행방해죄, 위증죄, 증거인멸죄, 무고죄 등	예 자기소유일반건조물·일반물건방화죄, 자기소유일반건조물·일반물건실화죄, 폭발성물건파열죄, 가스·전기 등 방류죄, 가스·전기 등 공급방해죄, 중상해·중유기·중권리행사방해·중손괴죄(↔ 중체포감금죄 : 체포감금 + 가혹한 행위), 직무유기죄 등
위험의 발생은 구성요건요소가 아니므로 입증될 필요가 없고 위험의 인식도 고의의 내용이 아님	위험의 발생은 구성요건요소이므로 위험발생은 구체적으로 입증되어야 하고 위험의 인식은 고의의 내용이 됨 → 조문에 '공공의 위험을 발생~', '생명에 대한 위험'이라 명시되어 있음 → 고의의 인식대상 ○

Thema 정리 **결과범 & 추상적 위험범인 경우**

1. 컴퓨터 등 장애업무방해죄	2. 현주건조물방화죄
3. 일반교통방해죄	4. 직권남용권리행사방해죄

3 즉시범과 상태범 및 계속범 : 범죄행위의 시간적 계속성 기준

즉시범	• 구성요건적 결과발생과 동시에 기수가 되고 종료되는 범죄 • 기수시 = 행위종료시 • 결과발생 = 범죄의 기수 = 구성요건적 행위종료 = 위법상태종료 예 살인죄, 상해죄, 학대죄, 범죄단체조직죄, 방화죄, 도주죄, 군형법상 무단이탈죄 등
상태범	• 구성요건적 결과발생과 동시에 기수가 되고 종료되지만, 법익의 침해상태는 기수 및 종료 이후에도 존속되는 범죄 • 기수시 = 행위종료시 ≠ 위법상태종료시 • 결과발생 = 범죄의 기수 = 구성요건적 행위 종료 < 위법상태 계속 예 절도죄, 횡령죄 등 재산범죄의 대부분, 내란죄 등
계속범	• 구성요건적 실행행위 내지 법익침해상태가 어느 정도 시간적으로 계속되어야 기수에 이르고, 기수 이후에도 위법상태가 계속되는 한 범죄행위가 종료되지 않고 계속되는 범죄 • 기수시 ≠ 행위종료시 • 결과발생 < 범죄의 기수 < 구성요건적 행위 계속 = 위법상태 계속 예 체포·감금죄, 주거침입·퇴거불응죄, 약취·유인죄, 일반교통방해죄, 직무유기죄, 범인은닉·도피죄 등

Thema 정리 **즉시범과 계속범 및 즉시범과 상태범의 구별실익**

1. 즉시범과 계속범의 구별실익(계속범의 특징)

1) 계속범의 기수와 종료 사이에는 공동정범·종범의 성립이 가능 ↔ 교사범 ×
2) 계속범의 기수와 종료 사이의 행위에 대하여는 정당방위가 가능
3) 계속범의 공소시효는 기수시가 아니라 종료시부터 진행

2. 즉시범과 상태범의 구별실익

기수 이후에 가담하는 공범자의 처벌가부 → 불가벌적 사후행위에 가담한 자는 공범성립이 인정될 수 있음

4 일반범과 자수범 및 신분범

일반범	누구나 범죄의 주체로서 정범이 될 수 있는 범죄 예 살인죄, 절도죄 등
자수범	• 반드시 행위자가 직접 실행행위를 하여야 성립하는 범죄 • 직접 실행행위를 하지 않는 자는 정범이 될 수 없으나(간접정범·공동정범), 공범(교사범·방조범)이 될 수는 있음 예 위증죄 등(↔ 자수범 × : 강제추행죄)

구분		내용
신분범		• 구성요건 자체에서 행위의 주체가 일정한 신분이 있을 것을 요구하는 범죄 • 일정한 신분이 있는 자만이 정범이 될 수 있는 '진정신분범'과 일정한 신분이 있는 자의 경우에 형벌이 가중·감경되는 '부진정신분범'이 있음
	진정 신분범	신분의 존재가 범죄의 성립요건인 범죄 예 유기죄, 업무상비밀누설죄(의사·한의사·변호사·변리사·회계사 등), 횡령·배임죄, 강제집행면탈죄(소유자), 허위진단서작성·허위공문서작성죄(↔ 공문서위조죄), 공무원의 직무에 관한 죄(직무유기죄, 피의사실공표죄, 공무상비밀누설죄, 직권남용죄, 수뢰죄 등), 공무상보관물무효죄(소유자), 도주죄, 집합명령위반죄, 위증죄 등
	부진정 신분범	신분의 존재가 형의 가중·감경사유인 범죄 예 존속, 업무상과실치사상죄, 업무상횡령·배임죄(이중의 신분범), 상습도박죄, 불법체포·감금죄, 간수자도주원조죄, 모해위증죄(모해할 목적을 가진 자)

5 목적범

구분	내용
진정목적범	고의 이외에 목적의 존재가 범죄의 성립요건인 범죄 예 각종 예비·음모죄(기본범죄를 범할 목적), 각종 위조죄(행사할 목적), 통화유사물제조죄(판매할 목적), 준강도, 음행매개죄, 도박개장죄, 내란죄, 국기·국장모독죄(대한민국을 모욕할 목적), 무고죄 등
부진정목적범	목적의 존재가 형의 가중·감경사유인 범죄 예 출판물 등에 의한 명예훼손죄, 영리목적약취·유인죄, 내란목적살인죄, 모해위증·모해증거인멸죄 등

(1) 목적달성여부와 미·기수여부는 무관하다.

(2) 목적의 인식정도는 미필적 인식으로 족하다.

> ○ 내란죄에 있어서의 국헌문란의 목적은 엄격한 증명사실에 속하고 직접적임을 요하나 결과발생의 희망·의욕임을 필요로 한다고 할 수는 없고, 또 확정적 인식임을 요하지 아니하며, 다만 **미필적 인식**이 있으면 족하다 할 것이다(대판 1980.5.20, 80도306).
>
> ○ 공직선거법 제93조 제1항에서 '선거에 영향을 미치게 하기 위하여'라는 전제 아래 그에 정한 행위를 제한하고 있는 것은 고의 이외에 초과주관적 요소로서 '선거에 영향을 미치게 할 목적'을 범죄성립요건으로 하는 목적범으로 규정한 것이라 할 것인바, 그 목적에 대하여는 적극적 의욕이나 확정적 인식을 필요로 하는 것이 아니라 **미필적 인식**만으로도 족하다(대판 2009.5.28, 2008도11857).

Thema 정리 **형법상 '부진정'**

- **형의 가중·감경**
  - 목적
  - 신분
- **개념의 확대**
  - 부작위범
  - 결과적가중범

제2절 범죄체계론

Thema 정리 범죄체계론 비교

구분	고전적 범죄체계	신고전적 범죄체계	목적적 범죄체계	합일태적 범죄체계
특징	• 객관적 요소(→불법) • 주관적 요소(→책임)	• 주관적 구성요건요소를 부분적으로 인정	• 모든 주관적 요소들을 구성요건요소로 파악	• 고의·과실의 이중적 지위를 인정
행위	• **인과적 행위론** (자연적 행위개념)	• 인과적 행위론 (가치 개념의 도입)	• **목적적 행위론** (목적성 = 고의)	• **사회적 행위론**
구성요건	• 구성요건의 몰가치성·객관성을 강조 • 객관적 요소만으로 구성	• 주관적·규범적 구성요건요소의 발견 • 구성요건은 위법성을 징표	• 고의는 일반적 주관적 구성요건요소(위법성 인식과 분리) • 과실도 주관적 구성요건요소로 이해	• 고의·과실을 주관적 구성요건요소로 파악
위법성	• 형식적 위법성론(법규범 위반) • 객관적 위법성론 • 결과반가치론 → **주관적 정당화요소 불요설**	• 실질적 위법성론(사회유해성) • 결과반가치론	• 행위반가치론 • 인적 불법론 • 주관적 정당화요소의 일반화 → **주관적 정당화요소 필요설**	• 이원적·인적 불법론 • 불법 판단에서 결과반가치와 행위반가치를 동등하게 고려
책임	• 심리적 책임개념 (책임능력, 고의·과실) → **위전착 : 엄격고의설**	• 규범적 책임개념 (책임능력, 고의·과실, 기대가능성) • 위법성인식은 고의의 내용	• 순수규범적 책임개념 (책임능력, 위법성인식, 기대가능성) • 위법성의 인식은 고의와 분리된 독자적 책임요소 → **위전착 : 엄격책임설**	• 신복합적 책임개념 (책임능력, 고의·과실, 위법성인식, 기대가능성) → **위전착 : 제한적 책임설**

Thema 정리 범죄체계론의 내용

구분	내용
고전적 범죄체계	1) 인과적 행위론 2) 객관적 요소는 불법, 주관적 요소는 책임 3) 구성요건의 객관성·몰가치성 강조 4) 형식적 위법성론, 객관적 위법성론→법규범 위반 5) 불법의 본질은 결과반가치 6) 심리적 책임개념 : 주관적 요소로만 구성 7) 책임의 내용 : 책임능력, 책임형식(고의·과실)

신고전적 범죄체계	1) 인과적 행위론 2) 구성요건의 요소로서 규범적·주관적 요소 인정 3) 구성요건은 위법성을 징표 4) 실질적 위법성론 : 사회유해성 5) 불법의 본질은 결과반가치 6) 규범적 책임개념 : 비난가능성으로 파악 7) 책임의 내용 : 책임능력, 책임형식(고의·과실), 기대가능성 8) 위법성인식 : 고의의 내용
목적적 범죄체계	1) 목적적 행위론 2) 고의를 비롯한 모든 주관적 요소를 구성요건요소로 파악 3) 고의는 일반적 주관적 구성요건요소(위법성인식과 분리) 4) 불법의 본질은 행위반가치(인적 불법론) 5) 주관적 정당화요소를 모든 위법성조각사유에서 일반화 6) 순수규범적 책임개념 : 책임에서 주관적 요소를 제외 7) 책임의 내용 : 책임능력, 위법성인식, 기대가능성
합일태적 범죄체계	1) 사회적 행위론 2) 신고전적 범죄체계와 목적적 범죄체계 절충 3) 고의·과실의 이중적 지위 인정 4) 의사무가치로서의 고의와 객관적 과실은 구성요건요소 5) 심정반가치로서의 고의와 주관적 과실은 책임요소 6) 이원적·인적 불법론 : 결과반가치와 행위반가치를 동일하게 고려 7) 규범적 책임개념 8) 책임의 내용 : 책임능력, 책임형식(고의·과실), 위법성인식, 기대가능성

제3절 행위론

Thema 정리 **행위개념의 기능**

한계요소	형법상 의미 있는 행위와 무의미한 비(非)행위를 구별하여, 형법적 평가의 대상이 될 수 없는 비행위를 구성요건 이전단계에서부터 배제하는 기능
근본요소	고의·과실, 작위·부작위, 기수·미수 등 형법의 대상이 되는 모든 행태를 단일한 행위개념에 통일적으로 포섭하는 기능(분류기능)
결합요소	구성요건해당성·위법성·책임·형벌 등을 체계적으로 결합하는 기능

Thema 정리 **행위론의 종류**

1. 인과적 행위론

내용	1) 행위를 내적 의사와 외적 결과발생의 인과적 결합으로 파악 2) 행위는 유의성(有意性)과 거동성(擧動性)을 그 요소로 함
비판	1) 의사의 내용을 고려하지 않으므로 고의행위의 의미파악이 곤란하고, 특히 미수행위의 개념설정이 어려움 2) 거동성이 없는 부작위와 유의성이 없는 인식 없는 과실을 행위개념에 포함시킬 수 없어서 행위개념의 근본요소로서의 기능을 수행하지 못함 3) 인과과정은 무한하므로 형법상의 행위의 범위가 무한으로 확대되어 행위개념의 한계기능을 수행할 수 없음

2. 목적적 행위론

내용	1) 행위의 본질적 요소를 목적성에 있다고 봄 2) 목적성이란 목표를 설정하고 그 목표달성을 위해 계획적으로 인과과정을 조종하는 의사를 의미함(고의와 목적성을 동일시)
비판	1) 고의행위의 설명에는 적합하나, 과실을 목적적 행위로 설명하기 곤란 2) 의식적 조종의 요소가 없는 자동화된 행위(예 보행, 운전 등), 격정적인 행위를 행위개념에 포함시킬 수 없어 한계요소로서의 기능을 수행할 수 없음 3) 인과과정에 대한 목적적 조종이 결여된 부작위를 행위개념에 포함시킬 수 없으므로 근본요소로서의 기능을 수행할 수 없음

3. 사회적 행위론

내용	1) 행위란 인간의 의사에 의하여 지배되거나 지배가능한 사회적으로 중요한 행태라고 파악 2) 사회적 중요성이 행위의 본질이 된다. 이를 통해 고의·과실, 작위·부작위를 형법상의 행위로 파악할 수 있게 됨(근본요소로서의 기능을 충족)
비판	1) 사회적 의미성에 대한 판단은 구성요건의 법적 평가에 의존하게 되므로, 결합요소로서의 기능 중 중립성의 요구를 충족시킬 수 없음 2) 형법상 무의미한 행위도 얼마든지 사회적 중요성·의미성을 가지는 것으로 판단할 수 있으므로 한계요소로서의 기능에 문제가 있음

제4절 행위의 주체

1. 형법상 행위(범죄)의 주체는 원칙적으로 자연인이다.
2. 법인은 범죄행위의 주체가 될 수 있는지(법인의 범죄능력)와 형벌능력이 있는지가 문제된다.

I 법인의 범죄능력

Thema 정리 법인의 범죄능력 여부

부정설	1) 법인은 의사능력·행위능력이 없음 2) 행위자 이외에 법인까지 처벌하는 것은 이중처벌 3) 법인에게는 생명형·자유형을 과할 수 없음 4) 법인이 얻은 이익의 박탈은 형벌 이외의 수단(예 과태료 등)으로 가능
긍정설	1) 법인은 그 기관을 통해 의사결정 및 행위를 하므로 의사능력·행위능력이 있음 2) 법인의 기관의 행위는 개인의 행위임과 동시에 법인의 행위이므로 법인의 처벌은 이중처벌이 아님 3) 재산형·자격형은 법인에게도 효과적이며, 법인해산·영업정지 등으로 생명형·자유형의 효과를 거둘 수 있음 4) 형벌 이외의 제재는 법인의 반사회적 행위에 상응하는 제재가 될 수 없고, 재범방지와 사회방위에 미흡함
절충설	1) 형사범에 대해서는 법인의 범죄능력을 부정하고, 행정범에 대해서는 법인의 범죄능력을 긍정하는 견해(**이분설**) 2) 양벌규정이 존재하는 경우에 한하여 법인의 범죄능력을 인정하자는 견해(양벌규정설)
판례	법인소유 부동산의 이중매매 사건(상가이중분양 사건)에서 **부정설**의 입장을 취하고 있음

○ [상가이중분양사건] 배임죄에 있어서 **법인**은 다만 사법상의 의무주체가 될 뿐 **범죄능력이 없**는 것이며 법인이 배임죄의 주체가 될 수 없고 그 법인을 대표하여 사무를 처리하는 **자연인인 대표기관**이 바로 타인의 사무를 처리하는 자, 즉 **배임죄의 주체**가 된다(대판 1984.10.10, 82도2595 全合).

○ 공직선거법 제47조의2 제1항에 의하여 정당이 특정인을 후보자로 추천하는 일과 관련하여 금품이나 그 밖의 재산상의 이익을 제공받은 경우에는 자연인인 기관이 그 업무를 수행하는 것이므로, 위 규정에 위반한 자란 정당인 경우 업무를 수행하는 **정당의 기관인 자연인**을 의미한다. 이는 이미 성립한 정당이 아닌 창당준비위원회의 경우에도 마찬가지이다(대판 2018.2.8, 2017도17838).

○ **법인격 없는 사단**과 같은 단체는 법인과 마찬가지로 사법상의 권리의무의 주체가 될 수 있음은 별론으로 하더라도 법률에 명문의 규정이 없는 한 그 **범죄능력**은 없고 그 단체의 업무는 단체를 대표하는 자연인인 대표기관의 의사결정에 따른 대표행위에 의하여 실현될 수밖에 없는바, 구 건축법 제26조 제1항의 규정에 의하여 건축물의 유지·관리의무를 지는 '소유자 또는 관리자'가 법인격 없는 사단인 경우에는 자연인인 대표기관이 그 업무를 수행하는 것이므로, 같은 법 제79조 제4호에서 같은 법 제26조 제1항의 규정에 위반한 자라 함은 법인격 없는 사단의 대표기관인 자연인을 의미한다(대판 1997.1.24, 96도524).

II 법인의 형벌능력과 양벌규정

1 법인의 형벌능력

(1) 법인의 범죄능력 긍정설에서는 당연히 형벌능력도 인정하고, 법인의 범죄능력 부정설에서도 법인을 처벌하는 양벌규정을 근거로 형벌능력을 인정한다.

(2) 판례는 형벌능력에 대해서는 명시적으로 표현하고 있지는 않으나, 법인을 처벌하는 것으로 보아 형벌능력을 인정하는 것으로 해석된다.

2 양벌규정

(1) 양벌규정의 의의

법인을 처벌하는 경우의 입법형식은 주로 양벌규정의 형태로 규정되어 있다. 양벌규정이란 주로 행정형법에서 법인 등의 대표자나 사용인이 법위반행위를 하였을 경우 그 '행위자(예 종업원 등 사용인)'를 벌하는 외에 '법인 또는 개인(예 회사, 고용주인 사장 등 사용자)'도 함께 처벌하는 경우를 말한다.

(2) 양벌규정에 의한 법인의 처벌근거

① 양벌규정을 범죄주체와 수형주체의 일치를 요구하는 책임주의의 예외로 보아 행정단속목적을 달성하기 위해 정책상 무과실책임을 인정한 것으로 보는 **무과실책임설**과 양벌규정을 종업원에 대한 선임·감독에 있어서의 법인의 과실책임을 인정한 것으로 보는 **과실책임설** 등이 대립한다.

② 기존의 대법원판례는 무과실책임설, 과실책임설 등을 모두 취하고 있었으나, 최근 헌법재판소는 무과실책임을 인정하는 법률들에 대하여 위헌결정을 함으로써 **과실책임설**의 입장임을 분명히 밝혔다.

ㅇ 구 청소년보호법(2004.1.29. 법률 제7161호로 개정된 것) 제54조 중 "개인의 대리인·사용인 기타 종업원이 그 개인의 업무에 관하여 제51조 제8호의 위반행위를 한 때에는 그 개인에 대하여도 해당 조의 벌금형을 과한다."는 부분은 영업주가 고용한 종업원 등이 그 업무와 관련하여 위반행위를 한 경우에, 그와 같은 종업원 등의 범죄행위에 대해 영업주가 비난받을 만한 행위가 있었는지 여부와는 전혀 관계없이 종업원 등의 범죄행위가 있으면 자동적으로 영업주도 처벌하는 것으로서 형벌에 관한 책임주의에 반하므로 헌법에 위반된다(헌재결 2009.7.30, 2008헌가10).

ㅇ 법인의 대표자나 법인 또는 개인의 대리인·사용인 기타의 종업원이 그 법인 또는 개인의 업무에 관하여 제○○조의 규정에 의한 위반행위를 한 때에는 행위자를 벌하는 외에 그 법인 또는 개인에 대하여도 해당 조문의 벌금형을 과한다'는 내용의 양벌규정은 법치국가의 원리 및 죄형법정주의로부터 도출되는 책임주의원칙에 반한다(헌재결 2010.7.29, 2009헌가25·29·36, 2010헌가6·25 병합).

ㅇ 형벌의 자기책임원칙에 비추어 볼 때 위 양벌규정은 법인이 사용인 등에 의하여 위반행위가 발생한 그 업무와 관련하여 상당한 주의 또는 관리감독 의무를 게을리한 때에 한하여 적용된다고 봄이 상당하다(대판 2011.7.14, 2009도5516).

ㅇ 형벌의 자기책임원칙에 비추어 보면, 종업원의 위반행위가 발생한 그 업무와 관련하여 법인이 상당한 주의 또는 관리감독 의무를 게을리한 때에 한하여 양벌규정을 적용한다(헌재결 2013.7.25, 2012헌마343).

[비교판례] 단순히 법인이 고용한 종업원 등이 업무에 관하여 범죄행위를 하였다는 이유만으로 법인에 대하여 형사처벌을 과하고 있는바, 이는 다른 사람의 범죄에 대하여 그 책임 유무를 묻지 않고 형벌을 부과함으로써 법치국가의 원리 및 죄형법정주의로부터 도출되는 책임주의원칙에 반한다(헌재결 2010.11.25, 2010헌가88).

○ 구 산업기술보호법 제38조는 "법인의 대표자나 법인 또는 개인의 대리인, 사용인, 그 밖의 종업원이 그 법인 또는 개인의 업무에 관하여 제36조 제1항부터 제3항까지의 어느 하나에 해당하는 위반행위를 하면 그 행위자를 벌하는 외에 그 법인 또는 개인에게도 해당 조문의 벌금형을 과한다. 다만 법인 또는 개인이 그 위반행위를 방지하기 위하여 해당 업무에 관하여 상당한 주의와 감독을 게을리하지 아니한 경우에는 그러하지 아니하다."라고 규정하고 있다. 이러한 양벌규정에 따라 법인은 위반행위가 발생한 그 업무와 관련하여 법인이 상당한 주의 또는 관리·감독 의무를 게을리한 과실로 인하여 처벌된다(대판 2018.7.12, 2015도464).

○ 법인 대표자의 법규위반행위에 대한 법인의 책임은 법인 자신의 법규위반행위로 평가될 수 있는 행위에 대한 법인의 직접책임으로서, 대표자의 고의에 의한 위반행위에 대하여는 법인 자신의 고의에 의한 책임을, 대표자의 과실에 의한 위반행위에 대하여는 법인 자신의 과실에 의한 책임을 부담한다(헌재결 2010.7.29, 2009헌가25·29·36, 2010헌가6·25 병합).

○ **법인 대표자의 법규위반행위에 대한 법인의 책임**은 법인 자신의 법규위반행위로 평가될 수 있는 행위에 대한 **법인의 직접책임**이기 때문이다. 주식회사의 주식이 사실상 1인의 주주에 귀속하는 **1인 회사의 경우**에도 회사와 주주는 별개의 인격체로서, 1인 회사의 재산이 곧바로 1인주주의 소유라고 할 수 없기 때문에, 양벌규정에 따른 책임에 관하여 달리 볼 수 없다(대판 2018.4.12, 2013도6962).

(3) 양벌규정에 의한 법인의 처벌

관련 판례 **양벌규정을 적용한 경우**

1) 법인이 아닌 약국에서의 영업으로 인한 사법상의 권리의무는 그 약국을 개설한 약사에게 귀속되므로 대외적으로 그 약국의 영업주는 그 약국을 개설한 약사라고 할 것이지만, 실질적인 영업약사가 약사 아닌 종업원을 직접 고용하여 영업하던 중 그 종업원이 약사법위반 행위를 하였다면 **약사법 제78조의 양벌규정상의 형사책임**은 그 **실질적 경영자**가 지게 된다(대판 2000.10.27, 2000도3570).

2) 이른바 양벌규정인 구 도시계획법 제93조에서 정한 '**사용인 기타의 종업원**'에는 법인 또는 개인과 정식으로 고용계약을 체결하고 근무하는 자뿐만 아니라 **법인 또는 개인의 대리인, 사용인 등이 자기의 업무보조자로서 사용하면서 직접 또는 간접으로 법인 또는 개인의 통제·감독 아래에 있는 자도 포함**된다고 보아야 하지만, 토지의 소유자가 토지를 임차하여 사용하는 사람에 대하여 소유자로서의 권리를 행사할 수 있다는 이유만으로 토지의 임차인을 그 토지 소유자의 사용인 기타의 종업원에 해당한다고 볼 수는 없다(대판 2003.6.10, 2001도2573).

3) [1] **지방자치단체가 그 고유의 자치사무를 처리하는 경우**에는 지방자치단체는 국가기관의 일부가 아니라 국가기관과는 별도의 독립한 공법인이므로, 지방자치단체 소속 공무원이 지방자치단체 고유의 자치사무를 수행하던 중 도로법 제81조 내지 제85조의 규정에 의한 위반행위를 한 경우에는 지방자치단체는 도로법 제86조의 양벌규정에 따라 처벌대상이 되는 법인에 해당한다. [2] 지방자치단체 소속 공무원이 **압축트럭 청소차**를 운전하여 고속도로를 운행하던 중 제한축중을 초과 적재 운행함으로써 도로관리청의 차량운행제한을 위반한 경우, 해당 지방자치단체가 도로법 제86조의 양벌규정에 따른 처벌대상이 된다(대판 2005.11.10, 2004도2657).

4) 다단계판매업의 영업태양 및 다단계판매업자와 다단계판매원 사이의 관계에 비추어 볼 때, 다단계판매원이 하위판매원의 모집 및 후원활동을 하는 것은 실질적으로 다단계판매업자의 관리 아래 그 업

무를 위탁받아 행하는 것으로 볼 수 있어, 다단계판매업자가 상품의 판매 또는 용역의 제공에 의한 이익의 귀속주체가 된다고 할 것이므로, 다단계판매원은 다단계판매업자의 통제·감독을 받으면서 다단계판매업자의 업무를 직접 또는 간접으로 수행하는 자로서, 적어도 구 방문판매 등에 관한 법률의 양벌규정의 적용에 있어서는 다단계판매업자의 사용인의 지위에 있다고 봄이 상당하다(대판 2006.2.24, 2003도4966).

5) 지입차주가 고용한 운전자가 과적운행으로 구 도로법을 위반한 경우, **지입차주**는 구 도로법(2008.3.21. 법률 제8976호로 전부 개정되기 전의 것) 제86조에 정한 '대리인·사용인 기타의 종업원'의 지위에 있을 뿐이고 지입차량의 소유자이자 대외적인 경영 주체는 지입회사이므로, **지입회사**가 구 도로법상 사용자로서의 형사책임을 부담한다(대판 2009.9.24, 2009도5302).

관련 판례 **양벌규정을 적용하지 않은 경우**

1) 자동차운수사업법 제74조는 이른바 양벌규정으로서 "법인의 대표자나 법인 또는 개인의 대리인, 사용인 기타의 종업원이 그 법인 또는 개인의 업무와 관련하여 같은 법 제72조의 위반행위를 한 때에는 행위자를 벌하는 외에 그 법인 또는 개인에 대하여도 각 해당 조항의 벌금형에 처한다"고 규정하고 있을 뿐이고 **법인격 없는 사단**에 대하여서도 위 양벌규정을 적용할 것인가에 관하여는 아무런 명문의 규정을 두고 있지 아니하므로, 죄형법정주의의 원칙상 법인격 없는 사단에 대하여는 같은 법 제74조에 의하여 **처벌할 수 없**고, / 나아가 법인격 없는 사단에 고용된 사람이 유상운송행위를 하였다 하여 법인격 없는 사단의 구성원 개개인이 위 법 제74조 소정의 "개인"의 지위에 있다하여 처벌할 수도 없다(대판 1995.7.28, 94도3325).

2) [1] 구 건축법(2015.7.24. 법률 제13433호로 개정되기 전의 것) 제112조 제4항은 양벌규정으로서 "개인의 대리인, 사용인, 그 밖의 종업원이 그 개인의 업무에 관하여 제107조부터 제111조까지의 규정에 따른 위반행위를 하면 행위자를 벌할 뿐만 아니라 그 개인에게도 해당 조문의 벌금형을 과한다."라고 규정하고 있다. 그러나 법인격 없는 사단에 고용된 사람이 위반행위를 하였더라도 법인격 없는 사단의 구성원 개개인이 위 법 제112조에서 정한 '개인'의 지위에 있다 하여 그를 처벌할 수는 없다.
[2] 甲 교회의 총회 건설부장인 피고인이 관할시청의 허가 없이 건물 옥상층에 창고시설을 건축하는 방법으로 건물을 불법 증축하여 건축법 위반으로 기소된 사안에서, 甲 교회는 乙을 대표자로 한 **법인격 없는 사단**이고, 피고인은 甲 교회에 고용된 사람이므로, 乙을 구 건축법 제112조 제4항 양벌규정의 '개인'의 지위에 있다고 보아 피고인을 같은 조항에 의하여 처벌할 수는 없다고 한 사례(대판 2017.12.28, 2017도13982).

3) 지방자치단체 소속 공무원이 **지정항만순찰 등의 업무**를 위해 관할관청의 승인 없이 개조한 승합차를 운행함으로써 구 자동차관리법을 위반한 경우, 지방자치법, 구 항만법, 구 항만법 시행령 등에 비추어 위 항만순찰 등의 업무가 지방자치단체의 장이 국가로부터 위임받은 **기관위임사무**에 해당하여, 해당 지방자치단체가 구 자동차관리법 제83조의 양벌규정에 따른 처벌대상이 될 수 없다(대판 2009.6.11, 2008도6530). ∵ 국가의 기관위임사무는 지방자치단체의 사무가 아니라 국가사무이기 때문

4) (양벌규정에 의한 법인의 처벌은 어디까지나 형벌의 일종으로서 행정적 제재처분이나 민사상 불법행위책임과는 성격을 달리하는 점, 형사소송법 제328조가 '피고인인 법인이 존속하지 아니하게 되었을 때'를 공소기각결정의 사유로 규정하고 있는 것은 형사책임이 승계되지 않음을 전제로 한 것이라

고 볼 수 있는 점 등에 비추어 보면,) **합병으로 인하여 소멸한 법인**이 그 종업원 등의 위법행위에 대해 양벌규정에 따라 부담하던 형사책임은 그 성질상 이전을 허용하지 않는 것으로서 합병으로 인하여 존속하는 법인에 승계되지 않는다(대판 2007.8.23, 2005도4471 ; 대판 2015.12.24, 2015도13946).

5) 주식회사의 종업원이 취업활동을 할 수 있는 체류자격을 가지지 아니한 외국인을 고용한 행위와 관련하여, 그 대표이사가 종업원의 그와 같은 행위를 알 수 있는 지위에 있었다는 사정만으로 출입국관리법 제94조 제9호에서 정한 '고용한 사람'에 해당한다고 볼 수 없다(대판 2017.6.29, 2017도3005).

6) (법인이 설립되기 이전의 행위에 대하여는 법인에게 어떠한 선임감독상의 과실이 있다고 할 수 없으므로,) 특별한 근거규정이 없는 한 **법인**이 **설립되기 이전**에 자연인이 한 **행위**에 대하여 양벌규정을 적용하여 법인을 **처벌할 수는 없다**고 봄이 타당하다(대판 2018.8.1, 2015도10388).

7) **[구「개인정보 보호법」 양벌규정상의 '법인'에 공공기관이 포함되는지 여부가 문제된 사건]** 구「개인정보 보호법」은 제2조 제5호, 제6호에서 공공기관 중 법인격이 없는 '중앙행정기관 및 그 소속 기관' 등을 개인정보처리자 중 하나로 규정하고 있으면서도, 양벌규정에 의하여 처벌되는 개인정보처리자로는 같은 법 제74조 제2항에서 '법인 또는 개인'만을 규정하고 있을 뿐이고, 법인격 없는 공공기관에 대하여도 위 양벌규정을 적용할 것인지 여부에 대하여는 명문의 규정을 두고 있지 않으므로, 죄형법정주의의 원칙상 '**법인격 없는 공공기관**'을 위 양벌규정에 의하여 처벌할 수 없고, 그 경우 행위자 역시 위 양벌규정으로 처벌할 수 없다고 봄이 타당하다(대판 2021.10.28, 2020도1942).

[사실관계] **경찰공무원**인 피고인이 사무실에서 **형사사법정보시스템**(KICS)에 접속하여 자신의 채무자 지명수배 여부 등을 조회하는 등 이용 범위를 초과하여 개인정보를 이용하였다는 공소사실로 기소된 사안에서, 피고인이 이용한 개인정보의 개인정보처리자는 **경찰청**으로서 **법인격 없는 '중앙행정기관 또는 그 소속기관'**에 해당한다고 할 것이므로, 피고인이 소속된 위 공공기관(경찰청)은 양벌규정에 의하여 처벌되는 개인정보처리자에 포함된다고 볼 수 없고, 따라서 피고인 역시 위 양벌규정에 의하여 처벌할 수 있는 행위자에 해당하지 않는다고 판단한 사례

관련 판례 **양벌법규에 의한 처벌의 독립성**

1) **양벌규정에 의한 영업주의 처벌**은 금지위반행위자인 종업원의 처벌에 종속하는 것이 아니라 **독립**하여 그 자신의 종업원에 대한 선임감독상의 과실로 인하여 처벌되는 것이므로 종업원의 범죄성립이나 처벌이 영업주 처벌의 전제조건이 될 필요는 없다(대판 2006.2.24, 2005도7673).

[동지판례] 양벌규정에 의한 영업주의 처벌은 금지위반행위자인 종업원의 처벌에 종속하는 것이 아니라 독립하여 그 자신의 종업원에 대한 선임감독상의 과실로 인하여 처벌되는 것이므로 영업주의 위 과실책임을 묻는 경우 금지위반**행위자인 종업원에게 구성요건상의 자격이 없다고 하더라도** 영업주의 범죄성립에는 아무런 지장이 없다(대판 1987.11.10, 87도1213).

2) 법인의 직원 또는 사용인이 위반행위를 하여 양벌규정에 의하여 법인이 처벌받는 경우, 법인에게 **자수감경**에 관한 형법 제52조 제1항의 규정을 적용하기 위하여는 법인의 이사 기타 대표자가 수사책임이 있는 관서에 자수한 경우에 한하고, 그 위반행위를 한 직원 또는 사용인이 자수한 것만으로는 위 규정에 의하여 형을 감경할 수 없다(대판 1995.7.25, 95도391).

3) 행위자에 대하여 부과하는 형량을 **작량감경**하는 경우 양벌규정에 의하여 법인을 처벌함에 있어서도 이와 동일한 조치를 취하여야 하는 것은 아니다(대판 1995.12.12, 95도1893).

4) [1] **조세범처벌법** 제6조는 조세에 관한 범칙행위에 대하여는 원칙적으로 국세청장 등의 고발을 기다려 논하도록 규정하고 있는바, 같은 법에 의하여 하는 고발에 있어서는 이른바 고소・고발 불가분의 원칙이 적용되지 아니하므로, 고발의 구비 여부는 양벌규정에 의하여 처벌받는 자연인인 행위자와 법인에 대하여 **개별적**으로 논하여야 한다. [2] 피고발인을 법인으로 명시한 다음, 이어서 법인의 등록번호와 대표자의 인적 사항을 기재한 고발장의 표시를 자연인인 개인까지를 피고발자로 표시한 것이라고 볼 수는 없다(대판 2004.9.24, 2004도4066).

[비교판례] **저작권**법 제103조의 양벌규정은 직접 위법행위를 한 자 이외에 아무런 조건이나 면책조항 없이 그 업무의 주체 등을 당연하게 처벌하도록 되어 있는 규정으로서 당해 위법행위와 별개의 범죄를 규정한 것이라고는 할 수 없으므로(강사 주 : 이는 무과실책임설에 따른 판결이고, 현재 판례의 과실책임설에 의하면 옳지 않다), **친고죄**의 경우에 있어서도 행위자의 범죄에 대한 고소가 있으면 족하고, 나아가 양벌규정에 의하여 처벌받는 자에 대하여 별도의 고소를 요한다고 할 수는 없다(대판 1996.3.12, 94도2423).

5) **[법인의 대표이사가 선행사건 확정판결의 효력으로 면소판결을 선고받았더라도 해당 법인을 양벌규정으로 처벌할 수 있는지 및 인터넷 웹하드 사이트에 음란동영상을 업로드한 것이 '영화 및 비디오물의 진흥에 관한 법률'상 비디오물의 유통에 해당하는지 여부가 문제된 사건]** 법인 대표자의 법규위반행위에 대한 법인의 책임은 법인 자신의 법규위반행위로 평가될 수 있는 행위에 대한 법인의 직접책임이다. 따라서 대표자의 고의에 의한 위반행위에 대하여는 법인 자신의 고의에 의한 책임을, 대표자의 과실에 의한 위반행위에 대하여는 법인 자신의 과실에 의한 책임을 져야 한다. 이처럼 **양벌규정 중 법인의 대표자 관련 부분**은 대표자의 책임을 요건으로 하여 법인을 처벌하는 것이지 그 대표자의 처벌까지 전제조건이 되는 것은 아니다(대판 2022.11.17, 2021도701).

[사실관계] 법인의 대표이사가 선행사건 확정판결의 효력으로 면소판결을 선고받았더라도 해당 법인을 양벌규정으로 처벌할 수 있음을 전제로 한 원심의 유죄판단을 수긍한 사례

관련 판례 **양벌법규에 의한 수범자영역의 확대**

1) 구 건축법 제54조 내지 제56조의 벌칙규정에서 그 **적용대상자를 건축주, 공사감리자, 공사시공자 등 일정한 업무주로 한정한 경우(→ 신분범의 성격)**에 있어서, 같은 법 제57조의 양벌규정은 **업무주가 아니면서 당해 업무를 실제로 집행하는 자**가 있는 때에 위 벌칙규정의 실효성을 확보하기 위하여 그 적용대상자를 당해 업무를 실제로 집행하는 자에게까지 확장함으로써 그러한 자가 당해 업무집행과 관련하여 위 벌칙규정의 위반행위를 한 경우 위 양벌규정에 의하여 처벌할 수 있도록 한 **행위자의 처벌규정임과 동시에 그 위반행위의 이익귀속주체인 업무주에 대한 처벌규정**이라고 할 것이다(대판 1999.7.15, 95도2870 全合).

2) **폐기물관리법 제67조**는 "법인의 대표자나 법인 또는 개인의 대리인, 사용인, 그 밖의 종업원이 그 법인 또는 개인의 업무에 관하여 제63조부터 제66조까지의 어느 하나에 해당하는 위반행위를 하면 그 행위자를 벌하는 외에 그 법인 또는 개인에게도 해당 조문의 벌금형을 과한다."라고 정하고 있다. 이 규정의 **취지**는 위 제66조 등의 벌칙 규정이 적용되는 폐기물처리시설의 설치・운영자가 아니면서 그러한 업무를 실제로 집행하는 자가 있을 때 벌칙 규정의 실효성을 확보하기 위하여 적용대상자를 해당 업무를 실제로 집행하는 자까지 확장하여 그 **행위자**도 아울러 **처벌**하려는 데 있다. 이러한 양벌규정은 해당 업무를 실제로 집행하는 자에 대한 처벌의 근거 규정이 된다(대판 2017.11.14, 2017도7492).

3) **건설산업기본법 제98조 제2항**은 "법인의 대표자나 법인 또는 개인의 대리인, 사용인, 그 밖의 종업원이 그 법인 또는 개인의 업무에 관하여 제94조, 제95조, 제95조의2, 제96조 또는 제97조 제1호·제2호·제3호의 위반행위를 하면 그 행위자를 벌하는 외에 그 법인 또는 개인에게도 벌금형을 과한다."라고 정하고 있다. 위 규정의 취지는 제96조 제5호 등 벌칙규정의 적용대상인 건설공사 시공자가 아니면서 그러한 업무를 실제로 집행하는 자가 있을 때 벌칙규정의 실효성을 확보하기 위하여 적용대상자를 해당 업무를 실제로 집행하는 자까지 확장하여 그 행위자도 아울러 처벌하려는 데 있다. 이러한 양벌규정은 해당 업무를 실제로 집행하는 자에 대한 처벌의 근거 규정이 된다. 결국 위 규정은 해당 법조의 위반행위를 건설시공자인 법인이나 개인이 직접 하지 않는 경우에 그 행위자나 건설시공자 쌍방을 모두 처벌하려는 것이므로, 이 양벌규정에 따라 건설시공자가 아닌 행위자도 업무주인 건설시공자에 대한 벌칙규정의 적용대상이 된다(대판 2017.12.5, 2017도11564).

제5절 행위의 객체와 보호의 객체

범죄의 객체란 범죄행위의 대상, 즉 행위의 객체를 말한다(예 살인죄의 '사람' 등).

보호의 객체란 구성요건에 의하여 보호되는 법익, 즉 보호법익을 말한다(예 살인죄의 경우 사람의 '생명' 등).

행위의 객체가 없는 범죄는 있으나 (예 퇴거불응죄, 공연음란죄, 위증죄, 무고죄 등), 보호의 객체가 없는 범죄는 없다.

Chapter 02

구성요건

제1절 구성요건이론

I 구성요건의 의의와 유형

1 구성요건의 의의와 구별개념

구성요건이란 형법상 금지 또는 요구되는 행위가 무엇인가를 추상적·일반적으로 기술해 놓은 것을 말한다(불법구성요건). 이에 구별하여 '**구성요건해당성**'이란 어떠한 행위가 구성요건에 합치하는 것을 말하고, '**구성요건의 충족**'이란 어떤 행위가 구성요건에 포함된 모든 요소를 충족하는 것을 말한다. 구성요건을 충족하면 그 범죄행위는 기수가 된다.

2 구성요건의 유형

Thema 정리 구성요건의 유형

1. **불법구성요건** = 구성요건(협의의 구성요건)
2. **총체적 불법구성요건** = 구성요건+위법성(모든 위조사유)
3. **보장구성요건** = 구성요건+위법성+책임+처벌조건 / 초법규적 위조·책조사유 제외
4. **총체적 구성요건** = 구성요건+위법성+책임+처벌조건+초법규적 위조·책조사유 포함
5. **범죄구성요건** = 구성요건+책임구성요건+처벌조건 / 위조·책조 제외

II 구성요건과 위법성·책임과의 관계

1 위법성과의 관계

(1) 구성요건과 위법성의 관계

구성요건은 위법행위의 유형을 추상적으로 기술하여 놓은 것이므로 구성요건은 위법성을 징표한다(위법성의 인식근거). 따라서 어떤 행위가 구성요건해당성을 갖추면 그 행위는 일단 위법한 것으로 추정되고, 위법성조각사유가 없으면 확정적으로 위법한 것으로 간주한다.

(2) 소극적 구성요건표지이론

Thema 정리 소극적 구성요건표지이론

1. 형법상 구성요건을 적극적 구성요건표지로, 위법성조각사유는 소극적 구성요건표지로 이해하는 이론이다. 위법성조각사유가 존재하면 처음부터 구성요건해당성이 부정되고, 구성요건에 해당한다는 것은 위법성

조각사유가 없다는 것을 말하므로, 구성요건은 위법성의 인식근거가 아니라 위법성의 존재근거가 된다.
= 단정적·종국적 가치판단 ○ ↔ 잠정적 판단 ×

2. 불법구성요건과 위법성조각사유를 포괄하는 총체적 불법구성요건을 인정하기 때문에 범죄체계는 총체적 불법구성요건과 책임의 2단계로 구성된다(2단계 범죄체계론).
3. 위법성조각사유의 부존재를 고의의 인식대상에 포함시키므로, 위법성조각사유의 전제사실에 관한 착오를 사실의 착오(구성요건적 착오)로 해결한다는 장점이 있다. 즉 위법성조각사유의 전제사실의 착오가 있는 경우 고의가 조각되고, 과실범처벌문제가 된다(제13조 직접 적용).
∵ 위법성소각사유의 부존재 = 고의의 인식대상
4. 그러나 구성요건의 독자적 기능(경고·지시기능)을 무시한다는 단점이 있다. 즉 구성요건에 해당하나 위법성이 조각되는 행위(예 사람을 죽였으나 정당방위에 해당하는 행위)와 처음부터 구성요건에 해당하지 않는 행위(예 파리를 죽이는 행위) 사이의 차이를 무시했다는 비판을 받는다.

2 책임과의 관계

구성요건은 위법행위의 유형을 추상적으로 기술하여 놓은 것이고, 책임은 행위자에 대한 비난가능성을 말하므로 양자 간에는 직접적인 관련이 없다.

III 구성요건의 요소

1 객관적 구성요건요소(객관적 불법요소)

구성요건 중 행위의 **외부적 현상**을 기술한 것을 말한다.

예 행위의 주체, 행위의 객체, 행위의 태양 및 수단, 행위의 결과, 행위상황, 인과관계(기술되지 않은 구성요건요소) 등

2 주관적 구성요건요소(주관적 불법요소)

(1) 구성요건 중 행위자의 **내심적 상황**에 속하는 요소를 말한다.

예 고의, 과실, 목적범의 목적, 재산죄의 불법영득의사(기술되지 않은 구성요건요소)

(2) 고의는 **일반적 주관적 구성요건요소**로서 인적 행위불법의 핵심적 요소에 해당한다. 고의 이외에 요구되는 목적·불법영득의사 등을 **초과주관적 구성요건요소**라 한다.

제2절 부작위범[5)]

제18조【부작위범】
위험의 발생을 방지할 의무가 있거나 자기의 행위로 인하여 위험발생의 원인을 야기한 자가 그 위험발생을 방지하지 아니한 때에는 그 발생된 결과에 의하여 처벌한다.

5) 2016년 법무사시험(20점) 부작위에 의한 살인죄에 관하여 논하시오.

o **[세월호 사건]** 범죄는 보통 적극적인 행위에 의하여 실행되지만 때로는 결과의 발생을 방지하지 아니한 부작위에 의하여도 실현될 수 있다. 형법 **제18조**는 "위험의 발생을 방지할 의무가 있거나 자기의 행위로 인하여 위험발생의 원인을 야기한 자가 그 위험발생을 방지하지 아니한 때에는 그 발생된 결과에 의하여 처벌한다"라고 하여 **부작위범의 성립 요건**을 별도로 규정하고 있다(대판 2015.11.12, 2015도6809 全合).

I 서설

1 부작위범의 의의

(1) 형법상 부작위란 단순히 아무런 행위도 하지 않는 것(이른바 무위)을 말하는 것이 아니라, 규범적으로 요구되거나 기대되는 일정한 행위를 아니하는 것을 말한다.

(2) 부작위범이란 작위의무가 있는 자가 부작위에 의하여 행하는 범죄를 말한다. 즉 요구규범(명령규범)을 부작위로 위반하는 것이 부작위범이다.

2 작위와 부작위의 구별

Thema 정리 **작위 · 부작위의 구별**

1. **평가적 관찰법**(규범적 척도에 의해 해결하려는 견해 : 법적비난의 중점설)
   → 행위의 사회적 의미, 비난의 중점이 어디에 있는지에 따라
2. **자연적 관찰법**(자연과학적 척도에 의해 해결하려는 견해 : 에너지투입설)
   → 일정방향으로의 에너지투입 유무에 따라
3. **작위우선 · 부작위보충설**(법조경합 중 보충관계)
   → 작위범 성립을 먼저 검토한 후, 작위범이 성립되지 않으면 부작위범 성립을 검토

o [보라매병원사건] **어떠한 범죄가 적극적 작위에 의하여 이루어질 수 있음은 물론 결과의 발생을 방지하지 아니하는 소극적 부작위에 의하여도 실현될 수 있는 경우**에, 행위자가 자신의 신체적 활동이나 물리적 · 화학적 작용을 통하여 적극적으로 타인의 법익 상황을 악화시킴으로써 결국 그 타인의 법익을 침해하기에 이르렀다면, 이는 **작위에 의한 범죄**로 봄이 원칙이고, 작위에 의하여 악화된 법익 상황을 다시 되돌이키지 아니한 점에 주목하여 이를 부작위범으로 볼 것은 아니며, 나아가 악화되기 이전의 법익 상황이, 그 행위자가 과거에 행한 또 다른 작위의 결과에 의하여 유지되고 있었다 하여 이와 달리 볼 이유가 없다(대판 2004.6.24, 2002도995).

[사실관계] 보호자(피해자의 처)가 의학적 권고에도 불구하고 치료를 요하는 환자의 퇴원을 간청하여 담당 전문의와 주치의(레지던트)가 치료중단 및 퇴원을 허용하는 조치를 취하였고, 주치의의 지시를 받은 인턴이 구급차로 피해자의 집까지 데리고 간 다음 인공호흡장치를 제거함으로써 환자를 사망에 이르게 한 경우

→ 의사(담당전문의와 주치의)의 행위는 '치료행위의 중단'이라는 부작위가 아니라, '인공호흡장치를 제거'한 작위로 평가된다는 취지(자연적 관찰법에 따른 에너지투입설의 입장 또는 작위우선설의 입장)

ㅇ [쟁의행위로서의 파업] 쟁의행위로서의 파업이 언제나 업무방해죄의 구성요건을 충족한다고 할 것은 아니며, 전후 사정과 경위 등에 비추어 전격적으로 이루어져 사용자의 사업운영에 심대한 혼란 내지 막대한 손해를 초래할 위험이 있는 등의 사정으로 사용자의 사업계속에 관한 자유의사가 제압・혼란될 수 있다고 평가할 수 있는 경우 비로소 그러한 **집단적 노무제공의 거부**도 **위력**에 해당하여 업무방해죄를 구성한다(대판 2011.3.17, 2007도482 全合). → 파업은 그 자체로 부작위가 아니라 작위적 행위라는 취지

3 부작위범의 종류(진정부작위범과 부진정부작위범)

(1) 부작위범은 진정부작위범과 부진정부작위범으로 나뉜다.

(2) 진정부작위범과 부진정부작위범의 구별기준에 대하여 판례는 '**구성요건의 규정형식**'에 따른다는 입장이다(형식설).

형식설 (판례)	진정 부작위범	구성요건의 구성형식이 부작위에 의하여 범할 것을 내용으로 하는 범죄(**부작위에 의한 부작위범**) 예 퇴거불응죄(퇴거요구를 받고 응하지 아니한 자), 다중불해산죄(해산명령을 받고 해산하지 아니한 자), 전시공수계약불이행죄, 전시군수계약불이행죄, 집합명령위반죄 특별법상 행정명령위반(행정청의 지시불이행죄), 공중위생관리법상 신고의무불이행죄, 정신보건법상 보호의무자 확인서류수수의무위반죄(서류를 받지 아니한 자) 등
	부진정 부작위범	구성요건의 규정형식은 작위에 의하여 범할 것을 내용으로 하는 작위범이나, 부작위에 의하여도 성립하는 범죄(**부작위에 의한 작위범**) 예 살인죄(살해), 업무방해죄(위력), 사기죄(기망), 직무유기죄(직무수행거부) 등
실질설	진정 부작위범	요구된 행위의 단순한 부작위에 의하여 성립되는 범죄(**거동범**)
	부진정 부작위범	부작위 이외에 구성요건적 결과 발생이 있어야 성립하는 범죄(**결과범**)

ㅇ 일정한 기간 내에 잘못된 상태를 바로잡으라는 **행정청의 지시를 이행하지 않았다**는 것을 구성요건으로 하는 범죄는 **이른바 진정부작위범**으로서 그 의무이행기간의 경과에 의하여 범행이 기수에 이름과 동시에 작위의무를 발생시킨 행정청의 지시 역시 그 기능을 다한 것으로 보아야 한다(대판 1994.4.26, 93도1731).

ㅇ 공중위생관리법 제3조 제1항 전단은 "공중위생영업을 하고자 하는 자는 공중위생영업의 종류별로 보건복지부령이 정하는 시설 및 설비를 갖추고 시장・군수・구청장에게 신고하여야 한다"고 규정하고, 같은 법 제20조 제1항 제1호는 '제3조 제1항 전단의 규정에 의한 **신고를 하지 아니한 자**'를 처벌한다고 규정하고 있는바, 그 규정 형식 및 취지에 비추어 신고의무 위반으로 인한 공중위생관리법 위반죄는 구성요건이 부작위에 의하여서만 실현될 수 있는 진정부작위범에 해당한다(대판 2008.3.27, 2008도89).

ㅇ **보호의무자 확인 서류 등 수수 의무 위반**으로 인한 구 정신보건법 위반죄는 구성요건이 부작위에 의해서만 실현될 수 있는 진정부작위범에 해당한다(대판 2021.5.7, 2018도12973).

> ㅇ **[부작위에 의한 업무상배임죄의 실행의 착수 여부가 문제된 사건]** 업무상배임죄는 타인과의 신뢰관계에서 일정한 임무에 따라 사무를 처리할 법적 의무가 있는 자가 그 상황에서 당연히 할 것이 법적으로 요구되는 행위를 하지 않는 부작위에 의해서도 성립할 수 있다. 그러한 부작위를 실행의 착수로 볼 수 있기 위해서는 **작위의무가 이행되지 않으면 사무처리의 임무를 부여한 사람이 재산권을 행사할 수 없으리라고 객관적으로 예견되는 등으로 구성요건적 결과 발생의 위험이 구체화한 상황**에서 부작위가 이루어져야 한다. / 그리고 행위자는 ① 부작위 당시 자신에게 주어진 임무를 위반한다는 점과 ② 그 부작위로 인해 손해가 발생할 위험이 있다는 점을 **인식**하였어야 한다(대판 2021.5.27, 2020도15529).

(3) 실질설에 의하면 거동범에 대하여는 부진정부작위범이 성립될 수 없으나, 형식설에 의하면 이와 달리 거동범에 대하여도 부진정부작위범이 성립될 수 있다.

II 부작위범의 일반적 성립요건

1 일반적 행위가능성

일반적 행위가능성은 부작위의 행위개념에 해당한다.

예 미국 그랜드캐년의 강에 빠진 아들을 서울 노량진에 있는 부모가 구하지 않은 경우 → 부작위의 행위성 ×

2 구성요건해당성

(1) 객관적 구성요건요소

① **구성요건적 부작위** : 특정한 행위를 하지 아니하는 부작위가 형법적으로 부작위로서의 의미를 가지기 위해서는, ㉠ 보호법익의 주체에게 해당 구성요건적 결과발생의 위험이 있는 상황(**구성요건적 상황**)에서 ㉡ 행위자가 구성요건의 실현을 회피하기 위하여 요구되는 행위(**요구되는 행위**)를 ㉢ 현실적·물리적으로 행할 수 있었음(**개별적 행위가능성**)에도 하지 아니하였다고 평가될 수 있어야 한다. 작위의무가 법적으로 인정되더라도 작위의무를 이행하는 것이 사실상 불가능한 상황이었다면, 행위가능성이 없으므로 형법상 부작위라고 볼 수 없어 부작위범이 성립할 수 없다.

> ㅇ **[세월호 사건]** 자연적 의미에서의 부작위는 거동성이 있는 작위와 본질적으로 구별되는 무(無)에 지나지 아니하지만, 위 규정에서 말하는 **부작위**는 법적 기대라는 규범적 가치판단 요소에 의하여 사회적 중요성을 가지는 사람의 행태가 되어 법적 의미에서 작위와 함께 행위의 기본 형태를 이루게되므로, 특정한 행위를 하지 아니하는 부작위가 형법적으로 부작위로서의 의미를 가지기 위해서는, ① 보호법익의 주체에게 해당 구성요건적 결과발생의 위험이 있는 상황에서 ② 행위자가 구성요건의 실현을 회피하기 위하여 요구되는 행위를 ③ 현실적·물리적으로 행할 수 있었음에도 하지 아니하였다고 평가될 수 있어야 한다(대판 2015.11.12, 2015도6809 全合).

② 구성요건적 결과

③ 인과관계

> ㅇ [세월호 사건] 작위의무를 이행하였다면 결과가 발생하지 않았을 것이라는 관계가 인정될 경우에는 작위를 하지 않은 부작위와 사망의 결과 사이에 **인과관계**가 있다(대판 2015.11.12, 2015도6809 全合).

(2) **주관적 구성요건요소**

① 부작위범의 고의는 미필적 고의로도 족하다.

> ㅇ [세월호 사건] **부진정 부작위범의 고의**는 반드시 구성요건적 결과발생에 대한 목적이나 계획적인 범행 의도가 있어야 하는 것은 아니고 / 법익침해의 결과발생을 방지할 법적 작위의무를 가지고 있는 사람이 의무를 이행함으로써 결과발생을 쉽게 방지할 수 있었음을 예견하고도 결과발생을 용인하고 이를 방관한 채 의무를 이행하지 아니한다는 인식을 하면 족하며, 이러한 작위의무자의 예견 또는 인식 등은 확정적인 경우는 물론 불확정적인 경우이더라도 미필적 고의로 인정될 수 있다(대판 2015.11.12, 2015도6809 全合).
>
> → 대법원은 ① 선장에게는 부작위에 의한 살인·살인미수죄, ② 1등 항해사에 대하여는 특정범죄가중처벌법 제5조의12 위반죄(업무상과실치사상+도주 ∵ 부작위에 의한 살인의 고의 부정) 등, ③ 나머지 선원들에 대하여는 유기치사·치상죄 등을 인정하였다.

② 부작위범은 과실에 의하여도 성립할 수 있다(망각범).

Ⅲ 부진정부작위범 특유의 구성요건

길거리에 쓰려져 있는 사람을 구하지 않아 죽게 하였다고 하여 모든 경우에 부작위에 의하여 살인죄를 바로 인정할 수는 없는 것이므로 특별한 요건이 필요하다. 즉 작위형태로 규정된 행위를 부작위로 범하는 경우이므로, ① 법익침해의 결과 발생을 방지할 법적인 작위의무를 지고 있는 자가 한 행위여야 하고(보증인지위), ② 그러한 자의 부작위를 작위와 똑같다고 평가할 수 있어야 한다(행위정형의 동가치성).

1 보증인지위

(1) **의의**

법익침해의 결과 발생을 방지할 법적인 작위의무를 **'보증인의무'**라 하고, 이러한 보증인의무를 지는 자를 **'보증인지위'**에 있다고 한다. 형법은 '위험의 발생을 방지할 의무가 있는 자', '자기의 행위로 인하여 위험발생의 원인을 야기한 자'라고 표현하고 있다(제18조).

(2) **작위의무의 발생근거**

① 형식설(판례의 입장) : 형식적 발생근거 기준

㉠ 법령 : 친권자의 자에 대한 보호의무, 교통사고를 일으킨 운전자의 사상자구호의무 등

㉡ 계약 : 고용계약에 의한 보호의무, 보모의 아동보호의무, 간호사의 환자간호의무 등

㉢ 선행행위 : 자기의 행위로 위험발생의 원인을 야기한 자는 위험발생을 방지할 의무가 있다(제18조). 따라서 선행행위는 직접적으로 위험발생을 야기할 수 있는 것이어야 하고, 원칙적으로 위법하거나 중대한 과실에 의한 행위여야 한다. 다만 도로교통법상 교통사고발생

시 구호조치의무에 대하여는 법령에 규정이 있으므로 예외적으로 적법한 선행행위에 대하여도 작위의무가 인정된다는 것이 다수설이다.

㉣ 조리

o 작위의무는 법적인 의무이어야 하므로 단순한 도덕상 또는 종교상의 의무는 포함되지 않으나 / 작위의무가 법적인 의무인 한 성문법이건 불문법이건 상관이 없고 또 공법이건 사법이건 불문하므로, 법령, 법률행위, 선행행위로 인한 경우는 물론이고 기타 신의성실의 원칙이나 사회 상규 혹은 조리상 작위의무가 기대되는 경우에도 법적인 작위의무는 있다(대판 1996.9.6, 95도2551).
[비교판례] 유기죄의 주체는 법률상 또는 계약상 보호의무 있는 자에 한한다(제271조 제1항, 대판 1977.1.11, 76도3419).

② 실질설 : 법익보호라는 실질적 기준

㉠ 보호의무 : 가족 등 자연적 결합관계, 긴밀한 공동관계, 보호기능의 자의적 인수 등 법익주체와 보증인 사이에 특별한 결합관계 내지 보호관계가 존재하는 경우

㉡ 안전의무 : 선행행위로 인한 작위의무, 위험원에 대한 감독의무, 타인에 대한 감독의무 등 보증인이 위험원으로부터 법익침해가 일어나지 않도록 안전조치를 취하거나 감독할 책임을 부담하는 경우

관련 판례 **작위의무의 발생근거**

1) 도로교통법 제54조 제1항, 제2항이 규정한 **교통사고발생시의 구호조치의무 및 신고의무**는 교통사고의 결과가 피해자의 구호 및 교통질서의 회복을 위한 조치가 필요한 상황인 이상 그 의무는 교통사고를 발생시킨 당해 차량의 운전자에게 그 사고발생에 있어서 고의·과실 혹은 유책·위법의 유무에 관계없이 부과된 의무라고 해석함이 상당할 것이므로, 당해 사고에 있어 귀책사유가 없는 경우에도 위 의무가 없다 할 수 없고, 또 위 의무는 신고의무에만 한정되는 것이 아니므로 타인에게 신고를 부탁하고 현장을 이탈하였다고 하여 위 의무를 다한 것이라고 말할 수는 없다(대판 2002.5.24, 2000도1731 ; 대판 2015.10.15, 2015도12451).
→ 법령상 작위의무 & 선행행위에 의한 작위의무 ○

2) **[세월호 사건]** 선장이나 승무원은 수난구호법 제18조 제1항 단서에 의하여 조난된 사람에 대한 구조조치의무(**법률상 의무**)를 부담하고, 선박의 해상여객운송사업자와 승객 사이의 여객운송계약에 따라 승객의 안전에 대하여 **계약상 보호의무**를 부담하므로, 모든 승무원은 선박 위험시 서로 협력하여 조난된 승객이나 다른 승무원을 적극적으로 구조할 의무가 있다(대판 2015.11.12, 2015도6809 全合).
→ 법령상 작위의무 & 계약에 의한 작위의무 ○

3) 법무사가 아닌 사람이 법무사로 소개되거나 호칭되는 데에도 자신이 법무사가 아니라는 사실을 밝히지 않은 채 **법무사 행세**를 계속하면서 근저당권설정계약서를 작성한 경우, 부작위에 의한 법무사법 제3조 제2항(법무사가 아닌 자는 법무사 또는 이와 유사한 명칭을 사용하지 못한다) 위반죄를 인정할 수 있다(대판 2008.2.28, 2007도9354).

4) **[저수지 조카살해사건] 조카인 피해자**(10세)를 살해할 것을 마음먹고 저수지로 데리고 가서 미끄러지기 쉬운 제방 쪽으로 유인하여 함께 걷다가 피해자가 물에 빠지자 그를 구호하지 아니하여

피해자를 익사하게 한 경우, 피해자의 **숙부**로서 익사의 위험에 대처할 보호능력이 없는 나이 어린 피해자를 익사의 위험이 있는 저수지로 데리고 갔던 피고인으로서는 피해자가 물에 빠져 익사할 위험을 방지하고 피해자가 물에 빠지는 경우 그를 구호하여 주어야 할 법적인 작위의무가 있다고 보아야 할 것이고, 피해자가 물에 빠진 후에 피고인이 살해의 범의를 가지고 그를 구호하지 아니한 채 그가 익사하는 것을 용인하고 방관한 행위(부작위)는 형법상 평가될 만한 살인의 실행행위라고 보는 것이 상당하다(대판 1992.2.11, 91도2951). → 선행행위에 의한 작위의무 ○

5) **[모텔화재 중실화사건]** 6) 모텔 방에 투숙하여 담배를 피운 후 재떨이에 담배를 끄게 되었으나 담뱃불이 완전히 꺼졌는지 여부를 확인하지 않은 채 불이 붙기 쉬운 휴지를 새필이에 버리고 잠을 잔 과실로 담뱃불이 휴지와 침대시트에 옮겨 붙게 함으로써 화재가 발생한 사안에서, ① 위 화재가 **중대한 과실 있는 선행행위로 발생한 이상 화재를 소화할 법률상 의무는 있다** 할 것이나, ② 화재 발생 사실을 안 상태에서 모텔을 빠져나오면서도 **모텔 주인이나 다른 투숙객들에게 이를 알리지 아니하였다는 사정만으로는 화재를 용이하게 소화할 수 있었다고 보기 어려우므로**, 부작위에 의한 현주건조물방화치사상죄가 성립한다고 볼 수 없다(대판 2010.1.14, 2009도12109).
→ 중실화, 중실화치사상죄는 인정되었음을 주의!

6) 사기죄의 요건으로서의 기망은 널리 재산상의 거래관계에 있어 서로 지켜야 할 신의와 성실의 의무를 저버리는 모든 적극적 또는 소극적 행위를 말하는 것이고, 그중 소극적 행위로서의 **부작위에 의한 기망**은 법률상 고지의무 있는 자가 일정한 사실에 관하여 상대방이 착오에 빠져 있음을 알면서도 그 사실을 고지하지 아니함을 말하는 것으로서, 일반거래의 경험칙상 상대방이 그 사실을 알았더라면 당해 법률행위를 하지 않았을 것이 명백한 경우에는 신의칙에 비추어 그 사실을 고지할 법률상 의무가 인정된다(대판 2006.2.23, 2005도8645).

7) 토지에 대하여 도시계획이 입안되어 있어 장차 **협의매수되거나 수용될 것이라는 사정**을 매수인에게 고지하지 아니한 행위가 부작위에 의한 사기죄를 구성한다(대판 1993.7.13, 93도14).

8) 임대인이 임대차계약을 체결하면서 임차인에게 **임대목적물이 경매진행 중인 사실**을 알리지 아니한 경우, 임차인이 등기부를 확인 또는 열람하는 것이 가능하더라도 사기죄가 성립한다(대판 1998.12.8, 98도3263).

9) **특정 시술을 받으면 아들을 낳을 수 있을 것이라는 착오**에 빠져있는 피해자들에게 그 시술의 효과와 원리에 관하여 사실대로 고지하지 아니한 채 아들을 낳을 수 있는 시술인 것처럼 가장하여 일련의 시술과 처방을 행한 의사에 대하여 부작위에 의한 사기죄가 성립한다(대판 2000.1.28, 99도2884).

10) 매수인이 매도인에게 매매잔금을 지급함에 있어 **착오**에 빠져 지급해야 할 금액을 초과하는 돈을 교부하는 경우, 매도인이 사실대로 고지하였다면 매수인이 그와 같이 초과하여 교부하지 아니하였을 것임은 경험칙상 명백하므로, 매도인이 매매잔금을 **교부받기 전** 또는 **교부받던 중**에 그 사실을 **알게** 되었을 경우에는 매수인이 건네주는 돈을 그대로 수령한 경우에는 **사기죄에 해당**될 것이지만, / 그 사실을 미리 알지 못하고 매매잔금을 **건네주고 받는 행위를 끝마친 후**에야 비로소 알게 되었을 경우에는 교부하는 돈을 그대로 받은 그 행위는 **점유이탈물횡령죄**가 될 수 있음은 별론으로 하고 사기죄를 구성할 수는 없다(대판 2004.5.27, 2003도4531).

6) 2013년 법무사시험(25점), 2022년 법무사시험(10/20점)

11) 출판사 경영자가 출고현황표를 조작하는 방법으로 실제출판부수를 속여 작가에게 인세의 일부만을 지급한 사안에서, 작가가 나머지 인세에 대한 청구권의 존재 자체를 알지 못하는 착오에 빠져 이를 행사하지 아니한 것이 사기죄에 있어 **부작위에 의한 처분행위**에 해당한다(대판 2007.7.12, 2005도9221).

12) 압류된 골프장시설을 보관하는 회사의 대표이사가 위 **압류시설의 사용 및 봉인의 훼손을 방지할 수 있는 적절한 조치** 없이 골프장을 개장하게 하여 봉인이 훼손되게 한 경우, 부작위에 의한 공무상표시무효죄가 성립한다(대판 2005.7.22, 2005도3034).

Thema 정리 **보증인지위의 체계적 지위**(보증인의무와 지위의 관계)

1. **위법성요소설** : 보증인지위와 보증인의무 모두 위법성요소로 보는 견해
   → 보증인지위와 보증인의무의 착오 모두 위법성착오로 본다.
   ↔ 구성요건의 징표기능을 부정하여 구성요건해당성이 확대될 우려가 있다는 비판
   ∵ 작위의무 없는 자의 부작위도 일단 구성요건에 해당하는 행위라고 보기 때문
2. **구성요건요소설** : 보증인지위와 보증인의무 모두 구성요건요소로 보는 견해
   → 보증인지위와 보증인의무의 착오 모두 구성요건착오로 본다.
   ↔ 다른 형법상 의무를 위법성요소로 보면서, 부작위범의 작위의무만 구성요건요소로 보는 것은 부당하다는 비판
3. **이분설**(多) : 보증인지위는 구성요건요소, 보증인의무는 위법성요소로 보는 견해
   → 보증인지위착오 = 구성요건착오(사실의 착오) / 보증인의무착오 = 위법성착오(법률의 착오)
   예 다른 사람의 아이인 줄 알고 구조하지 않은 경우 : 보증인지위의 착오
   → 구성요건착오 : 고의조각, 과실범 성부문제
   예 양부이니 구할 의무가 없다고 생각하고 구조하지 않은 경우 : 보증인의무의 착오
   → 위법성착오 : (엄격책임설 의하면) 착오에 정당한 이유 유무에 따라 책임조각, 고의범

2 동가치성

(1) 부진정부작위범은 작위범의 구성요건을 부작위에 의하여 실현하는 것이므로 작위의무자의 부작위에 의한 범행이 작위에 의한 구성요건의 실현과 같다고 평가될 수 있어야 한다. 이를 부작위와 작위의 동가치성(상응성)이라고 하고, 형법이 명문으로 규정하고 있는 것이 아니라 학설·판례에 의하여 요구되고 있다.

(2) 행위태양의 동가치성이 인정되지 않으면 부진정부작위범의 성립요건을 충족하지 못하게 되므로 부진정부작위범의 요건으로 행위태양의 동가치성을 요구하는 것은 부진정부작위범의 형사처벌을 제한하는 기능을 한다.

o 형법상 부작위범이 인정되기 위해서는 형법이 금지하고 있는 법익침해의 결과 발생을 방지할 법적인 작위의무를 지고 있는 자가 그 의무를 이행함으로써 결과 발생을 쉽게 방지할 수 있었음에도 불구하고 그 결과의 발생을 용인하고 이를 방관한 채 그 의무를 이행하지 아니한 경우에, 그 **부작위가 작위에 의한**

법익침해와 동등한 형법적 가치가 있는 것이어서 그 범죄의 실행행위로 평가될 만한 것이라면, 작위에 의한 실행행위와 동일하게 부작위범으로 처벌할 수 있다(대판 1996.9.6, 95도2551).

ㅇ **[세월호 사건]** 살인죄와 같이 일반적으로 작위를 내용으로 하는 범죄를 부작위에 의하여 범하는 이른바 부진정 부작위범의 경우에는 보호법익의 주체가 법익에 대한 침해위협에 대처할 보호능력이 없고, 부작위행위자에게 침해위협으로부터 법익을 보호해 주어야 할 법적 작위의무가 있을 뿐 아니라, 부작위행위자가 그러한 보호적 지위에서 법익침해를 일으키는 사태를 지배하고 있어 작위의무의 이행으로 결과발생을 쉽게 방지할 수 있어야 부작위로 인한 법익침해가 **작위에 의한 법익침해와 동등한 형법적 가치**가 있는 것으로서 범죄의 실행행위로 평가될 수 있다(대판 2015.11.12, 2015도6809 全合).

ㅇ 업무방해죄와 같이 작위를 내용으로 하는 범죄를 부작위에 의하여 범하는 부진정부작위범이 성립하기 위해서는 **부작위를 실행행위로서의 작위와 동일시**할 수 있어야 한다(대판 2017.12.22, 2017도13211).
[사실관계] 비록 공사대금을 받을 목적으로 건축자재를 치우지 않았더라도, 자신의 공사를 위하여 쌓아 두었던 건축자재를 공사 완료 후에 단순히 치우지 않은 행위는 부작위에 의한 업무방해죄에 해당하지 않는다.

Ⅳ 부작위범의 처벌

진정부작위범은 각칙에 법정형이 별도로 규정되어 있다.
부진정부작위범에 대하여 우리 형법은 임의적 감경규정을 두고 있지 않으므로, 작위범과 동일하게 처벌된다.

Ⅴ 부작위범 관련 문제

1 미수

(1) 진정부작위범의 경우 모두 거동범이므로 미수를 인정할 수 없다고 할 것이나(다수설), 우리 형법은 퇴거불응죄와 집합명령위반죄의 경우 미수범처벌규정을 두고 있다.

(2) 부진정부작위범은 당연히 미수범처벌규정이 있으면 미수로 처벌된다.

2 공범

(1) **부작위에 의한 교사·방조**

부작위만으로는 범행결의를 일으킬 수 없기 때문에 부작위에 의한 교사는 불가능하나, 부작위에 의한 방조는 가능하다. 다만 부작위에 의한 방조의 경우 보증인지위에 있을 것을 요한다.

ㅇ **종범의 방조행위**는 작위에 의한 경우뿐만 아니라 부작위에 의한 경우도 포함하는 것으로서 법률상 정범의 범행을 방지할 의무 있는 자가 그 범행을 알면서도 방지하지 아니하여 범행을 용이하게 한 때에는 부작위에 의한 종범이 성립한다(대판 1985.11.26, 85도1906).

ㅇ **은행지점장이 정범인 부하직원들**의 범행을 인식하면서도 그들의 은행에 대한 배임행위를 방치하였다면 배임죄의 방조범이 성립된다(대판 1984.11.27, 84도1906).

ㅇ **백화점 직원**이 자신이 관리하는 점포에 가짜 상표가 새겨진 상품이 진열・판매되는 사실을 발견하고도 적절한 조치를 취하지 않아 계속 판매되도록 방치한 행위는 상표법위반 및 부정경쟁방지법위반 행위를 방조한 것에 해당한다(대판 1997.3.14, 96도1639).

ㅇ 입찰사건 업무를 주로 하는 공무원이 입찰사건의 **입찰보증금이 계속적으로 횡령**되고 있는 사실을 알았다면, 담당 공무원으로서는 그러한 사무원의 횡령행위를 방지해야 할 법적인 작위의무를 지는 것이 당연하고, 결과 발생을 쉽게 방지할 수 있는 공무원이 그 사무원의 새로운 횡령범행을 방조 용인한 것은 부작위로 인한 업무상횡령의 종범으로 처벌된다(대판 1996.9.6, 95도2551).

ㅇ 인터넷 포털 사이트 내 오락채널 총괄팀장과 위 오락채널 내 만화사업의 운영 직원인 피고인들에게, 콘텐츠제공업체들이 게재하는 음란만화의 삭제를 요구할 조리상의 의무가 있다고 할 것이므로, (삭제 조치 하지 않고 이를 방치하였다면) 구 전기통신기본법(2001.1.16. 법률 제6360호로 개정되기 전의 것) 제48조의2 위반 방조죄가 성립한다(대판 2006.4.28, 2003도4128).

Thema 정리 **정범과 공범의 구별**(부작위에 의해 작위범에 가담한 경우 정범인지 공범인지)

┌ **학설** : 정범설, 종범설, 개별화설(의무내용설), 동가치성설
└ **판례** : 1) 종범설 2) 동가치성설

1. **은행지점장, 직원의 배임행위 방치** : 부작위에 의한 업무상 배임 방조
2. **백화점 직원, 입점점포의 위조상표부착판매 방치** : 부작위에 의한 상표법위반 방조
3. **법원공무원**(경매계총무), **사무원의 입찰보증금의 횡령 용인** : 업무상 횡령의 방조
4. **인터넷 포털 사이트 오락채널 총괄팀장・운영직원, 음란만화 방치** : 구 전기통신기본법위반 방조

(2) 부작위범에 대한 교사・방조

공범에게 보증인지위가 없더라도 부작위범에 대한 교사와 방조는 가능하다.

(3) 부작위범 사이의 공동정범

ㅇ [1] **부작위범 사이의 공동정범**은 다수의 부작위범에게 ① 공통된 의무가 부여되어 있고, ② 그 의무를 공통으로 이행할 수 있을 때에만 성립한다. [2] 공중위생영업의 신고의무는 '공중위생영업을 하고자 하는 자'에게 부여되어 있고, 여기서 '영업을 하는 자'란 영업으로 인한 권리의무의 귀속주체가 되는 자를 의미하므로, 영업자의 직원이나 보조자의 경우에는 영업을 하는 자에 포함되지 않는다(대판 2008.3.27, 2008도89).

[사실관계] 케어코리아(강사 주 : 전신마사지 등 피부관리업체, 미용업체) 각 지점의 실장직에 있었던 피고인들은 위 회사의 근로소득자(강사 주 : 월급 등 급여지급)에 불과하고 영업상의 권리의무의 귀속주체가 아니므로 위 규정에 의한 신고의무를 부담하는 자에 해당하지 않는다.

ㅇ **[보라매병원사건]** 보호자가 의학적 권고에도 불구하고 치료를 요하는 환자의 퇴원을 간청하여 담당 전문의와 주치의가 치료중단 및 퇴원을 허용하는 조치를 취함으로써 환자를 사망에 이르게 한 행위에

대하여 보호자, 담당 전문의 및 주치의가 부작위에 의한 살인죄의 공동정범으로 기소된 사안에서, 담당 전문의와 주치의에게 환자의 사망이라는 결과 발생에 대한 정범의 고의는 인정되나 (환자의 사망이라는 결과나 그에 이르는 사태의 핵심적 경과를 계획적으로 조종하거나 저지·촉진하는 등으로 지배하고 있었다고 보기는 어려워) 공동정범의 객관적 요건인 이른바 기능적 행위지배가 흠결되어 있다는 이유로 작위에 의한 **살인방조죄**만 성립한다고 한 사례(대판 2004.6.24, 2002도995)

✓ <**인정된 죄책**> ① 배우자(처) : 부작위에 의한 살인(∵ 민법 제826조 부양의무를 근거, 보호의무 인정), ② 전문의, 레지던트 : 작위에 의한 방조범(부작위 ×, 공동정범 ×), ③ 인턴 : 무죄[∵ 정범의 고의(살인의 고의) ×, 방조의 고의 ×]

(4) 부작위범에 대한 간접정범

기망이나 강요 등을 통하여 보증인지위에 있는 자에게 작위의무를 이행하지 못하게 하는 경우 부작위범을 도구로 이용한 간접정범도 성립 가능하다.

Thema 정리 **부작위 관련 정리** : "부작위에 의한 교사는 안 된다"

구분	교사	방조	공동정범	간접정범	과실범
부작위에 의한~	× (∵ 범행을 결의하게 하지 못하므로)	○ (보증인지위 要)	○ ┌ 공통의무부여 └ 공통이행가능	× (∵ 의사지배 無)	○ 과실에 의한 부작위범 (망각범)
부작위(범)에 대한~	○ (보증인지위 不要)	○ (보증인지위 不要)		○	

제3절 인과관계와 객관적 귀속

제17조【인과관계】
어떤 행위라도 죄의 요소되는 위험발생에 연결되지 아니한 때에는 그 결과로 인하여 벌하지 아니한다.

I 의의

1 인과관계의 의의

(1) 인과관계란 어떠한 행위로 인하여 당연히 그러한 결과가 발생하였다는 것을 인정할 수 있는 연관관계를 말한다. 즉 형법상 인과관계는 행위와 결과 사이에 **원인과 결과**관계가 인정되는지의 판단의 문제이다.

(2) 인과관계는 기술되지 않은 객관적 구성요건요소이다. 즉 논리상 당연히 요구되지만 각칙의 구성요건에 명시되어 있지는 않은 구성요건요소라는 의미이다.

2 인과관계의 필요여부

(1) 일정한 행위만 있으면 바로 기수가 되고 결과발생을 요하지 않는 **형식범**(거동범)에서는 인과관계를 요구하지 않지만, 일정한 결과발생이 있어야 기수가 되는 **결과범**에서는 인과관계가 필요하다. 만약 결과범에서 행위와 결과 사이에 인과관계가 인정되지 않으면 미수로 처벌하는 것이 원칙이다. 따라서 인과관계는 결과범에서 미수와 기수를 한계지우는 기능을 한다.

(2) **과실범**의 경우 현행 형법상 모두 결과범이므로 인과관계가 필요하다. 따라서 인과관계가 부정되면 미수가 되나, 과실범의 경우 미수범 처벌규정이 없으므로 범죄가 성립하지 않는다.

(3) 부작위범의 경우에도 인과관계가 필요하다.

> ㅇ [세월호 사건] 작위의무를 이행하였다면 결과가 발생하지 않았을 것이라는 관계가 인정될 경우에는 작위를 하지 않은 부작위와 사망의 결과 사이에 **인과관계**가 있다(대판 2015.11.12, 2015도6809 全合).
>
> ㅇ [담배꽁초를 버린 공동의 과실이 경합되어 공장에 화재가 발생한 경우 각자 실화죄의 책임을 부담하는지 문제된 사안] [1] 형법이 금지하고 있는 법익침해의 결과발생을 방지할 법적인 작위의무를 지고 있는 자가 그 의무를 이행함으로써 결과발생을 쉽게 방지할 수 있는데도 결과발생을 용인하고 방관한 채 의무를 이행하지 아니한 것이 범죄의 실행행위로 평가될 만한 것이라면 부작위범으로 처벌할 수 있다. [2] **실화죄에 있어서 공동의 과실이 경합되어 화재가 발생한 경우** 적어도 각 과실이 화재의 발생에 대하여 하나의 조건이 된 이상은 그 공동적 원인을 제공한 사람들은 **각자 실화죄의 책임**을 면할 수 없다(대판 2023.3.9, 2022도16120).
>
> [사실관계] **피고인들이 분리수거장 방향으로 담배꽁초를 던져 버리고 현장을 떠난 후 화재**가 **발생**한 경우, 피고인들 각자 본인 및 상대방이 버린 담배꽁초 불씨가 살아 있는지를 확인하고 이를 완전히 제거하는 등 화재를 미리 방지할 주의의무가 있음에도 이를 게을리한 채 만연히 현장을 떠난 과실이 인정되고 이러한 피고인들 각자의 과실이 경합하여 위 화재를 일으켰으므로, 피고인들 각자의 실화죄 책임을 인정할 수 있다.
>
> → 피고인들의 각 주의의무 위반과 위 화재의 발생 사이에 인과관계가 인정된다는 취지

Thema 정리 인과관계의 유형 정리

구분	내용
기본적 인과관계	행위가 다른 원인의 개입 없이 직접 구성요건적 결과를 야기한 경우
이중적 인과관계	단독으로도 동일한 결과를 발생시키기에 충분한 여러 개의 원인이 결합하여 일정한 결과가 발생한 경우(**택일적 인과관계**) 예 丙을 살해하고자 치사량이 10g인 독약을 甲과 乙이 서로 모르는 채로 각각 10g씩 丙의 음료수에 넣음으로써 丙이 사망하였을 경우 각각의 행위가 모두 원인이 되므로 甲과 乙 모두 살인기수

누적적 인과관계	각기 독자적으로는 결과를 발생시킬 수 없는 여러 조건들이 공동으로 작용하여 일정한 결과가 발생한 경우(**중첩적 인과관계**) 예 丙을 살해하고자 치사량이 10g인 독약을 甲과 乙이 서로 모르는 채 각각 5g씩 丙의 음료수에 투입하여 丙이 사망하였을 경우 甲과 乙 모두 살인미수
추월적 인과관계	후의 조건이 기존의 조건을 추월하여 결과를 야기한 경우에 후의 조건과 발생된 결과 사이의 인과관계(추월한 조건, **현실적 조건**) 예 甲이 丙에게 독약을 먹였으나 약효가 발생하기 전에 乙이 丙을 사살한 경우 乙의 행위와 결과 사이의 관계
경합적 인과관계	어느 행위에 의하더라도 결과가 동일하게 발생하였을 것으로 생각되는 경우의 현실적 인과과정(**현실적 조건**, 일부의 조건만 작용한다는 점에서 이중적 인과관계와 다름)
가설적 인과관계	발생한 결과에 대한 원인행위가 없었더라도 가설적(가정적, 예비적) 행위에 의해서 같은 결과가 발생했을 고도의 개연성이 있는 경우(**비현실적 조건**을 가리킴)
단절적 인과관계	제1행위가 목표로 한 결과가 발생하였으나 그 결과는 제2의 독립행위가 효력을 발생시킨 경우에 제1행위와 결과 간의 인과관계(항상 인과관계를 부정 : '단절된' 조건) 예 甲이 丙에게 독약을 먹였으나 약효가 발생하기 전에 乙이 丙을 사살한 경우 甲의 행위와 결과 사이의 관계
비유형적 인과관계	일정한 행위가 결과에 대하여 원인이 되지만 그 결과에 이르는 과정에 다른 원인이 개입하여 최초의 원인행위와 결합하여 결과가 발생한 경우(다만 최초의 원인행위는 결과발생시까지 효력이 지속될 것을 요한다는 점에서 단절적 인과관계와 구별) 예 甲이 丙을 상해하였는데 乙의 고의·과실행위(교통사고, 의료사고)가 개입하여 丙이 사망한 경우 → 결과에 대한 예견가능성 여부에 따라 판단

II 인과관계에 관한 학설

Thema 정리 인과관계에 관한 학설 정리

조건설	• 일정한 행위가 없었더라면 결과가 발생하지 않았을 경우 행위와 결과 간의 인과관계를 인정하는 견해(절대적 제약의 공식 = conditio sine qua non 공식) • 인과관계 판단의 출발점을 제시한다는 의의가 있으나, 인과관계의 범위가 무한히 확장될 우려가 있다는 비판을 받음	
원인설	조건설을 수정한 이론으로 조건설에서 인과관계가 인정되는 여러 조건들 중 중요한 조건을 원인이라 하여 이 원인과 결과 사이에 인과관계를 인정하는 이론	
상당인과관계설	사회생활상 일반적인 생활경험에 비추어 어떤 행위에서 그러한 결과가 발생하는 것이 상당성(相當性)(= 개연성)이 있다고 인정되는 경우에 인과관계가 있다고 보는 이론 → **판례**의 기본적 태도	
	주관적 상당인과관계설	행위자의 인식사실을 기초로 상당성 판단
	객관적 상당인과관계설	행위 당시의 상황을 종합하여 법관이 상당성 판단
	절충적 상당인과관계설(판례)	행위 당시 일반인이 인식할 수 있었던 사정과 행위자가 특히 인식한 사정을 기초로 상당성 판단

중요설	인과관계는 조건설에 의하여 판단하되 결과의 귀속여부는 형법적 중요성에 따라 독자적으로 판단해야 한다는 이론
합법칙적 조건설 (다수설)	• 결과가 행위에 시간적으로 뒤따르면서 합법칙적으로 연결되어 있을 때 양자 간의 인과관계를 인정할 수 있다는 견해 • 조건설을 합법칙성에 의해 제한하여 수정 • 합법칙적 조건설은 인과관계의 존재여부와 결과의 객관적 귀속의 문제를 분리하여 일단 인과관계가 인정된 경우라도 그 결과를 행위자에게 귀속시킬 수 있는지 여부는 다시 검토해야 한다고 봄

✓ 대법원은 절충적 상당인과관계설의 입장을 취하고 있으나, 최근 '과실범의 경우'에 있어서 상당성 판단의 척도로 '일반인의 예견가능성'뿐만 아니라 객관적 귀속의 척도로서 인정되는 '주의의무위반 관련성이론'을 원용하여 상당성 판단의 기초로 삼고 있다. → [관련 판례] 할로테인마취사건(대판 1990.12.11, 90도694) 참조

1 상당인과관계설(판례)

어떤 행위에서 그러한 결과가 발생하는 것이 사회생활상 일반적인 생활경험에 비추어 상당성 내지 개연성이 있다고 인정되는 경우에 인과관계가 있다고 보는 견해이다.

o 의사가 **설명의무**를 **위반**한 채 의료행위를 하였다가 환자에게 상해 또는 사망의 결과가 발생한 경우 의사에게 업무상 과실로 인한 형사책임을 지우기 위해서는 의사의 설명의무 위반과 환자의 상해 또는 사망 사이에 상당인과관계가 존재하여야 한다(대판 2015.6.24, 2014도11315).

o [봉침사건] 의사가 설명의무를 위반한 채 의료행위를 하였고 피해자에게 상해가 발생하였다고 하더라도, 의사가 업무상 과실로 인한 형사책임을 지기 위해서는 피해자의 상해와 의사의 설명의무 위반 내지 승낙취득 과정에서의 잘못 사이에 상당인과관계가 존재하여야 하고, 이는 한의사의 경우에도 마찬가지이다(대판 2011.4.14, 2010도10104).

2 합법칙적 조건설과 객관적 귀속이론(통설)

인과관계를 인정하는 문제와 형사책임의 범위를 정하는 문제(결과에 대한 객관적 귀속의 문제)를 분리하여 판단하는 견해이다. 이 이론은 인과관계는 합법칙적 조건설에 따라 존재론적으로 확정하고, 법적·규범적 문제인 형사책임의 귀속범위는 객관적 귀속이론에 의해 결정한다.

Thema 정리 객관적 귀속의 판단기준

1. **지배가능성이론**
   결과가 의사의 대상으로서 지배가능할 때, 즉 행위자가 회피할 수 있었음에도 불구하고 회피하지 아니한 결과만 행위자에게 귀속시킬 수 있다는 이론이다. 지배가능성이 없는 경우, 예견하기 어려운 비유형적인 인과진행의 경우, 제3자의 고의행위가 개입된 경우 객관적 귀속이 부정된다.

2. **위험창출이론**
   결과발생의 원인된 행위가 허용되지 않은 위험을 창출하거나 증대시킨 경우에만 결과의 객관적 귀속이 가능하다는 이론이다. 위험창출이 부정되면 행위반가치가 결여되어 가벌성 자체가 탈락한다.

3. **위험실현이론**

행위자에 의해 창출 또는 증대된 위험은 구체적인 결과로 실현되어야 객관적 귀속이 인정된다는 이론이다. 위험이 실현되지 않으면 기수범의 결과반가치가 결여되므로 미수범이 성립할 수 있다. 따라서 행위자가 이미 진행되고 있는 인과과정 속에서 자신의 행위를 통하여 위험을 감소시키거나 결과의 발생을 지연시킨 경우에는 객관적 귀속이 부정된다.

4. **규범의 보호목적이론**

행위자의 행위가 위험을 창출했고 그 위험이 실현되었더라도 발생한 결과가 행위자가 위반한 규범의 보호목적 범위 내에 있어야 하고, 이 범위를 벗어난 때에는 객관적으로 귀속될 수 없다는 이론이다. 이에 의하면 허용되지 않는 위험을 야기시킨 경우라고 하더라도 발생된 결과가 규범의 보호범위에 속하지 않는 경우에는 그 결과는 행위자에게 객관적으로 귀속되지 않는다.

→ [관련 판례] 안전거리미준수사건(대판 1983.8.23, 82도3222).

III 인과관계에 관한 판례

Thema 정리 **중간행위**(피해자 또는 제3자의 행위)**개입의 경우 인과관계 인정여부**

- **피해자, 제3자의 과실(통상 예견가능한 경우)** → 인과관계 ○
- **피해자, 제3자의 고의·중과실(통상 예견불가능한 경우)** → 인과관계 ×

관련 판례 **제3자 또는 피해자의 행위가 개입한 경우**

1. **인과관계를 인정한 경우**

1) **[콜라·김밥사건]** 살인의 실행행위가 피해자의 사망이라는 결과를 발생하게 한 유일한 원인이거나 직접적인 원인이어야만 되는 것은 아니므로, 살인의 실행행위와 피해자의 사망과의 사이에 다른 사실이 개재되어 그 사실이 치사의 직접적인 원인이 되었다고 하더라도 그와 같은 사실이 통상 예견할 수 있는 것에 지나지 않는다면 살인의 실행행위와 피해자의 사망과의 사이에 인과관계가 있는 것으로 보아야 한다(대판 1994.3.22, 93도3612).

[사실관계] 범행으로 입은 **자상**으로 인하여 **급성신부전증**이 발생되어 급성신부전증을 치료할 때에는 음식과 수분의 섭취를 더욱 철저히 억제하여야 하는데, 이와 같은 사실을 모르고 **콜라와 김밥 등을 함부로 먹은 탓**으로 체내에 수분저류가 발생하여 위와 같은 합병증이 유발됨으로써 사망한 경우, 비록 그 직접사인의 유발에 위 피해자 자신의 과실이 개재되었다고 하더라도 이와 같은 사실은 통상 예견할 수 있는 것으로 인정되므로, 위 피고인들의 이 사건 범행과 위 피해자의 사망과의 사이에는 인과관계가 있다.

2) 피고인이 주먹으로 피해자의 복부를 1회 강타하여 장파열로 인한 복막염으로 사망케 하였다면, 비록 의사의 수술지연 등 과실이 피해자의 사망의 공동원인이 되었다 하더라도 피고인의 행위가 사망의 결과에 대한 유력한 원인이 된 이상 그 폭력행위와 치사의 결과 간에는 인과관계가 있다 할 것이어서 피고인은 피해자의 사망의 결과에 대해 폭행치사의 죄책을 면할 수 없다(대판 1984.6.26, 84도831, 84감도129).

3) 운전자가 차를 세워 시동을 끄고 1단 기어가 들어가 있는 상태에서 시동열쇠를 끼워놓은 채 **11세 남짓한 어린이**를 조수석에 남겨두고 차에서 내려온 동안 동인이 시동열쇠를 돌리며 악셀러레이터 페달을 밟아 차량이 진행하여 사고가 발생한 경우, 비록 동인의 행위가 사고의 직접적인 원인이었다 할지라도 그 경우 운전자로서는 위 어린이를 먼저 하차시키던가 운전기기를 만지지 않도록 주의를 주거나 손브레이크를 채운 뒤 시동열쇠를 빼는 등 사고를 미리 막을 수 있는 제반조치를 취할 업무상 주의의무가 있다 할 것이어서 이를 게을리 한 과실은 사고결과와 법률상의 인과관계가 있다(대판 1986.7.8, 86도1048).

   [비교판례] 운전사가 발동을 끄고 시동열쇠는 꽂아 둔 채로 하차한 동안에 **조수**가 이를 운전하다가 사고를 낸 경우에 시동열쇠를 그대로 꽂아 둔 행위와 본 건 상해의 결과발생 사이에는 특별한 사정이 없는 한 인과관계가 없다(대판 1971.9.28, 71도1082).

4) 피고인들이 공동하여 피해자를 폭행하여 당구장 3층에 있는 화장실에 숨어 있던 피해자를 다시 폭행하려고 피고인 갑은 화장실을 지키고, 피고인 을은 당구치는 기구로 문을 내려쳐 부수자 위협을 느낀 피해자가 **화장실 창문 밖으로 숨으려다가** 실족하여 떨어짐으로써 사망한 경우에는 피고인들의 위 폭행행위와 피해자의 사망 사이에는 인과관계가 있다고 할 것이므로 폭행치사죄의 공동정범이 성립된다(대판 1990.10.16, 90도1786).

5) 피고인이 아파트 안방에서 안방문에 못질을 하여 동거하던 피해자가 술집에 나갈 수 없게 감금하고, 피해자를 때리고 옷을 벗기는 등 **가혹한 행위를** 하여 피해자가 이를 **피하기 위하여** 창문을 통해 밖으로 뛰어 내리려 하자 피고인이 이를 제지한 후, 피고인이 거실로 나오는 사이에 갑자기 안방 창문을 통하여 알몸으로 아파트 아래 잔디밭에 뛰어 내리다가 다발성 실질장기파열상 등을 입고 사망한 경우, 피고인의 중감금행위와 피해자의 사망 사이에는 인과관계가 있어 피고인은 중감금치사죄의 죄책을 진다(대판 1991.10.25, 91도2085).

6) **[속셈학원강사 강간치사사건]** 폭행이나 협박을 가하여 간음을 하려는 행위와 이에 극도의 흥분을 느끼고 공포심에 사로잡혀 이를 **피하려다** 사상에 이르게 된 사실과는 이른바 상당인과관계가 있어 강간치사상죄로 다스릴 수 있다(대판 1995.5.12, 95도425).

   [사실관계] 피고인이 자신이 경영하는 **속셈학원의 강사**로 피해자를 채용하고 학습교재를 설명하겠다는 구실로 유인하여 호텔 객실에 감금한 후 강간하려 하자, 피해자가 완강히 반항하던 중 피고인이 대실시간 연장을 위해 전화하는 사이에 객실 창문을 통해 탈출하려다가 지상에 추락하여 사망한 경우, 피고인의 강간미수행위와 피해자의 사망과의 사이에 상당인과관계가 있으므로 강간치사죄가 성립한다.

7) **상해행위를 피하려고** 도로를 건너 도주하다가 차량에 치어 사망한 경우 상해행위와 피해자의 사망 사이에 상당인과관계가 있다고 하여 상해치사죄를 인정한다(대판 1996.5.10, 96도529).

8) 승용차로 피해자를 가로막아 승차하게 한 후 피해자의 하차 요구를 무시한 채 당초 목적지가 아닌 다른 장소를 향하여 시속 약 60km 내지 70km의 속도로 진행하여 피해자를 차량에서 내리지 못하게 한 행위는 감금죄에 해당하고, 피해자가 그와 같은 감금상태를 벗어날 목적으로 **차량을 빠져 나오려다가** 길바닥에 떨어져 상해를 입고 그 결과 사망에 이르렀다면 감금행위와 피해자의 사망 사이에는 상당인과관계가 있다고 할 것이므로 **감금치사죄**에 해당한다(대판 2000.2.11, 99도5286).

9) **[전원지체 업무상과실치사사건]** 의사인 피고인이 제왕절개수술 후 대량출혈이 있었던 피해자를 전원(**轉院**) 조치하였으나 전원 받는 병원 의료진에게 피해자가 고혈압환자이고 제왕절개수술 후 대량출

Part 02

혈이 있었던 사정을 설명하지 않아 전원 받는 병원 의료진의 조치가 다소 미흡하여 도착 후 약 1시간 20분이 지나 수혈이 시작된 경우, 피고인의 전원지체 등의 과실로 신속한 수혈 등의 조치가 지연된 이상 피해자의 사망과 피고인의 과실 사이에 인과관계가 인정된다(대판 2010.4.29, 2009도7070).

10) 피고인이 갑의 뺨을 1회 때리고 오른손으로 목을 쳐 갑으로 하여금 뒤로 넘어지면서 머리를 땅바닥에 부딪치게 하여 상해를 가하고 그로 인해 사망에 이르게 하였다는 내용으로 기소된 사안에서, 갑이 두부 손상을 입은 후 병원에서 입원치료를 받다가 합병증으로 사망에 이르게 되어 피고인의 범행과 갑의 사망 사이에 인과관계를 부정할 수 없고, 사망 결과에 대한 예견가능성이 있었다(대판 2012.3.15, 2011도17648).

11) **의사의 수술 후** 복막염에 대한 진단과 처치 지연 등의 **과실**로 피해자가 제때 필요한 조치를 받지 못하였다면 피해자의 사망과 피고인의 과실 사이에는 인과관계가 인정된다. **비록 피해자가 피고인의 지시를 일부 따르지 않거나 퇴원한 적이 있더라도,** 그러한 사정만으로는 피고인의 과실과 피해자의 사망 사이에 인과관계가 단절된다고 볼 수 없다(대판 2018.5.11, 2018도2844).

12) 피고인이 운행하던 **자동차**로 도로를 횡단하던 피해자를 충격하여 피해자로 하여금 반대차선의 1차선 상에 넘어지게 하여 피해자가 반대차선을 운행하던 자동차에 **역과**되어 사망하게 하였다면 피고인은 그와 같은 사고를 충분히 예견할 수 있었고 또한 피고인의 과실과 피해자의 사망 사이에는 인과관계가 있다(대판 1988.11.8, 88도928).

13) 선행차량에 이어 피고인 운전 차량이 피해자를 연속하여 **역과**하는 과정에서 피해자가 사망한 경우, 피고인 운전 차량의 역과와 피해자의 사망 사이의 인과관계가 인정된다(대판 2001.12.11, 2001도5005).

14) 피고인이 **자동차**를 운전하다 횡단보도를 걷던 보행자 갑을 들이받아 그 충격으로 횡단보도 밖에서 갑과 동행하던 피해자 을이 밀려 넘어져 상해를 입은 사안에서, 위 사고는, 피고인이 횡단보도 보행자 갑에 대하여 구 도로교통법 제27조 제1항에 따른 주의의무를 위반하여 운전한 업무상 과실로 야기되었고, 을의 상해는 이를 직접적인 원인으로 하여 발생하였다는 이유로, 피고인의 행위가 구 교통사고처리 특례법 제3조 제2항 단서 제6호에서 정한 횡단보도 보행자 보호의무의 위반행위에 해당한다(대판 2011.4.28, 2009도12671).

15) 피고인의 **택시**가 차량 신호등이 **적색 등화**임에도 횡단보도 앞 정지선 직전에 정지하지 않고 상당한 속도로 정지선을 넘어 횡단보도에 진입하였고, 횡단보도에 들어선 이후 차량 신호등이 녹색 등화로 바뀌자 교차로로 계속 직진하여 교차로에 진입하자마자 교차로를 거의 통과하였던 갑의 승용차 오른쪽 뒤 문짝 부분을 피고인 택시 앞 범퍼 부분으로 충돌한 점 등을 종합할 때, 피고인이 적색 등화에 따라 정지선 직전에 정지하였더라면 교통사고는 발생하지 않았을 것임이 분명하여 피고인의 신호위반행위가 교통사고 발생의 직접적인 원인이 되었다고 보아야 한다(대판 2012.3.15, 2011도17117).
→ 합법적 대체행위이론에 의하여 피고인의 신호위반의 과실과 결과발생 사이에 인과관계를 인정할 수 있다는 취지

16) **[고속도로급정차 교통방해치사사건]** 피고인이 고속도로 2차로를 따라 **자동차**를 운전하다가 1차로를 진행하던 갑의 차량 앞에 급하게 끼어든 후 곧바로 정차하여, 갑의 차량 및 이를 뒤따르던 차량 두 대는 연이어 급제동하여 정차하였으나, 그 뒤를 따라오던 을의 차량이 앞의 차량들을 연쇄적으로 추돌케 하여 을을 사망에 이르게 하고 나머지 차량 운전자 등 피해자들에게 상해를 입힌 사안에서, 피고인의 정차 행위와 사상의 결과 발생 사이에 상당인과관계가 있고, 사상의 결과 발생에 대한 예견가능성도 인정된다(대판 2014.7.24, 2014도6206).
→ 을의 안전거리 미확보라는 과실이 있었던 경우라도 인과관계가 인정된다는 취지

17) 모든 차의 운전자는 신호기의 지시에 따라 횡단보도를 횡단하는 보행자가 있을 때에는 횡단보도에의 진입 선후를 불문하고 일시정지하는 등의 조치를 취함으로써 보행자의 통행이 방해되지 아니하도록 하여야 한다. 다만 자동차가 횡단보도에 먼저 진입한 경우로서 그대로 진행하더라도 보행자의 횡단을 방해하거나 통행에 아무런 위험을 초래하지 아니할 상황이라면 그대로 진행할 수 있다(대판 2017.3.15, 2016도17442).
[사실관계] 횡단보도의 보행자 신호가 녹색 등화로 바뀌었음에도 횡단보도 위에서 일시정지를 하지 아니한 업무상 과실로 피해자를 충격하여 피해자에게 상해를 입혔고, 위와 같은 피고인의 과실과 피해자가 입은 상해 사이에 상당인과관계도 인정된다. 따라서 피고인이 도로교통법 제27조 제1항에서 정한 '횡단보도에서의 보행자 보호의무'를 위반하여 이 사건 사고가 발생한 것이다.

2. 인과관계를 부정한 경우

1) **[강간피해자 음독자살사건] 강간**을 당한 피해자가 집에 돌아가 **음독자살**하기에 이르른 원인이 강간을 당함으로 인하여 생긴 수치심과 장래에 대한 절망감 등에 있었다 하더라도 그 자살행위가 바로 강간행위로 인하여 생긴 당연의 결과라고 볼 수는 없으므로 강간행위와 피해자의 자살행위 사이에 인과관계를 인정할 수는 없다(대판 1982.11.23, 82도1446).

2) 초지조성공사를 도급받은 수급인이 **불경운작업(산불작업)**을 **하도급**을 준 이후에 계속하여 그 작업을 감독하지 아니한 잘못이 있다 하더라도 이는 도급자에 대한 도급계약상의 책임이지 위 하수급인의 과실로 인하여 발생한 산림실화에 상당인과관계가 있는 과실이라고는 할 수 없다(대판 1987.4.28, 87도297).

3) 피고인이 **선단의 책임선**인 제1봉림호의 **선장**으로 조업 중이었다 하더라도 피고인으로서는 종선의 선장에게 조업상의 지시만 할 수 있을 뿐 선박의 안전관리는 각 선박의 선장이 책임지도록 되어 있었다면 그 같은 상황하에서 피고인이 풍랑 중에 종선에 조업지시를 하였다는 것만으로는 종선의 풍랑으로 인한 매몰사고와의 사이에 인과관계가 성립할 수 없다(대판 1989.9.12, 89도1084).

4) 신호등에 의하여 교통정리가 행하여지고 있는 **ㅏ자형 삼거리의 교차로를 녹색등화에 따라 직진**하는 차량의 운전자는 특별한 사정이 없는 한 다른 차량들도 교통법규를 준수하고 충돌을 피하기 위하여 적절한 조치를 취할 것으로 믿고 운전하면 족하고, 대향차선 위의 다른 차량이 신호를 위반하고 직진하는 자기 차량의 앞을 가로질러 좌회전할 경우까지 예상하여 그에 따른 사고발생을 미리 방지하기 위한 특별한 조치까지 강구하여야 할 업무상의 주의의무는 없고, 위 직진차량 운전자가 사고지점을 통과할 무렵 제한속도를 위반하여 과속운전한 잘못이 있었다 하더라도 그러한 잘못과 교통사고의 발생과의 사이에 상당인과관계가 있다고 볼 수 없다(대판 1993.1.15, 92도2579).

5) 야간에 고속도로를 무단횡단하는 보행자를 충격하여 사망에 이르게 한 경우라도 운전자가 상당한 거리에서 보행자의 무단횡단을 미리 예상할 수 있는 사정이 있었고, 그에 따라 즉시 감속하거나 급제동하는 등의 조치를 취하였다면 보행자와의 충돌을 피할 수 있었다는 등의 특별한 사정이 인정되는 경우가 아닌 한 운전자의 과실과 사고 사이의 상당인과관계는 인정되지 않는다(대판 2000.9.5, 2000도2671).

관련 판례 **기타의 경우**

1. 인과관계를 인정한 경우

1) 피고인이 피해자의 멱살을 잡아 흔들고 주먹으로 **가슴과 얼굴을 1회씩 구타**하고 멱살을 붙들고 넘어뜨리는 등 신체 여러 부위에 표피박탈, 피하출혈 등의 외상이 생길 정도로 심하게 폭행을 가함으로써 평소에 오른쪽 관상동맥폐쇄 및 심실의 허혈성심근섬유화증세 등의 **심장질환을 앓고** 있던 피해자의 심장에 더욱 부담을 주어 나쁜 영향을 초래하도록 하였다면, 비록 피해자가 관상동맥부전과 허혈성심근경색 등으로 사망하였더라도, 피고인의 폭행의 방법, 부위나 정도 등에 비추어 피고인의 폭행과 피해자의 사망 간에 상당인과관계가 있었다고 볼 수 있다(대판 1989.10.13, 89노556).

[동지판례] 피해자를 2회에 걸쳐 두 손으로 힘껏 밀어 땅바닥에 넘어뜨리는 폭행을 가함으로써 그 충격으로 인한 쇼크성 심장마비로 사망케 하였다면 비록 위 피해자에게 그 당시 심관성동맥경화 및 심근섬유화 증세 등의 **심장질환의 지병**이 있었고 음주로 만취된 상태였으며 그것이 피해자가 사망함에 있어 영향을 주었다고 해서 피고인의 폭행과 피해자의 사망간에 상당인과관계가 없다고 할 수 없다(대판 1983.9.9, 85도2433).

[동지판례] 피해자가 평소 병약한 상태에 있었고 피고인의 폭행으로 그가 사망함에 있어서 **지병**이 또한 사망 결과에 영향을 주었다고 하여 폭행과 사망 간에 인과관계가 없다고 할 수 없다(대판 1979.10.10, 79도2040).

2) 피고인의 강타로 인하여 임신 7개월의 피해자가 지상에 넘어져서 4일 후에 낙태하고 위 낙태로 유발된 심근경색증으로 죽음에 이르게 된 경우 피고인의 구타행위와 피해자의 사망 간에는 인과관계가 있다(대판 1972.3.28, 72도296).

3) 피고인의 자상행위가 피해자를 사망하게 한 직접적 원인은 아니었다 하더라도 이로부터 발생된 다른 간접적 원인이 결합되어 사망의 결과를 발생하게 한 경우라도 그 행위와 사망 간에는 인과관계가 있다고 할 것인바, 피해자가 부상한 후 1개월이 지난 후에 위 패혈증 등으로 사망하였다 하더라도 그 패혈증이 위 자창으로 인한 과다한 출혈과 상처의 감염 등에 연유한 것인 이상 자상행위와 사망과의 사이에 인과관계의 존재를 부정할 수 없다(대판 1982.12.28, 82도2525).

4) 자동차의 운전자가 그 운전상의 주의의무를 게을리하여 열차건널목을 그대로 건너는 바람에 그 **자동차가 열차 좌측 모서리와 충돌**하여 20여 미터쯤 열차 진행방향으로 끌려가면서 튕겨나갔고 피해자는 타고 가던 자전거에서 내려 위 자동차 왼쪽에서 열차가 지나가기를 기다리고 있다가 위 충돌사고로 놀라 넘어져 상처를 입었다면 비록 위 자동차와 피해자가 직접 충돌하지는 아니하였더라도 자동차운전자의 위 과실과 피해자가 입은 상처 사이에는 상당한 인과관계가 있다(대판 1989.9.12, 89도866).

5) 자기 집 안방에서 취침하다가 **일산화탄소(연탄가스) 중독**으로 판명하고 치료한 담당의사에게 회복된 환자가 이튿날 퇴원할 당시 자신의 병명을 문의하였는데도 의사가 아무런 요양방법을 지도하여 주지 아니하여, 퇴원 즉시 사고 난 자기 집 안방에서 다시 취침하다 전신피부파열 등 일산화탄소 중독을 입은 것이라면, 위 의사에게는 환자에 대한 요양의 방법 기타 건강관리에 필요한 사항을 지도하여 줄 요양방법의 지도의무가 있는 것이므로 이를 태만한 것으로서 의사로서의 업무상과실이 있고, 이 과실과 재차의 일산화탄소 중독과의 사이에 인과관계가 있다고 보아야 한다(대판 1991.2.12, 90도2547).

6) 임차인이 자신의 비용으로 설치·사용하던 **가스설비의 휴즈콕크**를 아무런 조치 없이 제거하고 이사를 간 후 가스공급을 개별적으로 차단할 수 있는 주밸브가 열려져 가스가 유입되어 폭발사고가 발생한 경우, 평균인의 관점에서 객관적으로 볼 때 충분히 예견할 수 있다는 이유로 임차인의 과실과 가스폭발사고 사이의 상당인과관계를 인정한다(대판 2001.6.1, 99도5086).

7) 4일 가량 물조차 제대로 마시지 못하고 잠도 자지 아니하여 거의 탈진 상태에 이른 피해자의 손과 발을 17시간 이상 묶어 두고 좁은 차량 속에서 움직이지 못하게 감금한 행위와 묶인 부위의 혈액 순환에 장애가 발생하여 혈전이 형성되고 그 혈전이 폐동맥을 막아 사망에 이르게 된 결과 사이에는 상당인과관계가 있다(대판 2002.10.11, 2002도4315).

8) 피고인들이 의도적으로 피해자를 술에 취하도록 유도하고 수차례 강간한 후 의식불명 상태에 빠진 피해자를 비닐창고로 옮겨 놓아 피해자가 저체온증으로 사망한 경우, 위 피해자의 사망과 피고인들의 강간 및 그 수반행위와의 인과관계 그리고 피해자의 사망에 대한 피고인들의 예견가능성이 인정되므로, 위 비닐창고에서 피해자를 재차 강제추행, 강간하고 하의를 벗겨 놓은 채 귀가한 피고인이 있다 하더라도 피고인들은 피해자의 사망에 대한 책임을 면한다고 볼 수 없어 강간치사죄가 인정된다(대판 2008.2.29, 2007도10120).

9) **[낙태교사사건]** 피고인이 결혼을 전제로 교제하던 여성 갑의 임신 사실을 알고 수회에 걸쳐 낙태를 권유하였다가 거부당하자, 갑에게 출산 여부는 알아서 하되 더 이상 결혼을 진행하지 않겠다고 통보하고, 이후에도 아이에 대한 친권을 행사할 의사가 없다고 하면서 낙태할 병원을 물색해 주기도 하였는데, 그 후 갑이 피고인에게 알리지 아니한 채 자신이 알아본 병원에서 낙태시술을 받은 경우, 피고인은 갑에게 직접 낙태를 권유할 당시뿐만 아니라 출산 여부는 알아서 하라고 통보한 이후에도 계속 낙태를 교사하였고, 갑은 이로 인하여 낙태를 결의·실행하게 되었다고 보는것이 타당하며, 갑이 당초 아이를 낳을 것처럼 말한 사실이 있다는 사정만으로 피고인의 낙태교사행위와 갑의 낙태결의 사이에 인과관계가 단절되는 것은 아니므로, 낙태교사죄가 인정된다(대판 2013.9.12, 2012도2744).

2. 인과관계를 부정한 경우

1) 고등학교 교사가 제자의 잘못을 징계코자 왼쪽 뺨을 때려 뒤로 넘어지면서 사망에 이르게 한 경우 위 피해자는 두께 0.5미리밖에 안 되는 **비정상적인 얇은 두개골**이었고 또 뇌수종을 가진 심신허약자로서 좌측 뺨을 때리자 급성뇌성압상승으로 넘어지게 된 것이라면 위 소위와 피해자의 사망 간에는 이른바 인과관계가 없는 경우에 해당한다(대판 1978.11.28, 78도1961).

2) **[안전거리미준수사건]** 피고인 운전의 차가 **이미 정차**하였음에도 뒤쫓아오던 차의 충돌로 인하여 앞차를 충격하여 사고가 발생한 경우, 설사 피고인에게 안전거리를 준수치 않은 위법이 있었다 할지라도 그것이 이 사건 피해결과에 대하여 인과관계가 있다고 단정할 수 없다(대판 1983.8.23, 82도3222).
→ 규범의 보호목적이론

3) 甲은 부동산 대지에 대한 **전매사실을 숨기고 지주명의로 위장**하여 乙과 대지에 관한 매매계약을 체결하였으나 그 이행에 아무런 영향이 없었던 경우, 乙이 전매사실을 알았더라면 매매계약을 맺지 않았으리라는 등 특별한 사정이 없는 한 甲의 위 기망행위와 위 乙의 처분행위 사이에는 인과관계를 인정할 수 없다(대판 1985.5.14, 84도2751).
[판결요지] 전매사실을 숨기고 지주명의로 위장하여 대지에 관한 매매계약을 체결하였으나 그 이행에 아무런 영향이 없었다 하여 사기죄의 성립을 부정한 사례
[판결이유] 매매계약과 그 이행에 아무런 영향이 없었다면 위 학교법인은 피고인들의 위와 같은 방법에 의한 전매사실을 알았다하여 그들과 그 매매계약을 체결하지 아니하였으리라고는 인정되지 아니하니 피고인들의 위 기망행위와 위 법인의 처분행위 사이에 인과관계가 없다.

4) **[할로테인마취사건]** 수술주관의사 또는 마취담당의사가 할로테인을 사용한 전신마취에 의하여 난소종양절제수술을 함에 앞서 혈청의 생화학적 반응에 의한 간기능검사로 환자의 간 상태를 정확히 파악하지 아니한 채 개복수술을 시행하여 환자가 급성전격성간염으로 인하여 사망한 경우 응급환자가 아닌 난소종양환자의 경우에 있어서 수술주관의사 또는 마취담당의사인 피고인들로서는 난소종양절제수술에 앞서 혈청의 생화학적 반응에 의한 검사 등으로 종합적인 간기능검사를 철저히 하여 피해자가 간손상 상태에 있는지의 여부를 확인한 후에 마취 및 수술을 시행하였어야 할 터인데 피고인들은 시진, 문진 등의 검사결과와 정확성이 떨어지는 소변에 의한 간검사 결과만을 믿고 피해자의 간상태를 정확히 파악하지 아니한 채 할로테인으로 전신마취를 실시한 다음 이 사건 개복수술을 감행한 결과 수술 후 22일만에 환자가 급성전격성간염으로 인하여 사망한 경우에는 피고인들에게 **업무상과실**이 있다. / 그러나 혈청에 의한 간기능검사를 시행하지 않거나 이를 확인하지 않은 피고인들의 과실과 피해자의 사망 간에 **인과관계**가 있다고 하려면 피고인들이 수술 전에 피해자에 대한 간기능검사를 하였더라면 피해자가 사망하지 않았을 것임이 입증되어야 할 것이다(대판 1990.12.11, 90도694)

→ 업무상과실은 인정되나, 과실과 사망 사이에 인과관계가 입증되지 않았다는 취지(합법적 대체행위이론 : 주의의무위반 관련성 ×)

5) **[트럭왼쪽바퀴사건]** [7] 피고인이 트럭을 도로의 중앙선 위에 왼쪽 바깥 바퀴가 걸친 상태로 운행하던 중 피해자가 승용차를 운전하여 피고인이 진행하던 차선으로 달려오다가 급히 자기 차선으로 들어가면서 피고인이 운전하던 트럭과 교행할 무렵 다시 피고인의 차선으로 들어와 그 차량의 왼쪽 앞 부분으로 트럭의 왼쪽 뒷바퀴 부분을 스치듯이 충돌하고 이어서 트럭을 바짝 뒤따라 가던 차량을 들이받았다면, 설사 피고인이 중앙선 위를 달리지 아니하고 정상 차선으로 달렸다 하더라도 사고는 피할 수 없다 할 것이므로 피고인 트럭의 왼쪽 바퀴를 중앙선 위에 올려놓은 상태에서 운전한 것만으로는 위 사고의 직접적인 원인이 되었다고 할 수 없다(대판 1991.2.26, 90도2856).

→ 합법적 대체행위이론 : 주의의무위반 관련성 ×

6) 피고인이 **좌회전 금지구역에서 좌회전** 한 것은 잘못이나 이러한 경우에도 피고인으로서는 50여 미터 후방에서 따라오던 후행차량이 중앙선을 넘어 피고인 운전차량의 좌측으로 돌진하는 등 극히 비정상적인 방법으로 진행할 것까지를 예상하여 사고발생 방지조치를 취하여야 할 업무상 주의의무가 있다고 할 수는 없고, 따라서 좌회전 금지구역에서 좌회전한 행위와 사고발생 사이에 상당인과관계가 인정되지 아니한다(대판 1996.5.28, 95도1200).

7) 일반 사인이나 회사가 금원을 대여한 경우와는 달리 전문적으로 대출을 취급하면서 차용인에 대한 체계적인 신용조사를 행하는 금융기관이 금원을 대출한 경우에는, 비록 대출 신청 당시 차용인에게 변제기 안에 대출금을 변제할 능력이 없었고, 금융기관으로서 자체 신용조사 결과에는 관계없이 '변제기 안에 대출금을 변제하겠다'는 취지의 차용인 말만을 그대로 믿고 대출하였다고 하더라도, 차용인의 이러한 기망행위와 금융기관의 대출행위 사이에 인과관계를 인정할 수는 없다(대판 2000.6.27, 2000도1155).

8) **[주점도우미사건]** **주점 도우미**인 피해자와의 윤락행위 도중 시비 끝에 피해자를 이불로 덮어씌우고 폭행한 후 이불 속에 들어 있는 피해자를 두고 나가다가 (우발적으로) 탁자 위의 피해자 손가방 안에서 현금을 가져간 경우 폭행과 절취행위 사이에는 인과관계가 인정되지 않는다(대판 2009.1.30, 2008도10308). → 강도죄가 성립되지 않는다는 취지

---

7) 2021년 변호사시험

9) **[봉침사건]** 한의사인 피고인이 피해자에게 문진하여 과거 **봉침**을 맞고도 별다른 이상반응이 없었다는 답변을 듣고 알레르기 반응검사(skin test)를 생략한 채 부작용에 대한 사전설명 없이 환부인 목 부위에 봉침시술을 하였는데, 피해자가 위 시술 직후 아나필락시 쇼크반응을 나타내는 등 상해를 입은 경우, 피고인에게 과거 알레르기 반응검사 및 약 12일 전 봉침시술에서도 이상반응이 없었던 피해자를 상대로 다시 알레르기 반응검사를 실시할 의무가 있다고 보기는 어렵고, 설령 그러한 의무가 있다고 하더라도 제반 사정에 비추어 ① 알레르기 반응검사를 하지 않은 **과실**, ② 설명의무를 다하지 않은 과실과 피해자의 상해 사이에 **상당인과관계**를 인정하기 **어렵다**(대판 2011.4.14, 2010도10104). ∵ 설명의무를 다하였다 하더라도 시술을 거부하였을 것이라 볼 수 없으므로

10) 의사 甲이 고령의 간경변증 환자 A에게 수술과정에서 출혈 등으로 신부전이 발생하여 생명이 위험할 수 있다는 점에 대하여 설명하지 아니하고 수술하던 도중 출혈 등으로 A가 사망한 경우, A가 당해 수술의 위험성을 충분히 인식하고 있어 甲이 **설명의무를 다하였더라도 A가 수술을 거부하지 않았을 것**으로 인정된다면 甲의 설명의무위반과 A의 사망 사이에 인과관계가 부정된다(대판 2015.6.24, 2014도11315).

11) **[위계에 의한 간음죄에서 위계의 의미]** 위계에 의한 간음죄가 보호대상으로 삼는 아동·청소년, 미성년자, 심신미약자, 피보호자·피감독자, 장애인 등의 성적 자기결정 능력은 그 나이, 성장과정, 환경, 지능 내지 정신기능 장애의 정도 등에 따라 개인별로 차이가 있으므로 **간음행위와 인과관계가 있는 위계에 해당하는지 여부**를 판단할 때에는 구체적인 범행 상황에 놓인 **피해자의 입장과 관점**이 충분히 고려되어야 하고, / 일반적·평균적 판단능력을 갖춘 성인 또는 충분한 보호와 교육을 받은 또래의 시각에서 인과관계를 쉽사리 부정하여서는 안 된다(대판 2020.8.27, 2015도9436 全合).

제4절 구성요건적 고의

제13조 【고의】
죄의 성립요소인 사실을 인식하지 못한 행위는 벌하지 아니한다. 다만, 법률에 특별한 규정이 있는 경우에는 예외로 한다. [시행 2021.12.9.]

I 고의의 의의

범의란 (구성요건적) 고의를 말한다. 고의란 구성요건의 객관적 요소인 사실(예 주체, 객체, 행위 등)을 인식하고, 구성요건의 실현을 의욕 내지 용인하는 행위자의 심리상태(예 '죽여야겠다' 내지 '죽어도 상관없다')를 말한다. 따라서 고의의 구성요소로는 ① 지적 요소(인식)와 ② 의지적 요소(의사)의 두 가지가 있다. 고의가 없는 행위는 처벌하지 않는 것이 원칙이고, 과실범처벌규정이 있는 경우에만 과실범으로 처벌할 수 있다(제13조 단서).

ㅇ 행정상의 단속을 주안으로 하는 법규라 하더라도 '명문규정이 있거나 해석상 과실범도 벌할 뜻이 명확한 경우'를 제외하고는 형법의 원칙에 따라 '고의'가 있어야 벌할 수 있다(대판 2010.2.11, 2009도9807).

II 고의의 종류

1 확정적 고의와 미필적 고의

(1) 확정적 고의란 구성요건적 결과를 확정적으로 인식하고 의욕(목적, 의도, 희망)한 경우를 말한다.

(2) 미필적 고의란 구성요건적 결과발생은 불확정적이지만 결과발생가능성을 인식하고 결과발생가능성을 용인하는 경우를 말한다. 예 '죽어도 할 수 없지'

(3) 미필적 고의는 결과발생가능성을 인식하였지만 결과발생가능성을 용인하지 않는 경우 즉 결과가 발생하지 않을 것이라 믿는 경우인 인식있는 과실과 구별된다. 예 '죽지는 않을 거야'

ㅇ 고의의 일종인 **미필적 고의**는 중대한 과실과는 달리 ① 범죄사실의 발생 가능성에 대한 인식이 있고 나아가 ② 범죄사실이 발생할 위험을 **용인**하는 내심의 의사가 있어야 한다. 행위자가 범죄사실이 발생할 가능성을 용인하고 있었는지는 행위자의 진술에 의존하지 않고 외부에 나타난 행위의 형태와 행위의 상황 등 구체적인 사정을 기초로 일반인이라면 범죄사실이 발생할 가능성을 어떻게 평가할 것인지를 고려하면서 **행위자의 입장**(↔ **일반인의 입장** : ×)에서 그 심리상태를 추인하여야 한다(대판 2017.1.12, 2016도15470).

ㅇ **[울대가격살인사건]** 살인죄에 있어서의 **범의(고의)**는 반드시 살해의 목적이나 계획적인 살해의 의도가 있어야만 인정되는 것은 아니고 / 자기의 행위로 인하여 타인의 사망의 결과를 발생시킬 만한 가능 또는 위험이 있음을 인식하거나 예견하면 족한 것이고 그 인식 또는 예견은 확정적인 것은 물론 불확정적인 것이라도 이른바 미필적 고의로도 인정되는 것인데, 피고인이 살인의 범의를 자백하지 아니하고 상해 또는 폭행의 범의만이 있었을 뿐이라고 다투고 있는 경우에 피고인에게 범행 당시 살인의 범의가 있었는지 여부는 피고인이 범행에 이르게 된 경위, 범행의 동기, 준비된 흉기의 유무·종류·용법, 공격의 부위와 반복성, 사망의 결과발생가능성 정도, 범행 후에 있어서의 결과회피행동의 유무 등 범행 전후의 객관적인 사정을 종합하여 판단할 수밖에 없다(대판 2000.8.18, 2000도2231).

[사실관계] 인체의 급소를 잘 알고 있는 무술교관 출신의 피고인이 무술의 방법으로 피해자의 울대(성대)를 가격하여 사망케 한 행위에 살인의 범의가 있다고 한 사례

2 사전고의와 사후고의

고의는 행위시에 있어야 하므로 사전고의와 사후고의는 과실범의 문제가 될 수 있을 뿐이고, 형법상 고의가 아니다. 예를 들어 甲이 내일 A를 죽이고자 마음먹고 총을 준비하였는데 오늘 A에게 총을 자랑하다 오발로 죽인 경우 고의의 살인이 아니라 과실치사죄가 성립할 뿐이다.

III 고의의 인식대상(내용) _ 객관적 구성요건요소

고의가 인정되려면 '죄의 성립요소인 사실'을 인식하고 이를 실현하려는 의사가 인정되어야 하는데

여기서 '죄의 성립요소인 사실'이란 객관적 구성요건요소를 말한다. 따라서 죄의 성립요소인 사실이 아닌 객관적 구성요건요소 이외의 것들은 고의의 인식대상이 아니다.

Part 02

Thema 정리 고의의 인식대상 정리

1. **행위주체** : 신분범에서의 신분(예 수뢰죄에서의 공무원)
2. **행위객체** : 살인죄의 '사람'
3. **행위태양** : 살해, 특수폭행죄에서의 '위험한 물건을 휴대하여', 사기의 기망행위, 위조 등
4. **행위의 상황** : 야간주거침입절도에서 '야간', 공연음란죄의 '공연성'
5. **결과범의 결과발생, 구체적 위험범의 위험발생**
6. **인과관계**
   1) 대체적으로 그 본질적인 부분을 인식하면 충분(통설) ↔ 객관적 귀속 : ×
   2) 합법칙적 조건설 → 일상생활경험법칙에 비추어 예견가능한 범위의 인식
7. **가중적 · 감경적 구성요건요소에서의 가중감경적 요소사실**(예 존속살해의 존속)
8. **부진정부작위범에서의 보증인지위와 동가치성 및 결과방지가능성**
   위법성의 인식 : 고전적 범죄체계를 전제한 경우 엄격고의설 → 고의의 내용 ○

Thema 정리 고의의 인식대상 아닌 것 정리

1. **고의 이외의 주관적 구성요건요소**(예 목적, 불법영득의사)
2. **결과적가중범의 중한 결과**(예 폭행치사죄에서의 사망의 결과 → ∵ 예견가능성)
3. **책임요건**(예 만 14세 이상의 책임능력자라는 사실)
   1) 상습범에서의 상습성 : 인식대상 ×
   2) 위법성의 인식 : 책임설 → 고의의 인식대상 ×
4. **처벌조건**(예 친족상도례에서의 친족관계, 사전수뢰죄의 '공무원 또는 중재인이 된 사실')
5. **소추조건**(예 친고죄에서의 고소)

IV 고의에 관한 판례

관련 판례 고의를 인정의 조건으로 보는 판례

1) 형벌법규의 해석과 적용은 엄격하여야 하므로, 비록 범행 결과가 매우 중대하고 범행 동기나 방법 및 범행 정황에 비난 가능성이 크다는 사정이 있더라도, 이를 양형에 불리한 요소로 고려하여 그 형을 무겁게 정하는 것은 별론, 그러한 사정을 이유로 살인의 고의를 쉽게 인정할 것은 아니고 이를 인정함에 있어서는 앞서 본 법리에 따라 신중을 기하여야 한다(대판 2015.10.29, 2015도5355).

2) [세월호 사건] **부진정 부작위범의 고의**는 반드시 구성요건적 결과발생에 대한 목적이나 계획적인 범행 의도가 있어야 하는 것은 아니고 / 법익침해의 결과발생을 방지할 법적 작위의무를 가지고 있는 사람이 의무를 이행함으로써 결과발생을 쉽게 방지할 수 있었음을 예견하고도 결과발생을 용인하고 이를 방관한 채 의무를 이행하지 아니한다는 인식을 하면 족하며, 이러한 작위의무자의 예견 또는 인식 등은 확

정적인 경우는 물론 불확정적인 경우이더라도 미필적 고의로 인정될 수 있다. 이때 작위의무자에게 이러한 고의가 있었는지는 작위의무자의 진술에만 의존할 것이 아니라, 작위의무의 발생근거, 법익침해의 태양과 위험성, 작위의무자의 법익침해에 대한 사태지배의 정도, 요구되는 작위의무의 내용과 이행의 용이성, 부작위에 이르게 된 동기와 경위, 부작위의 형태와 결과발생 사이의 상관관계 등을 종합적으로 고려하여 작위의무자의 심리상태를 추인하여야 한다(대판 2015.11.12, 2015도6809 全合).

3) **살인죄**에 있어 범의는 자기의 행위로 인하여 타인의 사망의 결과를 발생시킬만한 가능 또는 위험이 있음을 인식 또는 예견하면 족한 것이고 사망의 결과발생 또는 희망할 것은 필요치 않으며, 그 인식 또는 예견은 불확정적인 것이라도 소위 미필적 고의가 있다고 보아야 할 것이다(대판 1988.6.14, 88도692).
[동지판례] 피고인이 예리한 식도로 피해자의 하복부를 찔러 직경 5센티, 길이 15센티미터 이상의 자상을 입힌 결과 사망하였다면 일반적으로 내장파열 및 다량의 출혈과 자창의 감염으로 사망의 결과를 발생하게 하리라는 점을 경험상 예견할 수 있는 것이므로 피고인에게 살인의 결과에 대한 확정적 고의는 없다 치더라도 미필적 인식은 있었다고 볼 것이다(대판 1982.12.28, 82도2525).

4) **상해죄**의 성립에는 상해의 원인인 폭행에 대한 인식이 있으면 충분하고 상해를 가할 의사의 존재까지는 필요하지 않다(대판 2000.7.4, 99도4341).

5) **[고무놀협박사건] 협박죄**의 고의는 행위자가 그러한 정도의 해악을 고지한다는 것을 인식, 인용하는 것을 그 내용으로 하고 고지한 해악을 실제로 실현할 의도나 욕구는 필요로 하지 아니한다(대판 1991.5.10, 90도2102).

6) **업무방해죄**의 성립에 있어서 업무방해의 결과가 실제로 발생하여야만 하는 것은 아니고 업무방해의 결과를 초래할 위험이 있으면 충분하므로, 고의 또한 반드시 업무방해의 목적이나 계획적인 업무방해의 의도가 있어야만 하는 것은 아니고 자기의 행위로 인하여 타인의 업무가 방해될 가능성 또는 위험에 대한 인식이나 예견으로 충분하며, 그 인식이나 예견은 확정적인 것은 물론 불확정적인 것이라도 이른바 미필적 고의로 인정된다(대판 2012.5.24, 2011도7943).

7) 범죄의 고의는 확정적 고의뿐만 아니라 결과 발생에 대한 인식이 있고 그를 용인하는 의사인 이른바 미필적 고의도 포함하므로 **허위사실 적시에 의한 명예훼손죄** 역시 미필적 고의에 의하여도 성립하고, 위와 같은 법리는 제308조의 **사자명예훼손죄**의 판단에서도 마찬가지로 적용된다(대판 2014.3.13, 2013도12430).

8) **문서변조죄**에 있어서 행사할 목적이란 변조된 문서를 진정한 문서인 것처럼 사용할 목적을 말하는 것으로 적극적 의욕이나 확정적 인식을 요하지 아니하고 미필적 인식이 있으면 족하다(대판 2006.1.26, 2004도788).

9) **공무집행방해죄**에 있어서의 범의는 상대방이 직무를 집행하는 공무원이라는 사실, 그리고 이에 대하여 폭행 또는 협박을 한다는 사실을 인식하는 것을 그 내용으로 하고, 그 인식은 불확정적인 것이라도 소위 미필적 고의가 있다고 보아야 하며, 그 직무집행을 방해할 의사를 필요로 하지 아니한다(대판 1995.1.24, 94도1949).

10) **국가보안법 제7조 제5항의 죄**는 **이적행위를 할 목적**으로 문서 · 도화 기타의 표현물을 제작 · 수입 · 복사 · 소지 · 운반 · 반포 · 판매 또는 취득하는 것으로서 이른바 목적범임이 명백하다. 목적범에서의 목적은 범죄 성립을 위한 **초과주관적 위법요소**(강사 주 : 초과주관적 구성요건요소)로서 고의 외에 별도로 요구되는 것이므로, 행위자가 표현물의 이적성을 인식하고 제5항의 행위를 하였다고 하더라도 이적행위를 할 목적이 인정되지 아니하면 그 구성요건은 충족되지 아니한다. 범죄의 구성요건을 이루는 사실에

대한 증명책임은 검사에게 있으므로 행위자에게 이적행위를 할 목적이 있었다는 점은 검사가 증명하여야 하며, 행위자가 이적표현물임을 인식하고 제5항의 행위를 하였다는 사실만으로 그에게 이적행위를 할 목적이 있었다고 추정해서는 아니 된다. 피고인이 이적단체인 남북공동선언실천연대(이하 '실천연대'라 한다)의 집행위원 겸 중앙사무처 사무국원으로서 적극 활동하고 있었던 점 및 실천연대의 목표와 노선 및 북한의 상투적인 대남선전선동 활동을 적극적으로 찬양·고무·선전하거나 이에 동조하는 내용 등을 수록한 각 표현물을소지하여 이를 실천연대 간부로서 활동하는 지침으로 사용하였던 것으로 보이는 점 등의 사정을 종합할 때, 피고인은 위 표현물의 내용이 이적성을 담고 있음을 인식하고 위 표현물로써 반국가단체 등의 활동에 대한 찬양·고무 등 이적행위를 할 목적으로 위 표현물을 소지하였다고 인정할 수 있다(대판 2010.7.23, 2010도1189 全合).

Part 02

관련 판례 **고의를 부인하는 경우**

1) 피고인이 범죄구성요건의 주관적 요소인 **고의를 부인하는 경우**, 범의 자체를 객관적으로 증명할 수는 없으므로 사물의 성질상 범의와 관련성이 있는 간접사실 또는 정황사실을 증명하는 방법으로 이를 증명할 수밖에 없다. 이때 무엇이 관련성이 있는 간접사실 또는 정황사실에 해당하는지는 정상적인 경험칙에 바탕을 두고 치밀한 관찰력이나 분석력으로 사실의 연결상태를 합리적으로 판단하는 방법에 의하여 판단하여야 한다(대판 2017.1.12, 2016도15470 ; 대판 1995.1.24, 94도1949).
2) **피고인이 범행 당시 살인의 범의는 없었고 단지 상해 또는 폭행의 범의만 있었을 뿐이라고 다투는 경우**에 피고인에게 범행 당시 살인의 범의가 있었는지 여부는 피고인이 범행에 이르게 된 경위, 범행의 동기, 준비된 흉기의 유무·종류·용법, 공격의 부위와 반복성, 사망의 결과발생 가능성 정도 등 범행 전후의 객관적인 사정을 종합하여 판단할 수밖에 없는 것이다(대판 2009.2.26, 2008도9867).

관련 판례 **고의가 인정되는 경우**

1) **건장한 체격의 군인**이 왜소한 체격의 피해자를 폭행하고 특히 급소인 목을 설골이 부러질 정도로 세게 졸라 사망케 한 행위에 **살인**의 범의가 있다(대판 2001.3.9, 2000도5590).
2) 강도가 **베개**로 피해자의 머리부분을 약 3분간 누르던 중 피해자가 저항을 멈추고 사지가 늘어졌음에도 계속하여 누른 행위에 살해의 고의가 있었다(대판 2002.2.8, 2001도6425).
3) 갑이 을을 살해하기 위하여 병, 정 등을 고용하면서 그들에게 대가의 지급을 약속한 경우, 갑에게는 살인죄를 범할 목적 및 살인의 준비에 관한 고의뿐만 아니라 살인죄의 실현을 위한 준비행위를 하였음을 인정할 수 있다는 이유로 **살인예비죄**의 성립한다(대판 2009.10.29, 2009도7150).
   [판결이유] 제255조, 제250조의 살인예비죄가 성립하기 위하여는 제255조에서 명문으로 요구하는 살인죄를 범할 목적 외에도 살인의 준비에 관한 고의가 있어야 하며, 나아가 실행의 착수까지에는 이르지 아니하는 살인죄의 실현을 위한 준비행위가 있어야 한다.
4) **주거침입죄**의 범의는 반드시 신체의 전부가 타인의 주거 안으로 들어간다는 인식이 있어야만 하는 것이 아니라 **신체의 일부**라도 타인의 주거 안으로 들어간다는 인식이 있으면 족하다(대판 1995.9.15, 94도2561).
   [판결이유] 주거침입죄는 사실상의 주거의 평온을 보호법익으로 하는 것이므로, 반드시 행위자의 신체의 전부가 범행의 목적인 타인의 주거 안으로 들어가야만 성립하는 것이 아니라 신체의 일부만 타인의 주거

안으로 들어갔다고 하더라도 거주자가 누리는 사실상의 주거의 평온을 해할 수 있는 정도에 이르렀다면 범죄구성요건을 충족하는 것이라고 보아야 한다.

5) 기업의 경영자가 합리적으로 가능한 범위 내에서 제반 사정을 신중하게 검토하지 아니한 채, 당해 기업이나 경영자 개인이 정치적인 이유 등으로 곤란함을 겪고 있는 상황에서 벗어나기 위해서는 기업에 재산상 손해를 가하는 결과가 초래되더라도 이를 용인할 수밖에 없다는 인식하에 의도적으로 그와 같은 행위를 하였다면 **업무상배임죄**의 고의는 있었다고 봄이 상당하다(대판 2007.3.15, 2004도5742).

6) **[피조개양식장사건]** 피고인들이 피조개양식장에 피해를 주지 아니하도록 할 의도에서 선박의 닻줄을 7샤클(175미터)에서 5샤클(125미터)로 감아놓았고 그 경우에 피조개양식장까지의 거리는 약 30미터까지 근접한다는 것이므로 닻줄을 50미터 더 늘여서 7샤클로 묘박하였다면 선박이 태풍에 밀려 피조개양식장을 침범하여 물적 손해를 입히리라는 것은 당연히 예상되는 것이고, 그럼에도 불구하고 태풍에 대비한 선박의 안전을 위하여 **선박의 닻줄**을 7샤클로 늘여 놓았다면 이는 피조개양식장의 물적 피해를 인용한 것이라 할 것이어서 **재물손괴**의 점에 대한 미필적 고의를 인정할 수 있다(대판 1987.1.20, 85도221).
→ but 긴급피난에 해당, 위법성조각

7) 의무경찰이 좌회전 지시를 하였음에도 택시의 운전자가 항의하므로 그 의무경찰이 택시 약 30cm 전방에서서 이유를 설명하고 있는데 그 운전자가 **갑자기 좌회전**하는 바람에 택시 우측 앞 범퍼부분으로 의무경찰의 무릎을 들이받은 사안에서, 의무경찰을 충격하리라는 사실을 쉽게 알고도 이러한 결과발생을 용인하는 내심의 의사, 즉 **공무집행방해죄**의 미필적 고의가 있었다고 봄이 경험칙상 당연하다. / 그러나 그와 같은 택시운행으로 인하여 사회통념상 피해자인 의무경찰이나 제3자가 위험성을 느꼈으리라고는 보여지지 아니하므로 그 택시 운전자의 범행을 특수공무집행방해치상죄로 의율할 수는 없다(대판 1995.1.24, 94도1949).

8) 현행범인 체포의 요건을 갖추었는지에 관한 검사나 사법경찰관 등의 판단에는 상당한 재량의 여지가 있으나, 체포 당시 상황으로 보아도 요건 충족 여부에 관한 검사나 사법경찰관 등의 판단이 경험칙에 비추어 현저히 합리성을 잃은 경우 그 체포는 위법하다. 그리고 범죄의 고의는 확정적 고의뿐만 아니라 결과 발생에 대한 인식이 있고 이를 용인하는 의사인 이른바 미필적 고의도 포함하므로, 피고인이 인신구속에 관한 직무를 집행하는 사법경찰관으로서 체포 당시 상황을 고려하여 경험칙에 비추어 현저하게 합리성을 잃지 않은 채 판단하면 체포 요건이 충족되지 아니함을 충분히 알 수 있었는데도, 자신의 재량 범위를 벗어난다는 사실을 인식하고 그와 같은 결과를 용인한 채 사람을 체포하여 권리행사를 방해하였다면, **직권남용체포죄**와 **직권남용권리행사방해**죄가 성립한다(대판 2017.3.9, 2013도16162).
∵ 직권남용체포죄와 직권남용권리행사방해죄의 고의가 인정되기 때문

9) 대상자가 성인이라는 말만 믿고 **타인의 건강진단결과서**만을 확인한 채 청소년을 청소년유해업소에 고용한 업주에게는 적어도 **청소년 고용**에 관한 미필적 고의가 있음을 인정한 사례(대판 2002.6.28, 2002도2425).
∵ 유흥업소의 업주로서는 다른 공적 증명력 있는 증거를 확인해 봄이 없이 단순히 건강진단결과서상의 생년월일 기재만을 확인하는 것으로는 청소년보호를 위한 연령확인의무이행을 다한 것으로 볼 수 없기 때문

10) **[적성검사미필사건]** 피고인이 적성검사기간 도래 여부에 관한 확인을 게을리하여 기간이 도래하였음을 알지 못하였더라도 적성검사기간 내에 **적성검사를 받지 않는 데 대한 미필적 고의**는 있었다(대판 2014.4.10, 2012도8374).
∵ 운전면허증 소지자가 운전면허증만 꺼내 보아도 쉽게 알 수 있기 때문

[비교판례] 운전면허증 앞면에 적성검사기간이 기재되어 있고, 뒷면 하단에 경고 문구가 있다는 점만으로 피고인이 **정기적성검사 미필로 면허가 취소된 사실**을 미필적으로나마 인식하였다고 추단하기 어렵다(대판 2004.12.10, 2004도6480).

∵ 기존의 운전면허가 취소된 상태에서 자동차를 운전하였더라도 운전자가 면허취소사실을 인식하지 못한 이상 도로교통법위반(무면허운전)죄에 해당한다고 볼 수 없기 때문

[동지판례] 관할 경찰당국이 운전면허취소통지에 갈음하여 적법한 공고를 거쳤다고 하더라도 공고만으로 운전면허가 취소된 사실을 알게 되었다고 볼 수 없다 할 것이므로 피고인에게 무면허운전이라는 점에 대한 고의가 있었다고 할 수 없다(대판 1993.3.23, 92도3045).

[비교판례] 이미 적성검사 미필로 면허가 취소된 전력이 있는데도 면허증에 기재된 유효기간이 5년 이상 지나도록 적성검사를 받지 아니한 채 자동차를 운전하였다면 비록 적성검사 미필로 인한 운전면허 취소사실이 통지되지 아니하고 공고되었다 하더라도 면허취소사실을 알고 있었다고 보아야 하므로 무면허운전죄가 성립한다고 한 사례(대판 2002.10.22, 2002도4203)

11) 성을 사는 행위를 알선하는 행위를 업으로 하는 자가 성매매알선을 위한 종업원을 고용하면서 고용대상자에 대하여 아동·청소년의 보호를 위한 위와 같은 연령확인의무의 이행을 다하지 아니한 채 아동·청소년을 고용하였다면, 특별한 사정이 없는 한 적어도 **아동·청소년의 성을 사는 행위의 알선**에 관한 미필적 고의는 인정된다(대판 2014.7.10, 2014도5173).

12) **[상급종합병원 인근 문전약국 약사들이 공동으로 도우미들을 고용하여 환자들을 자신이 정한 순번에 따라 특정 약국으로 안내하고 편의 차량 등을 제공한 사건] 호객행위 등으로 인한 약사법 위반죄의 '고의'**란 약국 개설자 등이 자신의 행위가 의약품 시장질서를 어지럽히는 호객행위나 소비자를 유인하는 행위 등이라는 객관적 구성요건을 충족하였음을 인식하는 것을 의미한다(대판 2022.5.12, 2020도18062).

[사실관계] 약국 개설자들인 피고인들이 공모하여 자신들이 속한 회원 약국들 전부를 위한 공동의 안내도우미를 고용하고, 그 공동의 안내도우미로 하여금 인근 병원 근처에서 약국을 정하지 않은 환자들(이하 '비지정환자'라 한다)에게 접근하여 회원 약국들 중 미리 정해진 순번 약국으로 안내하면서 편의 차량을 제공하는 등 소비자·환자 등을 유치하기 위한 호객행위 등의 부당한 방법을 사용하여 약사법 위반으로 기소된 사안에서, 피고인들은 위 안내 행위가 약사법이 금지한 호객행위 등에 해당함을 인식하였다고 볼 여지가 많다고 한 사례

13) 사업주가 사업장에서 안전조치가 취해지지 않은 상태에서의 작업이 이루어지고 있고 향후 그러한 작업이 계속될 것이라는 사정을 미필적으로 인식하고서도 이를 그대로 방치하고, 이로 인하여 사업장에서 안전조치가 취해지지 않은 채로 작업이 이루어졌다면, 사업주가 그러한 작업을 개별적·구체적으로 지시하지 않았더라도 산업안전보건법위반죄가 성립한다(대판 2022.7.14, 2020도9188).

[사실관계] 케이블카 조성공사를 하도급한 피고인들이 산업안전보건기준에 관한 규칙이 정하는 구축물 등의 안전성 평가와 그에 관한 사전조사 및 작업계획서 작성의무를 이행하지 않은 상태에서 공사현장 가설 삭도의 지주 받침대 교체 작업이 진행되던 중, 지주가 쓰러지는 사고로 하수급인이 사용하는 근로자들에게 사상 피해가 발생하였을 경우 산업안전보건법위반죄의 미필적 고의가 인정된다.

∵ 산업안전보건법 및 산업안전보건법 시행규칙에 근거한 안전보건규칙에서 도급사업주는 산업재해예방을 위한 조치를 하여야 한다고 규정하고 있기 때문

관련 판례 **고의가 부정되는 경우**

1) 적재된 임산물에 대한 부정성 여부를 조사하기 위하여 화물자동차의 승강구에 뛰어올라 정차를 명하는 경찰관을 **폭행하여 추락**시켜 사망케 한 경우 위 사실만으로는 가해자가 피해자를 **살해**할 것을 결의하였다고 속단할 수 없는 것이다(대판 1957.5.24, 4290형상56).

2) 제분에 이기지 못하여 식도를 휘두르는 피고인을 말리거나 그 식도를 뺏으려고 한 그 밖의 피해자들을 닥치는 대로 찌르는 무차별 횡포를 부리던 중에 그의 부까지 찌르게 된 결과를 빚은 경우 피고인이 칼에 찔려 쓰러진 부를 부축해 네리고 나가지 못하도록 한 일이 있다고 하여 그의 부를 살해할 의사로 식도로 찔러 살해하였다는 사실을 인정하기는 어렵다(대판 1977.1.11, 76도3871).
→ 존속살해죄의 고의가 없다는 취지

3) **명예훼손죄**의 주관적 구성요건으로서의 범의는 행위자가 피해자의 명예가 훼손되는 결과를 발생케 하는 사실을 인식하므로 족하다 할 것이나 새로 목사로서 부임한 피고인이 전임목사에 관한 교회 내의 불미스러운 소문의 진위를 확인하기 위하여 이를 교회집사들에게 물어보았다면 이는 경험칙상 충분히 있을 수 있는 일로서 명예훼손의 고의 없는 단순한 확인에 지나지 아니하여 사실의 적시라고 할 수 없다 할 것이므로 이 점에서 피고인에게 명예훼손의 고의 또는 미필적 고의가 있을 수 없다고 할 수 밖에 없다(대판 1985.5.28, 85도588).

4) **[평원닭집고양이사건] 절도죄**에 있어서 재물의 타인성을 오신하여 그 재물이 자기에게 취득할 것이 허용된 동일한 물건(빌린 것)으로 오인하고 가져온 경우에는 범죄사실에 대한 인식이 있다고 할 수 없으므로 범의가 조각되어 절도죄가 성립하지 아니한다(대판 1983.9.13, 83도1762).
[사실관계] 고양이를 들고 간 것은 사실이지만 절취할 의사로 가져간 것이 아니고 그날 피고인이 다른 데서 빌려가지고 있다가 잃어버린 고양이인 줄로 잘못 알고 가져가다가 주인이 자기 것이라고 하여 돌려주었을 뿐이라고 일관하여 범의를 부인한 경우
[동지판례(빈두부상자사건)**]** 절도의 범의는 타인의 점유하에 있는 타인소유물을 그 의사에 반하여 자기 또는 제3자의 점유하에 이전하는 데에 대한 인식을 말하므로, 타인이 그 소유권을 포기하고 버린 물건으로 오인하여 이를 취득하였다면 이와 같이 오인하는 데에 정당한 이유가 인정되는 한 절도의 범의를 인정할 수 없다(대판 1989.1.17, 88도971).
[사실관계] 빈상자가 헌 신문지에 덮여 점포밖의 쓰레기통 옆에 놓여 있었다면 소유자가 소유권을 포기하고 버린 물건으로 오인될 소지가 없지 않으므로, 피고인에게 절도의 범의를 인정하기 어렵다.

5) 공무원이 여러 차례의 출장반복의 번거로움을 회피하고 민원사무를 신속히 처리한다는 방침에 따라 사전에 출장조사한 다음 출장조사내용이 변동 없다는 확신하에 출장복명서를 작성하고 다만 그 출장일자를 작성일자로 기재한 것이라면 **허위공문서작성**의 범의가 있었다고 볼 수 없다(대판 2001.1.5, 99도4101).

6) **대구지하철화재** 사고 현장을 수습하기 위한 청소 작업이 한참 진행되고 있는 시간 중에 실종자 유족들로부터 이의제기가 있었음에도 대구지하철공사 사장이 즉각 청소 작업을 중단하도록 지시하지 아니하였고 수사기관과 협의하거나 확인하지 아니하였다고 하여 위 사장에게 그러한 청소 작업으로 인하여 **증거인멸**의 결과가 발생할 가능성을 용인하는 내심의 의사까지 있었다고 단정하기는 어렵다(대판 2004.5.14, 2004도74).

7) 임금 등 지급의무의 존부와 범위에 관하여 다툴 만한 근거가 있다면 사용자가 그 임금 등을 지급하지 않은 데에 상당한 이유가 있다고 보아야 하므로, 사용자에게 구 근로기준법 제109조 제1항, 제36조, 제43조 제2항 위반의 고의가 있었다고 보기 어렵다(대판 2023.4.27, 2020도16431).

8) **[운전면허 취소사실을 알지 못하고 사다리차를 운전하던 중, 전방주시의무를 위반한 과실로 교통사고를 일으켜 피해차량 탑승자들에게 상해를 입힌 사건] 도로교통법 위반(무면허운전)죄**는 도로교통법 제43조를 위반하여 운전면허를 받지 아니하고 자동차를 운전하는 경우에 성립하는 범죄로, 유효한 운전면허가 없음을 알면서도 자동차를 운전하는 경우에만 성립하는 **고의범**이다. **교통사고처리 특례법 제3조 제2항 단서 제7호**는 도로교통법 위반(무면허운전)죄와 동일하게 도로교통법 제43조를 위반하여 운전면허를 받지 아니하고 자동차를 운전하는 행위를 대상으로 교통사고 처벌 특례를 적용하지 않도록 하고 있다. 따라서 위 단서 제7호에서 말하는 **'도로교통법 제43조를 위반'한 행위**는 도로교통법 위반(무면허운전)죄와 마찬가지로 유효한 운전면허가 없음을 알면서도 자동차를 운전하는 경우만을 의미한다고 보아야 한다(대판 2023.6.29, 2021도17733).

제5절 사실의 착오(구성요건적 착오)

제15조 【사실의 착오】
① 특별히 무거운 죄가 되는 사실을 인식하지 못한 행위는 무거운 죄로 벌하지 아니한다. [시행 2021.12.9.]

I 사실의 착오의 의의

1 사실의 착오의 개념

(1) 원래 사실의 착오(구성요건적 착오)란, 인식사실은 범죄사실이 아니나, 발생사실은 범죄사실인 경우를 말한다. 존재하는 사실을 인식하지 못한 경우(존재하지 않는다고 오인한 경우)이다. 이는 발생사실(객관적 구성요건요소)에 대한 인식(고의)이 없는 경우이므로 제13조에 따라 고의가 조각되고, 다만 과실범 처벌규정이 있는 경우에는 과실범의 성립여부만이 문제된다.

예 곰인줄 알고 쏘았으나 사람이 맞은 경우

(2) 협의의 사실의 착오(구성요건적 착오)란, 행위자가 주관적으로 인식·인용한 범죄사실과 현실적으로 발생한 범죄사실이 불일치하는 경우를 말한다(예 행위자가 인식한 것과 다른 결과가 발생한 경우). 행위자에게 발생사실(객관적 구성요건요소)에 대한 인식(고의)이 없는 경우이므로 결국 구성요건적 착오의 문제는 발생사실에 대한 고의를 인정할 수 있는 지가 문제된다. 이를 해결하기 위하여 학설·판례가 대립하고 있다.

2 구별개념 _ 반전된 사실의 착오(반전된 구성요건적 착오)

반전된 사실의 착오(반전된 구성요건적 착오)란 인식사실은 범죄사실이나 발생사실이 범죄사실이 아닌 경우로서 존재하지 않는 사실을 존재한다고 오인한 경우이다. 객관적으로 결과발생이 불가능함에도 행위자는 결과발생이 가능하다고 오인한 경우를 말하므로, 그 위험성 인정여부에 따라 불능미수 또는 불가벌적 불능범이 된다. 예 사람인 줄 알고 쏘았으나 곰 또는 시체인 경우

Thema 정리 사실의 착오와 구별개념

착오	인식사실 ≠ 발생사실	효과
원래 사실의 착오	• 범죄사실 × → 범죄사실 ○ • 예 곰인 줄 알고 쏘았으나 사람이 맞은 경우 • 존재하는 사실을 인식하지 못한 경우(존재하지 않는다고 오인한 경우)	• 제13조 적용, 고의조각 • 과실범 성립여부 문제
협의의 사실의 착오 (구성요건적 착오)	• 범죄사실 ○ → 범죄사실 ○ • 예 甲을 살해하려 하였으나 乙을 살해한 경우	• 기본 vs. 가중감경 : 제15조 제1항 적용 • 이외 : 학설 ┌착오 중요 × : 고의 전용 ○ └착오 중요 ○ : 고의 전용 ×
반전된 사실의 착오	• 범죄사실 ○ → 범죄사실 × • 예 사람인 줄 알고 쏘았으나 곰 또는 시체인 경우 • 존재하지 않는 사실을 존재한다고 오인한 경우	• 위험성 ○ : 불능미수(제27조) • 위험성 × : 불가벌적 불능범

II 사실의 착오의 종류

1 구체적 사실의 착오와 추상적 사실의 착오

(1) 구체적 사실의 착오란 인식한 범죄사실과 발생한 범죄사실이 서로 **같은 구성요건**에 해당하는 경우 또는 동가치적 객체간의 착오를 말한다. 예 甲을 살해하려 하였으나 乙을 살해한 경우

(2) 추상적 사실의 착오란 인식한 범죄사실과 발생한 범죄사실이 서로 **다른 구성요건**에 해당하는 경우 또는 이가치적 객체간의 착오를 말한다. 예 甲을 살해하려 하였으나 개를 죽인 경우, 甲을 상해하려 하였으나 유리창을 깬 경우 또는 그 반대의 경우

2 객체의 착오와 방법의 착오

(1) 객체의 착오란 행위객체의 동일성을 착오한 경우를 말한다.

예 甲인줄 알고 총을 쏘았는데 甲이 아니라 乙인 경우 즉, 乙을 甲으로 **오인**한 경우, 절취의 의사로 A의 지갑을 몰래 가지고 왔으나 알고 보니 그 지갑이 B의 지갑이었던 경우

(2) 방법의 착오(타격의 착오)란 행위의 방법이 잘못되어 의도된 객체가 아닌 다른 객체에게 결과가 발생한 경우를 말한다.

예 甲을 죽이려고 甲을 향해 총을 쏘았는데 **빗나가** 옆에 서 있던 乙이 총에 맞은 경우, 甲을 죽이려고 甲을 향해 총을 쏘았는데 그 순간 이를 제지하고자 乙이 앞으로 뛰어들어 대신 총탄을 맞고 사망한 경우

Ⅲ 사실의 착오의 해결

1 기본적 구성요건과 가중·감경적 구성요건간의 착오의 경우

제15조 제1항은 특별히 중한 죄가 되는 사실을 인식하지 못한 행위는 중한 죄로 벌하지 아니한다고 규정하여 기본적 구성요건과 가중·감경적 구성요건 간의 착오의 경우에 대하여만 규정하고 있다. 그외의 착오의 경우 학설·판례에 의하여 해결하여야 한다(↔ 오롯이 학설에 위임 ×).

(1) 보통살인·상해의 고의로 존속살해·상해를 범한 경우 제15조 제1항이 직접 적용되어 경한 보통살인·상해죄로 처벌되고, 중한 존속살해·상해죄로 처벌되지 않는다.

예 형 A를 살해하려고 기다리다가 아버지 B를 형 A로 오인하고 살해한 경우

> ○ 직계존속임을 인식치 못하고 살인을 한 경우는 형법 제15조 소정의 특히 중한 죄가 되는 사실을 인식하지 못한 행위에 해당한다(대판 1960.10.31, 4293형상494).
> **[사실관계]** 행위 당시 피살자가 **장모**라는 사실을 전혀 알지 못하였던 경우 ∴ **보통살인죄로 처벌**

(2) 승낙살인의 인식으로 보통살인의 결과를 발생시킨 경우에도 경한 승낙살인죄로 처벌되고 중한 보통살인죄로 처벌되지 아니한다(다수설).

예 甲의 승낙이 있는 것으로 오인하고 甲을 살해한 경우

2 그 외 착오의 경우

(1) 구체적 부합설

행위자가 인식한 사실과 현실적으로 발생한 사실이 구체적(현실적)으로 부합하는 경우에만 발생사실에 대한 고의·기수범이 성립하고, 그 외의 경우 고의를 인정할 수 없다는 견해이다. 구체적 부합설은 사람을 살해할 의사로 사람을 살해했음에도 불구하고 살인미수라고 하는 것은 일반인의 법감정에 반한다는 비판을 받는다.

(2) 법정적 부합설

행위자가 인식한 사실과 현실적으로 발생한 사실이 법정적(구성요건 또는 죄질)으로 부합하면 발생사실에 대한 고의·기수범이 성립하고, 그 외의 경우 고의를 인정할 수 없다는 견해이다(판례의 입장).

(3) 추상적 부합설

행위자가 인식한 사실과 현실적으로 발생한 사실이 추상적으로 일치하는 범위 내에서 고의·기수범의 성립을 인정하자는 견해이다. 이 견해는 행위자가 범죄의사로 행위하여 결과를 발생시켰으므로 인식사실과 발생사실이 형법상 범죄인 이상 추상적으로 부합한다고 보아 고의·기수범의 성립을 넓게 인정하는 견해이다. 다만 경죄 부분만 고의·기수범이 성립한다고 보아 그 범위를 제한하고 있다.

Thema 정리 **사실의 착오에 관한 학설 정리**

<table>
<tr><th colspan="2">구분</th><th>구체적 부합설</th><th>법정적 부합설(판례)</th><th>추상적 부합설</th></tr>
<tr><td rowspan="2">구체적 사실의 착오</td><td>객체의 착오</td><td></td><td colspan="2" rowspan="2">(인식사실에 대한 무죄)
발생사실에 대한 고의기수</td></tr>
<tr><td>방법의 착오</td><td>인식사실의 미수와 발생사실의 과실의 상상적 경합
→ 구체적 부합설만 결론 다름</td></tr>
<tr><td rowspan="2">추상적 사실의 착오</td><td>객체의 착오</td><td colspan="2" rowspan="2">인식사실의 (불능)미수와 발생사실의 과실의 상상적 경합</td><td rowspan="2">• 경죄 고의, 중죄 결과 → 경죄 기수와 중죄 과실의 상상적 경합
• 중죄 고의, 경죄 결과 → 중죄 미수(경죄 기수와 상상적 경합)
→ 추상적 부합설만 결론 다름</td></tr>
<tr><td>방법의 착오</td></tr>
</table>

✓ 〈주의〉 폭행미수, 과실폭행, 과실손괴 → 처벌규정 없음 ↔ 손괴미수는 처벌규정 有

예 A를 살해하려고 총을 쏘았는데 자동차유리창만 깨진 경우 : 살인미수죄만 성립

관련 판례 **사실의 착오**

1) **[장녀살해사건]** 甲이 A를 살해할 의사로 **농약**을 숭늉그릇에 투입하여 A의 집안에 놓아두었는데, 이러한 사정을 모르는 B(A의 장녀)가 이를 마시고 사망한 경우라도 장녀를 살해할 의사는 없었다 하더라도 사람을 살해할 의사로서 이와 같은 행위를 하였고 그 행위에 의하여 살해라는 결과가 발생한 이상 피고인의 행위와 살해하는 결과와의 사이에는 인과관계 있다 할 것이므로 **장녀**에 대하여 **살인죄**가 성립한다(대판 1968.8.23, 68도884).

2) **[병장살해사건]** 피고인이 하사 甲을 살해할 목적으로 발사한 총탄이 이를 제지하려고 피고인 앞으로 뛰어들던 병장 乙에게 명중되어 乙이 사망한 경우 **乙에 대한 살인죄**가 성립한다(대판 1975.4.22, 75도727).

3) **[조카살해사건]** 甲이 살의(殺意)를 가지고 형수 A를 향해 힘껏 소나무 몽둥이를 휘둘렀으나 A의 등에 업힌 조카 B의 머리 부분을 가격하여 현장에서 사망케 한 경우 소위 타격의 착오가 있는 경우라 할지라도 행위자의 살인의 범의성립에 방해가 되지 아니한다(대판 1984.1.24, 83도2813). → 조카 B에 대한 살인죄 ○

4) **[포장마차주인 상해사건]** 甲이 乙 등 3명과 싸우다가 힘이 달리자 식칼을 가지고 이들 3명을 상대로 휘두르다가 이를 말리면서 식칼을 빼앗으려던 피해자 丙(포장마차주인)에게 상해를 입혔다면 甲에게 상해의 범의가 인정되며 상해를 입은 사람이 **목적한 사람이 아닌 다른 사람**이라 하여 과실상해죄에 해당한다고 할 수 없다(대판 1987.10.26, 87도1745). → 丙에 대한 상해죄 ○

✓ 판례 1)~4) 모두 구체적 사실의 착오 중 방법의 착오 사례

Ⅳ 인과관계의 착오

1 의의

인과관계의 착오란 행위자가 인식한 범죄사실과 현실로 발생한 범죄사실은 일치하지만, 그 결과에 이르는 인과과정이 행위자가 인식했던 인과과정과 다른 경우를 말한다.

예 甲이 乙을 익사시키려고 다리에서 밀었으나 乙은 떨어지면서 교각에 머리를 부딪쳐 사망한 경우

2 통설

통설은 인과과정은 고의의 인식 대상이므로, 인과과정이 본질적으로 다르지 않은 경우 발생한 범죄사실에 대한 고의 기수범의 성립을 인정하고, 인과과정이 본질적으로 다른 경우 인식사실의 고의미수와 발생사실의 과실의 경합범을 인정하자고 한다.

관련 판례 **인과관계의 착오**

1) [이른바 개괄적 고의 사례] **[처희롱보복사건, 웅덩이질식사사건]** 8) 피해자가 피고인들의 살해의 의도로 행한 구타행위에 의하여 직접 사망한 것이 아니라 죄적을 인멸할 목적으로 행한 매장행위에 의하여 사망하게 되었다 하더라도 전 과정을 개괄적으로 보면 피해자의 살해라는 처음에 예견된 사실이 결국은 실현된 것으로서 피고인들은 **살인죄**의 죄책을 면할 수 없다(대판 1988.6.28, 88도650).
[사실관계] 저능아인 자신의 처에게 젖을 달라고 희롱하자 돌멩이로 머리 등을 수차례 내리쳐 피해자가 정신을 잃고 축 늘어지자 죽은 것으로 오인하고 증거를 인멸할 목적으로 피해자를 개울가로 끌고가 웅덩이를 파고 매장하였는데 그 결과 피해자가 질식사한 경우
→ 〈개괄적 고의 사례〉란 행위자가 일정한 고의를 가지고 제1행위를 하였고 제1행위에 의해 이미 결과가 발생했다고 믿었으나 실제로는 연속된 제2행위에 의해 의도된 결과가 실현된 경우를 말한다.

2) [이른바 개괄적 과실 사례] **[낙산비치호텔사건]** 피고인이 피해자에게 우측 흉골골절 및 늑골골절상과 이로 인한 우측 심장벽좌상과 심낭내출혈 등의 상해를 가함으로써, 피해자가 바닥에 쓰러진 채 정신을 잃고 빈사상태에 빠지자, 피해자가 사망한 것으로 오인하고, 피고인의 행위를 은폐하고 피해자가 자살한 것처럼 가장하기 위하여 피해자를 베란다로 옮긴 후 베란다 밑 약 13m 아래의 바닥으로 떨어뜨려 피해자로 하여금 현장에서 좌측 측두부 분쇄함몰골절에 의한 뇌손상 및 뇌출혈 등으로 사망에 이르게 하였다면, 피고인의 행위는 포괄하여 **단일의 상해치사죄**에 해당한다고 한 사례(대판 1994.11.4, 94도2361)

Thema 정리 **개괄적 고의 사례의 법률상 취급**

학설	내용	비판/평가
개괄적 고의설 (Weber, Welzel)	제2행위 부분에 대해서도 제1행위의 고의가 개괄적으로 미치는 단일행위사건이기 때문에 하나의 고의 기수범 성립	• 고의란 구성요건적 고의를 의미함에도, 살인과 사체유기를 포괄하는 하나의 고의를 인정하는 것은 고의의 법치국가적 한계를 벗어남 • 사전적 고의를 인정하는 결과가 되어 범죄의 범위가 지나치게 확대되어 보장적 기능에 반함

8) 2020년 변호사시험

인과관계 착오설 (다수설)	인과과정은 고의의 인식 대상이므로, ┌ 인과과정이 본질적으로 다르지 않은 경우 : 고의 기수범 └ 인과과정이 본질적으로 다른 경우 : 고의 미수와 과실의 경합범	인과관계의 상위가 본질적일 경우 고의가 조각된다고 하면 결국 행위자의 책임은 과실범 또는 무죄가 되어야 함에도 미수가 된다는 근거가 의문(만일 미수가 된다면 인과관계 또는 객관적 귀속이 부정되기 때문이지 고의가 조각되기 때문은 아님)
미수와 과실의 경합범설	고의는 항상 행위시에 존재해야 하므로 제2행위와 관련된 고의는 상정 불가능 → 제1행위에 대한 장애미수와 제2행위의 과실과 실체적 경합	• 고의는 범행의 전과정에서 요구되는 것이 아니라 범행에 착수하여 인과관계가 진행되는 시점까지만 존재하면 충분 • 제2행위의 독립성을 강조하여 객관적으로 귀속될 수 있는 결과까지 미수범으로 처벌하는 것은 부당
계획 실현설 (Roxin)	• 행위자가 제1행위시 의도적 고의를 가지고 있었으면 고의 기수범 • 행위자가 제1행위시 지정고의나 미필적 고의만 있었으면 제1행위의 미수와 제2행위의 과실의 경합	고의의 귀속여부를 고의의 종류에 의존시키는 것은 행위결과의 주관적 귀속과의 연관성이 미흡하고, 그와 같은 차이가 범죄계획실현의 유무를 결정할 수 있는 정도인가도 의문
객관적 귀속설	• 죄적은폐를 위한 전형적 행위로 평가될 수 있는 경우 : 객관적으로 귀속 가능, 고의 기수범(위험의 상당한 실현의 원칙) • 예컨대, 죄적은폐를 위하여 이동 중 교통사고로 사망한 때와 같이 객관적으로 귀속이 불가능한 경우는 미수범	• 고의는 객관적 귀속의 인정을 전제한다는 점을 간과 • 법률적으로 독자성을 갖는 제2행위를 제1행위의 인과적 연쇄를 이어주는 연결고리로만 파악하는 것은 부당
범행계획 기준설	• 행위자가 처음부터 제2행위를 계획한 경우 → 발생한 결과에 대한 고의기수 성립(∵ 제2행위 종료시에 제1행위가 종료) • 제1행위 이후에 비로소 제2행위를 결의 → 제1행위 미수와 제2행위 과실의 경합범	행위자의 범행계획을 판단하는 것이 곤란

✔ **〈정리〉** 크게 기수범설과 미수범설로 나눌 수 있고, 미수와 과실의 경합범설 이외의 학설은 전부 기수범의 성립을 인정한다.

제6절 과실범

제14조 【과실】
정상적으로 기울여야 할 주의(注意)를 게을리하여 죄의 성립요소인 사실을 인식하지 못한 행위는 법률에 특별한 규정이 있는 경우에만 처벌한다. [시행 2021.12.9.]

I 과실(범)의 의의와 종류

1 과실(범)의 의의

(1) 과실이란 사회생활상 요구되는 주의의무를 위반 또는 게을리하여 구성요건적 결과의 발생을 인식(예견)하지 못하거나 회피하지 못한 경우를 말한다.

(2) 과실행위는 죄의 성립요소인 사실을 인식하지 못한 행위이므로 고의가 없어 원칙적으로 처벌하지 아니하고, 예외적으로 과실범을 처벌하는 규정이 있는 경우에만 과실범으로 처벌되고 그 법정형도 고의범보다 낮게 규정하고 있다.

(3) 따라서 과실에 의해 과실범을 처벌하는 규정이 있는 구성요건적 결과가 발생하면 과실범이 성립한다. 과실범의 불법은 객관적 주의의무위반을 통한 행위반가치 및 구성요건적 결과 발생을 통한 결과반가치에서 찾을 수 있다.

예 운전하면서 전방주시주의의무를 위반하여 사람을 다치게 한 경우 → 업무상 과실치상죄 성립

2 과실의 종류

(1) 인식 없는 과실과 인식 있는 과실

① 인식 없는 과실이란 행위자가 구성요건적 결과의 발생가능성을 인식하지 못한 경우를 말하고, 인식 있는 과실이란 행위자가 구성요건적 결과의 발생가능성은 인식하였으나 구성요건적 결과가 실현되지 않을 것으로 믿고 결과발생을 회피하지 아니한 경우를 말한다.

② 양자는 형법상 동일하게 취급된다. 다만 인식 있는 과실과 미필적 고의를 구별함으로써 고의와 과실의 한계를 명확하게 할 수 있다는 점과 양형에 있어 차이가 있을 수 있다는 점에서 구별 실익이 있다.

(2) 일반과실(보통의 과실)과 업무상 과실

① 일반과실(보통의 과실)이란 일반적으로 요구되는 보통의 주의의무위반을 말하고, 업무상 과실이란 일정한 업무에 종사하는 자가 업무상 요구되는 주의의무를 게을리한 경우를 말한다.

② 업무자는 일반인보다 결과발생에 대한 예견가능성이 높기 때문에(높은 주의의무) 업무상 과실은 보통과실에 비해 중하게 처벌된다.

③ 여기의 업무란 직업 또는 사회생활상 지위에 기하여 계속·반복적으로 행하는 사무를 말하고, 그 영리목적여부, 면허여부, 적법여부를 불문한다. 단 1회의 행위라도 장래 반복·계속의사가 있으면 업무에 해당한다.

> ㅇ 강제도선구역 내에서 **조기 하선**한 **도선사**에게 하선 후 발생한 선박충돌사고에 대한 업무상 과실이 인정된다(대판 2007.9.21, 2006도6949).
>
> ㅇ 건물 소유자가 안전배려나 안전관리 사무에 계속적으로 종사하거나 그러한 계속적 사무를 담당하는 지위를 가지지 않은 채 단지 건물을 **비정기적으로 수리**하거나 건물의 **일부분을 임대**하였다는

사정만으로는 건물 소유자의 위와 같은 행위가 업무상 과실치상죄의 '업무'에 해당한다고 보기 어렵다(대판 2009.5.28, 2009도1040).

[동지판례] 건물 2층으로 올라가는 계단참의 전면 벽이 아크릴 소재의 창문 형태로 되어 있고 별도의 고정장치가 없는데도 안전바를 설치하는 등 낙하사고 방지를 위한 관리의무를 소홀로 추락하여 상해를 입었다고 하여도 안전배려나 안전관리 사무에 계속적으로 종사하였다고 인정하기 어렵다고 보아 업무상과실치상죄는 무죄로 판단하고 축소사실인 과실치상 부분만 인정된다(대판 2017.12.5, 2016도16738).

o 피고인이 사업 당시 **공사현장감독인**인 이상 그 공사의 원래의 발주자의 직원이 아니고 또 동 발주자에 의하여 현장감독에 임명된 것도 아니며, 건설업법상 요구되는 현장건설기술자의 자격도 없다는 등의 사유는 업무상과실책임을 물음에 아무런 영향도 미칠 수 없다(대판 1983.6.14, 82도2713).

(3) 경과실(보통의 과실)과 중과실

① 경과실이란 일반적으로 요구되는 보통의 주의의무위반을 말하고, 중과실이란 현저하게 주의의무를 게을리한 경우 즉, 아주 작은 주의만 기울였다면 결과발생을 방지할 수 있었던 경우의 과실을 말한다.

② 형법은 경과실보다 중과실을 가중처벌하고 있다.

✔ **〈참고〉** 우리 형법은 업무상 과실과 중과실은 동일하게 취급한다(동일한 법정형).

o 중과실은 행위자가 극히 근소한 주의를 함으로써 결과발생을 예견할 수 있었음에도 불구하고 부주의로 이를 예견하지 못하는 경우를 말하는 것으로서 중과실과 경과실의 구별은 구체적인 경우에 사회통념을 고려하여 결정될 문제이다(대판 1980.10.14, 79도305).

관련 판례 **중과실을 인정한 경우**

1) **[모텔화재사건]** 모텔 방에 투숙하여 담배를 피운 후 재떨이에 담배를 끄게 되었으나 담뱃불이 완전히 꺼졌는지 여부를 확인하지 않은 채 불이 붙기 쉬운 휴지를 재떨이에 버리고 잠을 잔 과실로 담뱃불이 휴지와 침대시트에 옮겨 붙게 함으로써 화재가 발생한 사안(대판 2010.1.14, 2009도12109)
∴ 중실화죄, 중실화치상죄, 중실화치사죄 ○ ↔ 부작위에 의한 현주건조물방화치사상죄 ×

2) **[성냥불을 휴지통에 던진 사건]** 성냥불이 꺼진 것을 확인하지 아니한 채 플라스틱 휴지통에 던진 것이 중대한 과실에 해당한다(대판 1993.7.27, 93도135). ∴ 중실화죄

3) **[5cm사건]** 피고인이 약 2.5평 넓이의 주방에 설치된 간이온돌용 새마을보일러에 연탄을 갈아넣음에 있어서 연탄의 연소로 보일러가 가열됨으로써 그 열이 전도, 복사되어 그 주변의 가열접촉물에 인화될 것을 쉽게 예견할 수 있었음에도 불구하고 그 주의의무를 게을리하여 위 보일러로부터 5 내지 10센티미터쯤의 거리에 판시 가연물질을 그대로 두고 신문지를 구겨서 보일러의 공기조절구를 살짝 막아놓은 채 그 자리를 떠나버렸기 때문에 판시와 같은 화재가 발생한 사실을 인정하기에 넉넉하므로 원심판결의 지적하는 바와 같은 채증법칙을 어긴 위법이 없다(대판 1988.8.23, 88도855).

4) **[연탄아궁이사건] 연탄아궁이로부터 80센티미터 떨어진 곳에 쌓아둔 스폰지요, 솜 등이 연탄아궁이 쪽으로 넘어지면서 화재현장에 의한 화재가 발생한 경우**라고 하더라도 그 스폰지요, 솜 등을 쌓아 두는 방법이나 상태 등에 관하여 아주 작은 주의만 기울였더라면 스폰지요나 솜 등이 넘어지고 또 그로 인하여 화재가 발생할 것을 예견하여 회피할 수 있었음에도 불구하고 부주의로 이를 예견하지 못하고 스폰지와 솜 등을 쉽게 넘어질 수 있는 상태로 쌓아둔 채 방치하였기 때문에 화재가 발생한 것으로 판단되어야만, "중대한 과실"로 인하여 화재가 발생한 것으로 볼 수 있다(대판 1989.1.17, 88도643).

✔ 〈주의〉 단순히 연탄아궁이로부터 80센티미터 떨어진 곳에 스폰지나 솜 등을 쌓아 두는 행위만으로는 중과실이 아님

5) **[안수기도사건]** 피고인이 84세 여자 노인과 11세의 여자 아이를 상대로 안수기도를 함에 있어서 그들을 바닥에 반드시 눕혀 놓고 기도를 한 후 "마귀야 물러가라", "왜 안 나가느냐"는 등 큰 소리를 치면서 한 손 또는 두 손으로 그들의 배와 가슴 부분을 세게 때리고 누르는 등의 행위를 여자 노인에게는 약 20분간, 여자아이에게는 약 30분간 반복하여 그들을 사망케 한 경우, 고령의 여자 노인이나 나이 어린 연약한 여자아이들은 약간의 물리력을 가하더라도 골절이나 타박상을 당하기 쉽고, 더욱이 배나 가슴 등에 그와 같은 상처가 생기면 치명적 결과가 올 수 있다는 것은 피고인 정도의 연령이나 경험 지식을 가진 사람으로서는 약간의 주의만 하더라도 쉽게 예견할 수 있음에도 그러한 결과에 대하여 주의를 다하지 않아 사람을 죽음으로까지 이르게 한 행위는 중대한 과실이다(대판 1997.4.22, 97도538). ∴ 중과실치사죄 인정

6) **[주차장 출입구 문주사건]** 피고인이 관리하던 주차장 출입구 문주의 하단부분에 금이 가 있어 도괴될 위험성이 있었다면 피고인으로서는 소유자에게 그 보수를 요청하는 외에 그 보수가 있을 때까지 임시적으로라도 받침대를 세우는 등 도괴를 방지하거나 그 근처에 사람이나 자동차 등의 근접을 막는 등 도괴로 인한 인명의 피해를 막도록 조치를 하여야 할 주의의무가 있다 할 것이며 동 주차장에는 사람이나 자동차의 출입이 빈번하고 근처 거주의 어린아이들이 문주 근방에서 놀이를 하는 사례가 많은데도 불구하고 소유자에게 그 보수를 요구하는데 그쳤다면 그 주의의무를 심히 게을리한 중대한 과실이 있다고 할 것이다(대판 1982.11.23, 82도2346). ∴ 중과실치상죄 인정

7) **[중조**(베이킹소다)**사건] 농약**을 평소 신문지에 포장하여 판매하여 온 중조와 같은 모양으로 포장하여 점포선반에 방치하고 가족에게 알리지 아니하여 사고가 발생하였다면 중과실치사죄의 죄책을 면할 수 없다(대판 1961.11.16, 4294형상312).

[사실관계] 가족이 농약을 중조로 알고 피해자에게 판매하여 피해자가 이를 먹고 사망한 사안

관련 판례 **중과실을 부정한 경우**

1) **[연탄아궁이사건]** 피고인이 연탄아궁이로부터 80센티미터쯤 떨어진 곳에 비닐로 포장한 스폰지요, 솜 등을 끈으로 묶지 않은 채 쌓아두었다고 하더라도, 피고인이 아주 작은 주의만 기울였더라면 그 것들이 연탄아궁이 쪽으로 쉽게 넘어지고 또 그로 인하여 훈소현상(불꽃 없이 연기만 내면서 타는 현상)에 의한 화재가 발생할 것을 예견할 수 있었다고 보기는 어렵다(대판 1989.1.17, 88도643).

2) 호텔오락실의 경영자가 그 오락실 천정에 형광등을 설치하는 공사를 하면서 그 호텔의 전기보안 담당자에게 아무런 통고를 하지 아니한 채 **무자격전기기술자**로 하여금 전기공사를 하게 하였더

라도, 그로 인하여 전선의 합선에 의한 방화가 발생할 것 등을 쉽게 예견할 수 있었다고 보기는 어려우므로 위 오락실경영자에게 위와 같은 과실이 있었더라도 사회통념상 이를 화재발생에 관한 중대한 과실이라고 평가하기는 어렵다(대판 1989.10.13, 89도204).

3) **[러시안룰렛게임사건]** 경찰관인 피고인들은 동료 경찰관인 갑 및 피해자 을과 함께 술을 많이 마셔 취하여 있던 중 갑자기 위 갑이 총을 꺼내 을과 같이 총을 번갈아 자기의 머리에 대고 쏘는 소위 "러시안 룰렛" 게임을 하다가 을이 자신이 쏜 총에 맞아 사망한 경우 …… 위 게임을 제지하지 못하였을 뿐인데 보통사람의 상식으로서는 함께 수차에 걸쳐서 흥겹게 술을 마시고 놀았던 일행이 갑자기 자살행위와 다름없는 위 게임을 하리라고는 쉽게 예상할 수 없는 것이므로(신뢰의 원칙), 경찰관이라는 신분상의 조건을 고려하더라도 위와 같은 상황에서 피고인들이 이 사건 "러시안 룰렛" 게임을 즉시 물리력으로 제지하지 못하였다 한들 그것만으로는 위 갑의 과실과 더불어 중과실치사죄의 형사상 책임을 지울 만한 위법한 주의의무위반이 있었다고 평가할 수 없다(대판 1992.3.10, 91도3172).

4) 임차인이 甲으로부터 임차하여 사용하던 방의 문에 약간의 틈이 있다거나 연통 등 가스배출시설에 사소한 결함이 있는 정도의 하자로 인해 임차인이 그 방에서 연탄가스에 중독되어 사망한 경우 甲에게 중과실치사의 죄책을 물을 수 없다(대판 1986.6.24, 85도2070).

∵ 임차인이 사용하던 방문에 약간의 틈이 있다거나 연통 등 가스배출시설에 결함이 있는 정도의 하자는 임대차 목적물인 위 방을 사용할 수 없을 정도의 파손상태라고 볼 수 없고 이는 임차인의 통상의 수선 및 관리의무에 속하는 것이기 때문

II 과실범 처벌규정

Thema 정리 **과실범 처벌규정 정리** → "화수가전파열 교장사상"

과실범	업무상과실범	중과실범
실화죄(제170조)	업무상실화죄	중실화죄
과실일수죄(제181조)	×	×
과실가스·전기방류죄(제173조의2)	업무상과실가스·전기방류죄	중과실가스·전기방류죄
과실가스·전기공급방해죄(제173조의2)	업무상과실가스·전기공급방해죄	중과실가스·전기공급방해죄
과실폭발성물건파열죄(제173조의2)	업무상과실폭발성물건파열죄	중과실폭발성물건파열죄
과실교통방해죄(제189조)	업무상과실교통방해죄	중과실교통방해죄
×	업무상과실장물죄(제364조)	중과실장물죄(제364조)
과실치사죄(제267조)	업무상과실치사죄	중과실치사죄
과실치상죄(제266조)	업무상과실치상죄	중과실치상죄

✔ 〈주의〉 폭발물사용죄는 과실범 처벌규정 × ↔ 폭발성물건파열죄는 과실범 처벌규정 ○

✔ 〈정리〉 일수죄는 업무상·중과실 처벌규정이 없고, 장물죄는 업무상·중과실 처벌규정만 있다.

Ⅲ 과실범의 성립요건

1 객관적 주의의무 위반(과실)

(1) 주의의무위반

행위자가 사회생활상 요구되는 주의의무를 게을리하여, 예견가능하고 회피가능한 결과를 야기한 경우를 의미한다. 따라서 주의의무는 ① 결과예견의무와 ② 결과회피의무를 내용으로 한다.

- 의료사고에 있어서 의사의 **과실**을 인정하기 위해서는 의사가 결과발생을 예견할 수 있었음에도 불구하고 그 결과발생을 예견하지 못하였고 그 결과 발생을 회피할 수 있었음에도 불구하고 그 결과발생을 회피하지 못한 과실이 검토되어야 한다(대판 1999.12.10, 99도3711).
- 원칙적으로 **도급인**에게는 수급인의 업무와 관련하여 사고방지에 필요한 안전조치를 취할 주의의무가 없으나, / ① 법령에 의하여 도급인에게 수급인의 업무에 관하여 **구체적인 관리·감독의무** 등이 부여되어 있거나, ② 도급인이 공사의 시공이나 개별 작업에 관하여 **구체적으로 지시·감독**하였다는 등의 특별한 사정이 있는 경우에는 도급인에게도 수급인의 업무와 관련하여 사고방지에 필요한 안전조치를 취할 주의의무가 있다(대판 2009.5.28, 2008도7030).

(2) 주의의무의 판단기준

주의의무 위반여부는 일반인의 주의능력을 기준으로 판단한다(객관설, 평균인표준설, 통설·판례). 이 경우 행위자의 능력을 고려하지 않으나, 행위자의 특별한 지식·경험은 고려한다.

✔ 〈암기〉 평균인표준설에 따른 주의의무판단 "능불지고"

- **의료사고**에서 의사에게 과실의 유무를 판단할 때에는 **같은 업무와 직종에 종사**하는 **일반적 보통인의 주의정도**를 표준으로 하고, 사고 당시의 일반적인 의학의 수준과 의료환경 및 조건, 의료행위의 특수성 등을 고려하여야 한다(대판 2014.5.29, 2013도14079). 이러한 법리는 한의사의 경우에도 마찬가지이다(대판 2011.4.14, 2010도10104).

  [동지판례] 의료과오사건에서 의사의 과실을 인정하려면 결과 발생을 예견할 수 있고 또 회피할 수 있었는데도 예견하거나 회피하지 못한 점을 인정할 수 있어야 한다. 의사의 과실이 있는지는 **같은 업무 또는 분야에 종사하는 평균적인 의사**가 보통 갖추어야 할 통상의 주의의무를 기준으로 판단하여야 하고, 사고 당시의 일반적인 의학 수준, 의료환경과 조건, 의료행위의 특수성 등을 고려하여야 한다(대판 2018.5.11, 2018도2844).
- 의사에게는 환자의 상황, 당시의 의료수준, 자신의 지식·경험 등에 따라 적절하다고 판단되는 진료방법을 선택할 폭넓은 재량권이 있으므로, **의사가 특정 진료방법을 선택하여 진료를 하였다**면 해당 진료방법 선택과정에 합리성이 결여되어 있다고 볼 만한 사정이 없는 이상 진료의 결과만을 근거로 하여 그중 어느 진료방법만이 적절하고 다른 진료방법을 선택한 것은 과실에 해당한다고 말할 수 없다(대판 2015.6.24, 2014도11315).

2 결과발생 · 인과관계

(1) 과실범이 성립하려면 구성요건상 결과발생이 있어야 한다. 현행 형법상 결과가 발생하지 않는 경우 과실범은 성립하지 않으며, 과실범의 미수를 처벌하는 규정도 없다.

(2) 과실행위와 결과발생 사이에 **인과관계**가 인정되어야 한다.

- 의사가 설명의무를 위반한 채 의료행위를 하였다가 환자에게 상해 또는 사망의 결과가 발생한 경우 의사에게 업무상 과실로 인한 형사책임을 지우기 위해서는 의사의 설명의무 위반과 환자의 상해 또는 사망 사이에 상당인과관계가 존재하여야 한다(대판 2011.4.14, 2010도10104).

- **[할로테인마취사건]** 수술주관의사 또는 마취담당의사가 할로테인을 사용한 전신마취에 의하여 난소종양절제수술을 함에 앞서 혈청의 생화학적 반응에 의한 간기능검사로 환자의 간 상태를 정확히 파악하지 아니한 채 개복수술을 시행하여 환자가 급성전격성간염으로 인하여 사망한 경우 응급환자가 아닌 난소종양환자의 경우에 있어서 수술주관의사 또는 마취담당의사인 피고인들로서는 난소종양절제수술에 앞서 혈청의 생화학적 반응에 의한 검사 등으로 종합적인 간기능검사를 철저히 하여 피해자가 간 손상 상태에 있는지의 여부를 확인한 후에 마취 및 수술을 시행하였어야 할 터인데 피고인들은 시진, 문진 등의 검사결과와 정확성이 떨어지는 소변에 의한 간검사 결과만을 믿고 피해자의 간상태를 정확히 파악하지 아니한 채 할로테인으로 전신마취를 실시한 다음 이 사건 개복수술을 감행한 결과 수술 후 22일만에 환자가 급성전격성간염으로 인하여 사망한 경우에는 피고인들에게 **업무상과실**이 있다. / 그러나 혈청에 의한 간기능검사를 시행하지 않거나 이를 확인하지 않은 피고인들의 과실과 피해자의 사망 간에 **인과관계**가 있다고 하려면 피고인들이 수술 전에 피해자에 대한 간기능검사를 하였더라면 피해자가 사망하지 않았을 것임이 입증되어야 할 것이다(대판 1990.12.11, 90도694) → 업무상과실은 인정되나, 과실과 사망 사이에 인과관계가 입증되지 않았다는 취지(합법적 대체행위이론 : 주의의무위반관련성 ×)
[동지판례] **농배양을 하지 않은 의사의 과실**과 피해자의 사망 사이에 인과관계를 인정하려면, 농배양을 하였더라면 피고인이 투약해 온 항생제와 다른 어떤 항생제를 사용하게 되었을 것이라거나 어떤 다른 조치를 취할 수 있었을 것이고, 따라서 피해자가 사망하지 않았을 것이라는 점이 인정되어야 한다(대판 1996.11.8, 95도2710).

- 선행 교통사고와 후행 교통사고 중 어느 쪽이 원인이 되어 피해자가 사망에 이르게 되었는지 밝혀지지 않은 경우 후행 교통사고를 일으킨 사람의 과실과 피해자의 사망 사이에 인과관계가 인정되기 위해서는 후행 교통사고를 일으킨 사람이 주의의무를 게을리하지 않았다면 피해자가 사망에 이르지 않았을 것이라는 사실이 증명되어야 하고, 그 증명책임은 검사에게 있다(대판 2007.10.26, 2005도8822).

- 의사 甲이 고령의 간경변증 환자 A에게 수술과정에서 출혈 등으로 신부전이 발생하여 생명이 위험할 수 있다는 점에 대하여 설명하지 아니하고 수술하던 도중 출혈 등으로 A가 사망한 경우, A가 당해 수술의 위험성을 충분히 인식하고 있어 甲이 **설명의무를 다하였더라도 A가 수술을 거부하지 않았을 것**으로 인정된다면 甲의 설명의무위반과 A의 사망 사이에 인과관계가 부정된다(대판 2015.6.24, 2014도11315).

Ⅳ 객관적 주의의무의 제한

1 허용된 위험

현대 사회에 있어서 위험을 수반하는 생활영역의 경우에 행위자가 결과를 회피하기 위한 안전조치를 다 하였다면 이에 의하여 법익침해적 결과가 발생한 경우라도 그 사회적 유용성으로 말미암아 사회적 상당성 있는 행위로 보아 행위자에게 과실범으로 처벌할 수 없다는 이론이다. 과실범의 객관적 주의의무를 제한하는 기능을 하게 되고, 이에 해당하면 구성요건해당성 자체가 없다고 보게 된다.
예 자동차의 운전, 원자력발전소의 가동 등

2 신뢰의 원칙

(1) 의의 및 법적 성격

신뢰의 원칙이란 행위자가 스스로 주의의무를 다하면서 타인도 주의의무를 다할 것으로 신뢰한 것이 상당한 경우에는 타인의 주의의무 위반에 의하여 결과가 발생한 경우에도 행위자는 과실책임을 지지 않는다는 원칙을 말한다. 허용된 위험의 법리가 특수한 경우에 적용된 것으로서 **과실범의 객관적 주의의무를 제한하는 기능**을 한다.

(2) 적용범위

① 이 원칙은 교통사고영역에서 판례를 통하여 형성되어 의료사고영역으로 확장적용되고 있다.
② 신뢰의 원칙은 차량 대 보행자 간에는 원칙적으로 신뢰의 원칙을 적용하지 않고, 예외적으로 보행자의 규칙위반이 중대한 경우에만 적용한다.
③ 신뢰의 원칙은 수평적 분업관계(예 서로 대등한 관계)에는 적용되나, 수직적 분업관계(예 지휘·감독관계)에는 적용되지 않는다.

관련 판례 교통사고의 경우

1. **신뢰의 원칙을 적용한 경우**(주의의무 부정, 과실 ×)

[차량 vs. 차량]

1) **중앙선 표시**가 있는 직선도로에 있어서 특별한 사정이 없는 한 그 대향차선상의 차량은 그 차선을 유지운행하고 도로중앙선을 넘어 반대차선에 진입하지 않으리라고 믿는 것이 우리의 경험칙에 합당하다고 할 것이므로 대향차선상을 달려오는 차량을 발견하였다 하여 자기가 운전하는 차를 정지 또는 서행하거나 일일이 그 차량의 동태를 예의주시할 의무가 있다고 할 수 없다(대판 1984.2.14, 83도3086).

2) **우선권 있는 운전자**가 우선순위를 무시하고 상대방 차량이 과속으로 교차로에 진입 교행하여 올 것을 예상하여 사고발생을 미리 막을 주의의무는 없고 그로 인한 차량충돌에 운전사로서의 주의의무를 다하지 못한 과실은 없다(대판 1984.4.24, 84도185).

3) **오토바이**가 버스를 앞지르기 위해 도로 2차선으로 진입하여 무모하게 위 트럭과 버스 사이에 끼어들어 이 사이를 빠져 나가려 한 경우에 있어서는 선행차량이 속도를 낮추어 앞지르려는 피해자의 오토바이를 선행하도록 하여 줄 업무상 주의의무가 있다고 할 수 없다(대판 1984.5.29, 84도483).

4) 신호등에 의하여 교통정리가 행하여지고 있는 교차로를 **녹색등화**에 따라 직진하는 차량의 운전자는 특별한 사정이 없는 이상, 다른 차량이 신호를 위반하고 직진하는 차량의 앞을 가로 질러 좌회전할 경우까지를 예상하여 사고발생을 미연에 방지할 특별한 조치까지 강구할 업무상의 주의의무는 없다(대판 1985.1.22, 84도1493).

5) 운전자에게 야간에 무등화인 **자전거**를 타고 차도를 무단횡단하는 경우까지를 예상하여 제한속력을 감속하고 잘 보이지 않는 반대차선상의 동태까지 살피면서 서행운행할 주의의무가 있다고 할 수 없다(대판 1984.9.25, 84도1695).

[자동차 vs. 보행자]

1) **고속국도**에서는 보행으로 통행, 횡단하거나 출입하는 것이 금지되어 있으므로 고속국도를 주행하는 차량의 운전자는 도로 양측에 휴게소가 있는 경우에도 동 도로상에 보행자가 있음을 예상하여 감속 등 조치를 할 주의의무가 있다 할 수 없다(대판 1977.6.28, 77도403).

2) **자동차 전용도로**를 운행하는 자동차의 운전자로서는 특별한 사정이 없는 한 무단횡단하는 보행자가 나타날 경우를 미리 예상하여 급정차할 수 있도록 운전해야 할 주의의무는 없다(대판 1989.3.28, 88도1484).

3) 각종 차량의 내왕이 번잡하고 보행자의 횡단이 금지되어 있는 **육교밑 차도**를 주행하는 자동차운전자가 전방 보도 위에 서있는 피해자를 발견했다 하더라도 육교를 눈앞에 둔 동인이 특히 차도로 뛰어들 거동이나 기색을 보이지 않는 한 일반적으로 동인이 차도로 뛰어들어 오리라고 예견하기 어려운 것이므로 이러한 경우 운전자로서는 일반보행자들이 교통관계법규를 지켜 차도를 횡단하지 아니하고 육교를 이용하여 횡단할 것을 신뢰하여 운행하면 족하다 할 것이고 불의에 뛰어드는 보행자를 예상하여 이를 사전에 방지해야 할 조치를 취할 업무상 주의의무는 없다(대판 1985.9.10, 84도1572).

4) 교통이 빈번한 간선도로에서 **횡단보도의 보행자 신호등**이 **적색**으로 표시된 경우, 자동차운전자에게 보행자가 동 적색신호를 무시하고 갑자기 뛰어나오리라는 것까지 미리 예견하여 운전하여야 할 업무상의 주의의무까지는 없다(대판 1985.11.12, 85도1893).
[동지판례] 차량의 운전자로서는 횡단보도의 신호가 적색인 상태에서 반대차선상에 정지하여 있는 차량의 뒤로 보행자가 건너오지 않을 것이라고 신뢰하는 것이 당연하고 그렇지 아니할 사태까지 예상하여 그에 대한 주의의무를 다하여야 한다고는 할 수 없다(대판 1993.2.23, 92도2077).

2. 신뢰의 원칙을 적용하지 않은 경우(주의의무 인정, 과실 ○)

1) [1] 고속도로의 노면이 결빙된 데다가 짙은 안개로 시계가 20m 정도 이내였다면 차량운전자는 제한시속에 관계없이 장애물 발견 즉시 제동정지할 수 있을 정도로 속도를 줄이는 등의 조치를 취하였어야 할 것이므로 단순히 제한속도를 준수하였다는 사실만으로는 주의의무를 다하였다 할 수 없다. [2] 피고인의 주의의무 태만으로 인하여 고속도로상에 **정지 중인 차량을 추돌**한 사고가 발생된 이상 피해차량 후방에 사고발생표지가 설치되어 있지 아니하였고 피해자들이 다른 승객들처럼 대피하지 않고 피해차량 뒤 고속도로 노면에 들어와 있었다 하더라도 피고인의 범행성립에는 영향이 없다(대판 1990.12.26, 89도2589).

2) 앞차를 뒤따라 진행하는 차량의 운전사로서는 앞차에 의하여 전방의 시야가 가리는 관계상 앞차의 어떠한 돌발적인 운전 또는 사고에 의하여서라도 자기 차량에 연쇄적인 사고가 일어나지 않도록 앞차와의 충분한 안전거리를 유지하고 진로 전방좌우를 잘 살펴 진로의 안전을 확인하면서

진행할 주의의무가 있다(대판 2001.12.11, 2001도5005).

[사실관계] 선행차량에 이어 피고인 운전 차량이 피해자를 연속하여 **역과**하는 과정에서 피해자가 사망한 경우, 피고인의 업무상 과실을 인정한 사례

3) 야간에 고속도로에서 차량을 운전하는 자는 주간에 정상적인 날씨 아래에서 고속도로를 운행하는 것과는 달리 노면상태 및 가시거리상태 등에 따라 고속도로상의 제한최고속도 이하의 속도로 감속・서행할 주의의무가 있다(대판 1999.1.15, 98도2605).

[사실관계] 야간에 선행사고로 인하여 전방에 정차해 있던 승용차와 그 옆에 서 있던 피해자를 충돌한 경우 운전자에게 고속도로상의 제한최고속도 이하의 속도로 감속운전하지 아니한 과실이 있다.

관련 판례 **의료사고의 경우**

1. 신뢰의 원칙을 적용한 경우(주의의무 부정, 과실 ×) **: 수평적 분업관계**

1) **[의사 vs. 의사] 내과의사**가 **신경과 전문의**에 대한 협의진료 결과 피해자의 증세와 관련하여 신경과 영역에서 이상이 없다는 회신을 받았고, 그 회신 전후의 진료 경과에 비추어 그 회신 내용에 의문을 품을 만한 사정이 있다고 보이지 않자 그 회신을 신뢰하여 뇌혈관계통 질환의 가능성을 염두에 두지 않고 내과 영역의 진료 행위를 계속하다가 피해자의 증세가 호전되기에 이르자 퇴원하도록 조치한 경우, 피해자의 지주막하출혈을 발견하지 못한 데 대하여 내과의사의 업무상과실을 부정한다(대판 2003.1.10, 2001도3292).

2) **[의사 vs. 의사]** 피해자를 담당한 의사가 아니어서 그 치료에 관한 것이 아님에도 불구하고 **구강악안면외과 과장(대학병원의 과장)**이라는 이유만으로 **외래담당의사** 및 담당 수련의들의 처치와 치료결과를 주시하고 적절한 수술방법을 지시하거나 담당의사 대신 직접 수술을 하고, 농배양을 지시・감독할 주의의무가 있다고 단정할 수 없다(대판 1996.11.8, 95도2710).

3) **[약사 vs. 제약회사]** 약사는 의약품을 판매하거나 조제함에 있어서 그 의약품이 그 표시 포장상에 있어서 약사법 소정의 검인 합격품이고 또한 부패 변질 변색되지 아니하고 유효기간이 경과되지 아니함을 확인하고 조제판매한 경우에는 특별한 사정이 없는 한 관능시험 및 기기시험까지 할 주의의무가 없으므로 그 약의 포장상의 표시를 신뢰하고 이를 사용한 경우에는 과실이 없다(대판 1976.2.10, 74도2046).

4) 피해자를 감시하도록 **업무를 인계받지 않은 간호사**가 자기 환자의 회복처치에 전념하고 있었다면 회복실에 다른 간호사가 남아있지 않은 경우에도 다른 환자의 이상증세가 인식될 수 있는 상황에서라야 이에 대한 조치를 할 의무가 있다고 보일 뿐 회복실 내의 모든 환자에 대하여 적극적, 계속적으로 주시, 점검을 할 의무가 있다고 할 수 없다(대판 1994.4.26, 92도3283).

2. 신뢰의 원칙을 적용하지 않은 경우(주의의무 인정, 과실 ○) **: 수직적 분업관계**

1) **[의사 vs. 간호사]** 간호사가 다른 환자에게 수혈할 혈액을 당해 환자에게 **잘못 수혈**하여 환자가 사망한 경우 수혈을 맡긴 의사의 과실을 인정할 수 있다(대판 1998.2.27, 97도2812).

[판결이유] 의사는 당해 의료행위가 환자에게 위해가 미칠 위험이 있는 이상 간호사가 과오를 범하지 않도록 충분히 지도・감독을 하여 사고의 발생을 미연에 방지하여야 할 주의의무가 있고, 이를 소홀히 한 채 반연히 간호사를 신뢰하여 간호사에게 당해 의료행위를 일임함으로써 간호사의

과오로 환자에게 위해가 발생하였다면 의사는 그에 대한 과실책임을 면할 수 없다. 혈액봉지가 바뀔 위험이 있는 상황에서 피고인이 그에 대한 아무런 조치도 취함이 없이 간호사에게 **혈액봉지의 교체를 일임**한 것이 관행에 따른 것이라는 이유만으로 정당화될 수는 없다.

[비교판례] 간호사가 의사의 처방에 의한 **정맥주사**(Side Injection **방식**)를 의사의 입회 없이 간호실습생(간호학과 대학생)에게 실시하도록 하여 발생한 의료사고에 대한 의사의 과실을 부정한 사례(대판 2003.8.19, 2001도3667)

∵ 신체에 직접 주사하여 주사액을 주입하는 것이 아니라 정맥에 연결된 튜브를 통하여 주사액을 주입하는 행위는 투약행위에 가깝기 때문

[비교판례] 야간 당직간호사가 담당 환자의 심근경색 증상을 당직의사에게 제대로 보고하지 않음으로써 당직의사가 필요한 조치를 취하지 못한 채 환자가 사망한 경우, 당직의사가 취한 일련의 조치들 및 행동은 통상의 능력을 갖춘 의사로서 심근경색 또는 패혈증의 결과발생을 예견하고 이를 회피할 수 있었음에도 그러한 주의의무를 게을리하였다고 단정하기 어려워 업무상 과실을 인정하기 어렵다(대판 2007.9.20, 2006도294). → 야간 당직간호사의 업무상 과실만 인정

2) **[전공의 vs. 수련의]** 환자의 주치의 겸 정형외과 전공의가 같은 과 수련의의 처방에 대한 감독의무를 소홀히 한 나머지, 환자가 수련의의 잘못된 처방으로 인하여 상해를 입게 된 경우 전공의에 대한 업무상과실치상죄가 인정된다(대판 2007.2.22, 2005도9229).

[판결이유] 의사가 다른 의사와 의료행위를 분담하는 경우에도 자신이 환자에 대하여 주된 의사의 지위에 있거나 다른 의사를 사실상 지휘 감독하는 지위에 있다면, (그 의료행위의 영역이 자신의 전공과목이 아니라 다른 의사의 전공과목에 전적으로 속하거나 다른 의사에게 전적으로 위임된 것이 아닌 이상,) 의사는 자신이 주로 담당하는 환자에 대하여 다른 의사가 하는 의료행위의 내용이 적절한 것인지의 여부를 확인하고 감독하여야 할 업무상 주의의무가 있고, 만약 의사가 이와 같은 업무상 주의의무를 소홀히 하여 환자에게 위해가 발생하였다면, 의사는 그에 대한 과실 책임을 면할 수 없다.

→ 의사가 환자에 대하여 다른 의사와 의료행위를 분담하는 경우에 다른 의사의 전공과목에 전적으로 속하는 사항에 대하여는 다른 의사가 하는 의료행위의 내용이 적절한 것인지의 여부를 확인하고 감독하여야 할 업무상 주의의무가 없다.

3) 치료 과정에서 야간당직의사의 과실이 일부 개입하였다고 하더라도 그의 주치의사 및 환자와의 관계에 비추어 볼 때 환자의 **주치의사**는 업무상과실치사죄의 책임을 면할 수는 없다(대판 1994.12.9, 93도2524).

(3) 적용한계

신뢰의 원칙은 신뢰관계를 기대할 수 없는 관계 즉, ① 상대방의 규칙위반을 알고 있거나 알 수 있었던 경우(이미 인식 또는 예상되는 경우)나, ② 상대방의 규칙준수를 신뢰할 수 없는 경우, ③ 행위자가 교통규칙을 스스로 위반한 경우에는 원칙적으로 신뢰의 원칙이 적용되지 않는다. 다만, 행위자가 교통규칙을 스스로 위반한 경우에도 사고와 직접적으로 관계없는 경우 다시 신뢰의 원칙을 적용하여 과실책임을 부정한다.

- 과실범에 관한 이른바 신뢰의 원칙은 상대방이 이미 비정상적인 행태를 보이고 있는 경우에는 적용될 여지가 없는 것이고, 이는 행위자가 경계의무를 게을리하는 바람에 상대방의 비정상적인 행태를 미리 인식하지 못한 경우에도 마찬가지이다(대판 2009.4.23, 2008도11921).
- **신뢰의 원칙**은 상대방 교통관여자가 도로교통 관련 제반 법규를 지켜 자동차의 운행 또는 보행에 임하리라고 신뢰할 수 없는 특별한 사정이 있는 경우에는 **적용**이 **배제**된다(대판 2022.6.16, 2022도1401).
[사실관계] 횡단보행자용 신호기가 설치되어 있지 않은 횡단보도를 통과한 직후 그 부근에서 도로를 횡단하는 피해자(만 9세, 여)를 뒤늦게 발견하고 급정거하는 바람에 교통사고가 발생한 경우업무상 주의의무 위반을 인정한 사례

관련 판례 **신뢰의 원칙을 적용하지 않은 경우**(주의의무 인정, 과실 ○)

1) 고속도로를 횡단하려는 피해자를 그 차의 **제동거리 밖에서 발견**하였다면 피해자가 반대 차선의 교행차량 때문에 도로를 완전히 횡단하지 못하고 그 진행차선쪽에서 멈추거나 다시 되돌아 나가는 경우를 예견해야 하는 것이다(대판 1981.3.24, 80도3305).
2) 침범금지의 황색중앙선이 설치된 도로에서 자기차선을 따라 운행하는 자동차운전수는 반대 반대방향에서 오는 차량이 이미 **중앙선을 침범하여 비정상적인 운행**을 하고 있음을 목격한 경우에는 자기의 진행전방에 돌입할 가능성을 예견하여 사고발생을 미연에 방지할 업무상 주의의무가 있다(대판 1986.2.25, 85도2651).
3) 고속도로가 **비가 내려 노면이 미끄러**웠고 추월선상에 다른 차가 진행하고 있었으므로 속도를 더 줄이고 급히 제동할 수 있는 조치를 취하여야 할 주의의무를 게을리하여 추월선상의 차량이 피고인의 차선으로 갑자기 들어오는 것을 피하다가 빗길에 미끄러져 중앙분리대를 넘어가 반대편 추월선상의 자동차와 충돌한 경우에는 업무상과실치사상죄 및 도로교통법 제108조 위반의 범죄를 구성한다(대판 1991.1.15, 90도1918).
4) 버스 운전자가 40미터 전방 우측로변에 **어린아이**가 같은 방향으로 걸어가고 있음을 목격한 경우에 자동차 운전자는 그 아이가 신행하는 버스 앞으로 느닷없이 튀어나오는 수가 있음을 예견하고 이에 대비할 주의의무가 있다(대판 1970.8.18, 70도1336).

관련 판례 **신뢰의 원칙을 적용한 경우**(주의의무 부정, 과실 ×)

1) 신호등에 의하여 교통정리가 행하여지고 있는 **ㅏ자형 삼거리의 교차로를 녹색등화에 따라 직진**하는 차량의 운전자는 특별한 사정이 없는 한 다른 차량들도 교통법규를 준수하고 충돌을 피하기 위하여 적절한 조치를 취할 것으로 믿고 운전하면 족하고, 대향차선 위의 다른 차량이 신호를 위반하고 직진하는 자기 차량의 앞을 가로질러 좌회전할 경우까지 예상하여 그에 따른 사고발생을 미리 방지하기 위한 특별한 조치까지 강구하여야 할 업무상의 주의의무는 없고, 위 직진차량 운전자가 사고지점을 통과할 무렵 제한속도를 위반하여 과속운전한 잘못이 있었다 하더라도 그러한 잘못과 교통사고의 발생과의 사이에 상당인과관계가 있다고 볼 수 없다(대판 1993.1.15, 92도2579).
[동지판례] 녹색등화에 따라 왕복 8차선의 간선도로를 직진하는 차량의 운전자는 접속도로에서 진행하여 오던 차량이 아예 허용되지 아니하는 좌회전을 감행하여 직진하는 자기 차량의 앞을 가로질러

진행하여 올 경우까지 예상하여 그에 따른 사고발생을 미리 방지하기 위하여 특별한 조치까지 강구할 주의의무는 없다 할 것이고, 또한 운전자가 제한속도를 초과하여 과속으로 진행한 잘못이 있다 하더라도 그러한 잘못과 교통사고의 발생 사이에 상당인과관계가 있다고 볼 수는 없다(대판 1998.9.22, 98도1854).

2) 피고인이 **좌회전 금지구역에서 좌회전**한 것은 잘못이나 이러한 경우에도 피고인으로서는 50여 미터 후방에서 따라오던 후행차량이 중앙선을 넘어 피고인 운전차량의 좌측으로 돌진하는 등 극히 비정상적인 방법으로 진행할 것까지를 예상하여 사고발생 방지조치를 취하여야 할 업무상 주의의무가 있다고 할 수는 없고, 따라서 좌회전 금지구역에서 좌회전한 행위와 사고발생 사이에 상당인과관계가 인정되지 아니한다(대판 1996.5.28, 95도1200).

✓ 판례 1)~2) : 행위자가 교통규칙을 스스로 위반한 경우에도 사고와 직접적으로 관계없는 경우 다시 신뢰의 원칙을 적용하여 과실책임을 부정한다는 취지

V 관련 문제

1 과실범의 미수

과실범의 미수는 이론상 인정할 여지가 없고, 우리 형법상 과실범의 미수를 처벌하는 규정도 없다.

2 과실범의 공범

(1) 과실에 의한 교사·방조

교사범·방조범이 성립하려면 교사와 방조의 고의(예 정범에게 범행을 하게 하거나 도와준다는 고의)를 요하므로 과실에 의한 교사·방조는 성립할 수 없다.

(2) 과실범에 대한 교사·방조

교사범·방조범이 성립하려면 정범의 고의(예 정범이 고의의 범죄를 범한다는 것을 인식하는 것)를 요하므로 과실범에 대한 교사·방조는 성립할 수 없다. 다만 과실범으로 처벌되는 자를 이용한 간접정범으로 처벌될 수 있다(제34조).

(3) 과실범의 공동정범

판례는 행위공동설의 입장에서 과실범의 공동정범을 인정하고 있다.

o **[성수대교 붕괴사건]** 이 사건 교량붕괴의 경우, 건설업자, 제작·시공을 감독하는 공무원에게는 트러스 제작상, 시공 및 감독의 과실이 인정되고, 교량유지·관리를 감독하는 공무원들의 감독상의 과실이 합쳐져서 이 사건 사고의 한 원인이 되었으며, 한편 피고인들은 이 사건 성수대교를 안전하게 건축되도록 한다는 공동의 목표와 의사연락이 있었다고 보아야 할 것이므로, 피고인들 사이에는 이 사건 **업무상 과실치사상 등 죄**(업무상과실교통방해죄, 업무상과실자동차추락죄)에 대하여 제30조 소정의 공동정범의 관계가 성립된다(대판 1997.11.28, 97도1740).

3 과실범의 부작위범

과실에 의한 부작위범은 성립 가능하고, 이를 망각범이라 한다.

4 과실범의 위험범

과실에 의한 위험범도 성립 가능하다. 예를 들어 실화죄, 과실교통방해죄 등을 들 수 있다.

Thema 정리 **과실 관련 정리**

구분	교사	방조	공동정범	부작위
과실에 의한 ~	× (∵ 이중의 고의 필요)	× (∵ 이중의 고의 필요)	○ (∵ 행위공동설)	○ (망각범)
과실(범)에 대한 ~	× → 간접정범 성립	× → 간접정범 성립		
편면적 ~	× (∵ 범행을 결의하게 하지 못하므로)	○	×	

✔ 편면적 방조범만 성립될 수 있다!(∵ 정범과 종범 사이에 공동실행의사가 필요하지 않으므로)
↔ 편면적 공동정범 ×, 편면적 교사범 ×

VI 과실범에 대한 판례

관련 판례 **객관적 주의의무 인정**(과실 ○)

1) **금은방 운영자**가 반지를 매수함에 있어 장물인 정을 알 수 있었거나 장물인지의 여부를 의심할 만한 특별한 사정이 있었다면 매도인의 신원확인 외에 반지의 출처 및 소지경위 등에 대하여도 확인할 업무상 주의의무가 있다(대판 2003.4.25, 2003도348).

2) 산후조리원에 입소한 신생아가 출생 후 10일 이상이 경과하도록 계속하여 수유량 및 체중이 지나치게 감소하고 잦은 설사 등의 이상증세를 보임에도 불구하고, **산후조리원의 신생아 집단관리를 맡은 책임자**가 의사나 한의사 등의 진찰을 받도록 하지 않아 신생아가 탈수 내지 괴사성 장염으로 사망한 사안에서, 위 집단관리 책임자가 산모에게 신생아의 이상증세를 즉시 알리고 적절한 조치를 구하여 산모의 지시를 따른 것만으로는 업무상 주의의무를 다하였다고 볼 수 없다(대판 2007.11.16, 2005도1796).
∴ 업무상 과실치사 인정

3) 운동경기에 참가하는 자가 경기규칙을 준수하는 중에 또는 그 경기의 성격상 당연히 예상되는 정도의 경미한 규칙위반 속에 제3자에게 상해의 결과를 발생시킨 것으로서, 사회적 상당성의 범위를 벗어나지 아니하는 행위라면 과실치상죄가 성립하지 않는다. / 그러나 골프경기를 하던 중 골프공을 쳐서 아무도 예상하지 못한 자신의 등 뒤편으로 보내어 등 뒤에 있던 **경기보조원(캐디)**에게 상해를 입힌 경우에는 주의의무를 현저히 위반하여 사회적 상당성의 범위를 벗어난 행위로서 과실치상죄가 성립한다(대판 2008.10.23, 2008도6940).

4) 골프장의 경기보조원이 **골프 카트**에 승객들을 태우고 진행하기 전에 안전 손잡이를 잡도록 고지하지도 않고, 또한 승객들이 안전 손잡이를 잡았는지 확인하지도 않은 상태에서 만연히 출발하였으며, 각도 70° 가 넘는 우로 굽은 길을 속도를 충분히 줄이지 않고 급하게 우회전하여 상해를 입게 한 경우 업무상 과실이 인정된다(대판 2010.7.22, 2010도1911).

5) 골프 경기보조원인 피고인이 경기 도중 안전사고에 대비하여 참가자들에게 안전수칙에 따라 경기를 하도록 주의를 주고, 경기자들이 친 공이 서로 가까운 곳에 떨어져 다음 샷이 준비되고 있는 상황에서 안전한 경기운영을 위한 아무런 조치를 취하지 않았다면 업무상 과실이 인정된다(대판 2022.12.1, 2022도11950)

6) 택시 운전자인 피고인이 심야에 밀집된 주택 사이의 좁은 골목길이자 직각으로 구부러져 가파른 비탈길의 내리막에 누워 있던 피해자의 몸통 부위를 택시 바퀴로 **역과**하여 그 자리에서 사망에 이르게 하고 도주한 사안에서, 위 사고 당시 시각과 사고 당시 도로상황 등에 비추어 자동차 운전업무에 종사하는 피고인으로서는 평소보다 더욱 속도를 줄이고 전방 좌우를 면밀히 주시하여 안전하게 운전함으로써 사고를 미연에 방지할 주의의무가 있었는데도, 이를 게을리한 채 그다지 속도를 줄이지 아니한 상태로 만연히 진행하던 중 전방 도로에 누워 있던 피해자를 발견하지 못하여 위 사고를 일으켰으므로, 사고 당시 피고인에게는 이러한 업무상 주의의무를 위반한 잘못이 있다(대판 2011.5.26, 2010도17506).

7) 자동차의 운전자는 횡단보행자용 신호기의 지시에 따라 횡단보도를 횡단하는 보행자가 있을 때에는 **횡단보도에의 진입 선후를 불문**하고 **일시정지**하는 등의 조치를 취함으로써 보행자의 통행이 방해되지 않도록 하여야 하고, / 다만 자동차가 횡단보도에 먼저 진입한 경우로서 그대로 진행하더라도 보행자의 횡단을 방해하지 않거나 통행에 위험을 초래하지 않을 상황이라면 그대로 진행할 수 있는 것으로 해석되고, 이러한 법리는 그 보호의 정도를 달리 볼 이유가 없는 횡단보행자용 신호기가 설치되지 않은 횡단보도를 횡단하는 보행자에 대하여도 마찬가지로 적용된다. / 따라서 **모든 차의 운전자**는 보행자보다 먼저 횡단보행자용 신호기가 설치되지 않은 횡단보도에 진입한 경우에도, 보행자의 횡단을 방해하지 않거나 통행에 위험을 초래하지 않을 상황이 아니고서는, 차를 **일시정지하**는 등으로 보행자의 통행이 방해되지 않도록 할 의무가 있다(대판 2022.4.14, 2020도17724).
[사실관계] 피고인이 운전한 화물차가 보행자인 피해자보다 먼저 횡단보행자용 신호기가 없는 횡단보도에 진입하였더라도 화물차를 일시정지하지 않은 채 횡단보도를 통과한 행위는 도로교통법 제27조 제1항에 따른 '**횡단보도에서의 보행자 보호의무**'를 위반한 경우에 해당한다.

8) 피고인이 경력이 오래된 간호사라 하더라도 단지 **잘 모르는 약제가 처방되었다는 등의 사유**만으로 그 처방의 적정성을 의심하여 의사에게 이를 확인하여야 할 주의의무까지 있다고 보기는 어렵다 할 것이지만, / 환자에 대한 투약 과정 및 그 이후의 경과를 관찰·보고하고 환자의 요양에 필요한 간호를 수행함을 그 직무로 하고 있는 **종합병원의 간호사**로서는 그 직무 수행을 위하여 처방 약제의 투약 전에 미리 그 기본적인 약효나 부작용 및 주사 투약에 따르는 주의사항 등을 확인·숙지하여야 할 의무가 있다(대판 2009.12.24, 2005도8980).
[사실관계] 의사들의 주의의무 위반과 처방체계상의 문제점으로 인하여 수술 후 회복과정에 있는 환자에게 인공호흡 준비를 갖추지 않은 상태에서는 사용할 수 없는 약제가 잘못 처방되었고, 종합병원의 간호사로서 환자에 대한 투약 과정 및 그 이후의 경과 관찰 등의 직무 수행을 위하여 처방 약제의 기본적인 약효나 부작용 및 주사 투약에 따르는 주의사항 등을 미리 확인·숙지하였다면 과실로 처방된 것임을 알 수 있었음에도 그대로 주사하여 환자가 의식불명 상태에 이르게 된 사안에서, 간호사에게 업무상 과실치상의 형사책임을 인정한 사례

관련 판례 **객관적 주의의무 부정**(과실 ×)

1) 제왕절개분만을 함에 있어서 산모에게 수혈을 할 필요가 있을 것이라고 예상할 수 있었다는 사정이 보이지 않는 한, 산후과다출혈에 대비하여 **제왕절개수술**을 시행하기 전에 미리 혈액을 준비할 업무상 주의의무가 있다고 보기 어렵다(대판 1997.4.8, 96도3082).
[비교판례] 산부인과 의사가 산모의 태반조기박리에 대한 대응조치로서 **응급 제왕절개 수술**을 시행하기로 결정하였다면 이러한 경우에는 적어도 제왕절개 수술 시행 결정과 아울러 산모에게 수혈을 할 필요가 있을 것이라고 예상되는 특별한 사정이 있어 미리 혈액을 준비하여야 할 업무상 주의의무가 있다고 보아야 한다(대판 2000.1.14, 99도3621).

2) 건설회사가 건설공사 중 타워크레인의 설치작업을 **전문업자에게 도급**주어 타워크레인 설치작업을 하던 중 발생한 사고에 대하여 건설회사의 현장대리인에게 업무상과실치사상의 죄책을 물을 수 없다(대판 2005.9.9, 2005도3108).

3) **[찜질방사건]** 술을 마시고 **찜질방**에 들어온 갑이 찜질방 직원 몰래 후문으로 나가 술을 더 마신 다음 후문으로 다시 들어와 발한실에서 잠을 자다가 사망한 사안에서, 갑이 처음 찜질방에 들어갈 당시 술에 만취하여 목욕장의 정상적 이용이 곤란한 상태였다고 단정하기 어렵고, 찜질방 직원 및 영업주에게 손님이 몰래 후문으로 나가 술을 더 마시고 들어올 경우까지 예상하여 직원을 추가로 배치하거나 후문으로 출입하는 모든 자를 통제·관리하여야 할 업무상 주의의무가 있다고 보기 어렵다(대판 2010.2.11, 2009도9807).

4) **[산소잔량 체크 안 한 사건]** 병원 인턴인 피고인이, 응급실로 이송되어 온 익수환자 갑을 담당의사 을의 지시에 따라 구급차에 태워 다른 병원으로 이송하던 중 산소통의 산소잔량을 체크하지 않은 과실로 산소 공급이 중단된 결과 갑을 폐부종 등으로 사망에 이르게 하였다는 내용으로 기소된 사안에서, 을에게서 이송 도중 갑에 대한 앰부 배깅(ambu bagging)과 진정제 투여 업무만을 지시받은 피고인에게 일반적으로 구급차 탑승 전 또는 이송 도중 구급차에 비치되어 있는 **산소통의 산소잔량을 확인할 주의의무**가 있다고 보기는 어렵고, 다만 피고인이 갑에 대한 앰부 배깅 도중 산소 공급 이상을 발견하고도 구급차에 동승한 의료인에게 기대되는 적절한 조치를 취하지 아니하였다면 업무상 과실이 있다고 할 것이나, 피고인이 산소부족 상태를 안 후 취한 조치에 어떠한 업무상 주의의무 위반이 있었다고 볼 수 없는데도, 피고인에게 산소잔량을 확인할 주의의무가 있음을 전제로 업무상과실치사죄를 인정한 원심판단에 응급의료행위에서 인턴의 주의의무 범위에 관한 법리오해 또는 심리미진의 위법이 있다고 한 사례(대판 2011.9.8, 2009도13959).

5) 환자의 **명시적인 수혈 거부 의사**가 존재하여 수혈하지 아니함을 전제로 환자의 승낙(동의)을 받아 수술하였는데 수술 과정에서 수혈을 하지 않으면 생명에 위험이 발생할 수 있는 응급상태에 이른 경우에, 환자의 생명을 보존하기 위해 불가피한 수혈 방법의 선택을 고려함이 원칙이라 할 수 있지만, 한편으로 환자의 생명 보호에 못지않게 환자의 자기결정권을 존중하여야 할 의무가 대등한 가치를 가지는 것으로 평가되는 때에는 이를 고려하여 진료행위를 하여야 한다. 어느 경우에 수혈을 거부하는 환자의 자기결정권이 생명과 대등한 가치가 있다고 평가될 것인지는 환자의 나이, 지적 능력, 가족관계, 수혈 거부라는 자기결정권을 행사하게 된 배경과 경위 및 목적, 수혈 거부 의사가 일시적인 것인지 아니면 상당한 기간 동안 지속되어 온 확고한 종교적 또는 양심적 신념에 기초한 것인지, 환자가 수혈을 거부하는 것이 실질적으로 자살을 목적으로 하는 것으로 평가될 수 있는지 및 수혈을 거부하는 것이 다른 제3자의 이익을 침해할 여지는 없는 것인지 등 제반 사정을 종합적으로 고려하여 판단하여야 한다. 다만 환

자의 생명과 자기결정권을 비교형량하기 어려운 특별한 사정이 있다고 인정되는 경우에 의사가 자신의 직업적 양심에 따라 환자의 양립할 수 없는 두 개의 가치 중 어느 하나를 존중하는 방향으로 행위하였다면, 이러한 행위는 처벌할 수 없다(대판 2014.6.26, 2009도14407). ∴ 업무상 과실치사 ×

6) **[전공의의 처방으로 환자가 사망한 사안에서 교수의 책임이 문제된 사건]** [1] **의사가 환자에 대하여 주된 의사의 지위에서 진료하는 경우라도,** 자신은 환자의 수술이나 시술에 전념하고 마취과 의사로 하여금 마취와 환자 감시 등을 담당토록 하거나, 특정 의료영역에 관한 진료 도중 환자에게 나타난 문제점이 자신이 맡은 의료영역 내지 전공과목에 관한 것이 아니라 그에 선행하거나 병행하여 이루어진 다른 의사의 의료영역 내지 전공과목에 속하는 등의 사유로 다른 의사에게 그 관련된 협의진료를 의뢰한 경우처럼 **서로 대등한 지위**에서 각자의 의료영역을 나누어 환자 진료의 일부를 분담하였다면, 진료를 분담받은 다른 의사의 전적인 과실로 환자에게 발생한 결과에 대하여는 책임을 인정할 수 없다. [2] **수련병원의 전문의와 전공의 등의 관계처럼 의료기관 내의 직책상 주된 의사의 지위에서 지휘·감독 관계에 있는 다른 의사에게 특정 의료행위를 위임하는 수직적 분업의 경우**에는, **그 다른 의사에게 전적으로 위임된 것이 아닌 이상** 주된 의사는 자신이 주로 담당하는 환자에 대하여 다른 의사가 하는 의료행위의 내용이 적절한 것인지 여부를 확인하고 감독하여야 할 업무상 주의의무가 있고, 만약 의사가 이와 같은 업무상 주의의무를 소홀히 하여 환자에게 위해가 발생하였다면 주된 의사는 그에 대한 과실 책임을 면할 수 없다. [3] 의료행위에 앞서 환자에게 그로 인하여 발생할 수 있는 위험성 등을 구체적으로 설명하여야 하는 주체는 원칙적으로 주된 지위에서 진료하는 의사라 할 것이나 특별한 사정이 없는 한 다른 의사를 통한 설명으로도 충분하다.(대판 2022.12.1, 2022도1499).

[사실관계] 장폐색이 있는 피해자의 치료를 담당하였던 대학병원 내과 교수의 대장내시경 준비지시를 받은 내과 전공의 2년차가 대장내시경을 위해 투여하는 장정결제를 감량하지 않고 일반적인 용법으로 투여하며 별도로 배변양상을 관찰할 것을 지시하지 않고 관련 설명을 제대로 하지 않은 업무상과실로 피해자의 장이 파열되고 사망한 경우 내과 교수가 전공의를 지휘·감독하는 지위에 있다는 사정만으로 직접 수행하지 않은 장정결제 처방과 장정결로 발생할 수 있는 위험성에 관한 설명에 대하여 책임이 있다고 단정한 원심에 의사의 의료행위 분담에 관한 법리를 오해함으로써 판결에 영향을 미친 잘못이 있다는 취지로 파기·환송한 사례

제7절 결과적가중범

제15조【사실의 착오】

② 결과 때문에 형이 무거워지는 죄의 경우에 그 결과의 발생을 예견할 수 없었을 때에는 무거운 죄로 벌하지 아니한다. [시행 2021.12.9.]

I 결과적가중범의 의의

1 의의

결과적가중범이란 고의에 의한 기본범죄에 의하여 행위자가 의도하지 않았던 중한 결과를 발생시킨

경우에 형벌이 가중되는 범죄이다. 따라서 결과적가중범은 고의의 기본범죄와 과실의 중한 결과로 이루어진다(**고의와 과실의 결합형태**).

예 상해의 고의로 사람을 칼로 찔렀는데 출혈이 심하여 사망에 이른 경우

2 중한 처벌의 이유

결과적가중범을 같은 결과를 과실로 실현한 과실범보다 무겁게 처벌하는 이유는 고의의 기본범죄에 전형적으로 포함된 잠재적인 위험의 실현으로 단순한 과실범보다 행위반가치(↔ **결과반가치** ×)가 더 크기 때문이다.

II 결과적가중범의 종류

결과적가중범은 진정결과적가중범과 부진정결과적가중범으로 나뉘어진다.

구분	진정결과적가중범	부진정결과적가중범
개인적 법익	상해치사죄, 폭행치사상죄, 낙태치사상죄 유기치사상죄, 인질치사상죄, 체포·감금치사상죄 강간·강제추행치사상죄, 강도치사상죄 해상강도치사상죄, 손괴치사상죄	**중상해죄** 중유기죄 중손괴죄 중권리행사방해죄
사회적 법익	연소죄, 폭발성물건파열치사상죄 가스·전기 등 방류치사상죄 가스·전기 등 공급방해치사상죄 교통방해치사죄, 음용수혼독치사죄	**현주건조물방화치사상죄** 현주건조물일수치사상죄 교통방해치상죄 음용수혼독치상죄
국가적 법익	특수공무집행방해치사죄	**특수공무집행방해치상죄**

✓ 〈주의〉 중체포감금죄는 결과적가중범이 ×(∵ 사람을 체포 또는 감금하여 '가혹한 행위'를 한 경우)

1 진정결과적가중범(고의+과실)

고의의 기본범죄에 의하여 과실로 중한 결과가 발생한 경우이다.

2 부진정결과적가중범(고의+과실, 고의+고의)

(1) 의의

고의의 기본범죄에 의하여 과실로 중한 결과가 발생한 경우뿐만 아니라, 고의로 중한 결과를 발생하게 한 경우를 말한다.

(2) 부진정결과적가중범의 인정여부 문제

진정결과적가중범만 인정하면 과실로 중한 결과를 발생시킨 경우가 고의로 중한 결과를 발생시킨 경우보다 형벌이 높아 처벌의 불균형이 발생할 수 있으므로 인정하는 것이 판례의 입장이다.

예 사람을 살해하려고 현주건조물에 방화하여 사망케 한 경우 현주건조물방화죄와 살인죄의 상상적 경합으로 처리하면 형이 중한 살인죄로 처벌하게 되는데 현주건조물방화치사죄의 경우 형이 더 무거워 처벌의 불균형 발생(현주건조물방화치사 = 7년 이상 징역 > 살인죄 = 5년 이상 징역)

ㅇ [은봉암 사건] 형법 제164조 후단이 규정하는 현주건조물방화치사상죄는 그 전단이 규정하는 죄에 대한 일종의 가중처벌 규정으로서 과실이 있는 경우뿐만 아니라, **고의가 있는 경우**에도 포함된다고 볼 것이므로, 현주건조물 내에 있는 사람을 강타하여 실신케 한 후 동건조물에 방화하여 소사케 한 피고인을 현주건조물에의 방화죄와 살인죄의 상상적 경합으로 의율할 것은 아니다(대판 1983.1.18, 82도2341).
[사실관계] 甲은 乙을 살해하기 위하여 乙의 집으로 갔으나, 乙은 집에 없고 乙의 처 丙이 자신을 알아보자 丙을 야구방망이로 강타하여 실신시킨 후 이불을 뒤집어 씌우고 석유를 뿌려 방화함으로써 乙의 집을 전소케 하고 丙을 사망케 한 경우
→ 현주건조물방화치사죄 ○ (∵ 사형, 무기 또는 7년 이상의 징역의 무거운 법정형을 정하고 있기 때문)
[비교판례(은봉암사건)**] 현주건조물에 방화하여 동 건조물에서 탈출하려는 사람을 막아 소사케 한 경우,** 현주건물방화죄와 살인죄는 **실체적 경합**관계에 있다(대판 1983.1.18, 82도2341).
[사실관계] 甲은 현주건조물에 방화를 한 후 불이 붙은 집에서 빠져 나오려는 乙이 탈출하지 못하도록 방문 앞에 버티어 서서 지킨 결과 乙을 소사케 한 경우

(3) 부진정결과적가중범의 종류

① **~치사** : 현주건조물방화치사죄, 현주건조물일수치사죄 → **2가지**

② **~치상** : 현주건조물방화치상죄, 현주건조물일수치상죄, 교통방해치상죄, 특수공무집행방해치상죄, 음용수혼독치상죄

③ **중~** : 중상해죄, 중유기죄, 중손괴죄, 중권리행사방해죄

ㅇ **특수공무집행방해치상죄**는 원래 결과적가중범이기는 하지만, 이는 중한 결과에 대하여 예견가능성이 있었음에 불구하고 예견하지 못한 경우에 벌하는 진정결과적가중범이 아니라 그 결과에 대한 예견가능성이 있었음에도 불구하고 예견하지 못한 경우뿐만 아니라 고의가 있는 경우까지도 포함하는 **부진정결과적가중범**이다(대판 1995.1.20, 94도2842).[9]

(4) 부진정결과적가중범의 죄수문제

원칙적으로 부진정결과적가중범만 성립하나, 중한 결과에 대한 고의범의 형이 부진정결과적가중범의 형보다 중한 경우 중한 형을 확보할 필요 때문에 상상적 경합관계에 있다고 본다(판례).

ㅇ 기본범죄를 통하여 고의로 중한 결과를 발생하게 한 경우에 가중 처벌하는 부진정결과적가중범에서, 고의로 중한 결과를 발생하게 한 행위가 별도의 구성요건에 해당하고 그 <**고의범에 대하여 결과적가중범에**

---

9) **2010년 법원행정고등고시(50점)** 甲은 2010.10.20. 22:00경 혈중알콜농도 0.180%의 정도로 술에 취하여 정상적인 운전이 곤란한 상태에서 쏘나타 승용차를 운전하던 중, A 등 경찰관들로부터 음주운전 단속을 당하게 되자 이를 피하기 위하여 도주하다가 경찰관 A가 순찰차로 추격하여 위 승용차를 따라잡은 후 순찰차에서 내려 위 승용차의 진로를 막으면서 甲에게 위 승용차에서 하차할 것을 요구하였으나 이에 불응하면서 위 승용차를 운전하여 A가 서 있는 방향으로 진행하여 위 승용차로 A를 들이받아 A에게 약 3주간의 치료를 요하는 상해를 입게 하고, 계속하여 도주하다가 전방주시를 태만히 한 과실로 마침 도로가를 걸어가고 있던 B를 뒤늦게 발견하고 급정차하였으나 미치지 못하고 위 승용차로 B를 들이받아 B에게 4주간의 치료를 요하는 상해를 입게 하였다. 甲의 죄책(죄명, 적용법조 및 죄수관계)을 논하시오.

정한 형보다 더 무겁게 처벌하는 규정이 있는 경우>에는 그 고의범과 결과적가중범이 **상상적 경합**관계에 있지만, / 위와 같이 <**고의범에 대하여 더 무겁게 처벌하는 규정이 없는 경우>**에는 결과적가중범이 고의범에 대하여 **특별관계**에 있으므로 **결과적가중범만** 성립하고 이와 법조경합의 관계에 있는 고의범에 대하여는 별도로 죄를 구성하지 않는다(대판 2008.11.27, 2008도7311).

관련 판례 **부진정결과적가중범의 죄수관계**

1) **[특수공무집행방해치상사건]** 직무를 집행하는 공무원에 대하여 위험한 물건을 휴대하여 고의로 상해를 가한 경우에는 **특수공무집행방해치상죄만** 성립할 뿐, 이와는 별도로 폭력행위 등 처벌에 관한 법률 위반(집단・흉기 등 상해)죄를 구성하지 않는다(대판 2008.11.27, 2008도7311).
[사실관계] 피고인이 승용차를 운전하던 중 음주단속을 피하기 위하여 위험한 물건인 승용차로 단속 경찰관을 들이받아 경찰관의 공무집행을 방해하고 경찰관에게 상해를 입게 한 경우[10)]
∵ 폭력행위 등 처벌에 관한 법률 제2조(집단・흉기 등 상해)의 법정형(= 3년 이상의 징역)은, 특수공무집행방해치상죄의 법정형(= 3년 이상의 징역)과 동일하기 때문

2) **[존속살해죄와 현주건조물방화치사죄의 관계]** 사람을 살해할 목적으로 현주건조물에 방화하여 사망에 이르게 한 경우에는 **현주건조물방화치사죄**로 의율하여야 하고 이와 더불어 살인죄와의 상상적 경합범으로 의율할 것은 아니며, / 다만 **존속살인죄와 현주건조물방화치사죄**는 **상상적 경합범**관계에 있으므로, **법정형이 중한 존속살인죄로 의율**함이 타당하다(대판 1996.4.26, 96도485).
[사실관계] 자기의 존속을 살해할 목적으로 존속이 현존하는 건조물에 방화하여 사망에 이르게 한 경우 존속살해죄와 현주건조물방화치사죄의 상상적 경합범이 성립한다.

3) **[강도살인죄와 현주건조물방화치사죄의 관계]** 피고인들이 피해자들의 재물을 강취한 후 그들을 살해할 목적으로 현주건조물에 방화하여 사망에 이르게 한 경우, 피고인들의 행위는 **강도살인죄와 현주건조물방화치사죄**에 모두 해당하고 그 두 죄는 **상상적 경합범**관계에 있다(대판 1998.12.8, 98도3416).
[사실관계] 甲이 乙의 재물을 강취한 뒤 乙을 살해할 의사로 乙의 집에 방화하여 乙을 살해한 경우
✔ 〈정리〉 부진정결과적가중범에서 판례가 상상적 경합으로 본 경우(∵ 고의범의 형 > 결과적가중범의 형)
┌ 존속살해죄와 현주건조물방화치사 : 존속살해죄 = 7년 이상 징역 & 자격정지 병과 > 현주건조물방화치사 = 7년 이상 징역
└ 강도살인죄와 현주건조물방화치사 : 강도살인죄 = 무기징역 > 현주건조물방화치사 = 7년 이상 징역

Ⅲ 결과적가중범의 성립요건

1 고의의 기본범죄

(1) 기본범죄는 고의에 의한 범죄이어야 한다.

---

10) 2019년 법무사시험(15점) 甲은 경찰관 乙의 하차요구에 불응하고 승용차를 운전하여 乙이 서 있는 방향으로 진행하면서 乙의 오른쪽 무릎을 위 차량 앞범퍼로 들이받아 乙에게 약 4주간의 치료를 요하는 우측 슬관절 파열 등의 상해를 가하였다. 이에 검사는 甲을 특수공무집행방해치상죄(형법 제144조 제2항)와 특수상해죄(형법 제258조의2 제1항)의 상상적 경합으로 기소하였다. 甲의 죄책을 논하시오.

(2) 기본범죄가 과실인 경우 단순한 과실범이지 결과적가중범이 아니다.

예 과실치사상죄, 업무상과실치사상죄, 실화치사 죄 등 → 결과적가중범 ×, 단순한 과실범 ○

(3) 기본범죄는 미수·기수를 불문한다. 따라서 기본범죄가 미수이더라도 중한 결과가 발생하면 결과적가중범이 성립한다.

2 중한 결과 발생

고의의 기본범죄에 전형적으로 포함된 잠재적인 위험의 실현으로서 기본범죄를 초과하는 중한 결과의 발생이 있어야 한다.

○ 강도치상죄에 있어서의 상해는 강도의 기회에 범인의 행위로 인하여 발생한 것이면 족한 것이므로, 피고인이 택시를 타고 가다가 요금지급을 면할 목적으로 소지한 과도로 운전수를 협박하자 이에 놀란 운전수가 택시를 급우회전하면서 그 충격으로 피고인이 겨누고 있던 과도에 어깨부분이 찔려 상처를 입었다면, 피고인의 위 행위를 강도치상죄에 의율함은 정당하다(대판 1985.1.15, 84도2397).

3 인과관계

(1) 기본범죄를 위한 실행행위와 중한 결과사이에 인과관계가 있어야 한다.

○ [인과관계 인정] [속셈학원강사 강간치사사건] 피고인이 자신이 경영하는 **속셈학원의 강사**로 피해자를 채용하고 학습교재를 설명하겠다는 구실로 유인하여 호텔 객실에 감금한 후 강간하려 하자, 피해자가 완강히 반항하던 중 피고인이 대실시간 연장을 위해 전화하는 사이에 객실 창문을 통해 탈출하려다가 지상에 추락하여 사망한 경우, 피고인의 강간미수행위와 피해자의 사망과의 사이에 상당인과관계가 있으므로 강간치사죄가 성립한다(대판 1995.5.12, 95도425).

○ [인과관계 부정] [강간피해자 음독자살사건] 강간을 당한 피해자가 집에 돌아가 음독자살하기에 이르른 원인이 강간을 당함으로 인하여 생긴 수치심과 장래에 대한 절망감 등에 있었다 하더라도 그 자살행위가 바로 강간행위로 인하여 생긴 당연의 결과라고 볼 수는 없으므로 강간행위와 피해자의 자살행위 사이에 인과관계를 인정할 수는 없다(대판 1982.11.23, 82도1446).

(2) 기본범죄와 중한 결과사이의 인과관계는 제15조 제2항에서 명시적으로 규정되어 있지 않다(∵ **기술되지 않은 구성요건**).

(3) 여기서 중한 결과는 기본범죄로부터 직접 초래되어야 한다(직접성 원칙). 중한 결과가 기본행위 자체로부터 발생한 경우, 기본행위의 수단으로부터 발생한 경우, 기본행위에 수반하는 행위로부터 발생한 경우에는 직접성이 인정된다.

○ 강간 등에 의한 치사상죄에 있어서 사상의 결과는 ① 간음**행위 그 자체**로부터 발생한 경우나 ② 강간의 **수단**으로 사용한 폭행으로부터 발생한 경우는 물론 ③ 강간에 **수반하는 행위**에서 발생한 경우도 포함한다(대판 1995.1.12, 94도2781).

4 중한 결과의 예견가능성(= 과실)

(1) 기본범죄의 실행시에 중한 결과에 대한 예견가능성 즉, 과실이 있어야 한다.

> ○ 특수공무집행방해치상죄는 단체 또는 다중의 위력을 보이거나 위험한 물건을 휴대하고 직무를 집행하는 공무원에 대하여 폭행·협박을 하여 공무원을 사상에 이르게 한 경우에 성립하는 결과적가중범으로서, 행위자가 그 결과를 의도할 필요는 없고 그 **결과의 발생을 예견할 수 있으면** 족하다(대판 2002.4.12, 2000도3485 ; 대판 2008.6.26, 2007도6188).
>
> ○ 형법 제15조 제2항이 규정하고 있는 이른바 결과적가중범은 행위자가 '**행위시**'에 그 **결과의 발생을 예견할 수 없을 때**에는 비록 그 행위와 결과 사이에 **인과관계가 있다 하더라도** 중한 죄로 벌할 수 없다(대판 1988.4.12, 88도178).

(2) 예견가능성은 제15조 제2항에서 명시적으로 규정되어 있다(책임주의와의 조화).

(3) 다만 부진정결과적가중범의 경우 중한 결과에 대하여 고의가 있어도 성립한다.

관련 판례 예견가능성이 있는 경우

1) 피고인이 갑의 뺨을 1회 때리고 오른손으로 목을 쳐 갑으로 하여금 뒤로 넘어지면서 머리를 땅바닥에 부딪치게 하여 상해를 가하고 그로 인해 사망에 이르게 한 경우, 갑이 두부 손상을 입은 후 병원에서 입원치료를 받다가 합병증으로 사망에 이르게 되어 피고인의 범행과 갑의 사망 사이에 **인과관계**를 부정할 수 없고, 사망 결과에 대한 **예견가능성**이 있었으므로 상해치사죄가 성립한다(대판 2012.3.15, 2011도17648).

2) **[고속도로급정차 교통방해치사사건]** 피고인이 고속도로 2차로를 따라 **자동차**를 운전하다가 1차로를 진행하던 갑의 차량 앞에 급하게 끼어든 후 곧바로 정차하여, 갑의 차량 및 이를 뒤따르던 차량 두 대는 연이어 급제동하여 정차하였으나, 그 뒤를 따라오던 을의 차량이 앞의 차량들을 연쇄적으로 추돌케 하여 을을 사망에 이르게 하고 나머지 차량 운전자 등 피해자들에게 상해를 입힌 사안에서, 피고인의 정차 행위와 사상의 결과 발생 사이에 상당**인과관계**가 있고, 사상의 결과 발생에 대한 **예견가능성**도 인정된다(대판 2014.7.24, 2014도6206).

관련 판례 예견가능성이 없는 경우

1) **[삿대질사건]** 피고인이 피해자에게 상당한 힘을 가하여 넘어뜨린 것이 아니라 단지 공장에서 동료 사이에 말다툼을 하던 중 피고인이 삿대질하는 것을 피하고자 피해자 자신이 두어 걸음 뒷걸음치다가 회전 중이던 십자형 **스빙기계** 철받침대에 걸려 넘어진 정도라면, 당시 바닥에 위와 같은 장애물이 있어서 뒷걸음치면 장애물에 걸려 넘어질 수 있다는 것까지는 예견할 수 있었다고 하더라도 그 정도로 넘어지면서 머리를 바닥에 부딪쳐 두개골절로 사망한다는 것은 이례적인 일이어서 통상적으로 일반인이 예견하기 어려운 결과라고 하지 않을 수 없으므로 피고인에게 폭행치사죄의 책임을 물을 수 없다(대판 1990.9.25, 90도1596).

2) **[생일빵 폭행사건]** 속칭 '생일빵'을 한다는 명목하에 피해자를 가격하여 사망에 이르게 한 경우, 폭행과 사망 간에 인과관계는 인정되지만 폭행 당시 피해자의 사망을 예견할 수 없기 때문에 폭행치사죄는 성립되지 않는다(대판 2010.5.27, 2010도2680).

→ 다만 속칭 '생일빵'을 한다는 명목하에 피해자를 가격하였다면 폭행죄가 성립하고, 가격행위의 동기, 방법, 횟수 등 제반 사정에 비추어 사회상규에 위배되지 아니하는 정당행위에 해당하지 않는다고 판시하였다.
→ 폭행치사 ×, 폭행 ○

IV 관련 문제

1 결과적가중범의 미수[11)]

(1) 진정결과적가중범의 미수

① 기본범죄가 미수이더라도 중한 결과가 발생하면 기수이다.

- 강간이 미수에 그친 경우라도 그 수단이 된 폭행에 의하여 피해자가 상해를 입었으면 **강간치상죄**가 성립하는 것이며, 미수에 그친 것이 피고인이 자의로 실행에 착수한 행위를 중지한 경우이든 실행에 착수하여 행위를 종료하지 못한 경우이든 가리지 않는다(**대판 1988.11.8, 88도1628**).
- 위험한 물건인 전자충격기를 사용하여 강간을 시도하다가 미수에 그치고, 피해자에게 약 2주간의 치료를 요하는 안면부 좌상 등의 상해를 입힌 경우, 성폭력범죄의 처벌 및 피해자보호 등에 관한 법률에 의한 특수강간치상죄가 성립한다(대판 2008.4.24, 2007도10058).

② 중한 결과가 미수인 경우 과실범의 미수는 인정되지 않으므로 기본범죄만 성립한다.

심화 Thema **진정결과적가중범의 미수**[12)]

1. 문제점

진정결과적가중범에서 기본범죄를 범하였으나 중한 결과가 발생하지 않았을 때는 결과적가중범 자체가 성립하지 않는다. **기본범죄가 미수에 그치고 중한 결과가 발생한 경우** 결과적가중범의 미수를 인정할 것인지 여부가 문제된다.[13)]

2. 학설

강도치사상죄, 해상강도치사상죄 등 미수처벌규정이 있고, 결과불법에 차이가 있는 경우 과중한 형벌을 제한할 수 있으므로 진정결과적가중범의 미수를 인정할 있다는 **긍정설**과 중한 결과가 발생한 경우 기본범죄의 미수·기수를 불문하고 결과적가중범의 기수로 보아야 하고, 미수처벌규정은 강도상해와 같은 고의결합범에만 적용된다고 보는 **부정설(통설)**의 대립이 있다.

3. 판례

강간이 미수에 그친 경우라도 그 수단이 된 폭행에 의하여 피해자가 상해를 입었으면 **강간치상죄**가 성립하는 것이다(대판 1988.11.8, 88도1628)라고 하여 **부정설**의 태도이다.

11) 2003년 법무사시험, 2021년 변호사시험(사례)
12) 2003년 법무사시험
13) 김성돈 제8판 형법총론 p.552 ~ p.553

4. 검토

강도상해 등 **고의결합범**의 경우 중한 결과가 발생하면 기본범죄의 미수・기수를 불문하고 기수범으로 보는 법리처럼 결과적가중범의 경우에도 중한 결과가 발생한 이상 결과불법이 인정된다 보아야 한다. 부정설이 타당하다.

(2) 부진정결과적가중범의 미수

중한 결과가 발생하지 않은 경우 미수를 인정할 것인지에 대하여 견해가 대립하나, 부정하는 것이 다수의 견해이다.

심화 Thema 부진정결과적가중범의 미수[14)]

1. 문제점

부진정결과적가중범에서 중한 결과 발생에 대하여 고의가 있었으나 중한 결과가 발생하지 않은 경우 이론상 미수가 될 수 있으므로 이를 인정할 것인지 견해가 대립된다.

2. 학설

현주건조물방화치상죄에 대해 미수처벌규정이 있으므로 부진정결과적가중범의 미수를 인정하는 **긍정설**과 현행 형법 해석상 부진정결과적가중범의 미수를 처벌하는 규정은 없다고 보아야 하므로 부진정결과적가중범의 미수를 인정하지 않는 **부정설(통설)**의 대립이 있다.

3. 검토

이론상 부진정결과적가중범의 미수를 인정할 있음은 별론 우리 형법의 해석상 부진정결과적가중범의 미수를 처벌하는 규정은 없다고 보아야 하므로 부정설이 타당하다.

(3) 현행법상 결과적가중범의 미수처벌규정

① 현행법상 결과적가중범의 미수 처벌규정이 있다.

② 형법에서는 현주건조물일수치사상죄(제182조), 인질치사상죄(제324조의5), 강도치사상죄(제342조), 해상강도치사상죄(제342조)에서 미수처벌규정을 두고 있다.

③ 성폭력범죄처벌특례법에는 특수강간치사상죄에 미수처벌규정을 두고 있다.

✓ 〈암기〉 결과적가중범 미수처벌규정 "일인강해(성)"

2 결과적가중범의 공범

(1) 판례는 결과적가중범의 **공동정범**을 인정하고 있다.

○ 결과적가중범인 상해치사죄의 공동정범은 폭행 기타의 신체침해 행위를 공동으로 할 의사가 있으면 성립되고 결과를 공동으로 할 의사는 필요 없으며, 여러 사람이 상해의 범의로 범행 중 한 사람이 중한 상해를 가하여 피해자가 사망에 이르게 된 경우 나머지 사람들은 사망의 결과를 예견할 수 없는 때가 아닌 한 상해치사의 죄책을 면할 수 없다(대판 2000.5.2, 2000도745).

14) 김성돈 제8판 형법총론 p.554

(2) 교사자에게 중한 결과에 대하여 과실 내지 예견가능성이 있는 때에는 결과적가중범의 **교사범**이 성립한다.

> o 교사자가 피교사자에 대하여 상해를 교사하였는데 피교사자가 이를 넘어 살인을 실행한 경우, 일반적으로 교사자는 상해죄에 대한 교사범이 되는 것이고, 다만 이 경우 교사자에게 피해자의 사망이라는 결과에 대하여 과실 내지 예견가능성이 있는 때에는 상해치사죄의 교사범으로서의 죄책을 지울 수 있다(대판 1997.6.24, 97도1075).
>
> [**동지판례**(병신을 만들어라 사건)] 교사자가 피교사자에 대하여 상해 또는 중상해를 교사하였는데 피교사자가 이를 넘어 살인을 실행한 경우에, 일반적으로 교사자는 상해죄 또는 중상해죄의 죄책을 지게 되는 것이지만 이 경우에 교사자에게 피해자의 사망이라는 결과에 대하여 과실 내지 예견가능성이 있는 때에는 **상해치사죄의 교사범으로서의 죄책**을 지울 수 있다(대판 1993.10.8, 93도1873 ; 대판 2002.10.25, 2002도4089).

Chapter 03

위법성

제1절 위법성의 일반이론

I 위법성의 의의

위법성이란 구성요건에 해당하는 행위가 법질서전체(예 성문법, 관습법, 사회상규 내지 조리 등)로 보아 위법하다는 판단을 말한다. 형법은 이를 위법성 조각사유 형태로 규정하고, 위법성에 대하여 소극적으로 판단하고 있다.

II 위법성과 불법

Thema 정리 위법성과 불법 비교

구분	위법성	불 법
개념	행위가 법질서 전체와 모순·배치된다는 성질(관계개념)	구성요건에 해당하고 위법하다고 평가된 행위(위법성이 조각되지 않는 행위) 자체(실체개념)
차이점	법질서의 단일성 : 위법성의 유·무라는 단일하고 동일한 판단(양적·질적 차이 부정)	개별 법률에 따라 개별적 판단 : 양적·질적 차이 존재, 경중 비교 가능
예	과실손괴의 경우 : 위법성 인정, 형법상으로는 적법하나, 민법상으로는 불법	

Thema 정리 불법의 본질 정리

결과반가치	• 행위가 초래한 외부적 상황·사태에 대하여 내려지는 부정적 가치판단 • 행위가 초래한 법익침해(기수범의 결과반가치) 내지 법익침해의 위험성(미수범의 결과반가치)을 말함
행위반가치	• 행위에 대해서 사회윤리적 견지에서 내려지는 부정적 가치판단 • 일정한 의사에 따른 행위를 의미하므로 의사반가치라고도 함 1) 고의, 과실, 목적 등 주관적 요소와 2) 행위태양(예 위험한 물건의 휴대), 신분, 정범성의 표지(예 보증인지위) 등 객관적 요소를 그 내용으로 함

✔ **〈비교〉 심정반가치**(책임고의)
행위자가 위법한 행위를 통하여 법질서에 대하여 법적대적 태도를 드러내거나 법무관심의 태도를 드러내는 경우에 내려지는 부정적 가치판단 → 합일태적 범죄체계론에 의하여 책임의 내용인 고의의 의미

Ⅲ 위법성의 본질과 평가방법

Thema 정리 **위법성의 본질과 평가방법 정리**

<table>
<tr><td rowspan="2">위법성의 본질</td><td>형식적
위법성론</td><td>• 규범을 위반하는 것(규범에 대한 형식적 위반)
• 구성요건해당행위는 위조사유가 없는 한 위법성 인정</td></tr>
<tr><td>실질적
위법성론</td><td>• 권리침해, 법익침해, 사회질서위반 등
• 범죄화와 비범죄화의 기준을 제시
• 초법규적 위법성조각사유를 인정할 수 있는 이론적 근거</td></tr>
<tr><td rowspan="2">위법성의
평가방법
(판단기준)</td><td>객관적
위법성론</td><td>• 형법의 본질 = 평가규범위반
• 위법성의 평가방법(기준)과 평가대상을 구분
→ 위법성 평가는 객관적으로 하나, 그 대상에는 객관적 요소뿐 아니라 주관적 요소도 포함
• 심신상실자 등 책임무능력자의 공격에 대하여도 정당방위 가능</td></tr>
<tr><td>주관적
위법성론</td><td>• 형법의 본질 = 의사결정규범위반
• 위법성의 판단기준 = 행위자
• 규범의 내용을 이해할 수 있는 자의 구성요건해당행위만이 위법
• 책임무능력자의 행위는 책임조각이 아니라 위법하지 않은 행위
→ 책임무능력자의 행위에 대하여는 정당방위는 불가능
→ 긴급피난은 가능
✓ 〈비판〉 위법성 평가가 행위자의 개인적 사정에 의해 좌우되어서는 안됨</td></tr>
</table>

Ⅳ 위법성조각사유

1. 위법성조각사유란 구성요건에 해당하는 행위가 법질서전체로 보아 **위법하지 않다**고 보게 되는 사유를 말한다. 이를 **정당**화사유 또는 **허용**규범이라고도 한다.
2. 형법상 위법성조각사유에는 정당방위, 긴급피난, 자구행위, 피해자의 승낙, 정당행위의 5가지가 있다.
3. 특별법상 위법성조각사유로는 모자보건법상 인공임신중절수술, 형사소송법상 현행범의 체포, 민법상 점유권자의 자력구제 등이 있다.

1 위법성조각사유의 구성요소

Thema 정리 **위법성조각사유의 구성요소와 존재 · 결여의 효과**

구성요건	위법성조각사유	존재의 효과	결여의 효과
객관적 구성요건요소	객관적 정당화상황 = 위법성조각사유의 전제사실 = 허용구성요건 예 강도가 침입한 사실	결과반가치상쇄	오상방위사례 = 위법성조각사유전제사실의 착오 예 우체부를 강도로 오인하고 방위의사로 구타하여 상해를 입힌 경우 : 행위반가치 ×, 결과반가치 ○ → 고의조각 or 책임조각 ↔ 위법성조각(판례)

주관적 구성요건요소 (고의, 과실)	주관적 정당화요소 예 방위의사	행위반가치상쇄	우연방위사례 = 주관적정당화요소를 결여한 경우 예 살해의사로 총을 쏘았는데 상대방이 먼저 총을 쏘려 했던 경우 : 행위반가치 ○, 결과반가치 × 예 손괴의사로 유리창을 파손하였는데 연탄가스에 중독되어가던 사람이 깨어난 경우 (우연피난사례) → 위법성조각 or 불능미수 or 기수범(∵ 결과반가치○)

2 주관적 정당화요소

(1) 주관적 정당화요소란 위법성조각사유의 주관적 요건이다. 행위자가 위법성조각사유의 객관적 요건에 해당하는 사실(객관적 정당화상황)을 인식하고 이에 근거하여 행위한다는 의사를 말한다.

예 방위의사, 피난의사, 자구의사 등

(2) 위법성조각을 위하여는 주관적 정당화요소가 필요없다고 보는 견해(불요설)도 있으나, 주관적 정당화요소가 필요하다고 보는 견해(필요설)가 통설 · 판례이다.

① 위법성조각사유에는 주관적 정당화요소가 필요 없다는 입장(불요설)은 불법의 본질을 결과반가치라고 보는 견해에서 위법성조각을 위하여는 결과반가치만 상쇄되면 된다는 점을 근거로 한다.

② 위법성조각을 위하여는 주관적 정당화요소가 필요하다는 입장(필요설)은 불법의 본질에 대하여 행위반가치론 입장에서는 행위반가치가 상쇄되어야 하므로, 이원적 인적 불법론에서는 구성요건 해당 행위의 결과반가치와 행위반가치 모두가 상쇄되어야 위법성이 조각될 수 있다는 점을 근거로 한다.

3 주관적 정당화요소를 결여한 경우 _ 우연방위(우연피난, 우연승낙 등) 15)

(1) 정당방위 · 긴급피난 · 피해자의 승낙 등 위법성조각사유의 객관적 정당화상황은 존재하지만 주관적 정당화요소를 결여한 경우를 우연방위 · 우연피난 · 우연승낙이라고 한다.

예 甲은 평소 미워하던 乙과 우연히 마주치자 상해의 의사로 乙의 얼굴을 주먹으로 강타하여 코피가 나게 하였는데, 마침 그때 乙은 甲을 살해하려고 칼로 甲을 공격하려던 순간이었음이 밝혀진 경우(우연방위)

예 甲은 늦게 귀가하는 아들에게 화가 나 있던 중 오전 2시경 누군가가 현관문을 열고 들어오는 소리를 듣고 그를 아들이라고 생각하고 폭행의 고의로 거실에 있던 나무장식품을 던졌는데 나무장식품에 맞아 기절한 사람은 아들이 아니라 절도하려고 침입한 괴한이었던 경우(우연방위)

예 손괴의사로 유리창을 파손하였는데 연탄가스에 중독되어가던 사람이 깨어난 경우(우연피난)

예 피해자의 승낙이 객관적으로 존재하는데도 불구하고 행위자가 이를 알지 못하고 행위한 경우(우연승낙)
↔ 피해자의 승낙이 객관적으로 존재하지 않음에도 불구하고 행위자는 그것이 존재한다고 오인한 경우 위법성조각사유의 전제사실에 대한 착오의 문제(오상승낙사례)

15) 2021년 변호사시험(우연방위 사례)

(2) 이에 대하여는 위법성조각설(무죄설), 기수범설, 불능미수범설(다수설)이 대립하고 있다.

① **위법성조각설**(무죄설)은 위법성조각사유에는 주관적 정당화요소가 필요 없다는 입장(불요설)에서 객관적 정당화상황의 존재로 인해 결과반가치가 인정되지 않으므로 위법성이 조각되어 무죄라는 견해이다.

② **기수범설**은 구성요건적 결과가 발생한 이상 결과반가치가 인정되므로 기수를 인정해야 한다는 입장이다. 이에 대하여는 객관적 정당화상황이 존재함에도 존재하지 않는 경우와 동일하게 평가하는 것은 문제라는 비판이 있다.

③ **불능미수범설**(다수설)은 행위반가치는 인정되나 객관적 정당화상황의 존재로 인해 결과반가치가 인정되지 않으므로 불능미수 규정을 유추적용하자는 견해이다.

(3) 과실범의 경우 객관적 정당화상황의 존재에 의하여 결과반가치가 탈락되고 과실범의 미수가 되지만, 과실범의 미수는 불가벌이므로 행위반가치를 상쇄시키는 주관적 정당화요소가 불필요하다는 견해가 있다.

Thema 정리 **주관적 정당화요소의 요부와 주관적 정당화요소를 결한 경우의 효과와의 관계**

구분	주관적 정당화요소의 요부	주관적 정당화요소를 결한 경우의 효과
고전적 범죄체계론 **신고전적 범죄체계론**	• 불요설 • 객관적 위법성론 • 결과반가치론	• 위법성조각설(무죄설)
목적적 행위론	• 필요설 • 소극적 구성요건표지이론 • 일원적 인적불법론 • 행위반가치론	• 기수범설 (∵ 구성요건적 결과가 발생한 이상 기수범의 결과반가치를 부정할 수 없기 때문)
합일태적 범죄체계론	• 필요설 • 이원적 인적불법론	• 불능미수범설 (∵ 결과반가치 상쇄, 행위반가치 존재)

4 위법성조각사유의 비교

정당방위	긴급피난	자구행위
• 자기 또는 타인의 법익에 대한 현재의 부당한 침해	• 자기 또는 타인의 법익에 대한 현재의 위난	• 자기의 청구권 ○ • 법정절차에 의한 청구권 보전불능 & 청구권의 실행불능 및 곤란
• 방위의사	• 피난의사	• 자구의사
• 상당한 이유 • ┌ 보충성, 균형성 : × 　└ 상당성, 수단의 적합성 : ○	• 상당한 이유 • 보충성, 균형성 : ○	• 상당한 이유

• 과잉방위(제21조 제2항) • 면책적 과잉방위(제21조 제3항)	• 과잉피난 (제22조 제3항, 제21조 제2항) • 면책적 과잉피난 (제22조 제3항, 제21조 제3항)	• 과잉자구행위 (제23조 제2항) ↔ 면책적 자구행위 : ×

제2절 정당방위

제21조 【정당방위】
① 현재의 부당한 침해로부터 자기 또는 타인의 법익(法益)을 방위하기 위하여 한 행위는 상당한 이유가 있는 경우에는 벌하지 아니한다.
② 방위행위가 그 정도를 초과한 경우에는 정황(情況)에 따라 그 형을 감경하거나 면제할 수 있다.
③ 제2항의 경우에 야간이나 그 밖의 불안한 상태에서 공포를 느끼거나 경악(驚愕)하거나 흥분하거나 당황하였기 때문에 그 행위를 하였을 때에는 벌하지 아니한다. [시행 2021.12.9.]

I 의의

정당방위란 자기 또는 타인의 법익에 대한 현재의 부당한 침해를 방위하기 위한 상당한 이유가 있는 행위를 말한다. 예 강도범을 구타하는 행위
현재의 부당한 침해를 방위하기 위한 행위이므로 '부정(不正) 대 정(正)의 관계'에 있다.

II 성립요건

1 정당방위상황 _ 자기 또는 타인의 법익에 대한 현재의 부당한 침해

(1) 자기 또는 타인의 법익

① 자기뿐만 아니라 타인의 법익을 위하여도 정당방위를 할 수 있다(제3자를 위한 정당방위).

o 자기의 법익뿐 아니라 타인의 법익에 대한 현재의 부당한 침해를 방위하기 위한 행위도 상당한 이유가 있으면 형법 제21조의 정당방위에 해당하여 위법성이 조각된다(대판 2007.2.22, 2006도8750).

o 차량통행문제를 둘러싸고 피고인의 부와 다툼이 있던 피해자가 그 소유의 차량에 올라타 문안으로 운전해 들어가려 하자 피고인의 父가 양팔을 벌리고 이를 제지하였으나 위 피해자가 이에 불응하고 그대로 그 차를 피고인의 부 앞쪽으로 약 3미터 가량 전진시키자 위 차의 운전석 부근 옆에서 있던 피고인이 父가 위 차에 다치겠으므로 이에 당황하여 위 차를 정지시키기 위하여 운전석 옆 창문을 통하여 피해자의 머리털을 잡아당겨 그의 흉부가 위 차의 창문틀에 부딪혀 약간의 상처를 입게 한 행위는 **부의 생명, 신체**에 대한 현재의 부당한 침해를 방위하기 위한 행위로서 정당방위에 해당한다(대판 1986.10.14, 86도1091).

② 법익이란 법에 의하여 보호되는 모든 이익을 말하고, 형법에 의하여 보호되지 않는 법익도 포함한다. 예 생명, 신체, 명예, 재산, 자유 등 형법상 보호법익, 가족관계·애정관계, 민법상의 점유, 일반적 인격권 등

o 타인이 보는 자리에서 자식으로부터 인륜상 용납할 수 없는 폭언과 함께 폭행을 가하려는 피해자를 1회 구타한 행위는 피고인의 **신체**에 대한 법익뿐만 아니라 **아버지로서의 신분에 대한 법익**에 대한 현재의 부당한 침해를 방위하기 위한 행위로써 정황에 비추어 볼 때 피고인으로서는 피해자에게 일격을 가하지 아니할 수 없는 상당한 이유가 있는 행위로써 정당방위에 해당한다(대판 1974.5.14, 73도2401).

③ 다만 개인적 법익에 한정되고, 사회적·국가적 법익은 포함하지 않는다.

o 국군보안사령부의 민간인에 대한 정치사찰을 폭로한다는 명목으로 군무를 이탈한 행위가 정당방위나 정당행위에 해당하지 아니한다(대판 1993.6.8, 93도766).

(2) 현재의 부당한 침해

① '부당한 침해'란 사람의 행위에 의한 공격을 말하므로, 고의나 과실, 보증인 지위에 있는 자의 부작위에 의한 침해도 가능하다. 그러나 단순한 계약상의 채무불이행의 경우는 부작위에 의한 침해에 해당하지 않는다.

② 부당한 침해란 **위법한 침해**를 말하고 유책할 필요는 없으므로 책임무능력자의 침해도 여기에 해당한다. 적법(정당)한 행위에 대하여는 정당방위를 할 수 없고, 긴급피난이 가능할 뿐이다.

o 어떠한 행위가 정당방위로 인정되려면 그 행위가 자기 또는 타인의 법익에 대한 현재의 부당한 침해를 방어하기 위한 것으로서 상당성이 있어야 하므로, 위법하지 않은 정당한 침해에 대한 정당방위는 인정되지 않는다(대판 2017.3.15, 2013도2168).

o 공직선거 후보자 합동연설회장에서 후보자 갑이 적시한 연설 내용이 다른 후보자 을에 대한 명예훼손 또는 후보자비방의 요건에 해당되나 그 위법성이 조각되는 경우(유권자들의 적절한 투표권 행사를 위해 다른 후보자 을의 과거 행적에 대한 신문에 게재된 자료를 제시하면서 후보자의 자질을 문제 삼은 경우), 갑의 연설 도중에 을이 마이크를 빼앗고 욕설을 하는 등 물리적으로 갑의 연설을 방해한 행위가 갑의 '위법하지 않은 정당한 침해'에 대하여 이루어진 것일 뿐만 아니라 '상당성'을 결여하여 정당방위의 요건을 갖추지 못하였다(대판 2003.11.13, 2003도3606).

③ 동물에 의한 침해는 제외된다. 다만 사람의 사주(고의)나 과실에 의한 동물의 침해는 사람에 의한 침해에 해당하므로 정당방위의 대상이 된다.

④ '현재의 침해'란 법익에 대한 침해가 급박한 상태에 있거나, 침해가 행해지고 있거나 침해가 기수에 이른 이후에도 계속되고 있는 경우를 말한다. 예 절도범을 현장에서 추격하여 도품을 탈환하는 경우 → 정당방위 ○

ㅇ **[정당방위의 침해의 현재성 판단 기준이 문제된 사건] '침해의 현재성'**이란 침해행위가 형식적으로 기수에 이르렀는지에 따라 결정되는 것이 아니라 자기 또는 타인의 법익에 대한 **침해상황이 종료되기 전까지**를 의미하는 것이므로, **일련의 연속되는 행위로 인해 침해상황이 중단되지 아니하거나 일시 중단되더라도 추가 침해가 곧바로 발생할 객관적인 사유가 있는 경우**에는 그중 일부 행위가 범죄의 기수에 이르렀더라도 전체적으로 침해상황이 종료되지 않은 것으로 볼 수 있다(대판 2023.4.27, 2020도6874).

⑤ 과거의 침해나 장래에 발생할 침해에 대하여는 원칙적으로 정당방위를 할 수 없다.

ㅇ 피해자의 침해행위에 대하여 자기의 권리를 방위하기 위한 부득이한 행위가 아니고, 그 **침해행위에서 벗어난 후** 분을 풀려는 목적에서 나온 공격행위는 정당방위에 해당한다고 할 수 없다(대판 1996.4.9, 96도241).

[사실관계] 피고인은 집주인인 공소외인로부터 계약기간이 지났으니 방을 비워 달라는 요구를 수회 받고서도 그때마다 행패를 부려 위 공소외인이 무서워서 다른 집에 가서 잠을 자기도 하였는데 본건 범행 당일에도 위 공소외인이 방세를 돌려 줄테니 방을 비워달라고 요구하자 방안에서 나오지도 아니하고 금 20,000,000원을 주어야 방을 비워준다고 억지를 쓰며 폭언을 하므로 위 공소외인의 며느리가 화가 나 피고인 방의 창문을 쇠스랑으로 부수자, 이에 격분하여 **배척(속칭 빠루)**을 들고 나와 마당에서 이 장면을 구경하다 미처 피고인을 피하여 도망가지 못한 마을주민인 피해자 1, 2를 배척(속칭 빠루)으로 때려 각 상해를 가한 경우

ㅇ **[의붓아버지 살해사건]** [16] 피고인이 약 12살 때부터 의붓아버지인 피해자의 강간행위에 의하여 정조를 유린당한 후 계속적으로 이 사건 범행 무렵까지 피해자와의 성관계를 강요받아 왔고, 그 밖에 피해자로부터 행동의 자유를 간섭받아 왔으며, 또한 그러한 침해행위가 그 후에도 반복하여 계속될 염려가 있었다면, 피고인들의 이 사건 범행 당시 피고인의 신체나 자유 등에 대한 **현재의 부당한 침해상태**가 있었다고 볼 여지가 없는 것은 아니다(대판 1992.12.22, 92도2540).

[사실관계] 의붓아버지의 강간행위에 의하여 정조를 유린당한 후 계속적으로 성관계를 강요받아 온 피고인이 그의 남자 친구와 공모하여 범행을 준비하고 의붓아버지가 반항할 수 없는 상태에서 식칼로 심장을 찔러 살해한 행위는 **사회통념상 상당성을 결여**하여 정당방위가 성립하지 아니한다.
→ 현재성 ○, 상당성 ×

⑥ 다만 침해의 현재성은 방위행위시가 아니라 방위행위의 효과발생시를 기준으로 판단하므로 절도범의 침입을 막기 위해 담장에 감전장치를 설치해놓아 절도범이 담을 넘다가 감전된 경우에도 정당방위가 성립된다.

관련 판례 **현재의 부당한 침해가 인정되는 경우**

1) 절도범으로 오인받은 자가 야간에 군중들로부터 무차별 구타를 당하자 이를 방위하기 위하여 소지하고 있던 손톱깍기 칼을 휘둘러 상해를 입힌 행위는 정당방위에 해당한다(대판 1970.9.17, 70도1373).
2) 국유토지가 공개입찰에 의하여 매매되고 그 인도집행이 완료되었다 하더라도 그 토지의 종전 경작자인 피고인이 파종한 **보리**가 **30센치 이상 성장**하였다면 그 보리는 피고인의 소유로서 그가

16) 2019년 변호사시험

수확할 권한이 있으므로 토지매수자가 토지를 경작하기 위하여 소를 이용하여 쟁기질을 하고 성장한 보리를 갈아뭉게는 행위는 피고인의 재산에 대한 현재의 부당한 침해라 할 것이므로 이를 막기 위하여 그 경작을 못 하도록 소 앞을 가로막고 쟁기를 잡아당기는 등의 피고인의 행위는 정당방위에 해당된다(대판 1977.5.24, 76도3460).

→ 이른바 성숙성이론(타인소유 땅에 농작물을 경작하였을지라도 수확할 정도로 성장하였다면 경작자의 소유권을 인정하는 판례의 법리)

3) 피해자가 피고인 운전의 차량 앞에 뛰어 들어 함부로 타려고 하고 이에 항의하는 피고인의 바지춤을 잡아 당겨 찢고 피고인을 끌고 가려다가 넘어지자, 피고인이 피해자의 양 손목을 경찰관이 도착할 때까지 약 3분간 잡아 누른 경우, 정당방위에 해당한다(대판 1999.6.11, 99도943).

4) 경찰관의 행위가 적법한 공무집행을 벗어나 **불법**하게 **체포**한 것으로 볼 수밖에 없다면, 그 체포를 면하려고 반항하는 과정에서 경찰관에게 상해를 가한 것은 불법 체포로 인한 신체에 대한 현재의 부당한 침해에서 벗어나기 위한 행위로서 정당방위에 해당하여 위법성이 조각된다(대판 2000.7.4, 99도4341 ; 대판 2017.9.21, 2017도10866).[17]

∵ 애초부터 미란다원칙을 체포 후에 고지할 생각으로 먼저 체포한 경우 적법절차 준수 ×

[동지판례] 강제연행을 모면하기 위하여 팔꿈치로 뿌리치면서 가슴을 잡고 벽에 밀어 부친 행위는 소극적인 저항으로 사회상규에 위반되지 아니한다(대판 1982.2.23, 81도2958).

[동지판례] 경찰관이 임의동행을 요구하며 손목을 잡고 뒤로 꺾어 올리는 등으로 제압하자 거기에서 벗어나려고 몸싸움을 하는 과정에서 경찰관에게 경미한 상해를 입힌 경위는 위법성이 결여된 행위에 해당한다(대판 1999.12.28, 98도138).

5) 검사가 참고인 조사를 받는 줄 알고 검찰청에 **자진출석한 변호사사무실 사무장**을 합리적 근거 없이 긴급체포하자 그 변호사가 이를 제지하는 과정에서 위 검사에게 상해를 가한 것이 정당방위에 해당한다(대판 2006.9.8, 2006도148).

6) 피고인이 경찰관의 **불심검문**을 받아 운전면허증을 교부한 후 경찰관에게 큰 소리로 욕설을 하였는데, 경찰관이 **모욕죄의 현행범**으로 체포하겠다고 고지한 후 피고인의 오른쪽 어깨를 붙잡자 반항하면서 경찰관에게 상해를 가한 사안에서, 피고인은 경찰관의 불심검문에 응하여 이미 운전면허증을 교부한 상태이고, 피해자인 경찰관이 범행현장에서 즉시 범인을 체포할 급박한 사정이 있다고 보기도 어려우므로, 경찰관이 피고인을 체포한 행위는 적법한 공무집행이라고 볼 수 없고, 피고인이 체포를 면하려고 반항하는 과정에서 상해를 가한 것은 불법체포로 인한 신체에 대한 현재의 부당한 침해에서 벗어나기 위한 행위로서 정당방위에 해당한다(대판 2011.5.26, 2011도3682).

[비교판례(자전거날치기 공무집행방해사건)**]** 검문 중이던 경찰관들이, 자전거를 이용한 날치기 사건 범인과 흡사한 인상착의의 피고인이 자전거를 타고 다가오는 것을 발견하고 정지를 요구하였으나 멈추지 않아, 앞을 가로막고 소속과 성명을 고지한 후 검문에 협조해 달라는 취지로 말하였음에도 불응하고 그대로 전진하자, 따라가서 재차 앞을 막고 검문에 응하라고 요구하였는데, 이에 피고인이 경찰관들의 멱살을 잡아 밀치거나 욕설을 하는 등 항의하여 공무집행방해 등으로 기소된 사안에서, 경찰관직무집행법 제3조 제1항에 규정된 자에 대해 의심되는 사항을 질문하기 위하여 정지시킨 것으로 보아야 하는데도, 이와 달리 경찰관들의 **불심검문**이 위법하다고 보아 무죄를 선고한 것에 위법이 있다(대판 2012.9.13, 2010도6203).

∵ 경찰관들의 행위는 적법한 불심검문에 해당하기 때문

17) 2017년 법무사시험

(3) **싸움의 경우**[18)]

① 싸움의 경우 방위의사가 아닌 공격의사로 서로 침해행위를 하는 것이므로 원칙적으로 정당방위라고 볼 수 없다.

> ○ 피해자 일행 중 1명의 빰을 때린 데에서 비롯된 가해자 등의 행위는 피해자 일행의 부당한 공격을 방위하기 위한 것이라기보다는 서로 공격할 의사로 싸우다가 먼저 공격을 받고 이에 대항하여 가해하게 된 것이라고 봄이 상당하고 이와 같은 **싸움**의 경우 가해행위는 방어행위인 동시에 공격행위의 성격을 가지므로 정당방위 또는 과잉방위행위라고 볼 수 없다(대판 1971.4.30, 71도527 ; 대판 1993.8.24, 92도1329).
>
> ○ 가해자의 행위가 피해자의 부당한 공격을 방위하기 위한 것이라기보다는 서로 공격할 의사로 싸우다가 먼저 공격을 받고 이에 대항하여 가해하게 된 것이라고 봄이 상당한 경우, 그 가해행위는 방어행위인 동시에 공격행위의 성격을 가지므로 정당방위 또는 과잉방위행위라고 볼 수 없다(대판 2000.3.28, 2000도228).
> **[동지판례]** 피고인이 피해자와 싸움 중 피해자를 가격하여 피해자에게 언어장애 및 우측 반신마비 등의 **중상해**를 입힌 사안에서, 과잉방위에 해당하지 않는다고 본 사례(대판 2021.6.10, 2021도4278)

② 예외적으로 예상을 초과한 공격이 있는 경우, 실질이 싸움이 아니라 방어행위에 불과하거나, 싸움이 중지된 후 새로운 별개의 도발행위에 대하여는 정당방위가 가능하다.

> ○ 싸움을 함에 있어서 격투를 하는 자 중의 한사람의 공격이 그 격투에서 **당연히 예상할 수 있는 정도를 초과**하여 살인의 흉기 등을 사용하여 온 경우에는 이를 '부당한 침해'라고 아니할 수 없으므로 이에 대하여는 정당방위를 허용하여야 한다(대판 1968.5.7, 68도370).
>
> ○ 겉으로는 서로 싸움을 하는 것처럼 보이더라도 **실제로는 한쪽 당사자가 일방적으로 위법한 공격**을 가하고 상대방은 이러한 공격으로부터 자신을 보호하고 이를 벗어나기 위한 저항수단으로서 유형력을 행사한 경우에는, 그 행위가 새로운 적극적 공격이라고 평가되지 아니하는 한, 이는 사회관념상 허용될 수 있는 상당성이 있는 것으로서 위법성이 조각된다.
> **[사실관계]** 갑과 자신의 남편과의 관계를 의심하게 된 상대방이 자신의 아들 등과 함께 갑의 아파트에 찾아가 현관문을 발로 차는 등 소란을 피우다가, 출입문을 열어주자 곧바로 갑을 밀치고 신발을 신은 채로 거실로 들어가 상대방 일행이 서로 합세하여 갑을 구타하기 시작하였고, 갑은 이를 벗어나기 위하여 손을 휘저으며 발버둥치는 과정에서 상대방 등에게 상해를 가하게 된 사안(대판 2010.2.11, 2009도12958). → 정당방위 내지 정당행위에 해당한다는 취지
>
> ○ 싸움이 중지된 후 다시 피해자들이 **새로이 도발한 별개의 가해행위**를 방어하기 위하여 단도로써 상대방의 복부에 자상을 입힌 행위는 정당방위에 해당한다(대판 1957.3.8, 4290형상18).

2 방위하기 위한 행위

(1) **방위의사**(주관적 정당화요소)

방위의사란 부당한 침해를 인식하고 이를 배제할 의사를 말한다.

18) 2019년 변호사시험

(2) 방위행위

정당방위의 성립요건으로서의 방어행위는 ① 순수한 수비적 방어(보호방위)뿐 아니라 ② 적극적 반격을 포함하는 반격방어의 형태도 포함한다(공격방위). 여기의 반격방어(공격방위)는 제3자에 대한 반격은 포함하지 않는다. 방위행위는 침해자나 그 도구에 대하여 행해져야 하고, 침해와 무관한 제3자에게 행할 수 없기 때문이다.

> ○ 정당방위가 성립하려면 침해행위에 의하여 침해되는 법익의 종류, 정도, 침해의 방법, 침해행위의 완급과 방위행위에 의하여 침해될 법익의 종류, 정도 등 일체의 구체적 사정들을 참작하여 방위행위가 사회적으로 상당한 것이어야 하고, 정당방위의 성립요건으로서의 방어행위에는 순수한 수비적 방어뿐 아니라 적극적 반격을 포함하는 반격방어의 형태도 포함되나, 그 방어행위는 자기 또는 타인의 법익침해를 방위하기 위한 행위로서 상당한 이유가 있어야 한다(대판 1992.12.22, 92도2540).

3 상당한 이유 _ 방위행위의 상당성

(1) 상당한 이유(상당성)란 침해를 방위하기 위한 행위가 사회상규에 비추어 상당한 정도를 초과하지 아니하고 당연시되는 것을 의미한다. 즉 방위행위가 사회통념상 허용되는 정도이어야 한다는 것을 말한다.

(2) 방위행위는 방어를 위한 적합한 수단이어야 하고(**수단의 적합성**), 가능한 여러 수단 중 상대방에게 경미한 손해를 주는 수단이어야 한다(**침해의 최소성**).

(3) 그러나 정당방위는 '부정 대 정'의 관계 즉, 부당한 침해를 방위하는 것이므로 정당방위 외의 다른 방법이 없어야 한다(**보충성의 원칙**)거나 보호되는 법익과 침해되는 법익이 균형을 이룰 것(**법익의 균형성**)을 요하지 않는다.

> ○ 정당방위에 있어서는 반드시 방위행위에 보충의 원칙은 적용되지 않으나 방위에 필요한 한도 내의 행위로서 사회윤리에 위배되지 않는 상당성 있는 행위임을 요한다(대판 1991.9.10, 91다19913).
>
> ○ 어떠한 행위가 정당방위로 인정되려면 그 행위가 자기 또는 타인의 법익에 대한 현재의 부당한 침해를 방어하기 위한 것으로서 상당성이 있어야 하므로, 위법하지 않은 정당한 침해에 대한 정당방위는 인정되지 않는다. 이때 방위행위가 사회적으로 상당한 것인지는 침해행위에 의해 침해되는 법익의 종류와 정도, 침해의 방법, 침해행위의 완급, 방위행위에 의해 침해될 법익의 종류와 정도 등 일체의 구체적 사정들을 참작하여 판단하여야 한다(대판 2007.2.22, 2006도8750).

관련 판례 **상당성이 인정되는 경우**(정당방위 ○)

1) 갑과 을이 공동으로 인적이 드문 심야에 혼자 귀가 중인 병녀에게 뒤에서 느닷없이 달려들어 양팔을 붙잡고 어두운 골목길로 끌고 들어가 담벽에 쓰러뜨린 후 갑이 음부를 만지며 반항하는 병녀의 옆구리를 무릎으로 차고 억지로 키스를 하므로 병녀가 정조와 신체를 지키려는 일념에서 엉겁결에 갑의 **혀를 깨물어 설절단상을 입혔다**면 병녀의 범행은 자기의 신체에 대한 현재의 부당한 침해에서 벗어나려고 한 행위로서 그 행위에 이르게 된 경위와 그 목적 및 수단, 행위자의 의사 등 제반사정에 비추어 위법성이 결여된 행위이다(대판 1989.8.8, 89도358).

2) 피해자가 피고인 운전의 차량 앞에 뛰어 들어 함부로 타려고 하고 이에 항의하는 피고인의 바지춤을 잡아 당겨 찢고 피고인을 끌고 가려다가 넘어지자, 피고인이 피해자의 양 손목을 경찰관이 도착할 때까지 약 **3분간 잡아 누른 경우**, 정당방위에 해당한다(대판 1999.6.11, 99도943).

3) 사용자가 적법한 직장폐쇄 기간 중 일방적으로 업무에 복귀하겠다고 하면서 자신의 퇴거요구에 불응한 채 계속하여 사업장 내로 진입을 시도하는 해고 근로자를 폭행, 협박한 것이 사업장 내의 평온과 노동조합의 업무방해행위를 방지하기 위한 정당방위 내지 정당행위에 해당한다(대판 2005.6.9, 2004도7218). ∵ 그 목적 내지 방법의 상당성 인정

Part 02

관련 판례 **상당성이 부정되는 경우**(정당방위 ×)

1) 피고인이 피해자로부터 빰을 맞고 손톱깎기 칼에 찔려 약 1센티미터의 상처를 입었다 하여 약 **20센티미터의 과도**로 피해자의 복부를 찔렀다면 정당방위에 해당한다고 볼 수 없다(대판 1968.12.24, 68도1229).

2) 피고인이 길이 **26센티미터의 과도**로 복부와 같은 인체의 중요한 부분을 3, 4회나 찔러 피해자에게 상해를 입힌 행위는 비록 그와 같은 행위가 피해자의 구타행위에 기인한 것이라 하여도 정당방위나 과잉방위에 해당한다고 볼 수 없다(대판 1989.12.12, 89도2049).

3) 피고인이 그 소유의 밤나무 단지에서 피해자가 밤 18개를 푸대에 주워 담는것을 보고 푸대를 빼앗으려다 반항하는 피해자의 **빰과 팔목을 때려 상처**를 입혔다면 위 행위가 비록 피해자의 절취행위를 방지하기 위한 것이었다 하여도 긴박성과 상당성을 결여하여 정당방위라고 볼 수 없다(대판 1984.9.25, 84도1611).

4) **[처남상해사건]** 피해자가 술에 만취하여 누나와 말다툼을 하다가 머리채를 잡고 때렸으며, 남편이었던 피고인이 이를 목격하고 화가 나서 피해자와 **싸우게 되었는데**, 그 과정에서 몸무게가 85㎏ 이상이나 되는 피해자가 62㎏의 피고인을 침대 위에 넘어뜨리고 피고인의 가슴 위에 올라타 목부분을 누르자 호흡이 곤란하게 된 피고인이 안간힘을 쓰면서 허둥대다가 그 곳 침대 위에 놓여있던 과도로 피해자에게 상해를 가한 경우 정당방위 또는 과잉방위행위라고 볼 수 없다(대판 2000.3.28, 2000도228).

5) **[변태남편 상해치사사건]** 이혼소송 중인 남편이 찾아와 가위로 폭행하고 변태적 성행위를 강요하는 데에 격분하여 처가 (침대 밑에 숨겨두었던) 칼로 남편의 복부를 찔러 사망에 이르게 한 경우, 그 행위는 방위행위로서의 한도를 넘어선 것으로 사회통념상 용인될 수 없다는 이유로 정당방위나 과잉방위에 해당하지 않는다고 본 사례(대판 2001.5.15, 2001도1089)

6) 甲이 乙과 말다툼을 하던 중 乙이 건초더미에 있던 낫을 들고 반항하자 乙로부터 낫을 빼앗아 그 낫으로 乙의 가슴, 배, 왼쪽 허벅지 부위 등을 수차례 찔러 乙이 사망한 경우 甲의 범행행위가 乙의 현재의 부당한 침해를 방위하거나 그러한 침해를 예방하기 위한 행위로 상당한 이유가 있는 경우에 해당한다고 볼 수 없고, 방위행위가 그 정도를 초과한 때에 해당하거나 정도를 초과한 방위행위가 야간 기타 불안스러운 상태하에서 공포, 경악, 흥분 또는 당황으로 인한 때에 해당한다고 볼 수도 없다(대판 2007.4.26, 2007도1794).

7) 운전자가 자신의 차를 가로막고 서서 통행을 방해하는 피해자를 향해 차를 조금씩 전진시키고 피해자가 뒤로 물러나면 다시 차를 전진시키는 방식의 운행을 반복한 경우, 정당방위에 해당하지 않는다(대판 2016.10.27, 2016도9302). ∴ 특수폭행죄 ○

Ⅲ 효과

정당방위로 인정되는 경우 구성요건에 해당하는 행위라 하더라도 위법성이 조각되어 범죄가 성립되지 아니하므로 벌하지 아니한다. 이에 대한 정당방위는 허용되지 않고 긴급피난은 가능하다.

Ⅳ 과잉방위와 오상방위

1 과잉방위

(1) 과잉방위란 현재의 부당한 침해에 대한 방위행위는 있었으나, 그 방위행위가 상당한 정도를 초과한 경우를 말한다.

(2) 과잉방위는 방위행위의 상당성을 결여한 경우이므로 위법성조각사유에 해당하지 않는다. 다만 정황에 의하여 책임이 감소・소멸되어 형을 감경 또는 면제할 수 있다(제21조 제2항). 야간 기타 불안스러운 상태하에서 공포 등으로 인한 때에는 적법행위에 대한 기대가능성이 없으므로 책임이 조각되어 벌하지 아니한다(제21조 제3항, **면책적 과잉방위** 또는 **책임조각적 과잉방위**).

(3) 다만 생명・신체에 대한 현재의 부당한 침해를 방위하기 위한 상당한 행위가 있고, 이어서 정당방위의 요건인 상당성을 결여한 행위가 연속적으로 이루어진 경우 극히 짧은 시간 내에 계속하여 행하여진 가해자의 이와 같은 일련의 행위는 이를 전체로서 하나의 행위라고 보아 제21조 제2항의 과잉방위가 성립한다(다수설・판례).

관련 판례 **과잉방위**(제21조 제2항)

1) 甲이 피해자 외 2인에게 깨진 병과 벽돌 등으로 **집단 구타**당하는 상황에서 이에 대항하기 위해 **곡괭이 자루**를 마구 휘두른 결과 피해자가 머리 뒷부분을 맞고 사망한 경우 이는 집단구타에 대한 반격행위로서 과잉방위에 해당한다(대판 1985.9.10, 85도1370).

2) 피고인이 피해자로부터 뺨을 맞는 등 폭행을 당하여 서로 멱살을 잡고 다투자 주위 사람들이 싸움을 제지하였으나 피해자에게 대항하기 위하여 **깨어진 병**으로 피해자를 찌를 듯이 겨누어 협박한 경우, 피고인의 행위는 정당방위나 야간의 공포나 당황으로 인한 과잉방위에 해당하지 아니한다(대판 1991.5.28, 91도80).

[판결이유] 맨손으로 공격하는 상대방에 대하여 위험한 물건인 깨어진 병을 가지고 대항한다는 것은 사회통념상 그 정도를 초과한 방어행위로서 상당성이 결여된 것이고, 또 주위사람들이 싸움을 제지하였다는 상황에 비추어 야간의 공포나 당황으로 인한 것이었다고 보기도 어렵다.

→ 형을 감경하긴 하였으나, 과잉방위라는 명시적 판시 ×

관련 판례 **면책적 과잉방위**(제21조 제3항)

1) 피고인의 행위가 형법 제21조 제2항 소정의 과잉방위에 해당한다 할지라도 위 행위가 당시 야간에 술이 취한 피해자의 불의의 행패와 폭행으로 인한 불안스러운 상태에서의 공포, 경악, 흥분 또는 당황에 기인된 것이라면 형법 제21조 제3항이 적용되어 피고인은 무죄이다(대판 1974.2.26, 73도2380).

[사실관계] 피고인이 1969.8.30. 22 : 40경 그의 처(31세)와 함께 극장구경을 마치고 귀가하는 도중 피해자(19세)가 피고인의 질녀(14세) 등의 소녀들에게(음경을 내놓고 소변을 보면서) 키스를 하자고 달려드는 것을 피고인이 술에 취했으니 집에 돌아가라고 타이르자 도리어 피고인의 뺨을 때리고 돌을 들어 구타하려고 따라오는 것을 피고인이 피하자, 위 피해자는 피고인의 처를 땅에 넘어뜨려 깔고 앉아서 구타하는 것을 피고인이 다시 제지하였지만 듣지 아니하고 돌로서 위 처를 때리려는 순간 피고인이 그 침해를 방위하기 위하여 농구화 신은 발로서 위 피해자의 복부를 한차례 차서 그 사람으로 하여금 외상성 12지장 천공상을 입게 하여 사망에 이르게 한 경우

2) [오빠살해사건] 피해자가 술에 몹시 취하여 1985.8.28. 24 : 00경 어머니에게 욕설을 하는 등 난동을 부리다 식칼을 들고 위협하자 피해자의 여동생이 피해자를 밀어 넘어뜨린 후 몸 위에 타고 앉아 목을 계속 졸라 누름으로써 질식하여 사망하게 한 경우 그 과잉방위가 야간 기타 불안스러운 상태하에서 공포, 경악, 흥분 또는 당황으로 인한 것이어서 벌할 수 없다(대판 1986.11.11, 86도1862).

[판결이유] 피해자로 하여금 질식하여 사망에 이르게 한 행위는 정당방위의 요건인 상당성을 결여한 행위라고 보아야 할 것이나, 극히 **짧은 시간 내에 계속하여 행하여진** 피고인의 위와 같은 **일련의 행위**는 이를 전체로서 하나의 행위로 보아야 할 것이므로, 방위의사에서 비롯된 피고인의 위와 같이 연속된 전후행위는 하나로서 형법 제21조 제2항 소정의 과잉방위에 해당한다 할 것이고, 당시 야간에 흉포한 성격에 술까지 취한 피해자가 식칼을 들고 피고인을 포함한 가족들의 생명, 신체를 위협하는 불의의 행패와 폭행을 하여 온 불안스러운 상태하에서 공포, 경악, 흥분 또는 당황 등으로 말미암아 저질러진 것이라고 보아야 할 것이다.

→ 제21조 제2항의 과잉방위 ○ + 야간 기타 불안스러운 상황 ~ = 제21조 제3항의 면책적 과잉방위 ○

2 오상방위

(1) 오상방위란 정당방위의 객관적 정당화 상황, 즉 정당방위의 전제사실이 존재하지 않음에도 불구하고 행위자는 그것이 존재하는 것으로 오인하고 방위행위를 한 경우를 발한다.

예 밤중에 우체부를 강도로 오인하고 방위의사로 몽둥이로 구타하여 상해를 입힌 경우

(2) 오상방위는 정당방위의 객관적 정당화 상황이 없는 경우이므로 위법성조각사유에 해당하지 않고, 위법성조각사유 전제사실의 착오 문제에 해당한다.

제3절 긴급피난

제22조 【긴급피난】
① 자기 또는 타인의 법익에 대한 현재의 위난을 피하기 위한 행위는 상당한 이유가 있는 때에는 벌하지 아니한다.
② 위난을 피하지 못할 책임이 있는 자에 대하여는 전항의 규정을 적용하지 아니한다.
③ 전조 제2항과 제3항의 규정은 본조에 준용한다.

I 의의

긴급피난이란 자기 또는 타인의 법익에 대한 현재의 위난을 피하기 위한 상당한 이유 있는 행위를 말한다. 예 자신을 물려는 개를 피하려고 옆 상점의 유리창을 깨고 들어간 경우

긴급피난은 위난의 원인이 적법한 경우에도 가능하고, 위난의 발생과 관계없는 다른 제3자의 정당한 법익을 희생시킬 수도 있으므로 '정 대 정'의 관계이다. 따라서 긴급피난행위로 인하여 보호받는 이익이 침해되는 이익보다 우월할 때에만 허용된다.

II 성립요건

1 긴급피난상황

(1) 자기 또는 타인의 법익

① 자기 또는 타인을 위한 긴급피난도 가능하다.

② 개인적 법익뿐만 아니라 사회적·국가적 법익을 위하여도 긴급피난이 가능하다.

(2) 현재의 위난

① '위난'이란 사람의 행위일 것을 요하지 않으므로 동물 등의 침해에 대하여도 긴급피난을 할 수 있다.

② 부당한 위난일 것을 요하지 않으므로 위법한 행위뿐만 아니라 적법한 행위에 대하여도 긴급피난을 할 수 있다.

③ 위난의 원인에는 제한이 없으므로 스스로 위난을 초래한 경우에도 긴급피난이 가능하나, 피난행위를 할 목적 내지 고의로 위난을 자초한 경우에는 긴급피난이 허용되지 않는다.

> o 피고인이 스스로 야기한 강간범행의 와중에서 피해자가 피고인의 손가락을 깨물며 반항하자 물린 손가락을 비틀며 잡아 뽑다가 피해자에게 치아결손의 상해를 입힌 소위를 가리켜 법에 의하여 용인되는 피난행위라 할 수 없다(대판 1995.1.12, 94도2781). ∴ 강간치상죄 ○

④ '현재의 위난'이란 침해의 발생이 가능한 상태를 말하므로 정당방위의 침해의 현재성보다 범위가 넓다고 본다. 따라서 반복·계속되는 위난의 경우에도 현재성이 인정된다.

2 위난을 피하기 위한 행위

(1) 피난의사

주관적 정당화요소로서 피난의사가 필요하다.

(2) 피난행위

피난행위는 위난을 유발한 자에 대하여 하거나(방어적 긴급피난), 위난과 관계없는 제3자에 대하여도 할 수 있다(공격적 긴급피난).

3 상당한 이유

정당방위와 달리 긴급피난은 엄격한 상당성이 요구된다. 위난과 관계없는 제3자의 법익을 침해한다는 점에서 정당방위와 달리 수단의 적합성과 침해의 최소성이 요구되는 외에도 보충성의 원칙(피난행위에 의하지 않고는 달리 위난을 피할 수 없을 것)과 법익의 균형성(피난행위로 보전되는 이익이 침해되는 이익보다 우월할 것)이 엄격하게 요구된다.

> o **[긴급피난의 요건]** 긴급피난이란 자기 또는 타인의 법익에 대한 현재의 위난을 피하기 위한 상당한 이유 있는 행위를 말하고, 여기서 '상당한 이유 있는 행위'에 해당하려면, 첫째 피난행위는 위난에 처한 법익을 보호하기 위한 유일한 수단이어야 하고, 둘째 피해자에게 가장 경미한 손해를 주는 방법을 택하여야 하며, 셋째 피난행위에 의하여 보전되는 이익은 이로 인하여 침해되는 이익보다 우월해야 하고, 넷째 피난행위는 그 자체가 사회윤리나 법질서 전체의 정신에 비추어 적합한 수단일 것을 요하는 등의 요건을 갖추어야 한다(대판 2006.4.13, 2005도9396 ; 대판 2016.1.28, 2014도2477).

Ⅲ 효과

긴급피난행위에 해당되면 위법성이 조각되어 범죄가 성립되지 아니하므로 벌하지 아니한다(제22조 제1항). 긴급피난행위는 정당한 행위이므로 이에 대한 정당방위는 불가능하고, 긴급피난만 가능하다.

Ⅳ 긴급피난의 특칙

위난을 피하지 못할 책임이 있는 자에 대하여는 긴급피난의 규정을 적용하지 아니한다(제22조 제2항). 예를 들어 군인, 경찰관, 소방관 등은 원칙적으로 긴급피난이 허용되지 않지만, 직업과 관련하여 감수해야 할 범위를 넘는 위난에 처하면 긴급피난이 허용된다. 즉 위난을 피하지 못할 책임이 있는 자에 대한 긴급피난의 제한은 절대적인 것이 아니라 직무수행상 의무적으로 감수해야 할 범위 내에서 긴급피난을 인정하지 않는 것이다.

Ⅴ 과잉피난

과잉방위와 면책적 과잉방위에 대한 규정을 준용하고 있으므로(제22조 제3항), 과잉피난과 면책적 과잉피난이 인정된다.

관련 판례 **긴급피난이 인정되는 경우**

1) 임신의 지속이 모체의 건강을 해칠 우려가 현저할 뿐더러 기형아 내지 불구아를 출산할 가능성마저도 없지 않다는 판단하에 부득이 취하게 된 산부인과 의사의 낙태 수술행위는 정당행위 내지 긴급피난에 해당되어 위법성이 없는 경우에 해당된다(대판 1976.7.13, 75도1205).
2) 태풍과 같은 위급한 상황에서 선박과 선원들의 안전을 위하여 선박의 닻줄을 7샤클로 늘여 놓아 **피조개 양식장**의 물적 피해가 발생하였다 하더라도 사회통념상 가장 적절하고 필요불가결하다고 인정되는 조

치를 취하였다면 형법상 긴급피난으로서 위법성이 없어서 범죄가 성립되지 아니한다고 보아야 하고 미리 선박을 이동시켜 놓아야 할 책임을 다하지 아니함으로써 위와 같은 긴급한 위난을 당하였다는 점만으로는 긴급피난을 인정하는데 아무런 방해가 되지 아니한다(대판 1987.1.20, 85도221).

관련 판례 긴급피난이 인정되지 않는 경우

1) 피고인의 **모(母)**가 갑자기 **기절**을 하여 이를 치료하기 위하여 군무를 이탈하였더라도 이는 범행의 동기에 불과하므로 이를 법률상 긴급피난에 해당한다고 할 수 없다(대판 1969.6.9, 69도690).

2) 피고인이 갑에게 채무 없이 단순히 **잠시 빌려준 피고인 발행약속어음**을 갑이 을에게 배서양도하여 을이 소지 중 피고인이 이를 찢어버린 것은 문서손괴죄에 해당하고 이를 자구행위 또는 긴급피난이라고 볼 수 없다(대판 1975.5.27, 74도3559).

3) 집회장소 사용 승낙을 하지 않은 갑 대학교 측의 집회 저지 협조요청에 따라 경찰관들이 갑 대학교 출입문에서 신고된 갑 대학교에서의 집회에 참가하려는 자의 출입을 저지한 것은 경찰관직무집행법 제6조의 주거침입행위에 대한 사전 제지조치로 볼 수 있고, 비록 그 때문에 소정의 신고 없이 을 대학교로 장소를 옮겨서 집회를 하였다 하여 그 **신고 없이 한 집회**가 긴급피난에 해당한다고도 할 수 없다(대판 1990.8.14, 90도870).

4) 타인의 집 대문 앞에 은신하고 있다가 경찰관의 명령에 따라 순순히 손을 들고 나오면서 그대로 도주하는 범인을 경찰관이 뒤따라 추격하면서 **등 부위에 권총을 발사**하여 사망케 한 경우, 위와 같은 총기사용은 현재의 부당한 침해를 방지하거나 현재의 위난을 피하기 위한 상당성 있는 행위라고 볼 수 없는 것으로서 범인의 체포를 위하여 필요한 한도를 넘어 무기를 사용한 것이라고 하여 국가의 손해배상책임을 인정한다(대판 1991.5.28, 91다10084).

5) **특정 후보자에 대한 낙선운동**을 함으로써 공직선거 및 선거부정방지법에 의한 선거운동제한 규정을 위반한 행위는 위법한 행위로서 허용될 수 없는 것이고, 시민불복종운동으로서 헌법상의 기본권 행사 범위 내에 속하는 정당행위이거나 형법상 사회상규에 위반되지 아니하는 정당행위 또는 긴급피난의 요건을 갖춘 행위로 볼 수는 없다(대판 2004.4.27, 2002도315).

6) 아파트 입주자대표회의 회장이 다수 입주민들의 민원에 따라 위성방송 수신을 방해하는 케이블TV방송의 시험방송 송출을 중단시키기 위하여 위 케이블TV방송의 **방송안테나를 절단**하도록 지시한 행위를 긴급피난 내지는 정당행위에 해당한다고 볼 수 없다(대판 2006.4.13, 2005도9396).

7) **[동물보호법 위반 사건**(기계톱사건)**]** 甲이 乙의 개로부터 직접적인 공격은 받지 아니하여 자신의 진돗개의 목줄을 풀어 다른 곳으로 피하거나 주위에 있는 몽둥이나 기계톱 등을 휘둘러 피해견을 쫓아버릴 수도 있었음에도 불구하고 그 자체로 매우 위험한 물건인 **기계톱의 엑셀을 잡아당겨 작동시킨 후 이를 이용하여 피해견의 척추를 포함한 등 부분에서부터 배 부분까지 절단함으로써 내장이 밖으로 다 튀어나올 정도로 죽인 경우** 위와 같은 甲의 행위는 동물보호법 제8조 제1항 제1호에 의하여 금지되는 '목을 매다는 등의 잔인한 방법으로 죽이는 행위'에 해당한다고 봄이 상당할 뿐 아니라, 나아가 피고인의 행위에 위법성조각사유 또는 책임조각사유가 있다고 보기도 어렵다(대판 2016.1.28, 2014도2477).

제4절 자구행위

제23조 【자구행위】
① 법정절차에 의하여 청구권을 보전하기 불능한 경우에 그 청구권의 실행불능 또는 현저한 실행곤란을 피하기 위한 행위는 상당한 이유가 있는 때에는 벌하지 아니한다.
② 전항의 행위가 그 정도를 초과한 때에는 정황에 의하여 형을 감경 또는 면제할 수 있다.

개정법 제23조 【자구행위】
① 법률에서 정한 절차에 따라서는 청구권을 보전(保全)할 수 없는 경우에 그 청구권의 실행이 불가능해지거나 현저히 곤란해지는 상황을 피하기 위하여 한 행위는 상당한 이유가 있는 때에는 벌하지 아니한다.
② 제1항의 행위가 그 정도를 초과한 경우에는 정황에 따라 그 형을 감경하거나 면제할 수 있다. [시행 2021.12.9.]

I 의의와 구별개념

1 의의

형법상 자구행위라 함은 법률에서 정한 절차에 따라서는 청구권을 보전(保全)할 수 없는 경우에 그 청구권의 실행이 불가능해지거나 현저히 곤란해지는 상황을 피하기 위하여 한 행위를 말한다.

예 자신의 채무자가 돈을 갚지 않고 외국으로 도망가려는 것을 공항에서 만난 경우 채무자를 붙잡는 행위

2 구별개념

(1) '부정 대 정'이라는 점은 정당방위와 같으나, 현재의 침해나 위난에 대한 사전적 긴급행위가 아니라 '사후적 긴급행위'라는 점에서 구별된다.

(2) 민법상 자력구제와 같은 취지의 제도이다.

✔ 〈참고〉 **민법 제209조 【자력구제】** ② 점유물이 침탈되었을 경우에 부동산일 때에는 점유자는 침탈 후 직시 가해자를 배제하여 이를 탈환할 수 있고 동산일 때에는 점유자는 현장에서 또는 추적하여 가해자로부터 이를 탈환할 수 있다.

ㅇ 집행관이 집행채권자 갑 조합 소유 아파트에서 유치권을 주장하는 피고인을 상대로 부동산인도집행을 실시하자, 갑 조합이 집행관으로부터 아파트를 인도받은 후 출입문의 잠금 장치를 교체하는 등으로 그 점유가 확립된 상태에서 피고인이 이에 불만을 갖고 아파트 출입문과 잠금 장치를 훼손하며 강제로 개방하고 아파트에 들어간 경우, 민법상 자력구제에 해당하지 않아 재물손괴 및 건조물침입죄가 성립된다(대판 2017.9.7, 2017도9999).

II 성립요건

1 자구행위상황

(1) **청구권**

① 자구행위에 의하여 보호되는 청구권은 재산권 같이 원상회복이 가능한 것만을 대상으로 하고, 생명, 신체, 명예 등의 권리와 같이 한 번 침해되면 원상회복이 어려운 권리는 포함되지 않는다.

> ㅇ 피해자가 다른 친구들 앞에서 피고인의 전과사실을 폭로함으로써 **명예**를 **훼손**하기 때문에 동인을 구타하였다 하더라도 그 소행은 자구행위에 해당한다고 할 수 없다(대판 1969.12.30, 69도2138).

② 여기의 청구권은 자기의 청구권이어야 하므로, 자기와 무관한 타인의 청구권을 보전하기 위한 자구행위는 인정되지 아니한다.

③ 청구권에 대한 침해는 과거의 부당한 침해이어야 한다. 따라서 절도의 피해자가 절도의 현행범을 추적하여 재물을 탈환하는 경우 정당방위에 해당하고, 상당한 시일의 경과 후 우연히 만나 탈환하는 경우 자구행위에 해당한다.

(2) 법정절차에 의하여 청구권을 보전하기 불능한 경우

민사집행법상의 가압류 · 가처분 등의 권리보전절차 또는 경찰관 기타 국가기관에 의한 구제절차를 밟기 불가능한 경우이어야 한다. 따라서 가옥명도청구, 토지반환청구, 점유사용권을 회복하기 위한 자구행위는 허용되지 않는다.

> ㅇ 소유권의 귀속에 관한 분쟁이 있어 민사소송이 계속 중인 건조물에 관하여 현실적으로 관리인이 있음에도 위 건조물의 자물쇠를 쇠톱으로 절단하고 침입한 소위는 법정절차에 의하여 그 권리를 보전하기가 곤란하고 그 권리의 실행불능이나 현저한 실행곤란을 피하기 위해 상당한 이유가 있는 행위라고 할 수 없다(대판 1985.7.9, 85도707).

2 자구행위

(1) 청구권의 실행불능 또는 현저한 실행곤란을 피하기 위한 행위(이중의 긴급성)

법정절차에 의하여 청구권보전이 불능한 경우라는 긴급성 이외에 즉시 자력으로 구제하지 않으면 청구권의 실행이 불가능하거나 현저히 곤란해진다는 긴급성까지 있어야 한다. 따라서 충분한 인적 · 물적 담보가 확보되어 있는 경우에는 자구행위가 허용될 수 없다.

예 저당권이 설정되어 있는 청구권 → 자구행위 ×

(2) 자구의사

주관적 정당화요소로서 자구의사가 필요하다.

(3) 자구행위

청구권의 실행불능 또는 현저한 실행곤란을 피하기 위한 행위이어야 한다. 따라서 채권자로서 자신의 청구권을 보전하는 행위(예 채무자를 붙잡는 행위)는 허용되나, 청구권을 실현하는 행위(예 채무자로부터 돈을 빼앗아 변제받는 행위)는 허용되지 않는다.

> ㅇ 석고판매상이 화랑주인에게 석고를 납품한 대금을 받지 못하고 있던 중 화랑주인이 화랑을 폐쇄하고 도주하자 야간에 폐쇄된 화랑의 베니어판 문을 미리 준비한 드라이버로 뜯어내고 피해자의 물건을 몰래 가지고 나왔다면, 이러한 강제적 채권추심 내지 이를 목적으로 하는 물품의 취거행위를 자구행위라고 볼 수 없다(대판 1984.12.26, 84도2582).

(4) 상당한 이유

사회상규에 비추어 허용된다고 인정되는 것이어야 한다. 수단의 적합성, 침해의 최소성이 요구되고, 보충성 원칙을 준수하여야 한다. 다만 '부정 대 정' 관계라는 점에서 긴급피난과 같은 엄격한 법익의 균형성은 요구되지 않는다.

- 채무자인 피해자가 부도를 낸 후 도피하였고 다른 채권자들이 채권확보를 위하여 피해자의 물건들을 취거해 갈 수도 있다는 사정만으로는 피고인들이 법정절차에 의하여 자신들의 피해자에 대한 청구권을 보전하는 것이 불가능한 경우에 해당한다고 볼 수 없을 뿐만 아니라, 또한 피해자 소유의 가구점에 관리종업원이 있음에도 불구하고 위 가구점의 시정장치를 쇠톱으로 절단하고 들어가 가구들을 무단으로 취거한 행위가 피고인들의 피해자에 대한 청구권의 실행불능이나 현저한 실행곤란을 피하기 위한 상당한 이유가 있는 행위라고도 할 수 없다(대판 2006.3.24, 2005도8081).
- 인근 상가의 통행로로 이용되고 있는 토지의 사실상 지배권자가 위 토지에 철주와 철망을 설치하고 포장된 아스팔트를 걷어냄으로써 통행로로 이용하지 못하게 한 경우, 이는 일반교통방해죄를 구성하고 자구행위에 해당하지 않는다(대판 2007.12.28, 2007도7717).

Ⅲ 효과

자구행위는 구성요건에 해당하더라도 위법성이 조각되어 처벌되지 아니한다(제23조 제1항).
자구행위에 대한 정당방위는 허용되지 않는다.

Ⅳ 과잉자구행위

자구행위가 그 정도를 초과한 경우이다. 위법성조각사유는 아니나 정황에 의하여 형을 감경 또는 면제할 수 있다(제23조 제2항).
제21조 제3항의 면책적 과잉방위규정을 준용하고 있지 않으므로 면책적 과잉자구행위는 인정되지 않는다.

제5절 피해자의 승낙

제24조 【피해자의 승낙】
처분할 수 있는 자의 승낙에 의하여 그 법익을 훼손한 행위는 법률에 특별한 규정이 없는 한 벌하지 아니한다.

I 피해자의 동의와 법적 효과

Thema 정리 **피해자의 동의와 법적 효과**

범죄성립에 영향이 없는 경우	피구금자간음죄, 미성년자의제강간·강제추행죄, 아동혹사죄
감경적 구성요건에 해당하는 경우	• 보통**살인** → 촉탁·승낙살인죄 • 부동의 **낙태** → 동의낙태죄 • 타인소유일반건조물·일반물건방화죄 → 자기소유일반건조물·일반물건방화죄
위법성이 조각되는 경우	제24조 피해자의 승낙 → 주로 상해죄에서 문제
구성요건해당성이 조각되는 경우	강간·강제추행죄, 주거침입죄(학설), 비밀침해·업무상비밀누설죄, 절도죄, 횡령죄, 손괴죄(학설 ↔ 판례 : 피해자의 승낙), 문서죄 등

II 양해

Thema 정리 **양해와 승낙의 구별**(통설)

양해 : 당해 구성요건의 행위개념 자체가 이미 피해자의 의사에 반하는 것을 내용으로 하는 경우, 개인의 의사가 중요한 법익
→ 구성요건해당성 조각, 자연적 의사능력으로 충분, 하자 있는 양해도 원칙적 유효
↔ 다만, 주거침입죄의 경우 하자있는 양해는 무효라고 봄(∵ 양해가 규범적 사회적 의미가 있는 경우 판단능력이 필요한 경우이므로)

승낙 : 개인적 법익에 있어 법익의 주체가 법익을 처분할 수 있는 경우라도 그 법익이 피해자 개인에 대해서뿐만 아니라 공동체를 위해서도 중요한 의미를 가지는 경우
→ 위법성 조각, 판단능력을 요함, 하자있는 승낙은 무효

1 의의

(1) 양해란 피해자의 동의가 있으면 처음부터 구성요건해당성 자체가 조각되는 경우를 말한다.

(2) 양해는 순수한 자연적 사실적 성격인 경우이므로 착오에 의한 양해 등 하자 있는 양해도 유효하다.

2 승낙과 양해의 구별

위법성을 조각하는 피해자의 승낙과 구성요건해당성을 조각하는 양해를 구별하는 입장에 따르면, 양해가 없음에도 불구하고 있다고 생각하고 행위를 한 경우 사실의 착오(구성요건적 착오)에 해당하여 고의가 조각되고, 과실범 성립만이 문제되고, 양해가 있음에도 불구하고 없다고 생각하고 행위를 한 경우 그 결과발생이 불가능하므로 반전된 사실의 착오(불능미수)가 문제된다.

ㅇ **[동거녀지갑사건]** 피고인이 동거 중인 피해자의 지갑에서 **현금**을 꺼내가는 것을 피해자가 현장에서 목격하고도 만류하지 아니하였다면 피해자가 이를 허용하는 묵시적 의사가 있었다고 봄이 상당하여 이는 **절도죄를 구성하지 않는다**(대판 1985.11.26, 85도1487).

ㅇ **[밍크 45마리사건]** 피고인이 피해자에게 이 사건 **밍크 45마리**에 관하여 자기에게 그 권리가 있다고 주장하면서 이를 가져간 데 대하여 피해자의 묵시적인 동의가 있었다면 피고인의 주장이 후에 허위임이 밝혀졌더라도 피고인의 행위는 절도죄의 **절취행위에는 해당하지 않는다**(대판 1990.8.10, 90도1211).

Ⅲ 피해자의 승낙

1 의의

피해자의 승낙이란 피해자가 가해자에 대하여 자기의 법익을 침해하는 것을 허락하는 경우로서, 피해자의 동의가 구성요건에 해당하는 행위의 위법성을 조각해주는 경우를 말한다.

2 성립요건

(1) 승낙의 주체(법익을 처분할 수 있는 자)

승낙의 주체(승낙자)는 법익의 주체이어야 한다.

ㅇ 형법 제24조의 규정에 의하여 위법성이 조각되는 피해자의 승낙은 개인적 법익을 훼손하는 경우에 법률상 이를 처분할 수 있는 사람의 승낙이어야 한다(대판 1985.12.10, 85도1892).

(2) 승낙 가능한 법익의 범위

① 승낙의 대상이 될 수 있는 법익은 개인적 법익에 국한(↔ **생명은 제외**)하고, 개인이 자유로이 처분할 수 없는 국가적 · 사회적 법익은 승낙의 대상이 아니다. 예를 들어 무고죄에서 보호법익은 국가적 법익인 형사사법기능이 주된 법익이므로 피무고자의 동의 내지 승낙이 있더라도 무고죄의 성립에 영향이 없다.

② 다만 판례는 문서죄의 경우 보호법익은 사회적 법익인 공공의 신용이지만, 명의인의 동의가 있으면 구성요건해당성이 조각된다고 보고 있다.

ㅇ 작성권한 없는 甲이 乙의 명의를 모용하여 사문서를 작성 · 수정하였으나 행위 당시 이에 대한 명의자 乙의 명시적이거나 묵시적인 승낙이 있었다면 사문서의 위 · 변조죄가 성립하지 않는다(대판 2011.9.29, 2010도14587).

ㅇ 사문서위조죄나 공정증서원본불실기재죄가 성립한 이후, 피해자의 동의 등으로 문서에 기재된 대로 효과의 승인을 받거나 등기가 실체적 권리관계에 부합하게 되더라도 이미 성립한 범죄에 아무런 영향이 없다(대판 1999.5.14, 99도202).

관련 판례 **문서죄와 피해자의 승낙**

1. 명의인의 동의는 구성요건해당성을 조각하는 양해라고 본 경우

1) 사문서의 위·변조죄는 작성권한 없는 자가 타인 명의를 모용하여 문서를 작성하는 것을 말하는 것이므로 사문서를 작성·수정함에 있어 그 명의자의 명시적이거나 묵시적인 승낙이 있었다면 사문서의 위·변조죄에 해당하지 않는다(대판 2003.5.30, 2002도235).

2) 공문서인 기안문서의 작성권한자가 직접 이에 서명하지 않고 피고인에게 지시하여 자기의 서명을 흉내내어 기안문서의 결재란에 대신 서명케 한 경우라면 피고인의 기안문서 작성행위는 작성권자의 지시 또는 승낙에 의한 것으로서 공문서위조죄의 구성요건해당성이 조각된다(대판 1983.5.24, 82도1426).

2. 추정적 승낙을 인정한 경우

1) 종친회 결의서의 피위조명의자 중 피고인의 형제 2명이 승낙한 사안에서 피고인의 아들들이나 위 형제들의 아들들에 대하여 추정적 승낙을 인정할 여지가 있다고 한 사례(대판 1993.3.9, 92도3101)

2) **[제24조 피해자의 승낙을 적용법규로 판시]** 행위 당시 명의자의 현실적인 승낙은 없었지만 행위 당시의 모든 객관적 사정을 종합하여 명의자가 행위 당시 그 사실을 알았다면 당연히 승낙했을 것이라고 추정되는 경우(강사 주 : 추정적 승낙) 역시 사문서의 위·변조죄가 성립하지 않는다(대판 2003.5.30, 2002도235).

(3) 승낙의 유효성

① 피해자의 승낙은 승낙의 의미와 내용을 이해할 수 있는 자의 자유로운 의사결정에 기한 것이어야 유효하다. 따라서 기망·착오·협박 등에 의한 승낙은 유효한 승낙이 아니다.

> ㅇ **[자궁적출사건]** 산부인과 전문의 수련과정 2년차인 의사가 자신의 시진, 촉진결과 등을 과신한 나머지 초음파검사 등 피해자의 병증이 자궁 외 임신인지, 자궁근종인지를 판별하기 위한 정밀한 진단방법을 실시하지 아니한 채 피해자의 병명을 **자궁근종으로 오진**하고 이에 근거하여 의학에 대한 전문지식이 없는 피해자에게 자궁적출술의 불가피성만을 강조하였을 뿐 위와 같은 진단상의 과오가 없었으면 당연히 설명받았을 자궁외 임신에 관한 내용을 설명받지 못한 피해자로부터 수술승낙을 받았다면 위 승낙은 부정확 또는 불충분한 설명을 근거로 이루어진 것으로서 수술의 위법성을 조각할 유효한 승낙이라고 볼 수 없다(대판 1993.7.27, 92도2345). ∴ **업무상 과실치상죄** ㅇ
>
> ㅇ **[오빠야사건]** 피고인이 피해자가 사용 중인 **공중화장실의 용변칸**에 노크하여 남편으로 오인한 피해자가 용변칸 문을 열자 강간할 의도로 용변칸에 들어간 것이라면 피해자가 명시적 또는 묵시적으로 이를 승낙하였다고 볼 수 없어 주거침입죄에 해당한다(대판 2003.5.30, 2003도1256).

② 피해자의 승낙은 명시적은 물론 묵시적으로도 가능하다.

> ㅇ 다방, 당구장, 독서실 등의 영업소가 들어서 있는 건물 중 공용으로 사용되는 계단과 복도는 주야간을 막론하고 관리자의 명시적 승락이 없어도 **누구나 자유롭게 통행할 수 있는 곳**이라 할 것이므로 관리자가 1층 출입문을 특별히 시정하지 않는 한 범죄의 목적으로 위 건물에 들어가는 경우

이외에는 그 출입에 관하여 관리자나 소유자의 **묵시적 승락**이 있다고 봄이 상당하여 그 출입행위는 주거침입죄를 구성하지 않는다(대판 1985.2.8, 84도2917).

ㅇ **[초원복집사건]** 일반인의 출입이 허용된 **음식점**이라 하더라도, 영업주의 명시적 또는 추정적 의사에 반하여 들어간 것이라면 주거침입죄가 성립되는바, 기관장들의 조찬모임에서의 대화내용을 도청하기 위한 **도청장치를 설치할 목적**으로 손님을 가장하여 그 조찬모임 장소인 음식점에 들어간 경우에는 영업주가 그 출입을 허용하지 않았을 것으로 보는 것이 경험칙에 부합하므로, 그와 같은 행위는 주거침입죄가 성립한다(대판 1997.3.28, 95도2674). → 대판 2022.3.24, 2017도18272 全合에 의하여 폐기된 판결

③ 피해자의 승낙은 그 승낙이 윤리적・도덕적으로 사회상규에 반하는 것이 아니어야 한다.

ㅇ 피고인이 피해자와 공모하여 교통사고를 가장하여 보험금을 편취할 목적으로 피해자에게 상해를 가하였다면 피해자의 승낙이 있었다고 하더라도 이는 위법한 목적에 이용하기 위한 것이므로 피고인의 행위가 피해자의 승낙에 의하여 위법성이 조각된다고 할 수 없다(대판 2008.12.11, 2008도9606).

④ 위법성조각사유로서의 피해자의 승낙은 언제든지 자유롭게 철회할 수 있고, 그 철회의 방법에는 아무런 제한이 없다. 그러나 법익이 침해된 이후의 사후의 승낙으로는 위법성은 조각될 수 없다.

ㅇ **[인테리어공사 승낙철회사건]** 피고인이 피해자 갑의 상가건물에 대한 임대차계약 당시 갑의 母 을에게서 인테리어 공사 승낙을 받았는데, 이후 을이 임대차보증금 잔금 미지급을 이유로 즉시 공사를 중단하고 퇴거할 것을 요구하자 도끼를 집어 던져 상가 유리창을 손괴한 사안에서, 을이 위 의사표시로써 시설물 철거에 대한 동의를 철회하였다고 보아야 한다(대판 2011.5.13, 2010도9962).

(4) 법률에 특별한 규정이 없을 것

① 피해자의 승낙에 의한 행위라도 이를 처벌하는 특별한 규정이 없을 경우에만 위법성이 조각된다. 승낙이 있어도 범죄가 성립하거나 감경적 구성요건에 해당하는 경우에는 위법성이 조각되지 않는다.

② 형법은 강간, 살인, 낙태 등에 대해서 피해자의 승낙이 있더라도 처벌하는 특별한 규정을 두고 있다. 예 미성년자의제강간죄, 촉탁・승낙살인죄, 동의낙태죄 등

3 효과

구성요건해당성이 인정되는 행위라도 피해자의 승낙이 있으면 위법성이 조각된다.

Ⅳ 추정적 승낙

1 의의

추정적 승낙이란 피해자의 명시적・묵시적 승낙(현실적 승낙)은 없었지만 피해자가 행위 당시 그 사실을 알았다면 당연히 승낙했을 것이라고 추정되는 경우를 말한다.

예 주인의 장기간 여행으로 비어 있는 옆집에 수도관이 파열된 것을 발견하고서 이웃 주민이 이를 고치기 위해 옆집의 문을 열고 들어간 경우

o 행위 당시 명의자의 현실적인 승낙은 없었지만 **행위 당시**의 모든 객관적 사정을 종합하여 명의자가 행위 당시 그 사실을 알았다면 **당연히 승낙했을 것이라고 추정되는 경우** 역시 사문서의 위·변조죄가 성립하지 않는다고 할 것이나, / 명의자의 명시적인 승낙이나 동의가 없다는 것을 알고 있으면서도 명의자가 문서작성 사실을 알았다면 **승낙하였을 것이라고 기대하거나 예측한 것**만으로는 그 승낙이 추정된다고 단정할 수 없다(대판 2011.9.29, 2010도14587).

2 효과

그 행위 당시 추정적 승낙이 있을 것으로 인정되는 행위는 위법성이 조각된다.

관련 판례 추정적 승낙을 인정한 경우

종친회 결의서의 피위조명의자 중 피고인의 형제 2명이 승낙한 경우 피고인의 아들들이나 위 형제들의 아들들에 대하여 추정적 승낙을 인정할 여지가 있다(대판 1993.3.9, 92도3101).
[판결이유] 종친회원 중 피고인 등 3형제 이외에는 나이가 젊고 종중일에 관심이 없었고 곗날에 참석하지 않은 관계로 통상 종친회의 모든 의안을 위 3형제만의 의결로 집행하여 온 것으로 짐작되고, 만일 피고인이 종친회의 통상관례에 따라 결정된 사항을 집행하기 위하여 이에 필요한 종친회원들 명의의 서류를 임의로 작성한 것이라면 비록 사전에 그들의 현실적인 승낙이 없었다고 하더라도 피고인은 그들이 위와 같은 사정을 알았다면 당연히 승낙하였을 것이라고 믿고 한 행위일 수 있다.

관련 판례 추정적 승낙을 부정한 경우

1) **사자 명의로 된 약속어음**을 작성함에 있어 사망자의 처로부터 사망자의 인장을 교부받아 생존 당시 작성한 것처럼 약속어음의 발행일자를 그 명의자의 생존 중의 일자로 소급하여 작성한 때에는 발행명의인의 승낙이 있었다고 볼 수 없다(대판 2011.7.14, 2010도1025).
2) **[인감증명위임장 위조사건]**[19] 사망한 사람 명의의 사문서에 대하여도 문서에 대한 공공의 신용을 보호할 필요가 있다는 점을 고려하면, 문서명의인이 이미 사망하였는데도 **문서명의인이 생존하고 있다는 점이 문서의 중요한 내용**을 이루거나 그 점을 전제로 문서가 작성되었다면 이미 문서에 관한 공공의 신용을 해할 위험이 발생하였다 할 것이므로, 그러한 내용의 문서에 관하여 사망한 명의자의 승낙이 추정된다는 이유로 사문서위조죄의 성립을 부정할 수는 없다. / …… 명의자가 행위 당시 그 사실을 알았다면 **승낙했을 것이라고 기대하거나 예측**한 것만으로는 승낙이 추정된다고 볼 수 없다(대판2011.9.29, 2011도6223).

19) **2023년 변호사시험(13점), 2019년 법원사무관승진시험(10점)** 甲은 자신의 아버지 乙에게서 乙 소유 부동산의 매도에 관한 권한 일체를 위임받아 2018.4.10. 丙과 매매계약을 체결하였는데, 그 후 乙이 2018.4.15. 갑자기 사망하자, 2018.5.10. 위 부동산에 관한 소유권이전등기를 마쳐주는 데에 사용할 목적으로 「乙이 甲에게 인감증명 발급을 위임한다.」는 취지의 인감증명위임장을 작성한 후 주민센터 담당 직원에게 이를 제출하여 인감증명서를 발급받아서 이를 丙에게 교부하였다. 甲의 죄책을 논하라.

[사실관계] 甲이 자신의 아버지 乙로부터 乙이 소유하는 부동산 매매에 관한 권한 일체를 위임받아 그 부동산을 매도하였는데, 그 후 乙이 갑자기 사망하자 부동산 소유권 이전에 사용할 목적으로 乙이 자신에게 인감증명서 발급을 위임한다는 취지의 **인감증명 위임장**을 작성하여 주민센터 담당직원에게 이를 제출한 경우

3) 甲이 점유자와 소유자가 다른 승용차를 점유자의 의사에 반하여 자신의 점유로 옮긴 경우, 이러한 甲의 행위가 결과적으로 소유자의 이익으로 된다는 사정 또는 소유자의 추정적 승낙이 있다고 볼 만한 사정이 있다고 하더라도, 다른 특별한 사정이 없는 한 그러한 사유만으로 불법영득의 의사가 없다고 할 수는 없다(대판 2014.2.21, 2013도14139).

4) 관련 민사소송에서 쟁점이 된 제3자로부터 급여를 받은 사실을 숨기기 위해 통장의 입금자 부분을 화이트테이프로 지우고 복사하였을 뿐 입금자를 제3자로 변경하지 않았다 하더라도 제반 사정을 종합할 때 통장 명의자인 甲 은행장이 행위 당시 그러한 사실을 알았다면 이를 당연히 승낙했을 것으로 추정된다고 볼 수 없고, 피고인이 쟁점이 되는 부분을 가리고 복사함으로써 문서내용에 변경을 가하고 증거자료로 제출한 이상 **사문서변조** 및 동행사의 고의가 없었다고 할 수 없다(대판 2011.9.29, 2010도14587).

제6절 정당행위

제20조 【정당행위】
법령에 의한 행위 또는 업무로 인한 행위 기타 사회상규에 위배되지 아니하는 행위는 벌하지 아니한다.

I 정당행위의 의의

정당행위란 사회상규에 위배되지 아니하여 위법성이 조각되는 행위를 말한다. 여기서 '사회상규에 위배되지 아니하는 행위'라 함은 법질서 전체의 정신이나 그 배후에 놓여 있는 사회윤리 내지 사회통념에 비추어 용인될 수 있는 행위를 말한다.

o 어떠한 행위가 범죄구성요건에 해당하지만 정당행위라는 이유로 위법성이 조각된다는 것은 그 행위가 적극적으로 용인, 권장된다는 의미가 아니라 단지 특정한 상황하에서 그 행위가 범죄행위로서 **처벌대상이 될 정도의 위법성을 갖추지 못하였다**는 것을 의미한다(대판 2021.12.30, 2021도9680).

법령에 의한 행위나 업무로 인한 행위는 사회상규에 위배되지 않는 행위의 예시이며, 정당행위는 제21조 내지 제24조 즉 정당방위·긴급피난·자구행위·피해자의 승낙에 해당하지 않는 경우에 적용되는 일반적·보충적 위법성조각사유이다.

II 법령에 의한 행위

1 공무원의 직무집행행위

(1) 공무원이 법령에 근거하여 직무를 수행하는 행위는 위법성이 조각된다.

예 형사소송법에 의한 체포·구속·압수·수색, 민사소송법에 의한 강제집행 등

ㅇ 집달관이 **압류집행**을 위하여 채무자의 주거에 들어가는 과정에서 상해를 가한 경우 상당성이 있는 행위로서 위법성이 조각된다(대판 1993.10.12, 93도875).

(2) 적법한 상관의 명령에 복종한 행위는 위법성이 조각되나, 참고인으로 소환된 사람에게 가혹행위를 가하라는 등과 같이 명백히 위법하거나 불법한 명령에 따른 행위는 위법성이 조각되지 않는다.

ㅇ 상관의 적법한 직무상 명령에 따른 행위는 정당행위로서 형법 제20조에 의하여 그 위법성이 조각된다고 할 것이나, 상관의 위법한 명령에 따라 범죄행위를 한 경우에는 상관의 명령에 따랐다고 하여 부하가 한 범죄행위의 위법성이 조각될 수는 없다(대판 1997.4.17, 96도3376 全合).

ㅇ 설령 대공수사단 직원은 상관의 명령에 절대 복종하여야 한다는 것이 불문률로 되어 있다 할지라도 **고문치사**와 같이 중대하고도 명백한 **위법명령**에 따른 행위가 정당한 행위에 해당하거나 강요된 행위로서 적법행위에 대한 기대가능성이 없는 경우에 해당하게 되는 것이라고는 볼 수 없다(대판 1988.2.23, 87도2358).

ㅇ 공무원이 그 직무를 수행함에 즈음하여 상관은 하관에 대하여 범죄행위 등 위법한 행위를 하도록 명령할 직권이 없는 것이며, 또한 하관은 소속 상관의 적법한 명령에 복종할의무는 있으나 그 명령이 대통령 선거를 앞두고 특정후보에 대하여 반대하는 여론을 조성할 목적으로 확인되지도 않은 허위의 사실을 담은 책자를 발간·배포하거나 기사를 게재하도록 하라는 것과 같이 명백히 **위법** 내지 **불법한 명령**인 때에는 이는 벌써 직무상의 지시명령이라 할 수 없으므로 이에 따라야 할 의무가 없다(대판 1999.4.23, 99도636).

2 징계행위

법령상 징계권자가 징계사유가 있고, 필요한 범위 안에서 상당한 방법으로 징계권을 행사한 경우에는 위법성이 조각된다.

ㅇ 친권자가 자(子)에게 야구방망이로 때릴 듯한 태도를 취하면서 **"죽여 버린다"**고 말한 경우에는 이를 교양권의 행사라고 볼 수 없으므로 협박죄를 구성한다(대판 2002.2.8, 2001도6468). ∵ 상당성 ×

→ 친권자의 자에 대한 징계권을 규정한 민법 제915조는 21년 1월 26일자로 삭제되었다.

ㅇ 교사가 피해자인 학생이 욕설을 하였는지를 확인도 하지 못할 정도로 침착성과 냉정성을 잃은 상태에서 욕설을 하지도 아니한 학생을 **오인**하여 구타하였다면 그 교사가 비록 교육상 학생을 훈계하기 위하여 한 것이라고 하더라도 이는 징계권의 범위를 일탈한 위법한 폭력행위이다(대판 1980.9.9, 80도762).

ㅇ 여자중학교 교사의 학생에 대한 지도행위가 당시의 상황, 동기, 그 수단, 방법 등에 비추어 사회통념상 객관적 타당성을 갖추지 못한 경우 정당행위로 볼 수 없다(대판 2004.6.10, 2001도5380).

[판결이유] 교정의 목적에서 나온 지도행위가 아니어서 학생에게 체벌, 훈계 등의 교육적 의미를 알리지도 않은 채 지도교사의 성격 또는 감정에서 비롯된 지도행위라든가, 다른 사람이 없는 곳에서 개별적으로 훈계, 훈육의 방법으로 지도·교정될 수 있는 상황이었음에도 낯모르는 사람들이 있는 데서 공개적으로 학생에게 체벌·모욕을 가하는 지도행위라든가, 학생의 신체나 정신건강에 위험한 물건 또는 지도교사의 신체를 이용하여 학생의 신체 중 부상의 위험성이 있는 부위를 때리거나 학생의 성별, 연령, 개인적 사정에서 견디기 어려운 모욕감을 주어 방법·정도가 지나치게 된 지도행위 등은 특별한 사정이 없는 한 사회통념상 객관적 타당성을 갖추었다고 보기 어렵다.

ㅇ 상사 계급의 피고인이 그의 잦은 폭력으로 신체에 위해를 느끼고 겁을 먹은 상태에 있던 부대원들에게 청소 불량 등을 이유로 40분 내지 50분간 머리박아(속칭 '**원산폭격**')를 시키거나 양손을 깍지 낀 상태에서 약 2시간 동안 팔굽혀펴기를 50~60회 정도 하게 한 행위는 형법 제324조에서 정한 강요죄에 해당한다(대판 2006.4.27, 2003도4151).

3 사인의 현행범체포

(1) 의의

현행범인은 누구든지 영장 없이 체포할 수 있으므로(형사소송법 제212조), 사인이 현행범을 체포하는 행위는 법령에 의한 행위로써 위법성이 조각된다.

(2) 허용범위

다만 위법성이 조각되는 행위는 현행범을 체포하기 위하여 직접 필요한 행위(예 폭행·협박, 경찰에 인도하기까지의 체포·감금 등)로만 제한되고, 이러한 행위를 넘어 살인·상해, 장시간 감금 또는 타인의 주거에 침입하는 행위 등은 허용되지 않는다.

ㅇ 피고인의 차를 손괴하고 도망하려는 피해자를 도망하지 못하게 **멱살**을 잡고 흔들어 피해자에게 전치 14일의 흉부찰과상을 가한 경우, 정당행위에 해당한다(대판 1999.1.26, 98도3029).
[판결이유] 적정한 한계를 벗어나는 행위인가 여부는 결국 정당행위의 일반적 요건을 갖추었는지 여부에 따라 결정되어야 할 것이지 그 행위가 소극적인 방어행위인가 적극적인 공격행위인가에 따라 결정되어야 하는 것은 아니다.

ㅇ 현행범을 추적하여 그 범인의 **父의 집**에 들어가서 동인(아버지)과 시비 끝에 상해를 입힌 경우 상해죄는 물론 주거침입죄도 위법성이 조각되지 않는다(대판1965.12.21, 65도899).

4 노동쟁의행위

(1) 근로자의 쟁의행위가 형법상 정당행위가 되기 위하여는 ① 그 **주체**가 단체교섭의 주체로 될 수 있는 자이어야 하고, ② 그 **목적**이 근로조건의 향상을 위한 노사간의 자치적 교섭을 조성하는 데에 있어야 하며, ③ 사용자가 근로자의 근로조건 개선에 관한 구체적인 요구에 대하여 단체교섭을 거부하였을 때 개시하되 특별한 사정이 없는 한 조합원의 찬성결정 등 법령이 규정한 **절차**를 거쳐야 하고, ④ 그 **수단**과 **방법**이 사용자의 재산권과 조화를 이루어야 함은 물론 폭력의 행사에 해당되지 아니하여야 한다는 여러 조건을 모두 구비하여야 한다(대판 2001.10.25, 99도4837 全合).

(2) 이러한 기준은 쟁의행위의 목적을 알리는 등 **적법한 쟁의행위에 통상 수반되는 부수적 행위**가 형법상 정당행위에 해당하는지 여부를 판단할 때에도 동일하게 적용된다(대판 2022.10.27, 2019도10516).

o **[노동조합의 조합활동의 정당성 판단 기준]** 노동조합의 조합활동은 근로자가 가지는 결사의 자유 내지 노동3권에 바탕을 둔 것으로서 노동조합 및 노동관계조정법(이하 '노동조합법'이라고 한다) 제1조의 목적을 달성하기 위하여 정당한 행위에 대하여는 민형사상 면책이 된다(노동조합법 제4조, 형법 제20조). **노동조합의 활동이 정당하다고 하려면, 첫째 주체**의 측면에서 행위의 성질상 노동조합의 활동으로 볼 수 있거나 노동조합의 묵시적인 수권 혹은 승인을 받았다고 볼 수 있는 것이어야 하고, **둘째 목적**의 측면에서 근로조건의 유지·개선과 근로자의 경제적 지위의 향상을 도모하기 위하여 필요하고 근로자들의 단결 강화에 도움이 되는 행위이어야 하며, **셋째 시기**의 측면에서 취업규칙이나 단체협약에 별도의 허용규정이 있거나 관행이나 사용자의 승낙이 있는 경우 외에는 원칙적으로 근무시간 외에 행하여져야 하고, **넷째 수단·방법**의 측면에서 사업장 내 조합활동에서는 사용자의 시설관리권에 바탕을 둔 합리적인 규율이나 제약에 따라야 하며 폭력과 파괴행위 등의 방법에 의하지 않는 것이어야 한다. 이 중에서 **시기·수단·방법 등에 관한 요건**은 조합활동과 사용자의 노무지휘권·시설관리권 등이 충돌할 경우에 그 정당성을 어떠한 기준으로 정할 것인지 하는 문제이므로, 위 요건을 갖추었는지 여부를 판단할 때에는 조합활동의 필요성과 긴급성, 조합활동으로 행해진 개별 행위의 경위와 구체적 태양, 사용자의 노무지휘권·시설관리권 등의 침해 여부와 정도, 그 밖에 근로관계의 여러 사정을 종합하여 충돌되는 가치를 객관적으로 비교·형량하여 실질적인 관점에서 판단하여야 한다(대판 2020.7.29, 2017도2478).

[사실관계] 산업별 노동조합 간부가 소속 지회 사업장에 들어가 조합활동을 한 사건에서 근로조건의 유지·개선을 위한 조합활동으로서의 필요성이 인정되고, 그러한 활동으로 인하여 고소인 기업 측의 시설관리권의 본질적인 부분을 침해하였다고 볼 수 없다는 이유로 폭력행위 등 처벌에 관한 법률위반(공동주거침입)죄에 대하여 정당행위로 보아 무죄를 선고한 사례

관련 판례 **노동쟁의행위의 정당성을 인정한 경우**

1) 노동조합이 노동위원회에 노동쟁의 조정신청을 하여 **조정절차**가 마쳐지거나 조정이 종료되지 아니한 채 **조정기간**이 끝나면 노동조합은 쟁의행위를 할 수 있는 것으로 노동위원회가 반드시 조정결정을 한 뒤에 쟁의행위를 하여야지 그 절차가 정당한 것은 아니다(대판 2001.6.26, 2000도287).
2) 쟁의행위에 대한 찬반투표 실시를 위하여 전체 조합원이 참석할 수 있도록 근무시간 중에 노동조합 임시총회를 개최하고 3시간에 걸친 투표 후 1시간의 여흥시간을 가졌더라도 그 임시총회 개최행위가 전체적으로 노동조합의 정당한 행위에 해당한다(대판 1994.2.22, 93도613).
3) 직장 또는 사업장시설의 점거는 적극적인 쟁의행위의 한 형태로서 그 점거의 범위가 직장 또는 사업장시설의 일부분이고 사용자측의 출입이나 관리지배를 배제하지 않는 **병존적인 점거**에 지나지 않을 때에는 정당한 쟁의행위로 볼 수 있다(대판 2007.12.28, 2007도5204).
4) **[임금 미지급 등 사건]** 노동조합이 주도한 쟁의행위 자체의 정당성과 이를 구성하거나 여기에 부수되는 개개 행위의 정당성은 구별하여야 하므로, **일부 소수의 근로자가 폭력행위** 등의 위법행위를 하였더라도, 전체로서의 쟁의행위마저 당연히 위법하게 되는 것은 아니다(대판 2017.7.11, 2013도7896).

5) **[사내하청업체 소속 근로자들이 사용자인 하청업체를 상대로 한 쟁의행위의 일환으로 원청업체 사업장에서 집회 · 시위를 하고, 대체 투입된 근로자의 업무를 방해한 사건]** 사용자인 수급인에 대한 정당성을 갖춘 쟁의행위가 도급인의 사업장에서 이루어져 형법상 보호되는 도급인의 법익을 침해한 경우, 그것이 항상 위법하다고 볼 것은 아니고, 법질서 전체의 정신이나 그 배후에 놓여있는 사회윤리 내지 사회통념에 비추어 용인될 수 있는 행위에 해당하는 경우에는 형법 제20조의 '사회상규에 위배되지 아니하는 행위'로서 위법성이 조각된다(대판 2020.9.3, 2015도1927).
[사실관계] 피고인들이 대체근로자들의 작업을 방해한 것은 위법한 대체근로자 투입에 대항하기 위해 상당한 범위 내에서 실력 행사가 이루어진 정당행위에 해당하여 위법성이 조각된다.

Part 02

관련 판례 **노동쟁의행위의 정당성을 부정한 경우**

1) 쟁의행위에서 추구되는 **목적이 여러 가지이고 그중 일부가 정당하지 못한 경우**에는 주된 목적 내지 진정한 목적의 당부에 의하여 그 쟁의목적의 당부를 판단하여야 하고, / **부당한 요구사항을 제외하였다면 쟁의행위를 하지 않았을 것이라고 인정되는 경우**에는 그 쟁의행위 전체가 정당성을 갖지 못한다(대판 2002.2.26, 99도5380 ; 대판 2003.12.26, 2001도3380 ; 대판 2011.1.27, 2010도11030).

2) **정리해고나 부서 · 조직의 통폐합 등 구조조정**의 실시 여부는 경영주체에 의한 고도의 경영상 결단에 속하는 사항으로서 이는 원칙적으로 단체교섭의 대상이 될 수 없고, 그것이 긴박한 경영상의 필요나 합리적인 이유 없이 불순한 의도로 추진되는 등의 특별한 사정이 없는 한, 노동조합이 실질적으로 그 실시 자체를 반대하기 위하여 쟁의행위에 나아간다면, 비록 그 실시로 인하여 근로자들의 지위나 근로조건의 변경이 필연적으로 수반된다 하더라도 그 쟁의행위는 목적의 정당성을 인정할 수 없다(대판 2003.12.26, 2001도3380).

3) 회사의 긴박한 경영상의 필요에 의하여 실시되는 **정리해고** 자체를 전혀 수용할 수 없다는 노동조합 측의 입장 관철을 주된 목적으로 하는 쟁의행위는 정당행위에 해당하지 않는다(대판 2011.1.27, 2010도11030).

4) 노동조합 및 노동관계조정법 제41조 제1항을 위반하여 조합원의 직접 · 비밀 · 무기명 투표에 의한 과반수의 찬성결정을 거치지 아니하고 쟁의행위에 나아간 경우에도 조합원의 민주적 의사결정이 실질적으로 확보된 경우라도 위와 같은 **투표절차**를 거치지 아니하였다면 쟁의행위가 정당성을 상실한다(대판 2001.10.25, 99도4837 全合). ∵ 투표절차 = 본질적 절차
[비교판례] 노동조합 및 노동관계조정법 시행령 제17조에서 규정하고 있는 쟁의행위의 일시 · 장소 · 참가인원 및 그 방법에 관한 **서면신고의무**는 쟁의행위를 함에 있어 그 세부적 · 형식적 절차를 규정한 것으로서 쟁의행위에 적법성을 부여하기 위하여 필요한 본질적인 요소는 아니므로, 신고절차의 미준수만을 이유로 쟁의행위의 정당성을 부정할 수는 없다(대판 2007.12.28, 2007도5204).
∵ 서면신고절차 ≠ 본질적 절차

5) 직장노조원들이 농성을 목적으로 **학생회의 동의**를 얻어 학생회관에 들어간 경우 학생회관의 관리권은 그 대학 당국에 귀속된다고 보아야 하므로 학생회의 동의가 있어 그 침입이 위법하지 않다고 믿었다 하더라도 정당한 사유가 있다고 볼 수 없어 주거침입죄를 구성한다(대판 1995.4.14, 95도12).

6) **[공동로비점거 주거침입사건]** 2인 이상이 하나의 공간에서 공동생활을 하고 있는 경우에는 각자 주거의 평온을 누릴 권리가 있으므로, 사용자가 제3자와 공동으로 관리 · 사용하는 공간을 사용자에 대한 쟁의행위를 이유로 관리자의 의사에 반하여 침입 · 점거한 경우, 비록 그 공간의 점거가 사용자에 대한 관

계에서 정당한 쟁의행위로 평가될 여지가 있다 하여도 이를 공동으로 관리·사용하는 제3자의 명시적 또는 추정적인 승낙이 없는 이상 위 제3자에 대하여서까지 이를 정당행위라고 하여 주거침입의 위법성이 조각된다고 볼 수는 없다(대판 2010.3.11, 2009도5008).

[**사실관계**] 근로자들이 사용자인 (주)코스콤 이외에도 (주)한국증권선물거래소가 병존적으로 관리·사용하는 빌딩 로비에 쟁의행위를 이유로 침입하여, 그중 일부를 점거하며 10여 일간 숙식하면서 선전전, 강연, 토론 등의 방법으로 농성한 사안

7) 직장 또는 사업장시설을 **전면적, 배타적**으로 **점거**하여 조합원 이외의 자의 출입을 저지하거나 사용자 측의 관리지배를 배제하여 업무의 중단 또는 혼란을 야기케 하는 것과 같은 행위는 이미 정당성의 한계를 벗어난 것이라고 볼 수밖에 없다(대판 2007.12.28, 2007도5204).

8) [**임금 미지급 등 사건**] 근로자의 쟁의행위 등 구체적인 사정에 비추어 직장폐쇄의 개시 자체는 정당하다고 할 수 있지만, / 어느 시점 이후에 근로자가 쟁의행위를 중단하고 진정으로 업무에 복귀할 의사를 표시하였음에도 사용자가 직장폐쇄를 계속 유지하면서 근로자의 쟁의행위에 대한 방어적인 목적에서 벗어나 적극적으로 노동조합의 조직력을 약화시키기 위한 목적 등을 갖는 **공격적 직장폐쇄**의 성격으로 변질되었다고 볼 수 있는 경우에는, 그 이후의 직장폐쇄는 정당성을 상실한 것으로 보아야 한다(대판 2017.7.11, 2013도7896)

∵ 사용자의 직장폐쇄는 구체적인 사정에 비추어 근로자의 쟁의행위에 대한 방어수단으로서 상당성이 있어야만 사용자의 정당한 쟁의행위로 인정할 수 있기 때문

9) [**사내하청업체 소속 근로자들이 사용자인 하청업체를 상대로 한 쟁의행위의 일환으로 원청업체 사업장에서 집회·시위를 하고, 대체 투입된 근로자의 업무를 방해한 사건**] 도급인은 원칙적으로 수급인 소속 근로자의 사용자가 아니므로, **수급인 소속 근로자의 쟁의행위가 도급인의 사업장에서 일어나 도급인의 형법상 보호되는 법익을 침해한 경우**에는 사용자인 수급인에 대한 관계에서 쟁의행위의 정당성을 갖추었다는 사정만으로 사용자가 아닌 도급인에 대한 관계에서까지 법령에 의한 정당한 행위로서 법익 침해의 위법성이 조각된다고 볼 수는 없다(대판 2020.9.3, 2015도1927).

5 기타 법령에 의한 행위

모자보건법상의 인공임신중절수술(동법 제14조), 폐광지역 개발 지원에 관한 특별법 등에 따라 카지노에 출입하는 등 기타 법령에 의한 행위는 위법성이 조각된다.

○ 형법 제3조는 "본법은 대한민국 영역 외에서 죄를 범한 내국인에게 적용한다."라고 하여 형법의 적용범위에 관한 속인주의를 규정하고 있고, 또한 국가 정책적 견지에서 도박죄의 보호법익보다 좀 더 높은 국가이익을 위하여 예외적으로 내국인의 출입을 허용하는 **폐광지역 개발 지원에 관한 특별법** 등에 따라 **카지노**에 출입하는 것은 법령에 의한 행위로 위법성이 조각된다고 할 것이나, / 도박죄를 처벌하지 않는 외국 카지노에서의 도박이라는 사정만으로 그 위법성이 조각된다고 할 수 없다(대판 2017.4.13, 2017도953).

○ **감정평가업자가 아닌 공인회계사**가 타인의 의뢰에 의하여 일정한 보수를 받고 부동산공시법이 정한 토지에 대한 감정평가를 업으로 행하는 것은 **부동산공시법** 제43조 제2호에 의하여 처벌되는 행위에 해당하고, 특별한 사정이 없는 한 형법 제20조가 정한 '법령에 의한 행위'로서 정당행위에 해당한다고 볼 수는 없다(대판 2015.11.27, 2014도191).

ㅇ 집행관이 집행채권자 갑 조합 소유 아파트에서 유치권을 주장하는 피고인을 상대로 부동산인도집행을 실시하자, 피고인이 이에 불만을 갖고 아파트 출입문과 잠금 장치를 훼손하며 강제로 개방하고 아파트에 들어 간 경우, 피고인이 아파트에 들어갈 당시에는 이미 갑 조합이 집행관으로부터 아파트를 인도받은 후 출입문의 잠금 장치를 교체하는 등으로 그 점유가 확립된 상태여서 점유권 침해의 현장성 내지 추적가능성이 있다고 보기 어려워 점유를 실력에 의하여 탈환한 피고인의 행위가 민법상 자력구제에 해당하지 않는다(대판 2017.9.7, 2017도9999).

[판결이유] **민법** 제209조 제2항 전단은 '점유물이 침탈되었을 경우에 부동산일 때에는 점유자는 침탈 후 식시(식시) 가해자를 배제하여 이를 탈환할 수 있다'고 하여 **자력구제권** 중 부동산에 관한 자력탈환권에 관하여 규정하고 있다. 여기에서 '직시(직시)'란 '객관적으로 가능한 한 신속히' 또는 '사회관념상 가해자를 배제하여 점유를 회복하는 데 필요하다고 인정되는 범위 안에서 되도록 속히'라는 뜻이다.

∴ 재물손괴죄 및 주거침입죄 ○

ㅇ 국가정보원의 사이버팀 직원들이 상부에서 하달된 지시에 따라 정치적인 목적을 가지고 인터넷 게시글과 댓글 작성, 찬반클릭행위, 트윗과 리트윗 활동을 한 경우 구 국가정보원법에 따른 직무범위 내의 정당한 행위로 볼 수 없다(대판 2018.4.19, 2017도14322 全合).

Ⅲ 업무로 인한 행위

1 의의

(1) 업무란 사람이 사회생활상의 지위에 기하여 계속・반복할 의사로 행하는 사무를 말한다. 이러한 업무로 인한 행위는 사회상규에 위배되지 아니하는 한 위법성이 조각된다.

(2) 업무로 인한 행위에서의 업무는 사회상규상 보호할 가치가 있는 것이면 족하고, 반드시 그 기초가 되는 계약이나 행정행위 등이 반드시 적법하여야 하는 것은 아니다.

2 효과

(1) 의사의 치료행위는 업무로 인한 정당행위로서 위법성이 조각된다.

↔ 판례는 피해자의 승낙의 문제로 보는 경우도 있다. 예 자궁적출사건

ㅇ 의사가 인공분만기인 "샥숀"을 사용하면 통상 약간의 상해정도가 있을 수 있으므로 그 상해가 있다 하여 "샥숀"을 거칠고 험하게 사용한 결과라고는 보기 어려워 의사의 정당업무의 범위를 넘은 위법행위라고 할 수 없다(대판 1978.11.14, 78도2388).

(2) 변호사가 변론과정에서 명예훼손행위를 하였거나, 성직자가 고해성사과정에서 알게 된 타인의 범죄사실을 고발하지 않더라도 정당행위로서 위법성이 조각된다. 다만 적극적으로 은닉・도피시키는 경우 범인은닉・도피죄가 성립한다.

ㅇ 성직자의 직무상 행위가 사회상규에 반하지 아니한다 하여 그에 적법성이 부여되는 것은 그것이 성직자의 행위이기 때문이 아니라 그 직무로 인한 행위에 정당, 적법성을 인정하기 때문인 바, 사제가

죄지은 자를 능동적으로 고발하지 않는 것에 그치지 아니하고 / **은신처 마련, 도피자금 제공** 등 범인을 적극적으로 인닉·도피케 하는 행위는 사제의 정당한 직무에 속하는 것이라고 할 수 없다(대판 1983.3.8, 82도3248).

(3) 신문기자의 기사 작성을 위한 자료수집·보도행위는 업무로 인한 정당행위로서 위법성이 조각된다.

o 신문기자인 피고인이 고소인에게 2회에 걸쳐 증여세 포탈에 대한 취재를 요구하면서 이에 응하지 않으면 자신이 **취재한 내용대로 보도하겠다**고 말하여 말한 것은 설령 협박죄에서 말하는 해악의 고지에 해당하더라도 특별한 사정이 없는 한 기사 작성을 위한 자료를 수집하고 보도하기 위한 것으로서 신문기자의 일상적 업무 범위에 속하여 사회상규에 반하지 아니하는 행위라고 보는 것이 타당하다(대판 2011.7.14, 2011도639).

(4) 기타 업무로 인한 행위

o **재건축조합의 조합장**이 조합탈퇴의 의사표시를 한 자를 상대로 '사업시행구역 안에 있는 그 소유의 건물을 명도하고 이를 재건축사업에 제공하여 행하는 업무를 방해하여서는 아니 된다'는 가처분의 판결을 받아 위 건물을 철거한 것은 형법 제20조에 정한 업무로 인한 정당행위에 해당한다(대판 1998.2.13, 97도2877).

Ⅳ 사회상규에 위배되지 않는 행위

1 의의

'사회상규에 위배되지 아니하는 행위'라 함은 법질서 전체의 정신이나 그 배후에 놓여 있는 사회윤리 내지 사회통념에 비추어 용인될 수 있는 행위를 말한다. 구성요건에 해당하는 행위이나 사회상규에 위배되지 않는 경우 정당행위로서 위법성이 조각된다.

→ 초법규적 위법성조각사유를 형법에 규정한 것 예 소극적 저항행위

o 사회상규에 반하지 않는 행위라 함은 국가질서의 존중이라는 인식을 바탕으로 한 국민일반의 건전한 도의적 감정에 반하지 아니한 행위로서 **초법규적인 기준**에 의하여 이를 평가할 것이다(대판 1983.11.22, 83도2224).

2 사회상규위배여부의 판단기준(정당행위의 요건)

어떠한 행위가 정당한 행위로서 위법성이 조각되는 것인가는 구체적 경우에 따라 합목적적, 합리적으로 가려져야 할 것이며 또 행위의 적법여부는 국가질서를 벗어나서 이를 가릴 수는 없는 것인바, 정당행위를 인정하려면 ① 그 행위의 동기나 **목적의 정당성**, ② 행위의 **수단이나 방법의 상당성**, ③ 보호이익과 침해이익과의 **법익균형성**, ④ **긴급성**, ⑤ 그 행위 외에 다른 수단이나 방법이 없다는 **보충성** 등의 요건을 갖추어야 한다(대판 1987.1.20, 86도1809).

ㅇ 어떠한 행위가 위법성조각사유로서 **정당행위나 정당방위가 되는지 여부**는 구체적인 경우에 따라 합목적적·합리적으로 가려야 하고, 또 행위의 적법 여부는 국가질서를 벗어나서 이를 가릴 수 없는 것이다. 정당행위로 인정되려면 첫째 행위의 동기나 목적의 정당성, 둘째 행위의 수단이나 방법의 상당성, 셋째 보호법익과 침해법익의 법익균형성, 넷째 긴급성, 다섯째 그 행위 이외의 다른 수단이나 방법이 없다는 보충성의 요건을 모두 갖추어야 한다. 그리고 정당방위가 성립하려면 침해행위에 의하여 침해되는 법익의 종류, 정도, 침해의 방법, 침해행위의 완급과 방위행위에 의하여 침해될 법익의 종류, 정도 등 일체의 구체적 사정들을 참작하여 방위행위가 사회적으로 상당한 것이어야 한다(대판 2018.12.27, 2017도15226).

ㅇ 어떠한 행위가 정당행위의 요건을 충족하는 정당한 행위로서 위법성이 조각되는 것인지는 구체적인 사정 아래서 합목적적, 합리적으로 고찰하여 개별적으로 판단되어야 하므로, 구체적인 사안에서 정당행위로 인정되기 위한 **긴급성이나 보충성의 정도**는 개별 사안에 따라 다를 수 있다(대판 2021.3.11, 2020도16527).

관련 판례 **사회상규에 위배되지 않는 행위**(정당행위 ○)

1. 소극적 저항행위

1) 피해자가 갑자기 달려나와 정당한 이유 없이 피고인의 멱살을 잡고 파출소로 가자면서 계속하여 끌어당기므로 피고인이 그와 같은 피해자의 행위를 제지하기 위하여 그의 양팔부분의 옷자락을 잡고 밀친 것이라면 이러한 피고인의 행위는 멱살을 잡힌 데서 벗어나기 위한 **소극적인 저항행위**에 불과하고 사회통념상 허용될만한 정도의 상당성이 있는 행위로서 제20조 소정의 정당행위에 해당한다(대판 1990.1.23, 89도1328).

2) 분쟁이 있던 옆집 사람이 야간에 술에 만취된 채 시비를 하며 거실로 들어오려 하므로 이를 **제지하며 밀어내는 과정**에서 2주 상해를 입힌 피고인의 행위를 정당행위를 인정한다(대판 1995.2.28, 94도2746).

3) 甲이 자신의 아파트로 찾아와 소란을 피우는 친구 乙에게 출입문을 열어주었으나, 乙이 신발을 신은 채 거실로 들어와 함께 온 아들과 합세하여 남편과의 불륜관계를 추궁하며 자신을 구타하자, 그로부터 **벗어나기 위해 손을 휘저으며 발버둥을 치는 과정**에서 乙에게 상해를 가한 경우 위법한 공격으로부터 자신을 보호하고 이를 벗어나기 위한 사회관념상 상당성 있는 방어행위로서 유형력의 행사에 이르렀다고 할 것이어서 위 행위의 위법성이 조각된다(대판 2010.2.11, 2009도12958).

4) 甲은 실내 어린이 놀이터 벽에 기대어 앉아 자신의 딸(4세)이 노는 모습을 보고 있었는데, A(2세)가 다가와 딸이 가지고 놀고 있는 블록을 발로 차고 손으로 집어 들면서 쌓아놓은 블록을 무너뜨리고, 이에 딸이 울자 甲이 A에게 '하지 마, 그러면 안 되는 거야'라고 말하면서 몇 차례 A를 제지하자 A는 甲의 딸을 한참 쳐다보고 있다가 갑자기 딸의 눈 쪽을 향해 오른손을 뻗었고 이를 본 甲이 왼손을 내밀어 A의 행동을 제지하는 과정에서 A가 바닥에 넘어져 엉덩방아를 찧은 경우, 피고인의 행위는 피해자의 갑작스런 행동에 놀라서 자신의 어린 딸이 다시 얼굴에 상처를 입지 않도록 보호하기 위한 것으로 딸에 대한 피해자의 돌발적인 공격을 막기 위한 **본능적이고 소극적인 방어행위**라고 평가할 수 있고, 따라서 이를 사회상규에 위배되는 행위라고 보기는 어렵다(대판 2014.3.27, 2012도11204).

2. 권리를 실행하기 위한 행위

1) 피해자로부터 범인으로 오인되어 경찰에 끌려가 구타당하여 입원한 경우에 피해자에게 그 **치료비**를 요구하고 응하지 않으면 무고죄로 고소하겠다고 언명한 경우 위법성이 조각된다(대판 1971.11.9, 71도1629).

2) 비료를 매수하여 시비한 결과 사과나무묘목이 고사하자 그 비료를 생산한 회사에게 손해배상을 요구하면서 사장 이하 간부들에게 욕설을 하거나 응접탁자 등을 들었다 놓았다 하거나 현수막을 만들어 보이면서 시위를 할 듯한 태도를 보이는 경우 정당행위에 해당하여 위법성이 조각된다(대판 1980.11.25, 79도2565).

3) 피고인이 그 소유건물에 인접한 대지 위에 건축허가조건에 위반되게 건물을 신축, 사용하는 소유자로부터 **일조권 침해** 등으로 인한 손해배상에 관한 합의금을 받은 것이 사회통념상 용인되는 범위를 넘지 않는 것이어서 공갈죄가 성립되지 않는다(대판 1990.8.14, 90도114).

3. 기타

1) 피고인이 소속한 교단협의회에서 조사위원회를 구성하여 피고인이 목사로 있는 교회의 이단성 여부에 대한 조사활동을 하고 보고서를 그 교회 사무국장에게 작성토록 하자, 피고인이 **조사보고서의 관련 자료**에 피해자를 명예훼손죄로 고소했던 **고소장의 사본을 첨부**한 경우, 이는 자신의 주장의 정당성을 입증하기 위한 자료의 제출행위로서 정당한 행위로 볼 것이지, 고소장의 내용에 다소 피해자의 명예를 훼손하는 내용이 들어 있다 하더라도 이를 이유로 고소장을 첨부한 행위가 위법하다고 까지는 할 수 없다(대판 1995.3.17, 93도923).

2) **수지침 시술행위 또는 부항시술행위**가 광범위하고 보편화된 민간요법이고, 그 시술로 인한 위험성이 적다는 사정만으로 그것이 바로 사회상규에 위배되지 아니하는 행위에 해당한다고 보기는 어렵다고 할 것이나, / 시술자의 시술의 동기, 목적, 방법, 횟수, 시술에 대한 지식수준, 시술경력, 피시술자의 나이, 체질, 건강상태, 시술행위로 인한 부작용 내지 위험발생 가능성 등을 종합적으로 고려하여 구체적인 경우에 있어서 개별적으로 보아 법질서 전체의 정신이나 그 배후에 놓여 있는 사회윤리 내지 사회통념에 비추어 용인될 수 있는 행위에 해당한다고 인정되는 경우에는 제20조 소정의 사회상규에 위배되지 아니하는 행위로서 위법성이 조각된다고 할 것이다(대판 2000.4.25, 98도2389 ; 대판 2004.10.28, 2004도3405).

[사실관계] 甲은 수지침의 전문가로서 일반인들에게 수지침요법을 보급하고, 수지침을 통한 무료의료봉사활동을 하는 중, 乙이 스스로 수지침 한 봉지를 사 가지고 甲을 찾아와서 수지침 시술을 부탁하므로, 甲은 아무런 대가를 받지 아니하고 수지침 시술행위를 한 경우 甲의 행위는 사회통념상 허용될 만한 정도의 상당성이 있는 것으로서 정당행위에 해당한다.

↔ 찜질방 내에서 부항침과 부항을 뜨는 방법으로 치료를 하여 주고 치료비 명목으로 15,000원 또는 25,000원을 받은 경우 사회통념에 비추어 용인될 수 있는 행위에 해당한다고 볼 수는 없고 정당행위에 해당하지 아니한다.

3) 시장번영회 회장이 이사회의 결의와 시장번영회의 관리규정에 따라서 **관리비 체납자**의 점포에 대하여 실시한 **단전조치**는 정당행위로서 업무방해죄를 구성하지 아니한다(대판 2004.8.20, 2003도4732).

4) 아파트 입주자대표회의의 임원 또는 아파트관리회사의 직원들인 피고인들이 기존 관리회사의 직원들로부터 계속 업무집행을 제지받던 중 **저수조 청소**를 위하여 출입문에 설치된 자물쇠를 손괴하고 중앙공급실에 침입한 행위는 정당행위에 해당한다(대판 2006.4.13, 2003도3902). ↔ 관리비 고지서를 빼앗거나 사무실의 집기 등을 들어내는 행위는 정당행위에 해당하지 않는다.

5) [한심하고 불쌍한 인간사건] 골프클럽 경기보조원들의 구직편의를 위해 제작된 인터넷 사이트 내 회원게시판에 특정 골프클럽의 운영상 불합리성을 비난하는 글을 게시하면서 위 클럽담당자에 대하여 **한심하고 불쌍한 인간**이라는 등 경멸적 표현을 한 경우, 게시의 동기와 경위, 모욕적 표현의 정도와 비중 등에 비추어 사회상규에 위배되지 않으므로 모욕죄의 성립이 인정되지 않는다(대판 2008.7.10, 2008도1433).

6) 건설업체 노조원들이 '임·단협 성실교섭 촉구 결의대회'를 개최하면서 차도의 통행방법으로 신고하지 아니한 **삼보일배 행진**을 하여 차량의 통행을 방해한 사안에서, 그 시위방법이 장소, 태양, 내용, 방법과 결과 등에 비추어 사회통념상 용인될 수 있는 다소의 피해를 발생시킨 경우에 불과하고, 구 집회 및 시위에 관한 법률에 정한 신고제도의 목적 달성을 심히 곤란하게 하는 정도에 이른다고 볼 수 없어, 사회상규에 위배되지 않는 정당행위에 해당한다(대판 2009.7.23, 2009도840).

7) '회사의 직원이 **회사의 이익을 빼돌린다'는 소문을 확인할 목적**으로, 비밀번호를 설정함으로써 비밀장치를 한 전자기록인 피해자가 사용하던 '개인용 컴퓨터의 하드디스크'를 떼어내어 다른 컴퓨터에 연결한 다음 의심이 드는 단어로 파일을 검색하여 메신저 대화 내용, 이메일 등을 출력한 경우, 검색 결과 범죄행위를 확인할 수 있는 여러 자료가 발견된 사정 등에 비추어, 피고인의 그러한 행위는 사회통념상 허용될 수 있는 상당성이 있는 행위로서 제20조의 '정당행위'이다(대판 2009.12.24, 2007도6243).[20]

8) 공직선거법 제112조 제1항에 해당하는 **금품 등 제공행위**가 같은 법 제112조 제2항 등에 규정된 의례적 행위나 직무상 행위에 해당하지 않더라도, 그것이 지극히 정상적인 생활형태의 하나로서 역사적으로 생성된 사회질서의 범위 안에 있는 것이라면 의례적 행위나 직무상의 행위로서 사회상규에 위배되지 아니하여 위법성이 조각된다(대판 2017.4.28, 2015도6008).

9) 주주의 권리행사와 관련된 **재산상 이익의 공여**라 하더라도 그것이 의례적인 것이라거나 불가피한 것이라는 등의 특별한 사정이 있는 경우에는, 법질서 전체의 정신이나 그 배후에 놓여 있는 사회윤리 내지 사회통념에 비추어 용인될 수 있는 행위로서 형법 제20조에 정하여진 '사회상규에 위배되지 아니하는 행위'에 해당한다(대판 2018.2.8, 2015도7397).

10) 부사관 교육생이던 피고인이 동기들과 함께 사용하는 단체채팅방에서 지도관이던 피해자가 목욕탕 청소 담당에게 과실 지적을 많이 한다는 이유로 **"도라이 ㅋㅋㅋ 습기가 그렇게 많은데"라는 글을 게시한 경우**, '도라이'는 상관인 피해자를 경멸적으로 비난한 것으로 모욕적인 언사라고 볼 수 있으나, 위 표현은 동기 교육생들끼리 고충을 토로하고 의견을 교환하는 사이버공간에서 상관인 피해자에 대하여 일부 부적절한 표현을 사용하게 된 것에 불과하고 이로 인하여 군의 조직질서와 정당한 지휘체계가 문란하게 되었다고 보이지 않으므로, 이러한 행위는 사회상규에 위배되지 않는다(대판 2021.8.19, 2020도14576).

11) **어떤 글이 모욕적 표현을 담고 있는 경우**에도 그 글이 객관적으로 타당성이 있는 사실을 전제로 하여 그 사실관계나 이를 둘러싼 문제에 관한 자신의 판단과 피해자의 태도 등이 합당한가에 대한 의견을 밝히고, 자신의 판단과 의견이 타당함을 강조하는 과정에서 부분적으로 다소 모욕적인 표현이 사용된 것에 불과하다면 **사회상규에 위배되지 않는 행위**로서 형법 제20조에 의하여 위법성이 조각될 수 있다. 그리고 **인터넷 등 공간에서 작성된 단문의 글**이라고 하더라도, 그 내용이 자신의 의견을 강조하거나 압축하여 표현한 것이라고 평가할 수 있고 표현도 지나치게 모욕적이거나 악의적이지 않다면 마찬가지로 위법성이 조각될 수 있다(대판 2022.8.25, 2020도16897).
[사실관계] 피고인이 자신의 페이스북에 피해자의 공적 활동에 대한 자신의 의견을 담은 비판적인 글을 게시하면서 **"철면피, 파렴치, 양두구육, 극우부패세력"** 등의 표현을 사용한 경우 사회상규에 위배되지 않는 행위로서 형법 제20조에 의하여 위법성이 조각된다.
→ 모욕죄의 구성요건해당성 ○, 위법성 ×

20) 2012년 법원행정고등고시

관련 판례 **사회상규에 위배되는 행위**(정당행위 ×)

1. 사회통념상 허용되는 정도나 행위를 넘은 권리행사

1) 피고인이 피해자를 상대로 목재대금청구소송 계속 중 피해자에게 피해자의 **양도소득세포탈**사실을 관계기관에 진정하여 일을 벌리려 한다고 말하여 겁을 먹은 피해자로부터 목재대금을 지급하겠다는 약속을 받아낸 행위는 사회상규에 어긋나지 않는다고 할 수 없다(대판 1990.11.23, 90도1864).

2) 공사 수급인의 공사부실로 하자가 발생되어 도급인 측에서 하자보수시까지 기성고 잔액의 지급을 거절하자 수급인이 권리행사에 빙자하여 도급인 측에 대하여 비리를 관계기관에 고발하겠다는 내용의 협박 내지 사무실의 **장시간 무단점거 및 직원들에 대한 폭행** 등의 위법수단을 써서 기성고 공사대금 명목으로 금 80,000,000원을 교부받은 소위는 사회통념상 허용되는 범위를 넘는 것으로서 이는 공갈죄에 해당한다(대판 1991.12.13, 91도2127).

3) 회사의 정기주주총회에 적법하게 참석한 주주라고 할지라도 주주총회 장소라고 하여 회사 측의 의사에 반하여 회사의 회계장부를 강제로 찾아 열람할 수는 없다고 할 것이며, 설사 회사 측이 정당한 이유 없이 열람을 거부하였거나, 회사 운영을 부실하게 하여 소수주주들에게 손해를 입게 하였다고 하더라도 위와 같은 사정만으로 주주총회에 참석한 주주가 **강제로 사무실을 뒤져 회계장부를 찾아내는 것**이 사회통념상 용인되는 정당행위로 되는 것은 아니다(대판 2001.9.7, 2001도2917).

4) 甲이 주민들이 농기계 등으로 그 주변의 농경지나 임야에 통행하기 위해 이용하는 자신 소유의 도로에 깊이 1m 정도의 구덩이를 판 경우 자구행위나 정당행위에 해당하지 않는다(대판 2007.3.15, 2006도9418).
∵ 도로에 구덩이를 파는 등으로 공중의 통행을 저지한 이상 이 사건 도로가 피고인의 소유라고 하더라도 그러한 피고인의 행위는 정당행위에 해당하지 않는다.

5) 호텔 내 주점의 임대인이 임차인의 차임 연체를 이유로 계약서상 규정에 따라 위 주점에 대하여 **단전·단수조치**를 취한 경우, 약정 기간이 만료되지 않았고 임대차보증금도 상당한 액수가 남아있는 상태에서 계약해지의 의사표시와 경고만을 한 후 단전·단수조치를 하였다면 정당행위로 볼 수 없다(대판 2007.9.20, 2006도9157).
↔ 약정 기간이 만료되었고 임대차보증금도 차임연체 등으로 공제되어 이미 남아있지 않은 상태에서 미리 예고한 후 단전·단수조치를 하였다면 제20조의 정당행위에 해당한다.

6) 운수회사 직원인 피고인이 회사 대표 갑 등과 공모하여 지입차주인 피해자들이 점유하는 각 차량 또는 번호판을 지입료 등 연체를 이유로 **무단 취거**한 경우, 위 권리행사방해 행위는 형법상 정당행위에 해당하지 않는다(대판 2010.10.14, 2008도6578).

7) 사채업자인 피고인이 채무를 변제하지 않으면 갑이 숨기고 싶어 하는 **과거 행적과 사채를 쓴 사실** 등을 남편과 시댁에 알리겠다는 등의 문자메시지를 발송한 것은 피고인에게 협박의 고의가 있었음을 충분히 인정할 수 있으며, 피고인이 정당한 절차와 방법을 통해 그 권리를 행사하지 아니하고 피해자에게 위와 같이 해악을 고지한 것이 사회의 관습이나 윤리관념 등 사회통념에 비추어 용인할 수 있는 정도의 것이라고 볼 수는 없다(대판 2011.5.26, 2011도2412).

8) 사업자가 이전 공사대금의 잔금을 지급받지 못하자 추가로 자동문의 번호키 설치공사를 도급받아 시공하면서 **자동문**이 수동으로만 여닫히게 설정하여 자동잠금장치로서 역할을 할 수 없게 한 경우, 정당행위에 해당하지 않으므로 재물손괴죄가 성립한다(대판 2016.11.25, 2016도9219).

9) 주식회사가 피고인에게 공립유치원의 놀이시설 제작 및 설치공사를 하도급 주었는데, 피고인이 유치원 행정실장 등에게 공사대금의 직접 지급을 요구하였으나 거절당하자 놀이시설의 일부인 보호대를

칼로 뜯어내고 일부 놀이시설은 철거하는 방법으로 공무소에서 사용하는 물건을 손상하였다면 피고인에게 공사대금 직불청구권이 있고 놀이시설의 정당한 유치권자로서 공사대금 채권을 확보할 필요가 있었다고 하더라도 위와 같은 피고인의 행위가 수단과 방법의 상당성이 인정된다거나 공사대금 확보를 위한 유치권을 행사하는 데에 긴급하고 불가피한 수단이었다고 볼 수 없다(대판 2017.5.30, 2017도2758)

2. 무면허의료행위

1) 외국에서 **침구사**자격을 취득하였으나 국내에서 침술행위를 할 수 있는 면허나 자격을 취득하지 못한 자가 단순한 수지침의 정도를 넘어 환자의 허리와 다리에 **체침**을 시술한 경우, 사회상규에 위배되지 아니하는 무면허의료행위로 인정될 수 없다(대판 2002.12.26, 2002도5077).

2) 의사가 모발이식시술을 하면서 이에 관하여 어느 정도 지식을 가지고 있는 **간호조무사**로 하여금 **모발이식시술행위** 중 일정 부분을 직접 하도록 맡겨둔 채 별반 관여하지 않은 것이 정당행위에 해당하지 않는다(대판 2007.6.28, 2005도8317).

3) **조산사**가 산모의 분만과정 중 별다른 응급상황이 없음에도 독자적 판단으로 **포도당 또는 옥시토신**을 투여한 행위에 대하여, 조산원에서 산모의 분만을 돕거나 분만 후의 처치를 위하여 옥시토신과 포도당이 일반적으로 사용되고 있고, 위 약물들을 산모의 건강을 위해 투여하였다고 하더라도, 지도의사로부터 지시를 받지 못할 정도의 긴급상황을 인정할 수 없는 이상 정당한 응급의료행위라거나 사회상규에 반하지 않는 행위라고 볼 수 없으므로 의료법 위반죄가 인정된다(대판 2007.9.6, 2005도9670).

4) 의사 면허나 자격 없이 소위 '**통합의학**'에 기초한 피고인의 질병에 대한 진찰 및 처방은 그 치료효과에 관한 과학적 근거가 부족하여 그로 인한 부작용 내지 위험발생의 개연성이 적지 아니할 것으로 보이는 사실 등을 인정할 수 있는바, 그렇다면 이러한 피고인의 진찰 및 처방은 의료법을 포함한 법질서 전체의 정신이나 사회통념에 비추어 용인될 수 있는 행위에 해당한다고 볼 수 없으므로 위법성이 조각되지 아니한다(대판 2009.10.15, 2006도6870).

5) **의사**인 피고인이 자신이 운영하는 한의원에서 진단용 방사선 발생장치인 X-선 골밀도측정기를 이용하여 환자들을 상대로 발뒷꿈치 등 **성장판검사**를 한 행위가 한의사의 면허된 것 이외의 의료행위에 해당하여 의료법 위반죄를 인정된다(대판 2011.5.26, 2009도6980).

3. 기타

1) 서면화된 인사발령 없이 국군보안사령부 서빙고분실로 배치되어 이른바 "혁노맹"사건 수사에 협력하게 된 사정만으로 군무이탈행위에 군무기피목적이 없었다고 할 수 없고, 국군보안사령부의 민간인에 대한 **정치사찰을 폭로**한다는 명목으로 군무를 이탈한 행위가 정당방위나 정당행위에 해당하지 아니한다(대판 1993.6.8, 93도766).

2) 남편을 상대로 한 제소행위에 대하여 응소하는 행위가 처의 일상가사대리권에 속한다고 할 수 없음은 물론이고, 행방불명된 남편에 대하여 불리한 민사판결이 선고되었다 하더라도 그러한 사정만으로써는 적법한 다른 방법을 강구하지 아니하고 **남편 명의의 항소장**을 임의로 작성하여 법원에 제출한 행위가 사회통념상 용인되는 극히 정상적인 생활형태의 하나로서 위법성이 없다 할 수 없다(대판 1994.11.8, 94도1657). ∴ 사문서위조 ○

3) **간통 현장**을 직접 목격하고 그 사진을 **촬영**하기 위하여 상간자의 주거에 침입한 행위가 정당행위에 해당하지 않는다(대판 2003.9.26, 2003도3000). ∴ 주거침입죄 ○

4) 아파트 입주자대표회의 회장이 다수 입주민들의 민원에 따라 위성방송 수신을 방해하는 케이블TV방송의 시험방송 송출을 중단시키기 위하여 위 케이블TV방송의 **방송안테나**를 **절단**하도록 지시한 행위를 긴급피난 내지는 정당행위에 해당한다고 볼 수 없다(대판 2006.4.13, 2005도9396).

5) 정책자금을 대출받은 사람들이 대출의 조건 및 용도에 위반하여 자금을 사용하는 관행이 있다고는 인정할 수 없을 뿐만 아니라, 설령 그러한 관행이 존재한다고 하더라도 이는 법에 어긋나는 것이므로 그러한 관행을 이유로 대출 조건과 용도가 **임야매수자금으로 한정된 정책자금**을 실제보다 부풀려 대출받아 편취한 행위가 사회상규에 위배되지 않는 정당한 행위라거나 비난가능성이 없다고 할 수는 없다(대판 2007.4.27, 2006도7634).

6) 기도원운영자가 정신분열증 환자의 치료 목적으로 안수기도를 하다가 환자에게 상해를 입힌 사안에서, 장시간 환자의 신체를 강제로 제압하는 등 과도한 유형력을 행사한 것으로서 '사회상규상 용인되는 정당행위'에 해당하지 않는다(대판 2008.8.21, 2008도2695).

∵ 종교적 기도행위를 마치 의료적으로 효과가 있는 치료행위인 양 내세워 환자를 끌어들인 다음, 통상의 일반적인 안수기도의 방식과 정도를 벗어나 환자의 신체에 비정상적이거나 과도한 유형력을 행사하고 신체의 자유를 과도하게 제압하여 환자의 신체에 상해까지 입힌 경우이기 때문

7) 특정 지역에서의 불법집회에 참가하려는 것을 막기 위하여 **시간적·장소적으로 근접하지 않은 다른 지역에서 집회예정장소로 이동하는 것을 제지**하는 행위는 경찰관직무집행법 제6조 제1항에 따른 공무원의 적법한 직무집행에 해당하지는 않으나, / 시위참가자들이 경찰관들의 위법한 제지 행위에 대항하는 과정에서 공동하여 경찰관들에게 **PVC파이프를 휘두르거나 진압방패와 채증장비를 빼앗는 등의 폭행행위**를 한 것이 정당행위나 정당방위에 해당하지 아니한다(대판 2009.6.11, 2009도2114).

∵ 소극적 방어행위를 넘어 공격의 의사를 포함하여 이루어진 것으로서 그 수단과 방법에 있어서 상당성이 인정된다고 보기 어렵기 때문

8) 운수회사 직원인 피고인이 회사 대표 갑 등과 공모하여 지입차주인 피해자들이 점유하는 각 차량 또는 번호판을 지입료 등 연체를 이유로 **무단 취거**한 사안에서, 위 권리행사방해 행위가 형법상 정당행위에 해당하지 않는다(대판 2010.10.14, 2008도6578).

9) 현직 군수로서 전국동시지방선거 지방자치단체장 선거에 특정 정당 후보로 출마가 확실시되는 피고인이 같은 정당 지역청년위원장 등 선거구민 20명에게 약 36만원 상당의 식사를 제공하여 기부행위를 한 경우 사회상규에 위배되어 위법성이 인정된다(대판 2011.2.24, 2010도14720).

10) [**불법 감청·녹음 사건**(안기부 X파일 내지 삼성 X파일 보도 및 공개 통비법위반사건)] (구) 국가안전기획부 정보수집팀이 타인 간의 사적 대화를 불법 녹음하여 생성한 도청자료인 녹음테이프와 녹취보고서를 **방송사 기자**인 피고인이 입수한 후 이를 자사의 방송프로그램을 통하여 공개하였는데 이 자료를 취득하기 위하여 적극적·주도적으로 관여하였고 대화 당사자들의 실명을 공개하였다면 정당행위에 해당한다고 볼 수 없다(대판 2011.3.17, 2006도8839 全合).

11) **국회의원**인 피고인이 구 국가안전기획부 내 정보수집팀이 대기업 고위관계자와 중앙일간지 사주 간의 사적 대화를 **불법 녹음한 자료**를 입수한 후 그 대화내용과 위 대기업으로부터 이른바 떡값 명목의 금품을 수수하였다는 검사들의 실명이 게재된 보도자료를 작성하여 자신의 인터넷 홈페이지에 게재한 경우, 정당행위에 해당한다고 볼 수 없다(대판 2011.5.13, 2009도14442).

[판결이유] **불법 감청·녹음 등에 관여하지 아니한 언론기관**이 그 통신 또는 대화 내용을 보도하여 공개하는 행위가 형법 제20조의 정당행위에 해당하기 위하여는, 첫째, 그 보도의 목적이 불법 감청·녹음 등의 범죄가 저질러졌다는 사실 자체를 고발하기 위한 것으로 그 과정에서 불가피하게 통신

또는 대화의 내용을 공개할 수밖에 없는 경우이거나, 불법 감청·녹음 등에 의하여 수집된 통신 또는 대화의 내용이 이를 공개하지 아니하면 공중의 생명·신체·재산 기타 공익에 대한 중대한 침해가 발생할 가능성이 현저한 경우 등과 같이 비상한 공적 관심의 대상이 되는 경우에 해당하여야 하고, 둘째, 언론기관이 불법 감청·녹음 등의 결과물을 취득함에 있어 위법한 방법을 사용하거나 적극적·주도적으로 관여하여서는 아니 되며, 셋째, 보도가 불법 감청·녹음 등의 사실을 고발하거나 비상한 공적 관심사항을 알리기 위한 목적을 달성하는 데 필요한 부분에 한정되는 등 통신비밀의 침해를 최소화하는 방법으로 이루어져야 하고, 넷째, 그 내용을 보도함으로써 얻어지는 이익 및 가치가 통신비밀의 보호에 의하여 달성되는 이익 및 가치를 초과하여야 한다. 다만 이러한 법리는 그 **공개행위의 주체가 언론기관이나 그 종사자 아닌 사람인 경우**에도 마찬가지로 적용된다.

→ 불법 감청·녹음 등에 관여하지 아니한 언론기관이 그 통신 또는 대화의 내용이 불법 감청·녹음 등에 의하여 수집된 것이라는 사정을 알면서도 이를 보도하여 공개하는 행위라도 '일정한 요건을 갖춘 경우' 제20조의 정당행위로서 위법성이 조각될 수 있다는 취지임을 주의!

[비교판례] 국회의원인 피고인이, 구 국가안전기획부 내 정보수집팀이 대기업 고위관계자와 중앙일간지 사주 간의 사적 대화를 불법 녹음한 자료를 입수한 후 그 대화 내용과, 전직 검찰간부인 피해자가 위 대기업으로부터 이른바 떡값 명목의 금품을 수수하였다는 내용이 게재된 **보도자료**를 작성하여 국회 법제사법위원회 개의 당일 국회 의원회관에서 기자들에게 배포한 사안에서, 위 행위가 국회의원 면책특권의 대상이 되는 직무부수행위에 해당하므로, 허위사실적시 명예훼손 및 통신비밀보호법 위반의 점에 대한 공소를 기각하여야 한다(대판 2011.5.13, 2009도14442).

12) **[하드디스크 절도사건]** 주식회사 감사인 피고인이 회사 경영진과의 불화로 한 달 가까이 결근하다가 자신의 출입카드가 정지되어 있는데도 이른 아침에 경비원에게서 출입증을 받아 컴퓨터 하드디스크를 절취하기 위해 회사 감사실에 들어간 경우, 위 방실침입행위는 정당행위에 해당하지 않는다(대판 2011.8.18, 2010도9570).

✔ 〈정리〉 ① 감사실에 들어간 행위에 대하여는 방실침입죄(제319조 주거침입죄)의 성립을 인정하고, 정당행위에 해당하지 않아 위법성이 조각되지 않는다고 보았다. 자신이 사용하던 컴퓨터에서 ② 하드디스크를 떼어간 후 4개월 가까이 지난 시점에 반환한 행위에 대하여는 하드디스크를 떼어갔다가 일시 보관한 후 반환하였다고 평가하기는 어려워 불법영득의사를 인정할 수 있다고 판단하여 절도죄(제329조)의 성립을 인정하고, ③ 자신이 사용하던 컴퓨터가 가압류 집행 대상이라는 점을 알면서 하드디스크를 떼어간 행위에 대하여 공무상표시무효죄(제140조)의 성립을 인정한 판결이다.

13) **[타미플루사건]** 甲 주식회사 임원인 피고인들이 회사 직원들 및 그 가족들에게 수여할 목적으로 전문의약품인 타미플루 39,600정 등을 제약회사로부터 매수하여 취득하였다고 하여 구 약사법 위반죄로 기소된 경우, 사회상규에 위배되지 아니하는 정당행위로 볼 수 없다(대판 2011.10.13, 2011도6287).

∵ 불특정 또는 다수인에게 무상으로 의약품을 양도하는 수여행위도 '판매'에 포함되므로 약사법 위반행위에 해당한다고 전제함

14) 甲 정당 당직자인 피고인들 등이 국회 외교통상 상임위원회 회의장 앞 복도에서 출입이 봉쇄된 회의장 출입구를 뚫을 목적으로 회의장 출입문 및 그 안쪽에 쌓여있던 **책상, 탁자 등 집기를 손상**하거나, 국회의 심의를 방해할 목적으로 **소방호스를 이용하여 회의장 내에 물을 분사**한 사안에서, 합법적 절차를 외면한 채 곧바로 폭력적 행동으로 나아가 방법이나 수단에 있어서도 상당성의 요건을 갖추지 못하여 이를 위법성이 조각되는 정당행위나 긴급피난의 요건을 갖춘 행위로 평가하기 어렵다(대판 2013.6.13, 2010도13609). ∴ 공용물건손상죄 및 국회회의장소동죄 ○

15) **[표현의 자유와 관련된 정당행위의 새로운 판단기준을 제시한 사건]** 방송통신심의위원회 심의위원인 피고인이 자신의 인터넷 블로그에 위원회에서 **음란정보로 의결한 '남성의 발기된 성기 사진'**을 게시함으로써 정보통신망을 통하여 음란한 화상 또는 영상인 사진을 공공연하게 전시하였다고 하여 정보통신망 이용촉진 및 정보보호 등에 관한 법률 위반(**음란물유포**)으로 기소된 사안에서, 피고인의 게시물은 사진과 학술적, 사상적 표현 등이 결합된 결합 표현물로서, 사진은 음란물에 해당하나 결합 표현물인 게시물을 통한 사진의 게시는 형법 제20조에 정하여진 '사회상규에 위배되지 아니하는 행위'에 해당한다고 본 사례(대판 2017.10.26, 2012도13352)

[판결이유] 게시된 음란물이 음란성에 관한 학술적, 사상적 표현과 결합하여 표현된 결합표현물인 경우 음란 표현의 해악이 상당한 방법으로 해소되거나 다양한 의견과 사상의 경쟁메커니즘에 의해 해소될 수 있는 정도라는 등의 특별한 사정이 있다면 **결합표현물에 의한 표현행위**는 사회상규에 위배되지 아니한다.

[사실관계] 다른 블로그의 화면 다섯 개를 갈무리하여 옮겨온 남성의 발기된 성기 사진 8장과 벌거벗은 남성의 뒷모습 사진 1장을 전체 게시면의 절반을 조금 넘는 부분에 걸쳐 게시하고, 이어서 정보통신에 관한 심의규정 제8조 제1호를 소개한 후 피고인의 의견(법학전문대학원 교수인 피고인이 **"이 사진을 보면 성적으로 자극받거나 성적으로 흥분되나요?"**라는 제목 아래 위원회의 다수의견에 대한 비판적 견해 피력)을 덧붙이고 있으므로 사진들과 음란물에 관한 논의의 형성·발전을 위한 학술적, 사상적 표현 등이 결합된 **결합 표현물**이라고 본 것

16) 피고인이 피해자를 '어용', '앞잡이' 등으로 표현한 현수막, 피켓 등을 장기간 반복하여 일반인의 왕래가 잦은 도로변 등에 게시한 행위는 피해자에 대한 모욕적 표현으로서 사회상규에 위배되지 않는 행위라고 보기 어렵다(대판 2021.9.9, 2016도88).

o [양심적 병역거부와 병역법 제88조 제1항의 정당한 사유] 병역법 제88조 제1항은 국방의 의무를 실현하기 위하여 현역입영 또는 소집통지서를 받고도 정당한 사유 없이 이에 응하지 않은 사람을 처벌함으로써 입영기피를 억제하고 병력구성을 확보하기 위한 규정이다. 위 조항에 따르면 정당한 사유가 있는 경우에는 피고인을 벌할 수 없는데, 여기에서 정당한 사유는 **구성요건해당성을 조각하는 사유**이다. 이는 형법상 위법성조각사유인 정당행위나 책임조각사유인 기대불가능성과는 구별된다(대판 2018.11.1, 2016도10912 全合).

[동지판례] 성폭력범죄자의 성충동 약물치료에 관한 법률(이하 **'성충동약물치료법'**이라고 한다)은 제35조 제2항은 "이 법에 따른 약물치료를 받아야 하는 사람이 정당한 사유 없이 제10조 제1항 각 호의 준수사항을 위반한 때에는 3년 이하의 징역 또는 1천만 원 이하의 벌금에 처한다."라고 규정하고 있는 바, 여기의 정당한 사유는 **구성요건해당성을 조각하는 사유**로, 이는 형법상 위법성조각사유인 정당행위나 책임조각사유인 기대불가능성과는 구별된다(대판 2021.8.19, 2020도16111).

[동지판례] 자신의 내면에 형성된 양심을 이유로 집총과 군사훈련을 수반하는 병역의무를 이행하지 않는 사람에게 형사처벌 등 제재를 해서는 안 된다. 따라서 **진정한 양심에 따른 병역거부**라면, 이는 병역법 제88조 제1항의 '정당한 사유'에 해당한다(대판 2020.7.23, 2018도14415).

[동지판례] **진정한 양심에 따른 예비군훈련 거부**의 경우에도 예비군법 제15조 제9항 제1호에서 정한 '정당한 사유'에 해당한다고 보아야 한다(대판 2021.1.28, 2018도4708).

[참고판례] [1] 구체적인 병역법 위반 사건에서 피고인이 양심적 병역거부를 주장할 경우, 그 양심이 과연 깊고 확고하며 진실한 것인지를 가려내는 일이 무엇보다 중요하다. 인간의 내면에 있는 **양심**을 직접 객관적으로 증명할 수는 없으므로 사물의 성질상 양심과 관련성이 있는 간접사실 또는 정황사실을 증명하는 방법으로 판단하여야 한다. [2] **정당한 사유가 없다**는 사실은 범죄구성요건이므로 **검사**가 증명하여야 한다(대판 2020.7.9, 2019도17322 ; 대판 2021.1.28, 2018도4708). [3] 양심상의 이유로 예비군훈련 거부를 주장하는 피고인은 자신의 예비군훈련 거부가 그에 따라 행동하지 않고서는 인격적 존재가치가 파멸되고 말 것이라는 절박하고 구체적인 양심에 따른 것이며 그 양심이 깊고 확고하며 진실한 것이라는 사실의 존재를 수긍할 만한 **소명자료**를 제시하고, 검사는 제시된 자료의 **신빙성을 탄핵하는 방법**으로 진정한 양심의 부존재를 증명할 수 있다(대판 2021.1.28, 2018도4708 ; 대판 2021.2.4, 2020도3439).

Chapter 04

책임론

제1절 책임의 일반이론

I 책임의 의의

1 책임의 개념

책임이란 적법한 행위를 할 수 있었음에도 불구하고 불법을 결의하고 위법한 행위를 하였다는 것에 대해 행위자에게 가해지는 **비난가능성**을 말한다.

2 책임주의

책임주의란 책임 없으면 형벌 없다는 형법의 기본원칙이다(형벌근거기능). 책임 없으면 범죄는 성립하지 않고, 형벌의 종류와 정도도 책임에 상응하여 결정하여야 한다는 원칙이다(형벌제한기능). 따라서 자신의 책임이 아닌 경우임에도 형벌을 부과하거나 책임을 초과하는 형벌을 부과하여서는 안 된다(불법과 책임의 일치).

또한 **행위시**에 행위자에게 책임능력이 존재하여야 한다(**행위 · 책임동시존재의 원칙**).

3 위법성과 책임

위법성	행위가 법질서의 당위규범에 배치되었을 때 내려지는 **행위**에 대한 객관적 판단 → 행위자의 개인적 특수성을 고려 ×
책임	행위자에게 행위에 대한 책임을 지울 수 있는가 하는 **행위자**에 대한 주관적 판단 → 행위자의 개인적 특수성을 고려 ○

II 책임의 근거와 본질

책임의 근거에 관한 논의는 책임의 발생근거가 무엇인가, 즉 왜 책임을 지우는가의 문제이고, 책임의 본질에 대한 논의는 책임의 내용, 즉 책임이란 무엇인가의 문제이다.

Thema 정리 **책임의 근거와 본질에 관한 이론** "도범사형"

책임의 근거	도의적 책임론	• 도의적 · 윤리적 비난가능성(∵ 자유의사 있는 자의 위법한 의사형성) • **자유의사**(∵ 비결정론) → 의사책임, 행위책임 • 형법 제10조 = 도의적책임론에 입각한 규정(∵ 의사결정능력 없는 자는 벌 ×) • 책임능력 = 범죄능력(∵ 책임 없는 자는 범죄를 범할 수 없기 때문) • 형벌과 보안처분의 관계 = 이원론

<table>
<tr><td rowspan="2"></td><td>사회적
책임론</td><td>• 사회적 비난가능성
• 행위자의 반사회적 성격(∵ 소질과 환경에 의하여 결정)
→ 성격책임, 행위자책임
• 책임능력 = 형벌능력(∵ 책임무능력자에게도 보안처분은 필요하므로)
↔ 상습범을 책임무능력자로 이해하는 결점
• 형벌과 보안처분의 관계 = 일원론(∵ 둘 다 사회방위처분인 점에서 동일)</td></tr>
<tr><td>인격적
책임론</td><td>행위자의 인격(상대적 자유의사)</td></tr>
<tr><td rowspan="3">책임의 본질</td><td>심리적
책임론</td><td>• 고전적 범죄체계론
• 고의・과실(심리적 사실)
• 책임은 행위에 대한 행위자의 주관적・심리적 관계
→ 고의・과실만 있으면 책임을 인정
↔ 인식없는 과실의 경우 책임을 인정할 수 없게 된다는 비판
(∵ 심리관계 없으므로)
↔ 고의 있으나, 책임능력 없거나 책조사유에 의하여 책임부정하는 경우 설명 ×
예 강요된 행위에서 고의를 가지고 행위하는 피강요자의 책임조각이유 설명 ×
예 형사미성년자가 추리소설 읽고 살인죄를 범한 경우 처벌할 수 없는 이유 설명 ×</td></tr>
<tr><td>규범적
책임론</td><td>• 신고전적 범죄체계론 이후 오늘날의 통설
• 비난가능성(적법행위에의 기대가능성, 즉 타행위가능성을 전제)
• 책임을 행위자의 심리적 사실에 대한 규범적 평가로 이해
→ 기대가능성 : 개인적인 가능성이므로 책임문제
↔ 타행위가능성은 사회에 필요한 허구라는 비판
↔ 평가의 대상과 대상의 평가를 엄격히 구분하려 한 나머지 규범적 평가의 대상을 결하여 책임개념의 공허화를 초래한다는 비판</td></tr>
<tr><td>기능적
책임론</td><td>• 형벌의 목적달성수단(일반예방 또는 특별예방), 처벌의 필요성
• 책임개념을 예방개념으로 대체</td></tr>
</table>

Ⅲ 책임의 구성요소와 책임조각사유

1 책임의 구성요소

① 책임능력, ② 위법성인식, ③ 기대가능성, ④ 심정반가치로서의 고의・과실이 있다.

2 책임조각사유

① 책임능력 없거나, ② 위법성의 인식(자신의 행위가 위법하다는 인식)이 없거나, ③ 강요된 행위여서 적법행위에의 기대가능성이 없는 경우 비난가능성이 없으므로 책임조각사유가 된다.

Thema 정리 **규범적 책임론**(범죄체계론)**과 책임의 구성요소**

1. **복합적 책임개념**(← 신고전적 범죄체계론) : 책임 = 책임능력 + 고의·과실(위법성인식) + 기대가능성
2. **순수한 규범적 책임개념**(← 목적적 범죄체계론) : 책임 = 책임능력 + 위법성인식 + 기대가능성
   책임은 대상의 평가문제이므로 평가의 대상(고의·과실)을 구성요건요소로만 인정하여 대상의 평가와 평가의 대상을 분리 → 책임개념이 공허화된다는 비판받음
3. **신복합적 책임개념**(← 합일태적 범죄체계론) : 책임 = 책임능력 + 위법성인식 + 고의·과실 + 기대가능성

제2절 책임능력

제9조 【형사미성년자】
14세 되지 아니한 자의 행위는 벌하지 아니한다.

제10조 【심신장애자】
① 심신장애로 인하여 사물을 변별할 능력이 없거나(↔ 없고 : ×) 의사를 결정할 능력이 없는 자의 행위는 벌하지 아니한다.
② 심신장애로 인하여 전항의 능력이 미약한 자의 행위는 형을 감경할 수 있다(형법 개정 2018.12.18. 시행. ↔ 감경한다 : ×)
③ 위험의 발생을 예견하고 자의로 심신장애를 야기한 자의 행위에는 전2항의 규정을 적용하지 아니한다.

제11조 【청각 및 언어 장애인】
듣거나 말하는 데 모두 장애가 있는 사람의 행위에 대해서는 형을 감경한다. [시행 2021.12.9.]

I 서설

1 책임능력의 의의

(1) 책임능력이란 행위자의 사물변별능력과 의사결정능력을 말한다. 사물변별능력이란 자신의 행위가 법에 의하여 허용되는지 또는 금지되는지를 인식할 수 있는 능력(지적 능력)을 말하고, 이에 따라 자기의 의사를 자유로이 결정할 수 있는 능력을 의사결정능력(의적 능력)이라 한다.

(2) 책임능력은 행위시에 존재하여야 한다(행위·책임동시존재의 원칙).

(3) 사물변별능력이나 의사결정능력 둘 중 하나라도 없으면 책임무능력이라 한다.

(4) **비교개념** : 형사소송법상 소송능력
피의자에게 의사능력이 있으면 직접 소송행위를 하는 것이 원칙이고, 피의자에게 의사능력이 없는 경우에는 제9조 내지 제11조의 규정의 적용을 받지 아니하는 범죄사건에 한하여 예외적으로 법정대리인이 소송행위를 대리할 수 있다(형사소송법 제26조).

ㅇ 음주운전과 관련한 도로교통법 위반죄의 범죄수사를 위하여 **미성년자인 피의자의 혈액채취**가 필요한 경우에도 피의자에게 의사능력이 있다면 피의자 본인만이 혈액채취에 관한 유효한 동의를 할 수 있고, 피의자에게 의사능력이 없는 경우에도 명문의 규정이 없는 이상 법정대리인이 피의자를 대리하여 동의할 수는 없다(대판 2014.11.13, 2013도1228).

2 책임능력의 판단방법

구분	내용
생물학적 방법	정신병, 연령 등 행위자의 생물학적 요소를 기준으로 책임능력을 판단하는 방법
심리학적 방법	행위자가 사물변별능력이나 의사결정능력 등 심리학적 요소를 기준으로 책임능력을 판단하는 방법
혼합적 방법	행위자의 생물학적 요소와 이러한 생물학적 요소가 행위자의 사물변별능력과 의사결정능력에 영향을 주었는가는 심리학적 방법에 의해 책임능력여부를 판단하는 방법
현행 형법	• 제10조(심신장애자)는 **혼합적 방법**에 의해 책임능력의 유무를 규정 • 제9조(형사미성년자)와 제11조(청각 및 언어 장애인)는 **생물학적 방법**에 따른 것

ㅇ 형법 **제10조**에 규정된 심신장애는 생물학적 요소로서 정신병 또는 비정상적 정신상태와 같은 정신적 장애가 있는 외에 심리학적 요소로서 이와 같은 정신적 장애로 말미암아 사물에 대한 변별능력과 그에 따른 행위통제능력이 결여되거나 감소되었음을 요하므로, 정신적 장애가 있는 자라고 하여도 범행 당시 정상적인 사물변별능력이나 행위통제능력이 있었다면 심신장애로 볼 수 없다(대판 2007.2.8, 2006도7900 ; 대판 2018.9.13, 2018도7658).

II 책임무능력자

1 형사미성년자

(1) 의의

① 형사미성년자란 14세 미만자를 말한다. 14세 미만자의 행위는 아직 적법하게 행위할 수 있는 능력(책임능력)이 없는 자의 행위이므로 책임이 조각되어 범죄가 성립되지 않는다(제9조).

② 14세 되지 아니한 자의 행위는 비록 그 자가 정상적인 사물변별능력과 의사결정능력을 갖추고 있다 하더라도 벌하지 아니한다(**절대적 책임무능력**).

(2) 소년법상 소년

제2조 【소년 및 보호자】
이 법에서 "소년"이란 19세 미만인 자를 말하며, "보호자"란 법률상 감호교육(監護教育)을 할 의무가 있는 자 또는 현재 감호하는 자를 말한다.

제4조 【보호의 대상과 송치 및 통고】
① 다음 각 호의 어느 하나에 해당하는 소년은 소년부의 보호사건으로 심리한다.

1. 죄를 범한 소년
2. 형벌 법령에 저촉되는 행위를 한 10세 이상 14세 미만인 소년
3. 다음 각 목에 해당하는 사유가 있고 그의 성격이나 환경에 비추어 앞으로 형벌 법령에 저촉되는 행위를 할 우려가 있는 10세 이상인 소년
가. 집단적으로 몰려다니며 주위 사람들에게 불안감을 조성하는 성벽(性癖)이 있는 것
나. 정당한 이유 없이 가출하는 것
다. 술을 마시고 소란을 피우거나 유해환경에 접하는 성벽이 있는 것

제59조【사형 및 무기형의 완화】
죄를 범할 당시(↔ 심판시 : ×) 18세 미만인 소년에 대하여 사형 또는 무기형(無期刑)으로 처할 경우(처단형 ○, 법정형 ×)에는 15년의 유기징역으로 한다.

제60조【부정기형】
① 소년이 법정형으로 장기 2년 이상의 유기형(有期刑)에 해당하는 죄를 범한 경우에는 그 형의 범위에서 장기와 단기를 정하여 선고한다. 다만, 장기는 10년, 단기는 5년을 초과하지 못한다.
② 소년의 특성에 비추어 상당하다고 인정되는 때에는 그 형을 감경할 수 있다.
③ 형의 집행유예나 선고유예를 선고할 때에는 제1항을 적용하지 아니한다. → 정기형 선고
④ 소년에 대한 부정기형을 집행하는 기관의 장은 형의 단기가 지난 소년범의 행형(行刑) 성적이 양호하고 교정의 목적을 달성하였다고 인정되는 경우에는 관할 검찰청 검사의 지휘에 따라 그 형의 집행을 종료시킬 수 있다.

제62조【환형처분의 금지】
18세 미만인 소년에게는 「형법」 제70조에 따른 유치선고를 하지 못한다. (중략)

① 소년법상 소년은 19세 미만자를 말한다. 부정기형의 대상인 소년인지의 판단은 심판시를 기준으로 한다.

ㅇ 소년법 제60조 제2항에서 소년이라 함은 특별한 정함이 없는 한 소년법 제2조에서 말하는 소년을 의미하고, 소년법 제2조에서의 소년이라 함은 20세 미만자(강사 주 : 현행법상 19세 미만자)로서, 이는 심판의 조건이므로 범행시뿐만 아니라 심판시까지 계속되어야 한다고 보아야 하며, 따라서 소년법 제60조 제2항의 **소년인지의 여부의 판단**은 원칙적으로 심판시, 즉 사실심 판결 선고시를 기준으로 하여야 한다(대판 2000.8.18, 2000도2704).
→ 범행시 소년이었다고 할지라도 심판시 성년이 된 경우 부정기형 선고 ×, 정기형 선고 ○

② 14세 이상 19세 미만(범죄소년)은 형사처벌과 보호처분이 모두 가능하다.
③ 10세 이상 14세 미만자(촉법소년)은 형사처벌은 불가하지만, 보호처분은 가능하다.
④ 10세 미만자는 일체의 형사제재(형벌, 보안처분)로부터 면제된다.
⑤ 소년법상 촉법소년(10세 이상 14세 미만)과 우범소년(10세 이상)에게 소년원송치 등 보호처분을 부과할 수 있다(소년법 제32조).

ㅇ 상습성을 인정하는 자료에는 아무런 제한이 없으므로 과거에 소년법에 의한 보호처분을 받은 사실도 상습성 인정의 자료로 삼을 수 있다(대판 1990.6.26, 90도887).

2 심신상실자

(1) 의의

① 심신상실자란 심신장애로 인하여 사물을 변별할 능력이 없거나(↔ **없으며** : ×) 의사를 결정할 능력이 없는 자를 말한다(제10조 제1항).

② 심신장애란 정신기능의 장애, 예를 들어 정신병, 정신병질, 의식장애, 정신박약 등을 의미하고, 이로 인하여 사물변별능력이나 의사결정능력 중 하나라도 없는 경우가 심신상실자에 해당한다.

예 정신분열증·조울증이 심한 경우, 충동조절장애가 심한 경우, 음주로 인한 명정상태, 백치 등

ㅇ 형법 제10조에 규정된 **심신장애**는, 생물학적 요인으로 인하여 정신병 또는 비정상적 정신상태와 같은 정신적 장애가 있는 외에, 심리학적 요인으로 인한 정신적 장애로 말미암아 사물에 대한 변별능력과 그에 따른 행위통제능력이 결여되거나 감소되었음을 요한다(대판 2007.6.14, 2007도2360).

③ 심신상실자의 행위는 벌하지 않는다는 것은 그 책임이 조각되어 범죄가 성립되지 않는다는 의미이다.

(2) 책임능력의 판단(심신장애여부 판단)

① 책임능력의 판단(심신장애의 유무)은 법률적 판단(↔ 사실적 판단 : ×, 정신의학적 판단 : ×)이므로 법관은 전문가의 감정 없이도 독자적으로 심신장애 여부를 판단할 수 있다. 다만 심신장애의 의심이 드는 경우에는 전문가에게 정신상태의 감정을 시켜야 한다.

ㅇ 제10조에서 말하는 사물을 판별할 능력 또는 의사를 결정할 능력은 자유의사를 전제로 한 의사결정의 능력에 관한 것으로서, 그 **능력의 유무와 정도**는 감정사항에 속하는 사실문제라 할지라도 / 그 능력에 관한 확정된 사실이 **심신상실 또는 심신미약에 해당하는 여부**는 법률문제에 속하는 것이다(대판 1968.4.30, 68도400).

ㅇ **심신장애자의 행위인 여부**는 반드시 전문가의 감정에 의하여만 결정할 수 있는 것이 아니고 그 행위의 전후 사정이나 기록에 나타난 제반자료와 공판정에서의 피고인의 태도 등을 종합하여 심신상실 또는 미약자의 행위가 아니라고 인정하여도 이를 위법이라 할 수 없다(대판 1984.4.24, 84도527).

ㅇ 피고인에게 우울증 기타 정신병이 있고 특히 **생리도벽이 발동하여 절도 범행을 저지른 의심**이 든다면 전문가에게 피고인의 정신상태를 감정시키는 등의 방법으로 심신장애 여부를 심리하여야 한다(대판 1999.4.27, 99도693).

[동지판례] 피고인이 강간살인 범행을 저지를 당시 자기 통제력이나 판단력, 사리분별력이 저하된 어떤 **심신장애의 상태가 있었던 것은 아닌가 하는 의심**이 드는데도 전문가에게 피고인의 정신상태를 감정시키는 등의 방법으로 심신장애 여부를 심리하지 아니한 채 선고한 원심판결을 심리미진과 심신장애에 관한 법리오해의 위법이 있다(대판 2002.11.8, 2002도5109).
→ 상고이유가 된다는 취지

② 행위 당시 행위자에게 책임능력이 있었는지 여부를 판단함에 있어 법관은 전문가의 정신감정 결과에 반드시 구속될 필요는 없으며, 범행의 제반사정을 종합하여 경험칙에 따라 규범적으로 판단한다.

o 형법 제10조에 규정된 **심신장애의 유무 및 정도의 판단**은 법률적 판단으로서 반드시 전문감정인의 의견에 기속되어야 하는 것은 아니고, 정신질환의 종류와 정도, 범행의 동기, 경위, 수단과 태양, 범행 전후의 피고인의 행동, 반성의 정도 등 여러 사정을 종합하여 법원이 독자적으로 판단할 수 있다(대판 1999.8.24, 99도1194 ; 대판 2018.9.13, 2018도7658).

[동지판례] 형법 제10조 소정의 심신장애의 유무는 법원이 형벌제도의 목적 등에 비추어 판단하여야 할 법률문제로서, 그 판단에 있어서는 전문감정인의 정신감정결과가 중요한 참고자료가 되기는 하나, 법원으로서는 반드시 그 의견에 기속을 받는 것은 아니고, 그러한 감정 결과뿐만 아니라 범행의 경위, 수단, 범행 전후의 피고인의 행동 등 기록에 나타난 제반 자료 등을 종합하여 독자적으로 심신장애의 유무를 판단하여야 한다(대판 1996.5.10, 96도638).

관련 판례 **심신장애 인정여부**

1) 형법 제10조에 규정된 심신장애는 생물학적 요소로서 정신병, 정신박약 또는 비정상적 정신상태와 같은 정신적 장애가 있는 외에 심리학적 요소로서 이와 같은 정신적 장애로 말미암아 사물에 대한 판별능력과 그에 따른 행위통제능력이 결여되거나 감소되었음을 요하므로, 정신적 장애가 있는 자라고 하여도 범행 당시 정상적인 사물판별능력이나 행위통제능력이 있었다면 심신장애로 볼 수 없음은 물론이나, / 정신적 장애가 **정신분열증과 같은 고정적 정신질환**의 경우에는 범행의 충동을 느끼고 범행에 이르게 된 과정에 있어서의 범인의 의식상태가 정상인과 같아 보이는 경우에도 범행의 충동을 억제하지 못한 것이 흔히 정신질환과 연관이 있을 수 있고, 이러한 경우에는 정신질환으로 말미암아 행위통제능력이 저하된 것이어서 심신미약이라고 볼 여지가 있다(대판 1992.8.18, 92도1425).

2) 피고인이 평소 **간질병** 증세가 있었더라도 범행 당시에는 간질병이 발작하지 아니하였다면 이는 책임감면사유인 심신장애 내지는 심신미약의 경우에 해당하지 아니한다(대판 1983.10.11, 83도1897).

3) [도벽사건] 피고인이 자신의 **절도의 충동을 억제하지 못하는 성격적 결함**(**도벽**, 정신의학상으로는 **정신병질**이라는 용어로 표현하기도 한다)으로 인하여 절도 범행에 이르게 되었다고 하더라도, 자신의 충동을 억제하지 못하여 범죄를 저지르게 되는 현상은 정상인에게서도 얼마든지 찾아볼 수 있는 일로서, 특단의 사정이 없는 한 위와 같은 성격적 결함을 가진 사람에 대하여 자신의 충동을 억제하고 법을 준수하도록 요구하는 것이 기대할 수 없는 행위를 요구하는 것이라고는 할 수 없으므로, 원칙적으로는 **충동조절장애**와 같은 **성격적 결함**은 형의 감면사유인 심신장애에 해당하지 않는다고 봄이 상당하고, / 다만 ① 그러한 성격적 결함이 매우 **심각**하여 원래의 의미의 정신병을 가진 사람과 동등하다고 평가할 수 있다든지, 또는 ② 다른 심신장애사유와 **경합**된 경우에는 심신장애를 인정할 여지가 있을 것이다(대판 1995.2.24, 94도3163 ; 대판 2006.10.13, 2006도5360).

4) **[로리타증후군 사건]** **소아기호증**과 같은 질환이 있다는 사정은 그 자체만으로는 형의 감면사유인 심신장애에 해당하지 아니한다고 봄이 상당하고, / 다만 그 증상이 매우 심각하여 원래의 의미의 정신병이 있는 사람과 동등하다고 평가할 수 있거나, 다른 심신장애사유와 경합된 경우 등에는 심신장애를 인정할 여지가 있다(대판 2007.2.8, 2006도7900).

5) **[페티시즘(fetishism) 절도사건]** 무생물인 옷 등을 성적 각성과 희열의 자극제로 믿고 이를 성적 흥분을 고취시키는 데 쓰는 **성주물성애증**이라는 정신질환이 있다고 하더라도 그러한 사정만으로는 절도 범행에 대한 형의 감면사유인 심신장애에 해당한다고 볼 수 없고, 다만 그 증상이 매우

심각하여 원래의 의미의 정신병이 있는 사람과 동등하다고 평가할 수 있거나, 다른 심신장애사유와 경합된 경우 등에는 심신장애를 인정할 여지가 있다(대판 2013.1.24, 2012도12689).

[사실관계] 성주물성애증이라는 정신질환이 있는 甲이 알코올 복용 상태에서 빌라 외벽에 설치된 가스배관을 타고 올라가 베란다를 통해 빌라에 침입하여 여성 속옷 등을 훔친 사례

6) 범행 당시 정신분열증으로 심신장애의 상태에 있었던 피고인이 피해자를 살해한다는 명확한 의식이 있었고 범행의 경위를 소상하게 기억하고 있다고 하여 범행당시 사물의 변별능력이나 의사결정능력이 결여된 정도가 아니라 미약한 상태에 있었다고 단정할 수는 없다(대판 1990.8.14, 90도1328).

→ [사실관계] 피고인이 정신분열증으로 인하여 피해자를 사탄이라고 생각하여 그를 죽여야만 천당에 갈 수 있다고 믿어 살해한 경우 심신상실 상태에 있었다고 볼 수 있다.

→ 심신장애 ≠ 기억능력

7) "술에 취해서 칼을 던진 **기억이 없다**"는 피고인의 주장은 심신장애로 인한 형의 감면을 주장하는 취지가 아니라 단순히 범행을 부인하는 취지에 지나지 않는다(대판 1988.9.13, 88도1284).

→ 범행 당시를 기억하지 못한다는 사실만으로 바로 범행시 심신상실상태에 있었다고 단정할 수는 없다는 취지

[비교판례] 범행 당시 술에 **만취하였기 때문에 전혀 기억이 없다**는 취지의 진술은 범행 당시 심신상실 또는 심신미약의 상태에 있었다는 주장으로서 형사소송법 제323조 제2항 소정의 법률상 범죄의 성립을 조각하거나 형의 감면의 이유가 되는 사실의 진술에 해당한다(대판 1990.2.13, 89도2364).

8) 행위자가 범죄행위 당시 **심신미약** 등 정신적 장애상태에 있었다고 하여 일률적으로 그 행위자의 **상습성**이 부정되는 것은 아니다. 심신미약 등의 사정은 상습성을 부정할 것인지 여부를 판단하는 데 자료가 되는 여러 가지 사정들 중의 하나일 뿐이다(대판 2009.2.12, 2008도11550).

→ 심신장애 ≠ 상습성

Ⅲ 한정책임능력자

1 심신미약자

(1) 심신미약자란 심신장애로 인하여 사물변별능력이나 의사결정능력이 미약한 자를 말한다.

예 경미한 정신분열·조울증, 간질 등

(2) 심신미약자는 원칙적으로 책임능력자이지만, 책임이 감경되어 형을 감경할 수 있다(임의적 감경, 제10조 제2항). ↔ 감경한다 : ×

2 농아자(청각 및 언어 장애인)

(1) 농아자란 청각과 발음기능에 모두 장애가 있는 자를 말한다. 즉 귀머거리인 동시에 벙어리인 경우를 말한다.

(2) 농아자(듣거나 말하는 데 모두 장애가 있는 사람)는 원칙적으로 책임능력자이지만, 듣거나 말하는 데 모두 장애가 있는 사람의 행위는 사물변별능력이나 행위통제능력이 있는 경우라 하더라도 책임이 감경되어 형을 감경한다(필요적 감경, 제11조).

IV 원인에 있어서 자유로운 행위[21)]

1 의의

원인에 있어서 자유로운 행위(원인이 자유로운 행위, 원인에서 자유로운 행위. 원인으로부터 자유로운 행위)라 함은 책임능력이 있는 행위자가 자의로(고의 또는 과실에 의하여) 자기를 심신장애(심신상실 또는 심신미약)의 상태에 빠지게 한 후, 이러한 상태에서 범죄를 실행하는 것을 말한다. 이에 해당하면 제10조 제1항과 제2항을 적용하지 않으므로 책임능력있는 자로 취급하게 된다.

예 사람을 살해할 목적으로 용기를 얻기 위해 술을 마시고 만취한 상태에서 타인을 살해한 경우, 자동차를 운전해야 한다는 것을 망각하고 음주하여 만취상태에서 운전하다가 행인을 치어 사망케 한 경우

2 가벌성의 근거와 실행의 착수시기

원인에 있어서 자유로운 행위에 있어서의 쟁점은 ① 심신장애상태하의 행위시에 책임능력이 없거나 미약한 자를 처벌하는 이론적 근거가 무엇인가(행위・책임동시존재원칙과의 관계)와, ② 원인설정행위와 심신장애상태하의 행위 중 어느 것을 실행행위로 볼 것인가이다.

Thema 정리 **원인에 있어서 자유로운 행위에 관한 학설**

학설	내용	비판
원인설정행위설 일치설 구성요건 모델	• 자기의 책임 없는 상태를 도구로 이용한다는 점에서 간접정범과 유사하다 보는 견해 • 원인설정행위 자체를 실행행위(구성요건적 행위)로 보고, 간접정범의 이론을 원용하여 원인설정행위에서 가벌성의 근거를 찾는 견해 • 행위와 책임의 동시존재의 원칙 유지	• 실행행위(구성요건적 행위)의 정형성을 무시하게 되어 가벌성의 확장 위험 → 죄형법정주의의 보장적 기능에 부합 × 예 살인의 고의를 갖고 음주하다가 명정상태에 빠져 그대로 잠들어버린 경우에도 살인미수죄가 성립한다고 보아야 한다는 비판 • 예비행위와의 구별 곤란
반무의식상태설 실행행위설	• 범죄의 실행행위는 심신장애상태하의 행위이므로, 여기에 가벌성의 근거가 있다고 보는 견해(심층심리학적 예외모델) • 실행행위시 반무의식적상태라는 주관적 요소 인정	• 반무의식적 상태하의 행위를 실행행위로 본다면 책임능력이 지나치게 광범위해질 우려 • 대부분의 경우에 책임능력이 인정되어 법적 안정성을 해하는 결과를 초래

21) 2011년 법원사무관승진시험(20점) 丁이 음주운전을 할 의사를 가지고 음주만취한 후 운전을 결행하여 사람이 다치는 교통사고를 일으킨 경우 죄책을 논하시오.
2019년 법원행정고등고시 甲은 乙을 목 졸라 살해하기 위해 노끈을 준비했는데, 맨 정신으로는 어려워 만취상태로 살해하려고 마음먹고 냉장고에 있던 와인 1병을 마셨다. 그런데 甲은 너무 술에 취한 나머지 잠들고 말았다. 형법상 甲의 罪責을 논하시오.

불가분적 연관설 **예외설** **책임모델**	• 실행행위는 심신장애상태하의 행위로 보고, 원인설정행위와 실행행위의 불가분적 연관을 가벌성의 근거라 보는 견해 • 행위와 책임의 동시존재의 원칙의 예외 인정(논리적 예외모델)	• 책임주의의 요구를 무시함으로써 법치국가적 제한을 넘어섬 • 행위·책임동시존재원칙을 유지할 수 없다는 비판

구분	원인설정행위(심신장애야기행위) (예 술마시는 행위)	심신장애상태하에서의 행위 (예 술취한 상태에서의 살해행위)
일치설	●=▲	
반무의식상태설		●=▲
예외설	● (불가분적	연관) ▲

✔ ● = 가벌성의 근거, ▲ = 실행의 착수시기

3 원인에 있어서 자유로운 행위의 유형

(1) 고의에 의한 원인에 있어서 자유로운 행위

고의에 의한 원인에 있어서 자유로운 행위란 행위자가 원인설정행위시에 심신장애상태하에서 구성요건적 행위를 한다는 고의를 가지고 심신장애상태를 고의로 야기한 후 그 고의에 따른 구성요건적 행위를 하는 경우를 말한다.

> ○ 피고인들은 상습적으로 대마초를 흡연하는 자들로서 이 사건 각 살인범행 당시에도 대마초를 흡연하여 그로 인하여 심신이 다소 미약한 상태에 있었음은 인정되나, 이는 위 피고인들이 피해자들을 살해할 의사를 가지고 범행을 공모한 후에 **대마초를 흡연**하고, 위 각 범행에 이른 것으로 대마초 흡연시에 이미 범행을 예견하고도 자의로 위와 같은 심신장애를 야기한 경우에 해당하므로, 형법 제10조 제3항에 의하여 심신장애로 인한 감경 등을 할 수 없다(대판 1996.6.11, 96도857).

(2) 과실에 의한 원인에 있어서 자유로운 행위

형법 제10조 제3항은 고의에 의한 원인에 있어서의 자유로운 행위뿐만 아니라 과실에 의한 원인에 있어서의 자유로운 행위에도 적용된다. 법문은 '위험의 발생을 예견하고'라고 규정하고 있지만, 판례는 위험발생에 대한 '**예견가능성**'이 있었음에도 자의로 심신장애를 야기한 경우도 포함한다고 보고 있다. → 과실에 의한 원인에 있어서 자유로운 행위 = 형법에 명시된 것 ×, 판례에 의하여 인정 ○

> ○ 형법 제10조 제3항은 "위험의 발생을 예견하고 자의로 심신장애를 야기한 자의 행위에는 전2항의 규정을 적용하지 아니한다"고 규정하고 있는바, 이 규정은 고의에 의한 원인에 있어서의 자유로운 행위만이 아니라 **과실에 의한 원인에 있어서의 자유로운 행위**까지도 포함하는 것으로서 위험의 발생을 예견할 수 있었는데도 자의로 심신장애를 야기한 경우도 그 적용 대상이 된다(대판 1992.7.28, 92도999).

[사실관계] 피고인이 음주운전을 할 의사를 가지고 **음주만취**한 후 운전을 결행하여 교통사고를 일으켰다면 피고인은 음주시에 교통사고를 일으킬 위험성을 예견하였는데도 자의로 심신장애를 야기한 경우에 해당하므로 위 법조항에 의하여 심신장애로 인한 감경 등을 할 수 없다.
→ 음주운전은 고의원자행에 해당하고, 교통사고는 과실원자행에 해당한다.

4 효과

원인에 있어서 자유로운 행위에는 제10조 제1항과 제2항을 적용하지 아니하므로 행위자의 책임이 조각되거나 감경되지 않고 책임능력자와 동일하게 처벌한다.

제3절 위법성의 인식과 법률의 착오(위법성의 착오, 금지의 착오)[22]

제16조【법률의 착오】
자기의 행위가 법령에 의하여 죄가 되지 아니하는 것으로 오인한 행위는 그 오인에 정당한 이유가 있는 때에 한하여 벌하지 아니한다.

I 의의

1 위법성인식의 의의

(1) 위법성인식이란 행위자가 자신의 행위가 법질서에 위반되어 허용되지 않는다는 것을 인식하는 것을 말한다.

o 범죄의 성립에 있어서 위법의 인식은 그 범죄사실이 사회정의와 조리에 어긋난다는 것을 인식하는 것으로서 족하고 구체적인 해당 법조문까지 인식할 것을 요하는 것은 아니므로 설사 형법상의 허위공문서작성죄에 해당되는 줄 몰랐다고 가정하더라도 그와 같은 사유만으로는 위법성의 인식이 없었다고 할 수 없다(대판 1987.3.24, 86도2673).

(2) 위법성인식의 체계적 지위와 위법성의 인식이 없는 경우 그 효과에 대하여는 견해의 대립이 있다.
→ V. 위법성조각사유 전제사실의 착오 Thema 정리 참조

2 법률의 착오의 의의

법률의 착오(위법성의 착오, 금지의 착오)란 자신의 행위가 금지되어 있음, 즉 위법하다는 것을 인식하지 못하는 것을 말한다. 즉 행위자가 행위시에 구성요건적 사실은 인식하였으나 착오로 인하여 자신의 행위가 금지규범에 위반하여 위법함을 알지 못한 경우를 말한다.

---

22) 2020년 변호사시험(사례)

예 행정청의 허가가 있어야 함에도 불구하고 허가를 받지 아니하여 처벌대상의 행위를 한 경우라도 허가를 담당하는 공무원이 허가를 요하지 않는 것으로 잘못 알려 주어 이를 믿고 허가를 받지 아니한 경우

○ 제16조에서 "자기가 행한 행위가 법령에 의하여 죄가 되지 아니한 것으로 오인한 행위는 그 오인에 정당한 이유가 있는 때에 한하여 벌하지 아니한다."라고 규정하고 있는 것은 단순한 법률의 부지를 말하는 것이 아니고 / 일반적으로 범죄가 되는 경우이지만 자기의 특수한 경우에는 법령에 의하여 허용된 행위로서 죄가 되지 아니한다고 그릇 인식하고 그와 같이 그릇 인식함에 정당한 이유가 있는 경우에는 벌하지 않는다는 취지이다(대판 2005.9.29, 2005도4592).

3 구별개념 _ 반전된 법률의 착오(반전된 금지의 착오, 환각범)

반전된 법률의 착오(반전된 금지의 착오, 환각범)란 위법하지 않은 행위를 위법하다고 오인한 경우 즉 허용되는 행위나 금지·처벌되지 않는 행위를 허용되지 않는다거나 금지·처벌되는 행위로 오인한 경우를 말한다. 반전된 법률의 착오(반전된 금지의 착오, 환각범)의 경우 현실적으로 존재하지 않는 형벌법규를 존재하는 것으로 오인하고 행위한 경우이므로 처벌규정이 없어서 불가벌이다.

예 동성애·근친상간이 범죄가 된다고 오인하고 이를 행한 경우

Thema 정리 **법률의 착오와 구별개념**

착오	인식 ≠ 발생	효과
법률의 착오 (위법성·금지의 착오)	• 죄 × → 죄 ○ • 위법 × → 위법 ○ • 금지 × → 금지 ○ → 처벌되는 행위를 처벌되지 않는다고 오인한 경우	제16조 적용 → 그 오인에 정당한 이유가 있는 경우 처벌 × (원칙 = 처벌 ○, 예외적 처벌 ×)
반전된 법률의 착오 (반전된 금지의 착오, 환각범)	• 죄 ○ → 죄 × • 위법 ○ → 위법 × • 금지 ○ → 금지 × → 처벌되지 않는 행위를 처벌된다고 오인한 경우(적극적 착오) 예 동성애, 근친상간	처벌 ×(∵ 처벌규정이 없으므로)

II 법률의 착오의 유형

Thema 정리 **법률의 착오**(금지의 착오)**의 유형**

직접적 착오 (금지규범 착오)	법률의 부지	금지규범 존재에 관한 착오 ↔ 판례 : 법률의 착오 × 예 건축법상 허가대상인 줄 모르고 허가 없이 용도변경하여 사용한 경우

	포섭의 착오	금지규범 효력범위에 관한 착오(예 자신에게 유리하게 좁게 해석) 예 존속살해죄의 존속에 양부는 포함되지 않는 것으로 오인하여 살해한 경우 예 타인의 개를 죽이는 것은 재물손괴가 아니라고 생각하고 죽인 경우 예 국립대교수에 대하여는 증뢰죄가 성립하지 않는다고 믿고 뇌물을 공여한 경우 예 타인의 자동차타이어의 바람을 빼는 행위는 손괴가 아니라고 믿고 행위한 경우
	효력의 착오	금지규범 효력에 관한 착오 예 형법규정이 위헌·무효이므로 효력이 없다고 오인한 경우
간접적 착오 (위조사유 착오)	위법성조각사유의 존재에 관한 착오	예 남편이 처를 구타하면서 징계권이 있다고 믿은 경우 예 환자의 동의가 없어도 수술할 권한이 있다고 믿고 의사가 환자를 수술한 경우 예 안락사가 허용되는 줄 알고 부를 독살한 경우
	위법성조각사유의 허용한계에 관한 착오	예 사인이 현행범을 체포하면서 주거침입, 감금까지 허용된다고 오인한 경우
	위법성조각사유 전제사실 착오	위법성조각사유에 해당하는 객관적 상황이 존재하지 않음에도 불구하고 이를 존재한다고 오인한 경우(허용구성요건의 착오, 허용상황의 착오) 예 오상방위 등 → 사실의 착오로 취급할지 법률의 착오로 취급할지 견해가 대립 엄격책임설에 의할 때만 법률의 착오로 인정

III 법률의 착오의 효과

1 법률의 착오와 정당한 이유의 판단기준

(1) 법률의 착오에 정당한 이유가 있으면 벌하지 아니한다. 즉 자기의 행위가 법령에 의하여 죄가 되지 아니하는 것으로 오인한 행위는 그 오인에 정당한 이유가 있는 때에 한하여 벌하지 아니한다(제16조).

o [법률의 착오와 정당한 이유의 판단기준] 형법 제16조에서 자기가 행한 행위가 법령에 의하여 죄가 되지 아니한 것으로 오인한 행위는 그 오인에 정당한 이유가 있는 때에 한하여 벌하지 아니한다고 규정하고 있는 것은 일반적으로 범죄가 되는 경우이지만 자기의 특수한 경우에는 법령에 의하여 허용된 행위로서 죄가 되지 아니한다고 그릇 인식하고 그와 같이 그릇 인식함에 정당한 이유가 있는 경우에는 벌하지 아니한다는 취지이고, 이러한 **정당한 이유가 있는지 여부**는 행위자에게 ① 자기 행위의 위법의 가능성에 대해 **심사숙고**하거나 ② **조회**할 수 있는 계기가 있어 자신의 지적능력을 다하여 이를 회피하기 위한 진지한 노력을 다하였더라면 스스로의 행위에 대하여 위법성을 인식할 수 있는 가능성이 있었음에도 이를 다하지 못한 결과 자기 행위의 위법성을 인식하지 못한 것인지 여부에 따라 판단하여야 할 것이고, 이러한 **위법성의 인식에 필요한 노력의 정도**는 ① 구체적인 행위정황과 ② 행위자 개인의 인식능력 그리고 ③ 행위자가 속한 사회집단에 따라 달리 평가되어야 한다(대판 2006.3.24, 2005도3717 ; 대판 2010.7.15, 2008도1167 ; 대판 2017.3.15, 2014도12773).

(2) 자기의 행위와 관련된 금지규범을 알지 못한 경우 단순한 법률의 부지는 제16조의 법률의 착오가 아니라는 것이 판례의 입장이다.

> ㅇ 허가를 얻어 벌채하고 남아 있던 잔존목을 벌채하는 것이 위법인 줄 몰랐다는 사정은 단순한 법률의 부지에 불과하며 형법 제16조에 해당하는 법률의 착오라 볼 수 없다(대판 1986.6.24, 86도810).

2 정당한 이유가 있는지 여부에 대한 판례의 구체적 판단기준

법률의 착오와 관련하여 담당공무원·관할관청·상급관청 등의 의견을 신뢰한 경우에는 그 오인에 정당한 이유가 있다고 인정하나, 행위자 스스로의 판단에 의하여 허용되는 행위라고 쉽게 오인하거나 담당공무원·관할관청·상급관청 등이 아닌 자들의 의견을 신뢰하고 허용되는 행위라고 오인한 경우에는 정당한 이유가 없다고 본다.

Ⅳ 법률의 착오에 관한 판례

관련 판례 법률의 부지에 해당하는 경우

1) 자신의 행위가 **건축법상의 허가대상인 줄을 몰랐다**는 사정은 단순한 법률의 부지에 불과하고 특히 법령에 의하여 허용된 행위로서 죄가 되지 않는다고 적극적으로 그릇 인식한 경우가 아니어서 이를 법률의 착오에 기인한 행위라고 할 수 없다(대판 1991.10.11, 91도1566).
2) 일본 영주권을 가진 재일교포가 영리를 목적으로 관세물품을 구입한 것이 아니라거나 국내 입국시 **관세신고**를 하지 않아도 되는 것으로 착오하였다는 등의 사정만으로는 제16조의 법률의 착오에 해당하지 않는다(대판 2007.5.11, 2006도1993).
3) 긴급명령이 시행된 지 오래되지 않아 비밀보장의무의 내용에 관해 확립된 규정이나 관계기관의 유권해석 및 금융관행이 확립되어 있지 아니하므로 금융거래의 내용을 공개한 경우라도 그러한 사정은 **단순한 법률의 부지**에 불과하며, 피고인들의 행위가 죄가 되지 않는다고 믿은 데에 정당한 이유가 있는 경우에 해당하지 않는다(대판 1997.6.27, 95도1964).

관련 판례 오인에 정당한 이유가 있는 경우

1) **부대장의 허가**를 받아 부대 내에 유류를 저장하는 것이 죄로 되지 않는 것으로 믿은 경우, 이와 같은 오인에는 정당한 사유가 있다고 할 것이므로 벌할 수 없다(대판 1971.10.12, 71도1356).
2) 초등학교 교장이 **도교육위원회의 지시**에 따라 교과내용으로 되어 있는 꽃양귀비를 교과식물로 비치하기 위하여 양귀비 종자를 사서 교무실 앞 화단에 심은 행위는 죄가 되지 아니하는 것으로 오인한 행위로서 그 오인에 정당한 이유가 있는 경우에 해당한다(대판 1972.3.31, 72도64).
3) 주민등록지를 이전한 이상 **향토예비군대원신고**를 하여야 하나 이미 주거를 이동하고 같은 주소에 대원신고를 하였던 터이므로 재차 동일 주소에 대원신고(주소이동)를 아니하였음이 정당한 사유가 있다고 오인한데서 나온 행위였다면 이는 법률착오가 **범의를 조각하는 경우**이다(대판 1974.11.12, 74도2676).

4) **[발가락양말사건]** '타인의 상품과 피고인의 상품이 유사하지 않다'라는 **변리사**의 감정결과와 **특허국**의 등록사정을 믿고 발가락 5개의 양말을 제조·판매한 경우 의장법 위반행위가 법령에 의하여 죄가 되지 않는다고 오인함에 정당한 이유가 있는 때에 해당한다(대판 1982.1.19, 81도646).

   [동지판례(바이오물통(Bio Tank)사건)**]** 피고인이 **변리사**로부터 타인의 등록상표가 상품의 품질이나 원재료를 보통으로 표시하는 방법으로 사용하는 상표로서 효력이 없다는 자문과 감정을 받아 자신이 제작한 물통의 의장등록을 하고 그 등록상표와 유사한 상표를 사용한 경우, 설사 피고인이 위와 같은 경위로 자기의 행위가 죄가 되지 아니한다고 믿었다 하더라도 이러한 경우에는 누구에게도 그 위법의 인식을 기대할수 없다고 단정할 수 없으므로 피고인은 상표법 위반의 죄책을 면할 수 없다(대판 1995.7.28, 95도702).

   [비교판례(콘테이너문짝 잠금장치사건)**]** 甲이 **변리사**로부터 받은 A의 상표권을 침해하지 않는다는 취지의 회답과 감정결과 통보, **특허청**의 상표출원등록 등을 근거로 자신의 행위가 상표권을 침해하는 것이 아니라고 믿은 데에는 정당한 이유가 인정되지 않는다(대판 1998.10.13, 97도3337).

   → 정당한 이유를 인정하여야 한다는 학설의 비판을 받는 판결

5) **관할관청**이 장의사영업허가를 받은 상인에게 장의소요기구, 물품을 판매하는 도매업에 대하여는 같은 법 제5조 제1항의 영업허가가 필요 없는 것으로 해석하여 영업허가를 해주지 않고 있어 피고인 역시 영업허가 없이 이른바 도매를 해 왔다면 동인에게는 같은 법률위반에 대한 인식이 있었다고 보기 어렵다(대판 1989.2.28, 88도1141).

6) 행정청의 허가가 있어야 함에도 불구하고 허가를 받지 아니하여 처벌대상의 행위를 한 경우라도 **허가를 담당하는 공무원**이 허가를 요하지 않는 것으로 잘못 알려 주어 이를 믿었기 때문에 허가를 받지 아니한 것이라면 허가를 받지 않더라도 죄가 되지 않는 것으로 착오를 일으킨 데 대하여 정당한 이유가 있는 경우에 해당하여 처벌할 수 없다(대판 1993.9.14, 92도1560).

   [사실관계] 채광업자가 허가를 담당하는 공무원에게 문의한 결과 허가를 요하지 않는다고 잘못 알려준 것을 믿고 허가 없이 산림을 훼손한 경우에는 허가를 받지 않더라도 죄가 되지 않는 것으로 착오를 일으킨 데 대하여 정당한 이유가 있는 경우에 해당한다고 본 사례

7) 직업소개업자가 **관할관청**에 외국인 근로자의 국내 입국절차를 대행하여 주는 허가절차에 관하여 문의하였으나, **담당공무원**이 아직 허가 관련 법규가 제정되지 아니하여 허가를 받지 않아도 되는 것으로 잘못 알려 주어 법에서 정한 허가를 받지 않고 외국인 근로자를 국내업체에 취업 알선한 경우 허가를 받지 않더라도 죄가 되지 않는 것으로 착오를 일으킨 데 대하여 정당한 이유가 있는 경우에 해당하여 처벌할 수 없다(대판 1995.7.11, 94도1814).

8) 범행과 동일한 성질의 행위에 대해 이전에 **검찰의 혐의 없음 결정**을 받은 적이 있다면 법률의 착오에 해당한다(대판 1995.8.25, 95도717).

   [사실관계] 가감삼십전대보초와 한약 가지수에만 차이가 있는 십전대보초를 제조하고 그 효능에 관하여 광고를 한 사실에 대하여 이전에 검찰의 혐의없음 결정을 받은 적이 있다면, 피고인이 비록 한의사 약사 한약업사 면허나 의약품판매업 허가가 없이 의약품인 **가감삼십전대보초**를 판매하였다고 하더라도 자기의 행위가 법령에 의하여 죄가 되지 않는 것으로 믿을 수밖에 없었고, 또 그렇게 오인함에 있어서 정당한 이유가 있는 경우에 해당한다고 한 사례

9) 비디오물감상실업자가 자신의 **비디오물감상실**에 18세 이상 19세 미만의 청소년을 출입시킨 행위가 관련 법률에 의하여 허용된다고 믿었고, 그렇게 믿었던 것에 대하여 정당한 이유가 있는 경우에 해당한다(대판 2002.5.17, 2001도4077).

[사실관계] '만 18세 미만의 연소자' 출입금지표시를 업소출입구에 부착하라는 비디오물감상실의 관할 부서(대구 중구청 문화관광과)의 행정지도가 있었던 경우

[비교판례] **디스코클럽**의 업주가 경기도 경찰국장의 공문을 믿고 고등학생 아닌 만 18세 이하를 들여보낸 경우 법률의 부지로 보았다(대판 1985.4.9, 85도25).

10) **광역시의회 의원**이 선거구민들에게 의정보고서를 배부하기에 앞서 미리 **관할 선거관리위원회 소속 공무원**들에게 자문을 구하고 그들의 지적에 따라 수정한 의정보고서를 배부한 경우가 제16조에 해당하여 벌할 수 없다(대판 2005.6.10, 2005도835).

[비교판례] 국회의원이 의정보고서를 발간하는 과정에서 선거법규에 저촉되지 않는다고 오인한 것에 형법 제16조의 정당한 이유가 없다(대판 2006.3.24, 2005도3717).

[사실관계] **변호사 자격을 가진 국회의원**이 낙천대상자로 선정된 사유에 대한 해명을 넘어 다른 동료 의원들이나 네티즌의 낙천대상자 선정이 부당하다는 취지의 반론을 담은 의정보고서를 발간하는 과정에서 보좌관을 통하여 **선거관리위원회 직원에게 문의**하여 답변 받은 결과 선거법규에 저촉하지 않는다고 오인한 경우, 제16조의 정당한 이유가 인정되지 않는다고 한 사례

[판결이유] 피고인은 변호사 자격을 가진 국회의원으로서 법률전문가라고 할 수 있는바, 피고인으로서는 의정보고서에 앞서 본 바와 같은 내용을 게재하거나 전재하는 것이 허용되는지에 관하여 의문이 있을 경우, 관련 판례나 문헌을 조사하는 등의 노력을 다 하였어야 할 것이고, 그렇게 했더라면, 낙천대상자로 선정된 이유가 의정활동에 관계있는 것이 아닌 한 낙천대상자로 선정된 사유에 대한 해명을 의정보고서에 게재하여 배부할 수 없고 더 나아가 낙천대상자 선정이 부당하다는 취지의 제3자의 반론 내용을 싣거나 이를 보도한 내용을 전재하는 것은 의정보고서의 범위를 넘는 것으로서 허용되지 않는다는 것을 충분히 인식할 수 있었다.

11) **이복동생** 이름으로 군복무 중 휴가를 얻어 귀가하여 자기는 다른 호적에 입적되어 있고 이복동생은 군복무를 필한 사실을 알고 다른 사람의 이름으로 군대생활을 할 필요가 없다고 생각하고 귀대하지 않은 경우 착오에 정당한 이유가 있다(대판 1974.7.23, 74도1399).

관련 판례 오인에 정당한 이유가 없는 경우

1) 유선비디오 방송 설비는 허가 대상이 되지 않는다는 **체신부장관의 회신**을 믿고 당국의 허가 없이 유선비디오 방송 설비를 설치한 경우 착오에 정당한 이유가 없다(대판 1987.4.14, 87도160).

[판결이유] '유선방송설비는 전기통신기본법상의 자가전기통신설비가 아니다'라는 내용의 체신부장관의 회신이 법령의 해석에 관한 법원의 판단을 기속하는 것은 아니고, 가사 피고인이 유선방송업은 당국의 허가대상이 아니라고 알았다거나 체신부장관의 회신 내용에 의하여 자기의 행위가 법령에 의하여 죄가 되지 아니하는 것으로 오인하였다 하더라도 피고인에게 범의가 없었다고는 할 수 없다.

2) **가처분결정으로 직무집행정지 중**에 있던 종단대표자가 종단소유의 보관금을 소송비용으로 사용함에 있어 **변호사의 조언**이 있었다는 것만으로 보관금인출사용행위가 법률의 착오에 의한 것이라 할 수 없다(대판 1990.10.16, 90도1604). → 법원의 결정이 우선하기 때문

3) 압류물을 집달관의 승인 없이 임의로 그 관할구역 밖으로 옮기면서 **변호사 등에게 문의하여 자문**을 받았다는 사정만으로는 자신의 행위가 죄가 되지 않는다고 믿는 데에 정당한 이유가 있다고 할 수 없다(대판 1992.5.26, 91도894). ∴ 공무상비밀표시무효죄 ○

[동지판례] 재건축조합의 '감사'인 조합원이 도시 및 주거환경정비법 · 제124조 제1항, 제4항(이하 '이 사건 의무조항'이라 한다)에 근거하여 '조합원의 전화번호'와 '신축건물 배정 동호수 결과'에 대한 열람 · 복사를 요청하였으나 조합장인 피고인이 이에 응하지 아니한 경우, 피고인이 조합의 자문변호사로부터 조합원의 전화번호와 신축건물 동호수 배정 결과를 공개하지 않는 것이 좋겠다는 취지의 답변을 받았더라도, 자신의 행위가 죄가 되지 않는다고 오인한 것에 정당한 이유가 있다고 보기는 어렵다(대판 2021.2.10, 2019도18700). ∵ 자문변호사 개인의 독자적 견해에 불과

4) 피고인이 경제기획원 발행의 서비스업통계조사지침서와 통계청 발행의 총사업체통계조사보고서에 탐지, 감시 등을 업으로 하는 탐정업이 적시되어 있는 것을 보고 **민원사무담당 공무원**에게 문의하여 탐정업이 인 · 허가 또는 등록사항이 아니라는 대답을 얻었으며 세무서에 탐정업 및 심부름 대행업에 관한 사업자등록을 하였다 하더라도, 세무서에서 사업자등록을 받아 주었다고 하여 그것이 위 법률에서 금지하는 행위까지를 할 수 있다는 취지는 아님이 분명하고 그렇다면 피고인이 특정인 소재탐지, 사생활조사 등의 행위가 죄가 되지 않는다고 믿은 데에 정당한 이유가 있었다고는 할 수 없다(대판 1994.8.26, 94도780).

5) 대법원의 판례에 비추어 자신의 행위가 무허가 의약품의 제조 · 판매행위에 해당하지 아니하는 것으로 오인하였다고 하더라도, 그것이 **사안을 달리하는 사건에 관한 대법원의 판례**의 취지를 오해하였던 것에 불과하였다면 그와 같은 사정만으로는 그 오인에 정당한 사유가 있다고 볼 수 없다(대판 1995.7.28, 95도1081).

6) **링크 사이트 운영 도중** 링크 행위만으로 공중송신권 침해 방조행위에 해당하지 않는다는 대법원 2015. 3.12.선고 2012도13748 판결이 선고되었다는 사정만으로 자신의 행위가 법령에 따라 죄가 되지 않는 것으로 오인하였다거나 오인한 데에 정당한 이유가 있다고 볼 수 없다(대판 2021.11.25, 2021도10903). ∵ 일시적으로 판례에 따라 그 행위가 처벌대상이 되지 않는 것으로 해석되었던 것에 불과하기 때문

7) 부동산중개업자가 **부동산중개업협회의 자문**을 통하여 인원수의 제한 없이 중개보조원을 채용하는 것이 허용되는 것으로 믿고서 제한인원을 초과하여 중개보조원을 채용함으로써 부동산중개업법 위반행위에 이르게 되었다고 하더라도 그러한 사정만으로 자신의 행위가 법령에 저촉되지 않는 것으로 오인함에 정당한 이유가 있는 경우에 해당한다거나 범의가 없었다고 볼 수는 없다(대판 2000.8.18, 2000도2943).

8) 자격기본법에 의한 민간자격관리자로부터 **대체의학자격증**을 수여받은 자가 사업자등록을 한 후 침술원을 개설하였다고 하더라도 국가의 공인을 받지 못한 민간자격을 취득하였다는 사실만으로는 자신의 행위가 무면허 의료행위에 해당되지 아니하여 죄가 되지 않는다고 믿는 데에 정당한 사유가 있었다고 할 수 없다(대판 2003.5.13, 2003도939).

9) 식품위생법 규정에 의하여 즉석판매제조가공 영업을 허가받고 이 사건 **'녹동달오리골드'**를 제조하였다는 사유만으로 무면허 의약품 제조행위로 인한 보건범죄단속에 관한 특별조치법위반죄의 범행이 형법 제16조에서 말하는 '그 오인에 정당한 이유가 있는 때'에 해당한다고 할 수 없다(대판 2004.1.15, 2001도1429).

10) 한국간행물윤리위원회나 정보통신윤리위원회가 이 사건 만화들 중 '에로 2000'을 제외한 나머지 만화에 대하여 심의하여 음란성 등을 이유로 **청소년유해매체물**로 판정하였을 뿐 더 나아가 시정요구를 하거나 관계기관에 형사처벌 또는 행정처분을 요청하지 않았다 하더라도, 위 위원회들이 시정요구나 형사처벌 등을 요청하지 아니하고 청소년유해매체물로만 판정하였다는 점이 곧 그러한 판정을 받은 만화가 음란하지 아니하다는 의미는 결코 아니라고 할 것이므로, 피고인들의 나이, 학력, 경력, 직업, 지능 정도 등 제반 사정에 비추어 보면 피고인들의 행위가 죄가 되지 아니하는 것으로 오인한 데 정당한 이유가 있다고 볼 수 없다(대판 2006.4.28, 2003도4128).

11) 이미 무선설비의 형식승인을 받은 다른 수입업자가 있음을 이용하여 동일한 제품을 형식승인 없이 수입·판매한 행위는 무선설비에 대한 관계 법령의 취지 및 내용에 비추어 볼 때 전파법 위반죄에 해당하고, **무선설비의 납품처 직원**으로부터 형식등록이 필요 없다는 취지의 답변을 들었다는 사정만으로는 제16조의 법률의 착오에 해당하지 않는다(대판 2009.6.11, 2008도10373).

12) 피고인 또는 충청남도가 **장례식장의 식당(접객실)** 부분을 증축함에 있어 홍성군과 그 증축에 관한 협의 과정을 거쳤고 건설교통부에 관련 질의도 했던 것으로 보이나, 홍성군과의 협의는 증축 부분이 장례식장이 아닌 '병원'의 부속건물임을 전제로 한 것이고 그에 관한 건축물대장에의 기재나 사용승인 또한 마찬가지이며, 건설교통부의 질의회신도 종합병원의 경우 일반적으로 장례식장의 설치나 운영이 그 부속시설로서 허용된다는 취지가 아니라 종합병원에 입원한 환자가 사망한 경우 그 장례의식을 위한 시설의 설치는 부속용도로 볼 수 있다는 취지에 불과하므로, 위와 같은 **(잘못된) 협의나 질의를 거쳤다는 사정**만으로 이 사건 장례식장의 설치·운영에 관하여 피고인이 자신의 행위가 죄가 되지 아니하는 것으로 오인하였거나 그와 같은 오인에 정당한 이유가 있었다고 할 수 없다(대판 2009.12.24, 2007도1915).

[동지판례] 구 건설폐기물의 재활용촉진에 관한 법률 제16조 제1항의 위반행위를 하면서 이를 **판단하는 데 직접적인 자료가 되지 않는 환경부의 질의회신**을 받은 것만으로는 정당한 이유가 있는 법률의 착오에 해당하지 않는다(대판 2009.1.30, 2008도8607).

13) 숙박업자가 자신이 운영하는 숙박업소에서 위성방송수신장치를 이용하여 수신한 외국의 음란한 위성방송프로그램을 투숙객 등에게 제공하였는데, 피고인이 그 이전에 그와 **유사한 행위**로 **'혐의없음' 처분을 받은 전력**이 있다거나 일정한 시청차단장치를 설치하였다는 등의 사정만으로는, 형법 제16조의 정당한 이유가 있다고 볼 수 없다(대판 2010.7.15, 2008도11679).

14) 중국 국적 선박을 구입한 피고인이 매도인인 중국 해운회사에 선박을 임대하여 받기로 한 용선료를 재정경제부장관에게 미리 신고하지 아니하고 선박 매매대금과 상계한 것은 설령 **외환은행 담당자의 안내**에 따라 그대로 신고를 하였다고 하더라도 그러한 사정만으로 이 사건 선박의 매매대금 지급의 신고에 관하여 자신의 행위가 죄가 되지 아니하는 것으로 오인하였거나 그와 같은 오인에 정당한 이유가 있었다고 할 수 없다(대판 2011.7.14, 2011도2136).

15) 갑 학교와 을 학교는 각각 설립인가를 받은 별개의 학교이므로 갑 학교의 교비회계에 속하는 수입을 을 학교에 대여하는 것은 구 사립학교법 제29조 제6항에 따라 금지되며, 갑 학교 설립·운영협약의 당사자에 불과한 관할청의 소속 공무원들이 참석한 **갑 학교 학교운영위원회**에서 을 학교에 대한 자금 대여 안건을 **보고**하였다는 것만으로는 피고인이 자신의 지적 능력을 다하여 행위의 위법 가능성을 회피하기 위한 진지한 노력을 다하였다고 볼 수 없으므로, 피고인이 위와 같은 대여행위가 법률상 허용되는 것으로서 죄가 되지 않는다고 그릇 인식하고 있었더라도 그와 같이 그릇된 인식에 정당한 이유가 없다(대판 2017.3.15, 2014도12773).

16) 피고인이 제약회사에 근무한다는 자로부터 마약이 없어 약을 제조하지 못하니 구해 달라는 거짓 부탁을 받고 **제약회사에서 쓰는 마약**은 구해 주어도 죄가 되지 아니하는 것으로 믿고 생아편을 구해 주었다 하더라도 피고인들이 마약취급의 면허가 없는 이상 위와 같이 믿었다 하여 이러한 행위가 법령에 의하여 죄가 되지 아니하는 것으로 오인하였거나, 그 오인에 정당한 이유가 있는 경우라고 볼 수 없다(대판 1983.9.13, 83도1927).

17) 약 23**년간 경찰공무원**으로 근무하여 왔고, 이 사건 범행 당시에는 관악경찰서 형사과 형사계 강력1반장으로 근무하고 있는 사람으로서 일반인들보다도 형벌법규를 잘 알고 있으리라 추단이 되고 이러한 피고인이 검사의 수사지휘만 받으면 **허위로 공문서를 작성**하여도 죄가 되지 아니하는 것으로 그릇 인식하였다는 것은 정당한 이유가 있다고 볼 수도 없다(대판 1995.11.10, 95도2088).

18) 공무원이 그 직무에 관하여 실시한 봉인 등의 표시를 손상 또는 은닉 기타의 방법으로 그 효용을 해함에 있어서 그 **봉인 등의 표시**가 **법률상 효력이 없다고 믿은 것**은 법규의 해석을 잘못하여 행위의 위법성을 인식하지 못한 것이라고 할 것이므로 그와 같이 믿은 데에 정당한 이유가 없는 이상, 그와 같이 믿었다는 사정만으로는 공무상표시무효죄의 죄책을 면할 수 없다고 할 것이다(대판 2000.4.21, 99도5563).

19) 기공원을 운영하면서 환자들을 대상으로 **척추교정시술행위**를 한 자가 정부 공인의 체육종목인 '활법'의 사회체육지도자 자격증을 취득한 자라 하여도 자신의 행위가 무면허 의료행위에 해당되지 아니하여 죄가 되지 않는다고 믿은 데에 정당한 사유가 있었다고 할 수 없다고 한 사례(대판 2002.5.10, 2000도2807)

20) 부동산중개업자가 아파트 분양권의 매매를 중개하면서 중개수수료 산정에 관한 지방자치단체의 **조례를 잘못 해석**하여 법에서 허용하는 금액을 초과한 중개수수료를 수수한 경우가 법률의 착오에 해당하지 않는다(대판 2005.5.27, 2004도62).

21) 지방자치단체장이 **관행**적으로 간담회를 열어 업무추진비 지출 형식으로 참석자들에게 음식물을 제공해 오면서 법령에 의하여 허용되는 행위라고 오인하였다 하더라도, 그 오인에 정당한 이유가 없어 법률의 착오에 해당하지 않는다(대판 2007.11.16, 2007도7205).

22) 동일인 대출한도 제한규정을 회피하기 위하여 실질적으로는 한 사람에게 대출금이 귀속됨에도 다른 사람의 명의를 빌려 그들 사이에 형식적으로만 공동투자약정을 맺고 동일인 한도를 초과하는 대출을 받는, 이른바 '사업자쪼개기' 방식의 대출이 **관행**적으로 이루어져 왔으며, 이전에는 이를 적발하지 못하였다는 사정만으로는 이 사건 대출행위가 죄가 되지 않는다고 오인하였다거나 그 오인에 정당한 이유가 있다고 볼 수 없다(대판 2010.4.29, 2009도13868).

23) 초등학교 교사인 피고인이 13세 미만인 아동·청소년들로 하여금 성적인 호기심을 갖도록 하고 이를 이용하여 성적 행위를 한 것이 죄가 되지 않는다고 오인한 데에 정당한 이유가 있다고 볼 수 없다(대판 2015.2.12, 2014도11501).

24) **재건축조합**의 '감사'인 조합원이 도시 및 주거환경정비법 · 제124조 제1항, 제4항(이하 '이 사건 의무조항'이라 한다)에 근거하여 '조합원의 전화번호'와 '신축건물 배정 동호수 결과'에 대한 **열람·복사**를 요청하였으나 조합장인 피고인이 이에 응하지 아니한 경우, 피고인이 **변호사의 자문**을 받았다는 사정만으로 자신의 행위가 죄가 되지 않는다고 오인한 것에 정당한 이유가 있다고 보기는 어렵다(대판 2021.2.10, 2019도18700).

V 위법성조각사유 전제사실의 착오[23)]

1 의의

위법성조각사유 전제사실의 착오(객관적 정당화 상황의 착오, 허용구성요건의 착오)란 위법성 조각사유의 전제되는 사실, 즉 객관적 정당화 상황이 없음에도 있다고 오인하고 주관적 정당화요소를 가지고 행위를 한 경우를 말한다.

- 예 밤중에 우체부를 강도로 오인하여 방위의사로 구타한 경우(오상방위)
- 예 甲은 늦은 밤 귀가하던 중 자신의 뒤편에서 다가오는 사람을 평소 자신을 살해하겠다고 협박하던 A로 오인하고, 이를 방위하기 위하여 소지하고 있던 전기충격기로 공격하여 상해를 가하였는데, 쓰러진 사람을 확인해보니 甲을 마중하러 나온 아버지 B였던 경우
- 예 피해자의 승낙이 객관적으로 존재하지 않음에도 불구하고 행위자는 그것이 존재한다고 오인한 경우(오상승낙) ↔ 피해자의 승낙이 객관적으로 존재하는데도 불구하고 행위자가 이를 알지 못하고 행위한 경우(존재하지 않는다고 오인한 경우) 주관적 정당화 요소가 결여된 경우(우연승낙)

2 견해 대립

위 예에서 강도를 구타한다고 생각하고 행위하였으므로 위법성의 인식이 없어 법률의 착오문제이기도 하고, 우체부를 강도로 오인하였다는 점에서는 인식사실과 발생사실이 다른 사실의 착오문제이기도 하다. 사실의 착오로 취급하여 고의를 조각하고 과실범문제로 처리할지 법률의 착오로 취급하여 책임조각문제로 처리할지 견해가 대립한다.

Thema 정리 **위법성인식의 체계적 지위 및 위법성**(조각사유전제사실)**의 착오에 대한 학설**

구분		위법성인식의 체계적 지위	위법성착오의 효과	위법성조각사유 전제사실의 착오의 성격과 효과	착오로 행위한 자를 이용한 배후자의 책임
고의설	**엄격고의설**	책임의 요소인 고의의 내용, 현실적 인식	**책임요소인 고의조각** 과실범	책임요소인 고의조각, 과실범	간접정범 ○, 공범 ×
	제한고의설	고의의 내용, 위법성인식가능성			
소극적 구성요건표지이론		**소극적 구성요건**	**총체적 불법고의조각** 과실범	구성요건적 착오, 제13조 직접적용 구성요건적 고의조각 과실범	간접정범 ○, 공범 ×

23) 2019년 법원행정고등고시(15/25점) 동거하는 친구 乙을 강도라고 생각하고 강도를 기절시키기 위해 문을 열고 들어오는 사람에게 전기충격기로 충격을 가하여 기절시킨 사례(특수상해죄의 성부)

엄격책임설		고의와 독립한 책임요소	고의 인정 ○(고의범), 정당한 이유 있으면 책임조각 (위전착은 견해대립)	금지착오, **고의** ○, 정당한 이유 있으면 **책임조각**, 제16조	간접정범 ○, **공범** ○
제한적 책임설	(사실의 착오) **유추적용설**			**구성요건적 고의조각** (∵ **행위반가치** ×) 과실범	간접정범 ○, 공범 ×
	법효과 제한적 책임설			구성요건적 고의 ○ **책임고의조각** (∵ **심정반가치** ×) 과실범	간접정범 ○, **공범** ○

✔ **고의범이 성립하는 학설** : 엄격책임설(과실범성립의 여지가 없음) → 가장 중한 처벌 ↔ 이외 학설 : 과실범 문제

✔ **공범**(교사범)**이 성립가능한 학설** : 엄격책임설, 법효과제한적 책임설

Thema 정리 **위법성인식의 체계적 지위 및 위법성의 착오에 대한 학설 내용 · 비판 정리**

고의설	엄격고의설	위법성인식을 **고의의 내용**으로 보는 견해, 위법성인식이 없으면 고의 인정 × → 책임요소인 고의가 인정되려면 위법성인식까지 있어야 한다는 견해 → 법률의 착오와 사실의 착오의 구별이 없어지고 양자를 같은 기준에 의하여 처리하게 됨 (→ 둘 다 고의조각) → 위법성조각사유의 전제사실에 대한 착오가 있는 경우(오상방위) 위법성인식이 없으므로 고의가 조각되고, 과실범 규정이 있는 경우 과실범으로 처벌할 수 있을 뿐임 ↔ 확신범, 상습범은 고의범을 인정하기 어렵다는 비판 ↔ 과실범을 처벌하지 않거나 과실범은 법률에 특별한 규정이 있는 때에만 예외적으로 처벌되고, 과실범의 형벌이 고의범에 비해 현저히 낮기 때문에 **처벌의 공백**이 생길 수 있다는 비판
	제한고의설	책임요소인 고의가 인정되려면 **위법성인식가능성**이 있어야 하고, 이때 고의범이 된다. ↔ 과실로 구성요건을 인식하지 못한 경우 과실범을 인정하면서, 과실로 위법성을 인식하지 못한 경우에는 고의범을 인정한다는 모순이라는 비판
소극적 구성요건 표지이론		**위법성조각사유(전제사실)의 부존재**도 구성요건요소이므로 고의의 인식대상이고, 이에 대한 인식이 없으면 구성요건적 고의가 조각된다는 견해 → 위법성조각사유의 전제사실에 대한 착오(오상방위)가 있는 경우 **사실의 착오(구성요건적 착오)**에 해당하므로 형법 제13조를 직접적용하여 해결함으로써 고의범의 성립이 부정되고 과실이 있는 경우 **과실범**으로 처벌 ↔ 위법성조각사유의 독자적 기능을 무시한다는 비판(구성요건해당성이 없는 행위와 구성요건에는 해당하나 위법성이 조각되는 행위 사이에 존재하는 가치 차이를 무시)

<table>
<tr><td colspan="2">엄격책임설</td><td>위법성인식을 고의와 독립된 책임요소라고 보는 견해(목적적 행위론)
위법성인식이 없는 경우, 즉 법률의 착오의 법적 효과는 고의와 관계없이 즉, 고의는 언제나 인정되고, 착오의 회피가능성(정당한 이유)에 의하여 좌우됨
┌ 정당한 이유 X = 고의기수범 성립
└ 정당한 이유 ○ = 고의는 인정되나, 책임조각
↔ 위법성인식이 없는 자를 고의범으로 처벌하는 것은 일반인의 법감정에 반한다는 비판
↔ 위법성조각사유의 전제사실에 대한 착오(오상방위)가 있는 경우 금지착오로 해석하나, 이에 대해서는 착오에 이르게 된 상황의 특수성을 무시하였다는 비판</td></tr>
<tr><td rowspan="2">제한적 책임설</td><td>유추 적용설</td><td>위법성조각사유 전제사실의 착오(오상방위)에 대하여만 구성요건적 착오(사실의 착오)를 유추적용하자는 견해(고의가 조각되고 다만 행위자에게 과실이 있으면 과실범으로 처벌된다고 보는 견해) → 구성요건적 고의 조각
(∵ 불법구성요건에 대한 실현의사를 결여하였으므로 행위반가치 결여)</td></tr>
<tr><td>법효과 제한적 책임설</td><td>위법성조각사유전제사실의 착오(오상방위)에 대하여 효과만 구성요건착오와 동일하게 취급하자는 견해(과실범으로 처벌하자는 견해)
→ 고의의 이중적 기능을 전제로 구성요건적 고의 ○, 책임고의 조각(∵ 법에 충실하려고 하였지만 부주의로 상황을 착오하였으므로 심정반가치 결여)
→ <위법성조각사유의 전제사실의 착오(오상방위)에 빠진 자를 교사하여 죄를 범하게 한 경우> 그 교사자를 교사범으로 처벌 ○(∵ 책임고의가 조각되면 제한적 종속형식에 의할 경우 이에 대한 공범성립이 가능하기 때문)
↔ 구성요건단계에서는 고의의 행위불법을 인정하면서, 책임단계에서는 과실의 불법·책임을 인정하는 것은 모순이라는 비판</td></tr>
</table>

Thema 정리 **형법상 착오의 취급 개관**

1. **구성요건** : 구성요건착오(사실의 착오)
   → 고의의 전용문제, 발생사실에 대한 고의기수 or 고의조각(과실범)
2. **위법성** : 주관적정당화요소를 결한 경우(우연방위) : 기수범 or 위법성조각 or 불능미수
3. **책임**
   1) 위법성의 착오 : 고의조각 or 책임조각
   2) 위법성조각사유의 전제사실의 착오(오상방위 등) : 책임조각 or 고의조각
      → 구성요건적 고의 조각 or 책임고의 조각
4. **처벌조건·소추조건** → 착오는 영향 없음(아무런 의미 없음)

관련 판례 **위법성의 착오 및 위법성조각사유의 전제사실의 착오에 대한 판례의 입장**

1. 위법성의 착오

1) [고의설의 입장] 채무자가 채권자로부터 금원을 차용하면서 담보를 제공한 부동산 위에 채권자가 은행으로부터 금원을 차용하고서 설정한 저당권에 기하여 임의경매절차가 진행되고 있는 동안에 위 채무자가 차용원리금을 변제공탁한 것을 채권자가 아무런 이의도 없이 이를 수령하고서도 위 경매절차에 대

하여 손을 쓰지 아니하는 바람에 타인에게 경락되게 하고 그 부동산의 경락잔금까지 받아간 경우라면, 비록 채권자가 민사법상 이의의 유보 없는 공탁금수령의 법률상의 효과에 대한 정확한 지식이 없었다 하더라도 금전소비대차거래에 있어서 이자제한법의 존재가 공지의 사실로 되어 있는 거래계의 실정에 비추어 막연하게나마 자기의 행위에 대한 위법의 인식이 있었다고 보지 못할 바 아니므로 위 채권자의 미필적 고의는 인정할 수 있다(대판 1988.12.13, 88도184).

2) [제한고의설의 입장] 유선방송설비는 전기통신기본법상의 자가전기통신설비가 아니다라는 내용의 체신부장관의 회신이 법령의 해석에 관한 법원의 판단을 기속하는 것은 아니고, 가사 피고인이 유선방송업은 당국의 허가대상이 아니라고 알았다거나 체신부장관의 회신 내용에 의하여 자기의 행위가 법령에 의하여 죄가 되지 아니하는 것으로 오인하였다 하더라도 피고인에게 범의가 없었다고는 할 수 없다(대판 1987.4.14, 87도160). ∵ 위법성에 대한 현실적 인식이 없음에도 고의를 인정한 판결이기 때문

2. 위법성조각사유의 전제사실의 착오

→ 오인에 정당한 이유가 있는 경우 "위법성이 없다."

1) [배희칠랑 사건 = 초병살해사건] 가사 피해자인 공소외인에게 피고인을 상해할 의사가 없고 객관적으로 급박하고 부당한 침해가 없었다고 가정하더라도 원심이 인정한 사실 자체로 보아도 피고인으로서는 현재의 급박하고도 부당한 침해가 있는 것으로 오인하는데 대한 정당한 사유가 있는 경우(기록에 의하면 공소외인은 술에 취하여 초소를 교대하여야 할 시간보다 한시간반 늦게 왔었고, 피고인의 구타로 동인은 코피를 흘렸다는 것이며, 동인은 코피를 닦으며 흥분하여 "월남에서는 사람하나 죽인 것은 파리를 죽인 것이나 같았다. 너 하나 못 죽일 줄 아느냐"라고 하면서 피고인의 등 뒤에 카빙총을 겨누었다고 한다)에 해당된다고 아니할 수 없음에도 불구하고, 원심이 위와 같은 이유로서 피고인의 정당방위의 주장을 배척하였음은 역시 오상방위에 관한 법리를 오해한 위법이 있다고도 아니할 수 없으므로 원판결은 부당하다하여 파기하기로 한다(대판 1968.5.7, 68도370).
→ 이른바 오상정당방위에 해당하는 사례

2) [여우고개사건] 당번병이 그 임무범위 내에 속하는 일로 오인하고 한 무단이탈 행위와 위법성 : 소속 중대장의 당번병이 근무시간 중은 물론 근무시간 후에도 밤늦게까지 수시로 영외에 있는 중대장의 관사에 머물면서 집안일을 도와주고 그 자녀들을 보살피며 중대장 또는 그 처의 심부름을 관사를 떠나서까지 시키는 일을 해오던 중 사건당일 중대장의 지시에 따라 관사를 지키고 있던중 중대장과 함께 외출나간 그 처로부터 24 : 00경 비가 오고 밤이 늦어 혼자 귀가할 수 없으니 관사로부터 1.5킬로미터 가량 떨어진 지점까지 우산을 들고 마중을 나오라는 연락을 받고 당번병으로서 당연히 해야 할 일로 생각하고 그 지점까지 나가 동인을 마중하여 그 다음날 01 : 00경 귀가하였다면 위와 같은 당번병의 관사이탈 행위는 중대장의 직접적인 허가를 받지 아니 하였다 하더라도 당번병으로서의 그 임무범위 내에 속하는 일로 오인하고 한 행위로서 그 오인에 정당한 이유가 있어 위법성이 없다고 볼 것이다(대판 1986.10.28, 86도1406).
→ 이른바 오상정당행위에 해당하는 사례

제4절 기대가능성

I 서설

1 기대가능성의 의의

기대가능성이란 행위 당시의 구체적 사정에 비추어 행위자에게 위법행위 대신에 적법행위로 나아갈 것을 기대할 수 있는 가능성을 말한다. 적법행위에의 기대가능성이 있음에도 범죄행위를 한 경우이어야 행위자를 비난할 수 있으므로 적법행위에의 기대가능성이 없으면 책임이 조각된다.

2 기대가능성의 판단기준

Thema 정리 기대가능성의 판단기준에 관한 학설

1. **행위자표준설**
2. **평균인표준설(다수설 · 판례)** : 사회일반의 평균인이 행위자의 입장일 경우 적법행위 가능성 여부에 따라 기대가능성 유무를 판단하여야 한다는 견해
3. **국가표준설**

ㅇ 양심적 병역거부자에게 그의 양심상의 결정에 반한 행위를 기대할 가능성이 있는지 여부를 판단하기 위해서는, 행위 당시의 구체적 상황하에 행위자 대신에 사회적 평균인을 두고 이 평균인의 관점에서 그 기대가능성 유무를 판단하여야 한다(대판 2004.7.15, 2004도2965 全合).

ㅇ [유죄확정판결 받은 자의 위증사건] 피고인에게 적법행위를 기대할 가능성이 있는지 여부를 판단하기 위하여는 행위 당시의 구체적인 상황하에 행위자 대신에 사회적 평균인을 두고 이 평균인의 관점에서 그 기대가능성 유무를 판단하여야 한다(대판 2008.10.23, 2005도10101).

II 기대불가능성으로 인한 책임조각 · 감경사유

1 형법상 책임조각 · 감경사유

(1) 책임조각사유

강요된 행위(제12조), 면책적 과잉방위 · 과잉피난(제21조 제3항, 제22조 제3항), 범인은닉 · 증거인멸죄의 친족간 특례(제151조 제2항, 제155조 제4항)

(2) 책임감경사유

도주죄의 법정형이 도주원조죄보다 낮은 것, 위조통화취득 후 지정행사죄의 법정형이 위조통화행사죄보다 낮은 것

(3) 책임조각 · 감경사유

과잉방위(제21조 제2항), 과잉피난(제22조 제3항), 과잉자구행위(제23조 제2항)

2 초법규적 책임조각사유

형법에 규정이 없는 경우에도 기대불가능성을 초법규적 책임조각사유로 인정하는 것이 다수설과 판례의 입장이다.

관련 판례 **기대가능성이 없어 책임이 조각되는 경우**

1) 입학시험에 응시한 수험생이 **우연한 기회**에 미리 출제될 시험문제를 알게 되어 그 답을 암기했을 경우에 암기한 답에 해당된 문제가 출제되었다 하더라도 암기한 답을 그 시험문제의 답안지에 기재해서는 안된다는 것을 일반수험자에게 기대한다는 것은 불가능하다(대판 1966.3.22, 65도1164).
2) 사용자가 퇴직금 지급을 위하여 **최선의 노력**을 다하였으나 경영부진으로 인한 자금사정 등으로 도저히 지급기일 내에 퇴직금을 지급할 수 없었다는 등의 불가피한 사정이 인정되는 경우에는 그러한 사유는 근로기준법 제36조, 제42조 각 위반범죄의 책임조각사유로 된다(대판 2001.2.23, 2001도204).
   [동지판례] 기업이 불황이라는 사유만으로 사용자가 근로자에 대한 임금이나 퇴직금을 체불하는 것은 허용되지 아니하지만, **모든 성의와 노력**을 다했어도 임금이나 퇴직금의 체불이나 미불을 방지할 수 없었다는 것이 사회통념상 긍정할 정도가 되어 사용자에게 더 이상의 적법행위를 기대할 수 없거나 불가피한 사정이었음이 인정되는 경우에는 그러한 사유는 근로기준법이나 근로자퇴직급여 보장법에서 정하는 임금 및 퇴직금 등의 기일 내 지급의무 위반죄의 책임조각사유로 된다(대판 2015.2.12, 2014도12753).
3) 수학여행을 온 대학교 3학년생 34명 중 일부만의 학생증을 제시받아 확인하여 피고인 경영의 **나이트클럽**에 단체입장을 허용하였으나, 그들 중에 섞여 있던 미성년자(19세 4개월 남짓 된 여학생) 1인을 위 업소에 출입시킨 결과가 되었다면 피고인이 단체 입장하는 위 학생들이 모두 성년자일 것으로 믿은 데에는 정당한 이유가 있고, 따라서 위와 같은 상황 아래서 피고인에게 위 학생들 중에 미성년자가 섞여 있을지도 모른다는 것을 예상하여 그들의 증명서를 일일이 확인할 것을 요구하는 것은 사회통념상 기대가능성이 없다(대판 1987.1.20, 86도874).

관련 판례 **기대가능성이 없다고 볼 수 없어 책임이 조각되지 않는 경우**

1) 교수인 피고인 갑이 출제교수들로부터 대학원신입생전형 **시험문제**를 제출받아 피고인 을, 병에게 그 시험문제를 알려주자 그들이 답안쪽지를 작성한 다음 이를 답안지에 그대로 베껴 써서 그 정을 모르는 시험감독관에게 제출한 경우, 위계로써 입시감독업무를 방해한 것이므로 업무방해죄에 해당한다(대판 1991.11.12, 91도2211).
2) 비서라는 특수신분 때문에 **주종관계**에 있는 공동피고인(상사)의 지시를 거절할 수 없어 뇌물을 공여한 것이었다 하더라도 그와 같은 사정만으로 피고인에게 뇌물공여 이외의 반대행위를 기대할 수 없는 경우였다고 볼 수는 없다(대판 1983.3.8, 82도2873).
3) 설령 대공수사단 직원은 상관의 명령에 절대 복종하여야 한다는 것이 불문율로 되어 있다 할지라도 **고문치사**와 같이 중대하고도 명백한 위법명령에 따른 행위가 정당한 행위에 해당하거나 강요된 행위로서 적법행위에 대한 기대가능성이 없는 경우에 해당하게 되는 것이라고는 볼 수 없다(대판 1988.2.23, 87도2358).
4) 직장의 상사가 범법행위를 하는데 가담한 부하에게 **직무상 지휘·복종관계**에 있다 하여 범법행위에 가담하지 않을 기대가능성이 없다고 할 수 없다(대판 1999.7.23, 99도1911).
5) 자신의 강도상해 범행을 일관되게 부인하였으나 **유죄판결이 확정된 피고인**이 별건으로 기소된 공범의 형사사건에서 자신의 범행사실을 부인하는 증언을 한 사안에서, 피고인에게 **사실대로 진술할 기대가능**

성이 있으므로 위증죄가 성립한다(대판 2008.10.23, 2005도10101).
[유사판례] **이미 유죄의 확정판결을 받은 경우**에는 헌법 제13조 제1항에 정한 일사부재리의 원칙에 의해 다시 처벌받지 아니하므로 자신에 대한 유죄판결이 확정된 증인은 공범에 대한 사건에서 증언을 거부할 수 없고, 설령 증인이 자신에 대한 형사사건에서 시종일관 범행을 부인하였더라도 그러한 사정만으로 증인이 진실대로 진술할 것을 기대할 수 있는 가능성이 없는 경우에 해당한다고 할 수 없으므로 허위의 진술에 대하여 위증죄 성립한다(대판 2011.11.24, 2011도11994).

6) 불법 건축물이라는 이유로 일반음식점 영업신고의 접수가 거부되었고 이전에 무신고 영업행위로 형사처벌까지 받았음에도 계속하여 일반음식점 영업행위를 한 피고인의 행위는 「식품위생법」상 무신고 영업행위로서 적법행위에 대한 기대가능성이 없는 경우에 해당하지 아니한다(대판 2009.4.23, 2008도6829).

7) 영업정지처분에 대한 집행정지 결정은 피고인이 제기한 영업정지처분 취소사건의 본안판결 선고시까지 그 처분의 효력을 정지한 것으로서 행정청의 처분의 위법성을 확정적으로 선언하지도 않았으므로, 위 **집행정지 신청이 잠정적으로 받아들여졌다는 사정**만으로는, 구 음반·비디오물 및 게임물에 관한 법률 위반으로 기소된 피고인에게 적법행위의 기대가능성이 없다고 볼 수는 없다(대판 2010.11.11, 2007도8645).

8) 통일원장관의 접촉 승인 없이 북한 주민과의 접촉을 한 행위에 대하여 위법하지 않다고 위 피고인이 스스로 믿었음에 정당한 이유가 있다고 볼 수 없고 이러한 피고인의 행위가 사회상규에 반하지 아니하거나 또는 적법행위에 대한 기대가능성이 없었다고 판단되지도 아니한다(대판 2003.12.26, 2001도6484).

III 강요된 행위

제12조 【강요된 행위】
저항할 수 없는 폭력이나 자기 또는 친족(↔ 타인 : ×)의 생명, 신체(↔ 명예 등 : ×)에 대한 위해를 방어할 방법이 없는 협박에 의하여 강요된 행위는 벌하지 아니한다.

1 의의

강요된 행위란 저항할 수 없는 폭력이나 생명, 신체에 위해를 가하겠다는 협박 등 다른 사람의 강요에 의하여 이루어진 행위를 말한다.

예 아들을 칼로 위협하여 아버지에게 절도를 시키는 경우

2 요건

(1) 강요된 행위에서의 저항할 수 없는 폭력이란 물리적 폭력이 아닌 심리적 폭력(의사적·강제적) 폭력을 말한다. 물리적 폭력에 의한 행위는 처음부터 형법상 행위로 볼 수 없다.

예 엄청난 체력과 힘의 소유자인 체육선생이 연약한 만 16세 여학생 甲의 손목을 잡고 휘둘러 甲의 손으로 옆에 앉아 있던 乙에게 상해를 입힌 경우 → 이는 처음부터 형법상 체육선생님의 행위일 뿐이고, 甲의 행위가 아니므로, 제12조(강요된 행위)에 의해 책임이 조각되는 것이 아님

(2) 협박이란 자기 또는 친족의 생명, 신체에 대한 위해를 달리 막을 방법이 없는 해악의 고지를 말한다. 여기서 해악의 대상은 자기 또는 친족의 생명·신체에 국한되므로 타인의 생명·신체나 생명·신체 이외의 법익에 대한 해악은 여기에 포함되지 않는다.

ㅇ 형법 제12조 소정의 저항할 수 없는 폭력은, **심리적인 의미**에 있어서 육체적으로 어떤 행위를 절대적으로 하지 아니할 수 없게 하는 경우와 **윤리적 의미**에 있어서 강압된 경우를 말하고, 협박이란 자기 또는 친족의 생명, 신체에 대한 위해를 달리 막을 방법이 없는 협박을 말하며, 강요라 함은 피강요자의 자유스런 의사결정을 하지 못하게 하면서 특정한 행위를 하게 하는 것을 말한다(대판 1983.12.13, 83도2276 ; 대판 2007.6.29, 2007도3306).
↔ 절대적·물리적인 유형력의 행사 ×(∵ 절대적 폭력에 의한 행위는 형법상 행위 ×)

3 효과

(1) 피강요자의 경우 강요된 행위에 해당하면 적법행위에 대한 기대가능성이 없으므로 책임이 조각되어 벌하지 아니한다(제12조).

(2) 강요자의 경우 강요죄와 강요한 범죄의 간접정범의 상상적 경합이 성립한다.

관련 판례 **강요된 행위 ○**

1) 기관고장과 풍랑으로 표류 중 **납북**되어 북한을 찬양·고무·동조하고 송환될 때 지령을 받고 수락한 경우 살기 위한 부득이한 행위로 기대가능성이 없다(대판 1967.10.4, 67도1115).
2) 무장공비의 말을 안 들으면 싹 밀어버린다고 위협을 하자 노동당에 가입한 후 식사를 제공하고 지서의 위치를 일러준 경우 강요된 행위에 해당한다(대판 1970.2.10, 69도1976)
3) 18세 소년이 취직할 수 있다는 감언에 속아 도일하여 조총련 간부들의 감시 내지 감금하에 강요에 못 이겨 공산주의자가 되어 북한에 갈 것을 서약한 행위는 강요된 행위라고 볼 수 밖에 없다(대판 1972.5.9, 71도1178).
4) 남편의 계속적인 구타에 못 이겨 허위내용의 고소장을 제출한 경우 강요된 행위에 해당한다(대판 1983.12.23, 83도2276)

관련 판례 **강요된 행위 ×**

1) **자의로 북한에 탈출**한 이상 그 구성원과의 회합은 예측하였던 행위이므로 강요된 행위라고 인정될 수 없다(대판 1973.1.30, 72도2585).
2) 어로저지선을 넘어 어로의 작업을 하면 북괴구 성원에게 납치될 염려가 있으며 만약 납치된다면 대한민국의 각종 정보를 북괴에게 제공하게 된다 함은 일반적으로 예견된다고 하리니 피고인이 그전에 선원으로 **월선조업**을 하다가 납북되었다가 돌아온 경험이 있는 자로서 월선하자고 상의하여 월선조업을 하다가 납치되어 북괴의 물음에 답하여 제공한 사실을 강요된 행위라 할 수 없다(대판 1971.2.23, 70도2629).
3) [KAL기 폭파사건] 형법 제12조에서 말하는 강요된 행위는 저항할 수 없는 폭력이나 생명, 신체에 위해를 가하겠다는 협박 등 다른 사람의 강요행위에 의하여 이루어진 행위를 의미하는 것이지 어떤 사람의 **성장교육과정을 통하여 형성된 내재적인 관념 내지 확신**으로 인하여 행위자 스스로의 의사결정이 사실상 강제되는 결과를 낳게 하는 경우까지 의미한다고 볼 수 없다(대판 1990.3.27, 89도1670).

Chapter 05

미수론

제1절 미수범의 일반이론

제29조 【미수범의 처벌】
미수범을 처벌할 죄는 각칙의 해당 죄에서 정한다. [시행 2021.12.9.]

I 범죄실현의 단계

Thema 정리 범죄실현의 단계

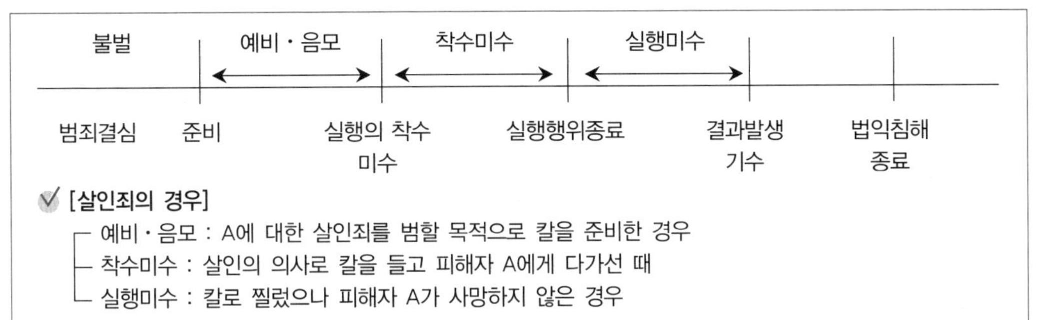

1. **범죄결심**(범행결의) : 언제나 불벌
2. **예비 · 음모** : 실행착수이전의 준비단계 → 처벌규정이 있을 때만 처벌
3. **미수** : 실행에 착수하였으나, 범죄를 완성하지 못한 경우 → 처벌규정이 있을때만 처벌
4. **기수** : 실행에 착수하여 모든 구성요건을 완전히 실현한 경우(구성요건의 형식적 실현)
   → 형법상 범죄의 기본형태로 원칙적인 처벌대상이 되는 형태
5. **종료** : 기수 이후 보호법익에 대한 침해가 실질적으로 끝난 단계
   → 대부분의 범죄는 기수가 되면 종료되나, 계속범의 경우 기수 이후에도 법익침해가 계속되는 경우가 있음
   예 감금죄의 경우 피해자를 감금하여 어느 정도 시간이 지나면 기수가 되나, 피해자를 감금하고 있는 동안 법익침해가 계속되고 풀어주어야 범죄가 종료

Thema 정리 기수와 종료의 구별

1. **구별기준** : 기수는 구성요건의 형식을 기준으로 판단하나, 종료는 행위자의 의사 또는 외부적 사정이라는 사실상의 기준으로 보호법익 침해여부를 판단
2. **구별실익**
   1) 공소시효의 기산점은 기수시가 아니라 종료시
   2) 기수 이후 종료 이전까지 공동정범과 종범의 성립이 가능 ↔ 교사범은 불가
   3) 기수 이후 종료 이전까지는 침해의 현재성이 인정되므로 정당방위가 가능

4) 기수 이후 종료 이전까지 형을 가중하는 사유가 실현된 경우 가중적 구성요건의 적용이 가능
예 감금치사 등
5) 죄수결정에 있어 종료시까지 범행이 일죄로 판단됨

II 미수범의 유형과 처벌

Thema 정리 미수범의 유형과 처벌

결과발생 가능	자의성 ×	장애미수(제25조)	임의적 감경
	자의성 ○	중지미수(제26조)	필요적 감면
결과발생 불가능	위험성 ○	불능미수(제27조)	임의적 감면
	위험성 ×	불능범	불가벌

제2절 장애미수

제25조 【미수범】
① 범죄의 실행에 착수하여 행위를 종료하지 못하였거나 결과가 발생하지 아니한 때에는 미수범으로 처벌한다.
② 미수범의 형은 기수범보다 감경할 수 있다.

I 의의

제25조의 미수범은 장애미수를 말한다. 장애미수란 행위자가 범죄의 실행에 착수하였으나 **외부적 장애**로 인하여 행위를 종료하지 못하였거나 결과가 발생하지 아니한 경우를 말한다.
행위자가 실행에 착수한 후 외부적 장애로 종료하지 못한 경우를 **착수미수**라 하고, 행위자가 실행을 종료하였으나 외부적 장애로 결과가 발생하지 않은 경우를 **실행미수**라 한다.

II 성립요건

1 주관적 요건

(1) 미수범도 기수범과 마찬가지로 주관적 구성요건요소로서 고의가 필요하다. 여기의 고의는 **기수의 고의**만을 말한다.

(2) 미수의 고의(처음부터 미수에 그치겠다는 인식과 의사)는 형법상 고의가 아니다.
예 함정수사(agent provocateur)의 경우 교사자는 처벌 ×(∵ 기수의 고의 ×)

(3) 목적, 불법영득의사와 같은 초과주관적 요소가 필요한 범죄에 있어서는 그 미수범의 성립에 있어서도 초과주관적 요소가 구비되어야 한다.

2 객관적 요건

미수범이 성립하려면 **실행의 착수**가 있고(예비 · 음모와의 구별), 범죄가 완성되지 않아야 한다(기수와의 구별). 여기서 실행의 착수란 범죄의 시작 또는 개시를 말한다. 실행의 착수시기에 대하여 판례는 보호법익에 대한 밀접한 위험이 있을 때 또는 법익침해에 밀접한 행위가 있을 때(**밀접행위설**)라고 보거나 구성요건의 실현에 이르는 현실적 위험성을 포함하는 행위를 개시한 때라고 한다.

예 절도죄의 경우 절취할 재물을 물색하는 행위를 한 때, 주거침입죄의 경우 주거침입의 고의로 문의 손잡이를 잡아당기는 행위를 한 때

- 절도죄의 실행의 착수시기는 **재물에 대한 타인의 사실상의 지배를 침해하는데 밀접한 행위가 개시된 때**라 할 것이다(대판 1986.12.23, 86도2256).
- 주거침입죄의 실행의 착수는 주거자, 관리자, 점유자 등의 의사에 반하여 주거나 관리하는 건조물 등에 들어가는 행위, 즉 구성요건의 일부를 실현하는 행위까지 요구하는 것은 아니고 범죄**구성요건의 실현에 이르는 현실적 위험성을 포함하는 행위를 개시**하는 것으로 족하다(대판 2003.10.24, 2003도4417 ; 대판 2006.9.14, 2006도2824).

Thema 정리 실행의 착수시기에 관한 학설(예 절도죄)

학설		내용
형식적 객관설	구성요건에 해당하는 정형적인 행위를 개시한 때	
	예 재물을 손으로 잡을 때	
실질적 객관설	구성요건 실행행위를 엄격하게 해석하지 않고, 실질적 관점에서 객관적 실행행위의 개시 여부를 판단하려는 견해	
	위험한 법익침해의 공식 (밀접행위설, 판례)	보호법익에 대한 직접적 위험이 있을 때, 보호법익 침해에 밀접한 행위가 있을 때
		예 금고 속의 재물을 절취하기 위해 금고를 연 때
	프랑크 공식	자연적으로 보아 구성요건적 행위와 필연적으로 결합된 거동이 있을 때
		예 금고문을 열기 위한 행위를 개시한 때
주관적 객관설, 개별적 객관설 절충설	행위자의 전체 범죄계획(주관적 기준)을 고려하여 행위가 보호법익에 대한 직접적 위험(객관적 기준)을 발생시켰다고 볼 수 있을 때	
	예 금고가 있는 방의 자물쇠를 뜯고 들어간 때	
주관설	범의(犯意)의 비약적 표동(飛躍的 表動)이 있을 때	
	예 금고를 털기 위해 건물 안으로 들어간 때	

✓ 미수의 인정범위 : 형식적 객관설은 지나치게 좁고, 주관설은 지나치게 넓음

III 처벌

장애미수의 형은 기수범보다 감경할 수 있다(임의적 감경, 제25조). 따라서 감경하지 않고 기수범의 형과 동일하게 처벌하는 것도 가능하다.

○ **형법 제25조 제2항에 따른 형의 감경은 법률상 감경**의 일종으로서 재판상 감경인 작량감경(형법 제53조)과 구별된다. 이와 같은 감경 규정들은 법문상 형을 '감경한다'라거나 형을 '감경할 수 있다'라고 표현되어 있는데, '감경한다'라고 표현된 경우를 필요적 감경, '감경할 수 있다'라고 표현된 경우를 임의적 감경이라 한다. 형법 제25조 제2항에 따른 형의 감경은 **임의적 감경**에 해당한다. 필요적 감경의 경우에는 감경사유의 존재가 인정되면 반드시 형법 제55조 제1항에 따른 법률상 감경을 하여야 함에 반해, 임의적 감경의 경우에는 감경사유의 존재가 인정되더라도 법관이 형법 제55조 제1항에 따른 법률상 감경을 할 수도 있고 하지 않을 수도 있다. 나아가 임의적 감경사유의 존재가 인정되고 법관이 그에 따라 징역형에 대해 법률상 감경을 하는 이상 형법 제55조 제1항 제3호에 따라 상한과 하한을 모두 2분의 1로 감경한다(대판 2021.1.21, 2018도5475 全合).

IV 관련 문제

1 형식범의 미수

거동범(형식범)은 구성요건에 해당하는 행위만 있으면 기수가 되므로 개념상 미수가 인정될 수 없다.

2 과실범의 미수

과실범의 미수는 인정되지 않는다. 과실범은 고의가 없고 결과발생을 요하는 형태로 규정하고 있기 때문이다. 현행 형법상 과실범의 미수를 처벌하는 규정도 없다.

3 부작위범의 미수

진정부작위범은 거동범이므로 미수가 부정된다. 다만 우리 형법은 퇴거불응죄, 집합명령위반죄의 경우 미수범처벌규정을 두고 있다.

제3절 중지미수[24)]

제26조 【중지범】
범인이 자의로 실행에 착수한 행위를 중지하거나 그 행위로 인한 결과의 발생을 방지한 때에는 형을 감경 또는 면제한다.

24) **2021년 변호사시험, 2005년 법원사무관승진시험** 甲은 직장을 쫓겨난데 앙심을 품고 이를 분풀이할 생각으로 야간에 직장사무실에 몰래 들어가 마루바닥에 석유를 뿌린 다음 가스라이터로 불을 놓아 그 불이 벽에 옮겨 붙게 하였으나 불길이 크게 치솟는 것을 보고 겁이 나자 즉시 그곳에 있던 소화기를 이용하여 진화하였다. 甲의 이와 같은 행위가 방화죄의 중지미수에 해당하는지에 관하여 논하시오.

개정법 제26조 【중지범】
범인이 실행에 착수한 행위를 자의(自意)로 중지하거나 그 행위로 인한 결과의 발생을 자의로 방지한 경우에는 형을 감경하거나 면제한다. [시행 2021.12.9.]

I 의의

중지미수(중지범)이란 행위자가 실행에 착수한 이후 장애사유가 없음에도 자의로 실행행위를 중지하거나 결과발생을 방지한 경우를 말한다.

Thema 정리 중지미수의 필요적 형벌감면의 법적 근거

형사 정책설	황금의 다리이론	형사정책적 고려를 하여 실행에 착수한 행위자가 스스로 범죄완성을 저지하도록 하는 수단
	보상설 (공적설, 은사설)	합법성의 세계로 돌아온 것에 대해 법률이 행위자에게 은혜를 베푸는 것
	형벌목적설	형벌목적(일반예방 또는 특별예방)에 비추어 처벌이 필요하지 않거나 필요성이 줄어든 경우
법정책설	구체적인 형벌필요성 관점에서 처벌을 배제하는 제도이므로 인적 처벌조각사유 내지 객관적 처벌조건의 하나로 보는 견해	
법률설	위법성 소멸·감소설	자의성이 위법성을 소멸·감소시키는 주관적 요소라는 견해
	책임의 소멸·감소설	자의성은 책임의 감소·소멸을 가져온다는 견해 ↔ 형의 면제 효과를 설명하기 어렵다는 비판
결합설	책임감소설과 형사정책설의 절충적 입장(다수설)	
	형벌목적론적 책임감소설	

II 성립요건

1 중지미수의 성립요건

(1) 중지미수 또한 미수범이므로 미수범 공통의 요건이 필요하다. ① 기수의 고의 등 주관적 구성요건을 갖추고, ② 실행의 착수와, ③ 결과가 발생하지 않은 경우(범죄의 미완성)이어야 한다.

(2) 이외에도 중지미수의 특유의 요건으로서 ① 자의성, ② 실행행위의 중지 또는 결과발생의 방지행위가 있어야 한다.

2 자의성

(1) 자의성이란 자기의 자유로운 의사에 기한 것을 말한다. 자의성이 인정되는지 여부에 따라 장애미수와 중지미수가 구별된다. 판례는 외부적 장애사유 또는 타율적 동기에 따른 중지는 자의성을

부정하여 장애미수라 하고, 자율적 동기에 의한 중지만 자의성을 인정하여 중지미수라 본다.

예 발각시 처벌에 대한 두려움이나 겁이 나서 중지한 경우 : 장애미수 ○

o 중지미수라 함은 범죄의 실행행위에 착수하고 그 범죄가 완수되기 전에 자기의 자유로운 의사에 따라 범죄의 실행행위를 중지하는 것으로서 장애미수와 대칭되는 개념이나 중지미수와 장애미수를 구분하는데 있어서는 범죄의 미수가 자의에 의한 중지이냐 또는 어떤 장애에 의한 미수이냐에 따라 가려야 하고 특히 **자의에 의한 중지중에서도 일반사회통념상 장애에 의한 미수라고 보여지는 경우를 제외**한 것을 중지미수라고 풀이함이 일반이다(대판 1985.11.12, 85도2002).

o 범죄의 실행행위에 착수하고 그 범죄가 완수되기 전에 자기의 자유로운 의사에 따라 범죄의 실행행위를 중지한 경우에 그 중지가 일반 사회통념상 범죄를 완수함에 장애가 되는 사정에 의한 것이 아니라면 이는 중지미수에 해당한다(대판 1999.4.13, 99도640).

Thema 정리 **자의성의 판단기준에 관한 학설**

학설	내용	결론
객관설	내부적 동기	중지미수
	외부적 사정	장애미수
Frank 공식	할 수 있었음에도 하지 않은 경우(**가능성**) ↔ 자의성의 개념을 지나치게 확대한다는 비판	중지미수
	하려고 하였지만 할 수 없었던 경우	장애미수
절충설 (판례)	**사회통념상 범죄수행에 장애가 될 만한 사유 없음**에도 불구하고 자기의사에 의하여 중지한 때	중지미수
	자율적 동기 → 윤리적 동기일 필요는 없다!	
	사회통념상 범죄수행에 장애가 될 만한 사유	장애미수
규범설	범행중지동기가 **형의 필요적 감면의 보상을 받을 만한 가치**가 있다고 평가되는 경우 합법성으로의 회귀 또는 법의 궤도로의 회귀	중지미수
주관설	내적 동기 중에서도 후회, 동정, 기타 윤리적 동기(윤리성) ↔ 자의성과 윤리성을 혼동하였다는 비판 ↔ 중지미수를 인정하는 범위가 너무 좁다는 비판	중지미수

(2) 행위자가 주관적으로 인식한 사정을 기초로 자의성을 판단한다. 예를 들어 경찰관이 오고 있었는데 이를 낙엽 떨어지는 소리로 알고 임의로 그만둔 경우 중지미수이나, 낙엽이 떨어지는 소리를 경찰관이 오는 것으로 잘못 알고 중지한 경우 장애미수가 된다.

3 실행행위의 중지 또는 결과발생의 방지

(1) 실행에 착수한 행위를 중지하거나 그 행위로 인한 결과의 발생을 방지하여야 한다. 즉 착수미수의 경우 그 실행행위의 중지만으로 중지미수가 성립하나(**착수중지**), 실행미수의 경우 행위를 종료하였으므로 이로 인한 결과발생의 방지가 있어야 한다(**실행중지**).

(2) 결과발생방지행위는 행위자 자신이 직접 하여야 하지만, 제3자의 도움을 받아도 상관없다. 다만 이 경우 행위자의 진지한 노력이 있어야 중지미수가 성립하고, 행위자의 진지한 노력이 없으면 장애미수가 된다.

예 살해의사로 칼로 찌른 후 병원으로 데려가 의사의 도움을 받아 살려내면 중지미수, 방화 후 이웃에 알리고 달아났는데 이웃사람이 진화한 경우 장애미수

(3) 결과의 불발생과 중지행위 사이에는 원칙적으로 인과관계가 있어야 중지미수가 인정된다. 따라서 결과발생을 방지하기 위한 진지한 노력이 있었으나 결과가 발생한 경우에는 이미 기수에 이른 것이므로 중지미수의 관념을 인정할 수 없다.

예 독약을 먹인 후 후회하여 병원으로 데려가 살리려 노력했으나 사망한 경우 살인죄의 기수

o 타인의 재물을 공유하는 자가 공유자의 승낙을 받지 않고 공유대지를 담보에 제공하고 가등기를 경료한 경우 **횡령행위**는 기수에 이르고 그 후 가등기를 말소했다고 하여 중지미수에 해당하는 것이 아니며 가등기말소 후에 다시 새로운 영득의사의 실현행위가 있을 때에는 그 두개의 횡령행위는 경합범 관계에 있다(대판 1978.11.28, 78도2175).

o 피고인이 대마 2상자를 사가지고 돌아오다 이 장사를 다시 하게 되면 내 인생을 망치게 된다는 생각이 들어 이를 불태웠다고 하더라도 이는 양형에 참작되는 사유는 될 수 있을지언정 이미 성립한 죄에는 아무 소장이 없어 이를 중지미수에 해당된다 할 수 없다(대판 1983.12.27, 83도2629).
→ 대마매매죄의 기수 ○

Ⅲ 처벌

중지미수범의 형은 기수범보다 형을 감경 또는 면제한다(필요적 감면, 제26조). 착수중지와 실행중지의 형은 구별 없이 동일하다.

Ⅳ 관련 문제

1 공범과 중지미수

(1) 공범의 경우 중지미수는 자신의 중지만으로는 성립할 수 없고 다른 가담자의 범행까지도 중지시켜야 중지미수가 성립한다. 예를 들어 정범이 자의로 실행을 중지하거나 결과발생을 방지한 경우 정범만 중지미수가 되고, 교사범과 종범은 장애미수가 된다.

(2) 공동정범에서 중지미수가 성립하기 위해서는 그중 일부의 자가 다른 공동정범 전원의 실행을 중지시키거나 모든 결과의 발생을 방지하여야 한다. 따라서 일반 사회통념상 범죄를 완수함에 장애가 되는 사정이 없음에도 공모자 중의 1인이 자의로 범죄의 실행행위를 중지한 경우라도, 그 후 다른 공모자의 실행으로 인해 범죄의 결과가 발생하면 중지미수가 성립하지 않는다.

ㅇ 다른 공범자의 범행을 중지케 한 바 없으면 범의를 철회하여도 중지미수가 될 수 없다(대판 1969.2.25, 68도1676).

[동지판례] 다른 공범의 범행을 중지하게 하지 아니한 이상 자기만의 범의를 철회, 포기하여도 중지미수로는 인정될 수 없다(대판 2005.2.25, 2004도8259).

[사실관계] 甲은 乙과 합동하여 피해자를 텐트 안으로 끌고 간 후 甲, 乙 순으로 성관계를 하기로 하고 乙은 위 텐트 밖으로 나와 주변에서 망을 보고 甲은 피해자의 옷을 모두 벗기고 피해자의 반항을 억압한 후 피해자를 1회 간음하여 **강간**하고, 이어 乙이 위 텐트 안으로 들어가 피해자를 강간하려 하였으나 피해자가 반항을 하며 강간을 하지 말아 달라고 사정을 하여 강간을 하지 않았다 하더라도 甲이 乙과의 공모하에 강간행위에 나아간 이상 비록 乙이 강간행위에 나아가지 않았다 하더라도 乙에 대하여는 중지미수가 인정되지 아니한다.

(3) 이 경우 자의에 의한 중지자만 중지미수가 되고, 다른 가담자는 장애미수에 해당한다.

2 예비와 중지

(1) 예비의 중지란 이미 예비행위를 시작한 자가 예비행위를 자의로 중지하거나 실행의 착수를 포기하는 것을 말한다.

(2) 예비의 중지에 중지미수의 규정을 준용하지 않은 경우에는 예비행위 이후에 자의로 중지한 경우에는 처벌되지만, 실행착수 이후에 중지한 경우에는 불처벌까지 될 수 있어 처벌상의 불합리가 나타날 수도 있다. 따라서 이 경우에는 예비죄에 중지미수의 규정을 준용하자는 견해가 다수설이나, 판례는 예비의 중지를 부정하고 있다.

ㅇ 중지범은 범죄의 실행에 착수한 후 자의로 그 행위를 중지한 때를 말하는 것이고, 실행의 착수가 있기 전인 예비음모의 행위를 처벌하는 경우에 있어서는 중지범의 관념은 이를 인정할 수 없다(대판 1991.6.25, 91도436).

3 불능미수의 중지미수

결과발생이 불가능한 경우임에도 행위자가 이를 모르고 결과발생방지를 위한 진지한 노력을 한 경우에도 처벌의 불균형을 해결하기 위하여 중지미수의 성립을 인정하자는 견해가 다수설이다.

V 판례 정리

관련 판례 자의성 ○, 중지미수의 성립을 긍정한 경우

1) **[친해지면 응해주겠다사건]** 강간피해자가 다음에 만나 친해지면 자진해서 응해주겠다고 한 말에 실행행위로 나아가지 아니한 경우(대판 1993.10.12, 93도1851)

[판결이유] 피고인이 피해자를 강간하려다가 피해자의 다음 번에 만나 친해지면 응해 주겠다는 취지의 간곡한 부탁으로 인하여 그 목적을 이루지 못한 후 피해자를 자신의 차에 태워 집에까지 데려다 주었다면

피고인은 자의로 피해자에 대한 강간행위를 중지한 것이고 피해자의 다음에 만나 친해지면 응해 주겠다는 취지의 간곡한 부탁은 사회통념상 범죄실행에 대한 장애라고 여겨지지는 아니하므로 피고인의 행위는 중지미수에 해당한다.

2) **[천광상회 사건**(공범체포사건)**]** 망을 보던 절도범이 자신의 범행전력 등을 생각하여 가책을 느낀 나머지 피해자에게 공범의 침입사실을 알리고 함께 공범을 체포한 경우(대판 1986.3.11, 85도2831).
[사실관계] 피고인은 원심 상피고인과 함께 대전역 부근에 있는 공소외 정영석이 경영하는 천광상회 사무실의 금품을 절취하기로 공모하여 피고인은 그 부근 포장마차에 있고 원심 상피고인은 위 천광상회의 열려진 출입문을 통하여 안으로 들어가 물건을 물색하고 있는 동안 피고인은 자신의 범행전력 등을 생각하여 가책을 느낀 나머지 스스로 결의를 바꾸어 위 정영석에게 원심 상피고인의 침입사실을 알려 그와 함께 원심 상피고인을 체포하여서 그 범행을 중지하여 결과발생을 방지하였다는 것이므로 피고인의 소위는 중지미수의 요건을 갖추었다고 할 것이다.

Part 02

관련 판례 **자의성 ×, 중지미수의 성립을 부정한 경우**(장애미수 ○)

1) 기밀탐지임무를 부여받고 대한민국에 입국 기밀을 탐지 수집 중 **경찰관이 피고인의 행적을 탐문하고 갔다**는 말을 전해 듣고 지령사항수행을 보류하고 있던 중 체포되었다면 피고인은 기밀탐지의 기회를 노리다가 검거된 것이므로 이를 중지범으로 볼 수는 없다(대판 1984.9.11, 84도1381).

2) 범행 당일 미리 제보를 받은 세관직원들이 범행장소 주변에 잠복근무를 하고 있어 그들이 왔다 갔다 하는 것을 본 피고인이 **범행의 발각을 두려워**한 나머지 자신이 분담하기로 한 실행행위에 이르지 못한 경우, 이는 피고인의 자의에 의한 범행의 중지가 아니어서 제26조 소정의 중지범에 해당한다고 볼 수 없다(대판 1986.1.21, 85도2339).

3) 피고인 갑, 을, 병이 강도행위를 하던 중 피고인 갑, 을은 피해자를 강간하려고 작은 방으로 끌고가 팬티를 강제로 벗기고 음부를 만지던 중 피해자가 **수술한 지 얼마 안되어 배가 아프다**면서 애원하는 바람에 그 뜻을 이루지 못하였다면, 강도행위의 계속 중 이미 공포상태에 빠진 피해자를 강간하려고 한 이상 강간의 실행에 착수한 것이고, 피고인들이 간음행위를 중단한 것은 피해자를 불쌍히 여겨서가 아니라 피해자의 신체조건상 강간을 하기에 지장이 있다고 본 데에 기인한 것이므로, 이는 일반의 경험상 강간행위를 수행함에 장애가 되는 외부적 사정에 의하여 범행을 중지한 것에 지나지 않는 것으로서 중지범의 요건인 자의성을 결여하였다(대판 1992.7.28, 92도917).

4) 강도가 강간하려고 하였으나 잠자던 피해자의 어린 딸이 잠에서 깨어 우는 바람에 도주하였고, 또 피해자가 시장에 간 남편이 곧 돌아온다고 하면서 **임신 중**이라고 말하자 도주한 경우에는 자의로 강간행위를 중지하였다고 볼 수 없다(대판 1993.4.13, 93도347).

5) 피고인이 피해자를 살해하려고 그의 목 부위와 왼쪽 가슴 부위를 칼로 수 회 찔렀으나 피해자의 가슴 부위에서 **많은 피가 흘러나오는 것을 발견하고 겁을 먹고** 그만 두는 바람에 미수에 그친 것이라면, 위와 같은 경우 많은 피가 흘러나오는 것에 놀라거나 두려움을 느끼는 것은 일반 사회통념상 범죄를 완수함에 장애가 되는 사정에 해당한다고 보아야 할 것이므로, 이를 자의에 의한 중지미수라고 볼 수 없다(대판 1999.4.13, 99도640).

6) 피고인이 장롱 안에 있는 옷가지에 불을 놓아 건물을 소훼하려 하였으나 **불길이 치솟는 것을 보고 겁이 나서** 물을 부어 불을 끈 것이라면, 위와 같은 경우 치솟는 불길에 놀라거나 자신의 신체안전에 대한 위해

또는 범행 발각시의 처벌 등에 두려움을 느끼는 것은 일반 사회통념상 범죄를 완수함에 장애가 되는 사정에 해당한다고 보아야 할 것이므로, 이를 자의에 의한 중지미수라고는 볼 수 없다(대판 1997.6.13, 97도957).

7) 피고인이 乙을 살해하려고 그의 복부를 주방용 가위로 힘껏 찔렀으나 乙이 입에서 피를 흘리는 것을 보고 놀란 나머지 범행현장에서 자고 있던 丙을 깨워 丙으로 하여금 119에 신고하여 乙을 병원에 후송하게 하고 피고인은 체포될 것이 두려워서 도망을 친 경우 이를 살인죄의 중지미수라고 볼 수 없다(대판 2010.10.28, 2010도10972).

8) 피고인이 갑에게 위조한 예금통장 사본 등을 보여주면서 외국회사에서 투자금을 받았다고 거짓말하며 자금 대여를 요청하였으나, 갑과 함께 그 입금 여부를 확인하기 위해 은행에 가던 중 은행 입구에서 차용을 포기하고 돌아가 사기미수로 기소된 사안에서, 피고인이 **범행이 발각될 것이 두려워** 범행을 중지한 것으로서 일반 사회통념상 범죄를 완수함에 장애가 되는 사정에 해당하여 자의에 의한 중지미수로 볼 수 없다고 한 사례(대판 2011.11.10, 2011도10539).

제4절 불능미수

제27조 【불능범】
실행의 수단 또는 대상의 착오(↔ 주체의 착오)로 인하여 결과의 발생이 불가능하더라도 위험성이 있는 때에는 처벌한다. 단, 형을 감경 또는 면제할 수 있다.

I 의의

1 개념

(1) 불능미수란 행위자가 범죄의사를 가지고 범죄의 실행에 착수하였으나 행위의 수단이나 대상에 대한 착오를 인하여 처음부터 결과발생이 불가능한 경우로서, 다만 위험성은 인정되어 미수범으로 처벌되는 경우를 의미한다.

(2) 조문표제에는 불능범이라 되어 있지만, 위험성이 없어 처벌하지 않는 **불능범**(예 설탕으로 사람을 죽이려 한 경우)과 구별하여 가벌적 **불능미수**(예 치사량미달의 독약으로 사람을 죽이려 한 경우)를 의미한다고 본다.

(3) 불능미수는 **반전된 사실의 착오**(적극적 착오)에 해당한다. 형법상 착오가 행위자에게 불리하게 작용하는 유일한 경우이다. 이에 비하여 반전된 법률의 착오(환각범)는 처벌규정이 없으므로 불가벌이다.

2 구별개념

(1) 불능미수는 행위자가 실제로 존재하지 않는 사실을 존재한다고 오인하였다는 측면에서 존재하는 사실을 인식하지 못한 사실의 착오와 다르다.

(2) 장애미수 또는 중지미수는 범죄의 실행에 착수할 당시 실행행위를 놓고 판단하였을 때 행위자가 의도한 범죄의 기수가 성립할 가능성이 있었으므로 처음부터 기수가 될 가능성이 객관적으로 배제되는 불능미수와 구별된다.

> ㅇ **[준강간죄의 불능미수사건**(만취했다고 오인한 사건)**]** [25] 1) 형법 제27조에서 규정하고 있는 불능미수는 행위자에게 범죄의사가 있고 실행의 착수라고 볼 수 있는 행위가 있지만 실행의 수단이나 대상의 착오로 처음부터 구성요건이 충족될 가능성이 없는 경우이다. 다만 결과적으로 구성요건의 충족은 불가능하지만, 그 행위의 위험성이 있으면 불능미수로 처벌한다. 불능미수는 행위자가 실제로 존재하지 않는 사실을 존재한다고 오인하였다는 측면에서 존재하는 사실을 인식하지 못한 사실의 착오와 다르다. 2) 형법은 제25조 제1항에서 "범죄의 실행에 착수하여 행위를 종료하지 못하였거나 결과가 발생하지 아니한 때에는 미수범으로 처벌한다."라고 하여 장애미수를 규정하고, 제26조에서 "범인이 자의로 실행에 착수한 행위를 중지하거나 그 행위로 인한 결과의 발생을 방지한 때에는 형을 감경 또는 면제한다."라고 하여 중지미수를 규정하고 있다. 장애미수 또는 중지미수는 범죄의 실행에 착수할 당시 실행행위를 놓고 판단하였을 때 행위자가 의도한 범죄의 기수가 성립할 가능성이 있었으므로 처음부터 기수가 될 가능성이 객관적으로 배제되는 불능미수와 구별된다. 3) 형법 제27조에서 정한 '실행의 수단 또는 대상의 착오'는 행위자가 시도한 행위방법 또는 행위객체로는 결과의 발생이 처음부터 불가능하다는 것을 의미한다. 4) **'결과 발생의 불가능'**은 실행의 수단 또는 대상의 원시적 불가능성으로 인하여 범죄가 기수에 이를 수 없는 것을 의미한다고 보아야 한다. 5) 불능범과 구별되는 불능미수의 성립요건인 **'위험성'**은 피고인이 행위 당시에 인식한 사정을 놓고 일반인이 객관적으로 판단하여 결과 발생의 가능성이 있는지 여부를 따져야 한다(대판 2019.3.28, 2018도16002 전합).
>
> **[사실관계]** 피고인이 피해자가 심신상실 또는 항거불능의 상태에 있다고 인식(만취했다고 오인)하고 그러한 상태를 이용하여 간음할 의사로 피해자를 간음하였으나 피해자가 실제로는 심신상실 또는 항거불능의 상태에 있지 않은 경우, 준강간죄의 불능미수가 성립한다고 한 사례

Ⅱ 성립요건

1 불능미수의 성립요건

(1) 불능미수 또한 미수범이므로 미수범 공통의 요건이 필요하다. ① 기수의 고의 등 주관적 구성요건을 갖추고, ② 실행의 착수가 있어야 한다. 이외에도 불능미수 특유의 요건으로서 ① 결과의 발생이 불가능할 것과 ② 위험성이 있을 것을 요한다.

(2) 처음부터 결과발생이 불가능함을 인식하고 실행에 착수하였다면 기수의 고의가 인정되지 않으므로 위험성이 인정된다고 하더라도 불능미수가 성립할 수 없다.

---

25) 2020년 법원행정고등고시, 2022년 변호사시험(15점) 丙은 자신의 집에서 C와 함께 술을 마시던 중, 술에 취해 누워 있는 C의 하의를 벗긴 후 C를 1회 간음하였다. 당시 丙은 C가 만취하여 심신상실 상태에 있다고 생각하고 이를 이용한 것이었는데, 실제로 C는 반항이 불가능할 정도로 술에 취하지는 않았다. 丙의 죄책은?

2 결과발생의 불가능

(1) 수단 또는 대상의 착오로 말미암아 결과의 발생이 불가능하여야 한다. 즉 '결과 발생의 불가능'은 실행의 수단 또는 대상의 원시적 불가능성으로 인하여 범죄가 기수에 이를 수 없는 것을 의미한다. 주체의 착오가 있는 경우에는 처벌하지 않는다. 즉 신분 없는 행위자가 스스로 신분 있는 것으로 오신하고 진정신분범을 범한 경우라도 불능미수가 성립하지 않는다.

예 공무원 아닌 자가 수뢰죄를 저지른 경우 무죄(불능범)

(2) 수단의 착오로는 치사량미달의 독약으로 살해하려는 경우, 설탕을 독약으로 오인하거나 설탕으로도 사람을 죽일 수 있다고 생각하고 먹인 경우 등을 들 수 있다.

(3) 대상의 착오로는 시체를 살아있는 사람으로 오인하고 총을 발사한 경우 등을 들 수 있다.

3 위험성

(1) 위험성이란 결과발생의 가능성이 있다고 평가되는 것을 의미한다. 위험성이 있는지에 따라 불가벌적 불능범과 가벌적 불능미수로 구별된다.

(2) 판례는 위험성의 판단과 관련하여 ① 객관적으로 결과발생의 위험성이 있는 경우라고 하거나(구객관설), ② 피고인이 행위 당시에 인식한 사정을 놓고 객관적으로 일반인의 판단으로 보아 결과발생의 가능성이 있느냐를 판단하기도 한다(추상적 위험설).

o 불능범은 범죄행위의 성질상 **결과발생 또는 법익침해의 가능성**이 절대로 있을 수 없는 경우를 말한다(대판 2007.7.26, 2007도3687).

o 불능범의 판단 기준으로서 위험성 판단은 **피고인이 행위 당시에 인식한 사정**을 놓고 이것이 **객관적으로 일반인의 판단**으로 보아 결과 발생의 가능성이 있느냐를 따져야 한다(대판 2005.12.8, 2005도8105).

Thema 정리 위험성의 판단에 관한 학설

구객관설	일체의 구체적 사정을 고려하지 않고 불능을 결과발생이 절대적으로 불가능한 **절대적 불능**(불가벌)과 구체적 경우에만 불가능한 **상대적 불능**(불능미수)으로 구별하는 견해	불능범	• 사망한지 얼마되지 않은 사람을 살아있는 사람으로 오인하고 살해행위를 한 경우(= 시체에 대한 살인행위) • 독살의 의사로 소화제, 설탕을 먹인 경우
		불능미수	• 방탄복을 입은 자에 대해 발포한 경우 • 치사량 미달의 독약을 먹인 경우
구체적 위험설	• **행위자**의 인식과 **일반인**의 인식을 기초로 하여 경험칙(**일반인**의 판단)에 따라 위험성 유무를 판단 • 행위 후 판명된 사정은 고려치 않는 점에서 주관설과 같으나	불능범	• **설탕을 독약으로 오인**하여 타인에게 복용시킨 경우(**일반인은 설탕으로 알고 있는 경우**) • **사체안치소의 시체를 산 자로 알고** 살해한 경우(일반인이 시체임을 알 수 있는 경우) • **일반인이 쉽게 사정거리 밖에 있음을 알 수 있는 자**에게 총을 쏜 경우

	일반인의 인식까지 합하여 판단하는 점은 다름 • 비판 : **행위자와 일반인의 인식이 불일치한 경우** 어느 사정을 기초로 판단할 것인가가 불분명 → **일반인이 인식할 수 있었던 사정**을 기초로 함(구체적 위험설을 취하는 학자들의 반론)		• 일반인이 **마네킹**임을 알 수 있는 경우의 이에 대한 상해행위
		불능미수	• 장전되어 있다고 믿고 탄환 없는 총의 방아쇠를 당긴 경우 • 치사량에 해당한다고 생각하고 살해하려 하였으나 **치사량 미달의 독약**이었던 경우 → 어느 학설에 의하여도 위험성 긍정, 불능미수 성립
추상적 위험설	행위시에 **행위자**가 인식한 사실을 기초로 하여, 만약 행위자가 생각한 대로의 사정이 존재하였다면 **일반인**의 판단에서 추상적으로 결과발생의 위험성이 있다고 인정될 때 불능미수가 된다는 견해 → 미신범은 그러한 위험성이 없어 불능범이라고 봄	불능범	• **설탕이나 유황, 사카린도 사람을 죽일수 있다고 믿고 이를 먹인 경우** → 주관설 외엔 모두 위험성 ×, 불능범
		불능미수	• **설탕, 유황을 독약으로 오인하고 이를 먹여 사람을 살해하여 한 경우(행위자는 독약으로 인식한 경우)** → 구객관설 외엔 모두 위험성 ○, 불능미수 성립 • 사체안치소의 **시체**를 산 자로 알고 살해한 경우(산 자로 알고 사자에 대한 살인행위를 한 경우) • 사정거리 내에 있어 죽일 수 있다고 생각하고 총을 쏜 경우
주관설	주관적으로 **범의**가 확실하게 **표현**된 이상 객관적으로 절대적 불능한 행위라도 미수로 보며, 불능범의 개념을 부정하고 미신범 이외에는 불능범이 없다고 함	추상적 위험설에서 든 불능의 예는 모두 미수로 된다. 다만 **미신범의 경우**는 위험성이 없으므로 불능범이라고 봄 ↔ 이외의 학설에 의하면 위험성 ×	
법률적 불능 · 사실적 불능설		법률적 불능은 불능범, 사실적 불능은 불능미수	
인상설		법동요적 인상을 준 경우에는 불능미수	

✓ 객관설에 의하면 주관설보다 불능미수범 인정범위가 좁다.

Ⅲ 처벌

불능미수범은 형을 감경 또는 면제할 수 있다(임의적 감면, 제27조).

Ⅳ 판례 정리

관련 판례 **위험성 ○, 불능미수의 성립을 인정한 경우**

1) 피고인이 요구르트 한병마다 섞은 농약 1.6씨씨가 그 **치사량에 약간 미달**한다 하더라도 이를 마시는 경우 사망의 결과발생 가능성을 배제할 수는 없다(대판 1984.2.28, 83도3331).

2) **[히로뽕제조미수 사건]** 향정신성의약품인 메스암페타민 속칭 "히로뽕" 제조를 위해 그 원료인 염산에페트린 및 수종의 약품을 교반하여 "히로뽕" 제조를 시도하였으나 그 **약품배합미숙**으로 그 완제품을 제조하지 못하였다면 위 소위는 그 성질상 결과발생의 위험성이 있다고 할 것이므로 이를 습관성의약품제조미수범으로 처단한 것은 정당하다(대판 1985.3.26, 85도206).

3) 소매치기가 피해자의 주머니에 손을 넣어 금품을 절취하려 한 경우 비록 그 **주머니속에 금품이 들어있지 않았었다** 하더라도 위 소위는 절도라는 결과 발생의 위험성을 충분히 내포하고 있으므로 이는 절도미수에 해당한다(대판 1986.11.25, 86도2090).

4) 일정량 이상을 먹으면 사람이 죽을 수도 있는 **'초우뿌리'나 '부자'달인 물**을 마시게 하여 피해자를 살해하려다 미수에 그친 행위는 불능범이 아닌 살인미수죄에 해당한다(대판 2007.7.26, 2007도3687).

관련 판례 **위험성 ×, 불가벌적 불능범이라 본 경우** "소사임빙"

1) **[소송비용편취사건]** 소송비용을 편취할 의사로 소송비용의 지급을 구하는 손해배상청구의 소를 제기한 경우, **사기죄의 불능범**에 해당한다(대판 2005.12.8, 2005도8105).
[판결이유] 민사소송법상 소송비용의 청구는 소송비용액 확정절차에 의하도록 규정하고 있으므로, 위 절차에 의하지 아니하고 손해배상금 청구의 소 등으로 소송비용의 지급을 구하는 것은 소의 이익이 없는 부적법한 소로서 허용될 수 없다고 할 것이다. 따라서 소송비용을 편취할 의사로 소송비용의 지급을 구하는 손해배상청구의 소를 제기하였다고 하더라도 이는 **객관적으로 소송비용의 청구방법에 관한 법률적 지식을 가진 일반인의 판단으로 보아** 결과 발생의 가능성이 없어 위험성이 인정되지 않는다(대판 2005.12.8, 2005도8105).

2) **[사망한 자 상대 제소사건]**[26] 사망한 자를 상대로 허위내용의 소장과 위조된 부동산매매계약서를 제출한 경우 판결은 그 내용에 따른 효력이 생기지 아니하여 상속인에게 그 효력을 미치지 아니하므로 **사기죄**를 구성할 수 없다(대판 1997.7.8, 97도632). → 사기죄의 불능범이라는 취지
[동지판례] 임야를 편취하기 위하여 사망한 자를 상대로 소송을 제기한 경우 이와 같은 사망한 자에 대한 판결은 그 내용에 따른 효력이 생기지 아니하여 상속인에게 그 효력이 미치지 아니하고 따라서 **사기죄**를 구성한다고 할 수 없다(대판 2002.1.11, 2000도1881).

3) **[임차인명의변경 배당요구사건]** 임차인이 임차건물에 거주하기는 하였으나 그의 처만이 전입신고를 마친 후에 경매절차에서 배당을 받기 위하여 임대차계약서상의 임차인 명의를 처로 변경하여 경매법원에 배당요구를 한 경우, 임차인 명의를 처의 명의로 변경하지 아니하였다 하더라도 소액임대차보증금에 대한 우선변제권 행사로서 배당금을 수령할 권리가 있다 할 것이어서, 재물의 편취라는 결과의 발생은 불가능하다 할 것이고, 이러한 임차인의 행위를 객관적으로 결과발생의 가능성이 있는 행위라고 볼 수도 없다(대판 2002.2.8, 2001도6669). → 사기죄의 불능범이라는 취지

4) **[빙초산 히로뽕제조사건]** 에페트린과 빙초산을 혼합하여 80~90도로 가열하여 메스암페타민(속칭 히로뽕)을 제조하려 한 경우(대판 1978.3.28, 77도4049)

---

26) 2017년 법원사무관승진시험(30점) 甲은 자신이 관리하고 있는 A토지가 亡, 乙 및 亡, 丙의 공유하던 토지로서 위 공유자들이 모두 사망한 이후 상속인들이 A토지에 관심을 가지고 있지 않음을 기화로, 亡, 乙 및 亡, 丙을 상대로 피고들이 생존하고 있는 것처럼 그들의 주소를 허위로 기재하여 소유권이전등기청구의 소를 제기하여 승소판결을 받아 확정되자, A토지에 관하여 소유권이전등기를 마쳤다. 이 경우 甲이 소송사기죄의 죄책을 지는지 여부에 관하여 설명하시오.

[판결이유] 불능범의 판단기준으로서 위험성 판단은 피고인이 행위 당시에 인식한 사정을 놓고 이것이 객관적으로 일반인의 판단으로 보아 결과발생의 가능성이 있느냐를 따져야 하므로 히로뽕제조를 위하여 에페트린에 빙초산을 혼합한 행위가 불능범이 아니라고 인정하려면 위와 같은 사정을 놓고 **객관적으로 제약방법을 아는 과학적 일반인의 판단**으로 보아 결과발생의 가능성이 있어야 한다.
→ 불능범이라는 취지

제5절 예비 · 음모

제28조 【음모, 예비】
범죄의 음모 또는 예비행위가 실행의 착수에 이르지 아니한 때에는 법률에 특별한 규정이 없는 한 벌하지 아니한다.

I 의의

1 개념

예비란 특정범죄의 실현을 위한 외부적 준비행위를 말하고, 음모란 2인 이상의 자 사이에 성립한 범죄실행의 합의(심리적 준비행위)를 말한다. 예비 · 음모는 실행의 착수 이전의 행위이다.

2 예비와 음모의 구별

판례는 음모가 예비에 선행하는 단계라고 보고 있다. 이에 비하여 다수설은 음모는 심리적 준비행위이고, 예비는 그 이외의 준비행위일 뿐 양자 간에 시간적 선후관계는 없다고 본다.

ㅇ [이른바 밀항음모사건] 일본으로 밀항하고자 공소외인에게 도항비로 일화 100만엔을 주기로 약속한 바 있었으나 그 후 이 밀항을 포기하였다면 이는 밀항의 음모에 지나지 않는 것으로 밀항의 예비정도에는 이르지 아니한 것이다(대판 1986.6.24, 86도437).
→ 밀항단속법은 음모는 처벌하지 않고 예비만 처벌, 그러나 형법은 음모 · 예비의 구별 없이 처벌

3 예비죄의 법적 성격

(1) 예비죄의 실행행위는 무정형 무한정하므로 죄형법정주의 원칙상 형법 각칙상 예비죄 규정은 기본범죄와는 별개의 독립된 구성요건(독립범죄설)이라고 볼 수 없고, 기본범죄의 전단계의 행위, 즉 발현행위를 처벌하는 것에 불과하다는 것이 판례의 입장이다(발현형태설).

(2) 예비죄를 독립범죄가 아니라 기본범죄의 수정된 구성요건이고 발현형태에 불과하다고 보더라도 형법은 예비죄를 범죄의 구성요건으로 규정하고 있으므로 예비죄 자체의 실행행위성을 인정할 수는 있다.

o 범죄의 구성요건 개념상 **예비죄의 실행행위**는 무정형 무한정한 행위이고 종범의 행위도 무정형 무한정한 것이고 형법 제28조에 의하면 범죄의 음모 또는 예비행위가 실행의 착수에 이르지 아니한 때에는 법률에 특별한 규정이 없는 한 벌하지 아니한다고 규정하여 예비죄의 처벌이 가져올 범죄의 구성요건을 부당하게 유추 내지 확장해석하는 것을 금지하고 있기 때문에 형법각칙의 예비죄를 처단하는 규정을 바로 **독립된 구성요건** 개념에 포함시킬 수는 없다고 하는 것이 죄형법정주의의 원칙에도 합당하는 해석이라 할 것이기 때문이다. 따라서 형법전체의 정신에 비추어 예비의 단계에 있어서는 그 종범의 성립을 부정하고 있다고 보는 것이 타당한 해석이라고 할 것이다(대판 1976.5.25, 75도1549).

II 성립요건

1 예비죄의 성립요건

예비죄가 성립하기 위해서는 주관적 요건으로서 ① 예비행위 자체에 대한 고의(예비의 고의)가 있어야 하고, ② 기본범죄를 범할 목적이 있어야 하며, 객관적 요건으로서는 ③ 기본범죄의 실현을 위한 준비행위가 있어야 한다.

따라서 과실에 의한 예비죄, 과실범의 예비죄는 성립할 수 없다.

o [살인예비사건] 형법 제255조, 제250조의 살인예비죄가 성립하기 위하여는 형법 제255조에서 명문으로 요구하는 살인죄를 범할 목적 외에도 살인의 준비에 관한 고의가 있어야 하며, 나아가 실행의 착수까지에는 이르지 아니하는 **살인죄의 실현을 위한 준비행위**가 있어야 한다(대판 2009.10.29, 2009도7150).

[사실관계] 갑이 을을 살해하기 위하여 병, 정 등을 고용하면서 그들에게 대가의 지급을 약속한 경우, 갑에게는 살인죄를 범할 목적 및 살인의 준비에 관한 고의뿐만 아니라 살인죄의 실현을 위한 준비행위를 하였음을 인정할 수 있다는 이유로 살인예비죄의 성립을 인정한 사례

o [준강도예비사건] 강도예비·음모죄가 성립하기 위해서는 예비·음모 행위자에게 미필적으로라도 **'강도'를 할 목적**이 있음이 인정되어야 하고 그에 이르지 않고 단순히 '준강도'할 목적이 있음에 그치는 경우에는 강도예비·음모죄로 처벌할 수 없다(대판 2006.9.14, 2004도6432).

[사실관계] 피고인이 휴대 중이던 등산용 칼을 뜻하지 않게 절도 범행이 발각되었을 경우 체포를 면탈하는데 도움이 될 수 있을 것이라는 정도의 생각에서 더 나아가, 타인으로부터 물건을 강취하는 데 사용하겠다는 생각으로 준비하였다고 단정하기는 어렵고, 이와 같이 피고인에게 준강도할 목적이 인정되는 정도에 그치는 이상 피고인에게 강도할 목적이 있었다고 볼 수 없으므로 강도예비죄의 죄책을 인정할 수는 없다.

[판결이유] 준강도죄에 관한 형법 제335조는 "절도가 재물의 탈환을 항거하거나 체포를 면탈하거나 죄적을 인멸할 목적으로 폭행 또는 협박을 가한 때에는 전2조의 예에 의한다."라고 규정하고 있을 뿐 준강도를 항상 강도와 같이 취급할 것을 명시하고 있는 것은 아니고, …… 형법은 흉기를 휴대한 절도를 특수절도라는 가중적 구성요건(형법 제331조 제2항)으로 처벌하면서도 그 예비행위에 대한 처벌조항은 마련하지 않고 있는데, 만약 준강도를 할 목적을 가진 경우까지 강도예비로 처벌할 수 있다고 본다면 흉기를 휴대한 특수절도를 준비하는 행위는 거의 모두가 강도예비로 처벌받을 수밖에 없게 되어 형법이 흉기를 휴대한 특수절도의 예비행위에 대한 처벌조항을 두지 않은 것과 배치되는 결과를 초래하게 된다.

ㅇ 종범은 정범의 **실행행위 중**에 이를 방조하는 경우는 물론이고 **실행의 착수 전**에 장래의 실행행위를 예상하고 이를 용이하게 하는 행위를 하여 방조한 경우에도 정범이 그 실행행위에 나아갔다면 성립한다(대판 1996.9.6, 95도2551 ; 대판 1997.4.17, 96도3377 全合).

[사실관계] 甲은 여당의 유력 정치가인 乙이 기업인들로부터 뇌물을 수수하기 전에 乙과 기업인들의 면담을 주선하였고, 그 후 乙이 기업인들로부터 뇌물을 받았다면 甲은 수뢰죄의 종범에 해당한다.

2 음모죄의 성립요건

형법상 음모죄가 성립하는 경우의 음모란 2인 이상의 자 사이에 성립한 범죄실행의 합의를 말하는 것으로, 범죄실행의 합의가 있다고 하기 위하여는 단순히 범죄결심을 외부에 표시·전달하는 것만으로는 부족하고, 객관적으로 보아 특정한 범죄의 실행을 위한 준비행위라는 것이 명백히 인식되고, 그 합의에 실질적인 위험성이 인정될 때에 비로소 음모죄가 성립한다(대판 1999.11.12, 99도3801).

ㅇ 수회에 걸쳐 **'총을 훔쳐 전역 후 은행이나 현금수송차량을 털어 한탕 하자'**는 말을 나눈 정도만으로는 강도음모를 인정하기에 부족하다(대판 1999.11.12, 99도3801).

ㅇ [내란음모에 관한 사건] 내란음모죄에 해당하는 합의가 있다고 하기 위해서는 단순히 내란에 관한 범죄결심을 외부에 표시·전달하는 것만으로는 부족하고 객관적으로 내란범죄의 실행을 위한 합의라는 것이 명백히 인정되고, 그러한 합의에 실질적인 위험성이 인정되어야 한다(대판 2015.1.22, 2014도10978 全合).

[판결이유] 음모는 실행의 착수 이전에 2인 이상의 자 사이에 성립한 범죄실행의 합의로서, 합의 자체는 행위로 표출되지 않은 합의 당사자들 사이의 의사표시에 불과한 만큼 실행행위로서의 정형이 없고, 따라서 합의의 모습 및 구체성의 정도도 매우 다양하게 나타날 수밖에 없다. 그런데 어떤 범죄를 실행하기로 막연하게 합의한 경우나 특정한 범죄와 관련하여 단순히 의견을 교환한 경우까지 모두 범죄실행의 합의가 있는 것으로 보아 음모죄가 성립한다고 한다면 음모죄의 성립범위가 과도하게 확대되어 국민의 기본권인 사상과 표현의 자유가 위축되거나 그 본질이 침해되는 등 죄형법정주의 원칙이 형해화될 우려가 있으므로, 음모죄의 성립범위도 이러한 확대해석의 위험성을 고려하여 엄격하게 제한하여야 한다.

III 처벌

예비·음모는 원칙적으로 처벌되지 않고, 예외적으로 법률에 특별한 규정이 있는 경우에만 처벌된다(제28조). 또한 죄형법정주의 원칙상 예비죄를 처벌하기 위해서는 당해 법률규정에서 예비·음모의 구체적인 형벌의 종류와 양을 정해 두어야 하므로, 형에 관하여 규정함이 없이 "예비·음모는 이를 처벌한다."라는 규정형식은 허용될 수 없다.

ㅇ 형법 제28조에 의하면 범죄의 예비 또는 음모는 특별한 죄형규정이 있을 때에 한하여 처벌할 수 있도록 되어 있는데 부정선거관련자처벌법 제5조 제4항에 의하면 동조 제1항에 **예비, 음모와 미수는 처벌한다**고 규정하고 있으나 동 예비, 음모의 형에 관하여 아무런 규정이 없으며, 이를 본범이나 미수범에 준하여 처벌함은 죄형법정주의 원칙상 허용할 수 없으니 결국 위 소위는 처벌할 수 없다(대판 1977.6.28, 77도251 ; 대판 1979.12.26, 78도957).

Ⅳ 관련 문제

1 예비의 중지

예비의 중지란 예비행위를 마친 후 자의적으로 실행의 착수에 나아가지 않는 경우를 말한다. 예비·음모의 행위를 처벌하는 경우에 있어서 예비행위를 자의로 중지했을 때라도 중지범(중지미수)에 관한 규정을 준용할 수 없다.

심화 Thema 예비의 중지

1. 문제점

실행의 착수 후에도 중지하면 형의 필요적 감면이 되므로 **실행의 착수 이전단계인 예비에도 중지를 인정하여 중지미수규정을 유추적용할 수 있을지**가 문제된다.[27)]

2. 학설

1) **긍정설** : 예비의 중지도 언제나 중지미수의 규정을 유추적용하자는 견해이다. 형의 감면시 기준형은 예비·음모의 형이라고 본다.

2) **부정설** : 실행에 착수하지 않은 이상, 예비죄의 중지범을 인정할 여지가 없다는 견해이다.

3) **절충설** : 예비의 중지가 자수에 이르렀을 때에만 예비죄의 자수에 대한 필요적 감면 규정(제90조 제1항 단서)을 유추적용하여 불균형을 수정하자는 견해와 **예비의 형이 중지미수보다 중할 때에만** 형의 균형상 중지미수의 규정을 유추적용한다는 견해(**다수설**)가 있다. 다수설에 따르면 형의 감면시 기준형은 기수의 법정형이라고 한다.

3. 판례

중지범은 범죄의 실행에 착수한 후 자의로 그 행위를 중지한 때를 말하는 것이고 실행의 착수가 있기 전인 예비음모의 행위를 처벌하는 경우에 있어서 중지범의 관념은 이를 인정할 수 없다(대판 1999.4.9, 99도424)고 하여 **부정설**의 태도를 유지하고 있다.

4. 검토

예비는 실행의 착수 이전 단계의 개념이고, 미수는 실행의 착수 이후 단계의 개념이므로 개념상 구별하여야 한다는 점에서 **부정설**이 타당하다.

2 예비죄의 공범[28)]

(1) 예비죄의 공동정범

예비죄를 독립범죄가 아니라 기본범죄의 수정된 구성요건이고 발현형태에 불과하다고 보더라도 예비죄 자체의 실행행위성을 인정할 수는 있으므로 예비죄의 공동정범을 인정할 수 있다(통설·판례).

> ○ 정범이 실행의 착수에 이르지 아니하고 예비단계에 그친 경우에는, 이에 가공한다 하더라도 예비의 공동정범이 되는 때를 제외하고는 종범으로 처벌할 수 없다(대판 1979.5.22, 79도552).

27) 김성돈 제8판 형법총론 p.500

28) 2012년 법원사무관승진시험(20점) 예비죄의 공범에 대하여 논하시오.

(2) 예비죄의 교사범

예비죄의 교사범이란 범죄를 교사하여 정범이 이를 승낙하였으나 예비에 그친 경우를 말한다. 우리 형법은 이러한 경우를 예비・음모에 준하여 처벌하는 규정을 두고 있다(**기도된 교사** 중 **효과 없는 교사**, 제31조 제2항).

(3) 예비죄의 종범[29]

예비의 종범이란 범죄를 방조하였으나 정범이 예비에 그친 경우를 말한다. 판례는 정범의 행위가 예비단계에 그친 경우 이를 방조한 행위에 대하여 예비의 종범의 성립을 부정하고 있다.

예 살인의사로 총을 구입하는 甲에게 자금을 제공한 乙은 甲에게 살인예비죄가 인정되더라도 살인예비죄의 방조범으로 처벌될 수는 없다.

심화 Thema 예비의 종범

1. 문제점

범죄를 방조하였으나 정범이 예비에 그친 경우 그 예비죄에 대한 방조범이 성립할 수 있는지 견해가 대립한다.[30]

2. 학설

1) **긍정설** : 공범독립성설은 방조행위 자체가 공범의 실행행위라고 보므로 방조(종범)의 미수로 처벌된다고 보고 있고, 공범종속성설 중에서도 정범이 예비로 처벌되는 이상 공범종속성에 따라 예비의 종범이 성립된다고 본다고 보는 견해가 있다.

2) **부정설** : 공범종속설 중 다수설은 정범이 기본적 구성요건의 실행행위에 착수하지 않았으므로 예비의 종범이 성립될 수 없다고 본다. 예비의 방조까지 처벌하면 처벌이 부당하게 확대되고, 형법이 기도된 교사를 처벌하면서 기도된 방조에 관한 규정을 두지 않은 취지에 반하기 때문이다.

3. 판례

형법 제32조 제1항 소정 타인의 범죄란 정범이 범죄의 실현에 착수한 경우를 말하는 것이므로 종범이 처벌되기 위하여는 정범의 실행의 착수가 있는 경우에만 가능하고 형법 전체의 정신에 비추어 정범이 실행의 착수에 이르지 아니한 예비의 단계에 그친 경우에는 이에 가공하는 행위가 **예비의 공동정범이 되는 경우를 제외**하고는 종범의 성립을 부정하고 있다고 보는 것이 타당하다(대판 1976.5.25, 75도1549)고 하여 **부정설**의 태도이다.

4. 검토

예비의 방조범을 처벌하면 처벌의 범위가 부당하게 확대될 위험이 있으므로, 죄형법정주의 원칙과 형법이 기도된 방조에 관한 규정을 두지 않은 취지를 고려하면 **부정설**이 타당하다.

---

29) 2017년 법무사시험(10점) 예비죄{예컨대, 살인예비죄(형법 제255조, 제250조) 등}에 대한 종범(從犯)이 성립할 수 있는지에 관하여 논하시오.

30) 김성돈 제8판 형법총론 p.718

관련 판례 **예비죄를 인정한 경우**

1) 행사할 목적으로 미리 준비한 물건들과 옵세트인쇄기를 사용하여 한국은행권 100원권을 사진찍어 그 **필름 원판** 7매와 이를 확대하여 현상한 **인화지** 7매를 만들었음에 그쳤다면 아직 통화위조의 착수에는 이르지 아니하였고 그 준비단계에 불과하다(대판 1966.12.6, 66도1317).
2) 피고인이 본범이 절취한 차량이라는 정을 알면서도 본범 등으로부터 그들이 위 차량을 이용하여 강도를 하려 함에 있어 차량을 운전해 달라는 부탁을 받고 위 차량을 운전해 준 경우, 피고인은 **강도예비**와 아울러 장물운반의 고의를 가지고 위와 같은 행위를 하였다고 봄이 상당하다(대판 1999.3.26, 98도3030).
3) 강도에 공할 흉기를 휴대하고 통행인의 출현을 대기하는 행위는 강도예비에 해당된다(대판 1948.8.17, 4281형상80). ∵ 재산에 대한 죄

관련 판례 **예비죄를 부정한 경우**

살해의 용도에 공하기 위한 흉기를 준비하였다 하더라도 그 흉기로서 살해할 대상자가 확정되지 아니한 경우 살인예비죄로 다스릴 수 없다(대판 1959.9.1, 4292형상387). ∵ 생명에 대한 죄

공범론

제1절 정범과 공범의 일반이론

I 공범(다수에 의한 범죄가담형태)의 의의 및 분류

Thema 정리 다수인의 범죄가담형태

<table>
<tr><td rowspan="4">정범형태</td><td>간접정범</td></tr>
<tr><td>공동정범</td></tr>
<tr><td>동시범</td></tr>
<tr><td>합동범</td></tr>
<tr><td rowspan="2">공범형태</td><td>교사범</td></tr>
<tr><td>종범</td></tr>
</table>

<table>
<tr><td rowspan="6">공범</td><td rowspan="3">임의적 공범
광의의 공범
(총칙상 공범)</td><td colspan="2">공동정범</td></tr>
<tr><td rowspan="2">협의의 공범</td><td>교사범</td></tr>
<tr><td>방조범(종범)</td></tr>
<tr><td rowspan="3">필요적 공범</td><td colspan="2">집합범</td></tr>
<tr><td colspan="2">대향범</td></tr>
<tr><td colspan="2">(합동범)</td></tr>
</table>

1 공범의 의의

(1) 범죄를 혼자서 실행하면 단독범(단독정범)이라 하고, 두 사람 이상이 가담하여 범죄를 실행하는 경우를 공범 또는 다수에 의한 범죄가담형태라고 한다.

(2) 형법은 다수인의 가담형태에 대하여 **정범형태**(자기 자신의 범죄형태)로는 간접정범, 공동정범, 동시범, 합동범을 규정하고, **공범형태**(타인의 범죄에 가담하는 형태)로는 교사범과 종범을 규정하여 양자를 구별하여 규정하고 있다.

2 공범의 분류

(1) **임의적 공범**(광의의 공범, 총칙상 공범)

구성요건의 내용상 혼자서 범할 수 있도록 규정된 범죄(단독범)를 2인 이상이 협력・가담하여 실행한 경우를 말한다. 임의적 공범으로 형법총칙은 '공범'(제2장 제3절)에서 공동정범, 교사범, 종범과 간접정범을 규정하고 있고, 이를 총칙상 공범이라 한다. 이 중 교사범과 종범은 다른 사람(정범)의 범죄행위에 가담하는 형태의 범죄이므로 협의의 공범이라 한다.

(2) **필요적 공범**

구성요건상 단독으로는 범할 수 없고 처음부터 2인 이상에 의하여만 실행될 수 있도록 규정된 경우를 말한다. 필요적 공범은 집합범과 대향범으로 나뉘어진다.

II 필요적 공범

1 의의

필요적 공범이란 구성요건상 반드시 2인 이상의 참가해서만 실행할 수 있는 범죄를 말하고, 이에 대하여는 형법 각칙에 따로 규정되어 있어 총칙에 대하여 우선 적용되므로 형법 총칙의 공범(임의적 공범)규정은 필요적 공범에 대하여는 원칙적으로 적용되지 않는다.

2 종류

(1) 집합범

집합범이란 다수인의 집단적 행동 그 자체를 구성요건의 내용으로 유형화하고 있는 범죄를 말한다. 즉 다수의 행위자가 같은 방향에서 같은 목표를 향하여 집단적 공동행위를 함으로써 성립하는 범죄형태를 말한다.

(2) 대향범

대향범은 반드시 상대방을 필요로 하는 범죄로서 관여자의 의사가 서로 반대되는 방향에서 동일한 목표를 위한 행위를 하는 범죄형태이다.

(3) 합동범

합동범의 법적 성질에 대하여는 필요적 공범이라는 견해와 공동정범의 특수한 경우라는 견해가 대립한다. → 제3절 공동정범 VI. 합동범

구분		
집합범	동일한 법정형이 규정된 경우	소요죄, 다중불해산죄
	상이한 법정형이 규정된 경우	내란죄
대향범	동일한 법정형이 규정된 경우	도박죄, 아동혹사죄, 인신매매죄, (자기낙태죄와 동의낙태죄)
	상이한 법정형이 규정된 경우	증뢰죄(뇌물공여죄)와 수뢰죄(뇌물수수죄), 배임증재죄와 배임수재죄, 도주죄와 도주원조죄, 자기낙태죄와 업무상동의낙태죄
	일방만이 처벌되는 경우 (편면적 대향범)	음화판매죄, 범인은닉죄, 촉탁·승낙살인죄, 자살교사·방조죄, 업무상·공무상·세무사법상·정보통신망법상 비밀누설죄

3 총칙상 공범규정의 적용여부

(1) 내부참가자의 경우

① 필요적 공범은 형법총칙상 공범이 아니고, 각칙이나 특별법에 별도로 형벌이 규정되어 있으므로 내부참가자 상호 간에는 총칙상 공범규정이 적용되지 않는다.

> ㅇ 뇌물공여죄와 뇌물수수죄 사이와 같은 이른바 **대향범** 관계에 있는 자는 강학상으로는 필요적 공범이라고 불리고 있으나, 서로 대향된 행위의 존재를 필요로 할 뿐 각자 자신의 구성요건을 실현하고 별도의 형벌규정에 따라 처벌되는 것이어서, 2인 이상이 가공하여 공동의 구성요건을 실

현하는 공범관계에 있는 자와는 본질적으로 다르며, 대향범 관계에 있는 자 사이에서는 각자 상대방의 범행에 대하여 형법 총칙의 공범규정이 적용되지 아니한다(대판 2015.2.12, 2012도4842).

② 대향범 중 일방만 처벌하는 경우 처벌받지 않는 내부참가자(**불가벌적 대향자**)에 대하여 형법총칙상 공범규정을 적용하여 처벌받는 일방에 대한 공범으로 처벌할 수 있는지가 문제된다.[31] 처벌받지 않는 상대방이라도 교사범 또는 방조범은 성립할 수 있으므로 **공범으로 처벌할 수 있다는 견해**와 형법각칙상 정범으로 처벌되지 않고 있으므로 **공범으로도 처벌할 수 없다는 견해**가 대립한다.[32]

③ 판례는 대향범 중 일방만 처벌되는 경우에도 처벌되지 않는 내부참가자에게는 총칙상 공범규정(공동정범, 교사범, 종범)이 적용되지 않으므로 처벌되는 상대방에 대한 공범이 성립하지 않는다고 한다. 입법자가 대향범 중 일방을 처벌하지 않는다고 정한 것은 그 행위를 불문에 붙인다는 취지이므로 총칙상 공범규정의 적용을 배제하는 판례의 입장이 타당하다.

관련 판례 **대향범 중 일방만 처벌되는 경우 처벌규정없는 자**(= 불벌)

1) [1] 매도, 매수와 같이 2인 이상의 서로 대향된 행위의 존재를 필요로 하는 관계에 있어서는 공범이나 방조범에 관한 형법총칙 규정의 적용이 있을 수 없고, 따라서 **매도인에게 따로 처벌규정이 없는 이상** 매도인의 매도행위는 그와 대향적 행위의 존재를 필요로 하는 상대방의 매수범행에 대하여 공범이나 방조범관계가 성립되지 아니한다. [2] 약사법위반죄의 방조범에 대한 공소사실 중 정범의 범죄사실이 전혀 특정되지 않아 방조범에 대한 공소사실 역시 특정되었다고 할 수 없고, **정범의 판매목적의 의약품 취득범행과 대향범관계에 있는 정범에 대한 의약품 판매행위**에 대하여는 형법총칙상 공범이나 방조범 규정의 적용이 있을 수 없어 정범의 범행에 대한 방조범으로 처벌할 수 없다고 한 사례(대판 2001.12.28, 2001도5158)
[사실관계] 염산날부핀 앰플(통증완화제 내지 마취보조제)를 환각제로 사용하려고 구입한 경우

2) 변호사 아닌 자가 변호사를 고용하여 법률사무소를 개설·운영하는 행위에 있어서는 변호사 아닌 자는 변호사를 고용하고 변호사는 변호사 아닌 자에게 고용된다는 서로 대향적인 행위의 존재가 반드시 필요하고, 나아가 변호사 아닌 자에게 고용된 변호사가 고용의 취지에 따라 법률사무소의 개설·운영에 어느 정도 관여할 것도 당연히 예상되는바, 이와 같이 **변호사가 변호사 아닌 자에게 고용되어 법률사무소의 개설·운영에 관여하는 행위**는 위 범죄가 성립하는 데 당연히 예상될 뿐만 아니라 범죄의 성립에 없어서는 아니 되는 것인데도 이를 처벌하는 규정이 없는 이상, 그 입법 취지에 비추어 볼 때 변호사 아닌 자에게 고용되어 법률사무소의 개설·운영에 관여한 변호사의 행위가 일반적인 형법 총칙상의 공모, 교사 또는 방조에 해당된다고 하더라도 변호사를 변호사 아닌 자의 공범으로서 처벌할 수는 없다(대판 2004.10.28, 2004도3994).

31) 2023년 변호사시험, 2014년 법원사무관승진시험(30점) 甲은 법원공무원이던 乙에게 丙에 대한 체포영장이 발부되었는지 여부에 관한 확인을 요구하여 乙로부터 丙에 대한 체포영장이 발부되어 있다는 사실을 전해 들었다. 그 경우 甲은 공무상비밀누설죄의 교사범의 죄책을 부담하는지에 관해 약술하시오(乙이 전해 준 체포영장 발부사실이 직무상 비밀이라는 점에 대하여는 다툼이 없다고 가정함).

32) 김성돈 제8판 형법총론 p.604

3) 형법 **제127조(공무상 비밀누설죄)**는 공무원 또는 공무원이었던 자가 법령에 의한 직무상 비밀을 누설하는 행위만을 처벌하고 있을 뿐 직무상 비밀을 누설받은 상대방을 처벌하는 규정이 없는 점에 비추어, 직무상 비밀을 누설받은 자에 대하여는 공범에 관한 형법총칙 규정이 적용될 수 없다(대판 2009.6.23, 2009도544).

4) 변호사 사무실 직원인 피고인 갑이 법원공무원인 피고인 을에게 부탁하여, 수사 중인 사건의 체포영장 발부자 53명의 명단을 누설받은 경우, 피고인 을이 직무상 비밀을 누설한 행위와 피고인 갑이 이를 누설받은 행위는 대향범 관계에 있으므로 공범에 관한 형법총칙 규정이 적용될 수 없어 피고인 갑의 행위는 **공무상비밀누설**교사죄에 해당하지 않는다(대판 2011.4.28, 2009도3642).

5) 2인 이상의 서로 대향된 행위의 존재를 필요로 하는 대향범에 대하여는 공범에 관한 형법총칙 규정을 적용할 수 없는바, **세무사법**은 제22조 제1항 제2호, 제11조에서 세무사와 세무사였던 자 또는 그 사무직원과 사무직원이었던 자가 그 직무상 지득한 비밀을 누설하는 행위를 처벌하고 있을 뿐 **비밀을 누설받는 상대방**을 처벌하는 규정이 없고, 세무사의 사무직원이 직무상 지득한 비밀을 누설한 행위와 그로부터 그 비밀을 누설받은 행위는 대향범 관계에 있으므로 이에 공범에 관한 형법총칙 규정을 적용할 수 없다(대판 2007.10.25, 2007도6712).

   [사실관계] 甲이 세무사의 사무직원으로부터 그가 직무상 보관하고 있던 임대사업자 등의 인적사항, 사업자소재지가 기재된 서면을 교부받은 경우 구 「세무사법」상 직무상 비밀누설죄의 공동정범에 해당하지 않는다.

6) 형법 제127조(공무상 비밀누설죄)는 공무원 또는 공무원이었던 자가 법령에 의한 직무상 비밀을 누설하는 행위만을 처벌하고 있을 뿐 직무상 비밀을 누설받은 상대방을 처벌하는 규정이 없는 점에 비추어, 직무상 비밀을 누설받은 자에 대하여는 공범에 관한 형법총칙 규정이 적용될 수 없는바 이와 같은 법리는 구 **정보통신망 이용촉진 및 정보보호 등에 관한 법률** 제49조의 경우에도 마찬가지로 적용된다(대판 2017.6.19, 2017도4240).

7) 甲 주식회사 임원인 피고인들이 의사 乙 등과 공모하거나 교사하여, 직원 丙 등을 통하여 의사 乙 등에게 직원 명단을 전달하면 乙 등이 직원들을 직접 진찰하지 않고 처방전을 작성하는 방법으로 甲 회사 직원들에 대하여 의약품 처방전을 발급·교부한 경우, 乙 등이 처방전을 작성하여 교부한 행위와 丙 등이 처방전을 교부받은 행위는 대향범 관계에 있고, 구 의료법 제17조 제1항 본문 및 제89조에 비추어 위와 같이 **처방전을 교부받은 자**에 대하여는 공범에 관한 형법총칙 규정을 적용할 수 없다. 따라서 직원 丙 등을 의사 乙 등의 처방전 교부행위에 대한 공동정범 또는 교사범으로 처벌할 수 없는 이상 丙 등에게 가공한 피고인들 역시 처벌할 수 없다(대판 2011.10.13, 2011도6287).

   [사실관계] 타미플루사건(판매 = 무상수여)

8) 구 화물자동차운수사업법위반죄(자가용화물자동차의 소유자가 유상으로 화물을 운송하는 행위)에 있어서 범죄의 성립에 없어서는 아니 되는 상대방의 행위를 따로 처벌하는 규정이 없는 이상, 그 입법 취지에 비추어 볼 때, 자가용화물자동차의 소유자에게 대가를 지급하고 운송을 의뢰하여 화물운송이라는 용역을 제공받은 상대방의 행위가, 자가용화물자동차 소유자와의 관계에서, 일반적인 형법총칙상의 공모, 교사 또는 방조에 해당된다고 하더라도 **자가용화물자동차 소유자의 유상운송행위의 상대방**을 자가용화물자동차 소유자의 유상운송행위의 공범으로 처벌할 수 없다(대판 2005.11.25, 2004도8819).

> [사실관계] 종업원 소유 화물차를 자신의 가스배달업무에 제공하는 대가로 임금을 포함하여 매월 일정 금원을 지급하였다 하더라도, 자가용화물자동차를 유상으로 화물운송에 제공하는 행위를 처벌하는 구 화물자동차운수사업법위반죄의 공동정범이 성립하지 않는다.

(2) 외부가담자의 경우

① 집합범의 경우 그 성질상 외부가담자의 공동정범은 인정할 수 없으나, 교사·방조범의 성립은 가능하다는 것이 다수설의 입장이다.

② 대향범의 경우 외부가담자에 대하여는 각칙이나 특별법에 별도로 형벌이 규정되어 있지 않으므로 총칙상 공범(공동정범·교사범·종범)의 성립이 가능하다. 이 경우 대향범이 신분범일 경우에는 제33조(공범과 신분) 규정이 적용된다.

> ㅇ 제3자 뇌물수수죄에서 제3자란 행위자와 공동정범 이외의 사람을 말하고, 교사자나 방조자도 포함될 수 있다. 그러므로 공무원 또는 중재인이 부정한 청탁을 받고 제3자에게 뇌물을 제공하게 하고 제3자가 그러한 공무원 또는 중재인의 범죄행위를 알면서 방조한 경우에는 그에 대한 별도의 처벌규정이 없더라도 방조범에 관한 형법총칙의 규정이 적용되어 제3자 뇌물수수방조죄가 인정될 수 있다(대판 2017.3.15, 2016도19659).

③ 다만 대향범 중 일방만 처벌되는 경우 처벌되지 않는 내부참가자의 행위에 관여한 자에 대하여는 총칙상 공범규정이 적용되지 않는다. 처벌되지 않는 자의 행위에 가담하였기 때문에 역시 처벌되지 않는다는 취지이다. 그러나 처벌되는 자의 행위에 가담한 경우 총칙상 공범(공동정범·교사범·종범)의 성립이 가능하다. 외부가담자에 대하여는 각칙이나 특별법에 별도로 형벌이 규정되어 있지 않기 때문이다.

> ㅇ 금품 등의 수수와 같이 2인 이상의 서로 대향된 행위의 존재를 필요로 하는 관계에 있어서는 공범이나 방조범에 관한 형법총칙 규정의 적용이 있을 수 없다. 따라서 금품 등을 공여한 자에게 따로 처벌규정이 없는 이상, 그 공여행위는 그와 대향적 행위의 존재를 필요로 하는 상대방의 범행에 대하여 공범관계가 성립되지 아니하고, **오로지 금품 등을 공여한 자의 행위에 대하여만 관여하여 그 공여행위를 교사하거나 방조한 행위**도 상대방의 범행에 대하여 공범관계가 성립되지 아니한다(대판 2014.1.16, 2013도6969).

4 필요적 공범의 성립과 처벌

필요적 공범관계 특히 대향범의 경우 행위자들이 서로 대향적 행위를 하는 것을 전제로 하는데, 반드시 협력자 전부에게 범죄가 성립해야 한다거나 같이 처벌받아야 하는 것은 아니고, 각자의 행위가 범죄구성요건에 해당하면 그에 따른 처벌을 받을 뿐이다.

관련 판례 **필요적 공범의 성립과 처벌**

1) **뇌물공여죄**와 **뇌물수수죄**는 필요적 공범관계에 있다고 할 것이나, 필요적 공범이라는 것은 법률상 범죄의 실행이 다수인의 협력을 필요로 하는 것을 가리키는 것으로서 이러한 범죄의 성립에는 행위의 공동을 필요로 하는 것에 불과하고 반드시 협력자 전부가 책임이 있음을 필요로 하는 것은 아니므로, 뇌물공여죄가 성립되기 위하여서는 뇌물을 공여하는 행위와 상대방 측에서 금전적으로 가치가 있는 그 물품 등을 받아들이는 행위(부작위 포함)가 필요할 뿐이지 반드시 상대방 측에서 뇌물수수죄가 성립되어야만 한다는 것을 뜻하는 것은 아니다(대판 1987.12.22, 87도1699).
2) [1] 오로지 공무원을 함정에 빠뜨릴 의사로 직무와 관련되었다는 형식을 빌려 그 공무원에게 금품을 공여한 경우에도 공무원이 그 금품을 직무와 관련하여 수수한다는 의사를 가지고 받아들이면 뇌물수수죄가 성립한다. [2] 피고인의 뇌물수수가 공여자들의 함정교사에 의한 것이기는 하나, 뇌물공여자들에게 피고인을 함정에 빠뜨릴 의사만 있었고 뇌물공여의 의사가 전혀 없었다고 보기 어려울 뿐 아니라, 뇌물공여자들의 함정교사라는 사정은 피고인의 책임을 면하게 하는 사유가 될 수 없다고 한 사례(대판 2008.3.13, 2007도10804)
3) 형법 제357조 제1항의 **배임수재죄**와 같은 조 제2항의 **배임증재죄**는 통상 필요적 공범의 관계에 있기는 하나, 이것은 반드시 수재자와 증재자가 같이 처벌받아야 하는 것을 의미하는 것은 아니고, / 증재자에게는 정당한 업무에 속하는 청탁이라도 수재자에게는 부정한 청탁이 될 수도 있다(대판 2011.10.27, 2010도7624).
4) 배임수재죄는 타인의 사무를 처리하는 자가 그 임무에 관하여 부정한 청탁을 받고 이에 응하여 재물을 취득함으로써 성립하는 것이고 재물을 공여하는 자가 부정한 청탁을 하였다 하더라도 그 청탁을 받아들임이 없이 그 청탁과는 관계없이 금품을 받은 경우에는 배임수재죄는 성립하지 아니한다(대판 1982.7.13, 82도874).
5) 구 정치자금법 제45조 제1항의 정치자금을 기부한 자와 기부받은 자는 이른바 대향범인 **필요적 공범관계**에 있다. 이러한 공범관계는 행위자들이 서로 대향적 행위를 하는 것을 전제로 하는데, 각자의 행위가 범죄구성요건에 해당하면 그에 따른 처벌을 받을 뿐이고 반드시 협력자 전부에게 범죄가 성립해야 하는 것은 아니다. 정치자금을 기부하는 자의 범죄가 성립하지 않더라도 정치자금을 기부받는 자가 정치자금법이 정하지 않은 방법으로 정치자금을 제공받는다는 의사를 가지고 받으면 정치자금부정수수죄가 성립한다(대판 2017.11.14, 2017도3449).

III 정범과 공범의 구별 33)

1 정범의 개념

공범은 정범을 전제로 하여 타인의 범죄에 가담하는 형태이므로, 정범의 개념을 먼저 확정지어야 공범의 개념이 결정된다(**정범개념의 우위성, 공범개념의 종속성**). 우리 형법은 정범개념에 대한 명문규정이 없어 견해의 대립이 있다.

33) 2013년 · 2005년 법무사시험 사문서위조, 위조사문서행사에 가담한 경우 가담형태

Thema 정리 **정범의 개념** : 제한적 정범개념과 확장적 정범개념 "확조주축 간X보X"

구분	제한적 정범개념	확장적 정범개념
내용	**구성요건에 해당하는 행위**를 스스로 행한 자만 정범 → **우리형법**	구성요건적 결과발생에 조건을 설정한 자는 모두 정범 → **단일정범개념**
인과관계 학설	원인설에 기초	**조**건설을 전제 (∵ 모든 조건의 동가치성을 인정하므로)
정범과 공범의 구별 학설	객관설과 결합	주관설과 결합
형법상 공범의 처벌규정	형벌확장사유 (∵ 정범이 아닌 경우 불가벌이 원칙이므로)	형벌**축**소사유(∵ 교사범, 종범도 정범) → 종범의 형을 감경하는 근거를 설명하는 데 어려움 있음
간접정범개념의 요부	○ → 간접정범의 개념 필요 (∵ **공범**에 불과하므로 **간법정범의 정범성** 부정)	× → 간접정범의 개념 불필요 (∵ 당연히 **정범**이므로)
죄형법정주의의 보장적 기능 수행여부	○(∵ 범죄참가형태를 구별)	× → 보장적 기능 침해 우려

2 정범과 공범의 구별기준

(1) 사태의 핵심형상을 계획적으로 지배, 조정, 공동 형성하는 행위지배를 통해 그의 의사에 따라 구성요건의 실현을 저지, 진행할 수 있게 하는 자를 정범, 단순히 정범의 행위를 야기하거나 촉진한 자를 공범이라고 한다(**행위지배설**).

(2) 행위지배설에 의하면 ① 직접정범은 실행지배, ② 간접정범은 의사지배, ③ 공동정범은 기능적 행위지배가 인정되어야 한다. 여기서 ① 직접정범의 실행지배란 스스로 구성요건에 해당하는 행위를 직접 실행하여 행위 자체를 지배하는 것을 말하고, ② 간접정범의 의사지배란 자신의 우월한 의사에 의하여 다른 사람의 의사를 지배하여 자신의 범죄의 도구로 이용하는 것을 말하여, ③ 공동정범의 기능적 행위지배란 2인 이상이 공동의 범행결의하에 실행행위를 분업적으로 역할분담하여 기능적으로 행위지배를 함으로써 전체적인 범행계획을 실현하는 것을 말한다.

Thema 정리 **정범과 공범의 구별기준**

구분	내용	관련사항
형식적 객관설	• **구성요건에 해당하는 행위**의 전부나 일부를 직접 행한 자가 정범 • 실행행위 이외의 방법으로 단지 조건을 제공한 자는 공범	• **제한적 정범개념** • 공범처벌규정은 형벌확장사유 • 제3자를 위한 사기죄를 범해도 정범 • **간접정범과 공동정범 특히 공모공동정범의 정범성이 부정**되는 문제점(∵ 구성요건해당행위를 직접 하지 않으므로)

실질적 객관설 중 동시설	• 행위수행의 시간적 연관을 기준으로 실행행위시에 가담하는 자는 정범 • 실행행위의 전이나 후에 가담하는 자는 공범 예 교사범	• 인과관계학설 중 원인설 • 실행행위시 방조한 자도 정범이 된다는 비판 • 간접정범의 정범성을 설명할 수 없다는 문제점(∵ 실행행위 이전 가담)
주관설 중 의사설 (고의설)	• 자기의 범죄(정범의 고의)를 행할 의사를 가지고 행위한 자가 정범 • 타인의 범죄를 행할 의사를 가지고 행위한 자는 공범	• 인과관계학설 중 조건설에 기초 • 청부받아 살인한 자는 공범
주관설 중 이익설 (목적설)	• 자기의 목적 또는 이익을 위하여 행위한 자는 정범 • 타인의 목적 또는 이익을 위하여 행위한 자는 공범	• 인과관계학설 중 조건설 • 촉탁승낙살인 • 제3자를 위한 사기·공갈을 공범으로 보아야 한다는 결함
행위지배설	• 범행을 지배하였다고 평가되는 자는 정범, 자신의 범행지배 없이 단지 정범의 범행을 야기하거나 촉진시킨 자는 공범이라는 견해 • 제한적 정범개념에 기초하되, 주관적 요소를 고려하여 정범개념을 확대 → 직접정범은 실행지배 → 간접정범은 의사지배 → 공동정범은 기능적 행위지배	• 촉탁승낙살인은 정범에 해당 • 지배범에만 적용, 모든 범죄에 적용되는 기준이 못 된다는 결함 → 의무범(∵ 의무위반이 정범표지가 되므로)·신분범·자수범에는 적용하기 어렵다는 비판

✓ 〈정리〉 자기의 범죄를 실현하는 자가 정범이고, 타인의 범죄에 가담하는 자는 공범이다. 따라서 우리 형법상 간접정범과 공동정범은 정범이고, 교사범과 종범은 공범에 해당한다.

Ⅳ 공범의 종속성과 처벌근거

정범과 공범을 구별하여 규정한 우리 형법에 의할 때 ① 공범(교사범과 종범)은 정범에 종속하여 성립하는지 독립하여 성립하는지가 문제되고(종속성의 유무), ② 판례·다수설의 입장인 공범종속설의 입장에 따르면 정범이 어느 정도의 범죄성립요건을 갖추어야 공범이 성립하는지가 문제된다(종속성의 정도). 이외에도 ③ 공범은 직접 범죄를 실행하지 않았음에도 처벌하는 근거가 무엇인지 문제된다.

1 종속성의 유무

Thema 정리 **공범의 종속성**(공범종속성설과 공범독립성설)

구분	공범종속성설(통설·판례)	공범독립성설
의의	공범은 정범을 예정한 개념이며 범죄의 실행행위가 정범에 의하여 행하여지고 공범은 여기에 가담하는데 불과하므로 공범은 정범의	교사범과 종범도 교사 또는 방조행위에 의하여 반사회성이 징표 되면 정범의 성립과는 관계없이 독립하여 성립한다는 견해 → **공범의**

	행위에 종속되어 정범이 성립하는 때에 한하여 성립한다는 견해 → 공범이 성립하려면 **정범의 실행행위**가 있어야 한다는 것	**교사·방조행위** 자체가 범죄의 실행행위이므로 정범의 실행행위가 없더라도 공범이 성립한다는 것
사상적 배경	객관주의 범죄론	주관주의 범죄론
공범의 본질	타인의 구성요건실현에 가담	공범은 타인의 행위를 이용하여 자기의 범죄를 행하는 단독정범에 지나지 않음
종속성	처벌상의 종속성이 아니라 성립상의 종속성 인정	부정
공범의 미수	• 미수(범)의 공범은 가능하나 공범의 미수는 있을 수 없음(∵ 적어도 정범이 실행에 착수하였을 것을 요하므로) • **기도된 교사(제31조 제2항, 제3항)를 특별규정(예외규정)**으로 이해	• 미수(범)의 공범은 물론 공범의 미수도 인정 • 기도된 교사(제31조 제2항, 제3항)를 독립성설에 근거한 규정으로 본다(당연규정, 원칙규정).
간접정범	**간접정범의 정범성 인정**(∵ 도구인 피이용자의 행위를 정범으로 볼 수 없으므로 그 처벌의 흠결 피하기 위하여)	교사·방조행위가 있는 이상 공범은 성립하므로 이용자는 정범이 아니라 **공범 → 간접정범의 개념 부정**
공범과 신분	신분의 연대성을 규정한 제33조 본문을 당연규정이라 함	신분의 개별성을 규정한 **제33조 단서규정이 원칙규정이고, 제33조 본문은 예외규정**
자살관여죄	특별규정(자살이 범죄가 되지 아니함에도 불구하고 그 교사자와 방조자를 처벌하므로)	**자살교사방조를 처벌하는 제252조 제2항을 당연규정**으로 파악(공범독립성에 기초한 규정으로 봄)

o 정범의 성립은 교사범, 방조범의 구성요건의 일부를 형성하고 교사범, 방조범이 성립함에는 먼저 정범의 범죄행위가 인정되는 것이 그 전제요건이 되는 것은 공범의 종속성에 연유하는 당연한 귀결이다(대판 1981.11.24, 81도2422).

2 종속성의 정도

Thema 정리 **종속성의 정도**(공범의 종속형식)

최소종속형식	정범의 실행행위가 구성요건해당성을 구비하기만 하면 공범이 성립될 수 있고, 위법·유책할 것을 요하지 않는다는 종속형식 → 공범의 성립범위를 가장 넓게 인정 ↔ 타인에게 적법행위(예 정당방위)를 교사·방조한 경우에도 공범의 성립가능성을 인정하는 점에서 부당
제한종속형식 (통설·판례)	정범의 실행행위가 **구성요건에 해당하고 위법**하기만 하면 공범이 성립될 수 있고, 책임(유책할 것)을 요하지 않는다는 종속형식 → **책임무능력자를 교사·방조한 경우**에도 공범이 성립될 수 있음

극단종속형식	정범의 실행행위가 **구성요건에 해당하고 위법・유책한 경우**, 즉 세 가지 범죄성립요건을 모두 갖춘 경우에 공범이 성립될 수 있다는 종속형식 → **책임무능력자를 교사・방조한 경우**에는 공범이 성립될 가능성이 없고, 간접정범의 문제로 됨 ↔ 책임개별화원칙을 반영하지 못한다는 비판
확장종속형식	공범이 성립하기 위하여는 정범의 실행행위가 구성요건에 해당하고 위법・유책해야 하며, 더욱 나아가서 정범에 대한 모든 처벌조건까지지도 갖추어야 공범이 성립한다는 견해(초극단종속형식, 최극단종속형식) → 공범의 성립범위를 가장 좁게 인정

3 공범의 처벌근거

Thema 정리 **공범의 처벌근거**

구분	내용	비판
책임 가담설	• 공범은 정범을 범죄에 끌어들여 **유책한 범죄를 저지르게 하였기 때문**에 처벌된다는 견해 • 극단적 종속형식과 결부되는 이론	• 책임의 연대성을 인정하여 **개인책임의 원칙에 반함** • 책임 없는 정범에 대한 공범의 성립도 가능하다는 점에서 제한적 종속형식과 합치되지 않는 난점
불법 가담설	• 공범은 정범으로 하여금 **불법한 범행을 저지르게 하여** 정범의 사회와의 일체성을 해체시킴으로써 법적 평화를 침해하였기 때문에 처벌된다는 견해 • 책임가담설을 제한적 종속형식에 따라 변형시킨 이론	• 교사범의 처벌근거일 뿐 종범의 처벌근거는 될 수 없으므로 공범의 처벌근거를 통일적으로 파악할 수 없음 • 미수의 교사의 불가벌성을 설명하기 곤란
순수한 야기설	• 공범은 **정범의 불법과는 관계없이 그 자체의 독자적인 공범구성요건(교사・방조행위 그 자체)을 실현**했다는 점에 그 처벌근거가 있다고 보는 견해 • **공범독립성설과 연결**되는 이론으로서 공범의 행위반가치(독자적 불법)를 중시	• 공범의 종속성을 인정하고 있는 형법의 태도와 일치하지 않음 • 불법에는 결과반가치를 있어야 한다는 점에서 행위반가치만으로 공범을 처벌할 수 있다고 보는 것은 부당
종속적 야기설	• 공범의 처벌근거는 정범의 구성요건적 법익침해를 야기하거나 촉진했다는 점에 있지만, 공범의 불법은 그 근거와 정도에 있어서 모두 정범의 불법에 종속된다는 견해 • 정범에 대한 종속성을 강조하여 순수야기설을 공범종속성설로 수정했다는 측면에서 수정된 야기설이라고도 함(다수설)	• 공범의 행위반가치는 교사・방조행위 그 자체에 있으므로 정범의 모든 불법에 종속한다는 것은 부당 • 정범의 실행행위가 없는 **기도된 교사의 처벌근거, 미수의 교사**(예 함정수사)**불가벌성, 불가벌적 필요적 공범**(예 음화판매죄의 구매자)**의 불가벌성**을 설명하기 어려움

혼합적 야기설	• 공범의 불법이 일부는 정범의 행위에서, 또 다른 일부는 자신의 독자적인 법익침해에서 도출된다고 함으로써 공범의 처벌근거는 종속적이지만 동시에 독립된 법익침해성을 내포하고 있다는 종속적 법익침해설 • 공범의 불법 중 행위반가치는 공범 자신의 교사·방조행위에서 독립적으로 인정되고, 결과반가치는 정범에 종속한다는 행위반가치·결과반가치 구별설이 있음

제2절 간접정범

제34조 【간접정범, 특수한 교사, 방조에 대한 형의 가중】
① 어느 행위로 인하여 처벌되지 아니하는 자 또는 과실범으로 처벌되는 자를 교사 또는 방조하여 범죄행위의 결과를 발생하게 한 자는 교사 또는 방조의 예에 의하여 처벌한다.
② 자기의 지휘, 감독을 받는 자를 교사 또는 방조하여 전항의 결과를 발생하게 한 자는 교사인 때에는 정범에 정한 형의 장기 또는 다액에 그 2분의 1까지 가중하고 방조인 때에는 정범의 형으로 처벌한다.

I 의의

1 개념

(1) 간접정범이란 타인을 도구로 이용하여 간접적으로 자기의 범죄를 실현하는 정범의 한 형태이다.

예 의사가 환자를 살해하고자 그 정을 모르는 간호사에게 독약이 든 주사를 놓게 한 경우

(2) 직접정범은 스스로 직접 구성요건에 해당하는 행위를 직접 실행한 자를 말하고, 교사범은 자기의 범죄가 아니라 타인의 범죄에 가담하는 형태라는 점에서 간접정범과 구별된다.

2 본질

간접정범은 타인을 이용한다는 점에서는 교사범과 유사하고, 자기의 범죄를 실현한다는 점에서 직접정범과 유사하므로 그 본질이 공범인지(공범설) 아니면 정범인지(정범설) 견해가 대립하고 있다. 제한적 정범개념이론과 공범독립성설은 공범설의 입장이고, 확장적 정범개념이론과 공범종속설은 정범설의 입장이다. 판례는 **정범설**의 입장이다.

○ 간접정범을 통한 범행에서 피이용자는 간접정범의 의사를 실현하는 수단으로서의 지위를 가질 뿐이므로, 피해자에 대한 사기범행을 실현하는 수단으로서 타인을 기망하여 그를 피해자로부터 편취한 재물이나 재산상 이익을 전달하는 도구로서만 이용한 경우에는 편취의 대상인 재물 또는 재산상 이익에 관하여 피해자에 대한 사기죄가 성립할 뿐 도구로 이용된 타인에 대한 사기죄가 별도로 성립한다고 할 수 없다(대판 2017.5.31, 2017도3894).

II 성립요건

간접정범은 ① 어느 행위로 인하여 처벌되지 아니하는 자 또는 과실범으로 처벌되는 자(피이용자, 도구)를 ② 교사 또는 방조하여(이용행위) ③ 범죄행위의 결과를 발생하게 하여야 성립된다.

1 피이용자의 범위

Thema 정리 **간접정범의 성립요건**(피이용자의 범위)

1. 구성요건에 해당하지 않는 행위를 이용하는 경우
  1) **객관적 구성요건에 해당하지 않는 도구** : 피이용자의 자살, 자상을 이용한 경우
  2) 고의 없는 도구
  3) 신분 또는 목적 없는 고의 있는 도구

2. 구성요건에 해당하지만 위법하지 않은 행위를 이용하는 경우
  1) 국가기관(수사기관, 검찰, 법원)을 이용하는 경우
  2) 정당방위상황이나 긴급피난을 이용하는 경우

3. 구성요건에 해당하는 위법한 행위이지만 책임 없는 피이용자를 이용하는 경우
  1) 책임무능력자를 이용한 경우
    ┌ 의사지배가 있는 경우 = 간접정범 ○
    └ 의사지배가 없는 경우 = 간접정범 ×, 공범 ○
  2) 강요된 행위 등 책임 없는 도구를 이용하는 경우

4. 과실범을 처벌되는 자

어느 행위로 인하여 처벌되지 아니하는 자란 범죄의 성립요건인 구성요건, 위법성, 책임 중 어느 하나라도 갖추지 못하여 범죄가 성립되지 않는 경우를 말한다. 또한 과실범으로 처벌되는 자도 범죄의 고의가 없는 자이므로 타인의 범죄의 도구로 사용된 경우 피이용자에 해당된다.

○ 형법 제34조 제1항이 정하는 소위 간접정범은 어느 행위로 인하여 처벌되지 아니하는 자 또는 과실범으로 처벌되는 자를 교사 또는 방조하여 범죄행위의 결과를 발생케 하는 것으로 이 **어느 행위로 인하여 처벌되지 아니하는 자**는 시비를 판별할 능력이 없거나 강제에 의하여 의사의 자유를 억압당하고 있는 자, 구성요건적 범의가 없는 자와 목적범이거나 신분범일 때 그 목적이나 신분이 없는 자, 형법상 정당방위, 정당행위, 긴급피난 또는 자구행위로 인정되어 위법성이 없는 자 등을 말하는 것으로 이와 같은 책임무능력자, 범죄사실의 인식이 없는 자, 의사의 자유를 억압당하고 있는 자, 목적범, 신분범인 경우 그 목적 또는 신분이 없는 자 위법성이 조각되는 자 등을 마치 도구나 손발과 같이 이용하여 간접으로 죄의 구성요소를 실행한 자를 간접정범으로 처벌하는 것이다(대판 1983.6.14, 83도515 全合).

(1) 구성요건에 해당하지 않는 행위를 이용하는 경우

① **객관적 구성요건에 해당하지 않는 도구** : 이용자가 강요나 기망에 의하여 피이용자를 자살하게 하거나 자상하게 한 경우 이용자에게는 강요한 범죄의 간접정범이 성립한다.

o 피고인이 **7세, 3세 남짓 된 어린자식들에 대하여 함께 죽자**고 권유하여 물속에 따라 들어오게 하여 결국 익사하게 하였다면 비록 피해자들을 물속에 직접 밀어서 빠뜨리지는 않았다고 하더라도 자살의 의미를 이해할 능력이 없고 피고인의 말이라면 무엇이나 복종하는 어린 자식들을 권유하여 익사하게 한 이상 **살인죄**의 범의는 있었음이 분명하다(대판 1987.1.20, 86도2395).
→ 살인죄의 교사범 ×, 자살교사 · 방조죄 ×, 위계 · 위력에 의한 살인죄 ×, 살인죄의 간접정범 ○

o 피고인이 피해자를 협박하여 그로 하여금 **자상**케 한 경우에 피고인에게 상해의 결과에 대한 인식이 있고 또 그 협박의 정도가 피해자의 의사결정의 자유를 상실케 함에 족한 것인 이상 피고인에 대하여 상해죄를 구성한다(대판 1970.9.22, 70도1638).
[사실관계] 피고인은 동거한 사실이 있는 피해자인 공소외인 여인에게 피고인을 탈영병이라고 헌병대에 신고한 이유와 다른 남자와 정을 통한 사실들을 추궁한 바, 이를 부인하자 하숙집 뒷산으로 데리고 가 계속 부정을 추궁하면서 상대 남자를 말하자 대답을 하지 못하고 당황하던 동 여인에게 소지 중인 면도칼 1개를 주면서 **"네가 네 코를 자르지 않을 때는 돌로서 죽인다"**는 등 위협을 가해 자신의 생명에 위험을 느낀 동 여인은 자신의 생명을 보존하기 위하여 위 면도칼로 콧등을 길이 2.5센치, 깊이 0.56센치 절단함으로써 동 여인에게 전치 3개월을 요하는 상처를 입혀 안면부 불구가 되게 한 경우 → 중상해죄의 간접정범 ○

② **고의 없는 도구** : 피이용자에게 범죄의 고의가 없을 때에는 이용자에게 의사지배가 인정되므로 간접정범이 성립한다.

o 자기에게 유리한 판결을 얻기 위하여 소송상의 주장이 사실과 다름이 객관적으로 명백하거나 증거가 조작되어 있다는 정을 인식하지 못하는 제3자를 이용하여 그로 하여금 소송의 당사자가 되게 하고 법원을 기망하여 소송 상대방의 재물 또는 재산상 이익을 취득하려 하였다면 간접정범의 형태에 의한 **소송사기죄**가 성립하게 된다(대판 2007.9.6, 2006도3591).
[사실관계] 갑이 을 명의 차용증을 가지고 있기는 하나 그 채권의 존재에 관하여 을과 다툼이 있는 상황에서 당초에 없던 월 2푼의 약정이자에 관한 내용 등을 부가한 을 명의 차용증을 새로 위조하여, 이를 바탕으로 자신의 처에 대한 채권자인 병에게 차용원금 및 위조된 차용증에 기한 약정이자 2,500만원을 양도하고, 이러한 사정을 모르는 병으로 하여금 을을 상대로 양수금 청구소송을 제기하도록 한 경우, 갑의 행위는 병을 도구로 이용한 간접정범 형태의 소송사기죄를 구성한다.

o 신용카드를 제시받은 상점점원이 그 **카드의 금액란**을 정정기재하였다 하더라도 그것이 카드소지인이 위 점원에게 자신이 위 금액을 정정기재 할 수 있는 권리가 있는 양 기망하여 이루어졌다면 이는 간접정범에 의한 **유가증권변조**로 봄이 상당하다(대판 1984.11.27, 84도1862).
→ 한국외환은행 소비조합이 그 소속조합원에게 발행한 신용카드(→ 일종의 구두상품권)는 그 카드에 의해서만 신용구매의 권리를 행사할 수 있는 점에서 재산권이 증권에 화체되었다고 볼 수 있으므로 유가증권에 해당 ○

o [허위공사실적증명원제출사건] 어느 문서의 작성권한을 갖는 공무원이 그 문서의 기재 사항을 인식하고 그 문서를 작성할 의사로써 이에 서명날인하였다면, 설령 그 서명날인이 타인의 기망으로 착오에 빠진 결과 그 문서의 기재사항이 진실에 반함을 알지 못한 데 기인한다고 하여도, 그 문서의 성립은 진정하며 여기에 하등 작성명의를 모용한 사실이 있다고 할 수는 없으므로, 공무원 아닌 자가 관공서에 허위 내용의 증명원을 제출하여 그 내용이 허위인 정을 모르는 담당공무원으로부터 그 증명원 내용과 같은 증명서를 발급받은 경우 **공문서위조죄**의 간접정범으로 의율할 수는 없다(대판 2001.3.9, 2000도938).

③ **신분 또는 목적 없는 고의 있는 도구** : 진정신분범에서 비신분자, 즉 신분 없는 고의 있는 도구를 이용하거나 목적범에서 목적 없는 자, 즉 목적 없는 고의 있는 도구를 이용한 경우에도 간접정범이 성립한다.

> ㅇ **출판물에 의한 명예훼손죄**는 간접정범에 의하여 범하여질 수도 있으므로 타인을 비방할 목적으로 허위의 기사 재료를 그 정을 모르는 기자에게 제공하여 신문 등에 보도되게 한 경우에도 성립할 수 있으나 / 제보자가 기사의 취재·작성과 직접적인 연관이 없는 자에게 허위의 사실을 알렸을 뿐인 경우에는, 제보자가 피제보자에게 그 알리는 사실이 기사화 되도록 특별히 부탁하였다거나 피제보자가 이를 기사화할 것이 고도로 예상되는 등의 특별한 사정이 없는 한, 피제보자가 언론에 공개하거나 기자들에게 취재됨으로써 그 사실이 신문에 게재되어 일반 공중에게 배포되더라도 제보자에게 출판·배포된 기사에 관하여 출판물에 의한 명예훼손죄의 책임을 물을 수는 없다(대판 2002.6.28, 2000도3045).
>
> ㅇ 범죄는 '어느 행위로 인하여 처벌되지 아니하는 자'를 이용하여서도 이를 실행할 수 있으므로, **내란죄**의 경우에도 '국헌문란의 목적'을 가진 자가 그러한 목적이 없는 자를 이용하여 이를 실행할 수 있다(대판 1997.4.17, 96도3376 全合).
>
> **[사실관계]** 비상계엄 전국확대가 국무회의의 의결을 거쳐 대통령이 선포함으로써 외형상 적법하였다고 하더라도, 이는 피고인들에 의하여 국헌문란의 목적을 달성하기 위한 수단으로 이루어진 것이므로 내란죄의 폭동에 해당하고, 또한 이는 피고인들에 의하여 국헌문란의 목적을 달성하기 위하여 그러한 목적이 없는 대통령을 이용하여 이루어진 것이므로 피고인들이 간접정범의 방법으로 내란죄를 실행한 것으로 보아야 할 것이다.

(2) 구성요건에 해당하지만 위법하지 않은 행위를 이용하는 경우

① 국가기관(수사기관, 검찰, 법원)을 이용하는 경우에도 간접정범이 성립한다.

> ㅇ [직권남용감금사건] 감금죄는 간접정범의 형태로도 행하여질 수 있는 것이므로, 인신구속에 관한 직무를 행하는 자 또는 이를 보조하는 자가 피해자를 구속하기 위하여 진술조서 등을 허위로 작성한 후 이를 기록에 첨부하여 구속영장을 신청하고, 진술조서 등이 허위로 작성된 정을 모르는 검사와 영장전담판사를 기망하여 구속영장을 발부받은 후 그 영장에 의하여 피해자를 구금하였다면 제124조 제1항의 **직권남용감금죄**가 성립한다(대판 2006.5.25, 2003도3945).

② 정당방위상황이나 긴급피난을 이용하는 경우 간접정범이 성립한다.

(3) 구성요건에 해당하는 위법한 행위이지만 책임 없는 피이용자를 이용하는 경우

① **책임무능력자를 이용한 경우** : 제한적 종속형식에 의하면 공범의 성립이 가능하고, 또한 제34조에 의하여 간접정범의 성립도 가능하다. 이 경우 정범개념의 우위성에 의하여 간접정범의 성립여부를 먼저 검토하여 의사지배가 있는 경우 간접정범이 성립하게 되고, 의사지배가 없는 경우 공범이 성립하게 된다.

② 강요된 행위 등 책임 없는 도구를 이용하는 경우 간접정범이 성립한다.

(4) 과실범으로 처벌되는 자

피이용자에게 고의가 없을 때에는 피이용자는 도구에 불과하여 이용자에게 간접정범이 성립하는데, 이 경우 피이용자는 과실이 없는 경우뿐만 아니라 과실이 있는 경우도 포함한다(과실범처벌규정이 있으면 피이용자는 과실범으로 처벌됨).

예 의사가 환자를 살해하려고 고의 없는 간호사에게 독약을 주사하게 한 경우

2 이용행위

간접정범의 이용행위란 교사 또는 방조이다(제34조). 조문의 표현은 교사 또는 방조라고 되어 있으나 의사지배에 의한 사주 또는 이용행위를 말한다.

> ○ 처벌되지 아니하는 타인의 행위를 적극적으로 유발하고 이를 **이용**하여 자신의 범죄를 실현한 자는 형법 제34조 제1항이 정하는 간접정범의 죄책을 지게 되고, 그 과정에서 타인의 의사를 부당하게 억압하여야만 간접정범에 해당하는 것은 아니다(대판 2008.9.11, 2007도7204).
> [사실관계] 정유회사 경영자의 청탁으로 국회의원이 위 경영자와 지역구 지방자치단체장 사이에 정유공장의 지역구 유치와 관련한 간담회를 주선하고 위 경영자는 정유회사 소속 직원들로 하여금 위 국회의원이 사실상 지배·장악하고 있던 후원회에 후원금을 기부하게 한 경우 국회의원에게는 정치자금법 제32조 제3호 위반죄가, 경영자에게는 정치자금법 위반죄의 간접정범이 성립한다.

Ⅲ 처벌

간접정범은 교사 또는 방조의 예에 의하여 처벌된다(제34조 제1항). 따라서 ① 이용행위가 교사에 해당하는 경우 정범과 동일한 형으로 처벌되고(제31조 제1항), ② 이용행위가 방조에 해당하는 경우 정범의 형보다 감경한다(제32조 제2항).

Ⅳ 특수교사·방조

특수교사·방조는 상관이 부하를 이용하는 경우, 의사가 간호사를 이용하는 경우 등 자기의 지휘, 감독을 받는 자를 이용하여 간접정범을 범하는 경우를 말한다.

특수교사·방조의 경우 그 이용행위가 교사인 때에는 정범에 정한 형의 장기 또는 다액에 그 2분의 1까지 가중하고, 그 이용행위가 방조인 때에는 정범의 형으로 처벌한다(제34조 제2항).

Ⅴ 관련 문제

1 피이용자의 성질에 대한 착오

(1) 이용자가 피이용자를 처벌되지 않는 자라고 잘못 알고 이용했으나 사실은 처벌되는 자인 경우 의사지배를 인정할 수 없어 간접정범이 되지 않고 공범이 성립한다.

(2) 이용자가 피이용자를 처벌되는 자로 잘못 알고 이용했으나 사실은 처벌되지 않는 자인 경우 이용자에게는 피이용자에 대한 교사의 고의가 있을 뿐 의사지배의 고의가 없으므로 공범이 성립한다.

Thema 정리 **간접정범과 착오의 정리**

<table>
<tr><td rowspan="2">피이용자의 성질에 내한 착오</td><td colspan="3">이용자가 피이용자에게 고의, 책임능력이 없는 것으로 알고 이용했으나 사실은 고의, 책임능력이 있는 경우</td><td>의사지배를 인정할 수 없어 간접정범이 되지 않고 공범이 성립</td></tr>
<tr><td colspan="3">이용자가 피이용자에게 고의, 책임능력이 있는 것으로 알고 이용했으나 사실은 고의, 책임능력이 없는 경우</td><td>이용자에게 피이용자에 대한 의사지배의 고의가 없으므로 공범이 성립</td></tr>
<tr><td rowspan="5">실행행위에 대한 착오</td><td rowspan="2">구체적 사실의 착오</td><td colspan="3">원칙적으로 사실의 착오(구성요건적 착오)의 일반이론에 의해 해결</td></tr>
<tr><td colspan="3">• 책임무능력자를 사주하여 甲을 살해하려 했으나 책임무능력자가 乙을 살해한 경우에 乙에 대한 살인죄의 간접정범 성립(법정적 부합설)
예 간접정범의 피이용자가 甲을 乙로 오인하여 살해하였을 경우, 법정적 부합설에 따르면 간접정범은 살인의 고의기수범에 해당한다.
• 단, 구체적부합설에 의할 경우 피이용자의 착오는 객체의 착오, 방법의 착오를 불문하고 이용자에게는 언제나 방법의 착오가 됨 → 위의 예에서 이용자에게는 甲에 대한 살인미수와 乙에 대한 과실치사죄가 성립</td></tr>
<tr><td rowspan="2">추상적 사실의 착오</td><td>원칙</td><td colspan="2">사주내용을 초과하여 실행한 경우 초과부분에 대해서는 의사지배가 없으므로 사주한 부분에 대해서만 간접정범 성립
예 甲이 정신병자 乙에게 폭행을 사주한 경우 → 폭행에 의하여 사망의 결과가 발생한 경우 : 폭행죄의 간접정범</td></tr>
<tr><td>예외</td><td colspan="2">초과부분에 대하여 미필적 고의가 있거나 중한 결과에 대한 예견가능성이 있는 경우에는 전체에 대한 간접정범이나 결과적가중범에 대한 간접정범 성립 가능</td></tr>
</table>

2 자수범

자수범이란 타인을 이용하여 범죄를 실현할 수 없고 정범 자신이 직접 구성요건 행위를 실행해야만 성립하는 범죄를 말한다. 따라서 개념상 자수범의 경우 간접정범이 성립될 수 없다. 예 위증죄의 경우

○ 형법 제155조 제1항에서 타인의 형사사건에 관하여 증거를 위조한다 함은 증거 자체를 위조함을 말하는 것으로서, **선서무능력자**로서 범죄 현장을 목격하지도 못한 사람으로 하여금 형사법정에서 범죄 현장을 목격한 양 허위의 증언을 하도록 하는 것은 위 조항이 규정하는 증거위조죄를 구성하지 아니한다(대판 1998.2.10, 97도2961).

✓ 〈정리〉 ① 증거위조죄 ×, ② 위증죄의 교사범 ×(∵ 선서무능력자는 위증죄의 주체 ×), ③ 위증죄의 간접정범 ×(∵ 위증죄는 자수범이므로)

○ **농업협동조합법** 제50조 제2항 소정의 **호별방문죄**는 '임원이 되고자 하는 자'라는 신분자가 스스로 호별방문을 한 경우만을 처벌하는 것으로 보아야 하고, 비록 신분자가 비신분자와 통모하였거나 신분자가 비

신분자를 시켜 방문케 하였다고 하더라도 비신분자만이 호별방문을 한 경우에는 신분자는 물론 비신분자도 같은 죄로 의율하여 처벌할 수는 없다(대판 2003.6.13, 2003도889).

[판결이유] 공선법상 호별방문죄는 주체의 제한을 두고 있지 않고, '방문'이라는 행위의 태양은 행위자의 신체를 수단으로 하는 것으로 행위자의 인격적 요소가 중요한 의미를 가지고 있다.

o [피해자를 도구로 삼아 피해자의 신체를 이용하여 추행행위를 한 경우 강제추행죄의 간접정범에 해당한다고 판단한 사안] [34] 강제추행죄는 사람의 성적 자유 내지 성적 자기결정의 자유를 보호하기 위한 죄로서 정범 자신이 직접 범죄를 실행하여야 성립하는 **자수범**이라고 볼 수 없으므로, 처벌되지 아니하는 타인을 도구로 삼아 피해자를 강제로 추행하는 간접정범의 형태로도 범할 수 있다. 여기서 강제추행에 관한 간접정범의 의사를 실현하는 도구로서의 타인에는 피해자도 포함될 수 있으므로, 피해자를 도구로 삼아 피해자의 신체를 이용하여 추행행위를 한 경우에도 강제추행죄의 간접정범에 해당할 수 있다(대판 2018.2.8, 2016도17733).

[사실관계] 甲이 A를 협박하여 겁을 먹은 A로 하여금 어쩔 수 없이 나체나 속옷만 입은 상태가 되게 하여 스스로를 촬영하게 하고, 또 성기에 이물질을 삽입하는 등의 행위를 하게 한 경우 강제추행죄의 간접정범에 해당한다.

3 신분범

진정신분범의 경우 신분자는 비신분자를 이용하여 간접정범이 될 수 있으나, 비신분자는 범죄의 주체가 될 수 없으므로 신분자를 이용하여 간접정범이 될 수 없다(∵ **정범적격** ×).

o 허위공문서작성의 주체는 직무상 그 문서를 작성할 권한이 있는 공무원에 한하고 작성권자를 보조하는 직무에 종사하는 공무원은 허위공문서작성죄의 주체가 되지 못한다. / 다만 **공문서의 작성권한이 있는 공무원의 직무를 보좌하는 사람**이 그 직위를 이용하여 행사할 목적으로 허위의 내용이 기재된 문서 초안을 그 정을 모르는 상사에게 제출하여 결재하도록 하는 등의 방법으로 작성권한이 있는 공무원으로 하여금 허위의 공문서를 작성하게 한 경우에는 **허위공문서작성죄의 간접정범**이 성립한다(대판 2011.5.13, 2011도1415).
→ 작성권한 있는 공무원은 허위작성의 고의 없는 도구에 해당

o 면의 호적계장이 정을 모른 면장의 결재를 받아 허위내용의 호적부를 작성한 경우 허위공문서작성, 동행사죄의 간접정범이 성립된다(대판 1990.10.30, 90도1912).

o 경찰서 보안과장인 피고인이 갑의 음주운전을 눈감아주기 위하여 그에 대한 음주운전자 적발보고서를 찢어버리고, 부하로 하여금 일련번호가 동일한 가짜 음주운전 적발보고서에 을에 대한 음주운전 사실을 기재케 하여 그 정을 모르는 담당 경찰관으로 하여금 **주취운전자 음주측정처리부**에 을에 대한 음주운전 사실을 기재하도록 한 이상, 을이 음주운전으로 인하여 처벌을 받았는지 여부와는 관계없이 **허위공문서작성** 및 동 행사죄의 간접정범으로서의 죄책을 면할 수 없다(대판 1996.10.11, 95도1706).

o 부정수표 단속법 제4조가 '수표금액의 지급 또는 거래정지처분을 면할 목적'을 요건으로 하고, 수표금액의 지급책임을 부담하는 자 또는 거래정지처분을 당하는 자는 발행인에 국한되는 점에 비추어 볼 때, 그와 같은 **발행인이 아닌 자**는 부정수표 단속법 제4조 위반죄의 주체가 될 수 없고 거짓 신고의 고의 없는 발행인을 이용하여 간접정범의 형태로 그 죄를 범할 수도 없다(대판 2014.1.23, 2013도13804).

34) 2021년 변호사시험

[비교판례] 타인으로부터 명의를 차용하여 수표를 발행한 자라 하더라도 수표의 발행명의인과 공모하여 부정수표단속법 제4조 소정의 허위신고죄의 주체가 될 수 있다(대판 2007.5.11, 2005도6360).
→ 간접정범 ×, 공동정범 ○

제3절 공동정범

제30조【공동정범】
2인 이상이 공동하여 죄를 범한 때에는 각자를 그 죄의 정범으로 처벌한다.

I 의의

공동정범이란 2인 이상이 공동하여 죄를 범하는 것을 말한다.
공동정범이 정범으로서의 책임을 지게 되는 근거는 공모(공동가공의사)에 의한 분업적 역할분담(기능적 행위지배)에 있으므로, 공모한 범죄행위의 일부만 실행하여도 전부에 대하여 정범으로서의 책임을 진다(**일부실행 · 전부책임**).
공동정범은 정범이라는 점에서 행위지배 없이 타인의 범죄에 가담하는 공범(교사범 · 종범)과는 구별되고, 공모가 있다는 점에서 공모가 없는 동시범과 구별되며, 임의적 공범이라는 점에서 필요적 공범과 구별된다.

o 공동정범의 본질은 분업적 역할분담에 의한 기능적 행위지배에 있으므로 공동정범은 공동의사에 의한 기능적 행위지배가 있음에 반하여 종범은 그 행위지배가 없는 점에서 양자가 구별된다(대판 1989.4.11, 88도1247).

II 공동정범의 본질

공동정범은 무엇을 공동으로 하는가, 즉 그 본질이 무엇인가에 대하여 범죄공동설과 행위공동설의 대립이 있다. 판례는 행위공동설의 입장이다.

Thema 정리 공동정범의 본질 정리

구분	범죄공동설	행위공동설(판례)
의의	수인이 공동하여 특정한 범죄를 행하는 것이 공동정범이라는 견해(객관주의 범죄론)	수인이 행위를 공동으로 하여 각자 자기의 범죄를 실현하는 것이 공동정범이라는 견해(주관주의 범죄론)

이종·수개의 구성요건의 경우	동시범	공동정범
하나의 범죄사실의 일부에 대한 공동	구성요건에 해당하는 범죄사실의 전부에 대한 방조범	공동정범
과실범의 공동정범	부정	긍정
고의범과 과실범의 공동정범	부정	긍정
편면적 공동정범	부정	일부 긍정(판례는 부정)
승계적 공동정범	부정 (전체범죄에 대한 방조범)	긍정 (판례는 제한인정설 : **참가 이후의 행위에 대하여만 책임**)

✓ 범죄공동설에 따르면, 공동의 가담자들 사이에 서로 고의의 내용이 다른 경우에는 각자의 개별적인 고의범의 동시범이 인정된다.

ㅇ [행위공동설] 형법 제30조에 공동하여 죄를 범한 때의 **죄**는 고의범이고 과실범이고를 불문한다고 해석하여야 할 것이고 따라서 공동정범의 주관적 요건인 **공동의 의사**도 고의를 공동으로 가질 의사임을 필요로 하지 않고 고의 행위이고 과실 행위이고 간에 그 행위를 공동으로 할 의사이면 족하다고 해석하여야 할 것이므로 2인 이상이 어떠한 과실 행위를 서로의 의사연락 아래 하여 범죄되는 결과를 발생케 한 것이라면 여기에 **과실범의 공동정범**이 성립되는 것이다(대판 1962.3.29, 4294형상598).

Ⅲ 성립요건

1 공동정범의 성립요건

Thema 정리 공동정범의 성립요건과 관련 문제

[주관적 요건 : 공동가공의 의사(공동실행의사) → × : 승계적 공동정범, 과실범의 공동정범
└ 객관적 요건 : 공동가공의 사실(공동실행행위) → × : 공모공동정범, 공모관계의 이탈문제

ㅇ 형법 제30조의 **공동정범**은 2인 이상이 공동하여 죄를 범하는 것으로서, 공동정범이 성립하기 위하여는 ① 주관적 요건인 공동가공의 의사와 ② 객관적 요건인 공동의사에 의한 기능적 행위지배를 통한 범죄의 실행사실이 필요하다(대판 2001.11.9, 2001도4792).

(1) **주관적 요건** : 공동가공의 의사(공동실행의사, 공모)

① 공동가공의 의사란 행위자 상호 간에 범죄행위를 공동으로 한다는 의사이므로, 공동의 의사로 특정한 범죄행위를 하기 위하여 일체가 되어 서로 다른 사람의 행위를 이용하여 자기의 의사를 실행에 옮기는 것을 내용으로 하는 것을 말한다.

○ **공동가공의 의사**는 타인의 범행을 인식하면서도 이를 제지하지 아니하고 용인하는 것만으로는 부족하고, / 공동의 의사로 특정한 범죄행위를 하기 위해 일체가 되어 서로 다른 사람의 행위를 이용하여 자기의 의사를 실행에 옮기는 것을 내용으로 하는 것이어야 한다(대판 2001.11.9, 2001도4792, 대판 1998.9.22, 98도1832 등 참조). 따라서 공동정범이 성립한다고 판단하기 위해서는 범죄실현의 전 과정을 통하여 행위자들 각자의 지위와 역할, 다른 행위자에 대한 권유 내용 등을 구체적으로 검토하고 이를 종합하여 위와 같은 공동가공의 의사에 기한 상호 이용의 관계가 합리적인 의심을 할 여지가 없을 정도로 증명되어야 한다(대판 2015.10.29, 2015도5355).

○ 공동가공의 의사는 타인의 범행을 인식하면서도 이를 제지하지 아니하고 용인하는 것만으로는 부족하나, 반드시 사전에 치밀한 범행계획의 공모에까지 이를 필요는 없으며 공범자 각자가 공범자들 사이에 구성요건을 이루거나 구성요건에 본질적으로 관련된 행위를 분담한다는 상호이해가 있으면 충분하다(대판 2021.3.25, 2020도18285).

관련 판례 공동가공의사를 부정한 경우

1) 오토바이를 **절취하여 오면 그 물건을 사 주겠다**고 한 것이 절도죄에 있어 공동정범의 성립을 인정하기 위하여 필요한 공동가공의 의사가 있었다고 보기 어렵다(대판 1997.9.30, 97도1940).
   [사실관계] 甲이 乙에게 "너희들이 오토바이를 훔쳐라. 그러면 그 장물은 내가 사 주겠다."고 말하고, 그 말을 들은 乙이 오토바이를 훔친 뒤 그것을 甲에게 넘기고 그 대가를 취득한 경우
2) 전자제품 등을 밀수입해 올테니 이를 **팔아달라는 제의를 받고 승낙**한 경우, 그 승낙은 물품을 밀수입해 오면 이를 취득하거나 그 매각알선을 하겠다는 의사표시로 볼 수 있을 뿐 밀수입 범행을 공동으로 하겠다는 공모의 의사를 표시한 것으로는 볼 수 없다(대판 2000.4.7, 2000도576).
3) 피해자 일행을 한 사람씩 나누어 강간하자는 피고인 일행의 제의에 **아무런 대답도 하지 않**고 따라 다니다가 자신의 강간 상대방으로 남겨진 공소외인에게 일체의 신체적 접촉도 시도하지 않은 채 다른 일행이 인근 숲 속에서 강간을 마칠 때까지 공소외인과 함께 이야기만 나눈 경우, 피고인에게 다른 일행의 강간 범행에 공동으로 가공할 의사가 있었다고 볼 수 없다(대판 2003.3.28, 2002도7477).

② **편면적 공동정범**은 부정된다.

○ 공동정범은 행위자 상호 간에 범죄행위를 공동으로 한다는 공동가공의 의사를 가지고 범죄를 공동실행하는 경우에 성립하는 것으로서, 여기에서의 공동가공의 의사는 공동행위자 상호간에 있어야 하며 **행위자 일방의 가공의사**만으로는 공동정범관계가 성립할 수 없다(대판 1985.5.14, 84도2118).
[사실관계] 甲과 乙은 술집으로 가던 도중 앞서 가던 甲과 피해자가 부딪혀 시비가 붙고, 이에 甲은 피해자를 뒤로 밀어 피해자가 바닥에 뒷머리를 부딪치게 하고 술집을 향해 떠났다. 이에 뒤따라오던 乙이 이 장면을 보고 달려와 피해자를 또다시 가격하여 피해자가 뇌지부경화동맥파열상으로 사망에 이른 경우, 甲과 乙은 상해치사의 공동정범으로 처벌되지 않는다.

③ 의사 연락(공모)의 방법에는 제한이 없다. 공모는 법률상 어떤 정형을 요구하는 것이 아니고 범죄를 실현하려는 의사의 결합만 있으면 된다. 따라서 그 방법은 명시적이든 묵시적(암묵적)이든 불문하고, 직접적이든 간접적(순차적)이든 불문한다.

ㅇ 2인 이상이 공모하여 범죄에 공동 가공하는 공범관계에 있어서 공모는 법률상 어떤 정형을 요구하는 것이 아니고 범죄를 실현하려는 의사의 결합만 있으면 되는 것으로서, 비록 전체의 모의과정이 없었다고 하더라도 수인 사이에 **순차적**으로 또는 **암묵적**으로 **상통**하여 그 의사의 결합이 이루어지면 공모관계가 성립한다 할 것이다(대판 1994.3.8, 93도3154).

ㅇ 2인 이상이 공모하여 범죄에 공동 가공하는 공범관계에 있어서 공모는 법률상 어떤 정형을 요구하는 것이 아니고 공범자 상호 간에 직접 또는 간접으로 범죄의 공동실행에 관한 암묵적인 의사연락이 있으면 족한 것으로, 비록 전체의 모의과정이 없었다고 하더라도 수인 사이에 **의사의 연락(의사의 결합)**이 있으면 공동정범이 성립될 수 있다(대판 1994.3.11, 93도2305 ; 대판 1993.7.13, 92도2832).

④ 의사연락은 실행행위 이전에 있을 것을 요하지 않고, 실행행위시에 성립할 수도 있으며(**우연적 공동정범**), 실행행위 도중이라도 가능하다. 이 경우 즉시범 또는 상태범에서는 그 기수시까지만 가담이 가능하고, 계속범의 경우 종료시까지 가담이 가능하다.

ㅇ 공동정범이 성립함에 있어 필요한 범죄를 공동실행할 의사는 범죄행위시에 존재하면 족하고 반드시 사전 공모함을 요하지 아니한다(대판 1970.1.27, 69도2225).

관련 판례 **공동가공의사를 인정한 경우**

1) 비록 전체의 모의과정이 없었다 하더라도 수인 사이에 **순차로** 의사의 결합만 있으면 공동정범이 성립될 수 있다(대판 1992.11.27, 92도2226).
[동지판례] 공동정범 또는 공모 공동정범의 경우에 범인 전원이 일정한 시간과 장소에 집합하여 모의하지 아니하고 그중의 1인 또는 2인 이상을 통하여 **릴레이식**으로 범의의 연락이 있고 그 범의 내용에 대하여 포괄적 또는 개별적인 의사연락이나 인식이 있었다면 그들 전원이 공모관계가 있다고 보아야 한다(대판 1980.11.25, 80도2224).

2) 이른바 **딱지어음**(지급기일에 부도가 예정되어 있어 결제될 가능성이 없는 어음)을 발행하여 매매한 이상 사기의 실행행위에 직접 관여하지 아니하였다고 하더라도 공동정범으로서의 책임을 면하지 못하고, 딱지어음의 전전유통경로나 중간 소지인들 및 그 기망방법을 구체적으로 몰랐다고 하더라도 공모관계를 부정할 수는 없다(대판 1997.9.12, 97도1706).
→ 사기죄의 공모공동정범이 인정된다는 취지
[동지판례] 피고인 등은 을 등이 사기 범행을 실현하리라는 점을 인식하면서도 이를 용인하며 부도가 예정된 딱지어음을 조직적으로 대량 발행하고 시중에 유통시킴으로써 을 등 딱지어음 취득자들과 사이에 그들의 사기 범행에 관하여 직접 또는 중간 판매상 등을 통하여 적어도 **순차적·암묵적으로 의사가 상통**하여 공모관계가 성립되어, 피고인에게 사기죄의 공동정범을 인정한다(대판 2011.12.22, 2011도9721).

3) [제방뚝강간사건] 공동정범이 성립하기 위하여는 반드시 공범자간에 사전에 모의가 있어야 하는 것은 아니며, **우연히 만난 자리에서** 서로 협력하여 공동의 범의를 실현하려는 의사가 암묵적으로 상통하여 범행에 공동가공하더라도 공동정범은 성립된다(대판 1984.12.26, 82도1373).
[사실관계] 피고인들은 원심공동피고인이 피해자를 강간하려고, 동녀를 정읍군 입암면 접지리 소재 천원천 제방으로 유인하여 가는 것을 알고서 그 뒤를 따라가다가, 제방뚝에서 원심공동피

고인이 피해자를 강간하려고 폭행하기 시작할 무렵, 원심공동피고인의 주위에 나타나서, 원심공동피고인의 폭행으로 항거불능의 상태에 있는 피해자를 강간하기 위하여 하의를 벗고 대기하고 있었고, 원심공동피고인이 강간을 끝내자마자 그의 신호에 따라 차례로 윤간한 경우

4) 범인도피죄는 범인을 도피하게 함으로써 기수에 이르지만, 범인도피행위가 계속되는 동안에는 범죄행위도 계속되고 행위가 끝날 때 비로소 범죄행위가 종료된다. 따라서 공범자의 범인도피행위 도중에 그 범행을 인식하면서 그와 공동의 범의를 가지고 기왕의 범인도피상태를 이용하여 스스로 범인도피행위를 계속한 경우에는 **범인도피죄의 공동정범**이 성립하고, 이는 공범자의 범행을 방조한 종범의 경우도 마찬가지이다(대판 2012.8.30, 2012도6027).

5) 일반교통방해죄에서 교통방해 행위는 **계속범**의 성질을 가지는 것이어서 교통방해의 상태가 계속되는 한 가벌적인 위법상태는 계속 존재한다. 따라서 신고 범위를 현저히 벗어나거나 집회 및 시위에 관한 법률 제12조에 따른 조건을 중대하게 위반함으로써 교통방해를 유발한 집회에 참가한 경우, 참가 당시 이미 다른 참가자들에 의해 교통의 흐름이 차단된 상태였더라도 교통방해를 유발한 다른 참가자들과 암묵적·순차적으로 공모하여 교통방해의 위법상태를 지속시켰다고 평가할 수 있다면 **일반교통방해죄**가 성립한다(대판 2018.1.24, 2017도11408).

(2) **객관적 요건** : 공동가공의 사실(공동실행행위)

① 공동정범이 성립하기 위하여는 공동의 가공의사 외에 공동의 실행행위가 필요하다.

② 분업적 역할분담에 의하여 범죄수행에 꼭 필요한 행위라면 구성요건의 전부 또는 일부뿐만 아니라 구성요건에 해당하지 않는 행위(예 망보는 행위)일지라도 공동의 실행행위로 인정될 수 있다.

ㅇ 공동정범이 성립하기 위하여는 반드시 공범자 간에 사전 모의가 있어야 하는 것은 아니며, 암묵리에 서로 협력하여 공동의 범의를 실현하려는 의사가 상통하면 공모가 있다 할 것이고 공모가 있는 이상 반드시 각 범행의 실행을 분담할 것을 요하지 아니하고, 단순히 **망을 보았어도** 공범의 책임을 면할 수 없다(대판 1982.10.26, 82도1818).

관련 판례 **공동실행행위를 인정한 경우**

1) 피고인과 갑이 공모하여 갑이 피해자를 강간하고 있는 동안 동 피해자가 반항하지 못하도록 그의 입을 손으로 틀어 막고 주먹으로 얼굴을 2회 때렸다면 피고인은 강간죄의 공동정범의 죄책을 면할 수 없다(대판 1984.6.12, 84도780).

2) 피고인이 공범들과 함께 강도범행을 저지른 후 피해자의 신고를 막기 위하여 공범들이 묶여있는 피해자를 옆방으로 끌고가 강간범행을 할 때에 피고인은 자녀들을 감시하고 있었다면 공범들의 강도강간범죄에 공동가공한 것이라 하겠으므로 비록 피고인이 직접강간행위를 하지 않았다 하더라도 강도강간의 공동죄책을 면할 수 없다(대판 1986.1.21, 85도2411).

3) 특수강도의 범행을 모의한 이상 범행의 실행에 가담하지 아니하고, 공모자들이 강취해 온 **장물의 처분을 알선**만 하였다 하더라도, 특수강도의 공동정범이 된다 할 것이므로 장물알선죄로 의율할 것이 아니다(대판 1983.2.22, 82도3103).

4) 공모에 의한 범죄의 공동실행은 모든 공범자가 스스로 범죄의 구성요건을 실현하는 것을 전제로 하지 아니하고, 그 실현행위를 하는 공범자에게 그 **행위결정을 강화하도록 협력**하는 것으로도 가능하다(대판 2006.12.22, 2006도1623).
→ 행위결정을 강화하도록 협력하는 행위는 통상 종범의 행위태양이나, 공모에 의한 경우 공동의 실행행위가 된다는 취지

5) 부하들이 흉기를 들고 싸움을 하고 있는 도중에 폭력단체의 두목급 수괴의 지위에 있는 을이 그 현장에 모습을 나타내고 더우기나 부하들이 흉기들을 소지하고 있어 살상의 결과를 초래할 것을 예견하면서도 **전부 죽이라는 고함을 친 행위**는 부하들의 행위에 큰 영향을 미치는 것으로서 을은 이로써 위 싸움에 가세한 것이라고 보지 아니할 수 없고, 나아가 부하들이 칼, 야구방망이 등으로 피해자들을 난타, 난자하여 사망케 한 것이라면 을은 살인죄의 공동정범으로서의 죄책을 면할 수 없다(대판 1987.10.13, 87도1240).

6) 상명하복 관계에 있는 자들 사이에 있어서도 범행에 공동가공한 이상 공동정범이 성립하는 데 아무런 지장이 없다(대판 1995.6.16, 94도1793).

7) 업무상배임죄의 실행으로 인하여 이익을 얻게 되는 수익자 또는 그와 밀접한 관련이 있는 제3자를 배임의 실행행위자와 공동정범으로 인정하기 위하여는 실행행위자의 행위가 피해자 본인에 대한 배임행위에 해당한다는 것을 알면서도 소극적으로 그 배임행위에 편승하여 이익을 취득한 것만으로는 부족하고, / 실행행위자의 배임행위를 교사하거나 또는 배임행위의 전 과정에 관여하는 등으로 배임행위에 **적극 가담**할 것을 필요로 한다(대판 2003.10.30, 2003도4382).

8) **[임대인행세사건]** 공동피고인이 위조된 부동산임대차계약서를 담보로 제공하고 피해자로부터 돈을 빌려 편취할 것을 계획하면서 피해자가 계약서상의 임대인에게 전화를 하여 확인할 것에 대비하여 피고인에게 미리 전화를 하여 임대인 행세를 하여달라고 부탁하였고, 피고인은 위와 같은 사정을 잘 알면서도 이를 승낙하여 실제로 피해자의 남편으로부터 전화를 받자 자신이 실제의 임대인인 것처럼 행세하여 전세금액 등을 확인함으로써 위조사문서의 행사에 관하여 역할분담을 한 경우, 피고인의 행위는 **위조사문서행사**에 있어서 기능적 행위지배의 공동정범 요건을 갖추었다(대판 2010.1.28, 2009도10139).

③ 공동의 실행행위는 실행의 착수 이후부터 범죄의 종료시까지 가능하다.

○ 회사직원이 영업비밀을 경쟁업체에 유출하거나 스스로의 이익을 위하여 이용할 목적으로 무단으로 반출한 때 업무상배임죄의 기수에 이르렀다고 할 것이고, 그 이후에 위 직원과 접촉하여 영업비밀을 취득하려고 한 자는 **업무상배임죄의 공동정범**이 될 수 없다(대판 2003.10.30, 2003도4382).

④ **부작위범의 공동정범**도 가능하다.

○ **부작위범 사이의 공동정범**은 다수의 부작위범에게 ① 공통된 의무가 부여되어 있고 ② 그 의무를 공통으로 이행할 수 있을 때에만 성립한다(대판 2008.3.27, 2008도89).

⑤ 범죄의 실행에 가담한 사람이라고 할지라도 그가 공동의 의사에 따라 다른 공범자를 이용하여 실현하려는 행위가 자신에게는 범죄를 구성하지 않는다면, 특별한 사정이 없는 한 공동정범의 죄책을 진다고 할 수 없다.

ㅇ 형법 제156조에서 정한 무고죄는 타인으로 하여금 형사처분 또는 징계처분을 받게 할 목적으로 허위의 사실을 신고하는 것을 구성요건으로 하는 범죄이다. 자기 자신으로 하여금 형사처분 또는 징계처분을 받게 할 목적으로 허위의 사실을 신고하는 행위, 즉 자기 자신을 무고하는 행위는 무고죄의 구성요건에 해당하지 않아 무고죄가 성립하지 않는다. 따라서 자기 자신을 무고하기로 제3자와 공모하고 이에 따라 무고행위에 가담하였더라도 이는 자기 자신에게는 무고죄의 구성요건에 해당하지 않아 범죄가 성립할 수 없는 행위를 실현하고자 한 것에 지나지 않아 **무고죄의 공동정범**으로 처벌할 수 없다(대판 2017.4.26, 2013도12592).

⑥ 공동정범의 착오[35)]

㉠ 질적착오 : 공동정범의 경우 공모한 범위 내에서 책임을 지는 것이 원칙이므로, 공동정범 가운데 1인이 공모한 내용과 질적으로 다른 내용의 결과발생을 야기한 경우 다른 공동정범은 그 범행에 대한 책임을 지지 않는다.

ㅇ 甲은 丙의 강간사실을 알게 된 것은 이미 실행의 착수가 이루어지고 난 다음이었음이 명백하고 강간사실을 알고 나서도 암묵리에 그것을 용인하여 그로 하여금 강간하도록 할 의사로 강간의 실행범인 丙과 강간 피해자의 머리 등을 잡아준 乙와 함께 일체가 되어 공동피고인들의 행위를 통하여 자기의 의사를 실행하였다고는 볼 수 없다 할 것이고 따라서 결국 강도강간의 공모사실을 인정할 증거가 없다(대판 1988.9.13, 88도1114).
[사실관계] 강도를 모의한 甲, 乙은 피해자에게 과도를 들이대고 甲이 전화선으로 피해자의 손발을 묶고 乙이 주먹과 발로 피해자를 수차례 때려 반항을 억압하였다. 그 후 甲은 장농을 뒤져 현금을 찾아내느라 정신이 없었는데, 그 사이 乙은 피해자의 머리를 붙잡고 丙은 피해자를 강간하였다.
→ 乙·丙은 강도강간죄의 공동정범, 甲은 특수강도죄(제334조)만 성립

㉡ 양적착오 : 공동정범 가운데 1인이 공모한 내용을 초과하거나 미달하여 실행한 경우 공모한 내용과 중첩되는 부분에 대하여만 공동정범의 책임을 진다. 다만 공동정범 가운데 1인이 결과적가중범을 실현한 경우 다른 자들은 중한 결과를 예견할 수 없는 때가 아닌 한 결과적가중범의 공동정범의 죄책을 진다.

⑦ **공동정범의 실행의 착수시기** : 공동정범 중 어느 한 사람이라도 실행행위를 개시하면 공동정범 모두에 대하여 실행의 착수가 인정된다.

2 승계적 공동정범

승계적 공동정범이란 다른 공동정범이 실행행위에 착수한 이후 남은 실행행위가 종료되기 전에, 타인이 중간에 의사의 연락하에 나머지 실행행위를 공동으로 행한 경우 공동정범의 성립을 인정할 것인지, 인정한다면 후행자의 책임범위에 어디까지인지의 문제이다.

---

35) 2014년 법무사시험

Thema 정리 **승계적 공동정범의 인정여부와 귀책범위**

인정여부	• 범죄공동설에 의하면 부정 → 전체범죄에 대한 방조가 될 뿐임 • 행위공동설에 의하면 인정	
후행자의 책임범위	적극설	전체행위에 대한 공동정범의 성립을 인정
	소극설	후행자는 자기가 가담한 이후의 공동실행부분에 대해서만 공동정범으로 책임(판례, 다수설)

ㅇ **포괄일죄**의 범행 도중에 공동정범으로 범행에 가담한 자는 비록 그가 그 범행에 가담할 때에 이미 이루어진 종전의 범행을 알았다 하더라도 **그 가담 이후의 범행**에 대하여만 공동정범으로 책임을 진다(대판 1997.6.27, 97도163 ; 대판 2007.11.15, 2007도6336).

ㅇ **연속된 (히로뽕)제조행위 도중**에 공동정범으로 범행에 가담한 자는 비록 그가 그 범행에 가담할 때에 이미 이루어진 종전의 범행을 알았다 하더라도 그 가담 이후의 범행에 대하여만 공동정범으로 책임을 지는 것이라고 할 것이니, 비록 이 사건에서 공소외 1의 위 제조행위 전체가 포괄하여 하나의 죄가 된다 할지라도 피고인에게 그 가담 이전의 제조행위에 대하여까지 유죄를 인정할 수는 없다고 할 것이다(대판 1982.6.8, 82도884).

ㅇ [주교사사건] 특정범죄가중처벌 등에 관한 법률 제5조의2 제2항 제1호 소정의 죄는 형법 제287조의 미성년자 약취, 유인행위와 약취 또는 유인한 미성년자의 부모 기타 그 미성년자의 안전을 염려하는 자의 우려를 이용하여 재물이나 재산상의 이익을 취득하거나 이를 요구하는 행위가 결합된 **단순일죄**의 범죄라고 봄이 상당하므로 비록 타인이 미성년자를 약취・유인한 행위에는 가담한 바 없다 하더라도 사후에 그 사실을 알면서 약취・유인한 미성년자를 부모 기타 그 미성년자의 안전을 염려하는 자의 우려를 이용하여 재물이나 재산상의 이익을 취득하거나 요구하는 타인의 행위에 가담하여 이를 방조한 때에는 단순히 재물 등 요구행위의 종범이 되는데 그치는 것이 아니라 종합범인 위 **특정범죄가중처벌 등에 관한 법률 제5조의2 제2항 제1호 위반죄의 종범**에 해당한다(대판 1982.11.23, 82도2024).

3 과실범의 공동정범

2인 이상이 과실로 과실범의 결과를 발생시킨 경우에 과실범의 공동정범을 인정할 것인지 문제된다. 즉 과실행위를 한 각 가담자가 발생한 결과 전부에 대하여 책임을 질 것인지의 문제이다.

Thema 정리 **과실범의 공동정범의 인정여부**

긍정설	행위공동설(판례)	공동의 의사도 행위를 공동으로 할 의사로 족하므로 과실범의 공동정범도 인정된다고 하는 견해
	공동행위 주체설	공동행위주체가 성립되어 각자가 실행행위를 분담하는 이상 과실로 결과를 낼 때에도 공동정범을 인정할 수 있다고 하는 견해
	기능적 행위지배설	주의의무위반의 공동과 과실행위에 대한 기능적 행위지배가 있으면 과실범의 공동정범이 성립될 수 있다고 보는 견해

	과실공동 · 행위공동설	주의의무위반과 구성요건을 실현하는 행위의 공동이 있으면 과실범의 공동정범이 성립할 수 있다는 견해
부정설	범죄공동설, 목적적 행위지배설, 기능적 행위지배설	
	부정설에 따르면 다수인이 동시범으로 처벌됨	

○ 형법 제30조에 공동하여 죄를 범한 때의 죄는 고의범이고 과실범이고를 불문한다고 해석하여야 할 것이고 따라서 공동정범의 주관적 요건인 공동의 의사도 고의를 공동으로 가질 의사임을 필요로 하지 않고 고의 행위이고 과실 행위이고 간에 그 행위를 공동으로 할 의사이면 족하다고 해석하여야 할 것이므로 2인 이상이 어떠한 과실 행위를 서로의 의사연락 아래 하여 범죄되는 결과를 발생케 한 것이라면 여기에 **과실범의 공동정범**이 성립되는 것이다(대판 1962.3.29, 4294형상598).

관련 판례 **과실범의 공동정범을 인정한 경우**

1) 운전병이 운전하던 **짚차의 선임 탑승자**는 이 운전병의 안전운행을 감독하여야 할 책임이 있는데 오히려 운전병을 데리고 주점에 들어가서 같이 음주한 다음 운전케 한 결과 위 운전병이 음주로 인하여 취한 탓으로 사고가 발생한 경우에는 위 선임 탑승자에게도 과실범의 공동정범이 성립한다(대판 1979.8.21, 79도1249).
2) 피고인이 정기관사의 지휘감독을 받는 부기관사이기는 하나 이와 같이 위 **열차의 퇴행**에 관하여 상론 동의한 이상 이에 과실이 있다면 과실책임을 면할 수 없다(대판 1982.6.8, 82도781).
   [사실관계] 열차를 퇴행하다가 다른 열차와 충돌한 경우
3) **[삼풍백화점붕괴사건]** 건물(삼풍백화점) 붕괴의 원인이 건축계획의 수립, 건축설계, 건축공사공정, 건물완공 후의 유지관리 등에 있어서의 과실이 복합적으로 작용한 데에 있다고 보아 각 단계별 관련자들을 업무상과실치사상죄의 공동정범으로 처단한 사례(대판 1996.8.23, 96도1231)
4) **[성수대교붕괴사건]** 교량을 건설하는데 있어 甲은 부실공사를 하고 乙은 공사감독공무원으로서 공사감독을 소홀히 하고 교량이 완성된 후에는 교량의 유지·관리를 담당하는 丙이 유지·관리를 소홀히 한 바람에 결국 다리가 붕괴되어 지나가던 사람이 사망한 경우 甲·乙·丙은 **업무상과실치사죄**의 공동정범이 된다(대판 1997.11.28, 97도1740).

관련 판례 **과실범의 공동정범을 부정한 경우**

피고인이 **운전자의 부탁**으로 차량의 조수석에 동승한 후, 운전자의 차량운전행위를 살펴보고 잘못된 점이 있으면 이를 지적하여 교정해 주려 했던 것에 그치고 전문적인 운전교습자가 피교습자에 대하여 차량운행에 관해 모든 지시를 하는 경우와 같이 주도적 지위에서 동 차량을 운행할 의도가 있었다거나 실제로 그같은 운행을 하였다고 보기 어렵다면 그같은 운행 중에 야기된 사고에 대하여 과실범의 공동정범의 책임을 물을 수 없다(대판 1984.3.13, 82도3136).

4 공모공동정범[36]

공모공동정범이란 일정한 범죄를 실현하고자 2인 이상이 공모하여 공모자 중의 일부만 실행행위에 나아간 경우에 실행행위를 분담하지 아니한 다른 공모자에게도 공동정범의 성립을 인정할 것인지의 문제이다.

판례는 공모공동정범을 인정하고 있다. 다만 최근에 "공모자가 공모공동정범으로 인정되기 위해서는 그가 단순히 공모자에 그치는 것이 아니라 범죄에 대한 본질적 기여를 통한 기능적 행위지배가 존재하여야 한다."고 하여 공모공동정범의 성립범위를 제한하는 경향을 보이고 있다.

ㅇ **[공모공동정범에 있어서 공모관계의 성립 요건]** 2인 이상이 범죄에 공동 가공하는 공범관계에서 공모는 법률상 어떤 정형을 요구하는 것이 아니고 2인 이상이 공모하여 어느 범죄에 공동 가공하여 그 범죄를 실현하려는 의사의 결합만 있으면 되는 것으로서, 비록 전체의 모의과정이 없었다고 하더라도 수인 사이에 순차적으로 또는 암묵적으로 상통하여 그 의사의 결합이 이루어지면 공모관계가 성립하고, 이러한 공모가 이루어진 이상 실행행위에 직접 관여하지 아니한 자라도 다른 공모자의 행위에 대하여 공동정범으로서의 형사책임을 진다(대판 2000.11.10, 2000도3483 ; 대판 2014.11.13, 2014도8838).

ㅇ **[뇌물공여확인결재 사건]** 형법 제30조의 공동정범은 공동가공의 의사와 그 공동의사에 의한 기능적 행위지배를 통한 범죄실행이라는 주관적·객관적 요건을 충족함으로써 성립하므로, 공모자 중 구성요건행위를 직접 분담하여 실행하지 아니한 사람도 위 요건의 충족 여부에 따라 이른바 공모공동정범으로서의 죄책을 질 수도 있다. 한편 구성요건행위를 직접 분담하여 실행하지 아니한 공모자가 공모공동정범으로 인정되기 위하여는 전체 범죄에 있어서 그가 차지하는 지위·역할이나 범죄경과에 대한 지배 내지 장악력 등을 종합하여 그가 단순한 공모자에 그치는 것이 아니라 **범죄에 대한 본질적 기여를 통한 기능적 행위지배**가 존재하는 것으로 인정되어야 한다(대판 2010.7.15, 2010도3544).

[사실관계] 건설관련 회사의 유일한 지배자가 회사 대표의 지위에서 장기간에 걸쳐 건설공사 현장소장들의 뇌물공여행위를 보고받고 이를 확인·결재하는 등의 방법으로 위 행위에 관여한 경우, 비록 사전에 구체적인 대상 및 액수를 정하여 뇌물공여를 지시하지 아니하였다고 하더라도 그 **핵심적 경과를 계획적으로 조종하거나 촉진하는 등으로 기능적 행위지배**를 하였다고 보아 공모공동정범의 죄책을 인정하여야 한다.

Thema 정리 공모공동정범의 인정여부

긍정설	공동의사 주체설 (판례)	2인 이상이 일정한 범죄를 실현하려는 공동목적하에 일심동체를 이루면 공동의사주체가 형성되어 그중 일부가 범죄를 실행해도 공동의사주체의 행위가 되어 직접 실행행위를 분담하지 아니한 단순공모자도 공동정범이 됨
	간접정범유사설 (일부 판례)	단순한 공모자라도 타인과 공동하여 타인의 행위를 이용하여 자신의 범죄의사를 실행한 점에서 간접정범에 유사한 공동정범이 됨
	적극이용설	공모자의 이용행위를 실행행위와 가치적으로 동일시할 수 있는 적극적 이용행위에 국한시켜 이를 실행행위의 형태로 인정함
부정설 (통설)	실행행위를 분담한 때에만 공동정범의 객관적 요건이 충족되므로 공모공동정범의 개념은 인정할 수 없고, 공모자는 가공의 정도에 따라 교사나 방조의 책임을 짐	

36) 2014년 법원행정고등고시 순차적·암묵적 공모 / 공모공동정범 사례

관련 판례 **공모공동정범을 인정한 경우**

1) 공모공동정범은 공동범행의 인식으로 범죄를 실행하는 것으로 공동의사주체로서의 집단 전체의 하나의 범죄행위의 실행이 있음으로써 성립하고 공모자 모두가 그 실행행위를 분담하여 이를 실행할 필요가 없고 실행행위를 분담하지 않아도 공모에 의하여 수인 간에 공동의사주체가 형성되어 범죄의 실행행위가 있으면 실행행위를 분담하지 않았다고 하더라도 공동의사주체로서 정범의 죄책을 면할 수 없다(대판 1983.3.8, 82도3248). → 공동의사주체설의 입장으로 해석되는 판결

2) 공모공동정범이 성립되려면 두 사람 이상이 공동의 의사로 특정한 범죄행위를 하기 위하여 일체가 되어 서로가 다른 사람의 행위를 이용하여 각자 자기의 의사를 실행에 옮기는 것을 내용으로 하는 모의를 하여 그에 따라 범죄를 실행한 사실이 인정되어야 하고, 이와 같이 공모에 참여한 사실이 인정되는 이상 직접 실행행위에 관여하지 안했더라도 다른 사람의 행위를 자기의사의 수단으로 하여 범죄를 하였다는 점에서 자기가 직접 실행행위를 분담한 경우와 형사책임의 성립에 차이를 둘 이유가 없다(대판 1988.4.12, 87도2368). → 간접정범유사설의 입장으로 해석되는 판결

3) 피고인이 여러 공범들과 피해자를 상해하기로 공모하고, 피고인 등은 상피고인의 사무실에서 대기하고, 실행행위를 분담한 공모자 일부가 사건현장에 가서 위 피해자를 상해하여 사망케 하였다면 피고인은 **상해치사범죄의 공동정범**에 해당한다(대판 1991.10.11, 91도1755).

4) 유가증권의 허위작성행위 자체에는 직접관여한 바 없다 하더라도 타인에게 그 작성을 부탁하여 의사연락이 되고 그 타인으로 하여금 범행을 하게 하였다면 공모공동정범에 의한 허위작성죄가 성립한다(대판 1985.8.20, 83도2575).

5) 전국노점상총연합회가 주관한 도로행진시위에 단순가담자로 참가한 피고인이 다른 시위 참가들과 함께 경찰관 등에 대한 특수공무집행방해 행위를 하던 중 체포된 경우, 단순 가담자인 피고인에게 체포된 이후에 이루어진 다른 시위참가자들의 범행에 대하여는 본질적 기여를 통한 기능적 행위지배가 존재한다고 보기 어려워 **특수공무집행방해치상**에 관한 **공모공동정범**의 죄책을 인정할 수 없다(대판 2009.6.23, 2009도2994). → 단순한 공모자에 그치므로 범죄에 대한 본질적 기여를 통한 기능적 행위지배가 존재하지 않아 공모공동정범의 죄책을 인정할 수 없다는 취지

6) 공범자들 사이에 그 알선 등과 관련하여 금품이나 이익을 수수하기로 명시적 또는 암묵적인 공모관계가 성립하고 그 공모 내용에 따라 공범자 중 1인이 금품이나 이익을 수수하였다면, 사전에 특정 금액 이하로만 받기로 약정하였다든가 수수한 금액이 공모 과정에서 도저히 예상할 수 없는 고액이라는 등과 같은 **특별한 사정이 없는 한**, 그 **수수한 금품이나 이익 전부**에 관하여 위 각 죄의 공모공동정범이 성립하는 것이며, / 수수할 금품이나 이익의 규모나 정도 등에 대하여 사전에 서로 의사의 연락이 있거나 수수한 금품 등의 구체적 금액을 공범자가 알아야 공모공동정범이 성립하는 것은 아니다(대판 2010.10.14, 2010도387 ; 대판 2014.12.24, 2014도10199).

7) 공모공동정범의 경우, 범죄의 수단과 태양, 가담하는 인원과 그 성향, 범행 시간과 장소의 특성, 범행과정에서 타인과의 접촉 가능성과 예상되는 반응 등 제반 상황에 비추어, 공모자들이 그 공모한 범행을 수행하거나 목적 달성을 위해 나아가는 도중에 **부수적인 다른 범죄가 파생되리라고 예상하거나 충분히 예상**할 수 있는데도 그러한 가능성을 외면한 채 이를 방지하기에 족한 합리적인 조치를 취하지 아니하고 공모한 범행에 나아갔다가 결국 그와 같이 예상되던 범행들이 발생하였다면, 비록 그 파생적인 범행 하나하나에

대하여 개별적인 의사의 연락이 없었다 하더라도 당초의 공모자들 사이에 그 **범행 전부**에 대하여 암묵적인 공모는 물론 그에 대한 기능적 행위지배가 존재한다고 보아야 한다(대판 2010.12.23, 2010도7412 ; 대판 2018.4.19, 2017도14322 全合).

8) 갑 주식회사의 협력업체 소속 근로자인 피고인들을 비롯한 10인이 갑 회사 정문 앞 등에서 **1인은** 고용보장 등의 주장 내용이 담긴 **피켓을 들고 다른 2~4인은 그 옆에 서 있는 방법**으로 6일간 총 17회에 걸쳐 미신고 옥외시위를 공모, 공동주최한 경우 구체적 실행행위에 직접 관여하였는지와 관계없이 공모공동정범에 의한 주최자로서 책임을 물을 수 있다(대판 2011.9.29, 2009도2821).
→ 신고대상이 되지 아니하는 이른바 '1인 시위'에 해당하지 않는다는 취지

9) 형법 제30조의 공동정범은 공동가공의 의사와 그 공동의사에 의한 기능적 행위지배를 통한 범죄실행이라는 주관적·객관적 요건을 충족함으로써 성립하므로, 공모자 중 구성요건행위를 직접 분담하여 실행하지 아니한 사람도 위 요건을 충족하면 공모공동정범으로서의 죄책을 진다. 따라서 **배임증재의 공모공동정범**이 다른 공모공동정범에 의하여 수재자에게 재물 또는 재산상 이익이 제공되는 방법을 구체적으로 몰랐다고 하더라도 공모관계를 부정할 수 없다(대판 2015.7.23, 2015도3080).

10) **[국가장학금 사기사건]** ○○대학교 이사장 甲과 총장 乙은 재학생충원율을 높이기 위하여 체육특기생을 모집하였는데, 수업에 출석하지 않은 학생에게는 훈련 여부도 확인하지 않은 채 일괄하여 훈련에 따른 공결로 처리하도록 하고 시험에서는 시험감독관들에게 휴대전화로 답안을 검색하는 것을 방관하고 아예 정답을 알려주거나 대필해주도록 하였다. 이에 따라 실제로 정상적으로 학점을 이수하지도 않아 국가장학금을 신청할 자격이 없는 특기생들로 하여금 형식적으로 자격요건을 갖춰 국가장학금을 신청·교부받았다. 甲과 乙은 훈련에 따른 공결처리, 시험에서의 부정행위를 직접 실행하지 아니하였어도 국가장학금에 대한 사기죄의 공모공동정범이 성립한다(대판 2017.1.12, 2016도15470).

11) **[국가정보원 사이버팀의 인터넷 댓글 게시 등 사건]** 피고인이 범죄의 주관적 요소인 **공모관계를 부인하는 경우**에는 사물의 성질상 이와 상당한 관련성이 있는 간접사실 또는 정황사실을 증명하는 방법으로 이를 증명할 수밖에 없다(대판 2018.4.19, 2017도14322 全合).

5 공모관계 이탈[37)]

공모공동정범에 있어서 공모가 이루어진 후 다른 공모자가 실행에 착수하기 이전에 공모자 중 1인이 이탈한 경우에 이탈자의 공모공동정범의 성립을 인정할 것인지의 문제이다.

Thema 정리 공모관계 이탈 정리

- 실행의 착수 전 이탈
  - 공동정범 ×(∵ 이탈로 인하여 공모관계 소멸)
  - 범행에 주도적 기여한 경우 : 실행에 미친 영향력을 제거해야
- 실행의 착수 후 이탈
  - 다른 공범자에 의해 기수에 이른 경우 : 기수책임
  - 공범과 중지미수의 문제

(1) 실행의 착수 전 이탈

① 다른 공모자가 실행의 착수하기 전에 공모관계에서 이탈한 때에는 공동정범이 성립하지 않는다.

37) 2014년 법무사시험

② 이탈자가 범행에 주도적으로 기여하지 않은 경우 이탈의 의사표시만으로 공모관계로부터의 이탈이 인정된다.

ㅇ **[저수지살해사건]** 공모공동정범에 있어서 그 공모자 중의 1인이 다른 공모자가 **실행행위에 이르기 전**에 그 공모관계에서 이탈한 때에는 그 이후의 다른 공모자의 행위에 관하여 공동정범으로서의 책임은 지지 않는다고 할 것이고 그 이탈의 표시는 반드시 명시적임을 요하지 않는다(대판 1986.1.21, 85도2371).

[사실관계] 구체적인 살해방법이 확정되어 피고인을 제외한 나머지 공범들이 피해자의 팔, 다리를 묶어 **저수지** 안으로 던지는 순간에 피해자에 대한 살인행위의 실행의 착수가 있다 할 것이고 따라서 피고인은 살해모의에는 가담하였으나 다른 공모자들이 실행행위에 이르기 전에 그 공모관계에서 이탈하였다 할 것이고 그렇다면 피고인이 위 공모관계에서 이탈한 이후의 다른 공모자의 행위에 관하여는 공동정범으로서의 책임을 지지 않는다고 한 사례

ㅇ 범죄단체조직의 조직원인 피고인이 다른 사람들과 함께 술을 마시고 있다가 같은 조직원으로부터 연락을 받고 집결지에 갔으나 반대파 조직에게 보복을 하러 간다는 말을 듣고 다른 조직원들이 여러 대의 차에 분승하여 출발하려고 할 때 사태의 심각성을 실감하고 범행에 휘말리기 싫어서 그곳에서 택시를 타고 귀가하였다면, 공모관계에서 이탈한 것에 해당한다(대판 1996.1.26, 94도2654).
∵ 다른 조직원들이 범행에 이르기 전에 그 공모관계에서 이탈한 것이므로

③ 이탈자가 범행에 주도적 기여한 경우(예 주모자의 경우) 공모에 의하여 담당한 기능적 행위지배를 해소하는 것이 필요하므로 적극적으로 실행에 미친 영향력을 제거하기 위한 진지한 노력이 있어야 공모관계로부터의 이탈이 인정된다.

ㅇ **[어? 사건]** 공모관계에서의 이탈은 공모자가 공모에 의하여 담당한 기능적 행위지배를 해소하는 것이 필요하므로 공모자가 공모에 **주도적으로 참여**하여 다른 공모자의 실행에 영향을 미친 때에는 범행을 저지하기 위하여 적극적으로 노력하는 등 실행에 미친 영향력을 제거하지 아니하는 한 공모관계에서 이탈하였다고 할 수 없다(대판 2008.4.10, 2008도1274).

[사실관계] 다른 3명의 공모자들과 강도 모의를 하면서 삽을 들고 사람을 때리는 시늉을 하는 등 그 모의를 주도한 피고인이 함께 범행 대상을 물색하다가 다른 공모자들이 강도의 대상을 지목하고 뒤쫓아 가자 단지 "**어?**"라고만 하고 비대한 체격 때문에 뒤따라가지 못한 채 범행현장에서 200m 정도 떨어진 곳에 앉아 있었으나 위 공모자들이 피해자를 쫓아가 강도상해의 범행을 한 경우 다른 공모자가 강도상해죄의 실행에 착수하기까지 범행을 만류하는 등으로 그 공모관계에서 이탈하였다고 볼 수 없으므로 **강도상해죄의 공동정범**으로서의 죄책을 진다고 한 사례

ㅇ **[가출청소년성매매사건]** 갑이 을과 공모하여 **가출 청소년** 병(여, 16세)에게 낙태수술비를 벌도록 해 주겠다고 유인하였고, 을로 하여금 병의 성매매 홍보용 나체사진을 찍도록 하였으며, 병이 중도에 약속을 어길 경우 민형사상 책임을 진다는 각서를 작성하도록 한 후, 자신이 별건으로 체포되어 구치소에 수감 중인 동안 병이 을의 관리 아래 12회에 걸쳐 불특정 다수 남성의 성매수 행위의 상대방이 된 대가로 받은 돈을 병, 을 및 갑의 처 등이 나누어 사용한 경우, 병의 **성매매** 기간 동안 갑이 수감되어 있었다 하더라도 위 갑은 을과 함께 미성년자유인죄, 구 청소년의 성보호에 관한 법률 위반죄의 책임을 진다(대판 2010.9.9, 2010도6924).
→ 공모자가 구속되었다는 등의 사유만으로 공모관계에서 이탈하였다고 할 수 없다는 취지

(2) **실행의 착수 후 이탈**

① 다른 공모자가 이미 실행에 착수한 이후에는 그 공모관계에서 이탈하였다고 하더라도 공동정범의 책임을 면할 수 없다.

> ㅇ **[삼호주얼리호 소말리아해적사건]** 해적들인 피고인들이 두목의 사전지시에 따라 해군의 구출작전에 대항하여 선원들을 윙브리지로 세워 해군의 위협사격을 받게 함으로써 '인간방패'로 사용한 경우, (이러한 행위가 사전공모에 따른 것이라면) **선원들을 윙브리지로 내몰았을 당시** 총을 버리고 도망갔다고 하더라도 공모관계에서 이탈한 것으로 볼 수 없다(대판 2011.12.22, 2011도12927).
> **[판결이유]** 해적들 사이에는 해군이 다시 구출작전에 나설 경우 선원들을 '인간방패'로 사용하는 것에 관하여 사전 공모가 있었고, 해군의 총격이 있는 상황에서 선원들을 윙브리지로 내몰 경우 선원들이 사망할 수 있다는 점을 당연히 예견하고 나아가 이를 용인하였다고 할 것이므로 살인의 미필적 고의 또한 인정되며, 나아가 **선원들을 윙브리지로 내몰았을 때** 살해행위의 실행에 착수한 것이다. 그리고 위와 같은 행위는 사전 공모에 따른 것으로서 피고인들이 당시 총을 버리고 도망갔다고 하더라도 그것만으로는 공모관계에서 이탈한 것으로 볼 수 없다.
> → 선원들에 대한 해상강도살인미수의 공동정범(∵ 공모관계이탈 ×), 이외에도 군인들에 대한 해상강도살인미수의 공동정범(∵ 기능적 행위지배인정)의 성립이 인정됨

② 다른 공범자에 의해 그 범죄가 기수에 이른 때에는 공범관계에서 이탈하였더라도 기수로 처벌받는다.

> ㅇ 피고인 등이 금품을 강취할 것을 공모하고 피고인은 집 밖에서 망을 보기로 하였으나, 다른 공모자들이 피해자의 집에 침입한 후 담배를 사기 위해서 망을 보지 않았다고 하더라도, 강도상해죄의 공동정범의 죄책을 면할 수가 없다(대판 1984.1.31, 83도2941).
>
> ㅇ **[시세조종사건]** 피고인이 **포괄일죄**의 관계에 있는 범행의 일부를 **실행한 후** 공범관계에서 이탈하였으나 다른 공범자에 의하여 나머지 범행이 이루어진 경우, 피고인이 관여하지 않은 부분에 대하여도 죄책을 부담한다(대판 2011.1.13, 2010도9927).
> **[사실관계]** 피고인이 갑 투자금융회사에 입사하여 다른 공범들과 특정 회사 주식의 시세조종 주문을 내기로 공모한 다음 시세조종행위의 일부를 실행한 후 갑 회사로부터 해고를 당하여 공범관계로부터 이탈하였고, 다른 공범들이 그 이후의 나머지 시세조종행위를 계속한 경우

③ 다만 중지미수의 성립이 문제될 수 있다. 이는 공범과 중지미수의 문제이므로 공모자 중 1인에게 중지미수가 성립하려면 다른 공모자 전원의 실행행위를 중지시키거나 모든 결과발생을 방지하여야 한다.

Ⅳ 처벌

1 일부실행 · 전부책임

(1) 공동정범은 각자를 그 죄의 정범으로 처벌한다(제30조).

(2) 구성요건 중 일부만 실행한 자라도 실현된 전체 범죄에 대하여 정범으로 처벌된다.

(3) 각자를 그 죄의 정범으로 처벌한다는 것은 그 법정형이 동일하다는 의미이고, 범행에서의 역할이나 개별적 양형참작사유에 따라 처단형이나 선고형은 다를 수 있다. 책임조각사유, 형의 가중·감경사유, 인적 처벌조각사유 등은 그러한 사유가 있는 자에게만 적용된다(책임개별화원칙).

2 인과관계

공동정범의 인과관계는 공동정범 모두의 행위와 발생한 결과를 종합적·전체적으로 고려하여 확정한다.

3 미수

공동정범의 미수는 공동정범 모두 범죄를 완성하지 못한 경우에 성립한다. 공동정범 중 1인의 행위가 미수에 그치더라도 다른 공동정범에 의하여 범죄가 기수에 이르면 전원이 기수의 책임을 진다.

ㅇ 다른 공범의 범행을 중지하게 하지 아니한 이상 자기만의 범의를 철회, 포기하여도 중지미수로는 인정될 수 없다(대판 2005.2.25, 2004도8259).
[사실관계] 甲은 乙과 합동하여 피해자를 텐트 안으로 끌고 간 후 甲, 乙 순으로 성관계를 하기로 하고 乙은 위 텐트 밖으로 나와 주변에서 망을 보고 甲은 피해자의 옷을 모두 벗기고 피해자의 반항을 억압한 후 피해자를 1회 간음하여 강간하고, 이어 乙이 위 텐트 안으로 들어가 피해자를 강간하려 하였으나 피해자가 반항을 하며 강간을 하지 말아 달라고 사정을 하여 강간을 하지 않았다 하더라도 甲이 乙과의 공모하에 강간행위에 나아간 이상 비록 乙이 강간행위에 나아가지 않았다 하더라도 乙에 대하여는 중지미수가 인정되지 아니한다.

V 동시범

제19조【독립행위의 경합】
동시 또는 이시의 독립행위가 경합한 경우에 그 결과발생의 원인된 행위가 판명되지 아니한 때에는 각 행위를 미수범으로 처벌한다.

제263조【동시범】
독립행위가 경합하여 상해의 결과를 발생하게 한 경우에 있어서 원인된 행위가 판명되지 아니한 때에는 공동정범의 예에 의한다.

1 의의

동시범(독립행위의 경합)이란 2인 이상이 상호 간에 공동가공의 의사 없이 동일객체에 대해서 동시 또는 이시에 각자 범죄를 실행하는 경우를 말한다.

예 甲과 乙이 각각 살인의 고의로 A에게 총을 쏘아 A가 사망한 경우

ㅇ 2인 이상이 **상호의사의 연락이 없이** 동시에 범죄구성요건에 해당하는 행위를 하였을 때에는 원칙적으로 각인에 대하여 그 죄를 논하여야 하나, 그 결과발생의 원인이 된 행위가 분명하지 아니한 때에는 각 행위자를 미수범으로 처벌하고(**독립행위의 경합**), 이 독립행위가 경합하여 특히 상해의 경우에는 공동정범의 예에 따라 처단(**동시범**)하는 것이므로, / **상호의사의 연락이 있어 공동정범**이 성립한다면, 독립행위경합 등의 문제는 아예 제기될 여지가 없다(대판 1997.11.28, 97도1740).

2 원인행위가 판명된 동시범

동시범에 있어서 결과발생의 원인된 행위가 판명된 때에는 각자 그 밝혀진 원인에 따라 기수 내지 미수로 처벌한다(개별책임의 원칙).

3 원인행위가 판명되지 아니한 동시범(제19조)

(1) 의의

동시범에 있어서 결과발생의 원인된 행위가 판명되지 아니한 때에는 각 행위를 미수범으로 처벌한다(제19조). 예 甲과 乙이 각자 살인의 고의로 A에게 총을 쏘았는데 그중 한발의 총알만이 명중하여 A가 사망하였는데 누구의 총알인지 알 수 없는 경우

(2) 적용요건

① 2인 이상이 의사연락(공모) 없이 동일한 객체에 대하여 각자 실행행위를 하여야 한다.

> ㅇ 독립행위가 경합하여 특히 상해의 결과를 발생하게 하고 그 결과발생의 원인이 된 행위가 밝혀지지 아니한 경우에는 공동정범의 예에 따라 처단(동시범)하는 것이므로 공범관계에 있어 **공동가공의 의사가 있었다면** 이에는 도시 **동시범 등의 문제는 제기될 여지가 없다**(대판 1985.12.10, 85도1892).
> **[사실관계]** 처음에는 甲이, 그 다음에는 甲의 연락을 받고 온 乙과 丙이 함께 잡귀를 물리친다면서 피해자의 팔과 다리를 붙잡고 배와 가슴을 손과 무릎으로 힘껏 누르고 밟아 피해자가 복강내출혈로 사망에 이르렀으나 원인행위가 판명되지 아니한 경우에는 동시범의 문제가 발생하지 않는다.

② 동시 또는 이시의 독립행위의 경합도 가능하다. 즉, 반드시 시간적으로 동일할 필요도 없을 뿐더러, 반드시 장소적으로 동일할 필요도 없다.

③ 결과발생의 원인된 행위가 판명되지 아니하여야 한다.

(3) 처벌

인과관계가 밝혀지지 않았지만 인과관계가 부정되는 것으로 보아 각자 그 고의행위의 미수범으로 처벌한다(제19조). ∵ 의심스러울 때는 피고인의 이익으로라는 원칙

4 상해죄의 동시범의 특례(제263조) 38)

(1) 의의

제263조의 동시범의 특례(상해죄의 동시범 특례)란 상해의 동시범에 있어서는 원인행위가 판명되지 아니한 때에도 의사연락이 있었던 것과 같이 공동정범으로 처벌한다는 것이다. 이는 집단범죄에 대한 정책적 고려와 처벌상의 흠결을 방지하기 위한 제19조에 대한 특례규정이다.

(2) 법적 성질(거증책임전환)

피고인에게 자신의 행위로 인하여 상해의 결과가 발생하지 않았음을 증명할 책임을 지우는 규정이라고 보는 것이 다수의 견해이다.

---

38) 2005년 법원사무관승진시험, 2019년 법원행정고등고시(25점), 2021년 변호사시험

ㅇ 피고인은 자신의 행위와 상해의 결과 사이에 개별 인과관계가 존재하지 않음을 입증하여 상해의 결과에 대한 책임에서 벗어날 수 있다(헌재결 2018.3.28, 2017헌가10).

(3) 적용범위

① 상해죄의 동시범 특례규정은 상해죄, 폭행치상죄, 상해치사죄, 폭행치사죄에 적용된다.

② 상해죄의 동시범 특례규정은 보호법익을 달리하는 강도치상죄, 강간치상죄, (업무상) 과실치사상죄에는 적용되지 않는다.

관련 판례 상해죄의 동시범 특례 적용범위

1) 상해죄의 동시범 특례 규정은 **폭행치사죄**에 대해 적용된다(대판 1970.6.30, 70도991).

2) 형법 제263조의 동시범은 상해와 폭행죄에 관한 특별규정으로서 동 규정은 그 보호법익을 달리하는 **강간치상죄**에는 적용할 수 없다(대판 1984.4.24, 84도372).

3) **시간적 차이가 있는 독립된 상해행위나 폭행행위**가 경합하여 사망의 결과가 일어나고 그 사망의 원인된 행위가 판명되지 않은 경우에는 공동정범의 예에 의하여 처벌할 것이다(대판 2000.7.28, 2000도2466).
[사실관계] 甲은 이미 2시간 전쯤 乙의 가해행위에 의해서 부상을 당하여 의자에 누워있던 丙을 밀어 땅바닥에 떨어지게 하였는데, 그 후 丙이 사망하였으나 그 사망의 원인이 甲의 가해행위 때문인지 아니면 乙의 가해행위 때문인지 밝혀지지 않은 경우 甲에게는 **폭행치사죄**가 성립한다.

4) 상해죄에 있어서의 동시범은 두 사람 이상이 가해행위를 하여 상해의 결과를 가져올 경우에 그 상해가 어느 사람의 가해행위로 인한 것인지가 분명치 않다면 가해자 모두를 공동정범으로 본다는 것이므로 **가해행위를 한 것 자체가 분명치 않은 사람**에 대하여는 동시범으로 다스릴 수 없다(대판 1984.5.15, 84도488).

(4) 처벌

독립행위가 경합하여 상해의 결과를 발생하게 한 경우에 있어서 원인된 행위가 판명되지 아니한 때에는 공동정범의 예에 의한다(제263조). 따라서 공동정범처럼 각자 정범으로 처벌된다(일부실행・전부책임원칙).

VI 합동범 39)

1 의의

(1) 합동범이란 구성요건상 '2인 이상이 합동하여' 죄를 범한 경우 형이 가중처벌되는 범죄를 말한다.

(2) 형법상 합동범으로는 특수절도(제331조 제2항), 특수강도(제334조 제2항), 특수도주(제146조)가 있고, 성폭력범죄처벌법상 특수강간 등이 있다. "절강도(성)"

39) 2014년 법무사시험 합동범의 본질(합동의 의미) / 합동범의 공동정범의 인정여부

2 합동범의 본질

합동범은 '2인 이상이 공동하여' 죄를 범하는 공동정범과 유사하나, 합동이란 다수인의 시간적·장소적 협동(현장성)을 의미한다는 견해(**현장설**)가 판례의 입장이다. 그러므로 합동은 공동보다 좁은 의미이다.

o **[합동범의 성립요건]** 40) 합동범은 주관적 요건으로서 공모 외에 객관적 요건으로서 현장에서의 실행행위의 분담을 요하나 이 실행행위의 분담은 반드시 동시에 동일장소에서 실행행위를 특정하여 분담하는 것만을 뜻하는 것이 아니라 시간적으로나 장소적으로 서로 협동관계에 있다고 볼 수 있으면 충분하다(대판 1992.7.28, 92도917).

o 공범이 절취행위를 하는 동안 피해자 집 안의 가까운 곳에 **대기하고 있다가 절취품을 가지고 같이 나온 경우** 합동범이 된다(대판 1996.3.22, 96도313). ∴ 특수절도죄 ○

o 두 사람이 공모 합동하여 타인의 재물을 절취하려고 **한 사람은 망을 보고** 또 한 사람은 기구를 가지고 출입문의 자물쇠를 떼어내거나 출입문의 환기창문을 열었다면 특수절도죄의 실행에 착수한 것이다(대판 1986.7.8, 86도843).

o 피고인들에게는 강간범행에 대한 공동가공의 의사가 암묵리에 서로 상통하여 그 의사의 결합이 이루어져 있었다고 보아야 하고, 강간범행도 양인이 연속적으로 행하면서 상대방이 강간범행의 실행행위를 하는 동안에 **방문 밖에서 교대로 대기**하고 있었던 이상 강간범행의 실행행위도 시간적으로나 장소적으로 협동관계에 있었다고 인정된다(대판 1996.7.12, 95도2655).
∴ 성폭력범죄의 처벌 및 피해자보호 등에 관한 법률 제6조 제1항의 특수강간죄 ○

o 피고인 등이 비록 특정한 1명씩의 피해자만 강간하거나 강간하려고 하였다 하더라도, 사전의 모의에 따라 강간할 목적으로 심야에 인가에서 멀리 떨어져 있어 쉽게 도망할 수 없는 야산으로 피해자들을 유인한 다음 곧바로 암묵적인 합의에 따라 각자 마음에 드는 피해자들을 데리고 불과 100m 이내의 거리에 있는 곳으로 흩어져 동시 또는 순차적으로 피해자들을 각각 강간하였다면, 그 각 강간의 실행행위도 **시간적으로나 장소적으로 협동관계**에 있었다고 보아야 할 것이므로, 피해자 3명 모두에 대한 특수강간죄 등이 성립된다(대판 2004.8.20, 2004도2870).

Thema 정리 **합동범의 본질과 공동정범 학설 정리**

1. **공모공동정범설** : 합동에는 공모공동정범 포함
   → 실행행위분담 불요, 공모 있으면 합동범 성립
2. **가중적 공동정범설** : 합동 = 공동, 공동정범이지만 집단범죄에 대한 대책으로 형을 가중한 것
   → 공동이 있어야 합동범 성립(공동실행의사와 실행행위의 분담 필요), 현장에의 집합 불요
3. **현장설** : 합동 < 공동, 합동이란 현장성을 요함, 즉 다수인의 시간적·장소적 협동을 요함
   → 현장에의 집합을 요, 현장에 가지 않은 자에게는 합동범의 공동정범 성립 ×
4. **현장적 공동정범설** : 합동 < 공동, 현장성을 요하지만 합동범도 공동정범이므로 합동범에서도 공동정범과 교사·방조범의 구별은 일반원칙에 따름

40) 2019년 변호사시험 집 밖에서 망을 보는 행위가 시간적 장소적 협동에 해당하는지 여부

3 합동범의 공동정범

(1) 합동범의 공모에는 참여하였으나 현장에서 실행행위를 직접 분담하지 아니한 다른 범인에 대하여도 합동범의 공동정범을 인정할 수 있는지 문제된다.

(2) 판례는 공동정범의 일반이론에 비추어 현장에서 범행을 실행한 2인 이상의 범인의 행위를 자기 의사의 수단으로 하여 범행을 저질렀다고 평가할 수 있는 정범성의 표지를 갖추고 있는 한 합동범의 공동정범의 성립을 인정하고 있다. → 종래 부정설의 입장에서 긍정설의 입장으로 변경하였음

ㅇ **[삐끼주점지배인 특수절도공동정범사건]** 3인 이상의 범인이 합동절도의 범행을 공모한 후 적어도 2인 이상의 범인이 범행 현장에서 시간적, 장소적으로 협동관계를 이루어 절도의 실행행위를 분담하여 절도 범행을 한 경우에는 공동정범의 일반 이론에 비추어 그 공모에는 참여하였으나 현장에서 절도의 실행행위를 직접 분담하지 아니한 다른 범인에 대하여도 그가 현장에서 절도 범행을 실행한 위 2인 이상의 범인의 행위를 자기 의사의 수단으로 하여 합동절도의 범행을 하였다고 평가할 수 있는 정범성의 표지를 갖추고 있다고 보여지는 한 그 다른 범인에 대하여 합동절도의 공동정범의 성립을 부정할 이유가 없다고 할 것이다. (형법 제331조 제2항 후단의 규정이 위와 같이 3인 이상이 공모하고 적어도 2인 이상이 합동절도의 범행을 실행한 경우에 대하여 공동정범의 성립을 부정하는 취지라고 해석할 이유가 없을 뿐만 아니라, 만일 공동정범의 성립가능성을 제한한다면 직접 실행행위에 참여하지 아니하면서 배후에서 합동절도의 범행을 조종하는 수괴는 그 행위의 기여도가 강력함에도 불구하고 공동정범으로 처벌받지 아니하는 불합리한 현상이 나타날 수 있다.) 그러므로 합동절도에서도 공동정범과 교사범·종범의 구별기준은 일반원칙에 따라야 하고, 그 결과 범행현장에 존재하지 아니한 범인도 공동정범이 될 수 있으며, 반대로 상황에 따라서는 장소적으로 협동한 범인도 방조만 한 경우에는 종범으로 처벌될 수도 있다(대판 1998.5.21, 98도321 **全合**).
[사실관계] 삐끼주점의 지배인인 甲이 주점에 남아 손님인 피해자를 감시하는 동안 주점업주 乙과 삐끼 丙, 丁이 그 피해자로부터 강취한 신용카드로 부근의 편의점에 있는 현금자동지급기에서 현금을 인출한 경우 甲에 대하여 합동절도의 공동정범의 성립을 인정한 사례
→ 종래 부정설의 입장에서 긍정설의 입장으로 변경한 판결

ㅇ 甲은 乙으로부터 절도범행을 제의받고 아는 후배를 한 명 소개할테니 함께 하자고 하였으며, 후배 丙을 소개시켜 주었다. 또한 甲은 범행 장소인 회사 사무실 부근까지 동행하였으며, 도중에 이 사건 범행에 사용할 면장갑과 쇼핑백을 구입하여 丙에게 건네주기도 하였다. 그 후 甲은 회사 사무실로부터 불과 약 200m 정도 떨어진 ㅇㅇㅇㅇ 주유소 앞(**범행장소가 보이지 않는 멀리 떨어진 곳**)에서 乙과 丙을 기다리다 이들이 범행을 종료한 후 나오자 함께 이동하였으며, 절취한 현금의 약 1/3에 해당하는 175만원을 분배받았다. 甲이 乙과 丙의 범행동안 망을 보는 행위를 하지는 않았다 하더라도 甲에게는 합동절도의 공동정범이 성립한다(대판 2011.5.13, 2011도2021).
[판결이유] 단순한 공모자에 그치는 것이 아니라 범죄에 대한 본질적 기여를 통한 기능적 행위지배가 존재하는 것으로 인정된다면, 이른바 **공모공동정범**으로서의 죄책을 면할 수 없다.
→ 망을 본 일이 없다고 하더라도 범행에 대한 본질적 기여를 통한 기능적 행위지배를 하였다 할 것이므로 합동절도의 '공모'공동정범의 죄책을 면할 수 없다고 한 사례

ㅇ **[황소절도사건**(종래 부정설에 따른 판결)**]** 형법 제331조 제2항 후단 소정 합동절도에는 주관적 요건으로서 공모 외에 객관적 요건으로서 시간적으로나 장소적으로 협동관계가 있는 실행행위의 분담이 있어야 하므로 "갑"이 공모한 내용대로 국도 상에서 "을", "병" 등이 당일 마을에서 절취하여 온 황소를 대기하였던

트럭에 싣고 운반한 행위는 시간적으로나 장소적으로 절취행위와 협동관계가 있다고 할 수 없어 합동절도죄로 문의할 수는 없으나 공동정범에 있어서 범죄행위를 공모한 후 그 실행행위에 직접 가담하지 아니하더라도 다른 공범자의 죄책을 면할 수 없으니 "갑"의 소위는 본건 공소사실의 범위에 속한다고 보아지므로 "갑"은 **일반 절도죄의 공동정범 또는 합동절도방조**로서의 죄책을 면할 수 없다(대판 1976.7.27, 75도2720).
[사실관계] 甲, 乙, 丙 세 사람이 한자리에 모여 절도 범행을 공모한 후, 공모한 바대로 乙과 丙 두 사람이 직접 A의 집에 들어가 안에 있는 물건을 훔쳐오고 甲은 **A의 집에서 한참 떨어진 현장에서 트럭을 준비하고 대기**하다 乙과 丙이 물건을 가져오자 트럭에 싣고 함께 도주한 사안
→ 현재의 판례법리에 의하면, 甲이 乙과 丙의 행위를 자기 의사의 수단으로 하여 위의 범행을 저질렀다고 평가할 수 있는 정범성의 표지를 갖추고 있는 한 공동정범의 일반이론에 비추어 甲에게는 특수절도죄의 공동정범이 성립한다.
→ 합동절도의 방조 ×, 일반절도죄의 공동정범 ×, 특수절도죄의 공동정범 ○

4 합동범의 교사범 · 종범

합동범에 대한 교사·방조는 현장성을 결여한 자일지라도 가능하다.

5 관련 문제 _ 폭력행위 등 처벌에 관한 법률 제2조 제2항의 공동의 의미

○ 폭력행위 등 처벌에 관한 법률 제2조 제2항의 "2인 이상이 공동하여 전항 게기의 죄를 범한 때"라고 함은 그 수인 간에 소위 공범관계가 존재하는 것을 요건으로 하는 것이고 수인이 동일 장소에서 동일 기회에 상호 다른 자의 범행을 인식하고 이를 이용하여 범행을 한 경우임을 요한다고 할 것이므로 폭행의 실행범과의 공모사실은 인정되나 그와 공동하여 범행에 가담하였거나 범행장소에 있었다고 인정되지 아니하는 경우에는 "공동하여" 죄를 범한 때에 해당하지 아니한다(대판 1990.10.30, 90도2022).
∴ 공동정범의 공동의 의미가 아니라 합동범의 합동의 의미(현장설)라고 보는 판결
[동지판례(피고인들 중 1인이 피해자를 폭행하고 나머지는 이를 휴대전화로 촬영하거나 지켜본 것이 공동폭행에 해당하는지 문제된 사건)**]** **폭행 실행범과의 공모사실이 인정되더라도 그와 공동하여 범행에 가담하였거나 범행장소에 있었다고 인정되지 아니하는 경우**에는 공동하여 죄를 범한 때에 해당하지 않고, 여러 사람이 공동하여 범행을 공모하였다면 그중 **2인 이상이 범행장소에서 실제 범죄의 실행에 이르렀어야** 나머지 공모자에게도 **공모공동정범**이 성립할 수 있을 뿐이다(대판 2023.8.31, 2023도6355).

제4절 교사범

제31조【교사범】
① 타인을 교사하여 죄를 범하게 한 자는 죄를 실행한 자와 동일한 형으로 처벌한다.
② 교사를 받은 자가 범죄의 실행을 승낙하고 실행의 착수에 이르지 아니한 때에는 교사자와 피교사자를 음모 또는 예비에 준하여 처벌한다.
③ 교사를 받은 자가 범죄의 실행을 승낙하지 아니한 때에도 교사자에 대하여는 전항과 같다.

I 서설

1 교사범의 의의

교사범(教唆犯)이란 범죄결의가 없는 타인(정범, 피교사자)으로 하여금 범죄를 결의하게 하여 그 죄를 범하게 한 자를 말한다. 따라서 이미 범죄의 결의를 가지고 있는 자에 대하여는 교사범이 성립할 수 없다. → 교사 = 남을 꾀거나 부추겨서 나쁜 짓을 하게 함

> ㅇ 교사범이란 타인(정범)으로 하여금 범죄를 결의하게 하여 그 죄를 범하게 한 때에 성립하는 것이고 피교사자는 교사범의 교사에 의하여 범죄실행을 결의하여야 하는 것이므로, 피교사자가 이미 범죄의 결의를 가지고 있을 때에는 교사범이 성립할 여지가 없다(대판 1991.5.14, 91도542).

2 독립된 구성요건으로 규정된 경우

자살교사·방조죄(제252조 제2항), 음행매개죄(제242조) 등 교사행위 자체가 각칙에서 독립된 구성요건으로 규정된 경우 총칙상 교사규정(제31조)은 적용되지 않는다. ∵ 각칙 우선

II 성립요건

1 교사자에 관한 요건

(1) **주관적 요건** : 이중의 고의

① 교사자에게는 ㉠ 타인(피교사자)으로 하여금 범행의 결의를 갖게 한다는 '교사의 고의'와 ㉡ 정범에 의해 일정한 구성요건 결과를 실현하겠다는 범죄기수에 대한 고의로서 '정범의 고의'가 모두 필요하다(이중의 고의설).

② 교사자에게는 특정한 피교사자에 대한 고의가 있어야 하지만, 구체적으로 누구인가를 알 필요는 없다.

③ 교사자에게는 특정한 범죄를 교사한다는 고의가 있어야 하지만, 피교사자의 범행의 세부사항(일시, 장소, 실행방법 등)까지 인식해야 하는 것은 아니다.

④ **과실에 의한 교사** : 교사범은 고의범이므로 과실에 의하여는 성립할 수 없다.

⑤ **미수의 교사** : 미수의 교사란 피교사자의 행위가 처음부터 미수에 그칠 것을 예견하면서 교사한 경우를 말한다. 이 경우 교사자에게는 결과발생에 대한 고의, 즉 기수의 고의(교사의 고의)가 없으므로 처벌할 수 없다. 예를 들어 함정수사(agent provocateur)의 경우 교사자는 불가벌이 원칙이다.

(2) **객관적 요건** : 교사행위

① 교사행위란 범죄결의가 없는 피교사자로 하여금 범죄를 결의하게 하는 행위이고, 그 수단과 방법에는 제한이 없다.

o 교사자의 교사행위는 정범에게 범죄의 결의를 가지게 하는 것을 말하는 것으로서, 그 범죄를 결의하게 할 수 있는 것이면 그 수단에는 아무런 제한이 없고, 반드시 명시적·직접적 방법에 의할 것을 요하지도 않는다(대판 2000.2.25, 99도1252).

② 교사범이 성립하기 위해서는 정범으로 하여금 일정한 범죄의 실행을 결의할 정도에 이르게 하면 되는 것이고, 교사자가 피교사자에게 범행의 일시, 장소, 방법 등의 세부적인 사항까지를 특정하여 교사할 필요는 없다.

o [일제드라이버 절도교사사건] 막연히 "범죄를 하라"거나 "절도를 하라"고 하는 등의 행위만으로는 교사행위가 되기에 부족하다 하겠으나, / 타인으로 하여금 일정한 범죄를 실행할 결의를 생기게 하는 행위를 하면 되는 것으로서 교사의 수단방법에 제한이 없다 할 것이므로, 교사범이 성립하기 위하여는 범행의 일시, 장소, 방법 등의 세부적인 사항까지를 특정하여 교사할 필요는 없는 것이고, 정범으로 하여금 일정한 범죄의 실행을 결의할 정도에 이르게 하면 교사범이 성립된다(대판 1991.5.14, 91도542).

③ **부작위에 의한 교사** : 부작위로는 피교사자에게 아무런 영향을 미칠 수 없으므로 교사범이 성립하지 않는다.

2 피교사자에 관한 요건

(1) 피교사자의 범행결의

① 교사범이 성립하려면 교사행위에 의하여 피교사자가 범죄 실행을 결의하여야 한다(인과관계). 교사행위에 의하여 피교사자가 범죄 실행을 결의하였다면 피교사자에게 다른 원인이 있어 범죄를 실행한 경우에도 교사범이 성립한다.

o 교사범이 성립하기 위해 교사범의 교사가 정범의 범행에 대한 유일한 조건일 필요는 없으므로, 교사행위에 의하여 피교사자가 범죄 실행을 결의하게 된 이상 피교사자에게 다른 원인이 있어 범죄를 실행한 경우에도 교사범의 성립에는 영향이 없다(대판 2012.11.15, 2012도7407).

o [일제드라이버 절도교사사건] 교사범의 교사가 정범이 죄를 범한 유일한 조건일 필요는 없으므로, 교사행위에 의하여 정범이 실행을 결의하게 된 이상 비록 정범에게 범죄의 습벽이 있어 그 습벽과 함께 교사행위가 원인이 되어 정범이 범죄를 실행한 경우에도 교사범의 성립에 영향이 없다(대판 1991.5.14, 91도542).

[사실관계] 피고인이 갑, 을, 병이 절취하여 온 장물을 상습으로 19회에 걸쳐 시가의 3분의 1 내지 4분의 1의 가격으로 매수하여 취득하여 오다가, 갑, 을에게 **일제 도라이바 1개를 사주면서 "병이 구속되어 도망다니려면 돈도 필요할텐데 열심히 일을 하라(도둑질을 하라)"**고 말하였다면, 그 취지는 종전에 병과 같이 하던 범위의 절도를 다시 계속하면 그 장물은 매수하여 주겠다는 것으로서 절도의 교사가 있었다고 보아야 한다고 한 사례

② 피교사자가 교사자의 교사행위 당시에는 범행을 승낙하지 않았으나, 이후 그 교사행위에 의하여 범행을 결의한 것으로 인정되는 경우에는 교사범이 성립한다.

ㅇ [낙태교사사건] 피교사자가 교사자의 교사행위 당시에는 일응 범행을 승낙하지 아니한 것으로 보여진다 하더라도 이후 그 교사행위에 의하여 범행을 결의한 것으로 인정되는 이상 교사범의 성립에는 영향이 없다(대판 2013.9.12, 2012도2744).

[사실관계] 피고인이 결혼을 전제로 교제하던 여성 갑의 임신 사실을 알고 수회에 걸쳐 낙태를 권유하였다가 거부당하자, 갑에게 출산 여부는 알아서 하되 더 이상 결혼을 진행하지 않겠다고 통보하고, 이후에도 아이에 대한 친권을 행사할 의사가 없다고 하면서 낙태할 병원을 물색해 주기도 하였는데, 그 후 갑이 피고인에게 알리지 아니한 채 자신이 알아본 병원에서 낙태시술을 받은 경우, 피고인은 갑에게 직접 낙태를 권유할 당시뿐만 아니라 출산 여부는 알아서 하라고 통보한 이후에도 계속 낙태를 교사하였고, 갑은 이로 인하여 낙태를 결의·실행하게 되었다고 보는 것이 타당하며, 갑이 당초 **아이를 낳을 것처럼 말한 사실**이 있다는 사정만으로 피고인의 낙태교사행위와 갑의 낙태결의 사이에 인과관계가 단절되는 것은 아니므로, 피고인에게 낙태교사죄를 인정한 사례

③ **과실범에 대한 교사** : 교사에 의하여 범죄를 결의하게 한 것이 아니므로 교사범은 성립할 수 없고, 간접정범이 성립한다(제34조 제1항).

④ **편면적 교사** : 피교사자가 교사받고 있다는 사실을 알지 못하는 경우 교사에 의하여 피교사자에게 영향을 미칠 수 없으므로 교사범은 성립할 수 없다.

(2) 피교사자의 실행행위

① 교사범이 성립하려면 피교사자가 실행행위에 착수할 것이 필요한다(공범종속성설).

ㅇ 교사범이 성립하기 위해서는 교사자의 교사행위와 정범의 실행행위가 있어야 하는 것이므로, 정범의 성립은 교사범의 구성요건의 일부를 형성하고 교사범이 성립함에는 정범의 범죄행위가 인정되는 것이 그 전제요건이 된다(대판 2000.2.25, 99도1252).

② 정범의 실행행위는 구성요건에 해당하고 위법한 행위이면 족하다(제한적 종속형식).

Ⅲ 교사의 미수

Thema 정리 **교사의 미수 정리**

┌ **협의의 교사의 미수** = 미수범의 교사, 미수범에 대한 교사
└ **기도된 교사** ┌ 효과 없는 교사(제31조 제2항)
　　　　　　　　└ 실패한 교사(제31조 제3항)
↔ 기도된 방조 : 처벌규정 ×
↔ 미수의 교사 : 불가벌

1 협의의 교사의 미수

협의의 교사의 미수란 교사행위에 의하여 피교사자가 실행에 착수하였으나 범죄를 완성하지 못하고 미수에 그친 경우를 말한다.

2 기도된 교사

(1) 효과 없는 교사

교사를 받은 자가 범죄의 실행을 승낙하고 실행의 착수에 이르지 아니한 때에는 교사자와 피교사자를 음모 또는 예비에 준하여 처벌한다(제31조 제2항).

(2) 실패한 교사

교사를 받은 자가 범죄의 실행을 승낙하지 아니한 때에는 피교사자는 처벌할 수 없고, 교사자만 음모 또는 예비에 준하여 처벌한다(제31조 제3항).

> ㅇ [낙태교사사건] 교사범이란 정범인 피교사자로 하여금 범죄를 결의하게 하여 그 죄를 범하게 한 때에 성립하므로, 교사자의 교사행위에도 불구하고 피교사자가 범행을 승낙하지 아니하거나 피교사자의 범행결의가 교사자의 교사행위에 의하여 생긴 것으로 보기 어려운 경우에는 이른바 **실패한 교사**로서 형법 제31조 제3항에 의하여 교사자를 음모 또는 예비에 준하여 처벌할 수 있을 뿐이다(대판 2013.9.12, 2012도2744).

Ⅳ 교사의 착오

Thema 정리 교사의 착오 정리

실행행위에 대한 착오 (구체적 사실의 착오) 41)	법정적 부합설	甲이 乙에게 丙을 살해할 것을 교사 → 乙이 착오로 丁 살해	丁에 대한 살인죄의 교사(피교사자의 객체의 착오와 방법의 착오를 불문하고 발생사실에 대한 교사범이라고 보는 견해, **객체의 착오설**)
	구체적 부합설		丙에 대한 살인미수교사와 丁에 대한 과실치사의 상상적 경합(피교사자의 객체의 착오와 방법의 착오는 교사자에게는 방법의 착오라고 보는 견해, **방법의 착오설**) → 다수설
실행행위에 대한 착오 (추상적 사실의 착오)	질적 착오	본질적인 경우	• 교사자는 교사범으로서의 **책임** × • 다만, **교사한 범죄의 예비음모**의 처벌규정이 있는 경우 제31조 제2항에 의해 예비음모로 처벌 예 강도 교사 → 강간 실행 : 강도 예비음모 처벌 예 강간 교사 → 강도 실행 : 강간 예비음모 처벌
		비본질적인 경우	**양적 초과의 경우와 같이** 교사한 범죄에 대한 교사범 성립 예 사기 교사 → 공갈 실행 : 사기죄 교사범 성립

41) 2019년 · 2023년 변호사시험 피교사자의 객체의 착오 사례
2021년 변호사시험 교사의 양적 착오 사례
2023년 변호사시험 교사의 질적 착오 사례(살인을 교사하였는데 절도를 실행한 경우)

<table>
<tr><td rowspan="6"></td><td rowspan="6">양적 착오</td><td rowspan="4">미달</td><td>원칙</td><td>교사자는 피교사자가 실행한 범위 내에서만 처벌</td></tr>
<tr><td rowspan="3">예외</td><td>교사한 범죄의 예비음모의 처벌규정이 있는 경우</td></tr>
<tr><td>예 강도 교사 → 절도 실행
절도교사범과 강도의 예비음모의 상상적 경합
∴ 강도의 예비음모로 처벌</td></tr>
<tr><td>예 살인 교사 → 상해 실행
상해교사범과 살인 예비음모의 상상적 경합
∴ 살인의 예비음모로 처벌</td></tr>
<tr><td rowspan="2">초과</td><td colspan="2">교사한 범위 내에서만 처벌, 초과부분에 대해서는 책임이 없다.
예 절도 교사 → 강도 실행 : 절도죄의 교사범
예 상해 교사 → 살인 실행 : 상해죄의 교사범</td></tr>
<tr><td>중한 결과를 실현한 경우</td><td>중한 결과에 대하여 과실(예견가능성)이 있는 경우 결과적가중범의 교사 성립
예 상해교사 + 사망예견가능 → 살인 실행 : 상해치사의 교사범</td></tr>
<tr><td rowspan="2">피교사자에 대한 착오</td><td colspan="4">피교사자의 책임능력에 대한 인식은 교사자의 고의의 내용에 포함되지 않음</td></tr>
<tr><td colspan="4">교사자가 피교사자에게 책임능력이 없는 것으로 알고 이용했으나 사실은 책임능력이 있는 경우나 그 반대의 경우, 언제나 교사범이 성립함</td></tr>
</table>

o 교사자가 피교사자에 대하여 상해를 교사하였는데 피교사자가 이를 넘어 살인을 실행한 경우, 일반적으로 교사자는 상해죄에 대한 교사범이 되는 것이고, 다만 이 경우 교사자에게 피해자의 사망이라는 결과에 대하여 과실 내지 예견가능성이 있는 때에는 **상해치사죄의 교사범**으로서의 죄책을 지울 수 있다(대판 1997.6.24, 97도1075).

[**동지판례**(병신을 만들어라 사건)] 교사자가 피교사자에 대하여 상해 또는 **중상해**를 **교사**하였는데 피교사자가 이를 넘어 살인을 실행한 경우에, 일반적으로 교사자는 상해죄 또는 중상해죄의 죄책을 지게 되는 것이지만 이 경우에 교사자에게 피해자의 사망이라는 결과에 대하여 과실 내지 예견가능성이 있는 때에는 **상해치사죄의 죄책**을 지울 수 있다(대판 2002.10.25, 2002도4089).

V 처벌

타인을 교사하여 죄를 범하게 한 자는 죄를 실행한 자와 동일한 형으로 처벌한다. 여기서 동일한 형이란 법정형을 말하므로, 정범과 교사범의 선고형은 각자의 책임에 따라 다를 수 있다.

VI 관련 문제

1 교사의 교사

(1) 교사의 교사(간접교사)란 甲이 丙에게 乙을 교사하여 범죄를 실행하도록 교사한 경우를 말한다. 판례는 교사의 교사(간접교사)를 인정한다.

o 甲이 乙에게 범죄를 저지르도록 요청한다 함을 알면서 甲의 부탁을 받고 甲의 요청을 乙에게 전달하여 乙로 하여금 범의를 야기케 하는 것은 교사에 해당한다(대판 1974.1.29, 73도3104).

(2) 연쇄교사(재교사)란 甲이 乙에게 범죄를 교사하였는데 乙이 다시 丙을 교사한 경우를 말하는데 이 경우에도 모두 교사범이 성립한다고 본다.

2 교사범과 공범관계로부터의 이탈

교사범이 공범관계로부터 이탈하기 위해서는 피교사자가 범죄의 실행행위에 나아가기 전에 교사범에 의하여 형성된 피교사자의 범죄 실행의 결의를 해소하는 것이 필요하다.

o **[불륜동영상 공갈교사사건]** 42) 교사범을 처벌하는 이유는 교사범이 피교사자로 하여금 범죄 실행을 결의하게 하였다는 데에 있다. 따라서 교사범이 그 공범관계로부터 이탈하기 위해서는 피교사자가 범죄의 실행행위에 나아가기 전에 교사범에 의하여 형성된 피교사자의 범죄 실행의 결의를 해소하는 것이 필요하고, 이때 교사범이 피교사자에게 교사행위를 철회한다는 의사를 표시하고 이에 피교사자도 그 의사에 따르기로 하거나 또는 교사범이 명시적으로 교사행위를 철회함과 아울러 피교사자의 범죄 실행을 방지하기 위한 진지한 노력을 다하여 당초 피교사자가 범죄를 결의하게 된 사정을 제거하는 등 제반 사정에 비추어 객관적·실질적으로 보아 교사범에게 교사의 고의가 계속 존재한다고 보기 어렵고 당초의 교사행위에 의하여 형성된 피교사자의 범죄 실행의 결의가 더 이상 유지되지 않는 것으로 평가할 수 있다면, 설사 그 후 피교사자가 범죄를 저지르더라도 이는 당초의 교사행위에 의한 것이 아니라 새로운 범죄 실행의 결의에 따른 것이므로 교사자는 형법 **제31조 제2항**에 의한 죄책을 부담함은 별론으로 하고 형법 **제31조 제1항**에 의한 교사범으로서의 죄책을 부담하지는 않는다고 할 수 있다(대판 2012.11.15, 2012도7407).
[사실관계] 피고인이 丙에게 전화하여 피해자의 불륜관계를 이용하여 공갈할 것을 교사하였고, 이에 丙이 피해자를 미행하여 피해자가 여자와 함께 호텔에 들어가는 현장을 카메라로 촬영한 후 피고인에게 이를 알렸으나, 피고인은 丙에게 여러 차례 전화하여 그 동안의 수고비로 500만원 내지 1,000만원을 줄 테니 촬영한 동영상을 넘기고 피해자를 공갈하는 것을 단념하라고 하여 **범행에 나아가는 것을 만류**하였음에도, 丙은 피고인의 제안을 거절하고 위 동영상을 피해자의 핸드폰에 전송하고 전화나 문자메시지 등으로 1억원을 주지 않으면 위 동영상을 유포하겠다고 피해자에게 겁을 주어 피해자로부터 현금 500만원을 교부받은 경우 **공갈교사죄**가 성립한다.
[판결이유] 전화로 범행을 만류하는 취지의 말을 한 것만으로는 피고인의 교사행위와 공소외인의 실행행위 사이에 인과관계가 단절되었다거나 피고인이 공범관계에서 이탈한 것으로 볼 수 없다.

---

42) **2017년 법원사무관승진시험(20점)** 甲은 乙에게 OO은행 노조위원장인 A의 불륜관계를 이용하여 공갈할 것을 교사하였는데, 그 후 乙이 A를 미행하여 A가 여자와 함께 호텔에 들어가는 현장을 카메라로 촬영한 후 甲에게 이를 알렸다. 甲은 乙에게 여러 차례 전화를 걸어 A를 공갈하는 것을 단념하라고 만류하였지만, 乙은 이를 거절하고 동영상을 이용하여 A를 공갈하였다. 이 경우 甲에게 공갈교사죄가 성립하는지 여부 및 그 이유에 대하여 약술하시오.
2019년 변호사시험 甲이 乙에게 절도를 교사한 후 전화하여 범행 단념을 권유하였으나, 乙은 甲의 제안을 단호히 거절하고 A의 집에 들어가 A의 도자기를 훔친 사례

관련 판례 **교사 관련 판례**

1) 피고인이 갑을 모해할 목적으로 을에게 위증을 교사한 이상, 가사 정범인 을에게 모해의 목적이 없었다고 하더라도, 형법 제33조 단서의 규정에 의하여 피고인을 모해위증교사죄로 처단할 수 있다(대판 1994.12.23, 93도1002).
2) 치과의사가 환자의 대량유치를 위해 치과기공사들에게 내원환자들에게 진료행위를 하도록 지시하여 동인들이 각 단독으로 전항과 같은 진료행위를 하였다면 무면허의료행위의 교사범에 해당한다(대판 1986.7.8, 86도749).
3) 교사자가 피교사자에게 피해자를 "**정신차릴 정도로 때려주라**"고 교사하였다면 이는 상해에 대한 교사로 봄이 상당하다(대판 1997.6.24, 97도1075).
4) 대리응시자들의 시험장의 입장은 시험관리자의 승낙 또는 그 추정된 의사에 반한 불법침입이라 아니할 수 없고 이와 같은 침입을 교사한 이상 주거침입교사죄가 성립된다(대판 1967.12.19, 67도1281).
[판결이유] 주거자 또는 관리인 등의 승낙이나 허가를 얻어 들어갔다 하여도 불법행위를 할 목적으로 들어간 때에는 주거자나 관리인의 의사 또는 추정된 의사에 반하여 들어간 것이라 아니할 수 없으므로 역시 주거침입죄가 성립된다.

관련 판례 **자기 ○○를 교사한 경우** "범증위무"

1) 범인이 자신을 위하여 타인으로 하여금 허위의 자백을 하게 하여 범인도피죄를 범하게 하는 행위는 "방어권의 남용"으로 **범인도피교사죄**에 해당한다(대판 2000.3.24, 2000도20).
[사실관계] 범인이 자신을 위하여 타인으로 하여금 그가 범행을 하였다는 내용으로 허위의 자백을 하게 한 경우
2) 범인이 자신을 위하여 타인으로 하여금 허위의 자백을 하게 하여 범인도피죄를 범하게 하는 행위는 "방어권의 남용"으로 **범인도피교사죄**에 해당하는바, 이 경우 그 타인이 형법 제151조 제2항에 의하여 처벌을 받지 아니하는 친족, 호주 또는 동거 가족에 해당한다 하여 달리 볼 것은 아니라 할 것이다(대판 2006.12.7, 2005도3707).
[사실관계] 무면허 운전으로 사고를 낸 사람이 동생을 경찰서에 대신 출두시켜 피의자로 조사받도록 한 경우
3) 범인이 자신을 위하여 타인으로 하여금 허위의 자백을 하게 하여 범인도피죄를 범하게 하는 행위는 "방어권의 남용"으로 범인도피교사죄에 해당하는바, 이 경우 그 타인이 형법 제151조 제2항에 의하여 처벌을 받지 아니하는 친족, 호주 또는 동거 가족에 해당한다 하여 달리 볼 것은 아니다. 한편, 이와 같은 법리는 범인을 위해 타인이 범하는 범인도피죄를 범인 스스로 방조하는 경우에도 마찬가지로 적용된다(대판 2008.11.13, 2008도7647).
[사실관계] 피고인이 처인 공소외인의 피고인을 위한 범인도피범행을 돕기 위하여 공소외인에게 사고 발생 경위, 도주 경위 등에 관하여 상세한 정보를 제공하여 주는 등의 방법으로 공소외인으로 하여금 심리적으로 안정할 수 있도록 함으로써 **범인도피**범행을 **방조**한 경우
4) 자기의 형사 사건에 관한 증거를 인멸하기 위하여 타인을 교사하여 죄를 범하게 한 자에 대하여는 **증거인멸교사죄**가 성립한다(대판 2000.3.24, 99도5275).
[비교판례] 甲이 고발을 당하자 乙에게 증거를 변조하도록 교사하였는데 乙이 甲과 공범관계에 있는 형사사건의 증거를 변조한 것에 해당하여 乙이 증거변조로 처벌되지 않는 경우, 甲도 증거변조죄의 교사범으로 처벌받지 않는다(대판 2011.7.14, 2009도13151).

5) 피고인이 자기의 형사사건에 관하여 허위의 진술을 하는 행위는 피고인의 형사소송에 있어서의 방어권을 인정하는 취지에서 처벌의 대상이 되지 않으나, / 법률에 의하여 선서한 증인이 타인의 형사사건에 관하여 위증을 하면 형법 제152조 제1항의 위증죄가 성립되므로 자기의 형사사건에 관하여 타인을 교사하여 **위증죄**를 범하게 하는 것은 이러한 "방어권을 남용"하는 것이라고 할 것이어서 **교사범**의 죄책을 부담케 함이 상당하다(대판 2004.1.27, 2003도5114).

6) 형법 제156조의 무고죄는 국가의 형사사법권 또는 징계권의 적정한 행사를 주된 보호법익으로 하는 죄이나, 스스로 본인을 무고하는 자기무고는 무고죄의 구성요건에 해당하지 아니하여 무고죄를 구성하지 않는다. / 그러나 피무고자의 교사・방조하에 제3자가 피무고자에 대한 허위의 사실을 신고한 경우에는 제3자의 행위는 무고죄의 구성요건에 해당하여 **무고죄**를 구성하므로, 제3자를 교사・방조한 피무고자도 **교사・방조범**으로서의 죄책을 부담한다(대판 2008.10.23, 2008도4852).

제5절 종범

제32조 【종범】
① 타인의 범죄를 방조한 자는 종범으로 처벌한다.
② 종범의 형은 정범의 형보다 감경한다.

I 서설

1 종범의 의의

종범(從犯)이란 타인의 범죄를 방조하는 자를 말한다. 종범은 방조범이라고도 한다.
교사범은 교사에 의해 비로소 피교사자의 범행결의가 야기됨에 반하여, 방조범은 이미 범행결의를 가진 자의 범죄실행을 도와주거나 그 결의를 강화시킨다는 점에서 구별된다.

2 독립된 구성요건으로 규정된 경우

자살방조죄(제252조 제2항), 간첩방조죄(제98조 제1항), 도주원조죄(제147조) 등은 방조행위 자체가 각칙에 독립된 범죄유형으로 규정되어 있으므로 총칙상 종범규정이 적용되지 않는다. ∵ 각칙 우선

○ 제98조 제1항의 **간첩방조죄**는 정범인 간첩죄와 대등한 독립죄로서 간첩죄와 동일한 법정형으로 처단하게 되어 있어 형법 총칙 제32조 소정의 감경대상이 되는 종범과는 그 실질이 달라 종범감경을 할 수 없는 것이므로 그 가중규정인 국가보안법 제4조 제1항 제2호의 반국가단체의 간첩방조죄에 대하여도 그 정범인 반국가단체의 간첩죄와 동일한 법정형으로 처단하여야 하고 종범감경을 할 수 없다(대판 1986.9.23, 86도1429).

II 성립요건

1 방조자에 대한 요건

(1) **방조자의 고의** : 이중의 고의

① 종범이 성립하려면 ㉠ 정범의 실행을 방조한다는 **방조의 고의**와 ㉡ 정범의 행위가 구성요건에 해당한다는 점에 대한 **정범의 고의**가 있어야 한다.

> ㅇ 형법상 방조행위는 정범이 범행을 한다는 정을 알면서 그 실행행위를 용이하게 하는 직접·간접의 행위를 말하므로, 방조범은 정범의 실행을 방조한다는 이른바 방조의 고의와 정범의 행위가 구성요건에 해당하는 행위인 점에 대한 정범의 고의가 있어야 한다(대판 2012.6.28, 2012도2628).

② 방조범에 있어서 정범의 고의는 정범에 의하여 실현되는 범죄의 구체적 내용을 인식할 것을 요하는 것은 아니고 미필적 인식 또는 예견으로 족하다.

> ㅇ 피고인이 (방조의) **고의를 부정하는 경우**에는 사물의 성질상 고의와 상당한 관련성이 있는 간접사실을 증명하는 방법에 의하여 입증할 수밖에 없고, 이때 무엇이 상당한 관련성이 있는 간접사실에 해당할 것인가는 정상적인 경험칙에 바탕을 두고 치밀한 관찰력이나 분석력에 의하여 사실의 연결상태를 합리적으로 판단하는 외에 다른 방법이 없다고 할 것이며, 또한 **방조범에 있어서 정범의 고의**는 정범에 의하여 실현되는 범죄의 구체적 내용을 인식할 것을 요하는 것은 아니고 미필적 인식 또는 예견으로 족하다(대판 2005.4.29, 2003도6056 ; 대판 2011.12.8, 2010도9500).

③ 방조범은 정범이 누구인지에 대하여 확정적으로 인식하지 않은 경우에도 방조범이 성립할 수 있다.

> ㅇ 정범이 범행을 한다는 점을 알면서 그 실행행위를 용이하게 한 이상 그 행위가 간접적이거나 직접적이거나를 가리지 않으며 이 경우 정범이 누구에 의하여 실행되어지는가를 확지할 필요는 없다(대판 1977.9.28, 76도4133).

④ **과실에 의한 방조** : 방조는 고의에 의한 것이어야 하므로 과실에 의한 방조는 불가능하다.

⑤ **미수의 방조** : 방조의 고의는 기수의 고의여야 하므로 정범의 행위가 미수에 그칠 것을 알면서 방조한 경우 종범이 성립하지 않는다.

⑥ **편면적 방조** : 종범이 성립하기 위하여 방조자와 피방조자 사이에 의사의 연락을 요하지는 아니하므로 정범이 방조행위를 알지 못한 경우에도 종범이 성립할 수 있다.

> ㅇ 편면적 종범에서도 정범의 범죄행위 없이 방조범만이 성립될 수 없다(대판 1974.5.28, 74도509).

(2) **방조행위**

① 방조행위는 정범이 범행을 한다는 정을 알면서 그 실행행위를 용이하게 하는 직접, 간접의 모든 행위를 말한다. 즉 방조행위의 수단·방법에는 제한이 없다.

ㅇ 방조는 유형적, 물질적인 방조뿐만 아니라 정범에게 범행의 결의를 강화하도록 하는 것과 같은 무형적, 정신적 방조행위까지도 이에 해당한다(대판 1997.1.24, 96도2427).

ㅇ 의사인 피고인이 입원치료를 받을 필요가 없는 환자들이 보험금 수령을 위하여 입원치료를 받으려고 하는 사실을 알면서도 입원을 허가하여 형식상으로 입원치료를 받도록 한 후 **입원확인서**를 발급하여 준 경우, 사기방조죄가 성립한다(대판 2006.1.12, 2004도6557).

ㅇ 인터넷 카페의 대표 甲이 기자회견을 열어 A회사에 대하여 불매운동을 하겠다고 하면서 공갈행위를 하였는데, 위 카페의 회원 乙이 그러한 사정을 알면서도 그 자리에서 지지의 의사로 공감을 표시하거나 甲의 부탁을 받고 **사진을 찍어 주는 행위**는 공갈죄의 방조에 해당한다(대판 2013.4.11, 2010도13774).

ㅇ 이미 스스로 입영기피를 결심하고 집을 나서는 甲에게 피고인이 이별을 안타까와 하는 뜻에서 **잘 되겠지 몸조심하라** 하고 악수를 나눈 행위는 입영기피의 범죄의사를 강화시킨 방조행위에 해당한다고 볼 수 없다(대판 1983.4.12, 82도43).

② **부작위에 의한 방조**[43] : 부작위에 의하여도 방조행위가 성립될 수 있다. 이 경우 방조자에게는 보증인지위(작위의무)가 있을 것을 요한다.

ㅇ 종범의 방조행위는 작위에 의한 경우뿐만 아니라 부작위에 의한 경우도 포함하는 것으로서 법률상 **정범의 범행을 방지할 의무있는 자**가 그 범행을 알면서도 방지하지 아니하여 범행을 용이하게 한 때에는 부작위에 의한 종범이 성립한다(대판 1985.11.26, 85도1906).

ㅇ 백화점에서 상품관리 등을 담당하는 백화점 직원이 자신이 관리하는 특정 매장의 점포에 **가짜 상표가 새겨진 상품**이 진열·판매되고 있는 사실을 알고서도 방치한 행위는 부작위에 의한 상표법위반 및 부정경쟁방지법위반의 방조에 해당한다(대판 1997.3.14, 96도1639).

③ **방조행위의 시기** : 형법상 방조행위는 예비단계로부터 범죄의 종료시까지 가능하다.

㉠ 정범의 실행행위 착수 전에 장래의 실행행위를 예상하고 이를 용이하게 하는 행위를 한 경우에도 성립할 수 있다.

ㅇ 종범은 정범의 **실행행위 중**에 이를 방조하는 경우는 물론이고 **실행의 착수 전**에 장래의 실행행위를 예상하고 이를 용이하게 하는 행위를 하여 방조한 경우에도 **정범이 그 실행행위에 나아갔다면** 성립한다(대판 1996.9.6, 95도2551 ; 대판 1997.4.17, 96도3377 全合).
[사실관계] 甲은 여당의 유력 정치가인 乙이 기업인들로부터 뇌물을 수수하기 전에 乙과 기업인들의 면담을 주선하였고, 그 후 乙이 기업인들로부터 뇌물을 받았다면 甲은 수뢰죄의 종범에 해당한다.

ㅇ [보험금사기 사건] 종범은 정범이 실행행위에 착수하여 범행을 하는 과정에서 이를 방조한 경우뿐 아니라, 정범의 실행의 착수 이전에 장래의 실행행위를 미필적으로나마 예상하고 이를 용이하게 하기 위하여 방조한 경우에도 그 후 정범이 실행행위에 나아갔다면 성립할 수 있다(대판 2013.11.14, 2013도7494).

---

43) 2011년 법무사시험

㉡ 종범은 정범의 범죄가 종료하기 이전에만 성립가능하므로 정범의 범죄가 종료된 이후에는 종범이 성립할 수 없다. 따라서 이른바 **사후방조**로서의 종범은 인정되지 않고, 이 경우 별도의 독립범죄가 성립할 수는 있다. 예 절도죄 종료 이후 장물취득죄, 도주죄 종료 이후 범인도피죄(↔ 도주원조죄 : ×), 증거인멸죄

> ○ 종범은 정범의 실행행위 전이나 실행행위 중에 정범을 방조하여 그 실행행위를 용이하게 하는 것을 말하므로 정범의 범죄종료 후의 **이른바 사후방조**를 종범이라고 볼 수 없다(대판 82.4.27, 82도122).

④ 인과관계의 요부 및 정도 44)

심화 Thema **인과관계의 요부 및 정도**

1. 문제점

방조행위와 피방조자(정범)의 실행행위 사이의 인과관계가 있어야 하는지 여부와 필요하다면 어느 정도이어야 하는지가 문제된다.

2. 학설

1) **인과관계 불필요설** : 방조행위가 정범의 범죄실행을 사실상 촉진시키거나 용이하게 하였다면 족하다는 견해(**정범행위촉진설**)와 방조행위가 결과발생의 위험을 증대시키기만 하면 충분하다는 견해(**위험증대설**)은 방조행위가 피방조자의 실행행위의 원인이 될 필요는 없다고 보는 견해이다.

2) **인과관계 필요설** : 공범의 처벌근거는 타인의 불법을 야기·촉진시키는데 있으므로 방조행위가 정범에게 실제로 영향을 미쳐 정범의 실행행위을 촉진시키거나 용이하게 하여야 한다는 견해이다.

3. 판례

[저작재산권자의 이용허락 없이 전송되는 공중송신권 침해 게시물로 연결되는 링크를 이른바 '다시보기' 링크 사이트 등에서 공중의 구성원에게 제공하는 행위가 공중송신권 침해의 방조가 되는지 여부가 문제된 사건] 방조범은 정범에 종속하여 성립하는 범죄이므로 방조행위와 정범의 범죄 실현 사이에는 **인과관계**가 **필요**하다. 방조범이 성립하려면 방조행위가 정범의 범죄 실현과 밀접한 관련이 있고 정범으로 하여금 구체적 위험을 실현시키거나 범죄결과를 발생시킬 기회를 높이는 등으로 정범의 범죄 실현에 현실적인 기여를 하였다고 평가할 수 있어야 한다. / 정범의 범죄 실현과 밀접한 관련이 없는 행위를 도와준데 지나지 않는 경우에는 방조범이 성립하지 않는다(대판 2021.9.9, 2017도19025 全合).

4. 검토

인과관계 불필요설에 의하면 기도된 방조와의 구별이 어려워져 가벌성의 범위가 확대되므로 인과관계 필요설이 타당하다. 인과관계 필요설에 의하면 방조행위와 정범의 실행행위 사이에 인과관계가 인정되지 않으면 기도된 방조가 되어 불가벌이라고 보게 된다.

2 피방조자에 대한 요건

(1) 고의범

① 피방조자는 고의범이어야 한다.

44) 김성돈 제8판 형법각론 p.714 ~ p.715

② **과실범에 대한 방조** : 피방조자는 고의범이어야 하므로 과실범에 대한 방조범은 성립할 수 없고, 과실범을 방조(이용)하는 경우 간접정범이 성립할 수 있다(제34조 제1항).

(2) 피방조자의 실행행위

① 종범이 성립하기 위하여는 정범의 실행행위가 있어야 한다(공범종속성설).

> o 방조죄는 정범의 범죄에 **종속**하여 성립하는 것으로서 방조의 대상이 되는 **정범의 실행행위의 착수가 없는 이상** 방조죄만이 독립하여 성립될 수 없다(대판 1979.2.27, 78도1113).
>
> o [1] 방조범은 종범으로서 정범의 존재를 전제로 하는 것이므로, 정범의 범죄행위 없이 방조범만이 성립될 수는 없다. [2] 병원 원장인 피고인 갑 등이 을 등에게 **허위의 입·퇴원확인서**를 작성한 후 교부하여, 을 등이 보험회사로부터 보험금을 편취하는 것을 방조하였다는 내용으로 기소된 사안에서, 정범인 을 등의 범죄가 성립되지 않는 이상 방조범에 불과한 피고인 갑 등의 범죄도 성립될 수 없다(대판 2017.5.31, 2016도12865).

② 정범의 실행행위는 구성요건에 해당하고 위법한 행위이면 족하다(제한적 종속형식).

(3) 기도된 방조

정범의 실행의 착수가 없는 효과 없는 방조와 실패한 방조는 교사범과는 달리 처벌규정이 없어 처벌되지 않는다.

Ⅲ 처벌

종범의 형은 정범의 형보다 감경한다(제32조 제2항).

> o 형법 제32조 제2항은 "종범의 형은 정범의 형보다 감경한다."라고 규정하고 있다. 여기서 감경한다는 것은 **법정형**을 정범보다 감경한다는 것이지 선고형을 감경한다는 것이 아니므로, 종범에 대한 선고형이 정범보다 가볍지 않다 하더라도 위법이라 할 수 없다(대판 2015.8.27, 2015도8408).

Ⅳ 관련 문제

1 종범의 착오

교사의 착오이론이 그대로 적용된다.

> o 방조자의 인식과 정범의 실행 간에 착오가 있고 **양자의 구성요건을 달리한 경우**에는 원칙적으로 방조자의 고의는 조각되는 것이나 / 그 구성요건이 중첩되는 부분이 있는 경우에는 그 중복되는 한도 내에서는 방조자의 죄책을 인정하여야 할 것이다(대판 1985.2.26, 84도2987).

2 예비의 방조

판례는 정범의 행위가 예비단계에 그친 경우 이를 방조한 행위에 대하여 예비의 종범의 성립을 부정한다.

○ 정범이 실행의 착수에 이르지 아니한 예비의 단계에 그친 경우에는 이에 가공하는 행위가 **예비의 공동정범이 되는 경우를 제외**하고는 종범의 성립을 부정하고 있다고 보는 것이 타당하다(대판 1976.5.25, 75도1549).

관련 판례 **방조 관련 판례**

1) 형법상 방주행위는 정범의 실행을 용이하게 하는 직접, 간접의 모든 행위를 가리키는데, **링크를 하는 행위** 자체는 인터넷에서 링크하고자 하는 웹페이지 등의 위치 정보나 경로를 나타낸 것에 불과하여, 인터넷 이용자가 링크 부분을 클릭함으로써 저작권자에게서 이용 허락을 받지 아니한 저작물을 게시하거나 인터넷 이용자에게 그러한 저작물을 송신하는 등의 방법으로 저작권자의 복제권이나 공중송신권을 침해하는 웹페이지 등에 직접 연결된다고 하더라도 침해행위의 실행 자체를 용이하게 한다고 할 수는 없으므로, 이러한 링크 행위만으로는 저작재산권 침해행위의 방조행위에 해당한다고 볼 수 없다(대판 2015.3.12, 2012도13748).

2) 진료부는 환자의 계속적인 진료에 참고로 공하여지는 진료상황부이므로 **간호보조원의 무면허 진료행위**가 있은 후에 이를 **의사가 진료부에다 기재하는 행위**는 정범의 실행행위종료 후의 단순한 사후행위에 불과하다고 볼 수 없고 무면허 의료행위의 방조에 해당한다(대판 1982.4.27, 82도122).

3) 피고인들이, 자신들이 개설한 인터넷 사이트를 통해 회원들로 하여금 음란한 동영상을 게시하도록 하고, 다른 회원들로 하여금 이를 다운받을 수 있도록 하는 방법으로 정보통신망을 통한 음란한 영상의 배포, 전시를 방조한 행위가 단일하고 계속된 범의 아래 일정기간 계속하여 이루어졌고 피해법익도 동일한 경우, 방조행위는 **포괄일죄**의 관계에 있다(대판 2010.11.25, 2010도1588).

4) 제3자뇌물수수죄에서 제3자란 행위자와 공동정범 이외의 사람을 말하고, 교사자나 방조자도 포함될 수 있다. 그러므로 공무원 또는 중재인이 부정한 청탁을 받고 제3자에게 뇌물을 제공하게 하고 제3자가 그러한 공무원 또는 중재인의 범죄행위를 알면서 방조한 경우에는 그에 대한 별도의 처벌규정이 없더라도 방조범에 관한 형법총칙의 규정이 적용되어 제3자뇌물수수방조죄가 인정될 수 있다(대판 2017.3.15, 2016도19659).

5) 자동차운전면허가 없는 자에게 승용차를 제공하여 그로 하여금 무면허운전을 하게 하였다면 이는 도로교통법위반(무면허운전) 범행의 방조행위에 해당한다(대판 2000.8.18, 2000도1914).

6) 피고인의 **접근매체 전달·유통행위**는 보이스피싱 사기 범행에 사용된다는 정을 알면서도 정범이 실행에 착수하기 이전부터 장래의 실행행위를 예상하고서 이를 용이하게 하는 유형적·물질적 방조행위이고, 이러한 상태에서 **'전달책' 역할까지 승낙한 행위** 역시 정범의 범행 결의를 강화시키는 무형적·정신적 방조행위이므로, 피고인은 '전달책'으로서 실행행위를 한 시기에 관계없이 피해자들에 대한 사기죄의 종범에 해당한다(대판 2022.4.14, 2022도649).

7) 정범의 마약거래방지법상 '불법수익 등의 은닉 및 가장' 범행의 방조범 성립에 요구되는 방조의 고의와 정범의 고의에 관하여 보면, 예컨대 마약매수인이 정범인 마약매도인으로부터 마약을 매수하면서 마약매도인의 요구로 차명계좌에 제3자 명의로 마약 매매대금을 입금하면서 **그 행위가 정범의 범행 실행을 방조하는 것으로 불법성이 있다는 것을 인식해야 한다**는 것을 뜻한다. 물론 방조범에서 요구되는 정범 등의 고의는 정범에 의하여 실현되는 범죄의 구체적 내용을 인식해야 하는 것은 아니고 미필적 인식이나 예견으로 충분하지만(대법원 2005.4.29. 선고 2003도6056 판결 등 참조), 이는 **정범의 범행 등의 불법**

성에 대한 인식이 필요하다는 점과 모순되지 않는다(대법원 2021.9.9. 선고 2017도19025 全合 판결 등 참조)(대판 2022.6.30, 2020도7866).

[사실관계] 피고인이 **마약매도인이 수사기관의 추적을 피하기 위하여 속칭 '대포통장'을 이용한다는 사정을 알면서도,** 마약매도인의 요청에 따라 차명계좌에 제3자 명의로 대마 매매대금을 무통장입금하는 방법으로 4회에 걸쳐 대마를 매수한 경우, 피고인은 마약매도인이 마약류범죄의 발견에 관한 수사를 방해할 목적으로 불법수익 등의 출처와 귀속 관계를 숨기는 행위를 방조하였다.

→ 방조범 성립 ○(∵ 불법성의 인식이 있었으므로)

8) 구 **금융실명거래 및 비밀보장에 관한 법률** 제6조 제1항 위반죄는 이른바 초과주관적 위법요소로서 **'탈법행위의 목적'**을 범죄성립요건으로 하는 **목적범**이므로, 방조범에게도 정범이 위와 같은 탈법행위를 목적으로 타인 실명 금융거래를 한다는 점에 관한 고의가 있어야 하나, 그 목적의 구체적인 내용까지 인식할 것을 요하는 것은 아니다(대판 2022.10.27, 2020도12563).

[사실관계] 피고인은 정범인 성명불상자가 이 사건 규정에서 말하는 '탈법행위'에 해당하는 무등록 환전영업을 하기 위하여 타인 명의로 금융거래를 하려고 한다고 인식하였음에도 이러한 범행을 돕기 위하여 자신 명의의 금융계좌 정보를 제공하였고, 정범인 성명불상자는 이를 이용하여 전기통신금융사기 범행을 통한 편취금을 송금받아 탈법행위를 목적으로 타인 실명의 금융거래를 하였다면, 피고인에게는 **구 금융실명법 제6조 제1항 위반죄의 방조범**이 성립하고, 피고인이 정범인 성명불상자가 목적으로 삼은 탈법행위의 구체적인 내용이 어떤 것인지를 정확히 인식하지 못하였다고 하더라도 범죄 성립에는 영향을 미치지 않는다.

Thema 정리 **부작위 · 과실 등과 공범의 성립여부** "기부편"

구분	공동정범	교사	방조
부작위에 의한 ~	부작위범 사이의 공동정범 ○ ┌ 공통의무부여 └ 공통이행가능	× (∵ 범행을 결의하게 하지 못하므로)	**부작위에 의한 방조 ○** 보증인지위를 요함
부작위(범)에 대한 ~		○ (보증인지위 불요)	○ (보증인지위 불요)
과실에 의한 ~	과실범의 공동정범 ○ (∵ 행위공동설)	× (∵ 이중의 고의 필요)	× (∵ 이중의 고의 필요)
과실(범)에 대한 ~		× → 간접정범 성립	× → 간접정범 성립
편면적 ~	×	× (∵ 범행을 결의하게 하지 못하므로)	**편면적 방조 ○**
기도된 ~		**기도된 교사 ○**	×
예비의 ~	예비의 공동정범 ○	(효과 없는 교사로 처벌)	예비의 방조 ×

제6절 공범과 신분[45)]

제33조【공범과 신분】
신분이 있어야 성립되는 범죄에 신분 없는 사람이 가담한 경우에는 그 신분 없는 사람에게도 제30조부터 제32조까지의 규정을 적용한다. 다만, 신분 때문에 형의 경중이 달라지는 경우에 신분이 없는 사람은 무거운 형으로 벌하지 아니한다. [시행 2021.12.9.]

I 서설

1 의의

공범과 신분의 문제는 ① 신분이 범죄의 성립에 영향을 미치는 경우 신분 있는 자(신분자)의 신분범죄에 가담한 신분 없는 자(비신분자)에게도 신분범의 공범이 **성립**(**죄명**)할 수 있는지와 ② 신분이 형의 가중·감경에 영향을 미치는 경우 신분자와 비신분자가 함께 가담하여 행위를 할 경우 각자의 **과형**(처벌)을 어떻게 결정할 것인지의 문제이다.

2 신분의 의의와 종류

(1) 신분의 의의

신분이란 일정한 범죄행위에 관련된 행위자의 일신전속적 특성, 지위(관계) 또는 상태 등 행위자의 속성을 말한다. 예 직계존속, 공무원·의사, 보증인적 지위·업무성·상습성 등

○ 형법 제33조 소정의 이른바 **신분관계**라 함은 남녀의 성별, 내·외국인의 구별, 친족관계, 공무원인 자격과 같은 관계뿐만 아니라 널리 일정한 범죄행위에 관련된 범인의 인적관계인 특수한 지위 또는 상태를 지칭하는 것이다(대판 1994.12.23, 93도1002).

○ 제152조 제1항과 제2항은 위증을 한 범인이 형사사건의 피고인 등을 '**모해할 목적**'을 가지고 있었는가 아니면 그러한 목적이 없었는가 하는 범인의 특수한 상태의 차이에 따라 범인에게 과할 형의 경중을 구별하고 있으므로, 이는 바로 형법 제33조 단서 소정의 "신분관계로 인하여 형의 경중이 있는 경우"에 해당한다고 봄이 상당하다(대판 1994.12.23, 93도1002).

(2) 신분의 종류

① **구성적 신분**(진정신분범) : 행위자가 일정한 신분을 갖추어야만 범죄가 성립하는 경우의 신분을 말한다. 예 유기죄의 보호의무자, 업무상비밀누설죄의 의사 등, 횡령죄의 보관자, 배임죄의 사무처리자, 허위진단서작성죄의 의사 등, 허위공문서작성죄의 작성권한 있는 공무원, 수뢰죄의 공무원 위증죄의 선서한 증인 등

② **가감적 신분**(부진정신분범) : 행위자에게 신분이 없어도 범죄는 성립하지만 신분이 있는 경우 형벌이 가중 또는 감경되는 경우를 말한다. 예 존속살해죄, 존속유기죄, 업무상 횡령죄, 업무상 배임죄, 상습도박죄의 상습성, 모해위증죄의 모해할 목적(판례)

45) 2006년 법원행정고등고시 허위공문서작성사례, 업무상배임사례, 모해위증사례

③ **소극적 신분**(범죄조각적 신분) : 행위자에게 일정한 신분이 있으면 범죄의 성립 또는 형벌이 조각되는 경우의 신분을 말한다. 여기에는 ㉠ 위법성(불법)조각신분(예 의료법 위반죄에서의 의사, 변호사법 위반죄에서의 변호사), ㉡ 책임조각신분(예 형사미성년자, 범인은닉 · 증거인멸죄에서의 친족), ㉢ 형벌조각신분(예 친족상도례의 친족)이 있다.

II 제33조 해석론

1 제33조 본문과 단서의 관계

판례는 제33조 본문의 '신분이 있어야 성립되는 범죄'에는 진정신분범과 부진정신분범이 모두 포함되고, 제33조 단서는 신분자의 '과형의 개별화'에 관한 규정이라고 본다.

통설	제33조 본문은 진정신분범의 성립과 과형의 문제를 규정하고, 제33조 단서는 부진정신분범의 성립과 과형의 문제를 규정한 것으로 이해
판례	제33조 본문은 신분범 일반(진정신분범과 **부진정신분범**)의 공범의 **성립**의 문제를, 제33조 단서는 부진정신분범의 과형의 문제를 규정한 것으로 이해

Thema 정리 **형법 제33조 정리**

진정신분범 (구성적 신분)	제33조 본문 신분의 연대성	비신분자 → 신분자	공범(공동정범, 교사범, 종범) 성립 ○ 예 유기, 횡령 · 배임, 허위공문서작성, 수뢰, 위증
		신분자 → 비신분자	제33조 적용 × → 간접정범(∵ 신분 없는 고의 있는 도구)
부진정신분범 (가감적 신분)	제33조 단서 신분의 독립성 책임개별화원칙	비신분자 → 신분자	┌ 통설 : 기본범죄 성립, 기본범죄 처벌 └ 판례 : **가중범죄 성립**(제33조 본문적용), 기본범죄 처벌 예 존속살해, 업무상 횡령 · 배임
		신분자 → 비신분자	공범 → 성립(죄명) 및 과형(처벌) 모두 개별화! 예 상습도박 → 도박, 모해위증 → 위증
범죄조각적 신분 (소극적 신분)		비신분자 → 신분자	비신분자에게도 범죄 성립 × 예 간호사 → 의사
		신분자 → 비신분자	신분자에게도 범죄 성립 ○(∵ 제33조 본문의 취지) 예 의사 → 간호사

2 제33조 본문의 해석

(1) 비신분자가 신분자에게 가담(가공)한 경우[46)]

신분자의 진정신분범에 가담(공모 · 교사 · 방조)한 비신분자는 진정신분범의 공범(공동정범 · 교사범 · 종범)이 된다.

46) 2020년 법무사시험 甲이 경찰관 乙의 수뢰죄에 가담한 경우

예 공무원 아닌 자가 공무원과 공모하거나 공무원을 교사·방조하여 뇌물을 수수하게 한 경우 → 공무원은 수뢰죄의 정범, 공무원 아닌 자는 수뢰죄의 공동정범·교사범·종범 성립 ○

예 甲이 증인 乙을 사주하여 법정에서 위증하게 한 경우 → 甲은 위증죄의 교사범 성립

- **[기업 대표 등의 뇌물 공여 등 사건]** 비공무원이 공무원과 공동가공의 의사와 이를 기초로 한 기능적 행위지배를 통하여 공무원의 직무에 관하여 뇌물을 수수하는 범죄를 실행하였다면 공무원이 직접 뇌물을 받은 것과 동일하게 평가할 수 있으므로 공무원과 비공무원에게 형법 제129조 제1항에서 정한 뇌물수수죄의 공동정범이 성립한다(대판 2019.8.29, 2018도2738 全合).

- 공무원이 아닌 자는 제228조의 경우를 제외하고는 **허위공문서작성죄의 간접정범**으로 처벌할 수 없으나, / 공무원이 아닌 자가 공무원과 공동하여 허위공문서작성죄를 범한 때에는 공무원이 아닌 자도 제33조, 제30조에 의하여 **허위공문서작성죄의 공동정범**이 된다(대판 2006.5.11, 2006도1663).

- 직무수행 중에 있는 다른 공무원이 직무수행을 거부하여 직무유기죄가 성립하는 경우, (직무유기죄의 주체가 될 수 없는) **병가 중인 공무원**이 이에 가담하면 직무유기죄의 공동정범의 죄책을 진다(대판 1997.4.22, 95도748).

- 지방공무원의 신분을 가지지 아니하는 사람도 구 지방공무원법 제58조 제1항을 위반하여 같은 법 제82조에 따라 처벌되는 지방공무원의 범행에 가공한다면 형법 제33조 본문에 의해서 공범으로 처벌받을 수 있다(대판 2012.6.14, 2010도14409).

- **물건의 소유자가 아닌 사람**은 형법 제33조 본문에 따라 소유자의 권리행사방해 범행에 가담한 경우에 한하여 그의 공범이 될 수 있을 뿐이다. / 그러나 권리행사방해죄의 공범으로 기소된 물건의 소유자에게 고의가 없는 등으로 범죄가 성립하지 않는다면 공동정범이 성립할 여지가 없다(대판 2017.5.30, 2017도4578).

[사실관계] 피고인이 사실혼 배우자의 명의를 빌려 자동차(에쿠스)를 매수하면서 피해자 회사로부터 대출을 받고 자동차에 저당권을 설정하였음에도 저당권자의 동의 없이 제3자에게 담보로 제공한 경우(자동차의 소재를 찾을 수 없게 한 경우) 등록명의자인 사실혼 배우자에게 고의가 없는 등으로 범죄가 성립하지 않는다면 피고인에게도 권리행사방해죄가 성립하지 않는다.

관련 판례 제33조 본문을 적용하지 아니한 경우

공직선거법 제257조 제1항 제1호에서 규정하는 **각 기부행위제한위반의 죄**는 공직선거법 제113조(후보자 등의 기부행위 제한), 제114조(정당 및 후보자의 가족 등의 기부행위 제한), 제115조(제3자의 기부행위 제한)에 각기 한정적으로 열거되어 규정하고 있는 신분관계가 있어야만 성립하는 범죄이고, 죄형법정주의의 원칙상 유추해석은 할 수 없으므로, 위 각 해당 신분관계가 없는 자의 기부행위는 위 각 해당 법조항 위반의 범죄로는 되지 않는다. 또한, (각 법조항을 구분하여 기부행위의 주체 및 그 주체에 따라 기부행위제한의 요건을 각기 달리 규정한 취지는 각 기부행위의 주체자에 대하여 그 신분에 따라 각 해당법조로 처벌하려는 것이므로,) 각 기부행위의 주체로 인정되지 아니하는 자가 기부행위의 주체자 등과 공모하여 기부행위를 하였다 하더라도 그 신분에 따라 각 해당법조로 처벌하여야지 기부행위 주체자에 해당하는 법조 위반의 공동정범으로 처벌할 수는 없다(대판 2008.3.13, 2007도9507).

(2) 신분자가 비신분자에게 가담한 경우

제33조 본문은 비신분자가 신분자에게 가담한 행위를 규정하고 있으므로 제33조가 적용되지 않는 경우이다. 따라서 공범종속성에 관한 일반이론이 그대로 적용된다. 즉 신분자가 비신분자를 이용하는 경우이므로 제34조가 적용되어 **간접정범**이 성립된다.

예 공무원이 공무원 아닌 자를 교사(이용)하여 뇌물을 수수하게 한 경우 → 공무원은 수뢰죄의 간접정범 성립 ○

3 제33조 단서의 해석

신분관계로 인하여 형의 경중이 있는 경우에는 신분 없는 사람은 중한 형으로 벌하지 아니한다. 여기서 '중한 형으로 벌하지 아니한다'는 의미는 가중·감경사유를 가진 신분자에 한하고 비신분자는 통상의 형으로 처벌한다는 의미이다(과형개별화원칙, 책임개별화원칙).

(1) 비신분자가 신분자에게 가담한 경우 47)

① 통설에 의하면 비신분자가 신분자의 부진정신분범에 가담(공모·교사·방조)한 경우에 비신분자는 보통범죄가 성립하고 그 과형에 있어서도 보통범죄의 형으로 처벌하여야 한다.

예 乙이 甲을 교사하여 甲의 아버지를 살해케 한 경우 → 乙 : 보통살인죄의 교사범 성립 및 처벌, 甲 존속살해죄 성립 및 처벌

② 판례에 의하면 비신분자는 제33조 본문에 의하여 **부진정신분범의 공범이 성립**(가중범죄의 죄명) 하지만, 과형만 단서에 의해 결정된다(보통범죄로 처벌).

예 乙이 甲을 교사하여 甲의 아버지를 살해케 한 경우 → 乙 : 존속살인죄의 교사범 성립 및 보통살인죄(교사범) 처벌, 甲 : 존속살해죄 성립 및 처벌

> ○ 아들과 더불어 남편을 살해한 처는 존속살해죄의 공동정범이다(대판 1961.8.2, 4294형상284). → 존속살해죄의 공동정범 성립, 보통살인죄 처벌이라는 취지
>
> ○ 업무상횡령죄는 타인의 재물을 업무상 보관하는 자를 주체로 하는 신분범이므로, 그와 같은 신분관계가 없는 자가 신분관계가 있는 자와 공모하여 업무상횡령죄를 저질렀다면 신분관계가 없는 자에 대하여는 제33조 단서에 의하여 단순횡령죄에 정한 형으로 처단하여야 할 것이다(대판 2015.2.26, 2014도15182). → 업무상 횡령죄 성립 및 단순횡령죄 처벌이라는 취지
>
> ○ 은행원이 아닌 자가 은행원들과 공모하여 업무상 배임죄를 저질렀다 하여도, 이는 업무상 타인의 사무를 처리하는 신분관계로 인하여 형의 경중이 있는 경우이므로, 그러한 신분관계가 없는 자에 대하여서는 제33조 단서에 의하여 제355조 제2항에 따라 처단하여야 한다(대판 1986.10.28, 86도1517). → 업무상 타인의 사무를 처리하는 자가 그러한 신분관계가 없는 자와 공모하여 업무상배임죄를 저질렀다면 그러한 신분관계가 없는 자에 대하여도 업무상배임죄의 공동정범이 성립하지만 제33조 단서에 의하여 단순배임죄로 처벌된다는 취지
> [동지판례] 업무상의 임무라는 신분관계가 없는 자가 그러한 신분관계 있는 자와 공모하여 업무상 배임죄를 저질렀다면, 그러한 신분관계가 없는 공범에 대하여는 형법 제33조 단서에 따라 단순배임죄에서 정한 형으로 처단하여야 한다. 이 경우에는 신분관계 없는 공범에게도 같은 조 본문에

47) 2007년 법무사시험(30점) 甲이 유산을 빨리 상속받기 위해 친구인 乙과 공모하여 甲의 양부를 살해한 경우에 있어서 甲과 乙의 형법상 죄책에 관하여 논하시오.

따라 일단 신분범인 **업무상배임죄**가 **성립**하고 다만 **과형**에서만 무거운 형이 아닌 **단순배임죄**의 법정형이 적용된다(대판 2018.8.30, 2018도10047).

ㅇ 피고인인 대통령이 국가정보원장 등과 공모하여 국가정보원장 특별사업비에 대한 국고손실 범행을 저질렀다면 **횡령으로 인한 특정범죄 가중처벌 등에 관한 법률 위반(국고등손실)죄**가 성립한다고 하더라도, 피고인은 회계관계직원 또는 국가정보원장 특별사업비의 업무상 보관자가 아니므로 형법 **제355조 제1항의 횡령죄**에 정한 형으로 처벌된다(대판 2020.10.29, 2020도3972).

(2) 신분자가 비신분자에게 가담한 경우

① 제33조 단서의 입법취지(책임개별화원칙)에 따라 제33조 본문의 경우와 달리 신분자가 비신분자에게 가담한 경우에도 적용된다.

예 甲이 乙을 교사하여 甲의 아버지를 살해케 한 경우 → 甲은 존속살해죄의 교사범 성립 및 처벌, 乙은 보통살인죄 성립 및 처벌

② 신분관계로 인하여 형의 경중이 있는 경우에 신분이 있는 자가 신분이 없는 자를 교사하여 죄를 범하게 한 때에는 제33조 단서가 제31조 제1항에 우선하여 적용된다.

ㅇ **[제33조 단서와 제31조 제1항의 관계**(모해위증교사사건)**]** 48) 형법 제31조 제1항은 협의의 공범의 일종인 교사범이 그 성립과 처벌에 있어서 정범에 종속한다는 일반적인 원칙을 선언한 것에 불과하고, 신분관계로 인하여 형의 경중이 있는 경우에 신분이 있는 자가 신분이 없는 자를 교사하여 죄를 범하게 한 때에는 형법 제33조 단서가 형법 제31조 제1항에 우선하여 적용됨으로써 신분이 있는 교사범이 신분이 없는 정범보다 중하게 처벌된다(대판 1994.12.23, 93도1002).
[사실관계] 피고인이 갑을 모해할 목적으로 을에게 위증을 교사한 이상, 가사 정범인 을에게 모해의 목적이 없었다고 하더라도, 형법 제33조 단서의 규정에 의하여 피고인을 **모해위증교사죄**로 처단할 수 있다.

ㅇ 도박의 습벽이 있는 자가 타인의 도박을 방조하면 **상습도박방조의 죄**에 해당하는 것이며, / 도박의 습벽이 있는 자가 도박을 하고 또 도박방조를 하였을 경우 상습도박방조의 죄는 무거운 상습도박의 죄에 포괄시켜 1죄로서 처단하여야 한다(대판 1984.4.24, 84도195).

Ⅲ 소극적 신분

형법상 규정이 없으므로 공범종속성에 관한 일반이론이 그대로 적용된다.

1 위법성(불법)조각신분에서 비신분자가 신분자에게 가담한 경우

예를 들어 간호사가 의사의 의료행위에 가담한 경우 처벌되지 않는 자의 행위에 가담한 것이므로 비신분자인 간호사도 처벌되지 않는다.

48) 2022년 법원행정고등고시(25점)

Part 02

2 위법성(불법)조각신분에서 신분자가 비신분자에게 가담한 경우

예를 들어 의사가 간호사의 무면허의료행위에 가담한 경우 처벌되지 않는 자라 하더라도 처벌되는 자의 행위에 가담한 것이므로 신분자인 의사도 처벌된다(제33조 본문의 취지).

o 의료인일지라도 **의료인 아닌 자**의 의료행위에 공모하여 가공하면 의료법 제25조 제1항이 규정하는 **무면허의료 행위**의 공동정범으로서의 책임을 진다(대판 1986.2.11, 85도448).

o 의사가 **간호사**에게 의료행위의 실시를 개별적으로 지시하거나 위임한 적이 없음에도 간호사가 그의 주도 아래 전반적인 의료행위의 실시 여부를 결정하고 간호사에 의한 의료행위의 실시과정에도 의사가 지시·관여하지 아니한 경우라면, 이는 구 의료법(2009.1.30. 법률 제9386호 개정되기 전의 것) 제27조 제1항이 금지하는 무면허의료행위에 해당한다고 볼 것이다. 그리고 의사가 이러한 방식으로 의료행위가 실시되는 데 간호사와 함께 공모하여 그 공동의사에 의한 기능적 행위지배가 있었다면, 의사도 무면허의료행위의 공동정범으로서의 죄책을 진다(대판 2012.5.10, 2010도5964).

o 치과의사 피고인 갑과 **치과위생사** 피고인 을이 공모하여, 환자의 충치에 대한 복합레진 충전 치료 과정에서 의료인 아닌 피고인 을이 의료행위인 에칭과 본딩 시술을 하였다면 비록 피고인 을이 피고인 갑의 지도나 감독 아래 이러한 시술을 하였더라도 무면허 의료행위에 해당한다(대판 2018.6.19, 2017도19422).

o 치과의사가 환자의 대량유치를 위해 **치과기공사**에게 내원환자들을 진료하도록 지시하여 치과기공사가 단독으로 진료행위를 하였다면 치과의사는 무면허 의료행위의 교사범의 죄책을 진다(대판 1986.7.8, 86도749).

o 의료인이 의료인의 자격이 없는 일반인의 의료기관 개설행위에 공모하여 가공하면 구 의료법위반죄의 공동정범에 해당한다(대판 2001.11.30, 2001도2015 ; 대판 2017.4.7, 2017도378).

o **사망의 진단**은 의사 등이 환자의 사망 당시 또는 사후에라도 현장에 입회해서 직접 환자를 대면하여 수행해야 하는 **의료행위**이고, 간호사는 의사 등의 개별적 지도·감독이 있더라도 사망의 진단을 할 수 없다(대판 2022.12.29, 2017도10007).

[사실관계] 호스피스 의료기관에서 근무하는 의사인 甲이 부재중에 입원환자가 사망한 경우 간호사인 乙에게 환자의 사망 여부를 확인한 다음 사망진단서를 작성하여 유족들에게 발급하도록 한 경우, 乙의 행위는 무면허의료행위에 해당하고, 甲의 행위는 **무면허의료행위에 대한 교사**에 해당한다.

Thema 정리 **소극적 신분과 공범**

구분	관계	내용
위법성(불법)조각신분과 공범	비신분자 → 신분자	신분자의 적법행위에 비신분자가 관여한 것이 되어 범죄 성립 ×
	신분자 → 비신분자	**신분자에게도 공동정범, 교사범, 종범 성립 ○**
책임조각신분과 공범	비신분자 → 신분자	신분자는 책임이 조각되어 불처벌 비신분자는 공동정범, 교사범, 종범 성립
	신분자 → 비신분자	신분자는 책임이 조각되어 불처벌, 비신분자는 범죄 성립
형벌조각신분과 공범	비신분자 → 신분자	양자 모두 범죄는 성립, 신분자의 형벌은 조각
	신분자 → 비신분자	신분자는 형벌이 조각되어 불처벌, 비신분자는 범죄 성립

Chapter

07 죄수론

제1절 죄수 일반이론

I 의의

죄수론이란 범죄의 수가 1개인지 수개인지를 정하고, 이를 어떻게 처벌할지에 대한 논의이다.

II 죄수 결정기준

<table>
<tr><td rowspan="2">의사표준설</td><td colspan="2">범죄의사의 수에 따라 죄수 결정 → 행위자가 실현하려는 범죄의사의 개수에 따라서 죄의 개수를 결정하려는 견해로 행위자에게 1개의 범죄의사가 있으면 1죄를, 수개의 범죄의사가 있으면 수개의 죄를 각각 인정하는 견해</td></tr>
<tr><td colspan="2"><판례> 연속범(포괄일죄)의 경우에 의사표준설을 취함 예 수뢰죄</td></tr>
<tr><td rowspan="4">행위표준설</td><td colspan="2">자연적 의미의 행위의 개수에 따라 죄수 결정 → 죄수의 판단을 위한 기본요소를 행위자의 행위에서 구하여 행위가 하나일 때 하나의 죄를, 행위가 다수일 때 수개의 죄를 인정하는 견해</td></tr>
<tr><td>연속범</td><td>행위가 여러 개이므로 수죄</td></tr>
<tr><td>상상적 경합</td><td>일죄</td></tr>
<tr><td colspan="2"><판례> 강간에 관한 죄, 공갈죄, 무면허운전죄</td></tr>
<tr><td rowspan="3">구성요건
표준설</td><td colspan="2">구성요건에 해당하는 회수를 기준으로 죄수 결정 → 구성요건에 해당하는 회수를 기준으로 죄수를 결정하는 견해로 죄수의 결정은 법률적인 구성요건충족의 문제로 해석하여 구성요건을 1회 충족하면 일죄이고, 수개의 구성요건에 해당하면 수죄를 인정하는 견해</td></tr>
<tr><td>상상적 경합</td><td>수죄이지만, 처벌상 일죄로 취급</td></tr>
<tr><td colspan="2"><판례> 조세(포탈)범, 마약범 등에 대해서 구성요건표준설에 의해 죄수 결정</td></tr>
<tr><td rowspan="5">법익표준설</td><td colspan="2">보호법익의 수에 따라 죄수를 결정하는 견해 → 한 사람의 행위자가 실현시킨 범죄실현의 과정에서 몇 개의 보호법익이 침해 또는 위태롭게 되었는가를 기준으로 죄의 개수를 인정하는 견해(판례의 원칙적 입장)</td></tr>
<tr><td>전속적 법익
(생명, 신체, 자유, 명예)</td><td>법익주체마다 1개의 죄가 성립</td></tr>
<tr><td>비전속적 법익
(재산권, 사회적 법익)</td><td>관리의 수, 공공안전의 수를 기준</td></tr>
<tr><td>상상적 경합</td><td>실질적 수죄지만, 처벌상 일죄로 취급</td></tr>
<tr><td colspan="2"><판례> 연속범의 경우 이외에는 원칙적으로 법익표준설</td></tr>
</table>

✔ **의사표준설은 주관주의 범죄론의 입장이고, 나머지는 객관주의 범죄론의 입장 → 판례는 죄수 결정에 있어 모든 기준들을 활용한다.**

ㅇ 1죄인가 또는 수죄인가는 ① 구성요건적 평가와 ② 보호법익의 측면에서 고찰하여 판단하여야 한다(대판 2003.4.8, 2002도6033).

관련 판례 **죄수 결정기준과 관련된 판례**

1. 의사표준설

1) 피고인이 **뇌물**을 여러 차례에 걸쳐 수수함으로써 그 행위가 여러 개 이더라도 그것이 단일하고 계속적 범의에 의하여 이루어지고 동일법익을 침해한 때에는 포괄일죄로 처벌함이 상당하다(대판 1985.9.24, 85도1502).

[사실관계] 피고인이 1982.7. 중순경부터 1984.4. 초까지 11차례에 걸쳐 동일인으로부터 동일한 이유로 격월로 합계 금 290만원을 받은 경우

2) 금융기관 임직원이 그 직무에 관하여 여러 차례 금품을 수수한 경우에 그것이 단일하고도 계속된 범의 아래 일정기간 반복하여 이루어진 것이고 그 피해법익도 동일한 경우에는 각 범행을 통틀어 포괄일죄로 볼 것이다(대판 2000.6.27, 2000도1155).

[사실관계] 금융기관 임직원인 甲이 그 직무에 관하여 乙로부터 정식 이사가 될 수 있도록 도와달라는 부탁을 받고 1년 동안 12회에 걸쳐 그 사례금 명목으로 합계 1억 2,000만원을 교부받은 경우
→ 특정경제범죄가중처벌 등에 관한 법률 제5조 제4항 제1호 위반죄

2. 행위표준설

1) **미성년자의제강간죄** 또는 미성년자의제강제추행죄는 행위시마다 1개의 범죄가 성립한다(대판 1982.12.14, 82도2442).

2) **무면허운전으로 인한 도로교통법위반죄**에 있어서는 어느 날에 운전을 시작하여 다음날까지 동일한 기회에 일련의 과정에서 계속 운전을 한 경우 등 특별한 경우를 제외하고는 사회통념상 운전한 날을 기준으로 운전한 날마다 1개의 운전행위가 있다고 보는 것이 상당하므로 운전한 날마다 무면허운전으로 인한 도로교통법위반의 1죄가 성립한다고 보아야 할 것이고, 비록 계속적으로 무면허운전을 할 의사를 가지고 여러 날에 걸쳐 무면허운전행위를 반복하였다 하더라도 이를 포괄하여 일죄로 볼 수는 없다(대판 2002.7.23, 2001도6281).

3. 구성요건표준설

조세포탈의 죄수는 위반사실의 구성요건 충족회수를 기준으로 하여 정하는 것인데, 수입물품의 수입신고를 하면서 과세가격 또는 관세율 등을 허위로 신고하여 수입하는 경우에는 그 수입신고시마다 당해 수입물품에 대한 정당한 관세의 확보라는 법익이 침해되어 별도로 구성요건이 충족되는 것이므로 각각의 허위 수입신고시마다 1개의 죄가 성립한다(대판 2000.11.10, 99도782).

4. 법익표준설

1) 강도가 시간적으로 접착된 상황에서 가족을 이루는 수인에게 폭행·협박을 가하여 집안에 있는 재물을 탈취한 경우 그 재물은 **가족의 공동점유** 아래 있는 것으로서, 이를 탈취하는 행위는 그 소유자가 누구인지에 불구하고 단일한 강도죄의 죄책을 진다(대판 1996.7.30, 96도1285).

2) 수인의 피해자에 대하여 각별로 기망행위를 하여 각각 재물을 편취한 경우에는 범의가 단일하고 범행방법이 동일하더라도 각 피해자의 피해법익은 독립한 것이므로 이를 포괄일죄로 파악할 수 없고 **피해자별**로 독립한 **사기죄**가 성립된다(대판 2001.12.28, 2001도6130)

3) 통화위조죄에 관한 규정은 공공의 거래상의 신용 및 안전을 보호하는 공공적인 법익을 보호함을 목적으로 하고 있고, 사기죄는 개인의 재산법익에 대한 죄이어서 양 죄는 그 보호법익을 달리하고 있으므로 위조통화를 행사하여 재물을 불법영득한 때에는 **위조통화행사죄와 사기죄**의 양 죄가 성립된다(대판 1979.7.10, 79도840).

Thema 정리 **죄수 개관**

1. 일죄

1) **법조경합** : **1개의 행위**가 수개의 범죄구성요건을 실현하였으나 하나의 구성요건만 적용되고 다른 구성요건의 적용이 배제되는 경우

예 특별관계, 보충관계, 흡수관계(불가벌적 사후행위, 절도범이 절취한 물건을 손괴한 경우)

2) **포괄일죄** : **수개의 행위**가 포괄적으로 1개의 구성요건에 해당하여 일죄를 구성하는 경우 실질상 일죄이므로 하나의 죄로 처벌

예 결합범, 계속범, 접속범, 연속범(수뢰죄), 집합범(영업범, 상습범)

2. 수죄

1) **상상적 경합(실질상 수죄, 과형상 1죄)** : **1개의 행위**가 수개의 서로 다른 구성요건을 실현하거나 동일한 구성요건을 2회 이상 실현하는 경우 → 가장 중한 죄에 정한 형으로 처벌(**제40조**)

예 하나의 행위가 다른 행위의 수단이 되는 경우(감금을 수단으로 하는 강도·강간)

2) **실체적 경합(또는 경합범)** : (**수개의 행위**) 판결이 확정되지 아니한 수개의 죄 또는 금고 이상의 형에 처한 판결이 확정된 죄와 그 판결 확정 전에 범한 죄(**제37조**) → 가장 중한 죄에 정한 장기의 2분의 1까지 가중하거나 별개의 형을 선고(제38조, 제39조)

제2절 일죄

I 의의

범죄의 수가 1개인 경우를 말한다. 1개의 행위로 1개의 구성요건을 충족하는 단순일죄와 법조경합, 포괄일죄 등이 있다.

II 법조경합

1 의의

1개의 행위가 외관상 수개의 죄의 구성요건에 해당하는 것처럼 보이나 실질적으로 1죄만을 구성하는 경우를 법조경합이라 한다.

Thema 정리 **법조경합 개관**

1. 특별관계
1) 가중·감경구성요건과 기본적 구성요건 **예** 존속살해죄 > 보통살인죄
2) 결합범과 그 내용범죄 **예** 강도죄 > 폭행죄, 협박죄, 절도죄

2. 보충관계
1) 명시적 보충관계
- 외환유치죄, 여적죄, 간첩죄 등 각종이적죄 > 일반이적죄
- 현주·공용건조물방화죄 > 일반건조물방화죄 > 일반물건방화죄

2) 묵시적 보충관계
- 불가벌적 사전행위 **예** 예비 → 미수 → 기수
- 가벼운 침해방법 **예** 과실 < 고의, 부작위 < 작위, 종범 < 교사범 < 정범

3. 흡수관계
- 불가벌적 수반행위(전형적·통상적 수반행위) **예** 감금의 수단인 폭행·협박
- 불가벌적 사후행위(새로운 법익침해 없는 경우) **예** 절도범인이 절취한 재물을 손괴한 경우

→ 주로 상태범, 특히 재산범죄에서 문제(∵ 이중평가금지원칙)

4. 택일관계 : 법조경합인지 견해대립

2 유형

(1) 특별관계

특별관계란 어느 구성요건이 다른 구성요건의 모든 요소를 포함하는 외에 다른 요소를 구비하여야 성립하는 경우를 말한다. → "특별법은 일반법에 우선한다"는 원칙

> o 법조경합의 한 형태인 **특별관계**란 어느 구성요건이 다른 구성요건의 모든 요소를 포함하는 외에 다른 요소를 구비하여야 성립하는 경우로서 특별관계에 있어서는 특별법의 구성요건을 충족하는 행위는 일반법의 구성요건을 충족하지만 반대로 일반법의 구성요건을 충족하는 행위는 특별법의 구성요건을 충족하지 못한다(대판 2003.4.8, 2002도6033).

① **가중적·감경적 구성요건과 기본적 구성요건과의 관계** : 존속살해죄와 보통살인죄, 특수폭행죄와 폭행죄 등

② **결합범·결과적가중범과 그 내용이 되는 범죄와의 관계** : 강도죄와 절도죄·폭행죄·협박죄, 상해치사죄와 상해죄·과실치사죄 등

③ **특별형벌법규와 일반형벌법규와의 관계** : 폭행죄에 대한 폭력행위 등 처벌에 관한 법률과 형법 등

> o 음주로 인한 특정범죄가중처벌 등에 관한 법률 위반(**위험운전치사상**)죄가 성립하는 때에는 차의 운전자가 「형법」 제268조의 죄를 범한 것을 내용으로 하는 교통사고처리특례법위반죄는 그 죄에 흡수되어 별죄를 구성하지 아니한다(대판 2008.12.11, 2008도9182).

(2) 보충관계

보충관계란 어느 구성요건이 다른 구성요건의 적용이 없을 때에만 보충적으로 적용되는 경우를 말한다. → "기본법은 보충법에 우선한다"는 원칙

① **명시적 보충관계** : 외환유치죄 · 여적죄 · 간첩죄 · 각종이적죄 등에 대한 일반이적죄(제99조), 현주건조물방화죄 등에 대한 일반건조물방화죄(제166조)와 일반물건방화죄(제167조) 등

② **묵시적 보충관계**

㉠ 불가벌적 사전행위 : 범죄실현의 앞단계는 다음 단계의 침해가 있으면 독자적 의미를 상실하는데 이 경우 앞단계의 범죄를 불가벌적 사전행위란 한다.

예 기수와 예비 또는 미수의 관계, 살인죄와 상해죄의 관계, 침해범과 위험범의 관계 등

㉡ 가벼운 침해방법 : 동일한 법익에 대한 침해행위가 그 경중이 있는 경우 가벼운 침해방법에 의한 범죄는 무거운 침해방법에 의한 범죄가 인정되지 않을 경우에만 성립하게 된다.

예 과실범과 고의범의 관계, 부작위범과 작위범의 관계, 종범 · 교사범과 정범의 관계

- 피고인이 검사로부터 범인을 검거하라는 지시를 받고서도 그 직무상의 의무에 따른 적절한 조치를 취하지 아니하고 오히려 범인에게 전화로 도피하라고 권유하여 그를 도피케 하였다는 범죄사실만으로는 직무위배의 위법상태가 범인도피행위 속에 포함되어 있는 것으로 보아야 할 것이므로, 이와 같은 경우에는 **작위범인 범인도피죄만**이 성립한다(대판 1996.5.10, 96도51).
- 경찰공무원이 지명수배 중인 범인을 발견하고도 직무상 의무에 따른 적절한 조치를 취하지 아니하고 오히려 범인을 도피하게 하는 행위를 하였다면, 그 직무위배의 위법상태는 범인도피행위 속에 포함되어 있다고 보아야 할 것이므로, 이와 같은 경우에는 작위범인 범인도피죄만이 성립하고 부작위범인 직무유기죄는 따로 성립하지 아니한다(대판 2017.3.15, 2015도1456).
- 공무원 甲이 위법사실을 발견하고도 직무상 의무에 따른 적절한 조치를 취하지 아니하고 위법사실을 적극적으로 은폐할 목적으로 허위공문서를 작성 · 행사한 경우 직무위배의 위법상태는 허위공문서작성 당시부터 그 속에 포함되는 것으로 **작위범인 허위공문서작성, 동행사죄만**이 성립하고 부작위범인 직무유기죄는 따로 성립하지 아니한다(대판 1999.12.24, 99도2240).

(3) 흡수관계[49)]

흡수관계란 수 개의 구성요건을 실현했지만 어느 구성요건에 해당하는 행위의 불법과 책임내용이 다른 행위의 불법과 책임내용을 포함하여 별도로 처벌할 필요가 없는 경우를 말한다.
→ "전부법은 부분법을 폐지한다"는 원칙

- [거짓신고에 의한 경범죄처벌법위반죄와 위계에 의한 공무집행방해죄의 관계] 경범죄처벌법 제3조 제3항 제2호의 거짓신고가 '위계'의 수단 · 방법 · 태양의 하나가 된 경우에는 거짓신고로 인한 경범죄처벌법위반죄가 위계에 의한 공무집행방해죄에 흡수되는 **법조경합 관계**에 있으므로, 위계에 의한 공무집행방해죄만 성립할 뿐 이와 별도로 거짓신고로 인한 경범죄처벌법위반죄가 성립하지는 않는다(대판 2022.10.27, 2022도10402).

---

49) 2006년 법원사무관승진시험(30점) 흡수관계의 법조경합에 대하여 약술하시오.

[사실관계] 허위 화재신고로 소방관 및 경찰관들이 출동한 것에 대해 거짓신고에 의한 경범죄처벌법위반죄 및 위계에 의한 공무집행방해죄로 기소된 사안에서, 양 죄가 상상적 경합관계에 있다고 보아 모두 유죄를 인정한 원심의 판단에 죄수에 관한 법리오해가 있다고 한 사례

① 불가벌적 수반행위
② 불가벌적 사후행위

3 불가벌적 수반행위

불가벌적 수반행위란 법조경합의 한 형태인 흡수관계에 속하는 것으로서, 행위자가 특정한 죄를 범하면 비록 논리 필연적인 것은 아니지만 일반적・전형적으로 다른 구성요건을 충족하고 이때 그 구성요건의 불법이나 책임 내용이 주된 범죄에 비하여 경미하기 때문에 처벌이 별도로 고려되지 않는 경우를 말한다(대판 2012.10.11, 2012도1895). 예 감금의 수단으로 행한 폭행・협박

관련 판례 불가벌적 수반행위 긍정

1) **감금을 하기 위한 수단으로서 행사된 단순한 협박행위**는 감금죄에 흡수되어 따로 협박죄를 구성하지 아니한다(대판 1982.6.22, 82도705).
2) 행사의 목적으로 타인의 인장을 위조하고 그 위조한 인장을 사용하여 권리의무 또는 사실증명에 관한 타인의 사문서를 위조한 경우에는 **인장위조죄**는 사문서위조죄에 흡수되고 따로 인장위조죄가 성립하는 것은 아니다(대판 1978.9.26, 78도1787).
3) 향정신성의약품관리법 제42조 제1항 제1호가 규정하는 향정신성의약품수수의 죄가 성립되는 경우에는 그 **수수행위의 결과로서 그에 당연히 수반되는 향정신성의약품의 소지행위**는 수수죄의 불가벌적 수반행위로서 수수죄에 흡수되고 별도의 범죄를 구성하지 않는다(대판 1990.1.25, 89도1211).

관련 판례 불가벌적 수반행위 부정

1) [택시기사폭행업무방해사건] 50) **업무방해죄와 폭행죄**는 구성요건과 보호법익을 달리하고 있고, 업무방해죄의 성립에 일반적・전형적으로 사람에 대한 폭행행위를 수반하는 것은 아니며, 폭행행위가 업무방해죄에 비하여 별도로 고려되지 않을 만큼 경미한 것이라고 할 수도 없으므로, 설령 피해자에 대한 폭행행위가 동일한 피해자에 대한 업무방해죄의 수단이 되었다고 하더라도 그러한 폭행행위가 이른바 '불가벌적 수반행위'에 해당하여 업무방해죄에 대하여 흡수관계에 있다고 볼 수는 없다(대판 2012.10.11, 2012도1895).
→ 폭행죄와 업무방해죄의 상상적 경합
2) 공직선거후보자를 추천하기 위한 정당의 당내 경선과 관련하여 경선운동 또는 교통을 방해하거나 위계・사술 그 밖의 부정한 방법으로 당내 경선의 자유를 방해하는 행위를 처벌하는 **공직선거법 제237조 제5항 제2호의 선거의 자유방해죄와 제314조 제1항의 업무방해죄**는 그 보호법익과 구성요건을 서로 달리하는 것이므로, 위 양 죄의 관계를 위 선거의 자유방해죄가 성립할 경우 업무방해죄가 이에 흡수되는 법조경합 관계라고 볼 수는 없고, 또한 이와 같이 위 양 죄가 서로 별개의 죄인 이상 업무방해죄로 공소가 제기된 후에 공직선거법에 정당의 당내 경선의 자유 방해행위에 대한 위 제237조 제5항 제2호의 처벌규정이 신설

50) 2015년 법원행정고등고시(25점)

되었다고 하여 이를 범행 후 법령개폐로 인하여 형이 폐지된 때에 해당한다고 보아 처벌할 수 없다고 할 것은 아니다(대판 2006.6.15, 2006도1667).

3) 1개의 행위에 **사기죄와 업무상배임죄**의 각 구성요건이 모두 구비된 때에는 양 죄를 법조경합 관계로 볼 것이 아니라 상상적 경합 관계에 있다고 봄이 상당하다(대판 2002.7.18, 2002도669 全合).
   [사실관계] 신용협동조합의 전무가 조합의 담당직원을 기망하여 예금인출금 또는 대출금명목으로 금원을 교부받은 경우, 사기죄와 업무상배임죄가 모두 성립하고 위 두 죄는 상상적 경합관계에 있다.

4) **공갈죄와 도박죄**는 그 구성요건과 보호법익을 달리하고 있고, 공갈죄의 성립에 일반적·전형적으로 도박행위를 수반하는 것은 아니며, 도박행위가 공갈죄에 비하여 별도로 고려되지 않을 만큼 경미한 것이라고 할 수도 없으므로, 도박행위가 공갈죄의 수단이 되었다 하여 그 도박행위가 공갈죄에 흡수되어 별도의 범죄를 구성하지 않는다고 할 수 없다(대판 2014.3.13, 2014도212).

5) 피고인이 보이스피싱 사기 범죄단체에 가입한 후 사기범죄의 피해자들로부터 돈을 편취하는 등 그 구성원으로서 활동하였다는 내용의 공소사실이 유죄로 인정된 경우, **범죄단체 가입행위 또는 범죄단체 구성원으로서 활동하는 행위와 사기행위**는 각각 별개의 범죄구성요건을 충족하는 독립된 행위이고 서로 보호법익도 달라 법조경합 관계로 목적된 범죄인 사기죄만 성립하는 것은 아니다(대판 2017.10.26, 2017도8600). ∴ 범죄단체가입·활동죄, 사기죄 모두 성립 → 실체적 경합이라는 취지

6) 지방교육자치에 관한 법률상 **증빙서류 허위기재** 행위가 이른바 '불가벌적 수반행위'에 해당하여 **회계보고 허위기재**로 인한 지방교육자치에 관한 법률 위반죄에 대하여 흡수관계에 있다고 볼 수는 없다(대판 2017.5.30, 2016도21713).

7) 매입한 대마를 처분함이 없이 계속 소지하고 있는 경우에 있어서 그 소지행위가 매매행위와 불가분의 관계에 있는 것이라거나, (매매행위에 수반되는 필연적 결과로서 일시적으로 행하여진 것에 지나지 않는다고 평가되지 않는 한) 그 소지행위는 매매행위에 포괄 흡수되지 아니하고 **대마매매죄**와는 달리 **대마소지죄**가 성립한다고 보아야 할 것인바, 흡연할 목적으로 대마를 매입한 후 흡연할 기회를 포착하기 위하여 **이틀 이상 하의주머니에 넣고 다님으로써 소지한 행위**는 매매행위의 불가분의 필연적 결과라고 평가될 수 없다(대판 1990.7.27, 90도543).
   [동지판례] **수수한 메스암페타민**을 장소를 이동하여 투약하고서 잔량을 은닉하는 방법으로 **소지한 행위**는 그 소지의 경위나 태양에 비추어 볼 때 당초의 수수행위에 수반되는 필연적 결과로 볼 수는 없고, 사회통념상 수수행위와는 독립한 별개의 행위를 구성한다고 보아야 한다(대판 1999.8.20, 99도1744).
   [동지판례] 피고인이 '자신의 집에 메스암페타민을 숨겨두어 소지한 행위'와 그 후 '투약하고 남은 것을 일반 투숙객들의 사용에 제공되는 모텔 화장실 천장에 숨겨두어 소지한 행위'를 별개의 독립한 범죄로 보고 마약류관리에 관한 법률 위반(향정)의 공소사실을 유죄로 인정한 원심판단을 정당하다고 한 사례(대판 2011.2.10, 2010도16742).

8) 아동·청소년이용음란물 제작행위에 아동·청소년이용음란물 소지행위가 수반되는 경우 아동·청소년이용음란물을 제작한 자에 대하여 자신이 제작한 아동·청소년이용음란물을 소지하는 행위를 별도로 처벌하지 않더라도 정의 관념에 현저히 반하거나 해당 규정의 기본취지에 반한다고 보기 어렵다. 따라서 **아동·청소년이용음란물을 제작한 자가 그 음란물을 소지하게 되는 경우** 청소년성보호법 위반(음란물소지)죄는 청소년성보호법 위반(음란물제작·배포등)죄에 흡수된다고 봄이 타당하다. / 다만 아동·청소년이용음란물을 제작한 자가 **제작에 수반된 소지행위를 벗어나** 사회통념상 새로운 소지가 있었다고 평가할 수 있는 별도의 소지행위를 개시하였다면 이는 청소년성보호법 위반(음란물제작·배포등)죄와 별개의 청소년성보호법 위반(음란물소지)죄에 해당한다(대판 2021.7.8, 2021도2993).

4 불가벌적 사후행위 51)

불가벌적 사후행위란 기존의 범죄에 의하여 획득한 위법한 이익을 확보·이용·처분하는 사후행위가 구성요건에 해당하더라도 별개의 구성요건을 구성하지 아니하고 기존의 주된 범죄의 포괄적 평가범위 내에 해소되는 경우(임웅), 즉 앞서 행해진 범죄행위에 대한 처벌만으로 그 행위에 대한 처벌이 더 이상 요구되지 않는 경우(김성돈)를 말한다. 예 절도범인이 절취한 재물을 손괴한 경우

(1) 사후행위는 별개의 구성요건에 해당하는 행위이어야 한다.

(2) 사후행위는 주된 범죄와 보호법익을 같이 하거나 그 침해의 양을 초과하지 않아야 하므로, 새로운 법익을 침해하거나 법익침해의 위험이 있는 행위나 다른 사람의 법익을 침해하는 행위는 불가벌적 사후행위가 아니라 별죄를 구성한다.

(3) 주된 행위에 의하여 행위자가 처벌받았을 것을 요하지 않으므로, 주된 범죄가 공소시효의 완성, 고소의 부존재, 인적 처벌조각사유의 존재 등으로 인하여 불가벌인 때에도 사후행위는 불가벌이다.

(4) 주된 범죄가 범죄성립요건을 갖추지 못하였거나 범죄의 증명이 없기 때문에 불가벌인 때에는 사후행위가 처벌될 수 있다(∵ 주된 범죄가 성립은 되어야 하기 때문).

(5) 사후행위는 제3자에 대한 관계에서는 불가벌적 사후행위가 되지 않는다(∵ 제3자에게는 처벌받는 주된 범죄가 없기 때문).

(6) 사후행위 자체는 구성요건에 해당하는 위법한 행위이기 때문에 사후행위에 관여한 공동정범 및 공범은 처벌될 수 있다.

(7) 주된 행위는 상태범으로서의 재산죄에 해당하는 경우가 대부분이지만, 반드시 이에 한정되지는 않는다. 따라서 간첩이 탐지·수집한 국가기밀을 적국에 누설한 행위도 불가벌적 사후행위가 된다.

관련 판례 **불가벌적 사후행위 인정**

1) 금융기관발행의 자기앞수표는 그 액면금을 즉시 지급받을 수 있어 현금에 대신하는 기능을 하고 있으므로 절취한 자기앞수표를 현금 대신으로 교부한 행위는 절도행위에 대한 가벌적 평가에 당연히 포함되는 것으로 봄이 상당하다 할 것이므로 **절취한 자기앞수표를 음식대금으로 교부하고 거스름돈을 환불받은 행위**는 절도의 불가벌적 사후처분행위로서 사기죄가 되지 아니한다(대판 1987.1.20, 86도1728).
[동지판례] 절취한 자기앞수표를 추심의뢰에 의하여 환금한 경우(대판 1982.7.27, 82도822), 장물인 자기앞수표를 취득한 후 이를 현금 대신 교부하는 경우(대판 1993.11.23, 93도213)

2) **열차승차권**을 절취한 자가 환불을 받음에 있어 비록 기망행위가 수반한다 하더라도 절도죄 외에 따로히 사기죄가 성립하지 아니한다(대판 1975.8.29, 75도1996).
∵ 열차승차권은 그 자체에 권리가 화체되어 있는 무기명증권이므로 이를 곧 사용하여 승차하거나 권면가액으로 양도할 수 있고 매입금액의 환불을 받을 수 있는 것이므로

51) 2003년 법원사무관승진시험 불가벌적 사후행위를 설명하라.
2002년 법무사시험 사기죄에서 타인의 등기필증을 제공하고 채무변제기를 연기하기로 한 약정한 행위가 불가벌적 사후행위인지 여부

3) 원목을 절취한 후 합법적으로 생산된 것인 양 관계당국을 기망하여 산림법 소정의 연고권자로 인정받아 수의계약의 방법으로 이를 매수한 경우 이는 새로운 법익의 침해가 있는 것이라고 할 수 없고 상태범인 **산림절도죄**의 성질상 하나의 불가벌적사후행위로서 별도로 사기죄가 구성되지 않는다(대판 1974.10.22, 74도2441).

4) 피고인이 당초부터 약속어음을 할인하여 줄 의사가 없으면서 있는 것처럼 피해자를 기망하여 약속어음을 교부받은 경우에는 그 교부받은 즉시 사기죄가 성립하고 그 후 이를 피해자에 대한 **피고인의 채권의 변제에 충당**하였다 하더라도 불가벌적 사후행위가 됨에 그칠 뿐, 별도로 횡령죄를 구성하지 않는다(대판 1983.4.26, 82도3079).

5) 종친회 회장이 위조한 종친회 규약 등을 공탁관에게 제출하는 방법으로 종친회를 피공탁자로 하여 공탁된 **수용보상금**을 출급받아 **편취**한 후, 이를 보관하던 중 종친회의 요구에 대하여 정당한 이유 없이 **반환을 거부한 행위**는 새로운 법익의 침해를 수반하지 않는 불가벌적 사후행위에 해당할 뿐 별도의 횡령죄가 성립하지 않는다(대판 2015.9.10, 2015도8592).

6) **[보이스피싱 방조사건] 전기통신금융사기(이른바 보이스피싱 범죄)의 범인**이 피해자를 기망하여 피해자의 자금을 사기이용계좌로 송금·이체받은 후 사기이용계좌에서 현금을 인출한 행위는 사기의 피해자에 대하여 따로 횡령죄를 구성하지 아니한다. 그리고 이러한 법리는 사기범행에 이용되리라는 사정을 알고서도 자신 명의 계좌의 접근매체를 양도함으로써 **사기범행을 방조한 종범**이 사기이용계좌로 송금된 피해자의 돈을 임의로 인출한 경우에도 마찬가지로 적용된다(대판 2017.5.31, 2017도3045).
∵ 이미 성립한 사기범행의 실행행위에 지나지 아니하여 새로운 법익을 침해한다고 보기 어려우므로

7) 형법 제355조 제1항의 횡령죄는 불법영득의 의사 없이 목적물의 점유를 시작한 경우라야 하고 타인을 공갈하여 재물을 교부케 한 경우에는 **공갈죄**를 구성하는 외에 그것을 소비하고 타에 처분하였다 하더라도 횡령죄를 구성하지는 않는다(대판 1986.2.11, 85도2513).

8) 공동상속인 중 1인이 상속재산인 임야를 보관 중 다른 상속인들로부터 매도 후 분배 또는 소유권이전등기를 요구받고도 그 **반환**을 **거부**한 경우 이때 이미 횡령죄가 성립하고, 그 후 그 임야에 관하여 다시 제3자 앞으로 **근저당권설정등기**를 경료해 준 행위는 불가벌적 사후행위로서 별도의 횡령죄를 구성하지 않는다(대판 2010.2.25, 2010도93).
[동지판례] 미등기건물의 관리를 위임받아 보관 중인 자가 임의로 건물을 자신의 명의로 **보존등기**를 한 후에 다시 **근저당설정등기**를 한 경우(대판 1993.3.9, 92도2999)

9) **[질권설정배임 후 예금인출사건]** 甲주식회사 대표이사인 피고인이 자신의 채권자 乙에게 차용금에 대한 담보로 甲회사 명의 정기예금에 질권을 설정하여 주었는데 그 후 乙이 차용금과 정기예금의 변제기가 모두 도래한 이후 피고인의 동의하에 정기예금 계좌에 입금되어 있던 甲회사 자금을 전액 인출하였다면 배임죄와 별도로 횡령죄가 성립하지 아니한다(대판 2012.11.29, 2012도10980).
[판결이유] 민법 제353조에 의하면 질권자는 질권의 목적이 된 채권을 직접 청구할 수 있으므로, 피고인의 **예금인출동의행위**는 이미 배임행위로써 이루어진 질권설정행위의 사후조처에 불과하여 새로운 법익의 침해를 수반하지 않는 이른바 불가벌적 사후행위에 해당하고, 별도의 횡령죄를 구성하지 않는다.

10) 절도 범인으로부터 장물보관 의뢰를 받은 자가 그 정을 알면서 이를 인도받아 보관하고 있다가 임의 처분하였다 하여도 **장물보관죄**가 성립하는 때에는 이미 그 소유자의 소유물 추구권을 침해하였으므로 그 후의 횡령행위는 불가벌적 사후행위에 불과하여 별도로 횡령죄가 성립하지 않는다(대판 1976.11.23, 76도3067 ; 대판 2004.4.9, 2003도8219).

[동지판례] 업무상 과실로 장물을 보관하고 있다가 처분한 행위는 **업무상과실장물보관죄**의 가벌적 평가에 포함되고 별도로 횡령죄를 구성하지 않는다(대판 2004.4.9, 2003도8219).

11) 간첩행위는 기밀에 속한 사항 또는 도서, 물건을 탐지·수집한 때에 기수가 되므로 간첩이 이미 탐지·수집하여 지득하고 있는 사항을 타인에게 보고·누설하는 행위는 **간첩의 사후행위**로서 위 조항에 의하여 처단의 대상이 되는 간첩행위 자체라고 할 수 없다(대판 2011.1.20, 2008재도11 全合).

[비교판례] 형법 제98조 제1항의 간첩죄를 범한 자가 그 탐지수집한 기밀을 누설한 경우나 구 국가보안법 제3조 제1호의 국가기밀을 탐지 수집한 자가 그 기밀을 누설한 경우에는 양죄를 포괄하여 1죄를 범한 것으로 보아야 하고, 간첩죄와 군사기밀누설죄 또는 국가기밀탐지수집죄와 국가기밀누설 등 두 가지 죄를 범한 것으로 인정할 수 없다(대판 1982.4.27, 82도285).

관련 판례 **불가벌적 사후행위 부정**(별죄 성립)

1) 사람을 **살해**한 자가 그 사체를 다른 장소로 옮겨 유기하였을 때에는 별도로 **사체유기죄**가 성립하고, 이와 같은 사체유기를 불가벌적 사후행위로 볼 수는 없다(대판 1997.7.25, 97도1142).

2) **절취한 전당표**를 제3자에게 교부하면서 자기 누님의 것이니 찾아 달라고 거짓말을 하여 이를 믿은 제3자가 전당포에 이르러 그 종업원에게 전당표를 제시하여 기망케 하고 전당물을 교부받게 하여 편취하였다면 이는 사기죄를 구성하는 것이다(대판 1980.10.14, 80도2155). → 절도죄와 사기죄의 경합범

3) 절도범이 **절취 장물**을 자기 것인 양 제3자를 기망하여 금원을 편취한 경우 별도의 사기죄가 성립된다(대판 1980.11.25, 80도2310).

4) 대마취급자가 아닌 자가 절취한 대마를 흡입할 목적으로 소지하는 행위는 절도죄의 보호법익과는 다른 새로운 법익을 침해하는 행위이므로 절도죄의 불가벌적 사후행위로서 절도죄에 포괄흡수된다고 할 수 없고 절도죄 외에 별개의 죄를 구성한다고 할 것이며, **절도죄**와 **무허가대마소지죄**는 경합범의 관계에 있다(대판 1999.4.13, 98도3619).

5) **신용카드를 절취**한 후 이를 사용한 경우 **신용카드의 부정사용**행위는 새로운 법익의 침해로 보아야 하고 그 법익침해가 절도범행보다 큰 것이 대부분이므로 위와 같은 부정사용행위가 절도범행의 불가벌적 사후행위가 되는 것은 아니다(대판 1996.7.12, 96도1181).

[동지판례] 피해자 명의의 신용카드를 부정사용하여 현금자동인출기에서 현금을 인출하고 이를 취득하였다면 신용카드부정사용죄와 절도죄가 성립하고, 양 죄의 관계는 그 보호법익이나 행위태양이 전혀 달라 **실체적 경합**관계에 있는 것으로 보아야 한다(대판 1995.7.28, 95도997).

6) **자동차를 절취한 후 자동차등록번호판을 떼어내는 행위**는 새로운 법익의 침해로 보아야 하므로 위와 같은 번호판을 떼어내는 행위가 절도범행의 불가벌적 사후행위가 되는 것은 아니다(대판 2007.9.6, 2007도4739).

7) [1] 부정한 이익을 얻거나 기업에 손해를 가할 목적으로 그 기업에 유용한 영업비밀이 담겨 있는 타인의 재물을 절취한 후 그 영업비밀을 사용하는 경우, 영업비밀의 부정사용행위는 새로운 법익의 침해로 보아야 하므로 위와 같은 부정사용행위가 절도범행의 불가벌적 사후행위가 되는 것은 아니다. [2] 부정한 이익을 얻을 목적으로 타인의 **영업비밀이 담긴 CD를 절취**하여 그 영업비밀을 부정사용한 경우, **절도죄와 별도로 부정경쟁방지 및 영업비밀보호에 관한 법률상 영업비밀부정사용죄**가 성립한다(대판 2008.9.11, 2008도5364). ∴ 절도죄와 부정경쟁방지 및 영업비밀보호에 관한 법률상 영업비밀부정사용죄의 경합범

8) 법원을 기망하여 승소판결을 받고 그 확정판결에 의하여 소유권이전등기를 경료한 경우에는 **사기죄**와 별도로 **공정증서원본 불실기재죄**가 성립하고 양죄는 실체적 경합범 관계에 있다(대판 1983.4.26, 83도188).

9) 대표이사가 회사의 상가분양 사업을 수행하면서 수분양자들을 기망하여 **편취한 분양대금**은 회사의 소유로 귀속되는 것이므로, 대표이사가 그 분양대금을 횡령하는 것은 사기 범행이 침해한 것과는 다른 법익을 침해하는 것이어서 회사를 피해자로 하는 별도의 횡령죄가 성립된다(대판 2005.4.29, 2005도741).
[동지판례] 대표이사가 은행을 기망하여 대부 받은 금원을 보관 중 횡령한 경우 이는 위 사기범행과는 침해법익을 달리하므로 횡령죄가 성립되는 것이고, 이를 단순한 불가벌적 사후행위로만 볼 수 없다(대판 1989.10.24, 89도1605).

10) 편취한 약속어음을 그와 같은 사실을 모르는 제3자에게 편취사실을 숨기고 할인받는 행위는 당초의 어음 편취와는 별개의 새로운 법익을 침해하는 행위로서 기망행위와 할인금의 교부행위 사이에 상당인과관계가 있어 **새로운 사기죄**를 구성한다 할 것이고, 설령 그 약속어음을 취득한 제3자가 선의이고 약속어음의 발행인이나 배서인이 어음금을 지급할 의사와 능력이 있었다 하더라도 이러한 사정은 사기죄의 성립에 영향이 없다(대판 2005.9.30, 2005도5236).

11) 피고인이 A와 공모하여 피해자 기술보증기금 등의 담당직원을 기망하여 보증서를 발급받아 피해자 기술보증기금 등에 대한 신용보증금액 상당의 사기범행을 완료한 후 위 보증서 등을 이용하여 피해자 신한은행의 대출 담당직원을 기망하여 대출금을 지급받았다면, 피해자 신한은행에 대한 사기범행이 피해자 기술보증기금 등에 대한 사기범행에 흡수되거나, 그 사기범행의 불가벌적 사후행위에 해당한다고 볼 수 없어, **피해자 신한은행에 대하여 대출금액 상당의 별도의 사기죄가 성립한다**(대판 2022.6.30, 2018도10973).
[비교판례] 아파트 소유권자인 피고인이 가등기권리자 갑에게 아파트에 관한 소유권이전청구권가등기를 말소해 주면 대출은행을 변경한 후 곧바로 다시 가등기를 설정해 주겠다고 속여 가등기를 말소하게 하여 재산상 이익을 편취하고, 가등기를 회복해 줄 임무에 위배하여 아파트에 제3자 명의로 근저당권 및 전세권설정등기를 마친 경우, 사기죄를 인정하는 이상 **비양립적 관계**에 있는 배임죄는 별도로 성립하지 않는다(대판 2017.2.15, 2016도15226).

12) 무역거래자가 외화도피의 목적으로 물품 등의 수입 가격을 조작하는 방법으로 피해은행을 기망하여 피해은행으로 하여금 신용장을 개설하게 한 후 그 신용장대금을 수령한 경우에, 이러한 **외화도피 목적의 수입 가격 조작행위**는 사기범행과는 별도로 새로운 법익을 침해한 것으로 보아야 하므로, 위와 같은 수입 가격 조작행위가 **사기범행**의 불가벌적 사후행위가 되는 것은 아니다(대판 2012.9.27, 2010도16946).

13) **['명의수탁자의 처분과 횡령' 관련 사건]** 타인의 부동산을 보관 중인 자가 불법영득의사를 가지고 그 부동산에 **근저당권설정**등기를 경료함으로써 일단 횡령행위가 기수에 이르렀다 하더라도 그 후 같은 부동산에 **별개의 근저당권을 설정**하여 새로운 법익침해의 위험을 추가함으로써 법익침해의 위험을 증가시키거나 해당 부동산을 **매각**함으로써 기존의 근저당권과 관계없이 법익침해의 결과를 발생시켰다면, 이는 당초의 근저당권 실행을 위한 임의경매에 의한 매각 등 그 근저당권으로 인해 당연히 예상될 수 있는 범위를 넘어 새로운 법익침해의 위험을 추가시키거나 법익침해의 결과를 발생시킨 것이므로 특별한 사정이 없는 한 불가벌적 사후행위로 볼 수 없고, 별도로 횡령죄를 구성한다(대판 2013.2.21, 2010도10500 全合).
[사실관계] 피해자 갑 종중으로부터 종중 소유의 토지를 명의신탁받아 보관 중이던 피고인 을이 자신의 개인 채무 변제에 사용할 돈을 차용하기 위해 위 토지에 **근저당권을 설정**하였는데, 그 후 피고인 을,

병이 공모하여 위 토지를 정에게 **매도**한 사안에서, 피고인들이 토지를 매도한 행위는 선행 근저당권설정행위 이후에 이루어진 것이어서 불가벌적 사후행위에 해당한다는 취지의 피고인들 주장을 배척하고 위 토지 매도행위가 별도의 횡령죄를 구성한다고 본 원심판단을 정당하다고 한 사례

[판결이유] 특정한 처분행위(이를 '선행 처분행위'라 한다)로 인하여 법익침해의 위험이 발생함으로써 횡령죄가 기수에 이른 후 종국적인 법익침해의 결과가 발생하기 전에 새로운 처분행위(이를'후행 처분행위'라 한다)가 이루어졌을 때, 후행 처분행위가 선행 처분행위에 의하여 발생한 위험을 현실적인 법익침해로 완성하는 수단에 불과하거나 그 과정에서 당연히 예상될 수 있는 것으로서 새로운 위험을 추가하는 것이 아니라면 후행 처분행위에 의해 발생한 위험은 선행 처분행위에 의하여 이미 성립된 횡령죄에 의해 평가된 위험에 포함되는 것이므로 후행 처분행위는 이른바 불가벌적 사후행위에 해당한다.

14) **배임죄와 횡령죄**의 구성요건에서의 차이에 비추어 보면, 회사에 대한 관계에서 타인의 사무를 처리하는 자가 임무에 위배하는 행위로써 회사로 하여금 회사가 펀드 운영사에 지급하여야 할 펀드출자금을 정해진 시점보다 선지급하도록 하여 배임죄를 범한 다음, 그와 같이 선지급된 펀드출자금을 보관하는 자와 공모하여 펀드출자금을 임의로 인출한 후 자신의 투자금으로 사용하기 위하여 임의로 송금하도록 한 행위는 펀드출자금 선지급으로 인한 배임죄와는 다른 새로운 보호법익을 침해하는 행위로서 배임 범행의 불가벌적 사후행위가 되는 것이 아니라 별죄로서 횡령죄를 구성한다고 보아야 한다(대판 2014.12.11, 2014도10036).

15) 채무자가 자신의 부동산에 甲명의로 **허위의 금전채권에 기한 담보가등기**를 설정하여 강제집행면탈죄가 성립된 후, 그 부동산을 乙에게 (허위)양도하여 乙명의로 이루어진 **가등기양도 및 본등기를 경료한 행위**는 강제집행면탈범행의 불가벌적 사후행위에 해당하지 아니한다(대판 2008.5.8, 2008도198).
∵ 담보가등기 설정과는 별개의 새로운 법익을 침해하는 행위(乙에게 허위양도하는 행위)가 있으므로

Ⅲ 포괄일죄 [52)]

1 의의

포괄일죄란 수개의 행위가 동일한 구성요건을 반복하여 실현한 경우 포괄적으로 1개의 구성요건에 해당하여 일죄를 구성하는 경우를 말한다.

- 수개의 범죄행위를 포괄하여 하나의 죄로 인정하기 위하여는 **범의의 단일성** 외에도 각 범죄행위 사이에 시간적·장소적 연관성이 있고 범행의 방법 간에도 동일성이 인정되는 등 수개의 범죄행위를 하나의 범죄로 평가할 수 있는 경우에 해당하여야 한다(대판 2005.9.15, 2005도1952).
- **[포괄일죄와 실체적 경합범의 구별 기준]** 동일 죄명에 해당하는 수개의 행위 또는 연속된 행위를 **단일하고 계속된 범의**하에 일정 기간 계속하여 행하고 그 피해법익도 동일한 경우에는 이들 각 행위를 통틀어 포괄일죄로 처단하여야 하지만, / 범의의 단일성과 계속성이 인정되지 아니하거나 범행방법 및 장소가 동일하지 않은 경우에는 각 범행은 실체적 경합범에 해당한다(대판 2006.9.8, 2006도3172).

52) 1993년·1998년 법원사무관승진시험

2 유형

(1) 결합범

결합범이란 개별적으로 독립된 범죄에 해당하는 수개의 행위가 결합하여 일죄를 구성하는 경우를 말한다. 예 강도죄(폭행죄·협박죄와 절도죄), 강도강간죄(강도죄와 강간죄)

(2) 계속범

계속범이란 범죄가 기수에 도달한 후에도 법익침해상태가 계속될 수 있고 그 침해상태가 종료되어야 범죄가 완성(종료)되는 경우를 말한다. 예 감금죄, 주거침입죄, 퇴거불응죄 등

∵ 위법상태야기행위와 위법상태유지행위를 포괄하여 1개의 구성요건을 실현하기 때문

(3) 접속범

접속범이란 동일한 구성요건에 해당하는 수개의 행위가 시간적·장소적으로 접속하여 이루어진 경우를 말한다. 예 절도범이 대기시켜 놓은 자동차에 수차례 재물을 반출하는 경우

(4) 연속범

연속범이란 동일 또는 동종의 구성요건에 해당하는 수개의 행위가 단일하고 계속된 고의하에 일정기간 반복적 또는 계속적으로 이루어진 경우를 말한다.

ㅇ 여러 개의 뇌물수수행위가 있는 경우에 그것이 단일하고 계속된 범의하에 동종의 범행을 일정 기간 반복하여 행한 것이고, 그 피해법익도 동일한 경우에는 각 범행을 통털어 포괄일죄로 볼 것이지만, / 그러한 범의의 단일성과 계속성을 인정할 수 없을 때에는 각 범행마다 별개의 죄가 성립하는 것으로서 경합범으로 처단하는 것이 마땅하다(대판 1998.2.10, 97도2836).

(5) 집합범

집합범이란 동일한 의사에 의하여 다수의 동종행위가 반복될 것이 당연히 예상되는 경우를 말한다. 예 영업범(무면허의사의 진료행위), 상습범 등

ㅇ 무면허 의료행위는 그 범죄구성요건의 성질상 동종 범죄의 반복이 예상되는 것이므로, **영리를 목적으로 무면허 의료행위를 업으로 하는 자**가 반복적으로 여러 개의 무면허 의료행위를 단일하고 계속된 범의 아래 일정 기간 계속하여 행하고 그 피해법익도 동일한 경우라면 이들 각 행위를 통틀어 포괄일죄로 처단하여야 할 것이다(대판 2014.1.16, 2013도11649).

[동지판례] 의료법이 금지하는 의료인 아닌 자의 의료기관 개설행위는 비의료인이 의료기관의 시설 및 인력의 충원·관리, 개설신고, 의료업의 시행, 필요한 자금의 조달, 운영성과의 귀속 등을 주도적인 입장에서 처리하는 것을 의미하고, 비의료인이 주도적인 입장에서 한 위와 같은 일련의 행위는 특별한 사정이 없는 한 포괄하여 일죄에 해당한다(대판 2018.11.29, 2018도10779).

ㅇ 상습성을 갖춘 자가 여러 개의 죄를 반복하여 저지른 경우에는 각 죄를 별죄로 보아 경합범으로 처단할 것이 아니라 그 모두를 포괄하여 상습범이라고 하는 하나의 죄로 처단하는 것이 상습범의 본질 또는 상습범 가중처벌규정의 입법취지에 부합한다(대판 2004.9.16, 2001도3206 全合).

ㅇ [인터넷파일공유 웹스토리지사건] [1] 상습범이란 어느 기본적 구성요건에 해당하는 행위를 한 자가 범죄행위를 반복하여 저지르는 습벽, 즉 상습성이라는 행위자적 속성을 갖추었다고 인정되는 경우에 이를 가중처벌 사유로 삼고 있는 범죄유형을 가리키므로, **상습성이 있는 자가 같은 종류의 죄를 반복하여 저질렀다** 하더라도 상습범을 별도의 범죄유형으로 처벌하는 규정이 없는 한 각 죄는 원칙적으로 별개의 범죄로서 경합범으로 처단할 것이다. 저작권법은 제140조 본문에서 저작재산권 침해로 인한 제136조 제1항의 죄를 친고죄로 규정하면서, 제140조 단서 제1호에서 영리를 위하여 상습적으로 위와 같은 범행을 한 경우에는 고소가 없어도 공소를 제기할 수 있다고 규정하고 있으나, 상습으로 제136조 제1항의 죄를 저지른 경우를 가중처벌한다는 규정은 따로 두고 있지 않다. 따라서 수회에 걸쳐 저작권법 제136조 제1항의 죄를 범한 것이 상습성의 발현에 따른 것이라고 하더라도, 이는 원칙적으로 경합범으로 보아야 하는 것이지 하나의 죄로 처단되는 상습범으로 볼 것은 아니다. 그것이 법규정의 표현에 부합하고, 상습범을 포괄일죄로 처단하는 것은 그것을 가중처벌하는 규정이 있기 때문이라는 법리적 구조에도 맞다. [2] 저작재산권 침해행위는 저작권자가 같더라도 **저작물별**로 침해되는 법익이 다르므로, 각각의 저작물에 대한 침해행위는 원칙적으로 각 별개의 죄를 구성한다. / 다만 단일하고도 계속된 범의 아래 동일한 저작물에 대한 침해행위가 일정기간 반복하여 행하여진 경우에는 **포괄하여 하나의 범죄**가 성립한다고 볼 수 있다(대판 2012.5.10, 2011도12131).

[사실관계] **2개의 인터넷 파일공유 웹스토리지 사이트를 운영하는 피고인들**이 이를 통해 저작재산권 대상인 디지털 콘텐츠가 불법 유통되고 있음을 알면서도 다수의 회원들로 하여금 수만 건에 이르는 불법 디지털 콘텐츠를 업로드하게 한 후 이를 수십만 회에 걸쳐 다운로드하게 함으로써 저작재산권 침해를 방조한 경우, 피고인들에게 '영리 목적의 상습성'이 인정된다고 하더라도 이는 고소 없이도 처벌할 수 있는 근거가 될 뿐 피고인들의 각 방조행위는 원칙적으로 서로 경합범 관계에 있고, 다만 동일한 저작물에 대한 수회의 침해행위에 대한 각 방조행위가 포괄하여 하나의 범죄가 성립할 여지가 있을 뿐이고, 이와 달리 위 사이트를 통해 유통된 다수 저작권자의 다수 저작물에 대한 피고인들의 범행 전체가 하나의 포괄일죄를 구성한다고 볼 수는 없다.

3 효과

(1) 실질상 일죄이므로 하나의 죄로 취급한다.

(2) 구성요건을 달리하는 행위가 포괄일죄로 되는 때에는 가장 중한 죄의 일죄만 성립한다.

예 특수절도, 절도, 야간주거침입절도 등이 상습적인 경우 가장 중한 상습특수절도죄

ㅇ 직계존속인 피해자를 폭행하고, 상해를 가한 것이 존속에 대한 동일한 폭력습벽의 발현에 의한 것으로 인정되는 경우, 그중 법정형이 더 중한 **상습존속상해죄**에 나머지 행위들을 포괄시켜 하나의 죄만이 성립한다(대판 2003.2.28, 2002도7335).

ㅇ 도박의 습벽이 있는 자가 도박을 하고 또 도박방조를 하였을 경우 상습도박방조의 죄는 무거운 **상습도박의 죄**에 포괄시켜 1죄로서 처단하여야 한다(대판 1984.4.24, 84도195).

(3) 포괄일죄는 소송법상으로도 일죄이므로 포괄일죄에 대한 공소제기의 효력과 판결의 기판력은 **항소심판결선고시까지** 범하여진 다른 사실에 대하여도 미치며 그 사실에 대하여 별개의 공소가 제기된 때에는 면소판결을 하여야 한다(형사소송법 제326조 제1호).

관련 판례 **포괄일죄의 취급**

1) 포괄일죄로 되는 개개의 범죄행위가 법 개정의 전후에 걸쳐서 행하여진 경우에는 신·구법의 법정형에 대한 경중을 비교하여 볼 필요도 없이 범죄실행 종료시의 법이라고 할 수 있는 신법을 적용하여 포괄일죄로 처단하여야 한다(대판 1998.2.24, 97도183 ; 대판 1994.10.28, 93도1166).

2) 포괄일죄로 되는 개개의 범죄행위가 **다른 종류의 죄의 확정판결**의 전후에 걸쳐서 행하여진 경우에는 그 죄는 2죄로 분리되지 않고 확정판결 후인 최종의 범죄행위시에 완성되는 것이다(대판 2001.8.21, 2001도3312 ; 대판 2003.8.22, 2002도5341).
[동지판례] 사기죄에 있어서 동일한 피해자에 대하여 수회에 걸쳐 기망행위를 하여 금원을 편취한 경우, 그 범의가 단일하고 범행 방법이 동일하다면 사기죄의 포괄일죄만이 성립한다 할 것이고, 포괄일죄는 그 중간에 **별종의 범죄에 대한 확정판결**이 끼어 있어도 그 때문에 포괄적 범죄가 둘로 나뉘는 것은 아니라 할 것이고, 또 이 경우에는 그 확정판결 후의 범죄로서 다루어야 한다(대판 2002.7.12, 2002도2029).

3) 실체법상 일죄로 포괄될 수 있는 관계에 있는 일련의 범행의 중간에 **동종의 죄에 관한 확정판결이 있는 경우**에는 그 확정판결에 의하여 원래 일죄로 포괄될 수 있었던 일련의 범행은 그 확정판결의 전후로 분리되고, 이와 같이 분리된 각 사건은 서로 동일성이 있다고 할 수 없다(대판 2000.2.11, 99도4797 ; 대판 2008.5.29, 2008도1857).

4) 상습범으로서 포괄적 일죄의 관계에 있는 여러 개의 범죄사실 중 일부에 대하여 유죄판결이 확정된 경우에, 그 확정판결의 사실심판결 선고 전에 저질러진 나머지 범죄에 대하여 새로이 공소가 제기되었다면 그 새로운 공소는 확정판결이 있었던 사건과 동일한 사건에 대하여 다시 제기된 데 해당하므로 이에 대하여는 판결로써 면소의 선고를 하여야 하는 것인바(형사소송법 제326조 제1호), 다만 이러한 법리가 적용되기 위해서는 전의 확정판결에서 당해 피고인이 **상습범으로 기소되어 처단되었을 것**을 필요로 하는 것이고, / 상습범 아닌 기본 구성요건의 범죄로 처단되는 데 그친 경우에는, 가사 뒤에 기소된 사건에서 비로소 드러났거나 새로 저질러진 범죄사실과 전의 판결에서 이미 유죄로 확정된 범죄사실 등을 종합하여 비로소 그 모두가 상습범으로서의 포괄적 일죄에 해당하는 것으로 판단된다 하더라도 뒤늦게 앞서의 확정판결을 상습범의 일부에 대한 확정판결이라고 보아 그 기판력이 그 사실심판결 선고 전의 나머지 범죄에 미친다고 보아서는 아니 된다(대판 2004.9.16, 2001도3206 全合).

5) 포괄일죄에 있어서는 그 죄의 일부를 구성하는 개개의 행위에 대하여 구체적으로 특정하지 않더라도 그 전체 범행의 시기와 종기, 범행방법, 범행횟수 또는 피해액의 합계 및 피해자나 상대방을 명시하면 이로써 그 범죄사실은 특정된다(대판 1983.1.18, 82도2572).

6) 포괄일죄의 관계에 있는 범행의 일부에 대하여 약식명령이 확정된 경우에는 그 약식명령의 발령 시를 기준으로 하여 그 이전에 이루어진 범행에 대하여는 면소의 판결을 선고하여야 한다(대판 1994.8.9, 94도1318 ; 대판 2001.12.24, 2001도205 ; 대판 2013.6.13, 2013도4737 등).
∵ 약식명령의 기판력이 미치기 때문

관련 판례 **포괄일죄로 인정된 경우**

1) 살해의 목적으로 **동일인**에게 일시 장소를 달리하고 수차에 걸쳐 단순한 예비행위를 하거나 또는 공격을 가하였으나 미수에 그치다가 드디어 그 목적을 달성한 경우 범의의 갱신이 없는 한 이를 포괄

적으로 보고 단순한 한 개의 살인기수죄로 처단할 것이지 살인예비 내지 미수죄와 동 기수죄의 경합죄로 처단할 수 없는 것이다(대판 1965.9.28, 65도695).

2) 절도범이 체포를 면탈할 목적으로 체포하려는 여러 명의 피해자에게 같은 기회에 폭행을 가하여 그 중 1인에게만 상해를 가하였다면 이러한 행위는 **포괄하여 하나의 강도상해죄**만 성립한다(대판 2001.8.21, 2001도3447).

[사실관계] A와 B가 체포하려고 하자 절도범이 체포를 면탈할 목적으로 A의 얼굴을 팔꿈치로 폭행하고, 발로 B의 정강이를 걷어 차 약 2주간 치료가 필요한 상해를 입힌 경우 포괄하여 하나의 강도상해죄만 성립한다.

↔ 원심은 A에 대한 준강도죄와 B에 대한 강도상해죄의 실체적 경합으로 처리

3) 피해자를 위협하여 항거불능케 한 후 1회 간음하고 2**백미터쯤 오다가** 다시 1회 간음한 경우에 있어 피고인의 의사 및 그 범행시각과 장소로 보아 두번째의 간음행위는 처음 한 행위의 계속으로 볼 수 있어 이를 단순일죄로 처단한 것은 정당하다(대판 1970.9.29, 70도1516).

[비교판례] 피해자를 1회 강간하여 상처를 입게 한 후 약 **1시간 후에 장소를 옮겨** 같은 피해자를 다시 1회 강간한 행위는 그 범행시간과 장소를 달리하고 있을 뿐만 아니라 각 별개의 범의에서 이루어진 행위로서 형법 제37조 전단의 실체적 경합범에 해당한다(대판 1987.5.12, 87도694).

4) 다수의 피해자에 대하여 각별로 기망행위를 하여 각각 재산상 이익을 편취한 경우에는 범의가 단일하고 범행방법이 동일하더라도 각 피해자의 피해법익은 독립한 것이므로 이를 포괄일죄로 파악할 수 없고 피해자별로 독립한 사기죄가 성립된다. / 다만 **피해자들이 하나의 동업체를 구성하는 등으로 피해 법익이 동일하다고 볼 수 있는 사정이 있는 경우**에는 피해자가 복수이더라도 이들에 대한 사기죄를 포괄하여 일죄로 볼 수도 있을 것이다(대판 2011.4.14, 2011도769).

5) 예금주인 현금카드 소유자를 협박하여 그 **카드를 갈취**한 다음 피해자의 승낙에 의하여 현금카드를 사용할 권한을 부여받아 이를 이용하여 현금자동지급기에서 현금을 인출한 행위는 모두 피해자의 예금을 갈취하고자 하는 피고인의 단일하고 계속된 범의 아래에서 이루어진 일련의 행위로서 포괄하여 하나의 공갈죄를 구성하므로, 현금자동지급기에서 피해자의 예금을 인출한 행위를 현금카드 갈취행위와 분리하여 따로 절도죄로 처단할 수는 없다(대판 2007.5.10, 2007도1375).

[비교판례] **강취한 현금카드**를 사용하여 현금자동지급기에서 예금을 인출한 행위는 피해자의 승낙에 기한 것이라고 할 수 없으므로, 현금자동지급기 관리자의 의사에 반하여 그의 지배를 배제하고 그 현금을 자기의 지배하에 옮겨 놓는 것이 되어서 강도죄와는 별도로 절도죄를 구성한다(대판 2007.5.10, 2007도1375).

6) 수 개의 업무상 배임행위가 있더라도 피해법익이 단일하고 범죄의 태양이 동일할 뿐만 아니라, 그 수 개의 배임행위가 단일한 범의에 기한 일련의 행위라고 볼 수 있는 경우에는 그 수 개의 배임행위는 포괄하여 일죄를 구성한다(대판 2004.7.9, 2004도810).

7) 범죄단체의 구성이나 가입은 범죄행위의 실행 여부와 관계없이 범죄단체 구성원으로서의 활동을 예정하는 것이고, 범죄단체 구성원으로서의 활동은 범죄단체의 구성이나 가입을 당연히 전제로 하는 것이므로, 양자는 모두 범죄단체의 생성 및 존속・유지를 도모하는, 범죄행위에 대한 일련의 예비・음모 과정에 해당한다는 점에서 범의의 단일성과 계속성을 인정할 수 있을 뿐만 아니라 피해법익도 다르지 않다. 따라서 **범죄단체를 구성하거나 이에 가입한 자가 더 나아가 구성원으로 활동하는 경우**, 이는 포괄일죄의 관계에 있다(대판 2015.9.10, 2015도7081).

8) 뇌물을 여러 차례에 걸쳐 수수함으로써 그 행위가 여러 개이더라도 그것이 단일하고 계속적 범의에 의하여 이루어지고 동일법익을 침해한 때에는 포괄일죄로 처벌함이 상당하다(대판 1999.1.29, 98도3584).

[동지판례] 단일하고도 계속된 범의 아래 일정 기간 반복하여 일련의 뇌물수수 행위와 부정한 행위가 행하여졌고 그 뇌물수수 행위와 부정한 행위 사이에 인과관계가 인정되며 피해법익도 동일하다면, **최후의 부정한 행위 이후에 저질러진 뇌물수수 행위**도 최후의 부정한 행위 이전의 뇌물수수 행위 및 부정한 행위와 함께 **수뢰후부정처사죄의 포괄일죄**로 처벌함이 타당하다(대판 2021.2.4, 2020도12103).

9) 금융기관 임직원이 그 직무에 관하여 여러 차례 금품을 수수한 경우에 그것이 단일하고도 계속된 범의 아래 일정기간 반복하여 이루어진 것이고 그 피해법익도 동일한 경우에는 각 범행을 통틀어 포괄일죄로 볼 것이다(대판 2000.6.27, 2000도1155).

[사실관계] 금융기관 임직원인 甲이 그 직무에 관하여 乙로부터 정식 이사가 될 수 있도록 도와달라는 부탁을 받고 1년 동안 12회에 걸쳐 그 사례금 명목으로 합계 1억 2,000만원을 교부받은 경우 포괄일죄가 성립한다.

→ 특정경제범죄가중처벌 등에 관한 법률 제5조 제4항 제1호 위반

10) 하나의 사건에 관하여 증인으로 **한번 선서**한 사람이 같은 기일에서 여러 가지 사실에 관하여 기억에 반하는 허위의 공술을 한 경우라도, 하나의 범죄의사로 계속하여 허위의 공술을 한 것으로서 포괄하여 1개의 위증죄를 구성하는 것으로 보아야 하고 각 진술마다 각기 수개의 위증죄를 구성하는 것으로 볼 것은 아니다(대판 1990.2.23, 89도1212 ; 대판 1998.4.14, 97도3340).

[동지판례] 증인이 소송사건의 같은 심급에서 변론기일을 달리하여 수차 증인으로 나가 수 개의 허위진술을 하였더라도 최초에 한 선서의 효력을 유지시킨 후 증언하였다면 1개의 위증죄가 성립한다(대판 2007.3.15, 2006도9463).

11) [1] 음주운전으로 인한 도로교통법 위반죄의 보호법익과 처벌방법을 고려할 때, 혈중알콜농도 0.05% 이상의 음주상태로 동일한 차량을 일정기간 계속하여 운전하다가 1회 음주측정을 받았다면 이러한 음주운전행위는 동일 죄명에 해당하는 연속된 행위로서 단일하고 계속된 범의하에 일정기간 계속하여 행하고 그 피해법익도 동일한 경우이므로 포괄일죄에 해당한다. [2] 음주상태로 자동차를 운전하다가 제1차 사고를 내고 그대로 진행하여 제2차 사고를 낸 후 음주측정을 받아 도로교통법 위반(음주운전)죄로 약식명령을 받아 확정되었는데, 그 후 제1차 사고 당시의 음주운전으로 기소된 사안에서 위 공소사실이 약식명령이 확정된 **도로교통법 위반(음주운전)죄**와 포괄일죄 관계에 있다고 본 사례(대판 2007.7.26, 2007도4404)

12) 농업협동조합법상의 **호별방문죄**는 연속적으로 두 집 이상을 방문함으로써 성립하는 범죄로서, 선거운동을 위하여 다수의 조합원을 호별로 방문한 때에는 포괄일죄로 보아야 한다(대판 2003.6.13, 2003도889).

13) 여러 해 동안 수회에 걸쳐 이루어진 부정의약품 제조·판매행위 등은 포괄일죄에 해당한다(대판 2021.1.14, 2020도10979).

[판결이유] 보건범죄 단속에 관한 특별조치법(이하 '보건범죄단속법'이라고 한다) 제3조 제1항 제2호의 **'연간'**은 역법상의 한 해인 1.1.부터 12.31.까지의 1년간을 의미한다. 하지만 동일 죄명에 해당하는 수 개의 행위를 단일하고 계속된 범의하에 일정기간 계속하여 행하고 그 피해법익도 동일한 경우에는 이들 각 행위를 통틀어 포괄일죄로 처단하여야 할 것이다. 여러 해 동안 수회에 걸쳐 이루어진 부정의약품 제조·판매행위 등을 포괄일죄에 해당한다고 보는 이상, 그 기간 중 어느 일정 연도의

연간 소매가격이 보건범죄단속법 제3조 제1항 제2호에서 정한 1천만 원을 넘은 경우에는 다른 연도의 연간 소매가격이 위 금액에 미달한다고 하더라도 그 전체를 **보건범죄단속법 제3조 제1항 제2호 위반의 포괄일죄**로 처단함이 타당하다. 이러한 법리는 여러 해 동안 수회에 걸쳐 이루어진 부정의약품 제조·판매행위 등의 연간 소매가격이 모두 1천만원을 넘는 경우에도 마찬가지이다.

14) 국정원 직원이 동일한 사안에 관한 일련의 직무집행 과정에서 단일하고 계속된 범의로 일정 기간 계속하여 저지른 직권남용행위에 대하여는 설령 그 상대방이 수인이라고 하더라도 **포괄일죄**가 성립할 수 있다고 봄이 타당하다(대판 2021.3.11, 2020도12583).
∵ 형법상 직권남용죄는 국가기능의 공정한 행사라는 국가적 법익을 보호하는 데 주된 목적이 있고, 직권남용으로 인한 국가정보원법 위반죄도 마찬가지이므로

관련 판례 **포괄일죄로 인정되지 않은 경우**

1) 피고인이 단일한 범의로 동일한 장소에서 동일한 방법으로 시간적으로 접착된 상황에서 처와 자식들을 살해하였다고 하더라도 휴대하고 있던 권총에 실탄 6발을 장전하여 처와 자식들의 머리에 각기 1발씩 순차로 발사하여 살해하였다면, 피해자들의 수에 따라 수개의 살인죄를 구성한다(대판 1991.8.27, 91도1637). ∴ 포괄일죄 ×, 경합범 ○

2) 피고인이 여관에 들어가 1층 안내실에 있던 **여관의 관리인**을 칼로 찔러 상해를 가하고, 그로부터 금품을 강취한 다음, 각 객실에 들어가 각 **투숙객들**로부터 금품을 강취하였다면, 피고인의 위와 같은 각 행위는 비록 시간적으로 접착된 상황에서 동일한 방법으로 이루어지기는 하였으나, 포괄하여 1개의 강도상해죄만을 구성하는 것이 아니라 **실체적 경합범**의 관계에 있는 것이라고 할 것이다(대판 1991.6.25, 91도643).

3) 형법 제341조나 특정범죄가중처벌 등에 관한 법률에서 강도, 특수강도, 약취강도, 해상강도의 각 죄에 관해서는 상습범가중처벌규정을 두고 있으나 강도상해, 강도강간 등 각 죄에 관해서는 상습범가중처벌규정을 두고 있지 아니하므로 특수강도죄와 그 후에 범한 강도강간 및 강도상해 등 죄는 포괄일죄의 관계에 있지 아니하다(대판 1992.4.14, 92도297).

4) 타인의 사무를 처리하는 자가 동일인으로부터 그 직무에 관하여 부정한 청탁을 받고 여러 차례에 걸쳐 금품을 수수한 경우, 그것이 단일하고도 계속된 범의 아래 일정기간 반복하여 이루어진 것이고 그 피해법익도 동일한 때에는 이를 포괄일죄로 보아야 한다. / 다만, **여러 사람으로부터 각각 부정한 청탁을 받고 그들로부터 각각 금품을 수수한 경우**에는 비록 그 청탁이 동종의 것이라고 하더라도 단일하고 계속된 범의 아래 이루어진 범행으로 보기 어려워 그 전체를 포괄일죄로 볼 수 없다(대판 2008.12.11, 2008도6987).

5) 컴퓨터로 음란 동영상을 제공한 제1범죄행위로 서버컴퓨터가 압수된 이후 다시 장비를 갖추어 동종의 제2범죄행위를 하고 제2범죄행위로 인하여 약식명령을 받아 확정된 사안에서, 피고인에게 **범의의 갱신**이 있어 제1범죄행위는 약식명령이 확정된 제2범죄행위와 실체적 경합관계에 있다고 보아야 할 것이라는 이유로, 포괄일죄를 구성한다고 판단한 원심판결을 파기한 사례(대판 2005.9.30, 2005도4051)

6) 무면허운전으로 인한 도로교통법위반죄에 있어서는 특별한 경우를 제외하고는 운전한 날마다 무면허운전으로 인한 도로교통법위반의 1죄가 성립하고, / 비록 계속적으로 무면허운전을 할 의사를 가지고 여러 날에 걸쳐 무면허운전행위를 반복하였다 하더라도 이를 포괄하여 일죄로 볼 수 없다(대판 2002.7.23, 2001도6281)

[비교판례] 피고인이 저녁 시간에 무면허인 상태로 차량을 운전하여 인근 식당까지 이동하고(제1 무면허운전 혐의), **약 3시간이 경과 후** 식당 인근에서 시동이 켜진 위 차량에서 술에 취해 잠이 든 상태로 발견되어 경찰에 의해 음주측정을 받은 다음(제2 무면허운전 및 음주운전 혐의), 검사가 피고인에 대하여 제2 무면허운전 및 음주운전을 하였다는 혐의로 기소하였다. 제2 무면허운전과 제1 무면허운전은 시간 및 장소에 있어 일부 차이가 있으나, 같은 날 동일 차량을 무면허로 운전하려는 단일하고 계속된 범의 아래 동종 범행을 같은 방법으로 반복한 것으로 포괄하여 일죄에 해당한다(대판 2022.10.27, 2022도8806).

7) 甲이 **히로뽕 완제품**을 **제조**하고, 그때 함께 만든 액체 히로뽕 반제품을 땅에 묻어 두었다가 약 1년 9개월 후, 이전에 제조를 요구했던 사람이 아닌 다른 사람들의 요구에 따라 그들과 함께 위 **반제품을 완제품으로 제조**한 경우 포괄일죄를 이룬다고 할 수 없으므로 형법 제37조 전단의 경합범으로 의율처단하여야 한다(대판 1991.2.26, 90도2900).

8) 수개의 등록상표에 대하여 상표법 제93조에서 정한 상표권침해 행위가 계속하여 행하여진 경우에는 **각 등록상표 1개마다** 포괄하여 1개의 범죄가 성립하므로, 특별한 사정이 없는 한 상표권자 및 표장이 동일하다는 이유로 등록상표를 달리하는 수개의 상표권침해 행위를 포괄하여 하나의 죄가 성립하는 것으로 볼 수 없다(대판 2011.7.14, 2009도10759).

[사실관계] 상표권자 및 표장이 동일한 수개의 등록상표에 대하여 상표법 제93조 소정의 상표권침해 행위가 계속하여 행하여진 경우

9) 변호사가 아니면서 금품・향응 또는 그 밖의 이익을 받거나 받을 것을 약속하고 또는 제3자에게 이를 공여하게 하거나 공여하게 할 것을 약속하고 법률사건에 관하여 감정・대리・중재・화해・청탁・법률상담 또는 법률 관계 문서 작성, 그 밖의 법률사무를 취급하거나 이러한 행위를 알선하는 변호사법 제109조 제1호 위반행위에서 당사자와 내용을 달리하는 법률사건에 관한 법률사무 취급은 각기 별개의 행위라고 할 것이므로, 변호사가 아닌 사람이 **각기 다른 법률사건에 관한 법률사무**를 취급하여 저지르는 위 변호사법위반의 각 범행은 특별한 사정이 없는 한 실체적 경합범이 되는 것이지 포괄일죄가 되는 것이 아니다(대판 2015.1.15, 2011도14198).

∵ 변호사법 제109조 제1호 위반행위에서 당사자와 내용을 달리하는 법률사건에 관한 법률사무 취급은 각기 별개의 행위라고 할 것이므로 → 실체적 경합범

10) 공직선거법 제106조 제1항 소정의 **호별방문죄**는 연속적으로 두 집 이상을 방문함으로써 성립하고, 각 집의 방문이 '**연속적**'인 것으로 인정되기 위해서는 반드시 집집을 중단 없이 방문하여야 하거나 동일한 일시 및 기회에 각 집을 방문하여야 하는 것은 아니지만, 각 방문행위 사이에는 어느 정도의 시간적 근접성이 있어야 할 것이고, 이러한 시간적 근접성이 없다면 '연속적'인 것으로 인정될 수는 없다(대판 2007.3.15, 2006도9042). ∴ 포괄일죄 ×

[비교판례] 농업협동조합법상의 호별방문죄는 연속적으로 두 집 이상을 방문함으로써 성립하는 범죄로서, 제반 사정을 종합하여 단일한 선거운동의 목적으로 둘 이상 조합원의 호를 계속해서 방문한 것으로 볼 수 있으면 그 성립이 인정되고, 이와 같이 **연속성이 인정되는 각 호별방문행위**는 그 전체가 포괄일죄의 관계에 있게 된다. 따라서 선거운동을 위하여 다수의 조합원을 호별로 방문한 때에는 **포괄일죄**로 보아야 한다(대판 2003.6.13, 2003도889).

11) **임대차계약의 방법으로 장소제공의 성매매알선행위를 수회 한 경우** 포괄일죄인지 실체적 경합범인지에 관한 판단기준 : 피고인이 자기 소유의 건물을 2017.8.31. 甲에게 월 70만원에, 2018.6.18. 乙에게

월 100만원에 성매매장소로 제공하였다는 범죄사실로 각 약식명령이 확정되었는데, 위 건물을 2014.6.경부터 2016.4.경까지, 2018.3.경부터 2018.5.13.경까지 丙에게 월 300만원에 임대하는 등 성매매장소로 제공하여 성매매알선 등 행위를 하였다는 공소사실로 기소된 사안에서, 확정된 각 약식명령의 범죄사실과 공소사실이 포괄일죄 관계에 있다고 보아 각 약식명령의 기판력이 공소사실에 미친다는 이유로 면소를 선고한 원심판결에 성매매장소 제공에 의한 성매매알선 등 행위의 처벌에 관한 법률 위반(성매매알선 등)죄에서 포괄일죄와 경합범의 구별 기준에 관한 법리오해 등의 잘못이 있다고 한 사례(대판 2020.5.14, 2020도1355)

제3절 수죄

제40조【상상적 경합】
한 개의 행위가 여러 개의 죄에 해당하는 경우에는 가장 무거운 죄에 대하여 정한 형으로 처벌한다. [시행 2021.12.9.]

제37조【경합범】
판결이 확정되지 아니한 수개의 죄 또는 금고 이상의 형에 처한 판결이 확정된 죄와 그 판결확정 전에 범한 죄를 경합범으로 한다.

제38조【경합범과 처벌례】
① 경합범을 동시에 판결할 때에는 다음 각 호의 구분에 따라 처벌한다.
1. 가장 무거운 죄에 대하여 정한 형이 사형, 무기징역, 무기금고인 경우에는 가장 무거운 죄에 대하여 정한 형으로 처벌한다.
2. 각 죄에 대하여 정한 형이 사형, 무기징역, 무기금고 외의 같은 종류의 형인 경우에는 가장 무거운 죄에 대하여 정한 형의 장기 또는 다액(多額)에 그 2분의 1까지 가중하되 각 죄에 대하여 정한 형의 장기 또는 다액을 합산한 형기 또는 액수를 초과할 수 없다. 다만, 과료와 과료, 몰수와 몰수는 병과(倂科)할 수 있다.
3. 각 죄에 대하여 정한 형이 무기징역, 무기금고 외의 다른 종류의 형인 경우에는 병과한다.

② 제1항 각 호의 경우에 징역과 금고는 같은 종류의 형으로 보아 징역형으로 처벌한다. [시행 2021.12.9.]

제39조【판결을 받지 아니한 경합범, 수개의 판결과 경합범, 형의 집행과 경합범】
① 경합범중 판결을 받지 아니한 죄가 있는 때에는 그 죄와 판결이 확정된 죄를 동시에 판결할 경우와 형평을 고려하여 그 죄에 대하여 형을 선고한다. 이 경우 그 형을 감경 또는 면제할 수 있다.
② [삭제 2005.7.29.]
③ 경합범에 의한 판결의 선고를 받은 자가 경합범 중의 어떤 죄에 대하여 사면 또는 형의 집행이 면제된 때에는 다른 죄에 대하여 다시 형을 정한다.
④ 전3항의 형의 집행에 있어서는 이미 집행한 형기를 통산한다.

I 의의

범죄의 수가 여러 개인 경우를 수죄라 한다. 수죄에는 상상적 경합(과형상 일죄, 소송법상 일죄)과 실체적 경합(경합범)이 있다. 상상적 경합과 실체적 경합은 행위의 수에 따라 구별된다.

1개의 행위에 의하여 여러 개의 죄를 실현한 경우 상상적 경합이라 하고, 여러 개의 행위에 의하여 여러 개의 죄를 실현한 경우를 실체적 경합이라 한다.

II 상상적 경합 53)

1 의의

상상적 경합은 1개의 행위가 수개의 죄에 해당하는 경우를 말한다(제40조).

상상적 경합은 실질적으로는 수죄이지만 하나의 형으로 처벌한다는 점에서 **과형상 일죄**라 하고, 소송법상으로도 한 개의 사건으로 처리되기 때문에 **소송법상 일죄**라고도 한다.

> ㅇ [상상적 경합과 법조경합의 구별기준] 상상적 경합은 1개의 행위가 실질적으로 수개의 구성요건을 충족하는 경우를 말하고, / 법조경합은 1개의 행위가 외관상 수개의 죄의 구성요건에 해당하는 것처럼 보이나 실질적으로 1죄만을 구성하는 경우를 말하며, 실질적으로 1죄인가 또는 수죄인가는 구성요건적 평가와 보호법익의 측면에서 고찰하여 판단하여야 한다(대판 2003.4.8, 2002도6033).

2 요건

(1) 하나의 행위

1개의 행위란 법적 평가를 떠나 사회관념상 행위가 사물자연의 상태로서 1개로 평가되는 것을 의미한다.

> ㅇ 상상적 경합은 1개의 행위가 수개의 죄에 해당하는 경우를 말한다(형법 제40조). 여기에서 1개의 행위란 법적 평가를 떠나 **사회관념상** 행위가 사물자연의 상태로서 1개로 평가되는 것을 의미한다(대판 2017.9.21, 2017도11687).

(2) 수개의 죄

상상적 경합이 성립하려면 1개의 행위에 의하여 수개의 죄를 범하여야 한다.

예 폭탄을 던져 여러 명의 사람을 죽인 경우

3 효과

(1) 실체법적 효과

① 1개의 행위가 수개의 죄에 해당하는 경우 가장 중한 죄에 정한 형으로 처벌한다(제40조, **흡수주의**).

② 여기에서 형은 법정형을 의미하고, 형의 경중은 제50조(형의 경중)에 의하여 정한다. 따라서 경합법의 처벌에 있어 징역과 금고를 동종의 형으로 간주하는 제38조 제2항은 상상적 경합에 준용되지 않는다(대판 1976.1.27, 75도1543).

---

53) 1998년 법원사무관승진시험

③ '**가장 중한 죄에 정한 형으로 처벌한다**'란 수개의 죄명 중 가장 중한 형을 규정한 법조에 의하여 처단한다는 취지와 함께 다른 법조의 최하한의 형보다 가볍게 처단할 수 없다는 취지 즉, 각 법조의 상한과 하한을 모두 중한 형의 범위 내에서 처단한다는 것을 포함한다(**전체적 대조주의**).

예 A죄의 법정형 = (1월 이상) 7년 이하의 징역, B죄의 법정형 = 1년 이상 5년 이하의 징역
→ 처단형 = 1년 이상 7년 이하의 징역

ㅇ 형법 제40조가 규정하는 1개의 행위가 수개의 죄에 해당하는 경우에는 '가장 중한 죄에 정한 형으로 처벌한다'함은 그 수개의 죄명 중 가장 중한 형을 규정한 법조에 의하여 처단한다는 취지와 함께 다른 법조의 최하한의 형보다 가볍게 처단할 수는 없다는 취지 즉, 각 법조의 상한과 하한을 모두 중한 형의 범위 내에서 처단한다는 것을 포함하는 것으로 새겨야 할 것이다(대판 1984.2.28, 83도3160).

ㅇ 상상적 경합관계에 있는 **업무상배임죄와 영업비밀 국외누설로 인한 구 부정경쟁방지 및 영업비밀 보호에 관한 법률 위반죄**에 대하여 형이 더 무거운 업무상배임죄에 정한 형으로 처벌하기로 하면서, 징역형과 벌금형을 병과할 수 있도록 규정한 위 특별법에 의하여 벌금형을 병과할 수 있다고 한 사례(대판 2008.12.24, 2008도9169)
[사실관계] 징역형만 규정된 A죄와 징역형과 벌금형을 병과할 수 있도록 규정된 B죄가 상상적 경합관계에 있고, A죄에 정해진 징역형의 상한이 B죄에서 정해진 징역형의 상한보다 높다면 A죄에서 정한 징역형과 B죄에서 정해진 벌금형을 병과할 수 있다.

(2) **소송법적 효과**

① 상상적 경합은 실질적으로 수죄이므로 친고죄의 고소와 공소시효는 각 죄마다 따로 검토하여야 한다.

② 상상적 경합은 소송법적으로 일죄이므로 수개의 죄 중 어느 1개의 죄에 대한 공소제기의 효력과 확정판결의 기판력은 수개의 죄 전부에 대하여 미친다.

ㅇ 상상적 경합 관계의 경우에는 그중 1죄에 대한 확정판결의 기판력은 다른 죄에 대하여도 미친다(대판 2017.9.21, 2017도11687).

ㅇ [조개트럭감금강간사건] 제40조의 소위 상상적 경합은 1개의 행위가 수개의 죄에 해당하는 경우에는 과형상 1죄로서 처벌한다는 것이고, 또 가장 중한 죄에 정한 형으로 처벌한다는 것은 경한 죄는 중한 죄에 정한 형으로 처단된다는 것이지, 경한 죄는 그 처벌을 면한다는 것은 아니므로, 감금죄와 강간미수죄가 상상적 경합관계에 있는 경우 중한 강간미수죄가 친고죄로서 고소가 취소되었다 하더라도 경한 감금죄(폭력행위 등 처벌에 관한 법률 위반)에 대하여는 아무런 영향을 미치지 않는다(대판 1983.4.26, 83도323).

4 관련 문제 _ 연결효과에 의한 상상적 경합

(1) 연결효과에 의한 상상적 경합이란 서로 실체적 경합관계에 있는 두 개의 독립적인 범죄행위가 제3의 행위와 각각 상상적 경합의 관계에 있을 때 이를 통해 모든 행위 사이에 상상적 경합관계가 성립된다는 것이다(연결효과이론).

(2) 판례는 연결효과에 의한 상상적 경합(연결효과이론)은 부정하지만, 처벌에 있어서는 경합범 가중을 하지 않고 상상적 경합으로 처리하고 있으므로 결과적으로 연결효과에 의한 상상적 경합(연결효과이론)을 인정하는 것과 마찬가지이다.

ㅇ 허위공문서작성죄와 동행사죄가 수뢰 후 부정처사죄와 각각 상상적 경합관계에 있을 때에는 허위공문서작성죄와 동행사죄 상호 간은 실체적 경합범관계에 있다고 할지라도 상상적 경합범관계에 있는 수뢰 후 부정처사죄와 대비하여 가장 중한 죄에 정한 형으로 처단하면 족한 것이고 따로이 경합가중을 할 필요가 없다(대판 1983.7.26, 83도1378).

[사실관계] 예비군 중대장이 그 소속예비군으로부터 금원을 교부받고 그 예비군이 예비군훈련에 불참하였음에도 불구하고 참석한 것처럼 **허위내용의 중대학급편성명부**를 **작성**하고 **비치**한 경우라면 수뢰 후 부정처사죄 외에 별도로 허위공문서작성 및 동행사죄가 성립하고 이들 죄와 수뢰 후 부정처사죄는 각각 상상적 경합관계에 있다고 할 것이다.

ㅇ 형법 제131조 제1항의 수뢰 후 부정처사죄에 있어서 공무원이 수뢰 후 행한 부정행위가 공도화변조 및 동행사죄와 같이 보호법익을 달리하는 별개 범죄의 구성요건을 충족하는 경우에는 수뢰 후 부정처사죄 외에 별도로 공도화변조 및 동행사죄가 성립하고 이들 죄와 수뢰 후 부정처사죄는 각각 상상적 경합관계에 있다고 할 것인바, 이와 같이 공도화변조죄와 동행사죄가 수뢰 후 부정처사죄와 각각 상상적 경합범 관계에 있을 때에는 공도화변조죄와 동행사죄 상호간은 실체적 경합범 관계에 있다고 할지라도 상상적 경합범 관계에 있는 수뢰 후 부정처사죄와 대비하여 가장 중한 죄에 정한 형으로 처단하면 족한 것이고 따로이 경합범 가중을 할 필요가 없다(대판 2001.2.9, 2000도1216).

관련 판례 **상상적 경합 긍정**

1) **감금행위가 강간죄나 강도죄의 수단이 된 경우**에도 감금죄는 강간죄나 강도죄에 흡수되지 아니하고 별죄를 구성한다(대판 1997.1.21, 96도2715).
   → 감금죄와 강간죄·강도죄는 일개의 행위에 의하여 실현된 경우 상상적 경합이 성립한다는 취지
   [비교판례] 감금행위가 단순히 강도상해 범행의 수단이 되는 데 그치지 아니하고 강도상해의 범행이 끝난 뒤에도 계속된 경우에는 1개의 행위가 **감금죄**와 **강도상해죄**에 해당하는 경우라고 볼 수 없고, 이 경우 감금죄와 강도상해죄는 제37조의 경합범 관계에 있다(대판 2003.1.10, 2002도4380).
   [사실관계] 甲과 乙이 A의 돈을 빼앗자고 공모한 후 A를 강제로 승용차에 태우고 가면서 돈을 강취하고 상해를 가한 뒤에도 계속하여 상당한 거리를 진행하다가 교통사고로 인해 감금행위가 중단된 경우
2) **[조개트럭감금강간사건]** 피고인이 피해자가 자동차에서 내릴 수 없는 상태에 있음을 이용하여 강간하려고 결의하고, 주행 중인 자동차에서 탈출불가능하게 하여 외포케 하고 50킬로미터를 운행하여 여관 앞까지 강제연행한 후 강간하려다 미수에 그친 경우 위 '협박'은 감금죄의 실행의 착수임과 동시에 강간미수죄의 실행의 착수라고 할 것이다(대판 1983.4.26, 83도323). → 감금죄와 강간미수의 상상적 경합
3) 한국소비자보호원을 비방할 목적으로 18회에 걸쳐서 출판물에 의하여 공연히 허위의 사실을 적시·유포함으로써 한국소비자보호원의 **명예를 훼손하고 업무를 방해**하였다는 각 죄는 1개의 행위가 2개의 죄에 해당하는 형법 제40조 소정의 상상적경합의 관계에 있다(대판 1993.4.13, 92도3035).

4) 허위사실을 유포한 1개의 행위가 형법 제314조 제1항의 **허위사실유포에 의한 업무방해죄**뿐 아니라 형법 제307조 제2항의 **허위사실적시에 의한 명예훼손죄**에도 해당하는 경우 그 2개의 죄는 상상적 경합관계에 있다(대판 2007.2.23, 2005도10233).

[사실관계] 甲이 치료받은 다음 날 오전 병원 앞에서 허위사실이 기재된 현수막을 설치하고 허위사실을 기재한 유인물을 불특정 다수에게 배포한 경우

5) **절도범인**이 체포를 면탈할 목적으로 경찰관에게 폭행 협박을 가한 때에는 준강도죄와 공무집행방해죄를 구성하고 양죄는 **상상적 경합관계**에 있으나, / **강도범인**이 체포를 면탈할 목적으로 경찰관에게 폭행을 가한 때에는 강도죄와 공무집행방해죄는 **실체적 경합관계**에 있고 상상적 경합관계에 있는 것이 아니다(대판 1992.7.28, 92도917).

6) 피고인이 여관에서 **종업원**을 칼로 찔러 상해를 가하고 객실로 끌고 들어가는 등 폭행·협박을 하고 있던 중, 마침 다른 방에서 나오던 **여관의 주인**도 같은 방에 밀어 넣은 후, 주인으로부터 금품을 강취하고, 1층 안내실에서 종업원 소유의 현금을 꺼내 갔다면, 여관 종업원과 주인에 대한 각 강도행위가 각별로 강도죄를 구성하되 피고인이 피해자인 종업원과 주인을 폭행·협박한 행위는 법률상 1개의 행위로 평가되는 것이 상당하므로 위 2죄는 **상상적 경합범**관계에 있다(대판 1991.6.25, 91도643).

∵ 강도범인이 피해자들의 반항을 억압하는 수단인 폭행·협박행위가 사실상 공통으로 이루어졌기 때문

[비교판례] 피고인이 여관에 들어가 1층 안내실에 있던 **여관의 관리인**을 칼로 찔러 상해를 가하고, 그로부터 금품을 강취한 다음, 각 객실에 들어가 각 **투숙객들**로부터 금품을 강취하였다면, 피고인의 위와 같은 각 행위는 비록 시간적으로 접착된 상황에서 동일한 방법으로 이루어지기는 하였으나, 포괄하여 1개의 강도상해죄만을 구성하는 것이 아니라 **실체적 경합범**의 관계에 있는 것이라고 할 것이다(대판 1991.6.25, 91도643).

7) 피고인들이 피해자들의 재물을 강취한 후 그들을 살해할 목적으로 현주건조물에 방화하여 사망에 이르게 한 경우, 피고인들의 행위는 **강도살인죄와 현주건조물방화치사죄**에 모두 해당하고 그 두 죄는 상상적 경합범관계에 있다(대판 1998.12.8, 98도3416).

8) 강도가 재물강취의 뜻을 재물의 부재로 이루지 못한 채 미수에 그쳤으나 그 자리에서 항거불능의 상태에 빠진 피해자를 간음할 것을 결의하고 실행에 착수했으나 역시 미수에 그쳤더라도 반항을 억압하기 위한 폭행으로 피해자에게 상해를 입힌 경우에는 **강도강간미수죄와 강도치상죄**가 성립되고 이는 1개의 행위가 2개의 죄명에 해당되어 상상적 경합관계가 성립된다(대판 1988.6.28, 88도820).

9) 1개의 기망행위에 의하여 다수의 피해자로부터 각각 재산상 이익을 편취한 경우에는 피해자별로 수개의 사기죄가 성립하고, 그 사이에는 **상상적 경합**의 관계에 있는 것으로 보아야 한다(대판 2015.4.23, 2014도16980).

[사실관계] 피고인이 부동산 공유자인 피해자 3명을 상대로 부동산을 매수할 것처럼 행세하며 근저당권을 먼저 설정하여 주면 이를 담보로 매매대금을 마련하여 지급하겠다고 기망하여, 이에 속은 위 피해자들이 공유하는 부동산의 각 공유지분에 관하여 근저당권을 설정하게 함으로써 재산상 이익을 편취한 경우 사기죄의 상상적 경합이라고 본 사례

10) 공무원이 취급하는 사건에 관하여 청탁 또는 알선을 할 의사와 능력이 없음에도 청탁 또는 알선을 한다고 기망하고 금품을 교부받은 경우, **사기죄와 변호사법 위반죄**가 상상적 경합의 관계에 있다(대판 2006.1.27, 2005도8704).

11) 국회의원 선거에서 정당의 공천을 받게 하여 줄 의사나 능력이 없음에도 이를 해 줄 수 있는 것처럼 기망하여 공천과 관련하여 금품을 받은 경우, **공직선거법상 공천 관련 금품수수죄와 사기죄**가 모두 성립하고 양자는 상상적 경합의 관계에 있다(대판 2009.4.23, 2009도834).

12) 피고인이 금융회사 등의 임직원의 직무에 속하는 사항에 관하여 알선할 의사와 능력이 없음에도 알선을 한다고 기망하고 이에 속은 피해자로부터 알선을 한다는 명목으로 금품 등을 수수하였다면, 이러한 피고인의 행위는 제347조 제1항의 **사기죄와 특정경제범죄 가중처벌 등에 관한 법률 제7조 위반죄**에 각 해당하고 위 두 죄는 상상적 경합의 관계에 있다(대판 2012.6.28, 2012도3927).

13) 피고인이 피해자를 협박함으로써 금원을 갈취하고 이로 인하여 법정 중개수수료 상한을 초과한 금품을 받은 것은 1개의 행위가 수개의 죄에 해당하는 상상적 경합의 경우에 해당한다(대판 1996.10.15, 96도1301). → 공갈죄와 부동산중개업법위반죄의 상상적 경합

14) 여러 개의 위탁관계에 의하여 보관하던 여러 개의 재물을 1개의 행위에 의하여 횡령한 경우 **위탁관계별**로 수개의 횡령죄가 성립하고, 그 사이에는 상상적 경합의 관계가 있는 것으로 보아야 한다(대판 2013.10.31, 2013도10020).

[사실관계] 피고인은 피해자 공소외 1 회사와 사이에 렌탈(임대차)계약을 체결하고 그로부터 컴퓨터 본체 24대, 모니터 1대를 받아 보관하였고, 피해자 공소외 2 회사와 사이에 리스(임대차)계약을 체결하고 그로부터 컴퓨터 본체 13대, 모니터 41대, 그래픽카드 13개, 마우스 11개를 보관하다가 2011.2.22.경 성명불상의 업체에 이를 한꺼번에 처분하여 횡령하였으므로, 이러한 횡령행위는 사회관념상 1개의 행위로 평가함이 상당하고, 피해자들에 대한 각 횡령죄는 상상적 경합의 관계에 있다.

15) **업무상배임행위에 사기행위가 수반된 때의 죄수 관계**에 관하여 보면, 사기죄는 사람을 기망하여 재물의 교부를 받거나 재산상의 이익을 취득하는 것을 구성요건으로 하는 범죄로서 임무위배를 그 구성요소로 하지 아니하고 사기죄의 관념에 임무위배 행위가 당연히 포함된다고 할 수도 없으며, 업무상배임죄는 업무상 타인의 사무를 처리하는 자가 그 업무상의 임무에 위배하는 행위로써 재산상의 이익을 취득하거나 제3자로 하여금 이를 취득하게 하여 본인에게 손해를 가하는 것을 구성요건으로 하는 범죄로서 기망적 요소를 구성요건의 일부로 하는 것이 아니어서 양 죄는 그 구성요건을 달리하는 별개의 범죄이고 형법상으로도 각각 별개의 장에 규정되어 있어, 1개의 행위에 관하여 사기죄와 업무상배임죄의 각 구성요건이 모두 구비된 때에는 양 죄를 법조경합 관계로 볼 것이 아니라 상상적 경합관계로 봄이 상당하다 할 것이고, 나아가 업무상배임죄가 아닌 단순배임죄라고 하여 양 죄의 관계를 달리 보아야 할 이유도 없다(대판 2002.7.18, 2002도669 全合).

[사실관계] 신용협동조합의 전무가 조합의 담당직원을 기망하여 예금인출금 또는 대출금명목으로 금원을 교부받은 경우, 사기죄와 업무상배임죄가 모두 성립하고 위 두 죄는 상상적 경합관계에 있다.

16) 동일인 대출한도 초과대출 행위로 인하여 상호저축은행에 손해를 가함으로써 **상호저축은행법 위반죄와 업무상배임죄**가 모두 성립한 경우, 위 두 죄는 형법 제40조에서 정한 상상적 경합관계에 있다(대판 2012.6.28, 2012도2087).

17) **채권자들에 의한 복수의 강제집행이 예상되는 경우** 재산을 허위 양도함으로써 채권자들을 해하였다면 채권자별로 각각 강제집행면탈죄가 성립하고 상호 상상적 경합관계에 있다(대판 2011.12.8, 2010도4129).

18) (1개의) 문서에 **2인 이상의 작성명의인**이 있을 때에는 각 **명의자 마다 1개의 문서**가 성립되므로 2인 이상의 연명으로 된 문서를 위조한 때에는 작성명의인의 수대로 수개의 문서위조죄가 성립하고 또 그 연명문서를 위조하는 행위는 자연적 관찰이나 사회통념상 하나의 행위라 할 것이어서 위 수개의 문서위조죄는 형법 제40조가 규정하는 상상적 경합범에 해당한다(대판 1987.7.21, 87도564).

19) 피고인의 금지된 야간시위 참가로 인하여 교통이 방해된 경우, **집회 및 시위에 관한 법률위반죄**와 **일반교통방해죄**는 상상적 경합관계에 있다(대판 2011.8.25, 2008도10960).

20) 피고인이 그 직무상 지득한 구술시험 문제 중에서 소론 사항을 "병"에게 알린 것은 공무상 비밀의 누설인 동시에 제131조 제1항의 부정한 행위를 한 때에 해당한다(대판 1970.6.30, 70도562).
[사실관계] 시험을 관리하는 공무원이 타인으로부터 돈을 받고 직무상 지득한 시험 문제를 타인에게 알려준 경우 **공무상 비밀누설죄와 수뢰 후 부정처사죄**는 상상적 경합의 관계에 있다.

21) 공무원이 직무에 관하여 타인을 기망하여 재물을 교부받은 경우에는 수뢰죄와 사기죄의 상상적 경합이 된다(대판 1977.6.7, 77도1069).
[동지판례] 뇌물을 수수함에 있어서 공여자를 기망한 점이 있다 하여도 뇌물수수죄, 뇌물공여죄의 성립에는 영향이 없고, 이 경우 뇌물을 수수한 공무원에 대하여는 한 개의 행위가 뇌물죄와 사기죄의 각 구성요건에 해당하므로 형법 제40조에 의하여 상상적 경합으로 처단하여야 할 것이다(대판 2015.10.29, 2015도12838).

22) 공무원이 직무관련자에게 제3자와 계약을 체결하도록 요구하여 계약 체결을 하게 한 행위가 제3자뇌물수수죄의 구성요건과 직권남용권리행사방해죄의 구성요건에 모두 해당하는 경우에는, 제3자뇌물수수죄와 직권남용권리행사방해죄가 각각 성립하되, 이는 사회 관념상 하나의 행위가 수 개의 죄에 해당하는 경우이므로 두 죄는 형법 제40조의 상상적 경합관계에 있다(대판 2017.3.15, 2016도19659).

23) 범죄 피해 신고를 받고 출동한 두 명의 경찰관에게 욕설을 하면서 차례로 폭행을 하여 신고 처리 및 수사 업무에 관한 정당한 직무집행을 방해한 경우, 동일한 장소에서 동일한 기회에 이루어진 폭행 행위는 사회관념상 1개의 행위로 평가하는 것이 상당하므로, 위 **공무집행방해죄**는 제40조에 정한 상상적 경합의 관계에 있다(대판 2009.6.25, 2009도3505).
[판결이유] 동일한 공무를 집행하는 여럿의 공무원에 대하여 폭행·협박 행위를 한 경우에는 공무를 집행하는 **공무원의 수**에 따라 여럿의 공무집행방해죄가 성립하고, 위와 같은 폭행·협박 행위가 동일한 장소에서 동일한 기회에 이루어진 것으로서 사회관념상 1개의 행위로 평가되는 경우에는 여럿의 공무집행방해죄는 상상적 경합의 관계에 있다.

24) **운전면허 없이 운전을 하다가 두 사람을 한꺼번에 치어 사상케 한 경우**에 이 업무상과실치사상의 소위는 상상적 경합죄에 해당하고 / 이와 무면허운전에 대한 도로교통법위반죄와는 실체적 경합관계에 있다(대판 1972.10.31, 72도2001).

25) 무면허인데다가 술이 취한 상태에서 오토바이를 운전하였다는 것은 위의 관점에서 분명히 1개의 운전행위라 할 것이고 이 행위에 의하여 도로교통법 제111조 제2호, 제40조와 제109조 제2호, 제41조 제1항의 각 죄에 동시에 해당하는 것이니 두 죄(**음주운전죄와 무면허운전죄**)는 형법 제40조의 상상적 경합관계에 있다고 할 것이다(대판 1987.2.24, 86도2731).

26) 음주 또는 약물의 영향으로 정상적인 운전이 곤란한 상태에서 자동차를 운전하여 사람을 상해에 이르게 함과 동시에 다른 사람의 재물을 손괴한 때에는 특정범죄가중처벌 등에 관한 법률 위반(**위험**

운전치사상)죄 외에 **업무상과실 재물손괴로 인한 도로교통법 위반죄**가 성립하고, 위 두 죄는 **1개의** 운전행위로 인한 것으로서 상상적 경합관계에 있다(대판 2010.1.14, 2009도10845).[54)]

27) **1개의 행위**가 공직선거법 제230조 제1항 제4호와 같은 항 제5호의 구성요건을 동시에 충족하는 경우, 두 죄는 상상적 경합관계에 있다(대판 2017.12.5, 2017도13458).

28) 산지관리법 제53조 제1호, 제14조 제1항 본문 위반죄가 경제자유구역법 제33조 제1호, 제7조의5 제1항 위반죄와 법조경합 관계에 있다고 보기 어렵고, 두 죄는 각기 독립된 구성요건으로 이루어져 있다고 보아야 한다(대판 2020.7.9, 2019도17405).
→ 1개의 행위로 수죄의 죄가 성립하는 경우이므로 상상적 경합이라는 취지

29) **하나의 유사상표 사용행위**로 수개의 등록상표를 동시에 침해하였다면 각각의 상표법 위반죄는 상상적 경합의 관계에 있다(대판 2020.11.12, 2019도11688).

관련 판례 **상상적 경합 부정**

1) 피고인이 예금통장을 강취하고 예금자 명의의 예금청구서를 위조한 다음 이를 은행원에게 제출행사하여 예금인출금 명목의 금원을 교부받았다면 **강도, 사문서위조, 동행사, 사기**의 각 범죄가 성립하고 이들은 **실체적 경합**관계에 있다 할 것이다(대판 1991.9.10, 91도1722).

2) 단일한 범의를 가지고 상대방을 기망하여 착오에 빠뜨림으로써 그로부터 동일한 방법에 의하여 여러 차례에 걸쳐 재물을 편취하면 그 전체가 포괄하여 일죄로 되지만, **<여러 사람의 피해자에 대하여 따로 기망행위를 하여 각각 재물을 편취한 경우>**에는 비록 범의가 단일하고 범행방법이 동일하더라도 각 피해자의 피해법익은 독립한 것이므로 그 전체가 포괄일죄로 되지 아니하고 피해자별로 독립한 여러 개의 사기죄가 성립하고 그 사기죄 상호 간은 실체적 경합범 관계에 있다(대판 2010.4.29, 2010도2810).
[사실관계] 다수의 계를 조직하여 **수인의 계원들을 개별적으로 기망하여 계불입금을 편취한 경우**, 각 피해자별로 독립하여 사기죄가 성립하고 그 사기죄 상호간은 실체적 경합범 관계에 있다.

3) [1] 타인 명의의 등기서류를 위조하여 등기공무원에게 제출함으로써 피고인 명의로 소유권이전등기를 마쳤다고 하여도 피해자의 처분행위가 없을 뿐 아니라 등기공무원에게는 위 부동산의 처분권한이 있다고 볼 수 없어 사기죄가 성립하지 않는다. [2] **위조사문서행사죄**와 이로 인한 사기죄와는 상상적 경합관계에 있다고 볼 수 없다(대판 1981.7.28, 81도529).

4) **운행정지명령 위반으로 인한 자동차관리법 제82조 제2호의2를 위반한 죄**와 **의무보험미가입자동차운행으로 인한 자동차손해배상 보장법 제46조 제2항 제2호를 위반한 죄**는 구성요건과 수범자의 범위에서 차이가 있고 입법 목적과 보호법익도 다르다. 따라서 위 각 죄는 하나의 범죄가 성립되는 때에 다른 범죄가 성립할 수 없다거나 하나의 범죄가 무죄로 될 경우에만 다른 범죄가 성립할 수 있는 양립 불가능한 관계에 있다고 볼 수 없다. 나아가 위 각 죄는 자동차의 운행이라는 행위가 일부 중첩되기는 하나 법률상 1개의 행위로 평가되는 경우에 해당한다고 보기 어렵고, 또 구성요건을 달리하는 별개의 범죄로서 보호법익을 달리하고 있으므로 상상적 경합관계로 볼 것이 아니라 **실체적 경합관계**로 보는 것이 타당하다(대판 2023.4.27, 2020도17883).

---

54) 2008년 법원사무관승진시험

Ⅲ 실체적 경합(경합범) 55)

1 의의 및 종류

(1) 의의

실체적 경합이란 수개의 행위가 수개의 구성요건을 실현하는 경우이다(제37조).

> o [실체적 경합과 포괄일죄의 구별기준] 동일 죄명에 해당하는 수개의 행위 또는 연속된 행위를 단일하고 계속된 범의하에 일정 기간 계속하여 행하고 그 피해법익도 동일한 경우에는 이들 각 행위를 통틀어 포괄일죄로 처단하여야 하지만, / 범의의 단일성과 계속성이 인정되지 아니하거나 범행방법 및 장소가 동일하지 않은 경우에는 각 범행은 실체적 경합범에 해당한다(대판 2006.9.8, 2006도3172).

(2) 종류

실체적 경합에는 ① 판결이 확정되지 아니한 수개의 죄(동시적 경합범, 제37조 전단의 경합범)와 ② 금고 이상의 형에 처한 판결이 확정된 죄와 그 판결확정 전에 범한 죄(사후적 경합범, 제37조 후단의 경합범)가 있다.

2 요건

(1) **동시적 경합범**(제37조 전단의 경합범)

① 수개의 행위로 수개의 죄를 범하고 모두 판결이 확정되지 아니한 경우이어야 한다.

② 판결이 확정되지 않은 수개의 죄는 동시에 판결될 수 있어야 한다. 따라서 원칙적으로 수죄 전부가 하나의 재판에서 병합 심리될 것을 요한다. 1심에서는 따로 심리되어 판결이 선고된 경우라도 항소심에서 병합 심리하는 경우 동시적 경합범에 해당한다(대판 1972.5.9, 72도597). 그러나 수개의 죄가 별도로 기소되어 심리 중에 있다거나 수개의 죄 중 일부가 기소되지 아니한 때에는 동시적 경합범으로 처벌할 수 없다.

(2) **사후적 경합범**(제37조 후단의 경합범)

① 사후적 경합범이란 금고 이상의 형에 처한 판결이 확정된 죄와 그 판결확정 전에 범한 죄를 말한다.

② 원래는 동시에 판결할 수 있었는데 수죄 중 어느 한 죄에 대하여 먼저 금고 이상의 판결이 확정된 경우 판결이 확정되지 아니한 죄에 대한 취급문제이다.

③ 금고 이상의 형에 처한 판결이 아니라 벌금형, 약식명령이 확정된 경우에는 사후적 경합범이 아니다.

④ 제37조 후단의 경합범에 있어서 '판결이 확정'된 죄라 함은 수개의 독립된 죄 중의 어느 죄에 대하여 확정판결이 있었던 사실 자체를 의미한다. 따라서 금고 이상의 형에 처한 확정판결이 있었다면 그 후 **형선고의 효력 상실여부와 상관없이** 여기의 확정판결에 해당한다.

---

55) 1994년 법원사무관승진시험 경합범(실체적)에 관하여 설명하라.
2008년 법원사무관승진시험(25점) 형법 제37조 후단의 경합범의 요건 및 처분에 관하여 설명하시오.

ㅇ 형법 제37조 후단의 경합범에 있어서 **'판결이 확정된 죄'**라 함은 수개의 독립된 죄 중의 어느 죄에 대하여 확정판결이 있었던 사실 자체를 의미하고 **일반사면**으로 형의 선고의 효력이 상실된 여부는 묻지 않으므로 1995.12.2. 대통령령 제14818호로 일반사면령에 의하여 제1심 판시의 확정된 도로교통법위반의 죄가 사면됨으로써 사면법 제5조 제1항 제1호에 따라 형의 선고의 효력이 상실되었다고 하더라도 확정판결을 받은 죄의 존재가 이에 의하여 소멸되지 않는 이상 형법 제37조 후단의 판결이 확정된 죄에 해당한다(대판 1996.3.8, 95도2114).

ㅇ 형법 제37조 후단의 경합범에 있어서 '판결이 확정된 죄'라 함은 수개의 독립된 죄 중의 어느 죄에 대하여 확정판결이 있었던 사실 자체를 의미하며 여기에서의 확정판결에는 집행유예의 판결과 선고유예의 판결도 포함되고, 집행유예의 선고나 형의 선고유예를 받은 후 유예기간이 경과하여 형의 선고가 실효되었거나 면소된 것으로 간주되었다 하더라도 마찬가지이다(대판 1992.11.24, 92도1417).

Thema 정리 **형선고의 효력 상실사유와 각종 제도의 요건 구비여부**

형선고의 효력 상실 ○ (→ 전과말소 "일기실재")	• 일반사면 • 유예기간도과 • 형의 실효 • 재심판결의 확정	• 누범가중 × • 집행유예결격 × → 집행유예선고가능
형선고의 효력 상실 ×	• 특별사면(형집행면제) • 복권(자격회복)	• 누범가중 ○ • 집행유예결격 ○ → 집행유예선고불가
형선고의 효력 상실여부 불문	사후적 경합범 ○, 선고유예결격 ○ "사후선고 불문"	

⑤ 아직 판결을 받지 아니한 죄가 이미 판결이 확정된 죄와 **동시에 판결할 수 없었던 경우**에는 형법 제37조 후단의 경합범 관계가 성립할 수 없다. 즉 금고 이상의 형에 처한 판결 이전에 범한 죄가 아니라 금고 이상의 형에 처한 판결 이후에 범한 죄는 처음부터 동시에 판결할 수 없었던 경우이므로 사후적 경합범이 아니다.[56]

ㅇ 제37조 후단 및 제39조 제1항의 문언, 입법취지 등에 비추어 보면, 아직 판결을 받지 아니한 죄가 이미 판결이 확정된 죄와 동시에 판결할 수 없었던 경우에는 제39조 제1항에 따라 동시에 판결할 경우와 형평을 고려하여 형을 선고하거나 그 형을 감경 또는 면제할 수 없다(대판 2012.9.27, 2012도9295).

[사실관계] 피고인을 금고 이상의 형에 처한 甲죄에 대한 판결이 확정되고, 그 후에 甲죄 판결확정일 이전에 저질러진 乙죄에 대하여 금고 이상의 형에 처하는 판결이 확정되었는데, 피고인에게 공소제기된 본건 범행이 **甲죄 판결확정일과 乙죄 판결확정일 사이에 저질러진 경우**, 위 본건 범행에 대한 법령의 적용에서 乙전과의 죄와 동시에 판결을 할 경우와의 형평을 고려하여 형을 선고한 조치는 위법하다.

56) 2015년 법원사무관승진시험

o [1] 형법 제37조 후단 및 제39조 제1항의 문언, 입법 취지 등에 비추어 보면, 아직 판결을 받지 아니한 죄가 이미 판결이 확정된 죄와 동시에 판결할 수 없었던 경우에는 형법 제37조 후단의 경합범 관계가 성립할 수 없고 형법 제39조 제1항에 따라 동시에 판결할 경우와 형평을 고려하여 형을 선고하거나 그 형을 감경 또는 면제할 수도 없다고 해석함이 타당하다. [2] 아직 판결을 받지 아니한 수개의 죄가 판결 확정을 전후하여 저질러진 경우 판결 확정 전에 범한 죄를 이미 판결이 확정된 죄와 동시에 판결할 수 없었던 경우라고 하여 마치 확정된 판결이 존재하지 않는 것처럼 그 수개의 죄 사이에 형법 제37조 전단의 경합범 관계가 인정되어 형법 제38조가 적용된다고 볼 수도 없으므로, 판결 확정을 전후한 각각의 범죄에 대하여 별도로 형을 정하여 선고할 수밖에 없다(대판 2014.3.27, 2014도469).

o [재심판결을 확정판결로 하여 후단 경합범이 성립할 수 있는지 문제된 사건] **유죄의 확정판결**을 받은 사람이 그 **후** 별개의 후행범죄를 저질렀는데 유죄의 확정판결에 대하여 재심이 개시된 경우, 후행범죄가 그 재심대상판결에 대한 재심판결 확정 전에 범하여졌다 하더라도 아직 판결을 받지 아니한 후행범죄와 재심판결이 확정된 선행범죄 사이에는 형법 제37조 후단 경합범이 성립하지 않는다(대판 2019.6.20, 2018도20698 全合).

∵ 아직 판결을 받지 아니한 후행범죄는 재심심판절차에서 재심대상이 된 선행범죄와 함께 심리하여 동시에 판결할 수 없었으므로

[동지판례] 선행범죄로 유죄의 확정판결을 받은 사람이 그 후 별개의 후행범죄를 저질렀는데 위 **선행범죄에 대한 재심판결이 선고되어 확정된 경우**, 아직 판결을 받지 아니한 후행범죄와 재심판결이 확정된 선행범죄 사이에 형법 제37조 후단 경합범이 성립하지 않는다(대판 2019.7.25, 2016도5479).

o [피고인에 대하여 형법 제37조 후단 경합범 관계에 있는 판결이 확정된 죄가 공직선거법 제18조 제3항에 따라 분리 선고되어야 하는 공직선거법 위반죄인 경우 경합범 처리가 가능한지 여부가 문제된 사건] 공직선거법 제18조 제1항 제3호에서 '선거범'이라 함은 공직선거법 제16장 벌칙에 규정된 죄와 국민투표법 위반의 죄를 범한 자를 말하는데(공직선거법 제18조 제2항), 공직선거법 제18조 제1항 제3호에 규정된 죄와 다른 죄의 경합범에 대하여는 이를 분리 선고하여야 한다(공직선거법 제18조 제3항 전단). 따라서 판결이 확정된 선거범죄와 확정되지 아니한 다른 죄는 **동시에 판결할 수 없었던 경우**에 해당하므로 형법 제39조 제1항에 따라 동시에 판결할 경우와의 형평을 고려하여 형을 선고하거나 그 형을 감경 또는 면제할 수 없다고 해석함이 타당하다(대판 2021.10.14, 2021도8719).

[비교판례] **공직선거법 제18조 제3항**은 "형법 **제38조**에도 불구하고 제1항 제3호에 규정된 죄와 다른 죄의 **경합범**에 대하여는 이를 분리 선고하여야 한다."라고 규정하고 있는바, 그 취지는 선거범이 아닌 다른 죄가 선거범의 양형에 영향을 미치는 것을 최소화하기 위하여 형법상 경합범 처벌례에 관한 조항의 적용을 배제하고 분리하여 형을 따로 선고하여야 한다는 것이다. / 그리고 선거범과 **상상적 경합관계**에 있는 다른 범죄에 대하여는 여전히 형법 **제40조**에 의하여 그중 가장 중한 죄에 정한 형으로 처벌해야 하고, 그 처벌받는 가장 중한 죄가 선거범인지 여부를 묻지 않고 **선거범과 상상적 경합관계에 있는 모든 죄는 통틀어 선거범**으로 **취급**하여야 한다(대판 2021.7.21, 2018도16587).

3 효과

Thema 정리 **실체적 경합의 취급**

> ┌ 제37조 전단 → 제38조 : 흡수, 가중, 병과
> └ 제37조 후단 → 제39조 : 제1항 동시에 판결할 경우와 형평을 고려하여 형을 선고, 형의 임의적 감면

(1) 동시적 경합범의 처벌

① 흡수주의 : 가장 중한 죄에 정한 형이 사형 또는 무기징역이나 무기금고인 때에는 **가장 중한 죄**에 정한 형으로 처벌한다(제38조 제1항 제1호).

② 가중주의

㉠ 각 죄에 정한 형이 사형 또는 무기징역이나 무기금고 이외의 동종의 형인 때에는 가장 중한 죄에 정한 장기 또는 다액에 그 **2분의 1까지 가중**하되 각 죄에 정한 형의 장기 또는 다액을 합산한 형기 또는 액수를 초과할 수 없다. 단 과료와 과료, 몰수와 몰수는 병과할 수 있다(제38조 제1항 제2호).

예 A죄의 법정형이 6년 이하의 징역, B죄의 법정형이 2년 이하의 징역인 경우 → 처단형 = 8년 이하의 징역(∵ 6년 + 6년 × 1/2 = 9년이나, 6년 + 2년 = 8년이므로)

> ○ 경합범의 처벌에 관하여 형법 제38조 제1항 제2호 본문은 그 단기에 대하여는 명문을 두고 있지 않고 있으나 가장 중한 죄 아닌 죄에 정한 형의 단기가 가장 중한 죄에 정한 형의 단기보다 중한 때에는 위 본문 규정취지에 비추어 그 **중한 단기**를 하한으로 한다고 새겨야 할 것이다(대판 1985.4.23, 84도2890). → **전체적 대조주의**

㉡ 동시적 경합범에서 각 죄에 정한 형이 징역과 금고인 때에는 동종의 형으로 간주하여 징역형으로 처벌한다(제38조 제2항).

③ **병과주의** : 각 죄에 정한 형이 무기징역이나 무기금고 이외의 이종의 형인 때에는 **병과**한다(제38조 제1항 제3호).

(2) 사후적 경합범의 처벌

① 경합범중 판결을 받지 아니한 죄가 있는 때에는 그 죄와 판결이 확정된 죄를 동시에 판결할 경우와 형평을 고려하여 그 죄에 대하여 형을 선고한다. 이 경우 그 형을 감경 또는 면제할 수 있다(제39조 제1항).

② 형법 제37조 후단 경합범에 해당하는 죄에 대하여 형을 감경 또는 면제할 것인지는 원칙적으로 그 죄에 대하여 심판하는 **법원**이 **재량**에 따라 판단할 수 있다. 그러나 형을 감경할 때에는 법률상 감경에 관한 형법 제55조 제1항이 적용되므로 유기징역을 감경할 때에는 그 형기의 2분의 1 미만으로는 감경할 수 없다.

> ○ 판결이 확정된 죄와 형법 제37조 후단 경합범(이하 '후단 경합범'이라 한다)을 동시에 판결할 경우와의 형평을 고려하라는 형법 제39조 제1항 취지에 비추어 볼 때 후단 경합범에 대하여 심판하는

법원의 재량이 무제한이라 할 수는 없으므로, 후단 경합범에 해당한다는 이유만으로 특별히 형평을 고려하여야 할 사정이 존재하지 아니함에도 형법 제39조 제1항 후문을 적용하여 형을 감경 또는 면제하는 것은 오히려 판결이 확정된 죄와 후단 경합범을 동시에 판결할 경우와 형평에 맞지 아니할 뿐만 아니라 책임에 상응하는 합리적이고 적절한 선고형이 될 수 없어 허용될 수 없다. 따라서 형법 제39조 제1항 후문의 '감경' 또는 '면제'는 판결이 확정된 죄의 선고형에 비추어 후단 경합범에 대하여 처단형을 낮추거나 형을 추가로 선고하지 않는 것이 형평을 실현하는 것으로 인정되는 경우에만 적용할 수 있다고 보는 것이 타당하다(대판 2011.9.29, 2008도9109).

ㅇ [법정형에 하한이 설정된 후단 경합범에 관한 감경을 할 때에 형기의 2분의 1 미만으로도 감경할 수 있는지 여부에 관한 사건] 형법 제37조 후단 경합범에 대하여 형법 제39조 제1항에 의하여 형을 감경할 때에도 **법률상 감경**에 관한 형법 **제55조 제1항**이 **적용**되어 유기징역을 감경할 때에는 그 형기의 2분의 1 미만으로는 감경할 수 없다(대판 2019.4.18, 2017도14609 全合).
∵ 제39조 제1항의 감경도 법률상 감경이므로

ㅇ [1] 형법 제37조의 후단 경합범에 대하여 심판하는 법원은 판결이 확정된 죄와 후단 경합범의 죄를 동시에 판결할 경우와 형평을 고려하여 후단 경합범의 처단형의 범위 내에서 후단 경합범의 선고형을 정할 수 있는 것이고, 그 죄와 판결이 확정된 죄에 대한 선고형의 총합이 두 죄에 대하여 형법 제38조를 적용하여 산출한 처단형의 범위 내에 속하도록 후단 경합범에 대한 형을 정하여야 하는 제한을 받는 것은 아니며, 후단 경합범에 대한 형을 감경 또는 면제할 것인지는 원칙적으로 그 죄에 대하여 심판하는 법원이 재량에 따라 판단할 수 있다. [2] **무기징역에 처하는 판결이 확정된 죄와 형법 제37조의 후단 경합범의 관계에 있는 죄에 대하여 공소가 제기된 경우**, 형법 제38조 제1항 제1호가 형법 제37조의 전단 경합범 중 가장 중한 죄에 정한 처단형이 무기징역인 때에는 흡수주의를 취하였다고 하여 뒤에 공소제기된 후단 경합범에 대한 형을 필요적으로 면제하여야 하는 것은 아니다(대판 2008.9.11, 2006도8376).

③ 경합범에 의한 판결의 선고를 받은 자가 경합범중의 어떤 죄에 대하여 사면 또는 형의 집행이 면제된 때에는 다른 죄에 대하여 다시 형을 정한다(제39조 제3항). 이 경우 형의 집행에 있어서는 이미 집행한 형기를 통산한다(제39조 제4항).

관련 판례 실체적 경합 긍정

1) 피고인이 단일한 범의로 동일한 장소에서 동일한 방법으로 시간적으로 접착된 상황에서 처와 자식들을 살해하였다고 하더라도 휴대하고 있던 권총에 실탄 6발을 장전하여 처와 자식들의 머리에 각기 1발씩 순차로 발사하여 살해하였다면, **피해자들의 수**에 따라 수개의 **살인죄**를 구성한다(대판 1991.8.27, 91도1637).

2) 사람을 **살해**한 자가 그 사체를 다른 장소로 옮겨 유기하였을 때에는 별도로 **사체유기죄**가 성립하고, 이와 같은 사체유기를 불가벌적 사후행위로 볼 수는 없다(대판 1997.7.25, 97도1142 ; 대판 1984.11.27, 84도2263).

[비교판례] 甲이 A를 살해함에 있어 나중에 사체의 발견이 불가능 또는 심히 곤란하게 하려는 의사로 인적이 드문 장소로 A를 유인하여 그곳에서 살해하고 사체를 그대로 방치한 채 도주한 경우 비록 결과적으로 사체의 발견이 현저하게 곤란을 받게 되는 사정이 있다 하더라도 별도로 사체은닉죄가 성립되지 아니한다(대판 1986.6.24, 86도891).

3) 절도범이 갑의 집에 침입하여 그 집의 방안에서 그 소유의 재물을 절취하고 그 무렵 그 집에 세들어 사는 을의 방에 침입하여 재물을 절취하려다 미수에 그쳤다면 위 두 범죄는 그 범행장소와 물품의 관리자를 달리하고 있어서 별개의 범죄를 구성한다(대판 1989.8.8, 89도664).

4) **[상습절도와 주간주거침입]** 형법 제330조에 규정된 야간주거침입절도죄 및 형법 제331조 제1항에 규정된 특수절도(야간손괴침입절도)죄를 제외하고 일반적으로 주거침입은 절도죄의 구성요건이 아니므로 <**절도범인이 범행수단으로 주거침입을 한 경우**>에 주거침입행위는 절도죄에 흡수되지 아니하고 별개로 주거침입죄를 구성하여 절도죄와는 실체적 경합의 관계에 서는 것이 원칙이다. / 또 형법 제332조에 규정된 상습절도죄를 범한 범인이 그 범행 외에 상습적인 절도의 목적으로 주간에 주거침입을 하였다가 절도에 이르지 아니하고 주거침입에 그친 경우에도 주간 주거침입 행위는 상습절도죄와 별개로 주거침입죄를 구성한다(대판 2015.10.15, 2015도8169).

5) 강도가 한 개의 강도범행을 하는 기회에 수명의 피해자에게 각 폭행을 가하여 각 상해를 입힌 경우에는 각 피해자별로 수개의 **강도상해죄**가 성립하며 이들은 실체적 경합범의 관계에 있다(대판 1987.5.26, 87도527).

   [비교판례] 절도범이 체포를 면탈할 목적으로 체포하려는 여러 명의 피해자에게 같은 기회에 폭행을 가하여 그중 1인에게만 상해를 가하였다면 이러한 행위는 **포괄하여 하나의 강도상해죄**만 성립한다(대판 2001.8.21, 2001도3447).

6) 피해자를 2회 강간하여 2주간 치료를 요하는 질입구파열창을 입힌 자가 피해자에게 용서를 구하였으나 피해자가 이에 불응하면서 위 강간사실을 부모에게 알리겠다고 하자 피해자를 살해하여 위 범행을 은폐시키기로 마음먹고 철사줄과 양손으로 피해자의 목을 졸라 질식 사망케 하였다면, **강간치상죄**와 **살인죄**의 경합범이 된다(대판 1987.1.20, 86도2360).

7) 사기죄에 있어서 수인의 피해자에 대하여 각 피해자별로 기망행위를 하여 각각 재물을 편취한 경우에 그 범의가 단일하고 범행방법이 동일하다고 하더라도 포괄1죄가 성립하는 것이 아니라 피해자별로 1개씩의 죄가 성립하는 것으로 보아야 한다(대판 1997.6.27, 97도508).

8) **사기의 수단으로 발행한 수표가 지급거절된 경우** 부정수표단속법위반죄와 사기죄는 그 행위의 태양과 보호법익을 달리하므로 실체적 경합범의 관계에 있다(대판 2004.6.25, 2004도1751).

9) 법원을 기망하여 승소판결을 받고 그 확정판결에 의하여 소유권이전등기를 경료한 경우에는 **사기죄**와 별도로 **공정증서원본 불실기재죄**가 성립하고 양죄는 실체적 경합범 관계에 있다(대판 1983.4.26, 83도188).

10) 건물관리인이 건물주로부터 월세임대차계약 체결업무를 위임받고도 임차인을 속여 전세임대차계약을 체결하고 그 보증금을 편취한 경우, **업무상배임죄와 사기죄**가 성립하고 두 죄는 실체적 경합범의 관계에 있다(대판 2010.11.11, 2010도10690). → 임차인에 대한 사기죄 ○, 건물주에 대한 업무상배임죄 ○

11) 주식회사의 대표이사가 타인을 기망하여 회사가 발행하는 신주를 인수하게 한 다음, 그로부터 납입받은 신주인수대금을 보관하던 중 횡령한 행위는 사기죄와는 전혀 다른 새로운 보호법익을 침해하는 행위로서 별죄를 구성한다(대판 2006.10.27, 2004도6503).
    → 타인에 대한 사기죄 ○, 회사에 대한 횡령죄 ○

12) **위조통화행사죄와 사기죄**는 그 보호법익을 달리하고 있으므로 위조통화를 행사하여 재물을 불법영득한 때에는 위조통화행사죄와 사기죄의 양 죄는 경합범의 관계에 있다(대판 1979.7.10, 78도840).

[동지판례] 타인 명의의 휴대전화 신규 가입신청서를 위조한 甲이 이를 스캔한 이미지 파일을 제3자에게 이메일로 전송하여 컴퓨터 화면상으로 보게 한 경우에는 사문서위조죄와 위조사문서행사죄가 성립하고 양 죄는 실체적 경합범 관계에 있다(대판 2008.10.23, 2008도5200).

13) 피고인이 예금통장을 강취하고 예금자 명의의 예금청구서를 위조한 다음 이를 은행원에게 제출행사하여 예금인출금 명목의 금원을 교부받았다면 **강도, 사문서위조, 동행사, 사기**의 각 범죄가 성립하고 이들은 **실체적 경합**관계에 있다 할 것이다(대판 1991.9.10, 91도1722).

14) 작가협회 회원이 타인의 명의를 도용하여 협회 교육원장을 비방하는 내용의 호소문을 작성한 후 이를 협회 회원들에게 우편으로 송달한 경우, **사문서위조죄와 명예훼손죄**가 각 성립하고, 이는 실체적 경합관계라고 한 사례(대판 2009.4.23, 2008도8527)

15) 피고인은 **1차 범행**(스크린 경마 게임장에서 사행성 간주 게임기를 설치하고 취득한 점수에 따라 고객에게 경품으로 상품권을 지급하여 음반・비디오물 및 게임물에 관한 법률 위반)에서 관련된 압수물이 몰수된 점, 1차 범행으로 인한 영업정지처분으로 2006.6.27.부터 40일 정도 영업을 하지 못한 점, 그 후 이 사건 범행들과 같이 반복하여 **게임장 영업을 재개**하다가 단속되어 관련 증거물이 압수된 점 등에 비추어, 피고인이 운영한 위 게임장이 단속되어 관련 증거물이 압수된 후 영업을 재개할 때마다 **범의의 갱신**이 있고 별개의 범죄가 성립한다(대판 2010.11.11, 2007도8645).

16) 범죄수익규제법 위반죄는 특정범죄 가중처벌 등에 관한 법률 위반(뇌물)죄와 형법 제37조 전단의 실체적 경합범 관계에 있다(대판 2012.9.27, 2012도6079).

[사실관계] 경찰서 생활질서계에 근무하는 피고인 갑이 사행성 게임장 업주인 피고인 을로부터 뇌물을 수수하면서, 피고인 을의 자녀 명의 은행 계좌에 관한 현금카드를 받은 뒤 피고인 을이 위 계좌에 돈을 입금하면 피고인 갑이 현금카드로 돈을 인출하는 방법으로 범죄수익의 취득에 관한 사실을 가장한 경우, 피고인 갑에게 **범죄수익규제법 위반죄**와 **특정범죄 가중처벌 등에 관한 법률 위반(뇌물)죄**가 성립하고 두 죄가 실체적 경합범 관계에 있다.

17) 유사수신행위 금지규정에 위반한 유사수신행위가 별도로 특정경제범죄 가중처벌 등에 관한 법률 위반(사기)죄의 구성요건도 충족하는 경우 유사수신행위의 규제에 관한 법률 위반죄와 특정경제범죄 가중처벌 등에 관한 법률 위반(사기)죄는 별개의 범죄로 성립하고, 양 죄는 실체적 경합관계에 있다(대판 2008.2.29, 2007도10414).

18) **주취운전**과 **음주측정거부의 각 도로교통법위반죄**는 실체적 경합관계에 있는 것으로 보아야 한다(대판 2004.11.12, 2004도5257).

19) 음주로 인한 특정범죄가중처벌 등에 관한 법률 위반(**위험운전치사상**)죄와 도로교통법 위반(**음주운전**)죄는 입법 취지와 보호법익 및 적용영역을 달리하는 별개의 범죄이므로, 양 죄가 모두 성립하는 경우 두 죄는 실체적 경합관계에 있다(대판 2008.11.13, 2008도7143).

20) 건물제공행위와 성매매알선행위의 경우 성매매알선행위가 건물제공행위의 필연적 결과라거나 반대로 건물제공행위가 성매매알선행위에 수반되는 필연적 수단이라고도 볼 수 없다. 따라서 **'영업으로 성매매를 알선한 행위'**와 **'영업으로 성매매에 제공되는 건물을 제공하는 행위'**는 당해 행위 사이에서 각각 포괄일죄를 구성할 뿐, 서로 독립된 가벌적 행위로서 **별개의 죄**를 구성한다고 보아야 한다(대판 2011.5.26, 2010도6090). → 법정형이 더 무거운 성매매알선죄의 포괄일죄 ×

21) 의료기관의 개설자 명의는 의료기관을 특정하고 동일성을 식별하는 데에 중요한 표지가 되는 것이므로, 비의료인이 의료기관을 개설하여 운영하는 도중 **개설자 명의를 다른 의료인 등으로 변**

경한 경우에는 그 범의가 단일하다거나 범행방법이 종전과 동일하다고 보기 어렵다. 따라서 **개설자 명의별**로 별개의 범죄가 성립하고 각 죄는 **실체적 경합범의 관계**에 있다고 보아야 한다(대판 2018.11.29, 2018도10779).

22) 범죄단체 등에 소속된 조직원이 저지른 **폭력행위 등 처벌에 관한 법률위반죄** 등의 개별적 범행과 **폭력행위처벌법 위반(단체 등의 활동)죄**는 범행의 목적이나 행위 등 측면에서 일부 중첩되는 부분이 있더라도, 일반적으로 구성요건을 달리하는 별개의 범죄로서 범행의 상대방, 범행 수단 내지 방법, 결과 등이 다를 뿐만 아니라 그 보호법익이 일치한다고 볼 수 없다. 상상적 경합이 아닌 실체적 경합관계에 있다고 보아야 한다(대판 2022.9.7, 2022도6993).

관련 판례 **실체적 경합 부정**

1) 상습범과 같은 이른바 포괄적 일죄는 그 중간에 별종의 범죄에 대한 확정판결이 끼어 있어도 그 때문에 포괄적 범죄가 둘로 나뉘는 것은 아니라 할 것이고, 또 이 경우에는 그 확정판결 후의 범죄로서 다루어야 한다(대판 1986.2.25, 85도2767).

   → 위 포괄일죄는 금고 이상의 형의 판결이 확정 전에 범한 죄가 아니므로 양자는 형법 제37조 후단에서 정한 경합범 관계에 있다고 할 수 없다.

2) 피고인이 수개의 선거비용 항목을 허위기재한 **하나의 선거비용 보전청구서**를 제출하여 대한민국으로부터 선거비용을 과다 보전받아 이를 편취하였다면 이는 일죄로 평가되어야 하고, 각 선거비용 항목에 따라 별개의 사기죄가 성립하는 것은 아니다(대판 2017.5.30, 2016도21713).

PART 03

형벌론

Chapter

01 형벌

제1절 형벌의 의의와 종류

I 형벌의 의의

형벌이란 범죄에 대하여 부과되는 형법상의 법효과로서 국가가 주체가 되어 과거의 범죄행위에 나타난 행위자의 책임을 기초로 부과되는 범죄자에 대한 법익박탈 내지 제재를 말한다.
따라서 형벌은 범죄자에게만 부과할 수 있고(일신전속성), 승계되지 않는다.

II 형벌의 종류 "사/징금자(자)벌/구과몰"

제41조【형의 종류】
형의 종류는 다음과 같다.

1. 사형
2. 징역
3. 금고
4. 자격상실
5. 자격정지
6. 벌금
7. 구류
8. 과료
9. 몰수

형법상 형벌의 종류는 9가지가 있다(제41조). 박탈되는 법익에 따라 생명형(사형), 자유형(징역·금고·구류), 명예형(자격상실·자격정지), 재산형(벌금·과료·몰수)으로 나누어진다.

1 생명형_사형

제66조【사형】
사형은 교정시설 안에서 교수(絞首)하여 집행한다. [시행 2021.12.9.]

(1) 군형법상 사형은 총살로써 집행한다(군형법 제3조).

(2) 사형에 대하여는 폐지론도 있지만, 우리 헌법재판소와 대법원은 합헌이라는 입장이다(존치론).

○ 사형제도는 우리 헌법이 적어도 간접적으로나마 인정하고 있는 형벌의 한 종류일 뿐만 아니라, 사형제도가 생명권 제한에 있어서 헌법 제37조 제2항에 의한 헌법적 한계를 일탈하였다고 볼 수 없는 이상, 범죄자의 생명권 박탈을 내용으로 한다는 이유만으로 곧바로 인간의 존엄과 가치를 규정한 헌법 제10조에 위배된다고 할 수 없으며, 사형제도는 형벌의 경고기능을 무시하고 극악한 범죄를 저지른 자에 대하여 그 중한 불법 정도와 책임에 상응하는 형벌을 부과하는 것으로서 범죄자가 스스로 선택한 잔악무도한 범죄행위의 결과인바, 범죄자를 오로지 사회방위라는 공익 추구를 위한 객체로만 취급함으로써 범죄자의 인간으로서의 존엄과 가치를 침해한 것으로 볼 수 없다. 한편 사형을 선고하거나 집행하는 법관 및 교도관 등이 인간적 자책감을 가질 수 있다는 이유만으로 사형제도가 법관 및 교도관 등의 인간으로서의 존엄과 가치를 침해하는 위헌적인 형벌제도라고 할 수는 없다(헌재 2010.2.25, 2008헌가23).

ㅇ 헌법 제12조 제1항에 의하면 형사처벌에 관한 규정이 법률에 위임되어 있을 뿐 그 처벌의 종류를 제한하지 않고 있으며, 현재 우리나라의 실정과 국민의 도덕적감정 등을 고려하여 국가의 형사정책으로 질서유지와 공공복리를 위하여 형법 등에 사형이라는 처벌의 종류를 규정하였다 하여 이것이 헌법에 위반된다고 할 수 없다(대판 1991.2.26, 90도2906).

ㅇ 사형은 인간의 생명을 박탈하는 냉엄한 궁극의 형벌로서 사법제도가 상정할 수 있는 극히 예외적인 형벌이라는 점을 감안할 때, 사형의 선고는 범행에 대한 책임의 정도와 형벌의 목적에 비추어 누구라도 그것이 정당하다고 인정할 수 있는 특별한 사정이 있는 경우에만 허용되어야 한다. 따라서 사형의 선고 여부를 결정함에 있어서는 형법 제51조가 규정한 사항을 중심으로 범인의 연령, 직업과 경력, 성행, 지능, 교육정도, 성장과정, 가족관계, 전과의 유무, 피해자와의 관계, 범행의 동기, 사전계획의 유무, 준비의 정도, 수단과 방법, 잔인하고 포악한 정도, 결과의 중대성, 피해자의 수와 피해감정, 범행 후의 심정과 태도, 반성과 가책의 유무, 피해회복의 정도, 재범의 우려 등 양형의 조건이 되는 모든 사항을 철저히 심리하여야 하고, 그러한 심리를 거쳐 사형의 선고가 정당화될 수 있는 사정이 있음이 밝혀진 경우에 한하여 비로소 사형을 선고할 수 있다(대판 2015.8.27, 2015도5785).

Part 03

2 자유형

제42조【징역 또는 금고의 기간】
징역 또는 금고는 무기 또는 유기로 하고 유기는 1개월 이상 30년 이하로 한다. 단, 유기징역 또는 유기금고에 대하여 형을 가중하는 때에는 50년까지로 한다.

제46조【구류】
구류는 1일 이상 30일 미만(↔ 30일 이하 : ×)으로 한다.

제67조【징역】
징역은 교정시설에 수용하여 집행하며, 정해진 노역(勞役)에 복무하게 한다. [시행 2021.12.9]

제68조【금고와 구류】
금고와 구류는 교정시설에 수용하여 집행한다. [시행 2021.12.9.]

징역은 정역에 복무하게 하지만, 금고와 구류는 정역에 복무하지 않는다는 점에서 구별된다. 단, 수형자의 신청이 있으면 작업을 부과할 수 있다(형의 집행 및 수용자의 처우에 관한 법률 제67조).

3 명예형

명예형이란 범인의 자격을 박탈하거나 제한하는 형벌이다.

(1) **자격상실**(당연상실)

제43조【형의 선고와 자격상실, 자격정지】
① 사형, 무기징역 또는 무기금고의 판결을 받은 자는 다음에 기재한 자격을 상실한다.
1. 공무원이 되는 자격
2. 공법상의 선거권과 피선거권
3. 법률로 요건을 정한 공법상의 업무에 관한 자격
4. 법인의 이사, 감사 또는 지배인 기타 법인의 업무에 관한 검사역이나 재산관리인이 되는 자격

⑵ 자격정지

① 당연정지

> **제43조【형의 선고와 자격상실, 자격정지】**
> ② 유기징역 또는 유기금고의 판결을 받은 자는 그 형의 집행이 종료하거나 면제될 때까지 전항 제1호 내지 제3호에 기재된 자격이 정지된다. 다만, 다른 법률에 특별한 규정이 있는 경우에는 그 법률에 따른다.

② 선고정지

> **제44조【자격정지】**
> ① 전조에 기재한 자격의 전부 또는 일부에 대한 정지는 1년 이상(↔ 1개월 : ×) 15년 이하로 한다.
> ② 유기징역 또는 유기금고에 자격정지를 병과한 때에는 징역 또는 금고의 집행을 종료하거나 면제된 날로부터 정지기간을 기산한다.

③ 자격정지의 기산점은 ㉠ 자격정지가 선택형인 경우 판결이 확정된 날이고, ㉡ 자격정지가 병과형인 경우 징역·금고의 집행이 종료 또는 면제된 날이다.

4 재산형 _ 벌금·과료

> **제45조【벌금】**
> 벌금은 5만원 이상으로 한다. 다만, 감경하는 경우에는 5만원 미만으로 할 수 있다.
> **제47조【과료】**
> 과료는 2천원 이상 5만원 미만으로 한다.
> **제69조【벌금과 과료】**
> ① 벌금과 과료는 판결확정일로부터 30일 내(↔ 60일 : ×)에 납입하여야 한다. 단, 벌금을 선고할 때에는 동시에 그 금액을 완납할 때까지 노역장에 유치할 것을 명할 수 있다.
> ② 벌금을 납입하지 아니한 자는 1일 이상(↔ 1월 : ×) 3년 이하, 과료를 납입하지 아니한 자는 1일 이상 30일 미만의 기간 노역장에 유치하여 작업에 복무하게 한다.
> **제70조【노역장유치】**
> ① 벌금이나 과료를 선고할 때에는 이를 납입하지 아니하는 경우의 노역장 유치기간을 정하여 동시에 선고하여야 한다.
> ② 선고하는 벌금이 1억원 이상 5억원 미만인 경우에는 300일 이상, 5억원 이상 50억원 미만인 경우에는 500일 이상, 50억원 이상인 경우에는 1천일 이상의 노역장 유치기간을 정하여야 한다. [시행 2021.12.9.]
> **제71조【유치일수의 공제】**
> 벌금이나 과료의 선고를 받은 사람이 그 금액의 일부를 납입한 경우에는 벌금 또는 과료액과 노역장 유치기간의 일수(日數)에 비례하여 납입금액에 해당하는 일수를 뺀다. [시행 2021.12.9.]

⑴ 벌금은 일신전속적 성질을 지니므로 제3자의 대납, 국가의 채권과의 상계, 상속 등은 허용되지 않는다.

⑵ 벌금은 일정액의 총액으로 선고된다(총액벌금제도).

⑶ 벌금과 과료를 선고할 때는 노역장유치기간을 정하여 동시에 선고하여야 한다.

ㅇ 벌금형에 대한 노역장유치기간의 산정에는 형법 제69조 제2항에 따른 제한이 있을 뿐 그 밖의 다른 제한이 없으므로, 징역형과 벌금형 가운데서 벌금형을 선택하여 선고하면서 그에 대한 노역장유치기간을 환산한 결과 선택형의 하나로 되어 있는 징역형의 장기보다 유치기간이 더 길 수 있게 되었다 하더라도 이를 위법이라고 할 수는 없다(대판 2000.11.24, 2000도3945).

ㅇ 형법 제69조 제2항, 제70조 제1항에 의하면 벌금을 선고할 때에는 납입하지 아니하는 경우의 유치기간을 정하여 동시에 선고하여야 하고, 그 유치기간은 1일 이상 3년 이하의 기간 내로만 정할 수 있으며, 3년을 초과하는 기간을 벌금을 납입하지 아니하는 경우의 유치기간으로 정할 수 없다(대판 2016.8.25, 2016도6466).

5 재산형 _ 몰수[57)]

제48조 【몰수의 대상과 추징】

① 범인 외의 자의 소유에 속하지 아니하거나 범죄 후 범인 외의 자가 사정을 알면서 취득한 다음 각 호의 물건은 전부 또는 일부를 몰수할 수 있다.

1. 범죄행위에 제공하였거나 제공하려고 한 물건
2. 범죄행위로 인하여 생겼거나 취득한 물건
3. 제1호 또는 제2호의 대가로 취득한 물건

② 제1항 각 호의 물건을 몰수할 수 없을 때에는 그 가액(價額)을 추징한다.

③ 문서, 도화(圖畵), 전자기록(電磁記錄) 등 특수매체기록 또는 유가증권의 일부가 몰수의 대상이 된 경우에는 그 부분을 폐기한다. [시행 2021.12.9.]

제49조 【몰수의 부가성】

몰수는 타형에 부가하여 과한다. 단, 행위자에게 유죄의 재판을 아니할 때에도 몰수의 요건이 있는 때에는 몰수만을 선고할 수 있다.

(1) 의의 및 법적 성질

① 몰수(沒收)는 범죄반복의 방지나 범죄에 의한 이득의 금지를 목적으로 범죄행위와 관련된 재산을 박탈하는 것을 내용으로 하는 **재산형**이다.

② 몰수는 원칙적으로 다른 형에 부가하여 과하는 **부가형**이다(제49조 본문). 다만 행위자에게 유죄의 재판을 아니할 때에도 몰수의 요건이 있는 때에는 몰수만을 선고할 수 있다(제49조 단서, 부가형성의 예외).

---

57) 2005년 법원사무관승진시험 몰수에 대하여 논하라.
2010년 법원사무관승진시험(30점) 의료물품 판매업에 종사하는 D는 시청의 보건담당공무원인 E에게 의료기기의 구입을 청탁하면서 자기앞수표 10만 원권 10장을 교부하였다. E는 교부받은 자기앞수표를 은행에 예금하였다가, 일주일 후에 위 은행에서 자기앞수표 10만 원권 10장을 발행받아 D에게 돌려주었다. 그 후 D와 E는 뇌물공여 및 뇌물수수 혐의로 공소제기되어 유죄의 판결을 받게 되었다. 이 사안에서 법원은 누구로부터 얼마를 몰수 또는 추징하여야 하는지 논하시오.

○ 마약류 관리에 관한 법률 제67조의 몰수나 추징을 선고하기 위하여는 몰수나 추징의 요건이 공소가 제기된 **범죄사실과 관련**되어 있어야 하므로, / 법원으로서는 **범죄사실에서 인정되지 아니한 사실**에 관하여는 몰수나 추징을 선고할 수 없다(대판 2016.12.15, 2016도16170).

[동지판례] 공소가 제기되지 않은 별개의 범죄사실을 법원이 인정하여 그에 관하여 몰수나 추징을 선고하는 것은 불고불리의 원칙에 위반되어 허용되지 않는다(대판 2022.11.17, 2022도8662).

[동지판례] 피고인들이 오피스텔 호실 여러 개를 임차한 후 여성 종업원을 고용하여 **성매매를 알선**하였다는 공소사실로 기소된 경우 범죄수익은닉의 규제 및 처벌 등에 관한 법률 제8조 제1항에 따라 오피스텔 **임대차보증금반환채권**을 몰수할 수 있다(대판 2020.10.15, 2020도960).

∵ 범죄수익은닉규제법에 따른 몰수의 대상이 되는 성매매처벌법 제2조 제1항 제2호 (다)목의 행위와 관련성이 인정되므로

[비교판례] **마약류범죄에서 취급한 마약류 자체**는 마약거래방지법에서 정한 불법수익에 해당한다고 보기 어려우므로, 마약류 자체가 마약거래방지법 제13조에서 정한 몰수 대상 재산에 포함되는 것을 전제로 그 가액의 추징을 보전하기 위한 추징보전명령을 할 수는 없다(대결 2019.6.28, 2018모3287). ∵ 마약류범죄에서 취급한 마약류 자체는 마약류관리법상 몰수의 대상이므로

[비교판례] '도박죄'와 '도박공간개설죄'는 독립된 별개 범죄이므로, '도박공간개설죄'로만 기소된 피고인이 **직접 도박에 참가하여 얻은 수익**은 도박공간개설로 얻은 범죄수익에 해당하지 않는다(대판 2022.12.29, 2022도8592).

○ 형법 **제49조 단서**는 행위자에게 유죄의 재판을 하지 아니할 때에도 몰수의 요건이 있는 때에는 몰수만을 선고할 수 있다고 규정하고 있으므로 몰수뿐만 아니라 몰수에 갈음하는 추징도 위 규정에 근거하여 선고할 수 있다고 할 것이나 우리 법제상 공소의 제기 없이 별도로 몰수나 추징만을 선고할 수 있는 제도가 마련되어 있지 아니하므로 위 규정에 근거하여 몰수나 추징을 선고하기 위하여서는 몰수나 추징의 요건이 공소가 제기된 공소사실과 관련되어 있어야 하고, 공소사실이 인정되지 않는 경우에 이와 별개의 공소가 제기되지 아니한 범죄사실을 법원이 인정하여 그에 관하여 몰수나 추징을 선고하는 것은 불고불리의 원칙에 위반되어 불가능하며, 몰수나 추징이 공소사실과 관련이 있다 하더라도 그 공소사실에 관하여 이미 **공소시효가 완성되어 유죄의 선고를 할 수 없는 경우**에는 몰수나 추징도 할 수 없다(대판 1992.7.28, 92도700).

[동지판례] 형법 제49조 단서는 행위자에게 유죄의 재판을 하지 아니할 때에도 몰수의 요건이 있는 때에는 몰수만을 선고할 수 있다고 규정하고 있으나, 우리 법제상 공소의 제기 없이 별도로 몰수만을 선고할 수 있는 제도가 마련되어 있지 아니하므로 실체판단에 들어가 공소사실을 인정하는 경우가 아닌 **면소의 경우**에는 원칙적으로 몰수도 할 수 없다(대판 2007.7.26, 2007도4556).

○ 형법 제59조에 의하더라도 몰수는 선고유예의 대상으로 규정되어 있지 아니하고 다만 몰수 또는 이에 갈음하는 추징은 부가형적 성질을 띠고 있어 그 주형에 대하여 선고를 유예하는 경우에는 그 부가할 몰수 추징에 대하여도 선고를 유예할 수 있으나, / 그 주형에 대하여 선고를 유예하지 아니하면서 이에 부가할 몰수 추징에 대하여서만 선고를 유예할 수는 없다(대판 1988.6.21, 88도551) ∵ 제49조 본문, 부가형

○ 형법 제59조에 의하여 형의 선고유예를 하는 경우에도 몰수의 요건이 있는 때에는 몰수형만의 선고를 할 수 있다(대판 1973.12.11, 73도1133 全合). ∵ 제49조 단서, 부가형성의 예외

③ 총칙상 몰수는 **임의적 몰수**를 규정하고 있다(제48조 제1항, 제49조 단서). 따라서 몰수 여부는 법관의 재량에 의한다.

> ㅇ 형법 제48조 제1항 제1호, 제2항에 의한 몰수 및 추징은 **임의적**인 것이므로 그 추징의 요건에 해당되는 물건이라도 이를 추징할 것인지의 여부는 법원의 **재량**에 맡겨져 있다(대판 2002.9.4, 2000도515).

✓ **형법상 필요적 몰수** : ① 뇌물 또는 뇌물에 공할 금품, ② 배임수재죄에 의하여 범인이 취득한 물건, ③ 아편, 몰핀이나 그 화합물 또는 아편흡식기

→ 각칙의 필요적 몰수 규정은 총칙의 임의적 몰수 규정에 대한 특별법이므로 각칙에서 정하는 필요적 몰수의 요건을 갖추지 못한 경우라도 총칙상 임의적 몰수 요건을 충족하면 몰수할 수 있다. 예를 들어 뇌물죄에서 금품을 무상차용하여 위법한 재산상 이익을 취득한 경우 필요적 몰수・추징의 대상이 되는 것은 무상으로 대여받은 금품 그 자체가 아니라 위 금융이익 상당액이지만, 무상으로 대여받은 금품은 임의적 몰수・추징의 대상이 될 수 있다.

④ 몰수는 형식적으로는 형벌이지만, 실질적으로는 범죄반복의 위험성을 예방하고 범인이 범죄로 인하여 부당한 이득을 취하지 못하도록 하는 것을 목적으로 하는 **대물적 보안처분**이다.

⑤ 따라서 몰수・추징의 범위는 피고인이 실질적으로 취득하거나 그에게 귀속된 이익에 한정된다(**이득박탈형** 몰수・추징, 개별적 몰수・추징).

✓ **특별법상 징벌적 몰수・추징**(연대적 몰수・추징) : 마약류관리에 관한 법률・외국환관리법・관세법・밀항단속법・특정경제범죄가중처벌 등에 관한 법률상 몰수・추징은 피고인이 이득을 취득하지 않은 경우에도 각 범칙자 전원에 대하여 그 가액 전부의 추징을 명해야 한다.

(2) 요건

① 대물적 요건

㉠ 범죄행위에 제공하였거나 제공하려고 한 물건 예 살인에 사용한 총 등

> ㅇ 형법 제48조 제1항 제1호의 **"범죄행위에 제공한 물건"**은, 가령 살인행위에 사용한 칼 등 범죄의 실행행위 자체에 사용한 물건에만 한정되는 것이 아니며, 실행행위의 착수 전의 행위 또는 실행행위의 종료 후의 행위에 사용한 물건이더라도 그것이 범죄행위의 수행에 실질적으로 기여하였다고 인정되는 한 위 법조 소정의 제공한 물건에 포함된다(대판 2006.9.14. 2006도4075).
> [사실관계] 대형할인매장에서 수회 상품을 절취하여 자신의 승용차에 싣고 간 경우, 위 **승용차**는 형법 제48조 제1항 제1호에 정한 범죄행위에 제공한 물건으로 보아 몰수할 수 있다고 한 사례
>
> ㅇ 피해자로 하여금 **사기도박에 참여하도록 유인하기 위하여 고액의 수표를 제시해 보인 경우**, 위 수표가 직접적으로 도박자금으로 사용되지 아니하였다 할지라도, 위 수표가 피해자로 하여금 사기도박에 참여하도록 만들기 위한 수단으로 사용된 이상, 이를 몰수할 수 있다(대판 2002.9.24, 2002도3589).
>
> ㅇ 형법 제48조 제1항 제1호는 몰수할 수 있는 물건으로서 **'범죄행위에 제공하였거나 제공하려고 한 물건'**을 규정하고 있는데, 여기서 범죄행위에 제공하려고 한 물건이란 범죄행위에 사용하려고 준비하였으나 실제 사용하지 못한 물건을 의미하는바, 형법상의 몰수가 공소사실에 대하여 형사재판을 받는 피고인에 대한 유죄판결에서 다른 형에 부가하여 선고되는 형인 점에 비추어,

어떠한 물건을 '범죄행위에 제공하려고 한 물건'으로서 몰수하기 위하여는 그 물건이 **유죄로 인정되는 당해 범죄행위에 제공하려고 한 물건**임이 인정되어야 한다(대판 2008.2.14, 2007도10034).
[사실관계] 체포될 당시에 미처 송금하지 못하고 소지하고 있던 자기앞수표나 현금은 장차 실행하려고 한 외국환거래법 위반의 범행에 제공하려는 물건일 뿐, 그 이전에 범해진 외국환거래법 위반의 '범죄행위에 제공하려고 한 물건'으로는 볼 수 없으므로 몰수할 수 없다고 한 사례

ㅇ **[웹사이트 매각대금의 추징 여부 사건]** 형법 제48조는 몰수의 대상을 '물건'으로 한정하고 있다. 이는 범죄행위에 의하여 생긴 재산 및 범죄행위의 보수로 얻은 재산을 범죄수익으로 몰수할 수 있도록 한 범죄수익은닉의 규제 및 처벌 등에 관한 법률이나 범죄행위로 취득한 재산상 이익의 가액을 추징할 수 있도록 한 형법 제357조 등의 규정과는 구별된다(대판 2021.10.14, 2021도7168).
[사실관계] 피고인이 갑, 을과 공모하여 정보통신망을 통하여 음란한 화상 또는 영상을 배포하고, 도박 사이트를 홍보하였다는 공소사실로 기소되었는데, 원심이 공소사실을 유죄로 인정하면서 피고인이 범죄행위에 이용한 웹사이트 매각을 통해 취득한 대가를 형법 제48조에 따라 추징한 사안에서, 위 **웹사이트**는 범죄행위에 제공된 **무형의 재산**에 해당할 뿐 형법 제48조 제1항 제2호에서 정한 '범죄행위로 인하여 생(生)하였거나 이로 인하여 취득한 **물건'에 해당하지 않으므로**, 피고인이 위 웹사이트 매각을 통해 취득한 대가는 형법 제48조 제1항 제2호, 제2항이 규정한 추징의 대상에 해당하지 않는다는 이유로, 이와 달리 보아 위 웹사이트 매각대금을 추징한 원심판결에 형법 제48조에서 정한 몰수·추징에 관한 법리오해의 잘못이 있다고 한 사례

㉡ 범죄행위로 인하여 생하였거나 이로 인하여 취득한 물건 예 위조통화·문서, 도박에 의하여 취득한 금전 등

㉢ ㉠, ㉡의 대가로 취득한 물건 예 인신매매대금 ↔ 장물매각대금(→ **피해자환부의 대상, 몰수** ×)

② 대인적 요건

㉠ 범인 이외의 자의 소유에 속하지 아니한 물건이어야 한다. 따라서 범인소유의 물건, 공범소유의 물건, 무주물, 소유자 불명의 물건 등은 몰수할 수 있다. 여기의 공범에는 필요적 공범도 포함되고, 그 소추여부는 불문한다.

ㅇ [1] 형법 제48조 제1항의 **'범인'**에는 공범자도 포함되므로 피고인의 소유물은 물론 공범자의 소유물도 그 공범자의 소추 여부를 불문하고 몰수할 수 있고, 여기에서의 공범자에는 공동정범, 교사범, 방조범에 해당하는 자는 물론 필요적 공범관계에 있는 자도 포함된다. [2] 형법 제48조 제1항의 '범인'에 해당하는 공범자는 반드시 유죄의 죄책을 지는 자에 국한된다고 볼 수 없고 공범에 해당하는 행위를 한 자이면 족하므로 이러한 자의 소유물도 형법 제48조 제1항의 '범인 이외의 자의 소유에 속하지 아니하는 물건'으로서 이를 피고인으로부터 몰수할 수 있다(대판 2006.11.23, 2006도5586).

㉡ 그러나 범인 이외의 자의 소유에 속하는 물건은 몰수할 수 없다.
예 부실기재된 등기부, 허위기재부분이 있는 공문서 등

ㅇ [1] 관세법상 범인이 직접 또는 간접으로 점유하던 밀수출 대상 물품을 압수한 경우에는 그 물품이 제3자의 소유에 속하더라도 필요적 몰수의 대상이 된다. [2] **피고인 이외의 제3자의 소유에 속하는 물건의 경우,** 몰수를 선고한 판결의 효력은 원칙적으로 몰수의 원인이 된 사실에 관하여 유죄의 판결을 받은 피고인에 대한 관계에서 그 물건을 소지하지 못하게 하는 데 그치고, 그 사건에서 재판을 받지 아니한 제3자의 소유권에 어떤 영향을 미치는 것은 아니다(대결 2017.9.29, 2017모236).

㉢ 범죄 후 범인 이외의 자가 정을 알면서 취득한 물건

(3) 방법

① 상대방

㉠ 몰수의 상대방은 몰수대상 물건 자체의 소지자이다. 그 물건을 소비하였다면 소비자로부터 추징한다.

ㅇ 수뢰자가 뇌물을 **그대로** 보관하였다가 **증뢰자에게 반환**한 때에는 증뢰자로부터 몰수・추징할 것이므로 수뢰자로부터 추징함은 위법하다(대판 1984.2.28, 83도2783).

ㅇ 제357조 제3항에서 몰수의 대상으로 규정한 '범인이 취득한 제1항의 재물'은 배임수재죄의 범인이 취득한 목적물이자 배임증재죄의 범인이 공여한 목적물을 가리키는 것이지 배임수재죄의 목적물만을 한정하여 가리키는 것이 아니다. 그러므로 수재자가 증재자로부터 받은 재물을 **그대로 가지고 있다가 증재자에게 반환하였다**면 증재자로부터 이를 몰수하거나 그 가액을 추징하여야 한다(대판 2017.4.7, 2016도18104).

ㅇ 선거인이나 그 가족이 선거운동을 목적으로 제공된 금전 등을 **그대로 가지고 있다가** 제공자에게 **반환**한 경우, 몰수 또는 추징의 상대방은 금전 등의 제공자이다(대판 2017.5.17, 2016도11941).

ㅇ 수뢰자가 자기앞수표를 뇌물로 받아 이를 **소비**한 후 자기앞수표 상당액을 증뢰자에게 반환하였다 하더라도 뇌물 그 자체를 반환한 것은 아니므로 이를 몰수할 수 없고 수뢰자로부터 그 가액을 추징하여야 할 것이다(대판 1999.1.29, 98도3584).
[동지판례] 뇌물로 받은 돈을 은행에 **예금**한 경우 그 예금행위는 **뇌물의 처분행위**에 해당하므로 그 후 수뢰자가 같은 액수의 돈을 증뢰자에게 반환하였다 하더라도 이를 뇌물 그 자체의 반환으로 볼 수 없으니 이러한 경우에는 수뢰자로부터 그 가액을 추징하여야 한다(대판 1996.10.25, 96도2022).

ㅇ 특정범죄가중처벌 등에 관한 법률위반(알선수재)죄로 유죄가 선고된 사안에서, 범인이 공무원의 직무에 속한 사항의 알선에 관하여 금품을 받음에 있어 타인의 동의하에 그 **타인 명의의 예금계좌로 입금받는 방식**을 취하였다고 하더라도 이는 범인이 받은 금품을 관리하는 방법의 하나에 지나지 아니하므로, 그 가액 역시 범인으로부터 추징하여야 한다(대판 2006.10.27, 2006도4659).

㉡ 몰수 대상 금품의 일부를 받은 취지에 따라 다른 자에게 교부한 경우 이 부분을 제외하고 몰수・추징하여야 하나, 독자적 판단에 따라 경비로 사용한 경우 이 부분을 포함하여 몰수・추징하여야 한다.

○ 형법 제134조의 규정에 의한 필요적 몰수 또는 추징은, 범인이 취득한 당해 재산을 범인으로부터 박탈하여 범인으로 하여금 부정한 이익을 보유하지 못하게 함에 그 목적이 있는 것으로서, 공무원의 직무에 속한 사항의 알선에 관하여 금품을 받고 그 금품 중의 일부를 **받은 취지에 따라** 청탁과 관련하여 **관계 공무원에게 뇌물로 공여하거나 다른 알선행위자에게 청탁의 명목으로 교부한 경우**에는 그 부분의 이익은 실질적으로 범인에게 귀속된 것이 아니어서 이를 제외한 나머지 금품만을 몰수하거나 그 가액을 추징하여야 한다(대판 2002.6.14, 2002도1283).

○ 특정범죄가중처벌 등에 관한 법률 제3조 소정의 알선수재자가 금품 중의 일부를 그 금품을 받은 취지에 따라 관계 공무원에게 뇌물로 공여하거나 다른 알선행위자에게 청탁의 명목으로 교부한 것이 아니라 **독자적인 판단에 따라** 경비로 사용한 경우 이는 범인이 받은 돈을 소비하는 방법에 지나지 아니하므로 그 금액 역시 범인으로부터 추징하여야 할 것이다(대판 1999.5.11, 99도963).

② 수인이 뇌물을 수수한 경우

○ 수인이 공모하여 뇌물을 수수한 경우에 몰수불능으로 그 가액을 추징하려면 개별적으로 추징하여야 하고 / 수수금품을 개별적으로 알 수 없을 때에는 평등하게 추징하여야 한다(대판 1975.4.22, 73도1963).

○ **여러 사람이 공동으로 뇌물을 수수한 경우** 그 가액을 추징하려면 실제로 분배받은 금품만을 개별적으로 추징하여야 하고 수수금품을 개별적으로 알 수 없을 때에는 평등하게 추징하여야 하며 공동정범뿐 아니라 교사범 또는 종범도 뇌물의 공동수수자에 해당할 수 있으나, (공동정범이 아닌 교사범 또는 종범의 경우에는 정범과의 관계, 범행 가담 경위 및 정도, 뇌물 분배에 관한 사전약정의 존재 여부, 뇌물공여자의 의사, 종범 또는 교사범이 취득한 금품이 전체 뇌물수수액에서 차지하는 비중 등을 고려하여 공동수수자에 해당하는지를 판단하여야 한다.) 그리고 뇌물을 수수한 자가 **공동수수자가 아닌 교사범 또는 종범**에게 뇌물 중 일부를 **사례금 등의 명목**으로 교부하였다면 이는 뇌물을 수수하는 데 따르는 부수적 비용의 지출 또는 뇌물의 소비행위에 지나지 아니하므로, 뇌물수수자에게서 수뢰액 전부를 추징하여야 한다(대판 2011.11.24, 2011도9585).

(4) 추징

① 몰수대상 물건을 몰수하기 불능한 때에는 그 가액을 추징한다(제48조 제2항).

○ 형법 제134조는 뇌물에 공할 금품을 필요적으로 몰수하고 이를 몰수하기 불가능한 때에는 그 가액을 추징하도록 규정하고 있는바, 몰수는 특정된 물건에 대한 것이고 추징은 본래 몰수할 수 있었음을 전제로 하는 것임에 비추어 뇌물에 공할 금품이 **특정되지 않았던 것**은 몰수할 수 없고 그 가액을 추징할 수도 없다(대판 1996.5.8, 96도221 ; 대판 2023.4.27, 2022도15459).
[사실관계] 피고인이 원심 공동피고인 1과 공모하여 원심 공동피고인 2에게 승용차대금 명목으로 금 14,000,000원을 뇌물로 제공하기로 약속한 경우, 뇌물로 약속된 그 승용차대금 명목의 금품은 특정되지 않아 이를 몰수할 수 없었으므로 그 가액을 추징할 수 없다.

② 추징가액을 산정하는 기준시는 재판선고시(↔ **몰수불능시** ×)이다.

ㅇ 몰수할 수 없는 때 추징하여야 할 가액은 범인이 그 물건을 보유하고 있다가 몰수의 신고를 받았더라면 잃었을 이득상당액을 의미한다고 보아야 하므로 그 가액산정은 **재판선고시의 가격**을 기준으로 하여야 한다(대판 1991.5.28, 91도352 ; 대판 2007.3.15, 2006도9314).

ㅇ 몰수의 취지가 범죄에 의한 이득의 박탈을 목적으로 하는 것이고 추징도 이러한 몰수의 취지를 관철하기 위한 것이라는 점을 고려하면 몰수하기 불능한 때에 추징하여야 할 가액은 범인이 그 물건을 보유하고 있다가 몰수의 선고를 받았더라면 잃게 될 이득상당액을 의미하므로, 추징하여야 할 가액이 몰수의 선고를 받았더라면 잃게 될 이득상당액을 초과하여서는 아니 된다(대판 2017.9.21, 2017도8611).

③ 범죄행위로 금품 등 재물을 취득하면서 그 대가를 지급하거나 비용을 지출하였더라도 이를 추징액에서 공제할 수 없다.

ㅇ 범죄행위로 인하여 물건을 취득하면서 그 대가를 지급하였다고 하더라도 범죄행위로 취득한 것은 **물건 자체**이고 이는 몰수되어야 할 것이나, 이미 처분되어 없다면 그 가액 상당을 추징할 것이고, 그 가액에서 이를 **취득하기 위한 대가**로 지급한 금원을 뺀 나머지를 추징해야 하는 것은 아니다(대판 2005.7.15, 2003도4293).

[동지판례] 재물을 취득하면서 그 대가를 지급하였다고 하더라도 범죄행위로 취득한 재물 자체를 몰수하고, 몰수가 불가능하다면 그 가액 상당을 추징하는 것이며, 재물을 취득하기 위한 대가로 지급한 금원 등을 뺀 나머지를 추징해야 하는 것은 아니고(대판 2005.7.15, 2003도4293 참조), 그 결과 추징액이 실제 범인이 재물의 취득으로 받은 이익을 초과한다고 하더라도 헌법상의 재산권 보장, 과잉금지의 원칙 등에 위배된다고 할 수는 없다(대판 2015.11.12, 2015도9123).

→ 부패방지법 제86조 제3항의 규정에 의한 필요적 몰수 또는 추징

ㅇ 변호사법 위반의 범행으로 금품을 취득한 경우 그 범행과정에서 지출한 비용은 그 금품을 취득하기 위하여 지출한 부수적 비용에 불과하고, 몰수하여야 할 것은 변호사법 위반의 범행으로 취득한 금품 그 자체이므로, 취득한 금품이 이미 처분되어 추징할 금원을 산정할 때 그 금품의 가액에서 위 **지출 비용**을 공제할 수는 없다(대판 2008.10.9, 2008도6944).

관련 판례 이익박탈적 몰수 · 추징

1) 변호사법 제94조의 규정에 의한 필요적 몰수 또는 추징에서, 수인이 공동하여 같은 법 제90조 제2호에 규정한 죄를 범하고 교부받은 금품을 분배하는 경우에는 **각자가 실제로 분배받은 금품**만을 개별적으로 몰수하거나 그 가액을 추징하여야 할 것이다(대판 1999.4.9, 98도4374).

✓ 〈변호사법상 몰수 · 추징〉 ① 필요적 몰수 · 추징 ② 징벌적 몰수 · 추징 ×, 이익박탈적 몰수 · 추징 ○

[동지판례] 변호사법 제116조에 의한 필요적 몰수 또는 추징은, 금품, 향응, 그 밖의 이익을 범인 또는 제3자로부터 박탈하여 그들로 하여금 부정한 이익을 보유하지 못하게 함에 목적이 있으므로, 몰수 · 추징의 범위는 피고인이 실질적으로 취득하거나 그에게 귀속된 이익에 한정된다(대판 2016.11.25, 2016도11514).

[동지판례] 구 변호사법 제82조의 규정에 의한 필요적 몰수 또는 추징은, 금품 기타 이익을 범인 또는 제3자로부터 박탈하여 그들로 하여금 부정한 이익을 보유하지 못하게 함에 그 목적이 있는

것이므로, 수인이 공동하여 공무원이 취급하는 사건 또는 사무에 관하여 청탁을 한다는 명목으로 받은 금품을 분배한 경우에는 각자로부터 **실제로 분배받은 금품만**을 개별적으로 몰수하거나 그 가액을 추징하여야 하고, 위와 같은 청탁을 한다는 명목으로 받은 금품 중의 일부를 실제로 금품을 **받은 취지에 따라** 청탁과 관련하여 관계공무원에게 뇌물로 공여한 경우에도 그 부분의 이익은 실질적으로 피고인에게 귀속된 것이 아니므로 그 부분을 제외한 나머지 금품만을 몰수하거나 그 가액을 추징하여야 한다(대판 1993.12.28, 93도1569).

2) 알선의뢰인이 알선수재자에게 공무원이나 금융기관 임직원의 직무에 속한 사항에 관한 알선의 대가를 형식적으로 체결한 고용계약에 터잡아 **급여의 형식**으로 지급한 경우에, 알선수재자가 수수한 알선수재액은 명목상 급여액이 아니라 **원천징수된 근로소득세 등을 제외**하고 알선수재자가 실제 지급받은 금액으로 보아야 한다(대판 2012.6.14, 2012도534).
   [비교판례] 뇌물수수나 알선수재에 이용된 공급계약이 실제 공급이 없는 형식적 계약에 불과하여 부가가치세 과세대상이 아니라면 그에 관한 납세의무가 없으므로, 설령 부가가치세 명목의 금전을 포함한 대가를 받았다고 하더라도 그 일부를 부가가치세로 거래 징수하였다고 할 수 없어 **수수한 금액 전부**가 범죄로 얻은 이익에 해당하여 추징대상이 되며, 그 후에 이를 부가가치세로 신고·납부하였다고 하더라도 달리 볼 수 없다(대판 2015.1.15, 2012도7571).

3) **금품의 무상차용**을 통하여 위법한 재산상 이익을 취득한 경우 범인이 받은 부정한 이익은 그로 인한 **금융이익 상당액**이므로 추징의 대상이 되는 것은 무상으로 대여받은 금품 그 자체가 아니라 위 금융이익 상당액이다(대판 2008.9.25, 2008도2590).

관련 판례 **징벌적 몰수·추징**

1) 구 향정신성의약품관리법(2000.1.12.법률 제6146호 마약류관리에 관한 법률 부칙 제2조로 폐지) 제47조 제1항에 의한 몰수나 추징은 범죄행위로 인한 이득의 박탈을 목적으로 하는 것이 아니라 **징벌적 성질의 처분**이므로 그 범행으로 인하여 이득을 취득한 바 없다 하더라도 법원은 그 가액의 추징을 명하여야 하지만, 다만 그 추징의 범위에 관하여는 **피고인을 기준으로** 하여 그가 **취급한 범위 내에서 의약품 가액 전액**의 추징을 명하면 되는 것이지 동일한 의약품을 취급한 피고인의 일련의 행위가 별죄를 구성한다고 하여 그 행위마다 따로 그 가액을 추징하여야 하는 것은 아니다(대판 2000.9.8, 2000도546).
   [사실관계] 히로뽕을 수수하여 그중 일부를 직접 투약한 경우에는 수수한 히로뽕의 가액만을 추징할 수 있고 직접 투약한 부분에 대한 가액을 별도로 추징할 수 없다.
   [동지판례] 피고인이 히로뽕 2g을 매수하여 그중 0.18g을 6회에 걸쳐 직접 투약한 것으로 기소되어 히로뽕 2g의 매매죄와 6회의 투약죄가 실체적 경합범 관계에 있는 별죄를 구성하는 것으로 인정된 경우 피고인이 매수한 히로뽕 2g에 관하여만 몰수·추징을 선고하고 투약된 히로뽕의 시가 상당액에 관하여는 별도로 추징을 명하지 아니한다(대판 1997.3.14, 96도3397).
   [동지판례] 마약류관리에 관한 법률 제67조에 의한 몰수나 추징은 범죄행위로 인한 이득의 박탈을 목적으로 하는 것이 아니라 징벌적 성질의 처분이므로, 그 범행으로 인하여 이득을 취득한 바 없다 하더라도 법원은 그 가액의 추징을 명하여야 하고, 그 추징의 범위에 관하여는 죄를 범한 자가 여러 사람일 때에는 각자에 대하여 그가 취급한 범위 내에서 의약품 가액 전액의 추징을 명하여야 한다(대판 2010.8.26, 2010도7251).

2) **외국환관리법**상의 몰수와 추징은 일반 형사법의 경우와 달리 범죄사실에 대한 징벌적 제재의 성격을 띠고 있다고 할 것이므로, 여러 사람이 공모하여 범칙행위를 한 경우 몰수대상인 외국환 등을 몰수할 수 없을 때에는 각 범칙자 전원에 대하여 그 취득한 외국환 등의 가액 전부의 추징을 명하여야 하고, 그중 **한 사람이 추징금 전액을 납부하였을 때**에는 다른 사람은 추징의 집행을 면할 것이나, 그 일부라도 납부되지 아니하였을 때에는 그 범위 내에서 각 범칙자는 추징의 집행을 면할 수 없다(대판 1998.5.21, 95도2002 全合).

3) 마약류 관리에 관한 법률에 따른 추징에서 그 소유자나 최종소지인으로부터 **마약류 전부 또는 일부를 몰수**하였다면 다른 취급자들과의 관계에 있어서 이를 몰수한 것과 마찬가지이므로 다른 취급자들에 대하여는 몰수된 마약류의 가액을 추징할 수 없다(대판 2016.6.9, 2016도4927).
[동지판례] 마약류관리에 관한 법률상의 추징은 징벌적 성질을 가진 처분이므로 마약류의 소유자나 최종소지인뿐만 아니라 동일한 마약류를 취급한 자들에 대하여도 그 취급한 범위 내에서 가액 전부의 추징을 명하여야 하지만, / 그 소유자나 최종소지인으로부터 마약류의 전부 또는 일부를 몰수하였다면 다른 취급자들과의 관계에 있어서도 실질상 이를 몰수한 것과 마찬가지이므로 그 몰수된 마약류의 가액 부분은 이를 추징할 수 없다(대판 2009.6.11, 2009도2819).

4) [1] 마약류 관리에 관한 법률 제67조의 몰수나 추징을 선고하기 위하여는 몰수나 추징의 요건이 공소가 제기된 범죄사실과 관련되어 있어야 하므로, 법원으로서는 **범죄사실에서 인정되지 아니한 사실**에 관하여는 몰수나 추징을 선고할 수 없다. [2] 제1심으로서는 범죄사실에서 **수수한 필로폰 양을 특정할 수 없다**고 판단한 이상, 그 추징의 대상이 되는 수수한 필로폰의 양을 특정할 수 없는 경우에 해당한다고 보아 피고인에게 추징을 명할 수는 없다(대판 2016.12.15, 2016도16170).
[사실관계] 甲이 2회에 걸쳐 을에게 **메트암페타민 각 불상량**을 건네주어 이를 각 수수하였다. 법원은 2회에 걸쳐 합계 1회용 주사기 1개 분량인 0.7g을 건네주었다고 보아 피고인으로부터 그 시가 상당액인 171,500원의 추징을 명할 수 없다.

5) **관세법상 추징**은 일반 형사법에서의 추징과는 달리 징벌적 성격을 띠고 있어 여러 사람이 공모하여 관세를 포탈하거나 관세장물을 알선, 운반, 취득한 경우에는 범칙자의 1인이 그 물품을 소유하거나 점유하였다면 그 물품의 범칙 당시의 국내도매가격 상당의 가액 전액을 그 물품의 소유 또는 점유사실의 유무를 불문하고 **범칙자 전원**으로부터 각각 추징할 수 있다(대판 2007.12.28, 2007도8401).

6) **밀항단속법** 제4조 제3항의 취지와 위 법의 입법 목적에 비추어 보면, 밀항단속법상의 몰수와 추징은 일반 형사법과 달리 범죄사실에 대한 징벌적 제재의 성격을 띠고 있으므로, 여러 사람이 공모하여 죄를 범하고도 몰수대상인 수수 또는 약속한 보수를 몰수할 수 없을 때에는 **공범자 전원**에 대하여 그 **보수액 전부**의 추징을 명하여야 한다(대판 2008.10.9, 2008도7034).

7) **특정경제범죄 가중처벌 등에 관한 법률**에 의한 몰수·추징은 범죄로 인한 이득의 박탈을 목적으로 한 형법상의 몰수·추징과는 달리 재산국외도피사범에 대한 소위 징벌적 성격의 처분이라고 보는 것이 상당하므로 그 도피재산이 회사의 소유라거나 피고인들이 그로 인하여 이득을 취한 바가 없다고 하더라도 피고인들 모두에 대하여 그 도피재산의 가액 전부의 추징을 명하여야 한다(대판 2005.4.29, 2002도7262).

관련 판례 **기타 몰수·추징 관련 판례**

1) 추징은 형벌이 아닌 사법처분이지만 **실질적으로 부가형으로서의 성질**을 가지기 때문에 1심에서 선고하지 않은 추징을 2심에서 선고하면 불이익변경금지의 원칙에 위반된다(대판 1961.11.9, 4294형상572).
   [동지판례] 추징은 몰수하기 불가능한 때에 몰수에 갈음하여 그 가액의 납부를 명하는 사법처분이지만, 몰수의 취지를 관철하기 위하여 인정된 제도라는 점에서 부가형의 성질을 가진다(대판 1979.4.10, 78도3098).
2) 추징은 부가형이지만 징역형의 집행유예와 추징의 선고를 받은 사람에 대하여 징역형의 선고의 효력을 상실케 하는 동시에 복권하는 특별사면의 경우에 추징에 대하여도 형의선고의 효력이 상실된다고 볼 수는 없다(대결 1996.5.14, 96모14).
3) 범죄행위에 제공하려고 한 물건은 범인 이외의 자의 소유에 속하지 아니하거나 범죄 후 범인 이외의 자가 정을 알면서 취득한 경우 이를 몰수할 수 있고, 한편 법원이나 수사기관은 필요한 때에는 증거물 또는 몰수할 것으로 사료하는 물건을 압수할 수 있으나, 몰수는 반드시 압수되어 있는 물건에 대하여서만 하는 것이 아니므로, 몰수대상물건이 압수되어 있는가 하는 점 및 적법한 절차에 의하여 압수되었는가 하는 점은 몰수의 요건이 아니다(대판 2003.5.30, 2003도705).
   [사실관계] **이미 그 집행을 종료함으로써 효력을 상실한 압수·수색영장**에 기하여 다시 압수·수색을 실시하면서 몰수대상물건을 압수한 경우, 압수 자체가 위법하게 됨은 별론으로 하더라도 그것이 위 물건의 몰수의 효력에는 영향을 미칠 수 없다.
4) 형벌은 공범자 전원에 대하여 각기 별도로 선고하여야 할 것이므로 공범자 중 1인 소유에 속하는 물건에 대한 부가형인 몰수에 관하여도 **개별적으로 선고**하여야 한다(대판 2013.5.23, 2012도11586).
5) 형법 제48조 제1항 제1호에 의한 몰수는 임의적인 것이므로 그 몰수의 요건에 해당되는 물건이라도 이를 몰수할 것인지의 여부는 일응 법원의 재량에 맡겨져 있다 할 것이나, 형벌 일반에 적용되는 **비례의 원칙에 의한 제한**을 받으며, 이러한 법리는 범죄수익은닉의 규제 및 처벌 등에 관한 법률 제8조 제1항의 경우에도 마찬가지로 적용된다(대판 2013.5.23, 2012도11586).
   [사실관계] 피고인이 갑에게서 명의신탁을 받아 피고인 명의로 소유권이전등기를 마친 토지 및 그 지상 건물에서 갑과 공동하여 영업으로 성매매알선 등 행위를 함으로써 성매매에 제공되는 사실을 알면서 토지와 건물을 제공하였다는 내용의 성매매알선 등 행위의 처벌에 관한 법률 위반 공소사실이 유죄로 인정된 경우, **토지와 건물**을 몰수한 원심의 조치가 정당하다.
6) 피고인이 음란사이트를 운영하면서 사진과 영상을 이용하는 이용자 및 음란사이트에 광고를 원하는 광고주들로부터 **비트코인**을 대가로 지급받았다면 비트코인은 재산적 가치가 있는 무형의 재산이라고 보아야 하고, 몰수의 대상인 비트코인이 특정되어 있으므로 피고인이 취득한 비트코인을 몰수할 수 있다(대판 2018.5.30, 2018도3619).

III 형의 경중

제50조【형의 경중】
① 형의 경중은 제41조 각 호의 순서에 따른다. 다만, 무기금고와 유기징역은 무기금고를 무거운 것으로 하고 유기금고의 장기가 유기징역의 장기를 초과하는 때에는 유기금고를 무거운 것으로 한다.

② 같은 종류의 형은 장기가 긴 것과 다액이 많은 것을 무거운 것으로 하고 장기 또는 다액이 같은 경우에는 단기가 긴 것과 소액이 많은 것을 무거운 것으로 한다.
③ 제1항 및 제2항을 제외하고는 죄질과 범정(犯情)을 고려하여 경중을 정한다. [시행 2021.12.9.]

ㅇ 형의 경중의 비교는 원칙적으로 **법정형**을 표준으로 할 것이고 처단형이나 선고형에 의할 것이 아니며, 법정형의 경중을 비교함에 있어서 법정형 중 병과형 또는 선택형이 있을 때에는 이 중 가장 중한 형을 기준으로 하여 다른 형과 경중을 정하는 것이 원칙이다(대판 1992.11.13, 92도2194).

ㅇ 신·구법의 형의 경중을 비교함에 있어 형을 가중·가경할 때는 형의 가중 또는 감경을 한 후에 비교하여야 한다(대판 1960.9.16, 4293형상435).

제2절 형의 양정

I 서설

1 의의

형의 양정(量定)이란 법관이 행위자에게 구체적으로 선고할 형을 정하는 것을 말한다. 이를 양형이라고 한다.

ㅇ 법관은 양형을 함에 있어 **법정형**에서 형의 가중·감면 등을 거쳐 형성된 **처단형**의 범위 내에서 양형의 조건을 참작하여 **선고형**을 정하여야 한다(대판 2008.10.23, 2008도7543).

2 양형의 단계

(1) **법정형**

법정형은 개개의 범죄에 대하여 법률에 추상적으로 규정되어 있는 형벌을 말한다.

(2) **처단형**

처단형이란 법정형을 가중·감경한 형을 말한다.

(3) **선고형**

선고형이란 처단형 범위 내에서 법관이 구체적으로 선고하는 형을 말한다.

3 양형의 조건

제51조 【양형의 조건】
형을 정함에 있어서는 다음 사항을 참작하여야 한다.

1. 범인의 연령, 성행, 지능과 환경
2. 피해자에 대한 관계
3. 범행의 동기, 수단과 결과
4. 범행 후의 정황(↔ 범행 전의 정황)

ㅇ [외국에서의 미결구금에 대해 형법 제7조의 적용을 구하는 사건] 양형의 조건에 관하여 규정한 형법 **제51조**의 사항은 널리 형의 양정에 관한 법원의 재량사항에 속하고, 이는 열거적인 것이 아니라 **예시적**인 것이다(대판 2017.8.24, 2017도5977 全合).

II 형의 가중 · 감경 · 면제

1 형의 가중

형의 가중은 법률상의 가중만 인정되고 재판상의 가중은 인정되지 않는다.

(1) 일반적 가중사유

특수교사 · 방조가중(제34조 제2항), 누범가중(제35조), 경합범가중(제38조)

(2) 특수한 가중사유

각칙상 상습범가중, 특수공무방해죄(제144조) · 특수체포 · 감금죄(제278조) 등 특수범죄가중, 공무원의 직무범죄에 대한 가중(제135조) 등

2 형의 감경 · 면제

형의 감경에는 법률상 감경과 재판상 감경(작량감경)이 있다. 형면제판결은 유죄판결의 일종으로서 판결확정 전의 사유로 인하여 형만 과하지 않는 것을 말하고, 판결확정 후의 사유를 원인으로 하는 형집행면제와 구별된다.

(1) 법률상 감경 · 면제

① **필요적 감면사유** : 중지미수(제26조), **예비죄에서 자수의 특례**(내란 · 내란목적살인죄, 외환죄, 간첩죄, 외국에 대한 사전죄, 폭발물사용죄, 현주건조물방화죄, 공용건조물방화죄, 타인소유일반건조물방화죄, 폭발성물건파열죄, 가스 · 전기방류죄, 가스 · 전기공급방해죄, 통화위조 · 변조죄), 위증죄, 모해위증죄, 허위감정 · 통역 · 번역죄, 무고죄에서 재판 또는 징계처분이 확정되기 전에 **자백 또는 자수**한 때(제153조, 제154조, 제157조), 장물죄에서 장물범과 본범 간에 제328조 제1항의 친족관계가 있을 때(제365조 제2항)

② **필요적 감경사유** : 농아자(제11조), 종범(제32조 제2항) ↔ 심신미약 : ×

③ **임의적 감면사유** : 과잉방위(제21조 제2항), 과잉피난(제22조 제3항), 과잉자구행위(제23조 제2항), 불능미수(제27조 단서), 자수 또는 자복(제52조 제1항), 사후적 경합범(제39조 제1항)
↔ 외국에서 받은 형의 집행(제7조, 전부 또는 일부의 필요적 산입) : ×

④ 임의적 감경사유 : **심신미약**(제10조 제2항), 장애미수(제25조 제2항), 범죄단체 등의 조직죄(제114조), **해방감경**(피약취·유인·매매·이송된 자의 석방(제295조의2), 인질강요·인질상해·인질치상죄에서 인질의 석방(제324조의6))

⑤ 필요적 면제사유 : 친족상도례

(2) **재판상 감경**(작량감경)

제53조【정상참작감경】
범죄의 정상(情狀)에 참작할 만한 사유가 있는 경우에는 그 형을 감경할 수 있다. [시행 2021.12.9.]

① 법률상 감경사유가 없는 경우에도 법원은 범죄의 정상에 참작할 만한 사유가 있는 때에는 작량하여 그 형을 감경할 수 있다. 이때 범죄의 정상에 참작할 사유로는 제51조(양형의 조건)가 기준이 된다.

② 법률상 형을 가중·감경한 후에도 다시 작량감경을 할 수 있다. 이때에도 제55조(법률상 감경)의 방법에 따라야 한다.

o 법률상 감경사유가 있을 때에는 작량감경보다 우선하여 하여야 할 것이고, 작량감경은 이와 같은 법률상 감경을 다하고도 그 처단형보다 낮은 형을 선고하고자 할 때에 하는 것이 옳다(대판 1994.3.8, 93도3608).

[동지판례] 법률상 감경을 먼저 하고 마지막으로 작량감경을 하도록 되어 있으므로 **법률상 감경 사유가 있을 때에는 작량감경에 앞서 하여야** 하고, 작량감경은 이와 같은 법률상 감경을 다하고도 그 처단형의 범위를 완화하여 그보다 낮은 형을 선고하고자 할 때에 한다(대판 2019.4.18, 2017도14609 全合).

o [형법 제53조에 의한 작량감경의 방법] 본조에 의한 작량감경에 있어서도 일정한 범위를 정하여 그 범위 내에서만 각 범죄사정에 적합한 양형을 하여야 하고 작량감경의 방법도 본법 **제55조 소정 방법**에 따라야 한다(대판 1964.10.28, 64도454). → 2분의 1로 감경한다는 취지

③ 작량감경사유가 수개 있을 경우에도 거듭 감경할 수는 없다.

o 징역형과 벌금형을 병과하여야 할 경우에 특별한 규정이 없는 한 징역형에만 작량감경을 하고 벌금형에는 이것을 하지 아니한다 함은 잘못이다(대판 1976.9.14, 76도2012).

[동지판례] **한 개의 범죄**에 대하여 징역형과 벌금형을 병과할 경우에 특별한 규정이 없는 한 징역형에만 작량감경을 하고 벌금형에는 작량감경을 하지 않는 것은 위법하다(대판 2011.5.26, 2011도3161).

o 형법 제38조 제1항 제3호(**실체적 경합** 처벌)에 의하여 징역형과 벌금형을 병과하는 경우에는 각 형에 대한 범죄의 정상에 차이가 있을 수 있으므로 징역형에만 작량감경을 하고 벌금형에는 작량감경을 하지 아니하였다고 하여 이를 위법하다고 할 수 없다(대판 2006.3.23, 2006도1076).

Ⅲ 형의 가감례

1 형의 가중 · 감경 순서

(1) 형종의 선택

제54조 【선택형과 작량감경】
1개의 죄에 정한 형이 수종인 때에는 먼저 적용할 형을 정하고 그 형을 감경한다.

개정법 제54조 【선택형과 정상참작감경】
한 개의 죄에 정한 형이 여러 종류인 때에는 먼저 적용할 형을 정하고 그 형을 감경한다. [시행 2021.12.9.]

(2) 가중감경사유가 경합하는 경우 가중 · 감경의 순서 "각특누법경작"

제56조 【가중 · 감경의 순서】
형을 가중 · 감경할 사유가 경합하는 경우에는 다음 각 호의 순서에 따른다.
1. 각칙 조문에 따른 가중
2. 제34조 제2항에 따른 가중
3. 누범 가중
4. 법률상 감경
5. 경합범 가중
6. 정상참작감경 [시행 2021.12.9.]

2 형의 가중 · 감경 정도

(1) 형의 가중

① 유기징역이나 유기금고를 가중하는 경우 50년까지로 한다(제42조 단서)

② 제34조 제2항의 가중(특수교사 · 방조가중) : 자기의 지휘, 감독을 받는 자를 교사 또는 방조하여 전항의 결과를 발생하게 한 자는 교사인 때에는 정범에 정한 형의 장기 또는 다액에 그 2분의 1까지 가중하고 방조인 때에는 정범의 형으로 처벌한다.

③ 누범가중 : 장기 · 다액만 2배까지 가중한다(제35조 제2항).

④ 경합범가중 : 가장 중한 죄에 정한 장기 또는 다액에 그 2분의 1까지 가중하되 각 죄에 정한 형의 장기 또는 다액을 합산한 형기 또는 액수를 초과할 수 없다(제38조 제1항 제2호).

(2) 법률상 감경

제55조 【법률상의 감경】
① 법률상의 감경은 다음과 같다.
1. 사형을 감경할 때에는 무기 또는 20년 이상 50년 이하의 징역 또는 금고로 한다.
2. 무기징역 또는 무기금고를 감경할 때에는 10년 이상 50년 이하의 징역 또는 금고로 한다.
3. 유기징역 또는 유기금고를 감경할 때에는 그 형기의 2분의 1로 한다.
4. 자격상실을 감경할 때에는 7년 이상의 자격정지로 한다.
5. 자격정지를 감경할 때에는 그 형기의 2분의 1로 한다.
6. 벌금을 감경할 때에는 그 다액의 2분의 1로 한다.
7. 구류를 감경할 때에는 그 장기의 2분의 1로 한다.
8. 과료를 감경할 때에는 그 다액의 2분의 1로 한다.

② 법률상 감경할 사유가 수개 있는 때에는 거듭 감경할 수 있다.

ㅇ 형법 제55조 제1항 제6호의 벌금을 감경할 때의 「다액」의 2분의 1이라는 문구는 「**금액**」의 2분의 1이라고 해석하여 그 상한과 함께 **하한**도 2분의 1로 내려가는 것으로 해석하여야 한다(대판 1978.4.25, 78도246).

ㅇ **[임의적 감경 사건] 형법 제25조 제2항에 따른 형의 감경**은 **법률상 감경**의 일종으로서 재판상 감경인 작량감경(형법 제53조)과 구별된다. 법률상 감경에 관하여 형법 제55조 제1항은 형벌의 종류에 따른 감경의 방법을 규정하고 있다. 법률상 감경사유가 무엇인지와 그 사유가 인정될 때 반드시 감경을 하여야 하는지는 형법과 특별법에 개별적이고 구체적으로 규정되어 있다. 이와 같은 감경 규정들은 법문상 형을 '감경한다'라거나 형을 '감경할 수 있다'라고 표현되어 있는데, '감경한다'라고 표현된 경우를 필요적 감경, '감경할 수 있다'라고 표현된 경우를 임의적 감경이라 한다. 형법 제25조 제2항에 따른 형의 감경은 **임의적 감경**에 해당한다. 필요적 감경의 경우에는 감경사유의 존재가 인정되면 반드시 형법 제55조 제1항에 따른 법률상 감경을 하여야 함에 반해, 임의적 감경의 경우에는 감경사유의 존재가 인정되더라도 법관이 형법 제55조 제1항에 따른 법률상 감경을 할 수도 있고 하지 않을 수도 있다. 나아가 임의적 감경사유의 존재가 인정되고 법관이 그에 따라 징역형에 대해 법률상 감경을 하는 이상 형법 제55조 제1항 제3호에 따라 상한과 하한을 **모두 2분의 1로 감경**한다(대판 2021.1.21, 2018도5475 全合).

→ 유기징역형에 대한 법률상 감경을 하면서 형법 제55조 제1항 제3호에서 정한 것과 같이 장기와 단기를 모두 2분의 1로 감경하는 것이 아닌 장기 또는 단기 중 어느 하나만을 2분의 1로 감경하는 방식이나 2분의 1보다 넓은 범위의 감경을 하는 방식 등은 죄형법정주의 원칙상 허용될 수 없다는 취지

(3) **재판상 감경**(작량감경)

Ⅳ 자수와 자복

제52조 【자수, 자복】

① 죄를 지은 후 수사기관에 자수한 경우에는 형을 감경하거나 면제할 수 있다.

② 피해자의 의사에 반하여 처벌할 수 없는 범죄의 경우에는 피해자에게 죄를 자복(自服)하였을 때에도 형을 감경하거나 면제할 수 있다. [시행 2021.12.9.]

1 자수

(1) 자수(自首)란 자발적으로 자신의 범죄사실을 수사기관에 신고하여 소추를 구하는 의사표시를 말한다. 수사기관의 직무상 질문이나 신문에 응하여 범죄사실을 인정하는 자백과 구별된다.

ㅇ 제52조 제1항의 자수라 함은 범인이 스스로 수사책임이 있는 관서에 자기의 범행을 고하고 그 처분을 구하는 의사표시를 하는 것을 말하고, / 가령 수사기관의 직무상의 질문 또는 조사에 응하여 범죄사실을 진술하는 것은 자백일 뿐 자수로는 되지 않는다(대판 1982.9.28, 82도1965).

ㅇ 자수는 범인이 수사기관에 의사표시를 함으로써 성립하는 것이므로 내심적 의사만으로는 부족하고 외부로 표시되어야 이를 인정할 수 있는 것이다. / 또한 피고인이 자수하였다 하더라도 자수한 이에 대하여는 법원이 임의로 형을 감경할 수 있음에 불과한 것으로서 원심이 자수감경을 하지 아니하였다거나 자수감경 주장에 대하여 판단을 하지 아니하였다 하여 위법하다고 할 수 없다(대판 2011.12.22, 2011도12041).

ㅇ 법률상의 형의 감경사유가 되는 자수를 위하여는, 범인이 자기의 범행으로서 범죄성립요건을 갖춘 객관적 사실을 자발적으로 수사관서에 신고하여 그 처분에 맡기는 것으로 족하고, 더 나아가 법적으로 그 요건을 완전히 갖춘 범죄행위라고 적극적으로 인식하고 있을 필요까지는 없다(대판 1995.6.30, 94도1017).

(2) 자수의 시기에는 제한이 없다. 범행발각 전후를 불문한다.

ㅇ 비록 범죄사실과 범인이 누구인가가 발각된 후라 하더라도 또 수사기관에 의해 지명수배를 받은 연후라 하더라도 범인이 **체포되기 전**에 자발적으로 자기의 범죄사실을 수사기관에 신고한 이상 자수로 보아야 할 것이다(대판 1968.7.30, 68도754).

(3) 자수의 상대방은 수사기관이다.

(4) 자수의 내용은 자신의 범죄사실이어야 한다. 따라서 범죄사실을 부인하거나 죄의 뉘우침이 없는 자수는 인정되지 않는다.

ㅇ 피고인이 수사기관에 자진 출석하여 처음 조사를 받으면서는 돈을 차용하였을 뿐이라며 범죄사실을 **부인**하다가 제2회 조사를 받으면서 비로소 업무와 관련하여 돈을 수수하였다고 자백한 행위는 자수라고 할 수 없다(대판 2011.12.22, 2011도12041).

[판결이유] 피고인이 자수하였다 하더라도 자수한 이에 대하여는 **법원이 임의로 형을 감경할 수 있음에 불과**한 것으로서 원심이 자수감경을 하지 아니하였다거나 자수감경 주장에 대하여 판단을 하지 아니하였다 하여 위법하다고 할 수 없다.

ㅇ 수사기관에의 신고가 자발적이라고 하더라도 그 신고의 내용이 자기의 범행을 **부인**하는 등의 내용으로 자기의 범행으로서 범죄성립요건을 갖추지 아니한 사실일 경우에는 자수는 성립하지 아니하며, 수사기관의 직무상의 질문 또는 조사에 응하여 범죄사실을 진술하는 것은 자백일 뿐 자수로는 되지 않는다(대판 2004.6.24, 2004도2003).

[사실관계] 수사기관에 뇌물수수의 범죄사실을 자발적으로 신고하였으나 그 수뢰액을 실제보다 적게 신고함으로써 **적용법조와 법정형이 달라지게 된 경우** 자수가 성립하지 않는다.

ㅇ 형법 제52조 제1항 소정의 자수란 범인이 자발적으로 자신의 범죄사실을 수사기관에 신고하여 그 소추를 구하는 의사표시로서 이를 형의 감경사유로 삼는 주된 이유는 범인이 그 죄를 뉘우치고 있다는 점에 있으므로 범죄사실을 부인하거나 죄의 뉘우침이 없는 자수는 그 외형은 자수일지라도 법률상 형의 감경사유가 되는 진정한 자수라고는 할 수 없다(대판 1994.10.14, 94도2130).

(5) 자수의 효력이 발생한 후에는 범죄사실을 부인하여도 영향이 없다.

ㅇ 피고인이 검찰의 소환에 따라 자진 출석하여 검사에게 범죄사실에 관하여 자백함으로써 형법상 자수의 효력이 발생하였다면, 그 후에 검찰이나 법정에서 범죄사실을 일부 부인하였다고 하더라도 일단 발생한 자수의 효력이 소멸하는 것은 아니다(대판 2002.8.23, 2002도46).

[동지판례] 피고인들이 검찰에 조사 일정을 문의한 다음 지정된 일시에 검찰에 출두하는 등의 방법으로 자진 출석하여 범행을 사실대로 진술하였다면 자수가 성립되었다고 할 것이고, 그 후 법정에서 범행사실을 부인한다고 하여 뉘우침이 없는 자수라거나, 이미 발생한 자수의 효력이 없어진다고 볼 수 없다(대판 2005.4.29, 2002도7262).

2 자복

자복(自服)이란 반의사불벌죄(해제조건부 범죄)에 있어서 범인이 피해자에게 자신의 범죄를 고백하는 것을 말한다.

V 미결구금(판결선고 전 구금)

제57조 【판결선고 전 구금일수의 통산】
① 판결선고 전의 구금일수는 그 전부(↔ 일부 : ×)를 유기징역, 유기금고, 벌금이나 과료에 관한 유치 또는 구류에 산입한다.
② 전항의 경우에는 구금일수의 1일은 징역, 금고, 벌금이나 과료에 관한 유치 또는 구류의 기간의 1일로 계산한다.

ㅇ 헌법재판소는 형법 제57조 제1항 중 **'또는 일부'** 부분은 헌법에 위반된다고 선언하였는바, 이로써 판결선고 전의 구금일수는 그 전부가 유기징역, 유기금고, 벌금이나 과료에 관한 유치기간 또는 구류에 당연히 산입되어야 하게 되었고, 병과형 또는 수 개의 형으로 선고된 경우 어느 형에 미결구금일수를 산입하여 집행하느냐는 형집행 단계에서 형집행기관이 할 일이며, 법원이 주문에서 이에 관하여 선고하였더라도 이는 마찬가지이다(대판 2010.9.9, 2010도6924).

ㅇ [1] 형법 제57조에 의하여 본형 산입의 대상이 되는 미결구금일수(재정통산 일수)는 **판결 선고 전날까지의 구금일수**라고 보아야 한다. [2] 판결 선고 당일에 집행유예, 선고유예, 벌금형 등의 선고나 보석, 구속취소 등으로 인하여 그날 중으로 석방된 피고인이 바로 당일에 상소를 제기한 경우에는 그 **선고 당일(석방된 당일)의 구금일수 1일**은 상소심의 재정통산의 대상이 된다고 할 것이고, 상소심은 재정통산의 대상이 되는 미결구금일수가 있을 때에는 반드시 그 전부 또는 일부를 본형에 산입하여야 하는 것이므로 그 경우 위 미결구금일수 1일을 반드시 본형에 산입하는 선고를 하여야 한다(대판 2006.2.10, 2005도6246).

ㅇ 형법 제57조에 의하여 산입된 미결구금기간이 징역 또는 금고의 본형기간을 초과한다고 하여도 형법 제62조의 규정에 따라 그 본형의 '집행'을 유예하는 데에는 아무런 지장이 없다고 할 것이다(대판 2008.2.29, 2007도9137).

ㅇ **외국에서 이루어진 미결구금**을 형법 제57조 제1항에서 규정한 '본형에 당연히 산입되는 미결구금'과 같다고 볼 수 없다. 외국에서 형이 집행된 것이 아니라 단지 미결구금되었다가 무죄판결을 받은 사람의 미결구금일수를 형법 제7조의 유추적용에 의하여 그가 국내에서 같은 행위로 인하여 선고받는 형에 산입하여야 한다는 것은 허용되기 어렵다(대판 2017.8.24, 2017도5977 全合).

ㅇ 미결구금일수의 통산에 관한 형법 제57조의 규정 취지 및 **형의 집행과 구속영장의 집행이 경합하고 있는 경우** 본형에 통산하여서는 아니된다(대판 2001.10.26, 2001도4583).

ㅇ (미결구금일수로서 본형에의 산입을 요구하는 일수가 공소의 목적을 달성하기 위하여 어쩔 수 없이 이루어진 강제처분 기간이 아니라,) 피고인이 범행 후 미국으로 도주하였다가 대한민국정부와 미합중국정부 간의 **범죄인 인도조약**에 따라 체포되어 인도절차를 밟기 위한 절차에 해당하는 기간에 불과한 경우 본형에 산입될 미결구금일수에 해당하지 않는다(대판 2005.10.28, 2005도5822).

Ⅵ 판결공시

제58조【판결의 공시】
① 피해자의 이익을 위하여 필요하다고 인정할 때에는 피해자의 청구가 있는 경우에 한하여 피고인의 부담으로 판결공시의 취지를 선고할 수 있다.
② 피고사건에 대하여 무죄의 판결을 선고하는 경우에는 무죄판결공시의 취지를 선고하여야 한다. 다만, 무죄판결을 받은 피고인이 무죄판결공시 취지의 선고에 동의하지 아니하거나 피고인의 동의를 받을 수 없는 경우에는 그러하지 아니하다.
③ 피고사건에 대하여 면소의 판결을 선고하는 경우에는 면소판결공시의 취지를 선고할 수 있다.

제3절 누범 58)

제35조【누범】
① 금고(禁錮) 이상의 형을 선고받아 그 집행이 종료되거나 면제된 후 3년 내에 금고 이상에 해당하는 죄를 지은 사람은 누범(累犯)으로 처벌한다.
② 누범의 형은 그 죄에 대하여 정한 형의 장기(長期)의 2배까지 가중한다. [시행 2021.12.9.]

Ⅰ 서설

1 의의

누범이란 금고 이상의 형을 선고받아 그 집행이 종료되거나 면제된 후 3년 내에 금고 이상에 해당하는 죄를 범한 경우를 말한다(제35조). 누범이란 범죄를 반복적으로 범한다는 의미인데, 누범을 가중처벌하는 이유는 전범에 대한 형벌에 의하여 주어진 기왕의 경고를 무시하고 다시 범죄를 저질렀다는 점에서 비난가능성 및 책임이 높기 때문이다.

ㅇ **누범을 가중처벌하는 이유**는 전범에 대한 형벌에 의하여 주어진 기왕의 경고를 무시하고 다시 범죄를 저질렀다는 점에서 비난가능성 및 책임이 높기 때문이지 / 전범에 대하여 처벌을 받았음에도 다시 범행을

58) 2010년 법원사무관승진시험(20점) 누범의 요건과 효과에 대하여 설명하시오.

하는 경우에 전범도 후범과 일괄하여 다시 처벌한다는 것은 아닌 점 등에 비추어 보면, 이 사건 법률조항(도로교통법 제148조의2 제1항 제1호 반복된 음주운전 가중처벌)을 적용하고 다시 형법 제35조에 의한 누범가중을 허용한다고 하더라도 헌법상의 일사부재리나 이중처벌금지에 반한다고 볼 수 없다(대판 2014.7.10, 2014도5868).

2 누범과 상습범의 구별

구분	누범	상습범
개념	반복된 범죄	반복적 습성(범죄 성향)
형벌가중의 본질(근거)	행위책임	행위자책임
전과	필요	불필요
죄질의 동일성	불필요	필요

상습범과 누범은 서로 다른 개념이므로 구성요건상 상습범에 해당하는 경우라도 누범가중을 할 수 있다.

ㅇ 상습범과 누범은 서로 다른 개념으로서 누범에 해당한다고 하여 반드시 상습범이 되는 것이 아니며, 반대로 상습범에 해당한다고 하여 반드시 누범이 되는 것도 아니다. / 또한, 행위자책임에 형벌가중의 본질이 있는 상습범과 행위책임에 형벌가중의 본질이 있는 누범을 단지 평면적으로 비교하여 그 경중을 가릴 수는 없고, 사안에 따라서는 폭력행위 등 처벌에 관한 법률 제3조 제4항에 정한 누범의 책임이 상습범의 경우보다 오히려 더 무거운 경우도 얼마든지 있을 수 있다. 이상과 같은 점을 고려하면, 같은 법 제3조 제4항의 누범에 대하여 같은 법 제3조 제3항의 상습범과 동일한 법정형을 정하였다고 하여 이를 두고 평등원칙에 반하는 위헌적인 규정이라고 할 수는 없다(대판 2007.8.23, 2007도4913).

3 제35조(누범)와 특정범죄가중법 제5조의4 제5항(누범가중처벌규정)의 관계

ㅇ 특정범죄 가중처벌 등에 관한 법률 제5조의4 제5항 제1호는 형법 제35조(누범) 규정과는 별개로 '형법 제329조부터 제331조까지의 죄(미수범 포함)를 범하여 세 번 이상 징역형을 받은 사람이 그 누범 기간 중에 다시 해당 범죄를 저지른 경우에 형법보다 무거운 법정형으로 처벌한다'는 내용의 **새로운 구성요건을 창설**한 것으로 해석해야 한다. 따라서 이 사건 법률 규정에 정한 형에 다시 형법 제35조의 누범가중한 형기범위 내에서 처단형을 정하여야 한다(대판 2020.5.14, 2019도18947). → **특정범죄 가중처벌 등에 관한 법률 제5조의4 제5항 제1호가 형법 제35조의 특별규정에 해당하지 아니하므로 다시 누범가중하여야 한다는 취지**

II 누범가중의 요건

1 전범의 요건

(1) 금고 이상의 형을 선고받았을 것

① 전범의 형은 금고 이상의 형이어야 한다. 자격상실 · 자격정지 · 벌금 · 구류 · 과료 · 몰수는 금고보다 가벼운 형이므로 누범전과에서 제외된다. 노역장유치도 누범전과가 될 수 없다.

ㅇ 형법 제35조 제1항에 규정된 "금고 이상에 해당하는 죄"라 함은 유기금고형이나 유기징역형으로 처단할 경우에 해당하는 죄를 의미하는 것으로서 법정형 중 벌금형을 선택한 경우에는 누범가중을 할 수 없다(대판 1982.9.14, 82도1702).

② 여기서 형은 선고형을 말한다.

③ 전범의 형의 선고는 유효하여야 한다. 일반사면을 받거나 선고유예・집행유예기간을 경과한 경우에는 형선고의 효력이 상실되어 누범전과가 될 수 없다. 그러나 특별사면을 받거나 복권이 된 경우에는 형선고의 효력이 상실되지 않으므로 누범전과에 해당한다.

Thema 정리 형선고의 효력 상실사유와 각종 제도의 요건 구비여부

형선고의 효력 상실 ○	• 일반사면 • 유예기간도과 • 형의 실효 • 재심판결의 확정	• 누범가중 × • 집행유예결격 × → 집행유예선고 가능
형선고의 효력 상실 ×	• 특별사면 • 복권	• 누범가중 ○ • 집행유예결격 ○ → 집행유예선고 불가
형선고의 효력 상실여부 불문	사후적 경합범 ○, 선고유예결격 ○	

ㅇ 어느 징역형의 실효기간이 경과하기 전에 별도의 집행유예 선고가 있었지만 집행유예가 실효 또는 취소됨이 없이 **유예기간**이 **경과**하였고 그 무렵 집행유예 전에 선고되었던 징역형도 자체의 실효기간이 경과하였다면 그 징역형 역시 실효되어 폭력행위 등 처벌에 관한 법률 제2조 제3항에서 말하는 '징역형을 받은 경우'에 해당한다고 할 수 없다(대판 2016.6.23, 2016도5032).

ㅇ 형의 선고를 받은 자가 **특별사면**을 받아 형의 집행을 면제받고 또 후에 복권이 되었다 하더라도 형의 선고의 효력이 상실되는 것은 아니므로 실형을 선고받아 복역타가 특별사면으로 출소한 후 3년 이내에 다시 범죄를 저지른 자에 대한 누범가중은 정당하다(대판 1986.11.11, 86도2004).

ㅇ 누범가중의 사유가 되는 전과에 적용된 법률조항에 대하여 위헌결정이 있어 **재심이 가능하다는 이유**만으로 그 전과의 법률적 효력에 영향이 있다고 할 수 없다(대판 2017.3.22, 2016도9032).

(2) 형의 집행을 종료하거나 또는 면제받았을 것(↔ 집행 중 : ×)

ㅇ 잔형기간 경과 전인 **가석방기간 중**에 본건 범행을 저질렀다면 이를 형법 제35조에서 말하는 형 집행 종료 후에 죄를 범한 경우에 해당한다고 볼 수 없으므로 여기에 누범가중을 할 수 없는 이치라 할 것이다(대판 1976.9.14, 76도2071).

ㅇ 금고 이상의 형을 받고 그 형의 **집행유예기간 중**에 금고 이상에 해당하는 죄를 범하였다 하더라도 이는 누범가중의 요건을 충족시킨 것이라 할 수 없다(대판 1983.8.23, 83도1600).

2 후범의 요건

(1) 금고 이상에 해당하는 죄를 범할 것

① 여기서 금고 이상의 형은 선고형을 의미한다. 따라서 법정형 중 벌금형을 선택한 경우에는 누범가중을 할 수 없다.

> ○ 형법 제35조 제1항에 규정된 "금고 이상에 해당하는 죄"라 함은 유기금고형이나 유기징역형으로 처단할 경우에 해당하는 죄를 의미하는 것으로서 법정형 중 벌금형을 선택한 경우에는 누범가중을 할 수 없다(대판 1982.9.14, 82도1702).

② 후범은 고의범·과실범을 불문하며, 전범과 죄질을 같이하는 동종의 범죄임을 요하지 아니한다.

> ○ 형법 제35조가 누범에 해당하는 전과사실과 새로이 범한 범죄 사이에 일정한 상관관계가 있다고 인정되는 경우에 한하여 적용되는 것으로 제한하여 해석하여야 할 아무런 이유나 근거가 없고, 위 규정이 헌법상의 평등원칙 등에 위배되는 것도 아니다(대판 2008.12.24, 2006도1427).

(2) 전범의 형의 집행종료 또는 면제 후 3년 이내에 범할 것

> ○ 형법 제35조 소정의 누범이 되려면 금고 이상의 형을 받아 그 집행을 종료하거나 면제를 받은 후 3년 내에 다시 금고 이상에 해당하는 죄를 범하여야 하는바, 이 경우 다시 금고 이상에 해당하는 죄를 범하였는지 여부는 그 범죄의 실행행위를 하였는지 여부를 기준으로 결정하여야 하므로 3년의 기간 내에 **실행의 착수**가 있으면 족하고, 그 기간 내에 기수에까지 이르러야 되는 것은 아니다(대판 2006.4.7, 2005도9858 全合).
>
> ○ **상습범** 중 일부 소위가 누범기간 내에 이루어진 이상 나머지 소위가 누범기간 경과 후에 행하여 졌더라도 그 행위 전부가 누범관계에 있는 것이다(대판 1982.5.25, 82도600).[59]
>
> ○ **포괄일죄**의 일부 범행이 누범기간 내에 이루어진 이상 나머지 범행이 누범기간 경과 후에 이루어졌더라도 그 범행 전부가 누범에 해당한다고 보아야 한다(대판 2012.3.29, 2011도14135).
>
> ○ 피고인이 폭력행위 등 처벌에 관한 법률위반(집단·흉기 등 재물손괴 등)죄 등으로 징역 8월을 선고받아 판결이 확정되었는데, 그 집행을 종료한 후 3년 내에 상해죄 등을 범하여 누범으로 가중처벌된 사안에서, 피고인이 누범전과인 확정판결에 대해 재심을 청구하여 상해죄 등 범행 이후 진행된 재심심판절차에서 징역 8월을 선고한 **재심판결**이 **확정**되었다면 종전의 확정판결은 당연히 효력을 상실하므로 상해죄는 누범가중처벌을 할 수 없다(대판 2017.9.21, 2017도4019).
> [판결이유] 상해죄 등 범행 이후 진행된 재심심판절차에서 징역 8월을 선고한 재심판결이 확정됨으로써 확정판결은 당연히 효력을 상실하였으므로, 더 이상 상해죄 등 범행이 확정판결에 의한 형의 집행이 끝난 후 3년 내에 이루어진 것이 아니라고 한 사례
>
> ○ 집행유예가 실효되는 등의 사유로 인하여 두 개 이상의 금고형 내지 징역형을 선고받아 각 형을 연이어 집행받음에 있어 **하나의 형의 집행을 마치고 또 다른 형의 집행을 받던 중 먼저 집행된 형의 집행종료일로부터 3년 내에 금고 이상에 해당하는 죄를 저지른 경우**에, 집행 중인 형(징역 1년 형)에 대한 관계에 있어서는 누범에 해당하지 않지만 앞서 집행을 마친 형(징역 3년 형)에 대한 관계에 있어서는 **누범에 해당**한다. 이는 형법 제37조 후단 경합범에 해당하여 두 개 이상의 금고형 내지 징역형을 선고받아 각 형을 연이어 집행받은 경우에도 마찬가지이다(대판 2021.9.16, 2021도8764).

59) 2015년 법원사무관승진시험 상습사기죄가 누범에 해당되는지 문제

III 누범의 효과

1 가중처벌

누범의 형은 그 죄에 정한 형의 장기의 2배까지 가중한다(제35조 제2항). 다만 장기는 50년을 초과할 수 없다(제42조 단서). 단기는 그대로 적용된다.

2 판결선고 후의 발각

제36조【판결선고 후의 누범발각】
판결선고 후 누범인 것이 발각된 때에는 그 선고한 형을 통산하여 다시 형을 정할 수 있다. 단, 선고한 형의 집행을 종료하거나 그 집행이 면제된 후에는 예외로 한다.

제4절 선고유예·집행유예·가석방

I 선고유예[60)]

1 의의

선고유예는 범정이 경미한 범죄자에 대하여 일정기간 형의 선고를 유예하고 그 유예기간을 경과하면 면소된 것으로 간주하는 제도이다. 가장 경한 유죄판결(형사소송법 제322조)로서 재범의 위험성이 적은 초범에 대하여만 인정되는 제도이다. 선고유예는 형의 선고 자체를 유예한다는 점에서 형을 선고하되 그 집행만을 유예하는 집행유예와 구별된다.

ㅇ 선고유예는 주로 범정이 경미한 초범자에 대하여 형을 부과하지 않고 자발적인 개선과 갱생을 촉진시키고자 하는 제도이다(대판 2010.7.8, 2010도931).

2 요건

제59조【선고유예의 요건】
① 1년 이하의 징역이나 금고, 자격정지 또는 벌금의 형을 선고할 경우에 제51조의 사항을 고려하여 뉘우치는 정상이 뚜렷할 때에는 그 형의 선고를 유예할 수 있다. 다만, 자격정지 이상의 형을 받은 전과가 있는 사람에 대해서는 예외로 한다.
② 형을 병과할 경우에도 형의 전부 또는 일부에 대하여 선고를 유예할 수 있다. [시행 2021.12.9.]

60) 2009년 법원사무관승진시험 형의 선고유예에 대하여 논하라.

(1) 1년 이하의 징역이나 금고, 자격정지 또는 벌금의 형을 선고할 경우(↔ 구류 : ×)

① 여기에서 형은 법정형이 아니라 선고형을 의미한다.

> ○ 형법 제59조 제1항은 1년 이하의 징역이나 금고, 자격정지 또는 벌금의 형을 선고할 경우 같은 법 제51조의 사항을 참작하여 개전의 정상이 현저한 때에는 선고를 유예할 수 있다고 규정하고 있어 형의 선고를 유예할 수 있는 경우는 선고할 형이 1년 이하의 징역이나 금고, 자격정지 또는 벌금의 형인 경우에 한하고 구류형에 대하여는 선고를 유예할 수 없다(대판 1993.6.22, 93오1).

② 주형에 대하여 선고를 유예하는 경우에는 그 부가할 몰수 추징에 대하여도 선고를 유예할 수 있으나, 그 주형에 대하여 선고를 유예하지 아니하면서 이에 부가할 몰수 추징에 대하여서만 선고를 유예할 수는 없다(대판 1988.6.21, 88도551).

Thema 정리 **주형의 선고유예와 몰수추징의 선고유예의 관계**

1. **주형 선고유예** ○, **몰수추징 선고유예** ○(∵ 부가형이므로)
2. **주형 선고유예** ○, **몰수추징 선고** ○(∵ 제49조 단서, 부가형의 예외규정)
3. **주형 선고유예** ×, **몰수추징 선고유예** ×(∵ 부가형이므로)
4. ~~주형 선고유예 ×, 몰수추징 선고유예 ○~~ → “몰수만의 선고 ○” ↔ “몰수만의 선고유예 ×”

③ 형을 병과할 경우에도 형의 전부 또는 일부에 대하여 그 선고를 유예할 수 있다(제59조 제2항).

> ○ 징역형과 벌금형을 병과하면서 그 징역형에 대하여 집행을 유예하고 그 벌금형에 대하여 선고를 유예하였음은 정당하다(대판 1976.6.8, 74도1266).

④ 형의 선고를 유예하는 판결을 할 경우에도 선고가 유예된 형에 대한 판단을 하여야 하는 것이므로 선고유예 판결에서도 그 판결이유에서는 선고할 형의 종류와 양, 즉 선고형을 정해 놓아야 하고 그 선고를 유예하는 형이 벌금형일 경우에는 그 벌금액뿐만 아니라 환형유치처분까지 해 두어야 한다(대판 1988.1.19, 86도2654).

> ○ 형법 제59조에 의한 선고유예 판결을 할 경우에는 선고할 형의 종류와 양, 즉 선고형을 정하여 놓아야 하고 선고가 유예된 형에 벌금형을 선택하면서 그 액을 정하지 아니한 채 선고유예 판결을 하면 위법이다(대판 1975.4.8, 74도618).

(2) 개전의 정상이 현저할 것 : 뉘우치는 정상이 뚜렷할 때

> ○ 선고유예의 요건 중 **‘개전의 정상이 현저한 때’**라고 함은, 반성의 정도를 포함하여 널리 형법 제51조가 규정하는 양형의 조건을 종합적으로 참작하여 볼 때 형을 선고하지 않더라도 피고인이 다시 범행을 저지르지 않으리라는 사정이 현저하게 기대되는 경우를 가리킨다고 해석할 것이고, 이와 달리 여기서의 ‘개전의 정상이 현저한 때’가 반드시 피고인이 죄를 깊이 뉘우치는 경우만을 뜻하는 것으로 제한하여 해석하거나, 피고인이 범죄사실을 자백하지 않고 부인할 경우에는 언제나 선고유예를 할 수 없다고 해석할 것은 아니다(대판 2003.2.20, 2001도6138 全合).

(3) 자격정지 이상의 전과가 없을 것

○ 제59조 제1항 단서에서 정한 "**자격정지 이상의 형을 받은 전과**"라 함은 자격정지 이상의 형을 선고받은 범죄경력 자체를 의미하는 것이고, 그 형의 효력이 상실된 여부는 묻지 않는 것으로 해석함이 상당하다. 한편 형의 집행유예를 선고받은 사람이 제65조에 의하여 그 선고가 실효 또는 취소됨이 없이 정해진 유예기간을 무사히 경과하여 형의 선고가 효력을 잃게 되었더라도, 이는 형의 선고의 법적 효과가 없어질 뿐이고 형의 선고가 있었다는 기왕의 사실 자체까지 없어지는 것은 아니므로, 그는 제59조 제1항 단서에서 정한 선고유예 결격사유인 "자격정지 이상의 형을 받은 전과가 있는 자"에 해당한다고 보아야 한다(대판 2003.12.26, 2003도3768 ; 대판 2012.6.28, 2011도10570).

○ 제39조 제1항에 의하여 제37조 후단 경합범 중 판결을 받지 아니한 죄에 대하여 형을 선고하는 경우에 있어서 제37조 후단에 규정된 금고 이상의 형에 처한 판결이 확정된 죄의 형도 제59조 제1항 단서에서 정한 '자격정지 이상의 형을 받은 전과'에 포함된다고 봄이 상당하다(대판 2010.7.8, 2010도931).

→ 제37조 후단에 규정된 금고 이상의 형에 처한 판결이 확정된 죄의 형도 형법 제59조 제1항 단서에서 정한 '자격정지 이상의 형을 받은 전과'에 포함된다는 것은 결국 형의 선고를 유예할 수 없다는 취지

3 효과

제59조의2【보호관찰】
① 형의 선고를 유예하는 경우에 재범방지를 위하여 지도 및 원호가 필요한 때에는 보호관찰을 받을 것을 명할 수 있다.
② 제1항의 규정에 의한 보호관찰의 기간은 1년으로 한다.

제60조【선고유예의 효과】
형의 선고유예를 받은 날로부터 2년을 경과한 때에는 면소된 것으로 간주한다.

(1) 형의 선고유예를 받은 날로부터 2년을 경과한 때에는 면소된 것으로 간주한다. 선고유예기간은 법원의 재량이 아니라 법정되어 있다.

(2) 선고유예는 집행유예와 달리 보호관찰기간이 1년으로 법정되어 있다.

4 실효

제61조【선고유예의 실효】
① 형의 선고유예를 받은 자가 유예기간 중 자격정지 이상의 형에 처한 판결이 확정되거나 자격정지 이상의 형에 처한 전과가 발견된 때에는 유예한 형을 선고한다.
② 제59조의2의 규정에 의하여 보호관찰을 명한 선고유예를 받은 자가 보호관찰기간 중에 준수사항을 위반하고 그 정도가 무거운 때에는 유예한 형을 선고할 수 있다.

○ 형법 제61조 제1항에서 말하는 '**형의 선고유예를 받은 자가 자격정지 이상의 형에 처한 전과가 발견된 때**'란 형의 선고유예의 판결이 확정된 후에 비로소 위와 같은 전과가 발견된 경우를 말하고 그 판결확정 전에 이러한 전과가 발견된 경우에는 이를 취소할 수 없으며, 이때 판결확정 전에 발견되었다고 함은 ① 검사가 명확하게 그 결격사유를 안 경우만을 말하는 것이 아니라 ② 당연히 그 결격사유를 알 수 있는 객관적 상황이 존재함에도 부주의로 알지 못한 경우도 포함한다(대결 2008.2.14, 2007모845).

II 집행유예[61]

1 의의

집행유예란 유죄를 인정하여 형을 선고함에 있어서 일정한 기간 동안 형의 집행을 유예하고 취소 또는 실효됨이 없이 그 유예기간을 경과한 때에는 형의 선고의 효력을 상실시키는 제도를 말한다.

2 요건

제62조【집행유예의 요건】
① 3년 이하의 징역이나 금고 또는 500만원 이하의 벌금의 형을 선고할 경우(↔ 자격정지, 구류, 과료 : ×)에 제51조의 사항을 참작하여 그 정상에 참작할 만한 사유가 있는 때에는 1년 이상 5년 이하의 기간 형의 집행을 유예할 수 있다. 다만, 금고 이상의 형을 선고한 판결이 확정된 때부터 그 집행을 종료하거나 면제된 후 3년까지의 기간에 범한 죄에 대하여 형을 선고하는 경우에는 그러하지 아니하다. [시행 2017.12.12.]
② 형을 병과할 경우에는 그 형의 일부에 대하여 집행을 유예할 수 있다.

(1) 3년 이하의 징역 또는 금고의 형 또는 500만원 이하의 벌금의 형을 선고할 경우

① 여기서 형은 법정형이 아니라 선고형을 의미한다.

> ㅇ 집행유예의 요건을 규정하고 있는 형법 제62조 소정의 "3년 이하의 징역 또는 금고의 형"이라 함은 법정형이 아닌 선고형을 의미하는 것이다(대판 1989.11.28, 89도780).

② 형을 병과할 경우에는 그 형의 일부에 대하여 집행을 유예할 수 있다(제62조 제2항).

> ㅇ 형법 제37조 후단의 경합범 관계에 있는 죄에 대하여 형법 제39조 제1항에 의하여 따로 형을 선고하여야 하기 때문에 **하나의 판결로 두 개의 자유형을 선고하는 경우** 그 두 개의 자유형은 각각 별개의 형이므로 형법 제62조 제1항에 정한 집행유예의 요건에 해당하면 그 각 자유형에 대하여 각각 집행유예를 선고할 수 있는 것이고, 또 그 두 개의 자유형 중 하나의 자유형에 대하여 실형을 선고하면서 다른 자유형에 대하여 집행유예를 선고하는 것도 우리 형법상 이러한 조치를 금하는 명문의 규정이 없는 이상 허용되는 것으로 보아야 한다(대판 2002.2.26, 2000도4637).
>
> ㅇ **하나의 자유형** 중 일부에 대해서는 실형을, 나머지에 대해서는 집행유예를 선고하는 것은 허용되지 않는다(대판 2007.2.22, 2006도8555).

(2) 정상에 참작할 만한 사유가 있을 것

(3) 금고 이상의 형을 선고한 판결이 확정된 때부터 그 집행을 종료하거나 면제된 후 3년까지의 기간에 범한 죄가 아닐 것

① "**금고 이상의 형의 선고**"란 형의 집행유예를 선고받은 경우도 포함하는지가 문제된다. 이는 집행유예기간 중의 범죄행위에 대하여도 집행유예를 선고할 수 있는가의 문제로 귀착된다.[62][63]

---

61) 1991년 · 2007년 법원사무관승진시험 형의 집행유예에 대하여 설명하라.

62) 김성돈 제8판 형법총론 p.858

63) 2013년 법원사무관승진시험(20점) 집행유예 기간 중에 범한 범죄에 대하여 집행유예를 선고할 수 있는지에 관하여 약술하시오.

② "금고 이상의 형의 선고"란 실형을 선고받은 경우만을 의미하므로 집행유예기간 중의 범죄에 대하여도 다시 집행유예를 선고할 수 있다고 보는 견해(**긍정설**)와 "금고 이상의 형의 선고"란 실형을 선고받은 경우뿐만 아니라, 집행유예의 선고를 받은 경우도 포함된다는 보아 집행유예기간 중의 범죄에 대하여는 다시 집행유예를 선고할 수 없다는 견해(**부정설**)의 대립이 있다.

③ 판례는 종래 부정설의 입장에서 실형이 확정되어 그 집행을 종료한 후 3년까지의 기간에 죄를 범한 경우뿐만 아니라, 집행유예 기간 중에 범한 죄에 대하여도 다시 집행유예를 할 수는 없다고 하였으나, 다만 집행유예가 실효·취소됨이 없이 그 기간이 경과하면 형의 선고는 효력을 잃게 되므로 그 후에 판결을 선고하는 경우에는 집행유예의 선고를 할 수 있다고 판시하였다.

> **o [집행유예기간 중에 다시 집행유예를 선고할 수 있는지 여부] 형의 집행유예를 선고받고 그 유예기간이 경과되지 아니한 사람**에게는 그 사람이 형법 제37조의 경합범 관계에 있는 수죄를 범하여 같은 절차에서 동시에 재판을 받았더라면 한꺼번에 형의 집행유예의 선고를 받았으리라고 여겨지는 특수한 경우가 아닌 한 **다시 형의 집행유예를 선고할 수 없다**(대판 1991.5.10, 91도473).
>
> **o [재차 집행유예 가부]** 집행유예 기간 중에 범한 죄에 대하여 형을 선고할 때에, 집행유예의 결격사유를 정하는 형법 **제62조 제1항 단서 소정의 요건**에 해당하는 경우란, 이미 집행유예가 실효 또는 취소된 경우와 그 선고 시점에 미처 유예기간이 경과하지 아니하여 형 선고의 효력이 실효되지 아니한 채로 남아 있는 경우로 국한되고, / **집행유예 기간 중에 범한 범죄**라고 할지라도 집행유예가 실효 취소됨이 없이 그 유예기간이 경과한 경우에는 형의 선고가 이미 그 효력을 잃게 되어 '금고 이상의 형을 선고'한 경우에 해당한다고 보기 어려우므로 이에 대해 다시 집행유예의 선고가 가능하다(대판 2007.2.8, 2006도6196 ; 대판 2007.7.27, 2007도768 ; 대판 2019.1.17, 2018도17589).

(4) 집행유예기간

집행유예기간은 1년 이상 5년 이하의 범위 내에서 법원의 재량으로 결정한다. 다만 집행유예기간의 시기는 법원이 임의로 선택할 수는 없고, 집행유예를 선고한 판결 확정일이다.

> o 우리 형법이 **집행유예기간의 시기(始期)**에 관하여 명문의 규정을 두고 있지는 않지만 형사소송법 제459조가 "재판은 이 법률에 특별한 규정이 없으면 확정한 후에 집행한다."고 규정한 취지나 집행유예 제도의 본질 등에 비추어 보면 집행유예를 함에 있어 그 집행유예기간의 시기는 **집행유예를 선고한 판결 확정일**로 하여야 하고 법원이 판결 확정일 이후의 시점을 임의로 선택할 수는 없다(대판 2002.2.26, 2000도4637 ; 대판 2019.2.28, 2018도13382).

3 보호관찰, 사회봉사명령 및 수강명령

> **제62조의2 【보호관찰, 사회봉사 · 수강명령】**
> ① 형의 집행을 유예하는 경우에는 보호관찰을 받을 것을 명하거나 사회봉사 또는 수강을 명할 수 있다.
> ② 제1항의 규정에 의한 보호관찰의 기간은 집행을 유예한 기간으로 한다. 다만, 법원은 유예기간의 범위 내에서 보호관찰기간을 정할 수 있다.
> ③ 사회봉사명령 또는 수강명령은 집행유예기간 내에 이를 집행한다.

(1) 집행유예를 선고할 경우 보호관찰과 사회봉사 또는 수강을 동시에 명할 수 있다. 보호관찰이란 사회 내에서 생활하면서 보호관찰관의 지도와 원호를 통하여 준수사항(예 주거지 상주, 주거이전 및 여행시 신고, 악습을 버리고 선행할 것, 범죄성 있는 자들과 교제·회합하지 말 것, 보호관찰관의 지도방문에 응할 것 등)을 이행하도록 함으로써 재범을 방지하고, 사회복귀를 돕기 위한 제도이다.

> ○ 형법 제62조의2 제1항은 "형의 집행을 유예하는 경우에는 보호관찰을 받을 것을 명하거나 사회봉사 또는 수강을 명할 수 있다."고 규정하고 있는바, 그 문리에 따르면, 보호관찰과 사회봉사는 각각 독립하여 명할 수 있다는 것이지, 반드시 그 양자를 동시에 명할 수 없다는 취지로 해석되지는 아니할 뿐더러, 제62조에 의하여 집행유예를 선고할 경우에는 같은 법 제62조의2 제1항에 규정된 보호관찰과 사회봉사 또는 수강을 동시에 명할 수 있다고 해석함이 상당하다(대판 1998.4.24, 98도98).

(2) 사회봉사명령이란 자유형의 집행을 대체하기 위한 것으로서 교도소나 소년원에 구금하는 대신 정상적 사회생활을 영위하면서 일정기간 지정된 시간동안 무보수로 일 또는 근로활동을 할 것을 명하는 것이다.

> ○ [1] 법원이 형의 집행을 유예하는 경우 명할 수 있는 사회봉사는 자유형의 집행을 대체하기 위한 것으로서 500시간 내에서 시간 단위로 부과될 수 있는 일 또는 근로활동을 의미하는 것으로 해석되므로, 법원이 형법 제62조의2의 규정에 의한 사회봉사명령으로 피고인에게 **일정한 금원을 출연하거나 이와 동일시할 수 있는 행위를 명하는 것**은 허용될 수 없다. [2] 법원이 피고인에게 유죄로 인정된 범죄행위를 뉘우치거나 그 범죄행위를 공개하는 취지의 **말이나 글을 발표하도록 하는 내용**의 사회봉사를 명하고 이를 위반할 경우 제64조 제2항에 의하여 집행유예의 선고를 취소할 수 있도록 함으로써 그 이행을 강제하는 것은, 헌법이 보호하는 피고인의 양심의 자유, 명예 및 인격에 대한 심각하고 중대한 침해에 해당하므로 허용될 수 없고, 이러한 사회봉사명령은 **위법**하다(대판 2008.4.11, 2007도8373).
> **[사실관계]** 재벌그룹 회장의 횡령행위 등에 대하여 집행유예를 선고하면서 사회봉사명령으로서 일정액의 금전출연을 주된 내용으로 하는 사회공헌계획의 성실한 이행을 명하는 것은 시간 단위로 부과될 수 있는 일 또는 근로활동이 아닌 것을 명하는 것이어서 허용될 수 없고, 준법경영을 주제로 하는 강연과 기고를 명하는 것은 허용될 수 없다고 본 사례

(3) 수강명령이란 준법운전교육, 알콜남용방지교육, 성폭력방지교육 등 교화·개선을 위한 강의·학습을 받도록 명하는 것이다.

> ○ 사회봉사·수강명령대상자에 대한 특별준수사항은 보호관찰대상자에 대한 것과 같을 수 없고, 따라서 보호관찰대상자에 대한 특별준수사항을 사회봉사·수강명령대상자에게 그대로 적용하는 것은 적합하지 않다(대결 2009.3.30, 2008모1116).
> **[동지판례]** **보호관찰명령**이 보호관찰기간 동안 바른 생활을 영위할 것을 요구하는 추상적 조건의 부과이거나 악행을 하지 말 것을 요구하는 **소극적인 부작위조건**의 **부과**인 반면, / **사회봉사명령·수강명령**은 특정시간 동안의 **적극적인 작위의무**를 **부과**하는 데 특징이 있다는 점 등에 비추어 보면, 사회봉사명령·수강명령 대상자에 대한 특별준수사항은 보호관찰 대상자에 대한 것과 같을 수 없고, 따라서 보호관찰 대상자에 대한 특별준수사항을 사회봉사명령·수강명령 대상자에게 그대로 적용하는 것은 적합하지 않다(대판 2020.11.5, 2017도18291).

(4) 사회봉사명령과 수강명령은 선고유예나 가석방에는 할 수 없고 집행유예를 하는 경우에만 할 수 있다.

4 효과

제65조【집행유예의 효과】
집행유예의 선고를 받은 후 그 선고의 실효 또는 취소됨이 없이 유예기간을 경과한 때에는 형의 선고는 효력을 잃는다.

형의 선고가 효력을 잃는다는 것은 형의 선고의 법률적 효과가 없어진다는 것일 뿐, 형의 선고가 있었다는 기왕의 사실 자체까지 없어지는 것은 아니다.

ㅇ 형법 제65조는 "집행유예의 선고를 받은 후 그 선고의 실효 또는 취소됨이 없이 유예기간을 경과한 때에는 형의 선고는 효력을 잃는다."라고 규정하고 있다. 여기서 '형의 선고가 효력을 잃는다'는 의미는 형의 실효와 마찬가지로 형의 선고에 의한 법적 효과가 장래를 향하여 소멸한다는 취지이다. 따라서 제65조에 따라 형의 선고가 효력을 잃는 경우에도 그 전과는 폭력행위 등 처벌에 관한 법률 제2조 제3항에서 말하는 '징역형을 받은 경우'라고 할 수 없다(대판 2016.6.23, 2016도5032).

5 실효

제63조【집행유예의 실효】
집행유예의 선고를 받은 자가 유예기간 중 고의(↔ 과실 : ×)로 범한 죄로 금고 이상의 실형을 선고받아 그 판결이 확정된 때에는 집행유예의 선고는 효력을 잃는다(↔ 취소할 수 있다 : ×).

집행유예의 선고가 효력을 잃으면 유예된 형이 집행된다.

6 취소

제64조【집행유예의 취소】
① 집행유예의 선고를 받은 후 제62조 단행의 사유가 발각된 때에는 집행유예의 선고를 취소한다.
② 제62조의2의 규정에 의하여 보호관찰이나 사회봉사 또는 수강을 명한 집행유예를 받은 자가 준수사항이나 명령을 위반하고 그 정도가 무거운 때에는 집행유예의 선고를 취소할 수 있다.

(1) 집행유예의 선고를 받은 후 제62조 단행의 사유가 발각된 때라 함은 집행유예 선고의 판결이 확정된 후에 비로소 위와 같은 사유가 발각된 경우를 말한다.

ㅇ 형법 제64조 제1항에 의하면 집행유예의 선고를 받은 후 형법 제62조 단행의 사유가 발각된 때에는 집행유예의 선고를 취소한다고 규정되어 있는바, 여기에서 집행유예를 선고받은 후 형법 제62조 단행의 사유, 즉 금고 이상의 형의 선고를 받아 집행을 종료한 후 또는 집행이 면제된 후로부터 5년을 경과하지 아니한 자인 것이 발각된 때라 함은 **집행유예 선고의 판결이 확정된 후에 비로소 위와 같은 사유가 발각된 경우**를 말하고 / 그 **판결확정 전에 결격사유가 발각된 경우**에는 이를 취소할 수 없으며, 이때 판결확정 전에 발각되었다고 함은 검사가 명확하게 그 결격사유를 안 경우만을 말하는 것이 아니라 당연히 그 결격사유를 알 수 있는 객관적 상황이 존재함에도 부주의로 알지 못한 경우도 포함된다(대결 2001.6.27, 2001모135).
[사실관계] 집행유예 선고의 판결확정 전에 이미 수사단계에서 검사가 집행유예 결격사유가 되는 전과의 존재를 당연히 알 수 있는 객관적 상황이 존재하였음에도 부주의로 알지 못한 경우에 해당한다고 하여 집행유예의 선고를 취소할 수 없다고 본 사례

(2) 집행유예가 취소되면 유예된 형을 집행하게 된다. 그러나 유예기간이 경과함으로써 형의 선고가 효력을 잃은 후에는 형법 제62조 단행의 사유가 발각되었다고 하더라도 그와 같은 이유로 집행유예를 취소할 수 없고 그대로 유예기간경과의 효과가 발생한다(대결 1999.1.12, 98모151).

Ⅲ 가석방

제72조 【가석방의 요건】
① 징역이나 금고의 집행 중에 있는 사람이 행상(行狀)이 양호하여 뉘우침이 뚜렷한 때에는 무기형은 20년, 유기형은 형기의 3분의 1이 지난 후 행정처분으로 가석방을 할 수 있다.
② 제1항의 경우에 벌금이나 과료가 병과되어 있는 때에는 그 금액을 완납하여야 한다. [시행 2021.12.9.]

제73조 【판결선고 전 구금과 가석방】
① 형기에 산입된 판결선고 전 구금일수는 가석방을 하는 경우 집행한 기간에 산입한다.
② 제72조 제2항의 경우에 벌금이나 과료에 관한 노역장 유치기간에 산입된 판결선고 전 구금일수는 그에 해당하는 금액이 납입된 것으로 본다. [시행 2021.12.9.]

제73조의2 【가석방의 기간 및 보호관찰】
① 가석방의 기간은 무기형에 있어서는 10년으로 하고, 유기형에 있어서는 남은 형기로 하되, 그 기간은 10년을 초과할 수 없다.
② 가석방된 자는 가석방기간 중 보호관찰을 받는다. 다만, 가석방을 허가한 행정관청이 필요가 없다고 인정한 때에는 그러하지 아니하다.

제74조 【가석방의 실효】
가석방 기간 중 고의로 지은 죄로 금고 이상의 형을 선고받아 그 판결이 확정된 경우에 가석방 처분은 효력을 잃는다. [시행 2021.12.9.]

제75조 【가석방의 취소】
가석방의 처분을 받은 자가 감시에 관한 규칙을 위배하거나, 보호관찰의 준수사항을 위반하고 그 정도가 무거운 때에는 가석방처분을 취소할 수 있다.

제76조 【가석방의 효과】
① 가석방의 처분을 받은 후 그 처분이 실효 또는 취소되지 아니하고 가석방기간을 경과한 때에는 형의 집행을 종료한 것으로 본다.
② 전2조의 경우에는 가석방중의 일수는 형기에 산입하지 아니한다.

1 의의

가석방이란 자유형의 집행 중에 있는 자가 수형생활을 통하여 개전의 정이 현저하다고 인정되는 경우(뉘우침이 뚜렷한 때)에 형기만료 전에 조건부로 수형자를 석방하고, 취소 또는 실효됨이 없이 일정기간을 경과한 때에는 형의 집행이 종료된 것으로 간주하는 제도를 말한다. 선고유예와 집행유예가 법원의 판결로 이루어지는데 반해, 가석방은 법무부장관의 행정처분으로 이루어진다.

2 요건

(1) 징역・금고의 집행 중에 있는 자가 무기에 있어서는 20년, 유기에 있어서는 형기의 3분의 1을 경과한 후 일 것

(2) 행상이 양호하여 개전의 정이 현저할 것(뉘우침이 뚜렷한 때)

(3) 벌금·과료의 병과가 있는 때에는 그 금액을 완납할 것

3 효과

'형의 집행을 종료한 것으로 본다'는 것은 국가의 형벌집행권이 소멸하는 것일 뿐, 형의 선고의 효력이나 유죄판결의 효력이 없어지는 것은 아니다.

Thema 정리 선고유예·집행유예·가석방 비교

구분		선고유예(제59조~)	집행유예(제62조~)	가석방(제72조~)
요건		1년 이하의 징역·금고·자격정지·벌금형을 선고할 경우	3년 이하의 징역·금고·500만원 이하 벌금형을 선고할 경우	징역·금고의 집행중에 있는 자가 무기에 있어서는 20년, 유기에 있어서는 형기의 3분의 1을 경과한 후
		개전의 정상이 현저한 때(뉘우치는 정상이 뚜렷할 때)	정상에 참작할 만한 사유가 있는 때	행상이 양호하여 개전의 정이 현저한 때(뉘우침이 뚜렷한 때)
		자격정지 이상의 형을 받은 전과가 없을 것	금고 이상의 형을 선고한 판결이 확정된 때부터 그 집행을 종료하거나 면제된 후 3년까지의 기간에 범한 죄에 대하여 형을 선고하는 경우가 아닐 것	벌금·과료의 병과가 있는 때 그 금액을 완납하여야 함
기간		2년 (법원이 결정하는 것 ×)	1년 이상 5년 이하	• 무기형 : 10년 • 유기형 : 남은 형기(10년 초과할 수 ×)
결정		법원의 판결	법원의 판결	행정처분
효과		면소된 것으로 간주	형의 선고의 효력 상실	형의 집행 종료 간주
보안처분	내용	보호관찰(임의적) 사회봉사·수강명령 ×	보호관찰(임의적) 사회봉사·수강명령 → 집행유예에만 있음!	보호관찰(필요적) 사회봉사·수강명령 ×
	기간	1년 (법원이 결정하는 것×)	집행을 유예한 기간 집행유예기간 내	가석방기간 중
실효		• 유예기간 중 자격정지 이상의 형에 처한 판결이 확정되거나, 자격정지 이상의 형에 처한 전과가 발견된 때(필요적 실효) → 유예한 형을 선고 • 보호관찰을 받은 자가 준수사항을 위반하고 그 정도가 무거운 때(임의적 실효) → 유예한 형을 선고할 수 있음	• 집행유예기간 중 고의로 범한 죄로 금고 이상의 실형을 선고받아 그 판결(↔ 과실범 : ×)이 확정된 때(필요적 실효) • "집행유예선고는 효력을 잃는다." → 유예한 형을 집행	• 가석방 중 금고 이상의 형의 선고를 받아 그 판결이 확정된 때(단, 과실로 인한 죄로 형의 선고를 받았을 때는 예외)(필요적 실효)

취소	없음	• 선고 후 금고 이상의 형을 선고한 판결이 확정된 때부터 그 집행을 종료하거나 면제된 후 3년까지의 기간에 범한 죄라는 것이 발각된 때(필요적 취소) • 보호관찰이나 사회봉사·수강명령을 받은 자가 준수사항이나 명령을 위반하고 그 정도가 무거운 때(임의적 취소)	• 감시에 관한 규칙을 위배한 때(임의적 취소) • 보호관찰의 준수사항을 위반하고 그 정도가 무거운 때(임의적 취소)

Thema 정리 누범과 집행유예 관련 사례풀이방법

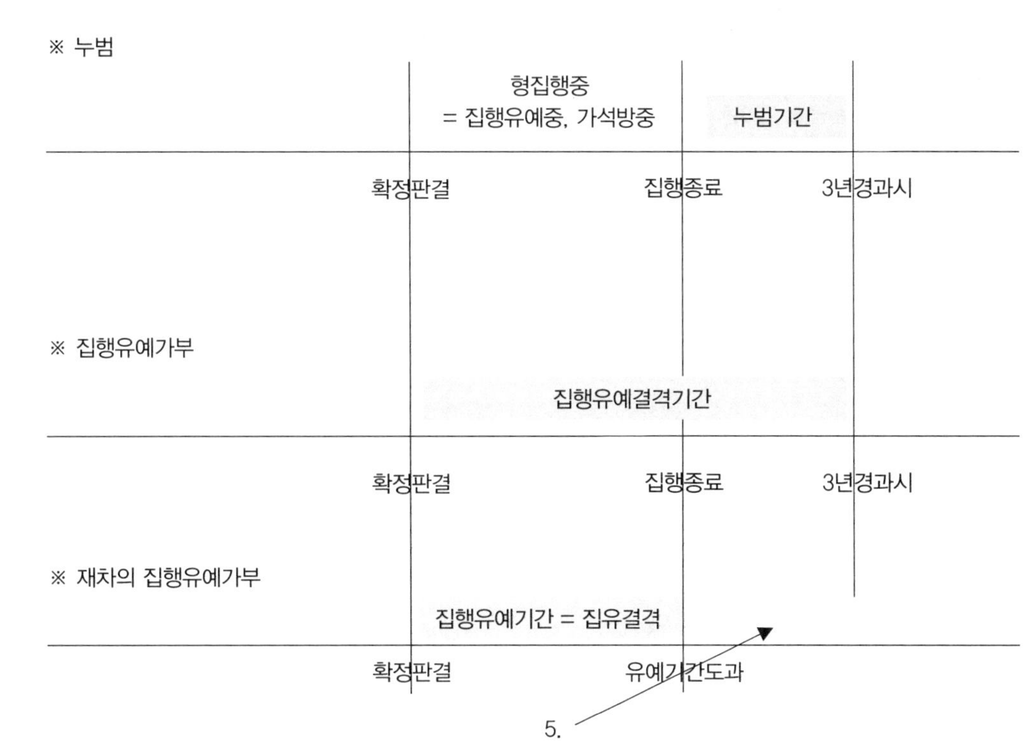

1. **전죄요건** : 금고 이상의 형, 선고의 효력 유지
   → 효력 상실(일반사면, 집유기간도과, 형의 실효의 경우) : 누범가중 ×, 집행유예 ○
2. **전죄의 확정판결시점, 집행종료시점부터 그려놓을 것!**
   → 전죄에 대하여 "판결확정 전", "상소심 계속 중"이란 표현 : 누범가중 ×, 집행유예 ○
3. **전죄가 집행유예면, 후죄는 누범가중 ×**(∵ 집유기간 중 → ×, 집유기간 도과 후 → ×)
4. **후죄가 누범이면, 당연히 후죄는 집행유예 ×**
5. **집행유예기간 중 범한 후죄에 대하여 집행유예기간 도과 후 형을 선고하는 경우** : 집행유예 ○

제5절 형의 시효 · 소멸 · 기간

I 형의 시효

1 의의

형의 시효란 형을 선고하는 재판이 확정된 후 그 집행을 받음이 없이 일정한 기간을 경과하면 형이 집행이 면제되는 것을 말한다. 이미 확정된 형빌의 집행권을 소멸시키는 제도라는 점에서 확정되지 않은 형벌권인 공소권을 소멸시키는 제도인 공소시효와 구별된다.

2 시효의 기간

제78조【형의 시효의 기간】
시효는 형을 선고하는 재판이 확정된 후 그 집행을 받지 아니하고 다음 각 호의 구분에 따른 기간이 지나면 완성된다.
1. 삭제 〈2023.8.8.〉 〈개정 2023.8.8.〉
2. 무기의 징역 또는 금고 : 20년
3. 10년 이상의 징역 또는 금고 : 15년
4. 3년 이상의 징역이나 금고 또는 10년 이상의 자격정지 : 10년
5. 3년 미만의 징역이나 금고 또는 5년 이상의 자격정지 : **7년**(↔ 5년 : ×)
6. 5년 미만의 자격정지, 벌금, 몰수 또는 추징 : **5년**(↔ 3년 : ×)
7. 구류 또는 과료 : 1년 [시행 2021.12.9.]

3 시효의 효과

제77조【형의 시효의 효과】
형(사형은 제외한다)을 선고받은 자에 대해서는 시효가 완성되면 그 집행이 면제된다. 〈개정 2023.8.8.〉
[전문개정 2020.12.8.]

4 시효의 정지와 중단

제79조【형의 시효의 정지】
① 시효는 형의 집행의 유예나 정지 또는 가석방 기타 집행할 수 없는 기간은 진행되지 아니한다. 〈개정 2014.5.14〉
② 시효는 형이 확정된 후 그 형의 집행을 받지 아니한 사람이 형의 집행을 면할 목적으로 국외에 있는 기간 동안은 진행되지 아니한다. 〈신설 2014.5.14, 2023.8.8〉
[제목개정 2023.8.8]

제80조【형의 시효의 중단】
시효는 징역, 금고 및 구류의 경우에는 수형자를 체포한 때, 벌금, 과료, 몰수 및 추징의 경우에는 강제처분을 개시한 때에 중단된다. [전문개정 2023.8.8.]

Ⅱ 형의 소멸

1 형의 소멸

(1) 형의 소멸이란 유죄판결의 확정에 의하여 발생한 형의 집행권을 소멸시키는 제도를 말한다.

(2) 형의 소멸사유로는 형집행의 종료, 형집행의 면제, 형의 선고유예기간 또는 집행유예기간의 경과, 가석방기간의 만료, 시효의 완성, 범인의 사망, 사면 등이 있다.

2 형의 실효

형의 실효란 형의 선고에 의한 법적 효과를 장래를 향하여 소멸시키는 제도이다. 이는 형이 소멸되더라도 전과가 남아 사회생활상 불이익이 발생할 수 있으므로 전과를 말소시켜서 수형자의 사회복귀를 용이하게 하기 위한 제도이다.

(1) 재판상 실효

제81조【형의 실효】
징역 또는 금고의 집행을 종료하거나 집행이 면제된 자가 피해자의 손해를 보상하고 자격정지 이상의 형을 받음이 없이 7년(↔ 5년 : ×)을 경과한 때에는 본인 또는 검사의 신청에 의하여 그 재판의 실효를 선고할 수 있다.

(2) 당연실효

형의 실효 등에 관한 법률 제7조【형의 실효】
① 수형인이 자격정지 이상의 형을 받지 아니하고 형의 집행을 종료하거나 그 집행이 면제된 날부터 다음 각 호의 구분에 따른 기간이 경과한 때에 그 형은 실효된다. 다만, 구류(拘留)와 과료(科料)는 형의 집행을 종료하거나 그 집행이 면제된 때에 그 형이 실효된다.
1. 3년을 초과하는 징역·금고 : 10년
2. 3년 이하의 징역·금고 : 5년
3. 벌금 : 2년

② 하나의 판결로 여러 개의 형이 선고된 경우에는 각 형의 집행을 종료하거나 그 집행이 면제된 날부터 가장 무거운 형에 대한 제1항의 기간이 경과한 때에 형의 선고는 효력을 잃는다. 다만, 제1항 제1호 및 제2호를 적용할 때 징역과 금고는 같은 종류의 형으로 보고 각 형기(刑期)를 합산한다.

○ **형의 실효 등에 관한 법률**에 따라 형이 실효된 경우에는 형의 선고에 의한 법적 효과가 장래를 향하여 소멸하므로 형이 실효된 후에는 그 전과를 폭력행위처벌법 제2조 제3항에서 말하는 '징역형을 받은 경우'라고 할 수 없다(대판 2016.6.23, 2016도5032).

Ⅲ 복권

제82조【복권】
자격정지의 선고를 받은 자가 피해자의 손해를 보상하고 자격정지 이상의 형을 받음이 없이 정지기간의 2분의 1을 경과한 때에는 본인 또는 검사의 신청에 의하여 자격의 회복을 선고할 수 있다.

Ⅳ 사면

사면이란 국가원수인 대통령의 특권에 의하여 형벌권을 소멸시키거나 그 효력을 제한하는 제도를 말한다.

1 일반사면

일반사면이란 죄를 범한 자에 대하여 죄의 종류를 정하여 대통령령으로 행하는 사면이다. 일반사면을 받으면 **형 선고의 효력이 상실**되며, 형을 선고받지 아니한 자에 대하여는 공소권(公訴權)이 상실된다(사면법 제5조 제1항 제1호).

2 특별사면

특별사면이란 형의 선고를 받은 특정인에 대하여 대통령이 행하는 사면이다. 특별사면을 받으면 **형의 집행이 면제**된다. 다만, 특별한 사정이 있을 때(예 집행유예의 선고를 받은 경우)에는 이후 형 선고의 효력을 상실하게 할 수 있다(사면법 제5조 제1항 제2호).

Ⅴ 형의 기간

제83조【기간의 계산】
연(年) 또는 월(月)로 정한 기간은 연 또는 월 단위로 계산한다. [시행 2021.12.9.]

제84조【형기의 기산】
① 형기는 판결이 확정된 날로부터 기산한다.
② 징역, 금고, 구류와 유치에 있어서는 구속되지 아니한 일수는 형기에 산입하지 아니한다.

제85조【형의 집행과 시효기간의 초일】
형의 집행과 시효기간의 초일은 시간을 계산함이 없이 1일로 산정한다.

제86조【석방일】
석방은 형기종료일에 하여야 한다.

Chapter 02

보안처분

제1절 보안처분

보안처분이란 행위자에게 장래 범죄를 범할 위험성이 있는 경우에 부과하는 형벌 이외의 형사제재를 말한다.

제2절 비례성의 원칙

형벌은 과거의 범죄행위에 대하여 책임주의원칙이 적용되지만, 보안처분의 경우 행위자의 사회적 위험성을 전제로 하여 장래에 대한 특별예방의 관점에서 부과되므로 **비례성의 원칙**이 적용된다.

o 특정 범죄자에 대한 보호관찰 및 전자장치 부착 등에 관한 법률 제38조는 위치추적 전자장치(이하 '전자장치'라고 한다)가 부착된 사람이 부착기간 중 전자장치를 신체에서 임의로 분리·손상, 전파 방해 또는 수신자료의 변조, 그 밖의 방법으로 그 효용을 해한 행위를 처벌하고 있다. 여기서 '효용을 해하는 행위'는 전자장치를 부착하게 하여 위치를 추적하도록 한 전자장치의 실질적인 효용을 해하는 행위를 말하는 것으로서, 전자장치 자체의 기능을 직접적으로 해하는 행위뿐 아니라 전자장치의 효용이 정상적으로 발휘될 수 없도록 하는 행위도 포함하며, **부작위**라고 하더라도 고의적으로 그 효용이 정상적으로 발휘될 수 없도록 한 경우에는 처벌의 대상이 된다(대판 2017.3.15, 2016도17719).
[사실관계] 위치추적 전자장치가 부착된 사람이 재택 감독장치가 설치되어 있는 자신의 독립된 주거공간이나 가족 등과의 공동 주거공간을 떠나 타인의 생활공간 또는 타인이 공동으로 이용하는 공간에 출입하면서 휴대용 추적장치를 휴대하지 아니하고 출입함으로써 부착장치의 전자파를 추적하지 못하게 하는 행위는 특정 범죄자에 대한 보호관찰 및 전자장치 부착 등에 관한 법률 제38조의 '기타의 방법으로 전자장치의 효용을 해한 경우'에 해당한다.

o 특정 범죄자에 대한 보호관찰 및 전자장치 부착 등에 관한 법률 제5조 제3항 및 제21조의2 제3호에 규정된 '살인범죄를 다시 범할 위험성'이란 재범할 가능성만으로는 부족하고 피부착명령청구자 또는 피보호관찰명령청구자가 장래에 다시 살인범죄를 범하여 법적 평온을 깨뜨릴 상당한 개연성이 있음을 의미한다(대판 2018.9.13, 2018도7658).
→ 재범의 위험성 유무는 판결시를 기준으로 판단 ∵ 장래에 대한 가정적 판단이기 때문

o [1] 일단 가정폭력처벌법상 임시보호명령이 가정폭력행위자에게 고지되어 효력이 발생하였다면 결정 주문에서 종기를 제한하지 않는 이상 적법한 피해자보호명령이 가정폭력행위자에게 고지되어 효력이 발생할 때까지 임시보호명령은 계속하여 효력을 유지하므로 가정폭력행위자가 그 사이에 **임시보호명령에서 금지를 명한 행위를 한 경우**에는 **임시보호명령 위반으로 인한 가정폭력처벌법 위반죄**가 성립한다. [2] 나아가 피해자보호명령이 항고심에서 절차적 사유로 취소되었음에 불과한 이상 **피해자보호명령에서 금지를 명한 행위를 한 경우**에는 **피해자보호명령 위반으로 인한 가정폭력처벌법 위반죄**가 성립한다(대판 2023.7.13, 2021도15745).

REFERENCE
참고

Thema 정리 형법각론의 목차구성 <○○죄>

Ⅰ. 서설
1. 의의·성격
2. 보호법익과 보호정도 ★★★
3. 구성요건체계 ★

Ⅱ. 구성요건
1. 객관적 구성요건
(1) 주체
(2) 객체
(3) 행위 ⇨ 실행의 착수시기(미수) 및 기수시기 ★★★
2. 주관적 구성요건
(1) 고의 ⇨ 구성요건착오
(2) 과실
(3) 목적, 불법영득의사

Ⅲ. 위법성
정당방위, 긴급피난, 자구행위, 피해자승낙, 정당행위

Ⅳ. 책임
책임능력, 위법성인식, 심정반가치로서의 고의·과실, 기대가능성

Ⅴ. 죄수·타죄와의 관계 ★★★

Ⅵ. 관련 문제－공범, 처벌조건 및 소추조건

Thema 정리 구성요건 체계 개관

예 살인죄, 상해·폭행죄의 구성요건 체계

- 기본적 구성요건 : 보통살인죄(제250조 제1항), 상해죄, 폭행죄
- 가중적 구성요건(존속~, 특수~, 상습~ / 목적~) : 존속살해죄(제250조 제2항), 존속상해죄, 존속폭행죄
- ＋결합범 및 결과적 가중범(~치사상, 중~) : 강도상해죄, 상해치사죄, 폭행치사상죄, 중상해죄
- 감경적 구성요건 : 촉탁·승낙살인죄, 자살교사·방조죄
- 독립적 구성요건 : 위계·위력에 의한 살인죄(제253조)
- 미수범 처벌규정 : 제254조, 제250조~제253조
- 예비·음모 처벌규정 : 제255조, 제250조 제1항·제2항, 제253조

형법각론

PART 01

개인적 법익에 대한 죄

Chapter 01

생명과 신체에 대한 죄

제1절 살인의 죄

제250조【살인, 존속살해】
① 사람을 살해한 자는 사형, 무기 또는 5년 이상의 징역에 처한다.
② 자기 또는 배우자의 직계존속을 살해한 자는 사형, 무기 또는 7년 이상의 징역에 처한다.

제251조 삭제
[2023.8.8. 일부개정, 2024.2.9. 시행]
구법 제251조【영아살해】
직계존속이 치욕을 은폐하기 위하거나 양육할 수 없음을 예상하거나 특히 참작할 만한 동기로 인하여 분만 중 또는 분만직후의 영아를 살해한 때에는 10년 이하의 징역에 처한다.

제252조【촉탁, 승낙에 의한 살인 등】
① 사람의 촉탁이나 승낙을 받아 그를 살해한 자는 1년 이상 10년 이하의 징역에 처한다.
② 사람을 교사하거나 방조하여 자살하게 한 자도 제1항의 형에 처한다. [시행 2021.12.9.]

제253조【위계 등에 의한 촉탁살인 등】
전조의 경우에 위계 또는 위력으로써 촉탁 또는 승낙하게 하거나 자살을 결의하게 한 때에는 제250조의 예(↔ 제252조의 예 : ×)에 의한다.

제254조[미수범]
제250조, 제252조 및 제253조의 미수범은 처벌한다.
[2023.8.8. 전문개정, 2024.2.9. 시행] 제254조

제255조【예비, 음모】
제250조와 제253조의 죄를 범할 목적으로 예비 또는 음모한 자는 10년 이하의 징역에 처한다.

제256조【자격정지의 병과】
제250조, 제252조 또는 제253조의 경우에 유기징역에 처할 때에는 10년 이하의 자격정지를 병과할 수 있다.

Ⅰ 서설

1 의의 및 보호법익

살인의 죄는 사람을 살해하는 것을 내용으로 하는 범죄이다. 보호법익은 사람의 생명이고, 보호법익이 보호받는 정도(보호의 정도)는 침해범(으로서의 보호)이다.

2 구성요건의 체계

기본적 구성요건	보통살인죄
가중적 구성요건	존속살해죄
감경적 구성요건	촉탁·승낙살인죄, 자살교사·방조죄

독립적 구성요건	위계 · 위력살인죄
미수범 처벌규정	○(전부)
예비 · 음모 처벌규정	보통살인죄, 존속살해죄, 위계위력살인죄

II (보통)살인죄

1 주체

살인죄의 주체에는 제한이 없으며, 피해자 이외의 자연인이다.

2 객체

(1) 살인죄의 객체는 사람이다. 살아있기만 하면 생존능력은 불문하며, 자살 도중에 있는 자라도 살인죄의 객체가 된다.

> ○ 자살을 결의한 후 **자살 도중에 있는 자**라 할지라도 이에 가공하여 살해의 목적을 달성한 경우에는 살인죄가 성립한다(대판 1948.5.14, 4181형상38).

(2) **사람의 시기**

규칙적인 진통을 동반하면서 태아가 태반으로부터 이탈하기 시작한 때 즉 분만이 개시된 때(진통설 또는 분만개시설)이다. 제왕절개수술의 경우 의사의 수술시를 사람의 시기로 보자는 견해(자궁절개시설)이 있으나, 판례는 이를 부정하고 분만개시설을 유지하고 있다.

> ○ [분만 중 태아 질식사사건] 사람의 생명과 신체의 안전을 보호법익으로 하고 있는 형법상의 해석으로서는 사람의 시기는 규칙적인 진통을 동반하면서 태아가 태반으로부터 이탈하기 시작한 때 다시 말하여 **분만이 개시된 때**(소위 진통설 또는 분만개시설)라고 봄이 타당하며 이는 형법 제251조(영아살해)에서 분만 중의 태아도 살인죄의 객체가 된다고 규정하고 있는 점을 미루어 보아도 그 근거를 찾을 수 있는 바이니 **조산원이 분만 중인 태아를 질식사에 이르게 한 경우에는 업무상 과실치사죄가 성립한다**(대판 1982.10.12, 81도2621).
> ∵ 분만이 개시된 경우 태아가 아니라 사람이므로 업무상과실치사죄로 처벌할 수 있다.
>
> ○ [제왕절개사건] 제왕절개수술의 경우 '**의학적으로 제왕절개수술이 가능하였고 규범적으로 수술이 필요하였던 시기**'는 판단하는 사람 및 상황에 따라 다를 수 있어 분만개시 시점, 즉 사람의 시기도 불명확하게 되므로 이 시점을 분만의 시기(始期)로 볼 수는 없다(대판 2007.6.29, 2005도3832).
> [사실관계] 조산사 甲은 2001.8.11. 00 : 30경 출산을 위해 甲의 조산원에 입원할 당시 A는 임신성 당뇨증상 및 이미 두 번의 제왕절개 출산 경험이 있는 37세의 고령의 임산부이었고, 분만예정일을 14일이나 넘겨 이 사건 태아가 5.2kg까지 성장한 상태이어서 의학적으로 자연분만이 부적절하여 제왕절개 수술이 유일한 출산방법이었음에도 불구하고 조산사는 임부를 산부인과 전문병원으로 전원시켜 제왕절개수술을 받도록 하지 않고, 자연분만을 시도하다가 모체 내에서 태아가 사망에 이르게 하였다.
> → 아직 분만을 개시하지 않은 경우 사람이 아니라 태아이므로 업무상과실치사죄로 처벌할 수 없다.

(3) 사람의 종기

사망한 때이다(맥박종지설 또는 심장사설 ↔ 뇌사설). 참고로 「장기 등 이식에 관한 법률」은 살아있는 자, 뇌사자와 사망자를 구별하고 있다.

3 행위

살해의 수단과 방법에는 제한이 없다. 작위는 물론 부작위에 의하여도 가능하다.

ㅇ **[조카살해사건]** 조카인 피해자(10세)를 살해할 것을 마음먹고 저수지로 데리고 가서 미끄러지기 쉬운 제방 쪽으로 유인하여 함께 걷다가 피해자가 물에 빠지자 그를 구호하지 아니하여 피해자를 익사하게 한 것이라면, 피해자가 물에 빠진 후에 피고인이 살해의 범의를 가지고 그를 구호하지 아니한 채 그가 익사하는 것을 용인하고 방관한 행위(부작위)는 형법상 평가될 만한 살인의 실행행위라고 보는 것이 상당하다(대판 1992.2.11, 91도2951).

ㅇ **[세월호 사건]** 선박침몰 등과 같은 급박한 상황이 발생한 경우에 선박의 운항을 지배하고 있는 선장 甲이 자신에게 요구되는 개별적 · 구체적인 구호의무를 이행함으로써 사망의 결과를 쉽게 방지할 수 있음에도 이를 방관하여 승객의 사망을 초래한 경우, 甲은 부작위에 의한 살인죄가 성립한다(대판 2015.11.12, 2015도6809 全合).

ㅇ 체육교사인 甲은 중학생 乙을 자신의 아파트에 감금한 후, 乙이 박카스도 마시지 못할 정도로 쇠약해져 있음에도 乙을 방치하고 외출을 하였고, 외출에서 돌아온 甲은 乙이 사망하였음을 발견한 경우 **부작위에 의한 살인죄**를 구성한다(대판 1982.11.23, 82도2024).

4 실행의 착수 및 기수시기

살인죄의 실행의 착수시기는 살인의 고의를 가지고 생명을 위태롭게 하는 행위를 개시한 때(예 살인의 의사를 가지고 권총을 겨누었을 때)이고, 기수시기는 피해자가 사망의 결과가 발생한 때이다.

ㅇ 피고인이 격분하여 피해자를 살해할 것을 마음먹고 밖으로 나가 낫을 들고 피해자에게 다가서려고 하였으나 제3자 이를 제지하여 그틈을 타서 피해자가 도망함으로써 살인의 목적을 이루지 못한 경우, 피고인이 **낫을 들고 피해자에게 접근**함으로써 살인의 실행행위에 착수하였다고 할 것이므로 이는 살인미수에 해당한다(대판 1986.2.25, 85도2773).

5 주관적 구성요건 _ 고의

(1) 살인죄가 성립하려면 살해의 고의, 즉 사람을 살해한다는 인식과 의사가 있어야 한다. 다만 반드시 살해의 목적이나 계획적인 의도가 있어야 하는 것은 아니며, 사망의 결과에 대한 인식이 불확정적이라도 사망의 결과에 대한 **용인**이 있었다면 살인의 고의를 인정할 수 있다(**미필적 고의**).

ㅇ 살인죄에 있어서의 범의는 반드시 살해의 목적이나 계획적인 살해의 의도가 있어야만 인정되는 것은 아니고 자기의 행위로 인하여 타인의 사망의 결과를 발생시킬 만한 가능 또는 위험이 있음을 인식하거나 예견하면 족한 것이고 그 인식 또는 예견은 확정적인 것은 물론 불확정적인 것이라도 이른바 **미필적 고의**로도 인정된다(대판 2004.6.24, 2002도995).

(2) 피고인이 살인의 고의를 부정하는 경우에는 고의 자체를 객관적으로 증명할 수는 없으므로 범행 전후의 객관적 사정을 종합하여 간접사실 또는 정황사실을 증명하는 방법으로 이를 증명할 수밖에 없다.

ㅇ 피고인이 **살인의 범의를 자백하지 아니하고 상해 또는 폭행의 범의만이 있었을 뿐이라고 다투고 있는 경우**에 피고인에게 범행 당시 살인의 범의가 있었는지 여부는 피고인이 범행에 이르게 된 경위, 범행의 동기, 준비된 흉기의 유무·종류·용법, 공격의 부위와 반복성, 사망의 결과발생가능성 정도, 범행 후에 있어서의 결과회피행동의 유무 등 범행 전후의 객관적인 사정을 종합하여 판단할 수밖에 없다(대판 2000.8.18, 2000도2231).

관련 판례 **살인의 고의가 인정된 경우**

1) 피고인이 길이 99센티미터, 두께 8센치미터나 되는 각목으로 피해자의 **머리를 세 번 가량 강타**하고, 피해자가 비틀거리며 쓰러졌음에도 계속하여 더 세게 머리를 두번 때려 피해자가 두개골 골절로 인한 뇌출혈 등으로 사망한 것이라면 피고인에게는 살인의 범의가 있었다고 보기에 충분하다(대판 1985.5.14, 85도256).
2) 피고인이 소란을 피우는 피해자를 말리다가 피해자가 욕하는 것에 격분하여 예리한 칼로 피해자의 왼쪽 가슴부분에 길이 6cm, 깊이 17cm의 상처 등이 나도록 찔러 곧바로 **좌측심낭까지 절단된 경우**에 피고인에게 살인의 고의가 인정된다(대판 1991.10.22, 91도2174).
3) **[울대가격 살인사건]** 인체의 급소를 잘 알고 있는 무술교관 출신의 피고인이 무술의 방법으로 피해자의 울대(성대)를 가격하여 사망케 한 경우 살인의 범의가 있다(대판 2000.8.18, 2000도2231).
4) 건장한 체격의 군인이 왜소한 체격의 피해자를 폭행하고 특히 급소인 **목을 설골이 부러질 정도로 세게 졸라** 사망케 한 경우 살인의 범의가 있다(대판 2001.3.9, 2000도5590).
5) 강도가 **베개**로 피해자의 머리부분을 약 3분간 누르던 중 피해자가 저항을 멈추고 사지가 늘어졌음에도 계속 눌러 사망하게 한 경우 살해의 고의가 인정된다(대판 2002.2.8, 2001도6425).
   → 강도치사죄 ×, 강도살인죄 ○
6) 甲이 식당주인 A를 살해할 의사로 농약 1포를 숭늉그릇에 투입하여 식당에 놓아두었는데, 식당주인의 딸 B가 이를 마시고 사망한 경우 딸 B에 대하여 살인죄가 성립한다(대판 1968.8.23, 68도884).
7) 피고인이 하사 甲을 살해할 목적으로 발사한 총탄이 이를 제지하려고 피고인 앞으로 뛰어들던 병장 乙에게 명중되어 乙이 사망한 경우 **乙에 대한 살인죄**가 성립한다(대판 1975.4.22, 75도727).
8) **[조카살해사건]** 甲은 형수인 A를 죽일 의도로 A를 향하여 소나무 몽둥이를 양손에 집어 들고 힘껏 후려쳤다. A가 피를 흘리며 마당에 고꾸라지자 甲은 A를 내리치고자 다시 몽둥이로 힘껏 내리쳤는데, A가 등에 업고 있던 甲의 조카인 2세된 B의 머리부분이 맞아 B가 현장에서 두개골절 및 뇌좌상으로 사망한 경우 **조카인 B에 대한 살인죄**가 성립한다(대판 1984.1.24, 83도2813).

관련 판례 **살인의 고의가 부정된 경우**

적재된 임산물에 대한 부정성 여부를 조사하기 위하여 화물자동차의 승강구에 뛰어올라 정차를 명하는 경찰관을 **폭행하여 추락**시켜 사망케 한 경우 위 사실만으로는 가해자가 피해자를 살해할 것을 결의하였다고 속단할 수 없는 것이다(대판 1957.5.24, 4290형상56).

6 죄수 및 타죄와의 관계

(1) **죄수**

생명은 전속적 법익이므로 피해자의 수에 따라 결정된다.

ㅇ 살해의 목적으로 동일인에게 일시 장소를 달리하고 수차에 걸쳐 단순한 예비행위를 하거나 또는 공격을 가하였으나 미수에 그치다가 드디어 그 목적을 달성한 경우에 …… 그 **살해의 목적을 달성할 때까지의 행위**는 모두 실행행위의 일부로서 이를 포괄적으로 보고 단순한 한 개의 살인기수죄로 처단할 것이지 / 살인예비 내지 미수죄와 동 기수죄의 경합죄로 처단할 수 없는 것이다(대판 1965.9.28, 65도695).

ㅇ 동일한 장소에서 동일한 방법에 의한 시간적으로 접착된 행위라도 피해법익이 다르고 단일한 범의하의 행위가 아닌 경우는 포괄적1죄가 아니고 경합범이다(대판 1969.12.30, 69도2062).

[사실관계] 피고인이 생활고에 못 이겨 가족을 모두 죽이고 자신도 자살할 생각으로 **쇠망치**로 잠자고 있는 피고인의 **처, 장녀, 장남**의 머리를 차례로 서너 차례씩 강타하여 각 그들로 하여금 두개골파열 및 뇌수일탈 등으로 즉사케 하여 살인한 경우, 피해법익이 다르고, 각 피해자를 살해하려는 의사가 각각 성립한 것이어서 단일한 범의하의 행위라고는 할 수 없으니, 동일한 장소에서 동일한 방법에 의하여 시간적으로 접착된 행위라고 하더라도 포괄적인 1죄라고 할 수 없다.

(2) **타죄와의 관계**

살인에 수반된 상해 또는 의복손괴는 불가벌적 수반행위로서 살인죄에 흡수된다(법조경합).

ㅇ [페스카마 15호 선상 살인사건] 사람을 살해한 자가 그 사체를 다른 장소로 옮겨 유기하였을 때에는 별도로 **사체유기죄**가 성립하고, 이와 같은 사체유기를 불가벌적 사후행위로 볼 수는 없다(대판 1997.7.25, 97도1142 ; 대판 1984.11.27, 84도2263). → 살인죄와 사체유기죄의 실체적 경합

[동지판례] 사람을 살해한 자가 그 사체를 다른 장소로 옮겨 유기하였을 때에는 별도로 제161조 제1항의 사체유기죄가 성립하고, 사체를 바다에 투기하는 것은 사체의 발견을 불가능 또는 심히 곤란하게 하는 것으로 위 법조에 규정된 사체유기에 해당한다(대판 2014.9.26, 2014도8869).

→ 해상강도살인죄와 시체유기죄의 실체적 경합

[비교판례] 살인, 강도살인 등의 목적으로 사람을 살해한 자가 그 살해의 목적을 수행함에 있어 사후 사체의 발견이 불가능 또는 심히 곤란하게 하려는 의사로 인적이 드문 장소로 피해자를 유인하거나 실신한 피해자를 끌고 가서 그곳에서 살해하고 사체를 그대로 둔 채 도주한 경우에는 비록 결과적으로 사체의 발견이 현저하게 곤란을 받게 되는 사정이 있다 하더라도 별도로 사체은닉죄가 성립되지 아니한다(대판 1986.6.24, 86도891). ∵ 방치하였을 뿐 사체를 은닉한 것 ×

III 존속살해죄

1 의의 및 성격

(1) 자기 또는 배우자의 직계존속을 살해함으로써 성립하는 범죄이다(제250조 제2항).

(2) 보통살인죄의 가중적 구성요건이고, 직계비속 또는 그 배우자라는 신분으로 형이 가중되는 **부진정신분범**이다.

2 주체 _ 직계비속 또는 그 배우자

직계비속이란 자(아들, 딸), 손자녀 등을 말한다. 직계비속은 법률적 개념이므로 민법상 친자관계(부모자식관계)가 인정되어야 존속살해죄의 주체가 된다. 원칙적으로 가족관계등록부(구 호적)의 기재를 기준으로 결정하나, 반드시 가족관계등록부의 기재가 기준이 되는 것은 아니다.

> ○ 친자관계라는 사실은 호적상의 기재 여하에 의하여 좌우되는 것은 아니며 호적상 친권자라고 등재되어 있다 하더라도 사실에 있어서 그렇지 않은 경우에는 법률상 친자관계가 생길 수 없다 할 것인바, 피고인은 호적부상 피해자와 모 사이에 태어난 친생자로 등재되어 있으나 피해자가 집을 떠난 사이 모가 타인과 정교관계를 맺어 피고인을 출산하였다면 피고인과 피해자 사이에는 친자관계가 없으므로 존속상해죄는 성립될 수 없다(대판 1983.6.28, 83도996).
> **[사실관계]** 甲은 A와 어머니 B 사이에서 태어난 친생자로 호적부상 등재되어 있으나 사실은 **A가 수년간 집을 떠나 있는 사이**에 B가 C와 정교관계를 맺어 甲을 출산한 경우 甲이 A에게 상해를 가하였다 하더라도 甲에게 존속상해죄가 성립하지 않는다.

3 객체 _ 자기 또는 배우자의 직계존속

(1) 배우자 및 직계존속의 개념은 법률상 개념이므로 민법에 따라 정해진다.

① 직계존속이란 **법률상 존속**만 말하고, **사실상의 존속**은 포함하지 않는다. 사실상 존속이란 (전부소생자의) 계부, 계모, (인지된 서자의) 적모 등을 말한다. 예 부모, 조부모, 외조부모, 배우자의 부모 등

② 배우자란 **법률상 배우자**(실질적 요건인 혼인의 합의와 형식적 요건인 혼인신고를 구비한 경우)만을 말하고 **사실혼 관계**(실질적 요건인 혼인의 합의와 혼인생활의 실제가 있더라도 혼인신고를 구비하지 않은 경우)에 있는 자는 포함하지 않는다. 혼인이 무효인 경우는 법률상 배우자에 해당하지 않으나, 취소사유가 있는 경우 취소되기 전까지는 법률상 배우자에 해당하고, 이혼합의를 하였더라도 이혼신고를 하기 전까지는 법률상 배우자에 해당한다.

(2) 사실혼 관계에 있는 자는 배우자에 포함되지 않고, 사실상 부자관계(혼인 외의 출생자)는 포함하지 않으므로 **생부**는 인지절차를 거쳐야만 법률상 직계존속이 된다. 다만 **생모**는 인지여부와 관계없이 법률상의 직계존속으로 인정된다. 따라서 혼인 외의 출생자가 인지하기 전에 생부를 살해하면 보통살인죄가 성립하지만, 혼인 외의 출생자가 인지하지 않은 생모를 살해하더라도 존속살해죄가 성립한다.

> ○ 혼인 외의 출생자와 **생모**간에는 생모의 인지나 출생신고를 기다리지 않고 자의 출생으로 당연히 법률상의 친족관계가 생기는 것이다(대판 1980.9.9, 80도1731).
> **[사실관계]** 혼인 외의 출생자가 인지하지 않은 생모를 살해한 경우 존속살해죄로 처벌한 사례

(3) 입양관계가 성립되면 양부모는 법률상의 직계존속이 된다. 이 경우 실부모 또한 여전히 직계존속에 해당한다. 따라서 타가에 입양된 양자가 실부모를 살해한 경우에 존속살해죄가 성립한다. 다만 최근 신설된 친양자제도(실부모와의 친족관계를 종료시키는 제도)에 의하여 친양자가 된 경우에는 실부모를 살해한 경우에도 보통살인죄가 된다고 보아야 한다.

ㅇ 피고인이 **입양의 의사로 친생자 출생신고**를 하고 자신을 계속 양육하여 온 사람을 살해한 경우, 위 출생신고는 입양신고의 효력이 있으므로 존속살해죄가 성립한다(대판 2007.11.29, 2007도8333).
[판결이유] 당사자가 입양의 의사로 친생자 출생신고를 하고 거기에 입양의 실질적 요건이 구비되어 있다면 그 형식에 다소 잘못이 있더라도 입양의 효력이 발생하고, 이 경우의 허위의 친생자 출생신고는 법률상의 친자관계인 양친자관계를 공시하는 입양신고의 기능을 하게 되는 것이다.

ㅇ 피살자(여)가 그의 문전에 버려진 영아인 피고인을 주어다 기르고 그 부와의 친생자인 것처럼 출생신고를 하였으나 **입양요건을 갖추지 아니하였다**면 피고인과의 사이에 모자관계가 성립될 리 없으므로, 피고인이 동녀를 살해하였다고 하여도 존속살인죄로 처벌할 수 없다(대판 1981.10.13, 81도2466).

4 형법상 '존속'

Thema 정리 **형법 각칙상 존속가중 규정과 범위**

존속가중 규정	존속살해죄, 존속상해·중상해(치사)죄, 존속폭행(치사·상)죄, 존속유기·학대죄, 존속협박죄, 존속체포감금·중체포감금(치사상)죄 ↔ 주의 : 과실치상죄, 강요죄, **약취·유인죄**, 강간·강제추행죄, 명예훼손죄, 주거침입죄에는 존속가중규정이 없음!
직계존속의 범위	• 판례 : 법률상 직계존속만을 의미 • 다수설 : 원칙적으로 법률상 직계존속을 의미하지만, 감경적 구성요건인 영아살해죄·영아유기죄에서는 사실상 존속으로 확대함(∵ 학설은 가벌성의 범위를 축소하려는 취지) → 주의 : 영아살해죄·영아유기죄를 폐지함으로써 의미 없어짐!

IV 촉탁·승낙살인죄

사람의 촉탁 또는 승낙을 받아 그를 살해하는 것을 내용으로 하는 범죄이다(제252조 제1항). 형법상 처벌되지 않는 자살과 유사한 성질을 갖는 것이므로 불법이 감경되는 감경적 구성요건이다(다수설).

1 촉탁

이미 죽음을 결의한 피해자로부터 그 실행을 위탁받는 것

2 승낙

살해의 결의를 한 자가 피해자로부터 살해에 대한 동의를 받는 것

V 자살교사·방조죄 _ 자살관여죄

1 의의

사람을 교사 또는 방조하여 자살하게 함으로써 성립하는 범죄를 말한다(제252조 제2항). 살인죄에 대한 감경적 구성요건이다. 자살관여죄라고도 한다. 자살이 범죄가 되지 아니함에도 불구하고 교사자와 방조자를 처벌하므로 공범독립성설에 의하면 특별규정에 해당한다.

2 자살교사 · 방조죄

(1) 자살교사죄

자살의 의사가 없는 자에게 그러한 의사를 갖게 하는 것을 말하며, 그 수단 · 방법에는 제한이 없다. 다만 위계 · 위력으로 교사하는 경우에는 위계 · 위력에 의한 살인죄(제253조)가 성립한다.

(2) 자살방조죄

자살하려는 사람의 자살행위를 도와주어 용이하게 실행하도록 함으로써 성립되는 것으로서, 그 방법에는 자살도구인 총, 칼 등을 빌려주거나 독약을 만들어 주거나 조언 또는 격려를 한다거나 기타 적극적, 소극적, 물질적, 정신적 방법이 모두 포함된다(대판 2005.6.10, 2005도1373).

(3) 객체

자살의 의미를 이해하고 자유로운 의사결정능력이 있어야 한다.

(4) 실행의 착수시기와 기수시기

실행의 착수시기는 피해자가 자살행위에 착수한 때가 아니라 행위자가 교사 · 방조를 개시한 때이며(다수설), 기수시기는 피해자가 자살한 때이다(통설).

o 피고인이 **7세, 3세 남짓 된 어린자식들에 대하여 함께 죽자**고 권유하여 물속에 따라 들어오게 하여 결국 익사하게 하였다면 비록 피해자들을 물속에 직접 밀어서 빠뜨리지는 않았다고 하더라도 자살의 의미를 이해할 능력이 없고 피고인의 말이라면 무엇이나 복종하는 어린 자식들을 권유하여 익사하게 한 이상 살인죄의 범의는 있었음이 분명하다(대판 1987.1.20, 86도2395).
→ 살인죄의 교사범 ×, 자살교사 · 방조죄 ×, 위계 · 위력에 의한 살인죄 ×, 살인죄의 간접정범 ○

o 피고인과 말다툼을 하다가 '죽고 싶다' 또는 '같이 죽자'고 하며 피고인에게 기름을 사오라는 말을 하였고, 이에 따라 피고인이 피해자에게 **휘발유 1병**을 사다주었는데 그 직후에 피해자가 몸에 휘발유를 뿌리고 불을 붙여 자살하였고 피해자의 자살경위가 피고인과 피해자 사이의 가정불화 등이었다면, 피고인이 휘발유를 이용하여 자살할 수도 있다는 것을 충분히 예상할 수 있었으므로 자살방조죄가 성립한다(대판 2010.4.29, 2010도2328).

o 피고인이 인터넷 사이트 내 자살 관련 카페 게시판에 **청산염 등 자살용 유독물의 판매광고**를 하였더라도 그것이 단지 금원 편취 목적의 사기행각의 일환으로 이루어졌고, 변사자들이 다른 경로로 입수한 청산염을 이용하여 자살하였다면, 피고인의 행위는 자살방조에 해당하지 않는다(대판 2005.6.10, 2005도1373).

VI 위계 · 위력에 의한 살인죄

1 의의

위계 또는 위력으로써 사람의 촉탁 또는 승낙을 받아 그를 살해하거나 자살하게 하는 것을 내용으로 하는 범죄이다(제253조). 이론상으로는 살인죄의 간접정범이지만 독립범죄로 규정하고 있다. 객체에 따라 보통살인죄 또는 존속살해죄의 예(제250조의 예)로 처벌한다.

2 위계와 위력

(1) 위계

기망이나 유혹 등으로 목적이나 수단을 상대방에게 알리지 아니하고 그의 착오를 이용하여 그 목적을 달성하는 것을 말한다.

(2) 위력

사람의 의사를 제압할 수 있는 일체의 유형적・무형적인 힘을 말하는 바, 폭행・협박을 사용하는 경우 및 사회적・경제적 지위를 이용하는 경우도 포함한다.

Thema 정리 자살관여자의 죄책

- **의사지배 없는 경우**
  - **행위자의 행위지배** ○ : 촉탁・승낙살인
  - **자살자의 행위지배** ○ : 자살 교사・방조
- **의사지배 있는 경우**
  - **자살의 의미이해** ○ : 위계・위력에 의한 살인
  - **자살의 의미이해** × : 살인죄의 간접정범

VII 살인예비・음모죄

살인죄・존속살해죄(제250조) 및 위계・위력에 의한 살인죄(제253조)를 범할 목적으로 예비 또는 음모함으로써 성립하는 범죄이다(제255조).

형법 제255조, 제250조의 살인예비죄가 성립하기 위하여는 형법 제255조에서 명문으로 요구하는 ① 살인죄를 범할 목적 외에도 ② 살인의 준비에 관한 고의가 있어야 하며, 나아가 ③ 실행의 착수까지에는 이르지 아니하는 살인죄의 실현을 위한 준비행위가 있어야 한다.

여기서의 준비행위는 물적인 것에 한정되지 아니하며 특별한 정형이 있는 것도 아니지만, 단순히 범행의 의사 또는 계획만으로는 그것이 있다고 할 수 없고 **객관적으로 보아서 살인죄의 실현에 실질적으로 기여할 수 있는 외적 행위**를 필요로 한다(대판 2009.10.29, 2009도7150).

- [살인예비사건] 甲이 乙을 살해하기 위하여 丙, 丁 등을 고용하면서 그들에게 대가의 지급을 약속한 경우, 甲에게는 살인죄를 범할 목적 및 살인의 준비에 관한 고의뿐만 아니라 살인죄의 실현을 위한 준비행위를 하였음을 인정할 수 있다는 이유로 **살인예비죄의 성립을 인정**한 사례(대판 2009.10.29, 2009도7150)
- 살해의 용도에 공하기 위한 흉기를 준비하였다 하더라도 그 흉기로서 살해할 대상자가 확정되지 아니한 경우 살인예비죄로 다스릴 수 없다(대판 1959.9.1, 4292형상387). ∵ 생명은 전속적 법익이므로

[동지판례] 간첩이 간첩행동을 저해하는 자를 살해할 의도로 권총을 휴대하고 남하하였다 하더라도 살해대상인물이 결정되지 않은 이상 살인예비죄로 처단할 수 없다(대판 1959.12.18, 4292형상677).
[비교판례] 강도에 공할 흉기를 휴대하고 통행인의 출현을 기다리는 행위는 **강도예비**에 해당한다(대판 1948.8.17, 4281형상80).

제2절 상해와 폭행의 죄

第257조 【상해, 존속상해】
① 사람의 신체를 상해한 자는 7년 이하의 징역, 10년 이하의 자격정지 또는 1천만원 이하의 벌금에 처한다.
② 자기 또는 배우자의 직계존속에 대하여 제1항의 죄를 범한 때에는 10년 이하의 징역 또는 1천500만원 이하의 벌금에 처한다.
③ 전 2항의 미수범은 처벌한다.

第258조 【중상해, 존속중상해】
① 사람의 신체를 상해하여 생명에 대한 위험을 발생하게 한 자는 1년 이상 10년 이하의 징역에 처한다.
② 신체의 상해로 인하여 불구 또는 불치나 난치의 질병에 이르게 한 자도 전항의 형과 같다.
③ 자기 또는 배우자의 직계존속에 대하여 전2항의 죄를 범한 때에는 2년 이상 15년 이하의 징역에 처한다.

第258조의2 【특수상해】
① 단체 또는 다중의 위력을 보이거나 위험한 물건을 휴대하여 제257조 제1항 또는 제2항의 죄를 범한 때에는 1년 이상 10년 이하의 징역에 처한다.
② 단체 또는 다중의 위력을 보이거나 위험한 물건을 휴대하여 제258조의 죄를 범한 때에는 2년 이상 20년 이하의 징역에 처한다.
③ 제1항의 미수범은 처벌한다.

第259조 【상해치사】
① 사람의 신체를 상해하여 사망에 이르게 한 자는 3년 이상의 유기징역에 처한다.
② 자기 또는 배우자의 직계존속에 대하여 전항의 죄를 범한 때에는 무기 또는 5년 이상의 징역에 처한다.

第260조 【폭행, 존속폭행】
① 사람의 신체에 대하여 폭행을 가한 자는 2년 이하의 징역, 500만원 이하의 벌금, 구류 또는 과료에 처한다.
② 자기 또는 배우자의 직계존속에 대하여 제1항의 죄를 범한 때에는 5년 이하의 징역 또는 700만원 이하의 벌금에 처한다.
③ 제1항 및 제2항의 죄는 피해자의 명시한 의사에 반하여 공소를 제기할 수 없다.

第261조 【특수폭행】
단체 또는 다중의 위력을 보이거나 위험한 물건을 휴대하여 제260조 제1항 또는 제2항의 죄를 범한 때에는 5년 이하의 징역 또는 1천만원 이하의 벌금에 처한다.

第262조 【폭행치사상】
제260조와 제261조의 죄를 지어 사람을 사망이나 상해에 이르게 한 경우에는 제257조부터 제259조까지의 예에 따른다. [시행 2021.12.9.]

第263조 【동시범】
독립행위가 경합하여 상해의 결과를 발생하게 한 경우에 있어서 원인된 행위가 판명되지 아니한 때에는 공동정범의 예에 의한다.

第264조 【상습범】
상습으로 제257조, 제258조, 제258조의2, 제260조 또는 제261조의 죄를 범한 때에는 그 죄에 정한 형의 2분의 1까지 가중한다.

第265조 【자격정지의 병과】
제257조 제2항, 제258조, 제258조의2, 제260조 제2항, 제261조 또는 전조의 경우에는 10년 이하의 자격정지를 병과할 수 있다.

Ⅰ 서설

1 의의 및 보호법익

상해와 폭행의 죄는 사람의 신체에 대한 침해를 내용으로 하는 범죄이다.

상해죄는 사람의 신체를 상해하는 것을 내용으로 하는 범죄이고, 보호법익은 **신체의 건강**(신체의 내부적 완전성)이고, 보호정도는 **침해범**이다. 폭행죄와 달리 반의사불벌죄가 아니다.

폭행죄는 사람의 신체에 대하여 폭행을 가하는 것을 내용으로 하는 범죄이고, 보호법익은 **신체의 건재**(안전 내지 신체의 외부적 완전성)이고, 보호정도는 **추상적 위험범**이고, 거동범(형식범)이다. 폭행죄는 반의사불벌죄이다.

2 구성요건의 체계

(1) 상해죄

기본적 구성요건	상해죄
가중적 구성요건	존속상해죄, 특수상해죄, 상습상해죄
	중상해죄, 상해치사죄
미수범 처벌규정	○ : 상해죄, 존속상해죄, 특수상해죄, 상습상해죄
	× : 중상해죄, 상해치사죄
예비·음모 처벌규정	×

(2) 폭행죄

기본적 구성요건	폭행죄
가중적 구성요건	존속폭행죄, 상습폭행죄, 특수폭행죄
	폭행치사상죄
미수범 처벌규정	×
예비·음모 처벌규정	×
반의사불벌죄	○ : 폭행죄, 존속폭행죄
	× : 상습폭행죄, 특수폭행죄, 폭행치사상죄

3 상해죄와 폭행죄의 구별[1)]

구분	상해죄	폭행죄
보호법익	신체의 **건강** → 생리적 기능	신체의 **안전**(건재) → 외관
보호정도 / 범죄의 종류	침해범 / 결과범	추상적 위험범 / 거동범(형식범)

1) 구 형법은 폭행을 가한 자가 상해에 이르지 아니한 때를 폭행죄로 규정하고 있는 일본 형법처럼 상해를 폭행의 결과적가중범으로 규정하고 있었으나, 현행 형법은 ① 폭행의 결과적가중범으로 **폭행치상죄**를 규정하고 있고 또한 ② **상해죄의 미수범 처벌규정**을 따로 두어 양자를 엄격하게 구별하고 있다(김성돈 제8판 형법각론 p.84).

행위	유·무형적 방법	유형적 방법 ↔ 무형적 방법 ×
미수	처벌 ○	처벌 ×
소추조건	×	반의사불벌죄

II 상해죄

1 객체

(1) 상해죄의 객체는 사람의 신체이다.

> ㅇ **태아를 사망에 이르게 하는 행위**가 임산부 신체의 일부를 훼손하는 것이라거나 태아의 사망으로 인하여 그 태아를 양육, 출산하는 임산부의 생리적 기능이 침해되어 임산부에 대한 상해가 된다고 볼 수는 없다(대판 2007.6.29, 2005도3832).
> **[판결이유]** 현행 형법이 사람에 대한 상해 및 과실치사상의 죄에 관한 규정과는 별도로 태아를 독립된 행위객체로 하는 낙태죄, 부동의 낙태죄, 낙태치상 및 낙태치사의 죄 등에 관한 규정을 두어 포태한 부녀의 자기낙태행위 및 제3자의 부동의 낙태행위, 낙태로 인하여 위 부녀에게 상해 또는 사망에 이르게 한 행위 등에 대하여 처벌하도록 한 점, 과실낙태행위 및 낙태미수행위에 대하여 따로 처벌규정을 두지 아니한 점 등에 비추어 보면, 우리 형법은 태아를 임산부 신체의 일부로 보거나, 낙태행위가 임산부의 태아양육, 출산 기능의 침해라는 측면에서 낙태죄와는 별개로 임산부에 대한 상해죄를 구성하는 것으로 보지는 않는다고 해석된다.

(2) 자기의 신체를 상해하는 행위(자상행위)는 원칙적으로 죄가 되지 않는다. 다만 병역기피·감면 목적이나 근무기피 목적으로 자상한 경우에는 처벌된다(군형법 제41조 제1항).

2 행위 _ 상해

(1) 상해란 피해자의 신체의 완전성을 훼손하거나 생리적 기능에 장애를 초래하는 것 내지 피해자의 신체의 건강상태가 불량하게 변경되고 생활기능에 장애가 초래되는 것을 말한다(신체의 완전성 침해설, 생리적 기능훼손설). 예 건강을 침해하는 행위

(2) 상해의 수단·방법에는 제한이 없다. 유형적 방법은 물론 무형적 방법으로도 가능하다.
예 공포감을 주어 정신장애를 일으키는 경우

> ㅇ 상해죄의 상해는 피해자의 신체의 완전성을 훼손하거나 생리적 기능에 장애를 초래하는 것을 의미한다. 폭행에 수반된 상처가 극히 경미하여 폭행이 없어도 **일상생활 중 통상 발생할 수 있는 상처나 불편 정도이고, 굳이 치료할 필요 없이 자연적으로 치유되며 일상생활을 하는 데 지장이 없는 경우**에는 상해죄의 상해에 해당된다고 할 수 없다. / 그리고 피해자의 신체의 완전성을 훼손하거나 생리적 기능에 장애를 초래하였는지는 객관적, 일률적으로 판단할 것이 아니라 / 피해자의 연령, 성별, 체격 등 신체, 정신상의 구체적 상태 등을 기준으로 판단하여야 한다(대판 2016.11.25, 2016도15018).

○ 구 성폭력범죄의 처벌 및 피해자보호 등에 관한 법률 제9조 제1항의 상해는 피해자의 신체의 완전성을 훼손하거나 생리적 기능에 장애를 초래하는 것으로, 반드시 외부적인 상처가 있어야만 하는 것이 아니고, 여기서의 생리적 기능에는 육체적 기능뿐만 아니라 **정신적 기능**도 포함된다(대판 1999.1.26, 98도3732).
→ 외상 후 스트레스 장애가 상해에 해당한다고 본 사례

관련 판례 **상해를 인정한 경우**

1) 타인의 신체에 폭행을 가하여 **보행불능, 수면장애, 식욕감퇴** 등 기능의 장해를 일으킨 때에는 형법상 상해를 입힌 경우에 해당한다(대판 1969.3.11, 69도161).

2) 오랜 시간 동안의 협박과 폭행을 이기지 못하고 **실신**하여 범인들이 불러온 구급차 안에서야 정신을 차리게 되었다면, 외부적으로 어떤 상처가 발생하지 않았다고 하더라도 생리적 기능에 훼손을 입어 신체에 대한 상해가 있었다고 보아야 한다(대판 1996.12.10, 96도2529).
[사실관계] 피고인과 그의 공범들이 피해자를 피고인 경영의 초밥집에 불러내어 22 : 00경부터 그 다음날 02 : 30경까지 사이에 회칼로 죽여버리겠다거나 소주병을 깨어 찌를 듯한 태도를 보이면서 계속하여 협박하다가 손바닥으로 피해자의 얼굴과 목덜미를 수회 때리자, 피해자가 극도의 공포감을 이기지 못하고 기절하였다가 피고인 등이 불러온 119 구급차 안에서야 겨우 정신을 차리고 인근 병원에까지 이송된 사실이 명백히 인정되는바, 이와 같이 오랜 시간 동안의 협박과 폭행을 이기지 못하고 실신하여 범인들이 불러온 구급차 안에서야 정신을 차리게 된 경우

3) **[졸피뎀사건] 수면제**와 같은 약물을 투약하여 피해자를 일시적으로 **수면 또는 의식불명 상태**에 이르게 한 경우에도 약물로 인하여 피해자의 건강상태가 불량하게 변경되고 생활기능에 장애가 초래되었다면 자연적으로 의식을 회복하거나 외부적으로 드러난 상처가 없더라도 이는 강간치상죄나 강제추행치상죄에서 말하는 상해에 해당한다(대판 2017.6.29, 2017도3196).

4) **[강간치상죄에 있어서 상해의 판단 기준]** [1] 강간행위에 수반하여 생긴 상해가 극히 경미한 것으로서 굳이 치료할 필요가 없어서 자연적으로 치유되며 일상생활을 하는 데 아무런 지장이 없는 경우에는 강간치상죄의 상해에 해당되지 아니한다고 할 수 있을 터이나, 그러한 논거는 **피해자의 반항을 억압할 만한 폭행 또는 협박이 없어도 일상생활 중 발생할 수 있는 것이거나 합의에 따른 성교행위에서도 통상 발생할 수 있는 상해와 같은 정도**임을 전제로 하는 것이므로 그러한 정도를 넘는 상해가 그 폭행 또는 협박에 의하여 생긴 경우라면 상해에 해당된다. [2] 피해자가 소형승용차 안에서 강간범행을 모면하려고 저항하는 과정에서 피고인과의 물리적 충돌로 인하여 입은 **'우측 슬관절 부위 찰과상'** 등은 강간치상죄의 상해에 해당한다(대판 2005.5.26, 2005도1039).
[사실관계] 예상치료기간은 수상일로부터 **2주**이며, 입원 및 향후 치료(정신과적 치료를 포함)가 필요할 수도 있는 사실, **피해자는 만 14세의 중학교 3학년 여학생으로 154㎝의 신장에 40㎏의 체구**인데, 이러한 피해자가 40대의 건장한 군인(공군)인 피고인과 소형승용차의 좁은 공간에서 밖으로 빠져나오려고 실랑이를 하고 위 차량을 벗어난 후에는 다시 타지 않으려고 격렬한 몸싸움을 하는 과정에서 적지 않은 물리적 충돌로 인하여 위와 같은 상해를 입게 된 경우

5) 8세인 **미성년자에 대한 추행행위**로 인하여 그 피해자의 **외음부 부위**에 **염증**이 발생한 것이라면, 그 증상이 약간의 발적과 경도의 염증이 수반된 정도에 불과하다고 하더라도 그로 인하여 피해자 신체의 건강

상태가 불량하게 변경되고 생활기능에 장애가 초래된 것이 아니라고 볼 수 없으니, 이러한 상해는 미성년자의제강제추행치상죄의 상해의 개념에 해당한다고 본 사례(대판 1996.11.22, 96도1395)

6) [자궁적출사건] 난소의 제거로 이미 임신불능 상태에 있는 피해자의 자궁을 적출했다 하더라도 그 경우 자궁을 제거한 것이 신체의 완전성을 해한 것이 아니라거나 생활기능에 아무런 장애를 주는 것이 아니라거나 건강상태를 불량하게 변경한 것이 아니라고 할 수 없고 이는 업무상 과실치상죄에 있어서의 상해에 해당한다(대판 1993.7.27, 92도2345).
[사실관계] 산부인과 전문의 수련과정 2년차인 의사가 피해자의 병명을 자궁근종으로 오진하고 이에 근거하여 의학에 대한 전문지식이 없는 피해자에게 자궁적출술의 불가피성만을 강조하였을 뿐 위와 같은 진단상의 과오가 없었으면 당연히 설명받았을 자궁외 임신에 관한 내용을 설명받지 못한 피해자로부터 수술승낙을 받았다면 위 승낙은 부정확 또는 불충분한 설명을 근거로 이루어진 것으로서 수술의 위법성을 조각할 유효한 승낙이라고 볼 수 없다고 한 사례

관련 판례 **상해를 인정하지 않은 경우**

1) **강도상해죄에 있어서의 상해**는 피해자의 신체의 건강상태가 불량하게 변경되고 생활기능에 장애가 초래되는 것을 말하는 것으로서, 피해자가 입은 상처가 극히 경미하여 굳이 치료할 필요가 없고 치료를 받지 않더라도 일상생활을 하는 데 아무런 지장이 없으며 시일이 경과함에 따라 **자연적으로 치유될 수 있는 정도**라면, 그로 인하여 피해자의 신체의 건강상태가 불량하게 변경되었다거나 생활기능에 장애가 초래된 것으로 보기 어려워 강도상해죄에 있어서의 상해에 해당한다고 할 수 없다(대판 2003.7.11, 2003도2313).
[사실관계] 피해자로부터 신용카드를 강취하고 비밀번호를 알아내는 과정에서 피해자에게 입힌 상처가 극히 경미하고 일상생활에 지장을 초래하지 않았고, 그 회복을 위하여 치료행위가 특별히 필요하지 않은 경우 강도상해죄의 상해에 해당된다고 할 수 없다.

2) 강간도중 흥분하여 피해자의 왼쪽 어깨를 입으로 빨아서 생긴 **동전크기 정도의 반상출혈상**은 강간치상죄의 상해에 해당하지 않는다(대판 1986.7.8, 85도2042).
∵ 보통 1주 정도가 지나면 자연치유되는 것이므로

3) 피해자를 강간하려다가 미수에 그치고 그 과정에서 피해자에게 경부 및 전흉부 피하출혈, 통증으로 약 **7일 간의 가료를 요하는 상처**가 발생한 경우 강간치상죄의 상해에 해당하지 않는다(대판 1994.11.4, 94도1311).

4) 피고인이 피해자를 강간하려다가 미수에 그치고 그 과정에서 위 피해자의 **왼쪽 손바닥에 약 2센티미터 정도의 긁힌 가벼운 상처**가 발생한 경우 강간치상죄의 상해에 해당된다고는 할 수 없다(대판 1987.10.26, 87도1880).

5) 강제연행과정에서 발생한 약 1주간의 치료를 요하는 좌측팔 부분의 **동전크기의 멍**이 든 것이 상해죄에서 말하는 상해에 해당되지 않는다(대판 1996.12.23, 96도2623).

6) 교통사고로 인하여 피해자가 입은 **요추부 통증**은 굳이 치료할 필요가 없이 자연적으로 치유될 수 있는 것으로서 '상해'에 해당한다고 볼 수 없다(대판 2000.2.25, 99도3910).
[사실관계] 자동차 사고로 약 1주일간의 치료를 요하는 요추부 통증상으로 진단받고 주사 및 물리치료 등은 받지 않았으나 약을 처방받아 2번 복용한 경우

7) **[음모 깎은 사건**(제모사건)**]** 신체의 외모에 변화가 생겼다고 하더라도 생리적 기능에 장애를 초래하지 아니한 이상 강제추행치상죄에서의 상해에 해당한다고 할 수 없다(대판 2000.3.23, 99도3099).
[사실관계] 甲이 피해자를 강제로 눕혀 옷을 벗긴 뒤 1회용 면도기로 피해자의 음모를 반 정도(약 5cm, 세로 약 3cm 정도) 깎은 경우 강제추행치상의 죄책이 아니라 **강제추행죄**라고 본 사례

3 고의

(1) 상해죄가 성립하려면 상해의 고의, 즉 생리적 기능훼손에 대한 인식과 의사가 있어야 한다. 따라서 폭행의 고의로 상해의 결과가 발생한 경우 폭행치상죄가 성립하고(제262조), 상해의 고의로 폭행에 그친 경우 상해미수죄로 처벌된다(제257조 제3항).

(2) 그러나 판례는 상해죄의 성립에는 상해를 가할 의사까지는 필요 없고, 상해의 원인인 폭행에 대한 고의만으로 족하다고 본다.

o 상해죄의 성립에는 상해의 고의와 신체의 완전성을 해하는 행위 및 이로 인하여 발생하는 인과관계 있는 상해의 결과가 있어야 한다(대판 1982.12.28, 82도2588).

o 상해죄의 성립에는 상해의 원인인 **폭행에 대한 인식**이 있으면 충분하고 상해를 가할 의사의 존재까지는 필요하지 않다(대판 2000.7.4, 99도4341).

4 죄수

상해죄의 죄수는 피해자의 수에 따라 결정된다.

o 상해를 입힌 행위가 동일한 일시, 장소에서 동일한 목적으로 저질러진 것이라 하더라도 **피해자를 달리**하고 있으면 피해자별로 각각 별개의 상해죄를 구성한다고 보아야 할 것이고 1개의 행위가 수개의 죄에 해당하는 경우라고 볼 수 없다(대판 1983.4.26, 83도524).

III 존속상해죄

존속상해죄는 자기 또는 배우자의 직계존속의 신체를 상해함으로써 성립하는 범죄이다(제257조 제2항).

o 친자관계라는 사실은 호적상의 기재여하에 의하여 좌우되는 것은 아니며 호적상 친권자라고 등재되어 있다 하더라도 사실에 있어서 그렇지 않은 경우에는 법률상 친자관계가 생길 수 없다 할 것인바, 피고인은 호적부상 피해자와 모 사이에 태어난 친생자로 등재되어 있으나 피해자가 집을 떠난 사이 모가 타인과 정교관계를 맺어 피고인을 출산하였다면 피고인과 피해자 사이에는 친자관계가 없으므로 존속상해죄는 성립될 수 없다(대판 1983.6.28, 83도996).
[사실관계] 甲은 A와 어머니 B 사이에서 태어난 친생자로 호적부상 등재되어 있으나 사실은 **A가 수년간 집을 떠나 있는 사이**에 B가 C와 정교관계를 맺어 甲을 출산한 경우 甲이 A에게 상해를 가하였다 하더라도 甲에게 존속상해죄가 성립하지 않는다.

Ⅳ 중상해죄 · 존속중상해죄

1 의의

중상해죄란 사람의 신체를 상해하여 생명에 대한 위험을 발생하게 하거나, 불구 또는 불치나 난치의 질병에 이르게 함으로써 성립하는 범죄이고(제258조 제2항), 존속중상해죄는 자기 또는 배우자의 직계존속의 신체를 상해하여 생명에 대한 위험을 발생하게 하거나, 불구 또는 불치나 난치의 질병에 이르게 함으로써 성립하는 범죄이다(제258조 제3항).

예 치아 2개 정도 빠진 경우 = 중상해 ×, 실명케 한 경우 = 중상해 ○

관련 판례 **중상해에 해당하는 경우**

피고인이 피해자를 협박하여 그로 하여금 면도칼로 콧등을 길이 2.5센치, 깊이 0.56센치 절단함으로써 동여인에게 전치 3개월을 요하는 상처를 입혀 안면부 불구가 되게 한 경우 중상해의 간접정범이 성립한다(대판 1970.9.22, 70도1638).

관련 판례 **중상해에 해당하지 않는 경우**

1~2개월간 입원할 정도로 다리가 부러진 상해 또는 3주간의 치료를 요하는 우측흉부자상은 중상해에 해당하지 않는다(대판 2005.12.9, 2005도7527).

2 법적 성격

(1) 중한 상해의 결과로 인하여 형을 가중하는 가중적 구성요건이다.

(2) 중상해죄는 중상해의 결과를 과실로 발생하게 한 경우뿐만 아니라 고의로 발생하게 한 경우에도 성립하는 부진정결과적가중범이고, 생명에 대한 위험발생을 요건으로 하는 구체적 위험범이다.

3 형법상 '중'(손/상권유)

(1) 형법상 '중'자가 붙은 범죄는 구체적 위험범이다. ① **'생명에 대한 위험발생'**을 요건으로 하는 중상해죄 · 중유기죄 · 중권리행사방해죄, ② **'생명 · 신체에 대한 위험발생'**을 요건으로 하는 중손괴죄가 여기에 해당한다. 그러나 ③ '가혹한 행위'를 요건으로 하는 중체포 · 감금죄는 구체적 위험범이 아니다.

(2) 형법상 '중'자가 붙은 범죄는 부진정결과적가중범이다. 중상해죄 · 중유기죄 · 중권리행사방해죄 · 중손괴죄는 부진정결과적가중범에 해당한다. 그러나 중체포 · 감금죄는 체포 · 감금행위와 가혹한 행위가 결합된 결합범일 뿐 부진정결과적가중범이 아니다.

Ⅴ 특수상해죄

단체 또는 다중의 위력을 보이거나 위험한 물건을 휴대하여 상해 · 존속상해 또는 중상해 · 존속중상해의 죄를 범한 경우 성립하는 범죄이다(제258조의2). → '특수'에 대하여는 특수폭행죄에서 서술

ㅇ 피고인이 길이 140cm, 지름 4cm인 **대나무**로 甲의 머리를 여러 차례 때려 대나무가 부러졌고, 甲은 두피에 표재성 손상을 입어 사건 당일 병원에서 봉합술을 받은 경우, 위 대나무는 '위험한 물건'에 해당한다(대판 2017.12.28, 2015도5854). → 폭력행위 등 처벌에 관한 법률 위반(집단·흉기 등 상해)

VI 상해치사죄·존속상해치사죄

상해치사죄는 사람의 신체를 상해하여 사망에 이르게 함으로써 성립하는 범죄이고(제259조 제1항), 존속상해치사죄는 자기 또는 배우자의 직계존속에 대하여 상해치사의 죄를 범한 때 성립하는 범죄이다(제259조 제2항). 진정결과적가중범이다.

ㅇ [낙산비치호텔사건] 피고인의 구타행위로 상해를 입은 피해자가 정신을 잃고 빈사상태에 빠지자 사망한 것으로 오인하고 자신의 행위를 은폐하고 피해자가 자살한 것처럼 가장하기 위하여 피해자를 베란다 아래의 바닥으로 떨어뜨려 사망케 한 경우 포괄하여 단일의 상해치사죄에 해당한다(대판 1994.11.4, 94도2361).
→ 개괄적 과실 사례

VII 상해의 동시범 특례 2)

1 특례의 적용

동시 또는 이시의 독립행위가 경합하여 상해의 결과를 발생하게 한 경우에 있어서 원인된 행위가 판명되지 아니한 때에는 각 행위자를 공동정범의 예에 의하여 처벌한다(제263조).

2 특례적용의 예외

(1) 공모(의사연락)가 있는 경우에는 공동정범이 성립하므로 상해죄의 동시범 특례가 적용되지 않는다.

(2) 증거조사에 의하여 결과발생의 원인행위가 판명된 경우 판명된 대로 처벌되므로 상해죄의 동시범 특례가 적용되지 않는다.

(3) 상해 또는 폭행을 한 것 자체, 즉 가행행위를 한 것 자체가 분명하지 않은 경우에는 상해죄의 동시범 특례가 적용되지 않는다.

Thema 정리 **상해의 동시범 특례 적용범위**

적용 ○ : ① 상해, ② 폭행치상, ③ 상해치사, ④ 폭행치사
적용 × : ① 강간치상, ② 강도치상, ③ 과실치사상, 업무상과실치사
→ [총론 PART 02 범죄론] Chapter 06 공범론 제3절 공동정범 V. 동시범에서 자세히 서술

2) 2019년 법원행정고등고시(25점), 2021년 변호사시험(10점)

Ⅷ 상습상해죄

상습으로 제257조(상해 · 존속상해), 제258조(중상해 · 존속중상해), 제258조의2(특수상해)의 죄를 범한 때에는 그 죄에 정한 형의 2분의 1까지 가중한다(제264조).

- 직계존속인 피해자를 폭행하고, 상해를 가한 것이 존속에 대한 동일한 폭력습벽의 발현에 의한 것으로 인정되는 경우, 그중 법정형이 더 중한 **상습존속상해죄**에 나머지 행위들을 포괄시켜 하나의 죄만이 성립한다(대판 2003.2.28, 2002도7335).
- 형법은 제264조에서 상습으로 제258조의2의 죄를 범한 때에는 그 죄에 정한 형의 2분의 1까지 가중한다고 규정하고, 제258조의2 제1항(**특수상해**)에서 위험한 물건을 휴대하여 상해죄를 범한 때에는 **1년 이상 10년 이하의 징역**에 처한다고 규정하고 있다. 형법 제264조는 상습특수상해죄를 범한 때에 형법 제258조의2 제1항에서 정한 **법정형의 단기와 장기를 모두 가중**하여 1년 6개월 이상 15년 이하의 징역에 처한다는 의미로 새겨야 한다(대판 2017.6.29, 2016도18194).

Ⅸ 폭행죄

1 의의

폭행죄란 사람의 신체에 대하여 폭행을 가함으로써 성립하는 범죄이다(제260조 제1항).

2 행위 _ 폭행

Thema 정리 형법상 폭행의 개념

최광의	일체의 유형력의 행사 (한 지방의 공공의 평온을 해할 정도) → 사람 · 물건 등 대상 불문	내란죄, 소요죄, 다중불해산죄
광의	사람에 대한 직 · 간접의 유형력 행사 → 물건에 대한 것이라도 간접적으로 사람에 대한 것이면 폭행에 해당 ○	**공무집행방해죄**, 특수도주죄, 직무강요죄, **강요죄, 공갈죄**
협의	사람의 신체에 대한 직접적인 유형력의 행사 → 신체에의 접촉을 요하지는 않음	**폭행죄**, 특수공무원폭행죄, 강제추행(94도630)
최협의	상대방의 반항을 현저히 곤란하게 할 정도 상대방의 반항을 불가능하게 할 정도	강간죄 강도죄, 준강도죄

(1) 폭행죄의 폭행이란 사람의 신체에 대한 직접적인 유형력을 행사하는 것을 의미하고, 반드시 신체에 대한 접촉함을 요하는 것은 아니다. 예 신체의 안전을 위협하는 행위

(2) 폭행죄는 거동범(형식범)이므로 사람의 신체에 대한 유형력의 행사만 있으면 바로 기수가 된다.
예 사람을 향하여 돌을 던졌으나 빗나간 경우

관련 판례 **폭행에 해당하는 경우**

1) 甲이 乙에게 **근접하여 욕설을 하면서 때릴 듯이 손발이나 물건을 휘두르거나 던지는 행위**는 乙에 대한 불법한 유형력의 행사로서 폭행에 해당한다(대판 1990.2.13, 89도1406).
2) **폭행죄에서 말하는 폭행**이란 사람의 신체에 대하여 육체적·정신적으로 고통을 주는 유형력을 행사함을 뜻하는 것으로서 반드시 피해자의 신체에 접촉함을 필요로 하는 것은 아니고, 그 불법성은 행위의 목적과 의도, 행위 당시의 정황, 행위의 태양과 종류, 피해자에게 주는 고통의 유무와 정도 등을 종합하여 판단하여야 한다(대판 2016.10.27, 2016도9302).
[사실관계] 자신의 차를 가로막는 피해자를 부딪친 것은 아니라고 하더라도, 피해자를 **부딪칠 듯이 차를 조금씩 전진시키는 것을 반복하는 행위** 역시 피해자에 대해 위법한 유형력을 행사한 것이라고 보아야 한다.
3) [1] 제260조에 규정된 폭행죄는 사람의 신체에 대한 유형력의 행사를 가리키며, 그 유형력의 행사는 신체적 고통을 주는 물리력의 작용을 의미하므로 신체의 청각기관을 직접적으로 자극하는 **음향**도 경우에 따라서는 유형력에 포함될 수 있다. [2] 피해자의 신체에 공간적으로 근접하여 고성으로 폭언이나 욕설을 하거나 동시에 손발이나 물건을 휘두르거나 던지는 행위는 직접 피해자의 신체에 접촉하지 아니하였다 하더라도 피해자에 대한 불법한 유형력의 행사로서 폭행에 해당될 수 있는 것이다(대판 2003.1.10, 2000도5716).

관련 판례 **폭행에 해당하지 않는 경우**

1) 비닐봉지에 넣어 둔 인분을 타인가의 앞**마당**에 던졌을 뿐 사람의 신체에 대하여 공격한 것이 아니면 이 사실만으로는 형법상 폭행의 범주에 들어간다고 할 수 없다(대판 1977.2.8, 75도2673).
2) 방문을 열어주지 않으면 모두 죽여버린다고 **폭언**하면서 시정된 **방문**을 수회 발로 찬 피고인의 행위는 피해자들의 신체에 대한 유형력의 행사로는 볼 수 없어 폭행죄에 해당한다 할 수 없다(대판 1984.2.14, 83도3186).
3) 제260조에서 말하는 폭행이란 사람의 신체에 대하여 유형력을 행사하는 것을 의미하는 것으로서 피고인이 피해자에게 **욕설**을 한 것만을 가지고 당연히 폭행을 한 것이라고 할 수는 없을 것이고, 피해자 집의 **대문**을 발로 찬 것이 막바로 또는 당연히 피해자의 신체에 대하여 유형력을 행사한 경우에 해당한다고 할 수도 없다(대판 1991.1.29, 90도2153).
4) 단순히 눈을 부릅뜨고 "이 십팔놈아, 가면 될 것 아니냐"라고 **욕설**을 한 것만으로는 피해자에게 불쾌감을 주는 데 그칠 뿐 피해자의 신체에 대한 유형력의 행사라고 보기 어려워 폭행죄를 구성한다고 할 수 없다(대판 2001.3.9, 2001도277).
5) 거리상 멀리 떨어져 있는 사람에게 전화기를 이용하여 **전화**하면서 고성을 내거나 그 전화 대화를 녹음 후 듣게 하는 경우에는 (특수한 방법으로 수화자의 청각기관을 자극하여 그 수화자로 하여금 고통스럽게 느끼게 할 정도의 음향을 이용하였다는 등의 특별한 사정이 없는 한) 신체에 대한 유형력의 행사를 한 것으로 보기 어렵다(대판 2003.1.10, 2000도5716).
[사실관계] 피고인이 피해자에게 전화를 하여 "강도 같은 년, 표절가수다."라는 등의 폭언을 하면서 욕설을 하거나 그 전화녹음을 듣게 한 경우

3 주관적 구성요건 _ 고의

폭행의 고의는 사람의 신체에 대한 유형력을 행사한다는 인식과 의사를 말한다.

4 위법성

o [생일빵 폭행사건] 속칭 '생일빵'을 한다는 명목하에 피해자를 가격하였다면 **폭행죄**가 성립하고, 가격행위의 동기, 방법, 횟수 등 제반 사정에 비추어 사회상규에 위배되지 아니하는 **정당행위에 해당하지 않는다**(대판 2010.5.27, 2010도2680).

5 반의사불벌죄

o [생일빵 폭행사건] 폭행죄는 피해자의 명시한 의사에 반하여 공소를 제기할 수 없는 반의사불벌죄로서 처벌불원의 의사표시는 의사능력이 있는 피해자가 단독으로 할 수 있는 것이고, 피해자가 사망한 후 그 상속인이 피해자를 대신하여 처벌불원의 의사표시를 할 수는 없다(대판 2010.5.27, 2010도2680).

X 존속폭행죄

존속폭행죄는 자기 또는 배우자의 직계존속에 대하여 폭행의 죄를 범한 경우 성립하는 범죄이다(제260조 제2항).

XI 특수폭행죄

1 의의

단체 또는 다중의 위력을 보이거나 위험한 물건을 휴대하여 사람의 신체를 폭행함으로써 성립하는 범죄이다(제261조). 행위방법의 위험성 때문에 형이 가중되는 가중적 구성요건이다.

2 단체 또는 다중의 위력을 보이는 경우

(1) '단체'란 공동목적을 가진 다수인의 계속적・조직적인 결합체를 말하고, '다중'이란 단체를 이루지 못한 다수인의 단순한 집합을 말한다. 양자는 통솔체계・지휘체계 등 즉 계속적 조직체로서의 실질을 갖추었는지 여부에 따라 구별된다.

o **"다중"**이라 함은 단체를 이루지 못한 다수인의 중합을 지칭하는 것이므로 불과 **3인의 경우**에는 그 것이 어떤 집단의 힘을 발판 또는 배경으로 한다는 것이 인정되지 않는 한 "다중의 위력"을 보인 것이라고는 할 수 없다(대판 1971.12.21, 71도1930).

(2) '위력을 보여'란 사람의 의사를 제압할 수 있는 세력을 상대방에게 인식시키는 것을 말한다. 따라서 단체・다중은 실제로 존재해야 하지만, 단체・다중 그 자체를 보이는 것이 아니라 단체 또는 다중의 위력을 보이는 것이므로 단체・다중이 현장에 존재할 필요는 없다.

ㅇ '**위력**'이라 함은 다중의 형태로 집결한 다수 인원으로 사람의 의사를 제압하기에 족한 세력을 지칭하는 것으로서 그 인원수가 다수에 해당하는가는 행위 당시의 여러 사정을 참작하여 결정하여야 할 것이며, 이 경우 상대방의 의사가 현실적으로 제압될 것을 요하지는 않는다고 할 것이지만 상대방의 의사를 제압할 만한 세력을 인식시킬 정도는 되어야 한다(대판 2006.2.10, 2005도174).

3 위험한 물건을 휴대하는 경우

(1) 위험한 물건

'위험한 물건'이란 그 물건의 객관적 성질이나 사용방법에 따라 사람의 생명・신체에 해를 끼치는 데 사용될 수 있는 물건을 말한다. 본래 성질상 살상을 위하여 제조된 것(성질상 위험한 물건)뿐만 아니라 용법에 따라 살상을 위하여 사용될 수 있는 물건도 포함된다(용도상 위험한 물건).

예 면도칼, 맥주병, 드라이버, 곡괭이자루, 세멘벽돌, 의자, 당구큐대, 야전삽 등

ㅇ '위험한 물건'이냐 여부는 ① **물건의 객관적 성질**과 ② **그 사용방법**을 종합하여 구체적인 경우에 사회통념에 따라 판단될 수 있다고 할 것이다. 그리고 어떤 물건이 그 성질과 사용방법에 따라 사람을 살상할 수 있는지 여부는 건전한 상식과 통상적인 법감정을 가진 사람이라면 일의적으로 파악할 수 있다고 할 것이다(헌재결 2006.4.27, 2005헌바36). → 명확성원칙 위배가 아니라는 취지

ㅇ 어떤 물건이 폭력행위 등 처벌에 관한 법률 제3조 제1항에 정한 '위험한 물건'에 해당하는지 여부는 **구체적인 사안에서 사회통념에 비추어 그 물건을 사용하면 상대방이나 제3자가 생명 또는 신체에 위험을 느낄 수 있는지 여부**에 따라 판단하여야 한다(대판 2010.4.29, 2010도930).

관련 판례 **위험한 물건에 해당하는 경우**

1) 폭력행위 등 처벌에 관한 법률 제3조 제1항에 있어서 '위험한 물건'이라 함은 흉기는 아니라고 하더라도 널리 사람의 생명, 신체에 해를 가하는 데 사용할 수 있는 일체의 물건을 포함한다고 풀이할 것이므로, 본래 살상용・파괴용으로 만들어진 것뿐만 아니라 다른 목적으로 만들어진 **칼・가위・유리병・각종공구・자동차** 등은 물론 **화학약품** 또는 **사주된 동물** 등도 그것이 사람의 생명・신체에 해를 가하는 데 사용되었다면 본조의 '위험한 물건'이라 할 것이다(대판 1997.5.30, 97도597).

2) 피해자에게 농약을 먹이려 하고 당구큐대로 폭행한 경우, **농약**과 **당구큐대**는 폭력행위 등 처벌에 관한 법률 제3조 제1항 소정의 위험한 물건에 해당한다(대판 2002.9.6, 2002도2812).

3) 피고인이 **공기총**에 실탄을 장전하지 아니하였다고 하더라도 범행 현장에서 공기총과 함께 실탄을 소지하고 있었고 피고인으로서는 언제든지 실탄을 장전하여 발사할 수도 있으므로 공기총은 '위험한 물건'에 해당한다(대판 2002.11.26, 2002도4586).

4) 구 폭처법 제3조 제2항 중 '위험한 물건'은 그 물건의 객관적 성질과 사용방법에 따라 사람을 살상할 수 있는 물건을 말하고 그것이 사람을 살상하기 위하여 제조된 것임을 요하지 않는다고 할 것이다. 평균인이라면 **총포・도검류**와 같은 본래의 성질상 위험한 물건은 물론이고, **쇠망치, 방망이, 유리병 등**도 용법에 따라서는 살상을 위하여 사용될 수 있는 위험한 물건이라는 점을 쉽게 알 수 있다(헌재결 2006.4.27, 2005헌바36).

5) 어떤 물건이 폭력행위 등 처벌에 관한 법률 제3조 제1항에 정한 '위험한 물건'에 해당하는지 여부는

구체적인 사안에서 사회통념에 비추어 그 물건을 사용하면 상대방이나 제3자가 생명 또는 신체에 위험을 느낄 수 있는지 여부에 따라 판단하여야 한다. 이러한 판단 기준은 **자동차**를 사용하여 사람의 생명 또는 신체에 위해를 가하거나 다른 사람의 재물을 손괴한 경우에도 마찬가지로 적용된다(대판 2009.3.26, 2007도3520).

6) **최루탄**과 **최루분말**은 폭력행위 등 처벌에 관한 법률 제3조 제1항의 '위험한 물건'에 해당한다(대판 2014.6.12, 2014도1894).

관련 판례 **위험한 물건에 해당하지 않는 경우**

1) **쇠파이프**(길이 2미터, 직경 5센치미터)로 머리를 구타당하면서 이에 **대항**하여 그곳에 있던 **각목**(길이 1미터, 직경 5센치미터)으로 상대방의 허리를 구타한 경우에는 위 각목은 위 법조 소정의 위험한 물건이라고 할 수 없다(대판 1981.7.28, 81도1046).

2) 피해자가 먼저 **식칼**을 들고 나와 피고인을 찌르려다가 피고인이 이를 저지하기 위하여 그 칼을 뺏은 다음 피해자를 훈계하면서 위 칼의 **칼자루 부분**으로 피해자의 머리를 가볍게 친 경우 피해자가 위험성을 느꼈으리라고는 할 수 없다(대판 1989.12.22, 89도1570).

3) **당구공**으로 피해자의 머리를 툭툭 건드린 정도에 불과한 경우, 이 당구공은 폭력행위 등 처벌에 관한 법률 제3조 제1항의 '위험한 물건'에 해당하지 아니한다(대판 2008.1.17, 2007도9624).

4) 자동차를 이용하여 다른 자동차를 충격한 사안에서, 충격 당시 차량의 크기, 속도, 손괴 정도 등 제반 사정에 비추어 위 자동차가 폭력행위 등 처벌에 관한 법률 제3조 제1항에 정한 '위험한 물건'에 해당하지 않는다고 한 사례(대판 2009.3.26, 2007도3520).
[사실관계] 피고인이 이혼 분쟁 과정에서 자신의 아들을 승낙 없이 자동차에 태우고 떠나려고 하는 피해자들 일행을 상대로 급하게 추격 또는 제지하는 과정에서 이 사건 자동차를 사용하게 된 점, 이 사건 범행은 **소형승용차(라노스)**로 중형승용차(쏘나타)를 충격한 것이고, 충격할 당시 두 차량 모두 정차하여 있다가 막 출발하는 상태로서 차량 속도가 빠르지 않았으며 상대방 차량의 손괴 정도가 그다지 심하지 아니한 점, 이 사건 자동차의 충격으로 피해자들이 입은 상해의 정도가 비교적 경미한 점 등의 여러 사정을 종합하여 자동차 운행으로 인하여 사회통념상 상대방이나 제3자가 생명 또는 신체에 위험을 느꼈다고 보기 어렵다고 판단한 사례

5) 경륜장 사무실에서 술에 취해 소란을 피우면서 '**소화기**'를 집어던졌지만 특정인을 겨냥하여 던진 것이 아닌 경우, 위 '소화기'는 폭력행위 등 처벌에 관한 법률 제3조 제1항의 '위험한 물건'에 해당하지 않는다(대판 2010.4.29, 2010도930).

(2) 휴대

① 휴대란 손에 들거나 몸에 지니는 소지 이외에 이용하는 것까지 포함한다.

> ㅇ '휴대하여'라는 말은 소지뿐만 아니라 널리 이용한다는 뜻도 포함하고 있다(대판 1997.5.30, 97도597).
> **[사실관계]** 견인료납부를 요구하는 교통관리직원을 승용차 앞범퍼 부분으로 들이받아 폭행한 경우, **승용차**는 폭력행위 등 처벌에 관한 법률 제3조 제1항 소정의 '위험한 물건'에 해당한다.

② 반드시 범행 이전부터 몸에 지니고 있을 필요는 없고, 범행 현장에서 범행에서 사용할 의도 아래 이를 소지하거나 몸에 지니는 경우도 휴대에 해당한다.

③ 위험한 물건을 소지하거나 몸에 지닌 이상 위험한 물건의 휴대하고 있다는 사실을 상대방에게 인식시켜야 하거나 실제 사용할 필요는 없다.

○ 폭력행위 등 처벌에 관한 법률 제3조 제1항의 '흉기 기타 위험한 물건을 휴대하여 그 죄를 범한 자'란 범행현장에서 '사용하려는 의도' 아래 흉기 기타 위험한 물건을 소지하거나 몸에 지니는 경우를 가리키는 것이고, 그 범행과는 전혀 무관하게 우연히 이를 소지하게 된 경우까지를 포함하는 것은 아니라 할 것이나, / 범행 현장에서 범행에 사용하려는 의도 아래 흉기 등 위험한 물건을 소지하거나 몸에 지닌 이상 그 사실을 피해자가 인식하거나 실제로 범행에 사용하였을 것까지 요구되는 것은 아니라 할 것이다(대판 2007.3.30, 2007도914).
[동지판례] 성폭력범죄의 처벌 및 피해자보호 등에 관한 법률 제6조 제1항 소정의 '흉기 기타 위험한 물건을 휴대하여 강간죄를 범한 자(특수강간)'의 경우(대판 2004.6.11, 2004도2018).
[사실관계] 피해자를 강간하기 위하여 피해자의 주거 부엌에 있던 칼과 운동화 끈을 들고 피해자가 자고 있던 방안으로 들어가서, 소리치면 죽인다며 손으로 피해자의 입을 틀어막고 운동화 끈으로 피해자의 손목을 묶어 반항을 억압한 다음 간음을 하였고, 부엌칼은 굳이 사용할 필요가 없어 이를 범행에 사용하지 않은 경우라도 "흉기 기타 위험한 물건을 휴대하여" 피해자를 강간한 것이라고 본 사례

관련 판례 **위험한 물건을 휴대하였다고 본 경우**

1) 피고인이 **깨어진 유리조각**을 들고 피해자의 얼굴에 던졌다면 이는 위험한 물건을 휴대하였다고 볼 것이다(대판 1982.2.23, 81도3074).
2) 피고인이 폭력행위 당시 위험한 물건인 **과도**를 호주머니 속에 지니고 있었던 이상 피해자가 과도의 존재를 인식하지 못하였더라도 위험한 물건을 휴대한 경우에 해당한다(대판 1984.4.10, 84도353).

관련 판례 **위험한 물건을 휴대하였다고 보지 않은 경우**

1) 청산염 2그램 정도를 협박편지에 동봉 **우송**하여 피해자에게 도달케 하였다는 것만으로는 위 법조에서 말하는 위험한 물건의 휴대라고 할 수 없다(대판 1985.10.8, 85도1851).
2) 폭력행위 등 처벌에 관한 법률의 "흉기 기타 위험한 물건을 휴대하여 그 죄를 범한 자"란 범행현장에서 그 범행에 사용하려는 의도 아래 흉기를 소지하거나 몸에 지니는 경우를 가리키는 것이지 그 범행과는 전혀 무관하게 우연히 이를 소지하게 된 경우까지를 포함하는 것은 아니다(대판 1990.4.24, 90도401).
   [사실관계] 버섯을 채취하러 산에 가면서 칼을 휴대한 것일 뿐 주거침입에 사용할 의도 아래 이를 소지한 것이 아닌 경우
3) 위험한 물건의 "휴대"라 함은 범죄현장에서 사용할 의도 아래 위험한 물건을 몸 또는 몸 가까이에 소지하는 것을 말하는 것이고, 자기가 기거하는 장소에 **보관**하였다는 것만으로는 위 법조에서 말하는 위험한 물건의 휴대라고 할 수 없다(대판 1992.5.12, 92도381).
4) 폭력행위 등 처벌에 관한 법률 제3조 제1항, 제2조 제1항, 형법 제319조 제1항 소정의 **특수주거침입죄**는 흉기 기타 위험한 물건을 휴대하여 타인의 주거나 건조물 등에 침입함으로써 성립하는 범죄이므로, 수인이 흉기를 휴대하여 타인의 건조물에 침입하기로 공모한 후 그중 일부는 밖에서

> 망을 보고 나머지 일부만이 건조물 안으로 들어갔을 경우에 있어서 특수주거침입죄의 구성요건이 충족되었다고 볼 수 있는지의 여부는 **직접 건조물에 들어간 범인을 기준**으로 하여 그 범인이 흉기를 휴대하였다고 볼 수 있느냐의 여부에 따라 결정되어야 한다(대판 1994.10.11, 94도1991).
> [사실관계] 甲, 乙, 丙이 흉기를 휴대하여 타인의 건조물에 침입하기로 공모한 다음, 甲, 乙은 건물로부터 30 내지 50미터 떨어진 차량에서 흉기를 보관한 채 망을 보고, **丙은 흉기를 소지하지 아니하고 건조물에 침입한 경우**, 특수주거침입죄가 성립하지 않는다고 본 사례

4 형법상 '특수'

(1) 단체 또는 다중의 위력을 보이거나 위험한 물건을 휴대하여 죄를 범한 경우 가중처벌하는 특수범죄로는 특수상해죄, 특수폭행죄, 특수협박죄, 특수강요죄, 특수체포・감금죄, 특수주거침입죄, 특수공갈죄, 특수손괴죄, 특수공무집행방해죄가 있다.

(2) 이 중 **특수상해죄・특수강요죄・특수공갈죄**는 헌법재판소의 위헌결정의 취지에 따른 폭력행위 등 처벌에 관한 법률 제3조 제1항의 삭제로 인한 처벌의 공백을 막고자 형법에 신설한 규정들이다(2016.1.6.).

- ✓ **〈참고〉** 헌법재판소는 「특정범죄 가중처벌 등에 관한 법률」의 일부 가중처벌 규정에 대하여 「형법」과 같은 기본법과 동일한 구성요건을 규정하면서 법정형만 상향한 규정은 형벌체계상의 정당성과 균형을 잃어 헌법의 기본원리에 위배되고 평등의 원칙에 위반된다는 이유로 위헌결정을 내린 바 있는데, 이는 이와 유사한 가중처벌규정을 일괄하여 정비한 것이다.
- ✓ **〈구별〉** 특수절도죄, 특수강도죄, 특수도주죄는 합동범(2인 이상 합동하여~)

XII 폭행치사상죄

폭행죄, 존속폭행죄, 특수폭행죄를 범하여 사람을 사상에 이르게 한 경우 성립하는 범죄이다(제262조).
폭행죄・존속폭행죄 또는 특수폭행죄의 결과적가중범에 해당한다.
폭행치사상죄에 해당하는 경우 즉 폭행죄, 존속폭행죄, 특수폭행죄를 범하여 사람을 사상에 이르게 한 경우 그 발생된 결과에 따라 상해・존속상해(제257조), 중상해・존속중상해(제258조), 상해치사죄(제259)에 정한 형으로 처벌한다.

> ㅇ **특수폭행치상**의 경우 형법 제258조의2(특수상해)의 신설에도 불구하고 제258조의2 제1항의 예에 의하여 처벌하는 것이 아니라 종전과 같이 형법 제257조 제1항(상해)의 예에 의하여 처벌하는 것으로 해석함이 타당하다(대판 2018.7.24, 2018도3443).
> → 특수폭행치상의 범죄사실과 관련하여, 종래에 형법 제262조, 제261조, 제257조 제1항의 예(7년 이하의 징역, 10년 이하의 자격정지 또는 1천만 원 이하의 벌금)에 의하면 벌금형이 가능하나, 2016.1.6. 형법 개정으로 신설된 형법 제258조의2 제1항의 예(1년 이상 10년 이하의 징역)에 의하여 처벌하면 벌금형의 처벌이 불가능해지는 차이가 있다.

관련 판례 **폭행치사죄를 인정한 경우**

1) 어린애를 업은 사람을 밀어 넘어뜨려 그 결과 어린애가 사망하였다면 (어린아이에 대한) 폭행치사죄가 성립된다(대판 1972.11.28, 72도2201).
   [사실관계] 빗독촉을 하다가 시비 중 멱살을 잡고 대드는 여자의 손을 뿌리치고 그를 뒤로 밀어 넘어트려 뒹굴게 하여 여자의 등에 업힌 그 딸(생후 7개월)에게 두개골절 등 상해를 입혀 사망하게 한 경우 어린애를 업은 사람을 넘어트린 행위는 그 어린애에 대해서도 역시 폭행이 된다 할 것이고, 이로 인해 사망하였다면 폭행치사죄가 성립한다.
2) 피고인들이 공동하여 피해자를 폭행하여 당구장 3층에 있는 화장실에 숨어 있던 피해자를 다시 폭행하려고 피고인 갑은 화장실을 지키고, 피고인 을은 당구치는 기구로 문을 내려쳐 부수자 위협을 느낀 피해자가 **화장실 창문 밖으로 숨으려다가** 실족하여 떨어짐으로써 사망한 경우에는 피고인들의 위 폭행행위와 피해자의 사망 사이에는 인과관계가 있다고 할 것이므로 폭행치사죄의 공동정범이 성립된다(대판 1990.10.16, 90도1786).
3) 안수기도에 수반한 신체적 행위가 단순히 손을 얹거나 약간 누르는 정도가 아니라 그것이 지나쳐서 가슴과 배를 반복하여 누르거나 때려 그로 인하여 사망에 이른 것과 같은 정도인 경우 폭행치사죄가 성립한다(대판 1994.8.23, 94도1484).

관련 판례 **폭행치사죄를 부정한 경우**

1) **[삿대질사건]** 피고인이 피해자에게 상당한 힘을 가하여 넘어뜨린 것이 아니라 단지 공장에서 동료 사이에 말다툼을 하던 중 피고인이 삿대질하는 것을 피하고자 피해자 자신이 두어 걸음 뒷걸음치다가 회전 중이던 십자형 **스빙기계** 철받침대에 걸려 넘어진 정도라면, 당시 바닥에 위와 같은 장애물이 있어서 뒷걸음치면 장애물에 걸려 넘어질 수 있다는 것까지는 예견할 수 있었다고 하더라도 그 정도로 넘어지면서 머리를 바닥에 부딪쳐 두개골절로 사망한다는 것은 이례적인 일이어서 통상적으로 일반인이 예견하기 어려운 결과라고 하지 않을 수 없으므로 피고인에게 폭행치사죄의 책임을 물을 수 없다(대판 1990.9.25, 90도1596).
2) **[생일빵 폭행사건]** 속칭 '생일빵'을 한다는 명목하에 피해자를 가격하여 사망에 이르게 한 경우, 폭행과 사망 간에 인과관계는 인정되지만 폭행 당시 피해자의 사망을 예견할 수 없기 때문에 폭행치사죄는 성립되지 않는다(대판 2010.5.27, 2010도2680). 다만 속칭 '생일빵'을 한다는 명목하에 피해자를 가격하였다면 **폭행죄**가 성립하고, 가격행위의 동기, 방법, 횟수 등 제반 사정에 비추어 사회상규에 위배되지 아니하는 **정당행위에 해당하지 않는다**고 판시하였다. → 폭행치사죄 ×, 폭행죄 ○

XIII 상습폭행죄

상습으로 제260조(폭행 · 존속폭행) 또는 제261조(특수폭행)의 죄를 범한 때에는 그 죄에 정한 형의 2분의 1까지 가중한다(제264조).

○ 상습존속폭행죄로 처벌되는 경우에는 형법 제260조 제3항이 적용되지 않으므로, 피해자의 명시한 의사에 반하여도 공소를 제기할 수 있다(대판 2018.4.24, 2017도10956). → 상습~ : 반의사불벌 ×

ㅇ 형법 제264조에서 말하는 '**상습**'이란 위 규정에 열거된 상해 내지 폭행행위의 습벽을 말하는 것이므로, 위 규정에 열거되지 아니한 다른 유형의 범죄까지 고려하여 상습성의 유무를 결정하여서는 아니 된다(대판 2018.4.24, 2017도21663).

ㅇ 피고인이 상습으로 갑을 폭행하고, 어머니 을을 존속폭행한 경우, 피고인에게 폭행 범행을 반복하여 저지르는 습벽이 있고 이러한 습벽에 의하여 단순폭행, 존속폭행 범행을 저지른 사실이 인정된다면 단순폭행, 존속폭행의 각 죄별로 상습성을 판단할 것이 아니라 포괄하여 그중 법정형이 가장 중한 상습존속폭행죄만 성립할 여지가 있다(대판 2018.4.24, 2017도10956).

제3절 과실치사상의 죄

제266조【과실치상】
① 과실로 인하여 사람의 신체를 상해에 이르게 한 자는 500만원 이하의 벌금, 구류 또는 과료에 처한다.
② 제1항의 죄는 피해자의 명시한 의사에 반하여 공소를 제기할 수 없다.

제267조【과실치사】
과실로 인하여 사람을 사망에 이르게 한 자는 2년 이하의 금고 또는 700만원 이하의 벌금에 처한다.

제268조【업무상과실·중과실 치사상】
업무상과실 또는 중대한 과실로 사람을 사망이나 상해에 이르게 한 자는 5년 이하의 금고 또는 2천만원 이하의 벌금에 처한다. [시행 2021.12.9.]

I 서설

1 의의 및 보호법익

과실치사상의 죄는 과실로 인하여 사람을 사망에 이르게 하거나 사람의 신체를 상해에 이르게 함으로써 성립하는 범죄이다. 본죄의 보호법익은 사람의 생명과 신체의 건강이며 보호의 정도는 침해범이다. 고의범이 아니라 과실범이라는 점에서 살인·상해죄와 구별된다.

2 구성요건의 체계

기본적 구성요건	과실치상죄, 과실치사죄
가중적 구성요건	업무상과실치사상죄, 중과실치사상죄
미수범 처벌규정	×
예비·음모 처벌규정	×
반의사불벌죄	○ : 과실치상죄
	× : 과실치사죄, 업무상·중과실치사상죄

II 과실치상죄

과실로 인하여 사람의 신체를 상해에 이르게 함으로써 성립하는 범죄이다(제266조 제1항). 반의사불벌죄이다(제266조 제2항).

III 과실치사죄

과실로 인하여 사람을 사망에 이르게 함으로써 성립하는 범죄이다(제267조).

IV 업무상과실치사상죄 · 중과실치사상죄

업무상과실치상죄 · 중과실치사상죄는 업무상과실 또는 중과실로 인하여 사람을 사망에 이르게 하거나 사람을 상해에 이르게 함으로써 성립되는 범죄이다.

1 업무상과실치사상죄

업무상과실치사상죄는 과실치상죄에 대하여 업무자라는 신분으로 인하여 형이 가중되는 **부진정신분범**이다.

(1) 업무상과실치사상죄에 있어서의 '**업무**'란 사람의 사회생활면에 있어서의 하나의 지위로서 **계속적**으로 종사하는 사무를 말한다. 여기의 업무는 원칙적으로 생명 · 신체에 대하여 위험을 초래할 수 있는 업무를 말하고, 사람의 생명 · 신체의 위험을 방지하는 것을 의무내용으로 하는 업무도 포함된다.

> ㅇ [교도소당직간부사건] 업무상과실치사상죄에 있어서의 업무란 사람의 사회생활면에 있어서의 하나의 지위로서 계속적으로 종사하는 사무를 말하고, 여기에는 ① 수행하는 직무 자체가 위험성을 갖기 때문에 **안전배려**를 **의무**의 내용으로 하는 경우는 물론 ② 사람의 **생명 · 신체의 위험**을 **방지**하는 것을 **의무**내용으로 하는 업무도 포함된다 할 것이다(대판 2007.5.31, 2006도3493).
> [사실관계] 공휴일 또는 야간에는 소장을 대리하는 **당직간부**에게는 구치소에 수용된 수용자들의 생명 · 신체에 대한 위험을 방지할 법령상 내지 조리상의 의무가 있다고 할 것이고, 이와 같은 의무를 직무로서 수행하는 교도관들의 업무는 업무상과실치사죄에서 말하는 업무에 해당한다고 한 사례
> [동지판례(골프경기보조원사건)] **골프 경기보조원**은 그 업무의 내용상 기본적으로는 골프채의 운반 · 이동 · 취급 및 경기에 관한 조언 등으로 골프경기 참가자를 돕는 역할을 수행하면서 아울러 경기 진행 도중 위와 같이 경기 참가자의 행동으로 다른 사람에게 상해의 결과가 발생할 위험성을 고려해 예상할 수 있는 사고의 위험을 미연에 방지하기 위한 조치를 취함으로써 경기 참가자들의 안전을 배려하고 그 생명 · 신체의 위험을 방지할 업무상 주의의무를 부담한다(대판 2022.12.1, 2022도11950).
> [사실관계] 골프 경기보조원인 피고인이 전기자동차에 태운 피해자를 **다음 샷이 예정된 경기자의 앞쪽에서 하차**하도록 정차시켰을 뿐만 아니라, 피해자나 다른 경기자에게 예상할 수 있는 사고의 위험성에 관한 주의를 촉구하는 등 안전한 경기운영을 위한 아무런 조치도 취하지 않았다고 보아 경기보조원으로서의 주의의무를 다 하지 않은 업무상과실을 인정한 사례

(2) 사무인 이상 직업이나 영리를 목적으로 하는 영업일 필요는 없고, 주된 사무는 물론 부수적인 사무도 포함된다. 공무이든 사무이든 불문하고, 적법한 업무이든 불법한 업무이든 관계없다.

예 무면허 의사의 의료행위 중에 환자가 사망한 경우나 무면허로 운전 중 사람을 사망케 한 경우 → 업무상 과실치사죄 성립 ○

ㅇ 피고인이 완구상 점원으로서 완구배달을 하기 위하여 **자전거**를 타고 소매상을 돌아다니는 일을 하고 있었다고 한다면 그는 자전거를 운전하는 업무에 종사하고 있다고 보아야 할 것이고, 따라서 피고인이 그 자전거를 운전하는 업무에 종사 중 업무상 필요한 주의 의무를 태만한 탓으로 타인의 신체에 상해를 입혔다고 한다면 업무상 과실치상죄에 해당한다(대판 1972.5.9, 72도701).

(3) 업무상 과실치사죄에 있어 '업무'는 업무방해죄의 '업무'와는 달리 형법상 보호할 가치가 있는 업무에 한정되지 않는다.

(4) 업무상 과실치사죄에 있어 '업무'는 업무방해죄의 '업무'와는 달리 공무도 포함된다.

(5) **의료행위와 업무상과실**

ㅇ **의료행위와 환자에게 발생한 상해·사망 등 결과 사이에 인과관계가 인정되는 경우에도**, 검사가 공소사실에 기재한 바와 같은 업무상과실로 평가할 수 있는 행위의 존재 또는 그 업무상과실의 내용을 구체적으로 증명하지 못하였다면, **의료행위로 인하여 환자에게 상해·사망 등 결과가 발생하였다**는 사정만으로 의사의 업무상과실을 추정하거나 단순한 가능성·개연성 등 막연한 사정을 근거로 함부로 이를 인정할 수는 없다(대판 2023.1.12, 2022도11163).

ㅇ **[의사인 피고인이 간호사에게 환자 감시 업무를 맡기고 수술실을 이탈한 후 피해자인 환자에게 심정지가 발생하여 사망한 사건]** 의사에게 **의료행위로 인한 업무상과실치사상죄**를 인정하기 위해서는, 의료행위 과정에서 공소사실에 기재된 ① **업무상과실의 존재**는 물론 그러한 업무상과실로 인하여 환자에게 상해·사망 등 결과가 발생한 점에 대하여도 엄격한 증거에 따라 합리적 의심의 여지가 없을 정도로 증명이 이루어져야 한다. 따라서 검사는 공소사실에 기재한 업무상과실과 상해·사망 등 결과 발생 사이에 ② **인과관계가 있음**을 합리적인 의심의 여지가 없을 정도로 증명하여야 하고, 의사의 업무상과실이 증명되었다는 사정만으로 인과관계가 추정되거나 증명 정도가 경감되는 것은 아니다(대판 2023.8.31, 2021도1833).

2 중과실치사상죄

중과실치사상죄는 과실치상죄에 대하여 주의의무위반의 정도가 커서 형이 가중되는 가중적구성요건이다. → 중과실치사상죄에 대하여 자세한 내용은 총론 과실범 중과실 부분 참조

ㅇ 중과실은 행위자가 극히 근소한 주의를 함으로써 결과발생을 예견할 수 있었음에도 불구하고 부주의로 이를 예견하지 못하는 경우를 말하는 것으로서 중과실과 경과실의 구별은 구체적인 경우에 사회통념을 고려하여 결정될 문제이다(대판 1980.10.14, 79도305).

Thema 정리 업무상과실의 형벌가중근거

주의의무설 (불법가중설)	업무자에게 요구된 고도의 주의의무를 태만히 한 점에서 형이 가중된다는 견해
주의능력설 (위법성가중설)	주의의무는 동일하지만 업무자에게는 고도의 주의능력이 있으므로 위법성이 크다는 견해
책임가중설 (예견가능성설)	업무자라는 신분관계 또는 중과실로 인하여 책임이 가중된다는 견해로서 업무자는 일반인보다 풍부한 경험과 지식을 가지고 있어서 결과발생에 대한 예견가능성이 크므로 책임이 가중된다는 견해

Thema 정리 형법상의 업무 유형

보호의 객체로서의 업무		업무방해죄 (제314조)	• 사람의 생명·신체에 위험을 초래할 수 있는 업무에 제한되지 않음 • 형법상 보호할 가치 있는 업무 • 공무는 불포함(판례)
행위의 태양으로서의 업무		아동혹사죄 (제274조)	16세 미만자를 '생명 또는 신체에 위험한 업무'에 사용할 자에게 인도하는 경우
행위주체로서의 업무	과실범에 관한 업무	• 사람의 생명·신체에 위험을 초래할 수 있는 업무 • 형법상 보호가치 있는 업무에 제한되지 않음 • 공무 포함	
		• 업무상 과실치사상죄(제268조) : **부진정신분범**의 요소 • 업무상 실화죄(제171조) : 부진정신분범의 요소 • 업무상 과실교통방해죄(제189조 제2항) : 부진정신분범의 요소 • 업무상 과실장물취득죄(제364조) : **진정신분범**의 요소	
	진정신분범의 요소로서의 업무	업무자만이 범죄를 범할 수 있는 경우	
		• 허위진단서작성죄(제233조) • 업무상 비밀누설죄(제317조) • 업무상 과실장물취득죄(제364조)	
	부진정신분범의 요소로서의 업무	업무자라는 신분으로 인하여 형이 가중·감경되는 경우	
		• 업무상 동의낙태죄(제270조 제1항) • 업무상 위력 등에 의한 간음죄(제303조) • 업무상 횡령·배임죄(제356조)	

관련 판례 (업무상) **과실치사상죄를 인정한 경우**

1) 공사현장 감독자가 도로에 **웅덩이**를 판 후 안전조치를 취하지 않고 그대로 방치하여 야간에 그곳을 지나가던 통행인이 위 웅덩이에 떨어져 상해를 입었다면 도로에 웅덩이를 파둔 공사현장감독에게 위 웅덩이에 행인이 떨어져 입은 상해에 대한 업무상과실치상죄가 인정된다(대판 1986.8.19, 86도915).

2) 건설업자가 토공사 및 흙막이공사의 감리업무까지 수행하기로 약정하였음에도 이에 위반하여 실질적인 감리업무를 수행할 수 있는 사람을 감리자로 파견하지 않은 상태에서, 건설업법 제33조, 건설업법 시행령 제36조 제2항 제2호 소정의 건설기술자를 현장에 배치할 의무를 위반하여 **건설기술자조차 현장에 배치하지 아니한 과실**은 공사현장 인접 소방도로의 지반침하 방지를 위한 그라우팅공사 과정에서 발생한 가스폭발사고와 상당한 인과관계가 있다(대판 1997.1.24, 96도776).

3) **공사감리자**가 관계 법령과 계약에 따른 감리업무를 소홀히 하여 건축물 붕괴 등으로 인하여 사상의 결과가 발생한 경우에는 업무상과실치사상의 죄책을 면할 수 없다(대판 2010.6.24, 2010도2615).

4) 버스 운전사에게는 전날 밤에 주차해 둔 버스를 그 다음날 아침에 출발하기에 앞서 **차체 밑에 장애물이 있는지 여부**를 확인하여야 할 주의의무가 있다(대판 1988.9.27, 88도833).
[사실관계] 버스 밑에서 술에 취해 자고 있던 피해자를 버스 오른쪽 앞바퀴로 **역과**하여 사망하게 한 경우

5) 자동차 운전자가 주의의무를 게을리하여 열차건널목을 그대로 건너는 바람에 그 **자동차가 열차좌측 모서리와 충돌**하여 튕겨나갔고, 피해자는 타고 가던 자전거에서 내려 위 자동차 왼쪽에서 열차가 지나가기를 기다리고 있다가 위 충돌사고로 놀라 넘어져 상처를 입은 경우 자동차운전자의 위 과실과 피해자가 입은 상처 사이에는 상당한 인과관계가 있다(대판 1989.9.12, 89도866).

6) 운전자가 택시를 운전하고 제한속도가 시속 40km인 왕복 6차선 도로의 1차선을 따라 시속 약 50km로 진행하던 중, **무단횡단하던 보행자**가 중앙선 부근에 서 있다가 마주 오던 차에 충격당하여 택시 앞으로 쓰러지는 것을 피하지 못하고 **역과**시킨 경우, 업무상과실이 인정된다(대판 1995.12.26, 95도715).

7) 화물차를 주차하고 적재함에 적재된 토마토 상자를 운반하던 중 적재된 상자 일부가 떨어지면서 지나가던 피해자에게 상해를 입힌 경우, 교통사고처리 특례법에 정한 '**교통사고**'에 해당하지 않아 업무상과실치상죄가 성립한다(대판 2009.7.9, 2009도2390).

8) 골프장의 경기보조원이 **골프 카트**에 승객들을 태우고 진행하기 전에 안전 손잡이를 잡도록 고지하지도 않고, 또한 승객들이 안전 손잡이를 잡았는지 확인하지도 않은 상태에서 만연히 출발하였으며, 각도 70°가 넘는 우로 굽은 길을 속도를 충분히 줄이지 않고 급하게 우회전하여 상해를 입게 한 경우 업무상과실이 인정된다(대판 2010.7.22, 2010도1911).

9) **일산화탄소(연탄가스) 중독**환자가 퇴원시 자신의 병명을 물었으나 의사가 아무런 요양방법을 지도하여 주지 아니하여 병명을 알지 못한 환자가 퇴원 즉시 처음 사고 난 방에서 다시 자다가 재차 연탄가스에 중독된 경우 의사에게는 업무상과실이 있고, 이 과실과 재차의 일산화탄소 중독과의 사이에 인과관계가 있다(대판 1991.2.12, 90도2547).

10) 의사가 간호사에게 수혈을 맡겼는데 그 간호사가 다른 환자에게 수혈할 혈액을 당해 환자에게 **잘못 수혈**하여 환자가 사망한 경우 수혈을 맡긴 의사의 과실을 인정할 수 있다(대판 1998.2.27, 97도2812).
[사실관계] 병원에서 인턴의 수가 부족하여 수혈함에 있어 두 번째 이후의 혈액봉지는 인턴 대신 간호사가 교체하는 관행이 확립되어 있고, 담당의사의 지시를 받은 인턴이 피해자에게 수혈할 두 번째 혈액봉지를 직접 교체한 후 간호사에게 다음 혈액봉지를 교체할 것을 맡겼다 하더라도, 인턴은 혈액봉지가 바뀐 것에 대한 과실책임을 면할 수 없다.

11) 환자의 주치의 겸 정형외과 **전공의**인 피고인이 같은 과 수련의의 처방에 대한 감독의무를 소홀히 한 나머지, 환자가 수련의의 잘못된 처방으로 인하여 상해를 입게 된 경우 전공의도 업무상 과실치상죄가 성립한다(대판 2007.2.22, 2005도9229).

관련 판례 (업무상) **과실치사상죄를 부정한 경우**

1) 회복실에서 혼자 남아 자신의 환자를 돌보던 간호사가 **인계받지 않은 다른 환자**의 호흡중단 사실을 미처 발견하지 못하고 방치함으로써 그 환자가 뇌손상으로 사망한 경우 간호사에게는 회복실 내의 모든 환자에 대하여 적극적, 계속적으로 주시, 점검을 할 의무가 있다고 할 수 없다(대판 1994.4.26, 92도3283).

2) 제왕절개분만을 함에 있어서 산모에게 수혈을 할 필요가 있을 것이라고 예상할 수 있었다는 사정이 보이지 않는 한, 산후과다출혈에 대비하여 **제왕절개수술**을 시행하기 전에 미리 혈액을 준비할 업무상 주의의무가 있다고 보기 어렵다(대판 1997.4.8, 96도3082).

   [사실관계] 산부인과 의사가 제왕절개수술을 하는 도중 산모가 갑자기 출혈을 하였지만 수혈용 혈액을 미리 준비하지 않아 산모가 사망하였다 하더라도 의사에게는 업무상 과실치사죄가 성립하지 않는다는 취지

   [비교판례] 산부인과 의사가 산모의 태반조기박리에 대한 대응조치로서 **응급 제왕절개 수술**을 시행하기로 결정하였음에도 혈액을 공급받기 위한 조치를 전혀 취하지 아니하여 산모가 실혈(失血)로 사망한 경우 미리 혈액을 준비하여야 할 업무상 주의의무가 있다고 보아야 한다(대판 2000.1.14, 99도3621).

3) 병원 인턴인 피고인이 응급실로 이송되어 온 익수(溺水)환자 甲을 담당의사의 지시에 따라 구급차에 태워 다른 병원으로 이송하던 중 산소통의 **산소잔량을 체크하지 않은 과실**로 인하여 산소 공급이 중단된 결과 甲을 폐부종 등으로 사망에 이르게 한 경우, 피고인에게 일반적으로 구급차 탑승 전 또는 이송 도중 구급차에 비치되어 있는 산소통의 산소잔량을 확인할 주의의무가 있다고 보기는 어렵다(대판 2011.9.8, 2009도13959).

4) 호텔을 경영하는 주식회사에 대표이사가 별도로 있고 실질적인 책임자로서 업무전반을 총괄하는 전무 등 임직원이 각 소관업무를 분담처리하면서, 소방법 소정의 **방화관리자**까지 선정, 당국에 신고하여 소방훈련 및 화기사용 또는 취급에 관한 지도감독 등을 하고 있었다면, 위 회사의 업무에 전혀 관여하지 않고 있던 소위 **회장**에게는 호텔 종업원의 부주의와 호텔구조상의 결함으로 발생, 확대된 화재에 대한 구체적이고도 직접적인 주의의무가 인정되지 않는다(대판 1986.7.22, 85도108).

5) 상무이사인 **현장소장**이 현장에서의 공사감독을 전담하였다면, **사장**에게 자신의 직접적인 지휘·감독을 받지 않는 회사직원 혹은 고용한 노무자들이 저지른 안전수칙 위반사고에 대하여 일일이 세부적인 안전대책을 강구하여야 하는 구체적이고 직접적인 주의의무는 인정되지 않는다(대판 1989.11.24, 89도1618).

6) 지하철 공사구간 현장안전업무 담당자인 피고인이 공사현장에 인접한 기존의 횡단보도 표시선 안쪽으로 돌출된 강철빔 주위에 **라바콘** 3개를 설치하고 **신호수** 1명을 배치하였는데, 피해자가 위 횡단보도를 건너면서 강철빔에 부딪혀 상해를 입은 경우, 제반 사정에 비추어 피고인이 안전조치를 취하여야 할 업무상 주의의무를 위반하였다고 보기 어려우므로 업무상과실치상죄를 인정할 수 없다(대판 2014.4.10, 2012도11361).

7) 법령에 의하여 **도급인**에게 수급인의 업무에 관하여 구체적인 관리·감독의무가 부여되어 있거나 도급인이 공사의 시공이나 개별 작업에 관하여 구체적으로 지시·감독하였다는 등의 특별한 사정이 없는 한, 도급인에게는 수급인의 업무와 관련하여 사고방지에 필요한 안전조치를 할 주의의무가 없다(대판 2015.10.29, 2015도5545).

8) **[건물소유자 과실치상사건]** [3] 건물 소유자가 안전배려나 안전관리 사무에 계속적으로 종사하거나 그러한

3) 2020년 법원사무관승진시험(20점)

계속적 사무를 담당하는 지위를 가지지 않은 채 단지 **건물을 비정기적으로 수리**하거나 **건물의 일부분을 임대**하였다는 사정만으로는 건물 소유자의 위와 같은 행위가 업무상과실치상죄의 '업무'에 해당한다고 보기 어렵다(대판 2009.5.28, 2009도1040 ; 대판 2017.12.5, 2016도16738).

[사실관계] **3층 건물의 소유자**로서 건물 각 층을 임대한 피고인이, 건물 2층으로 올라가는 계단참의 전면 벽이 아크릴 소재의 창문 형태로 되어 있고 별도의 고정장치가 없는데도 안전바를 설치하는 등 낙하사고 방지를 위한 관리의무를 소홀히 함으로써, 건물 2층에서 나오던 갑이 신발을 신으려고 아크릴 벽면에 기대는 과정에서 벽면이 떨어지고 개방된 결과 1층으로 추락하여 상해를 입었다고 하여 업무상과실치상으로 기소된 사안에서, 업무상과실치상의 공소사실을 이유에서 무죄로 판단하고 축소사실인 과실치상 부분을 유죄로 인정한 사례

[동지판례] 4층 건물의 2층 내부 벽면에 설치된 분전반을 통해 3층과 4층으로 가설된 전선이 합선으로 단락되어 화재가 나 상해가 발생한 사안에서, **4층 건물의 소유자**로서 위 **건물 2층을 임대하였다는 사정**만으로 업무상과실치상죄에 있어서의 '업무'에 관한 증명이 있다고 본 원심판결을 심리미진 등을 이유로 파기한 사례(대판 2009.5.28, 2009도1040)

9) 식당(분식점)의 운영자인 피고인이 식당 밖에서 당겨 열도록 표시되어 있는 출입문을 열고 음식 배달차 밖으로 나가던 중 이웃 가게손님으로 마침 위 식당 출입문 앞쪽 길가에 서 있던 피해자의 오른발 뒤꿈치 부위를 위 출입문 모서리 부분으로 충격하여 상해를 입게 한 행위는, 비록 위 식당의 운영과 관련한 업무상 행위로는 볼 수 있다 하더라도, 달리 위 사고가 위 출입문 자체의 설치 혹은 관리상의 하자에 기인하거나 영업자로서 위 사고발생과 관련한 별도의 주의의무를 부과할 만한 사정이 존재하지 않는 이상, 피고인이 그 업무상 하여야 할 구체적이고도 직접적인 주의의무를 위반한 때에 해당한다고 보기 어렵고, 오히려 위와 같이 **출입문을 여닫는 행위**는 음식을 배달하기 위한 경우 이외에도 일상생활에서 얼마든지 자연적으로 행하여질 수 있는 일이라는 점에서 단순히 일상생활상의 주의의무를 위반한 경우에 불과하다 할 것이므로 **업무상과실치상죄의 성립을 인정할 수 없다**(대판 2009.10.29, 2009도5753).

제4절 낙태의 죄

제269조【낙태】

① 부녀가 약물 기타 방법으로 낙태한 때에는 1년 이하의 징역 또는 200만원 이하의 벌금에 처한다.

② 부녀의 촉탁 또는 승낙을 받어 낙태하게 한 자도 제1항의 형과 같다.

③ 제2항의 죄를 범하여 부녀를 상해에 이르게 한 때에는 3년 이하의 징역에 처한다. 사망에 이르게 한 때에는 7년 이하의 징역에 처한다.

제270조【의사 등의 낙태, 부동의낙태】

① 의사, 한의사, 조산사, 약제사 또는 약종상이 부녀의 촉탁 또는 승낙을 받어 낙태하게 한 때에는 2년 이하의 징역에 처한다.

② 부녀의 촉탁 또는 승낙 없이 낙태하게 한 자는 3년 이하의 징역에 처한다

③ 제1항 또는 제2항의 죄를 범하여 부녀를 상해에 이르게 한 때에는 5년 이하의 징역에 처한다. 사망에 이르게 한 때에는 10년 이하의 징역에 처한다.

o [낙태죄 헌법불합치결정] 임신한 여성의 자기낙태를 처벌하는 형법 **제269조 제1항**, 의사가 임신한 여성의 촉탁 또는 승낙을 받아 낙태하게 한 경우를 처벌하는 형법 **제270조 제1항 중 '의사'에 관한 부분**은 모두 헌법에 합치되지 아니하며, 위 조항들은 2020.12.31.을 시한으로 입법자가 개정할 때까지 **계속 적용**하되, 만일 위 일자까지 개선입법이 이루어지지 않는 경우 위 조항들은 2021.1.1.부터 그 효력을 상실한다(헌재결 2019.4.11, 2017헌바127).
[헌법불합치 의견(4인)] 태아가 모체를 떠난 상태에서 독자적으로 생존할 수 있는 시점인 **임신 22주 내외에 도달하기 전**이면서 동시에 임신 유지와 출산 여부에 관한 자기결정권을 행사하기에 충분한 시간이 보장되는 시기(이하 착상 시부터 이 시기까지를 '**결정가능기간**'이라 한다)까지의 낙태에 대해서는 국가가 생명보호의 수단 및 정도를 달리 정할 수 있다고 봄이 타당하다. 태아의 생명을 보호하기 위하여 낙태를 금지하고 형사처벌하는 것 자체가 모든 경우에 헌법에 위반된다고 볼 수는 없다.

I 서설

1 의의 및 보호법익

낙태의 죄란 태아를 낙태시키거나 낙태로 인하여 임산부를 상해 또는 사망에 이르게 함으로써 성립하는 범죄이다. 태아의 생명을 주된 보호법익으로 하면서 임산부의 생명・신체도 부차적인 보호법익으로 하고, 보호의 정도는 추상적 위험범이다(통설).

Thema 정리 낙태죄의 보호정도와 개념

침해범설	낙태를 임신중절에 의한 **태아살해**로 보는 견해
위험범설 (통설・판례)	낙태를 자연분만기에 앞서 인위적으로 **모체 밖으로 배출**하는 행위와 모체 내에서 행하는 **태아의 살해**를 포괄하는 개념으로 파악

2 구성요건의 체계

기본적 구성요건	자기낙태죄
가중적 구성요건	업무상동의낙태죄, 부동의낙태죄, 낙태치사상죄, 업무상동의・부동의낙태치사상죄
독립적 구성요건	동의낙태죄
과실범 처벌규정	×
미수범 처벌규정	×
예비・음모 처벌규정	×

II 자기낙태죄

1 구성요건

자기낙태죄란 부녀가 약물 기타 방법으로 낙태함으로써 성립하는 범죄이다. 자기낙태죄는 임신한 부녀만이 주체가 되는 진정신분범이다.

(1) 낙태란 자연적인 분만기에 앞서서 인위적으로 모체 밖으로 배출하거나 모체 안에서 살해하는 것을 말한다. 자연적인 분만기에 앞서서 인위적으로 모체 밖으로 배출하였다면 그 결과 태아가 사망하였는지 여부는 낙태죄의 성립에 영향이 없고, 낙태행위가 종료함으로써 기수가 된다(∵ **추상적 위험범**).

(2) 낙태의 수단·방법에는 제한이 없고, 자기 스스로 낙태하거나 타인에게 의뢰하여 낙태하든 관계없다.

Thema 정리 **낙태죄 사례**

의사가 임산부로터 낙태시술을 부탁받고 낙태시술을 하였으나 태아가 살아서 미숙아상태로 태어나자 염화칼륨을 주입하여 사망케 한 사안

┌ **침해범설** : 살인죄만 성립(∵ 낙태미수와 살인죄 성립하나, 낙태미수는 처벌규정 無)
└ **위험범설** : 업무상촉탁낙태죄와 살인죄의 실체적 경합범(판례)

o [염화칼륨주입살인사건] 4) 낙태죄는 태아를 자연분만기에 앞서서 인위적으로 모체 밖으로 배출하거나 모체 안에서 살해함으로써 성립하고, 그 결과 태아가 사망하였는지 여부는 낙태죄의 성립에 영향이 없다(대판 2005.4.15, 2003도2780).

[사실관계] 산부인과 의사인 피고인이 약물에 의한 유도분만의 방법으로 낙태시술을 하였으나 태아가 살아서 미숙아 상태로 출생하자 그 미숙아에게 염화칼륨을 주입하여 사망하게 한 경우, 피고인에게는 미숙아를 살해하려는 범의가 인정된다. → **낙태기수와 살인죄의 실체적 경합**

2 특수한 위법성조각사유 _ 모자보건법 제14조

모자보건법 제14조는 낙태죄의 특수한 위법성조각사유를 정하여 인공임신중절수술을 허용하고 있다. ① 의사에 의한 수술, ② 본인 및 배우자의 동의, ③ 임신일로부터 24주 이내 등을 요건으로 한다. 여기에 개별적 적응요건으로는 ① 의학적 적응(제5호), ② 우생학적 적응(제1호, 제2호), ③ 윤리적 적응(제3호, 제4호) 등이 있다. 이 규정은 자기낙태죄, 동의낙태죄, 업무상동의낙태죄에 한하여 적용된다.

모자보건법 제14조【인공임신중절수술의 허용한계】

① 의사는 다음 각 호의 어느 하나에 해당되는 경우에만 본인과 배우자(사실상의 혼인관계에 있는 사람을 포함한다. 이하 같다)의 동의를 받아 인공임신중절수술을 할 수 있다.

1. 본인이나 배우자가 대통령령으로 정하는 우생학적 또는 유전학적 정신장애나 신체질환이 있는 경우
2. 본인이나 배우자가 대통령령으로 정하는 전염성 질환이 있는 경우
3. 강간 또는 준강간(準强姦)에 의하여 임신된 경우
4. 법률상 혼인할 수 없는 혈족 또는 인척간에 임신된 경우
5. 임신의 지속이 보건의학적 이유로 모체의 건강을 심각하게 해치고 있거나 해칠 우려가 있는 경우

모자보건법 시행령 제15조【인공임신중절수술의 허용한계】

① 법 제14조에 따른 인공임신중절수술은 임신 24주일 이내인 사람만 할 수 있다.

4) 2005년 법무사시험

Ⅲ 동의낙태죄

부녀의 촉탁 또는 승낙을 받아 낙태하게 함으로써 성립하는 범죄이다(제269조 제2항). 자기낙태죄와는 필요적 공범관계이다.

Ⅳ 업무상동의낙태죄(의사 등 낙태죄)

의사, 한의사, 조산사, 약제사 또는 약종상이 부녀의 촉탁 또는 승낙을 받아 낙태하게 함으로서 성립하는 범죄이다(제270조 제1항). 의사 등의 신분이 있음으로써 형이 가중되는 부진정신분범이다.
업무상동의낙태죄의 주체는 구성요건에 열거되어 있으므로 의사, 한의사, 조산사, 약제사 또는 약종상으로 한정된다.

Ⅴ 부동의낙태죄

부녀의 촉탁 또는 승낙 없이 낙태하게 함으로써 성립하는 범죄이다(제270조 제2항).

Ⅵ 낙태치사상죄

'동의낙태죄, 업무상동의낙태·부동의낙태죄를 범하여' 부녀를 상해 또는 사망에 이르게 한 경우 성립하는 범죄이다(제269조 제3항, 제270조 제3항). '낙태죄를 범하여'의 해석과 관련하여 낙태죄는 미수범처벌규정이 없으므로 낙태가 기수에 이를 것을 요한다는 견해가 다수설이다.
낙태죄(동의낙태죄, 업무상동의낙태·부동의낙태죄)의 결과적가중범이다.

제5절 유기와 학대의 죄

제271조【유기, 존속유기】
① 나이가 많거나 어림, 질병 그 밖의 사정으로 도움이 필요한 사람을 법률상 또는 계약상 보호할 의무가 있는 자가 유기한 경우에는 3년 이하의 징역 또는 500만원 이하의 벌금에 처한다.
② 자기 또는 배우자의 직계존속에 대하여 제1항의 죄를 지은 경우에는 10년 이하의 징역 또는 1천500만원 이하의 벌금에 처한다.
③ 제1항의 죄를 지어 사람의 생명에 위험을 발생하게 한 경우에는 7년 이하의 징역에 처한다.
④ 제2항의 죄를 지어 사람의 생명에 위험을 발생하게 한 경우에는 2년 이상의 유기징역에 처한다. [시행 2021.12.9.]

제272조 삭제
[2023.8.8. 개정, 2024.2.9. 시행]
구법 제272조【영아유기】
직계존속이 치욕을 은폐하기 위하거나 양육할 수 없음을 예상하거나 특히 참작할 만한 동기로 인하여 영아를 유기한 때에는 2년 이하의 징역 또는 300만원 이하의 벌금에 처한다.

제273조【학대, 존속학대】
① 자기의 보호 또는 감독을 받는 사람을 학대한 자는 2년 이하의 징역 또는 500만원 이하의 벌금에 처한다.
② 자기 또는 배우자의 직계존속에 대하여 전항의 죄를 범한 때에는 5년 이하의 징역 또는 700만원 이하의 벌금에 처한다.

제274조【아동혹사】
자기의 보호 또는 감독을 받는 16세 미만의 자를 그 생명 또는 신체에 위험한 업무에 사용할 영업자 또는 그 종업자에게 인도한 자는 5년 이하의 징역에 처한다. 그 인도를 받은 자도 같다.

제275조【유기 등 치사상】
① 제271조 또는 제273조의 죄를 범하여 사람을 상해에 이르게 한 때에는 7년 이하의 징역에 처한다. 사망에 이르게 한 때에는 3년 이상의 유기징역에 처한다.
② 자기 또는 배우자의 직계존속에 대하여 제271조 또는 제273조의 죄를 범하여 상해에 이르게 한 때에는 3년 이상의 유기징역에 처한다. 사망에 이르게 한 때에는 무기 또는 5년 이상의 징역에 처한다. [2023.8.8. 개정, 2024.2.9. 시행]

I 서설

1 의의 및 보호법익

(1) 유기의 죄는 노유(나이가 많거나 어림)·질병 기타 사유로 인하여 부조를 요하는 자(도움이 필요한 사람)를 보호할 의무 있는 자가 유기함으로써 성립하는 범죄이다. 보호법익은 피유기자의 생명·신체의 안전이고, 보호의 정도는 추상적 위험범이다(통설).

(2) 학대의 죄는 자기의 보호 또는 감독을 받는 사람을 학대하거나, 자기 또는 배우자의 직계존속을 학대함으로써 성립하는 범죄이다. 보호법익은 피보호자 또는 피감독자의 생명·신체의 안전과 인격권이고, 보호의 정도는 추상적 위험범이다(다수설).

2 구성요건의 체계

기본적 구성요건	유기죄, 학대죄
가중적 구성요건	존속유기죄, 존속학대죄 중유기죄, 존속중유기죄 유기치사상죄, 존속유기치사상죄, 학대치사상죄, 존속학대치사상죄 ↔ **특수~, 상습~ : 가중처벌 ×**
독립적 구성요건	아동혹사죄
미수범 처벌규정	×
예비·음모 처벌규정	×

II 유기죄

1 주체

현행 형법은 부조를 요하는 자(도움이 필요한 사람)를 보호할 법률상 또는 계약상 의무 있는 자만을 유기죄의 주체로 규정하고 있다(진정신분범). 따라서 유기죄의 보호의무는 법률이나 계약상 의무로 제한되고, 사무관리 · 관습 · 조리에 의해서는 인정되지 않는다.

예 우연히 길에서 만나 동행하던 사람이 절벽에서 추락한 것을 구조하지 아니한 경우 → 유기죄 성립 ×

> o 설혹 동행자가 구조를 요하게 되었다 하여도 **일정거리를 동행한 사실**만으로서는 피고인에게 법률상 계약상의 보호의무가 있다고 할 수 없으니 유기죄의 주체가 될 수 없다(대판 1977.1.11, 76도3419).
> **[사실관계]** 술에 취한 甲과 乙이 우연히 같은 길을 가다가 개울에 떨어져 甲은 가까스로 귀가하고 乙은 머리를 다쳐 앓다가 추운 날씨에 심장마비로 사망한 경우 甲은 무죄이나.

✔ 총칙의 부작위범의 작위의무의 범위보다 유기죄의 보호의무가 더 좁다.

(1) 법률상 보호의무

① 경찰관의 보호조치의무(경찰관직무집행법 제4조), 민법상 친권자의 자녀보호의무(민법 제913조), 부부간의 부양의무(민법 제826조 제1항) 등이 법률상 보호의무에 해당한다.

예 머리를 심하게 다친 상태로 사람이 경찰서에 누워 있는 경우 → 구조할 법률상 의무 ○

> o 유기죄를 범하여 사람을 사망에 이르게 하는 유기치사죄가 성립하기 위해서는 먼저 유기죄가 성립하여야 하므로, 행위자가 유기죄에 관한 형법 제271조 제1항이 정하고 있는 것처럼 "노유, 질병 기타 사정으로 인하여 부조를 요하는 자를 보호할 법률상 또는 계약상 의무 있는 자"에 해당하여야 한다. 여기에서 말하는 법률상 보호의무에는 민법 제826조 제1항에 근거한 **부부간의 부양의무**도 포함된다(대판 2018.5.11, 2018도4018).

② 부부간의 부양의무(민법 제826조 제1항)의 부부에는 법률상 부부뿐만 아니라 사실혼관계도 포함한다. 그러나 단순한 동거 또는 내연관계를 맺은 사정(간헐적인 정교관계 등)만으로는 사실혼관계라 할 수 없으므로 보호의무가 인정되지 않는다.

> o [내연녀 필로폰복용사건] 형법 제271조 제1항에서 말하는 법률상 보호의무 가운데는 민법 제826조 제1항에 근거한 부부간의 부양의무도 포함되며, 나아가 법률상 부부는 아니지만 **사실혼 관계에 있는 경우**에도 위 민법 규정의 취지 및 유기죄의 보호법익에 비추어 위와 같은 법률상 보호의무의 존재를 긍정하여야 하지만, 사실혼에 해당하여 법률혼에 준하는 보호를 받기 위하여는 단순한 동거 또는 간헐적인 정교관계를 맺고 있다는 사정만으로는 부족하고, / 그 당사자 사이에 주관적으로 혼인의 의사가 있고 객관적으로도 사회관념상 가족질서적인 면에서 부부공동생활을 인정할 만한 혼인생활의 실체가 존재하여야 한다(대판 2008.2.14, 2007도3952).
> **[사실관계] 동거 또는 내연관계를 맺은 사정**만으로는 사실혼관계를 인정할 수 없고, 내연녀가 치사량의 필로폰을 복용하여 부조를 요하는 상태에 있었음을 인식하였다는 점을 인정할 증거가 부족하다는 이유로 유기치사죄의 성립을 부정한 사례

(2) 계약상 보호의무

① 계약의 주된 급부의무가 부조를 제공하는 것인 경우 보호의무가 인정된다.

예 간호계약, 보모계약, 간병계약 등

② 계약상 부수적 의무의 한 내용으로 상대방을 부조하여야 하는 경우에도 계약상 보호의무의 인정이 가능하지만, 신중하여야 한다.

> ㅇ [주점 내 방치 유기치사사건] 유기죄의 '계약상 의무'는 간호사나 보모와 같이 계약에 기한 주된 급부의무가 부조를 제공하는 것인 경우에 반드시 한정되지 아니하며, 계약의 해석상 계약관계의 목적이 달성될 수 있도록 상대방의 신체 또는 생명에 대하여 주의와 배려를 한다는 부수적 의무의 한 내용으로 상대방을 부조하여야 하는 경우를 배제하는 것은 아니라고 할 것이다. / 그러나 부수의무로서의 민사적 부조의무 또는 보호의무가 인정된다고 해서 형법 제271조 소정의 '계약상 의무'가 당연히 긍정된다고는 말할 수 없고, 제반 사정을 고려하여 위 '계약상의 부조의무'의 유무를 신중하게 판단하여야 한다(대판 2011.11.24, 2011도12302).
> [사실관계] 피고인이 자신이 운영하는 주점에 손님으로 와서 수일 동안 식사는 한 끼도 하지 않은 채 계속하여 술을 마시고 만취한 피해자를 주점 내에 그대로 방치하여 **저체온증 등으로 사망**에 이르게 한 경우 피고인에게 계약상 부조의무를 부담하므로 유기치사죄가 성립된다.

2 객체

(1) 노유(나이가 많거나 어림), 질병 기타 사정으로 인하여 부조를 요하는 자(요부조자, 도움이 필요한 사람)이다.

(2) 요부조자란 다른 사람의 도움 없이는 자기의 생명・신체에 대한 위험을 극복할 수 없는 사람을 말한다. 여기에 경제적 요부조자(극빈자)는 포함하지 않는다.

3 행위

(1) 유기

유기란 요부조자(도움이 필요한 사람)를 보호 없는 상태에 두는 것을 말한다. 유기의 방법에는 제한이 없으므로, ① 갖다 버리는 적극적 행위와 ② 종래의 상태에 두고 떠나는 소극적 행위 내지 함께 있으면서도 보호조치를 하지 않는 부작위에 의하여도 가능하다(부진정부작위범).

(2) 기수시기

고아원이나 양로원 앞에 유아나 노모를 버린 경우 구조가 없으면 스스로 구할 의사로 근처에서 망을 보거나 안전하게 구조되는 것까지 보고 돌아온 경우에도 유기죄의 기수이다(∵ 추상적 위험범).

4 고의

유기죄는 행위자가 요부조자(도움이 필요한 사람)에 대한 보호책임의 발생 원인이 된 사실이 존재한다는 것을 인식하고 이에 기한 부조의무를 해태한다는 의식이 있음을 요한다.

> ㅇ 국민의 생명과 신체의 안전을 보호하기 위한 응급의 조치를 강구하여야 할 직무를 가진 **경찰관**인 피고인으로서는 술에 만취된 피해자가 향토예비군 4명에게 떼메어 운반되어 지서 나무의자 위에 눕혀 놓았을 때 숨이 가쁘게 쿨쿨 내뿜고 자신의 수족과 의사도 자제할 수 없는 상태에 있음에도 불구하고 근 3시간 동안이나 아무런 구호조치를 취하지 아니한 것은 유기죄에 대한 범의를 인정할 수 있다(대판 1972.6.27, 72도863).

> ㅇ [성류파크호텔 7층사건] 유기죄에 있어서는 행위자가 요부조자에 대한 보호책임의 발행원인이 된 사실이 존재한다는 것을 인식하고 이에 기한 부조의무를 해태한다는 의식이 있음을 요한다(대판 1988.8.9, 86도225).
> [사실관계] 甲은 호텔 객실에서 애인인 乙女에게 성관계를 요구하였는데, 乙女는 그 순간을 모면하기 위하여 甲이 모르는 사이에 7층 창문에서 뛰어내리다가 중상을 입었다. 그러나 이 사실을 모르는 甲이 빈사상태의 乙女를 방치하고 혼자서 호텔을 나온 경우 甲에게 유기죄가 성립하지 아니한다.
> ∵ 피해자가 위 1713호실에서 뛰어내린 여부를 피고인이 전혀 알지 못하였다면 피고인의 범의를 인정할 수 없기 때문

5 타죄와의 관계

(1) 살인이나 상해의 고의로 유기하면 살인죄나 상해죄만 성립하고 유기죄는 성립하지 않는다(법조경합의 보충관계).

(2) 강간치상죄가 성립하는 경우 유기죄는 별도로 성립하지 않는다.

> ㅇ **강간치상**의 범행을 저지른 자가 그 범행으로 인하여 실신상태에 있는 피해자를 구호하지 아니하고 **방치**하였다고 하더라도 그 행위는 포괄적으로 단일의 강간치상죄만을 구성한다(대판 1980.6.24, 80도726). → 별도로 유기죄 성립 ×

Ⅲ 존속유기죄

자기 또는 배우자의 직계존속을 유기함으로써 성립하는 범죄이다(제271조 제2항). 부진정신분범이다.

Ⅳ 중유기죄 · 존속중유기죄

유기 · 존속유기죄를 범하여 사람의 생명에 대한 위험(↔ 신체에 대한 위험 : ×)을 발생하게 한 때 가중처벌되는 범죄이다(제271조 제3항, 제4항).
생명에 대한 위험발생을 요하는 구체적 위험범이고, 생명에 대한 위험을 고의로 발생시킨 경우에도 성립하는 부진정결과적가중범이다.

Ⅴ 학대죄

자기의 보호 또는 감독을 받는 사람을 학대함으로써 성립하는 범죄이다(제273조).

1 진정신분범

학대죄는 타인을 보호 또는 감독하는 자를 주체로 하는 진정신분범이다.

2 학대의 의미

학대란 자기의 보호 또는 감독을 받는 사람에게 육체적으로 고통을 주거나 정신적으로 차별대우를 하는 행위를 하는 것을 말한다.

ㅇ 제273조 제1항에서 말하는 '**학대**'라 함은 육체적으로 고통을 주거나 정신적으로 차별대우를 하는 행위를 가리키고, 이러한 학대행위는 형법의 규정체제상 학대와 유기의 죄가 같은 장에 위치하고 있는 점 등에 비추어 단순히 상대방의 인격에 대한 반인륜적 침해만으로는 부족하고 적어도 유기에 준할 정도에 이르러야 한다(대판 2000.4.25, 2000도223).
[사실관계] 자기의 **딸과 성관계를 가진 행위**(12세부터 장장 8년간)를 학대행위에 해당한다고 보기는 어렵다.
→ 미성년자의제강간 ○, 학대 ×(∵ 반인륜적 행위일지언정 유기에 준할 정도의 학대라고 보기 어려우므로)

ㅇ 4세인 **아들**이 대소변을 가리지 못한다고 **닭장에 가두고 전신을 구타한 경우** 학대죄가 인정된다(대판 1969.2.4, 68도1793).

3 상태범 또는 즉시범

학대죄는 학대행위가 있음과 동시에 범죄가 완성되는 상태범 또는 즉시범이다(↔ 계속범 : ×).

ㅇ 학대죄는 자기의 보호 또는 감독을 받는 사람에게 육체적으로 고통을 주거나 정신적으로 차별대우를 하는 행위가 있음과 동시에 범죄가 완성되는 상태범 또는 즉시범이다(대판 1986.7.8, 84도2922).
[사실관계] 비록 수십회에 걸쳐서 계속되는 일련의 폭행행위가 있었다 하더라도 그중 친권자로서의 징계권의 범위에 속하여 위 위법성이 조각되는 부분이 있다면 그 부분을 따로 떼어 무죄의 판결을 할 수 있다.

VI 존속학대죄

자기 또는 배우자의 직계존속에 대하여 전항의 죄를 범한 경우 성립하는 범죄이다(제273조 제2항). 존속학대죄는 책임이 가중되는 가중적 구성요건이고 부진정신분범이다.

VII 아동혹사죄

자기의 보호 또는 감독을 받는 16세 미만의 자를 그 생명 또는 신체에 위험한 업무에 사용할 영업자 또는 그 종업자에게 인도하거나 인도받는 것을 내용으로 하는 범죄이다(제274조). 진정신분범이고, 필요적 공범 중 대향범에 해당한다.

VIII 유기 등 치사상죄

유기・존속유기죄, 중유기죄, 학대・존속학대죄를 범하여 사람을 사상에 이르게 한 경우 성립하는 범죄이다(제275조).

ㅇ 생모가 사망의 위험이 예견되는 그 딸에 대하여는 수혈이 최선의 치료방법이라는 의사의 권유를 자신의 종교적 신념이나 후유증 발생의 염려만을 이유로 완강하게 거부하고 방해하였다면 이는 결과적으로 요부조자를 위험한 장소에 두고 떠난 경우나 다름이 없다고 할 것이고 그때 사리를 변식할 지능이 없다고 보아야 마땅한 11세 남짓의 환자 본인 역시 수혈을 거부하였다고 하더라도 생모의 수혈거부 행위가 위법한 점에 영향을 미치는 것이 아니다(대판 1980.9.24, 79도1387).

[사실관계] 특정 종교의 신도인 甲이 교리에 어긋난다는 이유로 최선의 치료방법인 **수혈을 요하는 수술을 거부**하여 자신의 딸인 乙을 사망하게 한 경우 유기치사죄가 성립한다.

관련 판례 아동복지법상 학대 · 아동학대처벌법상 학대

1) 어린이집 장애전담교사인 피고인이, 발달장애증세를 앓고 있는 장애아동 甲(5살)이 놀이도구를 제대로 정리하지 않고 바닥에 드러누웠다는 이유로 甲의 **팔을 세게 잡는 행위**를 하였더라도 피고인이 합리적 범위 안에서 가장 적절하다고 생각하는 지도방법을 택하였고 이는 계속적인 훈육의 일환으로 볼 수 있으므로 아동복지법상 신체적 학대행위에 해당하지 않는다(대판 2020.1.16, 2017도12742).

2) 보육교사인 피고인이 강압적이고 부정적인 태도를 보이며 4세인 피해아동을 높이 78cm에 이르는 **교구장 위에 약 40분 동안 앉혀놓는 행위**를 한 것이 피해아동에 대한 정서적 학대(아동복지법상 **아동학대**)에 해당한다(대판 2020.3.12, 2017도5769).

[동지판례] 장애아동 전문 어린이집 보육교사인 피고인이 뇌병변 2급의 장애아동을 **장시간 자세 교정용 의자에 앉히고 안전벨트를 착용하게 하여 한 경우**, 피고인의 행위는 아동에 대한 신체적 학대에 해당한다(대판 2022.11.10, 2020도6337).

3) **누구든지** 아동복지법 제17조 제2호에서 정한 금지행위(**성적 학대행위**)를 한 경우 제71조 제1항에 따라 처벌되는 것이고, 성인이 아니라고 하여 위 금지행위규정 및 처벌규정의 적용에서 배제된다고 할 수는 없다(대판 2020.10.15, 2020도6422).

4) 甲이 피해아동(여, 14세)과 영상통화를 하면서 가슴을 노출하도록 하고, 자신의 자위행위 장면을 보여준 행위는 아동에 대한 성적 학대행위에 해당한다(대판 2022.7.28, 2020도12419).

5) **초 · 중등교육법 제18조 제1항 본문**은 '학교의 장은 교육을 위하여 필요한 경우에는 법령과 학칙으로 정하는 바에 따라 학생을 징계하거나 그 밖의 방법으로 지도할 수 있다'고 규정하고 있다. 그 위임에 따른 **초 · 중등교육법 시행령** 제31조 제8항은 '법 제18조 제1항 본문에 따라 지도를 할 때에는 학칙으로 정하는 바에 따라 훈육 · 훈계 등의 방법으로 하되, 도구, 신체 등을 이용하여 학생의 신체에 고통을 가하는 방법을 사용해서는 아니 된다'고 규정하고, 위 ○○**중학교의 생활지도 규정** 제12조 제5항도 '징계지도시 도구, 신체 등을 사용하는 체벌은 금지한다'고 규정한다. 따라서 피고인이 위 중학교 교사로서 학생들에게 초 · 중등교육법 시행령과 학교의 생활지도 규정에서 금지하는 수단과 방법을 사용하여 체벌을 하였다면 훈육 또는 지도 목적으로 행하여졌다고 할지라도 허용될 수 없다(대판 2022.10.27, 2022도1718).
→ 아동학대처벌법상 처벌되는 신체적 학대행위에 해당한다는 취지

Chapter 02

자유에 대한 죄

제1절 협박의 죄

제283조 【협박, 존속협박】
① 사람을 협박한 자는 3년 이하의 징역, 500만원 이하의 벌금, 구류 또는 과료에 처한다.
② 자기 또는 배우자의 직계존속에 대하여 제1항의 죄를 범한 때에는 5년 이하의 징역 또는 700만원 이하의 벌금에 처한다.
③ 제1항 및 제2항의 죄는 피해자의 명시한 의사에 반하여 공소를 제기할 수 없다.

제284조 【특수협박】
단체 또는 다중의 위력을 보이거나 위험한 물건을 휴대하여 전조 제1항, 제2항의 죄를 범한 때에는 7년 이하의 징역 또는 1천만원 이하의 벌금에 처한다.

제285조 【상습범】
상습으로 제283조 제1항, 제2항 또는 전조의 죄를 범한 때에는 그 죄에 정한 형의 2분의 1까지 가중한다.

제286조 【미수범】
전3조의 미수범은 처벌한다.

I 서설

1 의의 및 보호법익

협박의 죄는 사람을 협박함으로써 성립하는 범죄이다. 보호법익은 개인의 의사결정의 자유이고, 보호의 정도는 침해범이라고 보는 것이 통설의 입장이나, 판례는 위험범이라고 보고 있다.

2 구성요건의 체계

기본적 구성요건	협박죄
가중적 구성요건	존속협박죄, 특수협박죄, 상습협박죄
미수범 처벌규정	○
예비·음모 처벌규정	×
반의사불벌죄	○ : 협박죄, 존속협박죄
	× : 특수협박죄, 상습협박죄

II 협박죄

1 객체 _ 사람

협박죄의 보호법익 및 형법 규정의 체계 등에 비추어 볼 때 **법인**은 의사결정의 자유가 없으므로 협박죄의 객체가 될 수 없다.

ㅇ **[상무이사 협박사건]** 협박죄는 사람의 의사결정의 자유를 보호법익으로 하는 범죄로서, 협박죄는 자연인만을 그 대상으로 예정하고 있을 뿐 법인은 협박죄의 객체가 될 수 없다(대판 2010.7.15, 2010도1017).
[사실관계] 채권추심 회사의 지사장이 회사로부터 자신의 횡령행위에 대한 민·형사상 책임을 추궁당할 지경에 이르자 이를 모면하기 위하여 회사 본사에 '회사의 내부비리 등을 금융감독원 등 관계 기관에 고발하겠다'는 취지의 서면을 보내는 한편, 위 회사 경영지원본부장이자 상무이사에게 전화를 걸어 자신의 횡령행위를 문제 삼지 말라고 요구하면서 위 서면의 내용과 같은 취지로 발언한 경우, 위 상무이사에 대한 협박죄를 인정한 사례 ↔ 회사(법인)에 대한 협박죄 : ×

2 행위 _ 협박

(1) 협박이라 함은 일반적으로 보아 사람으로 하여금 공포심을 일으킬 수 있는 정도의 해악을 고지하는 것을 의미한다. 따라서 해악의 내용이 경미하여 상대방이 전혀 개의치 않을 정도인 경우에는 협박에 해당하지 않는다(대판 2005.3.25, 2004도8984).

(2) 협박죄가 성립하기 위해서는 발생 가능한 것으로 생각될 수 있는 정도의 구체적인 해악의 고지가 있어야 한다. 단순한 감정적인 욕설 내지 일시적 분노의 표시에 불과하여 주위사정에 비추어 가해의 의사가 없음이 객관적으로 명백한 때에는 협박행위라고 볼 수 없다.

ㅇ 협박죄에 있어서 협박이라 함은 일반적으로 보아 사람으로 하여금 공포심을 일으킬 수 있을 정도의 해악을 고지하는 것을 의미하므로, 그러한 해악의 고지는 구체적이어서 해악의 발생이 일응 가능한 것으로 생각될 수 있을 정도일 것을 필요로 한다(대판 1995.9.29, 94도2187).
[사실관계] "**앞으로 수박이 없어지면 네 책임으로 한다**"고 말하였다고 하더라도 그것만으로는 구체적으로 어떠한 법익에 어떠한 해악을 가하겠다는 것인지를 알 수 없어 이를 해악의 고지라고 보기 어렵고, 가사 위와 같이 말한 것이 다소간의 해악의 고지에 해당한다고 가정하더라도, 이는 정당한 훈계의 범위를 벗어나는 것이 아니어서 사회상규에 위배되지 아니하므로 위법성이 없다.

ㅇ 피해자와 언쟁 중 "**입을 찢어 버릴라**"라고 한 말은 당시의 주위사정 등에 비추어 **단순한 감정적인 욕설에 불과**하고 피해자에게 해악을 가할 것을 고지한 행위라고 볼 수 없어 협박에 해당하지 않는다(대판 1986.7.22, 86도1140).

(3) **제3자에 대한 해악의 고지라**도 피해자 본인과 제3자가 밀접한 관계에 있어서 그 해악의 내용이 피해자 본인에게 공포심을 일으킬 만한 것이라면 협박죄가 성립할 수 있다. 여기의 제3자에는 '법인'도 포함된다.

ㅇ [상무이사 협박사건] 협박죄에서 협박이란 일반적으로 보아 사람으로 하여금 공포심을 일으킬 정도의 해악을 고지하는 것을 의미하며, 그 고지되는 해악의 내용, 즉 침해하겠다는 법익의 종류나 법익의 향유 주체 등에는 아무런 제한이 없다. 따라서 피해자 본인이나 그 친족뿐만 아니라 그 밖의 **'제3자'에 대한 법익 침해**를 내용으로 하는 해악을 고지하는 것이라고 하더라도 피해자 본인과 제3자가 밀접한 관계에 있어 그 해악의 내용이 피해자 본인에게 공포심을 일으킬 만한 정도의 것이라면 협박죄가 성립할 수 있다. 이때 '제3자'에는 자연인뿐만 아니라 법인도 포함된다(대판 2010.7.15, 2010도1017).

o [정당당사 폭파예고사건] '해악'이란 법익을 침해하는 것을 가리키는데, 그 해악이 반드시 피해자 본인이 아니라 그 친족 그 밖의 제3자의 법익을 침해하는 것을 내용으로 하더라도 피해자 본인과 제3자가 밀접한 관계에 있어서 그 해악의 내용이 피해자 본인에게 공포심을 일으킬 만한 것이라면 협박죄가 성립할 수 있다(대판 2012.8.17, 2011도10451).
[사실관계] 피고인이 혼자 술을 마시던 중 甲 정당이 국회에서 예산안을 강행처리하였다는 것에 화가 나서 공중전화를 이용하여 경찰서에 여러 차례 전화를 걸어 전화를 받은 각 경찰관에게 경찰서 관할구역 내에 있는 **甲 정당의 당사를 폭파하겠다**는 말을 한 사안에서, 피고인은 甲 정당에 관한 해악을 고지한 것이므로 각 경찰관 개인에 관한 해악을 고지하였다고 할 수 없고, 다른 특별한 사정이 없는 한 일반적으로 甲 정당에 대한 해악의 고지가 각 경찰관 개인에게 공포심을 일으킬 만큼 서로 밀접한 관계에 있다고 보기 어려우므로, 각 경찰관에 대한 협박죄를 구성하지 아니한다.

(4) 해악고지의 수단・방법에는 제한이 없다. 언어나 문서뿐만 아니라 거동이나 태도에 의한 해악의 고지도 가능하다.

o 협박죄에 있어서의 해악을 가할 것을 고지하는 행위는 통상 언어에 의하는 것이나 경우에 따라서는 한마디 말도 없이 거동에 의하여서도 고지할 수 있는 것이다(대판 1975.10.7, 74도2727).
[사실관계] 한마디 말도 없이 **가위로 목을 찌를 듯이 겨누었다**면 신체에 대하여 위해를 가할 고지로 못볼 바 아니므로 이를 협박죄에 해당한다.

o 피고인이 피해자와 횟집에서 술을 마시던 중 피해자가 모래 채취에 관하여 항의하는 데에 화가 나서, 횟집 주방에 있던 회칼 2자루를 들고 나와 **죽어버리겠다**며 자해하려고 한 경우, 이러한 피고인의 행위는 피고인의 요구에 응하지 않으면 피해자에게 어떠한 해악을 가할 듯한 위세를 보인 행위로서 협박에 해당한다고도 볼 수 있다(대판 2011.1.27, 2010도14316).

(5) 제3자로 하여금 해악을 가하도록 하겠다는 것을 고지하는 것(**제3자에 의한 해악의 고지**)도 협박에 해당할 수 있다.

o 협박의 경우 행위자가 직접 해악을 가하겠다고 고지하는 것은 물론, **제3자로 하여금 해악을 가하도록 하겠다는 방식**으로도 해악의 고지는 얼마든지 가능하지만, 이 경우 고지자가 제3자의 행위를 사실상 지배하거나 제3자에게 영향을 미칠 수 있는 지위에 있는 것으로 믿게 하는 명시적・묵시적 언동을 하였거나 제3자의 행위가 고지자의 의사에 의하여 좌우될 수 있는 것으로 상대방이 인식한 경우에 한하여 비로소 고지자가 직접 해악을 가하겠다고 고지한 것과 마찬가지의 행위로 평가할 수 있다(대판 2006.12.8, 2006도6155).

o 피고인이 피해자의 장모가 있는 자리에서 서류를 보이면서 "피고인의 요구를 들어주지 않으면 서류를 세무서로 보내 **세무조사를 받게 하여 피해자를 망하게 하겠다**"라고 말하여 피해자의 장모로 하여금 피해자에게 위와 같은 사실을 전하게 하고, 그 다음날 피해자의 처에게 전화를 하여 "며칠 있으면 국세청에서 조사가 나올 것이니 그렇게 아시오"라고 말한 경우, 위 각 행위는 협박죄에 있어서 해악의 고지에 해당한다(대판 2007.6.1, 2006도1125). → 세무서, 즉 제3자로 하여금 해악을 가하도록 하겠다는 방식으로 해악을 고지한 경우 협박죄에 있어서의 해악의 고지에 해당한다고 판단한 사례

(6) 해악에는 인위적인 것뿐만 아니라 천재지변 또는 신력이나 길흉화복에 관한 것도 포함될 수 있다.

→ 제3자로 하여금 해악을 가하도록 하겠다는 것을 고지하는 것과 유사

○ 공갈죄의 수단으로써의 협박은 객관적으로 사람의 의사결정의 자유를 제한하거나 의사실행의 자유를 방해할 정도로 겁을 먹게 할 만한 해악을 고지하는 것을 말하고, 그 해악에는 인위적인 것뿐만 아니라 천재지변 또는 신력이나 길흉화복에 관한 것도 포함될 수 있으나, / 다만 천재지변 또는 신력이나 길흉화복을 해악으로 고지하는 경우에는 상대방으로 하여금 행위자 자신이 그 천재지변 또는 신력이나 길흉화복을 사실상 지배하거나 그에 영향을 미칠 수 있는 것으로 믿게 하는 명시적 또는 묵시적 행위가 있어야 공갈죄가 성립한다(대판 2002.2.8, 2000도3245).

[사실관계] **조상천도제를 지내지 아니하면 좋지 않은 일이 생긴다**는 취지의 해악의 고지는 길흉화복이나 천재지변의 예고로서 행위자에 의하여 직접, 간접적으로 좌우될 수 없는 것이고 가해자가 현실적으로 특정되어 있지도 않으며 해악의 발생가능성이 합리적으로 예견될 수 있는 것이 아니므로 협박으로 평가될 수 없다.

Thema 정리 **형법상 협박의 개념**

광의	상대방에게 해악을 고지하는 일체의 행위 → 상대방이 현실적으로 공포심을 가졌는지는 불문(위험범)	내란죄, 소요죄, 다중불해산죄, 공무집행방해죄, 특수도주죄, 직무강요죄, **협박죄(판례)**
협의	상대방이 현실로 공포심을 느낄 수 있는 정도의 해악을 고지 → 상대방이 현실적으로 공포심을 느껴야 기수(침해범)	협박죄(다수설), **강요죄**, **공갈죄**, 약취죄
최협의	상대방의 반항을 현저히 곤란하게 할 정도 상대방의 반항을 불가능하게 할 정도	강간죄 강도죄, 점유강취죄, 준강도죄

✔ 강요죄, 공갈죄는 광의의 폭행, 협의의 협박인 점에 주의

3 주관적 구성요건 _ 고의

협박죄의 고의는 일반적으로 보아 사람으로 하여금 공포심을 일으킬 수 있는 정도의 해악을 고지한다는 것을 인식·인용하는 것을 말하고, 고지한 해악을 실제로 실현할 의도나 욕구는 필요로 하지 아니한다.

○ [고무놀 협박사건] [1] 협박죄에 있어서의 협박이라 함은 일반적으로 보아 사람으로 하여금 공포심을 일으킬 수 있는 정도의 해악을 고지하는 것을 의미하므로 그 주관적 구성요건으로서의 고의는 행위자가 그러한 정도의 해악을 고지한다는 것을 인식, 인용하는 것을 그 내용으로 하고 **고지한 해악을 실제로 실현할 의도나 욕구**는 필요로 하지 아니하고, / 다만 행위자의 언동이 **단순한 감정적인 욕설** 내지 **일시적 분노의 표시**에 불과하여 주위사정에 비추어 가해의 의사가 없음이 객관적으로 명백한 때에는 협박행위 내지 협박의 의사를 인정할 수 없으나 위와 같은 의미의 협박행위 내지 협박의사가 있었는지의 여부는 행위의 외형뿐만 아니라 그러한 행위에 이르게 된 경위, 피해자와의 관계 등 주위상황을 종합적으로 고려하여 판단해야 할 것이다(대판 1991.5.10, 90도2102).

[사실관계] 피고인이 피해자인 누나의 집에서 갑자기 온 몸에 연소성이 높은 고무놀을 바르고 라이타 불을 켜는 동작을 하면서 이를 말리려는 피해자 등에게 가위, 송곳을 휘두르면서 **"방에 불을 지르겠다"**, **"가족 전부를 죽여버리겠다"**고 소리쳤고 피해자가 피고인의 행위를 약 1시간가량 말렸으나 듣지 아니하여 무섭고 두려워서 신고를 하였다면, 피고인의 행위는 피해자 등에게 공포심을 일으키기에 충분할 정도의 해악을 고지한 것이고, 나아가 피고인에게 실제로 피해자 등의 신체에 위해를 가할 의사나 불을 놓을 의사가 없었다고 할지라도 위와 같은 해악을 고지한다는 점에 대한 인식, 인용은 있었다. → **협박의 고의** ○

ㅇ 甲이 경찰서에서 연행되어 (반공법위반) 혐의사실을 추궁당하면서 뺨을 맞자 술김에 흥분하여 항의조로 "내가 **너희들의 목을 자르겠다**, 내 동생을 시켜서라도 자르겠다"라고 말한 경우 당시 피고인에게 협박죄를 구성할 만한 해악을 고지할 의사가 있었다고 볼 수 없다(대판 1972.8.29, 72도1565). → **협박의 고의** ×

ㅇ 피고인이 자신의 동거남과 성관계를 가진 바 있던 피해자에게 **"사람을 사서 쥐도 새도 모르게 파묻어버리겠다. 너까지 것 쉽게 죽일 수 있다."**라고 한 말에 관하여 이는 언성을 높이면서 말다툼으로 흥분한 나머지 **단순히 감정적인 욕설** 내지 **일시적 분노의 표시**를 한 것에 불과하고 해악을 고지한다는 인식을 갖고 한 것이라고 보기 어렵다(대판 2006.8.25, 2006도546). → **협박의 고의** ×

4 기수시기

(1) 일반적으로 사람으로 하여금 공포심을 일으킬 수 있는 정도의 해악을 고지함으로써 상대방이 그 의미를 인식한 이상 상대방이 현실적으로 공포심을 일으켰는지 여부와 관계없이 협박죄의 기수이다(∵ 위험범).

(2) 협박죄의 **미수범 처벌조항**은 해악의 고지가 현실적으로 상대방에게 도달하지 아니한 경우나, 도달은 하였으나 상대방이 이를 지각하지 못하였거나 고지된 해악의 의미를 인식하지 못한 경우 등에 적용될 뿐이다.

ㅇ [정보보안과 소속 경찰관 협박사건] [1] **제3자에 의한 해악을 고지한 경우**에는 그에 포함되거나 암시된 제3자와 행위자 사이의 관계 등 행위 전후의 여러 사정을 종합하여 볼 때에 일반적으로 사람으로 하여금 공포심을 일으키게 하기에 충분한 것이어야 하지만, 상대방이 그에 의하여 현실적으로 공포심을 일으킬 것까지 요구하는 것은 아니며, 그와 같은 정도의 해악을 고지함으로써 상대방이 그 의미를 인식한 이상, 상대방이 현실적으로 공포심을 일으켰는지 여부와 관계없이 그로써 구성요건은 충족되어 <**협박죄의 기수**>에 이르는 것으로 해석하여야 한다. 결국, 협박죄는 사람의 의사결정의 자유를 보호법익으로 하는 **위험범**이라 봄이 상당하고, <**협박죄의 미수범 처벌조항**>은 ① 해악의 고지가 현실적으로 상대방에게 도달하지 아니한 경우나, ② 도달은 하였으나 상대방이 이를 지각하지 못하였거나 고지된 해악의 의미를 인식하지 못한 경우 등에 적용될 뿐이다. [2] 정보보안과 소속 경찰관이 자신의 지위를 내세우면서 타인의 민사분쟁에 개입하여 **빨리 채무를 변제하지 않으면 상부에 보고하여 문제를 삼겠다**고 말한 경우, 객관적으로 상대방이 공포심을 일으키기에 충분한 정도의 해악의 고지에 해당하므로 현실적으로 피해자가 공포심을 일으키지 않았다 하더라도 협박죄의 기수에 이르렀다(대판 2007.9.28, 2007도606 全合).

[사실관계] 乙은 대학설립을 추진하고 있는 丙에게 돈을 빌려주었으나 변제받지 못하여 독촉하는 상황이었다. A 경찰서 정보과 소속 경찰관 甲은 乙의 친구 丁의 부탁으로 乙을 만나 乙이 처한 상황을 듣고

그 자리에서 丙에게 전화하여 "나는 A 경찰서 정보과에 근무하는 형사다. 乙이 집안 동생인데 돈을 언제까지 해 줄 것이냐, 빨리 안 해주면 상부에 보고하여 문제를 삼겠다."고 말하였으나 丙은 현실적으로 공포심을 느끼지는 않았다 하더라도 협박죄의 미수가 아니라 기수의 죄책을 진다.

5 위법성

(1) 해악의 고지가 있다 하더라도 그것이 사회의 관습이나 윤리관념 등에 비추어 볼 때에 사회통념상 용인할 수 있을 정도의 것이라면 협박죄는 성립하지 아니한다.

ㅇ 해악의 고지가 있다 하더라도 그것이 사회의 관습이나 윤리관념 등에 비추어 사회통념상 용인될 정도의 것이라면 협박죄는 성립하지 않는다(대판 2011.5.26, 2011도2412 ; 대판 1998.3.10, 98도70).
→ 정당행위 ○, 협박죄 ×

ㅇ **친권자**는 자를 보호하고 교양할 권리의무가 있고(민법 제913조), 그 자를 보호 또는 교양하기 위하여 필요한 징계를 할 수 있기는 하지만(민법 제915조), 스스로의 감정을 이기지 못하고 야구방망이로 때릴 듯이 피해자에게 **"죽여 버린다."**고 말하여 협박하는 것은 그 자체로 피해자의 인격 성장에 장해를 가져올 우려가 커서 이를 교양권의 행사라고 보기도 어렵다(대판 2002.2.8, 2001도6468).
→ 정당행위 ×, 협박죄 ○

(2) 권리행사의 수단으로 협박한 경우 해악의 고지가 정당한 권리의 행사로서 사회통념상 용인되는 경우 위법성이 조각되나, 사회통념에 비추어 용인할 수 있는 정도의 것이 아니라면 위법성이 조각되지 않는다.

ㅇ **권리행사의 일환으로 상대방에게 일정한 해악을 고지한 경우**에도, 그러한 해악의 고지가 사회의 관습이나 윤리관념 등에 비추어 사회통념상 용인할 수 있는 정도이거나 정당한 목적을 위한 상당한 수단에 해당하는 등 사회상규에 반하지 아니하는 때에는 협박죄가 성립하지 아니한다. 따라서 **민사적 법률관계하에서 이해관계가 상충되는 당사자 사이에 권리의 실현·행사 과정에서 이루어진 상대방에 대한 불이익이나 해악의 고지가 일반적으로 보아 공포심을 일으킬 수 있는 정도로서 협박죄의 '협박'에 해당하는지 여부**와 그것이 사회상규에 비추어 용인할 수 있는 정도를 넘어선 것인지 여부를 판단할 때에는, 행위자와 상대방의 관계 및 사회경제적 위상의 차이, 고지된 불이익이나 해악의 내용이 당시 상황에 비추어 이해관계가 대립되는 당사자의 권리 실현·행사의 내용으로 통상적으로 예견·수용할 수 있는 범위를 현저히 벗어난 정도에 이르렀는지, 해악의 고지 방법과 그로써 추구하는 목적 사이에 합리적 관련성이 존재하는지 등 여러 사정을 세심히 살펴보아야 한다(대판 2022.12.15, 2022도9187).
[사실관계] 경영위기에 놓인 회사의 직원 중 일부가 동료 직원 및 주요 투자자와 협의를 거쳐 회사 갱생을 위한 자구책으로 마련한 **'사임제안서'를 대표이사에게 전달한 행위**는 '협박'으로 볼 수 없고, 이에 해당하더라도 사회통념상 용인할 수 있는 정도이거나 회사의 경영 정상화라는 정당한 목적을 위한 상당한 수단에 해당하여 사회상규에 반하지 아니한다.

ㅇ [정보보안과 소속 경찰관 협박사건] **외관상 권리행사나 직무집행으로 보이더라도 실질적으로 권리나 직무권한의 남용이 되어 사회상규에 반하는 때**에는 협박죄가 성립한다고 보아야 할 것인바, 구체적으로는 그 해악의 고지가 정당한 목적을 위한 상당한 수단이라고 볼 수 있으면 위법성이 조각되지만,

위와 같은 관련성이 인정되지 아니하는 경우에는 그 위법성이 조각되지 아니한다(대판 2007.9.28, 2007도606 全合).

○ 사채업자인 피고인이 채무를 변제하지 않으면 갑이 숨기고 싶어 하는 **과거 행적과 사채를 쓴 사실** 등을 남편과 시댁에 알리겠다는 등의 문자메시지를 발송한 것은 피고인에게 협박의 고의가 있었음을 충분히 인정할 수 있으며, 피고인이 정당한 절차와 방법을 통해 그 권리를 행사하지 아니하고 피해자에게 위와 같이 해악을 고지한 것이 사회의 관습이나 윤리관념 등 사회통념에 비추어 용인할 수 있는 정도의 것이라고 볼 수는 없다(대판 2011.5.26, 2011도2412).

6 죄수 및 타죄와의 관계

협박을 수단으로 하는 다른 범죄가 성립하면 협박죄는 별도로 성립하지 않고 다른 범죄에 흡수된다.

○ 피고인의 협박사실행위가 피고인에게 인정된 상해사실과 같은 시간 같은 장소에서 동일한 피해자에게 가해진 경우에는 특별한 사정이 없는 한 상해의 단일범의 하에서 이루어진 하나의 폭언에 불과하여 위 **상해죄**에 포함되는 행위라고 봄이 상당하다(대판 1976.12.14, 76도3375).

관련 판례 **협박죄를 인정한 경우**

1) 공군 중사가 상관인 피해자에게 그의 비위 등을 기록한 내용을 제시하면서 자신에게 폭언한 사실을 인정하지 않으면 그 내용을 상부기관에 제출하겠다는 취지로 말한 경우, 상관협박죄가 인정된다(대판 2008.12.11, 2008도8922).

   [판결이유] 피고인이 피해자의 비위 등을 기록한 내용을 피해자에게 제시하면서 피해자가 피고인에게 폭언한 사실을 인정하지 아니하면 그 내용을 상부기관에 제출하겠다고 한 행위는 객관적으로 보아 사람으로 하여금 공포심을 일으키게 하기에 충분한 정도의 **해악의 고지**에 해당한다고 할 것이므로, 피해자가 그 취지를 인식하였음이 명백한 이상 설령 피해자가 현실적으로 공포심을 느끼지 못하였다 하더라도 그와는 무관하게 상관협박죄의 **기수**에 이르렀다.

2) 슈퍼마켓 사무실에서 식칼을 들고 피해자를 협박한 행위와 식칼을 들고 매장을 돌아다니며 손님을 내쫓아 그의 영업을 방해한 행위는 협박죄와 업무방해죄의 **실체적 경합범**이다(대판 1991.1.29, 90도2445).

   ∵ 별개의 행위이므로

Ⅲ 존속협박죄

자기 또는 배우자의 직계존속에 대하여 협박의 죄를 범한 경우 성립하는 범죄이다(제283조 제2항). 부진정신분범이고, 반의사불벌죄이다.

Ⅳ 특수협박죄

단체 또는 다중의 위력을 보이거나 위험한 물건을 휴대하여 협박・존속협박죄를 범한 경우 성립하는 범죄이다(제284조).

V 상습협박죄

상습으로 협박·존속협박·특수협박죄를 범한 경우 성립하는 범죄이다(제285조).

VI 정보통신망법상 협박죄

정보통신망 이용촉진 및 정보보호 등에 관한 법률 제74조 제1항 제3호, 제44조의7 제1항 제3호는 정보통신망을 통하여 공포심이나 불안감을 유발하는 부호·문언·음향·화상 또는 영상을 반복적으로 상대방에게 도달하게 하는 행위를 처벌하고 있다.

o [도달하게 한다는 것의 의미] 5) '도달하게 한다'는 것은 '상대방이 공포심이나 불안감을 유발하는 문언 등을 직접 접하는 경우뿐만 아니라 상대방이 객관적으로 이를 인식할 수 있는 상태에 두는 것'을 의미한다. 따라서 피고인이 상대방의 휴대전화로 공포심이나 불안감을 유발하는 문자메시지를 전송함으로써 상대방이 별다른 제한 없이 문자메시지를 바로 접할 수 있는 상태에 이르렀다면, 그러한 행위는 공포심이나 불안감을 유발하는 문언을 상대방에게 도달하게 한다는 구성요건을 충족한다고 보아야 하고, 상대방이 실제로 문자메시지를 확인하였는지 여부와는 상관없다(대판 2018.11.15, 2018도14610).

제2절 강요의 죄

제324조【강요】
① 폭행 또는 협박으로 사람의 권리행사를 방해하거나 의무 없는 일을 하게 한 자는 5년 이하의 징역에 처한다.
② 단체 또는 다중의 위력을 보이거나 위험한 물건을 휴대하여 제1항의 죄를 범한 자는 10년 이하의 징역 또는 5천만원 이하의 벌금에 처한다.

제324조의2【인질강요】
사람을 체포·감금·약취 또는 유인하여 이를 인질로 삼아 제3자에 대하여 권리행사를 방해하거나 의무 없는 일을 하게 한 자는 3년 이상의 유기징역에 처한다.

제324조의3【인질상해·치상】
제324조의2의 죄를 범한 자가 인질을 상해하거나 상해에 이르게 한 때에는 무기 또는 5년 이상의 징역에 처한다.

제324조의4【인질살해·치사】
제324조의2의 죄를 범한 자가 인질을 살해한 때에는 사형 또는 무기징역에 처한다. 사망에 이르게 한 때에는 무기 또는 10년 이상의 징역에 처한다.

제324조의5【미수범】
제324조 내지 제324조의4의 미수범은 처벌한다.

제324조의6【형의 감경】
제324조의2 또는 제324조의3의 죄를 범한 자 및 그 죄의 미수범이 인질을 안전한 장소로 풀어준 때에는 그 형을 감경할 수 있다.

---

5) 2020년 법원사무관승진시험(10점)

제326조【중권리행사방해】
제324조(강요) 또는 제325조(점유강취)의 죄를 범하여 사람의 생명에 대한 위험을 발생하게 한 자는 10년 이하의 징역에 처한다.

I 서설

1 의의 및 보호법익

강요죄는 폭행 또는 협박으로 사람의 권리행사를 방해하거나 의무 없는 일을 하게 함으로써 성립하는 범죄이다. 보호법익은 개인의 의사결정의 자유와 의사활동의 자유이고, 보호의 정도는 침해범이다. 강요죄는 법전의 편재상으로는 권리행사를 방해하는 죄(제37장)에 규정되어 있고 판례는 종래에는 '폭력에 의한 권리행사방해죄'라고 부르기도 했지만, 재산죄의 성격인 권리행사방해죄와는 달리 자유에 대한 죄이다.

2 구성요건의 체계

기본적 구성요건	강요죄
가중적 구성요건	인질강요죄, 인질치상죄, 인질상해죄 인질치사죄, 인질살해죄, 중강요죄
미수범 처벌규정	○
	× : 중강요죄(중권리행사방해죄)
예비·음모 처벌규정	×
해방감경규정	제324조의6 ↔ 인질살해·치사 : ×

II 강요죄

1 객체

강요죄는 사람의 의사결정의 자유를 침해하는 범죄이므로 의사결정의 자유를 가진 자연인만이 객체가 된다.

2 행위

(1) 폭행 또는 협박

① 강요죄의 수단인 폭행은 사람의 의사결정 및 의사활동을 강제하는 사람에 대한 직·간접적인 유형력의 행사를 말한다(광의의 폭행). 그 정도는 의사결정 및 의사실행의 자유를 제한할 정도면 족하다(대판 2008.11.27, 2008도7018).

> ○ 강요죄의 **폭행**은 사람에 대한 직접적인 유형력의 행사뿐만 아니라 간접적인 유형력의 행사도 포함하며, 반드시 사람의 신체에 대한 것에 한정되지 않는다. 사람에 대한 간접적인 유형력의 행사를 강요죄의 폭행으로 평가하기 위해서는 피고인이 유형력을 행사한 의도와 방법, 피고인의 행위와 피해자의 근접성, 유형력이 행사된 객체와 피해자의 관계 등을 종합적으로 고려해야 한다(대판 2021.11.25, 2018도1346).
> [사실관계] 피고인은 이 사건 **도로의 소유자**인데, 피해자를 포함한 이 사건 도로 인접 주택 소유자들에게 도로 지분을 매입할 것을 요구하였음에도 피해자 등이 이를 거부하자, **피해자 주택 대문 바로 앞에 피고인의 차량을 주차하여 피해자가 자신의 차량을 주차장에 출입할 수 없도록 한 경우**, 주차 당시 피고인과 피해자 사이에 물리적 접촉이 있거나 피고인이 피해자에게 어떠한 유형력을 행사했다고 볼만한 사정이 없고, 피고인의 행위로 피해자에게 주택 외부에 있던 피해자 차량을 주택 내부의 주차장에 출입시키지 못하는 불편이 발생하였으나, 피해자는 차량을 용법에 따라 정상적으로 사용할 수 있었다는 이유로, 강요죄의 성립을 인정한 원심을 파기한 사례

② 강요죄의 수단인 협박은 사람의 의사결정의 자유를 제한하거나 의사실행의 자유를 방해할 정도로 겁을 먹게 할 만한 해악을 고지하는 것을 말한다.

> ○ 강요죄의 수단인 협박은 일반적으로 사람으로 하여금 공포심을 일으키게 하는 정도의 해악을 고지하는 것으로 그 방법은 통상 언어에 의하는 것이나 경우에 따라서 한마디 말도 없이 **거동**에 의하여서도 할 수 있다(대판 2010.4.29, 2007도7064).
>
> ○ 환경단체 소속 회원들이 마치 단속의 권한이 있는 것처럼 축산 농가들의 폐수배출 단속활동을 벌이면서, 폐수배출 현장을 사진 촬영하거나 폐수배출 사실확인서를 징구하는 과정에서 이에 서명하지 아니하면 법에 저촉된다고 겁을 주는 등의 행위를 한 경우 강요죄에 해당한다(대판 2010.4.29, 2007도7064). ∵ 요구에 불응할 경우 고발조치 등의 불이익을 받을 위험이 있다는 인식을 갖게 하는 것이므로
>
> ○ 직장에서 상사가 범죄행위를 저지른 부하직원에게 징계절차에 앞서 **자진하여 사직할 것을 단순히 권유**하였다고 하여 이를 강요죄에서의 협박에 해당한다고 볼 수는 없다(대판 2008.11.27, 2008도7018).
>
> ○ **[공무원과 비공무원이 공모한, 기업 대표 등에 대한 뇌물수수와 강요 등 사건]** 행위자가 직무상 또는 사실상 상대방에게 영향을 줄 수 있는 직업이나 지위에 있고 직업이나 지위에 기초하여 상대방에게 어떠한 요구를 하였더라도 곧바로 그 요구 행위를 위와 같은 해악의 고지라고 단정하여서는 안 된다. 특히 공무원이 자신의 직무와 관련한 상대방에게 공무원 자신 또는 자신이 지정한 제3자를 위하여 재산적 이익 또는 일체의 유·무형의 이익 등을 제공할 것을 요구하고 상대방은 공무원의 지위에 따른 직무에 관하여 어떠한 이익을 기대하며 그에 대한 대가로서 요구에 응하였다면, 다른 사정이 없는 한 공무원의 위 요구 행위를 객관적으로 사람의 의사결정의 자유를 제한하거나 의사실행의 자유를 방해할 정도로 겁을 먹게 할 만한 해악의 고지라고 단정하기는 어렵다. 공무원인 행위자가 상대방에게 어떠한 이익 등의 제공을 요구한 경우 위와 같은 해악의 고지로 인정될 수 없다면 직권남용이나 뇌물 요구 등이 될 수는 있어도 협박을 요건으로 하는 강요죄가 성립하기는 어렵다(대판 2019.8.29, 2018도13792 全合).

(2) 권리행사를 방해하거나 의무 없는 일을 하게 하는 행위

① 권리행사를 방해한다는 것은 타인이 행사할 수 있는 권리를 행사하지 못하게 하는 것을 말한다.

ㅇ 피고인이 피해자를 협박하여 동인으로 하여금 법률상 의무 없는 **진술서를 작성케 한 행위**는 사람의 자유권행사를 방해한 것이므로 형법 제324조의 폭력에 의한 권리행사방해죄를 구성한다(대판 1974.5.14, 73도2578).

ㅇ 형법 제324조 소정의 폭력에 의한 권리행사방해죄는 폭행 또는 협박에 의하여 권리행사가 현실적으로 방해되어야 할 것인바, 피해자의 해외도피를 방지하기 위하여 피해자를 협박하고 이에 피해자가 겁을 먹고 있는 상태를 이용하여 동인 소유의 여권을 교부하게 하여 피해자가 그의 **여권을 강제 회수**당하였다면 피해자가 해외여행을 할 권리는 사실상 침해되었다고 볼 것이므로 권리행사방해죄의 기수로 보아야 한다(대판 1993.7.27, 93도901).

② '의무 없는 일'이란 법령, 계약 등에 기하여 발생하는 법률상 의무 없는 일을 말한다.

ㅇ 골프시설의 운영자가 골프회원에게 불리하게 변경된 내용의 회칙에 대하여 동의한다는 내용의 등록신청서를 제출하지 아니하면 회원으로 대우하지 아니하겠다고 통지한 것이 강요죄에 해당한다(대판 2003.9.26, 2003도763).
[사실관계] 골프시설의 운영자가 일반회원들을 위한 회원의 날을 없애고, 일반회원들 중에서 주말예약에 대하여 우선권이 있는 특별회원을 모집한 것이 일반회원들에 대한 배임죄를 구성하지 아니한다고 한 사례 ∵ 민사상의 채무를 불이행한 것에 불과하므로

ㅇ 상사 계급의 피고인이 그의 잦은 폭력으로 신체에 위해를 느끼고 겁을 먹은 상태에 있던 부대원들에게 청소 불량 등을 이유로 40분 내지 50분간 머리박아(속칭 **'원산폭격'**)를 시키거나 양손을 깍지 낀 상태에서 약 2시간 동안 팔굽혀펴기를 50~60회 정도 하게 한 행위는 형법 제324조에서 정한 강요죄에 해당한다(대판 2006.4.27, 2003도4151).

③ 폭행 또는 협박으로 법률상 의무 있는 일을 하게 한 경우에는 폭행 또는 협박죄만 성립할 뿐 강요죄는 성립하지 않는다.

ㅇ '의무 없는 일'이란 법령, 계약 등에 기하여 발생하는 법률상 의무 없는 일을 말하므로, 폭행 또는 협박으로 법률상 의무 있는 일을 하게 한 경우에는 폭행 또는 협박죄만 성립할 뿐 강요죄는 성립하지 아니한다(대판 2008.5.15, 2008도1097).

ㅇ 상관이 직무수행을 태만히 하거나 지시사항을 불이행하고 허위보고 등을 한 부하에게 근무태도를 교정하고 직무수행을 감독하기 위하여 직무수행의 내역을 일지 형식으로 기재하여 보고하도록 명령하는 행위는 직무권한 범위 내에서 내린 정당한 명령이므로 부하는 명령을 실행할 법률상 의무가 있고, 명령을 실행하지 아니하는 경우 군인사법 제57조 제2항에서 정한 징계처분이 내려진다거나 그에 갈음하여 **얼차려의 제재**가 부과된다고 하여 그와 같은 명령이 제324조의 강요죄를 구성한다고 볼 수 없다(대판 2012.11.29, 2010도1233).

3 고의

ㅇ 폭력조직 전력이 있는 피고인이 (특정 연예인이 **팬미팅 공연을 할 의무가 있다고 믿고 있는 상황**에서) 특정 연예인에게 팬미팅 공연을 하도록 강요하면서 만날 것을 요구하고, 팬미팅 공연이 이행되지 않으면 안 좋은 일을 당할 것이라고 협박한 경우, 위 연예인에게 공연을 할 의무가 없다는 점에 대한 미필적 인식 즉, 강요죄의 고의가 피고인에게 있었다고 단정하기 어렵다(대판 2008.5.15, 2008도1097).

4 위법성

강요죄의 수단으로서의 해악의 고지가 비록 정당한 권리의 실현 수단으로 사용된 경우라고 하여도 권리실현의 수단 방법이 사회통념상 허용되는 정도나 범위를 넘는다면 강요죄가 성립한다.

> ○ 해악의 고지가 비록 정당한 권리의 실현 수단으로 사용된 경우라고 하여도 권리실현의 수단 방법이 사회통념상 허용되는 정도나 범위를 넘는다면 강요죄가 성립하고, 여기서 어떠한 행위가 구체적으로 사회통념상 허용되는 정도나 범위를 넘는 것인지는 그 행위의 주관적인 측면과 객관적인 측면, 즉 추구된 목적과 선택된 수단을 전체적으로 종합하여 판단하여야 한다(대판 2017.10.26, 2015노16696).
> [사실관계] 민주노총 전국건설노조 건설기계지부 소속 노조원인 피고인들이, 현장소장인 피해자 갑이 노조원이 아닌 피해자 을의 건설장비를 투입하여 수해상습지 개선사업 공사를 진행하자 **'민주노총이 어떤 곳인지 아느냐, 현장에서 장비를 빼라'**는 취지로 말하거나 (부실공사가 아님에도) 공사 발주처에 부실공사가 진행되고 있다는 취지의 진정을 제기하는 방법으로 공사현장에서 사용하던 장비를 철수하게 하고 **'현장에서 사용하는 모든 건설장비는 노조와 합의하여 결정한다'**는 협약서를 작성하게 함으로써 피해자들에게 의무 없는 일을 하게 한 경우, 피고인들의 행위는 사회통념상 허용되는 정도나 범위를 넘는 것으로서 강요죄의 수단인 협박에 해당한다.

5 죄수 및 타죄와의 관계

(1) 협박죄는 강요죄에 대하여 보충관계에 있으므로 강요죄가 성립하는 때에는 협박죄는 별도로 성립하지 않는다. → 협박죄 < 강요죄

(2) 강요죄는 공갈죄·강도죄에 대하여 보충관계에 있으므로 공갈죄·강도죄가 성립하는 경우 강요죄는 별도로 성립하지 않는다. → 강요죄 < 공갈죄 < 강도죄

> ○ 피고인이 투자금의 회수를 위해 피해자를 강요하여 **물품대금을 횡령하였다는 자인서**를 받아낸 뒤 이를 근거로 돈을 갈취한 경우, 피고인의 주된 범의가 피해자로부터 돈을 갈취하는 데에 있었던 것이라면 피고인은 단일한 공갈의 범의하에 갈취의 방법으로 일단 자인서를 작성케 한 후 이를 근거로 계속하여 갈취행위를 한 것으로 보아야 할 것이므로 위 행위는 포함하여 공갈죄 일죄만을 구성한다(대판 1985.6.25, 84도2083). ↔ 강요죄와 공갈죄의 실체적 경합 : ×

Ⅲ 특수강요죄

단체 또는 다중의 위력을 보이거나 위험한 물건을 휴대하여 강요죄를 범한 경우 성립하는 범죄이다(제324조 제2항). 폭력행위 등 처벌에 관한 법률 제3조 제1항의 삭제에 따른 처벌의 공백을 막고자 형법에 신설한 규정이다.

Ⅳ 중강요죄(중권리행사방해죄)

강요죄를 범하여 사람의 생명에 대한 위험을 발생하게 한 경우 성립하는 범죄이다(제326조). 생명에 대한 위험발생을 요하는 구체적 위험범이고, 부진정결과적가중범이다. 강요의 죄 중 유일하게 미수처벌규정이 없다.

V 인질강요죄

1 의의 및 보호법익

사람을 체포·감금·약취 또는 유인하여 이를 인질로 삼아 제3자에 대하여 권리행사를 방해하거나 의무 없는 일을 하게 하는 경우 성립하는 범죄이다(제324조의2). 제3자의 의사결정 및 의사활동의 자유와 인질의 생명·신체의 안전까지도 보호법익으로 한다.

2 법적 성격

강요죄와 체포·감금죄 또는 약취·유인죄의 결합범이다.

3 행위

(1) 사람을 체포·감금·약취 또는 유인하여 이를 인질로 삼아 제3자에 대하여 권리행사를 방해하거나 의무 없는 일을 하게 하여야 한다.

(2) 인질강요죄에서 강요의 상대방은 제3자에 한정되고, 인질에 대한 강요는 포함되지 않는다. 강요의 상대방인 제3자에는 법인도 포함된다.

4 해방감경규정

제324조의2(인질강요) 또는 제324조의3(인질상해·치상)의 죄를 범한 자 및 그 죄의 미수범이 인질을 안전한 장소로 풀어준 때에는 그 형을 감경할 수 있다(**임의적 감경 ↔ 형을 감경한다** : ×). 인질석방을 유도하는 형사정책적 의미의 양형규정이므로 기수범에 대해서도 인정되고, 자의성을 요하지 않는다는 점에서 중지미수와 구별된다.
다만, 인질살해·치사죄의 경우에는 해방감경이 인정되지 않는다.

VI 인질상해·치상죄

인질강요죄를 범한 자가 인질을 상해하거나 상해에 이르게 함으로써 성립하는 범죄이다(제324조의3). 해방감경규정이 적용된다.

VII 인질살해·치사죄

인질강요죄를 범한 자가 인질을 살해하거나 사망에 이르게 함으로써 성립하는 범죄이다(제324조의4). 해방감경규정의 적용이 없다.

제3절 체포와 감금의 죄

제276조【체포, 감금, 존속체포, 존속감금】
① 사람을 체포 또는 감금한 자는 5년 이하의 징역 또는 700만원 이하의 벌금에 처한다.
② 자기 또는 배우자의 직계존속에 대하여 제1항의 죄를 범한 때에는 10년 이하의 징역 또는 1천500만원 이하의 벌금에 처한다.

제277조【중체포, 중감금, 존속중체포, 존속중감금】
① 사람을 체포 또는 감금하여 가혹한 행위를 가한 자는 7년 이하의 징역에 처한다.
② 자기 또는 배우자의 직계존속에 대하여 전항의 죄를 범한 때에는 2년 이상의 유기징역에 처한다.

제278조【특수체포, 특수감금】
단체 또는 다중의 위력을 보이거나 위험한 물건을 휴대하여 전2조의 죄를 범한 때에는 그 죄에 정한 형의 2분의 1까지 가중한다.

제279조【상습범】
상습으로 제276조 또는 제277조의 죄를 범한 때에는 전조의 예에 의한다.

제280조【미수범】
전4조의 미수범은 처벌한다.

제281조【체포·감금 등의 치사상】
① 제276조 내지 제280조의 죄를 범하여 사람을 상해에 이르게 한 때에는 1년 이상의 유기징역에 처한다. 사망에 이르게 한 때에는 3년 이상의 유기징역에 처한다.
② 자기 또는 배우자의 직계존속에 대하여 제276조 내지 제280조의 죄를 범하여 상해에 이르게 한 때에는 2년 이상의 유기징역에 처한다. 사망에 이르게 한 때에는 무기 또는 5년 이상의 징역에 처한다.

제124조【불법체포, 불법감금】
① 재판, 검찰, 경찰 기타 인신구속에 관한 직무를 행하는 자 또는 이를 보조하는 자가 그 직권을 남용하여 사람을 체포 또는 감금한 때에는 7년 이하의 징역과 10년 이하의 자격정지에 처한다.
② 전항의 미수범은 처벌한다.

I 서설

1 의의 및 보호법익

체포와 감금의 죄는 사람을 체포 또는 감금함으로써 성립하는 범죄이다. 보호법익은 사람의 행동의 자유(잠재적 신체적 활동의 자유)이고, 특히 장소선택의 자유이다. 보호받는 정도는 침해범이며, 계속범이다.

2 구성요건의 체계

구분	내용
기본적 구성요건	체포·감금죄
가중적 구성요건	존속체포·감금죄, 특수체포·감금죄, 상습체포·감금죄, 체포·감금치사상죄 중체포·감금죄, 존속중체포·감금죄
미수범 처벌규정	○
	× : 체포감금치사상죄
예비·음모 처벌규정	×

II 체포 · 감금죄

1 주체

체포 · 감금죄의 주체에는 제한이 없다. 다만, 인신구속에 관한 직무를 행하는 자가 직권을 남용하여 사람을 체포 · 감금한 경우에는 직권남용체포 · 감금죄로 처벌된다(제124조).

2 객체

체포 · 감금죄는 행동의 자유(잠재적 신체적 활동의 자유)와 의사를 가질 수 있는 자연인을 대상으로 한다. 따라서 정신병자는 객체가 될 수 있다(다수설).

> o 정신병자도 감금죄의 객체가 될 수 있다(대판 2002.10.11, 2002도4315).

Thema 정리 **협박죄와 체포 · 감금죄의 객체** 6)

> ┌ **협박죄** : 명정자, 수면자, 정신병자 : × (통설, ∵ 공포심을 느낄 정신능력 ×)
> └ **체포감금죄** : 명정자, 수면자, 정신병자 : ○ (다수설, ∵ 잠재적 활동의 자유 ○)
> → 정신병자는 협박죄의 객체는 될 수 없으나, 감금죄의 객체는 될 수 있다.

3 행위

(1) 체포

체포란 사람의 신체에 대하여 직접적이고 현실적 구속을 가하여 신체활동의 자유를 박탈하는 행위를 의미하고, 수단과 방법에는 제한이 없다(대판 2018.2.28, 2017도21249).

예 총으로 겨누는 행위, 밧줄로 묶는 행위 등

(2) 감금

① 감금이란 사람이 특정한 구역에서 나가는 것을 불가능하게 하거나 또는 심히 곤란하게 하여 신체활동의 자유를 장소적으로 제한하는 것을 말한다.

② 행동의 자유를 구속하는 수단과 방법에는 아무런 제한이 없다. 간접정범의 형태로도 가능하다.

> o 감금죄는 간접정범의 형태로도 행하여질 수 있는 것이므로, 인신구속에 관한 직무를 행하는 자 또는 이를 보조하는 자가 피해자를 구속하기 위하여 진술조서 등을 허위로 작성한 후 이를 기록에 첨부하여 구속영장을 신청하고, 진술조서 등이 허위로 작성된 정을 모르는 검사와 영장전담판사를 기망하여 구속영장을 발부받은 후 그 영장에 의하여 피해자를 구금하였다면 제124조 제1항의 **직권남용감금죄**가 성립한다(대판 2006.5.25, 2003도3945).

③ 감금의 방법은 물리적 · 유형적 장애뿐만 아니라 심리적 · 무형적 장애에 의해서도 가능하다.

예 목욕 중인 부녀의 옷을 감추어 출입을 곤란하게 하는 행위 등

6) 2011년 법원사무관승진시험

④ 감금죄가 성립하기 위하여 반드시 사람의 행동의 자유를 전면적으로 박탈할 필요는 없고, 감금된 특정한 구역 범위 안에서 일정한 생활의 자유가 허용되어 있었다고 하더라도 관계없다.

○ 감금죄는 사람의 행동의 자유를 그 보호법익으로 하여 사람이 특정한 구역에서 벗어나는 것을 불가능하게 하거나 또는 매우 곤란하게 하는 죄로서 그 본질은 사람의 행동의 자유를 구속하는 데에 있다. 이와 같이 행동의 자유를 구속하는 수단과 방법에는 아무런 제한이 없고, 사람이 특정한 구역에서 벗어나는 것을 불가능하게 하거나 매우 곤란하게 하는 장애는 물리적·유형적 장애뿐만 아니라 심리적·무형적 장애에 의하여서도 가능하므로 감금죄의 수단과 방법은 유형적인 것이거나 무형적인 것이거나를 가리지 아니한다. 또한 감금죄가 성립하기 위하여 반드시 사람의 행동의 자유를 전면적으로 박탈할 필요는 없고, 감금된 특정한 구역 범위 안에서 일정한 생활의 자유가 허용되어 있었다고 하더라도 유형적이거나 무형적인 수단과 방법에 의하여 사람이 특정한 구역에서 벗어나는 것을 불가능하게 하거나 매우 곤란하게 한 이상 감금죄의 성립에는 아무런 지장이 없다(대판 1998.5.26, 98도1036 ; 대판 2000.3.24, 2000도102).

관련 판례 **감금죄를 인정한 경우**

1) 피해자가 만약 도피하는 경우에는 생명, 신체에 심한 해를 당할지도 모른다는 **공포감에서 도피하기를 단념하고 있는 상태**하에서 호텔로 데리고 가서 함께 유숙한 후 함께 항공기로 국외에 나간 행위는 감금죄를 구성한다(대판 1991.8.27, 91도1604).

2) **경찰서 내 대기실**로서 일반인과 면회인 및 경찰관이 수시로 출입하는 곳이고 여닫이 문만 열면 나갈 수 있도록 된 구조라 하여도 경찰서 밖으로 나가지 못하도록 그 신체의 자유를 제한하는 유형, 무형의 억압이 있었다면 이는 감금에 해당한다(대판 1997.6.13, 97도877). → 직권남용감금죄 ○

3) 설사 피해자가 **경찰서 안**에서 직장동료인 피의자들과 같이 식사도 하고 사무실 안팎을 내왕하였다 하여도 피해자를 경찰서 밖으로 나가지 못하도록 그 신체의 자유를 제한하는 유형, 무형의 억압이 있었다면 이는 감금행위에 해당한다(대결 1991.12.30, 91모5). → 직권남용감금죄 ○

4) **폭력행위 등 처벌에 관한 법률 제3조 제1항 소정의 감금죄**는 단체나 다중의 위력으로 사람의 행동의 자유를 장소적으로 구속하는 경우를 처벌하는 규정임이 명백하므로 피고인들이 대한상이군경회원 80여명과 공동으로 호텔 출입문을 봉쇄하며 피해자들의 출입을 방해하였다면 위의 감금죄에 해당한다(대판 1983.9.13, 80도277).

5) 차량 내에서 피해자의 하차요구를 무시하고 빠른 속도로 진행하여 피해자를 내리지 못하게 하는 행위는 감금죄에 해당한다(대판 2000.2.11, 99도5286).

6) 자의로 입원한 환자로부터 퇴원 요구가 있는데도 정신의료기관의 장이 구 정신보건법에 정해진 절차를 밟지 않은 채 방치한 경우 감금죄가 성립한다(대판 2017.8.18, 2017도7134).
∵ 구 정신보건법(현재 정신건강증진 및 정신질환자 복지서비스 지원에 관한 법률)은 '정신의료기관의 장은 자의로 입원 등을 한 환자로부터 퇴원 신청이 있는 경우에는 지체 없이 퇴원을 시켜야 한다'고 정하고 있기 때문

관련 판례 **감금죄를 부정한 경우**

1) 보호의무자의 동의를 제대로 얻지 못한 상태에서 정신의료기관의 장의 결정에 의하여 정신질환자에 대한 입원이 이루어졌다 하더라도, (정신건강의학과 전문의가 사실과 다르게 입원 진단을 하였다거나 또는 정신의료기관의 장 등과 공동하거나 공모하여 정신질환자를 강제입원시켰다는 등의 특별한 사정이 없는 이상,) 정신의료기관의 장의 입원 결정과 구별되는 정신건강의학과 **전문의**의 **입원 진단 내지 입원권고서 작성행위**만을 가지고 부적법한 입원행위라고 보아 감금죄로 처벌할 수 없다(대판 2017.4.28, 2013도13569).

2) [정신병원입원사건] **정신건강의학과 전문의**인 甲・乙이 보호의무자인 피해자의 아들 丙의 진술뿐만 아니라 피해자를 직접 대면하여 진찰한 결과를 토대로 입원이 필요하다는 진단을 하고, 丙과 공동하여 피해자를 응급이송차량에 강제로 태워 병원으로 데려가 입원시킨 경우, 甲・乙에게 감금죄의 고의가 있었다거나 이들의 행위가 형법상 감금행위에 해당한다고 단정하기 어렵다(대판 2015.10.29, 2015도8429).

↔ 비록 피해자에 대한 입원결정이 정신건강의학과 전문의인 피고인 갑, 피고인 을에 의하여 이루어졌다고 하더라도, 피고인 병(아들)은 피해자의 치료가 아닌 다른 목적을 위하여 피고인 갑, 피고인 을을 이용하여 피해자를 정신병원에 강제로 입원시킨 것으로 보이므로, 이러한 피고인 병의 행위가 위법성이 없다고 볼 수는 없다.

→ 피해자와 피해자의 전남편과 재산분할 심판 중이었고 아들 병이 5년 반만에 나타나 어머니를 입원시킨 사정에 비추어 치료목적이 아닌 다른 목적을 위하여 어머니를 강제입원시킨 것이므로 감금죄를 인정한 사례 ∵ 감금죄의 간접정범

3) 보호의무자의 동의를 제대로 얻지 못한 상태에서 정신의료기관의 장의 결정에 의하여 정신질환자에 대한 입원이 이루어졌다 하더라도, 정신건강의학과 전문의가 사실과 다르게 입원 진단을 하였다거나 또는 정신의료기관의 장 등과 공동하거나 공모하여 정신질환자를 강제입원시켰다는 등의 특별한 사정이 없는 이상, 정신의료기관의 장의 입원 결정과 구별되는 정신건강의학과 전문의의 입원 진단 내지 입원권고서 작성행위만을 가지고 부적법한 입원행위라고 보아 감금죄로 처벌할 수 없다(대판 2017.4.28, 2013도13569).

(3) 실행의 착수 및 기수시기

① 실행의 착수시기는 체포・감금의 고의로써 타인의 신체적 활동의 자유를 현실적으로 침해하는 행위를 개시한 때이다.

② 체포・감금행위에 확실히 사람의 신체의 자유를 구속한다고 인정할 수 있을 정도의 시간적 계속이 있으면 기수에 이르고, 신체의 자유에 대한 구속이 그와 같은 정도에 이르지 못한 경우에는 미수범이 성립한다. 신체의 자유의 구속 상태가 계속되는 동안에는 범죄가 종료되지 않는다(계속범).

o [체포미수사건][7] 체포죄는 **계속범**으로서 체포의 행위에 확실히 사람의 신체의 자유를 구속한다고 인정할 수 있을 정도의 시간적 계속이 있어야 하나, 체포의 고의로써 타인의 신체적 활동의 자유를

7) 2020년 법원행정고등고시

현실적으로 침해하는 행위를 개시한 때 체포죄의 실행에 착수하였다고 볼 것이다(대판 2018.2.28, 2017도21249).

[사실관계] 피해자가 피고인으로부터 강간미수 피해를 입은 후 피고인의 집에서 나가려고 하였는데 피고인이 피해자가 나가지 못하도록 현관에서 거실 쪽으로 피해자를 세 번 **밀쳤고**, 피해자가 피고인을 뿌리치고 현관문을 열고 나와 엘리베이터를 누르고 기다리는데 피고인이 팬티 바람으로 쫓아 나왔으며, 피해자가 엘리베이터를 탔는데도 피해자의 **팔을 잡고 끌어내리려고** 해서 이를 뿌리쳤고, 피고인이 닫히는 엘리베이터 문을 손으로 막으며 엘리베이터로 들어오려고 하자 피해자가 비튼을 누르고 손으로 피고인의 가슴을 밀어냈다면 **체포미수죄**의 죄책을 진다.

o [1] 체포죄는 사람의 신체에 대하여 직접적이고 현실적인 구속을 가하여 신체활동의 자유를 박탈하는 죄로서, 그 **실행의 착수 시기**는 체포의 고의로 타인의 신체적 활동의 자유를 현실적으로 침해하는 행위를 개시한 때이다. [2] 체포죄는 **계속범**으로서 체포의 행위에 확실히 사람의 신체의 자유를 구속한다고 인정할 수 있을 정도의 시간적 계속이 있어야 기수에 이르고, 신체의 자유에 대한 구속이 그와 같은 정도에 이르지 못하고 일시적인 것으로 그친 경우에는 **체포죄의 미수범**이 성립할 뿐이다(대판 2020.3.27, 2016도18713).

[사실관계] 피고인들(경찰관들)이 K의 **팔을 잡아당기거나 등을 미는 등의 방법**으로 K를 끌고 가 그 신체적 활동의 자유를 침해하는 행위를 개시함으로써 체포죄의 실행에 착수하였고, 피고인들에게 K를 체포하려는 고의도 인정된다고 판단하여 **체포미수죄**를 인정한 사례

4 위법성

영장에 의한 체포·구속, 검사 또는 사법경찰관의 긴급체포, 사인의 현행범 체포 등은 법령에 의한 정당행위이므로 위법성이 조각된다.

o 정신병자의 어머니의 의뢰 및 승낙하에 그 감호를 위하여 그 **보호실 문**을 야간에 한해서 3일간 시정하여 출입을 못하게 한 감금행위는 그 병자의 신체의 안정과 보호를 위하여 사회통념상 부득이 한 조처로서 수긍될 수 있는 것이면, 위법성이 없다(대판 1980.2.12, 79도1349).

o [형제복지원사건] **수용시설**에 수용 중인 부랑인들의 야간도주를 방지하기 위하여 그 취침시간 중 출입문을 안에서 잠근 경우(시정조치) 감금죄가 성립하지 않는다(대판 1988.11.8, 88도1580).
∵ 제20조 정당행위에 해당 ○, 위법성조각 ○

5 죄수 및 타죄와의 관계

Thema 정리 **체포·감금죄의 죄수관계**

구분	죄수관계
사람을 체포하여 감금한 경우	감금죄만 성립(∵ 포괄일죄)
체포·감금의 수단으로 행하여진 폭행·협박의 경우	체포·감금죄에 흡수(∵ 불가벌적 수반행위)
강도·강간의 수단으로 체포·감금한 경우	감금죄와 강도죄·강간죄의 상상적 경합
감금 중에 범한 강간·강도의 경우	실체적 경합관계(∵ 새로운 고의)
강도·강간 기수 이후 계속 감금한 경우	실체적 경합관계(∵ 별개의 고의)

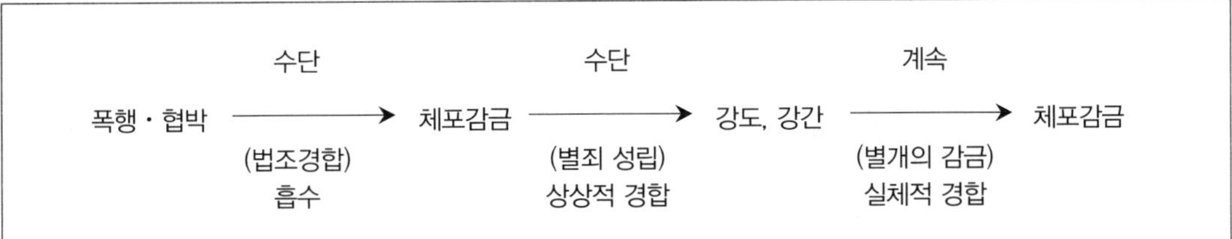

(1) 사람을 체포한 자가 계속하여 감금한 경우 포괄하여 1개의 감금죄만 성립한다.

(2) 감금을 하기 위한 수단으로서 행사된 단순한 협박행위는 감금죄에 흡수되어 따로 협박죄를 구성하지 않는다.

> ○ 甲은 乙女에게 (乙의 신고로 구속되어 형사처벌을 받은 것에 불만을 품고 이를 보복하기 위하여) "자동차에 타라. 타지 않으면 가만있지 않겠다"고 협박하면서 乙女를 자동차 뒷자석에 강제로 밀어 넣고 20여 분간 자동차를 운전한 경우 감금죄 외에 협박죄는 성립되지 아니한다(대판 1982.6.22, 82도705).

(3) 감금행위가 강간죄나 강도죄의 수단이 된 경우에도 감금죄는 강간죄나 강도죄에 흡수되지 아니하고 별죄를 구성한다(대판 1997.1.21, 96도2715). → 감금죄와 강간죄 또는 강도죄의 상상적 경합

> ○ **[조개트럭감금강간사건]** [1] 강간죄의 성립에 언제나 직접적으로 또 필요한 수단으로서 감금행위를 수반하는 것은 아니므로 감금행위가 강간미수죄의 수단이 되었다 하여 감금행위는 강간미수죄에 흡수되어 범죄를 구성하지 않는다고 할 수는 없는 것이고, 그때에는 **감금죄**와 **강간미수죄**는 일개의 행위에 의하여 실현된 경우로서 제40조의 **상상적 경합관계**에 있다. [2] 피고인이 피해자가 자동차에서 내릴 수 없는 상태에 있음을 이용하여 강간하려고 결의하고, 주행 중인 자동차에서 탈출불가능하게 하여 외포케 하고 50킬로미터를 운행하여 여관 앞까지 강제연행한 후 강간하려다 미수에 그친 경우 위 '협박'은 감금죄의 실행의 착수임과 동시에 강간미수죄의 실행의 착수라고 할 것이다. [3] 중한 강간미수죄가 친고죄로서 고소가 취소되었다 하더라도 경한 감금죄(폭력행위 등 처벌에 관한 법률 위반)에 대하여는 아무런 영향을 미치지 않는다(대판 1983.4.26, 83도323).
> **[사실관계]** 1980.7.10. 10 : 22경 화물자동차에 조개를 싣고 충남 홍성군 금마면으로 운행 도중에 피해자(17세)가 예산읍 신례원리까지 태워달라고 부탁하여 피해자를 운전석 옆에 태우고 가다가 피해자를 강간할 마음이 생겨 목적지로 데려다 주지 아니하고 하차 요구를 거절한 채 계속 운행하면서 같은 달 11. 00 : 50경 강제로 추행을 하고, 01 : 00경에는 강간을 하려다 뜻을 이루지 못한 채 강간할 의사를 버리지 않고 계속하여 피해자를 강제로 그 차에 태워 공주군 산성동 소재 동진장 여관 앞길까지 운행하여 동 여관 방실에서 강간하려 하였으나 피해자가 화장실에 들어가 문을 잠그고 소리 질러 그 목적을 이루지 못하고 미수에 그친 경우

(4) 감금행위가 단순히 강도상해 범행의 수단이 되는 데 그치지 아니하고 강도상해의 범행이 끝난 뒤에도 계속된 경우에는 감금죄와 강도상해죄가 성립하고, 두 죄는 실체적 경합범 관계에 있다.

> ○ 감금행위가 단순히 강도상해 범행의 수단이 되는 데 그치지 아니하고 강도상해의 범행이 끝난 뒤에도 계속된 경우에는 1개의 행위가 감금죄와 강도상해죄에 해당하는 경우라고 볼 수 없고, 이 경우 감

금죄와 강도상해죄는 제37조의 경합범 관계에 있다(대판 2003.1.10, 2002도4380).

[사실관계] 피해자를 강제로 승용차에 태우고 가면서 피해자의 금품을 강취하기 위해 상해를 가한 후 금품을 강취한 다음 피해자를 태운 채 계속하여 상당한 거리를 운전하여 간 경우 감금죄와 강도상해죄는 제37조의 경합범 관계에 있다.[8)]

→ 甲은 친구들과 함께 주점종업원인 乙로부터 돈을 빼앗기로 공모한 다음 乙을 강제로 승용차에 태우고 가면서 乙을 때려 반항을 억압한 후 乙로부터 현금 35만 원이 들어 있는 가방을 빼앗고 乙에게 2주간의 치료를 요하는 안면부 타박상을 입혔다. 그 이후에도 甲은 약 15km를 더 주행하여 가다가 교통사고가 나는 바람에 乙에 대한 감금행위는 중단된 사례

Ⅲ 존속체포 · 감금죄

자기 또는 배우자의 직계존속에 대하여 체포 · 감금죄를 범한 경우 성립하는 범죄이다(제276조 제2항).

Ⅳ 중체포 · 감금죄, 존속중체포 · 감금죄

1 결합범

사람 또는 직계존속을 체포 또는 감금하여 **가혹한 행위**를 가한 경우 성립하는 범죄이다(제277조). 체포 · 감금행위와 가혹행위가 결합된 결합범이다. ↔ 생명에 대한 위험을 발생시킨 경우(구체적 위험범) : ×, 부진정결과적가중범 : ×

2 가혹한 행위

가혹한 행위란 사람에게 육체적 · 정신적으로 고통을 주는 일체의 행위를 의미한다. 유형적 · 무형적 방법을 불문한다. 예 폭행 · 추행 · 옷을 벗겨 나체로 만드는 등 음란행위(유형적 방법), 협박 · 굶기거나 수면을 허용하지 않는 행위(무형적 방법)

Ⅴ 특수체포 · 감금죄

단체 또는 다중의 위력을 보이거나 위험한 물건을 휴대하여 체포 · 감금죄, 존속체포 · 감금죄, 중체포 · 감금죄, 존속중체포 · 감금죄를 범한 경우 성립하는 범죄이다(제278조).

Ⅵ 상습체포 · 감금죄

상습으로 체포 · 감금죄, 존속체포 · 감금죄, 중체포 · 감금죄, 존속중체포 · 감금죄를 범한 경우 성립하는 범죄이다(제279조).

8) 2015년 법원행정고등고시

VII 체포 · 감금치사상죄, 존속체포 · 감금치사상죄

체포 · 감금죄, 존속체포 · 감금죄, 중체포 · 감금죄, 존속중체포 · 감금죄, 특수체포 · 감금죄, 상습체포 · 감금죄 또는 그 미수범을 범하여 사람을 상해 또는 사망에 이르게 함으로써 성립하는 범죄이다(제281조). 체포 · 감금죄의 결과적가중범이다.

○ **체포치상죄의 상해**는 피해자 신체의 건강상태가 불량하게 변경되고 생활기능에 장애가 초래되는 것을 말한다. 피해자가 입은 상처가 극히 경미하여 굳이 치료할 필요가 없고 치료를 받지 않더라도 일상생활을 하는 데 아무런 지장이 없으며 시일이 경과함에 따라 자연적으로 치유될 수 있는 정도라면, 그로 인하여 피해자의 신체의 건강상태가 불량하게 변경되었다거나 생활기능에 장애가 초래된 것으로 보기 어려워 체포치상죄의 상해에 해당한다고 할 수 없다(대판 2020.3.27, 2016도18713).

관련 판례 **감금치사죄를 인정한 경우**

1) 승용차로 피해자를 가로막아 승차하게 한 후 피해자의 하차 요구를 무시한 채 당초 목적지가 아닌 다른 장소를 향하여 시속 약 60km 내지 70km의 속도로 진행하여 피해자를 차량에서 내리지 못하게 한 행위는 **감금죄**에 해당하고, 피해자가 그와 같은 감금상태를 벗어날 목적으로 차량을 빠져 나오려다가 길바닥에 떨어져 상해를 입고 그 결과 사망에 이르렀다면 감금행위와 피해자의 사망 사이에는 상당인과관계가 있다고 할 것이므로 **감금치사죄**에 해당한다(대판 2000.2.11, 99도5286).

2) **[주교사사건]** 피고인이 **미성년자**를 유인하여 포박감금한 후 단지 그 상태를 유지하였을 뿐인데도 피감금자가 사망에 이르게 된 것이라면 피고인의 죄책은 **감금치사죄**에 해당한다 하겠으나, / 나아가서 그 감금상태가 계속된 어느 시점에서 피고인에게 살해의 범의가 생겨 피감금자에 대한 위험발생을 방지함이 없이 포박감금상태에 있던 피감금자를 그대로 방치함으로써 사망케 하였다면 피고인의 부작위는 살인죄의 구성요건적 행위를 충족하는 것이라고 평가하기에 충분하므로 **부작위에 의한 살인죄**를 구성한다(대판 1982.11.23, 82도2024).

   [사실관계] 체육교사인 甲은 중학생 乙을 자신의 아파트에 감금한 후, 乙이 박카스도 마시지 못할 정도로 쇠약해져 있음에도 乙을 방치하고 외출을 하였고, 외출에서 돌아온 甲은 乙이 사망하였음을 발견한 경우 **부작위에 의한 살인죄**를 구성한다.

3) 4일 가량 물조차 제대로 마시지 못하고 잠도 자지 아니하여 거의 탈진 상태에 이른 피해자(**정신병자**)의 손과 발을 17시간 이상 묶어 두고 좁은 차량 속에서 움직이지 못하게 감금한 행위와 묶인 부위의 혈액 순환에 장애가 발생하여 혈전이 형성되고 그 혈전이 폐동맥을 막아 사망에 이르게 된 결과 사이에는 상당인과관계가 있으므로 감금치사죄가 성립한다(대판 2002.10.11, 2002도4315).

4) 피고인이 아파트 안방에서 안방문에 못질을 하여 동거하던 피해자가 술집에 나갈 수 없게 감금하고, 피해자를 때리고 옷을 벗기는 등 **가혹한 행위를** 하여 피해자가 이를 **피하기 위하여** 창문을 통해 밖으로 뛰어 내리려 하자 피고인이 이를 제지한 후, 피고인이 거실로 나오는 사이에 갑자기 안방 창문을 통하여 알몸으로 아파트 아래 잔디밭에 뛰어 내리다가 다발성 실질장기파열상 등을 입고 사망한 경우, 피고인의 중감금행위와 피해자의 사망 사이에는 인과관계가 있어 피고인은 **중감금치사죄**의 죄책을 진다(대판 1991.10.25, 91도2085).

관련 판례 **감금치상죄를 인정한 경우**

피해자를 강제로 승용차에 태운 뒤 운전하여 가자 겁에 질린 피해자가 차에서 뛰어 내리다가 상해를 입은 경우, **감금치상죄**가 인정된다(대판 2000.5.26, 2000도440).
[사실관계] 1997.4.5. 피해자를 승용차에 강제로 태운 뒤 대전에서 서울까지 운전하여 갔고, 같은 해 8월 15일 피해자를 역시 강제로 승용차에 태운 뒤 운전하여 가자 겁에 질린 피해자가 차에서 뛰어 내리다가 상해를 입은 경우 감금 및 감금치상죄가 성립한다.

제4절 약취 · 유인 및 인신매매의 죄

제287조【미성년자의 약취, 유인】
미성년자를 약취 또는 유인한 사람은 10년 이하의 징역에 처한다.

제288조【추행 등 목적 약취, 유인 등】
① 추행, 간음, 결혼 또는 영리의 목적으로 사람을 약취 또는 유인한 사람은 1년 이상 10년 이하의 유기징역에 처한다.
② 노동력 착취, 성매매와 성적 착취, 장기적출을 목적으로 사람을 약취 또는 유인한 사람은 2년 이상 15년 이하의 징역에 처한다.
③ 국외에 이송할 목적으로 사람을 약취 또는 유인하거나 약취 또는 유인된 사람을 국외에 이송한 사람도 제2항과 동일한 형으로 처벌한다.

제289조【인신매매】
① 사람을 매매한 사람은 7년 이하의 징역에 처한다.
② 추행, 간음, 결혼 또는 영리의 목적으로 사람을 매매한 사람은 1년 이상 10년 이하의 징역에 처한다.
③ 노동력 착취, 성매매와 성적 착취, 장기적출을 목적으로 사람을 매매한 사람은 2년 이상 15년 이하의 징역에 처한다.
④ 국외에 이송할 목적으로 사람을 매매하거나 매매된 사람을 국외로 이송한 사람도 제3항과 동일한 형으로 처벌한다. 〈신설〉

제290조【약취, 유인, 매매, 이송 등 상해 · 치상】
① 제287조부터 제289조까지의 죄를 범하여 약취, 유인, 매매 또는 이송된 사람을 상해한 때에는 3년 이상 25년 이하의 징역에 처한다.
② 제287조부터 제289조까지의 죄를 범하여 약취, 유인, 매매 또는 이송된 사람을 상해에 이르게 한 때에는 2년 이상 20년 이하의 징역에 처한다. 〈신설〉

제291조【약취, 유인, 매매, 이송 등 살인 · 치사】
① 제287조부터 제289조까지의 죄를 범하여 약취, 유인, 매매 또는 이송된 사람을 살해한 때에는 사형, 무기 또는 7년 이상의 징역에 처한다.
② 제287조부터 제289조까지의 죄를 범하여 약취, 유인, 매매 또는 이송된 사람을 사망에 이르게 한 때에는 무기 또는 5년 이상의 징역에 처한다. 〈신설〉

제292조【약취, 유인, 매매, 이송된 사람의 수수 · 은닉 등】
① 제287조부터 제289조까지의 죄로 약취, 유인, 매매 또는 이송된 사람을 수수(授受) 또는 은닉한 사람은 7년 이하의 징역에 처한다.
② 제287조부터 제289조까지의 죄를 범할 목적으로 사람을 모집, 운송, 전달한 사람도 제1항과 동일한 형으로 처벌한다.

제293조【상습범】 〈삭제〉

제294조【미수범】
제287조부터 제289조까지, 제290조 제1항, 제291조 제1항과 제292조 제1항의 미수범은 처벌한다.

제295조 【벌금의 병과】
제288조부터 제291조까지, 제292조 제1항의 죄와 그 미수범에 대하여는 5천만원 이하의 벌금을 병과할 수 있다.
제295조의2 【형의 감경】
제287조부터 제290조까지, 제292조와 제294조의 죄를 범한 사람이 약취, 유인, 매매 또는 이송된 사람을 안전한 장소로 풀어준 때에는 그 형을 감경할 수 있다.
제296조 【예비, 음모】
제287조부터 제289조까지, 제290조 제1항, 제291조 제1항과 제292조 제1항의 죄를 범할 목적으로 예비 또는 음모한 사람은 3년 이하의 징역에 처한다. 〈신설〉
제296조의2 【세계주의】
제287조부터 제292조까지 및 제294조는 대한민국 영역 밖에서 죄를 범한 외국인에게도 적용한다. 〈신설〉

I 서설

1 의의 및 보호법익

약취·유인 및 인신매매의 죄는 사람을 약취 또는 유인 등을 하여 자기 또는 제3자의 실력적 지배하에 옮기거나 사람을 매매 등을 하여 개인의 자유를 침해하는 범죄이다.

약취와 유인의 죄는 미성년자약취·유인죄를 기본적 구성요건으로 하여 목적에 따라 가중적 구성요건을 두고 있고, 인신매매의 죄는 인신매매죄를 기본적 구성요건으로 하여 목적에 따라 가중적 구성요건을 두고 있다.

보호법익은 사람의 신체활동의 자유(특히, 장소선택 또는 거처의 자유)이며 보호의 정도는 침해범이다. 다만 미성년자약취·유인죄의 경우에는 ① **미성년자의 자유** 이외에 ② **보호감독자의 감호권**도 부차적인 보호법익이라고 본다. 따라서 약취행위에 미성년자의 동의가 있었다 하더라도 보호자의 동의가 없으면 미성년자약취·유인죄가 성립한다.

○ 제287조에 규정된 미성년자약취죄는 미성년자의 자유 외에 보호감독자의 감호권도 그 보호법익으로 하고 있다는 점을 고려하면, 피고인과 공범들이 미성년자를 보호·감독하고 있던 그 아버지의 감호권을 침해하여 그녀를 자신들의 사실상 지배하로 옮긴 이상 미성년자약취죄가 성립한다 할 것이고, 약취행위에 미성년자(여, 14세)의 동의가 있었다 하더라도 본죄의 성립에는 변함이 없다(대판 2003.2.11, 2002도7115).

2 구성요건의 체계

기본적 구성요건	미성년자약취유인죄 / 인신매매죄
가중적 구성요건	추행·간음·결혼·영리목적 약취유인죄 / 인신매매죄 노동력착취·성매매와 성적착취·장기적출목적 약취유인죄 / 인신매매죄 국외이송목적 약취유인죄 / 인신매매죄 국외이송죄(목적범×) 약취·유인·매매·이송 등 상해·치상죄 약취·유인·매매·이송 등 살해·치사죄 → 존속가중처벌규정 : ×, 상습범처벌규정 : ×(∵ 삭제)

독립적 구성요건	피약취·유인·매매·이송자 수수은닉죄, 모집·운송·전달죄
미수범 처벌규정	○
	×: 약취·유인·매매·이송 등 치상·치사죄, 모집·운송·전달죄
예비·음모 처벌규정	○
	×: 약취·유인·매매·이송 등 치상·치사죄, 모집·운송·전달죄
해방감경규정 (제295조의2)	○ (미수범 포함)
	×: 예비·음모, 약취·유인·매매·이송 등 **살해·치사죄**
세계주의 (제296조의2)	○ (미수범 포함)
	×: **예비·음모**

II 미성년자 약취·유인죄

1 주체

주체에는 제한이 없다. **미성년자를 보호감독하는 자**라 하더라도 다른 보호감독자의 감호권을 침해하거나 자신의 감호권을 남용하여 미성년자 본인의 이익을 침해하는 경우 미성년자 약취·유인죄의 주체가 될 수 있다(대판 2008.1.31, 2007도8011).

> **o** 외조부가 맡아서 양육해 오던 미성년인 자(子)를 자의 의사에 반하여 사실상 자신의 지배하에 옮긴 친권자에 대하여 미성년자 약취·유인죄를 인정한 사례(대판 2008.1.31, 2007도8011)
> **[사실관계]** 아내가 교통사고로 사망한 후 **장인**에게 미성년인 아들의 양육을 맡겨 왔으나, 교통사고 배상금 등을 둘러싸고 장인과 분쟁이 발생하자 자신이 직접 아들을 양육하기로 마음먹고 하교하는 **아들**을 본인의 의사에 반하여 강제로 차에 태우고 외할아버지에게 간다는 등의 거짓말로 속인 후 사실상 자신의 지배하에 옮긴 경우 미성년자 약취·유인죄가 성립한다.

2 객체

미성년자란 민법상 미성년자(만 19세 미만)를 말한다. 미성년자인 이상 성별, 의사능력의 유무, 타인의 보호·감독을 받고 있는지의 여부는 관계없다.

3 행위

(1) 약취

① 약취란 폭행 또는 협박을 수단으로 피해자를 그 의사에 반하여 자유로운 생활관계 또는 보호관계로부터 범인이나 제3자의 사실상 지배하에 옮기는 행위를 말한다. 부작위에 의하여도 가능하다.

> **o [부작위에 의한 약취사건]** [9] 이혼소송 중 비양육친인 피고인(남, 한국인)이 면접교섭권을 행사하기 위하여 프랑스에서 양육친(여, 프랑스인)과 함께 생활하던 피해아동(만 5세)을 대한민국으로

9) 2023년 법원사무관승진시험(10점)

데려온 후 **면접교섭 기간이 종료하였음에도 프랑스에 있는 양육친에게 데려다 주지 않**고 양육친과 연락을 두절한 후 가정법원의 유아인도명령 등에도 불응한 사안에서, 피고인의 행위는 그 목적과 의도, 행위 당시의 정황과 피해자의 상태, 결과적으로 피해아동의 자유와 복리를 침해한 점, 법원의 확정된 심판 등의 실효성을 확보할 수 없도록 만든 점 등을 종합해 보면, 불법적인 사실상의 힘을 수단으로 피해아동을 그 의사와 복리에 반하여 자유로운 생활 및 보호관계로부터 이탈시켜 자기의 사실상 지배하에 옮긴 적극적 행위와 형법적으로 같은 정도의 행위로 평가할 수 있으므로, 형법 제287조 미성년자약취죄의 약취행위에 해당한다고 봄이 타당하다고 한 사례(대판 2021.9.9, 2019도16421)

② 폭행 또는 협박의 정도는 상대방을 실력적 지배하에 둘 수 있을 정도이면 족하고 반드시 상대방의 반항을 억압할 정도의 것임을 요하지는 아니한다(대판 1991.8.13, 91도1184 ; 대판 2009.7.9, 2009도3816).

ㅇ 술에 만취한 피고인이 초등학교 5학년 여학생의 **소매를 잡아끌면서 "우리 집에 같이 자러 가자"**고 한 경우 제288조의 약취행위의 수단인 '폭행'에 해당한다(대판 2009.7.9, 2009도3816).

③ 폭행, 협박이나 불법적인 사실상의 힘을 행사함이 없었다면 약취행위라 볼 수 없다. 폭행, 협박 또는 불법적인 사실상의 힘을 사용하여 그 미성년자를 평온하던 종전의 보호・양육 상태로부터 이탈시켰다고 볼 수 없는 행위에 대하여까지 다른 보호감독자의 보호・양육권을 침해하였다는 이유로 미성년자에 대한 약취죄의 성립을 긍정하는 것은 형벌법규의 문언 범위를 벗어나는 해석으로서 죄형법정주의의 원칙에 비추어 허용될 수 없다(대판 2013.6.20, 2010도14328 全合).

ㅇ [베트남 국적 여성 귀국사건] **부모가 이혼하였거나 별거하는 상황**에서 미성년의 자녀를 부모의 일방이 평온하게 보호・양육하고 있는데, 상대방 부모가 폭행, 협박 또는 불법적인 사실상의 힘을 행사하여 그 보호・양육 상태를 깨뜨리고 자녀를 탈취하여 자기 또는 제3자의 사실상 지배하에 옮긴 경우, 그와 같은 행위는 특별한 사정이 없는 한 미성년자에 대한 약취죄를 구성한다고 볼 수 있다. / 그러나 이와 달리 **미성년의 자녀를 부모가 함께 동거하면서 보호・양육하여 오던 중** 부모의 일방이 상대방 부모나 그 자녀에게 어떠한 폭행, 협박이나 불법적인 사실상의 힘을 행사함이 없이 그 자녀를 데리고 종전의 거소를 벗어나 다른 곳으로 옮겨 자녀에 대한 보호・양육을 계속하였다면, 그 행위가 보호・양육권의 남용에 해당한다는 등 특별한 사정이 없는 한 설령 이에 관하여 법원의 결정이나 상대방 부모의 동의를 얻지 아니하였다고 하더라도 그러한 행위에 대하여 곧바로 형법상 미성년자에 대한 약취죄의 성립을 인정할 수는 없다(대판 2013.6.20, 2010도14328 全合).
[사실관계] 베트남 국적 여성인 피고인이 남편의 동의 없이 생후 13개월 된 자녀를 베트남에 있는 친정으로 데려간 행위는 폭행, 협박 또는 불법적인 사실상의 힘을 사용하여 자녀를 자기 또는 제3자의 지배하에 옮긴 **약취행위**로 볼 수는 없다.

(2) 유인

① 유인이라 함은 기망 또는 유혹을 수단으로 하여 미성년자를 꾀어 현재의 보호상태로부터 이탈하게 하여 자기 또는 제3자의 사실적 지배하로 옮기는 행위를 말한다.

ㅇ 甲이 자신의 교리설교에 속아 (하자 있는 의사로) 스스로 가출한 15세의 피해자를 보살피면서 **'주의 일'(껌팔이)** 등 행상을 시켰다면 미성년자 약취·유인죄가 성립한다(대판 1982.4.27, 82도186).

② 기망이나 유혹의 내용이 허위일 것을 요하지는 않는다.

ㅇ 미성년자 유인죄의 **유혹**이라 함은 기망의 정도에는 이르지 아니하나 감언이설로써 상대방을 현혹시켜 판단의 적정을 그르치게 하는 것이므로 반드시 그 유혹의 내용이 허위일 것을 요하지는 않는다(대판 1996.2.27, 95도2980).

[사실관계] 甲이 자신의 4촌 매형의 가게에서 일하면서 숙식을 해결하는 미성년인 저능아를 제주도로 데리고 간 후 이 사실을 매형에게 숨기고(제주도를 데려간 사실을 한번도 이야기하지 아니함) 몇 개월 후 다시 데려왔다면 미성년자 약취·유인죄가 성립한다.

(3) 사실적 지배

① 약취·유인죄가 성립하려면 피해자를 자기 또는 제3자의 실력적 지배하에 두어야 한다.

ㅇ 형법 제287조의 미성년자유인죄란 기망 또는 유혹을 수단으로 하여 미성년자를 꾀어 그 하자 있는 의사에 따라 미성년자를 자유로운 생활관계 또는 보호관계로부터 이탈하게 하여 자기 또는 제3자의 사실적 지배하에 옮기는 행위를 말하고, 여기서 사실적 지배라고 함은 미성년자에 대한 물리적·실력적인 지배관계를 의미한다(대판 1998.5.15, 98도690 ; 대판 2007.5.11, 2007도2318).

② 사실적 지배를 위하여 반드시 장소의 이전을 요하지는 않는다.

ㅇ **미성년자가 혼자 머무는 주거에 침입**하여 그를 감금한 뒤 폭행 또는 협박에 의하여 부모의 출입을 봉쇄하거나, 미성년자와 부모가 거주하는 주거에 침입하여 부모만을 강제로 퇴거시키고 독자적인 생활관계를 형성하기에 이르렀다면 비록 장소적 이전이 없었다 할지라도 형법 제287조의 미성년자 약취죄에 해당함이 명백하다(대판 2008.1.17, 2007도8485).

[사실관계] 미성년자 혼자 머무는 주거에 침입하여 **강도 범행을 하는 과정**에서 미성년자와 그 부모에게 폭행·협박을 가하여 일시적으로 부모와의 보호관계가 사실상 침해·배제되었더라도, 미성년자가 기존의 생활관계로부터 완전히 이탈되었다거나 새로운 생활관계가 형성되었다고 볼 수 없고 범인의 의도도 위와 같은 생활관계의 이탈이 아니라 단지 금품 강취를 위한 반항 억압에 있었으므로, 형법 제287조의 미성년자약취죄가 성립하지 않는다.

4 죄수 및 타죄와의 관계

ㅇ 미성년자를 **유인**한 자가 계속하여 미성년자를 불법하게 **감금**하였을 때에는 미성년자유인죄 이외에 감금죄가 별도로 성립한다(대판 1998.5.26, 98도1036). → **미성년자유인죄와 감금죄의 실체적 경합**

5 해방감경규정

약취·유인·인신매매의 죄 또는 그 미수죄를 범한 사람이 약취, 유인, 매매 또는 이송된 사람을 안전한 장소로 풀어준 때에는 그 형을 감경할 수 있다(제295조의2).

다만, 예비・음모(제296조), 약취・유인・매매・이송 등 살인・치사죄(제291조)를 범한 경우에는 적용되지 않는다.

6 세계주의

형법은 약취・유인・인신매매의 죄 또는 그 미수죄를 인류에 대한 공통적인 범죄로서 대한민국 영역 밖에서 외국인을 피해자로 하여 죄를 범한 외국인에게도 적용될 수 있도록 세계주의를 규정하였다(제296조의2).

다만, 예비・음모(제296조)에 대하여는 세계주의가 적용되지 않는다.

Ⅲ 추행 등 목적 약취・유인죄

1 추행・간음・결혼・영리목적 약취・유인죄

추행, 간음, 결혼, 영리 등의 목적으로 사람을 약취 또는 유인한 경우 성립하는 범죄이다(제288조 제1항). 추행, 간음, 결혼 목적 유인죄의 객체는 여성에 한정되지 않는다.

(1) 미성년자 약취・유인죄의 가중적 구성요건이다. 따라서 미성년자를 피해자로 추행・간음・결혼・영리목적 약취・유인죄가 성립하는 경우 따로 미성년자 약취・유인죄는 성립하지 않는다(법조경합 중 특별관계).

예 15세된 가출소녀를 유혹하여 단란주점에 팔 생각으로 피해자에게 접근하여 취직자리를 찾아 주겠다고 속여 자신의 원룸 아파트에 유인하였다가 단란주점 주인과 약속장소로 가는 도중에 검거되었다면 미성년자유인죄가 아니라 영리목적유인죄의 기수에 해당한다.

(2) 특히 결혼목적으로 사람을 약취・유인하여도 형이 감경되는 것이 아니라 가중된다. 종래에는 감경적 구성요건(5년 이하의 징역)이었으나, 2013년 개정으로 가중적 구성요건이 되었다.

(3) 목적범이다. 따라서 목적을 가지고 사람을 약취・유인하면 기수가 되고, 그 목적달성여부는 묻지 않는다.

예 18세인 여자를 유흥주점에 팔 생각으로 유인하여 자기 집에 데리고 있다가 강간한 후 유흥주점 업주에게 넘기려다 검거된 경우 영리목적 약취・유인죄와 강간죄의 경합범이 성립한다.

> ㅇ 간음의 목적으로 11세에 불과한 어린 나이의 피해자를 유혹하여 위 모텔 앞길에서부터 위 **모텔 301호실**까지 데리고 간 이상, 간음목적유인죄의 기수에 이른 것이다(대판 2007.5.11, 2007도2318).

2 노동력 착취・성매매와 성적 착취・장기적출 목적 약취유인죄(제288조 제2항)

3 국외이송 목적 약취・유인죄 및 피약취・유인자 국외이송죄(제288조 제3항)

피약취・유인자 국외이송죄는 목적범이 아니다.

Ⅳ 인신매매죄

사람을 매매한 경우 성립하는 범죄이다(제289조). 종래 부녀매매죄에서 객체를 사람으로 개정하였다. 목적범의 경우 가중처벌하는 것은 약취・유인죄와 동일하다. 해방감경규정과 세계주의가 적용되는 것도 약취・유인죄와 동일하다.

Ⅴ 약취・유인・매매・이송 등 상해・치상죄

제287조부터 제289조까지의 죄를 범하여 약취, 유인, 매매 또는 이송된 사람을 상해하거나 상해에 이르게 함으로써 성립하는 범죄이다(제290조).

Ⅵ 약취・유인・매매・이송 등 살인・치사죄

제287조부터 제289조까지의 죄를 범하여 약취, 유인, 매매 또는 이송된 사람을 살해하거나 사망에 이르게 함으로써 성립하는 범죄이다(제291조).

Ⅶ 약취・유인・매매・이송된 사람의 수수・은닉죄

제287조부터 제289조까지의 죄로 약취, 유인, 매매 또는 이송된 사람을 수수(授受) 또는 은닉함으로써 성립하는 범죄이다(제292조 제1항). 약취・유인・매매・이송된 사람의 수수・은닉죄는 목적범이 아니다.

Ⅷ 약취・유인・매매・이송 등 모집・운송・전달죄

제287조부터 제289조까지의 죄를 범할 목적으로 사람을 모집, 운송, 전달한 경우 성립하는 범죄이다(제292조 제2항). 목적범이다. 종래 방조범 형태로 인정되던 약취, 유인, 인신매매 등을 위하여 사람을 모집, 운송, 전달하는 행위를 독자적인 구성요건으로 처벌하도록 한 것이다.

제5절 강간과 추행의 죄

제297조【강간】
폭행 또는 협박으로 사람을 강간한 자는 3년 이상의 유기징역에 처한다.

제297조의2【유사강간】
폭행 또는 협박으로 사람에 대하여 구강, 항문 등 신체(성기는 제외한다)의 내부에 성기를 넣거나 성기, 항문에 손가락 등 신체(성기는 제외한다)의 일부 또는 도구를 넣는 행위를 한 사람은 2년 이상의 유기징역에 처한다. 〈신설〉

제298조【강제추행】
폭행 또는 협박으로 사람에 대하여 추행을 한 자는 10년 이하의 징역 또는 1천500만원 이하의 벌금에 처한다.

제299조【준강간, 준강제추행】
사람의 심신상실 또는 항거불능의 상태를 이용하여 간음 또는 추행을 한 자는 제297조, 제297조의2 및 제298조의 예에 의한다.

제300조【미수범】
제297조, 제297조의2, 제298조 및 제299조의 미수범은 처벌한다.

제301조【강간 등 상해·치상】
제297조, 제297조의2 및 제298조부터 제300조까지의 죄를 범한 자가 사람을 상해하거나 상해에 이르게 한 때에는 무기 또는 5년 이상의 징역에 처한다.

제301조의2【강간 등 살인·치사】
제297조, 제297조의2 및 제298조부터 제300조까지의 죄를 범한 자가 사람을 살해한 때에는 사형 또는 무기징역에 처한다. 사망에 이르게 한 때에는 무기 또는 10년 이상의 징역에 처한다.

제302조【미성년자 등에 대한 간음】
미성년자 또는 심신미약자에 대하여 위계 또는 위력으로써 간음 또는 추행을 한 자는 5년 이하의 징역에 처한다.

제303조【업무상위력 등에 의한 간음】
① 업무, 고용 기타 관계로 인하여 자기의 보호 또는 감독을 받는 사람에 대하여 위계 또는 위력으로써 간음한 자는 7년 이하의 징역 또는 3천만원 이하의 벌금에 처한다. [개정 2018.10.16.]
② 법률에 의하여 구금된 사람을 감호하는 자가 그 사람을 간음한 때에는 10년 이하의 징역에 처한다. [개정 2018.10.16.]

제304조 〈삭제〉
구법 제304조【혼인빙자 등에 의한 간음】
혼인을 빙자하거나 기타 위계로써 음행의 상습없는 부녀를 기망하여 간음한 자는 2년 이하의 징역 또는 500만원 이하의 벌금에 처한다. [단순위헌결정, 헌재 2009.11.26, 2008헌바58, 2009헌바191(병합)] 형법 제304조 중 '혼인을 빙자하여 음행의 상습 없는 부녀를 기망하여 간음한 자' 부분이 헌법 제37조 제2항의 과잉금지원칙을 위반하여 남성의 성적자기결정권 및 사생활의 비밀과 자유를 침해하는 것으로 헌법에 위반된다.

제305조【미성년자에 대한 간음, 추행】
① 13세 미만의 사람에 대하여 간음 또는 추행을 한 자는 제297조, 제297조의2, 제298조, 제301조 또는 제301조의2의 예에 의한다.
② 13세 이상 16세 미만의 사람에 대하여 간음 또는 추행을 한 19세 이상의 자는 제297조, 제297조의2, 제298조, 제301조 또는 제301조의2의 예에 의한다. [시행 2020.5.19.]

제305조의2【상습범】
상습으로 제297조, 제297조의2, 제298조부터 제300조까지, 제302조, 제303조 또는 제305조의 죄를 범한 자는 그 죄에 정한 형의 2분의 1까지 가중한다.

제305조의3【예비, 음모】
제297조, 제297조의2, 제299조(준강간죄에 한정한다), 제301조(강간 등 상해죄에 한정한다) 및 제305조의 죄를 범할 목적으로 예비 또는 음모한 사람은 3년 이하의 징역에 처한다. [시행 2020.5.19.]

제306조 〈삭제〉
구법 제306조【고소】
제297조 내지 제300조와 제302조 내지 제305조의 죄는 고소가 있어야 공소를 제기할 수 있다.

I 서설

1 의의 및 보호법익

강간과 추행의 죄는 개인의 성적 자기결정의 자유를 침해하는 것을 내용으로 하는 범죄이다. 보호법익은 개인의 성적 자기결정의 자유이며 보호의 정도는 침해범이다.

이에 관한 특별법으로 성폭력범죄의 처벌 등에 관한 특례법 및 아동·청소년의 성보호에 관한 법률 등이 있다.

- 강간과 추행의 죄의 보호법익인 '성적 자유'는 적극적으로 성행위를 할 수 있는 자유가 아니라 **소극적으로 원치 않는 성행위를 하지 않을 자유**를 말하고, '성적 자기결정권'은 성행위를 할 것인가 여부, 성행위를 할 때 상대방을 누구로 할 것인가 여부, 성행위의 방법 등을 스스로 결정할 수 있는 권리를 의미한다(대판 2019.6.13, 2019도3341).

2 구성요건의 체계

구분	내용
기본적 구성요건	강간죄, 강제추행죄
가중적 구성요건	강간 등 상해·치상죄, 강간 등 살인·치사죄 상습범(제305조의2)
감경적 구성요건	유사강간죄
독립적 구성요건	준강간죄, 준강제추행죄 미성년자의제강간죄 미성년자·심신미약자간음죄 업무상위력간음죄(피감독자간음죄), 피구금자간음죄
미수범 처벌규정	○ : 강간죄, 유사강간죄, 강제추행죄, 준강간죄, 준강제추행죄,미성년자의제강간죄(판례)
	× : 강간 등 상해·치상죄, 강간 등 살인·치사죄 미성년자·심신미약자간음죄, 업무상위력간음죄, 피구금자간음죄
예비·음모 처벌규정	○ : 강간죄, 유사강간죄, 준강간죄, 강간상해죄, 미성년자의제강간·추행죄
	× : 강제추행죄, 준강제추행죄, 강간치상·치사죄, ○○ 간음죄, 강간살인죄

3 행위와 객체별 분류

행위/객체	13세 미만 (주체 19세 이상 : 16세 미만)	13세 이상 19세 미만 (주체 19세 이상 : 16세 이상 19세 미만)	19세 이상
폭행·협박	강간죄	강간죄	강간죄
위계·위력	미성년자의제강간죄	미성년자위계간음죄	무죄 ↔ 피감독자·피구금자간음죄
동의 ○	미성년자의제강간죄	형법상 무죄	무죄 ↔ 피구금자간음죄

II 강간죄

1 의의

강간죄는 폭행 또는 협박으로 사람을 강간함으로써 성립하는 범죄이다(제297조).

2 주체

제한이 없다. 남자는 물론 여자도 주체가 될 수 있다.

3 객체

강간죄의 객체는 사람이다. 남자・여자를 불문한다.

(1) 여성으로 성전환을 한 사람에 대하여도 강간죄가 성립할 수 있다.

> o **성전환자**를 여성으로 인식하여 강간한 사안에서, 피해자가 성장기부터 남성에 대한 불일치감과 여성으로의 성귀속감을 나타냈고, 성전환 수술로 인하여 여성으로서의 신체와 외관을 갖추었으며, 수술 이후 30여 년간 개인적・사회적으로 여성으로서의 생활을 영위해 가고 있는 점 등을 고려할 때, 사회통념상 여성으로 평가되는 성전환자로서 강간죄의 객체인 '부녀'에 해당한다고 한 사례(대판 2009.9.10, 2009도3580)

(2) 법률상 처도 포함한다.

> o 형법은 법률상 처를 강간죄의 객체에서 제외하는 명문의 규정을 두고 있지 않으므로, 문언 해석상으로도 법률상 처가 강간죄의 객체에 포함된다고 새기는 것에 아무런 제한이 없다. 따라서 형법 제297조가 정한 강간죄의 객체인 '부녀'에는 **법률상 처**가 포함되고, 혼인관계가 파탄된 경우뿐만 아니라 실질적인 혼인관계가 유지되고 있는 경우에도 남편이 반항을 불가능하게 하거나 현저히 곤란하게 할 정도의 폭행이나 협박을 가하여 아내를 간음한 경우에는 강간죄가 성립한다(대판 2013.5.16, 2012도14788 全合).

4 행위

강간이란 폭행・협박으로 사람을 간음하는 것을 말한다.

(1) 폭행・협박

① 강간죄에서의 폭행・협박은 상대방의 항거를 불가능하게 하거나 또는 현저히 곤란하게 할 정도임을 요한다(최협의).

관련 판례 **강간죄의 폭행・협박에 해당하는 경우**

1) 피고인이 피해자를 여관방으로 유인한 다음 방문을 걸어 잠근 후 피해자에게 성교할 것을 요구하였으나 피해자가 이를 거부하자 "옆방에 내 친구들이 많이 있다. 소리지르면 다 들을 것이다. 조용히 해라. **한 명하고 할 것이냐? 여러 명하고 할 것이냐?**"라고 말하면서 성행위를 요구한 경우, 피해자의 항거를 현저하게 곤란하게 할 정도의 유형력을 행사한 것으로 인정된다(대판 2000.8.18, 2000도1914).

2) 유부녀인 피해자에 대하여 성교 요구에 불응하면 **혼인 외 성관계 사실을 폭로**하겠으며 폭력조직 부하들을 동원하여 신체에 위해를 가할 수도 있다는 것을 암시하는 등 협박하여 피해자를 간음 또는 추행한 경우 강간죄 및 강제추행죄가 성립한다(대판 2007.1.25, 2006도5979).

관련 판례 강간죄의 폭행 · 협박에 해당하지 않는 경우

피고인과 피해자가 전화로 사귀어 오면서 음담패설을 주고받을 정도까지 되었고 당초 간음을 시도한 방에서 피해자가 "여기는 죽은 시어머니를 위한 **제청방이니 이런 곳에서 이런 짓을 하면 벌 받는다**"고 말하여 안방으로 장소를 옮기게 된 사정 등으로 미루어 본다면 강간피고사건의 피해자에게 가한 폭행 또는 협박이 그 반항을 현저히 곤란하게 할 정도에까지 이른 것이라고 보기는 어렵다(대판 1991.5.28, 91도546).

② 폭행 · 협박이 있었는지 여부는 모든 사정을 종합하여 피해자가 당시 처하였던 구체적인 상황을 기준으로 판단한다.

ㅇ 강간죄가 성립하기 위한 가해자의 폭행 · 협박이 있었는지 여부는 폭행 · 협박의 내용과 정도는 물론 유형력을 행사하게 된 경위, 피해자와의 관계, 행위 당시와 그 후의 정황 등 모든 사정을 종합하여 피해자가 당시 처하였던 구체적인 상황을 기준으로 판단하여야 하며, 사후적으로 보아 피해자가 범행 현장을 벗어날 수 있었다거나 피해자가 사력을 다하여 반항하지 않았다는 사정만으로 가해자의 폭행 · 협박이 피해자의 항거를 현저히 곤란하게 할 정도에 이르지 않았다고 섣불리 단정하여서는 안 된다(대판 2018.2.28, 2017도21249).

(2) 강간

강간이란 폭행 · 협박으로 상대방의 반항을 억압하거나 현저하게 곤란하게 한 상태에서 간음하는 것을 말한다. 여기서 간음이란 성교행위로서 성기와 성기 간의 결합을 말한다.

(3) 인과관계

① 강간죄에서의 폭행 · 협박과 간음 사이에는 인과관계가 있어야 한다.

② 폭행 · 협박이 반드시 간음행위보다 선행되어야 하는 것은 아니다.

ㅇ [기습강간사건] 강간죄에서의 폭행 · 협박과 간음 사이에는 인과관계가 있어야 하나, 폭행 · 협박이 반드시 간음행위보다 선행되어야 하는 것은 아니다(대판 2017.10.12, 2016도16948).
[사실관계] 피고인은 피해자의 의사에 반하여 기습적으로 자신의 성기를 피해자의 성기에 삽입하고, 피해자가 움직이지 못하도록 반항을 억압한 다음 간음행위를 계속한 경우, 비록 간음행위를 시작할 때 폭행 · 협박이 없었다고 하더라도 **간음행위와 거의 동시 또는 그 직후**에 피해자를 폭행하여 간음한 것으로 볼 수 있고, 이는 강간죄를 구성한다.

③ 폭행 · 협박과 간음 또는 추행 사이에 시간적 간격이 있더라도 폭행 · 협박에 의하여 간음 또는 추행이 이루어진 것으로 인정될 수 있다면 강간 또는 강제추행죄가 성립한다(대판 2007.1.25, 2006도5979).

5 실행의 착수 및 기수시기

(1) 간음하기 위하여 피해자의 항거를 불능하게 하거나 현저히 곤란하게 할 정도의 폭행 또는 협박을 개시한 때 실행의 착수가 인정되며, 실제로 그와 같은 폭행 또는 협박에 의하여 피해자의 항거가 불능하게 되거나 현저히 곤란하게 되어야만 실행의 착수가 있다고 볼 것은 아니다(대판 2000.6.9, 2000도1253).

ㅇ 피고인이 간음할 목적으로 새벽 4시에 여자 혼자 있는 방문 앞에 가서 피해자가 방문을 열어 주지 않으면 **부수고 들어갈듯한 기세로 방문을 두드리고** 피해자가 위험을 느끼고 창문에 걸터앉아 가까이 오면 뛰어 내리겠다고 하는데도 베란다를 통하여 창문으로 침입하려고 하였다면 강간의 수단으로서의 폭행에 착수하였다고 할 수 있으므로 강간의 착수가 있었다고 할 것이다(대판 1991.4.9, 91도288).
→ 실행의 착수 ○

ㅇ 피고인이 **강간할 목적**으로 피해자(사촌여동생)의 집에 침입하였다 하더라도 안방에 들어가 누워 자고 있는 피해자의 **가슴과 엉덩이를 만지면서 간음을 기도하였다**는 사실만으로는 강간의 수단으로 피해자에게 폭행이나 협박을 개시하였다고 하기는 어렵다(대판 1990.5.25, 90도607).
[사실관계] 야간에 강간을 목적으로 피해자의 집에 담을 넘어 침입한 후, 안방에서 자고 있던 피해자의 가슴과 엉덩이를 만지면서 강간하려고 하였으나, 피해자가 '야' 하고 비명을 지르는 바람에 도망한 경우 강간의 (장애)미수에 해당하지 않는다.
→ 실행의 착수 ×

(2) 남자의 성기가 여자의 성기 속으로 삽입되는 순간에 기수가 된다(삽입설). 전부삽입을 요하지도 않으며, 성적 만족이 있어야 하는 것도 아니다.

6 죄수

ㅇ 피해자를 위협하여 항거불능케 한 후 **1회 간음하고 2백미터쯤 오다가 다시 1회 간음한 경우**에 있어 피고인의 의사 및 그 범행시각과 장소로 보아 두 번째의 간음행위는 처음 한 행위의 계속으로 볼 수 있어 이를 **단순일죄**로 처단한 것은 정당하다(대판 1970.9.29, 70도1516).
[비교판례] 피해자를 1회 강간하여 상처를 입게 한 후 약 **1시간 후에 장소를 옮겨** 같은 피해자를 다시 1회 강간한 행위는 그 범행시간과 장소를 달리하고 있을 뿐만 아니라 각 별개의 범의에서 이루어진 행위로서 형법 제37조 전단의 **실체적 경합범**에 해당한다(대판 1987.5.12, 87도694).

7 타죄와의 관계

(1) 폭행·협박을 수단으로 강간한 경우 폭행·협박은 강간죄에 흡수된다(법조경합).

(2) 감금을 수단으로 강간한 경우 감금죄와 강간죄의 상상적 경합범이다.

(3) 강간범이 강도죄를 범한 경우 강간죄와 강도죄의 경합범이 성립하지만(∵ **강간강도죄 처벌규정** ×), 강도범이 강간죄를 범한 경우 강도강간죄가 성립한다(제339조).

ㅇ 강간범이 강간행위 후에 강도의 범의를 일으켜 그 부녀의 재물을 강취하는 경우에는 강도강간죄가 아니라 **강간죄와 강도죄의 경합범**이 성립될 수 있을 뿐이지만, / 강간행위의 종료 전 즉 그 실행행위의 계속 중에 강도의 행위를 할 경우에는 이때에 바로 강도의 신분을 취득하는 것이므로 이후에 그 자리에서 강간행위를 계속하는 때에는 강도가 부녀를 강간한 때에 해당하여 형법 제339조에 정한 **강도강간죄**를 구성한다(대판 2010.12.9, 2010도9630).

(4) 주거침입죄를 범한 후 강간하면 주거침입죄와 강간죄의 경합범이 성립된다.

ㅇ 피고인이 강간할 목적으로 피해자를 따라 피해자가 거주하는 아파트 내부의 엘리베이터에 탄 다음 그 안에서 폭행을 가하여 반항을 억압한 후 계단으로 끌고 가 피해자를 강간하고 상해를 입힌 경우, **주거침입죄와 강간상해죄의 경합범**이 성립한다(대판 2009.9.10, 2009도4335).

Ⅲ 유사강간죄

유사강간죄는 ① 폭행 또는 협박으로 사람에 대하여 구강, 항문 등 신체(성기는 제외한다)의 내부에 성기를 넣거나, ② 성기, 항문에 손가락 등 신체(성기는 제외한다)의 일부 또는 도구를 넣는 행위를 한 경우 성립한다(제297조의2). 그러나 구강에 손가락을 넣은 행위는 포함되지 아니한다.

예 폭행・협박으로 사람에 대하여 구강의 내부에 손가락 등 신체(성기를 제외한다)의 일부 또는 도구를 넣는 행위를 한 경우 : 유사강간죄 ×

Ⅳ 강제추행죄

1 의의

폭행 또는 협박으로 사람에 대하여 추행을 함으로써 성립하는 범죄이다(제298조). 사람의 성적 자유 내지 성적 자기결정의 자유를 보호법익으로 한다.

(1) 자수범은 아니므로 간접정범형태로도 범할 수 있다.

ㅇ 강제추행죄는 사람의 성적 자유 내지 성적 자기결정의 자유를 보호하기 위한 죄로서 정범 자신이 직접 범죄를 실행하여야 성립하는 **자수범**이라고 볼 수 없으므로, 처벌되지 아니하는 타인을 도구로 삼아 피해자를 강제로 추행하는 간접정범의 형태로도 범할 수 있다. 여기서 강제추행에 관한 간접정범의 의사를 실현하는 도구로서의 타인에는 피해자도 포함될 수 있으므로, 피해자를 도구로 삼아 피해자의 신체를 이용하여 추행행위를 한 경우에도 강제추행죄의 간접정범에 해당할 수 있다(대판 2018.2.8, 2016도17733).

[사실관계] 甲이 피해자들을 협박하여 겁을 먹은 이들로 하여금 어쩔 수 없이 나체나 속옷만 입은 상태가 되게 하여 스스로를 촬영하게 하거나, 성기에 이물질을 삽입하거나 자위를 하는 등의 행위를 하게 한 경우 (甲이 피해자들을 협박하여 겁을 먹은 피해자들로 하여금 스스로 가슴 사진, 성기 사진, 가슴을 만지는 동영상 등을 촬영하게 하고 촬영된 사진과 동영상을 전송받은 경우) 甲의 행위는 피해자들의 신체에 대한 접촉이 있는 경우와 동등한 정도로 성적 자기결정권을 침해했다고 볼 수 있다.

(2) 강제추행죄는 폭행·협박을 가한 후 추행행위를 하는 경우(**이른바 폭행·협박선행형**)와 폭행행위 자체가 추행행위인 경우(**이른바 기습추행형**) 모두 성립한다.

ㅇ 강제추행죄는 ① 상대방에 대하여 폭행 또는 협박을 가하여 항거를 곤란하게 한 뒤에 추행행위를 하는 경우뿐만 아니라 ② 폭행행위 자체가 추행행위라고 인정되는 경우도 포함된다(대판 2015.9.10, 2015도6980).

2 폭행·협박

(1) 폭행·협박선행형

종래 판례는 폭행·협박선행형의 강제추행죄의 경우 그 폭행·협박은 항거를 곤란할 정도이어야 한다고 판시하여 왔으나, 최근 2018도13877 전원합의체 판결로 상대방의 신체에 대해 불법한 유형력을 행사하거나 상대방으로 하여금 공포심을 일으킬 수 있는 정도의 해악을 고지하여 상대방을 추행한 경우에 성립한다고 변경하였다.

ㅇ **[폭행·협박 선행형의 강제추행죄에서 '폭행 또는 협박'의 의미]** [1] 강제추행죄의 범죄구성요건과 보호법익, 종래의 판례 법리의 문제점, 성폭력범죄에 대한 사회적 인식, 판례 법리와 재판 실무의 변화에 따라 해석기준을 명확히 할 필요성 등에 비추어 강제추행죄의 '폭행 또는 협박'의 의미는 다시 정의될 필요가 있다. **강제추행죄의 '폭행 또는 협박'**은 상대방의 항거를 곤란하게 할 정도로 강력할 것이 요구되지 아니하고, / 상대방의 **신체에 대하여 불법한 유형력을 행사(폭행)**하거나 일반적으로 보아 상대방으로 하여금 **공포심을 일으킬 수 있는 정도의 해악을 고지(협박)**하는 것이라고 보아야 한다. [2] 어떠한 행위가 강제추행죄의 '폭행 또는 협박'에 해당하는지 여부는 행위의 목적과 의도, 구체적인 행위태양과 내용, 행위의 경위와 행위 당시의 정황, 행위자와 상대방과의 관계, 그 행위가 상대방에게 주는 고통의 유무와 정도 등을 종합하여 판단하여야 한다. [3] 이와 달리 **강제추행죄의 폭행 또는 협박이 상대방의 항거를 곤란하게 할 정도일 것을 요한다고 본 대법원 2012.7.26. 선고 2011도8805 판결을 비롯하여 같은 취지의 종전 대법원판결**은 이 판결의 견해에 배치되는 범위 내에서 모두 변경하기로 한다(대판 2023.9.21, 2018도13877 全合).

[사실관계] 피고인이 자신의 주거지 방안에서 4촌 친족관계인 피해자 갑(여, 15세)의 학교 과제를 도와주던 중 갑을 **양팔로 끌어안은 다음 침대에 쓰러뜨린 후 갑의 가슴을 만지는 등** 강제로 추행하였다는 성폭력범죄의 처벌 등에 관한 특례법 위반(친족관계에 의한 강제추행)의 주위적 공소사실로 기소된 사안에서, 당시 피고인의 행위는 갑의 신체에 대하여 불법한 유형력을 행사하여 갑을 강제추행한 것에 해당한다고 볼 여지가 충분하다는 이유로, 이와 달리 피고인의 행위가 갑의 항거를 곤란하게 할 정도의 폭행 또는 협박에 해당하지 않는다고 보아 위 공소사실을 무죄로 판단한 원심의 조치에 법리오해 등의 잘못이 있다고 한 사례

(2) 기습추행형

폭행행위 자체가 추행행위인 경우 그 폭행은 그 힘의 대소강약을 불문한다.

ㅇ 강제추행죄는 상대방에 대하여 폭행 또는 협박을 가하여 항거를 곤란하게 한 뒤에 추행행위를 하는 경우뿐만 아니라 **폭행행위 자체가 추행행위라고 인정되는 경우**도 포함되는 것이며, 이 경우에 있어서의

폭행은 반드시 상대방의 의사를 억압할 정도의 것임을 요하지 않고 상대방의 의사에 반하는 유형력의 행사가 있는 이상 **그 힘의 대소강약을 불문**한다(대판 2002.4.26, 2001도2417).
[사실관계] 자신의 처(妻)가 경영하는 가게 종업원들과 노래를 부르다가 여자 종업원을 뒤에서 껴안고 **블루스**를 추면서 순간적으로 유방을 만진 경우 강제추행죄가 성립한다.

✔ **〈비교〉** 강간죄의 폭행·협박은 상대방의 항거를 불가능하게 하거나 또는 현저히 곤란하게 할 정도임을 요한다(최협의).

3 추행

(1) 추행의 개념

① 추행이란 일반인에게 성적 수치심이나 혐오감을 일으키고 선량한 성적 도덕관념에 반하는 행위로서 피해자의 성적 자기결정의 자유를 침해하는 행위를 말한다.

o '추행'이란 ① 일반인에게 성적 수치심이나 혐오감을 일으키고 선량한 성적 도덕관념에 반하는 행위인 것만으로는 부족하고, ② 그 행위의 상대방인 **피해자의 성적 자기결정의 자유를 침해**하는 것이어야 한다. 따라서 건전한 성풍속이라는 일반적인 사회적 법익을 보호하려는 목적을 가진 형법 제245조의 공연음란죄에서 정하는 **'음란한 행위'**(또는 이른바 과다노출에 관한 경범죄처벌법 제1조 제41호에서 정하는 행위)가 특정한 사람을 상대로 행하여졌다고 해서 반드시 그 사람에 대하여 '추행'이 된다고 말할 수 없다(대판 2012.7.26, 2011도8805).
[사실관계] 피고인이 자신의 지인과 분쟁이 있던 피해자(여, 48세)를 따라가서 말을 걸었으나, 피해자가 이를 무시하고 사람 및 차량의 왕래가 빈번한 **도로**에 주차해 둔 피해자의 차량 쪽으로 걸어가자, 피해자에게 '내가 오늘 너를 잡아 죽인다'는 내용의 욕설을 하면서 단순히 바지를 내리고 자신의 성기를 피해자에게 보여준 경우 폭행 또는 협박으로 '추행'을 하였다고 볼 수 없어 강제추행죄가 성립하지 아니한다.

② 피해자의 의사에 반한 행위라면 여성에 대한 추행에 있어 신체부위에 따라 본질적 차이가 있다고 볼 수 없다.

관련 판례 **강제추행에 해당하는 경우**

1) 골프장 여종업원들이 거부의사를 밝혔음에도, 골프장 사장과의 친분관계를 내세워 함께 술을 마시지 않을 경우 신분상의 불이익을 가할 것처럼 협박하여 이른바 **러브샷**의 방법으로 술을 마시게 한 경우 강제추행죄가 성립한다(대판 2008.3.13, 2007도10050).
2) **[엘리베이터 안 자위 추행사건] 엘리베이터 안**에서 피해자들을 칼로 위협하는 등의 방법으로 꼼짝하지 못하도록 하여 자신의 실력적인 지배하에 둔 다음 **자위행위** 모습을 보여 주고 피해자들로 하여금 이를 외면하거나 피할 수 없게 한 행위는 강제추행죄의 추행에 해당한다(대판 2010.2.25, 2009도13716).
   [동지판례(엘리베이터 안 성기노출 추행사건)**]** 피고인이 아파트 **엘리베이터 내**에 13세 미만인 갑(여, 11세)과 단둘이 탄 다음 갑을 향하여 **성기**를 꺼내어 잡고 여러 방향으로 움직이다가 이를 보고 놀란 갑 쪽으로 가까이 다가간 경우, 비록 피고인이 갑의 신체에 직접적인 접촉을 하지 아니

하였고 엘리베이터가 멈춘 후 갑이 위 상황에서 바로 벗어날 수 있었다고 하더라도, 피고인의 행위는 갑의 성적 자유의사를 제압하기에 충분한 세력에 의하여 추행행위에 나아간 것으로서 성폭력범죄의 처벌 등에 관한 특례법상 위력에 의한 추행에 해당한다(대판 2013.1.16, 2011도7164).

3) 피해자의 옷 위로 **엉덩이**나 **가슴**을 쓰다듬는 행위는 추행에 해당한다(대판 2002.8.23, 2002도2860)

4) 직장 상사가 등 뒤에서 피해자의 의사에 명백히 반하여 **어깨**를 주무른 경우, 여성에 대한 추행에 있어 신체 부위에 따라 본질적인 차이가 있다고 볼 수 없으므로 추행에 해당한다(대판 2004.4.16, 2004도52).[10)]

5) 교사가 여중생의 **얼굴**에 자신의 얼굴을 들이밀면서 비비는 행위나 여중생의 **귀**를 쓸어 만지는 행위는 추행에 해당한다(대판 2015.11.12, 2012도8767)

6) 직장 회식자리(노래방)에서 여성인 피해자를 옆에 앉힌 다음 피해자의 **허벅지**를 손으로 쓰다듬은 행위는 추행에 해당한다(대판 2020.3.26, 2019도15994)
[판결이유] 성범죄 피해자의 대처 양상은 피해자의 성정이나 가해자와의 관계 및 구체적인 상황에 따라 다르게 나타날 수밖에 없다는 점에서 …… 당시는 다른 직원들도 함께 회식을 하고 나서 노래방에서 여흥을 즐기던 분위기였기에 피해자가 즉시 거부의사를 밝히지 않았다고 하여, 피고인의 행위에 동의하였다거나 피해자의 의사에 반하지 아니하였다고 쉽게 단정하여서는 아니 된다.

7) A가 자신의 집무실에서 아침 보고를 하는 자신의 비서 B에게 '이쁘다'고 칭찬하며 B의 허리를 손으로 껴안는 방법으로 **포옹**하고, 같은 날 퇴근 보고를 하는 B에게 '학원에 태워줄까'라고 하면서 양손으로 B를 포옹하였다면, 성적 수치심이나 혐오감을 일으키게 하는 추행행위에 해당한다(대판 2019.9.26, 2019도8583). → 성폭력범죄처벌법 위반(업무상위력 등에 의한 추행)죄 ○

8) 회사 대표인 피고인(남, 52세)이 직원인 피해자(여, 26세)를 포함하여 거래처 사람들과 함께 회식을 하던 중 피고인의 왼팔로 피해자의 머리를 감싸고 피고인의 가슴 쪽으로 끌어당기는 일명 **'헤드락'** 행위를 하고 손가락이 피해자의 두피에 닿도록 피해자의 머리카락을 잡고 흔드는 등 행위를 한 경우, ① 기습추행에서 공개된 장소라는 점이 추행 여부 판단의 중요한 고려요소가 될 수 없고, ② 그 접촉부위 및 방법에 비추어 객관적으로 일반인에게 성적 수치심을 일으키게 할 수 있는 행위이며, ③ 피고인의 행위 전후의 언동에 비추어 성적 의도를 가지고 한 행위로 보이고, ④ 피해자의 피해감정은 사회통념상 인정되는 성적 수치심에 해당하며, ⑤ 동석했던 사람이 피고인의 행위를 말린 것으로 보아 제3자에게도 선량한 성적 도덕관념에 반하는 행위로 인식되었다고 보이므로, 피고인의 행위는 강제추행죄의 추행에 해당하고, 추행의 고의도 인정된다(대판 2020.12.24, 2020도7981).

9) 비록 피고인(한의원 실장, 6살 연상)과 피해자(한의원 간호조무사)가 모두 여성으로서 동성인 점을 고려하더라도 피고인이 피해자가 거부의사를 밝혔음에도 한의원에서 피해자의 **가슴을 움켜쥐거나 엉덩이를 만지고** 피고인의 볼을 피해자의 볼에 가져다 대는 등의 행동을 한 것은 피해자로 하여금 성적 수치심을 느끼게 할 만한 행위이므로, 강제추행에 해당한다(대판 2021.7.21, 2021도6112).

10) **[추행행위에 해당하기 위해서는 대상자가 성적 수치심이나 혐오감을 반드시 실제로 느껴야 하는지 여부(소극)]** 피고인이 아파트 놀이터의 의자에 앉아 전화통화를 하고 있던 갑(녀, 18세)의

10) 2019년 법원사무관승진시험(20점)

뒤로 몰래 다가가 갑의 머리카락 및 옷 위에 소변을 보아 강제추행하였다는 내용으로 기소된 사안에서, 피고인이 처음 보는 여성인 갑의 뒤로 몰래 접근하여 성기를 드러내고 갑을 향한 자세에서 **갑의 등 쪽에 소변을 본 행위**는 객관적으로 일반인에게 성적 수치심이나 혐오감을 일으키게 하고 선량한 성적 도덕관념에 반하는 행위로서 갑의 성적 자기결정권을 침해하는 추행행위에 해당한다고 볼 여지가 있고, 행위 당시 **갑이 이를 인식하지 못하였더라도 마찬가지**라는 이유로, 이와 달리 보아 공소사실을 무죄로 판단한 원심판결에 법리오해 및 심리미진의 잘못이 있다고 한 사례(대판 2021.10.28, 2021도7538).

(2) 실행의 착수

추행의 고의로 상대방의 의사에 반하는 유형력의 행사, 즉 폭행행위를 개시한 때 실행의 착수가 인정된다.

o **[강제추행미수 사건**(기습추행미수 사건)**]** 11) 추행의 고의로 상대방의 의사에 반하는 유형력의 행사, 즉 폭행행위를 하여 실행행위에 착수하였으나 추행의 결과에 이르지 못한 때에는 강제추행미수죄가 성립하며, 이러한 법리는 폭행행위 자체가 추행행위라고 인정되는 이른바 **'기습추행'**의 경우에도 마찬가지로 적용된다(대판 2015.9.10, 2015도6980).
[사실관계] 피고인이 밤에 술을 마시고 배회하던 중 버스에서 내려 혼자 걸어가는 피해자 甲(여, 17세)을 발견하고 마스크를 착용한 채 뒤따라가다가 인적이 없고 외진 곳에서 **가까이 접근하여 껴안으려 하였으나, 甲이 뒤돌아보면서 소리치자 그 상태로 몇 초 동안 쳐다보다가 다시 오던 길로 되돌아간 경우 「아동·청소년의 성보호에 관한 법률」상 아동·청소년에 대한 강제추행미수죄에 해당한다.**

4 주관적 구성요건

강제추행죄가 성립하기 위한 주관적 구성요건으로는 폭행 또는 협박에 의하여 추행한다는 인식과 의사(고의)만으로 충분하고, 성욕을 자극·흥분·만족시키려는 주관적 동기나 목적이 있어야 하는 것은 아니다.

o 피고인이, 알고 지내던 여성인 피해자 갑이 자신의 머리채를 잡아 폭행을 가하자 **보복의 의미에서 갑의 입술, 귀, 유두, 가슴 등을 입으로 깨무는 등의 행위**를 한 경우, 강제추행죄의 '추행'에 해당한다(대판 2013.9.26, 2013도5856).

V 준강간죄·준강제추행죄

1 의의

사람의 심신상실 또는 항거불능의 상태를 이용하여 간음 또는 추행을 하는 경우 성립하는 범죄이다(제299조). 예 수면 중이거나 만취상태의 사람을 간음·추행하는 경우

11) 2021년 법무사시험

ㅇ **[준강간죄의 불능미수 성립을 인정할 수 있는지 여부에 관한 사건]** 준강간죄는 사람의 심신상실 또는 항거불능의 상태를 이용하여 간음함으로써 성립하는 범죄로서, 정신적·신체적 사정으로 인하여 성적인 자기방어를 할 수 없는 사람의 성적 자기결정권을 보호법익으로 한다(대판 2019.3.28, 2018도16002 全合).

2 객체

심신상실 또는 항거불능의 상태에 있는 사람이다. 심신상실이란 정신능력의 상실로 말미암아 정상적인 성적 자기결정을 할 수 없는 상태를 말하고, 항거불능이란 심신상실 이외의 원인으로 심리적·육체적으로 반항이 불가능하거나 현저히 곤란한 경우를 말한다.

ㅇ **항거불능의 상태**라 함은 제297조, 제298조와의 균형상 심신상실 이외의 원인 때문에 심리적 또는 물리적으로 반항이 절대적으로 불가능하거나 현저히 곤란한 경우를 의미한다(대판 2000.5.26, 98도3257).

ㅇ 구 성폭력범죄의 처벌 등에 관한 특례법 제6조의 '신체적인 또는 정신적인 장애로 항거불능인 상태에 있음'은 신체장애 또는 정신장애 그 자체로 항거불능의 상태에 있는 경우뿐 아니라 신체장애 또는 정신장애가 주된 원인이 되어 심리적 또는 물리적으로 반항이 불가능하거나 현저히 곤란한 상태에 이른 경우를 포함한다(대판 2014.2.13, 2011도6907).

ㅇ [1] 준강간죄에서 '**심신상실**'이란 정신기능의 장애로 인하여 성적 행위에 대한 정상적인 판단능력이 없는 상태를 의미하고, '**항거불능**'의 상태라 함은 심신상실 이외의 원인으로 심리적 또는 물리적으로 반항이 절대적으로 불가능하거나 현저히 곤란한 경우를 의미한다. 이는 준강제추행죄의 경우에도 마찬가지이다. 피해자가 깊은 잠에 빠져 있거나 술·약물 등에 의해 일시적으로 의식을 잃은 상태 또는 완전히 의식을 잃지는 않았더라도 그와 같은 사유로 정상적인 판단능력과 대응·조절능력을 행사할 수 없는 상태에 있었다면 준강간죄 또는 준강제추행죄에서의 **심신상실 또는 항거불능 상태**에 해당한다. [2] 의학적 개념으로서의 '**알코올 블랙아웃(black out)**'은 알코올의 심각한 독성화와 전형적으로 결부된 형태로서의 의식상실의 상태, 즉 알코올의 최면진정작용으로 인하여 수면에 빠지는 **의식상실**(passing out)과 구별되는 개념이다. 따라서 **음주 후 준강간 또는 준강제추행을 당하였음을 호소한 피해자의 경우**, 범행 당시 알코올이 기억형성의 실패만을 야기한 알코올 블랙아웃 상태였다면 피해자는 기억장애 외에 인지기능이나 의식 상태의 장애에 이르렀다고 인정하기 어렵지만, / 이에 비하여 피해자가 술에 취해 수면상태에 빠지는 등 의식을 상실한 패싱아웃 상태였다면 '**심신상실**'의 상태에 있었음을 인정할 수 있다. 또한 피해사실 전후의 객관적 정황상 피해자가 심신상실 등이 의심될 정도로 비정상적인 상태에 있었음이 밝혀진 경우 혹은 피해자와 피고인의 관계 등에 비추어 피해자가 정상적인 상태하에서라면 피고인과 성적 관계를 맺거나 이에 수동적으로나마 동의하리라고 도저히 기대하기 어려운 사정이 인정되는데도, 피해자의 단편적인 모습만으로 피해자가 단순히 '알코올 블랙아웃'에 해당하여 심신상실 상태에 있지 않았다고 단정하여서는 안 된다(대판 2021.2.4, 2018도9781).

[사실관계] 피해자와 일면식 없던 28세의 피고인이 술에 취한 18세의 피해자를 모텔에 데리고 가 추행을 하였는데 피해자가 '**음주 후 필름이 끊겼다.**'고 진술한 사안에서, **원심**은 준강제추행죄를 유죄로 인정한 제1심을 파기하고 무죄를 선고하였는데, 이에 대하여 **대법원**은 피해자와 피고인의 관계, 연령 차이, 피해자가 피고인을 만나기 전까지의 상황, 함께 모텔에 가게 된 경위 등 사정에 비추어 볼 때 피해자가 피고인과 성적 관계를 맺는 것에 동의하였다고 볼 정황을 확인할 수 없고, 제반 사정에 대한 고려 없이, 블랙아웃이 발생하여 피해자가 당시 상황을 기억하지 못한다는 이유만으로 바로 피해자가 동의를 하였을 가능성이 있다고 보는 것은 타당하지 않다는 등의 이유를 들어 원심을 파기하였다.

관련 판례 **준강간죄가 성립하는 경우**

1) 교회 노회장이 교회 여신도들이 **종교적 믿음에 대한 충격** 등 정신적 혼란으로 인한 항거불능의 상태에 있는 교회 여신도들을 간음·추행한 경우 준강간·강제추행죄가 인정된다(대판 2009.4.23, 2009도2001).

2) **[준강간죄의 불능미수사건**(만취했다고 오인한 사건)**]** 12) 피고인이 피해자가 심신상실 또는 항거불능의 상태에 있다고 인식하고 그러한 상태를 이용하여 간음할 의사로 피해자를 간음하였으나 피해자가 실제로는 심신상실 또는 항거불능의 상태에 있지 않은 경우에는, 실행의 수단 또는 대상의 착오로 인하여 준강간죄에서 규정하고 있는 구성요건적 결과의 발생이 처음부터 불가능하였고 실제로 그러한 결과가 발생하였다고 할 수 없다. 피고인이 준강간의 실행에 착수하였으나 범죄가 기수에 이르지 못하였으므로 준강간죄의 미수범이 성립한다. 피고인이 행위 당시에 인식한 사정을 놓고 일반인이 객관적으로 판단하여 보았을 때 준강간의 결과가 발생할 위험성이 있었으므로 준강간죄의 불능미수가 성립한다(대판 2019.3.28, 2018도16002 全合).

[사실관계] 피해자가 실제로는 반항이 불가능할 정도로 술에 취하지 아니하여 항거불능 상태에 있는 피해자를 간음하였을 때 성립하는 준강간죄는 성립할 수 없음에도, 피고인이 피해자가 **술에 만취한** 나머지 항거불능 **상태에 있다고 오인**하여 준강간죄의 고의로 피해자를 간음한 경우, 준강간죄의 불능미수가 성립한다.

[반대의견] 다수의견은 준강간죄의 행위의 객체를 '**심신상실 또는 항거불능의 상태에 있는 사람**'이라고 보고 있다. / 그러나 '심신상실 또는 항거불능의 상태를 이용'하여 '사람'을 '간음 또는 추행'하는 것을 처벌하고 있다. 즉 심신상실 또는 항거불능의 상태를 이용하는 것은 범행 방법으로서 구성요건의 특별한 행위양태에 해당하고, 구성요건행위의 객체는 **사람**이다. 강간죄의 경우에는 '폭행 또는 협박으로' 항거를 불가능하게 하는 데 반하여, 준강간죄의 경우에는 이미 존재하고 있는 '항거불능의 상태를 이용'한다는 점이 다를 뿐이다. 다수의견의 견해는 형벌조항의 문언의 범위를 벗어나는 해석이다.

관련 판례 **준강간죄가 성립하지 않는 경우**

1) 목사가 신도들의 믿음과 신뢰를 이용하여 **가족의 병을 고친다는 명분**으로 추행하였다면, 강제추행죄가 성립하지 않는다(대판 2000.5.26, 98도3257).
∵ 피해자들이 본인이나 가족의 병을 낫게 하려는 마음에서 목사인 피고인의 요구에 응하였고, 당시 피고인과 피해자들이 주고받은 대화의 내용 등에 비추어 피해자들은 당시 피고인의 성적 행위를 인식하고 이에 따른 것이 항거가 현저히 곤란한 상태였다고 보기 어렵다.

2) 피고인이 간음하기 위해 피해자의 바지를 벗기려는 순간 피해자가 어렴풋이 **잠에서 깨어나** 피고인을 자신의 애인으로 착각하여 불을 끄라고 말하였고, 피고인이 여관으로 가자고 제의하자 그냥 빨리하라고 하면서 성교에 응하자 피고인이 피해자를 간음한 경우 준강간죄가 성립하지 않는다(대판 2000.2.25, 98도4355). ∵ 간음행위 당시 피해자가 심신상실상태에 있었다고 볼 수 없으므로

3 행위

심신상실 또는 항거불능의 상태를 이용하여 간음 또는 추행하는 것이다. 심신상실 또는 항거불능의 상태를 이용하는 것이 아니라, 행위자가 처음부터 강간이나 강제추행의 고의로 심신상실 또는 항거불능상태를 야기한 경우에는 강간죄 또는 강제추행죄가 성립한다.

---

12) 2020년 법원행정고등고시, 2022년 변호사시험

4 실행의 착수 및 기수시기

준강간죄에서 실행의 착수시기는 피해자의 심신상실 또는 항거불능의 상태를 이용하여 간음을 할 의도를 가지고 간음의 수단이라고 할 수 있는 행동을 시작한 때이고, 그러한 상태를 이용하여 간음행위를 하면 기수가 된다.

ㅇ 준강간죄에서 실행의 착수시기는 피해자의 심신상실 또는 항거불능의 상태를 이용하여 간음을 할 의도를 가지고 **간음의 수단이라고 할 수 있는 행동을 시작한 때**로 보아야 한다(대판 2019.2.14, 2018도19295). **[사실관계]** 피고인이 피해자 갑(여, 18세)과 성관계를 할 의사로 술에 취하여 모텔 침대에 잠들어 있는 갑의 **속바지를 벗기다**가 갑이 깨어나자 중단한 경우 아동·청소년의 성보호에 관한 법률 위반(준강간)죄의 실행에 착수한 것이라고 한 사례

ㅇ 피고인이 잠을 자고 있는 피해자의 **옷을 벗긴 후** 자신의 바지를 내린 상태에서 피해자의 음부 등을 만지고 자신의 성기를 피해자의 음부에 삽입하려고 하였으나 피해자가 몸을 뒤척이고 비트는 등 잠에서 깨어 거부하는 듯한 기색을 보이자 더 이상 간음행위에 나아가는 것을 포기한 경우, 준강간죄의 실행에 착수하였다(대판 2000.1.14, 99도5187).

ㅇ **[준강간죄의 불능미수 성립을 인정할 수 있는지 여부에 관한 사건]** 준강간죄의 행위는 '심신상실 또는 항거불능의 상태를 이용하여 간음'하는 것이다. 심신상실 또는 항거불능의 상태에 있는 사람에 대하여 그 사람의 그러한 상태를 이용하여 간음행위를 하면 구성요건이 충족되어 준강간죄가 기수에 이른다(대판 2019.3.28, 2018도16002 전합).

5 고의

고의가 있으려면 ① 상대방이 심신상실 또는 항거불능상태에 있다는 것과, ② 그러한 상태를 이용하여 간음·추행한다는 사실을 인식·용인하여야 한다.

ㅇ **[준강간죄의 불능미수 성립을 인정할 수 있는지 여부에 관한 사건]** 형법은 폭행 또는 협박의 방법이 아닌 심신상실 또는 항거불능의 상태를 이용하여 간음한 행위를 강간죄에 준하여 처벌하고 있으므로, 준강간의 고의는 ① 피해자가 심신상실 또는 항거불능의 상태에 있다는 것과 ② 그러한 상태를 이용하여 간음한다는 구성요건적 결과 발생의 가능성을 인식하고 그러한 위험을 용인하는 내심의 의사를 말한다(대판 2019.3.28, 2018도16002 전합).

VI 미성년자의제강간·강제추행죄

1 의의

(1) 제305조 제1항은 13세 미만의 사람에 대하여 간음 또는 추행을 하는 경우 성립하는 범죄이다. 성적 자기결정권을 보호법익으로 하는 다른 범죄들과는 달리 13세 미만자의 건전한 성적 발육을 보호법익으로 한다.

(2) 제305조 제2항은 13세 이상 16세 미만의 사람에 대하여 간음 또는 추행을 한 19세 이상의 자를 처벌하는 규정이다. 미성년자 의제강간 연령기준을 13세에서 16세로 상향하되, 피해 미성년자가

13세 이상 16세 미만인 경우 19세 이상의 자에 대해서만 처벌하도록 신설한 규정이다(2020.5.19. 개정·시행).

(3) 13세 미만자에 대하여 위계 또는 위력으로 간음·추행한 경우 성폭력처벌법이 우선 적용된다(성폭력처벌법 제7조 제5항)

ㅇ 제305조의 미성년자의제강제추행죄는 '13세 미만의 아동이 외부로부터의 부적절한 성적 자극이나 물리력의 행사가 없는 상태에서 심리적 장애 없이 성적 정체성 및 가치관을 형성할 권익'을 보호법익으로 한다(대판 2006.1.13, 2005도6791).

2 객관적 구성요건

(1) 주체

제305조 제1항의 경우 행위주체에 제한이 없다. 그러나 제305조 제2항의 경우에는 19세 이상의 자이어야 한다.

(2) 객체

제305조 제1항의 경우 13세 미만의 사람이다. 제305조 제2항의 경우 13세 이상 16세 미만의 사람이다.

(3) 행위

미성년자의제강간죄는 13세 미만의 사람 또는 16세 미만의 사람이라는 사실을 알고 간음을 하면 성립되는 것이고, 간음을 함에 있어서 피해자에게 폭행, 협박을 가하거나 피해자의 의사에 반하여야 하는 것은 아니다.

ㅇ 제305조에 규정된 13세 미만 부녀에 대한 의제강간, 추행죄는 그 성립에 있어 위계 또는 위력이나 폭행 또는 협박의 방법에 의함을 요하지 아니하며 **피해자의 동의**가 있었다고 하여도 성립하는 것이다(대판 1982.10.12, 82도2183).

3 주관적 구성요건

미성년자의제강제추행죄의 성립에 필요한 주관적 구성요건요소는 고의만으로 충분하고, 그 외에 성욕을 자극·흥분·만족시키려는 주관적 동기나 목적까지 있어야 하는 것은 아니다.

ㅇ 비록 교육적인 의도가 있었다고 하더라도 초등학교 4학년 담임교사(남자)가 교실에서 자신이 담당하는 반의 **남학생의 성기**를 4회에 걸쳐 만진 행위는 미성년자의제강제추행죄에서 말하는 '추행'에 해당한다(대판 2006.1.13, 2005도6791).

ㅇ 피고인은 피해자(여, 2세)에게 사탕을 건네주며 나이를 물었는데, 피해자가 정작 아무런 대답도 하지 않자 대답을 재촉하는 상황에서 피해자의 어머니가 피해자의 팔을 잡아끌면서 피고인의 손이 피해자의 몸에 옷 위로 잠시 닿았다면 추행에 해당된다고 보기 어렵다(대판 2017.10.31, 2016도21231).

4 처벌

미성년자의제강간·강제추행죄는 강간·강제추행죄의 예에 의하여 처벌한다. 따라서 미수범처벌규정(제300조)를 준용하고 있지 않더라도 그 미수범도 처벌된다.

> ㅇ 형법 제305조가 강간죄와 강제추행죄의 미수범의 처벌에 관한 형법 제300조를 명시적으로 인용하고 있지 아니하나, 성적으로 미성숙한 13세 미만의 미성년자를 보호한다는 입법취지에 비추어 **제297조와 제298조의 '예에 의한다'**는 의미는 미성년자의제강간·강제추행죄의 처벌에 있어 그 법정형뿐만 아니라 미수범에 관하여도 강간죄와 강제추행죄의 예에 따른다는 취지로 해석되고, 이러한 해석이 형벌법규의 명확성의 원칙에 반하는 것이거나 죄형법정주의에 의하여 금지되는 확장해석이나 유추해석에 해당하는 것으로 볼 수 없다(대판 2007.3.15, 2006도9453).

Ⅶ 강간 등 상해·치상죄, 강간 등 살인·치사죄

1 의의 및 주체

(1) 강간 등 상해·치상죄는 강간·강제추행죄, 준강간·준강제추행죄, 미성년자의제강간·강제추행죄 및 그 미수범을 범한 자가 사람을 상해하거나 상해에 이르게 함으로써 성립하는 범죄이고(제301조), 강간 등 살인·치사죄는 강간·강제추행죄, 준강간·준강제추행죄, 미성년자 의제강간·강제추행죄 및 그 미수범을 범한 자가 사람을 살해하거나 사망에 이르게 함으로써 성립하는 범죄이다(제301조의2).

(2) 미성년자·심신미약자간음·추행죄(제302조), 업무상위력간음죄(제303조)를 범한 자는 본죄의 주체가 될 수 없다.

2 상해·사망

(1) 상해·사망의 결과는 강간의 기회에 발생하면 족하다.

> ㅇ 강간치상죄에 있어 상해의 결과는 ① 강간의 수단으로 사용한 폭행으로부터 발생한 경우뿐 아니라 ② 간음행위 그 자체로부터 발생한 경우나 ③ 강간에 수반하는 행위에서 발생한 경우도 포함하는 것이다(대판 1999.4.9, 99도519).

(2) 강간·강제추행의 기수·미수를 불문하고 사망이나 상해의 결과가 발생하고 그 행위와 결과 간에 인과관계가 인정되면 강간치사상죄가 성립한다.

> ㅇ **강간이 미수에 그친 경우라도** 그 수단이 된 폭행에 의하여 피해자가 상해를 입었으면 강간치상죄가 성립하는 것이며, 미수에 그친 것이 피고인이 자의로 실행에 착수한 행위를 중지한 경우이든 실행에 착수하여 행위를 종료하지 못한 경우이든 가리지 않는다(대판 1988.11.8, 88도1628).
>
> ㅇ 피고인이 피해자를 폭행하여 **비골 골절 등의 상해**를 가한 다음 강제추행한 경우, 피고인의 위 폭행을 강제추행의 수단으로서의 폭행으로 볼 수 없어 위 상해와 강제추행 사이에 인과관계가 없으므로,

폭력행위 등 처벌에 관한 법률 위반죄로 처벌한 상해를 다시 결과적가중범인 강제추행치상죄의 상해로 인정하여 처벌할 수 없다(대판 2009.7.23, 2009도1934).

ㅇ 강간을 당한 피해자가 집에 돌아가 **음독자살**하기에 이르른 원인이 강간을 당함으로 인하여 생긴 수치심과 장래에 대한 절망감 등에 있었다 하더라도 그 자살행위가 바로 강간행위로 인하여 생긴 당연의 결과라고 볼 수는 없으므로 강간행위와 피해자의 자살행위 사이에 인과관계를 인정할 수는 없다(대판 1982.11.23, 82도1446).

(3) 강간치상죄에 있어서 상해의 판단기준

ㅇ 강간행위에 수반하여 생긴 상해가 **극히 경미한 것으로서 굳이 치료할 필요가 없어서 자연적으로 치유되며 일상생활을 하는 데 아무런 지장이 없는 경우**에는 강간치상죄의 상해에 해당되지 아니한다고 할 수 있을 터이나, 그러한 논거는 **"피해자의 반항을 억압할 만한 폭행 또는 협박이 없어도 일상생활 중 발생할 수 있는 것이거나 합의에 따른 성교행위에서도 통상 발생할 수 있는 상해와 같은 정도임을 전제"**로 하는 것이므로 / 그러한 정도를 넘는 상해가 그 폭행 또는 협박에 의하여 생긴 경우라면 상해에 해당된다(대판 2005.5.26, 2005도1039).

[사실관계] 피해자가 소형승용차 안에서 강간범행을 모면하려고 저항하는 과정에서 피고인과의 물리적 충돌로 인하여 입은 **'우측 슬관절 부위 찰과상'** 등은 강간치상죄의 상해에 해당한다[예상치료기간은 수상일로부터 2주이며, 입원 및 향후 치료(정신과적 치료를 포함)가 필요할 수도 있는 사실, **피해자는 만 14세의 중학교 3학년 여학생으로 154cm의 신장에 40kg의 체구**인데, 이러한 피해자가 40대의 건장한 군인(공군)인 피고인과 소형승용차의 좁은 공간에서 밖으로 빠져나오려고 실랑이를 하고 위 차량을 벗어난 후에는 다시 타지 않으려고 격렬한 몸싸움을 하는 과정에서 적지 않은 물리적 충돌로 인하여 위와 같은 상해를 입게 된 경우].

관련 판례 **상해 또는 치상에 해당하는 경우**

1) 강간의 수단인 폭행을 가하여 **보행불능, 수면장애, 식욕감퇴** 등 기능의 장해를 일으킨 때에는 강간치상죄가 성립한다(대판 1969.3.11, 69도161).

2) 피고인이 강간하려고 피해자의 반항을 억압하는 과정에서 주먹으로 피해자의 얼굴과 머리를 몇 차례 때려 피해자가 코피를 흘리고(흘린 코피가 이불에 손바닥 만큼의 넓이로 묻었음) **콧등이 부었다**면 비록 병원에서 치료를 받지 않더라도 일상생활에 지장이 없고 또 자연적으로 치료될 수 있는 것이라 하더라도 강간치상죄에 있어서의 상해에 해당한다(대판 1991.10.22, 91도1832).
   ∵ 일상생활 중 발생할 수 있는 것이거나 합의에 따른 성교행위에서도 통상 발생할 수 있는 상해와 같은 정도가 아니므로

3) 처녀막은 부녀자의 신체에 있어서 생리조직의 일부를 구성하는 것이므로, 비록 피해자가 성경험을 가진 여자로서 특이체질로 인해 **새로 형성된 처녀막**이 파열되었다 하더라도 강간치상죄를 구성하는 상처에 해당된다(대판 1995.7.25, 94도1351).

4) **미성년자**에 대한 추행행위로 인하여 그 피해자의 **외음부 부위**에 **염증**이 발생한 것이라면, 그 증상이 약간의 발적과 경도의 염증이 수반된 정도에 불과하다고 하더라도 그로 인하여 피해자 신체의 건강상태가 불량하게 변경되고 생활기능에 장애가 초래된 것이 아니라고 볼 수 없으니, 이러한 상해는 미성년자의제강제추행치상죄의 상해의 개념에 해당한다(대판 1996.11.22, 96도1395).

5) 강제추행 과정에서 피해자가 가해자로부터 왼쪽 젖가슴을 꽉 움켜잡힘으로 인하여 왼쪽 젖가슴에 약 10일간의 치료를 요하는 **좌상**을 입고, 그 압통과 종창을 치료하기 위하여 주사를 맞고 3일간 투약한 경우, 강제추행치상죄의 상해에 해당한다(대판 2000.2.11, 99도4794).

6) **[졸피뎀사건]** 13) 甲이 A 몰래 졸피뎀(Zolpidem)이라는 수면유도제를 성인권장량의 2배로 커피에 몰래 타 먹여 의식을 잃게 한 후 총 13회에 걸쳐 강간하였고, A는 의식을 회복한 후 특별한 치료를 받지는 않았으나 범행으로 인한 **외상 후 스트레스 장애**를 입은 경우 강간치상죄가 성립한다(대판 2017.6.29, 2017도3196).

관련 판례 **상해 또는 치상 · 치사에 해당하지 않는 경우**

1) 강제추행치상죄에 있어서의 상해는 피해자의 신체의 건강상태가 불량하게 변경되고 생활기능에 장애가 초래되는 것을 말하는 것으로서, 신체의 외모에 변화가 생겼다고 하더라도 신체의 생리적 기능에 장애를 초래하지 아니하는 이상 상해에 해당한다고 할 수 없다(대판 2000.3.23, 99도3099).
[사실관계] 피해자의 **음모**의 모근 부분을 남기고 모간 부분만을 일부 잘라냄으로써 음모의 전체적인 외관에 변형이 생겼다고 하더라도 강제추행치상죄의 상해에 해당하지 않는다.

2) 강간 도중 흥분하여 피해자의 왼쪽 어깨를 입으로 빨아서 생긴 **동전크기 정도의 반상출혈상**은 별다른 통증이나 자각증상도 없어 피해자는 그 상처를 알아차릴 수도 없었는데 의사가 진찰을 하던 과정에서 우연히 발견한 것이고 의학상 치료를 받지 아니하더라도 자연흡수되어 보통 **1주 정도**가 지나면 자연치유되는 것으로서 인체의 생활기능에 장해를 주고 건강상태를 불량하게 변경하는 것이 아니어서 강간치상죄의 상해에 해당한다 할 수 없다(대판 1986.7.8, 85도2042).

3) 피고인이 피해자를 강간하려다가 미수에 그치고 그 과정에서 위 피해자의 왼쪽 **손바닥에 약 2센티미터 정도**의 긁힌 가벼운 상처가 발생한 경우라면 그 정도의 상처(소상)는 일상생활에서 얼마든지 생길 수 있는 극히 경미한 상처로서 굳이 치료할 필요도 없는 것이어서 그로 인하여 인체의 완전성을 해하거나 건강상태를 불량하게 변경하였다고 보기 어려우므로 피해자가 입은 위 소상을 가지고서 강간치상죄의 상해에 해당된다고는 할 수 없다(대판 1987.10.26, 87도1880).

4) 피해자를 강간하려다가 미수에 그치고 그 과정에서 피해자에게 경부 및 전흉부 피하출혈, 통증으로 약 **7일간의 가료**를 요하는 상처가 발생하였으나 그 상처가 굳이 치료를 받지 않더라도 일상생활을 하는 데 아무런 지장이 없고 시일이 경과함에 따라 자연적으로 치유될 수 있는 정도라면 그로 인하여 신체의 완전성이 손상되고 생활기능에 장애가 왔다거나 건강상태가 불량하게 변경되었다고 보기는 어려워 강간치상죄의 상해에 해당하지 않는다(대판 1994.11.4, 94도1311).

3 처벌

강간살인죄는 강간치사죄보다 무겁게 처벌되나, 강간상해죄와 강간치상죄는 동일한 법정형으로 처벌된다.

4 타죄와의 관계

- 강간치상의 범행을 저지른 자가 그 범행으로 인하여 실신상태에 있는 피해자를 구호하지 아니하고 방치

13) 2021년 법무사시험

하였다고 하더라도 그 행위는 **포괄적으로 단일의 강간치상죄**만을 구성한다(대판 1980.6.24, 80도726).
→ 별도로 유기죄는 성립하지 않는다는 취지

○ 피해자를 2회 강간하여 2주간 치료를 요하는 질입구파열창을 입힌 자가 피해자에게 용서를 구하였으나 피해자가 이에 불응하면서 위 강간사실을 부모에게 알리겠다고 하자 피해자를 살해하여 위 범행을 은폐시키기로 마음먹고 철사줄과 양손으로 피해자의 목을 졸라 질식 사망케 하였다면, 동인의 위와 같은 소위는 **강간치상죄와 살인죄의 경합범**이 된다(대판 1987.1.20, 86도2360).

○ 피고인이 강간할 목적으로 피해자를 따라 피해자가 거주하는 아파트 내부의 엘리베이터에 탄 다음 그 안에서 폭행을 가하여 반항을 억압한 후 계단으로 끌고 가 피해자를 강간하고 상해를 입힌 경우, **주거침입죄와 강간상해죄의 경합범**이 성립한다(대판 2009.9.10, 2009도4335).

Ⅷ 미성년자 · 심신미약자 간음 · 추행죄

1 의의

(1) 미성년자 또는 심신미약자에 대하여 위계 또는 위력으로써 간음 또는 추행을 함으로써 성립하는 범죄이다(제302조).

(2) 미성년자나 심신미약자와 같이 판단능력이나 대처능력이 일반인에 비하여 낮은 사람은 낮은 정도의 유·무형력의 행사에 의해서도 저항을 제대로 하지 못하고 피해를 입을 가능성이 있기 때문에 그 범죄의 성립요건을 강간죄나 강제추행죄보다 완화된 형태로 규정한 것이다(대판 2019.6.13, 2019도3341).

2 객체

(1) 여기서 미성년자란 13세 이상 19세 미만을 말한다. 다만 행위자가 19세 이상인 경우 16세 이상 19세 미만을 의미하게 된다.[14] 13세 이상 19세 미만자의 청소년에 대하여 위계·위력으로 간음·추행의 경우 청소년성보호법이 우선 적용된다(청소년성보호법 제7조 제5항).

(2) 심신미약자란 정신기능의 장애로 인하여 정상적인 판단능력이 부족한 자를 말한다.

○ 형법 제302조의 죄에서 '미성년자'는 형법 제305조 및 성폭력범죄의 처벌 등에 관한 특례법 제7조 제5항의 관계를 살펴볼 때 **'13세 이상 19세 미만의 사람'**을 가리키는 것으로 보아야 하고, '심신미약자'란 정신기능의 장애로 인하여 사물을 변별하거나 의사를 결정할 능력이 미약한 사람을 말한다(대판 2019.6.13, 2019도3341).

---

14) **19세 이상인 자가** 16세 미만의 자에 대하여 간음·추행한 경우 제305조의 미성년자의제강간·추행죄로 처벌되기 때문이다. / **19세 미만인 자가** 13세 이상 16세 미만의 자에 대하여 위계 또는 위력으로 간음 또는 추행을 한 경우 본죄에 의하여 처벌된다고 보아야 하므로 이 경우의 객체는 13세 이상 19세 미만이 될 것이다.

3 행위 _ 위계·위력으로 간음 또는 추행

(1) 위계

위계라 함은 행위자가 간음의 목적으로 상대방에게 오인, 착각, 부지를 일으키고 상대방의 그러한 심적 상태를 이용하여 간음의 목적을 달성하는 것을 말한다. 피해자가 오인, 착각, 부지에 빠지게 되는 대상은 ① 간음행위 자체일 수도 있고, ② 간음행위에 이르게 된 동기이거나 ③ 간음행위와 결부된 금전적·비금전적 대가와 같은 요소일 수도 있다.

그러나 위계에 의한 간음죄에서 행위자의 위계적 언동이 존재하였다는 사정만으로 위계에 의한 간음죄가 성립하는 것은 아니고, 위계적 언동의 내용 중에 피해자가 성행위를 결심하게 된 중요한 동기를 이룰 만한 사정이 포함되어 있어 피해자의 자발적인 성적 자기결정권의 행사가 없었다고 평가할 수 있어야 한다. 예 의사가 치료행위라고 속여 간음 또는 추행한 경우

○ **[위계에 의한 간음죄에서 위계의 의미]** **'위계'**라 함은 행위자의 행위목적을 달성하기 위하여 피해자에게 오인, 착각, 부지를 일으키게 하여 이를 이용하는 것을 말한다. …… 행위자가 간음의 목적으로 피해자에게 오인, 착각, 부지를 일으키고 피해자의 그러한 심적 상태를 이용하여 간음의 목적을 달성하였다면 위계와 간음행위 사이의 인과관계를 인정할 수 있고, 따라서 위계에 의한 간음죄가 성립한다. 피해자가 오인, 착각, 부지에 빠지게 되는 대상은 ① 간음행위 자체일 수도 있고, ② 간음행위에 이르게 된 동기이거나 ③ 간음행위와 결부된 금전적·비금전적 대가와 같은 요소일 수도 있다. / 다만 행위자의 위계적 언동이 존재하였다는 사정만으로 위계에 의한 간음죄가 성립하는 것은 아니므로 위계적 언동의 내용 중에 피해자가 성행위를 결심하게 된 중요한 동기를 이룰 만한 사정이 포함되어 있어 피해자의 자발적인 성적 자기결정권의 행사가 없었다고 평가할 수 있어야 한다. 이와 같은 인과관계를 판단함에 있어서는 피해자의 연령 및 행위자와의 관계, 범행에 이르게 된 경위, 범행 당시와 전후의 상황 등 여러 사정을 종합적으로 고려하여야 한다(대판 2020.8.27, 2015도9436 全合).

[사실관계] 피고인(남, 36세)이 자신을 고등학교 2학년으로 가장하여 (스마트폰 채팅 애플리케이션을 통하여 알게 된) 14세의 피해자와 온라인으로 교제하던 중, 교제를 지속하고 스토킹하는 여자를 떼어내려면 자신의 선배와 성관계하여야 한다는 취지로 피해자에게 거짓말을 하고, (피고인과 헤어지는 것이 두려워) 이에 응한 피해자를 그 선배로 가장하여 간음한 사안에서 행위자가 간음의 목적으로 피해자에게 오인, 착각, 부지를 일으키고 피해자의 그러한 심적 상태를 이용하여 간음의 목적을 달성하였다면 위계와 간음행위 사이의 **인과관계**를 인정할 수 있다고 보아 이와 **다른 취지의 종전 판례를 변경**하고, 이 사건 공소사실을 무죄로 판단한 원심판결을 파기하였음

[종전 판례] 제302조 소정의 위계에 의한 심신미약자간음죄에 있어서 **위계**라 함은 행위자가 간음의 목적으로 상대방에게 오인, 착각, 부지를 일으키고는 상대방의 그러한 심적 상태를 이용하여 간음의 목적을 달성하는 것을 말하는 것이고, 여기에서 오인, 착각, 부지란 **간음행위 자체에 대한 오인, 착각, 부지**를 말하는 것이지, 간음행위와 불가분적 관련성이 인정되지 않는 다른 조건에 관한 오인, 착각, 부지를 가리키는 것은 아니다(대판 2002.7.12, 2002도2029).

[동지판례] 청소년성보호법 제7조 제5항이 정한 위계에 의한 간음죄에서 인과관계를 판단함에 있어서는 피해자의 연령 및 행위자와의 관계, 범행에 이르게 된 경위, 범행 당시와 전후의 상황 등 여러 사정을 종합적으로 고려하여야 한다. 이는 **청소년성보호법 제7조 제5항이 정한 위력에 의한 간음죄**의 경우도 마찬가지로 볼 수 있다(대판 2020.10.29, 2020도4015).

[사실관계] 피고인은 2019.7.22.부터 같은 달 27. 사이에 피해자 F(여, 16세)을 간음하기로 마음먹고 이미 지급한 15만 원의 대가로 성교행위를 요구하며 피해자에게 "그렇게 12시간도 안돼서 뼈저리게 후회한 사람들이 둘 있어요. 찾아가서 만나지 않도록 약속지켜요", "외국으로 도망하지 않은 한 내 돈 먹고 튀면 큰책임 질 줄 아쇼", "알아서 찾아갈게요. 떼먹은거 알아서 몸으로 갚을꺼에요."라는 내용의 메시지를 비롯하여 총 16회에 걸쳐 피해자에게 메시지를 보내어 아동·청소년인 피해자를 간음하기 위해 위력을 행사한 경우 위력에 의한 간음죄를 인정한 사례

관련 판례 **위계에 해당하는 경우**

1) 피고인이 채팅으로 만난 16세의 여자청소년에게 "**성교를 해 주면 그 대가로 돈을 주겠다**"고 거짓말하고 청소년이 이에 속아 피고인과 성교행위를 하였다고 하더라도, 사리판단력이 있는 청소년에 관하여는 그러한 금품의 제공과 성교행위 사이에 불가분의 관련성이 인정되지 아니하는 만큼 청소년의 성보호에 관한 법률 제10조 제4항 소정의 위계에 해당하지 아니한다(대판 2001.12.24, 2001도5074).
→ 대판 2020.8.27, 2015도9436 全合 판결에 의하여 위계에 해당하는 것으로 변경

2) 피고인이 심신미약자인 피해자를 여관으로 유인하기 위하여 인터넷쪽지로 **남자를 소개해 주겠다고 거짓말**을 하여 피해자가 이에 속아 여관으로 오게 되었고, 그곳에서 성관계를 하게 되었다면 거짓말로 여관으로 유인한 행위는 위계에 의한 심신미약자간음죄의 위계에 해당하지 않는다(대판 2002.7.12, 2002도2029).
→ 대판 2020.8.27, 2015도9436 全合 판결에 의하여 위계에 해당하는 것으로 변경

3) 피고인이 甲에게 정신장애가 있음을 알면서 **인터넷 쪽지를 이용하여 甲을 피고인의 집으로 유인**한 후 성교행위와 제모행위를 한 경우, 구 성폭력범죄처벌 특례법에서 정한 장애인에 대한 위계에 의한 간음죄 또는 추행죄에 해당하지 않는다(대판 2014.9.4, 2014도8423).
→ 대판 2020.8.27, 2015도9436 全合 판결에 의하여 위계에 해당하는 것으로 변경

4) 피고인이 **랜덤채팅 애플리케이션**을 통해 알게 된 **피해자(여, 15세)**에게 연예기획사에서 일하는 매니저와 사진작가의 1인 2역을 하면서 거짓말을 하여 피해자로 하여금 모델이 되기 위한 연기 연습 및 사진 촬영 연습의 일환으로 성관계를 한다는 착각에 빠지게 한 후, 마치 자신이 위 매니저가 소개한 사진작가인 것처럼 행세하면서 피해자를 간음하였다면 이러한 피고인의 간음행위는 **'간음행위에 이르게 된 동기' 내지 '간음행위와 결부된 비금전적 대가'에 관한 위계**에 의한 것이라고 평가할 수 있으므로 아동·청소년의 성보호에 관한 법률위반(위계등간음)죄가 성립한다(대판 2022.4.28, 2021도9041).

(2) 위력

위력이란 피해자의 자유의사를 제압하기에 족한 세력을 말한다.

- 위력이라 함은 피해자의 자유의사를 제압하기에 충분한 세력을 말하고, 유형적이든 무형적이든 묻지 않으므로 폭행·협박뿐 아니라 사회적·경제적·정치적인 지위나 권세를 이용하는 것도 가능하며, 위력행위 자체가 추행행위라고 인정되는 경우도 포함되고, 이 경우에 있어서의 위력은 현실적으로 피해자의 자유의사가 제압될 것임을 요하는 것은 아니라 할 것이다(대판 1998.1.23, 97도2506).

관련 판례 **위력에 해당하는 경우**

> 피고인은 2018.3.11. 01 : 35경부터 같은 날 03 : 50경까지 사이에 광명시 소재 '○○호텔' △△△호실에서 피해자에게 **필로폰**을 제공(강사 주 : **주사**)하여, 약물로 인해 사물을 변별하거나 의사를 결정할 능력이 미약한 상태에 빠진 피해자가 제대로 저항하거나 거부하지 못한다는 사정을 이용하여 피해자를 추행하기로 마음먹고, 화장실에서 샤워를 하고 있던 피해자에게 다가가 피해자에게 자신의 성기를 입으로 빨게 하고, 피해자의 항문에 성기를 넣기 위해 피해자를 뒤로 돌아 엎드리게 한 다음, 피해자의 항문에 손가락을 넣고, 샤워기 호스의 헤드를 분리하여 그 호스를 피해자의 항문에 꽂아 넣은 후 물을 주입하였다. 이로써 피고인은 약물로 인하여 사물을 변별하거나 의사를 결정할 능력이 미약한 심신미약자를 **위력**으로 추행하였다(대판 2019.6.13, 2019도3341). → 제302조 심신미약자위력추행죄 성립!

(3) 인과관계

위계와 간음행위 사이에 인과관계가 있는지는 일반인을 기준으로 판단할 것이 아니라, 피해자의 입장과 관점을 충분히 고려하여 판단하여야 한다.

> ○ **[위계에 의한 간음죄에서 위계의 의미]** 위계에 의한 간음죄가 보호대상으로 삼는 아동·청소년, 미성년자, 심신미약자, 피보호자·피감독자, 장애인 등의 성적 자기결정 능력은 그 나이, 성장과정, 환경, 지능 내지 정신기능 장애의 정도 등에 따라 개인별로 차이가 있으므로 **간음행위와 인과관계가 있는 위계에 해당하는지 여부**를 판단할 때에는 구체적인 범행 상황에 놓인 **피해자의 입장과 관점**이 충분히 고려되어야 하고, / 일반적·평균적 판단능력을 갖춘 성인 또는 충분한 보호와 교육을 받은 또래의 시각에서 인과관계를 쉽사리 부정하여서는 안 된다(대판 2020.8.27, 2015도9436 全合).

IX 피감독자간음죄 _ 업무상위력에 의한 간음죄

업무, 고용 기타 관계로 인하여 자기의 보호 또는 감독을 받는 사람에 대하여 위계 또는 위력으로써 간음하는 경우 성립하는 범죄이다(제303조 제1항).

업무상 위력에 의한 추행죄는 형법에는 처벌규정이 없고, 성폭력처벌법 제10조 제1항에 처벌규정이 있다. 업무상 위력에 의한 간음치사상죄(결과적가중범)는 처벌규정이 없다.

> ○ 배우자가 경영하는 미장원에 고용된 부녀에게 성교요구에 불응하면 해고한다고 위협하여 간음하였다면, 업무상 위력에 의한 간음죄가 성립한다(대판 1976.2.10, 74도1519).
>
> ○ **[전 도지사의 비서에 대한 피감독자간음 등 사건]** 피감독자간음죄 또는 성폭력범죄의 처벌 등에 관한 특례법 위반(업무상 위력 등에 의한 추행)죄에 있어서 **'위력'**이란 피해자의 자유의사를 제압하기에 충분한 세력을 말하고 유형적이든 무형적이든 묻지 않으므로, 폭행·협박뿐 아니라 행위자의 사회적·경제적·정치적인 지위나 권세를 이용하는 것도 가능하다. '위력'으로써 간음하였는지 여부는 행사한 유형력의 내용과 정도 내지 이용한 행위자의 지위나 권세의 종류, 피해자의 연령, 행위자와 피해자의 이전부터의 관계, 그 행위에 이르게 된 경위, 구체적인 행위 태양, 범행 당시의 정황 등 제반 사정을 종합적으로 고려하여 판단하여야 한다(대판 2019.9.9, 2019도2562).

[사실관계] 전 도지사였던 피고인이 수행비서였던 피해자를 위력으로 간음·추행하고 강제로 추행하였다는 범죄사실로 공소제기된 사건에서, **도지사라는 지위나 권세**는 피해자의 자유의사를 제압하기에 충분한 무형적 세력에 해당한다고 한 사례

o [채용 절차에서 구직자를 추행한 사건] 성폭력범죄의 처벌 등에 관한 특례법 제10조는 '업무상 위력 등에 의한 추행'에 관한 처벌 규정인데, 제1항에서 "업무, 고용이나 그 밖의 관계로 인하여 자기의 보호, 감독을 받는 사람에 대하여 위계 또는 위력으로 추행한 사람은 3년 이하의 징역 또는 1천 500만 원 이하의 벌금에 처한다."라고 정하고 있다. **'업무, 고용이나 그 밖의 관계로 인하여 자기의 보호, 감독을 받는 사람'**에는 ① 직장 안에서 보호 또는 감독을 받거나 사실상 보호 또는 감독을 받는 상황에 있는 사람뿐만 아니라 ② 채용 절차에서 영향력의 범위 안에 있는 사람도 포함된다(대판 2020.7.9, 2020도5646).

[사실관계] 편의점 업주인 피고인이 아르바이트 구인 광고를 보고 연락한 피해자를 채용을 빌미로 주점으로 불러내 의사를 확인하는 등 면접을 하고, 이어서 피해자를 피고인의 집으로 유인하여 피해자의 성기를 만지고 피해자에게 피고인의 성기를 만지게 한 사안에서, 피고인이 채용 권한을 가지고 있는 지위를 이용하여 피해자의 자유의사를 제압하여 피해자를 추행하였다고 판단한 원심을 수긍한 사례

→ 성폭력처벌법 위반(업무상위력 등에 의한 추행)죄 성립

X 피구금자간음죄

법률에 의하여 구금된 사람을 감호하는 자가 그 사람을 간음하는 경우 성립하는 범죄이다(제303조 제2항). 피구금자추행죄는 형법에는 처벌규정이 없고, 성폭력처벌법 제10조 제2항에 처벌규정이 있다.

XI 상습범

상습범에 대해서는 그 죄에 정한 형의 2분의 1까지 가중한다(제305조의2). 그러나 강간 등 상해·치상죄(제301조), 강간 등 살인·치사죄(제301조의2)에 대하여는 상습범 가중처벌규정이 없다.

XII 특별법 _ 성폭력처벌법 및 청소년성보호법

성폭력범죄의 처벌 등에 관한 특례법(약칭 : 성폭력처벌법)

제3조 【특수강도강간 등】

① 「형법」 제319조 제1항(주거침입), 제330조(야간주거침입절도), 제331조(특수절도) 또는 제342조(미수범. 다만, 제330조 및 제331조의 미수범으로 한정한다)의 죄를 범한 사람이 같은 법 제297조(강간), 제297조의2(유사강간), 제298조(강제추행) 및 제299조(준강간, 준강제추행)의 죄를 범한 경우에는 무기징역 또는 7년 이상의 징역에 처한다. [개정 2020.5.19.]

② 「형법」 제334조(특수강도) 또는 제342조(미수범. 다만, 제334조의 미수범으로 한정한다)의 죄를 범한 사람이 같은 법 제297조(강간), 제297조의2(유사강간), 제298조(강제추행) 및 제299조(준강간, 준강제추행)의 죄를 범한 경우에는 사형, 무기징역 또는 10년 이상의 징역에 처한다.

제4조 【특수강간 등】

① 흉기나 그 밖의 위험한 물건을 지닌 채 또는 2명 이상이 합동하여 「형법」 제297조(강간)의 죄를 범한 사람은 무기징역 또는 7년 이상의 징역에 처한다. [개정 2020.5.19.]

② 제1항의 방법으로 「형법」 제298조(강제추행)의 죄를 범한 사람은 5년 이상의 유기징역에 처한다. [개정 2020.5.19.]

③ 제1항의 방법으로 「형법」 제299조(준강간, 준강제추행)의 죄를 범한 사람은 제1항 또는 제2항의 예에 따라 처벌한다.

제5조【친족관계에 의한 강간 등】

① 친족관계인 사람이 폭행 또는 협박으로 사람을 강간한 경우에는 7년 이상의 유기징역에 처한다.

② 친족관계인 사람이 폭행 또는 협박으로 사람을 강제추행한 경우에는 5년 이상의 유기징역에 처한다.

③ 친족관계인 사람이 사람에 대하여 「형법」 제299조(준강간, 준강제추행)의 죄를 범한 경우에는 제1항 또는 제2항의 예에 따라 처벌한다.

④ 제1항부터 제3항까지의 친족의 범위는 4촌 이내의 혈족·인척과 동거하는 친족으로 한다.

⑤ 제1항부터 제3항까지의 친족은 사실상의 관계에 의한 친족을 포함한다.

제6조【장애인에 대한 강간·강제추행 등】

① 신체적인 또는 정신적인 장애가 있는 사람에 대하여 「형법」 제297조(강간)의 죄를 범한 사람은 무기징역 또는 7년 이상의 징역에 처한다.

제10조【업무상 위력 등에 의한 추행】

① 업무, 고용이나 그 밖의 관계로 인하여 자기의 보호, 감독을 받는 사람에 대하여 위계 또는 위력으로 추행한 사람은 3년 이하의 징역 또는 1천500만원 이하의 벌금에 처한다. [개정 2018.10.16.]

② 법률에 따라 구금된 사람을 감호하는 사람이 그 사람을 추행한 때에는 5년 이하의 징역 또는 2천만원 이하의 벌금에 처한다. [개정 2018.10.16.]

제11조【공중 밀집 장소에서의 추행】

대중교통수단, 공연·집회 장소, 그 밖에 공중(公衆)이 밀집하는 장소에서 사람을 추행한 사람은 3년 이하의 징역 또는 3천만원 이하의 벌금에 처한다. [개정 2020.5.19.]

제12조【성적 목적을 위한 다중이용장소 침입행위】

자기의 성적 욕망을 만족시킬 목적으로 화장실, 목욕장·목욕실 또는 발한실(發汗室), 모유수유시설, 탈의실 등 불특정 다수가 이용하는 다중이용장소에 침입하거나 같은 장소에서 퇴거의 요구를 받고 응하지 아니하는 사람은 1년 이하의 징역 또는 1천만원 이하의 벌금에 처한다. [개정 2017.12.12, 2020.5.19.] [제목개정 2017.12.12.]

제13조【통신매체를 이용한 음란행위】

자기 또는 다른 사람의 성적 욕망을 유발하거나 만족시킬 목적으로 전화, 우편, 컴퓨터, 그 밖의 통신매체를 통하여 성적 수치심이나 혐오감을 일으키는 말, 음향, 글, 그림, 영상 또는 물건을 상대방에게 도달하게 한 사람은 2년 이하의 징역 또는 2천만원 이하의 벌금에 처한다. [개정 2020.5.19.]

제14조【카메라 등을 이용한 촬영】

① 카메라나 그 밖에 이와 유사한 기능을 갖춘 기계장치를 이용하여 성적 욕망 또는 수치심을 유발할 수 있는 **사람의 신체**(↔ 다른 사람의 신체 : ×)를 촬영대상자의 의사에 반하여 촬영한 자는 7년 이하의 징역 또는 5천만원 이하의 벌금에 처한다. [개정 2018.12.18, 2020.5.19.]

② 제1항에 따른 촬영물 또는 복제물(복제물의 복제물을 포함한다. 이하 이 조에서 같다)을 반포·판매·임대·제공 또는 공공연하게 전시·상영(이하 "반포 등"이라 한다)한 자 또는 제1항의 촬영이 촬영 당시에는 촬영대상자의 의사에 반하지 아니한 경우(자신의 신체를 직접 촬영한 경우를 포함한다)에도 사후에 그 촬영물 또는 복제물을 촬영대상자의 의사에 반하여 반포 등을 한 자는 7년 이하의 징역 또는 5천만원 이하의 벌금에 처한다. [개정 2018.12.18, 2020.5.19.]

③ 영리를 목적으로 촬영대상자의 의사에 반하여 「정보통신망 이용촉진 및 정보보호 등에 관한 법률」 제2조 제1항 제1호의 정보통신망(이하 "정보통신망"이라 한다)을 이용하여 제2항의 죄를 범한 자는 3년 이상의 유기징역에 처한다. [개정 2018.12.18, 2020.5.19.]

④ 제1항 또는 제2항의 촬영물 또는 복제물을 소지·구입·저장 또는 시청한 자는 3년 이하의 징역 또는 3천만원 이하의 벌금에 처한다. [신설 2020.5.19.]
⑤ 상습으로 제1항부터 제3항까지의 죄를 범한 때에는 그 죄에 정한 형의 2분의 1까지 가중한다. [신설 2020.5.19.]

제14조의2 【허위영상물 등의 반포 등】

① 반포 등을 할 목적으로 사람의 얼굴·신체 또는 음성을 대상으로 한 촬영물·영상물 또는 음성물(이하 이 조에서 "영상물 등"이라 한다)을 영상물 등의 대상자의 의사에 반하여 성적 욕망 또는 수치심을 유발할 수 있는 형태로 편집·합성 또는 가공(이하 이 조에서 "편집 등"이라 한다)한 자는 5년 이하의 징역 또는 5천만원 이하의 벌금에 처한다.
② 제1항에 따른 편집물·합성물·가공물(이하 이 항에서 "편집물 등"이라 한다) 또는 복제물(복제물의 복제물을 포함한다. 이하 이 항에서 같다)을 반포 등을 한 자 또는 제1항의 편집 등을 할 당시에는 영상물 등의 대상자의 의사에 반하지 아니한 경우에도 사후에 그 편집물 등 또는 복제물을 영상물 등의 대상자의 의사에 반하여 반포 등을 한 자는 5년 이하의 징역 또는 5천만원 이하의 벌금에 처한다.
③ 영리를 목적으로 영상물 등의 대상자의 의사에 반하여 정보통신망을 이용하여 제2항의 죄를 범한 자는 7년 이하의 징역에 처한다.
④ 상습으로 제1항부터 제3항까지의 죄를 범한 때에는 그 죄에 정한 형의 2분의 1까지 가중한다. [신설 2020.5.19.]
[본조신설 2020.3.24.]

제14조의3 【촬영물 등을 이용한 협박·강요】

① 성적 욕망 또는 수치심을 유발할 수 있는 촬영물 또는 복제물(복제물의 복제물을 포함한다)을 이용하여 사람을 협박한 자는 1년 이상의 유기징역에 처한다.
② 제1항에 따른 협박으로 사람의 권리행사를 방해하거나 의무 없는 일을 하게 한 자는 3년 이상의 유기징역에 처한다.
③ 상습으로 제1항 및 제2항의 죄를 범한 경우에는 그 죄에 정한 형의 2분의 1까지 가중한다. [본조신설 2020.5.19.]

제15조 【미수범】

제3조부터 제9조까지, 제14조, 제14조의2 및 제14조의3의 미수범은 처벌한다. [전문개정 2020.5.19.]

제15조의2 【예비, 음모】

제3조부터 제7조까지의 죄를 범할 목적으로 예비 또는 음모한 사람은 3년 이하의 징역에 처한다. [본조신설 2020.5.19.]

아동·청소년의 성보호에 관한 법률(약칭 : 청소년성보호법)

제2조 【정의】

5. "아동·청소년성착취물"이란 아동·청소년 또는 아동·청소년으로 명백하게 인식될 수 있는 사람이나 표현물이 등장하여 제4호 각 목의 어느 하나에 해당하는 행위를 하거나 그 밖의 성적 행위를 하는 내용을 표현하는 것으로서 필름·비디오물·게임물 또는 컴퓨터나 그 밖의 통신매체를 통한 화상·영상 등의 형태로 된 것을 말한다.

제12조 【아동·청소년 매매행위】

① 아동·청소년의 성을 사는 행위 또는 아동·청소년이용음란물을 제작하는 행위의 대상이 될 것을 알면서 아동·청소년을 매매 또는 국외에 이송하거나 국외에 거주하는 아동·청소년을 국내에 이송한 자는 무기 또는 5년 이상의 징역에 처한다. [개정 2020.6.2, 2023.4.11.]
② 제1항의 미수범은 처벌한다.

제13조 【아동·청소년의 성을 사는 행위 등】

① 아동·청소년의 성을 사는 행위를 한 자는 1년 이상 10년 이하의 징역 또는 2천만원 이상 5천만원 이하의 벌금에 처한다.
② 아동·청소년의 성을 사기 위하여 아동·청소년을 유인하거나 성을 팔도록 권유한 자는 3년 이하의 징역 또는 3천만원 이하의 벌금에 처한다. [개정 2021.3.23.]

관련 판례 **성폭력처벌법 및 청소년성보호법 등 관련 판례**

1) 강간범이 범행현장에서 범행에 사용하려는 의도 아래 흉기 등 위험한 물건을 지닌 이상 그 사실을 피해자가 인식하거나 실제로 범행에 사용하지 않은 경우도 「성폭력범죄의 처벌 및 피해자보호 등에 관한 법률」 제6조 제1항 소정의 '**흉기 기타 위험한 물건을 휴대하여** 강간죄를 범한 자'에 해당한다(대판 2004.6.11, 2004도2018).

2) 성폭력범죄의 처벌 등에 관한 특례법 제4조 제3항, 제1항의 '**2인 이상이 합동하여 형법 제299조의 죄를 범한 경우**'에 해당하려면, 피고인들이 공모하여 실행행위를 분담하였음이 인정되어야 하는데, 범죄의 공동가공의사가 암묵리에 서로 상통하고 범의 내용에 대하여 포괄적 또는 개별적인 의사연락이나 인식이 있었다면 공모관계가 성립하고, 시간적으로나 장소적으로 협동관계에 있었다면 실행행위를 분담한 것으로 인정된다(대판 2016.6.9, 2016도4618).
[사실관계] 甲이 A를 간음하기 위해 화장실로 갈 무렵 甲과 乙은 술에 취해 반항할 수 없는 A를 간음하기로 공모하였고, 乙이 甲에게 간음하기에 편한 자세를 가르쳐 주고 甲가 간음 행위를 하였다면 성폭력범죄의 처벌 등에 관한 특례법 제4조 제3항, 제1항의 '2인 이상이 합동하여 형법 제299조의 죄를 범한 경우'에 해당한다. → 성폭력처벌법상 특수강간 등 죄(합동준강간죄)

3) 성폭력범죄의 처벌 및 피해자 보호 등에 관한 법률 제13조는 공중이 밀집하는 장소에서의 추행을 벌하는 바, 여기서 말하는 '**공중 밀집 장소**'란 현실적으로 사람들이 빽빽이 들어서 있어 서로 간의 신체적 접촉이 이루어지고 있는 곳만을 의미하는 것이 아니라 찜질방 등과 같이 공중의 이용에 상시적으로 제공·개방된 상태에 놓여 있는 곳 일반을 의미한다(대판 2009.10.29, 2009도5704).
[사실관계] **찜질방 수면실**에서 옆에 누워 있던 피해자의 가슴 등을 손으로 만진 행위는 성폭력범죄의 처벌 및 피해자보호 등에 관한 법률 제11조에서 정한 **공중밀집장소에서의 추행**행위에 해당한다.

4) 성폭력범죄의 처벌 등에 관한 특례법 제13조의 **통신매체이용음란죄**는 '성적 자기결정권에 반하여 성적 수치심을 일으키는 그림 등을 개인의 의사에 반하여 접하지 않을 권리'를 보장하기 위한 것으로 ① 성적 자기결정권과 일반적 인격권의 보호, ② 사회의 건전한 성풍속 확립을 보호법익으로 한다(대판 2017.6.8, 2016도21389).

5) 성폭력범죄의 처벌 등에 관한 특례법 제13조(통신매체이용음란죄)에서 통신매체를 이용하지 아니한 채 '직접' 상대방에게 말, 글, 물건 등을 도달하게 하는 행위까지 포함하여 위 규정으로 처벌할 수 있다고 보는 것은 법문의 가능한 의미의 범위를 벗어난 해석으로서 실정법 이상으로 처벌 범위를 확대하는 것이다(대판 2016.3.10, 2015도17847).
[사실관계] 甲이 여러 차례에 걸쳐 성적 수치심 등을 일으키는 내용의 **편지**를 A의 주거지 **출입문에 끼워 넣었다** 하더라도 甲의 행위는 성폭력범죄의 처벌 등에 관한 특례법 제13조의 '통신매체를 이용한 음란행위'에 해당하지 않는다.

6) **성적 수치심 또는 혐오감의 유발 여부는 일반적이고 평균적인 사람들을 기준으로 하여 판단함이 타당하고, 특히 성적 수치심의 경우 피해자와 같은 성별과 연령대의 일반적이고 평균적인 사람들을 기준으로** 하여 그 유발 여부를 판단하여야 한다(대판 2017.6.8, 2016도21389 ; 대판 2022.9.29, 2020도11185).
[사실관계] 상대방에게 성적 수치심을 일으키는 그림 등이 담겨 있는 웹페이지 등에 대한 **인터넷 링크(internet link)를 보내는 행위**는 성폭력범죄의 처벌 등에 관한 특례법 제13조의 '통신매체이용음란죄'에 해당한다.

7) **'성적 욕망'**에는 성행위나 성관계를 직접적인 목적이나 전제로 하는 욕망뿐만 아니라, 상대방을 성적으로 비하하거나 조롱하는 등 상대방에게 성적 수치심을 줌으로써 자신의 심리적 만족을 얻고자 하는 욕망도 포함된다. 또한 이러한 '성적 욕망'이 상대방에 대한 분노감과 결합되어 있더라도 달리 볼 것은 아니다(대판 2018.9.13, 2018도9775).

8) 성폭력범죄의 처벌 및 피해자보호 등에 관한 법률 제14조의2 제1항은 인격체인 **피해자의 성적 자유 및 함부로 촬영당하지 않을 자유**를 보호하기 위한 것이다. 촬영한 부위가 '성적 욕망 또는 수치심을 유발할 수 있는 타인의 신체'에 해당하는지 여부는 객관적으로 **피해자와 같은 성별, 연령대의 일반적이고도 평균적인 사람들의 입장**에서 성적 욕망 또는 수치심을 유발할 수 있는 신체에 해당되는지 여부를 고려함과 아울러, 당해 피해자의 옷차림, 노출의 정도 등은 물론, 촬영자의 의도와 촬영에 이르게 된 경위, 촬영 장소와 촬영 각도 및 촬영 거리, 촬영된 원판의 이미지, 특정 신체 부위의 부각 여부 등을 종합적으로 고려하여 구체적・개별적・상대적으로 결정하여야 한다(대판 2008.9.25, 2008도7007).

[사실관계] 야간에 버스 안에서 휴대폰 카메라로 옆 좌석에 앉은 여성(18세)의 **치마 밑으로 드러난 허벅다리** 부분을 촬영한 경우 그 촬영 부위가 성폭력범죄의 처벌 및 피해자보호 등에 관한 법률 제14조의2 제1항의 '성적 욕망 또는 수치심을 유발할 수 있는 타인의 신체'에 해당한다.

9) 피고인이 지하철 환승에스컬레이터 내에서 짧은 치마를 입고 있는 피해자의 뒤에 서서 카메라폰으로 성적 수치심을 느낄 수 있는 치마 속 신체 부위를 피해자 의사에 반하여 동영상 촬영 중 경찰관에게 발각되어 저장버튼을 누르지 않고 촬영을 종료하였더라도 동영상 **촬영을 시작하여 일정한 시간이 경과**하였다면 구 「성폭력범죄의 처벌 및 피해자보호 등에 관한 법률」상 **'카메라 등 이용 촬영죄'**의 **기수**에 해당한다(대판 2011.6.9, 2010도10677).

10) 인터넷 화상채팅을 통하여 실시간으로 전송받은 피해자의 유방, 음부 등 신체부위 **영상**을 휴대전화의 카메라로 촬영하였다면 성폭력범죄의 처벌 등에 관한 특례법상 다른 사람의 신체를 촬영한 행위에 해당하지 아니한다(대판 2013.6.27, 2013도4279).

[동지판례] 피고인이 성관계 동영상 파일을 컴퓨터로 재생한 후 모니터에 나타난 영상을 휴대전화 카메라로 촬영하였더라도, 이는 甲의 신체 그 자체를 직접 촬영한 행위에 해당하지 아니하여, 그 촬영물은 같은 법 제14조 제2항에서 규정한 촬영물에 해당하지 아니한다(대판 2018.8.30, 2017도3443).

[판결이유] 촬영의 대상을 '다른 사람의 신체'로 규정하고 있으므로, 다른 사람의 신체 그 자체를 직접 촬영하는 행위만이 위 조항에서 규정하고 있는 '다른 사람의 신체를 촬영하는 행위'에 해당하고, 다른 사람의 **신체 이미지가 담긴 영상**을 촬영하는 행위는 이에 해당하지 않는다.

11) 피고인이 화장실(재래식 변기)에서 피해자 여성들의 용변 보는 모습이 촬영되지는 않았으나, 용변을 보기 직전의 무릎 아래 맨 다리 부분과 용변을 본 직후의 **무릎 아래 맨 다리 부분**을 촬영하였다면 성폭력범죄처벌법상 '카메라 등 이용 촬영죄'가 성립한다(대판 2014.7.24, 2014도6309).

12) 성폭력범죄의 처벌 등에 관한 특례법 제14조(**카메라 등을 이용한 촬영**)에서 촬영물을 반포・판매・임대 또는 공연히 전시・상영한 자는 반드시 촬영물을 촬영한 자와 동일인이어야 하는 것은 아니고, 행위의 대상이 되는 촬영물은 누가 촬영한 것인지를 묻지 아니한다(대판 2016.10.13, 2016도6172).

13) **[내 여자니 만나지말라 촬영물제공사건]** 성폭력처벌법 제14조(**카메라 등을 이용한 촬영**)의 **'반포'**는 불특정 또는 다수인에게 무상으로 교부하는 것을 말하고, 계속적・반복적으로 전달하여 불특정 또는 다수인에게 반포하려는 의사를 가지고 있다면 특정한 1인 또는 소수의 사람에게 교부하는 것도 반포에 해

당할 수 있다(≒ **명예훼손죄의 공연성**). 한편 '반포'와 별도로 열거된 '**제공**'은 '반포'에 이르지 아니하는 무상 교부 행위를 말하며, '반포'할 의사 없이 특정한 1인 또는 소수의 사람에게 무상으로 교부하는 것은 '제공'에 해당한다(대판 2016.12.27, 2016도16676).

[사실관계] 甲이 A와 교제하면서 촬영한 성관계 동영상, 나체사진 등의 촬영물을 A와 교제하던 **다른 남성에게 A와 헤어지게 할 의도로 전송한 행위**는 「성폭력범죄의 처벌 등에 관한 특례법」 제14조 제2항의 카메라 이용 촬영물의 '반포'에는 해당하지 아니한다.

→ 반포 ×, 제공 ○(∵ 촬영 당시 촬영대상자의 의사에 반하지 아니하는 경우라도 사후에 그 의사에 반하여 촬영물을 반포·판매·임대·제공 또는 공공연하게 전시·상영한 경우에도 처벌되므로)

14) 성폭력처벌법 제14조 제1항에서, 촬영의 대상이 된 피해자 본인은 성폭력처벌법 제14조 제1항에서 말하는 '제공'의 상대방인 '특정한 1인 또는 소수의 사람'에 포함되지 않는다고 봄이 타당하다. 따라서 **피해자 본인에게 촬영물을 교부하는 행위**는 다른 특별한 사정이 없는 한 성폭력처벌법 제14조 제1항의 '제공'에 해당한다고 할 수 없다(대판 2018.8.1, 2018도1481). [15]

15) 구 아동·청소년의 성보호에 관한 법률(2012.12.18. 법률 제11572호로 전부 개정되기 전의 것)의 '**아동·청소년으로 인식될 수 있는 표현물**'이란 사회 평균인의 시각에서 객관적으로 보아 명백하게 청소년으로 인식될 수 있는 표현물을 의미한다(대판 2019.5.30, 2015도863).

[사실관계] 피고인 1이 피고인 3 회사를 통하여 운영한 인터넷 웹하드 사이트인 '○○○○○○' 에 피고인 4가 게시한 만화 동영상에 등장하는 표현물의 외관이 19세 미만으로 보이고, 극중 설정에서도 아동·청소년에 해당하는 표현물이 등장하여 성교 행위를 하는 점 등의 여러 사정을 종합하면, 이 사건 **만화 동영상**은 구 청소년성보호법에서 정한 **아동·청소년이용음란물**에 해당한다.

16) **아동·청소년의 성을 사는 행위를 알선하는 행위**를 업으로 하여 청소년성보호법 제15조(알선영업행위 등) 제1항 제2호의 위반죄가 성립하기 위해서는 알선행위를 업으로 하는 사람이 아동·청소년을 알선의 대상으로 삼아 그 성을 사는 행위를 알선한다는 것을 인식하여야 하지만, / 이에 더하여 알선행위로 아동·청소년의 성을 사는 행위를 한 사람이 행위의 상대방이 아동·청소년임을 인식하여야 한다고 볼 수는 없다(대판 2016.2.18, 2015도15664).

17) 아동·청소년의 동의가 있다거나 개인적인 소지·보관을 1차적 목적으로 제작하더라도 청소년성보호법 제11조 제1항의 '**아동·청소년이용음란물의 제작**'에 해당한다고 보아야 한다. 피고인이 직접 아동·청소년의 면전에서 촬영행위를 하지 않았더라도 아동·청소년이용음란물을 만드는 것을 기획하고 타인으로 하여금 촬영행위를 하게 하거나 만드는 과정에서 구체적인 지시를 하였다면, 특별한 사정이 없는 한 아동·청소년이용음란물 '제작'에 해당한다. / 이러한 촬영을 마쳐 재생이 가능한 형태로 저장이 된 때에 제작은 기수에 이르고 반드시 피고인이 그와 같이 제작된 아동·청소년이용음란물을 재생하거나 피고인의 기기로 재생할 수 있는 상태에 이르러야만 하는 것은 아니다. 이러한 법리는 피고인이 **아동·청소년으로 하여금 스스로 자신을 대상으로 하는 음란물을 촬영하게 한 경우**에도 마찬가지이다(대판 2018.9.13, 2018도9340).

18) 피고인이 아동·청소년으로 하여금 스스로 자신을 대상으로 하는 음란물을 촬영하게 한 경우 피고인이 직접 촬영행위를 하지 않았더라도 그 영상을 만드는 것을 기획하고 촬영행위를 하게 하거나 만드는 과정에서 구체적인 지시를 하였다면, 특별한 사정이 없는 한 **아동·청소년이용음란물 '제작'**에 해당하고,

15) 2022년 변호사시험

이러한 촬영을 마쳐 재생이 가능한 형태로 저장이 된 때에 제작은 **기수**에 이른다(대판 2021.3.25, 2020도18285).

19) [1] 아동·청소년이 자신을 대상으로 음란물을 제작하는 데에 **동의하였더라도** 원칙적으로 아동·청소년의 성보호에 관한 법률상 아동·청소년이용 음란물 제작죄를 구성한다. [2] 아동·청소년이 외관상 성적 결정 또는 동의로 보이는 언동을 하였더라도, 그것이 타인의 기망이나 왜곡된 신뢰관계의 이용에 의한 것이라면, 이를 아동·청소년의 온전한 성적 자기결정권의 행사에 의한 것이라고 평가하기 어렵다(대판 2022.7.28, 2020도12419).

20) **[피고인이 공중밀집장소인 지하철 전동차 안에서 피해자를 추행한 사건]** 성폭력처벌법 위반(**공중밀집장소에서의 추행**)죄가 **기수**에 이르기 위해서는 객관적으로 일반인에게 성적 수치심이나 혐오감을 일으키게 할 만한 행위로서 선량한 성적 도덕관념에 반하는 행위를 행위자가 대상자를 상대로 실행하는 것으로 충분하고, 행위자의 행위로 말미암아 대상자가 성적 수치심이나 혐오감을 반드시 실제로 느껴야 하는 것은 아니다(대판 2020.6.25, 2015도7102).

→ 지하철에서 추행했으나 대상자가 성적 수치심이나 혐오감을 느끼지 못한 경우에도 성폭력범죄의 처벌 등에 관한 특례법 위반(공중밀집장소에서의 추행)죄의 기수범이 성립한다는 취지

관련 판례 **특별법 관련 최신판례**

1) [1] 성폭력범죄의 처벌 등에 관한 특례법 제6조는 신체적인 장애가 있는 사람에 대하여 강간의 죄를 범한 사람을 처벌하고 있다. 여기서 규정하는 **'신체적인 장애가 있는 사람'**은 '신체적 기능이나 구조 등의 문제로 일상생활이나 사회생활에서 상당한 제약을 받는 사람'을 의미하는 것이지, / 피해자의 성적 자기결정권 행사를 특별히 보호해야 할 필요가 있을 정도의 신체적인 장애를 의미하는 것은 아니다. [2] 성폭력범죄의 처벌 등에 관한 특례법 제6조에서 처벌하는 '신체적인 장애가 있는 사람에 대한 강제추행죄'가 성립하려면 행위자가 범행 당시 피해자에게 이러한 신체적인 장애가 있음을 인식하여야 한다(대판 2021.2.25, 2016도4404).

2) 성폭력범죄의 처벌 등에 관한 특례법 제6조에서 정하는 **'정신적인 장애가 있는 사람'**이란 '정신적 인기능이나 손상 등의 문제로 일상생활이나 사회생활에서 상당한 제약을 받는 사람'을 가리키므로, 장애인복지법에 따른 장애인 등록을 하지 않았다거나 그 등록기준을 충족하지 못하더라도 여기에 해당할 수 있다(대판 2021.10.28, 2021도9051).

3) 현행 성폭력처벌법 제6조 제4항(**장애인준강간**)에서의 **'신체적인 또는 정신적인 장애'**란 같은 조 제1항, 제2항, 제3항, 제5항, 제6항의 '신체적인 또는 정신적인 장애'와 같은 의미로서 '신체적인 기능이나 구조 등 또는 정신적인 기능이나 손상 등의 문제로 일상생활이나 사회생활에서 상당한 제약을 받는 상태'를 의미하고, **'신체적인 또는 정신적인 장애로 항거불능 또는 항거곤란 상태에 있음'**이란 ① 신체적인 또는 정신적인 장애 그 자체로 항거불능 또는 항거곤란의 상태에 있는 경우뿐 아니라 ② 신체적인 또는 정신적인 장애가 주된 원인이 되어 심리적 또는 물리적으로 반항이 불가능하거나 곤란한 상태에 이른 경우를 포함한다(대판 2022.11.10, 2020도13672).

4) **[성폭력처벌법위반**(카메라 등 이용촬영)**죄의 실행의 착수가 문제된 사건]** 범인이 피해자를 촬영하기 위하여 육안 또는 캠코더의 줌 기능을 이용하여 피해자가 있는지 여부를 탐색하다가 피해자를 발견하지 못하고 촬영을 포기한 경우에는 **촬영을 위한 준비행위**에 불과하여 성폭력처벌법위반(카메라 등 이용촬영)죄의

실행에 착수한 것으로 볼 수 없다. / 이에 반하여 범인이 카메라 기능이 설치된 휴대전화를 피해자의 치마 밑으로 들이밀거나, 피해자가 용변을 보고 있는 화장실 칸 밑 공간 사이로 집어넣는 등 카메라 등 이용 촬영 범행에 밀접한 행위를 개시한 경우에는 성폭력처벌법위반(카메라 등 이용촬영)죄의 **실행**에 **착수**하였다고 볼 수 있다(대판 2021.3.25, 2021도749).

[사실관계] 피고인이 카메라 기능이 켜진 휴대전화를 화장실 칸 너머로 향하게 하여 용변을 보던 피해자를 촬영하려 한 경우 그 실행의 착수가 인정된다.

5) [유사강간죄의 실행행위에 착수한 이후 타인의 주거 또는 방실에 침입한 사건] **주거침입강제추행죄** 및 **주거침입강간죄** 등은 사람의 주거 등을 침입한 자가 피해자를 간음, 강제추행 등 성폭력을 행사한 경우에 성립하는 것으로서, 주거침입죄를 범한 후에 사람을 강간하는 등의 행위를 하여야 하는 일종의 **신분범**이고, 선후가 바뀌어 강간죄 등을 범한 자가 그 피해자의 주거에 침입한 경우에는 이에 해당하지 않고 강간죄 등과 주거침입죄 등의 실체적 경합범이 된다. 그 **실행의 착수시기**는 **주거침입 행위 후 강간죄 등의 실행행위에 나아간 때**이다. / 한편, **강간죄**는 사람을 강간하기 위하여 피해자의 항거를 불능하게 하거나 현저히 곤란하게 할 정도의 **폭행 또는 협박을 개시한 때**에 그 실행의 착수가 있다고 보아야 할 것이지, 실제 간음행위가 시작되어야만 그 실행의 착수가 있다고 볼 것은 아니다. **유사강간죄**의 경우도 이와 같다(대판 2021.8.12, 2020도17796).

[사실관계] 피해자를 주점의 여자화장실로 끌고 가 여자화장실의 문을 잠근 후 강제로 입맞춤을 하고 유사강간하려고 하였으나 미수에 그친 사안에서 피고인은 여자화장실에 들어가기 전에 이미 유사강간죄의 실행행위에 착수하였으므로 구 **「성폭력범죄의 처벌 등에 관한 특례법」 제3조 제1항 위반(주거침입유사강간)죄**를 범할 수 있는 지위 즉, '주거침입죄를 범한 자'에 해당되지 아니한다는 이유로 이 부분을 유죄로 판단한 원심을 파기한 사례

[판결이유] 피고인은 **피해자를 화장실로 끌고 들어갈 때** 이미 피해자에게 유사강간 등의 성범죄를 의욕하였다고 보인다. 또한 피고인이 피해자의 반항을 억압한 채 피해자를 억지로 끌고 여자화장실로 들어가게 한 이상, 그와 같은 피고인의 강제적인 물리력의 행사는 유사강간을 위하여 피해자의 항거를 불능하게 하거나 현저히 곤란하게 할 정도의 폭행 또는 협박을 개시한 경우에 해당한다.

6) 피고인이 연예기획사 매니저와 사진작가의 1인 2역을 하면서 '사진작가의 요구에 따라 성관계 등을 하면 모델 등이 되도록 해 줄 것이다'라는 거짓말을 하고, 피해자가 피고인에 대하여 자신의 신체 촬영을 승낙하였다 하더라도 피해자를 간음하는 과정에서 카메라로 피해자의 나체를 촬영하였다면 피해자가 피고인에 대하여 자신의 신체 촬영을 승낙한 것은 피해자의 자유로운 의사에 기초한 것이라고 보기 어렵고, 피해자의 의사에 반한다고 볼 여지가 충분하므로 **성폭력처벌법위반(카메라등이용촬영)죄**가 성립한다(대판 2022.4.28, 2021도9041).

7) 구 성폭력처벌법 제14조 제2항에서 유포 행위의 한 유형으로 열거하고 있는 **'공공연한 전시'**란 불특정 또는 다수인이 촬영물 등을 인식할 수 있는 상태에 두는 것을 의미하고, 촬영물 등의 '공공연한 전시'로 인한 범죄는 **불특정 또는 다수인이 전시된 촬영물 등을 실제 인식하지 못했다고 하더라도** 촬영물 등을 위와 같은 상태에 둠으로써 성립한다(대판 2022.6.9, 2022도1683).

[사실관계] 甲이 자신이 운영하는 네이버 밴드를 누구든지 볼 수 있는 전체공개로 전환한 다음 성적 욕망 또는 수치심을 유발할 수 있는 乙의 신체를 촬영한 영상물을 乙의 의사에 반하여 게시한 경우 성폭력범죄의 처벌 등에 관한 특례법 위반죄가 성립한다.

8) **성폭력범죄의 처벌 등에 관한 특례법**(2020.5.19. 법률 제17264호로 개정된 것) **제3조 제1항 중** '형법 제319조 제1항(**주거침입**)의 죄를 범한 사람이 같은 법 제298조(**강제추행**), 제299조(**준강제추행**) 가운데 제298조의 예에 의하는 부분의 죄를 범한 경우에는 무기징역 또는 7년 이상의 징역에 처한다.'는 부분은 **헌법에 위반된다**(헌재결 2023.2.23, 2021헌가9).

∵ 법정형의 '하한'을 일률적으로 높게 책정하여 경미한 강제추행 또는 준강제추행의 경우까지 모두 엄하게 처벌하는 것은 책임주의에 반하므로 책임과 형벌 사이의 비례원칙에 위배된다.

9) 피고인 甲이 모텔 객실의 문이 살짝 열려 있는 것을 발견하고 객실에 침입한 후 불을 끈 상태로 침대에 누워 있던 乙(여, 27세)의 가슴, 허리 및 엉덩이를 만져 乙을 강제추행하였다는 성폭력범죄의 처벌 등에 관한 특례법(이하 '성폭력처벌법'이라 한다) 위반(주거침입강제추행)의 공소사실에 대하여, 원심이 성폭력처벌법 제3조 제1항, 형법 제319조 제1항, 제298조를 적용하여 유죄로 인정하였는데, 원심판결 선고 후 헌법재판소가 성폭력처벌법 제3조 제1항 중 '형법 제319조 제1항(주거침입)의 죄를 범한 사람이 같은 법 제298조(강제추행), 제299조(준강제추행) 가운데 제298조의 예에 의하는 부분의 죄를 범한 경우에는 무기징역 또는 7년 이상의 징역에 처한다.'는 부분에 대하여 **위헌결정**을 선고한 경우, 위 법률조항 부분은 헌법재판소법 제47조 제3항 본문에 따라 소급하여 효력을 상실하였고, **위헌결정으로 인하여 형벌에 관한 법률 또는 법률조항이 소급하여 효력을 상실한 경우** 해당 법조를 적용하여 기소한 피고사건은 **범죄로 되지 아니하는 때**에 해당하므로, 공소사실을 유죄로 인정한 원심판결은 그대로 유지될 수 없게 되었다고 한 사례(대판 2023.4.13, 2023도162) → 무죄판결

10) 구 **아동·청소년의 성보호에 관한 법률**(2020.6.2.법률 제17338호로 개정되기 전의 것) **제11조 제5항**은 "**아동·청소년이용음란물**임을 알면서 이를 **소지**한 자는 1년 이하의 징역 또는 2천만 원 이하의 벌금에 처한다."라고 규정하고 있다. 여기서 **'소지'**란 아동·청소년이용음란물을 자기가 지배할 수 있는 상태에 두고 지배관계를 지속시키는 행위를 말하고, 인터넷 주소(URL)는 인터넷에서 링크하고자 하는 웹페이지나 웹사이트 등의 서버에 저장된 개개의 영상물 등의 웹 위치 정보 또는 경로를 나타낸 것에 불과하다. 따라서 아동·청소년이용음란물 파일을 구입하여 시청할 수 있는 상태 또는 접근할 수 있는 상태만으로 곧바로 이를 소지로 보는 것은 소지에 대한 문언 해석의 한계를 넘어서는 것이어서 허용될 수 없으므로, 피고인이 자신이 지배하지 않는 서버 등에 저장된 아동·청소년이용음란물에 접근하여 **다운로드받을 수 있는 인터넷 주소 등을 제공받은 것**에 그친다면 특별한 사정이 없는 한 아동·청소년이용음란물을 '소지'한 것으로 평가하기는 어렵다(대판 2023.6.29, 2022도6278).

[동지판례] 피고인이 자신이 지배하지 않는 서버 등에 저장된 아동·청소년성착취물에 접근하였지만 위 **성착취물을 다운로드하는 등 실제로 지배할 수 있는 상태로 나아가지는 않은 경우** 아동·청소년성착취물을 **'소지'**한 것으로 평가할 수 없다(대판 2023.10.12, 2023도5757).

11) 아동·청소년성착취물이 게시된 텔레그램 대화방을 운영하는 피고인이 **아동·청소년성착취물이 저장된 다른 웹사이트로 연결되는 링크를 대화방에 게시**하였는데, 그 '링크'를 통하여 그 채널에 저장된 아동·청소년성착취물을 별다른 제한 없이 접할 수 있게 한 경우라면, 피고인의 이러한 행위는 전체적으로 보아 아동·청소년성착취물을 **'배포'**한 것으로 평가할 수 있다(대판 2023.10.12, 2023도5757).

12) [1] 피고인이 전화를 걸어 피해자의 휴대전화에 벨소리가 울리게 하거나 부재중 전화 문구 등이 표시되도록 하여 상대방에게 불안감이나 공포심을 일으키는 행위는 실제 전화통화가 이루어졌는지와 상관없이 **스토킹처벌법** 제2조 제1호 (다)목에서 정한 **스토킹행위**에 해당한다. [2] 피고인이 피해자의 의사에

반하여 정당한 이유 없이 전화를 걸어 피해자와 전화통화를 하여 말을 도달하게 한 행위는, 전화통화 내용이 불안감 또는 공포심을 일으키는 것이었음이 밝혀지지 않더라도, 피고인과 피해자의 관계, 지위, 성향, 행위 전후의 여러 사정을 종합하여 전화통화 행위가 피해자의 불안감 또는 공포심을 일으키는 것으로 평가되면, 스토킹범죄의 처벌 등에 관한 법률 제2조 제1호 (다)목 스토킹행위에 해당하게 된다. / 설령 피고인이 피해자와의 전화통화 당시 아무런 말을 하지 않아 '말을 도달하게 하는 행위'에 해당하지 않더라도 피해자의 수신 전 전화 벨소리가 울리게 하거나 발신자 전화번호가 표시되도록 한 것까지 포함하여 피해자에게 불안감이나 공포심을 일으킨 것으로 평가된다면 '음향, 글 등을 도달하게 하는 행위'에 해당하므로 마찬가지로 위 조항 스토킹행위에 해당한다(대판 2023.5.18, 2022도12037).

13) 스토킹행위를 전제로 하는 **스토킹범죄**는 행위자의 어떠한 행위를 매개로 이를 인식한 상대방에게 불안감 또는 공포심을 일으킴으로써 그의 **자유로운 의사결정의 자유 및 생활형성의 자유와 평온**이 침해되는 것을 막고 이를 **보호법익**으로 하는 **위험범**이라고 볼 수 있으므로, 구 스토킹처벌법 제2조 제1호 각 목의 행위가 객관적·일반적으로 볼 때 이를 인식한 상대방으로 하여금 불안감 또는 공포심을 일으키기에 충분한 정도라고 평가될 수 있다면 **현실적으로 상대방이 불안감 내지 공포심을 갖게 되었는지 여부와 관계없이** '스토킹행위'에 해당하고, 나아가 그와 같은 일련의 스토킹행위가 지속되거나 반복되면 '스토킹범죄'가 성립한다(대판 2023.9.27, 2023도6411).

14) 군인인 피고인 갑은 자신의 독신자 숙소에서 군인 을과 서로 키스, 구강성교나 항문성교를 하는 방법으로 추행하고, 군인인 피고인 병은 자신의 독신자 숙소에서 동일한 방법으로 피고인 갑과 추행하였다고 하여 군형법 위반으로 기소된 사안에서, 피고인들과 을은 모두 남성 군인으로 당시 피고인들의 독신자 숙소에서 휴일 또는 근무시간 이후에 자유로운 의사를 기초로 한 합의에 따라 항문성교나 그 밖의 성행위를 한 점 등에 비추어 피고인들의 행위는 **군형법 제92조의6**에서 처벌대상으로 규정한 **'항문성교나 그 밖의 추행'**에 해당하지 않는다고 한 사례(대판 2022.4.21, 2019도3047 全合).

Chapter

03 명예와 신용에 대한 죄

제1절 명예에 관한 죄

제307조【명예훼손】

① 공연히 사실을 적시하여 사람의 명예를 훼손한 자는 2년 이하의 징역이나 금고 또는 500만원 이하의 벌금에 처한다.

② 공연히 허위의 사실을 적시하여 사람의 명예를 훼손한 자는 5년 이하의 징역, 10년 이하의 자격정지 또는 1천만원 이하의 벌금에 처한다.

제308조【사자의 명예훼손】

공연히 허위의 사실을 적시하여 사자의 명예를 훼손한 자는 2년 이하의 징역이나 금고 또는 500만원 이하의 벌금에 처한다.

제309조【출판물 등에 의한 명예훼손】

① 사람을 비방할 목적으로 신문, 잡지 또는 라디오 기타 출판물에 의하여 제307조 제1항의 죄를 범한 자는 3년 이하의 징역이나 금고 또는 700만원 이하의 벌금에 처한다.

② 제1항의 방법으로 제307조 제2항의 죄를 범한 자는 7년 이하의 징역, 10년 이하의 자격정지 또는 1천500만원 이하의 벌금에 처한다.

제310조【위법성의 조각】

제307조 제1항의 행위가 진실한 사실로서 오로지 공공의 이익에 관한 때에는 처벌하지 아니한다.

제311조【모욕】

공연히 사람을 모욕한 자는 1년 이하의 징역이나 금고 또는 200만원 이하의 벌금에 처한다.

제312조【고소와 피해자의 의사】

① 제308조와 제311조의 죄는 고소가 있어야 공소를 제기할 수 있다.

② 제307조와 제309조의 죄는 피해자의 명시한 의사에 반하여 공소를 제기할 수 없다.

I 서설

1 의의 및 보호법익

명예에 관한 죄는 공연히 사실을 적시하여 사람의 명예를 훼손하거나 사람을 모욕함으로써 성립하는 범죄이다. 명예에 관한 죄의 보호법익은 사람의 외적 명예(사람의 인격적 가치에 대한 사회적 평가)이고, 내적명예(사회적 평가와 독립한 내부적 가치, 진가), 명예감정(자신의 주관적 평가, 자존심)이 아니다. 보호법익에 대한 보호의 정도는 추상적 위험범이다. 소추조건과 관련하여 명예훼손죄, 허위사실적시명예훼손죄, 출판물에 의한 명예훼손죄는 반의사불벌죄이고, 사자명예훼손죄, 모욕죄는 친고죄이다.

명예에 관한 죄에 대한 특별법으로는 공직선거법과 정보통신망이용촉진 및 정보보호 등에 관한 법률 등이 있다.

2 구성요건의 체계

기본적 구성요건	명예훼손죄
가중적 구성요건	허위사실적시명예훼손죄, 출판물에 의한 명예훼손죄
독립적 구성요건	사자명예훼손죄, 모욕죄
미수범 처벌규정	×
예비·음모 처벌규정	×
반의사불벌죄	명예훼손죄, 허위사실적시명예훼손죄, 출판물에 의한 명예훼손죄
친고죄	사자명예훼손죄, 모욕죄

II 명예훼손죄[16)]

1 주체

자연인인 사람이 행위의 주체가 된다.

2 객체 _ 명예

(1) 명예

명예는 보호법익인 동시에 행위의 객체가 된다. 행위객체로서의 명예는 사람의 인격적 가치에 대한 사회적 평가를 말한다.

(2) 명예의 주체

① 유아·정신병자·범죄자 등 모든 자연인은 명예의 주체가 된다. 사자도 포함된다(∵ 사자명예훼손죄).

② 피해자가 특정되어야 하지만, 사람의 성명을 명시하지 않아도 피해자를 특정할 수 있으면 된다.

> o 명예훼손에 의한 불법행위가 성립하려면 피해자가 특정되어 있어야 하지만, 그 특정을 할 때 반드시 사람의 성명이나 단체의 명칭을 명시해야만 하는 것은 아니고, 사람의 성명을 명시하지 않거나 두문자나 이니셜만 사용한 경우라도 그 표현의 내용을 주위 사정과 종합하여 볼 때 그 표시가 피해자를 지목하는 것을 알아차릴 수 있을 정도이면 피해자가 특정되었다고 할 것이다(대판 2009.2.26, 2008다27769).

③ 법인뿐만 아니라 법인격 없는 단체도 명예의 주체가 된다. 예 정당, 노동조합, 병원, 상공회의소, 종교단체 등

> o 명예훼손죄나 모욕죄의 대상으로서의 사람은 자연인에 한정할 이유가 없고 **인격을 가진 단체도** 포함된다(대판 1959.12.23, 4291형상539).

16) 2014년 법원행정고등고시 명예훼손죄 종합사례

④ 집합명칭(집합적 명사)을 사용한 경우 : 집단표시에 의한 명예훼손[17)]

명예훼손의 피해자는 특정되어야 하므로 막연한 표시만으로는 명예훼손죄를 구성하지 않으나, 집합명칭을 쓴 경우에도 특정인을 가리키는 것이 명백하면, 이를 구성원 각자의 명예를 훼손하는 행위라고 볼 수 있다.

> ○ 명예훼손죄는 어떤 특정한 사람 또는 인격을 보유하는 단체에 대하여 그 명예를 훼손함으로써 성립하는 것이므로 그 피해자는 특정한 것임을 요하고, 다만 **서울시민** 또는 **경기도민**이라 함과 같은 막연한 표시에 의해서는 명예훼손죄를 구성하지 아니한다 할 것이지만, 집합적 명사를 쓴 경우에도 그것에 의하여 그 범위에 속하는 특정인을 가리키는 것이 명백하면, 이를 각자의 명예를 훼손하는 행위라고 볼 수 있다(대판 2000.10.10, 99도5407).
>
> **[사실관계]** K여상의 "3.19 **동지회 소속 교사들**이 학생들을 선동하여 무단하교를 하게 하였다"고 보도자료를 작성하여 기자들에게 배포한 경우 고등학교의 교사는 총 66명으로서 그중 약 37명이 3.19 동지회 소속 교사들인 사실, 위 학교의 학생이나 학부모, 교육청 관계자들은 3.19 동지회 소속 교사들이 누구인지 알고 있으므로 3.19 동지회 소속 교사들에 대한 허위의 사실을 적시함으로써 3.19 동지회 소속 교사들 모두에 대한 명예가 훼손되었다.
>
> ○ 명예훼손죄는 어떤 특정한 사람 또는 인격을 보유하는 단체에 대하여 명예를 훼손함으로써 성립하는 것이므로 피해자가 특정되어야 한다. **집합적 명사를 쓴 경우**에도 어떤 범위에 속하는 특정인을 가리키는 것이 명백하면, 이를 각자의 명예를 훼손하는 행위라고 볼 수 있다. / 그러나 명예훼손의 내용이 집단에 속한 특정인에 대한 것이라고 해석되기 힘들고, **집단표시에 의한 비난이 개별구성원에 이르러서는 비난의 정도가 희석되어 구성원 개개인의 사회적 평가에 영향을 미칠 정도에 이르지 않는 것으로 평가되는 경우**에는 구성원 개개인에 대한 명예훼손이 성립하지 않는다(대판 2018.11.29, 2016도14678).
>
> **[사실관계]** 세월호 사건 당시 피고인의 SNS의 글과 MBN 인터뷰가 '생존자가 있는데도 **해경**이 민간잠수부의 구조작업을 막고 언론을 통제하여 진실을 은폐하고 있다'는 취지로 해양경찰청장, 해경, 현장구조대원들의 명예를 훼손하였다고 기소되었는데, 적시한 사실 중 일부는 허위라고 보기 어렵고 허위 사실인 경우도 허위임을 인식하였다고 단정하기 어려우며, 비방할 목적이 있었다고 보기 어렵고, 공적인 존재에 대한 명예훼손이나 집단표시에 의한 명예훼손이 성립하는 경우에 해당하지 않는다는 이유로 피고인에게 무죄를 선고하였다.

⑤ 정부 또는 국가기관은 형법상 명예훼손죄의 피해자가 될 수 없다. 다만 언론보도의 내용이 공직자 개인에 대한 악의적이거나 심히 경솔한 공격으로서 현저히 상당성을 잃은 것으로 평가된다면 공직자 개인에 대한 명예훼손에 해당할 수 있다.

> ○ **[PD수첩 광우병보도사건] 정부** 또는 **국가기관**은 형법상 명예훼손죄의 피해자가 될 수 없으므로, 정부 또는 국가기관의 정책결정 또는 업무수행과 관련된 사항을 주된 내용으로 하는 언론보도로 인하여 그 정책결정이나 업무수행에 관여한 공직자에 대한 사회적 평가가 다소 저하될 수 있더라도, 그 보도의 내용이 공직자 개인에 대한 악의적이거나 심히 경솔한 공격으로서 현저히 상당성을

17) 2018년 법원사무관승진시험

잃은 것으로 평가되지 않는 한, 그 보도로 인하여 곧바로 **공직자 개인**에 대한 명예훼손이 된다고 할 수 없다(대판 2011.9.2, 2010도17237).

ㅇ [고흥군 비방사건] 18) **국가나 지방자치단체**는 국민에 대한 관계에서 형벌의 수단을 통해 보호되는 외부적 명예의 주체가 될 수는 없고, 따라서 명예훼손죄나 모욕죄의 피해자가 될 수 없다(대판 2016.12.27, 2014도15290). → 고흥군수 개인에 대한 모욕죄만 인정한 사례

3 행위

공연히 사실을 적시하여 사람의 명예를 훼손하여야 한다.

(1) 공연성 19)

공연성이란 불특정 또는(↔ 및 : ×) 다수인이 인식할 수 있는 상태를 의미한다(직접인식가능성설). 그러나 판례는 개별적으로 한 사람이나 소수의 사람에게 사실을 적시하여 불특정 또는 다수인이 현실적으로 적시사실을 인식하지 못한 경우에도 불특정 또는 다수인에게 전파될 가능성이 있다면 명예훼손죄의 성립요건인 공연성이 인정된다고 보고 있다(**전파성이론**).

ㅇ [전파가능성 사건] [1] 대법원은 명예훼손죄의 공연성에 관하여 개별적으로 소수의 사람에게 사실을 적시하였더라도 그 상대방이 불특정 또는 다수인에게 적시된 사실을 전파할 가능성이 있는 때에는 **공연성이 인정**된다고 일관되게 판시하여, **이른바 전파가능성 이론**은 공연성에 관한 확립된 법리로 정착되었다. 이러한 법리는 정보통신망법상 정보통신망을 이용한 명예훼손이나 공직선거법상 후보자비방죄 등의 공연성 판단에도 동일하게 적용되어, 적시한 사실이 허위인지 여부나 특별법상 명예훼손 행위인지 여부에 관계없이 명예훼손 범죄의 공연성에 관한 대법원 판례의 기본적 법리로 적용되어 왔다. 공연성에 관한 전파가능성 법리는 대법원이 오랜 시간에 걸쳐 발전시켜 온 것으로서 현재에도 여전히 법리적으로나 현실적인 측면에 비추어 타당하므로 유지되어야 한다. [2] 대법원 판례와 재판 실무는 전파가능성 법리를 제한 없이 적용할 경우 공연성 요건이 무의미하게 되고 처벌이 확대되게 되어 표현의 자유가 위축될 우려가 있다는 점을 고려하여, 전파가능성의 구체적·객관적인 적용 기준을 세우고, 피고인의 **범의**를 엄격히 보거나 **적시의 상대방과 피고인 또는 피해자의 관계**에 따라 전파가능성을 부정하는 등 판단기준을 사례별로 유형화하면서 전파가능성에 대한 인식이 필요함을 전제로 전파가능성 법리를 적용함으로써 공연성을 엄격하게 인정하여 왔다. 따라서 전파가능성 법리에 따르더라도 위와 같은 객관적 기준에 따라 전파가능성을 판단할 수 있고, 행위자도 발언 당시 공연성 여부를 충분히 예견할 수 있으며, 상대방의 전파의사만으로 전파가능성을 판단하거나 실제 전파되었다는 결과를 가지고 책임을 묻는 것이 아니다(대판 2020.11.19, 2020도5813 全合).

[사실관계] 피고인 甲은 피해자 乙 집 뒷길에서 피고인의 남편 丙 및 제3자 丁이 듣는 가운데 피해자 乙에게 **'저것이 징역 살다 온 전과자다'** 등으로 큰소리로 말하였다. 피고인은 丙이 피해자의 전과사실을 이미 알고 있었고 피고인의 남편이며, 丁이 피해자의 친척이므로 피고인의 발언에 전파가능성이 없어 공연성이 없다고 다투었으나, 대법원은 전파가능성 법리에 관한 기존의 대법원 판례가 여전히 타당

18) 2018년 법원사무관승진시험

19) 2012년 법무사시험

하고, 피고인의 발언 내용, 경위 및 장소와 피고인 또는 피해자와 상대방과의 관계 등을 고려할 때 피고인의 발언에 공연성이 인정된다고 본 사례

[동지판례] 발언 상대방이 ① 발언자나 피해자의 배우자, 친척, 친구 등 사적으로 친밀한 관계에 있는 경우 또는 ② 직무상 비밀유지의무 또는 이를 처리해야 할 공무원이나 이와 유사한 지위에 있는 경우에는 그러한 관계나 신분으로 비밀의 보장이 상당히 높은 정도로 기대되는 경우로서 공연성이 부정된다. / 위와 같이 ① **발언자와 상대방, 그리고 피해자와 상대방이 특수한 관계에 있는 경우 또는** ② **상대방이 직무상 특수한 지위나 신분을 가지고 있는 경우**에 공연성을 인정하려면 그러한 관계나 신분에도 불구하고 불특정 또는 다수인에게 전파될 수 있다고 볼 만한 특별한 사정이 존재하여야 한다(대판 2020.12.30, 2015도12933).

[사실관계] 피고인이 **자신의 사무실**에서 **친구 갑**에게 피해자에 관하여 "신랑하고 이혼했는데, 아들이 하나가 장애인이래, 그런데 ○○(사실혼 관계에 있는 남자)이 그래도 살아보겠다고 돈 갖다 바치는 거지, 그런데 이년이."라고 말한 경우, 위 발언의 상대방, 경위 등에 비추어 보면 피고인의 발언이 전파될 가능성이 있다고 보기 어렵다. → 대판 2020.11.19, 2020도5813 全合 판결의 전파가능성 제한 법리에 따른 판결

○ 비록 개별적으로 한 사람에 대하여 사실을 유포하더라도 **불특정 또는 다수인에게 전파될 가능성**이 있으면 공연성이 있고, 반면에 그와 같은 가능성이 없으면 공연성이 없다(대판 1998.9.8, 98도1949).

○ 통상 기자가 아닌 **보통 사람에게 사실을 적시할 경우**에는 그 자체로서 적시된 사실이 외부에 공표되는 것이므로 그때부터 곧 전파가능성을 따져 공연성 여부를 판단하여야 할 것이지만, / 그와는 달리 **기자를 통해 사실을 적시하는 경우**에는 기사화되어 보도되어야만 적시된 사실이 외부에 공표된다고 보아야 할 것이므로 기자가 취재를 한 상태에서 아직 기사화하여 보도하지 아니한 경우에는 전파가능성이 없다고 할 것이어서 공연성이 없다고 봄이 상당하다(대판 2000.5.16, 99도5622).

관련 판례 **전파가능성 ○, 공연성 ○**

1) 인터넷 **개인 블로그의 비공개 대화방**에서 상대방으로부터 비밀을 지키겠다는 말을 듣고 **일대일로 대화**하였다고 하더라도, 그 사정만으로 대화 상대방이 대화내용을 불특정 또는 다수에게 전파할 가능성이 없다고 할 수 없으므로, 명예훼손죄의 요건인 공연성을 인정할 여지가 있다(대판 2008.2.14, 2007도8155).
2) 피고인이 상가 관리단의 임시총회에서 피해자가 새로운 관리인으로 선출되자 피해자가 뇌물공여죄, 횡령죄 등 전과 13범으로 관리단 규약에 의하여 선량한 관리인으로서의 자격이 없다는 내용을 담은 서면을 **관리단 감사에게** 팩스로 전송한 경우 비록 피고인이 한 사람에게만 피해자의 전과사실을 유포하였다고 하더라도 그로부터 불특정 또는 다수인에게 전파될 가능성에 대한 인식이 있었음은 물론이고 내심으로도 전파가능성을 용인하고 있었다(대판 2008.10.23, 2008도6515).
3) 지방의회 선거를 앞두고 현역 시의회의원이 후보자가 되려는 자에 대해서 특별한 친분관계도 없는 **한 사람 한 사람에게(여러 차례에 걸쳐, 매번 한 사람에게만)** 비방의 말을 한 경우라도 공연성이 있다(대판 1996.7.12, 96도1007).
4) 피고인이 진정서와 고소장을 **특정사람들에게 개별적으로 우송**한 것이라고 하여도 **다수인**(19명, 193명)에게 배포하였고, 또 그 내용이 다른 사람들에게 전파될 가능성도 있는 것이므로 공연성의 요건은 충족된 것이라고 보아야 한다(대판 1991.6.25. 91도347).

5) ○○작가협회 회원이 타인의 명의를 도용하여 협회 교육원장을 비방하는 내용의 호소문을 작성한 후 이를 협회 회원들에게 **우편**으로 송달한 경우, 사문서위조죄와 명예훼손죄가 각 성립하고, 이는 실체적 경합관계이다(대판 2009.4.23, 2008도8527).

6) **동네 아줌마** 및 피해자의 시어머니가 있는 자리에서 피해자에 대하여 "시커멓게 생긴 놈하고 매일 붙어 다닌다. 점방 마치면 여관에 가서 누워 자고 아침에 들어온다"는 말을 한 경우 공연성을 부정하기 어렵다(대판 1983.10.11, 83도2222).

7) 피고인들이 이 사건 출판물 15부를 피고인들이 소속된 교회의 **교인 15인**에게 배부한 경우, 배부 받은 사람 중 일부가 위 출판물작성에 가담한 사람들이라고 하여도 공연성이 인정된다(대판 1984.2.28, 83도3124).

8) 직장의 전산망에 설치된 **전자게시판**에 타인의 명예를 훼손하는 내용의 글을 게시한 행위가 명예훼손죄를 구성한다(대판 2000.5.12, 99도5734).

9) 명예훼손의 발언(피해자들이 전과가 많다는 내용)을 들은 사람들이 피해자들과는 일면식이 없다거나 이미 피해자들의 **전과사실을 알고 있었다고 하더라도** 공연성 즉 발언이 전파될 가능성이 없다고 볼 수 없다(대판 1993.3.23, 92도455).

10) 피고인이 음식점에서 창밖으로 지나가는 피해자를 보며 A에게 "내가 새벽에 운동을 하고 나오면 헬스장 근처에 있는 모텔에서 피해자가 남자친구와 나오는 것을 몇 번 봤다. 나를 봤는데 얼마나 창피했겠냐."라고 말한 경우, 이 사건 발언이 피해자의 사회적 가치 내지 평가를 저하시킬 만한 것이라고 인정할 여지가 충분하며, 피고인이 발언한 장소가 공개된 식당으로 발언 당시 김정인을 비롯한 손님들이 있었던 사정에 더하여 피고인과 A의 관계까지 비추어 보더라도 공연성이 인정된다(대판 2020.12.10, 2019도12282).

관련 판례 **전파가능성** ×, **공연성** × : 피해자와 특별한 친분관계가 있는 경우

1) 어느 사람에게 **귀엣말** 등 그 사람만 들을 수 있는 방법으로 그 사람 **본인**의 사회적 가치 내지 평가를 떨어뜨릴 만한 사실을 이야기하였다면, 위와 같은 이야기가 불특정 또는 다수인에게 전파될 가능성이 있다고 볼 수 없어 명예훼손의 구성요건인 공연성을 충족하지 못하는 것이며, 그 사람이 들은 말을 스스로 다른 사람들에게 전파하였더라도 위와 같은 결론에는 영향이 없다(대판 2005.12.9, 2004도2880).

2) 단둘이 식당방에 앉은 자리에서 **피해자의 친척**에게 피해자의 불륜관계에 대해 말을 한 경우 전파될 가능성이 없으므로 명예훼손죄에 있어서의 공연성이 없다(대판 1981.10.27, 81도1023).

3) **피해자의 남편**과 단둘이 있는 자리에서 피해자의 비리를 지적하는 말을 한 경우 전파될 가능성이 없으므로 명예훼손죄에 있어서의 공연성이 없다(대판 1989.7.11, 89도886).

4) 피고인이 다방에서 **피해자와 동업관계로 친한 사이**인 甲에게 피해자의 험담을 한 경우에 있어서 다방 내의 좌석이 다른 손님의 자리와 멀리 떨어져 있고, 그 당시 甲은 피고인에게 "왜 피해자에 관해서 그런 말을 하느냐"고 힐책까지 한 사실이 있는 경우 공연성이 없다(대판 1984.2.28, 83도891).

5) 중학교 교사에 대해 "전과범으로서 교사직을 팔아가며 이웃을 해치고 고발을 일삼는 악덕 교사"라는 취지의 진정서를 그가 근무하는 **학교법인 이사장** 앞으로 제출한 행위 자체는 위 진정서의 내용과 진정서의 수취인인 학교법인 이사장과 위 교사의 관계 등에 비추어 볼 때 위 이사장이 위 진정서

내용을 타에 전파할 가능성이 있다고 보기 어려우므로 명예훼손죄의 구성요건인 공연성이 있다고 보기 어렵다(대판 1983.10.25, 83도2190).

6) 이혼소송 계속 중인 처가 **남편의 친구**(피해자의 친구인 대학교수로서 위 소송 과정에서 피해자에게 유리한 증거자료인 진술서를 작성하여 주었던 관계)에게 서신을 보내면서 남편의 명예를 훼손하는 문구가 기재된 서신을 동봉한 경우에는 그것이 전파될 가능성이 없으므로 명예훼손죄에 있어서의 공연성이 없다(대판 2000.2.11, 99도4579).

7) **[전과자이고 나쁜 년 사건]** 피고인이 평소 乙이 자신의 일에 간섭하는 것에 기분이 나쁘다는 이유로 甲으로부터 취득한 乙의 범죄경력기록을 **같은 아파트에 거주하는 丙**에게 보여주면서 **"전과자이고 나쁜 년"**이라고 사실을 적시한 경우, 위 유포 사실이 불특정 또는 다수인에게 전파될 가능성이 없다(대판 2010.11.11, 2010도8265).
[사실관계] 丙은 "전과는 누구나 다 있는 것이다. 아무것도 아닌데 왜 그러느냐. 찢어버리고 그냥 모른척하고 넘어가라."라고 나무랐고 실제 다른 사람에게 이야기한 바도 없으므로 불특정 또는 다수인에게 전파될 가능성이 없다는 이유로 무죄를 선고한 사례

8) **[병문안사건]** 피고인이 자신의 아들 등에게 폭행을 당하여 입원한 피해자의 병실로 찾아가 그의 모(母) 甲과 대화하던 중 甲의 이웃 乙 및 피고인의 일행 丙 등이 있는 자리에서 "학교에 알아보니 피해자에게 **원래 정신병이 있었다고 하더라**"라고 허위사실을 말한 경우, 그 자리에 있던 사람들의 관계 등 여러 사정에 비추어 공연성이 부정된다(대판 2011.9.8, 2010도7497).
[사실관계] 乙은 甲과 같은 건물에 나란히 있는 점포에서 영업을 하면서 5~6년간 알고 지내는 사이이며, 丙은 피고인과 같은 가해학생의 부모로서 乙과 합의여부 등에 관하여 대화를 하기 위해 찾아간 사람이어서 전파가능성이 없다.

9) 피고인을 명예훼손죄로 고소할 수 있도록 그 증거자료를 미리 은밀하게 수집, 확보하기 위하여 **피고인의 발언을 유도**하였다고 의심되는 사람들에게 한 피해자의 여자 문제 등 사생활에 관한 피고인의 발언은 이들이 수사기관 이외의 다른 사람들에게 전파할 가능성이 있다고 단정하기는 어렵다(대판 1996.4.12, 94도3309). → 공연성에 대한 인식 ×

10) **골프장 경기도우미들**이 자율규정을 위반한 경기도우미를 징계하였으니 처리하여 달라는 취지가 기재된 요청서를 절차에 따라 **골프장 운영 회사의 담당자에게** 전달한 경우, 피고인들이 피해자에 대한 출입금지처분을 요청하기 위하여 그 담당자에게 요청서를 제출한 것이어서 담당자를 통하여 불특정 또는 다수인에게 전파될 가능성이 있다고 보이지 않으므로 공연성이 부정된다(대판 2020.12.30, 2015도15619).
[비교판례] 피고인들이 허위사실을 적시한 서명자료를 만들어 **동료 여러 명에게** 읽고 서명하게 한 경우, 설령 그 내용이 동료들 사이에 만연한 소문이었다 즉 그 내용을 동료들이 알고 있는 경우라 하더라도 공연성이 인정된다(대판 2020.12.30, 2015도15619).

✔ 〈정리〉 피해자 본인, 피해자의 가족·친척·친구·동업관계·측근·학교법인 이사장 등에게 이야기한 경우 = 전파가능성이 없어 공연성 ×

(2) 사실의 적시

명예훼손죄가 성립하기 위하여는 특정인의 사회적 가치 내지 평가를 침해할 가능성 있는 사실의 적시가 있어야 한다.

① 사실이란 현실적으로 발생하고 증명할 수 있는 과거 또는 현재의 사실을 말한다. 따라서 사실의 적시는 증거에 의하여 입증가능한 보고 내지 진술을 말하고, 가치판단이나 평가를 내용으로 하는 의견표현에 대치되는 개념이다.

o [제307조 제1항에서 말하는 '사실'의 의미] ① 형법 제307조 제1항, 제2항, 제310조의 체계와 문언 및 내용에 의하면, 제307조 제1항의 '사실'은 제2항의 '허위의 사실'과 반대되는 '진실한 사실'을 말하는 것이 아니라 가치판단이나 평가를 내용으로 하는 '의견'에 대치되는 개념이다. 따라서 ② 제307조 제1항의 명예훼손죄는 적시된 사실이 진실한 사실인 경우이든 허위의 사실인 경우이든 모두 성립될 수 있고, 특히 ③ 적시된 사실이 허위의 사실이라고 하더라도 행위자에게 허위성에 대한 인식이 없는 경우에는 제307조 제2항의 명예훼손죄가 아니라 제307조 제1항의 명예훼손죄가 성립될 수 있다(대판 2017.4.26, 2016도18024). ∵ 제15조 제1항이 적용되므로
→ 제307조 제1항의 '사실' ↔ 허위사실 ×, 의견(가치판단, 평가) ○
→ 제307조 제1항의 '사실' = 진실한 사실 + 허위의 사실(단, 허위성에 대한 인식이 없는 경우)

관련 판례 **사실의 적시에 해당하지 않는 경우**

1) 목사 甲은 예배를 인도하면서 A 교회 목사인 乙에 대해 "A 교회 목사 乙은 **이단 중에 이단이다.**"라고 설교한 경우 '사실의 적시'에 해당하지 않는다(대판 2008.10.9, 2007도1220).

2) **[PD수첩 광우병보도사건]** 방송국 프로듀서 등 피고인들이 특정 프로그램 방송보도를 통하여 '미국산 쇠고기 수입을 위한 제2차 한미 전문가 기술협의'(이른바 '**한미 쇠고기 수입 협상**')의 협상단 대표와 주무부처 장관이 **미국산 쇠고기 실태를 제대로 파악하지 못하였다**는 취지의 허위사실을 적시하여 이들의 명예를 훼손하였다는 내용으로 기소된 사안에서, 미국산 쇠고기 수입위생조건 협상에 필요한 만큼 미국 도축시스템의 실태를 제대로 알지 못하였다는 주관적 평가를 내린 것이라고 판시한 점 등에 비추어, 이 부분 보도내용은 비판 내지 의견 제시이므로 명예훼손죄에서 말하는 '사실의 적시'에 해당하지 않는다(대판 2011.9.2, 2010도17237).

3) **[사실의 적시와 의견표현의 구별에 관한 사건]** 다른 사람의 말이나 글을 비평하면서 사용한 표현이 겉으로 보기에 증거에 의해 입증 가능한 구체적인 사실관계를 서술하는 형태를 취하고 있더라도, 글의 집필의도, 논리적 흐름, 서술체계 및 전개방식, 해당 글과 비평의 대상이 된 말 또는 글의 전체적인 내용 등을 종합하여 볼 때, 평균적인 독자의 관점에서 문제 된 부분이 실제로는 비평자의 주관적 의견에 해당하고, 다만 비평자가 자신의 의견을 강조하기 위한 수단으로 그와 같은 표현을 사용한 것이라고 이해된다면 명예훼손죄에서 말하는 사실의 적시에 해당한다고 볼 수 없다(대판 2017.5.11, 2016도19255).

4) **[보톡스사건]** 피고인 박○○이 4·16연대 사무실에 대한 압수·수색 규탄 기자회견에서 '**세월호 참사 7시간 동안 박근혜 대통령이 마약이나 보톡스를 했다는 의혹이 사실인지 청와대를 압수·수색해서 확인했으면 좋겠다.**'는 취지로 한 발언에 대하여 허위사실 적시에 의한 명예훼손으로 기소된 사건에서, 위 발언은 피고인 박○○과 4·16 연대 사무실에 대한 압수수색의 부당성과 피해자의 행적을 밝힐 필요성에 관한 의견을 표명하는 과정에서 세간에 널리 퍼져 있는 의혹을 제시한 것으로 '피해자가 마약을 하거나 보톡스 주사를 맞고 있어 직무 수행을 하지 않았다.'는 구체적인 사실을 적시하였다고 단정하기 어렵고, 피고인 박○○이 공적 인물과 관련된 공적 관심사항에 대한 의혹을 제기하는 방식으로 표현행위를 한 것으로서 대통령인 피해자 개인에 대한

악의적이거나 심히 경솔한 공격으로서 현저히 상당성을 잃은 것으로 평가할 수 없으므로, 명예훼손죄로 처벌할 수 없다고 한 사례(대판 2021.3.25, 2016도14995).

[판결이유] **기자회견 등 공개적인 발언으로 인한 명예훼손죄 성립 여부가 문제 되는 경우** 발언으로 인한 피해자가 공적 인물인지 사적 인물인지, 발언이 공적인 관심사안에 관한 것인지 순수한 사적인 영역에 속하는 사안에 관한 것인지, 발언이 객관적으로 국민이 알아야 할 공공성이나 사회성을 갖춘 사안에 관한 것으로 여론형성이나 공개토론에 기여하는 것인지 아닌지 등을 따져보아 공적 인물에 대한 공적 관심사안과 사적인 영역에 속하는 사안 사이에 심사기준의 차이를 두어야 한다. **공론의 장에 나신 전면적 공적 인물의 경우**에는 비판과 의혹의 제기를 감수해야 하고 그러한 비판과 의혹에 대해서는 해명과 재반박을 통해서 이를 극복해야 하며 공적 관심사에 대한 표현의 자유는 중요한 헌법상 권리로서 최대한 보장되어야 한다. 따라서 **공적 인물과 관련된 공적 관심사에 관하여 의혹을 제기하는 형태의 표현행위**에 대해서는 일반인에 대한 경우와 달리 암시에 의한 사실의 적시로 평가하는 데 신중해야 한다.

5) 정보통신망 이용촉진 및 정보보호 등에 관한 법률 제70조 제1항은 "사람을 **비방할 목적**으로 **정보통신망을 통하여** 공공연하게 **사실을 드러내어** 다른 사람의 명예를 훼손한 자는 3년 이하의 징역 또는 3천만 원 이하의 벌금에 처한다."라고 정하고 있다. 이 규정에 따른 범죄가 성립하기 위해서는 피해자가 특정된 사실을 드러내어 명예를 훼손하여야 한다. 여기에서 **사실을 드러낸다**는 것은 이로써 특정인의 사회적 가치나 평가가 침해될 가능성이 있을 정도로 구체성을 띠는 사실을 드러낸다는 것을 뜻하는데, 그러한 요건이 충족되기 위해서 반드시 구체적인 사실이 직접적으로 명시되어 있어야 하는 것은 아니지만, 적어도 특정 표현에서 그러한 사실이 곧바로 유추될 수 있을 정도는 되어야 한다. 그리고 **피해자가 특정되었다**고 하기 위해서는 표현의 내용을 주위사정과 종합하여 볼 때, 그 표현이 누구를 지목하는가를 알아차릴 수 있을 정도가 되어야 한다. 한편 특정 표현이 **사실인지 아니면 의견인지**를 구별할 때에는 언어의 통상적 의미와 용법, 증명가능성, 문제된 말이 사용된 문맥, 그 표현이 행해진 사회적 상황 등 전체적 정황을 고려하여 판단하여야 한다(대판 2020.5.28, 2019도12750).

[사실관계] 학교폭력 피해학생의 모(母)인 피고인이 자신의 카카오톡 계정 프로필 상태메시지에 **'학교폭력범은 접촉금지!!!'**라는 글과 주먹 모양의 그림말 세 개를 게시한 행위는 피해자의 학교폭력 사건이나 그 사건으로 피해자가 받은 조치에 대해 기재함으로써 피해자의 사회적 가치나 평가를 저하시키기에 충분한 구체적인 사실을 드러냈다고 볼 수 없으므로 학교폭력 가해학생인 피해자에 대한 정보통신망이용촉진 및 정보보호 등에 관한 법률위반(명예훼손)죄가 성립하지 않는다.

6) 동장인 甲이 동 주민자치위원에게 전화를 걸어 '어제 열린 당산제(마을제사) 행사에 남편과 이혼한 A도 참석을 하여, 이에 대해 행사에 참여한 사람들 사이에 안 좋게 평가하는 말이 많았다.'는 취지로 말하고, 동 주민들과 함께 한 저녁식사 모임에서 'A는 이혼했다는 사람이 왜 당산제에 왔는지 모르겠다.'는 취지로 말한 경우 甲의 위 발언은 A의 사회적 가치나 평가를 침해하는 구체적인 사실의 적시에 해당하지 않고 당산제 참여에 관한 **의견표현에 지나지 않으므로** 명예훼손죄가 성립하지 않는다(대판 2022.5.13, 2020도15642).

[판결이유] 피고인이 위 발언을 통해 갑에 관하여 적시하고 있는 사실은 **'갑이 이혼하였다.'**는 사실과 '갑이 당산제에 참여하였다.'는 것으로, 이혼에 대한 부정적인 인식과 평가가 점차 사라지고 있음을 감안하면 피고인이 갑의 이혼 경위나 사유, 혼인관계 파탄의 책임 유무를 언급하지 않고 이혼 사실 자체만을 언급한 것은 갑의 **사회적 가치나 평가를 떨어뜨린다고 볼 수 없**고, / 또한

'갑이 당산제에 참여하였다.'는 것도 그 자체로는 가치중립적인 사실로서 갑의 사회적 가치나 평가를 침해한다고 보기 어려운 점, 피고인은 주민 사이에 '이혼한 사람이 당산제에 참여하면 부정을 탄다.'는 인식이 있음을 전제로 하여 발언을 한 것으로서, 발언 배경과 내용 등에 비추어 이는 갑에 관한 과거의 구체적인 사실을 진술하기 위한 것이 아니라 당산제 참석과 관련하여 갑이 이혼한 사람이기 때문에 '부정적 영향'을 미칠 수 있음을 언급한 것으로서 **갑의 당산제 참석에 대한 부정적인 가치판단이나 평가**를 표현하고 있을 뿐이라고 보아야 하는 점을 종합하면, 피고인의 위 발언은 갑의 사회적 가치나 평가를 침해하는 구체적인 사실의 적시에 해당하지 않고 갑의 당산제 참여에 관한 **의견표현에 지나지 않는다**는 이유로, 이와 달리 보아 공소사실을 유죄로 인정한 원심판결에 명예훼손죄에서 사실의 적시와 의견표현의 구별에 관한 법리오해의 잘못이 있다고 한 사례

② 다만, 장래의 일을 적시하는 경우에도 그것이 과거 또는 현재의 사실을 기초로 하거나 이에 대한 주장을 포함하는 경우라면 명예훼손죄가 성립한다.

ㅇ 피고인이 경찰관을 상대로 진정한 사건이 혐의인정되지 않아 내사종결 처리되었음에도 불구하고 공연히 **"사건을 조사한 경찰관이 내일부로 검찰청에서 구속영장이 떨어진다."**고 말한 것은 현재의 사실을 기초로 하거나 이에 대한 주장을 포함하여 장래의 일을 적시한 것으로 볼 수 있어 명예훼손죄에 있어서의 사실의 적시에 해당한다(대판 2003.5.13, 2002도7420).

③ 공지의 사실, 추측 · 소문에 의한 사실도 포함된다.

ㅇ 명예훼손죄가 성립하기 위하여는 반드시 숨겨진 사실을 적발하는 행위만에 한하지 아니하고 이미 사회의 일부에 **잘 알려진 사실**이라고 하더라도 이를 적시하여 사람의 사회적 평가를 저하시킬 만한 행위를 한 때에는 명예훼손죄를 구성한다(대판 1994.4.12, 93도3535).

④ 특정인의 사회적 가치 내지 평가가 침해될 가능성이 있을 정도의 구체적 사실을 적시하여야 한다. 단순한 추상적 · 모욕적 표현은 모욕죄에 해당한다.

ㅇ 명예훼손죄가 성립하기 위해서는 사실의 적시가 있어야 하고 적시된 사실은 이로써 특정인의 사회적 가치 내지 평가가 침해될 가능성이 있을 정도로 **구체성**을 띠어야 한다(대판 2009.9.24, 2009도6687).

ㅇ **"아무것도 아닌 똥꼬다리 같은 놈"**이라는 구절은 모욕적인 언사일 뿐 구체적인 사실의 적시라고 할 수 없고 "잘 운영되어 가는 어촌계를 파괴하려 한다"는 구절도 구체적인 사실의 적시라고 할 수 없으므로 명예훼손죄에 있어서의 사실의 적시에 해당한다고 볼 수 없다(대판 1989.3.14, 88도1397).

⑤ 특정인의 사회적 가치나 평가를 저하시키기에 충분한 구체적인 사실의 적시가 있다고 하기 위해서는, 반드시 그러한 구체적인 사실이 직접적으로 명시되어 있을 것을 요구하는 것은 아니지만, 적어도 적시된 내용 중의 특정 문구에 의하여 그러한 사실이 곧바로 유추될 수 있을 정도는 되어야 한다.

⑥ 사실의 적시는 소문이나 제3자의 말, 보도를 인용하는 방법으로도 가능하다.

○ **[보톡스사건]** 객관적으로 피해자의 사회적 평가를 저하시키는 사실에 관한 발언이 보도, 소문이나 제3자의 말을 인용하는 방법으로 단정적인 표현이 아닌 전문 또는 추측의 형태로 표현되었더라도, 표현 전체의 취지로 보아 **사실이 존재할 수 있다는 것을 암시하는 방식으로 이루어진 경우**에는 사실을 적시한 것으로 보아야 한다(대판 2021.3.25, 2016도14995).

○ 객관적으로 피해자의 사회적 평가를 저하시키는 사실에 관한 보도내용이 소문이나 제3자의 말, 보도를 인용하는 방법으로 단정적인 표현이 아닌 전문 또는 추측한 것을 기사화한 형태로 표현하였지만, 그 표현 전체의 취지로 보아 **그 사실이 존재할 수 있다는 것을 암시하는 방식으로 이루어진 경우**에는 사실을 적시한 것으로 보아야 한다. 그리고 그 보도내용에 인용된 소문 등의 내용이나 표현방식, 그 신빙성 등에 비추어 암시된 사실이 무엇이고, 그것이 진실인지 여부 등에 대해 구체적으로 심리·판단하지 아니한 채 그러한 소문, 제3자의 말 등의 존부에 대한 심리·판단만으로 바로 이를 판단해서는 안 된다(대판 2008.11.27, 2007도5312).

⑦ 가치중립적인 표현을 사용하였다 하더라도 사회 통념상 그로 인하여 특정인의 사회적 평가가 저하되었다고 판단되는 경우라면 명예훼손죄가 성립할 수 있다.

○ **(주)진로가 일본 아사히 맥주에 지분이 50% 넘어가 일본 기업이 됐다**는 부분은 가치중립적인 표현으로서, 피해자 회사의 대주주 내지 지배주주가 일본 회사라고 적시하는 경우 일부 소비자들이 '참이슬' 소주의 구매에 소극적이 될 여지가 있다 하더라도 이를 피해자 회사의 사회적 가치 내지 평가가 침해될 가능성이 있는 명예훼손적 표현이라고 볼 수 없다(대판 2008.11.27, 2008도6728).

○ 피해자가 동성애자가 아님에도 불구하고 피고인은 인터넷사이트 싸이월드에 7회에 걸쳐 피해자가 **동성애자**라는 내용의 글을 게재한 경우, 현재 우리사회에서 자신이 스스로 동성애자라고 공개적으로 밝히는 경우 사회적으로 상당한 주목을 받는 점, 피고인이 피해자를 괴롭히기 위하여 글을 게재한 점 등에 비추어 볼 때, 피고인이 위와 같은 글을 게시한 행위는 피해자의 명예를 훼손한 행위에 해당한다(대판 2007.10.25, 2007도5077).

(3) 명예훼손

명예를 훼손할 우려가 있는 사실을 적시하면 명예훼손에 해당한다(∵ 추상적 위험범).

○ 누구든지 범죄가 있다고 생각하는 때에는 고발할 수 있는 것이므로 **어떤 사람이 범죄를 고발하였다**는 사실이 주위에 알려졌다고 하여 그 고발사실 자체만으로 고발인의 사회적 가치나 평가가 침해될 가능성이 있다고 볼 수는 없다. / 다만, 그 고발의 동기나 경위가 불순하다거나 온당하지 못하다는 등의 사정이 함께 알려진 경우에는 고발인의 명예가 침해될 가능성이 있다(대판 2009.9.24, 2009도6687). **[사실관계]** 甲이 제3자에게 **乙이 丙을 선거법 위반으로 고발하였다**는 말만 하고 그 고발의 동기나 경위에 관하여 언급하지 않았다면, 그 자체만으로는 乙의 사회적 가치나 평가를 침해하기에 충분한 구체적 사실이 적시되었다고 보기 어렵다.

○ 인천에 있는 아파트의 관리소장 甲이 A가 개인적인 이익을 위해 아파트 관리업무에 관해 과다한 민원을 제기하여 아파트 관리업무를 방해한다고 생각하던 차에 A의 민원으로 과태료까지 부과받게 되었는데, 乙이 운영하는 세탁소에서 **대화하는 과정**에서 乙이 A가 관리소장으로 근무하는 오피스텔의 입주자대표회의 회장인 것을 알게 되자, 乙의 남편 丙 및 丁이 있는 가운데 乙에게 **"여기 오피스텔**

소장인 A는 낮에 근무하면서 경매를 받으러 다닌다. 구청에 사적으로 일보러 다닌다."고 말한 경우 피고인의 발언의 주된 취지는 '피해자가 근무시간에 자리를 비우고 사적인 일을 처리하는 등 관리소장의 업무를 소홀히 한다'는 것으로서, 피해자를 불쾌하게 할 내용을 포함한다고 여겨질 수는 있겠으나, 이를 넘어서 사회통념상 피해자의 사회적 가치나 평가를 저하시키는 데 충분한 정도(**명예**를 **훼손**할 정도)에 이르렀다고 보기 어렵고, 명예훼손의 **고의**도 인정되지 않는다(대판 2022.4.28, 2021도1089).

4 기수시기

추상적 위험범이므로 명예가 현실적으로 침해될 것을 요하지 않고 침해의 위험성만 있으면 된다.

5 주관적 구성요건

(1) 고의

명예훼손죄가 성립하기 위해서는 주관적 요소로서 타인의 명예를 훼손한다고 하는 고의를 가지고 사람의 사회적 평가를 저하시키는 데 충분한 구체적 사실을 적시하여야 한다.

- 전파가능성을 이유로 명예훼손죄의 공연성을 인정하는 경우에는 적어도 범죄구성요건의 주관적 요소로서 **미필적 고의**가 필요하므로 **전파가능성에 대한 인식**이 있음은 물론 나아가 그 위험을 **용인**하는 내심의 의사가 있어야 하고, 그 행위자가 전파가능성을 용인하고 있었는지의 여부는 외부에 나타난 행위의 형태와 행위의 상황 등 구체적인 사정을 기초로 하여 일반인이라면 그 전파가능성을 어떻게 평가할 것인가를 고려하면서 행위자의 입장에서 그 심리상태를 추인하여야 한다(대판 2004.4.9, 2004도340 ; 대판 2018.6.15, 2018도4200).
- ① 친밀하고 사적인 관계뿐만 아니라 ② 공적인 관계에서도 조직 등의 업무와 관련하여 사실의 확인 또는 규명 과정에서 발언하게 된 것이거나, ③ 상대방의 가해에 대하여 대응하는 과정에서 발언하게 된 경우와 ④ 수사・소송 등 공적인 절차에서 당사자 사이에 공방을 하던 중 발언하게 된 경우 등이라면 발언자의 전파가능성에 대한 인식과 위험을 용인하는 내심의 의사를 인정하는 것은 신중하여야 한다(대판 2022.7.28, 2020도8336).

[사실관계] 빌라를 관리하고 있는 피고인들이 빌라 아랫집에 거주하는 갑으로부터 누수 문제로 공사 요청을 받게 되자, 갑과 전화통화를 하면서 빌라를 임차하여 거주하고 있는 피해자들에 대하여 누수공사 협조의 대가로 과도하고 부당한 요구를 하거나 막말과 욕설을 하였다는 취지로 발언하고, **'무식한 것들'**, **'이중인격자'** 등으로 말하여 명예훼손죄와 모욕죄로 기소된 사안에서, 위 발언들은 신속한 누수공사 진행을 요청하는 갑에게 임차인인 피해자들의 협조 문제로 공사가 지연되는 상황을 설명하는 과정에서 나온 것으로서, 이에 관한 피고인들의 진술내용을 종합해 보더라도 피고인들이 전파가능성에 대한 인식과 위험을 용인하는 내심의 의사에 기하여 위 발언들을 하였다고 단정하기 어려운 점, 위 발언들이 불특정인 또는 다수인에게 전파되지 않은 것은 비록 위 발언들 이후의 사정이기는 하지만 공연성 여부를 판단할 때 소극적 사정으로 고려될 수 있는 점, 위 발언들이 피해자 본인에게 전달될 가능성이 높다거나 실제 전달되었다는 사정만으로는 불특정인 또는 다수인에게 전파될 가능성이 있었다고 볼 수 없는 점 등을 종합하면, 피고인들이 갑에게 한 위 발언들이 불특정인 또는 다수인에게 전파될 가능성이 있었고 피고인들에게 이에 대한 인식과 위험을 용인하는 내심의 의사가 있었다고 본 원심판단에 법리오해의 잘못이 있다고 한 사례

관련 판례 **명예훼손의 고의가 부정된 경우**

1) 새로 목사로 부임한 자가 전임목사에 관한 **교회 내의 불미스러운 소문의 진위를 확인하기 위하여** 이를 교회집사들에게 물어본 경우 명예훼손의 고의없는 단순한 확인에 지나지 아니하여 사실의 적시라고 할 수 없다 할 것이므로 이 점에서 피고인에게 명예훼손의 고의 또는 미필적 고의가 있을 수 없다고 할 수 밖에 없다(대판 1985.5.28, 85도588).

   [동지판례(입점비사건)**]** [20] **불미스러운 소문의 진위를 확인하고자 질문을 하는 과정**에서 타인의 명예를 훼손하는 발언을 하였다면 이러한 경우에는 그 동기에 비추어 명예훼손의 고의를 인정하기 어렵다(대판 2018.6.15, 2018도4200).

   [사실관계] 마트의 운영자인 피고인이 乙이 납품업체들로부터 입점비를 받아 개인적으로 착복하였다는 소문을 듣고 甲을 불러 소문의 진위를 확인하면서 甲도 입점비를 乙에게 주었는지 질문하는 과정에서 마트에 물품을 납품하는 업체 직원인 甲을 불러 '다른 업체에서는 마트에 입점하기 위하여 입점비를 준다고 하던데, 입점비를 얼마나 줬냐? 점장 乙이 여러 군데 업체에서 입점비를 돈으로 받아 해먹었고, 지금 뒷조사 중이다.'라고 말한 경우 명예훼손죄가 성립하지 않는다.

2) 명예훼손내용의 사실을 발설하게 된 경위가 그 사실에 대한 **확인요구에 대답하는 과정**에서 나오게 된 것이라면 그 발설내용과 동기에 비추어 명예훼손의 범의를 인정할 수 없고 또 질문에 대한 단순한 확인대답이 명예훼손의 사실적시라고 할 수 없다(대판 1983.8.23, 83도1017).

3) 명예훼손사실을 발설한 것이 사실이냐는 **질문에 대답하는 과정**에서 타인의 명예를 훼손하는 사실을 발설하게 된 것이라면, 그 발설내용과 동기에 비추어 명예훼손의 범의를 인정할 수 없고, 질문에 대한 단순한 확인대답이 명예훼손에서 말하는 사실적시라고도 할 수 없다(대판 2008.10.23, 2008도6515 ; 대판 2010.10.28, 2010도2877).

   [사실관계] A가 입주자대표 등이 모인 아파트 자치회의에서 피고인이 자신에게 허위의 사실을 말하였는데, 피고인에게 그와 같은 말을 한 적이 있는지 그리고 그에 관한 증거가 있는지 **해명**을 **요구**하였고, 피고인은 이에 대한 **답을 하는 과정**에서 A의 명예를 훼손하는 사실을 발설하게 된 경우 피고인에게 명예훼손의 고의가 있음을 인정할 수 없다. [21]

4) **[PD수첩 광우병보도사건]** 방송국 프로듀서 등 피고인들이 특정 프로그램 방송보도를 통하여 이른바 **'한미 쇠고기 수입 협상'**의 협상단 대표와 주무부처 장관이 **협상을 졸속으로 체결하였다**는 취지로 표현하는 등 자질 및 공직수행 자세를 비하하여 이들의 명예를 훼손하였다는 내용으로 기소된 사안에서, 보도내용 중 일부가 허위사실 적시에 해당하지만 명예훼손의 고의를 인정하기는 어렵다고 본 사례(대판 2011.9.2, 2010도17237)

(2) 착오

허위사실을 진실로 오인하고 적시하여 타인의 명예를 훼손한 경우 허위사실적시명예훼손(제307조 제2항)의 고의가 없으므로 제15조 제1항이 적용되어 제307조 제1항의 명예훼손죄가 성립한다.

---

20) 2019년 법원사무관승진시험(10점)

21) 2012년 법무사시험

Thema 정리 **명예훼손죄에서의 착오문제**

1. 진실 · 허위 간의 착오 = "진실"로 처리! 단순명예훼손죄(제307조 제1항)

1) 허위사실을 진실로 오인하고 적시한 경우 : 단순명예훼손(제307조 제1항)(∵ 제15조 제1항)

2) 진실한 사실을 허위로 오인하고 적시한 경우 : 단순명예훼손(제307조 제1항)(∵ 큰 고의에는 작은 고의가 포함되어 있다는 논리)[22]

2. 생사착오(생사오인) + 허위사실적시 = 사자명예훼손죄(제308조) **"사자"로 처리!**

1) 사자로 오인하고 허위사실 적시한 경우 : 사자명예훼손죄(제308조)(∵ 제15조 제1항)

2) 생자로 오인하고 허위사실 적시한 경우 : 사자명예훼손죄(제308조)(∵ 큰 고의에는 작은 고의가 포함되어 있다는 논리)

3. 생사착오(생사오인) + 진실적시 = 무죄

1) 사자로 오인하고 진실사실 적시한 경우 : 무죄(∵ 고의가 없고, 과실처벌규정도 없으므로)

2) 생자로 오인하고 진실사실 적시한 경우 : 무죄(∵ 객체의 불능, 불능미수가 문제되나, 미수처벌규정이 없으므로)

6 위법성 _ 제310조에 의한 위법성조각사유

Thema 정리 **제310조 정리**

1. 요건

1) 제307조 제1항의 행위 2) 진실성 3) 공익성 ↔ 비방의 목적

2. 효과

- 실체법상 효과 : 위법성조각설(판례)
- 소송법상 효과 :
  - 거증책임전환설(판례) → 행위자가 거증책임부담
  - 거증책임전환부정설 → 검사가 거증책임부담

3. 진실성에 대한 착오

예 허위사실을 진실이라 믿고 공익을 위하여 신문으로 보도한 경우

- 학설(다수설) : 위법성조각사유 전제사실에 대한 착오 문제로 처리!
- 판례 : 진실이라 믿고, 믿은 데 상당한 이유 ○ → 위법성조각

(1) 요건

제307조 제1항의 행위가 진실한 사실로서 오로지 공공의 이익에 관한 때이어야 한다.

> ○ 공연히 사실을 적시하여 사람의 명예를 훼손한 행위가 처벌되지 않기 위하여는 적시된 사실이 객관적으로 볼 때 공공의 이익에 관한 것으로서 행위자도 공공의 이익을 위하여 그 사실을 적시한 것이어야 될 뿐만 아니라, 그 적시된 사실이 진실한 것이거나 적어도 행위자가 그 사실을 진실한 것으로 믿었고, 또 그렇게 믿을 만한 상당한 이유가 있어야 한다(대판 2003.11.13, 2003도3606).

① 제307조 제1항의 행위

㉠ 제307조 제1항의 행위에만 적용된다.

---

22) 2014년 법원행정고등고시 허위사실적시 명예훼손죄의 고의로 사실적시 명예훼손죄를 범한 경우

㉡ 허위사실적시 명예훼손죄(제307조 제2항), 사자명예훼손죄(제308조), 출판물에 의한 명예훼손죄(제309조), 모욕죄(제311조), 정보통신망을 통한 명예훼손행위에 대해서는 적용되지 않는다.

> ㅇ 허위사실 적시에 의한 명예훼손죄에 해당하는 행위에 대하여는 위법성조각에 관한 제310조는 적용될 여지가 없다(대판 2012.5.9, 2010도2690).
>
> ㅇ 정보통신망을 통한 명예훼손이나 허위사실적시 명예훼손 행위에는 위법성 조각에 관한 형법 제310조가 적용될 수 없다(대판 2006.8.25, 2006도648).

㉢ 출판물에 의한 명예훼손죄(제309조)에 해당하더라도 비방의 목적이 부인되면 제307조 제1항의 명예훼손이 되므로, 진실성과 공익성을 갖추면 제310조의 적용이 가능하다. 마찬가지로 정보통신망을 통하여 타인의 명예를 훼손하는 글을 게시하였으나 적시된 사실이 진실이고 공공의 이익에 관한 것이어서 비방의 목적이 인정되지 않는 경우에는 형법 제310조가 적용된다.

> ㅇ 형법 제309조 제1항 소정의 '사람을 비방할 목적'이란 가해의 의사 내지 목적을 요하는 것으로서 공공의 이익을 위한 것과는 행위자의 주관적 의도의 방향에 있어 서로 상반되는 관계에 있다고 할 것이므로, 형법 제310조의 공공의 이익에 관한 때에는 처벌하지 아니한다는 규정은 사람을 비방할 목적이 있어야 하는 형법 제309조 제1항 소정의 행위에 대하여는 적용되지 아니하고 그 목적을 필요로 하지 않는 형법 제307조 제1항의 행위에 한하여 적용되는 것이고, 반면에 적시한 사실이 공공의 이익에 관한 것인 경우에는 특별한 사정이 없는 한 비방 목적은 부인된다고 봄이 상당하므로 이와 같은 경우에는 형법 제307조 제1항 소정의 명예훼손죄의 성립 여부가 문제될 수 있고 이에 대하여는 다시 형법 제310조에 의한 위법성 조각 여부가 문제로 될 수 있다(대판 2003.12.26, 2003도6036).
>
> ✔ 제309조 제1항 → 제307조 제1항 → 제310조

② 진실성

㉠ 적시된 사실이 진실이어야 한다.

㉡ '진실한 사실'은 내용 전체의 취지를 살펴볼 때 중요부분이 객관적 사실과 합치되는 사실이라는 의미로서 세부에 있어 진실과 약간 차이가 있거나 다소 과장된 표현이 있더라도 무방하다.

> ㅇ 공연히 사실을 적시하여 사람의 명예를 훼손하는 행위가 진실한 사실로서 오로지 공공의 이익에 관한 때에는 형법 제310조에 따라 처벌할 수 없는데, 여기에서 '진실한 사실'이란 그 내용 전체의 취지를 살펴볼 때 중요한 부분이 객관적 사실과 합치되는 사실이라는 의미로서 일부 자세한 부분이 진실과 약간 차이가 나거나 다소 과장된 표현이 있다고 하더라도 무방하다(대판 2001.10.9, 2001도3594).
>
> [사실관계] 전국교직원노동조합 소속 교사가 작성·배포한 **보도자료의 일부에 사실과 다른 기재**가 있으나 전체적으로 그 기재 내용이 진실하고 공공의 이익을 위한 것이라면 명예훼손죄의 위법성이 조각된다(전교조 소속 교사가 초등학교에서 행해진 보궐선거 합동연설회 당시 일부

시의원들이 교무실에 들어와 소란을 피웠다는 허위사실이 기재된 보도자료를 작성·배포한 경우, 일부에 사실과 다른 기재가 있으나 전체적으로 그 기재 내용이 진실하고 공공의 이익을 위한 것이라고 보아 명예훼손죄의 위법성이 조각된다고 한 사례).

③ 공익성

㉠ 오로지 공공의 이익에 관한 때의 의미 → '오로지'는 '주로'라고 해석(판례)

'오로지 공공의 이익에 관한 때'라 함은 적시된 사실이 객관적으로 볼 때 공공의 이익에 관한 것으로서 행위자도 주관적으로 공공의 이익을 위하여 그 사실을 적시한 것이어야 하는 것인데, 적시된 사실이 공공에 이익에 관한 것인 때에는 비방의 목적은 부인된다.

o 형법 제310조에서 규정하고 있는 '오로지 공공의 이익에 관한 때'라고 함은, 적시된 사실이 객관적으로 볼 때 공공의 이익에 관한 것으로서 행위자도 주관적으로 공공의 이익을 위하여 그 사실을 적시한 것을 가리킨다(대판 2017.6.15, 2016도8557).
[사실관계] 재단법인 이사장 갑이 전임 이사장 을에 대하여 재임 기간 중 재단법인의 재산을 횡령하였다고 고소하였다가 무고죄로 유죄판결을 받자, 피고인들이 갑의 퇴진을 요구하는 시위를 하면서 갑이 유죄판결을 받은 사실 등을 적시하였다면 명예훼손죄의 위법성이 조각된다.

㉡ 주요한 동기 내지 목적이 공공의 이익을 위한 것이면 부수적으로 다른 사익적 목적이나 동기가 내포되어 있거나, 피해자를 비방할 목적이 함께 숨어 있었다고 하더라도 제310조가 적용된다(대판 1989.2.14, 88도899).

o 행위자의 주요한 동기 내지 목적이 공공의 이익을 위한 것이라면 부수적으로 다른 사익적 목적이나 동기가 내포되어 있더라도 제310조의 적용을 배제할 수 없다(대판 2002.9.24, 2002도3570).

o 피고인의 주요한 동기나 목적이 공공의 이익을 위한 것이라면 **부수적으로 산후조리원 이용대금 환불**과 같은 다른 사익적 목적이나 동기가 내포되어 있다는 사정만으로 피고인에게 갑을 비방할 목적이 있었다고 보기 어렵다(대판 2012.11.29, 2012도10392).
[사실관계] 갑 운영의 산후조리원을 이용한 피고인이 9회에 걸쳐 임신, 육아 등과 관련한 유명 인터넷 카페나 자신의 블로그 등에 자신이 직접 겪은 불편사항 등을 후기 형태로 게시한 주요한 동기·목적이 공공의 이익을 위한 것이라면 산후조리원 이용대금 환불과 같은 다른 사익적 목적이나 동기가 내포되어 있다고 하여도 사람을 비방할 목적'을 인정하기 어렵다.

㉢ '공공의 이익'에는 널리 국가·사회 기타 일반 다수인의 이익에 관한 것뿐만 아니라 **특정한 사회집단**이나 그 구성원 전체의 관심과 이익에 관한 것도 포함된다(대판 2001.10.9, 2001도3594). **개인에 관한 사항이더라도** 그것이 공공의 이익과 관련되어 있고 사회적인 관심을 획득한 경우 공공의 이익에 관련될 수 있다. 예 종교단체 비판 등

o **[전파가능성 사건] 개인에 관한 사항이더라도** 그것이 **공공의 이익과 관련되어 있고 사회적인 관심을 획득한 경우**라면 직접적으로 국가·사회 일반의 이익이나 특정한 사회집단에 관한 것이 아니라는 이유만으로 형법 제310조의 적용을 배제할 것은 아니다(대판 2020.11.19, 2020도5813 全合).

→ 외국과 달리 진실한 사실을 적시한 경우에도 명예훼손죄로 처벌하는 현행법의 한계를 극복하기 위하여 위법성조각사유의 적용 범위를 넓히고자 하는 것이 전원합의체 다수의견의 취지

[동지판례] 사실적시의 내용이 **사회 일반의 일부 이익에만 관련된 사항이라도** 다른 일반인과의 공동생활에 관계된 사항이라면 공익성을 지닌다고 할 것이고, **개인에 관한 사항이더라도** 그것이 공공의 이익과 관련되어 있고 사회적인 관심을 획득한 경우라면 직접적으로 국가·사회 일반의 이익이나 특정한 사회 집단에 관한 것이 아니라는 이유만으로 공공의 이익관련성을 부정할 것은 아니다. 사인이라도 그가 관계하는 사회적 활동의 성질과 사회에 미칠 영향을 헤아려 공공의 이익에 관련되는지 판단하여야 한다(대판 2022.4.28, 2020도15738).

[동지판례] 국립대학교 총학생회장인 피고인이 농활 답사 과정에서 자신을 포함한 **학생회 임원진의 음주운전 및 묵인 관행**에 대해 글을 써 페이스북 등에 게시함으로써 음주운전자로 특정된 피해자에 대한 명예훼손죄로 기소된 사안에서, 이 사건 게시 글의 중요한 부분이 **'진실한 사실'**에 해당하고 주된 의도·목적의 측면에서 **공공의 이익을 위한 것**임이 충분히 인정됨에도, 유죄라고 본 원심의 판단에 형법 **제310조의 위법성조각사유**에 관한 법리오해, 심리미진의 위법을 이유로 파기·환송한 사례(대판 2023.2.2, 2022도13425)

o 특정 상가건물관리회의 회장이 위 관리회의 결산보고를 하면서 전 관리회장이 체납관리비 등을 둘러싼 분쟁으로 자신을 폭행하여 유죄판결을 받은 사실을 알린 경우, **건물관리회원 전체의 관심과 이익에 관한 것**으로서 형법 제310조에 의하여 위법성이 조각된다(대판 2008.11.13, 2008도6342).

관련 판례 **공익성을 인정한 경우**

1) 국립대학교 교수가 자신의 연구실 내에서 제자인 여학생을 **성추행**하였다는 내용의 글을 지역 여성단체가 인터넷 홈페이지 또는 소식지에 게재한 행위는 학내 성폭력의 근절을 위한 대책마련을 촉구하기 위한 목적으로 공공의 이익을 위한 것으로서 비방의 목적이 있다고 단정할 수 없다(대판 2005.4.29, 2003도2137).

2) 피고인들이 종중 회장 선출을 위한 종친회에서 피해자의 종친회 회장 출마에 반대하면서 "○○○은 **남의 재산을 탈취한 사기꾼이다. 사기꾼은 내려오라.**"로 말한 경우라도, 피해자에게 「특정경제범죄 가중처벌 등에 관한 법률」 위반(횡령)죄의 전과가 있는 이상 위 발언이 주요부분에 있어 객관적 사실에 합치되는 것으로 볼 수 있고, 피해자의 종친회 회장으로서의 적격 여부는 종친회 구성원들 전체의 관심과 이익에 관한 사항으로서 공익성이 인정되므로 형법 제310조의 의하여 위법성이 조각된다(대판 2022.2.11, 2021도10827).

3) 인터넷 포털사이트의 지식검색 질문·답변 게시판에 **성형시술** 결과가 만족스럽지 못하다는 주관적인 평가를 주된 내용으로 하는 한 줄의 댓글을 게시한 경우, 그 표현물은 전체적으로 보아 성형시술을 받을 것을 고려하고 있는 다수의 인터넷 사용자들의 의사결정에 도움이 되는 정보 및 의견의 제공이라는 공공의 이익에 관한 것이어서 **비방할 목적이 있었다고 보기 어렵다**(대판 2009.5.28, 2008도8812). → 정보통신망법위반죄 성립 ×

4) [사이버대학교 총학생회장 입후보자격 관련 댓글 게시 명예훼손 사건] 사이버대학교 법학과 학생인 피고인이 법학과 학생들만 회원으로 가입한 네이버밴드에 총학생회장 출마자격에 관한 조언을 구하는 게시글에 대한 댓글로써 총학생회장 후보자가 지양해야 할 사항을 언급하면서 직전

년도 총학생회장에 입후보하였다가 중도 사퇴한 특정인의 실명을 적시하여 구체적인 사례를 든 경우('□□□이라는 학우가 학생회비도 내지 않고 총학생회장 선거에 출마하려 했다가 상대방 후보를 비방하고 이래저래 학과를 분열시키고 개인적인 감정을 표한 사례가 있다.'고 언급한 다음 '그러한 부분은 지양했으면 한다.'는 의견을 덧붙임), 이 사건 댓글을 작성한 주요한 목적과 동기는 공공의 이익을 위한 것으로서 피고인에게 **비방할 목적이 있다고 보기는 어렵다**(대판 2020.3.2, 2018도15868).

→ 정보통신망법 제70조 제1항 위반죄 성립 X

5) 피고인이 페이스북에 과거 자신이 근무했던 소규모 스타트업 회사(각 분야에서 성공한 유명인 등을 인터뷰한 영상물을 제작해 페이스북에 게재하는 사업을 하는 회사)의 대표가 회식자리에서 직원들에게 술을 강권하였다는 취지의 글('**무슨 지병이 있어도 컨디션이 좋지 않아도 모두 소주 3병은 기본으로 마시고 돌아가야 했다**')을 게시한 경우 개인적 환경이나 근로환경에 따라 회식 자리에서의 음주와 관련한 근로자 개인이 느끼는 압박감의 정도가 다를 수 있는 등 사정을 들어 피고인이 게시한 글이 **허위사실이 아니고**, / **스타트업 기업의 바람직한 사내 문화** 등은 스타트업 기업에 종사하거나 종사할 사람들 전체의 관심과 이익에 관한 사항으로서 사회구성원 다수의 공통의 이익과 관련된다고 볼 수 있고, 피고인이 이 사건 게시글이 포함된 전체 글을 게시한 주요한 목적이나 동기가 당시 사회적 관심사로 떠오르던 소위 '직장 갑질'이 소규모 스타트업 기업에도 존재하고 이를 개선해야 한다는 사회적 관심을 환기시키기 위한 것이었다고 봄이 상당하므로 **비방할 목적도 인정되지 않는다**(대판 2022.4.28, 2020도15738).

→ 정보통신망법 제70조 제2항 위반죄 성립 X

관련 판례 **공익성을 부정한 경우**

1) 전교조 소속 교사들이 학교운영의 공공성, 투명성의 보장을 요구하며 학교법인 이사장 및 교장의 **거주지 앞**에서 그들의 **주소까지 명시**하여 명예를 훼손한 경우, 이는 공공의 이익을 위한 사실의 적시로 볼 수 없어 위법성이 조각되지 아니한다(대판 2008.3.14, 2006도6049).

2) 회사의 대표이사에게 압력을 가하여 **단체협상에서 양보를 얻어내기 위한 방법**의 하나로 현수막과 피켓을 들고 확성기를 사용하여 반복해서 불특정다수의 행인을 상대로 소리치면서 거리행진을 함으로써 위 대표이사의 명예를 훼손한 행위는 공공의 이익을 위하여 사실을 적시한 것으로 볼 수 없어 위법성이 조각되지 아니한다(대판 2004.10.15, 2004도3912).

3) 대안학교 영어 교과를 담당하는 피고인이 교장인 피해자가 **정신과를 다닌다**는 내용의 발언을 하거나 피해자가 **학교 재산을 횡령하였다**는 내용의 글을 게시하였는데, 피고인이 학교 운영과 관련하여 피해자와 다툼을 벌이던 중 피해자에 대하여 한 공격이라고 인정된다면 '공공의 이익에 관한 것이거나 비방할 목적이 없었다'고 볼 수 없다(대판 2021.1.14, 2020도8780).

4) 징계 업무 담당 직원인 피고인이 피해자에 대한 징계절차 회부 사실이 기재된 문서를 근무현장 방재실 등의 게시판에 게시함으로써 공연히 피해자의 명예를 훼손하였다는 내용으로 기소된 사안에서, 피해자에 대한 징계절차 회부 사실을 공지하는 것이 회사 내부의 원활하고 능률적인 운영의 도모라는 **공공의 이익에 관한 것으로 볼 수 없다**는 이유로, 이와 달리 본 원심판단에 명예훼손죄에서의 '공공의 이익'에 관한 법리오해의 잘못이 있다고 한 사례(대판 2021.8.26, 2021도6416)

[판결이유] 회사 징계절차가 공적인 측면이 있다고 해도 징계절차에 회부된 단계부터 그 과정 전체가 낱낱이 공개되어야 하는 것은 아니고, 징계혐의 사실은 징계절차를 거친 다음 일응 확정되는 것이므로 징계절차에 회부되었을 뿐인 단계에서 그 사실을 공개함으로써 피해자의 명예를 훼손하는 경우, 이를 사회적으로 상당한 행위라고 보기는 어렵고, 그 단계에서의 공개로 원심이 밝힌 공익이 달성될 수 있을지도 의문이다.

⑵ **효과**

① **실체법적 효과** : 위법성이 조각된다(**위법성 조각사유설**, 통설 · 판례).

② **소송법적 효과** : 적시한 사실의 진실성과 공익성에 관한 거증책임을 검사가 아니라 피고인이 부담한다(**거증책임전환설**, 판례).

> ◦ 공연히 사실을 적시하여 사람의 명예를 훼손한 행위가 제310조의 규정에 따라서 위법성이 조각되어 처벌대상이 되지 않기 위하여는 그것이 진실한 사실로서 오로지 공공의 이익에 관한 때에 해당된다는 점을 **행위자**가 증명하여야 하는 것이다(대판 1996.10.25, 95도1473).

③ **진실성의 착오** : 학설은 위법성조각사유의 전제사실의 착오문제로 처리하나, 판례는 진실이라 믿고, 믿은 데 상당한 이유가 있으면 위법성이 없다고 한다. 예 허위사실을 진실이라 믿고 공익을 위하여 신문으로 보도한 경우

> ◦ 적시된 사실이 공공의 이익에 관한 것이면 진실한 것이라는 증명이 없다 할지라도 행위자가 진실한 것으로 믿었고 또 그렇게 믿을 만한 상당한 이유가 있는 경우에는 **위법성이 없다**(대판 1996.8.23, 94도3191).

7 소추조건

명예훼손죄는 반의사불벌죄이므로 피해자의 명시한 의사에 반하여 공소를 제기할 수 없다(제312조 제2항).

8 죄수

명예는 일신전속적 법익이므로 피해자의 수를 기준으로 결정한다.

9 타죄와의 관계

⑴ 명예훼손행위 중 모욕적 언사를 사용한 경우 명예훼손죄만 성립한다(∵ 법조경합 중 흡수관계).

⑵ 진실한 사실을 적시하여 신용을 훼손한 경우에는 신용훼손죄는 성립하지 않고 제307조 제1항의 명예훼손죄만 성립한다.

⑶ 명예훼손행위가 동시에 업무를 방해하는 경우에는 명예훼손죄와 업무방해죄의 상상적 경합이 성립한다.

(4) **민법상 불법행위책임**(민법 제750조) **문제**

ㅇ **영화**가 허위의 사실을 표현하여 개인의 명예를 훼손한 경우에도 행위자가 그것을 진실이라고 믿었고 또 그렇게 믿을 만한 상당한 이유가 있어 그 행위자에게 명예훼손으로 인한 불법행위책임을 물을 수 없다면 특별한 사정이 없는 한 그 **광고·홍보행위**가 별도로 명예훼손의 불법행위를 구성한다고 볼 수 없다(대판 2010.7.15, 2007다3483).

Ⅲ 허위사실적시명예훼손죄

1 의의

공연히 허위의 사실을 적시하여 사람의 명예를 훼손함으로써 성립하는 범죄이다(제307조 제2항). 반의사불벌죄이다.

ㅇ (허위사실적시)명예훼손죄가 성립하려면 반드시 사람의 성명을 명시하여 허위의 사실을 적시하여야만 하는 것은 아니므로 사람의 성명을 명시한 바 없는 허위사실의 적시행위도 그 표현의 내용을 주위사정과 종합판단하여 그것이 어느 특정인을 지목하는 것인가를 알아차릴 수 있는 경우에는 그 특정인에 대한 명예훼손죄를 구성한다(대판 1982.11.9, 82도1256).
[사실관계] 甲이 신씨 종중의 자산관리위원장인 乙과 평소 사이가 좋지 않았는데, 어느 날 그들이 사는 마을에서 방송으로 "**어떤 분자가 종중재산을 횡령 착복하였다**"는 말을 한 경우(그 마을은 80세대 가운데 50세대가 신씨 종중원이었다) 명예훼손죄가 성립한다.

2 허위사실적시명예훼손죄

(1) 허위사실을 적시하여야 한다. 적시된 사실이 진실과 약간 차이가 나거나 다소 과장된 표현이 있더라도 적시된 사실의 중요 부분이 객관적 사실과 전체 취지에서 합치되면 제307조 제2항의 허위사실적시 명예훼손죄는 성립하지 않는다.

ㅇ 형법 제307조 제2항을 적용하기 위하여 적시된 사실이 허위의 사실인지 여부를 판단하는 경우, 적시된 사실의 내용 전체의 취지를 살펴볼 때 **중요한 부분**이 객관적 사실과 합치되면 세부에 있어서 진실과 약간 차이가 나거나 다소 과장된 표현이 있다 하더라도 이를 허위의 사실이라고 볼 수 없다(대판 2008.10.9, 2007도1220).

(2) 허위의 사실이 특정인의 사회적 가치 내지 평가를 침해할 수 있는 내용이어야 한다.

ㅇ 비록 허위의 사실을 적시하였더라도 허위의 사실이 특정인의 사회적 가치 내지 평가를 침해할 수 있는 내용이 아니라면 형법 제307조의 명예훼손죄는 성립하지 않고, 사회 평균인의 입장에서 허위의 사실을 적시한 발언을 들었을 경우와 비교하여 오히려 진실한 사실을 듣는 경우에 피해자의 사회적 가치 내지 평가가 더 크게 침해될 것으로 예상되거나, 양자 사이에 별다른 차이가 없을 것이라고 보는 것이 합리적인 경우라면, 형법 제307조 제2항의 허위사실 적시에 의한 명예훼손죄로 처벌할 수는 없다(대판 2014.9.4, 2012도13718).

(3) 고의

허위사실 적시에 의한 명예훼손죄가 성립하기 위하여는 공연히 허위의 사실을 적시하여야 하고 그 적시한 사실이 사람의 사회적 평가를 저하시키는 것으로서, 범인이 그와 같은 사실이 허위라고 인식하여야 한다.

○ 형법 제307조 제2항의 명예훼손죄에 있어서의 범의는 그 구성요건사실 즉 적시한 사실이 허위인 점과 그 사실이 사람의 사회적 평가를 저하시킬 만한 것이라는 점을 인식하는 것을 말하고 특히 **비방의 목적**이 있음을 요하지 않는다(대판 1991.3.27, 91도156).

○ 범죄의 고의는 확정적 고의뿐만 아니라 결과 발생에 대한 인식이 있고 그를 용인하는 의사인 이른바 **미필적 고의**도 포함하므로 **허위사실 적시에 의한 명예훼손죄** 역시 미필적 고의에 의하여도 성립하고, 위와 같은 법리는 제308조의 **사자명예훼손죄**의 판단에서도 마찬가지로 적용된다(대판 2014.3.13, 2013도12430).

○ **[회의에서 상급자의 책임 추궁형 질문에 대답하면서 명예훼손적 발언을 한 사건]** 작업장의 책임자인 甲이 A으로부터 작업장에서 발생한 성추행 사건에 대해 보고받은 사실이 있음에도, 직원 5명이 있는 회의 자리에서 상급자로부터 경과보고를 요구받으면서 과태료 처분에 관한 책임을 추궁받자 이에 대답하는 과정에서 'A는 성추행 사건에 대해 애초에 보고한 사실이 없다. 그런데도 이를 수사기관 등에 신고하지 않았다고 과태료 처분을 받는 것은 억울하다.'는 취지로 발언한 경우, 위와 같이 회의 자리에서 상급자로부터 책임을 추궁당하며 **질문을 받게 되자 이에 대답하는 과정에서** 타인의 명예를 훼손하는 듯한 사실을 발설하게 된 것이라면 그 발설 내용과 경위・동기 및 상황 등에 비추어 **명예훼손의 고의**를 인정하기 어렵고, 또한 질문에 대하여 단순한 확인 취지의 답변을 소극적으로 한 것에 불과하다면 이를 명예훼손에서 말하는 **사실의 적시**라고 단정할 수도 없다(대판 2022.4.14, 2021도17744).

(4) 허위사실적시 명예훼손 행위에 대해서는 공익을 위한 경우라도 위법성조각에 관한 제310조가 적용되지 않는다.

관련 판례 허위사실적시명예훼손죄의 성립여부

1) 종교에 대한 비판은 성질상 어느 정도의 편견과 자극적인 표현을 수반하게 되는 경우가 많으므로, 타 종교의 신앙의 대상에 대한 모욕이 곧바로 그 신앙의 대상을 신봉하는 종교단체나 신도들에 대한 명예훼손이 되는 것은 아니고, 종교적 목적을 위한 언론・출판의 자유를 행사하는 과정에서 타 종교의 신앙의 대상을 우스꽝스럽게 묘사하거나 다소 모욕적이고 불쾌하게 느껴지는 표현을 사용하였더라도 그것이 그 종교를 신봉하는 신도들에 대한 증오의 감정을 드러내는 것이거나 그 자체로 폭행・협박 등을 유발할 우려가 있는 정도가 아닌 이상 허용된다(대판 2014.9.4, 2012도13718).
[사실관계] "종교단체 수장이 식당에서 냉면을 먹다가 갑자기 쓰러져 병원으로 옮겼으나 중풍으로 죽었다"는 발언은 근본적으로 종교적 비판행위에 해당되고, 허위라는 증명이 되었다고 볼 수 없어 종교단체에 대한 허위사실 적시로 인한 명예훼손죄로 처벌할 수 없지만, / "공소외인은 종교단체 수장의 넷째부인이나 첩"이라는 발언은 정당한 비판의 범위를 벗어나 부정한 성적 관계를 암시함으로써 그들의 사회적 가치 내지 평가를 저하시키는 허위사실의 적시라 할 것이므로 허위사실 적시로 인한 명예훼손죄를 인정한 사례

2) 공직선거법 제250조 제2항에서 정한 허위사실공표죄를 적용할 때 소문 기타 다른 사람의 말을 전달하는 형식이나 의혹을 제기하는 형식을 빌려서 '어떤 사실'을 공표한 경우에는 그러한 소문이나 의혹

등이 있었다는 것이 허위인지가 아니라 소문이나 의혹 등의 내용인 '어떤 사실'이 허위인지에 의하여 판단하여야 한다(대판 2016.12.27, 2015도14375).

3) 과거의 역사적 사실관계 등에 대하여 **민사판결**을 통하여 어떠한 사실인정이 있었다는 이유만으로, 이후 그와 반대되는 사실의 주장이나 견해의 개진 등을 형법상 명예훼손죄 등에 있어서 '허위의 사실 적시'라는 구성요건에 해당한다고 쉽게 단정하여서는 아니 된다(대판 2017.12.5, 2017도15628).

4) **[현직 경기도지사인 피고인에 대한 허위사실공표에 의한 공직선거법 위반 등 사건]** 공직선거법은 '허위의 사실'과 '사실의 왜곡'을 구분하여 규정하고 있으므로(제8조의4 제1항, 제8조의6 제4항, 제96조 제1항, 제2항 제1호, 제108조 제5항 제2호 등 참조), 적극적으로 표현된 내용에 허위가 없다면 법적으로 공개의무를 부담하지 않는 사항에 관하여 일부 사실을 묵비하였다는 이유만으로 전체 진술을 곧바로 허위로 평가하는 데에는 신중하여야 하고, 토론 중 질문·답변이나 주장·반론하는 과정에서 한 표현이 선거인의 정확한 판단을 그르칠 정도로 의도적으로 사실을 왜곡한 것이 아닌 한, 일부 부정확 또는 다소 과장되었거나 다의적으로 해석될 여지가 있는 경우에도 허위사실 공표행위로 평가하여서는 안 된다(대판 2020.7.16, 2019도13328 全合).

[사실관계] 친형 이재○에 대한 정신병원 강제입원과 관련하여 상대 후보자가 후보자 토론회에서 한 질문에 대해 피고인이 이를 부인하면서 일부 사실을 진술하지 않은 답변을 공직선거법 제250조 제1항에서 정한 허위사실공표죄로 처벌할 수 없다.

→ 허위사실 공표 ≠ 부인, 일부사실의 묵비

Ⅳ 사자의 명예훼손죄

공연히 허위사실을 적시하여 사자의 명예를 훼손하는 범죄를 말한다(제308조). 보호법익은 사자의 명예(사자에 대한 사회적·역사적 평가)이며 친고죄이다.

↔ 진실한 사실을 적시한 경우에는 사자의 명예훼손죄가 성립하지 않는다.

- 범죄의 고의는 확정적 고의뿐만 아니라 결과 발생에 대한 인식이 있고 그를 용인하는 의사인 이른바 **미필적 고의**도 포함하므로 **허위사실 적시에 의한 명예훼손죄** 역시 미필적 고의에 의하여도 성립하고, 위와 같은 법리는 제308조의 **사자명예훼손죄**의 판단에서도 마찬가지로 적용된다(대판 2014.3.13, 2013도12430).
- 피고인이 사망자의 사망사실을 알면서 위 망인은 사망한 것이 아니고 **빚 때문에 도망다니며 죽은 척 하는 나쁜 놈**이라고 함은 공연히 허위의 사실을 적시한 행위로서 사자의 명예를 훼손하였다(대판 1983.10.25, 83도1520).
- 역사드라마 '서울 1945'의 특정 장면에서 이승만이 **여운형**의 **암살**을 암시적으로 지시하고, 박○○이 이에 부응하여 여운형을 암살하려고 하는 것처럼 묘사한 경우 구체적인 허위사실의 적시가 있었다고 보기 어려워 사자명예훼손죄가 성립하지 않는다(대판 2010.4.29, 2007도8411).

Ⅴ 출판물에 의한 명예훼손죄

사람을 비방할 목적으로 신문, 잡지 또는 라디오 기타 출판물에 의하여 제307조 제1항 또는 제307조 제2항의 죄를 범한 경우 성립하는 범죄이다(제309조). 목적범이고, 반의사불벌죄이다.

1 객관적 구성요건

(1) 출판물이란 신문, 잡지, 라디오, 기타 출판물 등을 말한다. 모조지에 싸인펜으로 기재하여 만든 광고문(대판 1986.3.25, 85도1143), 장수가 2장에 불과하며 제본방법도 조잡한 것으로 보이는 최고서 사본(대판 1997.8.26, 97도133), 컴퓨터 워드프로세서로 작성되어 프린트된 A4 용지 7쪽 분량의 인쇄물(대판 2000.2.11, 99도3048) 등은 출판물에 해당하지 않는다.

> o 가로 약 25센티미터, 세로 약 30센티미터 되는 **모조지** 위에 싸인펜으로 특정인의 인적사항, 인상, 말씨 등을 기재하고 위 사람은 정신분열증 환자로서 무단가출하였으니 연락해 달라는 취지의 내용을 기재한 **광고문**은 형법 제309조에서 말하는 출판물에 해당한다고 보기 어렵다(대판 1986.3.25, 85도1143).
>
> o 제309조 제1항 소정의 '기타 출판물'에 해당한다고 하기 위하여는 그것이 등록·출판된 제본인쇄물이나 제작물은 아니라고 할지라도 적어도 그와 같은 정도의 효용과 기능을 가지고 사실상 출판물로 유통·통용될 수 있는 외관을 가진 인쇄물로 볼 수 있어야 한다(대판 2000.2.11, 99도3048).
> [사실관계] 컴퓨터 워드프로세서로 작성되어 **프린트된 A4 용지 7쪽** 분량의 인쇄물이 제309조 제1항 소정의 '기타 출판물'에 해당하지 않는다.[23]

✔ **〈참고〉** 사람을 비방할 목적으로 정보통신망을 통하여 공공연하게 사실 또는 거짓의 사실을 드러내어 다른 사람의 명예를 훼손한 자는 정보통신망법에 의하여 처벌된다(정보통신망 이용촉진 및 정보보호에 관한 법률 제70조).

> o 인터넷 포탈사이트의 기사란에 마치 특정 여자연예인이 재벌의 아이를 낳았거나 그 대가를 받은 것처럼 댓글이 달린 상황에서 같은 취지의 **댓글**을 추가 게시한 경우, 구 정보통신망 이용촉진 및 정보보호 등에 관한 법률 제61조 제2항의 명예훼손죄가 성립한다(대판 2008.7.10, 2008도2422).

(2) 공연성은 구성요건이 아니다(∵ 출판물 자체가 높은 공연성을 가진 것이므로).

2 주관적 구성요건요소

(1) 고의 이외에 비방할 목적이 있어야 한다.[24]

> o 언론매체가 피해자의 명예를 현저하게 훼손할 수 있는 보도내용의 주된 부분이 허위임을 충분히 인식하면서도 이를 보도하였다면 특별한 사정이 없는 한 거기에는 사람을 비방할 목적이 있다고 볼 것이고, 이 경우에는 위법성이 조각될 여지가 없는 것이다(대판 2008.11.27, 2007도5312).

(2) '비방할 목적'이란 가해의 의사 내지 목적을 요하는 것으로서 공공의 이익을 위한 것과는 행위자의 주관적 의도의 방향에 있어 서로 상반되는 관계에 있다고 할 것이므로, 적시한 사실이 공공의 이익에 관한 것인 경우에는 특별한 사정이 없는 한 비방할 목적은 부인된다(대판 2005.4.29, 2003도2137).

---

23) 2020년 법원행정고등고시

24) 출판물에 의한 명예훼손죄뿐만 아니라 정보통신망법상 명예훼손죄의 경우에도 비방할 목적을 요한다(정보통신망법 제70조).

ㅇ [고등학교 동창 관계인 피해자가 피고인에 대한 사기 범행으로 구속되었던 사실을 피고인이 다른 동창들에게 드러낸 행위와 관련하여 '비방할 목적'이 인정되는지 다투어진 사건][25] [1] **「정보통신망 이용촉진 및 정보보호 등에 관한 법률」 제70조** 제1항은 "사람을 비방할 목적으로 정보통신망을 통하여 공공연하게 사실을 드러내어 다른 사람의 명예를 훼손한 자는 3년 이하의 징역 또는 3천만 원 이하의 벌금에 처한다."라고 정한다. 이 규정에 따른 범죄가 성립하려면 피고인이 공공연하게 드러낸 사실이 다른 사람의 사회적 평가를 떨어트릴 만한 것임을 인식해야 할 뿐만 아니라 사람을 비방할 목적이 있어야 한다. **비방할 목적이 있는지**는 피고인이 드러낸 사실이 사회적 평가를 떨어트릴 만한 것인지와 별개의 구성요건으로서, 드러낸 사실이 사회적 평가를 떨어트리는 것이라고 해서 비방할 목적이 당연히 인정되는 것은 아니다. 그리고 이 규정에서 정한 모든 구성요건에 대한 증명책임은 검사에게 있다. [2] '비방할 목적'은 드러낸 사실의 내용과 성질, 사실의 공표가 이루어진 상대방의 범위, 표현의 방법 등 표현 자체에 관한 여러 사정을 감안함과 동시에 그 표현으로 훼손되는 명예의 침해 정도 등을 비교·형량하여 판단해야 한다. 이것은 공공의 이익을 위한 것과는 행위자의 주관적 의도라는 방향에서 상반되므로, 드러낸 사실이 공공의 이익에 관한 것인 경우에는 특별한 사정이 없는 한 비방할 목적은 부정된다. 여기에서 **'드러낸 사실이 공공의 이익에 관한 것인 경우'**란 드러낸 사실이 객관적으로 볼 때 공공의 이익에 관한 것으로서 행위자도 주관적으로 공공의 이익을 위하여 그 사실을 드러낸 것이어야 한다(대판 2022.7.28, 2022도4171).

[사실관계] 피고인이 고등학교 동창인 피해자로부터 사기 범행을 당했던 사실에 관하여 같은 학교 동창들이 참여한 **단체 채팅방**에서 **'피해자가 내 돈을 갚지 못해 사기죄로 감방에서 몇 개월 살다가 나왔다. 집에서도 포기한 애다. 너희들도 조심해라.'**라는 글을 올린 행위는, 피고인이 드러낸 사실의 내용, 작성 경위와 동기 등 여러 사정을 위에서 본 법리에 비추어 살펴보면, 피고인이 이 사건 글을 작성한 주요한 동기와 목적이 공공의 이익을 위한 것으로 볼 여지가 있어 정보통신망 이용촉진 및 정보보호 등에 관한 법률 위반(명예훼손)죄의 비방할 목적이 증명되었다고 보기 어렵다.

3 간접정범문제

(1) 비방목적으로 허위사실을 그 정을 모르는 기자에게 제공하여 신문에 보도되게 한 경우 출판물에 의한 명예훼손죄의 간접정범이 성립된다.

ㅇ 타인을 비방할 목적으로 허위사실인 기사의 재료를 신문기자에게 제공한 경우에 기사를 신문지상에 게재하느냐의 여부는 신문 편집인의 권한에 속한다고 할 것이나 이를 편집인이 신문지상에 게재한 이상 기사의 게재는 기사재료를 제공한 자의 행위에 기인한 것이므로 **기사재료의 제공행위**는 형법 제309조 제2항 소정의 출판물에 의한 명예훼손죄의 죄책을 면할 수 없다(대판 1994.4.12, 93도3535).

(2) 분쟁을 정치적으로 해결하기 위하여 국회의원에게 허위사실을 제보하였는데 국회의원의 발표로 신문에 게재된 경우 특별한 사정이 없는 한 출판물에 의한 명예훼손죄의 간접정범은 성립되지 않는다. 다만 허위사실적시에 의한 명예훼손죄는 성립가능하다.

ㅇ 출판물에 의한 명예훼손죄는 간접정범에 의하여 범하여질 수도 있으므로 타인을 비방할 목적으로 허위의 기사 재료를 그 정을 모르는 **기자에게 제공하여 신문 등에 보도되게 한 경우**에도 성립할 수 있으나

25) 2023년 법원사무관승진시험(10점)

/ **제보자가 기사의 취재·작성과 직접적인 연관이 없는 자에게 허위의 사실을 알렸을 뿐인 경우**에는, 제보자가 피제보자에게 그 알리는 사실이 기사화 되도록 특별히 부탁하였다거나 피제보자가 이를 기사화할 것이 고도로 예상되는 등의 특별한 사정이 없는 한, 피제보자가 언론에 공개하거나 기자들에게 취재됨으로써 그 사실이 신문에 게재되어 일반 공중에게 배포되더라도 제보자에게 출판·배포된 기사에 관하여 출판물에 의한 명예훼손죄의 책임을 물을 수는 없다(대판 2002.6.28, 2000도3045).

[사실관계] 의사 甲(피고인)이 의료기기 회사와의 분쟁을 정치적으로 해결하기 위하여 **국회의원에게** 해당 의료기기 회사에 관한 권력비호와 특혜금융 및 의료기기의 성능이 좋지 않다는 허위의 사실을 제보하였을 뿐인데, 위 국회의원의 예상치 못한 발표로 그 사실이 일간신문에 게재된 경우, 출판물에 의한 명예훼손이 성립하지 아니한다.

4 위법성

ㅇ **적시한 사실이 공공의 이익에 관한 것인 경우**에는 특별한 사정이 없는 한 비방 목적은 부인된다고 봄이 상당하므로 이와 같은 경우에는 제307조 제1항 소정의 명예훼손죄의 성립 여부가 문제될 수 있고 이에 대하여는 다시 제310조에 의한 위법성 조각 여부가 문제로 될 수 있다(대판 2003.12.26, 2003도6036).

✓ 제309조 제1항 → 제307조 제1항 → 제310조

5 관련 판례

ㅇ **서적·신문** 등 기존의 매체에 명예훼손적 내용의 글을 게시하는 경우에 그 게시행위로써 명예훼손의 범행은 종료하는 것이며 그 서적이나 신문을 회수하지 않는 동안 범행이 계속된다고 보지는 않는다는 점을 고려해 보면, 정보통신망을 이용한 명예훼손의 경우에, 게시행위 후에도 독자의 접근가능성이 기존의 매체에 비하여 좀 더 높다고 볼 여지가 있다 하더라도 그러한 정도의 차이만으로 정보통신망을 이용한 명예훼손의 경우에 범죄의 종료시기가 달라진다고 볼 수는 없다(대판 2007.10.25, 2006도346).

→ 종료시 = 게재(게시)행위시 ○, 게시물 삭제되어 정보송수신이 불가능해지는 시점 × (∵ 즉시범이므로)

ㅇ 정보통신망 이용촉진 및 정보보호 등에 관한 법률(이하 '정보통신망법'이라 한다) 제70조 제2항은 "사람을 **비방할 목적**으로 정보통신망을 통하여 공공연하게 **거짓의 사실을 드러내어** 다른 사람의 명예를 훼손한 자는 7년 이하의 징역, 10년 이하의 자격정지 또는 5천만 원 이하의 벌금에 처한다."라고 정하고 있다. 이 규정에 따른 범죄가 성립하려면 피고인이 공공연하게 드러낸 사실이 거짓이고 그 사실이 거짓임을 인식하여야 할 뿐만 아니라 사람을 비방할 목적이 있어야 한다. 비방할 목적이 있는지 여부는 피고인이 드러낸 사실이 거짓인지 여부와 별개의 구성요건으로서, 드러낸 사실이 거짓이라고 해서 비방할 목적이 당연히 인정되는 것은 아니다. 그리고 이 규정에서 정한 모든 구성요건에 대한 증명책임은 검사에게 있다(대판 2020.12.10, 2020도11471).

VI 모욕죄

1 의의

모욕죄는 공연히 사람을 모욕하는 경우에 성립하는 범죄이다(제311조). 사람의 가치에 대한 사회적 평가를 의미하는 외부적 명예를 보호법익으로 한다. 친고죄이다.

(1) 추상적 위험범

ㅇ 모욕죄는 피해자의 외부적 명예를 저하시킬 만한 추상적 판단이나 경멸적 감정을 공연히 표시함으로써 성립하므로, 피해자의 외부적 명예가 현실적으로 침해되거나 구체적·현실적으로 침해될 위험이 발생하여야 하는 것도 아니다(대판 2016.10.13, 2016도9674 ; 대판 2017.4.13, 2016도15264).
→ 침해범 ×, 구체적 위험범 ×

(2) 명예훼손과의 구별

① 모욕죄와 명예훼손죄는 사실의 적시 여부에 따라 구별된다.

ㅇ 명예훼손죄와 모욕죄의 보호법익은 다 같이 사람의 가치에 대한 사회적 평가인 이른바 외부적 명예인 점에서는 차이가 없으나 / 다만 명예훼손은 사람의 사회적 평가를 저하시킬 만한 구체적 사실의 적시를 하여 명예를 침해함을 요하는 것으로서 **구체적 사실이 아닌 단순한 추상적 판단이나 경멸적 감정의 표현**으로서 사회적 평가를 저하시키는 모욕죄와 다르다(대판 1987.5.12, 87도739).

② 모욕죄는 명예훼손죄와는 달리 사자는 그 객체가 아니다.

2 행위

공연히 사람을 모욕하여야 한다.

(1) 공연성

공연성을 요건으로 하는 것은 명예훼손죄와 동일하다.

ㅇ [모욕죄에서 전파가능성 등이 문제된 사건] 형법 제311조(모욕)는 '공연히 사람을 모욕한 자'를 처벌한다고 규정하는바, 형법 제307조(명예훼손)가 '공연히 사실 또는 허위의 사실을 적시하여 사람의 명예를 훼손한 자'를 처벌한다고 규정하는 것과 마찬가지로 '공연성'을 요건으로 한다. 대법원 2020.11.19. 선고 2020도5813 **전원합의체 판결**은 명예훼손죄의 구성요건인 공연성이란 **'불특정 또는 다수인이 인식할 수 있는 상태'**를 의미하는데, 개별적으로 소수의 사람에게 사실을 적시하였더라도 그 상대방이 불특정 또는 다수인에게 적시된 사실을 전파할 가능성이 있는 때에는 공연성이 인정된다는 종전 대법원의 일관된 판시를 재확인하였고, 이러한 법리는 모욕죄에도 동일하게 적용된다(대판 2022.6.16, 2021도15122).
[사실관계] 피고인들이 자신들의 주거지인 아파트에서 위층에 사는 피해자가 손님들을 데리고 와 시끄럽게 한다는 이유로 그 음향이 거실에 울려 퍼지는 인터폰으로 피해자에게 전화하여 손님과 그 자녀들이 듣고 있는 가운데 피해자의 자녀 교육과 인성을 비하하는 내용의 욕설을 경우, 전파가능성 이론에 따른 공연성 인정 여부 등을 판단해야 하는데, 원심이 모욕죄의 공연성에 관하여 전파가능성 이론이 적용되지 않는다고 판단하여 위와 같은 법리에 따른 심리를 하지 않은 채 모욕죄의 공연성 및 미필적 고의가 없다는 이유로 무죄 판단을 한 것은 잘못이라고 보아 원심을 파기환송한 사례
→ 강사 주 : 공연성 및 미필적 고의가 인정된다는 취지

(2) 모욕

① 모욕이란 사실을 적시하지 아니하고, 사람의 사회적 평가를 저하시킬만한 추상적 판단이나 경멸적 감정을 표현하는 것을 의미한다.

예 빨갱이 계집년, 만신(무당), 첩년, 애꾸눈, 병신, 망할 년, 똥꼬다리, 잡년, 듣보잡 등

② 모욕의 수단과 방법에는 제한이 없으므로 언어적 수단이 아닌 비언어적·시각적 수단만을 사용하여 표현을 하더라도 그것이 사람의 사회적 평가를 저하시킬 만한 추상적 판단이나 경멸적 감정을 전달하는 것이라면 모욕죄가 성립한다(대판 2023.2.2, 2022도4719).

③ **무례하고 저속한 표현과의 구별** : 어떠한 표현이 상대방의 인격적 가치에 대한 사회적 평가를 저하시킬 만한 것이 아니라면 설령 그 표현이 다소 무례하고 저속한 방법으로 표시되었다 하더라도 이를 모욕죄의 구성요건에 해당한다고 볼 수 없다(대판 2015.12.24, 2015도6622).

관련 판례 **상대방을 불쾌하게 할 수 있는 무례하고 저속한 표현에 해당하는 경우** : 모욕 X

1) [나이 처먹은 게 무슨 자랑이냐사건] 26) 아파트 입주자대표회의 감사인 피고인이 관리소장 갑의 업무처리에 항의하기 위해 관리소장실을 방문한 자리에서 갑과 언쟁을 하다가 "**야, 이따위로 일할래.**", "**나이 처먹은 게 무슨 자랑이냐.**"라고 말한 경우 모욕죄가 성립하지 않는다(대판 2015.9.10, 2015도2229).

2) [아이 씨발사건] 피고인이 택시기사와 요금문제로 시비가 벌어져 112 신고를 한 후, 신고를 받고 출동한 경찰관 甲에게 늦게 도착한 데에 대하여 항의하는 과정에서 '**아이 씨발!**'이라고 말한 경우 모욕죄가 성립하지 않는다(대판 2015.12.24, 2015도6622).
[판결이유] "아이 씨발!"이라는 발언은 구체적으로 상대방을 지칭하지 않은 채 단순히 발언자 자신의 불만이나 분노한 감정을 표출하기 위하여 흔히 쓰는 말로서 상대방을 불쾌하게 할 수 있는 무례하고 저속한 표현이다.

3) [야○○아사건] 27) 甲 주식회사 해고자 신분으로 노동조합 사무장직을 맡아 노조활동을 하는 피고인이 노사 관계자 140여 명이 있는 가운데 큰 소리로 피고인보다 15세 연장자로서 甲 회사 부사장인 乙을 향해 "야 ○○아, ○○이 여기 있네, 니 이름이 ○○이잖아, ○○아 나오니까 좋지?" 등으로 **여러 차례 乙의 이름을 불렀다**면 제반 사정을 종합하면, 피고인의 위 발언은 상대방을 불쾌하게 할 수 있는 무례하고 예의에 벗어난 표현이기는 하지만 객관적으로 乙의 인격적 가치에 대한 사회적 평가를 저하시킬 만한 모욕적 언사에 해당하지 않는다고 한 사례(대판 2018.11.29, 2017도2661)

4) 피고인이 인터넷 포털 사이트 '○○'의 카페인 '△△△△추진운동본부'에 접속하여 '자칭 타칭 공소외인 하면 떠오르는 키워드!!!'라는 제목의 게시글에 '**공황장애 ㅋ**'라는 댓글을 게시하였더라도 모욕죄가 성립하지 아니한다(대판 2018.5.30, 2016도20890).
[판결이유] 피고인이 댓글로 게시한 '공황장애 ㅋ'라는 표현이 상대방을 **불쾌하게 할 수 있는 무례한 표현**이기는 하나, 상대방의 인격적 가치에 대한 사회적 평가를 저하시킬 만한 표현에 해당한다고 보기는 어렵다.

5) 어떠한 표현이 개인의 인격권을 심각하게 침해할 우려가 있는 것이거나 상대방의 인격을 허물어뜨릴 정도로 모멸감을 주는 혐오스러운 욕설이 아니라 / **상대방을 불쾌하게 할 수 있는 무례하고 예의에 벗어난 정도이거나 상대방에 대한 부정적·비판적 의견이나 감정을 나타내면서 경미한 수준의 추상적 표현이나 욕설이 사용된 경우** 등이라면 특별한 사정이 없는 한 외부적 명예를 침해할 만한 표현으로 볼 수 없어 모욕죄의 구성요건에 해당된다고 볼 수 없다(대판 2022.8.31, 2019도7370).

26) 2019년 법무사시험(15점), 2020년 변호사시험

27) 2019년 법원사무관승진시험(10점)

[사실관계] 피고인이 직원들에게 피해자(민주노총 지부장)가 관리하는 사업소의 문제 등을 지적하는 내용의 카카오톡 문자메시지를 발송하면서 **'민주노총 ○○○지부장은 정말 야비한 사람인 것 같습니다'**라고 표현한 경우 모욕죄의 모욕에 해당한다고 판단(1심 판결 수긍)한 원심판결에 대하여, 이 사건 표현은 피고인의 피해자에 대한 부정적·비판적 의견이나 감정이 담긴 경미한 수준의 추상적 표현에 불과할 뿐 피해자의 외부적 명예를 침해할 만한 표현이라고 단정하기 어렵다고 보아 법리오해를 이유로 원심판결을 파기환송한 사례

6) 피고인이 **유튜브 채널에 피해자의 방송 영상을 게시하면서 피해자의 얼굴에 '개' 얼굴을 합성하는 방법으로 표현한 경우** 피고인이 유튜브 영상에서 피해자를 '개'로 지칭하지는 않은 점 및 피고인이 효과음, 자막을 사용하지 않았다는 점 등을 무죄의 근거로 든 원심의 설시가 적절하다고 보기 어려우나, 영상의 전체적인 내용을 살펴볼 때, 피고인이 피해자의 얼굴을 가리는 용도로 동물 그림을 사용하면서 피해자에 대한 부정적인 감정을 다소 해학적으로 표현하려 한 것에 불과하다고 볼 여지도 상당하므로, 해당 영상이 피해자를 **불쾌하게 할 수 있는 표현**이기는 하지만 객관적으로 피해자의 인격적 가치에 대한 사회적 평가를 저하시킬 만한 모욕적 표현을 한 경우에 해당한다고 단정하기는 어렵다(대판 2023.2.2, 2022도4719).

④ 모욕죄는 특정한 사람 또는 인격을 보유하는 단체에 대하여 사회적 평가를 저하시킬 만한 경멸적 감정을 표현함으로써 성립하므로 그 피해자는 **특정**되어야 한다(대판 2014.3.27, 2011도15631).

ㅇ 인터넷 댓글로서 **특정인의 실명**을 거론하여 특정인의 명예를 훼손하거나, 또는 실명을 거론하지는 않더라도 그 표현의 내용을 주위사정과 종합하여 볼 때 그 표시가 특정인을 지목하는 것임을 알아차릴 수 있는 경우에는, 그와 같은 악의적 댓글을 단 행위자는 원칙적으로 특정인에 대한 명예훼손 또는 모욕의 죄책을 면하기 어렵다 할 것이다. / 하지만 인터넷 댓글에 의하여 모욕을 당한 피해자의 **인터넷 아이디(ID)**만을 알 수 있을 뿐 그 밖의 주위사정을 종합해 보더라도 그와 같은 인터넷 아이디를 가진 사람이 청구인이라고 알아차릴 수 없는 경우에 있어서는 외부적 명예를 보호법익으로 하는 명예훼손죄 또는 모욕죄의 피해자가 청구인으로 특정된 경우로 볼 수 없으므로, 특정인인 청구인에 대한 명예훼손죄 또는 모욕죄가 성립하지 않는다(헌재 2008.6.26, 2007헌마461).

⑤ **집단표시에 의한 모욕** : 모욕의 내용이 집단에 속한 특정인에 대한 것이라고는 해석되기 힘들고, 집단표시에 의한 비난이 개별구성원에 이르러서는 비난의 정도가 희석되어 구성원 개개인의 사회적 평가에 영향을 미칠 정도에 이르지 아니한 경우에는 구성원 개개인에 대한 모욕이 성립되지 않는다고 봄이 원칙이고, / 비난의 정도가 희석되지 않아 구성원 개개인의 사회적 평가를 저하시킬 만한 것으로 평가될 경우에는 예외적으로 구성원 개개인에 대한 모욕이 성립할 수 있다(대판 2014.3.27, 2011도15631).

ㅇ [다 줄 생각을 해야 하는데 사건] 강○○ 국회의원이 장래의 희망이 아나운서라고 한 여학생들에게 '다 줄 생각을 해야 하는데, 그래도 아나운서 할 수 있겠느냐. ○○여대 이상은 자존심 때문에 그렇게 못하더라.'라고 말할 경우 구성원 개개인에 대한 모욕죄가 성립하지 아니한다(대판 2014.3.27, 2011도15631).
[판결이유] 피고인의 발언은 여성 아나운서 일반을 대상으로 한 것으로서 그 개별구성원인 피해자들에 이르러서는 비난의 정도가 희석되어 피해자 개개인의 사회적 평가에 영향을 미칠 정도에까지는 이르지 아니하므로 형법상 모욕죄에 해당한다고 보기는 어렵다.

3 위법성

제310조의 위법성조각사유는 모욕죄에는 적용되지 않는다. 다만 제20조의 정당행위 등 총칙상 위법성 조각사유가 적용될 수는 있다.

ㅇ [한심하고 불쌍한 인간사건] **어떤 글이 특히 모욕적인 표현을 포함하는 판단 또는 의견의 표현을 담고 있는 경우에도** 그 시대의 건전한 사회통념에 비추어 그 표현이 사회상규에 위배되지 않는 행위로 볼 수 있는 때에는 제20조에 의하여 예외적으로 위법성이 조각된다(대판 2008.7.10, 2008도1433).

[사실관계] 골프클럽 경기보조원들의 구직편의를 위해 제작된 인터넷 사이트 내 회원 게시판에 특정 골프클럽의 운영상 불합리성을 비난하는 글을 게시하면서 위 클럽담당자에 대하여 **한심하고 불쌍한 인간**이라는 등 경멸적 표현을 한 경우, 게시의 동기와 경위, 모욕적 표현의 정도와 비중 등에 비추어 사회상규에 위배되지 않으므로 모욕죄의 성립이 인정되지 않는다.

ㅇ 피고인이 방송국 홈페이지의 시청자 의견란에 작성 게시한 글 중 일부의 표현이 모욕적 언사에 해당될지라도 게시판에 올린 글을 전체적인 맥락에서 파악했을 때, 이로써 곧 사회 통념상 피해자의 사회적 평가를 저하시키는 내용의 경멸적 판단을 표시한 것으로 인정하기 어렵다면 형법 제20조의 사회상규에 위배되지 아니하는 행위로 봄이 상당하다(대판 2003.11.28, 2003도3972).

[사실관계] 피고인이 방송국 시사프로그램을 시청한 후 방송국 홈페이지의 시청자 의견란에 작성·게시한 글 중 특히, "**그렇게 소중한 자식을 범법행위의 변명의 방패로 쓰시다니 정말 대단하십니다.**"는 등의 표현은 그 게시글 전체를 두고 보더라도, 그 출연자인 피해자에 대한 사회적 평가를 훼손할 만한 모욕적 언사이나, 자신의 의견을 개진하고, 피해자에게 자신의 의견에 대한 반박이나 반론을 구하면서, 자신의 판단과 의견의 타당함을 강조하는 과정에서 부분적으로 그와 같은 표현을 사용한 것으로서 사회상규에 위배되지 않는다고 봄이 상당하다고 한 사례

ㅇ [기레기사건] 어떤 글이 모욕적 표현을 담고 있는 경우에도 그 글이 객관적으로 타당성이 있는 사실을 전제로 하여 그 사실관계나 이를 둘러싼 문제에 관한 자신의 판단과 피해자의 태도 등이 합당한가 하는 데 대한 자신의 의견을 밝히고, 자신의 판단과 의견이 타당함을 강조하는 과정에서 부분적으로 모욕적인 표현이 사용된 것에 불과하다면 사회상규에 위배되지 않는 행위로서 형법 제20조에 의하여 위법성이 조각될 수 있다. / **특정 사안에 대한 의견을 공유하는 인터넷 게시판** 등의 공간에서 작성된 단문의 글에 **모욕적 표현이 포함되어 있더라도,** 그 글이 동조하는 다른 의견들과 연속적·전체적인 측면에서 볼 때, 그 내용이 객관적으로 타당성이 있는 사정에 기초하여 관련 사안에 대한 자신의 판단 내지 피해자의 태도 등이 합당한가 하는 데 대한 자신의 의견을 강조하거나 압축하여 표현한 것이라고 평가할 수 있고, 그 표현도 주로 피해자의 행위에 대한 것으로서 지나치게 악의적이지 않다면, 다른 특별한 사정이 없는 한 그 글을 작성한 행위는 사회상규에 위배되지 않는 행위로서 위법성이 조각된다(대판 2021.3.25, 2017도17643).

[사실관계] 자동차 정보 관련 인터넷 신문사 소속 기자 갑이 작성한 기사가 인터넷 포털 사이트의 자동차 뉴스 '핫이슈' 난에 게재되자, 피고인이 "**이런걸 기레기라고 하죠?**"라는 댓글을 게시한 경우, '기레기'는 모욕적 표현에 해당하나, / 위 댓글의 내용, 작성 시기와 위치, 위 댓글 전후로 게시된 다른 댓글의 내용과 흐름 등을 종합하면, 위 댓글을 작성한 행위는 **사회상규에 위배되지 않는 행위**로서 형법 **제20조**에 의하여 위법성이 조각된다고 한 사례

ㅇ **어떤 글이 모욕적 표현을 담고 있는 경우**에도 그 글이 객관적으로 타당성이 있는 사실을 전제로 하여 그 사실관계나 이를 둘러싼 문제에 관한 자신의 판단과 피해자의 태도 등이 합당한가에 대한 의견을 밝히고, 자신의 판단과 의견이 타당함을 강조하는 과정에서 부분적으로 다소 모욕적인 표현이 사용된 것에 불과

하다면 사회상규에 위배되지 않는 행위로서 형법 제20조에 의하여 위법성이 조각될 수 있다. 그리고 **인터넷 등 공간에서 작성된 단문의 글이라고 하더라도**, 그 내용이 자신의 의견을 강조하거나 압축하여 표현한 것이라고 평가할 수 있고 표현도 지나치게 모욕적이거나 악의적이지 않다면 마찬가지로 위법성이 조각될 가능성이 크다(대판 2022.10.27, 2019도14421).

[사실관계] 지역버스노동조합 조합원인 피고인이 자신의 페이스북에 집회 일정을 알리면서 노동조합 집행부인 피해자 갑과 을을 지칭하며 **"버스노조 악의 축, 갑과 을 구속수사하라!!"**라는 표현을 적시하여 피해자들을 모욕하였다는 내용으로 기소된 사안에서, 위 표현이 피해자들의 사회적인 평가를 저해시킬 만한 경멸적인 표현에 해당하는 것으로 보이지만 제반 사정을 종합할 때 피고인이 노동조합 집행부의 공적 활동과 관련한 자신의 의견을 담은 게시글을 작성하면서 그러한 표현을 한 것은 사회상규에 위배되지 않는 정당행위로서 위법성이 조각된다고 볼 여지가 크다고 한 사례

4 죄수 및 타죄와의 관계

(1) 명예훼손행위 중 모욕적 언사를 사용한 경우 명예훼손죄만 성립한다(∵ 법조경합 중 흡수관계).

(2) 외국원수·외국사절에 대한 모욕죄는 공연성을 요건으로 하지 않으며, 친고죄가 아니라 반의사불벌죄이다(제107조 제2항, 제108조 제2항, 제110조).

관련 판례 모욕죄에 해당하는 경우

1) **"빨갱이 계집년"**, **"만신(무당)"**, **"첩년"**이라고 말한 것은 사람을 모욕한 경우에 해당하고, 명예훼손죄에는 해당하지 아니한다(대판 1981.11.24, 81도2280).

2) "야 이 **개 같은 잡년**아, 시집을 열두번을 간 년아, 자식도 못 낳는 **창녀같은 년**"이라고 큰소리 친 경우, 형법 제311조의 모욕에는 해당할지언정, 형법 제307조 제1항의 명예훼손에 해당한다고 보기 어렵다(대판 1985.10.22, 85도1629).

3) **"아무것도 아닌 똥꼬다리 같은 놈**이 들어와서 잘 운영되어 가는 어촌계를 파괴하려는데 주민들은 이에 동조 현혹되지 말라"고 말한 것은 구체적 사실의 적시가 없고 단순한 감정적·경멸적 표현에 불과하므로 모욕죄에 해당할 뿐 명예훼손죄에 해당하지 않는다(대판 1989.3.14, 88도1397).

4) **"애꾸눈, 병신"**이라는 발언 내용은 피고인이 피해자를 모욕하기 위하여 경멸적인 언사를 사용하면서 욕설을 한 것에 지나지 아니하고, 피해자의 사회적 가치나 평가를 저하시키기에 충분한 구체적 사실을 적시한 것이라고 보기는 어렵다(대판 1994.10.25, 94도1770).

5) 피고인이 자신의 인터넷 블로그에 **'듣보잡'**, **'함량미달'**, '함량이 모자라도 창피한 줄 모를 정도로 멍청하게 충성할 사람', '싼 맛에 갖다 쓰는 거죠' 등이라고 한 부분은 피해자를 비하하여 사회적 평가를 저하시킬만한 추상적 판단이나 경멸적 감정을 표현한 것으로 모욕죄에 해당한다(대판 2011.12.22, 2010도10130).

6) **[순경새끼 모욕사건]** 甲이 식당에서, 그 식당 영업 업무를 방해하고 식당주인을 폭행하던 중 112 신고를 받고 출동한 경찰A로부터 제지를 당하자 위 식당의 업주와 성명불상의 손님들이 있는 가운데 A에게 큰 소리로 **"젊은 놈의 새끼야, 순경새끼, 개새끼야."**, "씨발 개새끼야, 좆도 아닌 젊은 새끼는 꺼져 새끼야."라고 욕설하였다면, 甲에게는 모욕죄가 성립한다(대판 2016.10.13, 2016도9674).

[판결이유] 설사 그 장소에 있던 사람들이 전후 경과를 지켜보았기 때문에 피고인이 근거 없이 터무니없는 욕설을 한다는 사정을 인식할 수 있었다고 하더라도, 그 현장에 식당 손님이나 인근 상인 등 여러 사람이 있어 공연성 및 전파가능성도 있었다고 보이는 이상, 피해자인 경찰관 개인의 외부적 명예를 저하시킬 만한 추상적 위험을 부정할 수는 없다.

→ 추상적 위험범이므로 공연히 모욕행위를 함으로써 기수가 된다는 취지

[동지판례] 피고인이 택시를 타고 목적지까지 갔음에도 택시기사에게 택시요금을 주지 않자 택시기사가 경찰서 지구대 앞까지 운전하여 간 다음 112 신고를 하였고, 위 지구대 앞길에서 피해자를 포함한 경찰관들이 위 택시에 다가가 피고인에게 택시요금을 지불하라고 요청하자 피고인이 "야! 뭐야!"라고 소리를 쳐서 피고인을 택시에서 내리게 한 후, 피해자가 피고인에게 "손님, 요금을 지불하고 귀가하세요."라고 말하자 피고인이 피해자를 향해 "뭐야. 개새끼야.", "뭐 하는 거야. 새끼들아.", **"씨팔놈들아. 개새끼야."**라고 큰소리로 욕설을 한 경우 모욕죄가 성립한다(대판 2017.4.13, 2016도15264).

7) [고흥군수 모욕사건] 피고인이 고흥군청 홈페이지에 게재한 글은 고흥군수인 **개인에 대한 경멸적인 의사**를 표현한 것으로서 고흥군수에 대한 모욕죄가 성립하고, 피고인의 행위가 사회상규에 비추어 널리 허용된다거나 위법성을 조각하는 사유에 해당한다고 볼 수 없다(대판 2016.12.27, 2014도15290).

8) **연예인의 사생활에 대한 모욕적인 표현**에 대하여 표현의 자유를 근거로 모욕죄의 구성요건에 해당하지 않거나 사회상규에 위배되지 않는다고 판단하는 데에는 신중할 필요가 있다. 특히 최근 사회적으로 인종, 성별, 출신 지역 등을 이유로 한 혐오 표현이 문제되고 있으며, 혐오 표현 중에는 특정된 피해자에 대한 사회적 평가를 저하하여 모욕죄의 구성요건에도 해당하는 것이 적지 않은데, 그러한 범위 내에서는 **모욕죄가 혐오 표현에 대한 제한 내지 규제로 기능하고 있는 측면을 고려하여야 한다**(대판 2022.12.15, 2017도19229).

[사실관계] 피고인이 인터넷 포털사이트 뉴스 댓글난에 연예인인 피해자를 '국민호텔녀'로 지칭하는 댓글을 게시하여 **모욕죄**로 기소된 사안에서, **'국민호텔녀'**라는 표현은 피해자의 사생활을 들추어 피해자가 종전에 대중에게 호소하던 청순한 이미지와 반대의 이미지를 암시하면서 피해자를 성적 대상화하는 방법으로 비하하는 것으로서 여성 연예인인 피해자의 사회적 평가를 저하시킬 만한 모멸적인 표현으로 평가할 수 있고, 정당한 비판의 범위를 벗어난 것으로서 정당행위로 보기도 어렵다고 한 사례

관련 판례 **모욕죄에 해당하지 않는 경우**

1) **"부모가 그런 식이니 자식도 그런 것이다"**와 같은 표현으로 인하여 상대방의 기분이 다소 상할 수 있다고 하더라도 그 내용이 너무나 막연하여 그것만으로 곧 상대방의 명예감정을 해하여 형법상 모욕죄를 구성한다고 보기는 어렵다(대판 2007.2.22, 2006도8915).

2) 임대아파트의 분양전환과 관련하여 임차인이 아파트 관리사무소의 방송시설을 이용하여 임차인대표회의의 전임회장을 비판하며 **"전 회장의 개인적인 의사에 의하여 주택공사의 일방적인 견해에 놀아나고 있기 때문에"**라고 한 표현이 전체 문언상 모욕죄의 '모욕'에 해당하지 않는다(대판 2008.12.11, 2008도8917).

제2절 신용 · 업무와 경매에 관한 죄

제313조 【신용훼손】
허위의 사실을 유포하거나 기타 위계로써 사람의 신용을 훼손한 자는 5년 이하의 징역 또는 1천500만원 이하의 벌금에 처한다.

제314조 【업무방해】
① 제313조의 방법 또는 위력으로써 사람의 업무를 방해한 자는 5년 이하의 징역 또는 1천500만원 이하의 벌금에 처한다.
② 컴퓨터 등 정보처리장치 또는 전자기록 등 특수매체기록을 손괴하거나 정보처리장치에 허위의 정보 또는 부정한 명령을 입력하거나 기타 방법으로 정보처리에 장애를 발생하게 하여 사람의 업무를 방해한 자도 제1항의 형과 같다.

제315조 【경매, 입찰의 방해】
위계 또는 위력 기타 방법으로 경매 또는 입찰의 공정을 해한 자는 2년 이하의 징역 또는 700만원 이하의 벌금에 처한다.

I 서설

1 의의 및 보호법익

신용 · 업무와 경매에 관한 죄는 사람의 신용을 훼손하거나 업무를 방해하거나 경매 · 입찰의 공정성을 침해하는 것을 내용으로 하는 범죄이다.

신용훼손죄의 보호법익은 사람의 신용으로 사람의 경제적 활동에 대한 사회적 평가, 즉 지불능력이나 지불의사에 대한 사회적 평가이고, 업무방해죄의 보호법익은 업무 또는 업무의 공정성이며, 경매에 관한 죄의 보호법익은 경매 · 입찰의 공정성이다. 보호의 정도는 모두 추상적 위험범이다.

2 구성요건의 체계

독립적 구성요건	신용훼손죄, 업무방해죄, 컴퓨터 등 업무방해죄, 경매 · 입찰방해죄
미수범 처벌규정	×
예비 · 음모 처벌규정	×

구분		신용훼손죄	업무방해죄	경매 · 입찰방해죄
보호법익		신용	업무	경매 · 입찰의 공정성
보호정도		추상적 위험범	추상적 위험범	추상적 위험범
미수		×	×	×
행위	허위사실 유포	○	○	×
	위계	○	○	○
	위력	×	○	○

II 신용훼손죄

신용훼손죄는 허위사실의 유포 기타 위계로써 사람의 신용을 훼손함으로써 성립하는 범죄이다(제313조). 행위태양으로 **위력**은 포함하지 않는다.

1 신용

'신용'은 경제적 신용, 즉 사람의 지불능력 또는 지불의사에 대한 사회적 신뢰를 의미한다.

o 퀵서비스 운영자인 피고인이 배달업무를 하면서, 손님의 불만이 예상되는 경우에는 평소 **경쟁관계에 있는 피해자 운영의 퀵서비스 명의로 된 영수증**을 작성·교부함으로써 손님들로 하여금 불친절하고 배달을 지연시킨 사업체가 피해자 운영의 퀵서비스인 것처럼 인식하게 한 행위는, 퀵서비스의 주된 계약내용이 신속하고 친절한 배달이라 하더라도, 그와 같은 사정만으로 위 행위가 피해자의 경제적 신용, 즉 지급능력이나 지급의사에 대한 사회적 신뢰를 저해하는 행위에 해당한다고 보기는 어렵다(대판 2011.5.13, 2009도5549). → 신용훼손죄 ×

o 어느 사람이 "**점포의 물건값이 유달리 비싸다.**"고 말하였을 때 그 물건의 값은 그 사람의 지불의사에 대한 사회적 신뢰를 훼손하는 것이라고는 볼 수 없다(대판 1969.1.21, 68도1660).

2 행위

(1) '**허위사실의 유포**'라 함은 객관적으로 보아 진실과 부합하지 않는 과거 또는 현재의 사실을 불특정 또는 다수인에게 전파시키는 것을 말한다. 미래의 사실도 증거에 의한 입증이 가능할 때에는 여기의 사실에 포함된다.

(2) '**위계**'라 함은 행위자의 행위목적을 달성하기 위하여 상대방에게 오인·착각 또는 부지를 일으키게 하여 이를 이용하는 것을 말한다.

o 피고인이 조흥은행 본점 앞으로 '피해자가 대출금 이자를 연체하여 (연체이자를 대납한 적이 없음에도) 위 은행의 수락지점장이 3,000만 원의 연체이자를 대납하였다'는 등의 내용을 기재한 편지를 보낸 경우 위 편지를 조흥은행 본점에 송부한 행위는 그 내용을 불특정 또는 다수인에게 전파시킨 경우에 해당한다고 보기는 어려우나, 그로써 조흥은행의 오인 또는 착각 등을 일으켜 위계로써 피해자의 신용을 훼손한 경우에는 해당한다(대판 2006.12.7, 2006도3400). → 허위사실유포 ×, 위계 ○

(3) 피고인의 단순한 의견이나 가치판단을 표시하는 것은 '허위사실의 유포'에 해당하지 않는다.

o 갑은 8년 전부터 남편 없이 3자녀를 데리고 생계를 꾸려왔을 뿐 아니라 피고인에 대한 다액의 채무를 담보하기 위해 아파트와 가재도구까지를 피고인에게 제공한 사실이 인정되니 위 갑이 **집도 남편도 없는 과부**라고 말한 것이 허위사실이 될 수 없고, 또 갑이 **계주로서 계불입금을 모아서 도망가더라도 책임지고 도와줄 사람이 없다**는 취지의 피고인의 말은 피고인의 위 갑에 대한 개인적 의견이나 평가를 진술한 것에 불과하여 허위사실의 유포라고 볼 수 없다(대판 1983.2.8, 82도2486).

3 타죄와의 관계

(1) 공연히 진실인 사실을 유포하여 타인의 신용을 훼손한 경우 명예훼손죄와 신용훼손죄의 상상적 경합범이 아니라 명예훼손죄만 성립한다(∵ 신용훼손죄는 허위사실의 유포를 구성요건으로 하므로).

(2) 공연히 허위사실을 적시하여 명예와 신용을 훼손한 경우에는 신용훼손죄만 성립한다고 본다(법조경합 중 특별관계 → 다수설).

III 업무방해죄

업무방해죄란 허위의 사실을 유포하거나 위계 또는 위력으로써 사람의 업무를 방해하는 경우 성립하는 범죄이다(제314조).

1 객체 _ 사람의 업무

(1) **사람**

업무방해죄에 있어서 행위의 객체는 타인의 업무이고, 여기서 타인이라 함은 범인 이외의 자연인과 법인 및 법인격 없는 단체를 가리킨다.

o 지방공사 사장이 신규직원 채용권한을 행사하는 것은 공사의 기관으로서 공사의 업무를 집행하는 것이므로, 위 권한의 귀속주체인 사장 본인에 대한 관계에서도 업무방해죄의 객체인 **타인의 업무에 해당**한다(대판 2007.12.27, 2005도6404).

o 대학교 학칙 등에 따라 대학교의 입학에 관한 업무가 총장인 피고인의 권한에 속한다고 하더라도, 그중 **면접업무**는 면접위원들에게, **신입생 모집과 사정업무**는 교무위원들에게 각 위임되었다면, 그 수임자들은 각자의 명의와 책임으로 수임받은 권한을 행사하여야 하므로 위와 같이 위임된 업무는 면접위원들 및 교무위원들의 독립된 업무에 속하고, 총장인 피고인와의 관계에서도 **타인의 업무**에 해당한다(대판 2018.5.15, 2017도19499).

[사실관계] 입학처장인 피고인 A은 면접 오리엔테이션 자리에서 면접위원들에게 금메달을 가지고 올 Z종목 특기생이 **비선실세 AA의 딸**이고, '총장님께 보고 드렸더니 총장님이 무조건 뽑으라고 하신다'는 취지로 말하였다. 입학부처장 W이 이를 제지하며 면접위원들을 면접고사 장소로 이동하도록 하였는데도, 피고인 A은 면접위원들을 쫓아가면서 "금메달입니다. 금메달"이라고 소리쳐 T를 뽑으라는 의사를 면접위원들에게 분명히 전달하였다. 결과적으로 서류평가 순위 9위였던 T는 면접평가 결과 가장 높은 점수를 받아 최종 순위 6위로 전체 6명인 체육특기자 전형 합격자에 포함되었다. 입학처장인 피고인 A은 비선실세로 알려진 AA, V대 총장인 피고인 C 및 입학처장인 자신의 사회적·경제적·정치적 지위와 권세를 이용하여 면접위원들에게 압박을 가하였고, 이는 면접위원들의 자유의사를 제압·혼란케 할 만한 '**위력**'에 해당하며, 이로 인하여 면접평가 업무의 적정성이나 공정성이 방해되었다고 봄이 타당하다.

o 업무방해죄에 있어서의 행위의 객체는 타인의 업무이고, 여기서 타인이라 함은 범인 이외의 자연인과 법인 및 법인격 없는 단체를 가리키므로, 법적 성질이 **영조물**에 불과한 **대학교 자체**는 업무방해죄에 있어서의 업무의 주체가 될 수 없다(대판 1999.1.15, 98도663).

[사실관계] 대학 편입학업무의 주체는 대학교가 아닌 총장이고, 성적평가업무의 주체는 대학교가 아닌 담당교수라고 본 사례

⑵ 업무의 개념

Thema 정리 **업무상과실치사상죄의 업무와의 비교**

구분	업무상 과실치사상죄	업무방해죄
업무의 성격	행위주체 과실범, 부진정신분범	보호의 객체
정당성	적법 · 유효 불문	적법 · 유효 불문 but 보호가치 요
위험성	생명 · 신체에 위험한 업무 + 위험방지업무	제한 ×
공무포함여부	포함 ○	포함 ×

① 업무방해죄에 있어서 그 보호대상이 되는 '업무'라 함은 직업 또는 계속적으로 종사하는 사무나 사업을 말한다. 보수유무나 영리의 유무, 주된 업무 · 부수적 업무를 불문한다. 다만 일시적 또는 오락를 위한 업무는 제외된다. 또한 직업이나 사회생활상의 지위에 기한 것이라고 보기 어려운 **단순한 개인적인 일상생활의 일환으로 행하여지는 사무**는 업무방해죄의 보호대상인 업무에 해당한다고 볼 수 없다.

> ㅇ 직업이나 사회생활상의 지위에 기한 것이라고 보기 어려운 **단순한 개인적인 일상생활의 일환으로 행하여지는 사무**는 업무방해죄의 보호대상인 업무에 해당한다고 볼 수 없다(대판 2017.11.9, 2014도3270).
>
> **[사실관계]** 피해자는 주부로서 개인적 용무로 서울행 고속버스를 타기 위해 대전 유성구에 있는 고속버스터미널까지 마티즈 차량을 운행한 후 근처에 있던 위 건물 주차장에 주차하였는데, 피고인(주차장 관리인)은 마티즈 차량을 무단주차하였다는 이유로 차량 앞 범퍼에 쇠사슬로 손수레를 묶어 두었다 하더라도 피해자의 운전행위는 단순한 개인생활상의 행위로 차량을 운전한 것에 지나지 않는다고 볼 여지가 많아서 업무방해죄의 보호대상이 되는 업무에 해당한다고 보기 어려워 업무가 방해되었다고 볼 수 없다.

② 업무방해죄의 업무는 타인의 위법한 행위에 의한 침해로부터 보호할 가치가 있는 것이면 되고, 그 업무의 기초가 된 계약 또는 행정행위 등이 반드시 적법하여야 하는 것은 아니다(대판 2008.3.14, 2007도11181). 다만 반사회성을 띠어 법률상 보호할 가치가 없는 업무는 포함하지 않는다.

> ㅇ 형법상 업무방해죄의 보호대상이 되는 **업무**란 직업 또는 계속적으로 종사하는 사무나 사업으로서 타인의 위법한 행위에 의한 침해로부터 보호할 가치가 있으면 되고, 반드시 그 업무가 적법하거나 유효할 필요는 없으므로 **법률상 보호할 가치가 있는 업무**인지 여부는 그 사무가 사실상 평온하게 이루어져 사회적 활동의 기반이 되고 있느냐에 따라 결정되고, 그 업무의 개시나 수행과정에 실체상 또는 절차상의 하자가 있다 하더라도 그 정도가 사회생활상 도저히 용인할 수 없는 정도로 반사회성을 띠는 데까지 이르지 아니한 이상 업무방해죄의 보호대상이 된다(대판 2013.11.28, 2013도4430).

[동지판례] 피해자들 측이 **불법**적으로 이 사건 공사현장을 **점거**하였지만 관할 경찰서로부터 집단민원현장 경비원배치신고 및 관련 허가를 받아 약 65일간 경비원을 상주시키면서 점유·관리하여 온 상황에서 피고인들이 정당하고 적법한 절차에 의하지 않고 이 사건 공사현장 및 건조물에 침입한 이상 **건조물침입죄**가 성립하고, 피해자들이 이 사건 **공사현장 및 건조물을 관리하는 업무**는 법률상 보호가치 있는 업무로서 피고인들이 그 업무를 방해한 행위는 **업무방해죄**에 해당한다(대판 2023.2.2, 2022도5940).

③ 생명·신체에 대한 위험을 초래할 업무에 국한하지 않는다.

④ 업무방해죄의 업무에는 공무는 포함되지 않는다.

ㅇ [경찰청민원실 욕설행패사건] 형법이 업무방해죄와는 별도로 공무집행방해죄를 규정하고 있는 것은 사적 업무와 공무를 구별하여 공무에 관해서는 공무원에 대한 폭행, 협박 또는 위계의 방법으로 그 집행을 방해하는 경우에 한하여 처벌하겠다는 취지라고 보아야 한다. 따라서 공무원이 직무상 수행하는 공무를 방해하는 행위에 대해서는 업무방해죄로 의율할 수는 없다(대판 2009.11.19, 2009도4166 全合).

[사실관계] 지방경찰청 민원실에서 민원인들이 진정사건의 처리와 관련하여 지방경찰청장과의 면담 등을 요구하면서 이를 제지하는 경찰관들에게 큰소리로 욕설을 하고 행패를 부린 행위는 위력에 의한 업무방해죄에 해당하지 않는다.

[동지판례] **경찰청 민원실에서 말똥을 책상 및 민원실 바닥에 뿌리고 소리를 지르는 등 난동을 부린 행위**는 위력에 의한 업무방해죄에 해당하지 않는다(대판 2010.2.25, 2008도9049).

ㅇ [시장 기자회견 방해사건] X시의 시장 A와 Y회사 관계자 등이 'Y회사 공장 유치 확정'에 관한 기자회견을 하려고 하자, 甲이 다른 사람들과 공모하여 위력으로써 기자회견을 방해한 경우, X시의 시장 A의 기자회견은 공무원이 직무상 수행하는 공무에 해당하므로 甲의 행위는 A에 대하여 업무방해죄가 성립하지 않는다(대판 2011.7.28, 2009도11104).

[사실관계] 마산시장과 STX중공업 회사 관계자 등이 'STX조선소 유치 확정'에 관한 기자회견을 하려고 하자, 피고인이 위력으로써 마산시청 1층 브리핑룸 및 중회의실 출입구를 봉쇄하여 시장의 기자회견 업무를 방해한 경우 위력에 의한 업무방해죄에 해당하지 않는다.

✔ **위력으로 공무집행을 방해한 경우**

1. 공무집행방해죄 ×(∵ 공무집행방해의 행위태양에 "폭행, 협박, 위계"만 규정, 위력은 규정 ×)
2. 업무방해죄 ×(∵ 업무방해죄의 업무에는 공무는 포함 ×)

관련 판례 **업무방해죄의 업무에 해당하는 경우**

1) 종중 정기총회를 주재하는 **종중 회장의 의사진행업무** 자체는 1회성을 갖는 것이라고 하더라도 그것이 종중 회장으로서의 사회적인 지위에서 계속적으로 행하여 온 종중 업무수행의 일환으로 행하여진 것이라면, 그와 같은 의사진행업무도 제314조 소정의 업무방해죄에 의하여 보호되는 업무에 해당한다(대판 1995.10.12, 95도1589).

2) 경비원은 **상사의 명령**에 의하여 주로 경비업무 등 노무를 제공하는 직분을 가지고 있는 것이므로 상사의 명에 의하여 그 직장의 업무를 수행한다면 설사 그 업무가 본조의 계속적인 직무권한에 속하지 아니한 일시적인 것이라 할지라도 본죄의 업무에 해당한다(대판 1971.5.24, 71도399).

[사실관계] 피고인 甲이 1968.8.19. 07 : 00경 경비원 乙이 상사의 명령에 의하여 공장 내에서 배부하기 위하여 가지고 있는 공장 폐쇄에 관한 유인물 50매 가량을 탈취하였다면 업무방해죄가 성립한다.

3) **[대학원 입학전형 업무]** 교수인 피고인 갑이 출제교수들로부터 대학원신입생전형시험문제를 제출받아 피고인 을, 병에게 그 시험문제를 알려주자 그들이 답안쪽지를 작성한 다음 이를 답안지에 그대로 베껴 써서 그 정을 모르는 시험감독관에게 제출한 경우, 위계로써 입시감독업무를 방해한 것이므로 업무방해죄에 해당한다(대판 1991.11.21, 91도2211).

   [동지판례] 대학교 총장이 신입생을 추가로 모집함에 있어 기부금을 낸 학부모나 교직원 자녀들의 성적 또는 지망학과를 고쳐 석차가 추가로 모집하는 인원의 범위 내에 들도록 사정부를 허위로 작성한 다음 그 정을 모르는 입학사정위원들에게 제출하여 허위로 작성된 사정부에 따라 입학사정을 하게 함으로써 위 자녀들을 합격자로 사정하게 하였다면 이는 위계로써 **입학사정업무**를 방해하였다고 할 것이다(대판 1993.5.11, 92도255).

4) 한국도로공사가 고속도로 통행료 자동징수시스템을 도입하기로 한 후 업체 선정을 위한 현장성능시험을 시행하였다면 당시 입찰에 참가한 회사가 입찰참여조건을 위반하여 **성능시험 자체가 부적합한 것으로 드러났다고 하더라도** 도로공사의 위 성능시험 업무는 업무방해죄의 보호대상이 된다(대판 2010.5.27, 2008도2344).

5) 피고인이 고의로 위 회사의 폐석운반 업무를 방해할 의사로 선착장 앞에 위치한 자신의 어업구역 내에 양식장을 설치한다는 구실로 밧줄을 매어 선박의 출입을 방해하였다면, 선착장에 대한 공유수면점용**허가를 받지 아니하고 선박으로 폐석을 운반하였다 하더라도** 업무방해죄가 성립한다(대판 1996.11.12, 96도2214).

   [사실관계] 선착장에 대한 공유수면점용허가를 받음이 없이 고흥군의 지시에 따라 선착장점용허가권자인 마을주민 대표들과 임대차계약을 체결하고 선박으로 폐석을 운반하는 업무는 업무방해죄의 보호대상이 되는 업무에 해당한다.

관련 판례 업무방해죄의 업무에 해당하지 않는 경우

1) **[비닐공장이전사무]** 비닐가공공장을 경영하는 자가 공장을 이전하는 업무는 성질상 새로운 비닐가공업무를 준비하기 위한 일시적인 사무는 될지언정 이를 비닐가공업무에 부수한 계속성을 지닌 업무라고는 말할 수 없어 위 이전업무를 방해한 행위는 업무방해죄에 해당하지 아니한다(대판 1985.4.9, 84도300). ∵ 일시적 ○

   [비교판례] 업무방해죄에 있어서의 업무란 주된 것이든 부수적인 것이든 가리지 아니하며, **일회적인 사무라 하더라도** 그 자체가 어느 정도 계속하여 행해지는 것이거나 혹은 그것이 직업 또는 사회생활상의 지위에서 계속적으로 행하여 온 본래의 업무수행과 밀접불가분의 관계에서 이루어진 경우에도 이에 해당한다(대판 2005.4.15, 2004도8701).

   [사실관계] 일련의 경영상 계획의 일환으로서 시간적·절차적으로 **일정기간의 소요가 예상되는 사업장 이전**을 추진, 실시하는 행위는 업무방해죄에 의한 보호의 대상이 되는 업무에 해당한다. ∵ 계속성 ○

2) **[주주의 주총에서의 의결권행사]** 주주로서 **주주총회에서 의결권** 등을 행사하는 것은 주식의 보유자로서 그 자격에서 권리를 행사하는 것에 불과할 뿐 그것이 '직업 기타 사회생활상의 지위에 기하여

계속적으로 종사하는 사무 또는 사업'에 해당한다고 할 수 없다(대판 2004.10.28, 2004도1256).

[사실관계] 주식회사 대표이사가 직원 130명을 동원하여 주주총회에서 위력으로 21명의 개인주주들이 발언권·의결권을 행사하지 못하도록 방해한 경우 업무방해죄가 성립하지 않는다.

3) **[초등학교 교실 욕설사건] 초등학생들이 학교에 등교하여 교실에서 수업을 듣는 것**은 학생들 본인의 권리를 행사하는 것이거나 국가 내지 부모들의 의무를 이행하는 것에 불과할 뿐 그것이 '직업 기타 사회생활상의 지위에 기하여 계속적으로 종사하는 사무 또는 사업'에 해당한다고 할 수 없다(대판 2013.6.14, 2013도3829).

[사실관계] 甲이 A초등학교 1학년 1반 교실 및 1학년 2반 교실 안에서 학생들에게 욕설을 하여 수업을 듣지 못하게 한 경우 甲에게는 학생들의 수업업무를 방해한 업무방해죄가 성립하지 않는다.

4) **[무면허의료행위]** 의료인이나 의료법인이 아닌 자가 의료기관을 개설하여 운영하는 행위는 그 위법의 정도가 중하여 사회생활상 도저히 용인될 수 없는 정도로 **반사회성**을 띠고 있으므로 업무방해죄의 보호대상이 되는 '업무'에 해당하지 않는다(대판 2001.11.30, 2001도2015).

[비교판례(무자격자가 개설한 의료기관에 고용된 의료인의 진료업무가 업무방해죄의 보호대상이 되는 업무인지 여부가 문제된 사건)**]** **의료인이나 의료법인이 아닌 자가 의료기관을 개설하여 운영하는 행위**는 업무방해죄의 보호대상이 되는 업무에 해당하지 않는다. / 그러나 **무자격자에 의해 개설된 의료기관에 고용된 의료인**이 환자를 진료한다고 하여 그 **진료행위** 또한 당연히 반사회성을 띠는 행위라고 볼 수는 없다(대판 2023.3.16, 2021도16482).

[사실관계] 의료인인 甲의 명의로 의료인이 아닌 乙이 개설하여 운영하는 丙 병원에서, 피고인이 11회에 걸쳐 큰 소리를 지르거나 환자 진료 예약이 있는 甲을 붙잡고 있는 등의 방법으로 위력으로써 甲의 진료 업무를 방해하였다는 내용으로 기소된 사안에서, 원심이 丙 병원의 운영에 관한 업무가 업무방해죄의 보호대상이 되는 업무에 해당하지 않는다는 전제에서 **甲의 진료행위**도 병 병원의 운영에 관한 업무에 포함되어 별개의 보호가치 있는 업무로 볼 수 없다고 단정한 것에 법리오해의 잘못이 있다고 한 사례

→ 병원 乙에 대한 업무방해죄 성립 ×, 의료인 甲에 대한 업무방해죄 성립 ○

5) **[무자격자의 공인중개업]** 공인중개사인 피고인이 자신의 명의로 등록되어 있으나 실제로는 공인중개사가 아닌 피해자가 주도적으로 운영하는 형식으로 동업하여 중개사무소를 운영하다가 위 동업관계가 피해자의 귀책사유로 종료되고 피고인이 동업관계의 종료로 부동산중개업을 그만두기로 한 경우, 피해자의 중개업은 법에 의하여 금지된 행위로서 형사처벌의 대상이 되는 **범죄행위**에 해당하는 것으로서 업무방해죄의 보호대상이 되는 업무라고 볼 수 없다(대판 2007.1.12, 2006도6599).

6) **[성매매업소 병풍사건] 성매매알선 등 행위**는 법에 의하여 원천적으로 금지된 행위로서 형사처벌의 대상이 되는 중대한 **범죄행위**일 뿐 아니라 **정의관념상 용인될 수 없는 정도로 반사회성을 띠는 경우**에 해당하므로, 업무방해죄의 보호대상이 되는 업무라고 볼 수 없다(대판 2011.10.13, 2011도7081).

[사실관계] 폭력조직 간부인 피고인이 조직원들과 공모하여 甲이 운영하는 성매매업소 앞에 속칭 '**병풍**'을 치거나 차량을 주차해 놓은 경우, 성매매업소 운영업무는 업무방해죄의 보호대상인 업무라고 볼 수 없으므로 업무방해죄가 성립하지 않는다.

7) **법원의 직무집행정지 가처분결정**에 의하여 그 직무집행이 정지된 자가 법원의 결정에 반하여 직무를 수행함으로써 업무를 계속 행하는 경우 그 업무는 업무방해죄에서 말하는 업무에 해당하지 않는다(대판 2002.8.23, 2001도5592).

[사실관계] 재건축 조합장이었던 甲이 새로 선출된 재건축 조합장 직무대행자가 법원의 직무집행정지 가처분결정에 의하여 그 직무집행이 정지되었음에도 불구하고 법원의 결정에 반하여 업무를 계속하자 위력을 행사하여 이를 방해하였다 하더라도 업무방해죄가 성립하지 않는다.

∵ 보호가치 ×

8) 기존의 비실명예금을 합의차명에 의하여 명의대여자의 실명으로 전환한 행위는 위 긴급명령에 따른 금융기관의 실명전환에 관한 업무를 방해한 것이라 할 수 없다(대판 1997.4.17, 96도3377).

∵ 금융기관에게 실질적 권리자인지 확인조사의무는 없으므로

[비교판례] 전산기록상 가명계좌의 원장을 삭제하고 실명계좌의 원장을 조작한 경우 업무방해죄를 구성한다(대판 1995.11.14, 95도1729).

9) 도로관리청으로부터 권한을 위임받아 과적단속 업무를 담당하는 피해자의 적재량 재측정을 거부하면서, 재측정의 목적으로 피고인의 차량에 올라탄 피해자를 그대로 둔 채 차량을 진행한 경우, 위 행위에 대하여 업무방해의 결과가 발생할 위험이 없다(대판 2010.6.10, 2010도935).

∵ 측정불응에 대하여 고발하는 것은 별론, 측정을 강제조치할 권한은 없으므로

10) 토지의 인도집행이 있은 후에도 피고인이 다시 토지를 점유 경작하고 있었다면 그 점유가 비록 불법이라 하여도 새로운 점유상태가 형성되었다 할 것이므로 매수인이 다시 **적법한 인도절차를 밟지 않고 한 경작행위**는 정당한 업무수행이라 할 수 없으므로 이를 저지한 피고인의 행위는 업무방해죄에 해당되지 않는다(대판 1977.5.24, 76도3460).

11) 도급인의 공사**계약 해제가 적법하고 수급인이 스스로 공사를 중단한 상태**라면 도급인이 공사현장에 남아 있는 수급인 소유의 공사자재 등을 수급인의 동의를 받지 않고 다른 곳에 옮겨 놓은 경우라도 업무방해죄가 성립하지 않는다(대판 1999.1.29, 98도3240).

12) 식당 본점 운영권의 양도·양수 합의의 존부 및 그 효력을 둘러싸고 피고인과 피해자 사이에 다툼이 있는 상황에서 피해자가 단독으로 식당영업을 하므로 피고인이 식당 안에서 소리를 지르거나 양은그릇을 부딪치는 등의 소란행위를 한 경우 그 업무가 기존 영업주인 피고인과의 관계에서 보호할 가치가 있는 정도에 이르렀다고 보기 어렵고, 그 후 피고인과 위 피해자 사이에 운영권에 관한 양도·양수의 합의가 있었다고 인정되지 않는다면 위 피해자의 식당영업이 업무방해죄의 보호대상이 되는 업무에 해당한다고 볼 수 없다(대판 2013.8.23, 2011도4763).

13) 피고인들이 금산농협의 제8차 및 제11차 **이사회에서 '급여규정 일부 개정안'에 대하여 허위로 설명 또는 보고하거나 개정안과 관련하여 허위의 자료를 작성하여 이사들에게 제시하였다**고 하더라도, 그와 같은 행위는 직접적·본질적으로 이사들의 '급여규정 일부 개정안' 심의·의결 업무를 방해한 것으로 볼 수 있을 뿐, 이사회에 참석한 감사의 업무를 방해한 것으로 보기는 어렵다는 이유로, 원심판결을 파기·환송한 사례(대판 2023.9.27, 2023도9332).

∵ 감사의 특정 이사회 출석 및 의견 진술은 감사의 본래 업무와 밀접불가분의 관계에 있는 부수적인 업무라고 보기 어려우므로

14) 주택재개발정비사업조합(이하 '조합'이라 한다) 구역 내 건물의 소유자인 피고인들이 위 건물에 대한 건물명도소송 확정판결에 따른 강제집행을 보상액이 적다는 이유로 위력으로 방해함으로써 집행관에게 집행위임을 한 **조합의 이주·철거업무**를 방해하였다는 내용으로 기소된 사안에서,

위 **강제집행은** 특별한 사정이 없는 한 집행위임을 한 조합의 업무가 아닌 **집행관의 고유한 직무**에 해당하고, 설령 피고인들이 집행관의 강제집행 업무를 방해하였더라도 이를 채권자인 조합의 업무를 직접 방해한 것으로 볼 만한 증거도 부족하므로, 피고인들이 조합의 업무를 방해하였다고 볼 수 없다고 한 사례(대판 2023.4.27, 2020도34).

2 행위

(1) 허위사실의 유포

허위사실의 유포라고 함은 객관적으로 진실과 부합하지 않는 사실을 유포하는 것으로서 단순한 의견이나 가치판단을 표시하는 것은 이에 해당하지 아니한다.

o 업무방해죄에서 '허위사실의 유포'에서 허위사실은 기본적 사실이 허위여야만 하는 것은 아니고, 기본적 사실은 허위가 아니라도 이에 허위사실을 상당 정도 부가시킴으로써 타인의 업무를 방해할 위험이 있는 경우도 포함된다. / 그러나 그 내용의 전체 취지를 살펴볼 때 중요한 부분은 객관적 사실과 합치되는데 단지 세부적인 사실에 약간 차이가 있거나 다소 과장된 정도에 불과하여 타인의 업무를 방해할 위험이 없는 경우는 이에 해당하지 않는다(대판 2017.4.13, 2016도19159).
[사실관계] 부산 남구 ○○동에 거주하는 피고인들이 조합 설립을 반대하면서, **지역주택조합 실패시 개발 투자금 전부 날릴 수 있으니 주의하세요"**, "투자에 신중하세요"라는 문구가 기재된 현수막을 만들어서 걸었다면 주택건설사업이 진행되는 것에 대한 반대의견을 표명하면서 지역주택조합에 투자하였다가 그 사업이 실패할 경우 투자금 손실을 입을 수 있다는 사실을 과장하여 표현한 것에 불과하므로, 이를 허위사실의 유포에 해당한다고 보기는 어렵다.

o **의견표현과 사실 적시가 혼재되어 있는 경우**에는 이를 전체적으로 보아 허위사실을 유포하여 업무를 방해한 것인지 등을 판단해야지, 의견표현과 사실 적시 부분을 분리하여 별개로 범죄의 성립 여부를 판단해서는 안 된다(대판 2021.9.30, 2021도6634).
[사실관계] 전국공무원노동조합 대구경북지역본부장인 피고인이, 전국공무원노동조합 부산지역본부 소속 성명불상자로부터 부산공무원노동조합이 상급단체로 **전국공무원노동조합(전공노)**과 **대한민국공무원노동조합총연맹(공노총)**을 선택하려고 하니 전공노를 홍보할 수 있는 글을 써달라는 부탁을 받고 **"한번 상급 단체 결정을 하면 다시 바꾸기 어렵습니다."**라는 제목으로 "대구시청에는 공노총과 전국공무원노동조합이 있습니다. 공노총 초대위원장이 대구시청 노동조합 ○○○ 위원장이었지만, 공노총 대구시청노동조합이 그동안 보여준 모습에 많은 조합원들은 지금 분노와 실망을 느끼고 있습니다. 조합원을 위한 사회 변혁과 조합원의 지위 향상을 위해 투쟁해야 하는데, 권력에 아부하는 대구시청 노동조합의 모습이 부끄럽고 실망스러웠기 때문입니다. 그래서 대구시청노동조합 위원장 선거에서는 현 위원장이 출마해서 재선을 한 경우가 없습니다(쟁점 표현). 조합원을 위해 일하지 않는 공노총 소속 노동조합 지도부를 조합원들이 더 이상 지지하지 않기 때문입니다. 부산시청공무원 여러분. 한번 상급단체 결정을 하게 되면 다시 바꾸기가 어렵습니다. 전국공무원노동조합 대구광역시지부는 부산시청 조합원 여러분을 기다리고 있겠습니다."라는 글을 작성하여 게시하게 한 사안에서, 쟁점 표현 부분은 사실에 관한 것이지만 위 글은 의견표현과 사실 적시가 혼재되어 있고 내용 전체의 취지에 비추어 **공노총에 대한 비판적인 의견**을 표현하는 과정에서 세부적으로 잘못된 사실이나 과장된 표현이 사용된 것이어서 허위사실을 유포하여 업무를 방해할 위험이 발생하였다고 보기 어렵다고 판단하여 원심판결을 파기환송한 사례

(2) 위계

위계에 의한 업무방해죄에서 '위계'란 행위자가 행위목적을 달성하기 위하여 상대방에게 오인·착각 또는 부지를 일으키게 하여 이를 이용하는 것을 말한다.

관련 판례 **위계에 해당하는 경우**

1) 교수인 피고인 갑이 출제교수들로부터 대학원신입생전형시험문제를 제출받아 피고인 을, 병에게 그 시험문제를 알려주자 그들이 답안쪽지를 작성한 다음 이를 답안지에 그대로 베껴 써서 그 정을 모르는 시험감독관에게 제출한 경우, 위계로써 입시감독업무를 방해한 것이므로 업무방해죄에 해당한다(대판 1991.11.21, 91도2211).

2) 사립대학교 대학원생 甲이 석사학위 취득을 목적으로 타인에게 전체 논문의 초안작성을 의뢰하고, 그에 따라 작성된 논문(타인에 의하여 **대작된 논문**)의 내용에 약간의 수정만을 가하였으면서도 자신이 직접 작성한 것처럼 속이고 지도교수에게 논문을 제출하여 심사를 통과하였다면 위계에 의한 업무방해죄가 성립된다(대판 1996.7.30, 94도2708).
[비교판례] 학위논문을 작성함에 있어 자료를 분석, 정리하여 논문의 내용을 완성하는 일의 대부분을 타인에게 의존하였다면 그 논문은 타인에 의하여 대작된 것이라고 보아야 할 것이나(대법원 1996.7.30. 선고 94도2708 판결 참조), / **학위청구논문의 작성계획을 밝히는 예비심사 단계에서 제출된 논문 또는 자료의 경우(박사학위논문 예비심사용 자료)**에는 아직 본격적인 연구가 이루어지기 전이고, 연구주제 선정, 목차 구성, 논문작성계획의 수립, 기존 연구성과의 정리 등에 논문지도교수의 폭넓은 지도를 예정하고 있다고 할 것이어서 학위논문과 동일하게 볼 수 없다(대판 2023.9.14, 2021도13708).

3) 대학교 총장이 신입생을 추가로 모집함에 있어 기부금을 낸 학부모나 교직원 자녀들의 성적 또는 지망학과를 고쳐 석차가 추가로 모집하는 인원의 범위 내에 들도록 **사정부를 허위로 작성**한 다음 그 정을 모르는 입학사정위원들에게 제출하여 허위로 작성된 사정부에 따라 입학사정을 하게 함으로써 위 자녀들을 합격자로 사정하게 하였다면 이는 위계로써 입학사정업무를 방해하였다고 할 것이다(대판 1993.5.11, 92도255).

4) 피고인이 노동운동을 하기 위하여 노동현장에 취업하고자 하나, 자신이 대학교에 입학한 학력과 국가보안법위반죄의 처벌 전력 때문에 쉽사리 입사할 수 없음을 알고, 타인 명의로 **허위의 학력과 경력을 기재한 이력서**를 작성하고, 동인의 고등학교 생활기록부 등 서류를 작성 제출하여 시험에 합격하였다면, 피고인은 위계에 의하여 위 회사의 근로자로서의 적격자를 채용하는 업무를 방해하였다(대판 1992.6.9, 91도2221).

5) 수산업협동조합의 신규직원 채용에 응시한 A와 B가 필기시험에서 합격선에 못 미치는 점수를 받게 되자, 채점업무 담당자들이 조합장인 피고인의 지시에 따라 **점수조작행위**를 통하여 이들을 필기시험에 합격시킴으로써 필기시험 합격자를 대상으로 하는 면접시험에 응시할 수 있도록 한 경우, 위 점수조작행위에 공모 또는 양해하였다고 볼 수 없는 일부 면접위원들이 조합의 신규직원 채용업무로서 수행한 **면접업무**는 위 점수조작행위에 의하여 방해되었다고 보아야 한다(대판 2010.3.25, 2009도8506). → 면접업무의 적정성 또는 공정성이 저해되므로 위계에 의한 업무방해죄 ○
[비교판례] 신규직원 채용권한을 가지고 있는 지방공사 사장이 시험업무 담당자들에게 지시하여 **상호 공모 내지 양해**하에 **시험성적조작 등의 부정한 행위**를 한 경우, 법인인 공사에게 신규직원 채용업무와 관련하여 오인·착각 또는 부지를 일으키게 한 것이 아니므로, '위계'에 의한 업무방해죄에 해당하지 않는다(대판 2007.12.27, 2005도6404). → 디인의 업무 ○, 위계 ×

6) 특정 회사가 제공하는 게임사이트에서 정상적인 포커게임을 하고 있는 것처럼 가장하면서 **통상적인 업무처리 과정에서 적발해 내기 어려운 사설 프로그램('한도우미 프로그램')**을 이용하여 약관상 양도가 금지되는 포커머니를 약속된 상대방에게 이전해 준 사안에서, 이는 구 정보통신망이용촉진 및 정보보호 등에 관한 법률 제48조 제2항에서 정한 '악성프로그램'이나 제314조 제2항에 정한 '부정한 명령의 입력'에 해당하지는 않지만, / 회사의 정상적인 게임사이트 운영 업무를 방해한 것이므로 위계에 의한 업무방해죄를 구성한다(대판 2009.10.15, 2007도9334).
   → 컴퓨터 등 장애 업무방해죄 ×, 위계에 의한 업무방해죄 ○

7) [대리전자투표위계업무방해사건] 컴퓨터 등 정보처리장치에 정보를 입력하는 등의 행위가 그 입력된 정보 등을 바탕으로 **업무를 담당하는 사람의 오인, 착각 또는 부지를 일으킬 목적**으로 행해진 경우에는 그 행위가 업무를 담당하는 사람을 직접적인 대상으로 이루어진 것이 아니라고 하여 위계가 아니라고 할 수는 없다(대판 2013.11.28, 2013도5117).
   [사실관계] 甲 정당의 국회의원 비례대표 후보자 추천을 위한 당내 경선과정에서 피고인들이 선거권자들로부터 **인증번호만을 전달받은 뒤** 그들 명의로 특정 후보자에게 **전자투표**를 하는 방법으로 위계로써 甲 정당의 경선관리 업무를 방해한 경우 → 컴퓨터 등 장애 업무방해죄 ×, 위계에 의한 업무방해죄 ○
   [비교판례(쪼개기송금사건)] 전화금융사기 조직의 현금 수거책인 피고인이 무매체 입금거래의 '1인 1일 100만 원' 한도 제한을 회피하기 위하여 은행 자동화기기에 제3자의 주민등록번호를 입력하는 방법으로 이른바 **'쪼개기 송금'**을 한 경우, 은행에 대한 위계에 의한 업무방해죄가 성립하지 않는다(대판 2022.2.11, 2021도12394).
   [판결이유] 위와 같은 행위로 말미암아 **업무과 관련하여 오인, 착각 또는 부지를 일으킨 상대방이 없었던 경우**에는 위계가 있었다고 볼 수 없으므로 위계로써 피해자 은행들의 자동화기기를 통한 무통장·무카드 입금거래에 관한 업무를 방해하였음이 인정되지 않는다.

8) 해외건설협회로부터 **해외건설공사 기성실적 증명서**를 **허위**로 발급받아 이를 대한건설협회에 제출하여 국가종합전자조달 시스템에 입력되게 함으로써 거액의 관급공사의 낙찰자격을 획득한 후 실제로 여러 관급공사를 낙찰받거나 제3자에게 낙찰받게 한 경우 위계로써 **건설협회**의 실적 신고 담당자의 업무를 방해하였으므로 위계에 의한 업무방해죄가 성립한다(대판 2013.1.16, 2012도12377).
   → 위계로써 관급공사 계약담당 공무원의 공사계약입찰 및 계약체결에 관한 정당한 직무집행을 방해한 부분은 위계공무집행방해죄 성립

9) [허위봉사활동확인서사건][28] 사립고등학교 학생이 실제로 봉사활동을 한 사실이 없음에도 부모가 다른 학교 교사와 공모하여 외부기관으로부터 **허위의 봉사활동**내용이 기재된 **확인서**(□□병원 발급의 봉사활동확인서)를 발급받은 후 이를 학교(**업무담당자**)에 제출하여 학생으로 하여금 봉사상을 받도록 하였다면 위계에 의한 업무방해죄가 성립한다(대판 2020.9.24, 2017도19283).

10) 피고인들이 운항관리자로서 수행하여야 할 출항 전 안전점검을 하지 않았거나 부실하게 하였음에도 마치 출항 전 **여객선 안전점검 보고서**가 선장에 의해 정상적으로 작성·제출되고, 자신들이 출항 전 안전점검을 제대로 실시한 것처럼 위 보고서에 확인 서명한 것은 한국해운조합에 대한 관계에서 **'위계'에 해당**한다(대판 2021.3.11, 2016도14415).

28) 2021년 법원사무관승진시험(15점)

관련 판례 **위계에 해당하지 않는 경우**

1) 형법 제314조 제1항 소정의 위계에 의한 업무방해죄에 있어서의 '위계'라 함은 행위자의 행위목적을 달성하기 위하여 상대방에게 오인·착각 또는 부지를 일으키게 하여 이를 이용하는 것을 말하므로, 인터넷 자유게시판 등에 **실제의 객관적인 사실을 게시하는 행위**는, 설령 그로 인하여 피해자의 업무가 방해된다고 하더라도, 위 법조항 소정의 '위계'에 해당하지 않는다(대판 2007.6.29, 2006도3839).

2) 피고인이 그가 경영하던 공장을 갑에게 양도하면서 **미수 외상대금 채권**의 수금권을 **포기**하기로 **약정**하고도 이를 외상채무자들에게 고지하지 아니하고 외상대금을 수령하였다 하여 이로써 위계로 갑의 공장경영의무를 방해한 것이라 할 수 없다(대판 1984.5.9, 83도2270).

→ 단순한 민사채무불이행에 불과하고, 위계로써 타인의 업무를 방해한 경우에 해당한다고 볼 수 없다는 취지

3) 어장의 대표자가 후임자에게 어장에 대한 허위채권을 주장하면서 인장의 인도를 거절한 경우 후임대표자가 만기도래한 어장소유의 수산업협동조합 예탁금을 인출하지 못하였고 어장소유 선박의 검사를 받지 못한 결과를 초래하였다 하여, 피고인의 위 허위주장을 가리켜 허위사실을 유포하거나 기타 위계로써 타인의 업무를 방해한 경우에 해당한다고는 할 수 없다(대판 1984.7.10, 84도638).

∵ 허위사실을 유포하거나 기타 위계로써 타인의 업무를 방해한 경우에 해당한다고 볼 수 없으므로

4) 게임회사들이 제작한 모바일게임의 이용자들의 게임머니나 능력치를 높게 할 수 있는 변조된 게임프로그램을 해외 인터넷 사이트에서 다운로드받은 다음, 게임프로그램을 변조한 후 자신이 직접 개설한 모바일 어플리케이션 공유사이트 게시판에 위와 같이 **변조한 게임프로그램들을 게시·유포**하였다는 사실만으로는 게임회사에 대한 위계에 의한 업무방해죄가 성립하지 않는다(대판 2017.2.21, 2016도15144).

→ 게임이용자가 변조된 게임프로그램을 설치·실행하여 게임서버에 접속하여야 비로소 게임회사에 대한 위계에 의한 업무방해죄가 성립한다는 취지

5) 피고인들이 주류판매, 접대부 알선의 행위로 형사처벌을 받은 전력이 있는 노래방 업주로 하여금 행정처분을 받게 할 목적으로 노래방에서 주류제공 및 접대부 알선을 요구한 후 경찰에 신고한 경우 위계에 의한 업무방해죄가 성립하지 않는다(대판 2007.11.29, 2007도5095).

∵ 피고인들의 행위로 인하여 노래방 업주가 오인, 착각을 일으켜 종전에 하지 않던 주류제공 및 접대부 알선을 비로소 하게 된 것으로는 볼 수 없으므로

6) 주택재개발조합의 조합장인 피고인이 조합사무장에게 조합정관 개정 및 조합장 재신임의 안건에 대하여 반대한다는 내용이 담긴 조합원 276명 명의의 서면결의서 등을 접수하지 말 것을 지시하여 위 조합원들의 의사를 누락시킨 채 임시총회를 개최하여 안건을 통과시킨 경우 위계에 의한 업무방해죄가 성립하지 않는다(대판 2009.1.15, 2008도9947).

∵ 업무수행의 적정성은 별론으로 하고, 서면결의서의 명의자인 조합원들을 상대로 피고인이 (조합원들의 오인·착각·부지를 이용하여) 어떠한 위계를 쓴 것으로는 평가할 수 없으므로

7) 갑 주식회사의 상무이사인 피고인이 갑 회사의 신규 직원 채용 과정에서, 면접위원인 을이 면접이 끝난 후 인사 담당 직원에게 채점표를 작성하여 제출하고 면접장소에서 먼저 **퇴장하자**, 남은 면접위원들과 협의하여 피고인이 지정한 응시자를 최종합격자로 선정하였다면 면접위원 을에 대한 위계에 의한 업무방해죄가 성립되지 않는다(대판 2017.5.30, 2016도18858).

[판결이유] 공소외 2는 응시자들에 대한 면접을 마치고 공소외 5에게 채점표를 작성하여 제출한 뒤 면접장소를 이탈함으로써 공소외 2의 면접업무는 종료되었다. 그 후 피고인은 영어로 면접한 응시생 중에서 영어 구사능력이 우수하다고 판단한 사람을 합격시키면 좋겠다는 취지로 남아 있던 다른 면접

위원들을 설득한 것으로 보이고 남은 면접위원들이 피고인의 제안을 수용하여 최종합격자를 결정하였다. 이처럼 피고인이 최종합격자를 선정하는 데 영향력을 행사하였더라도 그러한 행위가 면접 업무를 이미 마친 면접위원 을에게 오인·착각 또는 부지를 일으켰다고 할 수 없다.

8) 피고인이 피해 회사가 사용 중인 서비스표를 피해 회사보다 시간적으로 **먼저 등록출원**을 하였다거나 피해 회사가 사용 중인 서비스표의 제작에 실제로는 관여하지 않았으면서도 서비스표 등록출원을 하였다 하더라도 위계에 의한 업무방해죄가 성립한다고 단정하기 어렵다(대판 2020.11.12, 2017도7236). ∵ 실제로 상표를 사용한 사실이 있거나 처음으로 사용하였는지 여부는 상표권 발생의 요건으로 볼 수 없으므로

(3) 위력

위력이라 함은 사람의 자유의사를 제압·혼란케 할 만한 일체의 세력을 말한다.

○ **위력**이란 사람의 자유의사를 제압·혼란케 할 만한 일체의 세력을 말하고, 유형적이든 무형적이든 묻지 아니하며, 폭행·협박은 물론 사회적, 경제적, 정치적 지위와 권세에 의한 압박 등도 이에 포함되고, 현실적으로 피해자의 자유의사가 제압되는 것을 필요로 하는 것은 아니지만, 범인의 위세, 사람 수, 주위의 상황 등에 비추어 피해자의 자유의사를 제압하기 족한 세력을 의미하는 것으로서, 위력에 해당하는지는 범행의 일시·장소, 범행의 동기, 목적, 인원수, 세력의 태양, 업무의 종류, 피해자의 지위 등 제반 사정을 고려하여 객관적으로 판단하여야 하고(대판 2013.11.28, 2013도4430), 피해자 등의 의사에 의해 결정되는 것은 아니다(대판 2022.9.7, 2021도9055).

[사실관계] 피고인들이 **대형마트(홈플러스)**에 들어가 당시 매장에서 현장점검을 하던 피해자(점장)와 대표이사 등 간부들을 약 30분간 따라 다니면서 피켓 시위를 하거나 피켓을 들고 서 있거나 "강제전배 멈추세요."등을 외친 행위는 자유의사를 제압하기에 족한 위력을 행사하였다고 단정하기 어렵다.

○ 업무방해죄의 수단인 **위력**은 사람의 자유의사를 제압·혼란하게 할 만한 일체의 억압적 방법을 말하고 이는 제3자를 통하여 간접적으로 행사하는 것도 포함될 수 있다. / 그러나 어떤 행위의 결과 상대방의 업무에 지장이 초래되었다 하더라도 **행위자가 가지는 정당한 권한을 행사한 것으로 볼 수 있는 경우**에는, (그 행위의 내용이나 수단 등이 사회통념상 허용될 수 없는 등 특별한 사정이 없는 한) 업무방해죄를 구성하는 위력을 행사한 것이라고 할 수 없다. 따라서 제3자로 하여금 상대방에게 어떤 조치를 취하게 하는 등으로 상대방의 업무에 곤란을 야기하거나 그러한 위험이 초래되게 하였더라도, **행위자가 그 제3자의 의사결정에 관여할 수 있는 권한을 가지고 있거나 그에 대하여 업무상의 지시를 할 수 있는 지위에 있는 경우**에는 특별한 사정이 없는 한 업무방해죄를 구성하지 아니한다(대판 2021.7.8, 2021도3805).

[사실관계] 장애인복지협회의 지부장으로서 협회에 대한 **회계자료열람권을 가진 피고인**이 협회 사무실에서 **회계서류 등의 열람을 요구하는 과정**에서 협회 직원들을 불러 모아 상당한 시간 동안 이야기를 하거나 피고인의 요구를 거부하는 직원에게 다소 언성을 높여 책임을 지게 될 수 있다고 이야기한 사정 등만으로는 피고인의 행위가 업무방해 행위에 해당하지 않는다.

[동지판례] 갑 고등학교의 **교장이자 학교입학전형위원회 위원장인 피고인**이 신입생 입학 사정회의 과정에서 면접위원인 피해자들에게 **"참 선생님들이 말을 안 듣네. 중학교는 이 정도면 교장 선생님한테 권한을 줘서 끝내는데. 왜 그러는 거죠?"** 등 특정 학생을 합격시키라는 취지의 발언을 하여 특정 학생의 면접 점수를 상향시켜 신입생으로 선발되도록 한 경우 그 발언에 다소 과도한 표현이 사용되었더라도

위력을 행사하였다고 단정하기 어렵고, 그로 인하여 피해자들의 신입생 면접 업무가 방해될 위험이 발생하였다고 보기도 어렵다(대판 2023.3.30, 2019도7446).
[동지판례] 지방공기업 사장인 피고인이 내부 인사규정 변경을 위한 적법한 절차를 거치지 않은 채 채용공고상 자격요건을 무단으로 변경하여 공동피고인을 2급 경력직의 사업처장으로 채용한 행위에 대하여 **위계 또는 위력**에 의한 업무방해죄로 기소된 사안에서, **채용공고가 인사규정에 부합하는지 여부**는 서류심사위원과 면접위원의 업무와 무관하고, 피고인들이 서류심사위원과 면접위원에게 오인, 착각 또는 부지를 일으키게 하여 이를 이용하였다고 볼 수 없으며, / **공기업 대표이사**인 피고인은 직원 채용 여부에 관한 결정에 있어 인사담당자의 의사결정에 관여할 수 있는 권한을 갖고 있어 관련 업무지시를 위력 행사로 볼 수 없다고 한 사례(대판 2022.6.9, 2020도16182).

관련 판례 **위력에 해당하는 경우**

1) 피해자가 시장번영회를 상대로 잦은 진정을 하고 협조를 하지 않는다는 이유로 시장번영회의 총회결의에 의하여 피해자 소유점포에 대하여 정당한 권한 없이 **단전조치**를 한 경우 위력에 의한 업무방해죄를 구성한다(대판 1983.11.8, 83도1798).
2) 대부업체 직원이 대출금을 회수하기 위하여 소액의 지연이자를 문제 삼아 법적 조치를 거론하면서 소규모 간판업자인 채무자의 휴대전화로 **수백 회에 이르는 전화공세**를 한 것은 사회통념상 허용한도를 벗어난 채권추심행위로서 채무자의 간판업 업무가 방해되는 결과를 초래할 위험이 있었다고 보아 업무방해죄를 구성한다(대판 2005.5.27, 2004도8447).
3) 임대인이 임차인의 물건을 **임의로 철거·폐기할 수 있다는 임대차계약** 조항에 따라 임대인이 임차인 점포의 간판을 철거하고 출입문을 봉쇄한 경우 위력을 사용하여 피해자의 업무를 방해한 행위에 해당한다(대판 2005.3.10, 2004도341).
   ∵ 법률이 정한 집행기관에 강제집행을 신청하지 않고 채권자가 임의로 강제집행을 하기로 하는 계약은 사회질서에 반하는 것으로 민법 제103조에 의하여 무효이므로
4) **[폐원신고 위력업무방해사건]** 피고인이 자신의 명의로 등록되어 있는 피해자 운영의 학원에 대하여 피해자의 승낙을 받지 아니하고 폐원신고를 하였다고 하더라도 피해자에게 **사전**에 **통고**를 한 뒤 **폐원신고**를 하였다면 피해자에게 오인·착각 또는 부지를 일으켜 이를 이용하여 피해자의 업무를 방해한 것으로 보기는 어렵고, / 오히려 피해자가 운영하고 있는 학원이 자신의 명의로 등록되어 있는 지위를 이용하여 임의로 폐원신고를 함으로써 피해자의 업무를 위력으로써 방해한 것이다(대판 2005.3.25, 2003도5004).
   → 위계 ×, 위력 ○
   [비교판례(휴원신고사건)**]** 임대인 甲으로부터 건물을 임차하여 학원을 운영하던 피고인이 건물을 인도한 이후에도 자신 명의로 된 학원설립등록을 말소하지 않고 휴원신고를 연장함으로써 새로운 임차인 乙이 그 건물에서 학원설립등록을 하지 못하도록 한 경우, 위력에 의한 업무방해죄를 구성하지 아니한다(대판 2010.11.25, 2010도9186).
   [판결이유] 피고인이 기존의 학원설립등록을 말소하지 않은 것은 임대인과 사이의 분쟁에 기한 것으로 피고인의 휴원연장신고와 乙이 학원설립등록을 하지 못한 점 사이에 인과관계가 있다고 단정하기 어렵고, 피고인의 행위가 乙의 자유의사를 제압·혼란케 할 정도의 위력에 해당한다고 보기 어렵다.
5) 근로자는 원칙적으로 헌법상 보장된 기본권으로서 근로조건 향상을 위한 자주적인 단결권·단체교

섭권 및 단체행동권을 가지므로(헌법 제33조 제1항), **쟁의행위로서 파업**이 언제나 업무방해죄에 해당하는 것으로 볼 것은 아니고, 전후 사정과 경위 등에 비추어 사용자가 예측할 수 없는 시기에 전격적으로 이루어져 사용자의 사업운영에 심대한 혼란 내지 막대한 손해를 초래하는 등으로 사용자의 사업계속에 관한 자유의사가 제압・혼란될 수 있다고 평가할 수 있는 경우에 비로소 집단적 노무제공의 거부가 위력에 해당하여 업무방해죄가 성립한다고 보는 것이 타당하다(대판 2011.3.17, 2007도482 全合).

[사실관계] 피고인을 비롯한 전국철도노동조합 집행부가 중앙노동위원회 위원장의 **직권중재회부결정**에도 불구하고 파업에 돌입할 것을 지시하여, 조합원들이 사업장에 출근하지 아니한 채 업무를 거부하여 철도 운행이 중단되도록 함으로써 사용자(한국철도공사)에게 손해를 입힌 경우, 업무방해죄가 성립한다.

→ 이와 달리, 근로자들이 집단적으로 근로의 제공을 거부하여 사용자의 정상적인 업무운영을 저해하고 손해를 발생하게 한 행위가 당연히 위력에 해당하는 것을 전제로 노동관계 법령에 따른 정당한 쟁의행위로서 위법성이 조각되는 경우가 아닌 한 업무방해죄를 구성한다는 취지로 판시한 판결들은 이 판결의 견해에 배치되는 범위 내에서 변경한다.

6) **정치적 의사표현의 집회나 행위**가 전체 법질서상 용인될 수 없을 정도로 사회적 상당성을 갖추지 못한 경우 업무방해죄의 위력에 해당할 수 있다(대판 2022.6.16, 2021도16591).

관련 판례 **위력에 해당하지 않는 경우**

1) **만 74세를 넘긴 노인**이 주위에 종중원들 및 마을 주민들 10여 명과 지적공사 직원 3명이 모여 있는데 나타나서 혼자 측량을 반대하면서 **소리치며 시비를 하였다**고 하여 피해자의 자유의사를 제압하기에 족한 위력을 행사한 것이라고 할 수 없다(대판 1999.5.28, 99도495).

2) [소비자불매운동 업무방해사건] [1] 단순히 **소비자불매운동**이 헌법 제124조에 따라 보장되는 소비자보호운동의 요건을 갖추지 못하였다는 이유만으로 이에 대하여 아무런 헌법적 보호도 주어지지 아니한다거나 소비자불매운동에 본질적으로 내재되어 있는 집단행위로서의 성격과 대상 기업에 대한 불이익 또는 피해의 가능성만을 들어 곧바로 형법 제314조 제1항의 업무방해죄에서 말하는 위력의 행사에 해당한다고 단정하여서는 아니 된다. [2] 업무방해죄의 위력은 원칙적으로 피해자에게 행사되어야 하므로, 그 **위력 행사의 상대방이 피해자가 아닌 제3자인 경우** 그로 인하여 피해자의 자유의사가 제압될 가능성이 직접적으로 발생함으로써 이를 실질적으로 피해자에 대한 위력의 행사와 동일시할 수 있는 특별한 사정이 있는 경우가 아니라면 피해자에 대한 업무방해죄가 성립한다고 볼 수 없다. [3] 인터넷카페의 운영진인 피고인들이 카페 회원들과 공모하여, 특정 신문들에 광고를 게재하는 광고주들에게 불매운동의 일환으로 지속적・집단적으로 항의전화를 하거나 광고주들의 홈페이지에 항의글을 게시하는 등의 방법으로 광고중단을 압박한 경우, 위 행위가 광고주들의 자유의사를 제압할 만한 세력으로서 위력에 해당한다고 본 것은 정당하나, / 신문사들에 대한 직접적인 위력의 행사가 있었다고 보기 어렵다(대판 2013.3.14, 2010도410).

→ 광고주들에 대하여는 위력에 의한 업무방해죄 ○, 신문사들에 대하여는 위력에 의한 업무방해죄 ×

3) 창문교체공사 현장에 들어가 '공사를 중단하라면 중단할 것이지 **왜 다시 공사를 하느냐'고 고함을 지르고 집주인을 불러달라**고 요구하여 약 30분간 창문교체공사가 이루어지지 못하게 한 행위는 업무방해죄의 위력에 해당하지 아니한다(대판 2016.10.27, 2016도10956).

4) 비록 공사대금을 받을 목적으로 건축자재를 치우지 않았더라도, 자신의 공사를 위하여 쌓아 두었던

건축자재를 공사 완료 후에 **단순히 치우지 않은 행위**는 부작위에 의한 업무방해죄에 해당하지 않는다(대판 2017.12.22, 2017도13211). ∵ 위력 ×

5) 갑 주식회사가 운영하는 사우나에서 시설 및 보일러, 전기 등을 관리하던 피고인이, 갑 회사가 을에게 사우나를 인계하는 과정에서 자신을 부당하게 해고하였다는 이유로 화가 나 그곳 전기배전반의 위치와 각 **스위치의 작동방법 등을 알려주지 않았다**면, 피고인의 위 행위가 갑 회사나 을이 사우나를 운영하려는 자유의사 또는 갑 회사가 을에게 사우나의 운영에 관한 업무 인수인계를 정상적으로 해 주려는 자유의사를 제압하기에 족한 위력에 해당한다고 단정하기 어렵다(대판 2017.11.9, 2017도12541).

⑷ 업무의 방해

① 업무방해의 결과가 실제로 발생함을 요하지 않고 업무방해의 결과를 초래할 위험이 발생하면 족하다(∵ 추상적 위험범). 그러나 업무방해의 결과발생의 염려가 없는 경우에는 본 죄가 성립하지 않는다.

ㅇ 업무방해죄의 성립에 있어서는 업무방해의 결과가 실제로 발생함을 요하는 것은 아니고 업무방해의 결과를 초래할 위험이 발생하면 충분하다 할 것이나, **결과발생의 염려가 없는 경우**에는 본 죄가 성립하지 않는다(대판 2007.4.27, 2006도9028).

[사실관계] 피해자가 농장 출입을 위하여 사용해 온 피고인 소유 토지 위의 현황도로 일부를 피고인이 축대를 쌓아 막았으나 이미 오래 전부터 바로 근방에 농장으로의 차량 출입이 가능한 비포장도로가 대체도로로 개설되어 있었던 경우 그 도로폐쇄에도 불구하고 대체도로를 이용하여 종전과 같이 조경수 운반차량 등을 운행할 수 있어 피해자의 조경수 운반업무가 방해되는 결과발생의 염려가 없으므로 업무방해죄로 의율할 수 없다.

ㅇ **다른 사람이 작성한 논문**을 피고인 단독 혹은 공동으로 작성한 논문인 것처럼 학술지에 제출하여 발표한 논문연구실적을 부교수 승진심사 서류에 포함하여 제출하였다면, 당해 논문을 제외한 다른 논문만으로도 부교수 승진 요건을 월등히 충족하고 있었다는 등의 사정만으로는 승진심사 업무의 적정성이나 공정성을 해할 위험성이 없었다고 단정할 수 없으므로, 위계에 의한 업무방해죄를 구성한다(대판 2009.9.10, 2009도4772).

[비교판례] 시험의 출제위원이 문제를 선정하여 시험실시자에게 제출하기 전에 이를 유출하였다고 하더라도 이러한 행위 자체는 위계를 사용하여 시험실시자의 업무를 방해하는 행위가 아니라 그 준비단계에 불과한 것이고, 그 후 그와 같이 유출된 문제가 시험실시자에게 제출되지도 아니하였다면 그러한 문제유출로 인하여 시험실시 업무가 방해될 추상적인 위험조차도 있다고 할 수 없으므로 업무방해죄가 성립한다고 할 수 없다(대판 1999.12.10, 99도3487).

→ 순수한 예상문제를 선정하여 수험생이나 그 교습자에게 주는 행위가 시험실시업무를 방해하는 행위라고 볼 수 없다는 사례

② 업무를 방해한다 함은 업무수행(집행) 자체뿐만 아니라 업무의 경영을 저해하거나 업무의 적정성 내지 공정성이 방해된 경우도 포함한다. 예 시험점수를 조작하여 면접업무를 방해한 경우

ㅇ 업무방해죄에 있어 업무를 '방해한다'함은 업무의 집행 자체를 방해하는 것은 물론이고 널리 **업무의 경영**을 저해하는 것도 포함한다(대판 1999.5.14, 98도3767).

[사실관계] 피고인이 서류배달업 회사가 고객으로부터 배달을 의뢰받은 서류의 포장 안에 **특정종교를 비방하는 내용의 전단**을 집어넣어 함께 배달되게 한 경우, 위 회사의 서류배달업무를 방해한 것으로 업무방해죄가 성립한다.

ㅇ 업무방해죄의 성립에는 업무방해의 결과가 실제로 발생함을 요하지 않고 업무방해의 결과를 초래할 위험이 발생하는 것이면 족하며, 업무수행 자체가 아니라 **업무의 적정성 내지 공정성**이 방해된 경우에도 업무방해죄가 성립한다(대판 2008.1.17, 2006도1721).

③ 신청을 받아 자격요건을 심사하여 수용 여부를 결정하는 업무의 담당자에게 신청인이 허위의 주장을 하면서 허위의 자료를 제출한 경우 업무담당자의 충분한 심사가 있었는지에 따라 위계에 의한 업무방해죄의 성립여부가 달라진다.

ㅇ 업무담당자가 사실을 충분히 확인하지 아니한 채 신청인이 제출한 허위의 신청사유나 허위의 소명자료를 가볍게 믿고 이를 수용하였다면 이는 **업무담당자의 불충분한 심사**에 기인한 것으로서 신청인의 위계가 업무방해의 위험성을 발생시켰다고 할 수 없어 위계에 의한 업무방해죄를 구성하지 않지만, / 신청인이 업무담당자에게 허위의 주장을 하면서 이에 부합하는 허위의 소명자료를 첨부하여 제출한 경우 그 수리 여부를 결정하는 업무담당자가 관계 규정이 정한 바에 따라 그 요건의 존부에 관하여 나름대로 **충분히 심사**를 하였음에도 신청사유 및 소명자료가 허위임을 발견하지 못하여 그 신청을 수리하게 될 정도에 이르렀다면, 이는 업무담당자의 불충분한 심사가 아니라 신청인의 위계행위에 의하여 업무방해의 위험성이 발생한 것이어서 위계에 의한 업무방해죄가 성립한다(대판 2007.12.27, 2007도5030).

[사실관계] 대한주택공사가 시행하는 택지개발사업의 공동택지용지 수의공급업무와 관련하여 신청자격이 없는 자가 매매계약일자를 허위기재한 소유토지조서 등 신청자격이 있는 것처럼 보이는 자료를 첨부하여 수의공급신청을 한 경우, 위계에 의한 업무방해죄를 구성한다고 한 사례

[동지판례] 사립대학교 시간강사 임용과 관련하여 **허위 학력이 기재된 이력서**를 제출하였으나 임용심사업무담당자가 학력관련 서류의 제출을 요구하여 이력서와 대조심사할 경우 쉽게 허위사실을 인지할 수 있었다면, 업무방해죄에 해당하지 않는다(대판 2009.1.30, 2008도6950).

∵ 임용심사업무 담당자가 불충분한 심사로 인하여 허위 학력이 기재된 이력서를 믿은 것이므로

[동지판례(비자발급사건)] [29] 주한외국영사관에 **비자발급**을 신청함에 있어 신청인이 제출한 허위의 자료 등에 대하여 업무담당자가 **충분히 심사**하였으나 신청사유 및 소명자료가 허위임을 발견하지 못하여 그 신청을 수리하게 된 경우, 위계에 의한 업무방해죄가 성립한다(대판 2004.3.26, 2003도7927).

[동지판례] 계좌개설 신청인이 접근매체를 양도할 의사로 금융기관에 법인 명의 계좌를 개설하면서 예금거래신청서 등에 **금융거래의 목적이나 접근매체의 양도의사 유무 등에 관한 사실을 허위로 기재**하였으나, 계좌개설 심사업무를 담당하는 금융기관의 업무담당자가 단순히 예금거래신청서 등에 기재된 계좌개설 신청인의 허위 답변만을 그대로 믿고 그 내용의 진실 여부를 확인할 수 있는 증빙자료의 요구 등 추가적인 확인조치 없이 법인 명의의 계좌를 개설해 준 경우 그 계좌개설은

29) 2021년 법원사무관승진시험(5점)

금융기관 업무담당자의 불충분한 심사에 기인한 것이므로, 계좌개설 신청인의 위계가 업무방해의 위험성을 발생시켰다고 할 수 없어 **위계에 의한 업무방해죄**를 구성하지 않는다고 보아야 한다(대판 2023.8.31, 2021도17151).

3 고의

반드시 업무방해의 목적이나 계획적인 업무방해의 의도가 있어야만 하는 것은 아니고, 자신의 행위로 인하여 타인의 업무가 방해될 가능성 또는 위험에 대한 인식이나 예견으로 충분하며, 그 인식이나 예견은 확정적인 것은 물론 불확정적인 것이라도 이른바 미필적 고의로 인정된다(대판 2012.5.24, 2009도4141).

o [PD수첩 광우병보도사건] 방송국 프로듀서 등 피고인들이 특정 프로그램 방송보도를 통하여 **미국산 쇠고기**는 광우병 위험성이 매우 높은 위험한 식품이고 우리나라 사람들이 유전적으로 광우병에 몹시 취약하다는 보도를 한 경우, 방송보도의 전체적인 취지와 내용이 미국산 쇠고기의 식품 안전성 문제 및 쇠고기 수입 협상의 문제점을 지적하고 협상체결과 관련한 정부 태도를 비판한 것이라는 전제에서, 피고인들에게 업무방해의 고의가 있었다고 볼 수 없다(대판 2011.9.2, 2010도17237).
→ 미국산 쇠고기 수입·판매업자들에 대한 업무방해죄 ×

4 위법성

관련 판례 위법성이 조각되는 경우

1) 시장번영회 회장이 이사회의 결의와 시장번영회의 관리규정에 따라서 **관리비 체납**자의 점포에 대하여 실시한 단전조치는 정당행위로서 업무방해죄를 구성하지 아니한다(대판 2004.8.20, 2003도4732).
2) 백화점 입주상인들이 영업을 하지 않고 매장 내에서 **점거 농성**만을 하면서 매장 내의 기존의 전기시설에 임의로 전선을 연결하여 각종 **전열기구**를 **사용**함으로써 화재위험이 높아 백화점 경영 회사의 대표이사인 피고인이 (화재예방을 위하여) 부득이 단전조치를 취하였다면, 업무방해죄를 구성한다고 볼 수 없다(대판 1995.6.30, 94도3136).
3) 건물 관리인이 **임대료 미납**으로 임대차**계약**이 적법하게 **해지**된 지 상당 기간이 경과되었음에도 퇴거하지 않고 공업사를 운영하는 임차인에 대응하여 공업사에 대한 단전조치를 취할 수 있다고 판단되므로, 청구인의 **단전행위**는 사회상규에 위배되지 아니하는 행위로서 정당행위에 해당될 여지가 있다. 그럼에도 불구하고 정당행위 여부를 판단하지 않고 청구인에 대한 업무방해 혐의를 인정한 이 사건 기소유예처분은 자의적인 검찰권의 행사로서 청구인의 평등권과 행복추구권을 침해하였다(헌재결 2020.09.24, 2020헌마130).

관련 판례 위법성이 조각되지 않는 경우

1) 호텔 내 주점의 임대인이 임차인의 **차임 연체**를 이유로 계약서상 규정에 따라 위 주점에 대하여 **단전·단수조치**를 취한 경우, 약정 기간이 만료되었고 임대차보증금도 차임연체 등으로 공제되어 이미 남아있지 않은 상태에서 미리 예고한 후 단전·단수조치를 하였다면 제20조의 정당행위에 해당하지만, / **약정**

기간이 만료되지 않았고 임대차보증금도 상당한 액수가 남아있는 상태에서 계약해지의 의사표시와 경고만을 한 후 단전·단수조치를 하였다면 정당행위로 볼 수 없다(대판 2007.9.20, 2006도9157).

2) 단체협약에 따른 공사 사장의 지시로 09 : 00 이전에 출근하여 업무준비를 한 후 09 : 00부터 근무를 하도록 되어 있음에도 피고인이 쟁의행위의 적법한 절차를 거치지도 아니한 채 조합원들로 하여금 **집단적으로 09 : 00 정각에 출근**하게 함으로써 전화고장수리가 지연되는 등으로 위 공사의 업무수행에 지장을 초래하였다면 정당한 쟁의행위의 한계를 벗어난 것으로 업무방해죄를 구성하고, 형법 제20조 소정의 정당행위에 해당한다고 볼 수 없다(대판 1996.5.10, 96도419).

5 죄수 및 타죄와의 관계

o 한국소비자보호원을 비방할 목적으로 18회에 걸쳐서 출판물에 의하여 공연히 허위의 사실을 적시·유포함으로써 한국소비자보호원의 **명예를 훼손하고 업무를 방해**하였다는 각 죄는 1개의 행위가 2개의 죄에 해당하는 형법 제40조 소정의 상상적경합의 관계에 있다(대판 1993.4.13, 92도3035).

IV 컴퓨터 등 장애 업무방해죄

1 의의

컴퓨터 등 정보처리장치 또는 전자기록 등 특수매체기록을 ① 손괴하거나 ② 정보처리장치에 허위의 정보 또는 ③ 부정한 명령을 입력하거나 ④ 기타 방법으로 정보처리에 장애를 발생하게 하여 사람의 업무를 방해함으로써 성립하는 범죄이다(제314조). 추상적 위험범이다.

o 컴퓨터 등 장애 업무방해죄가 성립하기 위해서는 가해행위 결과 정보처리장치가 그 사용목적에 부합하는 기능을 하지 못하거나 사용목적과 다른 기능을 하는 등 **정보처리에 장애가 현실적으로 발생하였을 것**을 요하나, / 정보처리에 장애를 발생하게 하여 업무방해의 결과를 초래할 위험이 발생한 이상, 나아가 업무방해의 결과가 실제로 발생하지 않더라도 위 죄가 성립한다(대판 2009.4.9, 2008도11978).

2 행위

(1) 손괴란 물리적으로 훼손·멸실케 하여 그 효용을 해하는 행위를 말한다.

(2) 허위정보입력이란 진실에 반하는 내용의 정보를 입력하는 행위를 말한다.

예 입금데이터나 성적데이터를 허위로 입력하는 등 전산조작행위

(3) 부정한 명령 입력이란 사무처리 중 입력해서는 안 될 명령을 입력하는 것을 말한다.

예 컴퓨터에 악성프로그램이나 바이러스를 침투시키거나 해킹하는 행위

(4) 기타 방법이란 컴퓨터의 정보처리에 장애를 초래하는 가해수단으로서 컴퓨터의 작동에 직접·간접으로 영향을 미치는 일체의 행위를 말한다.

관련 판례 **컴퓨터 등 장애 업무방해죄가 성립하는 경우**

1) 포털사이트 운영회사의 통계집계시스템 서버에 **허위의 클릭정보**를 **전송**하여 검색순위 결정 과정에서 위와 같이 전송된 허위의 클릭정보가 실제로 통계에 반영됨으로써 정보처리에 장애가 현실적으로 발생하였다면, / 그로 인하여 실제로 검색순위의 변동을 초래하지는 않았다 하더라도 '컴퓨터 등 장애 업무방해죄'가 성립한다(대판 2009.4.9, 2008도11978).

[동지판례] 甲 주식회사 대표이사인 피고인이, **악성프로그램**이 설치된 피해 컴퓨터 사용자들이 실제로 인터넷 포털사이트에 해당 검색어로 검색하거나 검색 결과에서 해당 스폰서링크를 클릭하지 않았음에도 그와 같이 검색하고 클릭한 것처럼 인터넷 포털사이트의 관련 시스템 서버에 **허위의 신호**를 **발송**하는 방법으로 정보처리에 장애를 발생하게 하였다면 컴퓨터 등 장애업무방해죄 성립한다(대판 2013.3.28, 2010도14607).

[비교판례] 피고인들이 공모하여 네이버에 특정 게시물이 우선적으로 노출될 수 있도록 조작하는 **프로그램**(이하 '이 사건 상위노출 프로그램'이라고 한다)**의 이용권을 판매한 행위**만으로는 컴퓨터등장애업무방해죄가 성립하지 않는다(대판 2021.4.29, 2020도15674).

[판결이유] 상위노출 프로그램의 구매자들이 위 프로그램을 실행하여 피해회사의 서버에 허위의 정보를 전송하는 등 정보처리에 장애를 발생하게 하는 행위를 하여야 컴퓨터등장애업무방해죄의 **실행의 착수**에 이르른 것이라고 볼 수 있고, 한번 입력으로 특정 작업을 자동적으로 반복 수행할 수 있도록 제작된 이 사건 '매크로 프로그램'이 이 **악성프로그램**에 해당한다고 단정하기 어렵다.

2) 주택재건축조합 조합장인 피고인이 자신에 대한 감사활동을 방해하기 위하여 조합 사무실에 있던 컴퓨터에 비밀번호를 설정하고 **하드디스크를 분리·보관**한 경우, 위와 같은 방법으로 조합의 정보처리에 관한 업무를 방해한 행위는 형법 제314조 제2항의 컴퓨터 등 장애 업무방해죄에 해당한다(대판 2012.5.24, 2011도7943). → 제314조 제1항의 업무방해죄 ×, 제314조 제2항의 컴퓨터 등 장애 업무방해죄 ○
∵ 함부로 컴퓨터에 비밀번호를 설정한 행위는 같은 항의 '허위의 정보 또는 부정한 명령의 입력'에 해당하고, 컴퓨터의 하드디스크를 분리·보관한 행위는 같은 항의 '손괴'에 해당하므로

3) 대학의 컴퓨터시스템 서버를 관리하던 피고인이 전보발령을 받아 더 이상 웹서버를 관리 운영할 권한이 없는 상태에서, 웹서버에 접속하여 **홈페이지 관리자의 아이디와 비밀번호를 무단으로 변경한 행위**는, 피고인이 웹서버를 관리 운영할 정당한 권한이 있는 동안 입력하여 두었던 홈페이지 관리자의 아이디와 비밀번호를 단지 후임자 등에게 알려 주지 아니한 행위와는 달리, 정보처리장치에 **부정한 명령**을 **입력**하여 정보처리에 현실적 장애를 발생시킴으로써 피해 대학에 업무방해의 위험을 초래하는 행위에 해당하여 컴퓨터 등 장애 업무방해죄를 구성한다(대판 2006.3.10, 2005도382).

관련 판례 **컴퓨터 등 장애 업무방해죄가 성립하지 않는 경우**

1) 시스템관리자가 단순히 **메인 컴퓨터의 비밀번호를 알려주지 아니한 행위**만으로는 정보처리장치의 작동에 직접 영향을 주어 그 사용목적에 부합하는 기능을 하지 못하게 하거나 사용목적과 다른 기능을 하게 하였다고 볼 수 없어 형법 제314조 제2항에 의한 컴퓨터 등 장애업무방해죄로 의율할 수 없다(대판 2004.7.9, 2002도631).

2) 피고인들이 불특정 다수의 인터넷 이용자들에게 배포한 **'업링크솔루션'**이라는 프로그램은, 갑 회사의 네이버 포털사이트 서버가 이용자의 컴퓨터에 정보를 전송하는 데에는 아무런 영향을 주지 않고, 다만 이용자의 동의에 따라 위 프로그램이 설치된 컴퓨터 화면에서만 네이버 화면이 전송받은 원래 모습과는 달리 피고인들의 광고가 대체 혹은 삽입된 형태로 나타나도록 하는 것에 불과하므로, 이것

만으로는 정보처리장치의 작동에 직접·간접으로 영향을 주어 그 사용목적에 부합하는 기능을 하지 못하게 하거나 사용목적과 다른 기능을 하게 하였다고 볼 수 없어 컴퓨터 등 장애 업무방해죄로 의율할 수 없다(대판 2010.9.30, 2009도12238).
∵ 정보처리의 장애가 현실적으로 발생하였다고 볼 수 없으므로

V 경매 · 입찰방해죄

1 구성요건

위계 또는 위력 기타 방법으로 경매 또는 입찰의 공정을 해함으로써 성립하는 범죄이다(제315조). 추상적 위험범이다.

ㅇ 입찰방해죄는 위계 또는 위력 기타의 방법으로 입찰의 공정을 해하는 경우에 성립하는 **위태범**으로서, 입찰의 공정을 해할 행위를 하면 그것으로 족한 것이지 현실적으로 입찰의 공정을 해한 결과가 발생할 필요는 없다(대판 1994.5.24, 94도600).

(1) 위계 또는 위력 기타 방법

위계 또는 위력의 내용은 업무방해죄와 같다. 다만 행위태양으로 허위사실의 유포는 포함하지 않는다는 점이 다르다.

ㅇ 제315조 소정의 입찰방해죄에 있어 '위력'이란 사람의 자유의사를 제압, 혼란케 할 만한 일체의 유형적 또는 무형적 세력을 말하는 것으로서 폭행, 협박은 물론 사회적, 경제적, 정치적 지위와 권세에 의한 압력 등을 포함하는 것이다(대판 2000.7.6, 99도4079).

(2) 경매 또는 입찰

① 경매란 다수인으로부터 **구두**로 청약을 받아 그중 최고가격의 청약자에 승낙을 하여 매매를 성립시키는 것(경락)을 말하고, 입찰이란 다수인으로 하여금 **문서**로 청약하게 하여 최고가격이나 최저가격의 청약자에게 승낙하여 매매를 성립시키는 것을 말한다.

② 경매나 입찰에는 국가·공공단체에서 하는 것은 물론, 사인이 행하는 것도 포함된다.

③ 입찰방해죄가 성립하려면 최소한 적법하고 유효한 입찰절차의 존재가 전제되어야 하므로 입찰 자체가 실시되지 않거나, 그 대상이 수의계약(임의선택에 의한 계약체결)이나 (공개)추첨인 경우에는 계약체결과정에 공정한 경쟁을 해하는 행위가 개재되었다 하더라도 입찰방해죄가 성립하지 않는다.

✔ **〈정리〉** 입찰 × = 1. 수의계약(임의선택에 의한 계약체결) 2. 공개추첨

ㅇ 입찰방해죄가 성립하려면 최소한 적법하고 유효한 입찰 절차의 존재가 전제되어야 하는 것인데, 입찰방해죄의 대상인 (재)**입찰 절차가 처음부터 존재하였다고 할 수 없다**면 입찰방해죄가 성립하지 않는다(대판 2005.9.9, 2005도3857).

○ 입찰방해 행위가 있다고 하기 위해서는 그 방해의 대상이 되는 입찰절차가 존재하여야 하므로, 위와 같이 공정한 자유경쟁을 통한 적정한 가격형성을 목적으로 하는 입찰절차가 아니라 공적·사적 경제주체의 **임의의 선택에 따른 계약**체결의 과정에 공정한 경쟁을 해하는 행위가 개재되었다 하여 입찰방해죄로 처벌할 수는 없다(대판 2008.5.29, 2007도5037).

○ 한국토지공사 지역본부가 중고자동차매매단지를 분양하기 위하여 유자격 신청자들을 대상으로 **무작위 공개추첨**하여 1인의 수분양자를 선정하는 절차를 진행하는데, 신청자격이 없는 피고인이 총 12인의 신청자 중 9인의 신청자의 자격과 명의를 빌려 그 당첨확률을 약 75%까지 인위적으로 높여 분양을 신청한 경우, 추첨방식의 분양업무의 적정성과 공정성 등을 방해하는 행위라고 볼 수 없어 입찰방해죄와 업무방해죄 모두 성립하지 않는다(대판 2008.5.29, 2007도5037).

(3) 경매 또는 입찰의 공정을 해하는 행위(담합행위 등)

① 입찰의 공정을 해하는 행위란 공정한 자유경쟁을 방해할 염려가 있는 상태를 발생시키는 것, 즉 공정한 자유경쟁을 통한 적정한 가격형성에 부당한 영향을 주는 상태를 발생시키는 것을 말한다.

② 그 행위에는 가격결정뿐 아니라 '적법하고 공정한 경쟁방법'을 해하는 행위도 포함된다.

③ 공정한 가격을 해하거나 부정한 이익을 얻을 목적으로 담합행위가 행해지거나, 단독입찰을 경쟁입찰로 가장한 경우는 본죄가 성립한다.

관련 판례 **입찰방해죄가 성립하는 경우**

1) 가장경쟁자를 조작하거나 입찰의 경쟁에 참가하는 자가 서로 통모하여 그중의 특정한 자를 낙찰자로 하기 위하여 기타의 자는 일정한 가격 이하 또는 이상으로 입찰하지 않을 것을 협정하는 소위 **담합행위**를 한 경우에는 담합자 상호 간에 금품의 수수와 상관없이 입찰의 공정을 해할 위험성이 있다(대판 1994.5.24, 94도600).

2) 설사 동업자 사이의 무모한 출혈경쟁을 방지하기 위한 수단에 불과하여 입찰가격에 있어 입찰실시자의 이익을 해하거나 입찰자에게 부당한 이익을 얻게 하는 것이 아니었다 하더라도 실질적으로는 **단독입찰을 하면서 경쟁입찰인 것 같이 가장**하였다면 그 입찰가격으로서 낙찰하게 한 점에서 경쟁입찰의 방법을 해한 것이 되어 입찰의 공정을 해한 것이다(대판 1994.11.8, 94도2142).

3) 입찰참가자들 사이의 담합행위가 입찰방해죄로 되기 위하여는 반드시 입찰참가자 전원 사이에 담합이 이루어져야 하는 것은 아니고, 입찰참가자들 중 **일부 사이에만 담합이 이루어진 경우**라고 하더라도 그것이 입찰의 공정을 해하는 것으로 평가되는 이상 입찰방해죄는 성립한다(대판 2009.5.14, 2008도11361).

4) 입찰자들 상호 간에 특정업체가 낙찰받기로 하는 담합이 이루어진 상태에서 그 특정업체를 포함한 다른 입찰자들은 당초의 합의에 따라 입찰에 참가하였으나 일부 입찰자는 자신이 낙찰받기 위하여 당초의 합의에 따르지 아니한 채 오히려 **낙찰받기로 한 특정업체보다 저가로 입찰**하였다면, 담합을 이용하여 낙찰을 받은 것이라는 점에서 적법하고 공정한 경쟁방법을 해한 것이 되고, 따라서 이러한 일부 입찰자의 행위 역시 입찰방해죄에 해당한다(대판 2010.10.14, 2010도4940).
∵ 위계로써 입찰의 공정을 해하였으므로

5) 건설산업기본법 제95조 제3호 소정의 **'다른 건설업자의 입찰행위를 방해한 자'**에는 입찰에 참가한 다른 건설업자의 입찰행위를 방해한 자뿐만 아니라 입찰에 참가할 가능성이 있는 다른 건설업자의 입찰 참가 여부 결정 등에 영향을 미침으로써 입찰행위를 방해한 자도 포함된다(대판 2015.12.24, 2015도13946).
[사실관계] 피고인 주식회사 등 8개사가 이 사건 4대강 살리기 사업공사의 공구를 배분하고 그 공구배분을 실현하기 위하여 입찰절차에서 **경쟁사로 하여금 설계도면을 수정하여 제출하게 한 행위**는 공구배분행위에 가담하지 않은 다른 건설사들의 입찰 참여를 방해한 것으로 건설산업기본법 제95조 제3호 위반죄를 구성한다.

관련 판례 **입찰방해죄가 성립하지 않는 경우**

1) 주문자의 예정가격 내에서 무모한 경쟁을 방지하고자 담합한 경우에는 담합자끼리 금품의 수수가 있었다 하더라도 입찰자체의 공정을 해하였다고는 볼 수 없다(대판 1971.4.20, 70도2241).
2) 담합이 있고 그에 따른 담합금이 수수되었다 하더라도 입찰시행자의 이익을 해함이 없이 자유로운 경쟁을 한 것과 동일한 결과로 되는 경우에는 입찰의 공정을 해할 위험성이 없다(대판 1983.1.18, 81도824).

2 죄수 및 타죄와의 관계

○ 법원경매업무를 담당하는 집행관의 구체적인 직무집행을 저지하거나 현실적으로 곤란하게 하는 데까지는 이르지 않고 입찰의 공정을 해하는 정도의 행위는 형법 제315조의 경매·입찰방해죄에만 해당될 뿐, 형법 제137조의 위계에 의한 공무집행방해죄에는 해당되지 않는다(대판 2000.3.24, 2000도102).
[사실관계] 법원에서 실시하는 입찰에서 상대방입찰참가자의 경매브로커로부터 상대방입찰참가자의 **입찰가격을 알아내어 다른 입찰참가자에게 알려주고** 그보다 높은 가격으로 부동산을 낙찰받도록 한 경우 입찰방해죄가 성립한다.

Chapter

04 사생활의 평온에 대한 죄

제1절 비밀침해의 죄

제316조【비밀침해】
① 봉함 기타 비밀장치한 사람의 편지, 문서 또는 도화를 개봉한 자는 3년 이하의 징역이나 금고 또는 500만원 이하의 벌금에 처한다.
② 봉함 기타 비밀장치한 사람의 편지, 문서, 도화 또는 전자기록 등 특수매체기록을 기술적 수단을 이용하여 그 내용을 알아낸 자도 제1항의 형과 같다.

제317조【업무상비밀누설】
① 의사, 한의사, 치과의사, 약제사, 약종상, 조산사, 변호사, 변리사, 공인회계사, 공증인, 대서업자나 그 직무상 보조자 또는 차등의 직에 있던 자가 그 직무처리 중 지득한 타인의 비밀을 누설한 때에는 3년 이하의 징역이나 금고, 10년 이하의 자격정지 또는 700만원 이하의 벌금에 처한다.
② 종교의 직에 있는 자 또는 있던 자가 그 직무상 지득한 사람의 비밀을 누설한 때에도 전항의 형과 같다.

제318조【고소】
본장의 죄는 고소가 있어야 공소를 제기할 수 있다.

1 서설

(1) 의의 및 보호법익

비밀침해의 죄는 개인의 비밀을 침해하는 것을 내용으로 하는 범죄이다. 보호법익은 개인의 비밀이고 보호의 정도는 추상적 위험범이다. 다만 제316조 제2항의 기술적수단이용비밀침해죄는 침해범이다.

(2) 구성요건의 체계

독립적 구성요건	비밀침해죄(편지 등 개봉죄, 기술적수단이용비밀침해죄), 업무상비밀누설죄
미수범 처벌규정	×
예비 · 음모 처벌규정	×
소추조건	친고죄

2 비밀침해죄

(1) **편지 등 개봉죄**는 봉함 기타 비밀장치한 사람의 편지, 문서 또는 도화를 개봉함으로써 성립하는 범죄이다(제316조 제1항). 추상적 위험범이므로 개봉하면 내용을 인식하지 못한 경우에도 기수이다.

○ '봉함 기타 비밀장치가 되어 있는 문서'란 반드시 문서 자체에 비밀장치가 되어 있는 것만을 의미하는 것은 아니고, 봉함 이외의 방법으로 외부 포장을 만들어서 그 안의 내용을 알 수 없게 만드는 일체의

장치를 가리키는 것으로, **잠금장치 있는 용기나 서랍** 등도 포함한다(대판 2008.11.27, 2008도9071).
[사실관계] 서랍이 2단으로 되어 있어 그중 아래 칸의 윗부분이 막혀 있지 않아 위 칸을 밖으로 빼내면 아래 칸의 내용물을 쉽게 볼 수 있는 구조로 되어 있는 서랍이라고 하더라도 **서랍아래 칸에 잠금장치가 되어 있는 경우** 비밀장치에 해당하므로 아래 칸에서 편지를 꺼내어 간 경우 비밀침해죄가 성립한다.

(2) **기술적수단이용비밀침해죄**는 봉함 기타 비밀장치한 사람의 편지, 문서, 도화 또는 전자기록 등 특수매체기록을 기술적 수단을 이용하여 그 내용을 알아낸 경우 성립하는 범죄이다(제316조 제2항). 침해범이므로 그 내용을 알아내어야 범죄가 성립한다(기수).

ㅇ [1] **이 사건 아이디 등**은 전자방식에 의하여 피해자의 노트북 컴퓨터에 저장된 기록으로서 형법 제316조 제2항의 '전자기록 등 특수매체기록'에 해당한다. 따라서 특정인의 의사가 표시되지 않았다는 점만을 들어 이 사건 아이디 등을 전자기록 등에서 제외한 원심의 판단은 잘못이다. [2] 한편, 전자기록 등 특수매체기록에 해당하더라도 **봉함 기타 비밀장치가 되어 있지 아니한 것**은 이를 기술적 수단을 동원해서 알아냈더라도 **전자기록등내용탐지죄가 성립하지 않는다**(대판 2022.4.5, 2021도8900).
[사실관계] 피고인이 피해자가 사용하는 노트북 컴퓨터에 해킹프로그램을 몰래 설치한 후 이를 작동시켜 피해자의 **네이트온, 카카오톡, 구글 계정의 각 아이디 및 비밀번호**(이하 '이 사건 아이디 등'이라고 한다)를 알아내었다 하더라도 이 사건 아이디 등 혹은 그 내용이 기록된 텍스트 파일에 봉함 기타 비밀장치가 되어 있는 것으로 볼 수 없고 달리 이를 인정할 증거가 없으며, 오히려 피해자의 노트북 컴퓨터 그 자체에는 비밀번호나 화면보호기 등 별도의 보안장치가 설정되어 있지 않았다면 전자기록등내용탐지죄가 성립하지 않는다.

3 업무상 비밀누설죄

의사, 한의사, 치과의사, 약제사, 약종상, 조산사, 변호사, 변리사, 공인회계사, 공증인, 대서업자나 그 직무상 보조자 또는 차등의 직에 있던 자, 종교의 직에 있는 자 또는 있던 자가 그 직무처리 중 지득한 타인의 비밀을 누설한 경우 성립하는 범죄이다(제317조).

(1) 업무상 비밀누설죄의 주체는 제317조에 열거된 자에 국한되므로 진정신분범이다.

(2) 타인의 비밀을 누설한 자만 처벌하고 누설 받은 자를 처벌하는 규정이 없다는 점에서 필요적 공범 중 대향범 중 일방만 처벌하는 경우에 해당한다.

ㅇ 병원에서 분실된 진료기록의 일부를 당사자가 증거로 제출하는 것이 제317조 제1항 소정의 업무상 비밀누설죄에 해당된다고 볼 수 없다(대판 1992.5.22, 91다39320).

제2절 주거침입의 죄

제319조【주거침입, 퇴거불응】
① 사람의 주거, 관리하는 건조물, 선박이나 항공기 또는 점유하는 방실에 침입한 자는 3년 이하의 징역 또는 500만 원 이하의 벌금에 처한다.
② 전항의 장소에서 퇴거요구를 받고 응하지 아니한 자도 전항의 형과 같다.

제320조【특수주거침입】
단체 또는 다중의 위력을 보이거나 위험한 물건을 휴대하여 전조의 죄를 범한 때에는 5년 이하의 징역에 처한다.

제321조【주거·신체 수색】
사람의 신체, 주거, 관리하는 건조물, 자동차, 선박이나 항공기 또는 점유하는 방실을 수색한 자는 3년 이하의 징역에 처한다.

제322조【미수범】
본장의 미수범은 처벌한다.

I 서설

1 의의 및 보호법익

(1) 주거침입의 죄는 사람의 주거 또는 관리하는 장소의 평온과 안전을 침해하는 것을 내용으로 하는 범죄이다. 주거침입죄·퇴거불응죄 모두 계속범이다. 퇴거불응죄는 진정부작위범이고 거동범이다.

(2) 주거침입죄의 보호법익은 법적 주거권(주거권설)이 아니라, 사실상의 주거의 평온(**사실상의 평온설**, 판례)이고, 보호정도는 침해범(판례)이다.

예 임대차가 종료하였는데도 임차인이 계속 점유관리하면서 건물을 비워주지 않자 소유자가 권리회복을 위하여 적법한 절차에 의하지 않고 임차인의 의사에 반하여 들어간 경우 → 주거침입죄 성립 ○

ㅇ 형법상 주거침입죄의 보호법익은 주거권이라는 법적 개념이 아니고 사적 생활관계에 있어서의 사실상 주거의 자유와 평온으로서 그 주거에서 공동생활을 하고 있는 전원이 평온을 누릴 권리가 있다(대판 1984.6.26, 83도685).

관련 판례 **주거침입죄가 성립하는 경우**

1) 주거침입죄는 사실상의 주거의 평온을 보호법익으로 하는 것이므로, 그 주거자 또는 간수자가 건조물 등에 거주 또는 간수할 권리를 가지고 있는가의 여부는 범죄의 성립을 좌우하는 것이 아니며, **점유할 권리 없는 자의 점유**라 하더라도 그 주거의 평온은 보호되어야 할 것이므로, 권리자가 그 권리를 실행함에 있어 법에 정하여진 절차에 의하지 아니하고 그 건조물 등에 침입한 경우에는 주거침입죄가 성립한다(대판 2008.5.8, 2007도11322).

2) 주거침입죄는 사실상의 주거의 평온을 보호법익으로 하는 것이므로 그 거주자 또는 간수자가 건조물 등에 거주 또는 간수할 법률상 권한을 가지고 있는 여부는 범죄의 성립을 좌우하는 것이 아니며 **일단 적법하게 거주 또는 간수를 개시한 후에 그 권한을 상실하여 사법상 불법점유가 되더라도** 권리

자가 이를 배제하기 위하여 정당한 절차에 의하지 아니하고 그 주거 또는 건조물을 침입한 경우에는 주거침입죄가 성립한다(대판 1983.3.8, 82도1363).
[동지판례] 관리자가 건조물을 사실상 점유·관리하는 경우라면 **설령 정당한 권원이 없는 사법상 불법점유이더라도** 적법한 절차에 의하여 점유를 풀지 않는 한 그에 따른 사실상 평온은 보호되어야 하므로 사법상 권리자라 하더라도 정당한 절차에 의하지 아니하고 건조물에 침입한 경우에는 건조물침입죄가 성립한다(대판 2023.2.2, 2022도5940).

3) 근저당권설정등기가 되어 있지 아니한 별개 독립의 이 사건 건물이 근저당권의 목적으로 된 대지 및 건물과 일괄하여 경매된 경우 이 사건 건물에 대한 **경락허가결정이 당연무효라고 하더라도** 이에 기한 인도명령에 의한 집행으로서 일단 이 사건 건물의 점유가 경락인에게 이전된 이상 이 사건 건물의 소유자인 피고인이 위 무효인 인도집행에 반하여 위 건물에 들어간 경우 주거침입죄가 성립한다(대판 1984.4.24, 83도1429).

4) 피고인 소유 건물이 **하자 있는 임의경매절차**에 의하여 경락되고 그에 기한 인도명령에 의한 집행으로 건물의 점유가 이전되었다면, **자력구제의 수단으로 건물에 들어갔더라도** 주거침입죄가 성립한다(대판 1985.3.26, 85도122).

5) 건물의 소유자라고 주장하는 피고인과 그것을 점유관리하는 피해자 사이에 건물의 **소유권에 대한 분쟁**이 계속되고 있는 상황이라면 피고인이 피해자의 허락 없이 그 건물에 침입하는 행위를 주거침입죄로 처벌할 수 있다(대판 1989.9.12, 89도889).

관련 판례 **주거침입죄가 성립하지 않는 경우**

주택의 **매수인**이 계약금과 중도금을 지급하고서 그 주택을 명도받아 점유하고 있던 중 위 매매계약을 해제하고 중도금반환청구소송을 제기하여 얻은 그 승소판결에 기하여 강제집행에 착수한 이후에, **매도인**이 매수인이 잠그어 놓은 위 주택의 출입문을 열고 들어간 경우라면 매도인으로서는 매수인이 그 주택에 대한 모든 권리를 포기한 것으로 알고 그 주택에 들어간 것이라고 할 수 있을 뿐만 아니라 또한 그 주택에 대하여 보호받아야 할 피해자의 주거에 대한 평온상태는 소멸되었다고 볼 수 있으므로 매도인의 위 소위는 **주거침입죄를 구성하지 아니한다**(대판 1987.5.12, 87도3).

2 구성요건의 체계

기본적 구성요건	주거침입죄, 퇴거불응죄
가중적 구성요건	특수주거침입죄, 특수퇴거불응죄
독립적 구성요건	신체·주거수색죄
미수범 처벌규정	○ → 퇴거불응죄의 미수범 처벌규정 있음 주의!
예비·음모 처벌규정	×

II 주거침입죄

사람의 주거, 관리하는 건조물, 선박이나 항공기 또는 점유하는 방실에 침입한 경우 성립하는 범죄이다(제319조 제1항). ↔ 자동차 : ×

1 객체 _ 사람의 주거 등

(1) 주거침입죄에서 '주거'란 사람이 기거하고 침식에 사용하는 장소를 말하고, '건조물'은 주위벽 또는 기둥과 지붕 또는 천정으로 구성된 구조물로서 사람이 기거하거나 출입할 수 있는 장소를 말한다.

(2) 주거나 건조물이란 단순히 가옥 자체나 건조물 자체만을 말하는 것이 아니라 그 정원 등 위요지(圍繞地, 둘러싼 땅)를 포함한다.

ㅇ **위요지**라고 함은 건조물에 인접한 그 주변의 토지로서 외부와의 경계에 담 등이 설치되어 그 토지가 건조물의 이용에 제공되고 또 외부인이 함부로 출입할 수 없다는 점이 객관적으로 명확하게 드러나야 한다(대판 2005.10.7, 2005도5351).

ㅇ **위요지(건조물의 이용을 위하여 제공되는 토지)**라고 함은 ① 건조물에 인접한 그 주변의 토지로서 ② 외부와의 경계에 담 등이 설치되어 그 토지가 건조물의 이용에 제공되고 또 외부인이 함부로 출입할 수 없다는 점이 객관적으로 명확하게 드러나야 한다(대판 2010.4.29, 2009도14643 등 참조). 그러나 관리자가 일정한 토지와 외부의 경계에 인적 또는 물적 설비를 갖추고 외부인의 출입을 제한하고 있더라도 그 토지에 인접하여 건조물로서의 요건을 갖춘 구조물이 존재하지 않는다면 이러한 토지는 건조물침입죄의 객체인 위요지에 해당하지 않는다고 봄이 타당하다(대판 2017.12.22, 2017도690).
[사실관계] 공사현장에서 당시 **건축 중인 타워(석유정제시설)**의 계단을 통해 이 사건 타워 상단부에 올라 간 행위는, ① **타워**는 아직 신축 중인 상태의 철골구조물로 기둥과 계단 외에 벽이나 천정이라고 볼 수 있는 시설은 갖추어지지 않아 건조물침입죄의 객체인 건조물로서의 요건을 갖추었다고 볼 수 없고, ② **공사현장**도 이러한 건조물의 이용을 위하여 제공되는 토지, 즉 위요지라고 볼 수 없으므로, 피고인들이 이 사건 공사현장에 출입한 행위는 건조물침입죄가 성립할 수 없다.

ㅇ 구 롯데성주골프장 부지에 설치된 **사드**(THAAD : 고고도 미사일 방어 체계)**기지**가 2중 철조망에 의하여 외부인의 출입이 통제되고 있었고, 기지 내 건물(골프장으로 이용될 당시의 클럽하우스, 골프텔 등의 건축물)에 기지 운용을 위한 병력이 주둔하고 있었다면, 사드기지의 부지는 기지 내 건물의 위요지에 해당한다(대판 2020.3.12, 2019도16484).

ㅇ 주거침입죄에 있어서 주거 또는 건조물이라 함은 단순히 가옥만을 말하는 것이 아니고 그 위요지를 포함한다 할 것이므로, **사찰**의 정문에 설치된 철조망을 걷어내고 무단으로 사찰의 경내로 진입한 행위는 전임 주지 측의 사찰 경내에 대한 사실상 점유의 평온을 침해한 것으로 주거침입죄가 성립한다(대판 1983.3.8, 82도1363).

(3) 다가구용 단독주택이나 다세대주택 · 연립주택 · 아파트 등 공동주택 내부에 있는 엘리베이터, 공용계단과 복도도 사실상의 주거의 평온을 보호할 필요성이 있는 부분이므로 주거에 해당한다.

관련 판례 주거 등에 해당하는 경우

1) 주거침입죄에 있어서 주거라 함은 단순히 가옥 자체만을 말하는 것이 아니라 그 위요지를 포함하므로, 이미 수일 전에 2차례에 걸쳐 피해자를 강간하였던 피고인이 대문을 몰래 열고 들어와 **담장과 피해자가 거주하던 방 사이의 좁은 통로**에서 창문을 통하여 방안을 엿본 경우 주거침입죄에 해당한다(대판 2001.4.24, 2001도1092).

2) 다가구용 단독주택인 빌라의 잠기지 않은 대문을 열고 들어가 **공용 계단으로 빌라 3층까지 올라갔다가 1층으로 내려온 경우** 주거침입죄를 구성한다(대판 2009.8.20, 2009도3452).[30)]

3) **다가구용 단독주택이나 다세대주택·연립주택·아파트 등 공동주택의 내부에 있는 엘리베이터, 공용 계단과 복도**는 특별한 사정이 없는 한 주거침입죄의 객체인 '사람의 주거'에 해당하고, 위 장소에 거주자의 명시적, 묵시적 의사에 반하여 침입하는 행위는 주거침입죄를 구성한다(대판 2009.9.10, 2009도4335).
[사실관계] 피고인이 강간할 목적으로 피해자를 따라 피해자가 거주하는 아파트 내부의 엘리베이터에 탄 다음 그 안에서 폭행을 가하여 반항을 억압한 후 계단으로 끌고 가 피해자를 강간하고 상해를 입힌 경우, **주거침입죄와 강간상해죄의 경합범**이 성립한다(대판 2009.9.10, 2009도4335).

4) 피해자 소유의 축사 건물 및 그 부지를 임의경매절차에서 매수한 사람이 위 부지 밖에 설치된 피해자 소유 **소독시설**을 통로로 삼아 위 축사건물에 출입한 경우, 위 소독시설은 축사의 종물이 아니므로 위 출입행위는 건조물침입죄를 구성한다(대판 2007.12.13, 2007도7247).
[비교판례] **물탱크시설**은 주거침입죄의 객체인 건조물에 해당하지 않는다(대판 2007.12.13, 2007도7247).

(4) 주거침입죄의 객체는 행위자 이외의 사람, 즉 **'타인'이 거주하는 주거** 등이라고 할 것이므로 행위자 자신이 단독으로 또는 **다른 사람과 공동으로 거주하거나 관리 또는 점유하는 주거** 등에 임의로 출입하더라도 주거침입죄를 구성하지 않는다. 다만 다른 사람과 공동으로 주거에 거주하거나 건조물을 관리하던 사람이 공동생활관계에서 이탈하거나 주거 등에 대한 사실상의 지배·관리를 상실한 경우 등 특별한 사정이 있는 경우에 주거침입죄가 성립할 수 있을 뿐이다(대판 2021.9.9, 2020도6085 全合).

ㅇ [가정불화로 처와 일시 별거 중인 남편이 그의 부모와 함께 주거지에 들어가려고 하는데 처로부터 집을 돌보아 달라는 부탁을 받은 처제가 출입을 못하게 하자, 출입문에 설치된 잠금장치를 손괴하고 주거지에 출입하여 폭력행위 등 처벌에 관한 법률위반(공동주거침입)죄 등으로 기소된 사안] 31) [1] **공동거주자 중 한 사람이 법률적인 근거 기타 정당한 이유 없이 다른 공동거주자가 공동생활의 장소에 출입하는 것을 금지하였는데 다른 공동거주자가 이에 대항하여 공동생활의 장소에 들어간 경우**, 주거침입죄가 성립하지 않는다. 또한 그 공동거주자가 공동생활의 장소에 출입하기 위하여 출입문의 잠금장치를 손괴하는 등 다소간의 물리력을 행사하여 그 출입을 금지한 공동거주자의 사실상 평온상태를 해쳤더라도 마찬가지이다. [2] 이때 그 공동거주자의 승낙을 받아 공동생활의 장소에 **함께 들어간 외부인의 출입 및 이용행위**가 전체적으로 그의 출입을 승낙한 **공동거주자의 통상적인 공동생활 장소의 출입 및 이용행위의 일환이자 이에 수반되는 행위**로 평가할 수 있는 경우, 그 외부인에 대하여 주거침입죄가 성립하지 않는다(대판 2021.9.9, 2020도6085 全合).
[사실관계] 피고인 갑은 처(妻) 을과의 불화로 인해 을과 공동생활을 영위하던 아파트에서 짐 일부를 챙겨 나왔는데, 그 후 자신의 부모인 피고인 병, 정과 함께 아파트에 찾아가 출입문을 열 것을 요구하였으나 을은 외출한 상태로 을의 동생인 무(처제)가 출입문에 설치된 체인형 걸쇠를 걸어 문을 열어

30) 2009년 법무사시험
31) 2022년 법무사시험(15점), 2023년 변호사시험

주지 않자 공동하여 걸쇠를 손괴한 후 아파트에 침입하였다고 하여 폭력행위 등 처벌에 관한 법률 위반(공동주거침입)으로 기소된 사안에서, 아파트에 대한 공동거주자의 지위를 계속 유지하고 있던 피고인 갑에게 주거침입죄가 성립한다고 볼 수 없고, 피고인 병, 정에 대하여도 같은 법 위반(공동주거침입)죄가 성립하지 않는다.

[판결요지] (가) 주거침입죄의 객체는 행위자 이외의 사람, 즉 '타인'이 거주하는 주거 등이라고 할 것이므로 행위자 자신이 **단독**으로 또는 다른 사람과 **공동으로 거주하거나 관리 또는 점유하는 주거** 등에 임의로 출입하더라도 주거침입죄를 구성하지 않는다. / 다만 다른 사람과 공동으로 주거에 거주하거나 건조물을 관리하던 사람이 공동생활관계에서 이탈하거나 주거 등에 대한 사실상의 지배·관리를 상실한 경우 등 특별한 사정이 있는 경우에 주거침입죄가 성립할 수 있을 뿐이다. (나) 공동거주자 상호 간에는 특별한 사정이 없는 한 다른 공동거주자가 공동생활의 장소에 자유로이 출입하고 이를 이용하는 것을 금지할 수 없다. 공동거주자 중 한 사람이 법률적인 근거 기타 정당한 이유 없이 다른 공동거주자가 공동생활의 장소에 출입하는 것을 금지한 경우, 다른 공동거주자가 이에 대항하여 공동생활의 장소에 들어갔더라도 이는 사전 양해된 공동주거의 취지 및 특성에 맞추어 공동생활의 장소를 이용하기 위한 방편에 불과할 뿐, 그의 출입을 금지한 공동거주자의 사실상 주거의 평온이라는 법익을 침해하는 행위라고는 볼 수 없으므로 주거침입죄는 성립하지 않는다. 설령 그 공동거주자가 공동생활의 장소에 출입하기 위하여 출입문의 잠금장치를 손괴하는 등 다소간의 물리력을 행사하여 그 출입을 금지한 공동거주자의 사실상 평온상태를 해쳤더라도 **그러한 행위 자체를 처벌하는 별도의 규정에 따라 처벌될 수 있음은 별론**으로 하고, 주거침입죄가 성립하지 아니함은 마찬가지이다.

관련 판례 **주거 등에 해당하지 않는 경우**

1) **타워크레인**은 건설기계의 일종으로서 작업을 위하여 토지에 고정되었을 뿐이고 운전실은 기계를 운전하기 위한 작업공간 그 자체이지 건조물침입죄의 객체인 건조물에 해당하지 아니하고, / 피고인들이 위 공사현장에 컨테이너 박스 등으로 가설된 현장사무실 또는 경비실 자체에 들어가지 아니하였다면, 피고인들이 위 **공사현장의 구내에 들어간 행위**를 위 공사현장 구내에 있는 건조물인 위 각 현장사무실 또는 경비실에 침입한 행위로 보거나, 위 공사현장 구내에 있는 건축 중인 건물에 침입한 행위로 볼 수 없다(대판 2005.10.7, 2005도5351).

   [비교판례] 선박건조자재운반용으로 도크에 고정되어 82m 높이에 설치되어 있는 기계장치(**골리앗 크레인**)에 10평가량 규모의 방실 등이 있고 평소 그 운전을 위해 1, 2명의 직원이 근무하고 있었다면, 건조물침입죄의 건조물에 해당한다(대판 1991.6.11, 91도753).

2) **[축사 앞 공터진입사건]** 건조물의 이용에 기여하는 인접의 부속 토지라고 하더라도 인적 또는 물적 설비 등에 의한 구획 내지 통제가 없어 통상의 보행으로 그 경계를 쉽사리 넘을 수 있는 정도라고 한다면 일반적으로 외부인의 출입이 제한된다는 사정이 객관적으로 명확하게 드러났다고 보기 어려우므로, 이는 다른 특별한 사정이 없는 한 주거침입죄의 객체에 속하지 아니한다고 봄이 상당하다(대판 2010.4.29, 2009도14643).

   [사실관계] 차량 통행이 빈번한 도로에 바로 접하여 있고, 도로에서 주거용 건물, 축사 4동 및 비닐하우스 2동으로 이루어진 시설로 들어가는 입구 등에 그 출입을 통제하는 문이나 담 기타 인적·물적 설비가 전혀 없고 노폭 5m 정도의 통로를 통하여 누구나 축사 앞 공터에 이르기까지 자유롭게 드나들 수 있는 경우, 차를 몰고 위 통로로 진입하여 **축사 앞 공터까지 들어간 행위**는 주거침입죄에 해당하지 않는다.

2 행위 _ 침입

(1) 종래 판례는 침입이란 '주거자 또는 관리자의 의사 또는 추정적 의사에 반하여 주거 안으로 들어가는 것'을 의미한다고 보았으나, 최근 대법원은 2020도12630 전원합의체 판결에 의하여 침입이란 '거주자가 주거에서 누리는 사실상의 평온상태를 해치는 행위태양으로 주거에 들어가는 것'을 의미하는 것으로 변경하였다.

(2) **공동주거의 경우**

① 공동거주자 중 1인의 동의를 얻어 주거에 들어간 경우 침입에 해당하는지 견해가 대립하나, 최근 대법원은 외부인이 공동거주자 중 주거 내에 현재하는 거주자로부터 현실적인 승낙을 받아 통상적인 출입방법에 따라 주거에 들어간 경우 사실상의 평온상태를 해치는 행위태양으로 주거에 들어간 것이라고 볼 수 없으므로 침입에 해당하지 않고, 부재중인 다른 거주자의 의사에 반하는 것으로 추정되더라도 마찬가지라고 판시하였다.[32]

② 공동거주자 중 일방이 정당한 이유 없이 다른 공동거주자의 출입을 금지한 경우 다른 공동거주자가 이에 대항하여 공동생활의 장소에 들어간 경우 침입에 해당하는지 문제된다. 최근 대법원은 이러한 행위를 주거침입죄의 보호법익인 사실상 주거의 평온을 해하는 행위라 볼 수 없으므로 주거침입죄가 성립하지 않는다고 하고, 이러한 법리를 그 공동주거자의 승낙을 받아 함께 주거에 들어간 외부인의 출입행위에 대해서도 적용하고 있다.[33] [34]

ㅇ [배우자 있는 사람과의 혼외 성관계 목적으로 다른 배우자가 부재중인 주거에 출입하여 주거침입죄로 기소된 사건][35] **침입**이란 '거주자가 주거에서 누리는 사실상의 평온상태를 해치는 행위태양으로 주거에 들어가는 것'을 의미하고, **침입에 해당하는지 여부**는 출입 당시 객관적·외형적으로 드러난 행위태양을 기준으로 판단함이 원칙이다. 사실상의 평온상태를 해치는 행위태양으로 주거에 들어가는 것이라면 대체로 거주자의 의사에 반하는 것이겠지만, 단순히 주거에 들어가는 행위 자체가 거주자의 의사에 반한다는 거주자의 주관적 사정만으로 바로 침입에 해당한다고 볼 수는 없다. / **외부인이 공동거주자 중 주거 내에 현재하는 거주자로부터 현실적인 승낙을 받아 통상적인 출입방법에 따라 주거에 들어간 경우**라면, 특별한 사정이 없는 한 사실상의 평온상태를 해치는 행위태양으로 주거에 들어간 것이라고 볼 수 없으므로 주거침입죄에서 규정하고 있는 침입행위에 해당하지 않는다(대판 2021.9.9, 2020도12630 全合).

[사실관계] 피고인이 갑의 부재중에 갑의 처(妻) 을과 혼외 성관계를 가질 목적으로 을이 열어 준 현관 출입문을 통하여 갑과 을이 공동으로 거주하는 아파트에 들어간 경우, 피고인이 을로부터 현실적인 승낙을 받아 통상적인 출입방법에 따라 주거에 들어갔으므로 주거의 사실상 평온상태를 해치는 행위태양으로 주거에 들어간 것이 아니어서 주거에 침입한 것으로 볼 수 없고, / 피고인의 주거 출입이 **부재중인 갑의 의사에 반하는 것으로 추정되더라도** 주거침입죄의 성립 여부에 영향을 미치지 않는다.

---

32) 대판 2021.9.9, 2020도12630 全合

33) 김성돈 제8판 형법각론 p.294

34) 대판 2021.9.9, 2020도6085 全合

35) 2022년 법원사무관승진시험(15점), 2022년 법원행정고등고시

[판결이유] **주거침입죄의 보호법익**은 사적 생활관계에 있어서 사실상 누리고 있는 주거의 평온, 즉 '사실상 주거의 평온'으로서, 주거를 점유할 법적 권한이 없더라도 사실상의 권한이 있는 거주자가 주거에서 누리는 사실적 지배·관리관계가 평온하게 유지되는 상태를 말한다. 외부인이 무단으로 주거에 출입하게 되면 이러한 사실상 주거의 평온이 깨어지는 것이다. 이러한 보호법익은 주거를 점유하는 사실상태를 바탕으로 발생하는 것으로서 사실적 성질을 가진다. 한편 **공동주거의 경우**에는 여러 사람이 하나의 생활공간에서 거주하는 성질에 비추어 공동거주자 각자는 다른 거주자와의 관계로 인하여 주거에서 누리는 사실상 주거의 평온이라는 법익이 일정 부분 제약될 수밖에 없고, 공동거주자는 공동주거관계를 형성하면서 이러한 사정을 서로 용인하였다고 보아야 한다. **부재중인 일부 공동거주자에 대하여 주거침입죄가 성립하는지**를 판단할 때에도 이러한 주거침입죄의 보호법익의 내용과 성질, 공동주거관계의 특성을 고려하여야 한다. 공동거주자 개개인은 각자 사실상 주거의 평온을 누릴 수 있으므로 어느 거주자가 부재중이라고 하더라도 사실상의 평온상태를 해치는 행위태양으로 들어가거나 그 거주자가 독자적으로 사용하는 공간에 들어간 경우에는 그 거주자의 사실상 주거의 평온을 침해하는 결과를 가져올 수 있다. / 그러나 공동거주자 중 주거 내에 현재하는 거주자의 현실적인 승낙을 받아 통상적인 출입방법에 따라 들어갔다면, 설령 그것이 부재중인 다른 거주자의 의사에 반하는 것으로 추정된다고 하더라도 주거침입죄의 보호법익인 사실상 주거의 평온을 깨트렸다고 볼 수는 없다. 만일 외부인의 출입에 대하여 공동거주자 중 주거 내에 현재하는 거주자의 승낙을 받아 통상적인 출입방법에 따라 들어갔음에도 불구하고 그것이 부재중인 다른 거주자의 의사에 반하는 것으로 추정된다는 사정만으로 주거침입죄의 성립을 인정하게 되면, 주거침입죄를 의사의 자유를 침해하는 범죄의 일종으로 보는 것이 되어 주거침입죄가 보호하고자 하는 법익의 범위를 넘어서게 되고, '평온의 침해' 내용이 주관화·관념화되며, 출입 당시 현실적으로 존재하지 않는, 부재중인 거주자의 추정적 의사에 따라 주거침입죄의 성립 여부가 좌우되어 범죄 성립 여부가 명확하지 않고 가벌성의 범위가 지나치게 넓어지게 되어 부당한 결과를 가져오게 된다.

(3) 평소 출입이 허용된 사람이라도 정상적인 출입이 아니거나, 하자 있는 승낙을 받고 들어간 경우에는 침입에 해당한다.

(4) **일반적으로 출입이 허용된 공공장소의 경우**

일반적 출입이 허용된 관공서의 청사, 음식점, 백화점 등에 범죄목적을 숨기고 들어간 경우 주거침입죄가 성립하는지 견해가 대립된다. 대법원은 최근 2017도18272 전원합의체 판결에서 일반인의 출입이 허용된 음식점에 영업주의 승낙을 받아 통상적인 출입방법으로 들어갔다면 특별한 사정이 없는 한 주거침입죄에서 규정하는 침입행위에 해당하지 않는다고 판시하고, 설령 행위자가 범죄 등을 목적으로 음식점에 출입하였거나 영업주가 행위자의 실제 출입 목적을 알았더라면 출입을 승낙하지 않았을 것이라는 사정이 인정되더라도 침입행위에 해당하지 않는다고 하였다.

o [영업주 몰래 카메라를 설치하기 위하여 음식점에 출입한 경우 주거침입죄가 성립하는지가 문제된 사건] 36)

[1] (가) 주거침입죄는 사실상 주거의 평온을 보호법익으로 한다. 주거침입죄의 구성요건적 행위인 침입은 주거침입죄의 보호법익과의 관계에서 해석하여야 하므로, **침입**이란 주거의 사실상 평온상태를 해

---

36) 2023년 법무사시험(10점)

치는 행위 태양으로 주거에 들어가는 것을 의미하고, 침입에 해당하는지는 출입 당시 객관적·외형적으로 드러난 행위 태양을 기준으로 판단함이 원칙이다. 사실상의 평온상태를 해치는 행위 태양으로 주거에 들어가는 것이라면 대체로 거주자의 의사에 반하겠지만, / 단순히 주거에 들어가는 행위 자체가 거주자의 의사에 반한다는 주관적 사정만으로는 바로 침입에 해당한다고 볼 수 없다. **거주자의 의사에 반하는지**는 사실상의 평온상태를 해치는 행위 태양인지를 평가할 때 고려할 요소 중 하나이지만 주된 평가 요소가 될 수는 없다. 따라서 침입행위에 해당하는지는 거주자의 의사에 반하는지가 아니라 사실상의 평온상태를 해치는 행위 태양인지에 따라 판단되어야 한다. (나) **행위자가 거주자의 승낙을 받아 주거에 들어갔으나 범죄나 불법행위 등(이하 '범죄 등'이라 한다)을 목적으로 한 출입이거나 거주자가 행위자의 실제 출입 목적을 알았더라면 출입을 승낙하지 않았을 것이라는 사정이 인정되는 경우** 행위자의 출입행위가 주거침입죄에서 규정하는 침입행위에 해당하려면, 출입하려는 주거 등의 형태와 용도·성질, 외부인에 대한 출입의 통제·관리 방식과 상태, 행위자의 출입 경위와 방법 등을 종합적으로 고려하여 행위자의 출입 당시 객관적·외형적으로 드러난 행위 태양에 비추어 주거의 사실상 평온상태가 침해되었다고 평가되어야 한다. 이때 거주자의 의사도 고려되지만 주거 등의 형태와 용도·성질, 외부인에 대한 출입의 통제·관리 방식과 상태 등 출입 당시 상황에 따라 그 정도는 달리 평가될 수 있다. [2] **일반인의 출입이 허용된 음식점에 영업주의 승낙을 받아 통상적인 출입방법으로 들어갔다**면 특별한 사정이 없는 한 주거침입죄에서 규정하는 침입행위에 해당하지 않는다. 설령 행위자가 범죄 등을 목적으로 음식점에 출입하였거나 영업주가 행위자의 실제 출입 목적을 알았더라면 출입을 승낙하지 않았을 것이라는 사정이 인정되더라도 그러한 사정만으로는 출입 당시 객관적·외형적으로 드러난 행위 태양에 비추어 사실상의 평온상태를 해치는 방법으로 음식점에 들어갔다고 평가할 수 없으므로 침입행위에 해당하지 않는다. [3] 이와 달리 일반인의 출입이 허용된 음식점이더라도 음식점의 방실에 도청용 송신기를 설치할 목적으로 들어간 것은 영업주의 명시적 또는 추정적 의사에 반한다고 보아 주거침입죄가 성립한다고 인정한 대법원 1997.3.28. 선고 **95도2674 판결**([초원복집사건])을 비롯하여 같은 취지의 대법원 판결들은 이 판결의 견해에 배치되는 범위 안에서 이를 변경하기로 한다(대판 2022.3.24, 2017도18272 全合).

[사실관계] 피고인들이 공모하여, 甲, 乙이 운영하는 각 음식점에서 인터넷 언론사 기자 丙을 만나 식사를 대접하면서 병이 부적절한 요구를 하는 장면 등을 확보할 목적으로 녹음·녹화장치를 설치하거나 장치의 작동 여부 확인 및 이를 제거하기 위하여 각 음식점의 방실에 들어감으로써 갑, 을의 주거에 침입하였다는 내용으로 기소된 사안에서, **피고인들이 각 음식점 영업주로부터 승낙을 받아 통상적인 출입방법에 따라 각 음식점의 방실에 들어간 행위**는 주거침입죄에서 규정하는 침입행위에 해당하지 아니하고, 설령 다른 손님인 병과의 대화 내용과 장면을 녹음·녹화하기 위한 장치를 설치하거나 장치의 작동 여부 확인 및 이를 제거할 목적으로 각 음식점의 방실에 들어갔더라도, 그러한 사정만으로는 피고인들에게 **주거침입죄가 성립하지 않는다고 한 사례**

o [피고인이 아파트의 1층 공동현관 내 계단과 엘리베이터 앞 및 상가 1층 엘리베이터 앞까지 피해자들을 뒤따라 들어가 피해자들을 각 강제추행한 사안] [1] **성폭력범죄의 처벌 등에 관한 특례법 위반(주거침입강제추행)죄**는 형법 제319조 제1항의 주거침입죄 내지 건조물침입죄와 형법 제298조의 강제추행죄의 **결합범**이므로, 위 죄가 성립하려면 형법 제319조가 정한 주거침입죄 내지 건조물침입죄에 해당하여야 한다. [2] 다가구용 단독주택이나 다세대주택·연립주택·아파트와 같은 **공동주택 내부의 엘리베이터, 공용 계단, 복도 등 공용 부분**도 그 거주자들의 사실상 주거의 평온을 보호할 필요성이 있으므로 주거

침입죄의 객체인 '사람의 주거'에 해당한다. …… **아파트 등 공동주택의 공동현관에 출입하는 경우**에도, 그것이 주거로 사용하는 각 세대의 전용 부분에 필수적으로 부속하는 부분으로 거주자와 관리자에게만 부여된 비밀번호를 출입문에 입력하여야만 출입할 수 있거나, 외부인의 출입을 통제·관리하기 위한 취지의 표시나 경비원이 존재하는 등 외형적으로 외부인의 무단출입을 통제·관리하고 있는 사정이 존재하고, 외부인이 이를 인식하고서도 그 출입에 관한 거주자나 관리자의 승낙이 없음은 물론, 거주자와의 관계 기타 출입의 필요 등에 비추어 보더라도 정당한 이유 없이 비밀번호를 임의로 입력하거나 조작하는 등의 방법으로 거주자나 관리자 모르게 공동현관에 출입한 경우와 같이, 출입 목적 및 경위, 출입의 태양과 출입한 시간 등을 종합적으로 고려할 때 공동주택 거주자의 사실상 주거의 평온상태를 해치는 행위태양으로 볼 수 있는 경우라면 공동주택 거주자들에 대한 주거침입에 해당할 것이다.

[3] **일반인의 출입이 허용된 상가 등 영업장소**에 영업주의 승낙을 받아 통상적인 출입방법으로 들어갔다면 특별한 사정이 없는 한 건조물침입죄에서 규정하는 침입행위에 해당하지 않는다. 설령 행위자가 범죄 등을 목적으로 영업장소에 출입하였거나 영업주가 행위자의 실제 출입 목적을 알았더라면 출입을 승낙하지 않았을 것이라는 사정이 인정되더라도 그러한 사정만으로는 출입 당시 객관적·외형적으로 드러난 행위태양에 비추어 사실상의 평온상태를 해치는 방법으로 영업장소에 들어갔다고 평가할 수 없으므로 침입행위에 해당하지 않는다(대판 2022.8.25, 2022도3801).

[사실관계 1] 甲이 A(여, 17세)를 추행하기로 마음먹고 A를 뒤따라가 A의 주거지인 ○○아파트 ○○동에 들어간 다음 위 **아파트 1층 계단**을 오르는 A의 뒤에서 갑자기 A의 교복 치마 안으로 손을 넣어 A의 음부와 허벅지를 만지거나, 甲이 △△아파트 △△동 인근에서 B(여, 17세)를 발견하고 추행하기로 마음먹고 B를 뒤따라 위 **아파트 1층 현관**으로 들어간 뒤 그곳에서 엘리베이터를 기다리던 B의 뒤에서 갑자기 B의 교복 치마 안으로 손을 넣어 B의 음부를 만진 경우 성폭력범죄의 처벌 등에 관한 특례법 제3조 제1항의 **주거침입강제추행죄가 성립한다.**

[사실관계 2] 甲이 C(여, 16세)를 추행하기로 마음먹고 C를 뒤따라 **□□프라자 상가 1층**에 들어가 그곳에서 엘리베이터를 기다리던 C의 뒤에서 갑자기 C의 교복 치마 안으로 손을 넣어 C의 음부를 만진 경우 성폭력범죄의 처벌 등에 관한 특례법 제3조 제1항의 **주거침입강제추행죄가 성립하지 않는다.**

→ 성폭력범죄의 처벌 등에 관한 특례법 제3조 제1항의 주거침입강제추행죄 × (∵야간에 일반인의 출입이 허용되는 상가 건물 1층의 열려져 있는 출입문을 통하여 통상적인 출입방법으로 들어갔고, 피고인의 출입 당시 모습 등에 비추어 상가 건물에 대한 관리자의 사실상 평온상태가 침해되었다고 볼 만한 사정이 보이지 않으므로)

→ but 강제추행죄 성립 ○

관련 판례 침입에 해당하는 경우

1) 그 거주자나 관리자와의 관계 등으로 **평소 그 건조물에 출입이 허용된 사람**이라 하더라도 주거에 들어간 행위가 거주자나 관리자의 명시적 또는 추정적 의사에 반함에도 불구하고 감행된 것이라면 주거침입죄는 성립하며, **출입문을 통한 정상적인 출입이 아닌 경우** 특별한 사정이 없는 한 그 침입 방법 자체에 의하여 위와 같은 의사에 반하는 것으로 보아야 한다(대판 2007.8.23, 2007도2595).
   [사실관계] 사실상 피해 회사를 **퇴사**한 이후 위 사무실에 나타나지 않다가 약 20일이 지나서 피해 회사의 명시적인 의사에 반하여 비정상적인 방법으로 위 사무실에 들어간 행위는 방실침입죄에 해당한다.
2) 피고인이 피해자와 이웃 사이어서 평소 그 주거에 무상출입하던 관계에 있었다 하더라도 **범죄의 목적**으로 피해자의 승낙 없이 그 주거에 들어간 경우에는 주거침입죄가 성립된다(대판 1983.7.12, 83도1394).

3) **[오빠야사건]** 타인의 주거에 거주자의 의사에 반하여 들어가는 경우는 주거침입죄가 성립하며 이때 거주자의 의사라 함은 명시적인 경우뿐만 아니라 **묵시적인 경우도 포함**되고 주변사정에 따라서는 거주자의 반대의사가 추정될 수도 있다(대판 2003.5.30, 2003도1256).
[사실관계] 피고인이 피해자가 사용 중인 **공중화장실의 용변칸**에 노크하여 남편으로 오인한 피해자가 용변칸 문을 열자 강간할 의도로 용변칸에 들어간 것이라면 피해자가 명시적 또는 묵시적으로 이를 승낙하였다고 볼 수 없어 주거침입죄에 해당한다.

4) **[세차업자 주거침입사건]** [1] 입주자대표회의가 입주자 등이 아닌 자(이하 '외부인'이라 한다)의 단지 안 주차장에 대한 출입을 금지하는 결정을 하고 그 사실을 외부인에게 통보하였음에도 **외부인이 입주자대표회의의 결정에 반하여 그 주차장에 들어갔다**면, 출입 당시 관리자로부터 구체적인 제지를 받지 않았다고 하더라도 그 주차장의 관리권자인 입주자대표회의의 의사에 반하여 들어간 것이므로 건조물침입죄가 성립한다. [2] 설령 외부인이 일부 입주자 등의 승낙을 받고 단지 안의 주차장에 들어갔다고 하더라도 개별 입주자 등은 그 주차장에 대한 본질적인 권리가 침해되지 않는 한 입주자대표회의 단지 안의 주차장 관리에 관한 결정에 따를 의무가 있으므로 건조물침입죄의 성립에 영향이 없다(대판 2021.1.14, 2017도21323).
[사실관계] **세차업자**인 피고인이 '피고인의 이 사건 아파트 지하주차장 출입을 금지'하는 입주자대표회의의 결정과 법원의 출입금지가처분 결정에 반하여 일부 입주자 등과 체결한 세차용역계약의 이행을 위하여 이 사건 아파트 지하주차장에 들어간 경우 건조물침입죄가 성립한다.

5) **[피고인이 교제하다 헤어진 피해자의 주거가 속해 있는 아파트 동의 출입구에 설치된 공동출입문에 피해자나 다른 입주자의 승낙 없이 비밀번호를 입력하는 방법으로 아파트의 공용 부분에 출입하여 주거침입죄로 기소된 사안]** 37) **<거주자가 아닌 외부인이 공동주택의 공용 부분에 출입한 것이 공동주택 거주자들에 대한 주거침입에 해당하는지 여부>**를 판단함에 있어서도 그 공용 부분이 일반 공중에 출입이 허용된 공간이 아니고 주거로 사용되는 각 가구 또는 세대의 전용 부분에 필수적으로 부속하는 부분으로서 거주자들 또는 관리자에 의하여 외부인의 출입에 대한 통제·관리가 예정되어 있어 거주자들의 사실상 주거의 평온을 보호할 필요성이 있는 부분인지, 공동주택의 거주자들이나 관리자가 평소 외부인이 그곳에 출입하는 것을 통제·관리하였는지 등의 사정과 외부인의 출입 목적 및 경위, 출입의 태양과 출입한 시간 등을 종합적으로 고려하여 '주거의 사실상의 평온상태를 침해하였는지'의 관점에서 객관적·외형적으로 판단하여야 한다. 따라서 **아파트 등 공동주택의 공동현관에 출입하는 경우**에도, 그것이 주거로 사용하는 각 세대의 전용 부분에 필수적으로 부속하는 부분으로 거주자와 관리자에게만 부여된 비밀번호를 출입문에 입력하여야만 출입할 수 있거나, 외부인의 출입을 통제·관리하기 위한 취지의 표시나 경비원이 존재하는 등 외형적으로 외부인의 무단출입을 통제·관리하고 있는 사정이 존재하고, 외부인이 이를 인식하고서도 그 출입에 관한 거주자나 관리자의 승낙이 없음은 물론, 거주자와의 관계 기타 출입의 필요 등에 비추어 보더라도 정당한 이유 없이 비밀번호를 임의로 입력하거나 조작하는 등의 방법으로 거주자나 관리자 모르게 공동현관에 출입한 경우와 같이, 그 출입 목적 및 경위, 출입의 태양과 출입한 시간 등을 종합적으로 고려할 때 공동주택 거주자의 주거의 사실상의 평온상태를 해치는 행위태양으로 볼 수 있는 경우라면 공동주택 거주자들에 대한 주거침입에 해당할 것이다(대판 2022.1.27, 2021도15507).

37) 2023년 법원행정고등고시

관련 판례 **침입에 해당하지 않는 경우**

1) 피고인이 인근 동리에 사는 고모의 아들인 피해자의 집(고종사촌)에 잠시 들어가 있는 동안에 동 피해자에게 돈을 갚기 위하여 찾아온 동 피해자의 이질의 돈을 절취하였다면 피고인이 당초부터 불법 목적을 가지고 위 피해자의 집에 들어갔거나 그의 의사에 반하여 그의 집에 들어간 것이 아니어서 주거침입죄가 성립하지 않는다(대판 1984.2.14, 83도2897).

2) 다방, 당구장, 독서실 등의 영업소가 들어서 있는 건물 중 공용으로 사용되는 계단과 복도는 주야간을 막론하고 관리자의 명시적 승낙이 없어도 **누구나 자유롭게 통행할 수 있는 곳**이라 할 것이므로 관리자가 1층 출입문을 특별히 시정하지 않는 한 범죄의 목적으로 위 건물에 들어가는 경우 이외에는 그 출입에 관하여 관리자나 소유자의 묵시적 승낙이 있다고 봄이 상당하여 그 출입행위는 주거침입죄를 구성하지 않는다(대판 1985.2.8, 84도2917).

3) 사용자의 **직장폐쇄가 정당한 쟁의행위로 인정되지 아니하는 때**에는 다른 특별한 사정이 없는 한 근로자가 평소 출입이 허용되는 사업장 안에 들어가는 행위가 주거침입죄를 구성하지 아니한다(대판 2002.9.24, 2002도2243).

4) [명함지갑모양 녹음·녹화장치사건] 38) **관리자에 의해 출입이 통제되는 건조물**에 관리자의 승낙을 받아 건조물에 통상적인 출입방법으로 들어갔다면, 이러한 승낙의 의사표시에 기망이나 착오 등의 하자가 있더라도 특별한 사정이 없는 한 형법 제319조 제1항에서 정한 **건조물침입죄가 성립하지 않는다**. 이러한 경우 관리자의 현실적인 승낙이 있었으므로 **가정적·추정적 의사는 고려할 필요가 없다**. / 단순히 승낙의 동기에 착오가 있다고 해서 승낙의 유효성에 영향을 미치지 않으므로, 관리자가 행위자의 실제 출입 목적을 알았더라면 출입을 승낙하지 않았을 사정이 있더라도 건조물침입죄가 성립한다고 볼 수 없다. 나아가 관리자의 현실적인 승낙을 받아 통상적인 출입방법에 따라 건조물에 들어간 경우에는 출입 당시 객관적·외형적으로 드러난 행위태양에 비추어 사실상의 평온상태를 해치는 모습으로 건조물에 들어간 것이라고 평가할 수도 없다(대판 2022.3.31, 2018도15213).
[사실관계] 방송 제작자인 피고인들(시사프로그램의 프로듀서와 촬영감독)이 서울구치소장의 허가 없이 구치소에 수용 중인 사람을 취재하기 위하여 접견신청인으로 접견허가를 받은 다음 명함지갑 형태의 녹음·녹화장비를 몰래 소지한 채 접견담당 교도관의 승낙을 받아 접견실에 들어가 수용자를 취재한 경우 이러한 사정을 서울구치소장이나 교도관이 알았더라면 피고인들이 이를 소지한 채 서울구치소에 출입하는 것을 승낙하지 않았을 것으로 보이나, 이러한 사정은 승낙의 동기가 착오가 있는 것에 지나지 않아 피고인들이 서울구치소장이나 교도관의 의사에 반하여 구치소에 출입하거나 사실상의 평온상태를 해치는 모습으로 서울구치소에 침입한 것으로 평가할 수 없다.

5) [안경모양 녹음·녹화장비사건] **관리자에 의해 출입이 통제되는 건조물**이더라도 관리자의 승낙을 받아 통상적인 출입방법으로 들어갔다면 특별한 사정이 없는 한 건조물침입죄에서 규정하는 침입행위에 해당하지 않는다. / 행위자가 관리자의 승낙을 받아 건조물에 들어갔으나 범죄 등을 목적으로 한 출입이거나 관리자가 행위자의 실제 출입 목적을 알았더라면 출입을 승낙하지 않았을 것이라는 사정이 인정되는 경우 행위자의 출입행위가 건조물침입죄에서 규정하는 침입행위에 해당하려면, 출입하려는 건조물 등의 형태와 용도·성질, 외부인에 대한 출입의 통제·관리 방식과 상태, 행위자의 출입 경위와 방법 등을 종합적으로 고려하여 행위자의 출입 당시 객관적·외형적으로 드러난 행위 태양에 비추어 사실상 평온상태를 해치는 방법으로 건조물에 들어갔다고 평가되어야 한다(대법원 2022.3.24. 선고 2017도18272 全合 판결 참조)(대판 2022.4.28, 2020도8030).

---

38) 2023년 법원행정고등고시

[사실관계] 시사프로그램의 제작진인 피고인들이 접견신청인으로서 서울남부구치소의 관리자인 구치소장으로부터 구치소에 대한 출입관리를 위탁받은 교도관의 현실적인 승낙을 받아 통상적인 출입방법으로 구치소의 접견실에 들어갔으므로 사실상의 평온상태를 해치는 행위 태양으로 접견실에 들어갔다고 볼 수 없고, 피고인들이 구치소에 수용 중인 사람을 취재하고자 구치소장의 허가 없이 접견내용을 촬영·녹음할 목적으로 **안경 모양으로 제작된 녹음·녹화장비**를 착용하고 접견실에 들어간다는 사정을 구치소장이나 교도관이 알았더라면 피고인들이 위 녹음·녹화장비를 착용한 채 접견실에 출입하는 것을 승낙하지 않았을 것으로 보이나, 그러한 사정만으로는 **사실상의 평온상태를 해치는 행위 태양으로 접견실에 출입하였다고 평가할 수 없다**. 따라서 피고인들에게는 건조물침입죄가 성립하지 않는다.

6) 피고인이 연인관계에 있는 피해자로부터 안방에 TV를 설치하여 달라는 요청을 받아 통상적인 출입방법에 따라 피해자의 안방에 들어간 후 **CCTV 카메라와 동영상 저장장치를 부착한 TV인 사실을 숨기고** 피해자가 있는 자리에서 TV를 설치한 경우 피해자의 사실상 평온상태가 침해되었다고 볼 만한 사정이 없으므로, 피고인의 출입이 **비록 범죄 등의 목적을 숨기고 한 것이라도** 주거침입죄가 성립하지 않는다(대판 2022.4.28, 2022도1717).

7) **일반적으로 출입이 허용되어 개방된 시청사 로비**에 관리자의 출입 제한이나 제지가 없는 상태에서 통상적인 방법으로 들어간 이상 사실상의 평온상태를 해치는 행위 태양으로 시청 1층 로비에 들어갔다고 볼 수 없으므로 건조물침입죄에서 규정하는 **침입행위에 해당하지 않는다**(대판 2022.6.16, 2021도7087).

[사실관계] 피고인들이 공동하여 ○○시청에 이르러 150여 명의 조합원들과 함께 시청 1층 로비로 들어가 바닥에 앉아 구호를 외치며 소란을 피움으로써 시청 건물 관리자의 의사에 반하여 건조물에 침입하였다고 기소된 사안에서, 당시 피고인들 등 조합원들은 시청 1층 중앙현관을 통해 1층 로비에 들어가면서 공무원 등으로부터 아무런 제지를 받지 않았고, 다수의 힘 또는 위세를 이용하여 들어간 정황이 없었다는 이유 등을 들어, 관리자의 의사를 주된 근거로 유죄를 인정한 원심판결을 파기환송한 사례

8) 甲은 고양시 일산동구 2층 점포(이하 '이 사건 점포'라고 한다)를 A에게 2017.5.경부터 2019.5.경까지 임대한 사람으로, A가 2018.12.경 이 사건 점포에서의 카페 영업을 중단하면서 甲에게 임차 희망자가 방문하는 경우 출입문개폐에 사용하도록 출입문 열쇠를 맡기자, 2019.3.25. 위 열쇠로 임의로 이 사건 점포의 출입문을 열고 들어가 그곳에 있던 A 소유 집기 등을 임의로(A의 의사에 반하여) 철거하였다. A는 甲에게 점포의 열쇠를 교부함으로써 출입을 승낙하였고, 甲이 이러한 관리자의 승낙 아래 통상적인 출입방법에 따라 이 사건 점포에 들어간 이상 사실상의 평온상태를 해치는 행위 태양으로 이 사건 점포에 들어갔다고 볼 수 없으므로, 甲의 행위는 건조물침입죄에서 규정하는 **침입행위에 해당하지 않는다**. 설령 甲이 A의 의사에 반하여 이 사건 점포에 있던 집기 등을 철거할 목적으로 이 사건 점포에 들어간 것이어서 **A가 이러한 사정을 알았더라면 甲의 출입을 승낙하지 않았을 것이라는 사정이 인정되더라도**, 그러한 사정만으로 피고인이 사실상의 평온상태를 해치는 행위 태양으로 이 사건 점포에 출입하였다고 평가할 수 없다(대판 2022.7.28, 2022도419).

→ 주거침입죄 ×, 손괴죄 ○

9) **일반인의 출입이 허용된 영업점**에 영업주의 승낙을 받아 통상적인 출입방법으로 들어갔다면 특별한 사정이 없는 한 주거침입죄에서 정하는 침입행위에 해당하지 않는다. 설령 행위자가 범죄 등을 목적

으로 영업점에 출입하였거나 영업주가 행위자의 실제 출입 목적을 알았더라면 출입을 승낙하지 않았을 것이라고 하더라도 그러한 사정만으로는 사실상의 평온상태를 해치는 것도 아니어서 침입행위에 해당한다고 볼 수 없다(대법원 2022.3.24. 선고 2017도18272 全合 판결 참조). 건조물침입을 구성요건으로 하는 야간건조물침입절도죄(형법 제330조)에서 건조물침입에 해당하는지를 판단할 때에도 위와 같은 법리가 적용된다(대판 2022.7.28, 2022도5659).

[사실관계] 피고인이 2020.4.21. 04 : 21경 피해자가 운영하는 편의점에서 담배를 절취할 목적으로 편의점 출입문을 열고 침입하여 편의점 직원에게 담배 1보루를 달라고 하여 이를 받은 후 대금을 지급하지 않고 가지고 나와 도망간 경우 **야간주거침입절도죄가 성립하지 않는다**.

↔ 절도죄 성립 ○(∵ 책략절도)

10) 마트산업노동조합 간부와 조합원인 피고인들이 공동하여, 대형마트 지점에 방문한 대표이사 등에게 해고와 전보 인사발령에 항의하기 위하여 지점장 갑의 의사에 반하여 정문을 통해 지점 2층 매장으로 들어감으로써 건조물에 침입하였다고 하여 폭력행위 등 처벌에 관한 법률 위반(공동주거침입)으로 기소된 사안에서, **일반적으로 출입이 허용되어 개방된 지점 매장**에 관리자의 출입 제한이나 제지가 없는 상태에서 통상적인 방법으로 들어간 이상 사실상의 평온상태를 해치는 행위 태양으로 들어갔다고 볼 수 없어 건조물침입죄에서 규정하는 **침입행위**에 해당하지 않으며, 지점 관리자의 **명시적 출입 금지 의사**는 확인되지 않고, 설령 피고인들이 지점 매장에 들어간 행위가 그 관리자의 **추정적 의사**에 반하였더라도, 그러한 사정만으로는 사실상의 평온상태를 해치는 행위 태양으로 출입하였다고 평가할 수 없으므로 피고인들에 대하여 **건조물침입죄**가 성립하지 않는다(대판 2022.9.7, 2021도9055).

3 고의 및 실행의 착수 · 기수시기

Thema 정리 **주거침입죄의 고의와 미수 · 기수시기**

구분	고의	기수시기
신체 전부침입설 (다수설)	주거자의 의사에 반하여 타인의 주거에 침입한다는 고의(신체의 전부가 타인의 주거 안으로 들어간다는 인식)	• 신체 일부가 들어가면 미수 • 신체 전부가 들어가면 기수 ∵ 1) 침입과 침입행위는 구별되어야 하고, 2) 주거침입죄의 미수를 벌하는 형법의 태도
신체 일부침입설 (판례)	신체의 일부라도 타인의 주거 안으로 들어간다는 인식이 있으면 족하다는 입장	• 신체 일부 + 사실상 주거의 평온을 해 × = 미수 • 신체 일부 + 사실상 주거의 평온을 해 ○ = 기수

✔ 신체의 극히 일부만 들어갔지만 사실상 주거의 평온을 해할 수 있는 정도에 이르지 않은 경우, 신체일부침입설과 신체전부침입설 모두 주거침입죄의 미수를 인정한다.

(1) 주거침입죄의 고의와 실행의 착수 · 기수시기

○ **[얼굴만 들이민 사건]** [1] 주거침입죄는 사실상의 주거의 평온을 보호법익으로 하는 것이므로, 반드시 행위자의 신체의 전부가 범행의 목적인 타인의 주거 안으로 들어가야만 성립하는 것이 아니라 신체의 일부만 타인의 주거 안으로 들어갔다고 하더라도 거주자가 누리는 사실상의 주거의 평온을 해할 수

있는 정도에 이르렀다면 범죄구성요건을 충족하는 것(**주거침입죄의 기수**)이라고 보아야 하고, 따라서 <**주거침입죄의 범의**>는 반드시 신체의 전부가 타인의 주거 안으로 들어간다는 인식이 있어야만 하는 것이 아니라 신체의 일부라도 타인의 주거 안으로 들어간다는 인식이 있으면 족하다. [2] [1]항의 범의로써 예컨대 주거로 들어가는 문의 시정장치를 부수거나 문을 여는 등 침입을 위한 구체적 행위를 시작하였다면 주거침입죄의 실행의 착수는 있었다고 보아야 하고, 신체의 극히 일부분이 주거 안으로 들어갔지만 사실상 주거의 평온을 해하는 정도에 이르지 아니하였다면 <**주거침입죄의 미수**>에 그친다 (대판 1995.9.15, 94도2561).

[시 빌긴게] **야간에 타인의 집의 창문을 열고 집 안으로 얼굴을 들이미는 등의 행위**를 하였다면 피고인이 자신의 신체의 일부가 집 안으로 들어간다는 인식하에 하였더라도 주거침입죄의 범의는 인정되고, 또한 비록 신체의 일부만이 집 안으로 들어갔다고 하더라도 사실상 주거의 평온을 해하였다면 주거침입죄는 기수에 이른 것이다.

(2) 실행의 착수

주거침입죄의 실행의 착수가 인정되기 위해서는 주거자의 의사에 반하여 주거나 관리하는 건조물 등에 들어가는 행위까지 요구하는 것은 아니고, 범죄구성요건의 실현에 이르는 현실적 위험성을 포함하는 행위를 개시하는 것으로 족하다.

예 주거침입의 범의로 주거로 들어가는 문의 시정장치를 부수거나 문을 여는 등 침입을 위한 구체적 행위

관련 판례 주거침입죄의 실행의 착수가 인정된 경우

1) 야간에 아파트에 침입하여 물건을 훔칠 의도하에 아파트의 **베란다 철제난간**까지 올라가 **유리 창문을 열려고 시도하였다**면 야간주거침입절도죄의 실행에 착수한 것으로 보아야 한다(대판 2003.10.24, 2003도4417).
2) **출입문이 열려 있으면 안으로 들어가겠다는 의사 아래 출입문을 당겨보는 행위**는 바로 주거의 사실상의 평온을 침해할 객관적인 위험성을 포함하는 행위를 한 것으로 볼 수 있어 그것으로 주거침입의 실행에 착수한 것으로 보아야 한다(대판 2006.9.14, 2006도2824).

관련 판례 주거침입죄의 실행의 착수가 인정되지 않은 경우

1) 야간에 다세대주택에 침입하여 물건을 절취하기 위하여 **가스배관**을 타고 오르다가 순찰 중이던 경찰관에게 발각되어 그냥 뛰어내렸다면, 야간주거침입절도죄의 실행의 착수에 이르지 못했다(대판 2008.3.27, 2008도917).
2) 침입 대상인 아파트에 사람이 있는지를 확인하기 위해 그 집의 **초인종을 누른 행위**만으로는 침입의 현실적 위험성을 포함하는 행위를 시작하였다거나, 주거의 사실상의 평온을 침해할 객관적인 위험성을 포함하는 행위를 한 것으로 볼 수 없다(대판 2008.4.10, 2008도1464).

4 위법성

관련 판례 **위법성이 조각되지 않는 경우**

1) 현행범을 추적하여 그 범인의 **父의 집**에 들어가서 동인(아버지)과 시비 끝에 상해를 입힌 경우 상해죄는 물론 주거침입죄도 위법성이 조각되지 않는다(대판 1965.12.21, 65도899).
2) 간통 현장을 직접 목격하고 그 **사진을 촬영하기 위하여** 상간자의 주거에 들어간 행위는 정당행위에 해당하지 아니하므로 주거침입죄가 성립한다(대판 2003.9.26, 2002도3924).

관련 판례 **위법성이 조각되는 경우**

연립주택 아래층에 사는 피해자가 위층 피고인의 집으로 통하는 상수도관의 밸브를 임의로 잠근 후 이를 피고인에게 알리지 않아 하루 동안 수돗물이 나오지 않는 고통을 겪었던 피고인이 상수도관의 밸브를 확인하고 이를 열기 위하여 부득이 피해자의 집에 들어간 행위는 사회상규에 위배되지 아니하는 행위로서 정당행위에 해당하여 주거침입죄가 성립하지 않는다(대판 2004.2.13, 2003도7393).

5 죄수 및 타죄와의 관계

- 다른 사람의 주택에 무단 침입한 범죄사실로 이미 유죄판결을 받은 사람이 그 **판결이 확정된 후**에도 퇴거하지 않은 채 계속하여 당해 주택에 거주한 경우, 위 판결 확정 이후의 행위는 별도의 주거침입죄를 구성한다(대판 2008.5.8, 2007도11322).
- 제331조 제2항의 특수절도에 있어서 주거침입은 그 구성요건이 아니므로, **절도범인이 그 범행수단으로 주거침입을 한 경우**에 그 주거침입행위는 절도죄에 흡수되지 아니하고 별개로 주거침입죄를 구성하여 절도죄와는 실체적 경합의 관계에 있다(대판 2009.12.24, 2009도9667).

III 퇴거불응죄

1 의의

사람의 주거, 관리하는 건조물, 선박이나 항공기 또는 점유하는 방실에서 퇴거요구를 받고 응하지 아니한 경우 성립하는 범죄이다(제319조 제2항).

- 퇴거불응죄에 있어서 '건조물'이라 함은 단순히 건조물 그 자체만을 말하는 것이 아니고 위요지를 포함하고, '위요지'가 되기 위하여는 건조물에 인접한 그 주변 토지로서 관리자가 외부와의 경계에 문과 담 등을 설치하여 그 토지가 건조물의 이용을 위하여 제공되었다는 것이 명확히 드러나야 할 것인데, **화단의 설치, 수목의 식재 등으로 담장의 설치를 대체하는 경우**에도 건조물에 인접한 그 주변 토지가 건물, 화단, 수목 등으로 둘러싸여 건조물의 이용에 제공되었다는 것이 명확히 드러난다면 위요지가 될 수 있다(대판 2010.3.11, 2009도12609).

2 퇴거불응죄

(1) 적법하게 주거 등에 들어간 자가 퇴거요구를 받고도 나가지 않은 경우 성립한다.

> ㅇ **적법히 직장폐쇄를 단행한 사용자로부터 퇴거요구를 받고도 불응한 채 직장점거를 계속한 행위**는 퇴거불응죄를 구성한다(대판 1991.8.13, 91도1324).
> [비교판례] **사용자의 직장폐쇄가 정당한 쟁의행위로 인정되지 아니하는 때**에는 적법한 쟁의행위로서 사업장을 점거 중인 근로자들이 직장폐쇄를 단행한 사용자로부터 퇴거 요구를 받고 이에 불응한 채 직장점거를 계속하더라도 퇴거불응죄가 성립하지 아니한다(대판 2007.3.29, 2006도9307).

(2) 불법하게 주거에 침입한 자(처음부터 주거자의 의사에 반하여 들어간 자)에게는 주거침입죄가 성립하므로, 퇴거요구를 받고 나가지 않아도 별도로 퇴거불응죄가 성립하지 않는다(주거침입죄가 계속범이라는 전제, 법조경합 중 보충관계).

(3) 퇴거불응죄의 퇴거란 행위자의 신체가 주거에서 나감을 의미한다.

> ㅇ 정당한 퇴거요구를 받고 건물에서 나가면서 **가재도구 등을 남겨둔 경우** 퇴거불응죄를 구성하지 않는다(대판 2007.11.15, 2007도6990).

(4) 퇴거불응죄의 법정형은 주거침입죄와 동일하다. ↔ 퇴거불응죄를 경하게 처벌한다. : ×

(5) 퇴거불응죄는 거동범이므로 퇴거불응(부작위)이 있으면 곧바로 기수가 된다. 그러나 미수범처벌규정을 두고 있다(제322조). → 다수설은 입법의 오류라고 비판

IV 특수주거침입죄

단체 또는 다중의 위력을 보이거나 위험한 물건을 휴대하여 주거침입죄나 퇴거불응죄를 범한 때 성립하는 범죄이다(제320조).

> ㅇ 수인이 흉기를 휴대하여 타인의 건조물에 침입하기로 공모한 후 그중 일부는 밖에서 망을 보고 나머지 일부만이 건조물 안으로 들어갔을 경우에 있어서 특수주거침입죄의 구성요건이 충족되었다고 볼 수 있는지의 여부는 **직접 건조물에 들어간 범인을 기준**으로 하여 그 범인이 흉기를 휴대하였다고 볼 수 있느냐의 여부에 따라 결정되어야 한다(대판 1994.10.11, 94도1991).
> **[사실관계]** 甲, 乙, 丙이 흉기를 휴대하여 타인의 건조물에 침입하기로 공모한 다음, 甲, 乙은 건물로부터 30 내지 50미터 떨어진 차량에서 흉기를 보관한 채 망을 보고, **丙은 흉기를 소지하지 아니하고 건조물에 침입한 경우**, 특수주거침입죄가 성립하지 않는다.

V 주거 · 신체수색죄

사람의 신체, 주거, 관리하는 건조물, 자동차, 선박이나 항공기 또는 점유하는 방실을 수색한 경우 성립하는 범죄이다(제321조).

주거침입죄와는 달리 사람의 신체와 자동차도 그 객체에 포함된다.

ㅇ 주주총회에 참석한 주주가 회사 측의 의사에 반하여 회사 사무실을 뒤져 회계장부를 강제로 찾아 열람한 경우, 방실수색죄가 성립한다(대판 2001.9.7, 2001도2917).

→ 정당행위(제20조) ×

Chapter 05

재산에 대한 죄

제1절 재산죄 일반론

I 재산죄의 의의 및 분류

1 의의

(1) 재산에 대한 죄란 개인의 재산을 보호법익으로 하는 범죄이다. 형법은 재산에 대한 죄를 **행위태양**을 기준으로 절도죄·강도죄·사기죄·공갈죄·횡령죄·배임죄·장물죄·손괴죄·권리행사방해죄 등 9가지로 규정하고 있다.

(2) **보호법익**에 따른 분류에 의하면 절도죄, 횡령죄, 장물죄, 손괴죄는 **소유권**을 보호법익으로 하는 것이며, 권리행사방해죄는 소유권 이외의 물권 또는 채권을 보호법익으로 하는 범죄이며, 강도죄, 사기죄, 공갈죄, 배임죄는 전체로서의 재산을 보호법익으로 하는 범죄이다.

(3) **객체**에 따른 분류에 의하면 절도죄, 횡령죄, 장물죄, 손괴죄는 재물범죄이고 배임죄, 컴퓨터사용사기죄는 순수이득죄이며, 강도죄, 사기죄, 공갈죄는 재물뿐만 아니라 재산상 이익도 그 대상으로 한다.

(4) **불법영득의사**는 손괴죄를 제외한 모든 재산범죄에 요구된다.

2 분류

(1) **행위태양에 따른 분류**

탈취 의사에 反	절도죄	절취	타인소유·타인점유
	강도죄	강취 = 폭행·협박 + 절도	타인소유·타인점유 / **준강도** = 절도 + 폭행·협박
편취 의사에 反× = 처분행위	사기죄	기망행위 = 사취	타인소유·타인점유 / **컴퓨터 등 사용사기**
	공갈죄	공갈행위(폭행·협박) = 갈취	타인소유·타인점유
배신	횡령죄	횡령, 반환거부	재물, 타인소유·**자기점유** / **점유이탈물횡령**
	배임죄	임무위배(권한남용)	재산상 이익
본범비호	장물죄	취득·양도·운반·보관·알선	
비영득	손괴죄	손괴, 은닉, 기타효용을 해 함	
자기소유	권리행사방해죄	취거, 은닉, 손괴 / 강취, 준점유강취	**자기소유**·타인점유 / 강제집행면탈 : 은닉·손괴·허위채무부담·허위양도

(2) 보호법익에 따른 분류

보호법익	범죄
소유권	절도죄, 횡령죄, 장물죄, 손괴죄
전체로서의 재산권	강도죄, 사기죄, 공갈죄, 배임죄
소유권 이외의 물권 또는 채권	권리행사방해죄(강제집행면탈죄)

(3) 객체에 따른 분류

객체	개념	범죄
재물죄	재물만을 객체로 하는 범죄	절도죄, 횡령죄, 장물죄, 손괴죄
이득죄	재산상의 이익만을 객체로 하는 범죄	배임죄, 컴퓨터사용사기죄
재물 · 이득죄	재물 및 재산상의 이익 모두를 객체로 하는 범죄	강도죄, 사기죄, 공갈죄

✔ **재물의 소유관계 · 점유관계에 따른 분류**

1. 타인소유 · 타인점유 : 절도죄, 강도죄, 사기죄, 공갈죄
2. 타인소유 · 자기점유 : 횡령죄
3. 자기소유 · 타인점유 : 권리행사방해죄
4. 점유이탈 · 타인소유 : 점유이탈물횡령죄

(4) 영득의사의 유무에 따른 분류

영득의사 유무	개념	범죄
영득죄	고의 이외에 불법영득의사(초과주관적 구성요건요소)를 필요로 하는 범죄	절도죄, 강도죄, 사기죄, 공갈죄, 횡령죄
비영득죄	불법영득의사 불요(타인의 재물의 효용가치를 해하는 것을 내용으로 하는 범죄)	손괴죄

II 재산죄의 객체 _ 재물과 재산상 이익

제346조【동력】
본장의 죄에 있어서 관리할 수 있는 동력은 재물로 간주한다.

1 재물

(1) 유체물

유체물이란 일정한 공간을 차지하고 있는 관리할 수 있는 물체를 말한다. 예 민법상 물건

(2) 관리할 수 있는 동력

관리할 수 있는 동력이란 전기, 수력, 에너지, 인공냉기, 인공온기, 자기력 등을 말한다. → 타인의 전기를 무단사용한 경우 : 절도죄 성립 ○(대판 1958.10.31, 4291형상361)

✔ **〈참고〉** 제346조는 본장의 죄(절도와 강도의 죄)에 있어서 관리할 수 있는 동력을 재물로 간주하고 있으며, 이 규정을 각각 사기와 공갈의 죄, 횡령과 배임의 죄 및 손괴의 죄에 준용(제354조, 제361조, 제372조)하고 있고, 장물죄와 권리행사방해죄에는 준용규정이 없으나, 해석상 당연히 인정되고 있다.

① 여기서 '관리'란 물리적 관리를 의미하고, 사무적 · 법률적으로 관리가 가능한 **채권이나 그 밖의 권리** 등은 재물에 포함된다고 할 수 없다. 이를 포함한다면 채권도 재물에 해당하여 재물과 재산상 이익을 구별할 수 없기 때문이다.

② **정보**는 유체물 또는 관리할 수 있는 동력이 아니므로 재물이 아니다.

예 회사 컴퓨터에 시방되어 있는 신제품시스템이 설계도면을 자신 소유의 USB 메모리에 저장하여 몰래 가지고 나온 경우 → 절도죄 ×

관련 판례 **재물에 해당하지 않는 경우**

1) **광업권**은 재물인 광물을 취득할 수 있는 권리에 불과하지 재물 그 자체는 아니므로 횡령죄의 객체가 된다고 할 수 없다(대판 1994.3.8, 93도2272).

2) **타인의 전화기를 무단으로 사용하여 전화통화를 하는 행위**는 전기통신사업자에 의하여 가능하게 된 전화기의 음향송수신기능을 부당하게 이용하는 것으로, 이는 무형적인 이익에 불과하고 물리적 관리의 대상이 될 수 없어 재물이 아니라고 할 것이므로 절도죄가 성립하지 않는다(대판 1998.6.23, 98도700).

3) **문서를 복사하여 원본은 두고 복사본만 가져간 경우** '문서의 내용'은 단순한 사상이나 관념 또는 의사에 불과하여 재물이 아니므로 절도죄가 성립하지 않는다(대판 1996.8.23, 95도192).

4) **컴퓨터에 저장되어 있는 '정보' 그 자체**는 유체물이라고 볼 수도 없고, 물질성을 가진 동력도 아니므로 재물이 될 수 없다 할 것이며, 또 이를 복사하거나 출력하였다 할지라도 그 정보 자체가 감소하거나 피해자의 점유 및 이용가능성을 감소시키는 것이 아니므로 그 복사나 출력 행위를 가지고 절도죄를 구성한다고 볼 수도 없다(대판 2002.7.12, 2002도745).
[사실관계] 피고인이 피해자의 **컴퓨터에 저장된 정보를 출력하여 생성한 문서**를 가지고 간 행위를 들어 피해자 소유의 문서를 절취한 것으로 볼 수는 없다.
∵ 생성한 문서는 회사소유 ×

(3) 재물의 재산적 가치

절도죄의 객체인 재물은 반드시 객관적인 금전적 교환가치를 가질 필요는 없고 소유자 · 점유자가 **주관적인 가치**를 가지고 있는 것으로 족하고, 이 경우 주관적 · 경제적 가치의 유무를 판별함에 있어서는 그것이 타인에 의하여 이용되지 않는다고 하는 **소극적 관계**에 있어서 그 가치가 성립하더라도 관계없다(대판 2007.8.23, 2007도2595). 예 옛날애인사진

관련 판례 **재물에 해당하는 경우**

1) 발행자가 회수하여 **세 조각으로 찢어버림**으로서 폐지로 되어 쓸모없는 것처럼 보이는 **약속어음**의 소지를 침해하여 가져갔다면 절도죄가 성립한다(대판 1976.1.27, 74도3442).
→ 찢어서 폐지로 된 타인발행 명의의 약속어음 파지면을 이용 · 조합하여 어음의 외형을 갖춘 경우 새로운 약속어음을 작성한 것으로서 그 행사의 목적이 있는 이상 유가증권 위조죄 성립

2) **인감증명서**는 재물로서 절도죄의 객체가 된다(대판 1986.9.23, 85도1775).

3) 피고인이 절취한 **백지의 자동차출고의뢰서** 용지도 그것이 어떠한 권리도 표창하고 있지 않다 하더라도 경제적 가치가 없다고는 할 수 없어 이는 절도죄의 객체가 되는 재물에 해당한다(대판 1996.5.10, 95도3057).

4) **주권포기각서**는 주권을 포기한다는 의사표시가 담긴 처분문서로서 그 경제적 가치가 있어 재물성이 있다(대판 1996.9.10, 95도2747).

5) **법원으로부터 송달된 심문기일소환장**은 재산적 가치가 있는 물건으로서 형법상 재물에 해당한다(대판 2000.2.25, 99도5775).

6) **사실상 퇴사하면서 회사의 승낙 없이 가지고 간 부동산매매계약서 사본들**이 절도죄의 객체인 재물에 해당한다(대판 2007.8.23, 2007도2595). ∵ 회사소유의 사본들

(4) 재물성이 문제되는 경우

① **부동산** : 토지와 건물(부동산)도 재물에 해당하므로 사기죄・공갈죄・횡령죄의 객체가 될 수 있다. 다만 점유의 탈취가 불가능하므로 절도죄의 객체가 될 수 없다. ∵ 장소이동 ×

② **금제품** : 금제품이란 법률상 소유 또는 소지(점유)가 금지된 물건을 말하는데, 판례는 절도죄의 객체가 된다고 본다. 예 위조통화, 위조유가증권, 총포 등 무기, 마약류 등

> ㅇ 유가증권도 그것이 정상적으로 발행된 것은 물론 비록 작성권한 없는 자에 의하여 위조된 것이라고 하더라도 절차에 따라 몰수되기까지는 그 소지자의 점유를 보호하여야 한다는 점에서 형법상 재물로서 절도죄의 객체가 된다(대판 1998.11.24, 98도2967).
> → 위조된 유가증권(스키장 리프트탑승권) → 절도죄의 객체 ○

2 재산상 이익

Thema 정리 **재산죄의 객체** : 재산상 이익

- **법률적 재산설** : 민법상 재산적 권리・의무의 총체, 경제적 가치 없는 법적 지위
- **경제적 재산설(판례)** : 경제적 이익의 총체 → 위법한 이익도 재산상 이익에 포함 ○
- **법률적・경제적 재산설(다수설)** : 법질서 승인범위 내 + 경제적 가치 있는 모든 재화

(1) 재산상 이익이란 전체적 관점에서 보았을 때 재산상태의 증가를 가져오는 일체의 이익 내지 가치로서 재물 이외의 것을 의미한다. 경제적 관점에서만 판단하고, 법적으로 유효한 이익일 필요는 없다(**경제적 재산설**).

> ㅇ 재산상의 이익은 반드시 사법상 유효한 재산상의 이득만을 의미하는 것이 아니고 **외견상 재산상의 이득**을 얻을 것이라고 인정할 수 있는 사실관계만 있으면 여기에 해당된다(대판 1997.2.25, 96도3411).
>
> ㅇ [매음료 사기사건] 일반적으로 **부녀와의 성행위 자체**는 경제적으로 평가할 수 없고, 부녀가 상대방으로부터 금품이나 재산상 이익을 받을 것을 약속하고 성행위를 하는 약속 자체는 선량한 풍속 기타 사

회질서에 위반한 사항을 내용으로 하는 법률행위로서 무효이나, 사기죄의 객체가 되는 재산상의 이익이 반드시 사법(私法)상 보호되는 경제적 이익만을 의미하지 아니하고, 부녀가 **금품 등을 받을 것을 전제로 성행위를 하는 경우 그 행위의 대가**는 사기죄의 객체인 경제적 이익에 해당하므로, 부녀를 기망하여 성행위 대가의 지급을 면하는 경우 사기죄가 성립한다(대판 2001.10.23, 2001도2991).

ㅇ [주점접대부 정교사건] 공갈죄는 재산범으로서 그 객체인 재산상 이익은 **경제적 이익**이 있는 것을 말하는 것인바, 일반적으로 **부녀와의 정교 그 자체**는 이를 경제적으로 평가할 수 없는 것이므로 부녀를 공갈하여 정교를 맺었다고 하여도 특단의 사정이 없는 한 이로써 재산상 이익을 갈취한 것이라고 볼 수는 없는 것이며, 부녀가 주점접대부라 할지라도 피고인과 매음을 전제로 정교를 맺은 것이 아닌 이상 피고인이 매음대가의 지급을 면하였다고 볼 여지가 없으니 공갈죄가 성립하지 아니한다(대판 1983.2.8, 82도2714).

(2) 재산상 이익은 적극적 이익(예 무상의 노무제공, 채권취득), 소극적 이익(예 채무감소), 영구적 이익(예 채무면제), 일시적 이익(예 채무변제의 연기[39]) 등 모두 포함한다.

3 소유와 점유

(1) 타인소유인지 자기소유인지 여부에 대하여는 민법(물권법)이론을 적용하여 판단한다.

(2) 타인점유인지 자기점유인지 여부에 대하여는 민법과 달리 독자적으로 판단한다(형법의 독자성).

Ⅲ 형법상 점유

1 형법상 점유의 의의

형법상 점유란 재물에 대한 사실상의 지배를 말한다. 사실상의 지배를 의미하는 순수한 사실상 개념이라는 점에서 규범적 개념인 민법상 점유와는 구별된다. 민법상 인정되지 않는 **점유보조자의 점유**는 형법상 인정될 수 있고, 민법상 인정되는 간접점유, 점유개정, 법인의 점유, **상속에 의한 점유이전**은 형법상으로는 인정되지 않는다.

ㅇ [내연관계 가방사건] 종전 점유자의 점유가 그의 사망으로 인한 상속에 의하여 당연히 그 상속인에게 이전된다는 민법 제193조는 절도죄의 요건으로서의 '타인의 점유'와 관련하여서는 적용의 여지가 없고, 재물을 점유하는 소유자로부터 이를 상속받아 그 소유권을 취득하였다고 하더라도 상속인이 그 재물에 관하여 사실상의 지배를 가지게 되어야만 이를 점유하는 것으로서 그때부터 비로소 상속인에 대한 절도죄가 성립할 수 있다(대판 2012.4.26, 2010도6334).
[사실관계] 피고인이 내연관계에 있는 甲과 아파트에서 동거하다가 甲의 사망으로 상속인인 乙 및 丙 소유에 속하게 된 부동산 **등기권리증 등이 들어 있는 가방**을 위 아파트에서 가지고 간 경우 절도죄가 성립하지 않는다. ∵ 타인소유 ○, 타인점유 ×

39) 2002년 법무사시험 자신의 채권자에게 훔친 등기필증을 제공하고 채무변제기를 연기하기로 한 약정한 행위와 사기죄의 성부

2 점유의 개념요소

형법상 점유는 (1) 객관적 · 물리적 요소(사실상의 지배 = 점유사실), (2) 주관적 · 정신적 요소(지배의사 = 점유의사), (3) 사회적 · 규범적 요소(점유개념의 확대 또는 제한)로 이루어진다.

> ○ 어떤 물건이 타인의 점유하에 있다고 할 것인지의 여부는, 객관적인 요소로서의 관리범위 내지 사실적 관리가능성 외에 주관적 요소로서의 지배의사를 참작하여 결정하되 궁극적으로는 당해 물건의 형상과 그 밖의 구체적인 사정에 따라 사회통념에 비추어 규범적 관점에서 판단할 수밖에 없다(대판 1999.11.12, 99도3801).

(1) 객관적 · 물리적 요소(점유사실)

① 형법상의 점유가 성립하기 위하여는 점유자가 재물에 대한 사실상 지배가 있어야 한다.

예 손에 휴대하는 물건, 주머니 속에 있는 물건 등

② 사실상 지배는 적법한 권원에 의하여야 하는 것은 아니다. 따라서 절도범도 절취한 물건에 대하여 점유가 인정된다.

> ○ 타인이 갈취한 재물을 그 타인의 의사에 반하여 절취한 경우 절도죄를 구성하고 장물취득죄가 되지 않는다(대판 1966.12.20, 66도1437).

(2) 주관적 · 정신적 요소(점유의사)

형법상의 점유가 성립하기 위하여는 점유자가 재물에 대한 지배의사를 가지고 있어야 한다. 점유의사는 사실상 · 일반적(포괄적) · 잠재적 지배의사이면 족하다.

① 사실상 지배의사로 족하고 법적 처분권이나 행위능력을 요하지 않는다.

예 어린 아이나 정신병자의 점유 ○, 법인의 점유 ×

② 구체적 지배의사가 아니라 일반적 지배의사로 족하다.

예 편지함에 배달된 우편물에 대한 편지함 주인의 점유 ○

③ 현실적 지배의사가 아니라 잠재적 지배의사로도 족하다.

예 수면 중인 사람이나 의식을 잃은 사람의 점유 ○

④ **사자의 점유**[40] : 부정된다고 보는 것이 다수설이나, 판례는 사자의 생전 점유를 인정하고 있다.

> ○ 피해자를 살해한 방에서 사망한 피해자 곁에 **4시간 30분쯤 있다가** 그곳 피해자의 자취방 벽에 걸려 있던 피해자가 소지하는 물건들을 영득의 의사로 가지고 나온 경우 피해자가 **생전에 가진 점유**는 사망 후에도 여전히 계속되는 것으로 보아야 한다(대판 1993.9.28, 93도2143).
> → 살인죄와 절도죄 성립 ○(∵ 사자의 생전 점유 인정, 상속에 의한 점유이전 ×)
> ↔ 다수설에 의하면 살인죄와 점유이탈물횡령죄(∵ 사자의 점유 부정)

(3) 사회적 · 규범적 요소(점유개념의 확대 · 축소)

형법상 점유사실과 점유의사는 사회통념에 의하여 그 점유의 범위를 확대하거나 또는 축소할 수 있다.

---

40) 2023년 변호사시험

① **점유개념의 확대** : 강간 피해자가 도피하면서 현장에서 떨어뜨린 손가방 등은 점유가 이탈되거나 상실된 것이 아니라 여전히 주인의 점유가 인정되고, 당구장이나 피씨방에 두고 온 물건은 당구장주인이나 피씨방 주인의 점유가 인정된다. 다만 고속버스선반에 두고 온 경우나 지하철 선반에 이를 두고 온 경우 고속버스운전사나 지하철승무원이 현실적으로 발견하지 않는 한 새로운 점유가 개시되지 않으므로 점유이탈물에 해당한다.

② **점유개념의 축소** : 음식점에서 손님이 사용하고 있는 그릇은 손님이 사실상 지배하고 있다고 하더라도 음식점 주인의 점유에 속한다.

관련 판례 **절도죄가 성립하는 경우**

1) **강간을 당한 피해자**가 도피하면서 현장에 놓아두고 간 손가방은 점유이탈물이 아니라 사회통념상 피해자의 지배하에 있는 물건이라고 보아야 할 것이므로 피고인이 그 손가방 안에 들어 있는 피해자 소유의 돈을 꺼낸 소위는 절도죄에 해당한다(대판 1984.2.28, 84도38).

2) 어떤 물건을 잃어버린 장소가 **당구장**과 같이 타인의 관리 아래 있을 때에는 그 물건은 일응 그 관리자의 점유에 속한다 할 것이고, 이를 그 관리자 아닌 제3자가 취거하는 것은 유실물횡령이 아니라 절도죄에 해당한다(대판 1988.4.25, 88도409).
[사실관계] 당구장 종업원이 당구대 밑에서 다른 사람이 잃어버린 금반지를 주워서 손가락에 끼고 다니다가 그 소유자가 나타나지 않고 용돈도 궁하여 전당포에 전당잡힌 경우 절도죄에 해당한다.

3) 피해자가 **피씨방**에 두고 간 핸드폰은 피씨방 관리자의 점유하에 있어서 제3자가 이를 취한 행위는 절도죄를 구성한다(대판 2007.3.15, 2006도9338).
[사실관계] 손님인 甲이 PC방에서 다른 손님이 두고 간 휴대전화를 PC방 관리자 몰래 가지고 간 경우 절도죄가 성립한다.

관련 판례 **점유이탈물횡령죄가 성립하는 경우** "고지점령"

1) 고속버스 운전사는 **고속버스**의 관수자로서 차내에 있는 승객의 물건을 점유하는 것이 아니고 승객이 잊고 내린 유실물을 교부받을 권능을 가질 뿐이므로 유실물을 현실적으로 발견하지 않는 한 이에 대한 점유를 개시하였다고 할 수 없고, 그 사이에 다른 승객이 유실물을 발견하고 이를 가져갔다면 절도에 해당하지 아니하고 점유이탈물횡령에 해당한다(대판 1993.3.16, 92도3170).[41]

2) 승객이 놓고 내린 **지하철**의 전동차 바닥이나 선반 위에 있던 물건을 가지고 간 경우, 지하철의 승무원은 유실물법상 전동차의 관수자로서 승객이 잊고 내린 유실물을 교부받을 권능을 가질 뿐 전동차 안에 있는 승객의 물건을 점유한다고 할 수 없고, 그 유실물을 현실적으로 발견하지 않는 한 이에 대한 점유를 개시하였다고 할 수도 없으므로, 그 사이에 위와 같은 유실물을 발견하고 가져간 행위는 점유이탈물횡령죄에 해당함은 별론으로 하고 절도죄에 해당하지는 않는다(대판 1999.11.26, 99도3963).

41) 2020년 · 2013년 법무사시험(10점) 점유이탈물횡령죄 또는 절도죄의 성부(버스기사 점유인정여부)
2022년 법원행정고등고시

3 공동점유

공동점유란 하나의 재물을 다수인이 사실상 지배하는 경우를 말한다.

(1) 대등관계의 공동점유

공유물, 합유물, 총유물에 대한 공동점유는 형법에서는 타인의 점유로 본다. 즉 공동점유자 상호간에는 점유의 타인성이 인정된다. 따라서 공동점유관계에 있는 자 중 1인이 다른 공동점유자의 승낙을 받지 않고 점유를 침탈하면 타인의 점유를 침탈하였다고 본다.

예 부부 사이, 조합원(동업자)간의 점유 등

(2) 상하관계(주종관계)의 공동점유

① 상점주인과 종업원의 경우처럼 주종관계가 있는 경우 주된 관계에 있는 자의 점유만 인정되고, 종된 관계에 있는 자(민법상 점유보조자)에 대하여는 점유가 인정되지 않는다.

예 종업원이 주인의 의사에 반하여 물건을 영득한 경우 → 절도죄 성립 ○

② 그러나 민법상의 점유보조자라도 그 물건에 대하여 위탁에 의하여 사실상 지배력을 행사하는 경우에는 형법상 보관의 주체로 볼 수 있다. → 횡령죄 성립 ○

관련 판례 **절도죄가 성립하는 경우**

> **산지기**로서 종중 소유의 분묘를 간수하고 있는 자는 그 분묘에 설치된 석등이나 문관석 등을 점유하고 있다고는 할 수 없으므로 산지기로서 종중 소유의 분묘를 간수하고 있는 피고인이 그 분묘에 설치된 석등이나 문관석 등을 반출한 경우 횡령죄가 아니고 절도죄를 구성한다(대판 1985.3.26, 84도3024).

관련 판례 **횡령죄가 성립하는 경우**

> 1) **[오토바이횡령사건]** 민법상 점유보조자(**점원**)라고 할지라도 그 물건에 대하여 사실상 지배력을 행사하는 경우에는 형법상 보관의 주체로 볼 수 있으므로 이를 영득한 경우에는 절도죄가 아니라 횡령죄에 해당한다(대판 1982.3.9, 81도3396).
> **[사실관계]** 점포주인이 점원에게 금고 열쇠와 오토바이 열쇠를 맡기고 금고 안의 돈은 배달될 깨스 대금으로 지급할 것을 지시한 후 외출하였던 바, 점원이 혼자서 점포를 지키다가 금고 안에서 현금(20만 원)을 꺼내어 오토바이를 타고 도주한 경우 횡령죄가 성립한다.
> ∵ 범행 당시는 위 **점포주인의 위탁**을 받아 금고 안의 현금과 오토바이를 사실상 지배하에 두고 보관한 것이라고 보아야 하므로
>
> 2) 피해자가 그 소유의 **오토바이**를 타고 심부름을 다녀오라고 하여서 그 오토바이를 타고 가다가 마음이 변하여 이를 반환하지 아니한 채 그대로 타고 가버렸다면 횡령죄를 구성함은 별론으로 하고 적어도 절도죄를 구성하지는 아니한다(대판 1986.8.19, 86도1093).
> → 절도 ×, 횡령 ○(∵ 타인소유 · 자기점유이므로)

(3) 재물의 운반을 위탁받은 운반자의 경우[42)]

물건의 운반을 위탁한 경우에 운반 중의 재물에 대한 점유관계는 위탁자(운반의뢰자)의 운반자에

---

42) 2018년 법원행정고등고시

대한 현실적인 지배・감독이 가능한지 여부에 의하여 결정한다. 위탁자의 현실적인 지배・감독이 가능한 경우 위탁자에게 점유가 여전히 인정되고, 위탁자의 현실적인 지배・감독이 불가능한 경우 운반자의 단독점유가 인정된다.

Thema 정리 위탁자의 현실적인 지배・감독 가능여부

┌ 위탁자의 현실적인 지배・감독 가능 = 위탁자 점유 → 영득시 운반자의 절도죄 ○
└ 위탁자의 현실적인 지배・감독 불가능 = 운반자 점유 → 영득시 운반자의 횡령죄 ○

관련 판례 절도죄가 성립하는 경우

1) **철도공무원**이 화차에 운송 중인 수탁화물의 포장을 풀고 탁상시계 등을 영득한 경우 **절도죄**가 성립한다(대판 1967.7.8, 65도798).
∵ 운송 중인 화물의 점유가 철도청 기관에 있는 것이고 운반자의 점유에 있지 않으므로

2) 은행에서 찾은 현금을 운반하기 위하여 소지하게 된 자가 그 금원 중 일부금을 꺼내어 이를 영득한 경우에는 (피고인의 운반을 위한 소지는 피고인의 독립적인 점유에 속하는 것이 아니고 피해자의 점유에 종속하는 점유의 기관으로서 소지함에 지나지 않으므로) 이를 영득한 행위는 피해자의 점유를 침탈함에 돌아가기 때문에 절도죄가 성립한다(대판 1966.1.31, 65도1178).
[사실관계] 전주연초제조창 기사보인 甲은 경리담당직원의 요청으로 은행(한국은행 전주지점)에 **동행**하여 찾은 현금 일부(200만 원 중 50만 원)를 그의 부탁으로 소지하게 되었는데 사무실에 당도하여 그 금액의 일부(10만 원)를 현금처럼 가장한 돈뭉치와 바꿔치기 한 경우 절도죄가 성립한다.

관련 판례 횡령죄가 성립하는 경우

1) **화물자동차의 운전자**가 회사지시에 따라 화물운송 도중 그 화물 중에서 커피 3상자를 매각 처분한 경우 **횡령죄**가 성립한다(대판 1957.9.20, 4290형상281). ∵ 운반 중의 화물에 대한 감독과 통제가 불가능하므로

2) 피해자가 **지게 짐꾼**인 피고인을 불러 피고인 단독으로 물건을 운반해 줄 것을 의뢰하였더니 피고인이 용달차에 싣고 가서 처분한 경우 피고인의 위 운반을 위한 소지 관계는 피해자의 위탁에 의한 보관관계에 있다고 할 것이므로 이를 영득한 행위는 절도죄가 아니라 **횡령죄**를 구성한다(대판 1982.11.23, 82도2394).

IV 재산죄의 초과주관적 구성요건요소 _ 불법영득의사

Thema 정리 불법영득의사

영득의 의사라 함은 권리자를 배제하고(소극적 요소, 결여시 사용절도), 타인의 물건을 자기 소유물과 같이 그 경제적 용법에 따라 이용처분할 의사(적극적 요소, 결여시 손괴)

1. 불법의 의미

┌ **행위의 불법(판례)** : 행위 수단 자체에 불법성이 인정되기만 하면 불법하다.
└ **영득의 불법(학설)** : 영득의 결과가 법질서에 반하는 경우 불법하다.

2. **영득의 대상과 의미**
   1) 물체 및 가치설
   2) 타인의 재물을 무단사용하는 경우
      → 경제적 가치 상당소모, 방치·유기, 장시간 점유 : 불법영득의사 ○
      → 절취한 카드나 통장을 현금인출 후 반환한 경우
      ┌ 신용카드, 현금카드 → 불법영득의사 ×(∵ 단순한 사용가치 침해) → 절도 ×
      └ 예금통장 → 불법영득의사 ○(∵ 특수한 기능가치 침해) → 절도 ○

3. **의사의 내용**
   ┌ 소극적 요소 : 영구적 배제의사 → 없으면 사용절도 = 원칙적 불가벌
   └ 적극적 요소 : 일시적 이용·처분의사 → 없으면 손괴

✔ **〈참고〉** 불법영득의사

1. 불법영득의사란 권리자를 배제하고 타인의 재물을 자기의 소유물과 같이 그 경제적 용법에 따라 이용·처분할 의사를 말한다. 다시 말해 타인의 재물에 대하여 그 소유권을 침해할 의사를 말한다(소유권침해의사).
2. 불법영득의사는 고의 이외의 초과 주관적 구성요건요소이다.

ㅇ 형법상 절도죄의 성립에 필요한 불법영득의 의사라 함은 **권리자를 배제**(소극적 요소)하고 타인의 물건을 **자기의 소유물과 같이 그 경제적 용법에 따라서 이를 이용하고 또는 처분할 의사**(적극적 요소)를 말하는 것이다(대판 1996.5.10, 95도3057).

1 불법의 의미

(1) 학설은 영득의 결과 그 자체가 법질서 전체의 입장에서 보아 타인의 재산권을 침해하였다고 평가할 수 있어야 불법하다고 한다(**영득의 불법설**).

→ 행위자에게 반환청구권이 있는 경우 : 절도죄 등 재산죄 성립 ×

(2) 그러나 판례는 영득의 불법성과는 무관하게 행위 수단 자체에 불법성이 인정되기만 하면 불법하다고 본다(**행위의 불법설**).

→ 행위자에게 반환청구권이 있는 경우에도 그 권리행사가 점유자의사에 반하고 사회상규에 위배되는 방법인 경우 : 절도죄 등 재산죄 성립 ○

관련 판례 **불법영득의사를 인정한 경우**

1) 외상 매매계약의 해제가 있고 동 **외상 매매물품의 반환 청구권**이 피고인에게 있다고 하여도 (절도라 함은 타인이 점유하는 재물을 도취하는 행위, 즉 점유자의 의사에 의하지 아니하고 그 점유를 취득하는 행위로서 절도행위의 객체는 점유라 할 것이므로) 피고인이 채무자의 승낙을 받지 않고 위 물품들을 가져갔다면 피고인의 그 행위는 절도행위에 해당된다(대판 1973.2.28, 72도2538).
2) 회사의 총무과장 甲이 회사의 **물품대금채권을 확보할 목적**으로 채무자의 승낙을 받지 아니한 채 그의 의사에 반하여 부산에 있는 그의 점포 앞에 세워놓은 그의 소유인 자동차를 운전하여 광주에 있는 위 회사로 옮겨놓았다면 불법영득의 의사가 있었다고 볼 수밖에 없다(대판 1990.5.25, 90도573).
3) 피해자와 사이에 피해자 소유인 **쇄석장비**들에 관하여 **점유개정의 방법에 의한 양도담보부 금전소비대차계약**을 체결하였는데 피해자가 변제기일이 지나도 채무를 변제하지 아니하자 채권자 회사의 직

원들인 피고인들이 합동하여 피해자의 의사에 반하여 쇄석장비들을 임의로 분해하여 가지고 간 경우 절도죄가 성립한다(대판 2005.6.24, 2005도2861).

∵ 양도담보부 금전소비대차계약을 체결하였으므로 쇄석장비들은 채권자 甲과 채무자 乙 간에는 소유자가 여전히 채무자로 인정되어 타인소유, 점유개정의 방법으로 체결한 것이다. 따라서 여전히 채무자가 점유하여 타인점유의 재물이 되므로 절도죄의 객체가 된다.

4) 굴삭기 매수인이 약정된 기일에 대금채무를 이행하지 아니하면 **굴삭기**를 회수하여 가도 좋다는 약정을 하고 각서와 매매계약서 및 양도증명서 등을 작성하여 판매회사 담당자에게 교부한 후 그 채무를 불이행하자 그 담당자가 굴삭기를 취거하여 매도한 경우, 그 굴삭기 취거행위는 절도죄에 해당하고 불법영득의 의사도 인정된다(대판 2001.1.26, 2001도4546).

2 영득의 대상

(1) 불법영득의사를 가진 자가 영득할 대상은 물체 그 자체와 함께 그 물체에 화체된 가치이다(물체 및 가치설). 여기서 가치란 그 물체의 단순한 사용가치가 아니라 특수한 기능적 가치를 말한다.

o [리스차절도 반납사건] 절도죄의 성립에 필요한 불법영득의 의사란 타인의 물건을 그 권리자를 배제하고 자기의 소유물과 같이 그 경제적 용법에 따라 이용·처분하고자 하는 의사를 말하는 것으로서, 단순히 타인의 점유만을 침해하였다고 하여 그로써 곧 절도죄가 성립하는 것은 아니나, 재물의 소유권 또는 이에 준하는 본권을 침해하는 의사가 있으면 되고 반드시 영구적으로 보유할 의사가 필요한 것은 아니며, 그것이 **물건 자체를 영득할 의사인지 물건의 가치만을 영득할 의사인지를 불문한다**(대판 2014.2.21, 2013도14139).

(2) **타인의 재물을 무단사용하는 경우**

사용으로 인하여 그 물건의 경제적 가치가 상당부분 소모되거나(특수한 기능적 가치 감소), 사용 후 방치·유기한 경우, 물건을 반환하였더라도 장시간 점유한 경우 등에는 불법영득의사를 인정할 수 있다.

o **타인의 재물을 점유자의 승낙 없이 무단사용하는 경우**에 있어서 ① 그 사용으로 인하여 물건 자체가 가지는 경제적 가치가 상당한 정도로 소모되거나 또는 ② 사용 후 그 재물을 본래 있었던 장소가 아닌 다른 장소에 버리거나 ③ 곧 반환하지 아니하고 장시간 점유하고 있는 것과 같은 때에는 그 소유권 또는 본권을 침해할 의사가 있다고 보아 불법영득의 의사를 인정할 수 있을 것이나, / 그렇지 않고 ① 그 사용으로 인한 가치의 소모가 무시할 수 있을 정도로 경미하고, 또한 ② 사용 후 곧 반환한 것과 같은 때에는 그 소유권 또는 본권을 침해할 의사가 있다고 할 수 없어 불법영득의 의사가 있다고 인정할 수 없다(대판 1999.7.9, 99도857).

관련 판례 **불법영득의사를 인정한 경우**

1) [예금통장 절도사건] **타인의 예금통장을 무단사용하여 예금을 인출한 후 바로 예금통장을 반환하였다** 하더라도 그 사용으로 인한 위와 같은 경제적 가치의 소모가 무시할 수 있을 정도로 경미한 경우가 아닌 이상, 예금통장 자체가 가지는 예금액 증명기능의 경제적 가치에 대한 불법영득의 의사를 인정

할 수 있으므로 절도죄가 성립한다(대판 2010.5.27, 2009도9008).

[판결이유] **예금통장**은 이를 소지함으로써 예금채권의 행사자격을 증명할 수 있는 자격증권으로서 예금계약사실뿐 아니라 예금액에 대한 증명기능이 있고 이러한 증명기능은 예금통장 자체가 가지는 경제적 가치라고 보아야 하므로, 예금통장을 사용하여 예금을 인출하게 되면 그 인출된 예금액에 대하여는 예금통장 자체의 예금액 증명기능이 상실되고 이에 따라 그 상실된 기능에 상응한 경제적 가치도 소모된다.

[사실관계] ○○주식회사 현장소장인 甲이 월급 등을 제대로 지급받지 못할 것을 염려하여 회사 명의의 농협통장을 몰래 가지고 나와 **예금 1,000만 원**을 인출한 후 다시 제자리에 갖다 놓았다면 **예금통장에 대한 절도죄**가 성립한다.

2) **[오토바이사용 후 방치 절도사건]** 피고인이 길가에 세워져 있는 오토바이를 소유자의 승낙 없이 타고 가서 용무를 마친 약 1시간 30분 후 본래 있던 곳에서 **약 7, 8미터 되는 장소에 방치**하였다면 불법영득의 의사가 있었다(대판 1981.10.13, 81도2394). → 절도죄 성립 ○

3) 소유자의 승낙 없이 오토바이를 타고 가서 **다른 장소에 버린 경우**, 자동차 등 불법사용죄가 아닌 절도죄가 성립한다(대판 2002.9.6, 2002도3465).[43]

4) **[휴대전화사용 후 유기 절도사건]**[44] 피고인이 甲의 영업점 내에 있는 甲 소유의 **휴대전화**를 허락 없이 가지고 나와 이를 이용하여 통화를 하고 문자메시지를 주고받은 다음 약 1~2시간 후 甲에게 아무런 말을 하지 않고 위 **영업점 정문 옆 화분에 놓아두고 간 경우**, 피고인이 甲의 휴대전화를 자신의 소유물과 같이 경제적 용법에 따라 이용하다가 본래의 장소와 다른 곳에 유기한 것이므로 피고인에게 불법영득의사가 있었다(대판 2012.7.12, 2012도1132). → 절도죄 성립 ○

5) **[하드디스크 장시간점유 절도사건]** 주식회사 감사인 피고인이 회사 경영진과의 불화로 한 달 가까이 결근하다가 회사 감사실에 들어가 하드디스크를 떼어간 후 **4개월 가까이 지난 시점에 반환한 경우** 하드디스크를 떼어갔다가 일시 보관한 후 반환하였다고 평가하기는 어려워 불법영득의사를 인정할 수 있다(대판 2011.8.18, 2010도9570). → 절도죄 성립 ○

관련 판례 **불법영득의사를 부정한 경우**

1) **[신용카드 일시사용사건]**[45] 신용카드업자가 발행한 신용카드는 유가증권이라고 볼 수 없고, 단지 신용카드회원이 그 제시를 통하여 신용카드회원이라는 사실을 증명하거나 현금자동지급기 등에 주입하는 등의 방법으로 신용카드업자로부터 서비스를 받을 수 있는 **증표로서의 가치**를 갖는 것이어서, 이를 사용하여 현금자동지급기에서 현금을 인출하였다 하더라도 신용카드 자체가 가지는 경제적 가치가 인출된 예금액만큼 소모되었다고 할 수 없으므로, 이를 일시 사용하고 곧 반환한 경우에는 불법영득의 의사가 없다(대판 1999.7.9, 99도857).

[동지판례] 피해자로부터 지갑을 잠시 건네받아 임의로 지갑에서 **현금카드**를 꺼내어 현금자동인출기에서 현금을 인출하고 곧바로 피해자에게 현금카드를 반환한 경우, 현금카드에 대한 불법영득의사가 없다(대판 1998.11.10, 98도2642).

43) 2015년 법원행정고등고시

44) 2021년 법무사시험

45) 2010년 법무사시험

[동지판례] 은행이 발급한 **직불카드**를 사용하여 타인의 예금계좌에서 자기의 예금계좌로 돈을 이체시켰다 하더라도 직불카드 자체가 가지는 경제적 가치가 계좌이체된 금액만큼 소모되었다고 할 수는 없으므로, 이를 일시 사용하고 곧 반환한 경우에는 그 직불카드에 대한 불법영득의 의사는 없다고 보아야 한다(대판 2006.3.9, 2005도7819).
→ 직불카드 자체에 대한 절도죄 성립 ×, 계좌이체한 행위에 대해서는 컴퓨터사용사기죄 성립 ○

2) 피해자의 승낙 없이 **혼인신고서를 작성하기 위하여** 피해자의 도장을 몰래 꺼내어 사용한 후 **곧바로 제자리에 갖다 놓은 경우**, 도장에 대한 불법영득의 의사가 있었다고 볼 수 없다(대판 2000.3.28, 2000도493).
[동지판례] 동네 선배로부터 차량을 빌렸다가 반환하지 아니한 보조열쇠를 이용하여 그 후 3차례에 걸쳐 위 차량을 2~3시간 정도 운행한 후 **원래 주차된 곳에 갖다 놓아 반환한 경우** 피해자와의 친분관계, 차량의 운행경위, 운행시간, 운행 후의 정황 등에 비추어 불법영득의 의사가 있었다고 볼 수 없다(대판 1992.4.24, 92도118). → 절도 ×, 자동차불법사용죄 성립가능 ○

3 의사의 내용

불법영득의 의사란 소극적으로는 권리자를 배제하고(소유자배제의사), 적극적으로는 타인의 물건을 자기의 소유물과 같이 이용·처분할 의사를 말한다(소유권향유의사).

(1) 소극적 요소인 배제의사는 영구적이어야 한다. 영구적으로 소유자를 배제할 의사가 없으면 불법영득의사가 인정되지 않고 사용절도에 해당하여 원칙적으로 불가벌이다(예 물건을 잠시 사용하고 반환한다는 의사인 경우). 따라서 소극적 요소는 절도와 사용절도를 구별하는 기준이 된다.

(2) 적극적 요소인 이용·처분의사는 일시적이면 족하고 영구적일 필요가 없다. 소유자를 배제할 의사는 있으나, 적극적으로 이용·처분할 의사가 없으면 영득죄인 절도죄는 성립할 수 없고, 비영득죄인 손괴죄가 성립할 수 있다. 따라서 적극적 요소는 절도죄와 손괴죄의 구별기준이 된다.

o 절도죄의 성립에 필요한 불법영득의 의사란 권리자를 배제하고 타인의 물건을 자기의 소유물과 같이 이용·처분할 의사를 말하고, 영구적으로 물건의 경제적 이익을 보유할 의사임은 요하지 않는다(대판 2012.7.12, 2012도1132).

관련 판례 불법영득의사의 소극적 요소(배제의사)를 부정한 경우

1) 부정행위를 한 타인을 **꾸짖어 줄 목적**으로 그 타인의 소유물건을 가져와 보관하고 있으면 그가 이를 찾으러 올 것이고 그때에 그 물건을 반환하면서 그를 꾸짖어 줄 생각으로 그 물건을 가져온 것이라면 절도죄가 성립되지 아니한다(대판 1973.2.28, 72도2812).

2) 피고인이 피해자의 **인감도장**을 그의 책상서랍에서 몰래 꺼내어 가서 그것을 차용금증서의 연대보증인란에 찍고 난 후 곧 제자리에 넣어둔 경우 위 도장에 대한 불법영득의 의사가 있었다고 인정할 수 없다(대판 1987.12.8, 87도1959).[46]

46) 2016년 법원사무관승진시험

3) 내연관계에 있던 자의 물건을 가져와 보관한 후 그가 이를 찾으러 오면 이를 반환하면서 타일러 다시 **내연관계를 지속시킬 생각**으로 이를 가져온 경우 불법영득의 의사가 있다고 할 수 없다(대판 1992.5.12, 92도280).

4) 상사와의 의견 충돌 끝에 **항의의 표시**로 사표를 제출한 다음 평소 피고인이 전적으로 보관, 관리해오던 이른바 비자금 관계 서류 및 금품이 든 가방을 들고 나온 경우, 불법영득의 의사가 있다고 할 수 없을 뿐만 아니라, 그 서류 및 금품이 타인의 점유하에 있던 물건이라고도 볼 수 없다(대판 1995.9.5, 94도3033).

5) 피해자의 승낙 없이 **혼인신고서를 작성하기 위하여** 피해자의 도장을 몰래 꺼내어 사용한 후 곧바로 제자리에 갖다 놓은 경우 불법영득의 의사가 있다고 할 수 없다(대판 2000.3.28, 2000도493).

관련 판례 **불법영득의사의 적극적 요소**(이용 · 처분의사)**를 부정한 경우**

1) 군인이 총기(M16소총)를 분실하고 그를 **보충하기 위하여** 총기를 취거한 경우에는 불법영득의 의사가 있다고 할 수 없다(대판 1977.6.7, 77도1069).

2) 강간하는 과정에서 피해자들이 **도망가지 못하게 하기 위해** 손가방을 빼앗은 것에 불과하다면 이에 불법영득의 의사가 있었다고 할 수 없다(대판 1985.8.13, 85도1170).

3) 타인의 **전화번호를 알아두기 위하여** 타인이 떨어뜨린 전화요금영수증을 습득한 후 돌려주지 않은 경우 불법영득의 의사가 있다고 인정하기 어렵다(대판 1989.11.28, 89도1679).

4) 사촌형제인 피해자와의 분규로 재단법인 이사장직을 사임한 뒤 피해자의 집무실에 찾아가 잘못을 나무라는 과정에서 **화가 나서 피해자를 혼내주려고** 피해자의 가방을 들고 나온 경우 불법영득의 의사가 있다고 할 수 없다(대판 1993.4.13, 93도328).

5) 피고인이 살해된 피해자의 주머니에서 꺼낸 지갑을 살해도구로 이용한 골프채와 옷 등 다른 증거품들과 함께 자신의 차량에 싣고 가다가 **쓰레기 소각장**에서 태워버린 경우, 살인 범행의 **증거를 인멸하기 위한 행위**로서 불법영득의 의사가 있었다고 보기 어렵다(대판 2000.10.13, 2000도3655).

V 처벌조건 _ 친족상도례 47)

제328조【친족간의 범행과 고소】
① 직계혈족, 배우자, 동거친족, 동거가족 또는 그 배우자간의 제323조의 죄는 그 형을 면제한다.
② 제1항 이외의 친족간에 제323조의 죄를 범한 때에는 고소가 있어야 공소를 제기할 수 있다.
③ 전2항의 신분관계가 없는 공범에 대하여는 전 이항을 적용하지 아니한다.

제365조【친족간의 범행】
① 전3조의 죄(장물에 관한 죄)를 범한 자와 피해자간에 제328조 제1항, 제2항의 신분관계가 있는 때에는 동조의 규정을 준용한다.

47) 2004년 법원사무관승진시험, 2002년 법무사시험 甲은 모(母)A의 집에서 안방 화장대 위에 서류봉투가 놓인 것을 보고 이를 집어들고 나왔는데, 사실 A는 사채알선업자로서 위 현금은 사채업자 D로부터 차용인(借用人) E에게 차용금으로 전해주기 위하여, 등기필증은 차용인 E로부터 그 소유의 부동산에 대하여 D를 위한 근저당권을 설정하기 위하여 각 교부받은 것으로서 A가 보관하고 있는 것이었다.

② 전3조의 죄(장물에 관한 죄)를 범한 자와 본범간에 제328조 제1항의 신분관계가 있는 때에는 그 형을 감경 또는 면제한다. 단, 신분관계가 없는 공범에 대하여는 예외로 한다.

Thema 정리 **친족상도례**

> ┌ 제328조 제1항 : 직계혈족, 배우자, 동거친족, 동거가족 또는 그 배우자 간 = 형의 면제
> └ 제328조 제2항 : 제328조 제1항 이외의 친족관계 = (상대적) 친고죄
> → 제328조 제3항 신분관계가 없는 공범 : 적용 ×
> ┌ 제365조 제1항 장물범과 피해자간 : 제328조 제1항, 제2항 그대로 적용
> └ 제365조 제2항 장물범과 본범간 ┌ 1) 제328조 제1항만 적용 ○ ↔ 제328조 제2항 적용 ×
> └ 2) 형의 필요적 감면(감경 또는 면제)
> → **친족상도례 적용** × : 강도, (준)점유강취, 강제집행면탈, 손괴(경계침범) **"강손"**

1 의의 및 법적 성질

친족상도례란 친족 간에 범해진 재산범죄를 취급함에 있어 친족관계라는 신분상의 특수한 사정을 고려하여 범인을 유리하게 취급하는 특례규정을 말한다.

그 법적 성질은 ① 형이 면제되는 경우 인적처벌조각사유이고, ② 형이 감경되는 경우 책임감경사유(통설)이며, ③ 상대적 친고죄인 경우에는 소추조건에 해당한다.

2 적용범위

형법은 친족상도례를 권리행사방해죄에서 규정하고 다른 재산범죄(절도죄・사기죄・공갈죄・횡령죄・배임죄)와 그 미수범에 준용하고 있다.

(1) 강도죄, 강제집행면탈죄, (준)점유강취죄와 손괴죄(경계침범죄)에는 적용되지 않는다(∵ 강폭성이 있는 범죄거나 물건 자체의 이용을 불가능하게 만든다는 점 때문).

(2) 장물죄는 특칙이 있다(제365조). 장물죄에 대해서는 장물범과 피해자 사이에 친족관계가 있는 경우는 물론이고, 장물범과 본범 사이에 친족관계가 있는 경우에도 친족상도례가 적용된다.

(3) 특별법상 재산범죄에도 그 적용을 배제하는 규정이 없는 한 적용된다.

예 산림법상 산림절도죄(대판 1959.9.18, 4292형상29).

> ㅇ 형법상 사기죄의 성질은 **특정경제범죄 가중처벌 등에 관한 법률** 제3조 제1항에 의해 가중처벌되는 경우에도 그대로 유지되고 같은 법률에 친족상도례의 적용을 배제한다는 명시적인 규정이 없으므로, 제354조는 같은 법률 제3조 제1항 위반죄에도 그대로 적용된다(대판 2010.2.11, 2009도12627 ; 대판 2000.10.13, 99오1).
> → 사기죄로 인하여 취득한 재물의 가액이 5억 원 이상일 경우에는 특정경제범죄 가중처벌 등에 관한 법률 제3조에 의하여 가중처벌되는데, 이 경우에도 친족상도례에 관한 형법규정은 적용된다.
>
> ㅇ 흉기 기타 위험한 물건을 휴대하고 공갈죄를 범하여 '폭력행위 등 처벌에 관한 법률' 제3조 제1항, 제2조 제1항 제3호에 의하여 가중처벌되는 경우에도 형법상 공갈죄의 성질은 그대로 유지되는 것이고, 특별법인 위 법률에 친족상도례에 관한 제354조, 제328조의 적용을 배제한다는 명시적인 규정이 없으므로

제354조는 '폭력행위 등 처벌에 관한 법률 제3조 제1항 위반죄'에도 그대로 적용된다(대판 2010.7.29, 2010도5795).

3 친족관계

(1) 친족의 범위

① 친족상도례가 적용되는 친족의 개념과 범위는 민법에 따른다.

② 직계혈족이란 자기의 직계존속과 직계비속을 말한다. 혼인 외 출생자는 인지한 후에만 친족상도례가 적용된다.

③ 배우자란 법률상 배우자를 의미하고, 사실혼관계에 있는 배우자는 포함하지 않는다.

④ 동거친족이란 동일한 주거에서 일상생활을 함께 하는 친족을 말한다(민법 제767조 참조). 따라서 일시숙박하는 친족은 포함하지 않는다.

⑤ 동거가족이란 동일한 주거에서 일상생활을 함께 하는 가족을 말한다(민법 제779조 참조).

관련 판례 **친족에 해당하지 않는 경우**

1) 사기죄의 피고인과 피해자가 **사돈지간**이라고 하더라도 이를 민법상 친족으로 볼 수 없다(대판 2011.4.28, 2011도2170).
[사실관계] 피고인이 백화점 내 점포에 입점시켜 주겠다고 속여 피해자로부터 입점비 명목으로 돈을 편취하였다며 사기로 기소된 경우, 피고인의 딸과 피해자의 아들이 혼인하여 피고인과 피해자가 사돈지간이라고 하더라도 민법상 친족으로 볼 수 없으므로 위 범죄를 친족상도례가 적용되는 친고죄라고 할 수 없다.

2) 사기죄를 범하는 자가 금원을 편취하기 위한 수단으로 피해자와 혼인신고를 하였을 뿐 부부로서의 결합을 할 의사나 실체관계가 있었다고 볼 아무런 사정이 없어서 그 **혼인이 무효인 경우**라면, 그러한 피해자에 대한 사기죄에서는 친족상도례를 적용할 수 없다(대판 2015.12.10, 2014도11533).
[판결이유] 비록 당사자 사이에 혼인의 신고가 있었더라도, 그것이 단지 다른 목적을 달성하기 위한 방편에 불과한 것으로서 그들 사이에 참다운 부부관계의 설정을 바라는 효과의사가 없을 때에는 그 혼인은 무효라고 할 것이다.

(2) 친족관계의 인적 범위(존재범위)

① 행위자와 재물의 소유자 및 점유자 모두 사이에 친족관계가 있어야 한다. 다만 사기죄의 경우 피기망자와 재산상 피해자가 다른 경우 피해자와만 친족관계가 있으면 친족상도례가 적용된다고 본다(판례).

② 재물의 소유자가 수인이면 모든 소유자와 행위자 사이에 친족관계가 있어야 한다.

친족관계의 존재범위	소유자·점유자관계설	행위자와 소유자·점유자 모두 사이에 존재해야 함(판례)
	절도죄	재물의 소유자 및 점유자 모두와 친족관계(통설, 판례)
	사기죄	재산상 피해자와 친족관계
	공갈죄	피공갈자 및 재산상 피해자 모두와 친족관계

친족관계의 존재범위	횡령죄	소유자 및 위탁자 모두와 친족관계
	배임죄	소유자 및 위임자 모두와 친족관계
	권리행사방해죄	점유자 또는 권리자와 친족관계
	장물죄	특칙(제365조) 있음

✔ 〈정리〉 사기죄와 사기죄 이외의 재산죄를 구별하여 사기죄 이외의 재산죄는 행위자와 소유자 및 점유자(위탁자, 위임자) 모두 사이에 친족관계가 있어야만 친족상도례가 적용된다.

관련 판례 **친족관계의 인적 범위**(존재범위)

1) 친족상도례에 관한 규정은 범인과 피해물건의 소유자 및 점유자 모두 사이에 친족관계가 있는 경우에만 적용되는 것이고, / **절도**범인이 피해물건의 소유자나 점유자의 어느 일방과 사이에서만 친족관계가 있는 경우에는 그 적용이 없다(대판 1980.11.11, 80도131).[48]

2) **횡령**범인이 위탁자가 소유자를 위해 보관하고 있는 물건을 위탁자로부터 보관받아 이를 횡령한 경우에 제361조에 의하여 준용되는 제328조 제2항의 친족 간의 범행에 관한 조문은 범인과 피해물건의 소유자 및 위탁자 쌍방 사이에 같은 조문에 정한 친족관계가 있는 경우에만 적용되고, / 단지 횡령범인과 피해물건의 소유자 간에만 친족관계가 있거나 횡령범인과 피해물건의 위탁자 간에만 친족관계가 있는 경우에는 적용되지 않는다(대판 2008.7.24, 2008도3438).

3) **사기죄**의 보호법익은 재산권이라고 할 것이므로 사기죄에 있어서는 재산상의 권리를 가지는 자가 아니면 피해자가 될 수 없다. 그러므로 **법원을 기망하여 제3자로부터 재물을 편취한 경우**에 피기망자인 법원은 피해자가 될 수 없고 재물을 편취당한 제3자가 피해자라고 할 것이므로 피해자인 제3자와 사기죄를 범한 자가 직계혈족의 관계에 있을 때에는 그 범인에 대하여는 제354조에 의하여 준용되는 제328조 제1항에 의하여 그 형을 면제하여야 할 것이다(대판 2014.9.26, 2014도8076 ; 대판 1976.4.13, 75도781).

4) 피고인이 피해자 甲과 피고인의 8촌 혈족인 乙, 피고인의 부친인 丙을 기망하여 甲, 乙, 丙의 합유로 등기되어 있는 부동산에 대하여 매매계약을 체결하고 소유권을 이전받은 다음 잔금을 지급하지 않아 재산상 이익을 편취한 경우 사기죄가 성립하고, 친족상도례 규정은 적용되지 않는다(대판 2015.6.11, 2015도3160). ∵ 피해자 甲과는 친족관계가 존재하지 않으므로
→ 공유물 또는 합유물의 경우 친족관계가 공유자 또는 합유자들의 일부에만 존재하는 경우에는 친족상도례가 적용되지 않음

5) 피해품인 **민화**가 피고인의 오빠가 매수한 것이라면 이는 동인의 특유재산으로서 이에 대한 점유·관리권은 동인에게 있다 할 것이고 범행 당시 비록 동인이 집에 없었다 하더라도 그것이 동인소유의 집 벽에 걸려있었던 이상 동인의 지배력이 미치는 범위 안에 있는 것이라 할 것이므로 동인의 소지에 속하고 그 부부(피고인의 오빠 부부)의 공동점유하에 있다고 볼 수는 없어 이를 절취한 행위에 대하여는 친족상도례가 적용된다(대판 1985.3.26, 84도365).
→ 피해자가 소유자인 오빠 1인이라는 취지

6) 손자가 **할아버지 소유 농업협동조합 예금통장**을 절취하여 이를 현금자동지급기에 넣고 조작하는 방법으로 예금 잔고를 자신의 거래 은행 계좌로 이체한 경우, 위 농업협동조합이 컴퓨터 등 사용사기 범행 부분의 피해자이므로 친족상도례를 적용할 수 없다(대판 2007.3.15, 2006도2704).
→ 그 범행으로 인한 피해자는 이체된 예금 상당액의 채무를 이중으로 지급해야 할 위험에 처하게 되는 그 친척 거래 금융기관이라 할 것이므로 할아버지가 피해자가 아니라는 취지

48) 2005년 법원행정고등고시, 2022년 변호사시험

(3) 친족관계의 시간적 범위(존재시기)

① 친족관계는 행위시에 존재하면 족하고, 그 후에 소멸하여도 친족상도례는 적용된다.

② 인지의 소급효는 친족상도례에도 적용되므로, 범행 후에 인지된 경우에도 친족상도례가 적용된다.

> ㅇ 형법 제344조, 제328조 제1항 소정의 친족 간의 범행에 관한 규정이 적용되기 위한 친족관계는 원칙적으로 범행 당시에 존재하여야 하는 것이지만, / 부가 혼인 외의 출생자를 인지하는 경우에 있어서는 민법 제860조에 의하여 그 자의 출생시에 소급하여 인지의 효력이 생기는 것이며, 이와 같은 인지의 소급효는 친족상도례에 관한 규정의 적용에도 미친다고 보아야 할 것이므로, **인지가 범행 후에 이루어진 경우**라고 하더라도 그 소급효에 따라 형성되는 친족관계를 기초로 하여 친족상도례의 규정이 적용된다(대판 1997.1.24, 96도1731).

(4) 친족관계의 인식과 착오

① 친족상도례는 친족관계가 객관적으로 존재하면 적용되는 것이고, 행위자가 범행 당시에 객관적인 친족관계의 존부를 인식하고 있어야 하는 것은 아니다(∵ 친족상도례는 고의의 인식대상이 아니라 처벌조건일 뿐이므로).

② 친족상도례는 행위자가 친족관계의 존재여부에 대하여 착오가 있더라도 아무런 영향이 없다.

> ㅇ 피고인이 **본가의 소유물로 오신**하여 이를 절취하였다 할지라도 그 오신은 형의 면제사유에 관한 것으로서 이에 범죄의 구성요건 사실에 관한 제15조 제1항(사실의 착오)은 적용되지 않는 것이므로 그 오신은 범죄의 성립이나 처벌에 아무런 영향도 미치지 아니한다(대판 1966.6.28, 66도104).
> ∵ 행위자의 고의의 인식대상은 객관적 구성요건요소만이고, 인적 처벌조각사유는 인식대상이 아니므로

4 적용효과

(1) 일반적인 경우

① 직계혈족, 배우자, 동거친족, 동거가족 또는 그 배우자간의 범죄는 그 형을 면제하고, 그 외의 친족간에 범죄를 범한 때에는 고소가 있어야 공소를 제기할 수 있다(제328조).

② 형면제의 경우 유죄는 인정되지만, 형면제판결을 하고(형사소송법 제322조), 친고죄의 경우 고소가 없이 공소가 제기된 경우 공소기각판결을 한다(형사소송법 제327조).

> ㅇ 형법 제354조에 의하여 준용되는 제328조 제1항에서 "직계혈족, 배우자, 동거친족, 동거가족 또는 그 배우자 간의 제323조의 죄는 그 형을 면제한다."고 규정하고 있는바, 여기서 **'그 배우자'**는 동거가족의 배우자만을 의미하는 것이 아니라, 직계혈족, 동거친족, 동거가족 모두의 배우자를 의미하는 것으로 볼 것이다(대판 2011.5.13, 2011도1765).
> **[사실관계]** 피고인이 상습으로 재물을 편취하였다고 하여 특정경제범죄 가중처벌 등에 관한 법률 위반(사기)으로 기소된 사안에서, 피고인이 피해자 甲의 **직계혈족의 배우자(장인과 사위 간)**임을 이유로 제354조, 제328조 제1항에 따라 甲에 대한 상습사기의 공소사실에 대하여 **형을 면제**한 사례

(2) 장물죄의 경우

① 장물범과 피해자간에 제328조 제1항, 제2항의 신분관계가 있는 때 제328조의 규정을 준용한다(제365조 제1항).

② 장물범과 본범간에 제328조 제1항의 신분관계가 있는 때에는 그 형을 감경 또는 면제한다(제365조 제2항).

↔ ① 제328조 제2항의 신분관계 : ×, ② 형을 면제한다 : ×

5 공범

친족상도례는 신분관계가 없는 공범에 대하여는 적용하지 아니한다(제328조 제3항, 제365조 제2항).

제2절 절도죄

제330조 【야간주거침입절도】
야간에 사람의 주거, 관리하는 건조물, 선박, 항공기 또는 점유하는 방실(房室)에 침입하여 타인의 재물을 절취(竊取)한 자는 10년 이하의 징역에 처한다. [시행 2021.12.9]

제331조 【특수절도】
① 야간에 문이나 담 그 밖의 건조물의 일부를 손괴하고 제330조의 장소에 침입하여 타인의 재물을 절취한 자는 1년 이상 10년 이하의 징역에 처한다. [시행 2021.12.9.]
② 흉기를 휴대하거나 2명 이상이 합동하여 타인의 재물을 절취한 자도 제1항의 형에 처한다.

제331조의2 【자동차 등 불법사용】
권리자의 동의없이 타인의 자동차, 선박, 항공기 또는 원동기장치자전차를 일시 사용한 자는 3년 이하의 징역, 500만원 이하의 벌금, 구류 또는 과료에 처한다.

제332조 【상습범】
상습으로 제329조 내지 제331조의2의 죄를 범한 자는 그 죄에 정한 형의 2분의 1까지 가중한다.

제342조 【미수범】
제329조 내지 제341조의 미수범은 처벌한다.

제344조 【친족간의 범행】
제328조의 규정은 제329조 내지 제332조의 죄 또는 미수범에 준용한다.

I 서설

1 의의 및 보호법익

절도죄는 타인의 재물을 그의 의사에 반하여 절취하는 것을 내용으로 하는 범죄이다. 주된 보호법익은 소유권이고, 부차적 보호법익은 점유권이다(소유권 및 점유권설). 보호의 정도는 침해범이다.

2 구성요건의 체계

기본적 구성요건	절도죄
가중적 구성요건	야간주거침입절도죄, 특수절도죄, 상습절도죄
독립적 구성요건	자동차 등 불법사용죄
미수범 처벌규정	○
예비·음모 처벌규정	×

II 절도죄

타인이 점유하는 타인의 재물을 절취함으로써 성립하는 범죄이다(제329조). 침해범, 결과범, 상태범, 탈취죄, 재물죄, 영득죄이다.

1 객체 _ 타인소유·타인점유의 재물

(1) 타인의 재물

① 절도죄의 객체인 재물은 타인소유이어야 한다. 타인소유인지 여부는 민법(물권법)에 의하여 결정된다. 다만 민법상 공동소유(공유, 합유, 총유)는 다른 공동소유자와의 관계에서는 타인의 소유로 본다.

> o 타인과 공유관계에 있는 물건도 절도죄의 객체가 되는 타인의 재물에 속한다(대판 1994.11.25, 94도2432).
>
> o 동업체에 제공된 물품은 동업관계가 청산되지 않는 한 동업자들의 공동점유에 속하므로, 그 물품이 원래 피고인의 소유라거나 피고인이 다른 곳에서 빌려서 제공하였다는 사유만으로는 절도죄의 객체가 됨에 지장이 없다(대판 1995.10.12, 94도2076).

② 명의신탁의 경우 대내적으로는 명의신탁자의 소유이고, 대외적으로는 명의수탁자의 소유이다(**소유권의 관계적 귀속이론, 소유권의 대내외적 분리**).

> o 자동차나 중기(또는 건설기계)의 소유권의 득실변경은 등록을 함으로써 그 효력이 생기고 그와 같은 등록이 없는 한 대외적 관계에서는 물론 당사자의 대내적 관계에 있어서도 그 소유권을 취득할 수 없는 것이 원칙이지만, / 당사자 사이에 그 소유권을 그 등록 명의자 아닌 자가 보유하기로 약정하였다는 등의 특별한 사정이 있는 경우에는 그 내부관계에 있어서는 그 등록 명의자 아닌 자가 소유권을 보유하게 된다(대판 2007.1.11, 2006도4498).[49]

③ 동산양도담보의 경우 대내적으로는 채무자의 소유이나, 대외적으로는 채권자의 소유이다.

> o 금전채무를 담보하기 위하여 채무자가 그 소유의 동산을 채권자에게 양도하되 점유개정에 의하여 채무자가 이를 계속 점유하기로 한 경우, 특별한 사정이 없는 한 **동산의 소유권은 신탁적으로**

49) 2018년 법원행정고등고시

이전되고, 채권자와 채무자 사이의 대내적 관계에서 채무자는 의연히 소유권을 보유하나 대외적인 관계에 있어서 채무자는 동산의 소유권을 이미 채권자에게 양도한 무권리자가 된다. 따라서 동산에 관하여 양도담보계약이 이루어지고 채권자가 점유개정의 방법으로 인도를 받았다면, 그 정산절차를 마치기 전이라도 양도담보권자인 채권자는 제3자에 대한 관계에 있어서는 담보목적물의 소유자로서 그 권리를 행사할 수 있다(대판 2008.11.27, 2006도4263).
→ 신탁적 소유권이전설 : 소유권의 관계적 귀속 = 소유권의 대내외적 분리

관련 판례 **타인소유가 인정되어 절도죄가 성립하는 경우**

1) 피고인이 피해자와의 **동업**자금으로 구입하여 피해자가 관리하고 있던 물건(포크레인)을 피해자의 허락 없이 제3자로 하여금 운전하여 가게 하는 행위는 절도죄에 해당한다(대판 1990.9.11, 90도1021).

2 타인의 토지상에 권원 없이 식재한 수목의 소유권은 토지소유자에게 귀속하고 권원에 의하여 식재한 경우에는 그 소유권이 식재한 자에게 있으므로, **권원 없이 식재한 감나무에서 감을 수확**한 것은 절도죄에 해당한다(대판 1998.4.24, 97도3425).[50]

3) [명의신탁 받은 자동차 절도사건(대내관계)] 자동차 명의신탁관계에서 제3자(아들)가 명의수탁자(어머니)로부터 승용차를 가져가 매도할 것을 허락받고 인감증명 등을 교부받아 위 승용차를 명의신탁자(전 여친) 몰래 가져간 경우, 위 제3자와 명의수탁자의 공모・가공에 의한 **절도죄의 공모공동정범**이 성립한다(대판 2007.1.11, 2006도4498).
→ 나아가 자동차의 명의수탁자가 명의신탁 사실을 고지하지 않고, 나아가 자신 소유라는 말을 하면서 자동차를 제3자에게 매도하고 이전등록까지 마쳐 준 경우, 매수인에 대한 사기죄가 성립하지 않는다.

4) [명의신탁한 자동차 절도사건(대외관계)] 피고인이 자신의 모 A 명의로 구입・등록하여 A에게 명의신탁한 자동차를 B에게 담보로 제공한 후 B 몰래 가져간 경우, B에 대한 관계에서 자동차의 소유자는 A이고 피고인은 소유자가 아니므로 B가 점유하고 있는 자동차를 임의로 가져간 이상 **절도죄**가 성립한다(대판 2012.4.26, 2010도11771).

5) 피고인이 자신의 명의로 등록된 자동차를 사실혼 관계에 있던 갑에게 증여하여 갑만이 이를 운행・관리하여 오다가 서로 별거하면서 재산분할 내지 위자료 명목으로 갑이 소유하기로 하였는데, 피고인이 이를 임의로 운전해 간 경우, 자동차 등록명의와 관계없이 피고인과 갑 사이에서는 갑을 소유자로 보아야 하므로 절도죄가 성립한다(대판 2013.2.28, 2012도15303).
[판결이유] 자동차에 대한 소유권의 득실변경은 등록을 함으로써 그 효력이 생기고 등록이 없는 한 대외적 관계에서는 물론 당사자의 대내적 관계에서도 소유권을 취득할 수 없는 것이 원칙이지만, / 당사자 사이에 소유권을 등록명의자 아닌 자가 보유하기로 약정하였다는 등의 특별한 사정이 있는 경우에는 그 **내부관계**에 있어서는 **등록명의자 아닌 자**가 소유권을 보유하게 된다고 할 것이다.

관련 판례 **타인소유가 부정되어 절도죄가 성립하지 않는 경우**

1) 甲은 乙이 수산업법에 의하여 양식 어업권을 가지고 있는 구역 내에서 **자연 서식하는 바지락**을 乙 몰래 채취한 경우 수산업법위반이 됨은 별론으로 하고 절도죄를 구성한다고는 할 수 없다

50) 2022년 법원행정고등고시

(대판 1983.2.8, 82도696).

[동지판례] 어업권자와 어업권행사계약을 체결하고 어업권을 행사하는 피해자의 양식장에서 **자연산모시조개**를 무단 채취한 행위는 절도죄에 해당하지 아니한다(대판 2010.4.8, 2009도11827).

2) 채권자가 채무자가 점유하고 있는 **(동산)양도담보** 목적물을 제3자에게 처분하여 그 목적물의 소유권을 취득하게 한 다음 그 제3자로 하여금 채권자로부터 목적물반환청구권을 양도받는 방법으로 그 목적물을 취거하게 한 경우 그 제3자의 목적물 취거행위는 절도죄를 구성하지 아니한다(대판 2008.11.27, 2006도4263).

(2) 타인의 점유

① 절도죄의 객체인 재물은 타인소유일 뿐만 아니라 타인이 점유하는 재물이어야 한다.

② 동업자, 조합원, 부부 사이와 같이 수인이 대등하게 재물을 점유하는 공유물, 합유물 그리고 총유물의 경우에도 공동점유자 상호 간에 점유의 타인성이 인정되므로 그중 1인이 다른 공동점유자의 점유를 배제하고 단독점유로 옮긴 때에는 절도죄가 성립한다.

관련 판례 타인점유가 부정되어 절도죄가 성립하지 않는 경우

1) 묘는 이장하고 **망부석만 30년 방치된 상태**에서 임야의 관리인으로서 망부석을 사실상 점유하여 온 자가 이를 처분한 경우 절도죄가 성립하지 않는다(대판 1981.8.25, 80도509).

∵ 망부석은 30년 방치로 인해 묘주가 소유권을 포기한 것이어서 무주물에 해당하고, 임야소유자(산주)가 망부석을 사실상 지배할 의사가 없음을 표시하여 임야소유자의 점유가 아니라 임야의 관리인 점유가 인정되므로

2) 섬에서 광산개발을 위해 발전기 등을 반입하였으나 광업권 설정의 취소로 인해 **사업을 철수한 후 10년 동안 관리하지 않고 있었다**면 위 반입된 물건은 절도죄의 객체인 타인이 점유하는 물건으로 볼 수 없다(대판 1994.10.11, 94도1481).

3) **[냉장고 전원사건]** 임차인이 임대계약 종료 후 식당 건물에서 퇴거하면서 **종전부터 사용하던 냉장고의 전원**을 켜 둔 채 그대로 두었다가 약 1개월 후 철거해 가는 바람에 그 기간 동안 전기가 소비된 경우 임차인의 행위는 전기에 대한 절도죄가 성립하지 않는다(대판 2008.7.10, 2008도3252).

[판결이유] 냉장고를 통하여 전기를 계속 사용하였다고 하더라도 이는 당초부터 자기의 점유・관리하에 있던 전기를 사용한 것일 뿐 타인의 점유・관리하에 있던 전기가 아니어서 절도죄가 성립하지 않는다.[51]

[동지판례] 甲은 강제경매 절차에서 피고인 乙소유이던 토지 및 그 지상 건물을 매수한 후 법원으로부터 인도명령을 받아 인도집행을 하였는데, 乙이 **인도집행 전**에 건물 외벽에 설치된 전기코드에 선을 연결하여 乙이 점유하며 창고로 사용 중인 **컨테이너로 전기를 공급받아 사용한 경우** 乙에게는 절도죄가 성립하지 않는다(대판 2016.12.15, 2016도15492).

[판결이유] 피고인은 인도명령의 집행이 이루어지기 전까지는 당초부터 피고인이 점유・관리하던 전기를 사용한 것에 불과할 뿐 타인이 점유・관리하던 전기를 사용한 것이라고 할 수 없고, 피고인에게 절도의 범의도 인정할 수 없다.

4) **[내연관계 가방사건]** 피고인이 내연관계에 있는 甲과 아파트에서 동거하다가 甲의 사망으로 상속인인 乙 및 丙 소유에 속하게 된 부동산 **등기권리증 등이 들어 있는 가방**을 위 아파트에서 가지고 간 경우 절도죄가 성립하지 않는다(대판 2012.4.26, 2010도6334).

51) 2017년 법원행정고등고시

[판결이유] 피고인이 甲의 사망 전부터 아파트에서 甲과 함께 거주하였고, 甲의 자식인 乙 및 丙은 위 아파트에서 전혀 거주한 일이 없이 다른 곳에서 거주·생활하다가 甲의 사망으로 아파트 등의 소유권을 상속하였으나, 乙 및 丙이 甲 사망 후 피고인이 가방을 가지고 가기까지 그들의 소유권 등에 기하여 아파트 또는 그곳에 있던 가방의 인도 등을 요구한 일이 전혀 없는 사정 등에 비추어, 피고인이 가방을 들고 나온 시점에 乙 및 丙이 아파트에 있던 가방을 사실상 지배하여 점유하고 있었다고 볼 수 없어 피고인의 행위가 乙 등의 가방에 대한 점유를 침해하여 절도죄를 구성한다고 할 수 없다. ∵ 타인소유 ○, 타인점유 ×

2 행위

(1) 절취

① 절취란 타인이 점유하고 있는 재물을 점유자의 의사에 반하여 그 점유를 배제하고 자기 또는 제3자의 점유로 옮기는 것을 말한다.

o 절취란 타인이 점유하고 있는 재물을 **점유자의 의사에 반**하여 그 점유를 배제하고 자기 또는 제3자의 점유로 옮기는 것을 말하고, 어떤 물건이 타인의 점유하에 있는지 여부는, 객관적인 요소로서의 관리범위 내지 사실적 관리가능성 외에 주관적 요소로서의 지배의사를 참작하여 결정하되 궁극적으로는 당해 물건의 형상과 그 밖의 구체적인 사정에 따라 사회통념에 비추어 규범적 관점에서 판단하여야 한다(대판 2008.7.10, 2008도3252).

o **타인의 명의를 모용하여 발급받은 신용카드**를 사용하여 **현금자동지급기에서 현금대출**을 받는 행위는 카드회사에 의하여 미리 포괄적으로 허용된 행위가 아니라, 현금자동지급기의 관리자의 의사에 반하여 그의 지배를 배제한 채 그 현금을 자기의 지배하에 옮겨 놓는 행위로서 절도죄에 해당한다고 봄이 상당하다(대판 2002.7.12, 2002도2134).52) → 절도죄 ○, 컴퓨터 등 사용사기죄 ×
∵ 컴퓨터 등 사용사기죄(제347조의2)의 객체는 재물이 아닌 재산상의 이익에 한정되어 있으므로

o **강취한 현금카드**를 사용하여 **현금자동지급기에서 예금을 인출**한 행위는 피해자의 승낙에 기한 것이라고 할 수 없으므로, 현금자동지급기 관리자의 의사에 반하여 그의 지배를 배제하고 그 현금을 자기의 지배하에 옮겨 놓는 것이 되어서 강도죄와는 별도로 절도죄를 구성한다(대판 2007.5.10, 2007도1375).
[비교판례] **절취한 타인의 신용카드**를 이용하여 **현금지급기**에서 **계좌이체**를 한 행위는 컴퓨터 등 사용사기죄에서 컴퓨터 등 정보처리장치에 권한 없이 정보를 입력하여 정보처리를 하게 한 행위에 해당함은 별론으로 하고 이를 절취행위라고 볼 수는 없고, 한편 위 **계좌이체 후 현금지급기에서 현금을 인출**한 행위는 자신의 신용카드나 현금카드를 이용한 것이어서 이러한 현금인출이 현금지급기 관리자의 의사에 반한다고 볼 수 없어 절취행위에 해당하지 않으므로 절도죄를 구성하지 않는다(대판 2008.6.12, 2008도2440).

② 점유자의 의사에 반하여 그 점유를 배제하여야 하므로 피해자의 명시적·묵시적 동의가 있는 경우 절취에 해당하지 않는다.

52) 2010년 법무사시험

○ [동거녀지갑사건] 53) 피고인이 동거 중인 피해자의 지갑에서 **현금**을 꺼내가는 것을 피해자가 현장에서 목격하고도 만류하지 아니하였다면 피해자가 이를 허용하는 묵시적 의사가 있었다고 봄이 상당하여 이는 절도죄를 구성하지 않는다(대판 1985.11.26, 85도1487). → **양해 ○, 구성요건해당성 ×**

○ [밍크45마리사건] 피고인이 피해자에게 이 사건 **밍크 45마리**에 관하여 자기에게 그 권리가 있다고 주장하면서 이를 가져간 데 대하여 피해자의 묵시적인 동의가 있었다면 피고인의 주장이 후에 허위임이 밝혀졌더라도 피고인의 행위는 절도죄의 절취행위에는 해당하지 않는다(대판 1990.8.10, 90도1211).

③ 책략절도의 경우

Thema 정리 **절취와 편취의 구별** 54)

┌ **절취(절도)** : 상대방의 처분행위 × → 행위자의 별도행위에 의하여 종국적 점유이전
└ **편취(사기)** : 상대방의 처분행위 ○ → 상대방의 교부행위에 의하여 종국적 점유이전

절취의 수단으로 기망행위를 사용한 경우 사기죄의 수단인 편취와의 구별이 문제되는데, 기망행위를 수단으로 하였더라도 상대방의 처분행위(점유이전행위, 교부행위)가 없었다면 그것은 점유침탈의 한 방법에 불과하므로 편취가 아니라 절취에 해당한다.

관련 판례 **절취에 해당하는 경우**

1) 피해자가 가지고 있는 **책을 잠깐 보겠다**고 하며 동인이 있는 자리에서 보는 척 하다가 가져갔다면 위 책은 아직 피해자의 점유하에 있었다고 할 것이므로 절도죄가 성립한다(대판 1983.2.22, 82도3115).
2) [축의금 절도사건] 피해자가 결혼예식장에서 **신부 측 축의금 접수인인 것처럼 행세**하는 피고인에게 축의금을 내어 놓자 이를 교부받아 가로챈 경우, (피해자의 교부행위의 취지는 신부 측에 전달하는 것일 뿐 피고인에게 그 처분권을 주는 것이 아니므로, 이를 피고인에게 교부한 것이라고 볼 수 없고 단지 신부 측 접수대에 교부하는 취지에 불과하므로) 피고인이 그 돈을 가져간 것은 신부 측 접수처의 점유를 침탈하여 범한 절취행위라고 보는 것이 정당하다(대판 1996.10.15, 96도2227).
3) [귀금속 절도사건] 피고인이 피해자 경영의 금방에서 마치 **귀금속을 구입할 것처럼 가장**하여 피해자로부터 순금목걸이 등을 건네받은 다음 화장실에 갔다 오겠다는 핑계를 대고 도주한 것이라면 위 순금목걸이 등은 도주하기 전까지는 아직 피해자의 점유 하에 있었다고 할 것이므로(강사 주 : 처분행위가 없었다는 의미) 이를 절도죄로 의율 처단한 것은 정당하다(대판 1994.8.12, 94도1487).

---

53) **2023년 변호사시험(15점)** 향후 창업을 계획하고 있어 창업 자금이 필요하던 甲은 2022.4.3. 약혼녀인 C의 지갑에서 액면금 3천만 원의 수표를 꺼내 가져갔다. 당시 C는 그 자리에서 甲의 행위를 보았으나 다른 생각을 하느라 별다른 행동을 하지 않았다. 이에 甲은 자신이 지갑에서 수표를 꺼내어 가져가는 데 C가 동의한 것으로 오인하였다. 동의를 ① '양해'로 보는 견해와 ② '승낙'으로 보는 견해로 나누어 甲의 죄책을 각각 논하시오.

54) **2007년 법원사무관승진시험**

관련 판례 **편취에 해당하는 경우**

[시운전 사기사건] 자전차를 살 의사도 없이 피해자로부터 시운전에 빙자하여 교부받은 자전차를 타고 시운전을 하는 척 하다가 그대로 도망갔다면, 사기죄가 성립하고, 절도죄에 해당한다고는 볼 수 없다(대판 1968.5.21, 68도480).

(2) 실행의 착수시기[55)]

타인의 점유를 배제하는 행위가 개시된 때 실행의 착수가 있다. 판례는 재물에 대한 타인의 사실상 지배를 침해하는데 밀접한 행위를 개시하는 때(밀접행위설) 또는 절취할 재물을 물색한 때(물색행위설) 절도죄의 실행의 착수가 있다고 한다.

- 절도죄의 실행의 착수시기는 재물에 대한 타인의 사실상의 지배를 침해하는 데에 밀접한 행위를 개시한 때이다(대판 1992.9.8, 92도1650).
- 야간이 아닌 주간에 절도의 목적으로 다른 사람의 주거에 침입하여 절취할 재물의 물색행위를 시작하는 등 그에 대한 사실상의 지배를 침해하는 데에 밀접한 행위를 개시하면 절도죄의 실행에 착수한 것으로 보아야 한다(대판 2003.6.24, 2003도1985).

관련 판례 **실행의 착수를 인정한 경우**

1) 금품을 절취하기 위하여 고속버스 선반 위에 놓여진 **손가방의 한쪽 걸쇠만 열었다** 하여도 절도범행의 실행에 착수하였다 할 것이다(대판 1983.10.25, 83도2432).
2) 소매치기의 경우 피해자의 양복상의 주머니로부터 금품을 절취하려고 그 **호주머니**에 손을 뻗쳐 그 **겉을 더듬은 때**에는 절도의 범행은 예비단계를 지나 실행에 착수하였다고 봄이 상당하다(대판 1984.12.11, 84도2524).
3) 소매치기가 피해자의 **주머니에 손을 넣어** 금품을 절취하려 한 경우 비록 그 주머니 속에 금품이 들어있지 않았었다 하더라도 위 소위는 절도라는 결과 발생의 위험성을 충분히 내포하고 있으므로 이는 절도미수에 해당한다(대판 1986.11.25, 86도2090).
4) **[밍크코트 절도미수사건]** 피해자 소유 자동차 안에 들어 있는 밍크코트를 발견하고 이를 절취할 생각으로 공범이 위 차 옆에서 망을 보는 사이 위 차 오른쪽 앞문을 열려고 **앞문손잡이를 잡아당기다**가 피해자에게 발각되었다면 절도의 실행에 착수하였다고 봄이 상당하다(대판 1986.12.23, 86도2256).
5) 야간에 손전등과 박스 포장용 노끈을 이용하여 도로에 주차된 차량의 문을 열고 현금 등을 훔치기로 마음먹고, 차량의 문이 잠겨 있는지 확인하기 위해 양손으로 **운전석 문의 손잡이를 잡고 열려고 하던 중** 경찰관에게 발각된 경우, 절도죄의 실행에 착수한 것으로 보아야 한다(대판 2009.9.24, 2009도5595).
6) 범인들이 함께 담을 넘어 마당에 들어가 그중 1명이 그곳에 있는 **구리를 찾기 위하여** 담에 붙어 걸어가다가 잡혔다면 절취 대상품에 대한 물색행위가 없었다고 할 수 없다(대판 1989.9.12, 89도1153).
7) 주간에 절도의 목적으로 방 안까지 들어갔다가 **절취할 재물을 찾지 못하여** 거실로 돌아나온 경우, 절도죄의 실행 착수가 인정된다(대판 2003.6.24, 2003도1985). ∵ 물색행위를 개시하였으므로

55) 2012년 법무사시험

관련 판례 **실행의 착수를 부정한 경우**

1) 평소 잘 아는 피해자에게 전화채권을 사주겠다고 하면서 **골목길로 유인**하여 **돈을 절취하려고 기회를 엿본 행위**만으로는 절도의 예비행위는 될지언정 행위의 방법, 태양 및 주변상황 등에 비추어 볼 때 타인의 재물에 대한 사실상 지배를 침해하는데 밀접한 행위가 개시되었다고 단정할 수 없다(대판 1983.3.8, 82도2944).

2) 노상에 세워 놓은 자동차 안에 있는 물건을 훔칠 생각으로 **자동차의 유리창을 통하여 그 내부를 손전등으로 비추어 본 것**에 불과하다면 비록 유리창을 따기 위해 면장갑을 끼고 있었고 칼을 소지하고 있었다 하더라도 절도의 예비행위로 볼 수는 있겠으나 타인의 재물에 대한 지배를 침해하는데 밀접한 행위를 한 것이라고는 볼 수 없어 절취행위의 착수에 이른 것이었다고 볼 수 없다(대판 1985.4.23, 85도464).

3) 소를 흥정하고 있는 피해자의 뒤에 접근하여 그가 들고 있던 가방으로 돈이 들어 있는 피해자의 하의 **왼쪽 주머니를 스치면서 지나간 행위**는 단지 피해자의 주의력을 흐트려 주머니 속에 들은 금원을 절취하기 위한 예비단계의 행위에 불과한 것이고 이로써 실행의 착수에 이른 것이라고는 볼 수 없다(대판 1986.11.11, 86도1109).

4) 피해자의 집 부엌문에 시정된 **열쇠고리의 장식을 뜯는 행위**만으로는 절도죄의 실행행위에 착수한 것이라고 볼 수 없다(대판 1989.2.28, 88도1165).

5) 절도죄의 실행의 착수시기는 재물에 대한 타인의 사실상의 지배를 침해하는 데에 밀접한 행위를 개시한 때라고 보아야 하므로, 야간이 아닌 주간에 절도의 목적으로 타인의 주거에 침입하였다고 하여도 아직 절취할 물건의 **물색행위를 시작하기 전**이라면 주거침입죄만 성립할 뿐 절도죄의 실행에 착수한 것으로 볼 수 없는 것이어서 절도미수죄는 성립하지 않는다(대판 1992.9.8, 92도1650).
∴ 피해자에게 발각되어 피해자를 폭행한 경우 주거침입죄와 폭행죄의 경합범만이 성립

(3) 기수시기

① 타인의 점유를 배제하고 자기 또는 제3자의 지배하에 둔 때 즉 재물을 취득한 때 기수가 된다(취득시설). 일단 취득한 이후에는 다시 돌려주어도 영향이 없다.

② 휴대가 가능하거나 쉽게 운반할 수 있는 재물은 손안에 넣거나 호주머니 또는 가방에 넣었을 때 기수가 되지만, 쉽게 운반할 수 없는 재물은 피해자의 지배범위를 벗어날 수 있는 상태가 되었을 때 기수가 된다.

③ 입목절도죄의 기수시기는 입목채취시이다(판례).

관련 판례 **기수를 부정한 경우**

자동차를 절취할 생각으로 **자동차**의 조수석문을 열고 들어가 시동을 걸려고 시도하는 등 차 안의 기기를 이것저것 만지다가 **핸드브레이크**를 풀게 되었는데 그 장소가 내리막길인 관계로 시동이 걸리지 않은 상태에서 약 **10미터** 전진하다가 가로수를 들이받는 바람에 멈추게 되었다면 절도의 기수에 해당한다고 볼 수 없다(대판 1994.9.9, 94도1522). → 절도 미수

관련 판례 **기수를 인정한 경우**

1) 소유자의 도둑이야 하는 고함소리에 당황하여 **라디오와 탁상시계를 가지고 나오다가** 탁상시계는 그 집 방문 밖에 떨어뜨리고 라디오는 방에 던진 채 달아난 경우 피고인은 소유자의 물건에 대한 소지를 침해하고 피고인 자신의 지배 내에 옮겼다고 볼 수 있으니 절도의 기수이고 미수가 아니라고 할 것이다(대판 1964.4.22, 64도112).
2) 길가에 시동을 걸어놓은 채 세워둔 모르는 사람의 **자동차**를 함부로 운전하고 약 **200미터 가량 갔다**면 절도의 기수에 해당한다(대판 1992.9.22, 92도1949).
3) **[영산홍 절도사건]** 56) **입목(영산홍)을 절취하기 위하여 캐낸 때**에 소유자의 입목에 대한 점유가 침해되어 범인의 사실적 지배하에 놓이게 되므로 범인이 그 점유를 취득하고 절도죄는 **기수**에 이른다. 이를 운반하거나 반출하는 등의 행위는 필요하지 않다(대판 2008.10.23, 2008도6080).
[사실관계] 절도범인(아내)이 혼자 영산홍 1그루를 땅에서 완전히 캐낸 후 혼자 운반할 수 없어 비로소 제3자(남편)를 전화로 불러 함께 승용차까지 운반한 경우, **특수절도죄**의 성립을 **부정**한 사례
→ 제3자(남편)에게는 장물운반죄 성립 가능

3 주관적 구성요건 _ 고의 + 불법영득의사

타인이 점유하는 타인의 재물을 절취한다는 데 대한 인식과 의사가 있어야 하고, 이러한 고의 이외에도 불법영득의사가 있어야 한다.

관련 판례 **불법영득의사를 인정한 경우**

1) 조합원의 1인이 조합원의 공동점유에 속하는 **합유**의 물건을 다른 조합원의 승낙 없이 조합원의 점유를 배제하고 단독으로 자신의 지배하에 옮긴다는 인식이 있었다면 절도죄에 있어서의 불법영득의 의사가 있었다고 볼 것이다(대판 1982.12.28, 82도2058).
2) **[리스차절도 반납사건]** 57) 어떠한 물건을 점유자의 의사에 반하여 취거하는 행위가 결과적으로 소유자의 이익으로 된다는 사정 또는 소유자의 추정적 승낙이 있다고 볼 만한 사정이 있다고 하더라도, 다른 특별한 사정이 없는 한 그러한 사유만으로 불법영득의 의사가 없다고 할 수는 없다(대판 2014.2.21, 2013도14139).
[사실관계] 甲이 A리스회사에서 타인 명의로 리스하여 운행하던 자동차를 사채업자에게 채무담보목적으로 넘긴 후, 甲이 채무변제를 하지 못하자 사채업자가 그 자동차를 피해자 B에게 매도하였는데, 甲이 그 자동차를 A리스회사에 반납하기 위하여 미리 가지고 있던 보조키를 이용하여 피해자 B 몰래 그 자동차를 임의로 가져가 리스회사에 반납한 경우 절도죄가 성립한다.

4 죄수

재물은 비전속적 법익이므로 관리자의 수에 따라 결정한다.

- 단일범의로서 절취한 시간과 장소가 접착되어 있고 **같은 관리인의 관리**하에 있는 방 안에서 소유자를 달리하는 두 사람의 물건을 절취한 경우에는 1개의 절도죄가 성립한다(대판 1970.7.21, 70도1133).

56) 2017년 법원행정고등고시
57) 2023년 법원행정고등고시

ㅇ 절도범이 **갑의 집**에 침입하여 그 집의 방안에서 그 소유의 재물을 절취하고 그 무렵 그 집에 세들어 사는 **을의 방**에 침입하여 재물을 절취하려다 미수에 그쳤다면 위 두 범죄는 그 범행장소와 물품의 관리자를 달리하고 있어서 별개의 범죄를 구성한다(대판 1989.8.8, 89도664).

5 타죄와의 관계

ㅇ 절도범인이 체포를 면탈할 목적으로 경찰관에게 폭행 협박을 가한 때에는 준강도죄와 공무집행방해죄를 구성하고 양죄는 **상상적 경합**관계에 있으나, / 강도범인이 체포를 면탈할 목적으로 경찰관에게 폭행을 가한 때에는 강도죄와 공무집행방해죄는 **실체적 경합**관계에 있고 상상적 경합관계에 있는 것이 아니다(대판 1992.7.28, 92도917).

ㅇ **자동차를 절취한 후 자동차등록번호판을 떼어내는 행위**는 새로운 법익의 침해로 보아야 하므로 위와 같은 번호판을 떼어내는 행위가 절도범행의 불가벌적 사후행위가 되는 것은 아니다(대판 2007.9.6, 2007도4739). [사실관계] 피고인들이 절취한 쏘나타 승용차의 번호판을 떼어낸 후 미리 절취하여 소지하고 있던 포텐샤 승용차의 번호판을 임의로 부착하여 운행한 행위에 대하여, 피고인들의 **절취행위**를 특정범죄 가중처벌 등에 관한 법률 제5조의4 제1항, 제331조 제2항에, 자동차등록**번호판을 떼어낸 행위**를 자동차관리법 제81조 제1호, 제10조 제2항에, 포텐샤 승용차의 번호판을 쏘나타 승용차에 **부착**함으로써 부정사용한 행위를 제238조 제1항(공기호부정사용)에, 위와 같이 번호판을 부정사용한 자동차를 **운행**한 행위를 제238조 제2항(부정사용공기호행사), 제1항에 각 의율한 다음 이를 **실체적 경합범**으로 처리한 사례

III 야간주거침입절도죄

야간에 사람의 주거, 간수하는 저택, 건조물이나 선박 또는 점유하는 방실에 침입하여 타인의 재물을 절취함으로써 성립하는 범죄이다(제330조). 2020년 12월 8일 개정에 의하여 2021년 12월 9일부터는 야간에 사람의 주거, 관리하는 건조물, 선박, 항공기 또는 점유하는 방실(房室)에 침입하여 타인의 재물을 절취(竊取)함으로써 성립하는 범죄이다(제330조). 2020년 법개정(간수하는 저택은 삭제하고, 항공기를 추가함)으로 야간주거침입절도죄의 객체는 주거침입죄의 객체와 동일하게 되었다.

1 야간의 의미

(1) 야간이란 범죄지에서의 일몰 후부터 일출 전까지를 말한다.

ㅇ 야간주거침입절도죄에 대하여 정하는 형법 제330조에서 '야간에'라고 함은 일몰 후부터 다음날 일출 전까지를 말한다(대판 2015.8.27, 2015도5381).

ㅇ 폭력행위 등 처벌에 관한 법률 제2조 제2항 소정의 "야간"이라 함은 일몰 후부터 다음날 일출 전까지를 말하는데, 일력에 의하면 1992.2.12.의 일출시각은 07 : 20임이 명백하므로 범행시인 같은 날 08 : 00경을 야간으로 볼 수 없다(대판 1992.11.10, 92도2364).

(2) 야간이라는 행위상황은 절취행위시가 아니라 주거침입시에 있어야 한다.

ㅇ [주간주거침입 야간절취사건] 형법은 야간에 이루어지는 주거침입행위의 위험성에 주목하여 그러한 행위를 수반한 절도를 야간주거침입절도죄로 중하게 처벌하고 있는 것으로 보아야 하고, 따라서 주거침입이 주간에 이루어진 경우에는 야간주거침입절도죄가 성립하지 않는다(대판 2011.4.14, 2011도300).
[사실관계] 2010.6.16. 15 : 40경 서울 동대문구 장안동 ○○○ 모텔에 이르러, 피해자가 평소 비어 있는 객실의 문을 열어둔다는 사실을 알고 그곳 202호 안까지 들어가 침입한 다음, 같은 날 21 : 00경 그곳에 설치되어 있던 피해자 소유의 LCD모니터 1대 시가 3만 원 상당을 가지고 나와 절취하였다면 야간주거침입절도죄가 성립하지 않는다. → 방실침입죄(주거침입죄)와 절도죄의 실체적 경합

2 실행착수와 기수시기[58)]

(1) 실행의 착수시기는 야간에 주거에 침입한 때이다.

관련 판례 실행의 착수를 인정한 경우

1) 야간에 타인의 재물을 절취할 목적으로 사람의 주거에 침입한 경우에는 주거에 침입한 단계에서 이미 형법 제330조에서 규정한 야간주거침입절도죄라는 범죄행위의 실행에 착수한 것이라고 보아야 한다(대판 2006.9.14, 2006도2824).
   [사실관계] 야간에 타인의 재물을 절취하려고 출입문이 열려 있으면 안으로 들어가겠다는 의사 아래 출입문을 당겨보는 행위를 한 때 야간주거침입절도죄의 실행의 착수가 인정된다.
2) 야간에 아파트에 침입하여 물건을 훔칠 의도하에 아파트의 **베란다** 철제난간까지 올라가 **유리창문**을 열려고 시도하였다면 야간주거침입절도죄의 실행에 착수한 것으로 보아야 한다(대판 2003.10.24, 2003도4417).

관련 판례 실행의 착수를 부정한 경우

야간에 다세대주택에 침입하여 물건을 절취하기 위하여 **가스배관**을 타고 오르다가 순찰 중이던 경찰관에게 발각되어 그냥 뛰어내렸다면, 야간주거침입절도죄의 실행의 착수에 이르지 못했다(대판 2008.3.27, 2008도917).

(2) 기수시기는 재물취득시이다.

관련 판례 기수를 인정한 경우

피고인이 피해자 경영의 까페에서 야간에 아무도 없는 그 곳 내실에 침입하여 장식장 안에 들어 있던 **정기적금통장** 등을 **꺼내 들고 까페로 나오던 중** 발각되어 돌려 준 경우 절도의 미수에 그친 것이 아니라 야간주거침입절도의 기수이다(대판 1991.4.23, 91도476). ∵ 이미 자신의 지배하에 옮겼으므로

---

58) **2003년 법무사시험** 甲(남, 25세)은 2003.9.3. 01 : 00경 금품을 절취할 목적으로 A 소유 가옥에 담을 넘어 들어가 위 가옥 2층에 있는 A의 딸인 B(여, 21세)의 방에서 책상과 장롱 서랍을 뒤져 금 12만 원과 은행신용카드 등을 꺼내어 호주머니에 넣어 가지고 나오려다가, 침대 위에서 잠을 자고 있는 B에게 욕정을 느낀 나머지 그녀에게 다가가 손으로 그녀의 하체 부위를 더듬었다.

Ⅳ 특수절도죄

1 손괴 후 야간주거침입절도(야간손괴침입절도)

야간에 문호(문) 또는 장벽(담) 기타 건조물의 일부를 손괴하고 전조의 장소에 침입하여 타인의 재물을 절취함으로써 성립하는 범죄이다(제331조 제1항).

(1) 주간에 문호 등 손괴하고 주거에 침입하여 절취한 때에는 성립하지 않는다.

> ㅇ 형법 제331조 제1항 특수절도죄는 야간에 범한 행위를 구성요건으로 하고 있음에도 불구하고 주간에 범한 행위에 대하여 같은 법조항을 적용한 것은 위법이다(대판 1971.2.23, 70도2699).

(2) 문호 또는 장벽, 일체의 위장시설을 말한다.

(3) '손괴'란 문호 등의 일부를 물질적으로 훼손하여 그 효용을 해하는 것을 말한다.

관련 판례 **특수절도죄의 손괴에 해당하는 경우**

1) 야간에 연탄집게와 식도로서 **방문고리를 파괴**하고 방에 침입하여 재물을 절취하면 이는 문호의 손괴에 해당되어 특수절도죄가 성립한다(대판 1979.9.11, 79도1736).
2) 야간에 불이 꺼져 있는 상점의 출입문을 손으로 열어보려고 하였으나 출입문의 하단에 부착되어 있던 잠금 고리가 잠겨져 있어 열리지 않았는데, **출입문을 발로 걷어차자** 잠금 고리의 아래쪽 부착 부분이 출입문에서 떨어져 출입문과의 사이가 뜨게 되면서 출입문이 열려 상점 안으로 침입하여 재물을 절취하였다면, 이는 물리적으로 위장시설을 훼손하여 그 효용을 상실시키는 행위에 해당한다(대판 2004.10.15, 2004도4505).

관련 판례 **특수절도죄의 손괴에 해당하지 않는 경우**

형법 제331조 제1항에 정한 '손괴'는 물리적으로 문호 또는 장벽 기타 건조물의 일부를 훼손하여 그 효용을 상실시키는 것을 말한다(대판 2015.10.29, 2015도7559).
[사실관계] 피고인이 야간에 식당에 침입하여 현금을 절취한 경우, 피고인이 피해자들이 운영하는 식당의 **창문과 방충망을 창틀에서 분리**하였을 뿐 물리적으로 훼손하여 효용을 상실하게 한 것이 아니라면, 「형법」 제331조 제1항의 특수절도죄의 손괴에는 해당한다고 할 수 없다.

(4) 실행의 착수시기는 야간에 문호 등 일부를 손괴하기 시작한 때이고, 기수시기는 재물취득시이다.

관련 판례 **실행의 착수를 인정한 경우**

1) 현실적으로 절취목적물에 접근하지 못하였다 하더라도 야간에 타인의 주거에 침입하여 건조물의 일부인 방문고리를 손괴하였다면 형법 제331조의 특수절도죄의 실행에 착수한 것이다(대판 1977.7.26, 77도1802).
2) 두 사람이 공모 합동하여 타인의 재물을 절취하려고 한 사람은 망을 보고 또 한 사람은 기구를 가지고 **출입문의 자물쇠를 떼어내거나 출입문의 환기창문을 열었다**면 특수절도죄의 실행에 착수한 것이다(대판 1986.7.8, 86도843).

3) **야간**에 절도의 목적으로 출입문에 장치된 자물통 고리를 절단하고 출입문을 **손괴**한 뒤 집안으로 침입하려다가 발각된 것이라면 이는 특수절도죄(제331조 제1항의 **야간손괴침입절도**)의 실행에 착수한 것이다(대판 1986.9.9, 86도1273).

2 흉기휴대절도

흉기를 휴대하여 타인을 재물을 절취함으로써 성립하는 범죄이다(제331조 제2항 전단).

(1) 흉기란 원래 사람을 살상하려는 목적으로 만들어진 물건을 말한다.

ㅇ [드라이버 택시창문파손절취사건] **형법은 흉기와 위험한 물건을 분명하게 구분**하여 규정하고 있는바, 흉기는 **본래 살상용·파괴용으로 만들어진 것**이거나 이에 준할 정도의 위험성을 가진 것으로 봄이 상당하고, 그러한 위험성을 가진 물건에 해당하는지 여부는 그 물건의 본래의 용도, 크기와 모양, 개조 여부, 구체적 범행 과정에서 그 물건을 사용한 방법 등 제반 사정에 비추어 사회통념에 따라 객관적으로 판단할 것이다(대판 2012.6.14, 2012도4175).
[사실관계] **일반적인 드라이버**로 택시 운전석 창문을 파손한 후 택시 안에 있는 재물을 절취한 경우 흉기를 휴대하여 타인의 재물을 절취한 경우에 해당하지 않으므로 특수절도죄가 성립하지 않는다.
∵ 이 사건 드라이버는 일반적인 드라이버와 동일한 것으로 특별히 개조된 바는 없는 것으로 보이므로
[비교판례] 특수폭행 등에서의 **위험한 물건**이냐 여부는 ① **물건의 객관적 성질**과 ② **그 사용방법**을 종합하여 구체적인 경우에 사회통념에 따라 판단될 수 있다고 할 것이다(헌재결 2006.4.27, 2005헌바36). 어떤 물건이 폭력행위 등 처벌에 관한 법률 제3조 제1항에 정한 '위험한 물건'에 해당하는지 여부는 구체적인 사안에서 사회통념에 비추어 그 물건을 사용하면 상대방이나 제3자가 생명 또는 신체에 위험을 느낄 수 있는지 여부에 따라 판단하여야 한다(대판 2010.4.29, 2010도930).

(2) 휴대란 몸에 지닌다는 의미이다.

(3) 실행의 착수시기는 물색행위시이다.

3 합동절도

2인 이상이 합동하여 타인의 재물을 절취함으로써 성립하는 범죄이다(제331조 제2항 후단).
→ 총론 제2편 제6장 공범론 제3절 공동정범 Ⅵ. 합동범에 자세히 서술

(1) 특수절도죄에서의 합동은 공동정범의 공동보다 좁은 의미이다.

ㅇ 제331조 제2항 후단의 2인 이상이 합동하여 타인의 재물을 절취한 경우의 특수절도죄가 성립하기 위하여는 주관적 요건으로서의 공모와 객관적 요건으로서의 실행행위의 분담이 있어야 하고 그 실행행위에 있어서는 시간적으로나 장소적으로 협동관계에 있음을 요한다(대판 1996.3.22, 96도313). → 현장설

(2) 판례는 공동정범의 일반이론에 비추어 현장에서 범행을 실행한 2인 이상의 범인의 행위를 자기 의사의 수단으로 하여 범행을 저질렀다고 평가할 수 있는 정범성의 표지를 갖추고 있는 한 합동범의 공동정범의 성립을 인정하고 있다.

Thema 정리 **합동범의 본질에 관한 학설**

공모공동정범설	합동은 공동보다 넓은 개념으로 집단범죄의 수괴나 배후인물을 처벌하기 위하여 합동범의 규정을 둔 것이며, 합동범에는 공동정범과 공모공동정범이 포함된다는 견해
가중적 공동정범설	합동과 공동은 동일한 개념으로, 합동범은 그 본질에 있어서는 공동정범이지만 집단범죄에 대한 대책상 형을 가중한 것이라고 해석하는 견해
현장설 (통설, 판례)	합동이란 공동보다 좁은 개념으로, 현장성(現場性) 즉 다수인의 시간적·장소적 협동을 의미한다는 견해
현장적 공동정범설	원칙적으로 현장설을 따르면서, 다만 현장에서 기능적 역할분담을 한 사람만 합동범으로 취급함으로써 합동범의 성립을 보다 제한하는 견해

학설 정리

1. 공모공동정범설 : 공모만 있으면 성립 → 실행행위 분담 불요
2. 가중적 공동정범설 : 공모 + 실행행위 분담
3. 현장설 : 공모 + 실행행위 분담 + 현장집합 요(要) = 시간적 장소적 협동
4. 현장적 공동정범설 : 공모 + 실행행위 분담 + 현장집합 불요(不要)

(3) 실행의 착수시기[59]

합동절도죄의 실행의 착수시기는 물색행위시이다. 다만 흉기휴대·합동절도범이 야간에 주거침입을 한 경우 착수시기에 대하여 제331조 제2항의 특수절도죄는 주거침입죄의 구성요건을 포함하고 있지 아니하므로 절도죄의 실행의 착수시기인 **물색행위시**로 보아야 한다는 견해가 있으나, 제331조 제2항의 특수절도죄는 야간주거침입절도를 포괄하므로 야간**주거침입시**로 보아야 한다는 견해의 대립이 있다.

o 피고인들이 합동하여 재물을 절취하기 위해 **주간**에 아파트 출입문 잠금장치를 손괴하다가 발각되어 도주한 경우, 아직 절취할 물건의 **물색행위**를 시작하기 전이라면 「형법」 제331조 제2항의 특수절도죄의 실행의 착수를 인정할 수 없다(대판 2009.12.24, 2009도9667).

o [아파트신축공사현장 지하실탐색사건] 지하실에까지 침입하였다거나 훔칠 물건을 물색하던 중 동파이프를 발견하고 그에 접근하였다는 등의 사실을 인정할 만한 증거가 없는 이상, 비록 피고인이 창문으로 살펴보고 있었던 지하실에 실제로 값비싼 동파이프가 보관되어 있었다고 하더라도 피고인의 위 행위를 위 지하실에 놓여있던 동파이프에 대한 피해자의 사실상의 지배를 침해하는 밀접한 행위라고 볼 수 없다(대판 2010.4.29, 2009도14554).

[사실관계] A가 2009.5.20. 22 : 15경 아파트 신축공사 현장 안에 있는 건축자재 등을 훔칠 생각으로 공범과 함께 위 **공사현장 안으로 들어간 후 창문을 통하여 신축 중인 아파트의 지하실 안쪽을 살핀 행위**는 위 지하실에 놓여있던 동파이프에 대한 특수절도죄의 실행의 착수에 해당하지 않는다.

∵ 신축공사현장은 사람의 주거나 관리하는 건조물로 볼 수 없으므로 공사현장에 들어간 행위는 주거침입이라 볼 수 없고, 창문을 통하여 건축 중인 아파트의 지하실 안쪽을 살핀 행위를 물색행위라 볼 수 없다는 취지

59) 2013년 법원사무관승진시험

(4) 죄수 및 타죄와의 관계

ㅇ [특수절도와 주간주거침입사건] 형법 제331조 제2항의 특수절도에 있어서 주거침입은 그 구성요건이 아니므로, **절도범인이 그 범행수단으로 주거침입을 한 경우**에 그 주거침입행위는 절도죄에 흡수되지 아니하고 별개로 주거침입죄를 구성하여 절도죄와는 실체적 경합의 관계에 있게 되고, 2인 이상이 합동하여 야간이 아닌 주간에 절도의 목적으로 타인의 주거에 침입하였다 하여도 아직 절취할 물건의 물색행위를 시작하기 전이라면 특수절도죄의 실행에는 착수한 것으로 볼 수 없는 것이어서 그 미수죄가 성립하지 않는다(대판 2009.12.24, 2009도9667).

V 자동차 등 불법사용죄

1 의의

권리자의 동의 없이 타인의 자동차, 선박, 항공기 또는 원동기장치자전거를 일시 사용함으로써 성립하는 범죄이다(제331조의2).

2 자동차 등 불법사용죄

(1) 행위객체

자동차, 선박, 항공기 또는 원동기장치자전거이다. ↔ 자전거, 기차(열차) : ×

(2) 행위

권리자의 동의 없이 일시사용하는 것이다.

(3) 주관적 구성요건

권리자의 동의 없이 일시사용한다는 인식과 의사(고의)는 있어야 하나, 불법영득의사가 없는 사용절도를 예외적으로 처벌하는 경우이므로 불법영득의사를 요하지 않는다.

ㅇ 차량을 **반환할 의사**로 피해자의 동의 없이 일시 사용한 경우 특수절도죄가 아닌 자동차등불법사용죄를 적용해야 한다(대판 1998.9.4, 98도2181).

(4) 처벌

자동차 등 불법사용죄는 상습범 및 미수범 처벌규정이 있다(제332조, 제342조).

(5) 죄수 및 타죄와의 관계

절도죄에 대하여는 보충관계이다. 따라서 불법영득의사가 있다면 절도죄가 성립하고 자동차 등 불법사용죄는 성립하지 않는다.

ㅇ 자동차 등 불법사용죄는 타인의 자동차 등의 교통수단을 불법영득의 의사 없이 일시 사용하는 경우에 적용되는 것으로서 불법영득의사가 인정되는 경우에는 절도죄로 처벌할 수 있을 뿐 본죄로 처벌할 수 없다(대판 2002.9.6, 2002도3465).

[사실관계] 소유자의 승낙 없이 오토바이를 타고 가서 다른 장소에 버린 경우, 자동차 등 불법사용죄가 아닌 절도죄가 성립한다.

VI 상습절도죄

1 의의

상습으로 단순절도(제329조), 야간주거침입절도(제330조)와 특수절도(제331조) 및 자동차 등 불법사용(제331조의2)의 죄를 범한 자는 **그 죄에 정한 각 형의 2분의 1을 가중**하여 처벌한다(제332조).

2 상습절도죄

(1) 상습성이란 동종의 범행을 반복하여 그 습벽이 발현되는 것을 말한다.

> ㅇ 절도죄에 있어서 상습성의 인정은 절도행위를 여러 번 하였다는 것만으로 반드시 인정된다고는 볼 수 없고 그 범행이 절도습성의 발현한 것으로 인정되는 경우에만 상습성의 인정이 가능한 것이고 수회의 범행이 우발적 동기나 급박한 경제적 사정에서 생한 것으로써 범인이 평소에 가지고 있던 절도습성의 발현이라고 볼 수 없는 경우에는 이를 상습절도로 인정할 수 없다(대판 1976.4.13, 76도259).

(2) 단순절도, 야간주거침입절도, 특수절도, 자동차 등 불법사용을 상습으로 반복한 경우에는 가장 중한 상습특수절도죄의 포괄일죄가 성립한다.

> ㅇ 상습절도 등의 범행을 한 자가 추가로 자동차 등 불법사용의 범행을 한 경우에 그것이 절도 습벽의 발현이라고 보이는 이상 자동차 등 불법사용의 범행은 상습절도 등의 죄에 흡수되어 1죄만이 성립하고 이와 별개로 자동차 등 불법사용죄는 성립하지 않는다(대판 2002.4.26, 2002도429).

(3) 상습으로 단순절도를 범한 범인이 상습적인 절도범행의 수단으로 주간에 주거침입을 한 경우에 주간 주거침입행위는 상습절도죄와 별개로 주거침입죄를 구성한다.

> ㅇ [상습절도와 주간주거침입] 형법 제330조에 규정된 야간주거침입절도죄 및 제331조 제1항에 규정된 특수절도(야간손괴침입절도)죄를 제외하고 일반적으로 주거침입은 절도죄의 구성요건이 아니므로 **<절도범인이 범행수단으로 주거침입을 한 경우>**에 주거침입행위는 절도죄에 흡수되지 아니하고 별개로 주거침입죄를 구성하여 절도죄와는 실체적 경합의 관계에 서는 것이 원칙이다. 그러므로 **<제332조에 규정된 상습절도죄를 범한 범인이 범행의 수단으로 주간에 주거침입을 한 경우>** 주간 주거침입행위는 상습절도죄와 별개로 주거침입죄를 구성한다. / 또 제332조에 규정된 상습절도죄를 범한 범인이 그 범행 외에 상습적인 절도의 목적으로 주간에 주거침입을 하였다가 절도에 이르지 아니하고 주거침입에 그친 경우에도 주간 주거침입행위는 상습절도죄와 별개로 주거침입죄를 구성한다(대판 2015.10.15, 2015도8169).
> [비교판례] **특정범죄 가중처벌 등에 관한 법률 제5조의4 제6항에 규정된 상습절도 등 죄를 범한 범인이 그 범행의 수단으로 주거침입을 한 경우**에 주거침입행위는 상습절도 등 죄에 흡수되어 위 조문에 규정된 상습절도 등 죄의 1죄만이 성립하고 별개로 주거침입죄를 구성하지 않으며, / 또 위 상습절도 등 죄를 범한 범인이 그 범행 외에 상습적인 절도의 목적으로 주거침입을 하였다가 절도에 이르지 아니하고 주거침입에 그친 경우에도 그것이 절도상습성의 발현이라고 보이는 이상 주거침입행위는 다른 상습절도 등 죄에 흡수되어 위 조문에 규정된 상습절도 등 죄의 1죄만을 구성하고 상습절도 등 죄와 별개로 주거침입죄를 구성하지 않는다(대판 2017.7.11. 2017도4044).

※ [참고조문] 특정범죄 가중처벌 등에 관한 법률 제5조의4【상습 강도·절도죄 등의 가중처벌】

⑥ 상습적으로 「형법」 제329조부터 제331조까지의 죄나 그 미수죄 또는 제2항의 죄로 두 번 이상 실형을 선고받고 그 집행이 끝나거나 면제된 후 3년 이내에 다시 상습적으로 「형법」 제329조부터 제331조까지의 죄나 그 미수죄 또는 제2항의 죄를 범한 경우에는 3년 이상 25년 이하의 징역에 처한다.

→ 누범가중처벌규정

제3절 강도죄

제333조【강도】
폭행 또는 협박으로 타인의 재물을 강취하거나 기타 재산상의 이익을 취득하거나 제삼자로 하여금 이를 취득하게 한 자는 3년 이상의 유기징역에 처한다.

제334조【특수강도】
① 야간에 사람의 주거, 관리하는 건조물, 선박이나 항공기 또는 점유하는 방실에 침입하여 제333조의 죄를 범한 자는 무기 또는 5년 이상의 징역에 처한다.
② 흉기를 휴대하거나 2인 이상이 합동하여 전조의 죄를 범한 자도 전항의 형과 같다.

제335조【준강도】
절도가 재물의 탈환에 항거하거나 체포를 면탈하거나 범죄의 흔적을 인멸할 목적으로 폭행 또는 협박한 때에는 제333조 및 제334조의 예에 따른다. [시행 2021.12.9.]

제336조【인질강도】
사람을 체포·감금·약취 또는 유인하여 이를 인질로 삼아 재물 또는 재산상의 이익을 취득하거나 제3자로 하여금 이를 취득하게 한 자는 3년 이상의 유기징역에 처한다.

제337조【강도상해, 치상】
강도가 사람을 상해하거나 상해에 이르게 한 때에는 무기 또는 7년 이상의 징역에 처한다.

제338조【강도살인·치사】
강도가 사람을 살해한 때에는 사형 또는 무기징역에 처한다. 사망에 이르게 한 때에는 무기 또는 10년 이상의 징역에 처한다.

제339조【강도강간】
강도가 사람을 강간한 때에는 무기 또는 10년 이상의 징역에 처한다.

제340조【해상강도】
① 다중의 위력으로 해상에서 선박을 강취하거나 선박내에 침입하여 타인의 재물을 강취한 자는 무기 또는 7년 이상의 징역에 처한다.
② 제1항의 죄를 범한 자가 사람을 상해하거나 상해에 이르게 한 때에는 무기 또는 10년 이상의 징역에 처한다.
③ 제1항의 죄를 범한 자가 사람을 살해 또는 사망에 이르게 하거나 강간한 때에는 사형 또는 무기징역에 처한다.

제341조【상습범】
상습으로 제333조, 제334조, 제336조 또는 전조 제1항의 죄를 범한 자는 무기 또는 10년 이상의 징역에 처한다.

제342조【미수범】
제329조 내지 제341조의 미수범은 처벌한다.

제343조【예비, 음모】
강도할 목적으로 예비 또는 음모한 자는 7년 이하의 징역에 처한다.

I 서설

1 의의 및 보호법익

강도의 죄는 폭행 또는 협박으로 타인의 재물을 강취하거나 재산상의 이익을 취득하거나 제3자로 하여금 이를 취득하게 하는 행위 및 이에 준하는 행위를 내용으로 하는 범죄이다. 주된 보호법익은 재산권이고, 부차적으로 생명・신체・자유권을 보호법익으로 한다. 보호정도는 침해범으로서의 보호이다.

2 구성요건의 체계

기본적 구성요건	강도죄	
가중적 구성요건	특수강도죄, 해상강도죄, 상습강도죄	
	결합범	강도상해죄, 강도살인죄, 강도강간죄, 해상강도상해・살인・강간죄
	결과적가중범	강도치상죄, 강도치사죄, 해상강도치상・치사죄
독립적 구성요건	준강도, 인질강도	
미수범 처벌규정	○	
예비・음모 처벌규정	○	

✔ **강도강간치상, 강도강간상해** : 처벌규정 ×

II 강도죄

폭행 또는 협박으로 타인의 재물을 강취하거나 기타 재산상의 이익을 취득하거나 제삼자로 하여금 이를 취득하게 함으로써 성립하는 범죄이다(제333조). 침해범이고 상태범이며, 재물죄이고 이득죄이다. 절도죄와 폭행・협박죄의 결합범이다.

1 객체

타인소유・타인점유의 재물 또는 재산상 이익이다.

> o 형법 제333조 후단의 강도죄, 이른바 **강제이득죄**의 요건인 재산상의 이익이란 재물 이외의 재산상의 이익을 말하는 것으로서 적극적 이익(적극적인 재산의 증가)이든 소극적 이익(소극적인 부채의 감소)이든 상관없는 것이다(대판 1994.2.22, 93도428).

2 행위

(1) 폭행・협박

① 강도죄의 폭행・협박은 상대방의 반항을 불가능하게 하거나 현저히 곤란하게 할 정도여야 한다(최협의). 반항을 억압하거나 현저하게 곤란하게 할 정도에 이르지 못한 경우 공갈죄가 성립할 수 있다.

ㅇ 강도죄에 있어서 폭행과 협박의 정도는 사회통념상 객관적으로 상대방의 반항을 억압하거나 항거불능케 할 정도의 것이라야 한다(대판 2001.3.23, 2001도359).

② 살상행위와 같은 폭력의 행사 이외에 마취제·수면제·주류 등으로 항거불능상태를 만드는 것도 강도죄의 폭행에 해당한다.

관련 판례 **강도죄의 폭행·협박에 해당하는 경우**

1) "아리반"(**신경안정제**) 4알을 탄 우유나 사와가 들어 있는 갑을 휴대하고 다니다가 사람에게 마시게 하여 졸음에 빠지게 하고 그 틈에 그 사람의 돈이나 물건을 빼앗은 경우에 그 수단은 강도죄에서 요구하는 남의 항거를 억압할 정도의 폭행에 해당된다(대판 1979.9.25, 79도1735).[60]

2) 새벽 3시경 길이 약 14센티미터의 **과도**를 들고 피해자의 집 담을 넘어 들어가 피해자의 얼굴에 위 과도를 들이대고 금품을 내놓으라고 협박을 하였다면 이는 피해자의 반항을 억압할 정도의 협박으로 인정하기에 충분하다(대판 1986.7.8, 86도931).

③ 강도죄에 있어서의 폭행, 협박은 반드시 재물의 소유자 또는 점유자에 대하여 가해져야 하는 것은 아니다.

ㅇ **[강간도중 강도 후 강간사건]** 폭행, 협박당한 자가 탈취당한 재물의 소유자 또는 점유자일 것을 요하지도 아니한다(대판 2010.12.9, 2010도9630).
[사실관계] 야간에 甲의 주거에 침입하여 드라이버를 들이대며 협박하여 甲의 반항을 억압한 상태에서 강간행위의 실행 도중 범행현장에 있던 乙 소유의 핸드백을 가져가고, 그 자리에서 강간을 계속한 경우 강도강간죄가 성립한다.

(2) 재물의 강취

① 강취란 폭행·협박을 수단으로 상대방의 의사에 반하여 재물을 자기 또는 제3자의 지배하에 옮기는 것을 말한다. 즉, 폭행·협박은 재물강취의 수단이어야 한다.

ㅇ 강도죄는 재물탈취의 방법으로 폭행, 협박을 사용하는 행위를 처벌하는 것이므로 폭행, 협박으로 타인의 재물을 탈취한 이상 피해자가 우연히 재물탈취 사실을 알지 못하였다고 하더라도 강도죄는 성립한다(대판 2010.12.9, 2010도9630).

ㅇ 강간범인이 부녀를 강간할 목적으로 폭행, 협박에 의하여 반항을 억압한 후 **반항억압 상태가 계속 중임을 이용**하여 재물을 탈취하는 경우에는 재물탈취를 위한 새로운 폭행, 협박이 없더라도 강도죄가 성립한다(대판 2010.12.9, 2010도9630).

ㅇ 타인에게 상해를 가하여 혼미상태에 빠지게 한 경우에 **우발적**으로 그의 재물을 도취하는 소유는 폭행을 도취의 수단으로 시용한 것이 아니므로 강도죄가 성립하지 아니한다(대판 1956.8.17, 4289형상170). [61]

60) 2011년 법원사무관승진시험

61) 2011년 법원사무관승진시험

② 폭행・협박이 피해자의 반항억압을 목적으로 한 것이 아니라 우연히 가해진 경우에는 강취에 해당하지 않는다.

> ㅇ [1] 소위 **날치기**와 같이 강제력을 사용하여 재물을 절취하는 행위가 때로는 피해자를 넘어뜨리거나 상해를 입게 하는 경우가 있고, 그러한 결과가 **피해자의 반항 억압을 목적으로 함이 없이 점유탈취의 과정에서 우연히 가해진 경우**라면 이는 강도가 아니라 절도에 불과하지만, / 그 강제력의 행사가 사회통념상 객관적으로 상대방의 반항을 억압하거나 항거 불능케 할 정도의 것이라면 이는 강도죄의 폭행에 해당한다. 그러므로 날치기 수법의 점유탈취 과정에서 이를 알아채고 재물을 뺏기지 않으려는 상대방의 **반항에 부딪혔음에도 계속하여 피해자를 끌고 가면서 억지로 재물을 빼앗은 행위**는 피해자의 반항을 억압한 후 재물을 강취한 것으로서 강도에 해당한다(대판 2007.12.13, 2007도7601).
>
> **[사실관계]** 날치기 수법으로 피해자가 들고 있던 가방을 탈취하면서 가방을 놓지 않고 버티는 피해자를 5m 가량 끌고 감으로써 피해자의 무릎 등에 상해를 입힌 경우, 반항을 억압하기 위한 목적으로 가해진 강제력으로서 그 반항을 억압할 정도에 해당하므로 **강도치상죄**가 성립한다.
>
> **[비교판례]** 날치기와 같이 강력적으로 재물을 절취하는 행위는 때로는 피해자를 전도시키거나 부상케 하는 경우가 있고, 구체적인 상황에 따라서는 이를 강도로 인정하여야 할 때가 있다 할 것이나, 그와 같은 결과가 피해자의 반항억압을 목적으로 함이 없이 점유탈취의 과정에서 우연히 가해진 경우라면 이는 절도에 불과한 것으로 보아야 한다(대판 2003.7.25, 2003도2316).
>
> **[사실관계]** 절도범들이 날치기 방법으로 절취를 하자, 피해자가 핸드백을 다시 빼앗는 과정에서 넘어져 우연히 손가락에 골절상이 난 경우에는 **특수절도죄**가 성립한다. → 강도치상 ×

③ 폭행・협박과 재물강취 사이에는 인과관계가 있어야 한다.

> ㅇ 피고인이 타인에 대하여 반항을 억압함에 충분한 정도의 폭행 또는 협박을 가한 사실이 있다 해도 **그 타인이 재물 취거의 사실을 알지 못하는 사이에 그 틈을 이용하여 피고인이 우발적으로 타인의 재물을 취거한 경우**에는 위 폭행이나 협박이 재물 탈취의 방법으로 사용된 것이 아님은 물론, 그 폭행 또는 협박으로 조성된 피해자의 반항억압의 상태를 이용하여 재물을 취득하는 경우에도 해당하지 아니하여 양자 사이에 인과관계가 존재하지 아니한다(대판 2009.1.30, 2008도10308).
>
> **[사실관계]** 피고인이 **주점 도우미**인 피해자에게 화대를 지급하고 성관계를 하던 중에 피해자가 피고인의 성교행위가 너무 과격하다는 이유로 항의를 하면서 성교를 중단하는 바람에 말다툼이 벌어져 이에 화가 난 피고인이 피해자에 대한 폭행을 시작하면서 피해자가 이불을 뒤집어쓴 후에도 계속해서 주먹과 발로 피해자를 구타한 후 이불 속에 들어 있는 피해자를 두고 옷을 입고 방을 나가다가 탁자 위의 피해자 손가방 안에서 현금 20만 원 등이 든 피해자의 키홀더를 가져간 경우 → 강도죄 ×

⑶ **재산상의 이득의 취득**(강제이득)

① 폭행・협박에 의하여 상대방의 의사에 반하여 재산상 이익을 취득하거나 제3자로 하여금 취득하게 하는 것을 말한다.

② 재산상 이익

㉠ 법률상 정당하게 그 이행을 청구할 수 있는 것이 아니어도 강도죄에서의 재산상의 이익에 해당할 수 있고, 그 재산상의 이익은 반드시 사법상 유효한 재산상의 이득만을 의미하는

것이 아니며, 외견상 재산상의 이득을 얻을 것이라고 인정할 수 있는 사실관계만 있으면 여기에 해당된다.

㉡ 따라서 강도범행에 의하여 피해자로 하여금 채무면제의 의사표시를 하게 한 경우, 이러한 피해자의 의사표시는 사법상 무효 또는 취소사유에 해당하지만 강도죄에 있어서의 재산상 이익에는 해당한다(경제적 재산설).

ㅇ 제333조 후단의 강도죄(**이른바 강제이득죄**)의 요건이 되는 재산상의 이익이란 반드시 사법상 유효한 재산상의 이득만을 의미하는 것이 아니고 **외견상 재산상의 이득**을 얻을 것이라고 인정할 수 있는 사실관계만 있으면 여기에 해당된다(대판 1997.2.25, 96도3411).
[사실관계] 피고인들이 폭행・협박으로 피해자로 하여금 **매출전표**에 서명을 하게 한 다음 이를 교부받아 소지함으로써 이미 외관상 각 매출전표를 제출하여 신용카드회사들로부터 그 금액을 지급받을 수 있는 상태가 된 경우, 피해자가 각 매출전표에 **허위 서명**한 탓으로 신용카드회사들이 그 금액의 지급을 거절할 가능성이 있다 하더라도, '재산상 이익'을 취득하였다고 볼 수 있다.
[동지판례] 피고인과 그 공범들이 피해자를 속여 그로부터 **성매매대금 명목의 돈**을 받고 뒤이어 그 반환을 요구하는 피해자를 폭행・협박한 후 돈을 가지고 현장을 이탈하였다면 외견상 위 돈의 반환을 면하게 되는 재산상의 이익을 취득하였으므로 특수강도죄가 성립한다(대판 2020.10.15, 2020도7218).

(4) 실행의 착수시기 및 기수시기

① 실행의 착수시기는 강도의 고의로 폭행・협박을 개시한 때이다.

② 기수시기는 재물 또는 재산상 이익을 취득한 때이다.

3 주관적 구성요건

고의와 불법영득의사 내지 불법이득의사가 있어야 한다.

ㅇ **[채무면탈 목적 강도죄에서 불법이득의사 인정 여부가 문제된 사건]** 채권자를 폭행・협박하여 채무를 면탈함으로써 성립하는 강도죄에서 불법이득 의사는 단순 폭력범죄와 구별되는 중요한 구성요건 표지이다. 폭행・협박 당시 피고인에게 채무를 면탈하려는 불법이득 의사가 있었는지는 신중하고 면밀하게 심리・판단되어야 한다. **불법이득의사**는 마음속에 있는 의사이므로, 피고인과 피해자의 관계, 채무의 종류와 액수, 폭행에 이르게 된 경위, 폭행의 정도와 방법, 폭행 이후의 정황 등 범행 전후의 객관적인 사정을 종합하여 불법이득 의사가 있었는지를 판단할 수밖에 없다(대판 2021.6.30, 2020도4539).
[사실관계] 피고인이 **술을 마신 후 술값 지급과 관련한 시비 중 술집 주인과 종업원을 폭행하여 상해를 가한 사안**에서, 폭행에 이르게 된 경위, 폭행 이후의 정황, 채무의 종류와 액수 등 제반사정(주점에서 지급하지 않은 술값이 큰 금액은 아니었고, 피고인은 공사현장의 일용직 근로자로 일하고 있어 소득이 있었으며, 이 사건 당일 이 사건 주점에 오기 전 다른 노래방이나 주점 등에서 수회에 걸쳐 별다른 문제없이 술값 등을 결제했다는 점 등)에 비추어 피고인이 피해자들을 폭행할 당시 술값 채무를 면탈하려는 **불법이득의 의사를 인정하기 어렵다**고 보아, 유죄로 인정한 원심을 파기환송한 사례

ㅇ 강간하는 과정에서 피해자들이 **도망가지 못하게 하기 위해** 손가방을 빼앗은 것에 불과하다면 이에 불법영득의 의사가 있었다고 할 수 없다(대판 1985.8.13, 85도1170).

ㅇ 피해자를 강간한 후 항거불능 상태에 있는 피해자에게 돈을 내놓으라고 하여 피해자가 서랍 안에서 꺼내주는 돈을 받는 즉시 **팁이라고 하면서** 피해자의 브라쟈 속으로 그 돈을 집어 넣어 준 것이라면 불법영득의 의사가 있었다고 보기 어렵다(대판 1986.6.24, 86도776).

4 위법성

권리자라 하더라도 폭행·협박으로 강취한 경우 강도죄가 성립한다.

ㅇ 채권자로부터 채무자에 대한 외상물품 대금채권의 회수를 의뢰받았다 하더라도, 채무자의 반항을 억압할 정도의 폭행과 협박을 가하여 재물 및 재산상 이득을 취득한 이상 이는 정당한 권리행사라고 볼 수 없음이 명백하여 강도상해죄가 성립함에는 아무런 지장이 없다(대판 1995.12.12, 95도2385).

5 죄수 및 타죄와의 관계

ㅇ 피고인이 여관에 들어가 1층 안내실에 있던 **여관의 관리인**을 칼로 찔러 상해를 가하고, 그로부터 금품을 강취한 다음, 각 객실에 들어가 각 **투숙객들**로부터 금품을 강취하였다면, 피고인의 위와 같은 각 행위는 비록 시간적으로 접착된 상황에서 동일한 방법으로 이루어지기는 하였으나, 포괄하여 1개의 강도상해죄만을 구성하는 것이 아니라 강도상해죄 및 강도죄의 **실체적 경합범**의 관계에 있는 것이라고 할 것이다(대판 1991.6.25, 91도643).

[비교판례] 피고인이 여관에서 **종업원**을 칼로 찔러 상해를 가하고 객실로 끌고 들어가는 등 폭행·협박을 하고 있던 중, 마침 다른 방에서 나오던 **여관의 주인**도 같은 방에 밀어 넣은 후, 주인으로부터 금품을 강취하고, 1층 안내실에서 종업원 소유의 현금을 꺼내 갔다면, 여관 종업원과 주인에 대한 각 강도행위가 각별로 강도죄를 구성하되 피고인이 피해자인 종업원과 주인을 폭행·협박한 행위는 법률상 1개의 행위로 평가되는 것이 상당하므로 위 2죄는 **상상적 경합범**관계에 있다(대판 1991.6.25, 91도643).

∵ 강도범인이 피해자들의 반항을 억압하는 수단인 폭행·협박행위가 사실상 공통으로 이루어졌기 때문

ㅇ 강도가 시간적으로 접착된 상황에서 가족을 이루는 수인에게 폭행·협박을 가하여 집안에 있는 재물을 탈취한 경우 그 재물은 가족의 공동점유 아래 있는 것으로서, 이를 탈취하는 행위는 그 소유자가 누구인지에 불구하고 **단일한 강도죄**의 죄책을 진다(대판 1996.7.30, 96도1285).

ㅇ 피고인이 예금통장을 강취하고 예금자 명의의 예금청구서를 위조한 다음 이를 은행원에게 제출·행사하여 예금인출금 명목의 금원을 교부받았다면 **강도, 사문서위조, 동행사, 사기**의 각 범죄가 성립하고 이들은 실체적 경합관계에 있다(대판 1991.9.10, 91도1722).

ㅇ 강취한 현금카드를 사용하여 현금자동지급기에서 예금을 인출한 행위는 피해자의 승낙에 기한 것이라고 할 수 없으므로, 현금자동지급기 관리자의 의사에 반하여 그의 지배를 배제하고 그 현금을 자기의 지배하에 옮겨 놓는 것이 되어서 강도죄와는 별도로 절도죄를 구성한다(대판 2007.5.10, 2007도1375).

Ⅲ 특수강도죄

1 야간주거침입강도

야간에 사람의 주거, 관리하는 건조물, 선박이나 항공기 또는 점유하는 방실에 침입하여 강도죄를 범함으로써 성립하는 범죄이다(제334조 제1항). ↔ 자동차 : ×

Thema 정리 야간주거침입강도의 실행의 착수시기

주거침입시설	주거침입과 강도의 결합범으로서 시간적으로 주거침입이 선행되므로 주거침입시에 실행의 착수가 있음(시아버지헛기침사건, 특수강도 미수)
폭행 · 협박시설(多)	야간주거침입절도죄와의 구별을 위해서 폭행 · 협박을 개시한 때 실행의 착수를 인정해야 함(욕정사건, 특수강도강간 ×, 특수강간 ○)

o [욕정사건] 특수강도의 실행의 착수는 강도의 실행행위, 즉 사람의 반항을 억압할 수 있는 정도의 **폭행 또는 협박에 나아갈 때**에 있다 할 것이다(대판 1991.11.22, 91도2296).
[사실관계] 甲은 강도의 범의로 야간에 칼을 휴대한 채 타인의 주거에 침입하여 동정을 살피다가 피해자 乙을 발견하고 갑자기 욕정을 일으켜 칼로 협박하고 강간하였다. 甲의 죄책은 구 특정범죄가중처벌 등에 관한 법률 제5조의6 제1항 소정의 특수강도강간죄에 해당한다고 할 수 없다. → 특수강도강간 ×, 특수강간 ○

o [시아버지헛기침사건] 62) 제334조 제1항 소정의 야간주거침입강도죄는 주거침입과 강도의 결합범으로서 시간적으로 주거침입행위가 선행되므로 주거침입을 한 때에 본죄의 실행에 착수한 것으로 볼 것인바, 같은 조 제2항 소정의 흉기휴대 합동강도죄에 있어서도 그 강도행위가 야간에 주거에 침입하여 이루어지는 경우에는 **'주거침입을 한 때'**에 실행에 착수한 것으로 보는 것이 타당하다(대판 1992.7.28, 92도917).
[사실관계] 甲과 乙은 야간에 丙의 집에 이르러 재물을 강취할 의도로 甲은 출입문 옆의 창살을 통하여 침입하고, 乙은 부엌 방충망을 뜯고 들어가다가 丙의 시아버지의 헛기침에 발각된 것으로 알고 도주한 경우 甲과 乙의 죄책은 **특수강도미수**죄이다.

2 흉기휴대강도 · 합동강도

흉기를 휴대하거나 2인 이상이 합동하여 강도죄를 범함으로써 성립하는 범죄이다(제334조 제2항). 흉기휴대절도 · 합동절도의 내용과 동일하다.

3 죄수 및 타죄와의 관계

o 형법 제334조 제1항 특수강도죄는 '주거침입'이라는 요건을 포함하고 있으므로 형법 제334조 제1항 특수강도죄가 성립할 경우 주거침입죄는 별도로 처벌할 수 없고, 형법 제334조 제1항 특수강도에 의한 강도상해가 성립할 경우에도 별도로 주거침입죄를 처벌할 수 없다(대판 2012.12.27, 2012도12777).

IV 준강도죄

1 의의

절도가 재물의 탈환을 항거하거나 체포를 면탈하거나 죄적(범죄의 흔적)을 인멸할 목적으로 폭행 또는 협박을 가한 때에 성립하는 범죄이다(제335조). 신분범이고 목적범이다.

62) 2021년 변호사시험

2 주체

준강도죄의 주체는 절도범인이다. 단순절도, 야간주거침입절도, 특수절도, 상습절도 모두 포함되고, 절도의 실행에 착수한 자이어야 하나, 미수·기수를 불문한다.

예 주간에 절도의 목적으로 타인의 주거에 침입하였다가 실행의 착수 이전에 발각되어 체포를 면탈하고자 폭행을 가한 경우 → 단순 주거침입죄와 폭행죄의 경합범 성립

ㅇ **[술값지급면탈도주사건]** 피고인이 술집 운영자 甲으로부터 술값의 지급을 요구받자 술값의 지급을 면하기로 마음먹고 甲을 유인·폭행하고 도주함으로써 술값의 지급을 면하여 **재산상 이득**을 취득한 경우 준강도죄가 성립하지 아니한다(대판 2014.5.16, 2014도2521).
[판결이유] 준강도죄의 주체는 절도범인이고, 절도죄의 객체는 **재물**이므로, '피고인이 甲에게 지급해야 할 술값의 지급을 면하여 같은 금액 상당의 재산상 이익을 취득하고 甲을 폭행하였다'는 범죄사실로는 준강도죄를 인정할 수 없다는 취지

3 행위 _ 폭행 또는 협박

(1) 준강도의 폭행·협박은 강도죄의 폭행·협박과 같다. 따라서 상대방의 반항을 억압할 정도이어야 한다.

ㅇ 준강도죄에 있어서의 폭행이나 협박은 상대방의 반항을 억압하는 수단으로서 일반적 객관적으로 가능하다고 인정하는 정도의 것이면 되고 반드시 현실적으로 반항을 억압하였음을 필요로 하는 것은 아니다(대판 1981.3.24, 81도409).

관련 판례 **준강도의 폭행·협박에 해당하는 경우**

오토바이를 끌고 가다가 추격하여 온 피해자에게 멱살을 잡히게 되자 체포를 면탈할 목적으로 피해자의 얼굴을 주먹으로 때리고, **놓아주지 아니하면 죽여버리겠다**고 협박한 경우 준강도죄를 구성한다(대판 1983.3.8, 82도2838).

관련 판례 **준강도의 폭행·협박에 해당하지 않는 경우**

1) 피고인이 옷을 잡히자 체포를 면하려고 충동적으로 저항을 시도하여 **잡은 손을 뿌리친 정도**의 폭행을 준강도죄로 의율할 수는 없다(대판 1985.5.14, 85도619).
2) 피고인을 체포하려는 피해자가 체포에 필요한 정도를 넘어서서 발로 차며 늑골골절상, 좌폐기흉증, 좌흉막출혈 등 전치 3개월을 요하는 중상을 입힐 정도로 심한 폭력을 가해오자 피고인이 이를 피하기 위하여 엉겁결에 **솥뚜껑을 들어 위 폭력을 막아 내려다가** 그 솥뚜껑에 스치어 피해자가 상처를 입게 되었다면 피고인의 위 행위는 일반적·객관적으로 피해자의 체포의사를 제압할 정도의 폭행에 해당하지 않는다(대판 1990.4.24, 90도193). → 준강도상해죄 ×

(2) 폭행·협박은 절도의 기회에 행해져야 한다. 절도의 기회란 절취와 시간적 ·장소적으로 접착되어 있는 상태를 말한다.[63)]

63) 2022년 변호사시험

ㅇ 준강도는 절도범인이 **절도의 기회**에 재물탈환, 항거 등의 목적으로 폭행 또는 협박을 가함으로써 성립되는 것이므로, 그 폭행 또는 협박은 절도의 실행에 착수하여 그 실행중이거나 그 실행 직후 또는 실행의 범의를 포기한 직후로서 사회통념상 범죄행위가 완료되지 아니하였다고 인정될 만한 단계에서 행하여짐을 요한다(대판 1999.2.26, 98도3321).

관련 판례 **절도의 기회 ○ → 준강도의 폭행·협박에 해당하는 경우**

1) 준강도는 절도범인이 절도의 기회에 재물탈환의 항거 등의 목적으로 폭행 또는 협박을 가함으로써 성립되는 것으로서, 여기서 **절도의 기회**라고 함은 절도범인과 피해자 측이 절도의 현장에 있는 경우와 절도에 잇달아 또는 절도의 시간·장소에 접착하여 피해자 측이 범인을 체포할 수 있는 상황, 범인이 죄적인멸에 나올 가능성이 높은 상황에 있는 경우를 말하고, 그러한 의미에서 피해자 측이 추적태세에 있는 경우나 범인이 일단 체포되어 아직 신병확보가 확실하다고 할 수 없는 경우에는 절도의 기회에 해당한다(대판 2001.10.23, 2001도4142).
[사실관계] 절도범인이 일단 **체포되었으나 아직 신병확보가 확실하지 않은 단계**(보안요원에게 붙잡혀 보안사무실로 인도되어 경위를 확인하던 중)에서 체포 상태를 면하기 위해 폭행하여 상해를 가한 경우, 강도상해죄의 성립을 인정한 사례
2) 야간에 절도의 목적으로 피해자의 집에 담을 넘어 들어갔다가 피해자에게 발각되어 **계속 추격**당하거나 재물을 면탈하고자 피해자에게 폭행을 가하였다면 그 장소가 소론과 같이 범행현장으로부터 200미터 떨어진 곳이라고 하여도 절도의 기회 계속 중에 폭행을 가한 것이라고 보아야 할 것이다(대판 1984.9.11, 84도1398).[64]

관련 판례 **절도의 기회 × → 준강도의 폭행·협박에 해당하지 않는 경우**

피해자의 집에서 절도범행을 마친지 10분가량 지나 피해자의 집에서 200m 가량 떨어진 버스정류장이 있는 곳에서 피고인을 절도범인이라고 의심하고 뒤쫓아 온 피해자에게 붙잡혀 피해자의 집으로 돌아왔을 때 비로소 피해자를 폭행한 경우, 그 폭행은 사회통념상 절도범행이 이미 완료된 이후에 행하여졌으므로 준강도죄가 성립하지 않는다(대판 1999.2.26, 98도3321).[65]

4 주관적 구성요건요소

절도의 고의와 재물에 대한 불법영득의사 외에 재물탈환의 항거·체포면탈·죄적인멸의 목적이 있어야 한다. 이러한 목적 외의 목적으로 폭행·협박한 경우 준강도죄가 성립하지 않는다. 절도가 발각된 후 재물을 강취하기 위하여 폭행·협박을 하였다면 준강도죄가 아니라 강도죄가 성립한다.

ㅇ 준강도죄에 있어서의 '**재물의 탈환을 항거할 목적**'이라 함은 일단 절도가 재물을 자기의 배타적 지배하에 옮긴 뒤 탈취한 재물을 피해자 측으로부터 탈환당하지 않기 위하여 대항하는 것을 말한다(대판 2003.7.25, 2003도2316).

64) 2015년 법무사시험
65) 2022년 법원행정고등고시

5 미수 및 기수시기[66)]

준강도죄의 기수 여부는 절도행위의 기수 여부를 기준으로 판단하여야 한다(판례).

Thema 정리 **준강도의 미수 · 기수 판단기준**

절취행위기준설 (다수설 · 판례)	절도의 기수 · 미수가 기준이 된다는 견해 준강도죄의 주된 보호법익이 재산이므로, 절취행위를 기준으로 함이 타당 → 절도가 미수인 이상 상대방의 반항을 억압하는 폭행 · 협박이 행해졌더라도 준강도죄의 미수 성립
폭행 · 협박행위 기준설	폭행 · 협박의 기수 · 미수가 기준이 된다는 견해 준강도죄의 구성요건적 행위를 폭행 · 협박으로 파악하고 이를 기준으로 미수 · 기수를 결정 → 절도가 기수이더라도 폭행 · 협박에 의하여 상대방의 반항이 억압되지 않았다면, 준강도죄의 미수 성립
종합설	절취행위와 폭행 · 협박행위의 양자를 기준으로 하여 결정된다고 하는 견해 → 절취행위와 폭행 · 협박행위 중 어느 하나가 미수에 그친 경우에는 모두 준강도죄의 미수 성립

○ [준강도의 미수 · 기수 판단기준(양주바구니사건)] **[다수의견]** 형법 제335조에서 절도가 재물의 탈환을 항거하거나 체포를 면탈하거나 죄적을 인멸할 목적으로 폭행 또는 협박을 가한 때에 준강도로서 강도죄의 예에 따라 처벌하는 취지는, 강도죄와 준강도죄의 구성요건인 재물탈취와 폭행 · 협박 사이에 시간적 순서상 전후의 차이가 있을 뿐 실질적으로 위법성이 같다고 보기 때문인바, 이와 같은 준강도죄의 입법 취지, 강도죄와의 균형 등을 종합적으로 고려해 보면, 준강도죄의 기수 여부는 **절도행위의 기수 여부**를 기준으로 하여 판단하여야 한다(대판 2004.11.18, 2004도5074 全合).

[사실관계] 피고인이 공소외인과 합동하여 양주를 절취할 목적으로 장소를 물색하던 중, 2003.12.9. 06 : 30경 피해자 1이 운영하는 주점에 이르러, 주점 내 진열장에 있던 **양주 45병 시가 1,622,000원 상당을 미리 준비한 바구니 3개에 담고 있던 중**, 주점 종업원 등이 주점으로 돌아오려는 소리를 듣고서 **양주를 그대로 둔 채** 출입문을 열고 나오다가 주점 종업원 등이 피고인을 붙잡자, 체포를 면탈할 목적으로 피고인의 목을 잡고 있던 피해자의 오른손을 깨무는 등 폭행한 경우 → 준강도의 미수

[반대의견] 강도죄와 준강도죄는 그 취지와 본질을 달리한다고 보아야 하며, 준강도죄의 주체는 절도이고 여기에는 기수는 물론 형법상 처벌규정이 있는 미수도 포함되는 것이지만, 준강도죄의 기수 · 미수의 구별은 구성요건적 행위인 **폭행 또는 협박이 종료되었는가** 하는 점에 따라 결정된다고 해석하는 것이 법규정의 문언 및 미수론의 법리에 부합한다.

[별개의견] **폭행 · 협박행위를 기준**으로 하여 준강도죄의 미수범을 인정하는 외에 **절취행위가 미수에 그친 경우에도** 이를 준강도죄의 미수범이라고 보아 강도죄의 미수범과 사이의 균형을 유지함이 상당하다.

Thema 정리 **준강도죄의 미수범과 기수범**

┌ 절도미수범이 체포를 면탈할 목적으로 피해자를 폭행한 경우 → 준강도죄의 미수범
└ 절도기수범이 체포를 면탈할 목적으로 피해자를 폭행한 경우 → 준강도죄의 기수범

---

66) 2006년 · 2014년 · 2015년 · 2023년 법무사시험(20점), 2009년 · 2013년 법원사무관승진시험, 2016년 법원행정고등고시

6 공범

절도범 중 1인이 폭행・협박으로 나아간 경우 폭행・협박에 나아가지 않은 다른 가담자도 폭행・협박을 예견하지 못했다고 볼 수 없다면(예견가능성이 있는 경우) 준강도죄의 공동정범을 인정한다(판례).

관련 판례 폭행・협박을 예견할 수 있었다고 본 경우

1) 특수절도의 범인들이 범행이 발각되어 각기 **다른 길로 도주하다가** 그중 1인이 체포를 면탈할 목적으로 폭행하여 상해를 가한 때에는, 나머지 범인도 위 공범이 추격하는 피해자에게 체포되지 아니하려고 위와 같이 폭행할 것을 전연 예기하지 못한 것으로는 볼 수 없다 할 것이므로 그 폭행의 결과로 발생한 상해에 관하여 형법 제337조, 제335조의 **강도상해**죄의 책임을 면할 수 없다(대판 1984.10.10, 84도1887).
2) 2인 이상이 합동하여 절도를 한 경우, 범인 중의 1인이 체포를 면할 목적으로 폭행을 하여 상해를 가한 때에는 나머지 범인도 이를 예기하지 못한 것으로 볼 수 없으면 **강도상해**죄의 죄책을 면할 수 없다(대판 1984.12.26, 84도2552).
3) 甲과 乙, 丙이 타인의 재물을 절취하기로 공모한 다음 **甲은 망을 보고** 乙과 丙이 재물을 절취한 다음 달아나려다가 피해자에게 발각되자 체포를 면탈할 목적으로 피해자를 때려 상해를 입혔다면 甲도 이를 전혀 예견하지 못했다고 볼 수 없어 **강도상해**죄의 죄책을 면할 수 없다(대판 1989.12.12, 89도1991).

관련 판례 폭행・협박을 예견할 수 없었다고 본 경우

1) 절도를 공모한 피고인이 다른 공모자 甲의 폭행행위에 대하여 사전양해나 의사의 연락이 전혀 없었고, 범행장소가 빈 가게로 알고 있었고, 위 甲이 **담배창구**를 통하여 가게에 들어가 물건을 절취하고 피고인은 밖에서 망을 보던 중 예기치 않았던 인기척 소리가 나므로 **도주해버린 이후**에 위 甲이 창구에 몸이 걸려 빠져 나오지 못하게 되어 피해자에게 붙들리자 체포를 면탈할 목적으로 피해자에게 폭행을 가하여 상해를 입힌 것이고, 피고인은 그동안 상당한 거리를 도주하였을 것으로 추정되는 상황하에서는 피고인이 위 甲의 폭행행위를 전연 예기할 수 없었다고 보여지므로 피고인에게 준강도상해죄의 공동책임을 지울 수 없다(대판 1984.2.28, 83도3321).
2) A가 甲과 乙이 자기 집에서 물건을 훔쳐 나왔다는 연락을 받고 도주로를 따라 추격하자 범인들이 이를 보고 도주하므로 1킬로미터 가량 추격하여 **甲을 체포한 후** 같이 추격하여 온 동리 사람들에게 인계하고 1킬로미터를 더 추격하여 乙을 체포하여 가지고 간 나무몽둥이로 동인을 1회 구타하자 乙이 위 **몽둥이**를 빼앗아 A를 구타 상해를 가한 경우 乙의 행위는 준강도상해죄에 해당하지만, 甲은 이를 예기하지 못하였다 할 것이므로 준강도상해죄의 죄책을 지울 수 없다(대판 1982.7.13, 82도1352).

7 처벌 _ 강도 또는 특수강도[67)]

준강도죄는 강도죄 또는 특수강도죄의 예에 의하여 처벌한다. 단순강도의 준강도로 처벌할지 특수강도의 준강도로 처벌할지는 폭행・협박행위의 태양을 기준으로 한다. ↔ 절도의 태양 ×

- 절도범인이 처음에는 흉기를 휴대하지 아니하였으나, 체포를 면탈할 목적으로 **폭행 또는 협박을 가할 때**에 비로소 흉기를 휴대 사용하게 된 경우에는 제334조의 예에 의한 준강도(특수강도의 준강도)가 된다(대판 1973.11.13, 73도1553 全合).

67) 2015년 법무사시험

8 죄수 및 타죄와의 관계

ㅇ **절도범인**이 체포를 면탈할 목적으로 경찰관에게 폭행 협박을 가한 때에는 준강도죄와 공무집행방해죄를 구성하고 양죄는 **상상적 경합관계**에 있으나, / **강도범인**이 체포를 면탈할 목적으로 경찰관에게 폭행을 가한 때에는 강도죄와 공무집행방해죄는 **실체적 경합관계**에 있고 상상적 경합관계에 있는 것이 아니다(대판 1992.7.28, 92도917).

ㅇ 절도가 체포를 면탈할 목적으로 추격하여 온 수인에 대하여 같은 기회에 동시 또는 이시에 폭행 또는 협박을 하였다 하더라도 **준강도의 포괄일죄**가 성립한다(대판 1966.12.6, 66도1392).

ㅇ 절도범이 체포를 면탈할 목적으로 체포하려는 여러 명의 피해자에게 같은 기회에 폭행을 가하여 그중 1인에게만 상해를 가하였다면 이러한 행위는 **포괄하여 하나의 강도상해죄**만 성립한다(대판 2001.8.21, 2001도3447).
[사실관계] A와 B가 체포하려고 하자 절도범이 체포를 면탈할 목적으로 A의 얼굴을 팔꿈치로 폭행하고, 발로 B의 정강이를 걷어 차 약 2주간 치료가 필요한 상해를 입힌 경우

V 인질강도죄

1 의의

사람을 체포·감금·약취 또는 유인하여 이를 인질로 삼아 재물 또는 재산상의 이익을 취득하거나 제3자로 하여금 이를 취득하게 함으로써 성립하는 범죄이다(제336조).

2 보호법익

(1) 인질강도죄는 체포감금죄 또는 약취유인죄와 공갈죄의 결합범이다.

(2) 인질강요죄, 약취·유인·인신매매죄와 달리 인질강도의 죄를 범한 자가 인질을 안전한 장소로 풀어준 경우에도 해방감경 규정이 없다.

(3) 영리목적 약취·유인죄와 달리 목적범이 아니다.

VI 강도상해·치상죄

1 의의

강도가 사람을 상해하거나 상해에 이르게 한때 성립하는 범죄이다(제337조).

2 주체와 행위 등

(1) 주체는 모든 강도범인이다. 강도에는 단순강도, 특수강도, 준강도, 인질강도가 포함된다. 강도의 실행에 착수한 이상 미수·기수는 불문한다.

o 피고인이 절취품을 물색 중 피해자가 잠에서 깨어나 "도둑이야"고 고함치자 체포를 면탈할 목적으로 그녀에게 이불을 덮어씌우고 입과 목을 졸라 상해를 입혔다면 **절도의 목적달성여부에 관계없이** 강도상해죄가 성립한다(대판 1985.5.28, 85도682).

(2) 행위는 강도가 사람을 상해하거나 상해에 이르게 하는 것이다. 강도의 기회에 이루어진 것이면 족하고 강도의 수단인 폭행으로 인한 것임을 요하지 않는다.

o 형법 제337조의 강도상해죄는 강도범인이 **강도의 기회에** 상해행위를 함으로써 성립하므로 강도범행의 실행 중이거나 실행 직후 또는 실행의 범의를 포기한 직후로서 사회통념상 범죄행위가 완료되지 아니하였다고 볼 수 있는 단계에서 상해가 행하여짐을 요건으로 한다. / 그러나 반드시 강도범행의 수단으로 한 폭행에 의하여 상해를 입힐 것을 요하는 것은 아니고 상해행위가 강도가 기수에 이르기 전에 행하여져야만 하는 것은 아니므로, **강도범행 이후에도** 피해자를 계속 끌고 다니거나 차량에 태우고 함께 이동하는 등으로 강도범행으로 인한 피해자의 심리적 저항불능 상태가 해소되지 않은 상태에서 강도범인의 상해행위가 있었다면 강취행위와 상해행위 사이에 다소의 시간적·공간적 간격이 있었다는 것만으로는 강도상해죄의 성립에 영향이 없다(대판 2014.9.26, 2014도9567).[68]

관련 판례 **강도상해·치상죄가 성립하는 경우**

1) 피고인이 피해자로부터 재물을 강취하고 피해자가 운전하는 자동차에 함께 타고 **도주하다가** 단속 경찰관이 뒤따라오자 피해자를 칼로 찔러 상해를 가하였다면 강도상해죄를 구성한다 할 것이고 강취와 상해 사이에 1시간 20분이라는 시간적 간격이 있었다는 것만으로는 그 범죄의 성립에 영향이 없다(대판 1992.1.21, 91도2727).
2) 강도범인이 강도를 하는 기회에 범행의 현장에서 사람을 상해한 이상, 재물강취의 수단인 폭행으로 인하여 상해의 결과가 발생한 것이 아니고, 재물의 탈환을 항거하거나 체포를 면탈하거나 죄적을 인멸할 목적으로 폭행을 가한 것이 아니라고 하더라도 강도상해죄가 성립한다(대판 1992.4.14, 92도408).
3) 강도치상죄에 있어서의 상해는 강도의 기회에 범인의 행위로 인하여 발생한 것이면 족한 것이므로, 피고인이 택시를 타고 가다가 요금지급을 면할 목적으로 소지한 과도로 운전수를 협박하자 이에 **놀란 운전수가 택시를 급우회전하면서** 그 충격으로 피고인이 겨누고 있던 과도에 어깨부분이 찔려 상처를 입었다면, 피고인의 위 행위를 강도치상죄에 의율함은 정당하다(대판 1985.1.15, 84도2397).
4) 폭행 또는 협박으로 타인의 재물을 강취하려는 행위와 이에 극도의 흥분을 느끼고 **공포심에 사로잡혀 이를 피하려다(창문을 통하여 뛰어내리다가)** 상해에 이르게 된 사실과는 상당인과관계가 있다 할 것이고 이 경우 강취 행위자가 상해의 결과의 발생을 예견할 수 있었다면 이를 강도치상죄로 다스릴 수 있다(대판 1996.7.12, 96도1142).

관련 판례 **강도상해·치상죄가 성립하지 않는 경우**

강도상해죄는 강도가 사람을 상해한 경우에 성립하는 것이므로 도주하는 강도를 체포하기 위해 위에서 덮쳐 오른손으로 목을 잡고, 왼손으로 앞부분을 잡는 순간 강도가 들고 있던 벽돌에 끼어 있는 철사에 찔려 부상을 입었다거나 또는 도망하려는 공범을 뒤에서 양팔로 목을 감싸잡고 내려오다 같이 넘어져

68) 2015년 법원행정고등고시

부상을 입은 경우라면 위 부상들은 피해자들의 **적극적인 체포행위 과정**에서 **스스로의 행위의 결과**로 입은 상처이어서 위 상해의 결과에 대하여 강도상해죄로 의율할 수 없다(대판 1985.7.9, 85도1109).

(3) 강도상해의 기수·미수는 상해를 기준으로 판단한다. 따라서 강도상해의 미수는 상해가 미수인 경우이고, 강도의 미수·기수 여부를 불문한다.[69]

○ 피해자로부터 신용카드를 강취하고 비밀번호를 알아내는 과정에서 피해자에게 입힌 상처가 일상생활에 지장을 초래하지 않았고 나아가 그 회복을 위하여 치료행위가 특별히 필요하지 않은 경우에는 강도상해죄에 있어서의 상해에 해당된다고 할 수 없다(대판 2003.7.11, 2003도2313).

○ 강도미수에 그쳤다 할지라도 강도행위 과정에서 피해자에게 상해를 입힌 이상 강도상해죄가 성립한다(대판 1969.3.18, 69도154).

3 공범관계

강도를 공모한 후 1인이 강도의 기회에 상해를 가한 경우 다른 공범자는 강도상해죄의 공동정범이 된다(판례).

○ 강도합동범 중 1인이 피고인과 공모한대로 **과도**를 들고 강도를 하기 위하여 피해자의 거소를 들어가 피해자를 향하여 칼을 휘두른 이상 이미 강도의 실행행위에 착수한 것임이 명백하고, 그가 피해자들을 과도로 찔러 상해를 가하였다면 대문 밖에서 망을 본 공범인 피고인이 구체적으로 상해를 가할 것까지 공모하지 않았다 하더라도 피고인은 상해의 결과에 대하여도 공범으로서의 책임을 면할 수 없다(대판 1998.4.14, 98도356).
→ 강도치상죄의 공동정범 ×, 강도상해죄의 공동정범 ○

○ 강도의 공범자 중의 한 사람이 강도의 기회에 피해자에게 폭행을 가하여 상해를 입힌 경우 다른 공범자도 재물강취의 수단으로 폭행을 가할 것이라는 점에 관하여 상호의사의 연락이 있었던 것이므로 구체적으로 상해에 관하여는 공모하지 않았다 하더라도 폭행으로 생긴 결과에 대한 공범으로서 강도상해 및 강도치상의 책임을 진다(대판 1990.12.26, 90도2362).

VII 강도살인·치사죄

1 의의

강도가 사람을 살해하거나 사망에 이르게 한 때 성립하는 범죄이다(제338조).

2 주체와 행위

(1) 주체는 강도이다.

○ 강도살인죄(형법 제338조)의 주체인 강도는 준강도죄(형법 제335조)의 강도범인을 포함한다고 할 것이므로 절도가 체포를 면탈할 목적으로 사람을 살해한 때에는 강도살인죄가 성립한다(대판 1987.9.22, 87도1592).

69) 2015년 법무사시험

(2) 행위는 강도가 사람을 살해하거나 사망에 이르게 하는 것이다. 사망 또는 치사는 강도의 기회에 이루어진 것이면 족하다.

> ○ 강도살인이라 함은 강도범인이 **강도의 기회**에 살인행위를 함으로써 성립하는 것이므로, 강도범행의 실행 중이거나 그 실행 직후 또는 실행의 범의를 포기한 직후로서 사회통념상 범죄행위가 완료되지 아니하였다고 볼 수 있는 단계에서 살인이 행하여짐을 요건으로 한다(대판 1996.7.12, 96도1108).
> **[사실관계]** 강도범행 직후 신고를 받고 출동한 경찰관이 피고인을 순찰차에 억지로 밀어 넣고서 파출소로 연행하고자 하였는데, 그 순간 피고인이 체포를 면하기 위하여 소지하고 있던 과도로써 옆에 앉아 있던 경찰관을 찔러 사망케 하였다면 강도살인죄가 성립한다.
>
> ○ 피고인이 피해자 소유의 돈과 신용카드에 대하여 불법영득의 의사를 갖게 된 것이 살해 후 상당한 시간이 지난 후로서 살인의 범죄행위가 이미 완료된 후의 일이라면, **살해 후 상당한 시간이 지난 후에 별도의 범의에 터잡아 이루어진 재물 취거행위**를 그보다 앞선 살인행위와 합쳐서 강도살인죄로 처단할 수 없다(대판 2004.6.24, 2004도1098). ∵ 강도의 기회 ×

3 채무면탈목적 살인

채무면탈목적으로 채권자를 살해한 경우 강도살인죄가 성립한다. 다만 채무를 면하거나 이익취득이 가능하여야 하므로 상속인의 채권행사가 불가능한 경우이어야 한다. 따라서 채무자가 채무를 면탈할 의사로 채권자를 살해하였더라도 채무의 존재가 명백할 뿐만 아니라 채권자의 상속인이 존재하고 그 상속인에게 채권의 존재를 확인할 방법이 확보되어 있는 경우 강도살인죄가 성립할 수 없다.

관련 판례 **강도살인죄가 성립하는 경우**

1) 甲은 乙의 택시에 승차하여 **택시요금**을 요구하는 乙의 추급을 벗어나고자 乙을 살해한 직후 乙의 주머니에서 택시 열쇠와 돈 8,000원을 꺼내어 乙의 택시를 운전하고 현장을 벗어난 경우 甲에게 강도살인죄가 적용된다(대판 1985.10.22, 85도1527).
2) 술집에 피고인과 술집 주인 두 사람밖에 없는 상황에서 **술값**의 지급을 요구하는 술집 주인을 살해하고 곧바로 피해자가 소지하던 현금을 탈취한 경우 강도살인죄가 성립한다(대판 1999.3.9, 99도242).

관련 판례 **강도살인죄가 성립하지 않는 경우**

1) 채무의 존재가 명백할 뿐만 아니라 채권자의 상속인이 존재하고 그 상속인에게 채권의 존재를 확인할 방법이 확보되어 있는 경우에는 비록 그 채무를 면탈할 의사로 채권자를 살해하더라도 일시적으로 채권자 측의 추급을 면한 것에 불과하여 재산상 이익의 지배가 채권자 측으로부터 범인 앞으로 이전되었다고 보기는 어려우므로, 이러한 경우에는 강도살인죄가 성립할 수 없다(대판 2004.6.24, 2004도1098).
2) 피고인 甲, 乙이 공모하여 채무를 면탈할 의사로 채권자 丙을 살해한 사안에서, 甲의 丙에 대한 채무의 존재가 명백할 뿐만 아니라 丙의 상속인이 존재하고 그 상속인에게 채권의 존재를 확인할 방법이 확보되어 있으므로 일시적으로 채권자 측의 추급을 면한 것에 불과하고 재산상 이익의 지배가 채권자 측으로부터 甲 앞으로 이전되었다고 볼 수 없어 강도살인죄가 성립하지 않는다(대판 2010.9.30, 2010도7405).

4 공범관계

강도의 공동정범 중 1인이 강도의 기회에 살해 또는 치사의 결과를 발생케 한 경우 다른 공범자가 예견가능성이 있는 경우 공동정범을 인정한다.

ㅇ [1] 강도의 공범자 중 1인이 강도의 기회에 피해자에게 폭행 또는 상해를 가하여 살해한 경우, 다른 공모자가 살인의 공모를 하지 아니하였다고 하여도 그 살인행위나 치사의 결과를 예견할 수 없었던 경우가 아니면 **강도치사죄**의 죄책을 면할 수 없다. [2] 강도살인죄는 고의범이고 강도치사죄는 이른바 결과적가중범으로서 살인의 고의까지 요하는 것이 아니므로, 수인이 합동하여 강도를 한 경우 그중 1인이 사람을 살해하는 행위를 하였다면 그 범인은 강도살인죄의 기수 또는 미수의 죄책을 지는 것이고 다른 공범자도 살해행위에 관한 고의의 공동이 있었으면 그 또한 강도살인죄의 기수 또는 미수의 죄책을 지는 것이 당연하다 하겠으나, 고의의 공동이 없었으면 피해자가 사망한 경우에는 강도치사의, 강도살인이 미수에 그치고 피해자가 상해만 입은 경우에는 강도상해 또는 치상의, 피해자가 아무런 상해를 입지 아니한 경우에는 강도의 죄책만 진다고 보아야 할 것이다(대판 1991.11.12, 91도2156).

ㅇ 피고인들이 **등산용 칼**을 이용하여 노상강도를 하기로 공모한 사건에서 범행 당시 차안에서 망을 보고 있던 피고인 甲이나 등산용 칼을 휴대하고 있던 피고인 乙과 함께 차에서 내려 피해자로부터 금품을 강취하려 했던 피고인 丙으로서는 그때 우연히 현장을 목격하게 된 다른 피해자를 피고인 乙이 소지 중인 등산용 칼로 살해하여 강도살인행위에 이를 것을 전혀 예상하지 못하였다고 할 수 없으므로 피고인들 모두는 **강도치사죄**로 의율처단함이 옳다(대판 1990.11.27, 90도2262). → 乙은 강도살인죄, 甲과 丙은 강도치사죄

ㅇ 피고인들이 사전에 금품강취범행을 모의하고 전원이 범행현장에 임하여 각자 범죄의 실행을 분담하였으며 그 과정에 피고인 甲을 제외한 나머지 3명이 모두 **과도 또는 쇠파이프** 등을 휴대하였고 쇠파이프를 휴대한 피고인 乙이 위 피해자를 감시하였던 상황에 비추어 피고인 乙이 피해자를 강타, 살해하리라는 점에 관하여 나머지 피고인들도 예기할 수 없었다고는 보여지지 아니하므로 피고인들을 모두 **강도살인죄**의 정범으로 처단함은 정당하다(대판 1984.2.28, 83도3162).

5 죄수 및 타죄와의 관계

ㅇ 피고인들이 피해자들의 재물을 강취한 후 그들을 살해할 목적으로 현주건조물에 방화하여 사망에 이르게 한 경우, 피고인들의 행위는 **강도살인죄와 현주건조물방화치사죄**에 모두 해당하고 그 두 죄는 **상상적 경합범관계**에 있다(대판 1998.12.8, 98도3416).

VIII 강도강간죄

1 의의

강도가 사람을 강간한 때 성립하는 범죄이다(제339조). 강도죄와 강간죄의 결합범이다.

2 주체와 행위

(1) 주체는 모든 강도범이다. 강도의 실행에 착수한 자이면 충분하고, 그 기수·미수는 묻지 않는다.

ㅇ **강도강간죄**는 강도가 실행에 착수한 뒤 강도행위를 완료하기 전에 강간을 한 경우에도 성립된다(대판 1986.5.27, 86도507).

(2) 강간범이 강간행위 후에 강도의 범의를 일으켜 그 부녀의 재물을 강취하는 경우에는 강도강간죄가 아니라 강간죄와 강도죄의 경합범이 성립한다.

> o 강도강간죄는 강도가 강간하는 것을 그 요건으로 하므로 부녀를 강간한 자가 강간행위 후에 강도의 범의를 일으켜 재물을 강취하는 경우에는 강간죄와 강도죄의 경합범이 성립될 수 있을 뿐이다(대판 1977.9.28, 77도1350).
>
> o 강간범이 강간의 범행 후에 특수강도의 범의를 일으켜 그 부녀의 재물을 강취한 경우에는 이를 성폭력범죄의 처벌 및 피해자보호 등에 관한 법률 제5조 제2항 소정의 특수강도강간죄로 의율할 수 없다(대판 2002.2.8, 2001도6425).
>
> o 강간행위의 종료 전 즉 그 실행행위의 계속 중에 강도의 행위를 할 경우에는 이때에 바로 강도의 신분을 취득하는 것이므로 이후에 그 자리에서 강간행위를 계속하는 때에는 강도가 부녀를 강간한 때에 해당하여 형법 제339조에 정한 **강도강간죄**를 구성한다(대판 2010.12.9, 2010도9630).

(3) 행위는 강도가 사람을 강간하는 것이다. 강간은 강도의 기회에 행하여지면 충분하다. 강도피해자와 강간피해자가 일치하지 않아도 된다.

> o 피고인이 강도하기로 모의를 한 후 피해자 갑남으로부터 금품을 빼앗고 이어서 피해자 을녀를 강간하였다면 **강도강간죄**를 구성한다(대판 1991.11.12, 91도2241).

3 미수와 기수

미수와 기수는 강간행위의 미수·기수를 기준으로 결정된다.

4 죄수 및 타죄와의 관계

> o 강도가 재물강취의 뜻을 재물의 부재로 이루지 못한 채 미수에 그쳤으나 그 자리에서 항거불능의 상태에 빠진 피해자를 간음할 것을 결의하고 실행에 착수했으나 역시 미수에 그쳤더라도 반항을 억압하기 위한 폭행으로 피해자에게 상해를 입힌 경우에는 **강도강간미수죄**와 **강도치상죄**가 성립되고 이는 1개의 행위가 2개의 죄명에 해당되어 상상적 경합관계가 성립된다(대판 1988.6.28, 88도820).
> ↔ 강도강간치상죄 ×(∵ 처벌규정 ×) / 강간치상죄 ×, 강도치상죄 ○
>
> o 강도가 피해자에게 상해를 입혔으나 재물의 강취에는 이르지 못하고 그 자리에서 항거불능 상태에 빠진 피해자를 간음한 경우에는 **강도상해죄**와 **강도강간죄**만 성립하고, 그 실행행위의 일부인 강도미수 행위는 위 각 죄에 흡수되어 별개의 범죄를 구성하지 않는다(대판 2010.4.29, 2010도1099).
> ↔ 강도강간상해죄 ×(∵ 처벌규정 ×)

IX 해상강도죄, 해상강도상해·치상죄, 해상강도살해·치사죄, 해상강도강간죄

해상강도죄는 다중의 위력으로 해상에서 선박을 강취하거나 선박 내에 침입하여 타인의 재물을 강취함으로써 성립하는 범죄이다(제340조). 이른바 해적죄에 해당한다.

해상강도의 죄에는 해상강도상해·치상죄, 해상강도살해·치사죄, 해상강도강간죄도 규정하고 있다. 결과적가중범인 해상강도치상·치사죄의 미수범처벌규정이 있다(제342조).

ㅇ [페스카마15호 선상살인사건] 조선족 중국인인 피고인 등이 파나마국적의 참치잡이 원양어선에 승선하여 남태평양 해상에서 근무 중 한국인 선원들 7명을 **살해**하고, 시체를 바다에 버린 후 선박의 지배권을 장악한 경우 해상강도살인죄와 사체유기죄가 성립한다(대판 1997.7.25, 97도1142).
→ 제6조의 보호주의에 의하여 우리나라 형법 적용 ○

X 상습강도죄

상습으로 강도죄, 특수강도죄, 인질강도죄, 해상강도죄를 범함으로써 성립하는 범죄이다(제341조). 결합범이나 결과적가중범의 범죄유형에 대하여는 상습범 가중처벌규정이 없다.

예 강도상해·치상죄, 강도살해·치사죄, 해상강도상해·치상죄, 해상강도살해·치사죄 등

XI 강도예비·음모죄

강도할 목적으로 예비 또는 음모함으로써 성립하는 범죄이다(제343조).
준강도도 여기의 강도에 포함되는지 견해대립이 있지만, 판례는 포함되지 않는다고 본다.

ㅇ [준강도예비사건] 70) (준강도죄에 관한 형법 제335조는 "절도가 재물의 탈환을 항거하거나 체포를 면탈하거나 죄적을 인멸할 목적으로 폭행 또는 협박을 가한 때에는 전2조의 예에 의한다."라고 규정하고 있을 뿐 **준강도를 항상 강도와 같이 취급할 것을 명시하고 있는 것은 아니**고, 만약 준강도를 할 목적을 가진 경우까지 강도예비로 처벌할 수 있다고 본다면 **흉기를 휴대한 특수절도를 준비하는 행위**는 거의 모두가 강도예비로 처벌받을 수밖에 없게 되어 형법이 흉기를 휴대한 특수절도의 예비행위에 대한 처벌조항을 두지 않은 것과 배치되는 결과를 초래하므로,) 강도예비·음모죄가 성립하기 위해서는 예비·음모 행위자에게 미필적으로라도 **'강도'를 할 목적**이 있음이 인정되어야 하고 그에 이르지 않고 단순히 **'준강도'할 목적**이 있음에 그치는 경우에는 강도예비·음모죄로 처벌할 수 없다(대판 2006.9.14, 2004도6432).
[사실관계] 절도를 준비하면서 뜻하지 않게 절도 범행이 발각될 경우에 대비하여 체포를 면탈할 목적으로 등산용 칼을 휴대하고 있었더라도 강도예비죄가 성립하지 않는다.

ㅇ 수회에 걸쳐 '총을 훔쳐 전역 후 은행이나 현금수송차량을 털어 **한탕 하자**'는 말을 나눈 정도만으로는 강도음모를 인정하기에 부족하다(대판 1999.11.12, 99도3801).

ㅇ 피고인이 본범이 절취한 차량이라는 정을 알면서도 본범 등으로부터 그들이 위 차량을 이용하여 강도를 하려 함에 있어 차량을 운전해 달라는 부탁을 받고 위 차량을 운전해 준 경우, 피고인은 강도예비와 아울러 장물운반의 고의를 가지고 위와 같은 행위를 하였다고 봄이 상당하다(대판 1999.3.26, 98도3030).
→ 강도예비죄와 장물운반죄 성립 ○

---

70) 2010년 법원행정고등고시

제4절 사기의 죄

제347조【사기】

① 사람을 기망하여 재물의 교부를 받거나 재산상의 이익을 취득한 자는 10년 이하의 징역 또는 2천만원 이하의 벌금에 처한다.

② 전항의 방법으로 제삼자로 하여금 재물의 교부를 받게 하거나 재산상의 이익을 취득하게 한 때에도 전항의 형과 같다.

제347조의2【컴퓨터 등 사용사기】

컴퓨터 등 정보처리장치에 허위의 정보 또는 부정한 명령을 입력하거나 권한 없이 정보를 입력·변경하여 정보처리를 하게 함으로써 재산상의 이익을 취득하거나 제3자로 하여금 취득하게 한 자는 10년 이하의 징역 또는 2천만원 이하의 벌금에 처한다.

제348조【준사기】

① 미성년자의 사리분별력 부족 또는 사람의 심신장애를 이용하여 재물을 교부받거나 재산상 이익을 취득한 자는 10년 이하의 징역 또는 2천만원 이하의 벌금에 처한다.

② 제1항의 방법으로 제3자로 하여금 재물을 교부받게 하거나 재산상 이익을 취득하게 한 경우에도 제1항의 형에 처한다. [시행 2021.12.9.]

제348조의2【편의시설부정이용】

부정한 방법으로 대가를 지급하지 아니하고 자동판매기, 공중전화 기타 유료자동설비를 이용하여 재물 또는 재산상의 이익을 취득한 자는 3년 이하의 징역, 500만원 이하의 벌금, 구류 또는 과료에 처한다.

제349조【부당이득】

① 사람의 곤궁하고 절박한 상태를 이용하여 현저하게 부당한 이익을 취득한 자는 3년 이하의 징역 또는 1천만원 이하의 벌금에 처한다.

② 제1항의 방법으로 제3자로 하여금 부당한 이익을 취득하게 한 경우에도 제1항의 형에 처한다. [시행 2021.12.9.]

제351조【상습범】

상습으로 제347조 내지 전조의 죄를 범한 자는 그 죄에 정한 형의 2분의 1까지 가중한다.

제352조【미수범】

제347조 내지 제348조의2, 제350조, 제350조의2와 제351조의 미수범은 처벌한다.

I 서설

1 의의 및 보호법익

사기의 죄란 사람을 기망하여 재물을 편취하거나 재산상의 이익을 취득하거나 제3자로 하여금 취득하게 함으로써 성립하는 범죄이다. 보호법익은 전체로서의 재산권이라는 견해가 다수설이고, 보호의 정도는 침해범이다.

- 사기죄의 본질은 기망에 의한 재물이나 재산상 이익의 취득에 있고, 상대방에게 현실적으로 재산상 손해가 발생함을 그 요건으로 하지 않는다(대판 1992.9.14, 91도2994).

Thema 정리 사기죄의 보호법익

사기죄의 보호법익이 무엇인지에 대하여는 ① 전체로서의 재산이라는 견해(전체재산설), ② 전체로서의 재산 이외에 거래의 진실성 내지 신의성실도 포함한다는 견해(거래의 진실성 및 신의성실설), ③ 개개의 재산과 의사결정의 자유라고 보는 견해(개별재산설)가 대립한다. 판례는 사기죄의 보호법익을 재산권이라 보는 경우도 있고(대판 2008.11.27, 2008도7303), 재산상의 손해발생이 없어도 사기죄의 성립을 인정한 경우도 있다(대판 1992.9.14, 91도2994).

→ **재산권만 보호법익**이라 보면 피기망자와 재산상 피해자가 다른 경우(삼각사기) 피기망자는 단순한 행위의 객체에 불과하게 된다. 따라서 **재산상 피해자와만 친족관계가 있으면 친족상도례가 적용**된다.

→ 재산권뿐만 아니라 의사결정의 자유까지 보호법익이라고 보는 경우 피기망자도 사기죄의 피해자라 보게 된다.

o **기망행위에 의하여 국가적 또는 공공적 법익을 침해한 경우라도** 그와 동시에 형법상 사기죄의 보호법익인 재산권을 침해하는 것과 동일하게 평가할 수 있는 때에는 당해 행정법규에서 사기죄의 특별관계에 해당하는 처벌규정을 별도로 두고 있지 않는 한 사기죄가 성립할 수 있다./ **기망행위에 의하여 조세를 포탈하거나 조세의 환급·공제를 받은 경우**에는 조세범처벌법 제9조에서 이러한 행위를 처벌하는 규정을 별도로 두고 있을 뿐만 아니라, 조세를 강제적으로 징수하는 국가 또는 지방자치단체의 직접적인 권력작용을 사기죄의 보호법익인 재산권과 동일하게 평가할 수 없는 것이므로 조세범처벌법 위반죄가 성립함은 별론으로 하고, 형법상 사기죄는 성립하지 않는다(대판 2008.11.27, 2008도7303).

[사실관계] 주유소 운영자가 농·어민 등에게 조세특례제한법에 정한 **면세유**를 공급한 것처럼 위조한 면세유류공급확인서로 정유회사를 기망하여 면세유를 공급받음으로써 면세유와 정상유의 가격 차이 상당의 이득을 취득한 경우, 정유회사에 대하여 사기죄를 구성하는 것은 별론으로 하고, 국가 또는 지방자치단체를 기망하여 국세 및 지방세의 환급세액 상당을 편취한 것으로 볼 수 없다.[71]

→ 정유회사에 대한 사기죄 ○, 국가 또는 지방자치단체에 대한 사기죄 ×

o **침해행정 영역**에서 일반 국민이 담당 공무원을 기망하여 권력작용에 의한 재산권 제한을 면하는 경우에는 부과권자의 직접적인 권력작용을 사기죄의 보호법익인 재산권과 동일하게 평가할 수 없는 것이므로, 행정법규에서 그러한 행위에 대한 처벌규정을 두어 처벌함은 별론으로 하고, 사기죄는 성립할 수 없다(대판 2019.12.24, 2019도2003).

[사실관계] 피고인이 담당 공무원을 기망하여 납부의무가 있는 **농지보전부담금**을 **면제**받아 재산상 이익을 취득한 경우 사기죄가 성립할 수 없다.[72]

o 사기죄의 보호법익은 재산권이므로, 기망행위에 의하여 국가적 또는 공공적 법익이 침해되었다는 사정만으로 사기죄가 성립한다고 할 수 없다. 따라서 **공사도급계약 당시 관련 영업 또는 업무를 규제하는 행정법규나 입찰 참가자격, 계약절차 등에 관한 규정을 위반한 사정**이 있는 때에는 그러한 사정만으로 공사도급계약을 체결한 행위가 기망행위에 해당한다고 단정해서는 안 되고, 그 위반으로 말미암아 계약 내용대로 이행되더라도 공사의 완성이 불가능하였다고 평가할 수 있을 만큼 그 위법이 공사의 내용에 본질적인 것인지 여부를 심리·판단하여야 한다(대판 2019.12.27, 2015도10570).

[사실관계] 공사도급계약 당시 관련 영업 또는 업무를 규제하는 행정법규나 입찰 참가자격, 계약절차 등에

71) 2021년 법원사무관승진시험(10점)

72) 2021년 법원사무관승진시험(10점)

관한 규정을 위반한 사정이 있는 때에는 그러한 사정만으로 공사도급계약을 체결한 행위가 기망행위에 해당한다고 볼 수 없다.

[동지판례] 구 「시설물의 안전관리에 관한 특별법」(이하 '구 **시설물안전법**'이라 한다)상 **하도급 제한 규정**은 시설물의 안전점검과 적정한 유지관리를 통하여 재해와 재난을 예방하고 시설물의 효용을 증진시킨다는 국가적 또는 공공적 법익을 보호하기 위한 것이므로, **이를 위반한 경우** 구 시설물안전법에 따른 제재를 받는 것은 별론으로 하고 곧바로 사기죄의 보호법익인 재산권을 침해하였다고 단정할 수 없다. / 사기죄가 성립된다고 하려면 이러한 사정에 더하여 이 사건 각 안전진단 용역계약의 내용과 체결 경위, 계약의 이행 과정이나 결과 등까지 종합하여 살펴볼 때 과연 피고인들이 안전진단 용역을 완성할 의사와 능력이 없음에도 불구하고 용역을 완성할 것처럼 거짓말을 하여 용역대금을 편취하려 하였는지 여부를 기준으로 판단하여야 한다(대판 2021.10.14, 2016도16343).

[동지판례] 피고인은 자신이 인수한 산림사업법인 ○○임업이 「산림자원의 조성 및 관리에 관한 법률」이 정한 산림사업법인 등록요건 중 인력요건을 외형상 갖추기 위하여 관련 자격증 소지자들로부터 자격증을 대여 받았음에도, 이러한 사실을 숨기고 울주군에서 산림사업법인 등을 대상으로 발주한 방제사업 등에 입찰하여 낙찰받은 후, 공사를 이행하고 대금을 지급받았는데, 검사는 피고인을 사기죄, 입찰방해죄 및 국가기술자격법위반죄로 기소하였는데, 대법원은 설령 피고인이 발주처에 대하여 기술자격증 대여 사실을 숨기는 등의 행위를 하였다고 하더라도 그 행위와 공사대금 지급 사이에 **상당인과관계를 인정하기도 어려우며**, 대금 산정과 직접 관련이 없는 서류에 일부 허위의 사실을 기재하였다는 사정만으로는 발주처 계약담당 공무원에 대하여 계약이행능력이나 공사대금 산정에 관하여 **기망행위를 하였다고 보기 어렵다**는 이유로, 이와 달리 판단한 원심판결을 파기환송하였다(대판 2022.7.14, 2017도20911).

[동지판례] **도급계약에서 편취에 의한 사기죄의 성립 여부**는 계약 당시를 기준으로 피고인에게 일을 완성할 의사나 능력이 없음에도 피해자에게 일을 완성할 것처럼 거짓말을 하여 피해자로부터 일의 대가 등을 편취할 고의가 있었는지 여부에 의하여 판단하여야 한다(대판 2023.1.12, 2017도14104).

[사실관계] 피고인 A가 회사설립 과정에서 자본금 및 기술자 보유 요건을 가장하여 전문건설업을 부정등록하고, 이를 바탕으로 발주기관으로부터 공사를 수주하거나 조달계약을 체결하여 공사대금 내지 물품대금을 지급받은 행위에 대하여 회사 설립 또는 사업분야 확장 과정에서 자본금 납입을 가장하였다거나, 국가기술자격증을 대여받아 전문건설업 등록을 하였다는 사정만으로는 피고인 A에게 **공사를 완성하거나 물품을 공급할 의사나 능력이 없었다고 단정하기 어려워** 피고인이 발주기관 또는 건설회사들로부터 공사대금을 지급받은 행위가 사기죄에서의 기망행위로 인한 **재물의 편취에 해당한다고 보기 어려우므로**, 피고인 A에 대한 특정경제범죄가중처벌 등에 관한 법률위반(사기) 및 사기의 점을 유죄로 인정한 원심을 파기·환송한 사례

2 구성요건의 체계

구분	내용
기본적 구성요건	사기죄
가중적 구성요건	상습사기죄
독립적 구성요건	컴퓨터 등 사용사기죄, 준사기죄, 편의시설부정이용죄, 부당이득죄
미수범 처벌규정	○
	× : 부당이득죄
예비·음모 처벌규정	×

II 사기죄

사기죄는 타인을 기망하여 착오에 빠뜨리고 그로 인하여 피기망자(기망행위의 상대방)가 처분행위를 하도록 유발하여 재물 또는 재산상의 이익을 얻음으로써 성립하는 범죄이다(제347조).

1 객체

타인이 점유하는 타인의 재물 또는 재산상의 이익이다.

(1) 재물

타인이 점유하는 타인의 '재물'이다. 여기에는 부동산도 포함된다.

관련 판례 재물에 해당하는 경우

1) [인감증명서 사기사건] **인감증명서**는 개인의 권리의무에 관계되는 일에 사용되는 등 일반인의 거래상 극히 중요한 기능을 가진다. 따라서 그 문서는 다른 특별한 사정이 없는 한 재산적 가치를 가지는 것이어서 형법상의 '재물'에 해당한다. 이는 그 내용 중에 재물이나 재산상 이익의 처분에 관한 사항이 포함되어 있지 아니하다고 하여 달리 볼 것이 아니다(대판 2011.11.10, 2011도9919).
   [사실관계] 피고인이 피해자에게서 매수한 재개발아파트 수분양권을 이미 매도하였는데도 마치 자신이 피해자의 입주권을 정당하게 보유하고 있는 것처럼 피해자의 딸과 사위에게 거짓말하여 피해자 명의의 인감증명서 3장을 교부받은 경우, 재물의 편취에 의한 사기죄가 성립한다.
2) **약속어음공정증서**에 증서를 무효로 하는 사유가 존재한다고 하더라도 그 증서 자체에 이를 무효로 하는 사유의 기재가 없고 외형상 권리의무를 증명함에 족한 체제를 구비하고 있는 한 그 증서는 형법상의 재물로서 사기죄의 객체가 됨에 아무런 지장이 없다(대판 1995.12.22, 94도3013).
3) 약속어음은 그 자체가 재산적 가치를 지닌 유가증권으로서 만기에 지급장소에서 어음금이 지급되지 아니하는 때라도 소지인은 배서인, 발행인 기타 어음채무자에 대하여 소구권을 행사할 수 있어서 그 효용이 소멸된 것이 아니므로 **발행인의 자금부족으로 지급장소에서 지급되지 아니하는 약속어음**이라도 사기죄의 객체가 된다(대판 1985.3.9, 85도951).

(2) 재산상 이익

① 재물 이외의 일체의 이익을 말한다. 사법상 유효한 재산상의 이득만을 의미하는 것이 아니고 **외견상 재산상의 이득**을 얻을 것이라고 인정할 수 있는 사실관계만 있으면 된다.

② 재산상의 이익이란 채권을 취득하거나 담보를 제공받는 등의 적극적 이익뿐만 아니라 채무를 면제받는 등의 소극적 이익까지 포함한다.

③ 사기죄에 있어서 재산상의 이익은 계산적으로 산출할 수 있는 이익에 한정하지 아니하므로 범죄사실을 판시함에 있어서도 그 이익의 수액을 명시하지 않았다 하더라도 위법이라고 할 수 없다(대판 1997.7.25, 97도1095).

관련 판례 재산상 이익에 해당하는 경우

1) [매음료 사기사건] 부녀가 **금품 등을 받을 것을 전제로 성행위를 하는 경우 그 행위의 대가**는 사기죄의 객체인 경제적 이익에 해당하므로, 부녀를 기망하여 성행위 대가의 지급을 면하는 경우 사기죄가 성립한다(대판 2001.10.23, 2001도2991).

2) 사기죄에 있어서 **채무이행을 연기 받는 것**도 재산상의 이익이 되므로, 채무자가 채권자에 대하여 소정기일까지 지급할 의사와 능력이 없음에도 종전 **채무의 변제기를 늦출 목적에서 어음을 발행 교부한 경우**에는 사기죄가 성립한다(대판 1997.7.25, 97도1095).

3) 채무자의 기망행위로 인하여 채권자가 채무를 확정적으로 소멸 내지 면제시키는 특약 등 처분행위를 한 경우에는 **채무의 면제**라고 하는 재산상 이익에 관한 사기죄가 성립하고, 후에 재산적 처분행위가 사기를 이유로 민법에 따라 취소될 수 있다고 하여 달리 볼 것은 아니다(대판 2012.4.13, 2012도1101).

[사실관계] 피고인이 피해자들을 기망하여 부동산을 매도하면서 매매대금 중 일부를 피해자들의 피고인에 대한 기존 채권과 상계하는 방법으로 지급받은 경우, 상계에 의하여 기존 **채무**가 **소멸**되는 재산상 이익을 취득하였으므로 사기죄가 성립한다.

4) 주권을 교부한 자가 그것을 분실하였다고 허위로 공시최고신청을 하여 **제권판결**을 받아 확정된 경우에는 사기죄가 성립한다(대판 2007.5.31, 2006도8488).
∵ 제권판결의 적극적 효력에 의해 그 자는 그 주권을 소지하지 않고도 주권을 소지한 자로서의 권리를 행사할 수 있는 지위를 취득하였다고 할 것이므로

5) 甲이 일제시대 사정(査定)받은 토지에 대하여 소유자 미복구를 원인으로 국가 명의의 소유권보존등기가 되어 있는 상태에서, 피고인이 갑의 상속인인 것처럼 조작하여 국가를 상대로 **소유권 보존등기 말소등기 청구소송**을 제기하여 이를 인용하는 취지의 화해권고결정이 확정되었다면 사기죄가 성립한다(대판 2011.12.13, 2011도8873).
∵ 법원을 기망하여 유리한 결정을 받음으로써 '대상 토지의 소유명의를 얻을 수 있는 지위'라는 재산상 이익을 취득하였으므로

6) 통정허위표시로서 무효인 임대차계약에 기초하여 **임차권등기**를 마침으로써 외형상 임차인으로서 취득하게 된 권리는 사기죄에서의 재산상 이익에 해당한다(대판 2012.5.24, 2010도12732).
∵ 외형상으로 우선변제권 있는 임차인으로서 부동산 담보권에 유사한 권리를 취득하므로

7) 경제적 이익을 기대할 수 있는 **자금운용의 권한 내지 지위**의 획득도 그 자체로 경제적 가치가 있는 것으로 평가할 수 있다면 사기죄의 객체인 재산상의 이익에 포함된다(대판 2012.9.27, 2011도282).
[사실관계] 피고인이 자신이 개발한 주식운용프로그램을 이용하면 상당한 수익을 낼 수 있고 만일 손해가 발생하더라도 원금과 은행 정기예금 이자 상당의 반환은 보장하겠다는 취지로 피해자 갑을 기망하여 갑의 자금이 예치된 갑 명의의 주식계좌에 대한 사용권한을 부여받은 경우 사기죄가 성립한다.

8) 회사를 고의로 부도내려고 준비한 사실 등을 숨긴 채 회사 명의로 대한주택보증 주식회사와 **임대보증금 보증약정**을 체결해 보증서를 발급받은 경우 사기죄가 성립한다. 이는 임대주택법에 따라 민간건설 공공임대주택 임대사업자의 임대보증금 보증 가입이 강제된다 하더라도 마찬가지이다(대판 2013.11.28, 2011도7229).

9) **비트코인**은 경제적인 가치를 디지털로 표상하여 전자적으로 이전, 저장과 거래가 가능하도록 한 가상자산의 일종으로 사기죄의 객체인 재산상 이익에 해당한다(대판 2021.11.11, 2021도9855).

관련 판례 **재물 또는 재산상 이익에 해당하지 않는 경우**

1) 법원을 기망하여 **부재자의 재산관리인**으로 선임된 것만으로 어떤 재산권이나 재산상의 이익을 얻은 것이라고 볼 수 없으므로 그 행위를 사기죄에 해당한다고 볼 수 없다(대판 1973.9.25, 73도1080).

2) **보험가입사실증명원**은 교통사고를 일으킨 차가 교통사고처리특례법 제4조에서 정한 취지의 보험에 가입하였음을 보험회사가 증명하는 내용의 문서일 뿐이고 거기에 재물이나 재산상의 이익의 처분에 관한 사항을 포함하고 있는 것은 아니므로, / 이러한 문서의 불법취득에 의해 침해된 또는 침해될 우려가 있는 법익은 보험가입사실증명원인 서면 그 자체가 아니고 그 문서가 "교통사고처리특례법 제4조에 정한 보험에 가입한 사실의 진위에 관한 내용"이라고 할 것이고, 따라서 이러한 증명에 의하여 사기죄에서 말하는 재물이나 재산상의 이익이 침해된 것으로 볼 것은 아니어서 보험가입사실증명원은 **사기죄의 객체가 되지 아니한다**(대결 1997.3.28, 96도2625).

[사실관계] 보험모집인인 甲이 자동차 보험가입자인 乙의 형사책임을 면하게 하기 위하여 乙의 미납 보험료가 정상적으로 납부된 것처럼 전산조작하는 방법으로 보험회사를 기망하여 보험가입사실증명원을 발급받은 경우 사기죄가 성립하지 않는다.

3) 타인의 일반전화를 무단으로 이용하여 **전화통화**를 하는 행위는 전기통신사업자인 한국전기통신공사가 일반전화 가입자인 타인에게 통신을 매개하여 주는 **역무**를 부당하게 이용하는 것에 불과하여 한국전기통신공사에 대한 기망행위에 해당한다고 볼 수 없을 뿐만 아니라, 이에 따라 제공되는 역무도 일반전화 가입자와 한국전기통신공사 사이에 체결된 서비스이용계약에 따라 제공되는 것으로서 한국전기통신공사가 착오에 빠져 처분행위를 한 것이라고 볼 수 없으므로, 결국 위와 같은 행위는 형법 제347조의 사기죄를 구성하지 아니한다(대판 1999.6.25, 98도3891).

2 기망행위

사기죄가 성립하려면 행위자의 기망행위, 피기망자의 착오와 그에 따른 처분행위, 그리고 행위자 등의 재물이나 재산상 이익의 취득이 있고, 그 사이에 순차적인 인과관계가 존재하여야 한다.

(1) 기망의 의의

① 기망이란 널리 재산상의 거래관계에 있어서 서로 지켜야 할 신의와 성실의 의무를 저버리는 모든 적극적 및 소극적 행위로서 사람으로 하여금 착오를 일으키게 하는 것을 말한다.

② 기망은 반드시 법률행위의 중요부분에 관한 허위표시임을 요하지 아니하고, 상대방을 착오에 빠지게 하여 행위자가 희망하는 재산적 처분행위를 하도록 하기 위한 판단의 기초가 되는 사실에 관한 것이면 충분하다(대판 1999.2.12, 98도3549).

(2) 기망의 수단 · 방법

Thema 정리 **기망행위의 종류**

1. **명시적 기망행위** : 언어, 문서에 의한 허위주장
2. **묵시적 기망행위** : 행동 · 거동에 의한 허위주장 → 보증인지위 불요(不要) ∵ 작위
3. **부작위에 의한 기망행위** : 스스로 착오에 빠진 상태 + 보증인지위(신의칙상 고지의무) 요(要)

기망의 수단 • 방법에는 제한이 없다. 작위에 의한 기망으로 명시적인 기망 행위(언어에 의한 기망)이나 묵시적인 기망 행위(행동 • 거동에 의한 기망, 예 무전취식 • 무전숙박 등)도 가능하고, 부작위에 의한 기망도 가능하다.

o **부작위에 의한 기망**은 법률상 고지의무 있는 자가 일정한 사실에 관하여 상대방이 착오에 빠져 있음을 알면서도 그 사실을 고지하지 아니함을 말하는 것으로서, 일반거래의 경험칙상 상대방이 그 사실을 알았더라면 당해 법률행위를 하지 않았을 것이 명백한 경우에는 신의칙에 비추어 그 사실을 고지할 법률상 의무가 인정된다(대판 2004.5.27, 2003도4531).

관련 판례 기망행위에 해당하는 경우

1) **용도를 속이고 돈을 빌린 경우**에 있어서 만일 진정한 용도를 고지하였더라면 상대방이 돈을 빌려주지 않았을 것이라는 관계에 있는 때에는 사기죄의 실행행위인 기망은 있는 것으로 보아야 한다(대판 1996.2.27, 95도2828).
   [동지판례] 타인으로부터 금전을 차용함에 있어서 그 **차용한 금전의 용도나 변제할 자금의 마련방법에 관하여 사실대로 고지하였더라면 상대방이 응하지 않았을 경우**에 그 용도나 변제자금의 마련방법에 관하여 진실에 반하는 사실을 고지하여 금전을 교부받은 경우에는 사기죄가 성립하고, 이 경우 차용금채무에 대한 담보를 제공하였다는 사정만으로는 결론을 달리 할 것은 아니다(대판 2005.9.15, 2003도5382).
2) 신용카드 가맹점주가 신용카드회사에게 용역의 제공을 가장한 **허위의 매출전표**를 제출하여 대금을 청구한 행위는 기망행위에 해당한다(대판 1999.2.12, 98도3549).
3) 실제로는 손실을 입었음에도 이익이 발생한 것처럼 이른바 **분식결산서**를 작성한 후 이를 토대로 금융기관으로부터 대출을 받은 행위가 사기죄에 해당한다(대판 2000.9.8, 2000도1447).
4) 사기죄는 상대방을 기망하여 하자 있는 상대방의 의사에 의하여 재물을 교부받음으로써 성립하는 것이므로 **분식회계에 의한 재무제표** 등으로 금융기관을 기망하여 대출을 받았다면 사기죄는 성립하고, 변제의사와 변제능력의 유무 그리고 충분한 담보가 제공되었다거나 피해자의 전체 재산상에 손해가 없고, 사후에 대출금이 상환되었다고 하더라도 사기죄의 성립에는 영향이 없다(대판 2005.4.29, 2002도7262).
5) 의사가 전화를 이용하여 진찰한 것임에도 **내원 진찰인 것처럼 가장**하여 국민건강보험관리공단에 요양급여비용을 청구하여 진찰료를 수령한 경우 기망행위로서 사기죄를 구성한다(대판 2013.4.26, 2011도10797). ∵ 전화 진찰이나 이에 기한 약제 등의 지급은 요양급여의 대상으로 정하고 있지 아니하므로
6) **비의료인이 개설한 의료기관**이 의료법에 의하여 적법하게 개설된 요양기관인 것처럼 국민건강보험공단에 **요양급여비용의 지급**을 **청구**하여 지급받은 것은 사기죄의 기망행위에 해당한다. 이 경우 의료기관의 개설인인 비의료인이 개설 명의를 빌려준 의료인으로 하여금 환자들에게 요양급여를 제공하게 하였다 하여도 마찬가지이다(대판 2015.7.9, 2014도11843).
   [비교판례(의료기관 개설 자격의 존부와 사기죄 성립 범위에 관한 사건)] 비의료인이 의료법 제33조 제2항을 위반하여 개설한 의료기관에서 면허를 갖춘 의료인을 통해 교통사고 환자 등에 대한 진료가 이루어진 경우, 해당 의료기관이 보험회사 등에 교통사고 환자 등을 진료한 의료기관이 위 의료법 규정에 위반되어 개설된 것이라는 사정을 고지하지 아니한 채 자동차손해배상 보장법에 따라 (보험

회사에) **자동차보험진료수가의 지급**을 **청구**한 행위가 사기죄에서 말하는 기망에 해당하지 않는다(대판 2018.4.10, 2017도17699).

∵ 보험회사 등에 대한 자동차보험진료수가의 청구는 의료기관에 대해 그 청구액 상당이 지급되지 않더라도 실제 교통사고로 인한 손해가 발생하여 그에 따른 진료가 이루어진 이상 피해자에게라도 반드시 지급되어야 하므로

[비교판례] **의료인**으로서 자격과 면허를 보유한 사람이 의료법에 따라 의료기관을 개설하여 건강보험의 가입자 또는 피부양자에게 국민건강보험법에서 정한 요양급여를 실시하고 국민건강보험공단으로부터 요양급여비용을 지급받았다면, 설령 그 의료기관이 **다른 의료인의 명의**로 개설·운영되어 의료법 제4조 제2항을 위반하였더라도 그 자체만으로는 국민건강보험법상 요양급여비용을 청구할 수 있는 요양기관에서 제외되지 아니하므로, 달리 요양급여비용을 적법하게 지급받을 수 있는 자격 내지 요건이 흠결되지 않는 한 국민건강보험공단을 피해자로 하는 사기죄를 구성한다고 할 수 없다(대판 2019.5.30, 2019도1839).

7) 불행을 고지하거나 길흉화복에 관한 어떠한 결과를 약속하고 **기도비** 등의 명목으로 대가를 교부받은 경우에 전통적인 관습 또는 종교행위로서 허용될 수 있는 한계를 벗어났다면 사기죄에 해당한다(대판 2017.11.9, 2016도12460).

8) 부동산 소유권이전등기절차 이행을 구하는 소를 제기하여 동시이행 조건 없이 이행을 명하는 승소확정판결을 받은 피고인이 부동산 소유권을 이전받더라도 매매잔금을 공탁할 의사나 능력이 없음에도 피해자에게 매매잔금을 공탁해 줄 것처럼 거짓말을 하여 그러한 내용으로 합의한 후 그에 따라 부동산 소유권을 임의로 이전받은 경우, 피고인의 행위는 사회통념상 권리행사의 수단으로서 용인할 수 있는 범위를 벗어난 것으로 사기죄의 기망행위에 해당한다(대판 2011.3.10, 2010도14856).

9) 병원 운영자인 피고인이 병원 식당의 '직영'을 전제로 국민건강보험공단에 직영 가산금을 청구한 경우, 위 병원의 식당 운영 방식을 순수한 직영이라고 할 수 없다면, 병원이 식당을 직영함을 전제로 하는 직영 가산금을 청구할 수 없음에도 피고인이 직영 가산금을 청구하여 수령한 것은 사기죄에 해당한다(대판 2021.6.24, 2021도2068).

관련 판례 **기망행위에 해당하지 않는 경우**

1) 기망행위에 의하여 **조세**를 **포탈**하거나 조세의 환급·공제를 받은 것은 사기죄의 기망행위에 해당하지 않는다(대판 2008.11.27, 2008도7303).

2) 타인의 폭행으로 상해를 입고 병원에서 치료를 받으면서 **상해를 입은 경위**에 관하여 거짓말을 하여 국민건강보험관리공단으로부터 보험급여 처리를 받은 경우 위 상해가 '전적으로 또는 주로 피고인의 범죄행위에 기인하여 입은 상해'라고 할 수 없으므로 사기죄가 성립하지 않는다(대판 2010.6.10, 2010도1777).

3) **[자동차 명의신탁에서 수탁자의 임의처분]** 자동차의 명의신탁관계에서 **자동차의 명의수탁자**가 명의신탁 사실을 고지하지 않고, 나아가 자신 소유(명의수탁자의 소유)라는 말을 하면서 자동차를 제3자(매수인)에게 매도하고 이전등록까지 마쳐준 경우, 제3자(매수인)에 대한 관계에서 사기죄가 성립하지 않는다(대판 2007.1.11, 2006도4498).

[판결이유] 명의신탁의 법리상 대외적으로 수탁자에게 그 부동산의 처분권한이 있는 것임이 분명하고, 제3자로서도 자기 명의의 소유권이전등기가 마쳐진 이상 무슨 실질적인 재산상의 손해가 있을 리 없으므로 그 명의신탁 사실과 관련하여 신의칙상 고지의무가 있다거나 기망행위가 있었다고 볼 수도 없다.

[사실관계] 자동차 명의신탁관계에서 제3자가 명의수탁자로부터 승용차를 가져가 매도할 것을 허락받고 인감증명 등을 교부받아 위 승용차를 명의신탁자 몰래 가져간 경우, 위 제3자와 명의수탁자의 공모・가공에 의한 **절도죄의 공모공동정범**이 성립한다고 한 사례

4) **[자동차 양도 후 위치 추적으로 절취한 경우, 사기죄의 성립 여부]** 매도인이 자동차에 **지피에스**(GPS)를 미리 부착해 놓는 방법으로 자동차를 다시 절취할 의사가 있었음에도 이를 숨긴 채 자동차를 매도하고 소유권이전등록에 필요한 서류를 교부하여 매매대금을 받은 다음, 자동차에 미리 부착해 놓은 지피에스(GPS)로 위치를 추적하여 자동차를 절취하였다고 하더라도, 특수절도 외에 사기죄까지 성립한다고 할 수 없다(대판 2016.3.24, 2015도17452).

∵ 자동차를 양도한 후 다시 절취할 의사를 가지고 있었더라도 자동차의 소유권을 이전하여 줄 의사가 없었다고 볼 수 없고, 피고인이 자동차를 매도할 당시 곧바로 다시 절취할 의사를 가지고 있으면서도 이를 숨긴 것을 기망이라고 할 수 없으므로 → 특수절도죄 ○, 사기죄 ×

5) 甲이 금융기관에 **피고인 명의**로 **예금**을 하면서 자신만이 이를 인출할 수 있게 해달라고 요청하여 금융기관 직원이 예금관련 전산시스템에 '甲이 예금, 인출 예정'이라고 입력하였고 피고인도 이의를 제기하지 않았는데, 그 후 피고인이 금융기관을 상대로 예금 지급을 구하는 소를 제기하였다가 금융기관의 변제공탁으로 패소한 경우 사기죄가 성립하지 않는다(대판 2011.5.13, 2009도5386).

→ 금융실명거래 및 비밀보장에 관한 법률하에서 실제 출연자에게 명의를 빌려 주어 자신의 명의로 예금계좌를 개설하도록 한 자가 그 예금을 임의로 인출한 경우 대외적으로는 예금명의자가 예금의 소유자이므로 은행에 대하여 사기죄가 성립하지 않지만, 대내적으로는 출연자 내지 위탁자가 예금의 소유자이므로 출연자에 대한 횡령죄가 성립한다.

→ 은행에 대한 사기미수 ×, 출연자에 대한 횡령 ○

6) 어린이집 운영자가 어린이집의 운영과 관련하여 **허위**로 지출을 증액한 내용으로 '재무회계규칙에 의한 회계'를 하고 그 결과를 **보고**하여 기본보육료를 지급받았더라도 사기죄에 해당한다고 볼 수도 없다(대판 2016.12.29, 2015도3394).

[판결이유] 기본보육료 지급 과정에서 회계보고 내용에 대한 심사를 하지 아니하고 있으므로 회계보고에 허위가 개입되어 있다는 사정은 기본보육료의 지급에 관한 의사결정에 영향을 미쳤다고 볼 수 없다.

관련 판례 **묵시적 기망에 해당하는 경우**

1) 절취한 은행예금통장을 이용하여 은행원을 기망해서 진실한 명의인이 예금을 찾는 것으로 오신시켜 예금을 편취한 것이라면 새로운 법익의 침해로 절도죄 외에 따로 사기죄가 성립한다(대판 1974.11.26, 74도2817).

2) 절도범인이 절취한 장물을 자기 것인양 제3자에게 담보로 제공하고 금원을 편취한 경우에는 별도의 사기죄가 성립된다(대판 1980.11.25, 80도2310).

관련 판례 **부작위에 의한 기망에 해당하는 경우**

1) 토지에 대하여 도시계획이 입안되어 있어 장차 **협의매수되거나 수용될 것이라는 사정**을 매수인에게 고지하지 아니한 행위는 부작위에 의한 사기죄를 구성한다(대판 1993.7.13, 93도14).

2) 임대인이 임대차계약을 체결하면서 임차인에게 **임대목적물이 경매 진행 중인 사실**을 알리지 아니한

경우, 임차인이 등기부를 확인 또는 열람하는 것이 가능하더라도 사기죄가 성립한다(대판 1998.12.8, 98도3263).

3) 자신이 진정한 토지의 소유자가 아닌 사실을 알면서도 그 사실을 고지하지 아니한 채 **수용보상금**으로 공탁된 공탁금의 출급을 신청하여 이를 수령한 경우 기망행위가 없다고 할 수 없다(대판 1994.10.14, 94도1911).

4) **특정 시술을 받으면 아들을 낳을 수 있을 것이라는 착오**에 빠져있는 피해자들에게 그 시술의 효과와 원리에 관하여 사실대로 고지하지 아니한 채 아들을 낳을 수 있는 시술인 것처럼 가장하여 일련의 시술과 처방을 행한 의사에 대하여 사기죄가 성립한다(대판 2000.1.28, 99도2884).

5) **[잔금초과지급사건]** 매수인이 매도인에게 매매잔금을 지급함에 있어 착오에 빠져 지급해야 할 금액을 초과하는 돈을 교부하는 경우, 매도인이 사실대로 고지하였다면 매수인이 그와 같이 초과하여 교부하지 아니하였을 것임은 경험칙상 명백하므로, 매도인이 매매잔금을 교부받기 전 또는 교부받던 중에 그 사실을 알게 되었을 경우에는 매수인이 건네주는 돈을 그대로 수령한 경우에는 사기죄에 해당될 것이지만, / 그 사실을 미리 알지 못하고 매매잔금을 **건네주고 받는 행위를 끝마친 후**에야 비로소 알게 되었을 경우에는 교부하는 돈을 그대로 받은 그 행위는 **점유이탈물횡령죄**가 될 수 있음은 별론으로 하고 사기죄를 구성할 수는 없다(대판 2004.5.27, 2003도4531).

6) 주식매도인이 주식매수인에게 주식거래의 목적물이 증자 전의 주식이 아니라 **증자 후의 주식이라는 점**을 제대로 알리지 않은 것은 사기죄의 기망행위에 해당한다(대판 2006.10.27, 2004도6503).

7) **특정 질병을 앓고 있는 사람**이 보험회사가 정한 약관에 그 질병에 대한 고지의무를 규정하고 있음을 알면서도 이를 고지하지 아니한 채 그 사실을 모르는 보험회사와 그 질병을 담보하는 보험계약을 체결한 다음 바로 그 질병의 발병을 사유로 하여 보험금을 청구하였다면 특별한 사정이 없는 한 사기죄에 있어서의 기망행위 내지 편취의 범의를 인정할 수 있고, 보험회사가 그 사실을 알지 못한 데에 과실이 있다거나 고지의무위반을 이유로 보험계약을 해제할 수 있다고 하여 사기죄의 성립에 영향이 생기는 것은 아니다(대판 2007.4.12, 2007도967).

8) 보험계약자가 보험계약 체결 시 보험금액이 목적물의 가액을 현저하게 초과하는 초과보험 상태를 의도적으로 유발한 후 보험사고가 발생하자 **초과보험 사실을 알지 못하는 보험자에게 목적물의 가액을 묵비한 채 보험금을 청구**하여 교부받은 것은 사기죄의 기망행위에 해당한다(대판 2015.7.23, 2015도6905).

9) 부작위에 의한 기망은 보험계약자가 보험자와 보험계약을 체결하면서 **상법상 고지의무**를 위반한 경우에도 인정될 수 있다. / 다만 보험계약자가 보험자와 보험계약을 체결하더라도 우연한 사고가 발생하여야만 보험금이 지급되는 것이므로, 고지의무 위반은 보험사고가 이미 발생하였음에도 이를 묵비한 채 보험계약을 체결하거나 보험사고 발생의 개연성이 농후함을 인식하면서도 보험계약을 체결하는 경우 또는 보험사고를 임의로 조작하려는 의도를 가지고 보험계약을 체결하는 경우와 같이 '보험사고의 우연성'이라는 보험의 본질을 해할 정도에 이르러야 비로소 보험금 편취를 위한 고의의 기망행위에 해당한다(대판 2017.4.26, 2017도1405).

[동지판례] 피고인이, 갑에게 **이미 당뇨병과 고혈압이 발병한 상태임을 숨기고** 을 생명보험 주식회사와 피고인을 보험계약자로, 갑을 피보험자로 하는 2건의 보험계약을 체결한 다음, 고지의무 위반을 이유로 을 회사로부터 일방적 해약이나 보험금 지급거절을 당할 수 없는 이른바 면책기간 2년을 도과한 이후 갑의 보험사고 발생을 이유로 을 회사에 보험금을 청구하여 당뇨병과 고혈압 치료비 등의 명목으로 14회에 걸쳐 보험금을 수령한 경우, 피고인의 보험계약 체결행위와 보험금 청구행위는

을 회사를 착오에 빠뜨려 처분행위를 하게 만드는 일련의 기망행위에 해당하고, 을 회사가 그에 따라 보험금을 지급하였을 때 사기죄는 기수에 이른다.

관련 판례 **부작위에 의한 기망에 해당하지 않는 경우**

1) **[채권양도 후 통지 전 수령사건]** 채권자가 (채권을 양도하고도 그 양도통지를 하기 전에) 채권의 양도사실을 밝히지 아니하고 직접 외상대금을 수령하였다 하여 기망수단을 써서 채무자를 착오에 빠뜨려 그 대금을 편취한 것이라 할 수 없다(대판 1984.5.9, 83도2270).
   [판결이유] 채무자는 채권자로부터 채권의 양도통지를 받지 않은 이상 채무금은 원래의 채권자에게 반환할 의무가 있는 것이므로, 채권양도 통지 전에는 그 채무자가 채권자에게 그 채무금을 반환하면 유효한 변제가 되는 것이다. → 채무자에 대한 사기죄 ×

2) 중고차 매매계약을 체결하면서 매도인이 할부금융회사 또는 보증보험회사에 대한 **할부금 채무**가 남아 있음을 매수인에게 고지하지 아니하였다 하더라도 부작위에 의한 기망에 해당하지 아니한다(대판 1998.4.14, 98도231). ∵ 할부금 채무가 매수인에게 당연히 승계되는 것이 아니므로

3) 매매로 인한 **법률관계에 아무런 영향도 미칠 수 없는 것**이어서 매수인의 권리의 실현에 장애가 되지 아니하는 사유까지 매도인이 매수인에게 고지할 의무가 있다고는 볼 수 없다(대판 2011.1.27, 2010도5124).
   [사실관계] 부동산중개업자인 피고인이 아파트 입주권을 매도하면서 입주권을 2억 5,000만 원에 확보하여 2억 9,500만 원에 **전매한다는 사실**을 매수인에게 고지하지 않았고, 매수인도 매도인의 입주권 구입가격을 묻지 않아, 위 거래로 피고인이 4,500만 원의 재산상 이익을 취득한 경우 사기죄가 성립하지 않는다.
   [동지판례] 피고인이 부동산에 대해 甲과 신탁금지약정을 체결한 사실을 乙 은행에 알리지 아니한 채 위 부동산을 담보신탁하고 乙 은행에서 대출을 받은 경우, 신탁금지약정 사실을 고지하지 아니하였다고 하여 乙 은행을 기망하였다고 평가할 수 없으므로 사기죄가 성립하지 않는다(대판 2012.4.13, 2011도2989).
   [판결이유] 甲과 신탁금지약정을 체결하였다는 사정만으로는 乙 은행과의 신탁계약의 효력과 그 신탁계약에 따르는 채무의 이행에 장애를 가져오거나 수탁자와 우선수익자의 권리실현에 장애가 된다고 볼 수 없고, 따라서 피고인이 피해자에게 이 사건 신탁금지약정을 체결한 사실을 고지하지 아니하였다고 하여 피해자를 기망한 것이라고 평가할 수는 없을 것이다.
   ∵ 어떤 법률행위를 하려는 사람이 그 법률행위에 따른 상대방의 법률상 지위에 아무런 영향도 미칠 수 없는 사유까지 상대방에게 고지할 의무가 있다고 볼 수는 없으므로

4) **부동산의 2중매매**에 있어서 제2의 매수인에게 단순히 **제1의 매매사실을 고지하지 아니하였다는 사실**만으로는 기망행위를 한 것이라고 할 수 없다(대판 1991.12.24, 91도2698).
   ∵ 부동산의 이중매매에 있어서 매도인이 제1의 매매계약을 일방적으로 해제할 수 없는 처지에 있었다는 사정만으로는, 바로 제2의 매매계약의 효력이나 그 매매계약에 따르는 채무이행, 또는 제2의 매수인의 매매목적물에 대한 권리의 실현에 장애가 된다고도 볼 수 없는 것이므로
   [비교판례] 부동산의 2중매매에 있어서 제2의 매수인에게 당초부터 소유권을 이전하여 줄 의사가 없었음에도 있는 듯이 속이거나, 매매목적물에 관하여 이미 제3자의 신청에 의하여 처분금지가처분결정이 된 경우 등과 같이 그 매매계약을 이행함에 있어서 어떤 법률상의 제한이 있음에도 이를 고지하지 아니하고 매매계약을 체결하는 경우, 제2의 매수인에 대한 사기죄가 성립된다(대판 1991.12.24, 91도2698).

5) [편취송금출금사건] 73) 송금의뢰인이 수취인의 예금계좌에 계좌이체 등을 한 이후, 수취인이 은행에 대하여 예금반환을 청구함에 따라 은행이 수취인에게 그 예금을 지급하는 행위는 계좌이체금액 상당의 예금계약의 성립 및 그 예금채권 취득에 따른 것으로서 은행이 착오에 빠져 처분행위를 한 것이라고 볼 수 없으므로, 결국 이러한 행위는 은행을 피해자로 한 제347조의 사기죄에 해당하지 않는다고 봄이 상당하다(대판 2010.5.27, 2010도3498).

[사실관계] 예금주인 피고인이 제3자에게 편취당한 송금의뢰인으로부터 자신의 은행계좌에 계좌송금된 돈을 출금한 경우, 피고인은 예금주로서 은행에 대하여 예금반환을 청구할 수 있는 권한을 가진 자이므로, 위 은행을 피해자로 한 사기죄가 성립하지 않는다.

(3) 기망의 정도

거래상의 신의성실의 의무에 비추어 비난받을 정도이어야 한다. 주로 과장・허위광고와 관련하여 문제된다.

○ 일반적으로 **상품의 선전, 광고**에 있어 다소의 과장, 허위가 수반되는 것은 그것이 일반 상거래의 관행과 신의칙에 비추어 시인될 수 있는 한 기망성이 결여된다고 하겠으나(상술) / 거래에 있어서 중요한 사항에 관하여 구체적 사실을 거래상의 신의성실의 의무에 비추어 비난받을 정도의 방법으로 허위로 고지한 경우에는 과장, 허위광고의 한계를 넘어 사기죄의 기망행위에 해당한다(대판 1992.9.14, 91도2994).
→ 전자는 사회통념상 용인될 수 있는 상술의 정도에 해당한다는 취지

관련 판례 **기망행위에 해당하는 경우**

1) 백화점이 신상품을 정상가격으로 판매하면서 마치 종전의 높은 가격을 세일기간 중에 할인가격으로 판매하는 것처럼 **변칙세일**한 경우 사기죄가 성립한다(대판 1992.9.14, 91도2994).
2) 판매하다 남은 식품에 부착되어 있는 바코드와 비닐랩 포장을 뜯어내고 다시 포장을 하면서 가공일이 **당일로 기재된 바코드**와 백화점 상표를 부착하여 진열대에 진열하여 마치 위 상품이 판매 당일 구입되어 가공된 신선한 것처럼 고객에게 판매한 경우 사기죄가 성립한다(대판 1996.2.13, 95도2121).
3) 식육식당을 경영하는 자가 음식점에서 **한우만을 취급한다**는 취지의 상호를 사용하면서 광고선전판, 식단표 등에도 한우만을 사용한다고 기재하면서 이를 보고 찾아온 손님들에게 수입소갈비를 판매한 경우 사기죄가 성립한다(대판 1997.9.9, 97도1561).
   ∵ 쇠갈비의 품질과 원산지에 관하여 기망이 이루어진 경우로서 그 사술의 정도가 사회적으로 용인될 수 있는 상술의 정도를 넘는 것이므로
4) 농업협동조합의 조합원이나 검품위원이 아닌 자가 TV홈쇼핑업체에 납품한 삼이 제3자가 산삼의 종자인지 여부가 불분명한 삼의 종자를 뿌려 이식하면서 **인공적으로 재배한 삼**이라는 사실을 알면서도 광고방송에 출연하여 위 삼이 조합의 조합원들이 자연산삼의 종자를 심산유곡에 심고 자연방임 상태에서 성장시킨 **산양산삼**이며 자신이 조합의 검품위원으로서 위 삼중 우수한 것만을 선정하여 감정인의 감정을 받은 것처럼 허위 내용의 광고를 한 경우 사기죄가 성립한다(대판 2002.2.5, 2001도5789).

73) 2017년 법무사시험(20점)

5) **'녹동달오리골드'**(누에, 동충하초, 녹용 등을 혼합·제조)라는 제품이 성인병에 특효약이라고 허위광고하여 노령층에게 고가에 판매한 경우 사기죄가 인정된다(대판 2004.1.15, 2001도1429).

6) 신생 수입브랜드의 시계를 마치 오랜 전통을 지닌 브랜드의 제품인 것처럼 허위광고함으로써 그 품질과 명성을 오인한 구매자들에게 고가로 판매한 행위는 사기죄의 '기망행위'에 해당한다(대판 2008.7.10, 2008도1664).

7) 부동산 관련 업체가 지방자치단체의 특정 용역보고서만을 근거로 확정되지도 않은 개발계획이 마치 확정된 것처럼 허위 또는 과장된 정보를 제공하여 매수인들과 토지매매계약을 체결한 경우 사기죄의 '기망행위'에 해당한다(대판 2008.10.23, 2008도6549).

관련 판례 **기망행위에 해당하지 않는 경우**

1) 아파트를 분양함에 있어 아파트 평형의 수치를 다소 과장하여 광고를 한 사실은 인정되나 분양가 결정방법, 분양계약 체결의 경위 및 최종대금의 절충과정 등 제반 사정에 비추어 볼 때 위 광고는 그 거래당사자 사이에서 매매대금을 산정하기 위한 기준이 되었다고 할 수 없고, 단지 분양대상 아파트를 특정하고 나아가 위 아파트의 분양이 쉽게 이루어지도록 하려는 의도에서 한 것에 지나지 않는다면 위 과대광고는 기망행위에 해당하지 않는다(대판 1991.6.11, 91도788).

2) 매수인들에게 토지의 매수를 권유하면서 언급한 내용이 객관적 사실에 부합하거나 비록 확정된 것은 아닐지라도 연구용역 보고서와 신문스크랩 등에 기초한 것인 경우 기망행위에 해당하지 않는다(대판 2007.1.25, 2004도45).

3) 인터넷 사이트의 초기화면에 성인 동영상물에 대한 광고용 선전문구 및 영상을 게재하고 이를 통해 접속한 사람들을 유료회원으로 가입시킨 경우 기망행위에 해당하지 않는다(대판 2008.6.12, 2008도76).

⑷ 기망의 상대방 : 피기망자 = 처분행위자

① 사람을 기망하여야 한다.

↔ 컴퓨터를 이용한 경우 → 사기 ×, 컴퓨터 등 사용사기 가능

ㅇ 피고인이 이동통신 판매대리점의 컴퓨터를 이용하여 이동통신회사들의 전산망에 접속한 다음 **전산상**으로 사용정지된 휴대전화를 사용할 수 있도록 하거나 **유심칩 읽기**를 통해 문자메시지 발송 한도를 해제한 경우 사기죄가 성립하지 않는다(대판 2011.7.28, 2011도5299). ∵ 사람을 기망한 것으로 볼 수 없으므로

② 사기죄에서 처분행위자와 피기망자는 동일인이어야 하나, 피기망자와 재산상 피해자는 동일인이 아니어도 무방하다. 피기망자(처분행위자)와 피해자가 일치하지 않는 경우를 **삼각사기**라고 한다. 예 허위의 주장과 소송자료를 제출하여 법원을 기망하는 경우(소송사기), 타인의 신용카드로 물품을 구입하는 경우(카드사기) 등

③ 피기망자(처분행위자)와 피해자가 일치하지 않는 경우 처분행위자는 피해자의 재산을 사실상 처분할 수 있는 지위에 있으면 족하고, 법적 권한이 있을 것까지 요하지는 않는다(사실상 지위설). 예 상점 점원 등

○ 사기죄가 성립되려면 피기망자가 착오에 빠져 어떤 재산상의 처분행위를 하도록 유발하여 재산적 이득을 얻을 것을 요하고 **피기망자와 재산상의 피해자가 같은 사람이 아닌 경우**에는 피기망자가 피해자를 위하여 **그 재산을 처분할 수 있는 권능이나 지위**에 있어야 하며 기망, 착오, 처분, 이득 사이에 인과관계가 있어야 한다(대판 1989.7.11, 89도346 ; 대판 2022.12.29, 2022도12494).

3 착오

(1) 착오란 주관적으로 인식한 사실과 객관적인 사실이 일치하지 않는 것을 말한다.

(2) 기망행위와 착오 또는 처분행위 사이에는 인과관계가 있어야 한다.

○ 사기죄는 타인을 기망하여 착오에 빠뜨리고 그 처분행위를 유발하여 재물을 교부받거나 재산상 이익을 얻음으로써 성립하는 것이고, 기망, 착오, 재산적 처분행위 사이에 인과관계가 있어야 한다(대판 2000.6.27, 2000도1155 ; 대판 2011.10.13, 2011도8829).

○ 사기죄가 성립하기 위해서는 기망행위와 상대방의 착오 및 재물의 교부 또는 재산상의 이익의 공여와의 사이에 순차적인 인과관계가 있어야 하지만, 착오에 빠진 원인 중에 피기망자 측에 과실이 있는 경우에도 사기죄가 성립한다(대판 2009.6.23, 2008도1697).

관련 판례 **인과관계가 인정된 경우**

피해자 법인이나 단체의 업무를 처리하는 **실무자인 일반 직원이나 구성원** 등이 기망행위임을 알고 있었더라도, 피해자 법인이나 단체의 대표자 또는 실질적으로 의사결정을 하는 최종결재권자 등이 기망행위임을 알지 못한 채 착오에 빠져 처분행위에 이른 경우라면, 피해자 법인에 대한 사기죄의 성립에 영향이 없다(대판 2017.8.29, 2016도18986 ; 대판 2017.9.26, 2017도8449).

관련 판례 **인과관계가 부정된 경우**

1) 피해자 법인이나 단체의 **대표자 또는 실질적으로 의사결정을 하는 최종결재권자** 등이 기망행위자와 동일인이거나 기망행위자와 공모하는 등 기망행위임을 알고 있었던 경우에는 기망행위로 인한 착오가 있다고 볼 수 없고, 재물 교부 등의 처분행위가 있었더라도 기망행위와 인과관계가 있다고 보기 어렵다(대판 2017.8.29, 2016도18986).
   → 업무상횡령죄 또는 업무상배임죄 성립 가능

2) 법인이 임대주택용지 분양신청을 함에 있어서 분양신청자 중의 추첨대상자에 들기 위하여 법인의 대표이사 개인의 허위 건축실적증명을 첨부한 경우라도 마감시간이 지나도록 다른 업체로부터의 매수신청이 없어 위 법인의 대표이사에게 매수신청서를 제출하도록 하여 수의계약을 체결하게 되었다면 기망행위와 처분행위 사이의 인과관계가 없어 사기죄를 구성하지 않는다(대판 1994.5.24, 83도1839).

3) 갑 주식회사의 실질적 운영자이자 을 주식회사의 대표이사인 피고인 병 및 피고인 정 등이 공모하여, 갑 회사가 시행하고 을 회사가 시공하는 아파트 중 임대아파트 부분의 신축과 관련하여 국민주택기금의 기금수탁자인 무 은행에 국민주택기금을 재원으로 한 **임대주택건설자금 대출**을 신청하면서 아파트 부지의 매매가격을 부풀린 매매계약서 등을 제출하였으나, 무 은행은 별도의 감정평가법

인이 정한 감정평가액을 기초로 '사정가격'을 결정하여 전체 대출금액을 결정하였다면 피고인들의 행위와 무 은행의 대출 사이에 인과관계가 존재한다고 보기 어렵다(대판 2016.7.14, 2015도20233).

4) 甲은 전남 영광군 법성포에서 메뉴판에 소고기, 돼지고기, 해산물 및 생선의 원산지를 국내산이라 기재하고, 굴비처럼 가공한 **중국산 부세**를 20,000원짜리 점심 식사 등에 굴비 대용품(국내산 굴비는 1마리에 200,000원 내외의 고가)으로 사용하였으며, 손님들로부터 '이렇게 값이 싼데 영광굴비가 맞느냐'는 질문을 받는 경우 중국산 부세를 전남 영광군 법성포에서 가공한 것이라고 대답하였다면 사기죄가 성립하지 않는다(대판 2017.6.8, 2015도1293).

∵ 손님들이 메뉴판에 기재된 국내산이라는 원산지 표시에 속아 식당을 이용하였다고 보기 어려워 인과관계가 없으므로

4 처분행위

(1) 처분행위란 상대방에 대한 점유이전행위 내지 교부행위를 말한다. 피기망자의 의사에 기초한 어떤 행위를 통해 행위자 등이 재물 또는 재산상의 이익을 취득하였다고 평가할 수 있는 경우라면 사기죄에서 말하는 처분행위가 인정된다. 예 너 가져!

ㅇ 사기죄는 타인을 기망하여 착오에 빠지게 하고 처분행위를 유발하여 재물 또는 재산상의 이익을 얻는 범죄이므로, 피고인이 피기망자에게 작위 또는 부작위로 직접 재산상 손해를 초래하는 재산적 처분행위를 하도록 기망한 경우에 한하여 사기죄가 성립한다(대판 2017.4.28, 2017도1544).
[사실관계] 피고인과 공범들이 피해자들에게 예금을 인출하고 **인출한 현금을 집에 보관하도록 거짓말**을 하였다고 하더라도, 이것을 피해자들로 하여금 현금을 타인에게 교부하거나 처분하는 행위를 하도록 한 것이라고 볼 수 없으므로 사기죄가 성립하지 않는다.

(2) 처분행위란 '재산적 처분행위'로서 피해자가 자유의사로 직접 재산상 손해를 초래하는 작위에 나아가거나 또는 부작위에 이른 것을 말한다(**처분효과의 직접성**).

(3) 기망행위를 수단으로 하였더라도 상대방의 처분행위가 없었다면 그것은 점유침탈의 한 방법에 불과하므로 편취가 아니라 절취에 해당한다(**책략절도**).

ㅇ **[절도죄와 사기죄의 구별이 문제된 사건]** 74) [1] **형법상 절취**란 타인이 점유하고 있는 자기 이외의 자의 소유물을 점유자의 의사에 반하여 점유를 배제하고 자기 또는 제3자의 점유로 옮기는 것을 말한다. 이에 반해 **기망**의 방법으로 타인으로 하여금 처분행위를 하도록 하여 재물 또는 재산상 이익을 취득한 경우에는 절도죄가 아니라 사기죄가 성립한다. [2] **사기죄에서 처분행위**는 행위자의 기망행위에 의한 피기망자의 착오와 행위자 등의 재물 또는 재산상 이익의 취득이라는 최종적 결과를 중간에서 매개·연결하는 한편, 착오에 빠진 피해자의 행위를 이용하여 재산을 취득하는 것을 본질적 특성으로 하는 사기죄와 피해자의 행위에 의하지 아니하고 행위자가 탈취의 방법으로 재물을 취득하는 절도죄를 구분하는 역할을 한다. 처분행위가 갖는 이러한 역할과 기능을 고려하면 **피기망자의 의사에 기초한 어떤 행위를 통해 행위자 등이 재물 또는 재산상의 이익을 취득하였다고 평가할 수 있는 경우라면**, 사기죄에서 말하는 처분행위가 인정된다(대판 2022.12.29, 2022도12494).

74) 2023년 법원행정고등고시

[사실관계] 매장 주인이 매장에 유실된 손님(피해자)의 반지갑을 습득한 후 또 다른 손님인 피고인에게 "이 지갑이 선생님 지갑이 맞느냐?"라고 묻자, 피고인은 **"내 것이 맞다"**라고 대답한 후 이를 교부받아 가져간 경우 매장 주인이 반지갑을 습득하여 이를 피해자를 위해 처분할 수 있는 권능 내지 지위를 취득하였고, 이러한 권능 내지 지위에 기초하여 반지갑의 소유자라고 주장하는 피고인에게 반지갑을 교부한 것은 **사기죄에서의 처분행위**에 해당한다. → **약취절도죄(책략절도죄)** ×, **사기죄** ○

(4) 부작위에 의한 처분행위도 가능하다.

o 피해자가 착오에 빠진 결과 채권의 존재를 알지 못하여 채권을 행사하지 아니하였다면 그와 같은 부작위도 재산의 처분행위에 해당한다(대판 2007.7.12, 2005도9221).

[사실관계] 출판사 경영자가 출고현황표를 조작하는 방법으로 실제출판부수를 속여 작가에게 **인세**의 일부만을 지급한 경우, 작가가 나머지 인세에 대한 청구권의 존재 자체를 알지 못하는 착오에 빠져 이를 행사하지 아니한 것이 사기죄에 있어 부작위에 의한 처분행위에 해당한다.

(5) 처분행위가 인정되려면 처분의사가 있어야 하는데, 그러한 '처분의사'는 착오에 빠진 피기망자가 어떤 행위를 한다는 인식이 있으면 충분하고, 그 행위가 가져오는 결과에 대한 인식까지 필요하다고 볼 것은 아니다.

o **[이른바 서명사취사기사건**(근저당권설정계약서 등에 대한 피해자의 서명 · 날인을 사취한 사건)**]** 75) [1] **처분의사**는 착오에 빠진 피기망자가 어떤 행위를 한다는 인식이 있으면 충분하고, 그 행위가 가져오는 결과에 대한 인식까지 필요하다고 볼 것은 아니다. [2] 이른바 **'서명사취'** 사기는 기망행위에 의해 유발된 착오로 인하여 피기망자가 내심의 의사와 다른 처분문서에 서명 또는 날인함으로써 재산상 손해를 초래한 경우이다. [3] 피기망자가 행위자의 기망행위로 인하여 착오에 빠진 결과 내심의 의사와 다른 효과를 발생시키는 내용의 처분문서에 서명 또는 날인함으로써 처분문서의 내용에 따른 재산상 손해가 초래되었다면 그와 같은 처분문서에 서명 또는 날인을 한 피기망자의 행위는 사기죄에서 말하는 **처분행위**에 해당한다. 아울러 비록 피기망자가 처분결과, 즉 문서의 구체적 내용과 법적 효과를 미처 인식하지 못하였더라도, 어떤 문서에 스스로 서명 또는 날인함으로써 처분문서에 서명 또는 날인하는 행위에 관한 인식이 있었던 이상 피기망자의 처분의사 역시 인정된다(대판 2017.2.16, 2016도13362 全合).

[사실관계] 피고인 등이 토지의 소유자이자 매도인인 피해자 갑 등에게 **토지거래허가 등에 필요한 서류라고 속여 근저당권설정계약서 등에 서명 · 날인**하게 하고 인감증명서를 교부받은 다음, 이를 이용하여 갑 등의 소유 토지에 피고인을 채무자로 한 근저당권을 을 등에게 설정하여 주고 돈을 차용한 경우 사기죄가 성립한다.

---

75) **2019년 법원행정고등고시(30점), 2023년 법원사무관승진시험(15점)** 甲은 재력가 행세를 하면서 사실은 X토지를 매입하거나 토지거래허가 등 절차를 진행할 의사나 능력이 없음에도, 일평생 농업에 종사하여 담보제공 및 허가 등 업무에 관한 지식이 없는 X토지 소유자인 A에게 토지거래허가에 필요한 서류라고 거짓말하여 X토지에 관한 근저당권설정계약서에 서명 · 날인하게 하고, A의 인감증명서를 교부받은 다음, 이를 이용하여 돈을 차용하면서 X토지에 관하여 근저당권을 대부업자들 앞으로 설정하여 주었다. 甲의 죄책을 논하시오.
→ ① 사기죄의 성부, ② 사문서위조죄 및 동행사죄의 성부(명의인을 도구로 이용한 사문서위조죄의 간접정범), ③ 공정증서원본부실기재죄 및 동행사죄의 성부

[폐기된 판결] 사기죄는 타인을 기망하여 착오에 빠뜨리게 하고 그 처분행위를 유발하여 재물, 재산상의 이득을 얻음으로써 성립하는 것이므로 여기서 처분행위라고 하는 것은 재산적 처분행위를 의미하고 그것은 주관적으로 피기망자가 처분의사 즉 **처분결과**를 인식하고 객관적으로는 이러한 의사에 지배된 행위가 있을 것을 요한다(대판 1987.10.26, 87도1042).

관련 판례 **처분행위에 해당하는 경우**

1) **배당이의 소송**의 제1심에서 패소판결을 받고 항소한 자가 그 항소를 취하하면 그 즉시 제1심판결이 확정되고 상대방이 배당금을 수령할 수 있는 이익을 얻게 되는 것이므로 위 **항소를 취하하는 것** 역시 사기죄에서 말하는 재산적 처분행위에 해당한다(대판 2002.11.22, 2000도4419).
2) 부동산가압류결정을 받아 부동산에 관한 가압류집행까지 마친 자가 그 **가압류**를 **해제**하면 소유자는 가압류의 부담이 없는 부동산을 소유하는 이익을 얻게 되므로, 가압류를 해제하는 것 역시 사기죄에서 말하는 재산적 처분행위에 해당하고, 그 이후 가압류의 피보전채권이 존재하지 않는 것으로 밝혀졌다고 하더라도 가압류의 해제로 인한 재산상의 이익이 없었다고 할 수 없다(대판 2007.9.20, 2007도5507).
3) 채권자에게 채권을 추심하여 줄 것 같이 속여 **채권의 추심승낙**을 받아 그 채권을 추심하여 이를 취득하였다면 이는 채권자의 착오에 기한 재산처분행위라고 할 것이므로 이는 사기죄를 구성한다(대판 1983.10.25, 83도1520).

관련 판례 **처분행위에 해당하지 않는 경우**

1) 치료비채무의 이행을 모면하기 위하여 피고인이 거짓말을 하고 입원환자(처)와 함께 병원을 빠져나와 도주하였다 하여도 그것만으로서는 피고인이 위 치료비의 지급채무를 면탈 받은 것은 아니라 할 것이므로 사기죄가 될 수 없다(대판 1970.9.22, 70도1615).
2) 타인 명의의 **등기서류를 위조**하여 등기공무원에게 제출함으로써 피고인 명의로 소유권이전등기를 마쳤다고 하여도 피해자의 처분행위가 없을 뿐 아니라 등기공무원에게는 위 부동산의 처분권한이 있다고 볼 수 없어 사기죄가 성립하지 않는다(대판 1981.7.28, 81도529).
3) 피고인이 피해자에게 부동산매도용인감증명 및 등기의무자본인확인서면의 **진실한 용도를 속이고** 그 서류들을 교부받아 피고인 등 명의로 위 부동산에 관한 소유권이전등기를 경료하였다 하여도 피해자의 위 부동산에 관한 처분행위가 있었다고 할 수 없을 것이고 따라서 사기죄를 구성하지 않는다(대판 2001.7.13, 2001도1289).
   [사실관계] 피해자에게 **형질변경 및 건축허가**를 받는 데에 부동산매도용인감증명서 및 확인서면이 반드시 필요하니 이를 나에게 건네주면 위 용도로만 사용하겠다라고 거짓말하여, 이에 속은 위 피해자로부터 즉석에서 부동산매도용인감증명서 및 등기의무자본인확인서면을 교부받은 후 이를 이용하여 자기 명의로 소유권이전등기를 마친 경우 해당 부동산에 대한 사기죄가 성립하지 않는다.
4) 피고인이 甲에게 사업자등록 명의를 빌려주면 **세금이나 채무는 모두 자신이 변제하겠다**고 속여 그로부터 명의를 대여받아 호텔을 운영하면서 甲으로 하여금 호텔에 관한 각종 세금 및 채무 등을 부담하게 하였다 하더라도, 甲이 명의를 대여하였다는 것만으로 피고인이 위와 같은 채무를 면하는 재산상 이익을 취득하는 甲의 재산적 처분행위가 있었다고 보기 어렵다(대판 2012.6.28, 2012도4773).

5 재물 또는 재산상 이익의 취득

(1) 기망행위로 인하여 자기 또는 제3자가 재물의 교부를 받거나 재산상 이익을 취득하여야 한다.

o 위조된 약속어음을 진정한 약속어음인 것처럼 속여 기왕의 물품대금채무의 변제를 위하여 채권자에게 교부하였다고 하여도 어음이 결제되지 않는 한 물품대금채무가 소멸되지 아니하므로 사기죄는 성립되지 않는다(대판 1983.4.12, 82도2938). ∵ 유효한 채무변제가 아니어서 채무가 소멸되지 않으므로

o 사람을 기망하여 부동산의 소유권을 이전받거나 제3자로 하여금 이전받게 함으로써 이를 편취한 경우, **특정경제범죄 가중처벌 등에 관한 법률 제3조**의 적용을 전제로 하여 그 부동산의 가액을 산정함에 있어서는, 그 부동산에 아무런 부담이 없는 때에는 그 부동산의 시가 상당액이 곧 그 가액이라고 볼 것이지만, / 그 부동산에 근저당권설정등기가 경료되어 있거나 압류 또는 가압류 등이 이루어져 있는 때에는 그 부동산의 시가 상당액에서 근저당권의 채권최고액 범위 내에서의 피담보채권액, 압류에 걸린 집행채권액, 가압류에 걸린 청구금액 범위 내에서의 피보전채권액 등을 뺀 실제의 교환가치를 편취금액으로 보아야 한다(대판 2007.4.19, 2005도7288 全合).

(2) '재산상의 이익'은 계산적으로 산출할 수 있는 이익에 한정하지 아니하므로 범죄사실을 판시함에 있어서도 그 이익의 수액을 명시하지 않았다 하더라도 위법이라고 할 수 없다(대판 1997.7.25, 97도1095).

(3) 스스로 재물을 취득하지 않고 제3자로 하여금 재물의 교부를 받게 한 경우에도 사기죄가 성립한다.

o 범인이 기망행위에 의해 스스로 재물을 취득하지 않고 제3자로 하여금 재물의 교부를 받게 한 경우에 사기죄가 성립하려면, 그 제3자가 범인과 사이에 정을 모르는 도구 또는 범인의 이익을 위해 행동하는 대리인의 관계에 있거나, 그렇지 않다면 적어도 불법영득의사와의 관련상 범인에게 그 제3자로 하여금 재물을 취득하게 할 의사가 있어야 한다(대판 2012.5.24, 2011도15639).

o 재물편취를 내용으로 하는 사기죄에 있어서는 기망으로 인한 재물교부가 있으면 그 자체로써 피해자의 재산침해가 되어 곧 사기죄는 성립하는 것이고, 그로 인한 이익이 결과적으로 누구에게 귀속하는지는 사기죄의 성부에 아무런 영향이 없다(대판 2009.1.30, 2008도9985).
[사실관계] 갑이 을에게 이중매도한 택지분양권을 순차 매수한 병・정에게 이중매도 사실을 숨긴 채 자신의 명의로 형식적인 매매계약서를 작성해 준 경우, 갑이 직접 매매대금을 수령하지 않았더라도 병・정에 대한 사기죄가 성립한다.

6 재산상 손해 발생의 요부[76]_요건 ×[77]

사기죄의 성립에 재산상 손해발생이 필요한지에 대하여 견해가 대립한다. 이에 대하여는 사기죄의 본질은 기망에 의한 재물이나 재산상 이익의 취득에 있으므로 피해자의 재산상 손해발생은 필요하지 않다는 견해(**불요설**), 사기죄는 재산을 보호법익으로 하므로 피해자의 재산상 손해발생이 필요하다는

---

76) 김성돈 제8판 형법각론 p.395

77) 2002년 법무사시험 甲이 훔친 현금(장물)을 자신의 채권자 B에게 지급하고 B로부터 甲이 발행한 액면금 50만원의 부도수표 2장을 회수한 행위와 사기죄의 성부

견해(**필요설**), 재물편취의 경우 재물의 교부 자체가 손해가 되므로 별도의 손해가 필요하지 않지만, 이익편취의 경우 손해발생이 필요하다는 견해(**이분설**)이 대립한다.
판례는 일관되게 **불요설**을 취하고 있다. ↔ 배임죄 : 손해발생 요건 필요 ○

o 사기죄의 본질은 기망에 의한 재물이나 재산상 이익의 취득에 있고, 상대방에게 현실적으로 재산상 손해가 발생함을 그 요건으로 하지 아니한다(대판 1997.9.9, 97도1561).

o 재물편취를 내용으로 하는 사기죄에 있어서는 기망으로 인한 재물교부가 있으면 그 자체로써 피해자의 재산침해가 되어 이로써 곧 사기죄가 성립하는 것이고, 상당한 대가가 지급되었다거나 피해자의 전체 재산상에 손해가 없다 하여도 사기죄의 성립에는 그 영향이 없으므로 사기죄에 있어서 그 **대가가 일부 지급된 경우**에도 그 편취액은 피해자로부터 교부된 재물의 가치로부터 그 대가를 공제한 차액이 아니라 **교부받은 재물 전부**라 할 것이다(대판 2000.7.7, 2000도1899).
[동지판례] 사기죄에서 그 **대가가 일부 지급되거나 담보가 제공된 경우**에도 편취액은 피해자로부터 교부된 금원으로부터 그 대가 또는 담보 상당액을 공제한 차액이 아니라 **교부받은 금원 전부**라고 보아야 한다(대판 2017.12.22, 2017도12649).

관련 판례 재산상 손해와 관련된 판결들

1) **분식회계에 의한 재무제표** 등으로 금융기관을 기망하여 대출을 받았다면 사기죄는 성립하고, 변제의사와 변제능력의 유무 그리고 충분한 담보가 제공되었다거나 피해자의 전체 재산상에 손해가 없고, 사후에 대출금이 상환되었다고 하더라도 사기죄의 성립에는 영향이 없다(대판 2005.4.29, 2002도7262).

2) 국민주택건설자금을 융자받고자 하는 민간사업자가 사실은 국민주택건설자금으로 사용할 의사가 없으면서도 **국민주택건설자금으로 사용할 것처럼 용도를 속여** 자금융자승인을 받아 국민주택건설자금을 대출받은 경우에는, 대출받을 당시 자금의 일부를 지급받는 대신 이로써 같은 은행에 대한 기존채무의 변제에 갈음하기로 하였다 하더라도 **대출금 전액**에 대하여 사기죄가 성립한다(대판 2002.7.26, 2002도2620).
↔ 변제액을 제외 : ×

3) **[상해과장보험금사기사건]** 피고인이 보험금을 편취할 의사로 허위로 보험사고를 신고하거나 고의로 보험사고를 유발한 경우 보험금에 관한 사기죄가 성립하고, 나아가 설령 피고인이 보험사고에 해당할 수 있는 사고로 경미한 상해를 입었다고 하더라도 이를 기화로 보험금을 편취할 의사로 상해를 과장하여 병원에 장기간 입원하고 이를 이유로 실제 피해에 비하여 과다한 보험금을 지급받는 경우에는 **보험금 전체**에 대해 사기죄가 성립한다(대판 2011.2.24, 2010도17512 ; 대판 2007.5.11, 2007도2134).
[동지판례] 甲이 환자들의 건강상태에 맞게 적정한 진료행위를 하지 않은 채 입원의 필요성이 적은 환자들에게까지 입원을 권유하고 퇴원을 만류하는 등으로 장기간의 입원을 유도하여 국민건강보험공단에 과도한 요양급여비를 청구하였다면, 그중 일부 기간에 관하여는 실제 입원치료가 필요한 것으로 인정되더라도 그 부분을 포함한 당해 입원기간의 요양급여비 전체에 대하여 사기죄가 성립한다(대판 2009.5.28, 2008도4665).

4) 재물을 편취한 후 현실적인 자금의 수수 없이 형식적으로 기왕에 편취한 금원을 새로이 **장부상으로만 재투자**하는 것으로 처리한 경우, 그 '재투자금액'은 이를 편취액의 합산에서 제외하여야 한다(대판 2007.1.25, 2006도7470). → 이른바 대환

7 실행의 착수 및 기수시기

(1) 실행의 착수시기

① 사기의 고의로 기망행위를 개시한 때이다. 상대방이 착오에 빠졌는가는 불문한다.

ㅇ 장애인단체의 지회장이 지방자치단체로부터 보조금을 더 많이 지원받기 위하여 **허위의 보조금 정산보고서를 제출**한 경우, 보조금 정산보고서는 보조금의 지원 여부 및 금액을 결정하기 위한 참고자료에 불과하고 직접적인 서류라고 할 수 없다는 이유로 보조금 편취범행의 실행에 착수한 것으로 보기 어렵다(대판 2003.6.13, 2003도1279).

② 보험사기의 경우 보험금지급을 신청한 때 착수가 인정되고, 보험금을 지급받은 때 기수가 된다.

예 보험사기의 고의로 살인·방화를 한 경우 → 살인·방화시 실행의 착수 ×

ㅇ 타인의 사망을 보험사고로 하는 생명보험계약을 체결함에 있어 제3자가 피보험자인 것처럼 가장하여 체결하는 등으로 그 유효요건이 갖추어지지 못한 경우, 다른 특별한 사정이 없는 한 **보험계약을 체결한 행위**만으로 보험금 편취를 위한 기망행위의 실행에 **착수**한 것으로 볼 수 없다(대판 2013.11.14, 2013도7494).

↔ 특별한 사정이 있는 경우(보험계약 체결 당시에 이미 보험사고가 발생하였음에도 이를 숨겼다거나 보험사고의 구체적 발생 가능성을 예견할 만한 사정을 인식하고 있었던 경우 또는 고의로 보험사고를 일으키려는 의도를 가지고 보험계약을 체결한 경우와 같이 보험사고의 우연성과 같은 보험의 본질을 해칠 정도라고 볼 수 있는 경우) → 사기죄의 실행의 착수 인정 ○

ㅇ 고의의 기망행위로 보험계약을 체결하고 위 보험사고가 발생하였다는 이유로 보험회사에 보험금을 청구하여 **보험금을 지급받았을 때** 사기죄는 **기수**에 이른다(대판 2019.4.3, 2014도2754).

[사실관계] 甲은, 乙에게 이미 당뇨병과 고혈압이 발병한 상태임을 숨기고 丙 생명보험 주식회사와 甲을 보험계약자로, 乙을 피보험자로 하는 2건의 보험계약을 체결한 다음, 고지의무 위반을 이유로 丙 보험회사로부터 일방적 해약이나 보험금 지급거절을 당할 수 없는 이른바 면책기간 2년이 도과된 이후, 乙의 보험사고 발생을 이유로 丙 보험회사에 보험금을 청구하여 당뇨병과 고혈압 치료비 등의 명목으로 14회에 걸쳐 보험금을 수령하였다. 이 경우 甲의 보험계약 체결행위와 보험금 청구행위는 丙 회사를 착오에 빠뜨려 처분행위를 하게 만드는 일련의 기망행위에 해당하고, 丙 회사가 그에 따라 보험금을 지급하였을 때 사기죄는 기수에 이르며, / 그 전에 **丙 회사의 해지권 또는 취소권이 소멸되었더라도 마찬가지**라는 이유로, 이와 달리 보험계약이 체결되고 최초 보험료가 납입된 때 또는 을 회사가 보험계약을 더 이상 해지할 수 없게 되었을 때 또는 고지의무 위반 사실을 알고 보험금을 지급하거나 지급된 보험금을 회수하지 않았을 때 사기죄가 기수에 이른다는 전제 아래 공소사실 전부에 대하여 공소시효가 완성되었다고 보아 면소를 선고한 원심판결에 보험금 편취를 목적으로 하는 사기죄의 기수시기에 관한 법리를 오해한 위법이 있다고 한 사례 78)

(2) 기수시기

① 피기망자의 처분행위로 자기 또는 제3자가 재물의 교부를 받거나 재산상 이익을 취득한 때이다.

② 동산의 경우 재물의 인도·교부를 받은 때, 부동산의 경우 소유권이전등기를 경료하거나 현실로 인도를 받은 때(점유시) 기수가 된다.

---

78) 2021년 법원사무관승진시험(20점)

③ '재물의 교부'란 반드시 재물의 현실의 인도가 있어야 하는 것은 아니고, 재물에 대한 사실상의 지배를 범인에게 이전하는 것을 의미한다.

o **[백두산 미륵불상건립 사기사건]** 재물의 교부가 있었다고 하기 위하여 반드시 재물의 현실의 인도가 필요한 것은 아니고 재물이 범인의 사실상의 지배 아래에 들어가 그의 자유로운 처분이 가능한 상태에 놓인 경우에도 재물의 교부가 있었다고 보아야 한다(대판 2003.5.16, 2001도1825).
[사실관계] 피고인의 주문에 따라 제작된 도자기(백두산 미륵불 건립사업을 홍보하는 내용이 담긴 도자기 5,000개) 중 실제로 배달된 것(1,600개)뿐만 아니라 피고인이 지정하는 장소로의 **배달을 위하여 피해자가 보관중인 도자기(3,400개)**도 피고인에게 모두 교부되었으므로 전부에 대하여 사기죄의 기수이다(대판 2003.5.16, 2001도1825).

o 타인의 명의를 빌려 예금계좌를 개설한 후, 통장과 도장은 명의인에게 보관시키고 자신은 위 계좌의 현금인출카드를 소지한 채, 명의인을 기망하여 위 예금계좌로 돈을 **송금**하게 한 경우, 명의인을 기망하여 위 통장으로 돈을 송금 받은 이상, 이로써 송금 받은 돈을 자신의 지배하에 두게 되어 편취행위는 기수에 이르렀다고 할 것이고, 이후 편취금을 인출하지 않고 있던 중 명의인이 이를 인출하여 갔다 하더라도 이는 범죄성립 후의 사정일 뿐 사기죄의 성립에 영향이 없다(대판 2003.7.25, 2003도2252).

o 변제의 의사나 능력이 없음에도 이를 숨긴 채 피해자에게 금원 대여를 요청하여 이에 속은 피해자로부터 동인(피해자)의 배서가 된 **약속어음**을 교부받아 이를 금융기관에서 **할인**한 후 그 할인금을 사용하였다면, 그 후 위 약속어음이 지급기일에 지급거절되고 피고인이 금융기관에 대하여 그 상환채무를 지게 되었다고 하더라도 피해자에 대한 사기죄가 성립한다고 할 것이다(대판 2007.4.12, 2007도1033).

8 주관적 구성요건

사기의 고의와 불법영득의사 또는 불법이득의사가 있어야 한다.

o 사기죄의 성립에 있어서 피해자에게 손해를 가하려는 목적을 필요로 하지는 않지만 적어도 타인의 재물 또는 이익을 침해한다는 의사와 피기망자로 하여금 어떠한 처분을 하게 한다는 의사는 있어야 한다(대판 1998.4.24, 97도3054).

관련 판례 고의 또는 불법영득의사를 인정한 경우

1) **시세조종된 주식**임을 잘 알면서도 이를 숨긴 채 담보로 제공하였다면 대출받을 당시 담보가치가 충분히 있었다고 하더라도 편취의 범의가 인정된다(대판 2004.5.28, 2004도1465).
2) 쇼핑몰 상가 분양사업을 계획하면서 사채와 분양대금만으로 사업부지 매입 및 공사대금을 충당할 수 있다는 막연한 구상 외에 체계적인 사업계획 없이 무리하게 쇼핑몰 상가 분양을 강행한 경우 편취의 범의를 인정할 수 있다(대판 2005.4.29, 2005도741).
3) **이미 과다한 부채의 누적** 등으로 신용카드사용으로 인한 대출금채무를 변제할 의사나 능력이 없는 상황에 처하였음에도 불구하고 신용카드를 사용한 경우, 사기죄에 있어서 기망행위 내지 편취의 범의를 인정할 수 있다(대판 2005.8.19, 2004도6859).

4) 대출의 조건 및 **용도**가 임야매수자금으로 **한정**되어 있는 **정책자금**을 대출받음에 있어 임야매수자금을 실제보다 부풀린 허위의 계약서를 제출함으로써 대출취급기관을 기망하였다면, 피고인에게 대출받을 자금을 상환할 의사와 능력이 있었는지 여부를 불문하고 편취의 고의가 인정된다(대판 2007.4.27, 2006도7634).

5) 의료기관이, 보험회사가 진료수가를 삭감할 것을 미리 예상하고, **허위로 과다하게 진료수가를 청구**하여 보험회사로부터 실제 발생하지 않은 진료비를 지급받았다면, 허위・과다청구 부분에 대한 편취의사 및 불법영득의사가 인정된다(대판 2008.2.9, 2006도5945).

6) 피고인이 甲 저축은행에 대출을 신청하여 심사를 받을 당시 동시에 다른 저축은행에 대출을 신청한 상태였는데도 甲 저축은행으로부터 다른 금융회사에 동시에 **진행 중인 대출이 있는지**에 대하여 질문을 받자 **'없다'고 답변**하였음에도, 甲 저축은행으로부터 대출을 받은 지 약 6개월 후에 신용회복위원회에 대출 이후 증가한 채무를 포함하여 프리워크아웃을 신청한 경우 사기의 고의를 인정할 수 있다(대판 2018.8.1, 2017도20682). → 프리워크아웃 = 이자감면, 이자율인하 등 혜택을 내용으로 하는 신용회복지원제도

관련 판례 **고의 또는 불법영득의사를 부정한 경우**

1) 어음의 발행인이 그 지급기일에 결제되지 않으리라는 점을 예견하였거나 지급기일에 지급될 수 있다는 확신이 없으면서도 그러한 내용을 상대방에게 고지하지 아니한 채 이를 속여 어음을 발행・교부하고 상대방으로부터 그 대가를 교부받았다면 사기죄가 성립하는 것이지만, / 이와 달리 어음의 발행인들이 각자 자력이 부족한 상태에서 자금을 편법으로 확보하기 위하여 서로 **동액의 융통어음**을 발행하여 교환한 경우, 사기죄가 성립하는 것은 아니다(대판 200.4.23, 2001도6570).
∵ 상대방이 발행한 어음이 지급기일에 결제되지 아니할 때에는 자기가 발행한 어음도 결제하지 않겠다는 약정 하에 서로 어음을 교환하는 것이므로

2) **[차용사기에 있어서의 편취의 범의에 관한 판단 기준 관련 사건]** 사기죄가 성립하는지는 행위 당시를 기준으로 판단하여야 하므로, 소비대차 거래에서 차주가 돈을 빌릴 당시에는 변제할 의사와 능력을 가지고 있었다면 비록 그 후에 변제하지 않고 있더라도 이는 민사상 채무불이행에 불과하며 형사상 사기죄가 성립하지는 아니한다. 따라서 소비대차 거래에서, 대주와 차주 사이의 친척・친지와 같은 인적 관계 및 계속적인 거래 관계 등에 의하여 **<대주가 차주의 신용 상태를 인식하고 있어 장래의 변제 지체 또는 변제불능에 대한 위험을 예상하고 있었거나 충분히 예상할 수 있는 경우>**에는, 차주가 차용 당시 구체적인 변제의사, 변제능력, 차용 조건 등과 관련하여 소비대차 여부를 결정지을 수 있는 중요한 사항에 관하여 허위 사실을 말하였다는 등의 다른 사정이 없다면, 차주가 그 후 **제대로 변제하지 못하였다는 사실**만을 가지고 변제능력에 관하여 대주를 기망하였다거나 차주에게 편취의 범의가 있었다고 단정할 수 없다(대판 2016.4.28, 2012도14516).
[동지판례] 피해자가 피고인의 **신용상태를 인식**하고 있어 장래의 변제지체 또는 변제불능에 대한 위험을 예상하고 있거나 예상할 수 있었다면, 피고인이 구체적인 변제의사, 변제능력, 거래조건 등 거래 여부를 결정지을 수 있는 중요한 사항을 허위로 말하였다는 등의 사정이 없는 한, 피고인이 그 후 제대로 변제하지 못하였다는 사실만 가지고 변제능력에 관하여 피해자를 기망하였다거나 사기죄의 고의가 있었다고 단정할 수 없다(대판 2016.6.9, 2015도18555).

3) 기업경영자가 파산에 의한 채무불이행 가능성을 인식할 수 있었으나 그러한 사태를 피할 수 있는 가능성이 있다고 믿었고, 계약이행을 위해 노력할 의사가 있었을 경우, 사기죄의 고의가 있었다고 단정할 수 없다(대판 2017.1.25, 2016도18432).

9 위법성

권리를 가진 사람이 권리행사의 수단으로 기망행위를 사용한 경우 사회통념상 권리행사의 수단으로 용인할 수 없는 정도이면 사기죄가 성립한다(행위의 불법설).

- 기망행위를 수단으로 한 권리행사의 경우 그 권리행사에 속하는 행위와 그 수단에 속하는 기망행위를 전체적으로 관찰하여 그와 같은 기망행위가 **사회통념상 권리행사의 수단으로서 용인할 수 없는 정도**라면 그 권리행사에 속하는 행위는 사기죄를 구성한다(대판 2003.12.26, 2003도4914).

관련 판례 **권리행사의 수단으로 용인할 수 없어 사기죄가 성립하는 경우**

1) **점유취득시효 완성** 후 등기명의인을 상대로 점유취득시효 완성을 원인으로 한 소유권이전등기청구소송을 제기하면서 점유의 권원에 관한 **증거를 위조**하고 그 진정성립 등에 관한 **위증**을 교사한 경우, 소송사기죄가 성립한다(대판 1997.10.14, 96도1405).
2) 자기앞수표를 **갈취당한 자**가 이를 분실하였다고 허위로 공시최고신청을 하여 제권판결을 선고받은 경우, 그 수표를 갈취하여 소지하고 있는 자에 대한 사기죄가 성립된다(대판 2003.12.26, 2003도4914).
3) 피고인이 피해자에게 불행을 고지하거나 길흉화복에 관한 어떠한 결과를 약속하고 **기도비** 등의 명목으로 대가를 교부받은 경우에 전통적인 관습 또는 종교행위로서 허용될 수 있는 한계를 벗어났다면 사기죄에 해당한다(대판 2017.11.9, 2016도12460).

10 죄수 및 타죄와의 관계

(1) 죄수

판례는 피해자별로 사기죄의 죄수를 판단하고 있다.

관련 판례 **동일한 피해자의 경우**

1) 동일한 피해자에 대하여 수회에 걸쳐 기망행위를 하여 금원을 편취한 경우 범의가 단일하고 범행방법이 동일하다면, 사기죄의 **포괄일죄**만이 성립한다(대판 2002.7.12, 2002도2029).
2) 피고인들이 사기도박에 필요한 준비로서 일명 '약' 카드세트와 밑장빼기가 가능한 카드분배기 등을 갖추고 블랙딜러를 투입하여 피해자들에게 도박에 참가하도록 한 때에는 이미 사기죄의 실행에 착수하였다 할 것이고, 나아가 피해자가 이 사건 카지노에 들어와 게임테이블에 앉아 바카라 게임을 시작한 후 최종적으로 종료할 때까지 그날의 편취행위를 포괄일죄로 봄이 타당하다(대판 2015.10.29, 2015도10948).
3) 동일한 피해자로부터 3회에 걸쳐 돈을 편취함에 있어서 그 시간적 간격이 각 2개월 이상이 되고 그 기망방법에 있어서도 처음에는 경매보증금을 마련하여 시간을 벌어주면 경매목적물을 처분하여 갚겠다고 거짓말을 하였고, 두 번째는 한번만 더 시간을 벌면 위 부동산이 처분될 수 있다고 하여 돈을 빌려주게 하고, 마지막에는 돈을 빌려주지 않으면 두 번에 걸쳐 빌려준 돈도 갚을 수 없게 되었다고 거짓말을 함으로써 피해자로 하여금 부득이 그 돈을 빌려주지 않을 수 없는 상태에 놓이게 하였다면 위 각 범행은 **실체적 경합범**에 해당한다(대판 1989.11.28, 89도1309).
   ∵ 범의의 단일성과 계속성이 있었다고 보여지지 아니하고 범행방법도 다른 경우이므로

관련 판례 **수인의 피해자의 경우**

1) **1개의 기망행위**에 의하여 다수의 피해자로부터 각각 재산상 이익을 편취한 경우에는 피해자별로 수개의 사기죄가 성립하고, 그 사이에는 **상상적 경합의 관계**에 있는 것으로 보아야 한다(대판 2015.4.23, 2014도16980).
[사실관계] 피고인이 부동산 공유자인 피해자 3명을 상대로 부동산을 매수할 것처럼 행세하며 근저당권을 먼저 설정하여 주면 이를 담보로 매매대금을 마련하여 지급하겠다고 기망하여, 이에 속은 위 피해자들이 공유하는 부동산의 각 공유지분에 관하여 근저당권을 설정하게 힘으로써 재산상 이익을 편취한 경우 사기죄의 상상적 경합이라고 본 사례

2) 사기죄에 있어서 수인의 피해자에 대하여 각별로 기망행위를 하여 각각 재물을 편취한 경우, 그 범의가 단일하고 범행 방법이 동일하다고 하더라도 포괄1죄가 되는 것이 아니라 **피해자별**로 1개씩의 죄가 성립한다(대판 1995.8.22, 95도594). → 실체적 경합관계

3) 다수의 피해자에 대하여 각별로 기망행위를 하여 각각 재산상 이익을 편취한 경우에는 범의가 단일하고 범행방법이 동일하더라도 각 피해자의 피해법익은 독립한 것이므로 이를 포괄일죄로 파악할 수 없고 피해자별로 독립한 사기죄가 성립된다. / 다만 **피해자들이 하나의 동업체를 구성하는 등으로 피해 법익이 동일하다고 볼 수 있는 사정이 있는 경우**에는 피해자가 복수이더라도 이들에 대한 사기죄를 **포괄**하여 **일죄**로 볼 수도 있을 것이다(대판 2011.4.14, 2011도769).

관련 판례 **기타 죄수에 관련된 판결들**

1) 절도범인이 그 **절취한 장물**을 자기 것인 양 **제3자를 기망하여 금원을 편취한 경우**에는 장물에 관하여 소비 또는 손괴하는 경우와는 달리 제3자에 대한 관계에 있어서는 새로운 법익의 침해가 있다고 할 것이므로 절도죄 외에 별도로 사기죄가 성립한다(대판 1980.11.25, 80도2310).
→ 불가벌적 사후행위 ×

2) **편취한 약속어음**을 그와 같은 사실을 모르는 **제3자에게 편취사실을 숨기고 할인받는 행위**는 당초의 어음 편취와는 별개의 새로운 법익을 침해하는 행위로서 기망행위와 할인금의 교부행위 사이에 상당인과관계가 있어 새로운 사기죄를 구성한다 할 것이고, 설령 그 약속어음을 취득한 제3자가 선의이고 약속어음의 발행인이나 배서인이 어음금을 지급할 의사와 능력이 있었다 하더라도 이러한 사정은 사기죄의 성립에 영향이 없다(대판 2005.9.30, 2005도5236).
→ 불가벌적 사후행위 ×

3) 사기죄에서 피해자에게 그 대가가 지급된 경우, 피해자를 기망하여 그가 보유하고 있는 그 대가를 다시 편취하거나 피해자로부터 그 대가를 위탁받아 보관 중 횡령하였다면, 이는 새로운 법익의 침해가 발생한 경우이므로, 기존에 성립한 사기죄와는 별도의 새로운 사기죄나 횡령죄가 성립한다(대판 2009.10.29, 2009도7052).

4) **[보이스피싱사건 1]**[79] **전기통신금융사기(이른바 보이스피싱 범죄)**의 **범인**이 피해자를 기망하여 피해자의 돈을 사기이용계좌로 송금·이체 받았다면 이로써 편취행위는 기수에 이른다. 따라서 범인이 피해자의 돈을 보유하게 되었더라도 이로 인하여 피해자와 사이에 어떠한 위탁 또는 신임관계가 존재한다고 할 수 없는 이상 피해자의 돈을 보관하는 지위에 있다고 볼 수 없으며, 나아가 그 후에

79) 2019년 변호사시험

범인이 사기이용계좌에서 현금을 인출하였더라도 이는 이미 성립한 사기범행의 실행행위에 지나지 아니하여 새로운 법익을 침해한다고 보기도 어려우므로, 위와 같은 인출행위는 사기의 피해자에 대하여 따로 횡령죄를 구성하지 아니한다. 그리고 이러한 법리는 사기범행에 이용되리라는 사정을 알고서도 자신 명의 계좌의 접근매체를 양도함으로써 **사기범행을 방조한 종범**이 사기이용계좌로 송금된 피해자의 돈을 임의로 인출한 경우에도 마찬가지로 적용된다(대판 2017.5.31, 2017도3045).

5) 피고인이 보이스피싱 사기 범죄단체에 가입한 후 사기범죄의 피해자들로부터 돈을 편취하는 등 그 구성원으로서 활동한 경우, 범죄단체 가입행위 또는 범죄단체 구성원으로서 활동하는 행위와 사기행위는 각각 별개의 범죄구성요건을 충족하는 독립된 행위이고 서로 보호법익도 달라 법조경합 관계로 목적된 범죄인 **사기죄만 성립하는 것은 아니다**(대판 2017.10.26, 2017도8600).
→ 범죄단체가입·활동죄, 사기죄 모두 성립

6) 피해자에 대한 사기범행을 실현하는 수단으로서 타인(피이용자)을 기망하여 그를 피해자로부터 편취한 **재물이나 재산상 이익을 전달하는 도구**로서만 이용한 경우에는 편취의 대상인 재물 또는 재산상 이익에 관하여 피해자에 대한 사기죄가 성립할 뿐 도구로 이용된 타인에 대한 사기죄가 별도로 성립한다고 할 수 없다(대판 2017.5.31, 2017도3894).[80]
∵ 간접정범을 통한 범행에서 피이용자는 간접정범의 의사를 실현하는 수단으로서의 지위를 가질 뿐이므로

(2) 타죄와의 관계

Thema 정리 사기죄와 타죄와의 관계

구분		
자기가 점유하는 타인의 재물을 기망에 의하여 영득한 경우	횡령죄 ○, 사기죄 × "횡사횡"	
타인의 사무를 처리하는 자가 본인을 기망하여 재산상 이익을 취득한 경우	사기죄와 배임죄의 상상적 경합 "사배상"	
위조통화를 행사하여 타인의 재물을 편취한 경우	다수설	위조통화행사죄와 사기죄의 상상적 경합
	판례	위조통화행사죄와 사기죄의 실체적 경합
사기도박의 경우	사기도박자에게는 사기죄 성립 ○	
	피해자에게는 도박죄 ×(∵ 우연성이 없으므로)	
공무원이 직무에 관하여 타인을 기망하여 재물을 편취한 경우	사기죄와 수뢰죄의 상상적 경합	

관련 판례 사기죄와 타죄와의 관계

1) 자기가 점유하는 타인의 재물을 횡령하기 위하여 기망수단을 쓴 경우에는 피기망자에 의한 재산처분행위가 없으므로 일반적으로 **횡령죄**만 성립되고 사기죄는 성립되지 아니한다(대판 1980.12.9, 80도1177).

2) [1] **약속어음을 할인을 위하여 교부받은 수탁자**는 (위탁의 취지에 따라 보관하는 것에 불과하고 위 약속어음을 교부할 당시에 그 할인의 편의를 위하여 배서양도의 형식을 취하였다 하더라도 다를 바

80) 2019년 변호사시험

없다 할 것이므로) 배서양도의 형식으로 위탁된 약속어음을 수탁자가 자신의 채무변제에 충당하였다면 이와 같은 수탁자의 행위는 위탁의 취지에 반하는 것으로서 **횡령죄**를 구성한다. / [2] 피고인이 **당초부터 약속어음을 할인하여 줄 의사가 없으면서 있는 것처럼 피해자를 기망하여 약속어음을 교부받은 경우**에는 그 교부받은 즉시 **사기죄**가 성립하고 그 후 이를 피해자에 대한 피고인의 채권의 변제에 충당하였다 하더라도 불가벌적 사후행위가 됨에 그칠 뿐, 별도로 횡령죄를 구성하지 않는다(대판 1983.4.26, 82도3079).

3) **업무상배임행위에 사기행위가 수반된 때의 죄수 관계**에 관하여 보면, 양 죄는 그 구성요건을 달리하는 별개의 범죄이고 형법상으로도 각각 별개의 장(章)에 규정되어 있어, 1개의 행위에 관하여 사기죄와 업무상배임죄의 각 구성요건이 모두 구비된 때에는 양 죄를 법조경합 관계로 볼 것이 아니라 **상상적 경합관계**로 봄이 상당하다 할 것이고, 나아가 업무상배임죄가 아닌 단순배임죄라고 하여 양 죄의 관계를 달리 보아야 할 이유도 없다(대판 2002.7.18, 2002도669 全合).
   [사실관계] 타인의 사무를 처리하는 자가 기망행위를 수단으로 배임행위를 한 경우 사기죄와 배임죄의 상상적 경합이다.

4) 건물관리인이 건물주로부터 월세임대차계약 체결업무를 위임받고도 임차인을 속여 전세임대차계약을 체결하고 그 보증금을 편취한 경우, **업무상배임죄와 사기죄**가 성립하고 두 죄는 실체적 경합범의 관계에 있다(대판 2010.11.11, 2010도10690).

5) **위조통화행사죄와 사기죄**는 그 보호법익을 달리하고 있으므로 위조통화를 행사하여 재물을 불법영득한 때에는 위조통화행사죄와 사기죄의 양 죄는 경합범의 관계에 있다(대판 1979.7.10, 78도840).

6) **[사기도박 사기사건]** ① **이른바 사기도박**과 같이 도박당사자의 일방이 사기의 수단으로써 승패의 수를 지배하는 경우에는 도박에서의 우연성이 결여되어 사기죄만 성립하고 도박죄는 성립하지 아니한다. ② 사기도박에서도 사기적인 방법으로 도금을 편취하려고 하는 자가 상대방에게 도박에 참가할 것을 권유하는 등 기망행위를 개시한 때에 실행의 착수가 있는 것으로 보아야 한다. ③ 사기도박을 숨기기 위하여 얼마간 정상적인 도박을 하였더라도 이는 사기죄의 실행행위에 포함되는 것이어서 피고인에 대하여는 피해자들에 대한 사기죄만이 성립하고 도박죄는 따로 성립하지 아니한다. ④ 피고인 등이 피해자들을 유인하여 사기도박으로 도금을 편취한 행위는 사회관념상 1개의 행위로 평가하는 것이 타당하므로, 피해자들에 대한 각 사기죄는 상상적 경합의 관계에 있다(대판 2011.1.13, 2010도9330).

7) 뇌물은 수수함에 있어서 공여자를 기망한 점이 있다 하여도 뇌물수수, 뇌물공여죄의 성립에는 아무런 소장이 없다(대판 1985.2.8, 84도2625).
   [비교판례] 1개의 행위가 뇌물죄와 사기죄의 각 구성요건에 해당하는 경우 수뢰죄와 사기죄의 상상적 경합이 된다(대판 1977.6.7, 77도1069).

8) **사기의 수단으로 발행한 수표가 지급거절된 경우** 부정수표단속법위반죄와 사기죄는 그 행위의 태양과 보호법익을 달리하므로 실체적 경합범의 관계에 있다(대판 2004.6.25, 2004도1751).

9) 공동의 사기 범행으로 인하여 얻은 돈을 **공범자끼리 수수한 행위**가 공동정범들 사이의 그 범행에 의하여 취득한 돈이나 재산상 이익의 내부적인 분배행위에 지나지 않는 것이라면 그 돈의 수수행위가 따로 **배임수증재죄**를 구성한다고 볼 수는 없다(대판 2016.5.24, 2015도18795).
   [사실관계] 공사 발주처의 입찰 업무를 처리하는 자가 공사업자와 공모하여 부정한 방법으로 **낙찰하한가를 알아낸 다음** 공사업자에게 알려주어 발주처가 공사업자를 낙찰자로 선정하도록 하여 공사계약의 체결에 이르게 하고 공사업자에게서 돈을 수수한 경우 사기죄의 성립만 인정한 사례

11 관련 문제 _ 불법원인급여와 사기죄의 성립여부

불법원인급여물에 대하여도 사기죄가 성립한다.

○ 민법 제746조의 불법원인급여에 해당하여 급여자가 수익자에 대한 반환청구권을 행사할 수 없다고 하더라도, 수익자가 기망을 통하여 급여자로 하여금 불법원인급여에 해당하는 재물을 제공하도록 하였다면 사기죄가 성립한다고 할 것인바, 피고인이 피해자 공소외인으로부터 도박자금으로 사용하기 위하여 금원을 차용하였더라도 사기죄의 성립에는 영향이 없다(대판 2006.11.23, 2006도6795).

Ⅲ 소송사기 81)

소송사기란 법원을 기망하여 자기에게 유리한 판결을 얻음으로써 상대방의 재물 또는 재산상 이익을 취득하는 것을 내용으로 하는 범죄이다. 삼각사기의 대표적인 예이다.
다만 소송사기의 인정은 엄격하여야 한다.

○ 소송사기를 쉽사리 유죄로 인정하게 되면 누구든지 자기에게 유리한 주장을 하고 소송을 통하여 권리구제를 받을 수 있는 민사재판제도의 위축을 가져올 수밖에 없으므로, 피고인이 그 범행을 인정한 경우 외에는 그 소송상의 주장이 사실과 다름이 객관적으로 명백하고 피고인이 그 주장이 명백히 거짓인 것을 인식하였거나 증거를 조작하려고 하였음이 인정되는 때와 같이 범죄가 성립하는 것이 명백한 경우가 아니면 이를 유죄로 인정하여서는 아니 되고, / 단순히 사실을 잘못 인식하였다거나 법률적 평가를 잘못하여 존재하지 않는 권리를 존재한다고 믿고 제소한 행위는 사기죄를 구성하지 아니한다(대판 2007.9.6, 2006도3591 ; 대판 2018.12.28, 2018도13305).
[동지판례] 갑은 을에 대한 손해배상채권에 기하여 피고인을 상대로 '피고인이 을로부터 부동산을 매수한 것은 사해행위에 해당한다.'는 이유로 **사해행위취소소송**을 제기하여 제1심에서 승소판결을 받고, **피고인**은 이에 대해 **추완항소**를 제기하였는데, 피고인은 선행 사해행위취소소송을 제기한 채권자 병과의 사이에 성립한 조정 결과에 따른 가액배상금의 변제를 완료하였으므로 이를 사해행위 대상 부동산의 담보가치에서 공제하여야 한다고 주장하며 해당 금융거래내역을 증거로 제출하였으나, 사실은 미리 병으로부터 송금받은 금원을 거의 그대로 재송금한 거래내역에 불과하여 실제 채무변제가 완료되지는 않았고, 피고인의 항소는 기각된 사안에서, 객관적으로 허위임이 명백하다거나 피고인이 허위의 주장과 증명으로써 법원을 기망한다는 인식을 하고 있었다고 단정하기 어려우므로 피고인이 **허위 주장 및 증거 제출의 고의로 사기죄의 실행에 착수하였다고 본 원심판단에 소송사기에 관한 법리오해의 잘못이 있다고 한 사례**(대판 2022.5.26, 2022도1227)

1 주체

원고, 피고 모두 가능하다.

○ 적극적 소송당사자인 원고뿐만 아니라 방어적인 위치에 있는 **피고**라 하더라도 허위내용의 서류를 작성하여 이를 증거로 제출하거나 위증을 시키는 등의 적극적인 방법으로 법원을 기망하여 착오에 빠지게 한

81) 1992년 법원사무관승진시험

결과 승소확정판결을 받음으로써 자기의 재산상의 의무이행을 면하게 된 경우에는 그 재산가액 상당에 대하여 사기죄가 성립한다(대판 2004.3.12, 2003도333).

2 기망행위

소송사기에서 기망행위란 소송절차에서 허위주장과 허위입증행위(증거의 조작)를 하거나 강제집행절차에서 집행권원이 없음에도 절차를 신청하는 행위가 기망행위에 해당한다.

○ 허위의 내용으로 소송을 제기하여 법원을 기망한다는 고의가 있는 경우에 법원을 기망하는 것은 반드시 허위의 증거를 이용하지 않더라도 당사자의 **주장**이 법원을 기망하기에 충분한 것이라면 기망수단이 된다(대판 2011.9.8, 2011도7262).

○ 소송사기에서 말하는 **증거의 조작**이란 처분문서 등을 거짓으로 만들어 내거나 증인의 허위 증언을 유도하는 등으로 객관적・제3자적 증거를 조작하는 행위를 말한다(대판 2007.9.6, 2006도3591).

관련 판례 **기망행위에 해당하지 않는 경우**

1) **기한 미도래의 채권**을 소송에 의하여 청구함에 있어서 기한의 이익이 상실되었다는 허위의 증거를 조작하는 등의 적극적인 사술을 사용하지 아니한 채 단지 **즉시 지급을 구하는 취지의 지급명령신청**은 법원을 기망하여 부당한 이득을 편취하려는 기망행위에 해당하지 아니한다(대판 1982.7.27, 82도1160).
2) 상대방에게 유리한 증거를 제출하지 않거나 **상대방에게 유리한 사실을 진술하지 않는 행위**만으로는 소송사기에 있어 기망이 된다고 할 수 없다(대판 2002.6.28, 2001도1610).

3 착오

착오의 주체(피기망자)는 법원이다. 따라서 등기공무원을 기망하여 소유권이전등기를 하여도 사기죄가 성립하지 않는다.

○ 토지의 일부만을 매수한 자가 그 부분만을 분할 이전하겠다고 거짓말하여 소유자로부터 인장을 교부받아 토지전부에 관하여 소유권이전등기를 필한 경우에는 매수하지 아니한 부분에 관한 등기에 대하여는 위 소유자의 처분행위가 없었을 뿐만 아니라 **등기 공무원**에게는 그 처분권한이 있다고 볼 수 없어 사기죄가 성립하지 않는다(대판 1982.3.9, 81도1732). → 사기죄 ×, 공정증서원본불실기재죄 및 동행사죄 성립 ○

4 처분행위

소송사기에서는 법원(피기망자)의 재판이 처분행위에 해당한다. 따라서 법원의 재판은 피해자의 처분행위에 갈음하는 내용과 효력이 있어야 한다.

관련 판례 **처분행위가 없어 소송사기가 성립하지 않는 경우** "허무사공"

1) **실재하고 있지 아니한 자(허무인)**에 대하여 판결이 선고되더라도 그 판결은 피해자의 처분행위에 갈음하는 내용과 효력을 인정할 수 없고, 따라서 착오에 의한 재물의 교부행위를 상정할 수 없는 것이므로 사기죄의 성립을 시인할 수 없다(대판 1992.12.11, 92도743).

2) **[사망한 자를 상대로 소송을 제기한 경우]** 피고인의 제소가 **사망한 자를 상대**로 한 것이라면 이와 같은 사망한 자에 대한 판결은 그 내용에 따른 효력이 생기지 아니하여 상속인에게 그 효력이 미치지 아니하고 따라서 사기죄를 구성한다고 할 수 없다(대판 2002.1.11, 2000도1881).

3) 소송사기에 있어서 피기망자인 법원의 재판은 피해자의 처분행위에 갈음하는 내용과 효력이 있는 것이어야 하므로, 피고인들이 다인과 공모하여 그 **공모자를 상대로 제소한 경우**나 피고인들이 법원을 기망하여 얻으려고 한 판결의 내용이 소송 상대방의 의사에 부합하는 것일 때에는 착오에 의한 재물의 교부행위가 있다고 할 수 없어 소송사기죄가 성립되지 아니한다(대판 1996.8.23, 96도1265).
[동지판례] 피고인이 타인과 공모하여 그 공모자를 상대로 제소하여 의제자백의 판결을 받아 이에 기하여 부동산의 소유권이전등기를 하였다고 하더라도 이는 소송 상대방의 의사에 부합하는 것으로서 착오에 의한 재산적 처분행위가 있다고 할 수 없어 동인으로부터 부동산을 편취한 것이라고 볼 수 없고, 또 그 부동산의 진정한 소유자가 따로 있다고 하더라도 피고인이 의제자백판결에 기하여 그 진정한 소유자로부터 소유권을 이전받은 것이 아니므로 그 소유자로부터 부동산을 편취한 것이라고 볼 여지도 없다(대판 1997.12.23, 97도2430).

4) 피고인이 타인소유의 부동산에 관하여 **아무런 권한이 없는 사람을 상대**로 소유권확인등의 청구소송을 제기함으로써 법원을 기망하여 승소판결을 받고 그 확정판결을 이용하여 동 부동산에 대한 소유권보존등기를 경료했다 하여도, 위 판결의 효력은 소송당사자들 사이에만 미치고 제3자인 부동산소유자에게는 미치지 아니하여 위 판결로 인하여 위 부동산에 대한 제3자의 소유권이 피고인에게 이전되는 것도 아니므로 사기죄를 구성한다고 볼 수 없다(대판 1985.10.8, 84도2642).

심화 Thema 사망한 자를 상대로 소송을 제기한 경우 소송사기죄의 성부 82)

1. 문제점

타인의 재산을 편취할 목적으로 사망한 자를 상대로 제소한 경우 소송사기죄의 성립여부가 문제된다.

2. 학설

1) 반드시 패소자의 재산이 아니어도 누군가의 재산에 손해가 발생하고 행위자에게 재산상 이익의 취득이 인정되면 **사기죄가 성립한다는 견해**, 2) 수단의 착오로 인하여 결과발생이 불가능하지만, 결과발생의 위험성이 있으므로 **사기죄의 불능미수가 성립한다는 견해**, 3) 사망한 자인 줄은 알았지만 판결의 효력이 사망한 자에게도 미친다고 오인한 경우 반전된 포섭의 착오로서 환각범에 해당하므로 사기죄가 성립하지 않지만, 처음부터 판결이 당연무효임을 알고 제소한 경우 사기죄의 고의가 인정되지 않으므로 구성요건해당성이 부정된다는 견해(**개별설**), 4) 추상적 위험설에 따를 때 수단의 착오가 있는 경우로서 결과발생의 위험성이 없는 경우이므로 사기죄가 성립하지 않는다는 견해(**불능범설, 무죄설**) 83)의 대립이 있다.

3. 판례

대법원은 제소가 사망한 자를 상대로 한 것이라면 그 판결은 그 내용에 따른 효력이 생기지 아니하여 상속인에게 그 효력이 미치지 아니하므로 사기죄가 성립하지 아니한다(대판 2002.1.11, 2000도1881)는 태도이다(**불능범설, 무죄설**).

4. 검토

원고가 소를 제기함으로써 실행의 착수는 인정되지만, 수단의 착오가 있어 결과발생의 위험이 없으므로 불가벌적 불능범이 된다고 보는 것이 타당하다.

---

82) **2009년 · 2019년 법원행정고등고시, 2017년 · 2022년 법원사무관승진시험(20점)**

83) 김성돈 제8판 형법각론 p.403

5 고의

소송사기에 있어 사기죄가 성립하기 위해서는 제소 당시 그 주장과 같은 채권이 존재하지 않음을 아는 것만으로는 부족하고, 허위의 주장과 입증으로 법원을 기망한다는 인식을 요한다.

- 소송사기죄로 인정하기 위하여는 제소 당시 그 주장과 같은 권리가 존재하지 않는다는 것만으로는 부족하고, 그 주장의 권리가 존재하지 않는 사실을 잘 알고 있으면서도 허위의 주장과 입증으로 법원을 기망한다는 인식을 요한다(대판 2011.9.8, 2011도7262).
- 원고 측에 의한 소송사기가 성립하기 위하여는 제소 당시에 그 주장과 같은 채권이 존재하지 아니하다는 것만으로는 부족하고 그 주장의 채권이 존재하지 아니한 사실을 잘 알고 있으면서도 허위의 주장과 입증으로써 법원을 기망한다는 인식을 하고 있어야만 하는 것이고, 이와 마찬가지로, 피고 측에 의한 소송사기가 성립하기 위하여는 원고 주장과 같은 채무가 존재한다는 것만으로는 부족하고 그 주장의 채무가 존재한다는 사실을 잘 알고 있으면서도 허위의 주장과 입증으로써 법원을 기망한다는 인식을 하고 있어야만 한다(대판 2004.3.12, 2003도333).
- 소송상 주장이 다소 사실과 다르더라도 존재한다고 믿는 권리를 이유 있게 하기 위한 과장표현에 지나지 아니하는 경우 사기의 범의가 있다고 볼 수 없다(대판 2007.9.6, 2006도3591).

6 실행의 착수시기

Thema 정리 절차별 소송사기의 실행의 착수시기와 기수시기

절차	실행의 착수시기	기수시기
보전절차(가압류 · 가처분)	실행의 착수 ×	
독촉절차	지급명령신청시	지급명령확정시
소송절차	원고 : 소제기시 피고 : 답변서 · 준비서면 제출시	승소판결확정시 ↔ 패소판결시 : 미수
강제집행절차	집행절차개시신청시 또는 배당신청시 : 경매신청시 · 압류신청시 또는 배당요구시	

원고의 경우 소송에서 주장하는 권리가 존재하지 않는 사실을 알고 있으면서도 법원을 기망한다는 인식을 가지고 소를 제기한 때, 피고의 경우 허위내용의 서류를 작성하여 이를 증거로 제출하거나 그러한 주장을 담은 답변서 · 준비서면을 제출한 때이다.

- **소송사기**는 법원을 기망하여 자기에게 유리한 판결을 얻고 이에 터잡아 상대방으로부터 재물의 교부를 받거나 재산상 이익을 취득하는 것을 말하는 것으로서 소송에서 주장하는 권리가 존재하지 않는 사실을 알고 있으면서도 법원을 기망한다는 인식을 가지고 **소를 제기**하면 이로써 실행의 착수가 있고 소장의 유효한 송달을 요하지 아니한다(대판 2006.11.10, 2006도5811).

[동지판례] 소송에서 주장하는 권리가 존재하지 않는 사실을 알고 있으면서도 법원을 기망한다는 인식을 가지고 소를 제기하면 이로써 실행의 착수가 있고 소장의 유효한 송달을 요하지 아니한다고 할 것인바, 이러한 법리는 제소자가 상대방의 주소를 허위로 기재함으로써 그 허위주소로 소송서류가 송달되어 그로 인하여 상대방 아닌 다른 사람이 그 서류를 받아 소송이 진행된 경우에도 마찬가지로 적용된다(대판 2006.11.10, 2006도5811).

o 피고의 경우에는 적극적인 방법으로 법원을 기망할 의사를 가지고 **허위내용의 서류**를 **증거**로 **제출**하거나 그에 따른 주장을 담은 **답변서나 준비서면을 제출한 경우**에 사기죄의 실행의 착수가 있다고 볼 것이다(대판 1998.2.27, 97도2786).

o 甲 주식회사의 경영자인 피고인이, 甲 회사와 乙 주식회사 사이에 **허위로 작성된 물품공급계약서**에 따른 공급을 완료하였음을 전제로 乙 회사를 상대로 물품대금 청구소송을 제기하면서 **증거자료로** 위 물품공급계약서를 **제출**하였다가 그 후 소송을 취하한 경우, 피고인의 행위가 사기미수죄에 해당한다(대판 2011.9.8, 2011도7262).

관련 판례 **소송사기의 실행의 착수를 부정한 경우**

1) 본안소송을 제기하지 아니한 채 **가압류**를 한 것만으로는 사기죄의 실행에 착수하였다고 할 수 없다(대판 1988.9.13, 88도55).

∵ 가압류는 강제집행의 보전방법에 불과한 것이어서 허위의 채권을 피보전권리로 삼아 가압류를 하였다고 하더라도 그 채권에 관하여 현실적으로 청구의 의사표시를 한 것이라고는 볼 수 없으므로

[동지판례] 가압류는 강제집행의 보전방법에 불과하고 그 기초가 되는 허위의 채권에 의하여 실제로 청구의 의사표시를 한 것이라고 할 수 없으므로 소의 제기 없이 가압류신청을 한 것만으로는 사기죄의 실행에 착수한 것이라고 할 수 없다(대판 1982.10.26, 82도1529).[84)]

2) [허위유치권신고사건] **허위 공사대금채권을 근거**로 유치권 신고를 하였더라도 이를 소송사기 실행의 착수가 있다고 볼 수는 없다(대판 2009.9.24, 2009도5900).

∵ 유치권자가 경매절차에서 유치권을 신고하는 경우 법원은 이를 매각물건명세서에 기재하나, 이는 처분행위로 볼 수는 없고, 또한 유치권자는 권리신고 후 이해관계인으로서 경매절차에서 이의신청권 등 몇 가지 권리를 얻게 되지만 이는 법률의 규정에 따른 것으로서 재물 또는 재산상 이득을 취득하는 것으로 볼 수도 없다는 점을 근거로 ↔ 부풀린 채권으로 유치권에 의한 경매신청 사기사건

3) 피고인(甲회사 운영자)이 '甲회사의 乙에 대한 채권'이 존재하지 않는다는 사실을 알면서 그 사실을 모르는 丙(甲회사에 대한 채권자)에게 '甲회사의 乙에 대한 채권'의 압류 및 전부(추심)명령을 신청하게 하여 그 명령을 받게 한 경우, 丙이 甲회사에 대하여 진정한 채권을 가지고 있는 이상, 위와 같은 사정만으로는 법원을 기망하였다고 볼 수 없고, 丙이 乙을 상대로 전부(추심)금 소송을 제기하지 않은 이상 소송사기의 실행에 착수하였다고 볼 수도 없다(대판 2009.12.10, 2009도9982).

↔ 간접정범형태에 의한 소송사기와 구별할 것!

4) 피고인이 갑 명의로, 갑이 이 건 임야를 매수한 일이 없음에도 매수한 것처럼 허위의 사실을 주장하여 위 임야에 대한 소유권이전등기를 거친 자들을 상대로 각 그 **소유권이전등기말소를 구하는 소송**을 제기하였다가 취하하였다고 하여도, 위 소송의 결과 원고로 된 갑이 승소한다고 가정하더라도 위 피고들의

84) 2017년 법원사무관승진시험

등기가 말소될 뿐이고 이것만으로 피고인이 위 임야에 관한 어떠한 권리를 취득하거나 의무를 면하는 것은 아니므로 법원을 기망하여 재물이나 재산상 이익을 편취한 것이라고 보기 어려우니 위 소제기 행위를 가리켜 사기의 실행에 착수한 것이라고 할 수 없다(대판 1981.12.8, 81도1481).

관련 판례 **소송사기의 실행의 착수를 인정한 경우**

1) 부동산등기부상 **소유자로 등기된 적이 있는 자**가 자기 이후에 소유권이전등기를 경료한 등기명의인들을 상대로 허위의 사실을 주장하면서 그들 명의의 소유권이전등기의 말소를 구하는 소송을 제기한 경우 말소등기청구 소송의 제기는 사기의 실행에 착수한 것이라고 보아야 한다(대판 2003.7.22, 2003도1951).
   ∵ 승소한다면 등기명의인들의 등기가 말소됨으로써 그 소송을 제기한 자의 등기명의가 회복되는 것이므로

2) 피고인 또는 그와 공모한 자가 자신이 토지의 소유자라고 허위의 주장을 하면서 소유권보존등기 명의자를 상대로 **보존등기의 말소를 구하는 소송**을 제기한 경우 소송사기의 실행에 착수한 것이다(대판 2006.4.7, 2005도9858 全合).[85]

3) 특정 권원에 기하여 민사소송을 진행하던 중 법원에 조작된 증거를 제출하면서 종전에 주장하던 특정 권원과 별개의 허위의 권원을 추가로 주장하는 경우 가사 나중에 법원이 종전의 특정 권원을 인정하여 피고인에게 승소판결을 선고하였다고 하더라도, 소송사기의 실행의 착수로 볼 수 있다(대판 2004.6.25, 2003도7124).

4) [1] 허위의 내용으로 지급명령을 신청하여 법원을 기망한다는 고의가 있는 경우에 법원을 기망하는 것은 반드시 허위의 증거를 이용하지 않더라도 당사자의 주장이 법원을 기만하기 충분한 것이라면 기망수단이 된다. [2] 지급명령신청에 대해 상대방이 이의신청을 하면 지급명령은 이의의 범위 안에서 그 효력을 잃게 되고 지급명령을 신청한 때에 소를 제기한 것으로 보게 되는 것이지만 이로써 이미 실행에 착수한 사기의 범행 자체가 없었던 것으로 되는 것은 아니다(대판 2004.6.24, 2002도4151).
   [사실관계] 허위의 내용으로 **지급명령**을 **신청**하여(실행의 착수), 지급명령이 확정된 경우에는 사기죄가 성립한다(기수).

5) 진정한 임차권자가 아니면서 허위의 임대차계약서를 법원에 제출하여 **임차권등기명령을 신청**한 것만으로 소송사기의 실행행위에 착수한 것으로 볼 수 있고 나아가 그 임차보증금 반환채권에 관하여 현실적으로 청구의 의사표시를 하여야 사기죄의 실행의 착수가 있다고 볼 것은 아니다(대판 2012.5.24, 2010도12732).
   ∵ 법원의 임차권등기명령은 피신청인의 재산상의 지위 또는 상태에 영향을 미칠 수 있는 행위로서 피신청인의 처분행위에 갈음하는 내용과 효력이 있다고 보아야 하고, 따라서 이러한 **법원의 임차권등기명령을 이용한 소송사기**의 경우 피해자인 피신청인이 직접 처분행위를 하였는지 여부는 사기죄의 성부에 아무런 영향을 주지 못하므로

6) **[부풀린 채권으로 유치권에 의한 경매신청 사기사건]** 유치권에 의한 경매를 신청한 유치권자는 일반채권자와 마찬가지로 피담보채권액에 기초하여 배당을 받게 되는 결과 피담보채권인 공사대금 채권을 실제와 달리 허위로 크게 부풀려 유치권에 의한 경매를 신청할 경우 정당한 채권액에 의하여 경매를 신청한 경우보다 더 많은 배당금을 받을 수도 있으므로, 이는 법원을 **기망**하여 배당이라는 법원의 처분행위에 의하여 재산상 이익을 취득하려는 **행위**로서, 불능범에 해당한다고 볼 수 없고, 소송사기죄의 실행의 착수에 해당한다(대판 2012.11.15, 2012도9603). ↔ 허위유치권신고사건

85) 2009년 법원행정고등고시

7) [강제집행절차를 통한 소송사기 사건] 강제집행절차를 통한 소송사기는 집행절차의 개시신청을 한 때 또는 진행 중인 집행절차에 배당신청을 한 때에 실행에 착수하였다고 볼 것이다. **소유권이전등기청구권**에 대한 압류는 당해 부동산에 대한 경매의 실시를 위한 사전 단계로서의 의미를 가지나, 전체로서의 강제집행절차를 위한 일련의 시작행위라고 할 수 있으므로, 허위 채권에 기한 공정증서를 집행권원으로 하여 채무자의 소유권이전등기청구권에 대하여 **압류신청**을 한 시점에 소송사기의 실행에 착수하였다고 볼 것이다(대판 2015.2.12, 2014도10086).

→ 부동산에 관한 소유권이전등기청구권에 대한 강제집행절차에서, 소송사기의 실행의 착수 시기 = 허위 채권에 기한 공정증서를 집행권원으로 하여 채무자의 소유권이전등기청구권에 대하여 압류신청을 한 때

7 기수시기

승소판결이 확정된 때이다. 패소판결이 확정된 경우에는 미수에 불과하다.

o 피고인 또는 그와 공모한 자가 자신이 토지의 소유자라고 허위의 주장을 하면서 소유권보존등기 명의자를 상대로 **보존등기의 말소를 구하는 소송**을 제기한 경우 그 소송에서 위 토지가 피고인 또는 그와 공모한 자의 소유임을 인정하여 보존등기 말소를 명하는 내용의 승소확정판결을 받는다면, 이에 터 잡아 언제든지 단독으로 상대방의 소유권보존등기를 말소시킨 후 위 판결을 부동산등기법 제130조 제2호 소정의 소유권을 증명하는 판결로 하여 자기 앞으로의 소유권보존등기를 신청하여 그 등기를 마칠 수 있게 되므로, 이는 법원을 기망하여 유리한 판결을 얻음으로써 '대상 토지의 소유권에 대한 방해를 제거하고 그 소유명의를 얻을 수 있는 지위'라는 재산상 이익을 취득한 것이고, 그 경우 기수시기는 위 판결이 확정된 때이다(대판 2006.4.7, 2005도9858 全合). → 아직 자기 앞으로 소유권보존등기를 경료하지 않은 상태라도 소송사기죄의 기수에 해당

o 법원을 기망하여 유리한 판결을 얻어내고 이에 터잡아 상대방으로부터 재물이나 재산상 이익을 취득하려고 소송을 제기하였다가 법원으로부터 **패소의 종국판결**을 선고받고 그 판결이 확정되는 등 법원으로부터 유리한 판결을 받지 못하고 소송이 종료됨으로써 **미수**에 그친 경우에, 그러한 소송사기미수죄에 있어서 범죄행위의 종료시기는 위와 같이 소송이 종료된 때라고 할 것이다(대판 2000.2.11, 99도4459).

8 공범

소송사기죄는 간접정범 형태로도 범할 수 있다.

o 자기에게 유리한 판결을 얻기 위하여 소송상의 주장이 사실과 다름이 객관적으로 명백하거나 증거가 조작되어 있다는 정을 인식하지 못하는 제3자를 이용하여 그로 하여금 소송의 당사자가 되게 하고 법원을 기망하여 소송 상대방의 재물 또는 재산상 이익을 취득하려 하였다면 간접정범의 형태에 의한 소송사기죄가 성립하게 된다(대판 2007.9.6, 2006도3591).

[사실관계] 갑이 을 명의 차용증을 가지고 있기는 하나 그 채권의 존재에 관하여 을과 다툼이 있는 상황에서 당초에 없던 월 2푼의 약정이자에 관한 내용 등을 부가한 을 명의 차용증을 새로 위조하여, 이를 바탕으로 자신의 처에 대한 채권자인 병에게 **차용원금 및 위조된 차용증에 기한 약정이자 2,500만 원을 양도**하고, 이러한 사정을 모르는 병으로 하여금 을을 상대로 양수금 청구소송을 제기하도록 한 경우, 적어도 위 약정이자 2,500만 원 중 법정지연손해금 상당의 돈을 제외한 나머지 돈에 관한 갑의 행위는 병을 도구로 이용한 간접정범 형태의 소송사기죄를 구성한다.

9 죄수 및 타죄와의 관계

o 법원을 기망하여 승소판결을 받고 그 확정판결에 의하여 소유권이전등기를 경료한 경우에는 **사기죄**와 별도로 **공정증서원본 불실기재죄**가 성립하고 양죄는 실체적 경합범 관계에 있다(대판 1983.4.26, 83도188).

관련 판례 기타 소송사기 관련 판결들

1) 민사판결의 주문에 표시된 채권을 변제받거나 상계하여 그 채권이 소멸되었음에도 불구하고, 판결정본을 소지하고 있음을 기하로 이를 근거로 하여 강제집행을 하였다면 사기죄를 구성한다(대판 1992.12.22, 92도2218).
2) 채무자가 강제집행을 승낙한 취지의 기재가 있는 약속어음 공정증서에 있어서 그 약속어음의 원인관계가 소멸하였음에도 불구하고, 약속어음 공정증서 정본을 소지하고 있음을 기화로 이를 근거로 하여 강제집행을 하였다면 사기죄를 구성한다(대판 1999.12.10, 99도2213).
3) 약속어음의 발행인이 그 어음을 타인이 교부받아 소지하고 있는 사실을 알면서도 허위의 분실사유를 들어 공시최고신청을 하고 이에 따라 법원으로부터 제권판결을 받은 경우 사기죄가 성립한다(대판 1995.9.15, 94도3213).
4) 소송비용을 편취할 의사로 **소송비용의 지급을 구하는 손해배상청구의 소**를 제기한 경우, 사기죄의 불능범에 해당한다(대판 2005.12.8, 2005도8105).
[사실관계] 상대방으로부터 소송비용 명목으로 일정한 금액을 이미 송금받았음에도 불구하고 상대방을 피고로 하여 소송비용 상당액의 지급을 구하는 손해배상금 청구의 소를 제기하였다가 판사의 (소송비용의 확정은 소송비용액 확정절차를 통하여 하라는) 권유에 따라 소를 취하한 경우 소송사기죄의 불능미수에 해당한다고 볼 수 없으므로 범죄로 되지 아니하는 때에 해당한다고 판단하여 무죄를 선고한 사례
5) 근저당권자가 집행법원을 기망하여 원인무효이거나 피담보채권이 존재하지 않는 근저당권에 기해 채무자 또는 물상보증인 소유의 부동산에 대하여 **임의경매신청**을 함으로써 경매절차가 진행된 결과 허위의 근저당권자가 매각대금에 대한 배당절차에서 배당금을 지급받았다면 사기죄가 성립한다(대판 2017.6.19, 2013도564). [86]

Ⅳ 컴퓨터 등 사용사기죄

1 의의

컴퓨터 등 사용사기죄는 컴퓨터 등 정보처리장치에 허위의 정보 또는 부정한 명령을 입력하거나 권한 없이 정보를 입력·변경하여 정보처리를 하게 함으로써 재산상의 이익을 취득하거나 제3자로 하여금 취득하게 한 경우 성립하는 범죄이다(제347조의2).

2 객체

컴퓨터 등 사용사기죄의 객체는 재산상 이익이다. 순수한 이득죄이다. ↔ 재물 : ×

86) 2021년 법원행정고등고시

o 형법 제347조의2에서 규정하는 컴퓨터 등 사용사기죄의 객체는 재물이 아닌 재산상의 이익에 한정되어 있으므로, 타인의 명의를 모용하여 발급받은 신용카드로 현금자동지급기에서 **현금을 인출**하는 행위를 이 법조항을 적용하여 처벌할 수는 없다(대판 2002.7.12, 2002도2134). → 컴퓨터 등 사용사기죄 ×, 절도죄 ○

o [위임금액초과인출사건] 예금주인 현금카드 소유자로부터 일정액의 현금을 인출해 오라는 부탁과 함께 현금카드를 건네받았는데 그 위임받은 금액을 초과한 현금을 인출하였다면 그 차액 상당액에 관하여 컴퓨터 등 사용사기죄가 성립한다(대판 2006.3.24, 2005도3516).
∵ 인출한 현금 총액 중 인출을 위임받은 금액을 넘는 부분의 비율에 상당하는 재산상 이익을 취득한 것으로 볼 수 있으므로
[사실관계] 피씨방에 게임을 하러 온 피해자로부터 그 소유의 농협현금카드로 20,000원을 인출해 오라는 부탁과 함께 현금카드를 건네받게 되자 이를 기화로, 위 지점에 설치되어 있는 현금자동인출기에 위 현금카드를 넣고 권한 없이 인출금액을 50,000원으로 입력하여 그 금액을 인출한 후 그중 20,000원만 피해자에게 건네 준 경우 컴퓨터 등 사용사기죄가 성립한다.

3 행위

(1) 허위의 정보 입력

허위정보입력이란 진실에 반하는 내용의 정보를 입력하는 행위를 말한다.

예 입금데이터를 허위로 입력하는 등 전산조작행위

(2) 부정한 명령의 입력

부정한 명령 입력이란 당해 사무처리시스템에 예정되어 있는 사무처리의 목적에 비추어 지시해서는 안 될 명령을 입력하는 것을 말한다.

예 컴퓨터에 악성프로그램이나 바이러스를 침투시키거나 해킹하는 행위

o 설령 '허위의 정보'를 입력한 경우가 아니라고 하더라도, 당해 사무처리시스템의 프로그램을 구성하는 개개의 명령을 부정하게 변경·삭제하는 행위는 물론 **프로그램 자체에서 발생하는 오류를 적극적으로 이용**하여 그 사무처리의 목적에 비추어 정당하지 아니한 사무처리를 하게 하는 행위도 특별한 사정이 없는 한 위 '부정한 명령의 입력'에 해당한다(대판 2013.11.14, 2011도4440).
[사실관계] 피고인이 A회사에서 운영하는 전자복권구매시스템에서 일정한 조건하에 복권 구매명령을 입력하면 가상계좌로 복권 구매요청금과 동일 액수의 가상현금이 입금되는 **프로그램 오류를 이용**하여 **복권 구매명령 입력 행위**를 반복함으로써 자신의 가상계좌로 구매요청금 상당의 금액이 입금되게 하였다면 '부정한 명령의 입력'에 해당한다.

(3) 권한 없이 정보를 입력·변경

타인의 정보를 사용할 권한 없이 정보처리장치에 입력·변경하는 행위를 말한다.

예 비밀번호를 알고 있는 자가 타인의 현금카드나 신용카드를 이용하여 예금을 자기계좌로 계좌이체하는 행위

관련 판례 컴퓨터 등 사용사기죄에 해당하는 경우

1) 甲이 권한 없이 A주식회사의 아이디와 패스워드를 입력하여 인터넷뱅킹에 접속한 다음 위 회사의 예금계좌로부터 자신의 예금**계좌**로 금원을 **이체**하는 내용의 정보를 입력하여 자신의 예금액을 증액시킨

경우에 컴퓨터 등 사용사기죄가 성립한다(대판 2004.4.16, 2004도353).

[사실관계] 갑이 권한 없이 인터넷뱅킹으로 타인의 예금계좌에서 자신의 예금계좌로 돈을 이체한 후 그중 일부를 인출하여 그 정을 아는 을에게 교부한 경우, 갑이 컴퓨터 등 사용사기죄에 의하여 취득한 예금채권은 재물이 아니라 재산상 이익이므로, 그가 자신의 예금계좌에서 돈을 인출하였더라도 장물을 금융기관에 예치하였다가 인출한 것으로 볼 수 없으므로 을에게는 장물취득죄가 성립하지 않는다.

→ 계좌이체 후 현금인출행위 : 절도죄 ×, 인출한 현금 : 장물 ×

2) 절취한 타인의 신용카드를 이용하여 현금지급기에서 **계좌이체를 한 행위**는 컴퓨터 등 사용사기죄에서 컴퓨터 등 정보처리장치에 권한 없이 정보를 입력하여 정보처리를 하게 한 행위에 해당함은 별론으로 하고 이를 절취행위라고 볼 수는 없고, / 한편 위 **계좌이체 후 현금지급기에서 현금을 인출한 행위**는 자신의 신용카드나 현금카드를 이용한 것이어서 이러한 현금인출이 현금지급기 관리자의 의사에 반한다고 볼 수 없어 절취행위에 해당하지 않으므로 절도죄를 구성하지 않는다(대판 2008.6.12, 2008도2440).[87]

→ 계좌이체 후 현금인출행위 : 절도죄 ×, 인출한 현금 : 장물 ×

3) 타인의 명의를 모용하여 발급받은 신용카드의 번호와 그 비밀번호를 이용하여 **ARS 전화서비스나 인터넷 등을 통하여 신용대출**을 받는 방법으로 재산상 이익을 취득하는 행위 역시 미리 포괄적으로 허용된 행위가 아닌 이상, 컴퓨터 등 정보처리장치에 권한 없이 정보를 입력하여 정보처리를 하게 함으로써 재산상 이익을 취득하는 행위로서 컴퓨터 등 사용사기죄에 해당한다(대판 2006.7.27, 2006도3126).

4) 금융기관 직원이 범죄의 목적으로 전산단말기를 이용하여 다른 공범들이 지정한 특정계좌에 **무자원 송금**의 방식으로 거액을 입금한 것은 형법 제347조의2에서 정하는 컴퓨터 등 사용사기죄에서의 '권한 없이 정보를 입력하여 정보처리를 하게 한 경우'에 해당한다고 할 것이고, 이는 그 직원이 평상시 금융기관의 여·수신업무를 처리할 권한이 있었다고 하여도 마찬가지이다(대판 2006.1.26, 2005도8507).

(4) 정보처리를 하게 함으로써 재산상 이익을 취득할 것

'정보처리'는 사기죄에서 피해자의 처분행위에 상응하므로 입력된 허위의 정보 등에 의하여 계산이나 데이터의 처리가 이루어짐으로써 직접적으로 재산처분의 결과가 초래되어야 한다.

○ 형법 제347조의2에서 **'정보처리'**는 사기죄에서 피해자의 처분행위에 상응하므로 입력된 허위의 정보 등에 의하여 계산이나 데이터의 처리가 이루어짐으로써 직접적으로 재산처분의 결과를 초래하여야 하고, 행위자나 제3자의 **'재산상 이익 취득'**은 사람의 처분행위가 개재됨이 없이 컴퓨터 등에 의한 정보처리 과정에서 이루어져야 한다(대판 2014.3.13, 2013도16099).

[사실관계] 지방자치단체의 컴퓨터시스템에 **악성프로그램**을 설치하여 **낙찰하한가를 미리 알아낸 다음** 특정 건설사에 낙찰이 가능한 입찰금액을 **알려주어** 그 건설사가 낙찰받게 한 경우, 컴퓨터 등 사용사기죄는 성립하지 않는다.

○ 휴대전화의 경우 그 사용시마다 사용자가 정당한 사용권자인지에 관한 정보를 입력하는 절차가 없고, 이동통신회사가 서비스를 제공하는 과정에서 휴대전화를 통하여 입력된 신호에 대하여 신원확인 절차를 거치지는 않는 점 등에 비추어 보면 **휴대전화의 통화 또는 인터넷접속 버튼을 누르는 경우 기계적 또는 전자적 작동 과정에 따라 그대로 일정한 서비스가 제공되는 것이므로,** 휴대전화기의 통화버

87) 2014년 법원사무관승진시험

튼이나 인터넷접속버튼을 누르는 것만으로 사용자에 의한 정보 혹은 명령의 입력이 행하여졌다고 보기 어렵고, 따라서 휴대전화 또는 이동통신회사에 의하여 그 입력된 정보 혹은 명령에 따른 정보처리가 이루어진 것으로 보기도 어렵다(대판 2010.9.9, 2008도128).

4 기수시기

ㅇ 금융기관 직원이 전산단말기를 이용하여 다른 공범들이 지정한 특정계좌에 돈이 입금된 것처럼 허위의 정보를 입력하는 방법으로 위 계좌로 **입금**되도록 한 경우, 제347조의2에서 정하는 컴퓨터 등 사용사기죄는 기수에 이르렀고, / 그 후 그러한 입금이 취소되어 현실적으로 인출되지 못하였다고 하더라도 이미 성립한 컴퓨터 등 사용사기죄에 어떤 영향이 있다고 할 수는 없다(대판 2006.9.14, 2006도4127).
∵ 입금절차를 완료함으로써 장차 그 계좌에서 이를 인출하여 갈 수 있는 재산상 이익을 취득하였으므로

5 친족상도례

ㅇ 손자가 **할아버지 소유 농업협동조합 예금통장**을 절취하여 이를 현금자동지급기에 넣고 조작하는 방법으로 예금 잔고를 자신의 거래 은행 계좌로 이체한 경우, 위 농업협동조합이 컴퓨터 등 사용사기 범행 부분의 피해자이므로 친족상도례를 적용할 수 없다(대판 2007.3.15, 2006도2704).[88]

V 현금카드 · 신용카드 관련범죄[89]

여신전문금융업법 제70조【벌칙】
① 다음 각 호의 어느 하나에 해당하는 자는 7년 이하의 징역 또는 5천만원 이하의 벌금에 처한다.
2. 위조되거나 변조된 신용카드 등을 판매하거나 사용한 자
3. 분실하거나 도난당한 신용카드나 직불카드를 판매하거나 사용한 자
4. 강취·횡령하거나, 사람을 기망하거나 공갈하여 취득한 신용카드나 직불카드를 판매하거나 사용한 자
③ 다음 각 호의 어느 하나에 해당하는 자는 3년 이하의 징역 또는 2천만원 이하의 벌금에 처한다.
2. 다음 각 목의 어느 하나에 해당하는 행위를 통하여 자금을 융통하여 준 자 또는 이를 중개·알선한 자
가. 물품의 판매 또는 용역의 제공 등을 가장하거나 실제 매출금액을 넘겨 신용카드로 거래하거나 이를 대행하게 하는 행위

ㅇ **신용카드업자가 발행한 신용카드**는 이를 소지함으로써 신용구매가 가능하고 금융의 편의를 받을 수 있다는 점에서 경제적 가치가 있다 하더라도, 그 자체에 경제적 가치가 화체되어 있거나 특정의 재산권을 표창하는 **유가증권이라고 볼 수 없다**(대판 1999.7.9, 99도857).

ㅇ **여신전문금융업법 제70조 제1항 제4호**에서의 **'사용'**은 강취·횡령, 기망 또는 공갈로 취득한 신용카드나 직불카드를 진정한 카드로서 본래의 용법에 따라 사용하는 경우를 말한다. 그리고 **'기망하거나 공갈하여 취득한 신용카드나 직불카드'**는 문언상 '기망이나 공갈을 수단으로 하여 다른 사람으로부터 취득한 신용카드나 직불카드'라는 의미이므로, '신용카드나 직불카드의 소유자 또는 점유자를 기망하거나 공갈하여 그들의

88) 2009년 법원행정고등고시, 2010년 법무사시험
89) 2013년 법원행정고등고시(50점)

자유로운 의사에 의하지 않고 점유가 배제되어 그들로부터 사실상 처분권을 취득한 신용카드나 직불카드' 라고 해석되어야 한다(대판 2022.12.16, 2022도10629).

[사실관계] 피고인 甲은 2019.2.19. 춘천교도소에 수용 중인 피해자 A에게 '**A의 항소심 재판을 위해 변호인을 선임했는데 성공사례비를 먼저 주어야 한다. 며칠 뒤 큰돈이 나오니 영치된 A 명의의 신용카드로 성공사례비를 지불한 뒤 카드대금을 금방 갚겠다**'는 취지의 편지를 보냈다. 그러나 甲은 사실 A의 신용카드로 성공사례비를 지불하더라도 그 대금을 변제할 의사나 능력이 없었고, A의 신용카드를 생활비 등 개인적인 용도로 사용할 생각이었다. 그런데도 甲은 위와 같이 A를 기망하여 2019.2.22. 춘천교도소에서 A로부터 신용카드 1장을 교부받은 뒤, 총 23회에 걸쳐 합계 29,997,718원 상당을 결제하였다. 이 사건 신용카드는 피고인이 그 소유자인 피해자를 기망하여 취득한 신용카드에 해당하고 이를 사용한 피고인의 행위는 **기망하여 취득한 신용카드사용으로 인한 여신전문금융업법 위반죄**에 해당한다.

↔ <원심>은 **기망하여 취득한 신용카드사용으로 인한 여신전문금융업법 위반죄**는 **신용카드 자체를 기망하여 취득한 후** 소유자 또는 점유자의 의사에 의하지 않고 신용카드를 사용한 경우에 인정된다고 전제한 뒤, 피고인의 신용카드사용 동기 및 경위에 비추어 보면 피해자가 피고인에게 신용카드 사용권한을 준 것으로 보이므로 비록 신용카드 사용대금에 대한 피고인의 편취행위가 인정된다고 하더라도 **신용카드 부정사용이라고 할 수 없다**고 보아, 이 부분 공소사실을 무죄로 판단하였다.

Thema 정리 **각종 카드사용에 관한 범죄 정리**

<table>
<tr><th>구분</th><th>카드발급</th><th>예금인출</th><th>단기현금대출
(현금서비스)</th><th>물품구입</th></tr>
<tr><td rowspan="3">타인명의의
현금카드</td><td rowspan="2"></td><td>편취 : 사기 포괄일죄 → 절도 ×
갈취 : 공갈 포괄일죄 → 절도 ×</td><td rowspan="2"></td><td rowspan="2"></td></tr>
<tr><td>강취 : 강도죄, 절도죄</td></tr>
<tr><td colspan="2">신용카드부정사용 ×</td><td></td><td></td></tr>
<tr><td rowspan="2">자기명의의
신용카드</td><td>(사기)</td><td>범죄 ×</td><td colspan="2">사기의 포괄일죄</td></tr>
<tr><td colspan="4">(신용카드부정사용 ×)</td></tr>
<tr><td rowspan="2">타인명의의
신용카드
직불카드</td><td>(사기)</td><td>절도</td><td>절도</td><td>사기
(삼각사기)</td></tr>
<tr><td colspan="2">신용카드부정사용 ×
(∵ 신용카드 본래 용법에 따른 사용 아니므로)</td><td colspan="2">여신전문금융업법위반죄(신용카드부정사용)의 포괄일죄(∵ 사회적 법익에 관한 죄) → 사문서위조·동행사죄는 흡수됨(∵ 통상적으로 수반하는 행위)</td></tr>
</table>

1) **카드 자체에 대한 범죄** : 카드자체에 대한 절도·강도죄는 별도로 성립
2) **타인명의 카드 계좌이체행위** : 컴퓨터사용사기죄
3) **타인명의 카드 예금인출행위** : 절도죄 ○, 신용카드부정사용죄 ×
4) **타인명의 카드 현금서비스·물품구입의 경우** : 절도죄·사기죄와 신용카드부정사용죄 → 실체적 경합
5) **타인명의 카드 수차례 물품구입의 경우** : 사기죄의 실체적 경합(∵ 가맹점 수대로)
6) **타인명의 카드 수차례 물품구입의 경우** : 신용카드부정사용죄의 포괄일죄(∵ 사회적 법익)
7) **여신전문금융업법위반죄(신용카드부정사용죄)의 행위** = 카드제시 → 승인 → 매출전표서명·교부
   → 여신전문금융업법위반죄(신용카드부정사용죄)는 미수범처벌규정 ×

1 타인명의 현금카드

(1) 타인명의의 현금카드를 무단으로 이용하여 현금자동지급기에서 피해자의 계좌로부터 자신의 계좌로 자금을 이체한 때에는 컴퓨터 등 사용사기죄가 성립한다.

(2) 타인명의의 현금카드를 무단으로 이용하여 현금자동지급기에서 예금을 인출한 때에는 절도죄가 성립한다.

(3) **편취 · 갈취한 현금카드를 사용한 예금인출행위**

① 편취한 현금카드를 사용하여 현금자동지급기에서 예금을 인출한 행위는 사기죄와 별도로 절도죄를 구성하지 아니한다.

> ○ 현금카드 소유자로부터 그 카드를 **편취**하여 현금카드를 사용한 예금인출의 승낙을 받고 **현금카드를 교부받은 행위**와 이를 사용하여 현금자동지급기에서 **예금을 여러 번 인출한 행위**들은 모두 현금카드 소유자의 예금을 편취하고자 하는 피고인의 단일하고 계속된 범의 아래에서 이루어진 일련의 행위로서 **포괄하여 하나의 사기죄**를 구성한다고 볼 것이지, 현금자동지급기에서 카드 소유자의 예금을 인출, 취득한 행위를 현금자동지급기 관리자의 의사에 반하여 그가 점유하고 있는 현금을 절취한 것이라 하여 이를 현금카드 편취행위와 분리하여 따로 절도죄로 처단할 수는 없다(대판 2005.9.30, 2005도5869).

② 갈취한 현금카드를 사용하여 현금자동지급기에서 예금을 인출한 행위는 공갈죄와 별도로 절도죄를 구성하지 아니한다.

> ○ 피고인이 예금주인 현금카드 소유자를 협박하여 그 카드를 **갈취**한 다음 피해자의 승낙에 의하여 현금카드를 사용할 권한을 부여받아 이를 이용하여 여러 차례 현금자동지급기에서 예금을 인출한 경우 **포괄하여 하나의 공갈죄**를 구성하고 현금지급기에서 피해자의 예금을 취득한 행위를 따로 절도죄로 처단할 수 없다(대판 1996.9.20, 95도1728).
> ∵ 피해자로부터 현금카드를 사용한 예금인출의 승낙을 받고 현금카드를 교부받은 행위와 이를 사용하여 현금자동지급기에서 예금을 여러 번 인출한 행위들은 모두 피해자의 예금을 갈취하고자 하는 피고인의 단일하고 계속된 범의 아래에서 이루어진 일련의 행위이므로

(4) **강취한 현금카드를 사용한 예금인출행위**

강취한 현금카드를 사용하여 현금자동지급기에서 예금을 인출한 행위는 강도죄와 별도로 절도죄를 구성한다.

> ○ 현금카드를 강취하였다고 인정되는 경우에는 피해자로부터 현금카드의 사용에 관한 승낙의 의사표시가 있었다고 볼 여지가 없다. 따라서 강취한 현금카드를 사용하여 현금자동지급기에서 예금을 인출한 행위는 피해자의 승낙에 기한 것이라고 할 수 없으므로, 현금자동지급기 관리자의 의사에 반하여 그의 지배를 배제하고 그 현금을 자기의 지배하에 옮겨 놓는 것이 되어서 **강도죄**와는 별도로 **절도죄**를 구성한다(대판 2007.5.10, 2007도1375).

2 신용카드의 부정발급

심화 Thema 자기명의 신용카드의 부정발급과 사기죄의 성부[90)]

1. 문제점

처음부터 카드사용으로 인한 대금결제의사와 능력이 없으면서 있는 것 같이 가장하여 카드회사로부터 신용카드를 발급받은 경우 사기죄의 성립여부가 문제된다.

2. 학설

신용카드 자체는 재산적 가치가 경미하고, 카드회사가 철저한 심사 없이 카드를 남발하는 상황에서 카드발급 자체에 대한 기망행위를 인정할 수 없으므로 사기죄가 성립하지 않는다는 견해(**부정설**)와 신용카드는 형법상 재물에 해당하고 카드발급으로 행위자는 카드회사 재산을 처분할 지위를 얻게 되므로 사기죄의 성립을 인정하는 견해(**긍정설**)가 대립한다.

3. 판례

대법원은 카드사용으로 인한 대금결제의 의사와 능력이 없으면서도 있는 것 같이 가장하여 카드회사를 기망하여 신용**카드를 발급**받는 행위는 피해자인 신용카드업자에 대한 사기죄가 성립한다고 하고, 이후의 현금대출행위, 물품구입행위를 불문하고 **사기죄의 포괄일죄**가 된다고 본다(대판 1996.4.9, 95도2466).

4. 검토

카드발급으로 행위자는 카드회사 재산을 처분할 지위를 얻게 되므로 사기죄의 성립을 인정하는 견해(**긍정설**)가 타당하다.

심화 Thema 타인명의 신용카드의 부정발급과 사기죄의 성부[91)]

1. 문제점

행위자가 타인의 동의를 받지 않고 타인명의를 사칭하거나 신청자격이 있는 것처럼 타인명의를 모용하여 신용카드를 발급받는 경우 사기죄의 성립여부가 문제된다.[92)]

2. 학설

신용카드 자체는 재산적 가치가 경미하므로 사기죄가 성립하지 않는다는 견해(**부정설**)와 신용카드는 형법상 재물에 해당하고 기망행위를 통하여 카드교부(처분행위)가 이루어졌으므로 사기죄의 성립을 인정하는 견해(**긍정설**)가 대립한다.

3. 판례

대법원은 타인의 명의를 모용하여 발급받은 신용카드를 이용하여 현금자동지급기에서 **현금대출**을 받는 경우 별도로 **절도죄**가 성립한다(대판 2006.7.27, 2006도3126 ; 대판 2002.7.12, 2002도2134 등 참조)고 판시하였는바 카드의 부정발급에 대하여는 별도의 사기죄를 인정하는 취지로 보인다.

4. 검토

카드회사의 카드발급에 동기의 착오가 있는 경우이므로 사기죄를 인정하는 것이 타당하다(**긍정설**).

---

90) 김성돈 제8판 형법각론 p.407

91) 김성돈 제8판 형법각론 p.407

92) 카드발급신청서를 타인명의로 작성・제출하는 행위는 사문서위조죄 및 동행사죄가 성립하고, 부정발급받은 신용카드를 사용하는 행위는 신용카드부정사용죄가 된다.

3 자기명의 신용카드 사용행위

(1) 대금결제의 의사와 능력이 없으면서도 있는 것 같이 가장하여 카드회사를 기망하여 신용카드를 발급받아 현금대출, 물품구입을 한 경우 사기죄의 포괄일죄이다. 특히 부정발급한 카드를 사용한 물품구입행위는 가맹점을 피기망자로 하고 카드회사를 피해자로 하는 삼각사기에 해당한다.

> o 카드사용으로 인한 대금결제의 의사와 능력이 없으면서도 있는 것 같이 가장하여 카드회사를 기망하여 신용**카드**를 **발급**받고 자동지급기를 통한 **현금대출**도 받고, 가맹점을 통한 **물품구입**대금 대출도 받았다면 이러한 카드사용으로 인한 일련의 편취행위는 그것이 가맹점을 통한 물품구입행위이든, 현금자동지급기에 의한 인출행위이든 불문하고 모두가 **피해자인 신용카드업자**의 기망당한 금전대출에 터잡아 포괄적으로 이루어지는 것이라 할 것이다(대판 1996.4.9, 95도2466). → **사기죄의 포괄일죄**

(2) 정상적으로 카드를 발급받았다 하더라도 과다한 부채누적으로 변제의사나 변제능력이 없는 상황에서 신용카드를 계속 사용한 경우 사기죄가 성립할 수 있다.

> o 카드회원이 일시적인 자금궁색 등의 이유로 그 채무를 일시적으로 이행하지 못하게 되는 상황이 아니라 / **이미 과다한 부채의 누적** 등으로 신용카드 사용으로 인한 대출금채무를 변제할 의사나 능력이 없는 상황에 처하였음에도 불구하고 신용카드를 사용하였다면 사기죄에 있어서 기망행위 내지 **편취의 범의**를 인정할 수 있다(대판 2005.8.19, 2004도6859).

4 타인명의 신용 · 직불카드 사용행위[93)]

(1) 절취한 타인의 신용카드를 이용하여 현금자동지급기에서 자신의 예금**계좌**로 돈을 **이체**시킨 후 그 예금계좌에서 현금을 인출한 경우 컴퓨터 등 사용사기죄가 성립할 뿐 현금에 대한 절도죄는 성립하지 않는다.

> o 타인의 명의를 모용하여 발급받은 신용카드의 번호와 그 비밀번호를 이용하여 ARS **전화서비스나 인터넷 등을 통하여 신용대출**을 받는 방법으로 재산상 이익을 취득하는 행위 역시 미리 포괄적으로 허용된 행위가 아닌 이상, 컴퓨터 등 정보처리장치에 권한 없이 정보를 입력하여 정보처리를 하게 함으로써 재산상 이익을 취득하는 행위로서 **컴퓨터 등 사용사기죄**에 해당한다(대판 2006.7.27, 2006도3126).[94)]

(2) 타인의 명의를 모용하여 발급받은 신용카드 번호와 그 비밀번호를 이용하여 ARS**전화서비스**나 **인터넷** 등을 통하여 신용대출을 받는 방법으로 재산상 이익을 취득하는 경우 컴퓨터 등 사용사기죄가 성립한다.

(3) 타인명의의 신용카드를 무단으로 이용하여 현금자동지급기에서 **예금**을 **인출**한 때에는 절도죄가 성립한다. 이 경우 신용을 이용한 것이 아니므로 여신전문금융업법위반죄(신용카드부정사용죄)는 성립하지 않는다.

---

93) **2008년 · 2009년 법원행정고등고시(50점), 2010년 법무사시험** 절취한 신용카드로 현금서비스를 받은 행위, 절취한 신용카드를 이용하여 예금을 자신의 계좌로 이체한 행위

94) **2019년 법무사시험(10점)** 이 경우 **피해자**는 카드를 발급하여 준 카드회사가 아니라 신용대출을 하여 준 금융기관으로 보아야 한다.

ㅇ 여신전문금융업법 제70조 제1항 소정의 **부정사용**이라 함은 위조·변조 또는 도난·분실된 신용카드나 직불카드를 진정한 카드로서 신용카드나 직불카드의 본래의 용법에 따라 사용하는 경우를 말하는 것이므로, 절취한 직불카드를 온라인 현금자동지급기에 넣고 비밀번호 등을 입력하여 피해자의 **예금을 인출**한 행위는 여신전문금융업법 제70조 제1항 소정의 부정사용의 개념에 포함될 수 없다(대판 2003.11.14, 2003도3977).[95]

ㅇ 형법 제347조의2에서 규정하는 컴퓨터 등 사용사기죄의 객체는 재물이 아닌 재산상의 이익에 한정되어 있으므로, 타인의 명의를 모용하여 발급받은 신용카드로 현금자동지급기에서 **현금**을 **인출**하는 행위를 이 법조항을 적용하여 처벌할 수는 없다(대판 2002.7.12, 2002도2134).

(4) 타인명의의 신용카드를 무단으로 이용하여 현금자동지급기에서 **단기카드대출(현금서비스)**로 현금을 인출한 때에는 절도죄와 여신전문금융업법위반죄(신용카드부정사용죄)가 성립하고, 양죄는 실체적 경합관계이다.

ㅇ 타인의 명의를 모용하여 발급받은 신용카드를 이용하여 현금자동지급기에서 **현금대출**을 받는 경우 **절도죄**가 성립한다(대판 2006.7.27, 2006도3126).

ㅇ 절취한 피해자 명의의 신용카드를 부정사용하여 현금자동인출기에서 **현금**을 **인출**하고 그 현금을 취득까지 한 행위는 신용카드업법 제25조 제1항의 **부정사용죄**에 해당할 뿐 아니라 그 현금을 취득함으로써 현금자동인출기 관리자의 의사에 반하여 그의 지배를 배제하고 그 현금을 자기의 지배하에 옮겨 놓는 것이 되므로 별도로 **절도죄**를 구성하고, 위 양 죄의 관계는 그 보호법익이나 행위태양이 전혀 달라 **실체적 경합**관계에 있는 것으로 보아야 한다(대판 1995.7.28, 95도997).

심화 Thema **타인명의를 모용하여 신용카드를 부정발급 후 현금서비스를 받은 경우**[96] [97]

1. 문제점

타인명의를 모용하여 신용카드를 부정발급받고 그 신용카드로 **현금자동지급기**에서 현급서비스를 받은 경우 어떤 범죄가 성립할 것인지가 문제된다.

2. 학설

카드회사의 처분의사는 카드에 표시된 피모용자를 향한 것이지 모용자를 향한 것이 아니므로 절도죄의 성립을 인정하는 견해(**절도죄설**)와 기망행위에 의하여 카드발급(처분행위)이 있었으므로 사기죄의 성립을 인정하는 견해(**사기죄설**)가 대립한다.

3. 판례

대법원은 **타인의 명의를 모용하여 발급받은 신용카드**를 사용하여 **현금자동지급기**에서 **현금대출**을 받는 행위는 카드회사에 의하여 미리 포괄적으로 허용된 행위가 아니라, **현금자동지급기의 관리자**의 의사에 반하여 그의 지배를 배제한 채 그 현금을 자기의 지배하에 옮겨 놓는 행위로서 절도죄에 해당한다(대판 2002.7.12, 2002도2134)고 보고 있다(**절도죄설**).

4. 검토 및 피해자

점유이전이 피해자의 의사에 반할 것을 요하는 절도죄는 성립할 수 없으므로 사기죄의 성립을 인정하는 것이 타당하다. 이 경우 피해자는 **사기죄설**에 의하면 기망행위에 의하여 카드를 발급한 카드회사라 보아야 한다. 다만 판례의 **절도죄설**에 의하면 현금자동지급기관리자라고 볼 것이다.

---

95) 2015년 법원행정고등고시

96) 김성돈 제8판 형법각론 p.411

97) 2010년 법무사시험(10점), 2019년 법무사시험(10점)

심화 Thema 범죄로 취득한 타인명의의 신용카드를 사용하여 현금서비스를 받은 경우의 죄책[98) 99)]

1. 문제점

절도 등 범죄로 취득한 타인명의의 신용카드로 **현금자동지급기**에서 현금서비스를 받은 경우 어떤 범죄가 성립할 것인지가 문제된다.

2. 학설

1) 은행의 의사에 반하여 지급기 내의 현금에 대한 점유를 침탈한 것이므로 절도죄가 된다는 견해(**절도죄설**), 2) 현금자동지급기에 신용카드를 투입하는 기망행위와 현금지급이라는 처분행위가 있었으므로 사기죄의 성립을 인정하는 견해(**사기죄설**), 3) 타인의 신용카드의 비밀번호를 입력하는 것은 권한 없는 정보의 입력에 해당하고 현금도 재산상 이익에 포함될 수 있으므로 컴퓨터등사용사기죄가 성립한다는 견해(**컴퓨터등사용사기죄설**), 4) 현금인출은 신용카드를 넣고 비밀번호를 입력하면 그 카드소지자에게 현금을 지급한다는 은행의 동의 아래 이루어진 것이므로 절도죄가 될 수 없고, 사람을 기망한 것이 아니므로 사기죄도 될 수 없고, 현금은 재물이어서 컴퓨터등사용사기죄의 객체가 될 수 없으므로 무죄라는 견해(**무죄설**)가 대립한다.

3. 판례

대법원은 현금은 재산상 이익이 아니라는 이유로 컴퓨터등사용사기죄를 부정하고[100)], 절취한 피해자 명의의 신용카드를 부정사용하여 현금자동인출기에서 현금을 인출하고 그 현금을 취득까지 한 행위는 **절도죄**를 구성한다(대판 1995.7.28, 95도997)는 입장이다.

4. 검토

정당한 권리자에게 현금을 지급하겠다는 현금지급기관리자의 의사에 반하여 현금에 대한 점유를 취득한 것이므로 **절도죄설**이 타당하다.

(5) 타인명의의 신용카드를 무단으로 이용하여 가맹점에서 **물품을 구입**한 때에는 사기죄와 여신전문금융업법위반죄(신용카드부정사용죄)가 성립하고, 양죄는 실체적 경합관계이다. 여러 번 물품을 구입한 경우 사기죄는 피해자인 가맹점의 수에 따라 실체적 경합범이 성립하고, 신용카드부정사용죄는 포괄일죄이다(∵ 사회적 법익에 관한 죄). 또한 양죄는 실체적 경합관계이다.
타인명의의 신용카드를 무단으로 이용하여 가맹점에서 물품을 구입할 때 매출전표작성행위와 관련하여 사문서위조 및 동행사죄는 신용카드부정사용죄에 흡수된다(∵ 통상적인 수반행위이므로).

> ㅇ 신용카드를 절취한 후 이를 사용한 경우 신용카드의 부정사용행위는 새로운 법익의 침해로 보아야 하고 그 법익침해가 절도범행보다 큰 것이 대부분이므로 위와 같은 부정사용행위가 절도범행의 불가벌적 사후행위가 되는 것은 아니고, 신용카드부정사용죄와 사기죄는 그 보호법익이나 행위의 태양이 전혀 달라 **실체적 경합**관계에 있다(대판 1996.7.12, 96도1181).

98) 문제의 배점이 큰 경우 ① 절도죄의 성부, ② 사기죄 또는 편의시설부정이용죄의 성부, ③ 컴퓨터사용사기죄의 성부, ④ 신용카드부정사용죄의 성부로 목차를 나누어 답안을 작성하고 죄수관계까지 언급하여야 한다.

99) 김성돈 제8판 형법각론 p.411 ~ p.412

100) 형법 제347조의2는 컴퓨터등사용사기죄의 객체를 재물이 아닌 재산상의 이익으로만 한정하여 규정하고 있으므로, 절취한 타인의 신용카드로 현금자동지급기에서 현금을 인출하는 행위가 재물에 관한 범죄임이 분명한 이상 이를 위 컴퓨터등사용사기죄로 처벌할 수는 없다(대판 2003.5.13, 2003도1178).

○ 강취한 신용카드를 가지고 자신이 그 신용카드의 정당한 소지인인양 가맹점의 점주를 속이고 그에 속은 점주로부터 주류 등을 제공받아 이를 취득한 것이라면 **신용카드부정사용죄**와 별도로 **사기죄**가 성립한다(대판 1997.1.21, 96도2715).

○ 비씨카드 1매를 절취하고 카드가맹점 7곳에서 물품을 구입한 후 그 대금을 절취한 위 비씨카드로 결제하여 도난된 신용카드를 사용한 경우 카드에 대한 절도죄, **7개의 사기죄의 실체적 경합범**, 신용카드부정사용죄의 포괄일죄가 성립한다(대판 1996.7.12, 96도1181).

○ 피고인은 절취한 카드로 가맹점들로부터 물품을 구입하겠다는 단일한 범의를 가지고 그 범의가 계속된 가운데 동종의 범행인 **신용카드 부정사용행위**를 동일한 방법으로 반복하여 행하였고, 또 위 신용카드의 각 부정사용의 피해법익도 모두 위 신용카드를 사용한 거래의 안전 및 이에 대한 공중의 신뢰인 것으로 동일하므로, 피고인이 동일한 신용카드를 위와 같이 부정사용한 행위는 포괄하여 일죄에 해당하고, 신용카드를 부정사용한 결과가 사기죄의 구성요건에 해당하고 그 각 사기죄가 실체적 경합관계에 해당한다고 하여도 신용카드부정사용죄와 사기죄는 그 보호법익이나 행위의 태양이 전혀 달라 실체적 경합관계에 있으므로 신용카드 부정사용행위를 **포괄일죄**로 취급하는데 아무런 지장이 없다(대판 1996.7.12, 96도1181).

○ 부정사용죄의 구성요건적 행위인 **신용카드의 사용**이라 함은 신용카드의 소지인이 신용카드의 본래 용도인 대금결제를 위하여 가맹점에 신용카드를 제시하고 매출표에 서명하여 이를 교부하는 일련의 행위를 가리키고 단순히 신용카드를 제시하는 행위만을 가리키는 것은 아니라고 할 것이므로, 위 매출표의 서명 및 교부가 별도로 사문서위조 및 동행사의 죄의 구성요건을 충족한다고 하여도 이 **사문서위조 및 동행사의 죄**는 위 신용카드부정사용죄에 흡수되어 신용카드부정사용죄의 1죄만이 성립하고 별도로 사문서위조 및 동행사의 죄는 성립하지 않는다(대판 1992.6.9, 92도77).

심화 Thema 타인명의의 신용카드를 사용하여 물품을 구입하는 경우의 죄책과 피해자[101]

1. 문제점

타인명의의 신용카드를 사용하여 물품을 구입하는 경우 신용카드부정사용죄와 사기죄의 성립을 인정하는 것이 통설·판례이 입장이다. 다만 피해자가 누구인지 문제된다.

2. 타인명의를 모용하여 부정발급받은 후 물품구입을 하는 경우

부정발급한 카드를 사용한 물품구입행위는 가맹점을 피기망자로 하고 **카드회사**를 피해자로 하는 삼각사기에 해당한다.

3. 범죄로 취득한 타인명의의 신용카드를 사용하여 물품구입을 하는 경우

1) 학설

① 가맹점이 피기망자이고 **카드회사**가 피해자라는 견해와 ② 카드회사가 피기망자이고 **가맹점**이 피해자라는 견해, ③ 가맹점이 피기망자 및 피해자라는 견해, ④ 가맹점이 피기망자이고 카드회사와 카드회원이 피해자라는 견해 등이 대립한다.

2) 판례

대법원은 가맹점별로 사기죄가 성립하고 각 사기죄는 실체적 경합관계에 있다(대판 1996.7.12, 96도1181)고 판시하여 피해자를 **가맹점**으로 보는 입장이라고 보인다.

101) 김성돈 제8판 형법각론 p.408 ~ p.409

(6) 신용카드부정사용이란 카드를 제시하고 매출전표에 서명하여 교부하는 일련의 행위를 말한다. 신용카드부정사용죄는 미수처벌규정이 없다.

o 부정사용죄의 구성요건적 행위인 **신용카드의 사용**이라 함은 신용카드의 소지인이 신용카드의 본래 용도인 대금결제를 위하여 가맹점에 신용카드를 제시하고 매출전표에 서명하여 이를 교부하는 일련의 행위를 가리키므로, 단순히 **신용카드를 제시하는 행위**만으로는 신용카드부정사용죄의 실행에 착수한 것이라고 할 수는 있을지언정 그 사용행위를 완성한 것으로 볼 수 없고, 신용카드를 제시한 거래에 대하여 카드회사의 승인을 받았다고 하더라도 마찬가지라 할 것이다(대판 2008.2.14, 2007도8767).
[사실관계] 신용카드를 절취한 사람이 대금을 결제하기 위하여 신용카드를 제시하고 카드회사의 승인까지 받았다고 하더라도 매출전표에 서명한 사실이 없고 도난카드임이 밝혀져 최종적으로 매출취소로 거래가 종결되었다면, **신용카드 부정사용의 미수**행위에 불과하다고 한 사례
→ 신용카드부정사용죄는 미수처벌규정 ×(∴ 무죄)

관련 판례 **기타 각종 카드사용에 관한 범죄**

1) 피해자로부터 지갑을 잠시 건네받아 임의로 지갑에서 현금카드를 꺼내어 현금자동인출기에서 현금을 인출하고 곧바로 피해자에게 현금카드를 반환한 경우, 현금카드에 대한 불법영득의사가 없다(대판 1998.11.10, 98도2642).
2) 은행이 발급한 직불카드를 사용하여 타인의 예금계좌에서 자기의 예금계좌로 돈을 이체시켰다 하더라도 직불카드 자체가 가지는 경제적 가치가 계좌이체된 금액만큼 소모되었다고 할 수는 없으므로, 이를 일시 사용하고 곧 반환한 경우에는 그 직불카드에 대한 불법영득의 의사는 없다고 보아야 한다(대판 2006.3.9, 2005도7819).
   → 직불카드 자체에 대한 절도죄는 성립하지 않지만, 계좌이체한 행위에 대해서는 컴퓨터사용사기죄가 성립
3) 여신전문금융업법상 신용카드 이용 자금융통행위에 있어서 '**신용카드**'라 함은 신용카드업자가 진정하게 발행한 신용카드만을 의미하며, 신용카드업자가 발행하지 아니한 위조・변조된 신용카드의 사용에 의한 가장거래에 따라 이루어진 자금융통행위는 이에 해당한다고 볼 수 없다(대판 2015.6.11, 2014도14550). → 이른바 카드깡 사례
4) 여신전문금융업법 제70조 제2항 제3호는 '물품의 판매 또는 용역의 제공을 가장하거나 실제 매출금액을 초과하여 신용카드 매출전표를 작성하고 자금을 융통하여 준 자'를 처벌하도록 규정하고 있는바, 그 구성요건 및 보호법익에 비추어 볼 때 위 규정 위반의 죄는 신용카드를 이용한 **자금융통행위 1회마다 하나의 죄**가 성립한다고 할 것이고, 일정기간 다수인을 상대로 동종의 자금융통행위를 계속하였다고 하더라도 그 범의가 단일하다고 할 수 없으므로 이를 포괄하여 하나의 죄가 성립한다고 할 수 없다(대판 2001.6.12, 2000도3559).

VI 준사기죄

미성년자의 지려천박 또는 사람의 심신장애를 이용하여 재물의 교부를 받거나 재산상의 이익을 취득함으로써 성립하는 범죄이다(제348조).
미성년자의 지려천박 또는 사람의 심신장애를 소극적으로 이용한다는 점에서 적극적인 기망수단을

사용하는 사기죄에 대하여 보충관계에 있다. 따라서 미성년자나 심신장애자에 대하여 적극적인 기망행위를 한 경우에는 사기죄가 성립한다.

Ⅶ 편의시설부정이용죄

부정한 방법으로 대가를 지급하지 아니하고 자동판매기, 공중전화 기타 유료자동설비를 이용하여 재물 또는 재산상의 이익을 취득함으로써 성립하는 범죄이다(제348조의2).

- 타인의 전화카드(한국통신의 **후불식 통신카드**)를 절취하여 전화통화에 이용한 경우에는 통신카드서비스 이용계약을 한 피해자가 그 통신요금을 납부할 책임을 부담하게 되므로, 이러한 경우에는 피고인이 '대가를 지급하지 아니하고' 공중전화를 이용한 경우에 해당한다고 볼 수 없어 편의시설부정이용의 죄를 구성하지 않는다(대판 2001.9.25, 2001도3625).

Ⅷ 부당이득죄

사람의 궁박한 상태를 이용하여 현저하게 부당한 이익을 취득하거나 제삼자로 하여금 부당한 이익을 취득하게 함으로써 성립하는 범죄이다(제349조). 사기죄 중 미수범처벌규정이 없는 범죄이다.
궁박이라 함은 '급박한 곤궁'을 의미한다. '현저하게 부당한 이익의 취득'이라 함은 단순히 시가와 이익과의 배율로만 판단해서는 안 되고 구체적-개별적 사안에 있어서 일반인의 사회통념에 따라 결정하여야 한다.

- 개발사업 등이 추진되는 사업부지 중 일부의 매매와 관련된 이른바 **'알박기'** 사건에서 부당이득죄의 성립 여부가 문제되는 경우, 그 범죄의 성립을 인정하기 위해서는 피고인이 피해자의 개발사업 등이 추진되는 상황을 미리 알고 그 사업부지 내의 부동산을 매수한 경우이거나 피해자에게 협조할듯한 태도를 보여 사업을 추진하도록 한 후에 협조를 거부하는 경우 등과 같이, 피해자가 궁박한 상태에 빠지게 된 데에 피고인이 **적극적으로 원인을 제공하였거나 상당한 책임을 부담하는 정도**에 이르러야 한다. / 이러한 정도에 이르지 않은 상태에서 단지 개발사업 등이 추진되기 오래 전부터 사업부지 내의 부동산을 소유하여 온 피고인이 이를 매도하라는 피해자의 제안을 거부하다가 수용하는 과정에서 큰 이득을 취하였다는 사정만으로 함부로 부당이득죄의 성립을 인정해서는 안 된다(대판 2009.1.15, 2008도8577).
  [사실관계] 아파트 건축사업이 추진되기 수년 전부터 사업부지 내 일부 부동산을 소유하여 온 피고인이 사업자의 매도 제안을 거부하다가 인근 토지 **시가의 40배**가 넘는 대금을 받고 매도한 경우, 부당이득죄가 성립하지 않는다.

관련 판례 **부당이득죄가 성립하는 경우**

甲건설회사의 공동주택신축**사업 계획을 미리 알고 있던** 乙이 사업부지 내의 토지소유자 丙을 회유하여 甲과 맺은 토지매매 약정을 깨고 자신에게 이를 매도 및 이전등기하게 한 다음 이를 甲에게 재매도하면서 2배 이상의 매매대금과 양도소득세를 부담시킨 경우 부당이득죄가 성립한다(대판 2008.5.29, 2008도2612).

관련 판례 **부당이득죄가 성립하지 않는 경우**

1) 아파트 신축사업이 추진되기 수년 전 사업부지 중 일부 토지를 취득하여 거주 또는 영업장소로 사용하던 피고인이 이를 사업자에게 매도하면서 시가 상승 등을 이유로 대금의 증액을 요구하여 종전보다 1.5 내지 3배가량 높은 대금을 받은 경우 부당이득죄가 성립하지 않는다(대판 2009.1.15, 2008도1246).
2) 피고인이 토지지분을 시가의 약 10배에 해당하는 가격으로 매도함으로써 사회통념상 과도한 이득을 취하였다는 사정만으로는 현저하게 부당한 이득을 취득하였다고 단정할 수 없다(대판 2006.9.8, 2006도3366).
3) 300만 원의 변제에 갈음하여 합금 600여만 원의 이득을 취득함으로써 지급받을 300만 원을 공제한 300만 원의 이득을 취득한 것만으로 현저하게 부당한 이득을 취득한 것이라고 보기 어렵다(대판 1972.10.31, 72도1803).

IX 상습사기죄

상습으로 제347조 내지 전조의 죄(사기죄, 컴퓨터 등 사용사기죄, 준사기죄, 편의시설부정사용죄, 부당이득죄)를 범한 자는 그 죄에 정한 형의 2분의 1까지 가중한다(제351조).
상습사기죄는 미수범처벌규정이 있다.

제5절 공갈의 죄

제350조【공갈】
① 사람을 공갈하여 재물의 교부를 받거나 재산상의 이익을 취득한 자는 10년 이하의 징역 또는 2천만원 이하의 벌금에 처한다.
② 전항의 방법으로 제삼자로 하여금 재물의 교부를 받게 하거나 재산상의 이익을 취득하게 한 때에도 전항의 형과 같다.

제350조의2【특수공갈】
단체 또는 다중의 위력을 보이거나 위험한 물건을 휴대하여 제350조의 죄를 범한 자는 1년 이상 15년 이하의 징역에 처한다.

제351조【상습범】
상습으로 제347조 내지 전조의 죄를 범한 자는 그 죄에 정한 형의 2분의 1까지 가중한다.

제352조【미수범】
제347조 내지 제348조의2, 제350조, 제350조의2와 제351조의 미수범은 처벌한다.

I 서설

1 의의 및 보호법익

공갈의 죄는 사람을 공갈하여 재물의 교부를 받거나 재산상 이익을 취득하거나 제3자로 하여금 이를 취득하게 함으로써 성립하는 범죄이다(제350조). 공갈죄의 주된 보호법익은 재산권이고, 의사결정 및 신체활동의 자유를 부차적인 보호법익으로 한다. 보호의 정도는 침해범으로서의 보호이다.

Thema 정리 **공갈의 죄의 보호법익**

재산권뿐만 아니라 의사결정 및 신체활동의 자유도 보호법익으로 하므로, 피공갈자와 재산상 피해자가 일치하지 않는 경우(삼각공갈) 삼각사기와 달리 재산상 피해자뿐만 아니라 피공갈자도 공갈죄의 피해자가 된다.
→ 재산상 피해자와 피공갈자 모두와 친족관계가 인정되어야 친족상도례가 적용

2 구성요건의 체계

기본적 구성요건	공갈죄
가중적 구성요건	특수공갈죄, 상습공갈죄
미수범 처벌규정	○
예비·음모 처벌규정	×

II 공갈죄

1 객체

(1) 공갈죄의 행위객체는 타인의 재물 또는 재산상 이익이다.

o [주점접대부 정교사건] 공갈죄는 재산범으로서 그 객체인 재산상 이익은 **경제적 이익**이 있는 것을 말하는 것인바, 일반적으로 **부녀와의 정교 그 자체**는 이를 경제적으로 평가할 수 없는 것이므로 부녀를 공갈하여 정교를 맺었다고 하여도 특단의 사정이 없는 한 이로써 재산상 이익을 갈취한 것이라고 볼 수는 없는 것이며, 부녀가 주점접대부라 할지라도 피고인과 매음을 전제로 정교를 맺은 것이 아닌 이상 피고인이 매음대가의 지급을 면하였다고 볼 여지가 없으니 공갈죄가 성립하지 아니한다(대판 1983.2.8, 82도2714).

(2) 사람을 공갈하여 자기의 재물을 교부받는 경우에는 공갈죄가 성립하지 아니한다.

o [쇼핑백 협박사건] 102) 공갈죄의 대상이 되는 재물은 타인의 재물을 의미하므로, 사람을 공갈하여 자기의 재물을 교부받는 경우에는 공갈죄가 성립하지 아니한다. 그리고 타인의 재물인지는 민법, 상법, 기타의 실체법에 의하여 결정되는데, **금전을 도난당한 경우** 절도범이 절취한 금전만 소지하고 있는 때 등과 같이 구체적으로 절취된 금전을 특정할 수 있어 객관적으로 다른 금전 등과 구분됨이 명백한 예외적인 경우에는 절도 피해자에 대한 관계에서 그 금전이 절도범인 타인의 재물이라고 할 수 없다(대판 2012.8.30, 2012도6157).
[사실관계] 甲이 乙의 돈을 절취한 다음 다른 금전과 섞거나 교환하지 않고 쇼핑백 등에 넣어 자신의 집에 숨겨두었는데, 피고인이 乙의 지시로 폭력조직원 丙과 함께 甲에게 겁을 주어 쇼핑백 등에 들어 있던 절취된 돈을 교부받았다면 공갈죄가 성립된다고 볼 수 없다.

102) 2022년 법원행정고등고시

2 공갈행위

(1) 공갈의 의의

공갈이란 재물을 교부받거나 재산상의 이익을 취득하기 위하여 폭행·협박으로써 상대방으로 하여금 공포심을 일으키게 하는 것(외포상태, 겁을 주는 것)을 말한다.

(2) 폭행·협박의 정도

① 여기의 폭행은 사람에 대한 일체의 유형력의 행사를 말한다(광의의 폭행).

② 협박은 객관적으로 사람의 의사결정의 자유를 제한하거나 의사실행의 자유를 방해할 정도로 겁을 먹게 할 만한 해악을 고지하는 것을 말하고, 해악의 고지는 반드시 명시의 방법에 의할 것을 요하지 아니한다(협의의 협박).

> ○ **공갈죄의 수단으로서 협박**은 사람의 의사결정의 자유를 제한하거나 의사실행의 자유를 방해할 정도로 겁을 먹게 할 만한 해악을 고지하는 것을 말하고, 해악의 고지는 ① 반드시 명시의 방법에 의할 것을 요하지 아니하며 언어나 거동에 의하여 상대방으로 하여금 어떠한 해악에 이르게 할 것이라는 인식을 갖게 하는 것이면 족한 것이고, 또한 ② 직접적이 아니더라도 피공갈자 이외의 제3자를 통해서 간접적으로 할 수도 있으며, ③ 행위자가 그의 직업, 지위 등에 기하여 불법한 위세를 이용하여 재물의 교부나 재산상 이익을 요구하고 상대방으로 하여금 그 요구에 응하지 아니한 때에는 부당한 불이익을 초래할 위험이 있다는 위구심을 야기하게 하는 경우에도 해악의 고지가 된다(대판 2003.5.13, 2003도709).
> **[사실관계]** 폭력배와 잘 알고 있다는 지위를 이용하여 불법한 위세를 보인 경우 해악의 고지를 하였다고 본 사례

③ 공갈죄의 폭행·협박은 강도죄와 달리 상대방의 반항을 억압할 정도임을 요하지 않는다.

Thema 정리 **공갈죄와 강도죄의 구별**

1. 공갈죄와 강도죄는 ① 폭행·협박의 정도(양적 차이)와 ② 처분행위가 있었는지 여부로 구별된다.
2. 폭행·협박의 정도가 상대방의 반항을 억압할 정도(최협의)이고, 상대방의 교부행위(처분행위)가 없이 탈취한 경우 강도죄가 성립하고, 강도죄보다 약한 정도의 폭행·협박이 있고, 이에 기한 상대방의 교부행위(처분행위)가 있으면 공갈죄가 성립한다.

관련 판례 **공갈죄의 협박을 인정한 경우**

1) 피해자의 유혹으로 간통관계를 갖게 되었다 하더라도, 이를 미끼로 협박하여 금원을 교부받은 경우 공갈죄가 성립한다(대판 1984.5.9, 84도573).
2) 방송기자인 피고인이 피해자에게 피해자 경영의 건설회사가 건축한 아파트의 진입도로미비 등 공사하자에 관하여 방송으로 **계속 보도할 것 같은 태도**를 보인 경우 공갈죄가 성립한다(대판 1991.5.28, 91도80).
3) 피고인들이 보도자제를 요청하는 건설업체 대표에게 "자사 신문에 사과광고를 싣지 않으면 그 건설업체의 신용을 해치는 기사가 계속 게재될 것 같다"는 **기자들의 분위기를 전달하는 방식**으로 사과광고를 게재하도록 하면서 과다한 광고료를 받은 경우 공갈죄가 성립한다(대판 1997.2.14, 96도1959).

4) 피해자의 정신병원에서의 **퇴원 요구를 거절**해 온 피해자의 배우자가 피해자에 대하여 재산이전 요구를 한 경우, 그 배우자가 재산이전 요구에 응하지 않으면 퇴원시켜 주지 않겠다고 말한 바 없더라도 이는 **암묵적 의사표시**로서 공갈죄의 수단인 해악의 고지에 해당하고 이러한 해악의 고지가 권리의 실현수단으로 사용되었더라도 그 수단방법이 사회통념상 허용되는 정도나 범위를 넘는 것으로서 공갈죄를 구성한다(대판 2001.2.23, 2000도4415).

5) 피해자들이 제작 · 투자한 영화의 소재로 삼은 폭력조직의 두목 또는 조직원이 피해자들에게 그 영화의 감독을 통해 **조직폭력배**의 불량한 성행, 경력 등을 이용하여 재물의 교부를 요구하고 피해자들로 하여금 그 요구에 응하지 아니할 때에는 부당한 불이익을 초래할 위험이 있을 수 있다는 위구심을 야기하게 하였고, 피해자들도 돈을 요구하는 상대방이 자신들이 영화의 소재로 삼았던 폭력조직의 두목 또는 조직원이므로 이에 응하지 않을 경우 자신들이 받을 불이익을 두려워하거나 또는 곤경에 빠진 위 영화감독을 위해서라도 돈을 지급하지 않을 수 없다고 판단하여 마지못해 돈을 준 경우, 공갈죄가 성립한다(대판 2005.7.15, 2004도1565).

6) 갑 주식회사가 특정 신문들에 광고를 편중했다는 이유로 기자회견을 열어 갑 회사에 대하여 **불매운동**을 하겠다고 하면서 **특정 신문들에 대한 광고를 중단할 것**과 다른 신문들에 대해서도 **특정 신문들과 동등하게 광고를 집행할 것**을 요구하고 갑 회사 인터넷 홈페이지에 '갑 회사는 앞으로 특정 언론사에 편중하지 않고 동등한 광고 집행을 하겠다'는 내용의 팝업창을 띄우게 한 경우, 피고인의 행위는 갑 회사의 의사결정권자로 하여금 그 요구를 수용하지 아니할 경우 불매운동이 지속되어 영업에 타격을 입게 될 것이라는 겁을 먹게 하여 의사결정 및 의사실행의 자유를 침해한 것으로 강요죄나 공갈죄의 수단으로서의 협박에 해당한다(대판 2013.4.11, 2010도13774).

관련 판례 공갈죄의 협박을 부정한 경우

1) 가출자의 가족에 대하여 **가출자의 소재를 알려주는 조건**으로 보험가입을 요구한 경우 가출자를 찾으려고 하는 그 가족들의 안타까운 심정을 이용하여 보험가입을 권유 내지 요구하는 언동으로 도의상 비난할 수 있을지언정 그로 인하여 가족들에 새로운 외포심을 일으키게 되거나 외포심이 더하여 진다고는 볼 수 없으므로 이를 공갈죄에 있어서의 협박이라고 단정할 수 없다(대판 1976.4.27, 75도2818).

2) 지역신문의 발행인이 시정에 관한 비판기사 및 사설을 보도하고 관련 공무원에게 **광고의뢰 및 직보배정을 타신문사와 같은 수준으로 높게 해달라**고 요청한 사실만으로 공갈죄의 수단으로서 그 상대방을 협박하였다고 볼 수 없다(대판 2002.12.10, 2001도7095).

3) 공갈죄의 수단으로써의 협박은 객관적으로 사람의 의사결정의 자유를 제한하거나 의사실행의 자유를 방해할 정도로 겁을 먹게 할 만한 해악을 고지하는 것을 말하고, 그 해악에는 인위적인 것뿐만 아니라 천재지변 또는 신력이나 길흉화복에 관한 것도 포함될 수 있으나, / 다만 천재지변 또는 신력이나 길흉화복을 해악으로 고지하는 경우에는 상대방으로 하여금 행위자 자신이 그 천재지변 또는 신력이나 길흉화복을 사실상 지배하거나 그에 영향을 미칠 수 있는 것으로 믿게 하는 명시적 또는 묵시적 행위가 있어야 공갈죄가 성립한다(대판 2002.2.8, 2000도3245).

[사실관계] **조상천도제를 지내지 아니하면 좋지 않은 일이 생긴다**는 취지의 해악의 고지는 길흉화복이나 천재지변의 예고로서 행위자에 의하여 직접, 간접적으로 좌우될 수 없는 것이고 가해자가 현실적으로 특정되어 있지도 않으며 해악의 발생가능성이 합리적으로 예견될 수 있는 것이 아니므로 협박으로 평가될 수 없다.

(3) **공갈의 상대방**(피공갈자 = 처분행위자)

공갈의 상대방, 즉 피공갈자는 처분행위자와 동일인이어야 하지만, 재산상 피해자와 동일함을 요하지 않는다. 피공갈자와 재산상 피해자가 다른 경우(삼각공갈) 삼각사기처럼 피공갈자(처분행위자)는 재물이나 재산상 이익을 처분할 수 있는 권한을 갖거나 사실상 지위에 있어야 한다(지위설).

o 공갈죄에 있어서 공갈의 상대방은 재산상의 피해자와 동일함을 요하지는 아니하나, 공갈의 목적이 된 재물 기타 재산상의 이익을 처분할 수 있는 사실상 또는 법률상의 권한을 갖거나 그러한 지위에 있음을 요한다(대판 2005.9.29, 2005도4738).
[사실관계] **주점의 종업원**에게 신체에 위해를 가할 듯한 태도를 보여 이에 겁을 먹은 위 종업원으로부터 주류를 제공받은 경우 위 종업원은 주류에 대한 사실상의 처분권자이므로 공갈죄의 피해자에 해당되어 공갈죄가 성립한다.

3 처분행위

(1) 공갈죄는 기본적으로 사기죄와 논리구조가 동일하다. 공갈죄가 성립하려면 공갈행위, 외포상태(겁먹은 상태), 피공갈자의 처분행위가 있어야 하고, 순차적으로 인과관계가 있어야 한다.

(2) 처분행위는 통상 피공갈자의 재물 교부행위(점유이전행위, 작위 또는 부작위)를 말하지만, 상대방의 겁먹은 상태를 이용하여 범인이 스스로 재물을 가져가는 경우, 즉 묵인도 포함한다.

o 공갈죄의 본질은 피공갈자의 외포로 인한 하자 있는 동의를 이용하는 재물의 영득행위라고 해석하여야 할 것이므로 그 영득행위의 형식에 있어서 피공갈자가 자의로 재물을 제공한 경우뿐만 아니라 피공갈자가 **외포하여 묵인함을 이용**하여 공갈자가 직접 재물을 탈취한 경우에도 공갈죄가 성립한다(대판 1960.2.29, 4292형상997).

o **[택시기사 폭행사건]** 재산상 이익의 취득으로 인한 공갈죄가 성립하려면 폭행 또는 협박과 같은 공갈행위로 인하여 피공갈자가 재산상 이익을 공여하는 처분행위가 있어야 한다. 물론 그러한 처분행위는 반드시 작위에 한하지 아니하고 부작위로도 족하여서, 피공갈자가 외포심을 일으켜 묵인하고 있는 동안에 공갈자가 직접 재산상의 이익을 탈취한 경우에도 공갈죄가 성립할 수 있다. 그러나 폭행의 상대방이 위와 같은 의미에서의 처분행위를 한 바 없고, 단지 행위자가 법적으로 의무 있는 재산상 이익의 공여를 면하기 위하여 상대방을 폭행하고 현장에서 도주함으로써 상대방이 행위자로부터 원래라면 얻을 수 있었던 재산상 이익의 실현에 장애가 발생한 것에 불과하다면, 그 행위자에게 공갈죄의 죄책을 물을 수 없다(대판 2012.1.27, 2011도16044).
[사실관계] 피고인이 피해자가 운전하는 택시를 타고 간 후 최초의 장소에 이르러 택시요금의 지급을 면할 목적으로 다른 장소에 가자고 하였다면서 택시에서 내린 다음 택시요금 지급을 요구하는 피해자를 때리고 달아나자, 피해자가 피고인이 말한 다른 장소까지 쫓아가 기다리다 그곳에서 피고인을 발견하고 **택시요금 지급을 요구하였는데** 피고인이 다시 **피해자의 얼굴 등을 주먹으로 때리고 달아난 경우** 공갈죄가 성립하지 아니한다.
∵ 피고인이 택시요금지급을 면하고자 피해자를 폭행하고 달아났을 뿐 피해자가 폭행을 당하여 외포심을 일으켜 수동적・소극적으로라도 피고인이 택시요금 지급을 면하는 것을 용인하여 이익을 공여하는 처분행위를 하였다고 할 수 없으므로

4 실행의 착수시기와 기수시기

(1) 공갈의 의사로 폭행 또는 협박을 개시한 때 실행의 착수가 있다.

> ㅇ 피해자의 고용인을 통하여 피해자에게 피해자가 경영하는 기업체의 탈세사실을 국세청이나 정보부에 고발한다는 말을 전하였다면 이는 공갈죄의 행위에 착수한 것이라 할 것이다(대판 1969.7.29, 69도984).

(2) 재물 또는 재산상 이익이 이전된 때 기수이다.

> ㅇ 피해자들을 공갈하여 피해자들로 하여금 지정한 예금구좌에 돈을 **입금**케한 이상, 위 돈은 범인이 자유로이 처분할 수 있는 상태에 놓인 것으로서 공갈죄는 이미 기수에 이르렀다 할 것이다(대판 1985.9.24, 85도1687).
>
> ㅇ 부동산에 대한 공갈죄는 그 부동산에 관하여 소유권이전**등기를 경료받거나 또는 인도를 받은 때**에 기수로 되는 것이고, 소유권이전등기에 필요한 서류를 교부받은 때에 기수로 되어 그 범행이 완료되는 것은 아니다(대판 1992.9.14, 92도1506).

5 재산상의 손해

사기죄와 같이 재산상 손해를 요건으로 하지 않는다.

> ㅇ 공갈죄는 다른 사람을 공갈하여 그로 인한 하자 있는 의사에 기하여 자기 또는 제3자에게 재물을 교부하게 하거나 재산상 이익을 취득하게 함으로써 성립되는 범죄로서, 공갈의 상대방이 재산상의 피해자와 같아야 할 필요는 없고, 피공갈자의 하자 있는 의사에 기하여 이루어지는 재물의 교부 자체가 공갈죄에서의 재산상 손해에 해당하므로, 반드시 피해자의 전체 재산의 감소가 요구되는 것도 아니다(대판 2013.4.11, 2010도13774).

6 위법성

권리를 가진 사람이 권리행사의 수단으로 협박을 사용한 경우 사회통념상 권리행사의 수단으로 용인할 수 없는 정도이면 공갈죄가 성립한다(행위의 불법설). 103)

> ㅇ 피고인이 피해자에 대하여 채권이 있다고 하더라도 그 **권리행사를 빙자**하여 사회통념상 용인되기 어려운 정도를 넘는 협박을 수단으로 상대방을 외포케 하여 재물의 교부 또는 재산상의 이익을 받았다면 공갈죄가 되는 것이다(대판 2000.2.25, 99도4305).
> [동지판례] 해악의 고지가 비록 정당한 권리의 실현 수단으로 사용된 경우라고 하여도 그 권리실현의 수단·방법이 사회통념상 허용되는 정도나 범위를 넘는다면 공갈죄의 실행에 착수한 것으로 보아야 하고, 여기서 어떠한 행위가 구체적으로 사회통념상 허용되는 정도나 범위를 넘는 것인지는 그 행위의 주관적인 측면과 객관적인 측면, 즉 추구된 목적과 선택된 수단을 전체적으로 종합하여 판단하여야 한다(대판 2013.9.13, 2013도6809).

---

103) 2020년 변호사시험

관련 판례 사회통념상 용인되는 범위를 넘는 권리행사로서 위법성이 조각되지 않는 경우

1) 교통사고로 2주일간의 치료를 요하는 상해를 당하여 그로 인한 손해배상청구권이 있음을 기화로 **사고 차량의 운전사가 바뀐 것을 알고서** 그 운전사의 사용자에게 과다한 금원을 요구하면서 이에 응하지 않으면 수사기관에 신고할듯한 태도를 보여 이에 겁을 먹은 동인으로부터 금 3,500,000원을 교부받은 경우 공갈죄가 성립한다(대판 1990.3.27, 89도2036).
2) 피해자의 기망에 의하여 부동산을 비싸게 매수한 피고인이라도 그 계약을 취소함이 없이 등기를 피고인 앞으로 둔 채 피해자의 **전매차익**을 받아낼 셈으로 피해자를 협박하여 재산상의 이득을 얻거나 돈을 받았다면 이는 정당한 권리행사의 범위를 넘은 것으로서 사회통념상 용인될 수 없으므로 공갈죄를 구성한다(대판 1991.9.24, 91도1824).
3) 재정악화로 어려움을 겪는 회사라 할지라도 합법적인 방법으로 피해자 회사들과 갈등을 해결하려 하지 않고 유예기간 안에 돈을 지급하지 않으면 자동차 부품 생산라인을 중단하여 큰 손실을 입게 만들겠다는 태도를 보였다면 공갈죄가 성립한다(대판 2019.2.14, 2018도19493).

관련 판례 사회통념상 용인되는 범위를 넘지 않는 권리행사로서 위법성이 조각된 경우

1) 피해자로부터 범인으로 오인되어 경찰에 끌려가 구타당하여 입원한 경우에 피해자에게 그 **치료비**를 요구하고 응하지 않으면 무고죄로 고소하겠다고 언명한 경우 위법성이 조각된다(대판 1971.11.9, 71도1629).
2) 피고인이 그 소유건물에 인접한 대지 위에 건축허가조건에 위반되게 건물을 신축, 사용하는 소유자로부터 **일조권 침해** 등으로 인한 손해배상에 관한 합의금을 받은 것이 사회통념상 용인되는 범위를 넘지 않는 것이어서 공갈죄가 성립되지 않는다(대판 1990.8.14, 90도114).

7 공범

o 다른 공범자가 공갈행위의 실행에 착수한 후 그 범행을 인식하면서 그와 공동의 범의를 가지고 그 후의 공갈행위를 계속하여 재물의 교부나 재산상 이익의 취득에 이른 때에는 공갈죄의 **공동정범**이 성립한다(대판 1997.2.14, 96도1959).

8 죄수 및 타죄와의 관계

o 피고인이 예금주인 현금카드 소유자를 협박하여 그 카드를 **갈취**한 다음 피해자의 승낙에 의하여 현금카드를 사용할 권한을 부여받아 이를 이용하여 여러 차례 현금자동지급기에서 예금을 인출한 경우 **포괄하여** 하나의 공갈죄를 구성한다(대판 1996.9.20, 95도1728).

o 공무원이 **직무집행의 의사 없이** 또는 직무처리와 대가적 관계없이 타인을 공갈하여 재물을 교부하게 한 경우에는 공갈죄만이 성립하고, / 이러한 경우 **재물의 교부자**가 공무원의 해악의 고지로 인하여 외포의 결과 금품을 제공한 것이라면 그는 **공갈죄의 피해자**가 될 것이고 뇌물공여죄는 성립될 수 없다고 하여야 할 것이다(대판 1994.12.22, 94도2528).

ㅇ 공갈죄와 도박죄는 그 구성요건과 보호법익을 달리하고 있고, 공갈죄의 성립에 일반적·전형적으로 도박행위를 수반하는 것은 아니며, 도박행위가 공갈죄에 비하여 별도로 고려되지 않을 만큼 경미한 것이라고 할 수도 없으므로, **도박행위가 공갈죄의 수단이 되었다** 하여 그 도박행위가 공갈죄에 흡수되어 별도의 범죄를 구성하지 않는다고 할 수 없다(대판 2014.3.13, 2014도212).

Ⅲ 특수공갈죄

단체 또는 다중의 위력을 보이거나 위험한 물건을 휴대하여 제350조의 죄를 범한 경우 성립하는 범죄이다(제350조의2).

Ⅳ 상습공갈죄

상습으로 공갈죄를 범한 자는 그 죄에 정한 형의 2분의 1까지 가중한다(제351조).

제6절 횡령죄

제355조【횡령】
① 타인의 재물을 보관하는 자가 그 재물을 횡령하거나 그 반환을 거부한 때에는 5년 이하의 징역 또는 1천500만원 이하의 벌금에 처한다.

제356조【업무상의 횡령】
업무상의 임무에 위배하여 제355조의 죄를 범한 자는 10년 이하의 징역 또는 3천만원 이하의 벌금에 처한다.

제359조【미수범】
제355조 내지 제357조의 미수범은 처벌한다.

제360조【점유이탈물횡령】
① 유실물, 표류물 또는 타인의 점유를 이탈한 재물을 횡령한 자는 1년 이하의 징역이나 300만원 이하의 벌금 또는 과료에 처한다.
② 매장물을 횡령한 자도 전항의 형과 같다.

Ⅰ 서설

1 의의 및 보호법익

횡령의 죄란 위탁관계에 의하여 보관하는 타인의 재물이나 점유이탈물을 불법하게 영득하는 것을 내용으로 하는 범죄이다. 횡령죄의 보호법익은 소유권이고, 그 보호정도는 위험범이다. 배임죄와는 타인의 신임관계를 배반한다는 점에서 공통되나, 재물만 객체로 한다는 점에서 구별된다(순수한 재물죄).

o 횡령죄는 다른 사람의 재물에 관한 소유권 등 본권을 그 보호법익으로 하고 본권이 침해될 위험성이 있으면 그 침해의 결과가 발생되지 아니하더라도 성립하는 이른바 **위태범**이므로, 다른 사람의 재물을 보관하는 사람이 그 사람의 동의 없이 함부로 이를 담보로 제공하는 행위는 불법영득의 의사를 표현하는 횡령행위로서 사법(私法)상 그 담보제공행위가 무효이거나 그 재물에 대한 소유권이 침해되는 결과가 발생하는지 여부에 관계없이 횡령죄를 구성한다(대판 2002.11.13, 2002도2219).

2 구성요건의 체계

기본적 구성요건	횡령죄
가중적 구성요건	업무상횡령죄
독립적 구성요건	점유이탈물횡령죄
미수범 처벌규정	○
	× : 점유이탈물횡령죄
예비·음모 처벌규정	×

3 횡령죄의 본질

위탁된 타인의 재물을 불법하게 영득하는 데 횡령죄의 본질이 있으므로, 불법영득의사 없이 일시적 무단사용, 손괴·은닉목적으로 처분한 경우에는 횡령죄가 성립하지 않는다.

Thema 정리 횡령죄의 본질

월권행위설 (불법처분설)	위탁물에 대하여 권한을 초과하는 월권적 처분행위를 함으로써 위탁에 기초한 신임관계를 파괴하는 것(**불법영득의사 불요**) ↔ 1) 횡령죄의 보호법익은 소유권이므로 불법영득의사가 필요, 2) 월권행위설에 의하면 자기점유·타인소유물을 손괴한 경우에 횡령죄가 인정되어, 타인점유·타인소유물을 손괴한 손괴죄보다 중하게 처벌하는 부당한 결과 초래(절도죄를 횡령죄보다 중하게 벌하는 형벌체계와 모순)
영득행위설 (통설·판례)	위탁된 타인의 물건을 위법하게 영득하는 것(**불법영득의사 요**) ↔ 일시적 무단사용, 손괴·은닉목적의 처분행위, 위탁자를 위한 월권행위 등은 제외

Thema 정리 횡령죄의 본질

1. **월권행위설** : 권한초월 → 불법영득의사 불요 → 일시적 무단사용, 손괴은닉목적 처분 = 횡령 ○
2. **영득행위설** : 불법영득 → 불법영득의사 요 → 일시적 무단사용, 손괴은닉목적 처분 = 횡령 ×

II 횡령죄

횡령죄란 타인의 재물을 보관하는 자가 그 재물을 횡령하거나 반환을 거부함으로써 성립하는 범죄이다(제355조 제1항). 타인의 재물 보관자만이 주체가 되는 진정신분범이다.

1 주체 _ 위탁관계에 의한 보관자(자기점유)

(1) 보관하는 자

횡령죄의 주체는 위탁관계에 의하여 타인의 재물을 보관하는 자이다. 여기서 보관이란 행위자 자신이 위탁관계에 의해 재물을 사실상 지배 또는 법률상 지배하는 것을 말한다. 단순한 사실상 지배만을 의미하는 절도죄의 점유와 구별된다.

(2) 부동산의 보관자

① 부동산의 경우 보관자의 지위는 점유를 기준으로 할 것이 아니라 그 부동산을 제3자에게 유효하게 처분할 수 있는 권능의 유무를 기준으로 결정하여야 한다.

② 등기된 부동산의 경우 원칙적으로 등기부상 명의인이 보관자가 된다. 다만 법률상 유효하게 처분할 수 있는 권능이 없는 원인무효의 등기명의자는 보관자가 될 수 없고, 마찬가지로 공유등기된 부동산의 경우 공유자 중 1인은 타인의 지분에 대한 보관자가 될 수 없다.

ㅇ 종중의 회장으로부터 **담보 대출을 받아달라**는 부탁과 함께 종중 소유의 임야를 (등기)이전받은 자가 임야를 담보로 금원을 대출받아 임의로 사용하고 자신의 개인적인 대출금 채무를 담보하기 위하여 임야에 근저당권을 설정하였다면 비록 피고인이 임야를 이전받는 과정에서 적법한 종중총회의 결의가 없었다고 하더라도 횡령죄가 성립한다(대판 2005.6.24, 2005도2413).

∵ 임야나 위 대출금에 관하여 사실상 종중의 위탁에 따라 이를 보관하는 지위에 있으므로

ㅇ 피고인과 A가 토지의 각 특정부분을 1, 2로 구분하여 소유하면서 **공유등기**를 하였다가(**상호명의신탁관계**) 토지를 분할하여 분할된 각 토지에 종전 토지의 공유등기가 전사된 후, 피고인이 분할 후 A소유인 토지부분에 피고인의 공유지분이 남아 있음을 기화로, 그에 대하여 근저당권을 설정한 행위는 횡령죄를 구성한다(대판 2014.12.24, 2011도11084).

∵ 각 공유자는 나머지 각 필지 위에 전사된 **자신 명의의 공유지분**에 관하여 다른 공유자에 대한 관계에서 그 공유지분을 보관하는 자의 지위에 있으므로

ㅇ **원인무효인 소유권이전등기의 명의자**는 횡령죄의 주체인 타인의 재물을 보관하는 자에 해당한다고 할 수 없다(대판 1989.2.28, 88도1368).

∵ 부동산의 경우 보관자의 지위는 그 부동산을 제3자에게 유효하게 처분할 수 있는 권능의 유무를 기준으로 결정하여야 하므로

[동지판례] 임야의 **진정한 소유자와는 전혀 무관하게** 신탁자로부터 임야 지분을 명의신탁받아 지분이전등기를 경료한 수탁자가 신탁받은 지분을 임의로 처분한 경우 횡령죄가 성립하지 아니한다(대판 2007.5.31, 2007도1082).

∵ 원인무효인 소유권이전등기의 명의자는 제3자에게 유효하게 처분할 수 있는 권능을 갖지 아니하므로

[동지판례] 타인 소유의 토지에 관하여 **허위의 보증서**와 **확인서**를 발급받아 부동산소유권이전등기 등에 관한 특별조치법에 따른 소유권이전등기를 임의로 마친 사람은 그와 같은 **원인무효 등기**에 따라 토지에 대한 처분권능이 새로이 발생하는 것이 아니므로 토지에 대한 보관자의 지위에 있다고 할 수 없다. 타인 소유의 토지에 대한 보관자의 지위에 있지 않은 사람이 그 앞으로 원인무효의 소유권이전등기가 되어 있음을 이용하여 토지소유자에게 지급될 보상금을 수령하였더라도 보상금에 대한 점유 취득은 진정한 토지소유자의 위임에 따른 것이 아니므로 보상금에 대하여 어떠한 보관관계가 성립하지 않는다(대판 2021.6.30, 2018도18010).

→ 피고인은 이 사건 토지들을 유효하게 처분할 수 있는 권능이 없어 피해자들을 위해 토지들을 보관하는 자에 해당한다고 볼 수 없고 이 사건 토지들에 관한 수용보상금에 대하여도 보관자의 지위를 인정할 수 없다.

○ 부동산을 공동으로 상속한 자들 중 1인이 부동산을 혼자 점유하던 중 **다른 공동상속인의 상속지분**을 임의로 처분하여도 그에게는 그 처분권능이 없어 횡령죄가 성립하지 아니한다(대판 2000.4.11, 2000도565).

[사실관계] 구분소유자 전원의 공유에 속하는 공용부분인 지하주차장 일부를 그중 1인이 독점 임대하고 수령한 임차료를 임의로 소비한 경우 횡령죄가 성립하지 않는다.

③ 미등기부동산의 경우 위탁관계에 의하여 현실로 부동산을 관리·지배하는 자가 보관자이다.

○ 미등기건물의 관리를 위임받아 보관하고 있는 甲이 임의로 건물을 자신의 명의로 보존등기를 한 경우 횡령죄가 성립한다(대판 1993.3.9, 92도2999).

(3) 동산의 보관자

① 동산의 경우 점유자가 보관자가 된다.

○ 민법상 **점유보조자(점원)**라고 할지라도 그 물건에 대하여 사실상 지배력을 행사하는 경우에는 형법상 보관의 주체로 볼 수 있으므로 이를 영득한 경우에는 절도죄가 아니라 횡령죄에 해당한다(대판 1982.3.9, 81도3396).

○ 피해자가 **지게 짐꾼**인 피고인을 불러 피고인 단독으로 물건을 운반해 줄 것을 의뢰하였더니 피고인이 용달차에 싣고 가서 처분한 경우 피고인의 위 운반을 위한 소지 관계는 피해자의 위탁에 의한 보관관계에 있다고 할 것이므로 이를 영득한 행위는 절도죄가 아니라 **횡령죄**를 구성한다(대판 1982.11.23, 82도2394).

② 자동차 등 등록을 요하는 동산의 경우 판례는 부동산과 같이 등록명의자를 보관자로 보았다가, 등록명의자가 아니어도 보관자라고 보는 견해로 변경하였다.

○ [지입차주 횡령사건] 104) 소유권의 취득에 등록이 필요한 타인 소유의 차량을 인도받아 보관하고 있는 사람이 이를 사실상 처분하면 횡령죄가 성립하며, 보관 위임자나 보관자가 차량의 등록명의자일 필요는 없다. 그리고 이와 같은 법리는 지입회사에 소유권이 있는 차량에 대하여 지입회사에서 운행관리권을 위임받은 지입차주가 지입회사의 승낙 없이 보관 중인 차량을 사실상 처분하거나 지입차주에게서 차량 보관을 위임받은 사람이 지입차주의 승낙 없이 보관 중인 차량을 사실상 처분한 경우에도 마찬가지로 적용된다(대판 2015.6.25, 2015도1944 **全合**).

(4) 금전 등 보관자

① 금전 등은 대체가 가능하므로 보관자가 소유자가 되는 것이 원칙이다("금전은 소지가 있는 곳에 소유가 있다"). 다만 용도를 특정하여 위탁한 경우는 특정물과 유사하게 여전히 타인의 소유물로 보므로 보관자가 된다.

---

104) 2021년 법원행정고등고시, 2022년 법원사무관승진시험(20점)

② 은행예금

○ 횡령죄에 있어서 보관이라 함은 재물이 사실상 지배하에 있는 경우뿐만 아니라 법률상의 지배·처분이 가능한 상태를 모두 가리키는 것으로 타인의 금전을 위탁받아 보관하는 자는 보관방법으로 이를 **은행 등의 금융기관에 예치한 경우**에도 보관자의 지위를 갖는 것이다(대판 2000.8.18, 2000도1856).
[판결이유] 타인의 금전을 위탁받아 보관하는 자가 보관방법으로 금융기관에 자신의 명의로 예치한 경우, **금융실명거래 및 비밀보장에 관한 긴급재정경제명령**이 시행된 이후 금융기관으로서는 특별한 사정이 없는 한 실명확인을 한 예금명의자만을 예금주로 인정할 수밖에 없으므로 수탁자 명의의 예금에 입금된 금전은 수탁자만이 법률상 지배·처분할 수 있을 뿐이고 위탁자로서는 위 예금의 예금주가 자신이라고 주장할 수는 없으나, / 그렇다고 하여 보관을 위탁받은 위 금전이 수탁자 소유로 된다거나 위탁자가 위 금전의 반환을 구할 수 없는 것은 아니므로 수탁자가 이를 함부로 인출하여 소비하거나 또는 위탁자로부터 반환요구를 받았음에도 이를 영득할 의사로 반환을 거부하는 경우에는 횡령죄가 성립한다.

○ 타인의 금전을 위탁받아 보관하는 자가 보관방법으로 **금융기관에 자신의 명의로 예치한 경우**, 수탁자가 이를 함부로 인출하여 소비하거나 또는 위탁자로부터 반환요구를 받았음에도 이를 영득할 의사로 반환을 거부하는 경우에는 횡령죄가 성립한다(대판 2015.2.12, 2014도11244).

(5) 위탁관계에 의한 보관

① 횡령죄에서 재물의 보관은 위탁관계에 의하여 이루어져야 한다. 횡령죄의 본질이 위탁에 의한 신뢰관계를 배신한다는 점에 있기 때문이다.

② 위탁관계는 사용대차·임대차·위임·고용 등 계약에 의하여 발생하는 것이 보통이나, 사무관리·관습·조리·신의칙에 의하여도 발생할 수 있다.

○ [착오송금 횡령사건] 어떤 예금계좌에 돈이 **착오로 잘못 송금되어 입금된 경우**에는 그 예금주와 송금인 사이에 신의칙상 보관관계가 성립한다고 할 것이므로, 피고인이 송금 절차의 착오로 인하여 피고인 명의의 은행 계좌에 입금된 돈을 임의로 인출하여 소비한 행위는 횡령죄에 해당하고, 이는 송금인과 피고인 사이에 별다른 거래관계가 없다고 하더라도 마찬가지이다(대판 2010.12.9, 2010도891).

③ 또한 위탁관계가 법률상 무효·취소된 경우에도 사실상 위탁관계가 인정되면 족하다. 다만 위탁관계는 횡령죄로 보호할만한 가치 있는 신임에 의한 것으로 한정된다.

○ [부동산 실권리자명의 등기에 관한 법률에 위반한 이른바 양자간 명의신탁에서 명의수탁자가 신탁부동산을 임의로 처분한 경우 횡령죄가 성립하는지 여부가 문제된 사건] 형법 제355조 제1항이 정한 횡령죄에서 보관이란 위탁관계에 의하여 재물을 점유하는 것을 뜻하므로 횡령죄가 성립하기 위하여는 재물의 보관자와 재물의 소유자(또는 기타의 본권자) 사이에 **법률상 또는 사실상의 위탁관계**가 존재하여야 한다. 이러한 위탁관계는 사용대차·임대차·위임 등의 계약에 의하여서 뿐만 아니라 사무관리·관습·조리·신의칙 등에 의해서도 성립될 수 있으나, 횡령죄의 본질이 신임관계에 기초하여 위탁된 타인의 물건을 위법하게 영득하는 데 있음에 비추어 볼 때 **위탁관계**는 횡령죄로 보호할 만한 가치 있는 신임에 의한 것으로 한정함이 타당하다(대판 2021.2.18, 2016도18761 全合).

[사실관계] **부동산실명법에 위반한** 이른바 **양자간 명의신탁**의 경우 명의신탁자와 명의수탁자 사이에 무효인 명의신탁약정 등에 기초하여 존재한다고 주장될 수 있는 사실상의 위탁관계라는 것은 부동산실명법에 반하여 범죄를 구성하는 불법적인 관계에 지나지 아니할 뿐 이를 형법상 보호할 만한 가치 있는 신임에 의한 것이라고 할 수 없으므로 명의수탁자가 신탁부동산을 임의로 처분하여도 횡령죄가 성립하지 않는다.

o [의료법 제33조 제2항을 위반한 약정에 기해 교부된 돈을 임의로 처분한 경우 횡령죄가 성립하는지 여부가 문제된 사건] 위탁관계가 있는지는 재물의 보관자와 소유자 사이의 관계, 재물을 보관하게 된 경위 등에 비추어 볼 때 보관자에게 재물의 보관 상태를 그대로 유지해야 할 의무를 부과하여 그 보관 상태를 형사법적으로 보호할 필요가 있는지 등을 고려하여 규범적으로 판단해야 한다. **재물의 위탁행위가 범죄의 실행행위나 준비행위 등과 같이 범죄 실현의 수단으로서 이루어진 경우 그** 행위 자체가 처벌 대상인지와 상관없이 그러한 행위를 통해 형성된 위탁관계는 횡령죄로 보호할 만한 가치 있는 신임에 의한 것이 아니라고 봄이 타당하다(대판 2022.6.30, 2017도21286).

[사실관계] 피고인이 **의료기관을 개설할 자격이 없는 자**(이하 '무자격자')**들끼리 노인요양병원을 설립·운영하기로 한 약정에 따라 교부받은 투자금**을 임의로 처분하여 횡령죄로 기소된 사안에서, 대법원은 피고인이 보관하던 투자금은 의료법 제87조, 제33조 제2항에 따라 처벌되는 **무자격자의 의료기관 개설·운영이라는 범죄**의 실현을 위해 교부되었으므로, 해당 금원에 관하여 피고인과 피해자 사이에 횡령죄로 보호할 만한 신임에 의한 위탁관계는 인정되지 않는다고 보아, 이와 달리 피고인에게 타인의 재물을 보관하는 자의 지위가 인정됨을 전제로 일부 공소사실을 유죄로 판단한 원심판결을 파기하였음

관련 판례 **위탁관계에 의한 보관이 인정되는 경우**

1) 임차인이 이사하면서 그가 소유하거나 타인으로부터 위탁받아 보관 중이던 물건들을 임대인의 방해로 옮기지 못하고 그 임차공장 내에 그대로 두었다면 임대인은 **사무관리 또는 조리상** 당연히 임차인을 위하여 위 물건들을 보관하는 지위에 있다 할 것이므로 임대인이 그 후 이를 임의로 매각하거나 반환을 거부하였다면 횡령죄를 구성한다(대판 1985.4.9, 84도300).

2) 피고인이 자신 명의의 계좌에 **착오**로 **송금**된 돈을 다른 계좌로 이체하는 등 임의로 사용한 경우, 횡령죄가 성립한다(대판 2005.10.28, 2005도5975). ∵ 신의칙상 보관관계 ○

3) 피고인이 주식회사의 경영권을 인수한 후 회사 소유의 예금을 인출하여 피고인의 위 회사 인수를 위한 대출금 변제에 사용한 경우 (업무상)횡령죄가 성립한다(대판 2011.3.24, 2010도17396).
∵ 피고인이, 위 예금이 인출되기 직전에 있었던 주주총회에서 피고인 측 이사 3명이 선출됨으로써 갑 회사의 실질적 운영자의 지위를 취득하였던 점 등에 비추어 위 예금을 보관하는 자의 지위에 있었다는 이유
→ 사실상 보관자라는 취지

4) [사실상 사무처리자] **주주**나 대표이사 또는 그에 준하여 **회사 자금의 보관이나 운용에 관한 사실상의 사무를 처리하는 자**가 자기 또는 제3자의 이익을 꾀할 목적으로 회사 소유의 재산을 사적인 용도로 함부로 처분하였다면 횡령죄가 성립한다(대판 2019.12.24, 2019도9773).
[사실관계] 피고인들이 피해회사의 자회사 계좌를 이용하여 피해 회사의 납품대금을 횡령한 사건
[동지판례] A 주식**회사의 자금 관리를 사실상 담당하던 피고인**이 대표이사의 결재나 승인 등 적법한 내부절차를 거치지 않은 채 공범의 지시에 따라 공범이 사실상 지배하는 다른 회사의 법인

계좌로 A 주식회사의 자금(50억 원 이상)을 송금하고 지인들의 자금 대여 요청에 응하여 A 주식회사의 자금을 임의로 처분한 행위는 「특정경제범죄 가중처벌 등에 관한 법률」 위반(횡령)죄를 구성한다(대판 2022.4.28, 2022도1271).

5) 회사의 대표이사가 근로자의 임금에서 국민연금 보험료 중 근로자가 부담하는 **기여금**을 원천공제한 뒤 국민연금관리공단에 납부하지 않고 개인적 용도로 사용한 경우 횡령죄(업무상횡령 포함)가 성립한다(대판 2011.2.10, 2010도13284).
∵ 사용자는 근로자가 부담할 기여금을 원천공제하여 근로자를 위하여 보관하고, 국민연금관리공단에 납부하여야 할 업무상 임무를 부담하므로

6) 채무자가 채무총액에 관한 지불각서를 써 줄 것으로 믿고, 채권자가 채무자에게 그 액면금 등을 확인할 수 있도록 가계수표들을 교부하였다면, (채권자와 채무자 사이에는 만약 합의가 결렬되어 채무자가 채권자에게 지불각서를 써 주지 아니하는 경우에는 곧바로 그 가계수표들을 채권자에게 반환하기로 하는) 횡령죄에 있어서 조리에 의한 위탁관계가 발생하였다고 볼 것이다(대판 1996.5.14, 96도410).

관련 판례 **위탁관계에 의한 보관이 부정되는 경우**

1) 소유자로부터 부동산의 소유명의 및 관리를 위탁받은 자가 자신의 명의로 부동산을 등기하지 않고 자신의 **子 명의로 그 부동산을 등기**해 두고 사망하자 그 子가 이를 처분한 경우 횡령죄가 성립하지 않는다(대판 1987.2.10, 86도2349). ∵ 위탁관계의 승계가 인정되지 아니하므로

2) 발행인으로부터 일정한 금액의 범위 내에서 액면을 보충·할인하여 달라는 의뢰를 받고 액면이 백지인 약속어음을 교부받아 보관 중이던 자가 **보충권의 한도를 넘어 보충을 한 약속어음**을 자신의 채무변제조로 제3자에게 교부하여 임의로 사용하였다고 하더라도 횡령죄가 성립될 수는 없다(대판 1995.1.19, 94도2760).
∵ 보충권의 남용행위로 인하여 생겨난 새로운 약속어음에 대하여는 발행인과의 관계에서 보관자의 지위에 있다 할 수 없으므로

④ 채권양도담보

ㅇ [채권양도담보에서 양도인의 횡령죄 성립 여부가 문제된 사건] **채무자가 기존 금전채무를 담보하기 위하여 다른 금전채권을 채권자에게 양도하는 경우(채권양도담보)**, 채무자가 채권자에 대하여 부담하는 **'담보 목적 채권의 담보가치를 유지·보전할 의무'**는 채권 양도담보계약에 따라 부담하게 된 채무의 한 내용에 불과하다. **통상의 채권양도계약**은 그 자체가 채권자지위의 이전을 내용으로 하는 주된 계약이고, 그 당사자 사이의 본질적 관계는 양수인이 채권자지위를 온전히 확보하여 채무자로부터 유효하게 채권의 변제를 받는 것이다. / 그런데 **채권 양도담보계약**은 피담보채권의 발생을 위한 계약(예컨대 금전소비대차계약 등)의 종된 계약으로, 채권 양도담보계약에 따라 채무자가 부담하는 위와 같은 의무는 담보목적을 달성하기 위한 것에 불과하고, 그 당사자 사이의 본질적이고 주된 관계는 피담보채권의 실현이다. 이처럼 채권양도담보계약의 목적이나 본질적 내용을 통상의 채권양도계약과 같이 볼 수는 없다. 따라서 채무자가 채권 양도담보계약에 따라 담보 목적 채권의 담보가치를 유지·보전할 의무는 계약에 따른 자신의 채무에 불과하고, 채권자와 채무자 사이에 채무자가 채권자를 위하여 담보가치의 유지·보전사무를 처리함으로써 채무자의 사무처리

를 통해 채권자가 담보 목적을 달성한다는 신임관계가 존재한다고 볼 수 없다. 그러므로 **채무자가 제3채무자에게 채권양도 통지를 하지 않은 채 자신이 사용할 의도로 제3채무자로부터 변제를 받아 변제금을 수령한 경우**, 이는 단순한 민사상 채무불이행에 해당할 뿐, 채무자가 채권자와의 위탁신임관계에 의하여 채무자를 위해 위 변제금을 보관하는 지위에 있다고 볼 수 없고, 채무자가 이를 임의로 소비하더라도 횡령죄는 성립하지 않는다(대판 2021.2.25, 2020도12927).

2 객체 _ 타인소유의 재물(타인소유)

(1) 재물

① 횡령죄의 객체는 재물에 한정된다. 재물은 동산, 부동산의 유체물에 한정되지 아니하고 관리할 수 있는 동력도 재물로 간주되지만, 여기에서 말하는 관리란 물리적 또는 물질적 관리를 가리킨다. ↔ 재산상 이익 : × (배임죄의 객체)

② 사무적으로 관리가 가능한 채권이나 그 밖의 권리 등은 재물에 포함되지 않는다.

③ 그러나 권리가 화체된 문서는 재물에 포함된다. 예 채권증서, 약속어음 등

관련 판례 **횡령죄의 객체인 재물에 해당하는 경우**

甲은 자신이 지배하는 울산공장에서 생산된 스판덱스 등 섬유제품이 실제 생산량보다 적게 생산된 것처럼 수율을 낮게 조작하거나, 생산과정에서 발생한 판매 가능한 제품을 불량품으로 폐기한 것처럼 가장하는 방법으로 무자료 거래 제품을 제조하여 공장에서 출고한 후 대리점에 판매하고, 그 판매대금을 비자금으로 조성한 후 개인적인 용도로 소비하였다면 甲에게는 횡령죄가 성립하고, 그 횡령죄의 객체는 섬유제품이 아니라 **섬유제품의 판매대금**이라고 보아야 한다(대판 2016.8.30, 2013도658).

관련 판례 **횡령죄의 객체인 재물에 해당하지 않는 경우**

1) **광업권**은 재물인 광물을 취득할 수 있는 권리에 불과하지 재물 그 자체는 아니므로 횡령죄의 객체가 된다고 할 수 없다(대판 1994.3.8, 93도2272).

2) **주권**은 유가증권으로서 재물에 해당되므로 횡령죄의 객체가 될 수 있으나, / 자본의 구성단위 또는 주주권을 의미하는 **주식**은 재물이 아니므로 횡령죄의 객체가 될 수 없다(대판 2005.2.18, 2002도2822).
[동지판례] 예탁결제원에 예탁되어 계좌 간 대체 기재의 방식에 의하여 양도되는 **주권**은 유가증권으로서 재물에 해당되므로 횡령죄의 객체가 될 수 있으나, / **주권이 발행되지 않은 상태에서** 주권불소지 제도, 일괄예탁 제도 등에 근거하여 예탁결제원에 예탁된 것으로 취급되어 계좌 간 대체 기재의 방식에 의하여 **양도되는 주식**은 재물이 아니므로 횡령죄의 객체가 될 수 없다(대판 2023.6.1, 2020도2884).

(2) 타인소유

횡령죄의 객체가 타인의 재물에 속하는 이상 구체적으로 누구의 소유인지는 횡령죄의 성립 여부에 영향이 없다(대판 2019.12.24, 2019도9773).

① **공동소유** : 공유물, 합유물, 총유물 등 공동소유물은 공동소유자 중 1인이라 하여도 다른 공동소유자에 대한 관계에서는 타인소유에 해당한다.

○ **공유물의 매각대금**도 정산하기까지는 각 공유자의 공유에 귀속한다고 할 것이므로 공유자 1인이 그 매각대금을 임의로 소비하였다면 횡령죄가 성립된다(대판 1983.8.23, 80도1161).

○ 동업관계에 있는 피고인과 피해자 사이에 손익분배의 정산이 되지 아니하였다면 동업자의 한 사람인 피고인은 피고인과 피해자의 **합유에 속하는 동업재산이나 동업재산의 매각대금**에 대한 지분을 처분할 권한이 없는 것이므로, 피고인이 동업재산인 교회건물의 매각대금을 매수인으로부터 받아 보관 중 임의로 소비하였다면 **지분 비율에 관계없이 임의로 소비한 금액 전부**에 대해 횡령죄의 죄책을 부담한다(대판 1996.3.22, 95도2824).

[동지판례] 동업자 사이에 손익분배 정산이 되지 아니하였다면 동업자 한 사람이 임의로 동업자들의 합유에 속하는 동업재산을 처분할 권한이 없는 것이므로, 동업자 한 사람이 동업재산을 보관 중 임의로 횡령하였다면 지분비율에 관계없이 횡령한 금액 전부에 대하여 횡령죄의 죄책을 부담한다(대판 2011.6.10, 2010도17684).[105] ↔ 지분비율에 따라 : ×

○ 조합재산은 조합원의 합유에 속하므로 조합원 중 한 사람이 조합재산 처분으로 얻은 대금을 임의로 소비하였다면 횡령죄의 죄책을 면할 수 없고, 이러한 법리는 내부적으로는 조합관계에 있지만 대외적으로는 조합관계가 드러나지 않는 이른바 **내적 조합의 경우**에도 마찬가지이다(대판 2011.11.24, 2010도5014).

② **금전 등 대체물** : 금전 등 대체물은 대체가 가능하므로 보관자가 소유자가 되는 것이 원칙이다("금전은 소지가 있는 곳에 소유가 있다"). 다만 용도·목적을 특정하여 위탁한 경우는 특정물과 동일하게 여전히 타인의 소유물에 해당한다.

㉠ 용도·목적을 정하여 위탁한 금전(특정물) : 목적과 용도를 정하여 위탁한 금전은 정해진 목적, 용도에 사용할 때까지는 이에 대한 소유권이 위탁자에게 유보되어 있는 것으로서, 수탁자가 임의로 소비하면 횡령죄를 구성한다.

○ 용도나 목적이 특정되어 보관된 금전은 그 보관 도중에 특정의 용도나 목적이 소멸되었다고 하더라도 위탁자가 이를 반환받거나 그 임의소비를 승낙하기까지는 횡령죄의 적용에 있어서는 여전히 **위탁자의 소유물**이라고 할 것이다(대판 2002.11.22, 2002도4291).

관련 판례 용도가 특정된 금전에 해당하는 경우

1) 피고인이 교회신축공사를 감독하면서 위 교회로부터 **레미콘대금**을 지급하라는 명목으로 금원을 받았으면서도 거기에 사용하지 아니하고 이를 마음대로 피고인이 받을 채권과 상계처리하였다면 상계정산하기로 하였다는 특별한 약정이 없는 한 이는 금원을 위탁한 취지에 반하는 것이어서 횡령죄를 구성한다(대판 1989.1.31, 88도1992).
2) **환전하여 달라**는 부탁과 함께 교부받은 돈을 그 목적과 용도에 사용하지 않고 마음대로 피고인의 위탁자에 대한 채권에 상계충당한 경우, 상계정산하기로 하였다는 특별한 약정이 없는 한, 횡령죄가 성립한다(대판 1997.9.26, 97도1520).

105) 2022년 법무사시험

3) 주상복합상가의 매수인으로부터 **우수상인 유치비** 명목으로 금원을 납부받아 보관하던 중 그 용도와 무관하게 일반경비로 사용한 경우 횡령죄가 성립한다(대판 2002.8.23, 2002도366).

4) 집합건물의 관리회사가 구분소유자들로부터 **특별수선충당금**의 명목으로 금원을 납부받아 보관하던 중 이를 일반경비로 사용한 경우 횡령죄를 구성한다(대판 2004.5.27, 2003도6988).
[비교판례] 갑 아파트의 입주자대표회의 회장이, 일반 관리비와 별도로 입주자대표회의 명의 계좌에 적립・관리되는 **특별수선충당금**을 아파트의 심각한 하자로 인한 긴급한 법적 대응이 필요한 상황에서 아파트 구조진단 견적비 및 시공사인 을 주식회사에 대한 손해배상청구소송의 변호사 선임료로 사용하였다면 불법영득의사가 인정되지 않는다(대판 2017.2.15, 2013도14777).
∵ 위탁의 취지에 부합하는 용도로 사용하였으므로

5) 마을 이장이 경로당 화장실 개・보수 공사를 위하여 업무상 보관 중이던 **공사비**를 그 용도 외에 다른 용도로 사용하였다면, 과거에 마을을 위하여 자신의 개인 돈을 지출하였다고 하여도 횡령죄가 성립한다(대판 2010.9.30, 2010도7012).

6) **[교비회계 횡령사건]** 사립학교의 **교비회계에 속하는 수입(용도가 엄격히 제한된 자금)**을 적법한 교비회계의 세출에 포함되는 용도 즉, 당해 학교의 교육에 직접 필요한 용도가 아닌 다른 용도에 사용하였다면 그 사용행위 자체로서 불법영득의사를 실현하는 것이 되어 그로 인한 죄책을 면할 수 없다(대판 2008.2.29, 2007도9755).
[비교판례] 원래 사립학교의 교비회계에 속하는 자금으로 지출할 수 있는 항목에 관한 차입금을 상환하기 위하여 교비회계 자금을 지출한 경우 횡령죄가 성립하지 않는다(대판 2006.4.28, 2005도4085).
[사실관계] 사립학교에 있어서 학교교육에 직접 필요한 시설, 설비를 위한 경비 등과 같이 원래 교비회계에 속하는 자금으로 지출할 수 있는 항목에 관한 차입금을 상환하기 위하여 교비회계자금을 지출한 경우, 이러한 차입금 상환행위에 관하여 교비회계 자금을 임의로 횡령하고자 하는 불법영득의 의사가 있다고 보기 어렵다.

7) 사립학교법 제29조 및 같은 법 시행령에 의해 학교법인의 회계는 학교회계, 법인회계로 구분되고, 학교회계 중 특히 교비회계에 속하는 수입은 다른 회계에 전출하거나 대여할 수 없는 등 용도가 엄격히 제한됨에도 불구하고, **갑 학교의 교비회계자금을 같은 학교법인에 속하는 을 학교의 교비회계에 사용한 경우**, 횡령죄 소정의 불법영득의사가 있다(대판 2002.5.10, 2001도1779).
[동지판례] 초・중등교육법에 정한 **학교발전기금으로 기부된 금원**을 법령상 정해진 용도 이외에 사용하는 행위는 원칙적으로 횡령죄를 구성한다(대판 2014.3.13, 2012도6336).

ⓛ 금원수수를 수반하는 사무처리를 위임받은 자가 수령한 금전[106] : 용도・목적를 정하여 위탁한 금전과 같은 성질이므로 그 소유권은 위탁자에게 있고 수령자가 임의로 소비하면 횡령죄가 된다.

o 금전의 수수를 수반하는 사무처리를 위임받은 자가 그 행위에 기하여 위임자를 위하여 제3자로부터 수령한 금전은, 목적이나 용도를 한정하여 위탁된 금전과 마찬가지로 달리 특별한 사정이 없는 한 그 수령과 동시에 위임자의 소유에 속하고, 위임을 받은 자는 이를 위임자를 위하여 보관하는 관계에 있다고 보아야 한다(대판 1996.6.14, 96도106).

106) 2009년 법무사시험

ㅇ 피해자가 피고인으로부터 차량을 매수하여 피고인을 통하여 지입회사에 지입하여 두었으나 그 권리관계에 문제가 발생하자 피고인이 피해자와 합의하여 이를 처분한 다음 그 대금으로 압류되어 있는 다른 차량을 찾아서 피해자에게 넘겨주기로 약정한 경우, 피고인이 그 매각대금을 보관 위탁의 취지에 반하여 임의로 소비하였다면 횡령죄가 성립한다(대판 2003.6.24, 2003도1741).

③ **위탁매매** : 위탁매매에 있어서 위탁품의 소유권은 위탁자에게 있고 그 판매대금은 이를 수령함과 동시에 위탁자에게 귀속한다 할 것이므로, 특별한 사정이 없는 한 위탁매매인이 위탁품이나 그 판매대금을 임의로 사용・소비한 때에는 횡령죄가 성립한다.107)

ㅇ 통상 위탁판매의 경우에 위탁판매인이 위탁물을 매매하고 수령한 금원은 **위탁자의 소유**에 속하여 위탁판매인이 함부로 이를 소비하거나 인도를 거부하는 때에는 횡령죄가 성립한다고 할 것이나, / 위탁판매인과 위탁자 간에 판매대금에서 각종 비용이나 수수료 등을 공제한 이익을 분배하기로 하는 등 그 대금처분에 관하여 특별한 약정이 있는 경우에는 이에 관한 정산관계가 밝혀지지 않는 한 위탁물을 판매하여 이를 소비하거나 인도를 거부하였다 하여 곧바로 횡령죄가 성립한다고는 할 수 없다(대판 1990.3.27, 89도813).

ㅇ 금은방을 운영하는 피고인이, 甲이 **맡긴 금**을 시세에 따라 사고파는 방법으로 운용하여 매달 일정한 이익금을 지급하는 한편 甲의 요청이 있으면 언제든지 보관 중인 금과 현금을 반환하기로 甲과 약정하였는데, 그 후 경제사정이 악화되자 이를 자신의 개인채무 변제 등에 사용한 경우, 甲이 매매를 위탁하거나 피고인이 그 결과로 취득한 금이나 현금은 모두 甲의 소유이므로 횡령죄가 성립한다(대판 2013.3.28, 2012도16191).

④ **채권양도**

ㅇ [채권양도 후 통지 전 수령・소비사건] 108) 채권양도인이 채무자에게 채권양도 통지를 하는 등으로 채권양도의 대항요건을 갖추어 주지 않은 채 채무자로부터 채권을 추심하여 금전을 수령한 경우, 특별한 사정이 없는 한 **금전의 소유권**은 채권양수인이 아니라 **채권양도인**에게 귀속하고 채권양도인이 채권양수인을 위하여 양도 채권의 보전에 관한 사무를 처리하는 신임관계가 존재한다고 볼 수 없다. 따라서 채권양도인이 위와 같이 양도한 채권을 추심하여 수령한 금전에 관하여 채권양수인을 위해 **보관하는 자의 지위에 있다고 볼 수 없**으므로, 채권양도인이 위 금전을 임의로 처분하더라도 **횡령죄는 성립하지 않는다**(대판 2022.6.23, 2017도3829 全合).
[사실관계] 피고인이 피해자와 **임대차보증금반환채권에 관한 채권양도계약**을 체결하고 임대인에게 채권양도 통지를 하기 전에 임대인으로부터 채권을 추심하여 남아 있던 임대차보증금을 수령하고 이를 임의로 사용한 경우, 횡령죄의 구성요건으로서 재물의 타인성과 보관자 지위가 인정되지 않아 횡령죄가 성립하지 않는다.

---

107) 2021년 변호사시험

108) 2022년 법무사시험(15점), 2013년 법원사무관승진시험, 2008년 법원행정고등고시(전원합의체 판결로 변경되기 전 97도666 全合 판결 출제)

→ 채권양도인이 양도 통지 전에 채무자로부터 채권을 추심하여 수령한 금전을 채권양수인의 승낙 없이 자신의 동생에게 빌려준 경우 양도인과 양수인 사이에서 그 금전의 소유권은 양수인에게 귀속되고, 양도인이 위 금전을 양수인을 위하여 보관하는 지위에 있다고 보아 횡령죄가 성립한다(대판 1999.4.15, 97도666 全合)고 한 종래 판결은 폐기되었다.

→ 채권자가 채권을 양도한 후 통지 전 그 정을 모르는 채무자로부터 채권을 추심하여 수령한 금전의 소유권이 누구에게 있는지의 문제로 귀결되는데, 양수인 소유라고 보아 횡령죄가 성립된다고 보는 견해와 양수인의 소유라 볼 수 없으므로 배임죄가 성립된다고 견해가 있다.

ㅇ [채권양도담보에서 양도인의 횡령죄 성립 여부] 채무자가 **기존 금전채무를 담보하기 위하여** 다른 금전채권을 채권자에게 양도하는 경우, 채무자가 채권자에 대하여 부담하는 '담보 목적 채권의 담보가치를 유지·보전할 의무'는 채권 양도담보계약에 따라 부담하게 된 채무의 한 내용에 불과하다. 그러므로 채무자가 제3채무자에게 채권양도 통지를 하지 않은 채 자신이 사용할 의도로 제3채무자로부터 변제를 받아 변제금을 수령한 경우, 이는 단순한 민사상 채무불이행에 해당할 뿐, 채무자가 채권자와의 위탁신임관계에 의하여 채권자를 위해 위 변제금을 보관하는 지위에 있다고 볼 수 없고, 채무자가 이를 임의로 소비하더라도 횡령죄는 성립하지 않는다(대판 2021.2.25, 2020도12927).

→ 채무자가 금전을 차용하면서 담보나 저당을 설정한 경우 그 담보목적물이나 저당목적물에 대하여 채권자의 사무처리자에 해당하지 않아 그 담보가치를 상실시키더라도 배임죄가 성립하지 않는다는 최근의 판결들과 같은 취지의 판결

⑤ 부동산 이중매매 : 부동산은 등기를 경료하여야 소유권을 취득한다고 보므로(물권변동에 대한 형식주의) 등기를 경료하기 전까지는 여전히 매도인에게 소유권이 있다. 따라서 매도인이 제1매수인에게 이전등기를 하기 전에 다시 제2매수인에게 부동산을 매도하더라도 횡령죄는 성립하지 않고, 배임죄의 성립여부만 문제된다. → 배임죄에서 설명

⑥ 양도담보

ㅇ 채무자가 채권자에게 동산을 양도담보로 제공하고 점유개정 방법으로 점유하고 있는 상태에서 채무자가 양도담보 목적물을 제3자에게 처분하거나 담보로 제공하였더라도 횡령죄를 구성하지 아니한다(대판 2009.2.12, 2008도10971).

∵ 동산의 소유권은 여전히 채무자에게 유보되어 있는 것이어서 채무자는 자기의 물건을 보관하고 있는 셈이 되므로 → 배임죄에서 설명

⑦ 1인회사

ㅇ 주식회사의 주식이 사실상 1인의 주주에 귀속하는 1인회사에 있어서는 행위의 주체와 그 본인 및 다른 회사와는 별개의 인격체이므로, 그 법인인 주식회사 소유의 금원은 임의로 소비하면 횡령죄가 성립되고, 그 본인 및 주식회사에게 손해가 발생하였을 때에는 배임죄가 성립한다(대판 1996.8.23, 96도1525).

(3) 기타 타인소유 여부가 문제되는 경우

관련 판례 **타인의 재물에 해당하지 아니하여 횡령죄 성립이 부정되는 경우** : 자기소유

1. 익명조합의 영업자가 출자받은 금전 기타 재산

1) 익명조합관계에 있는 영업에 대한 **익명조합원이 상대방의 영업을 위하여 출자한 금전 기타의 재산**은 상대방인 영업자의 재산으로 되는 것이므로 영업자가 그 영업의 이익금을 함부로 자기 용도에 소비하였다 하여도 횡령죄가 될 수 없다(대판 1971.12.28, 71도2032). ∵ 자기소유이므로

2) 피고인이 갑과 특정 토지를 매수하여 전매한 **후 전매이익금을 정산하기로 약정**한 다음 갑이 조달한 돈 등을 합하여 토지를 매수하고 소유권이전등기는 피고인 등의 명의로 마쳐 두었는데, 위 토지를 제3자에게 임의로 매도한 후 갑에게 전매이익금 반환을 거부한 경우 갑이 토지의 매수 및 전매를 피고인에게 전적으로 일임하고 그 과정에 전혀 관여하지 아니한 사정 등에 비추어, 횡령죄가 성립하지 않는다(대판 2011.11.24, 2010도5014).
∵ 피고인과 갑의 약정은 조합 또는 내적 조합에 해당하는 것이 아니라 '익명조합과 유사한 무명계약'에 해당하므로

2. 프랜차이즈 계약의 가맹점주가 물품을 판매한 대금

일방이 타방의 상호, 상표 등의 영업표지를 이용하고 그 영업에 관하여 일체의 통제를 받으며 이에 대한 대가를 타방에 지급하기로 하는 계약 형태인 일명 '프랜차이즈 계약'에 있어서 그 가맹점주가 보관 중인 **물품 판매대금**을 본사의 승인 없이 임의로 소비한 경우, 횡령죄가 성립하지 않는다(대판 1998.4.14, 98도292). ∵ 자기소유 ○, 임의소비행위는 프랜차이즈 계약상의 채무불이행에 지나지 아니하므로

3. 부동산 입찰절차에서 낙찰명의인이 낙찰받은 부동산

1) 부동산 입찰절차에서 수인이 대금을 분담하되 그중 **1인 명의로 낙찰받기로 약정**하여 그에 따라 낙찰이 이루어진 경우, 입찰목적부동산의 소유권은 경락대금을 실질적으로 부담한 자가 누구인가와 상관없이 그 명의인이 취득한다 할 것이므로 명의인이 이를 임의로 처분하더라도 횡령죄를 구성하지 않는다(대판 2000.9.8, 2000도258).

2) 금전의 수수를 수반하는 사무처리를 위임받은 자가 그 행위에 기하여 위임자를 위하여 제3자로부터 수령한 금전(강사 주 : 원칙적으로는 위임자의 소유이므로 횡령죄의 객체가 됨)이라고 하더라도 이것이 위임자의 소유에 속하지 아니한 경우라면, 그 반환을 거부하는 수임자를 횡령죄로 처벌할 수 없는 것이다. …… 피고인이 주식회사 대방건설과 사이에 공탁금을 수령하여 그중 4,100만 원을 대방건설에게 반환하기로 약정하였다고 하더라도 **배당절차에서 피고인 자신의 명의로 수령한 금원**은 피고인의 소유에 속한다(대판 2007.7.26, 2007도1840).

4. 채권자가 채권의 지급담보를 위하여 채무자로부터 받은 수표

채권자가 그 **채권의 지급을 담보하기 위하여** 채무자로부터 수표를 발행·교부받아 이를 소지한 경우에는, 단순히 보관의 위탁관계에 따라 수표를 소지하고 있는 경우와는 달리 그 수표상의 권리가 채권자에게 유효하게 귀속되고, 채권자는 횡령죄의 주체인 타인의 재물을 보관하는 자의 지위에 있다고 볼 수 없다(대판 2000.2.11, 99도4979).

[**반대판례**(약속어음을 할인을 위하여 교부받은 경우)] 약속어음을 할인을 위하여 교부받은 경우에 수탁자가 그 약속어음을 할인하였을 때에는 그로 인하여 생긴 돈을, 그 할인이 불가능하거나 할인하여 줄 의사를 철회하였을 때에는 약속어음 그 자체를 위탁자에게 반환하여야 하고 그 약속어음이 수탁자의 점유하에 있는 동안에도 다른 특별한 사정이 없는 이상 그 소유권은 위탁자에게 있고, 수탁자는 위탁의 취지에 따라 이를 단지 보관하는 것으로 볼 것이다(대판 1999.7.23, 99도1911).

5. 사인이 설치 · 경영하는 학교의 설치 · 경영자가 받은 수업료 등

피고인이 甲사립학교 경영자 乙과 공모하여 학생 등이 납부한 수업료 등을 교비회계 아닌 다른 회계에 임의로 사용한 경우, 사립학교법 위반죄 외에 따로 횡령죄가 성립하지 않는다(대판 2012.5.10, 2011도12408).

∵ 甲학교는 사인(私人)인 乙 등이 설립하여 운영하는 학교로서 수업료 등으로 조성된 교비는 특별한 사정이 없는 한 甲학교의 설치 · 경영자인 乙 등의 소유에 속하므로

6. 기타

피고인들이 보험을 유치하면서 보험회사로부터 지급받은 **시책비** 중 일부를 개인적인 용도로 사용한 행위가 횡령죄를 구성하지 않는다(대판 2006.3.9, 2003도6733).

∵ 실적급여(보너스) ○, 목적 · 용도가 특정되어 위탁된 금전 ×

관련 판례 타인의 재물에 해당하여 횡령죄 성립이 인정되는 경우

1) 착오로 송금되어 입금된 돈을 임의로 인출하여 소비한 행위는 횡령죄에 해당하므로, 피고인이 자신의 소유 토지가 다목적댐사업의 사업구역에 편입됨으로써 한국수자원공사에 대하여 가지게 된 토지보상금채권에 관하여 피고인의 채권자가 압류 및 추심명령을 받아 그 명령이 피고인에게 송달되었는데, 그 후 한국수자원공사가 업무착오로 토지보상금을 집행공탁이 아니라 피고인을 **피공탁자로 변제공탁**한 것을 기화로 피고인이 이를 수령하여 보관하였다면, 위 금전은 여전히 한국수자원공사 소유이므로, 피고인이 한국수자원공사의 반환요구를 거절하였다면, 횡령죄가 성립한다(대판 2012.1.12, 2011도12604).

2) [운송수입금 횡령사건] 근로자는 운송회사로부터 일정액의 급여를 받으면서 **당일운송수입금**을 전부 운송회사에 납입하고, 운송회사는 이를 월 단위로 정산하기로 한 약정이 체결된 경우, 근로자가 운송수입금을 임의로 소비하였다면 불법영득의사가 인정되므로 이는 횡령죄를 구성하며 근로자가 사납금을 초과하는 수입금 일부를 배분받을 권리가 있더라도 마찬가지이다(대판 2014.4.30, 2013도8799).

∵ 운송수입금 전액은 운송회사의 관리와 지배 아래 있다고 봄이 상당하므로

(4) 명의신탁[109)]

① 명의신탁이란 명의를 맡기는 것, 즉 신탁자와 수탁자 간에서는 신탁자가 여전히 부동산에 대하여 소유권을 가지지만 등기부상으로 수탁자를 명의인으로 해 두는 것을 말한다. 종래 판례는 양자간 명의신탁관계에서 대내적으로는 신탁자가 소유자이고, 대외적으로는 수탁자가 소유자라 보았다(소유권의 관계적 귀속론, 소유권의 대내외적 분리).

② 부동산명의신탁에 대하여는 부동산실명법에서 따로 그 효력을 정하고 있는데, 원칙은 무효이고(부동산실명법 제4조), 예외적으로만 유효로 인정하고 있다(부동산실명법 제8조).

부동산 실권리자명의 등기에 관한 법률(약칭 : 부동산실명법)

제4조 【명의신탁약정의 효력】

① 명의신탁약정은 무효로 한다.

109) 2013년 법원행정고등고시(50점)

② 명의신탁약정에 따른 등기로 이루어진 부동산에 관한 물권변동은 무효로 한다. 다만, 부동산에 관한 물권을 취득하기 위한 계약에서 명의수탁자가 어느 한쪽 당사자가 되고 상대방 당사자는 명의신탁약정이 있다는 사실을 알지 못한 경우에는 그러하지 아니하다.
③ 제1항 및 제2항의 무효는 제3자에게 대항하지 못한다.

제8조 【종중, 배우자 및 종교단체에 대한 특례】
다음 각 호의 어느 하나에 해당하는 경우로서 조세 포탈, 강제집행의 면탈(免脫) 또는 법령상 제한의 회피를 목적으로 하지 아니하는 경우에는 제4조부터 제7조까지 및 제12조 제1항부터 제3항까지를 적용하지 아니한다.
1. 종중(宗中)이 보유한 부동산에 관한 물권을 종중(종중과 그 대표자를 같이 표시하여 등기한 경우를 포함한다) 외의 자의 명의로 등기한 경우
2. 배우자 명의로 부동산에 관한 물권을 등기한 경우
3. 종교단체의 명의로 그 산하 조직이 보유한 부동산에 관한 물권을 등기한 경우

Thema 정리 **부동산실명법 정리**

1. 1995년 부동산실권리자명의등기에 관한 법률(약칭 부동산실명법)이 제정되어 신탁자와 수탁자 간의 명의신탁약정을 무효로 하고, 이에 따른 부동산물권변동도 무효라고 본다(부동산실명법 제4조).
2. 다만 1) 종중(宗中)이 보유한 부동산에 관한 물권을 종중 외의 자의 명의로 등기한 경우 2) 배우자 명의로 부동산에 관한 물권을 등기한 경우 3) 종교단체의 명의로 그 산하 조직이 보유한 부동산에 관한 물권을 등기한 경우 조세 포탈, 강제집행의 면탈(免脫) 또는 법령상 제한의 회피를 목적으로 하지 아니하는 경우에는 유효한 명의신탁으로 보고 있다(부동산실명법 제8조).

③ **부동산실명법에 위반하여 명의신탁이 무효인 경우** 수탁자가 부동산을 임의처분하여도 신탁자에 대한 횡령죄는 물론 배임죄도 성립하지 않고, 매도인에 대하여도 횡령죄는 물론 배임죄도 성립하지 않는다는 것이 판례의 입장이다.

④ 그러나 **부동산실명법상 유효한 명의신탁**의 경우 수탁자가 부동산을 임의처분하면 여전히 신탁자에 대한 횡령죄가 성립한다고 보아야 한다.

○ **구분소유하고 있는 특정 구분부분별로 독립한 필지로 분할되는 경우**에는 특별한 사정이 없는 한 각자의 특정 구분부분에 해당하는 필지가 아닌 나머지 각 필지에 전사된 공유자 명의의 공유지분등기는 더 이상 당해 공유자의 특정 구분부분에 해당하는 필지를 표상하는 등기라고 볼 수 없고, 각 공유자 상호 간에 상호명의신탁관계만이 존속하므로, 각 공유자는 나머지 각 필지 위에 전사된 자신 명의의 공유지분에 관하여 다른 공유자에 대한 관계에서 그 공유지분을 보관하는 자의 지위에 있다(대판 2014.12.24, 2011도11084). 110)

⑤ **자동차명의신탁**의 경우 수탁자가 제3자에게 명의신탁 사실을 고지하지 않고, 자신 소유라면서 임의처분하더라도 종래 판례의 명의신탁의 법리(소유권의 관계적 귀속론, 소유권의 대내외적 분리)에 의하면 대외적으로는 수탁자가 소유자이므로 명의신탁사실에 관한 신의칙상 고지의무가 있다고 할 수 없어 사기죄가 성립하지 않는다.

110) 2021년 법원행정고등고시

ㅇ 명의신탁의 법리상 대외적으로 수탁자에게 그 부동산의 처분권한이 있는 것임이 분명하고, 제3자로서도 자기 명의의 소유권이전등기가 마쳐진 이상 무슨 실질적인 재산상의 손해가 있을 리 없으므로 그 명의신탁 사실과 관련하여 신의칙상 고지의무가 있다거나 기망행위가 있었다고 볼 수도 없다(대판 2007.1.11, 2006도4498). → 명의신탁사실 고지 × → 사기죄 ×

심화 Thema **양자간 명의신탁(2자간 명의신탁)에서 수탁자가 부동산을 임의처분한 경우**[111] [112]

1. 의의

부동산 소유자인 신탁자가 수탁자와 명의신탁약정을 하고, 신탁자로부터 수탁자에게로 등기를 이전하는 경우를 말한다. → 신탁자 소유(∵ 명의신탁약정 무효 & 물권변동 무효, 부동산실명법 제4조)

2. 임의처분한 경우 수탁자의 죄책

1) 학설

① 부동산실명법에 따라 소유권은 당연히 신탁자에게 귀속하고 수탁자는 보관자에 해당하므로 횡령죄가 성립한다는 견해(**횡령죄 긍정설**)와 ② 부동산실명법을 위반한 불법원인급여를 한 것이므로 수탁자에게 소유권이 귀속하여 횡령죄는 성립하지 않는다는 견해(**횡령죄 부정설**)의 대립이 있다.

2) 판례

대법원은 종래 신탁자에 대한 횡령죄의 성립을 긍정하여 왔으나, 최근 부동산실명법을 위반한 양자간 명의신탁사건에서 신탁자와 수탁자 사이의 사실상 위탁관계는 부동산실명법에 반하여 범죄를 구성하는 불법적인 관계여서 이를 형법상 보호할만한 가치 있는 신임에 의한 것이라고 볼 수 없다는 이유로 수탁자의 보관자로서의 지위를 부정하고 **횡령죄**의 성립을 **부정**하는 입장으로 판례를 변경하였다(대판 2021.2.18, 2016도18761).

→ 수탁자가 신탁자 승낙 없이 처분행위한 경우 신탁자에 대한 횡령죄 ×

ㅇ [부동산 실권리자명의 등기에 관한 법률에 위반한 이른바 양자간 명의신탁에서 명의수탁자가 신탁부동산을 임의로 처분한 경우 횡령죄가 성립하는지 여부가 문제된 사건] **부동산실명법에 위반한** 이른바 **양자간 명의신탁**의 경우 명의신탁자와 명의수탁자 사이에 무효인 명의신탁약정 등에 기초하여 존재한다고 주장될 수 있는 사실상의 위탁관계라는 것은 부동산실명법에 반하여 범죄를 구성하는 불법적인 관계에 지나지 아니할 뿐 이를 **형법상 보호할 만한 가치 있는 신임에 의한 것이라고 할 수 없으므로** 명의수탁자가 신탁부동산을 임의로 처분하여도 횡령죄가 성립하지 않는다. 따라서 말소등기의무의 존재나 명의수탁자에 의한 유효한 처분가능성을 들어 명의수탁자가 명의신탁자에 대한 관계에서 **'타인의 재물을 보관하는 자'의 지위에 있다고 볼 수도 없다**. 이러한 법리는, 부동산 명의신탁이 부동산실명법 시행 전에 이루어졌고 같은 법이 정한 유예기간 이내에 실명등기를 하지 아니함으로써 그 명의신탁약정 및 이에 따라 행하여진 등기에 의한 물권변동이 무효로 된 후에 처분행위가 이루어진 경우에도 마찬가지로 적용된다. 이와 달리 부동산실명법에 위반한 양자간 명의신탁을 한 경우, 명의수탁자가 명의신탁자에 대한 관계에서 '타인의 재물을 보관하는 자'의 지위에 있다고 보아 명의수탁자가 그 명의로 신탁된 부동산을 임의로 처분하면 명의신탁자에 대한 횡령죄가 성립한다고 판시한 대법원 판결은 이 판결에 배치되는 범위에서 이를 변경하기로 한다(대판 2021.2.18, 2016도18761 全合).

111) 2016년 법무사시험(30점), 2023년 법무사시험(20점), 2016년 법원행정고등고시, 2017년 법원사무관승진시험

112) 김성돈 제8판 형법각론 p.462

ㅇ 명의수탁자가 양자간 명의신탁에 따라 명의신탁자로부터 소유권이전등기를 넘겨받은 부동산을 임의로 처분한 행위가 형사상 횡령죄로 처벌되지 않더라도, 위 행위는 명의신탁자의 소유권을 침해하는 행위로서 형사상 횡령죄의 성립 여부와 관계없이 **민법상 불법행위**에 해당하여 명의수탁자는 명의신탁자에게 손해배상책임을 부담한다(대판 2021.6.3, 2016다34007).

심화 Thema **중간생략등기형 명의신탁(3자간 명의신탁)에서 수탁자가 부동산을 임의처분한 경우**113) 114)

1. 의의

신탁자가 매수인이 되어 부동산 소유자인 매도인과 매매계약을 체결하면서 등기를 매도인으로부터 신탁자에게 이전하지 않고 수탁자에게 직접 이전하는 경우를 말한다.

→ 매도인 소유(∵ 명의신탁약정 무효 & 물권변동 무효, 부동산실명법 제4조)

2. 임의처분한 경우 수탁자의 죄책

1) 학설

① 수탁자 입장에서는 타인의 부동산이므로 횡령죄가 성립한다는 견해(**횡령죄설**)와 ② 부동산소유자인 매도인에게는 손해가 없으므로 명의신탁자에 대한 배임죄만 성립한다는 견해(**배임죄설**)가 대립한다.

2) 판례

대법원은 명의신탁자는 신탁부동산의 소유권을 가지지 아니하고, 명의신탁자와 명의수탁자 사이에 위탁신임관계를 인정할 수도 없다. 따라서 명의수탁자가 명의신탁자의 재물을 보관하는 자라고 할 수 없으므로, 명의수탁자가 신탁받은 부동산을 임의로 처분하여도 명의신탁자에 대한 관계에서 횡령죄가 성립하지 아니한다(대판 2016.5.19, 2014도6992 全合)고 하여 **횡령죄**의 성립을 **부정**하였다(무죄설). → 수탁자가 신탁자 승낙 없이 처분행위한 경우 횡령죄 ×

ㅇ [중간생략등기형 명의신탁에서 신탁부동산의 임의 처분 사건] 명의신탁자가 매수한 부동산에 관하여 부동산 실권리자명의 등기에 관한 법률을 위반하여 명의수탁자와 맺은 명의신탁약정에 따라 매도인에게서 바로 명의수탁자 명의로 소유권이전등기를 마친 이른바 **중간생략등기형 명의신탁**을 한 경우, 명의수탁자가 신탁 받은 부동산을 임의로 처분하여도 명의신탁자에 대한 관계에서 횡령죄가 성립하지 아니한다(대판 2016.5.19, 2014도6992 全合).

[판결이유] 명의신탁자로서는 매도인에 대한 소유권이전등기청구권을 가질 뿐 신탁부동산의 소유권을 가지지 아니하고, 명의수탁자 역시 명의신탁자에 대하여 직접 신탁부동산의 소유권을 이전할 의무를 부담하지는 아니하므로, 신탁부동산의 소유자도 아닌 명의신탁자에 대한 관계에서 명의수탁자가 횡령죄에서 말하는 **'타인의 재물을 보관하는 자'의 지위에 있다고 볼 수는 없다**. 또한 명의신탁자와 명의수탁자 사이에 존재한다고 주장될 수 있는 사실상의 위탁관계라는 것도 부동산실명법에 반하여 범죄를 구성하는 불법적인 관계에 지나지 아니할 뿐 이를 **형법상 보호할 만한 가치 있는 신임에 의한 것이라고 할 수 없다**.

113) 김성돈 제8판 형법각론 p.463

114) 2017년 법원사무관승진시험

심화 Thema 계약명의신탁에서 수탁자가 부동산을 임의처분한 경우[115)]

1. 의의

수탁자가 매매계약의 당사자인 경우이다. 즉 수탁자가 신탁자와 명의신탁약정을 맺고 수탁자가 부동산 소유자인 매도인과 직접 매매계약을 체결하고 등기까지 이전 받는 경우를 말한다.

┌ 매도인 선의인 경우(명의신탁약정을 모르는 경우) : 수탁자 소유(부동산실명법 제4조 제2항 단서)
└ 매도인 악의인 경우(명의신탁약정을 아는 경우) : 매도인 소유(부동산실명법 제4조)

2. 매도인 선의의 계약명의신탁에서 임의처분한 경우 수탁자의 죄책[116)]

1) 학설

① 내부관계에서는 신탁자의 소유이므로 신탁자에 대한 횡령죄가 성립한다는 견해(**횡령죄설**)와 ② 명의신탁약정이 무효이더라도 사실상 신임관계는 존재하므로 배임죄가 성립한다는 견해(**배임죄설**), ③ 수탁자가 소유권을 취득하므로 횡령죄는 물론 배임죄도 성립하지 않는다는 견해(**무죄설**)의 대립이 있다.

2) 판례

대법원은 수탁자는 전소유자인 매도인뿐만 아니라 신탁자에 대한 관계에서도 유효하게 부동산의 소유권을 취득하였으므로 타인의 재물을 보관하는 자라고 볼 수 없다(대판 2000.3.24, 98도4347)고 하여 **횡령죄**의 성립을 **부정**하였다. 또한 수탁자가 임의처분을 하더라도 신탁자는 수탁자에 대하여 부당이득반환청구권을 행사할 수 있을 뿐, 수탁부동산 반환청구·처분대금반환청구·불법행위로 인한 손해배상청구를 할 수 없다고 하면서 횡령죄는 물론 **배임죄도 성립하지 아니한다**(대판 2010.11.11, 2008도7451)고 판시한 바 있다.

→ 수탁자가 신탁자 승낙 없이 처분행위한 경우 : 횡령죄 ×, 배임죄 ×

3. 매도인 악의의 계약명의신탁에서 임의처분한 경우 수탁자의 죄책

1) 학설

① 부동산 소유자인 매도인에 대한 횡령죄가 성립한다는 견해(**횡령죄설**)와 ② 신탁자와의 사실상 신임관계를 위배하였으므로 신탁자에 대한 배임죄가 성립한다는 견해(**배임죄설**)의 대립이 있다.

2) 판례

대법원은 부동산의 소유권은 매도인이 그대로 보유하게 되므로, **명의신탁자에 대한 관계**에서 횡령죄에서 '타인의 재물을 보관하는 자'의 지위에 있다고 볼 수 없고, 명의신탁자에 대하여 매매대금 등을 부당이득으로 반환할 의무를 부담한다고 하더라도 이를 두고 배임죄에서 '타인의 사무를 처리하는 자'의 지위에 있다고 보기도 어려우며, / 명의수탁자는 매도인에 대하여 소유권이전등기말소의무를 부담하게 되나, 이는 어떠한 신임관계가 존재함을 전제한 것이라고는 볼 수 없으므로, 명의수탁자가 **매도인에 대한 관계**에서 횡령죄에서 '타인의 재물을 보관하는 자' 또는 배임죄에서 '타인의 사무를 처리하는 자'의 지위에 있다고 볼 수도 없다(대판 2012.11.29, 2011도7361)고 하여 **횡령죄**는 물론 **배임죄**의 성립도 **부정**하고 있다.

→ 수탁자가 신탁자 승낙 없이 처분행위한 경우 : 횡령죄 ×, 배임죄 ×

o [매도인이 선의인 계약명의신탁의 경우] 부동산실권리자 명의등기에 관한 법률 제2조 제1호 및 제4조의 규정에 의하면, 신탁자와 수탁자가 명의신탁 약정을 맺고, 이에 따라 수탁자가 당사자가 되어 명의신탁 약정이 있다는 사실을 알지 못하는 소유자와 사이에서 부동산에 관한 매매계약을 체

115) 김성돈 제8판 형법각론 p.464 ~ p.466

116) 2008년 법무사시험

결한 후 그 매매계약에 기하여 당해 부동산의 소유권이전등기를 수탁자 명의로 경료한 경우에는, 그 소유권이전등기에 의한 당해 부동산에 관한 물권변동은 유효하고, 한편 신탁자와 수탁자 사이의 명의신탁 약정은 무효이므로, 결국 수탁자는 전소유자인 매도인뿐만 아니라 신탁자에 대한 관계에서도 유효하게 당해 부동산의 소유권을 취득한 것으로 보아야 할 것이고, 따라서 그 **수탁자는 타인의 재물을 보관하는 자라고 볼 수 없다**(대판 2000.3.24, 98도4347).

[동지판례] 수탁자는 전 소유자인 매도인뿐만 아니라 신탁자에 대한 관계에서도 유효하게 당해 부동산의 소유권을 취득한 것으로 보아야 하고, 따라서 수탁자가 임의처분을 하더라도 신탁자는 수탁자에 대하여 부당이득반환청구권을 행사할 수 있을 뿐, 수탁부동산 반환청구·처분대금반환청구·불법행위로 인한 손해배상청구를 할 수 없다. 형법적으로도 **횡령죄는 물론 배임죄도 성립하지 아니한다**(대판 2010.11.11, 2008도7451).

ㅇ [매도인 악의인 경우의 계약명의신탁] [1] 명의신탁자와 명의수탁자가 이른바 계약명의신탁 약정을 맺고 명의수탁자가 당사자가 되어 명의신탁 약정이 있다는 사실을 알고 있는 소유자와 부동산에 관한 매매계약을 체결한 후 매매계약에 따라 부동산의 소유권이전등기를 명의수탁자 명의로 마친 경우에는 수탁자 명의의 소유권이전등기는 무효이고 부동산의 소유권은 매도인이 그대로 보유하게 되므로, 명의수탁자는 부동산 취득을 위한 계약의 당사자도 아닌 **명의신탁자에 대한 관계**에서 횡령죄에서 '타인의 재물을 보관하는 자'의 지위에 있다고 볼 수 없고, 또한 명의수탁자가 명의신탁자에 대하여 매매대금 등을 부당이득으로 반환할 의무를 부담한다고 하더라도 이를 두고 배임죄에서 '타인의 사무를 처리하는 자'의 지위에 있다고 보기도 어렵다. / 한편 위 경우 명의수탁자는 매도인에 대하여 소유권이전등기말소의무를 부담하게 되나, 위 소유권이전등기는 처음부터 원인무효여서 명의수탁자는 매도인이 소유권에 기한 방해배제청구로 말소를 구하는 것에 대하여 상대방으로서 응할 처지에 있음에 불과하고, 그가 제3자와 한 처분행위가 부동산실명법 제4조 제3항에 따라 유효하게 될 가능성이 있다고 하더라도 이는 거래 상대방인 제3자를 보호하기 위하여 명의신탁 약정의 무효에 대한 예외를 설정한 취지일 뿐 매도인과 명의수탁자 사이에 위 처분행위를 유효하게 만드는 어떠한 신임관계가 존재함을 전제한 것이라고는 볼 수 없으므로, 말소등기의무의 존재나 명의수탁자에 의한 유효한 처분가능성을 들어 명의수탁자가 **매도인에 대한 관계**에서 횡령죄에서 '타인의 재물을 보관하는 자' 또는 배임죄에서 '타인의 사무를 처리하는 자'의 지위에 있다고 볼 수도 없다(대판 2012.11.29, 2011도7361).

→ 횡령죄 ×, 배임죄 × (∴ 수탁자가 임의처분을 하더라도 명의신탁자나 매도인에 대한 횡령죄는 물론 배임죄도 성립하지 않는다는 취지)

→ 계약명의신탁에 있어서 명의수탁자가 부동산을 담보로 잡히거나 임의로 처분하는 행위는 부동산 매도인이 명의신탁사실을 알았는지 여부와 상관없이 횡령죄로 처벌할 수 없다.

(5) 불법원인급여

민법 제741조【부당이득의 내용】

법률상 원인없이 타인의 재산 또는 노무로 인하여 이익을 얻고 이로 인하여 타인에게 손해를 가한 자는 그 이익을 반환하여야 한다.

민법 제746조【불법원인급여】

불법의 원인으로 인하여 재산을 급여하거나 노무를 제공한 때에는 그 이익의 반환을 청구하지 못한다. 그러나 그 불법원인이 수익자에게만 있는 때에는 그러하지 아니하다.

불법원인급여란 불법의 원인으로 인하여 재산을 급여하거나 노무를 제공한 경우 급여자가 수익자(수탁자)에게 그 재물의 반환을 청구할 수 없는 경우를 말한다(민법 제746조). 수익자(수탁자)가 급여받은 재물을 임의로 처분한 경우 그 소유권이 누구에게 있느냐에 따라 횡령죄의 성립여부가 달라진다. 예 뇌물로 제공되도록 교부된 재물, 도박자금으로 교부된 재물, 범죄수익, 화대 등

ㅇ 민법 제746조에서 말하는 '**불법**'이 있다고 하려면, 급여의 원인 된 행위가 내용이나 성격 또는 목적이나 연유 등으로 볼 때 선량한 풍속 기타 사회질서에 위반될 뿐 아니라 반사회성·반윤리성·반도덕성이 현저하거나, 급여가 강행법규를 위반하여 이루어졌지만 이를 반환하게 하는 것이 오히려 규범목적에 부합하지 아니하는 경우 등에 해당하여야 한다(대판 2017.4.26, 2016도18035).

Thema 정리 불법원인급여와 재산죄의 성립여부[117]

1. **횡령죄** ×
(∵ 민법 제746조 불법원인급여에 해당, 반환청구권이 없으므로 수익자소유, 수익자의 소극적 수용)
   1) 뇌물로 전해달라는 부탁을 받고 받은 돈을 임의사용한 경우[118]
   2) 甲이 乙로부터 丙에 대한 배임증재의 목적으로 전달하여 달라고 교부받은 금전을 전달하지 않고 임의로 소비한 경우
   3) 사기범행을 통해 취득한 범죄수익을 교부받아 임의사용한 경우
   ↔ 횡령죄 ○ : 포주인 甲이 다방종업원으로 일하던 乙에게 윤락을 권유하여 고용한 후 乙이 받은 화대를 甲이 일단 보관하다가 나중에 둘이 절반씩 분배하기로 약정하고서, 甲이 보관 중인 乙의 화대를 임의로 소비한 경우 → 화대 전체에 대한 횡령
2. **사기죄** ○
(∵ 민법 제746조에 해당하여 반환청구권이 없더라도 기망이라는 행위태양의 위법, 수익자의 적극적 기망이 있기 때문)
   1) 로비자금으로 제공하겠다며 돈을 받아 임의사용한 경우
   2) 매음의사 없이 성교에 응할 것으로 가장하여 매음료를 받고 달아난 경우
   3) 甲이 乙에게 乙과 원한관계에 있는 丙을 납치하여 살해할 준비를 하는 비용을 달라고 거짓말을 하여 금품을 교부받았을 경우

관련 판례 불법원인급여에 해당하여 횡령죄가 성립하지 않는 경우

1) 조합장이 조합으로부터 공무원에게 **뇌물로 전달하여 달라**고 금원을 교부받은 것은 불법원인으로 인하여 지급받은 것으로서 이를 뇌물로 전달하지 않고 타에 소비하였다고 해서 타인의 재물을 보관 중 횡령하였다고 볼 수는 없다(대판 1988.9.20, 86도628).
2) 甲이 乙로부터 제3자에 **뇌물공여 또는 배임증재**의 목적으로 전달하여 달라고 교부받은 금전을 전달하지 않고 임의로 소비한 경우 횡령죄가 성립하지 않는다(대판 1999.6.11, 99도275).[119]
∵ 소유권은 甲에게 귀속되므로(민법 제746조 본문 적용)

117) 2008년 법원사무관승진시험
118) 2016년 법원사무관승진시험
119) 2021년 변호사시험

3) **[범죄수익 임의사용사건]** 120) 피고인이 갑으로부터 수표를 현금으로 교환해 주면 대가를 주겠다는 제안을 받고 위 수표가 을 등이 사기범행을 통해 취득한 **범죄수익** 등이라는 사실을 잘 알면서도 교부받아 그 일부를 현금으로 교환한 후 교환된 현금을 임의로 사용하더라도, 횡령죄가 성립하지 않는다(대판 2017.4.26, 2016도18035).

∵ 피고인이 갑으로부터 범죄수익 등의 은닉범행 등을 위해 교부받은 수표는 불법의 원인으로 급여한 물건에 해당하여 소유권이 피고인에게 귀속되므로

4) 피고인 갑이 피고인 을, 병으로부터 정 등의 **금융다단계 상습사기 범죄수익** 등인 400만 위안을 교부받아 자신의 은행계좌에 입금하여 보관하다가 임의로 출금·사용하였다 하더라도 횡령죄가 성립하지 아니한다(대판 2017.4.26, 2017도1270).

[동지판례] 피고인이, 갑 등이 **금융다단계 사기 범행을 통하여 취득한 범죄수익** 등인 무기명 양도성 예금증서 7장을 을로부터 범죄수익 등의 은닉을 위해 건네받아 현금으로 교환한 후 임의로 소비하였다면 횡령죄가 성립하지 않는다(대판 2017.10.26, 2017도9254).

5) **[선불금사건]** 121) 성매매알선 등 행위에 관하여 동업계약을 체결한 당사자 일방이 상대방에게 동업계약에 따라 성매매의 권유·유인·강요의 수단으로 이용되는 선불금 등 명목으로 사업자금을 제공한 경우, 그 사업자금이 불법원인급여에 해당한다(대판 2013.8.14, 2013도321).

관련 판례 **횡령죄가 성립하는 경우**

1) 포주가 윤락녀와 사이에 윤락녀가 받은 **화대**를 포주가 보관하였다가 절반씩 분배하기로 약정하고도 보관 중인 화대를 임의로 소비한 경우 화대 **전부**에 대한 횡령죄가 성립한다(대판 1999.9.17, 98도2036).

∵ 화대는 불법원인급여에 해당하지만, 포주의 불법성이 윤락녀의 불법성보다 현저히 커서 화대의 소유권이 윤락녀에게 속하므로(민법 제746조 단서 적용)

2) 병원에서 의약품 선정·구매 업무를 담당하는 약국장이 병원을 대신하여 제약회사로부터 **의약품 제공의 대가**로 **기부금** 명목의 돈을 받아 보관 중 임의소비한 경우, 위 돈은 병원이 약국장에게 불법원인급여를 한 것에 해당하지 않아 여전히 반환청구권을 가지므로, 업무상 횡령죄가 성립한다(대판 2008.10.9, 2007도2511).

[판결이유] 피고인이 병원을 대신하여 제약회사들로부터 의약품을 공급받는 대가로 그 의약품 매출액에 비례하여 기부금 명목의 금원을 제공받은 다음 병원을 위하여 보관하여 왔던 것뿐이라면, 다른 특별한 사정이 없는 한 이를 두고 선량한 풍속 기타 사회질서에 반하는 행위로서 불법원인급여에 해당한다고 보기는 어려우므로

3) 피고인이 변호사로서 투자금 전달과정에 부수되는 자문업무를 수행하는 것을 내용으로 하는 **'에스크로(Escrow) 및 자문 계약'**을 체결한 후 계약에 따라 갑으로부터 돈을 송금받아 보관하던 중 그 일부를 임의로 소비하였는데 피고인이 투자금이 범죄수익금이라는 사실이나 불법적인 해외 송금 사실을 알았거나 이를 알면서도 협조하기로 하였다고 보기 어렵다면 횡령죄가 성립한다(대판 2017.10.31, 2017도11931). ∵ 투자금의 교부가 불법원인급여에 해당하지 않으므로

120) 2021년 법원사무관승진시험(15점)

121) 2020년 법원행정고등고시

3 행위 _ 횡령 또는 반환거부

(1) 횡령

횡령행위란 불법영득의사(소유권침해의사)를 실현하는 일체의 행위를 말한다. 횡령행위에는 법률행위(예 매매, 저당권설정, 예금인출행위 등)뿐만 아니라 사실행위(예 소비, 은닉 등)도 포함하고 부작위에 의하여도 가능하다. 법률행위의 경우 유효·무효 여부 또는 취소가능성 등은 따지지 않는다.

o 횡령죄는 다른 사람의 재물에 관한 소유권 등 본권을 그 보호법익으로 하고 본권이 침해될 위험성이 있으면 그 침해의 결과가 발생되지 아니하더라도 성립하는 이른바 **위태범**이므로, 다른 사람의 재물을 보관하는 사람이 그 사람의 동의 없이 함부로 이를 담보로 제공하는 행위는 불법영득의 의사를 표현하는 횡령행위로서 사법(私法)상 그 담보제공행위가 무효이거나 그 재물에 대한 소유권이 침해되는 결과가 발생하는지 여부에 관계없이 횡령죄를 구성한다(대판 2002.11.13, 2002도2219).

(2) 반환거부

반환거부란 소유자의 반환요구에 대하여 정당한 사유 없이 거부행위를 하는 것을 말한다. 다만 단순한 거부가 아니라 불법영득의사가 외부적으로 인식될 수 있을 정도여서 횡령행위와 같다고 볼 수 있는 정도여야 횡령죄가 성립한다. 정당한 사유(동시이행항변권, 유치권 등)이 있으면 횡령행위가 아니다.

o 형법 제355조 제1항에서 정하는 **'반환의 거부'**란 보관물에 대하여 소유자의 권리를 배제하는 의사표시를 하는 행위를 뜻하므로, '반환의 거부'가 횡령죄를 구성하려면 타인의 재물을 보관하는 자가 단순히 반환을 거부한 사실만으로는 부족하고 반환거부의 이유와 주관적인 의사들을 종합하여 반환거부행위가 횡령행위와 같다고 볼 수 있을 정도이어야 한다(대판 2022.12.29, 2021도2088).

관련 판례 **횡령죄가 성립하는 경우**

1) 주주나 대표이사 또는 그에 준하여 회사 자금의 보관이나 운용에 관한 사실상의 사무를 처리하는 자가 회사 소유의 재산을 제3자의 자금 조달을 위하여 담보로 제공하는 등 **사적인 용도로 임의 처분**하였다면 그 처분에 관하여 주주총회나 이사회의 결의가 있었는지 여부와는 관계없이 횡령죄가 성립한다(대판 2011.3.24, 2010도17396).
2) 회사의 대표이사 혹은 그에 준하여 회사 자금의 보관이나 운용에 관한 사실상의 사무를 처리하여 온 자가 **회사를 위한 지출 이외의 용도**로 거액의 회사 자금을 가지급금 등의 명목으로 인출, 사용함에 있어서 이자나 변제기의 약정이 없음은 물론 이사회 결의 등 적법한 절차도 거치지 아니하는 것은 통상 용인될 수 있는 범위를 벗어나 대표이사 등의 지위를 이용하여 회사 자금을 사적인 용도로 임의로 대여, 처분하는 것과 다름없어 횡령죄를 구성한다(대판 2012.1.27, 2011도14247).
3) 타인을 위하여 금전 등을 보관·관리하는 자가 개인적 용도로 사용할 자금을 마련하기 위하여, 적정한 금액보다 과다하게 부풀린 금액으로 공사계약을 체결하기로 공사업자 등과 사전에 약정하고 그에 따라 과다 지급된 공사대금 중의 일부를 공사업자로부터 되돌려 받는 행위는 그 타인에 대한 관계에서 **과다하게 부풀려 지급된 공사대금 상당액**의 **횡령**이 된다(대판 2015.12.10, 2013도13444).
↔ 배임수재죄 : ×, 뇌물죄 : ×

4) (횡령액을 기준으로 가중처벌하는 특정경제범죄 가중처벌 등에 관한 법률 제3조를 적용할 때) 피고인이 피해자 甲으로부터 명의신탁을 받아 보관 중인 부동산에 임의로 근저당권을 설정하였는데, 위 부동산에는 이전에 별도의 근저당권설정등기가 마쳐져 있던 경우, 피고인이 부동산을 횡령하여 취득한 이득액은 부동산을 담보로 제공한 **피담보채무액 또는 채권최고액**이라고 보아야 한다(대판 2013.5.9, 2013도2857). ↔ 부동산의 시가 상당액에서 위 범행 전에 설정된 피담보채무액을 공제한 잔액 : ×

5) **[양자간 명의신탁 사안에서 명의신탁자의 상속인이 명의수탁자의 상속인을 상대로 진정명의회복을 원인으로 한 소유권이전등기절차의 이행을 구하는 사건]** 부동산 실권리자명의 등기에 관한 법률(이하 '부동산 실명법'이라 한다) 규정의 문언, 내용, 체계와 입법 목적 등을 종합하면, 부동산실명법을 위반하여 무효인 명의신탁약정에 따라 명의수탁자 명의로 등기를 하였다는 이유만으로 그것이 당연히 불법원인급여에 해당한다고 단정할 수는 없다. 이는 농지법에 따른 제한을 회피하고자 명의신탁을 한 경우에도 마찬가지이다(대판 2019.6.20, 2013다218156 全合).

(3) 미수 및 기수시기

① 횡령죄의 기수시기에 대하여는 불법영득의사가 외부에 표현되기만 하면 기수가 된다는 견해(표현설)와 불법영득의사가 객관적으로 실현되어야만 기수가 된다는 견해(실현설)의 대립이 있다.

② 판례는 횡령죄는 위험범이란 점에서 기본적으로 표현설의 입장이지만, 부동산의 경우에는 소유권이전등기를 경료한 때 또는 저당권을 설정하여 그 등기를 마친 때라고 하여 실현설의 입장을 취하고 있어 일관되지 못하다.

o **[횡령미수 사건]** 동업계약에 기해 식재되어 있는 수목을 관리·보관하던 동업자 일방이 다른 동업자의 허락을 받지 않고 함부로 제3자에게 수목을 매도하기로 계약을 체결한 후 **계약금을 수령·소비**하였으나, 다른 동업자의 저지로 계약의 추가적인 이행이 진행되지 아니한 경우 횡령죄 미수가 성립한다(대판 2012.8.17, 2011도9113). → 실현설의 입장

4 고의 및 불법영득의사

횡령죄가 성립하려면 고의 이외에도 불법영득의사가 있어야 한다(영득행위설). 횡령죄의 불법영득의사란 자기 또는 제3자의 이익을 위하여 위탁의 취지에 반하여 권한 없이 그 재물을 자기의 소유인 것 같이 처분하는 의사를 말한다. 사후에 이를 반환하거나 변상·전보하려는 의사가 있었어도 불법영득의사가 인정된다.

o 횡령죄에 있어서 불법영득의 의사라 함은 **자기 또는 제3자의 이익을 꾀할 목적**으로 임무에 위배하여 보관하는 타인의 재물을 자기의 소유인 경우와 같이 처분을 하는 의사를 말하고, 사후에 이를 반환하거나 변상, 보전하는 의사가 있다 하더라도 불법영득의 의사를 인정함에는 지장이 없으며, 그와 같이 사후에 변상하거나 보전한 금액을 횡령금액에서 공제해야 하는 것도 아니다(대판 2012.1.27, 2011도14247).

o 보관자가 자기 또는 제3자의 이익을 위하여 **소유자의 이익에 반하여 재물을 처분한 경우**에는 재물에 대한 불법영득의사를 인정할 수 있으나, / 그와 달리 **소유자의 이익을 위하여 재물을 처분한 경우**에는 특별한 사정이 없는 한 그 재물에 대하여는 불법영득의사를 인정할 수 없다(대판 2016.8.30, 2013도658).

o 횡령죄에서 불법영득의 의사는 타인의 재물을 보관하는 자가 그 취지에 반하여 정당한 권원 없이 스스로 소유권자와 같이 이를 처분하는 의사를 말하므로 비록 반환을 거부하였더라도 반환거부에 정당한 이유가 있다면 불법영득의 의사가 있다고 할 수 없다(대판 2022.12.29, 2021도2088).

[사실관계] 피고인이 **피해자의 착오로 갑 회사 명의 계좌로 송금된 금원 중 갑 회사의 피해자에 대한 채권액에 상응하는 부분에 관하여 반환을 거부한 행위**는 정당한 상계권의 행사로 볼 여지가 있으므로, 불법영득의사를 인정한 원심판결에 법리오해의 잘못이 있다고 한 사례

o **불법영득의 의사**는 내심의 의사에 속하여 피고인이 **이를 부인하는 경우**, 이러한 주관적 요소로 되는 사실은 사물의 성질상 그와 상당한 관련이 있는 간접사실 또는 정황사실을 증명하는 방법에 의하여 증명할 수밖에 없다. 불법영득의사를 실현하는 행위로서의 횡령행위가 있다는 사실은 검사가 증명하여야 하고, 그 증명은 법관으로 하여금 합리적인 의심을 할 여지가 없을 정도의 확신을 생기게 하는 증명력을 가진 엄격한 증거에 의하여야 한다(대판 2017.2.15, 2013도14777).

관련 판례 **소송비용 관련 판결들**

1) 원칙적으로 단체의 비용으로 지출할 수 있는 변호사 선임료는 단체 자체가 소송당사자가 된 경우에 한하므로 **단체의 대표자 개인**이 당사자가 된 민·형사사건의 변호사 비용은 단체의 비용으로 지출할 수 없고, / 예외적으로 분쟁에 대한 실질적인 이해관계는 단체에게 있으나 법적인 이유로 그 대표자의 지위에 있는 개인이 소송 기타 법적 절차의 당사자가 되었다거나 대표자로서 단체를 위해 적법하게 행한 직무행위 또는 대표자의 지위에 있음으로 말미암아 의무적으로 행한 행위 등과 관련하여 분쟁이 발생한 경우와 같이, 당해 법적 분쟁이 단체와 업무적인 관련이 깊고 당시의 제반 사정에 비추어 **단체의 이익을 위하여 소송을 수행하거나 고소에 대응하여야 할 특별한 필요성이 있는 경우**에 한하여 단체의 비용으로 변호사 선임료를 지출할 수 있다(대판 2011.9.29, 2011도4677).

2) 법인의 이사를 상대로 한 이사직무집행정지 가처분이 결정된 경우 법인의 대표자가 법인 경비에서 당해 가처분 사건의 피신청인인 이사에게 그 사건에 관한 **소송비용**을 지급하였다면, 법인의 경비를 횡령한 것이라고 볼 수는 없다(대판 2009.3.12, 2008도10826).
→ 법인의 업무수행을 위하여 필요한 비용을 지급한 것에 해당하므로

3) 상가관리운영위원회의 운영위원장이 그에 대하여 제기된 직무집행정지가처분 신청에 대응하기 위하여 선임한 변호사의 선임료를 상가 관리비에서 지급한 경우 업무상횡령죄가 성립하지 않는다(대판 2019.5.30, 2016도5816).

✔ **단체나 법인의 비용으로 개인의 소송비용을 지급하는 경우**

- 원칙 : 횡령 ○(∵ 단체나 법인의 비용으로 소송비용을 지급하는 것은 단체자체가 당사자가 된 경우에 한정)
- 예외 : 분쟁의 실질적 이해관계가 단체에게 있는 경우, 항쟁의 필요성이 있는 경우 횡령 ×

관련 판례 **비자금 관련 판결들**

1) 법인의 운영자 또는 관리자가 법인의 자금을 이용하여 **비자금**을 **조성**하였다고 하더라도 그것이 당해 비자금의 소유자인 **법인 이외의 제3자가 이를 발견하기 곤란하게 하기 위한 장부상의 분식에 불과하거나 법인의 운영에 필요한 자금을 조달하는 수단으로 인정되는 경우**에는 불법영득의 의사를 인정하기 어렵다. / 다만 법인의 운영자 또는 관리자가 법인을 위한 목적이 아니라 **법인과는 아무런 관련이 없거나 개인적인 용도로 착복할 목적**으로 법인의 자금을 빼내어 별도로 비자금을 조성하였다면 그 조성행위 자체로써 불법

영득의 의사가 실현된 것으로 볼 수 있을 것이다(대판 2015.2.26, 2014도15182).

[사실관계] 대학교 산학협력단의 운영자가 산학협력단의 자금을 이용하여 비자금을 조성하였다고 하더라도 그것이 단지 당해 비자금의 소유자인 법인 이외의 제3자가 이를 발견하기 곤란하게 하기 위한 목적으로 장부상의 분식을 한 경우라면 불법영득의사가 인정되지 아니한다.

2) 법인의 회계장부에 올리지 않고 법인의 운영자나 관리자가 회계로부터 분리시켜 별도로 관리하는 **이른바 비자금**은, 법인을 위한 목적이 아니라 법인의 자금을 빼내어 착복할 목적으로 조성한 것임이 명백히 밝혀진 경우에는 조성행위 자체로써 불법영득의 의사가 실현된 것으로 볼 수 있다. / 또한 보관·관리하던 비자금을 인출·사용하였음에도 그 자금의 행방이나 사용처를 제대로 설명하지 못하거나 당사자가 주장하는 사용처에 그 비자금이 사용되었다고 볼 수 있는 자료는 현저히 부족하고 오히려 개인적인 용도에 사용하였다는 신빙성 있는 자료가 훨씬 많은 것과 같은 경우에는 비자금의 사용행위가 불법영득의 의사에 의한 횡령에 해당하는 것으로 추단할 수 있을 것이다(대판 2017.5.30, 2016도9027 ; 대판 2012.8.23, 2011도14045).

3) 지사에 근무하는 직원들이 **본사를 위하여 보관 중이던** 돈의 일부를 **접대비 명목으로 임의로 나누어 사용하려고** 비자금을 조성한 경우 횡령죄가 성립한다(대판 2010.5.13, 2009도1373).

∵ ① 지점이 독립채산제 방식으로 운영되고 있다고 하더라도 주식회사의 지점이 보유한 재산은 그 주식회사의 소유이므로 ② 불법영득의사가 인정되므로

관련 판례 **불법영득의사가 인정되어 횡령죄가 성립하는 경우**

1) 타인으로부터 **용도가 엄격히 제한된 자금**을 위탁받아 집행하면서 그 제한된 용도 이외의 목적으로 자금을 사용하는 것은, 그 사용이 개인적인 목적에서 비롯된 경우는 물론 결과적으로 자금을 위탁한 본인을 위하는 면이 있더라도, 그 사용행위 자체로서 불법영득의 의사를 실현한 것이 되어 횡령죄가 성립한다(대판 2002.8.23, 2002도366 ; 대판 2008.2.29, 2007도9755).

2) 수개의 학교법인을 운영하는 자가 각 학교법인의 금원을 **다른 학교법인을 위하여 사용**한 경우 횡령죄가 성립한다(대판 2000.12.8, 99도214).

∵ 별개의 법인이어서 단순히 예산항목을 유용하거나 장부상의 분식이나 이동에 불과하다고 할 수 없으므로

3) 주식회사의 대표이사가 **회사의 금원**을 인출하여 사용하였는데 그 사용처에 관한 증빙자료를 제시하지 못하고 있고 그 인출사유와 금원의 사용처에 관하여 납득할 만한 합리적인 설명을 하지 못하고 있다면, 이러한 금원은 그가 불법영득의 의사로 회사의 금원을 인출하여 개인적 용도로 사용한 것으로 추단할 수 있다(대판 2008.3.27, 2007도9250).

↔ 버스운송조합의 이사장의 판공비 또는 조합활동비(2007도5899), 지방자치단체장의 업무추진비(2008도6755)와 구별

4) 회사의 대표이사 혹은 그에 준하여 회사 자금의 보관이나 운용에 관한 사실상의 사무를 처리하여 온 자가 **회사를 위한 지출 이외의 용도**로 거액의 회사 자금을 가지급금 등의 명목으로 인출, 사용함에 있어서 이자나 변제기의 약정이 없음은 물론 이사회 결의 등 적법한 절차도 거치지 아니하는 것은 통상 용인될 수 있는 범위를 벗어나 대표이사 등의 지위를 이용하여 회사 자금을 사적인 용도로 임의로 대여, 처분하는 것과 다름없어 횡령죄를 구성한다(대판 2017.4.13, 2017도953).

5) **[회사자금뇌물공여 횡령사건]** 회사의 이사가 업무상의 임무에 위배하여 보관 중인 회사의 자금으로 **뇌물**을 공여한 경우 뇌물공여죄가 성립하는 외에 업무상횡령죄도 성립하고, 특별한 사정이 없는 한 이러한 법리는 회사의 이사 등이 회사의 자금으로 부정한 청탁을 하고 배임증재를 한 경우에도 마찬가지로 적용된다(대판 2013.4.25, 2011도9238).
∵ 오로지 회사의 이익을 도모할 목적이라기보다는 뇌물공여 상대방의 이익을 도모할 목적이나 기타 다른 목적으로 행하여진 것이라고 보아야 하므로

6) 회사의 대표이사가 보관 중인 회사 재산을 처분하여 그 대금을 **정치자금**으로 기부한 경우 그것이 **회사의 이익을 도모할 목적으로** 합리적인 범위 내에서 이루어졌다면 그 이사에게 횡령죄에 있어서 요구되는 불법영득의 의사가 있다고 할 수 없을 것이나, / 그것이 회사의 이익을 도모할 목적보다는 **후보자 개인의 이익을 도모할 목적이나 기타 다른 목적**으로 행하여졌다면 그 이사는 회사에 대하여 횡령죄의 죄책을 면하지 못한다(대판 2005.5.26, 2003도5519).

관련 판례 **불법영득의사가 부정되어 횡령죄가 성립하지 않는 경우**

1) 대표이사가 이사회의 승인 등의 절차 없이 그와 같이 **자신의 회사에 대한 채권을 변제**하였더라도 이는 대표이사의 권한 내에서 한 회사채무의 이행행위로서 유효하며, 따라서 그에게는 불법영득의 의사가 인정되지 아니하여 횡령죄의 죄책을 물을 수 없다(대판 1999.2.23, 98도2296).
[동지판례] 회사에 대하여 **개인적인 채권을 가지고 있는 대표이사**가 회사를 위하여 보관하고 있는 회사 소유의 금전으로 이사회의 승인 등의 절차 없이 자신의 (회사에 대한) 채권 변제에 충당한 경우 횡령죄가 성립하지 않는다(대판 2002.7.26, 2001도5459).

2) **[가장납입사건]** 회사의 대표이사가 당초부터 진실한 주금납입으로 회사의 자금을 확보할 의사 없이 타인으로부터 금원을 차용하여 형식상 또는 일시적으로 주금을 납입하고 설립등기나 증자등기의 절차를 마친 다음 바로 이를 인출하여 차용채무금의 변제에 사용한 경우, 업무상횡령죄는 성립하지 않는다(대판 2004.6.17, 2003도7645 全合).
∵ 주금의 납입 및 인출의 전과정에서 회사의 자본금에는 실제 아무런 변동이 없다고 보아야 할 것이므로, 그들에게 회사의 돈을 임의로 유용한다는 불법영득의 의사가 있다고 보기 어렵다.
↔ 납입가장죄 및 공정증서원본불실기재죄와 불실기재공정증서원본행사죄 성립 ○
[동지판례] 주식회사의 설립업무 또는 증자업무를 담당한 자와 주식인수인이 사전에 공모하여 제3자로부터 차용한 돈으로 주금을 납입하고 설립등기 또는 증자등기 후 바로 인출하여 차용금 변제에 사용하는 경우에는 업무상횡령죄가 성립하지 않는다(대판 2011.9.8, 2011도7262).

3) 예산을 집행할 직책에 있는 자가 자기 자신의 이익을 위한 것이 아니고 **경비부족을 메우기 위하여 예산을 전용한 경우**라면, 그 예산의 항목유용 자체가 위법한 목적이 있다거나 예산의 용도가 엄격하게 제한되어 있는 경우는 별론으로 하고 그것이 본래 책정되거나 영달되어 있어야 할 필요경비이기 때문에 일정한 절차를 거치면 그 지출이 허용될 수 있었던 때에는 그 간격을 메우기 위한 유용이 있었다는 것만으로 바로 그 유용자에게 불법영득의 의사가 있었다고 단정할 수는 없다(대판 2002.11.26, 2002도5130).

4) 임직원이 **판공비** 또는 **업무추진비** 등을 불법영득의 의사로 횡령한 것으로 인정하려면 판공비 등이 업무와 관련없이 개인적인 이익을 위하여 지출되었다거나 또는 업무와 관련되더라도 합리적인 범위를 넘어 지나치게 과다하게 지출되었다(→ **횡령죄** ○)는 점이 증명되어야 할 것이고, / 단지 **판공비** 등을 사용한

임직원이 그 행방이나 사용처를 제대로 설명하지 못하거나 사후적으로 그 사용에 관한 증빙자료를 제출하지 못하고 있다고 하여 함부로 불법영득의 의사로 이를 횡령하였다고 추단하여서는 아니 된다(대판 2010.6.24, 2007도5899).

∵ 이른바 판공비 또는 업무추진비는 직무수행에 드는 경비를 보전하여 주는 실비변상적 급여의 성질을 가지고 있으므로

5) 보관자의 지위에 있는 공동명의 예금채권자가 피해자 조합원들이 제기한 소송으로 인하여 조합이 입게 되는 손해에 대한 구상금 채권의 집행 확보를 위하여 피해자 조합원들에 대하여 예금계좌에 **초과로 입금된 개발부담금**의 반환을 거부한 경우 불법영득의사가 인정되지 않으므로 횡령죄가 성립하지 않는다(대판 2008.12.11, 2008도8279).

5 공범

o 주식회사의 재산을 임의로 처분하려는 대표이사의 횡령행위를 주선하고 그 처분행위를 **적극적으로 종용한 경우**에는 대표이사의 횡령행위에 가담한 공동정범의 죄책을 면할 수 없다(대판 2005.8.19, 2005도3045).

o 피고인이 종중재산의 관리인과 처음부터 이를 불법영득할 것을 공모하고 매수한 것이 아니라면 **종중재산임을 알고 매수하였다 하여도** 횡령죄의 공동정범이라고 볼 수는 없다(대판 1971.1.26, 70도2173).

o 부동산의 등기명의수탁자가 명의신탁자의 승낙 없이 이를 제3자에게 양도 또는 담보제공함으로써 횡령죄가 성립하는 경우에 그것을 양수하거나 담보제공받는 자는 비록 그와 같은 **사정을 알고 있다 하더라도** 처음부터 수탁자와 짜고 이를 불법영득하기로 공모하지 아니한 이상 그 횡령죄의 공동정범이 될 수 없다(대판 1985.6.25, 85도1077).[122]

o 채권자가 채무자로부터 채권확보를 위하여 담보물을 제공받을 때 그 물건이 채무자가 보관 중인 타인의 물건임을 알았다고 하여도 그것만으로 채권자가 채무자의 불법영득행위인 횡령행위에 공모가담한 것으로 단정할 수 없다(대판 1992.9.8, 92도1396).

6 죄수

o ['명의수탁자의 처분과 횡령' 관련 사건] 타인의 부동산을 보관 중인 자가 불법영득의사를 가지고 그 부동산에 **근저당권설정등기**를 경료함으로써 일단 횡령행위가 기수에 이르렀다 하더라도 그 후 같은 부동산에 **별개의 근저당권을 설정**하여 새로운 법익침해의 위험을 추가함으로써 법익침해의 위험을 증가시키거나 해당 부동산을 **매각**함으로써 기존의 근저당권과 관계없이 법익침해의 결과를 발생시켰다면, 이는 당초의 근저당권 실행을 위한 임의경매에 의한 매각 등 그 근저당권으로 인해 당연히 예상될 수 있는 범위를 넘어 새로운 법익침해의 위험을 추가시키거나 법익침해의 결과를 발생시킨 것이므로 특별한 사정이 없는 한 불가벌적 사후행위로 볼 수 없고, 별도로 횡령죄를 구성한다(대판 2013.2.21, 2010도10500 全合).
[사실관계] 피해자 甲 **종중**으로부터 토지를 명의신탁 받아 보관 중이던 피고인 乙이 개인 채무 변제에 사용할 돈을 차용하기 위해 위 토지에 **근저당권을 설정**하였는데, 그 후 피고인 乙, 丙이 공모하여 위 토지를 丁에게 **매도**한 경우, 피고인들의 토지 매도행위가 별도의 횡령죄를 구성한다.

---

122) 2022년 법원사무관승진시험

[비교판례] 공동상속인 중 1인이 상속재산인 임야를 보관 중 다른 상속인들로부터 매도 후 분배 또는 소유권이전등기를 요구받고도 그 **반환**을 **거부**한 경우 이때 이미 횡령죄가 성립하고, 그 후 그 임야에 관하여 다시 제3자 앞으로 **근저당권설정등기**를 경료해 준 행위는 **불가벌적 사후행위**로서 별도의 횡령죄를 구성하지 않는다(대판 2010.2.25, 2010도93).

[비교판례] 미등기건물의 관리를 위임받아 보관하고 있는 자가 임의로 건물에 대하여 **자신의 명의로 보존등기**를 하거나 동시에 근저당권설정등기를 마치는 것은 객관적으로 불법영득의 의사를 외부에 발현시키는 행위로서 횡령죄에 해당하고(→ 실현설의 입장), 피해자의 승낙 없이 건물을 자신의 명의로 보존등기를 한 때 이미 횡령죄는 완성되었다 할 것이므로, 횡령행위의 완성 후 **근저당권설정등기를 한 행위**는 피해자에 대한 새로운 법익의 침해를 수반하지 않는 **불가벌적 사후행위**로서 별도의 횡령죄를 구성하지 않는다(대판 1993.3.9, 92도2999).

→ 횡령죄의 불가벌적 사후행위에 대한 대법원 2013.2.21, 2010도10500 전원합의체 판결의 법리에 부합하여 폐기되지 않았으나, 〈중간생략등기형 명의신탁에서 신탁부동산의 임의 처분 사건〉에서 횡령죄가 성립하지 않는다고 한 대법원 2016.5.19, 2014도6992 전원합의체 판결에 의하여 폐기된 판결이다.

o '특정경제범죄 가중처벌 등에 관한 법률'(이하 '특경법'이라고 한다) 제3조 제1항에 정한 이득액은 **단순일죄**의 이득액이나 혹은 **포괄일죄**가 성립되는 경우의 이득액의 합산액을 의미하는 것이지 / **경합범**으로 처벌될 수죄에 있어서 그 이득액을 합한 금액을 말한다고 볼 수는 없다(대판 2014.2.27, 2013도12155).

7 타죄와의 관계

(1) 사기죄와의 관계

o 자기가 점유하는 타인의 재물을 횡령하기 위하여 기망수단을 쓴 경우에는 피기망자에 의한 재산처분행위가 없으므로 일반적으로 **횡령죄만 성립**되고 사기죄는 성립되지 아니한다(대판 1980.12.9, 80도1177).[123]

[동지판례] 사기죄는 타인이 점유하는 재물을 그의 처분행위에 의하여 취득함으로써 성립하는 죄이므로 자기가 점유하는 타인의 재물에 대하여는 이것을 영득함에 기망행위를 한다 하여도 사기죄는 성립하지 아니하고 횡령죄만을 구성한다(대판 1987.12.22, 87도2168).

o 어음의 할인을 위하여 배서양도의 형식으로 약속어음을 교부받은 자가 이를 자신의 채무변제에 충당한 경우, 이는 위탁의 취지에 반하는 것으로 횡령죄가 성립한다(대판 1983.4.26, 82도3079).

o 주식회사의 대표이사가 타인을 기망하여 회사가 발행하는 신주를 인수하게 한 다음, 그로부터 납입받은 신주인수대금을 보관하던 중 횡령한 행위는 사기죄와는 전혀 다른 새로운 보호법익을 침해하는 행위로서 별죄를 구성한다(대판 2006.10.27, 2004도6503). → 타인에 대한 사기죄 ○, 회사에 대한 횡령죄 ○

o 종친회 회장이 위조한 종친회 규약 등을 공탁관에게 제출하는 방법으로 종친회를 피공탁자로 하여 공탁된 **수용보상금**을 출급받아 **편취**한 후, 이를 보관하던 중 종친회의 요구에 대하여 정당한 이유 없이 **반환을 거부한 행위**는 새로운 법익의 침해를 수반하지 않는 불가벌적 사후행위에 해당할 뿐 별도의 횡령죄가 성립하지 않는다(대판 2015.9.10, 2015도8592). → 사기죄 ○, 횡령죄 ×

o [보이스피싱사건 2(사기이용계좌의 명의인이 전기통신금융사기 피해금을 횡령한 사건)][124] [1] **계좌명의인**은 피해자와 사이에 아무런 법률관계 없이 송금·이체된 사기피해금 상당의 돈을 피해자에게 반환

123) 2021년 변호사시험

124) 2019년·2023년 법원사무관승진시험(10점·15점), 2021년 법원행정고등고시, 2020년 변호사시험

하여야 하므로, 피해자를 위하여 사기피해금을 보관하는 지위에 있다고 보아야 하고, 만약 계좌명의인이 그 돈을 영득할 의사로 인출하면 **피해자에 대한 횡령죄**가 성립한다. / 이때 **계좌명의인이 사기의 공범**이라면 자신이 가담한 범행의 결과 피해금을 보관하게 된 것일 뿐이어서 피해자와 사이에 위탁관계가 없고, 그가 송금·이체된 돈을 인출하더라도 이는 자신이 저지른 사기범행의 실행행위에 지나지 아니하여 새로운 법익을 침해한다고 볼 수 없으므로 사기죄 외에 별도로 **횡령죄를 구성하지 않는다**(대판 2017.5.31, 2017도3045 등 참조). [2] 계좌명의인의 인출행위는 **전기통신금융사기의 범인에 대한 관계**에서는 횡령죄가 되지 않는다. 판례는 전기통신금융사기 범행으로 피해자의 돈이 사기이용계좌로 송금·이체되었다면 이로써 편취행위는 기수에 이른다고 보고 있는데, 이는 사기범이 접근매체를 이용하여 그 돈을 인출할 수 있는 상태에 이르렀다는 의미일 뿐 사기범이 그 돈을 취득하였다는 것은 아니다. 또한 계좌명의인과 전기통신금융사기의 범인 사이의 관계는 횡령죄로 보호할 만한 가치가 있는 위탁관계가 아니다(대판 2018.7.19, 2017도17494 全合).

[사실관계] 피고인 갑, 을이 공모하여, 피고인 갑 명의로 개설된 예금계좌의 접근매체를 보이스피싱 조직원 병에게 양도함으로써 병의 정에 대한 전기통신금융사기 범행을 방조하고, 사기피해자 정이 병에게 속아 위 계좌로 송금한 사기피해금 중 일부를 별도의 접근매체를 이용하여 임의로 인출한 경우 피고인들에게 사기방조죄가 성립하지 않는 이상 사기피해금 중 일부를 임의로 인출한 행위는 사기피해자 정에 대한 횡령죄가 성립한다고 한 사례

① 사기죄를 범한 범인이나 사기죄의 방조범이 사기에 이용된 계좌로 이체된 돈을 인출하여도 사기죄의 피해자에 대한 횡령죄가 성립하지 않는다.

② 사기에 이용된 계좌명의인이 사기죄의 방조범이 아닌 경우(계좌가 사기에 이용된다는 점을 모르는 경우) 사기에 이용된 계좌로 이체된 돈을 인출하면 사기죄의 피해자에 대한 횡령죄가 성립한다. 그러나 사기범인에 대한 횡령죄는 성립하지 않는다.

(2) 배임죄와의 관계

o [질권설정 후 예금인출사건] 민법 제353조에 의하면 질권자는 질권의 목적이 된 채권을 직접 청구할 수 있으므로, 피고인의 예금인출동의행위는 이미 배임행위로써 이루어진 질권설정행위의 사후조처에 불과하여 새로운 법익의 침해를 수반하지 않는 이른바 불가벌적 사후행위에 해당하고, 별도의 횡령죄를 구성하지 않는다(대판 2012.11.29, 2012도10980).

[사실관계] 甲주식회사 대표이사가 자신의 채권자 乙에게 차용금에 대한 담보로 甲회사 명의 정기예금에 질권을 설정하여 주었는데, 그 후 乙이 차용금과 정기예금의 변제기가 모두 도래한 이후 정기예금 계좌에 입금되어 있던 甲회사 자금을 전액 인출할 수 있도록 동의해 준 경우 배임죄 외에 별도로 횡령죄까지 성립하는 것은 아니다. → 배임죄 ○, 횡령죄 ×

o 회사의 사무를 처리하는 자가 회사로 하여금 자신의 채무에 관하여 연대보증채무를 부담하게 한 다음 회사의 자금을 보관하는 자의 지위에서 이를 임의로 인출하여 위 개인채무의 변제에 사용한 행위는 배임죄와 별도로 횡령죄를 구성한다(대판 2011.4.14, 2011도277).

∵ 회사자금을 임의로 인출한 후 개인채무변제에 사용한 행위는 배임죄와 다른 새로운 보호법익을 침해하는 행위이므로 → 배임죄 ○, 횡령죄 ○

(3) 장물죄와의 관계

o 절도 범인으로부터 장물보관 의뢰를 받은 자가 그 정을 알면서 이를 인도받아 보관하고 있다가 임의 처분하였다 하여도 **장물보관죄**가 성립하는 때에는 이미 그 소유자의 소유물 추구권을 침해하였으므로 그 후의 횡령행위는 **불가벌적 사후행위**에 불과하여 별도로 횡령죄가 성립하지 않는다(대판 1976.11.23, 76도3067 ; 대판 2004.4.9, 2003도8219).[125]

(4) 강제집행면탈죄와의 관계

o **진의**에 의하여 재산을 **양도**하였다면 설령 그것이 강제집행을 면탈할 목적으로 이루어진 것으로서 채권자의 불이익을 초래하는 결과가 되었다고 하더라도 강제집행면탈죄의 **허위양도** 또는 은닉에는 해당하지 아니한다 할 것이며, 타인의 재물을 보관하는 자가 보관하고 있는 재물을 영득할 의사로 **은닉**하였다면 이는 횡령죄를 구성하는 것이고 채권자들의 강제집행을 면탈하는 결과를 가져온다 하여 이와 별도로 강제집행면탈죄를 구성하는 것은 아니다(대판 2000.9.8, 2000도1447).

(5) 뇌물죄와의 관계

o 수의계약을 체결하는 공무원이 해당 공사업자와 적정한 금액 이상으로 **계약금액을 부풀려서** 계약하고 부풀린 금액을 자신이 되돌려 받기로 사전에 약정한 다음 그에 따라 수수한 돈은 성격상 뇌물이 아니고 횡령금에 해당한다(대판 2007.10.12, 2005도7112). → 뇌물죄 ×, 횡령죄 ○

o **[국가정보원장들이 대통령에게 특별사업비를 교부한 사건]** 대통령과 국가정보원장들이 국고를 횡령하기로 공모하면서 횡령금을 모두 대통령에게 귀속시키기로 합의하였고 국가정보원장들이 2013년 5월부터 2016년 7월까지 대통령에게 금원을 교부하였다 하더라도 이는 대통령이 국고를 직접 횡령한 것으로 평가될 뿐 국가정보원장들이 뇌물로서 대통령에게 교부한 것으로 볼 수 없다(대판 2019.11.28, 2018도20832). → 뇌물죄 ×, 횡령죄 ○

o **[대통령이 국가정보원장들로부터 특별사업비를 교부받은 사건]** 횡령 범행으로 취득한 돈을 공범자끼리 수수한 행위가 공동정범들 사이의 범행에 의하여 취득한 돈을 공모에 따라 내부적으로 분배한 것에 지나지 않는다면 별도로 그 돈의 수수행위에 관하여 뇌물죄가 성립하는 것은 아니다(대판 2019.11.28, 2019도11766).

Ⅲ 업무상횡령죄

업무상의 임무에 위배하여 횡령죄를 범한 경우 성립하는 범죄이다(제356조). 보관자라는 신분과 업무자라는 신분이 모두 요구되는 부진정신분범이다(이중의 신분). 업무상횡령죄에서 '업무'는 법령, 계약에 의한 것뿐만 아니라 관례를 따르거나 사실상의 것인지를 묻지 않고 같은 행위를 반복할 지위에 따른 사무를 말한다.

o 업무상횡령죄에서 '업무'는 법령, 계약에 의한 것뿐만 아니라 관례를 좇거나 사실상의 것이거나를 묻지 않고 같은 행위를 반복할 지위에 따른 사무를 가리키며, 횡령죄에서 재물 보관에 관한 위탁관계는 사실상의 관계에 있으면 충분하다(대판 2011.10.13, 2009도13751).

---

125) 2016년 법원사무관승진시험, 2021년 변호사시험

[사실관계] 학교법인 **이사장**인 피고인이, 학교법인이 설치・운영하는 대학의 교비회계자금 및 대학 산학협력단 자금을 횡령하였다는 내용으로 기소된 사안에서, 피고인이 대학과 산학협력단 운영에 직・간접적으로 영향력을 행사하였고, 대학 교비나 산학협력단 자금에 관하여 입출금을 지시하기도 하였던 점 등을 종합할 때 자금에 관하여 사실상 보관자의 지위에 있었다고 본 사례
→ 학교법인 이사장인 피고인이, 학교법인이 설치・운영하는 대학 산학협력단이 용도를 특정하여 교부받은 보조금 중 일부를 대학 교비계좌로 송금하여 교직원 급여 등으로 사용한 경우, 업무상횡령죄에 해당한다.

Ⅳ 점유이탈물횡령죄

유실물, 표류물 또는 타인의 점유를 이탈한 재물 또는 매장물을 횡령함으로써 성립하는 범죄이다(제360조). 점유이탈물횡령죄는 위탁관계에 의한 신뢰배반이 없다는 점에서 횡령죄와 구별된다.
점유이탈물이란 점유자의 의사에 의하지 않고 그 점유를 벗어난 타인소유의 재물을 말한다. 착오로 인하여 점유한 물건이나 타인이 놓고 간 물건, 일실한 가축도 점유이탈물에 포함될 수 있다.

제7절 배임죄

제355조【배임】
② 타인의 사무를 처리하는 자가 그 임무에 위배하는 행위로써 재산상의 이익을 취득하거나 제삼자로 하여금 이를 취득하게 하여 본인에게 손해를 가한 때에도 전항의 형과 같다.
제356조【업무상의 배임】
업무상의 임무에 위배하여 제355조의 죄를 범한 자는 10년 이하의 징역 또는 3천만원 이하의 벌금에 처한다.
제359조【미수범】
제355조 내지 제357조의 미수범은 처벌한다.

Ⅰ 서설

1 의의 및 보호법익

배임의 죄란 타인의 사무를 처리하는 자가 그 '임무에 위배하는 행위'로 재산상의 이익을 취득하거나 제3자로 하여금 이를 취득하게 하여 본인에게 손해를 가하는 것을 내용으로 하는 범죄이다. 배임죄의 보호법익은 사기죄와 마찬가지로 전체로서의 재산권이고, 그 보호의 정도는 위험범이다. 타인의 재산을 보호할 의무 있는 자가 타인의 신뢰를 배반하여 본인에게 손해를 가하는 점에 배임죄의 본질이 있다는 점에서 횡령죄와 공통되나, 재산상 이익만을 객체로 한다는 점(순수한 이득죄)에서 횡령죄와 구별된다.

ㅇ 배임죄는 현실적인 재산상 손해액이 확정될 필요까지는 없고 단지 재산상 권리의 실행을 불가능하게 할 염려 있는 상태 또는 손해 발생의 위험이 있는 경우에 바로 성립되는 **위태범**이다(대판 2000.4.11, 99도334).

2 구성요건의 체계

기본적 구성요건	배임죄
가중적 구성요건	업무상배임죄
독립적 구성요건	배임수재죄, 배임증재죄
미수범 처벌규정	○
예비 · 음모 처벌규정	×

3 배임죄의 본질

Thema 정리 **배임죄의 본질**

학설	내용
권한남용설	타인의 사무를 처리할 법적 처분권한을 가진 자가 그 대리권한을 남용하여 타인에게 재산상의 손해를 가하는 것 → 대리권의 존재가 성립의 전제조건, 배임행위는 법률행위에 국한되며 배임은 법률행위에 의해, 횡령은 사실행위에 의해 성립하고 양자는 택일관계
배신설 (통설 · 판례)	타인의 재산을 보호할 의무 있는 자가 신의성실의무에 위반하여 타인에게 재산상의 손해를 가하는 것 → 배임죄는 대리권의 존재를 필요로 하지 않고, 배임행위도 법률행위에 국한되지 않으며 전체재산을 행위객체로 삼는 배임죄와 개별재물을 행위객체로 삼는 횡령죄는 일반법과 특별법의 관계
비판	• 권한남용설은 사실행위에 의한 배임을 부정함으로써 배임죄의 범위를 부당하게 제한 • 배신설이 사무관리설에 비해 가벌성 확장위험이 높으나 배신설의 적용범위를 극단적으로 확대할 위험은 이미 확립된 해석론으로 통해 제한할 수 있음 → 결국 신뢰관계의 배반을 본질적 내용으로 삼는 배신설이 우리 형법 해석상 적합(김일수)

구분	권한남용설	배신설(판례)
배임의 주체	대리권 요(要)	대리권 불요(不要)
배임행위	법률행위만	사실행위도 가능
횡령과 배임의 구별	침해방법의 성질 차이 (횡령 - 사실행위 / 배임 - 법률행위)	행위객체 기준 (횡령 - 재물 / 배임 - 재산상 이익)

ㅇ 배임죄에 있어서 타인의 사무를 처리하는 자라 함은 양자 간의 신임관계에 기초를 둔 타인의 재산보호 내지 관리의무가 있음을 그 본질적 내용으로 하는 것이므로, 배임죄의 성립에 있어 행위자가 대외관계에서 타인의 재산을 처분할 적법한 **대리권**이 있음을 요하지 아니한다(대판 1999.9.17, 97도3219).

II 배임죄

타인의 사무를 처리하는 자가 그 임무에 위배하는 행위로써 재산상의 이익을 취득하거나 제삼자로 하여금 이를 취득하게 하여 본인에게 손해를 가한 경우 성립하는 범죄이다(제355조 제2항). 타인의 사무처리자만이 주체가 되는 진정신분범이다.

1 주체 _ 타인의 사무처리자

(1) 배임죄의 주체로서 '타인의 사무를 처리하는 자'란 타인과의 대내관계에 있어서 신의성실의 원칙에 비추어 그 사무를 처리할 신임관계가 존재한다고 인정되는 자를 말한다. 다만 배임죄는 재산죄이므로 여기의 사무는 재산적 사무(타인의 재산보호・관리사무)에 제한된다.

o 배임죄에서 "타인의 사무처리"로 인정되려면, 타인의 **재산관리에 관한 사무**의 전부 또는 일부를 타인을 위하여 대행하는 경우와 타인의 **재산보전행위에 협력하는 경우**라야만 되는 것이고, / 단순히 타인에 대하여 **채무를 부담함에 불과한 경우**에는 본인의 사무로 인정될지언정 타인의 사무처리에 해당한다 할 수는 없다(대판 1984.12.26, 84도2127).

o 사무의 처리가 오로지 타인의 이익을 보호・관리하는 것만을 내용으로 하여야 할 필요는 없고, 자신의 이익을 도모하는 성질도 아울러 가진다고 하더라도 타인을 위한 사무로서의 성질이 부수적・주변적인 의미를 넘어서 중요한 내용을 이루는 경우에는 여기서 말하는 '타인의 사무를 처리하는 자'에 해당한다(대판 2012.5.10, 2010도3532).

[사실관계] A주식회사와 **가맹점 관리대행계약** 등을 체결하고 그 대리점으로서 가맹점 관리업무 등을 수행하는 甲주식회사 대표이사인 피고인이, 임무에 위배하여 A회사의 가맹점을 다른 경쟁업체 가맹점으로 임의로 전환한 경우 업무상 배임죄가 성립한다. ∵ **가맹점 관리업무는 타인의 사무이므로**

o 배임죄에 있어서의 타인의 사무라고 하기 위하여는 그 타인의 재산보호가 신임관계의 전형적・본질적 내용이 되어야 하고, 그것이 **단순한 부수적 사무**에 불과할 경우에는 타인의 사무라고 할 수 없다(대판 2012.5.10, 2010도3532).

(2) 사무처리의 근거는 법령(예 친권자・후견인, 회사대표 등), 계약(예 위임, 고용 등), 관습・거래의 신의칙 등 어느 것에 의하건 묻지 않고, 사실상의 신임관계가 발생할 수 있는 경우도 포함한다.

o 사무처리의 근거, 즉 신임관계의 발생근거는 법령의 규정, 법률행위, 관습 또는 사무관리에 의하여도 발생할 수 있으므로, 법적인 권한이 소멸된 후에 사무를 처리하거나 그 사무처리자가 그 직에서 해임된 후 사무인계 전에 사무를 처리한 경우도 배임죄에 있어서의 사무를 처리하는 경우에 해당한다(대판 1999.6.22, 99도1095).

[사실관계] 주택조합 정산위원회 위원장이 해임되고 후임 위원장이 선출되었는데도 업무 인계를 거부하고 있던 중 정산위원회를 상대로 제기된 소송의 소장부본 및 변론기일소환장을 송달받고도 그 제소사실을 정산위원회에 알려주지도 않고 스스로 응소하지도 않아 의제자백에 의한 패소확정판결을 받게 한 경우, 업무상배임죄의 성립을 인정한 사례

(3) 반드시 제3자에 대한 대외관계에서 그 사무에 관한 대리권이 존재할 것을 요하지 않는다(배신설).

(4) 사무처리의 근거가 된 법률행위가 무효가 되더라도 선량한 풍속 기타 사회질서에 반하는 것이 아닌 한 사실상 신임관계가 인정될 수 있다.

(5) 타인의 사무를 처리하는 자란 고유의 권한으로서 그 처리를 하는 자에 한하지 않고 그 자의 보조기관으로서 직접 또는 간접으로 그 처리에 관한 사무를 담당하는 자도 포함한다(대판 2004.6.24, 2004도520).

(6) 공무원도 업무상배임죄의 주체가 될 수 있다.

ㅇ 공무원이 임무에 위배되는 행위로써 제3자로 하여금 재산상 이익을 취득하게 하여 국가에 손해를 가한 경우, 업무상배임죄가 성립한다(대판 2013.9.27, 2013도6835).
→ 공무원이 대통령의 퇴임 후 사용부지매수사무를 처리하면서 사저부지 가격을 낮게 평가하고 경호부지 가격을 높게 평가한 사건

관련 판례 **타인의 사무처리자에 해당하는 경우**

1) 낙찰계의 **계주**가 계원들로부터 월불입금을 모두 징수하였음에도 불구하고 이를 낙찰계원에게 지급하지 아니한 경우 배임죄를 구성한다(대판 1987.2.24, 86도1744).
[동지판례] 낙찰계의 계주가 계원들로부터 **계불입금을 징수**하게 되면 단순한 채권관계를 넘어 신의칙상 그 계금지급을 위하여 위 계 불입금을 보호 내지 관리하여야 하는 신임관계에 들어서게 되므로, 이에 기초한 계주의 계금지급의무는 배임죄에서 말하는 타인의 사무에 해당한다. / 그러나 계주가 계원들로부터 **계불입금을 징수하지 아니하였다**면 그러한 상태에서 부담하는 계금지급의무는 위와 같은 신임관계에 이르지 아니한 단순한 채권관계상의 의무에 불과하여 타인의 사무에 속하지 아니하고, 이는 계주가 계원들과의 약정을 위반하여 계 불입금을 징수하지 아니한 경우라 하여 달리 볼 수 없다(대판 2009.8.20, 2009도3143).

2) 미성년자와 친생자관계가 없으나 **호적상 친모**로 등재되어 있는 자가 미성년자의 상속재산 처분에 관여한 경우, 배임죄에 있어서 타인의 사무를 처리하는 자의 지위에 있다(대판 2002.6.14, 2001도3534).
∵ 재산처분에 관여하여 사실상 사무처리자에 해당

3) 직무발명에 대한 **특허를 받을 수 있는 권리 등을 사용자 등에게 승계한다는 취지를 정한 약정 또는 근무규정**의 적용을 받는 종업원 등은 배임죄의 주체인 '타인의 사무를 처리하는 자'의 지위에 있다고 할 것이다. 따라서 위와 같은 지위에 있는 종업원 등이 임무를 위반하여 직무발명을 완성하고도 그 사실을 사용자 등에게 알리지 않은 채 그 발명에 대한 특허를 받을 수 있는 권리를 제3자에게 이중으로 양도하여 제3자가 특허권 등록까지 마치도록 하는 등으로 그 발명의 내용이 공개되도록 하였다면, 이는 사용자 등에게 손해를 가하는 행위로서 배임죄를 구성한다(대판 2012.11.15, 2012도6676).
[비교판례] 직무발명에 대하여 특허를 받을 수 있는 권리를 미리 사용자에게 승계시키는 계약이나 근무규정이 있거나 발명의 완성 후에 이를 승계시키는 계약이 있었다는 등의 특별한 사정이 없는 한 종업원이 직무발명을 사용자가 아닌 종업원의 이름으로 특허출원하더라도 이는 자신의 권리를 행사하는 것으로서 업무상배임죄가 성립할 여지는 없다(대판 2012.12.27, 2011도15093).
∵ 직무발명에 대하여 특허를 받을 수 있는 권리는 발명자인 종업원에게 귀속하므로

4) [배임죄에서의 '타인의 사무를 처리하는 자' 해당 여부에 관한 사건] **이른바 지입제**는 자동차운송사업면허 등을 가진 운송사업자와 실질적으로 자동차를 소유하고 있는 차주 간의 계약으로 외부적으로는

자동차를 운송사업자 명의로 등록하여 운송사업자에게 귀속시키고 내부적으로는 각 차주들이 독립된 관리 및 계산으로 영업을 하며 운송사업자에 대하여는 지입료를 지불하는 운송사업형태를 말한다. 따라서 지입차주가 자신이 실질적으로 소유하거나 처분권한을 가지는 자동차에 관하여 지입회사와 지입계약을 체결함으로써 지입회사에게 그 자동차의 소유권등록 명의를 신탁하고 운송사업용 자동차로서 등록 및 그 유지 관련 사무의 대행을 위임한 경우에는, 특별한 사정이 없는 한 지입회사 측이 지입차주의 실질적 재산인 지입차량에 관한 재산상 사무를 일정한 권한을 가지고 맡아 처리하는 것으로서 당사자 관계의 전형적·본질적 내용이 통상의 계약에서의 이익대립관계를 넘어서 그들 사이의 신임관계에 기초하여 타인의 재산을 보호 또는 관리하는 데에 있으므로, **지입회사 운영자**는 지입차주와의 관계에서 '**타인의 사무를 처리하는 자**'의 지위에 있다(대판 2021.6.24, 2018도14365).
[**사실관계**] 피해자들이 각자 매수대금을 전액 부담하여 이 사건 각 **버스**를 매수한 후 피고인과 사이에 이 사건 각 버스를 피고인이 운영하는 운송회사로 지입하고 피고인에게 지입료를 지급하기로 구두 약정한 사안에서, 피해자들과 피고인 사이에 지입계약서가 작성되지 않았다고 하더라도 피해자들은 자신들이 실질적으로 소유한 이 사건 각 버스에 관하여 피고인의 지입회사에 소유권등록 명의를 신탁하고 운송사업용 자동차로서 등록 및 그 유지 관련 사무의 대행을 위임하는 내용의 지입계약을 체결하였다고 충분히 인정된다고 보아, **지입회사 운영자인 피고인**은 지입차주인 피해자들과의 관계에서 '타인의 사무를 처리하는 자'의 지위에 있으므로, 피고인이 피해자들의 동의 없이 이 사건 각 **버스**에 관하여 임의로 이 사건 각 저당권을 설정함으로써 피해자들에게 재산상 손해를 가한 것은 배임죄를 구성한다고 한 사례

관련 판례 **타인의 사무처리자에 해당하지 않는 경우**

1) 부동산을 경락한 피고인이 그 경락허가결정이 확정된 뒤에 그 경매부동산의 소유자들에게 대하여 그 **경락을 포기하겠노라고 약속**하여 놓고 그 경매법원에서 경락대금지급명령이 전달되자 위의 약속을 어기고 그 경락대금을 완납함으로써 그 경락부동산에 대한 소유권을 취득한 경우에 피고인은 본조 제2항에서 말하는 타인의 사무를 처리하는 자에 해당하지 아니한다(대판 1969.2.25, 69도46).
2) 피해자는 자금만 투자하고 피고인은 공사 시공 및 일체의 거래행위를 담당하는 내용의 동업계약을 체결하였다가 위 계약이 종료되었는데, 그 정산과정에서 피고인이 임의로 제3자에 대하여 채권양도행위를 한 경우 배임죄가 성립하지 않는다(대판 1992.4.14, 91도2390).
∵ 피고인 자신의 사무이므로(익명조합의 법리)
3) 토지거래허가구역 내의 토지를 매도하였으나 **토지거래허가를 받은 바 없다**면 매도인에게 매수인에 대한 소유권이전등기에 협력할 의무가 생겼다고 볼 수 없으므로, 매도인은 배임죄에서 '타인의 사무'를 처리하는 자에 해당하지 않는다(대판 1996.2.9, 95도2891).
4) 골프시설의 운영자가 **일반회원들을 위한 회원의 날**을 없애고, 일반회원들 중에서 주말예약에 대하여 우선권이 있는 특별회원을 모집함으로써 일반회원들의 주말예약권을 사실상 제한하거나 박탈하는 결과가 되었다고 하더라도, 이는 일반회원들에 대한 회원가입계약에 따른 민사상의 채무를 불이행한 것에 불과하고, 골프시설의 운영자가 일반회원들의 골프회원권이라는 재산관리에 관한 사무를 대행하거나 그 재산의 보전행위에 협력하는 지위에 있다고 할 수는 없으므로 일반회원들에 대한 배임죄를 구성하지 아니한다(대판 2003.9.26, 2003도763). ∵ 민사상의 채무를 불이행한 것에 불과

5) **금융기관의 임직원**이 보통예금계좌에 입금된 예금주의 예금을 무단으로 인출한 경우 그 임직원은 예금주와의 사이에서 그의 재산관리에 관한 사무를 처리하는 자의 지위에 있다고 할 수 없으므로, 그러한 예금인출행위는 예금주에 대한 관계에서 업무상배임죄를 구성하지 않는다(대판 2008.4.24, 2008도1408).
[사실관계] 금융기관의 임직원이 임의로 예금주의 예금계좌에서 5,000만 원을 인출한 금융기관의 임직원에게 (예금주에 대한) 업무상배임죄가 성립하지 않는다.
[비교판례] **증권회사 직원**이 고객의 매수주문 없이 고객의 예탁금으로 주식을 무단 매수하였다가 주식 시세의 하락으로 손해가 발생한 경우 업무상 배임죄가 성립한다(대판 1995.11.21, 94도1598).
∵ 증권회사는 고객과의 신임관계에 기초를 두고 고객의 재산관리에 관한 사무를 대행하는 타인의 사무를 처리할 지위에 있으므로

6) **[잔금지급약정사건] 미리 부동산을 이전받은 매수인**이 이를 담보로 제공하여 매매대금 지급을 위한 자금을 마련하고 이를 매도인에게 세공함으로써 **잔금을 지급하기로** 당사자 사이에 **약정**하였다고 하더라도, 이는 기본적으로 매수인이 매매대금의 재원을 마련하는 방편에 관한 것이고, 그 성실한 이행에 의하여 매도인이 대금을 모두 받게 되는 이익을 얻는다는 것만으로 매수인이 신임관계에 기하여 매도인의 사무를 처리하는 것이 된다고 할 수 없다(대판 2011.4.28, 2011도3247).
∵ 부동산매매에서 대금의 지급은 당사자 사이의 신임관계에 기하여 매수인에게 위탁된 매도인의 사무가 아니라 애초부터 매수인 자신의 사무라고 할 것이므로

7) 채무자가 투자금반환채무의 변제를 위하여 **담보로 제공한 임차권 등의 권리를 그대로 유지할 계약상 의무**가 있다고 하더라도, 배임죄에서 말하는 신임관계에 기초하여 채권자의 재산을 보호 또는 관리하여야 하는 '타인의 사무'에 해당한다고 볼 수 없다(대판 2015.3.26, 2015도1301).
[사실관계] 甲이 아울렛 의류매장의 운영과 관련하여 A로부터 투자를 받으면서 투자금반환채무의 변제를 위하여 의류매장에 관한 임차인 명의와 판매대금의 입금계좌 명의를 A 앞으로 변경해 주었음에도 제3자에게 의류매장에 관한 임차인의 지위 등 권리 일체를 양도한 경우, 배임죄가 성립하지 않는다. ∵ 甲이 의류매장에 관한 임차인 명의와 판매대금의 입금계좌 명의를 A 앞으로 그대로 유지하여야 할 의무(채무의 변제의 방법에 관한 것)는 단순한 민사상의 채무로 자기의 사무에 불과하므로

8) 피고인이 임차인 갑과 아파트에 관한 **임대차계약**을 체결하면서 자신이 소유권을 취득하는 즉시 갑에게 알려 갑이 전입신고를 하고 확정일자를 받아 1순위 근저당권자 다음으로 대항력을 취득할 수 있도록 하기로 약정하였는데, 그 후 갑에게서 전세금 전액을 수령하고 소유권을 취득하였음에도 취득 사실을 고지하지 않고 다른 2, 3순위 근저당권을 설정해 준 경우 배임죄가 성립하지 않는다(대판 2015.11.26, 2015도4976).[126] ∵ 단순한 채권관계상의 의무에 불과

9) **[유치권자로부터 점유를 위탁받아 부동산을 점유하는 자의 재판상 자백 사건]** 유치권자로부터 점유를 위탁받아 부동산을 점유하는 자가 부동산의 소유자로부터 인도소송을 당하여 재판상 자백을 한 경우, 피고인이 이 사건 재판상 자백을 할 당시 이미 점유를 상실한 상태였다면 피해자들과의 신임관계에 기초를 둔 '타인의 사무를 처리하는 자'에 해당한다고 단정할 수 없고, 피고인이 유치권자로부터 위탁받은 점유임을 적극적으로 항변하지 않은 것이 신임관계를 저버린 임무위배행위에 해당한다고 보기 어렵다(대판 2017.2.3, 2016도3674).

126) 2020년 법무사시험

10) **[피고인이 알 수 없는 경위로 피해자의 비트코인을 자신의 계정으로 이체 받은 후 자신의 다른 계정으로 이체한 사건]** [127] [1] 가상자산 권리자의 착오나 가상자산 운영 시스템의 오류 등으로 법률상 원인관계 없이 다른 사람의 가상자산 전자지갑에 가상자산이 이체된 경우, 가상자산을 이체 받은 자는 가상자산의 권리자 등에 대한 **부당이득반환의무**를 부담하게 될 수 있다. 그러나 이는 당사자 사이의 **민사상 채무**에 지나지 않고 이러한 사정만으로 가상자산을 이체 받은 사람이 신임관계에 기초하여 가상자산을 보존하거나 관리하는 지위에 있다고 볼 수 없다. 설령 피고인이 피해자에게 직접 부당이득반환의무를 부담한다고 하더라도 곧바로 가상자산을 이체 받은 사람을 피해자에 대한 관계에서 **배임죄의 주체인 '타인의 사무를 처리하는 자'에 해당한다고 단정할 수는 없다**. [2] **가상자산**은 국가에 의해 통제받지 않고 블록체인 등 암호화된 분산원장에 의하여 부여된 경제적인 가치가 디지털로 표상된 정보로서 **재산상 이익**에 해당한다(대법원 2021.11.11. 선고 2021도9855 판결 참조). 이와 같은 가상자산에 대해서는 현재까지 관련 법률에 따라 법정화폐에 준하는 규제가 이루어지지 않는 등 법정화폐와 동일하게 취급되고 있지 않고 그 거래에 위험이 수반되므로, 형법을 적용하면서 법정화폐와 동일하게 보호해야 하는 것은 아니다. [3] **원인불명으로 재산상 이익인 가상자산을 이체 받은 자가 가상자산을 사용·처분한 경우** 이를 형사처벌하는 명문의 규정이 없는 현재의 상황에서 착오송금 시 횡령죄 성립을 긍정한 판례(대법원 2010.12.9. 선고 2010도891 판결 등 참조)를 유추하여 신의칙을 근거로 피고인을 배임죄로 처벌하는 것은 죄형법정주의에 반한다. 이 사건 비트코인이 법률상 원인관계 없이 피해자로부터 피고인 명의의 전자지갑으로 이체되었더라도 피고인이 신임관계에 기초하여 피해자의 사무를 맡아 처리하는 것으로 볼 수 없는 이상, 피고인을 피해자에 대한 관계에서 '타인의 사무를 처리하는 자'에 해당한다고 할 수 없다(대판 2021.12.16, 2020도9789).

11) **수분양권 매매계약의 매도인**으로서는 원칙적으로 수분양자 명의변경에 관한 분양자 측의 동의 내지 승낙을 얻어 수분양자 명의변경절차를 이행하면 계약상 의무를 다한 것이 되고, 그 수분양권에 근거하여 목적물에 관한 소유권을 취득한 다음 매수인 앞으로 소유권이전등기를 마쳐 줄 의무까지는 없다. 따라서 특별한 사정이 없는 한 수분양권 매도인이 수분양권 매매계약에 따라 매수인에게 수분양권을 이전할 의무는 **자신의 사무**에 해당할 뿐이므로, 매수인에 대한 관계에서 '타인의 사무를 처리하는 자'라고 할 수 없다(대판 2021.7.8, 2014도12104).

[사실관계] 피고인들이 대리인을 통해 피해자에게 **아파트 수분양권을 매도하는 계약을 체결하였음에도 농협으로부터 대출을 받으면서 위 수분양권에 근거하여 취득하게 될 아파트를 미리 담보로 제공하는 후취담보약정을 체결한 행위**가 배임미수죄로 기소된 사안에서, 수분양권 매매계약에 따라 피해자에게 수분양권을 이전해 주어야 할 의무는 민사상 자신의 채무이고 이를 타인의 사무라고 할 수 없으므로, 피고인들이 '타인의 사무를 처리하는 자'의 지위에 있다고 볼 수 없다고 보아, 유죄로 판단한 원심을 파기한 사례

2 객체

재산상 이익이다(순수한 이득죄).

---

127) 2023년 법원사무관승진시험(15점) 甲은 알 수 없는 경위로 A의 '힛빗 거래소 가상지갑에 들어 있던 199.999 비트코인(이하 '이 사건 비트코인'이라 한다)을 자신의 계정으로 이체받았는데, 착오로 이체된 이 사건 비트코인을 반환하지 않고, 그중 29.998 비트코인을 자신의 다른 계정으로 이체하였다. 甲에 대한 횡령죄 및 배임죄 성립 여부에 관하여 논하시오.

3 행위

임무에 위배하는 행위를 하여 재산상 이익을 취득하거나 제3자로 하여금 취득하게 하여 본인에게 손해를 가하는 것이다(3가지).

(1) 배임행위

① 임무에 위배하는 행위라 함은 처리하는 사무의 내용, 성질 등 구체적 상황에 비추어 법률의 규정, 계약의 내용 혹은 신의칙상 당연히 할 것으로 기대되는 행위를 하지 않거나 당연히 하지 않아야 할 것으로 기대하는 행위를 함으로써 본인과 사이의 신임관계를 저버리는 일체의 행위를 포함하는 것으로 그러한 행위가 법률상 유효한가 여부는 따져볼 필요가 없다.

② 법률행위는 물론 사실행위로도 가능하고, 법률행위인 경우 유효·무효를 묻지 않는다.

> o 주식회사의 대표이사가 회사의 유일한 재산을 처분하면서 주주총회의 특별결의나 이사회의 승인을 거치지 아니하여 그 매매계약이나 소유권이전등기가 법률상 무효라고 하더라도 경제적 관점에서 파악할 때 재산상 손해를 가한 경우에 해당한다(대판 1995.11.21, 94도1375).

③ 작위는 물론 부작위에 의하여도 가능하다. 그러나 단순한 채무불이행은 배임행위가 되지 않는다.

> o 임무에 위배하는 행위라 함은 처리하는 사무의 내용, 성질 등 구체적 상황에 비추어 법률의 규정, 계약의 내용 혹은 신의칙상 당연히 할 것으로 기대되는 행위를 하지 않거나 당연히 하지 않아야 할 것으로 기대하는 행위를 함으로써 본인과 사이의 신임관계를 저버리는 일체의 행위를 포함하는 것으로 그러한 행위가 법률상 유효한가 여부는 따져볼 필요가 없고, 행위자가 가사 본인을 위한다는 의사를 가지고 행위를 하였다고 하더라도 그 목적과 취지가 법령이나 사회상규에 위반된 위법한 행위로서 용인할 수 없는 경우에는 그 행위의 결과가 일부 본인을 위하는 측면이 있다고 하더라도 이는 본인과의 신임관계를 저버리는 행위로서 배임죄의 성립을 인정함에 영향이 없다(대판 2002.7.22, 2002도1696).

관련 판례 **배임행위에 해당하는 경우**

1) 피해자는 **제1순위**의 근저당권이 설정될 것으로 알고 금원을 대여하고 그런 내용의 **근저당권설정에 관한 문서작성을 위촉**하였는데도 불구하고 피고인이 후순위인 제2 내지 제3번의 근저당권설정에 관한 문서를 작성하여 그에 따른 신청으로 등기가 경료되었다면 이는 의뢰자인 본인에게 손해를 가하였다고 볼 것이므로 배임죄가 성립한다(대판 1982.11.9, 81도2501).
   → 대판 2020.6.18, 2019도14340 全合 판결(부동산이중저당 및 부동산양도담보사건)의 취지에 따라 배임죄가 성립하지 않는다고 변경되었다고 보아야 한다.

2) 종업원지주제도하에서 회사의 경영자가 **종업원의 자사주 매입을 돕기 위하여** 회사자금을 지원하는 것 자체를 들어 회사에 대한 임무위배행위라고 할 수는 없을 것이나, / 경영자의 자금지원의 주된 목적이 종업원의 재산형성을 통한 복리증진보다는 안정주주를 확보함으로써 경영자의 회사에 대한 경영권을 계속 유지하고자 하는 데 있다면, 그 자금지원은 **경영자의 이익을 위하여** 회사재산을 사용하는 것이 되어 회사의 이익에 반하므로 회사에 대한 관계에서 임무위배행위가 된다(대판 1999.6.25, 99도1141).

[사실관계] 경영자가 **적대적 M&A로부터 경영권을 유지하기 위하여** 종업원의 자사주 매입에 회사자금을 지원한 경우에는 업무상 배임죄가 성립한다.

3) 주식회사의 경영을 책임지는 이사는 이사회의 결의가 있더라도 그 결의 내용이 주주 또는 회사 채권자를 해하는 불법한 목적이 있는 경우에는 이에 맹종할 것이 아니라 회사를 위하여 성실한 직무수행을 할 의무가 있으므로, 이사가 임무에 위배하여 주주 또는 회사 채권자에게 손해가 될 행위를 하였다면, 회사 **이사회의 결의**가 있었다고 하여 그 **배임행위**가 정당화될 수 없다(대판 2000.5.26, 99도2781).

4) 기업의 영업비밀을 사외로 유출하지 않을 것을 서약한 회사직원이 이익을 얻기 위하여 경쟁업체에 **영업비밀**을 **유출**하는 행위는 업무상 배임죄가 성립한다(대판 2006.10.27, 2004도6876).

5) 대표이사가 회사에 필요한 물품을 할인된 가격으로 납품받을 수 있었음에도 자신이 이익을 취득할 의도로 납품업자에게 가공의 납품업체를 만들게 한 뒤 그 납품업체로부터 **할인되지 않은 가격**으로 납품을 받은 경우, 업무상배임죄가 성립한다(대판 2009.10.15, 2009도5655).
   → 다만, 구체적 사정에 비추어 할인받을 수 있는 가격을 특정할 수 없는 등의 특별한 사정이 있다면 이사가 취득한 이익 전체를 회사에 발생한 재산상 손해액이라고 할 수는 없고, 회사에는 가액을 산정할 수 없는 손해가 발생하였다고 봄이 상당하다.

6) 이른바 LBO(Leveraged Buyout) 방식(기업인수에 필요한 자금을 마련하기 위하여 인수자가 금융기관으로부터 대출을 받고 나중에 피인수회사의 자산을 담보로 제공하는 방식)으로 기업을 인수하면서 **반대급부를 제공하지 않고** 임의로 피인수기업의 자산을 담보로 제공한 경우 업무상 배임죄가 성립하고, 이는 피인수회사가 회생절차를 밟고 있는 기업이라고 하더라도 위와 같은 결론에는 아무런 영향이 없다(대판 2012.6.14, 2012도1283).

   [동지판례] 이른바 **차입매수** 또는 LBO(Leveraged Buy-Out의 약어)란 일의적인 법적 개념이 아니라 일반적으로 기업인수를 위한 자금의 상당 부분에 관하여 피인수회사의 자산을 담보로 제공하거나 그 상당 부분을 피인수회사의 자산으로 변제하기로 하여 차입한 자금으로 충당하는 방식의 기업인수 기법을 일괄하여 부르는 용어로, 거래현실에서 그 구체적인 태양은 매우 다양하다. 이러한 차입매수에 관하여는 이를 따로 규율하는 법률이 없는 이상 일률적으로 차입매수방식에 의한 기업인수를 주도한 관련자들에게 배임죄가 성립한다거나 성립하지 아니한다고 단정할 수 없고, 배임죄의 성립 여부는 차입매수가 이루어지는 과정에서의 행위가 배임죄의 구성요건에 해당하는지 여부에 따라 개별적으로 판단되어야 한다. 만일 인수자가 피인수회사에 **아무런 반대급부를 제공하지 않**고 피인수회사의 대표이사가 임의로 피인수회사의 재산을 담보로 제공하게 하였다면, 인수자 또는 제3자에게 담보 가치에 상응한 재산상 이익을 취득하게 하고 피인수회사에 그 재산상 손해를 가하였다고 봄이 상당하다(대판 2020.10.15, 2016도10654).

7) 공무원인 丁이 대통령의 퇴임 후 사용할 사저부지와 그 경호부지를 일괄 매수하는 사무를 처리하면서 매매계약 체결 후 그 매수대금을 대통령의 아들 C와 국가에 배분함에 있어 이미 복수의 감정평가업자에게 감정평가를 의뢰하여 그 결과를 통보받았음에도 굳이 이를 무시하면서 인근 부동산업자들이나 인터넷, 지인 등으로부터의 불확실한 정보를 가지고 감정평가결과와 전혀 다르게 상대적으로 사저부지 가격을 낮게 평가하고 경호부지 가격을 높게 평가하여 매수대금을 배분하여 C에게 재산상의 이익을 취득하게 하고 국가에 손해를 가한 경우 배임죄를 구성한다(대판 2013.9.27, 2013도6835).

8) 甲 주식회사 대표이사인 피고인이 자신과 딸이 발행주식 전부를 소유하고 있는 乙 주식회사 및 丙 주식회사를 운영하면서, 甲 회사로 하여금 乙 회사가 건물 신축 과정에서 받은 대출금 등 채무를 연대보증하게 하고 신축될 건물을 미리 임차하여 임대차보증금을 선지급하도록 하거나, 丙 회사의 대출금채무를 연대보증하게 하였다면 배임죄가 성립한다(대판 2015.11.26, 2014도17180).

9) 회사의 이사 등이 타인에게 **회사자금을 대여**함에 있어 타인이 이미 채무변제능력을 상실하여 그에게 자금을 대여할 경우 회사에 손해가 발생하리라는 정을 충분히 알면서 이에 나아갔거나, 충분한 담보를 제공받는 등 상당하고도 합리적인 채권회수조치를 취하지 아니한 채 만연히 대여해 주었다면, 그와 같은 자금대여는 타인에게 이익을 얻게 하고 회사에 손해를 가하는 행위로서 회사에 대하여 배임행위가 되고, 회사의 이사는 단순히 그것이 **경영상의 판단**이라는 이유만으로 배임죄의 죄책을 면할 수 없으며, 이러한 이치는 타인이 자금지원 회사의 계열회사라 하여 달라지지 않는다(대판 2017.11.9, 2015도12633).

관련 판례 **배임행위에 해당하지 않는 경우**

1) **상표권양도약정**을 체결한 자가 그 상표권이전등록의무의 이행을 거부하고 그 상표를 계속 사용하는 경우 배임죄가 성립한다고 할 수 없다(대판 1984.5.29, 83도2930).
∵ 자기의 채무의 불이행에 불과하므로

2) 보험계약모집인이 회사로부터 자기가 모집한 **보험계약을 해약토록 하라는 지시**를 받고 이를 이행하지 않는 사이 보험사고가 발생하여 보험금을 지급토록 한 경우 배임죄가 성립한다고 할 수 없다(대판 1986.8.19, 85도2144).
∵ 보험모집인에게 계약을 해약시켜야 할 법적 의무가 있다 할 수 없어 이를 이행하지 아니한 것이 업무상 임무에 위배된다고 할 수 없으므로

(2) 재산상 이익의 취득

배임행위로 인한 재산상 이익의 취득이 있어야 한다. 재산상의 이익이 발생하였는지 여부는 경제적 관점에서 실질적으로 판단하여야 한다(**경제적 재산설**).

다만 '재산상 이익을 취득하여 본인에게 손해를 가한 때'라고 규정되어 있으므로, ① 재산상 이득 취득하였으나 본인에게 손해가 가하지 않은 경우, ② 본인에게 손해발생하였으나 재산상 이득 취득하지 않은 경우에는 배임죄가 성립하지 않는다.

○ 배임죄는 본인에게 재산상의 손해를 가하는 외에 배임행위로 인하여 행위자 스스로 또는 제3자로 하여금 재산상의 이익을 취득할 것을 요건으로 하므로, 본인에게 손해를 가하였다고 할지라도 재산상 이익을 행위자 또는 제3자가 취득한 사실이 없다면 배임죄가 성립하지 않는다(대판 2006.7.27, 2006도3145).

관련 판례 **재산상 이익을 취득하였다고 볼 수 없는 경우**

1) 피해자 회사의 사업부 영업팀장인 피고인이 체인점들에 대한 전매입고 금액을 삭제하여 전산상 회사의 체인점들에 대한 **외상대금채권이 줄어든 것으로 처리하는 전산조작행위**를 한 경우 업무상 배임죄가 성립하지 않는다(대판 2006.7.27, 2006도3145).

∵ 전표, 매출원장 등 회사의 체인점들에 대한 외상대금채권의 존재와 액수를 확인할 수 있는 방법들이 존재하고, 또한 삭제된 전매입고 금액을 기술적으로 용이하게 복구하는 것이 가능하므로

2) **[연체료사건]** 입주자대표회의 회장이 열 사용요금의 납부를 위한 지출결의서의 날인을 거부함으로써 아파트 입주자들에게 그 **연체료**를 부담시킨 경우, 열 사용요금 납부연체료를 지급받은 공급업체가 연체료 상당의 재산상 이익을 취득한 것으로 볼 수 없으므로 업무상 배임죄의 성립을 인정할 수 없다(대판 2009.6.25, 2008도3792).

[동지판례(수수료사건)**]** '재산상 이익 취득'과 '재산상 손해 발생'은 대등한 범죄성립요건이고, 이는 서로 대응하여 병렬적으로 규정되어 있다. 따라서 임무위배행위로 인하여 여러 재산상 이익과 손해가 발생하더라도 재산상 이익과 손해 사이에 **서로 대응하는 관계**에 있는 등 **일정한 관련성**이 인정되어야 업무상배임죄가 성립한다. 또한 본인에게 손해를 가하였다고 할지라도 행위자 또는 제3자가 재산상 이익을 취득한 사실이 없다면 배임죄가 성립할 수 없다(대판 2021.11.25, 2016도3452).

[사실관계] 새마을금고 임직원인 피고인이 **새마을금고의 여유자금 운영에 관한 규정을 위반하여 금융기관으로부터 금융상품을 매입**함으로써 새마을금고에 액수 불상의 손해를 가하고, 금융기관에 **수수료** 상당의 이익을 취득하게 하였다고 하여 업무상배임 등으로 기소된 사안에서 피고인의 임무위배행위로 새마을금고에 액수 불상의 재산상 손해가 발생하였다고 하더라도 금융기관이 취득한 수수료 상당의 이익을 그와 관련성 있는 재산상 이익이라고 인정할 수 없고, 수수료 상당의 이익은 배임죄에서의 재산상 이익에 해당한다고 볼 수 없다고 보아 파기환송한 사례

3) 회사의 승낙 없이 임의로 지정 할인율보다 더 높은 할인율을 적용하여 회사가 지정한 가격보다 낮은 가격으로 제품을 판매하는 이른바 **'덤핑판매'**에서 제3자인 거래처에 **시장 거래 가격**에 따라 제품을 판매한 경우, 거래처가 재산상 이익을 취득하였다고 볼 수 없으므로 업무상 배임죄가 성립할 수 없다(대판 2009.12.24, 2007도2484).

(3) 손해발생

① 재산상 손해란 전체 재산의 감소를 말하는데 여기에는 적극적 손해뿐만 아니라 소극적 손해도 포함한다.

> ○ 재산상 손해에는 재산의 처분 등 직접적인 재산의 감소, 보증이나 담보제공 등 채무 부담으로 인한 재산의 감소와 같은 **적극적 손해**를 야기한 경우는 물론, / 객관적으로 보아 취득할 것이 충분히 기대되는데도 임무위배행위로 말미암아 이익을 얻지 못한 경우, 즉 **소극적 손해**를 야기한 경우도 포함된다. 이러한 소극적 손해는 재산증가를 객관적·개연적으로 기대할 수 있음에도 임무위배행위로 이러한 재산증가가 이루어지지 않은 경우를 의미한다(대판 2013.4.26, 2011도6798).

② 재산상 손해의 유무에 관한 판단은 법률적 판단에 의하지 아니하고 경제적 관점에서 실질적으로 판단하여야 한다. 따라서 배임행위가 법률상 무효가 되어도 손해를 가한 경우에 해당할 수 있다.

> ○ 배임죄에서 재산상의 손해를 가한 때라 함은 현실적인 손해를 가한 경우뿐만 아니라 재산상 실해 발생의 위험을 초래한 경우도 포함되고, 재산상 손해의 유무에 대한 판단은 본인의 모든 재산상태와의 관계에서 법률적 판단에 의하지 아니하고 **경제적 관점**에서 파악하여야 한다(대판 2006.6.2, 2004도7112 ; 대판 2012.2.23, 2011도15857).

ㅇ 법률적 판단에 의하여 당해 배임행위가 **무효라 하더라도** 경제적 관점에서 파악하여 배임행위로 인하여 본인에게 현실적인 손해를 가하였거나 재산상 실해 발생의 위험을 초래한 경우에는 재산상의 손해를 가한 때에 해당되어 배임죄를 구성한다(대판 2012.2.23, 2011도15857).
[사실관계] 甲 주식회사의 실질적 경영자인 피고인이 자신의 개인사업체가 甲 회사에 골프장 조경용 수목을 매도하였다는 허위의 매매계약을 체결하고 그 매매대금 채권과 甲 회사의 피고인에 대한 채권을 **상계처리**한 경우, 피고인의 수목 매매대금 채권이 존재하지 아니하여 상계가 법률상 무효라고 하더라도 甲 회사에 재산상 실해 발생의 위험이 초래되었다고 보아야 하므로 업무상배임죄가 성립한다.

ㅇ 피해자의 대출업무 담당자가 서류를 위조하여 피해자의 **근저당권설정등기**를 **말소**하였다면, 그 등기 말소로 피해자 조합은 당장 위 근저당권을 피담보채권과 함께 처분한다거나 피담보채권 회수를 위한 경매 신청을 할 수 없는 등 자산으로서의 근저당권을 운용·처분하지 못해 사실상 담보를 상실한 것과 다를 바 없는 손해가 발생하였다고 할 것이고, 피해자 조합이 위 말소된 근저당권설정등기의 회복등기를 구할 수 있다고 하여 달리 볼 것은 아니다(대판 2014.6.12, 2014도2578).

③ '재산상의 손해를 가한 때'라 함은 현실적인 손해를 가한 경우뿐만 아니라 재산상 실해 발생의 위험을 초래한 경우도 포함한다.

ㅇ 재산상의 손해에는 현실적인 손해가 발생한 경우뿐만 아니라 재산상 실해 발생의 위험을 초래한 경우도 포함되고, 재산상 손해의 유무에 대한 판단은 법률적 판단에 의하지 않고 경제적 관점에서 파악하여야 한다. 그런데 재산상 손해가 발생하였다고 평가될 수 있는 재산상 실해 발생의 위험이란 본인에게 손해가 발생할 **막연한 위험**이 있는 것만으로는 부족하고 경제적인 관점에서 보아 본인에게 손해가 발생한 것과 같은 정도로 **구체적인 위험**이 있는 경우를 의미한다. 따라서 재산상 실해 발생의 위험은 구체적·현실적인 위험이 야기된 정도에 이르러야 하고 단지 막연한 가능성이 있다는 정도로는 부족하다(대판 2015.9.10, 2015도6745 ; 대판 2017.10.12, 2017도6151).
[동지판례(대표권 남용과 배임죄의 실행의 착수시기와 기수시기)**]** 재산상 실해 발생의 위험은 경제적 관점에서 재산상 손해가 발생한 것과 사실상 같다고 평가될 정도에 이르렀다고 볼 수 있을 만큼 구체적·현실적인 위험이 야기된 경우를 의미하고 단지 막연한 가능성이 있다는 정도로는 부족하므로, **배임행위가 법률상 무효이기 때문에 본인의 재산 상태가 사실상으로도 악화된 바가 없다**면 현실적인 손해가 없음은 물론이고 실해가 발생할 위험도 없는 것이므로 본인에게 재산상의 손해를 가한 것이라고 볼 수 없다(대판 2017.7.20, 2014도1104 全合).

④ 따라서 배임죄의 손해액은 실제 손해액만이 아니라 손해발생의 위험이 있는 금액 전부이다. 다만, 손해액은 구체적으로 산정되지 않더라도 배임죄의 성립에는 영향이 없다.

ㅇ **부실대출**에 의한 업무상배임죄가 성립하는 경우에는 담보물의 가치를 초과하여 대출한 금액이나 실제로 회수가 불가능하게 된 금액만을 손해액으로 볼 것은 아니고, 재산상 권리의 실행이 불가능하게 될 염려가 있거나 **손해발생의 위험이 있는 대출금 전액**을 손해액으로 보아야 한다(대판 2000.3.24, 2000도28).

ㅇ 금융기관이 금원을 대출함에 있어 대출금 중 선이자를 공제한 나머지만 교부하거나 약속어음을 할인함에 있어 만기까지의 선이자를 공제한 경우, 배임행위로 인하여 금융기관이 입는 손해는 선이

자를 공제한 금액이 아니라 **선이자로 공제한 금원을 포함한 대출금 전액**이거나 약속어음 액면금 상당액으로 보아야 한다(대판 2003.10.10, 2003도3516).

ㅇ 배임죄의 성립을 인정하려면 재산상 손해의 발생이 합리적인 의심이 없는 정도의 증명에 이르러야 한다. 다만 손해의 발생이 그와 같이 증명된 이상 손해액이 구체적으로 명백하게 산정되지 아니하였더라도 배임죄의 성립에는 영향이 없다(대판 2018.2.13, 2017도17627).

⑤ 일단 재산상 손해의 위험을 발생시킨 이상 나중에 피해가 회복되었다고 하여도 배임죄의 성립에 영향을 주는 것은 아니다.

ㅇ '재산상의 손해를 가한 때'라 함은 현실적인 손해를 가한 경우뿐만 아니라 재산상 실해 발생의 위험을 초래한 경우도 포함되고 일단 손해의 위험성을 발생시킨 이상 사후에 피해가 회복되었다 하여도 배임죄의 성립에 영향을 주는 것은 아니다(대판 2000.12.8, 99도3338).
[**사실관계**] 재단법인(불교방송)의 이사장 직무대리인이 후원회 기부금을 정상 회계처리하지 않고 자신과 친분관계에 있는 신도에게 확실한 담보도 제공받지 아니한 채 대여한 경우, 그 신도가 이자금을 제때에 불입하고 나중에 원금을 변제하였다 하더라도 배임죄가 성립한다.

관련 판례 **재산상 손해발생 내지 재산상 손해발생의 위험이 초래된 경우**

1) 한국농어촌공사의 직원이 농지매매사업 등을 수행하기 위하여 정부에서 위탁받아 운용하는 **농지관리기금(용도가 법정되어 있는 자금)**을 농지매매사업의 지원대상에 해당하지 아니하는 농지를 매입하는 데 사용하거나 지원요건을 갖추지 아니한 농업인을 위하여 부당하게 지원하도록 한 경우 매입 농지에 대한 근저당권 설정 등으로 지원금의 회수가 사실상 보장되더라도 특정 목적을 위하여 조성된 기금의 감소를 초래함으로써 기금이 목적을 위하여 사용됨을 저해하였다고 할 것이므로, 한국농어촌공사는 그와 같은 기금의 지원으로 인하여 재산상 손해를 입었다고 보아야 한다(대판 2015.8.13, 2014도5713).

2) 전환사채의 발행업무를 담당하는 사람과 전환사채 인수인이 사전 공모하여 제3자에게서 전환사채 인수대금에 해당하는 금액을 차용하여 전환사채 인수대금을 납입하고 전환사채 발행절차를 마친 직후 인출하여 차용금채무의 변제에 사용하는 등 실질적으로 전환사채 인수대금이 납입되지 않았음에도 전환사채를 발행한 경우에, (전환사채의 발행이 주식 발행의 목적을 달성하기 위한 수단으로 이루어졌고 실제로 목적대로 곧 전환권이 행사되어 주식이 발행됨에 따라 실질적으로 신주인수대금의 납입을 가장하는 편법에 불과하다고 평가될 수 있는 등의 특별한 사정이 없는 한), 회사가 사채상환의무를 부담하면서도 그에 상응하여 취득하여야 할 인수대금 상당의 금전을 취득하지 못하게 하여 같은 금액 상당의 손해를 입게 하였으므로, 업무상배임죄의 죄책을 진다(대판 2015.12.10, 2012도235).
[**사실관계**] A회사(○○텔레콤)의 실질적인 경영자인 甲이 대표이사인 乙와 공모하여, 실질적으로 전환사채 인수대금이 납입되지 않았음에도 전환사채를 발행한 경우, 甲은 업무상배임죄의 죄책을 진다.

3) 회사의 대표이사 등이 임무에 위배하여 회사로 하여금 다른 사업자와 용역계약을 체결하게 하면서 적정한 용역비의 수준을 벗어나 부당하게 **과다한 용역비**를 정하여 지급하게 하였다면 다른

특별한 사정이 없는 한 통상 그와 같이 지급한 용역비와 적정한 수준의 용역비 사이의 차액 상당의 손해를 회사에 가하였다고 볼 수 있다(대판 2018.2.13, 2017도17627).

4) 배임죄에 있어서 '재산상 손해를 가한 때'라 함은 현실적으로 손해를 가한 경우뿐만 아니라 손해발생의 위험을 초래한 경우도 포함되는 것이므로 염전의 2분지 1 지분을 매도하고 **계약금과 중도금을 받은 자**가 잔금과 상환으로 이전등기절차를 하여줄 임무에 위배하여 제3자 앞으로 **근저당권설정등기**를 하였다면 비록 피해자가 위 근저당권설정등기를 하기 전에 처분금지가처분을 해 두었다 하더라도 배임죄의 성립에 아무런 영향을 미칠 수 없다(대판 1990.10.16, 90도1702).

관련 판례 **재산상 손해발생 내지 재산상 손해발생의 위험이 초래되지 않은 경우**

1) 금융기관이 거래처의 기존 대출금에 대한 원리금 및 연체이자에 충당하기 위하여 위 거래처가 **신규대출을 받은 것처럼 서류상 정리**하였더라도 금융기관이 실제로 위 거래처에게 대출금을 새로 교부한 것이 아니라면 그로 인하여 금융기관에게 어떤 새로운 손해가 발생하는 것은 아니라고 할 것이므로 따로 업무상배임죄가 성립된다고 볼 수 없다(대판 2000.6.27, 2000도1155).

2) 대표이사가 개인의 차용금 채무에 관하여 **개인 명의**로 작성하여 교부한 **차용증**에 추가로 회사의 법인 인감을 날인하였다고 하더라도 업무상배임죄가 성립하지 않는다(대판 2004.4.9, 2004도771).

∵ 대표이사로서 행한 적법한 대표행위라고 할 수 없으므로 회사가 위 차용증에 기한 차용금 채무를 부담하게 되는 것이 아니므로, 결국 회사에 재산상 손해가 발생하였다거나 재산상 실해 발생의 위험이 초래되었다고 볼 수 없다.

[동지판례] 대표이사가 대표권을 남용하여 자신의 개인채무에 대하여 **회사 명의의 차용증**을 작성하여 주었고, 그 상대방도 이와 같은 진의를 알았거나 알 수 있었던 경우, 무효인 차용증을 작성하여 준 것만으로는 회사에 재산상 손해가 발생하였다거나 재산상 실해 발생의 위험이 초래되었다고 볼 수 없어 업무상배임죄가 성립하지 않는다(대판 2010.5.7, 2010도1490).

3) 일반경쟁입찰에 의하여 체결하여야 할 공사도급계약을 **수의계약**에 의하여 체결하였다 하더라도 수의계약에 의한 공사대금이 적정한 공사대금의 수준을 벗어나 부당하게 과대하여 일반경쟁입찰에 의하여 공사도급계약을 체결할 경우 **예상되는 공사대금의 범위를 벗어난 것이 아니라면** 재산상의 손해를 가한 때에 해당한다고 할 수 없다(대판 2005.3.25, 2004도5731).

4) [가장납입사건] 신주발행에 있어서 대표이사가 **납입**의 이행을 **가장**한 경우에는 상법 제628조 제1항에 의한 가장납입죄가 성립하는 이외에 따로 기존 주주에 대한 업무상배임죄를 구성한다고 할 수 없다(대판 2004.5.13, 2002도7340).

[동지판례] 주식회사의 설립업무 또는 증자업무를 담당한 자와 주식인수인이 사전 공모하여 주금납입취급은행 이외의 제3자로부터 납입금에 해당하는 금액을 차입하여 주금을 납입하고 납입취급은행으로부터 납입금보관증명서를 교부받아 회사의 설립등기절차 또는 증자등기절차를 마친 직후 이를 인출하여 위 차용금채무의 변제에 사용하는 경우, 위와 같은 행위는 실질적으로 회사의 자본을 증가시키는 것이 아니고 등기를 위하여 **납입**을 **가장**하는 편법에 불과하여 주금의 납입 및 인출의 전 과정에서 회사의 자본금에는 실제 아무런 변동이 없다고 보아야 할 것이므로 그들에게 불법이득의 의사가 있다거나 회사에 재산상 손해가 발생한다고 볼 수는 없으므로, 업무상배임죄가 성립한다고 할 수 없다(대판 2005.4.29, 2005도856).

[비교판례] **신주인수권부사채**의 발행업무를 담당하는 사람과 신주인수권부사채 인수인이 사전 공모하여 제3자로부터 차용한 돈으로 인수대금을 납입하고 신주인수권부사채 발행절차를 마친 직후 곧바로 이를 인출하여 직·간접적으로 위 차용금 채무의 변제에 사용하는 등 실질적으로 신주인수권부사채 인수대금이 납입되지 않았음에도 신주인수권부사채를 발행한 경우, 신주인수권부사채 인수인은 인수대금을 납입하지 않고서도 신주인수권부사채를 취득하여 인수대금 상당의 이득을 얻게 되고, 회사는 사채상환의무를 부담하면서도 그에 상응하여 취득하여야 할 인수대금 상당의 돈을 취득하지 못하여 같은 금액 상당의 손해를 입게 된다. 이후 회사가 실질적으로 사채상환의무를 부담하지 않게 되었다고 하더라도 이러한 사정은 **범죄 후의 정황에 불과**하며, 업무상배임죄로 인한 **손해액**은 그대로 **인수대금 상당액**으로 보아야 한다(대판 2022.6.30, 2022도3784).

5) 새마을금고의 **동일인 대출한도 제한**한도를 초과하였다는 사실만으로 곧바로 대출채권을 회수하지 못하게 될 위험이 생겼다고 볼 수 없고, / 동일인 대출한도 초과대출이라는 임무위배의 점에 더하여 채무상환능력이 부족하거나 제공된 담보의 경제적 가치가 부실해서 **대출채권의 회수에 문제가 있는 것으로 판단되는 경우**에 재산상 손해가 발생하였다고 보아 업무상 배임죄가 성립한다(대판 2008.6.19, 2006도4876 全合 ; 대판 2012.6.28, 2012도2087).

→ 새마을금고 임·직원이 동일인 대출한도 제한규정을 위반하여 초과대출행위를 하였더라도 대출채권 회수에 문제가 없는 것으로 판단되는 경우라면 업무상 배임죄가 성립하지 않는다.

6) **자동차에 대하여 저당권이 설정되는 경우** 자동차의 교환가치는 그 저당권에 포섭되고, 저당권설정자가 자동차를 매도하여 소유자가 달라지더라도 저당권에는 영향이 없으므로(∵ 저당권의 추급효), 특별한 사정이 없는 한 저당권설정자가 단순히 그 저당권의 목적인 자동차를 다른 사람에게 **매도**한 것만으로는 배임죄가 성립하지 아니한다(대판 2008.8.21, 2008도3651).

7) 갑 주식회사 직원인 피고인이 대표이사 을 등이 직무에 관하여 발명한 '재활용 통합 분리수거 시스템'의 특허출원을 하면서 임의로 **특허출원서 발명자란에 을 외에 피고인의 성명을 추가로 기재**하여 공동발명자로 등재되게 한 경우, 업무상배임죄가 성립하지 않는다(대판 2011.12.13, 2011도10525).

∵ 발명자에 해당하는지는 특허출원서 발명자란 기재 여부와 관계없이 실질적으로 정해지는 것이어서 회사에 재산상 손해가 발생하였다거나 재산상 손해발생의 위험이 초래되었다고 볼 수 없으므로

8) A 주식회사의 실질적 경영자인 甲이 자신의 개인채무를 담보하기 위하여 A 회사 소유 부동산에 B 앞으로 근저당권설정등기를 마쳤는데, B는 피고인이 개인채무를 담보하기 위하여 근저당권을 설정한다는 사정을 잘 알고 있어서 근저당권 설정행위는 **대표권 남용행위**로서 **무효**이므로 A 회사는 B에 대하여 무효인 근저당권에 기한 채무는 물론 사용자책임이나 법인의 불법행위 등에 따른 손해배상의무도 부담할 여지가 없어 A 회사에 재산상 손해가 발생하였다거나 재산상 실해 발생의 위험이 초래된 것으로 볼 수 없으므로 업무상배임죄가 성립하지 아니한다(대판 2012.2.23, 2011도15857).

→ 대판 2017.7.20, 2014도1104 全合의 취지에 따르면 배임죄의 미수범이 성립한다고 보아야 한다.

9) 갑 주식회사 대표이사인 피고인이 자신의 채권자들에게 갑 회사 명의의 금전소비대차 공정증서와 약속어음 공정증서를 작성해 준 경우, 피고인의 행위는 **대표권을 남용한 행위**로서 상대방들도 피고인이 갑 회사의 이익과 관계없이 자기 또는 제3자의 이익을 도모할 목적으로 공정증서를 작성해 준다는 것을 알았거나 충분히 알 수 있었으므로 모두 무효이고, 그로 인하여 갑 회사에 재

산상 손해가 발생하였다거나 재산상 실해발생의 위험이 초래되었다고 볼 수 없다(대판 2012.5.24, 2012도2142).

→ 대판 2017.7.20, 2014도1104 全合의 취지에 따르면 배임죄의 미수범이 성립한다고 보아야 한다.

10) 갑 은행 지점장인 피고인이 업무상 임무에 위배하여 **물품대금지급보증서**를 발급한 후 을 주식회사의 거래처인 병 주식회사에 건네주었는데 병 회사가 을 회사와 거래를 개시하지 않은 경우, 지급보증 대상인 물품대금 지급채무 자체가 현실적으로 발생하지 않은 이상, 보증인인 갑 은행에 경제적인 관점에서 손해가 발생한 것과 같은 정도로 구체적인 위험이 발생하지 않았다(대판 2015.9.10, 2015도6745).

11) 타인에 대한 채무의 담보로 제3채무자에 대한 채권에 대하여 권리질권을 설정하고, 질권설정자가 제3채무자에게 **질권설정의 사실을 통지**하거나 제3채무자가 이를 승낙한 상태에서, 질권설정자가 질권자의 동의 없이 제3채무자에게서 질권의 목적인 채권의 변제를 받은 경우 배임죄가 성립하지 아니한다(대판 2016.4.29, 2015도5665).[128]

∵ 질권설정자가 제3채무자에게 질권설정의 사실을 통지하거나 제3채무자가 이를 승낙한 때에는 제3채무자가 질권자의 동의 없이 질권의 목적인 채무를 변제하더라도 이로써 질권자에게 대항할 수 없고, 질권자는 여전히 제3채무자에 대하여 직접 채무의 변제를 청구하거나 변제할 금액의 공탁을 청구할 수 있다(민법 제353조 제2항, 제3항).

12) **[업무상배임죄가 성립하기 위하여 필요한 '재산상 실해 발생의 위험'을 초래한 경우에 해당하는지 문제된 사건]** 배합사료 판매회사인 갑 회사의 영업사원인 피고인이 을에게 배합사료를 공급하면서 갑 회사의 내부 결재를 거치지 않고 장려금 등 명목으로 임의로 단가를 조정하거나 대금을 할인해 주었는데, 갑 회사의 을 측을 상대로 한 물품대금 소송의 제1심에서 갑 회사가 승소하였지만 상대방의 항소로 항소심에 계속 중인 경우 갑 회사에 **재산상 실해가 발생할 가능성**이 생겼다고 말할 수는 있어도 나아가 그 실해 발생의 위험이 구체적・현실적인 정도에 이르렀다고 보기 어렵다(대판 2017.10.12, 2017도6151).

4 실행의 착수 및 기수시기

(1) 배임의 고의로 배임행위를 시작한 때 실행의 착수가 있다.

(2) 배임행위로 인하여 자기 또는 제3자가 이익을 취득하여 본인에게 손해를 가한 때(재산상 손해 또는 재산상 손해발생의 위험이 발생한 때) 기수가 된다.

○ 타인의 사무를 처리하는 자가 배임의 범의로, 즉 임무에 위배하는 행위를 한다는 점과 이로 인하여 자기 또는 제3자가 이익을 취득하여 본인에게 손해를 가한다는 점에 대한 인식이나 의사를 가지고 **임무에 위배한 행위를 개시한 때** 배임죄의 실행에 착수한 것이고, / 이러한 행위로 인하여 **자기 또는 제3자가 이익을 취득하여 본인에게 손해를 가한 때** 기수에 이른다(대판 2017.7.20, 2014도1104 全合).

128) 2016년 법원행정고등고시

관련 판례 **실행의 착수시기 및 기수시기**

1) 회사의 대표이사가 회사 명의로 체결한 계약이 관련 법령이나 정관에 위배되어 법률상 효력이 없는 경우에는 그로 인하여 회사가 계약 상대방에게 민법상 불법행위책임을 부담하게 되는 등 특별한 사정이 없는 한 **계약의 체결행위**만으로 회사에 현실적인 손해가 발생하거나 재산상 실해 발생의 위험이 초래되었다고 할 수 없어서, 그것만으로 배임죄 구성요건이 모두 충족되어 범행이 기수에 이르렀거나 범행이 종료되었다고 볼 수 없다(대판 2011.11.24, 2010도11394).
[사실관계] 갑 주식회사 대표이사인 피고인이 주주총회 의사록을 허위로 작성하고 이를 근거로 피고인을 비롯한 임직원들과 주식매수선택권부여계약을 체결한 경우, 상법과 정관에 위배되어 법률상 무효인 계약을 체결한 것만으로는 업무상배임죄 구성요건이 완성되거나 범행이 종료되었다고 볼 수 없고, 피고인이 의도한 배임행위가 모두 실행된 때로서 최종적으로 주식매수선택권이 행사되고 그에 따라 신주가 발행된 시점에 종료되었다고 보아야 한다.

2) 의무부담행위로 인하여 **실제로 채무의 이행**이 이루어지거나 본인이 민법상 불법행위책임을 부담하게 되는 등 본인에게 현실적인 손해가 발생하거나 실해 발생의 위험이 생겼다고 볼 수 있는 사정이 있는 때에는 배임죄의 기수를 인정하여야 한다. 다시 말하면, 형사재판에서 배임죄의 객관적 구성요건요소인 손해 발생 또는 배임죄의 보호법익인 피해자의 재산상 이익의 침해 여부는 구체적 사안별로 타인의 사무의 내용과 성질, 임무위배의 중대성 및 본인의 재산 상태에 미치는 영향 등을 종합하여 신중하게 판단하여야 한다(대판 2017.9.21, 2014도9960).
[사실관계] 갑 주식회사 대표이사인 피고인이 갑 회사 설립의 동기가 된 동업약정의 투자금 용도로 부친 을로부터 2억 원을 차용한 후 을에게 갑 **회사 명의의 차용증을 작성·교부하는 한편 갑 회사 명의로 액면금 2억 원의 약속어음을 발행하여 공증**해 주고, (상대방인 을로서는 피고인이 갑 회사의 영리 목적과 관계없이 자기 또는 제3자의 이익을 도모할 목적으로 권한을 남용하여 차용증 등을 작성해 준다는 것을 알았거나 알 수 있었으므로 그 행위가 갑 회사에 대하여 아무런 효력이 없으나), 을은 이러한 약속어음공정증서에 기하여 갑 회사의 병 재단법인에 대한 임대차보증금반환채권 중 2억 원에 이르기까지의 금액에 대하여 압류 및 전부명령을 받은 다음 확정된 압류 및 전부명령에 기하여 병 재단법인으로부터 갑 회사의 **임대차보증금 중 1억 2,300만 원을 지급받은 경우** 임무위배행위로 인하여 갑 회사에 현실적인 손해가 발생하였거나 실해 발생의 위험이 생겼으므로 배임죄의 기수가 성립한다.

3) [대표권남용과 배임죄의 실행의 착수시기와 기수시기] 129) (가) 주식회사의 대표이사가 대표권을 남용하는 등 그 임무에 위배하여 회사 명의로 의무를 부담하는 행위를 하더라도 일단 회사의 행위로서 유효하고, 다만 상대방이 대표이사의 진의를 알았거나 알 수 있었을 때에는 회사에 대하여 무효가 된다. 따라서 상대방이 대표권남용 사실을 알았거나 알 수 있었던 경우 그 의무부담행위는 원칙적으로 회사에 대하여 효력이 없고, 경제적 관점에서 보아도 이러한 사실만으로는 회사에 현실적인 손해가 발생하였다거나 실해 발생의 위험이 초래되었다고 평가하기 어려우므로, 달리 그 의무부담행위로 인하여 실제로 채무의 이행이 이루어졌다거나 회사가 민법상 불법행위책임을 부담하게 되었다는 등의 사정이 없는 이상 배임죄의 기수에 이른 것은 아니다. 그러나 이 경우에도 대표이사로서는 배임의 범의로 임무위배행위를 함으로써 실행에 착수한 것이므로 배임죄의 미수범이 된다. /

---

129) 2018년 법원사무관승진시험(30점), 2022년 법원사무관승진시험(15점), 2022년 법원행정고등고시

그리고 상대방이 대표권남용 사실을 알지 못하였다는 등의 사정이 있어 그 의무부담행위가 회사에 대하여 유효한 경우에는 회사의 채무가 발생하고 회사는 그 채무를 이행할 의무를 부담하므로, 이러한 채무의 발생은 그 자체로 현실적인 손해 또는 재산상 실해 발생의 위험이라고 할 것이어서 그 채무가 현실적으로 이행되기 전이라도 배임죄의 기수에 이르렀다고 보아야 한다. (나) 주식회사의 대표이사가 대표권을 남용하는 등 그 임무에 위배하여 약속어음 발행을 한 행위가 배임죄에 해당하는지도 원칙적으로 위에서 살펴본 의무부담행위와 마찬가지로 보아야 한다. …… 어음발행이 무효라 하더라도 그 어음이 실제로 제3자에게 유통되었다면 회사로서는 어음채무를 부담할 위험이 구체적・현실적으로 발생하였다고 보아야 하고, 따라서 그 어음채무가 실제로 이행되기 전이라도 배임죄의 기수범이 된다. / 그러나 약속어음 발행이 무효일 뿐만 아니라 그 어음이 유통되지도 않았다면 회사는 어음발행의 상대방에게 어음채무를 부담하지 않기 때문에 특별한 사정이 없는 한 회사에 현실적으로 손해가 발생하였다거나 실해 발생의 위험이 발생하였다고도 볼 수 없으므로, 이때에는 배임죄의 기수범이 아니라 배임미수죄로 처벌하여야 한다(대판 2017.7.20, 2014도1104 全合).
[판결이유] 이와 달리 대표이사의 회사 명의 약속어음 발행행위가 무효인 경우에도 그 약속어음이 제3자에게 유통되지 아니한다는 특별한 사정이 없는 한 재산상 실해 발생의 위험이 초래된 것으로 보아야 한다는 취지의 대법원 2012.12.27. 선고 2012도10822 판결, 대법원 2013.2.14. 선고 **2011도10302** 판결 등은 **배임죄의 기수 시점**에 관하여 이 판결과 배치되는 부분이 있으므로 그 범위에서 이를 **변경**하기로 한다.

✔ **〈정리〉** 대표이사의 대표권남용에 의한 회사명의 약속어음 발행이 무효인 경우
약속어음 발행 = 기수 / 유통 × : 배임 × → 약속어음 발행 + 유통 ○ = 기수 / 발행 + 유통 × = 미수

관련 판례 영업비밀 유출행위

1) 회사직원이 (재직 중에) 영업비밀을 경쟁업체에 유출하거나 스스로의 이익을 위하여 이용할 목적으로 **무단으로 반출한 때** 업무상배임죄의 기수에 이르렀다고 할 것이고, / 그 이후에 위 직원과 접촉하여 영업비밀을 취득하려고 한 자는 **업무상배임죄의 공동정범**이 될 수 없다(대판 2003.10.30, 2003도4382).

2) 회사직원이 **재직 중**에 영업비밀 또는 영업상 주요한 자산을 경쟁업체에 유출하거나 스스로의 이익을 위하여 이용할 목적으로 **무단**으로 **반출**하였다면 타인의 사무를 처리하는 자로서 업무상의 임무에 위배하여 유출 또는 반출한 것이어서 **유출 또는 반출시**에 업무상배임죄의 기수가 된다. / 또한 회사직원이 영업비밀 등을 적법하게 반출하여 반출행위가 업무상배임죄에 해당하지 않는 경우라도, **퇴사시**에 영업비밀 등을 회사에 반환하거나 폐기할 의무가 있음에도 경쟁업체에 유출하거나 스스로의 이익을 위하여 이용할 목적으로 이를 반환하거나 폐기하지 아니하였다면, 이러한 행위 역시 **퇴사 시**에 업무상배임죄의 기수가 된다. / 그러나 회사직원이 **퇴사한 후**에는 특별한 사정이 없는 한 퇴사한 회사직원은 더 이상 업무상배임죄에서 타인의 사무를 처리하는 자의 지위에 있다고 볼 수 없고, 위와 같이 **반환하거나 폐기하지 아니한 영업비밀 등을 경쟁업체에 유출하거나 스스로의 이익을 위하여 이용하더라도** 이는 이미 성립한 업무상배임 행위의 실행행위에 지나지 아니하므로, 그 유출 내지 이용행위가 부정경쟁방지 및 영입비밀보호에 관한 법률 위반(영업비밀누설 등)죄에 해당하는지는 별론으로 하더라도, 따로 **업무상배임죄를 구성할 여지는 없다**. / 그리고 위와 같이 퇴사한 회사직원에 대하여 타인의 사무를 처리하는 자의 지위를 인정할 수 없는 이상 제3자가 위와 같은 유출 내지 이용

행위에 공모·가담하였더라도 타인의 사무를 처리하는 자의 지위에 있다는 등의 사정이 없는 한 **업무상배임죄의 공범 역시 성립할 수 없다**(대판 2017.6.29, 2017도3808).

3) 회사 임직원이 영업비밀을 경쟁업체에 유출하거나 스스로의 이익을 위하여 이용할 목적으로 무단으로 반출하였다면 그 반출시에 업무상배임죄의 기수가 되고, **영업상 주요한 자산인 경우**에도 그 자료의 반출행위는 업무상배임죄를 구성한다(대판 2016.6.23, 2014도11876).

[참고판례] 디스플레이용 OLED 재료를 개발, 생산하는 피해회사의 연구원으로 근무하는 피고인이 **OLED 제작이나 관련 실험에 필요한 재료**를 경쟁업체에 송부하여 업무상배임죄로 기소된 사안에서, **원심**은 경쟁업체에 재료를 넘긴 행위는 재산상 이익이 아닌, 재물(재료) 자체를 대상으로 하는 것이어서 **업무상배임죄의 객체**가 아니라는 이유로 업무상배임죄를 무죄로 판단하였으나, / **대법원**은 공소사실의 취지가 피고인이 재료를 송부함으로써 그 재료에 포함된 영업비밀 내지 영업상 주요한 자산을 유출한 것이라는 주장으로도 이해될 여지가 있는바, 검사에 대하여 석명권을 행사하여 그 취지를 분명히 한 다음 그에 관하여 심리·판단했어야 함에도, 그러한 조치 없이 그 판시와 같은 이유를 들어 무죄로 판단한 원심판결에 필요한 석명권 행사나 심리를 다하지 않은 위법이 있다고 보아 파기환송한 사례(대판 2021.5.7, 2020도17853).

✔ **〈정리〉**
- 1. 무단으로 반출한 경우 = 유출 또는 반출시
- 2. 적법하게 반출하였으나 반환하거나 폐기하지 아니한 경우 = 퇴사시

5 고의 및 불법이득의사

자기의 행위가 임무에 위배된다는 것과 자기 또는 제3자가 재산상 이익을 취득하고 본인에게 손해를 가한다는 인식과 의사가 있어야 한다.

ㅇ 업무상 배임죄가 성립하려면 주관적 요건으로서 임무위배의 인식과 그로 인하여 자기 또는 제3자가 이익을 취득하고 본인에게 손해를 가한다는 인식, 즉 배임의 고의가 있어야 하는데 이러한 인식은 미필적 인식으로도 족하다(대판 2000.12.8, 99도3338).

[사실관계] 재단법인의 이사장 직무대리인이 후원회 기부금을 정상 회계처리하지 않고 자신과 친분관계에 있는 신도에게 확실한 담보도 제공받지 아니한 채 대여한 경우, 그 신도가 이자금을 제때에 불입하고 나중에 원금을 변제하였다 하더라도 배임죄가 성립한다고 본 사례

ㅇ **경영상 판단**과 관련하여 배임죄의 고의를 인정할 수 있는지는 문제된 경영 판단에 이르게 된 경위·동기, 판단대상인 사업의 내용, 기업이 처한 경제적 상황, 손실발생·이익획득의 개연성 등 제반 사정에 비추어 자기 또는 제3자가 재산상 이익을 취득하고 본인에게 손해를 가한다는 인식하의 의도적 행위임이 인정되는 경우인지에 따라 개별적으로 판단하여야 하고, 그러한 인식이 없는데도 본인에게 손해가 발생하였다는 결과만으로 책임을 묻거나 단순히 주의의무를 소홀히 한 과실이 있다는 이유로 책임을 물어서는 안 된다. 그러나 법령의 규정, 계약 내용 또는 신의성실의 원칙상 구체적 상황과 자신의 역할·지위에서 **당연히 하여야 할 것으로 기대되는 행위를 하지 않거나 하지 않아야 할 것으로 기대되는 행위**를 함으로써 재산상 이익을 취득하거나 제3자로 하여금 이를 취득하게 하고 본인에게 손해를 가하였다면 그에 관한 고의 내지 불법이득의 의사는 인정된다(대판 2011.10.27, 2009도14464).

관련 판례 **고의 및 불법이득의사가 인정된 경우**

1) 주식회사와 주주는 별개의 인격으로서 동일인이라고 볼 수 없으므로, 회사의 임원이 그 임무에 위배되는 행위로 재산상 이익을 취득하거나 제3자로 하여금 이를 취득하게 하여 회사에 손해를 가한 때에는 이로써 배임죄가 성립하고, 그 임무위배행위에 대하여 **사실상 대주주의 양해**를 얻었다고 하여 본인인 회사에 손해가 없다거나 또는 배임의 범의가 없다고도 볼 수 없다(대판 2000.5.26, 99도2781).
2) 회사의 대표이사가 회사가 속한 재벌그룹의 **前 회장이 부담하여야 할 원천징수소득세의 납부**를 위하여 채권확보에 필요한 조치를 취하지 아니한 채 다른 회사에 회사자금을 대여한 경우에는 업무상 배임죄가 성립한다(대판 2010.10.28, 2009도1149).
3) **[법인카드개인용도사용 배임사건]** 주식회사의 임원이 공적 업무수행을 위하여서만 사용이 가능한 법인카드를 개인 용도로 계속적, 반복적으로 사용한 경우 업무상배임죄를 구성한다. 법인카드 사용에 대하여 실질적 1인 주주의 양해를 얻었다거나 실질적 1인 주주가 향후 그 법인카드 대금을 변상, 보전해 줄 것이라고 일방적으로 기대하였다는 사정만으로는 업무상배임의 고의나 불법이득의 의사가 부정된다고 볼 수 없다(대판 2014.2.21, 2011도8870).

관련 판례 **고의 및 불법이득의사가 부정된 경우**

1) 단위농협의 조합장이 대금 회수 확보를 위한 담보 취득 등의 조치 없이 **변질의 우려**가 있는 조합의 양곡을 외상 판매함으로써 조합에 손해가 발생한 경우 오로지 조합의 이익을 위하여 양곡을 신속히 처분하려다 손해가 발생한 것이라면, 위 양곡 외상판매행위가 위 조합에 손해를 가하고 자기 또는 제3자에게 재산상의 이익을 취득하게 한다는 인식, 인용하에서 행해진 행위라고 할 수 없으므로 배임죄가 성립하지 않는다(대판 1992.1.17, 91도1675).
2) **계열회사 사이의 지원행위**가 합리적인 경영판단의 재량 범위 내에서 행하여진 것이라고 인정된다면 이러한 행위는 본인에게 손해를 가한다는 인식하의 의도적 행위라고 인정하기 어렵다(대판 2017.11.9, 2015도12633).

6 기타 배임죄 성부가 문제되는 경우

(1) 부동산 이중매매 130)

Thema 정리 **부동산 이중매매**

부동산 이중매매 : 배임 ○(∵ 선매수인에 대한 소유권이전등기 협력임무의 위배)
- 배임죄의 주체가 되는 시기 : 선매수인으로부터 계약금과 **중도금**까지 수령한 때
- 실행의 착수시기 : 후매수인으로부터 계약금과 **중도금**까지 수령한 때
- 기수시기 : 후매수인 앞으로 소유권이전**등기**를 마친 때
- 악의(교사, 적극가담의 경우)의 후매수인의 죄책 : 배임죄의 공범

① 의의 : 부동산 이중매매란 부동산 소유자인 매도인이 그 부동산을 선매수인(제1매수인)에게 매도하였으나 아직 소유권이전등기를 경료하지 않은 상태에서 다시 후매수인(제2매수인)에게 매도하고 소유권이전등기를 경료해 준 경우를 말한다.

130) 2008년 법무사시험, 2007년 법원사무관승진시험, 2011년 법원행정고등고시, 2019년 법원사무관승진시험(10점)

② 사기죄 또는 횡령죄의 성립여부

㉠ 후매수인은 소유권을 취득하였으므로 후매수인에 대한 사기죄는 성립하지 않고, 선매수인에 대하여도 처음부터 이중매매할 의사가 없었던 한 기망행위를 인정하기 어려우므로 선매수인에 대한 사기죄도 성립하지 않는다. 또한 아직 등기를 이전해주기 전에는 부동산 소유자는 여전히 매도인이므로 선매수인에 대한 횡령죄는 성립하지 않는다.

㉡ 다만, 처음부터 선매수인에게 소유권이전의사 없이 금전을 편취할 목적으로 계약을 체결하고 대금을 수령한 후 후매수인에게 매각하거나 선매수인에게 이미 등기를 경료해준 후 이 사실을 숨기고 후매수인과 다시 계약을 체결하여 계약금을 받은 경우 각각 사기죄가 성립할 수 있다.

③ **배임죄의 성립여부** : 매도인이 선매수인으로부터 계약금만 받은 단계에서는 언제든지 계약금의 배액을 상환하고 계약을 해제할 수 있으므로(민법 제565조), 매도인은 배임죄의 타인의 사무처리자라고 볼 수 없다. 이 단계에서는 배임죄가 성립하지 않는다.

ㅇ 매도인이 매수인에게 부동산을 매도하고 **계약금만을 수수**한 상태에서 매수인이 잔대금의 지급을 거절한 이상 매도인으로서는 이행을 최고할 필요 없이 매매계약을 해제할 수 있는 지위에 있었으므로 위 매도인을 타인의 사무를 처리하는 자라고 볼 수 없다(대판 1984.5.15, 84도315).

㉠ 배임죄의 주체가 되는 시기 : 매도인이 선매수인으로부터 중도금 또는 잔금까지 수령한 단계에서는 임의로 계약을 해제할 수 없어 매수인의 소유권취득에 협력해야 할 신임관계가 발생하므로 배임죄의 타인의 사무처리자에 해당하고, 배임죄가 성립할 수 있다.

ㅇ 부동산 매도인이 매수인으로부터 계약금과 **중도금까지 수령**한 이상 특단의 약정이 없다면 잔금수령과 동시에 매수인 명의로의 소유권이전등기에 협력할 임무가 있으므로 이를 다시 제3자에게 처분함으로써 제1차 매수인에게 잔대금수령과 상환으로 소유권이전등기절차를 이행하는 것이 불가능하게 되었다면 배임죄의 책임을 면할 수 없다(대판 1988.12.13, 88도750).

ㅇ **[부동산 이중매매 배임죄 사건]** 부동산 매매계약에서 계약금만 지급된 단계에서는 어느 당사자나 계약금을 포기하거나 그 배액을 상환함으로써 자유롭게 계약의 구속력에서 벗어날 수 있다. 그러나 **중도금이 지급되는 등 계약이 본격적으로 이행되는 단계에 이른 때에는 계약이 취소되거나 해제되지 않는** 한 매도인은 매수인에게 부동산의 소유권을 이전해 줄 의무에서 벗어날 수 없다. 따라서 이러한 단계에 이른 때에 매도인은 매수인에 대하여 매수인의 재산보전에 협력하여 재산적 이익을 보호·관리할 신임관계에 있게 된다. 그때부터 매도인은 배임죄에서 말하는 **'타인의 사무를 처리하는 자'에 해당**한다고 보아야 한다. 그러한 지위에 있는 매도인이 매수인에게 계약 내용에 따라 부동산의 소유권을 이전해 주기 전에 그 부동산을 제3자에게 처분하고 제3자 앞으로 그 처분에 따른 등기를 마쳐 준 행위는 매수인의 부동산 취득 또는 보전에 지장을 초래하는 행위이다. 이는 매수인과의 신임관계를 저버리는 행위로서 배임죄가 성립한다(대판 2018.5.17, 2017도4027 全合). → 따라서 기존의 판례는 유지되어야 한다는 취지

[반대의견] 다수의견은 부동산 거래에서 매수인 보호를 위한 처벌의 필요성만을 중시한 나머지 형법의 문언에 반하거나 그 문언의 의미를 피고인에게 불리하게 확장하여 형사법의 대원칙인 죄형법정주의를 도외시한 해석일 뿐 아니라, 동산 이중매매와 부동산 대물변제예약 사안에서 매도인 또는 채무자에 대하여 배임죄의 성립을 부정하는 대법원판례의 흐름과도 맞지 않는 것이어서 찬성하기 어렵다.

[동지판례] 부동산 매매계약에서 중도금이 지급되는 등 계약이 본격적으로 이행되는 단계에서 매도인이 **매수인에게 순위보전의 효력이 있는 가등기를 마쳐 주었더라**도 이는 향후 매수인에게 손해를 회복할 수 있는 방안을 마련하여 준 것일 뿐 그 자체로 물권변동의 효력이 있는 것은 아니어서 매도인으로서는 소유권을 이전하여 줄 의무에서 벗어날 수 없으므로 매도인이 제3자 앞으로 그 처분에 따른 등기를 마쳐 준 행위는 배임죄가 성립한다(대판 2020.5.14, 2019도16228).

ⓛ 실행의 착수시기 : 매도인이 선매수인으로부터 중도금 또는 잔금까지 수령한 단계에서 후매수인으로부터 중도금을 수령한 때 실행의 착수가 인정된다.

o 피고인이 제1차 매수인으로부터 계약금 및 중도금 명목의 금원을 교부받은 후 제2차 매수인에게 부동산을 매도하기로 하고 **계약금만**을 지급받은 뒤 더 이상의 계약 이행에 나아가지 않았다면 배임죄의 실행의 착수가 있었다고 볼 수 없다(대판 2003.3.25, 2002도7134).

ⓒ 기수시기 : 후매수인에게 소유권이전등기 또는 소유권이전청구권보전을 위한 가등기를 경료한 때 기수가 된다.

o 부동산의 매도인이 매수인 앞으로의 소유권이전등기에 협력할 의무가 있음에도 불구하고 같은 부동산을 위 매수인 이외의 자에게 2중으로 매도하여 그 소유권이전등기를 마친 경우에는 1차 매수인에 대한 소유권이전등기의무는 이행불능이 되고 이로써 1차 매수인에게 그 부동산의 소유권을 취득할 수 없는 손해가 발생하는 것이므로 부동산의 2중매매에 있어서 배임죄의 기수시기는 **2차 매수인 앞으로 소유권이전등기를 마친 때**라고 할 것이다(대판 1984.11.27, 83도1946).

o 부동산의 매도인으로서 매수인에 대하여 그 앞으로의 소유권이전등기절차에 협력할 의무 있는 자가 그 임무에 위배하여 같은 부동산을 매수인 이외의 제3자에게 이중으로 매도하고 제3자 앞으로 **소유권이전청구권 보전을 위한 가등기**를 마쳐 주었다면, 이는 매수인에게 손해발생의 위험을 초래하는 행위로서 배임죄를 구성한다(대판 2008.7.10, 2008도3766).

ⓓ 악의의 후매수인의 죄책

ⓐ 후매수인이 매도인의 배임행위를 알고 있다는 것만으로는 부족하고, 교사 기타 적극가담한 경우에만 배임죄의 공범(교사범 또는 공동정범)이 성립할 수 있다.

o 이중으로 매수 기타 양수하는 자에 대하여 배임죄의 죄책을 묻기 위하여는 이중으로 양수하는 자가 먼저 매수한 자를 해할 목적으로 양도를 교사하거나 기타 방법으로 양도행위에 적극가담한 경우에 한하여 양도인의 **배임행위에 대한 공범**이 성립된다(대판 1975.6.10, 74도2455).

o 점포의 임차인이 임대인이 그 점포를 타에 매도한 사실을 알고 있으면서 점포의 임대차계약 당시 "타인에게 점포를 매도할 경우 우선적으로 임차인에게 매도한다"는 특약을 구실로 임차인이 매매대금을 일방적으로 결정하여 공탁하고 임대인과 공모하여 임차인 명의로 소유권이전등기를 경료하였다면 임대인의 배임행위에 적극가담한 것으로서 **배임죄의 공동정범**에 해당한다(대판 1983.7.12, 82도180).

ⓑ 이중매매된 부동산은 재산범죄에 의하여 영득한 재물이 아니므로, 후매수인이 이를 취득하여도 장물취득죄가 성립하지 않는다.

ㅇ 대지에 관하여 매수인 甲에게 소유권 이전등기를 하여 줄 임무가 있는 소유자가 그 임무에 위반하여 이를 乙에게 매도하고 소유권이전등기를 경유하여 준 경우에는 위 부동산소유자가 배임행위로 인하여 영득한 것은 재산상의 이익이고 위 배임범죄에 제공된 대지는 범죄로 인하여 영득한 것 자체는 아니므로 그 취득자 또는 전득자에게 대하여 배임죄의 가공여부를 논함은 별문제로 하고 장물취득죄로 처단할 수 없다(대판 1975.12.9, 74도2804).

관련 판례 **부동산 이중매매에 관련된 판결들**

1) 양수인에게 **무허가건물**을 인도할 의무를 부담하는 양도인이 중도금 또는 잔금까지 수령한 상태에서 양수인의 의사에 반하여 제3자에게 그 무허가건물을 이중으로 양도하고 **중도금**까지 **수령**하였다면 이는 양수인에 대한 관계에서 임무위배행위로서 배임죄의 실행의 착수가 있었다고 할 것이고, 더 나아가 제3자로부터 잔금을 수령하고 **무허가건물을 인도**하였다면 이는 배임죄의 기수에 해당한다(대판 2005.10.28, 2005도5713).

[사실관계] 피고인이 자신의 처가 갑에 대하여 부담하는 채무의 **대물변제명목**으로 피고인 소유의 무허가건물을 갑에게 양도하고, 재차 자신의 처가 을에 대하여 부담하는 채무의 **대물변제명목**으로 위 무허가건물을 양도하고 무허가건물대장상의 소유자 명의를 을로 변경하여 준 경우, 배임죄의 실행의 착수가 인정된다.

→ 그 명의변경 행위만으로는 아직 배임죄의 실행에 착수하였다고 볼 수 없다고 하여 무죄를 선고한 원심판결을 파기한 사례

2) 중도금 또는 잔금을 받은 단계에서 부동산을 이중으로 매도한 경우 매도인이 **선매수인에게 소유권 이전의무를 이행하였다**고 하여 후매수인에 대한 관계에서 그가 임무를 위법하게 위배한 것이라고 할 수 없다(대판 2009.2.26, 2008도11722).

∵ 형법은 부동산을 매도한 자에게 매수인을 위한 업무로 매수인에게 소유권을 이전해 줄 의무를 성실히 이행할 것을 명하는 동시에 그 임무에 위배하고 동 부동산을 다시 타인에게 매도하고 그에게 소유권을 이전하는 것은 이를 금하고 있는 것이라고 할 것이므로 → 자신의 의무를 이행했다는 것

3) **[서면증여계약사건]** 131) **서면으로 부동산 증여의 의사를 표시한 증여자**는 계약이 취소되거나 해제되지 않는 한 수증자에게 목적부동산의 소유권을 이전할 의무에서 벗어날 수 없다. 그러한 증여자는 '타인의 사무를 처리하는 자'에 해당하고, 그가 수증자에게 증여계약에 따라 부동산의 소유권을 이전하지 않고 부동산을 제3자에게 처분하여 등기를 하는 행위는 수증자와의 신임관계를 저버리는 행위로서 배임죄가 성립한다(대판 2018.12.13, 2016도19308). ∵ 부동산 이중매매의 법리

[비교판례] 서면에 의하지 아니한 증여계약이 행하여진 경우 당사자는 그 증여가 이행되기 전까지는 언제든지 이를 해제할 수 있으므로 증여자가 **구두의 증여계약**에 따라 수증자에 대하여 증여 목적물의 소유권을 이전하여 줄 의무를 부담한다고 하더라도 그 증여자는 수증자의 사무를 처리하는 자의 지위에 있다고 할 수 없다(대판 2005.12.9, 2005도5962).

4) **[부동산교환계약사건]** 사회통념 내지 신의칙에 비추어 부동산 매매계약에서 중도금이 지급된 것과 마찬가지로 **부동산 교환계약**이 본격적으로 이행되는 단계에 이른 때에는 그 의무를 이행 받은 당사자는 상대방의 재산보전에 협력하여 재산적 이익을 보호·관리할 신임관계에 있게 된다(대판 2018.10.4, 2016도11337). ∵ 부동산 이중매매의 법리

---

131) 2020년 법원사무관승진시험(15점)

(2) 양도담보

Thema 정리 **양도담보 · 이중양도담보**

1. 부동산양도담보의 목적물을 임의처분한 경우 : "무×권배"(판례)
1) 양도담보의 **채무자**가 임의처분한 경우 : 횡령 ×(∵ 자기소유), 배임 ×(∵ 자기사무)
2) 양도담보의 **채권자**가 임의처분한 경우 : 배임 ○(∵ 변제시 등기회복의무 있으므로)
↔ 변제기 이후 처분의 경우(염가처분, 정산의무불이행) : 배임 ×(∵ 자기사무이므로)

2. 동산양도담보의 목적물을 채무자가 임의처분한 경우 : "무×권횡"(∵ 채무자 자기소유, 자기사무)

3. 동산이중양도담보 설정행위 및 이후 목적물을 채무자가 임의처분한 경우
1) 점유개정방법에 의한 동산이중양도담보 설정행위
① 앞의 채권자에 대한 관계 : 횡령 ×(∵ 자기소유), 배임 ×(∵ 뒤의 채권자는 양도담보권 취득 ×)
② 뒤의 채권자에 대한 관계 : 사기죄의 성립은 가능
2) 점유개정방법에 의한 동산이중양도담보 설정 이후 처분행위
① 앞의 채권자에 대한 관계 : 횡령 ×, 배임 ×(∵ 채무자 자기소유, 자기사무이므로)
② 뒤의 채권자에 대한 관계 : 배임 ×(∵ 양도담보권자 아니므로)

① 양도담보의 의의

양도담보란 금전을 차용하면서 소유권이전의 형식으로 담보물을 넘기고(대외적 채권자 소유), 변제기까지 담보물의 소유권을 채무자가 보유하지만(대내적 채무자 소유) 변제기에 채무변제가 없을 때에는 채권자에게 소유권이 넘어가는 형태의 담보를 말한다. 즉 외형적으로는 양도(매매 등의 소유권이전형식으로 소유권이전등기 또는 인도)이지만, 실질적으로는 담보를 제공하는 형태이다.

② 부동산 양도담보

㉠ 종래 판례는 양도담보설정자(채무자)는 채권자에 대하여 담보물을 담보목적에 맞게 보관할 의무가 있으므로 타인의 사무처리자의 지위에 있으므로, 채무자가 변제기 전에 임의로 처분한 경우 배임죄가 성립한다고 보았으나, 현재는 채무자가 위와 같은 의무는 채무자 자기의 사무일 뿐이므로 채무자를 채권자에 대한 관계에서 '타인의 사무를 처리하는 자'라고 할 수 없어 채무자가 제3자에게 먼저 담보물에 관한 저당권을 설정하거나 담보물을 양도하는 등으로 담보가치를 감소 또는 상실시켜 채권자의 채권실현에 위험을 초래하더라도 배임죄가 성립한다고 할 수 없다고 변경하였다.

↔ 횡령죄 : ×(∵ 대내적 채무자 소유이므로) / 배임죄 : ×(∵ 채무자 자기사무이므로)

ㅇ [부동산 이중저당 사건(부동산 이중저당 및 부동산 양도담보사건)] 132) **채무자가 금전채무에 대한 담보로 부동산에 관하여 양도담보설정계약을 체결하고 이에 따라 채권자에게 소유권이전등기를 해 줄 의무가 있음에도 제3자에게 그 부동산을 처분한 경우** 채무자가 위와 같은 의무를 이행하는 것은 채무자 자신의 사무에 해당할 뿐이므로, 채무자를 채권자에 대한 관계에서 '타인의 사무를 처리하는 자'라고 할 수 없다. 따라서 채무자가 제3자에게 먼저 담보물에 관한 저당권을

132) 2020년 법무사시험, 2021년 법원행정고등고시

설정하거나 담보물을 양도하는 등으로 담보가치를 감소 또는 상실시켜 채권자의 채권실현에 위험을 초래하더라도 **배임죄가 성립한다고 할 수 없다**(대판 2020.6.18, 2019도14340 全合).

ㅇ 채권자와 부동산양도담보설정계약을 체결한 피고인이 그 소유권이전등기 경료 전에 임의로 기존의 근저당권자인 제3자에게 지상권설정등기를 경료하여 준 경우, 그 지상권 설정이 새로운 채무부담행위에 기한 것이 아니라 기존의 저당권자가 가지는 채권을 저당권과 함께 담보하는 의미밖에 없다고 하더라도 이로써 양도담보권자의 채권에 대한 담보능력 감소의 위험이 발생한 이상 배임죄를 구성한다(대판 1997.6.24, 96도1218).

→ 대판 2020.6.18, 2019도14340 全合 판결(부동산 이중저당 및 부동산 양도담보사건)에 따라 배임죄가 성립하지 않는다고 변경되었다고 보아야 한다.

㉡ 양도담보권자(채권자)는 부동산을 담보로 받은 경우 채무변제시 담보설정자에게 등기를 회복시켜 줄 의무를 부담하므로 타인의 사무처리자에 해당한다(판례). 따라서 변제기 전에 담보물을 임의로 처분한 경우 배임죄가 성립한다.

ㅇ 양도담보의 채무자는 채권자가 담보권의 실행을 위하여 양도담보의 목적물처분을 종료할 때까지 피담보채무를 변제하여 목적물을 도로 찾아올 수 있고 양도담보의 피담보채권이 채무자의 변제 등에 의하여 소멸하면 양도담보권자는 담보목적물의 소유자이었던 담보설정자에게 그 권리를 회복시켜 줄 의무를 부담하게 함으로 그 이행은 타인의 재산을 보전하는 형법 제355조 제1항 소정의 타인의 사무라고 할 것이다(대판 1988.12.13, 88도184).

ㅇ 공사잔대금 확보조로 부동산에 관한 소유권 이전등기 소요서류를 임치하고 있는 자가 이를 타인에게 처분하였을 경우에는 배임죄를 구성한다(대판 1973.3.13, 73도181).

㉢ 양도담보권자(채권자)가 변제기 경과 후 정산의무를 이행하지 아니하거나 담보물을 염가로 처분하더라도 변제기 경과 후의 정산사무는 채권자 자신의 사무이므로 배임죄가 성립하지 않는다.

ㅇ 양도담보가 처분정산형의 경우이건 귀속정산형의 경우이건 간에 **담보권자**가 **변제기 경과 후**에 담보권을 실행하여 그 환가대금 또는 평가액을 채권원리금과 담보권 실행비용 등의 변제에 충당하고 환가대금 또는 평가액의 나머지가 있어 이를 담보제공자에게 반환할 의무는 담보계약에 따라 부담하는 자신의 정산의무이므로 그 의무를 이행하는 사무는 곧 자기의 사무처리에 속하는 것이라 할 것이고 이를 부동산매매에 있어서의 매도인의 등기의무와 같이 타인인 채무자의 사무처리에 속하는 것이라고 볼 수는 없어 그 **정산의무를 이행하지 아니한 소위**(**행위**)는 배임죄를 구성하지 않는다(대판 1985.11.26, 85도1493 全合).

ㅇ 담보권자가 **변제기 경과 후**에 담보권을 실행하기 위하여 담보목적물을 처분함에 있어서 부당하게 **염가**로 **처분**하더라도 배임죄로 처벌할 수 없다(대판 1997.12.23, 97도2430).

③ 동산양도담보

㉠ 채무자가 동산을 양도담보로 제공하고 점유개정에 의하여 보관 중 변제기 전에 임의로 처분한 경우라 하더라도 채무자가 양도담보설정계약에 따라 부담하는 의무는 채무자 자신의 급부의무로 이를 이행하는 것은 자신의 사무이므로 배임죄가 성립하지 않는다.

→ 횡령죄 : ×(∵ 대내적 채무자 소유이므로)

o **[동산을 양도담보로 제공한 채무자가 제3자에게 담보에 제공된 동산을 처분한 경우 배임죄가 성립하는지 여부가 문제된 사건**(동산양도담보사건)**]** 133) 채무자가 금전채무를 담보하기 위하여 그 소유의 동산을 채권자에게 **양도담보**로 **제공**함으로써 채권자인 양도담보권자에 대하여 담보물의 담보가치를 유지・보전할 의무 내지 담보물을 타에 처분하거나 멸실, 훼손하는 등으로 담보권 실행에 지장을 초래하는 행위를 하지 않을 의무를 부담하게 되었더라도, 이를 들어 채무자가 통상의 계약에서의 이익대립관계를 넘어서 채권자와의 신임관계에 기초하여 채권자의 사무를 맡아 처리하는 것으로 볼 수 없다. 따라서 채무자를 **배임죄의 주체인 '타인의 사무를 처리하는 자'에 해당한다고 할 수 없**고, 그가 담보물을 제3자에게 처분하는 등으로 담보가치를 감소 또는 상실시켜 채권자의 담보권 실행이나 이를 통한 채권실현에 위험을 초래하더라도 배임죄가 성립한다고 할 수 없다. / 위와 같은 법리는, 채무자가 **동산**에 관하여 **양도담보설정계약**을 **체결**하여 이를 채권자에게 양도할 의무가 있음에도 제3자에게 처분한 경우에도 적용되고, **주식**에 관하여 **양도담보설정계약**을 **체결**한 채무자가 제3자에게 해당 주식을 처분한 사안에도 마찬가지로 적용된다(대판 2020.2.20, 2019도9756 全合).
[사실관계] 甲 주식회사를 운영하는 피고인이 乙 은행으로부터 대출을 받으면서 대출금을 완납할 때까지 甲 회사 소유의 **동산**인 **골재생산기기(크러셔)**를 점유개정 방식으로 양도담보로 제공하기로 하는 계약을 체결하였음에도 담보목적물인 동산을 丙 등에게 매각한 경우 배임죄가 성립하지 않는다.

㉡ 채권자가 담보목적물을 처분한 경우에는 횡령죄가 성립할 수 있다.

o 채무자가 채무이행의 담보를 위하여 동산에 관한 양도담보계약을 체결하고 점유개정의 방법으로 여전히 그 동산을 점유하는 경우 그 계약이 채무의 담보를 위하여 양도의 형식을 취하였을 뿐이고 실질은 채무의 담보와 담보권실행의 청산절차를 주된 내용으로 하는 것이라면 별단의 사정이 없는 한 그 동산의 소유권은 여전히 채무자에게 남아 있고, 채권자는 단지 양도담보물권을 취득하는 데 지나지 않으므로 그 동산을 다른 사유에 의하여 보관하게 된 채권자는 타인 소유의 물건을 보관하는 자로서 횡령죄의 주체가 될 수 있다(대판 198.4.11, 88도906).

④ 동산이중양도담보 134)

㉠ 동산이중양도담보란 채무자가 그 소유의 동산을 금전채무를 담보하기 위하여 채권자에게 양도하되 점유개정에 의하여 채무자가 이를 계속 점유하기로 하였는데, 이를 다시 다른 채권자에게 양도담보로 제공하고 점유개정의 방법으로 여전히 채무자가 점유하고 있는 경우를 말한다.

㉡ 이 경우 뒤의 채권자는 무권리자인 채무자로부터는 양도담보권을 취득할 수 없고, 그 결과 앞의 채권자에 대하여 손해가 발생할 수 없으므로 배임죄가 성립하지 않는다.

㉢ 또한, 이를 다시 제3자에게 처분(매도)한 경우 양도담보권자가 아닌 뒤의 채권자에 대하여는 당연히 배임죄가 성립하지 않고, 앞의 채권자에 대하여도 배임죄가 성립하지 않는다.

---

133) 2020년 법무사시험

134) 2007년 법무사시험, 2011년 법원행정고등고시

o **[점유개정에 의한 동산이중양도담보사건]** 피고인이 그 소유의 이 사건 에어콘 등을 피해자에게 양도담보로 제공하고 점유개정의 방법으로 점유하고 있다가 다시 이를 제3자에게 양도담보로 제공하고 역시 점유개정의 방법으로 점유를 계속한 경우 뒤의 양도담보권자인 제3자는 처음의 담보권자인 피해자에 대하여 배타적으로 자기의 담보권을 주장할 수 없으므로 위와 같이 이중으로 양도담보제공이 된 것만으로는 **처음의 양도담보권자에게** 담보권의 상실이나 담보가치의 감소 등 손해가 발생한 것으로 볼 수 없으니 **배임죄를 구성하지 않는다**(대판 1990.2.13, 89도1931).

[동지판례] 동산에 대하여 점유개정의 방법으로 이중양도담보를 설정한 경우 뒤의 양도담보권자는 처음의 양도담보권자에 대하여 배타적으로 자기의 담보권을 주장할 수 없으므로 이중으로 양도담보제공이 된 것만으로는 가사 담보권 설정자가 처음의 양도담보권자에게 이중으로 양도담보제공을 하지 않기로 특약하였더라도 그에게 담보권의 상실이나 담보가치의 감소 등 손해가 발생한다고 볼 수 없으므로 **배임죄를 구성하지 않는다**(대판 1989.4.11, 88도1586).

o **[점유개정에 의한 동산이중양도담보 후 처분사건]** 금전채무를 담보하기 위하여 채무자가 그 소유의 동산을 채권자에게 양도하되 점유개정에 의하여 채무자가 이를 계속 점유하기로 한 경우 특별한 사정이 없는 한 동산의 소유권은 신탁적으로 이전됨에 불과하여 채권자와 채무자 사이의 대내적 관계에서 채무자는 의연히 소유권을 보유하나 대외적인 관계에 있어서 채무자는 동산의 소유권을 이미 채권자에게 양도한 무권리자가 되는 것이어서 다시 다른 채권자와 사이에 양도담보 설정계약을 체결하고 점유개정의 방법으로 인도를 하더라도 선의취득이 인정되지 않는 한 나중에 설정계약을 체결한 채권자는 양도담보권을 취득할 수 없는데, 현실의 인도가 아닌 점유개정으로는 선의취득이 인정되지 아니하므로, 결국 뒤의 채권자는 양도담보권을 취득할 수 없고, 따라서 이와 같이 채무자가 그 소유의 동산에 대하여 점유개정의 방식으로 채권자들에게 이중의 양도담보 설정계약을 체결한 후 양도담보 설정자가 목적물을 임의로 제3자에게 처분하였다면 양도담보권자라 할 수 없는 **뒤의 채권자에 대한 관계**에서는, 설정자인 채무자가 **타인의 사무를 처리하는 자에** 해당한다고 할 수 없어 **배임죄가 성립하지 않는다**(대판 2004.6.25, 2004도1751).

o 금전채무를 담보하기 위하여 채무자가 그 소유의 동산을 채권자에게 점유개정에 의하여 양도한 후 이를 **처분**하는 등 부당히 그 담보가치를 감소시키는 행위를 한 경우, 배임죄가 성립한다(대판 2010.11.25, 2010도11293).

→ 2019도9756 全合 판결(동산양도담보사건)에 따라 배임죄가 성립하지 않는다고 변경되었다.

⑤ 주식양도담보

o 채무를 담보하기 위하여 **주식**을 채권자에게 **양도담보**로 제공한 **채무자 또는 양도담보설정자**(이하 '**채무자 등**'이라 한다)가 양도담보설정계약에 따라 부담하는 의무, 즉 주식을 담보로 제공할 의무, 주식의 담보가치를 유지·보전하거나 주식을 감소 또는 멸실시키지 않을 소극적 의무 등은 모두 채무자 등이 **양도담보설정계약에 따라 부담하게 된 자신의 의무**일 뿐이므로, 채무자 등이 통상의 계약에서의 이익대립관계를 넘어서 채권자와의 신임관계에 기초하여 채권자의 사무를 맡아 처리하는 것으로 볼 수 없다. 따라서 채무자 등을 배임죄의 주체인 '타인의 사무를 처리하는 자'에 해당한다고 할 수 없고, 그가 담보물을 제3자에게 처분하는 등으로 담보가치를 감소 또는 상실시켜 채권자의 담보권 실행이나 이를 통한 채권실현에 위험을 초래하더라도 배임죄가 성립한다고 할 수는 없다(대판 2021.1.28, 2014도8714).

⑥ 채권양도담보

ㅇ **금전채권채무 관계**에서 금전채무의 이행은 어디까지나 채무자가 자신의 급부의무의 이행으로서 행하는 것이므로 이를 두고 채권자의 사무를 맡아 처리하는 것으로 볼 수 없다. 따라서 금전채권채무의 경우 **채무자**는 채권자에 대한 관계에서 '타인의 사무를 처리하는 자'에 해당한다고 할 수 없다(대판 2021.7.15, 2020도3514).
[사실관계] 피고인이 피해자에게 전세보증금반환**채권의 양도담보**에 관한 대항요건을 갖추어 주기 전에 제3자에게 전세권근저당권을 설정하여 주었다 하더라도, 피고인이 피해자와의 신임관계에 의하여 '타인의 사무를 처리하는 자'의 지위에 있다고 볼 수 없어 배임죄는 성립하지 않는다.

ㅇ 피고인이 피해자로부터 금전을 차용하면서 피고인이 **국민건강보험공단에 대하여 가지는 요양급여채권**을 피해자에게 포괄근담보로 제공하는 **채권양도담보계약**을 체결하였음에도, 피해자에게 채권양도담보에 관한 대항요건을 갖추어 주기 전에 담보 목적 **채권**을 타에 **이중**으로 **양도**하고 제3채무자에게 그 채권양도통지를 한 경우, 피고인의 담보가치 유지·보전에 관한 사무가 채권양도담보계약에 따른 채무의 한 내용임을 넘어 피해자의 담보 목적 달성을 위한 신임관계에 기초한 타인의 사무에 해당한다고 볼 수 없다(대판 2021.7.15, 2015도5184).

(3) 부동산 이중저당

① 이중저당이란 甲이 乙로부터 금전을 차용하고 자기 부동산에 1번 저당권을 설정해 주기로 약정한 후 아직 그 등기가 되지 않은 상태에서 丙에게 다시 저당권을 설정해 주고 丙에게 1번 저당권설정등기를 마친 경우를 말한다.

② 이 경우 종래 판례는 甲의 행위는 乙에 대한 저당권설정에 협력해야 할 의무를 위반한 것이므로 배임죄를 구성한다고 보았으나, 현재는 채무자가 저당권설정계약에 따라 채권자에 대하여 부담하는 저당권을 설정할 의무는 계약에 따라 부담하게 된 채무자 자신의 의무이고, 채무자가 위와 같은 의무를 이행하는 것은 채무자 자신의 사무에 해당할 뿐이므로, 채무자를 채권자에 대한 관계에서 '타인의 사무를 처리하는 자'라고 할 수 없다고 변경하였다.

③ 변경된 판례에 따르면 채무자가 금전채무를 담보하기 위한 저당권설정계약에 따라 채권자에게 그 소유의 부동산에 관하여 저당권을 설정할 의무를 부담하게 되었음에도, 제3자에게 먼저 담보물에 관한 저당권을 설정하거나 담보물을 양도하는 등으로 담보가치를 감소 또는 상실시켜 채권자의 채권실현에 위험을 초래하더라도 배임죄가 성립하지 않는다.

ㅇ **[부동산 이중저당 사건**(부동산 이중저당 및 부동산 양도담보사건)**]** [1] 채무자가 금전채무를 담보하기 위한 저당권설정계약에 따라 채권자에게 그 소유의 부동산에 관하여 저당권을 설정할 의무를 부담하게 되었다고 하더라도, 이를 들어 채무자가 통상의 계약에서 이루어지는 이익대립관계를 넘어서 채권자와의 신임관계에 기초하여 채권자의 사무를 맡아 처리하는 것으로 볼 수 없다. [2] 채무자가 **저당권설정계약**에 따라 채권자에 대하여 부담하는 **저당권을 설정할 의무**는 계약에 따라 부담하게 된 채무자 자신의 의무이다. 채무자가 위와 같은 의무를 이행하는 것은 채무자 자신의 사무에 해당할 뿐이므로, 채무자를 채권자에 대한 관계에서 '타인의 사무를 처리하는 자'라고 할 수 없다. 따라서 채무자가 제3자에게 먼저 담보물에 관한 저당권을 설정하거나 담보물을 양도하는 등으로 담보가치를 감소 또는 상실

시켜 채권자의 채권실현에 위험을 초래하더라도 배임죄가 성립한다고 할 수 없다. [3] 위와 같은 법리는, 채무자가 금전채무에 대한 담보로 부동산에 관하여 **양도담보설정계약**을 체결하고 이에 따라 채권자에게 **소유권이전등기를 해 줄 의무**가 있음에도 제3자에게 그 부동산을 처분한 경우에도 적용된다. [4] 이와 달리 채무 담보를 위하여 채권자에게 부동산에 관하여 **근저당권을 설정해 주기로 약정한 채무자**가 채권자의 사무를 처리하는 자에 해당함을 전제로 채무자가 담보목적물을 처분한 경우 배임죄가 성립한다고 한 대법원 2008.3.27. 선고 2007도9328 판결, 대법원 2011.11.10. 선고 2011도11224 판결을 비롯한 **같은 취지의 대법원 판결**들은 이 판결의 견해에 배치되는 범위 내에서 모두 변경하기로 한다(대판 2020.6.18, 2019도14340 全合).

[사실관계] 피고인이 피해자로부터 18억 원을 차용하면서 이 사건 아파트에 **4순위 근저당권을 설정해 주기로 약정**하였음에도 제3자에게 채권최고액을 12억 원으로 하는 4순위 근저당권을 설정하여 주어 12억 상당의 재산상 이익을 취득하고 피해자에게 같은 금액 상당의 손해를 가하였다는 공소사실에 대하여 원심은 배임죄 유죄판결을 하였으나, 대법원은 무죄 취지로 파기환송하였다.

[종래 판례] → 아래와 같은 취지의 판결들도 모두 변경

o 피해자에게 **근저당권을 설정해 주겠다**고 기망하여 금원을 편취한 후 목적 부동산에 대하여 제3자에게 근저당권을 설정하여 준 행위는 금원을 편취한 **사기죄**와는 전혀 다른 새로운 보호법익을 침해하는 행위로서 사기 범행의 불가벌적 사후행위가 되는 것이 아니라 별죄(**배임죄**)를 구성한다(대판 2008.3.27, 2007도9328).

→ 2019도14340 전원합의체 판결(부동산이중저당사건)에 따라 배임죄가 성립하지 않는다고 변경

o **근저당권설정계약**을 체결한 후 그에 따른 등기절차를 이행하기 전에 제3자에게 부동산을 처분하거나 근저당권설정등기를 하여 준 경우 배임죄가 성립한다(대판 2008.3.27, 2007도9328, 대판 2011.11.10, 2011도11224 등 참조).

→ 2019도14340 전원합의체 판결(부동산이중저당사건)에 따라 배임죄가 성립하지 않는다고 변경

o 배임죄에 있어서 손해란 현실적인 손해가 발생한 경우뿐만 아니라 재산상의 위험이 발생된 경우도 포함되므로 피해자와 주택에 대한 **전세권설정계약**을 맺고 전세금의 중도금까지 지급받고도 임의로 타에 **근저당권설정등기**를 경료해줌으로써 전세금반환채무에 대한 담보능력 상실의 위험이 발생되었다고 보여진다면 위 등기 경료행위는 배임죄를 구성한다(대판 1993.9.28, 93도2206).

→ 2019도14340 전원합의체 판결(부동산이중저당사건)에 따라 배임죄가 성립하지 않는다고 변경

o **부동산에 대한 양도담보설정계약** 후 그에 따른 등기절차를 이행하기 전에 제3자에게 근저당권설정등기나 전세권설정등기를 하여 줌으로써 담보능력 감소의 위험을 발생시킨 경우(대판 1993.9.28, 93도2206, 대판 1997.6.24, 96도1218 등 참조) 등에도 배임죄의 성립을 인정하였다(대판 2014.8.21, 2014도3363 全合에서 인용).

→ 2019도14340 전원합의체 판결(부동산이중저당사건)에 따라 배임죄가 성립하지 않는다고 변경

o 피고인이 금 180,000,000원의 1번 근저당권설정등기가 되어 있는 토지와 건물 중 건물에 대하여만 피해자와 전세계약을 체결하면서 전세금 130,000,000원의 전세권설정등기를 하여 주기로 하고서도 그 등기를 하지 아니한 채 위 토지와 건물에 대하여 제3자에게 금 270,000,000원의 2번 근저당권설정등기를 경료한 경우 배임죄가 성립한다(대판 1990.4.24, 89도2281).

→ 2019도14340 전원합의체 판결(부동산이중저당사건)에 따라 배임죄가 성립하지 않는다고 변경

(4) 동산 이중매매

매매목적물인 동산을 매도인이 매수인으로부터 중도금을 수령한 이후에 제3자에게 양도하는 행위는 배임죄에 해당하지 않는다.

ㅇ [동산 이중양도 사건] 135) 매매의 목적물이 동산일 경우, 매도인은 매수인에게 계약에 정한 바에 따라 그 목적물인 동산을 인도함으로써 계약의 이행을 완료하게 되고 그때 매수인은 매매목적물에 대한 권리를 취득하게 되는 것이므로, 매도인에게 자기의 사무인 동산인도채무 외에 별도로 매수인의 재산의 보호 내지 관리 행위에 협력할 의무가 있다고 할 수 없다. 동산매매계약에서의 매도인은 매수인에 대하여 그의 사무를 처리하는 지위에 있지 아니하므로, 매도인이 목적물을 매수인에게 인도하지 아니하고 이를 타에 처분하였다 하더라도 형법상 배임죄가 성립하는 것은 아니다(대판 2011.1.20, 2008도10479 全合).

[사실관계] 피고인이 **'인쇄기'**를 甲에게 양도하기로 하고 계약금 및 중도금을 수령하였음에도 이를 자신의 채권자 乙에게 기존 채무 변제에 갈음하여 양도한 경우, 피고인은 甲에 대하여 그의 사무를 처리하는 지위에 있지 않으므로 **무죄**이다. ∵ 자기의 사무

(5) 채권의 이중양도

ㅇ 점포**임차권양도계약**을 체결한 후 계약금과 중도금까지 지급받았다 하더라도 잔금을 수령함과 동시에 양수인에게 점포를 명도하여 줄 양도인의 의무는 위 양도계약에 따르는 민사상의 채무에 지나지 아니하여 이를 타인의 사무로 볼 수 없으므로 비록 양도인이 위 임차권을 2중으로 양도하였다 하더라도 배임죄를 구성하지 않는다(대판 1986.9.23, 86도811).

ㅇ 양품점의 **임차권**만의 양도계약을 체결한 경우 양수인에게 그 점포를 명도하여 줄 양도인의 의무는 양도계약에 따른 민사상의 채무에 불과할 뿐 타인의 사무라고 할 수 없으므로 위 점포의 이중양도행위는 배임죄를 구성하지 않는다(대판 1990.9.25, 90도1216).

(6) 주식의 이중양도

ㅇ [주권발행 전 주식의 이중양도 사건] 주권발행 전 주식의 양도는 양도인과 양수인의 의사표시만으로 그 효력이 발생한다. 그 주식양수인은 특별한 사정이 없는 한 양도인의 협력을 받을 필요 없이 단독으로 자신이 주식을 양수한 사실을 증명함으로써 회사에 대하여 그 명의개서를 청구할 수 있다. 따라서 양도인이 양수인으로 하여금 회사 이외의 제3자에게 대항할 수 있도록 확정일자 있는 증서에 의한 **양도통지 또는 승낙을 갖추어 주어야 할 채무**를 부담한다 하더라도 이는 자기의 사무라고 보아야 하고, 이를 양수인과의 신임관계에 기초하여 양수인의 사무를 맡아 처리하는 것으로 볼 수 없다. 그러므로 주권발행 전 주식에 대한 양도계약에서의 양도인은 양수인에 대하여 그의 사무를 처리하는 지위에 있지 아니하여, 양도인이 위와 같은 제3자에 대한 대항요건을 갖추어 주지 아니하고 이를 타에 처분하였다 하더라도 형법상 **배임죄가 성립하는 것은 아니다**(대판 2020.6.4, 2015도6057).

(7) 부동산 대물변제예약

채권담보의 목적으로 부동산에 대한 대물변제예약을 체결한 채무자가 대물로 변제하기로 한 부동산을 제3자에게 임의로 처분한 경우 배임죄가 성립하지 않는다.

---

135) 2020년 법원사무관승진시험(10점), 2021년 변호사시험

ㅇ **[대물변제예약 사안에서 배임죄 사건**(대물변제예약 부동산처분사건)**]** 136) **[다수의견]** [1] 채무자가 채권자에 대하여 소비대차 등으로 인한 채무를 부담하고 이를 담보하기 위하여 장래에 부동산의 소유권을 이전하기로 하는 내용의 대물변제예약에서, 약정의 내용에 좇은 이행을 하여야 할 채무는 특별한 사정이 없는 한 **'자기의 사무'**에 해당하는 것이 원칙이다. [2] 채무자가 대물변제예약에 따라 부동산에 관한 소유권이전등기절차를 이행할 의무는 궁극적 목적을 달성하기 위해 채무자에게 요구되는 부수적 내용이어서 이를 가지고 배임죄에서 말하는 신임관계에 기초하여 채권자의 재산을 보호 또는 관리하여야 하는 '타인의 사무'에 해당한다고 볼 수는 없다. 그러므로 채권 담보를 위한 대물변제예약 사안에서 채무자가 대물로 변제하기로 한 부동산을 제3자에게 처분하였다고 하더라도 형법상 배임죄가 성립하는 것은 아니다(대판 2014.8.21, 2014도3363 全合).

[사실관계] 채무자인 甲이 채권자 乙에게 차용금을 변제하지 못할 경우 자신의 어머니 소유 부동산에 대한 유증상속분을 대물변제하기로 약정한 후 유증을 원인으로 위 부동산에 관한 소유권이전등기를 마쳤음에도 이를 제3자에게 매도한 경우 배임죄가 성립하지 않는다.

[반대의견] [1] 담보계약을 체결한 채권자와 채무자 사이에는 담보계약 자체로부터 피담보채권의 발생원인이 된 법률관계와는 **별도의 독자적인 신임관계**가 발생한다고 보아야 한다. **부동산 매매계약**에서 신임관계의 본질이 부동산의 소유권을 이전하는 데 있는 것과 마찬가지로, 담보 목적으로 체결된 대물변제예약에서 신임관계의 본질은 담보로 제공하기로 한 부동산의 담보가치를 채권자에게 취득하게 하는 데 있으며, 이는 결국 배임죄의 성립 여부에 있어 양자가 다르지 않다는 것을 의미한다. [2] 담보 목적으로 부동산에 관한 대물변제예약을 체결한 채무자가 신임관계를 위반하여 당해 부동산을 제3자에게 처분함으로써 채권자로 하여금 부동산의 소유권 취득을 불가능하게 하거나 현저히 곤란하게 하였다면 이러한 행위는 대물변제예약에서 비롯되는 본질적·전형적 신임관계를 위반한 것으로서 배임죄에 해당한다.

⑻ 기타의 경우

① 부동산 담보신탁

ㅇ **[부동산 담보신탁계약사건]** A가 B 새마을금고로부터 특정 토지 위에 건물을 신축하는 데 필요한 공사자금 10억 원을 대출받으면서 이를 담보하기 위하여 C 신탁회사를 수탁자, B 금고를 우선수익자, A를 위탁자 겸 수익자로 한 담보신탁계약 및 자금관리대리사무계약을 체결하였고 계약 내용에 따라 건물이 준공된 후 C 회사에 신탁등기를 이행하여 **B 금고의 우선수익권을 보장할 의무**가 있었음에도 임의로 D 앞으로 건물의 소유권보존등기를 마쳐준 경우라고 하더라도, A는 통상의 계약에서의 이익대립관계를 넘어서 B 금고와의 신임관계에 기초하여 B 금고의 우선수익권을 보호 또는 관리하는 등 그의 사무를 처리하는 자의 지위에 있다고 보기 어려우므로, A에게는 **배임죄가 성립하지 않는다**(대판 2020.4.29, 2014도9907).

② 동산담보권

ㅇ **[동산담보권 사건]** 채무자가 금전채무를 담보하기 위하여 그 소유의 동산을 채권자에게 **「동산·채권 등의 담보에 관한 법률」**에 따른 동산담보로 제공함으로써 채권자인 동산담보권자에 대하여 **담보물의 담보가치를 유지·보전할 의무** 또는 담보물을 타에 처분하거나 멸실, 훼손하는 등으로

136) 2018년 법무사시험(30점), 2020년 법원사무관승진시험(10점)

담보권 실행에 지장을 초래하는 행위를 하지 않을 의무를 부담하게 된 경우라도 채무자는 배임죄의 주체인 '타인의 사무를 처리하는 자'에 해당한다고 할 수 없고, 그가 담보물을 제3자에게 처분하는 등으로 담보가치를 감소 또는 상실시켜 채권자의 담보권 실행이나 이를 통한 채권실현에 위험을 초래하더라도 배임죄가 성립하지 아니한다(대판 2020.8.27, 2019도14770 全合).

[사실관계] 이 사건 회사의 대표이사인 피고인은 피해자에게 금전채무에 대한 담보로 이 사건 회사 소유의 기계에 대하여 동산·채권 등의 담보에 관한 법률에 의한 동산담보권을 설정했음에도 제3자에게 위 기계를 매도하였다.

[반대의견] 동산 양도담보는 채권담보를 목적으로 동산소유권을 채권자에게 신탁적으로 이전하는 형태의 양도담보인 데 반하여, 동산담보권은 동산채권담보법에 따라 창설된 새로운 형태의 담보물권이다. 동산담보권은 저당권과 마찬가지로 동산의 교환가치를 지배하는 물권이다. 동산담보권이 침해된 경우와 같은 물권 침해의 경우까지 **배임죄의 성립을 부정하고 권리행사방해죄로 처벌하도록 길을 터주는 것**은 오히려 그 의도와는 다르게 민사사건의 형사사건화 또는 형사처벌의 과잉을 초래할 수 있다. 결론적으로, 담보권설정자가 동산에 관하여 동산담보권을 설정한 이후 담보권자에게 부담하는 담보물 보관의무와 담보가치 유지의무는 '타인의 사무'에 해당한다. 담보권설정자가 신임관계를 저버리고 동산을 제3자에게 처분함으로써 동산담보권을 침해하는 행위는 당사자 사이의 본질적·전형적 신임관계를 위반한 것으로서 배임죄에 해당한다.

③ 저당권이 설정된 자동차를 임의처분한 경우 및 자동차 이중양도의 경우

ㅇ [저당권이 설정된 자동차를 임의처분한 경우 및 자동차 이중양도의 경우 배임죄 성립 여부가 문제되는 사건] [1] 금전채권채무 관계에서 금전채무의 이행은 어디까지나 채무자가 자신의 급부의무의 이행으로서 행하는 것이므로 이를 두고 채권자의 사무를 맡아 처리하는 것으로 볼 수 없다. 따라서 채무자를 채권자에 대한 관계에서 '타인의 사무를 처리하는 자'에 해당한다고 할 수 없다. …… **저당권설정계약에 따라 채무자가 부담하는 의무**는 담보목적의 달성, 즉 채무불이행 시 담보권 실행을 통한 채권의 실현을 위한 것이므로 저당권설정계약의 체결이나 저당권 설정 전후를 불문하고 당사자 관계의 전형적·본질적 내용은 여전히 **금전채권의 실현** 내지 **피담보채무의 변제**에 있다. 따라서 채무자가 위와 같은 급부의무를 이행하는 것은 **채무자 자신의 사무**에 해당할 뿐이고, 채무자가 통상의 계약에서의 이익대립관계를 넘어서 채권자와의 신임관계에 기초하여 채권자의 사무를 맡아 처리한다고 볼 수 없으므로 채무자를 채권자에 대한 관계에서 배임죄의 주체인 '타인의 사무를 처리하는 자'에 해당한다고 할 수 없다. 그러므로 채무자가 담보물을 제3자에게 처분하는 등으로 담보가치를 감소 또는 상실시켜 채권자의 담보권 실행이나 이를 통한 채권실현에 위험을 초래하더라도 배임죄가 성립하지 아니한다. / 위와 같은 법리는, 금전채무를 담보하기 위하여 **「공장 및 광업재단 저당법」에 따라 저당권이 설정된 동산을 채무자가 제3자에게 임의로 처분한 사안**에도 마찬가지로 적용된다. [2] 위와 같은 법리는 **권리이전에 등기·등록을 요하는 동산에 대한 매매계약**에서도 동일하게 적용되므로, 자동차 등의 매도인은 매수인에 대하여 그의 사무를 처리하는 지위에 있지 아니하여, 매도인이 매수인에게 소유권이전등록을 하지 아니하고 타에 처분하였다고 하더라도 마찬가지로 배임죄가 성립하지 아니한다(대판 2020.10.22, 2020도6258 全合).

[사실관계] 피고인은 피해자 메리츠캐피탈 주식회사에게 **저당권을 설정해 준 버스**를 임의처분하였고, 피해자에게 버스를 **매도**하기로 하여 중도금까지 지급받았음에도 버스에 **공동근저당권을 설정**하였다. 대법원은 피고인의 의무는 저당권설정계약 또는 매매계약에 따른 피고인의 사무일 뿐 타인의 사무라고 볼 수 없다는 이유로 원심을 파기한 사안

[동지판례] **자동차 등에 관하여 양도담보설정계약을 체결한 채무자**는 채권자에 대하여 그의 사무를 처리하는 지위에 있지 아니하므로, 채무자가 채권자에게 양도담보설정계약에 따른 의무를 다하지 아니하고 이를 타에 처분하였다고 하더라도 배임죄가 성립하지 아니한다(대판 2022.12.22, 2020도8682 全合).

7 공범

(1) 업무상 배임죄의 실행으로 인하여 이익을 얻게 되는 거래상대방인 수익자(거래상대방의 대향적 행위의 존재를 필요로 하는 유형의 배임죄에서 거래상대방)는 해당 거래행위가 배임행위에 해당한다는 점을 인식하였더라도 그러한 사정만으로는 배임죄의 공범으로 처벌할 수 없다.

(2) 그러나 배임의 결의를 하게 하여 교사하였다거나 배임행위의 전 과정에 관여하는 등 배임행위에 적극 가담한 경우에는 배임죄의 교사범 또는 공동정범이 성립할 수 있다.

ㅇ 업무상배임죄의 실행으로 인하여 이익을 얻게 되는 수익자 또는 그와 밀접한 관련이 있는 제3자를 배임의 실행행위자와 공동정범으로 인정하기 위하여는 실행행위자의 행위가 피해자 본인에 대한 배임행위에 해당한다는 것을 알면서도 소극적으로 그 배임행위에 편승하여 이익을 취득한 것만으로는 부족하고, / 실행행위자의 배임행위를 교사하거나 또는 배임행위의 전 과정에 관여하는 등으로 배임행위에 적극 가담할 것을 필요로 한다(대판 2003.10.30, 2003도4382).

ㅇ 거래상대방의 대향적 행위의 존재를 필요로 하는 유형의 배임죄에 있어서 거래상대방으로서는 기본적으로 배임행위의 실행행위자와는 별개의 이해관계를 가지고 반대편에서 독자적으로 거래에 임한다는 점을 감안할 때, 거래상대방이 배임행위를 교사하거나 그 배임행위의 **전 과정에 관여하는 등으로 배임행위에 적극가담**함으로써 그 실행행위자와의 계약이 반사회적 법률행위에 해당하여 무효로 되는 경우 배임죄의 교사범 또는 공동정범이 될 수 있음은 별론으로 하고, / 관여의 정도가 거기에까지 이르지 아니하여 법질서 전체적인 관점에서 살펴볼 때 사회적 상당성을 갖춘 경우에 있어서는 비록 **정범의 행위가 배임행위에 해당한다는 점을 알고 거래에 임하였다는 사정**이 있어 외견상 방조행위로 평가될 수 있는 행위가 있었다 할지라도 범죄를 구성할 정도의 위법성은 없다고 봄이 상당하다(대판 2005.10.28, 2005도4915).

[사실관계] 1인 회사의 주주가 개인적 거래에 수반하여 법인 소유의 부동산을 담보로 제공한다는 사정을 거래상대방이 **알면서** 가등기의 설정을 요구하고 그 가등기를 경료받은 경우라고 하더라도, 거래상대방은 배임행위의 방조범에 해당하지 않는다.

관련 판례 배임죄의 공범

1) 甲이 乙의 자금 지원 등을 통해 丙 주식회사를 인수한 다음 乙의 요구에 따라 丙 회사로 하여금 별다른 반대급부도 받지 않고 丁 주식회사의 乙에 대한 금전채무와 그 담보 목적으로 丁회사가 발행한 약속어음채무를 연대보증하도록 하였는데, 甲은 그 후 乙이 위 위 연대보증에 기초하여 강제집행을 할 때 丙 회사가 아무런 이의를 제기하지 않기로 하는 약정을 乙과 체결하여 乙이 丙회사로부터 약속어음금을 추심하도록 함으로써 丙 회사에 손해를 입게 한 경우, 위 약속어음채무 연대보증행위나

이의부제기 약정 등이 법률상 무효라고 하더라도 甲과 乙은 배임죄의 죄책을 진다(대판 2013.4.11, 2012도15890).

→ 乙은 甲의 배임행위 전 과정에 적극적으로 가담한 이상 배임죄의 공동정범에 해당한다.

2) **[명의신탁 된 특허권양도양수계약사건]** 乙은 특허권이 甲의 소유가 아니라는 사정을 알 수 있었던 상황에서 특허권에 대하여 피해자들로부터 명의신탁을 받아 관리하는 업무를 맡아오던 甲에게 '특허권을 이전해 달라'는 제의를 한 후, 甲과 대금을 1,000만 원으로 정하여 **특허권양도양수계약**을 체결하였다. 이후 乙은 甲으로부터 위 특허권에 관하여 乙 앞으로 이전등록 받음과 동시에 甲에게 대금 1,000만 원을 지급하여 주었다 하더라도, 乙을 업무상배임죄의 공동정범으로 인정할 수 없다(대판 2016.10.13, 2014도17211).

∵ 乙이 배임의 의사가 없었던 甲에게 배임의 결의를 하게 하여 교사하였다거나 배임행위의 전 과정에 관여하는 등 배임행위에 적극 가담하였다고 단정하기 어려우므로

→ 甲에게는 업무상 배임죄 성립 ○ ↔ 특허권은 재물이 아니므로 횡령죄의 객체 ×

8 죄수 및 타죄와의 관계

관련 판례 죄수 및 타죄와의 관계

1) 배임행위가 본인 이외의 제3자에 대한 사기죄를 구성한다 하더라도 그로 인하여 본인에게 손해가 생긴 때에는 사기죄와 함께 배임죄가 성립하고, 두 죄는 실체적 경합의 관계에 있다(대판 1987.4.28, 83도1568).
[동지판례] 건물관리인이 건물주로부터 월세임대차계약 체결업무를 위임받고도 임차인들을 속여 전세임대차계약을 체결하고 그 보증금을 편취한 경우, 사기죄와 별도로 업무상배임죄가 성립하고 두 죄가 실체적 경합범의 관계에 있다(대판 2010.11.11, 2010도10690). → 사기죄와 배임죄의 실체적 경합

2) **업무상배임행위에 사기행위가 수반된 때의 죄수 관계**에 관하여 보면, 양 죄는 그 구성요건을 달리하는 별개의 범죄이고 형법상으로도 각각 별개의 장(章)에 규정되어 있어, 1개의 행위에 관하여 사기죄와 업무상배임죄의 각 구성요건이 모두 구비된 때에는 양 죄를 법조경합 관계로 볼 것이 아니라 **상상적 경합관계**로 봄이 상당하다 할 것이고, 나아가 업무상배임죄가 아닌 단순배임죄라고 하여 양죄의 관계를 달리 보아야 할 이유도 없다(대판 2002.7.18, 2002도669 全合).
[사실관계] 타인의 사무를 처리하는 자가 기망행위를 수단으로 배임행위를 한 경우 사기죄와 배임죄의 상상적 경합이다. → 사기죄와 배임죄의 상상적 경합

3) 아파트 소유권자인 피고인이 가등기권리자 갑에게 아파트에 관한 소유권이전청구권가등기를 말소해 주면 대출은행을 변경한 후 곧바로 다시 가등기를 설정해 주겠다고 속여 가등기를 말소하게 하여 재산상 이익을 편취하고, 가등기를 회복해 줄 임무에 위배하여 아파트에 제3자 명의로 근저당권 및 전세권설정등기를 마친 경우, **사기죄**를 인정하는 이상 **비양립적 관계**에 있는 **배임죄는 별도로 성립하지 않는다**(대판 2017.2.15, 2016도15226).
∵ 약속대로 가등기를 회복해주지 않고 제3자에게 근저당권설정등기 등을 마쳐준 행위는 처음부터 가등기를 말소시켜 이익을 취하려는 사기범행에 당연히 예정된 결과에 불과해 그 사기범행의 실행행위에 포함된 것이므로
→ 사기죄 ○, 배임죄 ×

4) **[질권설정 후 예금인출사건]** 민법 제353조에 의하면 질권자는 질권의 목적이 된 채권을 직접 청구할 수 있으므로, 피고인의 예금인출동의행위는 이미 배임행위로써 이루어진 질권설정행위의 사후조처에 불과하여 새로운 법익의 침해를 수반하지 않는 이른바 불가벌적 사후행위에 해당하고, 별도의 횡령죄를 구성하지 않는다(대판 2012.11.29, 2012도10980).

[사실관계] 甲주식회사 대표이사가 자신의 채권자 乙에게 차용금에 대한 담보로 甲회사 명의 정기예금에 질권을 설정하여 주었는데, 그 후 乙이 차용금과 정기예금의 변제기가 모두 도래한 이후 정기예금계좌에 입금되어 있던 甲회사 자금을 전액 인출할 수 있도록 동의해 준 경우 배임죄 외에 별도로 횡령죄까지 성립하는 것은 아니다. → 배임죄 ○, 횡령죄 ×

5) 회사의 사무를 처리하는 자가 회사로 하여금 자신의 채무에 관하여 연대보증채무를 부담하게 한 다음 회사의 자금을 보관하는 자의 지위에서 이를 임의로 인출하여 위 개인채무의 변제에 사용한 행위는 배임죄와 별도로 횡령죄를 구성한다(대판 2011.4.14, 2011도277).
   ∵ 회사자금을 임의로 인출한 후 개인채무변제에 사용한 행위는 배임죄와 다른 새로운 보호법익을 침해하는 행위이므로 → 배임죄 ○, 횡령죄 ○

6) 매수인 甲에게 소유권이전등기를 하여 줄 임무가 있는 토지소유자가 그 임무에 위배하여 그 토지를 처분한다는 정을 알면서 乙이 그 토지를 매수하여 소유권이전등기를 마친 경우 장물취득죄가 성립하지 않는다(대판 1975.12.9, 74도2804). → 배임죄 ○, 장물죄 ×

7) 양도담보로 제공한 후 다시 타에 양도한 물건은 배임행위에 제공한 물건이지 배임행위로 인하여 영득한 물건 자체는 아니므로 장물이라고 볼 수 없다(대판 1983.11.8, 82도2119). → 배임죄 ○, 장물죄 ×

8) **형법 제356조의 업무상배임죄**는 업무상의 임무에 위배하여 제355조 제2항의 죄를 범한 때에 성립하는데, 취득한 재산상 이익의 가액이 얼마인지는 범죄 성립에 영향을 미치지 아니한다. / 반면 **배임 또는 업무상배임으로 인한 특정경제범죄 가중처벌 등에 관한 법률**(이하 '특정경제범죄법'이라 한다) **제3조 위반죄**는 취득한 재산상 이익의 가액(이하 '이득액'이라 한다)이 5억 원 이상 또는 50억 원 이상이라는 것이 범죄구성요건의 일부로 되어 있고 이득액에 따라 형벌도 매우 가중되어 있으므로, 업무상배임으로 취득한 재산상 이익이 있더라도 가액을 구체적으로 산정할 수 없는 경우에는, 재산상 이익의 가액을 기준으로 가중 처벌하는 특정경제범죄법 제3조를 적용할 수 없다(대판 2015.9.10, 2014도12619).

Ⅲ 업무상배임죄

업무상의 임무에 위배하여 배임죄를 범한 경우 성립하는 범죄이다(제356조). 이중의 신분을 요하는 부진정신분범이다.

- 업무상배임죄에 있어서 타인의 사무를 처리하는 자란 고유의 권한으로서 그 처리를 하는 자에 한하지 않고 그 자의 보조기관으로서 직접 또는 간접으로 그 처리에 관한 사무를 담당하는 자도 포함한다(대판 2004.6.24, 2004도520).
- 업무상 배임죄에서 업무의 근거는 법령, 계약, 관습의 어느 것에 의하건 묻지 않고, 사실상의 것도 포함한다(대판 2000.3.14, 99도457).
- 대학교 총장으로 대학교 업무 전반을 총괄함과 동시에 학교법인의 이사로서 학교법인 이사회에 상당한 영향력을 행사하고 있는 자가 학교법인의 이사로서 이사회에 참석하여 명예총장에 추대하는 결의에 찬성하고, 이사회의 결의에 따라 대학교의 총장으로서 대학교의 교비로써 명예총장의 활동비 및 전용 운전사의 급여를 지급한 경우, 업무상배임죄의 주체가 될 수 있다(대판 2003.1.10, 2002도758).

IV 배임수재죄

제357조 【배임수증재】
① 타인의 사무를 처리하는 자가 그 임무에 관하여 부정한 청탁을 받고 재물 또는 재산상의 이익을 취득하거나 제3자로 하여금 이를 취득하게 한 때에는 5년 이하의 징역 또는 1천만원 이하의 벌금에 처한다.
② 제1항의 재물 또는 재산상 이익을 공여한 자는 2년 이하의 징역 또는 500만원 이하의 벌금에 처한다.
③ 범인 또는 그 사정을 아는 제3자가 취득한 제1항의 재물은 몰수한다. 그 재물을 몰수하기 불가능하거나 재산상의 이익을 취득한 때에는 그 가액을 추징한다. [시행 2021.12.9.]

제359조 【미수범】
제355조 내지 제357조의 미수범은 처벌한다.

Thema 정리 **배임수증재죄**

1. 주체 : 재산상 사무처리자에 제한 ×
2. 손해 : 요건 ×
3. 객체 : 재물도 포함 ○
4. 제3자에게 이득을 취득케하는 행위 : (포함×) → 개정으로 **포함** ○ = 제3자 뇌물제공죄
5. 요구·약속·공여의 의사표시 : 미수로 처벌(多) ↔ **뇌물죄** : 미수×(뇌물수수, 요구, 약속 처벌)

1 의의

타인의 사무를 처리하는 자가 그 임무에 관하여 부정한 청탁을 받고 재물 또는 재산상의 이익을 취득하거나 제3자로 하여금 이를 취득하게 하는 것을 내용으로 하는 범죄이다(제357조). 이는 뇌물죄의 수뢰죄에 상응하는 규정이다. 보호법익은 사무처리의 청렴성 내지 공정성이고, 보호의 정도는 침해범이다.

2 주체

타인의 사무를 처리하는 자이다(진정신분범). 배임죄와 달리 재산상 사무를 처리하는 자에 한정되지 않는다. 예 대학교수, 신문기자, 방송국 프로듀서, 병원 의사 등

o 배임수재죄의 주체로서 '타인의 사무를 처리하는 자'란 타인과 대내관계에서 신의성실의 원칙에 비추어 사무를 처리할 신임관계가 존재한다고 인정되는 자를 의미하고, 반드시 제3자에 대한 대외관계에서 사무에 관한 권한이 존재할 것을 요하지 않는다(대판 2011.8.25, 2009도5618).

o 타인의 사무를 처리하는 자가 그 신임관계에 기한 사무의 범위에 속한 것으로서 **장래에 담당할 것이 합리적으로 기대되는 임무**에 관하여 부정한 청탁을 받고 재물 또는 재산상 이익을 취득한 후 그 청탁에 관한 임무를 현실적으로 담당하게 되었다면 이로써 타인의 사무를 처리하는 자의 청렴성은 훼손되는 것이어서 배임수재죄의 성립을 인정할 수 있다(대판 2010.4.15, 2009도4791).
[사실관계] 방송국 예능담당 프로듀서인 피고인이 연예기획사 운영자로부터 상당한 시세차익이 예상되는 주식의 매수기회를 제공받음으로써 피고인이 제작하는 예능프로그램 등에 그 소속 연예인을 출연시키거나 뮤직비디오를 방영해 달라는 청탁을 받고, 이 주식을 매수함으로써 재산상 이익을 취득한 경우, 배임수재죄가 성립한다.

[**비교판례**(지위취득 전 부정한 청탁사건)] 배임수재죄는 타인의 사무를 처리하는 지위를 가진 자에게 부정한 청탁을 행하여야 성립하는 것으로 형법 제357조 제1항에 규정되어 있고, **타인의 사무를 처리하는 자의 지위를 취득하기 전**에 부정한 청탁을 받은 행위를 처벌하는 별도의 구성요건이 존재하지 않는 이상, 타인의 사무처리자의 지위를 취득하기 전에 부정한 청탁을 받은 경우에 배임수재죄로는 처벌할 수 없다고 보는 것이 죄형법정주의의 원칙에 부합한다고 할 것이다(대판 2010.7.22, 2009도12878).
[**사실관계**] 甲이 乙로부터 A건설 컨소시엄이 제출한 설계도면에 경쟁업체보다 유리한 점수를 주어 A건설 컨소시엄이 낙찰받을 수 있도록 해달라는 취지의 청탁을 받고 금품을 취득한 이후에 실제로 건설사업의 평가위원으로 위촉되었다면 甲에게 배임수재죄가 성립하지 않는다.

3 객체

재물 또는 재산상 이익이다. 배임죄와 달리 재물도 포함된다.

4 행위

임무에 관하여 부정한 청탁을 받고 재물 또는 재산상 이익을 취득하거나 제3자로 하여금 취득하게 하는 것이다.

(1) 임무에 관하여

○ '임무에 관하여'라 함은 타인의 사무를 처리하는 자가 위탁받은 사무를 말하는 것이나, 이는 그 위탁관계로 인한 본래의 사무뿐만 아니라 그와 밀접한 관계가 있는 범위 내의 사무도 포함되는 것이다(대판 2010.9.9, 2009도10681).

(2) 부정한 청탁

① 부정한 청탁이란 청탁이 사회상규와 신의성실의 원칙에 반하는 것을 말한다. 반드시 업무상 배임의 내용이 되는 정도에 이를 필요는 없다. 청탁은 반드시 명시적으로 이루어져야 하는 것은 아니고, 묵시적으로 이루어지더라도 무방하다.

○ 배임수증죄에 있어서 부정한 청탁이라 함은 청탁이 사회상규와 신의성실의 원칙에 반하는 것을 말하고, 이를 판단함에 있어서는 청탁의 내용과 이와 관련되어 교부받거나 공여한 재물의 액수, 형식, 보호법익인 사무처리자의 청렴성 등을 종합적으로 고찰하여야 하며 그 청탁이 반드시 명시적임을 요하는 것은 아니다(대판 2005.1.14, 2004도6646).

② 재물 또는 이익을 공여하는 사람과 취득하는 사람 사이에 부정한 청탁이 개재되지 않는 한 배임수재죄는 성립하지 않는다.

○ 임무에 관하여 부정한 청탁을 받고 재물 또는 재산상 이익을 취득하면 배임수재죄는 성립되고, 어떠한 임무위배행위를 하거나 본인에게 손해를 가하는 것을 요건으로 하지 아니하나, 재물 또는 이익을 공여하는 사람과 취득하는 사람 사이에 부정한 청탁이 개재되지 않는 한 성립하지 않는다(대판 2013.11.14, 2011도11174).

관련 판례 **부정한 청탁에 해당하는 경우**

1) 부정한 청탁이라 함은 업무상 배임에 이르는 정도는 아니나, 이 사건에 있어서와 같이 특정인을 **어떤 직위에 우선적으로 추천해 달라**는 것과 같이 사회상규 또는 신의성실의 원칙에 반하는 것을 내용으로 하는 청탁을 의미한다(대판 1989.12.12, 89도495).
2) 방송국에서 프로그램의 제작연출 등의 사무를 처리하는 프로듀서에게 담당 방송프로그램에 **특정 가수의 노래만을 자주 방송하여 달라**는 청탁을 한 경우 부정한 청탁에 해당한다(대판 1991.1.15, 90도2257).
3) 대학교수가 **특정출판사의 교재를 채택하여 달라**는 청탁을 받고 교재 판매대금의 일정비율에 해당하는 금원을 받은 경우 배임수재죄가 성립한다(대판 1996.10.11, 95도2090).
4) 乙이 정상적으로 KOC 위원의 위촉절차를 밟지 않고 당시 KOC 위원장이면서 체육계에 막강한 힘을 가지고 있던 甲의 힘을 빌어 KOC 위원이 되고자 甲에게 KOC 위원으로 선임해 달라는 등의 부탁을 한 것은 사회상규 또는 신의성실의 원칙에 반하는 부정한 청탁이라 할 것이고, 甲은 KOC 위원장으로서 업무를 처리하는 과정에서 위와 같이 乙로부터 "KOC 위원으로 선임해 달라, 부산아시아경기대회 조직위원회 조직위원 및 KOC 상임위원으로 선임해 달라."는 등의 부정한 청탁을 받고 합계 1억 3,000만 원을 교부받았으므로 **배임수재죄**가 성립한다(대판 2005.1.14, 2004도6646).
5) 회원제 골프장의 예약업무 담당자가 부킹대행업자의 청탁에 따라 **회원에게 제공해야 하는 주말 부킹권을 부킹대행업자에게 판매**하고 그 대금 명목의 금품을 받은 경우 배임수재죄에 해당한다(대판 2008.12.11, 2008도6987).
6) 대학병원 의사인 피고인이, **의약품 등을 지속적으로 납품할 수 있도록 해달라**는 부탁 또는 의약품 등을 사용해 준 대가로 제약회사 등으로부터 명절 선물이나 골프 접대 등 향응을 제공받았다면 배임수재죄가 성립한다(대판 2011.8.18, 2010도10290).
   ∵ 골프접대비, 회식비 등은 부정한 청탁의 대가로 단순한 사교적 의례 범위에 해당하지 않으므로
   [비교판례] 대학병원 등의 의사인 피고인들이, 제약회사 등이 제공하는 **조영제**에 관한 '시판 후 조사'(PMS, Post Marketing Surveillance) **연구용역계약**을 체결하고 연구비 명목의 돈을 수수한 경우 배임수재죄가 성립하지 않는다(대판 2011.8.18, 2010도10290).
   ∵ 제약회사 등의 조영제 납품에 관한 부정한 청탁 또는 대가 지급 의도로 체결된 것으로 볼 수 없으므로
7) **보도의 대상이 되는 자가 언론사 소속 기자에게 소위 '유료 기사' 게재를 청탁하는 행위**는 사실상 '광고'를 '언론 보도'인 것처럼 가장하여 달라는 것으로서 언론 보도의 공정성 및 객관성에 대한 공공의 신뢰를 저버리는 것이므로, 배임수재죄의 **부정한 청탁에 해당**한다. 설령 '유료 기사'의 내용이 객관적 사실과 부합하더라도, 언론 보도를 금전적 거래의 대상으로 삼은 이상 그 자체로 부정한 청탁에 해당한다(대판 2021.9.30, 2019도17102).

관련 판례 **부정한 청탁에 해당하지 않는 경우**

1) 각자 직무권한 범위 내에서 업무를 처리함에 있어 **제반 편의를 보아달라**는 취지의 부탁을 한 사실이 인정될 뿐 위법하게 또는 부당하게 처리해 줄 것을 부탁한 것으로는 보여지지 아니한다면 부정한 청탁에 해당하지 않는다(대판 1980.4.8, 79도3108)
2) 청탁한 내용이 단순히 규정이 허용하는 범위 내에서 **최대한의 선처를 바란다**는 내용에 불과한 경우 부정한 청탁에 해당하지 않는다(대판 1982.9.28, 82도1656).

[동지판례] 청탁한 내용이 단순히 규정이 허용하는 범위 내에서 최대한의 선처를 바란다는 내용에 불과하거나 위탁받은 사무의 적법하고 정상적인 처리범위에 속하는 것이라면 이는 사회상규에 어긋난 부정한 청탁이라고 볼 수 없고 이러한 청탁의 사례로 금품을 수수한 것은 배임수재에 해당하지 않는다(대판 2011.4.14, 2010도8743).

3) 계약관계를 유지시켜 기존권리를 확보하기 위한 부탁을 한 경우 부정한 청탁에 해당하지 않는다(대판 1985.10.22, 85도465)

4) 학교법인의 이사장 또는 사립학교경영자가 학교법인 운영권을 양도하고 양수인으로부터 양수인 측을 학교법인의 임원으로 선임해 주는 대가로 양도대금을 받기로 하는 내용의 청탁을 받았다 하더라도, 특별한 사정이 없는 한 그 청탁을 배임수재죄의 구성요건인 '부정한 청탁'에 해당한다고 할 수 없다(대판 2014.1.23, 2013도11735). 137)

(3) 재물 또는 재산상 이익 취득

① 재물 또는 재산상 이익의 취득은 부정한 청탁과 관련되어 있어야 한다(대가). 따라서 부정한 청탁이 있었다 하더라도 그 청탁과 관계없이 금품을 받은 경우 배임수재죄가 성립하지 않는다.

o 다른 사람이 재물 또는 재산상 이익을 취득한 때에도 그 다른 사람이 부정한 청탁을 받은 자의 사자 또는 대리인으로서 재물 또는 재산상 이익을 취득한 경우나 그 밖에 평소 부정한 청탁을 받은 자가 그 다른 사람의 생활비 등을 부담하고 있었다거나 혹은 그 다른 사람에 대하여 채무를 부담하고 있었다는 등의 사정이 있어 그 다른 사람이 재물 또는 재산상 이익을 받음으로써 부정한 청탁을 받은 자가 그만큼 지출을 면하게 되는 경우 등 **사회통념상 그 다른 사람이 재물 또는 재산상 이익을 받은 것을 부정한 청탁을 받은 자가 직접 받은 것과 같이 평가할 수 있는 관계**가 있다면 위 죄가 성립할 수 있다(대판 2017.12.7, 2017도12129).

[사실관계] 백화점 및 면세점의 입점업체 선정 업무를 총괄하는 피고인이 입점업체들로부터 추가 입점이나 매장 이동 등 입점 관련 편의를 제공해 달라는 청탁을 받고 그 대가로 매장 수익금 등을 **딸에게** 주도록 지시하여 지급받도록 하였다면 배임수재죄가 성립한다.

② 제3자로 하여금 취득하게 하는 것도 포함한다.

o **[신문사 기자들이 홍보성 기사를 작성해달라는 청탁을 받고 소속 신문사 계좌로 금원을 입금 받은 행위가 배임수재죄에 해당하는지 여부가 문제된 사건]** 개정 형법 제357조의 보호법익 및 체계적 위치, 개정 경위, 법문의 문언 등을 종합하여 볼 때, 개정 형법이 적용되는 경우에도 **'제3자'**에는 다른 특별한 사정이 없는 한 사무처리를 위임한 타인은 포함되지 않는다고 봄이 타당하다(대판 2021.9.30, 2019도17102).

[사실관계] 신문사 기자들이 홍보성 기사를 작성해달라는 청탁을 받고 **소속 신문사 계좌로 금원을 입금 받은 행위**에 대해 배임수재죄로 기소되었는데, ① 배임수재죄에서의 **'부정한 청탁'**의 요건에는 **해당**하나, ② **'제3자'의 요건에 해당하지 않는다**는 이유로 무죄를 선고한 사례

→ 타인의 사무처리자의 '타인' ≠ 제3자로 하여금 취득하게 한 때의 '제3자'

137) 2020년 변호사시험

관련 판례 **재물 또는 재산상 이익 취득 관련 판결들**

1) 타인의 사무를 처리하는 자가 그 임무에 관하여 부정한 청탁을 받은 이상 그 후 **사직으로 인하여 그 직무를 담당하지 아니하게 된 상태**에서 재물을 수수하게 되었다 하더라도, 그 재물 등의 수수가 부정한 청탁과 관련하여 이루어진 것이라면 배임수재죄가 성립한다(대판 1997.10.24, 97도2042).
   ∵ 반드시 수재 당시에도 그와 관련된 임무를 현실적으로 담당하고 있음을 요건으로 하는 것은 아니므로

2) 타인의 업무를 처리하는 사람에게 공여한 금품에 부정한 청탁의 대가로서의 성질과 그 외의 행위에 대한 사례로서의 성질이 **불가분적으로 결합되어 있는 경우**에는 그 전부가 불가분적으로 부정한 청탁의 대가로서의 성질을 갖는 것으로 보아야 한다(대판 2015.7.23, 2015도3080).

3) [명의신탁 된 특허권양도양수계약사건] 배임수재죄 및 배임증재죄에서 공여 또는 취득하는 재물 또는 재산상 이익은 부정한 청탁에 대한 대가 또는 사례여야 한다. 따라서 거래상대방의 대향적 행위의 존재를 필요로 하는 유형의 배임죄에서 그 거래상대방이 양수대금 등 그 해당 거래에 따른 **계약상 의무를 이행**하고 배임행위의 실행행위자가 이를 이행받은 것을 두고 부정한 청탁에 대한 대가로 수수하였다고 쉽게 단정하여서는 아니 된다(대판 2016.10.13, 2014도17211).
   [사실관계] 乙은 특허권이 甲의 소유가 아니라는 사정을 알 수 있었던 상황에서 특허권에 대하여 피해자들로부터 명의신탁을 받아 관리하는 업무를 맡아오던 甲에게 '특허권을 이전해 달라'는 제의를 한 후, 甲과 대금을 1,000만 원으로 정하여 **특허권양도양수계약**을 체결하였다. 이후 乙은 甲으로부터 위 특허권에 관하여 乙 앞으로 이전등록 받음과 동시에 甲에게 대금 1,000만 원을 지급하여 준 경우 배임수·증재죄가 성립하지 않는다.

4) 타인의 사무를 처리하는 자가 증재자로부터 돈이 입금된 계좌의 예금통장이나 이를 인출할 수 있는 **현금카드나 신용카드**를 교부받아 언제든지 예금된 돈을 인출할 수 있다면 예금된 돈을 취득한 것으로 보아야 한다(대판 2017.12.5, 2017도11564).

(4) 미수 및 기수시기

① 재물 또는 재산상 이익을 현실적으로 취득하여야 기수가 된다.

> ○ 형법 제357조 제1항에서 규정한 배임수재죄는 타인의 사무를 처리하는 자가 그 임무에 관하여 부정한 청탁을 받고 재물 또는 재산상의 이익을 취득한 경우에 성립하고, 재물 또는 이익의 취득만으로 바로 기수에 이르며, 그 청탁에 상응하는 부정행위 내지 배임행위에 나아갈 것이 요구되지 아니한다(대판 2010.9.9, 2009도10681).

② 현실적인 취득이 있어야 하므로 재물 또는 재산상 이익의 요구·약속 또는 공여의 의사표시만 있고 취득이 없으면 미수가 된다.

> ○ 배임수재죄에서 말하는 '재산상의 이익의 취득'이라 함은 현실적인 취득만을 의미하므로 단순한 요구 또는 약속만을 한 경우에는 이에 포함되지 아니한다(대판 1999.1.29, 98도4182).
> **[사실관계]** 골프장 회원권에 관하여 피고인 명의로 명의변경이 이루어지지 아니한 이상 피고인이 현실적으로 재산상 이익을 취득하지 않았다는 이유로 배임수재죄의 성립을 부정한 사례

③ 재산상 손해발생 여부는 범죄성립에 영향이 없다.

5 주관적 구성요건요소

배임수재죄가 성립하려면 고의와 불법영득(이득)의사가 있어야 한다.

o 조합 이사장이 조합이 주관하는 도자기 축제의 대행기획사를 선정하는 과정에서 최종 기획사로 선정된 회사로부터 조합운영비 지급을 약속받고 위 축제가 끝난 후 조합운영비 명목으로 현금 3,000만 원을 교부받아 조합운영비로 사용한 경우, 이사장이 개인적인 이익을 위해서가 아니라 조합의 이사장으로서 위 금원을 받아 조합의 운영경비로 사용한 것이므로 배임수재죄가 성립하지 않는다(대판 2008.4.24, 2006도1202).

6 죄수 및 타죄와의 관계

(1) 타인의 사무처리자가 부정한 청탁을 받고 재산상 이익을 취득한 후 배임행위에까지 나아간 경우 배임수재죄와 배임죄가 성립하고 양죄는 실체적 경합범관계이다.

o 형법 제357조 제1항의 배임수재죄는 타인의 사무를 처리하는 자가 그 임무에 관하여 부정한 청탁을 받고 재물 등을 취득함으로써 성립하는 것이고 어떠한 임무 위배행위나 본인에게 손해를 가한 것을 요건으로 하는 것이 아닌데 대하여, 제355조 제2항의 배임죄는 타인의 사무를 처리하는 자가 그 임무에 위배하는 행위가 있어야 하고 그 행위로서 본인에게 손해를 가함으로써 성립하는 것이나 부정한 청탁을 받거나 금품을 수수한 것을 그 요건으로 하지 않고 있으므로 이들 양 죄는 행위의 태양을 전연 달리하고 있어 **일반법과 특별법관계가 아닌 별개의 독립된 범죄**라고 보아야 하고, 업무상 배임죄가 배임수재죄에 흡수되는 관계에 있다거나 결과적가중범의 관계에 있다고는 할 수 없으므로 양죄를 경합범으로 처단한 것은 정당하다(대판 1984.11.27, 84도1906).
[동지판례] 배임수재죄는 임무에 관하여 부정한 청탁을 받고 재물 또는 재산상 이익을 취득하면 성립되고, 어떠한 임무위배행위를 하거나 본인에게 손해를 가하는 것을 요건으로 하지 아니한다(대판 2011.2.24, 2010도11784).
→ 그 부정한 청탁에 상응하는 부정행위 내지 배임행위에 나아간 경우 별도로 배임죄가 성립하고, 배임수재죄와 경합범이 된다.

(2) 배임수재죄와 배임증재죄는 필요적 공범의 관계에 있으나, 배임증재죄는 성립하지 않으면서 배임수재죄만이 성립할 수도 있다.

o 형법 제357조 제1항의 배임수재죄와 같은 조 제2항의 배임증재죄는 통상 필요적 공범의 관계에 있기는 하나 이것은 반드시 수재자와 증재자가 같이 처벌받아야 하는 것을 의미하는 것은 아니고 증재자에게는 정당한 업무에 속하는 청탁이라도 수재자에게는 부정한 청탁이 될 수도 있는 것이다(대판 1991.1.15, 90도2257).

o 부동산에 처분금지가처분결정을 받아 가처분집행까지 마친 경우 가처분권자로서는 가처분 유지로 인한 재산상 이익이 인정되고, 그 후 가처분의 피보전채권이 존재하지 않는 것으로 밝혀졌더라도 가처분 유지로 인한 재산상 이익이 있었던 것으로 보아야 한다(대판 2011.10.27, 2010도7624).
[사실관계] 甲 주식회사를 사실상 관리하는 乙이 甲 회사가 사업용 부지로 매수한 토지에 관하여 처분금지가처분등기를 마쳐두었는데, 토지를 매수하려는 丙에게서 가처분을 취하해 달라는 청탁을 받고 돈을 수수한 경우, 乙이 받은 돈은 부정한 청탁의 대가임이 분명하고 乙에게 부정한 청탁에 대한 인식이 없었다고

볼 수 없어 배임수재죄가 성립하나, / 반면 丙은 사업의 더 큰 손실을 피하기 위하여 가처분 취하의 대가로 乙이 지정하는 계좌로 돈을 송금한 점 등 제반 사정에 비추어, 丙이 돈을 교부한 행위는 사회상규에 위배되지 아니하여 배임증재죄를 구성할 정도의 위법성이 없다.

(3) 공동의 사기 범행으로 인하여 얻은 돈을 공범자끼리 수수한 행위가 공동정범들 사이의 범행에 의하여 취득한 돈이나 재산상 이익의 내부적인 분배행위에 지나지 않는다면 돈의 수수행위가 따로 배임수증재죄를 구성한다고 볼 수는 없다(대판 2016.5.24, 2015도18795).

7 몰수 · 추징

범인 또는 정(情)을 아는 제3자가 취득한 제1항의 재물은 몰수한다. 그 재물을 몰수하기 불가능하거나 재산상의 이익을 취득한 때에는 그 가액을 추징한다(제357조 제3항).

ㅇ 형법은 제357조 제1항에서 배임수재죄를, 제2항에서 배임증재죄를 규정하고, 이어 제3항에서 "범인이 취득한 **제1항의 재물은 몰수한다**. 그 재물을 몰수하기 불능하거나 재산상의 이익을 취득한 때에는 그 가액을 추징한다."라고 규정하고 있다. 배임수재죄와 배임증재죄는 이른바 대향범으로서 위 제3항에서 필요적 몰수 또는 추징을 규정한 것은 범행에 제공된 재물과 재산상 이익을 박탈하여 부정한 이익을 보유하지 못하게 하기 위한 것이므로, **제3항에서 몰수의 대상으로 규정한 '범인이 취득한 제1항의 재물'**은 배임수재죄의 범인이 취득한 목적물이자 배임증재죄의 범인이 공여한 목적물을 가리키는 것이지 배임수재죄의 목적물만을 한정하여 가리키는 것이 아니다(대판 2017.4.7, 2016도18104).
[사실관계] 수재자가 증재자로부터 받은 재물을 그대로 가지고 있다가 증재자에게 반환하였다면 증재자로부터 이를 몰수하거나 그 가액을 추징하여야 한다.

V 배임증재죄

타인의 사무를 처리하는 자에게 그 임무에 관하여 부정한 청탁을 하고 재물 또는 이익을 공여함으로써 성립하는 범죄이다(제357조 제2항). 뇌물죄의 증뢰죄에 상응하는 규정이다. 배임수재죄와는 필요적 공범관계이다.

ㅇ 형법 제357조 제1항의 배임수재죄와 같은 조 제2항의 배임증재죄는 통상 필요적 공범의 관계에 있기는 하나 이것은 반드시 수재자와 증재자가 같이 처벌받아야 하는 것을 의미하는 것은 아니고, 증재자에게는 정당한 업무에 속하는 청탁이라도 수재자에게는 부정한 청탁이 될 수도 있다(대판 2011.10.27, 2010도7624).

ㅇ 업무상배임죄와 배임증재죄는 별개의 범죄로서 배임증재죄를 범한 자라 할지라도 그와 별도로 타인의 사무를 처리하는 지위에 있는 사람과 공범으로서는 업무상배임죄를 범할 수도 있는 것이다(대판 1999.4.27, 99도883). → 제33조 단서에 의하여 단순배임죄에 정한 형으로 처단

제8절 장물죄

제362조【장물의 취득, 알선 등】
① 장물을 취득, 양도, 운반 또는 보관한 자는 7년 이하의 징역 또는 1천500만원 이하의 벌금에 처한다.
② 전항의 행위를 알선한 자도 전항의 형과 같다.

제363조【상습범】
① 상습으로 전조의 죄를 범한 자는 1년 이상 10년 이하의 징역에 처한다.
② 제1항의 경우에는 10년 이하의 자격정지 또는 1천500만원 이하의 벌금을 병과할 수 있다.

제364조【업무상과실, 중과실】
업무상과실 또는 중대한 과실로 인하여 제362조의 죄를 범한 자는 1년 이하의 금고 또는 500만원 이하의 벌금에 처한다.

제365조【친족간의 범행】
① 전3조의 죄를 범한 자와 피해자간에 제328조 제1항, 제2항의 신분관계가 있는 때에는 동조의 규정을 준용한다.
② 전3조의 죄를 범한 자와 본범간에 제328조 제1항의 신분관계가 있는 때에는 그 형을 감경 또는 면제한다. 단, 신분관계가 없는 공범에 대하여는 예외로 한다.

I 서설

1 의의 및 보호법익

(1) 장물에 관한 죄는 재산범죄에 의하여 영득한 재물인 장물을 취득·양도·운반·보관하거나 이를 알선함으로써 성립하는 범죄이다. 장물범에 대응하여 재산범죄를 범한 자를 **본범**이라 한다. 장물죄의 보호법익은 본범의 피해자의 재산권이라고 보는 견해가 다수설이다. 보호받는 정도에 대하여는 침해범설과 위험범설의 대립이 있다. 장물죄는 미수범처벌규정이 없다는 점에서 위험범이라고 보는 것이 타당하다.

(2) 장물죄는 본범을 은닉하거나 증거를 인멸해주는 본범비호적 성격과 본범이 범죄를 유발하는 본범조장적 성격을 가지고 있다. 또한 재산범죄에 의하여 불법영득한 재물의 처분 등에 사후에 관여한다는 점에서 사후종범성을 지니고 있다. 따라서 형법은 장물죄(7년 이하 징역)를 절도죄(6년 이하 징역)보다 무겁게 처벌하고 있다.

2 구성요건의 체계

기본적 구성요건	장물취득·양도·운반·보관·알선죄 → 법정형 모두 동일!
가중적 구성요건	상습장물죄
미수범 처벌규정	×
예비·음모 처벌규정	×
과실범 처벌규정	업무상과실·중과실 장물죄 ↔ 보통과실 장물죄 : ×

3 장물죄의 본질

Thema 정리 장물죄의 본질

1. 추구권설

본범의 피해자가 점유를 상실한 재물에 대해서 사법상 추구·회복하는 것을 곤란하게 하는 데에 장물죄의 본질이 있다는 견해

→ 1) 장물죄의 본질을 피해자의 측면에서 파악 2) **사법상 추구권**이 없으면 장물성 상실

∴ 예 불법원인급여물, 시효완성된 물건은 장물성 ×

2. 유지설

본범에 의하여 이루어진 위법한 재산상태를 본범 또는 재물의 점유자와의 **합의** 아래 유지·존속시키는 데에 장물죄의 본질이 있다는 견해

→ 불법원인급여물도 장물성 ○ ↔ **장물양도죄를 설명하기 곤란하다는 비판**

3. 공범설

본범이 취득한 범죄적 이익에 사후적으로 참여·가담하는 간접영득죄라는 점에 장물죄의 본질이 있다는 견해

→ 추구권의 유무와 관계없이 피해자와의 견련성이 인정되면 대체장물 또는 본범이 소유권을 취득한 재물에 대해서도 장물성 인정

4. 결합설

위법상태의 유지는 곧 피해자의 추구권행사를 곤란하게 한다는 점에서 표리관계에 있으므로 장물죄는 양자의 결합이 본질이 있다는 견해

→ 장물죄의 행위태양 중 취득·운반·보관·알선은 유지설의 입장에서, 양도는 추구권설의 입장에서 설명

✔ 〈평가〉 공범설은 널리 대체장물까지 장물개념에 포함시키므로 유추적용금지원칙에 반할 위험이 있고, 추구권설은 피해자의 사법상 추구권 실행이 곤란한 경우 장물성을 부정하게 되어 장물죄 성립범위가 좁아지는 흠이 있다. 장물죄는 위법재산상태를 유지함과 더불어 본범 피해자의 추구권을 곤란하게 함으로써 재산상의 손해를 심화시키는 측면을 공유하고 있는 바, 우리 형법상 장물의 이해는 위법재산상태유지설을 근간으로 하고 이에 추구권설을 접목시키는 방법으로 행해져야 한다는 견해가 유력하다.

✔ 〈정리〉 장물성 여부가 문제되는 사안과 학설에 따른 결론

1) 불법원인급여 2) 취소가능한 경우(취소·해지 전) 3) 대체장물

- 추구권설 : 모두 장물성 부정
- 유지설 : 대체장물만 장물성 부정(다수설) ∵ 본범에 의해 영득된 재물이 아니므로
- 공범설 : 모두 장물성 긍정

4 장물의 요건

Thema 정리 장물의 요건

재물성	재산상의 이익이나 권리 또는 정보는 장물이 될 수 없음	전화가입권 ×
	가치장물은 장물이 아님	
	관리할 수 있는 동력에 대해서는 학설 대립	

본범의 성질	• 재산범죄여야 함 • 단, 순수이득범죄인 단순배임죄와 비영득범죄인 손괴죄는 제외	• 장물죄(연쇄장물), 권리행사방해죄, 점유강취죄, 강제집행면탈죄 : ○ • 수뢰죄의 뇌물, 임산물 : ×
	• 영득한 재물일 것 • 재산죄에 의해 작성된 물건, 재산범죄의 수단으로 사용된 재물은 해당 ×	이중매매 또는 양도담보의 목적물인 부동산 ×
본범의 실현 정도	• 구성요건에 해당하고 위법한 행위일 것 • 유책성은 불요, 처벌조건이나 소추조건이 있더라도 무방	• 본범이 책임무능력자 또는 회피할 수 없는 금지착오에 빠진 자 ○ • 공소시효가 완성된 경우나 친족상도례의 적용으로 형이 면제된 경우 ○
	본범의 행위는 적어도 기수에 도달해 있을 것(통설) → **장물의 선재성**	기수 이전에 개입하면 공범에 불과(83도1568)
	횡령에 의한 재물의 영득과 제3자의 매수의 취득이 시간적으로 중복되는 경우 → 보관자의 불법매도를 알면서 매수한 자의 죄책 예 갑이 을에게 회사자금으로 주식매각대금조로 금원을 지급하였는데, 을이 회사 돈일지도 모른다고 생각하고 받은 경우	• **횡령죄의 종범 ×** • **장물취득죄** ○(2004도5904) (∵ 판례는 표현설의 입장)
위법재산 상태의 유지	• 본범에 의해 형성된 위법한 재산상태가 유지되는 한도에서만 장물 인정 • 본범 또는 제3자가 장물에 대하여 소유권을 취득한 때는 장물성 상실	• 본범이 상속한 경우, 제3자가 선의취득한 경우(도품 등은 2년간 장물성 유지) • 피해자가 소유권을 포기하거나 시효에 의한 상실 등의 경우 장물 ×
	불법원인급여물이 장물이 될 수 있는가?	추구권설은 부정, 유지설은 긍정
장물의 동일성	장물은 원칙적으로 재산범죄에 의하여 영득한 물건 자체 → 장물의 처분대가는 장물성 상실(72도971)	문서나 테이프를 복사한 복사물, 장물을 전당잡힌 전당표(73도58), 장물의 매각대금이나 구입물건과 같은 대가장물 ×
	거래관념상 동일성을 잃지 않는 범위 안에서의 변형은 장물성 유지	금반지를 금괴로 변형한 경우 ○
	장물인 통화를 환전한 통화?	장물성 유지(자기앞수표 98도2579)

II 장물죄

장물을 취득, 양도, 운반 또는 보관하거나 앞의 행위들을 알선함으로서 성립하는 범죄다(제362조).

1 주체

(1) 장물죄는 본범이 불법하게 영득한 재물의 처분에 관여하는 범죄이므로 본범은 장물죄의 주체가 될 수 없다. 따라서 본범의 정범(공동정범 · 합동범 · 간접정범)을 제외한 모든 자이다.

ㅇ 장물죄는 타인(본범)이 불법하게 영득한 재물의 처분에 관여하는 범죄이므로 자기의 범죄에 의하여 영득한 물건에 대하여는 성립되지 아니하고 이는 불가벌적 사후행위에 해당한다고 할 것이지만, 여기에서 **자기의 범죄**라 함은 정범자(공동정범과 합동범을 포함한다)에 한정된다(대판 1986.9.9, 86도1273).
[사실관계] 평소 본범과 공동하여 수차 상습으로 절도 등 범행을 자행함으로써 실질적인 범죄집단을 이루고 있었다 하더라도, 당해 범죄행위의 정범자(공동정범이나 합동범)로 되지 아니한 이상 이를 자기의 범죄라고 할 수 없고 따라서 그 장물의 취득을 불가벌적 사후행위라고 할 수 없다.
→ 장물취득죄가 성립한다는 취지

(2) 본범의 교사범과 방조범은 장물죄의 주체가 될 수 있다.[138]

ㅇ 횡령 교사를 한 후 그 횡령한 물건을 취득한 때에는 횡령교사죄와 장물취득죄의 경합범이 성립된다(대판 1969.6.24, 69도692).

2 객체 _ 장물

(1) 재산범죄(본범의 성질)

장물은 재산범죄에 의하여 영득한 재물이어야 하므로, 본범은 재산범죄이어야 한다. 산림법에 의한 산림절도 등 특별법상 재산죄를 포함한다. 그러나 수뢰죄, 통화위조죄, 도박죄, 임산물단속에 관한 법률위반죄 등은 재산죄가 아니므로 장물죄의 본범이 될 수 없다.

ㅇ '장물'이라 함은 재산죄인 범죄행위에 의하여 영득된 물건을 말하는 것으로서 절도·강도·사기·공갈·횡령 등 영득죄에 의하여 취득된 물건이어야 한다(대판 2011.4.28, 2010도15350).

ㅇ 장물죄에 있어서의 장물이 되기 위하여는 본범이 절도, 강도, 사기, 공갈, 횡령 등 재산죄에 의하여 영득한 물건이면 족하고 그중 어느 범죄에 의하여 영득한 것인지를 구체적으로 명시할 것을 요하지 않는다(대판 2000.3.24, 99도5275).

ㅇ [리스자동차수입 장물취득사건] 장물죄의 본범의 행위에 관한 법적 평가는 그 행위에 대하여 우리 형법이 적용되지 아니하는 경우에도 우리 형법을 기준으로 하여야 하고 또한 이로써 충분하므로, 본범의 행위가 우리 형법에 비추어 절도죄 등의 구성요건에 해당하는 위법한 행위라고 인정되는 이상 이에 의하여 영득된 재물은 장물에 해당한다(대판 2011.4.28, 2010도15350).
[사실관계] 대한민국 국민 또는 외국인이 미국 캘리포니아주에서 미국 리스회사와 미국 캘리포니아주의 법에 따라 차량 이용에 관한 리스계약을 체결하였는데, 이후 자동차수입업자인 피고인이 리스기간 중 위 리스이용자들이 임의로 처분한 위 차량들을 수입한 경우, 장물취득죄가 성립한다.

(2) 재산범죄에 의하여 영득

장물은 재산범죄에 의하여 영득한 재물이어야 한다. 그러므로 비영득죄인 자동차 등 불법사용죄, 손괴죄는 장물죄의 본범에 해당되지 않는다. 또한 재산범죄에 의하여 영득한 재물이 아니라 재산범죄의 수단으로 사용된 재물 내지 제공된 재물은 장물이 될 수 없다. 예 배임죄에 제공된 부동산 등

138) 2022년 변호사시험

ㅇ '장물'이라 함은 재산범죄로 인하여 취득한 물건 그 자체를 말하므로, 재산범죄를 저지른 이후에 별도의 재산범죄의 구성요건에 해당하는 사후행위가 있었다면 비록 그 행위가 **불가벌적 사후행위**로서 처벌의 대상이 되지 않는다 할지라도 그 사후행위**로 인하여 취득한 물건**은 재산범죄로 인하여 취득한 물건으로서 장물이 될 수 있다(대판 2004.4.16, 2004도353).[139]

ㅇ **이중매도로 인한 배임범죄에 제공된 부동산**을 취득한 경우 위 부동산소유자가 배임행위로 인하여 영득한 것은 재산상의 이익이고 위 배임범죄에 제공된 대지는 범죄로 인하여 영득한 것 자체는 아니므로 그 취득자 또는 전득자에게 대하여 배임죄의 가공여부를 논함은 별문제로 하고 장물취득죄로 처단할 수 없다(대판 1975.12.9, 74도2804).

[사실관계] 매수인 甲에게 소유권이전등기를 하여 줄 임무가 있는 토지소유자가 그 임무에 위배하여 그 토지를 처분한다는 정을 알면서 乙이 그 토지를 매수하여 소유권이전등기를 마친 경우 장물취득죄가 성립하지 않는다.

ㅇ 채무자가 채권자에게 **양도담보로 제공한 물건**을 임의로 타인에게 양도하는 행위는 배임죄에 해당하나 동 물건은 배임행위에 제공한 물건이지 배임행위로 인하여 영득한 물건 자체는 아니므로 장물이라고 볼 수 없고, 따라서 위 타인이 그러한 사정을 알면서 그 물건을 취득하였다고 하여도 장물취득죄로 처벌할 수 없다(대판 1981.7.28, 81도618).

(3) 재물

장물이란 재산범죄에 의하여 영득한 재물(관리할 수 있는 동력 포함)을 말한다. 즉 장물은 재물이어야 하고, 재산상 이익이나 권리는 장물이 될 수 없다. 따라서 재산상 이익을 객체로 하는 배임죄·컴퓨터사용사기죄는 장물죄의 본범이 될 수 없다.

ㅇ **[리프트탑승권사건] 리프트탑승권** 발매기를 전산조작하여 위조한 탑승권(위조한 유가증권)을 발매기에서 뜯어 간 행위는 탑승권 위조행위와 위조탑승권 절취행위가 결합된 것이므로 위와 같은 방법으로 취득하였다는 것을 알면서 이를 매수한 자는 장물취득죄가 성립한다(대판 1998.11.24, 98도2967).

[사실관계] 스키장에서 아르바이트생으로 근무하는 甲은 매표소의 직원들이 자리를 비운 틈을 타 매표소 안으로 들어가 발매기를 임의 조작하여 회원용 리프트탑승권 수십 매를 부정 발급한 후, 그 사실을 모두 알고 있는 친구 乙에게 액면금액의 절반을 받고 매도하였다.

→ 甲 : 유가증권위조죄 및 동행사죄, 절도죄 / 乙 : 장물취득죄 ○, 위조유가증권행사죄의 공동정범 ×

ㅇ 전화가입권은 하나의 채권적 권리로서 재산상의 이익은 될지언정 재물이 아니라 하여 장물죄로 처단할 수 없다(대판 1971.2.23, 70도2589).

→ 전화가입권이 강취된 것이라는 것을 알면서 이를 매수하더라도 장물취득죄가 성립하지 않는다.

ㅇ 권한 없이 타인의 **인터넷뱅킹**에 접속하여 타인의 예금계좌로부터 자신의 예금**계좌**로 금액을 **이체**(→컴퓨터 등 사용사기죄)하도록 한 다음 그 금액을 자신의 현금카드를 사용하여 현금자동지급기에서 인출한 경우 그 인출된 금액은 장물에 해당하지 않는다(대판 2004.4.16, 2004도353).

∵ 인출된 현금은 재산범죄에 의하여 취득한 재물이 아니므로

[사실관계] 갑이 권한 없이 인터넷뱅킹으로 타인의 예금계좌에서 자신의 예금계좌로 돈을 이체한 후 그중 일부를 인출하여 그 정을 아는 을에게 교부한 경우, 갑이 컴퓨터 등 사용사기죄에 의하여 취득한 예금채권은

139) 2015년 법원사무관승진시험

재물이 아니라 재산상 이익이므로, 그가 자신의 예금계좌에서 돈을 인출하였더라도 장물을 금융기관에 예치하였다가 인출한 것으로 볼 수 없으므로 을에게는 장물취득죄가 성립하지 않는다.[140]

(4) 재물의 동일성

장물은 재산범죄에 의하여 영득한 재물 그 자체이거나 그것과 물질적 동일성이 인정되는 재물이어야 한다. 그러므로 장물의 대가로 얻은 재물인 대체장물은 장물이 아니다. 다만 판례는 장물인 현금 또는 수표를 금융기관에 예금의 형태로 보관하였다가 이를 반환받기 위하여 동일한 액수의 현금 또는 수표를 인출한 경우 장물로서의 성질은 그대로 유지된다고 한다.

ㅇ 장물을 팔아서 얻은 돈은 장물이 아니다(대판 1972.6.13, 72도971). → 장물매각대금 ≠ 장물

ㅇ 장물인 **현금**을 금융기관에 **예금**의 형태로 보관하였다가 이를 반환받기 위하여 **동일한 액수의 현금**을 인출한 경우, 예금계약의 성질상 인출된 현금은 당초의 현금과 물리적인 동일성은 상실되었지만 액수에 의하여 표시되는 금전적 가치에는 아무런 변동이 없으므로 장물로서의 성질은 그대로 유지된다(대판 2004.4.16, 2004도353).[141]

[동지판례] 장물인 현금을 금융기관에 예금의 형태로 보관하였다가 이를 반환받기 위하여 동일한 액수의 현금을 인출한 경우에 예금계약의 성질상 인출된 현금은 당초의 현금과 물리적인 동일성은 상실되었지만 액수에 의하여 표시되는 금전적 가치에는 아무런 변동이 없으므로 장물로서의 성질은 그대로 유지된다고 봄이 상당하고, **자기앞수표**도 그 액면금을 즉시 지급받을 수 있는 등 현금에 대신하는 기능을 가지고 거래상 현금과 동일하게 취급되고 있는 점에서 금전의 경우와 동일하게 보아야 한다(대판 2000.3.10, 98도2579).

(5) 본범의 실현정도

본범의 행위는 구성요건에 해당하고 위법성이 조각되지 않는 행위이면 족하고, 유책할 필요는 없고 본범에게 소추조건 · 처벌조건이 없는 때에도 장물죄는 성립한다. 또한 본범의 행위가 기수에 이른 후여야 장물죄가 성립할 수 있고, 기수에 이르기 전에는 장물죄는 성립할 수 없고 공동정범 · 교사범 · 방조범이 성립할 수 있다.

ㅇ **[리스자동차수입 장물취득사건]** '장물'이라 함은 재산죄인 범죄행위에 의하여 영득된 물건을 말하는 것으로서 절도 · 강도 · 사기 · 공갈 · 횡령 등 영득죄에 의하여 취득된 물건이어야 한다. 여기에서의 범죄행위는 절도죄 등 본범의 구성요건에 해당하는 위법한 행위일 것을 요한다(대판 2011.4.28, 2010도15350).

ㅇ 갑이 **회사 자금으로** 을에게 **주식매각 대금**조로 금원을 지급한 경우, 그 금원은 단순히 횡령행위에 제공된 물건이 아니라 횡령행위에 의하여 영득된 장물에 해당한다고 할 것이고, 나아가 설령 갑이 을에게 금원을 교부한 행위 자체가 횡령행위라고 하더라도 이러한 경우 갑의 업무상횡령죄가 기수에 달하는 것과 동시에 그 금원은 장물이 된다(대판 2004.12.9, 2004도5904). → 갑 : 업무상 횡령죄, 을 : 장물취득죄
∵ 횡령죄의 기수시기에 대하여 표현설의 입장

140) 2010년 법무사시험
141) 2010년 법원행정고등고시

(6) 장물성의 상실

본범이나 제3자가 장물에 대하여 소유권을 취득한 때에는 장물성을 상실한다. 불법원인급여물의 경우 추구권설에 의하면 장물성이 부정되나, 유지설에 의하면 장물성이 인정된다.

> ○ 부동산 명의신탁행위에 있어서는 수탁자가 외부관계에 대하여 소유자로 간주되므로 이를 취득한 제3자는 수탁자가 신탁자의 승낙 없이 매각하는 정을 알고 있는 여부에 불구하고 장물취득죄가 성립하지 아니한다(대판 1979.11.27, 79도2410).

3 행위 _ 취득 · 양도 · 운반 · 보관 · 알선

(1) 취득

① 취득이란 점유를 이전함으로써 재물에 대한 사실상의 처분권을 획득하는 것을 말한다(취득 = 점유의 이전 + 사실상의 처분권의 획득).

> ○ 장물취득죄에서 '취득'이라고 함은 점유를 이전받음으로써 그 장물에 대하여 사실상의 처분권을 획득하는 것을 의미하는 것이므로, 단순히 **보수를 받고 본범을 위하여 장물을 일시 사용**하거나 그와 같이 사용할 목적으로 장물을 건네받은 것만으로는 장물을 취득한 것으로 볼 수 없다(대판 2003.5.13, 2003도1366).
>
> **[사실관계]** 甲이 乙로부터 보수를 받는 조건으로 乙이 습득하였다고 주장하는 신용카드들로 물품을 구입하여 주기로 하고 위 신용카드들을 교부받은 경우 장물취득죄가 성립하지 않는다.
>
> ○ [사기종범 현금인출사건] 사기 범행에 이용되리라는 사정을 알고서도 자신의 명의로 은행 예금계좌를 개설하여 甲에게 이를 양도함으로써 甲이 乙을 속여 乙로 하여금 현금을 위 계좌로 송금하게 한 사기 범행을 방조한 피고인이 위 계좌로 송금된 돈(1,000만 원) 중 일부(140만 원)를 인출한 경우 사기방조죄와 별도로 장물취득죄가 성립하지 않는다(대판 2010.12.9, 2010도6256).
> → **기방조죄 ○, 장물취득죄 ×**
>
> **[판결이유]** ① 사기죄의 객체는 타인이 점유하는 '타인의' 재물 또는 재산상의 이익이므로, 피해자와의 관계에서 살펴보아 그것이 피해자 소유의 재물인지 아니면 피해자가 보유하는 재산상의 이익인지에 따라 '재물'이 객체인지 아니면 '재산상의 이익'이 객체인지 구별하여야 하는 것으로서, 이 사건과 같이 피해자가 본범의 기망행위에 속아 현금을 피고인 명의의 은행 예금계좌로 송금하였다면, 이는 **재물에 해당하는 현금**을 교부하는 방법이 예금계좌로 송금하는 형식으로 이루어진 것에 불과하여, 피해자의 은행에 대한 예금채권은 당초 발생하지 않는다. ② 피고인이 자신의 예금계좌에서 위 돈을 인출하였다 하더라도 이는 예금명의자로서 은행에 예금반환을 청구한 결과일 뿐 본범으로부터 위 돈에 대한 점유를 이전받아 사실상 처분권을 획득한 것은 아니므로, 피고인의 위와 같은 인출행위를 장물취득죄로 벌할 수는 없다. ∵ **장물 ○, 취득 ×**

② 취득 당시에 장물인 정을 알아야 한다.

> ○ 장물취득죄는 취득 당시 장물인 정을 알면서 재물을 취득하여야 성립하는 것이므로 피고인이 **재물을 인도받은 후**에 비로소 장물이 아닌가 하는 의구심을 가졌다고 하여 그 재물수수행위가 장물취득죄를 구성한다고 할 수 없다(대판 2006.10.13, 2004도6084).

[사실관계] 전당포 영업자 甲은 乙에게 금전을 대여하고 그 담보로 乙이 교부하는 보석들을 전당 잡았는데 실은 그 보석들은 乙이 丙으로부터 편취한 장물이었다. 그 후 甲이 丙으로부터 전당포에 자신들의 보석이 없느냐는 문의를 받자 위 보석들이 장물일지도 모른다고 의심하면서 乙로부터 소유권 포기각서를 받고 계속 보관한 경우 甲에게 장물보관죄가 성립하지 않는다.
→ 장물취득죄 : ×(∵ 고의 ×)
→ 장물보관죄 : ×(∵ 채권의 담보물, 점유할 권한 ○)

(2) 양도

양도란 장물인 사실을 알지 못하고 취득한 후에 그 사실을 알면서 제3자에게 수여하는 것을 말한다. 이때 유상인가 무상인가를 불문하며, 제3자(양수인)가 장물임을 알았는가도 문제되지 않는다.

o 피고인이 도난차량인 미등록 수입자동차를 **취득하여 신규등록을 마친 후** 위 자동차가 장물일지도 모른다고 생각하면서 이를 양도한 경우, 피고인에게 장물양도죄가 인정될 수 있다(대판 2011.5.13, 2009도3552).
∵ 장물인 수입자동차를 신규등록하였다고 하여 그 최초 등록명의인이 해당 수입자동차를 원시취득하게 된다거나 그 장물양도행위가 범죄가 되지 않는다고 볼 수는 없으므로
→ 장물취득죄 ×, 장물양도죄 ○

(3) 운반

운반이란 장물을 장소적으로 이전하는 것을 말한다. 유상·무상을 불문한다.

o 본범 이외의 자가 본범이 절취한 차량이라는 정을 알면서 본범의 강도행위를 위하여 그 차량을 **운전**해 준 경우에 강도예비죄 외에 장물운반죄가 성립한다(대판 1999.3.26, 98도3030).
→ 강도예비죄와 장물운반죄의 상상적 경합

o 타인이 절취, 운전하는 승용차의 뒷좌석에 **편승**한 것을 가리켜 장물운반행위의 실행을 분담하였다고는 할 수 없다(대판 1983.9.13, 83도1146).

(4) 보관

보관이란 위탁을 받고 장물을 자기의 점유하에 두는 것을 말한다. 장물에 대한 사실상의 처분권이 없다는 점에서 취득과 구별된다. 보관은 유상·무상을 불문하며 그 방법에도 제한이 없다. 장물에 대한 점유만 취득할 뿐 사실상 처분권이 없다는 점에서 장물취득죄와 구별된다.
장물인 정을 모르고 보관하던 중 장물인 정을 알게 되었고 이를 계속 보관한 때에도 장물보관죄에 해당하나, 점유할 권원이 있는 때에는 계속 보관하더라도 장물보관죄가 성립하지 않는다.

o 장물인 정을 모르고 보관하던 중 장물인 정을 알게 되었고, 위 장물을 반환하는 것이 불가능하지 않음에도 불구하고 **계속 보관**함으로써 피해자의 정당한 반환청구권 행사를 어렵게 하여 위법한 재산상태를 유지시킨 경우에는 장물보관죄에 해당한다(대판 1987.10.13, 87도1633).[142)]

o 장물인 정을 모르고 장물을 보관하였다가 그 후에 장물인 정을 알게 된 경우 그 정을 알고서도 이를 계속하여 보관하는 행위는 장물죄를 구성하는 것이나, / 이 경우에도 **점유할 권한이 있는 때**에는 이를

142) 2010년 법원행정고등고시

계속하여 보관하더라도 장물보관죄가 성립하지 않는다(대판 1986.1.21, 85도2472).
[사실관계] 피고인이 **채권의 담보**로서 이 사건 수표들을 교부받았다가 장물인 정을 알게 되었음에도 이를 보관한 행위는 장물보관죄에 해당하지 아니한다.

(5) 알선

장물의 취득·양도·운반·보관을 매개하거나 주선하는 것을 말한다. 매개하거나 주선하는 행위에는 매매·교환 등 법률상 처분행위뿐 아니라 운반·보관 등 사실상 처분행위도 포함한다. 판례는 계약성립이나 점유이전이 없어도 알선행위만 있으면 기수가 된다고 본다.

예 취득·양도·운반·보관행위를 중개하거나 편의를 도모하는 행위를 한 때
↔ 계약체결·계약성립, 점유이전 : ×

o 장물인 정을 알면서, 장물을 취득·양도·운반·보관하려는 당사자 사이에 서서 서로를 연결하여 장물의 **취득·양도·운반·보관행위를 중개하거나 편의를 도모**하였다면, 그 알선에 의하여 당사자 사이에 실제로 장물의 취득·양도·운반·보관에 관한 계약이 성립하지 아니하였거나 장물의 점유가 현실적으로 이전되지 아니한 경우라도 장물알선죄가 성립한다(대판 2009.4.23, 2009도1203).
[사실관계] 장물인 귀금속의 매도를 부탁받은 피고인이 그 귀금속이 장물임을 알면서도 **매매를 중개하고** 매수인에게 이를 전달하려다가 매수인을 만나기도 전에 체포되었다 하더라도, 위 귀금속의 매매를 중개함으로써 장물알선죄가 성립한다.

4 고의 및 불법영득의사

장물을 취득·양도·운반·보관·알선한다는 사실에 대한 인식과 의사가 있어야 한다. 장물이라는 점에 대한 인식은 미필적 인식으로 족하다. 따라서 어떤 재산범죄에 의하여 영득된 재물임을 인식하는 것으로 충분하고, 본범의 범행을 구체적으로 알아야 할 필요도 없다.

o 장물취득죄에 있어서 장물의 인식은 확정적 인식임을 요하지 않으며 **장물일지도 모른다**는 의심을 가지는 정도의 미필적 인식으로서도 충분하다(대판 2004.12.9, 2004도5904).

5 죄수 및 타죄와의 관계

(1) 장물보관자가 장물을 취득한 경우 장물취득죄만 성립하고, 알선을 위해 운반·보관한 후 알선한 경우 장물알선죄만 성립한다(포괄일죄).

(2) 장물을 취득한 후 양도·운반·보관한 경우 장물취득죄만 성립한다(∵ 불가벌적 사후행위).

o 금융기관 발행의 자기앞수표는 그 액면금을 즉시 지급받을 수 있는 점에서 현금에 대신하는 기능을 가지고 있어서 장물인 자기앞수표를 취득한 후 이를 현금 대신 교부한 행위는 장물취득에 대한 가벌적 평가에 당연히 포함되는 불가벌적 사후행위로서 별도의 범죄를 구성하지 아니한다(대판 1993.11.23, 93도213).

(3) 장물보관자가 횡령한 경우 장물보관죄만 성립한다(∵ 불가벌적 사후행위).

o 절도 범인으로부터 장물보관 의뢰를 받은 자가 그 정을 알면서 이를 인도받아 보관하고 있다가 임의처분하였다 하여도 장물보관죄 외에 별도로 횡령죄가 성립하지 않는다(대판 1976.11.23, 76도3067).
[동지판례] 절도 범인으로부터 장물보관 의뢰를 받은 자가 그 정을 알면서 이를 인도받아 보관하고 있다가 임의 처분하였다 하여도 장물보관죄가 성립하는 때에는 이미 그 소유자의 소유물 추구권을 침해하였으므로 그 후의 횡령행위는 불가벌적 사후행위에 불과하여 별도로 횡령죄가 성립하지 않는다(대판 2004.4.9, 2003도8219).
[사실관계] 피고인이 업무상 과실로 장물을 보관하고 있다가 처분한 행위는 업무상과실장물보관죄의 가벌적 평가에 포함되고 별도로 횡령죄를 구성하지 않는다.

(4) **장물에 대하여 재산죄를 범한 경우**

o 타인이 갈취한 재물을 그 타인의 의사에 반하여 절취하였다면 절도죄를 구성하고 장물취득죄가 되지 않는다(대판 1966.12.20, 66도1437).

6 친족간의 범행

(1) **장물범과 피해자 간**
친족상도례의 규정을 그대로 준용한다(제365조 제1항).

(2) **장물범과 본범 간**
제328조 제1항의 신분관계가 있는 때에는 그 형을 감경 또는 면제한다. 단, 신분관계가 없는 공범에 대하여는 예외로 한다(제365조 제2항).

III 상습장물죄

상습으로 장물을 취득·양도·운반·보관 또는 알선함으로써 성립하는 범죄이다(제363조). 상습성으로 인하여 형이 가중되는 **부진정신분범**이다.

IV 업무상과실·중과실장물죄

업무상과실 또는 중대한 과실로 인하여 장물을 취득·양도·운반·보관 또는 알선함으로써 성립하는 범죄이다(제364조). 재산범죄 중 유일하게 과실범으로 처벌하는 범죄이다. 다만, (보통)과실장물죄는 처벌하지 않는다. 업무상과실·중과실장물죄는 가중적 구성요건에 해당하지 않고, 업무상과실장물죄는 업무자만 죄를 범할 수 있는 **진정신분범**에 해당한다. ↔ 가중적 구성요건, 부진정신분범 : ×

o 전당포주가 물품을 전당잡고자 할 때는 전당물주의 주소, 성명, 직업, 연령과 그 물품의 출처, 특징 및 전당잡히려는 동기, 그 신분에 상응한 소지인지의 여부 등을 알아보아야 할 업무상의 주의의무가 있다 할 것이고 이를 게을리 하여 장물인 정을 모르고 전당잡은 경우에는 비록 주민등록증을 확인하였다 하여도 그 사실만으로는 업무상 과실장물취득의 죄책을 면할 수 없다(대판 1985.2.26, 84도2732).

[사실관계] 나이는 20세에 불과하여 로렉스 손목시계를 소지하기에는 부적합한데도 그의 직업, 물품의 특징 등을 물어 그 물품이 장물인지의 여부를 세심히 살피지 아니하고 단순히 주민등록증만 확인하고 이를 전당잡아 장물을 보관한 경우

○ 금은방을 운영하는 자가 귀금속류를 매수함에 있어 매도자의 신원확인절차를 거쳤다고 하여도 장물인지의 여부를 의심할 만한 특별한 사정이 있거나, 매수물품의 성질과 종류 및 매도자의 신원 등에 좀 더 세심한 주의를 기울였다면 그 물건이 장물임을 알 수 있었음에도 불구하고 이를 게을리하여 장물인 정을 모르고 매수하여 취득한 경우에는 업무상과실장물취득죄가 성립한다(대판 2003.4.25, 2003도348).

제9절 손괴죄

제366조【재물손괴 등】
타인의 재물, 문서 또는 전자기록 등 특수매체기록을 손괴 또는 은닉 기타 방법으로 그 효용을 해한 자는 3년 이하의 징역 또는 700만원 이하의 벌금에 처한다.

제367조【공익건조물파괴】
공익에 공하는 건조물을 파괴한 자는 10년 이하의 징역 또는 2천만원 이하의 벌금에 처한다.

제368조【중손괴】
① 전2조의 죄를 범하여 사람의 생명 또는 신체에 대하여 위험을 발생하게 한 때에는 1년 이상 10년 이하의 징역에 처한다.
② 제366조 또는 제367조의 죄를 범하여 사람을 상해에 이르게 한 때에는 1년 이상의 유기징역에 처한다. 사망에 이르게 한 때에는 3년 이상의 유기징역에 처한다.

제369조【특수손괴】
① 단체 또는 다중의 위력을 보이거나 위험한 물건을 휴대하여 제366조의 죄를 범한 때에는 5년 이하의 징역 또는 1천만원 이하의 벌금에 처한다.
② 제1항의 방법으로 제367조의 죄를 범한 때에는 1년 이상의 유기징역 또는 2천만원 이하의 벌금에 처한다.

제370조【경계침범】
경계표를 손괴, 이동 또는 제거하거나 기타 방법으로 토지의 경계를 인식불능하게 한 자는 3년 이하의 징역 또는 500만원 이하의 벌금에 처한다.

제371조【미수범】
제366조, 제367조와 제369조의 미수범은 처벌한다.

제372조【동력】
본장의 죄에는 제346조를 준용한다.

I 서설

1 의의 및 보호법익

손괴의 죄는 타인의 재물의 효용을 해하는 것을 내용으로 하는 범죄이다. 재물만을 객체로 하는 순수한 재물죄이고, 불법영득의사를 필요로 하지 않는다(비영득죄)는 점에서 영득죄인 다른 재산죄와 구별된다.

공익건조물을 파괴하거나 경계표를 손괴·이동 또는 제거하거나 경계를 인식불가능하게 하는 행위도 포함하고 있다. 손괴죄의 보호법익은 소유권의 이용가치이고, 중손괴죄는 생명·신체도 보호법익이 된다. 공익건조물파괴죄의 보호법익은 공익건조물에 이용에 대한 공공의 이용가치이며, 경계침범죄의 보호법익은 토지경계의 명확성이다. 보호받는 정도는 구체적 위험범인 중손괴죄를 제외하고는 모두 침해범이다.

2 구성요건의 체계

기본적 구성요건	재물손괴죄, 공익건조물파괴죄
가중적 구성요건	특수손괴죄, 특수공익건조물파괴죄
	중손괴죄, 손괴치사상죄
독립적 구성요건	경계침범죄
미수범 처벌규정	○
	× : 중손괴죄, 손괴치사상죄, 경계침범죄
예비·음모 처벌규정	×

✔ 친족상도례 규정 준용 ×, 미수범 처벌규정 ○, 과실범 처벌규정 × ↔ 장물죄 : 미수 처벌 ×, 과실 처벌 ○

II 재물(문서 등)손괴죄

재물(문서)손괴죄는 타인의 재물, 문서 또는 전자기록 등 특수매체기록을 손괴 또는 은닉 기타 방법으로 그 효용을 해하는 것을 내용으로 하는 범죄이다(제366조).

1 객체 _ 타인소유의 재물·문서·특수매체기록

(1) 타인소유

① 손괴죄가 성립하려면 재물·문서·특수매체기록은 타인소유이어야 한다. 타인의 소유물이기만 하면 자기가 점유하는 재물·문서·특수매체기록도 손괴죄의 객체가 된다. 자기의 소유물은 권리행사방해죄 또는 공무상보관물무효죄의 객체가 될 뿐이다. → 자기점유·타인점유 불문

② 미처 수확되지 않은 농작물의 소유권을 이전받기 위해서는 명인방법을 실시하여야 하므로, 그러한 농작물을 매도한 사람이 매수인의 명인방법이 실시되기 전에 농작물을 파헤쳐 훼손하였다면 재물손괴죄가 성립하지 않는다.

> ○ 쪽파의 매수인이 명인방법을 갖추지 않은 경우, 쪽파에 대한 소유권을 취득하였다고 볼 수 없어 그 소유권은 여전히 매도인에게 있고 매도인과 제3자 사이에 일정 기간 후 임의처분의 약정이 있었다면 그 기간 후에 제3자가 쪽파를 손괴하였더라도 재물손괴죄가 성립하지 않는다(대판 1996.2.23, 95도2754).

(2) 재물

① 재물이란 유체물뿐만 아니라 관리할 수 있는 동력도 포함한다. 반드시 경제적 교환가치를 가진 것임을 요하지 않고 이용가치나 효용을 가진 것으로 족하다.

o 포도주 원액이 부패하여 포도주 원료로서의 효용가치는 상실되었으나, 그 산도가 1.8도 내지 6.2도에 이르고 있어 식초의 제조 등 다른 용도에 사용할 수 있는 경우에는 재물손괴죄의 객체가 될 수 있다(대판 1979.7.24, 78도2138).

o [철거예정아파트 손괴사건] 재건축사업으로 철거가 예정되어 있었고 그 입주자들이 모두 이사하여 아무도 거주하지 않은 채 비어 있는 아파트라 하더라도, 위 아파트가 재물로서의 이용가치나 효용이 없는 물건으로 되었다고 할 수 없으므로, 위 아파트는 재물손괴죄의 객체가 된다고 할 것이다(대판 2007.9.20, 2007도5207).

[사실관계] 재건축사업으로 철거예정이고 그 입주자들이 모두 이사하여 아무도 거주하지 않은 채 비어있는 아파트를 손괴한 경우라도 손괴죄가 성립한다.

[비교판례] 재건축사업으로 철거가 예정되어 있는 아파트를 가집행선고부 판결을 받아 철거한 행위는 형법 제20조의 정당행위에 해당한다(대판 2010.2.25, 2009도8473).

② 문서는 공용서류(공무소에서 사용하거나 보관하는 서류, 제141조 공용서류 등 무효죄의 객체)에 해당하지 않는 모든 공문서와 사문서를 말한다.

o 이미 작성되어 있던 장부의 기재를 새로운 장부로 이기하는 과정에서 누계 등을 잘못 기재하다가 그 부분을 찢어버리고 계속하여 종전장부의 기재내용을 모두 이기하였다면 그 당시 **새로운 경리장부**는 아직 작성 중에 있어서 손괴죄의 객체가 되는 문서로서의 경리장부가 아니라 할 것이고, 또 그 찢어버린 부분이 진실된 증빙내용을 기재한 것이었다는 등의 특별한 사정이 없는 한 그 이기과정에서 잘못 기재되어 **찢어버린 부분** 그 자체가 손괴죄의 객체가 되는 재산적 이용가치 내지 효용이 있는 재물이라고도 볼 수 없다(대판 1989.10.24, 88도1296).

(3) 문서

문서손괴죄의 객체는 타인소유의 문서이기만 하면, 작성명의인이 누구인지는 묻지 않으므로 자기명의의 사문서도 타인소유이면 객체가 된다. → 자기명의·타인명의 불문

o 문서손괴죄의 객체는 타인소유의 문서이며 피고인 자신의 점유하에 있는 문서라 할지라도 타인소유인 이상 이를 손괴하는 행위는 문서손괴죄에 해당한다(대판 1984.12.26, 84도2290).

관련 판례 **문서손괴죄가 성립하는 경우**

1) 확인서가 소유자의 의사에 반하여 손괴된 것이라면 그 확인서가 피고인 명의로 작성된 것이고 또 그것이 진실에 반하는 허위내용을 기재한 것이라 하더라도 피고인은 문서손괴의 죄책을 면할 수 없다(대판 1982.12.28, 82도1807).

   [사실관계] 허위의 내용이 기재된 확인서를 소유자의 의사에 반하여 작성명의인이 손괴한 경우 문서손괴죄가 성립한다.

2) 약속어음의 수취인이 차용금의 지급담보를 위하여 은행에 보관시킨 약속어음을 은행지점장이 **발행인**의 부탁을 받고 그 지급기일란의 일자를 지움으로써 그 효용을 해한 경우에는 문서손괴죄가 성립한다(대판 1982.7.27, 82도223).

3) 약속어음의 **발행인**이 소지인에게 어음의 액면과 지급기일을 개서하여 주겠다고 하여 위 어음을 교부받은 후 위 어음의 수취인란에 타인의 이름을 추가로 기입하여 위 어음배서의 연속성을 성실하게 함으로써 그 효용을 해한 경우에는 문서손괴죄에 해당한다(대판 1985.2.26, 84도2802).

4) 비록 자기명의의 문서(학교장의 추천서)라 할지라도 이미 **타인(타기관,** 서울특별시교육회)**에 접수되어 있는 문서**에 대하여 함부로 이를 무효화시켜 그 용도에 사용하지 못하게 하였다면 일응 형법상의 문서손괴죄를 구성한다(대판 1987.4.14, 87도177).

(4) 전자기록 등 특수매체기록

전자기록 등 특수매체기록이란 컴퓨터 등 정보처리장치에 의하여 작성된 기록을 말한다. 기록으로서의 성질상 어느 정도의 영속성이 있어야 하므로 전송중이거나 처리중인 자료는 여기에 해당하지 않는다.

2 행위

손괴 또는 은닉 기타 방법으로 그 효용을 해하는 것이다.

(1) 손괴

손괴란 타인의 재물 등에 직접 유형력을 행사하여 물리적으로 훼손하거나 그 본래의 효용을 감소시키는 일체의 행위를 말한다. 예 물질적 파손행위 등

(2) 은닉

은닉이란 재물 등의 소재를 불분명하게 하여 발견하기 곤란 또는 불가능하게 함으로써 그 효용을 해하는 것을 말한다.

(3) 기타 방법

손괴 또는 은닉 이외의 방법으로 재물이나 문서의 효용을 해하는 일체의 행위를 말한다. 재물의 효용을 해한다고 함은 사실상으로나 감정상으로 그 재물을 본래의 사용목적에 제공할 수 없게 하는 상태로 만드는 것을 말하며, 일시적으로 그 재물을 이용할 수 없는 상태로 만드는 경우나 물건의 구체적 역할을 할 수 없는 상태로 만들어 효용을 떨어뜨리는 경우도 여기에 포함된다.

o 재물의 효용을 해한다고 함은 그 물건의 본래의 사용목적에 공할 수 없게 하는 상태로 만드는 것은 물론 **일시 그것을 이용할 수 없는 상태로 만드는 것**도 역시 효용을 해하는 것에 해당한다(대판 1993.12.7, 93도2701).
[사실관계] 전축을 드라이버로 분해하는 경우 재물손괴죄가 성립한다.

o [이른바 자동문수동전환 손괴사건] 손괴 또는 은닉 기타 방법으로 그 효용을 해하는 경우에는 물질적인 파괴행위로 물건 등을 본래의 목적에 사용할 수 없는 상태로 만드는 경우뿐만 아니라 일시적으로 물건 등의 구체적 역할을 할 수 없는 상태로 만들어 효용을 떨어뜨리는 경우도 포함된다(대판 2016.11.25, 2016도9219).
[사실관계] 공사업자가 이전 공사대금의 잔금을 지급받지 못하자 추가로 자동문의 번호키 설치공사를 도급받아 시공하면서 자동문이 수동으로만 여닫히게 설정하여 자동잠금장치로서 역할을 할 수 없게 한 경우, 정당행위에 해당하지 않으므로 재물손괴죄가 성립한다.

관련 판례 **손괴에 해당하는 경우**

1) 우물에 연결하고 땅속에 묻어서 수도관적 역할을 하고 있는 **고무호스** 중 약 1.5m를 발굴하여 우물가에 제쳐 놓음으로써 물이 통하지 못하게 한 경우 손괴죄가 성립한다(대판 1971.1.26, 70도2378).
2) 회사의 경리사무 처리상 필요불가결한 매출계산서, 매출명세서 등의 **반환**을 **거부**함으로써 그 문서들을 일시적으로 그와 같은 용도에 사용할 수 없게 하는 것도 그 문서의 효용을 해한 경우에 해당한다(대판 1971.11.23, 71도1576).
3) 타인 소유의 광고용 간판을 백색페인트로 도색하여 광고문안을 지워버린 행위는 재물손괴죄를 구성한다(대판 1991.10.22, 91도2090).
4) 해고노동자 등이 복직을 요구하는 집회를 개최하던 중 **래커 스프레이**를 이용하여 회사 건물 외벽과 1층 벽면 등에 낙서한 행위는 건물의 효용을 해한 것으로 볼 수 있다(대판 2007.6.28, 2007도2590).
5) 소유자의 의사에 따라 특정 장소에 **게시 중인 문서**를 **소유자의 의사에 반하여 떼어내는 경우**에도 문서손괴죄가 성립할 수 있다(대판 2015.11.27, 2014도13083).
6) 재물손괴죄에서의 효용을 해하는 행위에는 일시 물건의 구체적 역할을 할 수 없는 상태로 만드는 경우도 해당하므로 판결에 의하여 명도받은 토지의 경계에 설치해 놓은 **철조망**과 **경고판**을 치워버림으로써 울타리로서의 역할을 해한 때에는 재물손괴죄가 성립한다(대판 1982.7.13, 82도1057).
7) 갑이 홍보를 위해 **광고판(홍보용 배너와 거치대)**을 1층 로비에 설치해 두었는데, 피고인이 을에게 지시하여 을이 위 광고판을 그 장소에서 제거하여 컨테이너로 된 창고로 옮겨 놓아 갑이 사용할 수 없도록 한 경우, 비록 물질적인 형태의 변경이나 멸실, 감손을 초래하지 않은 채 그대로 옮겼더라도 위 광고판은 본래적 역할을 할 수 없는 상태로 되었으므로 피고인의 행위는 재물손괴죄에서의 재물의 효용을 해하는 행위에 해당한다(대판 2018.7.24, 2017도18807).
8) **[굴삭기 크러셔 사건]** 피고인이 평소 자신이 굴삭기를 주차하던 장소에 甲의 차량이 주차되어 있는 것을 발견하고 甲의 차량 앞에 **철근콘크리트 구조물**을, 뒤에 **굴삭기 크러셔**를 바짝 붙여 놓아 甲이 **17 ~ 18시간 동안 차량을 운행할 수 없게 된 사안**에서, 차량 앞뒤에 쉽게 제거하기 어려운 구조물 등을 붙여 놓은 행위는 차량에 대한 유형력 행사로 보기에 충분하고, 차량 자체에 물리적 훼손이나 기능적 효용의 멸실 내지 감소가 발생하지 않았더라도 甲이 위 구조물로 인해 차량을 운행할 수 없게 됨으로써 일시적으로 본래의 사용목적에 이용할 수 없게 된 이상 **차량 본래의 효용을 해한 경우**라고 한 사례(대판 2021.5.7, 2019도13764).

관련 판례 **손괴에 해당하지 않는 경우**

1) 해고노동자 등이 복직을 요구하는 집회를 개최하던 중 **계란** 30개를 건물에 투척하여 건물 벽이 더렵혀진 경우 손괴죄가 성립하지 않는다(대판 2007.6.28, 2007도2590).
2) 문서손괴죄는 타인 소유의 문서를 손괴 또는 은닉 기타 방법으로 효용을 해함으로써 성립하고, 문서의 효용을 해한다는 것은 문서를 본래의 사용목적에 제공할 수 없게 하는 상태로 만드는 것은 물론 일시적으로 그것을 이용할 수 없는 상태로 만드는 것도 포함한다. 따라서 **소유자의 의사에 따라 어느 장소에 게시 중인 문서를 소유자의 의사에 반하여 떼어내는 것**과 같이 소유자의 의사에 따라 형성된 종래의 이용상태를 변경시켜 종래의 상태에 따른 이용을 일시적으로 불가능하게 하는 경우에도 **문서손괴죄가 성립할 수 있다**. / 그러나 문서손괴죄는 문서의 소유자가 문서를 소유하면서 사용하는 것을

보호하려는 것이므로, **어느 문서에 대한 종래의 사용상태가 문서 소유자의 의사에 반하여 또는 문서 소유자의 의사와 무관하게 이루어진 경우**에 단순히 종래의 사용상태를 제거하거나 변경시키는 것에 불과하고 손괴, 은닉하는 등으로 새로이 문서 소유자의 문서 사용에 지장을 초래하지 않는 경우에는 문서의 효용, 즉 문서 소유자의 문서에 대한 사용가치를 일시적으로도 해하였다고 할 수 없어서 **문서손괴죄가 성립하지 아니**한다(대판 2015.11.27, 2014도13083).
[사실관계] 아파트 입주자로서 ○○신도시 쓰레기 자동집하시설 건립 반대를 위한 비상대책위원회(이하 '비대위'라고 한다) 위원장인 피고인이, **아파트 관리사무소장**이 수취인인 민원제기입주자들(집하시설건립반대의견)의 동의 없이 아파트 303동 3·4호 라인 엘리베이터 벽면에 **게시**한 "○○시청 ○○신도시 생활쓰레기 자동집하시설 공사 반대 탄원에 따른 회신 문서" 1부를 임의로 제거한 경우 문서손괴죄가 성립하지 않는다.

3) 일부 동대표들이 제안한 피고인에 대한 회장해임 안건이 절차와 규정에 맞지 않음을 이유로 거절되자 관리소장이 위 동대표들의 요구에 따라 회장인 피고인의 반대에도 불구하고 해당 안건을 포함한 입주자대표회의의 소집을 알리는 이 사건 **공고문**을 게시하였고 피고인(**입주자대표회의 회장**)이 이를 **제거한 경우**, 이 사건 아파트의 입주자대표회의는 회장이 소집하도록 규정되어 있고, 이 사건 공고문이 계속 게시될 경우 적법한 소집권자가 작성한 진정한 공고문으로 오인될 가능성이 매우 높고, 게시판의 관리주체인 관리소장이 이 사건 공고문을 게시하였다고 하더라도 그러한 소집절차의 하자가 치유되지 아니하며, 다음날이 공고문에서 정한 입주자대표회의가 개최되는 당일이어서 시기적으로 달리 적절한 방안을 찾기 어려웠던 점 등을 고려할 때(**손괴죄의 구성요건**에 **해당**하나) **정당행위**의 성립이 인정된다(대판 2021.12.30, 2021도9680).

4) **건조물의 벽면이나 구조물 등**(이하 '구조물 등'이라 한다)에 **낙서를 하는 행위**가 구조물 등의 효용을 해하는 것인지는, 해당 구조물 등의 용도와 기능, 낙서 행위가 구조물 등의 본래 사용 목적이나 기능에 미치는 영향, 구조물 등의 미관을 해치는 정도, 구조물 등의 이용자들이 느끼는 불쾌감과 저항감, 원상회복의 난이도와 거기에 드는 비용, 낙서 행위의 목적과 시간적 계속성, 행위 당시의 상황 등 제반 사정을 종합하여 사회통념에 따라 판단하여야 한다(대판 2022.10.27, 2022도8024).
[사실관계] 경계의 표시를 위하여 타인 소유의 석축 중 돌 3개에 **빨간색 락카를 사용해 화살표 모양을 표시한 행위**에 대하여 재물손괴죄로 기소된 사안에서, **<대법원>**은 위 법리에 따라 제반 사정을 종합적으로 고려하여 피고인의 낙서 행위가 **석축의 효용을 해하는 정도에 이르렀다고 단정하기 어렵다**고 보아 원심판결을 파기·환송한 사례(대판 2022.10.27, 2022도8024).

3 주관적 구성요건

손괴의 고의가 있어야 한다. 그러나 불법영득의사를 필요로 하지 않는다(**비영득죄**).

- 재물손괴의 범의를 인정함에 있어서는 반드시 계획적인 손괴의 의도가 있거나 물건의 손괴를 적극적으로 희망하여야 하는 것은 아니고, **소유자의 의사에 반하여 재물의 효용을 상실케 하는 데 대한 인식**이 있으면 된다(대판 1993.12.7, 93도2701).
- 경락받은 농수산물 저온저장 공장건물 중 공냉식 저온창고를 수냉식으로 개조함에 있어 그 공장에 시설된 피해자 소유의 자재에 관하여 피해자에게 철거를 최고하는 등 적법한 조치를 취함이 없이 이를 일방적으로 철거하게 한 경우 이는 **재물손괴의 범의**가 없었다고 할 수 없고 이것이 사회상규상 당연히 허용되는 것이라고 할 수도 없다(대판 1990.5.22, 90도700).

o [타인의 토지 지상에 건물을 신축행위에 대하여, 토지에 관한 재물손괴죄로 기소한 사건(무단신축사건)] 143)
재물손괴죄(형법 제366조)는 다른 사람의 재물을 손괴 또는 은닉하거나 그 밖의 방법으로 그 효용을 해한 경우에 성립하는 범죄로, 행위자에게 다른 사람의 재물을 자기 소유물처럼 그 경제적 용법에 따라 이용·처분할 의사(불법영득의사)가 없다는 점에서 절도, 강도, 사기, 공갈, 횡령 등 영득죄와 구별된다. **다른 사람의 소유물을 본래의 용법에 따라 무단으로 사용·수익하는 행위**는 소유자를 배제한 채 물건의 이용가치를 영득하는 것이고, 그 때문에 소유자가 물건의 효용을 누리지 못하게 되었더라도 효용 자체가 침해된 것이 아니므로 **재물손괴죄에 해당하지 않는다**(대판 2022.11.30, 2022도1410).
[사실관계] 부지의 점유 권원 없는 건물소유자였던 피고인이, 토지 소유자와의 철거 등 청구소송에서 패소하고 강제집행을 당했는데도 **무단으로 새 건물을 지은 경우** 토지를 본래의 용법에 따라 사용·수익함으로써 그 소유자로 하여금 효용을 누리지 못하게 한 것일 뿐 효용을 침해한 것이 아니므로 재물손괴죄에 해당하지 않는다고 한 사례
[판결이유] 피고인의 행위는 이미 대지화된 토지에 건물을 새로 지어 부지로서 사용·수익함으로써 그 소유자로 하여금 효용을 누리지 못하게 한 것일 뿐 **토지의 효용을 해하지 않았으므로**, 재물손괴죄가 성립하지 않는다
→ 타인의 재물을 무단사용하는 경우 : 불법영득의사의 적극적 요소인 이용·처분의사가 없어야 손괴죄 ○

Ⅲ 공익건조물파괴죄

공익에 공하는 건조물을 파괴함으로써 성립하는 범죄이다(제367조).

Ⅳ 중손괴죄·손괴치사상죄

중손괴죄란 재물손괴죄·공익건조물파괴죄를 범하여 사람의 생명 또는 **신체**에 대하여 위험을 발생하게 함으로써 성립하는 범죄이다(제368조 제1항). 손괴치사상죄란 재물손괴죄·공익건조물파괴죄를 범하여 사람을 상해에 이르게 하거나 사망에 이르게 함으로써 성립하는 범죄이다(제368조 제2항).
중손괴죄는 사람의 생명·신체에 대한 위험발생을 요건으로 하는 구체적 위험범이고 부진정결과적가중범이고, 손괴치사상죄는 진정결과적가중범이다.

Ⅴ 특수손괴죄

단체 또는 다중의 위력을 보이거나 위험한 물건을 휴대하여 재물손괴죄·공익건조물파괴죄를 범한 경우 성립하는 범죄이다(제369조).

143) 2023년 법원행정고등고시(10점) 甲은 A의 소유로 대지화된 토지를 실질적으로 점유하던 중 A의 토지 이용을 방해할 목적으로 권한 없이 그 지상에 빌라를 신축하였다. 이러한 경우 甲에게 재물손괴죄가 성립할 수 있는지에 대하여 논하시오.

○ 甲 주식회사의 직원인 피고인들이 유색 페인트와 래커 스프레이를 이용하여 甲 회사 소유의 도로 바닥에 직접 문구를 기재하거나 도로 위에 놓인 현수막 천에 문구를 기재하여 페인트가 바닥으로 배어 나와 도로에 배게 한 경우 위와 같은 방법으로 도로 바닥에 여러 문구를 써놓은 행위가 위 도로의 효용을 해하는 정도에 이른 것이라고 보기 어려우므로, 특수재물손괴죄가 성립하지 않는다(대판 2020.3.27, 2017도20455).

VI 경계침범죄

경계표를 손괴, 이동 또는 제거하거나 기타 방법으로 토지의 경계를 인식 불능하게 함으로써 성립하는 범죄이다(제370조).

(1) 경계란 법률상 정당한 경계 뿐 아니라 사실상의 경계도 포함한다.

○ 경계침범죄에서 말하는 경계는 법률상의 정당한 경계인지 여부와는 상관없이 종래부터 경계로서 일반적으로 승인되어 왔거나 이해관계인들의 명시적 또는 묵시적 합의가 존재하는 등 어느 정도 객관적으로 통용되어 오던 사실상의 경계를 의미한다(대판 2010.9.9, 2008도8973).

○ [1] 형법 제370조에서 말하는 경계는 반드시 법률상의 정당한 경계를 말하는 것이 아니고 비록 법률상의 정당한 경계에 부합되지 아니하는 경계라고 하더라도 이해관계인들의 명시적 또는 묵시적 합의에 의하여 정하여진 것이면 이는 이 법조에서 말하는 경계라고 할 것이다. [2] 형법 제370조에서 말하는 경계표는 그것이 어느 정도 **객관적으로 통용되는 사실상의 경계**를 표시하는 것이라면 영속적인 것이 아니고 일시적인 것이라도 이 죄의 객체에 해당한다(대판 1999.4.9, 99도480).

(2) 경계를 인식불능하게 하여야 한다. 경계표를 손괴・이동・제거하는 행위가 있었어도 경계를 인식불능하게 하지 않으면 경계침범죄는 성립할 수 없다. 또한 본죄는 미수범 처벌규정도 없다.

○ 설령 법률상의 정당한 경계를 침범하는 행위가 있었다 하더라도 그로 말미암아 위와 같은 토지의 사실상의 경계에 대한 인식불능의 결과가 발생하지 않는 한 경계침범죄가 성립하지 아니한다(대판 2010.9.9, 2008도8973).

○ 피고인이 건물을 신축하면서 그 건물의 1층과 2층 사이에 있는 **처마**를 피해자소유의 가옥 지붕 위로 나오게 한 사실만으로는 양토지의 경계가 인식불능되었다고 볼 수 없으므로 경계침범죄의 구성요건에 해당하지 아니한다(대판 1984.2.28, 83도1533).

제10절 권리행사를 방해하는 죄

제323조【권리행사방해】
타인의 점유 또는 권리의 목적이 된 자기의 물건 또는 전자기록 등 특수매체기록을 취거, 은닉 또는 손괴하여 타인의 권리행사를 방해한 자는 5년 이하의 징역 또는 700만원 이하의 벌금에 처한다.

제325조【점유강취, 준점유강취】
① 폭행 또는 협박으로 타인의 점유에 속하는 자기의 물건을 강취(强取)한 자는 7년 이하의 징역 또는 10년 이하의 자격정지에 처한다.
② 타인의 점유에 속하는 자기의 물건을 취거(取去)하는 과정에서 그 물건의 탈환에 항거하거나 체포를 면탈하거나 범죄의 흔적을 인멸할 목적으로 폭행 또는 협박한 때에도 제1항의 형에 처한다.
③ 제1항과 제2항의 미수범은 처벌한다. [시행 2021.12.9.]

제326조【중권리행사방해】
제324조 또는 제325조의 죄를 범하여 사람의 생명에 대한 위험을 발생하게 한 자는 10년 이하의 징역에 처한다.

제327조【강제집행면탈】
강제집행을 면할 목적으로 재산을 은닉, 손괴, 허위양도 또는 허위의 채무를 부담하여 채권자를 해한 자는 3년 이하의 징역 또는 1천만원 이하의 벌금에 처한다.

제328조【친족간의 범행과 고소】
① 직계혈족, 배우자, 동거친족, 동거가족 또는 그 배우자간의 제323조의 죄는 그 형을 면제한다.
② 제1항 이외의 친족간에 제323조의 죄를 범한 때에는 고소가 있어야 공소를 제기할 수 있다.
③ 전 2항의 신분관계가 없는 공범에 대하여는 전 이항을 적용하지 아니한다.

I 서설

1 의의 및 보호법익

권리행사를 방해하는 죄란 타인의 점유 또는 권리의 목적이 된 자기의 물건에 대한 타인(권리자)의 권리행사를 방해하거나, 강제집행을 면할 목적으로 채권자를 해하는 것을 내용으로 하는 범죄이다. 자기소유의 물건을 객체로 한다는 점에서 소유권 이외의 재산권을 보호하기 위한 범죄이다. 보호법익은 제한물권(용익물권과 담보물권)과 채권인데, 구체적으로는 권리행사방해죄는 점유권·제한물권·자유권, 점유강취죄는 제한물권과 자유권, 강제집행면탈죄는 국가의 강제집행권이 발동될 단계에 있는 채권자의 채권이 보호법익이다. 보호의 정도는 점유강취죄만 침해범이고, 권리행사방해죄와 강제집행면탈죄는 추상적 위험범이다.

2 구성요건의 체계

구분	내용
기본적 구성요건	권리행사방해죄, 점유강취·준점유강취죄, 강제집행면탈죄
가중적 구성요건	중권리행사방해죄
미수범 처벌규정	○ : 점유강취·준점유강취죄
	× : 권리행사방해죄, 강제집행면탈죄, 중권리행사방해죄
예비·음모 처벌규정	×

II 권리행사방해죄

타인의 점유 또는 권리의 목적이 된 자기의 물건 또는 전자기록 등 특수매체기록을 취거, 은닉 또는 손괴함으로써 성립하는 범죄이다(제323조).

1 주체

자기의 물건을 타인에게 제한물권 또는 채권의 목적물으로 제공한 소유자이다(진정신분범).

예 담보설정자 등

o **주식회사의 대표이사**가 대표이사의 지위에 기하여 그 직무집행행위로서 타인이 점유하는 위 회사의 물건을 취거한 경우에는, 위 행위는 위 회사의 대표기관으로서의 행위라고 평가되므로, 위 회사의 물건도 권리행사방해죄에 있어서의 **"자기의 물건"**이라고 보아야 한다(대판 1992.1.21, 91도1170).

[동지판례] **법인의 대표기관이 아닌 대리인이나 지배인**이 대표기관과 공모 없이 한 행위라도 그 직무권한 범위 내에서 직무에 관하여 타인이 점유하는 법인의 물건을 취거한 경우에는 대표기관이 한 행위와 법률적・사실적 효력이 동일하고, 법인의 물건을 법인의 이익을 위해 취거하여 불법영득의사가 없는 점과 범의 내용 등에 관해서 실질적인 차이가 없으므로 권리행사방해죄가 규정하는 **'자기의 물건을 취거한 경우'에 해당**한다(대판 2020.9.24, 2020도9801).

o **물건의 소유자가 아닌 사람**은 형법 제33조 본문에 따라 소유자의 권리행사방해 범행에 가담한 경우에 한하여 그의 공범이 될 수 있을 뿐이다. / 그러나 권리행사방해죄의 공범으로 기소된 물건의 소유자에게 고의가 없는 등으로 범죄가 성립하지 않는다면 공동정범이 성립할 여지가 없다(대판 2017.5.30, 2017도4578).

[사실관계] 피고인이 **사실혼 배우자의 명의**를 빌려 **자동차(에쿠스)**를 매수하면서 피해자 회사로부터 대출을 받고 자동차에 저당권을 설정하였음에도 저당권자의 동의 없이 제3자에게 담보로 제공한 경우(자동차의 소재를 찾을 수 없게 한 경우) 등록명의자인 사실혼 배우자에게 고의가 없는 등으로 범죄가 성립하지 않는다면 피고인에게도 권리행사방해죄가 성립하지 않는다.

[동지판례(피고인이 타인에게 피고인 소유 겸 제3자의 권리의 목적인 물건을 손괴하도록 지시한 행위에 대하여, 권리행사방해교사죄로 기소된 사안)] 144) [1] 교사범이 성립하려면 교사자의 교사행위와 정범의 실행행위가 있어야 하므로, 정범의 성립은 교사범 구성요건의 일부이고 교사범이 성립하려면 정범의 범죄행위가 인정되어야 한다. [2] 형법 제323조의 권리행사방해죄는 **물건의 소유자가 아닌 사람**은 형법 제33조 본문에 따라 소유자의 권리행사방해 범행에 가담한 경우에 한하여 그의 공범이 될 수 있을 뿐이다(대판 2022.9.15, 2022도5827).

[사실관계] 甲은 서울 서초구(주소 생략)에 있는 지상 5층 신축한 빌라 건물의 소유자이고, A는 이 사건 건물 및 부지를 매입하기 위한 공탁금, 등기비용 기타 소요자금 7억 원을 대납하는 조건으로 이 사건 건물

144) 2023년 법원행정고등고시(10점) 甲은 위와 같이 신축한 빌라 건물의 소유자이고, B는 甲의 허락을 받아 그 빌라에 거주하고 있었다. 그러던 중 甲과 B 사이에 다툼이 생겨 甲이 B에게 퇴거를 요청하였는데, B가 이를 거부하자 甲은 B를 내쫓을 목적으로 자신의 아들인 C에게 그 빌라 현관문에 설치된 디지털 도어락(빌라 신축 당시 甲에 의해 설치된 것임)의 비밀번호를 변경할 것을 지시하였다. 이에 C는 B가 현관문을 열어 둔 채 잠시 외출한 틈을 타 디지털 도어락의 비밀번호를 변경하고 현관문을 닫아 두어 외출 후 돌아온 B가 빌라 안으로 들어가지 못하도록 하였다. 이러한 경우 甲에게 디지털 도어락 손괴로 인한 권리행사방해교사죄가 성립할 수 있는지에 대하여 논하시오.

5층에서 약 2개월 동안 아내를 포함한 가족들과 함께 임시로 거주하고 있다. 甲은 2019.11.4. 22 : 10경 이 사건 건물 5층에서 A를 만나 위 돈이 입금되지 않았다면서 퇴거를 요구하였으나 받아들여지지 않자, A의 가족을 내쫓을 목적으로 아들인 乙에게 이 사건 건물 5층 현관문에 설치된 디지털 도어락(빌라 신축 당시 甲에 의해 설치된 것임)의 비밀번호를 변경할 것을 지시하였고, 乙은 甲의 지시에 따라 도어락의 비밀번호를 변경하였다. 甲이, 자신이 관리하는 건물 5층에 거주하는 피해자를 내쫓을 목적으로 자신의 아들인 乙을 교사하여 그곳 현관문에 설치된 甲 소유 디지털 도어락의 비밀번호를 변경하게 한 경우 乙이 자기의 물건이 아닌 위 도어락의 비밀번호를 변경하였다고 하더라도 권리행사방해죄가 성립할 수 없고, 정범인 乙의 권리행사방해죄가 인정되지 않는 이상 교사자인 甲에 대하여 권리행사방해교사죄도 성립할 수 없다.
→ 공소사실 : 피해자 점유·자기 물건인 도어락에 대한 권리행사방해죄의 교사범
→ 원심 : 교사 ○(∵ 디지털 도어락이 피고인 소유인 점)
→ 강사 주 : 甲에게는 권리행사방해죄의 간접정범 성립 가능(∵ 아들 乙 = 신분 없는 고의 있는 도구)

2 객체

타인의 점유 또는 권리의 목적이 된 자기의 물건 또는 전자기록 등 특수매체기록이다.

(1) 자기의 물건 또는 특수매체기록

자기의 단독소유물이어야 한다. 공동소유물은 타인의 물건이므로 객체가 되지 않는다.

취거, 은닉 또는 손괴한 물건이 자기 소유의 물건이 아니라면 권리행사방해죄가 성립할 여지가 없다.

○ 형법 제323조의 권리행사방해죄는 타인의 점유 또는 권리의 목적이 된 자기의 물건을 취거, 은닉 또는 손괴하여 타인의 권리행사를 방해함으로써 성립하는 것이므로, 그 취거, 은닉 또는 손괴한 물건이 자기의 물건이 아니라면 권리행사방해죄가 성립할 여지가 없다(대판 2005.11.10, 2005도6604).
[사실관계] 甲이 자동차등록원부상 A명의로 등록되어 있는 차량을 B에게 담보로 제공하였음에도 불구하고, B의 승낙 없이 미리 소지하고 있던 위 차량의 보조키를 이용하여 이를 운전하여 간 경우 권리행사방해죄가 성립하지 않는다.145)

관련 판례 **자기의 소유가 아니어서 권리행사방해죄가 성립되지 않는 경우**

1) 피고인이 **택시**를 회사에 **지입**하여 운행하였다고 하더라도, 피고인이 회사와 사이에 위 택시의 소유권을 피고인이 보유하기로 약정하였다는 등의 특별한 사정이 없는 한, 위 택시는 그 등록명의자인 회사의 소유이고 피고인의 소유는 아니라고 할 것이므로 회사의 요구로 위 택시를 회사차고지에 입고하였다가 회사의 승낙을 받지 않고 이를 가져간 피고인의 행위는 권리행사방해죄에 해당하지 않는다(대판 2003.5.30, 2000도5767).
2) 피고인이 피해자에게 담보로 제공한 차량이 그 자동차등록 원부에 **제3자 명의로 등록**되어 있는 경우 피해자의 승낙 없이 미리 소지하고 있던 위 차량의 보조키를 이용하여 이를 운전하여 간 행위는 권리행사방해죄를 구성하지 않는다(대판 2005.11.10, 2005도6604).
3) 렌트카회사의 공동대표이사 중 1인이 회사 보유 차량을 자신의 개인적인 채무담보 명목으로 피해자에게 넘겨 주었는데 다른 공동대표이사인 피고인이 위 차량을 몰래 회수하도록 한 경우, 아직 렌트카회사나

145) 2018년 법원행정고등고시

피고인 명의로 신규등록 절차를 마치지 않은 **미등록 상태**였다면 렌트카회사나 피고인의 소유물이라고 할 수 없으므로 권리행사방해죄는 성립되지 아니한다(대판 2006.3.23, 2005도4455).

4) 피고인(**신탁자**)이 이른바 **중간생략등기형 명의신탁** 또는 **계약명의신탁**의 방식으로 자신의 처에게 등기명의를 신탁해 놓은 점포에 자물쇠를 채워 점포의 임차인을 출입하지 못하게 한 경우, 그 점포는 권리행사방해죄의 객체인 '자기의 물건'에 해당하지 않는다(대판 2005.9.9, 2005도626).

5) **부동산경매절차**에서 부동산을 매수하려는 사람이 타인과의 명의신탁약정 아래 타인 명의로 매각허가결정을 받아 자신의 부담으로 매수대금을 완납한 때에는 경매목적 부동산의 소유권은 매수대금의 부담 여부와는 관계없이 그 **명의인**이 취득하게 되므로, 피고인이 위 건물에 대한 갑 회사의 점유를 침탈하였더라도 피고인의 물건에 대한 타인의 권리행사를 방해한 것으로 볼 수 없다(대판 2019.12.27, 2019도14623).

[사실관계] A는 강제경매를 통하여 아들인 B 명의로 오피스텔 건물 501호를 매수하였는데, 위 501호에 대해서는 C가 유치권을 행사하고 있었다. A는 열쇠수리공을 불러 501호의 잠금장치를 변경하여 C가 더 이상 유치권 행사를 할 수 없도록 점유를 침탈하였다 하더라도 A에게는 C에 대한 권리행사방해죄가 성립하지 않는다.

∵ 오피스텔을 아들인 B 명의로 낙찰받았으므로 오피스텔은 B 소유이고, A소유가 아니므로

(2) 타인의 점유의 목적이 된 물건

권리행사방해죄의 점유는 보호객체로서의 점유이므로 반드시 점유할 권원에 기한 점유만을 의미하는 것은 아니고, 법정절차를 통한 분쟁해결시까지 잠정적으로 보호할 가치있는 점유는 모두 포함된다.

○ 권리행사방해죄에서의 보호대상인 타인의 점유는 **반드시 점유할 권원에 기한 점유만을 의미하는 것은 아니고**, ① 일단 적법한 권원에 기하여 점유를 개시하였으나 사후에 점유 권원을 상실한 경우의 점유, ② 점유 권원의 존부가 외관상 명백하지 아니하여 법정절차를 통하여 권원의 존부가 밝혀질 때까지의 점유, ③ 권원에 기하여 점유를 개시한 것은 아니나 동시이행항변권 등으로 대항할 수 있는 점유 등과 같이 법정절차를 통한 분쟁 해결시까지 잠정적으로 보호할 가치 있는 점유는 모두 포함된다고 볼 것이고, / 다만 **절도범인의 점유와 같이 점유할 권리 없는 자의 점유임이 외관상 명백한 경우**는 포함되지 아니한다(대판 2006.3.23, 2005도4455).

관련 판례 **타인의 점유의 목적이 된 물건에 해당하는 경우**

1) **일단 적법한 원유(원인)에 기하여 물건을 점유**한 이상 그 후에 그 점유물을 소유자에게 명도하여야 할 사정이 발생하였다 할지라도 점유자가 임의로 명도를 하지 아니하고 계속 점유하고 있다면 그 점유자는 권리행사방해죄에 있어서의 타인의 물건을 점유하고 있는 자이다(대판 1977.9.13, 77도1672).

[사실관계] 임대차계약이 만료된 이후에도 임차인이 퇴거하지 아니하자 임대인이 임차인이 거주하고 있는 방의 천장 및 마루바닥판자를 뜯어 낸 경우 권리행사방해죄가 성립한다.

2) 렌트카회사의 공동대표이사 중 1인이 회사 보유 차량을 자신의 개인적인 채무담보 명목으로 피해자에게 넘겨 주었는데 다른 공동대표이사인 피고인이 위 차량을 몰래 회수하도록 한 경우, 위 피해자의 점유는 **권리행사방해죄의 보호대상인 점유에 해당**한다(대판 2006.3.23, 2005도4455).

∵ 점유 권원의 존부가 외관상 명백하지 아니하여 법정절차를 통하여(채권 및 담보제공약정에 기해 반환을 거부하는 것인지 단순히 임차하였다가 반환을 거부하는 것인지) 권원의 존부가 밝혀질 때까지의 점유에 해당하므로

3) **무효인 경매절차**에서 경매목적물을 경락받아 이를 점유하고 있는 낙찰자의 점유는 적법한 점유로서 그 점유자는 권리행사방해죄에 있어서의 타인의 물건을 점유하고 있는 자라고 할 것이다(대판 2003.11.28, 2003도4257). ∵ 동시이행항변권 등에 기한 점유와 같은 적법한 점유이므로

(3) 타인의 권리의 목적이 된 물건

권리행사방해죄의 타인의 권리의 목적이 된 물건이란 제한물권(용익물권·담보물권) 또는 채권(임차권·사용대차권)의 목적이 된 물건을 말한다. 예 질권·저당권이 설정된 물건

o 권리행사방해죄의 구성요건 중 타인의 '권리'란 반드시 **제한물권**만을 의미하는 것이 아니라 물건에 대하여 점유를 수반하지 아니하는 **채권**도 이에 포함된다(대판 1991.4.26, 90도1958).

3 행위

취거, 은닉 또는 손괴하여 타인의 권리행사를 방해하는 것이다.

o 타인의 권리의 목적이 된 자기의 소유토지를 타에 **매도**하여 그 소유권이전등기를 하여 준 행위는 취거·은닉 또는 손괴의 어느 것에도 해당될 수 없어 권리행사방해죄가 되지 않는다(대판 1972.6.27, 71도1072). → 저당권이 설정된 토지의 경우 저당권의 추급효 발생

(1) 취거란 그 점유자의 의사에 반하여 그 점유자의 점유로부터 자기 또는 제3자의 점유로 옮기는 것을 말한다. 절도죄의 절취에 해당하나, 불법영득의사가 없다는 점이 다르다.

o 형법 제323조 소정의 권리행사방해죄에 있어서의 취거라 함은 타인의 점유 또는 권리의 목적이 된 자기의 물건을 그 점유자의 의사에 반하여 그 점유자의 점유로부터 자기 또는 제3자의 점유로 옮기는 것을 말하므로 점유자의 의사나 그의 **하자 있는 의사에 기하여 점유가 이전된 경우**에는 여기에서 말하는 취거로 볼 수는 없다(대판 1988.2.23, 87도1952).

(2) 은닉이란 물건 등의 소재를 발견하기 불가능하게 하거나 또는 현저히 곤란한 상태에 두는 것을 말한다.

o 권리행사방해죄에서 은닉이란 타인의 점유 또는 권리의 목적이 된 자기 물건 등의 소재를 발견하기 불가능하게 하거나 또는 현저히 곤란한 상태에 두는 것을 말하고, 그로 인하여 권리행사가 방해될 우려가 있는 상태에 이르면 권리행사방해죄가 성립하며 현실로 권리행사가 방해되었을 것까지 필요로 하는 것은 아니다(대판 2017.5.17, 2017도2230).

관련 판례 **은닉에 해당하는 경우**

1) 甲・乙이 공모하여 렌트카 회사인 A주식회사를 설립한 다음 B주식회사 등의 명의로 저당권등록이 되어 있는 다수의 차량들을 사들여 A회사 소유의 영업용 차량으로 등록한 후 자동차대여사업자등록 취소처분을 받아 **차량등록**을 **직권말소**시켜 저당권 등이 소멸되게 하였더라도 甲・乙이 차량들을 은닉하였다고 볼 수 있으므로 甲・乙에게는 권리행사방해죄가 성립한다(대판 2017.5.17, 2017도2230).

2) **[대포차유통 권리행사방해사건]** 甲이 2011.5.경 **체어맨** 승용차 1대를 구입하면서 乙로부터 차량 매수대금 2,000만 원을 차용하고 그 담보로 위 차량에 乙 명의의 **저당권**을 **설정**해 주었음에도, 2011.12.경 대부업자로부터 400만 원을 차용하면서 위 차량을 대부업자에게 담보로 제공하여 이른바 '대포차'로 유통되게 하였다면 甲은 권리행사방해죄의 죄책을 진다(대판 2016.11.10, 2016도13734).

3) **[담보유지의무가 문제되는 사안에서 권리행사방해죄를 인정한 사건]** 피고인들이 자동차정비업을 운영하는 건물과 기계・기구에 **근저당권**을 **설정**하고도 **건물**을 **철거**한 뒤 멸실등기를 마치고, **기계・기구**를 **양도**한 경우 피고인들의 행위가 피해자의 권리의 목적이 된 피고인들의 물건을 **손괴** 또는 **은닉**한 것이므로 권리행사방해죄가 인정된다(대판 2021.1.14, 2020도14735).

✔ **〈참고〉** 검사는 2018.12.21. 피고인들이 이 사건 건물과 기계・기구에 근저당권을 설정하고도 담보유지의무를 위반하여, 이 사건 건물을 철거 및 멸실등기하고, 이 사건 기계・기구를 양도한 행위를 배임의 점으로 공소 제기하였다가 2019.9.25. 권리행사방해의 점으로 공소장변경을 신청하여 허가되었다.

(3) 손괴란 물건의 전부 또는 일부를 물질적으로 훼손하거나 기타 방법으로 그 효용을 해하는 것을 말한다.

(4) 권리행사방해란 타인의 권리행사가 방해될 우려가 있는 상태에 이른 것을 말한다. 권리행사가 방해될 우려가 있는 상태에 이르면 권리행사방해죄가 성립하고 현실로 권리행사가 방해되었을 것까지 필요로 하는 것은 아니다(추상적 위험범).

○ 공장근저당권이 설정된 선반기계 등을 이중담보로 제공하기 위하여 이를 다른 장소로 옮긴 경우, 이는 공장저당권의 행사가 방해될 우려가 있는 행위로서 권리행사방해죄에 해당한다(대판 1994.9.27, 94도1439).

4 주관적 구성요건

고의는 있어야 하지만, 불법영득의사는 필요하지 않다.

5 죄수

○ **여러 사람의 권리의 목적이 된 자기의 물건**을 취거, 은닉 또는 손괴함으로써 그 여러 사람의 권리행사를 방해하였다면 **권리자별**로 각각 권리행사방해죄가 성립하고 각 죄는 서로 **상상적 경합범**의 관계에 있다(대판 2022.5.12, 2021도16876).

[사실관계] 피고인 甲과 乙은 서울 강남구 지상건물의 공동소유자이고, 피해자 A와 B는 甲과 乙을 상대로 각자의 유류분반환청구권을 보전하기 위하여 부동산에 대한 가압류결정을 받아 가압류등기를 마쳤다. 甲과 乙은 이 사건 건물의 철거와 신축허가를 받는 과정에서 서울 강남구 소속 공무원으로부터 이 사건 건물에

가압류가 설정되어 있다는 사실을 고지 받았고, 이후 부동산가압류 결정정본을 송달받았음에도 재건축을 위하여 이 사건 건물을 철거한 후 새로운 건물을 신축하였다. 피해자 A와 B에 대하여 권리행사방해죄가 각 성립하나, 피해자 B에 대한 권리행사방해 부분에 관하여만 형을 정하여 그 형의 선고를 유예하고, 피해자 A에 대한 권리행사방해 부분에 관하여는 형법 제328조 제1항(친족상도례)을 적용하여 형을 면제한 사례

Ⅲ 점유강취죄 · 준점유강취죄

점유강취죄란 폭행 또는 협박으로 타인의 점유에 속하는 자기의 물건을 강취함으로써 성립하는 범죄이다(제325조 제1항). 자기소유물에 대한 강도죄에 해당한다.

준점유강취죄는 타인의 점유에 속하는 자기의 물건을 취거(取去)하는 과정에서 그 물건의 탈환에 항거하거나 체포를 면탈하거나 범죄의 흔적을 인멸할 목적으로 폭행 또는 협박한 경우 성립하는 범죄이다(제325조 제2항). 자기소유물에 대한 준강도죄에 해당한다.

Ⅳ 중권리행사방해죄

점유강취죄 · 준점유강취죄를 범하여 사람의 생명에 대한 위험을 발생하게 함으로써 성립하는 범죄이다(제326조). 사람의 생명에 대한 구체적 위험이 발생해야 성립하는 구체적 위험범이고, 부진정결과적가중범이다.

Ⅴ 강제집행면탈죄

1 의의 및 보호법익

강제집행면탈죄는 강제집행을 면할 목적으로 재산을 은닉 · 손괴 · 허위양도 또는 허위의 채무를 부담하여 채권자를 해함으로써 성립하는 범죄이고, 목적범이다. 채권자의 채권을 보호법익으로 하고 그 보호정도는 추상적 위험범이다.

2 행위상황

강제집행면탈죄가 성립하려면 그 전제로서 채권자의 채권이 존재하여야 하고, 이 채권에 대한 강제집행을 받을 우려가 있는 상태가 존재하여야 한다.

(1) 채권의 존재

강제집행면탈죄는 채권자의 권리보호를 주된 보호법익으로 하므로, 채권의 존재가 인정되지 않을 때에는 강제집행면탈죄는 성립하지 않는다.

- 강제집행면탈죄는 채권자의 권리 보호를 주된 보호법익으로 하므로, 채권의 존재는 강제집행면탈죄의 성립요건이다(대판 2008.5.8, 2008도198).

◦ 채권의 존재가 인정되지 않을 때에는 강제집행면탈죄는 성립하지 않는 것이므로, 상계로 인하여 소멸한 것으로 보게 되는 채권에 관하여는 **상계의 효력이 발생하는 시점 이후** 강제집행면탈죄가 성립하지 않는다(대판 2012.8.30, 2011도22520).

(2) 강제집행을 받을 우려가 있는 상태

본죄가 성립하기 위해서는 먼저 채권자의 채권에 대한 강제집행을 받을 우려가 있는 객관적 상태가 존재하여야 한다. 해석상 기술되지 않은 구성요건요소에 해당한다.

강제집행을 받을 우려가 있는 상태란 현실적으로 민사집행법에 의한 강제집행 또는 가압류, 가처분의 집행을 받을 우려가 있는 객관적인 상태, 즉 채권자가 본안 또는 보전소송을 제기하거나 제기할 태세를 보이고 있는 상태를 말한다.

◦ 강제집행면탈죄는 채무자가 현실적으로 민사소송법에 의한 강제집행 또는 가압류, 가처분의 집행을 받을 우려가 있는 객관적인 상태 즉 적어도 채권자가 민사소송을 제기하거나 가압류, 가처분의 신청을 할 기세를 보이고 있는 상태에서, 채무자가 강제집행을 면탈할 목적으로, 재산을 은닉, 손괴, 허위양도하거나 허위의 채무를 부담하여 채권자를 해할 위험이 있는 경우에 성립한다(대판 1998.9.8, 98도1949). 강제집행면탈죄는 **강제집행을 당할 구체적인 위험이 있는 상태**에서 재산을 은닉, 손괴, 허위양도 또는 허위의 채무를 부담하여 채권자를 해할 때 성립된다 할 것이고, 여기서 집행을 당할 구체적인 위험이 있는 상태란 채권자가 이행청구의 소 또는 그 보전을 위한 가압류, 가처분신청을 제기하거나 제기할 태세를 보인 경우를 말한다(대판 1999.2.9, 96도3141).

◦ 강제집행면탈죄가 성립되려면 행위자의 주관적인 강제집행을 면탈하려는 의도가 객관적으로 강제집행을 당할 급박한 상태하에서 나타나야 한다(대판 1979.9.11, 79도436).
[사실관계] 채권자들이 피고인을 상대로 **법적 절차를 취하기 위한 준비를 하고 있지 않**았지만, 피고인이 어음의 부도가 있기 전에 강제집행을 면탈하기 위해 자기의 형에게 허위채무를 부담하고 가등기하여 주었다 하더라도 강제집행면탈죄가 성립하지 않는다.

관련 판례 **강제집행**(받을 우려가 있는 상태)**에 해당하는 경우**

1) 약 18억 원 정도의 채무초과 상태에 있는 피고인 발행의 약속어음이 부도가 난 경우, 강제집행을 당할 구체적인 위험이 있는 상태에 있다(대판 1999.2.9, 96도3141).
2) 강제집행면탈죄가 적용되는 강제집행은 민사집행법 제2편의 적용 대상인 '**강제집행**' 또는 가압류·가처분 등의 집행을 가리키는 것이다(대판 2015.3.26, 2014도14909).
3) 강제집행면탈죄에서 말하는 강제집행에는 금전채권의 강제집행뿐만 아니라 광의의 강제집행인 **소유권이전등기의 강제집행**도 포함된다(대판 1983.10.25, 82도808).
4) 강제집행면탈죄는 국가의 강제집행권이 발동될 단계에 있는 채권자의 권리를 보호하기 위한 범죄로서, 여기서의 강제집행에는 광의의 강제집행인 **의사의 진술에 갈음하는 판결의 강제집행**도 포함된다(대판 2015.9.15, 2015도9883). ∵ 국가의 강제집행권이 발동될 수 있으면 충분하므로

관련 판례 **강제집행**(받을 우려가 있는 상태)**에 해당하지 않는 경우**

1) 강제집행면탈죄가 적용되는 강제집행은 민사집행법의 적용대상인 강제집행 또는 가압류·가처분 등의 집행을 가리키는 것이므로, **국세징수법에 의한 체납처분**은 강제집행면탈죄의 강제집행에 포함되지 않는다(대판 2012.4.26, 2010도5693).
2) 민사집행법 제3편의 적용 대상인 '**담보권 실행 등을 위한 경매**'를 면탈할 목적으로 재산을 은닉하는 등의 행위는 강제집행면탈죄의 규율 대상에 포함되지 않는다(대판 2015.3.26, 2014도14909).
3) 근저당권의 목적물인 기계에 대하여 **경매개시결정이 내려진 후** 이를 원래 있던 곳에서 가지고 나가 숨겨 둔 경우 강제집행면탈죄가 성립하지 않는다(대판 1999.2.9, 96도3141).
   → 강제집행면탈죄는 강제집행을 당할 구체적인 위험이 있는 상태에서 재산을 은닉하는 행위 등을 처벌하는 것이므로 경매개시결정(압류결정)이 내려진 후에는 강제집행면탈죄가 성립할 여지가 없다.

3 객체 _ 재산

강제집행면탈죄의 객체인 재산이란 채권자가 민사집행법상 강제집행 또는 보전처분의 대상으로 삼을 수 있는 것을 의미한다.

관련 판례 **강제집행면탈죄의 객체에 해당하는 경우**

1) 강제집행면탈죄에 있어서 재산에는 동산·부동산뿐만 아니라 재산적 가치가 있어 민사소송법에 의한 강제집행 또는 보전처분이 가능한 **특허 내지 실용신안 등을 받을 수 있는 권리**도 포함된다(대판 2001.11.27, 2001도4759).
2) 강제집행면탈죄의 객체인 재산은 채무자의 재산 중에서 채권자가 민사집행법상 강제집행 또는 보전처분의 대상으로 삼을 수 있는 것을 의미하는데, **장래의 권리**라도 채무자와 제3채무자 사이에 채무자의 장래청구권이 충분하게 표시되었거나 결정된 법률관계가 존재한다면 재산에 해당하는 것으로 보아야 한다(대판 1986.1.21, 85도2472 ; 대판 2011.7.28, 2011도6115).

관련 판례 **강제집행면탈죄의 객체에 해당하지 않는 경우**

1) '**보전처분 단계에서의 가압류채권자의 지위**' 자체는 원칙적으로 민사집행법상 강제집행 또는 보전처분의 대상이 될 수 없어 강제집행면탈죄의 객체에 해당한다고 볼 수 없고, 가압류채무자가 가압류해방금을 공탁한 경우에도 마찬가지이다(대판 2008.9.11, 2006도8721).
2) **계약명의신탁**의 방식으로 명의수탁자가 당사자가 되어 소유자와 부동산에 관한 매매계약을 체결하고 명의수탁자 명의로 소유권이전등기를 마친 경우, 그 부동산은 채무자인 명의신탁자의 재산이 아니기 때문에 형법상 강제집행면탈죄의 객체가 되지 않는다(대판 2011.12.8, 2010도4129).
3) 甲 주식회사 대표이사 등인 피고인들이 공모하여 회사 채권자들의 강제집행을 면탈할 목적으로 甲 회사가 시공 중인 건물의 건축주 명의를 甲 회사에서 乙 주식회사로 변경하였더라도, 위 건물은 지하 4층, 지상 12층으로 건축허가를 받았으나 명의 변경 당시 지상 8층까지 골조공사가 완료된 채 **공사가 중단되었던 사정**이 있다면 강제집행면탈죄가 성립하지 않는다(대판 2014.10.27, 2014도9442).
   ∵ 위 건물은 민사집행법상 강제집행이나 보전처분의 대상이 될 수 있다고 단정하기 어려워 강제집행면탈죄의 객체가 될 수 없으므로

4) 의료법에 의하여 **적법하게 개설되지 아니한 의료기관**에서 요양급여가 행하여졌다면 해당 의료기관은 국민건강보험법상 요양급여비용을 청구할 수 있는 요양기관에 해당되지 아니하여 해당 요양급여비용 전부를 청구할 수 없고, 해당 의료기관의 채권자로서도 위 **요양급여비용 채권**을 대상으로 하여 강제집행 또는 보전처분의 방법으로 채권의 만족을 얻을 수 없는 것이므로, 결국 위와 같은 채권은 강제집행면탈죄의 객체가 되지 아니한다(대판 2017.4.26, 2016도19982).

4 행위

재산을 은닉 · 손괴 · 허위양도 또는 허위의 채무를 부담하여 채권자를 해하는 것이다.

o 채무자가 가압류채권자의 지위에 있으면서 **가압류집행해제**를 **신청**함으로써 그 지위를 상실하는 행위는 제327조에서 정한 '은닉, 손괴, 허위양도 또는 허위채무부담' 등 강제집행면탈행위의 어느 유형에도 포함되지 않는 것이므로, 이러한 행위를 처벌대상으로 삼을 수 없다(대판 2008.9.11, 2006도8721).

(1) 은닉 · 손괴 · 허위양도 또는 허위의 채무를 부담

① 은닉이란 강제집행을 실시하는 자에 대하여 재산의 발견을 불능 또는 곤란케 하는 것을 말한다. 재산의 소재를 불명케 하는 경우는 물론 그 소유관계를 불명하게 하는 경우도 포함한다.

o 형법 제327조에 규정된 강제집행면탈죄에 있어서의 재산의 '**은닉**'이라 함은 강제집행을 실시하는 자에 대하여 재산의 발견을 불능 또는 곤란케 하는 것을 말하는 것으로서, 재산의 소재를 불명케 하는 경우는 물론 그 소유관계를 불명하게 하는 경우도 포함하나, 재산의 소유관계를 불명하게 하는 데 반드시 공부상의 소유자 명의를 변경하거나 폐업 신고 후 다른 사람 명의로 새로 사업자등록을 할 것까지 요하는 것은 아니다(대판 2003.10.9, 2003도3387).

관련 판례 **은닉에 해당하는 경우**

1) 사업장의 유체동산에 대한 강제집행을 면탈할 목적으로 사업자 등록의 사업자 명의를 변경함이 없이 사업장에서 사용하는 **금전등록기의 사업자 이름**만을 **변경**한 경우, 강제집행면탈죄에 있어서 재산의 '은닉'에 해당한다(대판 2003.10.9, 2003도3387). ∵ 소유관계를 불명하게 하였으므로

   [비교판례] 채무자가 제3자 명의로 되어 있던 사업자등록을 또 다른 제3자 명의로 변경하였다는 사정만으로는 그 변경이 채권자의 입장에서 볼 때 사업장 내 유체동산에 관한 소유관계를 종전보다 더 불명하게 하여 채권자에게 손해를 입게 할 위험성을 야기한다고 단정할 수 없으므로 강제집행면탈죄에서의 재산의 **은닉에 해당한다고 보기 어렵다**(대판 2014.6.12, 2012도2732).[146)]

2) 채권자에 의하여 압류된 채무자 소유의 유체동산을 채무자의 모(母)소유인 것으로 사칭하면서 **모(母)의 명의**로 **제3자 이의의 소**를 제기하고 집행정지결정을 받아 그 집행을 저지하였다면 이는 재산을 은닉한 경우에 해당하여 강제집행면탈죄가 성립한다(대판 1992.12.8, 92도1653).

3) 피고인이 자신의 채권담보의 목적으로 채무자 소유의 선박들에 관하여 가등기를 경료하여 두었다가 채무자와 공모하여 위 선박들을 가압류한 다른 채권자들의 강제집행을 불가능하게 할 목적으로 정확한 청산절차도 거치지 않은 채 의제자백판결을 통하여 선순위 가등기권자인 피고인 앞

146) 2021년 법무사시험(10점), 2017년 법원행정고등고시

으로 본등기를 경료함과 동시에 가등기 이후에 경료된 가압류등기 등을 모두 직권말소하게 한 경우 '재산상 은닉'에 해당한다(대판 2000.7.28, 98도4558).

4) 피고인이 회사의 어음 채권자들의 가압류 등을 피하기 위하여 회사의 예금계좌에 입금된 회사 자금을 인출하여 **제3자 명의의 다른 계좌로 송금**하였다면 강제집행면탈죄를 구성하는 것이고(∵ 은닉에 해당), 이른바 어음 되막기 용도의 자금 조성을 위하여 위와 같은 행위를 하였다는 사정만으로는 피고인의 강제집행면탈 행위가 정당행위에 해당한다고 볼 수 없다(대판 2005.10.13, 2005도4522).

② 손괴란 재물을 물질적으로 훼손하거나 재산의 가치를 감소시켜 그 효용을 해하는 일체의 행위를 말한다.

③ 허위양도란 진실한 양도가 아님에도 불구하고 표면상 진실한 양도인 것처럼 가장하여 재산의 명의를 변경하는 것을 말한다. 진실한 양도인 때에는 강제집행을 면탈할 목적이 있고 채권자의 불이익을 초래하는 결과가 되었다고 하더라도 본죄가 성립하지 않는다.

o 진의에 의하여 재산을 양도하였다면 설령 그것이 강제집행을 면탈할 목적으로 이루어진 것으로서 채권자의 불이익을 초래하는 결과가 되었다고 하더라도 강제집행면탈죄를 구성하지는 아니한다(대판 1983.9.27, 83도1869).

[사실관계] 채권자에 대한 채무변제로 자기 소유의 건물을 대물변제하기로 하였으나 이를 이행하지 아니하여 채권자가 강제집행을 하려 하자 이를 면하기 위하여 또 다른 채권자와 위 건물에 대하여 **대물변제계약**을 체결한 경우 강제집행면탈죄가 성립되지 않는다. ∵ **진실한 양도**

④ 허위채무부담이란 채무가 없음에도 불구하고 제3자에게 채무를 부담하는 것처럼 가장하는 것을 말한다. 진실한 채무를 부담한 때에는 본죄는 성립하지 않는다.

o 피고인이 강제집행을 면할 목적으로 허위채무를 부담하고 근저당권설정등기를 경료하여 줌으로써 채권자를 해하였다고 인정된다면 설혹 피고인이 그 근저당권이 설정된 부동산외에 약간의 다른 재산이 있더라도 강제집행면탈죄가 성립된다(대판 1990.3.23, 89도2506).

o 이혼을 요구하는 처로부터 재산분할청구권에 근거한 가압류 등 강제집행을 받을 우려가 있는 상태에서 남편이 강제집행을 면탈할 목적으로 허위의 채무를 부담하고 소유권이전청구권보전가등기를 경료한 경우 강제집행면탈죄가 성립한다(대판 2008.6.26, 2008도3184).

(2) 채권자를 해할 것

본죄는 위험범이므로 현실적으로 채권자를 해하는 결과가 야기될 필요는 없고, 해할 위험이 있으면 기수가 된다.

o 강제집행면탈죄는 채권자가 본안 또는 보전소송을 제기하거나 제기할 태세를 보이고 있는 상태에서 주관적으로 강제집행을 면탈하려는 목적으로 재산을 은닉, 손괴, 허위 양도하거나 허위의 채무를 부담하여 채권자를 해할 위험이 있으면 성립하는 것이고, 반드시 채권자를 해하는 결과가 야기되거나 행위자가 어떤 이득을 취하여야 범죄가 성립하는 것은 아니다(대판 2012.6.28, 2012도3999).

관련 판례 **강제집행면탈죄가 성립하는 경우**

1) 피고인이 강제집행을 면할 목적으로 허위채무를 부담하고 근저당권설정등기를 경료하여 줌으로써 채권자를 해하였다고 인정된다면 설혹 피고인이 그 근저당권이 설정된 부동산 외에 **약간의 다른 재산**이 있더라도 강제집행면탈죄가 성립된다(대판 1990.3.23, 89도2506).

2) 강제집행면탈죄는 반드시 채권자를 해하는 결과가 야기되거나 이로 인하여 행위자가 어떤 이득을 취하여야 성립하는 것은 아니므로 **허위양도한 부동산의 시가액보다 그 부동산에 의하여 담보된 채무액이 더 많다**고 하여 그 허위양도로 인하여 채권자를 해할 위험이 없다고 할 수 없다(대판 1999.2.12, 98도2474).

3) 채무자가 채권자의 가압류집행을 면탈할 목적으로 제3채무자에 대한 채권을 타인에게 허위양도한 경우, **가압류결정 정본이 제3채무자에게 송달되기 전**에 채권을 허위로 양도하였다면 강제집행면탈죄가 성립한다(대판 2012.6.28, 2012도3999).[147]

[비교판례] 가압류에는 처분금지적 효력이 있으므로 가압류 후에 목적물의 소유권을 취득한 제3취득자 또는 그 제3취득자에 대한 채권자는 그 소유권 또는 채권으로써 가압류권자에게 대항할 수 없다. 따라서 **가압류 후**에 목적물의 소유권을 취득한 제3취득자가 다른 사람에 대한 허위의 채무에 기하여 근저당권설정등기 등을 경료하더라도 이로써 가압류채권자의 법률상 지위에 어떤 영향을 미치지 않으므로, 강제집행면탈죄에 해당하지 아니한다(대판 2008.5.29, 2008도2476).[148]

관련 판례 **강제집행면탈죄가 성립하지 않는 경우**

1) 채무자의 재산은닉 등 행위시를 기준으로 채무자에게 채권자의 **집행을 확보하기에 충분한 다른 재산**이 있었다면 채권자를 해하였거나 해할 우려가 있다고 쉽사리 단정할 것이 아니다(대판 2011.9.8, 2011도5165).

[사실관계] 피고인이 자신을 상대로 사실혼관계해소 청구소송을 제기한 甲에 대한 채무를 면탈하려고 피고인 명의 아파트를 담보로 10억 원을 대출받아 그중 8억 원을 타인 명의 계좌로 입금하여 은닉하였더라도, 피고인에게 위자료 채권액을 훨씬 상회하는 다른 재산이 있었다면 강제집행면탈죄가 성립하지 않는다.

2) 채권자의 채권이 금전채권이 아니라 토지 소유자로서 그 지상 건물의 소유자에 대하여 가지는 **건물철거 및 토지인도청구권**인 경우라면, 채무자인 건물 소유자가 제3자에게 허위의 금전채무를 부담하면서 이를 피담보채무로 하여 건물에 관하여 근저당권설정등기를 경료하였다는 것만으로는 직접적으로 토지 소유자의 건물철거 및 토지인도청구권에 기한 강제집행을 불능케 하는 사유에 해당한다고 할 수 없으므로 건물 소유자에게 강제집행면탈죄가 성립한다고 할 수 없다(대판 2008.6.12, 2008도2279).

[사실관계] 토지소유자가 그 지상 건물 소유자에 대하여 건물철거 및 토지인도청구권을 갖는 경우, 허위채무로 위 건물에 근저당권설정등기를 경료한 건물소유자의 행위는 강제집행면탈죄를 구성하지 않는다.

3) 압류금지채권의 목적물이 채무자의 예금계좌에 입금되기 전까지는 여전히 강제집행 또는 보전처분의 대상이 될 수 없으므로, 압류금지채권(산업재해보상보험법 제52조의 **휴업급여를 받을 권리**)의 목적

147) 2013년 법무사시험(15점)
148) 2018년 법원사무관승진시험(30점)

물을 수령하는 데 사용하던 기존 예금계좌가 채권자에 의해 압류된 채무자가 압류되지 않은 다른 예금계좌를 통하여 그 목적물을 수령하더라도 강제집행이 임박한 채권자의 권리를 침해할 위험이 있는 행위라고 볼 수 없어 강제집행면탈죄가 성립하지 않는다(대판 2017.8.18, 2017도6229). 149)

5 주관적 구성요건

고의 외에 강제집행을 면할 목적이 있어야 한다.

6 죄수 및 타죄와의 관계

(1) 죄수

○ 채무자가 자신의 부동산에 甲명의로 **허위의 금전채권**에 기한 담보가등기를 설정하여 강제집행면탈죄가 성립된 후, 그 부동산을 乙에게 **(허위)양도**하여 乙명의로 이루어진 가등기양도 및 본등기를 경료한 행위는 불가벌적 사후행위가 되는 것은 아니다(대판 2008.5.8, 2008도198).

∵ 그 가등기를 양도하여 본등기를 경료하게 함으로써 소유권을 상실케 하는 행위는 면탈의 방법과 법익침해의 정도가 훨씬 중하다는 점을 고려할 때 이를 불가벌적 사후행위로 볼 수는 없다.

○ 채권자들에 의한 복수의 강제집행이 예상되는 경우 재산을 은닉 또는 허위양도함으로써 채권자들을 해하였다면 **채권자별**로 각각 강제집행면탈죄가 성립하고 상호 상상적 경합범의 관계에 있다(대판 2011.12.8, 2010도4129).

(2) 타죄와의 관계

○ 타인의 재물을 보관하는 자가 보관하고 있는 재물을 **영득할 의사**로 **은닉**하였다면 이는 횡령죄를 구성하는 것이고 채권자들의 강제집행을 면탈하는 결과를 가져온다 하여 이와 별도로 강제집행면탈죄를 구성하는 것은 아니다(대판 2000.9.8, 2000도1447).

∵ 강제집행면탈죄의 허위양도 또는 은닉에는 해당하지 아니하므로

7 관련 문제 _ 범죄행위의 종료시(공소시효의 기산점)

○ 허위의 채무를 부담하는 내용의 채무변제계약 공정증서를 작성한 후 이에 기하여 채권압류 및 추심명령을 받은 다음 3개월 후에 실제로 위 강제집행에 따른 추심금을 수령한 경우, 강제집행면탈죄는 위 **채권압류 및 추심명령을 받은 때**에 범죄행위가 종료한다고 보아야 하고 그때부터 공소시효가 진행한다(대판 2009.5.28, 2009도875). → 추심금을 수령한 때 ×

○ 강제집행면탈죄는 채권자의 권리 실현의 이익을 보호법익으로 하는데, 강제집행 면탈의 목적으로 채무자가 그의 제3채무자에 대한 채권을 허위로 양도한 경우에 제3채무자에게 채권 양도의 통지가 행하여짐으로써 통상 제3채무자가 채권 귀속의 변동을 인식할 수 있게 된 시점에서는 채권 실현의 이익이 해하여질 위험이 실제로 발현되었다고 할 것이므로, 늦어도 그 통지가 있는 때에는 그 범죄행위가 종료하여 그때부터 공소시효가 진행된다고 볼 것이다(대판 2011.10.13, 2011도6855).

149) 2021년 법원사무관승진시험(15점)

PART 02

사회적 법익에 대한 죄

Chapter

01 공공의 안전과 평온에 대한 죄

제1절 공안을 해하는 죄

제114조【범죄단체 등의 조직】
사형, 무기 또는 장기 4년 이상의 징역에 해당하는 범죄를 목적으로 하는 단체 또는 집단을 조직하거나 이에 가입 또는 그 구성원으로 활동한 사람은 그 목적한 죄에 정한 형으로 처벌한다. 다만, 형을 감경할 수 있다.

구법 제114조【범죄단체의 조직】
① 범죄를 목적으로 하는 단체를 조직하거나 이에 가입한 자는 그 목적한 죄에 정한 형으로 처단한다. 단, 형을 감경할 수 있다.
② 병역 또는 납세의 의무를 거부할 목적으로 단체를 조직하거나 이에 가입한 자는 10년 이하의 징역이나 금고 또는 1천500만원 이하의 벌금에 처한다.

제115조【소요】
다중이 집합하여 폭행, 협박 또는 손괴의 행위를 한 자는 1년 이상 10년 이하의 징역이나 금고 또는 1천500만원 이하의 벌금에 처한다.

제116조【다중불해산】
폭행, 협박 또는 손괴의 행위를 할 목적으로 다중이 집합하여 그를 단속할 권한이 있는 공무원으로부터 3회 이상의 해산명령을 받고 해산하지 아니한 자는 2년 이하의 징역이나 금고 또는 300만원 이하의 벌금에 처한다.

제117조【전시공수계약불이행】
① 전쟁, 천재 기타 사변에 있어서 국가 또는 공공단체와 체결한 식량 기타 생활필수품의 공급계약을 정당한 이유없이 이행하지 아니한 자는 3년 이하의 징역 또는 500만원 이하의 벌금에 처한다.
② 전항의 계약이행을 방해한 자도 전항의 형과 같다.
③ 전2항의 경우에는 그 소정의 벌금을 병과할 수 있다.

제118조【공무원자격의 사칭】
공무원의 자격을 사칭하여 그 직권을 행사한 자는 3년 이하의 징역 또는 700만원 이하의 벌금에 처한다.

I 서설

1 의의 및 보호법익

(1) 공안을 해하는 죄는 공공의 안전과 평온을 해하는 것을 내용으로 하는 범죄이다. 공안을 해하는 죄는 공공의 안전과 평온을 보호법익으로 한다. 보호정도는 추상적 위험범으로서의 보호이다.

(2) 형법은 공안을 해하는 죄를 국가적 법익에 대한 죄로 규정하고 있으나, 사회적 법익에 대한 죄로 보아야 한다. 다만 전시공수계약불이행죄, 공무원자격사칭죄는 국가의 기능에 대한 죄이다.

(3) 행위유형별로 범죄단체조직죄, 소요죄, 다중불해산죄, 전시공수계약불이행죄, 공무원자격사칭죄의 5가지를 규정하고 있다.

2 구성요건의 체계

기본적 구성요건	범죄단체조직죄, 소요죄
독립적 구성요건	다중불해산죄
	전시공수계약불이행죄, 공무원자격사칭죄 → 국가의 기능에 대한 죄
미수범 처벌규정	×
예비 · 음모 처벌규정	×

II 범죄단체조직죄

1 의의

사형, 무기 또는 장기 4년 이상의 징역에 해당하는 범죄를 목적으로 하는 단체 또는 집단을 조직하거나 이에 가입 또는 그 구성원으로 활동함으로써 성립하는 범죄이다(제114조).

2 행위

(1) 범죄

① 법정형이 사형, 무기 또는 장기 4년 이상의 징역에 해당하는 범죄를 말한다.

② 형법에 규정된 범죄에 한하지 않으며, 특별법에 규정된 범죄를 포함한다. 다만 단체의 조직과 가입을 처벌하는 범죄인 국가보안법의 반국가단체구성 · 가입죄 등과 같은 범죄는 제외된다.

✔ **〈참고〉** 구법은 범죄를 목적으로 하는 단체를 조직하거나 이에 가입한 자를 처벌하고 있었으나, 처벌범위가 너무 넓다는 비판이 제기되자, 개정법은 ① 사형, 무기 또는 장기 4년 이상의 징역에 해당하는 범죄를 목적으로 하는 단체의 조직 행위를 처벌하도록 하여 그 범위를 제한하고, ② 범죄단체뿐만 아니라 이에 이르지 못한 범죄집단을 조직한 경우에도 처벌하도록 하였다.

(2) 단체 또는 집단

단체란 공동목적을 가진 특정다수인의 계속적인 결합체를 말하고, 범죄를 목적으로 하는 집단이란 단체에 이르지 못한 정도의 다수인의 결합체를 말한다.

ㅇ 형법 제114조 제1항 소정의 **범죄를 목적으로 하는 단체**라 함은 특정다수인이 일정한 범죄를 수행한다는 공동목적 아래 이루어진 계속적인 결합체로서 단순한 다중의 집합과는 달라 그 단체를 주도하는 **최소한의 통솔체제**를 갖추고 있음을 요한다(대판 1985.10.8, 85도1515).

ㅇ 피고인들이 불특정 다수의 피해자들에게 전화하여 금융기관 등을 사칭하면서 신용등급을 올려 낮은 이자로 대출을 해주겠다고 속여 신용관리비용 명목의 돈을 송금받아 편취할 목적으로 보이스피싱 사기 조직을 구성하고 이에 가담하여 조직원으로 활동함으로써 범죄단체를 조직하거나 이에 가입 · 활동하였다는 내용으로 기소된 사안에서, 위 **보이스피싱 조직**은 보이스피싱이라는 사기범죄를 목적으로 구성된 다수인의 계속적인 결합체로서 총책을 중심으로 간부급 조직원들과 상담원들, 현금인출책 등으로 구성되어 내부의 위계질서가 유지되고 조직원의 역할 분담이 이루어지는 최소한의 통솔체계를 갖춘 **형법상의 범죄단체**에 해당한다고 본 사례(대판 2017.10.26, 2017도8600)

ㅇ 형법 제114조에서 정한 '**범죄를 목적으로 하는 집단**'이란 특정 다수인이 사형, 무기 또는 장기 4년 이상의 범죄를 수행한다는 공동목적 아래 구성원들이 정해진 역할분담에 따라 행동함으로써 범죄를 반복적으로 실행할 수 있는 조직체계를 갖춘 계속적인 결합체를 의미한다. '범죄단체'에서 요구되는 '최소한의 통솔체계'를 갖출 필요는 없지만, / 범죄의 계획과 실행을 용이하게 할 정도의 조직적 구조를 갖추어야 한다(대판 2020.8.20, 2019도16263).

[사실관계] 소위 '**뜨플**', '**쌩플**'의 수법으로 중고차량을 시세보다 비싸게 판매해 금원을 편취할 목적으로 구성원들이 대표, 팀장, 팀원(출동조, 전화상담원) 등 정해진 역할분담에 따라 행동함으로써 사기범행을 반복적으로 실행하는 체계를 갖춘 결합체인 **무등록 중고차 매매상사**(**외부사무실**)를 운영하였다면 이 사건 외부사무실은 형법 제114조의 '범죄집단'에 해당한다.

⑶ 조직, 가입 또는 그 구성원으로 활동

행위유형으로 종래에는 조직과 가입만 규정하고 있었는데, "구성원으로 활동"이 추가되었다.

ㅇ 다수의 구성원이 관여되었다고 하더라도 범죄단체 등의 존속·유지를 목적으로 하는 조직적, 집단적 의사결정에 의한 것이 아니거나, 범죄단체 등의 수괴나 간부 등 상위 구성원으로부터 모임에 참가하라는 등의 지시나 명령을 소극적으로 받고 이에 단순히 응하는 데 그친 경우, 구성원 사이의 사적이고 의례적인 회식이나 경조사 모임 등을 개최하거나 참석하는 경우 등은 '**활동**'에 해당한다고 볼 수 없다(대판 2009.9.10, 2008도10177 ; 대판 2013.10.17, 2013도6401).

⑷ 기수시기 및 공소시효 기산점

ㅇ 구 폭력행위 등 처벌에 관한 법률(1990.12.31. 법률 제4294호로 개정되기 전의 것) 제4조 소정의 단체 등의 구성죄는 같은 법에 규정된 범죄를 목적으로 한 단체 또는 집단을 구성함으로써 즉시 성립·완성되는 **즉시범**이므로 범죄성립과 동시에 공소시효가 진행되는 것이다(대판 2005.9.9, 2005도3857). ↔ 계속범 : ×

[동지판례] 폭력행위 등 처벌에 관한 법률 제4조 소정의 단체 등의 조직죄는 같은 법에 규정된 범죄를 목적으로 한 단체 또는 집단을 구성하거나 가입함으로써 즉시 성립하고 그와 동시에 완성되는 즉시범이라 할 것이므로, 피고인이 범죄단체인 **연주파**에 가입한 이후 별개의 범죄단체에 가입하였다는 이유로 추가 기소가 되었다고 하여 이를 이중처벌이라고 할 수는 없다(대판 1997.10.10, 97도1829).

3 주관적 구성요건

범죄를 목적으로 하는 단체를 조직하거나 가입한다는 데 대한 고의가 있어야 하고, 가입의 경우 범죄를 목적으로 하는 단체라는 사실을 알고 가입해야 한다.

4 처벌

그 목적한 죄에 정한 형으로 처단한다. 단, 형을 감경할 수 있다(임의적 감경).

5 죄수 및 타죄와의 관계

ㅇ 형법 제114조 소정 범죄단체조직죄는 범죄를 목적으로 하는 단체를 조직함으로써 성립하는 것이고 그 후 **목적한 범죄의 실행행위를 하였는가 여부**는 위 죄의 성립에 영향이 없다(대판 1975.9.23, 75도2321).

→ 목적한 범죄를 실행한 경우 별개의 범죄 성립, 실체적 경합

ㅇ 범죄단체를 구성하거나 이에 가입한 자가 더 나아가 구성원으로 **활동**하는 경우, 이는 **포괄일죄**의 관계에 있다(대판 2015.9.10, 2015도7081).
∵ 범의의 단일성과 계속성을 인정할 수 있을 뿐만 아니라 피해법익도 다르지 않으므로

ㅇ 피고인이 보이스피싱 사기 범죄단체에 가입한 후 사기범죄의 피해자들로부터 돈을 편취하는 등 그 구성원으로서 활동하였다는 내용의 공소사실이 유죄로 인정된 사안에서, 범죄단체 가입행위 또는 범죄단체 구성원으로서 활동하는 행위와 사기행위는 각각 별개의 범죄구성요건을 충족하는 독립된 행위이고 서로 보호법익도 달라 법조경합 관계로 목적된 범죄인 사기죄만 성립하는 것은 아니라고 본 사례(대판 2017.10.26, 2017도8600). → 범죄단체가입·활동죄, 사기죄 모두 성립 → 사기죄의 포괄일죄 ×, 실체적 경합

Ⅲ 소요죄

다중이 집합하여 폭행, 협박 또는 손괴의 행위를 함으로써 성립하는 범죄이다(제115조).
필요적 공범 중 집합범이다.

ㅇ 한 지역의 공공의 평온·안전을 해할 위험성이 있는 폭행·협박·손괴행위가 있으면 기수가 되며, 현실적인 결과발생은 요하지 않는다(대판 1947.3.25, 4280형상6). ∵ 추상적 위험범

Ⅳ 다중불해산죄

폭행, 협박 또는 손괴의 행위를 할 목적으로 다중이 집합하여 그를 단속할 권한이 있는 공무원으로부터 3회 이상의 해산명령을 받고 해산하지 아니함으로써 성립하는 범죄이다(제116조).
진정부작위범으로서 거동범이다. 소요죄의 예비단계의 행위를 독립범죄로 규정한 것이다. 따라서 소요행위를 할 목적을 요하는 목적범이다. 필요적 공범 중 집합범이다.

Ⅴ 전시공수계약불이행죄

전쟁, 천재 기타 사변에 있어서 국가 또는 공공단체와 체결한 식량 기타 생활필수품의 공급계약을 정당한 이유 없이 이행하지 아니하거나(제117조 제2항). 계약이행을 방해함으로써 성립하는 범죄이다(제117조 제2항). 제117조 제1항의 죄는 **진정부작위범**으로서 거동범이다.

Ⅵ 공무원자격사칭죄

공무원의 자격을 사칭하여 그 직권을 행사함으로써 성립하는 범죄이다(제118조).
직권을 행사한다는 것은 사칭한 그 공무원의 직권(직무에 관한 권한)을 행사하는 것을 말하므로, 공무원의 자격을 사칭하였더라도 직권행사가 사칭한 그 공무원의 직권에 속하지 않는 경우 이 죄는 성립하지 않는다.

ㅇ **공무원자격사칭죄**가 성립하려면 어떤 직권을 행사할 수 있는 권한을 가진 공무원임을 사칭하고 그 직권을 행사한 사실이 있어야 하는바, 피고인들이 그들이 위임받은 채권을 용이하게 추심하는 방편으로 **합동수사반원**임을 사칭하고 협박한 사실이 있다고 하여도 위 채권의 추심행위는 개인적인 업무이지 합동수사반의 수사업무의 범위에는 속하지 아니하므로 이를 공무원자격사칭죄로 처벌할 수 없다(대판 1981.9.8, 81도1955).

ㅇ **중앙정보부 직원**이 아닌 자가 동 직원임을 사칭하고 사무실에 대통령사진의 액자가 파손된 채 방치되었다는 사실을 보고받고 나왔으니 자인서를 작성 제출하라고 말한 행위는 중앙정보부 직원의 직권행사에 해당되지 않는다(대판 1977.12.13, 77도2750).

제2절 폭발물에 관한 죄

제119조【폭발물 사용】
① 폭발물을 사용하여 사람의 생명, 신체 또는 재산을 해하거나 그 밖에 공공의 안전을 문란하게 한 자는 사형, 무기 또는 7년 이상의 징역에 처한다.
② 전쟁, 천재지변 그 밖의 사변에 있어서 제1항의 죄를 지은 자는 사형이나 무기징역에 처한다.
③ 제1항과 제2항의 미수범은 처벌한다. [시행 2021.12.9.]

제120조【예비, 음모, 선동】
① 전조 제1항, 제2항의 죄를 범할 목적으로 예비 또는 음모한 자는 2년 이상의 유기징역에 처한다. 단, 그 목적한 죄의 실행에 이르기 전에 자수한 때에는 그 형을 감경 또는 면제한다.
② 전조 제1항, 제2항의 죄를 범할 것을 선동한 자도 전항의 형과 같다.

제121조【전시폭발물제조 등】
전쟁 또는 사변에 있어서 정당한 이유없이 폭발물을 제조, 수입, 수출, 수수 또는 소지한 자는 10년 이하의 징역에 처한다.

I 서설

1 의의 및 보호법익

(1) 폭발물에 관한 죄는 폭발물을 사용하여 사람의 생명·신체 또는 재산을 해하거나 기타 공공의 안전을 문란케 하는 것을 내용으로 하는 범죄이다. 폭발물에 관한 죄의 보호법익은 공공의 안전과 평온이고 불특정 또는 다수인의 생명·신체 또는 재산의 안전도 부차적 보호법익이 된다. 보호정도는 구체적 위험범으로서의 보호이다.

(2) 형법은 폭발물에 관한 죄를 국가적 법익에 대한 죄로 규정하고 있으나, 사회적 법익에 대한 죄로 보아야 한다.

2 구성요건의 체계

기본적 구성요건	폭발물사용죄
가중적 구성요건	전시폭발물사용죄
독립적 구성요건	전시폭발물제조 등 죄(제조·수입·수출·수수·소지)
미수범 처벌규정	○ : 폭발물사용죄, 전시폭발물사용죄
	× : 전시폭발물제조 등 죄
예비·음모·선동 처벌규정	○ ↔ 선전 ×

✔ **예비·음모** : 실행에 이르기 전에 자수한 때 → 필요적 감면

II 폭발물사용죄, 전시폭발물사용죄

1 의의

폭발물사용죄는 폭발물을 사용하여 사람의 생명, 신체 또는 재산을 해하거나 기타 공공의 안전을 문란하게 함으로써 성립하는 범죄이고(제119조 제1항), 전시폭발물사용죄는 전쟁, 천재 기타 사변에 있어서 폭발물사용죄를 범함으로써 성립하는 범죄이다(제119조 제2항).

2 폭발물사용죄와 전시폭발물사용죄

(1) 폭발물이란 폭발작용의 위력이나 파편의 비산 등으로 사람의 생명, 신체, 재산 및 공공의 안전이나 평온에 직접적이고 구체적인 위험을 초래할 수 있는 정도의 강한 파괴력을 가지는 물건을 의미한다. 예 다이나마이트, 수류탄, 시한폭탄, 등

(2) 폭발성물건파열죄의 폭발성 있는 물건과 구별하여야 한다. 폭발성 있는 물건은 제조 목적이나 용도가 폭발에 있지 않는 것들이다. 예 보일러, 고압가스 등

> ○ 사람의 생명, 신체 또는 재산을 해할 정도의 성능이 없거나, 사람의 신체 또는 재산을 경미하게 손상시킬 수 있는 정도에 그쳐 사회의 안전과 평온에 직접적이고 구체적인 위험을 초래하여 **공공의 안전을 문란하게 하기에 현저히 부족한 파괴력과 위험성 정도**만 가진 물건은 폭발물사용죄에서의 '폭발물'에 해당하지 않는다(대판 2012.4.26, 2011도17254).
> [사실관계] 피고인이 **자신이 제작한 폭발물**(유리꽃병에 휴대용 부탄가스통을 넣고 그 사이에 폭죽에서 분리한 화약을 채워 만든 물건)을 배낭에 담아 고속버스터미널 등의 물품보관함 안에 넣어 두고 폭발하게 한 경우, 피고인이 제작한 물건의 구조, 그것이 설치된 장소 및 폭발 당시의 상황 등에 비추어, 위 물건은 폭발작용 자체에 의하여 공공의 안전을 문란하게 하거나 사람의 생명, 신체 또는 재산을 해할 정도의 성능이 없거나, 사람의 신체 또는 재산을 경미하게 손상시킬 수 있는 정도에 그쳐 사회의 안전과 평온에 직접적이고 구체적인 위험을 초래하여 공공의 안전을 문란하게 하기에는 현저히 부족한 정도의 파괴력과 위험성만을 가진 물건이므로 제172조 제1항(**폭발성물건파열죄**)에 규정된 **'폭발성 있는 물건'**에는 해당될 여지가 있으나 이를 제119조 제1항(**폭발물사용죄**)에 규정된 **'폭발물'**에 해당한다고 볼 수는 없다.

(3) 폭발물사용죄가 성립하기 위하여서는 사람의 생명, 신체 또는 재산을 해하거나 기타 공안을 문란하게 한다는 고의가 있어야 한다.

> ㅇ 형법 제119조(폭발물사용)의 죄가 성립하기 위하여서는 폭파시 **신체를 해한다는 등의 고의**가 있어야 한다(대판 1969.7.8, 69도832).

Ⅲ 폭발물사용 예비 · 음모 · 선동죄

폭발물사용죄와 전시폭발물사용죄를 범할 목적으로 예비 또는 음모하거나 선동함으로써 성립하는 범죄이다(제120조).

Ⅳ 전시폭발물제조 · 수입 · 수출 · 수수 · 소지죄

전쟁 또는 사변에 있어서 정당한 이유 없이 폭발물을 제조, 수입, 수출, 수수 또는 소지함으로써 성립하는 범죄이다(제121조).

제3절 방화와 실화의 죄

제164조【현주건조물 등 방화】
① 불을 놓아 사람이 주거로 사용하거나 사람이 현존하는 건조물, 기차, 전차, 자동차, 선박, 항공기 또는 지하채굴시설을 불태운 자는 무기 또는 3년 이상의 징역에 처한다.
② 제1항의 죄를 지어 사람을 상해에 이르게 한 경우에는 무기 또는 5년 이상의 징역에 처한다. 사망에 이르게 한 경우에는 사형, 무기 또는 7년 이상의 징역에 처한다. [시행 2021.12.9.]

제165조【공용건조물 등 방화】
불을 놓아 공용(公用)으로 사용하거나 공익을 위해 사용하는 건조물, 기차, 전차, 자동차, 선박, 항공기 또는 지하채굴시설을 불태운 자는 무기 또는 3년 이상의 징역에 처한다. [시행 2021.12.9.]

제166조【일반건조물 등 방화】
① 불을 놓아 제164조와 제165조에 기재한 외의 건조물, 기차, 전차, 자동차, 선박, 항공기 또는 지하채굴시설을 불태운 자는 2년 이상의 유기징역에 처한다.
② 자기 소유인 제1항의 물건을 불태워 공공의 위험을 발생하게 한 자는 7년 이하의 징역 또는 1천만원 이하의 벌금에 처한다. [시행 2021.12.9.]

제167조【일반물건 방화】
① 불을 놓아 제164조부터 제166조까지에 기재한 외의 물건을 불태워 공공의 위험을 발생하게 한 자는 1년 이상 10년 이하의 징역에 처한다.
② 제1항의 물건이 자기 소유인 경우에는 3년 이하의 징역 또는 700만원 이하의 벌금에 처한다. [시행 2021.12.9.]

제168조【연소】
① 제166조 제2항 또는 전조 제2항의 죄를 범하여 제164조, 제165조 또는 제166조 제1항에 기재한 물건에 연소한 때에는 1년 이상 10년 이하의 징역에 처한다.
② 전조 제2항의 죄를 범하여 전조 제1항에 기재한 물건에 연소한 때에는 5년 이하의 징역에 처한다.

제170조【실화】

① 과실로 제164조 또는 제165조에 기재한 물건 또는 타인 소유인 제166조에 기재한 물건을 불태운 자는 1천500만원 이하의 벌금에 처한다.

② 과실로 자기 소유인 제166조의 물건 또는 제167조에 기재한 물건을 불태워 공공의 위험을 발생하게 한 자도 제1항의 형에 처한다. [시행 2021.12.9.]

제171조【업무상실화, 중실화】

업무상과실 또는 중대한 과실로 인하여 제170조의 죄를 범한 자는 3년 이하의 금고 또는 2천만원 이하의 벌금에 처한다.

제172조【폭발성물건파열】

① 보일러, 고압가스 기타 폭발성 있는 물건을 파열시켜 사람의 생명, 신체 또는 재산에 대하여 위험을 발생시킨 자는 1년 이상의 유기징역에 처한다.

② 제1항의 죄를 범하여 사람을 상해에 이르게 한 때에는 무기 또는 3년 이상의 징역에 처한다. 사망에 이르게 한 때에는 무기 또는 5년 이상의 징역에 처한다.

제172조의2【가스·전기 등 방류】

① 가스, 전기, 증기 또는 방사선이나 방사성 물질을 방출, 유출 또는 살포시켜 사람의 생명, 신체 또는 재산에 대하여 위험을 발생시킨 자는 1년 이상 10년 이하의 징역에 처한다.

② 제1항의 죄를 범하여 사람을 상해에 이르게 한 때에는 무기 또는 3년 이상의 징역에 처한다. 사망에 이르게 한 때에는 무기 또는 5년 이상의 징역에 처한다.

제173조【가스·전기 등 공급방해】

① 가스, 전기 또는 증기의 공작물을 손괴 또는 제거하거나 기타 방법으로 가스, 전기 또는 증기의 공급이나 사용을 방해하여 공공의 위험을 발생하게 한 자는 1년 이상 10년 이하의 징역에 처한다.

② 공공용의 가스, 전기 또는 증기의 공작물을 손괴 또는 제거하거나 기타 방법으로 가스, 전기 또는 증기의 공급이나 사용을 방해한 자도 전항의 형과 같다.

③ 제1항 또는 제2항의 죄를 범하여 사람을 상해에 이르게 한 때에는 2년 이상의 유기징역에 처한다. 사망에 이르게 한 때에는 무기 또는 3년 이상의 징역에 처한다.

제173조의2【과실폭발성물건파열 등】

① 과실로 제172조 제1항, 제172조의2 제1항, 제173조 제1항과 제2항의 죄를 범한 자는 5년 이하의 금고 또는 1천500만원 이하의 벌금에 처한다.

② 업무상과실 또는 중대한 과실로 제1항의 죄를 범한 자는 7년 이하의 금고 또는 2천만원 이하의 벌금에 처한다.

제174조【미수범】

제164조 제1항, 제165조, 제166조 제1항, 제172조 제1항, 제172조의2 제1항, 제173조 제1항과 제2항의 미수범은 처벌한다.

제175조【예비, 음모】

제164조 제1항, 제165조, 제166조 제1항, 제172조 제1항, 제172조의2 제1항, 제173조 제1항과 제2항의 죄를 범할 목적으로 예비 또는 음모한 자는 5년 이하의 징역에 처한다. 단 그 목적한 죄의 실행에 이르기 전에 자수한 때에는 형을 감경 또는 면제한다.

제176조【타인의 권리대상이 된 자기의 물건】

자기의 소유에 속하는 물건이라도 압류 기타 강제처분을 받거나 타인의 권리 또는 보험의 목적물이 된 때에는 본장의 규정의 적용에 있어서 타인의 물건으로 간주한다.

I 서설

1 의의 및 보호법익

방화죄는 불을 놓아 고의 또는 과실로 현주건조물・공용건조물・일반건조물・일반물건을 소훼함으로써 성립하는 범죄이다. 방화죄의 주된 보호법익은 공공의 안전으로서 방화죄의 기본적 성격은 공공위험죄이지만, 부차적으로는 개인의 재산도 보호법익에 포함된다.

> ○ 제164조 전단의 현주건조물에의 방화죄는 공중의 생명, 신체, 재산 등에 대한 위험을 예방하기 위하여 공공의 안전을 그 제1차적인 보호법익으로 하고 제2차적으로는 개인의 재산권을 보호하는 것이다(대판 1983.1.18, 82도2341).

2 구성요건의 체계

(1) 방화죄

구분	내용
기본적 구성요건	타인소유일반물건방화죄
가중적 구성요건	현주건조물방화죄, 공용건조물방화죄, 타인소유일반건조물방화죄
	현주건조물방화치사상죄, 연소죄
감경적 구성요건	자기소유일반물건방화죄, 자기소유일반건조물방화죄
미수범 처벌규정	○ : 현주건조물방화죄, 공용건조물방화죄, 타인소유일반건조물방화죄
	× : 자기소유일반건조물방화죄, 타인소유・자기소유일반물건방화죄
예비・음모 처벌규정	○ : 현주건조물방화죄, 공용건조물방화죄, 타인소유일반건조물방화죄
	× : 자기소유일반건조물방화죄, 타인소유・자기소유일반물건방화죄
과실범 처벌규정	실화죄
	업무상실화・중실화죄

(2) 준방화죄

구분	내용
기본적 구성요건	진화방해죄, 폭발성물건파열죄, 가스・전기 등 방류죄, 가스・전기 등 공급방해죄
가중적 구성요건	폭발성물건파열치사상죄, 가스・전기 등 방류치사상죄, 가스・전기 등 공급방해치사상죄
미수범 처벌규정	폭발성물건파열죄, 가스・전기 등 방류죄, 가스・전기 등 공급방해죄
예비・음모 처벌규정	폭발성물건파열죄, 가스・전기 등 방류죄, 가스・전기 등 공급방해죄
과실범 처벌규정	과실폭발성물건파열죄, 과실가스・전기 등 방류죄, 과실가스・전기 등 공급방해죄
	업무상과실・중과실폭발성물건파열죄, 업무상과실・중과실가스・전기 등 방류죄, 업무상과실・중과실가스・전기 등 공급방해죄

Thema 정리 **방화죄 구성요건체계**

┌ **추상적 위험범 → 미수 · 예비 처벌 ○**
제164조(현주건조물 등에의 방화)
제165조(공용건조물 등에의 방화)
제166조(일반건조물 등에의 방화) 1) 타인소유
├ **구체적 위험범** → '공공의 위험'을 구성요건요소로 규정 = 고의의 인식대상, **미수 · 예비 처벌** ×
제166조(일반건조물 등에의 방화) 2) 자기소유
제167조(일반물건 등 방화) 1) 타인소유, 2) 자기소유
├ **연소죄**(제168조) → 결과적가중범
"제166조 제2항, 제167조 제2항의 죄"를 범하여 "제164조, 제165조 또는 제166조 제1항에 기재한 물건"에 연소한 때 : **자기소유**일반건조물, 일반물건 → 현주건조물, 공용건조물, 타인소유일반건조물
└ **실화죄**(제170조)
1) 과실로 인하여 제164조 또는 제165조에 기재한 물건 또는 타인의 소유에 속하는 제166조에 기재한 물건을 소훼한 자 → **추상적 위험범**
2) 과실로 인하여 자기의 소유에 속하는 제166조 또는 제167조에 기재한 물건을 소훼하여 공공의 위험을 발생하게 한 자 → **구체적 위험범**

II 현주건조물 등 방화죄

불을 놓아 사람이 주거로 사용하거나 사람이 현존하는 건조물, 기차, 전차, 자동차, 선박, 항공기 또는 지하채굴시설(광갱)을 불태운 경우(소훼) 성립하는 범죄이다(제164조 제1항). 객체에 있어 일반건조물 등에 대한 방화보다 위험이 더 크므로 형을 가중한 가중적 구성요건이다. 추상적 위험범이면서도 미수가 처벌되는 결과범이다.

1 객체

사람이 주거로 사용하거나 사람이 현존하는 건조물 등이다. 사람이 현존하는 자동차에 방화한 경우 현주건조물 등 방화죄가 성립한다.

(1) 사람이란 범인 이외의 모든 자연인이다. 범인 혼자 살고 있는 집에 방화한 때에는 본죄의 대상이 되지 않지만, 자기의 처와 함께 살고 있는 집에 방화한 때에는 본죄의 대상이 된다.

(2) 주거란 범인 이외의 사람이 일상생활의 장소로 사용하는 곳을 말한다.

> ○ 가옥을 소훼할 목적으로 가옥의 일부로 되어 있는 축사에 방화한 경우에는 현주건조물에 대한 방화에 해당한다(대판 1967.8.29, 67도925).

(3) 건조물이란 토지에 정착되고 벽 또는 기둥과 지붕 또는 천장으로 구성되어 사람이 내부에 기거하거나 출입할 수 있는 공작물을 말한다. 예 주택

○ 형법상 방화죄의 객체인 건조물은 토지에 정착되고 벽 또는 기둥과 지붕 또는 천장으로 구성되어 사람이 내부에 기거하거나 출입할 수 있는 공작물을 말하고, 반드시 사람의 주거용이어야 하는 것은 아니라도 사람이 사실상 기거・취침에 사용할 수 있는 정도는 되어야 한다(대판 2013.12.12, 2013도3950).

2 행위

불을 놓아 목적물을 소훼하는 것이다.

(1) 불을 놓아(방화) : 실행의 착수시기

① 불을 놓는 수단・방법에는 제한이 없다. 목적물에 직접 방화하거나 또는 매개물을 이용하여 방화하건 관계없다. 부작위에 의한 방화도 가능하다.

② 방화죄의 실행의 착수시기는 목적물 또는 매개물에 발화 또는 점화한 때이다. 매개물에 점화한 경우에는 목적물 자체에 불이 옮겨 붙지 않아도 방화죄의 미수가 성립한다.

○ 매개물을 통한 점화에 의하여 건조물을 소훼함을 내용으로 하는 형태의 방화죄의 경우에, 범인이 그 매개물에 불을 켜서 붙였거나 또는 범인의 행위로 인하여 매개물에 불이 붙게 됨으로써 연소작용이 계속될 수 있는 상태에 이르렀다면, 그것이 곧바로 진화되는 등의 사정으로 인하여 목적물인 건조물 자체에는 불이 옮겨 붙지 못하였다고 하더라도, 방화죄의 실행의 착수가 있었다(대판 2002.3.26, 2001도6641).

[사실관계] 방화의 의사로 뿌린 휘발유가 인화성이 강한 상태로 주택주변과 **피해자의 몸**에 적지 않게 살포되어 있는 사정을 알면서도 라이터를 켜 불꽃을 일으킴으로써 피해자의 몸에 불이 붙은 경우, 현존건조물방화죄의 실행의 착수가 인정된다.

○ 장롱 안에 있는 **옷가지에 불을 놓아** 건물을 소훼하려 하였으나 불길이 치솟는 것을 보고 겁이 나서 물을 부어 불을 끈 경우에는 치솟는 불길에 놀라거나 자신의 신체안전에 대한 위해 또는 범행 발각시의 처벌 등에 두려움을 느끼는 것은 일반 사회통념상 범죄를 완수함에 장애가 되는 사정에 해당한다고 보아야 할 것이므로, 이를 자의에 의한 중지미수라고는 볼 수 없다(대판 1997.6.13, 97도957). → 장애미수 ○

(2) 불태운 경우(소훼) : 기수시기

① 소훼란 화력에 의하여 목적물이 훼손되거나 손괴되는 것을 말한다. 소훼의 결과가 발생함으로써 방화죄는 기수가 된다(결과범).

② 방화죄는 화력이 매개물을 떠나 목적물이 스스로 연소할 수 있는 상태에 이르렀을 때에 기수가 되고 반드시 목적물의 중요부분이 소실하여 그 본래의 효용을 상실한 때라야만 기수가 되는 것이 아니라고 할 것이다(독립연소설).

○ 불이 매개물을 떠나 목적물에 옮겨 붙어 독립하여 연소할 수 있는 상태에 이르렀을 때 방화죄는 기수가 된다(대판 1970.3.24, 70도330).

[사실관계] 부모에게 용돈을 요구하였다가 거절당한 피고인이 홧김에 자기집 헛간 지붕위에 올라가 거기다 라이타불로 불을 놓고, 이어서 몸채, 사랑채 지붕위에 차례로 올라가 거기에다 각각 불을

놓아 헛간지붕 60평방센치미터 가량, 몸채지붕 1평방미터 가량, 사랑채지붕 1평방미터 가량을 태웠다고 하면 본건 방화행위는 위 설시에 따라 기수로 보아야 할 것이다.

ㅇ 현주건조물방화죄는 화력이 매개물을 떠나 목적물인 건조물 스스로 연소할 수 있는 상태에 이름으로써 기수가 된다. 따라서 피해자의 사체 위에 옷가지 등을 올려놓고 불을 붙인 천조각을 던져서 그 불길이 방안을 태우면서 천정에까지 옮겨 붙었다면 도중에 진화되었다고 하더라도 일단 **천장에 옮겨 붙은 때**에 이미 현주건조물방화죄의 기수에 이른 것이다(대판 2007.3.16, 2006도9164).

Thema 정리 **방화죄의 기수시기**

학설		기수시기	비판
독립연소설 (판례)		매개물을 떠나 목적물이 독립하여 연소를 계속할 수 있는 상태	• 방화죄의 공공위험죄의 성질을 중시한 나머지 재산죄적 성질 무시 • 현행법이 소훼의 결과발생을 요구하는 것과 모순
절충설	중요부분 연소개시설	목적물의 중요부분에 연소 개시된 때	• 독립연소설의 수정형태 • 중요부분의 개념이 모호 • 공공의 위험발생시기와 기수시기를 일치시키는 것은 부당
	일부손괴설	목적물의 일부분의 손괴시	• 효용상실설을 기초 • 재산죄적 성격을 중시하여 방화죄를 손괴죄와 동일시
	이분설	추상적 위험범인 방화죄는 독립연소설, 구체적 위험범의 경우는 중요부분연소개시설	중요부분의 개념이 모호
효용상실설		중요부분이 소실되어 본래의 효용이 상실된 때	• 재산죄적 성질을 중시한 나머지 공공위험죄로서의 성격 경시 • 기수의 인정범위가 너무 협소

3 주관적 구성요건

(1) 사람이 현존하는 건조물 등을 불태운다(소훼)는 고의가 있어야 한다.

ㅇ 甲이 동거녀와의 불화를 이유로 헤어지기로 작정하고는 **홧김에** 죽은 동생의 유품으로 보관 중이던 **서적 등**을 뒷마당에 내어 놓고 불태우는 과정에서 동거녀의 가옥에까지 불이 옮겨 붙은 경우 현주건조물방화죄의 기수가 인정되지 않는다(대판 1984.7.24, 84도1245).

∵ 동거녀의 가옥을 불태워 버리겠다고 결의하여 불을 놓았다고 볼 수 없다면 甲에게 방화의 범의가 있었다고 할 수 없으므로

(2) 목적물이 주거로 사용되지 않거나 사람이 현존하지 않는 것으로 오인한 경우 구성요건의 착오(사실의 착오)로서 고의가 조각되므로 일반건조물방화죄가 성립한다(제15조 제1항).

4 피해자의 승낙

(1) 주거자나 현존자의 승낙이 있으면 현주건조물은 일반건조물로 성격이 변한다.

(2) 소유자의 승낙이 있으면 타인소유건조물・물건은 자기소유건조물・물건이 된다.

(3) 반대로 자기소유 일반건조물에 방화하였더라도 그 건조물이 압류 또는 보험의 목적인 경우 타인소유일반건조물방화죄가 성립한다(제176조).

5 죄수 및 타죄와의 관계

공공위험죄이므로 공공의 안전이라는 법익을 기준으로 죄수를 결정한다. 1개의 방화행위로 수개의 건조물을 소훼한 때에도 1개의 방화죄만 성립한다.

Ⅲ 현주건조물 등 방화치사상죄

현주건조물방화죄를 범하여 사람을 상해 또는 사망에 이르게 함으로써 성립하는 범죄이다(제164조 제2항). 치상죄나 치사죄임에도 상해죄나 살인죄보다 법정형이 더 무거우므로 중한 결과에 대한 고의가 있는 경우에도 결과적가중범이 성립하는 부진정결과적가중범이다.

관련 판례 **현주건조물 등 방화치사상죄**

1) 제164조 후단이 규정하는 현주건조물방화치사상죄는 그 전단이 규정하는 죄에 대한 일종의 가중처벌 규정으로서 과실이 있는 경우뿐만 아니라, 고의가 있는 경우에도 포함된다고 볼 것이므로 **사람을 살해할 목적으로 현주건조물에 방화하여 사망에 이르게 한 경우**에는 현주건조물방화치사죄로 의율하여야 하고 이와 더불어 살인죄와의 상상적경합범으로 의율할 것은 아니며, / 다만 **존속살인죄와 현주건조물방화치사죄**는 상상적경합범 관계에 있으므로, 법정형이 중한 존속살인죄로 의율함이 타당하다(대판 1996.4.26, 96도485).

2) 피고인들이 피해자들의 재물을 강취한 후 그들을 살해할 목적으로 현주건조물에 방화하여 사망에 이르게 한 경우, 피고인들의 행위는 **강도살인죄와 현주건조물방화치사죄**에 모두 해당하고 그 두죄는 상상적 경합범관계에 있다(대판 1998.12.8, 98도3416).

3) **불을 놓은 집에서 빠져 나오려는 피해자들을 막아 소사케 한 행위**는 1개의 행위가 수개의 죄명에 해당하는 경우라고 볼 수 없고, 위 방화행위와 살인행위는 법률상 별개의 범의에 의하여 별개의 법익을 해하는 별개의 행위라고 할 것이니, **현주건조물방화죄**와 **살인죄**는 **실체적 경합**관계에 있다(대판 1983.1.18, 82도2341). ∵ 이미 현주건조물에의 점화가 독립연소의 정도에 이르면 동 죄는 기수에 이르러 완료되는 것이고, 위 방화행위와 살인행위는 법률상 별개의 범의에 의하여 별개의 법익을 해하는 별개의 행위라고 할 것이므로

4) 방화행위를 하던 집단 중 1인이 피해자에게 화염병을 던져 화상을 입힌 경우, 공모에 참여한 집단원 모두가 현존건조물방화치상의 죄책을 진다(대판 1996.4.12, 96도215).
[비교판례] 공무집행을 방해하는 집단행위의 과정에서 일부 집단원이 고의로 현주건조물에 방화행위를 하여 공무원에게 사상의 결과를 초래한 경우, 다른 집단원이 그 방화행위로 인한 사상의 결과를 예견할 수 있는 상황이었다면 **특수공무방해치사상**의 죄책을 면할 수 없으나 / 그 **방화행위 자체에 공모가담하지 않은 다른 집단원**은 현주건조물방화치사상죄로 의율할 수 없다(대판 1990.6.26, 90도765).

5) **[모텔화재 중실화사건]** 150) 모텔 방에 투숙하여 담배를 피운 후 재떨이에 담배를 끄게 되었으나 담뱃불이 완전히 꺼졌는지 여부를 확인하지 않은 채 불이 붙기 쉬운 휴지를 재떨이에 버리고 잠을 잔 과실로 담뱃불이 휴지와 침대시트에 옮겨 붙게 함으로써 화재가 발생한 경우, ① 위 화재가 **중대한 과실 있는 선행행위로 발생한 이상 화재를 소화할 법률상 의무는 있다** 할 것이나, ② 화재 발생 사실을 안 상태에서 모텔을 빠져나오면서도 모텔 주인이나 다른 투숙객들에게 이를 알리지 아니하였다는 사정만으로는 화재를 용이하게 소화할 수 있었다고 보기 어려우므로, 부작위에 의한 현주건조물방화치사상죄가 성립하지 않는다(대판 2010.1.14, 2009도12109). → 중실화, 중실화치상, 중실화치사죄는 인정

Ⅳ 공용건조물 등 방화죄

불을 놓아 공용 또는 공익을 위해 사용하는 건조물, 기차, 전차, 자동차, 선박, 항공기 또는 지하채굴시설(광갱)을 불태움(소훼)으로써 성립하는 범죄이다(제165조).

Ⅴ 일반건조물 등 방화죄

타인소유일반건조물방화죄는 불을 놓아 현주건조물방화죄와 공용건조물방화죄의 객체 이외의 건조물, 기차, 전차, 자동차, 선박, 항공기 또는 지하채굴시설(광갱)을 불태움(소훼)으로써 성립하는 범죄이고(제166조 제1항), 자기소유일반건조물방화죄는 자기소유에 속하는 위의 물건을 불태워 공공의 위험을 발생하게 함으로써 성립하는 범죄이다(제166조 제2항).

타인소유일반건조물방화죄(제166조 제1항)는 추상적 위험범이나, 자기소유일반건조물방화죄(제166조 제2항)는 구체적 위험범이다.*

Ⅵ 일반물건방화죄

1 의의

불을 놓아 건조물 이외의 물건을 불태워 공공의 위험을 발생하게 하거나(제167조 제1항), 자기소유에 속하는 위 물건을 불태워 공공의 위험을 발생하게 함으로써 성립하는 범죄이다(제167조 제2항).

2 일반물건방화죄

(1) 공공의 위험을 발생하게 할 것을 요하는 구체적 위험범이다. 따라서 일반물건에 방화하였더라도 공공의 위험이 발생하지 않는 때에는 본죄가 성립하지 않는다. → 미수범 처벌규정도 없으므로 무죄가 된다.

(2) 공공의 위험은 물리적·자연적 위험이 아니라 일반인들이 느끼는 심리적 위험을 말하는데, 공공의 위험에 대한 인식은 고의의 내용이 된다. → 공공의 위험 = 고의의 인식대상

150) 2013년 법무사시험(25점), 2022년 법무사시험

ㅇ [재활용품방화사건] 불을 놓아 무주물을 소훼하여 공공의 위험을 발생하게 한 경우에는 **'무주물'**을 '자기 소유의 물건'에 준하는 것으로 보아 형법 제167조 제2항(자기소유일반물건방화죄)을 적용하여 처벌하여야 한다(대판 2009.10.15, 2009도7421).

[사실관계] 노상에서 전봇대 주변에 놓인 **재활용품과 쓰레기 등**에 불을 놓아 소훼한 경우, 그 재활용품과 쓰레기 등은 '무주물'로서 형법 제167조 제2항에 정한 '자기 소유의 물건'에 준하는 것으로 보아야 하므로, 여기에 불을 붙인 후 불상의 가연물을 집어넣어 그 화염을 키움으로써 전선을 비롯한 주변의 가연물에 손상을 입히거나 바람에 의하여 다른 곳으로 불이 옮아붙을 수 있는 공공의 위험을 발생하게 하였다면, **일반물건방화죄**가 성립한다.

ㅇ [폐가사건] 형법상 방화죄의 객체인 **건조물**은 토지에 정착되고 벽 또는 기둥과 지붕 또는 천장으로 구성되어 사람이 내부에 기거하거나 출입할 수 있는 공작물을 말하고, 반드시 사람의 주거용이어야 하는 것은 아니라도 사람이 사실상 기거·취침에 사용할 수 있는 정도는 되어야 한다(대판 2013.12.12, 2013도3950).

[사실관계] 지붕과 문짝, 창문이 없고 담장과 일부 벽체가 붕괴된 철거 대상 건물로서 사실상 기거·취침에 사용할 수 없는 상태인 **폐가**의 내부와 외부에 **쓰레기**를 모아놓고 태워 그 불길이 이 사건 폐가 주변 수목 4~5그루를 태우고 폐가의 벽을 일부 그을리게 하는 정도(→ 공공의 위험을 발생하게 한 경우 ×)만으로는 방화죄의 기수에 이르렀다고 보기 어렵고, 일반물건방화죄에 관하여는 미수범의 처벌 규정이 없으므로 **무죄**이다.

VII 연소죄

자기소유 일반건조물 등 방화죄 또는 자기소유 일반물건방화죄를 범하여 현주건조물 등 방화죄, 공용건조물 등 방화죄, 타인소유 일반건조물 등 방화죄의 객체에 연소하거나, 자기소유 일반물건방화죄를 범하여 타인소유 일반물건방화죄의 객체에 연소하게 함으로써 성립하는 범죄이다(제168조). 진정결과적가중범이고 구체적 위험범이다. 자기소유 일반건조물·일반물건에 대한 방화가 예상을 넘어 현주건조물, 공용건조물, 타인소유일반건조물·일반물건에 옮겨 붙은 경우이다. ↔ 타인소유 → 자기소유 : ×

VIII 진화방해죄

진화방해죄는 화재에 있어서 진화용의 시설 또는 물건을 은닉 또는 손괴하거나 기타 방법으로 진화를 방해함으로써 성립하는 범죄이다(제169조).

IX 폭발성물건파열죄, 폭발성물건파열치사상죄

보일러, 고압가스 기타 폭발성 있는 물건을 파열시켜 사람의 생명, 신체 또는 재산에 대하여 위험을 발생시키거나(제172조 제1항), 폭발성물건파열죄를 범하여 사람을 상해 또는 사망에 이르게 함으로써 성립하는 범죄이다(제172조 제2항).

→ 사람의 생명·신체·재산에 대한 위험발생을 요하는 구체적 위험범 "파열방류"

X 가스 · 전기 등 방류죄, 가스 · 전기 등 방류치사상죄

가스, 전기, 증기 또는 방사선이나 방사성 물질을 방출, 유출 또는 살포시켜 사람의 생명, 신체 또는 재산에 대하여 위험을 발생시키거나(제172조의2 제1항), 가스 · 전기 등 방류죄를 범하여 사람을 상해 또는 사망에 이르게 함으로써 성립하는 범죄이다(제172조의2 제2항).

→ 사람의 생명 · 신체 · 재산에 대한 위험발생을 요하는 구체적 위험범 "파열방류"

XI 가스 · 전기 등 공급방해죄, 가스 · 전기 등 공급방해치사상죄

가스 · 전기 또는 증기의 공작물을 손괴 또는 제거하거나 기타 방법으로 가스 · 전기 또는 증기의 공급이나 사용을 방해하여 공중의 위험을 발생하게 하거나(제173조 제1항), 공공용의 가스, 전기 또는 증기의 공작물을 손괴 또는 제거하거나 기타 방법으로 가스, 전기 또는 증기의 공급이나 사용을 방해하거나(제173조 제2항), 가스 · 전기 등 공급방해죄 등을 범하여 사람을 상해 또는 사망에 이르게 함으로써 성립하는 범죄이다(제173조 제3항).

XII 방화 등 예비 · 음모죄

현주건조물 등 방화죄, 공용건조물 등 방화죄, 타인소유 일반건조물 등 방화죄, 폭발성물건파열죄, 가스 · 전기 등 방류죄, 가스 · 전기 등 공급방해죄를 범할 목적으로 예비 · 음모함으로써 성립하는 범죄이다(제175조).

XIII 실화죄

1 의의

과실로 현주건조물 등, 공용건조물 등 또는 타인소유일반건조물 등을 불태우거나(제170조 제1항), 과실로 자기소유의 일반건조물이나, 자기소유 · 타인소유의 일반물건을 불태워 공공의 위험을 발생시킴으로써 성립하는 범죄이다(제170조 제2항).

2 실화죄

(1) 제1항의 실화죄는 추상적 위험범이고, 제2항의 실화죄는 구체적 위험범이다.

→ 과실범 & 위험범의 성격

> ㅇ [담배꽁초를 버린 공동의 과실이 경합되어 공장에 화재가 발생한 경우 각자 실화죄의 책임을 부담하는지 문제된 사안] **실화죄에 있어서 공동의 과실이 경합되어 화재가 발생한 경우** 적어도 각 과실이 화재의 발생에 대하여 하나의 조건이 된 이상은 그 공동적 원인을 제공한 사람들은 **각자 실화죄의 책임**을 면할 수 없다(대판 2023.3.9, 2022도16120).
> **[사실관계] 피고인들이 분리수거장 방향으로 담배꽁초를 던져 버리고 현장을 떠난 후 화재가 발생한** 경우, 피고인들 각자 본인 및 상대방이 버린 담배꽁초 불씨가 살아 있는지를 확인하고 이를 완전히 제거

하는 등 화재를 미리 방지할 주의의무가 있음에도 이를 게을리 한 채 만연히 현장을 떠난 과실이 인정되고 이러한 피고인들 각자의 과실이 경합하여 위 화재를 일으켰으므로, 피고인들 각자의 실화죄 책임을 인정할 수 있다. → 〈주의〉 과실범의 공동정범 법리 적용 ×(∵ 공동의 목표가 없는 경우이므로)

(2) 제170조 제2항에서 제167조에 기재한 물건은 자기소유이든 타인소유이든 불문한다.

ㅇ 형법 제170조 제2항에서 말하는 '**자기의 소유에 속하는 제166조 또는 제167조에 기재한 물건**'이라 함은 '자기의 소유에 속하는 제166조에 기재한 물건 또는 자기의 소유에 속하든, 타인의 소유에 속하든 불문하고 제167소에 기재한 물건'을 의미하는 것이라고 해석하여야 하고, 이렇게 해석한다고 하더라도 그것이 법규정의 가능한 의미를 벗어나 법형성이나 법창조행위에 이른 것이라고는 할 수 없어 죄형법정주의의 원칙상 금지되는 유추해석이나 확장해석에 해당한다고 볼 수는 없을 것이다(대결 1994.12.20, 94모32 全合).

XIV 업무상실화 · 중실화죄

업무상 과실 또는 중대한 과실로 인하여 실화죄를 범함으로써 성립하는 범죄이다(제171조).

관련 판례 중실화죄에 해당하는 경우

1) 연탄아궁이로부터 80센티미터 떨어진 곳에 쌓아둔 스폰지요, 솜 등이 연탄아궁이 쪽으로 넘어지면서 화재현장에 의한 화재가 발생한 경우라고 하더라도 그 스폰지요, 솜 등을 쌓아두는 방법이나 상태 등에 관하여 아주 작은 주의만 기울였더라면 스폰지요나 솜 등이 넘어지고 또 그로 인하여 화재가 발생할 것을 예견하여 회피할 수 있었음에도 불구하고 부주의로 이를 예견하지 못하고 **스폰지와 솜 등을 쉽게 넘어질 수 있는 상태로 쌓아둔 채 방치**하였기 때문에 화재가 발생한 것으로 판단되어야만, "중대한 과실"로 인하여 화재가 발생한 것으로 볼 수 있다(대판 1989.1.17, 88도643).
2) (성냥불로 담배를 붙인 다음) 성냥불이 꺼진 것을 확인하지 아니한 채 플라스틱 휴지통에 던진 것은 중대한 과실에 해당한다(대판 1993.7.27, 93도135).
3) 모텔 방에 투숙하여 담배를 피운 후 재떨이에 담배를 끄게 되었으나 담뱃불이 완전히 꺼졌는지 여부를 확인하지 않은 채 불이 붙기 쉬운 휴지를 재떨이에 버리고 잠을 잔 과실로 담뱃불이 휴지와 침대시트에 옮겨 붙게 함으로써 화재가 발생하였고 이로 인하여 모텔 투숙객들이 다치거나 사망한 경우, 중실화, 중실화치상, 중실화치사죄가 성립한다(대판 2010.1.14, 2009도12109).

관련 판례 중실화죄 · 업무상실화죄에 해당하지 않는 경우

1) 전기석유난로를 켜 놓은 채 귀가하여 전기석유난로 과열로 화재가 발생하였다 하여 중실화를 유죄로 인정한 원심판결을 화재발생원인의 인정에 있어 심리미진의 위법이 있다 하여 파기한 사례(대판 1994.3.11, 93도3001).
[판결이유] 전기석유난로 자체에 고장이 있었다거나 아니면 가연물이 어떠한 경위로 온풍구에 직접 접촉되었다는 사실이 밝혀지지 아니하는 한 위 전기석유난로의 과열이 이 사건 화재발생의 직접적인 원인이 되었다고 쉽사리 인정할 수는 없다. …… 화인의 감정이 없어 제3자에 의한 방화나 실화 또는 누전

등 기타에 의한 발화가능성도 전혀 배제할 수 없음에도 이를 외면한 채, 위 전기석유난로 자체에 고장이 있었는지 여부나 가연물이 그 온풍구에 직접 접촉된 적이 있었는지 여부에 대하여 심리해 보지도 아니한 채 위와 같은 증거들만에 의하여 위 전기석유난로의 과열이 이 사건 화재발생의 원인이 되었다고 막연히 단정하여 피고인을 중실화죄로 의율처단한 제1심판결을 그대로 유지한 원심판결에는 심리를 다하지 아니하고 채증법칙에 위배하여 사실을 잘못 인정하거나 중실화죄에 있어서의 중대한 과실에 관한 법리를 오해한 위법이 있다.

2) 유조차운전사가 석유구판점의 위험물취급주임의 지시를 받아 유조차의 석유를 구판점 탱크로 급유하다가 탱크주입구에서 급유호스가 빠지는 바람에 화기에 인화되어 화재가 발생한 경우 **유조차운전사**의 업무상과실이 인정되지 않는다(대판 1990.11.13, 90도2011).
[판결이유] 소방법 제18조, 같은 법 시행규칙 제54조, 소방시설의 설치, 유지 및 위험물 제조소 등 시설의 기준에 관한 규칙 제279조 제6호에 비추어 보면 유조차의 석유를 구판점의 지하 석유탱크에 공급하는 작업은 위험물취급주임의 참여하에 하여야 하고, 작업자는 그의 보완에 관한 지시와 감독하에 일을 하여야 하는 것이며, 그 보안에 관한 책임은 **위험물취급주임**에게 있는 것이라고 보아야 할 것이다.

XV 과실폭발성물건파열죄

과실 또는 업무상 과실·중과실로 폭발성물건파열죄, 가스·전기 등 방류죄, 가스·전기 등 공급방해죄를 범함으로써 성립하는 범죄이다(제173조의2).

○ 임차인이 자신의 비용으로 설치·사용하던 **가스설비의 휴즈콕크**를 아무런 조치 없이 제거하고 이사를 간 후 가스공급을 개별적으로 차단할 수 있는 주밸브가 열려져 가스가 유입되어 폭발사고가 발생한 경우, 임차인의 과실과 가스폭발사고 사이의 상당인과관계를 인정하여 과실폭발성물건파열죄가 인정된다(대판 2001.6.1, 99도5086).

제4절 일수와 수리에 관한 죄

제177조【현주건조물 등에의 일수】
① 물을 넘겨 사람이 주거에 사용하거나 사람이 현존하는 건조물, 기차, 전차, 자동차, 선박, 항공기 또는 광갱을 침해한 자는 무기 또는 3년 이상의 징역에 처한다.
② 제1항의 죄를 범하여 사람을 상해에 이르게 한 때에는 무기 또는 5년 이상의 징역에 처한다. 사망에 이르게 한 때에는 무기 또는 7년 이상의 징역에 처한다.

제178조【공용건조물 등에의 일수】
물을 넘겨 공용 또는 공익에 공하는 건조물, 기차, 전차, 자동차, 선박, 항공기 또는 광갱을 침해한 자는 무기 또는 2년 이상의 징역에 처한다.

제179조【일반건조물 등에의 일수】
① 물을 넘겨 전2조에 기재한 이외의 건조물, 기차, 전차, 자동차, 선박, 항공기 또는 광갱 기타 타인의 재산을 침해한 자는 1년 이상 10년 이하의 징역에 처한다.

② 자기의 소유에 속하는 전항의 물건을 침해하여 공공의 위험을 발생하게 한 때에는 3년 이하의 징역 또는 700만 원 이하의 벌금에 처한다.
③ 제176조의 규정은 본조의 경우에 준용한다.

제180조【방수방해】
수재에 있어서 방수용의 시설 또는 물건을 손괴 또는 은닉하거나 기타 방법으로 방수를 방해한 자는 10년 이하의 징역에 처한다.

제181조【과실일수】
과실로 인하여 제177조 또는 제178조에 기재한 물건을 침해한 자 또는 제179조에 기재한 물건을 침해하여 공공의 위험을 발생하게 한 자는 1천만원 이하의 벌금에 처한다.

제182조【미수범】
제177조 내지 제179조 제1항의 미수범은 처벌한다.

제183조【예비, 음모】
제177조 내지 제179조 제1항의 죄를 범할 목적으로 예비 또는 음모한 자는 3년 이하의 징역에 처한다.

제184조【수리방해】
둑을 무너뜨리거나 수문을 파괴하거나 그 밖의 방법으로 수리(水利)를 방해한 자는 5년 이하의 징역 또는 700만원 이하의 벌금에 처한다. [시행 2021.12.9.]

I 서설

1 의의 및 보호법익

일수의 죄는 고의·과실로 수해를 일으켜 공공의 안전과 평온을 위태롭게 하는 공공위험죄이고, 수리방해죄는 수리권(물의 이용권리)을 방해함으로써 성립하는 범죄이다. 공공의 안전을 보호법익으로 하고 개인의 재산도 부차적 보호법익으로 한다. 보호정도는 추상적 위험범이나, 자기소유일반건조물 등 일수죄와 일반건조물 등에 대한 과실일수죄는 구체적 위험범이다. 수리방해죄의 보호법익은 수리권이고, 보호정도는 추상적 위험범이다. 방화죄가 불과 관련된 범죄라면 일수죄는 물과 관련된 범죄이므로, 기본적으로 구성요건 체계가 유사하다.

2 구성요건의 체계

구분	내용
기본적 구성요건	타인소유일반건조물일수죄 → 일반물건일수죄 처벌규정 ×
가중적 구성요건	현주건조물일수죄, 공용건조물일수죄
	현주건조물일수치사상죄
감경적 구성요건	자기소유일반건조물일수죄
미수범 처벌규정	현주건조물일수죄, 공용건조물일수죄, 타인소유일반건조물일수죄
예비·음모 처벌규정	현주건조물일수죄, 공용건조물일수죄, 타인소유일반건조물일수죄
과실범 처벌규정	과실일수죄 ↔ 업무상·중과실일수죄 : ×
준일수죄	방수방해죄
수리죄	수리방해죄

Ⅱ 과실일수죄

과실로 인하여 현주건조물 또는 공용건조물 등의 일수죄에 기재한 물건을 침해하거나 일반건조물 등 일수죄에 기재한 물건을 침해하여 공공의 위험을 발생하게 함으로써 성립하는 범죄이다(제181조). 실화죄에 대응하는 범죄이다.

Ⅲ 수리방해죄

둑을 무너뜨리거나 수문을 파괴하거나 그 밖의 방법으로 수리(水利)를 방해함으로써 성립하는 범죄이다(제184조). 일수죄와는 독립된 구성요건이다.

○ 원천 내지 자원으로서의 물의 이용이 아니라, 하수나 폐수 등 이용이 끝난 물을 배수로를 통하여 내려보내는 것은 형법 제184조 소정의 수리에 해당한다고 할 수 없고, 그러한 배수 또는 하수처리를 방해하는 행위는, 특히 그 배수가 수리용의 인수와 밀접하게 연결되어 있어서 그 배수의 방해가 직접 인수에까지 지장을 초래한다는 등의 특수한 경우가 아닌 한, 수리방해죄의 대상이 될 수 없다(대판 2001.6.26, 2001도404).
[사실관계] 농촌주택에서 배출되는 **생활하수의 배수관**(소형 PVC관)을 토사로 막아 하수가 내려가지 못하게 한 경우, 수리방해죄에 해당하지 아니한다.

제5절 교통방해의 죄

제185조【일반교통방해】
육로, 수로 또는 교량을 손괴 또는 불통하게 하거나 기타 방법으로 교통을 방해한 자는 10년 이하의 징역 또는 1천500만원 이하의 벌금에 처한다.

제186조【기차, 선박 등의 교통방해】
궤도, 등대 또는 표지를 손괴하거나 기타 방법으로 기차, 전차, 자동차, 선박 또는 항공기의 교통을 방해한 자는 1년 이상의 유기징역에 처한다.

제187조【기차 등의 전복 등】
사람의 현존하는 기차, 전차, 자동차, 선박 또는 항공기를 전복, 매몰, 추락 또는 파괴한 자는 무기 또는 3년 이상의 징역에 처한다.

제188조【교통방해치사상】
제185조 내지 제187조의 죄를 범하여 사람을 상해에 이르게 한 때에는 무기 또는 3년 이상의 징역에 처한다. 사망에 이르게 한 때에는 무기 또는 5년 이상의 징역에 처한다.

제189조【과실, 업무상과실, 중과실】
① 과실로 인하여 제185조 내지 제187조의 죄를 범한 자는 1천만원 이하의 벌금에 처한다.
② 업무상과실 또는 중대한 과실로 인하여 제185조 내지 제187조의 죄를 범한 자는 3년 이하의 금고 또는 2천만원 이하의 벌금에 처한다.

제190조【미수범】
제185조 내지 제187조의 미수범은 처벌한다.
제191조【예비, 음모】
제186조 또는 제187조의 죄를 범할 목적으로 예비 또는 음모한 자는 3년 이하의 징역에 처한다.

I 서설

1 의의 및 보호법익

교통방해죄는 교통로·교통수단 등 교통설비를 손괴·불통하게 하거나 그 밖의 방법으로 교통을 방해함으로써 성립하는 범죄이다. 본죄의 주된 보호법익은 일반공중의 교통안전이고, 부차적으로 공중의 생명·신체·재산의 안전 등을 보호법익으로 한다. 그 보호정도는 추상적 위험범이다.

2 구성요건의 체계

기본적 구성요건	일반교통방해죄
가중적 구성요건	기차·선박 등 교통방해죄, 기차 등 전복죄
	교통방해치사상죄
미수범 처벌규정	일반교통방해죄, 기차·선박 등 교통방해죄, 기차 등 전복죄
예비·음모 처벌규정	○ : 기차·선박 등 교통방해죄, 기차 등 전복죄
	× : 일반교통방해죄
과실범 처벌규정	과실교통방해죄, 업무상과실·중과실교통방해죄

II 일반교통방해죄

육로, 수로 또는 교량을 손괴 또는 불통하게 하거나 기타 방법으로 교통을 방해함으로써 성립하는 범죄이다(제185조). 추상적 위험범이면서 미수를 처벌하는 결과범이고, 계속범이다.

o 일반교통방해죄는 이른바 **추상적 위험범**으로서 교통이 불가능하거나 또는 현저히 곤란한 상태가 발생하면 바로 기수가 되고 교통방해의 결과가 현실적으로 발생하여야 하는 것은 아니다. 또한 일반교통방해죄에서 교통방해 행위는 **계속범의 성질**을 가지는 것이어서 교통방해의 상태가 계속되는 한 가벌적인 위법상태는 계속 존재한다. 따라서 신고 범위를 현저히 벗어나거나 집회 및 시위에 관한 법률 제12조에 따른 조건을 중대하게 위반함으로써 교통방해를 유발한 집회에 참가한 경우, 참가 당시 이미 다른 참가자들에 의해 교통의 흐름이 차단된 상태였더라도 교통방해를 유발한 다른 참가자들과 암묵적·순차적으로 공모하여 교통방해의 위법상태를 지속시켰다고 평가할 수 있다면 일반교통방해죄가 성립한다(대판 2018.1.24, 2017도11408).

1 객체 _ 육로, 수로, 교량

'육로'라 함은 사실상 일반공중의 왕래에 공용되는 육상의 통로를 말한다. 그 부지의 소유관계나 통행권리관계 또는 통행인의 많고 적음 등을 가리지 않는다.

○ 제185조의 일반교통방해죄는 일반공중의 교통의 안전을 보호법익으로 하는 범죄로서 여기서의 '육로'라 함은 사실상 일반공중의 왕래에 공용되는 육상의 통로를 널리 일컫는 것으로서 그 부지의 소유관계나 통행권리관계 또는 통행인의 많고 적음 등을 가리지 않는다(대판 1999.7.27, 99도1651 ; 대판 2002.4.26, 2001도6903).

관련 판례 **육로에 해당하는 경우**

1) 주민들에 의하여 **공로로 통하는 유일한 통행로**로 오랫동안 이용되어 온 폭 2m의 골목길을 자신의 소유라는 이유로 폭 50 내지 75cm 가량만 남겨두고 담장을 설치하여 주민들의 통행을 현저히 곤란하게 하였다면 일반교통방해죄를 구성한다(대판 1994.11.4, 94도2112).
2) 자기 소유의 토지를 포함한 구도로 옆으로 신도로가 개설되었다고 하더라도 그 토지가 **신도로에 의해 대체될 수 없는 상태**여서 여전히 일반인과 차량이 통행하고 있는 경우 그 통행을 방해하면 일반교통방해죄가 성립한다(대판 1999.7.27, 99도1651).

관련 판례 **육로에 해당하지 않는 경우**

1) 소유자가 토지인도소송의 승소판결을 받아 그 집행을 하여 그 토지를 공터로 두었는데 인근주민들이 **일시 지름길**로 이용하자 그 통행을 방해한 경우 일반교통방해죄가 성립하지 않는다(대판 1984.11.13, 84도2192). ∵ 도로에 이르는 지름길로 일시 이용한 적이 있다 하여도 이를 일반 공중의 내왕에 공용되는 도로하고 할 수 없으므로
2) 목장 소유자가 목장운영을 위해 목장용지 내에 **임도**를 개설하고 차량 출입을 통제하면서 인근 주민들의 일부 통행을 부수적으로 묵인한 경우, 위 임도는 공공성을 지닌 장소로 일반교통방해죄의 '육로'에 해당하지 않는다(대판 2007.10.11, 2005도7573). ∵ 특정인에 한하지 않고 불특정다수인 또는 차마가 자유롭게 통행할 수 있는 공공성을 지닌 장소라고 볼 수 없어 육로라고 볼 수 없으므로
3) 공로에 출입할 수 있는 다른 도로가 있는 상태에서 토지소유자로부터 **일시적인 사용승낙**을 받아 통행하거나 토지소유자가 개인적으로 사용하면서 부수적으로 타인의 통행을 묵인한 장소에 불과한 도로에 가드레일을 설치하는 행위는 일반교통방해죄로는 처벌되지 아니한다(대판 2017.4.7, 2016도12563). ∵ 육로에 해당하지 않으므로

2 행위 _ 손괴 또는 불통하게 하거나 그 밖의 방법으로 교통을 방해하는 행위

교통을 방해한다고 함은 통행을 불가능하게 하거나 현저하게 곤란하게 할 정도일 것을 요한다. 다만 교통방해의 결과가 발생할 것을 요하지는 않는다.

○ 일반교통방해죄는 이른바 **추상적 위험범**으로서 교통이 불가능하거나 또는 현저히 곤란한 상태가 발생하면 바로 기수가 되고 교통방해의 결과가 현실적으로 발생하여야 하는 것은 아니다(대판 2005.10.28, 2004도7545).

관련 판례 **교통방해죄가 성립하는 경우**

1) 불특정 다수인의 통행로로 이용되어 오던 도로의 토지 일부의 소유자라 하더라도 그 **도로의 중간에 바위를 놓아**두거나 이를 파헤침으로써 차량의 통행을 못하게 한 행위는 일반교통방해죄 및 업무방해죄에 해당한다(대판 2002.4.26, 2001도6903).

2) 전국민주노동조합총연맹 준비위원회가 주관한 도로행진시위가 법률에 따라 옥외집회신고를 마쳤어도, **신고의 범위와 법률상의 제한을 현저히 일탈**하여 주요도로 전차선을 점거하여 행진 등을 함으로써 교통 소통에 현저한 장해를 일으켰다면 일반교통방해죄가 성립한다(대판 2008.11.13, 2006도755).

[비교판례] 적법한 신고를 마치고 도로에서 집회나 시위를 하는 경우 도로의 교통이 어느 정도 제한될 수밖에 없으므로, 그 집회 또는 시위가 신고된 범위 내에서 행해졌거나 신고된 내용과 다소 다르게 행해졌어도 **신고된 범위를 현저히 일탈하지 않는 경우**에는, 그로 인하여 도로의 교통이 방해를 받았다고 하더라도 특별한 사정이 없는 한 형법 제185조의 일반교통방해죄가 성립한다고 볼 수 없다(대판 2008.11.13, 2006도755).

3) 서울 중구 소공동의 왕복 4차로의 도로 중 편도 3개 차로 쪽에 차량 2, 3대와 간이테이블 수십개를 이용하여 길가쪽 2개 차로를 차지하는 포장마차를 설치하고 영업행위를 한 것은, 비록 행위가 교통량이 상대적으로 적은 야간에 이루어졌다 하더라도 일반교통방해죄를 구성한다(대판 2007.12.14, 2006도4662).

∵ 일반교통방해죄는 이른바 추상적 위험범으로서 교통이 불가능하거나 또는 현저히 곤란한 상태가 발생하면 바로 기수가 되고 교통방해의 결과가 현실적으로 발생하여야 하는 것은 아니므로

4) **[세월호 1주기 추모제사건]** 피고인이 집회 및 시위에 관한 법률에 따른 신고 없이 서울광장에서 개최된 **세월호 1주기 범국민행동추모제**에 참석한 뒤 다른 집회 참가자들과 함께 질서유지선을 넘어 방송차량을 따라 도로 전 차로를 점거하면서 행진하고, 행진을 제지하는 경찰과 대치하면서 도로에서 머물다가 귀가하였다면 일반교통방해죄가 성립한다(대판 2018.5.11, 2017도9146).

관련 판례 **교통방해죄가 성립하지 않는 경우**

1) 피고인 등 약 600명의 노동조합원들이 차도만 설치되어 있을 뿐 보도는 따로 마련되어 있지 아니한 도로 우측의 편도 2차선의 대부분을 차지하면서 대오를 이루어 행진하는 방법으로 시위를 하고 이로 인하여 **나머지 편도 2차선으로 상, 하행차량이 통행**하느라 차량의 소통이 방해되었다 하더라도 피고인 등의 시위행위에 대하여 일반교통방해죄를 적용할 수 없다(대판 1992.8.18, 91도2771).

2) 피고인의 가옥 앞 도로가 폐기물 운반 차량의 통행로로 이용되어 가옥 일부에 균열 등이 발생하자 피고인이 위 도로에 **트랙터**를 세워두거나 **철책 펜스**를 설치함으로써 위 차량의 통행을 불가능하게 한 경우는 일반교통방해죄에 해당하나, / 위 **차량들의 앞을 가로막고 앉아서 통행을 일시적으로 방해**한 경우는 일반교통방해죄에 해당하지 않는다(대판 2009.1.30, 2008도10560).

3) 공항 여객터미널 버스정류장 앞 도로 중 공항리무진 버스 외의 다른 차의 주차가 금지된 구역에서 밴 차량을 40분간 불법주차하고 호객 영업을 하는 방법으로 그 곳을 통행하는 **버스의 교통을 곤란하게** 하였더라도 일반교통방해죄가 성립하지 않는다(대판 2009.7.9, 2009도4266).

∵ 다른 차량들의 통행을 불가능하거나 현저히 곤란하게 한 것으로 볼 수 없으므로

[판결이유] 피고인이 카니발 밴 차량을 40분 가량 주차한 장소는 위 여객터미널 도로 중에서 공항리무진 버스들이 승객들을 승·하차시키는 장소로서 일반 차량들의 주차가 금지된 구역이기는 하지만 위와 같이 주차한 장소의 옆 차로를 통하여 다른 차량들이 충분히 통행할 수 있었을 것으로 보이고, 피고인의 위와 같은 주차행위로 인하여 공항리무진 버스가 출발할 때 후진을 하여 차로를 바꾸어 진출해야 하는 불편을 겪기는 하였지만 통행이 불가능하거나 현저하게 곤란하지는 않았던 것으로 보인다.

III 기차 · 선박 등 교통방해죄

궤도, 등대 또는 표지를 손괴하거나 기타 방법으로 기차, 전차, 자동차, 선박 또는 항공기의 교통을 방해함으로써 성립하는 범죄이다(제186조). 교통방해죄의 가중적 구성요건이다. 추상적 위험범이면서 미수를 처벌하는 결과적가중범이다. 일반교통방해죄와는 달리 예비 · 음모의 처벌규정이 있다.

IV 기차 · 선박 등 전복죄

사람의 현존하는 기차, 전차, 자동차, 선박 또는 항공기를 전복, 매몰, 추락 또는 파괴함으로써 성립하는 범죄이다(제187조). 기차 등 교통방해죄의 가중적 구성요건이다. 추상적 위험범이면서 미수를 처벌하는 결과적가중범이다. 예비 · 음모의 처벌규정이 있다.

- **선박매몰죄의 고의**가 성립하기 위하여는 행위시에 사람이 현존하는 것이라는 점에 대한 인식과 함께 이를 매몰한다는 결과발생에 대한 인식이 필요하며, 현존하는 사람을 사상에 이르게 한다는 등 공공의 위험에 대한 인식까지는 필요하지 않고, 사람의 현존하는 선박에 대해 매몰행위의 실행을 개시하고 그로 인하여 선박을 매몰시켰다면 매몰의 결과발생시 사람이 현존하지 않았거나 범인이 선박에 있는 사람을 안전하게 대피시켰다고 하더라도 선박매몰죄의 기수로 보아야 한다(대판 2000.6.23, 99도4688).
- [삼성허베이호사건(태안반도기름유출사건)] 형법 제187조에서 정한 **'파괴'**란 다른 구성요건 행위인 전복, 매몰, 추락 등과 같은 수준으로 인정할 수 있을 만큼 교통기관으로서의 기능 · 용법의 전부나 일부를 불가능하게 할 정도의 파손을 의미하고, 그 정도에 이르지 아니하는 단순한 손괴는 포함되지 않는다(대판 2009.4.23, 2008도11921).
[사실관계] 대형 유조선의 유류탱크 일부에 구멍이 생기고 선수마스트, 위성통신 안테나, 항해등 등이 파손된 정도에 불과한 것은 형법 제187조에 정한 선박의 '파괴'에 해당하지 않는다.

V 교통방해치사상죄

일반교통방해죄, 기차 등 교통방해죄, 기차 등 전복죄를 범하여 사람을 상해 또는 사망에 이르게 함으로써 성립하는 범죄이다(제188조).

- [고속도로급정차 교통방해치사사건] 甲이 고속도로 2차로를 따라 자동차를 운전하다가 1차로를 진행하던 乙의 차량 앞에 급하게 끼어든 후 곧바로 정차하여, 乙의 차량 및 이를 뒤따르던 차량 두 대는 급정차하였으나, 그 뒤를 따라오던 丙의 차량이 앞의 차량들을 연쇄적으로 추돌케 하여 丙을 사망에 이르게 하고 나머지 차량 운전자 등에게 상해를 입혔다면 甲에게는 일반교통방해치사상죄가 성립한다(대판 2014.7.24, 2014도6206).
∵ 피고인의 정차 행위와 사상의 결과 발생 사이에 상당인과관계가 있고, 사상의 결과 발생에 대한 예견가능성도 인정되므로

VI 교통방해예비 · 음모죄

기차 등 교통방해죄, 기차 등 전복죄를 범할 목적으로 예비 또는 음모함으로써 성립하는 범죄이다(제191조).

Ⅶ 과실교통방해죄

과실로 인하여 일반교통방해죄, 기차 등 교통방해죄, 기차 등 전복죄를 범함으로써 성립하는 범죄이다(제189조 제1항).

Ⅷ 업무상과실 · 중과실교통방해죄

업무상 과실 또는 중과실로 인하여 일반교통방해죄, 기차 등 교통방해죄, 기차 등 전복죄를 범함으로써 성립하는 범죄이다(제189조 제1항).

- 강제도선구역 내에서 조기 하선한 **도선사**에게 하선 후 발생한 선박충돌사고에 대한 업무상 과실을 인정하여 업무상 과실 선박파괴죄에 해당한다(대판 2007.9.21, 2006도6949).
- 형법 제187조에서 말하는 항공기의 '추락'이라 함은 공중에 떠 있는 항공기를 정상시 또는 긴급시의 정해진 항법에 따라 지표 또는 수면에 착륙 또는 착수시키지 못하고, 그 이외의 상태로 지표 또는 수면에 낙하시키는 것을 말하는 것인바, 헬리콥터에 승객 3명을 태우고 운항하던 조종사가 엔진 고장이 발생한 경우에 위 항공기를 긴급시의 항법으로서 정해진 절차에 따라 운항하지 못한 과실로 말미암아 사람이 현존하는 위 항공기를 안전하게 비상착수시키지 못하고 해상에 추락시켰다면 **업무상 과실항공기추락죄**에 해당한다(대판 1990.9.11, 90도1486).
- **[성수대교 붕괴사건]** 이 사건 교량붕괴의 경우, 건설업자, 제작 · 시공을 감독하는 공무원에게는 트러스 제작상, 시공 및 감독의 과실이 인정되고, 교량유지 · 관리를 감독하는 공무원들의 감독상의 과실이 합쳐져서 이 사건 사고의 한 원인이 되었으며, 한편 피고인들은 이 사건 성수대교를 안전하게 건축되도록 한다는 공동의 목표와 의사연락이 있었다고 보아야 할 것이므로, 피고인들 사이에는 이 사건 **업무상과실치사상 등 죄(업무상과실교통방해죄, 업무상과실자동차추락죄)**에 대하여 제30조 소정의 공동정범의 관계가 성립된다(대판 1997.11.28, 97도1740).

Chapter
02 공중의 건강에 대한 죄

제1절 먹는 물에 관한 죄(음용수에 관한 죄)

제192조 【먹는 물의 사용방해】
① 일상생활에서 먹는 물로 사용되는 물에 오물을 넣어 먹는 물로 쓰지 못하게 한 자는 1년 이하의 징역 또는 500만 원 이하의 벌금에 처한다.
② 제1항의 먹는 물에 독물(毒物)이나 그 밖에 건강을 해하는 물질을 넣은 사람은 10년 이하의 징역에 처한다. [시행 2021.12.9.]

제193조 【수돗물의 사용방해】
① 수도(水道)를 통해 공중이 먹는 물로 사용하는 물 또는 그 수원(水原)에 오물을 넣어 먹는 물로 쓰지 못하게 한 자는 1년 이상 10년 이하의 징역에 처한다.
② 제1항의 먹는 물 또는 수원에 독물 그 밖에 건강을 해하는 물질을 넣은 자는 2년 이상의 유기징역에 처한다. [시행 2021.12.9.]

제194조 【먹는 물 혼독치사상】
제192조 제2항 또는 제193조 제2항의 죄를 지어 사람을 상해에 이르게 한 경우에는 무기 또는 3년 이상의 징역에 처한다. 사망에 이르게 한 경우에는 무기 또는 5년 이상의 징역에 처한다. [시행 2021.12.9.]

제195조 【수도불통】
공중이 먹는 물을 공급하는 수도 그 밖의 시설을 손괴하거나 그 밖의 방법으로 불통(不通)하게 한 자는 1년 이상 10년 이하의 징역에 처한다. [시행 2021.12.9.]

제196조 【미수범】
제192조 제2항, 제193조 제2항과 전조의 미수범은 처벌한다.

제197조 【예비, 음모】
제192조 제2항, 제193조 제2항 또는 제195조의 죄를 범할 목적으로 예비 또는 음모한 자는 2년 이하의 징역에 처한다.

I 서설

1 의의 및 보호법익

먹는 물에 관한 죄(음용수에 관한 죄)는 일상생활에서 먹는 물로 사용되는 정수 또는 수원에 오물·독물 기타 건강을 해하는 물질을 넣거나 수도 그 밖의 시설을 손괴 기타의 방법으로 불통하게 하는 것을 내용으로 하는 범죄이다. 공중의 건강을 보호법익으로 하고, 보호정도는 추상적 위험범이다.

2 구성요건의 체계

기본적 구성요건	음용수사용방해죄(먹는 물의 사용방해죄)
가중적 구성요건	음용수유해물혼입죄, 수도음용수사용방해죄, 수도음용수유해물혼입죄, 수도불통죄
	음용수혼독치사상죄(먹는 물 혼독치사상죄)
미수범 처벌규정	음용수유해물혼입죄, 수도음용수유해물혼입죄, 수도불통죄
예비·음모 처벌규정	음용수유해물혼입죄, 수도음용수유해물혼입죄, 수도불통죄

II 수도불통죄

공중이 먹는 물을 공급하는 수도 그 밖의 시설을 손괴하거나 그 밖의 방법으로 불통하게 함으로써 성립하는 범죄이다(제195조). 예비・음모처벌규정이 있다.

ㅇ 비록 **적법한 절차를 밟지 아니한 수도**라 할지라도 그것이 현실로 공중생활에 필요한 음용수를 공급하고 있는 시설로 되어있는 이상 당해시설을 불법하게 손괴하여서 수도를 불통케 하였을 때에는 수도불통죄에 해당한다(대판 1957.2.1, 4289형상317).

ㅇ 사설수도를 설치한 시장 번영회가 수도요금을 체납한 회원에 대하여 사전 경고까지 하고 한 단수행위에는 위법성이 있다고 볼 수 없다(대판 1977.11.22, 77도103).

ㅇ 수도불통죄의 대상이 되는 '**수도 기타 시설**'이란 공중의 음용수 공급을 주된 목적으로 설치된 것에 한정되는 것은 아니고, 설령 다른 목적으로 설치된 것이더라도 불특정 또는 다수인에게 현실적으로 음용수를 공급하고 있는 것이면 충분하며 소유관계에 따라 달리 볼 것도 아니다(대판 2022.6.9, 2022도2817).
[사실관계] 주상복합아파트 입주자대표회의 회장인 피고인이 상가입주자들과의 수도 관리비 인상 협상이 결렬되자 상가입주자들이 상가 2층 화장실에 연결하여 이용 중인 수도배관을 분리하여 불통하게 하고 즉각 **단수조치**를 취한 사안에서, 원래 화장실 용수 공급용으로 설치되었으나 현실적으로 불특정 또는 다수인이 음용수 공급용으로도 이용 중인 수도배관이라면 수도불통죄의 대상에 해당하고, 정당행위로서 위법성조각사유에 해당한다는 피고인의 주장을 배척하여 수도불통죄를 **유죄**로 판단한 원심을 수긍한 사례

제2절 아편에 관한 죄

제198조【아편 등의 제조 등】
아편, 몰핀 또는 그 화합물을 제조, 수입 또는 판매하거나 판매할 목적으로 소지한 자는 10년 이하의 징역에 처한다.

제199조【아편흡식기의 제조 등】
아편을 흡식하는 기구를 제조, 수입 또는 판매하거나 판매할 목적으로 소지한 자는 5년 이하의 징역에 처한다.

제200조【세관 공무원의 아편 등의 수입】
세관의 공무원이 아편, 몰핀이나 그 화합물 또는 아편흡식기구를 수입하거나 그 수입을 허용한 때에는 1년 이상의 유기징역에 처한다.

제201조【아편흡식 등, 동장소제공】
① 아편을 흡식하거나 몰핀을 주사한 자는 5년 이하의 징역에 처한다.
② 아편흡식 또는 몰핀 주사의 장소를 제공하여 이익을 취한 자도 전항의 형과 같다.

제202조【미수범】
전4조의 미수범은 처벌한다.

제203조【상습범】
상습으로 전5조의 죄를 범한 때에는 각조에 정한 형의 2분의 1까지 가중한다.

제204조【자격정지 또는 벌금의 병과】
제198조 내지 제203조의 경우에는 10년 이하의 자격정지 또는 2천만원 이하의 벌금을 병과할 수 있다.

제205조【아편 등의 소지】
아편, 몰핀이나 그 화합물 또는 아편흡식기구를 소지한 자는 1년 이하의 징역 또는 500만원 이하의 벌금에 처한다.
제206조【몰수, 추징】
본장의 죄에 제공한 아편, 몰핀이나 그 화합물 또는 아편흡식기구는 몰수한다. 그를 몰수하기 불능한 때에는 그 가액을 추징한다.

I 의의 및 보호법익

아편에 관한 죄는 아편을 흡식하거나 아편흡식기구의 제조·수입·판매 또는 소지 등 행위를 내용으로 하는 범죄이다. 보호법익은 공중의 건강이고 보호정도는 추상적 위험범이다.

II 구성요건의 체계

기본적 구성요건	아편흡식죄
가중적 구성요건	아편 등 제조·수입·판매·판매목적소지죄, 아편흡식기 제조·수입·판매·판매목적소지죄, 세관공무원의 아편 등 수입·수입허용죄, 상습아편흡식 등 죄
감경적 구성요건	아편소지죄
독립적 구성요건	아편흡식장소제공죄
미수범 처벌규정	○
	× : 아편소지죄
예비·음모 처벌규정	×

✔ **필요적 몰수·추징**(제206조) : 아편, 몰핀이나 그 화합물 또는 아편흡식기구

Chapter

03 공공의 신용에 대한 죄

형법은 공공의 신용에 대한 죄로 통화에 관한 죄, 유가증권·우표·인지에 관한 죄, 문서에 관한 죄, 인장에 관한 죄를 규정하고 있다.

공공의 신용에 대한 죄의 기본적 형태는 문서에 관한 죄이고, 통화에 관한 죄와 유가증권에 관한 죄는 문서에 관한 죄의 특수한 경우에 해당한다. 따라서 통화에 관한 죄가 성립하는 경우 문서에 관한 죄는 별도로 성립하지 않지만, 통화에 관한 죄가 성립하지 않더라도 문서에 관한 죄가 성립할 수 있다(법조경합의 특별관계). 유가증권은 거래의 지급수단으로 사용되기도 한다는 점에서 유통성에 있어 통화와 유사하고(예 어음·수표), 권리·의무에 관한 문서의 일종이라는 점에서 유가증권에 관한 죄는 문서죄의 특별죄에 해당한다. ✔ 통화 > 유가증권 > 문서

o 형법상 통화에 관한 죄는 문서에 관한 죄에 대하여 특별관계에 있으므로 통화에 관한 죄가 성립하는 때에는 문서에 관한 죄는 별도로 성립하지 않는다(대판 2013.12.12, 2012도2249).

Thema 정리 **공공의 신용에 대한 죄의 행위태양 개관**

구분	행위태양	개념 기타
작성권한 × (유형위조)	위조	• 타인의 명의모용 또는 명의사칭 • 새로운 증명력 창출, 동일성 해 ○ 예 신분증 사진교체 • 정도 : 일반인이 진정한 것이라 오인할 정도 → ○○위조죄
	변조	1) **진정성립** + 2) 내용변경 + 3) 새로운 증명력 창출, 동일성 해 × → ○○변조죄
	자격모용작성	대리권·대표권 자격사칭 → 자격모용○○작성죄 → 문서·유가증권에 관한 죄에만 있음 ✔ 통화·인지·우표에 관한 죄 : ○○유사물제조죄
작성권한 ○ (무형위조)	허위작성	내용허위 → 허위○○작성죄
위조 등	행사	진정한 ○○처럼 행사하는 행위 → 위조○○행사죄 ✔ 통화에 관한 죄, 인지·우표에 관한 죄 : 위조○○취득죄 ✔ 통화에 관한 죄 : 위조통화취득 후 지정행사죄 ✔ 인지·우표에 관한 죄 : 소인말소죄
진정성립	부정행사	공문서부정행사죄·사문서부정행사죄 → 문서에 관한 죄에만 있음

제1절 통화에 관한 죄

제207조 【통화의 위조 등】
① 행사할 목적으로 통용하는 대한민국의 화폐, 지폐 또는 은행권을 위조 또는 변조한 자는 무기 또는 2년 이상의 징역에 처한다.
② 행사할 목적으로 내국에서 유통하는 외국의 화폐, 지폐 또는 은행권을 위조 또는 변조한 자는 1년 이상의 유기징역에 처한다.
③ 행사할 목적으로 외국에서 통용하는 외국의 화폐, 지폐 또는 은행권을 위조 또는 변조한 자는 10년 이하의 징역에 처한다.
④ 위조 또는 변조한 전3항 기재의 통화를 행사하거나 행사할 목적으로 수입 또는 수출한 자는 그 위조 또는 변조의 각죄에 정한 형에 처한다.

제208조 【위조통화의 취득】
행사할 목적으로 위조 또는 변조한 제207조 기재의 통화를 취득한 자는 5년 이하의 징역 또는 1천500만원 이하의 벌금에 처한다.

제209조 【자격정지 또는 벌금의 병과】
제207조 또는 제208조의 죄를 범하여 유기징역에 처할 경우에는 10년 이하의 자격정지 또는 2천만원 이하의 벌금을 병과할 수 있다.

제210조 【위조통화 취득 후의 지정행사】
제207조에 기재한 통화를 취득한 후 그 사정을 알고 행사한 자는 2년 이하의 징역 또는 500만원 이하의 벌금에 처한다. [시행 2021.12.9.]

제211조 【통화유사물의 제조 등】
① 판매할 목적으로 내국 또는 외국에서 통용하거나 유통하는 화폐, 지폐 또는 은행권에 유사한 물건을 제조, 수입 또는 수출한 자는 3년 이하의 징역 또는 700만원 이하의 벌금에 처한다.
② 전항의 물건을 판매한 자도 전항의 형과 같다.

제212조 【미수범】
제207조, 제208조와 전조의 미수범은 처벌한다.

제213조 【예비, 음모】
제207조 제1항 내지 제3항의 죄를 범할 목적으로 예비 또는 음모한 자는 5년 이하의 징역에 처한다. 단, 그 목적한 죄의 실행에 이르기 전에 자수한 때에는 그 형을 감경 또는 면제한다.

I 서설

1 의의 및 보호법익

통화에 관한 죄는 행사할 목적으로 통화를 위조·변조하거나, 위조·변조한 통화를 행사·수입·수출 또는 취득하거나, 통화유사물을 제조함으로써 공공의 신용을 위태롭게 하는 범죄이다. 본죄의 보호법익은 통화에 대한 거래상의 신용과 안전이고, 보호정도는 추상적 위험범이다.
유가증권과 달리 통화는 그 발행권이 국가에 독점되어 있으므로, 오직 통화의 성립의 진정에 대한 위조·변조만 문제되고 자격모용작성이나 허위작성(내용의 허위)은 문제되지 않는다.

2 구성요건의 체계

구분	내용
기본적 구성요건	내국통화위조 · 변조죄, 내국유통외국통화위조 · 변조죄, 외국통용외국통화위조 · 변조죄
독립적 구성요건	위조통화행사죄, 위조통화취득죄, 위조통화취득 후 지정행사죄, 통화유사물제조죄
미수범 처벌규정	○
	× : 위조통화취득 후 지정행사죄
예비 · 음모 처벌규정	○ : 내국통화위조 · 변조죄, 내국유통외국통화위조 · 변조죄, 외국통용외국통화위조 · 변조죄 → **위조 · 변조만!**
	× : 위조 · 변조통화행사죄, 위조 · 변조취득죄, 위조통화취득 후 지정행사죄, 통화유사물제조죄

✔ **목적범** × : 위조 · 변조통화행사죄, 위조통화취득 후 지정행사죄, 통화유사물판매죄 ↔ 이외엔 모두 목적범 ○

II 내국통화위조 · 변조죄

행사할 목적으로 통용하는 대한민국의 화폐, 지폐 또는 은행권을 위조 또는 변조함으로써 성립하는 범죄로(제207조 제1항) 목적범이다. 추상적 위험범이면서 결과범이다.

1 객체

(1) 통용하는 대한민국의 화폐, 지폐 또는 은행권이다. 통화란 국가 등 통화발행권이 있는 기관이 발행한 것으로서 금액이 표시된 강제통용력이 있는 지불수단을 말한다.

(2) 통용이란 법률에 의하여 지급수단(거래수단)으로서 강제통용력이 인정된다는 것을 의미한다. 강제통용력이 없이 '국내에서 사실상 사용된다'는 것을 의미하는 유통과 구별된다.

2 행위 _ 위조 또는 변조

(1) 통화의 위조란 통화발행권이 없는 자가 일반인이 진정한 통화로 오신할 정도로 진정통화의 외관을 가진 물건을 만드는 것을 말한다.

> ○ 통화위조죄와 위조통화행사죄의 객체인 위조통화는 유통과정에서 **일반인이 진정한 통화로 오인할 정도**의 외관을 갖추어야 한다(대판 2012.3.29, 2011도7704).

(2) 위조통화는 객관적으로 보아 일반인으로 하여금 진정통화로 오신케 할 정도에 이른 것이면 족하고 그 위조의 정도가 반드시 진물에 흡사하여야 한다거나 누구든지 쉽게 그 진부를 식별하기가 불가능한 정도의 것일 필요는 없다.

관련 판례 **위조에 해당하지 않는 경우**

1) 이 사건 위조지폐인 한국은행 10,000원권과 같이 **전자복사기로 복사**하여 그 크기와 모양 및 앞뒤로 복사되어 있는 점은 진정한 통화와 유사하나 그 복사된 정도가 조잡하여 정밀하지 못하고 진정한 통화의 색채를 갖추지 못하고 흑백으로만 되어 있어 객관적으로 이를 진정한 것으로 오인할 염려가 전혀 없는 정도의 것인 경우에는 위조통화행사죄의 객체가 될 수 있다(대판 1985.4.23, 85도570).

2) 한국은행권 10원짜리 주화의 표면에 **하얀 약칠**을 하여 100원짜리 주화와 유사한 색채를 갖도록 색채의 변경만을 한 경우 이는 일반인으로 하여금 진정한 통화로 오신케 할 정도의 새로운 화폐를 만들어 낸 것이라고 볼 수 없다(대판 1979.8.28, 79도639).

(3) 통화의 변조란 진정한 통화를 가공하여 그 금액이나 가치를 변경하는 것을 말한다. 따라서 변조는 진정한 통화의 존재를 전제로 한다.

> ○ 진정한 통화에 대한 가공행위로 인하여 기존 통화의 명목가치나 실질가치가 변경되었다거나 객관적으로 보아 일반인으로 하여금 기존 통화와 다른 진정한 화폐로 오신하게 할 정도의 새로운 물건을 만들어 낸 것으로 볼 수 없다면 통화가 변조되었다고 볼 수 없다(대판 2004.3.26, 2003도5640).

관련 판례 **변조에 해당하지 않는 경우**

1) 진정한 통화인 **미화 1달러 및 2달러** 지폐의 발행연도, 발행번호, 미국 재무부를 상징하는 문양, 재무부장관의 사인, 일부 색상을 고친 것만으로는 통화가 변조되었다고 볼 수 없다(대판 2004.3.26, 2003도5640).
2) 피고인들이 한국은행발행 **500원짜리 주화의 표면 일부를 깎아내어** 손상을 가하였지만 그 크기와 모양 및 대부분의 문양이 그대로 남아 있어, 이로써 기존의 500원짜리 주화의 명목가치나 실질가치가 변경되었다거나, 객관적으로 보아 일반인으로 하여금 일본국의 500￥짜리 주화로 오신케 할 정도의 새로운 화폐를 만들어 낸 것이라고 볼 수 없고, 일본국의 자동판매기 등이 위와 같이 가공된 주화를 일본국의 500￥짜리 주화로 오인한다는 사정만을 들어 그 명목가치가 일본국의 500￥으로 변경되었다거나 일반인으로 하여금 일본국의 500￥짜리 주화로 오신케 할 정도에 이르렀다고 볼 수도 없다(대판 2002.1.11, 2000도3950).

3 주관적 구성요건

(1) 통화를 위조·변조한다는 고의와 위조·변조한 위화를 진정한 통화처럼 사용하겠다는 목적이 있어야 한다.

(2) 통화위조죄는 '행사할 목적'을 요하는 목적범이다. 행사할 목적이란 진정한 통화로서 유통에 놓겠다는 목적을 말하므로, 장난삼아 위조한 경우, 자신의 위조실력을 과시하기 위한 경우 또는 자신의 신용력을 증명하기 위하여 위조한 경우에는 행사할 목적이 인정되지 않아 통화위조죄가 성립하지 아니한다.

> ○ 형법 제207조에서 정한 **'행사할 목적'**이란 유가증권위조의 경우와 달리 위조·변조한 통화를 진정한 통화로서 유통에 놓겠다는 목적을 말하므로, 자신의 **신용력을 증명하기 위하여** 타인에게 보일 목적으로 통화를 위조한 경우에는 행사할 목적이 있다고 할 수 없다(대판 2012.3.29, 2011도7704).

III 내국유통외국통화위조·변조죄

행사할 목적으로 내국에서 유통하는 외국의 화폐, 지폐 또는 은행권을 위조 또는 변조함으로써 성립하는 범죄이다(제207조 제2항). '내국에서 유통'이란 우리나라에서 사실상 거래대가의 지급수단이 되고 있는 상태를 말하고, 제207조 제3항과의 관계상 반드시 본국인 외국에서 강제통용력을 가질 필요는 없다.

○ 형법 제207조 제2항 소정의 내국에서 '**유통**'이란, '통용하는'과 달리, 강제통용력이 없이 사실상 거래 대가의 지급수단이 되고 있는 상태를 가리킨다(대판 2003.1.10, 2002도3340).
[사실관계] 스위스 화폐로서 1998년까지 통용되었으나 현재는 통용되지 않고 다만 스위스 은행에서 신권과의 교환이 가능한 진폐가 형법 제207조 제2항 소정의 내국에서 '유통하는' 외국의 화폐에 해당하지 아니한다.
∵ 외국환거래의 대상일뿐 지급수단으로 사용하는 것이 아니므로

Ⅳ 외국통용외국통화위조 · 변조죄

행사할 목적으로 외국에서 통용하는 외국의 화폐, 지폐 또는 은행권을 위조 또는 변조함으로써 성립하는 범죄이다(제207조 제3항).

○ 외국에서 통용한다고 함은 그 외국에서 강제통용력을 가지는 것을 의미하는 것이므로 외국에서 통용하지 아니하는 즉, **강제통용력을 가지지 아니하는 지폐**는 그것이 비록 일반인의 관점에서 통용할 것이라고 오인할 가능성이 있다고 하더라도 위 제207조 제3항에서 정한 외국에서 통용하는 외국의 지폐에 해당한다고 할 수 없고, 만일 그와 달리 위 제207조 제3항의 외국에서 통용하는 지폐에 **일반인의 관점에서 통용할 것이라고 오인할 가능성이 있는 지폐**까지 포함시키면 이는 위 처벌조항을 문언상의 가능한 의미의 범위를 넘어서까지 유추해석 내지 확장해석하여 적용하는 것이 되어 죄형법정주의의 원칙에 어긋나는 것으로 허용되지 않는다(대판 2004.5.14, 2003도3487).
[사실관계] 미국에서 발행된 적이 없이 단지 여러 종류의 관광용 기념상품으로 제조, 판매되고 있는 **미합중국 100만 달러 지폐**와 과거에 발행되어 은행 사이에서 유통되다가 현재는 발행되지 않고 있으나 화폐수집가나 재벌들이 이를 보유하여 오고 있는 **미합중국 10만 달러 지폐**는 미합중국에서 강제통용력을 가졌다고 볼 수 없어 제207조 제3항의 외국에서 통용하는 지폐에 포함되지 않는다. → 통용 ≠ 통용오인가능성

✔ **형법의 장소적 적용범위** : 보호주의의 적용대상
미국인이 행사할 목적으로 미국에서 일본화폐인 엔화를 위조한 경우에도 대한민국 형법을 적용하여 처벌할 수 있다(제5조 제4호 통화에 관한 죄).

Ⅴ 위조 · 변조통화행사 등 죄

1 의의

위조 · 변조통화 행사 등 죄는 위조 · 변조한 통화를 행사하거나 행사할 목적으로 수입 · 수출함으로써 성립하는 범죄이다(제207조 제4항). 위조 · 변조통화행사죄는 목적범이 아니다.

2 행위 _ 행사 등

위조통화행사죄에서의 '행사'란 위조 · 변조된 통화의 점유나 처분권을 타인에게 이전하여 진정한 통화처럼 유통되게 하는 것을 말한다.

(1) 위조통화행사죄에서의 '행사'란 통화로서 유통시키는 것을 말하므로 자신의 신용력을 증명하기 위하여 위조한 통화를 제시한 경우 위조통화행사죄가 성립하지 아니한다.

(2) 위조통화인 정을 아는 자에게 교부한 경우 받은 사람이 유통시킬 것을 알고 교부하였다면 위조통화행사죄가 성립한다.

ㅇ 위조통화임을 알고 있는 자에게 그 위조통화를 교부한 경우에 피교부자가 이를 유통시키리라는 것을 예상 내지 인식하면서 교부하였다면, 그 교부행위 자체가 통화에 대한 공공의 신용 또는 거래의 안전을 해할 위험이 있으므로 위조통화행사죄가 성립한다(대판 2003.1.10, 85도2798).
[비교판례] 위조, 변조, 허위작성된 **문서**의 행사죄는 이와 같은 문서를 진정한 것 또는 그 내용이 진실한 것으로 각 사용하는 것을 말하는 것이므로, 그 문서가 위조, 변조, 허위작성되었다는 정을 아는 공범자등에게 제시, 교부하는 경우 등에 있어서는 행사죄가 성립할 여지가 없다(대판 1986.2.25, 2002도3340).

3 타죄와의 관계

(1) 통화를 위조・변조하고 이를 행사한 경우 통화위조・변조죄와 위조・변조통화행사죄의 실체적 경합이다.

(2) 위조・변조통화를 행사하여 재물을 불법영득한 경우 위조・변조통화행사죄와 사기죄의 실체적 경합이다(판례). ↔ 다수설 : 상상적 경합

ㅇ 통화위조죄에 관한 규정은 공공의 거래상의 신용 및 안전을 보호하는 공공적인 법익을 보호함을 목적으로 하고 있고, 사기죄는 개인의 재산법익에 대한 죄이어서 양죄는 그 보호법익을 달리하고 있으므로 위조통화를 행사하여 재물을 불법영득한 때에는 위조통화행사죄와 사기죄의 양죄가 성립된다(대판 1979.7.10, 79도840).

(3) 위조통화를 행사한 행위가 위조통화행사죄가 되지 않는 경우라도 위조사문서・사도화행사죄가 성립할 수 있다.

ㅇ [10만파운드화사건] 형법상 통화에 관한 죄는 문서에 관한 죄에 대하여 특별관계에 있으므로 통화에 관한 죄가 성립하는 때에는 문서에 관한 죄는 별도로 성립하지 않는다. 그러나 위조된 외국의 화폐, 지폐 또는 은행권이 강제통용력을 가지지 않는 경우에는 형법 제207조 제3항에서 정한 '외국에서 통용하는 외국의 화폐 등'에 해당하지 않고, 나아가 그 화폐 등이 국내에서 사실상 거래 대가의 지급수단이 되고 있지 않는 경우에는 형법 제207조 제2항에서 정한 '내국에서 유통하는 외국의 화폐 등'에도 해당하지 않으므로, 그 화폐 등을 행사하더라도 형법 제207조 제4항에서 정한 위조통화행사죄를 구성하지 않는다고 할 것이고, 따라서 이러한 경우에는 형법 제234조에서 정한 위조사문서행사죄 또는 위조사도화행사죄로 의율할 수 있다(대판 2013.12.12, 2012도2249).
[사실관계] 비록 위 10만 파운드화가 영국 지폐의 외관을 갖고 있다고 하더라도, **영국 중앙은행 "CHIEF CASHIER"**의 의사의 표현으로서 그 내용이 법률상 또는 사회생활상 의미 있는 사항에 관한 증거가 될 수 있는 것이므로, 형법상 문서에 관한 죄의 객체인 '문서 또는 도화'에 해당한다고 할 것이다. 따라서 피고인이 위 10만 파운드화를 행사한 행위는 위조사문서행사죄 또는 위조사도화행사죄로 의율할 수 있다.

Thema 정리 위조○○행사죄의 성립여부

1. 신용을 위한 제시 → 위조통화행사죄 × / 유가증권·문서의 경우 행사죄 ○
   (∵ 통용·유통이 아니므로)
2. 사본의 제시 → 위조유가증권행사죄 × / 문서의 경우 행사죄 ○
   (∵ 사본 처벌규정 없음, 거래안전을 해할 우려 적음)
3. 정을 아는 자에 대한 교부 → 위조문서행사죄 × / 통화·유가증권의 경우 행사죄 ○
   (∵ 내용을 진실한 것으로 사용한 것이 아니므로) ↔ **공범자에 대한 교부** : 행사죄 ×(∵ 준비단계에 불과)

구분	위조통화행사	위조유가증권행사	위조문서행사
행사의 개념	진정한 통화처럼 유통 → 유통성 요 ○	진정한 유가증권처럼 사용 → 유통성 요 ×	진정한 문서처럼 사용 → 유통성 요 ×
신용력을 보이기 위한 제시	**행사 ×**	행사 ○	
사본의 제시		**행사 ×**	행사 ○ (제237조의2)
정을 아는 자에게 교부	행사 ○ (피교부자가 이를 행사할 것을 인식하고 교부한 경우)		**행사 ×**
공범 간의 교부	**행사 ×**		

✔ 행사 × "신통사유정문공범"

Ⅵ 위조·변조통화취득죄

행사할 목적으로 위조·변조한 대한민국의 통화나 외국의 통화를 취득함으로써 성립하는 범죄이다(제208조). 취득이란 자기의 점유로 옮겨 처분권을 획득하는 일체의 행위를 말하고, 유상·무상을 불문한다. 취득의 방법에는 제한이 없다. 위조통화를 취득한 후 이를 행사한 경우 위조통화취득죄와 위조통화행사죄의 실체적 경합이 된다.

Ⅶ 위조통화취득 후 지정행사죄

위조·변조한 통화임을 모르고 취득한 후에 그 정을 알고서 행사한 때에 성립하는 범죄이다(제210조). 목적범이 아니다. 처음부터 위조·변조통화임을 알고 취득하면 위조·변조통화취득죄가 된다. 미수범처벌규정이 없다.

Ⅷ 통화유사물제조·수입·수출죄

판매할 목적으로 내국 또는 외국에서 통용하거나 유통하는 화폐·지폐 또는 은행권에 유사한 물건을 제조·수입·수출하거나 또는 이를 판매함으로써 성립하는 범죄이다(제211조). 목적범이 아니다.

Ⅸ 통화위조 · 변조 예비 · 음모죄

통화위조 · 변조죄를 범할 목적으로 예비 또는 음모를 함으로써 성립하는 범죄이다(제213조). 실행에 이르기 전에 자수한 때에는 그 형을 감경 또는 면제한다.

o 피고인이 행사할 목적으로 미리 준비한 물건들과 옵세트인쇄기를 사용하여 한국은행권 100원권을 사진 찍어 그 **필름 원판** 7매와 이를 확대하여 현상한 **인화지 7매**를 만들었음에 그쳤다면 아직 통화위조의 착수에는 이르지 아니하였고 그 준비단계에 불과하다(대판 1966.12.6, 66도1317). → 예비 ○, 실행의 착수 ×

제2절 유가증권 · 인지와 우표에 관한 죄

제214조 【유가증권의 위조 등】
① 행사할 목적으로 대한민국 또는 외국의 공채증서 기타 유가증권을 위조 또는 변조한 자는 10년 이하의 징역에 처한다.
② 행사할 목적으로 유가증권의 권리의무에 관한 기재를 위조 또는 변조한 자도 전항의 형과 같다.

제215조 【자격모용에 의한 유가증권의 작성】
행사할 목적으로 타인의 자격을 모용하여 유가증권을 작성하거나 유가증권의 권리 또는 의무에 관한 사항을 기재한 자는 10년 이하의 징역에 처한다.

제216조 【허위유가증권의 작성 등】
행사할 목적으로 허위의 유가증권을 작성하거나 유가증권에 허위사항을 기재한 자는 7년 이하의 징역 또는 3천만원 이하의 벌금에 처한다.

제217조 【위조유가증권 등의 행사 등】
위조, 변조, 작성 또는 허위기재한 전3조 기재의 유가증권을 행사하거나 행사할 목적으로 수입 또는 수출한 자는 10년 이하의 징역에 처한다.

제218조 【인지 · 우표의 위조 등】
① 행사할 목적으로 대한민국 또는 외국의 인지, 우표 기타 우편요금을 표시하는 증표를 위조 또는 변조한 자는 10년 이하의 징역에 처한다.
② 위조 또는 변조된 대한민국 또는 외국의 인지, 우표 기타 우편요금을 표시하는 증표를 행사하거나 행사할 목적으로 수입 또는 수출한 자도 제1항의 형과 같다.

제219조 【위조인지 · 우표 등의 취득】
행사할 목적으로 위조 또는 변조한 대한민국 또는 외국의 인지, 우표 기타 우편요금을 표시하는 증표를 취득한 자는 3년 이하의 징역 또는 1천만원 이하의 벌금에 처한다.

제220조 【자격정지 또는 벌금의 병과】
제214조 내지 제219조의 죄를 범하여 징역에 처하는 경우에는 10년 이하의 자격정지 또는 2천만원 이하의 벌금을 병과할 수 있다.

제221조 【소인말소】
행사할 목적으로 대한민국 또는 외국의 인지, 우표 기타 우편요금을 표시하는 증표의 소인 기타 사용의 표지를 말소한 자는 1년 이하의 징역 또는 300만원 이하의 벌금에 처한다.

제222조【인지·우표유사물의 제조 등】
① 판매할 목적으로 대한민국 또는 외국의 공채증서, 인지, 우표 기타 우편요금을 표시하는 증표와 유사한 물건을 제조, 수입 또는 수출한 자는 2년 이하의 징역 또는 500만원 이하의 벌금에 처한다.
② 전항의 물건을 판매한 자도 전항의 형과 같다.

제223조【미수범】
제214조 내지 제219조와 전조의 미수범은 처벌한다.

제224조【예비, 음모】
제214조, 제215조와 제218조 제1항의 죄를 범할 목적으로 예비 또는 음모한 자는 2년 이하의 징역에 처한다.

I 서설

1 의의 및 보호법익

유가증권에 관한 죄는 행사할 목적으로 유가증권을 위조·변조 또는 허위작성하거나, 위조·변조·허위작성한 유가증권을 행사·수입 또는 수출함으로써 공공의 신용을 위태롭게 하는 범죄이다. 보호법익은 공공의 신용이고, 보호받는 정도는 추상적 위험범이다.

2 구성요건의 체계

유가증권에 관한 죄	위조·변조·자격모용작성	유가증권위조·변조죄, 자격모용유가증권작성죄
	허위작성	허위유가증권작성죄
	행사	위조유가증권 등 행사죄
인지·우표에 관한 죄		인지·우표 위조·변조죄
		위조인지우표행사죄, 위조인지우표취득죄, 인지우표유사물제조죄
		인지·우표 등 소인말소죄
미수범 처벌규정		○
		× : 인지·우표 등 소인말소죄
예비·음모 처벌규정		유가증권위조·변조죄, 자격모용유가증권작성죄, 인지·우표 위조·변조죄

o 수표위조·변조죄에 관한 구 **부정수표 단속법 제5조**는 "수표를 위조 또는 변조한 자는 1년 이상의 유기징역과 수표금액의 10배 이하의 벌금에 처한다."라고 정하여 수표의 강한 유통성과 거래수단으로서의 중요성을 감안하여 유가증권 중 수표의 위조·변조행위에 관하여는 범죄성립요건을 완화하여 초과주관적 구성요건인 '행사할 목적'을 요구하지 않는 한편, / 형법 제214조 제1항 위반에 해당하는 다른 유가증권위조·변조행위보다 그 형을 가중하여 처벌하려는 규정이다(대판 2019.11.28, 2019도12022).

II 유가증권위조 · 변조죄

행사할 목적으로 대한민국 또는 외국의 공채증서 기타 유가증권을 위조 또는 변조함으로써 성립하는 범죄이다(제214조 제1항). 문서죄의 유형위조에 해당한다.

1 유가증권의 개념

(1) 유가증권이란 사법상의 재산권을 표창(表彰)하는 증권으로서 증권에 기재한 권리의 행사나 처분에 있어서 증권의 소지(점유)를 필요로 하는 것을 말한다.

예 어음, 수표, 화물상환증, 상품권, 복권, 공중전화카드, 할부구매전표, 스키장리프트탑승권 등

> ㅇ 제214조의 유가증권이란 증권상에 표시된 재산상의 권리의 행사와 처분에 그 증권의 점유를 필요로 하는 것을 총칭하는 것으로서 그 명칭에 불구하고 ① 재산권이 증권에 화체된다는 것과 ② 그 권리의 행사와 처분에 증권의 점유를 필요로 한다는 두 가지 요소를 갖추면 족하고, 반드시 유통성을 가질 필요도 없다(대판 1995.3.14, 95도20).

(2) 유가증권은 사법상 유효하지 않아도 무방하다. 법률상 무효일지라도 일반인이 유효한 유가증권이라고 오인할 정도의 외관을 갖추고 있으면 된다.

관련 판례 **유가증권에 해당하는 경우**

1) **한국외환은행 소비조합이 그 소속조합원에게 발행한 신용카드(→ 일종의 구두상품권)**는 그 카드에 의해서만 신용구매의 권리를 행사할 수 있는 점에서 재산권이 증권에 화체되었다고 볼 수 있으므로 유가증권이라 할 것이다(대판 1984.11.27, 84도1862).
2) "**할부구매전표**"가 그 소지인이 판매회사의 영업소에서 그 취급상품을 그 금액의 한도 내에서 구매할 수 있는 권리가 화체된 증권으로서 그 권리의 행사와 처분에 증권의 점유를 필요로 하는 것임이 인정된다면, 이를 유가증권으로 봄이 정당하다(대판 1995.3.14, 95도20).
3) **공중전화카드**는 문자로 기재된 부분과 자기기록 부분이 일체로써 공중전화 서비스를 제공받을 수 있는 재산상의 권리를 화체하고 있고, 이를 카드식 공중전화기의 카드 투입구에 투입함으로써 그 권리를 행사하는 것으로 볼 수 있으므로, 공중전화카드는 제214조의 유가증권에 해당한다(대판 1998.2.27, 97도2483).
   [사실관계] 폐공중전화카드의 자기기록 부분에 전자정보를 기록하여 사용가능한 공중전화카드를 만든 행위를 유가증권위조죄에 해당한다.
4) **스키장의 리프트탑승권**이 형법상 유가증권에 해당한다(대판 1998.11.24, 98도2967).
5) **허무인명의**의 유가증권이라 할지라도 적어도 그것이 행사할 목적으로 작성되었고 외형상 일반인으로 하여금 진정하게 작성된 유가증권이라고 오신케 할 수 있을 정도라면 그 위조죄가 성립된다고 해석함이 상당하다(대판 1971.7.27, 71도905).
6) 수표의 외관이 일반인으로 하여금 진정한 수표라고 신용하게 할 정도의 것이라면 동 수표가 **수표요건을 결**하여 실체법상 무효의 것이라 해도 위조죄는 성립한다(대판 1973.6.12, 72도1796).

7) 유가증권은 일반인이 진정한 것으로 오신할 정도의 형식과 외관을 갖추고 있으면 되므로 증권이 비록 **문방구 약속어음 용지**를 이용하여 작성되었다고 하더라도 그 전체적인 형식·내용에 비추어 일반인이 진정한 것으로 오신할 정도의 약속어음 요건을 갖추고 있으면 당연히 형법상 유가증권에 해당한다(대판 2001.8.24, 2001도2832).

관련 판례 **유가증권에 해당하지 않는 경우**

1) **신용카드업자가 발행한 신용카드**는 이를 소지함으로써 신용구매가 가능하고 금융의 편의를 받을 수 있다는 점에서 경제적 가치가 있다 하더라도 그 자체에 경제적 가치가 화체되어 있거나 특정의 재산권을 표창하는 유가증권이라고 볼 수 없고 단지 신용카드회원이 그 제시를 통하여 신용카드회원이라는 사실을 증명하거나 현금자동지급기 등에 주입하는 등의 방법으로 신용카드업자로부터 서비스를 받을 수 있는 **증표**로서의 가치를 갖는 것이다(대판 1999.7.9, 99도857).
2) 절취한 **후불식 전화카드**를 공중전화기에 넣어 사용한 것은 권리의무에 관한 타인의 사문서를 부정행사한 경우에 해당한다(대판 2002.6.25, 2002도461).
   → 유가증권 ×, 사문서 ○
3) **국제전화카드**(공중전화기 등에 카드를 넣어 그 카드 자체에 내장된 금액을 사용하여 국제전화서비스를 이용하는 것이 아니라, 카드 뒷면의 은박코팅을 벗기면 드러나는 카드일련번호를 전화기에 입력함으로써 카드일련번호에 의해 전산상 관리되는 통화가능금액을 사용하여 국제전화서비스를 이용하는 것)는 재산권이 증권에 화체되어 있다고 할 수 없고 그 권리의 행사와 처분에 증권의 점유를 필요로 한다고 할 수도 없으므로 형법 제214조의 유가증권에 해당한다고 보기 어렵다(대판 2011.11.10, 2011도9620).
4) 약속어음에 발행인의 날인 대신 발행인 아닌 피고인의 **무인**만이 있으며 그 작성방식에 비추어 보아도 형식과 외관을 갖춘 약속어음이라 보기 어려워 형법 제214조 소정의 유가증권으로 볼 수 없다(대판 1992.6.23, 92도976).

Thema 정리 **유가증권 해당여부**

구분	재산권이 증권에 화체될 것	권리의 행사와 처분에 증권의 점유를 요할 것
유가증권 해당 ○	1) 공중전화카드 2) 대표이사 날인 없는 주권 3) **공채증서**(국채·지방채), **어음, 수표, 주권** 4) 화물상환증, 창고증권, 선하증권 5) 상품권, 식권 6) 입장권, 관람권, 승차권, 승선권 7) 복권, 경마투표권 8) 할부구매전표 9) 한국외환은행 소비조합이 회원들에 발행한 신용카드	

	증거증권	면책증권
유가증권 해당 ×	재산권이 표창되어 있지 않고, 법률관계의 존부내용을 증명하는 데 불과한 증권 1) 매매계약서 2) 차용증서 3) 영수증 4) **물품구입증** 5) 운송장 6) 신용카드	증권의 점유가 권리행사의 요건이 아닌 증권 1) 예금통장 2) **정기예탁금증서** 3) 공중접객업소의 신발표 4) 물품예치표·물품보관증 5) 철도수화물상환증

2 위조·변조

(1) 위조

① 유가증권 위조란 작성권한 없는 자가 타인명의를 모용 또는 사칭하여 유가증권을 작성하는 것을 말한다.

② 작성권한이 없어야 하므로, 작성권한 있는 자가 타인의 유가증권을 작성하는 경우는 위조에 해당하지 않는다. 이 경우에는 허위유가증권작성죄 또는 배임죄가 성립할 수 있을 뿐이다.

예 대표권 남용행위 = 작성권한 ○

③ 유가증권의 명의인이 실재함을 요하지 않는다.

> ο 약속어음과 같이 유통성을 가진 유가증권의 위조는 일반거래의 신용을 해하게 될 위험성이 매우 크다는 점에서 적어도 행사할 목적으로 외형상 일반인으로 하여금 진정하게 작성된 유가증권이라고 오신케 할 수 있을 정도로 작성된 것이라면 그 발행명의인이 가령 **실재하지 않은 사자 또는 허무인**이라 하더라도 그 위조죄가 성립된다고 해석함이 상당하다(대판 2011.7.14, 2010도1025).

④ 유가증권위조죄의 죄수는 유가증권의 매수를 기준으로 한다.

> ο 유가증권위조죄의 죄수는 원칙적으로 위조된 유가증권의 매수를 기준으로 정할 것이므로, 약속어음 2매의 위조행위는 포괄일죄가 아니라 경합범이다(대판 1983.4.12, 82도2938).

관련 판례 위조에 해당하는 경우

1) **허무인 명의**의 유가증권이라 할지라도 적어도 그것이 행사할 목적으로 작성되었고 외형상 일반인으로 하여금 진정하게 작성된 유가증권이라고 오신케 할 수 있을 정도라면 그 위조죄가 성립된다(대판 1971.7.27, 71도905).
2) 사자 명의로 된 약속어음을 작성함에 있어 사망자의 처로부터 사망자의 인장을 교부받아 생존 당시 작성한 것처럼 약속어음의 발행일자를 그 명의자의 생존 중의 일자로 소급하여 작성한 때에는 발행명의인의 승낙이 있었다고 볼 수 없다(대판 2011.7.14, 2010도1025).

3) **타인이 위조한 액면과 지급기일이 백지로 된 약속어음**을 그것이 위조 약속어음인 정을 알고도 이를 구입하여 행사의 목적으로 기존의 위조어음의 액면란에 금액을 기입하여 그 어음위조를 완성하는 행위는 백지어음 형태의 위조행위와는 별개의 유가증권위조죄를 구성한다(대판 1982.6.22, 82도677). ∵ 이는 진정하게 성립된 백지어음의 액면란을 보충권 없이 함부로 기입하는 행위가 유가증권위조죄에 해당하므로

4) **백지어음**에 대하여 취득자가 발행자와의 합의에 의하여 정하여진 **보충권의 한도를 넘어 보충을 한 경우**에는 발행인의 서명날인 있는 기존의 약속 어음용지를 이용하여 새로운 약속어음을 발행하는 것에 해당하므로 위와 같은 보충권의 남용행위는 유가증권위조죄를 구성하는 것이다(대판 1989.12.12, 89도1264). ∵ 권한초월 = 권한 없이

5) 행사할 목적으로 **폐공중전화카드**의 자기기록부분에 전자정보기록하여 사용가능하도록 카드를 만든 경우 유가증권위조죄가 성립한다(대판 1998.2.27, 97도2483).

6) **리프트탑승권** 발매기를 전산조작하여 위조한 탑승권을 발매기에서 뜯어 간 후 타인에게 매도한 경우 탑승권 위조행위와 위조탑승권 절취행위가 결합된 것이므로, 유가증권위조죄, 절도죄, 위조유가증권행사죄가 성립한다(대판 1998.11.24, 98도2967).

관련 판례 **위조에 해당하지 않는 경우**

약속어음의 액면금액을 권한 없이 변경하는 것은 유가증권변조에 해당할 뿐 유가증권위조는 아니므로, 이미 위조된 약속어음의 **액면금액**을 권한 없이 변경하는 행위가 당초의 위조와는 별개의 새로운 유가증권위조로 된다고 할 수 없다(대판 2006.1.26, 2005도4764).

(2) 변조

① 유가증권변조죄에 있어서 변조라 함은 진정으로 성립된 유가증권의 내용에 권한 없는 자가 그 유가증권의 동일성을 해하지 않는 한도에서 변경을 가하는 것을 말한다.

② 작성권한이 없는 자의 행위여야 하므로 작성권한 있는 자가 타인의 유가증권을 작성하는 경우는 변조에 해당하지 않는다. 이 경우에는 허위유가증권작성죄 또는 배임죄가 성립할 수 있을 뿐이다.

> ○ 회사의 대표이사로서 주권작성에 관한 일반적인 권한을 가지고 있는 자가 **대표권을 남용**하여 자기 또는 제3자의 이익을 도모할 목적으로 그들 명의의 주권의 기재사항에 변경을 가한 행위는 유가증권변조죄를 구성하지 아니한다(대판 1980.4.22, 79도3034).

③ 자기명의의 유가증권에 변경을 가한 경우 유가증권변조죄가 성립하지 않지만(∵ **작성권한** ○), 타인소유의 유가증권이라면 허위유가증권작성죄나 문서손괴죄가 성립할 수 있다.

> ○ 타인에게 속한 자기명의의 유가증권에 무단히 변경을 가하였다 하더라도 그것이 문서손괴죄나 허위유가증권작성죄에 해당되는 경우가 있음은 별론으로 하고 유가증권변조죄를 구성하는 것은 아니다(대판 1978.11.14, 78도1904).

관련 판례 **변조에 해당하는 경우**

신용카드를 제시받은 상점점원이 그 **카드의 금액란**을 정정기재하였다 하더라도 그것이 카드소지인이 위 점원에게 자신이 위 금액을 정정기재할 수 있는 권리가 있는 양 기망하여 이루어졌다면 이는 간접정범에 의한 **유가증권변조**로 봄이 상당하다(대판 1984.11.27, 84도1862).

관련 판례 **변조에 해당하지 않는 경우**

1) **이미** 타인에 의하여 **위조된 약속어음**이 기재사항을 권한 없이 변경하였다고 하더라도 유가증권변조죄는 성립하지 아니한다(대판 2006.1.26, 2005도4764). ∵ 진정하게 성립된 유가증권이 아니므로

   [동지판례] 갑(甲)이 백지 약속어음의 액면란 등을 부당 보충하여 **위조한 후** 을(乙)이 갑(甲)과 공모하여 **금액란**을 임의로 **변경**한 경우, 을(乙)의 행위는 유가증권위조나 변조에 해당하지 않는다(대판 2008.12.24, 2008도9494).
   → 변조 ×(∵ 이미 위조된 어음은 변조의 객체 ×), 위조 ×(∵ 금액변경은 위조행위 ×)

2) 유가증권의 내용 중 권한 없는 자에 의하여 **이미 변조된 부분**을 다시 권한 없이 변경하였다고 하더라도 유가증권변조죄는 성립하지 않는다(대판 2012.9.27, 2010도15206).
   ∵ 변조된 부분은 진정하게 성립된 유가증권이라 할 수 없으므로

3) 약속어음의 발행인으로부터 어음금액이 백지인 약속어음의 할인을 위임받은 자가 위임 범위 내에서 어음금액을 기재한 후 어음할인을 받으려고 하다가 그 목적을 이루지 못하자 유통되지 아니한 당해 약속어음을 **원상태대로 발행인에게 반환하기 위하여** 어음금액의 기재를 삭제하는 것은 그 권한 범위 내에 속한다고 할 것이므로, 이를 유가증권변조라고 볼 수 없다(대판 2006.1.13, 2005도6267).

Ⅲ 유가증권기재위조 · 변조죄

행사할 목적으로 유가증권의 권리 · 의무에 관한 기재를 위조 또는 변조함으로써 성립하는 범죄이다(제214조 제2항).

Ⅳ 자격모용에 의한 유가증권작성죄

1 의의

행사할 목적으로 타인의 자격을 모용하여 유가증권을 작성하거나 유가증권의 권리 또는 의무에 관한 사항을 기재함으로써 성립하는 범죄이다(제215조).

2 자격모용에 의한 유가증권작성죄

(1) 타인의 자격을 모용한다는 것은 대리 또는 대표자격이 없는 자가 타인의 대리인 또는 대표자인 것처럼 그 자격을 사칭하는 것을 말한다.

예 유가증권을 작성하면서 자신이 회사의 대표이사가 아님에도 '대표이사'라고 적고 '자기이름'을 적은 경우

(2) 명의를 사칭하지 않는다는 점에서 위조와 구별된다. → 명의까지 사칭하면 위조죄 ○

(3) 작성권한이 없는 자의 행위여야 하므로 타인의 대리인이나 대표자로서 작성권한 있는 자가 타인의 유가증권을 작성하는 경우는 자격모용에 해당하지 않는다. 이 경우에는 허위유가증권작성죄 또는 배임죄가 성립할 수 있을 뿐이다.

(4) 다만 타인의 대리인이나 대표자로서 작성권한 있는 자가 타인의 유가증권을 작성하는 경우에도 그 권한을 초월하여 유가증권을 발행하는 때에는 권한 없는 자의 행위와 마찬가지로 유가증권위조죄가 성립한다.

Thema 정리 **작성권한에 따라 성립하는 범죄**

주체	행위	성립하는 범죄
대리권 · 대표권 없는 자	타인의 대리인 또는 대표자로서 **자격을 사칭**하여 유가증권을 작성하는 경우 → 작성권한 ×	자격모용에 의한 유가증권작성죄
대리권 · 대표권 있는 자	대표권의 범위 내에서 **권한을 남용**하여 본인 또는 회사명의로 유가증권 발행 → 작성권한 ○	허위유가증권작성죄 또는 배임죄 성립 (∵ 남용의 경우는 작성권한은 있는 경우이므로)
	권한범위 외의 사항 또는 명백히 **권한을 초월**한 사항에 관한 유가증권 발행 → 작성권한 ×	자격모용에 의한 유가증권작성죄 (다수설)

관련 판례 **자격모용작성에 해당하는 경우**

1) **직무집행정지가처분결정**을 받아 직무집행의 권한이 없게 된 대표이사가 그 권한 밖의 일인 대표이사 명의의 유가증권을 작성 행사하는 행위가 회사업무의 중단을 막기 위한 긴급한 인수인계 행위라 하더라도 합법적인 권한행사라 할 수 없으므로 이는 자격모용유가증권작성 및 동 행사죄에 해당한다(대판 1987.8.18, 87도145).

2) 주식회사 대표이사로 재직하던 피고인이 대표이사가 타인으로 변경되었음에도 불구하고 이전부터 사용하여 오던 피고인 명의로 된 위 회사 대표이사의 명판을 이용하여 **여전히 피고인을 위 회사의 대표이사로 표시**하여 약속어음을 발행, 행사하였다면, 설사 약속어음을 작성, 행사함에 있어 후임 대표이사의 승낙을 얻었다거나 위 회사의 실질적인 대표이사로서의 권한을 행사하는 피고인이 은행과의 당좌계약을 변경하는 데에 시일이 걸려 잠정적으로 전임 대표이사인 그의 명판을 사용한 것이라 하더라도 이는 합법적인 대표이사로서의 권한 행사라 할 수 없어 자격모용유가증권작성 및 동행사죄에 해당한다(대판 1991.2.26, 90도577).
[사실관계] A회사의 대표이사로 재직한 바 있는 甲이 A회사의 대표이사가 이미 乙로 변경된 이후임에도 불구하고, 이전부터 사용하여 오던 자기 명의로 된 A회사 대표이사의 명판을 이용하여 여전히 자신을 A회사의 대표이사로 표시하여 약속어음을 발행하고 행사한 경우 자격모용유가증권작성 및 동행사죄가 성립한다.

관련 판례 **자격모용작성에 해당하지 않는 경우**

피고인이 그 망부의 사망 후 그의 명의를 거래상 자기를 표시하는 명칭으로 사용하여 온 경우에는 피고인에 의한 **망부 명의의 어음발행**은 피고인 자신의 어음행위라고 볼 것이고 이를 가리켜 타인의 명의를 모용하여 어음을 위조한 것이라고 할 수 없다(대판 1982.9.28, 82도296).
∵ 비록 그 칭호가 타인의 명칭이라도 통상 그 명칭은 자기를 표시하는 것으로 거래상 사용하여 그것이 그 행위자를 지칭하는 것으로 인식되어 온 경우에는 그것을 어음상으로도 자기를 표시하는 칭호로 사용할 수 있으므로

V 허위유가증권작성죄

행사할 목적으로 허위의 유가증권을 작성하거나 유가증권에 허위의 사항을 기재함으로써 성립하는 범죄이다(제216조). 문서죄의 무형위조에 해당한다.

허위유가증권작성죄는 작성권한 있는 자가 자기 명의로 유가증권 작성행위를 함에 있어서 유가증권의 효력에 영향을 미칠 기재사항에 관하여 진실에 반하는 내용(허위내용)을 기재하는 경우에 성립한다. 따라서 유가증권의 효력에 아무런 영향을 미칠 수 없는 기재사항을 허위의 내용으로 기재하여도 허위유가증권작성죄가 성립하지 않는다.

관련 판례 **허위작성에 해당하는 경우**

1) 유가증권의 허위작성행위 자체에는 직접 관여한 바 없다 하더라도 타인에게 그 작성을 부탁하여 의사연락이 되고 그 타인으로 하여금 범행을 하게 하였다면 공모공동정범에 의한 허위작성죄가 성립한다(대판 1985.8.20, 83도2575).
2) 선하증권 기재의 화물을 인수하거나 확인하지도 아니하고 또한 선적할 선편조차 예약하거나 확보하지도 않은 상태에서 수출면장만을 확인한 채 실제로 선적한 사실이 없는 화물을 선적하였다는 내용의 선하증권을 발행하였다면 허위유가증권작성죄가 성립한다(대판 1995.9.29, 95도803).

관련 판례 **허위작성에 해당하지 않는 경우**

1) 어음배서인의 **주소**를 **허위기재**한 것이 허위유가증권작성죄에 해당하지 않는다(대판 1986.6.24, 84도547).
   ∵ 배서인의 주소기재는 배서의 요건이 아니어서 약속어음상의 권리에 아무런 영향을 미치지 않는 사항이므로
2) 은행을 통하여 지급이 이루어지는 약속어음의 발행인이 그 발행을 위하여 은행에 신고된 것이 아닌 **발행인의 다른 인장**을 날인하였다 하더라도 그것이 발행인의 인장인 이상 그 어음의 효력에는 아무런 영향이 없으므로 허위유가증권작성죄가 성립하지 아니한다(대판 2000.5.30, 2000도883).
3) 자기앞수표의 발행인이 수표의뢰인으로부터 **수표자금을 입금받지 아니한 채** 자기앞수표를 발행하더라도 그 수표의 효력에는 아무런 영향이 없으므로 허위유가증권작성죄가 성립하지 아니한다(대판 2005.10.27, 2005도4528).

VI 위조 등 유가증권행사 등 죄

위조, 변조, 작성 또는 허위기재한 유가증권을 행사하거나 행사할 목적으로 수입·수출함으로써 성립하는 범죄이다(제217조).

관련 판례 **위조유가증권행사죄가 성립하는 경우**

1) 위조유가증권행사죄의 처벌목적은 유가증권의 유통질서를 보호하고자 함에 있는 만큼 단순히 문서의 신용성을 보호하고자 하는 위조, 공·사문서행사죄의 경우와는 달리 / 교부자가 진정 또는 진실한 유가증권인 것처럼, 위조유가증권을 행사하였을 때 뿐만 아니라 **위조유가증권임을 알고 있는 자에게 교부**하였더라도 피교부자가 이를 유통시킬 것임을 인식하고 교부하였다면 그 교부행위 그 자체가 유가증권의 유통질서를 해할 우려가 있어 처벌의 이유와 필요성이 충분히 있다고 할 것이므로 위조유가증권행사죄가 성립한다(대판 1983.6.14, 81도2492).

2) 허위작성된 유가증권을 피교부자가 그것을 유통하게 한다는 사실을 인식하고 교부한 때에는 허위작성유가증권행사죄에 해당하고, 행사할 의사가 분명한 자에게 교부하여 그가 이를 행사한 때에는 허위작성유가증권행사죄의 **공동정범**이 성립된다(대판 1995.9.29, 95도803).

관련 판례 **위조유가증권행사죄가 성립하지 않는 경우**

1) 위조유가증권행사죄에 있어서의 유가증권이라 함은 **위조된 유가증권의 원본**을 말하는 것이지 전자복사기 등을 사용하여 기계적으로 복사한 **사본**은 이에 해당하지 않는다(대판 1998.2.13, 97도2922).

2) **[공범 간 위조유가증권교부사건]** 위조유가증권의 교부자와 피교부자가 서로 유가증권위조를 공모하였거나 위조유가증권을 타에 행사하여 그 이익을 나누어 가질 것을 공모한 공범의 관계에 있다면, 그들 사이의 위조유가증권 교부행위는 그들 이외의 자에게 행사함으로써 범죄를 실현하기 위한 전단계의 행위에 불과한 것으로서 위조유가증권은 아직 범인들의 수중에 있다고 볼 것이지 행사되었다고 볼 수는 없다(대판 2010.12.9, 2010도12553).

[사실관계] 피고인과 甲은 甲이 피고인으로부터 1,500만 원을 차용하는 것처럼 가장하기로 공모하고 피고인이 乙을 통해 위조된 100만 원권 자기앞수표 외에 진정한 10만 원 수표가 들어 있는 봉투를 공범 甲에게 교부하자, 甲은 봉투에서 10만 원 수표 10장을 꺼내어 丙에게 보여 주었으나 위조된 100만 원권 자기앞수표는 봉투에서 꺼내거나 丙에게 보여주지 않은 경우에는 위조유가증권행사죄가 성립하지 않는다.

Ⅶ 인지·우표 등 위조변조죄

행사할 목적으로 대한민국 또는 외국의 인지, 우표 기타 우편요금을 표시하는 증표를 위조 또는 변조함으로써 성립하는 범죄이다(제218조 제1항).

Ⅷ 위조·변조인지·우표 등 행사 등 죄

위조 또는 변조된 대한민국 또는 외국의 인지, 우표 기타 우편요금을 표시하는 증표를 행사하거나 행사할 목적으로 수입 또는 수출함으로써 성립하는 범죄이다(제218조 제2항).

o 위조우표취득죄 및 위조우표행사죄에 관한 형법 제219조 및 제218조 제2항 소정의 "행사"라 함은 위조된 대한민국 또는 외국의 우표를 진정한 우표로서 사용하는 것으로 반드시 **우편요금의 납부용**으로 사용하는 것에 한정되지 않고 **우표수집의 대상으로서 매매하는 경우**도 이에 해당된다(대판 1989.4.11, 88도1105).

ㅇ 위조된 우표를 그 **정을 알고 있는 자에게 교부**하더라도 그 자가 이를 진정하게 발행된 우표로서 사용할 것이라는 정을 인식하면서 교부한다면 위조우표행사죄의 "행사할 목적"에 해당된다(대판 1989.4.11, 88도1105).

IX 위조 · 변조인지 · 우표취득죄

행사할 목적으로 위조 또는 변조한 대한민국 또는 외국의 인지, 우표 기타 우편요금을 표시하는 증표를 취득함으로써 성립하는 범죄이다(제219조).

X 소인말소죄

행사할 목적으로 대한민국 또는 외국의 인지, 우표 기타 우편요금을 표시하는 증표의 소인 기타 사용의 표지를 말소함으로써 성립하는 범죄이다(제221조).

XI 인지 · 우표유사물제조 등 죄

판매할 목적으로 대한민국 또는 외국의 공채증서, 인지, 우표 기타 우편요금을 표시하는 증표와 유사한 물건을 제조, 수입, 수출 또는 판매함으로써 성립하는 범죄이다(제222조).

XII 예비 · 음모죄

유가증권위조 · 변조죄, 기재사항위조 · 변조죄, 자격모용에 의한 유가증권작성죄 및 인지 · 유표위조 · 변조죄를 범할 목적으로 예비 또는 음모함으로써 성립하는 범죄이다(제224조).
유형위조에 해당하는 죄에 대하여만 예비 · 음모를 처벌하고 있다. 통화죄와 달리 자수에 관한 필요적 감면규정은 없다.

제3절 문서에 관한 죄

제225조【공문서 등의 위조 · 변조】
행사할 목적으로 공무원 또는 공무소의 문서 또는 도화를 위조 또는 변조한 자는 10년 이하의 징역에 처한다.

제226조【자격모용에 의한 공문서 등의 작성】
행사할 목적으로 공무원 또는 공무소의 자격을 모용하여 문서 또는 도화를 작성한 자는 10년 이하의 징역에 처한다.

제227조【허위공문서작성 등】
공무원이 행사할 목적으로 그 직무에 관하여 문서 또는 도화를 허위로 작성하거나 변개한 때에는 7년 이하의 징역 또는 2천만원 이하의 벌금에 처한다.

제227조의2【공전자기록 위작·변작】
사무처리를 그르치게 할 목적으로 공무원 또는 공무소의 전자기록 등 특수매체기록을 위작 또는 변작한 자는 10년 이하의 징역에 처한다.

제228조【공정증서원본 등의 부실기재】
① 공무원에 대하여 허위신고를 하여 공정증서원본 또는 이와 동일한 전자기록 등 특수매체기록에 부실의 사실을 기재 또는 기록하게 한 자는 5년 이하의 징역 또는 1천만원 이하의 벌금에 처한다.
② 공무원에 대하여 허위신고를 하여 면허증, 허가증, 등록증 또는 여권에 부실의 사실을 기재하게 한 자는 3년 이하의 징역 또는 700만원 이하의 벌금에 처한다.

제229조【위조 등 공문서의 행사】
제225조 내지 제228조의 죄에 의하여 만들어진 문서, 도화, 전자기록 등 특수매체기록, 공정증서원본, 면허증, 허가증, 등록증 또는 여권을 행사한 자는 그 각 죄에 정한 형에 처한다.

제230조【공문서 등의 부정행사】
공무원 또는 공무소의 문서 또는 도화를 부정행사한 자는 2년 이하의 징역이나 금고 또는 500만원 이하의 벌금에 처한다.

제231조【사문서 등의 위조·변조】
행사할 목적으로 권리·의무 또는 사실증명에 관한 타인의 문서 또는 도화를 위조 또는 변조한 자는 5년 이하의 징역 또는 1천만원 이하의 벌금에 처한다.

제232조【자격모용에 의한 사문서의 작성】
행사할 목적으로 타인의 자격을 모용하여 권리·의무 또는 사실증명에 관한 문서 또는 도화를 작성한 자는 5년 이하의 징역 또는 1천만원 이하의 벌금에 처한다.

제232조의2【사전자기록 위작·변작】
사무처리를 그르치게 할 목적으로 권리·의무 또는 사실증명에 관한 타인의 전자기록 등 특수매체기록을 위작 또는 변작한 자는 5년 이하의 징역 또는 1천만원 이하의 벌금에 처한다.

제233조【허위진단서 등의 작성】
의사, 한의사, 치과의사 또는 조산사가 진단서, 검안서 또는 생사에 관한 증명서를 허위로 작성한 때에는 3년 이하의 징역이나 금고, 7년 이하의 자격정지 또는 3천만원 이하의 벌금에 처한다.

제234조【위조사문서 등의 행사】
제231조 내지 제233조의 죄에 의하여 만들어진 문서, 도화 또는 전자기록 등 특수매체기록을 행사한 자는 그 각 죄에 정한 형에 처한다.

제235조【미수범】
제225조 내지 제234조의 미수범은 처벌한다.

제236조【사문서의 부정행사】
권리·의무 또는 사실증명에 관한 타인의 문서 또는 도화를 부정행사한 자는 1년 이하의 징역이나 금고 또는 300만원 이하의 벌금에 처한다.

제237조의2【복사문서 등】
이 장의 죄에 있어서 전자복사기, 모사전송기 기타 이와 유사한 기기를 사용하여 복사한 문서 또는 도화의 사본도 문서 또는 도화로 본다.

I 서설

1 의의 및 보호법익

문서에 관한 죄란 행사할 목적으로 문서를 위조·변조·허위작성하거나, 위조·변조·허위작성된 문서를 행사하거나, 진정한 문서를 부정행사하거나, 전자기록을 위작·변작함으로써 성립하는 범죄이다.

문서죄의 보호법익은 문서에 대한 공공의 신용이고, 그 보호정도는 추상적 위험범이다.

문서에 관한 죄는 문서위조・변조죄, 허위문서작성죄, 위조 등 문서행사죄 및 문서부정행사죄의 4가지 유형으로 구별된다.

(1) 문서**위조・변조**죄는 작성권한 없는 자가 문서를 작성하거나 변경하는 범죄유형(유형위조)으로서, 문서에 대한 성립의 진정을 보호하기 위하여 규정된 범죄이다. 형법은 원칙적으로 작성권한 없는 자가 타인명의의 문서를 작성하는 유형위조를 모두 처벌하고 있다.

(2) **허위**문서**작성**죄는 작성권한 있는 자가 문서를 허위로 작성하거나 변경하는 범죄유형(무형위조)으로서, 문서에 대한 내용의 진실을 보호하기 위하여 규정된 범죄이다.

형법은 작성권한 있는 자가 허위의 사문서를 작성하거나 변경하는 사문서의 무형위조를 원칙적으로는 처벌하지 않으며, 예외적으로 진단서・검안서 또는 생사에 관한 증명서의 무형위조만을 처벌하고 있을 뿐이다(제233조). 다만 공문서의 무형위조는 원칙적으로 처벌되고 있다(제227조).

(3) 위조 등 문서**행사**죄는 위조 등에 의하여 만들어진 문서 또는 허위작성문서를 행사함으로써 성립하는 범죄유형이다.

(4) 문서**부정행사**죄는 진정하게 성립된 문서를 사용권한 없는 자가 사용권한을 가장하여 사용함으로써 성립하는 범죄유형이다.

2 구성요건의 체계

문서에 관한 죄	위조・변조・자격모용작성	기본	사문서위조・변조죄, 자격모용에 의한 사문서작성죄, 사전자기록 위작・변작죄
		가중	공문서위조・변조죄, 자격모용에 의한 공문서작성죄, 공전자기록 위작・변작죄
	허위작성	기본	허위진단서 등 작성죄
		가중	허위공문서작성죄, 공정증서원본부실기재죄
	행사	기본	위조사문서 등 행사죄
		가중	위조공문서 등 행사죄
	부정행사	기본	사문서부정행사죄
		가중	공문서부정행사죄
미수범 처벌규정			○
			× : 사문서부정행사죄
예비・음모 처벌규정			×

✔ 허위진단서작성죄, 공정증서원본부실기재죄, 행사죄 & 부정행사죄 : 목적범 × ↔ 이외엔 목적범 ○

Thema 정리 문서죄의 구성요건체계

구분	유형위조(형식주의) = 작성권한 없는 자 1. 위조 : 타인명의사칭 2. 변조 : 내용변경 3. 자격모용작성 : 자격사칭	무형위조(실질주의) = 작성권한 있는 자 → 허위작성	행사·부정행사
사문서 기본적 구성요건 (5년 이하)	사문서 위조·변조죄 자격모용에 의한 사문서작성죄 사전자기록 위작·변작죄	허위진단서작성죄 ↔ 이외의 무형위조 : 처벌 ×	위조사문서행사죄 사문서부정행사죄
공문서 가중적 구성요건 (10년 이하)	공문서 위조·변조죄 자격모용에 의한 공문서작성죄 공전자기록 위작·변작죄 (무형위조 포함)	허위공문서작성죄 공정증서원본부실기재죄(제228조) → 허위공문서작성죄의 간접정범형태	위조공문서행사죄 공문서부정행사죄

3 문서죄의 본질

(1) 형식주의와 실질주의

문서의 명의와 내용 중 어떤 부분에 대한 허위를 처벌하느냐의 문제이다.

문서의 성립의 진정을 보호대상으로 보아 문서의 **작성명의**에 허위가 있으면 이를 처벌하는 입법형태를 형식주의라 하고, 문서에 표시된 **내용**의 진실을 보호대상으로 보아 문서의 내용을 허위로 작성하는 행위를 처벌하는 입법형태를 실질주의라 한다.

작성명의가 허위인 경우 공문서와 사문서 모두 처벌하고, 작성명의에는 허위가 없으나 내용이 허위인 경우에는 공문서와 사문서의 경우 허위진단서작성의 경우에만 처벌한다는 점에서 우리 형법은 형식주의를 원칙으로 하고, 실질주의를 예외적으로 채택하고 있다.

(2) 유형위조와 무형위조

문서의 어떤 부분에 대한 허위를 위조라고 볼 것인가의 문제이다. 유형위조란 **작성권한이 없는 자**가 타인명의로 문서를 작성하는 것이고(명의위조), 무형위조란 **작성권한이 있는 자**가 진실에 반하는 허위의 내용으로 문서를 작성하는 것을 말한다(내용위조).

우리 형법은 유형위조를 '위조'라고 하고, 무형위조는 '허위작성'이라고 표현하여 양자를 구별하고 있다. 유형위조의 경우 공문서와 사문서 모두 처벌하고 있으나, 무형위조의 경우 공문서의 경우에는 처벌하고 있지만 사문서의 경우 이를 처벌하지 않고 다만 허위진단서작성의 경우에만 예외적으로 처벌하고 있다.

> o 이사회를 개최함에 있어 공소외 이사들이 그 참석 및 의결권의 행사에 관한 **권한**을 피고인에게 **위임**하였다면 그 이사들이 실제로 이사회에 참석하지도 않았는데 마치 참석하여 의결권을 행사한 것처럼 피고인이 **이사회 회의록**에 기재하였다 하더라도 이는 **이른바 사문서의 무형위조**에 해당할 따름이어서 처벌대상이 되지 아니한다(대판 1985.10.22, 85도1732).[151]

151) 2015년 법원행정고등고시

4 문서의 개념

문자 또는 이를 대신하는 부호에 의해 사상이나 관념을 표시하는 물체를 말한다.

(1) 계속적 기능

문서란 문자 또는 부호에 의해 사상이나 관념을 표시하는 어느 정도 계속성 있는 물체다.

- **'문서 또는 도화'**라고 함은 문자나 이에 준하는 가독적 부호 또는 상형적 부호로써 어느 정도 계속적으로 물체 위에 고착된 어떤 사람의 의사 또는 관념의 표현으로서, 그 내용이 법률상 또는 사회생활상 의미 있는 사항에 관한 증거가 될 수 있는 것을 말한다(대판 2010.7.29, 2010도2705).

(2) 증명적 기능

문서란 일정한 법률관계 또는 거래상 중요한 사실을 증명할 수 있는 것이어야 한다.

- 형법상 문서에 관한 죄에 있어서 문서라 함은 문자 또는 이에 대신할 수 있는 가독적 부호로 계속적으로 물체 상에 기재된 의사 또는 관념의 표시인 원본 또는 이와 사회적 기능, 신용성 등을 동시할 수 있는 기계적 방법에 의한 복사본으로서 그 내용이 **법률상, 사회 생활상 주요 사항에 관한 증거**로 될 수 있는 것을 말하는 것이다(대판 1995.9.5, 95도1269).

(3) 보장적 기능

명의인에 의하여 내용이 보증되어야 하므로 작성 명의인이 존재해야 한다.

① 명의인이 특정되어야 한다. 다만 문서내용·형식·외관 등으로 그 명의인이 누구인지 알 수만 있다면 반드시 성명이나 서명·날인이 있어야 필요는 없다. 예 형법의 끝판왕

- 형법상 문서에 관한 죄로써 보호하고자 하는 것은 구체적인 문서 그 자체가 아니라, 문서에 화체된 사람의 의사표현에 관한 안전성과 신용이다. 그리고 그 객체인 또한 그 문서 등에 **작성명의인의 날인 등이 없다고 하여도** 그 명의자의 문서 등이라고 믿을 만한 형식과 외관을 갖춘 경우에는 그 죄의 객체가 될 수 있다(대판 2010.7.29, 2010도2705).
- 사문서의 작성명의자의 **인장이 압날되지 아니하고 주민등록번호가 기재되지 않았더라도,** 일반인으로 하여금 그 작성명의자가 진정하게 작성한 사문서로 믿기에 충분할 정도의 형식과 외관을 갖추었으면 사문서위조죄 및 동행사죄의 객체가 되는 사문서라고 보아야 한다(대판 1989.8.8, 88도2209).

② 또한 일반인이 진정한 문서라고 오인할 정도이면 명의인이 실재하지 않아도 공공의 신용을 해할 위험성이 있으므로 **사자·허무인명의의 문서**라도 위조죄의 객체가 된다.[152]

- 명의인이 실재하지 않는 **허무인**이거나 또는 문서의 작성일자 전에 이미 **사망**하였다고 하더라도 그러한 문서 역시 공공의 신용을 해할 위험성이 있으므로 문서위조죄가 성립한다고 봄이 상당하며, 이는 공문서뿐만 아니라 사문서의 경우에도 마찬가지이다(대판 2005.2.24, 2002도18 全合).

---

152) 2006년 법원사무관승진시험, 2023년 법원사무관승진시험

ㅇ 작성된 문서가 일반인으로 하여금 당해 명의인의 권한 내에서 작성된 것이라고 믿을 수 있는 정도의 형식과 외관을 구비하면 성립되는 것이고 자연인 아닌 법인 또는 단체명의의 문서에 있어서는 요건이 구비된 이상 그 **문서작성자로 표시된 사람의 실존여부**는 위조죄의 성립에 아무런 소장이 없다(대판 1975.2.10, 73도2296).

③ 복사본, 복사본의 복사본(재사본)도 문서성이 인정된다(제237조의2).

ㅇ 복사기나 사진기, 모사전송기(facsimile) 등을 사용하여 기계적인 방법에 의하여 원본을 복사한 문서인 이른바 **복사문서**는 사본이라고 하더라도 문서위조죄 및 동 행사죄의 객체인 문서에 해당한다(대판 1995.12.26, 95도2389).

ㅇ 형법 제237조의2에 따라 전자복사기, 모사전송기 기타 이와 유사한 기기를 사용하여 **복사한 문서의 사본**도 문서원본과 동일한 의미를 가지는 문서로서 이를 다시 복사한 문서의 **재사본**도 문서위조죄 및 동 행사죄의 객체인 문서에 해당한다 할 것이고, 진정한 문서의 사본을 전자복사기를 이용하여 복사하면서 일부 조작을 가하여 그 사본 내용과 전혀 다르게 만드는 행위는 공공의 신용을 해할 우려가 있는 별개의 문서사본을 창출하는 행위로서 문서위조행위에 해당한다(대판 2000.9.5, 2000도2855).

Thema 정리 **문서의 개념요소와 관련 문제**

계속적 기능 (의사표시의 계속성)	문서는 관념·의사가 물체에 화체되어 어느 정도 계속성이 있어야 함	• 생략문서 : 문서 ○ • 모니터 화면상 이미지 : 문서 × • 흑판에 분필로 쓴 글 : 문서 ×
증명적 기능 (권리의무·사실관계 증명)	• 문서에 기재된 의사표시는 일정한 법률관계 내지 사회생활상 중요사항을 증명할 수 있고, 또한 증명하기 위한 것이어야 함 • 문서에 있어야 할 증명의사는 확정적 의사임을 요함	• 시·소설 : 문서 × • 가계약서, 가영수증 등 : 문서 ○ ↔ 초안 : 문서 ×
보장적 기능 (명의인 표시)	명의인에 의하여 내용이 보증되므로 문서에는 관념·의사를 표시한 주체, 즉 명의인이 표시되어야 하고, 그 명의인은 특정되어 있어야 함	• 등본, 초본, 사본 : 원본과 동일하다는 인증 있어야 문서 ○ • 사자·허무인명의 : 문서 ○ • 복사문서 : 문서 ○(제327조의2) → 판례 : 재사본의 문서성 ○

관련 판례 **문서에 해당하는 경우**

1) 이른바 **생략문서**도 그것이 사람 등의 동일성을 나타내는 데에 그치지 않고 그 이외의 사항도 증명, 표시하는 한 인장이나 기호가 아니라 문서로서 취급하여야 한다(대판 1995.9.5, 95도1269).
2) 신용장에 날인된 **은행의 접수일부인**은 사실증명에 관한 사문서에 해당되므로 신용장에 허위의 접수인을 날인한 것은 사문서위조에 해당된다(대판 1979.10.30, 77도1879). ∵ 생략문서이므로

3) 전화카드를 공중전화기에 넣어 사용하는 경우 비록 전화기가 전화카드로부터 판독할 수 있는 부분은 자기띠 부분에 수록된 전자기록에 한정된다고 할지라도, 전화카드 전체가 하나의 문서로서 사용된 것으로 보아야 하고 그 자기띠 부분만 사용된 것으로 볼 수는 없으므로 **절취한 전화카드**를 공중전화기에 넣어 사용한 것은 권리의무에 관한 타인의 사문서를 부정행사한 경우에 해당한다(대판 2002.6.25, 2002도461).

4) **[담뱃갑 위조사건]** 담뱃갑의 표면에 그 담배의 제조회사와 담배의 종류를 구별·확인할 수 있는 특유의 도안이 표시되어 있는 경우 그 담뱃갑은 적어도 그 담뱃갑 안에 들어 있는 담배가 특정 제조회사가 제조한 특정한 종류의 담배라는 사실을 증명하는 기능을 하고 있으므로, 그러한 담뱃갑은 문서 등 위조의 대상인 도화에 해당한다(대판 2010.7.29, 2010도2705).

5) 명의인이 실재하지 않는 **허무인**이거나 또는 문서의 작성일자 전에 이미 **사망**하였다고 하더라도 그러한 문서 역시 공공의 신용을 해할 위험성이 있으므로 문서위조죄가 성립한다고 봄이 상당하며, 이는 공문서뿐만 아니라 사문서의 경우에도 마찬가지라고 보아야 한다(대판 2005.2.24, 2002도18 全合). 이러한 법리는 법률적, 사회적으로 자연인과 같이 활동하는 법인 또는 단체에도 그대로 적용된다고 할 것이다(대판 2005.3.25, 2003도4943).
[사실관계] 甲이 경력증명서 양식에 **실재하지 않는 A한의원**의 이름을 적고 임의로 만든 A한의원의 직인을 날인하여 작성한 경우 마치 명의인의 권한 내에서 작성된 문서라고 믿게 할 만한 형식과 외관의 경력증명서를 작성하였다면 사문서위조죄가 성립한다.

6) 피고인이 위조행사한 삼성종합건설 명의의 아파트공급계약서와 입금표가 비록 삼성종합건설이 이미 **해산등기를 마쳐 그 법인격이 소멸한 이후에 작성**되었거나 그 법인격이 소멸한 이후의 일자로 작성되었다고 하더라도, 일반인으로 하여금 그 명의인인 삼성종합건설의 권한 내에서 작성된 문서라고 믿게 할 수 있는 정도의 형식과 외관을 갖추고 있다고 보기에 충분하므로 피고인의 행위는 사문서위조 및 동행죄에 해당된다(대판 2005.3.25, 2003도4943).

7) 문서위조 및 동행사죄의 보호법익은 문서에 대한 공공의 신용이므로 **'문서가 원본인지 여부'가 중요한 거래**에서 문서의 사본을 진정한 원본인 것처럼 행사할 목적으로 다른 조작을 가함이 없이 문서의 **원본을 그대로 컬러복사기로 복사**한 후 복사한 문서의 사본을 원본인 것처럼 행사한 행위는 사문서위조죄 및 동행사죄에 해당한다(대판 2016.7.14, 2016도2081).

관련 판례 **문서에 해당하지 않는 경우**

1) **[64길자·70미애사건] 컴퓨터 모니터 화면에 나타나는 이미지**는 이미지 파일을 보기 위한 프로그램을 실행할 경우에 그때마다 전자적 반응을 일으켜 화면에 나타나는 것에 지나지 않아서 계속적으로 화면에 고정된 것으로는 볼 수 없으므로, 형법상 문서에 관한 죄에 있어서의 문서에는 해당되지 않는다(대판 2007.11.29, 2007도7480).
[사실관계] 자신의 이름과 나이를 속이는 용도로 사용할 목적으로 주민등록증의 이름·주민등록번호란에 글자를 오려붙인 후 이를 컴퓨터 스캔 장치를 이용하여 이미지 파일로 만들어 컴퓨터 모니터로 출력하는 한편 타인에게 이메일로 전송한 경우, 문서**위조 및 위조공문서행사죄를 구성하지 않는다**(주민등록증 성명란 '길자'라는 글자 위에 위와 같이 출력한 '미애'라는 글자를, 주민등록번호란 '640209'라는 글자 위에 위와 같이 출력한 '701226'이라는 글자를 각 오려붙인 다음,

이를 컴퓨터 스캔 장치를 이용하여 스캔함으로써 이미지 파일을 생성하는 방법으로 복사하여 컴퓨터 모니터로 출력함으로써 화면에 이미지가 나타나도록 한 경우).

2) 피고인이 컴퓨터 스캔 작업을 통하여 만들어낸 공인중개사 자격증의 **이미지 파일**은 전자기록으로서 전자기록 장치에 전자적 형태로서 고정되어 계속성이 있다고 볼 수는 있으나, 그러한 형태는 그 자체로서 시각적 방법에 의해 이해할 수 있는 것이 아니어서 이를 형법상 문서에 관한 죄에 있어서의 '문서'로 보기 어렵다(대판 2008.4.10, 2008도1013).

3) 국립대학교 교무처장 명의의 **'졸업증명서 파일'**을 위조한 경우 위 파일은 형법상의 문서에 해당하지 않으므로 무죄이다(대판 2010.7.15, 2010도6068).

5 문서의 종류

(1) 공문서

공문서란 ① 공무소 또는 공무원이 ② 그 직무에 관하여 작성한 문서를 말한다. 따라서 공무원이 작성한 문서라도 직무에 관한 것이 아니라 개인적 용도로 작성한 경우 공문서가 아니다.

예 공무원 개인명의의 부동산 매매・임대차계약서

○ 금융위원회의 설치 등에 관한 법률(이하 '금융위원회법'이라고 한다) 제69조는 금융위원회 위원 또는 증권선물위원회 위원으로서 공무원이 아닌 사람과 금융감독원의 집행간부 및 직원은 형법이나 그 밖의 법률에 따른 벌칙을 적용할 때에는 공무원으로 보고 있다. 그렇다면 금융위원회법 제29조, 제69조 제1항에서 정한 금융감독원 집행간부인 **금융감독원장 명의의 문서**를 위조, 행사한 행위는 사문서위조죄, 위조사문서행사죄에 해당하는 것이 아니라 **공문서위조죄, 위조공문서행사죄**에 해당한다(대판 2021.3.11, 2020도14666).

[사실관계] 보이스피싱 현금 수거 및 전달책(편취금을 수거하여 송금하는 역할)인 피고인이 성명불상자와 공모하여 금융감독원장 명의의 '**금융감독원 대출정보내역**'이라는 문서를 위조하여 피해자에게 교부하였다면 공문서위조 및 동행사죄가 성립한다.

↔ 제1심과 원심은 금융감독원장 명의의 위 문서를 사문서에 해당한다고 보아 사문서위조 및 동행사죄를 유죄로 인정하였다.

○ 일반인으로 하여금 공무원 또는 공무소의 권한 내에서 작성된 문서라고 믿을 수 있는 형식과 외관을 구비한 문서를 작성하면 공문서위조죄가 성립하지만, **평균수준의 사리분별력을 갖는 사람**이 조금만 주의를 기울여 살펴보면 공무원 또는 공무소의 권한 내에서 작성된 것이 아님을 쉽게 알아볼 수 있을 정도로 공문서로서의 형식과 외관을 갖추지 못한 경우에는 공문서위조죄가 성립하지 않는다(대판 2020.12.24, 2019도8443).

[사실관계] 피고인이 제주도 콘도 입주민들의 모임인 '한국녹지한라산소진 시설운영위원회' 직인을 행정기관에 등록한 것처럼 꾸미기 위하여 서귀포시 동홍동장이 발급한 개인 **인감증명서**에 **위원회 직인 2개를 날인한 종이를 오려붙이는 방법**으로 인감증명서를 위조하고, 이를 메신저 단체대화방에 게재한 경우, ① 피고인이 만든 종이 문서 자체를 ② 평균수준의 사리분별력을 갖춘 일반인이 보았을 때 진정한 문서로 오신할 만한지 여부를 판단해야 하는데, 피고인이 만든 문서가 그와 같은 외관과 형식을 갖추었다고 인정하기는 어렵고, 공문서위조죄가 성립한다고 보기 어려운 이상 이를 사진촬영하여 메신저 단체대화방에 게재한 행위가 위조공문서행사죄에 해당한다고 할 수도 없다.

(2) 사문서

사문서란 사인의 명의로 작성한 문서 중 권리의무와 사실관계를 증명하는 것만을 말한다. 명의인은 내・외국인을 불문하므로 외국의 공무소 또는 공무원이 작성한 문서도 우리 형법상으로는 사문서에 해당한다. 예 홍콩 경찰청발행의 국제운전면허증, 미국 대사관 발행의 여권, 일본 문부성이나 국립동경대학교 명의의 졸업증명서 또는 학위증명서 등

(3) 공사혼용문서(복합문서)

1개의 문서에 공문서와 사문서가 복합된 문서이다.

관련 판례 **공문서에 해당하는 경우**

1) **십지지문 지문대조표**는 수사기관이 피의자의 신원을 특정하고 지문대조조회를 하기 위하여 직무상 작성하는 서류로서 비록 자서란에 피의자로 하여금 스스로 성명 등의 인적사항을 기재하도록 하고 있다 하더라도 이를 사문서로 볼 수는 없다(대판 2000.8.22, 2000도2393).
2) 지방자치단체의 장 또는 계약담당자가 그 검사를 위임받아 수행한 전문기관으로부터 검사결과를 검사조서로 작성・보고받고 이를 확인하여 승인하는 의미로 검사조서에 결재하였다면 그와 같이 **결재된 검사조서**는 공무원이 그 직무권한 내에서 작성한 문서로서 허위공문서작성죄의 객체인 공문서에 해당한다(대판 2010.4.29, 2010도875).
3) 공증사무 취급이 인가된 합동법률사무소 명의로 작성된 **공증에 관한 문서**는 형법상 공정증서 기타 공문서에 해당한다(대판 1977.8.23, 74도2715).
4) **사서증서 인증서** 중 **인증기재 부분**은 공문서에 해당한다(대판 2005.3.24, 2003도2144).
5) 보이스피싱 현금 수거 및 전달책인 피고인이 성명불상자와 공모하여 **금융감독원장 명의**의 '**금융감독원 대출정보내역**'이라는 문서를 위조하여 피해자에게 교부한 경우 공문서위조 및 동행사죄가 성립한다(대판 2021.3.11, 2020도14666).
   [판결이유] 금융위원회법 제69조에 대하여 같은 법 제37조에서 정한 업무에 종사하는 금융감독원장 등 금융감독원의 집행간부 및 실・국장급 부서의 장 등 금융위원회법 시행령에서 정한 직원에게 공무원과 동일한 책임을 부담시킴과 동시에 그들을 공무원과 동일하게 보호해 주기 위한 필요에서 모든 벌칙의 적용에 있어서 **공무원**으로 본다고 해석함이 타당하다.

관련 판례 **사문서에 해당하는 경우**

1) 신용장에 날인된 **은행의 접수일부인**은 사실증명에 관한 사문서에 해당되므로 신용장에 허위의 접수인을 날인한 것은 사문서위조에 해당된다(대판 1979.10.30, 77도1879).
2) 지방세의 수납업무를 일부 관장하는 시중은행의 직원이나 은행이 형법 제225조 소정의 공무원 또는 공무소가 되는 것은 아니고 **세금수납영수증**도 공문서에 해당하지 않는다(대판 1996.3.26, 95도3073).
   ∵ 계약 등에 의하여 공무와 관련되는 업무를 일부 대행하는 경우가 있다 하더라도 공무원 또는 공무소가 될 수는 없고, 특히 형벌법규의 구성요건을 법률의 규정도 없이 유추 확대해석하는 것은 죄형법정주의원칙에 반한다.
3) 공단이 해양수산부장관을 **대행**하여 이사장 명의로 발급하는 **선박검사증서**는 공무원 또는 공무소가 작성하는 문서라고 볼 수 없으므로 공문서위조죄나 허위공문서작성죄에서의 공문서에 해당하지 아니한다(대판 2016.1.14, 2015도9133).

4) 공립학교 교사가 작성하는 교원의 인적사항과 전출희망사항 등을 기재하는 부분과 학교장이 작성하는 학교장의견란 등으로 구성되어 있는 **교원실태조사카아드**는 **학교장의 작성명의 부분**은 공문서라고 할 수 있으나, / **작성자가 교사 명의로 된 부분**은 개인적으로 전출을 희망하는 의사표시를 한 것에 지나지 아니하여 이것을 가리켜 공무원이 직무상 작성한 공문서라고 할 수는 없을 것이므로 위 카드의 교사 명의 부분을 명의자의 의사에 반하여 작성하였다고 하여도 공문서를 위조한 것이라고 할 수 없다(대판 1991.9.24, 91도1733).

5) 당사자가 **이혼의사확인서등본**과 간인으로 연결된 **이혼신고서**를 떼어내고 원래 이혼신고서의 내용과는 다른 이혼신고서를 작성하여 이혼의사확인서등본과 함께 호적관서에 제출하였다고 하더라도, 공문서인 이혼의사확인서등본을 변조하였다거나 변조된 이혼의사확인서등본을 행사하였다고 할 수 없다(대판 2009.1.30, 2006도7777). → 이혼의사확인서등본 = 공문서, 이혼신고서 = 사문서

6) 주취운전자적발보고서, 주취운전자정황진술보고서의 **운전자란**에 타인의 성명을 기재하여 경찰관에게 제출한 경우의 죄책은 사문서위조 및 동행사죄에 해당한다(대판 2004.12.23, 2004도6483).
[동지판례] 휴대용정보단말기(PDA)의 음주운전단속결과통보 중 **운전자 서명란**에 타인의 기명 없이 의미를 알 수 없는 부호를 기재한 경우에도 사서명위조 및 위조사서명행사죄가 성립한다(대판 2020.12.30, 2020도14045).

7) **사서증서 인증서** 중 **인증기재 부분**은 공문서에 해당하나, / 사서증서에 인증이 있었다고 하여 **사서증서의 기재 내용**이 공문서인 인증기재 부분의 내용을 구성하는 것은 아니라고 할 것이므로, 사서증서의 기재 내용을 일부 변조한 행위는 공문서변조죄가 아니라 사문서변조죄에 해당한다(대판 2005.3.24, 2003도2144).

✔ **〈참고〉** 공정증서는 공무원이 직무상 작성하는 권리의무의 증명에 관한 문서나 공무공증인이 법률행위나 일정한 사실관계에 관하여 작성한 증서로 공문서를 말하는데, 이는 법률상 집행력이 있는 채무명의(집행권원)가 된다. 공정증서는 합동법률사무소 등 공증인이 작성한 공증에 관한 문서로 금전소비대차계약공정증서, 유언공정증서, 협의이혼공정증서 등이 있다. 이와 비교하여 사서증서란 사인(私人)이 작성하고 서명한 증서이므로 사문서이다. 사서증서에는 계약서, 각서, 사실확인서, 진술서 등이 있다. 다만 사서증서에 공증인의 인증을 받는 경우 사서증서의 진정성립(서명 또는 날인이 작성명의인에 의하여 정당하게 성립하였다는 것)을 증명하는 효과가 발생한다. 따라서 사서증서는 사문서이지만, 사서증서의 인증서는 공문서이다.

II 사문서위조 · 변조죄

행사할 목적으로 권리 · 의무 또는 사실증명에 관한 타인의 문서 또는 도화를 위조 또는 변조함으로써 성립하는 범죄이다(제231조).

1 객체

권리의무에 관한 문서와 사실증명에 관한 문서이다.

○ **권리 · 의무에 관한 문서**라 함은 권리의무의 발생 · 변경 · 소멸에 관한 사항이 기재된 것을 말하며, **사실증명에 관한 문서**는 권리 · 의무에 관한 문서 이외의 문서로서 거래상 중요한 사실을 증명하는 문서를 의미한다(대판 2012.5.9, 2010도2690).

ㅇ **거래상 중요한 사실을 증명하는 문서**는, 법률관계의 발생·존속·변경·소멸의 전후과정을 증명하는 것이 주된 취지인 문서뿐만 아니라 직접적인 법률관계에 단지 간접적으로만 연관된 의사표시 내지 권리·의무의 변동에 사실상으로만 영향을 줄 수 있는 의사표시를 내용으로 하는 문서도 포함될 수 있다(대판 2009.4.23, 2008도8527).

관련 판례 **사문서에 해당하는 경우**

1) '일반분양아파트 14채의 분양수입금을 찾아내어 그 수입금으로 조합원들의 분담금을 더 인하할 수 있다' 라는 내용의 각 **안내문**은 사문서에 해당한다(대판 2012.5.9, 2010도2690).
2) '이토록 사람이 없단 말입니까, 우리 협회에?!'라는 제목으로 타인을 비방하는 내용의 **호소문**은 사문서에 해당한다(대판 2009.4.23, 2008도8527).
   [사실관계] ○○작가협회 회원이 타인의 명의를 도용하여 협회 교육원장을 비방하는 내용의 호소문을 작성한 후 이를 협회 회원들에게 우편으로 송달한 경우, 사문서위조죄와 명예훼손죄가 각 성립하고, 이는 실체적 경합관계이다.

2 행위 _ 위조·변조

(1) 위조

위조란 작성권한 없는 자가 타인명의를 모용(거짓사용) 또는 사칭하여 타인명의의 문서를 작성하는 것을 말한다.

① 명의인으로부터 사전승낙이나 포괄적 위임을 받은 경우 문서를 작성할 권한이 있으므로 위조에 해당하지 않는다.

ㅇ 사문서의 위·변조죄는 작성권한 없는 자가 타인 명의를 모용하여 문서를 작성하는 것을 말하므로 사문서를 작성·수정할 때 명의자의 명시적이거나 묵시적인 승낙이 있었다면 사문서의 위·변조죄에 해당하지 않고, 한편 행위 당시 명의자의 현실적인 승낙은 없었지만 행위 당시의 모든 객관적 사정을 종합하여 명의자가 행위 당시 그 사실을 알았다면 당연히 승낙했을 것이라고 추정되는 경우(강사 주 : 추정적 승낙) 역시 사문서의 위·변조죄가 성립하지 않는다고 할 것이나, / 명의자의 명시적인 승낙이나 동의가 없다는 것을 알고 있으면서도 명의자가 문서작성 사실을 **알았다면 승낙하였을 것이라고 기대하거나 예측한 것**만으로는 그 승낙이 추정된다고 단정할 수 없다(대판 2011.9.29, 2010도14587).

ㅇ 매수인으로부터 매도인과의 **토지매매계약체결**에 관하여 **포괄적 권한**을 **위임**받은 자는 위임자 명의로 토지매매계약서를 작성할 적법한 권한이 있다 할 것이므로 매수인으로부터 그 권한을 위임받은 피고인이 실제 매수가격 보다 높은 가격을 매매대금으로 기재하여 매수인 명의의 매매계약서를 작성하였다 하여도 그것은 작성권한 있는 자가 허위내용의 문서를 작성한 것일 뿐 사문서위조죄가 성립될 수는 없다(대판 1984.7.10, 84도1146).

ㅇ 신탁자에게 아무런 부담이 지워지지 않은 채 **재산이 수탁자에게 명의신탁된 경우**에는 특별한 사정이 없는 한 재산의 처분 기타 권한행사에 관해서 수탁자가 자신의 명의사용을 포괄적으로 신탁자에게 허용하였다고 보아야 하므로, **신탁자**가 수탁자 명의로 **신탁재산의 처분에 필요한 서류**를

작성할 때에 수탁자로부터 개별적인 승낙을 받지 않았더라도 사문서위조·동행사죄가 성립하지 않는다. / 이에 비하여 수탁자가 명의신탁 받은 사실을 부인하여 신탁자와 수탁자 사이에 **신탁재산의 소유권에 관하여 다툼이 있는 경우** 또는 수탁자가 명의신탁 받은 사실 자체를 부인하지 않더라도 **신탁자의 신탁재산 처분권한을 다투는 경우**에는 신탁재산에 관한 처분 기타 권한행사에 관해서 신탁자에게 부여하였던 수탁자 명의사용에 대한 포괄적 허용을 철회한 것으로 볼 수 있어 명의사용이 허용되지 않는다(대판 2022.3.31, 2021도17197).

[사실관계] 주식을 명의신탁한 피고인이 명의수탁자를 변경하기 위해 제3자에게 주식을 양도한 후 수탁자 명의의 증권거래세 과세표준신고서를 작성하여 관할세무서에 제출하였다면 특별한 사정이 없는 한 사문서위조죄 및 위조사문서행사죄가 성립하지 않는다.

② 작성권한을 가진 자가 그 권한을 남용하여 문서를 작성하더라도 허위작성이나 배임이 성립할 수 있을 뿐 위조에 해당하지 않는다. 따라서 대리권·대표권이 있는 자가 권한의 범위 내에서 단순히 권한을 남용하는 문서를 작성함에 불과한 경우에는 문서위조죄가 성립하지 않는다.

- 타인의 **대표자** 또는 **대리자**가 그 대표명의, 대리명의 또는 직접 본인의 명의를 사용하여 문서를 작성할 권한을 가지는 경우에 그 **권한**을 **남용**하여 단순히 자기 또는 제3자의 이익을 도모할 목적으로 마음대로 그 대표자, 대리명의 또는 직접 본인명의로 문서를 작성한 때에는 문서위조죄는 성립하지 아니한다(대판 1983.10.25, 83도2257).

- 원래 주식회사의 적법한 **대표이사**는 회사의 영업에 관하여 재판상 또는 재판 외의 모든 행위를 할 권한이 있으므로, 대표이사가 직접 주식회사 명의 문서를 작성하는 행위는 자격모용사문서작성 또는 위조에 해당하지 않는 것이 원칙이다. 이는 그 문서의 내용이 진실에 반하는 허위이거나 대표권을 남용하여 자기 또는 제3자의 이익을 도모할 목적으로 작성된 경우에도 그러하다(대판 2008.11.27, 2006도2016). 이러한 법리는 주식회사의 대표이사가 대표 자격을 표시하는 방식으로 약속어음 등 유가증권을 작성하는 경우에도 마찬가지로 적용된다(대판 2015.11.27, 2014도17894).

[동지판례] 주식회사의 **대표이사**가 실질적 운영자인 1인 주주의 구체적인 위임이나 승낙을 받지 않고 이미 **퇴임한 전 대표이사를 대표이사로 표시**하여 회사 명의의 문서를 작성한 경우, 문서위조죄가 성립하지 않는다(대판 2008.11.27, 2006도9194).

∵ 대표이사가 권한을 행사하는 과정에서 단순히 그 1인 주주의 위임 또는 승낙을 받지 않았다고 하여 그 대표권 행사가 권한을 넘어서는 행위가 되는 것은 아니다.

[비교판례] 주식회사의 적법한 대표이사라 하더라도 그 권한을 포괄적으로 위임하여 다른 사람으로 하여금 대표이사의 업무를 처리하게 하는 것은 허용되지 않는다. 따라서 대표이사로부터 포괄적으로 권한 행사를 위임받은 사람이 주식회사 명의로 문서를 작성하는 행위는 원칙적으로 권한 없는 사람의 문서 작성행위로서 자격모용사문서작성 또는 위조에 해당하고, 대표이사로부터 개별적·구체적으로 주식회사 명의의 문서 작성에 관하여 위임 또는 승낙을 받은 경우에만 예외적으로 적법하게 주식회사 명의로 문서를 작성할 수 있다(대판 2008.11.27, 2006도2016).

[동지판례(지배인 권한남용사건)**]** [1] 원래 주식회사의 **지배인**은 회사의 영업에 관하여 재판상 또는 재판 외의 모든 행위를 할 권한이 있으므로, 지배인이 직접 주식회사 명의 문서를 작성하는 행위는 위조나 자격모용사문서작성에 해당하지 않는 것이 원칙이고, 이는 그 문서의 내용이 진실에 반하는 허위이거나 권한을 남용하여 자기 또는 제3자의 이익을 도모할 목적으로 작성된 경우에도 마찬가지이다(대판 2010.5.13, 2010도1040).

[사실관계] 주식회사의 지배인이 **자신을 그 회사의 대표이사로 표시**하여 연대보증채무를 부담하는 취지의 회사 명의의 차용증을 작성·교부한 경우, 그 문서에 일부 허위 내용이 포함되거나 위 연대보증행위가 회사의 이익에 반하는 것이더라도 사문서위조 및 위조사문서행사에 해당하지 않는다. [비교판례] 회사 내부규정 등에 의하여 각 지배인이 회사를 대리할 수 있는 행위의 종류, 내용, 상대방 등을 한정하여 **권한을 제한한 경우**에 제한된 권한 범위를 벗어나서 회사 명의의 문서를 작성하였다면, 이는 자기 권한 범위 내에서 권한 행사의 절차와 방식 등을 어긴 경우와 달리 문서위조죄에 해당한다(대판 2012.9.27, 2012도7467).

o 주식회사의 대표이사가 그 대표 자격을 표시하는 방식으로 작성한 문서에 표현된 의사 또는 관념이 귀속되는 주체는 대표이사 개인이 아닌 주식회사이므로 그 문서의 명의자는 주식회사라고 보아야 한다. 따라서 위와 같은 문서 작성행위가 위조에 해당하는지는 그 작성자가 주식회사 명의의 문서를 적법하게 작성할 권한이 있는지에 따라 판단하여야 하고, 문서에 대표이사로 표시되어 있는 사람으로부터 그 문서 작성에 관하여 위임 또는 승낙을 받았는지에 따라 판단할 것은 아니다(대판 2015.11.27, 2014도17894).

③ 위임을 받았으나 위임의 범위를 초월하거나(권한초월), 위임·위탁의 취지에 반하여 문서를 작성한 경우 위조에 해당한다.

o 문서의 위조라고 하는 것은 작성권한 없는 자가 타인 명의를 모용하여 문서를 작성하는 것을 말하는 것이므로 사문서를 작성함에 있어 그 명의자의 **명시적이거나 묵시적인 승낙 내지 위임**이 있었다면 이는 사문서위조에 해당한다고 할 수 없을 것이지만, / 문서 작성권한의 위임이 있는 경우라고 하더라도 그 위임을 받은 자가 그 위임받은 **권한**을 **초월**하여 문서를 작성한 경우는 사문서위조죄가 성립하고, 단지 위임받은 **권한**의 범위 내에서 이를 **남용**하여 문서를 작성한 것에 불과하다면 사문서위조죄가 성립하지 아니한다(대판 2012.6.28, 2010도690).

o 甲이 乙과의 동업계약에 따라 甲의 명의로 변경하기 위하여 乙의 인장이 날인된 **백지의 건축주명의변경신청서**를 받아 보관하고 있던 중 그 **위임의 취지에 반**하여 피고인丙 앞으로 건축주명의를 변경하는 건축주명의변경신청서를 작성하여 구청에 제출하였다면 사문서위조 및 그 행사죄가 성립한다(대판 1984.6.12, 83도2408).

o 타인으로부터 약속어음작성에 사용하라고 인장을 교부받았음에도 그 인장을 사용하여 그 타인 명의의 지급명령 이의신청취하서를 작성한 경우에는 사문서위조죄가 성립한다(대판 1970.9.22, 70도1623). ∵ 위임의 취지에 반하므로 작성권한 ×

o 피고인이 회사를 인수하면서 회사 대표이사의 명의를 계속 사용하기로 승낙을 받았다고 하더라도, 사기범행을 목적으로 실제로는 위 회사에 근무한 바 없는 제3자의 재직증명서 및 근로소득원천징수영수증 등 허위의 문서를 작성한 행위는 위임된 권한의 범위를 벗어나는 것으로서 사문서위조죄를 구성한다고 한 사례(대판 2005.10.28, 2005도6088). [153]

④ 타인명의를 모용 또는 사칭하여야 한다. 명의인은 실재할 것을 요하지 않으므로 허무인이나 사자 명의여도 상관없다.

153) 2007년·2017년 법원행정고등고시

ㅇ **[현금보관증가명 위조사건]** 실제의 본명 대신 **가명이나 위명을 사용하여 사문서를 작성한 경우**에 그 문서의 작성명의인과 실제 작성자 사이에 인격의 동일성이 그대로 유지되는 때에는 위조가 되지 않으나, / 명의인과 작성자의 인격이 상이할 때에는 위조죄가 성립할 수 있다(대판 2010.11.11, 2010도1835).

[사실관계] 피고인이 다방 업주로부터 선불금을 받고 그 반환을 약속하는 내용의 **현금보관증**을 작성하면서 가명과 허위의 출생연도를 기재한 후 이를 교부한 행위는 사문서위조죄 및 동행사죄에 해당한다.

[판결이유] 현금보관증에 표시된 명칭과 주민등록번호 등으로부터 인식되는 인격은 '1954년에 출생한 52세 가량의 여성인 ○○○'이고, 1950년생인 피고인과는 다른 인격인 것이 분명하므로 …… 피고인이 위 문서로부터 발생할 책임을 면하려는 의사나 편취의 목적을 가지지는 않았다고 하더라도, 위 문서를 작성함에 있어서 자신이 위 문서에 표시된 명의인인 '1954년생 ○○○'인 체 가장한 것만은 분명하므로, 명의인과 작성자의 인격의 동일성을 오인케 한 피고인의 이러한 행위는 사문서 위조, 동행사죄에 해당한다.

⑤ 위조의 방법은 제한이 없다. 새로운 문서를 만드는 게 보통이지만, 기존의 문서를 이용하는 경우에도 변경 전의 문서와 동일성을 해하거나 무효인 문서에 새로운 증명력을 창출하거나 복사에 의하여도 가능하다.

ㅇ 문서위조죄는 문서의 진정에 대한 공공의 신용을 그 보호법익으로 하는 것이므로, 피고인이 위조하였다는 **국제운전면허증**이 그 유효기간을 경과하여 본래의 용법에 따라 사용할 수는 없게 되었다고 하더라도, 이를 행사하는 경우 그 상대방이 유효기간을 쉽게 알 수 없도록 되어 있거나 위 문서 자체가 진정하게 작성된 것으로서 피고인이 명의자로부터 국제운전면허를 받은 것으로 오신하기에 충분한 정도의 형식과 외관을 갖추고 있다면 피고인의 행위는 문서위조죄에 해당한다(대판 1998.4.10, 98도164).

[사실관계] 행사할 목적으로 유효기간이 지난 국제운전면허증의 타인의 사진을 떼고 **자신의 사진을 붙이는 경우** 사문서위조죄가 성립한다.

→ 외국에서 발행된 국제운전면허증은 공문서가 아니라 사문서에 해당

⑥ 위조의 정도는 일반인이 진정한 문서로 오인할 정도의 형식과 외관을 갖추면 충분하고, 반드시 서명이나 날인이 있어야 하는 것은 아니다.

ㅇ 사문서위조죄는 그 명의자가 진정으로 작성한 문서로 볼 수 있을 정도의 형식과 외관을 갖추어 **일반인이 명의자의 진정한 사문서로 오신하기에 충분한 정도**이면 성립하므로 반드시 그 작성명의자의 서명이나 날인이 있어야 하는 것은 아니나, 일반인이 명의자의 진정한 사문서로 오신하기에 충분한 정도인지 여부는 문서의 형식과 외관은 물론 문서의 작성경위, 종류, 내용 및 거래에 있어서 그 문서가 가지는 기능 등 여러 가지 사정을 종합하여 판단하여야 한다(대판 1997.12.26, 95도2221 ; 대판 2006.9.14, 2005도2518 ; 대판 2008.3.27, 2008도443).

⑦ 위조는 간접정범에 의하여도 가능하다. 이 경우 문서의 명의인은 그 문서의 기재내용을 모르고 서명・날인을 하여야 한다(∵ 명의인의 의사에 반하는 문서). 문서의 명의인이 문서의 내용을

알고 서명 · 날인한 경우라면 그 문서를 이용한 사기죄의 성립이 가능할 뿐 위조죄는 성립하지 않는다(∵ 명의인의 의사에 반하지 않는 문서).

o [사문서위조죄의 간접정범] 명의인을 기망하여 문서를 작성케 하는 경우는 서명, 날인이 정당히 성립된 경우에도 기망자는 명의인을 이용하여 서명 날인자의 의사에 반하는 문서를 작성케 하는 것이므로 사문서위조죄가 성립한다(대판 2000.6.13, 2000도778).

[사실관계] 피고인이 문서명의인인 문중원들을 기망하여 **정기문중총회 회의록**을 작성하였다면, 비록 문중원들의 서명, 날인이 정당하게 성립된 경우라 하더라도 사문서위조죄가 성립한다(甲이 행사할 목적으로 "종중 부동산의 등기 및 매도권한을 甲에게 일임하며 매도금액의 3분의 1을 문중에 반납하고 나머지는 甲에게 소송대행비용으로 준다"는 내용의 정기문중총회 회의록을 임의로 작성하고, 종중원들을 찾아다니며 위 회의록의 내용을 제대로 알려 주지 아니한 채 단지 그 부동산에 관하여 문중 명의로 소유권이전등기를 하는 데 필요하다는 정도로만 얘기하면서 서명 날인을 받은 경우 甲에게 사문서위조죄가 성립한다). → **위조의 간접정범 ○(∵ 문서의 내용을 모르고 서명 · 날인한 경우)**

[동지판례] 그 문서의 작성명의자인 위 소유 명의자가 **그 내용을 오신하고 있는 것을 이용**하여 그 날인을 받음으로써 작성명의자의 의사와 다른 내용의 문서를 작성한 것은 간접정범에 의한 사문서위조죄에 해당한다(대판 1970.9.29, 70도1759).

[비교판례] 피고인들이 갑 등과 공모하여, 부동산등기법 제49조 제3항, 제2항에서 정한 확인서면의 등기의무자란에 등기의무자 을 대신 갑이 우무인을 날인하는 방법으로 사문서인 을 명의의 확인서면을 위조한 다음 법무사를 통해 이를 교부받은 경우, 위 확인서면은 법무사 명의의 문서이고, 작성명의인인 법무사가 피고인들 등에게 속아 등기의무자를 을로 하는 내용의 확인서면을 작성하였다고 하더라도 이를 피고인들 등이 위조하였다고는 볼 수 없다(대판 2010.11.25, 2010도11509).
→ 위조의 간접정범 ×(∵ 문서의 내용을 알고 서명 · 날인한 경우)

관련 판례 사문서위조죄가 성립하는 경우

1) 사문서위조죄는 작성권한 없는 자가 타인의 명의를 모용하여 문서를 작성함으로써 성립하는 것인바, 타인으로부터 그 명의의 문서 작성을 위임받은 경우에도 **위임된 권한을 초월**하여 내용을 기재함으로써 명의자의 의사에 반하는 사문서를 작성하는 것은 작성권한을 일탈한 것으로서 사문서위조죄에 해당한다(대판 1997.3.28, 96도3191).
2) 문서를 작성할 권한을 위임받지 아니한 문서기안자가 문서 작성권한을 가진 사람의 결재를 받은 바 없이 **권한**을 **초과**하여 문서를 작성하였다면 이는 사문서위조죄가 된다(대판 1997.2.14, 96도2234).
3) 갑 교회 목사인 피고인이 자신을 지지하는 일부 교인들과 갑 **교회**를 **탈퇴**함으로써 대표자의 지위를 상실하였으므로, 그 후 갑 교회 명의로 갑 교회소유 부동산을 자신에게 매도하는 내용의 매매계약서를 작성하고 이를 행사한 행위는 사문서위조죄 및 위조사문서행사죄에 해당한다(대판 2011.1.13, 2010도9725).
4) **[인감증명 위임장 사건]** [154] 피고인이 자신의 부(父) 甲에게서 甲 소유 부동산의 매매에 관한 권한 일체를 위임받아 이를 매도하였는데, 그 후 甲이 갑자기 사망하자 부동산 소유권 이전에 사용할 목적으로 甲이 자신에게 인감증명서 발급을 위임한다는 취지의 **인감증명 위임장**을 작성한 후

154) 2019년 법원사무관승진시험(10점). 2023년 변호사시험

주민센터 담당직원에게 이를 제출한 경우, 승낙 내지 추정적 승낙이 있다고 볼 수 없어 사문서위조죄가 성립한다(대판 2011.9.29, 2011도6223). ∵ 부의 사망으로 위임관계는 종료되었으므로

[판결이유] ① 명의자 甲이 승낙하였을 것이라고 기대하거나 예측한 것만으로는 사망한 甲의 승낙이 추정된다고 단정할 수 없다. ② 문서명의인이 이미 사망하였는데도 문서명의인이 생존하고 있다는 점이 문서의 중요한 내용을 이루거나 그 점을 전제로 문서가 작성되었다면 이미 문서에 관한 공공의 신용을 해할 위험이 발생하였다 할 것이므로, 그러한 내용의 문서에 관하여 사망한 명의자의 승낙이 추정된다는 이유로 사문서위조죄의 성립을 부정할 수는 없다.

5) 피고인이 다른 서류에 찍혀 있던 갑의 직인을 칼로 오려내어 풀로 붙인 후 이를 **복사**하는 방법으로 갑 명의의 추천서와 경력증명서를 위조하고 이를 행사한 경우, 위 문서는 피고인이 직인을 오려붙인 흔적을 감추기 위하여 복사한 것으로서 일반적으로 문서가 갖추어야 할 형식을 다 구비하고 있고, 주의 깊게 관찰하지 아니하면 외관에 비정상적인 부분이 있음을 알아차리기가 어려울 정도이므로, 일반인이 명의자의 진정한 사문서로 오신하기에 충분한 정도의 형식과 외관을 갖추었다(대판 2011.2.10, 2010도8361).

6) **[경유증표를 컬러복사기로 복사한 것이 위조행위에 해당하는지 문제된 사건]** 155) 문서위조 및 동행사죄의 보호법익은 문서에 대한 공공의 신용이므로 **'문서가 원본인지 여부'가 중요한 거래**에서 문서의 사본을 진정한 원본인 것처럼 행사할 목적으로 다른 조작을 가함이 없이 문서의 원본을 그대로 컬러복사기로 복사한 후 복사한 문서의 사본을 원본인 것처럼 행사한 행위는 사문서위조죄 및 동행사죄에 해당한다. 또한 사문서위조죄는 명의자가 진정으로 작성한 문서로 볼 수 있을 정도의 형식과 외관을 갖추어 일반인이 명의자의 진정한 사문서로 오신하기에 충분한 정도이면 성립한다(대판 2016.7.14, 2016도2081).

[사실관계] 변호사인 피고인이 대량의 저작권법 위반 형사고소 사건을 수임하여 피고소인 30명을 각 형사고소하기 위해 20건 또는 10건의 고소장을 개별적으로 수사관서에 제출하면서 각 하나의 고소위임장에만 소속 변호사회에서 발급받은 진정한 경유증표 원본을 첨부한 후 이를 일체로 하여 **컬러복사기**로 20장 또는 10장의 고소위임장을 각 복사한 다음 고소위임장과 일체로 **복사한 경유증표**를 **고소장에 첨부**하여 접수한 경우 사문서위조죄 및 동행사죄에 해당한다.

7) 권리의무에 관한 사문서인 타인명의의 신탁증서 1통을 작성한 후 **마치 이를 다른 내용의 문서인 것처럼** 그 타인에게 제시하여 날인을 받은 후 이를 법원에 증거로 제출하여 사용하였다면 사문서위조 및 동행사죄가 성립한다(대판 1983.6.28, 83도1036). → 위조의 간접정범

8) 법무사가 **위임인이 문서명의자로부터 문서작성권한을 위임받지 않았음을 알면서도** 법무사법 제25조에 따른 확인절차를 거치지 아니하고 권리의무에 중대한 영향을 미칠 수 있는 문서를 작성한 경우, 사문서위조 및 동행사죄의 고의를 인정할 수 있다(대판 2008.4.10, 2007도9987).

관련 판례 **사문서위조죄가 성립하지 않는 경우**

1) 피해자들이 일정한도액에 관한 연대보증인이 될 것을 허락하고 이에 필요한 문서를 작성하는데 쓰일 **인감도장과 인감증명서(대출보증용)**를 채무자에게 건네준 취지는 채권자에 대해 동액상당의

155) 2022년 법원사무관승진시험(10점)

채무를 부담하겠다는 내용의 문서를 작성하도록 허락한 것으로 보아야 할 것이므로 비록 차용금 증서에 동 피해자들을 연대보증인으로 하지 않고 직접 차주로 하였을 지라도 그 문서는 정당한 권한에 기하여 그 권한의 범위 안에서 적법하게 작성된 것으로 보아야 한다(대판 1984.10.10, 84도1566).

2) 세금계산서상의 공급받는 자는 그 문서 내용의 일부에 불과할 뿐 세금계산서의 작성명의인은 아니라 할 것이니, (세금계산서의 작성권한자는 공급자이므로 세금계산서의 공급자가) 공급받는 자 란에 임의로 다른 사람을 기재하였다 하여 그 사람에 대한 관계에서 사문서위조죄가 성립된다고 할 수 없다(대판 2007.3.15, 2007도169).

(2) 변조

변조란 진정하게 성립된 문서에 작성권한 없는 자가 타인명의의 문서의 동일성을 해하지 않는 범위에서 내용을 변경하는 행위를 말한다.

① 이미 진정하게 성립된 타인 명의의 문서가 존재하지 않는다면 사문서변조죄가 성립할 수 없다.

② 그 변경 내용이 비록 객관적인 진실에 합치하는 것이라 하더라도, 새로운 증명력을 가져오게 한 것임이 분명하다면, 사문서변조죄의 구성요건을 충족한다(대판 1995.2.24, 94도2092).

관련 판례 **사문서변조죄가 성립하는 경우**

1) 문서에 2인 이상의 작성명의인이 있는 때에 그 명의자의 한사람이 **타명의자와 합의 없이** 행사할 목적으로 그 문서의 내용을 변경하였을 때는 사문서변조죄가 성립된다(대판 1977.7.12, 77도1736).
∵ 위 부동산 매매계약서와 같이 문서에 2인 이상의 작성명의인이 있는 때에는 각 명의자마다 1개의 문서가 성립되므로

2) 보관 중인 영수증에 작성명의인의 승낙 없이 새로운 증명력을 가져오게 하는 문구를 기재하여 사문서변조죄의 구성요건을 충족한다(대판 1995.2.24, 94도2092).

3) 이사가 이사회 회의록에 서명 대신 **서명거부사유**를 기재하고 그에 대한 서명을 하면, 특별한 사정이 없는 한 그 내용은 이사회 회의록의 일부가 되고, 이사회 회의록의 작성권한자인 이사장이라 하더라도 임의로 이를 삭제한 경우에는 이사회 회의록 내용에 변경을 가하여 새로운 증명력을 가져오게 되므로 사문서변조에 해당한다(대판 2018.9.13, 2016도20954).
∵ 이사의 서명부분은 이사의 작성권한이므로

관련 판례 **사문서변조죄가 성립하지 않는 경우**

甲이 행위 당시 **아직 진정하게 성립되지 않은** 경영정상화 이행 계획서(수정) 파일을 권한 없이 모니터에 띄워 수정하였다면 사문서변조죄가 성립되지 아니 한다(대판 2017.12.5, 2014도14924).
∵ ① 아직 진정하게 성립된 문서 ×, ② 컴퓨터 모니터 화면에 나타나는 이미지는 이미지 파일을 보기 위한 프로그램을 실행할 경우에 그때마다 전자적 반응을 일으켜 화면에 나타나는 것에 지나지 않아서 계속적으로 화면에 고정된 것으로는 볼 수 없으므로, 형법상 문서에 관한 죄에 있어서의 문서에는 해당되지 않는다.

(3) 기수 이후의 사정

o 사문서위조나 공정증서원본 불실기재가 성립한 후, 사후에 피해자의 동의 또는 추인 등의 사정으로 문서에 기재된 대로 효과의 승인을 받거나, 등기가 실체적 권리관계에 부합하게 되었다 하더라도, 이미 성립한 범죄에는 아무런 영향이 없다(대판 1999.5.14, 99도202).

o 사문서변조에 있어서 그 변조 당시 명의인의 명시적, 묵시적 승낙 없이 한 것이면 변조된 문서가 명의인에게 유리하여 결과적으로 그 의사에 합치한다 하더라도 사문서변조죄의 구성요건을 충족한다(대판 1985.1.22, 84도2422).

3 죄수

문서죄는 명의인별(↔ 문서의 수 : ×)로 1개의 죄가 성립한다.

o 문서에 2인 이상의 작성명의인이 있을 때에는 각 명의자마다 1개의 문서가 성립되므로 2인 이상의 연명으로 된 문서를 위조한 때에는 **작성명의인의 수**대로 수개의 문서위조죄가 성립하고 또 그 **연명문서**를 위조하는 행위는 자연적 관찰이나 사회통념상 하나의 행위라 할 것이어서 위 수개의 문서위조죄는 제40조가 규정하는 상상적 경합범에 해당한다(대판 1987.7.21, 87도564).

4 타죄와의 관계

o 피고인이 예금통장을 강취하고 예금자 명의의 예금청구서를 위조한 다음 이를 은행원에게 제출행사하여 예금인출금 명목의 금원을 교부받았다면 강도, 사문서위조, 동행사, 사기의 각 범죄가 성립하고 이들은 **실체적 경합**관계에 있다 할 것이다(대판 1991.9.10, 91도1722).

관련 판례 **매수인으로부터 매도인과의 계약체결에 대하여 권한을 위임받고 실제 매수가격과 다르게 매매대금을 기재하여 매수인명의의 계약서를 작성한 경우의 죄책**

1. **포괄적 권한을 위임받은 경우**

→ 사문서위조죄 ×(∵ 작성권한 있는 자가 허위내용의 문서를 작성한 것일 뿐이므로 위조 ×)

매수인으로부터 매도인과의 토지매매계약체결에 관하여 포괄적 권한을 위임받은 자는 위임자 명의로 토지매매계약서를 작성할 적법한 권한이 있다 할 것이므로 매수인으로부터 그 권한을 위임받은 피고인이 실제 매수가격 보다 높은 가격을 매매대금으로 기재하여 매수인 명의의 매매계약서를 작성하였다 하여도 그것은 작성권한 있는 자가 허위내용의 문서를 작성한 것일 뿐 사문서위조죄가 성립될 수는 없다(대판 1984.7.10, 84도1146).

[비교판례] 신축상가건물의 명목상 건축주의 포괄적 승낙하에 분양에 관한 모든 업무를 처리하던 실제 건축주가 실제 분양되지도 않은 상가에 대하여 명목상의 건축주 명의로 분양계약서 및 입금표를 작성하고 그 분양계약서 및 입금표를 이용하여 대출을 받는 식으로 금원을 편취한 사안에서, 상가건물이 실제 분양되지도 않았고 분양대금이 납부된 바도 없는데도 그러한 사실이 있는 것으로 되어 있는 허위 내용의 문서를 작성하는 것과 같은 범죄행위는 포괄적으로 위임받은 분양업무에 속하는 것이라고 볼 수 없다는 이유로, 이와 달리 위와 같은 내용의 문서 작성 및 행사도 포괄적으로 위임받은 권한 내에 포함된다고 보아 사문서위조 및 동행사의 점에 대하여 무죄를 선고한 원심판결을 파기한 사례(대판 1997.3.28, 96도3191)

2. 특정매수가격으로 매수할 것을 위임받은 경우

→ 자격모용사문서작성죄 ×(∵ 권한범위 內)

[위임받은 가격보다 낮은 가격으로 매수한 것처럼 매매계약서를 작성한 경우] [1] 자격모용 사문서작성죄를 구성하는지 여부는 그 문서를 작성함에 있어 타인의 자격을 모용하였는지 아닌지의 형식에 의하여 결정하여야 하고, 그 문서의 내용이 진실한지 아닌지는 이에 아무런 영향을 미칠 수 없으므로, 타인의 대표자 또는 대리자가 그 대표 또는 대리명의로 문서를 작성할 권한을 가지는 경우에 그 지위를 남용하여 단순히 자기 또는 제3자의 이익을 도모할 목적으로 문서를 작성하였다 하더라도 자격모용 사문서작성죄는 성립하지 아니한다. [2] 토지매수권한을 위임받은 대리인이 매도인 측 대표자와 공모하여 매매대금 일부를 착복하기로 하고 위임받은 특정 매매금액보다 낮은 금액을 허위로 기재한 매매계약서를 작성한 경우, 자격모용 사문서작성죄를 구성하지 않는다고 한 사례(대판 2007.10.11, 2007도5838)

Ⅲ 공문서위조·변조죄

행사할 목적으로 공무원 또는 공무소의 문서 또는 도화를 위조 또는 변조함으로써 성립하는 범죄이다(제225조).

관련 판례 공문서위조죄가 성립하는 경우

1) 피고인이 행사할 목적으로 **타인의 주민등록증**에 붙어있는 **사진**을 떼어내고 그 자리에 피고인의 사진을 붙였다면 이는 기존 공문서의 본질적 또는 중요 부분에 변경을 가하여 새로운 증명력을 가지는 별개의 공문서를 작성한 경우에 해당하므로 공문서위조죄를 구성한다(대판 1991.9.10, 91도1610).[156]

2) 타인의 **주민등록증사본**의 사진란에 피고인의 **사진을 붙여 복사**하여 행사한 행위가 공문서위조죄 및 동행사죄에 해당한다(대판 2000.9.5, 2000도2855).[157]

∵ 진정한 문서의 사본을 전자복사기를 이용하여 복사하면서 일부 조작을 가하여 그 사본 내용과 전혀 다르게 만드는 행위는 공공의 신용을 해할 우려가 있는 별개의 문서사본을 창출하는 행위로서 문서위조행위에 해당

3) 피고인이 타인의 주민등록증을 이용하여 주민등록증상 이름과 사진을 하얀 종이로 가린 후 **복사기**로 복사를 하고, 다시 **컴퓨터**를 이용하여 위조하고자 하는 당사자의 인적사항과 주소, 발급일자를 기재한 후 덮어쓰기를 하여 이를 다시 복사하는 방식으로 전혀 별개의 주민등록증사본을 창출시킨 사실을 인정한 다음, 그 사본 또한 공문서위조 및 행사죄의 객체가 되는 공문서에 해당한다(대판 2004.10.28, 2004도5183).

4) 허위공문서작성죄의 주체는 그 문서를 작성할 권한이 있는 명의인인 공무원에 한하고, 그 공무원의 문서작성을 보조하는 직무에 종사하는 공무원은 위 죄의 주체가 되지 못하므로 보조 공무원이 허위공문서를 기안하여 그 정을 모르는 작성권자의 결제를 받아 공문서를 완성한 때에는 허위공문서작성죄의 간접정범이 되고, / 이러한 **결제(결재)를 거치지 않고** 임의로 허위내용의 공문서를 완성한 때에는 공문서위조죄가 성립한다(대판 1981.7.28, 81도898).

156) 2007년 법원사무관승진시험

157) 2023년 법원사무관승진시험

관련 판례 **공문서위조죄가 성립하지 않는 경우**

1) 식당의 주·부식 구입 업무를 담당하는 공무원이 계약 등에 의하여 공무소의 주·부식 구입·검수 업무 등을 담당하는 **조리장·영양사 등의 명의**를 위조하여 **검수결과보고서**를 작성한 경우, 공문서위조죄가 성립하지 않는다(대판 2008.1.17, 2007도6987).

   ∵ 그 행위주체가 공무원과 공무소가 아닌 경우에는 형법 또는 기타 특별법에 의하여 공무원 등으로 의제되는 경우를 제외하고는 계약 등에 의하여 공무와 관련되는 업무를 일부 대행하는 경우가 있다 하더라도 공무원 또는 공무소가 될 수는 없다.

2) 공문서인 기안문서의 작성권한자가 직접 이에 서명하지 않고 피고인에게 **지시**하여 자기의 시명을 흉내내어 기안문서의 결재란에 대신 서명케 한 경우라면 피고인의 기안문서 작성행위는 작성권자의 지시 또는 승낙에 의한 것으로서 공문서위조죄의 구성요건해당성이 조각된다(대판 1983.5.24, 82도1426).

3) **[허위공사실적증명원제출사건]** 어느 문서의 작성권한을 갖는 공무원이 그 **문서의 기재 사항을 인식**하고 그 문서를 작성할 의사로써 이에 서명날인하였다면, 설령 그 서명날인이 타인의 기망으로 착오에 빠진 결과 그 문서의 기재사항이 진실에 반함을 알지 못한 데 기인한다고 하여도, 그 문서의 성립은 진정하며 여기에 하등 작성명의를 모용한 사실이 있다고 할 수는 없으므로, 공무원 아닌 자가 관공서에 **허위 내용의 증명원을 제출**하여 그 내용이 허위인 정을 모르는 담당공무원으로부터 그 증명원 내용과 같은 증명서를 발급받은 경우 공문서위조죄의 간접정범으로 의율할 수는 없다(대판 2001.3.9, 2000도938).

   → 위조의 간접정범 ×(∵ 문서의 내용을 알고 작성한 경우이므로)

4) **종량제 쓰레기봉투**에 인쇄할 시장 명의의 문안이 새겨진 **필름을 제조하는 행위**에 그친 경우에는 아직 위 시장 명의의 공문서인 종량제 쓰레기봉투를 위조하는 범행의 실행의 착수에 이르지 아니한 것으로서 그 준비단계에 불과하므로 무죄이다(대판 2007.2.23, 2005도7430).

   → 공문서위조죄의 경우 예비음모죄 처벌규정 ×

관련 판례 **공문서변조죄가 성립하는 경우**

1) 최종 결재권자를 보조하는 기안담당자가 적법한 절차를 거침이 없이 임의로 결재된 **원문서에 없는 사항을 추가 기재**한 이상 그러한 행위에 대하여는 공문서변조의 범의를 인정하기에 충분하고, 작성명의자인 최종 결재권자의 결재가 있었다고 하여 이로써 위 감정의뢰서 추가기재 행위에 대하여 작성명의자의 승낙이 있었다고 볼 수 없어 공문서변조죄에 해당한다(대판 1995.3.24, 94도1112).

2) 공문서변조죄는 권한 없는 자가 행사할 목적으로 공무소 또는 공무원이 이미 작성한 문서내용에 대하여 동일성을 침해하지 않을 정도로 변경을 가하여 새로운 증명력을 만들어 냄으로써 공공적 신용을 해칠 위험성이 있을 때 성립한다. 최종 결재권자를 보조하여 문서의 기안업무를 담당한 공무원이 **이미 결재를 받아 완성된 공문서**에 대하여 적법한 절차를 밟지 않고 그 내용을 변경한 경우에도 특별한 사정이 없는 한 공문서변조죄가 성립한다(대판 2017.6.8, 2016도5218).

3) 인터넷을 통하여 출력한 **등기사항전부증명서** 하단의 **열람일시** 부분을 수정 테이프로 지우고 복사한 행위는 새로운 증명력을 가진 문서를 만든 것에 해당하므로 공문서변조에 해당한다(대판 2021.2.25, 2018도19043).

   ∵ 열람 일시는 등기부상 권리관계의 기준 일시를 나타내는 역할을 하는 것으로 권리관계나 사실관계의 증명에서 중요한 부분에 해당하므로

관련 판례 **공문서변조죄가 성립하지 않는 경우**

1) 공문서변조라 함은 권한 없이 이미 진정하게 성립된 공무원 또는 공무소명의의 문서내용에 대하여 그 동일성을 해하지 아니할 정도로 변경을 가하는 것을 말한다 할 것이므로 **이미 허위로 작성된 공문서**는 형법 제225조 소정의 공문서변조죄의 객체가 되지 아니한다(대판 1986.11.11, 86도1984).
2) 인감증명서의 사용용도란의 기재는 증명청인 동장이 작성한 증명문구에 의하여 증명되는 부분과는 아무런 관계가 없다고 할 것이므로, 권한 없는 자가 임의로 **인감증명서의 사용용도란**의 기재를 고쳐 썼다고 하더라도 공무원 또는 공무소의 문서 내용에 대하여 변경을 가하여 새로운 증명력을 작출한 경우라고 볼 수 없으므로 공문서변조죄나 이를 전제로 하는 변조공문서행사죄가 성립되지는 않는다(대판 2004.8.20, 2004도2767).

Ⅳ 자격모용에 의한 사문서작성죄

행사할 목적으로 타인의 자격을 모용하여 권리·의무 또는 사실증명에 관한 문서 또는 도화를 작성함으로써 성립하는 범죄이다(제232조). '행사할 목적'이라 함은 그 문서가 정당한 권한에 기하여 작성된 것처럼 다른 사람으로 하여금 오신하도록 하게 할 목적을 말한다.

관련 판례 **자격모용에 의한 사문서작성죄가 성립하는 경우**

1) 자격모용에 의한 사문서작성죄는 문서위조죄와 마찬가지로 문서의 진정에 대한 공공의 신용을 그 보호법익으로 하는 것으로서, 행사할 목적으로 타인의 자격을 모용하여 작성된 문서가 일반인으로 하여금 당해 명의인의 권한 내에서 작성된 문서라고 믿게 할 수 있는 정도의 형식과 외관을 갖추고 있으면 성립하는 것이고, 자격모용에 의한 사문서작성죄에서의 '타인'에는 자연인뿐만 아니라 법인, 법인격 없는 단체를 비롯하여 거래관계에서 독립한 사회적 지위를 갖고 활동하고 있는 존재로 취급될 수 있으면 여기에 해당된다(대판 2008.2.14, 2007도9606).
   [사실관계] 부동산 중개사무소를 대표하거나 대리할 권한이 없는 사람이 부동산매매계약서의 공인중개사란에 '○○**부동산 대표 △△△(피고인의 이름)**'라고 기재한 경우, '○○부동산'이라는 표기는 단순히 상호를 가리키는 것이 아니라 독립한 사회적 지위를 가지고 활동하는 존재로 취급될 수 있으므로 자격모용사문서작성죄의 '명의인'에 해당한다고 한 사례
2) 재건축조합의 **조합장이 아닌 사람**이 재건축조합 조합장의 직함을 사용하여 재건축사업에 관한 계약서를 작성하였다면, 계약의 상대방이 자격모용사실을 알고 있었다거나 그 계약서에 조합장의 직인이 아닌 다른 인장을 날인하였더라도 자격모용에 의한 사문서작성죄의 범의와 행사의 목적이 인정된다(대판 2007.7.27, 2006도2330).
3) 甲회사의 대표이사인 피고인이 乙회사의 대표이사로 선임된 사실이 없음에도 甲회사와 乙회사의 **'총괄대표이사'의 자격으로 작성된 도급계약서**에 자신의 이름과 甲회사 대표이사의 직인을 날인한 경우, 위 계약서를 수령한 상대방으로서는 위 계약서가 乙회사의 대표이사 또는 甲회사와 乙회사의 총괄대표이사의 자격을 가진 피고인에 의하여 甲회사 및 乙회사 명의로 작성된 문서라고 믿게 할 정도의 형식과 외관을 갖추고 있는 것으로 볼 수 있고 **설령 상대방이 피고인이 乙회사의 대표이사가 아님을 알고 있더라도** 자격모용사문서작성죄의 성립에 영향이 없다(대판 2022.6.30, 2021도17712).

관련 판례 **자격모용에 의한 사문서작성죄가 성립하지 않는 경우**

1) 대표 또는 대리명의로 문서를 작성할 권한을 가진 자가 이를 **남용**하여 문서를 작성한 경우, 자격모용 사문서작성죄가 성립하지 않는다(대판 2007.10.11, 2007도5838).
   [사실관계] 토지매수권한을 위임받은 대리인이 매도인 측 대표자와 공모하여 매매대금 일부를 착복하기로 하고 **위임받은 특정 매매금액보다 낮은 금액**을 허위로 기재한 매매계약서를 작성한 경우, 자격모용 사문서작성죄를 구성하지 않는다.
2) 종중의 신임 대표자 등이 선임되고 전임 대표자에 대한 **직무집행정지가처분결정이 있은 후 위 가처분결정이 취소된** 경우, 위 선임결의가 무효라면 종전 임원이 위 가처분결정 이전에 작성한 이사회 의사록은 '자격을 모용하여 작성한 문서'가 아니고, 이를 위 가처분결정 이후에 행사하였다고 하더라도 자격모용작성사문서행사죄가 성립하지 않는다(대판 2007.7.26, 2005도4072).

V 자격모용에 의한 공문서작성죄

행사할 목적으로 공무원 또는 공무소의 자격을 모용하여 문서 또는 도화를 작성함으로써 성립하는 범죄이다(제226조).

o 갑 구청장이 을 구청장으로 전보된 후 갑 구청장의 권한에 속하는 건축허가에 관한 기안용지의 결재란에 서명을 한 것은 **자격모용에 의한 공문서작성죄**를 구성한다(대판 1993.4.27, 92도2688).
→ 허위공문서작성 ×, 자격모용공문서작성 ○

o 식당의 주·부식 구입 업무를 담당하는 공무원이 주·부식구입요구서의 **과장결재란**에 권한 없이 자신의 서명을 한 경우, 자격모용공문서작성죄가 성립하고 공문서위조죄는 문제되지 않는다(대판 2008.1.17, 2007도6987).

VI 사전자기록위작·변작죄

사무처리를 그르치게 할 목적으로 권리·의무 또는 사실증명에 관한 타인의 전자기록 등 특수매체기록을 위작 또는 변작함으로써 성립하는 범죄이다(제232조의2).

1 객체

권리·의무 또는 사실증명에 관한 타인의 전자기록 등 특수매체기록이다.

o [형법 제232조의2에서 정한 사전자기록 '위작'의 의미] 법인이 컴퓨터 등 정보처리장치를 이용하여 전자적 방식에 의한 정보의 생성·처리·저장·출력을 목적으로 전산망 시스템을 구축하여 설치·운영하는 경우 위 **시스템을 설치·운영하는 주체**는 **법인**이고, 법인의 임직원은 법인으로부터 정보의 생성·처리·저장·출력의 권한을 위임받아 그 업무를 실행하는 사람에 불과하다. 따라서 법인이 설치·운영하는 전산망 시스템에 제공되어 정보의 생성·처리·저장·출력이 이루어지는 전자기록 등 특수매체기록은 그 법인의 임직원과의 관계에서 **'타인'의 전자기록 등 특수매체기록**에 해당한다(대판 2020.8.27, 2019도11294 全合).

2 행위 _ 위작 또는 변작

위작·변작의 개념에 대하여 사문서의 위조·변조에 대응하여 유형위조를 의미한다고 보는 견해와 사문서의 위조·변조와는 달리 유형위조 외에 무형위조도 포함하는 개념으로 보는 견해가 대립한다. 판례는 최근 전원합의체 판결로 사전자기록위작죄의 위작의 개념에는 무형위조도 포함한다고 판시하였다.

ㅇ [형법 제232조의2에서 정한 사전자기록 '위작'의 의미][158] 시스템의 설치·운영 주체로부터 각자의 직무 범위에서 개개의 단위정보의 입력 권한을 부여받은 사람이 그 **권한**을 **남용**하여 허위의 정보를 입력함으로써 시스템 설치·운영 주체의 의사에 반하는 전자기록을 생성하는 경우도 형법 제227조의2(**공전자기록 등 위작죄**)에서 말하는 전자기록의 '**위작**'에 포함된다고 판시하였다. 위 법리는 형법 제232조의2의 사전자기록 등 위작죄에서 행위의 태양으로 규정한 '위작'에 대해서도 마찬가지로 적용된다(대판 2020.8.27, 2019도11294 全合).

[사실관계] 코미드라는 상호로 **인터넷 가상화폐 거래소**를 운영하는 주식회사 코미드의 **대표이사** 내지 **사내이사**인 피고인들이 가상화폐 거래시스템상 차명계정에 허위의 원화 포인트 및 가상화폐 포인트를 입력하고, 이를 위 거래시스템상 표시하게 한 것은 사전자기록등위작죄 및 위작사전자기록등행사죄에 해당한다.

ㅇ 비록 컴퓨터의 기억장치 중 하나인 램(RAM, Random Access Memory)이 임시기억장치 또는 임시저장매체이기는 하지만, …… 램에 올려진 전자기록은 원본파일과 불가분적인 것으로 원본파일의 개념적 연장선상에 있는 것이므로, 비록 원본파일의 변경까지 초래하지는 아니하였더라도 이러한 전자기록에 허구의 내용을 권한 없이 수정입력한 것은 그 자체로 그러한 사전자기록을 변작한 행위의 구성요건에 해당된다고 보아야 할 것이며 그러한 **수정입력의 시점**에서 사전자기록변작죄의 **기수**에 이르렀다(대판 2003.10.9, 2000도4993).

3 주관적 구성요건

사무처리를 그르치게 할 목적을 요한다.

ㅇ **'사무처리를 그르치게 할 목적'**이란 위작 또는 변작된 전자기록이 사용됨으로써 위와 같은 시스템을 설치·운영하는 주체의 사무처리를 잘못되게 하는 것을 말한다(대판 2008.6.12, 2008도938).

[사실관계] 새마을금고 직원이 위 금고의 **전 이사장에 대한 채권확보를 위해** 금고의 예금 관련 컴퓨터 프로그램에 전 이사장 명의의 예금계좌 비밀번호를 동의 없이 입력하여 위 예금계좌에 입금된 상조금을 위 금고의 가수금계정으로 이체한 경우, 사전자기록위작·변작죄의 '사무처리를 그르치게 할 목적'을 인정할 수 없다.

ㅇ 인터넷 포털사이트에 개설한 카페의 설치·운영 주체로부터 **글쓰기 권한을 부여받은 사람**이 위 카페에 접속하여 자신의 아이디로 허위내용의 글을 작성·게시한 경우, 위 카페의 설치·운영 주체의 사무처리를 그르치게 할 목적을 인정하기 어렵다(대판 2008.4.24, 2008도294).

∵ 입주자대표회의를 반대하는 주민들이 개설한 카페에 입주자대표회의를 반대하는 내용의 글을 게시한 경우이므로 (카페의 설치·운영 주체와 같은 의견)

158) 2022년 법원사무관승진시험(20점)

VII 공전자기록위작·변작죄

사무처리를 그르치게 할 목적으로 공무원 또는 공무소의 전자기록 등 특수매체기록을 위작 또는 변작함으로써 성립하는 범죄이다(제227조의2).

위작·변작의 개념에 대하여 공문서의 위조·변조와는 달리 유형위조 외에 무형위조도 포함된다고 본다(판례).

> ㅇ 시스템을 설치·운영하는 주체와의 관계에서 전자기록의 생성에 관여할 **권한이 없는 사람**이 전자기록을 작출하거나 전자기록의 생성에 필요한 단위 정보의 입력을 하는 경우는 물론 시스템의 설치·운영 주체로부터 각자의 직무 범위에서 **개개의 단위정보의 입력 권한을 부여받은 사람**이 그 **권한**을 **남용**하여 허위의 정보를 입력함으로써 시스템 설치·운영 주체의 의사에 반하는 전자기록을 생성하는 경우도 제227조의2에서 말하는 전자기록의 '위작'에 포함된다(대판 2005.6.9, 2004도6132).
>
> [사실관계] 경찰관이 고소사건을 처리하지 아니하였음에도 **경찰범죄정보시스템**에 그 사건을 검찰에 송치한 것으로 허위사실을 입력한 행위는 공전자기록위작죄에서 말하는 위작에 해당한다.
>
> ㅇ 甲의 업무를 보조하는 乙은 체비지 현장에 출장을 나간 사실이 없고 甲만이 체비지 현장에 출장을 나갔음에도 불구하고, 甲과 乙이 공모하여 마치 乙이 직접 그 출장을 나간 것처럼 **부천시청 행정지식관리시스템**에 허위의 정보를 입력하여 출장복명서를 생성한 후 이를 그 정을 모르는 위 시청 도시과장에게 전송하였다면 甲에게는 공전자기록 등 위작 및 위작공전자기록 등 행사죄가 성립한다(대판 2007.7.27, 2007도3798).

VIII 허위진단서작성죄

1 의의 및 보호법익

의사, 한의사, 치과의사 또는 조산사가 진단서, 검안서 또는 생사에 관한 증명서를 허위로 작성함으로써 성립하는 범죄이다(제233조). 목적범이 아니다.

2 허위진단서작성죄

(1) 사문서의 무형위조를 예외적으로 처벌하는 유일한 규정이다.

(2) 주체는 의사, 한의사, 치과의사 또는 조산사이다(진정신분범).

(3) 객체는 진단서, 검안서 또는 생사에 관한 증명서이다.

> ㅇ **진단서**는 의사가 진찰의 결과에 관한 판단을 표시하여 사람의 건강상태를 증명하기 위하여 작성하는 문서를 말한다(대판 2017.11.9, 2014도15129).
>
> ㅇ [허위입퇴원확인서사건] 159) '입퇴원 확인서'는 문언의 제목, 내용 등에 비추어 의사의 전문적 지식에 의한 진찰이 없더라도 확인 가능한 환자들의 입원 여부 및 입원기간의 증명이 주된 목적인 서류로서 환자의 건강상태를 증명하기 위한 서류라고 볼 수 없어 허위진단서작성죄에서 규율하는 진단서로 보기 어렵다(대판 2013.12.12, 2012도3173).

159) 2020년 법원행정고등고시

(4) 행위는 허위작성이다. 허위란 객관적 진실에 반하는 것을 말하고, 사실에 관한 것이건 판단에 관한 것이건 불문하다.

ㅇ [허위진단서작성죄 등의 성립이 문제된 사건] 허위진단서작성죄는 원래 허위의 증명을 금지하려는 것이므로, 진단서의 내용이 실질상 진실에 반하는 기재여야 할 뿐 아니라 그 내용이 허위라는 의사의 주관적 인식이 필요하며, 그러한 인식은 미필적 인식으로도 충분하나, 이에 대하여는 검사가 증명책임을 진다. / 허위진단서 작성에 해당하는 **허위의 기재**는 사실에 관한 것이건 판단에 관한 것이건 불문하므로, 현재의 진단명과 증상에 관한 기재뿐만 아니라 현재까지의 진찰 결과로서 발생 가능한 합병증과 향후 치료에 대한 소견을 기재한 경우에도 그로써 환자의 건강상태를 나타내고 있는 이상 허위진단서 작성의 대상이 될 수 있다. …… 의사가 환자의 수형생활 또는 수감생활의 가능 여부에 관하여 기재한 의견이 환자의 건강상태에 기초한 향후 치료 소견의 일부로서 의료적 판단을 기재한 것으로 볼 수 있다면, 이는 환자의 건강상태를 나타내고 있다는 점에서 허위진단서 작성의 대상이 될 수 있다. 따라서 그러한 판단에 결합된 진단 결과 또는 **향후 치료 의견**이 허위라면 수형생활 또는 수감생활의 가능 여부에 대한 판단 부분도 허위라고 할 수 있다(대판 2017.11.9, 2014도15129).
[사실관계] 치료를 요하지 않음에도 '요추부 압박골절로 지속적인 입원치료가 필요하므로 수용생활이 불가능하다'라고 진단서를 작성한 경우 허위진단서작성죄가 성립한다.

(5) **죄수 및 타죄와의 관계**

ㅇ 허위진단서작성죄의 대상은 공무원이 아닌 의사가 사문서로서 진단서를 작성한 경우에 한정되고, **공무원인 의사가 공무소의 명의로 허위진단서를 작성한 경우**에는 허위공문서작성죄만이 성립하고 허위진단서작성죄는 별도로 성립하지 않는다(대판 2004.4.9, 2003도7762).[160]
→ 공무원인 의사가 허위의 진단서를 작성한 한 후 그 명목으로 사례를 받은 행위에 대하여 허위공문서작성죄와 부정처사 후 수뢰죄의 실체적 경합범이 성립

IX 허위공문서작성죄

1 의의

공무원이 행사할 목적으로 그 직무에 관하여 문서 또는 도화를 허위로 작성하거나 변개함으로써 성립하는 범죄이다(제227조).

2 주체

직무에 관하여 문서 또는 도화를 작성할 권한이 있는 공무원이다(진정신분범). 일반인은 물론 공무원이라도 작성권한이 없으면 본죄의 주체가 될 수 없다.

ㅇ 허위공문서작성죄에 있어서 직무에 관한 문서라 함은 공무원이 직무권한 내에서 작성하는 문서를 말하고, 그 문서는 대외적인 것이거나 내부적인 것을 구별하지 아니하며, 그 직무권한이 반드시 법률상 근거가 있음을 필요로 하는 것이 아니고 명령, 내규 또는 관례에 의한 직무집행의 권한으로 작성하는 경우라도 포함되는 것이다(대판 2015.10.29, 2015도9010).

160) 2020년 법원행정고등고시

3 객체

공문서 또는 공도화이다.

○ 자생식물원 조성공사의 감리업체의 책임감리원 甲과 이 공사를 감독하는 담당공무원 乙이 공모하여 허위 내용의 **준공검사조서**를 작성한 다음, 이를 준공검사결과보고서에 첨부하여 공무원들의 결재를 받아 사무실에 비치한 경우, 위 '준공검사조서'는 공문서에 해당한다(대판 2010.4.29, 2010도875).

[판결이유] 지방자치단체를 당사자로 하는 계약의 이행완료에 관한 검사는 지방자치단체의 장 또는 계약담당자의 직무권한에 속하는 사항이고, 검사조서로 작성・보고받고 이를 확인하여 승인하는 의미로 검사조서에 결재하였다면 그와 같이 결재된 검사조서는 공무원이 그 직무권한 내에서 작성한 문서이다.

○ 허위공문서작성죄의 객체가 되는 문서는 문서상 작성명의인이 명시된 경우뿐 아니라 작성명의인이 명시되어 있지 않더라도 문서의 형식, 내용 등 문서 자체에 의하여 누가 작성하였는지를 추지할 수 있을 정도의 것이면 된다(대판 2019.3.14, 2018도18646).

[사실관계] 피고인이 작성한 **보도자료**는 그 내용이 **국가정보원**의 의견뿐 아니라 국가정보원 심리전단 소속 직원들이 조직적으로 정치현안에 관한 댓글 등을 게시하였는지 여부에 관한 사실 확인을 포함하고 있어 사실관계에 관한 증명적 기능을 수행하고, 문서의 형식과 내용, 체제에 비추어 국가정보원 대변인 명의인 점이 명백히 드러나므로, 허위공문서작성죄의 객체가 된다.

4 행위

허위로 작성하거나 변개하는 것이다. 허위작성이란 작성권한 있는 자가 진실에 반하는 내용을 기재하는 것을 말하고, 변개란 진정하게 작성된 기존문서의 내용을 허위로 변경하는 것을 말한다.

○ 허위공문서작성죄란 공문서에 진실에 반하는 기재를 하는 때에 성립하는 범죄이므로, **고의로 법령을 잘못 적용**하여 공문서를 작성하였다고 하더라도 그 법령적용의 전제가 된 사실관계에 대한 내용에 거짓이 없다면 허위공문서작성죄가 성립될 수 없다(대판 2003.2.11, 2002도4293).

[동지판례] 공문서 작성 과정에서 법령 등을 잘못 적용하였다고 하여 반드시 진실에 반하는 기재를 하여 공문서를 작성하게 되는 것은 아니므로, 공문서 작성 과정에서 법령 등의 적용에 잘못이 있다는 것과 기재된 공문서 내용이 허위인지 여부는 구별되어야 한다(대판 2021.9.16, 2019도18394).

관련 판례 허위공문서작성죄가 성립하는 경우

1) 공무원인 피고인이 그 직무에 관하여 이 건 문제로 된 사문서 사본에 "원본대조필 토목기사 피고인"이라 기재하고 도장을 날인하였다면 그 기재 자체가 공문서로 되고, 이 경우 피고인이 실제로 원본과 대조함이 없이 "**원본대조필**"이라고 기재한 이상 그것만으로 곧 허위공문서작성죄가 성립하는 것이고, 피고인이 위 문서작성자에게 전화로 원본과 상이 없다는 사실을 확인하였다거나 객관적으로 그 사본이 원본과 다른 점이 없다고 하더라도 위 죄가 성립한다(대판 1981.9.22, 80도3180).
2) 준공검사관이 매몰 부분 공사의 미완성을 알면서도 공사감독관의 감독조서를 근거로 **준공검사조서**를 작성한 경우, 허위공문서작성죄가 성립한다(대판 1995.6.13, 95도491).
   [동지판례] 준공검사관 공무원 甲이 정산설계서에 의하여 준공검사를 하지 않고도 준공검사를 하였다고 준공검사조서에 기재하였지만, 준공검사조서의 내용이 객관적으로 정산설계서 초안이나 그 후에 작성된 정산설계서 원본의 내용과 일치한 경우 허위공문서작성죄가 성립한다(대판 1983.12.27, 82도3063).

3) 공무원 甲이 A의 부탁을 받아 A가 세대주임에도 불구하고 A의 동거가족 B를 세대주인 것처럼 된 주민등록표를 작성한 경우 허위공문서작성죄가 성립한다(대판 1990.10.16, 90도1199).

4) 인감증명서 발급업무를 담당하는 공무원이 발급을 신청한 본인이 직접 출두한 바 없음에도 불구하고 **본인이 직접 신청하여 발급받은 것처럼 인감증명서**에 기재하였다면, 이는 공문서위조죄가 아닌 허위공문서작성죄를 구성한다(대판 1997.7.11, 97도1082). → 위조 ×, 허위작성 ○

[동지판례] 인감증명서가 본인 또는 대리인 중 누구의 신청에 의하여 발행된 문서이냐 하는 점 역시 그 증명력을 담보함에 필요한 사항이라 할 것이므로 인감증명서를 발행함에 있어 인감증명서의 인적사항과 인감 및 그 용도를 일치하게 기재하였어도 **대리인에 의한 것을 본인의 신청에 의한 것으로** 기재하였다면 그 사항에 관하여는 허위기재한 것으로 보아야 할 것이다(대판 1985.6.25, 85도758).

5) 폐기물처리사업계획이 관계 법령의 규정에 적합하지 아니함을 알면서 적합하다는 내용으로 통보서를 작성한 것이라면 그 통보서(**폐기물처리사업계획적합통보서**)는 허위의 공문서라고 보지 아니할 수 없다(대판 2003.2.11, 2002도4293).

6) 농지법 제8조 제1항 소정의 농지취득자격증명은 농지를 취득하는 자가 그 소유권에 관한 등기를 신청할 때에 첨부하여야 할 서류로서(농지법 제8조 제4항), 농지를 취득하는 자에게 농지취득의 자격이 있다는 것을 증명하는 것이므로, 신청인에게 농업경영능력이나 영농의사가 없음을 알거나 이를 제대로 알지 못하면서도 농지취득자격에 아무런 문제가 없다는 내용으로 **농지취득자격증명통보서**를 작성하였다면, 허위공문서작성죄가 성립한다(대판 2007.1.25, 2006도3996).

7) 경찰관들이 피의자 4명을 현행범으로 체포하거나 현행범인체포서를 작성할 때 체포사유 및 변호인선임권을 고지하지 아니하였음에도 불구하고, '체포의 사유 및 변호인 선임권 등을 고지 후 현행범인 체포한 것임'이라는 내용의 허위의 현행범인체포서 4장과 '현행범인으로 체포하면서 범죄사실의 요지, 구속의 이유와 변호인을 선임할 수 있음을 고지하고 변명의 기회를 주었다'는 내용의 **허위의 확인서** 4장을 각 작성한 경우 허위공문서작성죄 및 허위작성공문서행사죄가 성립한다(대판 2010.6.24, 2008도11226).

8) 피고인 2가 실제로 현장확인을 하지 않고 동료 청원경찰인 피고인 1에게 원상복구 여부에 대한 현장확인을 부탁한 다음, 피고인 1이 작성한 출장복명서가 진실한 것인지를 제대로 알지도 못하면서 자신이 직접 현장확인을 하여 보니 원상복구가 완료되었다는 내용의 출장복명서에 자신의 서명을 함으로써 **출장복명서**를 완성하여 그 정을 모르는 담당공무원에게 제출하였다면 이는 허위공문서작성죄 및 허위작성공문서행사죄에 해당한다(대판 2013.10.24, 2013도5752).

9) 공증담당 변호사가 법무사의 직원으로부터 인증촉탁서류를 제출받았을 뿐, 법무사가 공증사무실에 출석하여 사서증서의 날인이 당사자 본인의 것임을 확인한 바 없음에도 마치 그러한 확인을 한 것처럼 인증서에 기재한 경우, 허위공문서작성죄가 성립한다(대판 2007.1.25, 2006도3844).

10) 사법경찰관인 피고인이 검사로부터 '교통사고 피해자들로부터 사고 경위에 대해 구체적인 진술을 청취하여 운전자 갑의 도주 여부에 대해 재수사할 것'을 요청받고, **재수사 결과서의 '재수사 결과'란에 피해자들로부터 진술을 청취하지 않았음에도 진술을 듣고 그 진술내용을 적은 것처럼 기재**하였다면, 피해자들 진술로 기재된 내용 중 일부가 결과적으로 사실과 부합하는지, 재수사 요청을 받은 사법경찰관이 검사에 의하여 지목된 참고인이나 피의자 등에 대한 재조사 여부와 재조사 방식 등에 대해 재량을 가지는지 등과 무관하게 허위공문서작성죄를 구성하고, 그에 관한 범의도 인정된다(대판 2023.3.30, 2022도6886)

관련 판례 **허위공문서작성죄가 성립하지 않는 경우**

1) 당사자로부터 뇌물을 받고 고의로 적용하여서는 안 될 조항을 적용하여 과세표준을 결정하고 그 과세표준에 기하여 세액을 산출하였다고 하더라도, 그 **세액계산서**에 허위내용의 기재가 없다면 허위공문서작성죄에는 해당하지 않는다(대판 1996.5.14, 96도554).

2) 건축 담당 공무원이 건축허가신청서를 접수·처리함에 있어 건축법상의 요건을 갖추지 못하고 설계된 사실을 알면서도 기안서인 건축허가통보서를 작성하여 건축허가서의 작성명의인인 군수의 결재를 받아 **건축허가서**를 작성한 경우, (건축허가서는 그 작성명의인인 군수가 건축허가신청에 대하여 이를 관계 법령에 따라 허가한다는 내용에 불과하고 위 건축허가신청서와 그 첨부서류에 기재된 내용(건축물의 건축계획)이 건축법의 규정에 적합하다는 사실을 확인하거나 증명하는 것은 아니라 할 것이므로) 군수가 위 건축허가통보서에 결재하여 위 건축허가신청을 허가하였다면 위 건축허가서에 표현된 허가의 의사표시 내용 자체에 어떠한 허위가 있다고 볼 수는 없다 할 것이어서, 건축허가서를 작성한 행위를 허위공문서작성죄로 처벌할 수는 없다(대판 2000.6.27, 2000도1858).

3) **면사무소 호적계장이 면장의 결재 없이** 호적의 출생년란, 주민등록번호란에 허위내용의 호적정정 기재를 한 경우에는 공문서위조 및 동행사죄를 구성하는 것은 별론으로 하고 제227조가 규정한 허위공문서작성죄에 해당할 수는 없다(대판 1990.10.12, 90도1790). → 공문서위조죄 성립 ○

4) **허위공문서작성죄의 허위**는 표시된 내용과 진실이 부합하지 아니하여 그 문서에 대한 공공의 신용을 위태롭게 하는 경우여야 하고, 그 내용이 허위라는 사실에 관한 피고인의 인식이 있어야 한다(대판 2022.8.19, 2020도9714).

[사실관계] 피고인이 세월호 침몰사고 진상규명을 위한 국정조사특별위원회의 국정조사절차에서 대통령비서실장으로서 증언한 후 국회의 추가 서면질의에 대하여 작성·제출한 **답변서** 기재사항 중 **'대통령은 직접 대면보고 받는 것 이상으로 상황을 파악하고 있었다고 생각한다.'**라는 부분은 피고인의 주관적 의견으로서 그 자체로 내용의 진실 여부를 판단할 수 있다거나 문서에 대한 공공의 신용을 위태롭게 할 만한 증명력과 신용력을 갖는다고 볼 수 없고, '비서실에서 20~30분 단위로 간단없이 유·무선으로 보고를 하였다.'라는 부분은 실제로 있었던 객관적 사실을 기반으로 하여 기재된 내용으로 허위라고 볼 수 없으며, 이미 국회에서 위증에 대한 제재를 감수하는 증인선서 후 증언한 내용과 동일한 점 등에서 피고인에게 허위의 답변서를 작성·제출한다는 인식이 있었다고 보기도 어렵다. 따라서 위 답변서가 공문서에 해당한다고 본 원심판단은 정당하나, / 위 답변서 작성 및 제출이 **허위공문서작성죄 및 허위작성공문서행사죄**에 해당한다고 인정한 원심판단에는 허위공문서작성죄에 관한 법리오해의 잘못이 있다고 한 사례

5 주관적 구성요건

고의(내용이 허위라는 사실의 인식)와 행사할 목적이 있어야 한다.

- 허위사실임을 인식한 이상 상사나 상급관청의 양해·지시가 있었다고 해서 고의가 부정되는 것은 아니다(대판 1971.11.9, 71도177).
- 허위공문서작성죄에서 허위라 함은 표시된 내용과 진실이 부합하지 아니하여 그 문서에 대한 공공의 신용을 위태롭게 하는 경우를 말하는 것이고, 허위공문서작성죄는 허위공문서를 작성함에 있어 그 내용이 **허위라는 사실을 인식**하면 성립한다 할 것이다(대판 2013.10.24, 2013도5752 ; 대판 2015.10.29, 2015도9010).

허위공문서작성죄는 허위공문서를 작성함에 있어 그 내용이 허위라는 사실을 인식하면 성립하고, 허위공문서 작성 그 자체로서 문서에 대한 공공적 신용을 위태롭게 하여 처벌하는 것이므로 특정인에 대한 구체적인 손해가 생기거나 생길 위험이 있을 것을 요하지 않는다(대판 1995.11.10, 95도1395).

ㅇ 공무원이 여러 차례의 출장반복의 번거로움을 회피하고 민원사무를 신속히 처리한다는 방침에 따라 사전에 출장조사한 다음 출장조사내용이 변동 없다는 확신하에 **출장복명서**를 작성하고 다만 그 출장일자를 작성일자로 기재한 것이라면 허위공문서작성의 **범의**가 있었다고 볼 수 없다(대판 2001.1.5, 99도4101).
→ 허위공문서작성의 고의 ×

6 간접정범의 성립여부

(1) 작성권한이 있는 공무원(신분자)이 권한 없는 자(비신분자)를 이용하여 허위공문서를 작성하게 한 경우 허위공문서작성죄의 간접정범이 성립한다.

(2) 권한 없는 자(비신분자)는 허위공문서작성죄의 간접정범이 될 수 없다. 왜냐하면 허위공문서작성죄는 진정신분범이고 비신분자는 주체가 될 수 없기 때문이다(∵ **정범적격** ×).

ㅇ 공무원이 아닌 자는 형법 제228조의 경우를 제외하고는 허위공문서작성죄의 **간접정범**으로 처벌할 수 없으나, / 공무원이 아닌 자가 공무원과 공동하여 허위공문서작성죄를 범한 때에는 공무원이 아닌 자도 형법 제33조, 제30조에 의하여 허위공문서작성죄의 **공동정범**이 된다(대판 2006.5.11, 2006도1663).

(3) 공문서작성의 보조자(보조공무원)가 작성권한이 있는 공무원(신분자)를 이용하여 작성권자의 결재를 받아 허위공문서를 작성한 경우 허위공문서작성죄의 간접정범이 성립한다. 그러나 작성권자의 결재 없이 허위공문서를 작성한 경우 공문서위조죄가 성립한다.[161]

ㅇ 허위공문서작성죄의 주체는 그 문서를 작성할 권한이 있는 명의인인 공무원에 한하고, 그 공무원의 문서작성을 **보조**하는 직무에 종사하는 **공무원**은 위 죄의 주체가 되지 못하므로 보조 공무원이 허위공문서를 기안하여 그 **정을 모르는 작성권자의 결재를 받아** 공문서를 완성한 때에는 허위공문서작성죄의 간접정범이 되고, / 이러한 **결재를 거치지 않고** 임의로 허위내용의 공문서를 완성한 때에는 공문서위조죄가 성립한다(대판 1981.7.28, 81도898).

관련 판례 허위공문서작성죄의 간접정범이 성립하는 경우

1) 면의 호적계장이 정을 모른 **면장의 결재를 받아** 허위내용의 호적부를 작성한 경우 허위공문서작성, 동행사죄의 간접정범이 성립된다(대판 1990.10.30, 90도1912).
2) 경찰서 보안과장인 피고인이 갑의 음주운전을 눈감아주기 위하여 그에 대한 음주운전자 적발보고서를 찢어버리고, 부하로 하여금 일련번호가 동일한 가짜 음주운전 적발보고서에 을에 대한 음주운전 사실을 기재케 하여 그 정을 모르는 담당 경찰관으로 하여금 **주취운전자 음주측정처리부**에 을에 대한 음주운전 사실을 기재하도록 한 이상, 을이 음주운전으로 인하여 처벌을 받았는지 여부와는 관계없이 허위공문서작성 및 동 행사죄의 간접정범으로서의 죄책을 면할 수 없다(대판 1996.10.11, 95도1706).

161) 2022년 변호사시험

관련 판례 **허위공문서작성죄의 간접정범이 성립하지 않는 경우**

1) 보조 직무에 종사하는 공무원이 허위공문서를 기안하여 허위임을 모르는 작성권자의 결재를 받아 공문서를 완성한 때에는 허위공문서작성죄의 간접정범이 될 것이지만, / 이러한 **결재를 거치지 않고 임의로 작성권자의 직인 등을 부정 사용함으로써 공문서를 완성한 때**에는 공문서위조죄가 성립한다. 이는 공문서의 작성권한 없는 사람이 허위공문서를 기안하여 작성권자의 결재를 받지 않고 공문서를 완성한 경우에도 마찬가지이다(대판 2017.5.17, 2016도13912).

   [사실관계] 다른 공무원 등이 작성권자의 결재를 받지 않고 직인 등을 보관하는 담당자를 기망하여 작성권자의 직인을 날인하도록 하여 공문서를 완성한 때에도 공문서위조죄가 성립한다.

2) [허위공사실적증명원제출사건] **공무원 아닌 자**가 관공서에 허위 내용의 증명원을 제출하여 그 내용이 허위인 정을 모르는 담당 공무원으로부터 그 증명원 내용과 같은 증명서를 발급받은 경우 공문서위조죄의 간접정범으로 의율할 수는 없다(대판 2001.3.9, 2000도938).

   → 허위공문서작성죄의 간접정범 ×(∵ 비신분자이므로)

3) 출원에 대한 심사업무를 담당하는 공무원이 출원인의 출원사유가 허위라는 사실을 알면서도 결재권자로 하여금 오인, 착각, 부지를 일으키게 하고 그 오인, 착각, 부지를 이용하여 인·허가처분에 대한 결재를 받아낸 경우에는 출원자가 허위의 출원사유나 허위의 소명자료를 제출한 경우와는 달리 더 이상 출원에 대한 적정한 심사업무를 기대할 수 없게 되었다고 할 것이어서 그와 같은 행위는 위계로써 결재권자의 직무집행을 방해한 것에 해당하므로 위계에 의한 공무집행방해죄가 성립한다(대판 1997.2.28, 96도2825).

   [사실관계] 출원인이 어업허가를 받을 수 없는 자라는 사실을 알면서도 그 직무상의 의무에 따른 적절한 조치를 취하지 않고 오히려 부하직원으로 하여금 **어업허가** 처리기안문을 작성하게 한 다음 피고인 스스로 중간결재를 하는 등 위계로써 농수산국장의 최종결재를 받았다면, 직무위배의 위법상태가 위계에 의한 공무집행방해행위 속에 포함되어 있는 것이라고 보아야 할 것이므로, 이와 같은 경우에는 작위범인 위계에 의한 공무집행방해죄만이 성립하고 부작위범인 직무유기죄는 따로 성립하지 아니한다. → 위계에 의한 공무집행방해죄 ○, 허위공문서작성죄의 간접정범 ×

   ∵ 어업허가서에는 내용의 허위가 없으므로

7 공범

○ 공문서의 작성권한이 있는 공무원의 직무를 보좌하는 자가 그 직위를 이용하여 행사할 목적으로 허위의 내용이 기재된 문서 초안을 그 정을 모르는 상사에게 제출하여 결재하도록 하는 등의 방법으로 작성권한이 있는 공무원으로 하여금 허위의 공문서를 작성하게 한 경우에는 간접정범이 성립되고 이와 **공모한 자** 역시 그 **간접정범의 공범**으로서의 죄책을 면할 수 없는 것이고, 여기서 말하는 공범은 반드시 공무원의 신분이 있는 자로 한정되는 것은 아니라고 할 것이다(대판 1992.1.17, 91도2837).

○ 공무원이 아닌 자가 공무원과 공동하여 허위공문서작성죄를 범한 때에는 공무원이 아닌 자도 형법 제33조, 제30조에 의하여 허위공문서작성죄의 **공동정범**이 된다(대판 2006.5.11, 2006도1663).

○ 피고인이 건축물조사 및 가옥대장 정리업무를 담당하는 지방행정서기를 교사하여 무허가 건물을 허가받은 건축물인 것처럼 가옥대장 등에 등재케하여 허위공문서 등을 작성케 한 사실이 인정된다면, 허위공문서작성죄의 교사범으로 처단한 것은 정당하다(대판 1983.12.13, 83도1458).

8 타죄와의 관계

- 형법이 제225조 내지 제230조에서 공문서에 관한 범죄를 규정하고, 이어 제231조 내지 제236조에서 사문서에 관한 범죄를 규정하고 있는 점 등에 비추어 볼 때 형법 제233조 소정의 허위진단서작성죄의 대상은 공무원이 아닌 의사가 사문서로서 진단서를 작성한 경우에 한정되고, 공무원인 의사가 공무소의 명의로 허위진단서를 작성한 경우에는 허위공문서작성죄만이 성립하고 허위진단서작성죄는 별도로 성립하지 않는다(대판 2004.4.9, 2003도7762).
- 예비군 중대장이 그 소속 예비군대원의 훈련불참사실을 알았다면 이를 소속 대대장에게 보고하는 등의 조치를 취할 직무상의 의무가 있음은 물론이나, 그 소속 **예비군대원의 훈련불참사실을 고의로 은폐할 목적**으로 당해 예비군대원이 훈련에 참석한 양 허위내용의 학급편성명부를 작성, 행사하였다면, 직무위배의 위법상태는 허위공문서작성 당시부터 그 속에 포함되어 있는 것이고 그 후 소속대대장에게 보고하지 아니하였다 하더라도 당초에 있었던 직무위배의 위법상태가 그대로 계속된 것에 불과하다고 보아야 하고, 별도의 직무유기죄가 성립하여 양죄가 실체적 경합범이 된다고 할 수 없다(대판 1982.12.28, 82도2210).
- 공무원이 어떠한 위법사실을 발견하고도 직무상 의무에 따른 적절한 조치를 취하지 아니하고 **위법사실을 적극적으로 은폐할 목적**으로 허위공문서를 작성·행사한 경우에는 직무위배의 위법상태는 허위공문서 작성 당시부터 그 속에 포함되는 것으로 작위범인 허위공문서작성, 동행사죄만이 성립하고 부작위범인 직무유기죄는 따로 성립하지 아니하나, / 위 복명서 및 심사의견서를 허위작성한 것이 농지일시전용허가를 신청하자 이를 **허가하여 주기 위하여** 한 것이라면 직접적으로 농지불법전용 사실을 은폐하기 위하여 한 것은 아니므로 위 허위공문서작성, 동행사죄와 직무유기죄는 실체적 경합범의 관계에 있다(대판 1993.12.24, 92도3334).

[사실관계] 군직원이 농지전용허가를 하여 주어서는 안 됨을 알면서도 허가하여 줌이 타당하다는 취지의 현장출장복명서 및 심사의견서를 작성하여 결재권자에게 제출한 것이 허위공문서작성, 동행사죄에 해당한다.

X 공정증서원본 등 부실기재죄 162)

1 의의 및 법적 성격

공무원에 대하여 허위신고를 하여 공정증서원본 또는 이와 동일한 전자기록 등 특수매체기록에 부실의 사실을 기재 또는 기록하게 하거나, 면허증, 허가증, 등록증 또는 여권에 부실의 사실을 기재하게 함으로써 성립하는 범죄이다(제228조).

일반인이 작성권한 있는 공무원을 이용하여 허위공문서작성죄를 범한 경우 처벌할 수 없으므로 이러한 처벌의 공백을 메우기 위하여 예외적으로 허위공문서작성죄의 간접정범형태의 범죄를 처벌하면서 그 객체를 공정증서원본 등으로 제한한 것이다.

2 주체

제한이 없다.

162) 2003년 법원사무관승진시험

3 객체

공정증서원본 또는 이와 동일한 전자기록 등 특수매체기록, 면허증, 허가증, 등록증 또는 여권이다.

(1) 공정증서 원본

공정증서 원본이란 공무원이 직무상 작성한 문서로서 권리·의무에 관한 사실을 증명하는문서를 말하고 사실증명에 관한 것은 포함하지 아니한다(예 ○○등기부·등록부 ↔ ○○대장). 그리고 성질상 허위신고에 의하여 부실한 사실이 그대로 기재될 수 있는 문서이어야 한다(예 화해조서 ↔ 조성조서).

(2) 면허증·허가증·등록증·여권

① 면허증이란 특정인에게 특정기능을 수행할 수 있는 권리를 부여하기 위하여 공무원이 작성하는 증명서를 말한다. 예 의사면허증, 자동차운전면허증

② 허가증이란 특정인에게 일정 영업이나 사업을 허가한다는 사실을 증명하는 공문서이다.
예 주류판매허가증, 자동차영업허가증 등

③ 등록증이란 일정한 자격이나 요건을 갖춘 자에게 그 자격이나 요건에 상응한 활동을 할 수 있는 권능 등을 인정하기 위하여 공무원이 작성한 증서
예 변호사등록증, 변리사등록증, 공인회계사등록증 등

④ 여권이란 공무소가 해외여행자에게 발행하는 여행허가증이다.

> o **사업자등록증**은 단순한 사업사실의 등록을 증명하는 증서에 불과하고 그에 의하여 사업을 할 수 있는 자격이나 요건을 갖추었음을 인정하는 것은 아니라고 할 것이어서 제228조 제1항에 정한 '등록증'에 해당하지 않는다(대판 2005.7.15, 2003도6934).

구분	공정증서 해당 ○	공정증서 해당 ×
권리의무에 관한 사실	부동산등기부, 선박등기부, 자동차등록부, 상업등기부, 법인등기부, 합동법률사무소 명의로 작성된 공증에 관한 문서	주민등록부, 인감대장, 토지대장, 가옥대장, 임야대장, **자동차운전면허대장**, 주민등록증, 공증인이 인증한 사서 증서
증명하기 위한 목적	화해조서 (처분문서이지만 증명문서의 성격이 강함)	처분문서(예 매매계약서)는 불해당 법원의 판결원본·지급명령원본
허위신고에 의해 부실사실 그대로 기재		수사기관의 진술조서, 감정인의 감정서, **조정조서** 등 소송상의 각종 조서 (∵ 신고채택여부 공무원의 재량)
원본	원본일 것을 요함	정본·등본·사본·초본
기타	면허증, 허가증, 등록증, 여권	**사업자등록증**, 합격증서, 교사자격증서, 선거인명부

관련 판례 공정증서원본 등에 해당하는 경우

> 공증사무 취급이 인가된 **합동법률사무소 명의로 작성된 공증에 관한 문서**는 형법상 공정증서 기타 공문서에 해당한다(대판 1977.8.23, 74도2715 全合). 163)

163) 2006년 법원행정고등고시

관련 판례 공정증서원본 등에 해당하지 않는 경우

1) **주민등록부**는 공정증서 원본이 아니다(대판 1969.3.25, 69도163).
∵ 주민등록부는 권리의무의 득실변경 등의 증명을 목적으로 하는 공부가 아니므로

2) **인감대장**은 행정청이 출원자의 현재 사용하고 있는 인감을 증명함으로써 국민의 편의를 도모하기 위하여 출원자의 인감신고를 받아두는 공부로서 공정증서가 아니라 할 것이다(대판 1968.11.19, 68도1231).

3) 제228조에서 말하는 공정증서란 권리의무에 관한 공정증서만을 가리키는 것이고 사실증명에 관한 것은 이에 포함되지 아니하므로 권리의무에 변동을 주는 효력이 없는 **토지대장**은 위에서 말하는 공정증서에 해당하지 아니한다(대판 1988.5.24, 87도2696).

4) **자동차운전면허대장**은 운전면허 행정사무집행의 편의를 위하여 범칙자, 교통사고유발자의 인적 사항·면허번호 등을 기재하거나 운전면허증의 교부 및 재교부 등에 관한 사항을 기재하는 것에 불과하며, 그에 대한 기재를 통해 당해 운전면허 취득자에게 어떠한 권리의무를 부여하거나 변동 또는 상실시키는 효력을 발생하게 하는 것으로 볼 수는 없고, 따라서 자동차운전면허대장은 사실증명에 관한 것에 불과하므로 형법 제228조 제1항에서 말하는 공정증서원본이라고 볼 수 없다(대판 2010.6.10, 2010도1125).
[사실관계] 자동차운전면허증 재교부신청서의 사진란에 본인의 사진이 아닌 다른 사람의 사진을 붙여 제출함으로써 담당공무원으로 하여금 **자동차운전면허대장**에 불실의 사실을 기재한 경우, 자동차운전면허대장이 공정증서원본에 해당하지 않아 공정증서원본불실기재죄가 성립하지 아니한다.

5) 형법 제228조에서 말하는 공정증서란 권리의무에 관한 공정증서를 가리키는 것이라 할 것이므로 **공증인이 인증한 사서증서**는 위 법조에서 말하는 공정증서원본이 될 수 없다(대판 1984.10.23, 84도1217).

6) 법원에 허위 내용의 조정신청서를 제출하여 판사로 하여금 **조정조서**에 불실의 사실을 기재하게 한 경우 위 조정조서가 공정증서원본에 해당하지 않아 공정증서원본불실기재죄가 성립하지 아니한다(대판 2010.6.10, 2010도3232).
∵ 조정제도는 원칙적으로 조정신청인의 신청 취지에 구애됨이 없이 조정담당판사 등이 제반 사정을 고려하여 당사자들에게 상호 양보하여 합의하도록 권유·주선함으로써 화해에 이르게 하는 제도인 점에 비추어 그 성질상 허위신고에 의해 불실한 사실이 그대로 기재될 수 있는 공문서로 볼 수 없으므로

7) '공정증서원본'에는 **공정증서의 정본**이 포함된다고 볼 수 없으므로 불실의 사실이 기재된 공정증서의 정본을 그 정을 모르는 법원 직원에게 교부한 행위는 형법 제229조의 불실기재공정증서원본행사죄에 해당하지 아니한다(대판 2002.3.26, 2001도6503).

8) **한국환경공단**이 설치·운영하는 폐기물정보처리시스템인 '**올바로시스템**'은 공무원 또는 공무소의 전자기록에 해당하지 않는다(대판 2020.3.12, 2016도19170).
∵ 행위주체가 공무원 또는 공무소가 아닌 경우

4 행위

(1) 허위신고를 하여 공정증서원본 등에 부실의 사실을 기재하도록 하는 것이다.

(2) 허위신고란 일정한 사실의 존부에 대하여 진실에 반하는 신고를 말한다.

(3) 부실사실의 기재란 공정증서원본이 증명하는 사항 중 중요한 사항과 관련하여 진실에 반하는 사실을 기재하게 하는 것이다. 권리의무관계에 중요한 의미를 갖는 사항에 대한 것이 아니면 부실기재에 해당하지 않는다.

ㅇ 부동산등기부에 기재되는 거래가액은 당해 부동산의 권리의무관계에 중요한 의미를 갖는 사항에 해당한다고 볼 수 없다. 따라서 부동산의 거래당사자가 '**거래가액**'을 시장 등에게 거짓으로 신고하여 신고필증을 받은 뒤 이를 기초로 사실과 다른 내용의 거래가액이 부동산등기부에 등재되도록 하였다면, '공인중개사의 업무 및 부동산 거래신고에 관한 법률'에 따른 과태료의 제재를 받게 됨은 별론으로 하고, 형법상의 공전자기록 등 불실기재죄 및 불실기재공전자기록 등 행사죄가 성립하지는 아니한다(대판 2013.1.24, 2012도12363). 164)

ㅇ 공정증서의 권리의무에 관한 사항에 관계없는 것이고 아무런 의미가 없는 상태하에 있는 **예고등기**는 이를 말소한다 할지라도 공정증서원본부실기재죄가 성립하지 아니한다(대판 1972.10.31, 72도1966). 재산상속인은 피상속인의 사망으로 인하여 상속개시된 때로부터 피상속인의 재산에 관한 포괄적 권리의무를 승계하게 되므로 어떤 부동산에 관하여 피상속인에게 실체상의 권리가 없었다 하더라도 재산상속인이 **상속을 원인으로 한 소유권이전등기**를 경료한 경우에는 그 등기는 당시의 등기부상의 권리관계를 나타내는 것에 불과하므로 그와 같은 등기절차를 밟았다 하여 공정증서원본불실기재나 동행사죄가 성립할 수 없다(대판 1987.4.14, 85도2661).

ㅇ [범죄이용목적 회사설립사건] 165) 주식회사의 발기인 등이 상법 등 법령에 정한 회사설립의 요건과 절차에 따라 회사설립등기를 함으로써 회사가 성립하였다고 볼 수 있는 경우 회사설립등기와 그 기재 내용은 특별한 사정이 없는 한 형법 제228조 제1항에서 정한 공정증서원본 불실기재죄나 공전자기록 등 불실기재죄(이하 위 두 죄를 합쳐 '공정증서원본 등 불실기재죄'라 한다)에서 말하는 **불실의 사실**에 해당하지 않는다. 발기인 등이 회사를 설립할 당시 회사를 실제로 운영할 의사 없이 회사를 이용한 범죄 의도나 목적이 있었다거나, 회사로서의 인적·물적 조직 등 영업의 실질을 갖추지 않았다는 이유만으로는 불실의 사실을 법인등기부에 기록하게 한 것으로 볼 수 없다(대판 2020.2.27, 2019도9293).
[동지판례] 범죄에 이용할 목적으로 유한회사 설립등기를 한 것으로 인한 공전자기록 등 불실기재죄와 그 행사죄가 문제되는 사건(대판 2020.3.26, 2019도7729)

(4) 허위신고로 인하여 부실사실이 기재되어야 한다(인과관계). 부실기재가 허위신고에 의하여 이루어지지 않은 경우 공정증서원본부실기재죄가 성립하지 않는다.

ㅇ **법원의 촉탁**에 의하여 부실등기를 한 경우에는 공정증서원본불실기재죄가 성립하지 않는다(대판 1983.12.27, 83도2442).
∵ 공정증서원본불실기재죄에 있어서의 불실의 기재는 당사자의 허위신고에 의하여 이루어져야 하므로
[동지판례] 법원의 직권촉탁에 의하여 **경매신청등기**가 이루어진 경우에 강제경매신청에 허위적 요소가 있다 하여 공정증서원본불실기재죄를 구성해도 공증서원본불실기재죄를 구성하지 아니한다(대판 1976.5.25, 74도568).

164) 2020년 법원행정고등고시

165) 2021년 법무사시험(15점)

[동지판례] 甲은 乙로부터 돈을 빌린 적이 없고 A가 그 채무를 연대보증한 사실도 없는데, 乙과 공모하여 허위 내용이 적힌 차용증을 작성하고 A 소유 토지에 관하여 **가압류신청**을 하여 등기소 직원으로 하여금 乙을 채권자, A를 채무자로 한 가압류등기를 마치게 하였더라도 **가압류등기**는 법원이 하는 집행절차의 일환일 뿐 허위신고에 의하여 이루어진 것이 아니므로 토지등기부에 불실의 사실이 기재되었다고 볼 수 없다(대판 2022.1.13, 2021도11257).

Thema 정리 **공정증서원본부실기재죄의 허위신고와 부실기재죄의 성립여부**

부존재사실, 무효사유 있는 사실인 경우	공정증서원본부실기재죄 ○
실체적 권리관계에 부합하지 않는 등기	
존재사실, 취소사유 있는 사실	공정증서원본부실기재죄 ×
당사자의 의사합치	
실체적 권리관계에 부합하는 등기	

✔ 실체적 권리관계에 부합하는지 여부의 판단기준시점 = 소유권이전등기 경료 당시(∵ 행위시)

o 형법 제228조 제1항의 공정증서원본불실기재죄는 특별한 신빙성이 인정되는 공문서에 대한 공공의 신용을 보장함을 보호법익으로 하는 범죄로서 공무원에 대하여 진실에 반하는 허위신고를 하여 공정증서원본 또는 이와 동일한 전자기록 등 특수매체기록에 실체관계에 부합하지 아니하는 불실의 사실을 기재 또는 등록하게 함으로써 성립하는 것이므로, 공정증서원본 등에 기재된 사항이 **존재하지 아니하거나** 외관상 존재한다고 하더라도 **무효에 해당하는 하자**가 있다면 그 기재는 불실기재에 해당한다(대판 2007.5.31, 2006도8488).

o 소유권보존등기나 소유권이전등기에 절차상 하자가 있거나 등기원인이 실제와 다르다 하더라도 그 등기가 실체적 권리관계에 부합하게 하기 위한 것이거나 실체적 권리관계에 부합하는 유효한 등기인 경우에는 공정증서원본불실기재 및 동행사죄가 성립되지 않는다고 할 것이나, 이는 등기 경료 당시를 기준으로 그 등기가 실체권리관계에 부합하여 유효한 경우에 한정되는 것이고, 등기 경료 당시에는 **실체권리관계에 부합하지 아니한 등기**인 경우에는 사후에 이해관계인들의 동의 또는 추인 등의 사정으로 실체권리관계에 부합하게 된다 하더라도 공정증서원본불실기재 및 동행사죄의 성립에는 아무런 영향이 없다(대판 2001.11.9, 2001도3959).

o 공정증서원본에 기재된 사항이 외관상 존재하는 사실이라 하더라도, 이에 무효나 부존재에 해당되는 흠이 있다면 그 기재는 부실기재에 해당된다. / 그러나 그것이 객관적으로 존재하는 사실이고 이에 **취소사유에 해당되는 하자**가 있을 뿐인 경우에는 그 취소 전에 그 사실의 내용이 공정증서원본에 기재된 이상, 그 기재가 공정증서원본불실기재죄를 구성하지 않는다(대판 2009. 2.12, 2008도10248).

o 소유권이전등기가 절차상 하자가 있거나 등기원인이 실제와 다르다 하더라도 그 등기가 실체적 권리관계에 부합하게 하기 위한 것이거나 **실체적 권리관계에 부합**하는 유효한 등기인 경우에는 공정증서원본불실기재 및 동행사죄가 성립되지 않는다고 할 것이나, 이는 소유권이전등기 경료 당시를 기준으로 그 등기가 실체권리관계에 부합하여 유효한 경우에 한정되는 것이다(대판 1998.4.14, 98도16).

관련 판례 **공정증서원본불실기재죄가 성립하는 경우** : 무효 또는 부존재의 하자

1) 종중의 대표자가 **종중총회의 결의 없이** 종중재산인 부동산에 근저당권설정등기를 마친 행위가 공정증서원본불실기재죄에 해당한다(대판 2005.8.25, 2005도4910).
∵ 종유재산의 처분은 총회의 결의가 없으면 무효이므로

2) 비록 종중 소유의 부동산은 종중 총회의 결의를 얻어야 유효하게 처분할 수 있다 하더라도 거래 상대방으로서는 부동산등기부상에 표시된 종중 대표자를 신뢰하고 거래하는 것이 일반적이라는 점 등에 비추어 보면, **종중 대표자의 기재**는 당해 부동산의 처분권한과 관련된 중요한 부분의 기재로서 이에 대한 공공의 신용을 보호할 필요가 있으므로 이를 허위로 등재한 경우에는 공정증서원본불실기재죄의 대상이 되는 불실의 기재에 해당한다(대판 2006.1.13, 2005도4790).

3) 부동산 매수인이 매도인과 사이에 부동산의 소유권이전에 관한 **물권적 합의가 없는 상태**에서, 소유권이전등기신청에 관한 대리권이 없이 단지 소유권이전등기에 필요한 서류를 보관하고 있을 뿐인 법무사를 기망하여 매수인 명의의 소유권이전등기를 신청하게 한 경우, 이는 단지 소유권이전등기 신청절차에 하자가 있는 것에 불과한 것이 아니라 허위의 사실을 신고한 것이라고 보아야 하고, 위 소유권이전등기는 **원인무효의 등기**로서 불실기재에 해당한다는 이유로, 공정증서원본불실기재죄가 성립한다(대판 2006.3.10, 2005도9402).

4) 토지거래 허가구역 안의 토지에 관하여 실제로는 매매계약을 체결하고서도 처음부터 **토지거래허가를 잠탈하려는 목적**으로 등기원인을 '증여'로 하여 소유권이전등기를 경료한 경우, 비록 매도인과 매수인 사이에 실제의 원인과 달리 '증여'를 원인으로 한 소유권이전등기를 경료할 의사의 합치가 있더라도, 허위신고를 하여 공정증서원본에 불실의 사실을 기재하게 한 때에 해당한다(대판 2007.11.30, 2005도9922).
∵ 토지거래 허가구역 안의 토지에 관한 매매계약이 처음부터 토지거래허가를 잠탈할 목적으로 증여를 가장하여 소유권이전등기를 마치려는 의도하에 체결된 경우, 위 매매계약은 확정적으로 무효이므로

5) 주금가장납입의 경우 현실적으로 주금액에 상당한 금원의 납입이라는 사실이 존재하기는 하나, 그 납입은 오로지 증자에 즈음하여 등기를 하기 위한 편법에 지나지 아니하고 실질적으로는 주금의 납입이 없는 **가장납입**으로서 이를 숨기고 마치 주식인수인에 의한 납입이 완료된 것처럼 등기공무원에 대하여 허위신고를 하여 증자를 한 취지의 등기신청을 함으로써 상업등기부원본에 그 기재를 하게 하였다면 이는 공정증서원본불실기재 및 동행사죄가 성립한다(대판 1987.11.10, 87도2072). ∵ 가장납입은 무효이므로

6) 유상증자 등기의 신청시 발행주식 총수 및 자본의 총액이 증가한 사실이 허위임을 알면서 증자등기를 신청하여 상업등기부원본에 그 기재를 하게 한 경우, 등기신청서류로 제출된 주금납입금보관증명서가 **위조**된 것임을 몰랐다고 하더라도 공정증서원본불실기재죄가 성립한다(대판 2006.10.26, 2006도5147).

7) 발행인과 수취인이 **통모**하여 진정한 어음채무 부담이나 어음채권 취득에 관한 의사 없이 단지 발행인의 채권자에게서 채권 추심이나 강제집행을 받는 것을 회피하기 위하여 형식적으로만 약속어음의 발행을 가장한 경우 이러한 어음발행행위는 **통정허위표시**로서 **무효**이므로, 이와 같이 발행인과 수취인 사이에 통정허위표시로서 무효인 어음발행행위를 공증인에게는 마치 진정한 어음발행행위가 있는 것처럼 허위로 신고함으로써 공증인으로 하여금 어음발행행위에 대하여 집행력 있는 어음공정증서원본을 작성케 하고 이를 **비치**하게 하였다면, 이러한 행위는 공정증서원본불실기재 및 불실기재공정증서원본**행사**죄에 해당한다(대판 2012.4.26, 2009도5786).

8) 실제로는 채권·채무관계가 존재하지 아니함에도 공증인에게 허위신고를 하여 가장된 금전채권에 대하여 집행력이 있는 공정증서원본을 작성하고 이를 비치하게 한 것이라면 공정증서원본부실기재죄 및 부실기재공정증서원본행사죄가 성립한다(대판 2008.12.24, 2008도7836).

관련 판례 **공정증서원본불실기재죄가 성립하지 않는 경우**

1. 존재사실 또는 취소사유 있는 사실

1) 양도인이 허위의 채권에 관하여 그 정을 모르는 양수인과 **실제로 채권양도의 법률행위**를 한 이상, 공증인에게 그러한 채권양도의 법률행위에 관한 공정증서를 작성하게 하였다고 하더라도 그 공정증서가 증명하는 사항에 관하여는 불실의 사실을 기재하게 하였다고 볼 것은 아니고, 따라서 공정증서원본불실기재죄가 성립한다고 볼 수 없다(대판 2004.1.27, 2001도5414). [166]

∵ 공증인이 채권양도·양수인의 촉탁에 따라 그들의 진술을 청취하여 채권의 양도·양수가 진정으로 이루어짐을 확인하고 채권양도의 법률행위에 관한 공정증서를 작성한 경우 그 공정증서가 증명하는 사항은 채권양도의 법률행위가 진정으로 이루어졌다는 것일 뿐 그 공정증서가 나아가 양도되는 채권이 진정하게 존재한다는 사실까지 증명하는 것으로 볼 수는 없으므로

2) 제228조 제1항에 정하여진 불실의 기재라고 함은, 객관적인 진실에 반하여 존재하지 아니하는 사실을 존재하는 것으로 하거나, 존재하는 사실을 존재하지 아니하는 것으로 기재하는 것을 말하므로 민법상의 사단법인의 총회의 결의에 따라 이사 등의 변경등기를 하는 경우에 있어서 그와 같은 행위가 공정증서원본불실기재의 원인이 되는 행위에 해당하는지 여부는 특별한 사정이 없는 한 총회결의의 사법상 효력의 여부와 관계없이 그와 별도로 현실적으로 사원총회에서 그와 같은 내용의 이사 등 변경에 관한 결의가 있었다고 평가할 수 있는지 여부에 따라서 결정하여야 함이 상당하다(대판 2004.10.15, 2004도3584).

[사실관계] 재건축조합 임시총회의 소집절차나 결의방법이 법령이나 정관에 위반되어 임원개임결의가 사법상 무효라고 하더라도, **실제로** 재건축조합의 조합총회에서 그와 같은 내용의 임원개임**결의가 이루어졌고** 그 결의에 따라 임원변경등기를 마쳤다면 공정증서원본불실기재죄가 성립하지 아니한다.

[동지판례] 주식회사의 임시주주총회가 법령 및 정관상 요구되는 이사회의 결의나 소집절차 없이 이루어졌다고 하더라도, 주주 전원이 참석하여 총회를 개최하는 데 동의하고 아무런 이의 없이 만장일치로 결의가 이루어졌다면 그 결의는 특별한 사정이 없는 한 유효하고, 그 결의에 따른 등기는 **실체관계에 부합**하는 것으로 이를 불실의 사항을 기재한 등기라고 할 수 없다(대판 2014.5.16, 2013도15895).

3) 협의상 이혼의 의사표시가 기망에 의하여 이루어진 것일지라도 그것이 **취소되기까지는 유효**하게 존재하는 것이므로, 협의상 이혼의사의 합치에 따라 이혼신고를 하여 호적에 그 협의상 이혼사실이 기재되었다면, 이는 공정증서원본불실기재죄에 정한 불실의 사실에 해당하지 않는다(대판 1997.1.24, 95도448).

4) 주주총회의 소집절차 등에 관한 하자가 **주주총회결의의 취소사유**에 불과하여 그 취소 전에 주주총회의 결의에 따른 감사변경등기를 한 것이 공정증서원본불실기재죄를 구성하지 않는다(대판 2009.2.12, 2008도10248).

166) 2006년 법원행정고등고시

5) 주식회사의 신주발행의 경우 신주발행에 법률상 무효사유가 존재한다고 하더라도 그 무효는 신주발행무효의 소에 의해서만 주장할 수 있고, 신주발행무효의 판결이 확정되더라도 그 판결은 장래에 대하여만 효력이 있으므로(상법 제429조, 제431조 제1항), 그 **신주발행이 판결로써 무효로 확정되기 이전**에 그 신주발행사실을 담당 공무원에게 신고하여 공정증서인 법인등기부에 기재하게 하였다고 하여 그 행위가 공무원에 대하여 허위신고를 한 것이라거나 그 기재가 불실기재에 해당하는 것이라고 할 수는 없다(대판 2007.5.31, 2006도8488).

2. 당사자의 의사에 합치하는 경우

1) 가장매매에 인한 소유권이전등기를 경료하여도 그 **당사자 간에는 소유권이전등기를 경료시킬 의사**는 있었던 것이므로 공정증서원본불실기재 및 동 행사죄는 성립하지 아니한다(대판 1972.3.28, 71도2417 全合).

2) 피고인이 부동산에 관하여 가장매매를 원인으로 소유권이전등기를 경료하였더라도, 그 당사자 사이에는 소유권이전등기를 경료시킬 의사는 있었다고 할 것이므로 공정증서원본불실기재죄 및 동 행사죄는 성립하지 않고, 또한 등기의무자와 등기권리자(피고인) 간의 소유권이전등기신청의 **합의에 따라** 소유권이전등기가 된 이상, 등기의무자 명의의 소유권이전등기가 원인이 무효인 등기로서 피고인이 그 점을 알고 있었다고 하더라도, 특별한 사정이 없는 한 바로 피고인이 등기부에 불실의 사실을 기재하게 하였다고 볼 것은 아니다(대판 1991.9.24, 91도1164).

3) 부동산을 관리보존하는 방법으로 이를 타에 신탁하는 의사로서 그 소유권이전등기를 한 경우에는 그 원인을 매매로 가장하였다 하더라도 이는 공정증서원본불실기재죄에 해당하지 아니한다(대판 2011.7.14, 2010도1025).

4) 1인주주회사에 있어서는 그 1인주주의 의사가 바로 주주총회 및 이사회의 결의로서 1인주주는 타인을 이사 등으로 선임하였다 하더라도 언제든지 해임할 수 있으므로, 1인주주인 피고인이 특정인과의 합의가 없이 주주총회의 소집 등 상법 소정의 형식적인 절차도 거치지 않고 특정인을 이사의 지위에서 **해임**하였다는 내용을 법인등기부에 기재하게 하였다고 하더라도 공정증서원본에 불실의 사항을 기재케 한 것이라고 할 수는 없다(대판 1996.6.11, 95도2817).

[비교판례] 1인회사에서 1인주주가 임원의 의사에 기하지 아니하고 **사임서**를 작성하거나 이에 기한 등기부의 기재를 한 경우, 사문서위조죄 및 공정증서원본불실기재죄가 성립한다(대판 1992.9.14, 92도1564).

5) 부동산의 소유자로 하여금 근저당권자를 자금주라고 믿도록 속여서 근저당권설정등기를 경료케 한 경우라도 정당한 권한 있는 자에 의하여 작성된 문서를 제출하여 그 등기가 이루어진 것이라면 **당사자의 의사에 합치되는 등기**라 할 것이므로 공정증서원본 불실기재죄가 성립하지 않는다(대판 1982.7.13, 82도39).

3. 실체적 권리관계에 부합하는 경우

1) 허위의 보증서를 발급받아 부동산소유권이전 등기부에 관한 특별조치법에 의거 소유권이전등기를 거쳤더라도 그것이 **권리의 실체관계에 부합하는 등기**라면 공정증서에 부실의 사실을 기재하였다고는 할 수 없다(대판 1984.12.11, 84도2285).

2) 피고인이 그가 점유하고 있는 토지에 대하여 매매를 원인으로 하는 소유권이전등기소송을 제기하여서 의제자백에 의한 승소판결을 받아 경료된 피고인 명의의 소유권이전등기가 비록 절차상의 하자가 있다 하더라도 점유에 의한 소유권취득시효가 완성함으로써 결국 위 소유권이전등기가 **실체적 권리관계에 부합하는 유효한 등기**라고 한다면 위의 소송에 있어서 피고인에게 위 토지를 편취하려는 범의가 있었다고 볼 수 없고 또한 위와 같이 경료된 등기 역시 불실의 등기라고도 할 수 없다(대판 1987.3.10, 86도864).

3) 피고인이 **사망한 부동산등기 명의인을 상대로 매매를 원인으로 하는 소유권이전등기절차 이행청구의 소**를 제기하여 의제자백에 의한 승소판결을 받고 이에 기하여 피고인 명의로 소유권이전등기를 경료하였다고 하여도 동 등기가 **실체적 권리관계에 부합하는 유효한 등기**라면 그 등기원인이 다르다 하여도 형사상 부실의 등기라고 할 수 없다(대판 1982.1.12, 81도1702). 167)

4) 피고인 소유의 자동차를 타인에게 명의신탁하기 위한 것이거나 이른바 권리 이전 과정이 생략된 중간생략의 소유권 이전등록이라도 그러한 소유권 이전등록이 **실체적 권리관계에 부합하는 유효한 등록**이라면 이를 불실의 사실을 기록하게 하였다고 할 수 없다(대판 2020.11.5, 2019도12042).
[사실관계] 피고인 甲이 2016.2.경 **레조 승용차량**을 인수한 후 2016.2.11. 12 : 00경 경산시청 차량등록사업소 사무실에서 마치 丙이 이 사건 승용차를 인수한 소유자인 것처럼 이전등록 신청서를 작성하여 이전등록 담당 공무원에게 제출하고, 그 사실을 모르는 담당자로 하여금 이 사건 승용차에 관한 소유권 이전등록을 하게 하게 하였더라도 공전자기록 불실기재죄와 불실기재 공전자기록 행사죄가 성립하지 않는다. → 자동차의 중간생략형 명의신탁(유효)
[판결이유] **丙은 이 사건 승용차에 관한 乙과 피고인 甲 사이의 유효한 증여계약, 피고인과 乙 사이의 유효한 명의신탁약정에 따라 이른바 중간생략형 명의신탁의 방법으로 유효한 이전등록을 받았다고 볼 여지가 있다.** 이러한 경우 원심은 丙, 피고인 甲과 乙 사이에 유효한 중간생략형 명의신탁약정이 있었는지를 심리하여 그 결과에 따라 유죄 여부를 판단하였어야 함에도 원심이 이 부분 공소사실을 모두 유죄로 인정한 것은 공전자기록 불실기재죄와 불실기재 공전자기록 행사죄에 관한 법리를 오해하거나 필요한 심리를 다하지 아니하여 판결에 영향을 미친 잘못이 있다.

Thema 정리 **가장이혼 · 가장혼인으로 인한 신고와 공정증서원본부실기재죄의 성립여부**

가장이혼 해외이주목적의 이혼신고	유효 (∵ 형식적 의사설)	공정증서원본부실기재죄 ×
가장혼인 국내취업목적 혼인신고 (조선족위장결혼사건)	무효 (∵ 실질적 의사설)	공정증서원본부실기재죄 ○

o 해외로 이주할 목적으로 이혼신고를 하였다 하더라도 일시적이나마 이혼할 의사가 있었다고 보여지므로 혼인 및 이혼의 효력발생여부에 있어서 형식주의를 취하는 이상 피고인 등의 이건 이혼신고는 **유효**하다 할 것이다(대판 1976.9.14, 76도107). → 공정증서원본부실기재죄 ×(∵ 가장이혼은 유효하므로)

167) 2019년 법원행정고등고시

○ 해외이주의 목적으로 **위장결혼**을 하고 혼인신고를 하여 그 사실이 호적부에 기재되었다면 공정증서원본불실기재죄를 구성한다(대판 1985.9.10, 85도1481).

○ 피고인들이 중국 국적의 조선족 여자들과 참다운 부부관계를 설정할 의사 없이 단지 그들의 국내 취업을 위한 입국을 가능하게 할 목적으로 형식상 혼인하기로 한 것이라면, 피고인들이 중국에서 중국의 방식에 따라 혼인식을 거행하였다고 하더라도 우리나라의 법에 비추어 그 효력이 없는 혼인의 신고를 한 이상 피고인들의 행위는 공정증서원본불실기재 및 동행사 죄의 죄책을 면할 수 없다(대판 1996.11.22, 96도2049). ∵ 가장혼인(위장결혼)은 무효이므로

5 실행의 착수시기와 기수시기

허위신고를 한 때 실행의 착수가 있고, 부실의 기재・기록을 한 때 기수이다.

○ 위장결혼의 당사자 및 브로커와 공모한 피고인이 허위로 **결혼사진**을 찍고 **혼인신고에 필요한 서류를 준비**하여 위장결혼의 당사자에게 건네준 것만으로는 공전자기록 등 불실기재죄의 실행에 착수한 것으로 볼 수 없다(대판 2009.9.24, 2009도4998).

6 주관적 구성요건

○ 공정증서원본부실기재죄는 **허위신고에 의하여 부실의 사실을 기재한다는 점에 대한 인식**이 있을 것을 요하는 고의범이므로 객관적으로 부실의 기재가 있다 하여도 그에 대한 인식이 없는 경우에는 본죄가 성립하지 않는다(대판 1996.4.26, 95도2468).
[사실관계] 피고인이 자신의 부친이 적법하게 취득한 토지인 것으로 알고 실체관계에 부합하게 하기 위하여 소유권보존등기를 경료한 경우 등기 당시 부실기재의 점에 대한 고의 내지는 인식이 없었으므로 공정증서원본부실기재 및 동 행사죄가 성립하지 않는다.

7 타죄와의 관계

○ 여권법 제13조 제2항 제1호 위반죄와 형법 제228조 제2항의 죄는 형법 제40조 소정의 상상적 경합범으로 보아야 한다(대판 1974.4.9, 73도2334).

○ 법원을 기망하여 승소판결을 받고 그 확정판결에 의하여 소유권이전등기를 경료한 경우에는 사기죄와 별도로 공정증서원본 불실기재죄가 성립하고 양죄는 **실체적 경합범** 관계에 있다(대판 1983.4.26, 83도188).
발행인과 수취인 사이에 통정허위표시로서 무효인 어음발행행위를 공증인에게는 마치 진정한 어음발행행위가 있는 것처럼 허위로 신고함으로써 공증인으로 하여금 어음발행행위에 대하여 집행력 있는 어음공정증서원본을 작성케 하고 이를 **비치**하게 하였다면, 이러한 행위는 공정증서원본불실기재 및 불실기재공정증서원본**행사**죄에 해당한다(대판 2012.4.26, 2009도5786).
→ 공정증서원본불실기재 및 불실기재공정증서원본행사죄의 실체적 경합

○ 타인으로부터 금원을 차용하여 주금을 납입하고 설립등기나 증자등기 후 바로 인출하여 차용금 변제에 사용하는 경우, **상법상 납입가장죄**의 성립 외에 **공정증서원본불실기재・동행사죄**가 성립하나, / **업무상횡령죄**는 성립하지 않는다(대판 2004.6.17, 2003도7645 全合). ∵ 실제로 재산의 변동이 없었으므로

XI 위조사문서 등 행사죄

1 의의

사문서위조·변조죄, 자격모용사문서작성죄, 사전자기록위작·변작죄, 허위진단서작성죄에 의하여 만들어진 문서, 도화 또는 전자기록 등 특수매체기록을 행사함으로써 성립하는 범죄이다(제234조).

2 행사방법

행사란 위조한 문서 등을 진정한 문서인 것처럼 사용함으로써 문서에 대한 공공의 신용을 해칠 우려가 있는 행위를 말한다. 행사방법에는 제한이 없다. 상대방이 그 내용을 인식할 수 있는 상태에 두기만 하면 족하다.

> ○ 위조문서행사죄에 있어서 행사라 함은 위조된 문서를 진정한 문서인 것처럼 그 문서의 효용방법에 따라 이를 사용하는 것을 말하고, 위조된 문서를 제시 또는 교부하거나 비치하여 열람할 수 있게 두거나 우편물로 발송하여 도달하게 하는 등 위조된 문서를 진정한 문서인 것처럼 사용하는 한 그 행사의 방법에 제한이 없다. 또한, 위조된 문서 그 자체를 직접 상대방에게 제시하거나 이를 기계적인 방법으로 복사하여 그 복사본을 제시하는 경우는 물론, 이를 모사전송의 방법으로 제시하거나 컴퓨터에 연결된 스캐너(scanner)로 읽어 들여 이미지화한 다음 이를 전송하여 컴퓨터 화면상에서 보게 하는 경우도 행사에 해당하여 위조문서행사죄가 성립한다(대판 2008.10.23, 2008도5200). 168)

관련 판례 **행사죄가 성립하는 경우**

1) 휴대전화 신규 가입**신청서를 위조한 후** 이를 **스캔한 이미지 파일**을 제3자에게 이메일로 전송한 경우, 이미지 파일 자체는 문서에 관한 죄의 '문서'에 해당하지 않으나, / 이를 **전송하여 컴퓨터 화면상으로 보게 한 행위**는 이미 위조한 가입신청서를 행사한 것에 해당하므로 위조사문서행사죄가 성립한다(대판 2008.10.23, 2008도5200).
2) 사진기나 복사기 등을 사용하여 기계적인 방법으로 원본을 복사한 복사문서는 사본이라고 하더라도 문서위조죄 및 위조문서행사죄의 객체인 문서에 해당하는 것인바, 위조한 문서를 **모사전송**(facsimile)의 방법으로 타인에게 제시하는 행위도 위조문서행사죄를 구성한다(대판 1994.3.22, 94도4).
3) "피고인이 사무실전세계약서 원본을 스캐너로 복사하여 컴퓨터 화면에 띄운 후 그 보증금액란을 공란으로 만든 다음 이를 프린터로 **출력**하여 검정색 볼펜으로 보증금액을 '삼천만 원(30,000,000원)'으로 변조하고, 이와 같이 변조된 사무실전세계약서를 **팩스**로 송부하여 행사"하는 것은 '컴퓨터 모니터 화면상의 이미지'를 변조하고 이를 행사한 행위가 아니라 '프린터로 출력된 문서'인 사무실전세계약서를 변조하고 이를 행사한 행위이므로 변조사문서행사에 해당한다(대판 2011.11.10, 2011도10468).
4) 위조문서행사죄에 있어서의 행사는 위조된 문서를 진정한 문서인 것처럼 타인에게 제시함으로써 성립하는 것이므로 위조된 매매계약서를 피고인으로부터 교부받은 변호사가 복사본을 작성하여 원본과 동일한 문서임을 인증한 다음 소장에 첨부하여 **법원에 제출**함으로써 위조문서행사죄는 성립된다(대판 1988.1.19, 87도1217).

---

168) 2019년 법원사무관승진시험(10점)

3 행사의 상대방

행사의 상대방에도 제한이 없다. 위조된 문서의 작성 명의인이라도 행사의 상대방이 될 수 있지만, 다만 위조·변조된 정을 알지 못하는 자이어야 한다. 위조된 정을 아는 자에게 교부하는 것은 진정한 문서로써 사용하는 것이 아니므로 행사에 해당하지 않는다.

o 위조문서행사죄에 있어서의 행사는 위조된 문서를 진정한 것으로 사용함으로써 문서에 대한 공공의 신용을 해칠 우려가 있는 행위를 말하므로, 행사의 상대방에는 아무런 제한이 없고 **위조된 문서의 작성 명의인**이라고 하여 행사의 상대방이 될 수 없는 것은 아니며, 다만 문서가 **위조된 것임을 이미 알고 있는 공범자** 등에게 행사하는 경우에는 위조문서행사죄가 성립될 수 없다(대판 1986.2.25, 85도2798 ; 대판 2005.1.28, 2004도4663). 169)

4 기수시기

상대방이 실제로 문서내용을 인식하였을 것을 요하지는 않고, 상대방이 그 내용을 인식할 수 있는 상태에 둠으로써 기수가 된다.

o 위조사문서의 행사는 상대방으로 하여금 위조된 문서를 인식할 수 있는 상태에 둠으로써 기수가 되고 상대방이 실제로 그 내용을 인식하여야 하는 것은 아니므로, 위조된 문서를 우송한 경우에는 그 문서가 **상대방에게 도달한 때**에 기수가 되고 상대방이 실제로 그 문서를 보아야 하는 것은 아니다(대판 2005.1.28, 2004도4663). 170)

XII 위조공문서 등 행사죄

1 의의

제225조 내지 제228조의 죄에 의하여 만들어진 문서, 도화, 전자기록 등 특수매체기록, 공정증서원본, 면허증, 허가증, 등록증 또는 여권을 행사함으로써 성립하는 범죄이다(제229조).

o **위조문서행사죄에 있어서 행사**라 함은 위조된 문서를 진정한 문서인 것처럼 그 문서의 효용방법에 따라 이를 사용하는 것을 말하고, 위조된 문서를 진정한 문서인 것처럼 사용하는 한 그 행사의 방법에 제한이 없으므로 위조된 문서를 스캐너 등을 통해 이미지화한 다음 이를 전송하여 컴퓨터 화면상에서 보게 하는 경우도 행사에 해당하지만, 이는 문서의 형태로 위조가 완성된 것을 전제로 하는 것이므로, 공문서로서의 형식과 외관을 갖춘 문서에 해당하지 않아 공문서위조죄가 성립하지 않는 경우에는 위조공문서행사죄도 성립할 수 없다(대판 2020.12.24, 2019도8443).

[사실관계] 피고인이 제주도 콘도 입주민들의 모임인 '한국녹지한라산소진 시설운영위원회' 직인을 행정기관에 등록한 것처럼 꾸미기 위하여 서귀포시 동홍동장이 발급한 개인 인감증명서에 **위원회 직인 2개를 날인한 종이를 오려붙이는 방법**으로 인감증명서를 위조하고, 이를 **메신저 단체대화방에 게재한 경우,**

169) 2020년 법원행정고등고시

170) 2007년 법원행정고등고시

① 피고인이 만든 종이 문서 자체를 ② 평균수준의 사리분별력을 갖춘 일반인이 보았을 때 진정한 문서로 오신할 만한지 여부를 판단해야 하는데, 피고인이 만든 문서가 그와 같은 외관과 형식을 갖추었다고 인정하기는 어렵고, **공문서위조죄**가 성립한다고 보기 어려운 이상 이를 사진촬영하여 메신저 단체대화방에 게재한 행위가 **위조공문서행사죄**에 해당한다고 할 수도 없다.

2 위조공문서 등의 행사

(1) 허위로 작성된 공문서 등을 그 내용이 진실한 문서인 것처럼 관공서에 비치하는 행위나 공무원에게 제출하는 허위공문서의 '행사'로 인정된다.

ㅇ [1] 외국인 여자가 대한민국에 입국하여 **취업 등을 하기 위한 방편**으로 **허무인의 인적사항**으로 대한민국 국민인 남자와 사이에 가장혼인하여 혼인신고를 하였더라도 **혼인의 합의가 없다**면 구 국적법 제3조 제1호에서 정한 '대한민국 국민의 처가 된 자'에 해당하지 않으므로 대한민국 국적을 취득하였다고 할 수 없다. [2] 구 국적법 제3조 제1항에 따라 대한민국 국적을 취득하지 않았는데도 **대한민국 국적을 취득한 것처럼** 인적 사항을 기재하여 대한민국 **여권**을 **발급**받은 다음 이를 출입국심사를 받을 때 담당 공무원에게 **제출**한 경우에는 불실의 사실이 기재된 여권을 행사함과 동시에 외국인으로서 유효한 여권 없이 출입국한 것으로 볼 수 있다(대판 2022.4.28, 2019도9177).
→ 불실기재 여권행사죄 및 출입국관리법위반죄(∵ 허무인의 인적사항) 성립
[동지판례] 중국 국적의 피고인이 다른 사람의 인적 사항을 빌려 가장혼인하여 구 국적법 제3조 제1호에 따라 대한민국 국적을 취득한 것처럼 행세하여 대한민국 국민으로서 다른 사람의 인적사항이 기재된 대한민국 여권을 발급받아 이를 출입국시 출입국심사 담당공무원에게 제출하였다면 **불실기재 여권행사죄, 위계에 의한 공무집행방해죄**(∵다른 사람의 인적사항)가 성립한다(대판 2022.4.28, 2020도12239).

(2) 문서가 위조된 것임을 알지 못하는 자에게 행사하여야 하고, 문서가 위조되었다는 정을 아는 자나 공범자에게 위조공문서를 교부하거나 제시하는 경우에는 위조공문서행사죄가 성립하지 않는다.

ㅇ **[위조한 건설업등록증(공문서) 이메일송부 행사사건]** 간접정범을 통한 위조문서행사범행에 있어 **도구로 이용된 자**라고 하더라도 문서가 위조된 것임을 알지 못하는 자에게 행사한 경우에는 위조문서행사죄가 성립한다(대판 2012.2.23, 2011도14441).
[사실관계] 피고인이 위조・변조한 공문서(강사 주 : 전문건설업등록증, 전문건설업등록수첩, 공장등록증명(신청)서의 이미지 파일을 甲 등에게 이메일로 송부하여 프린터로 출력하게 하였는데, 甲 등은 출력 당시 위 파일이 위조된 것임을 알지 못한 경우라면, 위조・변조공문서행사죄가 성립한다.

XIII 사문서・공문서부정행사죄

1 의의

사문서부정행사죄란 권리・의무 또는 사실증명에 관한 타인의 문서 또는 도화를 부정행사함으로써 성립하는 범죄이고(제236조), 공문서부정행사죄란 공무원 또는 공무소의 문서 또는 도화를 부정행사함으로써 성립하는 범죄이다(제230조).

2 객체

(1) 권리 · 의무 또는 사실증명에 관한 타인의 문서 또는 도화이다.

(2) 문서 또는 도화의 사용권한자와 사용용도가 특정된 것이어야 한다.

✔ 〈참고〉 부정행사의 객체 × "차주인등신화"

사용권한자가 특정되어 있지 않고 용도가 다양한 경우

- 사문서 : 차용증 및 이행각서
- 공문서 : 주민등록등본, 인감증명서, 등기필증, 신원증명서, 화해조서경정결정신청기각결정문

관련 판례 **부정행사죄의 객체가 아닌 경우**

1) 실질적인 채권채무관계 없이 당사자 간의 합의로 작성한 '차용증 및 이행각서'는 그 작성명의인들이 자유의사로 작성한 문서로 그 사용권한자가 특정되어 있다고 할 수 없고 또 그 용도도 다양하므로, 설령 피고인이 그 작성명의인들의 의사에 의하지 아니하고 위 '차용증 및 이행각서'상의 채권이 실제로 존재하는 것처럼 그 지급을 구하는 민사소송을 제기하면서 소지하고 있던 위 '차용증 및 이행각서'를 법원에 제출하였다고 하더라도 그것이 사문서부정행사죄에 해당하지 않는다(대판 2007.3.30, 2007도629).

2) **주민등록표등본**은 …… 그 사용권한자가 특정되어 있다고 할 수 없고, 또 용도도 다양하며, 반드시 본인이나 세대원만이 사용할 수 있는 것이 아니므로, 타인의 주민등록표등본을 그와 아무런 관련 없는 사람이 마치 자신의 것인 것처럼 행사하였다고 하더라도 공문서부정행사죄가 성립되지 아니한다(대판 1999.5.14, 99도206).

3) 명의자의 의사에 반한 **인감증명서**의 행사가 공문서 등 부정행사죄에 해당되지 않는다(대판 1983.6.28, 82도1985).

∵ 인감증명서와 같이 사용권한자가 특정되어 있지도 않고 그 용도도 다양한 공문서는 그 명의자 아닌 자가 그 명의자의 의사에 반하여 함부로 행사하더라도 문서 본래의 취지에 따른 용도에 합치된다면 공문서 등 부정행사죄는 성립되지 않는다.

4) **인감증명서**나 **등기필증**과 같이 사용권한자가 특정되어 있는 것도 아니고 그 용도도 다양한 공문서는 설사 그 문서와 아무 관련 없는 사람이 문서상의 명의인인 양 가장하여 이를 행사하였다 하더라도 공문서부정행사죄가 성립되지 아니한다(대판 1981.12.8, 81도1130).

5) **신원증명서**를 피증명인의 의사에 의하지 아니하고 사용한 행위가 공문서부정행사죄를 구성하지 않는다(대판 1993.5.11, 93도127).

6) **화해조서 갱정결정신청 기각결정문**을 화해조서정본인 것처럼 등기서류로 제출행사하였다고 하더라도 공문서부정행사죄는 성립하지 아니한다(대판 1984.2.28, 82도2851).

3 부정행사

부정행사란 사용권한 없는 자가 사용권한이 있는 것처럼 가장하여 그 문서나 도화를 사용용도 내에서 행사하는 것을 말한다.

Part 02

Thema 정리 부정행사죄의 성립여부

구분	사용권한 있는 자	사용권한 없는 자
용도내 사용	부정행사 ×	부정행사 ○
용도외 사용	부정행사 ○(∵ 정당한 용법에 反)	부정행사 ×

o 사문서부정행사죄에 있어서의 부정사용이란 사문서를 ① **사용할 권원 없는 자**가 그 문서명의자로 가장 행세하여 이를 사용하거나 또는 ② **사용할 권원이 있다 하더라도** 문서를 본래의 작성 목적 이외의 다른 사실을 직접 증명하는 용도에 이를 사용하는 것을 말하는 것이므로 현금보관증이 자기 수중에 있다는 사실 자체를 증명키 위하여 증거로서 법원에 제출하는 행위는 사문서의 부정행사에 해당되지 아니한다(대판 1985.5.28, 84도2999).

o 사용권한자와 용도가 특정되어 있는 공문서를 **사용권한 없는 자**가 사용한 경우에도 그 공문서 **본래의 용도에 따른 사용이 아닌 경우**에는 형법 제230조의 공문서부정행사죄가 성립되지 아니한다(대판 1985.5.28, 84도2999).

관련 판례 부정행사죄가 성립하는 경우

1) 절취한 **전화카드(후불식 통신카드)**를 공중전화기에 넣어 사용한 것은 권리의무에 관한 타인의 사문서를 부정행사한 경우에 해당한다(대판 2002.6.25, 2002도461).
2) **운전면허증**은 운전면허를 받은 사람이 운전면허시험에 합격하여 자동차의 운전이 허락된 사람임을 증명하는 공문서로서, 운전면허증에 표시된 사람이 운전면허시험에 합격한 사람이라는 '자격증명'과 이를 지니고 있으면서 내보이는 사람이 바로 그 사람이라는 '동일인증명'의 기능을 동시에 가지고 있다. …… 따라서, 제3자로부터 신분확인을 위하여 신분증명서의 제시를 요구받고 다른 사람의 운전면허증을 제시한 행위는 그 사용목적에 따른 행사로서 공문서부정행사죄에 해당한다고 보는 것이 옳다(대판 2001.4.19, 2000도1985 全合).[171]
3) 피고인이 A인 양 허위신고하여 피고인의 사진과 지문이 찍힌 A명의의 **주민등록증**을 발급받아 소지하다가 검문경찰관에게 이를 제시한 행위는 공문서부정행사죄를 구성한다(대판 1982.9.28, 82도1297).
[판결이유] 피고인이 A인 양 허위신고하여 피고인의 사진과 지문이 찍힌 A명의의 **주민등록증**을 발급받은 이상 주민등록증의 발행목적상 피고인에게 위 주민등록증에 부착된 사진의 인물이 A의 신원 상황을 가진 사람이라는 허위사실을 증명하는 용도로 이를 사용할 수 있는 권한이 없다는 사실을 인식하고 있었다고도 할 것이므로 이를 검문경찰관에게 제시하여 이러한 허위사실을 증명하는 용도로 사용한 것은 공문서 부정행사죄를 구성한다.

관련 판례 부정행사죄가 성립하지 않는 경우

1) 어떤 선박이 사고를 낸 것처럼 허위로 사고신고를 하면서 그 선박의 선박국적증서와 선박검사증서를 함께 제출하였다고 하더라도, **선박국적증서**와 **선박검사증서**는 위 선박의 국적과 항행할 수 있는 자격을

171) 2005년 · 2012년 법원사무관승진시험, 2005년 법원행정고등고시, 2019년 변호사시험

증명하기 위한 용도로 사용된 것일 뿐 그 본래의 용도를 벗어나 행사된 것으로 보기는 어려우므로, 이와 같은 행위는 공문서부정행사죄에 해당하지 않는다(대판 2009.2.26, 2008도10851).

2) 피고인이 기왕에 습득한 타인의 주민등록증을 피고인 가족의 것이라고 제시하면서 그 주민등록증상의 명의 또는 가명으로 **이동전화 가입신청**을 한 경우, 타인의 주민등록증을 본래의 사용용도인 신분확인용으로 사용한 것이라고 볼 수 없어 공문서부정행사죄가 성립하지 않는다(대판 2003.2.26, 2002도4935). 172)

3) 자동차 등의 운전자가 경찰공무원에게 다른 사람의 **운전면허증** 자체가 아니라 이를 **촬영한 이미지파일**을 휴대전화 화면 등을 통하여 보여주는 행위는 운전면허증의 특정된 용법에 따른 행사라고 볼 수 없는 것이어서 그로 인하여 경찰공무원이 그릇된 신용을 형성할 위험이 있다고 할 수 없으므로, 이러한 행위는 결국 공문서부정행사죄를 구성하지 아니한다(대판 2019.12.12, 2018도2560). 173)

4) 장애인사용자동차표지를 사용할 권한이 없는 사람이 장애인전용주차구역에 주차하는 등 장애인사용자동차에 대한 지원을 받을 것으로 합리적으로 기대되는 상황이 아니라면 단순히 이를 자동차에 비치하였더라도 장애인사용자동차표지를 본래의 용도에 따라 사용했다고 볼 수 없어 공문서부정행사죄가 성립하지 않는다(대판 2022.9.29, 2021도14514).

[사실관계] 피고인은 2020.5.20. 23 : 15경 피고인은 **실효된 부산광역시 ○○구청장 명의의 '장애인전용주차구역 주차표지가 있는 장애인사용자동차표지'**를 승용차에 비치한 채 이 사건 아파트의 주차장 중 장애인전용주차구역이 아닌 장소에 승용차를 주차하였다면 장애인사용자동차표지를 본래의 용도에 따라 사용했다고 볼 수 없어 **공문서부정행사죄가 성립하지 않는다.**

5) 피고인이 조세범처벌법위반 사건으로 지방세무서 조사과에서 조사를 받으면서 다른 사람인 것처럼 행세하기 위하여 범칙혐의자 심문조서의 진술인란에 다른 사람 명의로 서명하여 이를 조사관에게 제시하고, 다른 사람 명의 **국가유공자증**을 조사관에게 제시한 경우, 국가유공자증의 본래 용도는 제시인이 국가유공자법에 따라 등록된 국가유공자로서 관련 혜택을 받을 수 있는 자격이 있음을 증명하는 것이고, 신분의 동일성을 증명하는 것이 아니므로 공문서부정행사죄가 성립하지 않는다(대판 2022.10.14, 2020도13344). → 사서명위조 및 동행사 ○, 공문서부정행사죄 ×

제4절 인장에 관한 죄

제238조 【공인 등의 위조, 부정사용】

① 행사할 목적으로 공무원 또는 공무소의 인장, 서명, 기명 또는 기호를 위조 또는 부정사용한 자는 5년 이하의 징역에 처한다.

② 위조 또는 부정사용한 공무원 또는 공무소의 인장, 서명, 기명 또는 기호를 행사한 자도 전항의 형과 같다.

③ 전 2항의 경우에는 7년 이하의 자격정지를 병과할 수 있다.

172) 2005년 법원행정고등고시

173) 2020년 법무사시험(5/10점), 2021년 법원사무관승진시험(10점)

제239조【사인 등의 위조, 부정사용】
① 행사할 목적으로 타인의 인장, 서명, 기명 또는 기호를 위조 또는 부정사용한 자는 3년 이하의 징역에 처한다.
② 위조 또는 부정사용한 타인의 인장, 서명, 기명 또는 기호를 행사한 때에도 전항의 형과 같다.
제240조【미수범】
본장의 미수범은 처벌한다.

I 서설

1 의의 및 보호법익

인장에 관한 죄는 행사할 목적으로 인장, 서명, 기명 또는 기호를 위조 또는 부정사용하거나 위조 또는 부정사용한 인장, 서명, 기호 또는 기호를 행사하는 것을 내용으로 하는 범죄이다. 보호법익은 인장・서명・기명・기호 등의 진정에 대한 공공의 신용이고, 보호받는 정도는 추상적 위험범으로서의 보호이다.

인장이란 인과와 인영으로 나누어지는데, 인과란 도장 그 자체를 말하고, 인영이란 도장을 찍어서 나타난 흔적을 말한다. 인장 위조・부정사용에서는 인과를 의미하고, 위조・부정사용인장행사에서는 인영을 말한다.

2 구성요건의 체계

기본적 구성요건	사인 등 위조・부정사용죄, 위조사인 등 행사죄
가중적 구성요건	공인 등 위조・부정사용죄, 위조공인 등 행사죄
미수범 처벌규정	○
예비・음모 처벌규정	×

II 사인 등 위조・부정사용죄

1 의의

행사할 목적으로 타인의 인장, 서명, 기명 또는 기호를 위조 또는 부정사용함으로써 성립하는 범죄이다(제239조 제1항).

2 주체와 행위

(1) 타인에는 사자가 포함되지 않는다는 종래 판결이 있으나, 사자나 허무인 명의의 문서위조・변조죄를 인정한 전원합의체 판결에 비추어 사자나 허무인도 포함된다고 보아야 한다.

> ㅇ 이미 **사망한 사람 명의**의 문서를 위조하거나 이를 행사하더라도 사문서위조나 동행사죄는 성립하지 않는다는 문서위조죄의 법리에 비추어 이와 죄질을 같이하는 인장위조죄의 경우에도 사망자 명의의 인장을 위조, 행사하는 소위는 사인위조 및 동행사죄가 성립하지 않는다고 해석함이 상당하다(대판 1984.2.28, 82도2064).

[비교판례] 문서위조죄는 문서의 진정에 대한 공공의 신용을 그 보호법익으로 하는 것이므로 행사할 목적으로 작성된 문서가 일반인으로 하여금 당해 명의인의 권한 내에서 작성된 문서라고 믿게 할 수 있는 정도의 형식과 외관을 갖추고 있으면 문서위조죄가 성립하는 것이고, 위와 같은 요건을 구비한 이상 그 명의인이 실재하지 않는 허무인이거나 또는 문서의 작성일자 전에 이미 사망하였다고 하더라도 그러한 문서 역시 공공의 신용을 해할 위험성이 있으므로 문서위조죄가 성립한다고 봄이 상당하며, 이는 공문서뿐만 아니라 사문서의 경우에도 마찬가지라고 보아야 한다(대판 2005.2.24, 2002도18 全合).

(2) 위조란 권한 없이 타인의 인장 · 서명 등을 작출(만들어 내는 것)하거나 물체상에 현출(보이게 하는 것) 내지 기재하는 것을 말한다.

o 제239조 제1항의 사인위조죄는 그 명의인의 의사에 반하여 위법하게 행사할 목적으로 권한 없이 타인의 인장을 위조한 경우에 성립하므로, 타인의 인장을 조각할 당시에 그 명의자로부터 **명시적이거나 묵시적인 승낙 내지 위임**을 받았다면 인장위조죄가 성립하지 않는다(대판 2014.9.26, 2014도9213).

o 아파트 주민대표회 간부들이, 동대표로 당선된 공소외 甲이 사실은 대학을 졸업하지 않았음이 사립대학 교무처장 명의로 된 학력조회 회보서를 통해 확인되자, 甲의 허위학력 사실을 아파트 주민들에게 공고문 형식으로 알리면서 그 공고문의 신뢰성 제고를 위해 공고문 안에 대학 교무처장 명의의 직인을 함께 나타낸 경우, 사인위조죄가 성립한다(대판 2010.1.14, 2009도5929).
[사실관계] 고려대학교 교무처장 명의로 된 학력조회 회보서

(3) 부정사용이란 진정한 인장 · 서명 등을 권한 없는 자가 사용하거나 권한 있는 자가 권한을 남용하여 부당하게 사용하는 것을 말한다.

관련 판례 사서명위조죄가 성립하는 경우

1) 어떤 문서에 권한 없는 자가 타인의 서명을 기재하는 경우에는 그 문서가 완성되기 전이라도 일반인으로서는 그 문서에 기재된 타인의 서명을 그 명의인의 진정한 서명으로 오신할 수도 있으므로, 일단 **서명이 완성된 이상 문서가 완성되지 아니한 경우에도** 서명의 위조죄는 성립할 수 있는 것이다(대판 2005.12.23, 2005도4478).
[사실관계] 피고인이 음주운전 등으로 경찰서에서 조사를 받으면서 제3자로 행세하여 피의자신문조서의 진술자란에 제3자의 서명을 기재하였으나 그 이후 피고인의 간인이나 조사 경찰관의 서명날인 등이 완료되기 전에 그 서명위조 사실이 발각되었다고 하더라도 사서명위조죄 및 그 행사죄가 성립한다.[174)]

2) 피고인이 경찰에서 피의자로서 조사받으면서 자신의 형인 공소외인의 인적 사항을 밝히면서 자신이 공소외인인 것처럼 행세를 하고, 자신에 대한 피의자신문조서의 말미에 위 공소외인의 서명을 하여 수사기록에 편철하게 한 이 사건 범행에 대하여 사서명위조 및 동행사죄에 해당한다(대판 2005.7.14, 2005도3357).

3) 피고인이 음주운전으로 단속되자 동생의 이름을 대며 조사를 받다가 휴대용정보단말기(PDA)에 표시된 음주운전단속결과통보 중 **운전자의 서명란**에 동생의 이름 대신 의미를 알 수 없는 부호를 기재한 행위는 동생의 서명을 위조한 것에 해당한다(대판 2020.12.30, 2020도14045).

174) 2019년 변호사시험

Ⅲ 공인 등 위조·부정사용죄

행사할 목적으로 공무원 또는 공무소의 인장, 서명, 기명 또는 기호를 위조 또는 부정사용함으로써 성립하는 범죄이다(제238조 제1항).

ㅇ 형법 제238조 제1항에 의하면 행사할 목적으로 공기호인 자동차등록번호판을 위조한 경우에 **공기호위조죄**가 성립하고, 여기서 '**행사할 목적**'이란 위조한 자동차등록번호판을 마치 진정한 것처럼 그 용법에 따라 사용할 목적을 말한다. 또한 '**위조한 자동차등록번호판을 그 용법에 따라 사용할 목적**'이란 위조한 자동차등록번호판을 자동차에 부착하여 운행함으로써 일반인으로 하여금 자동차의 동일성에 관한 오인을 불러일으킬 수 있도록 하는 것을 말한다(대판 1997.7.8, 96도3319 ; 대판 2016.4.29, 2015도1413).
[사실관계] 자동차등록번호판을 부착하지 않아 발생할지 모르는 문제를 사전에 예방하기 위하여 자동차등록번호판을 위조한 것이라면 행사할 목적으로 공기호인 자동차등록번호판을 위조하였다고 볼 여지가 충분하다.

Ⅳ 위조사인 등 행사죄

위조 또는 부정사용한 타인의 인장, 서명, 기명 또는 기호를 행사함으로써 성립하는 범죄이다(제239조 제2항).

ㅇ 형법 제239조 제2항의 위조인장행사죄에 있어서 **행사**라 함은 위조된 인장을 진정한 것처럼 용법에 따라 사용하는 행위를 말한다 할 것이므로 위조된 인영을 타인에게 열람할 수 있는 상태에 두든지, 인과의 경우에는 날인하여 일반인이 열람할 수 있는 상태에 두면 그것으로 행사가 되는 것이고, / **위조된 인과 그 자체를 타인에게 교부**한 것만으로는 위조인장행사죄를 구성한다고 할 수 없다(대판 1984.2.28, 84도90).

Ⅴ 위조공인 등 행사죄

위조 또는 부정사용한 공무원 또는 공무소의 인장, 서명, 기명 또는 기호를 행사함으로써 성립하는 범죄이다(제238조 제2항).

ㅇ [1] 형법 제238조 제1항에서 규정하고 있는 공기호인 자동차등록번호판의 **부정사용**이라 함은 진정하게 만들어진 자동차등록번호판을 권한 없는 자가 사용하든가, 권한 있는 자라도 권한을 남용하여 부당하게 사용하는 행위를 말하는 것이고, / 같은 조 제2항에서 규정하고 있는 그 **행사**죄는 부정사용한 공기호인 자동차등록번호판을 마치 진정한 것처럼 그 용법에 따라 사용하는 행위를 말하는 것으로 그 행위개념을 달리하고 있다. [2] 부정사용한 공기호인 자동차등록번호판의 용법에 따른 사용행위인 **행사**라 함은 이를 자동차에 부착하여 운행함으로써 일반인으로 하여금 자동차의 동일성에 관한 오인을 불러일으킬 수 있는 상태 즉 그것이 부착된 자동차를 운행함을 의미한다고 할 것이고, / 그 운행과는 별도로 부정사용한 자동차등록번호판을 타인에게 제시하는 등 행위가 있어야 그 행사죄가 성립한다고 볼 수 없다(대판 1997.7.8, 96도3319).

○ 피고인들이 **절취한 쏘나타 승용차**의 번호판을 떼어낸 후 미리 절취하여 소지하고 있던 포텐샤 승용차의 번호판을 임의로 부착하여 운행한 경우, 피고인들의 절취행위를 특정범죄 가중처벌 등에 관한 법률 제5조의4 제1항, 형법 제331조 제2항에, 자동차등록**번호판을 떼어낸 행위**를 자동차관리법 제81조 제1호, 제10조 제2항에, 포텐샤 승용차의 번호판을 쏘나타 승용차에 **부착**함으로써 부정사용한 행위를 형법 제238조 제1항에, 위와 같이 번호판을 부정사용한 자동차를 **운행**한 행위를 형법 제238조 제2항, 제1항에 각 의율한 다음 이를 **실체적 경합**범으로 처리하였는바, 자동차를 절취한 후 자동차등록번호판을 떼어내는 행위는 새로운 법익의 침해로 보아야 하므로 위와 같은 번호판을 떼어내는 행위가 절도범행의 불가벌적 사후행위가 되는 것은 아니다(대판 2007.9.6, 2007도4739).

Chapter

04 사회의 도덕에 대한 죄

제1절 성풍속에 관한 죄

제241조 삭제
구법 제241조 【간통】
① 배우자있는 자가 간통한 때에는 2년 이하의 징역에 처한다. 그와 상간한 자도 같다.
② 전항의 죄는 배우자의 고소가 있어야 논한다. 단, 배우자가 간통을 종용 또는 유서한 때에는 고소할 수 없다.

제242조 【음행매개】
영리의 목적으로 사람을 매개하여 간음하게 한 자는 3년 이하의 징역 또는 1천500만원 이하의 벌금에 처한다.
구법 제242조 【음행매개】
영리의 목적으로 미성년 또는 음행의 상습없는 부녀를 매개하여 간음하게 한 자는 3년 이하의 징역 또는 1천500만원 이하의 벌금에 처한다.

제243조 【음화반포 등】
음란한 문서, 도화, 필름 기타 물건을 반포, 판매 또는 임대하거나 공연히 전시 또는 상영한 자는 1년 이하의 징역 또는 500만원 이하의 벌금에 처한다.

제244조 【음화제조 등】
제243조의 행위에 공할 목적으로 음란한 물건을 제조, 소지, 수입 또는 수출한 자는 1년 이하의 징역 또는 500만원 이하의 벌금에 처한다.

제245조 【공연음란】
공연히 음란한 행위를 한 자는 1년 이하의 징역, 500만원 이하의 벌금, 구류 또는 과료에 처한다.

I 서설

1 의의 및 보호법익

성풍속에 관한 죄는 성도덕 또는 성풍속을 해하는 것을 내용으로 하는 범죄이다.
음화반포 등 죄, 음화제조 등 죄와 공연음란죄는 사회의 선량한 성풍속을 보호법익으로 하고 보호의 정도는 추상적 위험범이다. 음행매개죄의 경우 주된 보호법익이 선량한 성풍속이고, 피매개자의 개인의 성적 자유도 부차적 보호법익으로 한다.

2 구성요건의 체계

독립적 구성요건	음행매개죄, 음화반포 등 죄, 음화제조 등 죄, 공연음란죄
미수범 처벌규정	×
예비·음모 처벌규정	×

3 간통죄 폐지

성풍속에 관한 죄 중 간통죄는 2015년 헌법재판소의 위헌결정으로 폐지되었다.

형벌에 관한 위헌결정의 효력은 소급효가 있는데, 다만 간통죄에 대하여는 종전에 합헌결정이 있었기 때문에 그 결정이 있은 날 다음날(2008.10.31.)로 소급하여 효력을 상실하였다(헌법재판소법 제47조).

⊙ 사회 구조 및 결혼과 성에 관한 국민의 의식이 변화되고, 성적 자기결정권을 보다 중요시하는 인식이 확산됨에 따라 간통행위를 국가가 형벌로 다스리는 것이 적정한지에 대해서는 이제 더 이상 국민의 인식이 일치한다고 보기 어렵고, 비록 비도덕적인 행위라 할지라도 본질적으로 개인의 사생활에 속하고 사회에 끼치는 해악이 그다지 크지 않거나 구체적 법익에 대한 명백한 침해가 없는 경우에는 국가권력이 개입해서는 안 된다는 것이 현대 형법의 추세여서 전세계적으로 간통죄는 폐지되고 있다. 또한 간통죄의 보호법익인 혼인과 가정의 유지는 당사자의 자유로운 의지와 애정에 맡겨야지, 형벌을 통하여 타율적으로 강제될 수 없는 것이며, 현재 간통으로 처벌되는 비율이 매우 낮고, 간통행위에 대한 사회적 비난 역시 상당한 수준으로 낮아져 간통죄는 행위규제규범으로서 기능을 잃어가고, 형사정책상 일반예방 및 특별예방의 효과를 거두기도 어렵게 되었다. 부부 간 정조의무 및 여성 배우자의 보호는 간통한 배우자를 상대로 한 재판상 이혼 청구, 손해배상청구 등 민사상의 제도에 의해 보다 효과적으로 달성될 수 있고, 오히려 간통죄가 유책의 정도가 훨씬 큰 배우자의 이혼수단으로 이용되거나 일시 탈선한 가정주부 등을 공갈하는 수단으로 악용되고 있기도 하다. 결국 심판대상조항은 과잉금지원칙에 위배하여 국민의 **성적 자기결정권 및 사생활의 비밀과 자유를 침해**하는 것으로서 헌법에 위반된다(헌재결 2015.2.26, 2009헌바17).

II 음행매개죄

영리의 목적으로 사람을 매개하여 간음하게 함으로써 성립하는 범죄이다(제242조).
필요적 공범 중 대향범 중 일방만 처벌하는 경우에 해당한다.
음행매개죄의 객체는 법개정으로 "미성년 또는 음행의 상습 없는 부녀"에서 "사람"으로 개정되었다.

⊙ 성매매알선 등 행위의 처벌에 관한 법률(이하 '**성매매처벌법**'이라 한다) 제2조 제1항 제2호가 규정하는 '**성매매알선**'은 성매매를 하려는 당사자 사이에 서서 이를 중개하거나 편의를 도모하는 것을 의미하므로, 성매매의 알선이 되기 위하여는 반드시 그 알선에 의하여 성매매를 하려는 당사자가 실제로 성매매를 하거나 서로 대면하는 정도에 이르러야만 하는 것은 아니고, 성매매를 하려는 당사자들의 의사를 연결하여 더 이상 알선자의 개입이 없더라도 당사자 사이에 성매매에 이를 수 있을 정도의 주선행위만 있으면 족하다. / 그리고 성매매처벌법 제19조에서 정한 성매매알선죄는 성매매죄 정범에 종속되는 종범이 아니라 성매매죄 정범의 존재와 관계없이 그 자체로 **독자적인 정범**을 구성하므로, 알선자가 위와 같은 주선행위를 하였다면 성매수자에게 실제로는 성매매에 나아가려는 의사가 없었다고 하더라도 위 법에서 정한 성매매알선죄가 성립한다(대판 2023.6.29, 2020도3626).

III 음화 등 반포·판매·임대·전시·상영죄

1 의의

음란한 문서, 도화, 필름 기타 물건을 반포, 판매 또는 임대하거나 공연히 전시 또는 상영함으로써 성립하는 범죄이다(제243조). 필요적 공범 중 대향범 중 일방만 처벌하는 경우에 해당한다. 반포 등 행위만 처벌하고, 그 상대방은 처벌하지 않는다.

2 객체

음란한 문서, 도화, 필름 기타 물건이다(음란물).

> o **음란한 물건**이라 함은 성욕을 자극하거나 흥분 또는 만족케 하는 물건들로서 일반인의 정상적인 성적 수치심을 해치고 선량한 성적 도의관념에 반하는 것을 의미하며, 어떤 물건이 음란한 물건에 해당하는지 여부는 행위자의 주관적 의도나 반포, 전시 등이 행하여진 상황에 관계없이 그 물건 자체에 관하여 객관적으로 판단하여야 한다(대판 2003.5.16, 2003도988).

(1) 음란성

① 음란이란 정상적인 성적 수치심과 선량한 성적 도의관념을 현저히 침해한 것을 말한다.

② 음란성은 행위자의 주관적 의도와 관계없이 외부에 나타난 사실만 가지고 객관적으로 판단한다.

③ 음란성은 규범적 개념이므로 법관이 자신의 정서가 아닌 일반 보통인의 정서를 규준으로 하여 이를 판단한다.

> o 형법 제243조 소정의 "음란"이라는 개념 자체가 사회와 시대적 변화에 따라 변동하는 상대적이고도 유동적인 것이고, 그 시대에 있어서 사회의 풍속, 윤리, 종교 등과도 밀접한 관계를 가지는 추상적인 것이므로 결국 구체적인 판단에 있어서는 사회통념상 일반 보통인의 정서를 그 판단의 규준으로 삼을 수밖에 없다고 할지라도, 이는 법관이 일정한 가치판단에 의하여 내릴 수 있는 규범적인 개념이라 할 것이어서 그 최종적인 판단의 주체는 어디까지나 당해 사건을 담당하는 법관이라 할 것이니, 음란성을 판단함에 있어 법관이 자신의 정서가 아닌 **일반 보통인의 정서**를 규준으로 하여 이를 판단하면 족한 것이지 / 법관이 일일이 일반 보통인을 상대로 과연 당해 문서나 도화 등이 그들의 성욕을 자극하여 성적 흥분을 유발하거나 정상적인 성적 수치심을 해하여 성적 도의관념에 반하는 것인지의 여부를 묻는 절차를 거쳐야만 되는 것은 아니라고 할 것이다(대판 1995.2.10, 94도2266).
>
> o '음란'이라는 개념 자체는 사회와 시대적 변화에 따라 변동하는 상대적이고도 유동적인 것이고, 그 시대에 있어서 사회의 풍속, 윤리, 종교 등과도 밀접한 관계를 가지는 추상적인 것이므로, 결국 음란성을 구체적으로 판단함에 있어서는 행위자의 주관적 의도가 아니라 **사회 평균인의 입장**에서 그 전체적인 내용을 관찰하여 건전한 사회통념에 따라 **객관적**이고 **규범적으로 평가하여야 한다**(대판 2020.1.16, 2019도14056).

④ **학술서·문학작품·예술작품의 음란성 판단** : 학술성, 문학성 내지 예술성과 음란성은 차원을 달리하는 개념이므로, 학술성, 문학성 내지 예술성이 있다고 하여 그 작품의 음란성이 당연히 부정되는 것은 아니다.

> o **[고야의 옷 벗은 마야(마하) 사건]** 비록 명화집에 실려있는 그림이라 할지라도 이것을 예술 문학 등 공공의 이익을 위해서가 아닌 성냥갑 속에 넣어 판매할 목적으로 그 카드사진을 복사 제조하거나 시중에 판매하였다면 명화를 모독하여 음화화시켰다 할 것이고 그림의 음란성 유무는 객관적으로 판단해야 할 것이다(대판 1970.10.30, 70도1879).
>
> o 형법 제243조 및 제244조에서 말하는 '음란'이라 함은 정상적인 성적 수치심과 선량한 성적 도의관념을 현저히 침해하기에 적합한 것을 가리킨다 할 것이고, 이를 판단함에 있어서는 그 시대의

건전한 사회통념에 따라 객관적으로 판단하되 그 사회의 평균인의 입장에서 문서 전체를 대상으로 하여 규범적으로 평가하여야 할 것이며, 문학성 내지 예술성과 음란성은 차원을 달리하는 관념이므로 어느 문학작품이나 예술작품에 문학성 내지 예술성이 있다고 하여 그 작품의 음란성이 당연히 부정되는 것은 아니라 할 것이고, 다만 그 작품의 문학적·예술적 가치, 주제와 성적 표현의 관련성 정도 등에 따라서는 그 음란성이 완화되어 결국은 형법이 처벌대상으로 삼을 수 없게 되는 경우가 있을 수 있을 뿐이다(대판 2000.10.27, 98도679).

⑵ **문서, 도화, 필름 기타 물건**

음란한 영상화면을 수록한 컴퓨터 프로그램 파일은 여기에 해당하지 않는다.

ㅇ 제243조는 음란한 문서, 도화, 필름 기타 물건을 반포, 판매 또는 임대하거나 공연히 전시 또는 상영한 자에 대한 처벌 규정으로서 컴퓨터 프로그램파일은 위 규정에서 규정하고 있는 문서, 도화, 필름 기타 물건에 해당한다고 할 수 없으므로, **음란한 영상화면을 수록한 컴퓨터 프로그램파일을 컴퓨터 통신망을 통하여 전송하는 방법으로 판매한 행위**에 대하여 전기통신기본법 제48조의2의 규정을 적용할 수 있음은 별론으로 하고, 제243조의 규정을 적용할 수 없다(대판 1999.2.24, 98도3140).

ㅇ **여성용 자위기구**나 **돌출콘돔**의 경우 그 자체로 남성의 성기를 연상케 하는 면이 있다 하여도 그 정도만으로 그 기구 자체가 성욕을 자극, 흥분 또는 만족시키게 하는 물건으로 볼 수 없을 뿐만 아니라 일반인의 정상적인 성적 수치심을 해치고 선량한 성적 도의관념에 반한다고도 볼 수 없으므로 음란한 물건에 해당한다고 볼 수 없다(대판 2000.10.13, 2000도3346).

3 행위

반포, 판매 또는 임대하거나 공연히 전시 또는 상영하는 것이다.

⑴ 반포란 불특정 또는 다수인에게 무상으로 교부하는 것을 말한다.

⑵ 판매란 불특정 또는 다수인에게 유상으로 교부하는 것을 말한다.

⑶ 임대란 유상으로 대여하는 것을 말한다.

⑷ 공연히 전시한다는 것은 불특정 또는 다수인이 열람할 수 있는 상태에 두는 것이다.

⑸ 상영이란 필름 등 영상을 화면에 비추어 불특정 또는 다수인에 보여주는 것이다.

ㅇ **링크**를 포함한 일련의 **행위** 및 범의가 다른 웹사이트 등을 단순히 소개·연결할 뿐이거나 또는 다른 웹사이트 운영자의 실행행위를 방조하는 정도를 넘어, / 이미 음란한 부호 등이 불특정·다수인에 의하여 인식될 수 있는 상태에 놓여 있는 다른 웹사이트를 링크의 수법으로 사실상 지배·이용함으로써 그 실질에 있어서 음란한 부호 등을 직접 전시하는 것과 다를 바 없다고 평가되고, 이에 따라 불특정·다수인이 이러한 링크를 이용하여 별다른 제한 없이 음란한 부호 등에 바로 접할 수 있는 상태가 실제로 조성되었다면, 그러한 행위는 전체로 보아 음란한 부호 등을 공연히 전시한다는 구성요건을 충족한다고 봄이 상당하며, 이러한 해석은 죄형법정주의에 반하는 것이 아니라, 오히려 링크기술의 활용과 효과를 극대화하는 초고속정보통신망 제도를 전제로 하여 신설된 **구 전기통신기본법** 제48조의2(2001.1.16. 법률 제6360호 부칙 제5조 제1항에 의하여 삭제, **현행 정보통신망이용촉진 및 정보보호 등에 관한 법률** 제65조 제1항 제2호 참조) 규정의 입법 취지에 부합하는 것이라고 보아야 한다(대판 2003.7.8, 2001도1335).

ㅇ 인터넷사이트에 집단 성행위 목적의 카페를 개설, 운영한 자가 남녀 회원을 모집한 후 특별모임을 빙자하여 집단으로 성행위를 하고 그 촬영물이나 사진 등을 **카페**에 **게시**한 경우, 카페가 회원제로 운영되는 등 제한적이고 회원들 상호 간에 음란물을 게시, 공유해 온 사정이 있다고 하더라도, 위 카페의 회원수에 비추어 위 게시행위가 음란물을 공연히 **전시**한 것에 해당한다(대판 2009.5.14, 2008도10914).

ㅇ 피고인 甲 주식회사(성인폰팅업체)의 대표이사 피고인 乙과 운영·관리자 피고인 丙, 丁이 공모하여, 불특정 다수의 휴대전화에 여성의 성기, 자위행위, 불특정 다수와의 성매매를 포함한 성행위 등을 저속하고 노골적으로 표현 또는 묘사하거나 이를 암시하는 문언이 기재된 **문자메시지**를 **대량**으로 **전송**한 경우 그 문자메시지는 정보통신망 이용촉진 및 정보보호 등에 관한 법률 위반(**음란물 유포**)의 음란한 문언에 해당한다(대판 2019.1.10, 2016도8783).

4 위법성조각사유

ㅇ [표현의 자유와 관련된 정당행위의 새로운 판단기준을 제시한 사건] 방송통신심의위원회 심의위원인 피고인이 자신의 인터넷 블로그에 위원회에서 **음란정보로 의결한 '남성의 발기된 성기 사진'**을 게시함으로써 정보통신망을 통하여 음란한 화상 또는 영상인 사진을 공공연하게 전시하였다고 하여 정보통신망 이용촉진 및 정보보호 등에 관한 법률 위반(**음란물유포**)으로 기소된 사안에서, 피고인의 게시물은 사진과 학술적, 사상적 표현 등이 결합된 결합 표현물로서, 사진은 음란물에 해당하나 결합 표현물인 게시물을 통한 사진의 게시는 형법 제20조에 정하여진 '사회상규에 위배되지 아니하는 행위'에 해당한다고 본 사례(대판 2017.10.26, 2012도13352)

[판결이유] 게시된 음란물이 음란성에 관한 학술적, 사상적 표현과 결합하여 표현된 결합표현물인 경우 음란 표현의 해악이 상당한 방법으로 해소되거나 다양한 의견과 사상의 경쟁메커니즘에 의해 해소될 수 있는 정도라는 등의 특별한 사정이 있다면 **결합표현물에 의한 표현행위**는 사회상규에 위배되지 아니한다.

[사실관계] 다른 블로그의 화면 다섯 개를 갈무리하여 옮겨온 남성의 발기된 성기 사진 8장과 벌거벗은 남성의 뒷모습 사진 1장을 전체 게시면의 절반을 조금 넘는 부분에 걸쳐 게시하고, 이어서 정보통신에 관한 심의규정 제8조 제1호를 소개한 후 피고인의 의견(법학전문대학원 교수인 피고인이 **"이 사진을 보면 성적으로 자극받거나 성적으로 흥분되나요?"**라는 제목 아래 위원회의 다수의견에 대한 비판적 견해 피력)을 덧붙이고 있으므로 사진들과 음란물에 관한 논의의 형성·발전을 위한 학술적, 사상적 표현 등이 결합된 **결합 표현물**이라고 본 사례

Ⅳ 음화 등 제조·소지·수입·수출죄

반포, 판매 또는 임대하거나 공연히 전시 또는 상영할 목적으로 음란한 물건을 제조, 소지, 수입 또는 수출함으로써 성립하는 범죄이다(제244조).

Ⅴ 공연음란죄

1 의의

공연히 음란한 행위를 함으로써 성립하는 범죄이다(제245조).

2 행위

공연히 음란한 행위를 하는 것이다.

(1) '공연히'란 불특정 또는 다수인이 인식할 수 있는 상태를 말한다.

(2) '음란한 행위'란 일반 보통인의 성욕을 자극하여 성적 흥분을 유발하고 정상적인 성적 수치심을 해하여 성적 도의관념에 반하는 행위를 말한다.

(3) 음란행위가 성교행위나 자위행위에 국한되는지에 관하여 견해대립이 있으나, 판례는 반드시 성행위를 묘사하거나 성적인 의도를 표출할 것을 요하지 않는다고 한다.

o 형법 제245조 소정의 '음란한 행위'라 함은 일반 보통인의 성욕을 자극하여 성적 흥분을 유발하고 정상적인 성적 수치심을 해하여 성적 도의관념에 반하는 행위를 가리키는 것이고, 그 행위가 반드시 성행위를 묘사하거나 성적인 의도를 표출할 것을 요하는 것은 아니다(대판 2006.1.13, 2005도1264).

o **[성기 · 엉덩이 노출 사건]** [1] 형법 제245조 공연음란죄에서의 '음란한 행위'란 일반 보통인의 성욕을 자극하여 성적 흥분을 유발하고 정상적인 성적 수치심을 해하여 성적 도의관념에 반하는 행위를 가리키는 것이고, 그 행위가 반드시 성행위를 묘사하거나 성적인 의도를 표출할 것을 요하는 것은 아니다. [2] 경범죄 처벌법 제3조 제1항 제33호가 '공개된 장소에서 공공연하게 성기 · 엉덩이 등 신체의 주요한 부위를 노출하여 다른 사람에게 부끄러운 느낌이나 불쾌감을 준 사람'을 처벌하도록 규정하고 있는 점 등에 비추어 볼 때, **성기 · 엉덩이 등 신체의 주요한 부위를 노출한 행위가 있었을 경우** 그 일시와 장소, 노출 부위, 노출 방법 · 정도, 노출 동기 · 경위 등 구체적 사정에 비추어, 그것이 단순히 다른 사람에게 부끄러운 느낌이나 불쾌감을 주는 정도에 불과하다면 **경범죄 처벌법 제3조 제1항 제33호**에 해당할 뿐이지만, / 그와 같은 정도가 아니라 일반 보통인의 성욕을 자극하여 성적 흥분을 유발하고 정상적인 성적 수치심을 해하는 것이라면 **형법 제245조의 '음란한 행위'**에 해당한다고 할 수 있다(대판 2020.1.16, 2019도14056).

[사실관계] 피고인이 나신의 여인을 묘사한 부조가 조각된 참전비 앞길에서 바지와 팬티를 내리고 성기와 엉덩이를 노출한 채 있었던 경우 공연음란죄가 성립한다.

관련 판례 음란한 행위에 해당하는 경우

요구르트 제품의 홍보를 위하여 전라의 여성 누드모델들이 일반 관람객과 기자 등 수십 명이 있는 자리에서, 알몸에 밀가루를 바르고 무대에 나와 **분무기로 요구르트를 몸에 뿌려 밀가루를 벗겨내는 방법**으로 알몸을 완전히 드러낸 채 음부 및 유방 등이 노출된 상태에서 무대를 돌며 관람객들을 향하여 요구르트를 던진 행위가 공연음란죄에 해당한다(대판 2006.1.13, 2005도1264).

관련 판례 음란한 행위에 해당하지 않는 경우

1) 피고인이 甲과 주차문제로 말다툼을 할 때 "술을 먹었으면 입으로 먹었지 똥구멍으로 먹었냐"라고 말한 것에 격분하여 甲이 운영하는 상점으로 찾아가 상점카운터를 지키고 있던 甲의 딸인 乙(여, 23세)을 보고 "주인 어디 갔느냐"고 소리를 지르다가 등을 돌려 엉덩이가 드러날 만큼 바지와 팬티를 내린 다음 엉덩이를 들이밀며 "똥구멍으로 어떻게 술을 먹느냐, 똥구멍에 술을 부어 보아라"라고 말한 경우 공연음란죄가 성립하지 않는다(대판 2004.3.12, 2003도6514).

∵ 신체의 노출행위(말다툼을 한 후 항의의 표시로 엉덩이를 노출시킨 행위)가 단순히 다른 사람에게 부끄러운 느낌이나 불쾌감을 주는 정도에 불과하다고 인정되는 경우 경범죄처벌법 제1조 제41호에 해당할지언정, 형법 제245조의 음란행위에 해당한다고 할 수 없다.

2) 유흥주점 여종업원들이 웃옷을 벗고 **브래지어만 착용**하거나 치마를 허벅지가 다 드러나도록 걷어 올리고 가슴이 보일 정도로 어깨끈을 밑으로 내린 채 손님을 접대한 경우, 구 풍속영업의 규제에 관한 법률 제3조 제1호에 정한 '음란행위'에 해당하지 않는다(대판 2009.2.26, 2006도3119).

∵ 노골적인 방법에 의하여 성적 부위를 노출하거나 성적 행위를 표현한 것이라고 단정하기에 부족하므로

3 주관적 구성요건

공연히 음란한 행위를 한다는 고의가 있어야 한다.

o 공연음란죄는 주관적으로 성욕의 흥분, 만족 등의 성적인 목적이 있어야 성립하는 것은 아니고 그 **행위의 음란성에 대한 의미의 인식**이 있으면 족하다(대판 2004.3.12, 2003도6514). ∵ 목적범이 아니므로

o 고속도로에서 행패를 부리다가 경찰관이 출동하여 이를 제지하려고 하자 주위에 운전자 등 많은 사람이 운집한 가운데 시위조로 옷을 모두 벗고 알몸의 상태로 바닥에 드러눕거나 돌아다닌 행위는 공연음란죄에 해당한다(대판 2000.12.22, 2000도4372).

∵ 공중 앞에서 알몸이 되어 성기를 노출한 경우 음란한 행위에 해당하고 그 인식도 있었으므로

제2절 도박과 복표에 관한 죄

제246조 【도박, 상습도박】

① 도박을 한 사람은 1천만원 이하의 벌금 또는 과료에 처한다. 다만, 일시오락 정도에 불과한 경우에는 예외로 한다.

② 상습으로 제1항의 죄를 범한 사람은 3년 이하의 징역 또는 2천만원 이하의 벌금에 처한다.

구법 제246조 【도박, 상습도박】

① 재물로써 도박한 자는 500만원 이하의 벌금 또는 과료에 처한다. 단, 일시오락 정도에 불과한 때에는 예외로 한다.

② 상습으로 제1항의 죄를 범한 자는 3년 이하의 징역 또는 2천만원 이하의 벌금에 처한다.

제247조 【도박개장】

영리의 목적으로 도박을 하는 장소나 공간을 개설한 사람은 5년 이하의 징역 또는 3천만원 이하의 벌금에 처한다.

구법 제247조 【도박개장】

영리의 목적으로 도박을 개장한 자는 3년 이하의 징역 또는 2천만원 이하의 벌금에 처한다.

제248조 【복표의 발매 등】

① 법령에 의하지 아니한 복표를 발매한 사람은 5년 이하의 징역 또는 3천만원 이하의 벌금에 처한다.

② 제1항의 복표발매를 중개한 사람은 3년 이하의 징역 또는 2천만원 이하의 벌금에 처한다.

③ 제1항의 복표를 취득한 사람은 1천만원 이하의 벌금에 처한다.

구법 제248조 【복표의 발매 등】

① 법령에 의하지 아니한 복표를 발매한 자는 3년 이하의 징역 또는 2천만원 이하의 벌금에 처한다.

② 전항의 복표발매를 중개한 자는 1년 이하의 징역 또는 500만원 이하의 벌금에 처한다.

③ 제1항의 복표를 취득한 자는 500만원 이하의 벌금 또는 과료에 처한다.

제249조【벌금의 병과】
제246조 제2항, 제247조와 제248조 제1항의 죄에 대하여는 1천만원 이하의 벌금을 병과할 수 있다.
구법 제249조【벌금의 병과】
제246조 제2항, 제247조와 제248조 제1항의 경우에는 500만원 이하의 벌금을 병과할 수 있다.

I 서설

1 의의 및 보호법익

도박과 복표에 관한 죄는 우연한 사정에 의하여 재물의 득실을 다투는 것을 내용으로 하는 범죄이다. 보호법익은 국민일반의 건전한 근로관념과 공공의 미풍양속 내지 경제에 관한 건전한 도덕법칙이다. 보호받는 정도는 추상적 위험범이다.

○ 형법 제246조 도박죄를 처벌하는 이유는 정당한 근로에 의하지 아니한 재물의 취득을 처벌함으로써 **경제에 관한 건전한 도덕법칙**을 보호하기 위한 것인바, 그 처벌은 헌법이 보장하는 국민의 행복추구권이나 사생활의 자유를 침해할 수 없고, 동조의 입법취지가 건전한 근로의식을 배양 보호함에 있다면 일반 서민대중이 여가를 이용하여 평소의 심신의 긴장을 해소하는 오락은 이를 인정함이 국가정책적 입장에서 보더라도 허용된다 할 것으로, **일시 오락**에 불과한 도박행위를 처벌하지 아니하는 이유가 여기에 있다(대판 1983.3.22, 82도2151).

2 구성요건의 체계

기본적 구성요건	도박죄, 복표발매죄
가중적 구성요건	상습도박죄 ↔ 상습도박개장 : ×
감경적 구성요건	복표발매중개죄, 복표취득죄
독립적 구성요건	도박개장죄
미수범 처벌규정	×
예비·음모 처벌규정	×

II 도박죄

도박을 함으로써 성립하는 범죄이다(제246조 제1항).

1 주체

제한이 없다. 도박은 2인 이상이어야 가능하므로 필요적 공범 중 대향범에 해당한다.

2 객체

재물 또는 재산상 이익을 모두 포함한다. '재물로써'라는 구성요건을 삭제하여 재산상 이익도 포함되도록 법을 개정하였다.

3 행위

(1) 도박

① 도박이란 재물 또는 재산상 이익을 걸고 우연에 의하여 재물의 득실을 결정하는 것이다.

② 운동경기나 오락성게임에 재물을 거는 것도 다소라도 우연성의 영향을 받는다면 도박죄가 성립할 수 있다. 예 내기바둑, 내기장기 등

> ㅇ 도박은 '재물을 걸고 우연에 의하여 재물의 득실을 결정하는 것'을 의미하는바, 여기서 '우연'이란 주관적으로 '당사자에 있어서 확실히 예견 또는 자유로이 지배할 수 없는 사실에 관하여 승패를 결정하는 것'을 말하고, 객관적으로 불확실할 것을 요구하지 아니한다. 따라서, 당사자의 능력이 승패의 결과에 영향을 미친다고 하더라도 다소라도 우연성의 사정에 의하여 영향을 받게 되는 때에는 도박죄가 성립할 수 있다(대판 2008.10.23, 2006도736).
> [사실관계] 피고인들이 각자 **핸디캡**을 정하고 홀마다 또는 9홀마다 별도의 돈을 걸고 총 26 내지 32회에 걸쳐 **내기 골프**를 한 행위는 도박에 해당한다.

(2) **편면적 도박**(사기도박)

사기도박은 우연성이 결여되어 있으므로 도박죄가 성립하지 않고 사기죄만 성립한다.

> ㅇ [사기도박 사기사건] ① **이른바 사기도박**과 같이 도박당사자의 일방이 사기의 수단으로써 승패의 수를 지배하는 경우에는 도박에서의 우연성이 결여되어 사기죄만 성립하고 도박죄는 성립하지 아니한다. ② 사기도박에서도 사기적인 방법으로 도금을 편취하려고 하는 자가 상대방에게 도박에 참가할 것을 권유하는 등 기망행위를 개시한 때에 실행의 착수가 있는 것으로 보아야 한다. ③ **사기도박을 숨기기 위하여 얼마간 정상적인 도박을 하였더라도** 이는 사기죄의 실행행위에 포함되는 것이어서 피고인에 대하여는 피해자들에 대한 사기죄만이 성립하고 도박죄는 따로 성립하지 아니한다. ④ 피고인 등이 피해자들을 유인하여 사기도박으로 도금을 편취한 행위는 **사회관념상 1개의 행위**로 평가하는 것이 타당하므로, 피해자들에 대한 각 사기죄는 **상상적 경합의 관계**에 있다(대판 2011.1.13, 2010도9330).

(3) 기수시기

도박행위에 착수가 있으면 바로 기수가 된다(추상적 위험범). 승패가 결정되거나 현실로 재물 또는 재산상 이익의 득실이 있을 것을 요하지 않는다. 예 화투장을 배부하기 시작한 때

4 위법성

제246조 제1항 단서의 일시오락정도에 불과한 경우에는 예외로 한다는 규정은 사회상규에 위배되지 아니하는 행위로서 위법성을 조각한다는 의미이다.

> ㅇ 일시 오락 정도에 불과한 도박행위의 동기나 목적, 그 수단이나 방법, 보호법익과 침해법익과의 권형성 그리고 일시 오락 정도에 불과한 도박은 그 재물의 경제적 가치가 근소하여 건전한 근로의식을 침해하지 않을 정도이므로 건전한 풍속을 해할 염려가 없는 정도의 단순한 오락에 그치는 경미한 행위에 불과하고, 일반 서민대중이 여가를 이용하여 평소의 심신의 긴장을 해소하는 오락은 이를 인정함이 국가정책적 입장에서 보더라도 허용된다(대판 2004.4.9, 2003도6351).

관련 판례 **도박죄가 성립하지 않는 경우**

1) 피고인은 그가 운영하는 여관 카운터에서 같은 동네에 거주하는 친구들과 함께 저녁을 시켜 먹은 후 그 저녁값을 마련하기 위하여 속칭 '홀라'라는 도박을 한 경우 그 도박죄는 일시 오락의 정도에 불과하여 죄가 되지 않는 경우에 해당하므로 무죄이다(대판 2004.4.9, 2003도6351).
2) 피고인들이 서로 친숙한 사이로서 이 사건 당일 우연히 다방에서 만나게 되어, 약 3,000원 상당의 음식내기 화투놀이를 약 30분간 한 소위는 피고인들의 친분관계, 화투놀이의 시간과 장소, 도박의 경위 및 그 금액의 근소성에 비추어 일시 오락의 정도에 불과하고 **도박죄를 구성하지 않는다**(대판 1984.4.10, 84도194).
   [동지판례] 각자 1,000원 내지 7,000원을 판돈으로 내놓고 한 점에 100원짜리 속칭 "고스톱"을 한 것은 일시 오락의 정도에 불과한 때에 해당하여 **도박죄를 구성하지 않는다**(대판 1990.2.9, 89도1992).
3) 국가 정책적 견지에서 도박죄의 보호법익보다 좀 더 높은 국가이익을 위하여 예외적으로 **내국인의 출입을 허용하는 폐광지역개발지원에 관한 특별법 등에 따라 카지노에 출입**하는 것은 법령에 의한 행위로 위법성이 조각된다(대판 2004.4.23, 2002도2518).
   [비교판례] **도박죄를 처벌하지 않는 외국 카지노에서의 도박**이라는 사정만으로 그 위법성이 조각된다고 할 수 없다(대판 2004.4.23, 2002도2518). ∵ 속인주의(제3조)

Ⅲ 상습도박죄

1 의의

상습으로 도박죄를 범함으로써 성립하는 범죄이다(제246조 제2항). 부진정신분범이다.

o 상습도박죄에 있어서의 **상습성**이라 함은 반복하여 도박행위를 하는 습벽으로서 행위자의 속성을 말하는데, 이러한 습벽의 유무를 판단함에 있어서는 도박의 전과나 도박횟수 등이 중요한 판단자료가 되나, 도박전과가 없다 하더라도 도박의 성질과 방법, 도금의 규모, 도박에 가담하게 된 태양 등의 제반 사정을 참작하여 도박의 습벽이 인정되는 경우에는 상습성을 인정할 수 있다(대판 2017.4.13, 2017도953).

2 공범

o 도박의 습벽이 있는 자가 타인의 도박을 방조하면 **상습도박방조**의 죄에 해당한다(대판 1984.4.24, 84도195).
∵ 부진정신분범에서 신분자가 비신분자에게 가담한 경우(제33조 단서)

3 죄수

상습자가 여러 차례 도박을 한 경우 포괄하여 1개의 상습도박죄만 성립한다.

o 도박의 습벽이 있는 자가 도박을 하고 또 도박방조를 하였을 경우 상습도박방조의 죄는 무거운 상습도박의 죄에 **포괄시켜 1죄**로서 처단하여야 한다(대판 1984.4.24, 84도195). ∵ 집합범

Ⅳ 도박개장죄

1 의의

영리의 목적으로 도박을 하는 장소나 공간을 개설함으로써 성립하는 범죄이다(제247조). 성질상 도박의 교사나 예비행위지만 독립된 구성요건으로 처벌한다. 도박죄보다 가중하여 처벌하고 있다. 영리의 목적을 요하는 목적범이고, 계속범이다.

ㅇ 형법 제247조의 도박개장죄는 영리의 목적으로 스스로 주재자가 되어 그 지배하에 도박장소를 개설함으로써 성립하는 것으로서, 도박죄와는 별개의 독립된 범죄이다. 이때 '도박'이란 참여한 당사자가 재물을 걸고 우연한 승부에 의하여 재물의 득실을 다투는 것을 의미하고, **'영리의 목적'**이란 도박개장의 대가로 불법한 재산상의 이익을 얻으려는 의사를 의미한다(대판 2009.2.26, 2008도10582).

2 행위

도박을 하는 장소나 공간을 개설하는 것이다.

(1) 도박개장이란 영리의 목적으로 스스로 주재자가 되어 그 지배하에 도박장소를 개설하는 것을 말한다.

(2) 인터넷상 도박사이트의 개설을 처벌하기 위하여 법을 개정하여 도박을 하는 공간을 개설한다는 구성요건을 추가하였다.

(3) 영리의 목적으로 도박을 개장하면 기수이고, 현실로 도박이 행하여졌음은 묻지 않는다.

ㅇ 제247조의 도박개장죄는 영리의 목적으로 도박을 개장하면 기수에 이르고, 현실로 도박이 행하여졌음은 묻지 않는다. 따라서 **영리의 목적으로 속칭 포커나 바둑이, 고스톱 등의 인터넷 도박게임 사이트를 개설하여 운영하는 경우**, 현실적으로 게임이용자들로부터 돈을 받고 게임머니를 제공하고 게임이용자들이 위 도박게임 사이트에 접속하여 도박을 하여, 위 게임으로 획득한 게임머니를 현금으로 환전해 주는 방법 등으로 게임이용자들과 게임회사 사이에 있어서 재물이 오고갈 수 있는 상태에 있으면, 게임이용자가 위 도박게임 사이트에 접속하여 실제 게임을 하였는지 여부와 관계없이 도박개장죄는 '기수'에 이른다(대판 2009.12.10, 2008도5282).

ㅇ 피고인이 단순히 가맹점만을 모집한 상태에서 도박게임 프로그램을 **시험가동**한 정도에 그친 것이 아니라, / 가맹점을 모집하여 인터넷 도박게임이 가능하도록 시설 등을 설치하고 **도박게임 프로그램을 가동하던 중** 문제가 발생하여 더 이상의 영업으로 나아가지 못한 것으로 볼 여지가 있다면 이로써 도박개장죄는 이미 '기수'에 이르렀다고 볼 수 있고, 나아가 피고인이 모집한 피씨방의 업주들이 그곳을 찾은 이용자들에게 피고인이 개설한 도박게임 사이트에 접속하여 도박을 하게 한 사실이 없다고 하여 도박개장죄의 성립이 부정된다고 할 수 없다(대판 2009.12.10, 2008도5282).

(4) 도박개장죄는 계속범이므로 영리의 목적으로 도박의 장소나 공간을 개설하면 기수가 되지만, 기수 이후에도 도박장소를 폐쇄하였을 때 종료한다.

관련 판례 **도박개장죄가 성립하는 경우**

1) **유료낚시터**를 운영하는 사람이 입장료 명목으로 요금을 받은 후 낚인 물고기에 부착된 시상번호에 따라 **경품**을 지급한 경우, 도박개장죄가 성립한다(대판 2009.2.26, 2008도10582).
2) 인터넷 사이트 운영자가 회원들로 하여금 온라인에서 현금화할 수 있는 게임코인을 걸고 속칭 고스톱, 포커 등을 하도록 하고, **수수료** 명목으로 일정액을 이익으로 취한 행위는 도박개장죄에 해당한다(대판 2008.9.11, 2008도1667). ∵ 간접적 대가에 해당하므로

3 주관적 구성요건

고의 이외에 영리의 목적이 있어야 한다. 영리의 목적이란 도박개장의 대가(↔ **도박의 대가** : ×)를 얻으려는 의사를 말한다. 도박개장의 대가는 직접적이든 간접적이든 묻지 않는다.

○ '영리의 목적'이란 도박개장의 대가로 불법한 재산상의 이익을 얻으려는 의사를 의미하는 것으로, 반드시 도박개장의 직접적 대가가 아니라 도박개장을 통하여 간접적으로 얻게 될 이익을 위한 경우에도 영리의 목적이 인정되고, 또한 현실적으로 그 이익을 얻었을 것을 요하지는 않는다(대판 2002.4.12, 2001도5802).
[사실관계] 인터넷 고스톱게임 사이트를 유료화하는 과정에서 **사이트를 홍보하기 위하여** 고스톱대회를 개최하면서 참가자들로부터 참가비를 받고 입상자들에게 상금을 지급한 행위에 대하여 도박개장죄를 구성한다.

○ 사설 인터넷 도박사이트를 운영하는 사람이, 먼저 소셜 네트워크 서비스 앱에 오픈채팅방을 개설하여 아동・청소년이용음란 동영상을 게시하고 1 : 1 대화를 통해 불특정 다수를 위 오픈채팅방 회원으로 가입시킨 다음, 그 오픈채팅방에서 자신이 운영하는 **도박사이트**를 **홍보**하면서 회원들이 가입 시 입력한 이름, 전화번호 등을 이용하여 전화를 걸어 위 도박사이트 가입을 승인해주는 등의 방법으로 가입을 유도하고 그 도박사이트를 이용하여 도박을 하게 하였다면, 영리를 목적으로 도박공간을 개설한 행위가 인정된다(대판 2020.9.24, 2020도8978).

4 공범

○ 인터넷 게임사이트의 온라인게임에서 통용되는 사이버머니를 구입하고자 하는 사람을 유인하여 돈을 받고 위 게임사이트에 접속하여 일부러 패하는 방법으로 사이버머니를 판매한 사람에 대하여, 정범인 위 게임사이트 개설자의 도박개장행위를 인정할 수 없는 이상(∵ **단순오락용게임**) 종범인 도박개장방조죄도 성립하지 않는다(대판 2007.11.29, 2007도8050). ∵ 공범종속성설

○ 서울올림픽기념 국민체육진흥공단의 수탁사업자가 아닌 乙은 ○○ 사이트를 개설한 후 체육진흥투표권과 유사한 것을 발행하여 결과를 적중시킨 자에게 재물이나 재산상 이익을 제공하였다. 甲은 乙의 범행에 공동으로 가공한다는 의사를 가지고 직접 또는 하위 총판을 통하여 도박자의 ○○ 사이트 회원 가입을 유도하였다면 甲과 乙에게는 형법 제247조의 도박공간개설죄의 공동정범이 성립한다(대판 2017.1.12, 2016도18119).

5 타죄와의 관계

○ 공갈죄와 도박죄는 그 구성요건과 보호법익을 달리하고 있고, 공갈죄의 성립에 일반적・전형적으로 도박행위를 수반하는 것은 아니며, 도박행위가 공갈죄에 비하여 별도로 고려되지 않을 만큼 경미한 것이라고

할 수도 없으므로, **도박행위가 공갈죄의 수단이 되었다** 하여 그 도박행위가 공갈죄에 흡수되어 별도의 범죄를 구성하지 않는다고 할 수 없다(대판 2014.3.13, 2014도212).
↔ 도박행위가 사기의 수단이 된 경우 : 사기죄만 성립

o 무허가 카지노영업으로 인한 관광진흥법위반죄와 도박개장죄는 상상적 경합범 관계에 있다(대판 2009.12.10, 2009도11151).

V 복표발매 · 중개 · 취득죄

법령에 의하지 아니한 복표를 발매, 복표발매를 중개, 복표를 취득함으로써 성립하는 범죄이다(제248조).

o 이른바 '**광고복권**'은 통상의 경우 이를 홍보 및 판촉의 수단(무료배부)으로 사용하는 사업자들이 당첨되지 않은 참가자들의 손실을 대신 부담하여 주는 것일 뿐, 그 자체로는 추첨 등의 우연한 방법에 의하여 일부 당첨자에게 재산상의 이익을 주고 다른 참가자에게 손실을 주는 복표로서의 성질을 갖추고 있다고 보아 형법 제248조 소정의 **복표**에 해당한다(대판 2003.12.26, 2003도5433).

제3절 신앙에 관한 죄

제158조【장례식 등의 방해】
장례식, 제사, 예배 또는 설교를 방해한 자는 3년 이하의 징역 또는 500만원 이하의 벌금에 처한다.
제159조【시체 등의 오욕】
시체, 유골 또는 유발(遺髮)을 오욕한 자는 2년 이하의 징역 또는 500만원 이하의 벌금에 처한다. [시행 2021.12.9.]
제160조【분묘의 발굴】
분묘를 발굴한 자는 5년 이하의 징역에 처한다.
제161조【시체 등의 유기 등】
① 시체, 유골, 유발 또는 관 속에 넣어 둔 물건을 손괴(損壞), 유기, 은닉 또는 영득(領得)한 자는 7년 이하의 징역에 처한다.
② 분묘를 발굴하여 제1항의 죄를 지은 자는 10년 이하의 징역에 처한다. [시행 2021.12.9.]
제162조【미수범】
전2조의 미수범은 처벌한다.
제163조【변사체 검시 방해】
변사자의 시체 또는 변사(變死)로 의심되는 시체를 은닉하거나 변경하거나 그 밖의 방법으로 검시(檢視)를 방해한 자는 700만원 이하의 벌금에 처한다. [시행 2021.12.9.]

I 서설

1 의의 및 보호법익

신앙에 관한 죄는 공중의 종교생활과 종교감정을 침해하는 것을 내용으로 하는 범죄이다.

장례식 등 방해죄는 사회풍속으로서의 종교감정과 종교생활의 평온이 보호법익이고, 시체(사체)에 관한 죄는 시체(사체)에 대한 일반인의 승경의 감정(숭앙심)을 보호법익으로 한다. 변사자검시방해죄는 공무집행을 보호법익으로 하는 공무방해에 관한 죄의 범주에 속한다고 보아야 한다. 보호정도는 추상적 위험범이다.

2 구성요건의 체계

독립적 구성요건	장례식 등 방해죄, 시체 등 오욕죄, 분묘발굴죄, 시체 등 영득죄, 변시체검시방해죄
미수범 처벌규정	분묘발굴죄, 시체 등 영득죄
예비·음모 처벌규정	×

II 장례식 등 방해죄

장례식, 제사, 예배 또는 설교를 방해함으로써 성립하는 범죄이다(제158조).

○ 제158조에 규정된 예배방해죄는 공중의 종교생활의 평온과 종교감정을 그 보호법익으로 하는 것이므로, 예배 중이거나 예배와 시간적으로 밀접불가분의 관계에 있는 준비단계에서 이를 방해하는 경우에만 성립한다(대판 2008.2.1, 2007도5296).

[사실관계] 교회의 교인이었던 사람이 교인들의 총유인 교회 현판, 나무십자가 등을 떼어 내고 예배당 건물에 들어가 **출입문 자물쇠를 교체하여 7개월 동안 교인들의 출입을 막은 경우**, 장기간 예배당 건물의 출입을 통제한 위 행위는 교인들의 예배 내지 그와 밀접불가분의 관계에 있는 준비단계를 계속하여 방해한 것으로 볼 수 없어 예배방해죄가 성립하지 않는다.

○ 장례식방해죄는 장례식의 평온과 공중의 추모감정을 보호법익으로 하는 이른바 **추상적 위험범**으로서 범인의 행위로 인하여 장례식이 현실적으로 저지 내지 방해되었다고 하는 결과의 발생까지 요하지 않고 방해행위의 수단과 방법에도 아무런 제한이 없으며 일시적인 행위라 하더라도 무방하나, 적어도 객관적으로 보아 장례식의 평온한 수행에 지장을 줄 만한 행위를 함으로써 장례식의 절차와 평온을 저해할 위험이 초래될 수 있는 정도는 되어야 비로소 방해행위가 있다고 보아 장례식방해죄가 성립한다고 할 것이다(대판 2013.2.14, 2010도13450).

[사실관계] 고 노무현 전 대통령에 대한 영결식에서 이명박 대통령 부부가 헌화를 하기 위하여 헌화대로 나오려는 순간 "**사죄하라. 어디서 분향을 해.**"라고 크게 소리를 질렀다 하더라도 장례식방해죄의 방해행위에 해당한다고 보기 어렵다.

III 시체 등 오욕죄

시체, 유골 또는 유발을 오욕함으로써 성립하는 범죄이다(제159조).

예 시체에 침 뱉는 행위, 시체를 간음하는 행위(시간)

IV 분묘발굴죄

분묘를 발굴함으로써 성립하는 범죄이다(제160조).

V 시체 등 손괴 · 유기 · 은닉 · 영득죄

1 의의

시체, 유골, 유발 또는 관내에 장치한 물건을 손괴, 유기, 은닉 또는 영득하거나 분묘를 발굴하여 시체, 유골, 유발 또는 관내에 장치한 물건을 손괴, 유기, 은닉 또는 영득함으로써 성립하는 범죄이다(제161조).

2 손괴 · 유기 · 은닉 · 영득

(1) 손괴란 종교적 감정을 해할 정도의 물리적 훼손 또는 파괴를 말한다. 유골의 일부 분리도 손괴에 해당할 수 있다.

(2) 유기란 종교적 · 사회적 관례상 매장이라고 인정되는 방법에 의하지 않고 시체 등을 방기하는 것을 말한다. 시체 등의 장소적 이전을 요하지 않고, 매장할 작위의무 있는 자의 방치 등 부작위에 의하여도 성립할 수 있다. 그러나 매장할 작위의무 없는 자는 단순한 방치만으로는 유기가 될 수 없고 다른 장소로 옮겨 방기해야 죄가 성립한다.

> ㅇ 사체유기죄는 사자에 대한 사회적 풍습으로서 종교적 감정 또는 종교적 평온을 보호법익으로 하는 것으로서 법률, 계약 또는 조리상 사체에 대한 장제 또는 감호할 의무가 있는 자가 이를 방치하거나 / 그 의무 없는 자가 그 장소적 이전을 하면서 종교적, 사회적 풍습에 따른 의례에 의하지 아니하고 이를 방치하는 경우에 성립하는 것이다(대판 1998.3.10, 98도51).
> [동지판례] 사체유기죄의 성립에 있어서 적극적으로 사체를 **다른 곳에 옮겨 유기하는 경우**에는 유기하는 자의 그 사체에 대한 감호의무의 유무를 불문하나, / 소극적으로 단순히 시체를 **방치함에 그친 경우**에는 법령 또는 관습에 의하여 장제 또는 감호의무가 있어야 한다(대판 1948.6.8, 4281형상48).
> → 부진정부작위범의 형태일 때는 작위의무가 있어야 한다는 취지

(3) 은닉이란 시체 등의 발견을 불가능 또는 심히 곤란하게 하는 것을 말한다.

(4) 영득이란 시체 등을 불법하게 점유하는 것을 말한다.

관련 판례 시체유기 · 은닉죄에 해당하는 경우

사람을 살해한 자가 그 사체를 다른 장소로 옮겨 **유기**하였을 때에는 별도로 사체유기죄가 성립하고, 이와 같은 사체유기를 불가벌적 사후행위로 볼 수는 없다(대판 1997.7.25, 97도1142).

관련 판례 시체유기 · 은닉죄에 해당하지 않는 경우

1) **일반 화장 절차에 따라 피해자의 시신을 화장**하여 일반의 장제에 의례를 갖추었다면 비록 그것이 범행을 은폐할 목적이었다고 하더라도 사자에 대한 종교적 감정을 침해하여 사체유기한 것이라고 할 수 없다(대판 1998.3.10, 98도51).
2) 살인, 강도살인 등의 목적으로 사람을 살해한 자가 그 살해의 목적을 수행함에 있어 사후 사체의 발견이 불가능 또는 심히 곤란하게 하려는 의사로 인적이 드문 장소로 피해자를 유인하거나 실신한 피해자를 끌고 가서 그곳에서 **살해하고 사체를 그대로 둔 채 도주한 경우**에는 비록 결과적으로 사체의

발견이 현저하게 곤란을 받게 되는 사정이 있다 하더라도 별도로 사체은닉죄가 성립되지 아니한다(대판 1986.6.24, 86도891). ∵ 매장할 작위의무 없는 자가 방치하였을 뿐 사체를 은닉한 것 ×

Ⅵ 변사체검시방해죄

변사자의 시체 또는 변사로 의심되는 시체를 은닉하거나 변경하거나 그 밖의 방법으로 검시를 방해함으로써 성립하는 범죄이다(제163조).

○ 제163조의 변사자라 함은 부자연한 사망으로서 그 사인이 분명하지 않은 자를 의미하고 그 사인이 명백한 경우는 변사자라 할 수 없으므로, **범죄로 인하여 사망한 것이 명백한 자의 사체**는 같은 법조 소정의 변사체검시방해죄의 객체가 될 수 없다(대판 2003.6.27, 2003도1331).

PART 03

국가적 법익에 대한 죄

Chapter 01

국가의 존립과 권위에 대한 죄

제1절 내란의 죄

제87조【내란】
대한민국 영토의 전부 또는 일부에서 국가권력을 배제하거나 국헌을 문란하게 할 목적으로 폭동을 일으킨 자는 다음 각 호의 구분에 따라 처벌한다.
1. 우두머리는 사형, 무기징역 또는 무기금고에 처한다.
2. 모의에 참여하거나 지휘하거나 그 밖의 중요한 임무에 종사한 자는 사형, 무기 또는 5년 이상의 징역이나 금고에 처한다. 살상, 파괴 또는 약탈 행위를 실행한 자도 같다.
3. 부화수행(附和隨行)하거나 단순히 폭동에만 관여한 자는 5년 이하의 징역이나 금고에 처한다. [시행 2021.12.9.]

제88조【내란목적의 살인】
대한민국 영토의 전부 또는 일부에서 국가권력을 배제하거나 국헌을 문란하게 할 목적으로 사람을 살해한 자는 사형, 무기징역 또는 무기금고에 처한다. [시행 2021.12.9.]

제89조【미수범】
전2조의 미수범은 처벌한다.

제90조【예비, 음모, 선동, 선전】
① 제87조 또는 제88조의 죄를 범할 목적으로 예비 또는 음모한 자는 3년 이상의 유기징역이나 유기금고에 처한다. 단, 그 목적한 죄의 실행에 이르기 전에 자수한 때에는 그 형을 감경 또는 면제한다.
② 제87조 또는 제88조의 죄를 범할 것을 선동 또는 선전한 자도 전항의 형과 같다.

제91조【국헌문란의 정의】
본장에서 국헌을 문란할 목적이라 함은 다음 각호의 1에 해당함을 말한다.
1. 헌법 또는 법률에 정한 절차에 의하지 아니하고 헌법 또는 법률의 기능을 소멸시키는 것
2. 헌법에 의하여 설치된 국가기관을 강압에 의하여 전복 또는 그 권능행사를 불가능하게 하는 것

I 서설

1 의의 및 보호법익

내란의 죄란 국가의 내부로부터 헌법의 기본질서를 침해하여 국가의 존립을 위태롭게 하는 것을 내용으로 하는 범죄이다. 국가의 외부로부터 국가의 존립을 위태롭게 하는 외환의 죄와 구별된다. 내란의 죄는 국가존립과 헌법적 질서를 포함한 국가의 내적 안전을 보호법익으로 한다. 보호의 정도는 추상적 위험범으로서의 보호이다. 내란목적살인죄는 사람의 생명과 국가의 내적 안전이며, 그 보호의 정도는 침해범이다.

2 구성요건의 체계

기본적 구성요건	내란죄
가중적 구성요건	내란목적살인죄

미수범 처벌규정	○
예비 · 음모 · 선동 · 선전 처벌규정	○

II 내란죄

대한민국 영토의 전부 또는 일부에서 국가권력을 배제하거나 국헌을 문란하게 할 목적으로 폭동을 일으킨 경우 성립하는 범죄이다(제87조). 목적범이고, 필요적 공범 중 집합범에 해당한다.

1 주체

제한이 없다.

(1) 내 · 외국인을 불문한다. 따라서 외국인이 외국에서 내란죄를 범한 경우에도 우리 형법이 적용된다(제5조 제1호).

(2) 다만, 폭동의 역할(범죄실행에 관여한 정도)에 따라 우두머리(수괴), 모의참여자 · 지휘자 · 중요임무종사자, 부화수행자 · 단순폭동관여자로 구별하여 법정형에 차이를 두고 있다.

> ㅇ 내란죄의 주체는 국토를 참절하거나 국헌을 문란할 목적을 이룰 수 있을 정도로 **조직화된 집단으로서 다수의 자**이어야 하고, 그 역할도 수괴, 중요한 임무에 종사한 자, 부화수행한 자 등으로 나뉜다(대판 2015.1.22, 2014도10978 全合).

2 행위

폭동하는 것이다.

(1) 폭동

폭동이란 다수인이 결합하여 폭행 · 협박하는 것을 말한다. 살상, 파괴, 약탈, 단순 폭동 등 여러 가지 폭력행위가 혼합되어 있고, 그 정도가 한 지방의 평온을 해할 정도의 위력이 있음을 요한다.

> ㅇ 형법상 내란죄의 구성요건인 **폭동**의 내용으로서의 폭행 또는 협박은 일체의 유형력의 행사나 외포심을 생기게 하는 해악의 고지를 의미하는 **최광의의 폭행 · 협박**을 말하는 것으로서, 이를 준비하거나 보조하는 행위를 전체적으로 파악한 개념이며, 그 정도가 한 지방의 평온을 해할 정도의 위력이 있음을 요한다(대판 2015.1.22, 2014도10978 全合).

(2) 기수시기

폭행 · 협박이 한 지방의 평온을 해할 정도에 이른 때 기수가 된다. 목석달성여부는 기수여부와 무관하다. ↔ 그 목적이 달성되었을 때 기수가 된다 : ×

> ㅇ [12 · 12군사반란사건] 내란죄는 국토를 참절하거나 국헌을 문란할 목적으로 폭동한 행위로서, 다수인이 결합하여 위와 같은 목적으로 한 지방의 평온을 해할 정도의 폭행 · 협박행위를 하면 기수가 되고, 그 목적의 달성 여부는 이와 무관한 것으로 해석되므로, 다수인이 한 지방의 평온을 해할 정도의

폭동을 하였을 때 이미 내란의 구성요건은 완전히 충족된다고 할 것이어서 **상태범**으로 봄이 상당하다(대판 1997.4.17, 96도3376 全合).
↔ 계속범 ×, 다수인이 한 지방의 평온을 해할 정도의 폭동이 일정시간 지속되어야 한다 : ×

3 주관적 구성요건

다수인이 집합하여 폭동한다는 고의와 대한민국 영토의 전부 또는 일부에서 국가권력을 배제하거나 국헌을 문란하게 할 목적이 있어야 한다. 목적은 미필적 인식으로 족하다.

ㅇ 내란선동죄에서 '**국헌을 문란할 목적**'이란 "헌법 또는 법률에 정한 절차에 의하지 아니하고 헌법 또는 법률의 기능을 소멸시키는 것(형법 제91조 제1호)" 또는 "헌법에 의하여 설치된 국가기관을 강압에 의하여 전복 또는 그 권능행사를 불가능하게 하는 것(같은 조 제2호)"을 말한다. 국헌문란의 목적은 범죄 성립을 위하여 고의 외에 요구되는 **초과주관적 위법요소**로서 엄격한 증명사항에 속하나, 확정적 인식임을 요하지 아니하며, 다만 **미필적 인식**이 있으면 족하다(대판 2015.1.22, 2014도10978 全合).

ㅇ 국헌문란의 목적이 있었는지 여부는 피고인들이 이를 자백하지 않는 이상 외부적으로 드러난 피고인들의 행위와 그 행위에 이르게 된 경위 등 사물의 성질상 그와 관련성 있는 간접사실 또는 정황사실을 종합하여 판단하면 되고, 선동자의 표현 자체에 공격대상인 국가기관과 그를 통해 달성하고자 하는 목표, 실현방법과 계획이 구체적으로 나타나 있어야만 인정되는 것은 아니다(대판 2015.1.22, 2014도10978 全合).

4 공범

(1) 내란죄의 내부참가자 사이에는 총칙상 공범규정은 적용되지 않는다. 외부가담자의 경우 집합범이라는 성질상 외부가담자의 공동정범은 인정할 수 없으나, 교사・방조범의 성립은 가능하다는 것이 다수설의 입장이다.

(2) 내란죄는 간접정범형태로도 범할 수 있다.

ㅇ [12・12군사반란사건] 범죄는 '어느 행위로 인하여 처벌되지 아니하는 자'를 이용하여서도 이를 실행할 수 있으므로, 내란죄의 경우에도 '국헌문란의 목적'을 가진 자가 그러한 목적이 없는 자를 이용하여 이를 실행할 수 있다(대판 1997.4.17, 96도3376 全合). → 목적 없는 고의 있는 도구

5 죄수

내란의 폭동에 수반하여 살인, 상해, 강도, 손괴, 방화 등의 행위가 있는 경우 살인죄 등은 내란의 목적을 달성하기 위한 수단에 불과하므로 내란죄에 흡수된다.

ㅇ [12・12군사반란사건] 내란의 실행과정에서 **폭동행위에 수반하여 개별적으로 발생한 살인**행위는 내란행위의 한 구성요소를 이루는 것이므로 내란행위에 **흡수**되어 내란목적살인의 별죄를 구성하지 아니하나(↔ 내란죄와 내란목적살인죄의 상상적 경합 ×), / **특정인 또는 일정한 범위 내의 한정된 집단에 대한 살해**가 내란의 와중에 폭동에 수반하여 일어난 것이 아니라 그것 자체가 **의도적으로 실행된 경우**에는 이러한 살인행위는 내란에 흡수될 수 없고 내란목적살인의 **별죄**를 구성한다(→ 내란죄와 내란목적살인죄의 실체적 경합 ○)(대판 1997.4.17, 96도3376 全合).

Ⅲ 내란목적살인죄

대한민국 영토의 전부 또는 일부에서 국가권력을 배제하거나 국헌을 문란하게 할 목적으로 사람을 살해함으로써 성립하는 범죄이다(제88조). 내란행위 중 폭동에 수반하지 않고 계획적으로 이루어진 살인행위를 특별취급하는 내란죄의 특별규정이다. 따라서 내란목적으로 사람을 살해하면 기수가 되고, 폭동에 나아갈 것을 요하지 않으며, 폭동으로 나아간 경우 내란죄와 실체적 경합이 된다.

o [12·12군사반란사건] 내란목적살인죄는 국헌을 문란할 목적을 가지고 직접적인 수단으로 사람을 살해함으로써 성립하는 범죄라 할 것이므로, 국헌문란의 목적을 달성함에 있어 내란죄가 '폭동'을 그 수단으로 함에 비하여 내란목적살인죄는 '살인'을 그 수단으로 하는 점에서 두 죄는 엄격히 구별된다(대판 1997.4.17, 96도3376 全合).

Ⅳ 내란 예비·음모·선동·선전죄

1 의의

내란죄 또는 내란목적살인죄를 범할 목적으로 예비 또는 음모를 하거나 선동 또는 선전함으로써 성립하는 범죄이다(제90조). 그 실행에 이르기 전에 자수한 때에는 그 형을 필요적으로 감경 또는 면제한다(필요적 감면).

✓ 예비·음모죄는 목적범이고 그 목적한 범죄의 실행에 이르기 전 자수한 경우 필요적 감면규정이 있으나(제90조 제1항), 개념상 선동·선전행위는 그 행위 자체로 처벌되는 것이므로 목적범이 아니어서 자수감면규정의 적용이 없다(제90조 제2항).

2 예비·음모·선동·선전의 개념

(1) 예비·음모는 총론상 예비·음모와 동일한 개념이다.

o **[내란음모 사건(내란음모죄의 성립 요건)]** 내란음모가 성립하였다고 하기 위해서는 개별 범죄행위에 관한 세부적인 합의가 있을 필요는 없으나, / 공격의 대상과 목표가 설정되어 있고, 그 밖의 실행계획에 있어서 **주요 사항의 윤곽을 공통적으로 인식할 정도의 합의**가 있어야 한다. 나아가 내란음모죄에 해당하는 합의가 있다고 하기 위해서는 단순히 내란에 관한 범죄결심을 외부에 표시·전달하는 것만으로는 부족하고 / 객관적으로 내란범죄의 실행을 위한 합의라는 것이 명백히 인정되고, 그러한 합의에 **실질적인 위험성**이 인정되어야 한다(대판 2015.1.22, 2014도10978 全合).

[사실관계] 특정 정당 소속의 국회의원 피고인 갑 및 지역위원장 피고인 을을 비롯한 피고인들이, 이른바 조직원들과 회합을 통하여 회합 참석자 130여 명과 한반도에서 전쟁이 발발하는 등 유사시에 상부 명령이 내려지면 바로 전국 각 권역에서 국가기간시설 파괴 등 폭동을 할 것을 통모함으로써 내란의 죄를 범할 목적으로 음모하였다는 내용으로 기소된 사안에서 1회적인 토론의 정도를 넘어서 내란의 실행행위로 나아가겠다는 확정적인 의사의 합치에 이르렀다고 보기 어려워 내란음모죄 성립에 필요한 '내란범죄 실행의 합의'를 하였다고 할 수 없다고 한 사례 → **내란음모죄** ×

(2) 선동이란 불특정 다수인에게 정신적 영향을 주어 내란죄의 실행을 결의하게 하거나 이미 존재하는 결의를 강화하는 것을 말하고, 선전이란 불특정 다수인에게 내란의 취지와 필요성을 이해시키고 동조를 얻기 위한 일체의 의사전달행위를 말한다.

○ [내란음모 사건(내란선동죄의 성립 요건)] (가) 내란선동죄는 내란이 실행되는 것을 목표로 선동함으로써 성립하는 독립한 범죄이고, 선동으로 말미암아 피선동자들에게 반드시 범죄의 결의가 발생할 것을 요건으로 하지 않는다. 따라서 내란을 목표로 선동하는 행위는 그 자체로 내란예비·음모에 준하는 불법성이 있다고 보아 내란예비·음모와 동일한 법정형으로 처벌되는 것이다. (나) 내란선동이란 내란이 실행되는 것을 목표로 하여 피선동자들에게 내란행위를 결의, 실행하도록 충동하고 격려하는 일체의 행위를 말한다. 따라서 내란을 실행시킬 목표를 가지고 있다 하여도 단순히 특정한 정치적 사상이나 추상적인 원리를 옹호하거나 교시하는 것만으로는 내란선동이 될 수 없고, / 그 내용이 내란에 이를 수 있을 정도의 폭력적인 행위를 선동하는 것이어야 하고, 나아가 피선동자의 구성 및 성향, 선동자와 피선동자의 관계 등에 비추어 피선동자에게 내란 결의를 유발하거나 증대시킬 위험성이 인정되어야만 내란선동으로 볼 수 있다. 다만 내란선동에 있어 시기와 장소, 대상과 방식, 역할분담 등 내란 실행행위의 주요 내용이 선동 단계에서 구체적으로 제시되어야 하는 것은 아니고, / 또 선동에 따라 피선동자가 내란의 실행행위로 나아갈 개연성이 있다고 인정되어야만 내란선동의 위험성이 있는 것으로 볼 수도 없다(대판 2015.1.22, 2014도10978 全合).

[사실관계] 특정 정당 소속의 국회의원 피고인 갑 및 지역위원장 피고인 을이 공모하여, 이른바 조직원들과 두 차례 회합을 통하여 회합 참석자 130여 명에게 한반도에서 전쟁이 발발하는 등 유사시에 상부 명령이 내려지면 바로 전국 각 권역에서 국가기간시설 파괴 등 폭동을 할 것을 주장함으로써 내란죄를 범할 것을 선동하였다는 내용으로 내란선동죄를 인정하였다. → 내란선동죄 ○

제2절 외환의 죄

제92조 【외환유치】
외국과 통모하여 대한민국에 대하여 전단을 열게 하거나 외국인과 통모하여 대한민국에 항적한 자는 사형 또는 무기징역에 처한다.

제93조 【여적】
적국과 합세하여 대한민국에 항적한 자는 사형에 처한다.

제94조 【모병이적】
① 적국을 위하여 모병한 자는 사형 또는 무기징역에 처한다.
② 전항의 모병에 응한 자는 무기 또는 5년 이상의 징역에 처한다.

제95조 【시설제공이적】
① 군대, 요새, 진영 또는 군용에 공하는 선박이나 항공기 기타 장소, 설비 또는 건조물을 적국에 제공한 자는 사형 또는 무기징역에 처한다.
② 병기 또는 탄약 기타 군용에 공하는 물건을 적국에 제공한 자도 전항의 형과 같다.

제96조【시설파괴이적】
적국을 위하여 전조에 기재한 군용시설 기타 물건을 파괴하거나 사용할 수 없게 한 자는 사형 또는 무기징역에 처한다.
제97조【물건제공이적】
군용에 공하지 아니하는 병기, 탄약 또는 전투용에 공할 수 있는 물건을 적국에 제공한 자는 무기 또는 5년 이상의 징역에 처한다.
제98조【간첩】
① 적국을 위하여 간첩하거나 적국의 간첩을 방조한 자는 사형, 무기 또는 7년 이상의 징역에 처한다.
② 군사상의 기밀을 적국에 누설한 자도 전항의 형과 같다.
제99조【일반이적】
전7조에 기재한 이외에 대한민국의 군사상 이익을 해하거나 적국에 군사상 이익을 공여한 자는 무기 또는 3년 이상의 징역에 처한다.
제100조【미수범】
전8조의 미수범은 처벌한다.
제101조【예비, 음모, 선동, 선전】
① 제92조 내지 제99조의 죄를 범할 목적으로 예비 또는 음모한 자는 2년 이상의 유기징역에 처한다. 단 그 목적한 죄의 실행에 이르기 전에 자수한 때에는 그 형을 감경 또는 면제한다.
② 제92조 내지 제99조의 죄를 선동 또는 선전한 자도 전항의 형과 같다.
제102조【준적국】
제93조 내지 전조의 죄에 있어서는 대한민국에 적대하는 외국 또는 외국인의 단체는 적국으로 간주한다.
제103조【전시군수계약불이행】
① 전쟁 또는 사변에 있어서 정당한 이유없이 정부에 대한 군수품또는 군용공작물에 관한 계약을 이행하지 아니한 자는 10년 이하의 징역에 처한다.
② 전항의 계약이행을 방해한 자도 전항의 형과 같다.
제104조【동맹국】
본장의 규정은 동맹국에 대한 행위에 적용한다.
제104조의2 삭제

I 서설

1 의의 및 보호법익

외환의 죄란 외환을 유치하거나(외국으로부터의 무력행사를 유발하게 하는 것) 대한민국에 항적하거나 적국에 이익을 제공하여 국가의 안전을 위태롭게 하는 범죄를 말한다. 국가의 존립과 안전을 위태롭게 하는 범죄라는 점에서는 내란의 죄와 본질을 같이 하나, 외부로부터 국가의 존립을 위태롭게 하는 행위를 처벌하는 것이라는 점에서 내란의 죄와 구별된다. 보호법익은 국가의 존립 내지 국가의 외부적 안전이고 그 보호의 정도는 추상적 위험범이다.

2 구성요건의 체계

기본적 구성요건	외환유치죄, 여적죄, 일반이적죄, 간첩죄
가중적 구성요건	모병이적죄, 시설제공이적죄, 시설파괴이적죄, 물건제공이적죄

<table>
<tr><td>독립적 구성요건</td><td>전시군수계약불이행죄</td></tr>
<tr><td rowspan="2">미수범 처벌규정</td><td>○</td></tr>
<tr><td>× : 전시군수계약불이행죄</td></tr>
<tr><td rowspan="2">예비 · 음모 · 선동 · 선전 처벌규정</td><td>○</td></tr>
<tr><td>× : 전시군수계약불이행죄</td></tr>
</table>

Ⅱ 외환유치죄

외국과 통모하여 대한민국에 대하여 전단을 열게 하거나 외국인과 통모하여 대한민국에 항적함으로써 성립하는 범죄이다(제92조).

Ⅲ 여적죄

적국과 합세하여 대한민국에 항적함으로써 성립하는 범죄이다(제93조). 여적죄는 형법상 절대적 법정형으로 사형만을 규정한 유일한 범죄이다. 다만 작량감경은 가능하다.

Ⅳ 모병이적죄

적국을 위하여 모병하거나 모병에 응함으로써 성립하는 범죄이다(제94조).

Ⅴ 시설제공이적죄

군대, 요새, 진영 또는 군용에 공하는 선박이나 항공기 기타 장소, 설비 또는 건조물을 적국에 제공하거나, 병기 또는 탄약 기타 군용에 공하는 물건을 적국에 제공함으로써 성립하는 범죄이다(제95조).

Ⅵ 시설파괴이적죄

적국을 위하여 전조에 기재한 군용시설 기타 물건을 파괴하거나 사용할 수 없게 함으로써 성립하는 범죄이다(제96조).

Ⅶ 물건제공이적죄

군용에 공하지 아니하는 병기, 탄약 또는 전투용에 공할 수 있는 물건을 적국에 제공함으로써 성립하는 범죄이다(제97조).

Ⅷ 간첩죄

적국을 위하여 간첩하거나 적국의 간첩을 방조하거나(제98조 제1항), 군사상의 기밀을 적국에 누설함으로써 성립하는 범죄이다(제98조 제2항).

1 간첩죄

(1) 간첩

① 적국이란 대한민국과 교전상태에 있는 외국을 말하고, 대한민국에 적대하는 외국 또는 외국인의 단체는 적국으로 간주한다(제102조). 북한도 적국에 포함된다.

> ○ 북한괴뢰집단은 우리 헌법상 반국가적인 불법단체로서 국가로 볼 수 없으나, 간첩죄의 적용에 있어서는 이를 국가에 준하여 취급하여야 한다(대판 1983.3.22, 82도3036).

② 간첩이란 적국을 위하여 적국과의 의사의 연락하에 국가기밀・군사상 기밀을 탐지・수집하는 것을 말한다. 적국을 위하여 간첩한 것이어야 하므로 적국과의 의사연락은 있어야 한다. 따라서 적국과 의사연락 없이 일방적으로 국가기밀을 수집하는 행위는 간첩에 해당하지 않는다.
→ 편면적 간첩 : ×

> ○ 형법 제98조 제1항에서 간첩이라 함은 적국에 제보하기 위하여 은밀한 방법으로 우리나라의 군사상은 물론 정치, 경제, 사회, 문화, 사상 등 기밀에 속한 사항 또는 도서, 물건을 탐지・수집하는 것을 말한다(대판 2011.1.20, 2008재도11 全合).
>
> ○ 형법 제98조 제1항의 간첩이라 함은 적국을 위하여 적국의 지령 사주 기타 의사의 연락하에 군사상(총력전하에서는 정치 경제, 사회, 문화에 관한 분야를 포함한 광의로 해석하여야 할 것임) 기밀사항 또는 도서 물건을 탐지 모집하는 것을 의미하는 것이므로 북괴의 지령사주 기타의 **의사의 연락 없이** 단편적으로 지득하였던 군사상의 기밀사항을 북괴에 납북된 상태하에서 제보한 행위는 위 법조 소정의 간첩죄에 해당하지 아니하고 다만 반공법 제4조 제1항 소정의 반국가단체를 이롭게 하는 행위에 해당한다(대판 1975.9.23, 75도1773).
>
> ○ 반국가단체 구성원으로부터 간첩지령을 받고 입국한 자가 출입국 검사관의 책상 위에 있는 수배자 명단이 우연히 눈에 띈 것이라고 할지라도 이를 유심히 살핀 결과 특정 수배자를 알아냈다면 이는 간첩행위라고 보아야 한다(대판 1978.1.10, 77도3571).

③ 국가기밀이란 대한민국의 외부적 안전에 중대한 불이익을 초래할 위험을 방지하기 위하여 외국 내지 외세에 대하여 비밀로 해야 할 사실이나 대상 또는 지식으로서 제한된 범위의 사람에게만 접근이 허용된 것을 말한다. 타국에 알려지지 아니함이 대한민국에 이익이 되는 모든 기밀을 포함된다. 예 수배자명단, 민심동향, 해외교포사회에 대한 정보 등

> ○ 간첩죄에 있어서의 국가(군사)기밀이란 순전한 의미에서의 국가(군사)기밀에만 국한할 것이 아니고 정치, 경제, 사회, 문화 등 각 방면에 걸쳐 북한괴뢰집단의 지, 부지에 불구하고 국방정책상 위 집단에 알리지 아니하거나 확인되지 아니함을 우리나라의 이익으로 하는 모든 기밀사항을 포함한다(대판 1986.7.8, 86도861).

④ 다만, 공지의 사실은 국가기밀에 포함하지 않는다. 국가기밀인지 여부의 판단은 타국에 비밀로 해야 할 실질적 이익이 있느냐를 기준으로 한다(**실질비설** ↔ 형식비 : 국가기관의 비밀표시・기밀보지의사 등 형식적 기준).

ㅇ 현행 **국가보안법** 제4조 제1항 제2호 (나)목에 정한 **기밀**을 해석함에 있어서 그 기밀은 정치, 경제, 사회, 문화 등 각 방면에 관하여 반국가단체에 대하여 비밀로 하거나 확인되지 아니함이 대한민국의 이익이 되는 모든 사실, 물건 또는 지식으로서, 그것들이 국내에서의 적법한 절차 등을 거쳐 이미 일반인에게 널리 알려진 공지의 사실, 물건 또는 지식에 속하지 아니한 것이어야 하고, / 또 그 내용이 누설되는 경우 국가의 안전에 위험을 초래할 우려가 있어 기밀로 보호할 실질가치를 갖춘 것이어야 한다(대판 1997.7.16, 97도985 全合).

(2) 실행의 착수시기 및 기수시기

Thema 정리 착수시기 · 기수시기

착수시기	잠입시설(판례)	간첩의 목적으로 국내에 잠입 · 침투 · 상륙한 때
	탐지시설(통설)	국가기밀을 탐지 · 수집하는 행위를 개시한 때
기수시기	국가기밀을 탐지, 수집한 때(탐지, 수집한 국가 기밀을 전달할 것은 불요) → 수집한 국가기밀을 누설하는 행위는 간첩죄의 불가벌적 사후행위 ○	

간첩목적으로 국내에 잠입 · 침투 · 상륙한 때 실행의 착수가 있다(**주관설**, 판례). 국가기밀을 탐지 · 수집한 때 기수가 된다. 수집한 국가기밀을 지령자에게 전달할 필요는 없다.

ㅇ 간첩의 목적으로 외국 또는 북한에서 국내에 침투 또는 월남하는 경우에는 기밀탐지가 가능한 국내에 침투 상륙함으로써 간첩죄의 실행의 착수가 있다(대판 1984.9.11, 84도1381).

ㅇ 간첩으로서 군사기밀을 탐지수집하면 그로써 간첩행위는 기수가 되고 그 수집한 자료가 지령자에게 도달됨으로써 범죄의 기수가 되는 것은 아니다(대판 1963.12.12, 63도312).

(3) 죄수

간첩행위에 의하여 탐지, 수집한 기밀을 적국에 제보하여 누설하였다고 하더라도 이는 따로 별개의 죄가 성립되는 것이 아니다.

ㅇ 형법 제98조 제1항의 간첩죄를 범한 자가 그 탐지수집한 기밀을 누설한 경우나 구 국가보안법 제3조 제1호의 국가기밀을 탐지 수집한 자가 그 기밀을 누설한 경우에는 양 죄를 **포괄**하여 **1죄**를 범한 것으로 보아야 하고, 간첩죄와 군사기밀누설죄 또는 국가기밀탐지수집죄와 국가기밀누설 등 두 가지 죄를 범한 것으로 인정할 수 없다(대판 1982.4.27, 82도285).

ㅇ [조봉암 사건] 구 국가보안법 제2조, 형법 제98조 제1항의 간첩죄는 적국을 위하여 군사상 기밀은 물론 적국에 알려짐으로써 우리나라에 불이익이 되는 정치, 경제, 사회, 문화 등 모든 분야에 걸친 기밀을 탐지, 수집함으로 성립되는 것이고, 그 후에 이 **탐지, 모집한 기밀을 적국에 제보하여 누설**하였다고 하더라도 이는 따로 별개의 죄가 성립되는 것이 아니다(대판 1982.11.23, 82도2201). → **포괄일죄라는 취지**

ㅇ [진보당사건 재심사건] 형법 제98조 제1항에서 간첩이라 함은 적국에 제보하기 위하여 은밀한 방법으로 우리나라의 군사상은 물론 정치, 경제, 사회, 문화, 사상 등 기밀에 속한 사항 또는 도서, 물건을

탐지·수집하는 것을 말하고, 간첩행위는 기밀에 속한 사항 또는 도서, 물건을 탐지·수집한 때에 기수가 되므로 간첩이 이미 **탐지·수집하여 지득하고 있는 사항을 타인에게 보고·누설**하는 행위는 **간첩의 사후행위**로서 위 조항에 의하여 처단의 대상이 되는 간첩행위 자체라고 할 수 없다(대판 2011.1.20, 2008재도11 全合). → 불가벌적 사후행위라는 취지

2 간첩방조죄

간첩방조란 간첩을 방조할 의사로 그의 간첩행위(기밀탐지·수집행위)를 원조하여 그 실행을 용이하게 하는 일체의 행위를 말한다. 간첩죄와 대등한 독립범죄이다. 따라서 총칙상 종범규정은 적용되지 않는다.

ㅇ 간첩이라 함은 적국을 위하여 국가기밀을 탐지, 수집하는 행위를 말하는 것이므로 간첩방조죄가 성립하려면 간첩의 활동을 방조할 의사로서 그의 기밀의 탐지 수집행위를 용이하게 하는 행위가 있어야 하고 / 단순히 **숙식을 제공한다거나** 또는 **무전기를 매몰하는 행위를 도와주었다**거나 하는 사실만으로서는 간첩방조죄가 성립할 수 없다(대판 1986.2.25, 85도2533 ; 대판 1979.10.10, 75도1003).

ㅇ 제98조 제1항의 간첩방조죄는 정범인 간첩죄와 대등한 독립죄로서 간첩죄와 동일한 법정형으로 처단하게 되어 있어 형법 총칙 제32조 소정의 감경대상이 되는 종범과는 그 실질이 달라 종범감경을 할 수 없는 것이므로 그 가중규정인 국가보안법 제4조 제1항 제2호의 반국가단체의 간첩방조죄에 대하여도 그 정범인 반국가단체의 간첩죄와 동일한 법정형으로 처단하여야 하고 종범감경을 할 수 없다(대판 1986.9.23, 86도1429).

3 군사상 기밀누설죄

군사상 기밀을 지득한 자가 그 기밀을 적국에 알리는 경우 성립하는 범죄이다. 제98조 제1항과의 체계적 해석상 탐지·수집 없이 기밀을 누설하는 것을 말하므로 직무와 관련하여 군사상 기밀을 지득한 자가 그 기밀을 누설한 경우에만 성립한다(신분범). 따라서 직무와 관련없이 알게 된 비밀을 누설한 경우에는 일반이적죄가 성립한다.

ㅇ 형법 제98조 제2항의 죄는 **신분범**으로서 그 행위자는 그 직무에 관하여 군사상의 기밀을 지득한 자라야 하므로 동조를 적용 처단함에 있어서는 피고인이 누설한 기밀이 그 직무상에 관하여 지득한 군사상의 기밀이라는 사실의 확정이 있어야 한다(대판 1971.6.30, 71도774).

ㅇ **직무에 관하여** 군사상 기밀을 지득한 자가 이를 적국에 누설한 경우에는 형법 제98조 제2항(군사상 기밀누설죄)에, / **직무와 관계없이** 지득한 군사상 기밀을 적국에 누설한 경우에는 형법 제99조(일반이적죄)에 각 해당한다(대판 1982.11.23, 82도2201).

IX 일반이적죄

전7조(외환유치죄, 여적죄, 모병이적죄, 시설제공이적죄, 시설파괴이적죄, 물건제공이적죄, 간첩죄) 이외에 대한민국의 군사상 이익을 해하거나 적국에 군사상 이익을 공여함으로써 성립하는 범죄이다(제99조). 전7조에 대한 보충규정이다(법조경합 중 명시적 보충관계).

X 외환 예비 · 음모 · 선동 · 선전죄

외환유치죄, 여적죄, 모병이적죄, 시설제공이적죄, 시설파괴이적죄, 물건제공이적죄, 간첩죄 또는 일반이적죄를 범할 목적으로 예비 · 음모 · 선동 · 선전을 함으로써 성립하는 범죄이다(제101조). 목적한 죄의 실행에 이르기 전에 자수한 때에는 그 형을 감경 또는 면제한다(필요적 감면).

XI 전시군수계약불이행죄

전쟁 또는 사변에 있어서 정당한 이유없이 정부에 대한 군수품 또는 군용공작물에 관한 계약을 이행하지 아니하거나(제103조 제1항), 그 계약이행을 방해함으로써 성립하는 범죄이다(제103조 제2항). 제103조 제1항의 계약불이행죄는 진정부작위범이다.
외환의 죄 중 미수범 처벌규정과 예비 · 음모 · 선동 · 선전 처벌규정이 없는 유일한 규정이다.

제3절 국기에 관한 죄

제105조【국기, 국장의 모독】
대한민국을 모욕할 목적으로 국기 또는 국장을 손상, 제거 또는 오욕한 자는 5년 이하의 징역이나 금고, 10년 이하의 자격정지 또는 700만원 이하의 벌금에 처한다.
제106조【국기, 국장의 비방】
전조의 목적으로 국기 또는 국장을 비방한 자는 1년 이하의 징역이나 금고, 5년 이하의 자격정지 또는 200만원 이하의 벌금에 처한다.

I 서설

1 의의 및 보호법익

국기에 관한 죄는 대한민국을 모욕할 목적으로 국기 또는 국장을 손상 · 제거 · 오욕하거나 비방함으로써 성립하는 범죄이다. 국기에 관한 죄의 보호법익은 국가의 권위라고 할 수 있고, 그 보호의 정도는 추상적 위험범이다.

2 구성요건의 체계

독립적 구성요건	국기 · 국장모독죄, 국기 · 국장비방죄
미수범 처벌규정	×
예비 · 음모 처벌규정	×

Ⅱ 국기・국장모독죄

대한민국을 모욕할 목적으로 국기 또는 국장을 손상, 제거 또는 오욕함으로써 성립하는 범죄이다(제105조). 목적범이다. ↔ 반의사불벌죄 : ×

국기란 대한민국의 국기(태극기)를 말하고, 국장이란 국기 이외의 일체의 휘장을 말한다. 공용・사용을 불문하고, 타인소유・자기소유를 불문한다.

Ⅲ 국기・국장비방죄

대한민국을 모욕할 목적으로 국기 또는 국장을 비방함으로써 성립하는 범죄이다(제106조).

○ 성경의 교리상 국기에 대하여 절을 해서는 안 되나 국기를 존경하는 의미에서 가슴에 손을 얹고 주목하는 방법으로 경의를 표할 수 있다고 말한 것은 국기의 비방에 해당하지 않는다(대판 1975.5.13, 74도2183).

제4절 국교에 관한 죄

제107조 【외국원수에 대한 폭행 등】

① 대한민국에 체재하는 외국의 원수에 대하여 폭행 또는 협박을 가한 자는 7년 이하의 징역이나 금고에 처한다.

② 전항의 외국원수에 대하여 모욕을 가하거나 명예를 훼손한 자는 5년 이하의 징역이나 금고에 처한다.

제108조 【외국사절에 대한 폭행 등】

① 대한민국에 파견된 외국사절에 대하여 폭행 또는 협박을 가한 자는 5년 이하의 징역이나 금고에 처한다.

② 전항의 외국사절에 대하여 모욕을 가하거나 명예를 훼손한 자는 3년 이하의 징역이나 금고에 처한다

제109조 【외국의 국기, 국장의 모독】

외국을 모욕할 목적으로 그 나라의 공용에 공하는 국기 또는 국장을 손상, 제거 또는 오욕한 자는 2년 이하의 징역이나 금고 또는 300만원 이하의 벌금에 처한다.

제110조 【피해자의 의사】

제107조 내지 제109조의 죄는 그 외국정부의 명시한 의사에 반하여 공소를 제기할 수 없다.

제111조 【외국에 대한 사전】

① 외국에 대하여 사전한 자는 1년 이상의 유기금고에 처한다.

② 전항의 미수범은 처벌한다.

③ 제1항의 죄를 범할 목적으로 예비 또는 음모한 자는 3년 이하의 금고 또는 500만원 이하의 벌금에 처한다. 단 그 목적한 죄의 실행에 이르기 전에 자수한 때에는 감경 또는 면제한다.

제112조 【중립명령위반】

외국간의 교전에 있어서 중립에 관한 명령에 위반한 자는 3년 이하의 금고 또는 500만원 이하의 벌금에 처한다.

제113조 【외교상기밀의 누설】

① 외교상의 기밀을 누설한 자는 5년 이하의 징역 또는 1천만원 이하의 벌금에 처한다.

② 누설할 목적으로 외교상의 기밀을 탐지 또는 수집한 자도 전항의 형과 같다.

1 서설

(1) 의의 및 보호법익

국교에 관한 죄는 국제법상 보호되는 외국의 이익을 해하고, 외국과의 평화로운 국교관계 내지 자국의 대외적 지위를 위태롭게 하는 범죄를 말한다. 보호법익은 외국의 이익과 우리나라의 대외적 지위이고, 보호의 정도는 추상적 위험범이다.

(2) 구성요건의 체계

독립적 구성요건	외국원수에 대한 폭행·협박·모욕·명예훼손죄 외국사절에 대한 폭행·협박·모욕·명예훼손죄 외국국기·국장모독죄
	외국에 대한 사전죄, 중립명령위반죄
	외교상기밀누설죄
미수범 처벌규정	×
	○ : 외국에 대한 사전죄
예비·음모 처벌규정	×
	○ : 외국에 대한 사전죄
반의사불벌죄	외국원수에 대한 폭행·협박·모욕·명예훼손죄 외국사절에 대한 폭행·협박·모욕·명예훼손죄 외국국기·국장모독죄

2 외국원수에 대한 폭행·협박·모욕·명예훼손죄

대한민국에 체재하는 외국의 원수에 대하여 폭행 또는 협박을 가하거나(제107조 제1항), 모욕을 가하거나 명예를 훼손함으로써 성립하는 범죄이다(제107조 제2항).

(1) 모욕·명예훼손의 경우 공연성을 요하지 않는다.

(2) 그 외국정부의 명시한 의사에 반하여 공소를 제기할 수 없다(반의사불벌죄).

3 외국사절에 대한 폭행·협박·모욕·명예훼손죄

대한민국에 파견된 외국사절에 대하여 폭행 또는 협박을 가하거나(제108조 제1항), 모욕을 가하거나 명예를 훼손함으로써 성립하는 범죄이다(제108조 제2항).

> ○ 형법 제108조 제1항에서 말하는 **외국사절에 대한 폭행죄에서의 폭행**이라 함은 외국사절의 신체에 대한 위법한 일체의 유형력의 행사를 의미하고, 여기서의 유형력의 행사는 외국사절의 신체에 대하여 가해지면 충분하며 반드시 신체에 직접적인 접촉을 할 필요는 없다. 따라서 계란이 직접으로 외국사절의 몸에 닿진 않았지만, 승용차의 유리에 부딪쳐 깨진 것은 폭행으로 볼 수 있다(대판 2003.7.11, 2003도1800).
> **[사실관계]** (2001년 아미티지 미 국무부부장관 방한 당시 미국의 미사일 방어전략(NMD, TMD)에 반대하며 이들 일행이 탄 차량에 계란을 던진 사건) 외국사절의 숙소 앞에서 시위를 벌이다가 숙소에서 나오던

외국사절을 태운 승용차를 발견하고 5m가 되지 않는 거리에서 승용차를 향하여 계란을 던져 운전석 유리 부분과 본네트부분에 맞혔다고 하더라도, 외국사절폭행죄에 해당한다.

(1) 모욕・명예훼손의 경우 공연성을 요하지 않는다.

(2) 그 외국정부의 명시한 의사에 반하여 공소를 제기할 수 없다(반의사불벌죄).

4 외국국기・국장모독죄

외국을 모욕할 목적으로 그 나라의 공용에 공하는 국기 또는 국장을 손상, 제거 또는 오욕함으로써 성립하는 범죄이다(제109조). 그 외국정부의 명시한 의사에 반하여 공소를 제기할 수 없다(반의사불벌죄).

5 외국에 대한 사전죄

외국에 대하여 사전함으로써 성립하는 범죄이다(제111조). 사전(私戰)이란 국가와 관계없이 개인 또는 집단이 외국에 대하여 전투행위를 하는 것을 말한다. 미수범처벌규정과 예비음모처벌규정이 있다. 목적한 죄의 실행에 이르기 전에 자수한 때에는 그 형을 감경 또는 면제한다(필요적 감면).

6 중립명령위반죄

외국 간의 교전에 있어서 중립에 관한 명령에 위반함으로써 성립하는 범죄이다(제112조). 구성요건의 내용이 중립명령에 의하여 보충되도록 위임되어 있으므로 **백지형법**에 해당한다. 중립명령이 폐지될 때까지만 효력을 가지므로 일시적 사정에 대처하기 위한 한시법(광의의 한시법)에 해당한다.

7 외교상기밀누설죄

외교상의 기밀을 누설함으로써 성립하는 범죄이다(제113조).

(1) 주체에 제한이 없다는 점에서 신분범인 공무상비밀누설죄, 군사상기밀누설죄와 구별된다.
↔ 신분범 : ×

(2) 외교상의 기밀이라 함은, 외국과의 관계에서 국가가 보지해야 할 기밀로서, 외교정책상 외국에 대하여 비밀로 하거나 확인되지 아니함이 대한민국의 이익이 되는 모든 정보자료를 말한다.

o **외국에 이미 널리 알려져 있는 사항**은 특단의 사정이 없는 한 이를 비밀로 하거나 확인되지 아니함이 외교정책상의 이익이 된다고 할 수 없는 것이어서 외교상의 기밀에 해당하지 아니한다(대판 1995.12.5, 94도2379).
[사실관계] 외국언론에 이미 보도된 바 있는 우리나라의 외교정책이나 활동에 관련된 사항들에 관하여 정부가 이른바 보도지침의 형식으로 국내언론기관의 보도 여부 등을 통제하고 있다는 사실을 알리는 것은 외교상의 기밀을 누설한 경우에 해당하지 않는다.

(3) 외교상 기밀 중 군사기밀을 적국에 누설하면 간첩죄(군사상기밀누설죄)가 성립하므로, 적국 아닌 외국에 누설한 경우에만 외교상기밀누설죄가 성립한다.

국가의 기능에 대한 죄

국가의 일반권력기능을 보호하는 범죄로 공무원의 직무에 관한 죄와 공무방해의 죄가 있고, 국가의 사법기능을 보호하는 범죄로 도주와 범인은닉의 죄, 위증과 증거인멸의 죄, 무고의 죄를 규정하고 있다.

제1절 공무원의 직무에 관한 죄

제122조 【직무유기】
공무원이 정당한 이유없이 그 직무수행을 거부하거나 그 직무를 유기한 때에는 1년 이하의 징역이나 금고 또는 3년 이하의 자격정지에 처한다.

제123조 【직권남용】
공무원이 직권을 남용하여 사람으로 하여금 의무 없는 일을 하게 하거나 사람의 권리행사를 방해한 때에는 5년 이하의 징역, 10년 이하의 자격정지 또는 1천만원 이하의 벌금에 처한다.

제124조 【불법체포, 불법감금】
① 재판, 검찰, 경찰 기타 인신구속에 관한 직무를 행하는 자 또는 이를 보조하는 자가 그 직권을 남용하여 사람을 체포 또는 감금한 때에는 7년 이하의 징역과 10년 이하의 자격정지에 처한다.
② 전항의 미수범은 처벌한다.

제125조 【폭행, 가혹행위】
재판, 검찰, 경찰 그 밖에 인신구속에 관한 직무를 수행하는 자 또는 이를 보조하는 자가 그 직무를 수행하면서 형사피의자나 그 밖의 사람에 대하여 폭행 또는 가혹행위를 한 경우에는 5년 이하의 징역과 10년 이하의 자격정지에 처한다. [시행 2021.12.9.]

제126조 【피의사실공표】
검찰, 경찰 그 밖에 범죄수사에 관한 직무를 수행하는 자 또는 이를 감독하거나 보조하는 자가 그 직무를 수행하면서 알게 된 피의사실을 공소제기 전에 공표(公表)한 경우에는 3년 이하의 징역 또는 5년 이하의 자격정지에 처한다. [시행 2021.12.9.]

제127조 【공무상비밀의 누설】
공무원 또는 공무원이었던 자가 법령에 의한 직무상 비밀을 누설한 때에는 2년 이하의 징역이나 금고 또는 5년 이하의 자격정지에 처한다.

제128조 【선거방해】
검찰, 경찰 또는 군의 직에 있는 공무원이 법령에 의한 선거에 관하여 선거인, 입후보자 또는 입후보자되려는 자에게 협박을 가하거나 기타 방법으로 선거의 자유를 방해한 때에는 10년 이하의 징역과 5년 이상의 자격정지에 처한다.

I 서설

1 의의 및 보호법익

공무원의 직무에 관한 죄란 공무원이 직무에 위배하거나 직권을 남용하거나 뇌물을 수수함으로써 성립하는 범죄이다. 공무원의 직무와 관련된 범죄이기 때문에 일반적으로 '**직무범죄**'라고도 한다.

보호법익은 국가의 기능이고, 보호의 정도에 있어서 직무유기죄는 구체적 위험범이고, 불법체포・감금죄는 침해범이며, 기타의 죄는 추상적 위험범이다.

2 공무원의 개념

공무원이란 법령에 의하여 국가 또는 지방자치단체 기타 이에 준하는 공법인의 사무에 종사하는 자로서 그 노무내용이 단순한 기계적・육체적인 것에 한정되지 않는 자를 말한다. 공무원의 범위는 국가공무원법・지방공무원법 기타 법령에 의하여 정해진다.

ㅇ 여기서 공무원이라 함은 광의로는 국가 또는 공공단체의 공무를 담당하는 일체의 자를 의미하며, 협의로는 국가 또는 공공단체와 공법상 근무관계에 있는 모든 자를 말한다(대판 1997.3.11, 96도1258).

ㅇ **형법상 공무원**이라 함은 법령의 근거에 기하여 국가 또는 지방자치단체 및 이에 준하는 공법인의 사무에 종사하는 자로서 그 노무의 내용이 단순한 기계적 육체적인 것에 한정되어 있지 않은 자를 말한다(대판 2015.5.29, 2015도3430).

3 구성요건의 체계

직무위배죄	기본적 구성요건	직무유기죄
	독립적 구성요건	피의사실공표죄, 공무상비밀누설죄
직권남용죄	기본적 구성요건	직권남용죄
	독립적 구성요건	불법체포감금죄, 폭행・가혹행위죄, 선거방해죄
뇌물죄	→ 별도 정리	
미수범 처벌규정		×
		○ : 불법체포감금죄
예비・음모 처벌규정		×

✔ 〈참고〉 행위주체 : 불법체포・감금죄 및 폭행・가혹행위죄의 둘 다 '재판, 검찰, 경찰 기타 인신구속에 관한 직무를 행하는 자 또는 이를 보조하는 자'이므로 행위주체가 같다.

✔ 〈참고〉 공무원이 직권을 남용하여 직무범죄 이외의 죄를 범한 때 가중처벌하는 규정이 있다.

제135조 【공무원의 직무상 범죄에 대한 형의 가중】
공무원이 직권을 이용하여 본장(공무원의 직무에 관한 죄)이외의 죄를 범한 때에는 그 죄에 정한 형의 2분의 1까지 가중한다. 단 공무원의 신분에 의하여 특별히 형이 규정된 때에는 예외로 한다.

II 직무유기죄

1 의의

직무유기죄란 공무원이 정당한 이유 없이 그 직무수행을 거부하거나 그 직무를 유기함으로써 성립하는 범죄이다. 보호법익은 국가의 기능이고 보호의 정도는 **구체적 위험범**이다. 진정신분범이자 **계속범**이다.

○ 직무유기죄는 그 직무를 수행하여야 하는 작위의무의 존재와 그에 대한 위반을 전제로 하고 있는바, 그 작위의무를 수행하지 아니함으로써 구성요건에 해당하는 사실이 있었고 그 후에도 계속하여 그 작위의무를 수행하지 아니하는 위법한 부작위상태가 계속되는 한 가벌적 위법상태는 계속 존재하고 있다고 할 것이며 형법 제122조 후단은 이를 전체적으로 보아 1죄로 처벌하는 취지로 해석되므로 이를 즉시범이라고 할 수 없다(대판 1997.8.29, 97도675).

○ 직무유기죄는 이른바 **부진정부작위범**으로서 구체적으로 그 직무를 수행하여야 할 작위의무가 있는데도 불구하고 이러한 직무를 버린다는 인식하에 그 작위의무를 수행하지 아니함으로써 성립하는 것이다(대판 1983.3.22, 82도3065).

2 주체

공무원이다(진정신분범).

○ **병가 중인 자**의 경우 구체적인 작위의무 내지 국가기능의 저해에 대한 구체적인 위험성이 있다고 할 수 없어 직무유기죄의 주체로 될 수는 없다(대판 1997.4.22, 95도748).

[사실관계] 병가 중인 철도공무원들이 그렇지 아니한 철도공무원들과 함께 전국철도노동조합의 일부 조합원들로 구성된 임의단체인 전국기관차협의회가 주도한 정당하지 않은 파업에 참가한 경우 직무유기죄의 공동정범이 성립한다. ∵ 진정신분범에서 비신분자가 신분자에 가담한 경우(제33조)

3 행위

정당한 이유 없이 그 직무수행을 거부하거나 그 직무를 유기하는 것이다.

(1) 직무

여기서 직무란 공무원법상의 본래의 직무 또는 고유한 직무를 말한다. 부수적 파생적으로 발생하는 직무(예 일반적 고발의무 등)는 제외된다.

○ 약사 감시원이 무허가 약국개설자를 적발하고 상사에 보고하여 그 지시에 따라 약국을 폐쇄토록 하였다면 수사관서에 고발하지 아니하였다 하여 직무를 유기했다 할 수 없다(대판 1969.2.4, 67도184).

○ 통고처분이나 고발을 할 권한이 없는 세무공무원이 그 권한자에게 범칙사건 조사 결과에 따른 통고처분이나 고발조치를 건의하는 등의 조치를 취하지 않았다고 하더라도 직무유기에 해당하지 않는다(대판 1997.4.11, 96도2753). ∵ 범칙사건 조사 결과에 따른 통고처분이나 고발 여부는 국세청장, 지방국세청장 또는 세무서장의 직무에 속하므로

(2) 직무수행을 거부

직무를 수행할 의무 있는 자가 이를 수행하지 않는 것을 말한다. 작위로서 거부하는 것도 가능하다.

예 서류를 접수할 의무 있는 공무원이 이를 반송해 버린 경우

(3) 직무유기

직무유기란 구체적으로 그 직무를 수행하여야 할 작위의무가 있음에도 직장을 이탈하거나 의식적인 포기 등 이를 수행하지 않는 것을 말한다.

어떠한 형태로든 직무집행의 의사로 자신의 직무를 수행한 경우에는 직무유기죄의 성립이 부정된다. 작위로서 직무유기를 하는 것도 가능하다.

예 수행해서는 안 될 사항을 적극적으로 수행하는 경우

- 공무원이 직무를 유기한 때라 함은 공무원이 법령 내규 또는 지시 통첩에 의한 추상적인 충근의무를 게을리한 일체의 경우를 지칭하는 것이 아니라 / 주관적으로 직무집행의사를 포기하고 객관적으로 정당한 이유 없이 직무집행을 하지 아니하는 부작위상태가 있어 국가기능을 저해하는 경우를 말한다(대판 1982.6.8, 82도117).
- 형법 제122조에서 정하는 직무유기죄에서 **'직무를 유기한 때'**란 공무원이 법령, 내규 등에 의한 추상적 성실의무(충근의무)를 태만히 하는 일체의 경우에 성립하는 것이 아니라 직장의 무단이탈, 직무의 의식적인 포기 등과 같이 국가의 기능을 저해하고 국민에게 피해를 야기시킬 가능성이 있는 경우를 가리킨다. / 그리하여 일단 직무집행의 의사로 자신의 직무를 수행한 경우에는 직무집행의 내용이 위법한 것으로 평가된다는 점만으로 직무유기죄의 성립을 인정할 것은 아니고, 공무원이 태만·분망 또는 착각 등으로 인하여 직무를 성실히 수행하지 아니한 경우나 형식적으로 또는 소홀히 직무를 수행한 탓으로 적절한 직무수행에 이르지 못한 것에 불과한 경우에도 직무유기죄는 성립하지 아니한다(대판 2014.4.10, 2013도229).
- **무단이탈로 인한 직무유기죄 성립 여부**는 결근 사유와 기간, 담당하는 직무의 내용과 적시 수행 필요성, 결근으로 직무수행이 불가능한지, 결근 기간에 국가기능의 저해에 대한 구체적인 위험이 발생하였는지 등을 종합적으로 고려하여 신중하게 판단해야 한다. 특히 **근무기간을 정하여 임용된 공무원의 경우**에는 근무기간 안에 특정 직무를 마쳐야 하는 특별한 사정이 있는지 등을 고려할 필요가 있다(대판 2022.6.30, 2021도8361).

관련 판례 **직무유기죄가 성립하는 경우**

1) 소속대 수송관 겸 3종 출납관으로서 소속대 유류수령과 불출 및 그에 따른 결산 기타 업무를 수행할 직무 있는 자가 신병치료를 이유로 상부의 승인 없이 출납관 도장과 창고열쇠를 포함한 3종 **업무일체를 계원에게 맡겨두고** 이에 대한 일체의 확인감독마저 하지 않았다면 이는 부대관례에 따른 정당한 위임의 정도를 벗어난 직무의 의식적인 포기로서 직무유기죄에 해당한다(대판 1986.2.11, 85도2471).
2) 학생군사교육단의 당직사관으로 주번근무를 하던 육군 중위가 당직근무를 함에 있어서 훈육관실에서 학군사관후보생 2명과 함께 **술을 마시고** 내무반에서 학군사관후보생 2명 및 애인 등과 함께 화투놀이를 한 다음 애인과 함께 자고 난 뒤 교대할 당직근무자에게 당직근무의 인계, 인수도 하지 아니한 채 퇴근하였다면 직무유기죄가 성립된다(대판 1990.12.21, 90도2425).
3) 경찰관이 장기간에 걸쳐 여러 번 **오토바이**를 오토바이 상회 운영자에게 보관시키고도 경찰관 스스로 소유자를 찾아 반환하도록 처리하거나 상회 운영자에게 반환 여부를 확인한 일이 전혀 없고, 상회 운영자로부터 오토바이를 보내준 대가 또는 그 처분대가로 돈까지 지급받았다면, 습득물 처리 지침에 따른 직무를 의식적으로 방임 내지 포기하고 정당한 사유 없이 직무를 수행하지 아니한 경우에 해당한다(대판 2002.5.17, 2001도6170). → 직무유기죄와 수뢰죄의 경합범(실체적 경합관계)
4) 경찰관들이 현행범으로 체포한 도박혐의자 17명에 대해 **현행범인체포서 대신에 임의동행동의서를 작성**하게 하고, 그나마 제대로 조사도 하지 않은 채 석방하였으며, 현행범인 석방사실을 검사에게 보고도 하지 않았고, 석방일시·사유를 기재한 서면을 작성하여 기록에 편철하지도 않았으며, 압수한

일부 도박자금에 관하여 압수조서 및 목록도 작성하지 않은 채 검사의 지휘도 받지 않고 반환하였고, 일부 도박혐의자의 명의도용 사실과 도박 관련 범죄로 수회 처벌받은 전력을 확인하고서도 아무런 추가조사 없이 석방한 경우 단순히 업무를 소홀히 수행한 것이 아니라 정당한 사유 없이 의도적으로 수사업무를 방임 내지 포기한 것이라고 봄이 상당하다는 이유로, 직무유기죄의 성립을 인정하였다(대판 2010.6.24, 2008도11226).

5) 벌금미납자에 대한 노역장유치 집행을 위하여 검사의 지휘를 받아 형집행장을 집행하는 경우 벌금미납자 검거는 사법경찰관리의 직무범위에 속한다고 보아야 하는데 경찰관인 피고인이 벌금미납자로 **지명수배되어 있던 갑을 세 차례에 걸쳐 만나고도** 그를 검거하여 검찰청에 신병을 인계하는 등 필요한 조치를 취하지 않은 경우 직무유기죄가 성립한다(대판 2011.9.8, 2009도13371).

관련 판례 **직무유기죄가 성립하지 않는 경우**

1) 공무원이 태만, 분망, 착각 등으로 인하여 직무를 성실히 수행하지 아니한 경우나 형식적으로 또는 소홀히 직무를 수행하였기 때문에 성실한 직무수행을 못한 것에 불과한 경우에는 직무유기죄는 성립하지 아니한다(대판 1997.8.29, 97도675).

2) 어떠한 형태로든 직무집행의 의사로 자신의 직무를 수행한 경우에는 그 **직무집행의 내용이 위법한 것으로 평가된다**는 점만으로 직무유기죄의 성립을 인정할 것은 아니고, 공무원이 태만・분망・착각 등으로 인하여 직무를 성실히 수행하지 아니한 경우나 형식적으로 또는 소홀히 직무를 수행하였기 때문에 성실한 직무수행을 못한 것에 불과한 경우에도 직무유기죄는 성립하지 아니한다(대판 2012.8.30, 2010도13694).

3) 사법경찰관리가 경미한 범죄 혐의사실을 검사에게 인지 보고하지 아니하고 **훈방**한 경우 직무유기죄는 성립하지 않는다(대판 1982.6.8, 82도117).

∵ 사법 경찰관리가 직무집행의사로 위법사실을 조사하여 훈방하는 등 어떤 형태로든지 그 직무집행행위를 하였다면 형사피의사건으로 입건수사하지 않았다 하여 곧 직무유기죄가 성립한다고 볼 수는 없으므로

[비교판례] 경찰관이 불법체류자의 신병을 출입국관리사무소에 인계하지 않고 (통상적인 절차와 달리) **훈방하면서 이들의 인적사항조차 기재해 두지 아니한 경우**에 직무유기죄가 성립한다(대판 2008.2.14, 2005도4202).

4) 형법 제122조에 규정된 직무유기죄의 성립에는 주관적으로 직무를 버린다는 인식과 객관적으로 직무 또는 직장을 벗어나는 행위가 있어야 하므로 전매공무원인 피고인이 외제담배를 **긴급압수한 후 도주한 범칙자를 찾는데 급급**하여 미처 압수수색영장을 신청하지 못한 이 사건에서와 같이 직무수행과 관련하여 태만, 분망, 착각 등 일신상 또는 객관적 사유로 인하여 부당한 결과를 초래한 것에 불과한 경우에는 직무유기죄는 성립하지 않는다(대판 1982.9.28, 82도1633).

5) 교도소 계장이 재소자들을 호송함에 있어 호송교도관들에게 **업무를 대강 지시**하고 구체적인 감독을 하지 아니하여 피호송자들이 집단도주한 경우 직무유기죄를 구성하지는 않는다(대판 1991.6.11, 91도96).

∵ 위 출정계장과 감독교사가 재소자의 호송계호업무를 수행함에 있어서 성실하게 그 직무를 수행하지 아니하여 충근의무에 위반한 잘못은 인정되나 고의로 호송계호업무를 포기하거나 직무 또는 직장을 이탈한 것이라고는 볼 수 없으므로

6) 수사기관 등으로부터 징계사유를 통보받고도 징계요구를 하지 아니하여 주무부장관으로부터 징계요구를 하라는 직무이행명령을 받았다 하더라도 그에 대한 **이의의 소**를 제기한 경우에는, 수사기관 등으로부터 통보받은 자료 등으로 보아 징계사유에 해당함이 객관적으로 명백한 경우 등 특별한 사

정이 없는 한 징계사유를 통보받은 날로부터 1개월 내에 징계요구를 하지 않았다는 것만으로 곧바로 직무를 유기한 것에 해당한다고 볼 수는 없다(대판 2013.6.27, 2011도797).

[동지판례] 교육기관·교육행정기관·지방자치단체 또는 교육연구기관의 장이 징계의결을 집행하지 못할 법률상·사실상의 장애가 없는데도 **징계의결서를 통보받은 날로부터 법정 시한이 지나도록 집행을 유보**하는 모든 경우에 직무유기죄가 성립하는 것은 아니고, 그러한 유보가 직무에 관한 의식적인 방임이나 포기에 해당한다고 볼 수 있는 경우에 한하여 직무유기죄가 성립한다고 보아야 한다(대판 2014.4.10, 2013도229).

7) 제주특별자치도도교육감인 청구인이 행정소송 수행과정에서 광주고등검찰청 검사장의 즉시항고 및 상고 제기 지휘를 받았음에도 **즉시항고**는 **포기**하고 **상고만을 제기한 경우**, 수사된 내용만으로는 직무유기 혐의를 인정하기 어려움에도 불구하고 그 혐의가 인정됨을 전제로 청구인에 대하여 한 기소유예처분은 청구인의 평등권과 행복추구권을 침해하였다고 본 사례(헌재결 2020.3.26, 2017헌마1179) → 직무유기죄가 성립하지 않는다는 취지

4 죄수 및 타죄와의 관계

하나의 행위가 작위범인 범인도피죄·증거인멸죄·허위공문서작성죄와 부작위범인 직무유기죄의 구성요건을 동시에 충족하는 경우 작위범만 성립하고 부작위범인 직무유기죄(부작위에 의한 직무유기죄)는 따로 성립하지 않는다(법조경합 중 보충관계).

관련 판례 **작위범만 성립하고 직무유기죄가 성립하지 않는 경우** "범증허(위)"

1) 경찰공무원이 **지명수배 중인 범인**을 발견하고도 직무상 의무에 따른 적절한 조치를 취하지 아니하고 오히려 범인을 도피하게 하는 행위를 하였다면, 그 직무위배의 위법상태는 범인도피행위 속에 포함되어 있다고 보아야 할 것이므로, 이와 같은 경우에는 작위범인 **범인도피죄만이 성립**하고 부작위범인 직무유기죄는 따로 성립하지 아니한다(대판 2017.3.15, 2015도1456).

[비교판례] 하나의 행위가 부작위범인 직무유기죄와 작위범인 범인도피죄의 구성요건을 동시에 충족하는 경우 **공소제기권자**는 **재량**에 의하여 작위범인 범인도피죄로 공소를 제기하지 않고 부작위범인 직무유기죄로만 공소를 제기할 수도 있다(대판 1999.11.26, 99도1904).

2) 피고인이 **검사로부터 범인을 검거하라는 지시**를 받고서도 그 직무상의 의무에 따른 적절한 조치를 취하지 아니하고 오히려 범인에게 전화로 도피하라고 권유하여 그를 도피케 하였다는 범죄사실만으로는 직무위배의 위법상태가 범인도피행위 속에 포함되어 있는 것으로 보아야 할 것이므로, 이와 같은 경우에는 작위범인 범인도피죄만이 성립하고 부작위범인 직무유기죄는 따로 성립하지 아니한다(대판 1996.5.10, 96도51).

3) 경찰서 방범과장이 부하직원으로부터 음반·비디오물 및 게임물에 관한 법률 위반 혐의로 오락실을 단속하여 증거물로 오락기의 변조 기판을 압수하여 사무실에 보관중임을 보고받아 알고 있었음에도 그 직무상의 의무에 따라 위 압수물을 수사계에 인계하고 검찰에 송치하여 범죄 혐의의 입증에 사용하도록 하는 등의 적절한 조치를 취하지 않고, 오히려 부하직원에게 위와 같이 압수한 변조 기판을 돌려주라고 지시하여 오락실 업주에게 이를 돌려준 경우, 작위범인 **증거인멸죄만이 성립**하고 부작위범인 직무유기(거부)죄는 따로 성립하지 아니한다(대판 2006.10.19, 2005도3909 全合).

4) 공무원이 어떠한 위법사실을 발견하고도 직무상 의무에 따른 적절한 조치를 취하지 아니하고 **위법사실을 적극적으로 은폐할 목적**으로 허위공문서를 작성, 행사한 경우에는 직무위배의 위법상태는 허위공문서작성 당시부터 그 속에 포함되는 것으로 작위범인 허위공문서작성, 동행사죄만이 성립하고 부작위범인 직무유기죄는 따로 성립하지 아니한다(대판 1999.12.24, 99도2240).

[동지판례] 예비군 중대장이 그 소속 예비군대원의 훈련불참사실을 알았다면 이를 소속 대대장에게 보고하는 등의 조치를 취할 직무상의 의무가 있음은 물론이나, 그 소속 예비군대원의 **훈련불참사실을 고의로 은폐할 목적**으로 당해 예비군대원이 훈련에 참석한 양 허위내용의 학급편성명부를 작성, 행사하였다면, 직무위배의 위법상태는 허위공문시작성 당시부터 그 속에 포함되어 있는 것이고 그 후 소속대대장에게 보고하지 아니하였다 하더라도 당초에 있었던 직무위배의 위법상태가 그대로 계속된 것에 불과하다고 보아야 하고, 별도의 직무유기죄가 성립하여 양 죄가 실체적 경합범이 된다고 할 수 없다(대판 1982.12.28, 82도2210). → 허위공문서작성죄만 성립한다는 취지

[비교판례] 공무원이 어떠한 위법사실을 발견하고도 직무상 의무에 따른 적절한 조치를 취하지 아니하고 **위법사실을 적극적으로 은폐할 목적**으로 허위공문서를 작성·행사한 경우에는 직무위배의 위법상태는 허위공문서작성 당시부터 그 속에 포함되는 것으로 작위범인 **허위공문서작성, 동행사죄만이 성립**하고 부작위범인 직무유기죄는 따로 성립하지 아니하나, / 위 복명서 및 심사의견서를 허위작성한 것이 **농지일시전용허가를** 신청하자 이를 **허가하여 주기 위하여(새로운 위법상태를 만들어 내기 위하여)** 한 것이라면 직접적으로 농지불법전용 사실을 은폐하기 위하여 한 것은 아니므로 위 허위공문서작성, 동행사죄와 직무유기죄는 실체적 경합범의 관계에 있다(대판 1993.12.24, 92도3334).

5) 출원인이 어업허가를 받을 수 없는 자라는 사실을 알면서도 그 직무상의 의무에 따른 적절한 조치를 취하지 않고 오히려 부하직원으로 하여금 **어업허가** 처리기안문을 작성하게 한 다음 피고인 스스로 중간결재를 하는 등 위계로써 농수산국장의 최종결재를 받았다면, 직무위배의 위법상태가 위계에 의한 공무집행방해행위 속에 포함되어 있는 것이라고 보아야 할 것이므로, 이와 같은 경우에는 **작위범인 위계에 의한 공무집행방해죄만이 성립**하고 부작위범인 직무유기죄는 따로 성립하지 아니한다(대판 1997.2.28, 96도2825). → 위계에 의한 공무집행방해죄 ○, 허위공문서작성죄의 간접정범 ×
∵ 어업허가서에는 내용의 허위가 없으므로

관련 판례 **기타 판결들**

1) **직무유기교사죄**는 **피교사자인 공무원별**로 1개의 죄가 성립되는 것이므로 피교사자인 공무원별로 사실을 특정할 수 있도록 공소사실을 기재하여야 한다(대판 1997.8.22, 95도984).
2) 형법 제139조에 규정된 인권옹호직무명령불준수죄와 형법 제122조에 규정된 직무유기죄의 각 구성요건과 보호법익 등을 비교하여 볼 때, **인권옹호직무명령불준수죄**가 직무유기죄에 대하여 법조경합 중 특별관계에 있다고 보기는 어렵고 양 죄를 상상적 경합관계로 보아야 한다(대판 2010.10.28, 2008도11999).

Ⅲ 피의사실공표죄

검찰, 경찰 그 밖에 범죄수사에 관한 직무를 수행하는 자 또는 이를 감독하거나 보조하는 자가 그 직무를 수행하면서 알게 된 피의사실을 공소제기 전에 공표(公表)함으로써 성립하는 범죄이다(제126조). 보호법익은 국가의 범죄수사기능이고 부차적으로 피의자의 인권(명예)도 보호법익으로 한다. 따라서 피해자의 승낙은 위법성이 조각되지 않는다.

Ⅳ 공무상비밀누설죄

1 의의 및 보호법익

공무원 또는 공무원이었던 자가 법령에 의한 직무상 비밀을 누설함으로써 성립하는 범죄이다(제127조). 보호법익은 비밀 자체가 아니라 비밀누설에 의하여 위협받는 국가의 기능이다.

> ㅇ 공무상비밀누설죄는 기밀 그 자체를 보호하는 것이 아니라 공무원의 비밀엄수의무의 침해에 의하여 위험하게 되는 이익, 즉 비밀의 누설에 의하여 위협받는 국가의 기능을 보호하기 위한 것이다(대판 2007.6.14, 2004도5561).

2 주체

공무원 또는 공무원이었던 자이다(진정신분범).

3 객체

법령에 의한 직무상 비밀이다. 직무상 비밀이란 직무와 관련하여 알게 된 비밀을 말한다.

> ㅇ 형법 제127조는 공무원 또는 공무원이었던 자가 법령에 의한 직무상 비밀을 누설하는 것을 구성요건으로 하고 있고, 동 조에서 **법령에 의한 직무상 비밀**이란 반드시 법령에 의하여 비밀로 규정되었거나 비밀로 분류 명시된 사항에 한하지 아니하고 정치, 군사, 외교, 경제, 사회적 필요에 따라 비밀로 된 사항은 물론 정부나 공무소 또는 국민이 객관적, 일반적인 입장에서 외부에 알려지지 않는 것에 상당한 이익이 있는 사항도 포함하는 것이나, 동 조에서 말하는 비밀이란 **실질적으로** 그것을 **비밀로서 보호할 가치**가 있다고 인정할 수 있는 것이어야 할 것이다(대판 1996.5.10, 95도780).

관련 판례 **법령에 의한 직무상 비밀에 해당하는 경우**

1) 피고인이 그 **직무상 지득한 구술시험 문제** 중에서 소론 사항을 병에게 알린 것은 공무상 비밀의 누설인 동시에 형법 제131조 제1항의 부정한 행위를 한 때에 해당한다(대판 1970.6.30, 70도562).
   → 업무상비밀누설죄와 수뢰 후 부정처사죄의 상상적 경합
2) 검찰의 고위 간부가 특정 사건에 대한 수사가 계속 진행 중인 상태에서 해당 사안에 관한 수사책임자의 잠정적인 판단 등 **수사팀의 내부 상황**을 확인한 뒤 그 내용을 수사 대상자 측에 전달한 행위가 형법 제127조에 정한 공무상 비밀누설에 해당한다(대판 2007.6.14, 2004도5561).
3) 검사가 수사의 대상, 방법 등에 관하여 사법경찰관리에게 지휘한 내용을 기재한 **수사지휘서**의 기재 내용과 이에 관계된 수사상황은 수사기관 내부의 비밀에 해당한다(대판 2018.2.13, 2014도11441).
   [사실관계] 사법경찰관이 내사단계에서 수사의 대상, 방법 등에 관하여 검사가 자신에게 지휘한 내용이 기재된 수사지휘서를 잠재적 피의자에게 교부하고 이에 관계된 수사상황을 알려준 경우 공무상비밀누설죄가 성립한다.
4) 제18대 대통령 당선인 갑의 비서실 소속 공무원인 피고인이 당시 갑을 위하여 **중국에 파견할 특사단 추천 의원을 정리한 문건**을 을에게 이메일 또는 인편 등으로 전달함으로써 법령에 의한 직무상 비밀을 누설하였다면, 위 문건이 사전에 외부로 누설될 경우 대통령 당선인의 인사 기능에 장애를 초래할 위험이 있으므로, 종국적인 의사결정이 있기 전까지는 외부에 누설되어서는 아니 되는 비밀로서 보호할 가치가 있는 직무상 비밀에 해당한다(대판 2018.4.26, 2018도2624).

관련 판례 법령에 의한 직무상 비밀에 해당하지 않는 경우

1) 감사원 감사관이 공개한 **기업의 비업무용 부동산 보유실태**에 관한 감사원 보고서의 내용이 공무상 비밀에 해당되지 않는다(대판 1996.5.10, 95도780). ∵ 실질적으로 비밀로서 보호할 가치가 인정할 수 없으므로

2) [잠복근무차량 소유자정보누설사건] 구청에서 체납차량 영치 및 공매 등의 업무를 담당하던 공무원인 피고인이 갑의 부탁을 받고 차적 조회 시스템을 이용하여 을의 유사휘발유 제조 현장 부근에서 **경찰의 잠복근무에 이용되고 있던 경찰청 소속 차량의 소유관계에 관한 정보**를 알아내 갑에게 알려줌으로써 공무상 비밀을 누설하였다는 내용으로 기소된 사안에서, 갑에게 제공한 차량 소유관계에 관한 정보가 형법 제127조에서 정한 '법령에 의한 직무상 비밀'에 해당한다고 볼 수 없어 공무상 비밀누설에 해당하지 않는다(대판 2012.3.15, 2010도14734).

∵ 재산의 소유 주체에 관한 정보에 불과한 자동차 소유자에 관한 정보를 정부나 공무소 또는 국민이 객관적, 일반적인 입장에서 외부에 알려지지 않는 것에 상당한 이익이 있는 사항으로서 실질적으로 비밀로 보호할 가치가 있다거나, 그 누설에 의하여 국가의 기능이 위협받는다고 볼 수 없으므로

3) 공무원이 직무상 알게 된 비밀을 그 직무와의 관련성 혹은 필요성에 기하여 **해당 직무의 집행과 관련 있는 다른 공무원에게 직무집행의 일환으로 전달한 경우**에는, 관련 각 공무원의 지위 및 관계, 직무집행의 목적과 경위, 비밀의 내용과 전달 경위 등 제반 사정에 비추어 비밀을 전달받은 공무원이 이를 그 직무집행과 무관하게 제3자에게 누설할 것으로 예상되는 등 국가기능에 위험이 발생하리라고 볼 만한 특별한 사정이 인정되지 않는 한, 위와 같은 행위가 **비밀의 누설에 해당한다고 볼 수 없다**(대판 2021.11.25, 2021도2486).

[사실관계] 법원 형사수석부장판사인 피고인 1이 같은 법원 영장전담판사인 피고인 2, 3 등으로부터 보고받은 정보를 법원행정처 차장에게 보고한 사건

[동지판례] 법원장이 기획법관으로 하여금 영장재판 관련 정보를 법원행정처 차장에게 보고하도록 한 경우 직무집행의 일환으로 비밀을 취득할 지위 내지 자격이 있는 법원행정처 차장에게 그 내용을 전달한 것이므로, **공무상비밀누설죄가 성립하지 않는다**(대판 2021.12.30, 2021도11924).

4 행위

누설하는 것이다. 누설 받은 행위를 처벌하는 규정이 없으므로 필요적 공범 중 대향범이고 일방만 처벌하는 경우이다.

o 변호사 사무실 직원인 피고인 갑이 법원공무원인 피고인 을에게 부탁하여, 수사 중인 사건의 체포영장 발부자 53명의 명단을 누설 받은 경우, 피고인 을이 직무상 비밀을 누설한 행위와 피고인 갑이 이를 누설 받은 행위는 대향범 관계에 있으므로 공범에 관한 형법총칙 규정이 적용될 수 없어 갑의 행위가 공무상 비밀누설교사죄에 해당하지 않는다(대판 2011.4.28, 2009도3642). 175)

V 직권남용죄

공무원이 직권을 남용하여 사람으로 하여금 의무 없는 일을 하게 하거나 사람의 권리행사를 방해함으로써 성립하는 범죄이다(제123조). 보호법익은 국가기능의 공정한 행사이고, 보호받는 정도는 추상적 위험범이다.

175) 2023년 변호사시험

1 주체

공무원이다. 범죄의 성질상 강제력을 수반하는 직무를 행하는 공무원(예 경찰, 검찰수사관, 세관원, 집행관 등)이 주로 주체가 되지만, 반드시 법률상 강제력을 수반하는 직무일 것을 요하지는 않는다(예 대통령비서실 민정수석비서관, 재정경제원장관 등).

ㅇ 직권남용죄는 공무원이 그 일반적 직무권한에 속하는 사항에 관하여 직권의 행사에 가탁하여 실질적, 구체적으로 위법·부당한 행위를 한 경우에 성립하고, 그 일반적 직무권한은 반드시 법률상의 강제력을 수반하는 것임을 요하지 아니하며, 그것이 남용될 경우 직권행사의 상대방으로 하여금 법률상 의무 없는 일을 하게 하거나 정당한 권리행사를 방해하기에 충분한 것이면 된다(대판 2004.5.27, 2002도6251).

관련 판례 직권남용죄의 주체가 되는 경우

1) **대통령 비서실 민정수석비서관**이 대통령의 근친관리업무에 관련하여 농수산물 도매시장 관리공사 대표이사에게 요구하여 위 시장 내 일부 시설을 당초 예정한 공개입찰이 아닌 수의계약으로 대통령의 근친에게 임대케 한 행위는 타인의 권리행사방해죄에 해당한다(대판 1992.3.10, 92도116).
2) **재정경제원장관**이 대기업에 해당되지도 아니하며 회생 가능성도 불투명하여 대출이 가능한 요건을 갖추었다고 보기 어려운 기업에 대하여 그 주거래 은행의 은행장에게 대출을 실행하여 줄 것을 요구하고, 위 요구에 따라 대출이 이루어진 경우, 직권남용죄에 해당한다(대판 2004.5.27, 2002도6251).
3) 서울특별시 ○○**구청장**으로 재직 중이던 피고인 1과 ○○구 주택과장으로 재직 중이던 피고인 2가 공모하여, 직권을 남용하여 △△구역 주택재개발정비사업조합(이하 '△△조합'이라고 한다)으로 하여금 **조합원이 아닌 공소외 1에게 보류지 아파트를 조합원 가격으로 배정, 분양하게 경우** 의무 없는 일을 하게 하는 직권남용권리행사방해죄가 성립한다(대판 2015.3.26, 2013도2444).

관련 판례 직권남용죄의 주체가 되지 않는 경우

직권남용권리행사방해죄는 공무원에게 직권이 존재하는 것을 전제로 하는 범죄이고, 직권은 국가의 권력 작용에 의해 부여되거나 박탈되는 것이므로, 공무원이 공직에서 퇴임하면 해당 직무에서 벗어나고 그 퇴임이 대외적으로도 공표된다. 공무원인 피고인이 **퇴임한 이후**에는 위와 같은 직권이 존재하지 않으므로, 퇴임 후에도 실질적 영향력을 행사하는 등으로 퇴임 전 공모한 범행에 관한 기능적 행위지배가 계속되었다고 인정할 만한 특별한 사정이 없는 한, 퇴임 후의 범행에 관하여는 공범으로서 책임을 지지 않는다고 보아야 한다(대판 2020.2.13, 2019도5186).

2 행위

직권을 남용하여 사람으로 하여금 의무 없는 일을 하게 하거나 사람의 권리행사를 방해하는 것이다.

(1) 직권남용

① 직권남용이란 공무원이 그의 일반적 권한에 속하는 사항에 관하여 그것을 불법하게 행사하는 것, 즉 형식적, 외형적으로는 직무집행으로 보이나 그 실질은 정당한 권한 이외의 행위를 하는 경우를 말한다. 따라서 직무와는 상관없이 단순히 개인적인 친분에 근거하여 요구·협조를 의뢰한 경우에는 직권남용에 해당하지 않는다.

Part 03

○ 직권남용죄의 "직권남용"이란 공무원이 그의 **일반적 권한에 속하는 사항**에 관하여 그것을 불법하게 행사하는 것, 즉 형식적, 외형적으로는 직무집행으로 보이나 그 실질은 정당한 권한 이외의 행위를 하는 경우를 의미하고, 따라서 직권남용은 공무원이 그의 **일반적 권한에 속하지 않는 행위를 하는 경우**인 **지위를 이용한 불법행위**와는 구별된다(대판 1991.12.27, 90도2800).

○ **국가정보원 국장**이 사기업으로 하여금 보수단체에 대하여 자금을 지원하게 한 경우 지위를 이용한 불법행위에 해당할지언정 그 직권을 남용한 행위로 볼 수 없다(대판 2019.3.14, 2018도18646).
∵ 국가정보원 국장에게는 사기업에 자금지원을 요청할 일반적 직무권한이 없으므로

○ 서울중앙지방법원 형사수석부장판사로 재직하던 피고인이 위 법원에서 계속 중인 사건의 담당법관에게 **판결이유 수정 등의 조치를 요청한 행위**는 부당하거나 부적절한 재판관여행위에 해당하나, / 피고인에게 **재판에 관여할 일반적 직무권한이 인정되지 않고**, 담당법관의 권리행사를 방해하거나 담당법관으로 하여금 의무 없는 일을 한 것으로 볼 수 없으며, 피고인의 행위와 결과 사이에 상당인과관계도 인정되지 않는다(대판 2022.4.28, 2021도11012).
→ 일반적 직무권한의 범위를 넘는 월권행위에 관하여는 직권남용죄가 성립하지 않는다는 취지

○ 직권남용이란 공무원이 그 일반적 직무권한에 속하는 사항에 관하여 직권의 행사에 가탁하여 실질적, 구체적으로 위법·부당한 행위를 하는 경우를 의미하고, 공무원이 직무와는 상관없이 단순히 개인적인 친분에 근거하여 문화예술 활동에 대한 지원을 권유하거나 협조를 의뢰한 것에 불과한 경우까지 직권남용에 해당한다고 할 수는 없다(대판 2009.1.30, 2008도6950).

② 공무원의 일반적 권한에 속하는 사항이라고 하기 위해서는 그에 관한 법령상의 근거가 필요하고, 그 법령상의 근거는 반드시 명문의 근거만을 의미하는 것이 아니라, 법·제도를 종합적, 실질적으로 관찰해서 그것이 해당 공무원의 직무권한에 속한다고 해석되는 경우도 포함한다.

○ 직권남용죄에서 어떠한 직무가 공무원의 일반적 권한에 속하는 사항이라고 하기 위해서는 그에 관한 법령상의 근거가 필요하다. 다만 법령상의 근거는 반드시 명문의 근거만을 의미하는 것은 아니고, 명문이 없는 경우라도 법·제도를 종합적, 실질적으로 관찰해서 그것이 해당 공무원의 직무권한에 속한다고 해석되고 그것이 남용된 경우 상대방으로 하여금 의무 없는 일을 행하게 하거나 상대방의 권리를 방해하기에 충분한 것이라고 인정되는 경우에는 직권남용죄에서 말하는 일반적 권한에 포함된다(대판 2019.3.14, 2018도18646). → 법령상 근거 = ① 명문의 근거 + ② 해석상 근거

○ **대통령비서실장 및 정무수석비서관실 소속 공무원**들인 피고인들이, 2014~2016년도의 3년 동안 각 연도별로 전국경제인연합회에 특정 정치성향 시민단체들에 대한 자금지원을 요구하고 그로 인하여 전국경제인연합회 부회장 甲으로 하여금 해당 단체들에 자금지원을 하도록 하였다면, 피고인들이 **자금지원을 요구한 행위**는 대통령비서실장과 정무수석비서관실의 일반적 직무권한에 속하는 사항으로서 직권을 남용한 경우에 해당하고, 甲은 위 직권남용 행위로 인하여 (해당 보수 시민단체에 대한) 자금지원 결정이라는 의무 없는 일을 하였으므로 직권남용권리행사방해죄가 성립한다(대판 2020.2.13, 2019도5186).
↔ 자금지원 요구를 강요죄의 성립 요건인 협박, 즉 해악의 고지에 해당한다고 단정할 수 없다.

③ 공무원의 직권남용에 해당하는가를 판단하는 기준은 구체적인 공무원의 직무행위가 본래 법령에서 그 직권을 부여한 목적에 따라 이루어졌는지, 직무행위가 행해진 상황에서 볼 때 필요성·

상당성이 있는 행위인지, 직권행사가 허용되는 법령상의 요건을 충족했는지 등을 종합하여 판단하여야 한다(대판 2020.2.13, 2019도5186).

(2) 의무 없는 일을 하게 하는 때

① 법령상 의무 없는 일을 하게 하는 때를 의미한다. 따라서 단순한 도덕적 의무 또는 심리적 의무감은 여기의 의무에 포함되지 않는다.

> ㅇ 직권남용죄에서 말하는 "의무"란 법률상 의무를 가리키고, 단순한 심리적 의무감 또는 도덕적 의무는 이에 해당하지 아니한다(대판 1991.12.27, 90도2800).
> **[사실관계] 치안본부장**이 국립과학수사연구소 법의학1과장에게 고문치사자의 사인에 관하여 기자간담회에 참고할 메모를 작성하도록 요구해서 그의 의사에 반하는 메모를 작성토록 하여 교부받은 행위가 직권남용에 해당하지 않는다.

② 공무원이 한 행위(자신의 직무권한에 속하는 사항)가 직권남용에 해당하고 위법하다고 하여 그러한 이유만으로 상대방이 한 일이 '의무 없는 일'에 해당한다고 인정할 수는 없다. 상대방이 일반 사인인 경우 '의무 없는 일을 하게 한 때'에 해당할 수 있지만, 상대방이 공무원인 경우 원칙적으로 '의무 없는 일을 하게 한 때'에 해당하지 않는다. 그러나 상대방이 직무집행을 보조하는 실무담당자라 하더라도 관련법령에 따라 따라야 할 직무집행의 기준과 절차를 위반하여 보조하게 한 경우에는 '의무 없는 일을 하게 한 때'에 해당한다.

> ㅇ 직권남용권리행사방해죄에서 '의무 없는 일을 하게 한 때'란 '사람'으로 하여금 법령상 의무 없는 일을 하게 하는 때를 의미하는바, 공무원이 자신의 **직무권한에 속하는 사항**에 관하여 실무 담당자로 하여금 그 직무집행을 보조하는 사실행위를 하도록 하더라도 이는 공무원 자신의 직무집행으로 귀결될 뿐이므로 원칙적으로 직권남용권리행사방해죄에서 말하는 '의무 없는 일을 하게 한 때'에 해당한다고 할 수 없으나, / 직무집행의 기준과 절차가 법령에 구체적으로 명시되어 있고 실무 담당자에게도 직무집행의 기준을 적용하고 절차에 관여할 고유한 권한과 역할이 부여되어 있다면 실무 담당자로 하여금 그러한 기준과 절차에 위반하여 직무집행을 보조하게 한 경우에는 '의무 없는 일을 하게 한 때'에 해당한다(대판 2011.2.10, 2010도13766 ; 대판 2020.1.9, 2019도11698).
> ㅇ **[문화예술계 지원배제 등 관련 직권남용권리행사방해 사건]** 공무원이 한 행위가 직권남용에 해당한다고 하여 그러한 이유만으로 상대방이 한 일이 '의무 없는 일'에 해당한다고 인정할 수는 없다. '의무 없는 일'에 해당하는지는 직권을 남용하였는지와 별도로 상대방이 그러한 일을 할 법령상 의무가 있는지를 살펴 개별적으로 판단하여야 한다. **직권남용 행위의 상대방이 일반 사인인 경우** 특별한 사정이 없는 한 직권에 대응하여 따라야 할 의무가 없으므로 그에게 어떠한 행위를 하게 하였다면 '의무 없는 일을 하게 한 때'에 해당할 수 있다. / 그러나 **상대방이 공무원이거나 법령에 따라 일정한 공적 임무를 부여받고 있는 공공기관 등의 임직원인 경우**에는 법령에 따라 임무를 수행하는 지위에 있으므로 그가 직권에 대응하여 어떠한 일을 한 것이 의무 없는 일인지 여부는 관계 법령 등의 내용에 따라 개별적으로 판단하여야 한다. 결국 공무원이 직권을 남용하여 사람으로 하여금 어떠한 일을 하게 한 때에 상대방이 공무원 또는 유관기관의 임직원인 경우에는 그가 한 일이 형식과 내용 등에 있어 직무범위 내에 속하는 사항으로서 법령 그 밖의 관련 규정에 따라 직무수행 과정에서

준수하여야 할 원칙이나 기준, 절차 등을 위반하지 않는다면 특별한 사정이 없는 한 법령상 의무 없는 일을 하게 한 때에 해당한다고 보기 어렵다(대판 2020.1.30, 2018도2236 全合).

[동지판례] 지방자치단체의 장이 승진후보자명부 방식에 의한 **5급 공무원 승진임용 절차**에서 인사위원회의 사전심의·의결 결과를 참고하여 승진후보자명부상 후보자들에 대하여 승진임용여부를 심사하고서 최종적으로 승진대상자를 결정하는 것이 아니라, 미리 승진후보자명부상후보자들 중에서 승진대상자를 실질적으로 결정한 다음 그 내용을 인사위원회 간사, 서기 등을 통해 인사위원회 위원들에게 '승진대상자 추천'이라는 명목으로 제시하여 인사위원회로 하여금 자신이 특정한 후보자들을 승진대상자로 의결하도록 유도하는 행위는 인사위원회 사전심의 제도의 취지에 부합하지 않다는 점에서 바람직하지 않다고 볼 수 있지만, 그것만으로는 직권남용권리행사방해죄의 구성요건인 '직권의 남용' 및 '의무 없는 일을 하게 한 경우'로 볼 수 없다(대판 2020.12.10, 2019도17879).

[동지판례(이른바 세월호 특별조사위원회 설립·활동 방해로 인한 직권남용권리행사방해사건)] **대통령비서실 소속 비서관들**인 피고인 갑과 피고인 을이 4·16세월호참사 특별조사위원회 설립준비 관련 업무를 담당하거나 설립팀장으로 지원근무 중이던 해양수산부 소속 공무원들에게 '세월호 특별조사위 설립준비 추진경위 및 대응방안 문건'을 작성하게 하고, 피고인 갑이 소속 비서관실 행정관 또는 해양수산부 공무원들에게 위 위원회의 동향을 파악하여 보고하도록 지시하였다는 직권남용권리행사방해의 공소사실로 기소된 사안에서, 피고인 갑과 피고인 을이 해당 공무원들에게 **문건을 작성**하거나 **동향을 보고**하게 함으로써 직무수행의 원칙과 기준 등을 위반하여 업무를 수행하게 하여 법령상 의무 없는 일을 하게 한 때에 해당한다고 볼 여지가 있는데도, 이와 달리 본 원심판단에 법리오해의 잘못이 있다고 한 사례(대판 2023.4.27, 2020도18296)

(3) 권리행사를 방해

권리를 행사하지 못하게 방해하는 것을 말한다. 여기의 권리는 법률에 명기된 권리에 한하지 않고 법령상 보호할 이익이면 충분하고, 사법상 권리뿐 아니라 공법상 권리도 포함된다.

예 경찰관의 범죄수사권

[수사중단이첩 직권남용권리행사방해사건] [1] 형법 제123조의 **직권남용권리행사방해죄에서 말하는 '권리'**는 법률에 명기된 권리에 한하지 않고 법령상 보호되어야 할 이익이면 족한 것으로서, 공법상의 권리인지 사법상의 권리인지를 묻지 않는다고 봄이 상당하다. [2] 경찰관 직무집행법의 관련 규정을 근거로 경찰관은 범죄를 수사할 권한을 가지고 있다고 인정한 다음, 이러한 **범죄수사권**은 직권남용권리행사방해죄에서 말하는 '권리'에 해당한다. [3] 상급 경찰관이 직권을 남용하여 부하 경찰관들의 수사를 중단시키거나 사건을 다른 경찰관서로 이첩하게 한 경우, 일단 '부하 경찰관들의 수사권 행사를 방해한 것'에 해당함과 아울러 '부하 경찰관들로 하여금 수사를 중단하거나 사건을 다른 경찰관서로 이첩할 의무가 없음에도 불구하고 수사를 중단하게 하거나 사건을 이첩하게 한 것'에도 해당된다고 볼 여지가 있다. 그러나 이는 어디까지나 하나의 사실을 각기 다른 측면에서 해석한 것에 불과한 것으로서, '권리행사를 방해함으로 인한 직권남용권리행사방해죄'와 '의무 없는 일을 하게 함으로 인한 직권남용권리행사방해죄'가 별개로 성립하는 것이라고 할 수는 없다. 따라서 위 두 가지 행위 태양에 모두 해당하는 것으로 기소된 경우, '권리행사를 방해함으로 인한 직권남용권리행사방해죄'만 성립하고 '의무 없는 일을 하게 함으로 인한 직권남용권리행사방해죄'는 따로 성립하지 아니하는 것으로 봄이 상당하다(대판 2010.1.28, 2008도7312).

관련 판례 **직권남용죄가 성립하는 경우**

1) 검찰의 고위 간부가 내사 담당 검사로 하여금 **내사를 중도에서 그만두고 종결처리**토록 한 행위가 직권남용권리행사방해죄에 해당한다(대판 2007.6.14, 2004도5561).
2) 대통령비서실 정책실장이 공무원으로 하여금 특별교부세 교부대상이 아닌 특정 사찰의 증・개축사업을 지원하는 **특별교부세 교부신청 및 교부결정**을 하도록 하게 한 행위가 직권남용권리행사죄를 구성한다(대판 2009.1.30, 2008도6950).
3) 서울특별시 교육감인 피고인이 인사담당 장학관 등에게 지시하여 승진후보자명부상 승진 또는 자격연수 대상이 될 수 없는 **특정 교원들을 적격 후보자인 것처럼 추천하거나 임의로 평정점을 조정**하는 방법으로 승진임용하거나 그 대상자가 되도록 한 경우, 직권남용권리행사방해죄가 성립한다(대판 2011.2.10, 2010도13766). ∵ 의무 없는 일을 하게 한 때에 해당하므로
4) 시장(市長)인 피고인 甲이 자신의 인사관리업무를 보좌하는 피고인 乙과 공동하여, 관련 법령에서 정한 절차에 따라 평정대상 공무원에 대한 평정단위별 서열명부 및 평정순위가 정해졌는데도 평정권자나 실무 담당자 등에게 특정 공무원들에 대한 **평정순위 변경을 구체적으로 지시**하여 평정단위별 서열명부를 새로 작성하도록 한 경우, 피고인들의 행위가 직권남용권리행사방해죄의 공동정범에 해당한다(대판 2012.1.27, 2010도11884).

관련 판례 **직권남용죄가 성립하지 않는 경우**

1) **치안본부장**이 국립과학수사연구소 법의학1과장에게 고문치사자의 사인에 관하여 기자간담회에 참고할 메모를 작성하도록 요구해서 그의 의사에 반하는 메모를 작성토록 하여 교부받은 행위가 직권남용에 해당하지 않는다(대판 1991.12.27, 90도2800). → 일반적 직무권한 내의 행위가 아니므로
2) 대통령비서실 정책실장이 기업관계자들에게 **기업 메세나(Mecenat) 활동**의 일환인 미술관 전시회 후원을 요청하여 기업관계자들이 특정 미술관에 후원금을 지급한 경우, 직권남용권리행사방해죄 및 제3자뇌물공여죄가 성립하지 않는다(대판 2009.1.30, 2008도6950). → 개인적 친분에 근거한 것이므로
3) **대검찰청 공안부장**인 피고인이 고등학교 후배인 한국조폐공사 사장에게 위 공사의 쟁의행위 및 구조조정에 관하여 전화통화를 한 것은 직권남용죄와 업무방해죄에 해당하지 않고, 노동조합 및 노동관계조정법 제40조 제2항에서 정한 '간여'에는 해당한다(대판 2005.4.15, 2002도3453).
4) 전 국방부장관인 피고인이 '국군사이버사령부 530단 정치관여 등 의혹 사건'의 수사과정에서 국방부조사본부장으로부터 530단장에 대한 구속영장 신청 상황을 보고받은 후 국방부조사본부장에게 **청와대 민정수석실에 구속 여부에 관한 의견을 묻게 하고 불구속 송치를 지시하였다** 하더라도 직권남용권리행사방해죄를 구성하지 아니한다(대판 2022.10.27, 2020도15105).
[판결이유] **공무원이 위법・부당한 행위를 한 경우** 그 위법・부당의 정도가 실질적・구체적으로 보아 직무 본래의 수행이라고 평가할 수 없을 정도에 이른 경우라면 직권을 남용하였다고 평가할 수 있을 것이나, / 위법・부당의 정도가 그에 미치지 못하는 경우라면 직권남용 해당 여부를 보다 신중하게 판단할 필요가 있다.

3 기수시기

직권남용권리행사방해죄는 단순히 공무원이 직권을 남용하는 행위를 하였다는 것만으로 곧바로 성립하는 것이 아니다.

의무 없는 일을 하게 된 때 또는 권리행사가 방해되는 결과가 현실적으로 발생한 때 기수가 된다(결과범). 다만 보호법익인 국가의 기능이 침해되거나 침해될 구체적 위험이 발생할 필요는 없다(추상적 위험범).

○ 형법 제123조가 규정하는 직권남용권리행사방해죄에서 권리행사를 방해한다 함은 법령상 행사할 수 있는 권리의 정당한 행사를 방해하는 것을 말한다고 할 것이므로 이에 해당하려면 **구체화된 권리의 현실적인 행사가 방해된 경우**라야 할 것이고, 또한 공무원의 직권남용행위가 있었다 할지라도 현실적으로 권리행사의 방해라는 결과가 발생하지 아니하였다면 본죄의 기수를 인정할 수 없다(대판 2006.2.9, 2003도4599).

○ **[문화예술계 지원배제 등 관련 직권남용권리행사방해 사건]** 직권남용권리행사방해죄는 단순히 공무원이 직권을 남용하는 행위를 하였다는 것만으로 곧바로 성립하는 것이 아니다. 직권을 남용하여 현실적으로 다른 사람이 법령상 의무 없는 일을 하게 하였거나 다른 사람의 구체적인 권리행사를 방해하는 결과가 발생하여야 하고, 그 결과의 발생은 직권남용 행위로 인한 것이어야 한다. '사람으로 하여금 의무 없는 일을 하게 한 것'과 '사람의 권리행사를 방해한 것'은 형법 제123조가 규정하고 있는 **객관적 구성요건요소인 '결과'**로서 둘 중 어느 하나가 충족되면 직권남용권리행사방해죄가 성립한다. 이는 '공무원이 직권을 남용하여'와 구별되는 별개의 범죄성립요건이다(대판 2010.1.28, 2008도7312).

관련 판례 결과발생이 없어 직권남용죄가 성립하지 않는 경우

1) 정보통신부장관이 **개인휴대통신 사업자선정**과 관련하여 서류심사는 완결된 상태에서 청문심사의 배점방식을 변경함으로써 직권을 남용하였다 하더라도, 이로 인하여 최종 사업권자로 선정되지 못한 경쟁업체가 가진 구체적인 권리의 현실적 행사가 방해되는 결과가 발생하지는 아니하였으므로 직권남용권리행사방해죄가 성립하지 않는다(대판 2006.2.9, 2003도4599).
2) 정보관계를 담당한 순경으로서 증거수집을 위하여 정당의 지구당집행위원회에서 쓸 회의장소에 몰래 도청기를 마련해 놓았다가 회의 전에 들켜 이를 뜯겨서 도청을 못하였다면 도청장치 때문에 회의가 예정보다 10분 늦어 시작되었다 하더라도 회의진행을 도청당하지 아니할 권리(기타 권리)가 침해된 현실적인 사실은 없다 하리니 직권남용죄의 기수로 논할 수 없다(대판 1978.10.10, 75도2665).
→ 미수범 처벌규정 ×, 직권남용죄 ×, 주거침입죄 ○

4 주관적 구성요건

○ 형법 제123조의 죄에 관한 주관적 구성요건으로서의 범의에는 권리행사를 방해한다는 인식 이외에 직권을 남용한다는 인식도 포함되는 것이므로 교도소에서 접견업무를 담당하던 교도관이 접견신청에 대하여 행형법 제18조 제2항 소정의 **"필요한 용무"가 있는 때에 해당하지 아니한다고 판단**하여 그 접견신청을 거부하였다면, 단지 접견신청거부행위의 위법성에 대한 인식이 없었던 것에 불과한 것이 아니라 애초부터 직권남용에 대한 범의 자체가 없어 위 범죄를 구성하지 아니한다(대결 1993.7.26, 92모29).

5 죄수

○ 형법상 직권남용권리행사방해죄는 **국가기능의 공정한 행사**라는 국가적 법익을 보호하는 데 주된 목적이 있고, 직권남용으로 인한 국가정보원법 위반죄도 마찬가지이다. 따라서 국가정보원 직원이 동일한 사안에 관한 일련의 직무집행 과정에서 단일하고 계속된 범의로 일정 기간 계속하여 저지른 직권남용행위에 대하여는 설령 그 상대방이 수인이라고 하더라도 포괄일죄가 성립할 수 있다(대판 2021.3.11, 2020도12583).

VI 불법체포 · 감금죄(직권남용체포 · 감금죄)

재판, 검찰, 경찰 기타 인신구속에 관한 직무를 행하는 자 또는 이를 보조하는 자가 그 직권을 남용하여 사람을 체포 또는 감금함으로써 성립하는 범죄이다(제124조).

관련 판례 불법체포 · 감금죄가 성립하는 경우

1) 집행관이 강제집행을 함에 있어서 채무자를 집행관실에 감금하고 거부불능케 한 후 몸을 수색하여 소지 중인 수표를 빼앗은 행위는 강제력 사용권의 범위를 일탈한 것이다(대판 1969.6.24, 68도1218).
→ 불법감금죄 성립 ○

2) 수사기관이 피의자를 수사하는 과정에서 **구속영장 없이** 피의자를 함부로 구금하여 피의자의 신체의 자유를 박탈하였다면 직권을 남용한 불법감금의 죄책을 면할 수 없고, 수사의 필요상 피의자를 임의동행한 경우에도 조사 후 귀가시키지 아니하고 그의 의사에 반하여 경찰서 조사실 또는 보호실 등에 계속 유치함으로써 신체의 자유를 속박하였다면 이는 구금에 해당한다(대결 1985.7.29, 85모16).

3) 설사 피해자가 경찰서 안에서 직장동료인 피의자들과 같이 식사도 하고 사무실 안팎을 내왕하였다 하여도 구속영장이 집행될 때까지 약 82시간 동안 피해자를 **경찰서 밖으로 나가지 못하도록** 그 신체의 자유를 제한하는 유형, 무형의 억압이 있었다면 이는 감금행위에 해당한다(대결 1991.12.30, 91모5).

4) 즉결심판 피의자의 **정당한 귀가요청을 거절**한 채 다음날 즉결심판법정이 열릴 때까지 피의자를 경찰서 보호실에 강제유치시키려고 함으로써 피의자를 경찰서 내 즉결피의자 대기실에 10~20분 동안 있게 한 행위는 형법 제124조 제1항의 불법감금죄에 해당한다(대판 1997.6.13, 97도877).

5) 감금죄는 **간접정범의 형태**로도 행하여질 수 있는 것이므로, 인신구속에 관한 직무를 행하는 자 또는 이를 보조하는 자가 피해자를 구속하기 위하여 진술조서 등을 허위로 작성한 후 이를 기록에 첨부하여 구속영장을 신청하고, 진술조서 등이 허위로 작성된 정을 모르는 검사와 영장전담판사를 기망하여 구속영장을 발부받은 후 그 영장에 의하여 피해자를 구금하였다면 제124조 제1항의 직권남용감금죄가 성립한다(대판 2006.5.25, 2003도3945).

6) 현행범인 체포의 요건을 갖추었는지에 관한 검사나 사법경찰관 등의 판단에는 상당한 재량의 여지가 있으나, 체포 당시 상황으로 보아도 요건 충족 여부에 관한 검사나 사법경찰관 등의 판단이 경험칙에 비추어 현저히 합리성을 잃은 경우 그 체포는 위법하다. 그리고 피고인이 **인신구속에 관한 직무를 집행하는 사법경찰관**으로서 체포 당시 상황을 고려하여 경험칙에 비추어 현저하게 합리성을 잃지 않은 채 판단하면 체포 요건이 충족되지 아니함을 충분히 알 수 있었는데도, 자신의 재량 범위를 벗어난다는 사실을 인식하고 그와 같은 결과를 용인한 채 사람을 체포하여 권리행사를 방해하였다면, **직권남용체포죄**와 **직권남용권리행사방해죄**가 성립한다(대판 2017.3.9, 2013도16162).
[사실관계] 20년 이상 인신구속에 관한 직무를 수행해 온 경찰관이 변호사인 피해자가 공소외 1에 대한 체포 절차의 문제점(현행범 체포요건을 갖추지 못한 점)을 지적하면서 접견을 요청하였음을 알고 있으면서, 접견을 요청하는 변호사를 공무집행방해의 현행범인으로 체포한 경우 직권남용체포죄와 직권남용권리행사방해죄가 성립한다.

VII 폭행 · 가혹행위죄

재판, 검찰, 경찰 그 밖에 인신구속에 관한 직무를 수행하는 자 또는 이를 보조하는 자가 그 직무를 수행하면서 형사피의자나 그 밖의 사람에 대하여 폭행 또는 가혹행위를 한 경우 성립하는 범죄이다(제125조).

VIII 선거방해죄

검찰, 경찰 또는 군의 직에 있는 공무원이 법령에 의한 선거에 관하여 선거인, 입후보자 또는 입후보자되려는 자에게 협박을 가하거나 기타 방법으로 선거의 자유를 방해함으로써 성립하는 범죄이다(제128조).

IX 뇌물죄 일반론

제129조【수뢰, 사전수뢰】
① 공무원 또는 중재인이 그 직무에 관하여 뇌물을 수수, 요구 또는 약속한 때에는 5년 이하의 징역 또는 10년 이하의 자격정지에 처한다.
② 공무원 또는 중재인이 될 자가 그 담당할 직무에 관하여 청탁을 받고 뇌물을 수수, 요구 또는 약속한 후 공무원 또는 중재인이 된 때에는 3년 이하의 징역 또는 7년 이하의 자격정지에 처한다.

제130조【제삼자뇌물제공】
공무원 또는 중재인이 그 직무에 관하여 부정한 청탁을 받고 제3자에게 뇌물을 공여하게 하거나 공여를 요구 또는 약속한 때에는 5년 이하의 징역 또는 10년 이하의 자격정지에 처한다.

제131조【수뢰 후 부정처사, 사후수뢰】
① 공무원 또는 중재인이 전2조의 죄를 범하여 부정한 행위를 한 때에는 1년 이상의 유기징역에 처한다.
② 공무원 또는 중재인이 그 직무상 부정한 행위를 한 후 뇌물을 수수, 요구 또는 약속하거나 제삼자에게 이를 공여하게 하거나 공여를 요구 또는 약속한 때에도 전항의 형과 같다.
③ 공무원 또는 중재인이었던 자가 그 재직 중에 청탁을 받고 직무상 부정한 행위를 한 후 뇌물을 수수, 요구 또는 약속한 때에는 5년 이하의 징역 또는 10년 이하의 자격정지에 처한다.
④ 전3항의 경우에는 10년 이하의 자격정지를 병과할 수 있다.

제132조【알선수뢰】
공무원이 그 지위를 이용하여 다른 공무원의 직무에 속한 사항의 알선에 관하여 뇌물을 수수, 요구 또는 약속한 때에는 3년 이하의 징역 또는 7년 이하의 자격정지에 처한다.

제133조【뇌물공여 등】
① 제129조부터 제132조까지에 기재한 뇌물을 약속, 공여 또는 공여의 의사를 표시한 자는 5년 이하의 징역 또는 2천만원 이하의 벌금에 처한다.
② 제1항의 행위에 제공할 목적으로 제3자에게 금품을 교부한 자 또는 그 사정을 알면서 금품을 교부받은 제3자도 제1항의 형에 처한다. [시행 2021.12.9.]

제134조【몰수, 추징】
범인 또는 사정을 아는 제3자가 받은 뇌물 또는 뇌물로 제공하려고 한 금품은 몰수한다. 이를 몰수할 수 없을 경우에는 그 가액을 추징한다. [시행 2021.12.9.]

1 의의 및 보호법익

뇌물죄란 공무원 또는 중재인이 직무행위의 대가로 이익을 취득하거나(수뢰죄) 공무원·중재인에게 이익을 제공하는 범죄이다(증뢰죄). 뇌물죄는 직무집행의 공정과 이에 대한 사회의 신뢰 및 직무행위의 불가매수성을 그 보호법익으로 하고 있다. 필요적 공범 중 대향범이다.

o 뇌물죄는 직무집행의 공정과 이에 대한 사회의 신뢰에 기하여 직무행위의 불가매수성을 그 직접의 보호법익으로 하고 있고, 직무에 관한 청탁이나 부정한 행위를 필요로 하지 아니하여 수수된 금품의 뇌물성을 인정하는 데 특별히 의무위반행위나 청탁의 유무 등을 고려할 필요가 없다(대판 2009.5.14, 2008도8852).

o 뇌물죄가 직무집행의 공정과 이에 대한 사회의 신뢰를 그 보호법익으로 하고 있음에 비추어 볼 때 공무원이 금원을 수수하는 것으로 인하여 **사회일반으로부터 직무집행의 공정성을 의심받게 되는지의 여부**도 하나의 판단 기준이 된다(대판 2001.9.18, 2000도5438).

2 구성요건의 체계

기본적 구성요건	수뢰죄
가중적 구성요건	수뢰 후 부정처사죄, 부정처사후수뢰죄
감경적 구성요건	사전수뢰죄
독립적 구성요건	제3자뇌물제공죄, 사후수뢰죄, 알선수뢰죄 증뢰죄, 증뢰물전달죄(제3자뇌물교부·취득죄)
미수범 처벌규정	×
예비·음모 처벌규정	×

Thema 정리 **뇌물죄의 구성요건체계**

기본적 구성요건	수뢰죄(제129조 제1항) : 현재 재직 中인 자에 한정	청탁 불요(현직)
감경적 구성요건	사전수뢰(제129조 제2항) : 재직 전(前) 수뢰 → 청탁+수뢰행위+공무원·중재인이 된 자 → 공무원·중재인이 될 자의 수뢰	청탁 ○
가중적 구성요건	수뢰 후 부정처사(제131조 제1항) : 수뢰 → 부정처사	
	부정처사 후 수뢰(제131조 제2항) : 부정처사 → 수뢰	
독립적 구성요건	사후수뢰(제131조 제3항) → 재직 중(中) 부정행위 → 퇴직 후(後) 수뢰 → 공무원·중재인이었던 자의 수뢰	청탁 ○
	제3자뇌물제공(제130조)	부정한 청탁 (∵ 제3자가 뇌물취득하므로) = 배임수재
	알선수뢰(제132조)	공무원만 주체 ○ ↔ 중재인: ×

	증뢰죄(제133조 제1항)	
	증뢰물전달(제133조 제2항) → 제3자뇌물 교부・취득	전달여부는 불문

✔ **행위태양** : 수뢰죄의 행위는 수수, 요구, 약속이고, 증뢰죄의 행위는 공여, 공여의사표시, 약속이다. 알선수뢰죄의 행위태양은 "알선행위+수뢰(수수, 요구, 약속)"이므로 수뢰죄와 행위태양과 동일하다.

3 뇌물의 개념 176)

뇌물이란 직무에 관한 불법한 대가로서의 일체의 부당한 이익을 말한다.

(1) 직무관련성

① 직무란 공무원 또는 중재인이 그 지위에 따라 담당하는 일체의 사무를 말한다. 법령에 정해진 경우는 물론 사실상 관장하는 직무행위 및 결정권자를 보좌하거나 영향을 줄 수 있는 직무행위도 포함된다.

> ○ 뇌물죄에 있어서의 직무라 함은 공무원이 법령상 관장하는 직무 그 자체뿐만 아니라 그 직무와 밀접한 관계가 있는 행위 또는 관례상이나 사실상 소관하는 직무행위 및 결정권자를 보좌하거나 영향을 줄 수 있는 직무행위도 포함된다(대판 1999.1.29, 98도3584).

② 법령상 공무원의 일반적 직무권한(추상적 직무권한)에 속하면 충분하고, 현재 구체적으로 담당하고 있을 것을 요하지 않는다. 따라서 과거에 담당하였거나 장래에 담당할 사무여도 무방하다.

> ○ 뇌물죄에서 말하는 '직무'에는 법령에 정하여진 직무뿐만 아니라 그와 관련 있는 직무, 과거에 담당하였거나 장래에 담당할 직무 외에 사무분장에 따라 현실적으로 담당하지 않는 직무라도 법령상 일반적인 직무권한에 속하는 직무 등 공무원이 그 직위에 따라 공무로 담당할 **일체의 직무**로서 **직무와 밀접한 관계가 있는 행위** 또는 **관례상**이나 **사실상 소관하는 직무행위**도 포함한다(**대판** 2000.1.28, 99도4022).
>
> [비교판례] 공무원이 **장래에 담당할 직무에 대한 대가로 이익을 수수한 경우**에도 뇌물수수죄가 성립할 수 있지만, 그 이익을 수수할 당시 장래에 담당할 직무에 속하는 사항이 그 수수한 이익과 관련된 것임을 확인할 수 없을 정도로 막연하고 추상적이거나, 장차 그 수수한 이익과 관련지을 만한 직무권한을 행사할지 자체를 알 수 없다면, 그 이익이 장래에 담당할 직무에 관하여 수수되었다거나 그 대가로 수수되었다고 단정하기 어렵다(대판 2017.12.22, 2017도12346).

③ 공무원이 그 직무의 대상이 되는 사람으로부터 금품 기타 이익을 받은 때에는, 사회상규에 비추어 의례상의 대가에 불과하거나 개인적 친분관계가 있어 교분상의 필요에 의한 것이라고 인정되는 등의 특별한 사정이 없는 한 직무와 관련이 없다고 볼 수 없으며, 공무원이 직무와 관련하여 금품을 수수하였다면 비록 사교적 의례의 형식을 빌려 금품을 주고받았다 하더라도 그 수수한 금품은 뇌물이 된다(대판 2008.11.27, 2006도8779 ; 대판 2001.10.12, 2001도3579).

---

176) 1992년・2001년 법원사무관승진시험

관련 판례 **직무관련성을 긍정한 경우**

1) 음주운전을 적발하여 단속에 관련된 제반 서류를 작성한 후 운전면허 취소업무를 담당하는 직원에게 이를 인계하는 업무를 담당하는 경찰관이 피단속자로부터 **운전면허가 취소되지 않도록 하여 달라**는 청탁을 받고 금원을 교부받은 경우, 뇌물수수죄가 성립한다(대판 1999.11.9, 99도2530).
2) 지방자치법 제42조 제1항의 규정에 의하면 지방의회는 의장을 의원들 간의 무기명투표로 선거하도록 되어 있으므로 **의장선거**에서의 투표권을 가지고 있는 군의원들이 이와 관련하여 금품 등을 수수할 경우 이는 군의원으로서의 직무와 관련된 것이라 할 것이므로 뇌물죄가 성립한다(대판 2002.5.10, 2000도2251).
3) 교통계에 근무하는 경찰관이 **도박장개설 및 도박범행을 묵인**하고 편의를 봐주는 데 대한 사례비 명목으로 금품을 수수하고, 나아가 도박장개설 및 도박범행사실을 잘 알면서도 이를 단속하지 아니하였다(대판 2003.6.13, 2003도1060). → 수뢰 후 부정처사죄 ○
4) 경찰관이 재건축조합 직무대행자에 대한 **진정사건**을 **수사**하면서 진정인 측에 의하여 재건축 설계업체로 선정되기를 희망하던 건축사사무소 대표로부터 금원을 수수한 경우, 금원의 수수와 경찰공무원의 직무인 진정사건 수사와의 관련성을 배척할 수 없다(대판 2007.4.27, 2005도4204).
5) 정치자금의 기부행위는 정치활동에 대한 재정적 지원행위이고, 뇌물은 공무원의 직무행위에 대한 위법한 대가로서 양자는 별개의 개념이므로, 금품이 **정치자금의 명목**으로 수수되었고 또한 당시 시행되던 구 정치자금에 관한 법률에 정한 절차를 밟았다 할지라도, 정치인의 정치활동 전반에 대한 지원의 성격을 갖는 것이 아니라 공무원으로서의 **정치인의 특정한 구체적 직무행위와 관련**하여 제공자에게 유리한 행위를 기대하거나 혹은 그에 대한 사례로서 이루어짐으로써 정치인인 공무원의 직무행위에 대한 대가로서의 실체를 가진다면 뇌물성이 인정된다(대판 2008.6.12, 2006도8568).
6) 국회의원이 그 직무권한의 행사로서의 의정활동과 전체적·포괄적으로 대가관계가 있는 금원을 교부받았다면 그 금원의 수수가 어느 직무행위와 대가관계에 있는 것인지 특정할 수 없다고 하더라도 이는 국회의원의 직무에 관련된 것으로 보아야 하고, 한편 국회의원이 다른 의원의 직무행위에 관여하는 것이 국회의원의 직무행위 자체라고 할 수는 없으나, 국회의원이 자신의 직무권한인 의안의 심의·표결권 행사의 연장선상에서 일정한 의안에 관하여 **다른 동료의원에게 작용하여 일정한 의정활동을 하도록 권유·설득하는 행위** 역시 국회의원이 가지고 있는 위 직무권한의 행사와 밀접한 관계가 있는 행위로서 그와 관련하여 금원을 수수하는 경우에도 뇌물수수죄가 성립한다(대판 1997.12.26, 97도2609).

관련 판례 **직무관련성을 부정한 경우**

1) **법원의 참여주사**가 공판에 참여하여 양형에 관한 사항의 심리내용을 공판조서에 기재한다고 하더라도 이를 가지고 형사사건의 양형이 참여주사의 직무와 밀접한 관계가 있는 사무라고는 할 수 없으므로 참여주사가 **형량을 감경케하여 달라**는 청탁과 함께 금품을 수수하였다고 하더라도 뇌물수수죄의 주체가 될 수 없다(대판 1980.10.14, 80도1373).
2) 경찰청 정보과 근무 **경찰관**의 직무와 중소기업협동조합중앙회장의 **외국인산업연수생에 대한 국내 관리업체 선정업무**는 직무관련성이 없다(대판 1999.6.11, 99도275).

3) **[중국국적선박 운항허가사건]** 구 해양수산부 **해운정책과 소속 공무원**인 피고인이 甲 해운회사의 대표이사 등에게서 중국의 선박운항허가 담당부서가 관장하는 **중국 국적선사의 선박에 대한 운항허가**를 받을 수 있도록 노력해 달라는 부탁을 받고 돈을 받은 경우, 관련 규정에 의하면 해운정책과 업무에는 대한민국 국적선사의 선박에 관한 것만 포함되어 있을 뿐 외국 국적선사의 선박에 대한 행정처분에 관한 것은 포함되어 있지 않고, 또한 외국 국적선사의 선박에 대한 구체적인 행정처분은, 해운정책과 소속 공무원에게 이를 좌우할 수 있는 어떠한 영향력이 있다고 할 수도 없어 해운정책과 소속 공무원의 직무와 밀접한 관계에 있는 행위라거나 또는 그가 관여하는 행위에 해당한다고 볼 수 없으므로, 직무관련성이 없어 뇌물수수죄가 성립하지 않는다(대판 2011.5.26, 2009도2453).

4) **교과서의 내용검토 및 개편수정**은 발행자나 저작자의 책임에 속하는 것이고 이를 **문교부 편수국 공무원**인 피고인들의 직무에 속한다고 할 수 없으므로 피고인들이 교과서의 내용검토 및 개편수정작업을 의뢰받고 그에 소요되는 비용을 받았다 하더라도 이를 직무에 관한 뇌물로써 부정하게 수수한 것이라고 볼 수 없다(대판 1979.5.22, 78도296).

5) 해양수산부가 지정 고시한 어업손실액 조사기관인 국립대학교 부설 연구소(국립대학교 부설 연구소 아닌 사립대학교 부설 연구소도 조사기관으로 지정되어 있다)가 국가를 당사자로 하는 계약에 관한 법률에 근거하지 아니하고 국가와는 별개의 지위에서 연구소라는 단체의 명의로 체결한 **어업피해조사용역계약**상의 과업 내용에 의하여 **국립대학교 교수**가 위 연구소 소속 연구원으로서 수행하는 조사용역업무는 교육공무원의 직무 또는 그와 밀접한 관계가 있거나 그와 관련된 행위에 해당한다고 볼 수 없다(대판 2002.5.31, 2001도670).

(2) 대가관계

① 뇌물은 직무에 관한 부당한 이익이므로 뇌물과 직무행위 사이에는 급부와 반대급부의 대가관계가 있어야 한다.

② 대가관계는 특정한 직무에 대한 것이 필요가 없고 전체적으로 포괄적 대가관계가 있으면 된다.

ㅇ 뇌물죄는 직무집행의 공정과 이에 대한 사회의 신뢰 및 직무행위의 불가매수성을 그 보호법익으로 하고 있고, 직무에 관한 청탁이나 부정한 행위를 필요로 하는 것은 아니기 때문에 수수된 금품의 뇌물성을 인정하는 데 특별한 청탁이 있어야만 하는 것은 아니고, 또한 금품이 직무에 관하여 수수된 것으로 족하고 개개의 직무행위와 대가적 관계에 있을 필요는 없으며, 그 직무행위가 특정된 것일 필요도 없다(대판 2000.1.21, 99도4940).

③ 직무에 대한 대가로서의 성질과 직무 외의 행위에 대한 사례로서의 성질이 불가분적으로 결합된 경우 그 전부에 대하여 대가관계가 인정된다.

ㅇ 공무원이 수수·요구 또는 약속한 금품에 그 직무행위에 대한 대가로서의 성질과 직무 외의 행위에 대한 사례로서의 성질이 **불가분적으로 결합되어 있는 경우**에는, 그 수수·요구 또는 약속한 금품 전부가 불가분적으로 직무행위에 대한 대가로서의 성질을 가진다. 또한 정치자금·선거자금 등의 명목으로 이루어진 금품의 수수라 하더라도 그것이 정치인인 공무원의 직무행위에 대한 대가로서의 실체를 가지는 한 뇌물로서의 성격을 잃지 아니하고, 설령 수수된 금품 중 순수한 정치자금의

성격이 일부 포함되어 있는 경우가 있다고 하더라도 이를 뇌물로 보는 데에는 지장이 없으며, / 다만 그 금품의 수수가 수회에 걸쳐 이루어졌고 각 수수 행위별로 직무관련성 유무를 달리 볼 여지가 있는 경우에는 그 행위마다 직무와의 관련성 여부를 가릴 필요가 있을 뿐이다(대판 2012.1.12, 2011도12642).

④ 사교적 의례에 속하는 선물이라도 대가관계가 인정되는 경우 뇌물이 된다.

○ 공무원의 직무와 관련하여 금품을 수수하였다면 그 수수한 금품은 뇌물이 되는 것이고, 그것이 **사교적 의례의 형식**을 사용하고 있다 하여도 직무행위의 대가로서의 의미를 가질 때에는 뇌물이 된다(대판 1999.1.29, 98도3584).

관련 판례 **대가관계가 인정된 경우**

1) **국회의원**이 특정 협회로부터 요청받은 자료를 제공하고 그 대가로서 후원금 명목으로 금원을 교부받은 경우, 직무관련성이 있어 뇌물죄가 성립한다(대판 2009.5.14, 2008도8852).
∵ 포괄적 대가관계가 인정되므로

2) **정치자금의 기부행위**는 정치활동에 대한 재정적 지원행위이고, **뇌물**은 공무원의 직무행위에 대한 위법한 대가로서, 양자는 별개의 개념이다. 정치자금의 명목으로 금품을 주고받았고 정치자금법에 정한 절차를 밟았다고 할지라도, 정치인의 정치활동 전반에 대한 지원의 성격을 갖는 것이 아니라 공무원인 정치인의 특정한 구체적 직무행위와 관련하여 금품 제공자에게 유리한 행위를 기대하거나 또는 그에 대한 사례로서 금품을 제공함으로써 정치인인 공무원의 직무행위에 대한 대가로서의 실체를 가진다면 뇌물성이 인정된다. 이때 금품 제공의 뇌물성을 판단할 때 상대방의 지위와 직무권한, 금품 제공자와 상대방의 종래 교제상황, 금품 제공자가 평소 기부를 하였는지와 기부의 시기 · 상대방 · 금액 · 빈도, 제공한 금품의 액수, 금품 제공의 동기와 경위 등을 종합적으로 고려하여야 한다(대판 2017.3.22, 2016도21536).

(3) 부정한 이익

① 뇌물의 내용인 이익이라 함은 금전, 물품 기타의 재산적 이익뿐만 아니라 사람의 수요 · 욕망을 충족시키기에 족한 일체의 유형 · 무형의 이익을 포함한다. 예 향응, 성행위 등

② 뇌물은 직무에 관한 부당한 이익이어야 하므로 법령이나 사회통념상 인정될 수 있는 정당한 대가는 뇌물이 아니다. 그러나 반드시 사리사욕을 추구하여야만 뇌물이 되는 것은 아니다.

○ 공무원이 얻은 어떤 이익이 직무와 대가관계가 있는 부당한 이익으로서 뇌물에 해당하는지 여부는 그 공무원의 직무내용, 직무와 이익제공자와의 관계, 쌍방 간에 특수한 사적친분관계가 존재하는지 여부, 이익의 다과, 이익을 수수한 경위와 시기 등 모든 사정을 참작하여 결정되어야 하고, 뇌물죄가 직무집행의 공정과 이에 대한 사회의 신뢰를 그 보호법익으로 하고 있음에 비추어 공무원이 그 이익을 수수하는 것으로 인하여 사회일반으로부터 직무집행의 공정성을 의심받게 되는지 여부도 뇌물죄 성부의 판단 기준이 되어야 한다(대판 2000.6.15, 98도3697 全合).

관련 판례 **뇌물성이 인정되는 경우**

1) 뇌물죄에서 뇌물의 내용인 이익이라 함은 금전, 물품 기타의 재산적 이익뿐만 아니라 사람의 수요 욕망을 충족시키기에 족한 일체의 유형, 무형의 이익을 포함한다고 해석되고, **투기적 사업에 참여할 기회를 얻는 것**도 이에 해당한다(대판 2002.5.10, 2000도2251).
   → 공무원이 뇌물로 투기적 사업에 참여할 기회를 제공받은 경우, 뇌물수수죄의 기수 시기는 투기적 사업에 참여하는 행위가 종료된 때로 보아야 하며, / 그 행위가 종료된 후 경제사정의 변동 등으로 인하여 당초의 예상과는 달리 그 사업 참여로 인한 아무런 이득을 얻지 못한 경우라도 뇌물수수죄의 성립에는 아무런 영향이 없다.

2) 뇌물죄에서 뇌물의 내용인 이익이라 함은 금전, 물품 기타의 재산적 이익뿐만 아니라 사람의 수요・욕망을 충족시키기에 족한 일체의 유형・무형의 이익을 포함하며, 제공된 것이 **성적 욕구의 충족**이라고 하여 달리 볼 것이 아니다(대판 2014.1.29, 2013도13937).
   [사실관계] **유사성행위 및 성교행위**가 뇌물이라고 본 사례

3) 뇌물로 공여된 당좌수표가 **수수 후 부도가 되었다 하더라도** 뇌물죄의 성립에는 아무런 소장이 없다(대판 1983.2.22, 82도2964).

4) 자동차를 뇌물로 제공한 경우 자동차등록원부에 뇌물수수자가 그 **소유자로 등록되지 않았다고 하더라도** 자동차의 사실상 소유자로서 자동차에 대한 실질적인 사용 및 처분권한이 있다면 자동차 자체를 뇌물로 취득한 것으로 보아야 한다(대판 2006.4.27, 2006도735).

5) 뇌물죄에 있어서 금품을 수수한 장소가 공개된 공사현장이었고 금품을 수수한 공무원이 이를 공사현장 인부들의 식대 또는 동 공사의 홍보비 등으로 소비하였을 뿐 자신의 **사리를 취한 바 없다 하더라도** 그 뇌물성이 부인되지 않는다(대판 1985.5.14, 83도2050).
   [동지판례] 뇌물죄에 있어서 금품을 수수한 장소가 공개된 장소이고, 금품을 수수한 공무원이 이를 **부하직원들을 위하여 소비**하였을 뿐 자신의 사리를 취한 바 없다 하더라도 그 뇌물성이 부인되지 않는다(대판 1996.6.14, 96도865).

관련 판례 **뇌물성이 인정되지 않는 경우**

수의계약을 체결하는 공무원이 공사업자와 계약금액을 부풀려서 계약하고 **부풀린 금액**을 자신이 되돌려 받기로 사전에 약정한 다음 그에 따라 수수한 돈은 성격상 뇌물이 아니고 횡령금에 해당한다(대판 2007.10.12, 2005도7112). → 뇌물 ×, 횡령금 ○
[동지판례] 타인을 위하여 금전 등을 보관・관리하는 자가 개인적 용도로 사용할 자금을 마련하기 위하여, 적정한 금액보다 과다하게 부풀린 금액으로 공사계약을 체결하기로 공사업자 등과 사전에 약정하고 그에 따라 과다지급된 공사대금 중의 일부를 공사업자로부터 되돌려받는 행위는 그 타인에 대한 관계에서 횡령에 해당한다(대판 2007.10.12, 2005도7112 ; 대판 2010.5.27, 2010도3399).
→ 배임수재 ×, 횡령금 ○

4 뇌물의 몰수・추징

(1) 필요적 몰수・추징

범인 또는 사정을 아는 제3자가 받은 뇌물 또는 뇌물로 제공하려고 한 금품은 몰수한다. 이를 몰수할 수 없을 경우에는 그 가액을 추징한다(제134조).

(2) 몰수·추징의 대상

수수한 뇌물, 제공(공여)하였지만 수수하지 않은 뇌물, 공여를 약속한 뇌물이다. 다만 뇌물에 공할 물건이 특정되지 않으면 몰수할 수 없고, 추징도 할 수 없다.

ㅇ 몰수는 특정된 물건에 대한 것이고 추징은 본래 몰수할 수 있었음을 전제로 하는 것임에 비추어 뇌물에 공할 금품이 특정되지 않았던 것은 몰수할 수 없고 그 가액을 추징할 수도 없다(대판 1996.5.8, 96도221).
[사실관계] 甲이 乙과 공모하여 A에게 **승용차대금 명목**으로 금 14,000,000원을 뇌물로 제공하기로 약속하였다 하더라도 뇌물로 약속된 위 승용차대금 명목의 금품은 특정되지 않아 이를 몰수할 수 없었으므로 그 가액을 추징할 수 없는 것이다.

ㅇ 피고인이 공소외 1에게 **돈을 빌려달라고 요구**하였으나 공소외 1이 이를 즉각 **거부**하여 공소외 1이 피고인에게 뇌물로 제공한 금품이 특정되지 않아 이를 몰수할 수 없으므로 그 가액을 추징할 수도 없다(대판 2015.10.29, 2015도12838).

(3) 몰수·추징의 상대방

① 뇌물을 현재 보유하고 있는 자로부터 몰수한다.

ㅇ 수뢰자가 뇌물을 **그대로** 보관하였다가 증뢰자에게 **반환한 때**에는 증뢰자로부터 몰수·추징할 것이므로 수뢰자로부터 추징함은 위법하다(대판 1984.2.28, 83도2783).

② 뇌물을 소비한 경우 소비자로부터 추징한다. 예 은행에 예치한 경우

ㅇ 피고인들이 뇌물로 받은 돈을 그 후 다른 사람에게 다시 뇌물로 공여하였다 하더라도 그 수뢰의 주체는 어디까지나 피고인들이고 그 수뢰한 돈을 다른 사람에게 공여한 것은 수뢰한 돈을 소비하는 방법에 지나지 아니하므로 피고인들로부터 그 수뢰액 전부를 각 추징하여야 한다(대판 1986.11.25, 86도1951).

ㅇ 뇌물로 받은 돈을 은행에 **예금**한 경우 그 예금행위는 **뇌물의 처분행위**에 해당하므로 그 후 수뢰자가 같은 액수의 돈을 증뢰자에게 반환하였다 하더라도 이를 뇌물 그 자체의 반환으로 볼 수 없으니 이러한 경우에는 수뢰자로부터 그 가액을 추징하여야 한다(대판 1996.10.25, 96도2022).

ㅇ 수뢰자가 자기앞수표를 뇌물로 받아 이를 **소비한 후** 자기앞수표 상당액을 증뢰자에게 **반환**하였다 하더라도 뇌물 그 자체를 반환한 것은 아니므로 이를 몰수할 수 없고 수뢰자로부터 그 가액을 추징하여야 할 것이다(대판 1999.1.29, 98도3584).

(4) 몰수·추징의 방법

① 여러 사람이 공동으로 뇌물을 수수한 경우 각자 실제로 분배받은 금품만 몰수·추징하고, 수수금품을 알 수 없을 때는 평등하게 추징한다.

ㅇ **여러 사람이 공동으로 뇌물을 수수한 경우** 그 가액을 추징하려면 실제로 분배받은 금품만을 개별적으로 추징하여야 하고 수수금품을 개별적으로 알 수 없을 때에는 평등하게 추징하여야 하며 공동정범뿐 아니라 교사범 또는 종범도 뇌물의 공동수수자에 해당할 수 있으나, (공동정범이 아닌

교사범 또는 종범의 경우에는 정범과의 관계, 범행 가담 경위 및 정도, 뇌물 분배에 관한 사전약정의 존재 여부, 뇌물공여자의 의사, 종범 또는 교사범이 취득한 금품이 전체 뇌물수수액에서 차지하는 비중 등을 고려하여 공동수수자에 해당하는지를 판단하여야 한다.) 그리고 뇌물을 수수한 자가 **공동수수자가 아닌 교사범 또는 종범**에게 뇌물 중 일부를 **사례금 등의 명목**으로 교부하였다면 이는 뇌물을 수수하는 데 따르는 부수적 비용의 지출 또는 뇌물의 소비행위에 지나지 아니하므로, 뇌물수수자에게서 수뢰액 전부를 추징하여야 한다(대판 2011.11.24, 2011도9585).

② 뇌물 중의 일부를 받은 취지에 따라 관계 공무원에게 뇌물로 공여한 경우 이를 제외한다.
↔ 독지적 판단에 따라 관계 공무원에게 뇌물로 공여한 경우 : 소비 → 제외 ×

○ 형법 제134조의 규정에 의한 필요적 몰수 또는 추징은, 범인이 취득한 당해 재산을 범인으로부터 박탈하여 범인으로 하여금 부정한 이익을 보유하지 못하게 함에 그 목적이 있는 것으로서, 공무원의 직무에 속한 사항의 알선에 관하여 금품을 받고 그 **금품 중의 일부를 받은 취지에 따라** 청탁과 관련하여 **관계 공무원에게 뇌물로 공여하거나 다른 알선행위자에게 청탁의 명목으로 교부한 경우**에는 그 부분의 이익은 실질적으로 범인에게 귀속된 것이 아니어서 이를 제외한 나머지 금품만을 몰수하거나 그 가액을 추징하여야 한다(대판 2002.6.14, 2002도1283).

③ 뇌물을 받는 과정에 비용이나 대가를 지급하였어도 이는 뇌물에서 공제하지 않는다.

○ 공무원이 뇌물을 받음에 있어서 그 취득을 위하여 상대방에게 뇌물의 가액에 상당하는 금원의 일부를 **비용**의 명목으로 출연하거나 그 밖에 경제적 이익을 제공하였다 하더라도, 이는 뇌물을 받는 데 지출한 부수적 비용에 불과하다고 보아야 할 것이지, 이로 인하여 공무원이 받은 뇌물이 그 뇌물의 가액에서 위와 같은 지출액을 공제한 나머지 가액에 상당한 이익에 한정되는 것이라고 볼 수는 없으므로, 그 공무원으로부터 뇌물죄로 얻은 이익을 몰수·추징함에 있어서는 그 **받은 뇌물 자체**를 몰수하여야 하고, 그 뇌물의 가액에서 위와 같은 지출을 공제한 나머지 가액에 상당한 이익만을 몰수·추징할 것은 아니다(대판 1999.10.8, 99도1638).

○ 공무원이 뇌물을 받는 데에 필요한 경비를 지출한 경우 그 경비는 뇌물수수의 부수적 비용에 불과하여 뇌물의 가액과 추징액에서 공제할 항목에 해당하지 않는다. 뇌물을 받는 주체가 아닌 자가 **수고비**로 받은 부분이나 **뇌물을 받기 위하여 형식적으로 체결된 용역계약에 따른 비용으로 사용된 부분**은 뇌물수수의 부수적 비용에 지나지 않는다(대판 2017.3.22, 2016도21536).
→ 뇌물수수자로부터 수뢰액 전부 추징

④ 몰수가 불가능한 경우 추징하고, 추징가액산정의 기준시기는 판결선고시이다.

○ 몰수의 취지가 범죄에 의한 이득의 박탈을 그 목적으로 하는 것이고 추징도 이러한 몰수의 취지를 관철하기 위한 것이라는 점을 고려하면 몰수하기 불능한 때에 추징하여야 할 가액은 범인이 그 물건을 보유하고 있다가 몰수의 선고를 받았더라면 잃었을 이득상당액을 의미한다고 보아야 할 것이므로 그 가액산정은 **재판선고시의 가격**을 기준으로 하여야 할 것이다(대판 1991.5.28, 91도352).

관련 판례 **몰수 · 추징 관련 판결들**

1) 피고인이 증뢰자와 함께 향응을 하고 증뢰자가 이에 소요되는 금원을 지출한 경우 이에 관한 피고인의 수뢰액을 인정함에 있어서는 먼저 피고인의 접대에 요한 비용과 증뢰자가 소비한 비용을 가려내어 전자의 수액을 가지고 피고인의 수뢰액으로 하여야 하고 만일 각자에 요한 비용액이 불명일 때에는 이를 평등하게 분할한 액을 가지고 피고인의 수뢰액으로 인정하여야 할 것이고, 피고인이 향응을 제공받는 자리에 피고인 스스로 제3자를 초대하여 함께 접대를 받은 경우에는, 그 제3자가 피고인과는 별도의 지위에서 접대를 받는 공무원이라는 등의 특별한 사정이 없는 한 그 **제3자의 접대에 요한 비용**도 피고인의 접대에 요한 비용에 포함시켜 피고인의 수뢰액으로 보아야 한다(대판 2001.10.12, 99도5294).

2) **[금전무이자차용 금융이익뇌물사건]** **금품의 무상차용**을 통하여 위법한 재산상 이익을 취득한 경우 범인이 받은 부정한 이익은 그로 인한 금융이익 상당액이므로 추징의 대상이 되는 것은 무상으로 대여받은 금품 그 자체가 아니라 위 **금융이익 상당액**이다(대판 2008.9.25, 2008도2590).
[동지판례] 공소시효는 범죄행위를 종료한 때로부터 진행하는 것인데(형사소송법 제252조 제1항), 공무원이 그 직무에 관하여 금전을 무이자로 차용한 경우에는 그 차용 당시에 **금융이익 상당의 뇌물**을 수수한 것으로 보아야 하므로, 그 공소시효는 금전을 무이자로 차용한 때로부터 기산한다(대판 2012.2.23, 2011도7282).

3) 추징의 대상이 되는 금융이익 상당액은 객관적으로 산정되어야 할 것인데, 범인이 금융기관으로부터 대출받는 등 통상적인 방법으로 자금을 차용하였을 경우 부담하게 될 대출이율을 기준으로 하거나 그 대출이율을 알 수 없는 경우에는 금품을 제공받은 피고인의 지위에 따라 민법 또는 상법에서 규정하고 있는 **법정이율**을 기준으로 하여, 변제기나 지연손해금에 관한 약정이 가장되어 무효라고 볼 만한 사정이 없는 한 **금품수수일로부터 약정된 변제기까지** 금품을 무이자로 차용하여 얻은 금융이익의 수액을 산정한 뒤 이를 추징하여야 한다. / 나아가 그와 같이 **약정된 변제기가 없는 경우**에는, 판결 선고일 전에 실제로 차용금을 변제하였다거나 대여자의 변제 요구에 의하여 변제기가 도래하였다는 등의 특별한 사정이 없는 한, **금품수수일로부터 판결 선고시까지** 금품을 무이자로 차용하여 얻은 금융이익의 수액을 산정한 뒤 이를 추징하여야 할 것이다(대판 2014.5.16, 2014도1547).

X 수뢰죄

1 의의

공무원 또는 중재인이 그 직무에 관하여 뇌물을 수수, 요구 또는 약속함으로써 성립하는 범죄이다(제129조 제1항).

2 주체

(1) 공무원 또는 중재인이다(진정신분범). 중재인이란 법령에 의하여 중재의 직무를 담당하는 자를 말한다. 예 중재법에 의한 중재인 등

○ 형법 제129조에서의 공무원이라 함은 법령의 근거에 기하여 국가 또는 지방자치단체 및 이에 준하는 공법인의 사무에 종사하는 자로서 그 노무의 내용이 단순한 기계적 육체적인 것에 한정되어 있지 않은 자를 말한다(대판 2002.11.22, 2000도4593).
[사실관계] 중앙약사심의위원회 소분과위원은 형법상 뇌물죄의 주체로서 공무원에 해당한다.

(2) 현재 공무원 또는 중재인의 직에 있는 자만이 주체가 된다.

○ 뇌물수수죄는 공무원 또는 중재인이 그 직무에 관하여 뇌물을 수수한 때에 성립하는 것이어서 그 주체는 현재 공무원 또는 중재인의 직에 있는 자에 한정되므로, 공무원이 직무와 관련하여 **뇌물수수를 약속하고 퇴직 후 이를 수수하는 경우**에는, 뇌물약속과 뇌물수수가 시간적으로 근접하여 연속되어 있다고 하더라도, 뇌물약속죄 및 사후수뢰죄가 성립할 수 있음은 별론으로 하고, 뇌물수수죄는 성립하지 않는다(대판 2008.2.1, 2007도5190).

○ 국가공무원이 지방자치단체의 업무에 관하여 전문가로서 위원 위촉을 받아 한시적으로 직무를 수행하는 경우와 같이 공무원이 그 고유의 직무와 관련이 없는 일에 관하여 별도의 위촉절차 등을 거쳐 다른 직무를 수행하게 된 경우에는 그 **위촉**이 **종료**되면 그 위원 등으로서 새로 보유하였던 공무원 지위는 소멸한다고 보아야 하므로, 그 이후에 종전에 위촉받아 수행한 직무에 관하여 금품을 수수하더라도 이는 사후수뢰죄에 해당할 수 있음은 별론으로 하고 일반 수뢰죄로 처벌할 수는 없다(대판 2013.11.28, 2013도10011).

관련 판례 **뇌물죄의 주체에 해당하는 경우**

1) 법령에 기한 임명권자에 의하여 임용되어 공무에 종사하여 온 사람이 나중에 그가 임용결격자이었음이 밝혀져 당초의 **임용행위**가 **무효**라고 하더라도, 그가 임용행위라는 외관을 갖추어 실제로 공무를 수행한 이상 공무 수행의 공정과 그에 대한 사회의 신뢰 및 직무행위의 불가매수성은 여전히 보호되어야 한다. 따라서 이러한 사람은 제129조에서 규정한 공무원으로 봄이 타당하고, 그가 그 직무에 관하여 뇌물을 수수한 때에는 수뢰죄로 처벌할 수 있다(대판 2014.3.27, 2013도11357).
   ∵ 직무수행의 공정과 그에 대한 사회의 신뢰 및 직무행위의 불가매수성은 여전히 보호되어야 하므로
2) 정비사업조합의 임원이 **조합 임원의 지위를 상실한 경우**나 직무수행권을 상실한 경우, 그 조합 임원이 그 후에도 조합의 법인 등기부에 임원으로 등기되어 있는 상태에서 계속하여 실질적으로 조합 임원으로서의 직무를 수행하여 왔다면 직무수행의 공정과 그에 대한 사회의 신뢰 및 직무행위의 불가매수성은 여전히 보호되어야 한다. 따라서 그 조합 임원은 임원의 지위 상실이나 직무수행권의 상실에도 불구하고 도시정비법 제84조에 따라 제129조 내지 제132조의 적용에서 공무원으로 보아야 한다(대판 2016.1.14, 2015도15798).
3) 한국토지개발공사 **간부**가 수급인에 대하여 하도급업체의 선정을 알선하고 하도급업체로부터 금원을 수수한 경우, 수뢰죄가 성립한다(대판 1998.2.27, 96도582).

관련 판례 **뇌물죄의 주체에 해당하지 않는 경우**

1) **집행관사무소의 사무원**이 집행관을 보조하여 담당하는 사무의 성질이 국가의 사무에 준하는 측면이 있다는 사정만으로는 제129조 내지 제132조 및 구 변호사법 제111조에서 정한 '공무원'에 해당한다고 보기 어렵다(대판 2011.3.10, 2010도14394).
2) 서울특별시 후생복지심의위원회 위원장에 의해 서울시청 구내식당 소속 **시간제 종사원**으로 고용된 자는 뇌물수수죄의 주체인 '공무원'에 해당하지 않는다(대판 2012.8.23, 2011도12639).

3 객체 _ 뇌물

4 행위 _ 수수 · 요구 · 약속

(1) 수수

수수란 뇌물을 취득하는 것, 즉 영득의 의사로 금품을 수수하는 것을 말한다. 따라서 영득의 의사가 없으면 수수가 될 수 없다. 예 반환할 의사

Part 03

o [기업 대표 등의 뇌물 공여 등 사건][177] 뇌물수수에서 말하는 **'수수'**란 받는 것, 즉 뇌물을 취득하는 것이고, 뇌물공여에서 말하는 '공여'란 뇌물을 취득하게 하는 것이다. 여기에서 **취득**이란 뇌물에 대한 사실상의 처분권을 획득하는 것을 의미하고, 뇌물인 물건의 법률상 소유권까지 취득하여야 하는 것은 아니다. 뇌물수수자가 법률상 소유권 취득의 요건을 갖추지는 않았더라도 뇌물로 제공된 물건에 대한 점유를 취득하고 뇌물공여자 또는 법률상 소유자로부터 반환을 요구받지 않는 관계에 이른 경우에는 그 물건에 대한 실질적인 사용 · 처분권한을 갖게 되어 그 물건 자체를 뇌물로 받은 것으로 보아야 한다(대판 2019.8.29, 2018도2738 全合).

관련 판례 영득의사가 인정된 경우

1) 피고인이 **먼저 뇌물을 요구**하여 증뢰자가 제공하는 돈을 받았다면 피고인에게는 받은 돈 전부에 대한 영득의 의사가 인정된다고 하지 않을 수 없고, 이처럼 영득의 의사로 뇌물을 수령한 이상 그 액수가 피고인이 예상한 것보다 너무 많은 액수여서 후에 이를 반환하였다고 하더라도 뇌물죄의 성립에는 영향이 없다(대판 2007.3.29, 2006도9182).
2) 일단 영득의 의사로 뇌물을 수수하였지만 그 액수가 너무 많아서 나중에 반환할 의사로 보관하였다 하더라도 뇌물죄의 성립에는 영향이 없다(대판 1992.2.28, 91도3364).
3) 뇌물을 수수한다는 것은 영득의 의사로 금품을 수수하는 것을 말하므로, 뇌물인지 모르고 이를 수수하였다가 뇌물임을 알고 즉시 반환하거나, 증뢰자가 일방적으로 뇌물을 두고 가므로 후일 기회를 보아 **반환할 의사**로 어쩔 수 없이 일시 보관하다가 반환하는 등 그 영득의 의사가 없었다고 인정되는 경우라면 뇌물을 수수하였다고 할 수 없겠지만, / 일단 피고인이 **영득의 의사**로 뇌물을 수령한 이상 후에 이를 반환하였다고 하더라도 뇌물죄의 성립에는 영향이 없다(대판 2012.8.23, 2010도6504).
[동지판례] 뇌물을 받는다는 것은 영득의 의사로 금품을 받는 것을 말하므로, 뇌물인지 모르고 받았다가 뇌물임을 알고 즉시 반환하거나 또는 증뢰자가 일방적으로 뇌물을 두고 가므로 나중에 기회를 보아 반환할 의사로 어쩔 수 없이 일시 보관하다가 반환하는 등 영득의 의사가 없었다고 인정되는 경우라면 뇌물을 받았다고 할 수 없다. / 그러나 피고인이 먼저 뇌물을 요구하여 증뢰자로부터 돈을 받았다면 피고인에게는 받은 돈 전부에 대한 영득의 의사가 인정된다(대판 2017.3.22, 2016도21536).

관련 판례 영득의사가 부정된 경우

1) 뇌물을 수수한다는 것은 영득의 의사로 받는 것을 말하고 후일 기회를 보아서 **반환할 의사**로서 일단 받아둔 데 불과하다면 뇌물의 수수라고 할 수 없다(대판 1989.7.25, 89도126).

177) 2022년 변호사시험

2) **불우이웃돕기 성금이나 연극제에 전달할 의사**로 금원을 받은 것에 불과하고 영득할 의사로 수수하였다고 보기는 어렵다는 이유로, 뇌물수수의 점에 대해 무죄를 인정하였다(대판 2010.4.15, 2009도11146).

3) 피고인이 택시를 타고 떠나려는 순간 뒤쫓아 와서 돈뭉치를 창문으로 던져 넣고 가버려 의족을 한 불구의 몸인 피고인으로서는 도저히 뒤따라가 돌려줄 방법이 없어 부득이 그대로 귀가하였다가 다음날 바로 다른 사람을 시켜 이를 반환한 경우 피고인에게는 뇌물을 수수할 의사가 있었다고는 볼 수 없다(대판 1979.7.10, 79도1124).

(2) 요구

요구란 취득의사로 상대방에게 뇌물의 공여를 청구하는 것이다.

(3) 약속

① 약속이란 양 당사자의 뇌물수수의 합의를 말한다.

> ○ 형법 제129조의 구성요건인 뇌물의 '약속'은 양 당사자의 뇌물수수의 합의를 말하고, 여기에서 '합의'란 그 방법에 아무런 제한이 없고 명시적일 필요도 없지만, 장래 공무원의 직무와 관련하여 뇌물을 주고 받겠다는 양 당사자의 의사표시가 확정적으로 합치하여야 한다(대판 2012.11.15, 2012도9417).

② 약속 당시 이익이 현존할 필요도 없고, 가액이 확정되어 있지 않아도 된다.

> ○ 뇌물약속죄에 있어서 뇌물의 목적물인 이익은 약속 당시에 현존할 필요는 없고 약속 당시에 예기할 수 있는 것이라도 무방하며, 뇌물의 목적물이 이익인 경우에는 그 가액이 확정되어 있지 않아도 뇌물약속죄가 성립하는 데는 영향이 없다(대판 2001.9.18, 2000도5438).

관련 판례 **뇌물약속죄가 성립하는 경우**

1) 공무원이 건축업자로부터 그가 **건축할 주택을 공사비 상당액으로 분양받기로 약속한 경우**에는 매매시가 중 공사비를 초과하는 액수만큼의 이익을 뇌물로서 약속한 것이 되어 뇌물약속죄가 성립한다(대판 1981.8.20, 81도698).

2) 피고인이 그 소유의 갑 토지를 을 토지와 **교환**한 것과 관련하여 갑 토지의 시가가 을 토지의 시가보다 비싸다고 하더라도 피고인으로서는 장기간 처분하지 못하던 토지를 처분하는 한편 매수를 희망하던 전원주택지로 향후 개발이 되면 가격이 많이 상승할 토지를 매수하게 되는 무형의 이익을 얻었으므로 뇌물약속죄가 성립한다(대판 2001.9.18, 2000도5438).

3) 뇌물약속죄에서 뇌물의 약속은 직무와 관련하여 장래에 뇌물을 주고받겠다는 양 당사자의 의사표시가 확정적으로 합치하면 성립하고, 뇌물의 가액이 얼마인지는 문제되지 아니한다. 또한 뇌물의 목적물이 이익인 경우에 그 가액이 확정되어 있지 않아도 뇌물약속죄가 성립하는 데에는 영향이 없다. / 그러나 뇌물약속죄 또는 부정처사 후 뇌물약속죄를 범한 데 대하여 **「특정범죄 가중처벌 등에 관한 법률」 제2조 제1항 제1호를 적용할 경우**에는, 약속한 뇌물의 가액이 1억 원 이상이라는 것이 범죄구성요건의 일부로 되어 있고 그 가액에 따라 형벌이 가중되어 있으므로, 뇌물의 가액은 산정할 수 있어야 할 뿐 아니라 죄형균형 원칙이나 책임주의 원칙이 훼손되지 않도록 엄격하고 신중하게 인정하여야 한다(대판 2016.6.23, 2016도3753).

5 주관적 구성요건

뇌물을 수수·요구·약속한다는 점에 대한 인식이 있어야 한다. 즉 뇌물이라는 점과 직무의 대가라는 점에 대한 인식이 필요하다.

6 공범

○ 뇌물수수죄는 필요적 공범으로서 형법총칙의 공범이 아니므로 따로 본조를 적용할 필요 없다(대판 1971.3.9, 70도2536).

○ [기업 대표 등의 뇌물 공여 등 사건] 178) 비공무원이 공무원과 공동가공의 의사와 이를 기초로 한 기능적 행위지배를 통하여 공무원의 직무에 관하여 뇌물을 수수하는 범죄를 실행하였다면 공무원이 직접 뇌물을 받은 것과 동일하게 평가할 수 있으므로 공무원과 비공무원에게 형법 제129조 제1항에서 정한 **뇌물수수죄의 공동정범**이 성립한다(대판 2019.8.29, 2018도2738 全合).

○ 뇌물수수의 공범자들 사이에 직무와 관련하여 금품이나 이익을 수수하기로 하는 명시적 또는 암묵적 공모관계가 성립하고 그 공모 내용에 따라 공범자 중 1인이 금품이나 이익을 수수하였다면, 사전에 특정 금액 이하로만 받기로 약정하였다든가 수수한 금액이 공모 과정에서 도저히 예상할 수 없는 고액이라는 등과 같은 특별한 사정이 없는 한, 그 수수한 금품이나 이익 전부에 관하여 특정범죄가중법 위반(뇌물)죄 또는 뇌물수수죄의 공모공동정범이 성립하며, 수수할 금품이나 이익의 규모나 정도 등에 대하여 사전에 서로 의사의 연락이 있거나 수수한 금품 등의 구체적 금액을 공범자가 알아야 공모공동정범이 성립하는 것은 아니라고 할 것이다(대판 2014.12.24, 2014도10199).

7 죄수

(1) 뇌물을 요구 또는 약속한 후 수수한 때는 포괄하여 1개의 뇌물수수죄가 된다.

(2) 단일하고 계속된 고의로 일정기간 반복하여 동일인으로부터 여러 번 수뢰한 경우 수뢰죄의 포괄일죄가 된다.

○ 단일하고도 계속된 범의 아래 동종의 범행을 일정기간 반복하여 행하고 그 피해법익도 동일한 경우에는 각 범행을 통틀어 포괄일죄로 볼 것이고, 수뢰죄에 있어서 단일하고도 계속된 범의 아래 동종의 범행을 일정기간 반복하여 행하고 그 피해법익도 동일한 것이라면 돈을 받은 일자가 상당한 기간에 걸쳐 있고, 돈을 받은 일자 사이에 상당한 기간이 끼어 있다 하더라도 각 범행을 통틀어 포괄일죄로 볼 것이다(대판 2000.1.21, 99도4940).

8 타죄와의 관계

(1) 공무원이 직무에 관하여 타인을 기망하여 뇌물을 수수한 경우 수뢰죄와 사기죄의 상상적 경합이다. 이 경우 피기망자는 뇌물공여죄가 성립한다.

○ 뇌물을 수수함에 있어서 공여자를 기망한 점이 있다 하여도 뇌물수수죄, 뇌물공여죄의 성립에는 영향이 없고, 이 경우 뇌물을 수수한 공무원에 대하여는 한 개의 행위가 뇌물죄와 사기죄의 각 구성

178) 2022년 변호사시험

요건에 해당하므로 형법 제40조에 의하여 상상적 경합으로 처단하여야 할 것이다(대판 2015.10.29, 2015도12838).

(2) 공무원이 직무집행의사로 공갈하여 뇌물을 수수한 경우 수뢰죄와 공갈죄의 상상적 경합이다.179)

(3) 공무원이 직무집행의 의사 없이 공갈하여 뇌물을 수수한 경우 공갈죄만 성립한다. 이 경우 피공갈자는 공갈죄의 피해자일 뿐이므로 뇌물공여죄가 성립하지 않는다.

ㅇ 공무원이 직무집행의 의사없이 또는 어느 직무처리와 대가적 관계없이 타인을 공갈하여 재물이 교부를 받은 경우 뇌물수수죄는 성립하지 않는다(대판 1966.4.6, 66도12).

ㅇ 공무원이 직무집행의 의사 없이 또는 직무처리와 대가적 관계없이 타인을 공갈하여 재물을 교부하게 한 경우에는 공갈죄만이 성립하고, / 이러한 경우 **재물의 교부자**가 공무원의 해악의 고지로 인하여 외포의 결과 금품을 제공한 것이라면 그는 공갈죄의 피해자가 될 것이고 뇌물공여죄는 성립될 수 없다고 하여야 할 것이다(대판 1994.12.22, 94도2528).

XI 사전수뢰죄

공무원 또는 중재인이 될 자가 그 담당할 직무에 관하여 청탁을 받고 뇌물을 수수, 요구 또는 약속함으로써 성립하는 범죄이다(제129조 제2항). '공무원 또는 중재인이 된 때'는 객관적 처벌조건이다. 따라서 사전수뢰죄가 성립하여도 공무원 또는 중재인이 되어야 처벌할 수 있다.

ㅇ **청탁**이라 함은 공무원에 대하여 일정한 직무행위를 할 것을 의뢰하는 것을 말하는 것으로서 그 직무행위가 부정한 것인가 하는 점은 묻지 않으며 그 청탁이 반드시 명시적이어야 하는 것도 아니라고 할 것이다(대판 1999.7.23, 99도1911).

ㅇ **'공무원 또는 중재인이 될 자'**란 ① 공무원채용시험에 합격하여 발령을 대기하고 있는 자 또는 선거에 의해 당선이 확정된 자 등 공무원 또는 중재인이 될 것이 예정되어 있는 자뿐만 아니라 ② 공직취임의 가능성이 확실하지는 않더라도 어느 정도의 개연성을 갖춘 자를 포함한다(대판 2010.5.13, 2009도7040).

[사실관계] 도시개발조합의 임원인 조합장 또는 상무이사로 **선출될 상당한 개연성이 있는 피고인들**이 그 담당할 직무에 관하여 청탁을 받고 소유권이전등기를 마칠 수 있는 기회를 제공받는 방법으로 이익을 수수한 경우, 사전수뢰죄가 성립한다.

XII 제3자 뇌물제공죄

1 의의

공무원 또는 중재인이 그 직무에 관하여 부정한 청탁을 받고 제3자에게 뇌물을 공여하게 하거나 공여를 요구 또는 약속함으로써 성립하는 범죄이다(제130조).

179) 2020년 법무사시험

2 부정한 청탁

(1) 제3자에게 뇌물을 공여하게 하였으므로 부정한 청탁이 있어야 한다.

o 형법 제130조의 제3자 뇌물공여죄에 있어서 **'부정한 청탁'**이라 함은, ① 그 청탁이 위법하거나 부당한 직무집행을 내용으로 하는 경우는 물론, ② 비록 청탁의 대상이 된 직무집행 그 자체는 위법·부당한 것이 아니라 하더라도 당해 직무집행을 어떤 대가관계와 연결시켜 그 직무집행에 관한 대가의 교부를 내용으로 하는 청탁이라면 이는 의연 '부정한 청탁'에 해당한다고 보아야 한다(대판 2006.6.15, 2004도3424 ; 대판 2019.8.29, 2018도2738 全合).

o **[기업 대표 등의 뇌물 공여 등 사건]** 형법 제130조 제3자 뇌물수수죄에서 말하는 부정한 청탁의 내용은 공무원의 직무와 특정 단체에 대한 자금 지원 사이에 대가관계를 인정할 수 있을 정도면 충분하고, 대통령의 포괄적인 권한에 비추어 보면 **특정 단체에 대한 지원금**은 공무원의 직무와 대가관계가 있다고 볼 여지가 충분하다(대판 2019.8.29, 2018도2738 全合).

o '부정한 청탁'은 명시적인 의사표시에 의한 것은 물론 묵시적인 의사표시에 의한 것도 가능하다. **묵시적인 의사표시에 의한 부정한 청탁**이 있다고 하기 위하여는, 당사자 사이에 청탁의 대상이 되는 직무집행의 내용과 제3자에게 제공되는 금품이 그 직무집행에 대한 대가라는 점에 대하여 공통의 인식이나 양해가 존재하여야 하고, / 그러한 인식이나 양해 없이 **막연히 선처하여 줄 것이라는 기대**에 의하거나 직무집행과는 무관한 다른 동기에 의하여 제3자에게 금품을 공여한 경우에는 묵시적인 의사표시에 의한 부정한 청탁이 있다고 보기 어렵다(대판 2009.1.30, 2008도6950).

(2) 제3자로 하여금 뇌물을 받도록 하였다 하더라도 부정한 청탁을 받은 일이 없으면 제3자 뇌물제공죄가 성립하지 않는다.

o 공무원이 직접 뇌물을 받지 아니하고, 증뢰자로 하여금 제3자에게 뇌물을 공여하도록 하고 그 제3자로 하여금 뇌물을 받도록 하였다 하더라도 **부정한 청탁을 받은 일이 없다**면 이를 처벌하지 아니한다(대판 1998.9.22, 98도1234).

3 제3자

(1) 제3자가 뇌물을 받았지만 실질적으로 공무원이 직접 받은 것과 같다면 제3자에 포함되지 않는다.

o 공무원이 직접 뇌물을 받지 아니하고 증뢰자로 하여금 다른 사람에게 뇌물을 공여하도록 한 경우, 그 다른 사람이 공무원의 사자 또는 대리인으로서 뇌물을 받은 경우나 그 밖에 예컨대, 평소 공무원이 그 다른 사람의 생활비 등을 부담하고 있었다거나 혹은 그 다른 사람에 대하여 채무를 부담하고 있었다는 등의 사정이 있어서 그 다른 사람이 뇌물을 받음으로써 공무원은 그만큼 지출을 면하게 되는 경우 등 **사회통념상 그 다른 사람이 뇌물을 받은 것을 공무원이 직접 받은 것과 같이 평가할 수 있는 관계가 있는 경우**에는 제130조의 제3자 뇌물제공죄가 아니라, 제129조 제1항의 뇌물수수죄가 성립한다(대판 2002.4.9, 2001도7056 ; 대판 2004.3.26, 2003도8077).

[동지판례] 이러한 법리(위의 판결의 법리)는 공무원으로 의제되는 정비사업전문관리업자의 임·직원이 직무에 관하여 자신이 아닌 정비사업전문관리업자 또는 그 밖의 제3자에게 뇌물을 공여하게 하는 경우에도 마찬가지이다(대판 2011.11.24, 2011도9585).

○ 뇌물공여자가 공무원인 뇌물수수자가 제공한 명단 기재 대상자들에게 택배를 이용하여 뇌물수수자의 명의로 새우젓을 선물발송한 경우 사회통념상 뇌물수수자가 직접 새우젓을 받은 것과 같이 평가할 수 있으므로 **(제3자 뇌물수수죄가 아니라) 단순뇌물공여죄 및 수수죄**가 성립한다(대판 2020.9.24, 2017도12389).

[동지판례] 뇌물죄는 공여자의 출연에 의한 수뢰자의 영득의사의 실현으로서, 공여자의 특정은 직무행위와 관련이 있는 이익의 부담 주체라는 관점에서 파악하여야 하므로, 금품이나 재산상 이익 등이 반드시 공여자와 수뢰자 사이에 직접 수수될 필요는 없고, 그 사이에서 제3자가 먼저 공여자를 대신하여 자신의 자금으로 수뢰자에게 지급한 다음 공여자로부터 그 금액을 상환받는 방식으로 수수되었다 할지라도, 공여자와 수뢰자 사이에 금품 제공에 관한 의사의 합치가 존재하고 또한 그러한 지급방법에 관하여 수뢰자가 양해하였다고 인정되는 한, 공여자와 수뢰자 사이에 직접 금품이 수수되지 아니하였다는 사정만으로는 (제3자 뇌물수수죄가 아니라) 뇌물수수죄의 죄책을 면할 수 없다(대판 2008.6.12, 2006도8568).

(2) 제3자란 행위자와 공동정범 이외의 사람을 말하고, 교사자나 방조자도 포함될 수 있다.

○ **제3자 뇌물수수죄에서 제3자**란 행위자와 공동정범 이외의 사람을 말하고, 교사자나 방조자도 포함될 수 있다. 그러므로 공무원 또는 중재인이 부정한 청탁을 받고 제3자에게 뇌물을 제공하게 하고 제3자가 그러한 **공무원 또는 중재인의 범죄행위를 알면서 방조한 경우**에는 그에 대한 별도의 처벌규정이 없더라도 방조범에 관한 형법총칙의 규정이 적용되어 제3자 뇌물수수방조죄가 인정될 수 있다(대판 2017.3.15, 2016도19659)

(3) 공무원과 공동정범 관계에 있는 비공무원은 제3자 뇌물수수죄에서 말하는 제3자가 될 수 없다.

○ [기업 대표 등의 뇌물 공여 등 사건] **공무원이 뇌물공여자로 하여금 공무원과 뇌물수수죄의 공동정범 관계에 있는 비공무원에게 뇌물을 공여하게 한 경우**에는 공동정범의 성질상 공무원 자신에게 뇌물을 공여하게 한 것으로 볼 수 있다. 공무원과 공동정범 관계에 있는 비공무원은 제3자 뇌물수수죄에서 말하는 제3자가 될 수 없다(대판 2019.8.29, 2018도2738 全合).

[별개의견] **뇌물을 비공무원에게 전적으로 귀속시키기로 모의하거나 뇌물의 성질상 비공무원이 사용하거나 소비할 것인데도 비공무원이 뇌물을 받은 경우**까지도 뇌물수수죄의 공동정범이 성립한다고 하는 부분에 대하여는 동의하지 않는다. 우리 형법이 제129조 제1항 뇌물수수죄와 별도로 제130조에서 제3자 뇌물수수죄를 규정하고 있는 이상 공무원이 아닌 비공무원인 제3자가 뇌물을 수수한 경우에는 뇌물의 귀속주체와 성질이 어떠한지에 따라 그 뇌물수수죄 또는 제3자 뇌물수수죄가 성립하는지를 달리 평가하여야 한다.

[반대의견] 공무원과 비공무원이 뇌물을 받으면 뇌물을 비공무원에게 귀속시키기로 미리 모의하거나 뇌물의 성질에 **비추어 비공무원이 전적으로 사용하거나 소비할 것임이 명백한 경우**에 공무원이 증뢰자로 하여금 비공무원에게 뇌물을 공여하게 하였다면 형법 **제130조의 제3자 뇌물수수죄**의 성립 여부가 문제 될 뿐이며, 공무원과 비공무원에게 형법 제129조 제1항의 뇌물수수죄의 공동정범이 성립한다고 할 수는 없다.

(4) 제3자 뇌물수수죄에서 뇌물을 받는 제3자가 뇌물임을 인식할 것을 요건으로 하지 않는다(대판 2019.8.29, 2018도2738 全合).

관련 판례 **제3자 뇌물제공(수수)에 관련된 판결들**

1) 공정거래위원회 위원장인 피고인이 이동통신회사가 속한 그룹의 구조조정본부장으로부터 당해 이동통신회사의 기업결합심사에 대하여 선처를 부탁받으면서 특정 사찰에의 시주를 요청하여 시주금을 제공케 한 경우, 그 부탁한 직무가 피고인의 재량권한 내에 속하더라도 형법 제130조에 정한 '부정한 청탁'에 해당하고, 위 시주는 기업결합심사와 관련되어 이루어진 것이므로 제3자 뇌물수수죄가 성립한다(대판 2006.6.15, 2004도3424).

2) 구청장인 피고인이 구청 관내의 공사 인・허가와 관련하여 갑 회사로부터 묵시적인 부정한 청탁을 받고 5억 원 상당의 경로당 누각을 제3자인 구(區)에 기부채납하게 하였다는 등의 제3자 뇌물제공으로 기소된 사안에서, 위 기부채납 재산을 취득한 지방자치단체인 구는 '제3자 뇌물제공죄의 제3자'가 될 수 있으나, / 甲 회사의 관계자들이 피고인의 요구를 받고 위 누각을 구에 기부채납한 것이 피고인의 직무와 관련한 부정한 청탁의 대가로 제공된 것이라고 단정할 수 없다는 이유로, 피고인에게 무죄를 선고하였다(대판 2011.4.14, 2010도12313).

3) 공무원이 직무관련자에게 **제3자와 계약을 체결하도록 요구하여 계약 체결을 하게 한 행위**가 제3자 뇌물수수죄의 구성요건과 직권남용권리행사방해죄의 구성요건에 모두 해당하는 경우에는, 제3자 뇌물수수죄와 직권남용권리행사방해죄가 각각 성립하되, 이는 사회 관념상 하나의 행위가 수 개의 죄에 해당하는 경우이므로 두 죄는 형법 제40조의 상상적 경합관계에 있다(대판 2017.3.15, 2016도19659).

XIII 수뢰 후 부정처사죄

1 의의

공무원 또는 중재인이 수뢰죄, 사전수뢰죄, 제3자뇌물제공죄를 범하여 부정한 행위를 함으로써 성립하는 범죄이다(제131조 제1항).

2 부정한 행위

(1) '수뢰죄, 사전수뢰죄, 제3자뇌물제공죄를 범하여'란 반드시 뇌물수수 등의 행위가 완료된 이후에 부정한 행위가 이루어져야 함을 의미하는 것은 아니고, 뇌물수수 등의 행위를 하는 중에 부정한 행위를 한 경우도 포함한다.

o [수뢰후부정처사죄의 포괄일죄사건] **수뢰 후 부정처사죄**에서 **'형법 제129조 및 제130조의 죄를 범하여'**란 반드시 뇌물수수 등의 행위가 완료된 이후에 부정한 행위가 이루어져야 함을 의미하는 것은 아니고, / 결합범 또는 결과적가중범 등에서의 기본행위와 마찬가지로 뇌물수수 등의 행위를 하는 중에 부정한 행위를 한 경우도 포함하는 것으로 보아야 한다. 따라서 단일하고도 계속된 범의 아래 일정 기간 반복하여 일련의 뇌물수수 행위와 부정한 행위가 행하여졌고 그 뇌물수수 행위와 부정한 행위 사이에 인과관계가 인정되며 피해법익도 동일하다면, **최후의 부정한 행위 이후에 저질러진 뇌물수수 행위**도 최후의 부정한 행위 이전의 뇌물수수 행위 및 부정한 행위와 함께 수뢰후부정처사죄의 **포괄일죄**로 처벌함이 타당하다(대판 2021.2.4, 2020도12103).

(2) 부정행위란 직무에 위배하는 일체의 행위이다.

> ○ 수뢰 후 부정처사죄에서 말하는 '부정한 행위'라 함은 직무에 위배되는 일체의 행위를 말하는 것으로 직무행위 자체는 물론 그것과 **객관적으로 관련 있는 행위까지**를 포함한다 할 것이다(대판 2003.6.13, 2003도1060).

관련 판례 수뢰 후 부정처사죄가 성립하는 경우

1) 시험의 정리원인 공무원이 그 직무에 관련하여 수험생으로부터 돈을 받고 그 직무상 지득한 구술**시험 문제를 알린 것**은 공무상 비밀의 누설인 동시에 형법 제131조 제1항의 부정한 행위를 한 때에 해당한다(대판 1970.6.30, 70도562).
2) 경찰관직무집행법 제2조 제1호는 경찰관이 행하는 직무 중의 하나로 '범죄의 예방·진압 및 수사'를 들고 있고, 이와 같이 범죄를 예방하거나, 진압하고, 수사하여야 할 일반적 직무권한을 가지는 피고인이 도박장개설 및 도박범행을 묵인하고 편의를 봐주는 데 대한 사례비 명목으로 금품을 수수하고, 나아가 도박장개설 및 도박범행사실을 잘 알면서도 이를 **단속하지 아니하였다**면, 이는 경찰관으로서 직무에 위배되는 부정한 행위를 한 것이다(대판 2003.6.13, 2003도1060).
3) 예비군 중대장이 그 소속예비군으로부터 금원을 교부받고 그 예비군이 예비군훈련에 불참하였음에도 불구하고 참석한 것처럼 허위내용의 중대학급편성명부를 작성, 행사한 경우라면 수뢰후 부정처사죄 외에 별도로 **허위공문서작성 및 동행사죄**가 성립하고 이들 죄와 수뢰 후 부정처사죄는 각각 상상적 경합관계에 있다고 할 것이다(대판 1983.7.26, 83도1378). → 이른바 연결효과에 의한 상상적 경합
4) 형법 제131조 제1항의 수뢰 후 부정처사죄에 있어서 공무원이 수뢰 후 행한 **부정행위가 공도화변조 및 동행사죄**와 같이 보호법익을 달리하는 별개 범죄의 구성요건을 충족하는 경우에는 수뢰 후 부정처사죄 외에 별도로 공도화변조 및 동행사죄가 성립하고 이들 죄와 수뢰 후 부정처사죄는 각각 상상적 경합 관계에 있다고 할 것인바, 이와 같이 공도화변조죄와 동행사죄가 수뢰 후 부정처사죄와 각각 상상적 경합범 관계에 있을 때에는 공도화변조죄와 동행사죄 상호 간은 실체적 경합범 관계에 있다고 할지라도 상상적 경합범 관계에 있는 수뢰 후 부정처사죄와 대비하여 가장 중한 죄에 정한 형으로 처단하면 족한 것이고 따로이 경합범 가중을 할 필요가 없다(대판 2001.2.9, 2000도1216). → 이른바 연결효과에 의한 상상적 경합

관련 판례 수뢰 후 부정처사죄가 성립하지 않는 경우

공무원 甲이 A주식회사로부터 뇌물을 받은 후 A회사에 유리하게 관계 법령을 해석하여 감액처분을 하였는데, 과세대상에 관한 규정이 명확하지 않고 그에 관한 확립된 선례도 없어 甲의 감액처분이 위법하지 않은 경우 甲에게 수뢰 후 부정처사죄가 성립하지 않는다(대판 1995.12.12, 95도2320).

→ 확립된 선례가 있었던 것도 아니었던 점에 비추어 세무공무원에 따라 이견이 있어 그 판단이 달라질 여지가 충분히 있었던 것이므로 부정행위가 아니라는 취지

XIV 부정처사 후 수뢰죄

공무원 또는 중재인이 그 직무상 부정한 행위를 한 후 뇌물을 수수, 요구 또는 약속하거나 제삼자에게 이를 공여하게 하거나 공여를 요구 또는 약속함으로써 성립하는 범죄이다(제131조 제2항). 부정행위를 한 후 수뢰함으로써 성립하는 범죄이다.

XV 사후수뢰죄

공무원 또는 중재인이었던 자가 그 재직 중에 청탁을 받고 직무상 부정한 행위를 한 후 뇌물을 수수, 요구 또는 약속함으로써 성립하는 범죄이다(제131조 제3항). 재직 중 청탁을 받고 부정행위를 한 후 퇴직한 후 수뢰함으로써 성립하는 범죄이다.

> ○ 형법은 공무원이었던 자가 재직 중에 청탁을 받고 직무상 부정한 행위를 한 후 뇌물을 수수, 요구 또는 약속을 한 때에는 제131조 제3항에서 사후수뢰죄로 처벌하도록 규정하고 있으므로, **뇌물의 수수 등을 할 당시 이미 공무원의 지위를 떠난 경우**에는 제129조 제1항의 수뢰죄로는 처벌할 수 없고 사후수뢰죄의 요건에 해당할 경우에 한하여 그 죄로 처벌할 수 있을 뿐이다(대판 2013.11.28, 2013도10011).

XVI 알선수뢰죄

1 의의

공무원이 그 지위를 이용하여 다른 공무원의 직무에 속한 사항의 알선에 관하여 뇌물을 수수, 요구 또는 약속함으로써 성립하는 범죄이다(제132조).

2 주체

공무원에 한한다. ↔ 중재인 : ×

3 행위

지위를 이용하여 다른 공무원의 직무에 속한 사항의 알선에 관하여 뇌물을 수수, 요구 또는 약속하는 것이다. 알선수뢰의 성립에는 청탁을 요하지 아니한다.

(1) '지위를 이용하여'라 함은 다른 공무원이 취급하는 사무의 처리에 법률상이거나 사실상으로 영향을 줄 수 있는 관계에 있는 공무원이 그 지위를 이용하는 경우를 말한다. 따라서 친구, 친족관계 등 사적인 관계를 이용하는 경우는 포함하지 않는다.

> ○ 알선수뢰죄는 공무원이 그 지위를 이용하여 다른 공무원의 직무에 속한 사항의 알선에 관하여 뇌물을 수수, 요구 또는 약속하는 것을 그 성립 요건으로 하고 있고, 여기서 '공무원이 그 지위를 이용하여'라 함은 친구, 친족관계 등 사적인 관계를 이용하는 경우에는 이에 해당한다고 할 수 없으나, / 다른 공무원이 취급하는 사무의 처리에 법률상이거나 사실상으로 영향을 줄 수 있는 관계에 있는 공무원이 그 지위를 이용하는 경우에는 이에 해당하고, 그 사이에 상하관계, 협동관계, 감독권한 등의 특수한 관계가 있음을 요하지 않는다(대판 1999.6.25, 99도1900).
>
> **[동지판례]** 형법 제132조 소정의 알선수뢰죄에 있어서 "공무원이 그 지위를 이용하여"라고 함은 친구, 친족관계 등 사적인 관계를 이용하는 경우이거나 단순히 공무원으로서의 신분이 있다는 것만을 이용하는 경우에는 여기에 해당한다고 볼 수 없으나, 다른 공무원이 취급하는 업무처리에 법률상 또는 사실상으로 영향을 줄 수 있는 공무원이 그 지위를 이용하는 경우에는 여기에 해당하고 그 사이에 반드시 상하관계, 협동관계, 감독권한 등의 특수한 관계에 있거나 같은 부서에 근무할 것을 요하는 것은 아니다(대판 1994.10.21, 94도852).

(2) '다른 공무원의 직무에 속한 사항의 알선행위'는 다른 공무원의 직무에 속하는 사항에 관한 것이면 되고, 장래의 것이라도 무방하다.

ㅇ '다른 공무원의 직무에 속한 사항의 알선행위'는 그 공무원의 직무에 속하는 사항에 관한 것이면 되는 것이지 그것이 반드시 부정행위라거나 그 직무에 관하여 결재권한이나 최종결정권한을 갖고 있어야 하는 것이 아니다(대판 1992.5.8, 92도532).

ㅇ 알선행위는 장래의 것이라도 무방하므로, 알선뇌물요구죄가 성립하기 위하여는 뇌물을 요구할 당시 반드시 상대방에게 알선에 의하여 해결을 도모하여야 할 현안이 존재하여야 할 필요는 없다(대판 2009.7.23, 2009노3924).

[사실관계] 구청 공무원이 유흥주점의 업주에게 '유흥주점 영업과 관련하여 세금이나 영업허가 등에 관하여 **문제가 생기면 다른 담당 공무원에게 부탁하여 도움을 주겠다**'면서 그 대가로 1,000만 원을 요구한 경우 알선뇌물요구죄가 성립한다.

(3) '다른 공무원의 직무에 속한 사항의 알선에 관하여 뇌물을 요구한다'고 함은 알선한다는 명목으로 뇌물을 요구하는 행위를 말한다. 반드시 알선의 상대방인 다른 공무원이나 그 직무의 내용이 구체적으로 특정될 필요까지는 없다.

ㅇ 형법 제132조에서 말하는 '다른 공무원의 직무에 속한 사항의 알선에 관하여 뇌물을 요구한다'고 함은, 다른 공무원의 직무에 속한 사항을 알선한다는 명목으로 뇌물을 요구하는 행위로서 반드시 알선의 상대방인 다른 공무원이나 그 직무의 내용이 구체적으로 특정될 필요까지는 없지만, 알선뇌물요구죄가 성립하려면 알선할 사항이 다른 공무원의 직무에 속하는 사항으로서 뇌물요구의 명목이 그 사항의 알선에 관련된 것임이 어느 정도 구체적으로 나타나야 한다. / 단지 상대방으로 하여금 뇌물을 요구하는 자에게 잘 보이면 그로부터 어떤 도움을 받을 수 있다거나 손해를 입을 염려가 없다는 정도의 **막연한 기대감**을 갖게 하는 정도에 불과하고, 뇌물을 요구하는 자 역시 상대방이 그러한 기대감을 가질 것이라고 짐작하면서 뇌물을 요구하였다는 정도의 사정만으로는 **알선뇌물요구죄**가 성립한다고 볼 수 없다(대판 2009.7.23, 2009도3924).

[동지판례] **알선뇌물수수죄**가 성립하려면 알선할 사항이 다른 공무원의 직무에 속하는 사항으로서 뇌물수수의 명목이 그 사항의 알선에 관련된 것임이 어느 정도는 구체적으로 나타나야 한다. 단지 상대방으로 하여금 뇌물을 수수하는 자에게 잘 보이면 어떤 도움을 받을 수 있다거나 손해를 입을 염려가 없다는 정도의 **막연한 기대감**을 갖게 하는 정도에 불과하고, 뇌물을 수수하는 자 역시 상대방이 그러한 기대감을 가질 것이라고 짐작하면서 수수하였다는 사정만으로는 알선뇌물수수죄가 성립하지 않는다(대판 2017.12.22, 2017도12346).

관련 판례 **알선수뢰죄가 성립하지 않는 경우**

1) **검찰주사**는 검사 직무인 관세법위반 피의사건의 수사사무에 어떠한 연관관계를 가지고 법률상 또는 사실상 어떤 영향력을 미칠 수 있는 지위에 있었다고도 보기 어렵다(대판 1982.6.8, 82도403).

2) 육군본부 정보작전지원참모부에서 조직진단관으로 근무하는 **3급 군무원** 피고인이 장군진급심사를 앞두고 있던 甲으로부터 인사참모부 선발관리실장인 乙에게 부탁하여 장군진급이 되도록 하여 달라는 부탁을 받고 합계 5,000만 원을 받았다고 하여 특정범죄 가중처벌 등에 관한 법률상 알선수뢰로 기소된 사안

에서, 피고인이 위 금원을 수수할 당시 자신의 지위를 이용하여 선발관리실장이던 乙의 진급업무와 관련하여 사실상 영향을 줄 수 있는 관계에 있었다고 하기에 부족하다고 보아 무죄를 인정하였다(대판 2010.11.25, 2010도11460).

XVII 증뢰죄(뇌물공여 등 죄)

1 의의

뇌물을 약속, 공여 또는 공여의 의사를 표시함으로써 성립하는 범죄이다(제133조 제1항).

2 주체

제한이 없다. 공무원일지라도 직무와 관계되지 않는 범위 내에서는 본죄의 주체에 해당될 수 있다.

3 행위

뇌물을 약속, 공여 또는 공여의 의사를 표시하는 것이다.

○ 뇌물공여죄가 성립하기 위하여는 뇌물을 공여하는 행위와 상대방 측에서 금전적으로 가치가 있는 그 물품 등을 받아들이는 행위가 필요할 뿐 반드시 상대방 측에서 뇌물수수죄가 성립하여야 함을 뜻하는 것은 아니다(대판 2013.11.28, 2013도9003).

○ 도시개발구역의 토지 소유자가 도시개발을 위하여 설립한 조합(이하 '도시개발조합'이라 한다)의 임직원 등은 형법 제129조 내지 제132조가 정한 죄의 주체가 된다. 이에 따라 **도시개발조합의 임직원** 등이 그 직무에 관하여 부당한 이익을 얻었다면 그러한 이익도 형법 제133조 제1항에 규정된 "제129조 내지 제132조에 기재한 뇌물"에 해당하므로, 그 **뇌물을 약속, 공여 또는 공여의 의사를 표시한 자**에게는 형법 제133조 제1항에 의한 뇌물공여죄가 성립한다(대판 2014.6.12, 2014도2393).

4 타죄와의 관계

○ 공무원이 직무집행의 의사 없이 또는 직무처리와 대가적 관계없이 타인을 공갈하여 재물을 교부하게 한 경우에는 공갈죄만이 성립하고, 이러한 경우 재물의 교부자가 공무원의 해악의 고지로 인하여 외포의 결과 금품을 제공한 것이라면 그는 공갈죄의 피해자가 될 것이고 뇌물공여죄는 성립될 수 없다(대판 1994.12.22, 94도2528).

○ [아파트무상대여사건] 배임수재자가 배임증재자에게서 그가 무상으로 빌려준 물건을 인도받아 사용하고 있던 중에 공무원이 된 경우, 그 사실을 알게 된 배임증재자가 배임수재자에게 앞으로 물건은 공무원의 직무에 관하여 빌려주는 것이라고 하면서 뇌물공여의 뜻을 밝히고 물건을 계속하여 배임수재자가 사용할 수 있는 상태로 두더라도, 처음에 배임증재로 무상 대여할 당시에 정한 사용기간을 추가로 연장해 주는 등 새로운 이익을 제공한 것으로 평가할 만한 사정이 없다면, 이는 종전에 이미 제공한 이익을 나중에 와서 뇌물로 하겠다는 것에 불과할 뿐 새롭게 뇌물로 제공되는 이익이 없어 뇌물공여죄가 성립하지 않는다(대판 2015.10.15, 2015도6232).

XVIII 증뢰물전달죄(제3자 뇌물교부 · 취득죄)

1 의의

뇌물공여 등 죄의 행위에 공할 목적으로 제삼자에게 금품을 교부하거나 그 정을 알면서 교부를 받은 경우 성립하는 범죄이다(제133조 제2항).

2 주체

제한이 없다. 공무원일지라도 식무와 관계되지 않는 범위 내에서는 본죄의 주체에 해당될 수 있다.

○ 본죄의 주체는 비공무원을 예정한 것이나 공무원일지라도 직무와 관계되지 않는 범위 내에서는 본죄의 주체에 해당될 수 있다 할 것이므로, 피고인이 자신의 공무원으로서의 직무와는 무관하게 군의관 등의 직무에 관하여 뇌물에 공할 목적의 금품이라는 정을 알고 이를 전달해준다는 명목으로 취득한 경우라면 제3자 뇌물취득죄가 성립된다(대판 2002.6.14, 2002도1283).

3 행위

(1) 제3자란 행위자와 공동정범 이외의 자를 말한다.

○ 형법 제133조 제2항은 증뢰자가 뇌물에 공할 목적으로 금품을 제3자에게 교부하거나 또는 그 정을 알면서 교부받는 증뢰물 전달행위를 독립한 구성요건으로 하여 이를 같은 조 제1항의 뇌물공여죄와 같은 형으로 처벌하는 규정으로서, 여기에서의 제3자란 행위자와 공동정범 이외의 자를 말한다고 할 것이다(대판 2006.6.15, 2004도756 ; 대판 2012.12.27, 2012도11200).

(2) 제3자 뇌물교부 · 취득죄(증뢰물전달죄)의 성립에는 전달을 요하지 아니한다.

○ 제3자의 증뢰물전달죄는 제3자가 증뢰자로부터 교부받은 금품을 수뢰할 사람에게 전달하였는지의 여부에 관계없이 제3자가 그 정을 알면서 금품을 교부받음으로써 성립하는 것이다(대판 2002.6.14, 2002도1283).

○ 제3자가 교부받은 금품을 수뢰할 사람에게 **전달하지 아니하였다**고 하여도 형법 제133조 제2항 후문에서 정한 죄의 성립에는 영향이 없다(대판 1985.1.22, 84도1033)

(3) 제3자가 교부받은 금품을 전달하여도 별도로 뇌물공여죄가 성립하지 않는다.

○ 제3자가 그 교부받은 금품을 수뢰할 사람에게 **전달하였다고 하여** 증뢰물전달죄 외에 별도로 뇌물공여죄가 성립하는 것은 아니다(대판 1997.9.5, 97도1572). [180]

XIX 특별법

특정범죄 가중처벌 등에 관한 법률 제2조 【뇌물죄의 가중처벌】
① 「형법」 제129조 · 제130조 또는 제132조에 규정된 죄를 범한 사람은 그 수수(收受) · 요구 또는 약속한 뇌물의

180) 2021년 변호사시험

가액(價額)(이하 이 조에서 "수뢰액"이라 한다)에 따라 다음 각 호와 같이 가중처벌한다.
1. 수뢰액이 1억원 이상인 경우에는 무기 또는 10년 이상의 징역에 처한다.
2. 수뢰액이 5천만원 이상 1억원 미만인 경우에는 7년 이상의 유기징역에 처한다.
3. 수뢰액이 3천만원 이상 5천만원 미만인 경우에는 5년 이상의 유기징역에 처한다.

② 「형법」 제129조 · 제130조 또는 제132조에 규정된 죄를 범한 사람은 그 죄에 대하여 정한 형(제1항의 경우를 포함한다)에 수뢰액의 2배 이상 5배 이하의 벌금을 병과(倂科)한다.

특정범죄 가중처벌 등에 관한 법률 제3조 【알선수재】
공무원의 직무에 속한 사항의 알선에 관하여 금품이나 이익을 수수 · 요구 또는 약속한 사람은 5년 이하의 징역 또는 1천만원 이하의 벌금에 처한다.

특정경제범죄 가중처벌 등에 관한 법률 제7조 【알선수재의 죄】
금융회사 등의 임직원의 직무에 속하는 사항의 알선에 관하여 금품이나 그 밖의 이익을 수수, 요구 또는 약속한 사람 또는 제3자에게 이를 공여하게 하거나 공여하게 할 것을 요구 또는 약속한 사람은 5년 이하의 징역 또는 5천만원 이하의 벌금에 처한다.

공무원이 수수한 뇌물가액이 일정액수 이상이면 특정범죄 가중처벌 등에 관한 법률이 적용되어 가중처벌된다.

ㅇ 수인이 공동하여 뇌물수수죄를 범한 경우에 공범자는 자기의 수뢰액뿐만 아니라 다른 공범자의 수뢰액에 대하여도 그 죄책을 면할 수 없는 것이므로, **특정범죄가중처벌 등에 관한 법률 제2조 제1항의 적용 여부**를 가리는 수뢰액을 정함에 있어서는 그 공범자 전원의 수뢰액을 합한 금액을 기준으로 하여야 할 것이고, / 각 공범자들이 실제로 취득한 금액이나 분배받기로 한 금액을 기준으로 할 것이 아니다(대판 1999.8.20, 99도1557).

ㅇ 형법 제131조 제1항은 공무원 또는 중재인이 형법 제129조, 제130조의 죄를 범한 후에 부정한 행위를 한 때에 가중처벌한다는 규정이므로, 형법 **제131조 제1항의 죄를 범한** 자는 특정범죄가중처벌 등에 관한 법률 제2조 제1항 소정의 형법 제129조, 제130조에 규정된 죄를 범한 자에 해당된다(대판 2004.3.26, 2003도8077). 181)

제2절 공무방해에 관한 죄 182)

제136조 【공무집행방해】
① 직무를 집행하는 공무원에 대하여 폭행 또는 협박한 자는 5년 이하의 징역 또는 1천만원 이하의 벌금에 처한다.
② 공무원에 대하여 그 직무상의 행위를 강요 또는 조지하거나 그 직을 사퇴하게 할 목적으로 폭행 또는 협박한 자도 전항의 형과 같다.

제137조 【위계에 의한 공무집행방해】
위계로써 공무원의 직무집행을 방해한 자는 5년 이하의 징역 또는 1천만원 이하의 벌금에 처한다.

181) 2021년 변호사시험
182) 2006년 법원사무관승진시험

제138조【법정 또는 국회회의장모욕】
법원의 재판 또는 국회의 심의를 방해 또는 위협할 목적으로 법정이나 국회회의장 또는 그 부근에서 모욕 또는 소동한 자는 3년 이하의 징역 또는 700만원 이하의 벌금에 처한다.

제139조【인권옹호직무방해】
경찰의 직무를 행하는 자 또는 이를 보조하는 자가 인권옹호에 관한 검사의 직무집행을 방해하거나 그 명령을 준수하지 아니한 때에는 5년 이하의 징역 또는 10년 이하의 자격정지에 처한다.

제140조【공무상비밀표시무효】
① 공무원이 그 직무에 관하여 실시한 봉인 또는 압류 기타 강제처분의 표시를 손상 또는 은닉하거나 기타 방법으로 그 효용을 해한 자는 5년 이하의 징역 또는 700만원 이하의 벌금에 처한다.
② 공무원이 그 직무에 관하여 봉함 기타 비밀장치한 문서 또는 도화를 개봉한 자도 제1항의 형과 같다.
③ 공무원이 그 직무에 관하여 봉함 기타 비밀장치한 문서, 도화 또는 전자기록 등 특수매체기록을 기술적 수단을 이용하여 그 내용을 알아낸 자도 제1항의 형과 같다.

제140조의2【부동산강제집행효용침해】
강제집행으로 명도 또는 인도된 부동산에 침입하거나 기타 방법으로 강제집행의 효용을 해한 자는 5년 이하의 징역 또는 700만원 이하의 벌금에 처한다.

제141조【공용서류 등의 무효, 공용물의 파괴】
① 공무소에서 사용하는 서류 기타 물건 또는 전자기록 등 특수매체기록을 손상 또는 은닉하거나 기타 방법으로 그 효용을 해한 자는 7년 이하의 징역 또는 1천만원 이하의 벌금에 처한다.
② 공무소에서 사용하는 건조물, 선박, 기차 또는 항공기를 파괴한 자는 1년 이상 10년 이하의 징역에 처한다.

제142조【공무상보관물의 무효】
공무소로부터 보관명령을 받거나 공무소의 명령으로 타인이 관리하는 자기의 물건을 손상 또는 은닉하거나 기타 방법으로 그 효용을 해한 자는 5년 이하의 징역 또는 700만원 이하의 벌금에 처한다.

제143조【미수범】
제140조 내지 전조의 미수범은 처벌한다.

제144조【특수공무방해】
① 단체 또는 다중의 위력을 보이거나 위험한 물건을 휴대하여 제136조, 제138조와 제140조 내지 전조의 죄를 범한 때에는 각조에 정한 형의 2분의 1까지 가중한다.
② 제1항의 죄를 범하여 공무원을 상해에 이르게 한 때에는 3년 이상의 유기징역에 처한다. 사망에 이르게 한 때에는 무기 또는 5년 이상의 징역에 처한다.

I 서설

1 의의 및 보호법익

공무방해에 대한 죄는 국가 또는 공공기관이 행사하는 기능을 방해하는 범죄이다. 국가기능으로서의 공무를 보호법익으로 하고 보호정도는 추상적 위험범이다.
공무원의 직무에 관한 죄가 공무원에 의하여 범해지는 직무상 범죄임에 반하여, 공무방해에 관한 죄는 공무를 집행하는 공무원에 대하여 범해지는 일반인의 범죄이다.

2 구성요건의 체계

기본적 구성요건	공무집행방해죄
수정적 구성요건	직무・사직강요죄, 위계에 의한 공무집행방해죄

가중적 구성요건	특수공무방해죄
	특수공무방해치사상죄 ↔ 공무방해치사상죄 : ×
독립적 구성요건	법정·국회회의장모욕죄, 인권옹호직무방해죄
	공무상비밀표시무효죄, 부동산강제집행효용침해죄, 공용서류 등 무효죄, 공용물파괴죄, 공무상보관물무효죄
미수범 처벌규정	×
	○ : 공무상비밀표시무효죄, 부동산강제집행효용침해죄, 공용서류 등 무효죄, 공용물파괴죄, 공무상보관물무효죄(∵ 침해범)
예비·음모 처벌규정	×

3 공무집행방해죄와 위계공무집행방해죄의 비교

구분	공무집행방해죄(제136조)	위계에 의한 공무집행방해죄(제137조)
구성요건	직무를 집행하는 공무원에 대하여 폭행 또는 협박한 자	위계로써 공무원의 직무집행을 방해한 자
공무집행 방해의사	방해의사를 요하지 않음 (고의 = ① 상대방이 직무집행하는 공무원이라는 사실, ② 이에 대하여 폭행·협박한다는 사실을 인식하는 것)	방해의사를 요함 (고의 = ① 위계로써 공무집행을 방해한다는 인식, ② 방해의사)
기수시기	공무원을 폭행·협박한 때 → 공무집행 방해결과를 요하지 않음 (∵ 추상적 위험범)	상대방이 그릇된 행위나 처분을 하여야 = 직무집행을 저지하거나 현실적으로 곤란하게 하여야(판례)
미수	처벌 ×	처벌 ×

II 공무집행방해죄

1 의의

직무를 집행하는 공무원에 대하여 폭행 또는 협박함으로써 성립하는 범죄이다(제136조 제1항). 추상적 위험범이다.

> ○ 형법 제136조에서 정한 공무집행방해죄는 직무를 집행하는 공무원에 대하여 폭행 또는 협박한 경우에 성립하는 범죄로서 여기서의 폭행은 사람에 대한 유형력의 행사로 족하고 반드시 그 신체에 대한 것임을 요하지 아니하며, 또한 추상적 위험범으로서 구체적으로 직무집행의 방해라는 결과발생을 요하지도 아니한다(대판 2018.3.29, 2017도21537).

2 주체

제한이 없다.

3 객체

직무를 집행하는 공무원이다.

(1) 공무원

형법상 공무원이라 함은 국가 또는 지방자치단체 및 이에 준하는 공법인의 사무에 종사하는 자로서 그 노무의 내용이 단순한 기계적 육체적인 것에 한정되어 있지 않은 자를 말한다.

관련 판례 공무원에 해당하지 않는 경우

1) 피고인이 국민기초생활 보장법상 '**자활근로자**'로 선정되어 주민자치센터 사회복지담당 공무원의 **복지도우미**로 근무하던 갑을 협박한 경우 공무집행방해죄가 성립하지 않는다(대판 2011.1.27, 2010도14484).
2) 국민권익위원회 운영지원과 소속 **기간제근로자**로서 청사 안전관리 및 민원인 안내 등의 사무를 담당한 갑은 법령의 근거에 기하여 국가 등의 사무에 종사하는 형법상 공무원이라고 보기 어렵다(대판 2015.5.29, 2015도3430).

(2) 직무집행

① 직무집행의 의의

㉠ 직무집행이란 권력적 작용에 제한되지 않고 대외적·대내적 사무를 불문한다.

㉡ '직무를 집행하는'이라 함은 공무원이 직무수행에 직접 필요한 행위를 현실적으로 행하고 있는 때만을 가리키는 것이 아니라 공무원이 직무수행을 위하여 근무 중인 상태에 있는 때를 포괄한다. 예 직무집행에 착수하기 직전의 준비행위, 직무집행의 대기, 일시휴식 등

○ 공무집행방해죄에서 '**직무를 집행하는**'이란 공무원이 직무수행에 직접 필요한 행위를 현실적으로 행하고 있는 때만을 가리키는 것이 아니라 공무원이 직무수행을 위하여 근무 중인 상태에 있는 때를 포괄하고, 직무의 성질에 따라서는 직무수행의 과정을 개별적으로 분리하여 부분적으로 각각의 개시와 종료를 논하는 것이 부적절하고 여러 종류의 행위를 포괄하여 일련의 직무수행으로 파악함이 상당한 경우가 있다(대판 2018.3.29, 2017도21537).

관련 판례 직무집행 중에 해당하는 경우

1) 불법주차 차량에 불법주차 **스티커를 붙였다가 이를 다시 떼어 낸 직후**에 있는 주차단속 공무원을 폭행한 경우, 폭행 당시 주차단속 공무원은 일련의 직무수행을 위하여 근무 중인 상태에 있었다고 보아야 한다는 이유로 공무집행방해죄의 성립한다(대판 1999.9.21, 99도383).
2) 야간 당직 근무 중인 청원경찰이 불법주차 단속요구에 응하여 현장을 확인만 하고 주간 근무자에게 전달하여 단속하겠다고 했다는 이유로 민원인이 청원경찰을 폭행한 경우, 야간 당직근무자는 불법주차 단속권한은 없지만 민원 접수를 받아 다음날 관련 부서에 전달하여 처리하고 있으므로 불법주차 단속업무는 야간 당직 근무자들의 민원업무이자 경비업무로서 공무집행방해죄의 '직무집행'에 해당하여 공무집행방해죄가 성립한다(대판 2009.1.15, 2008도9919).
3) 피고인이 갑과 주차문제로 언쟁을 벌이던 중, 112 신고를 받고 출동한 경찰관 을이 갑을 때리려는 피고인을 제지하자 자신만 제지를 당한 데 화가 나서 손으로 을의 가슴을 1회 밀치고, 계속하여 욕설을 하면서 피고인을 현행범으로 체포하며 순찰차 뒷좌석에 태우려고 하는

을의 정강이 부분을 양발로 2회 걷어차는 등 폭행경우, 제반 사정을 종합하면 피고인이 손으로 을의 가슴을 밀칠 당시 을은 112 **신고처리에 관한 직무** 내지 **순찰근무**를 수행하고 있었고, 이와 같이 공무를 집행하고 있는 을의 가슴을 밀치는 행위는 공무원에 대한 유형력의 행사로서 공무집행방해죄에서 정한 폭행에 해당한다(대판 2018.3.29, 2017도21537).

㉢ 단순히 직무집행이 예상되는 것만으로는 직무집행에 해당하지 않는다.

ㅇ 시청 소속 수도검침원인 피해자가 **수도검침차 피고인 집으로 가나가** 그 집과 약 32미터 떨어진 공터에서 피고인으로부터 폭행을 당한 경우, 피고인이 피해자가 공무원인 사실을 알았다거나 나아가 위 피해자가 폭행을 당할 당시 공무집행 중이었고 또는 공무집행 중이라고 볼만한 근접한 행위가 있었다고 볼 수 없다(대판 1979.7.24, 79도1201).

② 직무집행의 적법성[183)]

㉠ 적법성의 요부 : 직무집행의 적법성에 대하여 명문으로 규정하고 있지는 않지만 위법한 직무집행에 대하여는 복종할 의무가 없으므로 적법한 직무집행일 것을 요한다(통설·판례). 따라서 공무집행방해죄는 공무원의 직무집행이 적법한 경우에 한하여 성립한다.

ㅇ **[적법한 공무집행인지 여부가 문제된 사건]**[184)] 피고인의 욕설과 소란으로 인해 정상적인 민원상담이 이루어지지 아니하고 다른 민원 업무 처리에 장애가 발생하는 상황이 지속되자 피고인을 사무실 밖으로 데리고 나간 공무원의 행위는 **민원 안내 업무와 관련된 일련의 직무수행**으로 포괄하여 파악하여야 하고, 담당 공무원이 피고인을 사무실 밖으로 데리고 나가는 과정에서 피고인의 팔을 잡는 등 다소의 물리력을 행사하였다고 하더라도 이는 피고인의 불법행위를 사회적 상당성이 있는 방법으로 저지한 것에 불과하므로 위법하다고 볼 수 없다고 판단하여, 공무집행방해죄가 성립한다(대판 2022.3.17, 2021도13883).
[사실관계] 시청 청사 내 주민생활복지과 사무실에 술에 취한 상태로 찾아가 소란을 피우던 피고인을 소속 공무원 갑과 을이 제지하며 밖으로 데리고 나가려 하자, 피고인이 갑과 을의 멱살을 잡고 수회 흔든 다음 휴대전화를 휘둘러 갑의 뺨을 때림으로써 시청 공무원들의 주민생활복지에 대한 통합조사 및 민원 업무에 관한 정당한 직무집행을 방해하였다는 공소사실로 기소된 사안에서, 피고인의 행위는 시청 소속 공무원들의 **적법한 직무집행을 방해한 행위**에 해당하므로 공무집행방해죄를 구성한다고 한 사례

ㅇ 형법 제136조가 규정하는 공무집행방해죄는 공무원의 **직무집행이 적법한 경우에** 한하여 성립하는 것이므로, 경찰관이 **적법절차를 준수하지 아니한 채** 실력으로 현행범인을 연행하려고 하였다면 **적법한 공무집행이라고 할 수 없고,** 현행범인이 그 경찰관에 대하여 이를 거부하는 방법으로써 폭행을 하였다고 하여 공무집행방해죄가 성립하는 것은 아니다(대판 2000.7.4, 99도4341).

---

183) **2017년 법무사시험(30점), 2003년 법무사시험** 甲은 근처 여관에서 숨어 있다가 같은 날 06 : 00경 B의 안위 등이 궁금하여 다시 위 가옥 주변 골목길로 가 동태를 살피며 서성거리고 있었는데, 마침 정복을 착용하고 새벽 순찰 중이던 인근 파출소 소속 순경 C가 이를 수상히 여겨 甲을 붙잡은 후 파출소로 동행할 것을 요구하며 수갑을 꺼내들어 채우려 하자, 甲은 위 절도 범행 등이 발각될 것이 두려워 C를 힘껏 밀어 넘어뜨린 뒤 도망하였다. 甲의 죄책을 논하시오.

184) **2022년 법무사시험(10/20점)**

㉡ 적법성의 요건

> ○ **적법한 공무집행**이라고 함은 그 행위가 ① 공무원의 추상적 권한에 속할 뿐 아니라 ② 구체적 직무집행에 관한 ③ 법률상 요건과 방식을 갖춘 경우를 가리키는 것이므로, 이러한 적법성이 결여된 직무행위를 하는 공무원에게 대항하여 폭행이나 협박을 가하였다고 하더라도 공무집행방해죄가 성립한다고 볼 수는 없다(대판 2013.3.14, 2011도7259).
>
> ○ 공무집행방해죄는 공무원의 적법한 공무집행이 전제로 된다 할 것이고, 그 공무집행이 적법하기 위하여는 그 행위가 ① 당해 공무원의 추상적 직무 권한에 속할 뿐 아니라 ② 구체적으로도 그 권한 내에 있어야 하며 또한 ③ 직무행위로서의 중요한 방식을 갖추어야 한다(대판 1991.5.10, 91도453).

㉢ 적법성의 판단기준 : 공무원의 어떠한 공무집행이 적법한지 여부는 행위 당시의 구체적 상황에 기하여 객관적·합리적으로 판단하여야 하고, 사후적으로 판단할 것은 아니다(**객관설**, 통설·판례).

> ○ 공무집행방해죄는 공무원의 적법한 공무집행이 전제로 되는데, 추상적인 권한에 속하는 공무원의 어떠한 공무집행이 적법한지 여부는 행위 당시의 구체적 상황에 기하여 객관적·합리적으로 판단하여야 하고 사후적으로 순수한 객관적 기준에서 판단할 것은 아니다. 마찬가지로 현행범 체포의 적법성은 체포 당시의 구체적 상황을 기초로 객관적으로 판단하여야 하고, 사후에 범인으로 인정되었는지에 의할 것은 아니다(대판 2013.8.23, 2011도4763).
>
> **[사실관계]** 비록 피고인이 식당 안에서 소리를 지르거나 양은그릇을 부딪치는 등의 소란행위가 업무방해죄의 구성요건에 해당하지 않아 사후적으로 무죄로 판단된다고 하더라도(∵ 이 사건 식당 본점 운영권의 양도·양수 합의의 존부 및 그 효력을 둘러싸고 피고인과 피해자 사이에 다툼이 있는 상황), 피고인이 상황을 설명해 달라거나 밖에서 얘기하자는 경찰관의 요구를 거부하고 경찰관 앞에서 소리를 지르고 양은그릇을 두드리면서 소란을 피운 당시 상황에서는 객관적으로 보아 피고인이 업무방해죄의 현행범이라고 인정할 만한 충분한 이유가 있으므로, 경찰관들이 피고인을 체포하려고 한 행위는 적법한 공무집행이라고 보아야 하고, 그 과정에서 피고인이 체포에 저항하며 피해자들을 폭행하거나 상해를 가한 것은 공무집행방해죄 등을 구성한다.

㉣ 적법성의 체계적 지위

심화 Thema **직무집행의 적법성의 체계적 지위**

1. 문제점

직무집행의 적법성의 체계적 지위에 대하여 그 착오와 관련하여 견해의 대립이 있다.

2. 학설

1) **객관적 처벌조건설** : 직무집행의 적법성은 객관적 처벌조건에 불과하므로 고의의 인식대상이 아니므로 그 착오는 고의를 조각하지 않는다는 견해이다.

2) **위법성요소설** : 직무집행의 적법성은 위법성요소이므로 그 착오는 법률의 착오(위법성의 착오, 제16조)에 의하여 해결하여야 한다는 견해이다.

3) **구성요건요소설** : 직무집행의 적법성은 구성요건요소이므로 그 착오는 사실의 착오(구성요건적 착오, 제13조) 고의를 조각시킨다는 견해이다.

3. 판례

경찰관의 현행범 체포행위(피의사실의 요지, 체포이유, 변호인선임권 등을 고지하는 등의 절차를 밟지 않은 경우)는 적법한 공무집행이라고 볼 수 없으므로 공무집행방해죄의 구성요건을 충족하지 아니한다(대판 2006.11.23, 2006도2732)라고 하여 **구성요건요소설**의 태도이다.

4. 검토

적법한 직무집행에 대한 방해행위만 공무집행방해죄를 구성한다고 보아야 하므로 구성요건요소설이 타당하다.[185]

관련 판례 적법한 직무집행에 해당하는 경우 → 폭행·협박시 공무집행방해죄 ○

1) **[자전거날치기 공무집행방해사건]** 검문 중이던 경찰관들이, 자전거를 이용한 날치기 사건 범인과 흡사한 인상착의의 피고인이 자전거를 타고 다가오는 것을 발견하고 정지를 요구하였으나 멈추지 않아, 앞을 가로막고 소속과 성명을 고지한 후 검문에 협조해 달라는 취지로 말하였음에도 불응하고 그대로 전진하자, 따라가서 재차 앞을 막고 검문에 응하라고 요구하였는데, 피고인이 경찰관들의 멱살을 잡아 밀치는 등 항의하면서 폭행한 경우 경찰관직무집행법 제3조 제1항에 규정된 자에 대해 의심되는 사항을 질문하기 위하여 정지시킨 것으로 적법한 불심검문이므로 **공무집행방해죄의 '직무집행'에 해당**하여 공무집행방해죄가 성립한다(대판 2012.9.13, 2010도6203).
∵ 앞을 가로막고 제지한 행위는 불심검문의 한계를 벗어나지 않아 적법하므로

2) **[신분증미제시불심검문 공무집행방해사건]** 불심검문을 하게 된 경위, 불심검문 당시의 현장상황과 검문을 하는 경찰관들의 복장, 피고인이 공무원증 제시나 신분 확인을 요구하였는지 여부 등을 종합적으로 고려하여, 검문하는 사람이 경찰관이고 검문하는 이유가 범죄행위에 관한 것임을 피고인이 충분히 알고 있었다고 보이는 경우에는 신분증을 제시하지 않았다고 하여 그 불심검문이 위법한 공무집행이라고 할 수 없다(대판 2014.12.11, 2014도7976).

3) 경찰관들이 미란다 원칙상 고지사항의 일부만 고지하고 **신원확인절차를 밟으려는 순간** 범인이 유리조각을 쥐고 휘둘러 이를 제압하려는 경찰관들에게 상해를 입힌 경우, 그 제압과정 중이나 후에 지체 없이 미란다 원칙을 고지하면 되는 것이므로 위 경찰관들의 **긴급체포**업무에 관한 정당한 직무집행을 방해한 경우이므로 공무집행방해죄가 성립한다(대판 2007.11.29, 2007도7961).

4) 경찰관들이 야간에 도로에서 잠복근무를 하고 있다가 그곳에 있던 차량을 조회하는 과정에서 차주인 피고인이 벌금 미납으로 지명수배 중임을 인지하여 경찰관들이 위 차량을 운전하여 가는 피고인을 추적하다가 도로 상에서 단속하였는데 당시 경찰관들은 피고인에게 신분증을 제시하면서 벌금 미납으로 인하여 지명수배가 되어 있으며 **형집행장이 발부되어 있음을 고하고** 임의동행을 요구하였으나 피고인은 벌금을 납부할 수 있도록 시간을 달라고 요청하면서 계속 동행을 거부하였고, 피고인이 가족과 연락할 수 있도록 경찰관들이 시간을 주었음에도 벌금 납부가 이루어지지 아니하자 경찰관들은 피고인을 경찰차에 태워 경찰서로 연행하고자 하였으나 피고인이 경찰차에 타지 아니하려고 하면서 경찰관 중 한 명의 왼쪽 턱 부위를 발로 찬 경우, 경찰관들의 검거행위가 적법한 공무집행에 해당하여 공무집행방해죄가 성립한다(대판 2013.9.12, 2012도2349).

5) 야간 당직 근무 중인 청원경찰이 불법주차 단속요구에 응하여 현장을 확인만 하고 주간 근무자에게 전달하여 단속하겠다고 했다는 이유로 민원인이 청원경찰을 폭행한 사안에서, 야간 당직

185) 김성돈 제8판 형법각론 p.826

근무자는 불법주차 단속권한은 없지만 민원 접수를 받아 다음날 관련 부서에 전달하여 처리하고 있으므로 **불법주차 단속업무**는 야간 당직 근무자들의 민원업무이자 경비업무로서 공무집행방해죄의 '직무집행'에 해당하여 공무집행방해죄가 성립한다(대판 2009.1.15, 2008도9919).

6) **[용산철거사건]** 재개발지역 내 주민들이 철거에 반대하여 건물 옥상에 망루를 설치하고 농성하던 중 피고인 등이 던진 화염병에 의해 발생한 화재로 일부 농성자 및 진압작전 중이던 일부 경찰관이 사망하거나 상해를 입은 경우, 경찰의 위 **농성 진압작전**을 위법한 직무집행으로 볼 수 없으므로 피고인들에게 특수공무집행방해치사상죄가 성립한다(대판 2010.11.11, 2010도7621).

7) 공사현장 출입구 앞 도로 한복판을 점거하고 공사차량의 출입을 방해하던 피고인의 팔과 다리를 잡고 도로 밖으로 옮기려고 한 경찰관의 행위는 적법한 공무집행이므로 경찰관의 팔을 물어뜯은 행위는 공무집행방해죄 및 상해죄가 성립한다(대판 2013.9.26, 2013도643).
∵ 형법상 공무집행방해치상죄는 없으므로

8) 피고인이 갑 시청 옆 **일반국도인 도로의 보도**에서 철야농성을 위해 천막을 설치하던 중 이를 제지하는 갑 시청 소속 공무원들에게 폭행을 가한 경우, 도로관리권에 근거한 공무집행을 하는 공무원에 대하여 폭행 등을 가한 피고인의 행위는 공무집행방해죄를 구성한다(대판 2014.2.13, 2011도10625).

9) 교육인적자원부 장관이 약학대학 학제개편에 관한 공청회를 개최하면서 행정절차법상 통지 절차를 위반하였더라도, 위 공청회 개최업무는 공무집행방해죄의 보호대상인 '적법한 공무집행'이다(대판 2007.10.12, 2007도6088). ∵ 공청회 개최 통지 절차 위반은 경미한 흠에 불과

10) 피고인은 평소 집에서 심한 고성과 욕설, 시끄러운 음악 소리 등으로 이웃 주민들로부터 수회에 걸쳐 112신고가 있어 왔던 사람인데, 피고인의 집이 소란스럽다는 112신고를 받고 출동한 경찰관 甲, 乙이 인터폰으로 문을 열어달라고 하였으나 욕설을 하였고, 경찰관들이 피고인을 만나기 위해 **전기차단기**를 내리자 화가 나 식칼을 들고 나와 욕설을 하면서 경찰관들을 향해 찌를 듯이 협박한 경우 특수공무집행방해죄가 성립한다(대판 2018.12.13, 2016도1941).
∵ 경찰관 직무집행법 제6조(범죄의 예방과 제지)에서 정한 경찰 행정상 즉시강제의 요건을 충족한 적법한 직무집행으로 볼 여지가 있으므로

11) 음주측정을 위해 하차를 요구하였음에도 차량에서 내려 도주하는 피고인을 추격하여 도주를 제지한 것은 적법한 직무집행이다(대판 2020.8.20, 2020도7193).
[판결이유] 음주운전 신고를 받고 출동한 경찰관이 만취한 상태로 시동이 걸린 차량 운전석에 앉아있는 피고인을 발견하고 **음주측정을 위해 하차를 요구**함으로써 도로교통법 제44조 제2항이 정한 음주측정에 관한 직무에 착수하였다고 할 것이고, 피고인이 차량을 운전하지 않았다고 다투자 경찰관이 지구대로 가서 차량 블랙박스를 확인하자고 한 것은 음주측정에 관한 직무 중 '운전' 여부 확인을 위한 **임의동행 요구**에 해당하고, 피고인이 차량에서 내리자마자 도주한 것을 임의동행 요구에 대한 거부로 보더라도, 경찰관이 음주측정에 관한 직무를 계속하기 위하여 피고인을 추격하여 도주를 제지한 것은 앞서 본 바와 같이 도로교통법상 음주측정에 관한 일련의 직무집행 과정에서 이루어진 행위로써 정당한 직무집행에 해당한다.
[사실관계] 경찰관 이○○이 피고인을 10m 정도 추격하여 피고인의 앞을 가로막는 방법으로 제지한 뒤 '그냥 가면 어떻게 하느냐'는 취지로 말하자 피고인이 위 **경찰관의 뺨을 때렸고, 계속하여 도주**하고 폭행하려고 하자 경찰관이 피고인을 공무집행방해죄의 현행범으로 체포한 사안에서 음주측정을 위해 도주하는 피고인을 추격하여 도주를 제지한 것을 적법한 직무집행으로 보아 공무집행방해죄를 유죄로 판단한 원심이 타당하다고 본 사례

12) 피고인들을 포함한 '갑 주식회사 희생자 추모와 해고자 복직을 위한 범국민대책위원회'(약칭 '대책위')가 덕수궁 대한문 화단 앞 인도('농성 장소')를 불법적으로 점거한 뒤 천막 · 분향소 등을 설치하고 농성을 계속하다가 관할 구청이 행정대집행으로 농성 장소에 있던 물건을 치웠음에도 대책위 관계자들이 이에 대한 항의의 일환으로 기자회견 명목의 집회를 개최하려고 하자, 출동한 경찰 병력이 농성 장소를 둘러싼 채 대책위 관계자들의 농성 장소 진입을 제지하는 과정에서 피고인들이 경찰관을 밀치는 등으로 공무집행을 방해하였다는 내용으로 기소된 사안에서, 경찰 병력이 행정대집행 직후 대책위가 또다시 같은 장소를 점거하고 물건을 다시 비치하는 것을 막기 위해 **농성 장소를 미리 둘러싼 뒤 대책위가 같은 장소에서 기자회견 명목의 집회를 개최하려는 것을 불허하면서 소극적으로 제지한** 것은 구 경찰관 직무집행법 제6조 제1항의 범죄행위 예방을 위한 **경찰 행정상 즉시강제**로서 **적법한 공무집행에 해당**하고, 피고인 등 대책위 관계자들이 이와 같이 직무집행 중인 경찰 병력을 밀치는 등 유형력을 행사한 행위는 **공무집행방해죄에 해당**한다고 한 사례(대판 2021.10.14, 2018도2993)

Part 03

관련 판례 **적법한 직무집행에 해당하지 않는 경우** → 폭행 · 협박시 공무집행방해죄 ×, 폭행 · 협박 · 상해 ×

1) 경찰관이 **적법절차를 준수하지 않은 채** 실력으로 현행범인을 연행하려 하였다면 적법한 공무집행이라고 할 수 없다(대판 2017.3.15, 2013도2168).
2) 비록 사법경찰관 등이 피의자에 대한 구속영장을 소지하였다 하더라도 피의자를 체포하기 위하여는 체포 당시에 피의자에 대한 범죄사실의 요지, 구속의 이유와 변호인을 선임할 수 있음을 말하고 변명할 기회를 준 후가 아니면 체포할 수 없고, 이와 같은 **절차를 밟지 아니한 채** 실력으로 연행하려 하였다면 적법한 공무집행으로 볼 수 없다(대판 1996.12.23, 96도2673).
3) 피고인이 교통단속 경찰관의 면허증 제시 요구에 응하지 않고 교통경찰관을 폭행한 사안에 대하여 경찰관의 면허증 제시 요구에 순순히 응하지 않은 것은 잘못이라고 하겠으나, 피고인이 위 경찰관에게 먼저 폭행 또는 협박을 가한 것이 아니라면 경찰관의 오만한 단속 태도에 항의한다고 하여 피고인을 그 의사에 반하여 교통초소로 연행해 갈 권한은 경찰관에게 없는 것이므로, 이러한 **강제연행**에 항거하는 와중에서 경찰관의 멱살을 잡는 등 폭행을 가하였다고 하여도 공무집행방해죄가 성립되지 않는다(대판 1992.2.11, 91도2797).
4) **현행범인으로서의 요건을 갖추고 있었다고 인정되지 않는 상황**에서 경찰관들이 동행을 거부하는 자를 체포하거나 강제로 연행하려고 하였다면, 이는 적법한 공무집행이라고 볼 수 없고, 그 체포를 면하려고 반항하는 과정에서 경찰관에게 상해를 가한 것은 불법 체포로 인한 신체에 대한 현재의 부당한 침해에서 벗어나기 위한 행위로서 정당방위에 해당하여 위법성이 조각된다(대판 2002.5.10, 2001도300).

   [동지판례] 경찰관의 행위가 적법한 공무집행을 벗어나 **불법**하게 **체포**한 것으로 볼 수밖에 없다면, 그 체포를 면하려고 반항하는 과정에서 경찰관에게 상해를 가한 것은 불법 체포로 인한 신체에 대한 현재의 부당한 침해에서 벗어나기 위한 행위로서 정당방위에 해당하여 위법성이 조각된다(대판 2000.7.4, 99도4341).

   [동지판례] 현행범인으로서의 요건을 갖추고 있었다고 인정되지 않는 상황에서 경찰관들이 동행을 거부하는 자를 체포하거나 강제로 연행하려고 하였다면, 이는 적법한 공무집행이라고 볼 수 없으므로 강제연행을 거부하는 자를 도와 경찰관들에 대하여 폭행을 하는 등의 방법으로 그 연행을 방해하였다고 하더라도, 공무집행방해죄는 성립되지 않는다(대판 1991.9.24, 91도1314).

5) 신고를 받고 출동한 경찰관이 피고인이 **음주운전을 종료한 후 40분 이상**이 경과한 시점에서 길가에 앉아 있던 피고인에게서 술냄새가 난다는 점만을 근거로 피고인을 음주운전의 현행범으로 체포한 것은 피고인이 '방금 음주운전을 실행한 범인이라는 점에 관한 죄증이 명백하다고 할 수 없는 상태'에서 이루어진 것으로서 적법한 공무집행이라고 볼 수 없다(대판 2007.4.13, 2007도1249).

6) 피고인이 경찰관의 불심검문을 받아 **운전면허증을 교부한 후** 경찰관에게 큰 소리로 욕설을 하였는데, 경찰관이 피고인을 모욕죄의 현행범으로 체포하려고 하자 피고인이 반항하면서 경찰관에게 상해를 가한 경우, 위 행위가 정당방위에 해당하므로 피고인에 대한 '상해' 및 '공무집행방해'의 죄는 성립하지 않는다(대판 2011.5.26, 2011도3682). ∵ 현행범체포의 요건을 결여하였으므로

7) 검사가 참고인 조사를 받는 줄 알고 검찰청에 자진출석한 변호사사무실 사무장을 **합리적 근거 없이 긴급체포**하자 그 변호사가 이를 제지하는 과정에서 위 검사에게 상해를 가한 것이 정당방위에 해당하여 공무집행방해죄는 성립하지 않는다(대판 2006.9.8, 2006도148).

8) 경찰관들이 체포영장을 소지하고 메트암페타민(일명 필로폰) 투약 등 혐의로 피고인을 체포하려고 하자, 피고인이 이에 거세게 저항하는 과정에서 경찰관들에게 상해를 가한 경우, 피고인이 경찰관들과 마주하자마자 도망가려는 태도를 보이거나 먼저 폭력을 행사하며 대항한 바 없는 등 경찰관들이 체포를 위한 실력행사에 나아가기 전에 체포영장을 제시하고 미란다 원칙을 고지할 여유가 있었음에도 **애초부터 미란다 원칙을 체포 후에 고지할 생각**으로 먼저 체포행위에 나선 행위는 적법한 공무집행이라고 볼 수 없어 공무집행방해죄는 성립하지 않는다(대판 2017.9.21, 2017도10866).
→ 체포영장의 제시나 고지 등은 체포를 위한 실력행사에 들어가기 이전에 미리 하여야 하는 것이 원칙이다. 그러나 달아나는 피의자를 쫓아가 붙들거나 폭력으로 대항하는 피의자를 실력으로 제압하는 경우에는 붙들거나 제압하는 과정에서 하거나, 그것이 여의치 않은 경우에는 일단 붙들거나 제압한 후에 지체 없이 하여야 한다.

9) **[형집행장미소지 구인거부사건]** 경찰관이 벌금형에 따르는 노역장 유치의 집행을 위하여 **형집행장을 소지하지 아니한 채** 피고인을 구인할 목적으로 그의 주거지를 방문하여 임의동행의 형식으로 데리고 가다가, 피고인이 동행을 거부하며 다른 곳으로 가려는 것을 제지하면서 체포·구인하려고 하자 피고인이 이를 거부하면서 경찰관을 폭행한 경우, 위와 같이 피고인을 체포·구인하려고 한 것은 노역장 유치의 집행에 관한 법규정에 반하는 것으로서 적법한 공무집행행위라고 할 수 없으며, 또한 그 경우에 형집행장의 제시 없이 구인할 수 있는 '급속을 요하는 경우'(형사소송법 제85조 제3항)에 해당한다고 할 수 없고, 이는 피고인이 벌금미납자로 지명수배되었다고 하더라도 달리 볼 것이 아니므로, 위 공무집행방해죄는 성립하지 않는다(대판 2010.10.14, 2010도8591).

10) 경찰관 甲이 도로를 순찰하던 중 벌금 미납으로 지명수배된 乙과 조우하게 되어 **형집행장이 발부되어 있는 사실을 고지하지는 않았으나 벌금 미납 사실을 고지**하고 벌금납부를 유도하였으나 乙이 이를 거부하자 벌금 미납으로 인한 노역장 유치의 집행을 위하여 구인하려 하였는데, 乙이 이에 저항하여 갑의 가슴을 양손으로 수차례 밀친 경우, 공무집행방해죄는 성립하지 않는다(대판 2017.9.26, 2017도9458).
[판결이유] 사법경찰관리가 벌금형을 받은 이를 그에 따르는 노역장 유치의 집행을 위하여 구인하려면 검사로부터 발부받은 형집행장을 상대방에게 제시하여야 하지만(형사소송법 제85조 제1항), 형집행장을 소지하지 아니한 경우에 급속을 요하는 때에는 상대방에 대하여 형집행 사유와 형집행장이 발부되었음을 고하고 집행할 수 있고(형사소송법 제85조 제3항), 여기서 형집

행장의 제시 없이 구인할 수 있는 '급속을 요하는 때'란 애초 사법경찰관리가 적법하게 발부된 형집행장을 소지할 여유가 없이 형집행의 상대방을 조우한 경우 등을 가리킨다. 따라서 벌금 미납으로 인한 지명수배 사실을 고지하였더라도 특별한 사정이 없는 한 그러한 고지를 형집행장이 발부되어 있는 사실을 고지한 것이라고 볼 수 없으므로, 이와 같은 사법경찰관리의 직무집행은 적법한 직무집행에 해당한다고 할 수 없다.

11) 위법한 집회·시위가 장차 특정지역에서 개최될 것이 예상된다고 하더라도, 이와 **시간적·장소적으로 근접하지 않은 다른 지역**에서 그 집회·시위에 참가하기 위하여 출발 또는 이동하는 행위를 함부로 제지하는 것은 경찰관직무집행법 제6조 제1항의 행정상 즉시강제인 경찰관의 제지의 범위를 명백히 넘어 허용될 수 없다. 따라서 이러한 제지 행위는 공무집행방해죄의 보호대상이 되는 공무원의 적법한 직무집행이 아니다(대판 2008.11.13, 2007도9794).

12) 면사무소에 설계도면을 제출할 의무나 설계에 필요한 금원을 지급할 의무가 없다면 피고인이 설계도를 제출하지 않음으로써 건축시공상의 어떤 불이익을 받는 것은 별론으로 하고 면사무소 공무원으로서도 이를 적법하게 강제할 권한이 없는 것이므로 면사무소 공무원이 자신의 **행정사무의 편의를 위한 목적으로 설계도의 제출을 요구한 행위**는 공무집행방해죄에 있어서의 공무집행에 해당한다고 단정할 수는 없다(대판 1982.11.23, 81도1872).

13) 출입국관리공무원이 **관리자의 사전 동의 없이** 사업장에 진입하여 불법체류자 단속업무를 개시한 사안에서, 공무집행행위의 적법성이 부인되어 공무집행방해죄가 성립하지 않는다(대판 2009.3.12, 2008도7156).

[사실관계] 출입국관리공무원이 관리자의 사전 동의 없이 사업장에 진입하여 불법체류자 단속업무를 개시하였다면 그 상태에서 피고인이 단속공무원을 **칼로 찔렀다** 할지라도 특수공무집행방해죄는 성립하지 않는다.

[판결이유] 피고인이 위험한 물건인 칼로 피해자의 오른쪽 허벅지를 고의적으로 찔러 상해를 가한 행위는 현재의 부당한 침해를 방어하기 위한 상당한 이유가 있는 행위로 볼 수 없다.

→ 특수공무집행방해죄 성립 X, 상해죄 성립 O

14) 도심광장인 '**서울광장**'에서, 행정대집행법이 정한 계고 및 대집행영장에 의한 통지절차를 거치지 아니한 채 위 광장에 무단설치된 천막의 철거대집행을 행하는 공무원들에 대항하여 피고인들이 폭행·협박을 가하였더라도, 특수공무집행방해죄는 성립하지 않는다(대판 2010.11.11, 2009도11523). ∵ 서울광장은 도로의 불법점용의 대상이 아니므로

15) 한미FTA 비준동의안에 대한 국회 외교통상 상임위원회(이하 '외통위'라 한다)의 처리 과정에서, **갑 정당 당직자인 피고인들이 갑 정당 소속 외통위 위원 등과 함께 외통위 회의장 출입문 앞에 배치되어 출입을 막고 있던 국회 경위들을 밀어내기 위해 국회 경위들의 옷을 잡아당기거나 밀치는 등의 행위를 한 경우,** 회의장 근처에 배치된 국회 경위들이 갑 정당 소속 외통위 위원들의 회의장 출입을 막은 행위는 외통위 위원장의 위법한 조치를 보조한 행위에 지나지 아니하여 역시 위법한 직무집행이므로, 피고인들이 갑 정당 소속 외통위 위원들을 회의장으로 들여보내기 위하여 그들과 함께 국회 경위들을 밀어내는 과정에서 경위들의 옷을 잡아당기는 등의 행위를 하였더라도, 이러한 행위는 적법성이 결여된 직무행위를 하는 공무원에게 대항하여 한 것에 지나지 아니하여 공무집행이 적법함을 전제로 하는 공무집행방해죄는 성립하지 않는다(대판 2013.6.13, 2010도13609).

[비교판례] 甲 정당 당직자인 피고인들이 국회 외교통상 상임위원회 회의장 앞 복도에서 출입이 봉쇄된 회의장 출입구를 뚫을 목적으로 회의장 출입문 및 그 안쪽에 쌓여 있던 집기를 손상하거나, 국회 심의를 방해할 목적으로 회의장 내에 물을 분사한 경우, **공용물건손상죄** 및 **국회회의장소동죄**의 구성요건에 해당하고, 방법이나 수단에 있어서도 상당성의 요건을 갖추지 못하여 이를 위법성이 조각되는 정당행위나 긴급피난의 요건을 갖춘 행위로 평가하기 어렵다(대판 2013.6.13, 2010도13609).

4 행위

공무집행방해죄는 직무를 집행하는 공무원에 대하여 폭행 또는 협박하는 것이다.

(1) 폭행

폭행은 공무를 집행하는 공무원에 대하여 유형력을 행사하는 행위를 말한다. 반드시 공무원의 신체에 대한 것임을 요하지 아니하고 물건에 대한 유형력의 행사라도 간접적으로 공무원에 대한 것이면 폭행에 해당한다(광의의 폭행).

○ 형법 제136조에 규정된 공무집행방해죄에 있어서의 **폭행**은 공무를 집행하는 공무원에 대하여 유형력을 행사하는 행위를 말하는 것으로 그 폭행은 공무원에 직접적으로나 간접적으로 하는 것을 포함한다고 해석되며(대판 1970.5.12, 70도561) 또 동 조에 규정된 **협박**이라 함은 사람을 공포케 할 수 있는 해악을 고지함을 말하는 것이나 그 방법도 언어, 문서, 직접, 간접 또는 명시, 암시를 가리지 아니한다(대판 1981.3.24, 81도326).

관련 판례 공무원에 대한 폭행에 해당하는 경우

1) 경찰관이 공무를 집행하고 있는 파출소 사무실의 바닥에 인분이 들어있는 물통을 집어던지고 책상 위에 있던 재떨이에 인분을 퍼담아 사무실 바닥에 던지는 행위는 동 경찰관에 대한 **폭행**이다(대판 1981.3.24, 81도326).
   [비교판례] 경찰청 민원실에서 말똥을 책상 및 민원실 바닥에 뿌리고 소리를 지르는 등 난동을 부린 행위는 **위력**에 해당한다(대판 2010.2.25, 2008도9049). → 공무집행방해 ×
2) 피고인이 지구대 내에서 약 1시간 40분 동안 큰 소리로 경찰관을 모욕하는 말을 하고, 그곳 의자에 드러눕거나 다른 사람들에게 시비를 걸고 그 과정에서 경찰관들이 피고인을 내보낸 뒤 문을 잠그자 다시 들어오기 위해 **출입문을 계속해서 두드리거나 잡아당기는 등 소란을 피운 경우**, 밤늦은 시각에 술에 취해 위와 같이 한참 동안 소란을 피운 행위는 공무원의 정당한 직무집행을 방해하기에 충분한 행위임은 분명하고, 그 행위의 정도에 따라 공무원에 대한 간접적인 유형력의 행사로서 형법 제136조에서 규정한 폭행에 해당한다고 볼 여지가 있다(대판 2013.12.26, 2013도11050).

관련 판례 공무원에 대한 폭행에 해당하지 않는 경우

1) 피고인이 노조원들과 함께 경찰관인 피해자들이 파업투쟁 중인 공장에 진입할 경우에 대비하여 **미리 윤활유나 철판조각을 바닥에 뿌려 놓은 것**에 불과하고, 위 피해자들이 이에 미끄러져 넘어지거나 철판조각에 찔려 다쳤다는 것에 지나지 않은 경우, 특수공무집행방해치상죄는 성립하지 않는다(대판 2010.12.23, 2010도7412).

2) 차량을 일단 정차한 다음 경찰관의 운전면허증 제시요구에 불응하고 다시 출발하는 과정에서 경찰관이 잡고 있던 운전석 쪽의 열린 유리창 윗부분을 놓지 않은 채 어느 정도 진행하다가 차량속도가 빨라지자 더 이상 따라가지 못하고 손을 놓아버렸다면 이러한 사실만으로는 피고인의 행위가 공무집행방해죄에 있어서의 폭행에 해당한다고 할 수 없다(대판 1996.4.26, 96도281).

(2) 협박

협박이란 상대방에게 공포심을 일으킬 목적으로 해악을 고지하는 일체의 행위를 의미하고 상대방이 공포심을 일으켰는지는 불문한다(광의의 협박). 다만 경미하여 상대방이 전혀 개의치 않을 정도인 경우에는 협박에 해당하지 않는다.

○ 공무집행방해죄에 있어서 **협박**이라 함은 상대방에게 공포심을 일으킬 목적으로 해악을 고지하는 행위를 의미하는 것으로서 고지하는 해악의 내용이 그 경위, 행위 당시의 주위 상황, 행위자의 성향, 행위자와 상대방과의 친숙함의 정도, 지위 등의 상호관계 등 행위 당시의 여러 사정을 종합하여 객관적으로 상대방으로 하여금 공포심을 느끼게 하는 것이어야 하고, / 그 협박이 **경미하여 상대방이 전혀 개의치 않을 정도**인 경우에는 협박에 해당하지 않는다(대판 2006.1.13, 2005도4799).

관련 판례 **공무원에 대한 협박에 해당하는 경우**

1) 폭력행위 등 전과 12범인 피고인이 그 경영의 술집에서 떠들며 놀다가 주민의 신고를 받고 출동한 경찰로부터 조용히 하라는 주의를 받은 것뿐인데 그 후 새벽 4시의 이른 시각에 파출소에까지 뒤쫓아가서 "우리 집에 무슨 감정이 있느냐, 이 **순사새끼들 죽고 싶으냐**"는 등의 폭언을 하였다면, 이는 단순한 불만의 표시나 감정적인 욕설에 그친다고 볼 수 없고, 객관적으로 보아 상대방으로 하여금 공포심을 느끼게 하기에 족하므로 공무집행방해죄가 성립한다(대판 1989.12.26, 89도1204).

2) [풍어제 기부금 횡령사건] 수산업협동조합 조합장인 피고인이 수사 중인 해양경찰서 소속 경찰공무원인 甲에게 전화를 걸어 수사에 대하여 강하게 항의하면서 해양경찰청 고위 간부들과의 친분관계를 이용하여 甲에게 **인사상 불이익을 가하겠다**고 폭언을 한 경우 이는 객관적으로 보아 상대방으로 하여금 공포심을 느끼게 하기에 충분하므로, 공무집행방해죄가 성립한다(대판 2011.2.10, 2010도15986).

관련 판례 **공무원에 대한 협박에 해당하지 않는 경우**

경찰관의 임의동행을 요구받은 피고인이 자기집 안방으로 피하여 문을 잠그었다면 이는 임의동행 요구를 거절한 것이므로 피요구자의 승락을 조건으로 하는 임의동행하려는 직무행위는 끝난 것이고 피고인이 문을 잠근 방안에서 면도칼로 앞가슴 등을 그어 피를 보이면서 **자신이 죽어버리겠다**고 불온한 언사를 농하였다 하여도 이는 자해자학행위는 될지언정 위 경찰관에 대한 유형력의 행사나 해악의 고지표시가 되는 폭행 또는 협박으로 볼 수 없다(대판 1976.3.9, 75도3779).

(3) 폭행 · 협박의 정도

① 공무집행방해죄에 있어서 폭행 · 협박은 공무원의 직무집행을 방해할 정도로 적극적이어야 하고, 공무원이 개의치 않을 정도로 경미한 경우나 소극적인 거동 · 불복종은 여기에 해당하지 않는다.

ㅇ 공무집행방해죄에 있어서 협박이라 함은 상대방에게 공포심을 일으킬 목적으로 해악을 고지하는 행위를 의미하는 것으로서 고지하는 해악의 내용이 그 경위, 행위당시의 주위상황, 행위자의 성향, 행위자와 상대방과의 친숙의 정도, 지위 등의 상호관계 등 행위 당시의 여러 사정을 종합하여 객관적으로 상대방으로 하여금 공포심을 느끼게 하기에 족하면 되고, 상대방이 현실로 공포심을 품게 될 것까지 요구되는 것은 아니며, 다만 그 협박이 경미하여 상대방이 전혀 개의치 않을 정도인 경우에는 협박에 해당하지 않는다고 할 것이다(대판 1976.5.11, 76도988).

ㅇ 공무집행방해죄에 있어서의 폭행·협박은 성질상 공무원의 직무집행을 방해할 만한 정도의 것이어야 하므로, 경미하여 공무원이 개의치 않을 정도의 것이라면 여기의 폭행·협박에는 해당하지 아니한다고 할 것이다(대판 2007.6.1, 2006도4449).

② 폭행·협박에 이르지 않는 정도의 위력으로 공무를 방해한 경우 공무집행방해죄가 성립할 수 없고 업무방해죄에 해당하지도 않는다.

ㅇ [경찰청민원실 욕설행패사건] 지방경찰청 민원실에서 민원인들이 진정사건의 처리와 관련하여 지방경찰청장과의 면담 등을 요구하면서 이를 제지하는 경찰관들에게 **큰소리로 욕설을 하고 행패를 부린 행위**는 위력에 의한 업무방해죄에 해당하지 않는다(대판 2009.11.19, 2009도4166 全合).
[동지판례] 경찰청 민원실에서 **말똥을 책상 및 민원실 바닥에 뿌리고 소리를 지르는 등 난동을 부린 행위**는 위력에 의한 업무방해죄에 해당하지 않는다(대판 2010.2.25, 2008도9049).
[동지판례(시장기자회견방해사건)] X시의 시장 A와 Y회사 관계자 등이 'Y회사 공장 유치 확정'에 관한 기자회견을 하려고 하자, 甲이 다른 사람들과 공모하여 위력으로써 기자회견을 방해한 경우, X시의 시장 A의 기자회견은 공무원이 직무상 수행하는 공무에 해당하므로 甲의 행위는 A에 대하여 업무방해죄가 성립하지 않는다(대판 2011.7.28, 2009도11104).

(4) 기수시기

직무를 집행하는 공무원을 폭행·협박한 때이다. 직무집행이 현실적으로 방해될 것을 요하지 않는다(추상적 위험범).

5 주관적 구성요건

ㅇ 공무집행방해죄에 있어서의 범의는 ① 상대방이 직무를 집행하는 공무원이라는 사실, ② 그리고 이에 대하여 폭행 또는 협박을 한다는 사실을 인식하는 것을 그 내용으로 하고, 그 인식은 불확정적인 것이라도 소위 미필적 고의가 있다고 보아야 하며, / 그 직무집행을 방해할 의사를 필요로 하지 아니한다(대판 1995.1.24, 94도1949).

6 죄수

공무원의 수(↔ 공무의 수 : ×)를 기준으로 한다.

ㅇ 동일한 공무를 집행하는 여럿의 공무원에 대하여 폭행·협박 행위를 한 경우에는 공무를 집행하는 공무원의 수에 따라 여럿의 공무집행방해죄가 성립하고, 위와 같은 폭행·협박 행위가 동일한 장소에서 동일한 기회에 이루어진 것으로서 사회관념상 1개의 행위로 평가되는 경우에는 여럿의 공무집행방해죄는 상상적 경합의 관계에 있다(대판 2009.6.25, 2009도3505).

[사실관계] 범죄 피해 신고를 받고 출동한 두 명의 경찰관에게 욕설을 하면서 차례로 폭행을 하여 신고 처리 및 수사 업무에 관한 정당한 직무집행을 방해한 경우, 동일한 장소에서 동일한 기회에 이루어진 폭행 행위는 사회관념상 1개의 행위로 평가하는 것이 상당하므로, 위 공무집행방해죄는 제40조에 정한 상상적 경합의 관계에 있다.

7 타죄와의 관계

(1) 공무집행방해의 수단으로 행하여진 폭행·협박죄는 이 죄에 흡수된다.

(2) 폭행·협박이 살인·상해·강도에 이른 경우 공무집행방해죄와 상상적 경합범이 된다.

> o 절도범인이 체포를 면탈할 목적으로 경찰관에게 폭행 협박을 가한 때에는 준강도죄와 공무집행방해죄를 구성하고 양죄는 상상적 경합관계에 있으나, 강도범인이 체포를 면탈할 목적으로 경찰관에게 폭행을 가한 때에는 강도죄와 공무집행방해죄는 실체적 경합관계에 있다(대판 1992.7.28, 92도917).[186]
>
> o 공사현장 출입구 앞 도로 한복판을 점거하고 공사차량의 출입을 방해하던 피고인의 팔과 다리를 잡고 도로 밖으로 옮기려고 한 경찰관의 행위는 적법한 공무집행이므로 경찰관의 팔을 물어뜯은 행위는 **공무집행방해죄 및 상해죄**가 성립한다(대판 2013.9.26, 2013도643).
> → 공무집행방해치상죄 ×(∵ 처벌규정 없음)

III 직무·사직강요죄

공무원에 대하여 그 직무상의 행위를 강요 또는 조지하거나 그 직을 사퇴하게 할 목적으로 폭행 또는 협박함으로써 성립하는 범죄이다(제136조 제2항).

IV 위계에 의한 공무집행방해죄

위계로써 공무원의 직무집행을 방해함으로써 성립하는 범죄이다(제137조).

1 행위

(1) **위계**

위계란 상대방의 오인·착각·부지를 이용하는 일체의 행위를 말한다.

> o 위계에 의한 공무집행방해죄에서 **'위계'**라 함은 행위자의 행위목적을 이루기 위하여 상대방인 담당 공무원에게 오인 등을 일으키게 하여 그 오인 등을 이용하는 것을 말한다. 따라서 담당 공무원들 모두의 공모 또는 양해 아래 부정한 행위가 이루어졌다면 이로 말미암아 오인 등을 일으킨 상대방이 있다고 할 수 없으므로, 그러한 행위는 위계에 의한 공무집행방해죄에서의 위계에 해당한다고 볼 수 없다(대판 2015.2.26, 2013도13217).

186) 2015년 법무사시험

ㅇ 행정관청이 출원에 의한 인·허가처분을 함에 있어서는 그 출원사유가 사실과 부합하지 아니하는 경우가 있음을 전제로 하여 인·허가할 것인지의 여부를 심사, 결정하는 것이므로 행정관청이 사실을 충분히 확인하지 아니한 채 출원자가 제출한 **허위의 출원사유나 허위의 소명자료**를 가볍게 믿고 인가 또는 허가를 하였다면 이는 **행정관청의 불충분한 심사**에 기인한 것으로서 출원자의 위계가 결과 발생의 주된 원인이었다고 할 수 없어 위계에 의한 공무집행방해죄를 구성하지 않는다고 할 것이지만, / 출원자가 행정관청에 허위의 출원사유를 주장하면서 이에 부합하는 허위의 소명자료를 첨부하여 제출한 경우 허가관청이 관계 법령이 정한 바에 따라 인·허가요건의 존부 여부에 관하여 나름대로 **충분히 심사**를 하였으나 출원사유 및 소명자료가 허위임을 발견하지 못하여 인·허가처분을 하게 되었다면 이는 허가관청의 불충분한 심사가 그의 원인이 된 것이 아니라 출원인의 위계행위가 원인이 된 것이어서 위계에 의한 공무집행방해죄가 성립된다(대판 2002.9.4, 2002도2064).

(2) 직무집행

법령의 위임에 따른 공무원의 적법한 직무집행인 이상 공권력의 행사를 내용으로 하는 권력적 작용뿐만 아니라 사경제주체로서의 활동을 비롯한 비권력적 작용도 포함한다.

ㅇ 위계에 의한 공무집행방해죄에서 공무원의 직무집행이란 법령의 위임에 따른 공무원의 적법한 직무집행인 이상 공권력의 행사를 내용으로 하는 권력적 작용뿐만 아니라 **사경제주체로서의 활동을 비롯한 비권력적 작용도 포함**되는 것으로 봄이 상당하다(대판 2003.12.26, 2001도6349).
[사실관계] **감척어선 입찰**자격이 없는 자가 제3자와 공모하여 제3자의 대리인 자격으로 제3자 명의로 입찰에 참가하고, 낙찰받은 후 자신의 자금으로 낙찰대금을 지급하여 감척어선에 대한 실질적 소유권을 취득한 경우, 위계에 의한 공무집행방해죄가 성립한다.

관련 판례 **위계에 의한 공무집행방해죄가 성립하는 경우**

1) 피고인이 마치 그의 형인 양 시험감독자를 속이고 원동기장치 자전거운전면허시험에 **대리**로 **응시**하였다면 피고인의 소위는 위계에 의한 공무집행방해죄가 성립한다(대판 1986.9.9, 86도1245).
2) 피고인이 개인택시 운송사업면허를 받은 지 5년이 경과되지 아니하여 원칙적으로 개인택시 운송사업을 양도할 수 없는 사람 등과 사이에 마치 그들이 1년 이상의 치료를 요하는 질병으로 인하여 직접 운전할 수 없는 것처럼 가장하여 개인택시 운송사업의 양도·양수인가를 받기로 공모한 후, 질병이 있는 노숙자들로 하여금 그들이 개인택시 운송사업을 양도하려고 하는 사람인 것처럼 위장하여 의사의 진료를 받게 한 다음, 그 정을 모르는 의사로부터 환자가 개인택시 운송사업의 양도인으로 된 **허위의 진단서**를 발급받아 행정관청에 **개인택시 운송사업의 양도·양수 인가신청을 하면서 이를 소명자료로 제출하여 진단서의 기재 내용을 신뢰한 행정관청으로부터 인가처분을 받은 경우, 위계에 의한 공무집행방해죄가 성립한다**(대판 2002.9.4, 2002도2064).
3) 지방자치단체의 공사입찰에 있어서 **허위서류**를 제출하여 **입찰**참가자격을 얻고 낙찰자로 결정되어 계약을 체결한 행위에 대하여 위계에 의한 공무집행방해죄가 성립한다(대판 2002.9.4, 2002도2064).
4) **감척어선** 입찰자격이 없는 자가 제3자와 공모하여 제3자의 대리인 자격으로 제3자 명의로 입찰에 참가하고, 낙찰받은 후 자신의 자금으로 낙찰대금을 지급하여 감척어선에 대한 실질적 소유권을 취득한 경우, 위계에 의한 공무집행방해죄가 성립한다(대판 2003.12.26, 2001도6349).

5) 범죄행위로 인하여 강제출국당한 전력이 있는 사람이 외국 주재 한국영사관에 **허위의 호구부** 및 외국인등록신청서 등을 제출하여 사증 및 외국인등록증을 발급받은 경우, 위계에 의한 공무집행방해죄가 성립한다(대판 2009.2.26, 2008도11862).

[동지판례] 불법체류를 이유로 강제출국 당한 중국 동포인 피고인이 중국에서 **이름과 생년월일을 변경한 호구부**를 발급받아 중국 주재 대한민국 총영사관에 제출하여 입국사증을 받은 다음, 다시 입국하여 외국인등록증을 발급받고 귀화허가신청서까지 제출한 경우, 피고인에게 각 '위계에 의한 공무집행방해죄'를 인정하였다(대판 2011.4.28, 2010도14696).

6) 등기신청은 단순한 '신고'가 아니라 신청에 따른 등기관의 심사 및 처분을 예정하고 있으므로, 등기신청인이 제출한 허위의 소명자료 등에 대하여 등기관이 나름대로 충분히 심사를 하였음에도 이를 발견하지 못하여 등기가 마쳐지게 되었다면 위계에 의한 공무집행방해죄가 성립할 수 있다. 등기관이 등기신청에 대하여 부동산등기법상 등기신청에 필요한 서면이 제출되었는지 및 제출된 서면이 형식적으로 진정한 것인지를 심사할 권한은 갖고 있으나 등기신청이 실체법상의 권리관계와 일치하는지를 심사할 실질적인 심사권한은 없다고 하여 달리 보아야 하는 것은 아니다(대판 2016.1.28, 2015도17297).

[사실관계] 등기의무자인 A가 등기필증을 멸실하였기 때문에 A소유의 부동산에 관하여 甲 앞으로 소유권이전등기신청을 하기 위해서는 A가 등기소에 출석하거나 변호사 또는 법무사가 등기의무자인 공소외인으로부터 위임을 받아 이를 확인하는 서면을 등기신청서에 첨부하여야 하는데, 甲과 법무사인 乙이 공모하여 등기신청에 필요한 확인서면에 등기의무자인 A의 무인 대신 甲의 무인을 찍어 이를 등기관에게 제출하였고, 이에 따라 등기가 마쳐지게 되었다면 甲과 乙에게는 위계에 의한 공무집행방해죄가 성립한다.

→ 실체관계에 부합하는 등기이므로 별도로 공정증서원본부실기재죄는 성립되지 않음!

7) 음주운전을 하다가 교통사고를 야기한 후 그 형사처벌을 면하기 위하여 **타인의 혈액**을 자신의 혈액인 것처럼 교통사고 조사 경찰관에게 제출하여 감정하도록 한 행위는, 단순히 피의자가 수사기관에 대하여 허위사실을 진술하거나 자신에게 불리한 증거를 은닉하는 데 그친 것이 아니라 수사기관의 착오를 이용하여 적극적으로 피의사실에 관한 증거를 조작한 것으로서 위계에 의한 공무집행방해죄가 성립한다(대판 2003.7.25, 2003도1609).

8) **타인의 소변**을 마치 자신의 소변인 것처럼 수사기관에 건네주어 필로폰 음성반응이 나오게 한 경우, 수사기관의 착오를 이용하여 적극적으로 피의사실에 관한 증거를 조작한 것이므로 위계에 의한 공무집행방해죄가 성립한다(대판 2007.10.11, 2007도6101).

9) 수사기관이 범죄사건을 수사할 때에는 피의자 등의 진술 여하에 불구하고 피의자를 확정하고 그 피의사실을 인정할 만한 객관적인 모든 증거를 수집·조사하여야 할 권리와 의무가 있고, 한편 피의자는 진술거부권과 자기에게 유리한 진술을 할 권리와 유리한 증거를 제출할 권리를 가질 뿐이고 수사기관에 대하여 진실만을 진술하여야 할 의무가 있는 것은 아니다. 따라서 피의자 등이 수사기관에 대하여 **허위사실**을 **진술**하거나 피의사실 인정에 필요한 증거를 감추고 **허위의 증거**를 **제출**하였다고 하더라도, 수사기관이 충분한 수사를 하지 아니한 채 이와 같은 허위의 진술과 증거만으로 증거의 수집·조사를 마쳤다면, 이는 수사기관의 불충분한 수사에 의한 것으로서 피의자 등의 위계에 의하여 수사가 방해되었다고 볼 수 없어 위계에 의한 공무집행방해죄가 성립된다고 할 수 없다. / 그러나 피의자 등이 **적극적으로 허위의 증거를 조작**하여 제출하고 그 증거조작의 결과 수사기관이 그 진위에 관하여 나름대로 충실한 수사를 하더라도 제출된 증거가 허위임을 발견하지 못할 정도에 이르렀다면, 이는 위계에 의하여

수사기관의 수사행위를 적극적으로 방해한 것으로서 위계에 의한 공무집행방해죄가 성립된다(대판 2011.2.10, 2010도15986 ; 대판 2019.3.14, 2018도18646).

10) **변호사**가 **접견**을 핑계로 수용자를 위하여 휴대전화와 증권거래용 단말기를 구치소 내로 몰래 반입하여 이용하게 한 행위가 위계에 의한 공무집행방해죄에 해당한다(대판 2005.8.25, 2005도1731).
[판결이유] 구체적이고 현실적으로 감시·단속업무를 수행하는 교도관에 대하여 그가 충실히 직무를 수행한다고 하더라도 통상적인 업무처리과정하에서는 사실상 적발이 어려운 위계를 적극적으로 사용하여 그 업무집행을 하지 못하게 하였다면 이에 대하여 위계에 의한 공무집행방해죄가 성립한다.

11) 甲(보호관찰 대상자)이 보호관찰소에서 걸려온 외출제한음성감독 시스템 전화에 직접 응답하여 음성을 등록하고 재택 여부를 확인시켜야 함에도 친구에게 부탁하여 (외출한 상황인데도 마치 피고인이 집에 있는 것처럼) 친구가 甲의 집에서 전화를 받고 보호관찰대상자의 휴대전화로 전화하게 한 후 휴대전화의 스피커폰 기능을 이용하여 음성감독 시스템 전화에 응답, 음성을 등록하였다면 위계에 의한 공무집행방해죄가 성립한다(대판 2019.5.10, 2018도3768).

12) 구 국적법 제3조 제1호에 따라 대한민국 국적을 취득하지 않았는데도 대한민국 국적을 취득한 것처럼 인적 사항을 기재하여 대한민국 여권을 발급받은 다음 이를 출입국심사 담당공무원에게 제출하였다면 위계로써 출입국심사업무에 관한 정당한 직무를 방해함과 동시에 불실의 사실이 기재된 여권을 행사한 것으로 볼 수 있다(대판 2022.4.28, 2020도12239).

관련 판례 **위계에 의한 공무집행방해죄가 성립하지 않는 경우**

1) 개인택시운송사업면허를 받는 데 필요한 **운전경력증명서**를 **허위**로 발급받게 해주고 이를 면허관청에 **소명자료**로 제출하게 하여 개인택시운송사업면허를 받게 함으로써 담당공무원의 개인택시운송사업면허대상자 심사결정업무의 집행을 방해하였음로 위계에 의한 공무집행방해죄가 성립되지 않는다(대판 1988.5.10, 87도2079).
[판결이유] 출원자가 그 출원사유에 허위의 사실을 기재하고 허위의 소명자료를 첨부하였음에도 불구하고 행정관청이 그 출원사유에 대하여 진실한 것으로 가볍게 믿은 나머지 인허가처분을 하였다면 이는 행정관청의 불충분한 심사에 기인한 것이라 할 것이고 출원자의 위계에 의한 것이라고 할 수 없다.
[동지판례] **개인택시 운송사업면허 신청**은 출원에 의한 행정관청의 일반적인 인·허가처분과 마찬가지로 행정관청이 면허요건에 해당하는 여부를 심리하여 면허 여부를 결정하는 것이고 그 신청서에 첨부된 소명자료가 진실한 것인지를 가리지 않고 면허를 결정하는 것이 아니므로 그 면허신청서에 **허위의 소명자료**를 첨부한 소위는 위계에 의한 공무집행방해죄에 해당하지 않는다(대판 1988.9.27, 87도2174).

2) 교도관과 재소자가 상호 공모하여 **재소자**가 교도관으로부터 담배를 교부받아 이를 흡연한 행위 및 휴대폰을 교부받아 외부와 통화한 행위 등이 위계에 의한 공무집행방해죄에 해당하지 않는다(대판 2003.11.13, 2001도7045).
[판결이유] 법령에서 교도소 수용자에게는 흡연하거나 담배를 소지·수수·교환하거나 허가 없이 전화 등의 방법으로 다른 사람과 연락하는 등의 규율위반행위를 하여서는 아니될 금지의무가 부과되어 있고, 교도관은 수용자의 규율위반행위를 감시, 단속, 적발하여 상관에게 보고하고 징벌에 회부되

도록 하여야 할 일반적인 직무상 권한과 의무가 있다고 할 것인바, 구체적이고 현실적으로 감시, 단속업무를 수행하는 교도관에 대하여 **위계**를 사용하여 그 업무집행을 못하게 한다면 이에 대하여 위계에 의한 공무집행방해죄가 성립한다고 할 것이지만, / **수용자**가 **교도관의 감시, 단속을 피하여 규율위반행위**를 하는 것만으로는 단순히 금지규정에 위반되는 행위를 한 것에 지나지 아니할 뿐 이로써 위계에 의한 공무집행방해죄가 성립한다고는 할 수 없고, **수용자가 아닌 자**가 교도관의 검사 또는 감시를 피하여 금지물품을 교도소 내로 반입되도록 하였다고 하더라도 교도관에게 교도소 등의 출입자와 반출·입 물품을 단속, 검사하거나 수용자의 거실 또는 신체 등을 검사하여 금지물품 등을 회수하여야 할 권한과 의무가 있는 이상, 그러한 수용자 아닌 자의 행위를 위계에 의한 공무집행방해죄에 해당하는 것으로는 볼 수 없으며, **교도관**이 수용자의 규율위반행위를 알면서도 이를 방치하거나 도와주었더라도, 이를 다른 교도관 등에 대한 관계에서 위계에 의한 공무집행방해죄가 성립하는 것으로 볼 수는 없다.

3) 과속으로 인하여 과속단속카메라에 촬영되더라도 불빛을 반사시켜 차량 번호판이 식별되지 않도록 하는 기능이 있는 '**파워매직세이퍼**'를 차량 번호판에 뿌린 상태로 차량을 운행한 행위만으로는 경찰청의 교통단속업무를 구체적이고 현실적으로 수행하는 경찰공무원에 대하여 그가 충실히 직무를 수행한다고 하더라도 통상적인 업무처리과정 하에서는 사실상 적발이 어려운 위계를 사용하여 그 업무집행을 하지 못하게 한 것이라고 보기 어렵다(대판 2010.4.15, 2007도8024).
   [판결이유] 법령에서 어떤 행위의 금지를 명하면서 이를 위반하는 행위에 대한 벌칙을 두는 한편, 공무원으로 하여금 그 금지규정의 위반 여부를 감시·단속하게 하고 있는 경우 그 공무원에게는 금지규정 위반행위의 유무를 감시하여 확인하고 단속할 권한과 의무가 있다 할 것인데, 만약 어떠한 행위가 공무원이 관계 법령이 정한 바에 따라 금지규정 위반행위의 유무를 충분히 감시하여 확인하고 단속하더라도 이를 발견하지 못할 정도에 이른 것이라면 이는 위계에 의하여 공무원의 감시·단속업무를 적극적으로 방해한 것으로서 위계에 의한 공무집행방해죄가 성립된다고 할 것이지만, / 그와 같은 행위가 이에 이르지 않고 **단순히 공무원의 감시·단속을 피하여 금지규정에 위반하는 행위**를 한 것에 불과하다면 이는 공무원의 불충분한 감시·단속에 기인한 것이지, 행위자 등의 위계에 의하여 공무원의 감시·단속에 관한 직무가 방해되었다고 할 수 없을 것이어서 위계에 의한 공무집행방해죄가 성립된다고 할 수 없다.
   [동지판례] 방송 제작자인 피고인들(시사프로그램의 프로듀서와 촬영감독)이 구치소장의 허가 없이 구치소에 수용 중인 사람을 취재하기 위하여 접견신청인으로 접견허가를 받은 다음 **명함지갑 형태의 녹음·녹화장비**를 몰래 소지한 채 접견담당 교도관의 승낙을 받아 접견실에 들어가 수용자를 취재하였다 하더라도 교도관은 교정시설 등의 출입자와 반출·반입 물품을 검사·단속해야 할 일반적인 직무상 권한과 의무가 있으므로 수용자가 아닌 사람이 금지물품을 교정시설 내로 반입하였다면 교도관의 검사·단속을 피하여 **단순히 금지규정을 위반하는 행위**를 한 것일 뿐 이로써 위계에 의한 공무집행방해죄가 성립한다고 할 수는 없다(대판 2022.3.31, 2018도15213).
   [동지판례] 시사프로그램의 제작진이 구치소장의 허가 없이 구치소에 수용 중인 사람을 취재하기 위하여 접견신청서에 수용자의 지인이라고 기재하고, 반입이 금지된 **녹음·녹화기능이 내장된 안경**을 착용하고 접견실에 들어가 수용자를 접견하면서 대화 장면과 내용을 촬영하고 녹음하였다 하더라도 이는 공무원이 감시·단속이라는 직무를 소홀히 한 결과일 뿐 위계로 공무집행을 방해한 것이라고 볼 수 없다(대판 2022.4.28, 2020도8030).

4) 화물자동차 운송주선사업자가 관할 행정청에 **주기적**으로 허가기준에 관한 사항을 **신고**하는 과정에서 가장납입에 의하여 발급받은 **허위의 예금잔액증명서**를 제출하는 부정한 방법으로 허가를 받는

행위는 위계에 의한 공무집행방해죄를 구성하지 않는다(대판 2011.8.25, 2010도7033 ; 대판 2011.9.8, 2010도7034).

[판결이유] 신고인이 허위사실을 신고서에 기재하거나 허위의 소명자료를 첨부하여 제출하였더라도 관계 법령에 별도의 처벌규정이 있어 이를 적용하는 것은 별론으로 하고, 일반적으로 위와 같은 **허위 신고**가 형법상 위계에 의한 공무집행방해죄를 구성한다고 볼 수 없다. / 다만 관계 법령이 비록 신고라는 용어를 사용하고 있지만 거기에 비교적 중대한 법률효과가 결부되어 있고, 이에 따라 행정청이 신고에 대하여 형식적·절차적 심사가 아닌 실질적·내용적 **심사를 거친 후 수리 여부를 결정**할 것을 예정함으로써 사실상 인·허가 등 처분의 신청행위와 다를 바 없다고 평가되는 예외적인 경우에는 위계에 의한 공무집행방해죄가 성립할 여지가 있으나, 이때에도 행정청이 나름대로 충분히 사실관계를 확인하더라도 신고내용이 허위이거나 법령의 취지에 맞지 아니함을 발견할 수 없었던 경우가 아니라면 심사를 담당하는 행정청이 신고내용이나 자료의 진실성을 충분히 따져보지 않은 채 경솔하게 이를 믿고 어떠한 행위나 처분에 나아갔다고 하여 이를 신고인의 위계에 의한 결과로 볼 수 없으므로, 위계에 의한 공무집행방해죄는 성립하지 아니한다.

5) 수사기관에 대하여 피의자가 **허위자백**을 하거나 참고인이 **허위의 진술**을 한 것만으로는 위계에 의한 공무집행방해죄가 성립된다고 할 수 없다(대판 1971.3.9, 71도186). ↔ 허위자백 : 범인도피죄 ○

6) 피의자나 참고인이 아닌 자가 자발적이고 계획적으로 **피의자를 가장**하여 수사기관에 대하여 허위사실을 진술하였다 하여 바로 이를 위계에 의한 공무집행방해죄가 성립된다고 할 수 없다(대판 1977.2.8, 76도3685).[187] ↔ 피의자 가장 : 범인도피죄 ○

7) 건물점유자로서 명도집행을 저지할 수 있는 정당한 기능이 있는 자가 그 점유사실을 입증하기 위한 수단으로 임대차계약서 사본을 제시하면서 그 실효된 사실을 고지하지 아니하고 자신이 정당한 임차인인 것처럼 주장하였다고 하더라도 이로써 제137조 소정의 위계에 해당한다고는 볼 수 없다(대판 1984.1.31, 83도2290).

8) 국립대학교의 전임교원 공채심사위원인 학과장이 지원자의 부탁을 받고 이미 논문접수가 마감된 학회지에 지원자의 논문이 게재되도록 돕고, 그 후 연구실적심사의 기준을 강화하자고 제안한 경우, 형법 제137조에 정한 '위계'에 해당하지 않는다(대판 2009.4.23, 2007도1554).

∵ 이미 논문접수가 마감된 학회지에 을의 논문이 게재되도록 도운 행위는 다소 부적절한 행위라고 볼 수 있지만, 그 후 갑이 연구실적심사의 기준을 강화하자고 제안한 것은 해당 학과의 전임교원 임용 목적에 부합하는 것으로서 공정한 경우에 해당하므로

(3) 방해(기수시기)

현실적으로 구체적인 공무집행이 저지되거나 곤란하게 하는 상태에 이르러야 기수이다.

- 만약 범죄행위가 구체적인 공무집행을 저지하거나 현실적으로 곤란하게 하는 데까지는 이르지 아니하고 미수에 그친 경우에는 위계에 의한 공무집행방해죄로 처벌할 수 없다(대판 2003.2.11, 2002도4293).

- 민사소송을 제기함에 있어 **피고의 주소를 허위로 기재**하여 **법원공무원**으로 하여금 변론기일소환장 등을 허위주소로 송달케 하였다는 사실만으로는 이로 인하여 법원공무원의 구체적이고 현실적인 어떤

187) 2011년 법무사시험(10점), 2017년 법원행정고등고시

직무집행이 방해되었다고 할 수는 없으므로, 이로써 바로 위계에 의한 공무집행방해죄가 성립한다고 볼 수는 없다(대판 1996.10.11, 96도312). ∵ 송달업무 또는 재판업무 그 자체를 방해하였다고 볼 수 없으므로

ㅇ 법원은 당사자의 허위 주장 및 증거 제출에도 불구하고 진실을 밝혀야 하는 것이 그 직무이므로, 가처분신청시 당사자가 **허위의 주장**을 하거나 **허위의 증거를 제출**하였다 하더라도 그것만으로 **법원**의 구체적이고 현실적인 어떤 직무집행이 방해되었다고 볼 수 없으므로 이로써 바로 위계에 의한 공무집행방해죄가 성립한다고 볼 수 없다(대판 2012.4.26, 2011도17125).

[사실관계] 허위의 매매계약서 및 영수증을 소명자료로 첨부하여 가처분신청을 하여 법원으로부터 유체동산에 대한 가처분결정을 받은 사건

ㅇ 위계에 의한 공무집행방해죄에서 '위계'라 함은 행위자의 행위목적을 이루기 위하여 상대방에게 오인, 착각, 부지를 일으키게 하여 그 오인, 착각, 부지를 이용하는 것으로서, 상대방이 이에 따라 그릇된 행위나 처분을 하여야만 위 죄가 성립한다. 만약 그러한 행위가 구체적인 직무집행을 저지하거나 현실적으로 곤란하게 하는 데까지는 이르지 않은 경우에는 위계에 의한 공무집행방해죄로 처벌할 수 없다(대판 2017.4.27, 2017도2583). ∵ 위계에 의한 공무집행방해죄는 미수범 처벌규정이 없다.

[사실관계] 대한민국에서 불법체류자로 생활하다가 적발되어 중국으로 강제퇴거 당한 甲이 중국에서 성명과 생년월일이 변경된 신분증과 호구부를 발급받아 위장결혼을 통해 재입국하여 외국인등록을 마친 후, 2007.12.24. 법무부에 그와 같은 사실을 숨긴 채 **변경된 인적사항으로 귀화허가신청서**를 작성하여 이를 접수·심사하는 담당공무원에게 제출하여 접수되게 하였다 하더라도 귀화허가신청서를 작성하여 이를 접수·심사하는 담당공무원에게 제출하는 것만으로는 위계에 의한 공무집행방해죄가 성립되지 아니하고, / 귀화를 허가받아 대한민국 국적을 취득하여야 위계에 의한 공무집행방해죄가 성립된다.

ㅇ [집사변호사사건] 접견변호사들이 미결수용자인 피고인의 개인적인 업무나 심부름을 위해 접견신청 행위를 한 후 피고인과 소송서류 이외의 서류를 주고 받고 피고인의 개인적인 연락업무 등을 수행한 것이 교도관들에 대한 위계에 해당한다거나 그로 인해 교도관의 직무집행이 구체적이고 현실적으로 방해되었다고 할 수 없으므로, 피고인이 지시한 접견이 접견교통권의 남용에 해당할 수는 있겠지만 **위계공무집행방해죄를 구성하지는 않는다**(대판 2022.6.30, 2021도244).

2 주관적 구성요건

위계로써 공무집행을 방해한다는 인식과 공무방해의사가 있어야 한다.

관련 판례 **공무방해의사가 없는 경우**

1) 자가용차를 운전하다가 교통사고를 낸 사람이 경찰관서에 신고함에 있어 가해차량이 자가용일 경우 **피해자와 합의하는데 불리하다고 생각**하여 영업용택시를 운전하다가 사고를 내었다고 허위신고를 하였다 하더라도 이 사실만으로 공무원의 직무집행을 방해할 의사가 있었다고 단정하기 어려우므로 위계로 인한 공무집행방해죄가 성립하지 않는다(대판 1974.12.10, 74도2841).

2) 위계에 의한 공무집행방해죄가 성립되려면 자기의 위계행위로 인하여 공무집행을 방해하려는 의사가 있을 경우에 한한다고 보는 것이 상당하다할 것이므로 피고인이 경찰관서에 허구의 범죄를 신고한 까닭은 피고인이 생활에 궁하여 **오로지 직장을 구하여 볼 의사**로서 허위로 간첩이라고 자수를 한 데 불과하고 한 걸음 더 나아가서 그로 말미암아 공무원의 직무집행을 방해하려는 의사까지 있었던 것이라고는 인정되지 아니한다(대판 1970.1.27, 69도2260).

V 법정 · 국회회의장모욕죄

법원의 재판 또는 국회의 심의를 방해 또는 위협할 목적으로 법정이나 국회회의장 또는 그 부근에서 모욕 또는 소동함으로써 성립하는 범죄이다(제138조).

VI 인권옹호직무방해죄

경찰의 직무를 행하는 자 또는 이를 보조하는 자가 인권옹호에 관한 검사의 직무집행을 방해하거나 그 명령을 준수하지 아니함으로써 성립하는 범죄이다(제139조).

○ 검사가 긴급체포 등 강제처분의 적법성에 의문을 갖고 대면조사를 위한 피의자 인치를 2회에 걸쳐 명하였으나 이를 이행하지 않은 사법경찰관에게 인권옹호직무명령불준수죄와 직무유기죄를 모두 인정하고 두 죄를 상상적 경합관계로 보아야 한다(대판 2010.10.28, 2008도11999).

VII 공무상비밀표시무효죄

공무상표시무효죄는 공무원이 그 직무에 관하여 실시한 봉인 또는 압류 기타 강제처분의 표시를 손상 또는 은닉하거나 기타 방법으로 그 효용을 해함으로써 성립하는 범죄이다(제140조 제1항).

공무상비밀침해죄는 공무원이 그 직무에 관하여 봉함 기타 비밀장치한 문서 또는 도화를 개봉하거나(제140조 제2항), 공무원이 그 직무에 관하여 봉함 기타 비밀장치한 문서, 도화 또는 전자기록 등 특수매체기록을 기술적 수단을 이용하여 그 내용을 알아냄으로써 성립하는 범죄이다(제140조 제3항).

1 주체

주체에는 제한이 없다. 다만 가처분의 채무자 아닌 가처분명령의 제3자는 주체가 되지 않는다.

○ 온천수 사용금지 가처분결정이 있기 전부터 온천이용허가권자인 가처분 채무자로부터 이를 양수하고 임대차계약의 형식을 빌어 온천수를 이용하여 온 제3자가 위 금지명령을 위반하여 계속 온천수를 사용한 경우, 공무상표시무효죄를 구성하지 않는다(대판 2007.11.16, 2007도5539).

2 객체

공무원이 그 직무에 관하여 실시한 봉인 또는 압류 기타 강제처분의 표시이다.

(1) 봉인이란 물건에 대한 임의적 처분을 금지하기 위하여 봉함 기타 유사장치를 한 것을 말한다.

(2) 압류란 공무원이 그 직무상 보전해야 할 물건을 자기의 점유로 옮기는 것을 말한다.

(3) 강제처분은 행위 당시 현존하여야 하고, 적법 · 유효하여야 한다.

○ 공무상표시무효죄가 성립하기 위하여는 행위 당시에 강제처분의 표시가 현존할 것을 요한다(대판 1997.3.11, 96도2801).

o 법원의 가처분결정에 기하여 집달관이 한 강제처분 표시의 효력은 그 가처분 결정이 적법한 절차에 의하여 취소되지 않는 한 지속되는 것이며, 그 가처분 결정이 가령 부당한 것이라 하더라도 그 효력을 부정할 수는 없다(대판 1985.7.9, 85도1165).

o 공무원이 그 직권을 남용하여 위법하게 실시한 봉인 또는 압류 기타 강제처분의 표시임이 명백하여 **법률상 당연무효 또는 부존재**라고 볼 수 있는 경우에는 그 봉인 등의 표시는 공무상표시무효죄의 객체가 되지 아니하여 이를 손상 또는 은닉하거나 기타 방법으로 그 효용을 해한다 하더라도 공무상표시무효죄가 성립하지 아니한다 할 것이지만 / 공무원이 실시한 봉인 등의 표시에 **절차상 또는 실체상의 하자**가 있다고 하더라도 객관적·일반적으로 그것이 공무원이 그 직무에 관하여 실시한 봉인 등으로 인정할 수 있는 상태에 있다면 적법한 절차에 의하여 취소되지 아니하는 한 공무상표시무효죄의 객체로 된다(대판 2001.1.16, 2000도1757 ; 대판 2007.3.15, 2007도312).
[사실관계] 유체동산의 가압류집행에 있어 그 가압류공시서의 기재에 **다소의 흠**이 있으나 그 기재 내용을 전체적으로 보면 그 가압류목적물이 특정되었다고 인정할 수 있어 그 가압류가 유효하다고 본 사례

3 행위

봉인 또는 압류 기타 강제처분의 표시를 손상 또는 은닉하거나 기타 방법으로 그 효용을 해하는 것이다.

o [가압류 유체동산 양도사건][188] '공무원이 그 직무에 관하여 실시한 압류 기타 강제처분의 표시를 기타 방법으로 그 효용을 해하는 것'이란 손상 또는 은닉 이외의 방법으로 그 표시 자체의 효력을 사실상으로 감쇄 또는 멸각시키는 것을 의미하는 것이지, / 그 표시의 근거인 처분의 법률상 효력까지 상실케 한다는 의미는 아니다(대판 2018.7.11, 2015도5403).
[사실관계] 집행관이 유체동산을 가압류하면서 이를 채무자에게 보관하도록 한 경우 그 가압류의 효력은 압류된 물건의 처분행위를 금지하는 효력이 있으므로, 채무자가 가압류된 유체동산을 **제3자에게 양도하고 그 점유를 이전한 경우**, 이는 가압류집행이 금지하는 처분행위로서, 특별한 사정이 없는 한 가압류표시 자체의 효력을 사실상으로 감쇄 또는 멸각시키는 행위에 해당한다. 이는 채무자와 양수인이 가압류된 유체동산을 원래 있던 장소에 그대로 두었더라도 마찬가지이다.
∵ 가압류된 유체동산을 제3자에게 양도하면서 유체동산이 있는 점포의 열쇠를 양수인에게 넘겨준 경우

관련 판례 **공무상표시무효죄가 성립하는 경우**

1) 직접 점유자에 대한 점유이전금지가처분결정이 집행된 후 그 피신청인인 직접점유자가 **가처분 목적물의 간접점유자에게 그 점유를 이전한 경우**에는 그 가처분표시의 효용을 해한 것이 된다(대판 1980.12.23, 80도1963).
2) 압류물을 집달관의 승인 없이 임의로 그 관할구역 밖으로 옮긴 경우에는 압류집행의 효용을 해하게 된다고 할 것이므로 공무상비밀표시무효죄가 성립한다(대판 1992.5.26, 91도894).
[사실관계] **변호사의 자문**을 받아 문제가 없다는 말을 듣고 압류물을 집행관의 승인 없이 관할구역 밖으로 옮긴 경우 압류물을 집달관의 승인 없이 임의로 그 관할구역 밖으로 옮기면서 변호사 등에게 문의

188) 2020년 법원사무관승진시험(15점)

하여 자문을 받았다는 사정만으로는 자신의 행위가 죄가 되지 않는다고 믿는 데에 정당한 이유가 있다고 할 수 없다.

[동지판례] 압류물을 채권자나 집달관 몰래 원래의 보관장소로부터 상당한 거리에 있는 다른 장소로 이동시킨 경우에는 설사 그것이 집행을 면탈할 목적으로 한 것이 아니라 하여도 객관적으로 집행을 현저히 곤란하게 한 것이 되어 형법 제140조 제1항 소정의 "기타의 방법으로 그 효용을 해한" 경우에 해당된다(대판 1986.3.25, 86도69).

3) 건물의 **점유이전금지가처분** 채무자가 그 가처분의 집행 취지가 기재된 고시문이 그 가처분 목적물에 부착된 이후 제3자로 하여금 그 건물 중 일부에서 **영업을 할 수 있도록 한 경우**, 공무상표시무효죄가 성립한다(대판 2004.10.28, 2003도8238).

4) 압류된 골프장시설을 보관하는 회사의 대표이사가 위 압류시설의 사용 및 봉인의 훼손을 방지할 수 있는 적절한 조치 없이 골프장을 개장하게 하여 봉인이 훼손되게 한 경우, **부작위에 의한 공무상표시무효죄**가 성립한다(대판 2005.7.22, 2005도3034).

관련 판례 **공무상표시무효죄가 성립하지 않는 경우**

1) 압류는 채무자의 처분행위를 금하는 것이므로 압류의 효용을 손상하지 않는다면 압류상태에서 그 **용법에 따라 종전대로 사용**하는 것은 허용된다 할 것이므로 피고인이 압류표시된 원동기를 가동하였다 하여 공무상표시무효죄를 구성한다고 볼 수 없다(대판 1984.3.13, 83도3291).

2) 채무자가 불가피한 사정으로 **채권자의 승낙**을 얻어 압류물을 이동시켰으나 집행관의 승인은 얻지 못한 경우, 공무상표시무효죄가 성립하지 않는다(대판 2004.7.9, 2004도3029).

3) 출입금지가처분은 그 성질상 가처분 채권자의 의사에 반하여 건조물 등에 출입하는 것을 금지하는 것이므로 비록 가처분결정이나 그 결정의 집행으로서 집행관이 실시한 고시에 그러한 취지가 명시되어 있지 않다고 하더라도 **가처분 채권자의 승낙**을 얻어 그 건조물 등에 출입하는 경우에는 출입금지가처분 표시의 효용을 해한 것이라고 할 수 없다(대판 2006.10.13, 2006도4740).

4) 가처분은 가처분 채무자에 대한 부작위 명령을 집행하는 것이므로 **가처분의 채무자가 아닌 제3자**가 그 부작위 명령을 위반한 행위는 그 가처분집행 표시의 효용을 해한 것으로 볼 수 없다(대판 2007.11.16, 2007도5539).

5) 집행관이 법원으로부터 피신청인에 대하여 **부작위를 명**하는 가처분이 발령되었음을 고시하는 데 그치고 나아가 봉인 또는 물건을 자기의 점유로 옮기는 등의 **구체적인 집행행위를 하지 아니하였다**면, 단순히 피신청인이 위 가처분의 부작위명령을 위반하였다는 것만으로는 공무상 표시의 효용을 해하는 행위에 해당하지 않는다(대판 2008.12.24, 2006도1819).

[동지판례] 집행관이 **영업방해금지 가처분**결정의 취지를 고시한 공시서를 게시하였을 뿐 어떠한 구체적 집행행위를 하지 않은 상태에서 위 가처분에 의하여 부과된 부작위명령을 피고인이 위반한 경우, 공무상 표시의 효용을 해하는 행위를 하였다고 볼 수 없다고 하여, 공무상표시무효죄는 성립하지 않는다(대판 2010.9.30, 2010도3364).

[동지판례] 집행관은 이 사건 가처분결정의 취지가 기재되어 있는 고시문('채무자는 점유를 타에 이전하거나 점유명의를 변경하여서는 아니 된다')을 이 사건 부동산에 부착함으로써 피고인으로부터 이 사건 부동산의 점유를 인도받고 현상을 변경하지 아니할 것을 조건으로 하여 피고인에게 그 사용을 허가하였다고

할 것이고, 따라서 이 사건 부동산의 '점유'에 대하여는 구체적인 집행행위가 이루어졌다고 볼 수 있다. 그러나 설령 이 사건 마트의 사업자등록명의가 점유명의에 해당하더라도, 피고인이 이 사건 **마트의 사업자등록명의를 변경한 것**(피고인명의에서 피고인과 공소외인의 공동 명의로 변경)은 구체적인 집행행위가 없는 가처분의 부작위명령을 위반한 것에 불과하여 공무상 표시의 효용을 해하는 행위에 해당한다고 볼 수 없다(대판 2016.5.12, 2015도20322).

6) 집달관이 채무자 겸 소유자의 건물에 대한 점유를 해제하고 이를 채권자에게 인도한 후 채무자의 출입을 봉쇄하기 위하여 출입문을 판자로 막아둔 것을 채무자가 이를 뜯어내고 그 건물에 들어갔다 하더라도 이는 **강제집행이 완결된 후의 행위**로서 채권자들의 점유를 침범하는 것은 별론으로 하고 공무상 표시무효죄에 해당하지는 않는다(대판 1985.7.23, 85도1092).
→ 부동산강제집행효용침해죄는 성립 가능 ○ (∵ 강제집행으로 명도・인도된 부동산에 침입하였으므로)

4 봉인 등의 적법성에 대한 착오

- 민사소송법 기타 공법의 해석을 잘못하여 압류물의 효력이 없어진 것으로 착오하였거나 또는 봉인 등을 손상 또는 **효력을 해할 권리가 있다**고 오신한 경우에는 형벌법규의 부지와 구별되어 범의를 저각한다(대판 1970.9.22, 70도1206).
- 공무원이 그 직무에 관하여 실시한 봉인 등의 표시를 손상 또는 은닉 기타의 방법으로 그 효용을 해함에 있어서 그 봉인 등의 표시가 **법률상 효력이 없다**고 믿은 것은 법규의 해석을 잘못하여 행위의 위법성을 인식하지 못한 것이라고 할 것이므로 그와 같이 믿은 데에 정당한 이유가 없는 이상, 그와 같이 믿었다는 사정만으로는 공무상표시무효죄의 죄책을 면할 수 없다고 할 것이다(대판 2000.4.21, 99도5563).

Ⅷ 부동산강제집행효용침해죄

강제집행으로 명도 또는 인도된 부동산에 침입하거나 기타 방법으로 강제집행의 효용을 해함으로써 성립하는 범죄이다(제140조의2).

- 형법 제140조의2 부동산강제집행효용침해죄의 입법취지와 체제 및 내용과 구조를 살펴보면, 부동산강제집행효용침해죄의 객체인 강제집행으로 명도 또는 인도된 부동산에는 강제집행으로 퇴거집행된 부동산을 포함한다고 해석된다(대판 2003.5.13, 2001도3212).

Ⅸ 공용서류 등 무효죄

공무소에서 사용하는 서류 기타 물건 또는 전자기록 등 특수매체기록을 손상 또는 은닉하거나 기타 방법으로 그 효용을 해함으로써 성립하는 범죄이다(제141조 제1항).
공용서류무효죄의 객체인 공무소에서 사용 중이거나 사용할 목적으로 보관하는 서류 기타 물건은 공문서・사문서이든 또는 완성・미완성이든 묻지 아니하고 그 소유자가 누구인가도 관계없다.

관련 판례 **공용서류 등 무효죄가 성립하는 경우**

1) 경찰이 작성한 진술서가 미완성의 문서라 해서 공무소에서 사용하는 서류가 아니라고 할 수 없다(대판 1987.4.14, 86도2799).
2) 경찰이 작성한 진술조서가 미완성이고 작성자와 진술자가 서명·날인 또는 무인한 것이 아니어서 공문서로서의 효력이 없다고 하더라도 공무소에서 사용하는 서류가 아니라고 할 수는 없다(대판 2006.5.25, 2003도3945).
3) 공용서류무효죄의 객체는 그것이 공무소에서 사용되는 서류인 이상, 정식절차를 밟아 접수되었는지 또는 완성되어 효력이 발생되었는지의 여부를 묻지 않는다 할 것이므로 피고인이 작성한 이 사건 진술조서가 상사에게 정식으로 보고되어 수사기록에 편철된 문서가 아니라거나 완성된 서류가 아니라 하여 제141조 제1항 소정의 공무소에서 사용하는 서류에 해당하지 않는 것이라고 할 수 없으니, 피고인이 진술자의 서명무인과 간인까지 받아 작성한 진술조서를 수사기록에 편철하지 않은 채 보관하고 있다가 휴지통에 버려 폐기한 소위는 공용서류무효죄에 해당한다(대판 1982.10.12, 82도368).
4) **[대통령기록물 무단파기 사건]** 형법 제141조 제1항(공용서류 등 무효죄)은 공무소에서 사용하는 서류 기타 물건 또는 전자기록 등 특수매체기록을 손상 또는 은닉하거나 기타 방법으로 그 효용을 해한 자를 처벌하도록 규정하고 있다. **'공무소에서 사용하는 서류 기타 전자기록'**에는 공문서로서의 효력이 생기기 이전의 서류라거나, 정식의 접수 및 결재 절차를 거치지 않은 문서, 결재 상신 과정에서 반려된 문서 등을 포함하는 것으로, 미완성의 문서라고 하더라도 본죄의 성립에는 영향이 없다(대판 2020.12.10, 2015도19296).
→ 공용전자기록 등 손상죄 성립 ○

관련 판례 **공용서류 등 무효죄가 성립하지 않는 경우**

형법 제141조 제1항에 규정한 공용서류무효죄는 공문서나 사문서를 묻지 아니하고 공무소에서 사용 중이거나 사용할 목적으로 보관하는 서류 기타 물건을 그 객체로 하므로, 형사사건을 조사하던 **경찰관**이 **스스로의 판단에 따라** 자신이 보관하던 진술서를 임의로 피고인에게 넘겨준 것이라면, 위 진술서의 보관책임자인 경찰관은 장차 이를 공무소에서 사용하지 아니하고 폐기할 의도하에 처분한 것이라고 보아야 할 것이므로, 위 진술서는 더 이상 공무소에서 사용하거나 보관하는 문서가 아닌 것이 되어 공용서류로서의 성질을 상실하였다고 보아야 한다(대판 1999.2.24, 98도4350).

X 공용물파괴죄

공무소에서 사용하는 건조물, 선박, 기차 또는 항공기를 파괴함으로써 성립하는 범죄이다(제141조 제2항).

XI 공무상보관물무효죄

공무소로부터 보관명령을 받거나 공무소의 명령으로 타인이 관리하는 자기의 물건을 손상 또는 은닉하거나 기타 방법으로 그 효용을 해함으로써 성립하는 범죄이다(제142조).

XII 특수공무방해죄 · 특수공무방해치사상죄

단체 또는 다중의 위력을 보이거나 위험한 물건을 휴대하여 공무집행방해죄, 직무 · 사직강요죄, 법정 · 국회회의장모욕죄, 공무상비밀표시무효죄, 공무상비밀침해죄, 부동산강제집행효용침해죄, 공용서류 등 무효죄, 공용물파괴죄, 공무상보관물무효죄 및 그 미수의 죄를 범하거나(제144조 제1항), 특수공무방해죄를 범하여 공무원을 상해 또는 사망에 이르게 함으로써 성립하는 범죄이다(제144조 제2항). 특수공무방해치사죄는 진정결과적가중범이나, 특수공무방해치상죄는 고의범인 상해죄보다 법정형이 더 무거우므로 부진정결과적가중범이다.

- 특수공무집행방해치상죄는 일견 결과적가중범이기는 하지만, 이는 중한 결과에 대하여 예견가능성이 있었음에 불구하고 예견하지 못한 경우에 벌하는 진정결과적가중범이 아니라 그 결과에 대한 예견가능성이 있었음에도 불구하고 예견하지 못한 경우뿐만 아니라 고의가 있는 경우까지도 포함하는 부진정결과적가중범이다(대판 1995.1.20, 94도2842).
- 직무를 집행하는 공무원에 대하여 위험한 물건을 휴대하여 고의로 상해를 가한 경우에는 특수공무집행방해치상죄만 성립할 뿐, 이와는 별도로 폭력행위 등 처벌에 관한 법률 위반(집단 · 흉기 등 상해)죄를 구성하지 않는다(대판 2008.11.27, 2008도7311).[189]

관련 판례 **특수공무집행방해치사상죄가 성립하는 경우**

1) **[용산철거사건]** 재개발지역 내 주민들이 철거에 반대하여 건물 옥상에 망루를 설치하고 농성하던 중 피고인 등이 던진 화염병에 의해 발생한 화재로 일부 농성자 및 진압작전 중이던 일부 경찰관이 사망하거나 상해를 입은 경우, 경찰의 위 농성 진압작전을 위법한 직무집행으로 볼 수 없으므로 피고인들에게는 특수공무집행방해치사상죄 등이 성립한다(대판 2010.11.11, 2010도7621).
2) 법외 단체인 전국공무원노동조합의 지부가 당초 공무원 직장협의회의 운영에 이용되던 군(郡) 청사시설인 사무실을 임의로 사용하자 지방자치단체장이 자진폐쇄 요청 후 행정대집행법에 따라 (적법한) 행정대집행을 하였는데, 지부장 등인 피고인들과 위 지부 소속 군청 공무원들이 위 집행을 행하던 공무원들에게 대항하여 폭행 등 행위를 한 경우, 피고인들에게 특수공무집행방해죄가 성립한다(대판 2011.4.28, 2007도7514).

관련 판례 **특수공무집행방해치사상죄가 성립하지 않는 경우**

피고인이 노조원들과 함께 경찰관인 피해자들이 파업투쟁 중인 공장에 진입할 경우에 대비하여 그들의 부재 중에 미리 윤활유나 철판조각을 바닥에 뿌려 놓은 것에 불과하고, 위 피해자들이 이에 미끄러져 넘어지거나 철판조각에 찔려 다쳤다는 것에 지나지 않은 사안에서, 피고인 등이 위 윤활유나 철판조각을 위 피해자들의 면전에서 그들의 공무집행을 방해할 의도로 뿌린 것이라는 등의 특별한 사정이 있는 경우는 별론으로 하고 이를 가리켜 위 **피해자들에 대한 유형력의 행사, 즉 폭행에 해당하는 것으로 볼 수 없어** 특수공무집행방해치상죄는 성립하지 않는다(대판 2010.12.23, 2010도7412).

189) 2019년 법무사시험(15점)

제3절 도주와 범인은닉의 죄

제145조【도주, 집합명령위반】

① 법률에 따라 체포되거나 구금된 자가 도주한 경우에는 1년 이하의 징역에 처한다.

② 제1항의 구금된 자가 천재지변이나 사변 그 밖에 법령에 따라 잠시 석방된 상황에서 정당한 이유없이 집합명령에 위반한 경우에도 제1항의 형에 처한다. [시행 2021.12.9.]

제146조【특수도주】

수용설비 또는 기구를 손괴하거나 사람에게 폭행 또는 협박을 가하거나 2인 이상이 합동하여 전조 제1항의 죄를 범한 자는 7년 이하의 징역에 처한다.

제147조【도주원조】

법률에 의하여 구금된 자를 탈취하거나 도주하게 한 자는 10년 이하의 징역에 처한다.

제148조【간수자의 도주원조】

법률에 의하여 구금된 자를 간수 또는 호송하는 자가 이를 도주하게 한 때에는 1년 이상 10년 이하의 징역에 처한다.

제149조【미수범】

전4조의 미수범은 처벌한다.

제150조【예비, 음모】

제147조와 제148조의 죄를 범할 목적으로 예비 또는 음모한 자는 3년 이하의 징역에 처한다.

제151조【범인은닉과 친족간의 특례】

① 벌금 이상의 형에 해당하는 죄를 범한 자를 은닉 또는 도피하게 한 자는 3년 이하의 징역 또는 500만원 이하의 벌금에 처한다.

② 친족 또는 동거의 가족이 본인을 위하여 전항의 죄를 범한 때에는 처벌하지 아니한다.

I 서설

1 의의 및 보호법익

도주죄란 법률에 따라 체포·구금된 자가 스스로 도주하거나, 타인이 범인의 도주에 관여하는 범죄이다. 보호법익은 국가의 구금기능이고, 보호의 정도는 침해범이다.

범인은닉죄란 벌금 이상의 형에 해당하는 죄를 범한 자를 은닉 또는 도피하게 함으로써 성립하는 범죄이다. 범인은닉죄의 보호법익은 국가의 형사사법기능이고, 보호의 정도는 추상적 위험범이다.

2 구성요건의 체계

구분	내용
기본적 구성요건	도주죄, 집합명령위반죄, 도주원조죄, 범인은닉·도피죄
가중적 구성요건	특수도주죄, 간수자도주원조죄
미수범 처벌규정	×
	○ : 도주죄, 집합명령위반죄, 특수도주죄, 도주원조죄, 간수자도주원조죄
예비·음모 처벌규정	×
	○ : 도주원조죄, 간수자도주원조죄
친족간 특례	범인은닉·도피죄

Ⅱ 도주죄

법률에 따라 체포 또는 구금된 자가 도주함으로써 성립하는 범죄이다(제145조 제1항).

1 주체

법률에 따라 체포 또는 구금된 자이다. ↔ 도주원조죄의 객체 : 법률에 의하여 구금된 자 ○, 체포된 자 ×

o 사법경찰관이 피고인을 수사관서까지 동행한 것이 사실상의 **강제연행**, 즉 불법 체포에 해당하고, 불법 체포로부터 6시간 상당이 경과한 후에 이루어진 **긴급체포** 또한 위법하므로 피고인이 불법체포된 자로서 형법 제145조 제1항에 정한 '법률에 의하여 체포 또는 구금된 자'가 아니어서 도주죄의 주체가 될 수 없다(대판 2006.7.6, 2005도6810).

Thema 정리 도주죄의 주체

긍정례	부정례
1) 수형자(자유형을 집행 받고 있는 자, 사형집행대기자, 법원의 감치명령으로 수감된 자, 전쟁포로) 2) 미결구금자(구속영장에 의해 구속된 피고인·피의자, 긴급체포된 자, 감정유치된 자) 3) 국가기관에 의해 현행범으로 체포된 자 4) 노역장에 환형유치된 자	1) 가석방·보석 중에 있는 자 2) 형집행정지·구속집행정지 중에 있는 자 3) 아동복지법에 의하여 아동복지시설에 수용 중인 자 4) 경찰관직무집행법에 의하여 보호 중에 있는 자 5) 전염병예방법에 의하여 격리수용된 자
학설 대립	
1) 소년원에 수용된 자 2) 구인된 피고인, 피의자(多)	1) 사인에 의해 현행범으로 체포된 자(多) 2) 구인된 증인 3) 보호감호, 치료감호 처분으로 수용된 자(多)

2 행위

도주하는 것이다. 체포·구금작용에 대한 침해가 개시된 때 실행의 착수가 있고, 체포·구금으로부터 벗어난 때 기수가 된다(침해범).

o 도주죄는 **즉시범**으로서 범인이 간수자의 실력적 지배를 이탈한 상태에 이르렀을 때에 기수가 되어 도주행위가 종료하는 것이다(대판 1991.10.11, 91도1656).

Ⅲ 집합명령위반죄

법률에 따라 구금된 자가 천재, 사변 기타 법령에 의하여 잠시 석방된 상황에서 정당한 이유 없이 그 집합명령에 위반함으로써 성립하는 범죄이다(제145조 제2항). 진정신분범이고, 진정부작위범이다.

Ⅳ 특수도주죄

수용설비 또는 기구를 손괴하거나 사람에게 폭행 또는 협박을 가하거나 2인 이상이 합동하여 도주죄를 범함으로써 성립하는 범죄이다(제146조). ↔ 흉기 또는 위험한 물건휴대 : ×

Ⅴ 도주원조죄

1 의의

법률에 의하여 구금된 자를 탈취하거나 도주하게 함으로써 성립하는 범죄이다(제147조).

2 도주원조죄

(1) 도주죄에 대한 교사·방조행위를 독립된 구성요건으로 규정한 것이므로 총칙상 공범규정이 적용되지 않는다.

(2) 객체는 구금된 자이다. ↔ 체포되어 연행 중인 자 : ×

> o 도주원조죄는 도주죄에 있어서의 범인의 도주행위를 야기시키거나 이를 용이하게 하는 등 그와 공범관계에 있는 행위를 독립한 구성요건으로 하는 범죄이므로, 도주죄의 범인이 도주행위를 하여 기수에 이르른 이후에 범인의 도피를 도와주는 행위는 범인도피죄에 해당할 수 있을 뿐 도주원조죄에는 해당하지 아니한다(대판 1991.10.11, 91도1656).

Ⅵ 간수자도주원조죄

법률에 의하여 구금된 자를 간수 또는 호송하는 자가 이를 도주하게 함으로써 성립하는 범죄이다(제148조). 부진정신분범이다.

Ⅶ 범인은닉·도피죄[190)]

벌금 이상의 형에 해당하는 죄를 범한 자를 은닉 또는 도피하게 함으로써 성립하는 범죄이다(제151조 제1항). 범인비호적 내지 사후종범적 행위를 독립적 구성요건으로 규정한 것이다. 추상적 위험범이고, 계속범이다.

1 주체

(1) 범인은닉죄의 주체는 범인 이외의 자를 말한다.

(2) 공동정범 중 1인이 다른 공동정범을 도피시킨 경우에도 본죄가 성립한다

190) 2004년 법원사무관승진시험

ㅇ 형법 제151조 제1항 소정의 범인도피죄에 있어서 공동정범 중의 1인이 타 공동정범인을 도피시킴에 대하여 동조 제2항과 같은 불처벌의 특례를 규정한바 없으므로 공동정범 중의 1인인 乙이 타 공동정범인인 소외 丙외 1인을 도피시킴은 범인도피죄의 죄책을 면치 못하고 따라서 피고인이 위 乙의 도피행위를 용이케 함은 동 방조죄를 구성한다고 해석함이 타당하다(대판 1958.1.14, 4290형상393).
∵ 공범도 타인이므로

(3) 자기은닉 · 도피

범인도피죄는 타인을 도피하게 하는 경우에 성립하므로 범인자신의 은닉 · 도피행위는 처벌되지 않는다.

ㅇ [콜라텍 허위양도사건] 191) 범인도피죄는 타인을 도피하게 하는 경우에 성립할 수 있는데, 여기에서 타인에는 공범도 포함되나 범인 스스로 도피하는 행위는 처벌되지 않는다. 또한 공범 중 1인이 그 범행에 관한 수사절차에서 참고인 또는 피의자로 조사받으면서 자기의 범행을 구성하는 사실관계에 관하여 허위로 진술하고 허위 자료를 제출하는 것은 자신의 범행에 대한 방어권 행사의 범위를 벗어난 것으로 볼 수 없다. 이러한 행위가 다른 공범을 도피하게 한 결과가 된다고 하더라도 범인도피죄로 처벌할 수 없다. 이때 공범이 이러한 행위를 교사하였더라도 범죄가 될 수 없는 행위를 교사한 것에 불과하여 범인도피교사죄도 성립하지 않는다(대판 2018.8.1, 2015도20396).
[사실관계] 강제집행 대상인 콜라텍을 허위양수하는 방법으로 채무자와 **공모**하여 **강제집행면탈죄**를 범한 양수인이 실제 양수한 것처럼 진술해달라는 채무자의 요청에 따라 수사기관에서 참고인 또는 피의자 지위로 콜라텍을 실제 양수하였다고 진술하고 그에 관한 허위자료를 제출하였다면 범인도피죄가 성립할 수 없고 그에 대한 교사죄도 성립하지 않는다.

(4) 자기은닉 · 도피의 교사 192)

범인도피를 위하여 타인에게 도움을 요청하는 행위는 도피행위의 범주에 속하는 한 처벌하지 않으나, 허위자백을 교사하는 등 방어권의 남용으로 볼 수 있으면 범인은닉 · 도피의 교사범이 성립한다.

심화 Thema **자기은닉 · 도피의 교사** 193)

1. 문제점
범인이 타인을 교사하여 자신을 은닉 · 도피하게 한 경우 범인은닉 · 도피죄의 교사범이 성립할 수 있는지에 대하여 견해가 대립한다.

2. 학설
1) **긍정설** : 자기비호권의 한계를 일탈한 것이므로 교사범이 성립한다는 견해이다.
2) **부정설** : 자기비호권의 연장에 불과하므로 교사범이 성립할 수 없다는 견해이다.

3. 판례(원칙적 부정/제한적 긍정설)
대법원은 종래 방어권의 남용에 해당하므로 교사범이 성립한다는 입장이었으나, 최근 원칙적으로 교사범 성립을 부정하고 다만 일정한 요건하에 교사범 성립을 긍정하는 태도이다.

191) 2019년 법원사무관승진시험
192) 2004년 법무사시험
193) 2011년 법무사시험, 2012년 법원사무관승진시험, 2017년 법원행정고등고시

4. 검토

정범이 될 수 없는 자를 공범으로 처벌하는 것은 논리적 모순이므로 원칙적으로 교사범 또는 방조범이 될 수 없다고 보아야 하지만, 방어권의 남용으로 볼 수 있는 적극적인 불법을 창출할 경우에는 교사범이 성립할 수 있다고 보는 것(**원칙적 부정/제한적 긍정설**)이 타당하다.[194]

o [대포폰사건][195] 범인 스스로 도피하는 행위는 처벌되지 아니하므로, 범인이 도피를 위하여 **타인에게 도움을 요청하는 행위** 역시 **도피행위의 범주**에 속하는 한 처벌되지 아니하며, 범인의 요청에 응하여 범인을 도운 타인의 행위가 범인도피죄에 해당한다고 하더라도 마찬가지이다. / 다만 범인이 타인으로 하여금 허위의 자백을 하게 하는 등으로 범인도피죄를 범하게 하는 경우와 같이 그것이 **방어권의 남용**으로 볼 수 있을 때에는 범인도피교사죄에 해당할 수 있다(대판 2014.4.10, 2013도12079).

[사실관계] 벌금 이상의 형에 해당하는 죄를 범하고 도피 중이던 甲이 친구에게 그런 사실을 설명하고 수사기관의 추적을 피하기 위해 위 친구에게 요청하여 속칭 **'대포폰'**을 개설하여 받고, 위 친구를 전화로 불러 그가 운전하는 차를 타고 시내를 이동하여 다닌 경우, 범인도피죄가 성립하지 않는다.

∵ 통상적 도피의 한 유형이므로

[비교판례] 범인이 자신을 위하여 타인으로 하여금 **허위의 자백**을 하게 하여 범인도피죄를 범하게 하는 행위는 **방어권의 남용**으로 범인도피교사죄에 해당한다(대판 2000.3.24, 2000도20). 이 경우 그 타인이 형법 제151조 제2항에 의하여 처벌을 받지 아니하는 친족, 호주 또는 동거 가족에 해당한다 하여 달리 볼 것은 아니다(대판 2006.12.7, 2005도3707).

[사실관계] 무면허 운전으로 사고를 낸 사람이 동생을 경찰서에 대신 출두시켜 피의자로 조사받도록 한 행위는 범인도피교사죄를 구성한다.[196]

[비교판례] 범인이 자신을 위해 타인이 허위의 자백을 하는 것을 방조한 경우, **범인도피방조죄**가 성립한다(대판 2008.11.13, 2008도7647).

[사실관계] 피고인이 처가 피고인을 위한 범인도피범행을 돕기 위하여 처에게 사고발생 경위, 도주 경위 등에 관하여 상세한 정보를 제공하여 주는 등의 방법으로 처로 하여금 심리적으로 안정할 수 있도록 함으로써 범인도피범행을 방조한 경우 범인도피방조죄가 성립한다.

2 객체

(1) 벌금 이상의 형에 해당하는 죄를 범한 자이다. 법정형을 말한다.

(2) 죄를 범한 자란 정범, 교사범, 종범, 기수・미수범, 예비・음모자도 포함되고, 구성요건에 해당하고 위법・유책할 뿐만 아니라 처벌조건과 소추조건까지 갖추어야 한다. 따라서 무죄・면소판결의 확정, 공소시효완성, 형의 폐지, 사면 등으로 소추나 처벌이 불가능한 경우 본죄의 객체가 되지 않는다.

(3) 수사개시 전후를 불문하고, 진범인지 여부도 묻지 않는다.

194) 김성돈 제8판 형법각론 p.859
195) 2018년 법무사시험(20점), 2021년 변호사시험
196) 2023년 법원사무관승진시험(15점)

관련 판례 **범인은닉 · 도피죄의 객체에 해당하는 경우**

1) 형법 제151조 제1항의 이른바, 죄를 범한 자라 함은 범죄의 혐의를 받아 수사대상이 되어 있는 자를 포함하며, 나아가 벌금 이상의 형에 해당하는 죄를 범한 자라는 것을 인식하면서도 도피하게 한 경우에는 그 자가 당시에는 **아직 수사대상이 되어 있지 않았다고 하더라도** 범인도피죄가 성립한다고 할 것이다(대판 2003.12.12, 2003도4533).
2) 범인은닉죄는 형사사법에 관한 국권의 행사를 방해하는 자를 처벌하고자 하는 것이므로 형법 제151조 제1항 소정의 '죄를 범한 자'라 함은 범죄의 혐의를 받아 수사 대상이 되어 있는 자를 포함한다. 따라서 구속수사의 대상이 된 소송외인이 그 후 **무혐의로 석방되었다 하더라도** 위 죄의 성립에 영향이 없다(대판 1982.1.26, 81도1931).
3) 제151조의 범인도피죄는 수사, 재판 및 형의 집행 등에 관한 국권의 행사를 방해하는 행위를 처벌하려는 것이므로 제151조 제1항에서 정한 '죄를 범한 자'는 범죄의 혐의를 받아 수사대상이 되어 있는 사람이면 그가 **진범인지 여부를 묻지 않고** 이에 해당한다(대판 2014.3.27, 2013도152).

3 행위

(1) 은닉이라 함은 죄를 범한 자임을 인식하면서 장소를 제공하여 체포를 면하게 하는 것을 말한다.

- 범인은닉죄라 함은 죄를 범한 자임을 인식하면서 장소를 제공하여 체포를 면하게 하는 것만으로 성립한다 할 것이고, 죄를 범한 자에게 장소를 제공한 후 동인에게 일정 기간 동안 경찰에 출두하지 말라고 권유하는 언동을 하여야만 범인은닉죄가 성립하는 것이 아니며, 또 그 권유에 따르지 않을 경우 강제력을 행사하여야만 한다거나, 죄를 범한 자가 은닉자의 말에 복종하는 관계에 있어야만 범인은닉죄가 성립하는 것은 더욱 아니다(대판 2002.10.11, 2002도3332).

(2) 도피라 함은 은닉 이외의 방법으로 범인의 발견을 곤란하게 하거나 불능하게 하는 행위를 말한다.

- 형법 제151조에서 규정하는 범인도피죄는 범인은닉 이외의 방법으로 범인에 대한 수사 · 재판 및 형의 집행 등 형사사법의 작용을 곤란 또는 불가능하게 하는 행위를 말하는 것으로서 그 방법에는 아무런 제한이 없고, 또한 범인도피죄는 위험범으로서 현실적으로 형사사법의 작용을 방해하는 결과가 초래되어야만 하는 것은 아니다(대판 2006.5.26, 2005도7528).
- 범인도피죄에 있어서의 '도피'란 은닉 이외의 방법으로 수사기관의 발견, 체포를 곤란 내지 불가능하게 하는 일체의 행위를 뜻하는 것으로, **단순히 안부를 묻거나 통상적인 인사말** 등만으로는 범인을 도피하게 한 것이라고 할 수 없을 것인바, 주점 개업식 날 찾아 온 범인에게 '도망다니면서 이렇게 와 주니 고맙다. 항상 몸조심하고 주의하여 다녀라. 열심히 살면서 건강에 조심하라.'고 말한 것은 단순히 안부인사에 불과한 것으로 범인을 도피하게 한 것으로 볼 수 없다(대판 1992.6.12, 92도736).
- 범인도피죄는 직접 범인을 도피시키는 행위 또는 도피를 직접적으로 용이하게 하는 행위에 이르러야 성립하므로, / 그 자체로는 도피시키는 것을 직접적인 목적으로 하였다고 보기 어려운 어떤 행위를 한 결과 **간접적으로 범인이 안심하고 도피할 수 있게 한 경우**는 여기에 포함되지 않는다(대판 2011.4.28, 2009도3642).

(3) 단순히 알고 있는 사실을 묵비하거나 허위진술하는 것만으로는 본죄가 성립되지 않지만, 진범인을 가장하거나 자처하는 허위자백은 진범의 발견 · 체포를 곤란하게 하므로 범인은닉죄가 성립한다.

ㅇ 참고인이 수사기관에서 범인에 관하여 조사를 받으면서 그가 알고 있는 사실을 **묵비하거나 허위로 진술**하였다고 하더라도, 그것이 적극적으로 수사기관을 기만하여 착오에 빠지게 함으로써 범인의 발견 또는 체포를 곤란 내지 불가능하게 할 정도가 아닌 한 범인도피죄를 구성하지 않는다. 이러한 법리는 피의자가 수사기관에서 공범에 관하여 묵비하거나 허위로 진술한 경우에도 그대로 적용된다(대판 2008.12.24, 2007도11137).

관련 판례 **범인은닉 · 도피죄가 성립하는 경우**

1) 범인(벌금 이상의 형에 해당하는 죄를 범한 자)으로 혐의를 받아 수사기관으로부터 수사 중인 경우에 범인 아닌 다른 자로 하여금 **범인으로 가장케** 하여 수사를 받도록 함으로서 범인체포에 지장을 초래케 하는 행위는 '범인 은익' 또는 '도피'에 해당된다(대판 1967.5.23, 67도366).

2) 범인 아닌 자가 수사기관에서 **범인임을 자처**하고 허위사실을 진술하여 진범의 체포와 발견에 지장을 초래하게 한 행위는 범인은닉죄에 해당한다(대판 1996.6.14, 96도1016).

3) 공범이 더 있다는 사실을 숨긴 채 허위보고를 하고 조사를 받고 있는 범인에게 다른 공범이 더 있음을 실토하지 못하도록 하는 등의 행위를 하였다면 범인도피죄가 성립한다(대판 1995.12.26, 93도904).

4) 범인이 기소중지자임을 알고도 범인의 부탁으로 다른 사람의 명의로 **대신 임대차계약을 체결**해 준 경우, 비록 임대차계약서가 공시되는 것은 아니라 하더라도 수사기관이 탐문수사나 신고를 받아 범인을 발견하고 체포하는 것을 곤란하게 하여 범인도피죄에 해당한다(대판 2004.3.26, 2003도8226).

5) **[바지사장이 실제업주라 적극적으로 허위진술한 범인도피사건]** 사실은 게임장 · 오락실 · 피씨방 등의 실제 업주가 아니라 그 종업원임에도 불구하고 **자신이 실제 업주라고 허위로 진술**하였다고 하더라도, 그 자체만으로 범인도피죄를 구성하는 것은 아니다. / 다만, 그 피의자가 실제 업주로부터 금전적 이익 등을 제공받기로 하고 단속이 되면 실제 업주를 숨기고 자신이 **대신하여 처벌받기로 하는 역할(이른바 '바지사장')**을 맡기로 하는 등 수사기관을 착오에 빠뜨리기로 하고, 단순히 실제 업주라고 진술하는 것에서 나아가 게임장 등의 운영 경위, 자금 출처, 게임기 등의 구입 경위, 점포의 임대차계약 체결 경위 등에 관해서까지 적극적으로 허위로 진술하거나 허위 자료를 제시하여 그 결과 수사기관이 실제 업주를 발견 또는 체포하는 것이 곤란 내지 불가능하게 될 정도에까지 이른 것으로 평가되는 경우 등에는 범인도피죄를 구성할 수 있다(대판 2010.1.28, 2009도10709).

   [비교판례(실제업주라 단순히 허위진술한 사건)**]** 참고인이 수사기관에서 범인에 관하여 조사를 받으면서 그가 알고 있는 사실을 **묵비하거나 허위로 진술**하였다고 하더라도, 그것이 적극적으로 수사기관을 기만하여 착오에 빠지게 함으로써 범인의 발견 또는 체포를 곤란 내지 불가능하게 할 정도가 아닌 한 범인도피죄를 구성하지 않는 것이고, 이러한 법리는 피의자가 수사기관에서 공범에 관하여 묵비하거나 허위로 진술한 경우에도 그대로 적용된다(대판 2010.2.11, 2009도12164).

   [사실관계] 게임산업진흥에 관한 법률 위반 혐의로 수사기관에서 조사받는 피의자가 사실은 게임장 · 오락실 · 피씨방 등의 실제 업주가 아님에도 불구하고 자신이 실제 업주라고 허위로 진술하였다고 하더라도 그 자체만으로 범인도피죄를 구성하는 것은 아니다.

관련 판례 **범인은닉 · 도피죄가 성립하지 않는 경우**

1) 참고인이 수사기관에서 진술을 함에 있어 단순히 범인으로 체포된 사람과 동인이 목격한 범인이 동일함에도 불구하고 동일한 사람이 아니라고 허위진술을 한 정도의 것만으로는 참고인의 그 허위진술로 말미

암아 증거가 불충분하게 되어 범인을 석방하게 되는 결과가 되었다 하더라도 바로 범인도피죄를 구성한다고는 할 수 없다(대판 1987.2.10, 85도897).

2) 참고인이 실제의 범인이 누군지도 정확하게 모르는 상태에서 수사기관에서 실제의 범인이 아닌 어떤 사람을 범인이 아닐지도 모른다고 생각하면서도 그를 범인이라고 지목하는 허위의 진술을 한 경우에는 참고인의 **허위 진술**에 의하여 범인으로 지목된 사람이 구속기소됨으로써 실제의 범인이 용이하게 도피하는 결과를 초래한다고 하더라도 범인도피죄로 처벌할 수는 없다(대판 1997.9.9, 97도1596).

3) **신원보증서**를 작성하여 수사기관에 제출하는 보증인이 **피의자의 인적 사항을 허위로 기재**하였다고 하더라도, 그로써 적극적으로 수사기관을 기망한 결과 피의자를 석방하게 하였다는 등 특별한 사정이 없는 한, 그 행위만으로 범인도피죄가 성립되지 않는다(대판 2003.2.14, 2002도5374).

4) 폭행사건 현장의 참고인이 출동한 경찰관에게 범인의 이름 대신 허무인의 이름을 대면서 구체적인 인적사항에 대한 언급을 피한 경우, 범인도피죄가 성립하지 않는다(대판 2008.6.26, 2008도1059).

∵ 단순한 허위진술에 불과하고, 적극적으로 수사기관을 기만하여 착오에 빠지게 함으로써 범인의 발견 또는 체포를 곤란 내지 불가능하게 할 정도의 것이라고 할 수 없으므로

Part 03

4 주관적 구성요건

o 범인도피죄에 있어서 벌금 이상의 형에 해당하는 자에 대한 인식은 실제로 벌금 이상의 형에 해당하는 범죄를 범한 자라는 것을 인식함으로써 족하고 그 법정형이 벌금 이상이라는 것까지 알 필요는 없는 것이고 범죄의 구체적인 내용이나 범인의 인적 사항 및 공범이 있는 경우 공범의 구체적 인원수 등까지 알 필요는 없다(대판 1995.12.26, 93도904).

5 공범

o 범인도피죄는 범인을 도피하게 함으로써 기수에 이르지만, 범인도피행위가 계속되는 동안에는 범죄행위도 계속되고 행위가 끝날 때 비로소 범죄행위가 종료된다(**계속범**). 따라서 공범자의 범인도피행위 도중에 그 범행을 인식하면서 그와 공동의 범의를 가지고 기왕의 범인도피상태를 이용하여 스스로 범인도피행위를 계속한 경우에는 범인도피죄의 공동정범이 성립하고, 이는 공범자의 범행을 방조한 종범의 경우도 마찬가지이다(대판 2012.8.30, 2012도6027).

[사실관계] 갑이 수사기관 및 법원에 출석하여 을 등의 사기 범행을 자신이 저질렀다는 취지로 허위자백하였는데, 그 후 갑의 사기 피고사건 변호인으로 선임된 피고인이 갑과 공모하여 진범 을 등을 은폐하는 허위자백을 유지하게 한 경우, 범인도피방조죄가 성립한다.

6 친족간 특례

친족 또는 동거의 가족이 본인을 위하여 범인은닉·도피죄(제151조 제1항)를 범한 때에는 처벌하지 아니한다(제152조).

o 형법 제151조 제2항 및 제155조 제4항은 친족, 호주 또는 동거의 가족이 본인을 위하여 범인도피죄, 증거인멸죄 등을 범한 때에는 처벌하지 아니한다고 규정하고 있는바, **사실혼관계에 있는 자**는 민법 소정의 친족이라 할 수 없어 위 조항에서 말하는 친족에 해당하지 않는다(대판 2003.12.12, 2003도4533).

[사실관계] 甲이 자기와 동거하여 사실혼관계에 있는 乙이 교통사고를 내자 사건 당일 그 증거물인 사고차량을 치워 수리하고, 乙을 외국으로 도피하게 한 경우 甲은 형법 제151조(범인은닉과 친족간의 특례)에 의하여 처벌받지 않는 친족에 해당하지 않는다.

Thema 정리 **허위진술과 허위자백**(진범인가장)**의 경우**

묵비 · 허위진술	허위자백(진범인을 가장 · 자처), 피의자 가장
위계에 의한 공무집행방해 ×	위계에 의한 공무집행방해 ×
범인도피죄 ×	범인도피죄 ○
甲이 수사기관에서 참고인으로 진술을 함에 있어 범인으로 체포된 사람과 자신이 목격한 범인이 동일함에도 불구하고 단순히 동일한 사람이 아니라고 **허위진술**을 하여 이로 말미암아 증거불충분으로 범인을 석방하게 되는 결과가 된 경우	• 피의사나 참고인이 아닌 자가 자발적이고 계획적으로 **피의자를 가장**하여 수사기관에 대하여 **허위의 사실을 진술**하는 경우 • 甲이 쌍둥이 동생 乙에게 수사기관에서 **범인임을 자처**하고 대신 형사처벌을 받을 것을 부탁하여 乙은 甲의 부탁대로 甲의 형사처벌을 면하게 할 목적으로 위 사건조사를 담당한 경찰관에게 자신이 범인이라고 진술한 경우

제4절 위증과 증거인멸의 죄

제152조 【위증, 모해위증】

① 법률에 의하여 선서한 증인이 허위의 진술을 한 때에는 5년 이하의 징역 또는 1천만원 이하의 벌금에 처한다.

② 형사사건 또는 징계사건에 관하여 피고인, 피의자 또는 징계혐의자를 모해할 목적으로 전항의 죄를 범한 때에는 10년 이하의 징역에 처한다.

제153조 【자백, 자수】

전조의 죄(위증, 모해위증)를 범한 자가 그 공술한 사건의 재판 또는 징계처분이 확정되기 전에 자백 또는 자수한 때에는 그 형을 감경 또는 면제한다.(↔ 할 수 있다 : ×)

제154조 【허위의 감정, 통역, 번역】

법률에 의하여 선서한 감정인, 통역인 또는 번역인이 허위의 감정, 통역 또는 번역을 한 때에는 전2조의 예에 의한다.

제155조 【증거인멸 등과 친족간의 특례】

① 타인의 형사사건 또는 징계사건에 관한 증거를 인멸, 은닉, 위조 또는 변조하거나 위조 또는 변조한 증거를 사용한 자는 5년 이하의 징역 또는 700만원 이하의 벌금에 처한다.

② 타인의 형사사건 또는 징계사건에 관한 증인을 은닉 또는 도피하게 한 자도 제1항의 형과 같다.

③ 피고인, 피의자 또는 징계혐의자를 모해할 목적으로 전2항의 죄를 범한 자는 10년 이하의 징역에 처한다.

④ 친족 또는 동거의 가족이 본인을 위하여 본조의 죄를 범한 때에는 처벌하지 아니한다.

I 서설

1 의의 및 보호법익

(1) 위증의 죄란 법률에 의하여 선서한 증인이 허위의 진술을 하거나, 법률에 의하여 선서한 감정인·통역인 또는 번역인 허위의 감정·통역 또는 번역을 함으로써 성립하는 범죄이다.

(2) 증거인멸의 죄란 타인의 형사사건 또는 징계사건에 관한 증거를 인멸·은닉·위조·변조하거나, 위조·변조한 증거를 사용하거나, 타인의 형사사건·징계사건에 관한 증인을 은닉·도피하게 함으로써 성립하는 범죄이다.

(3) 위증죄와 증거인멸죄의 보호법익은 모두 국가의 사법기능이고, 위증죄가 허위진술 등 무형적인 방법으로 증거의 증명력을 해하는 범죄임에 비하여, 증거인멸죄는 유형적인 증거의 증명력을 해하는 범죄라는 점에서 서로 다르다. 법익의 보호정도는 모두 추상적 위험범이다.

2 구성요건의 체계

기본적 구성요건	위증죄, 증거인멸등죄, 증인은닉·도피죄
가중적 구성요건	모해위증죄, 모해증거인멸 등 죄, 모해증인은닉·도피죄
독립적 구성요건	허위감정·통역·번역죄
미수범 처벌규정	×
예비·음모 처벌규정	×
자백·자수특례	위증죄, 모해위증죄, 허위감정·통역·번역죄
친족간 특례	증거인멸 등 죄, 증인은닉·도피죄, 모해증거인멸 등 죄, 모해증인은닉·도피죄

II 위증죄

법률에 의하여 선서한 증인이 허위의 진술을 함으로써 성립하는 범죄이다(제152조 제1항).

1 주체

(1) 법률에 의하여 선서한 증인

위증죄의 주체는 법률에 의하여 선서한 증인이다(진정신분범).

> ㅇ 위증죄와 형사소송법의 취지, 정신과 기능을 고려하여 볼 때, 형법 제152조 제1항에서 정한 '법률에 의하여 선서한 증인'이라 함은 '법률에 근거하여 법률이 정한 절차에 따라 유효한 선서를 한 증인'이라는 의미이고, 그 증인신문은 법률이 정한 절차 조항을 준수하여 적법하게 이루어진 경우여야 한다고 볼 것이다(대판 2010.1.21, 2008도942 全合).

관련 판례 **증인이 될 수 있는 경우** → 위증죄 성립 가능

1) 피고인의 지위에 있는 **공동피고인**은 다른 공동피고인에 대한 공소사실에 관하여 증인이 될 수 없으나, / **소송절차가 분리**되어 피고인의 지위에서 벗어나게 되면 다른 공동피고인에 대한 공소사실에 관하여 증인이 될 수 있고, 이는 대향범인 공동피고인의 경우에도 다르지 않다(대판 2008.6.26, 2008도3300 ; 대판 2012.3.29, 2009도11249).
   [사실관계] 게임장의 종업원이 그 운영자와 함께 게임산업진흥에 관한 법률 위반죄의 공범으로 기소되어 공동피고인으로 재판을 받던 중, 운영자에 대한 공소사실에 관한 증인으로 증언한 내용과 관련하여 위증죄로 기소된 경우, 소송절차가 분리되지 않은 이상 위 종업원은 증인적격이 없어 위증죄가 성립하지 않는다.
2) **소송절차가 분리된 공범인 공동피고인**에 대하여 증인적격을 인정하고 그 자신의 범죄사실에 대하여 신문한다 하더라도 피고인으로서의 진술거부권 내지 자기부죄거부특권을 침해한다고 할 수 없다. 따라서 증인신문절차에서 형사소송법 제160조에 정해진 증언거부권이 고지되었음에도 불구하고 위 피고인이 자기의 범죄사실에 대하여 증언거부권을 행사하지 아니한 채 허위로 진술하였다면 위증죄가 성립된다(대판 2012.10.11, 2012도6848).
   [참고판례] 공범인 공동피고인은 당해 소송절차에서는 피고인의 지위에 있으므로 다른 공동피고인에 대한 공소사실에 관하여 증인이 될 수 없으나, / 소송절차가 분리되어 피고인의 지위에서 벗어나게 되면 다른 공동피고인에 대한 공소사실에 관하여 증인이 될 수 있다(대판 2008.6.26, 2008도3300).

관련 판례 **증인이 될 수 없는 경우** → 위증죄 성립 불가

1) 제3자가 **심문절차**로 진행되는 가처분 신청사건에서 증인으로 출석하여 선서를 하고 진술함에 있어서 허위의 공술을 하였다고 하더라도 그 선서는 법률상 근거가 없어 무효라고 할 것이므로 위증죄는 성립하지 않는다(대판 2003.7.25, 2003도180).
2) 민사소송의 **당사자**는 증인능력이 없으므로 증인으로 선서하고 증언하였다고 하더라도 위증죄의 주체가 될 수 없고, 민사소송에서의 당사자인 법인의 대표자의 경우에도 같다(대판 1998.3.10, 97도1168).

(2) 증언거부권을 고지하지 않은 경우

Thema 정리 **증언거부권자가 증언거부권을 고지받지 못하고 위증을 한 경우 위증죄의 성부**

- **원칙** : 위증죄 ×(∵ 법률에 의하여 선서한 증인에 해당하지 아니하므로)
- **예외** : 위증죄 ○

1) 증언거부권을 행사하는 데 사실상 장애가 초래되었다고 볼 수 없는 경우, 재판장이 선서할 증인에 대하여 선서 전에 위증의 벌을 경고하지 않았다는 등의 사유, 증언거부권을 고지받았더라도 그와 같이 증언을 하였을 것이라는 취지의 진술이 있는 경우
2) 민사소송절차에서 증인이 증언거부권을 고지받지 아니한 상태에서 허위진술을 한 경우
3) 유죄판결이 확정된 후 공범에 대한 증인으로 출석하여 허위의 진술을 한 경우

ㅇ **증인신문절차에서 법률에 규정된 증인 보호를 위한 규정이 지켜진 것으로 인정되지 않은 경우**에는 증인이 허위의 진술을 하였다고 하더라도 위증죄의 구성요건인 "법률에 의하여 선서한 증인"에 해당하지 아니한다고 보아 이를 위증죄로 처벌할 수 없는 것이 원칙이다. / 다만, 법률에 규정된 증인 보호절차라 하더라도 개별 보호절차 규정들의 내용과 취지가 같지 아니하고, 당해 신문 과정에서 지키지 못한 절차 규정과 그 경위 및 위반의 정도 등 제반 사정이 개별 사건마다 각기 상이하므로, 이러한 사정을 전체적·종합적으로 고려하여 볼 때, 당해 사건에서 **증인 보호에 사실상 장애가 초래되었다고 볼 수 없는 경우**에까지 예외 없이 위증죄의 성립을 부정할 것은 아니라고 할 것이다(대판 2010.1.21, 2008도942 全合).

Part 03

관련 판례 **위증죄가 성립하지 않는 경우**

1) 피고인이 공소외인과 **쌍방 상해 사건**으로 공소 제기되어 공동피고인으로 함께 재판을 받으면서 자신은 폭행한 사실이 없다고 주장하며 다투던 중공소외인에 대한 상해 사건이 변론분리되면서 피해자인 증인으로 채택되어 검사로부터 신문받게 되었고 그 과정에서 피고인 자신의 공소외인에 대한 폭행 여부에 관하여 신문을 받게 됨에 따라 증언거부사유가 발생하게 되었는데도, 재판장으로부터 증언거부권을 고지받지 못한 상태에서 자신의 종전 주장을 그대로 되풀이함에 따라 결국 거짓 진술에 이르게 된 사정 등을 이유로 피고인에게 위증죄의 죄책을 물을 수 없다(대판 2010.1.21, 2008도942 全合).

2) 사촌관계에 있는 갑의 도박 사실 여부에 관하여 증언거부사유가 발생하게 되었는데도 재판장으로부터 증언거부권을 고지받지 못한 상태에서 허위 진술을 하게 된 경우, 위증죄가 성립하지 않는다(대판 2010.2.25, 2009도13257). ∵ 증언거부권을 행사하는 데 사실상 장애가 초래되었다고 볼 수 있으므로

관련 판례 **위증죄가 성립하는 경우**

1) 헌법 제12조 제2항에 정한 불이익 진술의 강요금지 원칙을 구체화한 자기부죄거부특권에 관한 것이거나 기타 증언거부사유가 있음에도 증인이 증언거부권을 고지받지 못함으로 인하여 그 <증언거부권을 행사하는 데 사실상 장애가 초래되었다고 볼 수 있는 경우>에는 위증죄의 성립을 부정하여야 할 것이다(대판 2010.1.21, 2008도942 全合).
[사실관계] 재판장이 선서할 증인에 대하여 **선서 전에 위증의 벌을 경고하지 않았다**는 등의 사유는 그 증인신문절차에서 증인 자신이 위증의 벌을 경고하는 내용의 선서서를 낭독하고 기명날인 또는 서명한 이상 위증의 벌을 몰랐다고 할 수 없을 것이므로 **증인 보호에 사실상 장애가 초래되었다고 볼 수 없**고, 따라서 **위증죄의 성립**에 지장이 없다.

2) **[전남편음주운전사건]** 증인으로 출석하여 증언한 경위와 그 증언 내용, **증언거부권을 고지받았더라도 그와 같이 증언을 하였을 것이라는 취지의 진술** 내용 등을 전체적·종합적으로 고려할 때 선서 전에 재판장으로부터 증언거부권을 고지받지 아니하였다 하더라도 이로 인하여 증언거부권이 사실상 침해당한 것으로 평가할 수는 없으므로 위증죄가 성립한다(대판 2010.2.25, 2007도6273).
[사실관계] 전 남편에 대한 도로교통법 위반(음주운전) 사건의 증인으로 법정에 출석한 전처(前妻)가 증언거부권을 고지받지 않은 채 공소사실을 부인하는 전 남편의 변명에 부합하는 내용을 적극적으로 허위 진술한 경우 위증죄가 성립한다.

3) **[민사소송 진술거부권불고지 위증사건]** 민사소송법은 증언거부권 제도를 두면서도(제314조 내지 제316조) 증언거부권 고지에 관한 규정을 따로 두고 있지 않다. 그렇다면 민사소송절차에서 재판장이 증인에게 증언거부권을 고지하지 아니하였다 하여 절차위반의 위법이 있다고 할 수 없고, 따라서 적법한 선서절차를 마쳤는데도 허위진술을 한 증인에 대해서는 달리 특별한 사정이 없는 한 위증죄가 성립한다(대판 2011.7.28, 2009도14928).

4) **[유죄확정판결 받은 자의 위증사건]** 형사소송법 제148조의 증언거부권은 헌법 제12조 제2항에 정한 불이익 진술의 강요금지 원칙을 구체화한 자기부죄거부특권에 관한 것인데, **이미 유죄의 확정판결을 받은 경우**에는 헌법 제13조 제1항에 정한 일사부재리의 원칙에 의해 다시 처벌받지 아니하므로 자신에 대한 유죄판결이 확정된 증인은 공범에 대한 사건에서 증언을 거부할 수 없고, **설령 증인이 자신에 대한 형사사건에서 시종일관 범행을 부인하였더라도** 그러한 사정만으로 증인이 진실대로 진술할 것을 기대할 수 있는 가능성이 없는 경우에 해당한다고 할 수 없으므로 허위의 진술에 대하여 위증죄 성립을 부정할 수 없다. 자신에 대한 유죄판결이 확정된 증인이 공범에 대한 피고사건에서 증언할 당시 앞으로 재심을 청구할 예정이라고 하여도, 이를 이유로 증인에게 형사소송법 제148조에 의한 증언거부권이 인정되지는 않는다(대판 2011.11.24, 2011도11994).

[사실관계] 피고인이 마약류관리에 관한 법률 위반(향정)죄로 이미 유죄판결을 받아 확정된 후 별건으로 기소된 공범 갑에 대한 공판절차의 증인으로 출석하여 허위의 진술을 한 경우, 피고인에게 증언을 거부할 권리가 없으므로 증언에 앞서 증언거부권을 고지받지 못하였더라도 증인신문절차상 잘못이 없다고 판단하여 위증죄를 인정하였다.

[동지판례] 자신의 강도상해 범행을 일관되게 부인하였으나 유죄판결이 확정된 피고인이 별건으로 기소된 공범의 형사사건에서 자신의 범행사실을 부인하는 증언을 한 사안에서, 피고인에게 사실대로 진술할 기대가능성이 있으므로 위증죄가 성립한다(대판 2008.10.23, 2005도10101).

2 행위 _ 허위의 진술

(1) 허위의 의미[197]

Thema 정리 위증죄 · 무고죄에서의 허위의 개념과 위증죄 · 무고죄의 성립여부[198]

주관설 (위증죄)	기억에 반(진실에 합치하여도)	위증 ○
	기억에 합치(진실에 반하여도)	위증 ×
객관설 (무고죄)	진실 ×	무고 ○ but, 진실 × + 진실이라 믿은 경우 : 무고 × (∵ 고의 ×)
	진실 ○(허위라고 믿었어도)	무고 ×

✓ 위증, 허위감정 등의 경우 주관설에 따라 검토하고, / 무고죄, 허위진단서 작성의 경우 객관설에 따라 검토하면 된다.

197) 2016년 법원사무관승진시험
198) 1994년 · 2005년 법원사무관승진시험 위증과 무고에서 허위의 비교

위증죄에 있어서의 허위의 진술이란 증인이 자기의 기억에 반하는 사실을 진술하는 것을 말한다(주관설). 자기 기억에 반하는 사실을 진술하였다면 그 내용이 객관적 사실과 부합한다고 하여도 위증죄가 성립된다.

ㅇ 위증죄에 있어서의 위증은 법률에 의하여 적법하게 선서한 증인이 자신의 **기억에 반하는 사실을 진술**함으로써 성립되고 설사 그 증언이 객관적 사실과 합치한다고 하더라도 기억에 반하는 진술을 한 때에는 위증죄의 성립에 영향이 없으며 그 증언이 당해 사건의 요증사항인 여부 및 재판의 결과에 영향을 미친 여부는 위증죄의 성립에 아무런 관계가 없다(대판 1988.5.24, 88도350).

Part 03

관련 판례 위증죄가 성립하는 경우

1) 선서를 하고서 진술한 증언내용이 자신이 그 증언내용사실을 **잘 알지 못하면서도 잘 아는 것으로 증언**한 것이라면 그 증언은 기억에 반한 진술이어서 위증죄가 성립된다(대판 1986.9.9, 86도57).
2) 타인으로부터 전해 들은 금품의 전달사실을 마치 증인 **자신이 전달한 것처럼** 진술한 것은 증인의 기억에 반하는 허위진술이라고 할 것이므로 그 진술부분은 위증에 해당한다(대판 1990.5.8, 90도448).

관련 판례 위증죄가 성립하지 않는 경우

1) 위증죄는 법률에 의하여 선언한 증인이 자기의 기억에 반하는 사실을 진술함으로써 성립하는 것이므로, **경험을 통하여 기억하고 있는 사실**을 진술한 이상 그 진술이 객관적 사실에 부합되지 아니하거나 경험한 사실에 기초한 주관적 평가나 그 법률적 효력에 관한 견해를 부연한 부분에 다소의 오류나 모순이 있다고 하여 위증죄가 성립하는 것은 아니다(대판 1984.2.14, 83도37).
2) 증인의 증언이 기억에 반하는 허위진술인지 여부는 그 증언의 단편적인 구절에 구애될 것이 아니라 당해 신문절차에 있어서의 증언 전체를 일체로 파악하여 판단하여야 할 것이고, 증언의 전체적 취지가 객관적 사실과 일치되고 그것이 기억에 반하는 공술이 아니라면 **사소한 부분에 관하여 기억과 불일치하더라도** 그것이 신문취지의 몰이해 또는 착오에 인한 것이라면 위증이 될 수 없다(대판 1996.3.12, 95도2864 ; 대판 2007.10.26, 2007도5076).

(2) 진술의 개념과 대상 · 내용

① 진술이란 법원이나 법관 앞에서 자신의 경험사실을 말하는 것이다.

ㅇ 증인이 법정에서 선서 후 증인진술서에 기재된 구체적인 내용에 관하여 진술함이 없이 단지 그 증인진술서에 기재된 내용이 사실대로라는 취지의 진술만을 한 경우에는 그것이 증인진술서에 기재된 내용 중 특정 사항을 구체적으로 진술한 것과 같이 볼 수 있는 등의 특별한 사정이 없는 한 증인이 그 증인진술서에 기재된 구체적인 내용을 기억하여 반복 진술한 것으로는 볼 수 없으므로, 가사 거기에 기재된 내용에 허위가 있다 하더라도 그 부분에 관하여 **법정에서 증언한 것으로 보아 위증죄로 처벌할 수는 없다**고 할 것이다(대판 2010.5.13, 2007도1397).

② 진술의 대상은 자신이 경험한 사실에 제한되고, 가치판단을 포함하지 않는다. 진술자의 주관적 평가나 법률적 효력에 관한 의견은 본죄의 진술에 해당하지 아니한다.

③ 진술의 내용은 증인신문의 대상이 되는 것이면 무엇이든 해당하므로 반드시 요증사실이거나 재판의 결과에 영향을 미치는 진술일 필요는 없다.

ㅇ 위증죄는 선서한 증인이 고의로 자신의 기억에 반하는 증언을 함으로써 성립하고, 그 진술이 당해사건의 요증사항인 여부 및 재판의 결과에 영향을 미친 여부는 위증죄의 성립에 아무 관계가 없다(대판 1981.8.25, 80도2783).
[동지판례] 위증죄는 법률에 의하여 선서한 증인이 허위의 공술을 한 때에 성립하는 것으로서, 그 공술의 내용이 당해 사건의 요증사실에 관한 것인지의 여부나 판결에 영향을 미친 것인지의 여부는 위증죄의 성립과 아무런 관계가 없다(대판 1990.2.23, 89도1212).

(3) 기수시기

신문절차가 종료하여 진술을 철회할 수 없을 때 기수가 된다. 허위진술을 했더라도 신문절차가 끝나기 전에 이를 철회·시정하면 본죄가 성립하지 않는다.

ㅇ 증인의 증언은 그 전부를 일체로 관찰 판단하는 것이므로 선서한 증인이 일단 기억에 반하는 허위의 진술을 하였더라도 그 **신문이 끝나기 전에 그 진술을 철회 시정한 경우** 위증이 되지 아니한다(대판 1993.12.7, 93도2510).
[동지판례] 증언의 전체취지에 비추어 원고대리인 신문시에 한 증언을 피고대리인과 재판장 신문시에 취소시정한 것으로 보여진다면 앞의 증언부분만을 따로 떼어 위증이라고 보는 것은 위법하다(대판 1984.3.27, 83도2853).

ㅇ 증인이 1회 또는 수회의 기일에 걸쳐 이루어진 1개의 증인신문절차에서 허위의 진술을 하고 그 진술이 철회·시정된 바 없이 그대로 **증인신문절차가 종료된 경우** 그로써 위증죄는 기수에 달하고, 그 후 별도의 증인 신청 및 채택 절차를 거쳐 그 증인이 다시 신문을 받는 과정에서 종전 신문절차에서의 진술을 철회·시정한다 하더라도 그러한 사정은 제153조가 정한 형의 감면사유에 해당할 수 있을 뿐, 이미 종결된 종전 증인신문절차에서 행한 위증죄의 성립에 어떤 영향을 주는 것은 아니다. 위와 같은 법리는 증인이 별도의 증인신문절차에서 새로이 선서를 한 경우뿐만 아니라 종전 증인신문절차에서 한 선서의 효력이 유지됨을 고지 받고 진술한 경우에도 마찬가지로 적용된다(대판 2010.9.30, 2010도7525).[199]

(4) 주관적 구성요건

ㅇ 증언 당시 판사의 신문취지를 오해 내지 착각하고 진술한 것이라면 위증의 고의가 있었다고 보기 어렵다(대판 1986.7.8, 86도1050).

3 공범

ㅇ **[자기위증의 교사]**[200] 피고인이 자기의 형사사건에 관하여 허위의 진술을 하는 행위는 피고인의 형사소송에 있어서의 방어권을 인정하는 취지에서 처벌의 대상이 되지 않으나, 법률에 의하여 선서한 증인이 타인의 형사사건에 관하여 위증을 하면 제152조 제1항의 위증죄가 성립되므로 **자기의 형사사건에 관하여 타**

199) 2017년 법원행정고등고시
200) 2023년 변호사시험

인을 교사하여 위증죄를 범하게 하는 것은 이러한 방어권을 남용하는 것이라고 할 것이어서 교사범의 죄책을 부담케 함이 상당하다(대판 2004.1.27, 2003도5114).

4 죄수

선서의 수를 기준으로 한다.

ㅇ 하나의 사건에 관하여 증인으로 **한번 선서**한 사람이 같은 기일에서 여러 가지 사실에 관하여 기억에 반하는 허위의 공술을 한 경우라도, 하나의 범죄의사로 계속하여 허위의 공술을 한 것으로서 포괄하여 1개의 위증죄를 구성하는 것으로 보아야 하고 각 진술마다 각기 수개의 위증죄를 구성하는 것으로 볼 것은 아니다(대판 1990.2.23, 89도1212 ; 대판 1998.4.14. 97도3340).

ㅇ 행정소송사건의 같은 심급에서 변론기일을 달리하여 수차 증인으로 나가 수 개의 허위진술을 하더라도 **최초 한 선서의 효력을 유지**시킨 후 증언한 이상 1개의 위증죄를 구성함에 그친다(대판 2007.3.15, 2006도9463).

5 자백 · 자수 특례

위증죄를 범한 자가 그 공술한 사건의 재판 또는 징계처분이 확정되기 전에 자백 또는 자수한 때에는 그 형을 감경 또는 면제한다(제153조).

ㅇ 형법 제153조 소정의 위증죄를 범한 자가 자백, 자수를 한 경우의 형의 감면규정은 재판 확정 전의 자백을 형의 필요적 감경 또는 면제사유로 한다는 것이며, 또 위 자백의 절차에 관하여는 아무런 제한이 없으므로 그가 ① **공술한 사건**을 다루는 기관에 대한 자발적인 고백은 물론, ② **위증사건**의 피고인 또는 피의자로서 법원이나 수사기관의 심문에 의한 고백도 위 자백의 개념에 포함된다(대판 1973.11.27, 73도1639).

Ⅲ 모해위증죄

형사사건 또는 징계사건에 관하여 피고인, 피의자 또는 징계혐의자를 모해할 목적으로 위증죄를 범함으로써 성립하는 범죄이다(제152조 제2항).

모해할 목적이란 피고인 · 피의자 또는 징계혐의자를 불리하게 할 목적을 말한다. 자백 · 자수특례규정이 있다.

ㅇ 피고인이 갑을 모해할 목적으로 을에게 위증을 교사한 이상, 가사 정범인 을에게 모해의 목적이 없었다고 하더라도, 제33조 단서의 규정에 의하여 피고인을 모해위증교사죄로 처단할 수 있다(대판 1994.12.23, 93도1002).

[판결이유] 형법 제152조 제1항과 제2항은 위증을 한 범인이 형사사건의 피고인 등을 '모해할 목적'을 가지고 있었는가 아니면 그러한 목적이 없었는가 하는 범인의 특수한 상태의 차이에 따라 범인에게 과할 형의 경중을 구별하고 있으므로, 이는 바로 제33조 단서 소정의 **"신분관계로 인하여 형의 경중이 있는 경우"**에 해당한다고 봄이 상당하다.

ㅇ 형법 제152조 제2항의 모해위증죄에 있어서 '모해할 목적'이란 피고인 · 피의자 또는 징계혐의자를 불리하게 할 목적을 말하고, 허위진술의 대상이 되는 사실에는 공소 범죄사실을 직접, 간접적으로 뒷받침하는

사실은 물론 이와 밀접한 관련이 있는 것으로서 만일 그것이 사실로 받아들여진다면 피고인이 불리한 상황에 처하게 되는 사실도 포함된다. 그리고 이러한 모해의 목적은 허위의 진술을 함으로써 피고인에게 불리하게 될 것이라는 인식이 있으면 충분하고 / 그 결과의 발생까지 희망할 필요는 없다(대판 2007.12.27, 2006도3575).

IV 허위감정 · 통역 · 번역죄

1 의의

법률에 의하여 선서한 감정인, 통역인 또는 번역인이 허위의 감정, 통역 또는 번역을 함으로써 성립하는 범죄이다(제154조).

2 허위의 감정 · 통역 · 번역죄

감정인이란 자신이 가진 특수한 지식 · 경험에 의하여 알 수 있는 법칙 또는 그 법칙을 적용하여 얻은 판단을 법원 또는 법관에게 보고하는 자를 말한다. 허위의 의미는 위증죄와 같다(주관설). 자백 · 자수 특례 규정이 있다.

o 하나의 소송사건에서 **동일한 선서**하에 이루어진 법원의 감정명령에 따라 감정인이 동일한 감정명령사항에 대하여 수차례에 걸쳐 허위의 감정보고서를 제출하는 경우에는 각 감정보고서 제출행위시마다 각기 허위감정죄가 성립한다 할 것이나, 이는 단일한 범의 하에 계속하여 허위의 감정을 한 것으로서 **포괄하여 1개의 허위감정죄**를 구성하는 것이다(대판 2000.11.28, 2000도1089).

V 증거인멸죄

1 의의

본죄는 타인의 형사사건 또는 징계사건에 관한 증거를 인멸 · 은닉 · 위조 · 변조하거나 위조 또는 변조한 증거를 사용함으로써 성립하는 범죄이다(제155조 제1항).

2 주체

행위의 주체는 제한이 없다. 본인의 친족도 본죄의 주체가 될 수 있다. 다만 친족인 경우에는 기대불가능성을 이유로 책임이 조각될 수 있다.

3 객체

타인의 형사사건 또는 징계사건에 관한 증거이다.

(1) 타인

① 타인이란 행위자 이외의 자를 말하므로, 자기 사건에 대한 증거인멸은 구성요건해당성이 없다.

ㅇ 증거인멸죄는 타인의 형사사건 또는 징계사건에 관한 증거를 인멸하는 경우에 성립하는 것으로서, 피고인 자신이 직접 형사처분이나 징계처분을 받게 될 것을 두려워한 나머지 **자기의 이익을 위하여** 그 증거가 될 자료를 인멸하였다면, 그 행위가 동시에 다른 공범자의 형사사건이나 징계사건에 관한 증거를 인멸한 결과가 된다고 하더라도 이를 증거인멸죄로 다스릴 수 없고, 이러한 법리는 그 행위가 피고인의 공범자가 아닌 자의 형사사건이나 징계사건에 관한 증거를 인멸한 결과가 된다고 하더라도 마찬가지이다(대판 1995.9.29, 94도2608).

[동지판례] 피고인 자신이 직접 형사처분을 받게 될 것을 두려워한 나머지 **자기의 이익을 위하여** 그 증거가 될 자료를 은닉하였다면 증거은닉죄에 해당하지 않고, **제3자와 공동**하여 그러한 행위를 하였다고 하더라도 마찬가지이다(대판 2018.10.25, 2015도1000).

甲이 고발을 당하자 乙에게 증거를 변조하도록 교사하였는데 乙이 甲과 공범관계에 있는 형사사건의 증거를 변조한 것에 해당하여 乙이 증거변조로 처벌되지 않는 경우, 甲도 증거변조죄의 교사범으로 처벌받지 않는다(대판 2011.7.14, 2009도13151).

[사실관계] 노동조합 지부장인 피고인 甲이 업무상횡령 혐의로 조합원들로부터 고발을 당하자 피고인 乙과 공동하여 조합 회계서류를 무단 폐기한 후 폐기에 정당한 근거가 있는 것처럼 피고인 乙로 하여금 조합 회의록을 조작하여 수사기관에 제출하도록 교사한 경우, 회의록의 변조·사용은 피고인들이 **공범관계에 있는 문서손괴죄 형사사건에 관한 증거**를 변조·사용한 것으로 볼 수 있어 피고인 乙에 대한 증거변조죄 및 변조증거사용죄가 성립하지 않으며, 피교사자인 피고인 乙이 증거변조죄 및 변조증거사용죄로 처벌되지 않은 이상 피고인 甲에 대하여 공범인 교사범은 물론 그 간접정범도 성립하지 않는다.

② 자기의 형사사건에 관한 증거인멸 등을 위하여 타인에게 도움을 요청하는 행위는 원칙적으로 처벌되지 아니하나, 방어권의 남용이라 볼 수 있을 때는 증거인멸 등의 교사로 처벌한다.

ㅇ [안마의자보관부탁사건] 증거은닉죄는 타인의 형사사건이나 징계사건에 관한 증거를 은닉할 때 성립하고 자신의 형사사건에 관한 증거은닉 행위는 형사소송에 있어서 피고인의 방어권을 인정하는 취지와 상충하여 처벌의 대상이 되지 아니하므로 **자신의 형사사건에 관한 증거은닉을 위하여 타인에게 도움을 요청하는 행위** 역시 원칙적으로 처벌되지 아니하나, / 다만 그것이 **방어권의 남용**이라고 볼 수 있을 때는 **증거은닉교사죄**로 처벌할 수 있다(대판 2016.7.29, 2016도5596).

[사실관계] 갑이 자신의 최측근인 을이 비자금을 조성정치인들에게 로비하였다는 등의 혐의를 받게 되자 **을로부터 받은 안마의자를 병에게 보관하여 달라 부탁한 사안**

ㅇ 자기의 형사사건에 관한 증거를 위조하기 위하여 타인을 교사하여 죄를 범하게 한 자에 대하여는 **증거위조교사죄**가 성립한다(대판 2011.2.10, 2010도15986).

(2) 형사사건 또는 징계사건

ㅇ 증거은닉죄에 있어서 "타인의 형사사건 또는 징계사건"이란 은닉행위 시에 아직 **수사 또는 징계절차가 개시되기 전이라도** 장차 형사 또는 징계사건이 될 수 있는 것까지를 포함한다(대판 1982.4.27, 82도274 ; 대판 2003.12.12, 2003도4533).

ㅇ [풍어제 기부금 횡령사건] 증거위조죄에서 타인의 형사사건이란 증거위조 행위시에 아직 수사절차가 개시되기 전이라도 장차 형사사건이 될 수 있는 것까지 포함하고, 그 형사사건이 **기소되지 아니하거나 무죄가 선고되더라도 증거위조죄의 성립에 영향이 없다**(**대판 2011.2.10, 2010도15986**).

ㅇ 증거인멸 등 죄는 위증죄와 마찬가지로 국가의 형사사법작용 내지 징계작용을 그 보호법익으로 하므로, 위 법조문에서 말하는 '징계사건'이란 **국가의 징계사건**에 한정되고 사인(私人) 간의 징계사건은 포함되지 않는다(대판 2007.11.30, 2007도4191).

(3) 증거

ㅇ **증거인멸죄에서 '증거'**라 함은 타인의 형사사건 또는 징계사건에 관하여 수사기관이나 법원 또는 징계기관이 국가의 형벌권 또는 징계권의 유무를 확인하는 데 관계있다고 인정되는 일체의 자료를 의미하고, 타인에게 유리한 것이건 불리한 것이건 가리지 아니하며 또 증거가치의 유무 및 정도를 불문한다(대판 2013.11.28, 2011도5329).

4 행위

(1) 증거를 인멸·은닉·위조·변조하거나, 위조·변조한 증거를 사용하는 것이다.

(2) 증거위조죄의 '**증거**'란 타인의 형사사건 또는 징계사건에 관하여 수사기관이나 법원 또는 징계기관이 국가의 형벌권 또는 징계권의 유무를 확인하는 데 관계있다고 인정되는 일체의 자료가 포함된다.

ㅇ 형법 제155조 제1항이 정한 **증거위조죄에서의 '증거'**에는 타인의 형사사건 또는 징계사건에 관하여 수사기관이나 법원 또는 징계기관이 국가의 형벌권 또는 징계권의 유무를 확인하는 데 관계있다고 인정되는 일체의 자료가 포함된다. 따라서 ① 범죄 또는 징계사유의 성립 여부에 관한 것뿐만 아니라 ② **형 또는 징계의 경중에 관계있는 정상을 인정함에 도움이 될 자료**까지도 본조가 규정한 증거에 포함된다(대판 2021.1.28, 2020도2642).

(3) 증거위조죄의 '**위조**'란 문서죄의 위조와는 달리 새로운 증거를 만들어 내는 것 내지 **새로운 증거의 창조**를 말한다. 따라서 증거가 문서의 형식을 갖는 경우 증거위조죄에 있어서의 증거에 해당하는지 여부가 그 작성권한의 유무나 내용의 진실성에 좌우되는 것은 아니다. 그러나 사실의 증명을 위해 작성된 문서가 그 사실에 관한 내용이나 작성명의 등에 아무런 허위가 없다면 '증거위조'에 해당한다고 볼 수 없다.

ㅇ 타인의 형사사건과 관련하여 수사기관이나 법원에 제출하거나 현출되게 할 의도로 법률행위 당시에는 존재하지 아니하였던 처분문서, 즉 그 외형 및 내용상 법률행위가 그 문서 자체에 의하여 이루어진 것과 같은 외관을 가지는 문서를 **사후에 그 작성일을 소급하여 작성**하는 것은, 가사 그 작성자에게 해당 문서의 작성권한이 있고, 또 그와 같은 법률행위가 당시에 존재하였다거나 그 법률행위의 내용이 위 문서에 기재된 것과 큰 차이가 없다 하여도 **증거위조**죄의 구성요건을 충족시키는 것이라고 보아야 하고, 비록 그 내용이 진실하다 하여도 국가의 형사사법기능에 대한 위험이 있다는 점은 부인할 수 없다(대판 2007.6.28, 2002도3600).

ㅇ **[풍어제 기부금 횡령사건]** 제155조 제1항의 증거위조죄에서 타인의 형사사건이란 증거위조 행위시에 아직 수사절차가 개시되기 전이라도 장차 형사사건이 될 수 있는 것까지 포함하고, 그 형사사건이 기

소되지 아니하거나 무죄가 선고되더라도 증거위조죄의 성립에 영향이 없다. 여기에서의 '**위조**'란 문서에 관한 죄에 있어서의 위조 개념과는 달리 새로운 증거의 창조를 의미하는 것이므로 **존재하지 아니한 증거를 이전부터 존재하고 있는 것처럼 작출하는 행위**도 증거위조에 해당하며, 증거가 문서의 형식을 갖는 경우 증거위조죄에 있어서의 증거에 해당하는지 여부가 그 작성권한의 유무나 내용의 진실성에 좌우되는 것은 아니다(대판 2011.2.10, 2010도15986).

[사실관계] 피고인은 풍어제 관련 기부금 횡령 의혹을 제기하는 뉴스가 방송된 이후 ○○수산업협동조합 직원에게 1,300만 원 상당의 기부금을 풍어제 관련 식비로 사용하였다는 것을 입증할 수 있는 증거를 만들라고 지시하고, 직원이 풍어제 행사 지원비 사용 내역 등 공문 2장을 그 일자를 소급해서 허위로 작성하였으며, 피고인은 기부금 횡령 사건에 관하여 조사받은 이후 직원으로 하여금 위와 같이 허위작성된 공문 2장을 검찰청에 제출하게 하였다. 기부금 횡령 사건의 수사가 개시되기 전이라도 장차 형사사건이 될 수 있는 상태에서 풍어제 경비 지출 관련 공문을 허위로 작성한 행위는 위 공문 작성일자로 기재된 날에 실제 존재하지 아니한 문서를 그 당시 존재하는 것처럼 작출하는 것으로서 문서의 작성 명의, 내용의 진위 여부에 불구하고 증거위조 행위에 해당하고, 피고인이 자신의 형사사건에 관하여 위 직원에게 증거위조 및 위조증거의 사용을 교사한 이상 나중에 기부금 횡령 사건에 관하여 불기소처분을 받았다고 하더라도 증거위조교사죄 및 위조증거사용교사죄가 성립된다.

ㅇ [입금확인증사건] 증거위조죄의 '**위조**'란 문서에 관한 죄의 위조 개념과는 달리 새로운 증거의 창조를 의미한다. 그러나 사실의 증명을 위해 작성된 문서가 그 사실에 관한 내용이나 작성명의 등에 아무런 허위가 없다면 '증거위조'에 해당한다고 볼 수 없다. 가사 사실증명에 관한 문서가 형사사건 또는 징계사건에서 허위의 주장에 관한 증거로 제출되어 그 주장을 뒷받침하게 되더라도 마찬가지이다(대판 2021.1.28, 2020도2642).

[사실관계] 변호인인 피고인이 알선의 대가로 교부받은 금원을 모두 반환한 자료를 법원에 제출함으로써 **양형에서 유리한 판단을 받고자**, 의뢰인 측 은행계좌에서 대진○○측 은행계좌에 수차례에 걸쳐 금원을 송금하고 다시 돌려받는 과정을 반복한 후 금융거래 자료 중 대진○○ 측에 대한 송금자료만을 양형자료로 제출한 경우, 피고인이 **법원에 제출한 금융자료(입금확인증 등)**는 해당 일시에 해당 금원을 대진○○에 송금하였다는 내용의 문서이고 그 내용이나 작성명의에 아무런 허위가 없는 이상 증거위조로 볼 수 없다.

(4) 증거위조죄에서 '**타인의 형사사건 등에 관한 증거를 위조한다**' 함은 증거 자체를 위조함을 말하는 것이고, 허위의 증언을 교사하거나 참고인이 수사기관에서 허위의 진술을 하는 것은 여기에 포함되지 않는다. 허위의 진술서를 작성하여 제출하는 것도 허위의 진술과 차이가 없으므로 증거위조에 해당하지 않는다.

ㅇ 형법 제155조 제1항에서 타인의 형사사건에 관하여 증거를 위조한다 함은 증거 자체를 위조함을 말하는 것으로서, 선서무능력자로서 범죄 현장을 목격하지도 못한 사람으로 하여금 형사법정에서 범죄 현장을 목격한 양 **허위의 증언**을 하도록 하는 것은 위 조항이 규정하는 증거위조죄를 구성하지 아니한다(대판 1998.2.10, 97도2961).

✔ **〈정리〉** : ① 증거위조죄 ×(∵ 증거 자체를 위조하는 것이 아니므로), ② 위증죄의 교사범 ×(∵ 선서무능력자는 위증죄의 주체 ×), ③ 위증죄의 간접정범 ×(∵ 위증죄는 자수범이므로)

ㅇ 참고인이 타인의 형사사건 등에서 직접 진술 또는 증언하는 것을 대신하거나 그 진술 등에 앞서서 **허위의 사실확인서나 진술서**를 작성하여 수사기관 등에 제출하거나 또는 제3자에게 교부하여 제3자가 이를 제출한 것은 존재하지 않는 문서를 이전부터 존재하고 있는 것처럼 작출하는 등의 방법으로 새로운 증거를 창조한 것이 아닐뿐더러, 참고인이 수사기관에서 허위의 진술을 하는 것과 차이가 없으므로, 증거위조죄를 구성하지 않는다고 할 것이다(대판 2011.7.28, 2010도2244).

[비교판례] 참고인이 타인의 형사사건 등에 관하여 제3자와 대화를 하면서 허위로 진술하고 위와 같은 **허위 진술이 담긴 대화 내용을 녹음한 녹음파일 또는 이를 녹취한 녹취록**을 만들어 수사기관 등에 제출하는 것은, 참고인이 타인의 형사사건 등에 관하여 수사기관에 허위의 진술을 하거나 이와 다를 바 없는 것으로서 허위의 사실확인서나 진술서를 작성하여 수사기관 등에 제출하는 것과는 달리, 증거위조죄를 구성한다(대판 2013.12.26, 2013도8085).

ㅇ 국가정보원에서 주선양총영사관에 파견된 영사(국가정보원 직원)가 국가정보원의 지시에 따라 직접 출입경기록의 내용이 사실인지 여부 등을 전혀 확인한 바가 없음에도 직접 확인하였다는 취지로 확인서 및 사실확인서를 작성한 후 이를 국정원 해외○○국에 송부하여 위 확인서 등이 법원 등에 증거로 제출되게 한 경우 영사에게는 **허위공문서작성죄**가 성립되나, **증거위조죄**는 성립되지 않는다(대판 2015.10.29, 2015도9010).

5 주관적 구성요건

본죄의 고의는 타인의 형사사건 또는 징계사건에 관한 증거를 인멸·은닉·위조·변조 또는 위조·변조한 증거를 사용한다는 것에 대한 인식·인용이다. 미필적 고의로도 족하다. 타인의 형사사건을 자기의 형사사건으로 오인한 때에는 본죄의 고의가 부정된다.

ㅇ 대구지하철화재 사고 현장을 수습하기 위한 청소 작업이 한참 진행되고 있는 시간 중에 실종자 유족들로부터 이의제기가 있었음에도 대구지하철공사 사장이 즉각 청소 작업을 중단하도록 지시하지 아니하였고 수사기관과 협의하거나 확인하지 아니하였다고 하여 위 사장에게 그러한 청소 작업으로 인하여 증거인멸의 결과가 발생할 가능성을 용인하는 내심의 의사까지 있었다고 단정하기는 어렵다(대판 2004.5.14, 2004도74).

6 죄수 및 타죄와의 관계

ㅇ 경찰서 방범과장이 부하직원으로부터 음반·비디오물 및 게임물에 관한 법률 위반 혐의로 오락실을 단속하여 증거물로 오락기의 변조 기판을 압수하여 사무실에 보관 중임을 보고받아 알고 있었음에도 그 직무상의 의무에 따라 위 압수물을 수사계에 인계하고 검찰에 송치하여 범죄 혐의의 입증에 사용하도록 하는 등의 적절한 조치를 취하지 않고, 오히려 부하직원에게 위와 같이 압수한 변조 기판을 돌려주라고 지시하여 오락실 업주에게 이를 돌려준 경우, 작위범인 증거인멸죄만이 성립하고 부작위범인 직무유기(거부)죄는 따로 성립하지 아니한다(대판 2006.10.19, 2005도3909 全合).

7 친족간 특례

친족 또는 동거의 가족이 본인을 위하여 본죄를 범한 때에는 처벌하지 아니한다(제155조 제4항). 이 친족간의 특례는 범인은닉죄에서와 같이 친족간의 정의를 고려한 정책적 규정이다.

○ 형법 제151조 제2항 및 제155조 제4항은 친족, 호주 또는 동거의 가족이 본인을 위하여 범인도피죄, 증거인멸죄 등을 범한 때에는 처벌하지 아니한다고 규정하고 있는바, **사실혼관계에 있는 자**는 민법 소정의 친족이라 할 수 없어 위 조항에서 말하는 친족에 해당하지 않는다(대판 2003.12.12, 2003도4533).

Ⅵ 증인은닉 · 도피죄

타인의 형사사건 또는 징계사건에 관한 증인을 은닉 또는 도피하게 함으로써 성립하는 범죄이다(제155조 제2항). 단순히 허위진술을 하거나 이를 교사하는 정도의 행위로는 증인은닉 · 도피에 해당하지 않는다.

Part 03

○ 제155조 제2항 소정의 증인도피죄는 타인의 형사사건 또는 징계사건에 관한 증인을 은닉 · 도피하게 한 경우에 성립하는 것으로서, 피고인 자신이 직접 형사처분이나 징계처분을 받게 될 것을 두려워한 나머지 **자기의 이익을 위하여** 증인이 될 사람을 도피하게 하였다면, 그 행위가 동시에 다른 공범자의 형사사건이나 징계사건에 관한 증인을 도피하게 한 결과가 된다고 하더라도 이를 증인도피죄로 처벌할 수 없다(대판 2003.3.14, 2002도6134).

Ⅶ 모해증거인멸죄 · 모해증인은닉 · 도피죄

피고인, 피의자 또는 징계혐의자를 모해할 목적으로 증거인멸죄, 증인은닉 · 도피죄를 범함으로써 성립하는 범죄이다(제155조 제3항).

○ 제155조 제3항에서 말하는 '**피의자**'라고 하기 위해서는 수사기관에 의하여 범죄의 인지 등으로 수사가 개시되어 있을 것을 필요로 하고, 그 이전의 단계에서는 장차 형사입건될 가능성이 크다고 하더라도 그러한 사정만으로 '피의자'에 해당한다고 볼 수는 없다(대판 2010.6.24, 2008도12127).

제5절 무고죄

제156조 【무고】
타인으로 하여금 형사처분 또는 징계처분을 받게 할 목적으로 공무소 또는 공무원에 대하여 허위의 사실을 신고한 자는 10년 이하의 징역 또는 1천500만원 이하의 벌금에 처한다.

제157조 【자백 · 자수】
제153조는 전조에 준용한다.

I 서설

1 의의 및 보호법익

무고죄는 타인으로 하여금 형사처분 등을 받게 할 목적으로 신고한 사실이 객관적 진실에 반하는 허위사실인 경우에 성립되는 범죄이다. 국가의 형사사법기능을 주된 보호법익으로 하고, 부당하게 처벌 또는 징계받지 않을 개인적 이익을 부수적 보호법익으로 한다. 보호받는 정도는 추상적 위험범으로서의 보호이다.

- 무고죄는 국가의 형사사법권 또는 징계권의 적정한 행사를 주된 보호법익으로 하고 다만, 개인의 부당하게 처벌 또는 징계받지 아니할 이익을 부수적으로 보호하는 죄이므로, 설사 무고에 있어서 **피무고자의 승낙**이 있었다고 하더라도 무고죄의 성립에는 영향을 미치지 못한다(대판 2005.9.30, 2005도2712).

2 구성요건의 체계

기본적 구성요건	무고죄
미수범 처벌규정	×
예비 · 음모 처벌규정	×
자백 · 자수특례	○

3 범인은닉 · 증거인멸죄와 위증 · 무고죄의 비교

Thema 정리 범인은닉 · 증거인멸, 위증 · 무고에서의 친족간 특례와 자백 · 자수의 특례

구분	범인은닉, 증거인멸	위증, 무고
친족간의 특례 → 처벌 × (다수설 : 책임조각 ∵ 기대불가능성)	○	×
자백 · 자수 특례 → 필요적 감면(∵ 형사절차관련)	×	○
미수처벌	×	×

II 무고죄

타인으로 하여금 형사처분 또는 징계처분을 받게 할 목적으로 공무소 또는 공무원에 대하여 허위의 사실을 신고함으로써 성립하는 범죄이다(제156조).

1 주체

제한이 없다. 공무원이 직무상 본죄를 범할 수도 있다.

ㅇ 비록 외관상으로는 타인 명의의 고소장을 대리하여 작성하고 제출하는 형식으로 고소가 이루어진 경우라 하더라도 그 명의자는 고소의 의사가 없이 이름만 빌려준 것에 불과하고 명의자를 대리한 자가 실제 고소의 의사를 가지고 고소행위를 주도한 경우라면 그 명의자를 대리한 자를 신고자로 보아 무고죄의 주체로 인정하여야 할 것이다(대판 2007.3.30, 2006도6017).

2 행위의 상대방 _ 공무소 · 공무원

무고행위는 신고내용이 되는 형사처분 · 징계처분에 대한 직권을 행사할 수 있는 공무소 또는 공무원에게 하여야 한다. 징계처분에 있어서는 징계권자 또는 징계권의 발동을 촉구하는 직권을 가진 자와 그 감독기관 또는 그 소속 구성원을 말한다.

ㅇ **군인에 대한 무고죄의 경우**에 공무소 또는 공무원에 대한 신고는 반드시 해당 군인에 대하여 징계처분 또는 형사처분을 심사 결행할 직권 있는 소속 상관에게 직접 하여야 하는 것은 아니지만, / 지휘명령 계통이나 수사관할 이첩을 통하여 그런 권한 있는 상관에게 도달되어야 무고죄가 성립한다(대판 2014.12.24, 2012도4531).

3 행위 _ 허위사실의 신고

(1) 허위의 사실

① 무고죄에서의 허위의 사실이란 객관적 진실에 반하는 사실을 말한다(객관설). 따라서 행위자가 허위라고 오신하였더라도 신고한 사실이 객관적 진실에 합치하면 본죄가 성립되지 않는다.

ㅇ 신고자가 그 신고내용을 **허위라고 믿었다 하더라도** 그것이 **객관적으로 진실한 사실에 부합할 때**에는 허위사실의 신고에 해당하지 않아 무고죄는 성립하지 않는 것이다(대판 1991.10.11, 91도1950).

② 신고한 사실의 허위 여부는 그 범죄의 구성요건과 관련하여 신고사실의 핵심 또는 중요내용이 허위인가에 따라 판단하여 무고죄의 성립 여부를 가려야 한다.

예 도박자금을 빌려주고 변제받지 못하자 '자동차구입대금을 빌려주었으나 변제하지 않고 자동차도 구입하지 않았다'라고 고소(이른바 용도사기 고소사건)하였다면 금전의 용도에 대하여 허위신고한 것에 불과한 것이 아니라 전체고소사실의 성질을 변경시키는 경우에 해당하므로 무고죄가 성립한다.

ㅇ 무고죄에 있어서 '허위의 사실'이라 함은 그 신고된 사실로 인하여 상대방이 형사처분이나 징계처분 등을 받게 될 위험이 있는 것이어야 하고, 비록 신고내용에 **일부 객관적 진실에 반하는 내용이 포함되었다 하더라도** 그것이 독립하여 형사처분 등의 대상이 되지 아니하고 단지 신고사실의 정황을 과장하는 데 불과하거나 허위인 일부 사실의 존부가 전체적으로 보아 범죄사실의 성립 여부에 직접 영향을 줄 정도에 이르지 아니하는 내용에 관계되는 것이라면 무고죄가 성립하지 아니한다(대판 2008.8.21, 2008도3754).

ㅇ 신고사실의 일부에 허위의 사실이 포함되어 있다고 하더라도 그 허위부분이 범죄의 성부에 영향을 미치는 중요한 부분이 아니고, 단지 신고한 사실을 과장한 것에 불과한 경우에는 무고죄에 해당하지 아니하지만, / 그 일부 허위인 사실이 국가의 심판작용을 그르치거나 부당하게 처벌을 받지

아니할 개인의 법적 안정성을 침해할 우려가 있을 정도로 **고소사실 전체의 성질을 변경시키는 때**에는 무고죄가 성립될 수 있다(대판 2004.1.16, 2003도7178).

③ 허위사실의 적시는 형사처분 또는 징계처분의 원인이 될 정도면 충분하다.

ㅇ 무고죄에 있어서 허위사실 적시의 정도는 수사관서 또는 감독관서에 대하여 **수사권 또는 징계권의 발동을 촉구하는 정도**의 것이면 충분하고 반드시 범죄구성요건 사실이나 징계요건 사실을 구체적으로 명시하여야 하는 것은 아니다(대판 2006.5.25, 2005도4642).

④ 허위사실은 형사처분 또는 징계처분의 원인될 수 있는 것이어야 한다.[201]

ㅇ 타인에게 형사처분을 받게 할 목적으로 '허위의 사실'을 신고한 행위가 무고죄를 구성하기 위해서는 신고된 사실 자체가 형사처분의 대상이 될 수 있어야 하므로, 가령 허위의 사실을 신고하였더라도 신고 당시 그 사실 자체가 형사범죄를 구성하지 않으면 무고죄는 성립하지 않는다(대판 2017.5.30, 2015도15398).

ㅇ 타인에게 형사처분을 받게 할 목적으로 '허위의 사실'을 신고한 행위가 무고죄를 구성하기 위하여는 신고된 사실 자체가 형사처분의 원인이 될 수 있어야 할 것이어서, 가령 허위의 사실을 신고하였다 하더라도 그 사실 자체가 형사범죄로 구성되지 아니한다면 무고죄는 성립하지 아니한다(대판 2007.4.13, 2006도558).
[사실관계] "피고소인이 **송이의 채취권을 이중으로 양도**하여 손해를 입었으니 엄벌하여 달라"는 내용의 고소사실이 횡령죄나 배임죄 기타 형사범죄를 구성하지 않는 내용의 신고에 불과하여 그 신고 내용이 허위라고 하더라도 무고죄가 성립할 수 없다.

ㅇ 신고된 범죄사실에 대한 **공소시효가 완성되었음이 신고 내용 자체에 의하여 분명한 경우**에는 형사처분의 대상이 되지 않는 것이므로 무고죄가 성립하지 아니한다(대판 1994.2.8, 93도3445).
[비교판례] 객관적으로 고소사실에 대한 공소시효가 완성되었더라도 고소를 제기하면서 마치 **공소시효가 완성되지 아니한 것처럼** 고소한 경우에는 국가기관의 직무를 그르칠 염려가 있으므로 무고죄를 구성한다(대판 1995.12.5, 95도1908).

ㅇ 타인으로 하여금 형사처분을 받게 할 목적으로 공무소에 대하여 허위의 사실을 신고하였다고 하더라도, 그 사실이 **친고죄**로서 그에 대한 **고소기간이 경과하여 공소를 제기할 수 없음이 그 신고 내용 자체에 의하여 분명한 때**에는 당해 국가기관의 직무를 그르치게 할 위험이 없으므로 이러한 경우에는 무고죄가 성립하지 아니한다(대판 1998.4.14, 98도150 ; 대판 2018.7.11, 2018도1818).

⑤ 허위사실이라는 요건은 적극적 증명이 있어야 한다.

ㅇ 무고죄는 타인으로 하여금 형사처분이나 징계처분을 받게 할 목적으로 신고한 사실이 객관적 진실에 반하는 허위사실인 경우에 성립되는 범죄이므로 신고한 사실이 객관적 사실에 반하는 **허위**

---

201) **2017년 법원사무관승진시험(20점)** 甲은 A에게 차용 채무금 6,800만 원을 변제한 사실이 없음에도 불구하고 그로 하여금 형사처분을 받게 할 목적으로 'A가 그 영수증과 같이 채권액 6,800만 원을 변제받았음에도 불구하고 이 금원의 공정증서를 반환하지 않고 보관하고 있음을 기화로 6,800만 원에 대한 채권확보수단으로 甲의 주택을 가압류하였다'는 취지의 고소장을 경찰서장에게 제출하였다. 이 경우 甲에게 무고죄가 성립하는지 여부 및 그 이유에 대하여 약술하시오.

사실이라는 요건은 적극적인 증명이 있어야 하며, 신고사실의 진실성을 인정할 수 없다는 소극적 증명만으로 곧 그 신고사실이 객관적 진실에 반하는 허위사실이라고 단정하여 무고죄의 성립을 인정할 수는 없다(대판 2006.5.25, 2005도4642 ; 대판 2014.2.13, 2011도15767).

관련 판례 **허위사실의 신고가 아닌 경우** → 무고죄 ×

1) 신고자가 **객관적 사실관계를 사실 그대로 신고**한 이상 그 객관적 사실을 토대로 한 나름대로의 주관적 법률평가를 잘못하고 이를 신고하였다 하여 그 사실만을 가지고 허위사실을 신고한 것에 해당하여 무고죄가 성립한다고 할 수 없다(대판 1985.6.25, 83도3245).

2) 고소인이 갑에게 대여하였다가 이미 변제받은 금원에 관하여 갑이 이른 수개월간 변제치 않고 있었던 점을 들어 위 금원을 착복하였다는 표현으로 고소장에 기재하였다 하여도 이것이 갑으로 부터 아직 변제받지 못한 나머지 금원에 관한 **고소내용의 정황을 과장한 것이거나 또는 주관적 법률평가를 잘못하였음**에 지나지 아니한 것이라면 특별의 사정이 없는 한 이로써 허위의 사실을 들어 고소하였다고 단정할 수는 없다(대판 1987.6.9, 87도1029).

3) 피고인 자신이 상대방의 범행에 **공범으로 가담하였음에도 자신의 가담사실을 숨기고 상대방만을 고소한 경우**, 피고인의 고소내용이 상대방의 범행 부분에 관한 한 진실에 부합하므로 이를 허위의 사실로 볼 수 없고, 상대방의 범행에 피고인이 공범으로 가담한 사실을 숨겼다고 하여도 그것이 상대방에 대한 관계에서 독립하여 형사처분 등의 대상이 되지 아니할뿐더러 전체적으로 보아 상대방의 범죄사실의 성립 여부에 직접 영향을 줄 정도에 이르지 아니하는 내용에 관계되는 것이므로 무고죄가 성립하지 않는다(대판 2008.8.21, 2008도3754).

4) 비록 신고내용에 일부 객관적 진실에 반하는 내용이 포함되었다 하더라도 그것이 독립하여 형사처분 등의 대상이 되지 아니하고 **단지 신고사실의 정황을 과장**하는 데 불과하거나 허위의 일부사실의 존부가 전체적으로 보아 범죄사실의 성부에 직접 영향을 줄 정도에 이르지 아니하는 내용에 관계되는 것이라면 무고죄가 성립하지 않는다(대판 2010.2.25, 2009도1302).

5) **[도박자금 차용금사기고소사건]** 피고인이 돈을 갚지 않는 乙을 차용금 사기로 고소하면서 대여금의 용도에 관하여 '도박자금'으로 빌려준 사실을 감추고 '내비게이션 구입에 필요한 자금'이라고 허위 기재한 경우, 피고인의 **고소 내용은 乙이 변제의사와 능력도 없이 차용금 명목으로 돈을 편취하였으니 사기죄로 처벌하여 달라는 것**이고, 乙이 차용금의 용도를 속이는 바람에 대여하게 되었다는 취지로 주장한 사실은 없으며, 수사기관으로서는 차용금의 용도와 무관하게 다른 자료들을 토대로 乙이 변제의사나 능력 없이 돈을 차용하였는지를 조사할 수 있는 것이므로, 비록 피고인이 도박자금으로 대여한 사실을 숨긴 채 고소장에 대여금의 용도에 관하여 허위로 기재하고 대여 일시·장소 등 변제의사나 능력의 유무와 관련성이 크지 아니한 사항에 관하여 사실과 달리 기재한 사정만으로는 사기죄 성립 여부에 영향을 줄 정도의 중요한 부분을 허위 신고하였다고 보기 어려우므로 무고죄는 성립하지 않는다(대판 2011.9.8, 2011도3489).

[동지판례] 단순히 차용인이 변제의사와 능력의 유무에 관하여 기망하였다는 내용으로 고소한 경우에는 차용금의 용도와 무관하게 다른 자료만으로도 충분히 차용인의 변제의사나 능력의 유무에 관한 기망사실을 인정할 수 있는 경우도 있을 것이므로, 그 차용금의 실제 용도에 관하여 사실과 달리 신고하였다 하더라도 그것만으로는 범죄사실의 성립 여부에 영향을 줄 정도의 중요한 부분을 허위로 신고하였다고 할 수 없다. 이와 같은 법리는 고소인이 차용사기로 고소함에 있어서 묵비하거나

사실과 달리 신고한 차용금의 실제 용도가 도박자금이었다고 하더라도 달리 볼 것은 아니다(대판 2011.1.13, 2010도14028).

6) **성폭행 피해자라고 주장하는 자**가 신고한 사실에 대해 증거불충분 등을 이유로 불기소처분이 이루어지거나 무죄판결이 선고된 경우, 그 자체를 무고를 하였다는 적극적인 근거로 삼아 신고내용을 허위라고 단정하여서는 안 된다(대판 2019.7.11, 2018도2614).

[판결이유] 개별적, 구체적인 사건에서 성폭행 등의 피해자임을 주장하는 자가 처하였던 특별한 사정을 충분히 고려하지 아니한 채 진정한 피해자라면 마땅히 이렇게 하였을 것이라는 기준을 내세워 성폭행 등의 피해를 입었다는 점 및 신고에 이르게 된 경위 등에 관한 변소를 쉽게 배척하여서는 아니 된다.

관련 판례 **허위사실의 신고인 경우** → 무고죄 ○

1) 위법성조각사유가 있음을 알면서도 이를 숨기고 범죄가 되는 사실만 신고한 때에는 허위의 사실을 신고한 때에 해당한다(대판 1998.3.24, 97도2956).

[사실관계] 피고인이 위법성조각사유가 있음을 알면서도 '피고소인이 허위사실을 공표하였다.'고 고소함으로써 결국 적극적으로 피고소인을 공직선거 및 부정선거방지법 제251조 단서 소정의 위법성조각사유가 적용되지 않는 같은 법 제250조의 허위사실공표죄로 처벌되어야 한다고 주장하였다면 무고죄가 성립한다.

2) [도박자금 용도사기고소사건] **도박자금으로 대여한 금전의 용도에 대하여 허위로 신고한 경우** 무고죄의 허위신고에 해당한다(대판 2004.1.16, 2003도7178).

[사실관계] 사고가 나서 급해서 그러니 120만 원을 빌려주면 다음날 아침에 카드로 현금서비스를 받아 갚아 주겠다고 하여 빌려준 것이라 허위신고한 경우 무고죄가 성립한다.

3) [도박자금 용도사기고소사건] 금원을 대여한 고소인이 차용금을 갚지 않는 차용인을 사기죄로 고소함에 있어서, 피고소인이 **차용금의 용도를 사실대로 이야기하였더라면 금원을 대여하지 않았을 것인데 차용금의 용도를 속이는 바람에 대여하였다고 주장하는 사안**이라면 그 차용금의 실제 용도는 사기죄의 성립 여부에 영향을 미치는 것으로서 고소사실의 중요한 부분이 되고 따라서 그 실제 용도에 관하여 고소인이 허위로 신고를 할 경우에는 그것만으로도 무고죄에 있어서의 허위의 사실을 신고한 경우에 해당한다고 할 수 있다(대판 2011.1.13, 2010도14028).

4) 1통의 고소, 고발장에 의하여 수개의 혐의사실을 들어 무고로 고소, 고발한 경우 그중 일부사실은 진실이나 다른 사실은 허위인 때에는 그 허위사실부분만이 독립하여 무고죄를 구성하는 것이고, 위증죄는 진술내용이 당해 사건의 요증사항이 아니거나 재판의 결과에 영향을 미친 바 없더라도 선서한 증인이 그 기억에 반하여 허위의 진술을 한 경우에는 성립되어 그 죄책을 면할 수 없으므로, 위증으로 고소, 고발한 사실 중 위증한 당해사건의 요증사항이 아니고 재판결과에 영향을 미친 바 없는 사실만이 허위라고 인정되더라도 무고죄의 성립에는 영향이 없다(대판 1989.9.26, 88도1533).

5) 경찰관이 갑을 현행범으로 체포하려는 상황에서 을이 경찰관을 폭행하여 을을 현행범으로 체포하였는데, 을이 경찰관의 현행범 체포업무를 방해한 일이 없다며 경찰관을 불법체포로 고소한 경우, 무고죄가 성립한다(대판 2009.1.30, 2008도8573).

(2) 신고

신고의 방법에는 제한이 없다. 다만 자발적으로 사실을 고지하는 것을 말하고, 수사기관의 요청에 의해 알고 있는 사실을 말하는 경우나 수사기관의 신문에 대하여 허위의 진술을 하는 경우는 신고에 해당하지 아니하므로 본죄가 성립할 수 없다.

o 무고죄에 있어서 허위사실의 신고방식은 구두에 의하건 서면에 의하건 관계가 없을 뿐 아니라, 서면에 의하는 경우 그 신고내용이 타인으로 하여금 형사처분 또는 징계처분을 받게 할 목적의 허위사실이면 족한 것이지 그 명칭을 반드시 고소장이라고 하여야만 무고죄가 성립하는 것은 아니다(대판 1985.12.10, 84도2380).

o 무고죄에 있어서의 신고는 자발적인 것이어야 하고 수사기관 등의 추문에 대하여 허위의 진술을 하는 것은 무고죄를 구성하지 않는 것이지만, 당초 고소장에 기재하지 않은 사실을 수사기관에서 **고소보충조서를 받을 때 자진하여 진술**하였다면 이 진술 부분까지 신고한 것으로 보아야 한다(대판 1996.2.9, 95도2652).

(3) 기수시기

신고한 허위사실이 공무소 또는 공무원에 도달한 때에 기수가 된다.

o 피고인이 최초에 작성한 허위내용의 고소장을 경찰관에게 제출하였을 때 이미 허위사실의 신고가 수사기관에 도달되어 무고죄의 기수에 이른 것이라 할 것이므로 그 후에 그 고소장을 되돌려 받았다 하더라도 이는 무고죄의 성립에 아무런 영향이 없다(대판 1985.2.8, 84도2215).
허위로 신고한 사실이 무고행위 당시 형사처분의 대상이 될 수 있었던 경우에는 국가의 형사사법권의 적정한 행사를 그르치게 할 위험과 부당하게 처벌받지 않을 개인의 법적 안정성이 침해될 위험이 이미 발생하였으므로 무고죄는 기수에 이르고, 이후 그러한 사실이 **형사범죄가 되지 않는 것으로 판례가 변경되었더라도** 특별한 사정이 없는 한 이미 성립한 무고죄에는 영향을 미치지 않는다(대판 2017.5.30, 2015도15398).
[사실관계] 甲은 '채권담보를 위해 채무자인 A와 A 소유 부동산에 대해 **대물변제예약**을 체결하였는데 A가 이를 다른 사람에게 매도하였다'는 내용으로 허위 고소하였다. 甲의 고소 이후 대법원이 위와 같은 경우 배임죄가 성립하지 않는다고 판례를 변경하였어도, 甲의 행위는 무고죄의 기수에 해당한다.
∵ 기수 이후의 사정변경에 불과하므로

4 주관적 구성요건

(1) 고의

① 허위사실에 대한 미필적 인식이면 족하고, 확정적 고의임을 요하지 않는다.

o 무고죄의 범의는 **미필적 고의**로도 충분하므로 신고자가 진실하다는 확신 없는 사실을 신고하는 경우에도 그 범의를 인정할 수 있고, 신고자가 허위 내용임을 알면서도 신고한 이상 그 목적이 필요한 조사를 해 달라는 데에 있다는 등의 이유로 무고의 범의가 없다고 할 수 없으며, / 알고 있는 객관적 사실관계에 의하여 신고사실이 허위라거나 허위일 가능성이 있다는 인식을 하면서도 그 인식을 무시한 채 무조건 자신의 주장이 옳다고 생각하는 경우까지 범의를 부정할 수 없다(대판 2022.6.30, 2022도3413).

Part 03

[사실관계] 피고인이 **국민권익위원회 운영**의 **국민신문고 홈페이지**에 '약사가 무자격자인 종업원으로 하여금 불특정 다수의 환자들에게 의약품을 판매하도록 지시하거나 실제로 자신에게 의약품을 판매하였다'는 등의 내용으로 제기한 민원의 내용이 객관적 사실관계에 반하는 허위사실임이 확인되고, 그러한 민원 제기에는 미필적으로나마 그 내용이 허위이거나 허위일 가능성을 인식한 **무고의 고의**가 있었다고 보아야 한다. → 공적 기관에 대한 민원제기에도 무고죄의 성립을 인정한 사례

ㅇ 무고죄의 허위신고에 있어서 다른 사람이 그로 인하여 형사처분 또는 징계처분을 받게 될 것이라는 인식이 있으면 족하므로, 고소당한 범죄가 유죄로 인정되는 경우에, 고소를 당한 사람이 고소인에 대하여 '고소당한 죄의 혐의가 없는 것으로 인정된다면 고소인이 자신을 무고한 것에 해당하므로 고소인을 처벌해 달라'는 내용의 고소장을 제출하였다면 설사 그것이 자신의 결백을 주장하기 위한 것이라고 하더라도 방어권의 행사를 벗어난 것으로서 고소인을 무고한다는 범의를 인정할 수 있다(대판 2007.3.15, 2006도9453).

② 행위자가 진실한 것이라 믿고 신고한 사실이 허위로 밝혀진 경우 무고죄의 고의가 부정된다.

ㅇ 무고죄에 있어서 신고사실이 객관적 사실과 일치하지 않는 것이라도 **신고자가 진실이라고 확신하고 신고하였을 때**에는 무고죄가 성립하지 않는다고 할 것이나, 진실이라고 확신한다 함은 신고자가 알고 있는 객관적인 사실관계에 의하더라도 신고사실이 허위라거나 또는 허위일 가능성이 있다는 인식을 하지 못하는 경우를 말하는 것이지, 신고자가 알고 있는 객관적 사실관계에 의하여 신고사실이 허위라거나 허위일 가능성이 있다는 인식을 하면서도 이를 무시한 채 무조건 자신의 주장이 옳다고 생각하는 경우까지 포함되는 것은 아니다(대판 2008.5.29, 2006도6347).

(2) 목적

① 타인으로 하여금 형사처분 또는 징계처분을 받게 할 목적을 요한다. 따라서 자신으로 하여금 형사처분 또는 징계처분을 받게 할 목적으로 허위의 사실을 신고하는 행위, 즉 **자기 자신을 무고하는 행위**는 무고죄의 구성요건에 해당하지 않아 무고죄가 성립하지 않는다. 또한 피무고자는 살아 있는 사람이어야 하므로 **사자나 허무인에 대한 무고**도 구성요건에 해당하지 않는다. 그러나 **피무고자의 승낙**이 있더라도 무고죄가 성립한다.

ㅇ [자기무고 / 자기무고의 교사] 202) 스스로 본인을 무고하는 자기무고는 무고죄의 구성요건에 해당하지 아니하여 무고죄를 구성하지 않는다. / 그러나 피무고자의 교사·방조하에 제3자가 피무고자에 대한 허위의 사실을 신고한 경우에는 제3자의 행위는 무고죄의 구성요건에 해당하여 무고죄를 구성하므로, 제3자를 교사·방조한 피무고자도 교사·방조범으로서의 죄책을 부담한다(대판 2008.10.23, 2008도4852).

ㅇ 특정되지 않은 **성명불상자**에 대한 무고죄는 성립하지 않는다. 공무원에게 무익한 수고를 끼치는 일은 있어도 심판 자체를 그르치게 할 염려가 없으며 피무고자를 해할 수도 없기 때문이다(대판 2022.9.29, 2020도11754).

ㅇ 무고에 있어서 **피무고자의 승낙**이 있었다고 하더라도 무고죄의 성립에는 영향을 미치지 못한다 할 것이고, 무고죄에 있어서 형사처분 또는 징계처분을 받게 할 목적은 허위신고를 함에 있어서

---

202) 2017년 법원행정고등고시

다른 사람이 그로 인하여 형사 또는 징계처분을 받게 될 것이라는 인식이 있으면 족한 것이고 그 결과발생을 희망하는 것까지를 요하는 것은 아니므로, 고소인이 고소장을 수사기관에 제출한 이상 그러한 인식은 있었다고 보아야 한다(대판 2005.9.30, 2005도2712).

[사실관계] 피무고자의 승낙을 받아 허위사실을 기재한 고소장을 제출하였다면 피무고자에 대한 형사처분이라는 결과발생을 의욕한 것은 아니라 하더라도 적어도 그러한 결과발생에 대한 미필적인 인식은 있었던 것으로 보아야 한다.

ㅇ 피고인이 고소를 한 목적이 피고소인들을 처벌받도록 하는 데에 있지 아니하고 단지 회사 장부상의 **비리를 밝혀 정당한 정산을 구하는 데에 있다** 하여 무고의 범의가 없다 할 수 없다(대판 1991.5.10, 90도2601)

② '징계처분'이란 공법상의 특별권력관계에 기인하여 질서유지를 위하여 과하여지는 제재를 말한다.

ㅇ 피고인이 변호사인 피해자로 하여금 징계처분을 받게 할 목적으로 서울지방변호사회에 위 변호사회 회장을 수취인으로 하는 허위 내용의 진정서를 제출한 경우, 무고죄가 성립한다(대판 2010.11.25, 2010도10202). ∵ 변호사에 대한 징계처분은 형법 제156조에서 정하는 '징계처분'에 포함되므로 → 서울지방변호사회 회장은 공무소·공무원에 해당하게 됨

ㅇ 피고인이 사립대학교 교수인 피해자들로 하여금 징계처분을 받게 할 목적으로 국민권익위원회에서 운영하는 범정부 국민포털인 국민신문고에 민원을 제기한 경우, 피해자들은 사립학교 교원이므로 무고죄에 해당하지 않는다(대판 2014.7.24, 2014도6377).
∵ 사립학교 교원에 대한 학교법인 등의 징계처분은 형법 제156조의 '징계처분'에 포함되지 않으므로

5 공범

ㅇ [자기무고의 공동정범 성부] 형법 제156조에서 정한 무고죄는 타인으로 하여금 형사처분 또는 징계처분을 받게 할 목적으로 허위의 사실을 신고하는 것을 구성요건으로 하는 범죄이다. 자기 자신으로 하여금 형사처분 또는 징계처분을 받게 할 목적으로 허위의 사실을 신고하는 행위, 즉 자기 자신을 무고하는 행위는 무고죄의 구성요건에 해당하지 않아 무고죄가 성립하지 않는다. 따라서 자기 자신을 무고하기로 제3자와 공모하고 이에 따라 무고행위에 가담하였다고 하더라도 이는 자기 자신에게는 무고죄의 구성요건에 해당하지 않아 범죄가 성립할 수 없는 행위를 실현하고자 한 것에 지나지 않아 무고죄의 공동정범으로 처벌할 수 없다(대판 2017.4.26, 2013도12592).
→ 범죄의 실행에 가담한 사람이라고 할지라도 그가 공동의 의사에 따라 다른 공범자를 이용하여 실현하려는 행위가 자신에게는 범죄를 구성하지 않는다면, 특별한 사정이 없는 한 공동정범의 죄책을 진다고 할 수 없다는 취지의 판결이다.

6 죄수 및 타죄와의 관계

무고죄의 주된 보호법익은 국가적 법익이지만 부차적 보호법익은 개인적 법익이므로, 무고죄의 죄수 결정은 피무고자의 수를 기준으로 함이 타당하다. 따라서 1개의 서면신고행위로 수인을 무고한 때에는 무고죄의 상상적 경합이다(대판 1991.5.10, 90도2601).

7 자백 · 자수 특례

무고죄를 범한 자가 그 허위신고한 사건의 재판 또는 징계처분이 확정되기 전에 자백 또는 자수한 때에는 그 형을 감경 또는 면제한다(제157조, 제153조).

o 형법 제157조, 제153조는 무고죄를 범한 자가 그 신고한 사건의 재판 또는 징계처분이 확정되기 전에 자백 또는 자수한 때에는 그 형을 감경 또는 면제한다고 하여 이러한 **재판확정 전의 자백**을 필요적 감경 또는 면제사유로 정하고 있다. 위와 같은 자백의 절차에 관해서는 아무런 법령상의 제한이 없으므로 그가 ① **신고한 사건**을 다루는 기관에 대한 고백이나 그 사건을 다루는 재판부에 증인으로 다시 출석하여 전에 그가 한 신고가 허위의 사실이었음을 고백하는 것은 물론 ② **무고 사건**의 피고인 또는 피의자로서 법원이나 수사기관에서의 신문에 의한 고백 또한 자백의 개념에 포함된다(대판 2018.8.1, 2018도7293).

[사실관계] 甲이 A를 사기죄로 고소하였는데, 수사 결과 甲의 무고 혐의가 밝혀져 甲은 무고죄로 공소제기되고 A는 불기소결정되었다. 甲은 제1심에서 혐의를 부인하였으나 유죄가 선고되자 제1심의 유죄판결에 대하여 양형부당을 이유로 항소하면서 **항소심 제1회 공판기일**에서 양형부당의 항소 취지와 무고 사실을 모두 인정한다는 취지가 기재된 항소이유서를 진술하였다면, 甲은 「형법」 제157조(자백 · 자수)에 따른 형의 필요적 감면 조치를 받아야 한다.

[동지판례] 피고인은 C를 특수상해의 범죄사실로 고소하였는데, 위 고소 사건의 수사과정에서 **피고인의 무고 혐의**가 드러나 이 사건 **공소**가 **제기**되었다. 피고인은 제1심에서 이 사건 공소사실을 부인하였지만 제1심의 유죄 판결에 대하여 양형부당을 이유로 항소하면서 재항고가 진행 중인 2020.6.16. 원심 제1회 공판기일에서 양형부당의 항소 취지와 이 사건 **공소사실을 모두 인정한다는 취지가 기재된 항소이유서를 진술**하였다. 피고인이 원심에서 허위의 사실을 고소했음을 자백하였고, 당시 C에 대해서는 불기소 처분이 내려져 재판절차가 개시되지 않았다면 원심으로서는 형법 제157조, 제153조에 따라 형의 필요적 감면조치를 하였어야 한다(대판 2021.1.14, 2020도1307).

Thema 정리 **무고의 태양**

구분		
자기무고	1) 구성요건해당성이 없음(∵ 타인 ×) 2) 타인의 범죄를 자기의 범죄로 허위신고한 때는 "범인은닉죄" 성립은 가능	
자기무고의 교사	긍정설	무고죄의 교사범 성립을 인정함(판례)
	부정설	자기무고가 구성요건에 해당하지 않는 이상 이에 대한 교사범도 성립 ×
공동무고	자기와 타인이 공범관계에 있다고 허위 신고시, 1) 자기의 범행부분은 구성요건해당성이 없음 → 무고죄 × 2) 타인의 범행부분에 대해선 무고죄가 성립함 → 무고죄 ○	
승낙무고	무고죄 ○(∵ 국가의 사법기능이 주된 보호법익이므로)	
허무인 · 사자무고	무고죄 ×(∵ 타인의 실재를 요하므로)	

관련 판례 **자기 ○○를 교사한 경우** "범증위무"

1) 범인이 자신을 위하여 타인으로 하여금 **허위의 자백**을 하게 하여 범인도피죄를 범하게 하는 행위는 "방어권의 남용"으로 **범인도피교사죄**에 해당한다(대판 2000.3.24, 2000도20).

[사실관계] 범인이 자신을 위하여 타인으로 하여금 그가 범행을 하였다는 내용으로 허위의 자백을 하게 한 경우

[비교판례(대포폰사건)**]** 범인 스스로 도피하는 행위는 처벌되지 아니하므로, 범인이 도피를 위하여 타인에게 도움을 요청하는 행위 역시 도피행위의 범주에 속하는 한 처벌되지 아니하며, 범인의 요청에 응하여 범인을 도운 타인의 행위가 범인도피죄에 해당한다고 하더라도 마찬가지이다.

2) 범인이 자신을 위하여 타인으로 하여금 허위의 자백을 하게 하여 범인도피죄를 범하게 하는 행위는 "방어권의 남용"으로 **범인도피교사죄**에 해당하는바, 이 경우 그 타인이 형법 제151조 제2항에 의하여 처벌을 받지 아니하는 친족, 호주 또는 동거 가족에 해당한다 하여 달리 볼 것은 아니라 할 것이다(대판 2006.12.7, 2005도3707).

[사실관계] 무면허 운전으로 사고를 낸 사람이 동생을 경찰서에 대신 출두시켜 피의자로 조사받도록 한 경우

3) 범인이 자신을 위하여 타인으로 하여금 허위의 자백을 하게 하여 범인도피죄를 범하게 하는 행위는 "방어권의 남용"으로 범인도피교사죄에 해당하는바, 이 경우 그 타인이 형법 제151조 제2항에 의하여 처벌을 받지 아니하는 친족, 호주 또는 동거 가족에 해당한다 하여 달리 볼 것은 아니다. 한편, 이와 같은 법리는 범인을 위해 타인이 범하는 범인도피죄를 범인 스스로 방조하는 경우에도 마찬가지로 적용된다(대판 2008.11.13, 2008도7647).

[사실관계] 피고인이 처인 공소외인의 피고인을 위한 범인도피범행을 돕기 위하여 공소외인에게 사고 발생 경위, 도주 경위 등에 관하여 상세한 정보를 제공하여 주는 등의 방법으로 공소외인으로 하여금 심리적으로 안정할 수 있도록 함으로써 **범인도피**범행을 **방조**한 경우

4) 자기의 형사 사건에 관한 증거를 인멸하기 위하여 타인을 교사하여 죄를 범하게 한 자에 대하여는 **증거인멸교사죄**가 성립한다(대판 2000.3.24, 99도5275).

[비교판례(안마의자보관부탁사건)**]** 증거은닉죄는 타인의 형사사건이나 징계사건에 관한 증거를 은닉할 때 성립하고 자신의 형사사건에 관한 증거은닉 행위는 형사소송에 있어서 피고인의 방어권을 인정하는 취지와 상충하여 처벌의 대상이 되지 아니하므로 **자신의 형사사건에 관한 증거은닉을 위하여 타인에게 도움을 요청하는 행위** 역시 원칙적으로 처벌되지 아니하나, / 다만 그것이 **방어권의 남용**이라고 볼 수 있을 때는 증거은닉교사죄로 처벌할 수 있다(대판 2016.7.29, 2016도5596).

5) 피고인이 자기의 형사사건에 관하여 허위의 진술을 하는 행위는 피고인의 형사소송에 있어서의 방어권을 인정하는 취지에서 처벌의 대상이 되지 않으나, / 법률에 의하여 선서한 증인이 타인의 형사사건에 관하여 위증을 하면 형법 제152조 제1항의 위증죄가 성립되므로 자기의 형사사건에 관하여 타인을 교사하여 **위증죄**를 범하게 하는 것은 이러한 "방어권을 남용"하는 것이라고 할 것이어서 **교사범**의 죄책을 부담케 함이 상당하다(대판 2004.1.27, 2003도5114).

6) 형법 제156조의 무고죄는 국가의 형사사법권 또는 징계권의 적정한 행사를 주된 보호법익으로 하는 죄이나, 스스로 본인을 무고하는 자기무고는 무고죄의 구성요건에 해당하지 아니하여 무고죄를 구성하지 않는다. / 그러나 피무고자의 교사·방조하에 제3자가 피무고자에 대한 허위의 사실을 신고한 경우에는 제3자의 행위는 무고죄의 구성요건에 해당하여 **무고죄**를 구성하므로, 제3자를 교사·방조한 피무고자도 **교사·방조범**으로서의 죄책을 부담한다(대판 2008.10.23, 2008도4852).

합격까지 박문각 법무사

부록

연도별 기출문제 및 쟁점정리 (2002년 ~ 2023년)

형법 각론

부록 연도별 기출문제 및 쟁점정리 (2002년 ~ 2023년)

기출박스 2002년 법무사시험

부정수표단속법위반죄 등으로 지명수배를 당한 甲은 모(母) A의 집에서 며칠 머물러 지내다가 A의 집을 나오면서 마침 안방 화장대 위에 서류봉투가 놓인 것을 보고 이를 집어들고 나왔는데, 나중에 확인해 보니 현금 100만 원과 등기필증이 들이 있었디. 甲은 위 현금을 자신의 채권자 B에게 지급하고 B로부터 甲이 발행한 액면금 50만 원의 부도수표 2장을 회수하였고, 등기필증은 자신의 채권자 C에게 기존 채무의 담보로 제공하여 C와 그 채무의 변제기를 6개월 후로 연기하기로 약정하였다. 甲은 자신이 가지고 나온 위 현금과 등기필증이 A의 것으로 알고 있었으나, 사실 A는 사채알선업자로서 위 현금은 사채업자 D로부터 차용인(借用人) E에게 차용금으로 전해주기 위하여, 등기필증은 차용인 E로부터 그 소유의 부동산에 대하여 D를 위한 근저당권을 설정하기 위하여 각 교부받은 것으로서 A가 보관하고 있는 것이었다.

甲의 죄책을 논하라.

해설박스

Ⅰ. 쟁점의 정리

Ⅱ. A의 집에서 서류봉투를 가지고 나온 행위 : 주거침입죄의 성부, 절도죄의 성부
→ 친족상도례 적용 여부

Ⅲ. B에게 현금을 지급하고 수표를 회수한 행위 : 사기죄의 성부
→ 사기죄에서 재산상 손해의 발생 요부

Ⅳ. C에게 등기필증을 제공하고 채무변제기를 연기하기로 한 약정한 행위 : 사기죄의 성부
→ 불가벌적 사후행위인지 여부

Ⅴ. 사안의 해결

기출박스 2003년 법무사시험

甲(남, 25세)은 2003.9.3. 01 : 00경 금품을 절취할 목적으로 A 소유 가옥에 담을 넘어 들어가 위 가옥 2층에 있는 A의 딸인 B(여, 21세)의 방에서 책상과 장롱 서랍을 뒤져 금 12만 원과 은행신용카드 등을 꺼내어 호주머니에 넣어 가지고 나오려다가, 침대 위에서 잠을 자고 있는 B에게 욕정을 느낀 나머지 그녀에게 다가가 손으로 그녀의 하체 부위를 더듬었다.
그러던 중 이상을 느낀 B가 깨어나 몸을 일으키며 "누구냐"고 소리치자, 甲은 "조용히 하지 않으면 죽여버리겠다."고 말하고 손으로 그녀의 입을 막은 채 한 손으로는 계속 그녀의 가슴 부위를 만졌다. 그러자 B는 그녀의 입을 막고 있던 甲의 손을 입으로 세게 깨물고 그를 밀어 넘어뜨린 뒤 열려져 있는 바깥쪽 창문으로 뛰쳐나가 집 앞 화단으로 떨어져 8주 정도의 치료를 요하는 뇌진탕, 대퇴부 골절상 등을 당하였고, 한편 甲 또한 위 창문으로 뛰어 내린 뒤 재빨리 담을 넘어 도망하였다.
甲은 근처 여관에서 숨어 있다가 같은 날 06 : 00경 B의 안위 등이 궁금하여 다시 위 가옥 주변 골목길로 가 동태를 살피며 서성거리고 있었는데, 마침 정복을 착용하고 새벽 순찰 중이던 인근 파출소 소속 순경 C가 이를 수상히 여겨 甲을 붙잡은 후 파출소로 동행할 것을 요구하며 수갑을 꺼내들어 채우려 하자, 甲은 위 절도 범행 등이 발각될 것이 두려워 C를 힘껏 밀어 넘어뜨린 뒤 도망하였다.

甲의 죄책을 논하시오.

해설박스

Ⅰ. 쟁점의 정리

Ⅱ. A의 집에 들어가 금품을 절취한 행위 : 야간주거침입절도죄의 성부
→ 야간주거침입절도죄의 실행의 착수시기 · 기수시기

Ⅲ. B를 더듬고 가슴부위를 만진 행위 : 강제추행치상 또는 강간치상죄의 성부
→ 고의의 확정, 결과적가중범의 미수 인정 여부

Ⅳ. C를 폭행한 행위 : 공무집행방해죄의 성부, 폭행죄의 성부
→ 직무집행의 적법성의 요부와 체계적 지위

Ⅴ. 사안의 해결

기출박스 2004년 법무사시험

甲은 2004.9.20. 23 : 00경 승용차를 운전하고 가다가 신호등 없는 횡단보도를 건너고 있던 乙을 뒤늦게 발견하고 승용차 앞부분으로 들이받아 넘어뜨렸다. 폭력범죄로 집행유예 기간 중에 있던 甲은 위 사고로 중한 형을 받고 집행유예까지 취소될 것을 염려하여 아무런 조치도 취하지 않은 채 도주하였다.
이튿날 수소문 끝에 乙이 입원해 있지만 상해가 약 3주간의 치료를 요하는 좌대퇴부좌상 정도로 그다지 중하지 않다는 사실을 알게 된 甲은 친구인 丙을 찾아가 사고내용과 자신이 도주하게 된 이유를 설명하면서 乙과 합의할 것인데 乙과 합의가 되면 별다른 처벌을 받지 않을 것이니 丙이 위 교통사고를 일으킨 것으로 경찰에 신고하여 달라고 부탁하였다. 그러자 丙은 이를 승낙하고, 같은 날 즉시 경찰에 출두하여 위 사고를 자신이 일으킨 것으로 신고하고 피의자로서 조사를 받았다.
乙은 사고 당시 운전자 얼굴을 기억하고 있었는데 2004.9.22. 자신이 사고운전자라고 하면서 합의를 위하여 병실로 찾아 온 丙을 보고 사고운전자가 바뀐 사실을 알게 되었다. 이에 乙은 같은 달 23. 병실로 甲과 丙을 불러 "사고 운전자가 甲임을 알고 있는데 왜 丙이 사고를 낸 것으로 가장하여 경찰에 허위신고를 하였느냐. 그것이 죄가 되는지 모르느냐. 두 사람이 위 교통사고로 인한 손해배상금으로 5,000만 원을 당장 지급하라"고 말하였다.

甲, 乙, 丙의 죄책을 논하시오.

해설박스

Ⅰ. 쟁점의 정리
Ⅱ. 甲이 乙을 승용차로 들이 받고 도주한 행위 : 특가법위반죄의 성부
Ⅲ. 丙이 甲의 부탁을 받고 사고를 자신이 일으킨 것으로 신고한 행위
1. 丙의 죄책 : 범인도피죄의 성부, 위계공집방죄의 성부, 무고죄의 성부
2. 甲의 죄책 : 범인도피교사죄의 성부 → 자기OO의 교사
Ⅳ. 乙이 甲과 丙을 불러 5,000만 원을 지급하라고 말한 행위 : 공갈죄의 성부
Ⅴ. 사안의 해결

기출박스 2005년 법무사시험

의사인 甲은 병원의 경영난으로 2005.3.1. 대부업을 영위하는 A주식회사로부터 1억 원을 대출받았는데 그 대출금의 이자 200만 원을 지급하지 못하고 있었다. 그러자 A주식회사의 영업사원인 乙은 甲에게 이자 지급을 독촉하기 위하여 자신이 근무하는 A주식회사의 사무실에서 2005.5.1.부터 2005.6.30.까지 甲의 병원과 핸드폰에 500여 통의 전화를 걸어 甲으로 하여금 정상적인 병원 업무를 보지 못하게 하였다.

한편 甲은 2005.7.3.중국 중의사 및 침구사 시험에 응시할 사람을 모집한 후 그들을 중국에 데려가 응시원서의 제출을 대행하는 브로커 丙을 알게 되어 그 시험에 응시하기로 결심하였다. 그런데 위 시험에 응시하기 위해서는 응시생의 임상경력증명서가 필요하게 되자 甲과 丙은 임상경력증명서를 위조하여 제출하기로 하였다. 그 후 丙은 2005.7.5. 중국 현지에서 교부받은 임상경력증명서의 양식을 甲에게 건네주었고, 甲은 2005.7.6.그 임상경력증명서 양식에 자신의 이름, 생년월일, 학습기간 등을 기재한 다음 의원직인란에 실제로 존재하지도 않는 동일한의원이라고 기재한 다음 그 옆에 임의로 새긴 동일한의원의 직인을 날인하여 동일한의원 명의의 임상경력증명서를 만든 다음 2005.7.8. 이를 丙에게 넘겨주었고, 丙은 2005.7.13. 이를 응시원서에 첨부하여 제출하였다.

또한 甲은 2005.7.24. 임신 28주 상태인 B가 병원에 찾아와 낙태해 줄 것을 요구하자, B에 대하여 약물에 의한 유도분만의 방법으로 낙태시술을 하였다. 그러나 태아는 살아서 미숙아 상태로 출생하였고, 그러자 甲은 그 미숙아에게 염화칼륨을 주입하여 사망하게 하였다.

甲, 乙, 丙의 죄책을 논하시오.

해설박스

Ⅰ. 쟁점의 정리

Ⅱ. 甲의 죄책

1. 사문서위조죄의 성부
2. 丙의 위조사문서행사에 가담한 행위 : 위조사문서행사죄의 성부 → 정범과 공범의 구별
3. 위계에 의한 업무방해죄의 성부
4. 업무상동의낙태죄 및 살인죄의 성부 → 낙태죄의 보호법익과 기수시기

Ⅲ. 丙의 죄책

1. 위조사문서행사죄
2. 위계에 의한 업무방해죄의 성부
3. 甲의 사문서위조에 관여한 행위 → 정범과 공범의 구별

Ⅳ. 乙의 죄책

1. 폭행죄의 성부
2. 위력에 의한 업무방해죄의 성부

Ⅴ. 사안의 해결

기출박스 2006년 법무사시험

甲은 회사원이고, 乙은 D와 혼인신고를 마친 배우자 있는 자이다.
甲은 2006.9.20. 22 : 00경 술을 마시고 나오던 중 행인 A와 시비가 붙어 오른 손바닥으로 A의 머리를 1회 때리고, 甲도 A로부터 오른 주먹으로 턱을 1회 맞아 함께 인근 지구대로 가서 시비를 가리다가, A에게 특별한 상처가 없고 甲도 경미한 타박상만 있으므로 서로 없던 일로 하기로 합의를 하였다.
甲은 2006.9.22. 14 : 00경 乙의 집에 들어가 그 곳 안방 장롱 문을 열고 훔칠 물건을 찾다가, 乙과 그의 아들인 B가 현관문을 열고 들어오는 소리를 듣고 급히 현관문 뒤에 숨었다가 곧 발각되어 乙과 B가 甲을 잡으려 하자, 체포를 면탈할 목적으로 주먹과 발로 乙의 얼굴과 B의 가슴을 폭행하였다.
乙은 2006.9.24. 상호불상 모텔에서 乙이 유부남인 사실을 모르는 여자 친구인 C에게 사실은 혼인할 의사가 전혀 없음에도 혼인의사가 있는 것처럼 가장하여, "앞으로 같이 살아야 되는데 나에게 현금카드를 달라."고 거짓말을 하여 이를 믿은 C로부터 현금카드를 교부받은 다음 C와 1회 간음하고, 다음 날 은행에 설치된 현금자동지급기에 위 현금카드를 집어넣고 C가 알려준 비밀번호를 눌러 현금 70만 원을 인출하였다.

甲과 乙의 죄책을 논하시오.

해설박스

Ⅰ. 쟁점의 정리
Ⅱ. 甲의 죄책
  1. A의 머리를 때린 행위 : 폭행죄의 성부
  2. 乙의 집에 들어가 훔칠 물건을 찾다가 乙과 B를 폭행한 행위
    (1) 주거침입죄의 성부
    (2) 준강도죄의 성부 → 준강도의 기수시기
Ⅲ. 乙의 죄책
  1. 혼인빙자간음죄와 간통죄의 성부 → 위헌폐지, 무죄
  2. 현금카드를 교부받아 현금을 인출한 행위 : 사기죄의 성부
Ⅳ. 사안의 해결

기출박스 2007년 법무사시험

[문 1] 甲이 유산을 빨리 상속받기 위해 친구인 乙과 공모하여 甲의 양부를 살해한 경우에 있어서 甲과 乙의 형법상 죄책에 관하여 논하시오. (30점)

[문 2] 동산을 이중으로 양도담보로 제공한 자의 형법상 죄책에 관하여 논하시오. (20점)

해설박스

[문 1]의 해결

Ⅰ. 쟁점의 정리

Ⅱ. 甲의 죄책

1. 강도살인죄의 성부
2. 존속살해죄의 성부

Ⅲ. 乙의 죄책

→ 공범과 신분 : 부진정신분범에 있어서 비신분자가 신분자에게 가담한 경우

Ⅳ. 사안의 해결

[문 2]의 해결

→ 횡령죄 · 배임죄 및 사기죄의 성부

기출박스 2008년 법무사시험

甲과 乙은 2007.7.1. 乙이 매수하고자 하는 부동산을 편의상 甲이 계약당사자가 되어 매매계약을 체결하고 그 등기 명의도 甲 명의로 하여 두기로 하는 명의신탁 약정을 맺고, 이에 따라 甲이 계약당사자가 되어 명의신탁 약정이 있다는 사실을 모르는 위 부동산의 소유자인 A와 사이에 매매계약을 체결한 후 2007.7.10. 甲 명의로 소유권이전등기를 마쳤다.
그런데 甲은 자신의 사업이 극심한 자금난에 시달리게 되자, 2008.6.10. 자기 명의로 등기되어 있던 위 부동산을 임의로 丙에게 매도하였다.
한편 甲은 丙으로부터 계약금과 중도금을 받은 후에 丁이 더 많은 돈을 주겠다고 하자, 다시 위 부동산을 丁에게 매도하고 2008.9.10. 丁 명의로 소유권이전등기를 마쳐 주었다.

甲의 죄책을 논하시오.

해설박스

Ⅰ. 쟁점의 정리

Ⅱ. 매도인 선의인 계약명의신탁에서 수탁자의 임의처분행위
→ 배임죄설, 횡령죄설, 무죄설, 대판 2008.3.27, 2008도455

Ⅲ. 부동산 이중매매행위
1. 사기죄의 성부
2. 횡령죄의 성부
3. 배임죄의 성부

Ⅳ. 사안의 해결

기출박스 2009년 법무사시험

甲은 2009.1. 초순경 A로부터, A 소유인 경기 포천군 소흘읍 12 임야 2,000m^{2}의 매각처분을 위임받은 다음 2009.3.2. 위 임야를 B에게 대금 50,000,000원에 매도하였다. 甲은 2009.3.3. A에게 위 임야를 30,000,000원에 처분하였다고 거짓말하고 30,000,000원만 A에게 교부하였고, 나머지 대금 20,000,000원을 교부하지 않았다.
甲은 친구인 乙과 함께 2009.8.13. 15 : 00경 C의 의사에 반하여 C가 살고 있는 서울 서초구 반포3동 12-34 빌라(다가구용 단독주택)의 잠겨 있지 않은 대문을 열고 들어가 공용 계단으로 빌라 3층까지 올라갔다가 다시 1층으로 내려왔다.

甲의 죄책을 논하시오.

해설박스

Ⅰ. 쟁점의 정리

Ⅱ. 임야매각대금 중 일부를 교부하지 않은 행위
→ 위탁매매 또는 금전수수를 수반하는 사무처리를 위임받은 자

Ⅲ. 빌라의 대문을 열고 들어가 공용계단으로 3층까지 올라갔다가 내려온 행위 : 주거침입죄의 성부
→ 주거의 개념 : 위 요지 포함 여부

Ⅳ. 사안의 해결

기출박스 2010년 법무사시험

甲은 2010.5.15. 22:00경 자신의 집으로 놀러 온 친구 A가 잠자는 틈을 이용하여 A의 가방에서 B 은행 발행의 신용카드(현금카드 겸용) 1장을 몰래 가지고 나와 집 부근에 설치된 24시간 현금자동지급기로 가서 평소 알고 있던 A의 비밀번호를 입력하여 현금서비스를 받는 방식으로 50만 원을 인출하였다. 그런데 A의 예금계좌를 조회해 본 결과 위 계좌에 80만 원의 예금 잔고가 있음을 확인하고 다시 위 카드를 사용하여 현금자동지급기에서 계좌이체 방식으로 20만 원을 甲 자신의 C 은행 계좌로 이체하였다. 그 후 甲은 집으로 돌아와 A의 가방 안에 위 카드를 넣어 두었고, 다음날 자신의 현금카드를 이용하여 집 부근에 있는 현금자동지급기에서 전날 자신의 계좌로 이체한 20만 원을 인출하였다. 한편 甲의 여자 친구인 乙은 甲으로부터 위 인출한 20만 원을 위와 같은 사정을 모두 알면서도 용돈 명목으로 교부받았다.

甲과 乙의 죄책(죄명과 적용법조 및 죄수관계, 피해자가 있는 경우 그 피해자가 누구인지)을 논하시오.

해설박스

Ⅰ. 쟁점의 정리

Ⅱ. 甲의 죄책

1. 카드에 대한 절도죄의 성부 → 불법영득의사 인정 여부
2. A의 신용카드로 현금서비스를 받은 행위
   (1) 견해의 대립 : 절도죄설, 컴퓨터사용사기죄설, 사기죄설
   (2) 판례의 태도
3. A의 예금을 자신의 계좌로 이체한 행위
   (1) 컴퓨터사용사기죄의 성부
   (2) 컴퓨터사용사기죄의 피해자

Ⅲ. 乙의 죄책 : 장물취득죄의 성부

Ⅳ. 사안의 해결

기출박스 | 2011년 법무사시험

甲과 乙은 합동하여 A의 집안에 침입하여 그곳 안방에서 재물을 훔치려고 하였으나 때마침 귀가한 A에게 발각되어 미수에 그쳤다. 그 후 乙은 쌍둥이 동생인 丙에게 자신을 대신하여 위장 자수할 것을 부탁하였다. 丙은 수사기관에 출석하여 피의사실을 허위 자백하였고, 甲은 그와 같은 사실을 알고도 모른 척 하였다. 그 결과 甲과 丙은 함께 기소되었으나, 재판 도중 丙의 위장자수사실이 밝혀졌다.

[문 1] 甲, 乙, 丙에 대한 범인도피죄의 성립 여부를 논하시오. (40점)

[문 2] 甲, 乙, 丙에 대한 위계에 의한 공무집행방해죄의 성립 여부를 논하시오. (10점)

해설박스

[문 1] 甲, 乙, 丙에 대한 범인도피죄의 성립 여부 (40점)

1. 丙의 범인도피죄 성립 여부
   (1) 범인도피죄의 의의 및 보호법익
   (2) 구성요건해당성 → 묵비 · 허위진술 vs. 허위자백
   (3) 친족간 특례(제151조 제2항) → 책임조각사유 vs. 인적처벌조각사유
2. 乙의 범인도피죄의 교사범 성립 여부 → 자기OO의 교사
   (1) 문제점 → 자기OO : 처벌 ×(∵ 구성요건해당성 ×)
   (2) 판례 : 방어권의 남용, 범인도피죄의 교사범 성립 / 학설 : 교사범 성립 ×(∵ 비호권의 연장)
   (3) 사안의 경우
3. 甲의 죄책
   (1) 범인도피죄 성립 여부
   (2) 범인도피죄의 종범 성립 여부 → 부작위에 의한 방조 여부

[문 2] 甲, 乙, 丙에 대한 위계에 의한 공무집행방해죄의 성립 여부 (10점)

1. 위계에 의한 공무집행방해죄(제137조) → 위계에의 해당 여부
2. 판례의 태도
3. 사안의 해결

기출박스 2012년 법무사시험

[문 1] 甲은 휴가철 빈집을 대상으로 금품을 절취하기로 마음먹고 빈집을 물색하고 다녔다. 甲은 2012.8.3. 18 : 00경 서울 서초구 서초동 소재 대창아파트 1동 101호의 열려진 창문을 통해 거실로 침입하다가 발을 헛디뎌 넘어지면서 거실의 바닥에 머리를 부딪쳐 기절하였다. 4시간 후인 같은 날 22 : 00경 깨어난 甲은 절취 범행을 포기하고 현관문을 통해 나오던 중 휴가에서 돌아오던 위 101호의 거주자인 A와 마주치게 되었다. 자신의 집에서 나오는 甲을 본 A는 甲을 붙잡으려 하였고, 甲은 체포를 면탈하기 위하여 항거하는 과정에서 A의 얼굴을 주먹으로 때려 A에게 약 5주간의 치료를 요하는 치아파절 등의 상해를 입게 하였다.

강도상해죄 등 甲에 대하여 검토 가능한 범죄의 성부에 관하여 논하시오. (30점)

[문 2] 乙은 같은 회사의 동료인 B가 회사의 공금을 횡령하고 있다고 생각하고 있던 중 과장 진급에 있어 B와 경쟁하는 상황에 놓이게 되자 B로 하여금 진급을 단념하게 만들기 위해 B의 동생인 C를 자신의 집 근처인 식당으로 불러냈다. 식당의 방 안에 단 둘이 앉은 상태에서 乙은 C에게 'B가 회사의 공금을 횡령한 사실을 잘 알고 있다. B에게 말하여 B가 진급을 단념하도록 하게 하라'는 취지로 말하였다. 乙과 헤어진 C는 곧바로 형인 B를 찾아가 乙로부터 들은 말을 전하였다.
다음날 B는 부서회식 중 다른 회사동료들이 함께 한 자리에서 乙에게 전날 동생 C에게 한 말을 따져 물으며 해명을 요구하였고, 乙은 이에 대해 'B가 2012.7.경 회사의 공금 200만 원을 횡령하였다'는 취지로 말하였다.

乙의 각 행위에 대한 명예훼손죄의 성부에 관하여 논하시오. (20점)

부록

해설박스

[문 1] 甲에 대하여 검토 가능한 범죄의 성부 (30점)

1. 甲에 대하여 검토 가능한 범죄
   절도죄, 야간주거침입절도죄, 특수절도죄와 중지미수, 준강도죄와 강도상해죄
   주거침입죄, 상해죄와 중상해죄,
2. 절도죄의 성부 → 절도죄의 실행의 착수시기
   (1) 절도죄(제329조)
   (2) 야간주거침입절도(제330조)
   (3) 특수절도(제330조 제1항)
   (4) 중지미수(제26조)의 성부
3. 준강도죄와 강도상해죄
   (1) 준강도죄(제335조)의 성부
   (2) 강도상해죄(제337조)의 성부
4. 주거침입죄
   (1) 주거침입죄(제319조)의 성부
   (2) 사안의 경우
5. 상해죄와 중상해죄
   (1) 상해죄(제257조)의 성부
   (2) 중상해죄(제258조)의 성부

[문 2] 乙의 각 행위에 대한 명예훼손죄의 성부 (20점)

Ⅰ. 논점의 정리
Ⅱ. 명예훼손죄의 성부
  1. 구성요건
    (1) 공연성 공연성의 개념 → 학설 vs. 판례 : 전파성이론
    (2) 사실의 적시(제307조 제1항) 또는 허위사실의 적시(제307조 제2항)
    (3) 고의 → 판례의 태도 : 질문에 대답하는 과정에서 명예훼손사실을 발설한 경우 고의 부정
  2. 위법성조각사유(제310조)
Ⅲ. 사안의 해결
  1. 乙이 동생 C에게 말한 행위
  2. 乙이 회식자리에서 B에게 말한 행위

기출박스 2013년 법무사시험

(1) 甲은 출판사를 운영하다가 자금이 모자라 2010.2.7.경 A로부터 1억 원을 빌렸으나 이를 변제하지 못하고 있었다. 이에 A는 甲에게 원금과 소정의 이자를 지급하라고 독촉하다가 2013.8.19.경 甲을 상대로 서울중앙지방법원에 대여금 지급 청구의 소를 제기하면서 甲이 B로부터 받지 못하고 있던 2억 원의 물품대금 채권에 대하여 가압류를 신청하였다.
위 가압류 신청이 2013.8.26. 인용되어 2013.9.2. 12 : 00경 B에게 송달되었는데, 이러한 사실을 알게 된 甲은 위 출판사 자금 담당인 처남 乙과 상의한 끝에, 甲이 乙에 대하여 갚아야 할 아무런 채무가 없는데도 마치 채무가 있는 것처럼 가장하여 2013.9.2. 10 : 00 경 그에 관한 담보로 B에 대한 물품대금 채권을 乙에게 양도한다는 취지의 채권양도계약서를 작성하였고, 甲은 2013.9.6.경 B에게 그와 같은 채권양도의 사실을 통지하였다.

(2) 한편, 甲은 그 무렵 A를 비롯한 채권자들의 변제 독촉에 집을 나와 생활하게 되었는데, 2013.9.10.경 몰래 乙을 불러내 함께 술을 마시다가 곧 추석 명절인데도 채권자들에 쫓겨 집에도 들어가지 못하는 자신의 신세를 한탄하였다. 甲은 밤늦게까지 乙과 술을 마신 다음 헤어져 버스를 타고 임시로 기거하는 여관으로 돌아가던 중 D가 의자 밑에 떨어뜨리고 간 지갑을 발견하였다. 甲은 주변을 살핀 후 그 지갑을 얼른 주워 바지 주머니에 넣고 다음 정류장에서 내려 위 여관 302호실로 돌아왔다. 그 지갑 안에는 현금 30만 원과 신용카드 1장, 주민등록증 1장이 들어 있었다. 甲은 지갑에서 현금 30만 원을 꺼낸 다음 이를 여관방 구석에 던져두었다.

(3) 그 후 甲은 위 여관 옆에 있는 주점으로 가 혼자서 2013.9.11. 03 : 00경까지 몸을 가누지 못할 정도로 술을 마신 후 위 주점 종업원의 부축을 받고 위 여관 302호실로 돌아왔다. 甲은 침대에 걸터앉아 담배를 피우다가 침대 바로 옆에 있는 재떨이에 담뱃불을 끄고 나서 얼굴이 끈적거리는 느낌이 들어 뽑아 쓰는 휴지 여러 장으로 얼굴을 닦은 다음, 이 휴지들도 재떨이에 버리고 이내 잠이 들었다. 그런데 담뱃불이 살아나 휴지와 침대 시트에 옮겨붙었다. 뜨거워지는 느낌에 잠에서 깬 甲은 침대 시트에 불이 붙은 것을 발견하였으나, 곧바로 불이 방바닥에 있던 버너용 휘발유 통에 옮겨붙으면서 순식간에 불길이 창문커튼으로 번져나가는 것을 보고, 도저히 혼자서는 감당하지 못할 것임을 깨달았다. 이에 甲은 위 302호실에서 나와 여관 주인이나 다른 방 투숙객들에게 화재사실을 알리거나 119에 신고하는 등의 아무런 조치를 취하지 아니한 채 몰래 위 여관을 빠져나갔다.
한편 위와 같은 불길은 계속해서 번져나가 위 302호실뿐만 아니라 3층 전체를 태워버렸다. 당시 위 여관 301호실에 X, 305호실에 Y가 각각 투숙하여 잠을 자고 있었다. 이 화재로 X가 병원으로 후송되어 치료를 받았으나 2013.9.16. '연기에 의한 질식' 등으로 사망하였고, Y는 약 2주간의 치료가 필요한 '호흡기도 부분의 화상'을 입었다.

[문 1] 사실관계 (1)에서 甲, 乙의 죄책을 논하시오. (15점)

[문 2] 사실관계 (2)에서 甲의 죄책을 논하시오. (10점)

[문 3] 사실관계 (3)에서 甲의 죄책을 논하시오. (특별법위반의 점은 제외) (25점)

부록

해설박스

[문 1] **사실관계 (1) : 甲, 乙의 죄책 (15점)**

1. 甲의 죄책 : 강제집행면탈죄의 성부 → 가압류와 채권허위양도의 선후
2. 乙의 죄책 → 정범과 공범의 구별(총론)

[문 2] **사실관계 (2) : 甲의 죄책 (10점)**

버스에서 지갑 주어온 사건 → 점유이탈물횡령죄 또는 절도죄의 성부(버스기사 점유인정여부)

[문 3] **사실관계 (3) : 甲의 죄책 (25점)**

모텔화재중실화사건 → 부진정부작위범의 성립 여부(총론)

기출박스 2014년 법무사시험

○ 甲, 乙, 丙은 2014.8.경 甲이 주도하는 범행계획에 따라 비어 있는 다가구용 단독주택(빌라)에 들어가 물건을 훔치기로 모의하였다. 甲은 눈여겨보아 둔 H빌라의 경비가 허술하고 그 3층 301호의 거주자가 자주 집을 비운다는 점을 확인하여, 그곳을 절도 범행의 장소로 삼기로 작정하였다.

○ 甲은 2014.8.31. 乙, 丙과 함께 만나 절도 범행의 일시를 2014.9.1. 23 : 00로 정하면서 '乙은 H빌라 301호에 올라가 직접 물건을 훔치고, 丙은 망을 보다가 훔친 물건을 함께 가지고 나오라'며 역할을 분담해 주었고, 甲 자신은 H빌라로부터 500미터 정도 떨어진 큰길가에 자동차를 세워두고 대기하다가 乙과 丙이 범행 후에 그쪽으로 나오면 자동차에 태워 함께 그곳을 벗어날 계획이라고 알려주었다. 또한 甲은 그 자리에서 乙에게는 만능열쇠를 주면서 그 사용법을 알려주었고, 丙에게는 흉기인 주머니칼을 주면서 절도 범행이 발각되어 추격을 당하게 되면 잡히지 않기 위해 추격자를 폭행·협박하는 데 쓰라고 지시하였다. 다만 甲, 乙, 丙은 빈집을 털기로 하는 범행계획에 충실하고, 폭행·협박으로 재물을 강취하는 형태의 범행은 하지 않기로 합의하였다.

○ 甲, 乙, 丙은 2014.9.1. 22 : 50 H빌라 부근 편의점에서 만나 상황을 최종 점검한 다음 범행을 실행하기로 하였는데, 뒤늦게 범행에 두려움을 느낀 甲은 그 무렵 乙, 丙에게 핸드폰으로 전화를 걸어 "갑자기 급한 일이 생겨서 나는 이번 범행에 가담하지 않을테니, 혹시 문제가 되더라도 나는 끌어들이지 말라"고 말한 뒤, 범행 장소에 나가지 않았다.

○ 乙과 丙은 甲이 없더라도 범행에 어려움이 없을 것으로 판단하고, 당초 계획대로 절도범행을 실행하기로 하였다. 이에 따라 乙과 丙은 2014.9.1. 23 : 00 H빌라에 이르러 잠겨 있지 않은 대문을 열고 빌라 마당으로 들어간 뒤, 丙은 1층 건물 외부 공용계단 앞쪽에 서 망을 보고, 乙은 그 계단을 통하여 빌라 3층 복도까지 올라간 다음 만능열쇠로 301호 출입문 시정장치를 열려고 시도하였다. 그런데 그때 마침 301호에 거주하는 A와 B가 귀가하여 H빌라 대문 쪽으로 접근하자 망을 보던

丙이 "튀어라"라고 외쳤고, 乙은 다급하게 계단을 내려와 丙과 함께 A와 B를 밀치고 도망하였다. A와 B는 H빌라로부터 100미터 정도 乙과 丙을 추격하였는데, A와 B가 접근하자 丙은 추격을 단념시킬 생각으로 준비해 간 주머니칼을 꺼내어 A와 B를 향하여 휘둘렀고, 乙은 "계속 쫓아오면 죽여 버리겠다."고 A, B를 협박하였다. A와 B는 두려워서 乙과 丙에게 더 이상 접근하지 못하고 멈칫거렸으나, 점차 주변에 사람들이 모여들자 乙과 丙은 저항을 포기하여 바로 체포되었다.

甲, 乙, 丙의 죄책(죄명과 적용법조 및 죄수관계 포함)을 논하시오. (50점)

해설박스

Ⅰ. 乙, 丙의 죄책
  1. 특수절도죄의 성부 → 실행의 착수시기
  2. 준강도죄의 성부 → 준강도의 기수시기

Ⅱ. 甲의 죄책 : 특수절도죄의 성부
  → '합동'의 의미 : 현장설(판례), 가중적 공동정범설 등
  → 특수절도죄의 공동정범의 성부(합동범의 공동정범의 인정 여부)
  → 공모관계의 이탈
  → 공범의 착오 중 양적 착오 문제

기출박스 2015년 법무사시험

甲은 야간에 빈집에 들어가 금품을 절취할 목적으로 장소를 찾다가 2014년 9월 1일 밤 11시 경 A의 거주지인 행복아파트 1동 101호의 불이 꺼져 있는 것을 발견하고 열려진 창문을 통해 거실로 들어갔다. 甲이 부엌에서 물건을 뒤지던 중 때마침 A가 귀가하였다. A는 어둠 속에서 인기척을 느끼고 "도둑이야."라고 소리를 치면서 甲을 붙잡으려고 하였다.

[문 1] 甲이 체포를 면탈할 목적으로 현장에서 A를 폭행한 경우 甲의 죄책을 논하시오. (25점)

[문 2] [문 1]과 대비하여
  가. 甲이 체포를 면탈할 목적으로 A를 폭행한 결과 A가 4주 정도의 치료를 요하는 타박상 등 의 상해를 입게 된 경우, 甲의 죄책이 달라지는지 논하시오. (5점)
  나. 甲이 체포를 면탈할 목적으로 A를 폭행한 결과 A의 팔에 멍이 생겼으나 그에 대해 A가 특별히 진료나 치료를 받지 않았고 일상생활을 하는 데 지장이 없었으며 자연적으로 치유된 경우, 甲의 죄책이 달라지는지 논하시오. (5점)
  다. 甲이 체포를 면탈할 목적으로 부엌에 있던 식칼을 A의 목에 대고 "붙잡으면 죽인다."라고 위협하면서 찌를 듯이 협박한 경우, 甲의 죄책이 달라지는지 논하시오. (5점)

라. 甲이 A의 신고로 현장에 출동한 경찰관에 대하여 체포를 면탈할 목적으로 폭행한 경우, 甲의 죄책이 달라지는지 논하시오. (5점)

마. 甲이 현장에서 100미터 정도를 도망하다가 곧바로 A에게 추격당하자 체포를 면탈할 목적으로 A를 폭행한 경우, 甲의 죄책이 달라지는지 논하시오. (5점)

해설박스

[문 1] **甲이 체포를 면탈할 목적으로 현장에서 A를 폭행한 경우 甲의 죄책을 논하시오. (25점)**

Ⅰ. 야간주거침입절도의 성부 → 야간의 의미

Ⅱ. 준강도죄의 성부 → 절도의 기회의 의미, 준강도의 기수·미수 구별

[문 2] [문 1]과 대비한 **甲의 죄책**

가. (5점) 강도상해·치상죄의 성부 → 기수여부

나. (5점) → 상대적 상해개념

다. (5점) → 준강도죄의 처벌 : 강도 또는 특수강도

라. (5점) → 준강도죄와 공무집행방해죄의 죄수문제(총론)

마. (5점) → 준강도죄의 폭행·협박시기 : 절도의 기회의 의미

기출박스 2016년 법무사시험

[문 1] 丙 소유의 A부동산을 甲이 丙으로부터 매수하였지만, 甲과 乙 사이의 명의신탁약정에 의하여 丙 명의에서 바로 乙 명의로 소유권이전등기를 마쳤다. 그런데 乙은 위 부동산의 소유권명의가 본인에게 있음을 기화로 제3자인 丁으로부터 돈을 차용하면서 A부동산에 관하여 丁 명의의 근저당권설정등기를 마쳐 주었다. 위와 같은 乙의 처분행위가 甲에 대한 횡령죄가 성립하는지 여부 및 그 이유에 관하여 논하시오. (30점)

※ 주의사항 : 甲과 乙 사이의 명의신탁약정에 기한 乙 명의의 소유권이전등기는 부동산 실권리자명의 등기에 관한 법률 제8조 각 호에 해당하지 않고, 견해의 대립이 있는 경우에는 대법원 판례에 따를 것

[문 2] 부작위에 의한 살인죄에 관하여 논하시오. (20점)

해설박스

[문 1] **乙의 처분행위가 甲에 대한 횡령죄가 성립하는지 여부 및 그 이유 (30점)**

→ 중간생략형 명의신탁과 횡령죄의 성부 : 횡령죄설 / 배임죄설 / 무죄설(판례)

[문 2] **부작위에 의한 살인죄 (20점)**

→ 부진정부작위범(총론)

기출박스 2017년 법무사시험

[문 1] 갑은 외국인 산업연수생으로 국내에 체류하였다가 적법한 체류기간이 만료하였음에도 그 체류기간을 초과하여 국내에 체류하고 있었다. 위와 같이 불법체류기간 중에 있던 갑이 집 앞길을 걷고 있던 중 갑의 출입국관리법위반의 제보를 받은 부산지방경찰청 외사계 소속 경찰공무원 을과 병에게 적발되었다. 을과 병은 그 즉시 갑을 연행하여 순찰차 뒷좌석에 태웠는데 갑은 뒷좌석 유리창을 내리고 도주하려고 하였다. 이에 을이 갑에게 수갑을 채우면서 제지하려고 하자 갑은 주먹으로 을의 얼굴을 1회 때렸고 이로 인하여 을은 약 2주간의 치료를 요하는 안면부 다발성좌상을 입게 되었다. 그런데 을과 병은 갑을 연행하면서 실력으로 갑을 제압하여 순찰차에 태웠고 이 과정에서 단순히 갑에게 현행범으로 체포한다고만 말하였을 뿐 갑에게 피의사실의 요지라든지 체포의 이유, 변호인을 선임할 수 있음을 말하거나 변명할 기회를 주지 아니하였다. 이 경우 갑에게 을에 대한 공무집행방해죄의 죄책을 물을 수 있는지, 을에 대한 상해죄의 죄책을 물을 수 있는지에 관하여 논하시오.(출입국관리법위반죄의 성부에 관한 논의는 제외함) (20점)

[문 2] 甲은 2016.9.23.경 자신의 명의로 된 △△은행통장과 연계된 현금카드와 비밀번호를 6만 원을 받고 乙에게 건네주었고, 2016.10.6.경 乙은 위 △△은행 통장을 이용하여 A와 B로부터 편취한 금원이 입금되어 있는 사실을 확인하였다. 甲은 2016.10.7. △△은행 ○○지점에서 위 A와 B로부터 송금된 돈 20만 원에 대하여 위 은행 직원에게 신분증을 제시하면서 "통장을 해지할 것이니 통장에 입금된 돈을 달라."고 하여 그 자리에서 20만 원을 교부받았다.
甲이 자신의 은행계좌에서 돈을 출금한 행위가 은행에 대한 사기죄에 해당하는지 여부 및 그 이유를 간략히 설명하시오.(견해의 대립이 있는 경우 대법원 판례에 따를 것) (20점)

[문 3] 예비죄{예컨대, 살인예비죄(형법 제255조, 제250조) 등}에 대한 종범(從犯)이 성립할 수 있는지에 관하여 논하시오. (10점)

해설박스

[문 1] **미란다원칙 고지 없이 현행범 체포하자 주먹으로 얼굴을 때려 상해 입힌 행위 (20점)**
1. 공무집행방해죄의 성부 → 직무집행의 적법성
2. 상해죄의 성부 → 정당방위 또는 정당행위 해당 여부

[문 2] **사기죄의 성부 (20점)**
편취송금사건 → 은행에 대한 사기죄의 성부, 처분행위 있었는지 여부

[문 3] **예비죄에 대한 종범(從犯) (10점)**
→ 예비죄의 종범 성립 여부(총론)

부록

기출박스 2018년 법무사시험

[문 1] 갑과 을은 2017.6.20. 다툼을 벌이다 서로 상대방에게 상해를 가하였다. 갑은 당시 이미 폭력 전과가 다수 있어 위 상해행위로 중한 처벌을 받을 것을 염려하여 위 상해행위 직후 수사기관의 소환에 불응한 채 도피하기 시작하였다. 갑은 2017.7. 무렵부터 2017.12. 무렵까지 평소 가깝게 지내왔던 후배인 병으로 하여금 자신이 거주하던 수원 일대에서 병이 운행하는 승용차로 갑 자신이 원하는 목적지까지 이동시켜 줄 것을 요구하거나 속칭 '대포폰'을 구하여 줄 것을 요구하였고, 병이 이에 응하여 갑의 도피를 도와주었다. 이 경우 갑이 병에 대한 범인도피교사의 죄책을 지는지(형법 제151조 제1항, 제31조 제1항)에 관하여 논하시오. (나툼이 있는 경우 각 견해와 그 논거를 설명하고, 결론과 논거는 판례에 의함) (20점)

[문 2] 채무자 甲은 채권자 乙에게 차용금을 변제하지 못할 경우 자신의 어머니 소유 부동산에 대한 유증상속분을 대물변제하기로 약정하였다. 위 부동산에 관하여 유증을 원인으로 소유권이전등기를 마쳤음에도 甲은 이를 제3자에게 매도하였다. 甲에게 배임죄가 성립하는지 여부 및 그 이유에 대하여 설명하시오. (다툼이 있는 경우 결론은 판례의 다수의견에 의하되, 각 논거를 모두 설명함) (30점)

해설박스

[문 1] 갑이 병에 대한 범인도피교사의 죄책을 지는지 (20점)

대포폰사건 → 자기OO를 교사한 경우 범인도피교사죄의 성부

[문 2] 甲에게 배임죄가 성립하는지 여부 및 그 이유 (30점)

대물변제약정사건 → 부동산소유권이전등기절차를 이행할 의무가 타인사무인지 여부

기출박스 2019년 법무사시험

[문 1] 甲은 乙의 허락 없이 마치 乙인 것처럼 가장하여 乙의 명의로 신용카드를 발급받아 사용하고 그와 관련된 대금은 변제하지 않기로 마음먹은 후, 그에 따라 乙의 명의를 모용하여 A카드회사로부터 신용카드를 발급받았다.

1. 甲은 위와 같이 乙의 명의를 모용해 A카드회사로부터 발급받은 신용카드의 카드번호와 비밀번호를 입력하는 ARS 전화서비스를 통하여 B저축은행으로부터 신용대출을 받았다. 甲이 신용대출을 받은 행위가 형법상 어느 죄에 해당하는지, 그 피해자는 누구인지 논하시오. (견해의 대립이 있는 경우에는 대법원 판례에 따를 것) (10점)
2. 甲은 위와 같이 乙의 명의를 모용해 A카드회사로부터 발급받은 신용카드를 이용하여 丙이 관리하는 현금자동지급기에서 현금을 인출하였다. 甲이 현금을 인출한 행위가 형법상 어느 죄에 해당하는지, 그 피해자는 누구인지 논하시오. (견해의 대립이 있는 경우에는 대법원 판례에 따를 것) (10점)

[문 2] 甲은 2019.8.10. 자동차운전면허 없이 승용차를 운전하고 가던 중 음주단속을 하는 경찰관 乙을 발견하고 그대로 도주하였고, 이에 乙은 순찰차를 타고 추격하여 甲의 차량을 따라잡은 후 순찰차에서 내려 甲에게 하차할 것을 요구하였다. 그러나 甲은 이에 불응하고 위 승용차를 운전하여 乙이 서 있는 방향으로 진행하면서 乙의 오른쪽 무릎을 위 차량 앞범퍼로 들이받아 乙에게 약 4주간의 치료를 요하는 우측 슬관절 파열 등의 상해를 가하였다. 이에 검사는 甲을 특수공무집행방해치상죄(형법 제144조 제2항)와 특수상해죄(형법 제258조의2 제1항)의 상상적 경합으로 기소하였다. 甲의 죄책을 논하시오. (무면허운전으로 인한 도로교통법위반죄와 특별법 위반죄는 논외로 하고, 다툼있는 경우 대법원 판례에 따를 것) (15점)

[문 3] A 아파트 입주자대표회의 감사인 甲은 2019.7.10. 아파트 관리소장인 乙의 외부특별감사에 관한 업무처리에 항의하기 위해 아파트 관리소장실을 방문하여 언쟁을 하는 과정에서 乙에게 "야, 이따위로 일할래?"라고 말하였고, 이에 乙이 "나이가 몇 살인데 반말을 하느냐"고 말하자, 다시 乙에게 "나이 처먹은 게 무슨 자랑이냐?"라고 말하였다. 당시 관리소장실 안에는 甲과 乙만 있었으나 관리소장실의 문이 열려 있었고, 관리소장실 밖의 관리사무소에는 직원 4~5명이 업무를 하고 있었다. 甲의 죄책을 논하시오. (다툼이 있는 경우 대법원 판례에 따를 것) (15점)

해설박스

[문 1] → 타인명의 신용카드 사용행위
1. 신용대출을 받은 행위 (10점)
2. 현금을 인출한 행위 (10점)

[문 2] **甲의 죄책 (15점)**
특수공무집행방해치상죄사건 → 부진정결과적가중범 인정 여부(총론)

부록

[문 3] **甲의 죄책** (15점)
"야, 이따위로 일할래?" "나이 처먹은 게 무슨 자랑이냐?" 사건
→ 모욕죄의 성부(불쾌 · 무례 · 저속한 표현과의 구별문제)

기출박스 2020년 법무사시험

[문 1] 甲은 고속버스를 타고 가다가 옆자리에 앉은 승객 A가 두고 내린 지갑을 발견하고, 지갑 안에 있는 50,000원 권 6매와 A의 운전면허증을 꺼내어 들고 내렸다. 며칠 뒤 甲은 소주 1병을 마시고 운전을 하던 중 음주단속에 걸렸고, 겁이 난 甲은 사진이 흐릿하게 나온 A의 면허증을 대신 제시할 생각으로 甲의 휴대폰으로 미리 촬영해둔 A의 운전면허증이 담긴 휴대폰 화면을 경찰관 乙에게 제시하였다. 경찰관 乙은 A의 운전면허증 정보를 토대로 적발처리를 하였다.
甲의 죄책을 논하시오. (음주운전으로 인한 도로교통법 위반죄와 특별법 위반죄는 논외로 하고, 다툼이 있는 경우 대법원 판례에 따름) (10점)

[문 2] 이후 음주운전으로 약식 기소된 사실을 안 A가 경찰서에 와서 항의를 하였고, 경찰관 乙은 甲의 인적사항을 탐문하여 찾아가 경찰서에 출석할 것을 요구하였다. 甲은 乙과 친분관계 있는 사업가 丙을 찾아가 범죄사실을 무마할 방법을 찾아달라고 부탁하였는데, 丙은 경찰관 乙을 이용하여 甲으로부터 돈을 받아내기로 마음먹었다. 경찰관 乙은 그동안 자신과 자신의 가족을 살뜰히 챙겨준 丙에게 마음의 빚을 갚을 기회라고 생각하고 丙과 공모하여 甲으로부터 돈을 받아내기로 하였다. 乙은 甲에게 "범죄사실을 무마하여 줄테니 丙에게 1,000만 원을 전달하라. 그렇지 않으면 검찰에 기소의견으로 송치시키겠다."고 하였고, 甲은 겁을 먹고 다음날 현금 1,000만 원을 丙에게 주었다.
甲, 乙, 丙의 죄책을 논하시오. (형법상 범인은닉 · 도피죄와 특별법 위반죄는 논외로 하고, 다툼이 있는 경우 대법원 판례 다수의견에 따름) (20점)

[문 3] 甲은 乙과 함께 프랜차이즈 사업을 하였으나 최근 사업부진으로 사업을 청산하기로 하였다. 그 과정에서 甲은 乙명의의 상점을 받고, 甲이 乙의 초기투자비용 3억 원을 乙에게 돌려주는 대신 甲이 소유한 丙 회사 주식 15,000주(계약당시 1주당 2만 원)를 乙이 양도담보 방식으로 받는 계약을 체결하였다. 이후 甲은 새로운 사업자금 확보를 위해 곧 취득할 乙소유의 상점에 대하여 A와 임대차계약을 체결하였다. 甲은 계약서를 작성하며 A에게 "내가 곧 乙로부터 소유권을 취득할 예정이다. 이전등기를 마치는 대로 당신에게 알려준 뒤 1순위 근저당권자 B은행 다음으로 대항력을 취득할 수 있도록 전입신고와 확정일자 받는데 협력하겠다."고 약속하였다. 그러나 甲은 A로부터 임대차보증금을 모두 받고 乙로부터 상점 소유권을 취득하였음에도 A에게 이 사실을 고지하지 않았다. 甲은 추가적인 자금 확보를 위해 C에게 돈을 차용하며 위 상점에 대한 2순위 저당권설정계약을 체결하고 丙회사 주식 15,000주를 C에게 양도하였으며, D은행에서 대출을 받은 후 위 상점에 D명의의 2순위

저당권설정등기를 마쳐주었다.
甲의 배임죄 성부에 대하여 논하시오. (20점)
(다툼이 있는 경우 결론은 대법원 판례 다수의견에 따르고 그 논거를 설명함)

해설박스

[문 1] **甲의 죄책 (10점)**

1. 점유이탈물횡령죄의 성부 → 타인점유 또는 자기점유의 구별
2. 공문서부정행사죄의 성부 → 부정행사의 의미

[문 2] **甲, 乙, 丙의 죄책 (20점)**

1. 乙의 죄책 : 공갈죄의 성부, 수뢰죄의 성부 → 죄수관계(총론)
2. 丙의 죄책 : 공갈죄의 성부, 수뢰죄의 성부 → 공동정범의 성부(제33조 본문 해석론)(총론)
3. 甲의 죄책 : 뇌물공여죄의 성부

[문 3] **甲의 배임죄 성부 (20점)**

1. 주식이중양도담보
   → 乙에게 丙회사의 주식을 양도담보로 제공할 의무의 타인사무 해당 여부
2. 임대차계약 후 확정일자 전 근저당설정행위 : 임대인의 타인사무처리자 해당 여부
   → A가 대항력을 취득하도록 협력할 의무가 타인사무에 해당하는지 여부
3. 이중저당
   → C에게 저당권설정등기를 해 줄 의무가 타인사무인지 여부

기출박스 2021년 법무사시험

[문 1] 甲은 과거 연인관계였던 乙(女)에게 성인 권장용량의 1.5배 내지 2배 정도에 해당하는 양의 졸피뎀 성분의 수면제가 섞인 커피를 주어 마시게 한 다음 乙(女)이 잠이 들자 간음하였다.
乙(女)은 커피를 받아 마신 다음 곧바로 정신을 잃고 깊이 잠들었다가 약 4시간 뒤에 깨어 났는데 잠이 든 이후의 상황에 대해서 제대로 기억하지 못하였고, 정신이 희미하게 든 경우도 있었으나 자신의 의지대로 생각하거나 행동하지 못한 채 곧바로 기절하다시피 다시 깊은 잠에 빠졌다. 이후 乙(女)은 자연적으로 의식을 회복하였으며 의식을 회복한 다음 특별한 치료를 받지는 않았다.
한편 甲은 자기가 몹쓸 짓을 저질렀나 하는 생각에 술을 마시고 거리를 배회하던 중 우연히 버스에서 내려서 걸어가는 丙(女)의 용모에 반하여 마스크를 착용한 채 뒤따라가다가 인적이 없고 외진 곳에서 가까이 접근하여 양팔을 높이 들어 껴안으려 하였으나, 丙(女)이 뒤돌아보면서 소리치자 그 상태로 몇 초 동안 쳐다보다가 다시 오던 길로 되돌아갔다.
돌아오면서 자신의 피부가 문제였다고 생각한 甲은 이전에 손님으로 방문하여 어느 정도 안면이 있는 丁이 운영하는 'B스포츠피부'로 피부 마사지를 받으러 갔는데 대기하는 손님이 많아서 결국 피부 마사지를 받지 못하였다. 'B스포츠피부'를 나오면서 여자친구 A에게 전화를 하지 않았다는 사실이 생각난 甲은 영업점 내에 있는 丁소유의 휴대전화를 허락 없이 가지고 나와 여자친구 A와 1~2시간 가량 통화를 한 후 丁에게 알리지 않은 채 휴대전화를 위 'B스포츠피부' 정문 옆에 있는 화분에 놓아두고 그대로 가버렸다.
甲의 죄책을 논하시오. (25점) (특별법 위반죄는 논외로 하고, 다툼이 있는 경우 대법원 판례에 따름)

[문 2] 甲은 주식회사를 설립하여 그 회사 명의로 여러 개의 통장을 개설하여 속칭 대포통장을 유통시킬 마음을 먹었다. 甲은 2016.6.경 주식회사 설립등기를 마쳤는데, 이를 위해 회사 정관을 작성·제출하였고, 주식 발행·인수 절차와 관련하여 주금 납입 사실을 증명하기 위해 금융기관으로부터 잔고증명서를 발급받아 설립등기신청 당시 첨부정보로 제출하였으며, 회사 임원으로 등재될 사람으로부터 취임승낙을 증명하는 정보를 받아 첨부정보로 제출하였다.
검사는 甲이 주식회사를 실제로 운영할 의사 없이 주식회사를 이용하여 범죄를 저지를 목적으로 허위의 회사설립등기 신청을 하고, 상업등기 전산정보처리시스템에 회사설립 내용을 등록하게 하였다는 이유로 '공전자기록등 불실기재죄와 그 행사죄'로 공소를 제기하였다. 대법원 판례에 비추어 甲에게 '공전자기록등 불실기재죄와 그 행사죄'가 성립하는지 논하시오. (15점)

[문 3] 甲은 2015년 편의점을 개업하면서 사업자등록을 이모인 A 명의로 하였다. 乙은 2017.10.경 甲을 상대로 1억 원의 대여금 지급을 구하는 소를 제기하였다. 甲은 그 소송계속 중인 2018.4.30. 위 편의점에 관한 폐업신고를 하고, 2018.5.6. 처인 B 명의로 새로 사업자등록을 하였다. 이에 乙은 법무사 사무실을 찾아와 甲을 강제집행면탈죄로 고발하여 처벌받게 할 수 있는지 문의하였다. 대법원 판례에 비추어 甲에게 '강제집행면탈죄'가 성립하는지 논하시오. (10점)

해설박스

[문 1] 甲의 죄책 (25점)

1. 강간상해죄의 성부 → 상해의 개념
2. 강제추행죄의 성부
   기습추행미수사건 → 실행의 착수시기
3. 절도죄의 성부
   휴대전화사용 후 유기 절도사건 → 불법영득의사 인정 여부

[문 2] 甲의 공전자기록등 불실기재죄 및 동행사죄의 성부 (15점) → 부실사실의 의미

[문 3] 甲의 강제집행면탈죄의 성부 (10점) → 은닉의 의미와 해당 여부

부록

기출박스 2022년 법무사시험

[문 1] 다음 각 설문에 답하고 그 이유를 간략히 서술하시오. (각 설문의 사안은 모두 별개이며, 다툼이 있는 경우는 가장 최근의 판례에 의함. 그리고 특별법위반 여부는 논외로 한다)

1. 甲과 乙은 함께 식당을 운영하기로 하되, 점포 임대차보증금은 甲이 단독으로 부담하고 배달용 차량은 甲과 乙이 공동으로 소유(지분비율 각 50%)하기로 하였다. 이에 따라 甲은 2020.4.1. 丙으로부터 그 소유의 상가건물 1층을 보증금 2,000만 원, 차임 월 100만 원에 임차하였다. 甲은 영업부진으로 인하여 영업을 정리하기로 乙과 합의하고 2021.11.경 丙에 대하여 가지는 임대차보증금 반환채권을 丁에게 양도하고 배달용 차량도 1,000만 원에 매도하였다. 그런데 甲은 차량 매도대금을 甲 명의의 계좌로 수령하여 개인 채무의 변제에 모두 사용하였다. 2021.12.경 이 사실을 안 乙이 甲에게 항의하자, 甲은 뒤늦게 乙에 대한 기존 대여금 채권 500만 원과 상계한다고 주장하였다(실제 甲 주장의 대여금 채권 자체는 존재하는 것으로 추후 확인되었다). 한편 甲은 丁에게 양도한 임대차보증금 반환채권에 관하여 丙에게 채권양도의 통지를 하지 아니하고 있다가, 2022.3.31. 임대차기간이 만료되자 丙으로부터 보증금 중 연체차임 등을 공제한 잔액 1,200만 원을 반환받은 후 생활비 등으로 소비하였다. 甲의 죄책 유무를 논하고 그 이유를 간략히 서술하시오. (15점)

2. 甲과 乙은 동업계약을 체결하고 2021.4.1. 상가건물 1층을 매수하여 식당을 운영하였고, 乙의 배우자인 丁이 때때로 함께 출근하여 주방일을 도와주었다. 그런데 甲과 乙 사이에 2021.11.경 수익 배분 문제로 서로 다툼이 발생하였다. 다음날 乙이 丁과 함께 출근하자 甲은 부재중이었고, 甲의 처남으로 마침 식당을 방문한 丙이 식당 문을 잠그고 문을 열어 줄 것을 거부하였다. 이에 乙은 丁과 함께 식당 문에 설치된 자물쇠를 부수고 문을 열고 들어갔다(그 자물쇠는 甲과 乙이 식당을 개업할 당시 새로 설치한 것이었다). 乙과 丁의 죄책 유무를 논하고 그 이유를 간략히 서술하시오. (15점)

[문 2] 주점을 운영하는 甲은 평소 자신의 민원을 느리게 처리하는 시청 공무원에 대해 불만을 가지고 있었다. 그러던 어느 날 이러한 시청 공무원들을 가만둘 수 없다고 생각한 甲은 시청 청사 내 주민생활복지과 사무실에 술에 취한 상태로 찾아가 소란을 피웠다. 이때 시청 주민생활복지과 소속으로 주민생활복지에 대한 통합조사 및 민원 업무에 관한 직무를 담당하는 A공무원이 목소리를 낮춰 달라는 요청과 함께 민원 내용에 대한 질문을 하였으나 甲은 욕설을 하면서 계속하여 소란을 피웠고, 이에 A공무원이 피고인을 제지하며 사무실 밖으로 데리고 나가려고 하자 甲은 손에 들고 있던 휴대전화를 휘둘러 뺨을 1회 때렸다. A공무원은 민원 상담을 시도하였으나 甲의 욕설과 소란으로 인해 정상적인 민원 상담이 이루어지지 아니하고 다른 민원 업무 처리에 장애가 발생하는 상황이 지속되어 甲을 사무실 밖으로 데리고 나간 것이고, 그 과정에서 甲의 팔을 잡는 등 다소의 물리력을 행사하였다. 시청을 나온 甲은 기분이 풀리지 않자 잠이나 한숨 잘 까 생각하여 시청 근처에 있는 모텔방에 투숙하였다. 모텔 방에서 담배를 피운 甲은 재떨이에 담배를 끄게 되었으나 담뱃불이 완전히 꺼졌는지 확인하지 않은 채 휴지를 재떨이에 버리고 잠을 잔 탓에 담뱃불이 휴지와 옆에 있던 침대시트에 옮겨 붙어 화재가 발생하였고, 잠에서 깬 甲은 불이 붙은 사실을 발견하고서도 불을 끄는 조치를 하거나 모텔 주인이나 다른 방에 투숙 중인 손님 B에게 화재사실을 알리고 119에 신고를 하는 등의 조치를 취하지 아니하고 모텔을 빠져나갔으며, 결국 불길은 순식간에 모텔 전체에 번져 손님 B가 사망하였다. 그러나 불길이 순식간에 모텔 전체로 번져, 불이 난 사실을 알리지 아니하였다는 사정만으로는 甲이 이 사건 화재를 용이하게 소화할 수 있었다고 보기 어려웠다.

甲의 죄책을 논하시오. (20점) (특별법 위반죄는 논외로 하고, 다툼이 있는 경우 대법원 판례에 따름)

해설박스

[문 1] 甲, 乙, 丁의 죄책유무

Ⅰ. 甲의 죄책 유무와 그 이유 : 횡령죄의 성부 (15점)

1. 동업계약, 차량매도대금(합유재산)의 임의매각과 그 대금을 임의소비한 경우
2. 동업계약, 점포임대차보증금 반환받은 후 생활비로 소비한 경우
   → 임대차보금반환채권의 양도 후 통지 전 금전수령 및 소비행위

Ⅱ. 乙과 丁의 죄책 (15점)

1. 주거침입죄의 성부
2. 특수손괴죄의 성부

[문 2] 甲의 죄책 (20점)

1. 주거침입죄의 성부
2. 공무집행방해죄의 성부
   (1) 뺨을 때린 행위 : 폭행[민원업무방해사건]
   (2) 욕설을 하면서 소란을 피운 행위 : 위력[경찰청민원실 욕설행패사건]
3. 부작위에 의한 현주건조물방화치사죄의 성부
   모텔화재중실화사건 → 부진정부작위범의 성립 여부(총론)
4. 중실화죄 및 중과실치사죄의 성부

기출박스 2023년 법무사시험

[문 1] 甲은 2013.12.경 A로부터 A 소유인 ○○○아파트를 명의신탁 받아 이를 보관하여 달라는 취지의 부탁을 받고 2014.1.13.경 위 아파트를 甲의 명의로 이전등기하고 그 무렵부터 A를 위하여 위 아파트를 보관하게 되었다. 甲은 2015.8.6.경 개인적인 채무 변제 등에 사용하기 위하여 약 2억 원 싱당인 위 이파트를 B에게 1억 7천만 원에 매도하고, 2015.8.7.경 위 아파트에 대하여 B에게 매매를 원인으로 한 소유권이전등기를 경료해 주었다. 甲의 횡령죄 성립 여부에 관하여 논하시오. (20점)

[문 2] 甲은 乙과 합동하여 영업을 마친 주점을 대상으로 주점 내에 있는 양주를 훔치기로 하고서 그 범행에 필요한 무전기, 플라스틱 바구니 3개 정도를 준비한 후 장소를 물색하였다. 甲, 乙은 2003.12.9. 07:30경 A 운영의 '○○주점'에 이르러, 乙은 1층과 2층 계단 사이에서 甲과 무전기로 연락을 취하면서 망을 보고, 甲은 불상의 방법으로 주점의 시정장치를 뜯고 침입하여 위 주점 내 진열장에 있던 임페리얼 등 양주 45병 시가 1,622,000원 상당을 미리 준비한 바구니 3개에 담고 있던 중, 계단에서 서성거리고 있던 乙을 수상하게 여기고 A가 주점으로 다시 돌아오자 소리를 듣고서 양주를 그대로 둔 채 출입문을 열고 나오다가 A에게 발각되었다.
A가 甲을 붙잡자, 甲은 체포를 면탈할 목적으로 자신의 목을 잡고 있던 A의 오른 손을 깨무는 등 폭행하였다. 甲의 죄책을 논하시오. (20점)

[문 3] 甲은 2022.1.24.과 2022.1.26. A가 운영하는 음식점에서 기자인 B를 만나 식사를 대접하면서 B가 부적절한 요구를 하는 장면 등을 확보할 목적으로 B와 식사하기에 앞서 또는 식사를 마친 후 녹음·녹화장치를 설치하거나 장치의 작동 여부 확인 및 이를 제거하기 위하여 위 음식점의 방실에 들어갔다. 甲은 위 출입에 A의 승낙을 받았으나, A는 甲의 위와 같은 출입목적을 알지 못하였다. 甲의 (행위가) A에 대하여 주거침입죄가 성립하는지 논하시오. (10점)

해설박스

[문 1]의 해결

Ⅰ. 쟁점의 정리
Ⅱ. 횡령죄의 구성요건
Ⅲ. 명의신탁에 있어서 수탁자의 임의처분의 경우 횡령죄의 성립 여부
1. 부동산실명법에 위반한 양자간 명의신탁의 경우
[부동산 실권리자명의 등기에 관한 법률에 위반한 이른바 양자간 명의신탁에서 명의수탁자가 신탁부동산을 임의로 처분한 경우 횡령죄가 성립하는지 여부가 문제된 사건]
2. 부동산실명법상 유효한 양자간 명의신탁의 경우
3. 보론 : 중간생략등기형 명의신탁, 계약명의신탁에서 수탁자의 신탁재산 임의처분의 경우
Ⅳ. 사안의 해결

[문 2]의 해결

Ⅰ. 쟁점의 정리
Ⅱ. 특수절도죄의 성립 여부
Ⅲ. 준강도죄의 성립 여부
Ⅳ. 준강도죄의 미수인지 기수인지 여부
1. 준강도죄에서 미수·기수의 판단기준 [양주바구니사건]
2. 검토
Ⅴ. 사안의 해결

[문 3]의 해결

Ⅰ. 주거침입죄의 구성요건과 문제점
Ⅱ. 주거침입죄에서 침입의 의미
1. 종래판례
2. 변경판례
[영업주 몰래 카메라를 설치하기 위하여 음식점에 출입한 경우 주거침입죄가 성립하는지가 문제된 사건]
Ⅲ. 사안의 해결

MEMO

박문각 법무사

오상훈 **형법 정리**

2차 | 기본강의

제1판 인쇄 2024. 1. 25. | **제1판 발행** 2024. 1. 30. | **편저자** 오상훈
발행인 박 용 | **발행처** (주)박문각출판 | **등록** 2015년 4월 29일 제2015-000104호
주소 06654 서울시 서초구 효령로 283 서경 B/D 4층 | **팩스** (02)584-2927
전화 교재 문의 (02)6466-7202

저자와의 협의하에 인지생략

정가 56,000원
ISBN 979-11-6987-743-5